Zum 100. Geburtstag von ROBERT STOLZ

WHO IS WHO IN FOTO, FILM & TV – AUSGABE 1979

WHO IS WHO IN FOTO, FILM & TV

Eine Prominentenenzyklopädie
mit ca 6000 Biographien
von deutschsprechenden Persönlichkeiten
aus Foto, Film & TV
teilweise mit Bildern.
Ergänzt durch ein Verzeichnis
sämtlicher Filmverleihe,
einer Rubrik der 1978 angelaufenen
Kinofilme mit Szenenfotos, uvm.

1979

(1. Auflage)
„Who ist Who", Verlag für Prominentenenzyklopädien.
Hauserstraße 14, CH – 8030 Zürich

Published by
Publishers for VIP Encyclopedias Corp. USA

Europe Head Office:
„Who is Who", Verlag für Prominentenenzyklopädien,
Hauserstraße 14, CH – 8030 Zürich.

Wir danken an dieser Stelle allen Biographie-Einsendern, den Filmverleihen für die Szenenfotos und dem Österreichischen Filmarchiv für die Mithilfe und das gezeigte Interesse, in dem wir zugleich einen Beweis für die Berechtigung unseres Unternehmens sehen.

ISBN 3–7290–0801–3

VORWORT ZUR ERSTEN AUFLAGE

Zur Herausgabe des vorliegenden "Who is Who in Foto, Film & TV" veranlaßte uns die Absicht, dem Insider wie auch dem Film- und TV-Interessierten ein umfassendes, ausführliches und zugleich noch finanziell erschwingliches Nachschlagwerk zu bieten, das über die persönlichen Daten incl. Adressen der Schauspieler und Filmschaffenden Auskunft gibt.

Auf wenigen Gebieten sind die Fragen nach aktuellen Daten und Adressen so häufig wie auf dem weiten Gebiet des Fotos und Films. Fast stündlich benötigt jeder Fachredakteur umfassende und aktuelle Informationen.

Dem uns bei den Recherchen zu diesem Werk ständig bewiesenen Interesse verdanken wir es, daß die in ihm enthaltenen Angaben äußerst zuverlässig und ausführlich sind.

Wie jedes Erstlingswerk kann auch das vorliegende keinen Anspruch auf absolute Vollkommenheit erheben. Dagegen sind wir uns bewußt, das uns aus den verschiedenen Kreisen des Films und der Filmindustrie zugewiesene Material sachlich und unserer obengenannten Absicht entsprechend verarbeitet zu haben.

Der unterzeichnete Verlag übergibt diese Enzyklopädie allen Filminteressierten in der Hoffnung, mit dem vorliegenden Werk möglichst vielen Interessenten dienlich sein zu können.

Who is Who,
Verlag für Prominentenenzyklopädie
Zürich

Publishers for
VIP Encyclopedias Corp.
Delaware

Zürich, im Juni 1979

A

BIOGRAPHIEN
FILMSCHAFFENDE

Biographien, die
nach Redaktionsschluß
eingetroffen sind, finden Sie
im Anhang.

Achermann Friedrich
B: Fachfotograf, Farbbild-Verlag. G: 4. Feb 1917. V: Rosalin, geb Tadje. A: CH–2504 Biel, Goldgrubenweg 2. S: Primar-, Sekundar- u Verkehrsschule, Kunstgewerbeschule, Lehre als Fotograf, Retoucheur, Spezialausbildung an d Grafischen Lehr- u Versuchsanstalt, Wien, div Kurse im In- u Ausland. K: Versch Tätigkeiten als Fotograf in Druckereien u Repro-Anstalten, Ausbildung an d Grafischen Lehr- u Versuchsanstalt in Wien, Tiefdruck- u Offsetkurse über Reklame u Industriefotografie, Makro- u Mikro-Aufnahmen, Lehrgang am AGFA Technikum München sowie CYBA in Fribourg, seit 1950 selbständig als Werbefotograf. F: Seit 10 Jahren im Eigen-Verlag mit eigenen Aufnahmen, Großbildkalender, Zeitschriften, Veröffentlichungen im intern Uhren-Journal, Europajahr, Reader's Digest. E: Intern Kamera-Wettbewerb, Diplome u Ehrenvolle Anerkennungen, Ausbildungs-Artist d Grafischen Lehr- u Versuchsanstalt in Wien, Schweizer Befähigungsnachweis d Lithographenbundes.

Ahsendorf Falko
B: Freier Kameramann. G: Thedinghausen/Bremen, 1. Mai 1943. V: Barbara, geb Klages. A: D–2000 Hamburg 65, Wiesenkehre 5, D–2000 Hamburg 63, Distelweg 2b. S: Abitur, Stud Film- u Fernsehtechnik. K: Seit 1967 KameraAss in Berlin bei Deutsche Wochenschau GmbH, Hamburg, seit 1970 Kameramann in Hamburg bei Deutsche Wochenschau, seit 1973 freier Kameramann (Film u Fernsehen) f über 40 Produktionsfirmen in 4 Kontinenten (mehr als 20 Länder), auch als Regiekameramann mit Schnittätigkeit. M: RFFU, BerufsVer Hamburger Journalisten.

Albert Ditmar
B: MuseumsLtr. G: Hannover, 1. Nov 1926. V: Ingrid geb Goldbeck. A: D–8000 München 60, Thuille-Str 4. S: Abitur, Gymn, 6 Sem an d StaatslehrAnst f Fotografie m Meisterprüfung als Abschluß. K: 20 Jahre Tätigkeit bei d fotografischen Industrie (Perutz-Werke u Agfa-Gevaert AG München), seit 1976 Ltr d Fotomuseums im Münchener Stadtmuseum. M: GDL, DGPh, einige FörderVer.

Albrecht Kurt Obst
B: Ltr d Spanischen Reitschule. G: St Veit a d Gölsen/NÖ, 7. Nov 1920. V: Johanna, geb Frech. A: A–1030 Wien, Prinz Eugen-Str 27. S: Matura, Offz-Ausbildung, ArtillerieOffz. K: Kriegseinsatz: Kommandant (Chef) einer Feldhaubitz-Batterie (bespannt), nach 1945: LehrOffz Artillerieschule, stellv Ltr d Spanischen Reitschule, seit 1974 Ltr d Spanischen Reitschule. F: Reiterliche Fachzeitschriften. D: Mitwirkung in Fachfilmen. E: Silbernes Ehrenzeichen d Republik Österreich, Silbernes Ehrenzeichen d Stadt Wien, div ausländische Orden. M: Ges d Freunde d Spanischen Reitschule, Reiterorden Prinz Eugen, Deutsche Richtervereinigung.

Alson Charles Dr hc
B: Autor. G: Königsberg/Pr, 14. März 1912. A: D–1000 Berlin 15, Olivaerplatz 15. S: Abitur, Schauspielhaus Luisentheater, Reichsdramaturgie. K: Selbständiger Autor, John Ford-Dramen „Schade, sie ist eine Dirne", „Das gebrochene Herz", Dialoge u Liedertexte zu amerikanischen Filmen „Stage Mother", „Hollywood-Party", „Singin in the Rain" u mehrere Ufa-Produktionen. F: Der Artist, Filmwoche u Filmblätter. D: Nebenrollen in ca 25 Filmen. E: 7 höhere Militärauszeichnungen, Ltr d Propaganda-Kompanie. H: Theater-Film-Musik, Diskussionstreffen.

Altstadt Hans-Joachim
B: Fotograf. G: Bad Homburg, 3. Mai 1948. V: Heidrun, geb Riedel. A: D–7900 Ulm/Donau, Im Grund 61. S: Wirtschafts-Realschule, Kunstschule, Praktikum, Handwerksprüfung, K: Schulausbildung u Stud bis 1966, Milit Fotografen Ausbildung, 1970 Eintritt in d elterliche Geschäft, bis 1972 Kommanditist, 1978 Alleininhaber d Foto-Klein-Handlung u d Ateliers. F: Foto Magazin, KDAV-Zeitschrift (Verb Deutscher Amateurfotografen Ver), div intern Kataloge. E: Miterwerber d Württ Fotomeisterschaft, 1978, Medaille Landes Dia Schön Albstadt, 1979, div Urkunden im In- u Ausland. M: Mtgl d HandelsKam Ulm, Mtlg u Kassierer d FotografenVer Camera 77 (AmateurVer). H: Familie, Eisenbahn, Fotoclub.

Amend Erwin
B: Konzertmeister, Komponist. G: Weilburg/Lahn, 12. Aug 1919. V: Kläre, geb Ulrich. A: D–6500 Mainz/Rh, Bastion Martin 1 und D–6290 Weilburg, Langg 11. S: Hum Gymn, Staatl HS f Musik Frankfurt/M. K: Konzertmeister in Baden-Baden u Mainz, Prim d Baden-Badener Streichquartetts, Solist in zahlreichen Radioproduktionen, hauptsächlich neue Musik, Komponist v Hörspiel-, Fernseh-, Büh-

nenmusik, KamMusik, Orchestermusik, 2 Opern: „Der Soldat Postnikow", „Kalif Storch". F: Allgemeine Zeitung Mainz, Das Orchester, Hör Zu. E: Ältestes Stadtsiegel d Stadt Mainz (aus Anlaß d Uraufführung „Der Soldat Postnikow") 1978. M: GEMA, DKV, Schlaraffia Moguntia. H: Lesen.

Ammon Helmut Karl
PS: Kine Ammon. B: Bildjournalist, Kameramann, Regisseur. G: München, 6. Aug 1928. A: D–8000 München 40, Agnesstr 19/3, c/o Atelier, D–8056 Neufahrn/München, Pfarrweg 7, USA–22 Manito Ave, Oakland New Jersey 07436. S: Oberschule, Staatl Institut f Bildjournalismus Bavaria Filmkunst, Color TV in d USA. K: Bildjournalist, KameraAss, Regiekameramann, TV-Auslandsdokumentationen, Auslandskorrespondent f US TV im Nahen Osten, Fernost u Afrika, eigene Kinotechn Geräteentwicklungs-Werkstätte, Trick-, Lehr- u Industriefilme, Med Lehrfilme, TV-Serien, Mitarbeiter beim Aufbau v FS Stationen u Ltr d Abt, Ausbildung in Ländern d 3. Welt, Vorlesungen u Lehrgänge f Montana State University f Cinematography u TV in d USA. H: Aufbau eines Kinotechn Museums (Projektion-Kameras-Bearbeitungsgeräte) v Beginn d Kinematographie bis in d Neuzeit, welches bei Vollendung in eine d Film- u TV-Nachwuchs zugängige Stiftung umgewandelt wird.

Amsler André
B: Geschäftsführer, ProduktionsLtr. G: Winterthur, 15. Juni 1932. A: CH–8046 Zürich, Althoossteig 15. S: Primar-, Sekundarschule, eidgen B-Matura, gelernter Fotograf. K: Ausbildung im Labor, Ton, Schnitt 1951–57, Chefcutter beim Schweizer Fernsehen 1957–64, Techn Manager Film Unit Nigeria 1965–66, ProduktionsLtr Topic-Film 1966–71, Techn Ltr Cinegram Zürich 1971–76, seit 1976 Geschäftsführer Topic-Film. M: Pr d Ges Schweizer Film, Mtgl d StiftungsR „Schweizer Filmzentrum", Mtgl d Britsh Kinematographic Society u d Society Motion Picture and TV Engineers SMPTE (USA).

Anders Günther
B: Regisseur u Kameramann. G: Berlin, 8. Nov 1908, gestorben 16. Sept 1977 in München. V: Charlotte, geb Flemming. A: D–8000 München 22, Wurzerstr 17. S: Abitur, Foto-Schule, Höhere Fachschule f FotoTechn. K: Seit 1934 KameraAss, Kameramann, Regisseur, Filme: „Das Glas Wasser", „Spukschloß im Spessart", „Der Herrscher", „Feuerwerk" uva, Regie, Buch u Kamera: „Die spanische Hofreitschule", Regie: „Pole Poppenspäler". E: BFilmpreis 1961, Kritikerpreis 1960/61.

Androschin Johann
B: Kameramann. G: Wien, 16. März 1892. A: A–1020 Wien, Gredlerstr 7. K: Kriegsdienst, Filmarbeit in Frankreich, Italien, Polen, Griechenland, Chefkameramann b d Pan-Film Wien, dann b Sascha-Film Wien, ab 1938 TonMstr b d deutschen Heeresdienststelle, dann Wien-Film, Kameramann v ca 150 Spiel- u Dokumentarfilmen während d Stummfilmzeit, ua: „Die Venus", „Gevatter Tod", „Das Gespenst auf Mortons Schloß", „Der Höllenhund", „Der Rosenkavalier", „Cafe Electric", „Kaiserjäger", „Arlberg-Express" uva.

Angenendt Rudi
B: Foto-Grafiker DGPh. G: Dortmund, 28. Apr 1924. A: D–4600 Dortmund 1, Poststr 14. S: Gymn, Abitur, Meisterlehre, KunstAk. K: MstrPrüfung mit „Auszeichnung" bestanden, seit 1960 selbständig freiberuflich tätig. F: In versch deutschen u ausländischen Zeitungen. E: Versch Gold- u Silbermedaillen, seit 1964 ordentlich berufenes Mtgl d DGPh (Deutsche Ges f Photographie). H: Malen, Bauen.

Angermayer Toni DGPh
B: FotoMstr. G: München, 27. Okt 1938. V: Margot, geb Reindl. A: D–8150 Holzkirchen, Burgstaller Str 14. S: Kfm Berufsschule, MstrLehre, Gesellenjahre, MstrPrüfung. K: Mit 15 Jahren zu fotografieren begonnen, unzählige Bildveröffentlichungen in Büchern, Zeitschriften, Kalendern, Verwendung d Bilder f Spiele, Werbung, Illustration v Bildkarten, Mitarbeiter v ca 200 europäischen Verlagen, Bildbände, Sachbücher, Fachbücher (Bild u Text), Tierbildarchiv mit 30 000 Motiven (Dias). F: Mehrere hundert Fachartikel f Fotopresse, Broschüren usw. E: Berufung in d DGPH. M: DGPh. H: Chihuahua-Zucht, Briefmarken- u Münzensammeln.

Angstmann Freddy J
B: Journalist, Impressario. G: Zürich, 9. Jan 1946. V: Helena, geb Beck. A: CH–8050 Zürich, Jungstr 15a, Postfach 28. K: Produzent div LP's m versch Künstlern, Richtung Blues, Jazz u Gospel, Produzent v über 1000 Konzerten in ganz Europa u d USA, speziell m d Jonny Thompson Singers Philadelphia. F: Mit-Herausgeber d Zeitschrift „Jazz + classic" seit

1974, freier Mitarbeiter bei versch Fachzeitschriften, die regelmässige Musikspalten unterhalten, Autor eines SILVA-Buches m d Titel „Jazz". E: Mahalia Jackson Award 1978 f d beste Gospel-Produktion m d CBS-LP 80712 „Jonny Thompson Singers". M: SJU, KJS, MKS, SPS, AI, SUISA, KTV uva.

Anraths Wolfgang Dr

B: Regisseur, TheaterLtr. G: Mönchengladbach, 3. Feb 1942. A: D–8000 München 40, Kurfürstenstr 8. Tel: 089/333933. S: Gymn, Abitur, Univ Stud TheaterWiss. K: 1965–69 RegieAss beim Fernsehen, seit 1968 Regiearbeit, seit 1970 TheaterLtr. F: Hör Zu, Abendzeitung München, tz München. D: 17 Regiearbeiten Darsteller ua in „Münchner Kindl", „Ein ganz und gar verwahrlostes Mädchen". E: AZ-Sterne. M: ASSITEJ (Intern Vereinigung d Kinder- u Jugendtheater), Kulturpolitische Ges. H: Fotografieren, Schwimmen, Segeln.

Antel Franz

B: Filmregisseur, Produzent. G: Wien, 28. Juni 1913. V: Sibylla, geb Thin. A: A–1190 Wien, Rückaufg 20. K: KameraAss, RegieAss, ProduktionsLtr, seit 1947 Filmregisseur, über 75 Spielfilme, ua „Der alte Sünder", „Hallo Dienstmann", „Im schwarzen Rößl am Wolfgangsee", „Kaisermanöver", „Oberst Redl", „Die große Kür", „Wirtinnen-Serie", „Casanova u Co", „Austern mit Senf".

Apfeld Jan

B: Regisseur. G: Langensalza/Thüringen, 15. Juni 1925. A: D–1000 Berlin 31, Kurfürstendamm 126. K: Schauspieler, Regisseur, Autor, Filmproduzent.

Appel Reinhard

B: Chefredakteur, Journalist. G: Königshütte/Oberschlesien, 21. Feb 1927. V: Marianne, geb Bauder. A: D–5300 Bonn 1, Rurweg 14. S: Realschule, LehrerbildungsAnst, Zeitungsvolontariat. K: Reporter d „Stuttgarter Zeitung", Bonner Korrespondent d „Stuttgarter Zeitung", Ltr d Bonner Büros, diplomatischer Korrespondent d „Stuttgarter Zeitung", Ltr d Bonner Büros d „Süddeutschen Zeitung", Intendant d „Deutschlandfunk" Köln, Chefredakteur ZDF. F: Biographien, Außenpolitik, Deutschlandpolitik. E: Adolf Grimme-Preis, Theodor Wolff-Preis, Silbernes Ehrenzeichen d Deutschen Roten Kreuzes, Goldene Kamera d Programmzeitschrift „Hör Zu", BVerdienstkreuz 1. Klasse. M: Präsidium d Deutschen Roten Kreuzes, DJV, Rotary-Club Wiesbaden, Kochbrunnen, Kuratorium Gustav Heinemann-Stiftung. H: Sport (Tennis), Musik, Theater.

Arensbrust Hans Joachim

B: Musiklehrer, Chor- u Orchesterdirigent iR. G: Friedersdorf/Kr Lebus, 22. Apr 1911. V: Emma, geb Loeffler. A: D–3300 Braunschweig, Lechstr 9/III. Tel: 0531/841762. S: RealGymn, MusikStud bei Geigenschule Willy Post Frankfurt/O, Konzertmeister Paul Watzke, KapellMstr u ChorMstr Max Sternitz, Organist Rudolf Funke, Frankfurt/O, Komponist Ernst Schauss, Berlin, Kammermusiker Paul Luther, Berlin (Staatsoper), Klaviervirtuose Max Nabrath, Berlin. K: Tätigkeit als Organist, Musiklehrer, Chor- u Orchesterdirigent, Konzertpianist, Orchestermusiker, Veranstalter v Orchester-, Kammer- u Chorkonzerten u Opernaufführungen. F: Braunschweiger Presse, Aller-Zeitung uva. M: OrganistenVerb d Braunschweigischen Landeskirche, Niedersächsischer Kirchenchor-Verb, Landesgruppe Braunschweig, GEMA. H: Fotografieren, Sammeln v Noten.

Arnold-Marila Tino Dr phil

B: Ltr d Programmstelle Innerschweiz v Radio u TV DRS. G: Altdorf/Uri. V: Riitta Marila. A: CH–6006 Luzern, Meisenweg 9, CH–6006 Luzern, Lidostr 5. Tel: 041/312547 oder 041/31 35 25. S: Gymn, Univ Stud Germanistik, Geschichte, TheaterWiss in Zürich, Fribourg u Perugia, Bühnenausbildung (Schauspiel, Regie). K: GymnLehrer, freier Radiomitarbeiter, 1961 Eintritt in Radiostudio Basel als Programmredakteur, Hörspielregisseur u Reporter, 1962–65 Regisseur d Tellspiele Altdorf, 1964 berufen f d Aufbau einer Radio- u Fernsehprogrammstelle f d 6 Innerschweizer Kantone, zuerst im Einmannbetrieb, heute mit 8 FestAng u zahlreichen freien Mitarbeitern. F: Radio- u Fernsehzeitung (heute Tele), Tages-Anzeiger Zürich, Luzerner Neueste Nachrichten, Vaterland, Luzerner Tagblatt ua. M: HonKons v Finnland, Rotary Club Luzern, Innerschweizerischer SchriftstellerVer, Vorst Schweizerische Ges f Theaterkultur. H: Familie.

Arora Elke

B: Designerin. G: Hildesheim, 1. Nov 1939. A: D–3000 Hannover, Böhmer Str 9. S: Grundschule, Lyzeum, Kunstschule Hannover (Textilentwurf u Grafik), PH u TU Hannover (Pädagogik, Psychologie). K: 1962–68 tätig in d Teppichindustrie, gleichzeitig Lehrtätigkeit an d Berufsschule Hameln, 1968–72 in Kanada, freiberuflich tätig f d Teppichindustrie in Kanada, USA u Europa, seit 1972 freiberuflich tätig in Europa, Amerika u im Vorderen Orient, Design f Teppiche, handgetuftete Wandteppiche, Porzellan, Möbel, Mode, Dekorstoffe. F: In Zeitschriften in Deutschland, Amerika u England, zB Schöner Wohnen, Heimtex, Floor Covering Weekly, Carpet Review Weekly. E: Preise bei Porzellanwettbewerb, Ausstellungen in Hannover, Hameln. H: Malen, Reisen, Musik, Tennis, Skilaufen.

Aschwanden Richard
B: Fotograf. G: Altdorf, 14. Juni 1909. A: CH–6460 Altdorf, Spitalplatz 6. S: Realschule, Gewerbeschule, div Fachkurse u Sprachkurs in England. K: Fotografenlehre in Flüelen, Meisterkurs in Wien, gelegentlicher Bild- u Textbeitrag in d Schweizer Fotorundschau u Amateurzeitschriften, Mitarbeit an Büchern u Bildbänden, als Reporter: Mitarbeit an Presseagenturen u lokalen Zeitungen, Flash-Kameramann f Fernsehen DRS (Kurzbeiträge f Tagesschau), Filme f Kraftwerke u Film „Der Boden d Berge ist nicht unfruchtbar". E: 1. Anerkennungs-Diplom f ausgestellte Porträts v d Photografischen Ges Wien, Eidg Dipl-Fotograf, Höhere Fachprüfung im Fotohandel DD, EhrenMtgl d Schweizer Photographen-Verb. M: Schweizer PhotographenVerb, ACS, TCS, lokale Ver. H: Musik, Lesen.

Astel Arnfried
B: Redakteur, Schriftsteller. G: München, 9. Juli 1933. A: D–6600 Saarbrücken, St Ingberter-Str 52. S: Stud in Freiburg u Heidelberg, Biologie u Literatur, Hauslehrer. K: 1966 Lektor in Köln, seit 1967 Ltr d LiteraturAbt d Saarländischen Rundfunks, Mitarbeiter bei Über das Spiel hinaus, Freizeiträume der Zukunft. F: Publikationen: Lyrische Hefte – Zeitschrift f Gedichte, Notstand, 100 Epigramme, Kläranlage, 100 neue Epigramme, Ottweiler Texte. Literatur aus einer Jugendstrafanstalt. Dokumentation, Zwischen den Stühlen sitzt der Liberale auf seinem Sessel, 100 neue Epigramme u die Arbeitsgerichtsurteile im Fall Astel, Neues (u Altes) vom Rechtsstaat und von mir, Alle Epigramme, Jewgenij Jewtuschenko, 27 Gedichte, Quirin Kuhlmann, Himmlische Liebesküsse, 50 geistliche Sonette, Jossif Brodskij, Gedichte, Postkarten-Gedichte, Abschied von Japan, Haiku-Übersetzungen, Ho-Tschi-Minh, Gefängnistagebuch, 102 Gedichte, Pierre Albert-Birot, Alltagsgedichte, Briefe aus Litzmannsstadt Bericht a d Getto Lodz.

Auenheimer Leopold
B: Kameramann, Geschäftsführer d tele news Filmproduktions GmbH. G: 26. Mai 1929. V: Christine, geb Fiala. A: A–1130 Wien, Ebner Rofenstein-Gasse 8. S: Grundschule, Fachschule. K: Kameramann, freischaffend, 1966 Firmengründung, Alleininhaber d Fa TELE NEWS AUSTRIA, 1976 Umwandlung d Fa in eine GesmbH, Geschäftsführer d tele news Filmproduktions GesmbH.

Auer Rudolf
B: Kunsttischlermeister, Fotograf. G: Temeschburg/Rumänien, 21. Feb 1924. V: Maria, geb Schwarz. A: D–6670 St Ingbert, Untere Kaiser-Str 76. Tel: 06894/36011. S: RealGymn, Kunsttischlerlehre. K: Nach d Krieg intensive Beschäftigung m d Fotografie, Meisterprüfung, Gründung einer Fotogruppe u deren Ltr. F: Foto Almanach und intern Jahrbücher, Leica Fotografie m mehreren Beiträgen, IBM Jahrbuch, mehrere Fotozeitschriften, Meister Fotos, Foto Lexikon, Schulbuch Mitreden können, „Kinder d Welt u ihre Lieder", Dumont Foto 1, „Die Landschaft, Traum u Wirklichkeit". E: Nach vielen intern Auszeichnungen „Meister d Leica", Berufung in d DGPh u Ernennung zum EFIAP, 1. Preis Ciba Ilford, Großer Preis m 8 Themen, 1 Preis „Heimat Europa" Europa Union 1. Preis, 3 x Gewinner d Dr Bruno Uhl Wanderpreises m d „Fotogruppe 62", Großer Agfa Color Preis 1971, viele intern Auszeichnungen bei Wettbewerben. M: VDAV, FIAP, Vors d Fotogruppe 62 Rentrisch seit d Gründung, berufenes Mtgl d DGPh. H: Impressionisten (Maler), Musik, Reisen.

Auersperg Leopold
B: Filmschaffender, Prok, Geschäftsführer. G: Wolfsberg, 16. Mai 1948. V: Maria Elisabeth, geb Tacoli. A: A–1180 Wien, Anton Frank-G 4. S: Grundschule, College Prep School, New York, USA. K: 1970 Sascha-Ufa, Wien, 1971–72 WDS-Film, Wien als AufnahmeLtr u ProduktionsLtr, 1973–79 Infratel Filmproduktion, Wien, als Prok u Geschäftsführer. M: Malteser Hilfsdienst, NÖ LandesjagdVerb, World Wildlife Fund. H: Ex Libris Sammlung, Jagen, Fotografieren.

Auffermann Friedrich Wilhelm
B: Fotografenmeister. G: Bochum, 12. Mai 1921. V: Inge, geb Lucas. A: D–1000 Berlin 45, Drakestr 52. S: Abitur, Stud d Volkswirtschaft, Publizistik, Meisterprüfung im Fotografenhandwerk. K: Neben d Studium Arb als Fotograf in einem Verlag, seit 1968 selbständig (Fa AUDIA, Industrie- u Werbefotografie, Repro- u Diatechnik). F: Fernsehsendungen über Fotografie. M: Fotografeninnung ABW, Förderkreis d Museumdorfs Düppel. H: Mittelalterliche Geschichte, Archäologie.

Babucke Manfred E
B: Fotograf. G: Düsseldorf, 3. Apr 1940. V: Edith, geb von der Ruhren. A: D–4000 Düsseldorf, Kronenstr 48, D–4050 Mönchengladbach 1, Regentstr 142. S: Hum Gymn, Lehre u abschließende Gesellenprüfung mit Prädikat. Sehr Gut Auszeichnung, Kunstschule Düsseldorf. K: Seit 1965 selbständiger Fotograf (Journalismus, Mode u Werbung), 1973 Berufung in EUROPHOT, 1972 Künstlereigenschaft durch Staatl KunstAk Düsseldorf. F: In fast allen nationalen u intern Zeitschriften u Magazinen. E: Künstlereigenschaft durch Staatl KunstAk Düsseldorf. M: CentralVerb Deutscher Fotografen, Arbeitskreis Werbe-, Mode- u Industriefotografie AWI, Europhot, Arbeitsgemeinschaft Europäischer Berufsfotografen. H: Film, Landleben, Wassersport, Reisen, Fotografieren.

Bach Eric
N: Erich Bachmaier. : Fotodesigner. G: München, 25. Dez 1942. A: D–8021 Taufkirchen/München, Bussardstr 2. S: Handelsschule, 3 Jahre Fotografenlehre, 1 Jahr kfm Ausbildung, 1 Jahr Dekoration, 2 Sem Staatslehranstalt f Fotografie, 2 Sem Lehranstalt f Höhere Lichtbildwesen, Ak d Bildenden Künste. K: Nach Ausbildung freiberufliche Tätigkeit f Agentur in New York, USA, ab 1966 Agenturen in England u Japan, Produzent u Fotografie f zwei Spielfilme. F: Über 1000 Titelbildveröffentlichungen in Deutschland, Veröffentlichungen in d meisten großen Zeitschriften u Kalenderverlagen in 27 Ländern, Weltpostveröffentlichungen usw. E: Einmal Sieger eines Fotowettbewerbes (nur einmal teilgenommen). M: ADAC, CV-Photographen, Chiemsee Yacht Club. H: Ski, Segeln, Wassersport, Tauchen.

Bachmann Heinz
B: Drogist. G: Berlin, 30. Nov 1924. V: Helga, geb Scholz. A: D–5000 Köln 90 (Porz), Bahnhofstr 14. S: Grundschule, RealGymn, Mittlere Reife, Drogistenlehre 3 Jahre, Reichsarbeitsdienst, Soldat. K: In d Nachkriegszeit Drogistengehilfe, FilialLtr, Weiterbildung Deutsche Drogisten-Ak, Braunschweig, Fotoseminare, Kosmetikseminare, Ausbau d eigenen Firma Scholz KG zu Deutschlands größter Drogerie, dort selbst Komplementär u Geschäftsführer seit 1955. F: Kosmetikjournal, Konstanz, DDF – Das Drogeriewaren-Fachmagazin, München, DDD – Die Deutsche Drogerie, Köln, DDZ – Deutsche Drogisten Zeitung, Gräfeling, Kölner Stadt Anzeiger, Kölnische Rundschau. D: WDR Fernsehen, „Ausbildung der Ausbilder", Ltr v Podiumsdiskussionen auf d Sektor Kosmetik, ua mit Marianne Koch, Indrofa Frankfurt, Erfinder u Ltr d Kölner-Kosmetik-Kreises mit 60 Veranstaltungen. M: Freier Mitarbeiter bei d betriebswirtschaftl Beratungsstelle d Einzelhandels, Köln, Mtgl d Arbeitskreises Drogerie im Institut f Selbstbedienung, Mtgl d Ausschusses f Körperpflege u Kosmetik im Verb Deutscher Drogisten, VDD Köln, Ltr v ERFA-Gruppen in d WirtschaftsförderungsGes d VDD Köln. H: Schwimmen, Tanzen, Tennis, Eislaufen.

Back Chris
B: Manager (Inhaber d Chris Back Promotion). A: D–5068 Odenthal-Eikamp, Schallemicher Str 9. Tel: 02207/7145. S: Konservatorium Amsterdam. K: Arbeit f d niederländische Tages-Zeitung „Het Vrije Volk", Übersiedlung nach Deutschland, Koordinator f Werbung u Sonder-Aktionen holländischer Waren, Organisation v Quiz, Spielen u rasanten Shows.

Back-Vega Ingeborg
B: Stylistin, Dipl-Modellistin, freiberufliche Mode-Designerin. G: Berlin, 16. Dez 1940. V: Peter Back-Vega. A: D–6750 Kaiserslautern, Friedrich Karl-Str 19. S: Frauenfachschule, Lehre u Gesellenzeit bei Charles Ritter, Lübeck, Hamburg, u Uli Richter, Berlin, Meisterschule f Mode, München, Diplom. K: Filial-Ltrin Fa Mode-Hirt München, Designerin, PR-Beraterin, Einkäuferin u Personalbearbeiterin Fa Voit GmbH, Cham, Lederbekleidung, seit 1971 freiberufliche Designerin f DOB u Kinder, Leder, Strick u Stoff. F: Pressearbeit m eigenen Katalogen, Organisation u Durchführung v Schauen, Fachartikel f Publikums- u Fachpresse, Fototermine u Modezeichnungen

f versch Publikationen. H: 2 Kinder (2 u 5 Jahre), Essen.

Back-Vega Peter
B: Chefdramaturg, Regisseur, stellv Intendant, Schauspieler. G: Klagenfurt/Ktn, 29. Mai 1946. V: Ingeborg, geb Blunck. A: D–6750 Kaiserslautern, Friedrich Karl-Str 19. Tel: 0631/19509. S: Abitur, Stud d TheaterWiss, Germanistik, Französisch, Ass u Schauspieler in München, Arbeit in einer Freien Gruppe, Film-KameraAss. K: Chefdramaturg, Regisseur u Stellv d Intendanten an d Landesbühne Schleswig-Holstein GmbH, Rendsburg, Ltr d Dramaturgie, künstlerischer Ltr d Schauspiels, stellv Intendant u Regisseur am Pfalztheater. F: Redaktion v Theaterzeitungen u Programmheften, Artikel f Zeitungen u Fachzeitschriften. M: Dramaturgische Ges, Berlin.

Baer Rudolf Dir
B: Kfm. G: Zürich, 14. Juni 1942. A: CH–3145 Niederscherl l/ Bern, Villa Monkijen. S: Handelsschule Zürich, SprachStud in London u Paris. K: Public Relations bei Triumph Intern, Paris/München, Organisation u Verkauf bei Olivetti (Suisse) SA u SAMPO Olivetti France, Mitbegründer d Color Labor SA, Farbfilm-Verarbeitung, Mitbegründer d Interdiscont Holding SA Fribourg. F: Div Artikel in deutschen u schweizerischen Photo-Zeitschriften im Zusammenhang mit Vorträgen an Tagungen u Seminaren. M: Rotary Club Bern-Berkenburg, Chaine des Rotisseurs, Vorst BSC Young Boys Bern, Member of DMAA (Direct Mail Association of America), div BerufsVerb. H: Modern Art, Vintage Cars.

Bahner-Drews Ursula
B: Maskenbildnerin, Visagistin, Hairstylistin. G: 14. Dez 1941. V: Robert Drews. A: D–1000 Berlin 13, Im Heidewinkel 35. S: Mittlere Reife, Sprachenschule, Friseurhandwerk, Theater, Film. K: Spielfilm, Fernsehen, Werbung, Fotos, Schminkkurse f Kosmetik, Visagistin. H: Familie, Reisen.

Ballmann Herbert
B: Regisseur, Produzent, Autor. G: 29. Dez 1924. V: Renate Hildegard. A: D–1000 Berlin 33, Fontanestr 10. S: Abitur, Schauspielschule. K: 1950–59 Regisseur u Autor b DEFA-Spielfilm, seit 1959 Berlin-West Regisseur u Autor f Theater, Spielfilm, TV. E: Adolf Grimme-Preis in Gold 1971.

Ballmann Rolf Alexander Alfred Dr phil
PS: Feist Belmont. B: Ltd Redakteur u Dramaturg im ZDF. G: Berlin, 11. Nov 1928. V: Renate, geb Fack. A: D–6204 Taunusstein bei Wiesbaden, Feldbergstr 7. S: 1939–43 Freiherr-vom-Stein-Gymn in Fulda, 1944–45 Luftwaffenhelfer in Kassel, Ausbildung am Funkmeßgerät, Kriegsfreiwilliger d Marine, 1946–48 Freiherr-vom-Stein-Gymn in Fulda, Abitur, 1948–49 praktische Tätigkeit in d WerbeAbt eines Industriebetriebes in Frankfurt/Main, 1949–54 Stud d Historischen SozialWiss (Gesellschaftslehre, Geistesgeschichte, Germanistik) in Frankfurt/Main (Vorexamen) u Marburg/Lahn (Staatsexamen), gleichzeitig musikalische Ausbildung, Diplomarbeit: Die Sozialordnung Chinas u Indiens im Spiegel d engl u d franz Wirtschaftlehre d 18. Jahrhunderts, später weitere Studien an d Univ in Gießen, Mainz, Graz u Edinburgh. K: 1955–58 Dramaturg u RegieAss an d Städt Bühnen Frankfurt, gleichzeitig freier Mitarbeiter ProduktionsAss beim Hessischen Rundfunk (Fernsehen), während dieser Zeit ua Ass folgender Regisseure: Arno Assmann, Dr Hans Hartleb, Dr Georg Hartmann, Leopold Lindtberg, Dr Günther Rennert, 1958–60 Pressereferent u parlamentarischer Geschäftsführer im Hessischen Landtag, Wiesbaden, 1959 Promotion, 1960–61 Lektor u Ltr d dramaturgischen Büros d Abt Kultur beim Freien Fernsehen in Frankfurt, 1962–67 Redakteur f zentrale Aufgaben in d Ltg d HA Kultur beim ZDF, gleichzeitig Autor, Redakteur u Regisseur v kulturellen (soz u hist) Sendungen, 1968–73 Redakteur u stellv Ltr d Abt Bildung u Erziehung d ZDF, in dieser Zeit ua Produktion folgender Sendungen u Sendereihen: SozialWiss, GeistesWiss, Medizin, Wurzeln d Freiheit, Mensch u Maschine, Zeitreport nach Noten, Zwischen Tradition u Fortschritt – 500 Jahre Univ München, Vom Lehren u Lernen d Politik, seit 1974 RedaktionsLtr Dokumentarspiel, ZDF. M: Dramaturgische Ges eV, Deutsche Vereinigung f Politische Wiss, Ver f Sozialpolitik 1874, Ver f Altertumskunde u Geschichtsforschung, FDP. H: Musik, Segeln.

Balschun Roland
B: Betriebswirt, FilmKfm, BankKfm. G: Kaiserslautern, 16. Apr 1952. A: D–6700 Ludwigshafen/Rh, Frankenthaler Str 71. S: Handelsschule, Lehre an Deutsche Bank, Stud d Betriebswirtschaft. M: WirtschaftsVerb d Filmtheater u Filmverleiher. H: Tennis, Innenarchitektur, Reisen.

Baltes Adalbert
B: Film- u Fernsehregisseur, Dramaturg, Schriftsteller. G: Wiesbaden, 27. Juli 1916. V: Lieselotte, geb Koch. A: D–2000 Hamburg 2O, Eppendorfer Baum 44. Tel: 040/481744. S: Oberrealschule, Reimann-Schule Berlin. K: Dramaturg UFA, Wirtschaftsfilm, Berlin, Regisseur Film u Fernsehen, Verfasser v Fach- u Zeitungsartikeln über Film u Fernsehen, Gutachten, Erfindungen, Totalkino, CINETARIUM. F: Die Filmwoche, Amusement – Industrie, Das Neue Universum, Fernsehwoche, Filmblätter, Stern. E: In- u ausländische Filmpreise. M: FKTG. H: Malen.

Bamberg Arno C Ing Doz
B: Ing, Tonmeister VDT, Doz an d HFF-MCH. G: Osnabrück/Niedersachsen, 18. Juni 1933. V: Karin-Barbara, geb Scharf. A: D–8000 München-Bogenhausen 80, Mühlbaurstr 45. Tel: 089/983532. S: Obersekunda-Reife, Fachschule, Ing-Schule Hagen/W, Ausbildung bei Hrn Prof Dr Trautwein, Düsseldorf (Tonmeister) u Prof Dr Reuter, Münster/W (Gesang, Klavier). K: Ing u Tonmeister bei AFN München, Hessischer Rundfunk, Frankfurt/M, Rias Berlin, verantwortlicher Ing beim Ausbau d Studios in Unterföhring d RIVA München (Heute ZDF u Bayr Rundfunk), 2. Musiktonmeister d Studio Hamburg, seit 1972 Doz u ltd Ing an d HS f FS u Film München f StudioTechn (Bild u Ton), hier auch, Aufbau u Planung d gesamten farbfernsehtechn professionellen Studioanlagen, verantwortlicher Tonmeister bei 1. Farbfernsehoper 1968 „Figaros Hochzeit", bei etwa weiteren 15 Opernproduktionen f d Bayrischen Rundfunk, zahlreiche Fernsehspiele f ZDF u NDR/BR. E: Mehrere Filme, die tontechn betreut wurden, zul „Aber Warum", sind ausgezeichnet worden. M: Verb Deutscher Tonmeister Hamburg, Berlin, Gewerkschaft f öffentliche Dienste Stuttgart, Mtgl d SPD Deutschland. H: Fotografie, Hi-Fi-Techn, Klassische Musik, Wassersport.

Barabas Stanislav
B: Film- u Fernsehregisseur. G: Kalinka/CSSR, 4. Feb 1924. V: Margarita, geb Kaserova. A: D–2000 Hamburg 71, Erbsenkamp 10/A. S: Gymn, Abitur 1943, JuraStud bis zur 1. Staatsprüfung in Bratislava, FilmHS, Fach: Filmregie 1946–50 in Prag. K: 1950–60 Regie bei Dokumentarfilmen, 1960–68 Spielfilmregisseur in d CSSR, im Herbst 1968 d CSSR verlassen, seitdem in Hamburg wohnhaft, seit 1968 Regisseur f Fernsehfilme u Fernsehspiele, ca 10 Dokumentarfilme, Spielfilme: „Das Lied um die graue Taube", 1960, „Trio Angelos", 1963, , Das Läuten für die Barfüßige", 1965, „Tango für einen Bären", 1966, Fernsehfilme: „Die Sanfte", 1967, „Der Ewige Gatte", 1969, „Einfach Sterben", 1971, „Jonas", 1970, „Die Erbschaft", 1971, „Inferno", 1972, „Das Blaue Hotel", 1973, „Der Schwierige", 1974, „Comenius", 1974, „Ein Klotz am Bein", 1975, „El Greco malt den Großinquisitor' „Wir sind Utopia", 1976, „Tödlicher Ausgang", 1978. E: 1961 Preis d Kritik f d Film „Das Lied um die graue Taube", 1966 Preis „Vienale" f „Tango für einen Bären", 1968 Grand Prix Monte Carlo u Preis d Film- u Fernsehkritik (CSSR) f „Die Sanfte", 1970 Goldene Kamera f „Der Ewige Gatte". M: Ver d Film- u Fernsehregisseure in Deutschland. H: Jazz, Volleyball, Eishockey, Wodka.

Bardenhewer Walter
B: Fotograf f Ind, Architektur, Werbung u Reportagen, Porträt-Studio. G: Köln, 22. Juli 1922. V: Erika, geb Bolt. A: D–6200 Wiesbaden, Bierstadter Höhe 35. S: Abitur, Ausbildung in Filmdramaturgie b Alexander Scotti Interfilm Wiesbaden, Fotografenlehre, Schule f künstlerische Fotografie u Gestaltung Marta Hoepffner. K: Fotofachverkäufer, Inst f werbliche, künstlerische, wiss Fotografie u graphische Gestaltung Foto-Graphik GmbH Wiesbaden, 1951 selbständig, versch Fachlehrgänge, Porträt-Studio, Fotoreportagen, Architekturaufnahmen, steigende Kontakte zu namhaften weltweiten Firmen in d BRD u ausländischen Firmen m Sitz in Deutschland f Ind u Architektur, Auslandsfahrten. F: In versch Deutschen u intern Fachzeitschriften d Ind, Wirtschaft u Architektur. E: Ehrenurkunden v CentralVerb Deutscher Fotografen u HandwerksKam Wiesbaden f wertvolle Leistungen im Handwerk. M: Europhot, Deutsch-Irische Ges, KolpingVer, MännergesangsVer u Carnevalclub Wiesbaden. H: Gartenarbeiten m Gartengestaltung, Wanderungen, Zeichnen, Lesen.

Barell Bobby Dr
B: Circuloge (CircusWiss), Circusmanager. G: Berlin, 26. Mai 1917. A: D–1000 Berlin 30, Bambergerstr 46. S: RealGymn m Abitur, Stud d TheaterWiss u ZeitungsWiss (durch Krieg abgebrochen). K: Seit 28 Jahren lfd Manager v Großcircussen bzw Pressechef, Spezialist f Circusgeschichte, GenSekr d Intern Ges d Circushistoriker, Sitz Wien. F: Bucherschei-

nungen: Willi Hagenbeck „König d Dompteure", „Philip Astley, der Mann, der d Circus erfand" Gesamtgeschichte aller Circuse d Welt (bisher noch nicht publiziert, in Vorbereitung), zahllose Artikel in Zeitungen u Zeitschriften über Circus- u Artistengeschichte. E: Prof eh d englischen St Olafs Univ. M: GenSekr d Ges d Circushistoriker, Pr d ABC-Presseclubs, EhrenMtgl zahlreicher Zirkusvereinigungen. H: Magische Kunst, Segelfliegen, Sammler v Feuerzeugen.

Barke Rudolf
B: Fotograf. G: 30. Juni 1928. V: Helga, geb Haase. A: D–3392 Clausthal-Zellerfeld, Am Dammgraben 12. S: Grundschule. K: Gelernter Schlosser, während d Lehre 1944–45 Soldat, bis 1946 Lazarett u Gefangenschaft, 1946–48 Bergmann im Erzbergwerk Grund, nach Arbeitsunfall (Halswirbelbruch) Ausbildung als Fotograf, zum Teil autodidaktisch u durch Fachbesuche bei d Firmen Leitz, Linhof u Agfa, 1965–72 als Fotolaborant u Fotograf am geologischen Institut d TU Clausthal tätig, dann selbständig – Firma Harzfoto Barke – nach Ablegung d Gehilfen- wie d Eignungsprüfung zum FotografenMstr. F: Praline, Neue Welt, Bunte Illustrierte, Orbis-Verlag, Verlag Das Beste, Merian-Verlag, Westermann-Verlag, Reise- u Verkehrsverlag, Kosmos – Ges f Naturfreunde Franckh'sche Verlagshandlung, Bauer-Verlag, Springer-Verlag usw. E: Urkunden f Tierfotografien, 1. u 2. Preis im BBahnwettbewerb, 2. Preis Tierfotografien im zoologischen Garten Hannover, 1. Gewinner d Sendung „Starparade" mit Rainer Holbe. M: Fotografen-Innung Hannover, HandwerksKam Goslar, Industrie- u HandelsKam, ZentralVerb Deutscher Fotografen, Harzclub, ADAC, Berghornisten, Deutsches Rotes Kreuz, Bergsänger. H: Fotografieren, Wandern, Basteln, Pflanzen- u Tierkunde.

Baron Wolfram StR Ing
B: Studienrat, FotoIng (grad). G: Wiescherhöfen, 22. Okt 1946. V: Irmgard, geb Kurze. A: D–4150 Krefeld, Lindenstr 20a. S: Realschule, mittlere Reife, Lehre als Physiklaborant. K: Ang als Physiklaborant b d Agfa-Gevaert AG in Leverkusen, Stud an d FachHS Köln, Fachrichtung FotoIngWesen, Stud f d Lehramt an berufsbildenden Schulen an d Univ Köln, I. Staatsexamen 1976, II. Staatsexamen 1978, StR z A in Krefeld, Lehrbefähigung in d Fächern: Malerei, Grafik, Desig u Sondererziehung u Rehabilitation d Lernbehinderten, Studio f Gesellschaftsfotografie 1971–78 in Köln geleitet, seit 1976 Unterrichtsauftrag an d Univ Köln, Abt Heilpädagogik im Seminar f geistig Behinderten-Pädagogik im Bereich d audiovisuellen Medienerstellung u -unterweisung. H: Malen, Reisen, Fotografieren.

Barth Hans Joachim OStR
B: OStR, Kantor, Organist. G: Leipzig, 6. Feb 1927. V: Gunhilde, geb Dohrmann. S: Oberschule in Berlin-Grunewald, MusikHS in Berlin: Kirchenmusik 1946–51 (Prof Ahrens), Schulmusik 1950–54 (Prof Stoverok ua), Komposition mit Unterbrechungen 1946–58 (Prof Noetel, Prof Ahrens, Prof Chemin-Petit, Prof Peppina), Mathematik-Stud an d TH Univ Berlin bis 1957. K: Nach d Stud 1958, Übersiedlung nach Nord-Hessen: Schulmusiker u Mathematiker an d evang Melanchthon-Schule in Steinatal, während d Stud Organistendienst in Berlin-Wannsee, Berlin-Charlottenburg (Luisenkirche), Kontakt mit Verlagen (Merseburger, Lienau, CS, BCPD), Freundschaft mit Komponisten, ua Matthias Kern, Hannover, Konzerttätigkeit. F: Berichte über Kompositionen u Konzerte in Musik und Kirche, Der Kirchenmusiker, in Tages- u Wochenzeitungen, veröffentlichte Werke: Toccata u Fuge in D, Orgelmenuett, Lobe den Herrn, Herr, du schlägst dein Wort auf, Weihnachtsgeschichte, Quempas, Psalmentriptychon (alle bei Merseburger), Kammermusik (bei Merseburger u Lienau) uva. E: Preisträger beim Komponistenwettbewerb anläßlich d 125-jährigen Bestehens d Merseburger-Verlages, Kassel, mit d Motette f Chor u Orgel: „Herr, du schlägst dein Wort auf". M: GEMA. H: Streichquartettspiel, Hausmusik.

Barth Karlo
B: Fotografenmeister f Ind, Werbung, Mode, Porträt. G: Sulmingen, 24. Dez 1927. A: D–7950 Biberach/Riß, Marktplatz 24. S: Gymn, Kunstschule Merz Stuttgart, Staatl Ak d bildenden Künste in Stuttgart, Foto + Grafik. K: Freier Mitarbeiter in Ulm/Do, München, Köln, Bayer/Leverkusen. F: Bücher, Zeitschriften, Fotomagazine, eigene Fotoausstellungen. H: Kunstmalerei, mehrere Weltreisen.

Barthel Manfred Dr phil
B: Schriftsteller. G: Chemnitz, 25. Feb 1924. V: Dagmar, geb Krüger. A: D–8023 Pullach, Jaiser Str 29a. S: Abitur, Promotion, Journalismus. K: Film- u Theaterkritiker, Dramaturg,

Produktionschef bei Gloria-Filmverleih, Constantin-Film. H: Golf.

Bartl A Gerhard
B: Fotograf. G: Wien, 18. Nov 1942. V: Ulrike. A: A–1140 Wien, Salzwieseng 46. Tel: 0222/3358753. S: Grundschule, Grafische Lehr- u VersuchsAnst (4 Jahre). K: 4 Jahre Porträtfotografie, 2 Jahre Industriefotografie, 3 Jahre Agenturfotograf f Presse, 7 Jahre Fotograf bei Kronenzeitung, dzt 7 Jahre bei Bunte Illustrierte. F: Bunte, Life, Paris Match, Stern, Quick, Neue Revue, Gente uva. H: Sport.

Bauer Erich
B: Fotograf. G: Karlsruhe, 24. Juli 1908. V: Marie-Luise, geb Dell. A: D–7500 Karlsruhe, Moltkestr 85. S: Mittlere Reife, Staatslehranstalt f Lichtbildwesen, Lehre im Fotostudio Bauer. K: Selbständig seit 1932. F: Versch Bildbände u Bildkalender. M: Mtgl AWI, Presseclub Karlsruhe, Deutscher JournalistenVerb.

Bauer Heinz
PS: Geräusche Bauer. B: Geräuschemacher, Spezial-Soundeffekte, Tierstimmen. G: München 6. Juli 1922. A: D–8014 Neubiberg b München, Jos Kyreinstr 18. S: Grundschule. K: Schlosser, Schreiner, Feinmechaniker, Vorführer, Mikromann, TonAss, Hilfstonmeister, Schauspieler, Sänger, Musikant (Bongo, Konga, Gitarre, Klavier, diatonische Zieharmonika), bis 1949 bei d amerikanischen Armee als Allroundman, Motorpool. F: Versch Artikel über Beruf u Leben in Abendzeitung ua. D: 2x „Am laufenden Band", in manchen alten bayrischen Filmen. M: EHC 70 München AH. H: Musik, Fotografieren, Singen, Wandern (Berg), Sport: Tennis, Schwimmen, Tauchen, Springen, Segeln, Radfahren, priv Motor-Ralley. Sprachen: Englisch, Italienisch, Französisch, viele versch deutsche Dialekte, etwas Türkisch, Arabisch, Jugoslawisch, Rumänisch, Bulgarisch, Kochen, Philosophieren.

Bauer Otto
B: Rektor. G: Nürnberg, 13. Nov 1915. V: Maria, geb Raab. A: D–8820 Gunzenhausen, Leonhardsruhstr 38. S: RealGymn, HS f Lehrerbildung in München. K: Lehrer an Volksschulen, Ltr v Schulfotogruppen, zZ Rektor an einer Hauptschule. F: Evang Gemeindeblatt f Württemberg, 1958, „hobby" (Das Magazin der Technik), 1967, FIAP Jahrbuch, 1958. E: Intern Fotoamateurmeisterschaft 1967 d „hobby" Magazins: 1. Platz in d Themengruppe „Der Mensch", Medaillen u Urkunden bei Landes- u Bundesfotoschauen d VDAV. M: 1. Vors d Arbeitskreises d Fotofreunde Gunzenhausen.

Bauer Monika
B: Fotografikerin, FotografenMstr, Layouterin, Positivretuscherin, Reinzeichnerin, Reprofotografik. G: Stuttgart/Bad Cannstatt, 29. März 1949. V: Karl-Heinz Bauer. A: D–7152 Aspach 2, Lichtenbergweg 6. S: Grundschule, Fachschule. K: 3 Jahre Fotografenlehre, 2 Jahre Farblabor Kodak, 4 Sem Layout u Fotografik in Stuttgart, MstrPrüfung in Stuttgart, 2 Jahre Positivretusche, Reinzeichnung f Eßlinger Zeitung, 1 Jahr Teppich-Design, 1 Jahr Praktikum als Reprofotografin, 7 Jahre Industriefotografie u Portraitfotografie, Werbung. F: Who is Who, Bunte Illustrierte, Quick, Foto Magazin, Fachzeitschriften. H: Spezialgebiet: Fotografische Techniken u Raffinessen in SW sowie Farbe, Flächengestaltungen.

Bauer-Theussl Franz GMD Prof
B: Dirigent. G: Zillingsdorf/Österr, 25. Sept 1928. V: Herta, geb Paulus. A: A–1050 Wien, Leopold Rister-G 5/5/30. S: Gymn, Ak f Musik u darstellende Kunst Wien. K: Als Pianist zwei intern Preise (Genf 1949), Llangollen (Wales 1949), 1951–53 Stadttheater Baden/Wien, 1953–57 1. Kapellmeister d Landestheater Salzburg, seit 1957 ständig an d Volksoper Wien, 1961–65 GMD Opera Amsterdam, 1961–64 Chefdirigent d Wiener BeethovenGes, Festspiele in Salzburg, Bregenz, Mörbisch, Holland, Aix en Provenze ua. E: Große Ehrenzeichen d Republik Österreich u d BLandes Burgenland, Goldene Ehrenzeichen d BLandes Niederösterreich. H: Jagdsport.

Bäuerle Rolf J
B: Fotografenmeister. G: 12. Jan 1941. V: Gisela, geb Schilb. A: D–6368 Bad Vilbel 3, An d Au 30. S: Realschule, Fotografenlehre m Abschlußnote 1 (Gehilfenprüfung) 1960, Meisterprüfung 1970. K: Seit 1969 selbständig, heute 6 MitArb, stellv Obermeister d Fotografen Innung Frankfurt/M, 5 Jahre Mtgl d GehilfenprüfungsKmsn. E: Sieger im HandwerksKam Leistungswettbewerb 1960. M: AWI. H: Rugbyspiel, Skilaufen, Autos, Wein, Hund.

Bauermeister Bernd
B: EinzelhandelsKfm. G: Berlin, 15. Apr 1953.

A: D-1000 Berlin 42, Albrechtstr 60. S: Mittlere Reife, Ausbildung zum EinzelhandelsKfm. K: Verkäufer, Substitut, FilialLtr (2 Jahre). E: Div Fachseminare mit Auszeichnug bestanden. M: BBV, Berlin. H: Fotografiere Bowling, Lesen.

Bauert Monika
B: Kostümbildnerin, Bühnenbildnerin f Theater, Film u Fernsehen. G: Posen, 31. Dez 1943. V: Olaf Tschierschke. A: D-5226 Reichshof, Im Bahnhof Denklingen. Tel: 02296/773. K: Bayerisches Staatsschauspiel München, Städt Bühnen Wuppertal, Landestheater Tübingen, Deutsche Kammerspiele Buenos Aires, Städt Bühnen Oberhausen, Städt Bühnen Ulm, Städt Bühnen Münster, feste Engagements, freie Mitarbeit bei Bavaria Atelier GmbH, SDR, WDR, Ausstattungen f ca 75 Theaterstücke, in- u ausländische Filme, Fernsehspiele, Fernsehserien.

Baumann Ernst
B: Fotograf. . G: Bad Reichenhall, 14. Mai 1906. V: Josefine, geb Viertel. A: D-8230 Bad Reichenhall, Rathauspl 9. S: Grundschule, Autodidakt. K: Seit 1926 freiberufliche Tätigkeit f Zeitschriften, Kalender usw, 1932-39 Standfotograf bei d Luis Trenker-Filmen, 1940-45 Bildberichter f Berliner Illustrierte, Kriegsberichter, nach Kriegsende Aufbau eines Ansichtskarten-Verlages u eines Fotobetriebes in Bad Reichenhall. F: Zahlreiche Veröffentlichungen, 1955 Buch: Meine Berge – meine Kamera. E: Goldene Ehrennadel d Stadt Bad Reichenhall, Verdienstmedaille zum BVerdienstkreuz d BRD.

Baumann Herbert
B: Komponist u Dirigent. G: Berlin, 31. Juli 1925. V: Marianne, geb Brose. A: D-8000 München 80, Franziskanerstr 16, App 1419, Tel: 089/489745 und D-8221 Siegsdorf/Obb, Vorauf F 2/34, Tel: 08662/9811. S: Gymn, Abitur, Intern MusikInst Berlin (Komposition: Paul Höffer, Boris Blacher, Dirigieren: Sergiu Celibidache). K: 1946 Dirigent d Tschaikowsky-Symphonieorchesters Berlin, 1947-53 Komponist u Kapellmeister am Deutschen Theater Berlin, 1953-70 an d Staatl Bühnen Berlin (Schillertheater u Schloßparktheater), 1971-79 Ltr d Musikwesens am Bayerischen Staatsschauspiel (Residenztheater München), seit 1979 freiberuflicher Komponist, Komponist zahlreicher Bühnenmusiken, TV-Musik, Musik f Film u Funk, Komponist sogenannter „E-Musik": Orchestermusik, KamMusik, Chorwerke, Komponist folgender Filme bzw Theaterstücke: „Faust I u II", „Wallenstein", „Don Carlos", „Parasit", „Macbeth", „Othello", „Richard II", „Was ihr wollt", „Wie es euch gefällt", „Viel Lärm um nichts", „Komödie d Irrungen", „Romeo u Julia", „Antigone", „Der Geizige", „Volpone", „Amphitryon 38", „Impromptu", „Der Ball d Diebe", „Der Walzer d Toreros", „Penthesilea", „100 000 Taler", „Kyritz-Pyritz", „Mirandolina", „Italienische Nacht" uva. E: Man of Achievement 1973 Cambridge. M: VDMK, Künstlergilde, DKV. H: Bücher (bes über bildende Künste), Schmalfilm, Reisen, Wandern.

Baumann Werner Ing
B: Fotograf. G: Nauort, 10. Mai 1944. V: Gisela, geb Schymura. A: D-5410 Höhr-Grenzhausen, Böckler Str 4. Tel: 3464. S: Realschule, Lehre, Abschluß als Landessieger, Stud an d FachHS Köln, MstrPrüfung, Bundeswehr: 2 Jahre, OLt d Res, Heeresflieger. K: AtelierLtr, öffentlich Bestallter u Vereidigter Sachverständiger, Lehrbeauftragter an d ErziehungsWiss HS Rheinland-Pfalz. F: Rhein-Zeitung, Kunst und Handwerk, International-Phototechnik, Handwerkszeitung, Photo-Presse, Das Haus, Die Schaulade, Deutscher Ärzteverlag, Hör Zu, Glas und Porzellan, Brigitte, Bauen und Fertighaus. E: Förderungspreis d Landes Rheinland-Pfalz 1971 u 1974, Silbermedaille d Deutschen Ärzteverlages 1978. M: ArbeitsGem d Deutschen Kunsthandwerks, Arbeitskreis Deutscher Werbe- u Industriefotografen, CU u Europhot. H: JagdWiss, Töpferei, Siebdruck, Photographica.

Baumann Wilhelm
B: FotografenMstr. G: Karlsruhe, 28. Feb 1915. V: Margarethe, geb Wagner. A: D-5410 Höhr-Grenzhausen, Rathausstr 12. Tel: 7131. S: RealGymn Karlsruhe, Lehre bei Hoffotograf Jean Fiedler, Kunstgewerbeschule, MstrSchüler bei Prof W Hege. K: Inhaber eines Werbefotografischen Studios seit 1946, Lehrlingswart d Fotografen-Innung. F: Kunst und Handwerk, Rhein-Zeitung, International-Phototechnik, Handwerkszeitung, Photo-Presse, Die Schaulade, Deutscher Ärzteverlag, Hör Zu, Glas und Porzellan, Brigitte, Das Haus. E: Ausstellung in d Paulskirche in Frankfurt/Main, Silberne Ehrennadel d CU, Silbermedaille d Deutschen Ärzteverlages. M: Arbeitskreis Deutscher Werbe- u Industriefotografen, CU und Europhot. H: Malerei.

Baumgart Fred
B: Fotograf. G: Berlin, 17. März 1942. V: Bärbel, geb Borowski. A: D–1000 Berlin 36, Forster Str 19. S: Grundschule, Stud Famous Photographers School. K: 1975 Fotoausstellung in einem Berliner Mietshaus „Der Mensch in seiner Welt", 1976 Teilnahme an Fotoausstellung „Europäische Fotografen" 1976. F: In versch Zeitschriften, zB Tip, Hör Zu, versch Sportzeitschriften, Fotomagazin, Tempelhofer Wochenblatt Berlin. E: Mehrere Urkunden bei Wettbewerben.

Baumgartner August Peter
B: FotografenMstr. G: Leoben, 21. Juni 1947. V: Maria, geb Langmann. A: A–8010 Graz, Sporg 32, A–8010 Graz, St Georgeng 5. S: Gymn, Fotografenberufsschule, Weiterbildung im fachlich kfm Bereich durch Seminare. K: Lehrzeit, Gesellenzeit, 1971 MstrPrüfung im Fotografenhandwerk, Gründung d Fa Foto Baumgartner, 1977 Änderung in eine GesmbH, vorwiegend Beschäftigung mit Farbbilderherstellung f Publikationen, Herstellung v Ansichtskarten, Werbefotografie, Vermarktung d Produktes Bild auf intern Basis, Herstellung v künstlerischen Aufnahmen sowohl reproduktiv (Museen, Oper usw) als auch kreativ. F: Div Veröffentlichungen in Japan, Australien, USA, Frankreich, BRD usw. E: Div Platzierungen u Auszeichnungen auf nationaler u intern Ebene. M: Arbeitskreis Bild Austria, Europhot, RSV, Verb d Ansichtskartenhersteller u Verleger, VorstMtgl d Österr Richard Wagner Ges, Forum Stadtpark Graz, Privatclub. H: Klassische Musik, Literatur (selbst schriftstellerisch tätig), Philosophie, Reiten.

Baumgartner Herbert
B: Filmemacher. G: Graz, 20. März 1947. A: A–1100 Wien, Kempelengasse 12/2/19, und A–8010 Graz, Theodor Körner-Str 85. S: Matura, Dipl d HS f Musik u darstellende Kunst Abt Film u Fernsehen. K: Während d Stud in sämtlichen Funktionen (außer Kamera u ProduktionsLtg) an Filmen versch Größenordnung mitgearbeitet, nach Abschluß als RegieAss tätig, dann eigene Regie bei kleinen Fernseh- u Wandertheaterinszenierungen, seit 1977 permanent als Cutter f Fernseh- u Kinofilme beschäftigt. M: Mtgl d Ver d österr Filmschnittmeister. H: Träumen.

Baumgärtner Max Dir
B: FilmKfm, Inhaber v Filmtheaterbetrieben. G: Nürnberg, 29. Okt 1919. V: Li, geb Davis. A: D–8500 Nürnberg/Eibach, Schussleitenweg 136. S: RealGymn, Hotelfachschule, TheaterLtr Praxis. K: Sohn eines Filmtheaterinhabers, Praxis in d Filmindustrie, Hotelfachschule, 5 Jahre Kriegsdienst, 25 Jahre Geschäftsführer eines Premiertheaters, heute Inhaber v Filmtheaterbetrieben. F: Nürnberger Nachrichten, Abendzeitung, Filmecho, Filmwoche. E: Ehrennadel f ausgefallene Schaumannsarbeit, Gewinner v Wettbewerben f Film-Premieren. M: Mtgl d FilmtheaterVerb, Industrie- u HandelsKam, Vereinigung d Altstadtfreunde Nürnberg. H: Garten, König Ludwig II Studien.

Baumgartner-Thoeren Carla
B: Produktions- u AtelierSekr, ProduktionsAss. G: Venlo/Holland, 2. März 1944. A: D–8011 Baldham, Alte Poststr 12, D–8000 München 82, Zehntfeldstr 258. Tel: 08106/8223 oder 089/423360. S: Mittlere Reife, Handelsschule. K: Seit 1962 bei Film u Fernsehen tätig, bis 1967 feste Ang bei Bavaria Atelier GmbH, dann auf eigenen Wunsch freiberuflich tätig bei Bavaria, ZDF, TV 13, CTV 72, amerikanische Filmproduktionen usw. H: Film, Theater, Sport.

Baur Hanns
B: Autor, Filmjournalist. G: 30. Apr 1926. A: D–8000 München 90, Ludmillastr 16, D–8161 Radthal, Post Wörnsmühl. S: A Abitur. K: Pressechef d Filmfirmen Anton E Dietz, Continental, Schorcht-Bavaria, schriftstellerische Arbeiten, Romane: Millionen-Erbschaft, Gefährliche Leidenschaft, Der gelbe Tod, Unter römischer Sonne, Luxusherberge zum Knast, Die Wilderer vom Leitzachtal ua. F: Als Filmjournalist Veröffentlichungen in fast allen deutschen Illustrierten.

Baur Max
B: Lichtbildner. G: Günzburg, 4. Feb 1898. V: Marianne, geb Ernsberger. A: D–8213 Aschau/Chiemgau, Zillibillerstr 2. S: Hum Gymn. K: 13 Jahre Verlagsbuchhandel in München, Dachau, Innsbruck, Trier, vom Lehrling zum VerlagsLtr, 51 Jahre Fotografen-Mstr, Allround-Fotograf (Architektur, Plastik, Landschaft, Flora, Industrie, Portraits). F: 1938 Bildband: Potsdam – 1932–1934 Bildkalender, 1963 Bildband Chiemgau –Riemenschneider –Sanssouci, „Mandi", Kinderbuch, 1963 Bildband: „Potsdam, wie es war", Veröffentlichungen in vielen Zeitschriften. E: 1932 Goldmedaille bei d Weltausstellung. M: Mtgl d Ges

Deutscher Lichtbildner. H: Kunstschrift, Typographische Gestaltung.

Bayer Hans Dr
PS: Thaddäus Troll. B: Schriftsteller, Journalist. G: Stuttgart, 18. März 1914. V: Susanne, geb Ulrici. A: D–7000 Stuttgart 1, Trauberstr 15. S: Abitur, Stud d Germanistik, Kunstgeschichte, vergleichenden LiteraturWiss, TheaterWiss u ZeitungsWiss in Tübingen, München, Halle u Leipzig, 1938 Promotion z Dr phil. E: 1962 Theodor Wolff-Preis, 1970 Prix Aleko, Sofia (literarische Auszeichnung d bulgarischen Volksjugend), 1974 beabsichtigte Ordensverleihung abgelehnt. M: Süddeutscher SchriftstellerVerb, s 1959 Mtgl d RundfunkR d Süddeutschen Rundfunks, 1968–77 Erster Vors d Verb Deutscher Schriftsteller, LandesVerb Baden-Württ, 1970–73 Stellv Vors d Verb Deutscher Schriftsteller, seit 1970 Stellv Vors d RundfunkR d Süddeutschen Rundfunks, stellv Vors d FernsehAussch u stellv Mtgl d Fernsehbeirats d ARD, seit 1971 Mtgl d PEN-Zentrums d BRD, seit 1975 Mtgl d Pr d PEN-Zentrums, seit 1978 VizePr d PEN-Zentrums. H: Theater, Kochen, Reisen.

Beck Alfred Otto Hermann
B: Konzert- u GastspielDion. G: Frankfurt/M, 24. Juni 1931. A: D–6078 Neu-Isenburg, Schubertstr 9. S: Höhere Handelsschule. M: IVTCDV, IAL, Verb Deutscher Theater u verwandter Unternehmungen eV, München. H: Reiten, Golf, Schwimmen, Wandern.

Beck Helmut
B: Film- u Fernsehproduzent. G: Hamburg, 24. Dez 1904. V: Anne, geb Jaeger. A: D–2000 Hamburg 76, Hartwicusstr 13a. S: RealGymn, Abitur, Kfm Lehre, Stud rer pol, Tätigkeit bei Presse. K: Beginn d Tätigkeit in Berlin in d Filmindustrie, ProduktionsAss, ProduktionsLtr bis Kriegsende, 1946 Gründung d camera Filmproduktion in Hamburg, erster Film in Westdeutschland „In jenen Tagen", weitere deutsche, dänische u amerikanische Filme, 1962 als aktueller ProduktionsLtr beim NDR-Fernsehen bis zur Pensionierung 1971. F: Div in Zeitschriften u Zeitungen. D: Produzent v folgenden Filmen: ua „Der Biberpelz" (mit Gerhard Hauptmann persönlich) 1937, „Quax, der Bruchpilot" (mit H Rühmann), 1942, „In jenen Tagen", „Hallo, Fräulein" ua, 3 Edgar Wallace Filme in Kopenhagen (Freud-Film, John Huston, Tunnel 28), beim Fernsehen 10 Jahre lang alle Auslandsproduktionen, Feature u Großübertragungen beim NDR, zuletzt Mitarbeit Tagesschau. M: CDU, ADAC, DRK, RFFU.

Beck Till Ing
B: FotografenMstr. G: Berlin, 21. Aug 1935. A: D–8500 Nürnberg, Ludwigstr 53. Tel: 226088. S: Oberrealschule, IngAk. K: Lehre als Werkzeugmacher, Stud zum Ing, BetriebsIng Ang, InvestitionsIng, VertriebsIng, VerkaufsbereichLtr u WerbeLtr, selbständiger FotoKfm. F: Div über Agenturen. M: SPD. H: Fotografieren, Reisen.

Becke Heinrich v d
B: Bildjournalist. G: Dresden, 20. März 1913. V: Theresia. A: D–1000 Berlin 19, Lietzensee Ufer 3. S: RealGymn, 3 Jahre Volontär als Bildreporter. K: Bildreporter in Agenturen bis 1945, ab 1945 selbständig. F: In allen wesentlichen deutschen Illustrierten, Tageszeitungen, Olympia-Büchern ua Sportbüchern. E: Sportbild d Jahres, BVerdienstkreuz. M: JournalistenVerb Berlin, Ver Deutsche Sportpresse, DGPh, AIPS. H: Schwimmen.

Becker Dieter
B: Kfm. A: D–6000 Frankfurt 70, Tucholskystr 79. K: Organisation Management. F: Rundschau, Nachtausgabe, Bild. E: Auszeichnungen v PEPSI COLA Vertrieb Frankfurt/M. M: Mtgl d Verb intern Direktoren eV Düsseldorf.

Becker Ewald
B: FotoKfm. G: Magdeburg, 17. Mai 1921. V: Marianne, geb Strebl. A: D–8101 Klais, Bahnhofstr 4. S: RealGymn Braunschweig, Fotodrogerie Tegtmeier, Berlin. K: Aktiver Offizier 1941–45, Oblt d Panzerdivision, bis 1977 Fotokopieranstalt in Klais, dann Fotogeschäfte u Ateliers in Klais u Mittenwald, Mtgl d Plusfotogruppe. E: EK I u II, Verwundetenabzeichen in Silber, Kriegsverdienstkreuz I u II Klasse. M: 1. Vorst d EislaufVer Mittenwald, FischereiVer Mittenwald, SchützenGes Klais (im Vorst). H: Rennpferde, Filmen.

Becker Gerd F
B: Fotografenmeister, Ind- u Werbefotograf, Fotografiker. G: Idar-Oberstein. V: Hannelore, geb Hanke. A: D–6800 Mannheim-Vogelstang, Zeitzer Weg 4. S: Grundschule, Fotografenlehre, Gesellenjahre, Meisterprüfung. K: 5 Jahre Ind- u Werbefotograf bei Daimler Benz AG, 4 Jahre Ind- u Werbefotograf, StudioLtr u Meister, dann selbständiges Studio f Fotogra-

fik, Ind- u Werbung. F: Fachpresse, Prospekte, Anzeigen, Plakate, Tageszeitungen. H: Wassersport, Reitsport, Badminton, Malen, Zeichnen.

Becker Gert
B: Fotografenmeister. G: Essen, 10. Mai 1941. V: Inge, geb am Wege. A: D–4300 Essen-Stadtwald, Kuckucksrain 42. S: Realschule, Mittlere Reife, Fotografenlehre u Meisterprüfung. K: Selbständig seit 1965 m einem Fotoatelier, Porträt u Werbeaufnahmen, zZ nur noch Werbeaufnahmen, Architektur (Ausstellungen). H: Sport.

Beckmann Hartwig Hans
B: Drogist. G: Bochum, 23. Juli 1949. A: D–4320 Hattingen/Rhein, Denkmalstr 14, D–4630 Bochum 5, Hattinger Str 791. S: Gymn, Mittlere Reife, 3 Jahre Drogistenausbildung, versch Kosmetikkurse, Spanischunterricht. K: Nach Ausbildung u Bundeswehr (Sanitätsgefreiter), 1971, Eintritt in d väterliche Unternehmen, dort 3 Jahre Geschäftsführer u Ausbau d Unternehmens auf 4 Verkaufsstellen, nach Tod d Vaters Übernahme d Unternehmens 1978 als Alleininhaber, daneben 1976–77 Disc-Jockey im „Don Ernesto", Hattingen. F: WAZ (nach Geschäftsumbau). M: EinzelhandelsVerb, DrogistenVerb, ReitVer, Hattingen. H: Geschäfte, Reiten, Frauen, Autos (Besitzer v Chevrolet Blazer).

Begsteiger-Traun Heinz Kons
B: Porträtfotograf, Grafiker. G: Kottbus, 2. Apr 1913. V: Helga, geb Stichlberger. A: A–4020 Linz, Mozartstr 1. S: RealGymn Linz, Matura, PhilosophieStud an d Univ Innsbruck (GeistesWiss), Grafische Lehr- u Versuchsanstalt, Wien. K: Ltr d Schulamtes d Landeshauptstadt Linz, Luftkriegsschule 8, Göppingen (Oblt d Res), 1948 Übernahme d 1912 gegründeten Porträtstudios Begsteiger, Linz, bis 1976, ab 1978 Ltr d Oberband-Galerie Traun, Kons f Kunstpflege d OÖ LandesReg. F: Porträts v Min, Bischöfen, Landeshauptmännern, Künstlern, Ärzten, Wissenschaftlern in allen bedeutenden Österr Tageszeitungen u Fachzeitschriften, außerdem in vielen deutschsprachigen Zeitungen u Zeitschriften außerhalb Österreichs, Autorenfotos in Büchern, Eigenveröffentlichungen: Kunstmappen „Der schmale Pfad", 1973, OÖ LVerlag, „Das dunkle Tor", 1974, „Tag und Traum", 1974, ebenfalls OÖ LVerlag, Essay: Kunst u Gesellschaft vor dem Jahre 2000, Eigenverlag, Druckwerke in mehreren europäischen Staats-, National- u UnivBibliotheken sowie im Zentralarchiv Deutschen Schrifttums in Leipzig, Originalblätter in vielen Galerien ua im Lenbachhaus München im Rahmen d Deutschen Kubinarchivs. E: Agfapreis f Berufsfotografie 1959, Messemedaillen in Gold u Silber als Teilnehmer u Einzelaussteller, Prof Willy Hengl Plakette. M: VizePr d Traunviertler KulturVer, Mtgl d OÖ Autorenkreises, d OÖ Künstlerbundes. H: Antiquitäten, Sammler v Ostasiatischer Kunst seit d T'ang-Dynastie.

Behle Peter
B: Regisseur, Autor. G: Frankfurt/Main, 23. Juni 1947. A: D–6370 Oberursel, Folkbertusstr 3. S: Gymn, HS. K: HS f Fernsehen u Film, München, Ass bei Michael Pfleghar, erste eigene Arbeit Feb 1970, Mitwirkung an folgenden Sendungen: Wünsch Dir was, Der heiße Draht, Wer 3x Lügt, Udo Jürgens-Show, Spiele, Rock-Pop, Die Pyramide, Cabaret aus Israel, Emil Steinberger-Cabaret, Franz Mohler-Cabaret, Kinder- u Jugendsendungen: Litfaß, Dreiländerspiel, 1, 2 oder 3, Phonzeit, Fernsehspiele: Das Ereignis, Die Fernsehliga, Über den Umgang mit Behörden, Glückspiele, Wer einmal in der Anstalt saß, Spielraum, Rundfunksendungen: Familienporträt, Ring frei, Mini-Hörspiele. F: Spiegel, Stern, Bunte Illustrierte, Quick, Neue Revue, Funk Uhr, Gong, Hör Zu, TV Hören und Sehen, Bild und Funk, TELE. E: Goldene Kamera. H: Tennis, Fußball (Eintracht Frankfurt), Lesen, Frankfurt-Sachsenhausen, Spielen.

Beil Peter Ing
B: TonIng u Elektroniker. G: 21. Okt 1943. A: D–8012 Ottobrunn, Georginenstr 7. Tel: 089/602114. S: Stud in München (Ing), ARRI, ARD, ZDF. K: TonAss u Mikromann bei Arri, Tontechniker bei TV-Studio, Ton-Ing beim amerikanischen Rundfunk, StudioLtr bei Max-Zwo-Studio, seit 1974 wieder freiberuflich m eigenen modernsten Apparaten f Radio-TV-Film u Musik, Tontechnik in fast allen „Simmel"-Filmen, div Fernsehfilme ua „George", „View from the Loft", „Brass Target", „Blechtrommel", bisher 48 Kinofilme, über 30 TV-Filme. E: BFilmpreis f „Einer von uns Beiden". M: BdT.

Beissert Gerd
B: Regisseur u Kameramann. G: Karalene/Ostpr, 28. Mai 1912. V: Anita, geb Saathoff. A: D–2081 Ellerbek/Hamburg, Aka-

zienweg 1. S: Acad of Optics and Fotographie. K: 1934 Farbfilmlaboratorium Zeiss-Ikon u Siemens Berlin, Kameramann b UFA-Berlin-Babelsberg u viele Produktionen, 1961 NDR-Television Tokyo u Hamburg, 1964 NDR-Television Hamburg, 1974 NDR public relations. F: Ca 130 Fachpublikationen, ca 350 Filmarbeiten-Dokumentarfilme, wiss Filme, aktuelle Berichte. E: Deutsche u intern Auszeichnungen, Filmpreise. M: Mtgl d Verb Deutscher Kameramänner, PrMtgl im CDK, Deutschland, Europäische Film Union, ca 1700 Fachvorträge über Fernsehtechnik im NDR Hamburg, über 450 Farbdiavorträge, div Seminare, Pilotenlizenz.

Bender Martin
B: Maschinenschlosser, Strangpressenführer, Fotograf, Geschäftsführer. G: Neuenhaßlau, 19. Okt 1946. V: Hannelore, geb Kreft. A: D–6467 Hasselroth 2, Bahnhofstr 25. S: Grundschule, Lehre als Maschinenschlosser, AbendStud Buchhaltung. K: 4 Jahre Monteur, seit 1975 selbständiger Fotograf u Hobbyjournalist. F: Hasselrother Bote, Frankfurter Rundschau, Bild-Zeitung. D: „17 u 2", „Meister Annecker", „Mit Küchenbenützung", „Krach im Landhaus Kunigunde", „Der Meisterlügner", „Ewig Dein", „Was ihr wollt", „Leonce u Lena", „Diener zweier Herren", „Der Strom", „Ja, ja, die Verwandten". M: Freiwillige Feuerwehr, DRK, LiteraturVer, KegelVer. H: Kegeln, Schlafen, Camping, Basteln, Spielen (Monopoly, Skat, Canasta ua).

Benesch Harald
B: Regisseur. G: Wien, 8. Dez 1921. V: Ursula, geb Jockeit. A: D–8920 Schongau/Oberbayern, Pöllandtstr 9. S: Mittlere Reife, Schauspielschule d Staatl Schauspielhauses in Hamburg, 1939–41. K: 1950 RegieAss bei Bertolt Brecht, 1951–56 1. Regisseur an d Vereinigten Bühnen Graz, 1956–62 OberspielLtr am Schauspielhaus Bochum, seit 1963 freier Regisseur f Schauspiel u Fernsehen in Deutschland, Österreich u d Schweiz, seit 1969 GastDoz f Regie u Schauspiel. D: Wesentliche Inszenierungen v Bühnenstücken u Fernsehspielen: „Tod einer Puppe", „Weh dem der lügt", „Kapitän Karagöz", „Hermann Schomberg", „Hanne Hiob", „Der Barbar", „Wer weint um Juckenack", „Zwei Herren aus Verona", „De Waber (Die Weber)". M: BVerb d Fernseh- u Filmregisseure in Deutschland, SchillerGes in Marburg, AlpenVer. H: Bücher, Bergsteigen, Reisen im Mittelmeerraum.

Benz Werner
B: Fotograf. G: Zürich, 5. Jan 1937. V: Heidi, geb Liechti. A: CH–4464 Maisprach, Zeiningerstr 35. S: Primarschule, Sekundarschule, 4 Jahre Lehre. K: Tiefdruckfotograf, Fabag Zürich, Modefotos u Werbung A B Weider Zürich, Wiss Fotografie Ciba Basel, seit 1967 selbständig. F: Annabelle, Frau. M: FotografenVerb Sektion Basel. H: Sport, Bienenzucht.

Berendt Joachim-Ernst
B: Schriftsteller, RedaktionsLtr am Südwestfunk. G: Berlin, 20. Juli 1922. V: Vera, geb Krauth. A: D–7570 Baden-Baden 22, Auf.der Alm 11. Tel: 07223/57094 oder 07221/276225. S: Abitur, Stud (abgebrochen), Wehrdienst, K: 1945 Aufbau d Schallarchivs d Südwestfunks Baden-Baden, Mitbegründer d Südwestfunks Baden-Baden 1945, dort seit 1945 tätig (als RedaktionsLtr), Ltr d Jazz-Referats d Südwestfunks, Schriftsteller, Presse-Referent d Deutschen Jazzföderation, Schallplattenproduzent, Autor v 18 Bücher, die in 16 Sprachen übersetzt wurden, darunter: „Jazz – eine zeitkritische Studie", Deutsche Verlagsanstalt Stuttgart, 1950, „Jazz – optisch", Nymphenburger Verlagsanstalt München, „Spirituals", „Blues", „Variationen über Jazz", „Prisma d Gegenwärtigen Musik", Furche Verlag Hamburg, „Jazzlife", Burda Verlag Offenburg, 1961, „Das Jazzbuch", Fischer Taschenbücherei, „The Jazzbook", „Jazzkalender", „Die Story d Jazz", Deutsche Verlagsanstalt Stuttgart, Ro-Ro-Ro Hamburg, „Ein Fenster aus Jazz", Fischer Taschenbücherei, „Photo Story des Jazz", Krüger Verlag Frankfurt, Tätigkeit beim Fernsehen: seit 1954 Autor JAZZ – GEHÖRT UND GESEHEN, Hörfunk: verantwortlich f alle Jazzsendungen d Hörfunks d Südwestfunks, Autor div Hörfunk-Jazzsendungen, Film (Kulturfilme): „Jazz – Gestern und Heute", „Jazz – Rhythmus der Zeit", „Präludium in Jazz", Vorträge über Jazz. F: Div Artikel u Kritiken in Tageszeitungen, ua in Hör Zu usw. E: Fernseh-Kritikerpreis d DF, Ehrende Anerkennung beim Adolf-Grimme-Preis, Ehrende Anerkennung bei d „Goldenen Rose von Montreux", Polnischer Kulturpreis 1978. M: Deutsche u intern Jazzföderation, Union Deutscher Jazzmusiker uva.

Bergeest Karl
B: Ballettmeister, Choreograph. G: Hamburg, 5. Jan 1904. V: Lisa, geb Czobel. A: D–2000 Hamburg 67, Tannenkamp 43. S: Grundschule, Tanzbühne Rudolf v Laban. K: Solo-

tänzer: Tanzbühne Laban, Max Reinhardt „Die grüne Flöte", Tournee Stadttheater Münster, Essen, Balletts Jooss, London, Städt Ballett Florenz, als Ballettmeister u Choreograph: Berlin, Graz, Danzig, Heidelberg, Köln, Burgtheater Wien (Gast), Zürich Schauspielhaus, Tourneen durch USA, Ferner Osten, Europa, Choreographie f Film „Tanz auf d Vulkan" (Gründgens). F: Das Tanzarchiv. M: DBG, The Laban Art of Movement Guild (EhrenMtgl).

Berger Horst
B: Journalist. G: Siegen/Westfalen, 25. Sept 1923. V: Ilse, geb Hohenwald. A: D–2000 Hamburg 52, Windmühlenweg 35. S: Aufbauschule in Laasphe, Volontariat in Hamburg. K: Volontariat, dann Redakteur, später freier Journalist, Redakteur in Frankfurt/Main, in Bonn u Hamburg. M: Deutsche Journalisten Union, RFFU.

Bergerhausen Bernd
B: Foto-Designer. G: Aschaffenburg, 28. Feb 1979. V: Hannelore Monika, geb Fürle. A: D–6800 Mannheim 31, Dormheimer Ring 6. S: Grundschule, Berufsfachschule. K: Fotografenlehre, AssStelle in einer Werbeagentur in Stuttgart, 1963 Fotografenmeister an d BFachHS in Hamburg, seit 1976 Fotodesigner m eigenem Studio in Mannheim. F: Fachzeitschrift Fach Kontakt. E: Silbermedaille 1965, VALCA VII Salon Fotografico Intern de la Naranja BURRIANA 1965. M: BFF. H: Tennis, Schwimmen, freie Arbeiten, Alte Edeldruckverfahren u Fototechniken.

Berlipp Friedel
PS: Berry Lipman. B: Komponist, Arrangeur, Dirigent, Produzent. G: Burgdorf/Hannover, 11. Nov 1921. V: Trine, geb von Stolzenau. A: D–5024 Pulheim 2, Am Mühlenacker 22, D–5010 Bergheim-Glessen, Am Zehnthof 6. Tel: 02234/82943. S: Erster Musikunterricht mit 7 Jahren dann klassisches MusikStud u Kompositionslehre am Konservatorium Hannover. K: Beginn nach d Krieg am Staatstheater Oldenburg, erste Bühnenarrangements, in dieser Zeit erste Kontakte mit d Rundfunk (Radio Bremen, NWDR u SWF) wo er als Komponist Arrangeur u ausübender Musiker tätig war, dann Schallplattenindustrie, zunächst in Zürich, später in Köln, als Chefarrangeur u Studio-Orchesterchef, in dieser Zeit geschrieben f Künstler wie Gitte, Rex Gildo, Cliff Richard, Chris Howland, Wolfgang Sauer uvam, tätig in allen europäischen Studios, Betreuung v Künstlern wie Charles Aznavour, Chubby Cheker, Sandy Shaw, Petula Clark, Dionne Warwick, Francoise Hardy, Pat Boone, Billy Vaughn uam, seit 1967 freier Musikproduzent, Entdeckung neuer Interpreten ua James Lloyd, außerdem Entdeckung u Kompositionen f d Gesangsduo Cindy u Bert, u Organisten Franz Lambert uam, erfolgreichste Titel ua „La Parranda", „The Girls from Paramaribo" uam, Musik zur deutsch-engl Fernsehserie (26-teilig) „Star-Maidens", außerdem Musik zu versch anderen Fernsehsendungen, zZ Zusammenarbeit mit Komponistenfreund Hans Hofmann (Staatstheater Oldenburg) – Kinder-Musical, bisher ca 45000 Aufnahmen. F: Viele in versch Rundfunkzeitschriften ua Fachzeitschriften, zB Record World. E: 2 Goldene Schallplatten, Ehrenurkunde „Deutsches Schlagerfestival", 1965. M: Deutscher KomponistenVerb, GEMA, Dramatiker Union.

Berndt Hans
B: Journalist. G: Stendal, 11. Juni 1924. V: Eva-Maria, A: D–2000 Hamburg 73, Sorenkoppel 22 B. S: Abitur, Stud d TheaterWiss, Deutsche u Englische Literatur, Kunstgeschichte. K: Feuilletonredakteur bei d „Braunschweiger Zeitung", Feuilletonchef f d „Weser Kurier", Pressechef „Studio Hamburg", freier Kunstkritiker. H: Jazz, Lesen v Belletristik, Skifahren.

Bertschi Ruedi
B: Fotograf. A: CH 4104 Oberwil, Fürstenrainweg 1. S: Realschule, Fachklassen. K: Lehre bei Steiner + Co, 6 Jahre bei Hueter + Co, seit 1972 selbständig. F: Textilrevue, div Tageszeitungen, Wehrzeitschrift, TIR, RR Bulletin. M: Rolls Royce Enthusiasts-Club, Filmclub Oberwil. H: Alte Autos, Rolls Royce Restaurationen, Film.

Beuchling Hans-Werner
B: Foto-Fachberater, Foto- u Bildjournalist, Farbspezialist. G: Plauen i Vogld, 13. Okt 1912. V: Ingeborg Margarete, geb Bahr. A: D–8000 München 80, Gustav Schwab-Str 10. Tel: 089/436488. S: RealGymn, Fotoschule Hamburg, Fotografen-Meister. K: Bildjournalist f Schiffsreisen, Weltreisen, Werbung HAPAG u HAMBURG SÜD, Marinebildberichter, Offizier d U-Bootwaffe, Fotofachberater d Agfa-Gevaert Leverkusen, Seminar-Ltr, Pionier f d geblitzte Farb-Portrait, Foto-Journalist. F: Großbildtechnik, München „international photo

technik", Photo-Presse, Prisma, Fotomagazin „ der fotohändler", Die Fotowirtschaft, MFM fototechnische mitteilungen, Photoblätter, in versch Lehrbüchern. E: Ehrennadel in Gold u Silber d deutschen Fotografenhandwerks. M: Europhot, Central Verb d deutschen Fotografenhandwerks, Innungs-Mtgl München, Presse-Ausweis. H: Schreiben, Schmalfilmen, Oelmalen, Segeln, Bergwanderungen.

Beuthin Walter
B: Freischaffender Architekt. G: Hamburg, 14. Nov 1911. V: Martha, geb Koch. A: D–2000 Wedel/Holstein, Birkenweg 26. S: Grundschule/Seminar, handwerkliche u techn Ausbildung, HS f bildende Künste Hamburg. K: 1936–37 freier Mitarbeiter v Baumstr Paul Fliether Hamburg, 1938–44 Fa Siemens AG, 1944–45 Wehrdienst, 1945–46 amerikanische Gefangenschaft, 1946–55 NWDR Hamburg, 1955 bei Prof Jan Despo Stockholm, 1956–76 NDR Hamburg, ab 1977 freischaffender Architekt f vornehmlich Fernseh- u Filmproduktionsbauten. F: Neue Bauwelt, Tageszeitungen uva. M: ArchitektenKam Schleswig-Holstein. H: Reisen, industrielle Formgebung.

Beyer Helmar
PS: Steff Güldner. B: Komponist, KapellMstr. G: Lichtenberg/Kreis Bischofswerda, 19. Dez 1929. A: D–8542 Roth/Nbg, Paracelsusstr 2. S: MusikHS Dresden, KapellMstrStud bei Prof Ernst Hintze, Klavier bei Helene Zimmermann, Komposition bei Dr Kurt Beythien. K: Opernhaus Chemnitz, Ltr d Fränkischen Bläserboum, Arrangeur u Komponist f bekannte Blaskapellen. F: In div Tageszeitungen. M: GEMA, Interessen-Verb Deutscher Komponisten.

Beyfuss Erika
B: Dramaturgin, Schriftstellerin. G: Arnstadt/Thüringen, 7. Jan 1901. V: Walter Nürnberg. A: D–8022 Grünwald, Tölzerstr 24. S: Abitur, Stud d TheaterWiss, Kunstgeschichte, ZeitungsWiss. K: Eigene Kulturfilmproduktion, ab 1941 Dramaturgin d Bavaria-Filmkunst GmbH, ab 1965 Sachbearbeiterin d Transit-Film. E: Goldene Filmnadel d Österreichischen Filmgilde. H: Schwimmen, Tauchen.

Bezzola Leonardo
B: Fotograf. G: Bern, 24. Apr 1929. V: Hanny, geb Küng. A: CH–3315 Bätterkinden, Landshutstr 369. S: Primar- u Sekundarschule, Retoucheurlehre, Gewerbeschule Bern, Kunstgewerbeschule Zürich. K: Anstellungsverhältnisse in grafischen Betrieben, seit 1959 selbständig. F: Bücher: Wohnort Halen Niggli, Sapperlot, Benteli, Pavillon EXPO Montreal, Schweiz, Zentrale f Handelsförderung, die Welt im Puppenspiel, Silva, Jean Tinguely u Co, Arche, CLIC, Edition mb u t. E: 1. Preis d Eidgen Reiseandenken-Wettbewerb 1957, Eidgen Stipendium f angewandte Kunst 1957–59, Qualitätsprämie d Bundes (Film) 1967.

Bielfeld Horst
B: Naturfotograf u -schriftsteller. G: Danzig-Langfuhr, 10. Okt 1931. V: Herta, geb Petersen-Frey. A: D–2000 Hamburg 73, Soreneck 11, Büro: D–2000 Hamburg 73, Timmendorfer Str 16. S: Gymn in Hamburg-Rahlstedt, dann Lehre in Hamburger KfmBetrieb, nach d Lehre 2 Jahre als ExportKfm, danach in USA u Kanada div private Fotoschulen. K: Schon als Jugendlicher Tiere u Pflanzen gezeichnet u fotografiert, 1955 nach Nordamerika um zu fotografieren u zu schreiben, zunächst nebenberuflich, dann Rückkehr nach Deutschland, Lichtbild-Vortragsreisen, Veröffentlichungen in Tageszeitungen u Zeitschriften, seit 1967 freiberuflich tätig. F: Canadian Nature, Forest u Outdoors, Family Herald, Weekend Magazine, Photo Age, The Star Weekly, Deutsche Jäger-Zeitung, Wild u Hund, Praline, giornale degli uccelli, Rasselbande, Vogel-Kosmos, Hör Zu, Gong, Funk Uhr, Mosaik, Stafette, Animali e Natura, Die Gefiederte Welt, Die Voliere, Das Tier, Sielmanns Tierwelt, bunte tierwelt, vital, treff, Schweizer Jugend uva, ferner eigene Bücher u mehr als 100 andere mit eigenen Fotos illustriert. E: Große AZ-Goldmedaille f Fotos u Buch „Prachtfinken". M: AZ, Austauschzentrale d Vogelliebhaber u Züchter Deutschlands eV (mit 15 000 Mtgl), Deutscher Bund f Vogelschutz. H: Haltung u Zucht v seltenen Prachtfinken, deren Verhalten studieren.

Bienz David Dir
PS: Dav. B: TheaterDir Puppentheater. G: Winterthur, 30. Aug 1947. A: CH–8400 Winterthur, Pflanzschulstr 12. S: Grundschule, Kunstgewerbeschule, KunstAk Prag. K: Puppenspieler, Dir Art-Ass, TheaterDir. F: P u P Zürcherkronik. E: Kunstpreis d Stadt Winterthur. M: Unima, VSP. H: Kunstmalerei, Fotografieren.

Biermann Sacha W
B: Werbefotograf. G: Bochum, 16. Okt 1939.

A: D–4000 Düsseldorf 11, Lueg Allee 18. S: Bayerische Staatslehranstalt f Fotografie, München. K: 4 Jahre Ass, 5 Jahre als Fotograf in Werbeagenturen u Großraumstudios, zZ selbständig. F: In allen Magazinen, Zeitschriften u Tageszeitungen in Deutschland. H: Sport.

Biesenbach Karl-Heinz
B: Fotograf. G: Wipperfürth, 13. Sept 1946. V: Chris, geb Pöschko. A: D–5272 Wipperfürth, Untere Str 30. S: Abitur (math, naturwiss), Stud, Lehramt f Physik, Mathematik u Chemie (als Beifach). K: Geschäftsführer in fotografischem Betrieb seit 1969, seit 1971 im gleichen Betrieb selbständig, Ausstellungen Photokina 1976, 1978, Regionalausstellungen u Ausstellungen bei versch Instituten u Behörden. F: Stern, Bildzeitung. H: Politik, experimentelle Fotografie.

Bigger Marianne
B: Fotografin. G: Bad Ragaz, 18. Jan 1950. A: CH–7302 Landquart, Schulstraße. S: Primarschule, Sekundarschule, 3 Jahre Gewerbeschule St Gallen, Fotolaborantin. K: Stellen in Bad Ragaz, Arosa, Stäfa, Glarus, 1973 eigenes Geschäft in Landquart m Atelier.

Binder Rainer
B: Lichtbildner. G: Schwäbisch Gmünd, 26. Apr 1938. A: D–8000 München 19, Alfonsstr 11. K: Fernsehen, Fachveröffentlichungen, Werbeverträge, Themen: Werbung, Mode, Stars, Show, Touristik, Kosmetik. F: In allen großen Illustrierten.

Birkner Stefan
B: Fotograf. G: Stuhlweisenburg/Ungarn, 12. Aug. 1926. A: D–7030 Böblingen 4, Eichenweg 2. S: Realschule. K: Eigener Fotoladen m Blitz-Porträtstudio. F: In Lokalzeitungen im Kreis Böblingen. E: Auszeichnungen v Agfa u Kodak. M: Mtgl fast aller örtlichen Ver. H: Schachspiel.

Bissuti Kristian Conte
B: Pressefotograf. G: Wien, 8. Apr 1940. V: Antonia, geb Zifferer. A: A–1090 Wien, Schwarzspanierstr 4. S: Gymn, Matura, MusikAk, Fotografengesellenprüfung. K: Ab 1959 fester Ang bei d Zeitung „Die Presse", dann bei „Express", Mitarbeiter bei d Agenturen Votava u Sündhofer, 1965 zu BILD nach Hamburg, nach Rückkehr 1967 wieder zu „Express", schließlich zur „Kronenzeitung", seit 1971 beim „Kurier". F: Ständig im „Kurier", fallweise in deutschen Illustrierten, wie Stern, Bunte, Paris Match usw, in intern Zeitschriften in aller Welt. E: Versch Auszeichnungen. H: Fliegen, Klavierspiel, Musik.

Bittins Michael
B: Produzent u HerstellungsLtr. G: Berlin, 19. Juni 1941. A: D–8000 München 90. Reinekestr 12. Tel: 089/6492756. S: Mittlere Reife, Lehre als MusikverlagsKfm. K: 1959 Bavaria Tonverlag München, ab 1960 freiberuflicher AufnahmeLtr u ProduktionsAss bei Bavaria Atelier GmbH u anderen Firmen, 1962–77 fester ProduktionsLtr bei Bavaria, Durchführung u Betreuung v ca 150 Produktionen aller Art, 1977 Gründung d Radiant Film GmbH m Wolfgang Petersen, Produktionen: „Situation hopelles but not serious", „Raumpatrouille", „Trotzki", „Die Söhne", „Die Revolte", „Tanker", „Varna", „Die Erklärung", „Deep End", „Jaider – der einsame Jäger", „Mathias Kneissl", ‚Geradeaus bis zum Morgen", „Nocturno", „Haus am Meer", „Die Eltern", „Acht Jahre später" (Tatort), „Insel d Rosen", „Vier gegen d Bank", „Kriegsspiel", „Heinrich Heine", „Das andere Lächeln", „Schwarz u weiß wie Tage u Nächte" uva. E: Mehrere BFilmpreise, „Deep End" mehrfach preisgekrönt, „Mathias Kneissl" mehrfach ausgezeichnet, „Das andere Lächeln" – Darstellerpreis 1978, „Schwarz u weiß wie Tage u Nächte" – „Goldene Nymphe" d Festival Monte Carlo 79 u „AFCAE"-Preis d Filmfestival Paris 78. H: Jazzmusik, Tennis, Kino, Fotografieren.

Blagona Michael
B: KameraAss. G: Hamburg, 1. Mai 1953. A: D–2000 Hamburg 52, Rilkeweg 8. Tel: 040/823879. S: Abitur 1974 in Hamburg. K: 1975–77 Ausbildung zum KameraAss bei d Deutschen Wochenschau, Cinecentrum GmbH in Hamburg, Industriefilm, Feature, Kurzfilm, Periodica (Deutschland-Spiegel, Wochenschau), freier KameraAss seit 1977, Schwerpunkt: Feature, Dokumentation, Dokumentarspiel. H: Film u Fotografie in allen Variationen.

Blank Peter M
B: Regisseur, Kameramann, Journalist. G: Köln, 21. Dez 1920. V: Eva, geb Bzdurek. A: D–4030 Ratingen, Schützenstr 95. S: Hum Gymn, Berufsausbildung in Belgien u Frankreich. K: 1936 Emigration, 1942–45 KZ Auschwitz, Warschau, Dachau, 1946 Journalist bis

1950, seit 1950 Filmarbeit als Kameramann u Korrespondent für div ausl Wochenschauen u Fernsehgesellschaften, seit 1954 Regisseur v zahlreichen Dokumentar- u Ind-Filmen. E: Viele Dokumentar- u Kurzfilme m Auszeichnungen, zahlreiche prämierte Ind- u Wirtschaftsfilme im In- u Ausland, ua 1. Preis „Deutscher Industriefilmpreis 1977" f d Mannesmann-Film „Neue Aufgaben – neue Lösungen". M: Deutscher JournalistenVerb, AV Kommunikation d Wirtschaft eV, Deutscher Aero-Klub. H: Motorflug – Literatur – Kunst.

Blankenburg Edith
B: Aufbau-, Abwicklungs-, ProgrammredaktionsLtg beim SFB. G: Berlin, 9. Feb 1923. A: D–1000 Berlin 19, Hölderlinstr 17. Tel: 030/3026554. S: Oberlyzeum, Höhere Handelsschule. K: Aufbau d Fernsehens in Berlin nach 1945, 1. Mitarbeiterin d Nachkriegsfernsehens in Berlin, Pionierarbeit, 1947 als Chefsekretärin zum Zeitfunk. F: Berliner Morgenpost, 1972. H: Gartenarbeit, Schwimmen, Filmen, Bildungs- u Studienreisen in d ganzen Welt.

Blankenburg Werner
B: Filmproduzent. G: Lübben, 18. Dez 1920. A: D–1000 Berlin 39, Alsenstr 21. S: Mittlere Reife. K: Nach d Schulzeit Lehre als techn Kfm bei d Autofirma BMW, nach Abschluß d Lehre Einzug z Wehrmacht, Feldzüge in Frankreich, Rußland u 1944 Italien, letzter Dienstgrad Oberleutnant u Adjutant u Schwadronchef einer Panzer-Aufklärungs-Abt, 1 Jahr amerikanische Gefangenschaft, danach 1/2 Jahr in einer holzverarbeitenden Fa, anschließend Gründung einer eigenen Firma, die aus Kunststoff Regenmäntel u Windelhöschen herstellte, 1960 Gründung d Fa „Mohr v Chamier – Film v Chamier u Blankenburg", 1961 schwerer Autounfall bei Außenaufnahmen, 1965 nach Ausscheiden v Chamier aus d Fa umbenannt in W B Film Werner Blankenburg, bisher über 100 Kurzfilme f d Fernsehen. E: Kriegsorden. M: Mtgl d CDU.

Bleier-Brody Agnes Prof Dr
B: Lehrbeauftragte f d Fach Filmgeschichte an d HS f Musik u darstellende Kunst in Wien, Abt Film/TV. G: Wien, 23. Dez. V: Peter Brody. A: A–1040 Wien, Prinz Eugen-Str 44. Tel: 0222/650156. S: Grundschulen, Tanzunterricht bei Gertrud Kraus, Gesellenprüfung f Damenschneiderei, Matura als Externistin, Schauspielunterricht in England, Univ Wien, Stud d TheaterWiss, phil diss: „Elemente d Stegreiftheaters bei Raimund", Wien 1953. K: Emigration nach England 1938–46, in Wien kleinere Filmarbeiten, Filmjournalismus, filmhistorische Forschung, Veröffentlichungen: Versuch einer Joseph-Gregor Bibliographie 1908–58 (Berlin 1958), Daten zur Urgeschichte d österr Films (in Filmkunst, Wien 1960), Französischer Film von 1900 bis Heute (Katalogredaktion mit Dr Werner Hofmann, Wien 1963), Geschichte d Films in Österreich (Katalogredaktion, Wien 1966), Ten Years of Films on Ballett and Classical Dance 1956–65 (Catalogue mit Gerhard Brunner, Unesco 1968), Gondola Tok AZ Osträk Filmröl (Gedanken zum österr Film – Österreich u ausländische Filmliteratur, in Filmtudományi Szemle, Budapest 1978), andere Übersetzung in Vorbereitung. E: Ordre du Merite Culturel d Volksrepublik Polen, Ehrenmedaille d Österr Filmarchivs. M: Österr Filmarchiv (Beirat), Ges f Ballett-Hilverding Society Wien (EhrenMtgl). H: Familie, Blumen.

Blieffert Peter
B: Fotografenmeister. G: Hamburg, 7. Sept 1940. V: Helga, geb Dürk. A: D–2100 Hamburg 90, Wilstorferstr 31. S: Realschule, mittlere Reife. K: Nach d Lehre in d Staatl Landesbildstelle Hamburg Meisterprüfung 1965, Arbeit in d Werbe-, Mode- u Industrie-Fotografie, seit 1967 selbständig in Hamburg. F: Schöner Wohnen, Hör Zu, Welt, Hamburger Abendblatt, Bild, Morgenpost uva. H: Malen, Motorsport, Jagd.

Blume Hubertus
B: Bildjournalist. G: Berlin, 4. Dez 1944. V: Renata. A: D–1000 Berlin 20, Am Pichelssee 7. Tel: 030/36343. S: Mittlere Reife, kfm Lehre, FachHS f Wirtschaft (Betriebswirt grad). K: Nach Stud freiberuflicher Bildjournalist, Anstellung als Lokalreporter bei d Berliner Zeitung, danach Berlinkorrespondent f Bunte Illustrierte, nunmehr überwiegend Eigenproduktionen f d gesamten Weltmarkt (Agenten in USA, Japan, Brasilien, Hongkong, gesamtes Westeuropa), Produktionsbereich: alltgl menschlichen Situationen, Familie, Kinder, Mutter u Kind, Mädchen, Paare f Urlaubskataloge, Schallplatten, Bücher, Werbung, Illustrierte, Männermagazine, Romanhefte uva, Inhaber d Bildagentur: blumebild-Agentur f Presse, Werbung u Verlag. F: In allen wichtigen Publikationen. H: Segeln, Tennis.

Blumenthal Adolf
B: Pressefotograf, Geschäftsinhaber. G: 17. Apr 1912. A: D–8100 Garmisch-Partenkirchen, Bahnhofstr 3. S: Realschule, KunstAk, Lehre. K: Seit 1930 selbständiger Fotograf, Pressefotograf m Fotogeschäft. F: Bunte, Stern, Spiegel, Quick, Die Zeit, Süddeutsche, Münchner Merkur, alle Zeitschriften u Zeitungen, Paris Match. M: Rotes Kreuz, Skiclub Garmisch u Partenkirchen, TurnVer Garmisch u Partenkirchen, VDK. H: Skifahren, Reisen, Fotografieren, Autofahren.

Bochmann Francisca
B: Musikverlegerin. A: D–1000 Berlin 39 (Wannsee), Feizower Str 13, Postfach 39/0108. Tel: 030/8091740. S: Kfm u musikalische Ausbildung. K: Gründerin d Musikverlages „EDITION CANZONETTA" 1950. F: Billboard. M: GEMA, Deutscher Musikverleger-Verb.

Bochmann Werner
B: Komponist (Film, Bühne, Fernsehen, Funk, U-Musik). G: Meerane, 17. Mai 1900. V: Ditte, geb Kerlen. A: D–8162 Schliersee, Dekan Maierweg 40. S: Oberrealschule Meerane, Abitur 1918, Musikunterricht in Leipzig (Klavier, Theorie), ab 1919 ChemieStud an d Technischen HS Dresden, Fortsetzung d privaten MusikStud. K: Ab 1923 Pianist, Korrepetitor, Komponist, ab 1932 Filmkomponist bei UFA, Terra, Tobis, Bavaria, United Artists (USA), bisher Kompositionen v 120 deutschen, österreichischen, französischen, italienischen u amerkanischen Filmen, 3 Bühnenkomödien u viele Werke d Unterhaltungs- u Tanzmusik, bekannte Werke: Evergreens: Mit Musik geht alles besser, Die kleine Stadt will schlafen gehn, Heimat deine Sterne, Abends in der Taverne, Mir gehts gut, Der Theodor im Fußballtor ua, Ballett „Max u Moritz", Filme: ua „Die Feuerzangenbowle", „Liebeskomödie", „Kautschuk", „Quax, der Bruchpilot", „The amazing quest of Mr Bliss" (mit Cary Grant) ua. E: 1967 Filmpreis d BRD in Gold. M: GEMA, Deutscher KomponistenVerb. H: Astronomie, Archäologie (Magna Graecia).

Bockelmann Heinz
B: FotografenMstr, Kfm, Verleger. G: 4. Nov 1923. V: Susanne. A: D–7994 Langenargen/Bodensee, Obere Seestr 18 u 23/1. S: Spöhrersche Höhere Handelsschule, Calw. K: 3 Jahre kfm Lehre mit Abschluß, 2 Jahre Fotografenlehre, 1953 MstrPrüfung, seit 1957 selbständig. F: Veröffentlichungen im eigenen Bodan-Verlag, Langenargen (Ansichtskarten, Bildbände). H: Weinbau (eigener Weinberg u Kellerei).

Böcker-Karmon Manja
B: Fotografin. G: 8. Okt 1946. A: D–4000 Düsseldorf 1, Berger Allee 9. Tel: 369372. S: Schulausbildung in Israel, Foto-Ausbildung an d Folkwangschule. K: 10 Jahre tätig in Düsseldorf, Werbung, Mode u Journalistik.

Bodel Klaus D
B: KommunikationsWiss, freier Fernsehjournalist. G: Hameln, 22. Nov 1954. A: D–3250 Hameln 5, Höhenweg 10. S: Abitur, Ausbildung zum Nachschubbuchführer b d BWehr, Stud in München (KommunikationsWiss), Kurzvolontariate, Hospitationen u Praktika bei Lokalzeitung, NDR, ZDF, BR u BBC London (Television Centre). K: Nach mehreren Erfahrungen im journalistischen Bereich freie Mitarbeit bei mehreren Rundfunkanstalten (NDR, ZDF, BR) sowohl im redaktionellen Bereich als auch als Realisator, Mitarbeit an d Informationseinheit „Video '73" beim „Prix Jeunesse", journalistische StudAufenthalte in England u Kanada. E: Autor d demnächst erscheinenden Fachstudienführers „Publizistik" (Journalistik), Buchpreis d BMin f Verteidigung f „Freizeitstudie", Dozentur an d VHS Dachau. M: RFFU, BJV, Deutsche Ges f SprechWiss, Mtgl d Studiengruppe „Medien vor Ort". H: Sport (Tennis, Volleyball), Reisen, Lesen, Musizieren (Klavier, Orgel).

Bodmer Georges
B: Fotograf. G: 11. Dez 1930. V: Rita Nicoletta Flavia, geb Andretta. A: CH–8053 Zürich, Kienastenwiesweg 45. S: Schulen in Italien, Frankreich u d Schweiz, HSStud in Zürich u Paris, als Fotograf Autodidakt. K: Zuerst Reportagen f versch Zeitschriften, seit 1965 eigenes Atelier f Werbe- u Industriefotos, Spezialitäten: hochwertige Industrieaufnahmen u Frauenbildnisse als Kontrast. F: Intern Photo Technik, US Camera, Camera Schweiz ua, Werbeaufnahmen in versch Veröffentlichungen. E: Preis d Eidgen Department d Inneren f angewandte Kunst, 1971 Bestes Buch d Jahres. H: Entwerfen v Schmuck, Kunstsiebdrucke, Bergsteigen.

Boehm Benno
B: Fotograf. A: D–2000 Hamburg 50, Klopstockstr 21.

Boehm Friedhelm
B: Filmarchitekt, Szenenbildner, Innenarchitekt. G: Königsberg, 22. Apr 1925. V: Renate, geb Kuhr. A: D–6600 Saarbrücken 6, Dolomitenweg 3. S: 1936–43 Oberrealschule, 1943–45 Soldat (Gefreiter), 1945–46 Gefangenschaft. K: Zimmerer-Umlerner, Abschluß Gesellenprüfung 1948, Tischlerlehre, Abschluß Gesellenprüfung 1950, MstrSchule F Fischer u bei Innenarchitekten, Abschlußprüfung 1954, 1956–62 an 30 Filmproduktionen beteiligt, ab 1962 als Filmarchitekt f d Fernsehen d Saarländischen Rundfunks tätig, ca 40 Fernsehspiele u Filme, ca 30 Unterhaltungs- u Serienproduktionen. H: Früher Rollschuh-Hockey, heute Briefmarkensammeln.

Böhm Rainer
B: Rundfunk- u Fernsehjournalist, Schallplattenproduzent. G: Bremervörde, 30. Sept 1954. A: D–3588 Homberg/Efze, Postfach 1331. S: Abitur, Stud d Skandinavistik, Finn-Ugristik, Volkskunde in Göttingen, Stockholm u Helsinki. K: Journalistische Grundausbildung bei Tageszeitungen, während d Stud Arbeit als Werbefotograf u freier Mitarbeiter f div Rundfunkanstalten u Zeitschriften, Produktion v Werbeschallplatten, Hörspielplatten, zZ Reporter d HR. M: 2. LandesVors d Deutsch-Finnischen Ges eV, (DFG) in Hessen. H: Musizieren (Tasteninstrumente/Synthesizer), Wandern, Radfahren.

Böhm Erich GDL
B: Fotograf. G: Kummersdorf, 23. März 1896. V: Charlotte, geb Hildebrandt. A: D–1000 Berlin 33, Landauer Str 3. S: Mittelschule, Fotografenlehre 1910–12 bei Hoffotograf Motzkus in Halle/Saale, MstrPrüfung mit Auszeichnung 1925, Berufung in d Ges Deutscher Lichtbildner. K: Nach Gehilfentätigkeit im I. Weltkrieg Ltr v Bildstellen d Luftwaffe, 1919 Gründung d eigenen Existenz in Stolp/Pommern, vornehmlich Portrait-Aufnahmen, 1928 Übersiedlung nach Cottbus, dort Angliederung eines Luftbild-Unternehmens, bis 1933 mit eigenem Junkersflugzeug betrieben, Senkrechtaufnahmen f maßstabhaltige Luftbildpläne sowie tiefe Schrägaufnahmen f Industrie-Werke u Werbung, seit 1950 in Berlin-West. F: In Fachzeitschriften u Illustrierten, Aufnahmen v Prominenten. E: 1923–28 Teilnahme an allen bedeutenden fotografischen Ausstellungen in Europa u Amerika, viele Auszeichnungen. M: Ges Deutscher Lichtbildner. H: Fotografieren.

Bohnen Rudolf
B: Komponist, Texter, Musikverleger. G: Mönchengladbach, 9. Nov 1911. V: Rosita, geb Fritsch. A: D–8000 München 5, Klenzestr 65/I. S: Oberrealschule, Abitur, LehrerStud, speziell: Piano, Geige, Orgel, Kompositionslehre. K: Herausgeber d literarischen Zeitschrift „Der Rufer", Wehrdienst, russ Gefangenschaft, Mitarbeiter an Musikfachzeitschriften, Musikverlag, Musikproduzent, eigene Schallplattenlabel, BINGOLA u Peggy. F: Viele Fachzeitschriften, Intern Podium, Ton Magazin, unzählige Tageszeitungen. M: GEMA, MusikverlegerVerb, Industrie- u HandelsKam. H: Ausbildung v Schlagernachwuchs.

Bojack Peter-Andreas
B: Theaterfotograf, Dramaturg, Regisseur. G: Lyck/Ostpreußen, 29. Juni 1940. A: D–3000 Hannover 1, Dieterichstr 34. S: Gymn, UnivStud Theologie u Philosophie. K: 1964 wiss Examen, Dramaturg am Jungen Theater in Göttingen 1965–68, Organisations- u WerbeLtr am Deutschen Theater in Göttingen 1968–70, Chefdramaturg, persönlicher Referent d Intendanten u Regisseur an d Landesbühne Hannover 1970–74, stellv Intendant u Regisseur am Theater am Dom in Köln 1974–76, Öffentlichkeitsreferent Landesbühne Hannover 1977–79, Theaterfotograf Landesbühne Hannover ab 1979. F: Opernwelt, div Zeitschriften u Tageszeitungen in Hannover u Norddeutschland, Deutsche Bühne, BühnenGen ua.

Boje Willi
B: Kfm, Fotograf. G: 18. Feb 1900. V: Paula, geb Sztrippel. A: D–3138 Dannenberg, Gartower Str 2. S: Bürgerschule, Handelsschule, div Lehrgänge u Kurse. K: Handlungsgehilfe, BezirksLtr eines großen Konzerns, selbständig im Fotogewerbe (Atelier, Labor). F: Aug Bruns Verlag Deutschland, Recue Blinker, Oltmann u Bauernfeind, Heimatlicher Arbeitskreis Lüchow, Danstedt, Knor u Hirth, Umschau Verlag, Köring u Co ua. E: Goldmedaille v Agfa. H: Landschaftsaufnahmen (bevorzugt).

Bönig Constantin
B: Opernsänger, Bariton. G: Bukarest, 21. Mai 1933. A: D–7530 Pforzheim, Lammeystr 16. S: Bukarester Conservatorium bei C Porumbescu. K: Stadttheater St Pölten, Stadttheater St Gallen, Landestheater Salzburg, Pforzheim, Opern-Solo, Schüler v Titto Gobbi in Rom u Florenz. D: „La Traviata", „Carmen", „Rigo-

letto", , Margarethe", „Der Bajazzo", „Cavalleria rusticana", „Der Freischütz", „Ariadne auf Naxos", „Die Entführung aus dem Serail", „Boris Godunow", „Don Pasquale", „Meistersinger von Nürnberg", „Schwanensee", „Wir bauen eine Stadt", „Peter und der Wolf", „Der Gefangene", „Ödipus Rex" uva, Operetten: „Pique Dame" ua. H: Malen.

Bonin Wibke v Dr
B: TV-Redakteurin mbA. G: Kiel, 17. Apr 1936. A: c/o WDR-Fernsehen, D–5000 Köln 1, Appellhofplatz 1. S: Abitur, Stud, Promotion (Dr phil). K: Wiss Ass an d Staatl Kunsthalle Baden-Baden, Ltrin d Redaktion Kunst b Westdeutschen Fernsehen. M: AICA – Intern KunstkritikerVerb.

Bönninghausen Inge von Dr
B: Journalistin. G: Krefeld, 20. Sept 1938. A: D–5000 Köln 1, Worringer Str 26. S: Abitur, Stud d Germanistik u Geschichte, Promotion K: Freie Fernsehautorin u Fernsehregisseurin beim WDR u ZDF, seit 1974 Redakteurin beim WDR-Fernsehen mit d Schwerpunkt Psychologie u Pädagogik, weiterhin freie Autorin f Zeitschriften. H: Reisen, Fotografieren Lesen.

Bönsel Johannes
B: Bildredakteur. G: Ippendorf/Bonn, 11. Dez 1951. A: D–6100 Darmstadt, Prinz Christians-Weg 11. S: Abitur in Darmstadt 1970, Stud d Chemie an d TH Darmstadt, ab 1973 Volontariat beim „Darmstädter Echo" (regionale Tageszeitung). K: 1974–75 Bildredakteur beim „Darmstädter Echo", ab 1975/76 FotoStud bei Prof Dr Otto Steinert, u Prof Erich v Endt an d Univ Essen (GesamtHS), Fachbereich Gestaltung (Richtung Visuelle Kommunikation, Schwerpunkt Fotodesign), zZ Examen, Stud-Ziel: grad Fotodesigner, 1979 Beteiligung an d Ausstellung „Schauplatz Deutschland" im Rheinischen Landesmuseum Bonn, d Ausstellung zeigt zeitgenössische Dokumentarfotografie (Thema d Beitrags: Vergleichende Fotografie, Veränderung d Landschaft). F: „Das Deutsche Lichtbild" 1977, „Das Deutsche Lichtbild", 1978. E: 1972 3. Preis beim Wettbewerb d deutschen Illustrierten „Stern": Jugend fotografiert Forschung mit d Farbreportage „Laser übermitteln Nachrichten", kleinere Preise beim „Deutschen Jugendfotopreis" 1973, Beteiligung an d Photokina-Ausstellung „Die Welt der Familie", 1978. M: Fotoclub Darmstadt. H: Klavierspielen (E-Musik) Radfahren.

Bontjes van Beek Tim
B: Musik-Redakteur beim NDR, Ltr d Abt Tanz- u Unterhaltungsmusikik. G: Fischerhude/Bremen, 25. Aug 1923. V: Rotraud, geb von Kamptz. A: D–2000 Hamburg 13, Hansastr 14. S: Abitur, Stud an d MusikHS in Freiburg u Bremen, MstrKlasse f Klavier. K: Nach d Stud 1954 Beginn mit der Rundfunkarbeit. H: Literatur, Malerei, Reisen.

Boon Jan
B: Filmproduzent. G: Niederlanden. A: A–6370 Kitzbühel, Brennerfeld 3. K: Ende d Dreißigerjahre 1. Werbefilm über d Berge Tirols f d österr Fremdenverkehrswerbung, zunächst Konzentration auf alpine Themen, später Erlernung d Filmhandwerks in d versch Sparten, auch als Darsteller kleinerer Rollen (zum Kennenlernen dieses Zweiges d Filmbranche), nach d Krieg selbständiger Produzent f Dokumentar-, Kultur- u Werbefilme, Kamera, Regie u Schnitt, Skifilme: „Die Roten Teufel von Kitz", „Melodie auf Ski", f Amerika viele Vortragsfilme über Deutschland, Afrika, Hawaii, Spanien, Jugoslawien u Österreich, 2 Filme über d Himalaya, dann Filmserie f d Fernsehen „Zentralasien und seine Menschen - Das Land, wo der Wind betet", Landschaft u Mensch als Mittelpunkt, Religion u Kultur als Bindeglied sind Kennzeichen f Boons Filme, vor einigen Jahren Ltg einer Himalaya-Expedition. E: Preise auf Film-Festivals, ua 1 Silbermedaille in Frankreich f d Film „Melodie auf Ski".

Borchard Peter
B: Portraitfotograf. G: Remscheid, 27. Nov 1947. A: D–6900 Heidelberg, Poststr 24–26. S: Fachschulreife, MstrPrüfung. K: Lehre bei Frau Courle-Käutner, nach 3 Gesellenjahren StudioLtr bei Foto Stober in Freiburg, nach 5 Gesellenjahren Eröffnung eines eigenen Portrait-Studios in Heidelberg. F: TV Hören u Sehen, Hör Zu, Zeitungen u Zeitschriften versch Art, Plakate v namhaften Politikern. H: Malerei, Kulturgeschichte, der Mensch.

Borges Wolfgang
B: Regisseur, Drehbuchautor, Produzent. G: Hannover, 28. Dez 1938. V: Barbara, geb Lankau. A: D–3000 Hannover 1, Hindenburgviertel, Tiedge Str 5A u Leisewitz Str 5B. S: Gymn, Stud f Schauspiel u Gesang, Fachfotografie m Abschluß, Kamera- u RegieAss, Ausbildung z Regisseur d Bereiche Film, Theater u Hörfunk, Spezialisierung f Fernseh-

u Spielfilme, Aktions- u Dokumentar-Filme. K: Zahlreiche Filme als Regisseur u Drehbuchautor m BPrämien u intern Auszeichnungen in New York, Rom, Edinburgh usw als Auftrag d ARD oder d ZDF, sowie v Filmproduktionen im In- u Ausland, Regisseur u Produzent d UTV-FILM, Hannover u Langelsheim. F: Bundesweite Veröffentlichungen in d allgemeinen Presse u Fachzeitschriften über d Tätikkeit v Wolfgang Borges u seine Auszeichnungen, Tätigkeit als Sprecher u Erzähler in zahlreichen Hörspielen u Filmen. E: Filmband in Gold, BRD, Gold Award Rom, Gold Award Edinburgh, Gold Award New York, fünf Silver Award New York u div andere Auszeichnungen in d Jahren 1965–78. H: Organist, Höhlen- u Bergbauforscher, Dir d TERRAMAGICA Museums.

Borghi Nino
B: Filmarchitekt, Scenograf. G: Mailand, 2. Feb 1928. V: Elfriede, geb Chalupa. A: A–1130 Wien, Mantlerg 4. S: Gymn in Österr, Nautisches Inst u KunstAk in Italien. K: seit 1947 Bühnenbild in Villach, Klagenfurt u Wien, seit 1949 Film in Wien, Zürich, BRD, Italien, bisher 98 Spielfilme. E: Deutscher BFilmpreis in Gold f Syberbergs „Karl May“ 1975. H: Antiquitäten, Kochen.

Börner Karl Betriebswirt
B: Marketing GruppenLtr Audio-Video. G: Köln, 17. Jan 1947. V: Renate, geb Eckelt. A: D–4044 Kaarst 1, Broicher Dorfstr 87. S: FachHS Bereich Wirtschaft. K: 1974 MarketingAss, 1976 Marketing-Koordinator, 1977 Marketing-ProduktionsgruppenLtr, 1978 MarketingGruppenLtr. F: Audiovision. H: Segeln, Squash, Fotografieren.

Borns Uwe
B: Komponist, Arrangeur, ChorLtr. G: 17. Dez 1937. A: D–2000 Hamburg 20, Schrammsweg 13. S: Stud d Kirchenmusik u Komposition an d Staatl MusikHS in Hamburg u Lübeck. K: Kompositionen f Spiel-, Industrie- u Werbefilme, f Schauspiel, Kabarett u Pop-Chor, Ltr d „Uwe-Borns-Singers“ (Studio-Chor f Schallplatte u Fernsehen). F: TV Hören und Sehen, Hör Zu, Leg auf u Sieh fern, Stern, Gong, Fernseh-Woche. M: GEMA, GVL. H: Schmalfilm.

Borutta Siegfried
B: Regisseur, ProduktionsLtr. G: Leonberg/Stuttgart, 23. Jan 1947. V: Heidi, geb Schlicht. A: A–2371 Hinterbrühl. S: Gymn, Abitur, 1969–73 Stud an d HS f Musik u darstellende Kunst in Wien. K: Während d Studienzeit Kurzfilme (recht erfolgreich) mit eigenwilligem Stil, Abbruch d Stud vor d Diplom wegen grundsätzlicher Differenzen mit d Lehrvater über d Interpretation d Ästhetischen, seitdem in d österreichischen Filmbranche erfolgreich tätig. D: „Die Straße“ (Volker Vogeler). H: Sohn Boris (4 Jahre), Mythologie.

Bosshammer Rachel H Ing
B: Fotodesigner, ehem BetonIng. G: Düsseldorf, 15. Apr 1941. V: Angela, geb Schmidt. A: D–4053 Jüchen 7 – Gierath, Meyerkamp 13. S: Grundschule, FachHS f Bauwesen, Fachschule f Foto u Design. K: Seit 1969 Fotograf, Architekturaufnahmen u Industrieaufnahmen seit 1974, Mode- u Fotomodellaufnahmen, seit 1976 geprüfter u anerkannter BetonIng, in diesem Beruf nur noch als Berater tätig. F: In in- u ausländischen Zeitschriften, 1976 Künstlerkreis Meerbusch-Neuss, 1976–78 BauGem d LVA (Industrieaufnahemen), 1977 Düsseldorfer Stadtmagazin, 1979 Audiovision, das Medien-Magazin. M: Film- u Fotoclub Henkel, Düsseldorf, EhrenMtgl d Bad Pyrmonter SchäferhundeVer. H: Fotomontagen, Malen, klassische Musik.

Bott Gerhard Dr
B: Dokumentarfilm-Regisseur. G: 28. Sept 1930. V: Stefanie, geb Seja. A: D–2000 Hamburg 13, Moorweidenstr 4. S: Jura-Stud, 1. u 2. Staatsexamen, Dr iur. K: Seit 1966 Redakteur b NDR-Fernsehen, Reporter b Panorama, 1975/76 Ltr d Panorama-Redaktion u Moderator, Autor u Regisseur v Dokumentarfilmen, seit 1977 Sonderkorrespondent d HauptAbt Zeitgeschehen b NDR.

Brabenecek Otto Karl KommR KamR
PS: Otto Karl Brandt. B: Fotografenmeister, Fotohändler, Filmstandfotograf, Fotohandelskonsulent. G: Wien, 13. Sept 1918. V: Claire, geb Rapior. A: A–1050 Wien, Schönbrunner Str 101. Tel: 0222/557714. S: Grundschule, Absolvent d Graphischen Lehr- u Versuchs-Anst, Staatl Reklameausbildungskurs. K: Nach d Graphischen in ltd Stellung bei Wiener Fotografen-Betrieben, anschließend Meister d FarbfilmAbt d Wien-Film (Betriebs-Ing), seit 1946 selbständig, 1976/77 Konsulent d Fa Color Drak u der Forum u coop-Kaufhaus-

gruppe, seit 1975 Konsulent d Fotohandelsgremiums d Kam d Gewerblichen Wirtschaft Wien, VorstandsMtgl d KreditVer d Zentralsparkasse d Stadt Wien, Zensor f Kreditaktionen d Stadt Wien ua, Fachberater im Seniorenclub d ORF, Ltr v Fotokursen f Senioren. F: In d österr Fachblättern d Fotografen u d Fotohandels, Verfasser v zahlreichen Fachbeiträgen. E: Standeszeichen u Ehrenzeichen in Silber f Verdienste um d Österr Berufsfotografie, Ehrennadel in Silber d Freien Wirtschafts-Verb Österr, Silbernes u goldenes Ehrenzeichen d SPÖ. M: SPÖ, Freier WirtschaftsVerb Österr, Österr FotohändlerVerb. H: Angelsport, Basteln, Briefmarkensammeln, Fotografieren.

Bramaz Hans
B: Fotograf. G: 1. Jan 1948. A: D–8802 Kilchberg, Weinbergstr 4. S: Fotoschule in Paris (3 Jahre). K: 3 Jahre Reporter UPI als Kriegsreporter in Vietnam, Biafra, Israel, Irland usw, heute eigenes Studio in Kilchberg, Fotos f Industrie u Technik. F: Life, Paris Match, Stern, Epoca ua, Neue Zürcher Zeitung ua. E: Unescopreis „Kinder im Krieg" 1972. H: Fotografie.

Brandt Friedrich
B: Kfm, Sachverständiger f Ölschäden bzw Tankanlagen. G: Plön, 12. Juni 1926. V: Edith, geb Mokros. A: D–2320 Plön, Hipper Str 2. S: Mittlere Reife, Handelsschule. K: Nach Schulausbildung Beginn d Lehre 1942, 1943 Reichsarbeitsdienst, 1943 Wehrmacht, 1944–45 russ Gefangenschaft, Bäckerlehre, 1952 BäckerMstrPrüfung, 1953 KonditorMstrPrüfung, 1964 Berufswechsel zum MineralölKfm u Tankanlagenbauer, seit 1954 Fotografie als Hobby, gleichzeitig freier Mitarbeiter als Fotoreporter bei Tageszeitungen, Fachschriftsteller in Fachzeitungen mit entsprechenden Bilddokumentationen, freier Mitarbeiter bei Wochenzeitschriften, Tätigkeit als Hersteller v Schmalfilmen aller möglichen Themen, alles in eigener Hand (Drehbuch, Kamera u Herstellung). F: In Tageszeitungen, Fachzeitschriften u Wochenzeitschriften. E: 1978 Hon EFIAP – höchste Auszeichnung d Federation Intern le l'Art Photographique, bis heute in über 470 intern Ausstellungen d Welt mit 1314 eigenen Bildern vertreten, dabei 129 Auszeichnungen u Medaillen, einige Sonderschauen in mehreren Ländern d Welt, folgende Ehrentitel: APSHK, ENPAS, FSEAPS, Hon IFKP. M: Seit 1967 Pr d INTERN FOTO-KREISES PLÖN, Organisator d jährlich stattfindenden (seit 1966) INTERN PLÖNER FOTO-AUSSTELLUNG. H: Neben d Fotografie RegattaLtr u Trainer im WassersportVer Plön-Fegetasche.

Brauer Andi
B: Komponist. G: 1945. A: D–1000 Berlin 36, Skalitzer Str 95. Tel: 030/6186283. S: Abitur, 6 Sem HS f Musik Berlin, 3 Jahre Deutsche Oper Berlin. K: Mitbegründer u maßgeblicher Komponist d Freien Musik- u Theatergruppe LOK KREUZBERG, seit 1977 freischaffender Komponist, 1972–77 mit LOK KREUZBERG 4 LP's u 2 Singles, Filmmusiken zu „Schneeglöckchen blühen im September" (v Christian Ziewer u Klaus Wiese), „Teamwork" (Südfunk Stuttgart), „Heynowski und Scheumann" (Dokumentarfilm über d Armeemuseum Hanoi), 1978–79 Musikalische Neubearbeitung u Einstudierung d Jugendmusicals „Count Down" (v K H Scherfling, Theater am Turm, Frankfurt/Main), neue zeitkritische Chansons, Filmmusiken zu „Alles hat hier seinen Preis" (v Claus Haffter), „Barfrauenlied", Chanson f Frauenstimme, kleine Combo u Synthesizer (Text v Y Karsunke), „Die Anstalt" (Spielfilm v Hans Rüdiger Minow), Musik f Streichquartett, Schlagwerk, Klavier u Oboe, „Morgen geht die Reise los" (Dokumentarfilm v Claus u Haffter), 5 Rocksongs nach Texten v W Muffler, „Vor vierzig Jahren" (Film v K Volkenborn), „Kleines Fernsehspiel" (ZDF), Bühnenmusik zu „Asphaltkinder" (v K H Scherfling, Theater am Turm, Frankfurt/Main), musikalische Techniken: sämtliche Bereiche populärer Musik, aktuelle Formen d Filmmusik, Randformen d E-Musik, Elektronisches.

Braun Hans
B: Organist. G: Ottobeuren, 18. Apr 1909. V: Gerda, geb Schmitt. A D–8942 Ottobeuren, Ruprechtsstr 8. S: Mittelschule, Höhere Fachschule f Fotografen, München, Leopold Mozart Konservatorium d Musik, Augsburg. K: Seit 1946 selbständig, seit 1945 Organist an d Basilika Ottobeuren. F: Tageszeitungen ua.

Braun Karl
B: FotografenMstr. G: 20. Feb 1925. V: Hilde, geb Vilfus. A: D–7290 Freudenstadt, Straßburger Str 3, Postfach 307. K: 1939–42 Fotografenlehre, 1942–46 Soldat, 1946–50 Gesellenzeit, 1950 MstrPrüfung, seit 1966 selbständig. F: Foto-Magazin, Leica-Fotografie, Merian Hefte, mehrere Kalenderverlage u viele Zeitschriften. E: Preis bei Rollei-Fotowettbe-

werben, Preise bei Burda-Fotowettbewerben. M: APP, Plusfoto. H: Garten, Basteln, Fotografie.

Braune Jürgen
B: Fotograf. G: Lübeck, 19. Juli 1929. V: Ilse, geb Baab. A: D–2360 Bad Segeberg, Sperberweg 34. S: Oberschule. K: Fotografenlehre, Stud an d Staatl HS f bildende Künste, 1957 MstrPrüfung in Hamburg, seit 1957 eigenes Atelier in Lübeck, seit 1968 in Bad Segeberg, seit 1975 auch Filiale in Wahlstedt.

Brauner Anton Dir
B: KonzertDir. G: Graz, 22. Feb 1920. A: A–8010 Graz, Burgg 16. S: Mittelschule, 3 Jahre Schauspielausbildung, 6 Sem Stud f angewandte Kunst. K: Vom SchauspielStud über d angewandte Kunst zum KonzertDir. F: Als Schauspieler in versch Zeitschriften u Tageszeitungen, sowie auch in d Funktion als KonzertDir bzw KonzertDion. D: „Weg in d Vergangenheit", „Hofjagd in Ischl", „Die Försterbuben" ua. M: Mtgl d Österr Direktoren-Verb, Mtgl d Travelling friends of Graz, Mtgl d HandelsKam Graz. H: Versch Sportarten.

Braunmüller Robert Kilian
B: FotografenMstr. G: München, 9. Jan 1933. V: Elisabeth, geb Heckenstaller. A: D–8011 Baldham/München, Alpenrosenstr 7. S: Grundschule, Oberschule. K: Gesellenprüfung, MstrPrüfung 1957, seit 1955 Völkerkundemuseum in München. F: Epoca, Buddhistische Kunst, Atlantis Verlag, Chinesische Kunst Prestel-Verlag, Plakate f d Völkerkundemuseum, Faksimile Lorscher Kodex, viele Veröffentlichungen in in- u ausländischen Büchern u Zeitschriften, Kalenderschau 1968, Ausstellungskataloge f d Völkerkundemuseum München. M: Fotografen-Innung München-Oberbayern.

Bräutigam Helmut
B: Fotodrogist. G: Erfurt, 30. Nov 1927. V: Lilo, geb Müller. A: D–8679 Naila, Finkenweg 10. S: Gymn, Handelsschule, Drogistenfachschule. K: Drogistenlehre, Marktdrogerie O Richter, Saalfeld, 10 Jahre pharm Handelsvertreter Fa Andrea Noris-Zahn AG Frankfurt, seit 1957 selbständig. E: Silberne Ehrennadel d Verb Deutscher Drogisten. M: DrogistenVerb Bayern eV, ADAC, Deutscher GewerbeVerb. H: Tennis, Skilauf, Reisen, Filmen.

Brech Wilhelm
B: Komponist, Textautor. G: Bochum, 29. März 1948. A: D–4630 Bochum 6, August Bebel-Pl 10. Tel: O2327/85521. S: Abitur, JuraStud. K: 6 Jahre Mtgl d Howard Carpendale Band, danach Verleger- Komponist u Texter. E: Silberner Löwe v Radio Luxemburg f d Titel: „Du fängst den Wind niemals ein". M: Seit 1975 außerordentliches Mtgl d GEMA. H: Tennis, Reiten, Reisen.

Bregenzer Berhard-Ernst
B: Opernsänger. G: 6. Jan 1946. A: D–8400 Regensburg, Am Römling 10. S: Primar- u Sekundarschule, Berufslehre mit Abschluß, dipl Küchenchef, MusikStud in Luzern, München, Mailand, St Gallen, Lehrer: G Gavazzeni, F Petri, M Sanda, L de Luca. K: 1972 1. Engagement an d Aargauer-Oper (P Bruggmann), 1973–74 Stadttheater Biel, 1975–76 WeiterStud in Mailand, 1977 Engagement Stadttheater Regensburg, Konzerte u Rezitationen in literarischen Abenden in d Schweiz, zZ in Verhandlungen mit d Stadttheater Luzern. F: Mittelbayrische Zeitung, Regensburg. D: Opernrollen (Verdispezialist) in „Don Carlos", „Macht des Schicksals", „Simone Boccanegra", „Ernani" sw. M: BühnenGen, Deutsches Rotes Kreuz. H: Komposition (zZ Projekt zur Vertonung sämtlicher Petrarca-Sonetten), Literatur, vor allem Gedichte.

Breiter Herbert
B: Konzertsänger (Bass). G: Hamburg, 29. Dez 1930. A: D–8501 Feucht b Nürnberg, Lohweg 27. S: Mittlere Reife, kfm Lehre m Abschluß, GesangsStud bei Stimmbildner Karl Schmitz, Nürnberg u Kammersänger Willy Domgraf-Faßbaender, früher Staatsoper Berlin. K: Besuch d Städt Konservatoriums Nürnberg, Abschluß d Bühnenreifeprüfung f Oper in München, Liederabende u Mitwirkung bei Oratorien-Aufführungen in d gesamten BRD, ua Aufführungen v Beethovens IX. Symphonie m A Kupper, L Fischer, J Traxel u L Schädle, E Schärtel u H Winkler, Weihnachts-Oratorium v Bach m d Bamberger Symphonikern, Matthäus-Passion m Peter Schreier, „Rose Pilgerfahrt" v Schumann m Brigitte Faßbaender, Schallplatten- u Rundfunkaufnahmen. H: Besuch v Formel 1-Rennen, Ski, Schwimmen, Orgel u Dirigieren.

Brenne Rudolf
B: Fotograf, Redakteur. G: Hamm/Westfalen,

16. Feb 1922. V: Ingeborg, geb Zange. A: D–8805 Feuchtwangen, Konradstr 19. S: Mittlere Reife. K: 1938 Berufsfotograf, Soldat, Gefangenschaft in Rußland bis 1949, dann Volontariat, 1951 Redakteur u Bildjournalist, 1974 Eröffnung eines Fotoateliers in Feuchtwangen F: Neue Revue, Quick, Stern, Frankfurter Neue Presse, Frankfurter Allgemeine, Kölnische Rundschau, Westfalenpost, Südwestpresse Ulm ua. E: Diplome v Ausstellungen Europäischer Berufsfotografen, Photokina, Köln 1978. M: Colour Art Photo, Vereinigung Europäischer Berufsfotografen.

Breschke Joachim
B: Journalist u Schriftsteller. G: Berlin, 11. Sept 1928. A: D–5800 Hagen 8, Zum Bollwerk 20. S: Gymn, Univ Münster u Köln. K: Selbständig. F: Viele in versch Zeitungen u Zeitschriften. E: Scheffel-Preis. M: DJV, VDA. H: Schreiben.

Brettinger-Albrecht Charlotte
B: Konzertsängerin, Komponistin, Schriftstellerin. G: Stettin-Bredow, 9. Juni 1892. A: D–1000 Berlin 30, Rosenheimer Str 9. Tel: 030/241309. S: Oberschule. K: Kgl Hofopern-Sängerin in Kassel, Marga v Stoffregen, kgl Hofopernsängerin Berlin, Ida Hiedler, kgl Hofopernsänger Berlin, Julius Lieon, seit 1926 im Rundfunk Stettin, Berlin Hamburg. F: Stettiner Nachrichten, Göttingen, Pommersche Zeitung, Hamburg, Berliner Zeitung, Morgenpost ua. D: Im Fernsehen, Stunden-Programme im Deutschlandhaus Berlin, Mozarteum Salzburg, Rundfunk-Konzerte, Straußwalzer. E: Prof CAD Lorenz Kurkonzert Stalpmünde u Stettin, GeneralmusikDir Paul Scheinpflug, Konzerte Swinemünde, Kurkonzert in Bad Dürkheim in d Rheinpfalz, Kirchenkonzert f Ihre Kaiserliche Hoheit d Frau Kronprinzessin Cäcilie, „Hauskonzerte in Berlin" v Autorin Karla Hörker. H: Kochen, Malen, Reisen, Gäste, Hauskonzerte, Tanz-Walzer.

Bretzing Sylvia Dipl-Kfm
B: Geschäftsführerin. G: Düren-Birkesdorf, 12. Sept 1949. A: D–5160 Düren, Dr Overhues-Allee 4. S: Gymn, Stud d Betriebswirtschaftslehre an d Univ Köln. K: Ltrin d Organisations- u RationalisierungsAbt bei Fa Turaphot, heute Geschäftsführerin. F: In zahlreichen Fotofachzeitschriften. H: Tennis, Reiten, Segeln.

Breuer Franz Josef
B: Komponist, Bearbeiter, Texter, Schallplatten-Produzent. G: Wuppertal-Elberfeld. V: Rosemarie, geb Junghans. A: D–2000 Hamburg 65, Diestelstr 15 A. S: Hum Gymn, Dirigieren u Komposition an d MusikHS München. K: Hauskomponist d NDR Hamburg u Arrangeur d Senders, 35 Kulturfilme, Spielfilm, Schallplattenproduzent div Firmen, 15 Jahre Deutsche Grammophon, Polydor, 14 Jahre Telefunken, Decca, 12 Jahre Mtgl d AufsR d GEMA, Mtgl d Beirates d GVL, Musik f TV. F: Zahlreiche Veröffentlichungen div Art. M: GEMA, GVL, BearbeiterVerb, InteressenVerb Deutscher Komponisten. H: Sportboot-Fahren.

Breuer Fritz-Heinz
B: FilmKfm. G: 9. März 1916. A: D–5000 Köln 1, Hohenzollernring 76. S: Abitur. K: 1939–67 TheaterLtr, seit 1967 selbständig, Nationaltheater Leverkusen, Cinema Köln, Smoky Köln, Smoky Bonn. M: WirtschaftsVerb d Filmtheater.

Breunig Manfred
B: FotoKfm. G: Dillingen/Saar, 18. Dez 1930. V: Olga, geb Zenner. A: D–6638 Dillingen/Saar, Am Wald 16. K: Inhaber d Firma CITY-FOTO MANFRED BREUNIG in Merzig-Saar.

Brichac Rudolf
B: Fotograf. G: Windischgarsten/OÖ, 22. Juni 1934. A: A–5500 Bischofshofen, Hans Treml-Str 1. Tel: 06462/2579. S: Grundschule, Berufsschule. K: Lehrzeit, seit 1962 selbständig. D: ‚Kinderarzt Dr Fröhlich''. H: Musik, Tanzen, Skifahren, Tennis.

Brincker Hans
B: Drogist. G: Lübeck, 21. März 1930. V: Marita, geb Wahls. A: D–2406 Stockelsdorf, Ahrensböker Str 42. Tel: 491583. S: Oberschule, Drogerie-Fachschule. M: Drogisten-Verb Köln. H: Tennis, Kegeln.

Brinkmann Günter
B: Redakteur. G: Dortmund, 17. Dez 1922. V: Sofie, geb Wasem. A: D–2000 Hamburg 62, Reekamp 70. S: Hum Gymn, Stud d Geschichte, Pädagogik Psychologie u TheaterWiss in Frankfurt, Mainz u Hamburg. K: Kurze Tätigkeit als Lehrer parallel z Stud, seit 1946 Redakteur f Schulfunk bei Radio Frankfurt, 1949–66 Redakteur m Fachschwerpunkten Geschichte u Geografie beim NDR Hamburg, seit 1966 Ltr d Bildungsprogrammes im III. Fernsehen d NDR, seit 1972 Ltr d

Redaktionsbereiches Weiterbildung (NaturWiss) u stellv Ltr d HauptAbt Bildungs- u Kursusprogramm. F: Schulfunkhefte d NDR, zahlreiche Veröffentlichungen in Rundfunkzeitschriften u Luftfahrtzeitschriften, Büchern ua. D: Moderator in versch Fernsehserien, ua in d Serie „Die Erben Lilienthals". E: Förderpreis d StifterVerb d Deutschen Wiss 1971, Goldene Dädalus-Medaille f Verdienste um d Luftfahrt 1977. M: Deutscher Aero-Club. H: Luftsport.

Brown Ralph A
B: PR-Berater f Film, Handel u Ind. G: Berlin, 11. Aug 1920. V: Miriam C, geb Clippinger. A: D–1000 Berlin 33, Regerstr 5. S: Stanford Univ, Palo Alto California/USA, American Univ, Washington, Freie Univ Berlin, Doktorant. K: 20 Jahre Beratung in allen Kommunikationsfragen, Lehrbeauftragter am Inst f Publizistik d FU Berlin. E: BVerdienstkreuz Erste Klasse. M: Vorst d Deutschen PR-Ges, Regionalsprecher d Landesgruppe Berlin, Intern PR Association, British Inst of PR, Berliner Presseclub, Presseclub Bonn, Confrérie de la Chaine des Rotisseurs Paris, European Federation of Public Relation. H: Tennis.

Brucker Heinrich Christian
B: Fotografenmeister. G: Birkenfeld, 15. Okt 1928. A: D–6588 Birkenfeld, Am Weiherdamm 12. S: Gymn. K: Lehre, Gesellenprüfung, 8 Gesellenjahre, auch im Ausland, Meisterprüfung, ab 1955 selbständig. F: Spiegel, Bunte usw, ständiger freier Mitarbeiter d Rhein-Zeitung in Koblenz. H: Landschaftsaufnahmen, Malerei u Grafik, Antiquitäten, Sportangeln.

Brucker Wilm
B: Filmemacher, Journalist. G: Bad Tölz, 18. Juni 1947. A: D–8000 München 19, Volkartstr 35. M: Vorst d Münchner Ver d Filmemacher „TEAM eV", Geschäftsführender Ges v TEAM 72 Gbr, Inhaber d WBAV-Filmproduktionen.

Bruckner Adolf
B: FotografenMstr. G: Riedlingsdorf, 28. Sept 1919. V: Maria, geb Pilz. A: A–7423 Pinkafeld, Marieng 1. S: Grundschule, Fotolehre, div Fotokurse, Grafische Lehr- u Versuchsanstalt, Wien. K: Tätigkeit im In- u Ausland (Deutschland, Polen). F: Div Veröffentlichungen in versch Zeitschriften u Zeitungen (Sport u Zeitgeschehen). E: Militärische u zivile Auszeichnungen. M: Fotografen-Innung, Ges zur Förderung d Fotografie, Europhot. H: Wandern , die freie Natur.

Bruckner Franz
B: Werbe- u Pressefotograf. G: Wien, 29. Apr 1922. V: Edeltraud, geb Steiner. A: A–1010 Wien, Nibelungeng 11. S: Grundschule, Fotolehre, FotoMstr, MstrKlasse f Fotografie (Abschluß mit Vorzug), Höhere Grafische Bundes-Lehr- u Versuchsanstalt, Wien. K: 1948 FotoMstr in Wien, selbständiger Porträt- u Industriefotograf, 1956 nach Deutschland, freischaffender Fotograf u Werbeberater, Mitarbeiter d Fachzeitschrift „Der Photograph", 1972 Rückkehr nach Österreich, Wien, zZ Fotograf f Industrie, Presse u Werbung, Ausstellungen: 1977 Photographische Ges, Wien, 1978 Kodak Österreich, 1979 CA-Wien. F: In deutschen u österreichischen Zeitungen u Zeitschriften, zB Spiegelreflex-Journal, Rundschau f Intern Herrenmode, Europäische Mode nach Maß, Hör Zu, Die Frau, Der Photograph, AZ, NZ. D: Präsentator d Fernsehsendung „Knips" – Akt- u Porträtfotografie, ORF 1973. M: Europhot, Landes- u Bundesinnung d Fotografen Ö, freier Mitarbeiter b ORF. H: Fotografie – Modern Art Photographie (experimentell).

Brückner Reinhold
B: Fotograf. G: Alzenau, 3. März 1948. V: Rosemarie, geb Bednarz. A: D–8755 Alzenau, Wasserloser Str 39. S: Staatl Realschule, Fotoschule Würzburg, Lehrzeit Studio Brückner, BFachschule f Fotografie in Hamburg, Seminare in Oslo. K: Berufliche Spezialausbildung (Porträtfotografie) bei Studio Bollen, Fotoschule Hamburg, AGFA-Technikum, Desmond Groves, London, Harry Sondströd, Oslo, Denis Constantin, London, bei versch Protraitfotografen in Deutschland, MstrPrüfung in Hamburg, Ausstellungen auf d Photokina 1976 u 1978, Colour Art Photo-Ausstellungen in d BRD. E: Kodak-Auszeichnungen f versch Portrait-Ausstellungen, Colour Art Photo Diplome ua. M: Fotografen-Innung Würzburg, Colour Art Photo, Europhot. H: Schwimmen, Bergwandern, Modellbau.

Brune Günther
B: FotografenMstr. G: Steinhagen, 4. Dez 1926. V: Erika, geb Knorrn. A: D–4803 Steinhagen, Bielefelder Str 36. S: Grundschule, Fotofachschule. K: Zweieinhalb Jahre Lehre als Schnittmacher, 2 Jahre Soldat, Gefangenschaft, danach 3 Jahre Lehre als Fotograf, Fotofachschule, Agfa-Gevaert Technikum, seit 1952 selbständiger Fotograf. E: Urkunden auf Seminaren. M : SportVer, GesangsVer,

VorstMtgl im DJV. H: Jagd.

Brunhöver Horst-Willi
B: Cutter (Chefcutter bei Studio Hamburg). G: Lüneburg, 4. Juni 1934. V: Irene, geb Wischhof. A: D–2050 Hamburg 80, Perelsstr 196. S: Grundschule, 1950–53 Elektrotechn Lehre, Abschluß, Privatstudien Kinotechnik u Elektroakustik, Prüfung 1954 Hannover. K: 1957 Ton- u Meßtechniker Real-Film Hamburg, 1961–63 Synchroncutter Bavaria Studio München, 1963–70 freischaffender Cutter, gelegentlich TonIng, 1970 fester Ang bei Studio Hamburg als Chefcutter. E: Mitpreisträger Prix Futura in Bronze, SFB 1975 (R Proske, G Wange, H W Brunhöver) f d Dokumentation „Die Verstädterung der Erde". M: DAG. H: Gute Musik, Fotografie.

Bruns Heiner
B: Intendant. G: Düsseldorf, 12. Aug 1935. A: D–4800 Bielefeld 1, Koblenzer Str 28. S: Abitur, Stud. K: RegieAss Ruhrfestspiele Recklinghausen, Schauspielhaus Zürich, Dramaturg am Landestheater Darmstadt, Chefdramaturg an d Bühnen d Hansestadt Lübeck, an d Städt Bühnen Freiburg, persönlicher Referent d Generalintendanten d Bühnen d Stadt Essen, Intendant am Stadttheater Pforzheim 1971–75, Intendant d Bühnen d Stadt Bielefeld seit 1975. M: Deutscher BühnenVer, Lions Club.

Bruycker Gondrand-Marius de
B: Regisseur, Autor f Film u Fernsehen. G: Hamburg, 18. März 1934. V: Marlis-Charlotte. A: D–3043 Schneverdingen, Landhaus Höpenberg, D–2000 Hamburg 1, Adenauerallee, Alte Wache. Tel: 05193/6819 oder 040/244576. S: Staatl Oberschule f Jungen, Soltau, KunstAk Hamburg, Privat-Malschule Pit v Frihling, Hamburg, 8 Jahre Ausbildung zum Filmregisseur bei Dido-Film, Düsseldorf. K: Freier Filmschaffender seit 1967, 57 Filme, ua „Eine Edition entsteht", „Drei Mann 60 Grad Nord", „3 x Deutschland", „Die AG – Aktiengesellschaft", „Marx zur Ansicht" (13 Folgen WDR), als Maler Ausstellungen in Duisburg, Hamburg, Sylt, Frankreich. F: Hör Zu, TV Hören und Sehen (Besuch v Daliah Lavi im Atelier). E: Filmprädikate: „wertvoll" u „besonders wertvoll", BFilmprämie, Mannheimer Festspiele, BFilmpreis Berlin, Industriefilmpreis d BRD. M: Rheinisch-Westfälischer JournalistenVerb eV, Hamburger Presseclub eV. H: Reisen, Segeln, Wohnmobil, Reiten, Schachspiel.

Buch Christoph Peter
B: Regisseur, Autor, Cutter. G: Bad Reichenhall, 5. Feb 1947. A: A–1030 Wien, Salesianerg 8/55. S: HS f Musik u darstellende Kunst, Wien. K: Ind-Filme, Dokumentationen, Werbung in d BRD u Österreich.

Buchholz Axel
B: Journalist. G: Berlin, 10. Sept 1939. V: Rita, geb Schahn. A: D–6601 Saarbrücken-Bübingen, Zum Meerwald 8. K: Stellv HauptAbtLtr Politik beim Saarländischen Rundfunk, Saarbrücken. M: DJV, RFFU.

Buchold Heinz
B: Komponist, Dirigent, Arrangeur. G: Wittgensdorf, 23. Juli 1920. V: Olga, geb Kolsek. A: D–7000 Stuttgart 80, Dornröschenweg 48. S: Abitur, MusikStud. K: TheaterkapellMstr, freischaffender Komponist, Dirigent u Arrangeur f Film, Funk u Platte, Musikredakteur am Süddeutschen Rundfunk. F: Hör Zu, in Fachzeitschriften. M: InteressenVerb Deutscher Komponisten, Vereinigung Deutscher Musikbearbeiter.

Bücken Hubert
B: Journalist. G: Allstedt, 6. Jan 1944. V: Rita, geb Heinrichs. A: D–4018 Langenfeld, Opladener Str 56a. S: Handelsschule, Banklehre, Wirtschafts-Fachzeitungen. K: 1965–70 Redaktion „frau", Düsseldorf, anschließend freiberuflich tätig.

Buckwitz Harry
B: Regisseur f Schauspiel, Oper u Television. G: 31. März 1904. V: Erni, geb Nuri Wagner. A: CH–8057 Zürich, Viktoriastr 13. Tel: 468608. S: Gymn, Univ, SchauspielAk München. K: 1926–36 Schauspieler, Regisseur an versch deutschen Bühnen, 1945–51 Dir d Münchner Kammerspiele, 1951–68 Generalintendant d Städt Bühnen Frankfurt, 1970–78 Dir d Schauspielhauses Zürich. D: „Camillo Torres" (Kardinal), „Locarno" (Chamberlain). E: Großes Verdienstkreuz d BRD, Chevalier des arts et des lettres, Frankreich, Goethemedaille d Stadt Frankfurt, EhrenMtgl d Deutschen BühnenVer. M: PEN, BRD, Mtgl d Ak d Künste, DDR.

Budzinski Klaus
B: Sachbuchautor, Dramatiker, Publizist. G: Berlin, 6. Dez 1921. V: Renate, geb Rasp. A: D–8000 München 40, Schellingstr 101. S: Hum Gymn, Abitur 1940 in Berlin, 4 Sem

Geschichte u Germanistik a d Univ Berlin u München, 1947–49. K: Seit 1946 freier Journalist in Berlin u München, 1949 Eintritt in d Lehrredaktion d Werner-Friedmann-Institutes d „Abendzeitung", München, 1949–55 Redakteur im Feuilleton d „Abendzeitung", München, 1956 Redakteur bei d REVUE, München (Kindler), seit 1957 freier Publizist u Autor, 1972–75 Ltr u Organisator eines Deutschunterrichtswerkes f Ausländerkinder beim „Institut für Film u Bild", Grünwald bei München, Produzent versch literarischer Revuen über die zwanziger Jahre (Kammerspiele u Werkraumtheater, München, Kongreßhalle Berlin, Bernhard-Theater Zürich, „Theater 44", München ua), Hauptdarst. F: Buchveröffentlichungen: „Die Muse mit der scharfen Zunge – Vom Cabaret zum Kabarett", München 1961, „So weit die scharfe Zunge reicht", Anthologie, München 1964, „Vorsicht - Die Mandoline ist geladen", Anthologie, Frankfurt 1970, „Die öffentlichen Spaßmacher – Das Kabarett in der Ära Adenauer", München 1966, „Linke Lieder", München 1966, „Was gibt's denn da zu lachen?", München 1969, „Liederliche Lieder", München 1967, „Witz als Schicksal – Schicksal als Witz", Hamburg 1966, „Marx und Maoritz", Satire, München 1969. D: Hauptdarsteller in d Tucholsky-Revue „Saure Gurke ist kein Kompott" im „Theater 44", München, „Witz als Schicksal – Schicksal als Witz", Drehbuch einer Fernsehsendung d Bayerischen Rundfunks, versch Moderationen. M: Verb d Schriftsteller in d IG Druck u Papier, München, Humanistische Union, München. H: Schach, Radfahren, Langlaufen.

Buhl Wolfgang Dr
B: Redakteur beim Bayerischen Rundfunk. G: Reinsdorf/Zwickau, 15. Apr 1925. V: Renate, geb Thume. A: D–8500 Nürnberg, Schnaittacher Str 10. S: 1931–35 Pestalozzischule Zwickau, 1935–43 Staatl Oberschule Zwickau, Abitur, 1946–50 Stud Germanistik, Theater-Wiss, Philosophie u Geschichte in Erlangen, 1950 Dr phil. K: 1953–63 Feuilletonredakteur Nürnberger Nachrichten, 1963–78 Ltr d Abt Wort Studio Nürnberg d Bayerischen Rundfunks, 1978 Ltr d Studio Nürnberg d Bayerischen Rundfunks. M: 1. Vors d BezirksVerb Franken-Nordbayern im Bayerischen JournalistenVerb, PEN-Zentrum d BRD, Dürer-Ges Nürnberg, Kästner-Ges München, Lessing-Ges Nürnberg, Germanisches Nationalmuseum Nürnberg, Konvent Evang Ak Tutzing.

Bührer Hans
B: Fotograf (eidgen diplomiert). G: 16. Nov 1917. V: Emerita, geb Huber. A: CH–2200 Schaffhausen, Bachstr 14, CH–2200 Schaffhausen, Ahornstr 22. S: Primar- u Sekundarschule, Lehre in Winterthur, Besuch d Kunstgewerbeschule in Zürich. K: Weiterbildung in Arosa, Ascona u in Bern, 1948 Eidgen Diplom als Fotograf. F: In d Lokalpresse. E: 1970 Europhot, Goldmedaille im intern Wettbewerb d Europarates. M: Schweizerischer FotografenVerb. H: Wandern, Langlaufen, Schwimmen, Briefmarken.

Bulanda Ivo
B: Filmproduzent, Regisseur, Kameramann. G: Brünn/CSSR, 23. Okt 1932. V: Otty, geb Dörper. A: D–7141 Beilstein, Bulanda-Studiohaus. S: Gymn, Staatl HS f Kunst, Karlsruhe. K: Ständiger Fotograf bekannter Persönlichkeiten wie zB Brigitte Bardot, Gina Lollobrigida, Sophia Loren, Yehudi Menuhin, Curd Jürgens, Carl Zuckmayer uva, Filme: Anton Dvorak-Film, Maurice Gendron-Yehudi Menuhin-Film, Olympiade-Aufbau-Film, Pilotenfilm m Swiss Air, Martini-Film in Nairobi, alle Porsche-Rennfilme f Porsche AG Stuttgart, Deutsche BRegierung – 3 Filme uva. F: In fast allen Foto-, Rundfunk- u Fernsehzeitschriften d BRD. E: Kleinmann-Preis f Olympiade-Film 1972, Filmpreis f Martini Kenya-Film in Venedig, 1 Preis f „Le Mans 77" Film b Techfilm-Festival Prag. M: Intern Journalisten-Verb. H: Fotografieren, Musik, Autofahren, Filmen, Fliegen.

Bummerl Franz
B: Musiker. G: Labant, 11. Jan 1927. V: Gertrud, geb Häringer. A: D-7146 Tamm, Friedrichstr 56. S: Bürgerschule (Mittelschule), Deutsches HSInstitut f Musik in Prag, Kompositions- u DirigentenAbt. K: 1951–66 als Trompeter bei Erwin Lehn u seinem Südfunktanzorchester, 1966 bis heute KonzertMstr u Arrangeur bei Ernst Mosch u seinen Egerländer Musikanten. F: Bild am Sonntag, Hör Zu. E: 9 Goldene Schallplatten. M: Deutscher KomponistenVerb. H: Sport.

Bung Heinrich
B: Kfm. G: Bonn, 23. Apr 1923. V: Lieselotte, geb Rosenthal. A: D–5300 Bonn 1, Wesselheidweg 35. S: Grundschule, MstrPrüfung im Gebäudereinigerhandwerk. K: Als Filmamateur Autodidakt, Doz an d VHS Bonn, KlubLtr d Amateurfilmkreises Bonn, Regionaljuror u

JuryLtr. D: In einigen Filmen. E: Ca 30 auf Regional- u Kategoriewettbewerben seit 1963. M: Amateurfilmkreis Bonn. H: Filmen alles, was damit zusammenhängt, Foto, Basteln Malen.

Bunge Brigitte Rebecca
B: Filmproduzentin u Drehbuchautorin. A: D–4000 Düsseldorf 11, Kaiser Wilhelm-Ring 18.

Bunz Hans-Günther
PS: Bob Machauer. B: Komponist, Pianist, Rundfunkprogrammgestalter. G: Stetten a H, 8. Feb 1925. V: Gabriele, geb Kaiser. A: D–7000 Stuttgart 75, Schweitzerstr 39. S: Gymn, Abitur, Med-Stud, Musik-Stud, Abschluß Staatsexamen. K: Bandleader, Rundfunkproduktionen, Schallplattenproduktionen, Komposition v Bühnenmusik, Kompositionsaufträge f Werbe- u Kulturfilme, Kompositionen f Spielfilme u Fernsehen, zahlreiche TV-Auftritte als Bandleader u Solist (Piano u Orgel). M: GEMA, Deutscher Komponisten-Verb, Interessengemeinschaft Deutscher Komponisten. H: Kunstmalen, Tonfilmen.

Burdich Harry
B: Regisseur, Kameramann. G: Hohen-Neuendorf, 11 Jan 1928. A: D–5000 Köln 1, Mechtildisstr 16. S: Mittlere Reife. Fachschule f Optik u Fotografie. K: Nach Abschluß d Stud 4 Jahre Ass, danach selbständiger Kameramann u weiterhin Arbeit bis zur Regie. F: Hör Zu, Das Parlament. E: Div Filmauszeichnungen, zB Kurzfilmtage Mannheim, BFilmpreis Berlin, Christopheruspreis. M: DGPh, Deutsche Ges f Photographie. H: Skifahren, Schwimmen, Reiten, Bergwandern.

Buresch Wolfgang
B: Autor, Regisseur, Redakteur. G: Kiel, 4. Feb 1941. A: D–2000 Hamburg 13, Iselstr 45. Tel: 040/478400. S: Handelsschule, AbendGymn, Stud. K: Schauspieler, Puppenspieler, Regisseur, Stimmtherapeuth, Filmregisseur, Dozent, Filmproduzent, Autor v über 300 TV-Filmen f Kinder, Redakteur, ProgrammbereichsLtr im NDR-Fernsehen Hamburg. D: TV-Serien: „Stoffel + Wolfgang", „Dr h c Cäsar", „Plumpaquatsch", „Maxifant + Minifant", „EMM wie Meikel" uva. H: Autor v Kinderbüchern u Kinderschallplatten.

Burghart Heinz
B: RedaktionsLtr u stellv ProgrammbereichsLtr b Bayerischen Rundfunk, Fernsehen. G: Fürth, 29. Dez 1925. A: D–8000 München 21, Stöberlstr 68. S: Abitur, Stud d Germanistik, Theater-, Kunst- u ZeitungsWiss. K: Bis 1963 b „Münchner Merkur", dann beim Bayerischen Rundfunk, redaktionelle Führungsaufgaben, stets auch selbst Kommentator, Moderator, DiskussionsLtr, Filmemacher. E: Bayerischer Verdienstorden, BVerdienstkreuz am Bande, Medaille f bes Verdienste um d kommunale Selbstverwaltung. M: Vors d Ehrenrates d Bayerischen JournalistenVerb, Vors d Jury z Vergabe d Herwig Weber-Preises, Ltr d Politischen Clubs d Ev Ak Tutzing. H: Bergwandern, Lesen.

Burkhardt Joachim Dr phil
B: Journalist. G: Borna/Sachsen, 21. Jan 1933. A: c/o Deutsche Welle, TS-F-ProgrammLtg, D–5000 Köln 51. S: Stud in Leipzig, Basel u Berlin, nach Abschluß d Stud d Evang Theologie Stud d Germanistik u Publizistik, Promotion zum Dr phil. K: Seit 1961 verantwortlich f Hörfunk- u Fernsehsendungen im Kirchenfunk beim Sender Freies Berlin, 1968 Ltg einer KulturAbt beim SFB, 1971 Übernahme d Abt Kultur u Unterhaltung im TS-Fernsehen d Deutschen Welle, 1974 Übernahme d Ltg d Programms im Fernsehbereich, Theaterarbeiten, Fernsehdokumentationen, Prosaveröffentlichungen. M: JournalistenVerb, SchriftstellerVerb.

Burmeister Gerda Vera Anna
B: Rundfunk-Redakteurin, Journalistin. G: Kiel, 24. Juni 1924. A: D–2000 Hamburg 76, Fährhausstr 28. S: Grundschule in Kiel, Oberlyzeum I in Kiel, 1 Jahr Frauenfachschule in Kiel, private Theaterausbildung (Schauspiel, Dramaturgie). K: Seit 1945–56 Theaterberuf in versch Sparten (Schwierigkeiten als Schauspielerin wegen Körpergröße 1,82 m), seit 1958 im Norddeutschen Rundfunk Hamburg tätig (Fernsehen, MusikAbt, Hörfunk), seit 1963 Redakteurin in d Niederdeutschen Redaktion, seit 1974 Ltg d Niederdeutschen Redaktion im NDR Hamburg. F: Fallweise in Rundfunk-Zeitungen anläßlich besonderer Sendungen. H: Vor-, Früh- u Kulturgeschichte, Literatur, Sprachen (Dialekte).

Burmeister Roland Dir
B: Creative Dir. G: Hamburg, 28. Feb 1926. V: Ursula, geb Thedens. A: D–2000 Hamburg 65, Krietkamp 28. S: Abitur, Werbefachschule in Hamburg, Baukreis-Schule in Hamburg,

daneben mehrjährige Klavier- u Chorgesangsausbildung. K: Zunächst mehrere Jahre weitere praktische Ausbildung bei einem Pressezeichner (Michael Eber – MALL) u bei einem Grafiker (Hein Neuner, ehem Herbert Bayer-Mitarbeiter), dann als Zeitschriftengestalter u Bildredakteur vier Jahre bei d Presse, seit 1958 bei Lintas Hamburg Werbeagentur GWA als Producer u Drehbuchautor, seit 1974 creative director u Regisseur d Sendung „Schaufenster am Donnerstag" im ZDF Werbefernsehen. F: Fachveröffentlichungen mit Fotos in div Fachzeitschriften, Fachvorträge im In- u Ausland. E: „Lion de Bronze" beim 17. Festival International du Film Publicitaire in Venedig, 1970, f d Werbefilm „Aus dem Süden Frankreichs" (f Drehbuch u Musik). M: GEMA. H: Literatur (Arno Schmidt), Kunstsammler (Klassische, Moderne u Gegenwart), Musik (Neue Wiener Schule u Jazz), Paläontologie im Sylter Raum.

Bursig Hans
B: Journalist. G: Gleiwitz, 7. Feb 1928. V: Anita, geb Nolting. A: D–2000 Hamburg 54, Niendorfer Str 14. S: Abitur, Stud d Soziologie, Phil, Vw. K: Redakteur bei versch Zeitungen, Bonner Korrespondent d Saarländischen Rundfunks, AbtLtr Politik SR, seit 1977 RessortLtr Tagesthemen Hamburg.

Büttgen Heinrich Dr phil
B: Fernsehredakteur, Ltr d Badischen Fernsehredaktion SDR. G: Bonn, 24. März 1931. V: Eva, geb Höcherl. A: D–6806 Viernheim, Beethovenstr 41, c/o Redaktion, D–6800 Mannheim 1, Ifflandstr 2–6. S: Abitur GörresGymn Koblenz, Univ Trier, München, Innsbruck, Stud Geschichte, Germanistik, Philosophie u Theologie. K: Reportredakteur Stuttgart, Wissenschaftsredakteur Abendschau SDR, Ltr d Kirchlichen Sendungen u d Schulfernsehens, seit 1971 Ltr d Badischen Fernsehredaktion SDR, Mannheim u d Kirchlichen Fernsehsendungen d SDR Stuttgart, Autor zahlreicher Fernsehsendungen mit aktueller, politischer u kultureller Thematik, insbesondere Produzent kirchlicher Sendungen über d nachkonziliare Zeit u deren Problematik. M: Rotary Club. H: Musik (Klavier), Reisen.

Buttgereit Werner Ing
B: Fotograf. G: Heydenkrug/Ostpr, 3. Feb 1939. A: D–8411 Teublitz, Regensburger-Str 78. S: Grundschule, Stud, Lehrzeit, Staatl Höhere Fachschule f Fotografen Köln. K: Foto-Atelier, Fa Perutz München, Agfa Leverkusen, Flugzeugwerke München, ab 1969 selbständig. F: Neue Illustrierte ua. E: Kodak – Urkunde, Hochzeits-Wettbewerb. H: Motorrad, Foto.

Candler Norman
PS: Gerhard Narholz. B: Komponist, OrchesterLtr. G: 9. Juni 1937. V: Rotheide, geb Pehofer. A: D–8000 München 80, Schleibinger Str 10. S: Abitur, MusikAk Wien. K: Über 1000 Kompositionen auf d Gebiet d Unterhaltungs- u Tanzmusik, Filmmusiken, Fernsehproduktionen etwa 20 Langspielsplatten „The Magic Strings" (arranged and conducted by Norman Candler), Kompositionen auf unzähligen Schallplatten veröffentlicht. E: Three Star Award of BBC f d beste importierte LP 1971, „Magic Strings" arranged and conducted by Norman Candler. M: GEMA, Deutscher KomponistenVerb. H: Fotografie.

Caspari Arthus
B: Autor, Regisseur. G: Köln, 13. Dez 1921. V: Elisabeth, geb Ackermann. A: D–2083 Halstenbek, Grüne Twiete 114a. S: TheaterWiss, Phil, Kunstgeschichte, Geschichte. K: Seit 1945 Regisseur b Theater, Film, TV in Deutschland, Schweiz, Frankreich, USA, Publikationen: Essayes, Romane, Hörspiele, TV-Spiele, Feature, Theaterstücke Lyrik, Dir d Inst f Avantgarde-Hinduismus, New York. E: Jakob Kaiser-Preis. M: Mtgl d labyristischen Ges.

Cassau Jan F
B: Kameramann. G: Wedel, 15. Juni 1949. A: D–2000 Hamburg 6, Glashüttenstr 6. S: Gymn bis 1970 in Hamburg, 1970–72 Ausbildung als Kameramann in Berlin an Film- u FernsehAbt d Fachschule f Optik u Fototechnik. K: Bisherige Filmproduktionen: ca 50 Werbespots, ca 10 Industriefilme, Spielfilme: „Mordgedanken" (Tatort), „Wir schließen nie", „PS-Geschichten ums Auto", „Abramakabra", „Kurzschluß" (Tatort), „In freier Landschaft", „MP-9mm" (Sonderdezernat), „Der Stumme" (Sonderdezernat), „Schrankenwärter" (Sonderdezernat). M: Golfclub Rheden. H: Sammeln v Ölbildern d Impressionismus.

Castor Werner Ludwig
B: Filmproduzent. G: Oberwesel/Rhein, 15.

Sept 1929. V: Karin, geb Hertzner. A: D–6532 Oberwesel/Rhein, Chablisstr 19. S: Gymn, Fachschule. K: Selbständiger Filmproduzent m eigenem Studio f Film-, Bild- u TonTechn. E: Goldmedaille Film-, TV-Festival New York, Silber- u Broncemedaillen. M: AVK im BVerb d deutschen Ind. H: Tennis, Ski, Wasserski, Segeln

Cermak Alfred
B: Pressefotograf. G: Wien, 23. Nov 1920. V: Elfriede, geb Gruber. A: A–1090 Wien, Rossauerlände 21. S: RealGymn, Graphische Lehr- u VersuchsAnst. K: Als Fotoreporter tätig bis 1938 bei Foto Willinger, Wien, dann bei Presseagentur Albert Hilscher, seit 1951 selbständig. F: Veröffentlichungen in ganz Europa, Amerika u Japan. M: Im Syndikat d Pressefotografen u Bildagenturen v Österreich, 1. Kassier. H: Musik.

Cermak Peter
B: Fotograf. G: St Sebastian, 1. Dez 1940. A: A–8630 Mariazell, Wienerstr 11. S: Grundschule, Landesberufsschule Innsbruck, Meisterlehre 3 Jahre. K: 5 Jahre bei Foto Schellenberg, Lausanne, 1 Jahr bei Foto Hilber Fribourg, 1 Jahr Graphische Lehr- u Versuchs-Anst Wien m anschließender Meisterprüfung u Diplom, seit 1966 selbständig. F: Als Postkartenverleger sowie Fremdenverkehrsprospekten d Landes Steiermark, dzt Ausbau eines modernen Porträtstudios. E: Diplom d Graphischen Lehr- u VersuchsAnst Wien 1966. M: Color Art Photography. H: Alte Cameras, Rennrodeln.

Chevalier Jeanne
B: Fotografin. G: Moutier/Schweiz, 11. März 1944. A: CH–2500 Bern, Obergässli 6. S: Sekundarschule, Fotolehre. K: Freie Fotografin m eigenem Atelier seit 1973. F: Regelmäßige Mitarbeit: Schweizer Illustrierte, Basler Zeitung, Illustré femina, flair, Bücher: „Lumières d'Egypte", „Mimes Suisses" ua. E: 2x Stipendium d schweiz EidGen f angewandte Kunst. M: Schweizer Journalisten-Verb.

Christoph René
B: Filmtechniker. G: 28. März 1958. A: D–1000 Berlin 61, Yorckstr 86. S: Realschule, Metallbearbeitung, Elektrotechnik. K: Elektrotechniker in einer außerbetrieblichen Ausbildungsstätte, seit 1977 Filmtechniker im Yorck-Palast-Kino, ab 1978 Chef-Vorführer. F: Chamisso. H: Film, Wandern, Reisen, Entwerfen v elektroakustischen Anlagen.

Cingl Emo
B: Regisseur, Schauspieler. G: Wien, 14. Sept 1926. A: A–6020 Innsbruck, Universitätstr 22, Palais Enzenberg. S: Grundschule, Werkschule, SchauspielStud, GesangsStud (6 Jahre). K: Engagements an Theatern in Wilhelmshaven, Wien, Theater d Westens, Kabarett „Simpl", Stadttheater Klagenfurt, Stadttheater Münster/Westf, Staatstheater Oldenburg, Landestheater Linz, Landestheater Innsbruck, Gastspiele bzw Regien in Wien, Künstlertheater, Südostbayerisches Städtetheater, Städt Bühnen Osnabrück, Stadttheater Nürnberg, seit 1950 freier Mitarbeiter beim Rundfunk, ua Sender Alpenland (eigene Sendereihe), NWR Köln, Sender Bremen, ORF, Studio Innsbruck, seit 1963 Gründer u Ltr d einzigen Schauspielschule in Westösterreich. D: Fernsehsendungen (Einakter) RAI (Italien), zuerst Schauspieler, dann ca 10 Jahre musikalisches Theater (Charakterbuffo), Oper, ua: „Der Konsul", „Nika Magadoff", „Carmen", „Hoffmanns Erzählungen", Mitwirkung in ca 70 Operetten u Inszenierung, Schauspielrollen: „Ornifle", „August, August, August", „Nashörner", „Mein Vater hatte recht", „Es war die Lerche", „Romeo" uva. E: Verdienstmedaille d Landes Tirol. M: Schlaraffia Oenipontana. H: Schreiben, Schach, Zaubern, Lesen, Reisen.

Claussnitzer Hans-W
B: Fotograf. G: Annaberg i Erzgebirge, 21. Okt 1919. A: D–2000 Hamburg 60, Forsmannstr 3. S: Abitur. K: Autodidakt. F: Hören u Sehen, Hör Zu, Neue Revue usw, Star-Fotos u Schallplatten-Cover. M: JournalistenVerb. H: Segelfliegen.

Codona Alfred
B: FilmKfm. G: Rasterburg, 16. Mai 1925. V: Helen, geb Mazion. A: D–6000 Frankfurt/Main, Cronstettenstr 3. S: Abitur. K: 1949–65 Filial-Ltr Panorama-Film, Frankfurt/Main, seit 1966 Inhaber u Geschäftsführer d Firma Avis-Film, Frankfurt/Main. F: Film-Echo, Filmwoche, Blickpunkt Film.

Coeln Peter
B: Fotograf. G: Linz, 9. Feb 1954. A: c/o Foto Caesar Peter Coeln GesmbH, A–1030 Wien, Rennweg 57. Tel: 725531. S: Grafische Hs in Wien. K: Seit 1974 selbständig als Werbe-,

Mode- u Industriefotograf. E: Europhot. H: Fischen.

Copet Max
PS: Colby. B: Schriftsteller. G: Königsberg, 19. Juli 1905. A: CH–6612 Ascona, Casa Kennedy, 80 Via Vorame. S: Abitur, Stud an TH in Berlin. K: Gedichte f Simplicissimus, Querschnitt, Berliner Tageblatt usw, Texte f „Katakombe", „Holländers Tingel-tangel" usw, Film-Manuskripte mit Billy Wilder: „Scampolo", „Madame wünscht keine Kinder", „Das Blaue vom Himmel" usw, 1933 nach Paris, weitere Filme geschrieben „Mauvaise Grain" (1. Regie v Billy Wilder) mit Danielle Darrieux, „Premier Rendezvous", „Battement du coeur", „Derrière la Facade", „Allemagne anno Zero" (f Rossellini) ua, 1948 nach Hollywood, Filme: „Heartbeat", „Once a thief", „Dance on a dime", Radioscripte f Marlene Dietrich „Time for love",1958 Rückkehr nach Deutschland, Filme: „Liebe ohne Illusionen", „Der Mann, der nicht nein sagen konnte", „Mein Mann, das Wirtschaftswunder" usw, Musicals: „West-Side-Story „Millionen für Pebny", „Charley's Tante", „Heimweh nach St Pauli", „Eine feine Familie", Musical-Bearbeitungen: „West Side Story", „Irma la Douce", „40 Grad im Schatten", „Hallo, Mr Moss!", „High Spirits", „The Appletree", „Ciao, Rudy", „Lady be good", „Girl Crazy", „Boyfriend", „Oh, Day", Liedtexte f Marlene Dietrich, H Knef, Gitte, Katja Ebstein, L List, Nana Muskouri, Hanne Wieder, Helen Vita, Suzanne Doucet, Hilde Hildebrand, Trude Hesterberg, Luise Martini, Hans Albers, Max Hansen, Hans Clarin, Feddy Quinn, Bruce Low, Thomas Fritsch, Gus Backus, Günter Schramm, Tino Rossi ua, TV-Shows: „Das waren noch Zeiten", „Cherchez la femme", „Andre Zeiten – andre Sitten", „Paris ist eine Reise wert", „...wenn man trotzdem lacht", „100 Jahre Kurfürstendamm", „Babbelgamm", „Porträt eines unverbesserlichen Optimisten", Bücher: „Sag mir wo die Jahre sind", „Zoo ist das Leben", „Es fing so harmlos an...". F: Esquire, Bunte Illustrierte, Südschweiz, Münchner MERKUR, AZ. E: Preise bei Filmfestspielen in New York u Locarno. M: Screen Writers Guild, Hollywood, Societé des auteurs, Sacem, Frankreich, GEMA in Deutschland. H: Entdecken v jungen Malern u Sammeln ihrer Bilder.

Compart Peter
B: Fotograf. G: Körlin/Pom, 5. Jan 1941. V: Marlis, geb Abel. A: D–1000 Berlin 61, Kottbusser Damm 9. S: Mittlere Reife, 3 Jahre Lehrzeit im Porträt-Atelier. K: Nach mehreren Arbeitsstellen in d Schweiz, Frankreich, BRD u Berlin, Gründung eines eigenen Studios, überwiegend Porträt, Interieurs u Werbung. M: Fotografen-Innung. H: Reisen.

Compère Charles
B: Fotograf, Designer. G: Hamburg, 18. März 1935. A: D–5060 Bergisch-Gladbach 3, Sandbüchel 49. S: FotografenLehre, Fotografenmeister. K: Seit 1955 Fotograf bei AGFA-GEVAERT AG Leverkusen m führenden Grafik-Designern u Art-Dir, Gast-Prof f Farbfotografie an d Wuppertaler Kunstgewerbeschule u BFachschule Hamburg, Ltr d Europa Studio Wien, seit 1970 freischaffender Fotograf in Leverkusen-Opladen. F: Das Deutsche Lichtbild, Galerie Göppingen, Photokina. E: Unzählige Auszeichnungen u Anerkennung d „Grafic Design Deutschland u Bund Deutscher Grafiker. M: Mtgl d freiberuflichen Foto-Designer, BFF Stuttgart, AWI, GDPh. H: Segeln, Reiten, Fallschirmspringen, Judo, Ralleys ua.

Conradi-Knipping Ursula
B: Modefotografin. G: Gevelsberg, 1. Juni 1923. A: D–5820 Gevelsberg, Unterbraker Weg 3. Tel: 02332/2603. S: RealGymn, Lyzeum, KunstAk Weimar, Lettehaus Berlin. K: Bildjournalistin f Stern, Quick ua, Theateraufnahmen (Gründgensära in Düsseldorf), Modeaufnahmen. F: In allen deutschen Illustrierten u moda in, Rendezvous de la mode, modelina, elegantissima. M: Europhot, CV. H: Fliegen.

Conzelmann Hans
PS: Hans Eric. B: Komponist. G: Stuttgart, 2. März 1920. V: Tessie, geb Schröder. A: D–8000 München 60, Im Wismat 39. Tel: 089/8111392. S: Oberrealschule Stuttgart, Konservatorium f Musik, Stuttgart, Stuttgarter Musikschule, Komponieren, Dirigieren, Klavier, Cello. K: 1945–53 Ltr d Abt Unterhaltungsmusik beim Süddeutschen Rundfunk, Begründer d intern bekannten „Wochen der leichten Musik", 1953–58 Ltr d Abt Leichte Unterhaltungs- u Tanzmusik beim Bayerischen Rundfunk, Dirigent bei vielen Schallplattenfirmen u Rundfunkorchestern, seit 1958 Komponist v Filmmusik u Fernsehproduktionen, Miteigentümer d DEHAGE Musikproduktion u Verlag, Vertonung v Stummfilmen, Zeichentrickfilmen u Industriefilmen, Komponist f Archivmusiken. M: GEMA, Deutscher KomponistenVerb, Vereinigung Deutscher

Musikbearbeiter. H: Kochen, Segeln, Skifahren.

Coppieters Francis
B: Pianist, Komponist, Dirigent. G: Brüssel, 7. Sept 1930. V: Liselotte, geb Hoppe. A: D–5000 Köln 50, Auenweg 32a. S: Conservatoire Royal de Musique, Brüssel. K: Seit 1957 in Köln, Orchester Kurt Edelhagen, Schallplatten, Komponist v Fernsehfolgen. F: Buch: „Anleitung zur Improvisation für Klavier", Schottenverlag. M: Ordentliches Mtgl d GEMA. H: Musik, Tischtennis.

Correns Karl
B: Journalist. G: Bonn, 6. Juni 1928. A: D–5060 Bergisch Gladbach 2, An der Engelsfuhr 1 0. S: Gerlernter Kfm. K: Erste filmjournalistische Erfahrungen bei d „Deutschen Film-Illustrierten" in Düsseldorf, später Arbeit für Film, Film-Revue ua Zeitungen, 1948 Übernahme d Presse- u WerbeAbt d Rota-Wotan-Film in Düsseldorf, später Tätigkeit f Union, Pallas u Unitas-Film (setzte sich bes ein um d Betreuung d Peter Ostermayr-Filme), arrangierte Kontaktfahrten v Journalisten u Theaterbesitzern zu d Drehorten, als Presse- u Werbereferent Gestaltung d gesamten Presse- u Werbematerials, Betreuung zahlreicher deutscher Spielfilme v d Produktion bis zur Premiere, 1958 zu Constantin-Film (v Waldfried Barthel), über 16 Jahre lang Ltg d Pressestelle in Düsseldorf u Frankfurt, während dieser Zeit Organisation vieler Pressegespräche, Premieren u Betreuung vieler großer Stars, seit einigen Jahren im Bastei-Verlag G H Lübbe in Bergisch Gladbach tätig.

Cortesi Mario
B: Journalist u Filmrealisator. G: Biel, 22. Nov 1940. A: CH–2505 Biel, Neuenburgstr 140. S: Sekundarschule, Handelsschule. K: Journalist, Filmrealisator, Publizist, Verleger, Filme als Regisseur: „20 Tage in China", „Claudia oder wo ist Timbuktu?", „Ein Sommer mit 13", „Yesterday, when I was young", „Wie wild war d Wilde Westen?" uva. E: Versch Filmpreise, darunter „Prix Jeunesse" 1976 in München f d Film „Yesterday, when I was young".

Coubier Heinz
B: Schriftsteller, Regisseur. G: Duisburg, 25. Mai 1905. V: Marianne, geb Langewiesche. A: D–8026 Ebenhausen/Isar, Lechnerstr 27. S: Abitur, Stud d TheaterWiss, Germanistik, Geschichte, Kunstgeschichte, Philosophie. K: Dramaturg u Regisseur in Düsseldorf u Köln, 1934–45 Ausschluß aus d BühenGen, 1945–48 Regisseur an versch Bühnen, seit 1948 Dramatiker, Hörspiele, Fernsehspiele, Romane, Essays. F: Mitarbeit an Merkur, Süddeutsche Zeitung. H: Grafik-Sammlung.

Crailsheim Krafft Freiherr von Dir
B: Landwirtschaftsassessor mit Lehramtsbefähigung. G: Amerang, 5. Juli 1921. V: Cecilie, geb Freiin v Kap-Herr. A: D–8201 Amerang, Schloß. S: RealGymn. K: Kriegsdienst, Stud d Landwirtschaft in Weihenstephan u Gainesville, USA, wiss Ass u Referendar, seit 1952 in Amerang, viele Auslandsreisen, Tätigkeit als praktischer Land- u Forstwirt, Museums- u KonzertDir, Berufsfischer, Fotograf, gelegentlich Schriftsteller. F: Viele Veröffentlichungen in Zeitschriften.

Crämer Egon
B: Regisseur, Kameramann. G: Köln, 23. Feb 1929. A: D–5000 Köln 41, Lortzingstr 29. S: Grundschule, Gymn. K: Ausbildung zum Spielfilm, Kopieranstalt, Material- u SchärfenAss, Schwenker, dann Kameramann in d freien Wirtschaft, dort „interne" Auszeichnungen f gute Filmfotografie, dann Übertritt zum Fernsehen (aus wirtschaftlichen Erwägungen), 1. Kameramann u Regiekameramann f Filmproduktionen, Buch u Regie f einen kritischen Halbstundenfilm, Verfasser eines zeitkritischen Buches (800 Seiten), Ausarbeitung dieses Buches zu einem Filmmanuskript u -drehbuch. E: Zwei 2. Preise v Journalisten.

Cramm Irene Freifrau von
PS: Irene Mann. B: Regisseurin, Choreographin. G: Königsberg, 12. Apr. V: Berno Freiherr v Cramm. A: D–8069 Loipersdorf, Nr 7. S: Mittelschule, privates Gymn. K: Tänzerin, Solotänzerin, Ballerina, Choreographin, Regisseurin. F: In vielen Zeitschriften. D: Theaterregie „Hello Dolly", „Ninotschka", „Seidenstrümpfe", „Das Weiße Rößl", „Gigi" ua, Fernsehen: „Ich bin eine Frau, die weiß, was sie will", „Gute Laune mit Musik", „Raum für Träume", Filme: „Tanz auf dem Regenbogen", „Zwei Groschen Zärtlichkeit", „Ferien vom Ich", „Ein Seemann geht an Land", eigene Fernsehshows: „. . .7, 8, 9, aus", „Liebeserklärung an eine verrückte Welt" ua, alle großen Shows choreographiert wie „Peter Alexander Show", „Michael Schanze Show", „Anneliese Rothenberger Show", „Peter Kraus Show" uva. E: Peter Kreuder Medaille.

Csaba Peter Miklos
B: Kameramann. G: Budapest, 21. Dez 1947. A: D–5000 Köln 30, Vogelsangerstr 51. S: Mittlere Reife, Volontariat. K: Ass beim Spielfilm u Fernsehdokumentation, Kameramann bei versch Privatproduktionen u b Fernsehen. F: Hör Zu, Gong, Stern uva. E: Der bes Film d Auslandes in Holland, Berliner Fernsehpreis, mehrere Fotopreise. M: Intern Presseclubs, Deutscher PresseVerb, RFFU, Mtgl d FDP. H: Segeln, Reiten, Reisen.

Csobadi Peter
B: Journalist. G: Budapest, 16. Aug 1923. V: Edda, geb Moser. A: D–5000 Köln 1, Elsenborner Str 19. S: Gymn, Konservatorium f Musik in Budapest (Klavier, Orgel, Komposition), UnivStud WirtschaftsWiss Fakultät, Diplomatische HS. K: 1945–48 1. Botschafter u persönlicher Referent d Ungarischen AußenMin, 1949–53 Ltr d Abt Sinfonieorchester beim Budapester Rundfunk, 1953–60 freischaffender Journalist u Schriftsteller in Wien u Budapest, 1961–69 Redakteur beim Sender Freies Berlin u Pressechef d Berliner Festwochen, seit 1969 Ltr d HauptAbt Musik d Rundfunkanstalt Deutsche Welle in Köln, seit 1968 Vorst u Geschäftsführer d Herbert v Karajan Stiftung u Pressechef d Osterfestspiele in Salzburg. F: Hör Zu, Opernwelt. D: Fernsehserie d SFB „Zu Gast im Studio" (Moderation).

Cyranek Hans Paul
B: Schriftsteller, Regisseur. G: Breslau, 13. Apr 1913. A: D–8000 München 40, Schaudolphstr 38. S: Gymn im Fürstentum Pleß (Mikolow), HS f Musik u darstellende Kunst in Prag u Hörer d KarlsUniv Philosophie u Kunstgeschichte. K: Nach d Stud Soldat (Wehrmacht), nach Gefangenschaft als Journalist tätig, „Wegweiser" Norddeutsche Zeitung, danach in München „8 Uhr Blatt", 1954 nach Spanien als Journalist u Arbeit f Film, Standfotografie, Produktionspresse u Regie, Übersetzung d Oper „Modry kvet" v Adolf Wenig (Libretto) u Zdenek Hula (Musik), 3 prädikatisierte Filme, lange Auslandsreisen in Polen, Schweden, Finnland, CSSR, Ungarn, UDSSR, Südamerika (Peru, Bolivien, Venezuela, Nordafrika), 1961–67 Dir d Deutschen Trans-Kontakt-Film-Fernsehen GmbH Bonn, in dieser Zeit einige Filme als Drehbuchautor u Regisseur, nach d Krieg Mitarbeiter beim Münchner „Simpl" (ehem Simplizissimus), Hausdichter einiger Kabaretts: „Ulenspiegel – Hannover", „Uhlenspiegel – Berlin", „Die Spinnstube" Stuttgart, „Bronzekeller" Hamburg. F: Münchner Illustrierte, Die Neue Revue, Spiegel. E: Prädikate: „Mut zum Leben", „Verleih Columbia, „wertvoll", „Berlin – Bericht einer Reise" BReg Bonn „wertvoll", „Labora de oro" beim Filmfestival d kath Kirche in Valladolid. M: Mtgl d Bayerischen Journalisten-Verb München. H: Schreiben.

Czerski Titus Ernst
B: Fotograf. G: Judenburg, 7. Apr 1945. V: Rose-Marie, geb Bullwinkel. A: D–2800 Bremen 1, Mainstr 92. S: Oberschule. K: Fotografenlehre, Werbeagenturen, Großraumstudio, selbständiger Fotograf. F: Zusammenarbeit mit Bildagenturen. M: AWI. H: Sammeln v Münzen, Musik.

D'Waal Don
N: Günther D'Waal. B: Schriftsteller, Film- u Fernsehautor, Drehbuchautor, Film- u Fernsehproduzent, Doz. G: Breslau, 11. Sept 1925. V: Helga, geb Sternberg. A: D–2000 Hamburg 13, Mittelweg 25a, Postfach 2517, D–2000 Hamburg 36, Esplanade 18. Tel: 443736 oder 344477. S: Grundschule, Gymn, Chemie-Fachschule, abgeschlossene Ausbildung zur Chemiebetriebsführung, Stud Musik, Schauspiel, Regie, Film-Dramaturgie, Journalistik. K: Fähnrich d Luftwaffe, Theaterlaufbahn, Darsteller bei Film- u Fernsehen, ProduktionsAss u persönlicher Mitarbeiter d Walter Hachtritt Produktion, Autor d Produktion, Autor d Tibor v Minzenty-Produktion, Nachfolger-Produzent d W Hachtritt-Produktion, Mitarbeiter d Wolfgang Citron-Produktion, AufnahmeLtr u ProduktionsAss d NDR, Hamburg, Ausbildung zum Heilpraktiker, Autor d Naturheilkunde, Autor v philos Arbeiten. F: Film- u Fernsehalmanach, Veröffentlichung: GeistesWiss Abhandlungen u Lehrbriefe u ASW-Forschung. D: „Des Teufels General", „Der Hauptmann von Köpenick", „Mädchen mit den Katzenaugen", „Haie und kleine Fische", „Der rote Kreis", „Bande des Schreckens", „Der Fälscher von London", viele Fernsehfilme, „Stahlnetz", „Gedenktag", Unterhaltungssendungen. E: Div militärische Auszeichnungen, div philosophische Auszeichnungen (zB USA: Dr d Metaphysik u Dr d Philosophie). M: Langjähriges Vorst Mtgl d Hamburger Quartetts (Männerchor), Philosoph Vereinigung. H: Filmarbeit, Naturforschung, Kriminal-Film u Drehbücher u Romane.

Dahlbender Alfred
B: Musikverleger, Schallplattenproduzent, Komponist. G: Essen, 3. März 1920. V: Gisela, geb Clausen. A: D–4100 Duisburg 13, Dr Hammacherstr 3. S: Abitur, Stud d RechtsWiss, TheaterWiss, Musik. K: Rundfunkkomponist U-Musik, Gründung d Attacca-Musikverlages 1952, ab 1960 eigene Schallplattenproduktion unter eigenem Label Attacca: „Musik aus dem Dom zu Salzburg", Cello-Konzerte Anja Thauer, Prof Klaus Storck, Klaviermusik Prof Deichmann ua, Zielsetzung: Werke großer Komponisten erstmalig auf Schallplatten herauszubringen, möglichst durch Einsatz erstklassiger junger Interpreten, Produktion d Pop-Musik bei gleicher Zielsetzung, eigene Kompositionen d U-Musik, „Montan City-Blues" 1960 (ever-green), 2 musikalische Lustspiele mit eigenem Text „Alles ok Jonny", „Glück im Walsertal" (Thema Wintersport), um 1960 freier Produzent bei Ariola. F: Neue Ruhr-Zeitung ua. M: GEMA. H: Wintersport, Wandern in Tannenwäldern.

Dahlberg Hannes
B: Autor, Journalist, Regisseur. G: Berlin, 11. Jan 1921. V: Wiltrud, geb Hübner. A: D–1000 Berlin 33, Garystr 64 und A–6370 Kitzbühel, Lebenbergweg 52/6. S: Abitur, Deutsche FilmAk Berlin, Kameramann, Autor, Regisseur. K: Schauspieler u Regisseur am Schillertheater Berlin, Fernsehspiel u Film beim ZDF, Produktionschef bei CCC-Film Artur Brauner, Berlin-Redakteur „Der Stern", „Schweizer Illustrierte", Chefredakteur u Herausgeber „AV-Report", „Audiovision, das Medienmagazin". D: Ca 26 Spielfilme, TV-Spiele. M: Deutscher JournalistenVerb, Union Intern de la Presse, Radiotechnique et Electronique, PAN AM Clipper Club.

Dam Bob van
B: Manager, PR-Officer. G: Cheribon, 29. Feb 1928. V: Margarete, geb Rabbel. A: NL–Amsterdam-Buitenveldert, Van Leijenberghlaan 413. S: Realschule, Fachschule f Journalismus, Fotografie, Praxis auf Redaktionen. K: 1951–55 PR-Officer KLM, 1955–66 selbständiger Journalist, Fotoreporter, eigene Presse-Agentur, 1967–72 Presse u PR-Officer Spielfilm, Fernsehen u Theater Produktion Musiktheater, Film Fernsehen, seit 1972 Artists Management, Musikproduktionen f Fernsehen u Theater, PR Film u Fernsehen, Presse u PR Arbeit u Fotos f über 20 intern Spielfilmproduktionen ua „Anne Frank", „Grand Prix", weitere italienische, deutsche, amerikanische u englische Produktionen, Theater: Presse u PR f Musicals wie „My fair Lady", „Anatevka", „Der Mann v La Mancha", „I do, I do" uva. F: Quick, Schweizer Illustrierte, Oggi, The News, ua, viele Veröffentlichungen in Zeitungen u Illustrierten in fast ganz Europa, USA u Japan. M: NVF. H: Reisen.

Dam Margarete van
B: Casting Dir, Film, Fernsehen, Managerin. G: Osterwieck, 21. Juni 1930. V: Bob van Dam. A: NL–Amsterdam-Buitenveldert, Van Leijenberghlaan 413. K: 1954–61 Berlin – Agentur Silman, 1962–71 Amsterdam, Holland, selbständige Managerin, seit 1972 eigene Agentur u Besetzungsbüro f Spielfilm, Fernseh-Drama-Produktionen u Theater, seit 1975 Besetzung v 85 Proz d holländischen Spielfilme, Besetzung v über 50 Proz d holländischen Drama-Produktionen f Fernsehen, Besetzung d holländischen Teils d US-Film „Die Brücke v Arnheim", holländische Besetzung d Deutschen Fernsehserie „MS Franziska", 1972–79 Besetzung v ca 25 großen intern Film- u Fernsehproduktionen (Italien, Frankreich, Deutschland, England, USA. M: NBF. H: Pflanzen, Tiere, Kochen, Filmbesetzungen machen.

Dams Vok
B: AV-Designer, Regisseur, Produzent. G: Wuppertal, 16. Mai 1938. V: Ursula, geb Schmidt-Ott. A: D–5600 Wuppertal 1, Herberts Katernberg 40. S: Ausbildung als Fotograf (Mstr, Bundesfachschule Deutscher Fotografen, Hamburg), Stud an d Staatl Höheren Fachschule f Fotografie, Köln, Staatsexamen: Gestalterische Fotografie (Abschluß Ing), Staatsexamen: Technisch-wiss Fotografie (Abschluß Ing). K: Bildjournalist freischaffend, selbständiger Werbefotograf, Gründung u Ltg einer Werbeagentur, Doz f Fotografie u audiovisuelle Technik mit versch Lehraufträgen in Dortmund, Essen u Kassel, Gschäftsführender Gesellschafter d Vok Dams Gruppe GmbH (Entwicklung, Produktion u Einsatz audio-visueller Programme). F: Div Veröffentlichungen u Erwähnungen. D: Regisseur u Produzent div Tonbildschauen, Multivisionen, Film- u Video-Programme, Multi-Media-Inszenierungen. M: VorstVors d Centrum-AV-Communication, cAVcom eV, DGPH, BFF.

Daniel Alois
B: Geschäftsführer, Kameramann. G: Wien, 15. Jan 1939. V: Gisela, geb Schindler. A:

A–1200 Wien, Jägerstr 89/6/15. S: BRealGymn (4 Klassen). K: TonAss beim ORF, KameraAss, Kameramann, freier Mitarbeiter bei Hearst Telenews u ABC News, derzeit Geschäftsführer d VTV-Film.

Daniel Erhard
B: FotografenMstr. G: Dewa, 26. März 1914. V: Erika, geb Holzträger. A: D–8411 Wenzenbach, Schindlweg 3. S: Höhere Handelsschule mit Abschluß. K: Kfm, Geschäftsführer, FabrikDir, Textiliengroßhändler, Buchhalter, Fotograf, FotografenMstr. F: Buchveröffentlichung mit 138 Aufnahmen, Gheorghe Oprescu: „Die Wehrkirchen in Siebenbürgen", Dresden 1959, Bebilderung v Museumsführern, zahlreiche Veröffentlichungen in Zeitschriften, Kalendern, Enzyklopädien, Reiseführer v DUMONT, zahlreiche Aufnahmen im Merian usw. M: Fotografen-Innung. H: Bergsteigen, Filmen, Fotografieren.

Danis Arlette
B: AufnahmeLtr. G: Paris, 18. Jan 1941. A: F–94410 St Maurice/Paris, 106, Avenue de Gravelle. Tel: 3681314. S: Stud d Deutschen Sprache an d Sorbonne Univ in Paris, Lizentiat d Deutschen Sprache. K: 1966–67 Deutschlehrerin, dann Dolmetscherin f Deutsch-Englisch-Italienisch bei versch intern Veranstaltungen von 1968 (Olympische Winterspiele in Grenoble) bis heute, seit 1968 AufnahmeLtr bei folgenden Filmen: „D'Artagnan", 1968, „Jumbo", 1970, „Crazy Horse", 1970, „La Commune Et L'Informatique", 1973, „L'Etalon", 1969, „Solo", 1969, „La Decade Prodigieuse", 1971, „Operation Walkyrie", 1970, „L'Orchestre Rouge", 1971, „Le Baron Frederic von der Trenck", 1971, „Les Enrages", 1972, „La Femme En Blau", 1972, „Horticole", 1973, „F P A Nimes", 1973, „Jo Gaillard", 1973, „Faits Divers", 1974, „Un Enfant Dans La Foule", 1975, „Le Trouble Fesses", 1976, „L'Apprenti Salaud", 1976, „Das rosa Kaninchen", 1976/77, „A Free Man in Paris", 1977, „Jugendarbeitslosigkeit in Europa", 1977, „Boeing Boeing", 1977, „Späte Liebe", 1977, „The Passage", 1978, „Adolescence", 1978.

Dechert Heinz
B: Fotografenmeister. G: Landau/Pfalz, 9. Sept 1940. V: Doris, geb Marneth. A: D–6702 Bad Dürkheim, Kurgartenstr 3. Tel: 06322:2028. S: Gymn, Abitur, Lehre als Buchdrucker, Offsetdrucker, Reproduktionsfotograf, Lehre als Fotograf bei Famous Fotographers – Fotoschule in Hamburg u 1973 Ablegung d Meisterprüfung m Auszeichnung. K: Selbständig seit 1970 in Bad Dürkheim (exclusiv-Fotostudio Heinz u Doris Dechert). M: Mtgl d Europhot, Mtgl d Color Art Photo. H: Fotografieren, Basteln alter historischer Segelschiffe.

Defner Karl
B: Alleininhaber d Verlages Dr A Defner, Fotografenmeister. G: Innsbruck, 12. Apr 1926. V: Ruth, geb Dössegger. A: A–6080 Igls b Innsbruck/Tirol, Eichlerstr 4–6. S: Gymn, Matura, Handelsmatura, Fotolehre beim Vater, Meisterprüfung an d Graphischen Lehr- u Versuchsanstalt in Wien, nach Abschluß d Meisterklasse. K: Nach Auslandspraxis in d Schweiz, Mitarbeit im elterlichen Verlag f künstlerische Landschaftsfotografie, Übernahme d Geschäfts m Schwester Gundula 1960, seit 1972 Alleininhaber d Fa, heute einziger Hersteller in Österreich v echten Fotokarten, d „Defner-Karten", die neben d verlegten Farbkarten, ein begehrter Artikel im Österreichischen Papierhandel sind, Herausgabe v 2 Kalendern, d „Defner-Kalender" u Alpenblumenkalender m nur eigenen Aufnahmen. F: Fotos in Büchern, Prospekten u Kalendern. E: Goldmedaille b Bewerb d Österreichischen Ansichtskartenverleger in Salzburg 1973. M: Verb d Österreichischen Ansichtskartenverleger u Hersteller, Österreichischer Verb f Radiästhesie, Österreichischer AlpenVer ua. H: Pendeln u Rutengehen.

Delseit Elisabeth Dir
B: KonzertDir u Pr d Gemeinschaft d Künstler u Kunstfreunde. G: Köln, 8. Jan. A: D–5000 Köln 41, Emmastr 3. S: Reifeprüfung, Stud an d Staatl HS f Musik in Köln (Meisterklasse Maria Philippi, Gesang), Reifeprüfung 1930, später Schülerin v Walter Felsenstein. K: Nach d Reifeprüfung an d MusikHS Köln zunächst 2 Jahre Bühnentätigkeit f lyrisches u Koloraturfach, davon 1 Jahr als Volontärin an d Städt Bühnen Köln u 1 Jahr Mönchen-Gladbach, Rheydt. 1933 nur noch Konzerttätigkeit als Oratorien- u Liedersängerin, als Solistin m d Thomanerchor Leipzig unter Karl Straube u Günter Ramin, m d Regensburger Domspatzen unter Theobald Schrems, m d Berliner Philharmonikern, Meisterkonzerte, Lieder- u Klavierabende m Gatten Karl Delseit, 1949 Gründung d Gemeinschaft d Künstler u Kunstfreunde (Konzerte junger Künstler), deren verantwortlich zeichnende Pr, 1959 Gründung d Konzert-

Dion Elisabeth Delset, Arbeit i A d BAnst f Arbeit, anerkannte Gesangspädagogin m Meisterkursen aa in Darmstadt Kranichstein, intern Kurse f zeitgenössische Musik. F: In versch Zeitungen u Zeitschriften. D: „Bajazzo", „Zauberflöte", „Hoffmanns Erzählungen". M: Mtgl d Verb d Deutschen Konzert-Dionen eV. H: Mit Deutscher Schäferhündin „Burga" spazieren gehen, schnelle Autos fahren.

Demler Otto
KN: Bert Olden, Fred Gordoni. B: Musikproduzent, Komponist, Textautor, VerlagsKfm. G: Wien, 1. Nov 1922. A: D–2084 Rellingen, Vossmoorweg 4, c/o Casarica Musikprod u Verlag GmbH, D–2000 Hamburg 13, Heimhuder Str 73. S: Abitur, MusikHS Mozarteum Salzburg (Klavier). K: Rundfunkjournalist bei Radio Salzburg, VerlagsLtr Edition Accord, Köln, PR-Abt, Electrola GmbH, Köln, VerlagsLtg Intersong Hamburg, freier Musikproduzent Electrola Köln, Deutsche Grammophon Hamburg, Phonogram Hamburg, Ariola München, WEA Hamburg. E: Mehrere Goldene Schallplatten (LP's). M: GEMA, Deutscher TextdichterVerb. H: Gartenbau, Heimwerken.

Dencker Klaus Peter Dr
B: Autor, Filmemacher, Redakteur. G: Lübeck, 22. März 1941. V: Gisela, geb Böckmann. A: D–6676 Mandelbachtal 1, Brucknerstr 3. S: Stud d deutschen LiteraturWiss, Phil, Japanologie in Hamburg u Erlangen, Ass am Deutschen Seminar d Univ Erlangen-Nürnberg u Lehraufträge an d Univ Erlangen u Saarbrücken. K: Promotion (deutsche Literatur-Wiss u Japanologie), Ass, Lehrbeauftragter an d Univ, freier Autor u Filmemacher, 1. Redakteur b Saarländischen Rundfunk/Fernsehen im Bereich Kulturelles Feature, Lehrbeauftragter an d Univ d Saarlandes. E: Stipendiat d „Stiftung f europäische Sprach- u Bildungszentren" Zürich 1963, Kunstpreis d Stadt Erlangen 1972, Reisestipendium d Auswärtigen Amts 1974, Autorenstipendium d Stadt Soltau 1978, Preis d Invandarnas Kulturcentrum/Stockholm 1978. M: Mtgl d Verb deutscher Schriftsteller, Member of The Royal and Ancient Polar Bear Society, Hammerfest.

Dengel Fred
B: Filmproduzent, Studiobetriebe, TonTechn, Schneideräume. G: Wiesbaden, 16. Dez 1931. V: Rosemarie, geb Heinz. A: D–6202 Wiesbaden-Biebrich, Weiherg 13–15 u Henkellstr 8. S: Ausbildung in versch Studios, bei versch Kameramännern, Regisseuren, sowie Schnitt, Lichtgestaltung. K: Herstellung v ca 500 Filmen in Eigenproduktion u auch bei Fremdproduktion. F: Hör Zu, Fototechnik, Film-Echo uva. D: In versch Kleinrollen. H: Der Beruf.

Dengel Herbert
B: Fotograf. G: 13. Dez 1945. A: D–6200 Wiesbaden-Nordenstadt, Stolberger-Str 1. S: Abitur, Lehre z FotoKfm. K: Vom FotoKfm zum Fotografen. F: Hör Zu, Lui, Playboy, Zoom, Profifoto, Foto-Magazin. H: Motorradrennsport, Aufbau v Oldtimern, Reisen, Restaurieren v Bauernhöfen.

Deriaz Philippe Ing ETH
B: Film- u Theaterregisseur. G: Genf, 6. Juni 1930. A: D–6900 Heidelberg, Römer Str 74. Tel: 06221/12275. S: College de Geneve, Eidgen Techn HS. K: AufnahmeLtr u RegieAss bei Spiel- u Dokumentarfilmen in Zürich, 10 Sendungen am deutsch-schweizerischen Fernsehen, ca 36 Filme (Kultur-, Industrie- u Unterrichtsfilme) als Autor u Regisseur in Zürich, Wien, Genf, Wiesbaden, Köln, Heidelberg, Düsseldorf, RegieAss am Schauspielhaus Zürich, am Grand-Theater Genf, an d Städt Bühnen Frankfurt, Gastregisseur an d Stadttheatern St Gallen, Regensburg, Rendsburg, Gießen, an d Katakombe in Frankfurt, d Insel in Karlsruhe, am Torturmtheater in Sommerhausen, OberspielLtr d Oper in Passau u Heidelberg, insgesamt 30 eigene Inszenierungen. E: Industriefilmpreise d BMin f Wirtschaft, Auszeichnungen bei d Wirtschaftsfilmtagen u beim Industrieforum. M: Ges ehem Studierender d Eidgen Techn HS.

Devaux Danielo
B: Regisseur. G: Manebach/TH, 13. Dez 1921. V: Karin, geb Fränkel. A: D–6000 Frankfurt/M 50, Im Uhring 55. S: Abitur, Seeoffizier (Reserve), Schauspielschule. K: Schauspieler, Sprecher, Regisseur, OberspielLtr, künstl Ltr d Landesbühne Rhein-Main, Ltr d Besetzungsbüros FS d HR, als FS-Regisseur ständiger freier Mitarbeiter d HR, Produzent, 80 Bühnenrollen, 30 Bühneninszenierungen, 350 Fernsehfilme u Aufzeichnungen aus allen Sparten, Fernsehbearbeitungen u Drehbücher. D: In 80 Bühnenrollen. E: Grimme-Preis in Silber 1967 (Ein Kind wächst heran), 3 ehrende Anerkennungen, Grimme-Preis 1965 u 1966, Silberne Ehrennadel d GDBA. M: GDBA. H: Musik, Sport, Innenarchitektur.

Diehm Roland
B: Ltr d Fernseh-Familienprogrammes beim Südwestfunk. G: Karlsruhe, 9. Sept 1929. V: Christine, geb Regner. A: D–7570 Baden-Baden, Sankt Urban-Str 4. S: Stud Germanistik u Geschichte an d Univ Freiburg u Münster, Abschluß Staatsexamen, danach Volontariat beim Südwestfunk. K: Beginn als Redakteur, dann seit 1966 Ltr d Familienprogrammes beim Südwestfunk, Fernsehen. H: Garten, Lesen, Wandern.

Dierks Dieter
B: Schallplatten-Produzent. G: Pulheim, 9. Feb 1948. V: Corina, geb Fortmann. A: D–5O24 Pulheim 3, Hauptstr 33. S: Abitur, Theater-Wiss, Schauspielschule. K: RegieAss, Schauspieler, Musiker, Komponist, Beginn d Tätigkeit als freier Produzent in d Schallplattenbranche, Inhaber d DIERKS-STUDIOS GMBH, BREEZE-PRODUKTIONS GMBH, BREEZE-MUSIC PUBLISHING, VENUS RECORDS GMBH. E: Goldene Schallplatten f Produktion/Komposition „Loop di Love", Goldene Schallplatten f LP-Produktionen m d Gruppe SCORPIONS. M: GEMA, IFPI. H: Musik, Autos, Hunde, eigene Kinder.

Diesing Heinz G
B: Volksschauspieler. G: Danzig, 28. Jan 1921. A: D–1000 Berlin 10, Galvanistr 13/12, c/o ZBF Agentur, D–1000 Berlin 15, Kurfürstendamm 215. S: Realschule, Stud, Staatstheater Danzig, Städt Schauspiele Zoppot. K: Bis 1945 in Danzig, ab 1945 Deutsches Theater Haus d Kultur, Hebbel-Theater Ostberlin, Komödie Kurfürstendamm Westberlin, Defa Film, Rosselini Film, Paris, Rom, FernsehAk Berlin, SFB, WDR, NDR, SWF, ZDF u Fernsehproduktionen im In- u Ausland. F: Hör Zu, Funk Uhr, Gong, Filmblätter, Film u Fernseh ABC Fachverlag, Who is Who Ausgabe 1978. D: Filme: „Der Pfarrer in Kreuzberg", „Ein neuer Start", „Die Macht der Finsternis" ua, Fernsehfilme: „Das Bastardzeichen", „Cafe Wernike", „Serie Extra 2", „Der Architekt der Sonnenstadt" ua, Spielfilme: „Post aus Ottava", „Der Abgrund", „Deutschland im Jahre Null" ua. H: Medizin, Motorsport, Orgel.

Dieterle Rolf
B: Fotografenmeister. G: Lahr, 22. Nov 1941. A: D–7630 Lahr, Rathausplatz 5. S: Höhere Handelsschule, Lehre, Meisterbrief an d Bayrischen StaatslehrAnst f Fotografie in München. K: Übernahme d elterlichen Betriebes, Beteiligung an div Fotoausstellungen. E: 2. Landesinnungs-Sieger. M: Curling-Club Lahr. H: Fotografica – Sammler.

Dietrich Fred
B: Schriftsteller, VerlagsLtr. G: Zürich, 11. Okt 1921. V: Marianne, geb Bauernfeind. A: D–8000 München 80, Mühlbaurstr 34. K: Seemann, Schriftsteller, seit 1966 Geschäftsführer ADAC Verlag, Landwirt, Publikationen: Karikaturen, Sachbücher, Jugendbücher, Erzählungen, Funk- u Fernsehspiele. M: Deutscher MotoryachtVerb, seit 1956 GenSekr.

Dietschi Tony
B: Studio f gesamte Werbefotografie. G: Zürich, 17. Apr 1937. V: Myrta, geb Egli. A: CH–8320 Fehraltorf, Weiherholzstr 45. S: Primarschule, Sekundarschule, Gewerbeschule, Berufsschule. K: Fotografenlehre in grafischer Anstalt, Kunstgewerbeschule Zürich, seit 1959 eigenes Fotostudio. F: Titelblätter f versch Fachzeitschriften uva. M: Schweizer FotografenVerb, Zürcher FotografenVerb, Gruppe Mode/Werbung. H: Fotografieren, Jogging, Hund Boxer.

Dietz Friedrich
B: Schriftsteller, Komponist, Musik-Produzent (teils unter PS). G: Regensburg, 4. März 1925. A: D–8400 Regensburg, Furtmayrstr 20 c. S: Ak Musik-Stud, Fach-HS. K: 1942 Gründung d Fr Dietz-Produktion, eines Musik- u Bühnen-Verlages m Platten- u Band-Produktion. M: GEMA. H: Aktive Musikausübung (Klavier, Orgel), Farb-Filmen in VHS.

Dietz Ludwig Karl Heinz Bernhard
B: FilmKfm. G: Düsseldorf, 30. Aug 1926. A: D–8000 München 81, Denninger Str 104. S: Mittlere Reife. K: Volontär bei OMNIUM 1947–49, Filmvertreter bei RKO 1949–57, Gründung d Kopp-Film München, Filiale in Hamburg u Düsseldorf, 1958 Filmverleih in eigener Regie, daraus Entstehung d Fa Atlas-Film unter Beteiligung v Hans Eckelkamp, 1962 Austritt aus d Atlas-Film u Gründung einer eigenen Firma – R C S-Film, tätig auf d Verleihsektor, diese Ges war eine Einzelhandelsfirma, 1974 wurde sie v d damaligen Mitarbeitern übernommen, heute noch weiterbetrieben als Filmeinkauffirma f deutschsprachige Länder. M: VerleiherVerb. H: Sport.

Dietze Manfred G
B: Foto-Designer. G: Essen, 14. Juni 1935. V: Emmi, geb Berger. A: D-2000 Hamburg 60, Mövenstr 1. S: Abitur, 4 Sem Bayrische Staatslehranstalt f Fotografie in München. K: 10 Jahre Constanze Fotoatelier (Gruner u Jahr), 4 Jahre Intern Photo Service (in Partnerschaft mit d Foto-Designer F C Gundlach), seit 1971 eigenes Studio, Hamburg. F: Brigitte, Essen und Trinken, Für Sie, Petra, Schöner Wohnen, Stern. E: Diplom v „Werbe-fachVerb Berlin eV" anläßlich d 10. Intern Prospekt-Wettbewerbes. M: BFF (Bund Freischaffender Foto-Designer). H: Fotografieren, Filmen.

Diewock Roland HF-Ing
B: Rundfunk- u Fernseh-Technikermeister. G: Mariaschein/Sudetenland, 15. Juli 1924. V: Hilde. A: D-6253 Hadamar 1, Haidaer-Str 16. Tel: 06433/2565. S: Realschule, Berufsschulen. K: 15 Jahre bei Bosch auf d Fernsehübertragungssektor, jetzt selbständig, Spezialist auf d Gebiet d Planung v Schulfernsehstudios u Übertragungsanlagen. F: Fachartikel in Fachzeitschriften. M: Mtgl v Fachorganisationen. H: Filmen, Fotografieren.

Dimpfel-Apel Elisabeth
B: Gesangspädagogin, Stimmbildnerin, Konzert- u Opernsängerin. G: Hannover, 2. Dez 1925. V: Rolf-Albrecht Dimpfel. A: D-3000 Hannover, Seelhorststr 50. S: Abitur, MusikStud, Staatsexamen in Gesangspädagogik u Oper. K: Nach Abschluß d MusikStud in Hannover an d Ak f Musik u Theater Engagement als Opernsoubrette v 1951–53 in Hannover, dann freie Tätigkeit als Konzert- u Oratoriensängerin im In- u Ausland (Europa), sowie als Stimmbildnerin beim Knabenchor Hannover u Mädchenchor Hannover bis 1968, sowie als Doz f Gesang an d Univ Hannover, vorher Pädagogische HS Niedersachsen, Abt Hannover, als Sprecherzieherin an d P H N Abt Hildesheim u auf Lehrgängen versch Organisationen im Bereich Musik oder Sprache im In- u Ausland, ferner an d VHS Hannover u b „Referat Kirchenmusik" d Bistums Hildesheim. F: Viele Fotos in Verbindung m Kritiken in d Tageszeitungen d In- u Auslandes. D: „Figaro", „Freischütz", „Fra Diavolo", „Zar u Zimmermann", „Hänsel u Gretel", Rundfunksendungen, Schallplatten uva. M: VDMK, GDMK. H: Wandern, Reisen.

Döber Karl
B: FotoMstr, Fotograf. G: 31. Jan 1919. V: Helga. A: D-7980 Ravensburg, Rathausstr 3. Tel: 0751/25510. S: Mittlere Reife, Fotolehre MstrPrüfung. K: Fotografen-Geselle, angestellter Mstr, seit 22 Jahren selbständiger Fotograf mit 2 Ateliers, Industrie- u Werbefotograf, freier Mitarbeiter d Presse sowie Portraitstudio. F: Ständiger Mitarbeiter d Schwäbischen Zeitung. M: HandwerksKam Ulm.

Döbler Hermann
B: FotografenMstr. G: Treuchtlingen, 14. Aug 1941. V: Renate, geb Deckert. A: D-8830 Treuchtlingen, Bahnhofstr 24. S: Mittlere Reife, Fachschulreife. K: Lehre, Fotograf, Lehrer f Fotografie, SeminarLtr, MstrPrüfung, seit Sept 1972 selbständiger Porträtspezialist, seit Jan 1975 CAP-Mtgl. F: Regelmäßig in Tageszeitungen, Aussteller auf d Photokina, 1976. E: Meisterbrief, Diplom d Lazi Schule, 3 Diplome d Colour Art Photo Gruppe, davon 1 aus Norwegen. M: Mtgl d Colour Art Photo Gruppe, d Deutschen CentralVerb f Photographie, d Ver f Förderung d Bayerischen Staatslehranstalt f Photographie. H: Survivalübungen, Camping, Hunde, Indianer.

Döhrn Norbert
B: Bildjournalist. G: Ahlen/Westf, 5. Jan 1934. V: Brigitte, geb Junga. A: D-5483 Bad Neuenahr 1, Mittelstr 68, Postfach 246. Tel: 02641/27636. S: Grundschule, Berufsausbildung, Fachseminare. K: Über 25 Jahre d Pressefoto verbunden, Inhaber eines Foto-Archivs, Herausgeber d „Foto-Informations-Dienstes". E: In früheren Jahren Fotowettbewerbs-Auszeichnungen. M: Deutscher JournalistenVerb. H: Weinkunde.

Dölfes Susi
B: ProduktionsLtrin. G: Großenheidorn, 21. Juli 1943. A: D-8000 München 40, Leopoldstr 87. S: Mittlere Reife, Einzelhandels-Kfm. K: Buchhalterin, Hotelsekretärin, Sekretärin (Dramaturgie – Bavaria-Atelier GmbH), Weltenbummler, AufnahmeLtrin. M: RFFU – Sprecher „Freie Mitarbeiter" Verb Film-Süd. H: Reisen.

Doll Hans Peter GenIntendant
B: GenIntendant. G: Offenbach/Main, 21. Feb 1925. V: Peggy, geb Thorndike. A: D-7000 Stuttgart 30, Happoldstr 71 B. S: Mittelschule, Oberschule, Bankfachschule, Stud an d Univ Frankfurt/Main (Literatur u Theatergeschichte). K: Ab 1946 Dramaturg an d Städt

Bühnen Frankfurt/Main, Staatstheater Braunschweig, Schauspielhaus Bochum, Staatstheater Hannover, Theater in d Hansestadt Bremen, ab 1962 Intendant d Städt Bühnen Heidelberg, Generalintendant d Staatstheaters Braunschweig, seit 1972 Generalintendant d Württembergischen Staatstheater Stuttgart.

Dolling Felix Doz
B: Intendant aD, OberspielLtr, Charakterbass, Ltr d Göttinger Studio-Oper. V: Lieselotte, geb Bödecker. A: D–3400 Göttingen, Hanssenstr 3. S: HS. K: Graz, Wien, Brünn, Beuthen, Magdeburg, Kiel, Göttingen, Bielefeld, Flensburg, Gastspiele am Staatstheater Schwerin, Hannover, Kassel uva. F: Göttinger Jahresblätter uva. D: Figaro, Beckmesser, Leporello, König Heinrich, Hagen, Ochs v Lerchenau, Kaspar im Freischütz, Alberich, Zsupan, Oberst Ollendorf uva. E: Rose d Monats (Göttinger Tagblatt) 1978. M: GDBA, Vereinigung d Musikerzieher u Tonkünstler.

Döllken Dieter
B: Redakteur, Kommentator, Korrespondent. G: Essen, 15. März 1930. V: Lorna, geb Kahlert. A: c/o NDR, D–2000 Hamburg 13, Rothenbaumchaussee 132–134. S: Abitur, Pädagogium Bad Sachsa. K: Seit 1950 Redakteur bei „Westfalenpost", „Wiesbadener Tagblatt", „Frankfurter Allgemeine Zeitung", „United Press Intern", „Stern", „Die Welt", seit 1966 Redakteur d NDR/Hörfunk, davon 1966–77 Hörfunk-Korrespondent f Westafrika (Abidjan), Fernost (Tokio) u Vereinte Nationen u Kanada (New York). E: OffzKreuz d Nationalen Verdienstordens d Republik Elfenbeinküste (1968). M: FDP, DJV. H: Gartenarbeit, Angeln.

Dombrowski Herbert
B: Fotograf. G: Hamburg, 22. Feb 1917. A: D–2000 Hamburg 13, Oderfelderstr 17. S: Autodidakt Fotografenmeister. K: Seit 1935 Amateur-Fotograf, erste Titelseiten u Beiträge in Zeitschriften, Reclams, Universum, Kristall. F: Stern, Hamburger Journal, Magnum, Esso Magazin, BMW Journal, Fotozeitschriften aller Länder ua. E: Golden Key of the City of New York, 2 Goldmedaillen d Intern Ausstellungen. M: Bund freischaffender Foto-Designer, The Royal Photographic Society of Great Britain (hon).

Dommel Georg
B: Kfm. G: Düsseldorf, 27. Dez. V: Bärbel, geb Scherf. A: D–4000 Düsseldorf 11, Rheinallee 63. S: Abitur, Stud d Betriebswirtschaft. K: Seit d 16. Lebensjahr in Minidomm beschäftigt. F: Div Veröffentlichungen. H: Sport, Hunde.

Domning Ralf
B: Kfm. G: Dresden, 14. Jan 1945. A: D–5650 Solingen, Kopernikusweg 4. S: Mittlere Reife. K: Ausbildung zum HotelKfm in Großhotels d In- u Auslandes, Geschäftsführender Gesellschafter in KOGAG KONGRESS-AGENTUR, Solingen, Organisation v Veranstaltungen, Kongressen, Galaveranstaltungen usw. M: BDVT, DMG. H: Tennis, Politik.

Dönitz Waltraud
B: Fotografin. G: Kleppen/Kreis Freystadt, 2. Nov 1920. V: Hermann Dönitz. A: D–5060 Bergisch Gladbach 3, Asternstr 3. S: Mittlere Reife. K: Bühnenfotos (Life) an d Bühnen d Städte Krefeld u Köln, Opernhaus Düsseldorf sowie Theatre Babylone, Paris, MstrPrüfung im Fotografenhandwerk, 1956 (Autodidakt), Aufnahmen f Museen, KunstAk, Fernsehstudios u namhafte Industriebetriebe, Bildberichte aus d kirchlichen Sphäre, Gesellschaftsreportagen u Reiseberichte, Europa, USA, Südafrika. F: Zahlreiche Bild- u Titel-Veröffentlichungen (Städteführer, Kunstzeitschriften, Knauers Schauspielführer, Hör Zu, Grove Press, Les Editions de Minuit). E: 3. Preis d Intern Ausstellung f Bühnenfotografie, Salzburg 1955. M: Altenberger Dom Ver. H: Volley-Ball, Gymnastik, Reisen.

Döpke Oswald
B: Ltd Regisseur ZDF. G: Eldagsen (Hannover), 26. Juni 1923. V: Rotraud, geb Küster. A: D–8000 München 40, Osterwaldstr 57. Tel: 089/3613186. S: Staatsmusikschule in Braunschweig, SchauspielAbt, Stud d Literatur in Hannover. K: 1946–49 Schauspieler Landestheater Hannover u Städt Bühnen Bielefeld, 1949–63 Regisseur, Chefdramaturg u seit 1953 Ltr d HörspielAbt u d FernsehAbt v Radio Bremen, seit 1963 ltd Regisseur im ZDF, als Autor: Hörspiel „Der Feind", Film „Ramon", Mitautor „Fernsehkritik" v Hase u Köhler, „Fernsehen – Ein Medium sieht sich selbst", Referate f Kath Ak in Bayern u Hamburg, Referate f Evang Ak Hamburg, Kultursendungen f Rundfunk, Regisseur v über 600 Hörspielen, über 60 Fernsehfilmen (darunter Werke v Shakespeare, Racine, Lessing, Tschechow, Dostojewski, Gorki, O'Neill, Williams, Haupt-

mann, Greene, Ibsen, Tolstoi, Giraudoux, Claudel, Marcel, Horvath, Büchner, Sophokles, Zweig ua), Regisseur an versch Theatern (Kammerspiele München, Thalia-Theater Hamburg ua). E: 1955 Preis d Böttcherstraße, 1957 Prix Italia, 1959 Ernst-Reuter-Preis, 1965 Taube v Monte Carlo (1. Preis), 1965 Preis d Kriegsblinden, 1967 1. Preis Intern Festival Prag, 1970 Silberne Maske (1. Preis f beste Theaterinszenierung „König Johann"), 1978 DAG-Preis in Gold. M: GastDoz am Mozarteum in Salzburg f Dramatischen Unterricht u Regie, Deutsche Dramaturgische Ges. H: Moderne Grafik, Hinterglasbilder.

Döpke Oswald Friedo Karl Ernst
B: Regisseur, Autor, Schauspieler. G: Eldagsen/Krs Springe, 26. Juni 1923. V: Rotraud, geb Küster. A: D–8000 München 40, Osterwaldstr 57. Tel: 089/3613186. S: Schauspielunterricht an d Staatsmusikschule Braunschweig. K: Schauspieler am Landestheater Hannover, Stadttheater Bielefeld, Dramaturg Regisseur u Sprecher b Radio Bremen, Dramaturg d HörspielAbt b Radio Bremen, 1953–63 Ltr d HörspielAbt, 1960–63 zugleich Ltr d FernsehspielAbt, seit 1963 Ltd Regisseur beim ZDF Mainz, Doz f Schauspiel u Regie an d HS „Mozarteum Salzburg", Regie: Theater: „Die Stadt Wanlin", „Der Traumzug", „Bernarda Albas Haus", „Helden", „König Johann", „Sladek oder Die schwarze Armee", „Die Möwe", „Ein Tag im Sterben v Joe Egg", „Mond über d Fluß", „Die Nacht d Leguan", „Pfarrer Koldehoff", „Gespenster", Fernsehen: „Wovon wir leben u woran wir sterben", „Moonys Kindchen weint nicht", „In seinem Garten liebt Don Perlimplin Belisa", „Portrait einer Madonna", „Bluthochzeit", „Verkündigung", „Elektra", „Ein Volksfeind", „Zucker", „Judith", „Keine Angst vor d Hölle", „Yerma", „Die Welt d Wassers", „Johannisnacht" „Im Jahre neun", „Die Frau aus Kreta", „Die Letzten", „Ein Mann Gottes", „Phädra", „König Ödipus", „Dieser Platonow", „Die Bürger v Calais", „Die fremde Frau", „Der Richter v Zalamea", „Der Punkt", „M", „Mond über d Fluß", „Vorortzug", „Selsames Zwischenspiel", „Der Nagel", „Vor Sonnenuntergang", „Die Anarchisten", „Die blinden Ameisen", „König Johann", „Iwanow", „Das Herz aller Dinge", „Auf d Spuren d Anarchisten", „Im Namen d Freiheit", „Ein Fall f Goron", „Deutsche Novelle", „Frohe Ostern", „Tod auf d Themse", „Liebe leidet mit Lust", „Rückstände", „Ich gehe nach München", „Neugierig wie ein Kind", „Am Morgen meines Todes", „Sackgasse", „Sonderdezernat K 1", „Flirt von Gestern", „Wie starb Dag Hammarskjöld?", „Vor Sonnenaufgang", „Sladek oder Die schwarze Armee", „Timon v Athen", „Das Verhör d Ernst Niekisch", „Eden End", „Das Lamm d Armen", „Jugend, Liebe u d Wacht am Rhein", „Die Macht d Finsternis", „Wunnigel", „Nathan d Weise", „Ramon Yendias Flucht" (Mitautor), Hörspielregie: ua: „Wovon wir leben u woran wir sterben", „Das Rickchen aus Preetz", „Misere", „Bezahl, eh Du gehst", „Hölle auf Sparflamme", „Im Namen d Freiheit", „Kurzer Prozeß", „Präparation eines Opfers", „Vor Nachbarn wird gewarnt", „Xanatta", „Sechs Sonntage im Januar", „Das Kerbe gericht", „Der Unternehmer", ‚Unternehmen Schiffbruch", „Der Schneider v Ulm", „Welche Farbe hat d Morgenrot?", „Ich habe Balthasar getötet", „Die Reise nach Politot", „Eine Sprecherin u zwei Sprecher", „Drei Männer gehen in d Wald", „Eine fast paradiesische Insel", „Milan", „Des Träumers Abendmahl", „Vettel Haferkauf", „Scardanelli", „Die Letzten", „Ostrand ein Prospekt", „Medina Azahara", „Entführungen", „...und was kommt danach?", „Adam Riese u d große Krieg", „Der Teufel, d heißt Jaromir", „Sie sind mein Zeuge", „Hauskauf", „Seniorentage", „Eheliche Spiele", „Die Einladung", „Blumen für Moritz", „Wanda Lords Gespenster", Autor d Hörspiels „Der Feind" uva. F: In versch Fachzeitschriften u Tageszeitungen ua. D: „Das Abgründige in Herrn Gerstenberg", „Die kleine Stadt", „Des Teufels General", „Die große Hebammenkunst", „Die Glasmenagerie" uva. E: Preis d Böttcherstraße (Beste Hörspiel-Inszenierung), Prix Italia (Hörspiel), Ernst Reuter-Preis, Erster Preis d Intern Fernsehfestivals Monte Carlo 1965, Hörspielpreis d Kriegsblinden, Erster Preis d Intern Hörspielfestivals Prag, Silberne Maske, DAG-Fernsehpreis in Gold. M: RFFU, BFF.

D'Orio-Wapordjieff Vesco Prof
B: Cello-Virtuose, Komponist, Ltr eines eigenen Ensembles. G: Sofia/Bulgarien, 17. Jan 1899. V: Marta-Else, geb Stanke. A: D–5000 Köln 50, Am Neuen Forst 30. Tel: 02236/64247. S: Gymn, Staatskonservatorium Sofia, Sternsches Konservatorium Berlin (Dir A v Fillitz), in Wien b Prof Felix Buxbaum – Repertoire. K: Solo-Cellist b Symphonie-Orchester Sofia u Staatsoper Sofia, Buenos Aires – Orleos-Catala: Symphonie-Orchester,

Solo-Cellist, Konzerreisen d fast alle Süd-Amerikanischen Staaten, Columbien: Prof im dortigen Konservatorium, Konzerte ua, Habana: Solo-Celist – Habana Symphonie-Orchester, Prof im dortigen Konservatorium, Auftritte als Solist u in versch Orchestern u m eigenem Ensemble, Film, Funk, Fernsehen, Schallplatte. D: Mitwirkung in ca 40 Filmen bei TOBIS u UFA. E: Verdienstkreuz am Bande. M: Orchester-Vereinigung, Hamburg, GEMA.

Dorn Eckhard
B: 1. Kameramann. G: Königsberg/Ostpr, 12. Aug 1942. V: Christa, geb Nielsen. A: D–2000 Wedel/Holstein, Am Redder 37. Tel: 04103/7879. S: Oberschule, Fotoschule, 3 Sem. K: Ass beim Chefkameramann d NDR, mit 20 Jahren selbst tätig als freier Kameramann, mit 24 Jahren Kameramann f Spielfilme u große Dokumentationen, seit 1972 als 1. Kameramann festangestellt beim NDR – Fernsehen in Hamburg, Kameramann f viele Fernsehspiele u Dokumentar-Serien wie zB: „Pioniere u Abenteurer" rund um die Welt, Kameramann f d vielfach ausgezeichnete Dokumentar-Fernsehspiel „LEFTY" – Erinnerungen an einen Toten in Brooklyn uva. F: In allen deutschen Zeitungen u Magazinen. E: „Die goldene Kamera" v Hör Zu, „Adolf Grimme-Preis in Gold" uva. H: Fotografie u Musik.

Dorn Otto
B: Kfm, Fotodrogist. G: Backnang, 18. Mai 1920. V: Gretel, geb Braun. A: D–7150 Backnang, Sulzbacherstr 3. S: Abitur, Immatrikulation als stud med. K: 1939–45 Soldat (ab 1942 Offizier), bis 1950 Kriegsgefangenschaft in d Sowjetunion, 1950/51 berufliche Ausbildung, Fremdsprachen: Englisch, Französisch, Spanisch, seit 1952 pers haftender Ges d Julius Dorn KG Drogerien u Parfümerien (3 Geschäfte) u Julius Dorn KG Brennstoffhandel, 1952–60 stellv Kreisobmann d Brennstoffhandels Kreis Backnang, seit 1960 Kreisobmann, 1965–67 2. Vors d WirtschaftsVerb d Brennstoffhandels Baden-Württ, Sitz Mannheim, seit 1967 VorstMtgl im Verb d Baden-Württ Brennstoffhandels Stuttgart, seit 1978 1. Vorsitzender, seit 1973 Stadtrat. F: Kohle u Heizöl, Brennstoffspiegel, Tageszeitungen, teils als Stadtrat, teils als VereinsVors. E: Kriegs- u Sportauszeichnungen. M: Mtgl d Schützengilde Backnang, seit 1973 1. Vors, seit 1953 Mtgl d Vertreterversammlung d AOK Backnag , ADAC, Motorsportclub, TSG, FischereiVer ua. H: Angeln, Sportschießen.

Dornfeld Georg
KN: Georg Salwik. B: Musiker, Komponist, Arrangeur. G: Hindenburg, 29. Juli 1929. V: Edeltraud, geb Cieslik. A: D–4000 Düsseldorf-Garath, Stettiner Str 67. S: Mittlere Reife, 10 Jahre Ausbildung zum Pianisten. K: KapellMstr seit 1946, Komponist u Arrangeur d Polnischen Rundfunks Kattowitz u Warschau v 1955–64. M: GEMA, Mtgl d Polnischen KomponistenVerb v 1958–64. H: Filmen, Reisen.

Dornis Rudolf
B: Regiekameramann, Filmproduzent. G: Erfurt, 16. Dez 1939. V: Ewe, geb Dickow. A: D–3000 Hannover, Harnischstr 10. S: Mittlere Reife. K: Tätigkeit bei Intern Film Union, Remagen, UFA-Werbefilm, Düsseldorf, ZDF, Mainz, seit 1970 freischaffend, Produzent v Industrie- u Werbefilmen, Dokumentarfilme über u mit Gruppen („Wir", „Kinder malen für Kinder", „Masken") u Künslern („Abbau einer Ausstellung – Konrad Mätzig", „Timm Ulrichs - Permutation"). E: Prädikate f Kurzfilme.

Dorow Volker
B: Fotograf. G: Rehlingen, 6. Nov 1955. A: D–2080 Pinneberg, Weidenstr 2. S: Abitur, Autodidakt. K: 1974 Fotograf beim A Beig Verlag, Pinnesberg, 1976 selbständig, Ausstellungen in u um Hamburg, 1978 freier Mitarbeiter Transglobe Agency, Hamburg. F: Hamburger Abendblatt, Süddeutsche Zeitung, Plattencovers, Werbung, Musikerportraits. H: Musik (hören).

Dörsing Jürgen
B: Fotograf. G: Braunschweig, 16. Jan 1939. A: D–2000 Hamburg 72, Eckerkoppel 9. S: Fachschule f Fotografie in Hamburg. K: Elektrolehre, Fachschule f Fotografie in Hamburg, Ass im Filmkopierwerk, Hamburg, Beleuchter in einem Atelierbetrieb in Hamburg. F: Bild-Zeitung Hamburg, Braunschweiger Zeitung, Foto-Magazin. E: Vertreten auf intern Ausstellungen (Kieler Woche 1975), First Taipei intern Salon 1977 (China). M: Journalistischer Arbeitsring eV. H: Expeditions-Reisen: Himalaya, Sahara.

Dötsch Rudolf
B: Geschäftsführer, FirmenGes d Fa Knoll KG, d Fa Interfilm. G: Wien, 20. Apr 1926. V: Elisabeth, geb Knoll. A: A–1010 Wien, Schotteng 1.

Drack Krista
B: Maskenbildnerin, Perückenherstellerin, Visagistin. G: Teplitz-Schönau, CSSR, 6. März 1945. A: D–8000 München 40, Heßstr 36. S: Friseurgesellenbrief 1961–63 Augsburg, Maskenbildnerlehre 1963–65 an d Städt Bühnen Augsburg, Techn teach-in by Vidal Sasoon London 1975, Intern work-shop Aktionsgruppe Haarschnitt Düsseldorf 1975. K: Nach Ausbildung Intern work-shop Aktionsgruppe Haarschnitt Düsseldorf 1975, Intern Festival de la coiffure de Paris 1978, Maskenbildnerprüfung 1965 an d Städt Bühnen Nürnberg, Chefmaskenbildnerin am Theater am Elisabethplatz 1966, seit dieser Zeit Chefmaskenbildnerin f Spielfilme, Fernsehserien, Fotos. Zusammenarbeit mit folgenden Künstlern: Ch Kruger, H Elsner, E Volkmann, M May, I Berben, J Speidel, A Winkler, L Pulver, B Mira, Therese Giehse, Lina Carstens, Britt Ekland, Elisabeth Tessier, Maria Schneider, Brigitte Fossey, C Schell, Th Fritsch, I Desny, K Löwitzsch, C Mitchel, Trevor Howard. F: AZ, Twen, Jasmin, Petra, Freundin, Spiegel, Burda, Neue Revue usw. M: Bayerischer BildungsVer, Mutter- u Kinderschutz eV. H: Reiten, Ski, Malen (Öl), Antiquitäten (Art Deco).

Drechsler Georg Dipl-Ing
B: Technisch-wiss Berater. G: Traunstein, 20. März 1921. V: Helga, geb Rüster. A: D–6500 Mainz 21, Veilchenweg 3. S: Gymn, Abitur, TH in München, Dipl-Ing (Hochfrequenz- u Fernmeldetechnik). K: Ass am Institut f Elektronentechnik u Elektromedizin an d Univ München, BetriebsIng Kurzwellensender München u Studio AFN Musik, TonMstr Bavaria Filmkunst München-Geiselgasteig, BetriebsIng, Ass d Techn Dir, OberIng, Techn-wiss Berater beim ZDF, Mainz. F: Fernseh- u Kinotechnik. M: Verb Deutscher TonMstr, Deutsch-französische Ges, Studienkreis Rundfunk u Geschichte, Fernseh- u Kinotechnische Ges (Geschäftsführer).

Drechsler Rainer
B: Fotojournalist. G: Hamburg, 24. März 1954. A: D–2000 Hamburg 70, Königshütter Str 14. S: Abitur, abgeschlossene Lehre als VerlagsKfm im Heinrich Bauer Verlag mit Praktika im Fotostudio d Verlags, abgebrochenes Stud d Betriebswirtschaft an d Univ Hamburg. K: Als freier Fotojournalist f versch Zeitschriften als Studiofotograf f Schallplattenfirmen f d Gestaltung v Schallplattencovers. F: Hit, Stereo, Spiegel, Stern, Hör Zu, Funk Uhr, Fernsehwoche, Tina, Quick, Bravo, Musik Joker, Popfoto, Sounds, Musik Express, Rocky, Freizeit Magazin, Audio, Poster, Tip, Hamburger Abendblatt, Hamburger Morgenpost, Welt. H: Autos, Musik, Reisen.

Dresen Adolf
B: Regisseur. G: Eggesin, 31. März 1935. V: Christiane, geb Krätzschell. A: A–1140 Wien, Wiengasse 6/8/8. S: Abitur, Germanistik-Stud in Leipzig, Examen b Prof Dr Hans Maser. K: Studentenbühne Leipzig, Praktikum Berliner Ensemble, Beginn als Berufsregisseur in Magdeburg, Ltr d Schauspiels Greifswald, danach Deutsches Theater Berlin, Arbeiten in München, Basel, Hamburg, jetzt Burgtheater Wien, Regie folgender Theaterstücke: „Hamlet", „Faust I", „Juno u d Pfau", „Maria", „Prinz v Homburg", „Der zerbrochene Krug", „Armer Vetter", „Eugen Onegin" uva. F: Theater heute, Theater d Zeit ua. E: Banner d Arbeit (DDR).

Dressler Holm
B: Fernseh-Redakteur f musikalische Unterhaltung. G: Hannover, 13. Dez 1949. A: D–7573 Sinzheim, Im Fuchsberg 11b. S: Abitur, Lehre als BankKfm. K: BankKfm, Abitur a d II. Bildungsweg, Kabelhilfe b Fernsehen, Hospitant, AufnahmeLtr, RegieAss, Fersehredakteur. F: TV Hören u Sehen uva. H: Gesellschaftsspiele, Musik, Gitarre, Fotografieren, Beruf.

Droege Katrin
B: Kostümbildnerin. G: Hamburg, 8. Aug 1946. A: D–2000 Hamburg 50, Rolandswoort 6. S: Hum Gymn bis Obersekundareife, 1 Jahr KunstfachHS, 2 Jahre Volontariat am Deutschen Schauspielhaus Hamburg (Bühnenbild u Kostüm). K: Nach 2 Jahren Volontariat am Schauspielhaus in Hamburg erste eigene Filmausstattung beim Sender Freies Berlin, Ass bei Paul Veltenhammer, div Fernsehproduktionen, dann als Stewardess zur See gefahren, Spielfilm in München, Fernsehabeit mit Käutner u Liebeneiner, 4 Jahre „Disco" (ZDF) mit Ilja Richter, letzte Robert Stolz TV-Sendung, Sylvester Shows, 52x „Erkennen Sie die Melodie", ‚V-Special" (mit Inge Meysel, Heinz Rühmann, Judy Winter, Zarah Leander), 15x „Ein verrücktes Paar" (Wolfgang Rademann-Produktion), 1970 deutschsprachige Uraufführung v „Promises, Promises" in Berlin, Fernsehspiele: „Der Buckel" (ZDF), „Die Gespenster" (ZDF), Opern u Ope-

retten: „Genoveva oder Die weiße Hirschkuh" (Uraufführung), „Madame Pompadour", „Tristan u Isolde" usw, Produktion zum 300. Geburtstag d Hamburger Staatsoper, Ausstattungen f Münchner Theater u Tourneeunternehmen, Sprachkenntnisse: Englisch, Norwegisch u Dänisch. M: RFFU, Hamburger KunstVer. H: Reisen, Fotografieren, Reiten, altes Spielzeug sammeln.

Drummer Rudolf
B: Werbe- u Modefotograf. G: Nürnberg, 12. Okt 1927. V: Ingeborg, geb Meier. A: D–8500 Nürnberg, Hauffstr 10, c/o Studio, D–8500 Nürnberg, Äußere Bayreuther Str 350. S: Wirtschaftsschule, IndustrieKfm, Absolvent versch Lehranstalten f Fotografie. K: Fotograf in Großstudios, Gastfotograf im Ausland, seit 1964 selbständiger Werbe- u Modefotograf mit eigenem Studio. F: Anzeigen in versch Illustrierten, Mode-Journalen, Fachzeitschriften, Fachbüchern, Buch-Illustrationen. H: Fotografie, Filmen, Jagd, Sportschießen.

Duval Frank
B: Komponist, Arrangeur. G: Berlin, 22. Nov 1940. V: Karin, geb Maloyer. A: D–8911 Epfach, Mühlenweg. S: Abitur. K: Hörspiel- u Bühnenmusiken, später Chansons ua f Alexandra, Ivan Rebroff, Margot Werner uva, Musicals f Bayerischen Rundfunk u Hessischen Rundfunk, Werbemusiken ua f Kamill, Kleenex, VW ua, seit 1975 erste Fernsehspielmusiken ua f „Tatort", „Derrick", „Der Alte", Orchester Frank Duval auf TELDEC. M: GEMA, DKV. H: Lesen, Musik, Tennis.

Dux Marlies
B: Cutterin. G: Hamburg, 5. Apr 1945. A: D–3171 Dannenbüttel, Försterweg 20. S: Gymn an d Wartenau, Hamburg. K: Praktikum bei NDR-Hamburg, Studio Hamburg, ZDF, Geyer-Werke, bis 1970 feste Ang beim ZDF, dann freiberuflich tätig. F: 7 Tage, Neue Post, Hamburger Abendblatt. H: Gartenbau, Malen, Fotografieren, Kochen.

Dworak Otto Boris
B: Freischaffender FilmproduktionsLtr. G: Wien, 1. Apr 1938. A: A–1120 Wien, Aichholzg 10/7. S: Gymn, Schauspielschule (nicht abgeschlossen). K: Während d Besuches d Schauspielschule versch Engagements als Schauspieler bei Film u Fernsehen (eher erfolglos), anschließend 10 Jahre lang AufnahmeLtr, auch bei großen amerikanischen Spielfilmen, zB „Sound of Music", seit 1971 freischaffender ProduktionsLtr, letzte Spielfilmproduktionen „Bomber und Paganini", „Die Standarte", letzte Fernseharbeiten „Alpensaga", „Tante Jolesch", „Heiteres Bezirksgericht", nächstes Projekt: Spielfilm in Mexico. F: Zahllose Veröffentlichungen in d Klatschspalten div österr u deutschen Tages- u Filmzeitungen. D: „Wolken über Kaprun", Fernsehserie, „Unsere tollen Tanten in der Südsee", Spielfilm, zahlreiche kleine Rollen in österr, deutschen, italienischen u amerikanischen Spielfilmproduktionen. H: Teure Luxusautos, schöne Frauen, erstklassige Restaurants.

Eberle Wilhelm Simon
B: Fotograf. G: 29. Nov 1931. V: Simone, geb Huwyler. A: CH–8037 Zürich, Dorfstr 27. S: Primarschule, Gymn, Kunstgewerbeschule. K: Seit 1954 selbständiger Fotograf. F: Du, Elle, Stern. M: Schweizer FotografenVerb, Schweizer Werbefotografen. H: Tennis, Skilauf, Kameras sammeln.

Ebert Erich
B: Dialogregisseur, Autor. G: Köln, 9. Nov 1922. V: Helga-Maria, geb Fischer. A: D–8000 München 83, Agrippastr 14. S: Div Privatschulen. K: Über Theater u Film seit 1955 Herstellung d deutschen Fassung hunderter ausländischer Spielfilme, eigene Firma: Alexander-Film München. H: Literatur, Fliegen, Reisen.

Eckart Lutz
B: Portrait-Maler. G: Oberstreu, 1. Dez 1919. A: D–8723 Gerolzhofen, Spitalstr 18. S: Abitur, KunstAk Florenz. E: 3 Goldmedaillen, 1 Silbermedaille, versch Diplome. M: Accademia di Belle Arti, Florenz, Academia Latinitati Excolendae, Rom, Circolo degli Artisti „Casa di Dane", Florenz, Mitbegründer d Florentiner Künstlergruppe (Neorealisten), GründungsMtgl Forschungskreis Ebrach, Freunde Mainfränkischer Kunst u Geschichte, Würzburg.

Eckl Edmund
B: Schausteller. G: Rosenberg, 16. Apr 1921. V: Gertrud. A: D–8221 Vachendorf, Spielwang 3. S: Grundschule, Bürgerschule. K: Schausteller. F: Süddeutsche, Merkur, TZ u Abend,

Bild Zeitung. D: In einigen Filmen, zuletzt Max Greger Show. E: 25. u 30. Jubiläum. M: SchaustellerVer BLV, München. H: Reisen.

Eggebrecht Jürgen
B: Bäcker u KonditorMstr, Hotelier. G: Borne/Magdeburg, 25. März 1929. V: Friedel, geb Göbel. A: D–6312 Laubach, Hotel-Pension Cafe Göbel, Friedrichstr 2–4. S: Mittel- u Oberschule in Förderstedt, Straßfurt u Magdeburg. K: Seit über 25 Jahren Beschäftigung mit Filmerei in d Freizeit, in dieser Zeit entstanden ca 70 Filme, darunter Oberhessische Mundartfilme: „Der Bürgermeister von Meiches", „Die Alten-Busecker Feuerwehr", „Proste Mahlzeit", Dokumentarfilme: „Zeugen der Vergangenheit", „Terrakotta", Reisefilme: „Im Lande des Massais", „Die Tausend Gesichter Togos", „Die Inseln der Glückseligen" ua, seit 1958 Ltr d Film- u Fotokreises Laubach mit ca 50 Mtgl, in dieser Zeit Durchführung d Wettbewerbs d Region V im BDFA (2x), daneben auch als BezirksLtr d VDAV Bezirk 2 Lahn seit 1975, 1968 Landesfotoschauen v Hessen u Rheinland-Pfalz, Filmerfolge auf regionalen, nationalen u intern Wettbewerben. E: Goldene Ehrennadel f besondere Verdienste um d Verb BDFA u VDAV. M: Film u Fotokreis Laubach, Bund Deutscher Filmamateure, Verb Deutscher Amateurfotografen Ver.

Egger Wilhelm F
B: Executive Producer, Supervisor. G: Wien, 8. März 1929. V: Bärbele, geb Zechel. A: D–1000 Berlin 45, Charlottenstr 12b. S: Mittlere Reife, Buchhaltungsausbildung, Schauspielschule. K: Bisher 85 Spielfilme, 260 Fernsehfilme, 30 Dokumentarfilme, Film- u Fernsehproduktionen: „Der Prozeß", 1948, „Prämien auf den Tod", 1949, „Erzherzog Johanns große Liebe", 1950, „Illusion in Moll", 1952, „Sauerbruch", 1954, „Die Hexe", 1954, „Teufel in Seide", 1955, „Scampolo", 1957, „Kanonenserenade", 1958, „Der veruntreute Himmel", 1958, „The magnificent Rebel – Beethoven" 1960, „Der brave Soldat Schwejk", 1960, „The Secret Ways", 1960, „The Vienna Boys Choir", 1961, „Das 12 Operettenproduktionen f Köln WDR, 12 Fernsehproduktionen f ZDF Mainz, ua „Das Band", „Zauberflöte", „Champagne Flight", „Herrenpartie", „The Yellow Rolls Royce", „Schatz der Arteken", „Ganovenehre", mehrere Fernsehproduktionen f ZDF, ua „Peter Schlemihl", „Im Reservat", „Unwiederbringlich", „Rumpelstilz", „Feldherrnhügel", „Peter Alexander Show", „The Pedestrian", „Richter und sein Henker", „Kietz und Kudamm", „Ketten der Finsternis", „Notwehr", „Heinrich Zille", „Fedora", „Avalanche-Express", „The Magician" uva. H: Super 8 mm Tonfilme, Musik, Theater.

Eggers Jörg A Dr
B: Autor, Regisseur, Produzent. G: Heidelberg, 15. Juni 1936. V: Gabriele, geb Kaiser. A: A–1200 Wien, Jägerstr 93/17/16. S: Abitur, Schauspielklasse d Konservatorium Wiesbaden, Univ Wien, Stud d TheaterWiss, Psychologie, Archäologie. K: 1959–71 Theaterarbeit, freier Regisseur b ORF, 1971–73 Ltr d FernsehspielAbt ORF, 1975 Gründung d „Cine Mercury" Film- u Fernsehproduktion GmbH, seit 1964 20 Fernsehspielinszenierungen u Dokumentationen, Beiträge z Humanisierung d Gesellschaft: „Wir müssen alles tun, was nach bestem Wissen u Gewissen möglich ist", „Gott schütze uns vor Otto Wagner", „Es bedarf keiner Psychoanalyse, um festzustellen, daß das Leben ein einziger Friedhof gescheiterter Pläne ist", „Vorurteil", „Suche eine neue Definition d Erziehung", „Alt sein ist ja ein herrliches Ding, wenn man nicht vergessen hat, was anfangen heißt", Spielfilme: „Der letzte Werkelmann", „Ich will leben". E: UNDA-Taube, 2x Volksbildungspreis.

Eggert Hermann
B: Fernsehredakteur. G: Osnabrück, 11. Jan 1946. A: D–8000 München 5, Hans Sachs-Str 18. S: 1956–65 Ernst-Moritz-Arndt-Gymn in Osnabrück, Abitur, 1965–72 Stud d Germanistik, Geschichte in Bonn u Freiburg, 1972 Staatsexamen, 1972–74 Studienreferendar am Staatl Studienseminar in Osnabrück, 1974 Assessorexamen, Fächer: Deutsch u Geschichte. K: 1968–72 freier Mitarbeiter d Südwestfunks, Landesstudio Freiburg, Beiträge u Reportagen f Jugendfunk, Zeitfunk u „Hochschuljournal", 1972 Hospitant beim ZDF, 1974 RegieAss unter Hansgünther Heyme bei d Ruhrfestspielen Recklinghausen, 1975–76 Wiss Mitarbeiter d Instituts f KommunikationsWiss (ZeitungsWiss) d Univ München, seit 1976 beim Bayerischen Rundfunk, zunächst als freier Mitarbeiter d Projektgruppe Unterhaltendes Fernsehspiel, seit 1977 als Redakteur, ProduktionsLtr, Autor u Regisseur d Sendereihe „Die Sprechstunde". F: Veröffentlichungen: Massenmedium Fernsehen. Hinführung zu seinem kritischen Gebrauch,

1974, Einführung in d KommunikationsWiss. Der Prozeß d politischen Meinungs- u Willensbildung, 1976, Politische Kommunikation. Eine Einführung, 1976. M: Gen Deutscher Bühnenangehöriger, Bayerischer JournalistenVerb seit 1978. H: Foto, Film, Theater, Literatur.

Eglseder Richard
B: Aussen-Requisiteur. G: München, 25. Juni 1921. A: D–8000 München 71, Halbreiter-Str 6. S: Grundschule, Fachschule, Ak. K: Seit 1948 als Requisiteur, vorwiegend f internationale Spielfilme wie: „Nürnberger Prozess", „Käpt'n Sindbad", „The last Excape", „Swiss Conspiration", „Cabarett", „Brass Target", „Bloodline" ua. F: In div Zeitschriften über Abhandlungen v Filmen. H: Musik, insbes Orgel u Aussenseitermedizin.

Ehmck Gustav
B: Filmproduzent, Regisseur. G: Garmisch Partenkirchen, 12. Jan 1937. A: D–8032 München Gräfelfing, Maria Eich-Str 71. S: Abgeschlossene Ausbildung als Fotograf u Schauspieler. K: Beginn als Schauspieler, dann Zuwendung zur Regiearbeit, bis 1968 zahlreiche Kurz-, Dokumentar- u Kinderfilme f Fernsehen u Kino, Spielfilme. D: Wichtigste Arbeiten: „Spur eines Mädchens", „Platzgefecht", „Die Spalte", „ „Der Räuber Hotzenplotz", „Mein Onkel Theodor", „Feuer um Mitternacht". E: BFilmpreis f d Film: „Spur eines Mädchens", Festivalpreise, Filmprädikate f künstlerische Arbeiten. M: ArbeitsGem Neuer Deutscher Spielfilmproduzenten. H: Nach New York reisen.

Ehmert Helmut
B: Fotolithograph, FotografenMstr. G: Esslingen, 25. Mai 1932. A: A–5710 Kaprun, Eßreithweg 576/26. S: Grundschule, 5 Jahre Knabenoberschule (Schelztoroberschule in Esslingen), 3 Jahre grafische Fachschule in Stuttgart. K: Ausbildung als Fotolithograph bei Schreiber in Stuttgart, Fortbildung in Solingen, Mainz u Zell am See, 5 Jahre Ausbildung als Fotograf in Kaprun bis zur MstrPrüfung 1964, selbständig seit 1964 in Kaprun (Atelier, Handel, Ansichtskartenverlag), seit Dez 1974 ein 2. Geschäft (Geschenkboutique) in Kaprun, 2 Jahre Fotokurse an d VHS abgehalten, komplette Fertigung v Orts- u Hausprospekten, Werbefilme, Ansichtskarten im Raum Kaprun, Zell am See, Hauskarten. F: Fallweise tätig f div Zeitschriften (Bergsteiger, Stern, versch Tageszeitungen, Bücher). E: 1. Preis f Ortsprospekt Kaprun (Salzburger Wertung), Goldmedaille f hervorragende Ansichtskarten v Verb d österr Ansichtskartenverleger u -hersteller. M: Tennisclub, Schützengilde, Schiclub Kaprun. H: Tennis, Schießen, Schilauf, Schwimmen, Bergsteigen, Filmen.

Ehrbar Heinrich
B: Fotograf. G: Bern, 29. Jan 1946. V: Susanne, geb Steiner. A: CH–2504 Biel, Beaulienweg 19. S: Primarschule, Berufslehre als Fotograf, Zeichen- u Grafikkurse in Bern. K: Lehrling, eigenes Atelier. F: In div Zeitungen, Postkarten, Jahrbuch v Biel. E: Wettbewerbe u Schulpreise d Fotografie. H: Sport, Höhlenforschung.

Ehrler Friedrich-Johannes
B: FilmKfm, Lichtbildner. G: Bad Meusentheim, 1. Dez 1924. V: Helen, geb Londenberg. A: D–6990 Bad Meusentheim, WachbacherStr 3/II. S: Realschule, Seminare. K: FilmKfm, Lichtbildner m Vorträgen u 2 weitere verwandte Berufe – alle selbständig, ausserberuflich ParteiVors, TennisVors. F: Heimische Presse, Filmecho. M: Tennis – Motorsport MSC, Fachverbände, FDP, MedienKmsn, Schlösser u Burgen KulturVer, HandelsVer. H: Tennis, Tauchen, Tanzen, Fotografieren, Kunst u Geschichte, Parties, Medienpolitik.

Eichhorn Helmut
B: GeschäftsstellenLtr. G: Windsheim, 28. Jan 1923. V: Dina, geb Ziegltrum. A: D–8051 Nandlstadt, Zeisigstr 15. S: Gymn. K: Praktikum u Ausbildung z FilmKfm, Disposition u Verwaltung in versch Firmen, ab 1951 Aufbau d Verb d Filmverleiher in München, ab 1952 GeschäftsstellenLtr d Verb d Filmverleiher f d VerleihBez München-Süddeutschland. F: Artikel u filmfachliche Beiträge in versch Fachzeitschriften, Fotos in d Fachzeitung Filmecho, Filmwoche. M: Mtgl d PrüfungsAussch d Ind- u HandelsKamm München f d Berufssparte FilmKfm-IndKfm (Filmverleih). H: Paläontologie, Botanik.

Eichinger Hans Prof
B: Dirigent, Komponist. G: Wien, 15. Mai 1902. V: Ilse, geb Täubler. A: A–2500 Baden, Biondekg 10. Tel: 02252/416114. S: Realschule, MusikAk u MusikHS in Wien. K: 1921–22 KonzertMstr am Stadttheater Baden bei Wien, 1922 Geiger bei d Salzburger Festspielen, 1922–27 Geiger an d Wiener Staatsoper, 1932 Dirigent v Göteborg Symphonie-Orche-

ster, 1941–44 1. KapellMstr an d Theatern in Marburg, Volksoper Hamburg u am Stadttheater Baden, 1946–65 150 Rundfunkaufnahmen mit Stockholms Radiosymphonieorchester, 1949–54 300 Konzerte mit Norrköpings Symphonieorchester, 1950–67 Musikchef d Stadt Katrineholm, Dirigent d Symphoniekonzerte, VizePr d Kammermusikvereinigung, 1950–67 Gastdirigent am Wiener Radio, 1958–64 Konzerte im Wiener Arkadenhof, 1970–73 Gastdirigent am Rundfunk in Athen. F: Fotos in Katrineholms Kuriren, Dagens Nyheter, Norrköpings Tidningen, Svenska Dagbladet usw. E: Goldene Gustav VI Adolf Medaille v Sveriges Orkesterföeningars Riksförbund. M: „Schlaraffia". H: Theater- u Konzertbesuch.

Eichinger Hubert
B: Bereiter d Spanischen Reitschule. G: Amstetten/NÖ, 27. Juli 1939. V: Adelheid, geb Stvarnik. A: A–1050 Wien, Hamburgerstr 3/2. S: Gymn, österr Bundesheer. K: Beginn d reiterlichen Laufbahn a d Spanischen Reitschule 1957, seit 1969 Bereiter. F: Reiterliche Fachzeitschriften, D: „Die Flucht d weißen Hengste", Mitwirkung in Fachfilmen. E: Silberne Medaille f Verdienste um d Republik Österreich, div ausländische Orden. M: Ver d Opernfreunde. H: Klassische Musik.

Eidenbenz Willi
PS: Eiden. B: Grafiker, Fotograf, Maler. G: 14. Mai 1909. V: Roswitha, geb Hoppe. A: CH–4102 Binningen, Weinbergstr 1. S: Hum Gymn, Basel, Maturität, Kunstgewerbeschule Zürich (unter E Keller, Otto Baumberger, W Rosshard, Otto Meyer-Amden), Werkkunstschule Magdeburg (unter Wilhelm Deffke. Walter Dexel). K: Bis 1933 Praktikum bei Otto Elsner, Großdruckerei Berlin, ab 1933 Atelier H R u W Eidenbenz Grafik/Foto in Basel, ab 1972 Atelier W Eidenbenz Grafik/Foto in Binningen, Ausstellungen in Marburg/Lahn, Köln, Hamburg, Basel (3x), Stuttgart, St Gallen, Wiesbaden, New York, München, Erlangen, Binningen. F: Föhn, Schweizer Spiegel, Du, Graphis, Merian ua, Fotoausstellungen: Weltausstellung d Fotografie 1957 Paris, Grandpalais Luzern Kunsthaus, Lausanne Comptoir, Genf SPhV, Basel Gewerbemuseum, Köln William Wikens. E: Fotopreis d Weltwoche 1936 u 1937. M: SPhV Schweizerischer PhotographenVerb, (VSG, BGG), ASG ArbeitsGem Schweizerischer Grafiker. H: Systematische Botanik, kunsthistorische u philosophische Literatur.

Eigen Horst
B: Fotograf. G: Frankfurt, 18. Mai 1942. A: D–6000 Frankfurt/Main Bornheimer Landstr 46 HHS. S: Mittlere Reife, Lehre. K: Seit 1977 selbständig, anerkannter Künstler seit 1978, Gründung einer Edition Asmuss/Eigen 1978. F: Playboy, Stern, Spiegel, Capital, Petra, Brigitte, überregionale Tageszeitungen, Schallplattencover, Buchcover, Plakate f öffentliche Institutionen. E: „Jugend fotografiert". H: Umweltgestaltung.

Eigstler Siegfried
B: Fotograf G: Niedersonthofen/Allgäu, 19. Mai 1940. A: CH–3600 Thun, Pestalozzistr 126. S: Grundschule, Fotografenlehre. K: 3jährige Lehrzeit bei Fritz Heimgruber in Sonthofen, 1 1/2 Jahre ang als Landschaftsfotograf bei Foto Perren-Barberini in Zermatt, 8 1/2 Jahre ang als Fotograf bei Fotohaus Hans Meier in Thun, seit 1971 selbständig als Landschaftsfotograf. F: Burda, Schweizer Allgem Volkszeitung, Schweizer Familie, Kalender, Bildbände, Post, Fototapeten. H: Tennis, Skifahren, Reisen.

Einsiedel Gert v
B: FilmKfm. G: Berlin 1910. V: Katrin, geb Lennert. A: D–8000 München 80, Stuntzstr 7. S: Kfm u filmtechn Ausbildung. K: In- u Auslandserfahrung in d Filmind u Filmbeabeitung seit 1932, Inhaber d Filmkopierwerke: Bayerische SchmalfilmGes Mierisch + v Einsiedel u Bayerische Schmalfilmzentrale GmbH.

Einsiedel Katrin v
B: FilmKfm. G: Berlin 1912. A: D–8000 München 80, Stuntzstr 7. S: Kfm u filmtechn Ausbildung. K: In- u Auslandserfahrung in d Filmind u Filmbearbeitung seit 1932. Inhaberin d Filmkopierwerke: Bayerische SchmalfilmGes Mierisch + v Einsiedel u Bayerische Schmalfilmzentrale GmbH.

Eisendle Werner Dipl-Ing
B: Techn Ltr Senderbereich. G: 3. Mai 1926. V: Helene, geb Seeberger. A: A–6900 Bregenz, Drususg 14. S: Techn HS Graz u Wien. K: StationsLtr, Techn Ltr Senderbereich. M: Bregenzer Segel-Club, KHV Babenberg Wien. H: Segeln, Skifahren.

Eisenhauer Franz
B: Kameramann u Fotograf. G: Bad Homburg v

d H, 5. Juli 1937. V: Hanna, geb Dehning. A: D–3040 Soltau, Goethestr 6. S: Grundschule, Fachschule f Technik, Fotoschule, Ausbildung z Kfz-Mechaniker, Fotograf, Fahrlehrer aller Klassen. K: Soldat, KameraAss, Kameramann. F: Tageszeitungen u Fernsehzeitschrift. M: SportVer u Deutsches Rotes Kreuz. H: Angeln, Wandern, Basteln.

Eisholz Lutz
B: Autor, Regisseur, Film- u Fernsehproduzent. A: D–1000 Berlin 12, Wilmersdorfer Str 96. S: Abitur, Stud d Fotografie bei Prof Steinert an d Folkwangschule, Essen, Stud an d Deutschen Film- u FernsehAk in Berlin, 1966–69. K: Seit 1966 tätig als Autor u Regisseur f ARD u ZDF, seit 1972 selbständiger Film- u Fernsehproduzent Filme, die sich mit Kinder- u Jugendproblemen beschäftigen, 2 Spielfilme: „Bruno der Schwarze", 1970 (ein Film über d legendären Bruno S), „Liebe das Leben, Lebe das Lieben", 1977 (ein Film über d Kommunikationen versch Generationen). F: Anläßlich zahlreicher sozialkritischer Dokumenationen. E: „Bruno der Schwarze" erhielt auf d Intern Filmwoche in Mannheim 1971 einen Dukaten. M: Berliner Arbeitskreis Film eV.

Eith Ule J R
B: Regisseur, Autor, Produzent. G: Koblenz, 7. Mai 1916. V: Rosemarie, geb Boehlke. A: D–2000 Hamburg 52, Elbchaussee 441. S: Univ u FilmAk, Germanistik, ZeitungsWiss, TheaterWiss. K: Als Regisseur u Produzent über 300 Filme u Fernsehprogramme, zahlreiche Fernsehserien. E: Prix Femina, zahlreiche andere Filmpreise. H: Malen, Hochseesegeln.

Eitzert Peter
B: ProduktionsLtr bei Film u Fernsehen. G: Merkers/Rhön/DDR, 29. Apr 1939. V: Rosemarie, geb Schach v Wittenau. A: D–8031 Steinebach-Wörthsee, Am Steinberg 63. S: Abitur, praktische Lehre bzw Ass bei Bühne, Film u Fernsehen. K: Freier Mitarbeiter bei Bühne, Film u Fernsehen, Städt Bühne Heidelberg, Bavaria Film Produktion München, Süddeutscher Rundfunk, Südwestfunk, WDR, NDR, ZDF u div Privatfirmen. H: Fotografieren, Literatur, Musik, Schwimmen, Skilauf.

Elstner Hermann Ing
B: OberIng u AbtLtr NF-MeßTechn, Hörfunkbetriebsltr. G: Reichenberg/Rosenthal, 26. Dez 1919. V: Anni, geb Reiss. A: D–6670 St Ingbert, Tulpenstr 22. S: Staatsgewerbeschule (Höhere IngSchule) Reichenberg/Sudeten. K: TonIng, geh TonIng, AbtLtr, OberIng.

Embacher Carlo
B: Kammersänger. G: München, 9. Apr 1908. A: CH–9203 Kronbühel, Bruggwiesen 2, c/o Studio, D–8000 München 40, Leopoldstr 9. S: Grundschule, Gymn, Schauspielschule bei HofR Richard Stury, Gesangsschule bei d Kammersängern Schuergraf, Rotmil, Slezak, Schider-Metzke. K: Schauspielhaus München, Berliner Theater in Berlin, Theater an der Wien, Opern-Gastspiele an vielen Bühnen im In- u Ausland, im II. Weltkrieg angina pektoris, in d Folge Beendigung d Opernkarriere u bis heute nur noch selten auf d Konzertsaal begrenzt, abgesehen v kurzen Gastspielen. F: Bühnenalmanach, Oberbayrisches Volksblatt, Kürschner Musiker-Kalender, Lady uva. D: Viele jugendliche Charakterrollen deutscher Klassiker u d Moderne, viele Tenorpartien bei Lehar u Leo Fall, erfolgreichste Opernpartien waren Hoffmann, Canio, Siegmund, Lohengrin, Tannhäuser ua. E: Von Monarchen u Staatsoberhäuptern empfangen u mit wertvollen Geschenken ausgezeichnet. M: GDBA, STC.

Emmerich Kurt
B: Reporter, Redakteur. G: Hamburg, 31. Jan 1930. V: Mia, geb Starck. A: D–2110 Buchholz i d Nordheide, Brandenburger Str 43. S: Gymn, Lehre als Kfm mit Abschluß. K: Seit Anfang d fünfziger Jahre als Sportjournalist (zunächst auf freier Basis), erste Kontakte mit d Rundfunk 1952, erste Reportage 1955, seit 1955 freier Mitarbeiter beim Rundfunk, seit 1963 festangestellt, seither zahlreiche Reportagen im Fußball (Länderspiele, Bundesligaspiele, WM 1978 in Argentinien, 1974 in Deutschland), im Handball (WM seit Mitte d sechziger Jahre), Olympische Winterspiele (Rodeln), Olympische Spiele Innsbruck, Montreal, München in d Zentrale d Eurovision, Reporter f Trabrennen, ua zahlreiche Deutsche Derby. F: Hör Zu, Sulky-Sport ua. E: Goldene Medaille d TrabrennVer, Berlin-Mariendorf, anläßlich d Films „100 Jahre Deutscher Traber-Sport". M: Mtgl im Ver Deutsche Sportpresse eV, Hamburg, Mtgl in 2 FußballVer. H: Musik, Wandern, Garten.

Endl Carla
B: FotografenMstr. G: Wien, 11. Apr 1932. A: A–5020 Salzburg, Griesg 8. S: Mittelschule, Matura, 3 Jahre Grafische Lehr- u Versuchs-

anstalt, Abt Fotografie, Wien, Gesellenprüfung u MstrPrüfung. K: 9 Jahre angestellt in versch Fotoateliers in Bregenz, Salzburg, Nürnberg u Reichenhall, seit 1961 selbständig in Salzburg, Dia-Vorträge an VHS Salzburg. F: In Lokalblättern, Illustrierten, in Bergbüchern, in Bildbänden über Griechenland. M: Salzburger TurnVer, AlpenVer. H: Bergsteigen, Skitouren, Schwimmen, Keramik, Töpfern, Malen, Reisen (Griechenland), Kulturgut u Gedankenwelt d Antike.

Engel Thomas
B: Regisseur. G: Hamburg, 18. Apr 1922. V: Marianne, geb Schreitmiller. A: D–8000 München 90, Harthauser Str 135. S: RealGymn, Abitur, Schauspielschule d Deutschen Theaters, Berlin. K: 1942–46 Schauspieler u Regisseur am Reussischen Theater in Gera, 1946–48 SpielLtr am Deutschen Theater in Berlin, anschließend freier Theater-, Film- u Fernsehregisseur. D: Regisseur ua von: „Pünktchen und Anton", „Liebe auf krummen Beinen", „Meine Tochter und ich", Fernsehen: „Die Zofen", „Heinrich IV", „Mein Onkel Benjamin" ua. E: Kritikerpreis f „Fernsehspiel des Monats September 1978", „Der Führerschein". M: BVerb deutscher Fernseh- u Filmregisseure.

Engelhardt Gerd
B: Fotoreporter. G: Neuendettelsau, 2. Apr 1945. A: D–8000 München 60, Wöhlerstr 71, D–8000 München 65, Postfach 120. Tel: 089/8113903. S: Mittlere Reife, Volontär u Lehrling in d Keramik, Ausbildung bis zum ProduktionsAss, Theater. K: 1964–68 Keramiker, 1968–71 ProduktionsAss (Anatevka, Hair), seit 1971 Fotoreporter. F: Stern, Bild und Funk, Petra, Freundin, Die Zeit, Bunte Illustrierte, Quick, Mosaik, ganze „yellow press", Tageszeitungen. E: XXVI Concorso Internationale Della Ceramica D'Arte 1968, Diplom. H: Langlaufen, Musik (Klassik), moderne Kunst, Literatur, Autos.

Engelskirchen Hein
B: Freischaffender Fotograf. G: Hüls bei Krefeld, 20. Apr 1908. V: Helene, geb Mecke. A: D–4150 Krefeld, Breiten Dyk 88. S: Höhere Fachschule f Textil-Ind, als Fotograf Autodidakt. K: Seit 1946 Fotograf, bis 1949 hauptsächlich Porträt, 1949–66 Werbung, Architektur u moderne Kunst, ab 1967 frei arbeitender Fotograf. F: Bildbände: „Krefeld", „Expo 58", „Staat u Kunst", „Kunstsammlung Nordrhein-Westfalen", „Kunst in Krefeld", Veröffentlichungen in Twen, Stern, Time Life, Jahrbüchern, Kalendern uva. E: Gold bei 1. Intern Biennale d Fotografie 1957, Bronze 1958 b Intern Fotosalon, Kortrijk. M: Berufenes, ordentliches Mtgl d GDL, ordentliches Mtgl d DGPh. H: Fotografie, Reisen, Angeln.

Englert Wolf
B: Film- u Bühnenbildner. G: Ulm, 12. Nov 1924. A: D–8131 Berg-Starnberg, Kapellenweg 9. S: Oberrealschule, Ak, Stud d Kunstgeschichte. K: Volontär u Assistentenzeit am Theater Augsburg, 3 Jahre Bühnenbildner in Würzburg, dann freier FilmArch u Szenenbildner bei Film u Fernsehen, Ausstattung d Serien „Derrick" u „Der Alte". F: Theater heute, Hör Zu. E: Bundesfilmpreis in Gold.

Enxing Vridolin Hans Georg Andreas
B: Komponist, Rockmusiker, Kabarettist, Schauspieler. G: Bochum, 11. Aug 1950. A: D–5000 Köln 91, Im Forst 53. S: MusikHS Köln: Cello, Komposition, Schulmusik, Univ Köln: MusikWiss, TheaterWiss, Kunstgeschichte, Italienisch. K: Musiker (Cellist in versch klassischen Ensembles), Pianist u Bassist in versch Rock- u Jazzgruppen, ua James McCurry Gang, seit 1973 Komponist, Musiker u Darsteller bei Floh de Cologne. F: Spiegel, Stern, Sounds ua, Fernsehzeitungen wie Hör Zu uva. D: „Rotkäppchen", „Der Florentinerhut", „Dreizack", versch Fernsehsendungen. E: „Keine goldene Nase". H: Fotos, Fotografie, Italien, Autofahren, Musik, Leben.

Enz Helmut
B: TonMstr. G: Freiburg, 24. Nov 1916. V: Hildegard, geb Wittmann. A: D–7000 Stuttgart 80, Pfarrhausstr 51. S: Oberrealschule, MusikStud am Konservatorium an d Staatl MusikHS Stuttgart, abschließende KapellMstrPrüfung. K: Seit 1947 TonMstr am Süddeutschen Rundfunk, Stuttgart, Produktion v Unterhaltungsmusik, Zweitberuf: Pianist, Bandleader, Komponist, Arrangeur. F: Podium. M: Deutscher Komponisten-Verb. H: Wandern, Bergsteigen, Eislaufen, Skilaufen, Schwimmen.

Erbelding Horst H
B: FotografenMstr. A: D–6370 Oberursel, Zimmersmühlenweg 44. K: Fotografenlehre, Fotoschule, seit 1964 selbständiger Werbefotograf. M: AWI.

Erbes Walter Reinhard
B: Drogist. G: Frankfurt/M, 19. Juni 1930. V: Erika, geb Schade. A: D–3042 Munster/Oertze, Wilhelm Bockelmann-Str 55. S: Realschule, Ausbildung in Nachkriegsverhältnissen als VollKfm u Foto-Drogist. K: Mehrere Gehilfenstellen in versch Städten d BRD. F: Veröffentlichungen in Drogerie-Fachzeitschriften m bes Fachthemen ua. E: Ewald Kroth-Medaille d ADAC, Anerkennung d Stadtverwaltung uva. M: DrogistenVerb, ADAC, Ind- u HandelsKam Lüneburg, Deutscher Motor-Yacht-Verb, DLRG, Vertreter d Deutschen Ges z Rettung Schiffbrüchiger im Bereich Munster, Geschäftsführender Vors d Verkehrswacht. H: Auf d Wasser sein.

Erk Carl-Ludwig
B: Rechtsanwalt. G: Köln, 24. Mai 1937. V: Renate, geb Hoffmann. A: D–5000 Köln 5O (Rodenkirchen), Auenweg 37. S: Stud d RechtsWiss an d Univ Köln u Lausanne. K: Rechtsanwalt, 2 Jahre IndustrieVerb, seit 1970 Ltr d RechtsAbt, Deutsche Welle, Köln. M: Deutsche u Intern Vereinigung f gewerblichen Rechtsschutz u Urheberrecht.

Erler Rainer
B: Autor, Regisseur, Produzent. G: München, 26. Aug 1933. V: Renate, geb Eger. A: D–8157 Bairawies, Auf der Tränke. Tel: 08027/ 466. S: Abitur 1952, 8 Jahre RegieAss bei 30 Spielfilmen im In- u Ausland. K: 1960–72 Autor, Regisseur u Produzent bei d Bavaria Atelier GmbH in München (ca 25 Filme), seit 1973 Produzent mit eigener Produktionsfirma, d „pentagramma filmproduktion gmbh u co" (8 Filme), 1971–75 Doz an d Ak f Film u Fernsehen in München. F: Zahlreiche (eigene Standfotos d Filme), Buchveröffentlichungen: Die Delegation, Sieben Tage, Fleisch, Das Blaue Palais. D: Filme: Seelenwanderung, Orden für die Wunderkinder, Sonderurlaub, Endkampf, Der Attentäter, Die Delegation, Sieben Tage, Das Blaue Palais I–V, Die Halde, Die letzten Ferien, Operation Ganymed, Plutonium, Die Quelle, Fleisch, Ein Guru kommt ua. E: Viele nationale u intern Auszeichnungen: Prix Italia, Verona, Goldene Nymphe, Monte Carlo, Preis d Bischofs v Berlin anläßlich d XIV. Intern Filmfestspiele, Ernst-Lubitsch-Preis, 1. Preis d MIFED, Mailand, Preis d Pressejury d VHSVerb, Viennale Wien, Ehrendiplom, Adolf-Grimme-Preis, Goldene Kamera, Hamburg, Goldener Asteroid f besten Science fiction-Film, Triest, M: Mtgl d Vorst d BVerb d Film- u Fernsehregisseure in Deutschland eV, Mtgl d BVerb Deutscher Fernsehproduzenten eV, d Deutschen Ges f Sonnenenergie, TierschutzVerb, SOS-Kinderdorf-Ver, Bund Naturschutz in Bayern. H: Sonnenheizung, Science-Fiction, Seefahrt.

Ertl Hansjörg
B: Fotograf. G: Ried/Innkreis, 23. Feb 1937. V: Annemarie. A: A–4970 Ried/Innkreis, Hartwagner Str 1. S: Mittelschule, 3 Jahre Grafische Lehr- u Versuchsanstalt, Wien, MstrPrüfung. K: 2 Jahre Geslle, anschließend MstrPrüfung, selbständiger Fotograf. M: Europhot, AusschußMtgl im Fotografenausschuß d Innung. H: Malen, Sport.

Ertmer H Rolf
PS: „Repa". B: Fotograf. G: Paderborn, 20. Jan 1925. V: Ursel, geb Simon. A: D–4791 Altenbeken, Caspar Kropff Weg 3. S: Grundschule, Oberrealschule, Ausbildung als Fotograf. K: 1945 Wiederaufbau d zerstörten Fotogeschäftes (kriegsbedingt), 1952 MstrPrüfung, ab 1956 „Gastrollen" bei namhaften Fotografen, 1960 mit eigenwilligen Portraits bekannt geworden, 1978 nach Altenbeken u Spezialisierung auf Werbefotografie, seit 1960 als Modellbahner u Modellbauer bekannt unter „REPABAHN", REPABAHN II eine d bekanntesten Modellbahnen Europas, 1977–78 Autor v drei Büchern über Modellbahnen. F: Veröffentlichungen in Photo-Presse, Landschaftsbücher, Bildbände, Enzyklopädie d Technik, Alba, Miba-Verlag TMS (Japan) Model Railway, Enzyklopedie-Model (England), Loco Revue, Les plus beaux résaux de chemin de fer en modèle réduit (Frankreich). E: Silber Medaille MOROP FIMF 1961, Intern Modellismo COMO (Italien) M: DGEG, EUROVAPOR, euro steam, SEAK, DBC-D, MOROP, Diners Club. H: Große u kleine Eisenbahnen in d ganzen Welt.

Eser Willibald
PS: Mortimer Bellentine ua. B: Autor. G: Nürnberg, 1. Sept 1933. V: Christine, geb Mueller. A: D–8447 Markt Rettenbach, Jägerhof. S: Abitur, Univ-Stud ohne Abschluß. K: Als Autor Schüler v Helmut Käutner, Curt Goetz, Drehbücher, Novellen, TV-Skripts, Biographie v Johannes Heesters, Lil Dagover u Helmut Käutner, viele deutsche u intern Filme geschrieben ua f Gustav Gründgens, Romy Schneider, Richard Burton, Sophia Loren, Frank Sinatra (TV-Serie) uva. D: Moderator u

Darsteller zB „Dem Himmel sei Dank" zum 75. Geburtstag v Johannes Heesters. M: Writers gilde of America. H: Psychologie, Tiefseetauchen.

Esser Wolfram
B: Journalist. G: Düsseldorf, 8. Jan 1934. V: Christiane, geb Mahren Holtz. A: D–6204 Taunusstein 2, Drosselweg 14. S: Abitur, Volontariat bei Tageszeitung. K: 1955–56 Hamburger Morgenpost, 1957–60 Westdeutsche Allgemeine Zeitung, 1961–62 Duisburger Generalanzeiger, seit 1963 Redakteur beim ZDF, Mainz, Moderator in Sendungen d Hauptredaktion u Sport d ZDF. M: Düsseldorfer Sport-Club 1899, TSV Taunusstein, Deutsches Rotes Kreuz. H: Sport (Fußball, Segeln), Gartenarbeit.

Etter Hans
B: Fotograf. G: 22. Juni 1926. A: CH–8706 Meilen, Seideng 43. S: Primarschule, Sekundarschule, Handelsschule, Gewerbeschule, Technikum, Fotoschule in Deutschland. K: El-Techniker, nach Fotoschule als Reporter bei Tageszeitungen, seit 25 Jahren eigenes Foto- u Filmstudio. F: In Zeitungen, Schweizer Illustrierte (Sie u Er), DU, Schweizer Journal, planen u bauen, Life ua. M: SchützenGes, Judoclub, JägerVer, Tauchclub. H: Schießen, Tauchen, Wasserski, Skifahren, Funken.

Ewald Heinz
B: Drogist, Bildjournalist. G: Wirges, 23. Aug 1950. V: Cilly, geb Parbel. A: D–5432 Wirges, Westerwald, Bahnhofstr 33. S: Grundschule, Staatl AufbauGymn, Berufsschule, Berufsfachschule. K: 1965–68 Foto- u Drogistenlehre, 1968–71 Drogistengehilfe, 1971–73 Ausbildung als Krankenpflegehelfer (BWehr), seit 1973 Vertragsfotograf d Rheinzeitung (Mittelrheinverlag). F: Rheinzeitung, Stern, Bildzeitung, Der Sonntag. M: JournalistenVerb Rheinland-Pfalz eV, DrogistenVerb Rheinland-Pfalz eV. H: Lesen, Kegeln, Musik, Keramik-Sammlung.

Fabiankovich Robert Ing
B: Filmaussenrequisiteur, Filmausstatter. G: Wien, 26. Aug 1924. V: Anna, geb Bochdansky. A: A–1110 Wien, Brambillag 22. S: Grundschule, Ing-Schule f Maschinenbau. K: Seit 1946 in d Filmbranche als Aussenrequisiteur tätig, ab 1969 für ca 15 Filmausstattungen verantwortlich. F: Div Veröffentlichungen in versch Zeitungen u Zeitschriften. E: 25 Jahre ÖGB. M: ÖGB.

Falk Albert
B: Grafiker, Trickkameramann, Produzent. G: Wiesbaden, 13. März 1934. V: Ursula. A: D–6200 Wiesbaden, Odenwaldblick 28. S: RealGymn, Werkkunstschule Wiesbaden m staatl Abschlußprüfung, Praktikum z Trickkameramann. K: Freier Mitarbeiter f Film u Graphik Schulenburg-Furkhardt, heute Mitinhaber d Ateliers f Film u Graphik Schulenburg-Falk in Wiesbaden, u Inhaber d Falk-Filmproduktion, Wiesbaden. M: BerufsVerb bildender Künstler Frankfurt/M, Deutscher TrickfilmVerb eB. H: Haus u Garten.

Falk Herbert
B: Geschäftsführer d EMI Electrola TV GmbH. G: 24. März 1924. V: Katharina. A: D–5030 Hürth-Hermülheim, Siegfriedstr 5. S: Realschule, Höhere Handelsschule, Violin-Stud. K: Kriegsdienst, Redakteur f Tanz u Unterhaltung beim SWF Baden-Baden, freier Musikproduzent u Promotor, PR-Chef d EMI Electrola, Manager d EMI TV in Köln. M: GEMA. H: Radfahren, Schwimmen, Fernsehen.

Faller Karl
B: Musikschulrektor. G: Wiggensbach bei Kempten, 28. Juli 1925. V: Brigitte, geb Schmidt. A: D–8960 Kempten, Aybühlweg 16. S: Lehrerausbildung, Singschullehrerausbildung u privates MusikStud. Ab 1966 SchulLtg d Sing- u Musikschule d Stadt Kempten, Mitarbeit in Fachausschüssen d Verb Deutscher Musikschulen. M: VDMK (Verb Deutscher Musikerzieher u konzertierender Künstler), GDMK (Gewerkschaft Deutscher Musikerzieher u konzertierender Künstler). H: Sport (Schnee u Wasser).

Fantl Thomas
B: Regisseur. G: Prag, 9. Dez 1928. V: Katharina, geb Lopinski. A: D–8000 München 60, Widweg 7. S: 1948–52 Stud an d FilmAk Prag bei Jiri Weiss. K: Tätigkeit als Regisseur in Prag, seit 1957 in Deutschland, 1964 erster Spielfilm „Zeit der Schuldlosen", danach Regie bei ca 40 Fernsehfilmen, ua „Das Ausgefüllte Leben des Alexander Dubronski", „V van Gogh", „Das schönste Fest der Welt", „Lieber Erwin", „Aufstiegschancen", „Das einsame Haus", „Die Flucht", „Der Preis",

„Buckel", „Zwei auf der Kippe" (Fernsehspiel d Jahres 1978), „Die Magermilchbande". E: 1964 BFilmpreis f „Zeit der Schuldlosen", Adolf-Grimme-Preis in Gold, Goldene Nymphe v Monte Carlo f „Dubronski". H: Fotografie, Sport, Literatur, Kochen.

Fastenrath Günter
B: Kameramann (Regiekameramann). G: 14. Mai 1920. V: Ingeburg, geb Schütte. A: D–5880 Lüdenscheid, Hohfuhrstr 52. S: RealGymn, Höhere Fachschule f Textilindustrie in Chemnitz, Volontär in mehreren führenden Maschinenfabriken d Branche, Ausbildung zum technischen BetriebsLtr. K: Hobbyfotograf bereits als Schüler, als Amateurfilmer 1954 erstmals mit Filmen hervorgetreten, f diese Filme nationale u intern Preise, seit 1960 Berufsfotograf, bevorzugte Sachgebiete: Dokumentationen, Spielfeatures, Industriefilme, Werbung, viele nationale u intern Preise auf Filmfestivals. M: Club d KreuzerAbt d Deutschen SeglerVerb, Seglervereinigung Mediterran, Deutsche Ges zur Rettung Schiffbrüchiger, Deutsches Rotes Kreuz. H: Segeln, Fotografieren.

Favre Olivier
B: Fotograf. G: Moudon/Schweiz, 15. Juni 1946. A: D–2000 Hamburg 13, Schlüterstr 80. S: Oberschule, Lehre als Fotograf in Lausanne. K: Foto-Reporter in Verbier, Gstaad u auf Sylt, Fotograf b Kosmetik-Konzern Schwarzkopf, Foto-Ass in Berlin, München u Hamburg, als Fotograf selbständig seit 1976. F: Bunte Illustrierte, Bella, Tina, Playboy, Für Sie, Petra, Essen u Trinken. H: Bergsteigen, Ski.

Fazekas Iszvan
B: Musiker, Pianist, Organist. G: Budapest, 26. Aug 1927. V: Erna, geb Mangold. A: D–6800 Mannheim 1, Toräcker Str 10. S: 9 Jahre Klavier u 4 Jahre Kompositionslehre. K: Als Musiker mit eigener Kapelle im Rundfunk Budapest als Komponist u Arrangeur. M: GEMA, Deutscher KomponistenVerb. H: Modernes Komponieren.

Federau Bernt
B: Fotograf, Kameramann, FotografenMstr. G: Danzig, 30. März 1930. V: Eva, geb Hieronimus. A: D–2000 Hamburg 61, Licentiatenweg 13. S: Katharineum Lübeck. K: Fotografenlehre in Lübeck, Gehilfenprüfung, Fotoschule in Hamburg, Ausbildung u Ass als Trickfilmkameramann in Hamburg (1950–53), Fotograf u Kameramann in Afrika (1953–58), versch Expeditionen, 1957 Okavango-Expedition, 1958 MstrPrüfung, Vortragsreisen, Tätigkeit in d Fotoindustrie (Leonar – Agfa-Gevaert), versch Ausstellungen: „Zwischen Okavango und Oranje", „Station: Hamburg Hauptbahnhof", „Bücher und Menschen – Menschen und Bücher", seit 1970 freischaffend in Hamburg, viele Reisen nach Afrika ua Ländern, besonderes Engagement: Luftbildaufnahmen, versch Bücher, darunter „Westafrikafahrt", „Über Hamburg", „Bornholm". F: Merian, Die Zeit, Zeit magazin, Der Spiegel, Bunte Illustrierte, Frau im Spiegel, via Hamburg, scala ua. E: Preisträger in einigen Wettbewerben, Europhot-Medaille 1959. H: Malen.

Feininger Eleonore
B: Fotografin, Komponistin, Texterin (Gedichte, Lieder usw). G: Westberlin, 14. Dez 1901. A: D–1000 Berlin 12, Schlüterstr 64/V. Tel: 030/3123211. S: Lyzeum, Fotolehre. K: Musikunterricht Volksmusik, Privat-Klavierstunden, 1930–33 eigenes Foto-Atelier Berlin. F: BZ, Echo d Frau, Goldenes Blatt ua. D: Mitwirkung im „Charlottenburger Senioren-Kabarett" m eigenen Texten u Musik. E: 1975: Literatur-Wettbewerb f Senioren: 3. Preis „Frau u Musik" eV, Mildred Scheel-Kreis „Deutsche Krebshilfe". H: Zeichnen, Malen, Dichtung u Geistiges Heilen, Klavierspiel.

Feldmeier Christian-Dieter
B: Fotograf. G: Schoenenwerd/Schweiz, 21. Okt 1943. V: Marianne, geb Ultsch. A: CH–4500 Solothurn, Goldg 1. S: Grundschule, Gewerbeschule. K: Eigenes Fotoatelier in Solothurn, alle Gebiete d Fotografie, Tonbildschauen u Tonstudio, zusammen mit Peter J Elliott Werbung u Fotografie, Service Horriwil. M: Mtgl d Kiwanisclubs Solothurn.

Feller Wolf
B: Journalist. G: München, 1. Sept 1930. A: I–Via Bocca di Leone 78, Rom. S: Abitur, Stud d Volkswirtschaft. K: Ass an d Ludwig Maximilian Univ in München (Fakultät Wirtschafts-Wiss), Hörfunkreporter, Ltr d Wirtschaftsredaktion Fernsehen beim Bayerischen Rundfunk, stellv ProgrammbereichsLtr d Abt Politik u Tagesgeschehen, Ltr d ARD-Studios in Rom. E: Bambi, Bayerischer Verdienstorden. M: DJV.

Fenner Uwe
B: Rechtsanwalt, Unternehmensberater f Öffentlichkeitsarbeit. G: Waren/Müritz, 9. Mai 1943. A: D–8000 München 40, Münchener Freiheit 8 und D–4600 Dortmund 1, Goebenstr 7. S: Hum Gymn, Abitur, Univ München, Stud d Architektur u Kunstgeschichte, Univ Bochum u Münster, Stud d Rechts- u Staatswissenschaften. K: Ausbildung nach StudAbschluß bei d Kienbaum-Beratungs-Gruppe, seit 1972 selbständig. M: DPRG Köln, Deutscher Presseclub Bonn, BVerb Junger Unternehmer d Arb-Gem selbständiger Unternehmer eV, Bonn.

Fentz Arno
B: Manager. G: Mannheim, 27. März 1920. V: Elisabeth, geb Baschin. A: D–6730 Neustadt/Weinstraße, Gräfensteinstr 14. S: Mittelschule. K: 1939–45 Krieg, seit 1943 in d Unterhaltungsbranche, Wehrbetreuungsoffizier, TourneeLtr beim Variete, seit 1949 selbständig m GastspielDion, 1970 Übernahme eines Theater-Tournee-Büros. F: Gelegentlich in Tageszeitungen. D: „Wunschkonzert“, „Wer fuhr d grauen Ford“. H: Theater.

Fenzlau Artur
B: Pressefotograf. G: 23. Jan 1909. A: A–1010 Wien, Franz Josefs-Kai 5/17. Tel: 0222/527458. S: Bürgerschule, Handelsschule (3 Klassen). K: 5 Jahre Praktikum bei Lothar Elübat in Wien, dann freier Mitarbeiter in sämtlichen österreichischen u vielen deutschen Fachzeitschriften sowie „Powerslide“, „Motorcycle“ ua, Spezialist f Motorsport. M: Syndikat d Pressefotografen in Wien. H: Briefmarkensammeln, Oldtimer-Fotos.

Fercher Paul Friedrich
B: Fotograf. G: Neufeld, 22. Mai 1951. V: Maria Elisabeth, geb Kamenik A: A–2491 Neufeld/L, Hauptstr 24, A–7000 Eisenstadt, Pfarrg 10. S: Grundschule, Berufsschule, Fotografenlehre, Grafische Lehr- u Versuchsanstalt. K: 1965–68 Fotografenlehre, 1968–72 Tätigkeit als Fotograf in versch Studios, 1973 MstrPrüfung, seit 1974 eigenes Studio in Neufeld, seit 1978 auch in Eisenstadt, seit 1976 InnungsMstr d Burgenlandes. F: In versch Tages- u Wochenzeitungen. M: Mtgl v versch Ver u Organisationen. H: Bergsteigen, Tischtennis, Kunstgeschichte.

Ferraris Anita
B: Regisseurin. G: 26. Apr 1948. A: D–7530 Pforzheim, Kaiser Friedrich-Str 89. S: Abitur, 4 Jahre Univ Zürich u Basel, Kunstgewerbeschule Basel, SchauspielAk Zürich. K: RegieAss am Schauspielhaus Zürich u beim Schweizer Fernsehen (2 Jahre), eigene Theatergruppe, 1. Inszenierung in Zürich, RegieAss u Regisseurin in Pforzheim seit 2 Jahren, 1979 Gastspiele in Esslingen, insgesamt 6 Inszenierungen. D: Regie: „Die Zirkusprinzessin“, „Schwarzer Jahrmarkt“, „Maria Magdalena“, „Die Schöne und das Biest“. M: GDMBA. H: Malerei, Schreiben, Reisen.

Fieber Gerhard
B: Filmproduzent, Regisseur. G: Berlin, 20. Okt 1916. V: Hildegard, geb Kubatz. A: D–6229 Schlangenbad 5, Kornweg 35. S: Gymn, KunstAk, Werbefachschulen. K: Ltr d Deutschen Zeichenfilm (UFA) Berlin, 1948 Gründer d EOS-Film-Ges, Berlin-Göttingen-Wiesbaden, BFilmpreisträger, Gestalter v Humorseiten (Karikaturen) „Hier lacht die Koralle“, Herausgeber v Kinderbüchern u comic-Heften, Gestalter d ersten deutschen abendfüllenden Zeichenfilms „Tobias Knopp“ nach Wilhelm Busch, 1948–50. F: Berliner u Münchner Illustrierte ua. E: BFilmpreis, 1. Preis Festival New York, 1978. M: Deutscher Film- u AV-ProduzentenVerb, Wiesbaden. H: Zeichnen.

Filipp Paul
B: Star- u Standfotograf f Film u Fernsehen. G: Rybnik, 5. Mai 1912. A: D–8000 München 21, Veit Stoß-Str 94. S: Oberrealschule, Ausbildung als Fotograf, MstrPrüfung. K: Filmfotograf bei Firmen wie Terra-Filmkunst, Roxy-Film, Centfox, Bavaria Atelier Ges, ca 80 Spielfilme, zB „Der verzauberte Tag“, „Die Fledermaus“, „A Foreign Affair“, „Come Prima“, „El Hakim“, „Das Mädchen Rosemarie“, über 100 Fernsehsendungen, zB „Schlaf der Gerechten“, „Carmina Burana“, „Salto Mortale“, „Die lustigen Weiber von Windsor“, „Die Entführung aus dem Serail“. F: Life, Quick, Stern, Hör Zu, meistens Titelblätter. M: HandwerksKam Ober-Bayern. H: Schreiben v Psi-Geschichten.

Filli Carlo
B: Fotograf. G: Scuol, 15. Juni 1932. A: CH–7505 Cellerina, Fotohaus Filli. S: Primarschule, Sekundarschule, Fotolehre in Scuol. K: 1954 Colorschule Agfa in Zürich, 1955 Anstellung bei Schönwetter Glarus, daneben Meisterkurse d Kunstgewerbeschule in Zürich, Abschluß Meisterprüfung, 1956 Anstellung bei

Darbellay Martigy, 1956 Eröffnung d eigenen Geschäftes in Celerina. F: Div Reportagen. M: FachfotografenVerb, Schweizer Alpenclub.

Filliés Joachim W H
B: Rundfunk- u Synchronsprecher. G: Koblenz-Ehrenbreitstein, 8. Aug 1946. A: D–6200 Wiesbaden, Weberg 39. Tel: privat: 06121/306576 oder SWF: 06131/302206. S: Externer Volksschulabschluß, Gärtnerlehre mit Gehilfenprüfung, externe Mittlere Reife u Abitur auf d 2. Bildungsweg, Großes Latinum als Ergänzungsprüfung zum Reifezeugnis, Stud d Germanistik, Politik u Soziologie in Mainz. K: Sprecherziehung bei Dr Jörg Jesch in Mainz, sprecherische Ausbildung bei Wilhelm Pitsch in Güdingen, Sprechertätigkeit f d Hessischen Rundfunk in Frankfurt/Main u f d Südwestfunk Baden-Baden, Lehrertätigkeit an einem hessischen Gymn, Wiss Hilfskraft mit Tutorfunktion an d Univ in Bonn, Sprecher u Moderator beim Landesstudio d Südwestfunks in Mainz. M: Gewerkschaft Erziehung u Wiss (GEW), SPD, Deutsche SchillerGes, Marbach/N, Karl-May-Ges, Hamburg, Citroen-Club, Wiesbaden. H: Dissertation, Arbeitsthema: K W F Solgers Ästhetik.

Fingado Eberhard
B: Filmproduzent, Kameramann, Regisseur. G: Mannheim, 16. Sept 1927. A: D–6800 Mannheim 1, C 8, 12–13. K: Kameramann bei vielen Fernsehfilmen, vornehmlich für d Südfunk Stuttgart, Regisseur bei Auftragsfilmen, Ind-Filmen, spezialisiert auf wiss Filme, bes med Charakters. E: Mehr als 180 Auszeichnungen f Filme bei intern Festivals in Ost u West. M: VIP, AVK. H: Segeln, Tennis.

Fink Franz
B: Pressefotograf. G: Wien, 7. Jan 1911. V: Erika, geb Memmer-Gaube. A: A–1170 Wien, Alszeile 62. Tel: 0222/4640363. S: Grundschule, Handelsschule. K: Im Krieg Propagandakompanie, seit Kriegsende als Pressefotograf (Sport) tätig, etliche Olympiaden u Weltmeisterschaften, derzeit im Springreitsport tätig, 28x Österreich Rundfahrt bis 1976. F: Ehem Große Österreich Illustrierte, Kurier, Kronenzeitung, Reiter Revue intern, St Georg, Schweizer Kavalerist, Fena ua. E: ÖSTA, Silber Medaille (2x) Olympiade 1964 u 1976 Innsbruck f Org Verdienste. H: Motorboot (Küstenpatent professionell).

Fischer Alida
B: Moderatorin, Modesprecherin, Choreographin. A: D–3000 Hannover 1, Friesenstr 19. K: Ballettausbildung, Rundfunksprecherin bei Radio Luxemburg, Fernsehmoderatorin „drum" Südwestfunk Baden-Baden, „Aktuelle Schaubude" NDR Hamburg, Journalistin, Programmgestalterin, eigenes Mannequin-Team. H: Ballett, Choreographie, Interviews, Musik.

Fischer Bernd-Jürgen
PS: Piffel. B: Bildjournalist. G: Berlin, 12. Okt 1941. A: D–2000 Hamburg 19, Stenvort Nr 3. S: Mittelschule, abgebrochenes AbendGymn. K: Fotoschule Hamburg, 1. Stelle „Darmstädter Echo", dann „Stars and Stripes", „Nürnberger Nachrichten", seit 1977 selbständig in Hamburg. M: JournalistenVerb Bild Kunst München. H: Reisefotografie.

Fischer Hans Conrad Dr phil
B: Regisseur, Produzent. G: Berchtesgaden, 11. März 1926. V: Hanna, geb Haffner. A: D–8241 Marktschellenberg, Salzburger Str 20. S: RealGymn, Stud d Philosophie, Germanistik, Volkskunde, TheaterWiss, Kunstgeschichte, ZeitungsWiss. K: Zunächst Kritiker u Mitarbeiter versch Verlage, auch wirtschaftlich tätig – seit 1952 neben d künstlerischen Tätigkeit Führung eines Elektrizitätswerkes, seit 1954 Regisseur, mehrere Jahre Ltr d Literatur- u HörspielAbt v Radio Salzburg, Inszenierungen an vielen Rundfunkanstalten u Theatern, Betreuung v Schallplattenaufnahmen, 1961 Gründung d Fischer Film- u Fernsehproduktion, 1967 Uraufführung d Films „Das Leben Mozarts" in d Royal Festival Hall London, „Ludwig van Beethoven" in New York u London uraufgeführt, 1971 Beginn mit d Arbeit an d Film „Das Leben Anton Bruckners" – 1974 Uraufführung in d Royal Festival Hall London, Opera House Sidney, Intern Musikfestwochen Luzern, 1979 Fertigstellung d Films „Nela - Die Geschichte einer Malerin", Uraufführung in London, Los Angeles, Wien. F: Zahlreiche Veröffentlichungen in Zeitschriften u Zeitungen, Buchveröffentlichungen: Und Friede den Menschen, Verfischte Tage, Das Leben Mozarts, Ludwig van Beethoven, Anton Bruckner – Sein Leben. E: „Award of Excellence" d Film Advisory Board Hollywood, „Golden Helo Award" Hollywood, „Medal of Honor" d Bruckner Society of America, Preis d österr Filmkritiker, Höchstprädikate „Besonders wertvoll" f alle Filme usw. M: Verb Deutscher Film- u AV-Produzenten. H: Angeln,

Schifahren.

Fischer Stefan lic rer oec, lic art
B: Autor, Regisseur, Kameramann. G: Klausenburg/Rumänien, 13. Jan 1936 V: Bibiane, geb Konovaloff. A: D-6601 Bliesransbach, Amselweg 6. S: Gymn, Abitur in Klausenburg, Univ Leningrad/UdSSR, Fakultät f Volkswirtschaft, HS f Theater- u Filmkunst in Bukarest. K: 1958–73 ca 1000 Veröffentlichungen (Filmkritik, Theorie), 1964–66 Spielfilmstudio in Bukarest, 1967–70 Kameramann u Regisseur in einem Dokumentarstudio in Bukarest, 1970–73 Regisseur beim Rumänischen Fernsehen, seit 1973 in Deutschland, freier Mitarbeiter beim Saarländischen Rundfunk u beim ZDF. E: 1969 Preis f d besten Dokumentarfilm d Jahres f „Ein Schritt auf dem Mond", 1972 Preis d polnischen FilmkünstlerVerb in Krakau. M: DJV.

Fischer-Hollweg Kurt
B: Kameramann. G: Weinheim/Baden, 27. März 1920. V: Julika, geb Kirchgässner. A: D-7700 Singen-Hausen, Zur Dornermühle 32. Tel: 07731/43648. S: Grundschule, 2 Jahre Fortbildungsschule, 6 Sem ElektroTechn Ing-Schule Ilmenau. K: 1945–50 Dir d Stuttgarter Volkstheaters, 1951–60 AufnahmeLtr, ProduktionsLtr, Kameramann bei versch Produktionsfirmen, seit 1960 Kameramann b Südwestfunk, Studio Konstanz. F: Film u Ton Magazin. E: Kriegsorden (EK I u Kriegsverdienstkreuz m Schwertern in Silber). M: Badischer JagdVerb, SportfischereiVer Singen, NarrenVer Kä-Stock, SchützenVer Friedingen. H: Jagen, Fischen.

Fischerkoesen Hermine Dorothée
B: Filmproduzentin. G: Freising/Obb, 9. Feb 1916. A: D-5000 Köln 51, Pferdmengesstr 31. S: Gymn. F: film-echo, Handelsblatt. H: Bibliophilie.

Fischnaller Alexandre
PS: Jacques ALEXANDRE. B: Fotograf. G: Arcachon/Frankreich, 18. Juli 1944. A: D-5000 Köln 1, Hochstadenstr 28. S: Gymn, KunstAk Frankreich, Gesellenprüfung im Fotografenhandwerk in Frankreich, 1968 Meisterprüfung im Fotografenhandwerk, Abschlußexamen d FotoHS Köln als Foto-Ing grad. K: 1968–69 Werbe- u Modefotograf d Atelier Gursky, Düsseldorf, 1969 ltd Fotograf f Werbe- u Modefotografie in d WerbeAbt d Kaufhof HauptverwaltunG Köln, 1970–75 Kameramann b WDR Köln u freier Fotograf, 1973 Veröffentlichung d ersten Kalender- u Posterserien. F: Mode u Wohnen, Colorfoto, Burda, Zoom, Playboy. E: 1. Preis d intern Fotowettbewerbes d deutsch-französischen Jugendwerks 1967, 3. Preis d 2. Asahi Pentax World Photo Contest 1970. M: Bund freischaffender Fotodesigner. H: Wellenreiten, Segeln, Skilaufen, Theater, Musik, Windsurfen.

Fish John Hamilton
B: Rundfunk- u Kommentarsprecher f Englisch. G: Winthrop, Massachusetts USA, 26. Apr 1940. V: Ingrid, geb Maier. A: D-8011 Eglharting/München, Riederinger Str 21. S: Elementary u High School in USA, US Univ Kansas, Fachrichtung Radio u Fernsehen. K: 1958–66 an US-Rundfunkstationen als Sprecher, Nachrichtenreporter, Moderator u Disc-Jockey, 1966–69 Pflichtsoldat US Army, Sprecher, Moderator, Disc-Jockey AFN München, 1969–73 Deutsche Welle, Köln, Sprecher, Übersetzer mit redaktionellen Aufgaben in d NordamerikaAbt d Kurzwellensenders, seit 1973 freiberuflicher Sprecher (Englisch) f Industrie-, Werbe- u Dokumentarfilme, Tonbildschauen f versch Auftraggeber im In- u Ausland, seit 1977 hauptberuflich Internatsbetreuer (Freizeitgestalter) beim Rehabilitationszentrum (Berufsförderungswerk München) in Kirchseeon mit Genehmigung f Nebentätigkeit im ursprünglichen Beruf. E: Nur milit Auszeichnungen, Rang bei d Entlassung Sp5. M: 1969–73 RFFU. H: Klassische u andere Musik, Theater, Literatur, Amateurfunk, Radfahren, fremde Länder u Menschen kennenlernen, humoristische u satirische Künstler aller Sparten.

Fissen Dethardt
B: Journalist, Redakteur, Moderator. G: Oldenburg, 3. Mai 1926. A: D-2000 Hamburg 60, Sierichstr 96. S: Abitur, Stud d Germanistik, Psychologie, MusikWiss K: Freier Mitarbeiter bei Presse, Funk, Fernsehen, Ltr d Abt Jugendfunk beim NDR, Fernseh-Berichterstatter. D: „Das Fernsehgericht tagt" (ARD). H: Musik, Archäologie

Flatow Curth
B: Autor. G: Berlin, 9. Jan 1920. A: D-1000 Berlin 33, Am Hirschsprung 60 A. Tel: 030/8313081. S: Mittlere Reife, Kaufmannsgehilfenprüfung. K: Conferencier, Kabarett d Komiker „Neue Scala" uva, Cabaret-Revuen, Rundfunksendungen (über 100), Liedertexte

(über 300), Drehbücher (ca 25): „Liebe, Tanz u 1000 Schlager“, „Das einfache Mädchen“, „Der Pauker“, „Der Gauner u d liebe Gott“, „Meine Tochter u ich“, Theaterstücke: „Das Fenster zum Flur“, „Vater einer Tochter“, „Cyrienne oder scheiden tut nicht weh“, „Das Geld liegt auf d Bank“, „Der Mann d sich nicht traut“, Fernsehen (Serien): „Gertrud Stranitzki“, „Ida Rogalski“, „Preussenkorso“, „Ein Mann für alle Fälle“. E: Goldene Nadel d DU. M: Dramatiker-Union (Pr). H: Kochen, Malen.

Fleck Horst G
B: Journalist. G: Berlin, 12. Juni 1921. A: D–2000 Hamburg 20, Curschmannstr 6. S: RealGymn, Abitur, Univ-Stud ZeitungsWiss, Germanistik. K: Volontariat als Redakteur, Ausbildung z Kameramann u Regisseur f Kino u Fernsehen, seit 1960 Produzent v Werbefilmen, Industriefilmen, Reportagefilmen, Informationsfilmen, Fernsehspots, Hörszenen u Schallplatten-Basen, Sprecher d UFA-Film-Wochenschau u d Sportfunks d NDR Hamburg, Sprecher f Funk-, Kino- u Fernsehwerbung, Autor vieler Drehbücher u Kommentare f Dokumentarfilme zB: „Ich bin ein Windhund“ - Analyse einer kostbaren Hunderasse, „Schnee über Carara“ - Über das Gestein f Dome u Paläste, „Römer leben im Geschichtsbuch“ – Wie die Bürger ihre „Ewige Stadt“ sehen, Produzent informativer Filme, zB: „Morgen vor ihrer Haustür: Die Glücklichen Inseln“ – Die Kanarischen Inseln unter d Lupe, „K. O. Tisches“ – Vom Boxen u Boxgeschäft, „Laster“ – Fernfahrer sein dagegen sehr ..., „Amerika für'n Tausender“ – Auf d Spuren v Columbus + Co, „BonaParte II“ – Ein Bernhardiner erzählt, „That's Omron in Hamburg“ – Eine Konzern-Filiale stellt sich vor, „Männer, die man ruft“ – Hamburgs Landespolizei in eigener Sache, „Es wurde licht ...“ – Flut-Licht im Vorpark-Stadion, uva, Produzent vieler Werbe-Spots ua. D: „Der Mann, der sich verkaufte“ uva. H: Tennis, Eislauf, Reisen, Miniatur-Eisenbahn.

Fleischer Paul
B: Fotograf. G: Köln, 20. Feb 1913. V: Margarete, geb Staudenmaier. A: D–7150 Backnang, Erbstetter Str 4. S: Grundschule, 1924–30 Realschule, 1930–34 Lehre, 1934–35 Wehrdienst. K: Ab 1935 Mitinhaber d elterlichen Geschäftes, 1939–43 aktiv am Krieg teilgenommen, 1943–47 Gefangenschaft, seit 1947 alleiniger Inhaber d Fotoateliers, Aufnahmen jeder Art: Portrait, Werbung, Mode, Reportagen (SportVer, Industrie, Schulen usw). F: „Strick mit“, Fachzeitungen, Bildbänder (Stadt Backnang), aktuelle Aufnahmen f Tageszeitungen. M: Deutsches Rotes Kreuz, bis 1969 1. Vors, EhrenMtgl Motorsport Club (aktiv bis 1975, jetzt Ältestenrat). H: Autofahren, Basteln (Schreinern).

Flemming Charlotte
B: Bühnen- u Kostüm-Designerin. G: Weimar, 3. Juli 1926. A: D–8000 München 22, Wurzerstr 17. S: 3 Sem Modezeichnen, 3 Sem Bühnenbild u Kostümkunde an d Staatl HS f Kunst in Weimar. K: 1939 Engagement zu Saladin Schmitt, Bochum, 1940–44 zu Lothar Müthel, Wien, Arbeit am Burgtheater, Staatsoper, Akademietheater, nach 1945 Zusammenarbeit m Rochus Gliese in Weimar, ab 1947 in Berlin m Gliese am Deutschen Theater, Theater am Schiffbauerdamm, Schloßparktheater, Renaissance-Theater, Städt Oper, seit 1949 in München, Entwürfe f Theater, Film u Fernsehen, ab 1976 Zusammenarbeit m Ingmar Bergmann f „Schlangenei“, „Tartuffe“, „Drei Schwestern“, m Billy Wilder „Fedora“. F: Katalog z Ausstellung im Theatermuseum München. E: BFilmpreis 1976, Nominierung f d englischen Award f Cabaret. H: Kochen, Lesen, Hunde.

Fleury Claude
B: Fotograf. G: Bienne, 26. Aug 1933. A: CH–2502 Bienne, Schweizerbodenweg 15. S: Beaux Arts in Zürich. K: Eigenes Atelier mit 20 Ang, Industriefotografie, journalistische Reportagen. F: expoitious à Rome Zürich, femive Bienne, publication divers revues, Paris.

Floto Hans DGPh HonEFIAP HonMSDF HonESEP
B: Geschäftsführendes VorstMtgl d VDAV als Schatzmeister, KonstruktionsIng u Designer. G: Braunschweig, 8. Sept 1926. V: Hanna, geb Kanngießer. A: D–3300 Braunschweig, Lange Str 37. S: Techn Ausbildung z Konstrukteur u Designer f Bedienungsgeräte. K: 1938 Erstellung einer Wanderungsbeschreibung d Foto's, 1955 Gründung einer Fotoarbeitsgemeinschaft, 1966 Schatzmeister d VDAV, 1963 Veranstalter u Ltr einer Norddeutschen Amateurfotoschau, 1965 Veranstalter u Ausrichter d Deutschen BFotoschau, erstmals m Vorführung d Dias in Doppelprojektion mit einem aus d Gemeinschaft konstruierten Gerät, vielfacher Juror v Fotoausstellungen, Gründer einer BSchulungsstätte f Jugendfotografie, Foto-

ausstellungen in d BRD. F: Div Fotozeitschriften m veröffentlichten Ausstellungsfotos. E: Berufenes Mtgl d DGPh, Träger d Goldenen Ehrenringes d VDAV u d Verdienstmedaillen, EhrenMtgl d Französischen FotoVerb, EhrenMtgl d Dänischen FotoVerb, mehrere Bildauszeichnungen. M: Geschäftsführendes Mtgl d VDAV, berufenes Mtgl d DGPh. H: Foto, Briefmarken.

Flott Werner
B: Regionalkorrespondent d Deutschen Fernsehens. G: Dallwitz/CSSR, 4. Juli 1936. V: Elisabeth, geb Stammler. A: D–8870 Günzburg-Wasserburg, am Rain 43. S: Gymn, Ausbildung zum IndustrieKfm, Drehbuchkursus, Regie- u KarmeraAss. K: Kfm Ang, Autor, Kamera- u RegieAss, ProduktionsAss, selbständig seit 1964 als Regionalkorrespondent d ARD (Südfunk u Bayerisches Fernsehen), sowie Auftragsfilmproduzent, Hauptätigkeit: Fernseh- u Filmberichte in Eigenregie (Tagesaktualitäten u Features), eigenes Studio seit 1974. F: Bisher über 2200 Filmberichte im Regional- u ARD-Fernsehen. M: Bayerischer Journalisten-Verb eV München. H: Reisen.

Fluri Victor
B: Fotolaborant, Fotograf. G: 15. Jan 1951. A: CH–4500 Solothurn, Bielstr 9. S: Primar- u Sekundarschule, Kunstgewerbeschule. K: Lehre als Fotolaborant u Fotograf, Ausbildung als Fotoverkäufer u Porträtfotograf, als Ang d Solothurner Zeitung Tätigkeit als Reprofotograf u Fotoreporter, anfangs 1974 selbständig, heute Besitzer zweier Fotogeschäfte bzw Fotostudios. F: Div Veröffentlichungen in d Solothurner Zeitung, in d Solothurner Nachrichten, in versch Zeitschriften, viele hundert Prospektaufnahmen in d ganzen Welt. M: Pr d Fotoclubs „Ambassador-Solothurn", Lehrer an d Migros-Klubschule-Langendorf/Solothurn.

Förster Edith
B: Cutterin, Geschäftsfrau. G: Berlin, 8. Aug 1915. A: D–1000 Berlin 19, Reichsstr 21. S: Abitur. K: Von d Pieke auf gelernt Cutterin, Script, RegieAss. F: Im Film ABC. M: BAC Berliner Automobil Club, AVD. H: Bergwandern, Fotos, Musik.

Forster Peter
B: Fotograf. G: Ottoberg, 18. März 1940. A: CH–8702 Zollikon, Dufourstr 32. S: Sekundarschule, 1 Jahr Handelsschule, 2 Jahre Kunstgewerbeschule (wiss Zeichnen), Berufsschule u Lehre bei Michael Wolgensinger. K: Aufbau u Führung eines Fotostudios in einer Werbeagentur 4 Jahre, danach 5 Jahre in einem Großstudio in ltd Stellung, seit 1971 selbständig, spezialisiert auf Auto-Werbefotografie, intern Kundenkreis. F: In d meisten europäischen Fotozeitschriften. E: Div Medaillen d intern Art Directors Club's. M: VorstMtgl d Zürcher FotografenVerb. H: Zeichnen.

Förster-Heintzel Hans
B: Bildberichter. A: D–6000 Frankfurt/M 70, Hainerweg 277 c. S: Hum Gymn. K: Als Fotograf Autodidakt, bzw Ausbildung u Einsatz als Kriegsberichterstatter in einer Propaganda-Kmpanie d ehemaligen deutschen Wehrmacht während d 2. Weltkrieges, seit 1948 freiberuflich als selbständiger Bildberichter in Frankfurt/M tätig, zahlreiche Auftragsreisen im In- u Ausland. F: Laufend Bildveröffentlichungen in zahlreichen Fachzeitschriften d versch Branchen, je nach Auftrag, in Illustrierten u Kalendern. M: DJV, Hessischer JournalistenVerb, CV, AWI, Europhot. H: Sammeln v Teddybären aus aller Welt.

Fortmann-Saar Thomas
PS: Tommy Fortmann. B: Komponist. G: Bern, 9. Apr 1951. V: Ursula, geb Weibel. A: CH–6911 Carabietta-Montagnola, Casa Alanda. S: Konservatorium Bern, HandelsGymn, Abschluß: Eidg HandelsDipl. K: Während d Schulzeit bereits erste Plattenaufnahmen m eigener Gruppe „DEMON THOR", 3 LP's m dieser Formation, danach vorwiegend Komponieren f andere Interpreten, bis jetzt über 100 Titel auf Platte veröffentlicht, darunter d Musical „Tell" (Bühnenuraufführung in Zürich), die populärsten Titel: „Israel" u „Love me or leave me", folgende Interpreten nahmen bereits Titel d Komponisten auf: Love Generation, Udo Lindenberg, Su Kramer, Daniela Davoli, Jürgen Drews, Jay C Corry, Cockpit, Jane Palmer, Alexis Korner, Edmund, Geff Harrison, Jacky Carter, Ines Torelli, Romy Haag, Bruno Ferrari u Demon Thor. E: 7 Schweizer Meistertitel, 1x Junioren Europameister, 10 Jahre Mtgl d Schweizer Nationalmannschaft, 3x Mtgl d Europa-Kontinent-Mannschaft, Inhaber d „Trophée du fair play Pierre de Coubertin" d UNESCO. M: Mtgl d SUISA. H: Golf

Frank Gerhard Felix
B: HerstellungsLtr f Film u Fernsehen, PR-Berater. G: Friedenshütte/Schlesien, 9. Sept

1918. V: Gisela, geb Gericke. A: D–1000 Berlin 33, Plöner Str 22. Tel: 030/8256625. S: Oberrealschule, Abitur, 7 Sem Univ, Doktorand. K: Film-AufnahmeLtr, Film-Geschäftsführer, Film-ProduktionsLtr, HerstellungsLtr Film u Fernsehen. F: Der Neue Film, Filmblätter, Filmwelt. E: Kriegsauszeichnungen. M: RFFU im DGB, SPD Berlin. H: Fotografie, Sport.

Frank Heinz
B: Fotograf. G: Wien, 21. Feb 1944. V: Brigitte, geb Stejskal. A: A–5322 Hof bei Salzburg, Plainfeld 164. S: Grundschule, Grafische Lehr- u Versuchsanstalt, Wien, div Auslandsaufenthalte, zB 1 Jahr in Antwerpen. K: Eigenes Studio f Modefotografie, Großstudio auch f Möbel u Auto. F: Inserate u PR in div Fachzeitschriften, Wochenzeitschriften u Tageszeitungen, zB L'uomo vogue, Herrenmagazin intern. M: Arbeitskreis Industrie Mode Werbung, Schlaraffia. H: Skifahren, Schwimmen, Experimentelle Fotografie.

Frank Hubert
B: Autor, Regisseur. G: Zlabings, 27. Sept 1925. V: Waltraud, geb Haumer. A: D–8000 München 21, Landsberger Str 317. S: Grundschule, IngSchule. K: Lektor, Chefredakteur, Dramaturg, Autor, Filmregisseur, Veröffentlichungen: 1 Novelle „Am 6. Pfeiler", 1 Roman „Passierschein Herz", 19 Spielfilme als Autor u Regisseur. F: Div in Zeitschriften u Zeitungen. E: 1. Preis f Literatur f d Novelle „Am 6. Pfeiler".

Franke Horst
B: Komponist, Arrangeur, Pianist, Dirigent. G: Frankfurt/Main, 25. Apr 1928. V: Ingrid, geb Kuche. A: D–6000 Frankfurt/Main, Kransberger Weg 14. S: Mittlere Reife, Staatl HS f Musik in Frankfurt/Main, Musiklehrerseminar u Staatsexamen, Kompositionsklasse, Dirigentenklasse bei Prof Kurt Thomas. K: Pianist in versch Orchestern, seit 1953 als Komponist u Arrangeur sowie Dirigent u Pianist f Rundfunk u Fernsehen tätig, ab 1971 überwiegend beim ZDF als musikalischer Ltr v Fernsehmusiksendungen im Bereich d E-Musik u U-Musik. M: GEMA, Deutscher KomponistenVerb, Vereinigung Deutscher Musikbearbeiter. H: Basteln, Wandern, Bootsport.

Franke Jürgen
B: Ltr d Südwestfunk-Tanzorchesters. G: Dresden, 14. Dez 1929. A: D–7570 Baden-Baden, Höllhäuserweg 40a. S: Abitur, Musik-HS. K: Musiker im Orchester Heinz Kretzschmar, 1958 eigenes Sextett, seit 1963 im SWF-Tanzorchester, branchenbekannter Arrangeur f Funk u Fernsehen, seit 1979 Ltr d SWF-Tanzorchesters. F: Hör Zu. H: Reiten, Tennis.

Frankenhauser Werner Prof
B: Fotograf, Bild-Journalist. G: Düsseldorf, 13. Juli 1939. V: Karin, geb Bernhardt. A: D–4000 Düsseldorf, Königsallee 100. S: Grafische Ausbildung, Bild-Journalist, 1959 Gesellenprüfung (Sehr Gut), 1966 FotografenMstr. K: Seit 1961 selbständiger Fotograf, Werbung-, Industrie-, Luftbildfotografie, Bild-Journalist, eigenes Porträt-Atelier (mit 12 bis 14 Mitarbeitern), Prof an d Intern Ak d Bildenden u Schönen Künste Altenburg/Südtirol. F: Zahlreiche Veröffentlichungen in in- u ausländischen Zeitschriften, Fachzeitschriften ua Publikationen. E: Kalenderschau 1979 „Kunst im Detail" Prädikat „Anerkennenswert", Kalenderschau 1978 „Kunst im Detail" Prädikat „Vorbildlich", „Dank u Anerkennung" Bilderschau Photokina 1958 (Wanderausstellung), „Dank u Anerkennung" Bilderschau Photokina 1974, Urkunde f erfolgreiche Zusammenarbeit ANUGA 1977. M: Erzkanzler u Offizier d Ordens St Fortunat, Prof an d Intern Ak d Bildenden u Schönen Künste Altenburg, Donaueuropäisches Institut, Artrondo (Gemeinnützige KünstlerGem Mainz), Rheinisch Westfälischer Journalisten-Verb eV, Düsseldorf, Fotografen-Innung Düsseldorf. H: Sportfliegerei.

Frankenhauser Wolfgang
B: Fotograf. G: Essen, 9. Feb 1937. A: D–4000 Düsseldorf, Kaiserwerther Str 129, c/o Porträt-Atelier am Hofgarten GmbH, D–4000 Düsseldorf, Inselstr 1. Tel: 0211/446890. S: Realschule. K: FotografenMstr Examen, Inhaber eines Porträt-Ateliers in Düsseldorf. E: Member of Europhot, M: Europhot, Member of the Institute of Incorporated Photographers EinzelMtgl im CentralVerb Deutscher Fotografen, Honorary Member of the Midland Region of the Institute of Incorporated Photographers.

Franz Siegfried
B: Komponist. G: Mannheim, 14. Aug 1913. V: Dorle, geb Reimann. A: D–2000 Hamburg 65, Bauernvogtkoppel 11. S: RealGymn, Abitur, HS f Musik u Theater, Mannheim (Musikthe-

orie, Komposition, Klavier), Examen 1938. K: 1938 Doz an d HS f Musik u Theater, Mannheim, 1941–44 LehrgangsLtr f Feierabendgestaltung OKW, seit 1947 freiberufliche Tätigkeit, Musik zu zahlreichen Spielfilmen (ua Canaris, Arzt v Stalingrad, Nachts, wenn der Teufel kam, Das Mädchen vom Moorhof, Dr Crippen lebt, Frau Warrens Gewerbe, Die Engel von St Pauli, St Pauli Report, Der Lügner), Musik zu TV-Serien (ua Stahlnetz, Cliff Dexter, Percy Stuart, Titus Bunge, Polizeifunk ruft, Tournee, Dem Täter auf der Spur, Im Auftrag von Madame, Gesucht wird, 3 Frauen im Haus, Zum kleinen Fisch, I ü B, Heidi), Fernsehspiele (ua Rose Bernd, Aviamo, SOS Morro Castle, Jan Himp und die kleine Brise, Waldhausstraße 20, Golden Boy, Die Katze im Sack, Pole Poppenspäler, Einer fehlt beim Kurkonzert, Scher Dich zum Teufel, mein Engel), Musik zu Kultur- u Industriefilmen, Hörspielen, Werke f Orchester, Chor, Klavier, Violine, Blasorchester, Funkoper: „Der schwere Weg", Chansons, Musical: „Meet me at George's Place", Bühnenmusiken (ua Die Heilige Johanna der Schlachthöfe, Tartuffe, Harold and Maude, Gilles, Urgötz, Michael Kramer, Die Mannschaft, Der Balkon, Armer Mörder). F: Hör Zu, Film Revue, Bildschirm, TV Hören und Sehen, Hamburger Abendblatt, Hamburger Morgenpost, Hamburger Echo, Mannheimer Morgen. E: 1955 u 1959 Karl-Sczuka-Preis (f beste Hörspielmusik), 1960 Archiv „The Electronic Music Center of Columbia and Princeton Universities New York" („Concerto for Tape and Orchestra"), 1972 Golden Bobby, Kategorie Signale.

Fratzer Hans Jürgen
B: Bildjournalist. G: Braunschweig, 18. Mai 1927. V: Christa, geb Spieker. A: D–3000 Hannover 1, Vahrenwalder Str 53. Tel: 351460 u 713474. S: Mittelschule. K: Seit 30 Jahren als freier Bildjournalist f Presse u Industrie tätig. F: In fast allen Zeitungen u Zeitschriften. E: Silberne Ehrennadel d Sportpresse, div Preise u Urkunden. M: VerwertungsGes Bild Kunst, Journalisten Union, Verb Deutscher Sportpresse, Landespressekonferenz Niedersachsen. H: Der Beruf.

Freidank Anne
B: Malerin, Gewandmeisterin, Sekr. G: Berlin, 5. Mai 1935. A: D–8000 München 83, Adolf Baeyer-Damm 38. S: Reformschule, Handelsschule, div Sem VHS in Italienisch, Französisch, Gitarre usw. K: Sekr deutsch/englisch, BezirksLtr Avon-Cosmetics, Taxi-Unternehmerin, ProduktionsSekr beim Fernsehen, dann auch AufnahmeLtg, Script, Garderobe, seit 6 Jahren Hinterglasmalerei (naiv) Autodidakt, Aufträge v ua Fa Bertelsmann, Ausstellungen im Ulm, Augsburg, München, „Montagsmaler" bei Frank Elstner, seit 4 Jahren eigene Ausstellung auf d Intern Handwerksmesse in München. D: Kleindarsteller in vielen Filmen u Kammerspiele München (zum Kennenlernen d Branche). M: TierschutzVer, Verb gegen Mißbrauch d Tiere. H: Katzen, Pilze sammeln, alte Gläser, Kochen, Barock-Musik, Gitarrespielen, Malen.

Freidhof Georg EFIAP
B: Fotograf. G: Köln, 21. Feb 1931. A: D–5014 Sindorf, Herrenstr 74. S: Handelsschule, Fachschule f Fotografie. K: 1962 Mtgl d Photographischen Ges, Köln, 1963 Pressefotograf (nebenberuflich), 1965 Technischer Ltr beim Kölner Kamera Club, 1973 Einzelausstellung in d Harvard Univ, Cambridge, Massachusetts, USA, ca 250 Hängungen auf intern Ausstellungen, persönliche Einladung d Photographic Societe, Australien, Nennung im Leistungskatalog f Photographen als Einzelautor, selbständiger Fotograf mit Atelier. F: In ungezählten Ausstellungskatalogen. E: 1970 Titel AFIAP, 1972 Titel EFIAP, 19 Gold-, Silber- u Bronze-Medaillen, Pokale u Ehrenpreise, 25 Ehrenurkunden, ua aus Argentinien, Australien, Brasilien, Frankreich, Italien, Japan, Portugal, Taiwan, Deutschland, Medaillen: Gold in Santo, Brasilien, CIP Silber in Taipai, Taiwan, Silber in Salerno, Italien, Bronze in Lissabon, Portugal, Pokal in Arenzano, Italien, Plaquette de la charte in Roubaix, Frankreich, Targa in Alba, Italien, Plaquette in Rio de Janeiro, Brasilien, Ehrenpreis d Stadt Kyoto, Urkunden in Rio de Janeiro, Luanda, Chiasso, Barreiro, Newcastle/Australien, Zoccolette d'oro/ Italien, Jau/Brasilien, Nazare/Portugal, weiters 24. Platz bei d IFAM 67, Thema „Der Mensch", 5. Platz bei d IFAM 70, Thema „Farbe" uva. M: Mtgl d FIAP.

Freund Karl W
B: Journalist, StudioLtr, ZDF-Saarland. G: Viersen, 28. Juli 1928. V: Gertraut, geb von Steuben. A: D–6639 Rehlingen, Gut Hessmühle. S: Abitur, Stud in Aachen. K: Illustriertenreporter, Zeitungskorrespondent, Sportredakteur, seit 1973 StudioLtr. H: Reiten.

Freyberger Roland
B: Ltr d HauptAbt Produktionsplanung u Zentrale Aufgaben WDR Köln. G: Freising, 3. Feb 1933. V: Giselore, geb Krayl. A: D–5000 Köln 50, Hammerschmidtstr 126. F: „Licht-Signale-Bilder – Tricks u Techniken d Fernsehens", Schwann-Verlag, Düsseldorf, 1971.

Freynik Karlheinz
B: Autor. G: Hamburg, 25. Juli 1947. A: D–8000 München 40, Wilhelmstr 32. S: Abitur, Musikausbildung. K: Musiker, seit 1965 freiberuflicher Autor, Kinderserien u Komödien (auch in eigener Regie), Kinderbücher, Schallplatten, Songs u Texte, Theaterstücke. E: Bambi, Adolf-Grimme-Preis. M: GEMA, VG Wort, Verb Deutscher Schriftsteller in d IG-Druck u Papier, Bayerische WildererAk.

Friedli Werner
B: Fotograf. G: Dübendorf, 16. Aug 1910. V: Berta, geb Hänsenberger. A: CH–8306 Brüttisellen ZH, Schüracherstr 28. S: Primarschule, Sekundarschule, Gewerbeschule Zürich. K: MstrKurs an d Grafischen Lehr- u Versuchsanstalt in Wien, Spezialisierung auf Flugaufnahmen, 15 Jahre Ltr d Swissair Photo AG Zürich. F: Flugbild der Schweiz, Bildband, Über den Alpen Flugbild, Cote d'Azur zum Wienerwald, Alpenflug, Veröffentlichungen in vielen Büchern u Zeitschriften. E: Ausstellungen: Helmhaus Zürich, Flugbild der Schweiz, 1. Preis d Italienischen Alpen Clubs, f d besten Alpenfotos.

Friedrich Heinz
B: Fotograf. G: Frankfurt/Main, 18. Jan 1922. V: Roseli, geb Schäfer. A: D–6982 Freudenberg/Main, Philipp Larens-Str 17. S: Mittelschule. K: 1937–39 Fotografenlehre in Frankfurt/Main, Ablegung d Prüfungen während eines Genesungsurlaubes. F: In Tageszeitungen, intern Fachzeitung f Tabak. E: Kriegsauszeichnungen. M: AngelVer, MusikVer, SchifferVer, VdK, SchützenVer. H: Angeln, Jagd.

Fries Lutzian
B: Fotograf, Kameramann, Regisseur. G: Krossen/Elster, 14. Apr 1945. V: Angela, geb Matuschke. A: D–6200 Wiesbaden, Wilhelmstr 30. Tel: 06121/301821. S: Gymn-Oberstufe, 1973 MstrPrüfung als Fotograf. K: 1961–64 Fotografenausbildung, 1965–67 Bavaria-Filmschule, Kameramannausbildung, 1967–69 freier Kameramann, 1969–70 Modefotograf, 1970–73 freier Kameramann, seit 1973 Unternehmer eines Fotostudios, ab 1978 Inhaber einer Filmproduktion f Werbe-, Medizin-, Industrie- u Musikfilme. F: Theater, Medizin, Tageszeitungen, Journale usw. M: Hessischer Juniorenkreis, Deutscher Aeroclub, Audiovisions Club eV (2. Vors). H: Tauchen, Fliegen, Lesen, Filmen, Klassische Musik, Reisen.

Friese Erwin
B: Opernsänger iR. G: Danzig, 1. Jan 1906. V: Lucie, geb Kehl. A: D–5650 Solingen 1, Kasinostr 25. S: Elementarschule, Mittelschule, Ausbildung Gesang u Harmonielehre bei Heldenbariton Gerhard Toedbe u Mario Pucca in Krefeld u Berlin, PartienStud bei MD Cruciger in Krefeld. K: Stadttheater Remscheid, Gießen, Bremerhaven, Berlin, Bonn, Gelsenkirchen, Krefeld, in Berlin: Plaza u Künstlertheater. F: In Zeitungen (hauptsächlich Kritiken). D: Als Tenor-Buffo in 40 Opern u 20 Operetten: „Meistersinger von Nürnberg", „Fidelio", „Die Entführung aus dem Serail", „Die Zauberflöte", „Der Waffenschmied", „Undine", „Zar und Zimmermann", „Der Bajazzo", „Die verkaufte Braut", „Hänsel und Gretel", „Mattis der Maler", „Schwarzer Peter", „Der Mantel", „Die Kluge", uva, klassische Operette: „Die lustige Witwe", „Dreimäderlhaus", „Das Land des Lächelns", „Der Vogelhändler", „Die Fledermaus", „Gasparone" ua. M: Bund der Danziger. H: Malen, Briefmarken sammeln.

Frisch Waltraut
B: Fotomeisterin, Portraitfotografin. A: D–2000 Hamburg 1, Ballindamm 35. S: Mittlere Reife, zweieinhalb Jahre Fotolehre, zweieinhalb Gehilfenjahre, 5 Sem KunstHS am Lerchenfeld in Hamburg, 1955 MstrPrüfung. K: 1958–69 Ass bei d bekannten Portraitfotografin Anny Breer in Hamburg, 1969 Übernahme d Ateliers nach d Tod Anny Breers seitdem selbständige Portraitfotografin. F: In Tages- u Fachzeitungen (Portraits bekannter Hamburger). M: Fotografen-Innung, CentralVerb, APP, GEDOK, Club „Insel".

Fritsch Johannes
B: Komponist. G: Bensheim-Auerbach, 27. Juli 1941. A: c/o Feedback Studio, D–5000 Köln 1, Genter Str 23. S: Stud an Univ u MusikHS Köln. K: Doz an d Kölner MusikHS, Gründer u Ltr d Feedback Studio, Herausgeber d Feedback Papers, zahlreiche Kompositionen instrumentaler u elektronischer Musik,

Bühnen- u Filmmusik: „Augenblicke“ v O Domnick, „Goethes Wilhelm Meister“ v R Baumgart u M Mrakitsch, „Skyline“ v V Landsberg ua. E: Förderungspreis Nordrheinwestfalen, 1966 u d Stadt Köln, 1978, Preis d Biennale Paris, 1971, Villa Massimo, 1976. M: GEMA ua.

Fröhlich Klaus-Dieter
KN: Claudi Fröhlich. B: Regisseur, Autor. G: Köln, 18. Juni 1940. A: D–5000 Köln 1, Theodor Heuss Ring 14. Tel: 0221/121301. S: Abitur, Stud TheaterWiss, Psychologie, Germanistik an d Univ Köln. K: Seit 1964 Autor u Regisseur Hörfunk WDR, seit 1969 Regisseur u Autor Fernsehen WDR Unterhaltung (Udo Lindenberg Show, Otto Shows, Plattenküche 14 Folgen), seit 1978 auch tätig f Fernseh-Unterhaltung SWF Baden-Baden (2 Herren im Dreiviertel-Frack uva). M: BVerb d Fernseh- u Filmregisseure in Deutschland eV. H: Wassersport, Reisen, Fotografieren, Basteln.

Fruchtmann Karl
B: Regisseur u Autor. G: Meuselwitz/Thür, 10. Dez 1915. V: Janet Elizabeth, geb Clothier. A: D–2800 Bremen, Hollerallee 18a. S: In Deutschland, Frankreich u Schweiz.

Fuhlisch Günter
B: Kapellmeister, Komponist, Arrangeur. G: Bottbus, 1. Aug 1921. V: Margot, geb Wulfes. A: D–2000 Hamburg 65, Goldröschenweg 8. S: Gymn, Konservatorium Leipzig. K: Bandleader am BFN Hamburg, Soloposaunist NDR Hamburg, eigenes Orchester NDR Hamburg, seit 1978 Dirigent d Tanz- u Unterhaltungs-Orchesters d NDR Hamburg. M: DOV, IDK. H: Foto, Modelleisenbahn.

Fuhrmann Peter Dr
B: Redakteur (Journalist). G: Niederzissen, 9. Feb 1930. V: Dr med Uta, geb Füssel. A: D–5000 Köln 1, Mozartstr 11. S: Abitur, Kirchenmusik- u KapellmeisterStud, MusikWiss, Phil, Geschichte u TheaterWiss (Promotion). K: Organist, Dirigent, Korrepetitor, Journalist, Redakteur (Presse, Rundfunk, Fernsehen), Dissertation: „Untersuchungen zur Klangdifferenzierung im modernen Orchester“, HS-Doz, Mitarbeiter „Die Zeit“, u intern Fachzeitschriften, Redakteur „Neue Musikzeitung“ (Kultur- u Medienpolitik), Mitarbeiter zahlreicher Rundfunkanstalten, Redakteur WDR/Fernsehen (Gesellschafts- u Kulturpolitik). M: DJV.

Funke Hans-Werner
B: Selbständiger KonzertKfm. V: Karin, geb Mohr. A: D–2000 Hamburg 13, Hansastr 1. Tel: 040/448803 oder 040/447673. S: Oberschule, Mittlere Reife. K: Kfm Lehre, anschließend Gründung d Firma Konzert- u Gastspieldirektion Hans-Werner Funke 1969, Gründung d Firma Hamburger Theater u Konzert GmbH 1972. M: Mtgl d Vorst d Verb d Deutschen KonzertDion eV, BeiratsMtgl d Ausstellungs-Messe-Kongress GmbH, Berlin. H: Tischtennis, Tennis, Schwimmen.

Fürst Peter H
B: Foto-Designer. G: Österreich. A: D–5000 Köln 1, Hohe Pforte 2 A. S: Fotolehre, Grafische Lehr- u Versuchsanstalt, Wien. K: Beginn als Ass, dann selbständig freiberuflich tätig, Spezialist f Kosmetikaufnahmen, heute Modefotograf mit intern Auftraggebern, Ausstellungen: 1975 DGPH-Galerie Köln, Maison Européenne de la Photographie Chalon-sur-Saone, Frankreich, 1979 Leopold-Hoesch-Museum, Düren. F: „Photo“ 63/75 „Die sieben Gesichter einer Frau“ Schweizerische Photorundschau 1974: Fürst, un enfant de la photographie uva. E: Europäischer Mstr d Fotografie, 1974. M: EinzelMtgl Europhot, Berufenes Mtgl d DGPH, Mtgl im BFF.

Fürst Roland
B: Foto-Designer. G: Genf, 9. Feb 1938. A: D–6200 Wiesbaden, Nerotal 47. S: Gymn, Bayerische Staatslehranstalt f Fotografie, München. K: Seit 1968 selbständig. M: Bund Freischaffender Fotodesigner (BFF).

Furtwängler Florian Dr
B: Regisseur, Autor, Produzent. G: Bad Wiessee, 10. März 1940. V: Karin, geb Dierig. A: D–8000 München 40, Adalbert-Str 40. Tel: 089/394697. S: Gymn, Stud d KunstWiss in Freiburg, Berlin u München, Promotion über P Paul Rubens in München b Prof H Sedlmayr 1964. K: 1964 Feuilletonjournalist an einer Münchner Tageszeitung, 1965–70 Fernsehredakteur u Regisseur b Bayrischen Fernsehen, seit 1971 freier Filmregisseur u Produzent, GründungsMtgl d Filmverlages d Autoren, über 80 Einzelsendungen (Film u Video) f d Fernsehen, darunter wiss Reihen, Magazine, Portraits, Spielfilme, ua: „New People“, „Little Big Horn“, „Der große Trip“, „Liesbeth List“, „J Paul Getty in Sutton Place“, „Schule im Schloß“, „Das Internat Salem“, „Ägyptens First Lady Jehan el Sadat“, „Christoph

Eschenbach", „Haendel in London", „Marc Laforet", Spielfilm: „Zum Abschied Chrysanthemen" (Prädikat wertvoll), Arbeit an versch Drehbüchern, nächstes Projekt: Kinofilm „Ein-Spiel zuviel". M: Mtgl d Bayerischen JournalistenVerb, d BVerb d Fernseh- u Filmregisseure in Deutschland eV. H: Skifahren, Karate, Glücksspiele.

Fux Josef
B: Fotograf. G: St Niklaus, 30. März 1951. V: Gaby. A: D–3904 Naters, Furkastr 26. S: Primarschule, Sekundarschule, Berufsschule. K: Lehrabschluß als Bauzeichner 1969, 3 Jahre Ang als Bauzeichner, 1 Jahr Ang als Fotograf, 1972 Eröffnung eines Fotogeschäftes m Atelier. F: Einige Veröffentlichungen in Fachzeitschriften d Architektur u Inneneinrichtung, lokale Presse u Magazine. H: Fischen, Wasserski.

Gaebler Dieter
B: Kameramann, Produzent. G: Breslau, 20. Sept 1935. A: D–8032 Gräfelfing, Pasinger-Str 15. S: Mittlere Reife, Kamera-Ass, Kameramann. K: KameraAss, deutsche Filmproduktionen, Operator deutsche sowie amerikanische Spielfilme, Filme: „La Bibia", „Uncle Tom's Cabin", „Grand Prix", „2001", „Version of 10" uva, Chefkameramann b deutschen u amerikanischen Spielfilmen, offizieller World's Fair Film of Canadian World's Fair and Swiss Expo. F: San Fransisco Examiner, Coast to Coast, Bunte, Bild u Funk, Freundin uva. E: Nominiert f Academy Award „Fortress of Peace", Expo-Film f Schweizer Landesausstellung in Lausanne. M: CDK. H: Tennis, Skifahren, Tauchen, Segeln, Golf.

Gailling Hans E
B: Bühnenbildner, Filmarchitekt. G: München, 5. Dez 1928. V: Barbara, geb Esslinger. A: D–8000 München 80, Ismaninger Str 78. S: Gymn, Realschule, Stud an d Ak in München u Paris. K: 1949–56 Bühnenbildner f Ballett, Bühne u Theater (einschließlich franz u engl Bühnen), seitdem vorwiegend f Film- u Fernsehproduktionen tätig, Mitwirkung an vielen preisgekrönten Filmen („Lenz", „Jonathan", „Sternsteinhof", „Mädchenkrieg", „Hitler, ein Film aus Deutschland", „David" ua). F: Knaurs Ballett-Lexikon. E: BFilmband in Gold f persönliche Einzelleistung anläßlich d Filmproduktion „Mädchenkrieg" f die Ausstattung.

Gaiser Dietmar
B: Journalist. G: Mainburg/Niederbayern, 8. Sept 1943. V: Barbara, geb Wittemann. A: D–8000 München 2, Joseph-Spital-Str 6. K: Zeitungsvolontariat, RessortLtr bei versch Zeitungen, Kriegsberichterstatter in Vietnam, Filmemacher beim Bayerischen Fernsehen, Moderator beim Bayerischen Fernsehen, Redakteur mehrerer Sendungen.

Gallob Bernd Dr
B: Geschäftsführender Dir. G: Admont/Stmk, 2. Okt 1944. V: Ingeborg, geb Stukovnik. A: A–1130 Wien, Amalienstr 22. S: Grundschule, AHS, Univ. K: Kulturredakteur, Theater- u Filmreferent d Gemeinde Wien, Geschäftsführer d Theaters d Jugend Wien seit 7 Jahren. F: Zahllose Veröffentlichungen in versch Zeitungen u Zeitschriften. E: Auszeichnungen d Kam d gewerblichen Wirtschaft Wien. M: Wiener Dramaturgie, Ges f Kulturpolitik, Wiener TheaterdirektorenVerb, Vereinigung deutschsprachiger BühnenVerb, IATO-Intern Arbeitsgemeinschaft d Theaterpublikumsorganisationen. H: Tennis, Skifahren.

Garber Heinrich Dir Dr phil
B: ProgrammDir Hörfunk. G: Marl/Westfalen, 11. Juni 1928. V: Hildegard, geb Kirchgässner. A: D–6600 Saarbrücken 3, Am Staden 21. S: Neusprachliches Gymn, Abitur 1947, Stud d Geschichte, Deutschen Literatur u Philosophie an d Univ Freiburg/Breisgau 1948–53, Promotion zum Dr phil 1953. K: 1953–63 Redakteur in d Abt Schulfunk beim SWF, 1963–71 AbtLtr Schul-, Jugend- u Kinderfunk beim Saarländischen Rundfunk, 1971–74 HauptAbtLtr Kulturelles Wort beim SR, seit 1974 ProgrammDir Hörfunk beim SR. M: Mtgl d SPD.

Gardill Max
B: Journalist, Verleger, Fotografenmeister. G: Bamberg, 26. Nov 1914. V: Ingeborg, geb Walter. A: D–8600 Bamberg, Claviusstr 50a. Tel: 0951/24553. S: Abitur. K: Lehrer, Sportlehrer, Journalist f Bild u Text f versch Zeitungen, 1949 Meisterprüfung im Fotohandwerk, ab 1946 eigene Firma „Max Gardill – Bamberger Bilderdienst". F: In versch Tageszeitungen u Illustrierten, Büchern u Werbemaßnahmen, seit 30 Jahren Herausgabe eigener Kalender, SubpresseLtr bei d Olympiade München. M: Bayerischer JournalistenVerb, Fotografen-Innung Oberfranken, Hand-

werksKam Oberfranken, Industrie- u HandelsKam Oberfranken.

Gareis Wilhelm
B: Regisseur. G: Hartenberg/CSSR, 28. Sept 1922. V: Sigrid, geb Meyer. A: D–5760 Arnsberg 2, Ehmsenstr 70. S: Abitur, Architektur-Stud, Volontär als Filmarchitekt, RegieAss, Regisseur. K: BetriebsLtr eines Werkzeugwerkes, Inhaber u BetriebsLtr eines Keramikbetriebes, Mitarbeiter versch Spielfilmproduktionen (RegieAss, Dialogregie, Mitautor), Regieaufträge in Österreich u Deutschland, seit 1954 eigene Produktionsfirma, Film- u Fernsehaufgaben. E: Coppa ANICA, Mailand ua. M: BVerb d Film- u AV-Produzenten. H: Technik, Geschichte, Fitness-Sportarten.

Gartenmeier Eberhard
B: Fotodesigner BFF. G: Altbach/N, 18. Apr 1937. A: D–7000 Stuttgart 1, Werastr 39. S: Mittlere Reife. K: Lehre bei Lautenbacher, selbständig seit 1964. F: Lady intern, Bild d Wissenschaft. E: BSieger 1956, Goldmedaille Photo '61. M: BFF, Europhot. H: Ski, klassische Musik.

Gasper Dieter
B: Fernsehspielautor. G: Berlin, 12. Juni 1925. V: Dr Ursula, geb Deck. A: D–6500 Mainz-Weisenau, Moritzstr 8. K: Schüler, Medizinstudent, Verlagsvolontär, Transportarbeiter, Industriejournalist, Rundfunkredakteur, Werbefilmregisseur, seit 1961 freischaffender Schriftsteller. D: Autor folgender Fernsehspiele u Serien: „Schule der Geläufigkeit" (SWF), „Biographie eines Schokoladentages" (SWF u ORF), „Zehn Prozent" (SDR), „Gold für Montevasall" (SWF u Ungar TV), „Wir 13 sind 17" (ZDF), „Mirjam und der Lord vom Rummelplatz" (ZDF) ua. M: Dramatiker Union.

Gaukler Hans-Peter
PS: Bembes. B : Fotograf. G: Stuttgart, 18. Nov 1950. V: Sybille, geb Schulz. A: D–7000 Stuttgart 61, Tiefenbachstr 31. S: Grundschule, 1 Jahr Handwerksschule, 4 Jahre Höhere Handelsschule, 3 Jahre Ausbildung als Fotograf. K: 2 Jahre Volontär in versch Studios, dann Übernahme d väterlichen Betriebes, heute Inhaber eines Großraumstudios mit 3 Fotografen, Dekorateur, eigenes Labor u Reproduktion, insgesamt 10 Mitarbeiter, namhafte Kunden in Werbung u Industrie. E: FotografenMstr. M: Fotografen-Innung, AWI. H: Sport, Musik, Lesen, Essen.

Gebhard Hans Prof
B: Prof f Musikerziehung Päd HS, Komponist. G: Winkelsbühel, 18. Aug 1897, gest: 4. Okt 1974. V: Lisi, geb Immermann. A: D–8901 Neusass, Siegfriedstr 10. S: HS f Musik in München, Meisterschüler v Prof J Haas München (Komposition, Orgel bei Prof Gatscher), HS f Lehrerbildung in Würzburg. K: Städt MusikDir in Würzburg, ab 1955 in Augsburg an d Päd HS, Aufführungen d Kompositionen in Symphoniekonzerten in Nürnberg, Augsburg, München, auf deutschen Sängerfesten, Orgelkonzert in Wiesbaden, Kammermusik, Volkliederspiele usw. F: In Tageszeitungen u Zeitschriften E: Kulturpreis d Stadt Nürnberg 1954, Bayerischer Verdienstorden, Albertus Magnus Medaille d Päd HS Augsburg. M: GEMA, Deutscher KomponistenVerb. H: Musik, Lesen.

Gehring Werner
B: FotografenMstr. G: Schattwald, 5. Mai 1939. V: Irmgard, geb Pahl. A: A–6675 Tannheim 5 A, Postfach 56. S: Grundschule, Berufsschule f Fotografen, Innsbruck. K: Tätigkeit als Fotograf, Landschafts- u Porträtfotografie, Ansichtskartenverlag. F: Div deutsche Illustrierte (Bunte, Für Sie, Frau im Spiegel usw). M: Österr Wirtschaftsbund, Österr FotohändlerVerb, Verb Österr Ansichtskartenverleger u Hersteller, RSV Österr Fotografen.

Geiersberger Erich Dr agr
B: Ltd Redakteur beim Bayerischen Rundfunk, Kommentator im 1. Deutschen Fernsehen. G: Taubenbach, 17. Mai 1926. V: Dr Anna, geb Flügl. A: D–8051 Kranzberg, Berg 7. S: Gymn, Stud AgrarWiss (Dipl-Ing agr), Staatsexamen f d ldw Unterricht (LdwAssessor), Promotion in d AgrarWiss (Dr agr). K: LdwBmtr, Bmtr im Bayerischen StaatsMin f Ernährung, Ldw u Forsten, Ltr d Presse- u WerbeAbt d Bayerischen Warenvermittlung ldw Gen AG), Ltr d Abt Landfunk im BR u Ltr d Abt „Unser Land" im BR-Fernsehen, Agrarpolitischer Kommentator d ARD. F: Unzählige Zeitschriften u Zeitungen. D: Moderator u Kommentator in d wöchentlichen Fernsehsendung „Unser Land" im Bayerischen Fernsehen. E: Niedersächsischer Verdienstorden. M: 1. Vors d Bayerischen JournalistenVerb, Mtgl im Deutschen AgrarjournalistenVerb ua. H: Tennis, Verfassen v Laienspielen, Bücher (viele japanische Übersetzungen).

Geisler Ladislav
B: Gitarrist, Komponist. G: Prag, 27. Nov 1927. A: D–2000 Hamburg 19, Sillemstr 106. Tel: 040/406633. S: Gymn in Prag, Konservatorium Prag, Operator Foundation (Psychologie) Vaduz. K: Gitarrist am NDR bis 1965, dann freier Komponist, Arrangeur u Produzent, ab 1970 auch Lehrer f angewandte Psychologie. M: Vors d Deutschen KomponistenVerb – Sektion Hamburg, Bremen, Schleswig Holstein.

Gemmecke Rudolf
B: Fernsehredakteur, Ressortchef f Landespolitik SWF Mainz. G: Köln, 15. Aug 1934. V: Inge, geb Häusler. A: D–6501 Zornheim bei Mainz, Amselstr 4. S: Gymn, Abitur, Volontariat bei einer Illustrierten mit fotografischer Ausbildung, Volontariat (verkürzt) Tageszeitung. K: Volontariat, Pressefotograf (dpa), freie Mitarbeit bei Tageszeitung, Lokalredakteur, stellv Bezirksredakteur, RessortLtr, Bonner Korrespondent (Rheinische Post), Fernsehredakteur, Ressortchef u stellv AbtLtr beim SWF Landesstudio in Mainz. F: Neue Illustrierte (1952–55). H: Jazz-Musik, Geschichte, d Beruf.

Genschow Gabriel
B: Regisseur, Produzent, Autor. G: Berlin, 26. Juli 1952. A: D–1000 Berlin 39. Kyllmannstr 14. Tel: 030/8051053. S: Abitur, Stud d Phil, Germanistik, Jura, Volkswirtschaft (FU Berlin), Cutter- u KameraStud, Ausbildung z FilkmKfm. K: Kinderrollen im Film u Theater, Cutter- u Kamera-Arbeiten, Filmdisposition u Werbung, Hörspiel- u Synchronregie, Produzent, Mitarbeit an div Filmen, Regisseur u Produzent d Puppenfilms „Die Nase" v Gogol, FilmKfm f In- u Ausland sowie Verleih, eigene Veranstaltungen u Auftritte, UnivTätigkeit, div Geschichten, Prosa, Lyrik. F: Bücher: „Erfahren" uva.

Georg Michael
B: Kameramann. G: Auerbach/Benshein, 18. Mai 1945. V: Dorit, geb Hagel. A: D–8059 Notzing/Obb, Blumenstr 8. Tel: 08122/4805. S: Hum Gymn, Lehre als Filmfotograf. K: 8 Jahre als KameraAss bei Bavaria Atelier GmbH, seit 1969 2. Kameramann bei NMF Produktion Grünwald, TV-Serien „Der Kommissar", „Derrick", „Der Alte". F: Der Deutsche Kameramann. M: Ehem CDK, privat im CSU u JU KreisVorst Vorst d TUS Oberding. H: Politik, Fußball (aktiv), Leichtathletik, Boxen.

Genz Wilhelm
B: Färber- u Chem ReinigungsMstr. G: Düsseldorf, 3. Okt 1910. A: D–2000 Hamburg 63, Iernweg 23. S: Grundschule, Fachschule, Lehre 1926–29, Weiterbildung d fachlichen Wissens, Meisterschule, MstrPrüfung, Tätigkeitsnachweis im In- u Ausland. K: Nach d Krieg Aufgabe d Berufs (Kriegsschädigung), Tätigkeit beim Norddeutschen Rundfunk im Nachrichtendienst (bis zur erreichten Altersgrenze), zZ noch tätig im Handel, Im- u Export. E: Offenlegung einer Patentanmeldung beim Deutschen Patentamt in München, Anerkennungen u Beurkundungen auf Erfinderschauen u Ausstellungen. M: Deutscher ErfinderVerb, Nürnberg. H: Häuschen in Erbengemeinschaft mit Garten.

Gerhartz Ulrich
B: Kfm, Inhaber d Fa KONZERTMANAGEMENT KIEL. G: Berlin, 30. Okt 1947. V: Ulrike, geb Schmiedchen. A: D–2300 Kiel, Düppelstr 20. S: Abitur, Stud (nicht abgeschlossen). K: 1972 Beginn als Konzertagent, 1973 erste Tournee mit Deter Hallervorden, in d folgenden Jahren nachstehende Künstler unter Vertrag: Mikis Theodorakis, Lionel Hampton, Marec u Vacek, Erika Pluhar, Ballet Classique de Paris, seit 1972 örtlicher Veranstalter mit Weltstars d Unterhaltungsbranche wie Rolling Stones, Ella Fitzgerald, Udo Jürgens ua. F: Versch in Zeitungen u Zeitschriften. M: Verb Deutscher KonzertDion. H: Tennis, Schach, Reisen.

Gersthofer Frank
B: Opernsänger. G: Plauen/Vogtl, 7. Nov 1940. V: Hannelore, geb Brühahn. A: D–7530 Pforzheim, Eugen Bolz-Str 13. S: Gymn, Abitur, Stud an Johannes-Gutenberg-Univ in Mainz, Germanistik, Geschichte, wiss u päd Prüfung als Realschullehrer, Gesangsausbildung am Peter-Cornelius-Konservatorium in Mainz bei Ewald Böhmer u Karl Liebl. K: Seit 1971–72 1. lyrischer u Kavalierbariton am Stadttheater Pforzheim mit vielen Gastspielen im südwestdeutschen Raum, nebenberuflich als Lehrer f Geschichte, Deutsch u Musik tätig. F: Opernwelt, Die Deutsche Bühne, BühnenGen. D: „Troubadour", „Don Giovanni", „Don Carlos", „Die Hochzeit des Figaro", „Der Barbier von Sevilla", „Don Pasquale", „La Traviata", „Schwanda der Dudelsackpfeifer", „Liebestrank", „Zar und Zimmermann", „Der Wildschütz", „Raub der Lucretia", „Annie get your gun", „Feuerwerk", „Margarethe", „Cosi fan tutte", „Butterfly", „Hoffmann's Erzäh-

lungen". M: Obm d GDBA-LokalVerb, Mtgl d Vorst Baden-Württemberg, GDBA. H: Skifahren Schwimmen.

Geyer Friedrich Karl Dipl-Kfm
B: HauptAbtLtr Programmwirtschaft Fernsehen im Bayerischen Rundfunk. G: München, 1. Juli 1932. A: D–8000 München 90, Gutenbachstr 50. S: 1950 Abitur, 1950–52 kfm Lehre, 1952–65 Stud d Betriebswirtschaft Univ München, Diplomprüfung f Kaufleute 1956. K: Stellv Ltr d PersonalAbt im Bayerischen Rundfunk 1959–61, Ltr d Abt Wirtschaft im Fernsehen d Bayerischen Rundfunks 1961–71, seit 1971 HauptAbtLtr Programmwirtschaft Fernsehen beim Bayerischen Rundfunk, GeschäftsLtr d Rationalisierungs- u Investitionsplanungskmsn ARD/ZDF 1967–76. M: Mtgl d AufsichtsR d TR-Verlagsunion München. H: Lesen, Schreiben (Lyrik), Musik, Theater, Wandern.

Giedat Dietmar Jürgen
B: Kameramann. G: Kuckerneese/Ostpr, 13. Feb 1939. V: Gunda Sieglinde, geb Robitzsch. A: D–8000 München 50, Zaunerstr 9 und D–8230 Bad Reichenhall, Teisendorfer Str 30. S: Realschule, Mittlere Reife, 3jährige Lehrzeit, Gesellenprüfung im Fotografenhandwerk als bester Teilnehmer. K: Ab 1961 KameraAss bei d GBF in München, dann freiberuflich, seit 1967 Kameramann, freiberuflich tätig, 1. Kameramann bei folgenden Filmen: Industrie: „Kohle über Draht", „dynamik in schwarz u rot", „Stahlstranggiessen bei Mannesmann", „Ika I", „Bunny and Claude", „Hydromechanische Gewinnung", „Wann Tauwetter ist, bestimmen Sie", „Strom für Millionen", Bundeswehr: „Dekontamination", Dokumentar: „Arbeitsplatz 219", „Manana", „Karneval in Oruro", „Iquitos am Amazonas", „Im Zeichen v Santa Cruz", „Condorfeier", „Benvenido La Paz", „Totenfeiern in Lateinamerika", „Der Ritt über d Dach d Welt", „Der König u sein Land", „Wintermarkt in Lappland", „Wiedersehen m Nubien", „Unbekanntes Ägypten", Igessana". M: Deutscher AlpenVer. H: Bergsteigen, Skifahren, Segeln.

Girnatis Walter
B: Komponist. G: Posen, 16. Juni 1894. V: Gertrude, geb Brandt. A: D–7615 Zell a H, Bürgerwehrstr 4. S: Oberrealschule, musikalisches Stud: Konzertpianist, Komposition (Prof Emil Krause Hamburg). K: Langjährige Tätigkeit als Konzertpianist, Begleiter u Schauspielkapellmeister, dann Rundfunk in Hamburg, zahlreiche Orchesterwerke, eine Ballettsuite, Konzerte, Kantaten, Kammermusik, Film- u Hörspielmusik, Lieder, Klaviermusik, Film- u Hörspielmusik. M: Deutscher Komponisten-Verb, GEMA, Künstlergilde Esslingen. H: Literatur: Kulturgeschichtliche Werke.

Gladitz Hans
B: FotografenMstr. G: Eisenach/Thüringen, 6. Okt 1936. V: Inge, geb Zimmermann. A: D–6000 Frankfurt/Main 61, Alt Fechenheim 89, D–6457 Maintal 2, Rhönstr 19. S: Fachschule, MstrSchule. K: Techniker, dann künstlerische Laufbahn u MstrPrüfung. F: In Tageszeitungen u Fotozeitschriften. M: Fotografen-Innung Frankfurt/Main, Tennisclub Cassella, Frankfurt, Tennisclub Maintal. H: Tennis, Skilaufen, Fotografieren.

Glashauser Gaby
B: Public Relation u Promotion Manager. G: Aussig, 18. März 1944. A: D–8000 München 40, Klopstockstr 1. Tel: 089/301028. S: Oberrealschule, Sprach-Stud (Englisch, Französisch, Spanisch) im Ausland, Dolmetscher-Diplome. K: PR-Ass in d PR-Agentur „Ringpress", ProjektLtrin, Betreuung intern Filme, Schauspieler, Konzeption v Ind-PR-Kampagnen uva, seit 1973 Inhaberin d PR- u Promotion-Agentur BELL PROMOTION, ständige Betreuung namhafter deutscher Interpreten wie zB Jürgen Marcus, Chris Roberts, Martin Mann, Peggy March ua, ständige Zusammenarbeit m großen Schallplattenfirmen. H: Musik in jeder Form, Tennis, Ski.

Glax Willy
B: Fotograf. G: 25. Juli 1915. A: A–3340 Waidhofen/Ybbs, Hoher Markt 23. Tel: 2193. S: Realschulmatura, Grafische Lehr- u Versuchsanstalt, Wien. K: 1933 Fotolehrling, seit 1946 Fotograf. F: Für Sie, Volk und Welt, Landessieger v Foto u NÖ. E: Sieger bei Fotowettbewerben.

Glesner Werner Dir Dipl-Ing
B: Dir beim Saarländischen Rundfunk. G: Saarlouis, 19. Sept 1932. V: Ursula, geb Bitschnau. A: D–6600 Saarbrücken, In der Nachtweid 2 A. S: Staatl IngSchule, Elektrotechnik, Univ d Saarlandes, Mathematik u Physik. K: Saarländischer Rundfunk, Sendertechnik, 1954 AbtLtr Zentraltechnik, HauptAbt Hörfunktechnik, OberIng, stellv techn Dir, ChefIng, seit 1969 Technischer Dir. M: VDE/NTG,

Fachausschuß 15, FKTG. H: Kegeln, Orgelspiel.

Glücksmann Michael
B: Opernsänger, Baßbariton. G: Melbourne/Australien, 7. Okt 1948. A: D–6750 Kaiserslautern, Friedenstr 18. S: High School, Privatausbildung als Sänger, Australian National Theatre Opera School. K: Victoria State Opera Company, Australia, Israel National Opera, Pfalztheater, Kaiserslautern, Gastspiele: Städt Bühnen Münster, Staatstheater Darmstadt, ab 1980 festes Engagement am Staatstheater Darmstadt. F: Orpheus, Opern Welt, Australian Jewish News. D: „Don Giovanni", „Don Carlos", „Tiefland", „Fidelio", „Don Pasquale", „Tosca", „Pagliacci", „Barbier von Sevilla", „Fiddler on the Roof" uva. H: Schallplatten sammeln, Kochen, Briefmarken sammeln.

Gluske Paul J
B: Fotograf. G: Dülken, 26. Jan 1933. A: D–6208 Bad Schwalbach, Hardtstr 92. S: Gymn, Mittlere Reife, Lehre z Konstrukteur, Ing-Stud Maschinenbau, Lehre z Fotograf. K: Konstrukteur (Fa Fried Krupp), Fotograf (Fa DEMAG Duisburg), Foto-Fachberatung u externe Schulung (Fa Kodak AG, Stuttgart). F: Photoblätter, Foto-Rundschau, Foto-Prisma, Foto-Magazin, PHOTO, Das Deutsche Lichtbild, Foto-Almanach, Photography Year Book, MERIAN, New Photograms, Leica-Fotografie, PLANETE, zahlreiche Bildbände u Kalender. E: 18 Gold-, 23 Silber- u 41 Bronze-Medaillen bei Wettbewerben in England, Frankreich, USA, Mexico, Australien, Kanada u Deutschland, Ausstellungen in USA, Irland, England u Deutschland (7x), Berufenes Mtgl in d Deutschen Ges f Photographie (DGPh). M: DGPh, Mtgl im Ausstellungsbeirat. H: Reisen, Eisenbahnen.

Gnuschke Margot
B: Fotografin. G: Rathenow/Havel, 6. Juni 1934. A: D–6430 Bad Hersfeld, Am Kurpark 2. S: Abitur, Fotografenlehre (verkürzt, 2,5 Jahre), MstrPrüfung. K: Fotografengehilfin, Chefvertretung, dann selbständig. F: Rheinische Post, Wiesbadener Kurier, Göttinger Tageblatt, Gießener Allgemeine, Hersfelder Zeitung, Flensburger Tageblatt, Wetzlarer Neue Zeitung, Deutsche Jägerzeitung, Allgemeine Hotel- u Gaststätten Zeitung, La Tribune d'Allemagne, Volksbühne Spiegel „Bühne u Parkett". E: 1. Preise im Dr Eberhard-Rhodius-Wettbewerb, Kassel. M: ABCV Arbeitskreis Bild im CentralVerb (deutscher Fotografen). H: Fremdsprachen, Fotografie, Schneidern, Musik.

Göbel-Groß Erhard Dr phil
B: Rundfunkredakteur. G: Leipzig, 28. Apr 1936. V: Annemarie, geb Trieloff. A: D–5000 Köln 50, Franz Marc-Str 12. S: Abitur 1954, UnivStud Indologie u Islamistik in Leipzig, Halle u Marburg, 1955–62. K: Deutschlektor an d Univ Baroda, Indien 1963–65, Wiss Ass an d Univ Freiburg/Breisgau 1965–70, SprechdienstLtr d Hindi- u Urdu-Programms d Deutschen Welle Köln seit 1970. M: Deutsche Morgenländische Ges, Deutsch-Indische Ges, Deutsch-Pakistanisches Forum. H: Musizieren (Klavier), Reisen, Gesellschaftstanz.

Goebel Günter
PS: Guy Gilbert. B: Redakteur. G: Darmstadt, 28. Nov 1931. A: D–6051 Nieder-Roden, Frankfurter Str 84, F–6700 Strasbourg, Avenue de l'Esplanade. K: Als Lehrling zur evang Landeskirchenkasse in Darmstadt, dabei journalistische Arbeiten auf d Sportsektor, von dort zur Tagespresse, erst als Sportjournalist, dann als Lokalredakteur, später selbständig als Schriftsteller, Werbeberater, Buch: „Wenn die Haut brennt", in Frankreich verfilmt, seit 1977 nur noch als Verleger tätig. M: Deutscher JournalistenVerb. H: Reisen, Bierdeckel sammeln.

Goedtler Rudi
B: Mode- u Werbefotograf. G: Basel, 25. März 1937. A: D–7850 Lörrach, Luisenstr 10. S: Gymn, Mittlere Reife. K: 1953–5 Lehre als Fotograf in Basel, ab 1957 Burda Offenburg (Reproduktionsfotografie) S/W u Farbe, 1960–63 Fotoreporter Bild und Funk, Bunte Illustrierte anschließend Farbfotografie, 1967 Burda-Studio bis zum 1. Fotograf u stellv StudioLtr, seit 1975 selbständig in Lörrach, wichtigste Kunden heute: Schöpflin, OHO Verrand, Quelle Österreich, Spengler. F: Bild und Funk, Bunte Illustrierte, Freizeit Revue, Freizeit Magazin, Bild am Sonntag, in d sechziger Jazzbuch u Jazzkalender. H: Reisen, Sport, Fotografie.

Goersch Hans
B: Maler, Grafiker, Foto-Designer. G: Magdeburg, 12. Sept 1925. V: Irmgard, geb Conradt. A: D–7000 Stuttgart 1, Sonnenbergstr 101. S: Grundschule, VHS, HS f bildende Künste

Berlin. K: Lehre als Lithograf in Großdruckerei Magdeburg, freischaffender Grafiker in Berlin, Wertpapieren-Zeichner Bundesdruckerei Berlin, Studio f Modefotografie in Berlin, Foto-Atelier-Ltr in d Werbeagentur Günter Bläse Stuttgart, Studio f Mode- u Werbefotos Stuttgart, Gründung eines Farbdia-Archivs in Stuttgart. F: Titelseiten in: Hör Zu, TV Hören u Sehen, Tina, Die Frau, Madame, Foto-Magazin, ER, Konkret, Him, das da. E: Div Medaillen u Dipl f hervorragende Fotografie. M: BFF. H: Filmen, Segeln, Tonbändeln.

Goetze Dieter v
B: Musik-Regisseur. G: Kiel, 23. Aug 1929. V: Brigitte, geb Mosch. A: D–6233 Kelkheim/Taunus, Am Wolfes 8. S: Abitur, Ak f Film, Funk, Schauspiel in Wiesbaden, Rundfunktechn Inst Nürnberg, Goethe-Univ Frankfurt (MusikWiss). K: Musik-Regisseur am Hessischen Rundfunk, in freier Tätigkeit: Komponist u Arrangeur ua f Film- u Fernsehmusiken. E: Prix Musical de Radio Brno. M: GEMA, GVL. H: Kontrabaßspiel, Tennis, Segeln.

Gold Walter Erich
B: Filmarchitekt. G: Mährisch/Ostrau, 14. Juni 1937. V: Monika, geb Kalwa. A: D–8000 München 90, Birkenleiten 29, D–8201 Walzbach/ P Pittenhart. Tel: 089/664334 oder 08624/2193. S: Grundschule, Lehre als Dekorations- u Schriftenmaler, Berufsschule, Berufsoberschule, VHS (Algebra, Statik, Technisches Zeichnen, Stilkunde), Gesellenprüfung. K: 1 Gesellenjahr als Maler, Technischer Zeichner am Stadttheater Nürnberg, Vertreter d TheaterMstrs, TheaterMstrPrüfung, Ass u Vertreter d Technischen Dir (Emil Buchenberger) an d Bayerischen Staatsoper München, in dieser Zeit ua verantwortlich f d Bühnentechnik u Dekorationsaufbauten bei in- u ausländischen Gastspielen, nebenbei Prof Jürgens u Otto Stich assistiert, dann zu Film u Fernsehen, dann zum Spielfilm, seitdem 1. oder 2. Filmarchitekt, als SzenenbildAss oder Außenrequisiteur bei fast allen Fernsehanstalten sowie Film u Fernsehfirmen als freier Mitarbeiter tätig. H: Bauernhof.

Goldberg Werner
B: AbtLtr beim SFB Rundfunk. G: Berlin, 9. Feb 1919. V: Gertrud, geb Hartmann. A: D–1000 Berlin 33, Franzensbacher Str 4. S: Grunewald-Gymn, kfm Lehre. K: 1945 Hebbel-Theater, 1947 Theater am Schiffbauerdamm, VerwaltungsDir, stellv Intendant, 1953 Capitol-Film GmbH, 1955 Sender Freies Berlin. E: BVerdienstkreuz I. Klasse. M: RFFU, GDBA, BVN. H: Briefmarken, Tennis.

Goldberger Kurt
B: Autor, Regisseur u Produzent v Dokumentarfilmen u Fernseh Features. G: Troppau, 8. Sept 1919. V: Renate, geb Hansen. A: D–8000 München 83, Oskar Maria Graf-Ring 60. Tel: 089/676267. S: Gymn, Univ (Physik). K: Kriegsberichterstatter, Kameramann d tschechoslowakischen Auslandsarmee, British Army, 1946–68 Autor u Regisseur v Dokumentar- u wiss Filmen, tschechoslowakischer Staatsfilm, Prag, 1964–65 Film Konsultant Intern Atomic Energy Agency, Wien, 1966–67 Film Konsultant d UNESCO Paris, seit 1968 freier Mitarbeiter b Deutschen Fernsehen. E: Hauptpreis Dokumentar Biennale Venedig, Hauptpreis f popular wiss Film, Karlovy Vary, 2x Großer Preis f wiss Filme, Festival Padua uva. H: Fotografie, Radio.

Goldhammer Günter
B: Regisseur, Drehbuchautor. G: Leipzig, 7. Juni 1930. V: Renate, geb Schorle. A: D–5000 Köln 1, Elisenstr 18. S: Abitur, FilmAk Berlin, Hamburger Kammerspiele. K: RegieAss u Dramaturg: Hamburger Kammerspiele, RegieAss: Thalia-Theater Hamburg, RegieAss u Schauspieler am Theater am Besenbinderhof, Hamburg, Autor, RegieAss u Regisseur bei Boehner-Film, Hamburg, Berolina-Film, Berlin, Thurnau-Film, Berlin, Südwestfunk Baden-Baden, Dido-Film, Düsseldorf, Rhewes-Film, Neuss, Westdeutscher Rundfunk Köln, ASF-Film, Düsseldorf, seit 1958 als Autor u Regisseur vorwiegend beim Westdeutschen Rundfunk. F: In allen großen deutschen Fernsehzeitschriften (Hör Zu, Hören und Sehen usw). D: „Hurra, bei uns geht's rund", „Filmstar für einen Tag", Karawane", viele Filme als Regisseur. E: Div Filmpreise. M: Rheinisch-Westfälischer JournalistenVerb, RFFU. H: Der Beruf, Kochen.

Goldstein Michael Ing
B: FotografenMstr. V: Angelika, geb Wienen. A: D–6236 Eschborn, Hauptstr 29. S: FachHS, Fotografenlehre. F: In Modezeitschriften d In- u Auslandes. E: MDK FIRM Colour Art.

Göllner C Robert
B: Werbefotograf. G: Frankfurt/Main, 22. Feb 1932. A: D–6000 Frankfurt/Main 1, Friedrich Ebert-Anlage 18. S: Abitur, Fotografenausbil-

dung. K: Seit 1964 selbständig. F: In Anzeigen u Prospekten v Kunden aus d Industrie. M: AWI (Arbeitskreis Werbe-Mode-IndustriE fotografie im CentralVerb Deutscher Photographen).

Golombek Paul
B: Industrie- u Werbefotograf. G: Hamburg, 4. Feb 1925. V: Ellen, geb Suhr. A: D–2000 Hamburg 73, Polziner Str 53b. Tel: 040/6475255. S: Albrecht ThaerGymn, Hamburg, Autodidakt. K: Seit 1951 selbständiger Fotograf in Hamburg, seit 1959 Vertragsfotograf v Daimler-Benz AG, Maybach, heute Motoren- u Turbinen-Union, Friedrichshafen. F: Stern, Constanze, Spiegel, Baumeister. H: Garten, Reisen, Dackel.

Goodman Alfred Dr phil
PS: Fred Gilford. B: Komponist, MusikWiss Redakteur. G: Berlin, 1. März 1920. V: Renate, geb Rössig. A: D–8000 München 60, Clemens Krauss-Str 22. S: Hum Gymn, Columbia Univ, New York (BS u MA Degrees), TU Berlin, Promotion Dr phil. K: Tätigkeit als Arrangeur u Komponist in New York, Essayist, Lehrer an d Henry Street Settlement, Komponist f Movie Tone, New York, seit 1961 in München, freischaffend tätig f Fernsehen, Film u Radio, seit 1971 am Bayerischen Rundfunk, seit 1976 Doz an d Staatl HS f Musik in München. E : Ernest Bloch Preis 1950 (New York), Preis f 1. Akt Oper: The Audition (Ohio Univ) 1954, 1968–69 DAAD Berufsstipendium, Berlin. M: Dramatiker Union (Beirat), American Guild of Authors and Composers (New York), Musikforschung BRD, InteressenVerb Deutsche Komponisten. H: Literatur, Wanderungen, Malerei.

Goslich Siegfried Prof Dr phil
B: KapellMstr. G: Stettin, 7. Nov 1911. V: Dr phil Maria, geb Ottich. A: D–8132 Tutzing, Ludwig Behr-Str 9. S: Gymn, Stud Klavier in Wien, Stud Dirigieren, MusikWiss, Akustik an d MusikHS u Univ Berlin, Dr phil 1937. K: MusikAbtLtr Sender Weimar, 1945–48, Radio Bremen, 1948–58, Städt MusikDir Remscheid, 1958–61, Ltr d HauptAbt Musik d Bayerischen Rundfunks 1961–76, seit 1964 auch Prof d MusikHS München (Medienkunde, Musikelektronik). F Bücher: Funkprogramm u Musica viva, 1961, Musik im Rundfunk, 1971 Die deutsche romantische Oper, 1975, zahlreiche Artikel über Radiomusik in Enzyklopädien u Fachzeitschriften. D: Gastdirigent in vielen europäischen Ländern (Rundfunk, Konzert). E: BVerdienstkreuz am Band d BRD. M: Intern Ges f Neue Musik.

Göthe Wolf
B: Regisseur, Kameramann, Drehbuchautor. G: Schönau, 16. Feb 1919. V: Giselle, geb Servick. A: D–1000 Berlin 39, Kronprinzessinnenweg 10 A. Tel: 030/8035649. S: Gymn, Ass bei mehreren Filmproduktionen. K: Marine Kriegsberichte, Kameramann b DEFA, Dokumentarfilme, Spielfilme, freiberuflicher Kameramann, Regisseur, Drehbuchautor, zZ Hersteller v Dokumentar- u Ind-Filmen.

Göttlinger Karl
B: Komponist. G: Wuppertal-Elberfeld, 10. Feb 1922. V: Walburga, geb Ochsenkühn. A: D–8000 München 19, Heideckstr 39. S: Abitur, Konservatorium Berlin, Klavier bei Waldimir v Papoff, Komposition bei Kurt v Wolfurt, H v Waltershausen. K: Komponist v gehobener Unterhaltungsmusik, ordentliches GEMA-MtGl.

Götz Karl
B: Komponist. G: Frankfurt/Main, 20. Aug 1922. V: Käthe, geb Stephan. A: D–6000 Frankfurt/Main 60, An der Pfaffenmauer 33. S: MusikHS in Frankfurt K: Arrangeur, Komponist, Produzent. F: In Tageszeitungen u versch Illustrierten. E: 3 Goldene, 1 Silberne Schallplatte, „Goldener Spatz". M: GEMA, Deutscher KomponistenVerb. H: Sport, Lesen, (Fußball, Tennis).

Graff Winfried Illo
B: Erster Redakteur, Ltr d Ausbildungszentrums. G: Köln 10. Aug 1936. V: Uta, geb Hoffmann. A: D–5000 Köln 41, Unkelerstr 10. S: Gymn, Abitur, Stud d Germanistik, Romanistik, Pädagogik, Phil. K: Rundfunkredakteur, Programmberater im Rundfunk in Ruanda (1966), Redakteur m bes Aufgaben im Ausbildungsbereich, Ltr Deutsche Welle Ausbildungszentrum (Programmbereich). F: Mitarbeit an Rundfunkfibel (Radio ABC), Fachartikel über Medienpolitik, Ausbildung, Dritte Welt. M: Stadtverordneter (Kommunalpolitik), RFFU (Kunst). H: Reisen in Entwicklungsländer.

Gratze Bernd
B: Fotografenmeister. G: Rengensweiler, 16. Feb 1948. A: D–4300 Essen-Kray, Krayer-Str 251. S: Realschule, Berufsausbildung z Fotografen. K: Sehr vielseitige Gesellenzeit, Erfahrung in d Bereichen Mode, Architektur, Wer-

bung, Food, Nonfood, zZ spezialisiert auf Porträts. F: Diverse Veröffentlichungen in versch Zeitungen. E: Div Auszeichnungen. H: Automobilsport, Reitsport.

Gratze Uwe
B: Fotograf, FotoKfm. G: Duderstadt, 18. Okt 1941. V: Gabriele, geb Dittrich. A: D–3428 Duderstadt, Am Rathaus, D–3428 Duderstadt, Duvalstr 3. Tel: 4902. S: Grundschule, Ausbildung zum Fotografen u FotoKfm. K: Nach 4 jähriger Ausbildung, 2 Jahre im Ausbildungsbetrieb als Fotograf, 3 Jahre Luftwaffe (Ausbildung zum Luftbildfotografen), Weiterbildung in div Betrieben u Besuch v Weiterbildenden Lehrgängen, seit 1974 eigener Betrieb. F: In Tageszeitungen. M: „Colour Art Photo" Vereinigung d führenden Portraitfotografen in Europa, EinzelhandelsVerb, SchützenGes Duderstadt, Mtgl d Vollversammlung d Industrie- u HandelsKam, Hildesheim-Hannover, Freiwillige Feuerwehr Duderstadt, Vertrauensmann d Feuerwehr. H: Motorsport, Tennis, Freiwilliger Dienst am Nächsten in d Feuerwehr.

Grau Paul
B: Filmschaffender. G: Dietikon ZH, 15. Apr 1950. A: CH–8032 Zürich, Sonnenbergstr 124. S: Primarschule, Realschule, Volontär, Dekorateur, Lehre als Repro-Fotograf, Volontär Fotograf, Ausbildung als Kameramann, Kameramann-Realisator, Drehbuchautor, AufnahmeLtr, ProduktionsLtr. K: 1970–72 Ausbildung als Kameramann, Condor Film AG, Zürich, 1973 freier Mitarbeiter (Kameramann, Realisator, Drehbuchautor) Leopold Pomés, Barcelona, 1974 freier Autor u Realisator beim TVE in Barcelona, 1975 freier Filmschaffender in Zürich (SRG, Elite Film AG, Zürich), Produktion v div Musikfilmen u TV-Spots f d Schallplattenindustrie. F: Camera, Schweizerische Fotorundschau, Femina, Team, Pop, Popular I. M: VSF, Zürich. H: Herstellung v Fluorescent u Phosphorbildern.

Grell Karl Prof
B: Kapellmeister. G: Wien, 5. Sept 1925. V: Erika, geb Senkowski. A: A–1140 Wien, Heinrich Kneissl-G 13. S: Matura, 2 Sem MusikWiss, Konservatorium: Violine, Klarinette, Theorie, Komposition bei Dr Zelzer, Dirigieren bei Prof Kurt Wöss. K: Musiker, seit 1950 Arrangeur b Rundfunk, Programmgestalter, seit 1955 Dirigent d WIENER SOLISTENORCHESTERS, Musikregisseur beim Fernsehen, seit 1971 Ltr d Abt Unterhaltungs- u Volksmusik im ORF Landesstudio Wien, Komponist v Fernseh-Märchen, Schattenspielen, Puppentrickfilmen, Arrangeur f TV-Shows, Präsentator d TV-Serie „Spiel mit", zahlreiche Langspielplatten als Dirigent u Komponist, über 1500 Arrangements mit leichter Musik, davon 400 für Robert Stolz, viele Kompositionen mit Unterhaltungsmusik. E: Hut v lieben Augustin in Gold, Robert Stolz-Medaille in Gold, Ernennung zum Prof, Goldenes Ehrenzeichen f Verdienste um d Wiener Musik. M: VorstMtgl d Kunst-Medien-Freie Berufe, ordentliches Mtgl d AKM, EhrenMtgl d Sängerbundes d Blinden, d Vereinigung „Robert POSCH" (Wienerlied), KuratoriumsMtgl d C M Ziehrer-Stiftung. H: Wienermusik.

Gresmann Hans
B: Journalist u Redakteur. G: Hamburg, 25. Apr 1928. A: D–7570 Baden-Baden, Friedrichstr 16. S: Stud in d BRD u in USA. K: 1956–70 politischer Redakteur bei d „Zeit", 1971 Mitarbeiter bei „Report", Südwestfunk, seit 1973 RessortLtr Politik u Stellv d Chefredakteurs SWF-Fernsehen. E: 1970 Theodor Wolff-Preis. M: Seit 1974 PrMtgl im Deutschen Nationalkomitee d Intern Presse-Inst. H: Ornithologie.

Greven Wolfgang Franz Christian
B: Fernseh- u Rundfunkjournalist. G: Mönchengladbach, 24. Apr 1949. A: D–4000 Düsseldorf 1, Graf Recke-Str 97. S: Abitur, Stud Jura, Publizistik, Soziologie, Politologie, Praktikum NBC-Fernsehen USA, Praktikum u Hospitanz beim WDR-Fernsehen, Radio Bremen-Fernsehen. K: Freier Mitarbeiter bei Tageszeitungen u Deutschen RundfunkAnst, seit 1976 Redakteur beim Westdeutschen Fernsehen in Düsseldorf. M: FDP, DJV, Düsseldorfer Hockey-Club. H: Politische Literatur, Sport, Hockey, Tennis, Skilaufen.

Grimm Friedrich-Karl Prof
PS: Enrico Cavallesco. B: Komponist, Konzertpianist, Dirigent. G: Chemnitz, 9. Jan 1902. A: D–1000 Berlin 30, Nürnberger Str 28. Tel: 030/246374. S: Oberrealschule in Chemnitz, HS f Musik in Leipzig, Privatausbildung zum Konzertpianisten bei Prof James Kwast u Prof Max v Paul, Dirigiermeisterkurs bei StaatsopernDir Clemens Krauss, Mozarteum, Salzburg. K: 1930–32 als Konzertpianist in Großbritannien, ua Konzerte in London: Grotrianhall, All people's association, Hampstead

Musical Club, Society of India, Bedford College for women, King's College Musical Society, 1932 Berufung an d Sternsche Konservatorium d Musik in Berlin, 1932–36 Lehrer an d Meisterklasse f Komposition, Orchestration u Formlehre, gleichzeitig künstlerischer Ass v Graener, 1937–43 annähernd 55 neue Werke aller Kompositionsgattungen, 1939 Teilnehmer d „Dirigenten-Meisterkurses" in Salzburg, Begegnung mit Franz Lehár, 1944–45 im Sanitätsdienst d Wehrmacht, 1962–64 Prof f Kompositionsfächer an d staatl MusikAk in Kairo, Rückkehr nach Deutschland, ausschließliche Widmung d kompositorischen Schaffen, sinfonisch gestaltete Musik zu 10 Filmen, ua „Das Haus zur alten Weide", „Zurück ins Leben", „Rendezvous in Wiesbaden", Musik zu Dokumentarfilmen, musikalische Beauftragungen zu Hörfolgen v Berliner Regionalsender d Norddeutschen Rundfunks u Rias Berlin, Hörspiele, 1 griech Tanzsuite, Ballett „Ägyptische Rhapsodie", 14 Liederzyklen (72 Lieder), 3 größere Orgelwerke: „Sonata italiana", „Toccata e fuga napolitana", „Toccata e fuga ungarica", Liederzyklen „Il mio giornale italiano" u „Primavera italiana", „Lieder der Empfindsamkeit", „Lieder der Sehnsucht" uva. F: Zahlreiche, ua in d Zeitschrift „Die BühnenGen". E: Franz-Lehár-Medaille in Gold, Aufnahme in d Standartenzyklopädie „Men of achievement", Ehrendiplom. M: Deutscher KomponistenVerb. H: Schwimmen, Leichtathletik, Billard.

Grimm Paul-Leonhard OStR

B: Bildhauer, Feuerplastiker. G: 29. Juni 1926. A: D–6251 Waldbrunn 3 – Fussingen, Nordstr 1. S: Grundschule, 1940–43 Malerlehre u Gesellenprüfung, 1943–46 Kriegsdienst u Gefangenschaft, 1946–48 Stud als Maler an d Werkkunstschulen Offenbach u Kassel, 1948–51 Stud an d HS f bildende Künste Düsseldorf als Maler, 1951–55 Stud an d HS f bildende Künste Düsseldorf als Bildhauer, MstrSchüler v Ewald Matare, 1963 Werklehrerprüfung. K: 1969 2. Staatsprüfung f d Lehramt d Höheren Dienstes (Kunst), 1969 Studienrat zA, 1972 Studienrat, 1977 OStR, 1973 Lehrbeauftragter an d FachHS Koblenz, Ausstellungen in München, Düsseldorf, Frankfurt, Wetzlar, Limburg, Köln, London, New York, Wiesbaden, Lyon, 1964 Erfindung d Feuerplastik. F: Rheinische Post, Magazin Kunst, Frankfurter Neue Presse, Lichtwerbung Stuttgart, Nassauische Landeszeitung, La Revue Moderne, Contemporary Artists and Masters, Guida All'Arte Europea, International Directory of Arts, Biographien: Who's Who of Intellectuals, Who's Who in community service, Who's Who in Arts and Communications, Who's Who in Directory of International Biographie, Men of Achievement, Marquis Who's Who in the World. D: Hörfunksendung über d Feuerplastik, Südwestfunk Mainz, Fernsehsendung über d Feuerplastik, Südwestfunk Mainz 1973. E: 1951 Kunstpreis d Staatl HS f Bildende Künste, Düsseldorf, 1954 Jahrespreis d Stadt Düsseldorf anläßlich einer großen Kunstausstellung d Bildenden Künstler v Nordrhein-Westfalen, 1956 weiterer Kunstpreis d Staatl KunstAk Düsseldorf, 1957 Ankauf einer Arbeit durch d KultusMin v Nordrhein-Westfalen 1958 Gewinner d Wettbewerbes u Ausführung eines Wandbildes f d neue Univ Münster, 1966 Ankauf einer Arbeit durch d Stadt Frankfurt/Main, 1969 Ankauf einer Arbeit durch d KultusMin v Hessen, 1972 EhrenMtgl u Silbermedaille d Paternoster Corner Academy, London, 1972 EhrenMtgl u Goldmedaille d Intern Akademi „Tommaso Campanella" Di Lettere-Arti Scienze, Rom, 1973 Großer Preis anläßlich d „Art Contemporain Intern Lyon", Frankreich, 1958 Ankauf einer Arbeit durch d BVerkehrsMin Georg Leber, 1975 Teilnehmer an d „Intern Conference of Arts and Communications" im Waldorf Astoria, New York, 1. Feuerplastik im Besitz d Bertrand Russelt-Stiftung, London. M: EhrenMtgl d Intern Academia Internationale „Tommaso Campanella" Di Lettere-Arti Scienze, Rom, Paternoster Corner Academy, London.

Grobe Donald Kammersänger

B: Opernsänger. G: Ottawa, USA, 16. Dez 1929. V: Carol Jean, geb Pritschett. A: D–1000 Berlin 38, Ahrenshooper Zeile 68. S: Chicago Musical College, weitere Stud Aspen Institute u Mannes College of Music, New York. K: 1956 nach Deutschland, bis 1957 Vereinigte Städt Bühnen Krefeld-Mönchen-Gladbach, 1957–60 Landestheater Hannover, 1960 Deutsche Oper Berlin, Gastverträge mit Hamburg, Wien, Köln u München, Festspiele Berlin, Wien, Edinburgh, Salzburg, Schwetzingen u Holland. F: Opernwelt, Orpheus, ua Fachzeitschriften. D: Etwa 100 Partien gesungen, verfilmt (zum Teil f Fernsehen) „La Boheme", „Martha", „Gianni Schicchi", „Der junge Lord", „Fidelio". E: Kammersänger 1970 v Berliner Sen. M: Rotary Club Intern H: Foto, Film, Garten, Zimmern.

Grohe Herbert
B: Fotograf. G: Hannover, 25. Jan 1909. V: Else, geb Röhr. A: D–3000 Hannover 81, Güntherstr 39. S: RealGymn, Höhere Handelsschule. K: Kfm Lehre, fotografische Ausbildung, 1942 Gesellenprüfung im Fotografen-Handwerk. F: Hannoversche Tageszeitung, Jugendzeitschrift „Jugend u Welt", Nieders Wirtschaft, Curt Vincentz-Verlag, Hannover, Steinbock-Verlag, Hannover, Deutsche Luftfahrtschau, Freikörper Kultur Veröffentlichungen ua. H: Sammeln v Ölbildern, Aquarellen, Kupfer- u Stahlstichen, alte Bücher.

Gröschel Ernst Ludwig
B: Komponist, KapellMstr, Panist. G: Nürnberg, 12. Aug 1896. V: Emma, geb Herold. A: D–8500 Nürnberg, Rankestr 30. S: Grundschule, Klavierschule DuPont, Konservatorium Nürnberg. K: KapellMstr am Opernhaus Nürnberg, Varietetheater Apollo, Deutsches Theater München, Kurorte Bad Reichenhall, Garmisch Partenkirchen, Baden-Baden, Oberhof in Thüringen, Bayerischer Rundfunk. F: Gong, Radiozeitung, Hör Zu. M: GEMA, Deutscher KomponistenVerb. H: Tonbänder-Archiv.

Grossenbacher Franz F
B: Fotograf. G: Frankendorf, 16. Apr 1928. A: CH–4146 Hochwald, Sunnmatt. S: Primar- u Sekundar-Schule, 1 1/2 Jahre Französische Sprache, 3 Jahre Berufsschule, div Seminare f Foto, Film im In- u Ausland. K: Nach d beruflichen Ausbildung Geselle u Ang in div Firmen, 1958 Gründung d Fa Foto Komet in Basel m Fotostudio auf d Namen Franz Grossenbacher, unzählige Fotoreisen u Expeditionen auf d ganzen Kontinent, Aufträge in Nordamerika f Werbeaufnahmen, Modefotografie, Porträts, Reportagen usw, Ausstellungen in Basel (Sternenboutique 1976 u Altstadtgalerie 1977), Einzelausstellungen im Everson Museum of Art Syracuse, New York u drei weitere Ausstellungen in Syracuse NY. F: Viele Veröffentlichungen im In- u Ausland. E: Viele Sportauszeichnungen. H: Sammeln v Antiquitäten u Gemälden, die Natur, Reiten, alter Wein.

Grüb Willy
B: Programmchef iR, künstlerischer Beirat d Schwetzinger Festspiele, Schriftsteller. G: Schopfheim/Baden, 29. Feb 1912. V: Annemarie, geb Weil. A: D–7016 Gerlingen-Bopser, Engelbergstr 22. S: Oberrealschule, Konservatorium Basel u Univ Basel u Freiburg/Breisgau. K: 1933–35 Dramaturg Städt Bühnen Freiburg, 1935–43 Dramaturg u 1. SpielLtr Stadttheater Pforzheim, 1945–47 Chefdramaturg u komm Intendant Theater d Stadt Baden-Baden, 1947–53 stellv Intendant, Chefdramaturg u SpielLtr an d Städt Bühnen Freiburg, 1953–54 Chefdramaturg u pers Referent d Generalintendanten d Städt Bühnen Düsseldorf, 1954–60 Hörspieldramaturg Süddeutscher Rundfunk Stuttgart, 1960–77 Programmchef, zugleich (seit 1955) künstlerischer Beirat d v Süddeutschen Rundfunk betreuten Schwetzinger Festspiele, Verfasser v 12 erfolgreich gespielten Theaterstücken, ca 30 Hörspielen, Hörspielbearbeitungen u Features, außerdem TV-Sendungen, Feuilletons, Dokumentationen, Glossen usw. E: Goldene Verdienstmedaille d Stadt Schwetzingen, Silbernes Blatt d Dramtiker Union. M: Intern Dramatiker Union. H: Schreiben.

Grube Max-Ludwig Prof
B: Violinvirtuose, ViolinPäd. G: Hamburg, 3. Apr 1925. V: Helen, geb Schwaab. A: D–7770 Überlingen/Bodensee, Rauensteinstr 32. S: Hum Gymn, MusikHS in Köln, Hauptfach Violine, Univ Stud d MusikWiss. K: KonzertMstr, ua 1. KonzertMstr in Hannover 1950–51, HS- u Konservatorium-Prof in Innsbruck u Heidelberg, Städt MusikDir in Heilbronn v 1965–77, konzertierender Violinsolist in allen Erdteilen (außer Australien), Aufnahmen in vielen Radio- u Fernsehanstalten d Welt, Schallplatten, Buchveröffentlichungen, ua „Probleme des Violinspiels" (Max Hesses Verlag Berlin). F: Viele Bildreportagen in Zeitschriften. D: Komponist v „Das unsichtbare Königsreich". M: Verb deutscher Musiklehrer u konzertierender Künstler. H: Kunstgeschichte.

Gruber Peter
B: Kundenberater u Kundenbetreuer d Fa EUMIG. G: Wien, 16. Dez 1951. A: A–1070 Wien, Bandg 27. S: Hum Gymn, HTL m Maturaabschluß, einige Sem WirtschaftsWiss. K: Eintritt als VorstMtgl in d Klub d Kinoamateure Österreichs 1971, Übernahme d Chefredaktion d Zeitschrift „Der österr Filmamateur" 1974. F: „Der österr Filmamateur", österr Tageszeitungen. D: In preisgekrönten österr Amateurfilmen ua „Schlüsselkinder", „Viribus Unitis", „Selbstzerstörung" uva. E: 3. Platz bei d Staatsmeisterschaften f Amateurfilme, intern Prämierungen b Amateurfilmfestivals (Berlin, Malta, Brünn ua). M: Klub d Kinoamateure

Österr. H: Filmgestaltung.

Gruber Steff
B: Filmregisseur, Produzent. G: Zürich, 3. APr 1953. A: c/o ALIVE Filmproduktions-GmbH, CH–8032 Zürich, Witikonerstr 40. S: Oberrealschule, Tagesklasse F+F, Schule f Gestaltung Zürich, Filmkurse F+F, Massmedia-Philosophy Stud an d Univ of Georga USA. K: Studienreisen durch d USA, Mexico, England, Skandinavien, Italien, Afrika, Freund u Mitarbeiter d amerikanischen Regisseurs James A Herbert, USA. Filme: 1972 „Gemeinschaft" (Auftragsfilm), 1973 „Portrait 1", „Portrait 2", „Tourist Information" (Kurzfilme), 1873 „Il Bombarolo" (experimenteller Spielfilm), 1974 „January" m James Herbert, div Werbefilme sowie Production Manager f d C G Jung Inst Los Angeles (Dokumentarfilm), 1978/79 „Shady Grove – Triumph d Wölfe" (Kinospielfilm). D: „Shady Grove – Triumph d Wölfe". E: 2x Solothurner Filmtage, 1974 Intern Filmfestival Atlanta/USA, 2. Preis d Juri Ges Christlicher Film GCF f d Drehbuch „Triumph", 1975 Festival Suisse de Cinéma S u an d Festival Mondial Paris, Auswahl v PORTRAIT an d Intern Film Festival New York USA. M: VSFG, GSF, AIP.

Grueger Franz M
B: Autor, Regisseur, Produzent. G: Berlin, 5. Juni 1925. V: Ruth E, geb Auer. A: D–1000 Berlin 41, Steinstr 19. S: Univ Berlin, Zürich, Heidelberg. K: Seit 1936 Kinderdarsteller, 1942 Deutsches Theater Berlin, kleine Rollen in versch Filmen, Autor, Regisseur u Produzent f Fernsehen, Hörfunk, Synchron, Dokumentar, Kurz- u Lehrfilme, 1961 eigene Produktion. D: „Unser Frl Doktor", „Quax in Afrika", „Woyzzek", „Germania anno Zero" uva. M: JournalistenVerb.

Grünenwald Volker von
B: Kostümbildner. G: Moers/Niederrhein, 31. Juli 1942. A: D–2000 Hamburg 20, Eppendorfer Landstr 106. S: Oberschulreife, KostümbildnerStud in Hamburg. K: Theater in Hamburg u Berlin, seit 1970 Tätigkeit bei Film u Fernsehen als Kostümbildner. F: Hör Zu, deutsche Tageszeitungen. M: RFFU.

Grunke Jörg
B: Fotograf. G: Berlin, 20. Nov 1949. A: D–1000 Berlin 36, Skulitzer Str 54c. S: Fotografenausbildung, Filmpraktikum (Laborsektor), Farblabortechnik. F: Div Kataloge.

Grünwald Manfred
B: Fotograf. G: Krefeld-Hüls, 1. Sept 1949. V: Rita, geb Sanné. A: D–4150 Krefeld 1, Schwertstr 65. S: Höhere Handelsschule. K: Zunächst Autodidakt, Gesellenprüfung im Fotografenhandwerk 1972, Meisterprüfung 1975, selbständiger Werbefotograf seit 1970 in Krefeld. M: AWI. H: Fotografieren.

Grünwald Rainer
B: Film- u FernsehproduktionsLtr, Regisseur, Autor. G: Wien, 23. Okt 1939. A: A–1050 Wien, Einsiedlerg 44/3/31. S: Grundschulen, Berufsschule (Welthandel) f BankKfm. K: Regie-Ass f deutsche u österr Spielfilmproduktionen, Aufnahme- bis ProduktionsLtr f österr, amerikanische u englische Spielfilmproduktionen, f WDR Köln, ZDF Mainz, FFF-Producer d Intern WerbeGesmbH Wien, seit 1975 selbständig, Regisseur f TV-Spots-Werbung, Ind- u Dokumentarfilme f TV-Spots u HF-Spots, Filme. E: Auszeichnungen in Silber u Bronze f Werbung.

Grünwald Richard Herbert Albert
PS: „Jürnling". B: Porträt- u Werbefotograf. G: Gießmannsdorf, Kreis Sprottau/Schlesien, 13. Dez 1920. V: Frieda, geb Ruhmann. A: D–8500 Nürnberg 1, Breite Gasse 18, Postfach 2839. Tel: 0911/ 227671. S: Besuch versch Schulen. K: Einige Jahre bei Telefunken, Berlin, nach d Krieg selbständiger Fotograf, Ausstellungsaufnahmen bei Filmdreharbeiten, Aufbau einiger Soldaten-Kinos in Rußland, Tätigkeit als Fotograf u Funker, Bildberichter bei einer Berliner Illustrierten, nach Entlassung aus russ Gefangenschaft tätig als Werbefotograf, außerdem f Reisebüros, Aufnahmen f Gerichtssachverständige f Gutachten ua, Dia-Serien f HS u Institute f Lehrvorträge. F: Bildberichte in Zeitungen, Bunten Blättern u vor allem in Fachzeitschriften. M: KarnevalsGes. H: Aufnahmen v „Großen Köpfen", Politikern ua Größen.

Grupe Bodo
B: Regisseur u Filmproduzent, FFF Grupe GmbH. G: Braunschweig, 6. Juni 1932. V: Gisela, geb Röhl. A: D–8022 Grünwald/München, Reitzensteinstr 6. S: Gymn, Stud d Musik, Bühnenbildnerei, TheaterWiss, Werbefachschule. K: RegieAss, Regisseur, Theater- u Film-Produzent. F: Div Fachzeitschriften (Film u Werbung). E: Spezialgebiet Industrie, Informations- u Dokumentarfilm, nationale u intern Filmpreise, zB 1978 Berliner Film Festspiele Deutscher Kurzfilmpreis, Intern Film +

TV Festival New York: Gold, Silber, Bronze. H: Sport-Seeschiffahrt.

Guggenbichler Otto Dr
B: Geograph u ProgrammbereichsLtr beim ARD. G: Tegernsee, 30. Mai 1924. A: D–8000 München 83, Puppenweg 17, c/o ARD – German Television, D–8000 München 2, Rundfunkpl 1. S: Abitur, Univ, Geographie, Geschichte, Deutsch, Dr phil. K: Lehramtsexamen, als Werkstudent 1947 beim Bayerischen Rundfunk (Zeitfunk), erste 45-Minuten Dokumentationsfilme beim Bayerischen Rundfunk „Jahr auf der Alm", über 50 Fernsehfilme in allen Ländern d Welt gesendet, Filmpreise, alpine Filme „La Montanara" bes erfolgreich, 3 Jahre Ltr d ARD Studio Rom, heute HauptAbtLtr beim Bayerischen Rundfunk-Fernsehen, AbtLtr Hörfunk, Land u Leute usw. E: Intern Festival f Berg- u Forschungsfilm in Trento, „Tunnel durch den Mont Blanc", beste deutsche Dokumentation d Jahres „Salz u Sonne". M: Cavalliere Ufficiale, Hon Colonel of Kentucky. H: Bergsteigen, Italica.

Guler Ruedi
B: Fotograf. G: Herisau, 28. Okt 1951. A: A–9100 Herisau, Gossauer Str 4. S: Drogistenlehre mit Abschluß, Weiterbildung in d Fotobranche (ca 3 Jahre) als Autodidakt. K: Längere Aufenthalte in Kanada, Finnland, Holland, heute eigenes Fotostudio f Porträts.

Gundermann Heinrich Dr phil
B: FotografenMstr, Kunsthistoriker, Verleger. G: Würzburg, 16. Mai 1914. A: D–8025 Unterhaching, Carl Duisberg-Str 23, D–8700 Würzburg, Bahnhofstr 3. S: RealGymn, Abitur 1934, Stud mittlere- u neuere Kunstgeschichte, Archäologie u Byzantinistik in München u Würzburg, Abschluß Dr phil 1942, Fotografenlehre 1947–48, MstrPrüfung 1953. K: Ass am Lehrstuhl f mittlere u neuere Kunstgeschichte 1939–42 Soldat, 1945–52 Wiederaufbau d eigenen Fotoateliers (gegr 1876) u Tätigkeit im Photo-Verlag, ab 1952 Verträge u Kurse über AGFACOLOR im Dienste d AGFA, ab 1953 Ltg d Photoschule d AGFA im AGFA-CAMERA-WERK München, seit 1974 in Pension. F: Veröffentlichungen in vielen Zeitschriften u Zeitungen, in Büchern ua Heinrich Beck'sche Verlags-Buchhandlung München, Stürtz Verlag Würzburg, Deutscher Kunstverlag Berlin u München uva. M: Hetzfelder Flösserzunft, Fotografen-Innung. H: Kunsttischlern, Restaurieren v alten Möbeln.

Günnewig Josef
B: FotografenMstr. G: 18. März 1920. V: Margot, geb Lenhard-Sinkö. A: D–4700 Hamm/Westfalen, Werler Str 73. S: Grundschule, 3 Jahre Lehre, Gehilfenprüfung, 1949 MstrPrüfung. K: Seit 1949 selbständig, Fotostudio u Fotohandel, Ehrenamtlicher Richter beim Verwaltungsgericht Arnsberg, Mtgl d Europäischen Vereinigung Color Art Photo. F: Aufnahme v Prominenten v Hamm in Tageszeitungen, Hör Zu, Fernsehen. E: Silberne Ehrennadel v d HandwerksKam Dortmund, mehrere Diplome über Teilnahme an intern Bildausstellungen. M: Mtgl v Colour Art Photo, Fotografen-Innung Dortmund, VorstMtgl in mehreren regionalen Ver. H: Tanzsport, Kegelsport, Wandern, Camping, Reisen.

Günsberg Georg Paul
B: Bildberichter, Pressefotograf. G: Budapest, 21. Juli 1944. A: A–1010 Wien, Dr Karl Luegerpl 4a. S: RealGymn, Bildredakteur bei d Zeitung „Die Presse", Ausbildung als Pressefotograf, eigener Gewerbeschein seit 1964. K: Intern Bildberichte v Ereignissen, Schauspielern u Künstlern, 1962 Die Presse, 1963 Große Österreich Illustrierte, 1964 Revue, Wien u München, 1966 Europas Größte Illustrierte, Hör Zu ua. F: In fast allen deutschen u österreichischen Illustrierten, Free lance UPI, Stern, Hör Zu, Bunte Illustrierte, TvPress München, Black Star New York ua. E: Von d Zeitung UP TO DATE in Wien als Österreichs Spitzenfotograf (in zweiseitigem Bericht gewürdigt). M: Mtgl d Syndikts f Foto u Filmreporter Österreichs. H: Segeln an d Französischen Rivera.

Gunst Karlheinz
B: AV-Produzent. G: Köln-Porz, 16. Dez 1944. V: Dagmar, geb Reuter. A: D–6000 Düsseldorf 11, Kaiser Wilhelm Ring 9. S: Abitur, Stud d Betriebswirtschaft (12 Sem ohne Examen). K: 1973 Gründung einer Produktionsfirma f Tonbildschauen, Multivisionen, Film, Audio Visual Planning. E: 1975: Silbermedaille v Art Directors Club, Deutschland. M: Mtgl im CAVCOM. H: Fliegen, Reiten.

Gutbrod Curt Hanno
B: Schriftsteller. G: 9. Aug 1920. A: D–8000 München 40, Daimlerstr 3. M: Verb Deutscher Schriftsteller.

Guthke Georg Dir
B: Fabrikant. G: 1. Apr 1906. A: D–1000 Berlin

28, Alemannenstr 103. S: Schinkel Oberrealschule mit Abschluß. K: Selbständiger Fabrikant v Kino- u Filmausrüstung seit 1933. M: Industrie- u Handels-Kam, HandwerksKam, CDU. H: Reisen.

Güver Robi
B: Soundmixer. G: Istanbul, 29. Juli 1946. A: D–8000 München 40, Hiltensperger Str 47. S: Türkische Prima, Franz Mittel- u Oberstufe, Stud d Kunst u Innenarchitektur, Fotolehre, 2 Jahre Filmlehre. K: Seit Ende 1974 freiberuflich tätig f engl, amerikan, ital u israel Filmproduktionen u f versch Fernsehanstalten. H: Zeichnen Squash, Windsurfen, Fremdsprachen (Englisch, Französisch, Italienisch), Foto.

Guyer Willi
B: Fotograf. G: Schönenberg/Schweiz, 27. Sept 1922. A: CH–5313 Klingnau, Flüestr 4. S: Gewerbeschule d Stadt Zürich, kunstgew Abt, ETH Zürich, Fotografisches Inst. K: 1950 Gründung d eigenen Firma f Werkfotografie u Filmproduktion, Sachgebiete: Industrie: Holz, Spanplatten, Möbel etc, Technik: Architektur, Stahlbau, Flugaufnahmen, Forschung: Kraftwerke, Kernreaktoren, Wiss: Nuklearmedizin. F: Je nach Sachgebiet in d entsprechenden Fachmagazinen, wenn aktuell in d Tagespresse, bei d Werbung in Katalogen ua. M: Golden Key Club. H: Zu Hause sein.

Gwosdz Lilo
B: Fotografin, Bildjournalistin. G: Breslau, 16. Juni 1921. A: D–6000 Frankfurt/Main 1, Fürstenberger Str 211. S: Abgeschlossene Schulbildung, BallettStud, Fotografen-Ausbildung. K: Porträtistin, Theaterfotografin, Mode- u Werbefotografin, Managerin f Modenschauen, Kunstmalerin. F: In vielen Mode- u Fachzeitschriften u Agenturen. H: Versch kunsthandwerkliche Arbeiten.

Haack Friedel an Ing
B: FotografenMstr. G: Wissen/Sieg, Kreis Altenkirchen, 21. Sept 1928. A: D–5901 Wilnsdorf 5, Obersdorf-Rödgen bei Siegen/Westfalen. S: Grundschule, 8 Jahre Lyzeum, Berufsschule, später Stud an d FachHS Köln mit Abschluß Ing grad, Gesellen- u MstrPrüfung als Fotografin. K: Ab 1965 autodidaktische Ausbildung als Fotografin, 1968 Gesellenprüfung, 168–71 Stud mit Abschluß, 1971 MstrPrüfung, 1972 Ausbau d „Sonnenhofstudios", 1976–77 Erweiterungsbau u Modernisierung d Studios mit Studioblitzanlage, Eröffnung einer ständigen Ausstellung im Hause, neue Werkstatträume, 1977 Große Ausstellung (1. Präsentation dieser Art) in d Sparkasse Siegen, 1973–74 neun Monate lang ständige Ausstellung in 3 großen Schaufenstern in Siegen, 1979 große Foto-Sonderschau in einem Autohaus in Siegen, 1979 Ausbau d Sonnenhofstudios zum Großstudio, große Ausstellungsräume, Wohnung f Mitarbeiter u zusätzliche Werkräume. E: Preise (5. u 12. Preis) bei „Großen Kodak-Kinderporträt-Wettbewerb", 1977, 1 Urkunde f besondere Leistungen in d Porträtfotografie im Arbeitskreis Porträt d CV-Deutschland 1979. M: Mtgl d Fachvereinigung d Fotografen Nordrhein-Westfalen, CentralVerb Deutscher Fotografen, AJA, RAG. H: Wandern, Fotografieren.

Haacke Michael
B: FilmproduktionsLtr, geschäftsführender Ges. G: Tegernsee, 26. Sept 1943. A: D–8000 München-Harlaching, Authariastr 52. S: Realschule, 2jährige Lehre bei Bavaria Atelier Ges München. K: ProduktionsLtr bei ARRI München u bei freien Produktionen, seit 1971 selbständiger Unternehmer – FFS GmbH München, Synchronisation von ca 110 Spielfilmen, Herstellung v Fernsehserien. F: Div Veröffentlichungen in versch Zeitungen u Zeitschriften. H: Skifahren, Segeln, Tennis, Klassische Musik.

Haas Christian
B: OberIng. G: 19. Apr 1926. V: Walburga, geb Urra. A: D–6500 Mainz 31, Liebermannstr 23. S: Grundschule, Lehre, Staatl Fachschule f Fernwerk- u ElektroTechn Furtwangen (5 Sem). K: 1948–49 SenderLtr Sender Baden-Baden, 1949–52 LaborIng SWF, 1953–58 MeßIng SWF, 1958–62 BetriebsIng SWF, 1962–64 Ass d Techn Dir, seit 1965 OberIng u AbtLtr. F: Mehrere Veröffentlichungen in Fernseh- u Kinotechnik. M: Royal Television Society, Fernseh- u Kinotechnische Ges.

Haas Werner
B: BallettMstr, Choreograph. G: Hamburg, 9. Dez 1936. V: Anita, geb Stemmer. A: D–6500 Main 1, Rheinallee 5. S: Abitur, BallettStud an d Staatsoper Hamburg. K: Gruppentänzer an d Staatsoper Hamburg, dann 1. Solotänzer an vielen großen Theatern, viele Filme, mit 24 Jahren jüngster BallettMstr Deutschlands an d

Städt Bühnen Würzburg, dann folgten Engagements an große Theater in Deutschland, Österreich, Schweiz, Israel, England als 1. Solotänzer, BallettMstr u Choreograph, nach einer schweren Knieoperation Eröffnung eines Ballettstudios in Mainz, 1973, heute eines d größten in Deutschland, eigene Jazz-Kompanie ‚Die Jazz-Avenue-Dancers". F: Hör Zu, Bild-Zeitung, Hamburger Abendblatt, Mainzer Allgemeine Zeitung, Würzburger Zeitung, viele kleine Zeitungen, Auslandspresse. D: „Nachts im grünen Kakadu" (Marika Röck), „Die Beine von Dolores" (Maria Litto), „Der blaue Nachtfalter" (Zarah Leander), „Die Buddenbrooks", „Der Maulkorb", „Synkron oder Man kann auch anders" uva. M: BallettPäd-FachVerb, Stuttgart, Verb d Deutschen Ballettschulen. H: Reiten, Schwimmen, Malen.

Haase Eberhard W
B: FotografenMstr, Bildberichter. G: Wittenberg, 7. Juli 1928. V: Brigitte, geb Vogt. A: D–2000 Hamburg-Blankenese 55, Siebenbuchen 33. S: Abitur, BFachschule f Fotografie in Hamburg, Ray Vogue Schule, Chicago. K: Selbständiger Fotograf seit 1957. F: Beim Großteil d Deutschen Verlage. H: Bau alter Schiffsmodelle, Hochsee-Segeln.

Haase-Altendorf Hellmut
B: KapellMstr, Komponist. G: Chemnitz, 17. Dez 1912. V: Margot, geb Schmidt. A: D–7000 Stuttgart 50, Echazstr 13. S: RealGymn Chemnitz, Stud d Musik in München mit Staatl KapellMstr-Examen. K: Musiker, KapellMstr-Stud in München, Staatl Examen, Theaterkapellmstr, Theater in Ingolstadt, Stuttgart, Städt MusikDir, Ravensburg bis zur Pension 1976. F: Der Deutsche Volksmusiker. E: Verdienstkreuz am Bande d BRD, höchste Verbandsauszeichnungen im In- u Ausland. M: BMusikDir im DVB, LandesmusikDir im BVBW. H: Musik, Literatur, Theater, Komposition.

Habedank Hermann-Josef
B: Fotojournalist, Industrie- u Werbefotograf. G: Saarbrücken, 30. Dez 1917. V: Yvonne-Maria, geb Ladwein. A: D–6638 Dillingen/Saar, Friedrich Ebert-Str 61, Postfach 1320. S: Handelsschule, Lehre z BankKfm, div Kurse, Selbstschulung namentlich in „Foto modern". K: BankKfm, Fotojournalist, Ind- u Werbefotograf seit 1949, Autodidakt (freiberuflich). F: Div Zeitungen (Saarbrücker Zeitung, Saarbrücker Landes-Zeitung, sonstige, gelegentlich Illustrierte, Fernsehen uva. M: Deutscher Journalisten Verb, CentralVerb Deutscher Fotografen, HandwerksKam d Saarlandes, InnungsVerb. H: Nordsee m Halligen, Wandern (Deich u Wald), Zeilenschmieden.

Habeck Michael Dipl-Fotograf
B: Fotograf, Fotoatelier, Fotohandlung, Labor. G: Bentheim, 17. Feb 1949. V: Barbara, geb Motzkuhn. A: D–2447 Heiligenhafen, Thulboden 28–62. Tel: 04362/1730. S: Adolf-Lazi-Schule, Höhere Schule f Fotografie in Stuttgart. K: Fotograf bei d Autozeitung Gute Fahrt, Stuttgart, seit 1976 Inhaber eines Fotoateliers u eines Fotogeschäftes. F: Gute Fahrt, Stuttgart, Kataloge f div Firmen. M: Industrie- u HandelsKam. H: Wintersport, Skifahren, Schwimmen, Fotografieren.

Haberland Leopold
B: FotografenMstr, FotoKfm. G: Eggenfelden, 20. März 1935. V: Helga, geb Grill. A: D–8330 Eggenfelden 1, Stadtpl 8. S: Gymn, Fachschulen, FotoMstr. K: Geschäftsinhaber, FotoKfm, Foto-Designer, Reporter. F: Tagespresse, Bildreportagen, Fachzeitungen. E: Versch Fachdiplome. M: Kind in Not, sonstige UnterstützungsVer, SportVer (Tennisclub, Skiclub ua). H: Reisen, Sport.

Haberthür Viktor
B: Kfm. G: Breitenbach 1. Sept 1927. V: Marianne, geb Büchner. A: CH–8102 Oberengstringen, Rebbergstr 56. S: Primarschule, Bezirksschule, Handelsschule Neuenburg, kfm Berufsschule, Weiterbildungskurse. K: Lehre als IndustrieKfm, 10 Jahre Gemeindeschreiber, 2 Jahre Geschäftsführer Tabak en gros, seit 1958 selbständiger Importeur u Fabrikvertreter f Foto- u Kinoprodukte, ua Konica u Tamron. M: Versch DorfVer (EhrenMtgl). H: Fischen, Skifahren, Wandern, Pilze suchen.

Haeseler Teddy
B: Komponist, Dirigent Pianist. G: Gelsenkirchen/Buer, 4. Nov 1940. V: Sieglinde, geb Bischel. A: D–3015 Wennigsen, Bröhnweg 3. S: Realschule, musikalische Ausbildung bei Privatlehrer. K: 1959 Beginn als Berufsmusiker (Pianist, Vibraphonist) bei vielen Kapellen, zwischendurch auch als Alleinunterhalter (Organist), seit 3 Jahren Mitarbeiter bei d TOP STAR-Musikproduktion u Records im Studio S6 in Mannheim u im Trixie Studio, Aufnahmen mit in- u ausländischen Künstlern f Singles, LangspielPlatten u Cassetten, als

Komponist, Arrangeur u Dirigent tätig, zZ Fertigstellung einer LP unter d Namen Teddy Gray als Solo-Pianist u Komponist. F: Musik-Fachzeitschrift „Artist", Mannheimer Morgen, Rhein Neckar-Zeitung. M: GEMA, GVL. H: Archäologie.

Haeussinger Adolf
B: Verwaltungs-Amtsrat. G: Thurnau, 5. Juli 1940. V: Marianne, geb Täuber. A: D–8656 Thurnau, Berndorf 52. S: Realschule, Beruf: Sozialversicherung, Datenverarbeitung. E: Medaillen, Urkunden, Sonderpreise bei Fotowettbewerben in Deutschland, Frankreich, Italien, Belgien, Schweden, Philippinen, USA, Artiste FIAP (AFIAP) v Intern Verb d Fotografischen Kunst (Bern), PSA 2-star v Photographic Society of America in Philadelphia. M: VDAV, PSA, Diaporama-Club Deutschland, Fotogruppen Thurnau u Mainleus. H: Tennis.

Haffner Hellmut
B: Redakteur. G: Großkarolinenfeld, 15. Mai 1920. A: D–8000 München 70, Sappelstr 34. S: Stud d Germanistik, Musik- u ZeitungsWiss an d Univ Erlangen u München. K: Zeitungsredakteur u Filmkritiker in Stuttgart u München, seit 1961 ProgrammbereichsLtr im Bayerischen Rundfunk, Fernsehen. M: Stellv Vors d Verwaltungsrates Kuratorium junger deutscher Film.

Hahn Otto
B: Filmhersteller (Fernsehfilme, Schulfilme, Industriefilme). G: Frickenhausen, 6. Nov 1935. V: Irmgard, geb Hofmann. A: D–7085 Bopfingen, Alte Neresheimer Str 51. Tel: 07362/3269. S: Grundschule, Gymn, Fachschule. K: Technischer Zeichner, Ing f Maschinenbau, Kameramann, Fotograf, folgende Filme f d Fernsehen in aller Welt: „Vulkanismus in Europa", „Ein Storch erzählt", „Der Storch – Zum Aussterben verurteilt", „Gaukler, Schlangen und Kamele", „Vögel näher betrachtet" (Filmreihe), daraus „Finken", „Weichfresser", „Meisen", „Schwalben und Segler", „Leben aus dem Ei" (zZ in Arbeit), „Wildschweine", „Ausgestorbene Tiere in Westeuropa", „Afrikas Tierwelt" usw, bisher über 30 Kurzfilme f d BRD-Fernsehen, 1. Programm (Sendung mit der Maus), Autor d Buches „Storch mit Familienanschluß", Spectrum Verlag Stuttgart u Deutscher Bücherbund, 1971, Filme wurden in folgenden Ländern ausgestrahlt: Deutschland, Schweiz, Österreich, Italien, Holland, Belgien, Schweden, Norwegen, Jugoslawien, Ungarn, Irland, Mexico, Südafrika, Rumänien, Israel. F: Weltbild, IWZ Stuttgart, Frankfurter Allgemeine, Prisma Köln, Bild u Funk, Freitag, Fotomagazin, Wir und die Vögel. E: Silberpokal (2. Preis) f d Schulfilm „Italienische Vulkane" ua f d intern Lehrfilmschau 1977 in Rom. M: Deutsche Ornithologische Ges, Ges f Naturkunde in Baden-Württ, Deutscher Bund f Vogelschutz. H: Musik.

Haigis Jürgen
B: Kameramann. G: Stuttgart, 23. Jan 1940. V: Marion, geb Gutjahr. A: D–7000 Stuttgart 1, Obere Str 15. S: Gymn, Mittlere Reife. K: 1956–58 Ausbildung im Filmkopierwerk Arnold u Rielter in München u als KameraAss bei Walter Brandes-Film in Stuttgart, seit 1958 beim SDR-Fernsehen (Süddeutscher Rundfunk Stuttgart) als Kameramann tätig, 1970–71 Dokumentarspiel „Journal 70/71", 1975–76 Kinder-Dokumentarserien u Spielfilme „Die Ritter" u „Deutschlands Wilder Westen", dazwischen unzählige Einsätze in d Regionalberichterstattung, 1978 Chefkameramann d Spielfilms „Grandison". E: Silberne Nymphe (Mention Speciale), Fernsehfestival Monaco 1971, f Journal 70/71 „Gambettas Krieg", Auszeichnung f Fernsehvorspann „Teamwörk" im 5. Wettbewerb Grafik Design 1974, 1. Preis im 5. Fernsehwettbewerb d ARD-Regionalprogramme 1978 f d Beitrag „IBM-Siedlung". H: Fotografie, Klavierspielen.

Hailer-Hamann Dagmar
B: Wiss Fotografin. G: Sonnenburg/Küstrin, 30. Nov. V: Horst Hailer. A: D–7000 Stuttgart 1, Seyfferstr 91. S: Mittlere Reife, Fotolehre, Fotoschule Kiel, Inst f Plasmaforschung. K: Freischaffende Künstlerin, anerkannt, Ausstellungen: Landesgewerbeamt, Inst f Plasmaphysik, München, BMin f Wiss u Technologie, Bonn, Univ Essen, Württ KunstVer, Stuttgart, Deutsche VerlagsAnst (Wanderausstellung). F: Bild d Wiss, Foto-Journal, Foto. E: Berufenes Mtgl in d GDL u DGPh. M: BFF, GDL, DGPh. H: Musik, Bücher, Ballett u Gymnastik.

Haletzki Paul
B: Komponist, Musikbearbeiter. G: Koblenz/Rhein, 12. Mai 1911. V: Gertrud, geb Hauskeller. A: D–5068 Odenthal-Eikamp, In den Erlen 30. S: HS f Musik in Köln, Hauptfach: Komposition, Dirigieren u Harfe bei Prof Phillipp Jarnach. K: Mitarbeiter beim West-

deutschen Rundfunk, Köln, f Hörfunk u Fernsehen, wichtigste Kompositionen: Ballettmusik „Der Gaukler", Musical „Mister M", „Scherzo fantastico", „Lustige Ouvertüre", „Serenade pastourelle", „Impression fantastiquie", „Harfenspiel", „Vorspiel zu einem Musical". F: In versch Rundfunkzeitungen, Filmzeitungen. E: Musikpreis d ZDF. M: Deutscher KomponistenVerb, Berlin, Dir d Centraton-Musikverlages GmbH u Co KG, Musikproduktion. H: Literatur.

Hamann Lothar
B: Fotografenmeister, Lichtbildner, Werbefachmann. G: Essen, 12. SePt 1929. V: Doris. A: D–6930 Eberbach/Baden, Bahnhofstr 37. S: Abitur, Lehrzeit bei Graphische Anstalten d Fried Krupp AG in Essen. K: Selbständiger freiberuflicher Lichtbildner. M: PLUSFOTO. H: Sammeln alter Cameras, Motor u Segelflug.

Hamm Günther
PS: GüHa. B: Industrie- u Werbefotograf. G: Klosterneuburg, 8. Nov 1926. V: Brigitte, geb Eckel. A: A–3400 Klosterneuburg, Hofstattg 4. S: Technische Lehranstalt, Grafische Lehranstalt in Wien. K: Seit 1953 selbständiger Fotograf. F: In Kundenzeitschriften, vornehmlich Bauwirtschaft. H: Fotografie.

Hammer Achim
B: Fernsehmoderator. G: Plauen, 12. Dez 1940. A: D–8000 München, Klugstr 30. S: 1957 Abitur, 1957–60 Staatl Schauspielschule, Berlin, 1960–61 Hamburger Schauspielschule, Synchronarbeit. F: Schweizer Illustrierte, SIE u ER, Abendzeitung u TZ, München, Bild-Zeitung, Allgemeines Deutsches Sonntagsblatt. D: ua „Alle Menschen werden Brüder", „Komm nach Wien", „Die Nacht zum Dienstag", „Die Gräfin v Rathenow", „Die Zelle", „Prometheus", „Richard II", „Hafenpolizei", „Stahlnetz", „Kino Aktuell", „Bayerisches Schulfernsehen", viele Moderationen, seit 1973 hauptsächlich Kommentare u Moderationen H: Musik, Schildkröten.

Hammer Helmut
B: Kfm. G: Münster/Westf, 13. Juni 1921. V: Hildegard, geb Bieschewski. A: D–3320 Salzgitter, Bad Marktstr 6. S: Abitur, Ing-Offiziers'Ausbildung d Deutschen Kriegsmarine, Drogist. K: 1939–45 Dienst in d Kriegsmarine, 1945 Gefangenschaft, 1945–48 Lehre, seit 1958 selbständig. F: Salzgitter-Zeitung, V-Dia Verlag Heidelberg, Gr Brockhaus. E: Kriegsauszeichnungen, EK II, Verwundetenabzeichen, Kriegsabzeichen f Minensuch- u Sicherungsverb, Zerstörerkriegsabzeichen. M: HüttenVer Oderbrück (Ak Skizunft d techn HS Braunschweig) Marineoffizierscrew 12/39, CDU. H: Skilaufen, Modelleisenbahn.

Hammerschmid Hans
B: Komponist, Dirigent. G: Wien, 12. März 1930. V: Alice H, geb Adamec. A: D–8032 Gräfelfing/München, Waldstr 15. S: Abitur, Konservatorium d Stadt Wien, KlavierStud u Komposition. K: Jazz-Pianist, Komponist f viele Film- bzw TV-Musiken, Schallplattenproduktionen. M: GEMA, KomponistenVerb. H: Tennis, Skifahren.

Hammerschmidt Wolfgang
B: Chefdramaturg, RedaktionsLtr. G: Cottbus, 6. Feb 1925. A: D–Schlangenbad 3, Post Wiesbaden 1, Postfach 1264. S: Hum Gymn, Abitur, Stud d Philosophie, Germanistik, TheaterWiss an d Humboldt-Univ Berlin, 1947–50. K: 1949 Dramaturg, Chefdramaturg, 1. Opernregisseur am Stadttheater Cottbus, am Landestheater Halle, 1954 Theater d Altmark (Intendant iV), 1954–60 Komische Oper Berlin (Walter Felsenstein), Hörspiel- u Featuredramaturg Rias Berlin v 1960–62, seit 1963 Chefdramaturg u RedaktionsLtr beim DF Mainz (Fernsehspiel u Dokumentarspiel), zahlreiche Inszenierungen, Übersetzungen u Bearbeitungen auf d Gebiet d Musiktheaters. F: Theater der Zeit, Der Spiegel, Hör Zu, TV Hören und Sehen, Funk Uhr, Das Parlament. M: Dramaturgische Ges, Berlin, 1. Vors 1970–75, EhrenPr seit 1978. H: Musik, Klavier, alte Bücher, Archäologie.

Handel Arnold
B: FotografenMstr, Fotograf f Mode u Industrie. G: New York, 31. Mai 1923. V: Ruth, geb Kallert. A: D–7433 Dettingen/Urach, Hammerstr 1. S: Realschule, Höhere Handelsschule. K: 3 Jahre Lehrzeit bei Rotophot (UFA), 5 Jahre Gesellenzeit bei Gebrüder Metz, MstrPrüfung 1955 (mit d Note „Sehr Gut"). F: Intern Großbildtechnik, Foto-Magazin, Foto-Prisma, Amateur Fotograf London, Fotograms of the Year, insgesamt ca 50 Artikel u Aufsätze mit Fotos. E: Preisträger beim Kodak Wettbewerb 1978, Ausstellung Photo-Kina 1938 bei Kodak Professionelle Fotografie. H: Lesen, Schreiben, Fotografieren, Reisen.

Hanke Rudolph Ing
B: Ing u Fachschriftsteller. G: Dresden, 28. Nov 1937. V: Sigrid, geb Gennat. A: D–8855 Monheim/Bayern, Dresdner Str 5. S: Realschule, Lehre Kfm (Großhandel, Ing-Stud m Abschluß (grad), Staatl Höhere Fachschule f Fotografie in Köln. K: Selbständig, Autor d Buches "Filter-Faszination". F: Leicafotografie, Color Foto. E: Buch Filterfaszination 1977 Kodak/Stuttgarter Buchwoche. M: Segelclub Chiemsee-Feldwies. H: Segeln, Skifahren.

Harbecke Ulrich Dr
B: Redakteur. G: Witten, 11. Jan 1943. V: Elisabeth, geb Kühn. A: D–5042 Erftstadt-Lechenich, Heddinghovener Str 23. S: Gymn, Univ Köln u Wien: TheaterWiss, MusikWiss, Kunstgeschichte, Promotion 1969, Dissertation: „Das Tagebuch d Grafen Karl v Zinzendorf als theatergeschichtliche Quelle". K: Nach d Stud freier Mitarbeiter b WDR Köln, zahlreiche Fernsehreportagen, Redakteur f Politik, Geschichte, Musik, GastDoz d Univ Tunis. F: Veröffentlichungen: „Altweibermär", „Opus 1", „Auf Tod u leben" Roman, „Invasion" Roman. H: Lesen, Musizieren, Reisen.

Harder Susanne
B: Fotografenmeisterin. G: Göslitz in Schl, 13. Feb 1916. V: Siegfried Harder. A: D–2252 St Peter-Ording, Strandläuferweg 6. S: Abitur, fotografische LehrAnst, 1938 Gehilfenprüfung, 1942 Meisterprüfung. K: 1938–43 in d KulturAbt d OberPr d Provinz Mark Brandenburg, Aufnahme d Bau- u Kunstdenkmäler, seit 1946 selbständig. F: Hamburger Abendblatt ua. M: TennisVer. H: Tennis, Ski.

Harms Hildegund
PS: Carena Hildegund. B: Künstlerin, Komponist, Texter. G: Hamburg, 14. Aug 1923. A: D–2116 Hanstedt 4 Nordheide, Im Auetal 15. S: Mittlere Reife, Konservatorium f Musik, kfm Gehilfenprüfung f Musikgeschäft. K: 5 Jahre in einem Musikgeschäft in Hamburg, Tanzmusik in 3–5 Mann Band (3 Instrumente u Gesang), dann Solistin, Entertainer, Show, Gesang, Akkordeon, als Hildegund Harms-Carena in Fachkreisen bekannt, Rundfunk, Fernsehen, Schallplatten, Bühne. F: Funk Uhr, Leg auf, Hör Zu ua. M: GEMA, GVL, IAL. H: Wandern, Schwimmen, Radfahren, Garten, Tiere.

Harnack Falk Dr
B: Regisseur, Autor. G: Stuttgart, 2. März 1913. V: Katharina, geb Braun. A: D–1000 Berlin 41, Haderslebener Str 26. S: Abitur, Stud d TheaterWiss, Germanistik, Volkswirtschaft, ZeitungsWiss in Berlin u München, 1937 Dr phil. K: 1937–41 Regisseur, Dramaturg, Schauspieler, Deutsches Nationaltheater Weimar, Wehrmacht, 1943 Münchner Studentenprozeß (Scholl-Schmorell), Volksgerichtshof, Flucht ins Ausland (Griechenland, Jugoslawien), 1945 Rückkehr, Regisseur, Dramaturg Bayerisches Staatsschauspiel München, 1947 stellv Intendant u Regisseur Deutsches Theater Berlin, 1949 künstlerischer Dir DEFA Berlin, ab 1952 freischaffender Regisseur u Drehbuchautor Berlin-West, Publikationen: „Die Dramen Carl Bleibtreus", „Die Aufgaben d deutschen Theaters", Autor u Mitautor zahlreicher TV-Drehbücher, Bühneninszenierungen ua: „Kreidekreis", „Und Pippa tanzt", „Die Kassette", „Haben", „Emilia Galotti", „Wie es euch gefällt", „Tasso", „Endstation Sehnsucht", „Bürger Schippel", Filme: „Das Beil v Wandsbek", „Der 20. Juli", „Anastasia", „Nacht d Entscheidung", „Arzt ohne Gewissen", „Unruhige Nacht" ua, Fernseh-Inszenierungen: „Der Fall Pinedus", „Prozeß Mary Dugan", „Der Marquis v Arcis", „Jeder stirbt für sich allein", „Die Wölfe", „Der Gärtner v Toulouse", „Die Ersten u d Letzten", „Kampf um Kautschuk", „Unwiederbringlich", „Ein Schlaf Gefangener", „Das Ding an sich ....", „Der Verfolger", „Hier ruht George Dillon" ua. F: In zahlreichen Blättern d In- u Auslandes. E: Goethe-Medaille d Deutschen Nationaltheaters Weimar, Drehbuchprämie d BMin d Inneren f „Der Patriot", Ehrenmedaille d Vereinigungen d Verfolgten d Naziregimes d BRD. M: PEN-Zentrum BRD, Deutsche Ak d darstellenden Künste Frankfurt/M, EhrenVors d Berliner KulturR, Verb deutscher Schriftsteller in d IG Druck u Papier. H: Klassische Musik, Reisen.

Hart Wolf
B: Filmproduzent u Regisseur. G: Meiningen, 13. Juni 1911. V: Helga, geb Schuh. A: D–2000 Hamburg 52, Baron Voght-Str 96. Tel: 040/829973. S: Hum Gymn, Abitur, 3 Sem Univ, Stud d Geschichte, Geographie, Kunstgeschichte, Sport. K: Film: Volontär, KameraAss, Kameramann, Regiekameramann, Regisseur (Ufa), Produzent seit 1948, wichtigste Filme: „Ein Landbriefträger", „Dämmerung über d Teufelsmoor", „Werftarbeiter", „Was der Bauer nicht kennt", „Das Leben ist in uns", „M4 fährt an", „Der Strom führt Eis",

„Nord-Ostsee-Kanal", „Regen", „Abseits", „Buddelschiff", „Hafenrhythmus", „Stadt im Umbruch", „Energieschwerpunkt Südwest", „Inge", „Bauhütte 63", „Hallig", „Ein Mann, der schreiben wollte", „Barlachstudien", „Freiburg", „Sie kommen wieder", „Sag mir, wie man Betten baut", „Rüdiger Lentz", „Arbeit f d Partei", „Worpswede", Buchpublikationen: „Die Skulpturen d Freiburger Münsters", ‚Das Freiburger Münster". E: BFilmpreis u -Prämien, Auszeichnungen in Berlin, Mannheim, Oberhausen, Edinburgh, Cannes, Toulon, Paris, San Sebastian, Montevideo, Vancouver, San Francisco, Melbourne. M: BVerb Deutscher Film- u AV-Produzenten, MünsterbauVer Freiburg. H: Malerei, Fotografie.

Hartig Siegfried
B: Werbefotograf. G: Rochlitz/Resengebirge, 7. Okt 1922. A: D–6384 Oberreifenberg, Sangfeldstr 10. S: Mittelschule. K: 1954 Mstr d Leica, in d folgenden Jahren viele Veröffentlichungen in Fachzeitschriften im In- u Ausland, Preise bei Intern Ausstellungen, in d fünfziger Jahren als Fotoreporter tätig, Ende 1950 Beginn als Werbefotograf, freier Mitarbeiter bei intern Werbeagenturen (Mc Cann, Heumann, J W Tompson, Brose, Intercon, F C B, Admenting). F: Leica Fotografie, Foto Magazin, Foto-Prisma, Photography, photo-Pectorial, Foto-Magasinet, Terra-Magica Bildbände, Deutsche Buchgemeinschaft, Deutsches Lichtbild Atlantis, Unterwegs-Reisemagazin f Autofahrer, Bunte Illustrierte. H: Skifahren, Schwimmen, Reisen.

Hartmann Hans
B: Kameramann. G: Berlin, 1. Feb 1931. V: Katlen, geb Paterna. A: D–6500 Mainz 42, Pfälzerwald Str 2. S: Abitur, Ausbildung z Filmcutter, Filmkameramann. K: 1952 Kameramann b Fox Tönende Wochenschau, 1960 Chefkameramann b Freies Fernsehen, 1962 Ltr d Fachgruppe Filmkamera d ZDF, 1978 Ltr d Abt Grafik/Design d ZDF, Wochenschau- u Fernsehnachrichten – Filme, Dokumentarfilme, Dokumentarspiel-Filme, Fernsehspielfilm. H: Wandern, Radtouren, Windsurfing, Skilaufen.

Hartmann Thomas
B: Fotograf f Archäologie u Kunstgegenstände. G: Zürich, 20. Nov 1945. A: CH–8116 Würenlos, Föhrenweg 6. S: Rudolf-Steiner-Schule Zürich, Bayr StaatslehrAnst f Fotografie München. K: Volonatariat in med Fotografie u erste Aufträge in Kunstobjekten, bis 1972 Weiterbildung am Deutschen Archäologischen Inst Abt Istanbul als 2. Inst-Fotograf, ab 1972 selbständig m Aufträgen in d Türkei, Griechenland, Irak, Israel, Denkmäler-Inventarisation Kt Aargau, Denkmalpflege Kt Zürich, Räthisches Museum Chur uva, div Aufträge v Privatsammlungen ua. F: Istanbuler Mitteilung d DA, Jahrespublikationen d Freunde d Schweiz Kinderdorfes Kirjath Jearim in Israel, Kunstdenkmäler d Schweiz Band Aargau VI, Jahresbericht d Ges Pro Vindonissa, Fotoausstellung 1978 ua. M: EinzelMtgl b Europhot, Ges Pro Vindonissa, Pro Ventico, Historisch-Antiquarische Ges, Chur, Ges zur Constaffel Zürich. H: Curling, Schwimmen, Musik, Chormusik, Schießen 300 m.

Hartmann Wolfgang
B: Fotograf. G: Danzig, 23. Juni 1932. A: D–7847 Badenweiler, Kaiserstr 6. S: Mittlere Reife. K: Fotografenlehre mit abschließender Gesellenprüfung, 4 Sem Staatl Höhere Fachschule f Fotografie Köln, Abschlußprüfung, 2 Jahre Pressefotograf in d US Army, 8 Jahre selbständiger Fotograf in New York, tätig f Museen u Kunstsammler, seit 1959 selbständig als Portraitfotograf u Fotoeinzelhändler in Badenweiler. F: Abbildungen v div Kunstgegenständen in div Kunstbänden u Katalogen, gelegentlich aktuelle Fotos in Tageszeitungen u Zeitschriften. H: Sammeln v Antiquitäten, insbesondere Fotoapparate u Taschenuhren.

Hartschuh Werner
B: Fotograf, Chemigraf. G: Heidelberg, 24. Nov 1926. V: Gabriele, geb Stöcklinger. A: D–6900 Heidelberg, Schröderstr 2. S: Grundschule, Oberrealschule, Fotolehre mit Abschluß. K: Nach Schulausbildung 2 Jahre Kriegsdienst u Gefangenschaft, 3 Jahre Fotolehre mit Abschluß, danach selbständiger Fotograf, seit 1951 Chemigraf in d Rhein-Neckar-Zeitung Heidelberg, seit, 1953 Ltr d Chemigrafie bis heute, 1951–60 auch als Fotoreporter tätig. F: Hauptsächlich in d Regionalpresse. M: Fotografen-Innung Mannheim. H: Musik, Sportfischerei.

Hartz Jacques
B: Fotograf. G: Niebül, 20. März 1937. V: Herta, geb Fahrenkrog. A: D–2000 Hamburg 60, Sierichstr 173. S: Abitur, HS f bildende Künste Hamburg, bei Prof E Troeger. K: Freier Fotograf, Bildbände „Berlin", „Kopenhagen",

„Lampen + Leuchter", „Zinn", 7 Kochbücher. F: Weltausstellungen Stern, Quick, Petra, Constanze, Brigitte, Für Sie, Menue, Essen u Trinken, Architektur + Wohnen, Meine Familie u ich, Art, Merian, Zuhause uva. H: Fußball, Segeln, Antiquitäten.

Haselbach Albrecht A
B: Brauereibesitzer. G: Namslau/Schlesien, 25. März 1892. A: D–8000 München 82, Martin Empl Ring 8. Tel: 089/908046. S: Abitur, Stud d Rechts- u StaatsWiss in Freiburg, Kiel, München, Breslau, Brauereifachausbildung. K: Nach großen Erfolgen in Schlesien 1945 vertrieben, neuer Anfang im Westen u in Zürich, als Komponist vielfache Aufführungen. F: Versch in Zeitungen u Zeitschriften E: Div Kriegsorden. M: Bayerischer Brauerbund, Deutsches Brauereimuseum, GEMA u zahlreiche andere. H: Kunstsammler.

Haselmayr Helmuth
B: Produktionschef Fernsehen, Ltr d Fernseh-Produktion d Bayerischen Rundfunks. G: 3. März 1921. V: Christine, geb von Ranke. A: D–8000 München 81, Höslstr 17.

Hassert Günther
B: Regisseur. G: 7. Mai 1919. V: Erika, geb Hanf. A: D–5000 Köln 51, Oberländer Ufer 92. S: Abitur, FilmAk, Babelsberg. K: Staatstheater Kassel, RegieAss, DramaturgieAss, Filme in d freien Wirtschaft mit Auszeichnungen, freischaffender Regisseur seit 1955 am Nordwestdeutschen RundfunkVerb u WDR Köln. F: Hör Zu, Memoiren unter „Show Pänggggg". D: Als Darsteller in einer EXPRESS-Sendung d ZDF. M: RFFU. H: Reisen, Filmen, Lesen.

Hatt Hubert
PS: H E J A Hatt. B: Fotodesigner. G: Stuttgart, 20. Mai 1931. A: D–7000 Stuttgart 1, Heubergstr 41. Tel: 0711/485766. S: Gymn, Fotografenlehre b Vater, Meisterprüfung 1958. K: Als anerkannter Industriefotograf in ganz Europa u Amerika tätig, seit 1976 freischaffender Fotograf. F: In Ausstellungen in Berlin, Köln, Stuttgart, New York, Paris. E: Gold-, Silber- u Bronzemedaillen, Auszeichnungen. M: Künstlerbund eV. H: Malen, Sport, Tennis, Reiten.

Hattemer Karl Heinz
B: SendeLtr, Journalist. G: Limburg/Lahn, 20. Feb 1927. V: Marlis, geb Bell. A: D–6000 Frankfurt/M 1, Holzhausenstr 71. S: Gymn, Abitur, Stud d TheaterWiss, Germanistik, Anglistik, Phil an d Univ Mainz u Frankfurt. K: Bis 1957 freier Journalist f Rundfunk u Presse, ab 1958 Lokalredakteur b d „Frankfurter Rundschau", seit 1961 beim Hessischen Rundfunk, zunächst als Redakteur u Chef v Dienst b Zeitfunk, seit 1971 SendeLtr u seit 1972 (in Personalunion) auch Ltr d Verkehrsredaktion HR 3. D: Zwischen 1948 u 1955 Darsteller in mehreren Inszenierungen d Studiobühnen Mainz u Frankfurt, Mitbegründung d Filmstudios Frankfurt. E: Team- u Autorenpreis d Christopherus-Stiftung d HUK, Ehrenmitgliedschaft u Sicherheitsschild d AvD. M: Golfclub Hanau eV. H: Golf, Filmen, Reisen.

Haubold Dieter
B: Kameramann. G: Münster, 4. Aug 1939. V: Ingeborg, geb Menk. A: D–5342 Rheinbreitbach, Breite Heide, Siebengebirgsstr 4. S: Grundschule in Münster, G Scholl-Gymn Düsseldorf, Dekorationslehre, Fa Karstadt AG Düsseldorf, 2 Jahre Fa Bahlsen, Hannover. K: Ab 1960 Ausbildung zum KameraAss bei d Deutschen Wochenschau, Hamburg, 1965–67 Jung-Kameramann FOX-tönende Wochenschau, München, ab 1968 selbständig, Firmengründung ARGUS-Film- u Fernsehproduktion, Düsseldorf, seit 1973 in Bonn-Rheinbreitbach, aktuelle Dokumentationen u Reportagen in Politik, Sport, Mode f Fernsehgesellschaften u Filmgesellschaften im In- u Ausland. E: Kennedy-Medaille. M: DJV. H: Radfahren, Surfen, Banjo- u Gitarrespiel.

Haude Heinz
B: ProduktionsLtr f Film u Fernsehen. G: Wermsdorf, 1. Feb 1921. V: Ilse, geb Retzdorff. A: D–2070 Großhansdorf, Heidkoppel 5. S: Abitur (Oberschule f Knaben, Oschatz), Stud Germanistik, TheaterWiss, Kunstgeschichte an d Univ Posen u Göttingen. K: 1949–51 freier Journalist u RegieAss, 1951–52 Pressechef u Dramaturg, ab 1953 Ltr d ProduktionsAbt bei Panorama-Film GmbH in Göttingen, 1962–63 Programmproduzent beim Hessischen Rundfunk, 1963–65 Ltr d ProduktionsAbt u Betriebs-Ltr bei Taunus-Film in Wiesbaden, 1965–78 freier ProduktionsLtr (ausschließlich Eigen- u Auftragsproduktionen d ZDF), seit 1978 fest als ProduktionsLtr bei SternTV bei Gruner u Jahr in Hamburg. D: Div Kleinstrollen in versch Fernsehspielen. M: RFFU. H: Familie, Lesen, Gemüseeinkauf auf d Ahrensburger Wochenmarkt, Radfahren,

Schwimmen, Orgelspiel.

Haupt Erwin
B: Fotograf. G: Offenbach/M, 2. Mai 1930. V: Anni, geb Schweiger. A: D–6050 Offenbach/M, Senefelderstr 145. S: Abschlußprüfung als Fotograf, Ausbildung in versch techn Verfahren. K: Seit 1946 am Naturmuseum u ForschungsInst Senckenberg tätig, Aufbau d Abt f wiss Fotografie, Betrieb einer Lichtbildwerkstätte in Offenbach/M. F: Viele Publikationen in naturwiss Literatur. H: Raumbildfotografie u Jagd.

Haupt Walter
B: Komponist, Regisseur, Dirigent. G: München, 28. Feb 1935. A: c/o Bayerische Staatsoper, D–8000 München 1, Brieffach. S: MusikHS München, Mozarteum Salzburg, LudwigsGymn. K: Seit 1969 Ltr d Experimentierbühne d Bayerischen Staatsoper. F: Kritiken u Interviews in Zeitungen u Zeitschriften im In- u Ausland. D: TV-Produktionen im ZDF „Laser", „Solo für ein Piano", „Solo für einen Körper". E: 1971 Festspielpreis d Münchner OpernfestspielGes, 1974 Förderungspreis f Musik d Stadt München.

Hauptmann Dieter
B: Komponist, Musiker. G: Breslau, 19. Jan 1942. V: Almuth, geb Gurski. A: D–6000 Frankfurt/M, Flurscheideweg 7, Postfach 600351. S: Konservatorium (Cello), Abitur. K: Cellist, Tätigkeit in versch Formationen m Banjo, Bouzouki, Balalaika, E-Baß u a Saiteninstrumenten, Tourneen in Europa u Übersee. F: Frankfurter Neue Presse. E: Silberne Zither d „Association Francaise de la Musique Recreative" Paris, 1970 m Tschaika-Ensemble. M: GEMA. H: Fotografieren, Reisen.

Hausberger Hans
B: Kfm, Drogist, Fotograf, Reisebüroinhaber, Kosmetiker, Visagist. G: Knittelfeld, 8. Mai 1932. A: A–8720 Knittelfeld, Bahnstr 12 und A–8750 Judenburg, Schlosserg 5. S: Handelsschule, Drogistenschule, Kosmetikschulen. K: Nach Beendigung d Schulen 1955 selbständige Tätigkeit m Drogeriebetrieben in Knittelfeld, Judenburg, Fohnsdorf m Kosmetik-Drogerie-FotoAbt, Ablegung d Reisebüroprüfung 1978, Eröffnung d Reisebüros 1979. E: Kosmetikdiplome v Helena Rubinstein, Germaine Monteil, Revlon, Marbert, Juvena, Pierre Robert. M: Mtgl div SportVer. H: Fotografie, Tennis, Ski, Theater, Oper, Musicals, Literatur, Reisen.

Hausinger Ernst
B: Lichtbildner. G: München, 15. Jan 1928. V: Eleonore, geb Mayr. A: D–8011 Vaterstetten/München, Lilienstr 73 N. S: Berufsschule, Handwerkslehre in Fotografie, Besuch v weiterbildenden Kursen u Schulen. K: Langjähriger Mitarbeiter in einem Foto-Kunstverlag, JuryMtgl u Mitarbeiter im PrüfungsAussch d Fotografen-Innung, München, Mitbegründer eines Foto-Bildverlages auf intern Basis, eigene Ausstellung unter d Schirmherrschaft d belgischen KulturAbt, freischaffender Fotograf (creative Fotografie u Foto-Graphik), Wechsel in d med wiss Fotografie u Film. F: Foto-Almanach intern, div Foto-Zeitschriften u Bücher, ua „Angewandte Fotografie", Verlag Großbildtechnik, zahlreiche med wiss Literatur, Filmbeitrag im TV bei med Sendungen, sowie bei nationalen u intern Kongressen u Veranstaltungen. E: Gold-, Silber- u Bronzemedaillen u Urkunden u Diplome bei einer Vielzahl v nationalen u intern Ausstellungen u Wettbewerben, Artiste-FIAP (AFIAP), erster Preis f med wiss Film. M: DGPh, Sektion med, Fotografen-Innung München. H: Creative Fotografie, Musik, Bootssport.

Hausmann Elisabeth
B: Pressefotografin, Cheffotografin d Österr Staatstheater. G: Schloß Rosenegg/OÖ, 30. Okt 1919. A: A–1010 Wien, Postg 1 und A–4400 Steyr, Schloß Rosenegg. S: Mittelschule, Matura, SprachStud in Paris u Rom. K: Autodidakte Fotografin, seit 1972 Cheffotografin d Österr Staatstheater (Staatsoper, Volksoper, Burgtheater, Akademietheater). F: In allen Wiener Zeitungen, in allen deutschen Illustrierten, in vielen Zeitungen in Deutschland u ganz Europa, USA u Japan. M: Syndikat d Pressefotografen. H: Innenarchitektur, Malen, Zeichnen, Entwerfen v Kleidern u Schmuck.

Hausmann Fritz
B: Journalist. G: Pivitsheide, 11. Juli 1922. A: c/o Bayerischer Rundfunk, D–8000 München 2, Rundfunkplatz 1. K: Chef d Sportredaktion d Bayerischen Rundfunks. E: BVerdienstkreuz z Verdienstorden d BRD, Österr Olympiamedaille.

Hausser Erich
B: FotografenMstr. G: Ravensburg, 18. Mai 1925. V: Gertrud-Elisabeth, geb Eisele. A:

D–7980 Ravensburg, Gartenstr 23, D–7981 Schlier, Eiböschstr 26. S: Grundschule, Gymn, Sonderkurse bei Meister Schneider von d Berliner Meisterschule f Fotografie, Besuch div Kurse u Fortbildungslehrgänge f moderne Fotografie. K: Handwerkslehre, Gesellenprüfung, MstrPrüfung, Lehrer bei MstrPrüfungsvorbereitungskursen, Vors d MstrPrüfungsKmsn d Kam Ulm, Mtgl d Colour Art, selbständig seit 1950, stellv OberMstr. F: Div Veröffentlichungen (Titelblätter) in d „photo-Presse". E: Ehrenurkunden bei vielen Ausstellungen u Wettbewerben auf Innungs- u Landesebene. M: Fotografen-Innung Oberschwaben, Colour Art Photo. H: Fotografie, Kochen, Feinschmecker.

Häusser Robert
B: Fotograf, Bildjournalist. G: Stuttgart-Mühlhausen, 8. Nov 1924. V: Elfriede, geb Meyer. A: D–6800 Mannheim 31, Ladenburger Str 23. S: Fotografische u bildjournalistische Ausbildung. K: Nach Ausbildung Krieg u Gefangenschaft, 1946–52 als Bauer in der Nähe v Berlin, Bildnisse v Bauern u Landarbeitern, erste Landschaftsstudien, 1950 Besuch d Schule f angewandte Kunst in Weimar, Abt f Fotografie bei Prof Hege, Berufung in d Ges Deutscher Lichtbildner GDL, jahrelanges JuryMtgl d GDL, 1952 nach Mannheim, zahlreiche Bildbände, Publikationen ua Veröffentlichungen, 1960 Berufung in die Deutsche Ges f Photographie DGPH als ordentliches Mtgl, 1965–68 Vors d Jury d GDL, in diesen Jahren Arrangierung einiger vielbeachteter Ausstellungen dieser Ges, in d folgenden Jahren Aufträge in vielen Ländern Europas, Nord- u Südamerikas u Asiens, seit 1967 abwechselnd in Mannheim u Ibiza, viele Einzel- u Gruppenausstellungen in Deutschland u im Ausland. E: Silberne Medaille d „Swedish Master Competition", Stockholm, „photokina-Plakette", Köln, Goldmedaille d „3. Biennale Internazionale", Venedig, „Sonderpreis der Stadt San Remo", San Remo, Erster Preis „Deutscher Städtetag", Schillerplakette d Stadt Mannheim. M: Ges Deutscher Lichtbildner, Deutsche Ges f Photographie, Deutscher Werkbund. H: Zeitgenössische Kunst.

Haux Jan Thilo
B: Redakteur, Regisseur, Kameramann. G: Bremen, 7. Okt 1919. V: Elisabeth, geb Schunck. A: D–2000 Hamburg 60, Sierichstr 18. S: Abitur. K: Offizier d Luftwaffe, Radarspezialist f Nachtjäger im Weltkrieg II, Kameramann bei Wochenschau Welt im Film 1946–52, Chefkameramann Fernsehen 1953–72, seit 1973 Redakteur m Regie- u Kameraverpflichtung beim NDR-Fernsehen, GastDoz an d Film- u FernsehAk in Berlin, GründungsMtgl d Verb Deutscher Kameramänner. F: 4 Taschenbücher „Film als Hobby", 1 Taschenbuch „Foto als Hobby", 1 Taschenbuch „Fernsehgarten", 26 Fernsehfolgen „Film als Hobby", 6 Fernsehfolgen „Foto als Hobby", 41 Fernsehfolgen „Fernsehgarten", zahllose Bildveröffentlichungen in Illustrierten u Rundfunkzeitschriften seit 1948. M: FKTG, RFFU. H: Malen, Filme machen, Fotografie.

Hebeisen Walter
B: Fotografenmeister. G: Bodenhofen/Österreich, 18. März 1950. V: Susan, geb Broadfoot. A: D–8390 Passau, Schillerstr 3. S: Gymn, Fotografenlehre, Stud an d Höheren graphischen Versuchs- u LehrAnst in Wien, Abt Fotografie. K: 1973 Meisterprüfung, dann Eröffnung eines Porträt-Studios, 1975 erste Ind-Aufträge u f versch Tageszeitungen in Bayern tätig, 1978 Hinzunahme eines Grafikers u Veränderung d Geschäftspolitik in Richtung Werbefotografie. F: Stern, Quick, Das Orchester, ca 500 Fotos pro Jahr in Passauer Neuen Presse, Landshuter Zeitung, versch Musikzeitschriften, Veröffentlichung eines „Puppen-Kalenders". H: Drachenfliegen, Segelfluglehrer, Privatpilotenschein, Skifahren uva.

Hecht Frauke
B: Produktions- u AufnahmeLtrin. G: Wittenburg in Mecklenburg, 3. Dez 1941. A: D–5000 Köln 71, Florenzer Str 22. Tel: 0221/795905. S: Abitur, Dipl d HS f Film u Fernsehen d DDR in Potsdam-Babelsberg, Fachrichtung Film- u Fernsehproduktion. K: 1969 Beginn als AufnahmeLtrAss, 1971–75 Stud, seit 1975 ProduktionsLtr u 1. AufnahmeLtr in versch freien Filmen u WDR, 1975–76 Fernsehen d DDR, seit 1977 freiberuflich tätig, Erfahrung in allen Genres d Film- u Fernsehproduktion. H: Lesen, Reiten usw.

Heck Alexander
B: Fotograf. G: Wasserburg/Inn, 16. Jan 1950. A: D–8090 Wasserburg/Inn, Schmidzeile 12. S: Fotografenlehre. K: Werbefotograf, seit 1973 freier Fotograf. F: Stern, Charivari, Bayerland, sowie div Tages- u Wochenzeitschriften, Fotomagazin Merian, Bildmaterial zu

2 Städtbüchern, 3 Fotokalender, 1 Soloausstellung. E: Diploma za ùspèsno ucesce na izlozbi, 1973, FIAP Goldmedaille. H: Malen, Töpferei, Sammeln alter Keramik.

Heckmann Harald Dr
B: Vorst d Deutschen Rundfunkarchivs. G: Dortmund, 6. Dez 1924. V: Elisabeth, geb Dohrn. A: D–6242 Kronberg/Ts, Albanusstr 6. S: Hum Gymn, Dortmund, Stud d MusikWiss, Germanistik, Kunstgeschichte u Geschichte in Freiburg/Br, Dr phil m d Thema „Wolfgang Caspar Printz u seine Rhythmuslehre". K: 1952–54 Ass u Doz f evangelische Kirchenmusikgeschichte u Hymnologie an d Staatl HS f Musik in Freiburg/Br, 1954–71 Ltr d Deutschen Musikgeschichtl Archivs Kassel, seit 1971 Vorst d Deutschen Rundfunkarchivs Frankfurt/M. M: Pr d Association Intern des Bibliothèques Musicales, VizePr d Répertoire Intern de Littérature Musicale, Sekr d Répertoire Intern des Sources Musicales, Co-Pr d Répertoire Intern d'Iconographie Musicale, Mtgl d Musikgeschichtlichen Kmsn, Geschäftsführer d Kuratoriums Neue Schubert-Ausgabe, Mtgl d Beirates f d Deutsche Musikarchiv, Berlin u d Beirates d Ges f Information u Dokumentation f d Lehrlnst f Dokumentation Frankfurt/M, Stellv Vors d Studienkreises Rundfunk u Geschichte.

Hedler Otto
B: Fotograf u Fabrikant (Vater d Gebläseleuchte). G: Berlin, 28. Okt 1915. V: Ingeborg, geb Bretnütz. A: D–6251 Runkel/Lahn, Borng 33. S: Mittlere Reife. K: Fotograf, Fabrikant. F: In fast allen Foto-Fachzeitschriften. D: Geräte (Leuchten) waren Darsteller im Fernsehen. E: Viele Orden aus d Militärzeit. M: Auto- u Motorsport-Clubs. H: Motor- u Wassersport.

Heeb Raoul
B: Fotograf. G: 4. Dez 1924. V: Madeleine, geb Brinkmeier. A: CH–6006 Luzern, Würzenbachmatte 23, CH–6006 Luzern, Würzenbachstr 56. S: Primarschule Appenzell (6 Jahre), Real-Sekundarschule Kollegium Appenzell (3 Jahre), Gewerbeschule Luzern (3 Jahre), Kunstgewerbeschule-Fotoklasse Zürich (1 Jahr). K: 3 Jahre Lehrzeit in Luzern, praktische Ausbildung in div Ateliers (ca 10 Jahre), seit 1956 selbständig als Werbefotograf. F: Div in Zeitungen u Zeitschriften. H: Beruf.

Hegedo Herbert G
B: Filmjournalist, Drehbuchautor. G: Stettin, 12. Apr 1921. V: Hannelore, geb Weist. A: D–2055 Aumühle, Oberförsterkoppel 12. S: Univ Stud d RechtsWiss, Sprachen, Musik. K: Freiberuflicher Autor, zeitweilig Redakteur oder Produktionsdisponent. M: Arbeisgemeinschaft d Filmjournalisten. H: Musik.

Heidemann Werner
B: Kfm Ang. G: Treuenbrietzen, 29. Nov 1921. V: Annelie, geb Müller. A: D–1000 Berlin 62, Hewaldstr 2. S: Grundschule, Lehre als Dreher, nach d Krieg Lehre als Kfm. K: Fotografie u Filmen als Hobby, seit 1949 Filmen als Mtgl in einem Berliner Filmklub, seit 1960 Vorst im Amateurfilmkreis Berlin, seit 1969 Ltr d Region Berlin d Bundes Deutscher Filmamateure BDFA, Ausbildung als JuryMtgl, Herausgeber einer Filmzeitung. F: Artikel in Schmalfilm, 816, KONTAKTE. D: In vielen Amateurfilmen als Darsteller, Regisseur, Produzent u Mitarbeiter bei Drehbüchern. E: Preise f Filme in d Jahren bis 1965, Goldene Ehrennadel d BDFA. M: Amateur-Film-Kreis, Berlin, Bund Deutscher Filmamateure. H: Filmen usw.

Heidersberger Heinrich Doz
B: Fotograf, Doz an d VHS Wolfsburg. G: Ingolstadt, 10. Juni 1906. V: Renate, geb Krüger. A: D–3180 Wolfburg, Schulenburgallee 126, c/o Atelier, D–3180 Wolfsburg, Schloß. S: RealGymn in Linz, Abitur, abgebrochenes ArchitekturStud an d TH in Graz. K: Autodidaktische Ausbildung als Maler u später als Fotograf in Paris, Kopenhagen, Den Haag u Berlin, Bildjournalist, Industriefotograf, in d letzten Zeit hauptsächlich Architekturfotograf, Experimentelle Fotografie, Ausstellungen im In- u Ausland, Fotografische Wandbilder f Architekten, Bildserien u Einzelillustrationen in Illustrierten, Tageszeitungen, Fachzeitschriften, vor d II. Weltkrieg Veröffentlichungen in Jahrbüchern d Verlages Arts et Metiers Graphiques, Paris. E: Preisträger d XI. Triennale, Mailand 1957, Goldmedaille auf einem Tonbildfestival, Frankfurt. M: Berufenes Mtgl d Deutschen Ges f Fotografie, d Deutschen Werkbundes, d JournalistenVerb. H: Orchideen.

Heiermann Joachim
B: Programmgestalter, Arrangeur, Konzert-Manager. G: Himmelfort/Krs Templin, 5. Okt 1943. V: Sabine, geb Winkelmann. A: D–4224 Hünxe 1, Fichtenweg 2. S: Realschulabschluß, Ausbildung Als Export- u Ind-Kfm. K: Die zunächst als Hobby u nebenberufliche Tätig-

keit als Skriptverfasser u Arrangeur v Unterhaltungsshows wurde m d Gründung d Konzert- u GastspielDion Heiermann („CLAUSHOF-PROGRAMME“) 1968 zum Hauptberuf, Beiträge f WDR, Radio Bremen u d ZDF, Tourneeprogramme im In- u Ausland m namhaften Interpreten u ungezählte exclusive Gala-Shows, gefragter Programmgestalter, Betreuung einiger Top-Stars u Orchester-Ensembles als persönlicher PR-Betreuer. F: Div Veröffentlichungen in versch Zeitungen u Zeitschriften ua. D: „Wilhelm Tell“ (Burhof-Bühne). M: Intern Theater- u Gastspieldirektoren-Verb Düsseldorf. H: Sport: Fußball, Tischtennis u Schwimmen.

Heiloway James V
B: Fotoinstrukteur, Fotograf, Techniker. G: Neusatz/D, Jugoslawien. V: Gisela, geb Hefter. A: D–8201 Kolbermoor/Obb, Rosenheimer-Str 10–12. S: Mittelschule, Lehre in Fotohandel u Fotografie, Abend-Handelsschule. K: Ang in d Auslands-Landesvertretung f Fotoerzeugnisse, Bildberichter, Fotograf, Geschäftsführer im Fotohandel u Export, Fotolehrer seit 1954, Forschung: auf dem Gebiet d Foto-Erzeugung d Hochfrequenz u Hochvolt-Strom m Metallen u Holz, Solarisation durch Stromhochfrequenzen, Erfinder v Foto-Lampen-Armen f Atelier-Zwecke. M: Mehrere Tischtennis-Ver, wo intensiv Forschungsarbeit geleistet wird im Zusammenhang m Tischtennis, Besitzer v Patentrechten auf diesem Gebiet, Erfinder v anatomischen Tischtennis-Schlägern, Mtgl in numismatischen Ver, Verkehrswacht, Rotes Kreuz. H: Gemologie, Numismatik, Phil, NaturWiss, ReligionsPhil, Sprachen (4), Wandern, Schwimmen.

Heim Walter Heinz
B: FotoKfm. G: Stuttgart, 6. Jan 1938. V: Hannelore, geb Lösch. A: D–7031 Steinenbronn, Weiler Weg 28. S: Gymn, mittlere Reife, 1 Jahr WirtschaftsGymn, 3 Lehrjahre Fotograf, 2 Lehrjahre Foto-Kfm u EinzelhandelsKfm. K: 1963 Übernahme d elterlichen Geschäfts m Labor u Fotostudio, 1970 Eröffnung einer Filiale (Heims Foto Shop) ebenfalls m Labor u Fotostudio. F: Innerhalb d letzten 5 Jahre in div Fachzeitschriften. H: Fotografie, Sport, Familie.

Heimbucher Oswald Dir
B: Dir d Musikschule Sulzbach-Rosenburg. G: Regensburg, 27. Sept 1924. V: Brigitte, geb Schraube. A: D–8458 Sulzbach-Rosenburg, Am Spittlberg 49. S: Abitur, Stud d Päd, Examen f Deutsch u Musik f Realschulen, ChorLtr-Seminar in Augsburg, Werkschule A L Mer, Stuttgart. K: 1946 Mitbegründer d Jungen MusikGem Regensburg, 1952 Ltg d Oberpfälzer Musiktreffen Etzelwang, 1956 Gründung d Städt Sing- u Musikschule Sulzbach-Rosenburg, daraus entwickelte sich d Sulzbach-Rosenburg Kammerorchester u d SingGem, Ltg v Musikwochen d Intern Arbeitskreises f Musik, 30 Konzerte in franz Städten, ua Lyon, Valenu, 1976 Gründung d Literaturarchivs Sulzbach-Rosenburg. F: Musikkritiken in versch Zeitungen, eigene Veröffentlichungen: „Hier, wo die Welt anfing“, „Widerspruch u Versöhnung“ (Festrede zur 950-Jahrfeier v Stuttgart), Herausgabe v Broschüren „Literaturarchiv Sulzbach-Rosenburg“. E: Ehrenmedaille d Städte Carcassonne, Tournon, Vaison-la, Romaine, 1978 Kulturförderungspreis v Energieversorgung Ostbayern A 9. M: Vors d Ver Literaturarchiv Sulzbach-Rosenburg, BeiratsMtgl im Intern Arbeitskreis f Musik, VorstMtgl im Verb Bayerischer Sing- u Musikschulen.

Heindl Norbert
B: EinkaufsLtr. G: Nürnberg, 8. Juni 1943. V: Lydia, geb Reinl. A: D–8501 Großschwarzenlohe, Fichtenstr 3. S: Mittlere Reife, Ausbildung zum FotoKfm, Ak f Führungskräfte in Harzburg, Rationalisierungs-Kuratorium d Deutschen Wirtschaft. K: Nach d Ausbildung zum FotoKfm in allen Bereichen tätig, die f d Funktion im Top Management eines Fotohandel-Unternehmens notwendig sind, Finanzen, Verkauf, Logistik, Distribution, Beschaffung, derzeit Einkaufschef bei PHOTO PORST. H: Skilaufen, Ausbildung- v Schutz- u Gebrauchshunden.

Heine Jochen
B: Foto-Designer. G: 29. Mai 1946. V: A Heine, geb Stillmark. A: D–7500 Karlsruhe, Weinbrennerstr 17. Tel: 0721/594481. S: Lehre bei Lessmann Hannover als Fotograf. K: Ltd Fotograf in Großstudio, Berufung in d BFF – Bund Freischaffender Fotodesigner, dann freiberuflich, seit 1976 selbständiger Fotograf mit eigenem Studio, Mode, Werbung, Kosmetik, Werbeagenturen u Industrie sowie Fotoarbeiten f Kunstkataloge, Bildhauer u Maler. M: EinzelMtgl im Deutschen Designertag, BFF.

Heine Adelheid
B: Bildjournalistin. G: 23. Juni 1939. V: Jochen Heine. A: D–7500 Karlsruhe, Weinbrennerstr 17. Tel: 0721/594481. S: MstrPrüfung als Fotografin. K: Ang bei Erich Bauer, Karlsruhe, seit 1973 selbständige freie Bildjournalistin mit eigenem Farb-Dia-Archiv, Reisen in alle Welt. F: Reisezeitschriften, Feuilletons in Tageszeitungen laufend, Zusammenarbeit mit führenden Werbeagenturen. M: Süddeutscher JournalistenVerb, BVerb d Pressebildagenturen u Bildarchive. H: Fotografieren.

Heiniger Ernst A
B: Filmproduzent, Fotograf, Maler, Grafiker. G: Engwang/Thurgau, 4. Aug 1909. V: Jeanne, geb Feaster. A: CH–8001 Zürich, Bahnhofstr 110. S: Primarschule, Kunstgewerbeschule Zürich. K: Lehre als Retoucheur, als Fotograf Autodidakt, Grafik, Film u Malerei, Autor folgender Bücher: Puszta Pferde, Das Photobuch d Landesausstellung, Tessin, Viertausender, Masterpieces of Photography, Grand Canyon, The Great Book of Jewels. Filme: Sul Bernina, Die Telefonzentrale, Das Telefonkabel, Japan, Ama Girls, Grand Canyon, Circarama, Switzerland, Erfinder d Rundsystems Swissorama. F: In unzähligen Zeitschriften. E: Erste Preise f Fotografie, Filme, Plakate. M: Schweizerischer Werkbund, Society of Motion Picture and Television Engeniiers, Verb Schweizerischer Filmproduzenten. H: Sammlung v Kunstobjekten.

Heininger Hans
B: Fotograf, Filmemacher. G: Engwang, 31. März 1907. V: Trudy. A: CH–3700 Spiez, Oberlandstr 12. K: Seit 1937 selbständiger Fotograf, speziell technische u Industrieaufnahmen, techn Propagandafilme sowie Reisefilme, Industriefilme in ganz Europa, Nord- u Südamerika. F: Bildreportagen in in- u ausländischen Zeitungen. E: Gewinner eines großen Zeisswettbewerbes f Berufsfotografen, Auszeichnungen bei Wettbewerben u Ausstellungen. M: Schweizer FotografenVerb. H: Gärtnern, Skifahren.

Heinrichs Heribert Prof Dr phil
B: Prof f MedienPäd, Dir d Audiovisuellen Zentrums Hildesheim. G: Wassenberg/Rheinland, 4. Aug 1922. V: Charlotte, geb Richartz. A: D–3200 Hildesheim, Ortelsburger Str 37. Tel: 05121/84085. S: Abitur, Erstes u Zweites Lehrerexamen, Promotion. K: 1949–55 Lehrer, 1955–57 Päd Ass an d PädAk Aachen, 1957–58 Rektor d Übungsschule Aachen-Hörn, 1958–60 Doz f SchulPäd, 1961–62 Prof f SchulPäd, seit 1962 Prof f MedienPäd, seit 1969 Dir d Audiovisuellen Zentrums Hildesheim, Produktion v Unterrichtsfilmen, Schulfernsehsendungen, Schulfunksendungen, Filmmusiken zu 4 didaktischen Filmen. F: Audiovisuelle Aufsätze in zahlreichen Zeitschriften, Buchveröffentlichungen: Lexikon der audiovisuellen Bildungsmittel, audiovisuelle Praxis in Wort und Bild, Schulfernsehdidaktik, Der Schulfunk, Die Praxis des Schulfunks, Roboter vor der Schultür, Unterrichtsfernsehen, Brennpunkte neuzeitlicher Didaktik, So wird Ihr Kind ein besserer Schüler. E: Honorary Member of the Brooks-Foundation, USA. H: Pianist, Fußwanderungen (zB 1978 Köln-Trier).

Heinz Walter H Dr
B: Wirtschaftsberater. G: Römerstadt, 24. Jan 1921. V: Christine, geb Sajda. A: D–8033 Planegg b München, Egenhofenstr 33. S: Univ München, Staatswirtschaftliche Fak: Dipl-Kfm, Dr oec publ. K: Freiberuflich tätig als Wirtschaftsberater, öffentlich bestellter u beeideter Sachverständiger f Filmwirtschaftsfragen, RechtsAbt f Filmvertragswesen. H: Segeln, Tennis, Ski.

Heister Peter
B: Theatermanager. G: Möckern/Bez Magdeburg, 22. Mai 1935. A: D–2000 Hamburg 13, Binderstr 15. S: Mittlere Reife, Ausbildung als Ind-Kfm m erfolgreichem Abschluß v d Ind- u HandelsKamm Hamburg. K: Mehrjährige Tätigkeit als Kfm in deutschen Großunternehmen wie zB Reemtsma, Telefunken, Deutsche Philips, Bauer-Verlag u Spiegel-Verlag, danach seit 1970 selbständig, Gründung d Fa Theater-KonzertDion Peter Heister, Hamburg, Zielrichtung d Fa: die Theaterarbeit f Kinder, Marionetten u Kleinkunst, Zusammenarbeit m tschechoslowakischen u polnischen Gruppen ua: Prager Marionetten-Theater Spejbl + Hurvinek, Gezeichnetes Theater, Prag, Ostböhmisches Figurentheater Drak, Hradec Kralove, Theater Marcinek, Posen. M: SPD. H: Kunst, Musik, Geschichte, Literatur, Briefmarken sammeln, Segeln.

Heitkamp Eike R
B: Artist Service (Produzent, KonzertDion, Makler, Manager, Flugdienst), Kfm. G: Karwin/Oberschlesien, 17. Juli 1941. A: D–2000 Hamburg 20, Eppendorfer Baum 13. K: 1960–65 freier Mitarbeiter beim Fernsehen,

1965 Gründung KonzertDion u Aufbau u Betreuung d Künstlerin OLIVIA OLINA bis 1977, seit 1977 Betreuung div Künstler u Gründung d ARTIST SERVICE sowie Flugdienst FLIGHT SERVICE, Schallplattenproduzent, Immobilienmakler. H: Sport (Segeln, Tauchen, Squash).

Heitmann Fritz sen
B: Schaustellungsunternehmer. G: Neheim/Arnsberg, 6. Feb 1915. V: Gertrud, geb Eisermann. A: D–4400 Münster, Paul Engelhard-Weg 56. S: Grundschule. K: Schausteller-Tradition nachweisbar seit 1865, Gewerbeschein seit 1865. F: Westfälische Rundschau, Münster, Münstersche Zeitung, Münster, Die Glocke, Oelde, Foto-Zeitungsarchiv d Stadt Münster. E: Goldene Nadel d SchaustellerVer Münster, Goldene Ehrennadel d kath Circus- u Schaustellerseelsorge, Friedberg, Treueabzeichen in Gold d Verb d Kriegsbeschädigten, Kriegshinterbliebenen u Sozialrentner Deutschland (V(VdK), Düsseldorf. M: Mtgl im Deutschen Schaustellerbund, Bad Godesberg (30 Jahre), im SchaustellerVer, Herford (30 Jahre), im SchaustellerVerb, Münster, im SchaustellerVer Rote Erde, Dortmund, d SchützenVer in Münster-Gremmendorf, im KarnevalsVer „Pängelanton" 1932, Münster–Gremmendorf. H: Tradition: Große Schausteller-Konzertorgel, erbaut 1904 (4 Generationen), Erbauer: Firma A Ruth u Sohn, Waldkirch.

Held Heinz
B: Bildjournalist u Schriftsteller. G: Zeitz, 3. Mai 1918. V: Margarete, geb Müller. A: D–5000 Köln 1, Dasselstr 41. S: Kfm Lehre. K: Seit 1949 hauptberuflich als Journalist, seit 1952 fotografische Tätigkeit, ordentliches berufenes Mtgl d Deutschen Ges f Photographie, Mtgl d BFF, Einzelausstellungen v Fotos, 1959 Amsterdam, 1960 Wuppertal u Köln, 1961 Hamburg, 1964 Hamburg, 1965 Wien u d Wiener (Wanderausstellung), 1973 Wien. F: Ashahi-Camera, Tokio-photo-guide Magazin, London – Gebrauchsgraphik, München – Focus, Haarlem –Fotoprisma, Düsseldorf – Photographiy, London – Leica-Fotografie, Frankfurt – Photo-Magazin, München – Photo Revue, Bücher: „Die Magie d Banalen", „Burgund", „Wien – kennen u lieben", „Amsterdam – kennen u lieben", „Der Rhein u d Römer". E: 1965 Theodor Wolff-Preis, 1966 1. Preis im intern Agfa-Gevaert-Wettbewerb, 1974 Rathausmann d Stadt Wien, 1978 Johann Strauss-Medaille d Stadt Wien. M: DGPh, BFF. H: Mineralien suchen u - sammeln.

Helger Lutz
B: Komponist, Dirigent. G: Köln, 29. März 1913. V: Elfie, geb Körner. A: D–8011 Baldham, Winterstr 3. Tel: 08106/8814. S: Gymn, Ak d Tonkunst München, (Meisterklasse v Waltershausen, Anna Bahr-Mildenburg). K: Kapellmeister in Mannheim, Konstanz, Münster/Westf, Staatstheater München, 1945 Gründung d Münchner Kammerorchesters, seit 1948 freischaffender Komponist (Film, Radio, Fernsehen, Bühne), 1968–76 Pr d DEUTSCHEN MUSIK-UNION eV, 1973–75 1. Vors d AKD. F: Viele in versch Zeitungen u Zeitschriften. H: Kochen (Ltr d KOCHGILDE München), Autor v exclusiven Kochbüchern.

Helling Ewald
B: Drogist. G: Anrath, 12. Sept 1911. V: Olga, geb Wewers. A: D–4156 Willich 2 – Anrath, Jakob Krebs-Str 56. S: Grundschule, Gewerbliche Tagesschule, Krefeld, Kunstgewerbeschule, Krefeld, Drogistenschule, Mönchengladbach. K: Selbständiger Fotodrogist. E: BVerdienstkreuz am Bande. M: Mtgl im Rat d Gem Anrath (seit 21 Jahren), seit 1974 1. Vors d BürgerVer Anrath eV. H: Foto.

Hellmann Gerhard DGPh
B: RealschulDir. G: Breslau, 10. Feb 1924. A: D–8313 Vilsbiburg, Amselstr 31. S: Ausbildung zum GroßhandelsKfm, Stud f d Lehramt an Realschulen in d WirtschaftsWiss Fakultät. K: Ltr einer Staatl Realschule, SeminarLtr, Ltr d VHS Vilsbiburg u d Arbeitskreises Malerei-Grafik-Gestaltung, nach zahlreichen nationalen u intern Ausstellungserfolgen auf d Gebiet d Fotografie, insbesondere d Farbfotografie, seit etwa 1969 Beschäftigung mit fotografischen Randgebieten, speziell d Foto-Siebdruck, 1976 anläßlich d Pädagogentages auf d PHOTOKINA in Köln Vortrag über „Schulfotografie und Siebdruck", Umsetzung zahlreicher fotografischer Vorlagen (Negative u Diapositive in schwarz/weiß u Farbe, meist aus eigener Produktion, in farblich sehr ansprechende u künstlerisch hochwertige Serigrafien), Ausstellung dieser Arbeiten, Anfertigung v Serigrafien nach eigenen Vorlagen d Auftraggeber. E: EFIAP. M: Berufenes Mtgl d Deutschen Ges f Photographie (DGPh).

Helm Karl
B: Opernsänger. G: Passau, 3. Okt 1938. V:

Erika, geb Leuxner. A: D–8021 Straßlach/München, Am Weiher 7. S: Wirtschaftsaufbauschule, Gesangsausbildung. K: Südostbayerisches Städtbund-Theater, Passau, Stadttheater Bern, Bayerische Staatsoper München, Gastspiele in Genf, Basel, Paris, Rom, Perugia, Hamburg, Düsseldorf, Frankfurt, Stuttgart, Bayreuth usw. F: Opernwelt, Süddeutsche Zeitung, Abendzeitung München, Schweizer Theater Zeitung, Neue Presse Zürich, Berner Bund, Le Monde, Paris, Die Welt, Hamburg, Tagesanzeiger Zürich, Radio-Fernsehen-Schweiz, La Tribune de Geneve, Hamburger Abendblatt. D: „Rossini", „Lustige Weiber", „Don Carlos", „Die verkaufte Braut", „Cosi fan tutte", „Lohengrin", „Der Bettelstudent", „Fidelio", „Nabucco", „Pelleas und Melisande", „Aida" ua. H: Sport, Wandern, Kochen.

Helmberger Werner Hptm
B: Berufsoffizier. G: Wien, 28. März 1943. V: Gertrude, geb Krisch. A: A–1010 Wien, Himmelpfortg 10/6. S: Matura, TH Wien, MilitärAk, Ausbildung z Bereiter. K: Seit 1968 an d Spanischen Reitschule, ab 1974 Stellv d Ltr d Spanischen Reitschule. F: Reiterliche Fachzeitschriften, D: Mitwirkung in Fachfilmen. E: Goldene Medaille f Verdienste um d Republik Österreich, Bronzene Medaille f Verdienste um d Rote Kreuz, div ausländische Orden. H: Malen.

Helmuthäuser Günter
B: Kameramann bei Film u Fernsehen. G: Augsburg, 22. Feb 1934. A: D–6204 Taunusstein 4, Finkenweg 11. S: RealGymn, Institut f Bildjournalismus in München. K: Seit 1959 freiberuflicher Kameramann. E: Adolf-Grimme-Preis, EFilmprämie. H: Kochen, Schießen.

Hemmer Egon
B: Fotograf. G: Nalbach/Körprich, 29. Mai 1950. V: Jutta, geb Reichardt. A: D–6603 Sulzbach, Am Markt 3. Tel: 06897/2415.

Henckels Dietrich Wolfgang Dr phil
B: Fernsehredakteur. G: Berlin-Schöneberg, 27. Nov 1926. V: Waltraud, geb Metzger. A: D–2000 Hamburg 70, Eichtalstr 7. S: Abitur, Stud d Soziologie, polit Wiss, Philosophie, Promotion zum Dr phil, Diss: Kooperation d Fernsehredakteure, Techniker beim NDR, Zeitungsvolontariat, Ausbildung zum Filmkameramann, Studienaufenthalt bei d BBC-TV, London. K: Bildreporter, Fernsehkameramann, Bildregisseur, Reporter u Realisator, Fernsehredakteur, eigene Fernsehfilmproduktion. F: Neue Illustrierte, TV Hören und Sehen, Fernseh-Rundschau, Hör Zu. D: Als „Filmkind" v 1928–36 in 32 Stumm- u Tonfilmen mitgewirkt. H: Schach, Sportfliegen.

Hendrich Johannes
B: Schriftsteller, Autor. G: Mährisch-Lotschnau, 23. Mai 1919. V: Maria, geb Welter. A: D–1000 Berlin 37, Vesterzeile 7. K: Seit 1952 freier Schriftsteller, Autor v Fernsehspielen, ua Überstunden, Der Sog, Fememord, Kinderehen, Bedenkzeit, Rattennest, Kanst, Ausbruch, Urlaub zur Beerdigung, Im Vorhof der Wahrheit, Verdunkelung, Heroin 4. E: 1952 Carl-Zuckmayer-Stipendium aus d Goethe-Preis, 1970 Adolf-Grimme-Preis, 1976 Jakob-Kaiser-Preis, 1970 PEN-Zentrum. M: Dramatiker Union. H: Nichtstun.

Hengstler Hanspeter Ing Dipl-Vw
B: Techn Fotograf HFP. G: Heidelberg, 28. Jan 1941. V: Gudrun, geb Wild. A: D–6900 Heidelberg, Liegnitzer-Str 25. S: Gymn, Drogistenlehre m Abschluß, Staatl Höhere Fachschule f Fotografie Köln m Abschluß, Vw-Stud an d Univ Heidelberg m Dipl-Abschluß. K: 1962 Lehrlingsausbildung f Fotoverkäufer, 1968 Fotogroßhandelsvertreter im Außendienst, danach FilialLtr, ab 1968 Teilhaber u Geschäftsführer d ältesten Heidelberger Fotofachgeschäftes, ab 1972 starke Expansion d Eröffnung v Filialen, 1979 Ausbau d Studios. E: Deutscher Meister im Rugby 1966 u 1967, Pokalsiegger 1964, Badischer Meister im Basketball, Westdeutscher Meister im Hallenhandball. H: Sport (Tennis, Windsurfing), Porträt-Fotografie, Politik.

Henze Günter
B: Landesposaunenwart, Kantor, Orchestermusiker, KreischorLtr. G: Hann Münden, 9. Mai 1932. V: Christa, geb Babel. A: D–3510 Hann Münden 21, Untere Dorf-Str 11 a. S: Grundschule, Orchesterschule, Dz, OrchesterLtr. K: Freistehender Künstler (Trompeter), Staatstheater Kassel, Stadtorchester Kassel Wilh, hauptamtlicher Organist-Kantor, Landesposaunenwart (Rundfunkaufnahmen), Ausbilder einiger Preisteilnehmer d Wettbewerbes Jugend musiziert (drei BSieger), Konzertreisen nach Frankreich (Paris, Notre Dame). F: In Tageszeitschriften in Frankreich u Deutschland. E: Ehrenurkunden. M: BMusikAussch d MSB u d EKD Deutschlands. H:

Musik, Berge.

Heppenheimer Paul Dir
B: ZirkusDir. G: Badendieck, 9. Mai 1898. V: Maria, geb Berglehner. A: D–8000 München-Haar. S: Ausbildung als Artist. K: Schulreiter, Pferdedressur, Dompteur, Besitzer u Dir d ersten Vier-Masten-Zirkus Deutschland. F: In versch Zeitungen u Zeitschriften. D: Schausteller- u Zirkusreportagen. E: Versch Gold- u Silber-Medaillen u Ehrungen bayrischer Städte. M: BLV d Schausteller. H: Reisen in d versch Kontinente d Welt.

Herbort-Rossbach Petra
B: RedaktionsLtr d „Frauen-Reise-Familienmagazinprogramms" im Fernsehen d NDR. G: Salzburg, 4. Sept 1944. A: c/o NDR Fernsehen, D–2000 Hamburg 54, Gazellenkamp 57. S: Abitur, Stud d bildenden Künste, Praktikum, Volontariat beim HR. K: Freie Mitarbeit bei HR, ZDF, NDF, 1972 Gründung d ARD-Reisemagazins, RedaktionsLtg u Moderation, später Ausweitung d Abt d Frauenfeaturereihe u Familienmagazin im 1. Programm d Deutschen Fernsehens. H: Skifahren, Schwimmen, Musik, Malerei.

Herbst Heinz
B: Gewandmeister. G: Stockheim, 9. Juli 1956. A: D–8000 München 40, Hiltensberger Str 66. S: Grundschule, Mittlere Reife, Schneider-Handwerk. K: Bekleidungsnäher, Bekleidungsfertiger, Bekleidungsschneider, Facharbeiter, Gewandmeister bei Film, Theater (Festspiele). F: Bild u Funk, Bildzeitung. H: Filmen, Briefmarken.

Herhausen Wolfgang Günter
B: Kfm. G: 9. März 1921. V: Ursula, geb Müller. A: D–1000 Berlin 42, Tempelhofer Damm 122. S: Mittlere Reife, RealGymn Tempelhof Berlin, Kfm Ausbildung, Drogistenfachschule Berlin 1936–39. K: Führung eines Drogerie-Unternehmens mit Import v Schminken u Großhandel, 1952 1. Drogerie, Tempelhofer Damm 122, 1956 2. Drogerie, Mariendorfer Damm 67, 1960 3. Drogerie, Mariendorfer Damm 430, 1969 4. Drogerie, Hranitzkystr 18, Generalimporteur f Theatrical- and Film Make Up d Firma Max Factor Hollywood seit 1972. F: Fachzeitschriften: Deutsches Drogerien Fachblatt, Die Deutsche Drogerie, Deutsche Drogistenzeitung. M: Vors d DrogistenVerb Berlin seit 1974. H: Segeln, Skifahren, Schachspielen.

Herkner Rolf
B: Foto-Designer. G: Stuttgart, 17. März 1937. V: Monique, geb Rémondet. A: D–7000 Stuttgart 1, Panoramastr 25. S: Gymn, Fotografenlehre. K: KameraAss b Dokumentarfilm, künstlerische Entwicklung autodidaktisch u d Einfluß befreundeter Bildhauer, Maler u Graphiker, seit 1960 selbständig als freischaffender Photo-Designer, Hauptgebiet Werbefotografie. F: Div Publikationen im In- u Ausland. E: Div Auszeichnungen v: Art Directors Club of New York u Deutschland, v Grafik Design Deutschland uva. M: 1970 Berufung in d GDL, 1974 ausgetreten, 1971 Berufung in d DGPh, Verb bildender Künstler eV Baden-Württ, BFF.

Hermann Ingo Dr
B: Ltr d Abt Bildung u Erziehung ZDF. G: Bocholt/Westfalen, 23. Jan 1932. A: c/o ZDF, D–6500 Mainz, Postfach 4040. S: Abitur 1952, Dr theol 1958. K: 1959–63 Studentenseelsorge, 1963–69 Redakteur Kulturelles Wort beim WDR, Köln, seit 1969 Fernsehjournalist, Ltr d Abt Bildung u Erziehung beim ZDF. E: Deutscher Journalistenpreis 1968, Adolf-Grimme-Preis 1974.

Hermann Paul OStR iR
B: Komponist u Schriftsteller. V: Astrid, geb Schmidt. A: D–1000 Berlin 30, Potsdamer-Str 116. S: Oberschule, HS f Musik, Berlin. K: Musikerzieher, Einführer in Konzerte d HS u Philharmonie Westberlins f d Berliner Jugend. F: In Programmen u Prospekten. D: Kurzfilm: „Goldene Abendsonne" m eigener Musik, selbstgespielte Klavierkompositionen zum Film „Farben bringen Freude". E: Kulturpreis f Vorspiel zu „Mirandolina". M: GEMA, Deutscher Komponisten-Verb. H: Literatur (Veröffentlichungen), Philosophie.

Herold Helmuth
B: Musiklehrer, Komponist, Arrangeur. G: 1. Aug 1928. V: Ruth, geb Greiner. A: A–7218 Trossingen 1, Kirchsteig 14. S: Oberschule, Stud an d Städt Musikschule Trossingen. K: Lehrer f Harmonikainstrumente in Frankfurt, Berufung an d Lehrer-Seminar f Harmonikainstrumente in Trossingen, Solist mit d Mundharmonika, intern Tätigkeit, Komponist u Arrangeur f Funk- u Fernsehen. F: Hör Zu, Stern, Harmonika-Revue, Funkillustrierte, Tagespresse, europäische Fachzeitschriften. E: Goldene Dirigentennadel DHV. M: Deutscher KomponistenVerb, Deutscher HarmonikaVerb, SportVer, MusikVer. H: Sport, Wan-

dern, Basteln.

Herr Günter
B: Werbefotograf. G: Hamm/Westf, 29. Juni 1925. V: Hannelore, geb Koop. A: D–4300 Essen-Werden 16, Oberer Pusterberg 29. S: Mittlere Reife, Staatl Handelsschulabschluß, FotoKfmLehre. K: Nach Beendigung d Ausbildungszeit sofortige Selbständigkeit seit 1952, 1957 Gründung einer eigenen Werbeagentur, 1970 Gründung d color-station v fotoherr, ein Kodak-Fachlabor f Höchstleistungen im Laborbereich, fotoherr GmbH + Co mit Studios in Essen u Neu-Isenburg bei Frankfurt m Personalstand v ca 100 fest angestellten Mitarbeitern. F: In allen in- u ausländischen Zeitschriften. M: Industrie- u HandelsKam, HandwerksKam d Fotografen, Arbeitskreis f Fotografie AWI, Europhot.

Herrmann Helmut
B: Regisseur. G: Berlin, 20. Sept 1926. A: D–8000 München 40, Isoldenstr 26. S: Unterprima, mit siebzehneinhalb Jahren zum Militär eingezogen, Lehrzeit: 1953–56 RegieAss im Theater am Kurfürstendamm (Volksbühne) bei Prof O F Schuh, 1952–55 Schüler v Prof W Schmidt an d HS f Bildende Künste, Berlin, Bühnenbild u Kostüm, TheaterWiss. K: 1957 nach Hamburg zum NDR, zunächst als RegieAss, Theaterinszenierungen, ua „Fenster zum Flur" (2x, mit I Meysel) u „Liebe Familie", 1957 RegieAss: „Schöne Lügnerin" (J Olden), „Die unentschuldigte Stunde" (R Kutschera), „Gäste im Haus" (R Lothar), „Der Herzspezialist" (J Olden), „Helden" (F Farenburg), „Die liebe Familie" (J Olden), 1958 RegieAss: „Liebelei" (J Olden), „Die Abiturientin" (G Marischka), „Juchten u Lavendel" (H Käutner), „Kerzenlicht" (J Olden), „Golden Boy" (J Olden), „Die Lorbeermaske" (J Olden), „Die Brüder" (E Monk), „Die Beklagte" (J Olden), „Unser Herr Vater" (J Olden), „Die Ratten" (J Olden), 1959: „Die sechste Frau" (U Erfurth), „Die Caine war ihr Schicksal" (F Farenburg), Turandot", „Im sechsten Stock" (J Olden), „Neues im sechsten Stock" (J Olden), „Blühende Träume" (P Verhoeven), „Affäre Dreyfuß" (F Farenburg), 1960: „Untergang der Freiheit" (F Farenburg), „Adieu Prinzessin", „Korcak und die Kinder" (F Farenburg), „Fernsehgericht" (R Essberger), ab 1961 Regisseur v folgenden Filmen: „Circus Strassburger", „Trickbetrüger", „Der arme Matrose", „Der Biberpelz", „Der Rote Hahn", „Ein Buch mit Kapiteln", „Werner Müllers Schlagermagazin", „Hafenpolizei", „Melodie am Abend", „Marina y Alberto" (Ballett), „Berliner Eisrevue", „Alsterstraße" (Serie), „Zukunft der Straße", „Cliff Dexter", „Don Kosaken-Chor", „Frula" (Ballett), „Spiel ohne Grenzen", „Aktenzeichen XY" (Filmzuspielteile) „Beat Club", „Sylvester Sendung", „Ernst und Alexander", „Bitte umblättern", „Intern Musikforum Ossich", „Die Welt der Lucero Tena", div Karnevalssendungen, Bayerische Hitparade, Musikreport, Olympisches Gästebuch, 25 Jahre Kurt Edelhagen, Öffentliche Musikveranstaltung Lindau, „Glücksspirale", „Statt vieler Worte...", „Cindy u Bert u ihre Gäste", „Spielzeit", „Witz als Schicksal", „Ein verrücktes Paar", „Kölner Treff" (4x), „Als wär's heute gewesen" (Gert Fröbe), „Erinnerungen" „Grit u Harald feiern Silvester", „Rosenmontagszug", „Karnevalistische Hitparade", „Wiedersehen macht Freude" (3 Folgen), „Stachelschweine" (13 Folgen), „Guten Abend", „Sesamstraße" (92 Folgen) usw, Tätigkeit beim NDR, WDR, WWF, BR, ZDF, WDR/SR. H: Kochen, Krimis, Radfahren, Schwimmen, Kino, Zeichnen, Faulenzen.

Hersche Otmar Dr
B: Dir d Radio u Fernsehens DRS. G: Appenzell, 1. Juli 1934. V: Waltraud, geb Schmid. A: CH–Basel, St Albental 40. S: UnivStud d Germanistik u Soziologie in Fribourg, Köln, Bonn, Zürich, Abschluß in Fribourg, Dr phil. K: Redakteur b Aargauer Volksblatt, Radio-Mitarbeiter in Radio-Studio Bern, Chefredakteur im „Vaterland", Luzern, ProgrammDir v Radio DRS, Dir v Radio u Fernsehen DRS.

Hespos Hans Joachim
B: Komponist. G: Emden, 13. März 1938. V: Erdmute, geb Nell. A: D–2870 Delmenhorst, Amundsenstr 13. K: Werke: „keime und male", Tage d neuen Musik, Hannover 1968, „Mouvements", 1976, „scapa", 1976, „pleuk", 1976, „CHE", 1977, „Sns", 1976, „Kammermusik für Orchester", Metz 1976, „das triadische ballett", Berliner Festwochen 1977, „cang", „tetok", Westdeutscher Rundfunk Köln 1978, „stoub", Enemblia 1979, Mönchengladbach, „dor", Paris 1978, „bratschgeschloif", Saarbrücken 1978, „go", im Auftrag d Westdeutschen Fernsehen Köln 1978, „einander bedingendes", Neue Musik in Delmenhorst 1969, „pico", 1979, „break 2", 1978, „passagen 2", 1979, „gelb", Ensemblia 79, Mönchegladbach 1979. F: Jazz Podium 1975, Stuttgart ua. M: IGNM.

Hesslein Bernd C
PS: Clemens Coslin. B: Journalist, Redakteur beim NDR-Fernsehen. G: Wiesbaden, 12. Aug 1921. A: D–2000 Hamburg 61, Frustbergstr 31. Tel: 040/581407. S: Gymn, Kriegsdienst, Gefangenschaft, Polytechnikum London: englische Literatur u Geschichte, extern Cambridge Certificate, London School of Economics, Volontariat „Norddeutsche Zeitung". K: Freier Korrespondent in London, Nachrichtenredakteur „Hannoversche Rundschau", Deutsche Presseagentur, Tagesschau ARD, Redakteur „Panorama" NDR-Fernsehen, Korrespondent f NDR-Zeitgeschehen u Tagesschau, Featur ua über „Studenten in Uniform", „Das totale Fernsehen", „Das Fernsehen und seine Kritiker", „Werkzeitschriften". F: Berichte in Zeitungen, Zeitschriften u Hörfunk über Bundeswehr, Sicherheitspolitik u Friedensforschung, Buchveröffentlichung: „Panorama", „Die unbewältigte Vergangenheit der Bundeswehr". M: RFFU, Arbeitskreis Militär u SozialWiss (AMS), Intern Institute for Strategie Studies, London (IISS), Hamburger FürsorgeVer f Gefangenenhilfe (freiwilliger Bewährungshelfer). H: Uhren, Geduldsspiele, Bilder.

Heyder Haymo Henry
B: Tonmeister. G: Cilli/CSSR, 29. März 1942. A: D–8000 München 19, Olgastr 2. S: High School Minneapolis/USA, Abitur in Caracas, Venezuela, Stud (n c) ElektroTechn an d TH München. K: Ass bei versch Tonmeistern, selbständiger Tonmeister bei Fa Rob Houwer-Film, München, Ltr d Tonstudios d Fa Rob Houwer-Film u d Fa Dedo Weigert-Film, München, seit 1973 wieder freiberuflicher Tonmeister, zZ bei Fa TeleNova f d TV-Serie „Derrick", Tonmeister bei „Kaspar Hauser", „Herz aus Glas", „Stroszek", Mischtonmeister bei „Türkische Früchte", „Fata Morgana", „Aguirre, oder d Zorn Gottes". H: Fotografie u lateinamerikanische Musik.

Hilf Willibald
B: Intendant, StaatsSekr aD. G: Niederlahnstein, 26. Mai 1931. V: Helga, geb Heise. A: D–7570 Baden-Baden, Hermann Sielcken-Str 60. S: Gymn, Univ Mainz, Stud d Rechts- u StaatsWiss, 1955 1. jur Staatsprüfung, 1959 Große jur Staatsprüfung. K: 1956–61 StadtR v Niederlahnstein, 1959–69 Parlamentar Geschäftsführer d CDU-Landtagsfraktion v Rheinland-Pfalz, 1969 StaatsSekr u Chef d Staatskanzlei v Rheinland-Pfalz, Mtgl d VerwaltungsR d Südwestfunks, seit 1972 dessen Vors, 1974–76 stellv Vors d Kmsn f d Ausbau d techn Kommunikationswesen. E: EhrenSen d HS f VerwaltungsWiss in Speyer, 1977. H: Klavier, Orgel.

Hilker Karl
B: FilmKfm, Geschäftsführer d Film-Betriebe Hilker u Co. G: 10. Jan 1900. A: D–4933 Blomberg/Lippe, Diekmannstr 2 A. S: Grundschule, Fachschule. K: Nach Schulentlassung 1914 als Lehrling in einem Elektrogeschäft, Ende 1917 Wehrmacht, 1919 Beendigung d Lehre, dann zum Film, 1922 Eröffnung eines Filmtheaters, es folgten weitere, 1950 7 Theater, seit 1968 2 Filmtheater. F: Film-Echo, Lippisch-Landes-Zeitung, in regionalen Tageszeitungen. E: Viele Auszeichnungen, zB 35 Jahre TurnVer, 50 Jahre Filmtheater, 50 Jahre Freiensänger uva. M: TurnVer, GesangsVer, Feuerwehr, HeimatVer usw.

Hillfeld Jürgen
B: FotografenMstr. G: Welver/Soest, 19. Apr 1942. V: Ute, geb Pyka. A: D–4840 Rheda-Wiedenbrück, Wilhelmstr 30. S: Lehre bei Foto Streil, Soest, danach 2. Bildungsweg, Abitur in Hamburg. K: LaborLtr bei Foto Rühmkorf, Hamburg, LaborLtr bei Foto Köppelmann, Paderborn, StudioLtr bei Foto Köppelmann, LIM, Paderborn, seit 1979 selbständig. F: Freiberuflich tätig f versch Zeitungen. E: Diplome v Agfa u Colour Art Photo. M: Fotografen-Innung, APP, Colour Art Photo. H: Freiballon fahren.

Himmer Helmut
B: Komponist, Texter. G: Berlin, 8. Okt 1904. V: Maria, geb Dill. A: D–8970 Immenstadt/Allgäu, Färber Str 12. Tel: 08323/8746. S: Mittelschule, MusikStud bei KapellMstr u Komponist Lothar Bär, Berlin. K: Zahlreiche Werke als Komponist, zB Ungarische Romanze „Magyaria" „Mardschanah" Maurisches Intermezzo, Walzerlied „Wenn die Liebe Sünde wär", Ungarisches Lied u Csardas „In einer Pusztaschenke" (Text u Komposition), Afrikanische Nacht, Kinderlieder u Vortragslieder f Margarete Bruch (Vertonung ihrer Dichtungen), usw, Schallplattenaufnahmen, Werke bei versch Verlagen verlegt. M: GEMA. H: Ölmalerei.

Hinrichs Dieter
B: Fotograf. G: Göttingen, 1. Apr 1932. A: D–8000 München 40, Amalienstr 40. Tel:

089/282648. S: 1956–58 Bayerische Staatslehranstalt f Fotografie in München. K: 1959–61 fotografische Tätigkeit in Südafrika, Afrikareisen (Bildberichte), seit 1964 freiberuflich als Fotograf tätig mit eigenem Studio, Reisen in d U UDSSR, Israel, USA, Polen, Irland, Türkei. F: Süddeutsche Zeitung (Feuilleton), Die Zeit, Das Deutsche Lichtbild, Photography Annual, Gebrauchsgrafik, The British Journal of Photography (London). E: Ausstellungen: 1971 KunstVer Düsseldorf, 1975 KunstVer München „Amalienstraße", 1978 KunstVer München „Urlandschaft", 4x Weltausstellungen d Fotografie (Stern).

Hinz Hans
B: Fotograf. G: Düsseldorf, 7. Apr 1913. V3 Hermine, geb Wiedmer. A: CH–4123 Allschwil, Henenweg 119. S: Sekundarschule Zürich, Tiefdruck, Retoucheur u Fotograf, Fotolithograph, Colorfotograf. K: Früh Beschäftigung mit d Farbfotografie, 1934 Herstellung d ersten druckreifen farbfotografischen Papierbilder in der Schweiz (im Pinatypie-Verfahren), dann Verbesserung d Verfahrens (Pigmentverfahren), seitdem nur noch als Farbfotograf tätig, bemühte sich besonders um d Verbesserung d Techniken in d versch Verfahren, namhaft beteiligt an d Entwicklung v farbigen Kunstbüchern, 1939 Herstellung d ersten Farbgroßdiapositive f Ausstellungszwecke, Landesausstellung 1939, 14 Farbdias (Mikro- u Makro-Aufnahmen), frühe Beschäftigung mit d versch Maskierverfahren, ca 15 Jahre lang d einzige Fotograf in d Schweiz, welcher Farbaufnahmen machte (bis 1946: Einführung d Kodachrome- u Ektachrome-Planfilme), seit 1950 Beschäftigung mit farbigen Experimenten, 1951 Teilnahme an d Weltausstellung d Photographie in Luzern mit experimentellen ua Farbfotos. F: Veröffentlichungen: „Malerei in Thailand", 1973, „Plastik in Thailand", 1972, „Kunst und Volkskunst in Bali", 1977, Buchveröffentlichungen. M: SPHU, SWB.

Hirschmann Hans
B: HauptabtLtr, Produzent. G: Stuttgart, 22. Juli 1930. V: Brigitte, geb Escher. A: D–7570 Baden-Baden, Am Birkenbuckel 22. S: Abitur. K: 1949–55 mehrjährige Ausbildung in Filmtechnik Dramaturgie u Produktion d UFA-eigenen Capitol-Film, ab 1956 Produktions-Ass bei mehreren Film-ProduktionsGes, zuletzt bei CCC-Film als persönlicher Referent v Arthur Brauner, 1959–62 ProduktionsLtr b Südwestfunk Baden-Baden, Werbefernsehen, ab 1963 stellv AbtLtr Fernsehen-Unterhaltung b Südwestfunk Baden-Baden, seit 1967 HauptAbtLtr Fernsehen-Unterhaltung beim Südwestfunk Baden-Baden u Geschäftsführer d Werbung im Südwestfunk GmbH Baden-Baden, Produzent zahlreicher Fernseh-Serien, Unterhaltungssendungen, Fernsehspiele u Dokumentarspiele.

Hitzenberger Elisabeth
B: Filmproduzentin. G: Wien, 24. Mai. A: D–1000 Berlin 21, Thomasiusstr 11. S: Matura, Max-Reinhardt-Seminar, Wien, Univ Wien, Stud d Ethnologie. K: Schauspiel u Regie in Basel, Wien, Frankfurt, Berlin, seit 1970 Produzentin u Regisseurin f Dokumentarfilme, bis jetzt 69 Filme. E: Goldmedaille f Lepra-Film, 1973.

Hoch Peter
B: Komponist. G: Pirmasens, 15. Sept 1937. V: Christel, geb Mauss. A: D–7218 Trossingen, Königsberger Str 2. S: Staatsexamen als Musiklehrer, Stud an d Badischen HS f Musik in Karlsruhe, Staatl HS f Musik in Saarbrücken (Meisterklasse f Komposition bei Heinrich Konietzny). K: 1961–74 Instrumentallehrer am Staatl Otfried-von-Weißenburg Gymn in Dahn, 1966–70 Fachlehrer f Musik im Volksschuldienst, 1964–68 Teilnehmer d „Kurse f Neue Musik" in Köln, Studien bei Henri Pousseur u Karlheinz Stockhausen, Teilnehmer an d Intern Ferienkursen f Neue Musik in Darmstadt u München (Elektronisches Studio), seit 1974 Doz an d BundesAk f musikalische Jugendbildung in Trossingen, zahlreiche Rundfunkproduktionen im In- u Ausland, konzertante Aufführungen, Auftragswerke, Vortragstätigkeit. E: 1973 Förderpreis d KulturMin Rheinland-Pfalz f junge Künstler, Förderungspreis d Südwestfunks.

Hoepffner Marta
B: Kinetische Künstlerin u Fotografin. G: Pirmasens, 4. Jan 1912. A: D–7993 Kressbronn am Bodensee, Eichendorffweg 56/58. S: Stud bei Prof Willi Baumeister an d Kunstschule in Frankfurt/M Malerei, Grafik, Fotografik. K: 1949 Gründung einer privaten Fotoschule in Hofheim am Taunus, nach d Studium seit 1948 Technik v Interferenzbildern u Fotogrammen in polarisiertem Licht, 1949 erste Einzelausstellung im Frankfurter KunstVer, seit 1965 Schaffung v Variochromatischen Lichtobjekten, 20 Einzelausstellungen, 40 Ausstellungsbeteiligungen, 1 Fernsehfilm über d Fotoprivatschule

u 2 Fernsehfilme über die Variochromatischen Lichtobjekte, mehrere Werke in versch in- u ausländischen Museen. F: 2 Bildbände, zahlreiche Publikationen in in- u ausländischen Mappen, Büchern u Zeitschriften ua. M: BFF. H: Sammeln moderner Kunst.

Hoff Hannes
B: Ltr d Programmgruppe Unterhaltung u Musik beim WDR. V: Helga, geb Schlüter. A: D–5216 Niederkassel, Rathausstr 75a.

Hoffmann Felix
B: Eidg Dipl Fotograf. G: Basel, 14. Juli 1929. V: Verena, geb Kloetzer. A: CH–4058 Basel, Clarastr 36. S: Grundschulen, Handelsfachschule, kfm Berufsschule, Kunstgewerbeschule, kfm Lehre, Fotografenlehre. K: Eidg Meisterprüfungen: Diplomierter Kfm, diplomierter Fotograf, Inhaber d Fa Hoffmann Photo Kino AG. M: Schweiz PhotographenVerb, Schweiz Werkbund SWB.

Hoffmann Ingfried
B: Komponist, Arrangeur, Produzent. G: Stettin, 30. Jan 1935. V: Gisela, geb Reschke. A: D–5000 Köln 50, Friedensstr 8. S: Abitur, Stud d MusikWiss, Phil, Psychologie. K: Ua Komponist d Musik d deutschen Sesamstraße.

Hoffmann Niels Frédéric
B: Komponist. G: 28. Juli 1943. V: Zsuzsanna, geb Béress. A: D–2000 Hamburg 60, Sierichstr 175. S: Abitur, 1. u 2. Staatsexamen als Schulmusiker. K: Intern bekannter Komponist u Musiktheoretiker, 3 Opern, 3 Ballette, Orchesterwerke, KamMusik, Lieder u Songs, Film- u Theatermusiken, neben zahlreichen wiss Aufsätzen das Buch: „Harmonielehre d Popularmusik“, Dirigent u Interpret eigener u anderer Werke. E: Bach-Preis d Hansestadt Hamburg, Stipendiat d Oscar u Vera Ritter Stiftung, Mtgl zahlreicher intern Jury's. M: Vorst d MJD, stellv Vors d Inst f Neue Musik u Musikerziehung.

Hoffmann Norman
B: Schauwerbegestalter. G: München, 26. Juni 1938. V: Ursula, geb Stelzig. A: D–8135 Söking-Agerweide, Alpspitzstr 27. S: Grundschule, Lehre im Kaufhaus Hertie München. K: Nach d Lehre, Werbung bei CONSUM u EDEKA (Lebensmittel), 1965 Chefdekorateur bei Kosmetik Firma SANSSOUCIS 757, Baden-Baden, seit 1967 selbständig tätig, Kosmetik, Parfüm, Pelze, Modegeschäft, Reise- u Flug- u Ausstellungswerbung. E: Durch Fachkurse Erlangung d Berufspasses Nr 295 1966 beim Bund Deutscher Schauwerbegestalter. M: Bund Deutscher Schauwerbegestalter. H: Werbung, Fotos, Autos, Reisen.

Hoffmann Otto-Carl
B: Fotograf. G: Bassum, 26. Feb 1930. A: D–2830 Bassum, Sulinger Str 7. S: Realschule, Gymn, Mittlere Reife, 1. Berufsausbildung als Drogist, dann über d Famous-Photographers-School Ausbildung zum Fotografen. K: Drogist, Fotograf, jetzt tätig im eigenen Fotostudio, Portrait-Reportage. F: Einige Veröffentlichungen in d Hauszeitschrift d FPS. E: Prämierung d Besten Kinderfotos f Deutschland beim Wettbewerb „Kinder d Welt“ durch d FPS. H: Foto, Tennis, Segeln.

Höfken Otto Peter
B: Ltd Ang d DFV eV. G: Bozen, 3. Dez 1928. A: D–6682 Ottweiler/ Saar, Goethestr 8, Postfach 72. S: Grundschule, Staatl Handelsschule. K: Als Buchhalter in versch Unternehmen 1978 in dieser Funktion auch zum DFV eV in Ottweiler gekommen, seit 1979 Prok. F: Hör Zu, Gong, Bild u Funk (als Pr d Verb d Hörfunk u Fernsehteilnehmer d Saarlandes). M: 1964 Gründer d Verb d Hörfunk- u Fernsehteilnehmer d Saarlandes (Pr). H: Klassische Musik, Biographien (vor allem prominenter Künstler).

Hofmacher Diether Dir
B: MusikschulDir. G: Wiesbaden, 10. März 1935. V: Brigitte, geb Leib. A: D–4780 Lippstadt/Westf, Mercklinghausstr 176. S: Konservatorium, Musikseminar Wiesbaden, MusikHS Frankfurt, MusikHS Westfalen-Lippe. K: Freiberuflicher Musikerzieher u Kirchenmusiker, 1961 Wechsel in d Schuldienst, seit 1967 MusikschulDir u GymnMusikerzieher. F: Patriot Lippstadt. M: VdMK, VDS, AfS. H: Theologie.

Höft Heidi
B: ProduktionsSekr, Ass. G: Hamburg. A: D–2000 Hamburg 26, Caspar Voght-Str 26. S: Mittlere Reife, 3 Jahre Ausbildung bei Volker Bergmann, Filmproduktion Hamburg. K: Seit 1970 als freiberufliche ProduktionsSekr u Ass beim ZDF u deren Auftragsfirmen (Polyphon, Film- u FernsehGes, Studio Hamburg) tätig. H: Der Beruf.

Höhler Erwin Dir Doz
B: MusikschulDir, Doz. G: Düsseldorf, 3. Mai 1937. V: Annemarlene, geb Liesenfeld. A: D–5216 Niederkassel-Ranzel, Ohmstr 8. S: Abitur, Univ Köln, Stud d MusikWiss, Mathematik, Psychologie, Phil, Staatliche HS f Musik Köln (Schulmusik, Staatsexamen 1964). K: 1963 Lehrauftrag d Rheinischen Musikschule Köln (Konservatorium) f OrchesterLtg (CVJM-KammOrchester öln), 1964 Lehramt an d Schulen Frankstraße in Köln, 1965 Ltg d Musikschule Beuel, nebenamtlich, 1970 Dir d Musikschule Wesseling (Aufgabe aller anderen Tätigkeiten), 1971 Regionalsprecher d Verb deutscher Musikschulen f d Regierungsbezirk Köln, Mtgl im Team d VdM „Musikalische Früherziehung", 1972 nebenamtlich Lehrauftrag an d Fachoberschule f Sozialpädagogik Sieglar: Ausbildung v Kindergärtnerinnen m Praktikum im Bereich musikalischer Vorschulerziehung, ab 1971 Ltg v Konzerten m d Dozenten-Orchester d Musikschule Wesseling, seit 1972 Video-Techn im Einsatz an Musikschulen. M: FörderVer d Jugendmusikschule Wesseling eV (Vorst), Tanz- z Gesellschafts-Club Rondo Bonn eV (Schatzmeister), LandesVorst d Verb deutscher Musikschulen eV Nordrhein-Westfalen, GDMK. H: Briefmarken Europas, Tonfilme, Diaschau, Turniertanz, Alpinismus, Vinothek u natürlich Musik.

Holan Eric
B: Meisterfotograf. G: Wien, 18. Sept 1946. A: A–1030 Wien, Dampfschiffstr 6/2/4 und D–5000 Köln 60, Ludwigshaferstr 11. Tel: 0222/721316. S: Grundschule, Ak d bildenden Künste, Staatl LehrAnst f Fotografie, Meisterprüfung f Fotografie, Englisch, Französisch, Holländisch. K: 1964/65 Standfotograf in Hollywood, 1966 Fotoausstellung in Rio de Janeiro, 1967 Welt-Fotoausstellung 1. Platz in Berlin, 1972 Foto-Ausstellung Amsterdam, Nijmegen 1974 Köln, 1976 Ehrung f d besten Fotos d Jahres, Schlagerstars Essen. F: Tageszeitungen in d BRD, Niederlande, Frankreich, Italien, Großbritannien, Österreich u USA, Illustrierte, Biographien über d Kamerasammlung in Deutschland, Österreich u England. D: Eine kleine Filmrolle als Fotograf 1974. E: 1967 Weltfotoausstellung, 1972 Pokale in Amsterdam, Wien, Goldenes Mikrofon, 1974 in Köln u 1976 in Essen: Pokale u Auszeichnungen (Diplome). H: Suchen alter Kameras, Objektive, Fotobücher, alte Fotos (arbeitet wiss an Photo-History in Österreich u Europa), 1979 Große Kameraausstellung in Wien-Zentralsparkasse.

Holbe Rainer
B: Moderator f ZDF u RTL, Journalist. G: 10. Feb 1940. V: Rose-Marie, geb Kirsch. A: L–Rameldange, 2 Rue du Rahm, Luxemburg. S: Abitur, Ausbildung als Journalist b „Frankfurter Rundschau". K: Journalist bei Zeitungen u Zeitschriften, Moderator bei ARD, später ZDF, Redakteur bei Radio Luxemburg seit 1974. F: Div Veröffentlichungen in versch Zeitungen u Zeitschriften ua. D: Moderator d „Starparade". E: Hessischer Journalistenpreis 1970. H: Ton-Schmalfilm, Reisen.

Holl Johann
PS: John Holl. B: Komponist, Texter, Verleger. G: 2. Juli 1925. A: D–8000 München 40, Frankfurter Ring 138. S: Konservatorium Berlin. K: Seit 1948 eigene Musik-Ensembles m weltweiten Engagements, seit 1970 unabhängiger Verleger (Musikverlag „Absolut Musik"), seit 1968 GEMA-Mtgl. F: Burda, Presse, Süddeutsche Zeitung, Münchner Abendzeitung, div Auslands-Publikationen. M: GEMA, Ind- u HandelsKam, Deutscher Golf-Verb. H: Golf, Foto u Film-Amateur.

Holler Angelika
B: FotografenMstr. G: Lübeck, 11. Dez 1950. V: Manfred Holler. A: D–4400 Münster, Bremer Str 17. S: Mittlere Reife. K: 3 Jahre Lehre bei Herrn von Schwanewede, dann als Fotografin in Travemünde, Dortmund u Bochum, MstrPrüfung 1976, seitdem eigenes Geschäft. H: Fotografie, mein Kind u Ehemann.

Hollmann Carlheinz
B: Journalist u PR-Berater. V: Gerti, geb Daub (Miss Germany). A: D–2125 Luhmühlen, Waldring 20. S: Abitur, kfm Ausbildung m Abschluß als AußenhandelsKfm. K: Seit 1953 Rundfunk- u Fernsehjournalist, Gründung d PR-Beratungsfirma HOLLMANN PRODUKTION 1967 in Berlin u Luhmühlen, Fachjournalist f Politik, Wirtschaft, Aktuelles b NDR u ZDF, sowie bei anderen Rundfunkanstalten, Moderator d TV-Sendungen „Aktuelle Schaubude", „Schaufenster Deutschland", „Nightclub", „Was wäre wenn . . .", „Das ist Ihr Leben" ua. F: In allen deutschsprachigen Zeitungen, Zeitschriften, Illustrierten ua. H: Familie, Reisen, Schwimmen, Tennis, Fotografieren, Unterhaltungselektronik.

Höltermann Paul KapellMstr
B: Kapellmeister. G: Hannover, 4. Feb 1919. V: Helene, geb Neustädter. A: D–3200 Hildesheim, Kaiserstr 7. S: Mittelschule, mit 9 Jahren Klavierunterricht, 8 Sem Städt Konservatorium u Stipendium d Stadt Hannover. K: 1945 KapellMstr, 1946 TheaterkapellMstr, 1950–63 Bandleader u Pianist in Bars u Cabarets, seit 1963 KapellMstr, Arrangeur u Ballettrepetitor am Stadttheater Hildesheim, daneben seit 1977 freier Mitarbeiter als Pianist im großen Unterhaltungsorchester d NDR-Hannover, Allround-Pianist (v Konzert b modern-jazz). F: Ca 40 moderne Tanzkompositionen v versch deutschen Musikverlagen veröffentlicht, alle Titel wurden v vielen Funkorchestern, auch in Österreich u d Schweiz aufgenommen u gespielt, viele Bühnenmusiken zu Schauspielen komponiert, auch mehrere Neubearbeitungen v Operetten u Musicals in Hildesheim aufgeführt. M: GEMA. H: Altertumsforschung, Astronomie, NaturWiss, moderne Tanz- u Unterhaltungsmusik, Autofahren.

Holzamer Karl Dr Prof
B: Intendant aD. G: Frankfurt/M, 13. Okt 1906. V: Helen. A: D–6500 Mainz, Friedrich Schneider-Str 32. S: Abitur, Stud d Phil, Pädagogik, Romanistik, Germanistik, 1929 Promotion. K: 1931 Staatsexamen f d Lehramt an Volksschulen, Schulamtsbewerber in Bonn u Köln, Ass d Pädagogischen Abt b WDR Köln, dann Sachbearbeiter b WDR, 1939 Kriegsberichter b d Luftwaffe, Gefangenschaft in Frankreich, erst außerordentlicher Prof, ab 1952 ordentlicher Prof an d Univ Mainz, Vors d Rundfunkrates d SWF bis 1960, ab 1962 Intendant d ZDF b 1977, nunmehr em Prof an d Univ Mainz. E: Großes BVerdienstkreuz m Stern, Großkreuz d Gregoriusordens m Stern, Bayerischer Verdienstorden, Ordre du mérite, Silbernes Ehrenzeichen m Stern d Republik Österreich, Ehrenzeichen d Roten Kreuzes, Gutenberg-Plakette uva. M: Mtgl d AufsR d FSM München, d Beirates d Teleskopie, EhrenMtgl d Kuratoriums d Aktion Sorgenkind, Mtgl d Kuratoriums v VISNEWS London, d Kuratoriums d Deutschen SPorthilfe, Mtgl d Deutschen UNESCO-Kmsn, Vors d Kuratoriums d Erziehungswiss HS Rheinland/Pfalz.

Höpler-Heindl Elisabeth
B: Modefotografin. G: Graz, 13. Dez 1930. A: A–1190 Wien, Dennweg 33. S: Gymn, Matura, Grafische Lehr- u Versuchsanstalt, Wien. K: Gesellenprüfung, 1 Jahr als Ass in München, 2 Jahre in New York, MstrPrüfung. F: National Geographic, Für Sie, Brigitte, Kataloge. M: Fotografische Ges, Wien. H: Zeichnen, Malen, Garten, Musik.

Hoppen Heinrich
PS: Hofo. B: Fotograf, Bildberichter. G: Stockhausen-Neuwied, 2. Juni 1901. A: D–5000 Köln 1, Roonstr 39/41, D–5000 Köln 30, Postfach 300528. S: Höhere Fachschule, Ausbildung zum Fotografen, MstrPrüfung. K: Bildberichter. F: DPA, in Illustrierten, wie Stern, Quick, Neue Revue. E: Medaille d Königshauses, Oslo 1931, Dankschreiben d Königin Friedericke, Athen 1954, M Dumont Schauber, Anerkennung u Präsent, Köln 1957. M: Fotografen-Innung Köln (Handwerks Kam), ZentralVerb Deutscher Fotografen, München. : Pferdesport.

Horber Ruedi
B: Mode- u Werbefotograf. G: Zürich, 13. März 1949. A: CH–8032 Zürich, Cäcilienstr 8. S: Handelsschule mit Dipl-Abschluß, Fotoschule mit Abschluß in München. K: Volontär u Ass bei Heinz Mueller in Zürich, Ass in München bei Will McBrite, Ass u Fotograf bei HP Mühlemann Studio Naw, seit 4 Jahren selbständig. F: Annabelle, Meiers Modeblatt.

Hornemann Ruth
PS: Ruth Lemke. B: Bühnenlehrerin. G: 25. Apr 1917. A: D–1000 Berlin 19, Reichsstr 83. S: Studienanstalt, Kunstschule, Laban-Diplom, Schauspielausbildung. K: Engagement als Tänzerin b d Bayreuter Festspielen, Engagement als Schauspielerin: Cuburg – Wuppertal, Berlin, Dresden, Tourneen ua, pädagogisch tätig seit über 20 Jahren. F: Westdeutsche u Berliner Zeitungen, Theater-Fachzeitung. D: „Kabale u Liebe", „Agnes Bernauer", „Egmont", „Wie es euch gefällt" uva. E: Kriegsverdienstkreuz, Ehrengabe d BPrAmtes. H: Malen, Musizieren.

Horsch Hans KamMusiker
B: Bayrischer KamMusiker, Komponist. G: Odenheim, 13. Feb 1921. V: Maria, geb Bienek. A: D–8022 Grünwald, Rotwadstr 9. S: Internat f Musik, Instrumentalunterricht bei Prof Fritz Sertl, München, Komposition bei Prof Wolfgang Jacobi, München. K: 30 Jahre Mtgl d Bayr Staatsorchesters Nationaltheater München, danach freischaffender Komponist u Musikpädagoge, Komponist f Rundfunk u Fernsehen. M: GEMA. H: Leben.

Hossfeld Ralf Prof
B: Dirigent. G: Wien, 6. Nov 1941. V: Christine, geb Coudek. A: A–1110 Wien, Udelweg 39. S: RealGymn, Abitur, HS f Musik in Wien (Klavier, Orgel, Posaune, Komposition), KapellMstr. K: Stadttheater Baden bei Wien, Wiesbaden, Hamburg, 2 Jahre Ass bei L Bernstein in New York, seit 1964 an Staatsoper Wien, seit 1966 bei großen Opernproduktionen f Platte u Fernsehen als Subdirigent f Karajan, Bernstein, Solti, Böhm ua. F: In Fachzeitschriften, zB HiFi Sterephonie 1971 (Titelbild mit L Bernstein u Artikel über d Aufnahme „Rosenkavalier"). M: TierschutzVer. H: Ski, Tennis, Karate, Wandern.

Huber Wilfried
B: Chefkameramann, Ltr d Abt Bild d HR. G: Dornbirn, 7. Jan 1926. V: Ruth, geb Rehfeld. A: D–6365 Rosbach 1. S: Stud f Kamera u Regie bei Ing Plesner u Dr Ulrich Kayser. K: Regie u Kamera b Westfilm Wien, freier Kameramann bei Ufa ua, seit 1957 im HR Chefkameramann u Ltr d Abt Bild, Chefkameramann f Fernsehspiele u Filmproduktionen sowie anspruchsvolle Unterhaltungssendungen zB: „Eine etwas anspruchsvolle Dame", „Sonnenfinsternis", „Drei Rosen aus Papier", „Nachtasyl", „Puntila u sein Knecht Matti", „Flüchtlingsgespräch", „Trauer muß Elektra tragen", „Kraft d Gesetzes", „Graf Öderland", „In d Sache I. Robert Oppenheim", „Kabale u Liebe", „Aus Gründen d Sicherheit", „Der Teufel u d liebe Gott", „Cäsar u Cleopatra", „Pericho le", „Die Irre v Chaillot", „Mons Lamberthier", „Biologie u Tennis", „Abwerbung", „Der Geizige", „Nur einer wird leben", sowie Unterhaltungssendungen m H J Kulenkampf. E: Mehrere nationale u intern Auszeichnungen. H: Reitsport, Antiquitäten.

Huber Wolf
B: Fotograf. G: Stuttgart, 1. Feb 1939. A: D–8000 München 40, Heßstr 132. Tel: 089/1€5473. S: Abitur, Fotofachschule, Kameraausbildung SDR. K: Abwechselnd auf folgenden Gebieten tätig: Illustriertenreportagen, Filmfotos (30 Spiel- u Fernsehfilme), Reisereportagen, Industriereportagen, Dokumentationen v Künstleraktionen, Industriefotos, Touristikfotos, Landschaften, Portraits, Atelierfotografie. F: Stern (ca 50), Quick (ca 50), Spiegel, Eltern, Twen, Bravo, Bild der Zeit, Vital, X, Merian, sämtliche Film-, Fernseh- u Kunstzeitschriften, Foto-Magzin, modern photography, sämtliche große deutsche Tages- u Wochenzeitungen, International Photography Yearbook, British Journal of Photography Yearbook. H: Paddeln, Segeln, Reisen, Konstruieren Basteln u Verbessern v Fotogeräten, Studiogeräten u Lampen, Entwicklung eigener Fototechniken.

Hubrich Aristid
B: Kameramann, Regisseur f Fernsehen u Film. G: London, 6. Mai 1928. V: Ilse, geb v Lasser-Zollheimb. A: GB–London SE 26 6 XB, 30 Hall Drive. Tel: 004417784237. S: Dulwich College, London. K: Associated Rediffusion London, NDR, ZDF, European Television Services. M: Royal Photographic Society,British Kinematographic Society, Foreign Press Association, Royal Automobile Club. H: Gastronomie.

Hugel Fred
B: FotografenMstr, Werbefotograf. G: Ludwigshafen/Rhein, 4. Apr 1930. V: Helga, geb Wende. A: D–7730 Villingen/Schwarzwald, Arnikaweg 11. S: Gymn. K: Fotografenlehre in Konstanz, Spezialausbildung Schule f Werbefotografie Adolf Lazi in Stuttgart, Lazi Diplom, danach 7 Jahre Fotograf in einer Kunstanstalt in Pforzheim, dann AbtLtr d Fotografie in einer Kunstanstalt in Villingen, MstrPrüfung 1955 in Konstanz, seit 1964 selbständig als Werbefotograf, Eröffnung eines Studios f Werbefotografie. F: Photo-Magazin München, Intern Photo-Technik, Photo Graphis - Walter Herdeg Zürich, namhafte Zeitschriften im In- u Ausland. E: Diplom Schule Lazi Stuttgart, Fotowettbewerbe. M: CentralVerb Deutscher Fotografen. H: Wandern, Sportfischen.

Hügler Elmar
B: Autor, Regisseur. G: Caupheim/Württ, 3. Apr 1933. V: Rose-Marie, geb Storer. A: D–2800 Bremen 1, Sven Hedinstr 7. S: Abitur, Stud d LiteraturWiss u Philosophie, einjährige Lehrtätigkeit an Hum Gymn. K: 1962–73 Filmemacher u ständiger Mitarbeiter f Dokumentarsendungen am Süddeutschen Rundfunk-Fernsehen, seit 1974 Ltr d Programmgruppe „Kultur u Gesellschaft" bei Radio Bremen-Fernsehen. F: Veröffentlichungen zur Filmtheorie u medienkritische Texte in Zeitungen u Zeitschriften Die Zeit Deutsche Allgemeine Sonderblatt, Stern ua. D: Regie in folgenden Filmen: „Das Wiener Burgtheater", „Kunst u Ketchup", „Das Klassenbild", „Marguerite Duras", „Klagelieder im Hunsruck", „Frau S" ua, Sendereihen: „Notizen vom Nachbarn",

„Grenzstationen", „Reservate", bis heute über 50 Filme. E: Goldene Kamera f „Notizen vom Nachbarn", Mention Speciale f „Eine Priesterweihe" beim intern Fernsehfestival in Monte Carlo, Hauptpreis d Sportfilmtage Oberhausen f „Grenzstationen", „Silvretta See", Preis d Kuratoriums Deutsche Altershilfe f „Umsiedlung ins Altenheim". H: Klavierspielen.

Hummel Bertold Prof
B: Komponist. G: Hüfingen (Baden), 27. Nov 1925. V: Inken, geb Steffen. A: D–8700 Würzburg, Anne Frank-Str 5. S: Abitur, Stud an d HS f Musik in Freiburg/Breisgau, Komposition u Violoncello. K: Konzertreisen als Violoncellist u Komponist, Kantor, seit 1963 Lehrer f Komposition an d HS f Musik in Würzburg, Ltr d Studios f Neue Musik, Hauptwerke: Oper „Des Kaisers neue Kleider", Ballett „Die letzte Blume", 3 Sinfonien, Sinfonische Dichtungen, Werke f Kammerorchester, Messen (ua Würzburger Dommesse), Kantaten, Motetten, Orgelmusik u Kammermusik f versch Besetzungen, Schauspielmusiken u elektronische Kompositionen. F: Werke bei folgenden Verlagen: Bonifacius, Bosse, Calig, Christophorus, Coppenrath, Echter, Edition modern, Peters, Pustet, Schott, Schuberth, Simrock, Zimmermann. E: Stipendiat d BVerb d deutschen Industrie, Stipendium: Cité des arts intern de Paris, Kompositionspreis d Stadt Stuttgart Schumann-Förderpreis d Stadt Düsseldorf. M: Deutscher KomponistenVerb, GEMA. H: Familie (6 Söhne), Reisen.

Huppert Erwin DPh
B: Directeur de photographie. G: Wien, 1923. A: F–75005 Paris, 15 Rue des Ursulines. S: Beaux-Arts. K: Peintre, marionnettiste, comédien, décorateur de théatre, réalisateur de film: 1 long-métrage, 14 ct-métrages, Dir de la photographie: 20 long-métrages, env 50 court-mét, Auteur du „Memento technique du cinéma", et co-auteur du „Manuel du technicien du film", articles techniques dans plusieurs revues du cinéma en France et en Allemagne. E: Prix de la critique pour le „Film Russe" au Festival d'Hyères 77. M: Society of Motion Picture and Television Engineers. H: Film.

Husner Roland
B: Geschäftsführer. G: Großwangen, 14. Sept 1955. A: D–6022 Großwangen, Postfach 37. S: Primar- u Sekundarschule, Lehrabschluß als DetailhandelsAng. K: Nach 3 Jahren Lehre zum DetailhandelsAng Beförderung zum Geschäftsführer. F: In Zeitungen. H: Musik, Genießen, Tennis, Fotografie, gut Essen, Reisen.

Hütter Peter
B: FotografenMstr. G: Stuttgart, 20. Okt 1922. V: Elfe, geb Sandner. A: D–7992 Tettnang, Kirchstr 12. S: Mittlere Reife, Fachschule f d Grafische Gewerbe, Stuttgart. K: 1939–41 Fotografenlehre bei Foto Hütter, Schorndorf, 1946–51 Fotogeselle bei Foto Hütter, 1951–54 FotoMstr bei Foto Swiridoff, Schwäbisch Hall, 1954 eigenes Foto-Studio in Ravensburg, 1975 Übernahme v Foto Tremmel, Tettnang. F: Kataloge f Ausstellung Barock am Bodensee, 1962 Architektur, 1963 Malerei, 1964 Plastik, 1965 Meisterwerke der Malerei, 1967 Meisterwerke der Plastik, Veröffentlichungen in Büchern u Zeitschriften, Industriekataloge f Nothelfer Ravensburg Thyssen usw. E: Colour Art Ausstellung auf d Photokina, Auszeichnungen bei div Wettbewerben. M: Colour Art Photo, Plus Foto, CV Deuschtland d Fotografen. H: Skifahren, Autofahren, Tennis.

Huttig Willi ABCV
B: Fotografenmeister. G: Karlsbad/Altrohlau, 28. März 1909. A: D–8130 Starnberg, Zweigstr 1. F: Foto Magazin, Münchener Merkur, Süddeutsche Zeitung, DPA uva. E: 44 intern kunstfotografische Ausstellungen ausgezeichnet, ausgezeichnet als Sportler d Jahres d Stadt Starnberg. M: ABCV Deutscher AlpenVer, CentralVerb deutscher Fotografen. H: Fotografie, Sport.

Icheln Andrea
B: FilmproduktionsSekr. G: Hamburg, 30. Mai 1952. A: D–2000 Hamburg 70, Bornkamp 1 A. S: Mittlere Reife, Handelsschule. H: Schwimmen, Skifahren, Zeichnen.

Ihlau Fritz Dr phil
PS: Fred Langen (f moderne rhythmische U-Musik). B: Komponist. G: Hannover, 28. Aug 1909. V: Ursula, geb Salewski. A: D–5632 Wermelskirchen 2, Lüdorf 27. Tel: 02193/883. S: Privatunterricht in Kompositionslehre u Kontrapunkt bei Prof Hans Stieber, 1930 Abitur auf d Oberrealschule a d Lutherkirche in Hannover, Stud an d Philsophischen Fakultät an d Univ Marburg/Lahn (1930–31) u Mün-

chen (1931–35), Stud d MusikWiss, TheaterWiss (Oberkurs bei Prof Kutscher), ZeitungsWiss, Geschichte ua, 1935 Promotion zum Dr phil. K: Schon während d Schulzeit erste Kompositionen (meist orchestral), nach d Promotion anfangs freier Mitarbeiter als TonMstr am Rundfunk Hannover, nach technischer Spezial-Ausbildung an d „ReichstonMstrSchule" am damaligen Reichssender Frankfurt (ab 1936) planmäßiger TonMstr am ehem Reichssender Königsberg/Preußen, nach d Krieg freischaffender Komponist, ab 1950 TonMstr, ab 1953 Erster TonMstr am Westdeutschen Rundfunk Köln, 1964 in Ruhestand, seitdem wieder freischaffender Komponist. F: Bei versch Gelegenheiten vorwiegend in d Rundfunkzeitschrift Hör Zu, auch in vielen Zeitungen, ua Hannoverscher Anzeiger, Hannoversches Tageblatt, Niedersächsische Tageszeitung, Südost-Kurier (Bad Reichenhall), Wermelkirchener Generalanzeiger, Morgenpost, Cuxhavener Presse, u in d Zeitschriften Radio-Welt, Essener Revue u Kurzeitung Bad Wiessee. E: EhrenMtgl d MännergesangsVer „Die Wupperhofer" in Solingen (mit BPr Walter Scheel u Kammersänger Karl Ridderbusch ua). M: BerufsVerb Deutscher Komponisten, IDK – InteressenVerb Deutscher Komponisten, Ver Deutscher TonMstr. H: Basteln, Gartenarbeit.

Illg Rolf Max

B: Szenenbildner, AusstattungsLtr. G: Stuttgart, 31. März 1924. V: Doris, geb Rentschler. A: D–7320 Göppingen, Erzbergstr 30. Tel: 07161/75974. S: 1939–42 Ausbildung als Reproduktionstechniker, 1946–49 Stud an d Ak d Bildenden Künste, Stuttgart, bei Prof Gollwitzer, Prof Baumeister, 1949–50 Stud u Arbeiten als Mime bei Jean Soubeyran in Paris (Schule Etienne Decroux). K: 1950 Filmarbeiten bei d Cinematheque Francaise als Mime u Szenenbildner mit Jean Soubeyran, 1951 Gründung d Pantomimenensembles „Die Gaukler" mit Harry Raymon in Stuttgart, Gastspiele in d BRD, Italien u Österreich, 1953 Mtgl d „Deutsch-französischen Pantomimenensembles Jean Soubeyran" in Düsseldorf, Gastspiele in d BRD u Frankreich, 1954 Filmarbeiten (als Mime) mit Jean Soubeyran beim Fernsehen d Süddeutschen Rundfunks Stuttgart, 1954–62 Maler, Ass u Szenenbildner beim Fernsehen d Süddeutschen Rundfunks in Stuttgart, seit 1962 Ltr d Abt Ausstattung beim Fernsehen d Süddeutschen Rundfunks Stuttgart. F: Div Artikel, Kritiken u Interviews im Rundfunk, in Tageszeitungen ua Presseorganen im In- u Ausland. D: Dekorationen u Bauten in folgenden Fernsehfilmen: „Guter Rat ist billig", „Spanische Tänze", „7 Wünsche", „Seltsames Interview", „Zu Rast bei Marga", „Susan Y Jose", „Der eingebildete Doktor", „Lotte Lenya", „Pygmalion", „Der Svend Saaby Chor", „Der schöne Gleichgültige", „Episode am Nachmittag", „Das große ABC", „Bonsoir Kathrin", „Fräulein Pardon", „Viel Vergnügen", „Fanny", „Dr Med Hiob Prätorius", „Kennen Sie die Milchstraße", „Bei Anruf Mord", „Tanzpalast", „Pas De Deux", „Wenn sechse eine Reise tun", „Parallelen", „Von Petersburg bis Kronstadt", „Nichts Neues bei Herrn Müller", „Der Schlagbaum", „Der Frieden unserer Stadt", „Letzte Etage", „Der Zerrissene", „Die kleinen Verwandten", „Komische Geschichten", „Die große Arie", „Beckett oder Die Ehre Gottes", „Skandinavien Import", „Dreht Euch nicht um", „Bürogeschichten", „Tom und seine Söhne", „Flug in Gefahr", „Umbruch", „Peter und der Wolf", „Zeitsperre", „Der Mann aus Brooklyn", „Wir machen Musik", „Crumbles letzte Chance", „Schiff nach Valparaiso", „Dig Here", „Bedenkzeit", „Tage der Rache", „Die sich Christen nennen", „Plonk I", „Rendezvous bei Catrin". H: Malerei, Literatur, Skilaufen, Sporttauchen.

Illin Eugen

B: Komponist. G: Pod Biskupice/CSSR, 2. Nov 1924. V: Michaela, geb Cenek. A: CH–8437 Zurzach, Breitestr 18, D–8000 München 81, Vollmannstr 23. Tel: 056/492023 oder 089/916117. S: Konservatorium Prag (Kompositionslehre), dann HS f Musische Künste in Prag, bei Prof Ridky u Alois Haba. K: Zahlreiche Kompositionen E u U-Musik, Musik f viele Spiel- u Fernsehfilme, Bühnenmusik, Ballette, Musicals usw. E: Mit Preisen ausgezeichnete Filme: ua „Verlorene Revue" (Goldene Rose, Montreux), „Die Liebe einer Blondine" (zum Oscar vorgeschlagen), „Opa, Kilian und ich" (1. Preis, Venedig), „Jaider, der einsame Jäger" (BPreis BRD). M: Mtgl d Deutschen KomponistenVerb. H: Tennis, Schwimmen, Schach.

Imdahl Heinz

B: Kammersänger. G: Düsseldorf, 6. Aug 1924. V: Johanna, geb Holzner. A: D–8212 Übersee, Chiemgauhof. S: HS f Musik in Köln. K: Operndebut an d Düsseldorfer Oper unter G Gründgens, dann Staatsoper München (unter

Dr G Hartmann), Staatstheater Bremen (unter W Hanke), Staatsoper Unter Den Linden, Ostberlin (unter E Kleiber), Deutsche Oper Am Rhein, Düsseldorf (unter Dr H Juch), Staatsoper München seit 1969 (unter R Hartmann, G Rennert, A Everding). F: Westermanns Monatshefte, Quick, in allen Zeitschriften über Oper u Theater. D: 4O Partien im Baritonfach. E: Pressepreise in München u Wien. H: Jagd.

Imlau Hans Günther
B: Film- u Fernsehproduzent. G: Danzig, 7. März 1920. A: D–2000 Hamburg 1, Adenauerallee 10. K: Alleininhaber d Firmen SATOR FILM Hans Günther Imlau, SATOR WERBE-VERLAG Hans Günther Imlau. M: BVerb Deutscher Fernsehproduzenten, Dramaturgische Ges, InteressVerb Deutscher Schauspieler, Handelsrichter beim Landgericht Hamburg.

Immel Liselotte
B: FilmKfm. G: 6. Apr 1937. V: Klaus Immel. A: D–6792 Ramstein M 1, Landstuhler Str 13. S: Mittlere Reife, Lyzeum Kaiserslautern, Kfm Lehre in Möbelfabrik, FilmKfm. K: Seit 1956 selbständige Filmtheaterbesitzerin, 5 Theater, 1 Autokino (erstes zweisprachiges Autokino in Rheinland-Pfalz). M: Mtgl d Kreistages Landkreis Kaiserslautern, VorstMtgl d MIT-Bezirks-Vorst Pfalz, VorstMtgl d WirtschaftsVerb d Filmtheater Rheinhessen-Pfalz. H: Die Arbeit.

Inasaridse Karlo Dr
B: Funkregisseur, Funkautor. G: Tbilissi/Georgien, 15. Nov 1919. A: D–8000 München 90, Schönstr 72a. S: Stud: Film in Tbilissi, TheaterWiss, Rechte in München, Film im Inst f Filmwesen München. K: Seit 1953 Funkregisseur, Funkautor, Funkjournalist im Radio Liberty in München. E: Ehrenurkunde d Freistaates Bayern. H: Skilaufen, Studienreisen.

Inbal Eliahu
B: Dirigent. G: 16. Feb 1936. V: Helga, geb Fritzsche. A: c/o Hessischer Rundfunk, D–6000 Frankfurt/M, Bertramstraße. S: Abitur, Dipl f Violine d MusikAk in Jerusalem, DirigierStud am Conservatoire National Supérieur in Paris, Kurse bei Franco Ferrara in Hilversum. K: Seit 1964 Gastdirigent in d Musikzentren Europas, Amerikas, Japans, Tourneen m d Israel Philharmonic Orchestra in Australien, Südamerika u d USA, Teilnahme an d Festspielen in Salzburg, Luzern, Berlin, Besancon, Verona, Holland Festival, seit 1974 Chefdirigent d Radio-Sinfonie-Orchesters Frankfurt. D: Fernsehportrait: Eliahu Inbal probt u dirigiert Ravel, Fernsehproduktion m Geistlicher Musik, Fernsehaufnahmen v 8 Sinfoniekonzerten. E: 1. Preis b Intern Dirigentenwettbewerb „Guido Cantelli" Novara 1963, Premio Decennale di Benemerito della Cultura, Palermo 1975. H: Fotografie, HiFi.

Ivancic Vera
B: Ballettmeisterin. G: Sarajevo, 5. Apr 1939. A: D–5800 Hagen, Adolfstr 9. S: Abitur, BallettStud. K: Gruppentänzerin, Solotänzerin, Ballettmeisterin, Ballettpädagogin. F: In mehreren Theaterkritiken. D: Das klassische Ballettrepertoire v „Romeo und Julia" bis „Giselle" sowie mehrere Opern, Operetten u Musicals. M: GDB. H: Malen, Kochen, Blumenzüchten.

Jacob Kurt
B: Choreograph, Regisseur. G: 5. Feb 1926. A: D–8000 München 5, Isartalstr 45 A. S: Mittlere Reife, Tanzausbildung in Berlin bei Max Terpis, Sabine Ress, SchauspielStud bei Eduard Winterstein u Lily Donneker in Berlin. K: 1. Engagement in Berlin Theater am Nollendorfplatz als Tänzer, später als Solotänzer, 2 Jahre als jugendlicher Held am Nationaltheater Osnabrück, Filmhauptrolle bei Regisseur Carl Boese, Theatertätigkeit bei Victor de Kowa in Berlin, Solotänzer u erste Choreographien am Nollendorf-Theater u Titania-Palast in Berlin, Choreograph bei mehreren Brauner CCC Revuefilmen, Choreograph SFB-Fernsehen in Berlin, durch Michael Pfleghar zum Südfunk-Fernsehen, Stuttgart, Südfunk-Ballett erstes, festes, deutsches TV-Ballett, Choreograph Bavaria GMBH München, Theatertätigkeit Städt Bühnen Augsburg als Choreograph u Thalia-Theater in Hannover als Regisseur (Operetten), Theater am Gärtnerplatz in München Gastchoreographie, Industrie u Modeschauen Wella, Mac Can Companie, Opel, Seidensticker-Dunlopillo-Paradies-Betten, Belinda, Job, zur Zeit freischaffend bei ARD u ZDF-Fernsehen. F: In Fernseh- u Radiozeitschriften. D: Hauptrolle „Beate", TV-Reklame in USA. H: Tiere.

Jacobi Elga
N: Bayly Elga. B: Fotografin, Journalistin. G: Berlin, 25. März 1911. A: E–Palma de Mallorca, El Terreno, Calle Dos de Mayo 8–10. Tel:

003471/232832. S: Lyzeum Berlin. K: Nach 1945 gemeinsam m Werner Borchmann Eröffnung d Foto-Studios Borchmann-Jacobi in Berlin, 1933 Veröffentlichung v Feuilletons u Gedichten in d Berliner Presse. F: In allen Zeitungen bes Zeitschriften, Fotoausstellungen in Deutschland, bes Berlin. H: Reisen, Schwimmen, Kochen.

Jacobs Wolfgang
B: Fotograf, Bildberichterstatter. G: Prieweg, 13. Mai 1948. A: D–6000 Frankfurt 60, Martin Luther-Str 48. S: Mittlere Reife, Lehre, Praktikum. K: Versch Labors, LaborLtr, dann Reportagen, versch Studios. F: Fachzeitungen, Zeitschriften im med Bereich. H: Tennis, Fliegen, Motorrad, Motorsport.

Jacoby Max A
B: Fotograf. G: Koblenz, 8. Juni 1919. V: Hilla. A: D–1000 Berlin 33, Spessartstr 15. Tel: 030/8211815. K: Fotojournalist, Arbeit f Ind u Werbung, Bücher: „The Land of Israel", „Sweden", „Bethlehem" ua, Ausstellungen in Buenos Aires, Wien, Berlin, Mailand, Tokio ua. F: In Zeitungen u Zeitschriften in Deutschland, USA, Südamerika, Spanien, Frankreich, England, Japan uva. E: 4 Gold-Medaillen, Photokina Obelisque, uva. H: Klassische Musik, Jazz, Fotografie, Film.

Jaeger Willy-Ludwig Prof
B: Organist, Pianist, Konzertbegleiter, Komponist, zZ Privatmusiklehrer. G: Berlin, 28. Dez 1895. A: D–6350 Bad Nauheim 1, Otto Weiss-Str 10. S: MusikStud Berlin, Ak Inst f Kirchen- u Schulmusik Berlin. Priv-Stud bei Berliner Dom-Organisten Prof Walter Fischer, d russischen Konzertpianisten Joseph Lhevinne u d Komponisten Prof Fr E Koch, Senator d Berliner Ak d Künste. K: KirchenmusikDir an d Berliner Paul Gerhardt-Kirche, HS-Doz an d Staatl MusikHS in Weimar u am Salzburger Mozarteum (spez f Ausländerkurse), etwa 4000 In- u Auslands-Konzerte, Rundfunk-Verpflichtungen in d ehemaligen „Funkstunde" Berlin, im Deutschlandsender im Deutschen Kurzwellensender, bei den Sendern München, Köln u Beromünster uva, Tourneebegleiter weltberühmter Künstler, 1928–31 ständiger Partner v KamSänger Leo Slezak Wien. F: Funkstunde, Der Deutsche Rundfunk, Musikwoche, Der Film v Heute, Meister d Tonkunst in Salzburg, Schweizer Radio-Zeitung, Licher Kirchenmusiktage, Frankfurter Neue Presse, Frankfurter Rundschau, Giessener Anzeiger, Oberhessischer Anzeiger uva. E: Ehrenplakette d Wetteraukreises u Verdienstkreuz am Bande d Verdienstordens d BRD. M: Verb Deutscher Tonkünstler u Musiklehrer, Mtgl d VHS Bad Nauheim, d „Mildred Scheel-Kreises" (Deutsche Krebshilfe), GEMA. H: Autogramme berühmter Künstler, Briefmarkensammler, Vogel-Liebhaber.

Jäger Wolfgang
B: ProgrammDir, Journalist. G: Hamburg, 11. Apr 1920. V: Heike, geb Feilitz. A: D–2000 Hamburg 13, Klosterallee 60, c/o Norddeutscher Rundfunk, D–2000 Hamburg 13, Rothenbaumchaussee 132. S: Gelehrtenschule d Johanneums, Univ Hamburg, Rundfunkschule d NWDR. K: Seit 1948 NWDR bzw NDR, 1950–64 Ltr d Jugendfunks, 1953–54 zugleich Ltr Echo des Tages, 1961–63 stellv Ltr d HauptAbt Wort, 1964–69 Ltr d HauptAbt Wort, 1970–72 stellv ProgrammDir HF, seit 1972 ProgrammDir HF. F: Zahlreiche Publikationen zur Zeitgeschichte, Rundfunkmanuskripte, Features u Kommentare.

Jakob Günther
B: RegieAss. G: Ascheberg/Kr Plön, 21. Juli 1946. V: Dr Ines, geb Caesar. A: D–1000 Berlin 44, Tellstr 1. S: Abitur, Stud: Jura, Politische Wiss, Publizistik. K: Neben d Stud als AufnahmeLtr gearbeitet, dann als full-time-job, dann als RedaktionsAss gearbeitet, seit einem Jahr als RegieAss tätig. M: Deutsche LebensrettungsGes. H: Motorsportflug, Fotografie ua.

Jakob Werner Heinz
B: Bmtr. G: Mährisch-Schönberg, 19. Mai 1940. V: Inge, geb Dorbath. A: D–8700 Würzburg, Am Schwarzenberg 17. S: Grundschule, Mittelschule, Beamtenfachschule. F: Quick, Photoblätter (Agfa), Ruf, Kirchenzeitung (kath), Illustration d Lyrikerbuches v Peter Tresz „Es reden alle Dinge", 1971, Rita Latussek Verlag, Würzburg. E: Zahlreiche Preise auf nationalen u intern Fotowettbewerben. M: 1. Vorst im Fotoclub „Würzburger Fotofreunde". H: Fotografie, Reisen.

Jansen Manfred
B: Portraitfotograf. G: Isengraben, 20. Nov 1947. A: c/o foto studio jansen studio für exklusive portraits, D–4050 Mönchengladbach 2, Limitenstr 56. S: Grundschule. K: Ausbildung als Horizontalbohrer, 8 Jahre lang PolizeiBmtr, Portraitfotograf. M: Mtgl d Vereinigung führender europäischer Porträtfoto-

grafen, Colour Art Photo, Arbeitskreis Porträt-Fotografie im CentralVerb Deutscher Fotografen, EinzelMtgl d Europhot. H: Fotografieren.

Janssens Peter
B: Komponist. G: Telgte/Westfalen, 17. Juni 1934. V: Wilgard, geb Büse. A: D–4404 Telgte, Am Jägerhaus 8. S: Abitur, Stud an d MusikHS in Köln, Stud an d Univ Münster/Westf, MusikWiss, Soziologie u Geschichte. K: Seit 1964 freischaffend im Bereich Theater- u Kirchenmusik, 1966–75 musikalische Ltg bei d Bad Hersfelder Festspielen, 1967 Burgtheater Wien, 1969 Düsseldorfer Schauspielhaus, 1970/73 Tübingen, 1972/73/74 Göttingen, 1974 Darmstadt u Wiesbaden, 1975 Castrop-Rauxel, 1968 Gründung d eigenen Musikverlages, 1972 Gründung d eigenen Musikstudios (Produktion v 32 Langspielplatten), 1976 Gründung d Gesangsorchesters Peter Janssens, 1979 Gründung d Musik Theater Telgte, Musikdramatische Werke: Menschensohn, Ave Eva, Circus Mensch, Franz v Assisi, Uns allen blüht d Tod, Astrein, u drei Kinder-Musicals. D: „Circus Mensch", „Menschensohn". E: 1971 Hersfeldpreis f Schauspieler, 1972 dreimaliger Preisträger im Wettbewerb „Neues Kirchenlied", Kieler Segelolympiade. M: GEMA, Mtgl d KomponistenVerb. H: Reisen nach Lateinamerika u Afrika.

Jaskon Günter
N: Günter Jaskola. B: Kapellmeister, G: Eichtal, 3. Dez 1938. V: Irmgard, geb Kloska. A: D–5000 Köln 71, Nehalfenshof 7. S: Privatunterricht u Musikschule. K: Fünf Jahre Mtgl versch Showbands u seit 1967 Ltr d intern Showband Jaskon Five, 1 Single, 1 EP, 1 LP. F: In versch Zeitschriften. D: In Fernsehsendungen. M: GEMA. H: Briefmarken, Skifahren, Angeln.

Jensen Peter
B: Fernsehjournalist, RedaktionsLtr „Aktuelle FS-Berichterstattung", 1. Redakteur u Reporter. G: Cuxhaven, 8. Feb 1938. V: Karin, geb Köhler. A: D–200O Hamburg 65, Saselbergweg 78. S: Abitur, 9 Sem Betriebswirtschaft. K: 1963 Volontariat beim NDR, 1964 RedaktionsAss, 1966 Redakteur, 1972 Redakteur mit besonderen Aufgaben, 1974 1. Redakteur u RedaktionsLtr „Aktuelle FS-Berichterstattung" in d HA Sport, beim NDR. F: In div Tages- u Fernsehzeitungen, Reportagen anläßlich d Olympischen Spiele u Weltmeisterschaften. M: Ver Deutsche Sportpresse. H: Tennis, drei Kinder, Garten.

Jent Louis
B: Regisseur, Schriftsteller. G: 26. Jan 1936. A: CH–8143 Sellenbüren. K: Schriftsteller, Drehbuchautor, Regisseur, seit 1971 eigene Filmproduktion: Louis Jent Productions, Bücher: „Ausflüchte" Roman, „Lächle noch einmal Cynthia" Erzählungen, Filme: „Wirb oder stirb" Fernsehunterhaltung, „Imitationen" Fernsehunterhaltung, „That's Nice" Musikfilm, „Das sexte Programm" Fernsehunterhaltung, „Die Magd" Kino u Fernsehen, „Die Mutter" Fernsehfilm, u weitere zahlreiche Werbefilme. E: Qualitätsprämie d Eidg Dep d Inneren 1976 f „Die Magd", Silberne Sirenuse Festival Sorrento 1977 f „Die Magd", zahlreiche Preise f Werbefilme an intern Werbefilmfestivals (Cannes, Berlin, Dublin). M: Verb Schweizerischer Filmproduzenten, Gruppe Olten (SchriftstellerVer).

Jentzsch Christine
B: Fotografin. G: Baden bei Wien, 10. Apr 1944. V: Franz Jentzsch. A: D–2050 Hamburg 80, Hinterm Graben 35. S: Grundschule, Höhere Handelsschule, AbendGymn. K: Bis 1965 Lehre als Fotografin in Hannover, 1966 Auswanderung nach Kanada, Festanstellung u freiberuflich tätig in Montreal, weitere Stationen: Genf, Frankfurt, Hamburg, seit 1975 selbständig, in Montreal erfolgte nach d Gesellenzeit in Deutschland eine Ausbildung als Anlageberaterin in einer Bank (Swiss Bank Corp for Can Investement Ltd), danach ebenso Anlageberatung (Societe De Bangue Süisse) in Genf u Frankfurt u Hamburg, schließlich selbständige Porträtfotografin, zahlreiche Ausstellungen in der Hamburger Umgebung. F: 1978 Profi-Foto (vorm Fachkontakt), 1978 Artikel v 1975–79 über d Arbeitsweise u Ausstellungen. E: Ehrenpreis f d beste Gesamtleistung im APP Wettbewerb v CentralVerb Deutscher Photographen „Porträt 78" (1. Preis). M: APP, AWI, Hamburger Innung f Fotografen. H: Garten, Menschen, Fotografie.

Jepsen-Föge Helmut
B: Redakteur. G: Svendborg/Dänemark, 28. Aug 1925. V: Mi, geb Ohlsen-Kressing. A: D–5020 Frechen-Königsdorf, Meisenweg 18. S: Abitur, HandelsHS Kopenhagen. K: Ressortchef beim „Nordschleswiger", Zeitung d deutschen Minderheit in Dänemark (Sitz Apenrade), dpa, Deutsche Presse-Agentur,

Chef v Dienst, DEUTSCHE WELLE, Köln, RedaktionsLtr d Dänemark-Redaktion bei Deutschlandfunk, Köln. H: Filmen, Basteln, Reisen.

Jeske Willy
B: AufnahmeLtr. G: Münsterberg/Pommern, 5. Mai 1912. V: Erna, geb Hösch. A: D–8803 Rothenburg/Tauber. S: Mittelschule, Ballettausbildung. K: Tänzer: Großes Schauspielhaus Berlin, Charell-Nollendorf Theater, Saltenburg, Komparse, Kleindarsteller, kleine Rollen in Filmen während d Tätigkeit als AufnahmeLtr, UFA, AufnahmeLtg Kongo Express, Das leichte Mädchen, Kora Terry, Film ohne Titel-1, AufnahmeLtg 3 Jahre „Rühmann" ua, Herr v Anderen Stern, Rote Katze, Kupferne Hochzeit, Ich mach Dich glücklich ua, Vom Teufel gejagt, Knig für eine Nacht, Begierden, Mutter sein dagegen sehr, Ich heiße Nicki, Tausend rote Rosen, Bis wir uns wiedersehen, Weibertausch, Ein Herz spielt falsch, Fanfaren der Ehr, Weg ohne Umkehr, Das zweite Leben, Die goldene Pest, Viele kamen vorbei, Holliday am Wörther See, Hurra die Firma hat ein Kind, einige als 2. AufnahemeLtr nebenbei, wie Zeiss, Werbefilme, Vorbereitung u Sonntagskonzert f d Fernsehen, einige amerikanische Produktionen, zB Rattenfänger, Royal Flash ua. F: Arbeitsberichte im Fachzeitschriften u Tageszeitungen, Großer Fotobericht in d Film Revue 1955 (Der Mann im Hintergrund). D: Kleine Episoden in einigen oben angeführten Filmen. H: Schmalfilmen, Malen.

Jessen Holger
PS: Mozart. B: Fotograf. G: Flensburg, 4. Jan 1944. A: D–2390 Flensburg, Sophienstr 5. S: Dänische Privatschule, Mittlere Reife, Fotograf, IndustrieKfm, Chemiegraph, Druckformenhersteller. K: 1960–65 Werbeatelier, 1963–68 Roadmanager versch Rockbands, seit 1968 Musikproduzent, 1972 Sex-Filme, seit 1973 Werbefotografie, 1975 Druckformenherstellung, 1977 Kfm-Diplom, seit 1978 Werbeagent PR. F: Rodox Trading Copenhagen, Private Magazin, Hamburger Morgenpost, Berlingske Tidende Copenhagen, Flensburg Avis, Gooden Dag Leeve Lüd Schleswig. D: „Hurra, die Rattles kommen". E: Div Preise bei Fotoausstellungen im In- u Ausland. H: Segelsurf, Gartenarbeit, Roulett, Skat, Billard, Spielen.

Jetter Karl-Heinz Prof hum WRAV
PS: Charlie. B: Grafik-Designer. G: Lübbecke/Westfalen, 10. Feb 1948. V: Christel, geb Klein. A: D–4995 Stemwede 2, Dielingen 314, Postfach 2004. S: Klöckner-W Metallberufsschule, Marine-Schule Mürwick, Schauspielschule Flensburg, KunstAk Dortmund, Univ Kiel, Stud d HumanWiss u Soziologie, Famous Artists School, Westport, USA, Sales-Seminar VBW Rheda i W. K: Schüler, Metallfacharbeiter, Elektroniker, Kartograf, Luftbildfotografie, Nolde-Kunstkreis, Biografie Menschen ohne Aggression, Sales-Manager VBW Rheda i W, Vereinigte Zeitungsverlage Westfalenblatt Bielefeld: Redaktion Humor u Freizeit, Atelier-Grafiker, Gebrauchsgrafik: Markenartikelwerbung, Fremdenverkehr. F: Falke, telewig, Oetker Tiefkühlkost, Sanobub-Eiskrem, Lärmschutz, Autos, Sport, Tanzveranstaltungen, Kunstausstellungen, Messen. D: „Nachtlicht", „Rumfaß" (Niederdeutsche Bühne Flensburg). E: Flüchtlinge/Forum innerdeutsche Zusammenarbeit 66, VBW Rheda sci-winner 73, Deutsches Rotes Kreuz Ehrennadel u Orden f besondere Verdienste WRAV, Intern Kunstkreis Sardegna: 1. Preis Surrealismus u Moderne. M: BRAHIBIS Bielefeld, Vulcan Assocatione Savdegna, ADAC, Kunsthalle Bielefeld, 3W Verb, Evang Kirche, Deutsches Rotes Kreuz. H: Tauchen, Eissegeln, Paddeln, Flugzeugmodellbau, Sex, Karate.

Jezovsek Janko
B: Komponist. G: Maribor, 28. Feb 1945. A: D–3550 Marburg 1, Postfach 1550, D–7033 Herrenberg 2, Weingartenstr 43. Tel: 07032/73435. S: MusikHS in Zagreb, Frankfurt/Main u Köln. K: Stud in d Komponistenklasse v Milko Kelemen, „Zagreber Bienale" ua slowen Festivals, zusammen mit Silvio Foretic Gründung d Ensemble f neue Musik, 1965 nach Frankfurt, GesangsStud bei Helmut Krebs, daneben als Organist, Pianist u Chordirigent, 1968 Fortsetzung d KompositionsStud bei Herbert Eimert in Köln (Electronic), 1970 nach Lauterbach, Initiator d „Lauterbacher Musiksonntage" sowie d „Lauterbacher Sang- u Klang-Tage", Gründung d kabarettistischen „circus musicus", ein intern Forum f Volksmusik, Arbeit mit Chören, Blaskapellen, Tourneen, Schallplattenproduktionen, dann Tätigkeit in Zimmer- u Kellertheatern, gelegentliche Kompositionsaufträge, 1967 Zyklen f d Tänzerin Dore Hoyer, f d Graham-Technikerin Yuriko Kikuchi, später zum Teil electronisch aufbereitet, 1971 „Arnoldsheimer Choräle" (Texte v R Kunze, K Marti, Ringelnatz, F Rohrer, J Spohn, H Wohlgemuth, L Zenetti), Kontakt mit d Frankfurter Chansonsänger Fritz

Bücheler, Märchenmusik (nach W Hauff) „Das häßliche Entlein" f d Frankfurter Tanzstudio Luley, Kurzoper „Kasimir und Jaromir", Oper „Carmilhan" f d Schauspieler Josef Bogner, jüngster Auftrag d Kasseler Staatstheaters (Bühnenmusik). E: Anerkennungspreis f d Zyklus „Nebelpsalter", 2. Preis f d Weihnachtsgeschichte „Jesu Geburt".

John Fritz
B: Komponist (Orchestermusiker, staatl geprüfter Musiklehrer). G: Schwerin/Warthe, Posen, 21. März 1906. V: Doris, geb Schröder. A: D–2400 HL-Travemünde, Steenkamp 65. S: Schulabschluß, Fortbildungsschule, Lehrer-Seminar, Schlesisches Konservatorium f Musik, Breslau (Landesmusikschule), Staatsexamen als Musiklehrer an d Univ Breslau. K: Nach versch Tätigkeiten in kleinen Ensembles u Orchestern 13 Jahre lang Solocellist am Schauspielhaus Breslau, 1938–45 Funkoffizier in Norwegen, amerikanische, norwegische u zuletzt englische Kriegsgefangenschaft, 1945 nach Lübeck, zuvor in Breslau Gründer u Flötist d Breslauer Bläser-Kammermusikvereinigung (intensive Beschäftigung mit Kammermusik), laufende u langjährige Konzerttätigkeit auf d Podium u im Funk, 17 Jahre lang Mtgl d Städt Orchesters Lübeck (Theater, Oper, Sinfonie), seit 1950 freischaffend tätig als Musiklehrer u Komponist sowie als Orchestermusiker bei Städt Bühnen Lübeck (Cello, Flöte u Schlagzeug), Werke f Blasmusik: Deutsche Suite, Panorama, Lyse-Kloster, Arabisches Märchen, Sandviken-Serenade, Märsche, Walzer, Tänze. F: Fotos in Verbindung mit Artikeln in d Lübecker Nachrichten u in lokalen Zeitschriften. D: Mitwirkung bei Film- u Schallplattenaufnahmen als Solist u im Orchester. E: Viele Auszeichnungen im In- u Ausland, Pokale ua mit Gravuren (Anerkennung). M: Langjähriges Mtgl in FachVerb, seit 1936 Mtgl d GEMA, Künstlergilde, Fachgruppe Musik ua. H: Konzert-Manager, Wandern.

Johne Otto Franz
B: Zeichner u Maler. G: Aue-Erzgebirge, 25. März 1904. V: Centa, geb Finsterle. A: D–8972 Sonthofen/O-Allgöu, Metzlerstr 23. S: Grundschule, Malerhandwerk, Ausbildung Bildende Kunst bei Prof Heimann u Prof Dörner, München. K: Freischaffend tätig. F: Bekannte Deutsche Berg- u Alpine Monatshefte, Kunstzeitschriften, Kataloge m Reproduktionen nach Originalarbeiten. M: Mtgl d BerufsVerb bildender Künstler, München u Schwaben-Süd. H: Reisen, Bergsteigen, Skilauf.

Johner Hans-Rudolf
B: HS-Lehrer, Komponist, Dirigent. G: 28. Sept 1934. V: Marianne, geb Heierling. A: D–6800 Mannheim 61, Kloppenheimer Str 56. S: MusikAk Zürich, MusikHS Karlsruhe u Heidelberg-Mannheim, Univ Heidelberg, Dipl f Schulmusikerzieher, als Chor- u Orchesterdirigent, Dipl f Musiktheorie. K: Tätigkeiten als Chor- u Orchesterdirigent, als Orgelsolist u als Komponist. F: Vorwiegend in regionalen Zeitungen. E: Div Kompositionsaufträge ua d Stadt Mannheim, d Stadt Ludwigshafen, d Inst f Kirchenmusik Speyer. M: Ges f Neue Musik Mannheim, Schweizerischer TonkünstlerVer, Kuratorium Freunde f Kunst u Musik Mannheim.

Johow Eberhard
B: Intendant. G: Berlin, 13. Nov 1929. V: Isa, geb Wilhelmus. A: D–3100 Celle, Wachtelweg 7. S: Oberschule, Schauspielschule. K: Schauspieler, Dramaturg, Regisseur, OberspielLtr, 1967–72 Staatstheater Saarbrücken, seit 1972 Intendant am Schloßtheater Celle. D: „Das Leben des Galilei", „König Ödipus", „Faust", „Stellvertreter", „Mutter Courage". H: Fotografieren, Schallplatten sammeln.

Jonge Bernardus Lambertus d
PS: Dejo. B: Kfm. G: Utrecht/Holland, 18. Jan 1925. A: D–4100 Duisburg 14, Kirchstr 8. S: Handelsfachschule in d Niederlanden. K: „777"-Musik-Producer, Gründung 1949, angeschlossen an d „777"-Musik-Produktion-Verlag. F: Der Automaten-Markt, Der Musik-Automat, Der Musik-Markt, Der Münz-Automat. M: GEMA, DAV. H: Jagd, Schwimmen.

Joseph Karl Bau-Ing
B: Dokumentar- u Fernsehfilm-Produktion u Luftbild-Service. G: Kiel, 12. Nov 1931. V: Hilde, geb Steinhauer. A: D–3000 Hannover 1, An der Tiefenriede 33. S: Oberschule, Tischlerhandwerk, FachHS f Bauwesen in Hildesheim. K: Beruf als Bau-Ing in versch Firmen, Nebenberuf: umfangreiche priv Auslandsreisen in 52 Länder, völkerkundliche Studien b ethnischen Minderheiten in Melanesien, 4 Neuguinea-Expeditionen, Erstellung v Dokumentationen in Film, Bild u Ton, Berichte in Rundfunk u Fernsehen, 50 Lichtbildvorträge pro Saison. F: Bildberichte in versch Magazinen. M: Ethnologische Ges, Arbeitsgemeinschaft Ethnomedizin, Deutscher Autoren-Verb,

Deutsche-Pazifische Ges, Deutsch-Indische Ges, Deutsch-Indonesische Ges, Geographische Ges, Deutsch-Jordanische Ges, Foto-Galerie Spectrum, Deutsch-Brasilianische Ges, Carl Duisberg-Ges. H: Fotografieren u Filmen in fast unerforschten Gebieten.

Joski Werner
B: Fotograf. G: Köln, 7. Juli 1907. V: Anna Helene, geb Gogarten. A: D–5020 Frechen, Burgstr 49. S: Grundschule. K: Lehre im Foto-Atelier d Vaters, Köln, 1921–23, seit 1928 selbständiger Fotograf. F: BZ Berlin. M: Fotografen-Innung, Köln.

Jost Horst T
PS: Jo Schentai. B: Texter, Komponist. G: 25. Sept 1939. V: Karin, geb Schenkmeyer. A: c/o Funkturm-Verlag Musikproduktion, D–1000 Berlin 41, Postfach 0267. Tel: 030/7961769, 8234875, 3355442. S: Staatl anerkannter Sozial- u Altenpfleger, Fortbildung zum HeimLtr bzw ltd Funktion auf sozialem Gebiet. K: 1966 Tätigkeit bei einem Münchner Musikverlag als Prok bis 1973, Veröffentlichungen v Werken bei versch Musikverlagen, 1974 Gründung eines eigenen Verlages, mit Werbe-Schallplatten-Musikproduktion, Produktionen mit namhaften Autoren, intern Erfolg, seit 1978 Teilhaber d PYRAMID Records. M: GEMA, GVL, LHK. H: Wandern, Klettertouren, Reisen.

Juch Hermann Prof Dr
B: Ehem Dir d Opernhaus Zürich, Generalintendant iR. G: Innsbruck, 19. Sept 1908. V: Geraldine, geb Kattnig. A: CH–8645 Jona, Fuchsenbergstr 23. S: Gymn, Univ in Wien, 1933 Promotion zu Dr jur, daneben Ausbildung in Gesang, Klavier, Harmonielehre. K: Nach Beginn im Staatsdienst (Österr) Eintritt in d Österreichische BTheaterverwaltung 1937, 1940 DionBeiR d Wiener Staatsoper, nach Kriegsende 1946 Dir d Wiener Staatsoper, Intendant d Volksoper, 1955 Generalintendant d Deutschen Oper am Rhein (Düsseldorf-Duisburg), 1964 Dir d Opernhauses Zürich, bis 1975, 1933–45 nebenberufliche Tätigkeit als Konzert- u Oratoriensänger. E: Großes Ehrenzeichen d Republik Österreich, Großes Silbernes Ehrenzeichen d Republik Österreich, Goldenes Ehrenzeichen d BLandes Wien, Mercator Medaille d Stadt Duisburg. M: VorstMtgl (vorher Pr) d Intern Richard Strauss Ges, Wien, VizePr d Schweizer-Österreichischen KulturGes, Zürich, Rotary Club, Zürich. H: Wandern, Schwimmen, Amateur-Filmen.

Julian Axel
B: Fotograf. G: Bernau/Berlin, 14. Juli 1947. A: D–3000 Hannover 91, Limmerstr 44. Tel: 0511/447412. K: Fotografenmeister, Prüfung 1972.

Julian Fritz
B: Fotografenmeister. G: Bernau/Berlin, 5. Mai 1922. V: Ursula, geb Dähne. A: D–3000 Hannover 91, Köfnerholzweg 16. K: Fotografenmeister (Prüfung 1960).

Julius-Weingärtner Christina
B: Fotografin, Schreiberling, Ostereiermalerin, Collagenbilder, Flohmärktlerin, Antiquitätenvermittlerin, Modezeichnerin, Allroundkünstlerin. G: München, 25. CHept 1945. A: CH–8604 Volketswil, Weiherhof 23. Tel: 01/9455044. S: Handelsschule, Kunstgewerbeschule. K: Tippse, Radiergummi, Zeitungsschreiberin, Hostesse, Modeentwerferin, Boutiquebesitzerin, Fotografin, Allroundkünstlerin. M: KatzenVer Zürich, Fotoclub Zürich, FOCUS, Fotoclub Uster. H: Mode, Basteln, Zeichnen, Fotografieren, Ferien machen.

Jung Gerold
B: Fotograf. G: Düsseldorf, 29. Jan 1939. V: Ingeborg. A: D–8012 Ottobrunn/München, Ranhazweg 57. Tel: 089/6091175. S: Abitur, Stud d Kunstgeschichte, Germanistik in Köln u München. K: Nach d Schulzeit Volontariat in Düsseldorf, Stud, Reporter f Scala intern, seit 1963 selbständiger Fotograf in München. F: In sämtlichen deutschen Zeitschriften u überregionalen Zeitungen. M: Ltr d Gruppe Expression Foto. H: Sammeln v moderner Kunst, Ski, Tennis.

Jungraithmayr Alfred
B: Filmemacher. G: Eferding, 13. Feb 1933. A: D–6000 Frankfurt 1, Freiherr v Stein-Str 9. S: HS f Gestaltung, Abt Film/Fernsehen in Ulm. E: Hauptpreis d Oberhausener Sportfilmtage f „It's Jochen".

Junkers Herbert Dr
B: Intendant aD, Regisseur Theater u Fernsehen. G: Krefeld, 6. Mai 1909. V: Rosemarie, geb Wilcke. A: D–8110 Murnau, Hauptmann Bauer-Weg 10. S: RealGymn, Abitur, Univ-Stud Dr phil. K: Dramaturg, Schauspieler, SpielLtr in Mönchen-Gladbach, Görlitz, Krefeld, Dortmund, OberspielLtr d Oper in Münster/W, Dessau, Duisburg, Bremen, Intendant in Krefeld, Dortmund, Gastinszenierungen im

In- u Ausland, Regisseur u Produzent b NDR Hamburg, AbtLtr u Regisseur v ZDF Mainz. D: „Krach um Jolanthe", „Spiel v Tod u Liebe", „Tor u Tod", „Clavigo", „Des Teufels General" uva. M: GDBA, Deutscher Bühnen Ver. H: Skilaufen, Bergsteigen, Segeln.

Juracek Pavel
B: Regisseur. G: Pribram/CSSR, 2. Aug 1935. V: Dr Dana, geb Horáková. A: D–8000 München 40, Amalienstr 87. S: FilmAk Prag. K: Dramaturg u Drehbuch-Autor am Barrandor, Regisseur, Mtgl d Zentral-Komitees d Ver d tschechoslowakischen dramatischen Künstler, seit 1968 arbeitslos, seit 1978 in München als Drehbuch-Autor. E: Grand-Prix i Oberhausen, Preis Simone Dubrenilh, Preis F.I.P.R.E.S.C.I in Karlsbad ua. H: Archäologie, Malen.

Justitz Peter
B: Regisseur, Produzent, Drehbuchautor. G: Zürich, 25. Aug 1939. A: CH–8001 Zürich, Rindermarkt 6. S: Hum Gymn, Handelsschul-Dipl, schweiz Hotelfachschul-Dipl. K: Seit d 25. Lebensjahr f PR arbeitend, Copywriter in führenden schweizer Werbe- u PR-Agenturen, seit 7 Jahren selbständiger AV-Produzent, vorwiegend Produktionen auf kulturellem Sektor, Dienstleistungs-Sektor, Maschinen-Ind, Soziale Themata, keine Konsumgüter-Produktionen, über 50 Produktionen in allen europäischen, amerikanischen Sprachen. F: Turicum, Swissair-Gazette, SBB-Broschüren, Bücher d schweiz Lehrerverlages, Schweiz techn Zeitschrift, Buch: Zürcher Sechseläuten. E: Tonbildschau KID über behinderte Kinder, als eine d 4 besten Produktionen v d Dion „Intern Kongress f geistige Behinderung 78" in Wien, Hofburg bezeichnet, Sechseläuten-Band-Auszeichnung d Eidgen Depart d Innern. H: Musik, Sprache, Tanz.

Jüttner Burkhard
B: Fotograf. G: Delmenhorst, 3. Aug 1952. A: D–5205 St Augustin 1, Fritz Pullig-Str 7. S: Stud d künstlerischen Fotografie an d KunstHS Köln. K: Stud, Ass v Prof L Fritz Gruber (kultureller Teil d Fotokina), Examen, Ernennung z Meisterschüler d KunstHS Köln, seit 1978 Lehrbeauftragter f Farbfotografie, div Ausstellungen im In- u Ausland. F: Arte Fotografico, Madrid, Fotomagazin, Fachkontakt, Zoom, Foto, Photo-Revue, Leica-Photographie ua. M: Berufung in d DGPh.

Jutzi Hansruedi
B: Werbefotograf. G: 15. Okt 1925. V: Esther, geb Schmid. A: CH–8305 Dietlikon, Weidenweg 8. S: Primar- u Sekundarschule, Stud u div Kurse. K: Fotografie, Werbung Dion, Art Dir (Variationen, Impressionen, Sureal). F: Viele Veröffentlichungen in versch Zeitschriften, Bücher, MusikInd. D: „Wie eine Schallplatte entsteht". E: Medaille, Urkunde, Diplom. M: SRV, Royal Fotografic Society of Great Britain, London. H: Der Beruf, Wein, Musik.

Kabel Rainer Prof Dr phil
B: HauptAbtLtr Hörfunk u Fernsehen, Bildungs- u Familienprogramm am Sender Freies Berlin, Prof f PolitikWiss. G: Neumünster/Holstein, 27. Nov 1936. V: Sigrid, geb Wege. A: D–1000 Berlin 38, Bergengruenstr 60. S: UnivStud in Kiel U Zürich (Germanistik, Literatur- u TheaterWiss, Philosophie u PolitikWiss). K: KulturAng in Neumünster 1963, Ass d ProgrammDir d Saarländischen Rundfunks in Saarbrücken 1967, AbtLtr u stellv ProgrammDir am Saarländischen Rundfunk 1965, VHS- u MuseumsDir in Gelsenkirchen 1967, HauptAbtLtr am Sender Freies Berlin 1970, Prof f PolitikWiss in Berlin (nebenamtliche Lehrtätigkeit) 1976. M: Vors d Intern Instituts f Medien u Entwicklung, Berlin, Mtgl d Deutschen Ges f Publizistik u Kommunikations-Wiss. H: Handwerk, Elektronik.

Kaden Hans H
B: Produzent f Film u Fernsehen. G: Dresden, 20. Dez 1914. A: D–7000 Stuttgart 1, Goethestr 7. S: Abitur. F: Versch in Zeitschriften u Zeitungen. M: Berufsorganisation.

Käfer Christa
B: Fotografin. G: Spittal/Drau, 30. Mai 1943. V: Klaus Käfer. A: c/o Foto Atelier „Christa", A–9500 Villach, Klagenfurter Str 4. S: Grundschule, Gewerbliche Berufsschule. K: Gesellenprüfung mit Auszeichnung in Klagenfurt, Höhere Grafische Bundes-Lehr- u Versuchsanstalt in Wien, Meisterklasse, Diplom, MstrPrüfung in Wien, 1965–71 Ang in Fotoatelier, seit 1971 selbständig. H: Fotografieren, Hinterglasmalen, Schnitzen, Modellieren mit Ton, Wandern, Lesen.

Kägi Walter
B: Filmproduzent. G: Zürich, 30. Dez 1911. V:

Helen, geb Treichler. A: CH-8153 Rümlang, Oberglatter Str 605. S: Theorie u Praxis als Filmtechniker in Studios in Paris u Zürich. K: Laborant, Cutter, Produzent. E: Div Preise f Dokumentarfilme. H: Gartengestaltung.

Kahn-Ackermann Georg
B: GenSekr d Europarates in Strasbourg. G: Berlin, 4. Jan 1918. V: Rosmarie, geb Müller-Diefenbach. A: D-8193 Ammerland, Sterzenweg 3. S: Gymn, Matura, naturwiss Stud. K: 1938 freier Wirtschaftsjournalist, 1939-45 Kriegsteilnehmer, seit 1946 freier Journalist, Reporter u Redakteur, seit 1950 Mitarbeiter u Kommentator d Bayr Rundfunks u d „Abendzeitung", Autor u Verlagslektor, seit 1946 Mtgl d SPD, MdB 1953-57, 1962-69, 1970-74, 1958 Harvard Internat Seminar, 1960 The Japanese Harvard Intern Seminar, seit 1961 stellv Vors d Verwaltungsrates d Deutschlandfunks, 1967-79 VizePr d Westeurooäischen Union, 1971-74 Vors d politischen Kmsn d Westeuropäischen Union, 1972-74 Vors d Verwaltungsrates d VG-Wort (zZ Ehren-Vors), 1968-70 Pr d Kuratoriums d deutschen Stiftung f Entwicklungsländer, stellv Vors d Deutschen Welthungerhilfe, seit 1961 Mtgl d Beratenden Versammlung d Europarates, bis 1970 Vors d Kmsn f Kultur u Erziehung, VizePr d Beratenden Versammlung d Europarates, seit 1974 dessen Generalsekretär, Bücher: „Front d farbigen Völker", „Trost d Reben", „Liebe in Bonn", „Die verlorenen Inseln". E: Div Auszeichnungen in d Jahren 1965, 1968, 1972, 1977. M: Mtgl d Deutschen UNESCO-Kmsn, d Goethe-Inst, d Europäischen Ak Bayern, d Bayerischen JournalistenVerb. uva. H: Reiten, Kochen.

Kairat Gerd
B: Redakteur, Ltr d Ressorts Kunst u GeistesWiss im NDR, Fernsehen. G: Goldap/Ostpreußen, 23. Sept 1924. V: Ilona, geb Wick. A: D-2000 Hamburg 65, Frahmredder 122, c/o NDR, D-2000 Hamburg 54, Gazellenkamp 57. Tel: 04O/6015590 oder 413/5218 u 5290. S: Grundschule, Gymn, Abitur, Stud d Kunstgeschichte u TheaterWiss. K: Theaterpraxis als Ass, Ltr d Pressebüros Wochenschau WELT IM FILM, Redakteur u Regisseur Deutsche Reportagefilm GmbH, freie Mitarbeit bei Zeitungen u beim Fernsehen, seit 1962 feste Vertragsbindung NDR-Fernsehen in Hamburg als Redakteur, Autor u Regisseur, div Fernsehproduktionen wie „Eine Hoffnung mehr" 1958, „Der Bildhauer Gerhard Marcks", Fernsehspiel nach einer Erzählung v S Lenz, Drehbuchautor u Regie, div Kunstdokumentationen im Fernsehen, Fernseh-Portrait-Reihe, Buch u Regie ua Arthur Rubinstein, Yehudi Menuhin, Rudolf Hausner, Friedrich Dürrenmatt, Dokumentation Paul Klee ua, Co-Produktion mit SRG, Zürich. E: 1958 Fernsehpreis f d beste Dokumentation d Jahres „Eine Hoffnung mehr", Berlin, 1961 „Gerhard Marcks" BFilmprämie.

Kaiser Otto
B: Kfm. G: Geiselbach, 9. Juli 1923. V: Sonja, geb Böhl. A: D-8752 Geiselbach, Rohrbachstr 43 a. S: Grundschule, Musikausbildung. K: 1941-43 beim Varieté (KdF) als Akkordeon-Virtuose u Pianist, ab 1947 Musiker u Dirigent. F: In Tageszeitungen. E: Ehrennadel in Silber u Gold f 25 u 40-jährige aktive Tätigkeit als Volksmusiker. M: Musik-, Sport- u GartenbauVer. H: Komponieren.

Kaiser Rudolf
B: Kameramann, Lichtgestalter. G: München, 24. Juli 1947. V: Isolde, geb Peter. A: D-1000 Berlin 20, Hakenfelderstr 8c. Tel: 030/3364896. S: Grundschule, Lehrzeit, Fachausbildung. K: Beleuchter, Oberbeleuchter, Kameramann, Lichtgestalter. M: TennisVer. H: Tennis, Reiten, Segeln.

Kalhorn Heiner
B: Studienrat. G: Buxtehude, 5. Jan 1944. V: Monika, geb Richter. A: D-2000 Hamburg 92, Cuxhavener Str 245. S: Abitur, Stud, 1. Staatsprüfung, Referendariat, 2. Staatsprüfung. K: Seit 1968 Ltr v SPEKTRUM, FotoGem Süderelbe, 1969-77 Doz f Fotografie an d VolksHS Hamburg, seit 1969 Beteiligung an vielen Gruppenausstellungen, 1975 Einzelausstellung in Hamburg. F: Maßgebliche Beteiligung am Buch „Dat oole Heidehus", Christians Verlag Hamburg. E: Urkunden d VDAV, Urkunde u Medaille Blende 78 (Zeitungsfotowettbwerb), Silberne Ehrennadel d VDAV. M: VDAV (Verb Deutscher AmateurfotografenVer), SPEKTRUM - FotoGem Süderelbe. H: Geologie, Landes- u Landschaftskunde, Volkskunde.

Kalinke Ernst W
B: Kameramann f Film u Fernsehen. G: Berlin, 23. Sept 1918. V: Charlotte, geb Schröder. A: D-8021 Baierbrunn/Isartal, Waldweg 2. S: Friedrich Wilmhelm RealGymn in Berlin, Lettehaus Fotoschule Berlin, Reimannschule, Rakkowsche Handelsschule, Lehre in d AFIFA

Kopieranstalt Berlin Babelsberg u Tempelhof. K: Nach d Ausbildung Ass bei UFA u Terra, KameraAss bei G Rittau, Constantin Tschet, Werner Krien, Walter Pindter, ab 1948 selbständiger Kameramann f Spielfilm, später auch f Fernsehen tätig, bisher 115 Filme als Kameramann, ua Karl May-Filme, Winnetou, Wallace-Filme, Ganghofer-Filme ua. F: Div filmtechnische Artikel in Zeitschrift DDK u Color Film. M: Mtgl d Fernseh- u Kinotechnischen Ges.

Kalkowski Erich
B: Drogist. G: Düsseldorf, 19. Sept 1913. A: D–5884 Halver, Frankfurter Str 2. S: Gymn, Handelsschule, Drogistenfachschule, Foto-Spezialausbildung. K: 3 Jahre Lehrzeit in Lyck/Ostrpreußen bei d Fa Gebr Pulter, Central-Drogerie, während der Ausbildung Begeisterung f Fotografie, Spezialausbildung im Labor u Fototechnik waren d Grundlagen f spätere Tätigkeit, zunächst Fotografie als Hobby, dann entwickelte sich daraus eine ernste fast wiss Arbeit, Kultur- u Dokumentarfilme mit geschichtlichem Hintergrund als Spezialgebiet, seit 1952 Doz an d VHS, Foto- u Filmkurse, Kulturfilme f Schulen u VHS, 1975 Bildband „Halver in alten Ansichten", 1979 Uraufführung d Films „Vom Rennfeuer zur modernen Industrie". M: Deutsches Rotes Kreuz, Sauerländischer GebirgsVer.

Kalkstein Rolf B
B: Werbefotograf. G: 7. Sept 1949. V: Christa, geb Meier. A: D–3000 Hannover 21, Unter den Eichen 1. S: Gymn, Lehre, WKS. K: Ausstellungen in Hannover, Tokio, USA, Veröffentlichungen, FachF: Fachkontakt, Bild d Wiss, Profifoto, Schröedel Verlag. E: Röngenmedaille, ABCV, Certificate of Participation. M: AWI, CV, ABCV. H: Grafik, Film, Auto.

Kallweit Wolfgang E
B: Filmarchitekt, Bühnenbildner, Fotograf. G: Kassel, 2. Dez 1922. V: Annamarie, geb Stegemann. A: D–3201 Himmelsthür, Am Knüppelbrink 22. S: Gymn, MstrSchule d Kunsthandwerkes, Klasse f Malerei, Gasthörer an d TH Hannover, Architektur u Theaterbau, Volontär. K: Während d Stud als Bühnenbildner an d Landesbühne Hannover, dreijähriger Studienaufenthalt in Spanien, Mitwirkung an über 125 Filmen u Fernsehsendungen als Ausstatter oder Fotograf, Messe- u Ausstellungsbauten, Werbefotografie. F: Div in Zeitungen u Zeitschriften. M: Mtgl d Ver Großlog v Deutschland.

Kalman Charles Emmerich
B: Komponist, Pianist, Textdichter. G: Wien. V: Gerda, geb Trettin. A: D–8000 München 22, Maximilianstr 56. S: Schulen in Wien, Paris, New York, Riverdale Country School, Columbia Univ, Conservatoire de Paris (Klasse Jean Rivier). K: Tätigkeit an vielen Bühnen in Deutschland u Österreich, ua WIR REISEN UM DIE WELT, Wiesbaden, RENDEZ-VOUS MIT DEM LEBEN, Würzburg, ATONIA, ORF, Wien, ALFIE, Köln, jahrelange Tätigkeit an vielen deutschen Bühnen, Werke: Konzertante Musik – Globe Trotter Suite, Teenager Suite, Honeymoon Suite, Festival Walzer, Times Square Fantasie, 2 Klavierkonzerte uva, Chansons u Lieder: Am Morgen danach, Grüezi und Gut Nacht, viele Songs f Harald Juhnke, Lisa Fitz, Margot Werner, Evelyn Kühnecke, Liselotte Pulver, Helen Vita uva, viele hundert Lieder in deutscher, engl u franz Sprache geschrieben u vorgetragen, viele Fernsehsendungen, Aufführung d Werke von allen Orchestern im In- u Ausland, Produktion einer LP KALMAN SPIELT KALMAN. F: Berliner Morgenpost, Hamburger Abendblatt, Kölner Rundschau, in allen Theaterprogrammen usw. E: Cum Laude Maturent, Riverdale Country School, Wiesbadener Filmpreis, 1967, f Ricky Starr in Leeds (Kulturfilm), Kompositionspreis Baden-Baden, 1974 f A TOUS LES AMOUREUX. M: GEMA, Deutscher KomponistenVerb, GVL. H: Bücherlektüre, Chinesische Küche.

Kaminski Benno
B: Film- u Fernseh-Produzent. G: Hamburg, 10. Juli 1924. A: D–8000 München 81, Freischützstr 17/15, D–2000 Hamburg 76, Graumannsweg 51. Tel: 089/932206 oder 040/2203747. S: Grundschule I. KKV Hamburg-Altona. K: Seit 1946 AufnahmeLtr in d Spielfilmbranche, Betreuung v repräsentativen Nachkriegsfilmen wie Arche Nora, Finale, Die letzte Nacht, Gabriela, Der Dritte von rechts, Verschleierte Maja, Der Greifer ua, seit 1954 selbständiger ProduktionsLtr, Herstellung v Spielfilmen wie Das Feuerschiff, Wunder des Malachias, Freunde meiner Frau, Absender unbekannt, Kommen Sie am 1., Stimme des Anderen ua, seit 1960 selbständiger Spielfilm-Produzent, Herstellung v Spielfilmen wie Nebelmörder, Ein Ferienbett mit 100 PS, anschließend freischaffender Producer beim Fernsehen, Betreuung v großen Unterhaltungssendungen wie Catherina Valente Show, Peter Alexander Show, Anneliese Rothen-

berger Show, Lilli Palmer Show, Freddy Quinn Sendung uva. F: 1974 Hamburger Abendblatt unter „Menschlich gesehen", Hör Zu unter „Die Größten", versch Veröffentlichungen in TV-Programm-Zeitschriften. E: Träger d Ehrennadel d Deutschen Lufthansa, Träger d Goldenen Nadel d Verb „Die Eichkater". M: Mtgl d Ver „Die Eichkater" (Ver prominenter Film- u Fernsehschaffender). H: Angeln, Reisen.

Kammer Armin
B: Fotograf. G: Lötzen, 12. Juni 1940. V: Carla, geb Mühlenweg. A: D–4972 Löhne 3, In den Fichten 5. S: Lehre als Fotograf, Abschluß an d Staatl Höheren Fachschule f Fotografie, Köln. K: 2 Jahre Tätigkeit in d Industrie innerhalb Europas, 3 Möbelstudios, 1979 eigenes Fotostudio mit heute 30 Mitarbeitern, inzwischen namhaftes Interieurstudio. F: In Wohnzeitschriften wie Architektur u Wohnen, Schöner Wohnen ua. M: AWI. H: Fotografieren, Segeln.

Kandorfer Pierre Dr phil
B: Film-Regisseur, Produzent, Filmtheoretiker. G: Peilenstein, 17. Aug 1943. V: Helga, geb Terjung. A: D–5000 Köln 71 (Pesch), Steinrutschweg 19. Tel: 0221/5903638. S: Stud, Promotion zum Dr phil, Redaktionsvolontariat, RegieAss. K: Zunächst freier Fernseh-Journalist langjähriger Mitarbeiter d WDR-Fernsehens, Köln, dann als freier Autor, Regisseur u Produzent f alle deutschsprachigen Fernsehanstalten u andere Auftraggeber tätig, zugleich Filmtheoretiker, ua Lehrbeauftragter f Filmgestaltung an d FachHS Düsseldorf, Geschäftsführer d Instituts f Film- u Fernsehkunde, Köln, Herausgeber d „Schriftenreihe zur Film- u Fernsehkunde". F: Publikationen: Autor d „Lehrbuch der Filmgestaltung", Köln 1978, Herausgeber d Schriftenreihe (Buchreihe) zur Film- u Fernsehkunde, Herausgeber u verantwortlicher Redakteur d Zeitschrift „Film- u Fernseh-Praxis", zahlreiche Einzelveröffentlichungen. E: Div Auszeichnungen. M: Deutsche Ges f Kommunikationsforschung, Fernseh- u Kinotechn Ges (FKTG), Deutscher JournalistenVerb (DJV) ua. H: Filmkunde, Wandern, Kunstgeschichte.

Karchow Heinz
B: FilmproduktionsLtr. G: Potsdam, 14. Aug 1913. A: D–1000 Berlin 31, Bechstedterweg 5. Tel: 030/8247145. S: RealGymn, kfm Lehre. K: Ab 1933 bei Ufa, Auslandserfahrungen, Filme: „Amphitryon", „Barkarole", „Glückskinder", „7 Ohrfeigen", „Fanny Elsner", „Baron Neuhaus", „Majoratsherr", „Turandot", ab 1945: „Hotel Adlon", „Martin Luther", „Vor Sonnenuntergang", „Flucht nach Berlin", „Die Halbstarken", ca 115 Kinospielfilme, seit 1959 215 Fernsehsendungen, darunter 50 Sendungen „Goldener Schuss" m van Burg u Toriani. E: Versch Filme wurden prädikatisiert. M: Potsdamer Yacht-Club Berlin, erfolgreicher Regattasegler 1920–40. H: Segelsport.

Kaskeline Heinz
B: Regisseur, Autor, Trickfilmzeichner. G: Berlin, 24. Jan 1926. V: Jutta, geb Rosin. A: D–1000 Berlin 19, Länderallee 9. S: Abitur, KunstHS. K: 1948 Bildredakteur, seit 1949 Trickfilme, Dokumentarfilme, Kurzfilme. E: Filmpreise u Auszeichnungen. H: Malerei.

Katz Klaus Dr phil
B: Ltr d Programmbereichs Kultur u Wiss im WDR-Fernsehen. G: Freiberg/Sa, 24. Aug 1929. V: Gerda, geb Paul. A: D–5060 Bergisch Gladbach 2, Am Urnerfeld 16. S: Hum Gymn Chemnitz, Stud d Soziologie, Geschichte, Päd u Allgem Staatslehre in Freiburg/Breisgau u Heidelberg Promotion zum Dr phil. K: 1954 Hörfunk-Redakteur in d Sendestelle Heidelberg-Mannheim d Süddeutschen Rundfunks, 1962 Redakteur in d „Abendschau" d SDR-Fernsehens Stuttgart, 1963 Redakteur u stellv AbtLtr in d Abt „Bildung u Erziehung" d Zweiten Deutschen Fernsehens Mainz, 1966 Planung u Aufbau u ab 1969 Ltg d WDR-Schulfernsehens, 1975 Ltg d Programmbereichs Wiss u Erziehung u ab 1977 Ltg d Bereichs Kultur u Wiss im WDR-Fernsehen. E: Fernsehpreis d PhilologenVerb Nordrhein-Westfalen 1974. M: Arbeitsgruppe „Schulfernsehen u Erwachsenenbildung" d Europ Rundfunkunion, Kuratorium d Adolf-Grimme-Institutes, Wiss BeiR d Zeitschrift „Praxis Schulfernsehen".

Kehlmann Michael Prof
B: Regisseur, Schriftsteller. G: Wien, 21. Sept 1927. V: Dagmar, geb Mettler. A: D–8000 München 82, Kranichweg 9. S: Gymn, Univ Wien. K: Kabarett, Theater in Wien als Schauspieler, später als Regisseur an allen führenden Theatern Österreichs, d Schweiz u d BRD, ca 100 Fernsehspiele u Filme, 3 Spielfilme, mehrere Bücher uam. F: Viele in Zeitungen, Zeitschriften. E: Kainz Medaille, Wien

1966, Unda-Preis, 1978, Fernsehpreis d Österreichischen Volksbildung, 1979. M: Pen-Club, Österreich.

Keil Henry

B: Regisseur. G: Berlin, 14. Juli 1899. V: Lydia, geb von Foerster. A: D–1000 Berlin 41, Bergstr 60. Tel: 030/7961403. S: Realschule, JournalistenHS, HumboldtAk Berlin. K: Hilfsregisseur (UFA), Massenszenen „Madame Dubarry" (Pola Negri), „Herrin der Welt" (May-Film), „Das Kussverbot" (Notofilm), Regie „Lottchens Jugendliebe", „Dollarkönige", „Die tolle Komtess", Inspizient am Apollo-Theater Berlin (James Klein), Gastspiele „Filmzauber", TourneeLtg, Manager intern Schaunummern. F: Mitarbeiter zahlreicher Fachblätter bei Bühne, Film, Variete: Film, Lichtbildbühne, Programm, Artistik, Tanzwelt, Berliner Blätter usw. D: Eigene Gastspiele mit „Film-Zauber" u „Filmspiele mit dem Publikum", „Ballett Opera", „Weygandas Zauberschau". E: Kunstschein f künstlerische Darbietungen v Min f Volksbildung 1950. M: Deutscher Filmbund, Intern Artisten Loge.

Keil Klaus Oliver

B: ProduktionsLtr f Film u Fernsehen. G: Podersam, 9. Okt 1943. A: D–8000 München 2, Augustenstr 43. S: Abitur. K: Kopierwerks-Praktikum Bavaria Atelier, München, KameraAss, Geräuschemacher, RegieAss bei Volker Schlöndorff, George Moorse, Claude Sautet, Hans Schweikart, ProduktionsLtr ua bei Intern Filmen mit R Burton, Robert Mitchum, R Steiger, S Loren, John Cassavates, R Schneider, Robert Vaughn, Yves Montand.

Keller Hans-Günther

B: Theaterbesitzer, Bmtr iR. G: Worms, 20. Jan 1930. V: Clara, geb Constabel. A: D–6520 Worms, Karl Schurz-Str 5. Tel: 06241/22750. S: Grundschule, VHS, Berufsschule, Seminare versch Art, Sprachschule (engl). K: Kfm Schulung, Oberrequisiteur in einem Reiseunternehmen, Ass bei Artistenfamilie (Variete), Busfahrer, Superintentend bei US Army, BBDmtr iR, Theaterbesitzer selbständig. F: Filmecho Wiesbaden, Fachzeitschriften d versch Schmalfilmclubs. D: Volksbühne 08 Worms, „Passionsspiel", Mundartspiele. E: BDFA-Auszeichnungen f selbstgedrehte Filme, Safety u Work-Certificate durch US-Dienststellen, 25 Jahre Unfallfreies Fahren, weitere Auszeichnungen v Ver u Berufsgruppen. M: WdF – Hessen/Rheinland-Pfalz in Frankfurt/Main, 1. Wormser Schmalfilm u Dia-Club Worms (Gründer u 1. Vors), DRK, ASB, GesangsVer. H: Filmen, Theater, Auto, Reisen, Tonband, Radio, Fotografie, Vorträge Fasching usw.

Keller Hegmar Bernhard

B: Fotofachhändler. G: Gmunden, 5. Apr 1926. A: Erika, geb Hipfinger. A: A–4813 Altmünster. Tel: 07612/8363. S: Mittelschule, UnivStud an d Philosophischen Fakultät (Pharmazie). K: 15 Jahre Apothekertätigkeit, Geschäftsgründung eines Fotofachgeschäftes mit Foto-Film-Ton-Studio tätig in Bundes- u Landesgremien, Fotoveröffentlichungen in allen einschlägigen Fachzeitschriften sowie journalistische Tätigkeit. F: In allen einschlägigen Fachzeitschriften. E: Versch Kriegsauszeichnungen, Auszeichnungen f Öffentlichkeitstätigkeit. M: Pr im DachVerb ArbeitsGem Ö Lichtbildner, Obm u VorstMtgl in versch örtlichen u überregionalen Ver u FremdenverkehrsVerb. H: Fotografieren, Filmen.

Keller Manfred

B: FilmKfm. G: Karlsruhe, 7. März 1934. V: Marie-Louise, geb Engler. A: D–6470 Büdingen 1, Eichelbergring 32. S: Mittlere Reife. K: Abgeschlossene Lehre als Automechaniker, 1959 Übernahme eines Filmtheaters in Stühlingen (Waldshut), 1965 Übernahme des CINEMA-Filmtheaters in Weil/Rhein, 1977 Übernahme d „Fürstenhof-Lichtspiele" in Büdingen, Umbau zu einem Kino-Center 1979 (Doppeltheater). E: Diplom f FilmKfm, Auszeichnung d deutschen Verkehrswacht unfallfreies Fahren (20 Jahre). M: FilmtheaterVerb Hessen-Rheinland-Pfalz eV. H: Reisen, Schwimmen, Filmen, Gartenarbeit.

Kenter Heinz Dietrich Prof

B: Schauspielregisseur, Päd f darstellende Kunst, Schriftsteller. G: Bremen, 26. Nov 1896. V: Gertrud, geb Jarand. A: D–7000 Stuttgart 1, Gänsheidestr 78. S: Hum Gymn, RegieAss bei Prof Johannes Tralow. K: 1920–23 Schauspieler in Koblenz u Darmstadt, 1924–29 1. Regisseur in Aachen, Stuttgart, Mannheim, 1929–41 Regisseur in Berlin: Volksbühne, Lessing-Theater, Staatstheater, Theater am Nollendorfplatz, Hebbel-Theater, 1934 UFA Film, 1941–46 OberspielLtr in München: Kammerspiele Otto Falckenberg, 1947–58 SchauspielDir in Göttingen, Wiesbaden, Essen, 1954–76 Regiegastspiele in Hamburg, Stuttgart, Hannover, Wuppertal, Zürich, Bern, Wien,

Graz, Schloßspiele Heidelberg, Festspiele Bad Hersfeld, Festspiele Burg Forchtenstein, als Päd f Darstellende Kunst in Berlin am Deutschen Theater u an d Max-Reinhardt-Schauspielschule 1929–41, in Essen-Werden an d Folkwang-Schule, Ltr d Schauspielschule 1954–58, in Stuttgart an d Staatl HS f Musik u darstellende Kunst, Ltr d Abt darstellende Kunst, 1958–75, als Schriftsteller Zusammenarbeit mit Hans Fallada, Dramatisierung d Romans „Bauern, Bonzen, Bomben", 1923, Essays im Zusammenhang mit Werkausgaben v E T A Hoffmann, Carlo Goldoni, Sean O'Casey, sowie in Zeitschriften u Zeitungen über Theater, Malerei u Fotografie, ständiger Mitarbeiter auf d Gebiet d Kunst bei d Rhein-Neckar-Zeitung Heidelberg. F: In d Tagespresse anläßlich d Inszenierungen. D: Regisseur in folgenden Filmen bzw Theaterstücken: „Demetrius", „Der Tag des Zorns", „Die gläserne Frau", „Arktis", „Die Schule von Uznach", „Der Bürge", „Das harte Brot", „Kreuzabnahme", „Die Pest", „Die Unüberwindlichen", „Die Affaire Dreyfus", „Das Lied von Hoboken", „Marguerite: 3", „Hochspannung", „Zeitungsnotizen", „Am Himmel Europas", „Dollars", „Die Tragödie des Menschen", „Irrfahrt der Wünsche", „Wunschland des Herzens", „Mord im Dom", „Bikini", „Chinesische Legende", „Noe", „Es steht geschrieben", „Eine schöne Bescherung", „Innozenz und Franziskusy", „Träume", „Die Grasharfe", „Sam Egos Haus", „Der Mütter Bittgang", „Des Bischofs Freudenfeuer", „Der Ruhetag", „Heinrich VIII. und seine Frauen", „Don Juan", „Gockel der Geck", „Frischer Wind aus Kanada", „Immer voran", „Ein Kuß reist um die Welt". E: Grillparzer-Ring, v BMin f Unterricht Wien, 1969, Großes Goldenes Ehrenzeichen, v d GDA, Hamburg, 1971, BVerdienstkreuz I. Klasse, v BPr d BRD, 1972, Otto-Brahm-Medaille, v d GDA, GDBA, Hamburg, 1973, Silberne Erinnerungs-Medaille, v OBgm d Stadt Mannheim. M: Deutsche Ak f Darstellende Kunst, Frankfurt/Main, Intern Theater-Institut, Berlin, Korrespondierendes Mtgl d Chopin-Ges, Warschau, d Ges Wiener Dramaturgie, Wien, EhrenMtgl d Barlach-Ges, Hamburg.

Kerber Heinz-Boris

B: Fotografenmeister. G: Sofia/Bulgarien, 22. Aug 1939. V: Agnes, geb Szelpal. A: D–6000 Frankfurt/M, An d Lühe 33. S: Hum Gymn bis Obertertia, Lehre als FotofachKfm, Lehre als Augenoptiker. K: 1956–61 Foto-Kfm, 1962–67 Augenoptiker, 1968–69 ang Fotograf, seit 1970 selbständiger Fotograf m Spezialisierung auf d Gebiet d fotografischen Betreuung v Kongressen, Tagungen u gesellschaftlichen Anlässen. F: Med Fachzeitschriften: Selecta, Der niedergelassene Arzt, ärztliche Praxis ua, Fachzeitschriften: Der Hörgeräteakustiker, Süddeutsche Optikerzeitung, Pharmazeutische Zeitung, Steigenberger Journal, Intercontinental Journal Silhouette. E: Ausgezeichnet m einem Ersten Preis anläßlich d Meisterprüfung im Fotografenhandwerk 1978. M: Mtgl d HandwerksKam Frankfurt/M, im CentralVerb deutscher Fotografen, d Fotografen-Innung Wiesbaden.

Khuon-Wildegg Ernst v

B: Autor, Regisseur. G: München, 11. Aug 1915. V: Maria, geb Stuckenberger. A: D–8024 Deisenhofen, Gartenstr 8. S: Abitur, PrivatStud Kulturgeschichte u NaturWiss. K: 1934 Rundfunkreporter München, 1948 Korrespondent f NaturWiss, 1963–77 Chefreporter d Südwestfunk, ab 1978 freier Autor, ca 250 Dokumentarberichte im Fernsehen, zahlreiche Kulturfilme (Autor u Mitautor), ua „Schöpfung ohne Ende" (BFilmpreis 1957), „Das magische Band" (BFilmpreis 1960). E: F W Herschel-Medaille, Joseph E Drexel-Preis, Rudolf Diesel-Medaille, Adolf Grimme-Preis d Presse, Siegfried Hartmann-Medaille, Hermann Oberth-Medaille in Gold, Peter Henlein-Medaille. M: Deutsche Ges f Luft- u Raumfahrt, Hermann Oberth-Ges, British Interplanetary Society, Kollegium d MedJournalisten. H: Bücher, Sammeln v Mineralien u Muscheln.

Kiebach Hansjürgen

B: Filmarchitekt. G: Berlin, 28. Aug 1930. V: Sigrid, geb Lange. A: D–1000 Berlin 33, Am Erlenbusch 2. S: Oberrealschule, 1948 Abitur mit Auszeichnung, danach Praktikum als Maurer, 1949 Beginn der praktischen Lehre im Filmstudio bei versch Filmarchitekten. K: LehrMstr: Gabriel Pellon, Fritz Maurischat, Otto Erdmann, f diese Architekten als Ass u Kunstmaler tätig, seit 1959 selbständig als verantwortlicher Filmarchitekt f Film u Fernsehen. F: Time, 1978, Interview u Foto d Dekoration zu „The Magician", Berlin. D: Filmarchitekt in folgenden Filmen: „20. Juli", „Weil Du arm bist mußt Du früher sterben", „Wie ein Sturmwind", „There is a Time to Love and a Time to Die", „10 Seconds to Hell", „Strafbattaillion 999", „Der Teufel spielte Balalaika", „Division Brandenburg", „Wonderful World of the Brothers Grimm", „Liebe will gelernt sein", „Frühstück im Doppelbett", „Frozen Alive", „The Corrupt Ones", „Hannibal Brooks", „Marquis de Sade", „Cabaret", „Scorpio", „The Dead are Alive", „Preußenkorso I", „Familie Buchholz", „Preußenkorso II", „Glückliche Reise", „Es muß nicht immer Kaviar sein", „Tadellöser und Wolff", „Grete Minde", „Die Freundinnen und ihr Giftmord", „Fangschuß", „Ein Mann will nach oben", „Winterspelt", „Holocaust", „The Magician of Lublin", „Cafe Wernicke"ua. E: 1972 Oscar f „Cabaret", 1978 Nomination for „Emmy" f „Holocaust".

Kiedrowski Rainer
B: Bildjournalist, Fotodesigner. G: Wuppertal, 13. Apr 1947. A: D–4030 Ratingen 6, Bayernstr 1, D–4000 Düsseldorf 30, Franklinstr 38. Tel: 02102/69393 oder 0211/445398. S: Obersekundaabschluß, Höhere Handelsschule. K: Seit 1967 rein autodidaktisches Arbeiten, intensive Reportagearbeit, neue Techniken im Bereich d Fotografik, AV Produktionen, experimentelle Fotografie, Fotografik u AV Schauen. F: In nationaler u intern Fotofachpresse, Tageszeitungen, Zeitschriften, eigene Paper Book Produktion, mehr als 20 Exklusivreportagen d Serie HB Bildatlas. E: Versch Preise bei nationalen u intern Wettbewerben, zB 2. Intern Aschi Award, Jugendfotopreis usw. M: DJV (Deutscher JournalistenVerb), AWI (Arbeitskreis Werbe- u Industrie Fotografie), ABCV (Arbeitskreis Bild im CentralVerb Fotografen). H: Grafik Design – Cartoon, AV Art.

Kimmler Anton
B: 1. Theatermeister u BühnenInsp. G: Nürnberg, 19. Jan 1898, gestorben 13. Mai 1978. V: Johanna Dorothea, geb Weigel. A: D–8500 Nürnberg, Pottensteiner-Str 5. S: Grundschule, Siemens-Schuckert-Lehrwerkstätten, Sprech- u Gesangsausbildung. K: Arbeiter, Pionier u Infanterist im 1. Weltkrieg, Besuch d VHS Nürnberg, Angestellter seit 1928, Maler mehrerer Ölbilder. F: In Nürnberger Tageszeitungen, Postkarten ua. D: „Meisterboxer". E: 1. Weltkrieg: Teilnahmeorden. H: Gesang, Malerei, Schwimmen, Radfahren, Reisen, Haus u Garten.

Kindermann Herbert
B: Freischaffender Künstler, Regisseur, Art Realisator. G: Nürnberg, 26. Mai 1928. A: D–2000 Hamburg 55, Blankeneser Hauptstr 137. Tel: 040/864262. S: Stud d Regie, Dramaturgie, Theater- u Kulturgeschichte in Nürnberg u Heidelberg, privates MusikStud in Hamburg. K: Praktische Theater- u Filmarbeit, Lehrkraft an einem Schauspielseminar, Ltr v Arbeitskreisen in d Jugend- u Erwachsenenkulturarbeit, schriftstellerische Tätigkeit, experimentelle Theaterarbeit in d Hamburger Kunsthalle, Realisierung künstlerischer Aktionen, Versuche mit progressiver Musik u freier sowie konkreter u atonaler Materialien, fotografische Experimente. F: Veröffentlichungen: Lyrik „beim betreten des forums" ua, Sachtexte über Theater, Film, Musik ua. D: Als Regisseur: „Der Gast", „Homonitatis oder der Fremde", „K oder wie schmal ist der Winkelzug im Vergleich zum Zugwinkel" (Schauspiel im irrealem Raum), „Dialog mit einem Schläfer", „Tragödie der Ameisen", Film: „Die Bilder des Herrn Mirafo", „Die Reise des Untermieters", „Blueaction". M: Studienkreis f progressive Kunst, Hamburg, The World Jazz Makers Club, Neue Avantgarde d Surrealismus, Desire u Gegenrealismus, neo-surrealistische Bewegung.

Kindler Walter
B: Kameramann. G : Wien, 25. Mai 1940. V: Elisabeth, geb Hollinek. A: A–1130 Wien, Kupelwieserg 53. S: Mittelschule, Graphische Lehr- u VersuchsAnst. K: KameraAss b ORF u div Spielfilmproduktionen, 2 Jahre Praxis in d USA, dann selbständiger freischaffender Kameramann. E: Ausgezeichnete Filme: „Der Fall Jägerstätter", „Ich will leben", „Mauthausen" uva. M: Verb Österr Kameraleute, AWI, Syndikat d Pressefotografen Österreichs. H: Zoologie.

Kirchammer Hellmuth Peter Richard
B: HauptAbtLtr. G: Griesbach/Inn i Rottal, 25. Mai 1924. A: D–8000 München 40, Feilitzschstr 14. Tel: 089/332580. S: Gymn, Marineschule, Stud an d Univ München, Schauspielunterricht in München. K: Schauspieler an d Kammerspielen Bad Kissingen, Kleines Theater Wiesbaden, Neue Bühne Traunstein, Gastspiele, Stadttheater Ingolstadt, Dramaturg, Regisseur u Ltr d Schauspiels am Stadttheater Ingolstadt, seit 1954 Dramaturg u Regisseur d UnterhaltungsAbt Hörfunk d BR München, RegieAss u Theaterregie, zZ Ltr d HauptAbt Unterhaltung Hörfunk beim Bayerischen Rundfunk München. F: In Tageszeitungen u versch Zeitschriften ua. E: Poetentaler.

Kirchgässner Helmut
B: Musiker, Komponist, Arrangeur. G: Heidelberg, 12. Juli 1927. V: Elisabeth, geb Zündorff. A: D–7000 Stuttgart-Sillenbuch, Tuttlinger Str 54. S: Grundschule, Oberschule, Konservatorium Heidelberg, Kompositionslehre bei Prof Gerhard Frommel, Klavier, Waldhorn, Orgel. K: 1948 weiteres MusikStud, in amerikanischen Clubs nebenbei gespielt, 1956–60 fast ausschließlich Jazz-Musiker, dann eigene Band, seit 1967 beim Orchester Erwin Lehn, SDR Stuttgart als Pianist u Arrangeur tätig. F: Jazz-Podium, Stuttgarter Zeitung, Stuttgarter Nachrichten, Funkzeitschriften. M: GEMA, Deutscher KomponistenVerb, Vereinigung Deutscher Musikbearbeiter. H: Angeln, Foto, Filmen.

Kirsch Botho
B: Redakteur. G: Königsberg, 22. Dez 1927. V: Gerda, geb Köters. A: D–5063 Overath, Zum Eschental 9. S: Abitur, Stud d Soziologie u Volkswirtschaft in Berlin u Heidelberg. K: 1960–61 Moskauer Korrespondent f d Frankfurter Rundschau, 1962–65 Auslandsredakteur f d „Spiegel", Hamburg, seit 1966 Ltr d Osteuropa-Redaktion „Deutsche Welle", Köln.

Kirsche-Gottschling Irene-Margot
B: Ballettpädagogin. G: Rosslau/Elbe, 1. Okt 1924. V: Harald Kirsche. A: D–7303 Neuhausen, Harthäuser Str 9. S: Mittelschule, Ballettunterricht, Berufsausbildung b d Theatertanzschule d Dessauer Theaters, Ltg Betty Merck u Arthur Graf, Bühnenreife 1943 in Berlin bei Godlewski u Blanvalet. K: Engagement am Dessauer Theater 1943–49, 1949–52 Städt Theater Leipzig, 1952 Übersiedlung nach Westdeutschland, seit 1969 freiberuflich als Ballettpädagogin hauptsächlich an Jugendmusikschulen tätig. M: Noverre-Ges, Freunde d Balletts eV Stuttgart, Verb d Ballettschulen in Deutschland eV Essen. H: Zeichnen.

Kirschner Karl-Ewald
B: Fotohändler. G: Wiedenbrück, 24. Aug 1951. A: D–4840 Wiedenbrück, Markt 3. S: Mittlere Reife, Foto- u Drogistenausbildung, 3 Jahre Tätigkeit im Fotoeinzelhandel, Betriebswirt, Fachrichtung Drogerie-Foto. K: 1971–72 6 Monate freier Fotograf in Mexico,USA, Anfang 1978 Eröffnung d 1. Fotofachgeschäftes, Ende 1978 Eröffnung d 2. Fotofachgeschäftes.

Klammet Gerhard
B: Fotomeister, Bildjournalist u Buchverleger. G: Saalhausen/Westf, 13. Juli 1914. A: D–8115 Ohlstadt b Garmisch-Partenkirchen, Heimgartenstr 31. S: Mittlere Reife, Fotografenlehre m Meisterabschluß, Fachausbildung als Ornithologe u Tierfotograf an d Staatl Vogelwarte Garmisch-Partenkirchen. K: 1933–39 Ltr d Bildarchivs d Staatl Vogelwarte Garmisch-Partenkirchen, 1939–45 Wehrdienst, danach freischaffender Bildjournalist, Naturfilmkameramann, eigene Kulturfilmproduktion, Vorträge bei VolksHS, ab 1960 archäologische Studienreisen spez Südeuropa u Türkei, zahlreiche Bildbände illustriert, ab 1976 eigener Buchverlag f kulturgeschichtlich-populärwiss Fachliteratur, ständiger Mitarbeiter als Illustrator bei zahlreichen Zeitschriften-, Buch- u Kalenderverlagen im In- u Ausland m eigenem, sehr umfangreichem Europa-Farbfotoarchiv. M: Mtgl im BVerb d Pressebild-Agenturen, Bilderdienste u Bildarchive eV.

Klar Willi
B: Lichtbildner. G: Frankfurt/Main, 9. Juli 1907. V: Gertrude, geb Scherer. A: D–6000 Frankfurt/Main, Liliencronstr 9. S: Realschule, abgeschlossene kfm Lehre, fotografischer Autodidakt. K: Kfm Ang, 1931 arbeitslos, Fußballprofi in Frankreich u Luxemburg, 1936–46 Mitarbeiter v Dr Paul Wolff in Frankfurt, unterbrochen durch Kriegsdienst, seit 1947 selbständig als Werbe-, Theater- u Industriefotograf. F: In d Fotofachpresse im In- u Ausland (Argentinien, DDR, Japan, Österreich, Norwegen, Südamerika, USA), Gestalter v mehr als 100 Industriemonographien. E: 2 Plaketten v d Photokina. M: Seit 1952 Mtgl d Ges d Deutscher Lichtbildner GDL. H: Fotografie.

Klein Fritz
B: Redakteur (HauptAbtLtr Sport im NDR). G: Hamburg, 23. März 1937. V: Bärbel, geb Kröger. A: D–2000 Hamburg 52, Rosenhagenstr 13. S: Abschluß d Techn Oberschule in Hamburg, Internat in d Schweiz. K: 2 Jahre Volontariat b d Hamburger Anzeigen u Nachrichten, 2 Jahre Ass beim NDR, dann Redakteur, Reporter, Moderator, seit 1977 HauptAbtLtr Sport im NRD, zuständig f Hörfunk u Fernsehen. H: Golf.

Klein Walter
B: FotoMstr, Fotograf. G: Düsseldorf, 19. Mai 1934. V: Renate, geb Fuchs. A: D–4000 Düs-

seldorf 12, Friedingstr 46. S: Abitur, Fotografenlehre. K: Nach d Fotografengehilfenprüfung Mitarbeit in versch Fotostudios, kurze Zeit Fachlehrer an d Albrecht-Dürer-Schule in Düsseldorf, seit 1960 selbständig. F: In Tageszeitungen, Stern, Spiegel, Kunstzeitschriften. E: Photokina-Preis, Preise f Plakate u Prospekte. H: Beschäftigung mit Kunst.

Kleinert Detlef
B: Journalist. G: Breslau, 28. Juli 1941. A: D–8000 München, Griegstr 55. S: Abitur. K: Volontariat in Coburg, Redakteur in Coburg u München, tätig f Zeitungen u Fernsehen. H: Theater, klassische Musik.

Kleinort George B
B: Regie-Kameramann, Filmemacher (Kurzfilme f Kinos). G: Arnstadt/Thür, 3. Jan 1940. A: D–8034 Germering/München, Flurstr 14. Tel: 089/8412804. S: Realschule, Filmschule München, Volontariat bei „Fox tönende Wochenschau" München. K: Regie-Kameramann ua bei „Fox tönende Wochenschau" München, Offizieller Olympia-Film 1972 München, Deutsche Wochenschau Frankfurt. M: Director-Reporter-Cameramann, Mtgl d INA. H: Natur, Sport, Kino, Tanzen, Musik, Reisen, Lesen, Diskutieren.

Klcinz Günter
B: Fotografenmeister. G: Simmern/Hsr. V: Gerda, geb Hümmer. A: D–6530 Bingen, Rodrusstr 5. S: Grundschule, Fachschule, Meisterschule. K: Fotolaborant, Fotolehre, Gesellenprüfung, Meisterprüfung. F: Essen u Trinken, Quick, Spiegel, Revue, Enzyklopädie Israel, Landschaften v Burgen, Werbefotos in versch Zeitschriften. M: Kunstkreis Bingen, CV d Fotografen, Arbeitskreis Porträt Fotografie Deutschland.

Klemstein Horst
B: Fotograf, Regisseur, Autor, Produzent. G: Berlin, 28. Juni 1930. A: D–6078 Neu Isenburg 2, Spechtstr 8, Postfach 2130. S: Ak f Film, Funk u Fernsehen. K: 1953 RegieAss, 1963 Regisseur, 1965 Fotograf, 1966 FFF-Ltr, Autor, Produzent, Fotograf, als Regisseur selbständig seit 1967. F: In Fotozeitschriften, Unterhaltungsmagazinen, Fernsehen, Kino, Tonbildschauen (Bildstorys, Erotic, Life, Werbung). H: Tennis, Jagdschein, Pilotenschein.

Klenner Gusti
B: RegieAss, Regisseuse, Managerin. G: 1. Nov 1919. A: A–1090 Wien, Pulverturmg 18. Tel: 0043222/3484745. S: RealGymn, Handelsschule. K: Ab 1939 Script u RegieAss bei Wien-Film, UFA, Bavaria, NFK-Film, ab 1945 in vielen intern Film- u Fernsehproduktionen im In- u Ausland tätig. F: In d intern Presse. M: Österr FilmGes. H: Fotografieren, Fremdsprachen, Reisen, Management f Co-Produktion m Ungarn.

Klenovsky Georg
B: Fotograf. G: Wien, 19. Jan 1948. V: Elisabeth, geb Kloboucnik. A: A–3002 Purkersdorf, Fürstenbergg 6. S: Höhere Graphische Bundes-Lehr- u VersuchsAnst Wien. K: 2 Jahre Ass im Studio Kopetzky, danach Meisterprüfung, Eröffnung d eigenen Studios. E: Anerkennungspreise bei div Ausstellungen. M: Europhot, Creativ-Club Austria, Intern Art-Directors-Club. H: Eigenes Studio.

Kliem Peter G
B: Autor, Regisseur, Journalist. G: Berlin, 25. Feb 1938. V: Sylvia, geb Köhler. A: D–1000 Berlin 38-Nikolassee, Matterhornstr 88. Tel: 030/8031517. S: Ausbildung als Redakteur bei einer Kölner Zeitung, Stud an d Kölner Werkkunstschule u d HS f bildende Künste, Berlin als Fotograf u Maler. K: BühnenbildnerAss im Westdeutschen Rundfunk Köln, Grafik-Designer, ständiger Mitarbeiter d III. Fernsehprogramms im SFB-Berlin, Doz d Berliner KunstHS (Filmklasse), VorstMtgl d Bundes Deutscher Grafik-Designer, Berlin, persönlicher u Presse-Referent d HS d Künste in Berlin. E: Preis f hervorragende Gestaltung v Fernsehsendungen v Grafik-Design-Deutschland (Bühnenbilder, Film, Trickfilm-Dramaturgie, Fotografik). M: JournalistenVerb Berlin, Bund Deutscher Grafik-Designer, Zehlendorfer ArbeitsGem zur Erhaltung alter Stadtstrukturen, Mtgl d Neuen Berliner KunstVer. H: Segeln.

Kliemann Peter Dr
B: Journalist, Dir Kulturelles Programm. G: Berlin, 15. Juli 1930. V: Annelore, geb Braun. A: D–5020 Frechen-Königsdorf, Schwalbenweg 23. S: Abitur, Stud d Germanistik u Anglistik an d Freien Univ, Promotion 1958. K: 1958–61 Feuilleton-Redakteur b „Tagesspiegel" in Berlin, seit 1962 Redakteur b Deutschlandfunk, 1967 Ltr d Abt Literatur b Deutschlandfunk, seit 1974 Dir Kulturelles Programm b Deutschlandfunk. E: Friedrich Perthes-Preis. M: Verb Deutscher Kritiker. H:

Architektur.

Klingen Ernst
B: Journalist, Presse-, PR- u Werbeberater. G: München, 19. Aug 125. V: Margot, geb Scholz. A: D–8000 München 40, Klausingweg 4. S: Abitur. K: 1956–66 Presse- u Werbechef Gloria-Film, München, vor 1956 u nach 1966 selbständig.

Klingenberg Hedi
B: Fotografin. G: Wien. A: CH–8702 Zollikon, Öscherstr 22. K: Schauspielerin unter d Mädchennamen Hedi Marek, Landestheater Innsbruck, Berliner Ensemble (Bert Brecht), Städt Bühnen Köln, Städt Bühnen Frankfurt, Schauspielhaus Zürich, Fernsehen: ARD, ZDF, ORF, Film: DEFA. F: In vielen versch Zeitungen u Zeitschriften. H: Reisen.

Klockhaus Heinz E
B: Schriftsteller u Textdichter. G: Gelsenkirchen, 24. Juli 1938. V: Käthe, geb Marquardt. A: D–5609 Hückeswagen, Postfach 2. S: IndKfm. K: Chanson-, Schlager- u Liedertexte, Kurzgeschichten, Gedichte, Kinderbücher, Romane, Bühnenstücke (unveröffentlicht). M: GEMA. H: Phil, Psychologie, Seewasser-Aquaristik.

Klofat Stephan
B: Produzent, Manager. G: Dingolfing, 27. Juli 1955. A: D–8000 München 19, Nördl-Auffahrtsallee 50. S: Gymn, MusikStud. H: Tontaubenschießen, EDV-Technik.

Kloiber Herbert Georg Dr
B: Film- u Fernsehproduzent. G: Wien, 6. Dez 1947. V: Ursula, geb Reuther. A: D–8131 Berg, Seestr 67. S: Internat in d Schweiz, Univ Wien, Jura-Stud, 1970 Promotion z Dr d RechtsWiss. K: 1970–76 Verkäufer im Ausland f d Fa BETA FILM München, ab 1974 Geschäftsführer d UNITEL München, ab 1976 Inhaber u Geschäftsführer d TELE München u CLAS-ART-FILM. M: Mtgl d Deutschen Produzenten-Verb. H Musik, Sport, Reisen, Lesen.

Kloss Heinz
B: Fachjournalist Fotografie. G: Berlin, 19. Juni 1910. V: Ruth, geb Salomon. A: D–5342 Rheinbreitbach, Im Sand 6. S: Abitur, Fachausbildung Telekommunikation. K: Freijournalistische Tätigkeit als Fotograf, Mitarbeiter bei Fachzeitschriften, Redaktion VJAJ-Press, „amateurfotografie", Lehrtätigkeit am Volksbildungswerk, Verfasser v Lehrgängen in Fachzeitschriften, Bildberichte, vielfache Tätigkeit als Juror. F: Laufend Veröffentlichungen: Leica Fotografie, Photoblätter, Profifoto, Photo-Revue, FF-Foto u Film, Foto-Journal, Film-Journal, Spiegelreflex-Journal, Inpho mit Text u Bild. E: Berufenes Mtgl d DGPH, EhrenMtgl d Verb Deutscher AmateurfotografenVer. M: DGPH. H: Reisen, Malerei bis zum 18. Jahrhundert, römische Bauten in Frankreich.

Kludas Gottfried
B: Journalist (Fernsehen). G: Leipzig, 8. Juli 1923. V: Dr. phil Hertha. A: D–1000 Berlin 37, Schottmüller-Str 98 b. S: UnivStud Germanistik, Geschichte. K: 1. Redakteur b Sender Freies Berlin, Buchveröffentlichung: „Wärme aus Kälte u Sonne", Buch u Regie v ca 30 Fernseh-Filmen. E: Ernst Schneider-Preis 1977. H: Kochen.

Knape F A Walter MD
B: MD, Dirigent, Komponist, Fachlehrer. G: Bernburg/Saale, 14. Jan 1906. V: Ilse, geb Cordes. A: D–2190 Cuxhaven 103, Strandstr 16. S: Grundschule, Abitur 1925 in Magdeburg, Berufsziel: Dirigent, VorStud, erstes Musikwirkern in Magdeburg, nach 1927 MusikAk in Leipzig, Univ Leipzig (MusikWiss, Philosophie, Päd, Theol, Germanistik), 1930 Staatsexamen f höheren Lehrdienst, 1934 Dr phil, Diss: „Abels Sinfonien", 1937 Univ Halle (MusikWiss, Philosophie), KapellMstr-Prüfung 1936 Dresden, Leipzig. K: Ab 1924 freies Wirken als Pianist, OrchesterLtr, Komponist, ab 1927 ChorLtr, Rundfunkpianist in Leipzig, 1930–34 Univ-Ass (MusikWiss, LiedStud) in Leipzig, Privatim Doz, ChorLtr, Lehrer bis 1939, Kriegsdienst bis 1945, Musiklehrer bis 1948 in Dessau, ab 1948 Chor-Orchester-Dirigent (Dir d SingAk u Philharmonie) in Leipzig, 1954–56 in Berlin, HSLehrer (Musiktheorie), 1958 Ltr d Coll musicum, Univ Hamburg, Lehrdienst in Hannover u Cuxhaven, dort Dirigent d Stadtchores, MusikLtr am Stadttheater, MusikWiss Edition d kompositorischen Gesamtwerkes d Frühklassikers K F Abel (16 Bde), ca 80 eigene Kompositionen bei div Verlagen. F: 1932 Radiozeitung in Leipzig (MIRAG), Altmann-Musik-Lexikon 1937, Macmillan-Lexikon 1936, Festschrift Leipziger SingAk 1952, Presse-Cuxhaven 1964, Die Bake, Cuxhaven 1971, Orchester 1979, „Abel – frühklassische Sinfonie" 1971, NDR-Porträt, Umschau 1979. D: Gast- u Konzert-Dirigent u

Pianist f klassische Musik. E: Franz Schubert Medaille f ChorLtr. M: Deutsche Ges f Musikforschung eV, Künstlergilde, eV Esslingen, Deutscher KomponistenVerb eV, Berlin. H: Eisenbahn, Gartenpflege.

Kneidinger Josef
B: Fotograf. G: Reiterschlag, 21. Feb 1932. V: Hildegard, geb Münch. A: D–8432 Beilngries/Obb, Hauptstr 33. S: Mittlere Reife, Gesellenprüfung. K: Selbständig seit 1953. E: 1. Preis beim Kodak Porträtwettbewerb 1977. M: Ind u HandelsKam u HandwerksKam.

Kneubühler Josef
B: Fotograf. G: Hergiswil/Luzern, 6. Juli 1918. V: Hedi, geb Geiger. A: CH–8953 Dietikon, Bahnhofstr 12. S: Primar- u Sekundarschule, Kurse über Farbenlehre bei Dr Müller, Vorlesungen ETH bei Prof Eggert in Zürich. K: Beginn als Porträtfotograf, dann Spezialisierung auf d McDonald-Technik. F: Photographie, 1979.. E: Kritik v Dr David Meili in d Photographie Nr 5. M: Kunst Kollegium, FachVer, Fotoklub, Filmklub, Schachklub. H: Komponieren, Klaviermusik, Schach, Garten (Rosen).

Knobloch Hans Werner
B: Schriftsteller. G: 25. Feb 1928. V: Trudl, geb Hautmann. A: D–8000 München 50, Rueßstr 29, Tel: 089/8121460, und I–25010 Voltino/Tremosine Bazzanega, Via Bestone 13, Tel: 0365/92193. S: Gymn, StaatsAk f Musik u darstellende Kunst Wien. M: VS, RFFU.

Koch Gerhardt
B: Fotografiker. G: Günstedt/Thüringen, 2. Mai 1922. V: Ingrid, geb Adolph. A: D–6095 Ginsheim 2, Dammstr 15. Tel: 06144/2666. S: Stud, HS f angewandte Kunst in Magdeburg, Abschluß Fotografiker. K: 1954 zum Fernsehen, 1973 Pensionierung aus gesundheitlichen Gründen, seit 1974 freischaffender Künstler im BerufsVerb Bildender Künstler, Wiesbaden, Ausstellungen in Wiesbaden BBK usw. F: Hör Zu, div Programmzeitschriften, Bavaria Verlag, Karl Heinz Schuster Verlag usw. M: BerufsVerb Bildender Künstler, Wiesbaden. H: Reisen in Skandinavische Länder.

Koch Otto
B: FotoMstr, Grafiker, Retoucheur. G: Fürth, 5. Nov 1913. A: D–4000 Düsseldorf, Corneliusstr 115, D–4000 Düsseldorf, Corneliusstr 96. S: Grundschule, Fachschule, VolkskunstHS, Tages- u Abendschulen, Wehrmachtsfachschule, 4 Jahre Lehrzeit als Fotolithograph, Abendschulen (Stipendium) f Fotografie u Grafik. K: Lehrling, Geselle, Berufssoldat, MstrPrüfung mit Sehr Gut bestanden, Pressefotograf, als Grafiker beim am Hauptquartier, seit 1945 selbständig, als Soldat in Registratur, Regimentsstab, AbtStab zuletzt OKH, AbtVorschriften u Propaganda. F: Viele Veröffentlichungen in Tageszeitungen, Fürther Nachrichten, Nürnberger u Münchner Zeitung, Fachzeitschriften, wenigen Illustrierten, II. Fernsehen, AZ, E: 2 Erste Preise f künstlerische Entwürfe bei d Wehrmacht, Verkehrswacht-Auszeichnung, 3 Wehrmachtsorden, Silbernadel DAMC 05. 1. Preis DAMC 05 f Verfilmung d aktiven Clubgeschehens, 1x Gold, 1x Silber f sportliche Leistungen, 1 Agfa-Goldmedaille, 1 Agfa-Wettbewerb-Preis. M: ADAC, DAMC 05, Literaten Zirkel. H: Musik (einige Instrumente), Emailarbeiten, Kochen, Holzarbeiten, Innenarchitektur.

Koch Peter
B: FilmKfm. G: 16. Juli 1933. V: Ingrid, geb Meier. A: D–8012 Ottobrunn, Schwalbenstr 13. S: Höhere Schule, Lehrzeit. K: Inhaber eines Filmverleihes, Vorst d Verb d Filmverleiher, stellv Mtgl d Film Förderungsanstalt. M: Verb d Filmverleiher, Industrie- u HandelsKam. H: Tennis, Schwimmen, Wandern.

Koch Thilo
B: Schriftsteller u Journalist. G: Canena, 20. Sept 1920. V: Susanne. A: D–7201 Hausen ob Verena. S: Abitur, Univ. K: Seit 1946 beim NDR Hamburg, Autor, Kommentator, Auslandskorrespondent, Chefredakteur d Zeitschrift ARAL-JOURNAL. D: Kommentator b Fernsehen. M: Intern PEN. H: Kaminfeuer, Sherry, Lesen.

Koch Walter Dr
B: FilmKfm, Autor u Regisseur. G: München, 22. Nov 1921. V: Dr Ernestine, geb Fröhlich. A: D–8000 München 2, Gaiglstr 25. S: Univ München, 1950 Dr phil. K: Seit 1950 Inhaber d UNDA-FILM Dr Walter Koch GmbH + Co. E: Für Filme: 14 Prädikate „besonders wertvoll", 56 Prädikate „wertvoll", 1 Bundesfilmpreis, 12 Kurzfilmprämien d BMin, 2 französische Filmprämien, 1 italienische Filmprämie uva. M: BundesVerb Deutscher Film- u AV Produzenten eV.

Kocian Erich
B: Chefredakteur, Journalist. G: Wien, 29. Nov 1927. A D–8022 Grünwald, Oberbachinger Str 44. S: Grundschule, Mittelschule. K: 1946 in Wien a s Journalist begonnen, 1954 nach Deutschland, Mitarbeiter vieler in- u ausländischer Zeitungen, Chefredakteur d Fachzeitschrift BLICKPUNKT FILM. H: Angeln.

Kodera Peter
B: Kameramann, Fotograf. G: Wien, 23. Dez 1937. A: A–1190 Wien, Krottenbachstr 48, A–1040 Wien, Gußhausstr 12. S: FilmAk in Wien, Abschluß 1961, div andere Studien (Musik, Malerei) 1956–61. K: Kameramann, fallweise Regisseur in Österreich u Deutschland. F: Bildbände: Die Hofburg in Wien, Wiener Bilder, Der Wiener Stephansdom. E: Adolf-Grimme-Preis (2x), Großer Österr Kulturfilmpreis, 2. Preis bei Festival d Religiösen Films in Cannes. M: Verb Österr Kameraleute, Wiener Künstlerhaus (zZ VizePr).

Kofler Bernd Karl Georg
B: FotografenMstr. G: Magdeburg, 26. Apr 1943. V: Ilona, geb Doobe. A: D–2090 Winsen/Luhe, Marktstr 27. S: Grundschule, Lehre in Bad Homburg mit anschließender Gesellenprüfung in Frankfurt (mit Gut bestanden). K: 1961–63 bei Foto-Rossel, 1963–68 bei Film u Foto Produktion (FIFO) in Bad Homburg als Fotograf u ColorlaborLtr, 1968–74 bei Fototechnik Hennig (Werbung) als ColorlaborLtr, 1975 FotografenMstrPrüfung in Hamburg, seit 1975 als selbständiger FotografenMstr in Winsen/Luhe tätig. F: Hamburger Abendblatt. M: Gesellenprüfungs-Aussch d Fotografen-Innung Hamburg, Vors d Ortshandwerkerschaft Winsen, Mtgl im APP, im Unterwasserclub Hamburg/Bergedorf (Tauchsport). H: Tauchen, Oldtimer.

Kohl Gerd Doz
B: Repräsentant, Doz G: Erlangen, 17. März 1916. V: Eva-Maria, geb Veit. A: D–8400 Regensburg, Aussiger Str 21. S: Abitur, Hum Gymn, Verwaltungs- u WirtschaftsAk. K: Seit 1968 Landesrevisor d LV Bayern im VDAV, seit 1932 Fotograf (schwarz/weiß), dann Farbdia-Fotograf, Ausrichter d Landesfotoschau 1969 Bayern, journalistischer u fotografischer Mitarbeiter in versch Tageszeitungen, Fachzeitschriften (Bergfotografie), Vortragsreisen. D: „Fledermaus" im Stadttheater Regensburg. E: Silberne Treuenadel d VDAV, Silberne u Goldene Verdienstnadel d VDAV, Goldene Ehrennadel als langjähriger Pr d 11-Rats d ältesten FaschingsGes Bayern. M: Fotografische Ges Regensburg, Mtgl d erweiterten Vorstandes d LandesVerb Bayern im VDAV (FIAP). H: Fotografieren, Mathematik, Geschichte, Skilanglauf Bergsteigen.

Kohl Werner Ing
B: Geschäftsführer. G Weiden/Bayern, 19. Mai 1940. A: D–8450 Amberg, Begelleite 9. S: Höhere Realschule, HTL München, Abschluß als Ing (grad), Wirtschafts- u Betriebstechnik. K: Nach Realschule u techn Praktikum 1962–65 Ing-Stud, ab 1965 Tätigkeit bei führenden Maschinen-Herstellern in d BRD, 1967–71 Verkaufs- u Beratungs-Ing in USA f Importhaus Werkzeugmaschinen, 1971 Rückkehr n Deutschland u Eintritt in Fa Südcolor Krug GmbH + Co als geschäftsführender Ges. M: VDI, VorstMtgl d BVerb d Photo-Großlabors, Vors d AufsR BVerb Deutscher Fotoverarbeiter. H: Sport, insbes Tennis, Ski, Literatur, Musik, Wandern.

Köhler Joachim Ottomar
PS: Jochen Köhler, J O Köhler. B: Foto-Designer. G: Greifswald, 4. Dez 1943. A: D–7000 Stuttgart 80, Möhringer Landstr 112 A, D–7000 Stuttgart 80, Steigstr 35. S: Mittlere Reife, Lehrzeit 3 Jahre als Industrie- u Werbefotograf, 2 Sem Grafik. K: Als Fotograf in versch Werbeagenturen, freier Mitarbeiter v Zeitschriften u Verlagen, selbständig als Foto-Designer. F: Hunderte in Zeitschriften. D: „Die Verschwörung des Fiesco zu Genua" als Statist. E: Div Urkunden f fotografische Leistungen. H: Film, Literatur, Schwimmen.

Köhler Wolfgang
B: Manager. G: Hörde, 27. März 1951. A: D–4930 Detmold, Friedrich Ebert-Str 39–42, Postfach 7004. S: Internatsausbildung „Kloster Ettal", Lehre f Finanzwesen, Stud. K: Als Ang tätig bei M Nies Campione in der Schweiz (als Anlageberater), dann K H Schweppe - Intern, Rio de Janeiro, Unternehmens-Berater, Unternehmens-Gruppen Beckmann Detmold, Generalmanager. M: ReitVer Lippische „Rose" Lage, Freimaurer-Loge.

Kolb Alfred Dir
B: GastspielDir, Manager. G: Bayreuth, 3. Mai 1927. V: Hildegard, geb Hacke. A: D–8580 Bayreuth, Preuschwitzer Str 92. S: Mittlere Reife, kfm Ausbildung E: Ritter d Französischen Legion. M: Mtgl in vielen versch Ver. H:

Sportflieger.

Koller Ingrid
B: FilmschnittMstr. G: Wien, 19. März 1950. A: A–1140 Wien, Penzinger Str 121. S: Mittelschule. K: Ass, dann SchnittMstr. E: Goldene Kamera (Team) f Apropos Film. M: Im Vorst d ÖGB, Verb Österr FilmschnittMstr, EhrenMtgl d Verb Österr Kameraleute. H: Kino.

Kollitsch Robert
B: KonzertDion (Impresario). G: Pfarrdorf/Ktn, 20. März 1894. V: Maria, geb Kruta. A: D–1000 Berlin 30, Geisbergstr 40, Tel: 030/ 246021/22. S: Realschule, Matura in Klagenfurt. K: Aktiver österr Kavallerie- u Fliegeroffizier, nach d 1. Weltkrieg Gründung d KonzertDion Robert Kollitsch in Linz, trotz künstlerischen Erfolges Wiederauflösung u Übersiedlung nach Berlin, dort umfangreiches Arbeitsfeld, besonders während d Kriegsjahre künstlerische Betreuung d Truppen, nach Kriegsende Wiederaufnahme d normalen Arbeit. E: Silberne Tapferkeitsmedaille I. Klasse, Militär-Verdienstkreuz 3. Klasse mit Schwertern, Verdienstkreuz am Bande d Verdienstordens d BRD.

Kollschen Bernhard
PS: Berthold. B: Fotodesigner u Grafiker. G: Oldenburg, 9. Juni 1946. A: D–2200 Elmshorn, Damm 4. S: Gymn. K: Erster Beruf: BankKfm, dann Journalist als festangestellter Redakteur u als freier Journalist, seit 1977 selbständig im „Studio Berthold". F: Mitarbeiter d NDR „Berichte v Tage", Hamburger Abendblatt u vielen Tageszeitungen m regionalem Charakter, Fotokunstausstellungen in Elmshorn, Oldenburg, Varel als Einzelausstellungen. M: VorstMtgl in Werbung Elmshorn, KunstVer Elmshorn u d Elmshorner Männer-TurnVer als SportVer: Tennis u Basketball. H: Sport u Job.

Költringer Ludwig
B: Fotografenmeister. G: Strasswalchen, 3. Jan 1911. V: Maria, geb Ginzinger. A: A–5204 Strasswalchen, Bayernstr 7. S: Grundschulen, Berufsschule, Absolvent d Meisterklasse d graphischen Lehr- u VersuchsAnst Wien, Fachseminare in d Berufsfotografie. K: Gesellen- u Meisterprüfung im Fotografenhandwerk, ab 1935 selbständiges Fotostudio, nach d Kriegsdienst ab 1948 in d PrüfungsKmsn d Fotografenhandwerkes u Vors d MeisterprüfungsKmsn, 1960–75 Landesinnungsmeister d Fotografen f Salzburg, Fotostudio selbständig bis 1976. F: Initiator v Fachausstellungen in Salzburg, Presseveröffentlichungen in Fachzeitungen u Tagespresse. E: Diplom bei d Ausstellung d Jungfotografen Österr 1934, Diplom anläßlich d Bildausstellung Europäischer Berufsfotografen in Linz 1954, Silbermedaille d Kammer d Gewerblichen Wirtschaft in Salzburg 1962, Ehrenzeichen in Gold d BInnung d Fotografen Österr 1971. H: Fotografie, Schmalfilm.

König Lothar
B: Opernchorsänger. G: Weimar, 10. Jan 1936. A: D–6800 Mannheim, Stresemannstr 25. S: Grundschule, 1951–64 Bäcker, GesangsStud bei Privatlehrern 1960–70 in Kiel, Osnabrück, Freiburg. K: 1964–66 Engagement Stadttheater Osnabrück, 1966–71 Engagement Stadttheater Freiburg, seit 1971 Nationaltheater Mannheim. D: In allen musikalischen Stücken an d oben genannten Theatern. M: Freie Demokratische Partei, Orden vom Rosenkreuz (AMORC), Baden-Baden. H: Literatur, Wandern, esoterische Philosophie.

Körner Heinz
PS: Henry Coorner, W v Rotenburg, Beate v Mühlberg. B: Lit Agent, Musikverleger, Bild u Reportagen Verleger. G: Marburg/Lahn, 1. Juli 1926. V: Waltraud, geb Müller. A: D–6442 Rotenburg/Fulda, Zum Mühlberg 13, Postfach 1228 u 33. S: Grundschule. K: Als Schriftsteller, Romane: „Das Rätsel einer Liebe", „Nicht hinter Tränen verstecken", „Der Liebe seltsame Wege", „Zwischen Pflicht und Liebe", „. . .und die Liebe siegte", „Es knallt in Jackson City" ua. F: Washington Presse Corp, New York ua. E: Auszeichnung einer englischen Univ. M: IGDA, InteressenGem deutschsprachiger Autoren. H: Tennis, Bücher.

Korruhn Wolfgang
B: Journalist. G: 25. Aug 1937. A: D–5000 Köln 1, Ehrenstr 29. S: Stud d Med, Kunst- u Kirchengeschichte, Germanistik in Berlin u Basel. K: Nach d Stud als freier Mitarbeiter d Schweizerischen Radios u Fernsehens, zwei Jahre Filmkritiker b Deutschen u Schweizer Zeitungen, seit 1969 Redakteur d Westdeutschen Rundfunks, Autor zahlreicher Dokumentarfilme, ua: „Carl Gustav Jung", „Ein Stern fiel", „Wir Geometer wollen unseren Lohn", „Jagd auf Robbenjäger", „Hans Martin Schleyer – Protokoll d Wartens", „Der Jahresschuss", „Kraftprobe – der Mann, der sich mit d Post anlegt" uva. D: In d oa Filmen. M: Mtgl

d Deutsch-Schweizerischen PEN. H: Fotografie, Malen.

Korthals Erich
B: Foto-Drogist. G: Könitz/Westpr, 26. Juni 1919. V: Lieselotte, geb Kleymann. A: D-4905 Spenge, Engerstr 4. S: Gymn, Handelsschule, mittlere Reife. K: 1936–39 Lehre, 1939–45 Soldat, bis 1946 Gefangenschaft, 1951 selbständig, 1968 Erwerb einer Filiale, 1970 Erwerb eines Reformhauses. M: DRK, GesangsVer Harmonie, SchützenVer Spenge uva. H: Fotografie u Numismatik.

Korytowski Manfred
B: Filmproduzent. G: Königsberg, 31. Dez 1936. V: Tita, geb Merberg. A: D-8000 München 60, Karwinskistr 53b. S: Kfm Lehre, gleichzeitig 4 Jahre Ausbildung bei CCC-Film, Arthur Brauner. K: 1937 Emigration nach Brasilien, nach Beendigung d Ausbildung Übersiedlung zum Militärdienst nach Israel, 1953, 1956 Rückkehr nach Berlin, als AufnahmeLtr bei d Firma CCC-Film, 1976 Gründung d Visual-KW-FilmGes in München, im gleichen Jahr Übernahme d Infafilm, Institut f angewandte Filmkunst GmbH, 1977 Umbenennung dieser Firma auf d Namen Infafilm GmbH Manfred Korytowski. D: Als AufnahmeLtr Mitwirkung an folgenden Produktionen: Erste ZDF-Funkausstellung in Berlin, Erste Silvester-Show f d ZDF in Berlin, „Ihr Steckenpferd", „Schaufenster Deutschland", „Vergißmeinnicht", „Internationale Pantomimen", Rita-Pavone-Show (Live-Produktionen), TV-Filme f ZDF: „Kaiser vom Alexanderplatz", „Napoleon greift ein", „Safe Knacker Suite", „Hau Ruck", „Frauen sind keine Engel", „Fähre Maria", Kino-Spielfilme: „Ich bin nur eine Frau", „Lebensborn", „Bis daß das Geld Euch scheidet", „Henker von London", „Eine Frau bleibt eine Frau", „Dr Mabuse", „Die Tür mit den 7 Schlössern", „Auf Wiedersehen", „Via Mala", „Zu jung für die Liebe", „Old Shatterhand", „Der Shut", „Die Nibelungen", „Herrliche Zeiten im Spessart", „Rheinsberg", „Morgens um 7", „Wenn süß das Mondlicht", „Der gefallene Engel", „Asternplatz 10.06 Uhr", „Bedenkzeit", „Das Auto", „Jahrhundert der Chirurgen", „Die Spuren", „Wildwechsel", „Die Tausender-Reportage", „Das Brennglas", „Notizen aus der Provinz", „Karussels werden im Himmel gemacht", „Tod eines Mannequins", „Zerfall einer Großfamilie", „Eine emanzipierte Frau", „Wie würden Sie entscheiden", „Depressionen", „Gaudi an der Isar", „Wortwörtlich", „Basta", Kulturfilme: „Island, mein Land geboren aus Feuer und Eis", „Kochende Erde Island", „Negev, grünes Land der Zukunft", „Shalom, Tel-Aviv", „Einblick in Jerusalem", „Mohammed in Israel", „Die Stachelschweine in Israel", „Flughöhe 3000". „Die Vertreibung aus dem Paradies". E: Kurzfilmpreis, HauptVerb deutscher Filmtheater, 1966, Auszeichnungen Prädikat „wertvoll".

Kosanovic Vladimir
B: Produzent, Regisseur, Trickfilmmacher, Animator. G: Zagreb, 29. Juli 1940. A: c/o Ilko Film, D-8022 Grünwald, Südliche Münchner Str 62, YU-41000 Zagreb, Balokoviceva 31/8. S: Grundschule, Grafische Mittelschule, Musikschule, KunstHS, Zeichentrickausbildung bei Zagreb Film. K: 1958–63 Zagreb Film als Zeichner u Animator, 1963–65 Staatl Zeitung Zagreb, freier Mitarbeiter in d PresseAbt, 1965–66 Militärdienst 1966–68 Journalist VJESNIK Zagreb, 1968–69 bei Linda-Film, München als Animator, 1969–72 Bavaria Atelier München als Animator, ProduktionsLtr, Regisseur, Background-Maler usw, seit 1972 selbständig, Inhaber d Ilko-Film Trickfilmproduktion, Filme u Werbespots in Kino u Fernsehen. F: VJESNIK Zagreb, Plavi Vjesnik Zagreb, Sportska Tribina Zagreb. E: Bronze Medaille f einen Informationsfilm beim Intern Film- u TV-Festival in New York, 1977. M: ASIFA, Intern TrickfilmVerb, Deutscher TrickfilmVerb eV. H: Fotografie, Musik.

Kosel Achim
B: Foto-Designer. G: Königsberg/Pr, 26. Nov 1936. A: D-6072 Dreieich-Götzenhain, Spessartstr 3. S: FachHS f Fotografie, Kunstgeschichte, Ausbildung z Kameramann. K: Kameramann bei Dokumentar- u Fernsehfilm, seit 1961 freischaffend als Foto-Designer. M: BFF/Europhot. H: Reisen.

Kotay Lajos
B: Fotograf. G: Budapest, 19. Okt 1936. V: Vreni, geb Solenthaler. A: CH-8400 Winterthur, Steinbergg 20. S: Ausbildung technische Berufe, Ungarn u Schweiz, dann Fotografenausbildung. K: Zunächst freier Pressefotograf, bis 1956 in Ungarn, 1972–76 in d Schweiz, dann eigenes Geschäft, anerkannter Portraitist. F: Während d Zeit als Pressefotograf unzählige, heute noch vereinzelt. M: Züricher PresseVer, Ver d Schweizer Presse, Schweizer PressefotografenVerb. H: Familie,

Sport, schöne Frauen (zum Fotografieren).

Kottas-Heldenberg Arthur
B: Bereiter d Spanischen Reitschule. G: Wien, 26. Feb 1945. V: Susanne, geb Höfert. A: A–1030 Wien, Landstraßer Hauptstr 163. S: Grundschule, österr Bundesheer. K: Beginn d reiterlichen Laufbahn an d Spanischen Reitschule 1963, seit 1969 Bereiter. F: Reiterliche Fachzeitschriften. D: „Die Flucht d weißen Hengste", Mitwirkung in Fachfilmen. E: Silberne Medaille f Verdienste um d Republik Österreich, div ausländische Orden. M: ReitVer „St Georg", CampagnereiterGes.

Kovács Jenö
B: Bildjournalist, Porträtfotograf, Werbung. G: Klausenburg/Siebenbürgen, 3. Juli 1920. V: Gertrud. A: D–8135 Söcking, Waxensteinstr 5. Tel: 08151/6715. K: 1942 Bildreporter i Budapest „Magyar Futar", 1942–45 Kriegsberichterstatter b d ungarischen Luftwaffe, Panzer Division, Infanterie, 1950–52 Mitarbeiter d Bildagentur „Keystone" u „Bayerische Pressebild", 1952–59 freier Bildjournalist bei Life, Paris Match, Stern, Bunte Illustrierte, Gente, Europeo usw, 1959–72 Vertragsfotograf d Münchner Illustrierten, Revue u zuletzt Sonderkorrespondent b d Illustrierten „Quick", zZ Vertragsfotograf d „Süddeutsche Zeitung", in Planung: Foto-Ausstellung prominenter Persönlichkeiten d jetzt lebenden Erfolgsmenschen d Kunst, Politik, Gesellschaft u Wirtschaft. D: Film: „Zurück aus d Weltall" ua. E: Photokina-Auszeichnung „Lachende Kamera", 2. Preis b Deutsches Rotes Kreuz-Wettbewerb 1973, Urkunden wie: „Europa" II Biennale d Fotografie Spanien 1975, viele Ehrenurkunden uva. M: Bayerischer JournalistenVerb, Foto-Innung München, Arbeitskreis Porträt-Fotografen, CentralVerb Deutsche Photographen. H: Schwimmen, Autos, Fotografieren.

Kovacs Tibor Dr
PS: Tiberius. B: Regisseur, Schriftsteller, Cabaretautor, Theaterpädagoge, Psychologe. G: Budapest/Ungarn, 1919. V: Anita, geb Reber. A: CH–8700 Küsnacht/Zürich, Hörnli 28. S: Matura, Univ (Dr phil), Theater- u FilmAk, Pädagogisches Seminar, Theaterpsychologie, Budapest, Debrecen, Wien. K: Conferencier, Cabarettist, Schauspieler, Regisseur, Schriftsteller u Cabaret-Autor. D: Theater: „Der Pöstler", „Anna", „Der Hausmeister", „Ein Glas Wasser", „Csardasfürstin", „Bank-Ban", „Tragödie d Menschen", Cabaret-Stücke: „Hoppla-Hopp", „Was Sie nicht sagen", „Nur die die leben", Film u Radio: „Die Schneeschaufler", „Die letzte Stunde", „Mensch – Tier – Brot". E: Petöfi-Preis f Beste Komiker 1946, Dreistern-Orden f Cabaretförderung 1947. M: Pen-Club in Ungarn, Schweizer Vereinigung f Erwachsenenbildung, Literarischer Club Zürich, Club d Kochenden Männer (einer d Gründer) Schweiz, Intern Druidenorden. H: (als Kunstmaler tätig) Malen, Kochen (Autor div Kochbücher).

Kozlik Alfons Ing
B: Fotografenmeister, Fachlehrer. G: Cacovac, 2. Aug 1921. A: A–1210 Wien, Demmerg 10/4. S: Grundschule in Wien, Foto Erben in Graz, Höhere Graphische Lehr- u VersuchsAnst Wien, Matura, Ing fototechn. K: AbtLtr f technwiss Fotografie an d Techn HS in Graz, 1946 Meisterprüfung, dann Foto Heinzel Graz als Atelier- u LaborLtr bis 1952, 2 Patente. F: Life, Fotobücher, Modejournale, Fachlehrgang f d Meisterprüfung im Fotografenhandwerk. E: Meisterprüfung in Fotografie mit Auszeichnung, viele Anerkennungs- u Empfehlungsschreiben prominenter Persönlichkeiten. M: Mtgl d Photographischen Ges in Wien, Europhot. H: Kunst, Technik, Wiss.

Kraak Hagen
B: Freischaffender Bildjournalist. G: Gütersloh. A: D–4830 Gütersloh, Gutenbergstr 20. S: Grundschule, Gymn bis zur mittleren Reife. K: Nach vorzeitigem Schulabschluß (kriegsbedingt) 1944 am Gymn kurze Zeit Dienst als Luftwaffenhelfer, 1945 Hilfsarbeiter in einer Gärtnerei, 1946 Buchhändlerlehre, 1949 erfolgreicher Abschluß d Lehre in Köln, danach Tätigkeit als Sortimentsbuchhändler in versch Firmen in Gütersloh u Hamburg, 1952 Berufswechsel, dreimonatige Grundausbildung an d Hamburger Fotoschule (Vertiefung d bisher nur autodidaktisch erworbenen Kenntnisse d Fotografie), 1953 Beginn d selbständigen Tätigkeit, 1956 erster Bildband, weitere folgten, wegen einer Augenkrankheit 1968 starke Einschränkung d fotografischen Arbeit, 4 Jahre als Bildredakteur im Bertelsmann Verlag tätig, 1972 wieder selbständig, Gründung d Firma meikfoto, ein kleines Studio f Werbefotografie (zusammen mit Gerhard Meiser), seit 1978 Betreibung d Firma meikfoto als Einmannbetrieb. F: Bildbände: Gütersloh, Geliebte Schlei, Die Insel 1000,

Daheim auf Inseln u Halligen. H: Klassische Musik, Opern.

Kraglund Hans
B: FotoKfm, Inhaber eines Fotospezialgeschäftes. G: Hamburg, 13.Mai 1911. A: D–2000 Hamburg 52, Waitzstr 22. S: RealGymn, Hamburg-Altona. K: Gelernter FotoKfm, Staatl geprüfter Kinovorführer, Drogisten-Fachprüfung, Giftprüfung, Fotohändlerschule Dresden. M: Mtgl eines ehrbaren Kaufmannes eV d Hansestadt Hamburg.

Krämer Hildegard
B: Ballettmeisterin, Ltr d Ballettschule d Stadt Nürnberg. G: Fürth, 27. Juni 1922. A: D–8500 Nürnberg, An der Schwedenschanze 41. S: TanzAk in Berlin u Los Angeles. K: Primaballerina, später Chefchoreographin. F: In Tanzbüchern u Zeitungen. D: Als Primaballerina in „Feuervogel", „Abraxas", „Petruschka", „Faden der Ariadne", „Dreispitz", „Turandot", als Choreographin: Uraufführungen v „Toccata", „Cupiditas", „Der junge König", „Faden der Ariadne", „The Train Robbers", weiters eigene Choreographien v allen großen intern Ballettwerken. H: Gartengestaltung.

Kramm Dietrich Joachim
B: Fotograf. G: Freystadt/Westpr, 6. Dez 1926. A: D–5060 Bensberg, Rosenstr 30, Postfach 142. S: Gymn, Abitur, techn Fachschule f Fotografie, Meisterprüfung, Fernstudium d Journalismus u Redaktionsarbeit, autodidaktische Stud: Phil, Psychologie, Kunstgeschichte, Stilkunde, Gestaltung, Farbenlehre (ua f d Fotografie notwendige). K: 6 Jahre ang Fotograf bei Institutionen, seit 1957 selbständig, freiberuflich, Arbeitsbereiche: Bildjournalismus, Architektur, wiss botanische, zoologische Aufnahmen, Aufnahmen im Bereich d Werbung, f Verlage (Unterricht, Kunst, Reisebücher), Landschaften, Prospektgestaltung. F: Esquire, Der Falke, Schatzkammer Deutschland, Ahrtal, Rheinische Kunststätten, Brockhaus, Schulbücher, Sachbücher, Bildbände, Zeitschriften. M: VerwertungsGes f Bild/Kunst. H: Musik, Literatur, Stille.

Kramreiter Pedro Mag
B: Fotograf. G: Wien, 16. Mai 1939. V: Elisabeth. A: A–1190 Wien, Grinzinger-Str 37. S: Matura, Univ Wien jur Fak (Mag 1967), Folkwangschule in Essen. K: Seit 1969 Studio in Wien, spezialisiert auf Mode, auch Werbung, Reportagen, seit 1977 Vertrag m Theater i d Josefstadt. F: Petra, Freundin, Stern, diez minutos, hola, Life, Amica. E: 1976 Intern Plakatwettbewerb Catania: Goldmedaille f Plakat „Mädchen am Brunnen". M: Syndikat d Pressefotografen Wien.

Kraus Werner
B: Fotograf. G: Nürnberg, 6. Feb 1922. V: Annamaria, geb Gier. A: D–8110 Murnau, Poststr 6. S: Oberrealschule, Abitur, Militär. K: Schüler, Soldat, selbständiger Fotograf. F: Viele in Zeitungen u Zeitschriften. E: Ehrenzeichen d AlpenVer, Ehrenzeichen d Bergwacht, Ehrenurkunde d Bayerischen SchiVerb. M: Fotografen-Innung, GewerbeVerb, AlpenVer, Bergwacht, Schi-Club Murnau. H: Malen, Zeichnen, Schifahren.

Krause Hans
B: Fotograf. G: Breslau, 23. Jan 1939. V: Elke, geb Junker. A: D–8592 Wunsiedel, Hornschuchstr 61. S: Grundschule. K: Abgeschlossene Lehrzeit als Porzellanmaler u Fotograf, Besuch v mehreren Fotokursen (Technik in Porträts). F: Theater Rundschau, Künstlerzeitschriften, Lokalzeitungen uva. E: Widmungen v bekannten Schauspielern u Persönlichkeiten d öffentl Lebens. H: Malen v Ölgemälden, Laubsägearbeiten.

Krause Tomas
B: Kameramann, Fotograf. G: Hamburg, 30. Mai 1952. A: D–2000 Hamburg 50, Bernadottestr 18. S: Mittlere Reife, Fotografenlehre. K: KameraAss b NDR, danach selbständig als Kameramann u Fotograf. H: Tennis, Segeln.

Krause-Brewer Veronika
PS: Veronika Fides. B: Redakteurin. G: München, 1. Aug 1919. A: D–5300 Bonn 3, Kaninsberg 13. S: Stud d Nationalökonomie. K: 1950–62 freie Journalistin, seit 1962 Redakteurin im Zweiten Deutschen Fernsehen, Studio Bonn. E: Trägerin d Ludwig-Erhard-Preises. M: VorstMtgl d Bundespressekonferenz, Deutscher Presseclub, Mtgl d Kuratoriums d Stiftung Warentest, Berlin.

Krausser Dietrich
B: FilmKfm, Betriebsberater. G: Berlin, 3. Juni 1920. V: Hermine, geb Kämpf. A: D–1000 Berlin 33, Hohenzollerndamm 91. S: Abitur, Stud d Rechts- u WirtschaftsWiss in Tübingen u Berlin. K: Aktiver Offizier d deutschen Wehrmacht, Major aD, 1945–65 Geschäftsführer

einer GrundstücksGes, 1956–67 Alleinprokurist d modern art film gmbh, 1968 Gründung d eigenen Firma GEMINI-FILM G C Krausser + Co KG, mit Sitz in Berlin, seit 23 Jahren in d Filmbranche, in dieser Zeit Mitwirkung bei etwa 65 Filmen, darunter 14 Spielfilmen sowie Dokumentar- u Ind-Filmen sowie Werbefilmen u Kulturfilmen, Synchronisation ausländischer Spielfilme, Autor u Regisseur d abendfüllenden Filme: „Technik d körperlichen Liebe", „Atemlos vor Liebe", „Junge Leute wollen lieben", „Live-Shows in Kopenhagen" u „X". F: Zahlreiche in in- u ausländischen Zeitschriften. E: Etliche Kriegsauszeichnungen, „Rote Rose" f d Film „Atemlos v Liebe" als bester Film d Monats. M: Schweizer Alpen-Club (SAC) Sekt Zermatt. H: Bergsteigen (34 Viertausender, mehr als 100 Dreitausender).

Kreienkamp Doris
B: Inhaberin eines Farbbilderarchives. G: Düsseldorf, 24. Dez 1941. V: Manfred Kreienkamp. A: D–4000 Düsseldorf, Rathausufer 14. S: Mittlere Reife, Ausbildung zum VerlagsKfm, SprachStud an d North Western Univ in Evanston/Illinois/USA. K: Kfm Ausbildung, Mitarbeiterin d bekannten Fotografen Horst H Baumann, seit 1973 selbständig. F: In allen Medien d Fotografie.

Kremnitz Walter sen Ing AFIAP
B: PatentIng, Patentwirtschaftler u Verleger. G: Brand b Bludenz, 3. Dez 1923. V: Gertrud, geb Lehmann. A: D–8131 Andechs, Frieding Hurten-Str 25. S: Gymn München, Univ Innsbruck, Techn Ak Frankfurt u München, Fotoschule Agfa-Gevaert München. K: Nach Abitur Kriegsdienst bis 1945, Hauptmann d Gebirgsjäger, anschließend Stud d Botanik u Geologie in Innsbruck, Absolvierung d Stud d VermessungsTechn u d Maschinenbaus in Frankfurt, Absolvierung d Stud f Hochbau in München, jeweils Ing-Abschluß, nach Betriebs- u Konstruktionstätigkeit Übertritt als PatentIng zur Agfa-AG, dort Mtgl d Fotokreises u d Fotoschule, Gründung eines eigenen Fotokreises: „Gruppe 66", seit 1966 Veranstalter d Intern Herrschinger Fotowochen. F: Bücher: „Andechs-Bayerns heiliger Berg", „1200 Jahre Heimat am Ammersee", „Afrika – die alten Staaten d Sudan", „Mythologisches Lexikon", „Jugoslawien – farbig gesehen", „Die tropischen Pflanzen Afrikas", „Militaria d Deutschen Kaiserzeit", „Bayerische Helme", Titelbilder fast aller Ausgaben d Zeitschrift IPW, Titelbilder u Textbebilderung d Prospekte v Herrsching, Brand u Andechs uva. E: AFIAP, Hon BSC, Hon KKS, Gold-, Silber- u Bronzemedaillen v intern Fotoausstellungen, Urkunden (weit über 100), Ehrenmedaille d VDAV. M: Fotokreis „Gruppe 66" Frieding-Herrsching VDAV u FIAP, EhrenMtgl d Kameraclubs Seefeld/Tirol, EhrenMtgl d „Bridge slide club" Hongkong. H: Fotografie, Botanik, Geologie, Sport u Reisen, Schriftstellerei.

Kresin Willy B
B: Radio-Musiker, Komponist. G: Hannover, 22. Juni 1935. V: Uschi, geb Meyer. A: CH–4153 Reinach, Föhrenweg 3. S: Oberschule, MusikHS in Hannover. K: Mtgl einiger deutscher Orchester, dann Radio-Sinfonie-Orchester Basel, Studien bei Prof Kelterborn. F: Magnetton-Illustrierte ua. E: Goldenes Tonband, Zürich, viele preisgekrönte Filmmusiken (Festivals New York, Zagreb usw). H: Tonbandspielereien, Wassersport.

Kressel Ludwig
B: Fotografenmeister. G: Groß-Umstadt/Hessen, 4. Jan 1927. V: Ingeborg, geb Dieffenbacher. A: D–6114 Groß-Umstadt/Hessen, Untere Markt-Str 3. S: Grundschule, Fotofachschule, Colorfachschule, Fotografenmeister. F: Fotopresse Hann Münden. M: Mtgl d ZentralVerb d Deutschen Fotografenhandwerks, d Fotografen-Innung Darmstadt, d HandwerksKam Darmstadt. H: Wandern.

Kretzschmar Wolfgang
B: Geschäftsführer iR. G: Dortmund, 23. Dez 1920. V: Leonore, geb Komischke. A: D–2000 Hamburg 70, Martensallee 6. S: Abitur, 7 Sem Univ Leipzig u Berlin. K: Journalist, Komponist, Pressechef, PR-Chef, künstlerischer Ltr, Geschäftsführer. E: Sonder-Award f langjährige, erfolgreiche Tätigkeit im Musik-Business. H: Malen, Modellieren.

Krieger Volker
B: Fotograf. G: Hamburg, 2. Aug 1943. V: Christiane, geb Zeck. A: D–2000 Hamburg 4, Feldstr-Hochhaus 1. Tel: 040/4397474. S: Fotografenlehre, 1969 MstrPrüfung. K: Seit 1969 selbständig, zeitweilig Doz d WAH im Vorst d AWI, 1977 Berufung in die DGPh, 1978 OberMstr u LandesinnungsMstr in Hamburg. F: In div Zeitschriften u Illustrierten. E: 1978 erstmals Teilnahme an Ausstellung: Copper Prix of the APA Intern Exhibition of Photography (Japan). M: AWI, DGPh, Innung Ham-

burg.

Krommer Gerhard
B: Fotograf. G: Neutitschen/ Sudetenland, 27. Mai 1930. V: Maria, geb Freiding. A: D–8050 Erding/Bayern, Ludwig Thoma-Str 45. S: Mittelschule. K: Seit 1952 selbständig als Berufsfotograf mit eigenem Atelier in Erding, Teilnahme an versch Seminaren d Firmen AGFA-Gevaert, Kodak u Linhof, Mstr Seminar d ArbeitsGem europäischer Berufsfotografen (Europhot, Portraitseminar im Studio Bollen. F: In Tageszeitungen. M: Fotografen-Innung München Oberbayern, CentralVerb d Deutschen Fotografenhandwerks.

Krueger Axel Eugen
B: FotografenMstr. G: München, 7. Feb 1947. V: Elisabeth, geb Embacher. A: D–8252 Taufkirchen/Vils, Landshuter Str 3. S: Gymn, 3 Jahre Fotografenlehre, 1972 MstrPrüfung. K: Nach Lehre 6 Jahre Werbeagentur, 1 Jahr bei Firma Linhof, seit 1976 selbständig als Industriefotograf mit Fachlabor auch f Fremdarbeiten. F: Div Fachzeitschriften wie Internationale Photo Technik, Photo Magazin, Schule der Aktfotografie, Prospekte, Anzeigen, div Kalenderfotos, Titelseiten v Zeitschriften wie „Klangbild" ua. M: Fotografeninnung, MstrPrüfungsausschuß, InnungsVorstMtgl. H: Tennis, Bogenschießen, Billard.

Krüger-Peters Franz Rudolf
B: Kameramann, Lichtbildner. G: 5. Mai 1932. V: Lotte E, geb Pfeiffer. A: D–5880 Lüdenscheid, Humboldtstr 5. S: FachHS Film, Fotografie Babelsberg, Volontärzeit in Hamburg, Berlin, Köln. K: Freiberuflicher Lichtbildner, Kameramann U S P, Dokumentation, selbständig, Auftragsarbeiten f Firmen u Inst, 12 Jahre Erarbeitung v Tonbildschauen, Uraufführungen ua in Berlin. F: Veröffentlichungen über Archive, auch Australien, BRD auch in d VHS-Arbeit. H: Studioarbeit, „Verarbeitung" von anspruchsvoller Literatur.

Krystof Gerd-Olaf
B: Fernseh-SendeLtr u Koordinator 3. Programm, stellv FernsehDir. G: Lodz/Polen, 6. Sept 1932. V: Wilma, geb Spörl. A: D–7570 Baden-Baden 11, Oberbannstr 9. S: Oberrealschule, Zeitungsvolontariat. K: Reporter, Zeitungsredakteur, Chef v Dienst bei Illustrierten, seit 1962 beim Südwestfunk: Fernsehreporter, ltd Redakteur im Regionalprogramm, RessortLtr Politik, Stellvertreter d Chefredakteurs u ltd Redakteur d politischen Fernsehmagazins „Report", Koordinator 3. Fernsehprogramm, zeitweise Referent d FernsehDir Günter Gaus, dann Koordinator 3. Fernsehprogramm, vorübergehend kommunarischer Ltr d Abt Kultur u später zusätzlich Fernseh-SendeLtr beim Südwestfunk, kommissarischer FernsehDir, stellv FernsehDir. M: Gewerkschaft RFFU, Rotes Kreuz, SportVer. H: Wein- u bierkundliche Forschung.

Kubelik Rafael
B: Dirigent, Komponist. G: Bychory, 29. Juni 1914. V: Elsie, geb Morison. A: D–8000 München 2, Rundfunkplatz 1. S: Hum Gymn, Prag, Kompositionslehre, Dirigenten- u Violinklassen, Absolutorium am Prager Konservatorium f Musik. K: 1936–48 Chefdirigent d Tschechischen Philharmonie, 1939–41 Chef d Oper in Brünn, 1950–53 musikalischer Dir d Chicago Symphony Orchestra, 1955-58 musikalischer Dir d Covent Garden Opera House, Lodon seit 1961 Chefdirigent d Symphonie-Orchesters d Bayr Rundfunks München, 1973–74 musikalischer Dir d Metropolitan Opera New York, Kompositionen: 5 Opern, 3 Requiems, Stabat Mater Symphonien, Instrumentalkonzerte, KamMusik, Lieder. E: ua: Goldene Mahler-Medaille, Goldene Nielsen-Medaille, Bruckner-Medaille in Amerika, Bayr Verdienstorden, Großes Verdienstkreuz d BRD, Daneborg-Ritter, Portugiesischer Komtur, Mtgl d Kgl MusikAk Stockholm, Mtgl d Kgl MusikAk London. H: Schach.

Kuchler Paul
PS: Paul Jo. B: Kfm, Drogist. G: 3. Apr 1922. V: Fränzi, geb Ganse. A: D–4100 Duisburg 11, Ziegelhorststr 69. S: Mittlere Reife. K: Ausbildung z Drogisten u Fotografen. F: Gong, Nord-Anzeiger. E: 2 Mal 1. Preis d Stadt Duisburg. M: Deutscher Drogisten-Verb. H: Porträt-Foto.

Kudrnofsky Wolfgang Dr phil
B: Journalist, Autor, Regisseur. G: Wien, 1. Mai 1927. A: A–1190 Wien, Rückaufg 29. S: Grafische Lehr- u Versuchsanstalt, Wien (Mstr d Fotografie), Univ Wien, Dr phil (Hauptfach: Psychologie). K: UnivAss, Redakteur bei Illustrierten (Stern, Quick, Bunte), Chefredakteur bei d Bunten Illustrierten, Presse-Chef bei Columbia-Filmverleih, München, Journalist u Autor v Sach- u belletristischen Büchern, Fernsehautor u Regisseur. F: Fotoausstellungen u Fotoveröffentlichungen.

Küenzi Christian
B: Fotograf. G: Adliswil, 26. Apr 1946. V: Verena, geb Meier. A: CH–8802 Kilchberg, Stockenstr 122 A. S: Sekundarschule, 4 Jahre Kunstgewerbeschule Zürich, Fachklasse f Fotografie, 1967 in Frankreich u England. K: 1968–71 Partnerschaft – Werbeatelier, 1971–72 eigenes Werbestudio, 1972–73 Reisen in d Mittleren Osten sowie Nordafrika, 1973–74 Werbestudio in London, 1974–76 Werbestudio in Zürich, seit 1976 Werbestudio in Kilchberg bei Zürich. F: Div anspruchsvolle Werbeaufnahmen f Anzeigen. M: SWF Schweizer Werbefotografen. H: Fotografie uva.

Kühn Volker
B: Autor, Regisseur. G: Osnabrück, 4. Nov 1933. A: D–6384 Schmitten, Am Pfaffenroth 22a. S: Kreuz- u QuerStud, über d Journalismus zu Funk- u Fernseharbeit. K: 1963 Ltd Redakteur beim Hessischen Rundfunk (Unterhaltung-Wort), seit 1969 freier Autor, Regisseur u Produzent, Hörspiele, Dokumentationen, Feature, Satire, geschrieben u inszeniert f Kabarett, 1973 mit Dieter Hildebrandt „Notizen aus der Provinz" (ZDF), TV-Portraits: „Ich lache Tränen, heule Heiterkeit", 1973, über Wolfgang Neuss, „Mit Sitz und Stimme", 1974, über Pop-Sänger Walter Scheel, „M wie Milster", 1975, eigene Fernsehshows mit Maria Schell („Herzeleid und Tränenbäche"), 1976, Su Kramer („Einmal vor der Revue"), 1978, ARD, Theaterarbeit: „Reichskabarett" u „Wühlmäuse" in Berlin, ua, 1979 Inszenierung in Oldenburg (Brecht/Weill „Die Dreigroschenoper"), eigene Satire-Schallplatten „Wie die Alten singen", „Pol(h)itparade", „Musik aus Studio Bonn". E: 1968 Magnus-Preis d ARD f eigene Satire-Reihe „Bis zur letzten Frequenz", Fernseh-Groteske „Die halbe Eva" (Buch u Regie) mit Hannelore Elsner in d Titelrolle, als bundesdeutscher Beitrag auf d TV-Festival Montreux 1975. H: Der Beruf.

Kuhn-Wallbach Josef
N: Josef Kuhn. B: Korrektor. G: 3. Aug 1918. V: Hildegard, geb Schütte. A: D–8741 Burgwallbach, Sonnenstr 6. S: Gymn, Abitur, Techn HS Darmstadt, Pädagogisches Inst Jugenheim. K: Lehrer, Schriftsteller, Komponist, SchriftLtr. M: GEMA, Rhönklub, Diözesanrat.

Kühnelt Walter Ing ABA
B: Fotograf, Lehrer f Fotografie. G: St Ulrich/OÖ, 29. Mai 1940. V: Inge, geb Bogner. A: A–1180 Wien, Bastieng 42/6. S: Matura, Höhere Graphische Bundes-Lehr- u Versuchs-Anst, Fachschule Fotografie, HS-Kurs f Werbung u Verkauf, IngPrüfung, Meisterprüfung, Lehramtsprüfung, Seminare, Studienreisen. K: Seit 1964 eigenes Fotostudio (Arbeitsgebiete: Fotografik, Ind, Werbung, Porträt), seit 1965 gleichzeitig Lehrer an d Höheren Graphischen Bundes-Lehr- u VersuchsAnst, Fachschule Fotografie, Vors d MeisterprüfungsKmsn f d Fotografenhandwerk, VorstMtgl d Photographischen Ges in Wien, Ltr d ABA Arbeitskreis Bild Austria, Ausstellungen in Wien, Graz, Klagenfurt, Salzburg, Köln, Hammamet-Tunesien, Tokio, Venedig. M: Photographische Ges in Wien, ABA, IMW, EinzelMtgl d EUROPHOT. H: Fotografieren, Segeln, Skifahren.

Kulka Janos GMD
B: Dirigent. G: Budapest, 11. Dez 1929. V: Vera, geb Mazanyi. A: D–7000 Stuttgart 1, Auberlenweg 15 A. S: Gymn, HS f Musik „Franz Liszt" in Budapest (Diplome als Komponist u Dirigent). K: 1957–59 KapellMstr an d Bayerischen Staatsoper München, 1959–61 1. KapellMstr an d Württembergischen Staatsoper Stuttgart, 1961–64 1. KapellMstr an d Hamburger Staatsoper, 1964–75 GMD an d Oper Wuppertal, ab 1975 StaatskapellMstr an d Staatsoper Stuttgart u Chefdirigent d Norddeutschen Philharmonie, Gastdirigent (Oper u Konzerte) ua in Boston, Buenes Aires, Barcelona, Granada, Brüssel, Paris, Wien, Budapest, Köln, Frankfurt, Hannover, Schallplattenaufnahmen bei d Deutschen Grammophon Ges, Electrola, Intercord usw. E: Kritikerpreis als bester Dirigent d Spielzeit 1971–72 Barcelona, 1975 StaatskapellMstrDipl v Württ KultusMin. H: Fotografieren, Wandern, Schwimmen.

Kullmann Wilton
PS: Lucky Heliandos. B: Komponist, Texter. G: 28. Mai 1926. A: D–6550 Bad Kreuznach, Wasserstr 10. S: Abitur, Stud in Frankfurt/M, 1. u 2. Staatsexamen. K: OStR, Autor v Kurzgeschichten, Komponist u Texter.

Kunde Friedrich
B: Porträtfotograf. G: Oldenburg i O, 12. Dez 1923. V: Beate, geb Weber. A: D–2870 Delmenhorst, Marktstr 4. S: Oberrealschule, Fotografenlehre, Meisterprüfung. K: 2. Beruf Fotograf, mit 36 Jahren Lehrling, 40jährig – Meisterprüfung, dann Allroundfotograf, Spezialisierung auf Porträt, Weiterbildung d Info-Reisen Europa, USA, Japan, Nordafrika, seit 1977 Referent f Porträt-Fotografie im CV

Deutscher Fotografen. F: Quick, Spiegel, Bild, Lokalzeitungen. E: Auszeichnungen v Kodak Stuttgart, Europhot Belgrad, APP Hamburg u Glücksburg. M: CV, IM Europhot, APP. H: Reisen, Schwimmen.

Kunicht Ernst-Peter
B: Selbständiger FotoKfm. G: Iserlohn, 17. Feb 1949. V: Elke, geb Helm. A: D–2210 Itzehoe, Bornkamp 23. S: Oberschule, kfm Lehre, Prüfung 1967 m „sehr gut". K: Substitutenanwärter b Karstadt, Iserlohn, Substitut im Kaufring-Kaufhaus in Letmathe, 1974 selbständig als FotoKfm, 1978 2. Geschäft übernommen. F: Itzehoer Welt, Steinburger Nachrichten, Schleswiger Nachrichten, SL-Kurier. M: Mtgl im Odd-Fellow-Orden (Herzog Friedrich-Loge). H: Tanzen, Reisen, Orgel spielen, Schwimmen, Campen.

Kuntze Hans Werner
B: Musikproduzent, Komponist, Textdichter. G: Osnabrück, 1. Apr 1930. V: Karla, geb Möller. A: D–4500 Osnabrück, Postfach 2802, Studio u Büro: D–4504 Georgsmarienhütte, Zur Steinbreede 53. S: MusikStud, Radiotechniker, Schriftsetzer, Grafiker, Tontechniker. K: 1952 Gründung d Osnaton-Musikverlages, Verlegung v Schlagern (Rundfunk, Schallplatte), freier Produzent, Texter v Peter-Igelhoff-Liedern, 1957–62 Vertragsproduzent bei Ariola, wieder freier Produzent f versch Firmen, Gründung mehrerer Schallplattenlabel, ua Acondor u CCA, 1977 Eröffnung eines neuen großen Studios. E: Von d Zeiung LEG AUF f „Der alte Straßenmusikant" d Schnulzenkranz f d Schnulze d Jahres, v d Bildzeitung f denselben Titel Auszeichnung als Schnulze d Monats.

Kunz Alfred Karl
PS: Fred Charly Kunz. B: Pianist, Komponist, Kapellmeister. G: Teplitz-Schönau/CSSR, 20. Nov 1906. A: D–8571 Plech, Schulstr 4. Tel: 09244/638. S: HandelsAk, privates MusikStud ua bei Prof Rudnick, Liegnitz. K: Engagements im In- u Ausland, 2 Jahre US-Clubs, Solo-Pianist im AFN Sender München, Rundfunk-Aufführungen eigener Kompositionen ua in d BRD, England, Schweiz, USA, Japan, Österreich, Frankreich usw, einige Erfolgs-Kompositionen: „Regenbogen-Ballade", „Valse Mirage", „Eldorado", „Rosen aus Granada", „Fiesta Kastiliana", „Habana", „Capriolen", „Indische Romanze", „Present d'amour", „Der Tag klingt aus", „Baby Lullaby", „Old Piano Ragtime", „Souvenier aus Athen", „Magische Rhythmen", „Fest in Marrakesch", „Teenager Promenade" uva. F: Der Artist uva. E: Dankschreiben d Kaiserin v Persien, Farah Dibah f d Wiegenlied „Baby Lullaby" anläßlich d Geburt ihres Thronfolgers, Anerkennungs-Schreiben d US-Generals Price f Solo-Auftritte im Sender AFN München. M: DKV. H: Briefmarken, Literatur, Jazz.

Kunz Günter
B: Wiss-Journalist. G: Berlin, 30. Nov 1921. V: Ingrid, geb Stock. A: D–2000 Hamburg 52, Schoenaich Carolath-Str 15. S: Hum Gymn, Abitur 1940, Stud d Biologie in Berlin. K: Bis 1960 ProduktionsLtr u Synchronregisseur bei EUROPA-Filmverleih, REALFILM, Hamburg, ab 1960 freier Mitarbeiter versch Fernsehsender, seit 1976 beim NDR als Redakteur f naturwiss-techn Magazin PRISMA u naturwiss-techn Features usw, in d HauptAbt Kultur u Wiss. F: Laufend in Programm-Zeitschriften, Fotos u Texte im Buch „Problem Fortschritt" (Petzold/Kunz) vgs-Verlag, 1974. D: Laufend als Moderator in eigenen Wiss-Sendungen. E: Glaxo-Preis f Wiss-Publizistik 1977. M: TELI, AKEZ, BHJ. H: Gartenarbeit.

Kurig Hans-Hermann
B: KirchenmusikDir, Komponist. G: Kiel, 27. Juni 1914. V: Dr Christel, geb v d Decken. A: D–5580 Traben-Trarbach/Mosel, Im Compen 1. S: Gymn in Aschersleben u Halberstadt, Kirchenmusikschule in Aschersleben mit Abschluß eines B-Kirchenmusikers. K: 1934–36 Organist u ChorLtr in Düben/Mulde, 1936–38 in Berlin, Mitwirkung im Rundfunk (Schatzkästlein), 1938 Kantor in Friedland, 1939–45 Soldat in Polen, Frankreich u Rußland, Flucht aus d russischen Gefangenschaft, Neubeginn in Halberstadt, Aufführung d sinfonischen Werke mit d Orchester d Stadttheaters, Lehrer an Grundschule u Gymn, 1951 Flucht über d grüne Grenze, 1956 Stud an d HS in Köln u Abschluß als A-Kirchenmusiker, Ernennung zum KirchenmusikDir, Stud bei Gaston Litaize in Paris, Komposition bei Prof Günter Raphael, Gründung d „Trarbacher Kantorei", Konzertreisen nach Frankreich, England, Griechenland, Türkei, Kreta, Mitwirkung im Fernsehen u Rundfunk, Lehrer f Orgel u Klavier, Orgelsachverständiger d rheinischen Landeskirche, seit 1977 im Ruhestand. F: Besprechungen in Tageszeitungen, sowie Fachorganen, Chormusik u Werke f Bläser, erschienen bei Hännsler-Stuttgart, Tonger-

Köln, Hermannsburger Miss Ges, Merseburger-Berlin, Rufer Verlag-Güterloh, Sinfonische Werke, Kammermusik, Lieder, vor allem nach Hesse, Miegel, Rilke, ua Bläsermusiken, Motetten f 4–8 Stimmen u Chorsätze f d gesamte Kirchenjahr, Volksliedbearbeitungen, Gesänge f Männerchor, Orgelmusik. D: Konzerte in Deutschland, in Ost- u Westberlin (Kaiser Wilhelm Gedächtniskirche), sowie zahlreiche Konzertreisen. E: Peter Cornelius Plakette d Landes Rheinland-Pfalz. M: GEMA. H: Archäologie.

Kurr Hans-Peter
B: Regisseur, Dramaturg, Redakteur. G: Bielefeld, 29. Juni 1937. V: Barbara. A: D–2000 Hamburg 56, Nagelshof 14. S: Abitur, Regieklasse bei Prof W Kraut an d FolkwangHS in Essen. K: Als Redakteur Berichterstattung aus USA, UdSSR, China, Japan, Singapore, Australien, Jamaica, Ägypten, als Regisseur 50 Inszenierungen an Theatern in Hamburg, Berlin, München, Köln, Bonn, Düsseldorf usw.

Kurtenbach Hermann
B: Regisseur u Doz f Theater, Psychodrama, Verhaltenstraining. G: Duisburg, 19. März 1922. A: D–4190 Kleve, Stechbahn 43, D–4000 Düsseldorf, Leo Statz-Str 11, F–Paris, 6/10, Rue de la Grande Chaumiere. Tel: 02821/20138 oder 0211/439090 oder 0339591. S: Folkwangschule in Essen, Abschluß: Schauspieler u Tänzer, Oper Köln: Bühnenbildner. K: Schauspieler u Tänzer an deutschen u österr Bühnen, Lehrer u Ltr d Theaterschule Düsseldorf, Theatergastspiel in d Niederlanden, Finnland, Frankreich, Regiearbeiten in Deutschland, Niederlanden, Frankreich, Doz u Regisseur f Psychodrama in Düsseldorf u Paris, im Bereich d Kreativitäts- u Verhaltenstraining tätig in Zusammenarbeit mit d Centre International De La Sainte-Baume, Le Plan D'Aups 83640 Sant-Zacharie in Südfrankreich, im Bereich d Psychodramas steht d Gründung eines Instituts f Psychodrama in Düsseldorf, Paris, Vienne vor d Abschluß, zur Verfügung f Vorträge im Bereich d Selbsterfahrung, u allen Bereichen d Theaters. D: Beim Deutschen Fernsehen in versch Rollen d Charakterspielers. M: GDBA. H: Malen, Schreiben (Dramen).

Kürtz Hans Joachim
B: StudioLtr. G: Tetzlaffshagen/Cammin, 5. Mai 1933. V: Jutta, geb Dotzenrodt. A: D–2305 Möltenort/Kiel, Bergstr 26. S: Abitur 1954, K: 1954–56 Volontariat „Landeszeitung Rendsburg", 1956–60 Kieler Korrespondent „Flensburger Tagesblatt", 1960–63 Korrespondent f „Die Welt", „FAZ", „Deutsche Zeitung", seit 1963 Ltr d ZDF-Landesstudios Kiel u ZDF-Skandinavien-Korrespondent. F: Mehrere Veröffentlichungen in GEO, Merian, Westermanns Monatshefte. M: Deutsch-Dänische Ges, Ver d Auslandspresse, Kopenhaagen, Intern Presseclub Helsinki. H: Zahlreiche Publikationen u Filme über Arktis, Eskimos, Lappen.

Kussani Dieter
B: BüroKfm, Manager, GastspielDion. G: Zweibrücken/Pfalz, 25. ärz 1955. D–6635 Schwalbach 4, Am alten Schacht 36. S: BüroKfm. K: 6 Jahre selbständig als Gastspielunternehmer. F: Hör Zu, Neue Revue. M: Intern DirektorenVerb in Düsseldorf. H: Handball, Tennis, Schwimmen.

Kutz Karina
B: Opernsängerin. G: Deutsch-Eylau-Kulmerland, 13. Sept. A: D–1000 Berlin 19, Lietzenseeufer 10. Tel: 321/8895. S: Abitur, mit 16 Jahren Gesang in Berlin, Sprachen, Rom, Bel canto. K: Von Berlin (Städt Oper) nach Krefeld u wieder nach Berlin (Deutsche Oper) u Auslandgastspiele. F: In allen prominenten Zeitschriften ua. D: Opernpartien: Salome, Fidelio, Carmen, Tosca, Kundry, Circe, Brünhilde uva. E: Ehrensold. H: Reiten, Malen, Religion, Philosophie, Eislaufen, Tanzen.

Lachmann Hans
B: Bildjournalist. G: Hirschberg/Riesengebirge. V: Hildegard, geb Lach. A: D–4000 Düsseldorf 13 (Urdenbach), Jägerei 15. S: Hum Gymn (abgebrochen) Bankfachschule, als Fotograf Autodidakt, fehlendes Schulwissen im Krieg in Lazarettaufenthalten u in Kriegsgefangenschaft in USA nachgeholt. K: Seit 1938 intensiv mit Kine-Exacta angefangen, 1940 kunstgeschichtlich in Frankreich mit d neuen Agfacolorfilm gearbeitet, 1941 als Kriegsberichter (Bild) zur Wehrmacht, Einsatz in Rußland bei d 2. Panzerarmee (Guderian), Kriegsgefangenschaft, 1947 Flucht u neuer Wohnsitz in Düsseldorf, seit 1950 selbständig, Bilderdienst f d Gemeinde- u Jugendpresse, Bildberichterstattung als ökumenische Aufgabe. F: Buch- u Zeitschriftenillustrationen in fast allen europäischen u vielen außereuropäischen Verlagen (d evang Kirche u Freikirchen nahestehend), mit selbstfotografiertem Mate-

rial aus wiederholten Reportagefahrten in fast allen Ländern Europas, Vorderer Orient, Nord- u Mittel- u Südindien Sri Lanka, Thailand, Hongkong, UDSSR u USA. M: Deutscher JournalistenVerb. H: Begegnung mit Menschen, Kunstgeschichte, Fotografieren, größere Sammlung Städtestahlstiche aus d ganzen Welt.

Lamberlin Erich
B: Pressefotograf. G: Köln, 20. Okt 1913. A: D–5000 Köln 1, Hohenzollernbrücke 11. S: Elementarschule. K: Tätigkeit bei Tageszeitungen, Illustrierten, Bilderdienste, Sachverständiger f FotoKino, Vors im PrüfungsAussch. H: Botanik.

Lammers Ludwig
B: Foto- u Grafikdesigner. G: Kulmbach, 20. Dez 1944. V: Renate, geb Warthona. A: D–8650 Kulmbach 1, Niederndobrach 20. S: Oberrealschule (6 Klassen), zweieinhalb Jahre Lehrzeit als Fotograf, Colorkurs an d Bundesfachschule in Hamburg f Fotografie, 1965 Gesellenprüfung, 1966 Umschulung als Foto- u Grafikdesigner, danach Cheffotograf. K: Seit 1970 selbständig, 1974 Bau eines eigenen modernen Foto- u Werbestudios, Anerkennung v BerufsVerb Bildender Künstler Nürnberg eV – Fachausschuß f Bildende Kunst – als freischaffender Künstler. F: Intern Plakate, ständige Veröffentlichungen in div Fachzeitschriften, Anzeigen, Prospekte, Kataloge, Kalender usw. H: Tennis, Musik, Garten.

Lamparter Omar Prof
B: Kapellmeister, Komponist. G: Stuttgart, 25. Mai 1917. V: Ursula geb Stuhlemmer. A: D–1000 Berlin 19, Ahornallee 30/31, Tel: 030/3026544, und D–8374 Viechtach, Baumgarten 7/1/2. S: Staatl Ak HS f Musik Berlin. K: Bandleader, Klarinettist (Rundfunk, Fernsehen, Film, Schallplatten), Prof an d HS d Künste Berlin, Lehrbeauftragter Fa 9 Musical, Fa 7 Saxophon. H: Garten, Tiere, Sport.

Lander Herbert Dipl-Kfm
B: Filmproduzent, Regisseur, Kameramann. G: Aussig, 5. März 1908. V: Dr rer nat Carola, geb Beer. A: D–1000 Berlin 31, Prinzregentenstr 85. S: Gymn, HS f Welthandel in Wien. K: Bis 1938 in d ehem CSR tätig, seit 1938 in Berlin als Kameramann u als Dokumentar- u Lehrfilmhersteller u Regisseur tätig, seit 1939 im Vertrag bei d UFA in Berlin, seit 1954 als Dokumentarfilmproduzent u Hersteller v vielen Unterrichtsfilmen in Berlin tätig, eigenes Studio u filmtechn Einrichtungen. F: Stern, Quick, Tageszeitungen. E: Zahlreiche intern Auszeichnungen f produzierte Unterrichtsfilme, 8 BFilmpreise f Kurzfilme. M: BVerb Deutscher Film- u AV-Produzenten. H: Basteln, Skilaufen, Autofahren, Reisen.

Lang Johann Andreas Dir
B: MusikDir d Stadt Marl, Konzert- u Operndirigent. G: 25. Apr 1917. V: Ursula, geb Pieper. A: D–4370 Marl, Schlesische Str 8. Tel: 4 36 80. S: Akd Tonkunst München, HS f Musik, Berlin. K: Seit Kriegsende Oper Wuppertal, Städt Bühnen, Oper Göttingen, Theater Rendsburg, Städt Bühnen Wuppertal, MusikDir d Stadt Marl. F: Das Orchester, Neue Musikzeitung, Westfalenspiegel, Bildzeitung ua Zeitungen in Wuppertal, Solingen, Essen, Remscheid, Göttingen, Rendsburg, München, Duisburg, Bottrop, Marl. M: BühnenGen, Rotary-Club, Verb Deutscher Musikerzieher u konzertierender Künstler eV, Vors d ez Ruhr-Nord. H: Filmen, Jagd, Fotografieren.

Lang Jost
B: Fotograf. G: Frankfurt/M, 16. Okt 1939. V: Ingrid, geb Kron. A: D–6000 Frankfurt/M, Hallgartenstr 43. S: Gymn, Mittlere Reife, abgeschlossene kfm Lehre m Gehilfenbrief, abgeschlossene fotografische Lehre m Gehilfenbrief, 6 Sem KunstStud an d Staatl ZeichenAk Hanau. K: 3 Jahre kfm Lehre im elterlichen Juweliergeschäft, 1 Jahr freier Fotograf in London, 2 Jahre FernStud Famous Photographers Course, Abschlußprüfung Lehrbrief in Würzburg 1971, seitdem freier Fotograf, Reportage, zZ Arbeit an 2 Bildbänden. F: Westermanns Monatshefte, Frankfurter Rundschau, div Journale u Kataloge in d Werbung. E: 2. Preis d Fotoausstellung Frankfurter Sparkasse 1822. H: Malen.

Lang Werner
B: Komponist, Arrangeur, Produzent. G: Hödingen/Gardelegen, 30. März 1922. V: Charlotte, geb Beutel. A: D–2071 Ammersbek 2, Alter Teichweg 10. S: Mittlere Reife, Musikunterricht. K: Als Instrumentalist u Sänger (Gesangsquartett) 12 Jahre lang herumgereist, zZ hauptsächlich als Arrangeur, Komponist, Produzent sowie Dirigent tätig, Schallplattenaufnahmen. F: Div in Zeitungen u Zeitschriften. M: GEMA, Deutscher KomponistenVerb, Vereinigung Deutscher Musikbearbeiter. H: Briefmarken, Film u Foto.

Lange Georg Martin
B: Fernseh-Regisseur. G: Danzig-Langfuhr, 28. Okt 1937. A: D–6225 Johannisberg/Rheingau, Am Klingelhaus 4. S: Mittlere Reife, Theaterschule Düsseldorf. K: Schauspieler u Regisseur am Studio 122, Düsseldorf, 1963–65 RegieAss b Fernsehen d WDR Köln, 1965–66 beim Hessischen Rundfunk Frankfurt, anschließend erste Regie-Aufgaben, ab 1966 dann Regie-Aufgaben v SFB, Berlin/SWF, Baden-Baden/NDR, Hamburg u d ZDF, Regisseur ua bei: „Dalli – Dalli", „Die Musik kommt", „Musik auf Reisen", Grand Prix Eurovision: Ein Lied f Edinburg, Ein Lied f Luxemburg, Ein Lied für Stockholm, Deutsche Schlagerfestspiele, „Zum Blauen Bock" über 25 Sonntagskonzerte, „Der Große Preis" uva. H: Der Beruf, Lesen, Garten.

Langhagen Holger Christian
B: Werkfotograf, Bildjournalist. G: Preetz, 6. Mai 1948. V: Inge, geb Ladehoff. A: D–2301 Raisdorf, Rönner Weg 4. S: Mittlere Reife, Fotofachschule. K: Presse- u Werkfotograf d Versorgung u Verkehr Kiel GmbH, freier Mitarbeiter d NDR, Abt Berichte vom Tage. F: Kundenzeitschrift „Leichter Leben", Werkzeitung „verbund", Sonderbroschüren. H: Fotografie, Fotografik.

Langjahr Erich
B: Filmemacher. G: Baar/Kt Zug. A: CH–8811 Hirzel, Im Mettel. S: Primar- u Sekundarschule, Lehre als Chemielaborant, BetriebsLtr-Schule Mös, Kunstgewerbeschule. K: Seit 1971 Autodidakt (selbständiger Filmemacher u Bildermacher), 1973 Kurzfilme „Bahnhof" u „Der Fluss", Dokumentarfilm „Justice", „Canaria-Report", „USA-Time", „Sieg d Ordnung", Dokumentarspielfilm „Morgarten findet statt". F: In vielen versch Zeitungen u Zeitschriften. M: Verb schweizerischer Filmgestalter, berufsreg Verb schweizerischer Filmproduzenten.

Lanzmaier Karl
B: Konzertdirektion. G: Leoben, 13. Nov 1929. V: Ida. A: A–6401 Inzing. K: Manager v SLAVKO AVSENIK UND SEINEN ORIGINAL OBERKRAINERN, Exklusiv f d ganze Welt. F: Viele in Zeitschriften u Zeitungen.

Laqua Christian
B: Fotograf. G: Beuthen, 21. Dez 1943. V: Annette, geb Heilenbeck. A: D–4000 Düsseldorf, Corneliusstr 71. S: Grundschule, Gymn, Abschluß am Friedrich-Eugen-Gymn, Stuttgart, Praktikum bei versch Fotografen. K: Fachschule f Fotografie Berlin – LetteVer, Abschluß, Ass bei Werbeagentur Dorland Berlin, seit 1969 selbständig in Düsseldorf. F: Unzählige Anzeigen u Kampagnen in deutschen Zeitschriften, Werbung u Mode. H: Segelfliegen.

Latte Konrad
B: Dirigent. G: Breslau, 5. Mai 1922. V: Ellen, geb Brockmann. A: D–1000 Berlin 39, Stölpchenweg 10b. S: Abitur, Schüler v Leo Borchard (Dirigieren), Edwin Fischer (Klavier), Boris Blacher (Theorie). K: Korrepetitor am Opernhaus Düsseldorf, Staatsoper Berlin, KapellMstr Stadttheater Cottbus, Musikalischer OberLtr Stadttheater Bautzen, seit 1960 Chefdirigent d Berliner Barock-Orchesters, seit 1958 Ltr d Musikschule Berlin-Wilmersdorf.

Laue Felix-Erik Dipl-Pol
B: PR-Berater, Autor, TV-Produzent, Herausgeber eines Pressedienstes. G: Leipzig, Mai 1931. A: D–1000 Berlin 31, Kurfürstendamm 96. S: Stud d Politologie, Geschichte, Psychologie, Hauptfach „Politische Psychologie", Dipl 1955, Stud d Vw u Statistik, wiss Arbeiten: „Hitlers Theorie d Propaganda u seine Praxis d Massenbeeinflussung", Mitarbeit: „Klassiker d Politik". K: Ass v Prof O H v d Gablentz, Berlin FU, 1956, Veröffentlichung „China/UdSSR, ausgewählte Studien zur Lage d Handels u zur Situation d Wirtschaft", 1960, Zeitungs- u Zeitschriftenmitarbeiter, Rundfunkautor, TV-Autor, TV-Produzent (ua „Der elektronische Detektiv", „Excelsior Berlin", „Linie, Look und Herrenstil", „Bauen in Berlin"), intern PR-Aufträge, PR f Ind u Wirtschaft, 1975/76 VorstMtgl u Sprecher d Partei „Bund Freies Deutschland (BFD)". F: Quick. M: Deutsch-Portugiesische Ind- u HandelsKam Lissabon, Hertha BSC eV, BLigaVer Berlin. H: Zeitgeschichtliche Phänomene.

Lausa Ignaz
B: Oberbereiter d Spanischen Reitschule. G: Tribuswinkel/NÖ, 29. März 1920. V: Anneliese, geb Linke. A: A–2500 Baden, Johannesg 4. S: Grundschule, militärische Ausbildung b d Kavallerie u Infanterie bis zum UOffz. K: Beginn d reiterlichen Laufbahn a d Spanischen Reitschule 1935, Unterbrechung d Kriegseinsatz, seit 1966 Oberbereiter. F: Reiterliche Fachzeitschriften. D: „Die Flucht d

weißen Hengste", oftmalige Mitwirkung in Fachfilmen. E: Goldenes Verdienstzeichen f Verdienste um d Republik Österreich, div ausländische Orden.

Lauterbach Heinz
B: Bildverleger, Werbefotograf, Drogist, Volkskunst-Maler. G: Breslar, 27. Nov 1916. A: D–8990 Lindau/Bodensee, Bregenzer Str 69. Tel: 08382/4671. S: RealGymn, Fachschule, Fachausbildung in d Industrie, Ausbildung in versch Sparten (Schriftmalerei, Werbung, Schweizer Malschule, Farbfotografie, Kleinbildtechnik). K: 1931–35 Ausbildung in Schlesien, Prüfungsabschluß, 1935–36 beruflich in Sachsen, Meissen, 1936–37 Soldat bei d Luftwaffe, Bildstelle, 1938–39 Bad-Kissingen, 1939–45 Soldat bei d Luftwaffe, 1945–79 selbständig als Bildverleger, Fotograf, 1967 VerlagsLtr in Österreich, 1969–71 VerlagsLtr in Deutschland. F: Bücher: Reisen in Deutschland, Tageszeitungen: Kurier Wien, österr u deutsche Zeitungen, Deutscher Bildkalender, Süddeutsche Drogisten Zeitung, Garten Zeitung, Fremdenverkehr Jugoslawien-Hermo Zagreb, Buch: Persönlichkeiten der Kunst, Bildbeiträge zum Buch: Wellen, Mitarbeiter f Bildwerbung in Deutschland u Österreich. E: 1964 Goldenes Ehrenzeichen d VDD, 1976 Deutsches Patentamt München, Fotoneuheit geschützt, 1956–66 VerbVors VDD Würzburg. M: Seit 1968 KünstlerVer Schlaraffia, Bregenz, seit 1950 ADAC-Mtgl. H: Malerei (Schweizer Schule), Musizieren, Reisen, Gärten.

Lechleitner Hans Dr
B: Journalist. G: Wien, 16. Jan 1930. A: D–8000 München 40, Eisenacher Str 9. S: Univ, Stud Romanistik. K: 1955–58 BBC London, 1958–60 SDR Stuttgart, Fernsehen, seit 1960 Bayerischer Rundfunk München, Abt Politik u Zeitgeschehen, Arbeitsgebiet: Kommentator ARD, politische Features, Editor d Magazins „Bilder aus der Wissenschaft". H: Wind-Surfen.

Lechner Ronald
B: Ltr d künstlerischen Betriebsbüros. G: Baden bei Wien, 19. Jan 1937. A: D–6078 Neu Isenburg 2, Schönbornring 7, c/o Konzertbüro Richard Weber, D–6000 Frankfurt/Main 1, Bockenheimer Landstr 68. Tel: 0611/723748. S: Pflichtschulen, Gymn. K: Film- u FernsehaufnahmeLtr, ProduktionsLtr, Künstlerisches Betriebsbüro, Ltr d künstlerischen Betriebsbüros. H: Pferde, Tennis, Tischtennis.

Lehfeld Kurt
B: Conferencier, Moderator. G: 10. Okt 1930. V: Irmgard, geb Piel. A: D–2000 Hamburg 70, Schimmelmannstr 77. Tel: 040/6563600. S: Mittlere Reife, Kfm. K: Nach erfolgreich abgeschlossener Ausbildung 1 Jahr im väterlichen Betrieb als Im- u ExportKfm tätig, Amateur-Zauberer, versch Preise u schließlich Vors d Magischen Zirkels Hamburg, 1. Engagement als Conferencier f eine Deutschland-Tournee mit d Mode-Kabarett, dann NDR-Sendereihe „Mittwochmorgen-Melodie", Tätigkeit bei fast allen deutschen Sendern, aber auch im WEBH Chicago u WMIL Milwaukee, Moderator vieler Messeveranstaltungen, Conferencier bei vielen Gala-Abenden, Modeschauen, Quizveranstaltungen, Werbe-Shows, Bällen, Tagungen, Betriebsfesten, Funk- u Fernsehsendungen, Schiffsreisen, Bäder-Veranstaltungen usw, außerdem erfolgreiche Arbeit am Hansa-Theater Hamburg ua großen Varietes. F: In vielen Zeitschriften u Tageszeitungen. E: Goldene Ehrennadel d Magischen Zirkel v Deutschland. M: Magischer Zirkel v Deutschland. H: Weltreisen, Briefmarken.

Lehmann Horst Dieter
B: Fotografenmeister. G: Bad Nenndorf, 22. Mai 1931. V: Karin Edda, geb Becker. A: D–3052 Bad Nenndorf, Schillerstr 38. S: Oberschule. K: Gehilfenprüfung 1950 in Hannover m Auszeichnung, Ass bei „Ostei-Film" Hannover, Gehilfenjahre in Ulm/D, Bad Windsheim, Konstanz, Nürnberg, Marbach/Neckar, Eintritt in d elterliche Geschäft in Bad Nenndorf, 1960 Meisterprüfung in Hannover. F: 20 Jahre Mitarbeiter d PHOTO PRESSE, Veröffentlichungen in fast allen Fotozeitschriften. D: „Hans m d Flöte". E: Silberne Ehrennadel d Deutschen Handwerks, Auszeichnungen u Preise. M: Stellv Obermeister d Fotografeninnung Hannover, MeisterprüfungsKmsn. H: Fotografie.

Lehmann Klaus Michael
B: Fotografenmeister. G: Stettin, 13. Mai 1937. A: D–4620 Castrop, Thomasstr 24, Postfach 1603. Tel: 02305/15529. S: Oberschule, Fotografenlehre, Industriefotograf in d Eisen- u StahlInd, Bergbau, Meisterprüfung 1962. K: Seit 1969 selbständig, Industrie-, Werbe-, Theater-, Porträt-, Krankenhaus-, Architektur- u Landschaftsfotografie, seit 1971 Mitarbeit bei d Erfassung technischer Kulturdenkmäler in

Westfalen-Lippe b Landesamt f Denkmalspflege, Bühnenbildentwürfe, Fotoreisen (Moskau, Leningrad, Bornholm, Skandinavien usw), Raumgestaltung, künstlerischer Ltr d Krankenhausgemeinschaft Herne, Ausstellungen in Stockholm, Visby, Brügge, Bukarest, Düsseldorf, Münster, Arad, Minden, Lippstadt, Castrop, Detmold, Hemer, Arnsberg, Herne, Willna, Teilnahme an Ausstellungen in Kopenhagen, Oslo, Berlin, London, Danzig, Zagreb, Melbourne, Herausgabe v Fotobildbänden. F: In div Büchern u Bildbänden, Merian, Westfalenspiegel, Zeitmagazin, Theater heute, Theater d Zeit, Red d „Krankenhausbriefe". E: Urkunden.

Lehn Erwin
B: Dirigent, Komponist. G: Grünstadt/Pfalz, 8. Juni 1919. V: Lydia, geb Jeschke. A: D–7000 Stuttgart 70, Rotwiesenstr 18. S: Grundschule, privater Musikunterricht, Städt Musikschule, Peine. K: Pianist u Arrangeur im „Radio Berlin Tanzorchester", 1947–48 Ltr d Radio Berlin Tanzorchesters, seit 1951 „E Lehn und sein Südfunk Tanzorchester", Stuttgart, seit 1975 Ltr d Big-Band d Staatl MusikHS, Stuttgart. F: In div Fachzeitschriften. D: Div Fernsehshows. H: Tennis, Eislauf.

Lehner Alfred
B: Regisseur, Produzent. G: Wien, 8. Apr 1913. V: Anna, geb Dlesk. A: A–1120 Wien, Schönbrunner Str 282/3. S: Höhere Schule, 4 Sem Maschinenbau u Elektrotechnik, SchauspielAk (Regie). K: 1934 Preisträger beim Intern Darstellerwettbewerb 1935 in Jugoslawien „Kinder der Natur", bis 1938 bei RAVAG in Wien, 1945 ab 1947 Regie: „Vom Mädchen zur Frau", „Der ewige Dom", „Das Werk einer großen Liebe", „Das große Geheimnis", „Das letzte Aufgebot", „Die große Schuld", ab 1955 Produktion u Regie: „Das Mädchen vom Pfarrhof", „Die Magd von Heiligenblut", „Der König der Bernia", „Der Bademeister Spargel", „Schlagerrevue", „Autofahrer", „Die singenden Engel von Tirol". F: In allen Zeitungen d Branche. M: ÖGB seit 1934.

Leiser Erwin
B: Filmregisseur, Schriftsteller. G: Berlin, 16. Mai 1923. V: Vera, geb Wagner. A: CH–8028 Zürich, Zürichbergstr 44. S: Univ Lund/Schweden. K: 1938 nach Schweden ausgewandert, nach UnivStud Kulturredakteur „Morgon-Tidningen", Stockholm 1950–58, für Film u Fernsehen tätig seit 1959, in d Schweiz seit 1961, wichtigste Filme als Regisseur u Autor, seit 1963 auch Produzent: „Mein Kampf", „Eichmann u d Dritte Reich", „Wähle d Leben", „Deutschland erwache!", „Keine Welt f Kinder", „Opfer d Gewalt", „Ich lebe in d Gegenwart", „Von Bebel zu Brandt", „Ellis Larkins", „Weil sie Frauen sind", „Frauen in d Dritten Welt", „Die Welt d Fernando Botero", „Edward Kienholz", „Bram Van Velde – Maler d Schweigens", „Männer im besten Alter", „Die versunkenen Welten d Roman Vistriac", „Das Meer, die Sonne, der Wind". E: Festivalpreise San Francisco, Berlin, Melbourne, Moskau, Filmpreis d Stadt Zürich, Bücher ua: „Mein Kampf", „Deutschland erwache", „Wähle d Leben", „Nazi-Cinema", auf schwedisch auch ua „Om dokumentärfilm", „Samtal i Berlin". M: Mtgl d PEN-Club, GenSekr d Association Internationale des Documentaristes. H: Kunst, Jazz, Pfeifen.

Lenart Branko
B: Freischaffender Fotograf. G: Ptuj (Jugoslawien), 15. Juni 1948. A: A–8053 Graz, Glaserweg 5. S: Autodidakt. K: Seit 1968 Mtgl d Forum Stadtpark, Graz, 1973–74 Teilnahme am 1. u 2. Österreichischen Fotoworkshop, 1976–79 Fotoworkshop mit Les Krims, Duane Michels, de Nooijer, Christian Vogt, Ralph Gibson, Mary Ellen Mark, Alex Kayser, Einzelausstellungen: Photographers' Gallery London, Il Diaframma Milano, Trockenpresse Berlin, Photowerkstatt Heddesheim, Fotogalerija Focus Ljubljana, Galerie im Taxispalais Innsbruck, Institut Francais Graz, Audiovisuelles Zentrum Graz, Fotografien im Besitz von: Bibliotheque Nationale Paris, Musee d'art et d'histoire Fribourg, Musee Francais de la Photographie Bievres, BMin f Kunst Wien, Kulturelle Vereinigung Sloweniens, Kulturamt d Stadt Graz. F: Camera, Graphis Poster Annual, Twen, Stern, Time-Life Photography Year, Creative Camera Yearbook, Camera Mainichi, Camerart, Photgraphie Nouvelle, Le Nouveau Photocinema, Nueva Lente, Spot, Fotografia Italiana, Progresso Fotografico, Protokolle, Fotoalmanach, Retina, Psychology Today, Foto Smalfilm, Kreative Fotografie Österreich. E: Photokinaobelisk, Fulbright Stipendium, Steirisches Auslandsstipendium. M: Seit 1964 Mtlg d TVN-fotogruppe Graz, seit 1968 Mtgl d Forum Stadtpark Graz.

Lenk Claus
PS: CDL-DESIGN. B: Designer, Fotograf. G: Helmstedt, 26. Feb 1949. V: Patricia, geb

Pempera. A: D–3300 Braunschweig, Am Magnitor 7a. S: Fotograf, Grafik-Design – grad. K: Fotografenlehre, Arbeit in versch Agenturen, Fotoarbeit in d Presse, Stud Grafik-Design, selbständige Arbeit, Ausstellungen ua. F: BPresse, BZeitung ua. M: BDG/BS. H: Oldies: Willie's Oberland, (TR 3).

Lermer Horst
B: Kameramann. G: München, 16. Dez 1938. V: Helga, geb Pless. A: D–8000 München 90, Lohstr 65/V. S: RealGymn, Wirtschaftsaufbauschule, Filmtechnikerausbildung bei ARRI. K: Freiberuflicher KameraAss, Sachtrick bei Kruse Film München, freiberuflicher KameraAss beim Bayerischen Rundfunk, angestellter KameraAss b BR, seit 1967 Kameramann beim BR, größere Filmproduktionen: Nachbar Frankreich, Toni Ungerer Porträt, Bayerische Miniaturen, Alfred Andersch Porträt, Heinz Bosl Porträt, Wahlheimat Mexico, Toni Ungerer's Liederbuch, Red Powar, Ist d Westen noch zu retten?, Die Deutschen, wie sie sind, u wie sie sein wollen, MinPr Goppol Porträt, LandtagsPr Hanauer Porträt, Mit Neurosen leben, Die Hugenotten, Schwäbischer Heimgarten, Die kleine Sprechstunde, Arnolt Bronnen Porträt, Rosarot u Kaisergold (Nachbar Österreich) uva. M: Bayerischer JournalistenVerb, VG Bild u Kunst. H: Pferde, Expeditionen, Bergsteigen, Segeln.

Lew Edith van
B: Bild-Journalistin, Reise-Schriftstellerin. G: Berlin. A: D–1000 Berlin 41, Bundesallee 141. K: Eigene Bildjournalistik, Kultur- u Reisereportagen, Abenteuerberichte aus aller Welt, USA, Kanada, Kolumbien, Ecuador, Venzuela, Chile, Peru, Amazonas. Brasilien, Mexiko, Guatemala, Bahamas-Inseln, Tahiti, Hawai, Afrika usw, Presse-, Werbe- u Portraitfotos. F: In Zeitschriften, Tageszeitungen (Reiseseiten). M: JournalistenVerb Berlin im DJV-Bonn.

Leybold Tönnes
B: Fotograf. G: München, 19. Feb 1928. A: D–8133 Feldafing, Friedensweg 5. S: Mittelschule, Foto-Berufsschule, 1 Jahr Fein-Optikschule Rodenstock. K: 25 Jahre Fotograf f Portrait u Presse, Kleindarsteller am Residenztheater München, Film, Fernsehen ua. F: Süddeutsche Zeitung, Münchner Merkur, Abendzeitung, Bildzeitung, Neue Revue, Plakate, Fotos. D: „Lumpazivagabundus", „Macbeth", „Richard II", „Der Revisor", „Magdalena", „Wehe, wenn Scharzenbeck kommt", „Erkennen Sie die Melodie", „Schlangenei", „Maryland-Show", „Die Weber" uva. H: Sehr kontaktfreudig, Tanzen, sich kostümieren, Radeln, Lebenskünstler.

Liakov Konstantin Dipl-Ing
B: TonMstr f Film u Fernsehen. G: Plovdiv, 14. Feb 1943. V: Anne-Marie. A: D–8000 München 40, Adalbertstr 68. S: Abitur, HS Stud, Techn Akustik, Raum-Bauakustik, DiplPrüfung, Stud d Musik u MusikWiss. K: TonIng in Rundfunkanstalten, Fernsehen, Filmtonaufnahmen, Synchronisation, Filmtonbearbeitung, Industrie- u Werbefilme, audio-visuelle Technik, Bildtechnik. M: RFFU. H: Musiktheater, ernste Musik, Fotografie.

Libik André
B: Filmautor, Produzent, Regisseur. G: Budapest, 25. Feb 1932. V: Maria, geb Moritz. A: D–8000 München 70, Emil Geis-Str 42. S: Matura am Institut Montana, Zugerberg, 5 Sem Chemie Univ Budapest, 1 Sem FilmAk Budapest. K: 1953–56 Kurzfilme, Übersetzungen, journalistische Tätigkeit in Budapest, 1957–59 Regisseur v Kurzfilmen, ProduktionsLtr in Paris, 1960–62 Ltr d FilmAbt im Inf Min, Nigeria, 1963–70 Autor u Regisseur v über 50 Fernsehfilmen f deutsche Fernsehanstalten u US-Fernsehen, seit 1971 Filmproduzent (Serien, Fernsehfilme). E: 1961 Silbermedaille d I. Afrikanischen Filmfestivals Mogadishu, 1962 Silberner Bär, Filmfestspiele Berlin („The Ancestors"), 1965 Adolf-Grimme-Preis („Trotzki – Tod eines Propheten"). M: BVerb d Fernseh- u Filmregisseure in Deutschland eV, Deutsch-Arabische Ges. H: Der Beruf.

Lichtner Silvo
G: B Bystrica, 30. Dez 1943. V: Jitka, geb Pavelcikova. A: CH–3174 Thörishaus, Freiburger Str 951. S: FAMU Prag. K: Kameramann b slovakischen Fernsehen b 1968, freier Mitarbeiter d schweizerischen Fernsehens (Studio Genf u Lugano, Eurovision). F: Div Ind- u Werbefilme, Werbefotos. M: Schweizer Film-Techn-Verb.

Lieb Michael
B: Werbefotograf. G: 19. Jan 1940. V: Rosemarie. A: CH–8135 Langnau, Glärmischstr 57, CH–8135 Langnau, Breitwiesstr 28. S: Berufsschule. K: Lehre, MstrPrüfung, mehrjährige Tätigkeit in folgenden Studios: Druckerei Haberbeck, Deutschland, HauptwerbeAbt Kerstadt AG, Deutschland, Vogelsänger Groß-

raumstudio, Deutschland, seit 1965 selbständig in Zürich. F: Photographis, Deutsches Lichtbild. E: Silberne Palme SRV 1971. M: Schweizerischer FotografenVerb, Europhot, Deutscher CentralVerb, AWI. H: Reisen, Segeln, Schach.

Lieber Ingeborg
B: Fotografin. G: Esslingen, 16. Mai 1944. V: Gerhard Lieber. A: D–7145 Markgröningen, Osterg 32. S: Realschule, Graphische Fachschule Stuttgart, Gesellenprüfung, Colorausbildung Wädenswil ZH Schweiz, Seminar Agfa München. K: Nach Ausbildung 6 Jahre Colorlabor in d Schweiz, LaborLtr in Stuttgart, Lehrlingsausbilder, seit 1968 selbständig in Markgröningen. F: Kreiszeitung, Kurmark, Extra Blatt, Vereinsnachrichten. E: Verdienstorden d LWK, Verdienstkreuz d LWK (LandesVerb Württ Karnevalisten). M: Trainerin d Garden Markgröningen, mehrmaliger Württ Mstr, Stadtkapelle-Fasnetgilde Markgröningen, Liederkranz. H: Tanzen, Schwimmen, Tennis.

Liebner Bernd
B: Regisseur. G: Braunschweig, 14. Dez 1942. A: D–2000 Hamburg 60, Dotorheenstr 53. S: Gymn, Abitur, Stud d Romanistik (Französisch, Italienisch), Anglistik u Phil an d Univ Hamburg, zuletzt Arbeit an einer Dissertation in Fach Romanistik über d Prosagedichte Baudelaires, Arbeit als Mentor u eigene Lehrveranstaltungen. K: Während d Stud versch Aufenthalte in Großbritannien, Frankreich u Italien, Inszenierungen an d Hamburger Studentenbühne, Mitarbeit im Arbeitskreis Film u Fernsehen an d Univ Hamburg, Beschäftigung m Filmgeschichte, Filmtheorie, Veranstaltung filmkundlicher Vorführungen f Studenten u Arbeit an eigenen Kurzfilmen, zB „Hands", seit 1971 ständiger freier Mitarbeiter b NDR, zunächst redaktionelle Mitarbeit an einer geplanten Serie zur Geschichte d französischen Films v d Anfängen bis zum 2. Weltkrieg (dabei Zusammenarbeit m Henri Langlois an d Cinémathèque Francaise in Paris), danach neben d Mitarbeit an d Sendereihe „Vor 40 Jahren" hauptsächlich Bearbeitungen fremdsprachiger Filme (Overlaybearbeitungen, Untertitelungen u deutsche Synchronfassungen, dabei Buch u Regie), zB f NDR bearbeitet: „Weekend à Schaux", „Das erste Jahr", „Le Train en marche", „Petit à Petit", „Mit 20 im Algerienkrieg", „Edward Munch", „Yü Gung versetzt Berge", „Loridan" (deutsche Bearbeitung, zT in Zusammenarbeit m d Autoren d Filme), „I will Fight no more forever", „Männer d See" (Spontanspiel, Synchronsisation m Laien), 1971 Filme über Aktionen v Rebecca Horn f d Dokumenta in Kassel, 1972–73 Lehrveranstaltungen an d Univ Hamburg, seit 1972 Zusammenarbeit m Theo Gallehr an folgenden Filmen: „Olympiade 19782 (Dokumentarfilm über d Spielstraße – für d Veranstalter), Dokumentarfilm über d Baku-Werke in Tüngersheim (Arbeiter übernehmen ihre Fabrik, f d FWU in München), „Das intime Tagebuch d Gentleman Shadow" (Kamerafilm f d ZDF), 1972–74 Ass an d Filmklasse d HS f bildende Künste in Hamburg, neben eigenen Lehrveranstaltungen über Filmtheorie u Filmgeschichte u Einführungen in d Praxis d Filmemachens (Drehbuch-, Regie-, Kamera-, Ton- u Schnittübungen) Betreuung v Arbeitsgruppen u Prüfungskandidaten, seit 1974 neben d Tätigkeit f d NDR auch Filmbearbeitungen u Synchronisationen f Studio Hamburg, Arena Synchron, Berlin u Beta Technik in München (versch Serien u Spielfilme), 1978 neben versch Synchronisationen Arbeit als Doz an d Ausbildungsstätte f ausländische Fernsehfachkräfte am Sender Freies Berlin, dort m Teilnehmern aus d 3. Welt Realisierung v zwei Fernsehproduktionen: „Madegassische Studenten in Berlin" u „Scholarships from the Federal Republic of Germany", außerdem Vorbereitung eines Fernsehspiels f d SFB m d Arbeitstitel „Protokoll eines Verspotteten", 1979 Drehbuch u Regie f d Produktion d Fernsehspiels „Protokoll eines Verspotteten" b SFB.

Liebold Bernd B
B: Regisseur. G: Berlin, 15. Aug 1936. V: Stephanie, geb Gaubert. A: D–8000 München 80, Pienzenauer-Str 24. S: Gymn, Kopierwerkslehre, Kamermann, RegieAss. K: Freier Regisseur, Autor f Jugendprogramme d NDR, Agenturausbildung Lintas, Producer bei Young u Rubicam, Head of TV bei Mc Cann, selbständig seit 1969 (Fa Liebold Film GmbH). F: W u V, Auto, Motor u Sport, Süddeutsche Zeitung, Welt, Zeit, Bildzeitung, TZ, Handelsblatt. E: Clio Awards, New York, Goldener u Silberner Löwe Venedig, mehrmalige Auszeichnung d Art Directors-Club Düsseldorf uva. M: Verb Deutscher Werbefilmproduzenten, Art Directors-Club Deutschland. H: Film u Foto, Segeln, Tauchen.

Liebold Margot
B: Inhaberin d Edition Sunshine. A: D–8074

Gaimersheim, Kraiberg 42. K: Musikverlag u Unterricht, Schallplatten u MC Produktionen, erfolgreiche Gruppen: Die Retzbachtaler u d Kraiberger Musikanten, Leitung: Karl Barthel u Gerhard Wrisch. F: Der Artist, Organ Show Business, Harmonika Revue, Lustige Musikanten, Donau Kurier. M: GEMA.

Liedl Erich Prof Dr
B: Prof, Drehbuchautor (Kulturfilme, päd Filme). G: 11. Juli 1924. V: Erika, geb Becker. A: A–1130 Wien, Hörndlwaldg 6. S: Univ, Lehramt f Höhere Schulen. K: GymnProf, Drehbuchautor, Regisseur, Filmproduzent, kulturhistorische Filme f ORF, speziell Schul- u Bildungsfernsehen.

Liedtke Bernd O
B: Kfm, Fotograf, Produktmanager, WerbeLtr. G: Angerburg, 30. Mai 1941, V: Edith, geb Forstmann. A: D–2000 Hamburg 73, Herwardistr 9. S: Fachschulen, Internate. K: Kfm, Fotograf AWI, Produktmanager, WerbeLtr. F: In div Zeitschriften im In- u Ausland. E: Viele Auszeichnungen. H: Alles, was Spaß macht.

Liegmann Wolfhard
B: Ltd Redakteur. G: Danzig, 26. Aug 1939. V: Elke, geb Biedinger. A: D–6600 Saarbrücken, Gördeler Str 44. S: Abitur, Ausbildung, Volontariat, Deutsche Presse-Agentur (dpa). K: Korrespondent dpa f d Pfalz, landespolitischer Redakteur f Hörfunk u Fernsehen (Regional) Saarländischer Rundfunk. M: Deutscher JournalistenVerb, RFFU. H: Schwimmen, Tennis.

Lietz Klaus-Peter
B: Musiker. G: Hammerstein, 31. Dez 1943. V: Karin, geb Kuhlmay. A: D–4000 Düsseldorf 22, Akazienstr 4. S: Mittlere Reife, Autodidakt. K: Vom Banjospieler bei d „Skiffle Lords" bis zum Sologitarristen bei d „Lords". F: Weltweit in Zeitschriften u Zeitungen. D: Film: „Blonde Engel sind nicht billig". E: „Bronzener Otto", Bravo. M: GEMA, GVL. H: Segeln, Reiten.

Liffers Dieter
B: Journalist, Songtexter, Musikproduzent, Musikverleger. G: Bocholt, 21. März 1936. V: Ute, geb Röhl. A: D–5204 Lohmar 21, Stumpf 15. Tel: 02205/6869 oder 6860. S: Gymn Bocholt u Collegium Agustinianum Gaesdonck bei Goch, Zeitungsvolontariat Bocholter-Borkener Volksblatt. K: Sportredakteur bei d BZ in Berlin, Ressortchef BZ-Allgemeines, RessortLtr „WIR für junge Leute", bei d NEUEN REVUE, Chefredakteur d MUSIK-PARADE, Chefredakteur b GOLDENEN BLATT, Musik-Moderator b WESTDEUTSCHEN RUNDFUNK u bei d DEUTSCHEN WELLE, Geschäftsführer u Inhaber d SHOW Organisation GmbH u Herausgeber d wöchentlich erscheinenden Presse-Dienstes SHOW. E: „RECORD WORLD Achievement Award" 1974, Ehrenpreis MUSICA 75 d österr BMin f Landesverteidigung. M: Deutscher JournalistenVerb, Rheinisch-Westfälischer JournalistenVerb, Deutscher TextdichterVerb eV, Federation Internationale des Organisations de Festivals, Ges f musikalische Aufführungs- u mechanische Vervielfältigungsrechte. H: Musik, Tontechnik, Reisen . . ..

Limmer Ingeborg
B: FotografenMstr. G: Darmstadt, 22. Mai 1920. A: D–8600 Bamberg, Langestr 33. S: Primareife an d Eleonorenschule Darmstadt, Staatsschule f Handwerk u angewandte Kunst in Weimar, Abt Fotografie, Lehrer Siegbert Bauer u Heinrich Freytag, Gesellenprüfung 1940, 1943 MstrPrüfung in Weimar. K: Tätigkeit in Dresden, Stuttgart, Marburg, Anfang 1945 selbständig in Prag, Flucht vor russ Besetzung, 1946–50 in Bamberg, Ltr einer Amerikanischen Fotoschule, seit 1950 selbständig in Bamberg. F: Viele Fotoveröffentlichungen in Zeitungen u Zeitschriften, Buchveröffentlichungen: Der Überlinger Altar, Kirchen in Regensburg, Das Maximiliansgrab in Innsbruck, Das Fichtelgebirge, Die Fränkische Schweiz, Frankenwald u Oberes Maintal, Lorenzkirche in Nürnberg, Sebalduskirche in Nürnberg, Schloß Pommersfelden, Blaue Bücher, Mitarbeit an vielen Büchern. M: Fotografen-Innung Bamberg, bis Ende 1978. H: Kunstgeschichte, Fotografie.

Lincke Günter
B: Journalist, StudioLtr Berlin – Deutschlandfunk. G: Berlin, 7. Aug 1926. A: D–1000 Berlin 33, Brümmer Str 20. S: Gymn, Abitur, Volontariat bei Nachrichten-Agentur. K: Reporter bei „Die Neue Zeitung" 1950–54, politischer Redakteur Hörfunk SFB, 1954–56, politischer Redakteur Fernsehen SFB, 1956–61, StudioLtr Hörfunk Berlin-Deutschlandfunk, 1961 bis heute, Ltr u Moderator d ARD-SFB-Fernsehreihe „Mitteldeutsches Tagebuch", 1956–61. E: Jakob-Kaiser-Preis (Fernsehen), BVerdienstkreuz. M: Deutscher Journalisten-Verb, SPD. H: Garten.

Lindlar Franz-Peter
B: Chefkameramann (Film u Fernsehen), Journalist. G: Duisburg/Rhein, 13. Juli 1922. A: D–7800 Freiburg im Breisgau, Sulzburger Str 41. Tel: 0761/499473. S: Grundschule, Seminar, Collegium-Carolium, Deutsche FilmAk Berlin (Reimann-Schule), Zeitungs-Wiss Inst Berlin u Münster/Wf, Praktikum: UFA-Berlin (Nachwuchsstudio), AFIFA-Kopier-Anst Berlin. K: 1. Kameramann beim DFF Berlin, Chefkameramann d RIVA-Studios München, d TV-Studios München, d KLR-FILM-SÜDWEST, dzt Chefkameramann u Ltr d HauptAbt Produktion Public Television u Audio-Video GmbH + Co, Dillingen/Donau (Areal v 40.000 qm Studios u Gelände), Chefkameramann ua bei folgenden Produktionen f Film u Fernsehen: „Armored Command" („Panzer voran"), „Mordprozess Dr Jordan", „Froher Herbst d Lebens", „Staatsaffären", „Die Kurve", „Das Glück kommt nie zu spät", „Teenager Party", „Towarisch", „Treibjagd", „Madame D", Komödienstadel: „Die drei Eisbären", „Lottchens Geburtstag", „Der Hochzeiter", „Das Dienstjubiläum" ua, „Das Fernsehgericht tagt", „Dotto", „Sag die Wahrheit", „Bitte nicht mit mir", „Fragen Sie Peter", Ballette: „Moissejew-Ballett Moskau", „Gajaneh-Ballett", „Etorki – Paris", „Coppelia", „Vom Urwald bis zum Broadway", Dokumentarfilme: „Kennst Du den Rhein", „ Bertesgadener Land", „Der lange Sonntag", „Sebastian Kneipp", „Biwak im Winter", „Es geschah am 20ten Juli", zahlreiche Auslands-Dokumentarfilme in Europa, Nord- u Central-Afrika, Südamerika u USA gedreht, zum größten Teil in eigener Regie als Auftragsproduktion hergestellt, ua: „Im Land d Magiaren", „Lagunenstadt Venedig", „Bezauberndes Salzburger Land", „Die Knochentour" (Sahara-Beduinen u Ganoven), „New York – New York", „Deutsche Ärzte in Argentinien", „KENIA – blühendes Land am indischen Ozean", „Zwei Städte werden Partner", „Was ist eine Stadt?", Musik-Produktionen: „Schlagerwettbewerb", „Schlager-Parade", „Die Schlager-Revue", „Gehn wir bummeln", „Volldampf voraus", „Ferien, Ski u Schneegestöber", „Stelldichein d Synkoben", „Liebesduette", „So schön wie heut", Dramaturgische Kunst: „Carmen", „Tosca", „La Boheme", „Freischütz", „Die schöne Galathee", „Der Zigeunerbaron", Klassiker: „Egmont", „Die Hexen v Paris", „Lysistrata", „Onkel Wanja", „Die goldene Kutsche", „Die Magd als Herrin", „Der Lügner", „Der Marquis v Keith", Abenteuer u Kriminelles: „Pablo, d Indio", „Das krumme Gewerbe", „Tunnel an d Grenze", Religiöses: „Tocosile, d schwarze Schwester", Rennsport: „Dröhnende Motoren", „Der große Bergpreis", weiters 18 Industrie-Filme u unzählige Werbespots f Kino u Fernsehen. F: Publikationen in Wort u Bild als Journalist, vielseitige Themen in deutschen, amerikanischen, schweizer u österr Zeitungen u Illustrierten. E: 1. Preis auf d EUROVISIONS-KONGRESS 1958 in London f beste Lichtgestaltung u Kameraführung d Jahres („Coppelia"), 1. Preis d EUROVISIONS-KONGRESSES in Wien f Lichtgestaltung u Kameraführung („Die schöne Galathee"), 18 Werbefilme ausnahmslos prädikadisiert. M: Deutscher JournalistenVerb Bonn, PresseVerb Baden eV, Mtgl d SozialAussch Freiburger Presse, Rundfunk-Fernseh-Film-Union, Fachgruppe Kamera München. H: Handwerkliche Bastelarbeiten, Verbesserungen, Erfindungen f Foto-Filmgeräte.

Lindner Wolf
B: Fernsehautor, Realisator, Regisseur. G: 15. Feb 1946. A: D–6000 Frankfurt/M 70, Textorstr 75. S: Abitur, Stud an d HS f Fernsehen u Film, Abt Fernsehpublizistik, in München. K: Vor d Stud Mitarbeit bei versch Schüler- u Jugendzeitschriften, später bei Tageszeitungen, nach d Stud Redakteur u später freier Mitarbeiter beim Saarländischen Rundfunk, seit 1972 freier Mitarbeiter b Hessischen Rundfunk, gelegentliche Mitarbeit auch bei anderen Fernsehanstalten. M: Mtgl im RedaktionsAussch d HR, Sprecher d freien Mitarbeiter u VorstMtgl d RFFU im DGB, Verb Hessen.

Linke Edmund Siegfried Hans
B: Fotograf. G: Wilhelmshaven, 12. Jan 1935. A: D–5160 Düren, Oberstr 3. S: Grundschule, kfm Lehre, Kfm-Gehilfenbrief, Ausbildung als Fotograf, Fotografenmeisterbrief. K: Kfm Ang, dann im Außendienst einer fotografischen Firma, seit 1967 selbständiger Fotograf, eigenes Fotogeschäft m Studio u Labors, ab 1976 zusätzlich Großraumstudio f Industrie-, Werbe- u Modeaufnahmen, seit 1977 Obermeister d Fotografen-Innung Aachen. F: Kataloge, Prospekte, Versandkataloge, Architekturzeitschriften, Tonbildschauen uva. M: CentralVerb Deutscher Fotografen über Fotografeninnung Aachen, HandwerksKam, Ind- u HandelsKam Aachen, EinzelhandelsVerb Düren. H: Autos, Tanzen, Tennis, Reisen, hüb-

sche Mädchen fotografieren.

Linke Karlheinz
B: FotografenMstr. G: Elberfeld, 15. Aug 1927. V: Lore, geb Lubomiersky. A: D–5600 Wuppertal 1, Kleine Klotzbahn 12. S: Realschule, Fotografenlehre bis 1947, Ausbildung als Reproduktionsfotograf in Leipzig, 1949, MstrPrüfung in Düsseldorf, 1954. K: Eigenes Foto-Studio f Industrie-, Werbe- u Portätfotografie seit 1954. M: Colour Art Photo. H: Wandern.

Linke Arnold DGPh EFIAP
B: Vermessungs-Techn, Foto-Doz an d VHS Celle. G: Steinau/Oder, 11. Okt 1930. V: Ingrid, geb Wolff. A: D–3100 Celle, Eltzestr 14. S: LehrerbildungsAnst, Technikerlaufbahn. K: Fotografisch Autodidakt, Referate, Vorträge u Lehrtätigkeiten, Fachpublikationen, Organisation v Ausstellungen, Beteiligung an zahlreichen intern Fotoausstellungen u Tonbildfestivals, teils m Auszeichnungen, ausgestellt in d Landesbildstelle Hamburg, Jurorentätigkeit intern u national, FachgruppenLtr in „Die Künstlergilde eV-Esslingen, Vorstandstätigkeiten im VDAV-LandesVerb Nordmark. F: Merian-Monatshefte d Städte u Landschaften, Foto-Magazin, Color Foto, Bild, Eltern, Photo-Informationen, Kalender wie „Lachende Kamera", Bildbände wie „Männer, Mädchen u Medaillen", Schallplattenhüllen, Fachpublikationen wie in „Intern Photo Technik". E: Ernennung d d „Fédération Intern de l'Art Photographique" zum Artiste FIAP (AFIAP) 1971, zum Exellence FIAP (EFIAP) 1974, Bericht im Fernsehen, BFotoschauen-Goldmedaillen, Intern Lachende Kamera – 1. Preis, Intern Foto-Amateurmeisterschaft (IFAM-Hobby) – 3. u 4. Platz, Süddeutsche Zeitung – Silbernes Dia, Europa 1973 in Spanien – Broncemedaille, IAA 1977 Frankfurt – 4. Preis, uva. M: Berufen in DGPh, in „Die Künstlergilde", Mtgl in VG Bild-Kunst. H: Musik, Philokartie, Literatur, Kartographie.

Linkenbach Klaus Kantor
B: Kirchenmusiker. G: St Goarshausen/Rhein, 4. Jan 1932. V: Waltraud, geb Bauer. A: D–5000 Köln 40, Birkenallee 20. S: Grundschule, 1950–53 Kirchenmusikschule Schlüchtern (B-Prüfung), Staatl HS f Musik Köln, Komposition privat bei Prof Günter Raphael, 1960 Staatl Prüfung f Singschullehrer u ChorLtr, seit 1975 A-Kirchenmusiker. K: 1953–54 Kirchenmusiker in Eschweiler, seit 1954 in Köln-Weiden u Köln-Junkersdorf, 1961 Gründung d Singschule Köln-Weiden, 1961–70 nebenamtlich tätig am Jugend- u Schulmusikwerk d Stadt Köln, 1970–77 nebenamtlicher MusikPäd an d Johanniterschule in Köln-Lövenich, mehrere 1. u 2. Preise errungen mit d Singschule Köln-Weiden beim „Europees Muziekfestival voor de Jeugd" in Neerpelt (Belgien). F: Kölner Stadtanzeiger, Kölnische Rundschau, Neue Rhein-Zeitung, Zeitschrift „Lied und Chor". D: „Kinder, habt ihr Töne?" (kurzer Film mit d Singschule Köln-Weiden im WDR Fernsehen). E: 1963 Verleihung d Titels „Kantor" durch d Evang Kirche im Rheinland, 1970 „ChorDir ADC" durch d ArbeitsGem Deutscher Chor-Verb. M: Ges d Orgelfreunde, Neue Bach-Ges, LandesVerb evang Kirchenmusiker im Rheinland. H: Ski-Langlauf, Fahrrad, Schwimmen.

Linow Willi
B: Komponist, Kantor iR. G: Berlin, 7. März 1912. A: D–2100 Hamburg 90, Schneverdingerweg 2. S: 1932 Abitur, 1933 Beginn d KirchenmusikStud bei KMD Walter Drwenski in Berlin, 1941 A-Prüfung an d HS in Berlin. K: 1934–42 Organist u Kantor i Harz, 1942–45 KapellMstr in Gotha-Eisenach, 1945–46 KapellMstr u AbtLtr Musik, Radio Koblenz, 1946–47 OberLtr Flora-Theater Hamburg, 1947–60 Filmkomponist v ca 100 Kulturfilmen, sowie ca 200 Werbefilmen, 5 Jahre Mitarbeiter v Franz Grothe, 1959–77 hauptamtlicher Kirchenmusiker (Kantortitel) in HH-Harburg, moderne Gottesdienste mit Jazz seit 1963, Gründer u Ltr d HH-Ärzteorchesters, „Der Jasager" v Brecht-Weill in d Kirche, sowie Hindemith, Britten in Gottesdiensten. F: Großfoto in „Scala" 1964 (wegen „Jazz in d Kirche). E: Kantorentitel. M: 1. Vors d Sektion Hamburg d Deutschen KomponistenVerb, sowie d Sektion Bremen u Schleswig-Holstein. H: Herausgabe früherer u neuerer Kompositionen, Reisen.

Ljubic Adolf Mag
B: Fotograf. G: Graz, 19. Mai 1938. V: Ingeborg. A: A–1100 Wien, Franz Koci-Str 15. S: Grundschule, Mittelschule, Lehrjahre u Praxis als Fotograf. K: Pressefotograf bei KURIER, DIE PRESSE, Bunte Illustrierte, dreieinhalb Jahre ORF als Cheffotograf, Abt Aktueller Dienst, seit 1975 selbständig, Eröffnung d ersten Fotogeschäftes in Wien, 1977 ein 2. Fotogeschäft mit Atelierbetrieb in Wien, 1973 Gründung einer Presseagentur, Text u Bildre-

portagen f d meisten Länder Europas, Korrespondentenverträge mit d großen Redaktionen im Ausland, als Porträtfotograf tätig (österreichische Politiker, bekannte Künstler im deutschen Sprachraum porträtiert). E: Robert Stolz Medaille, Medaillen in Gold u Silber, div intern Preise in d Fotografie. M: Mtgl d Syndikat d Pressefotografen, Werbereferent d Kaufleute im Hanssonzentrum.

Löbl Robert
B: Freischaffender Fotograf. A: D–8170 Bad Tölz-Ellbach, Birkenstr 12. S: Grundschule, nur teilweise fachbezogene Ausbildung. F: Seit 1950 ca 70 eigene Bildbände, Mitarbeit an vielen Bildbänden, Kalendern, Zeitschriften, Werbung usw. M: VG Bild-Kunst.

Loechle Reinhard
B: KreismusikschulLtr. G: Weilheim, 11. Sept 1947. V: Elisabeth, geb Wagner. A: D–8058 Erding, Franz Weindler Promenade 4. S: Berufsschule, Ausbildung als Chemigraph, BerufsStud am Richard-Strauss-Konservatorium d Stadt München, Begabten-Stipendium, Staatl Examen als Musiklehrer, BundesAk f Jugendbildung, Trossingen. K: Städt Musiklehrer an d Musikschule München, Musiklehrer am Erzbischöflichen Knabenseminar Freising, Ltr d Kreismusikschule Erding (Auf- u Ausbau), freier Mitarbeiter am Bayerischen Rundfunk, versch Musiksendungen, Komponist, VorstMtgl in versch Verb. M: Verb deutscher Musikerzieher u konzertierender Künstler, Verb deutscher Musikschulen, Gewerkschaft deutscher Musikerzieher u konzertierender Künstler, Vors d FörderVer Kulturelles Frauenkircherl Erding. H: Musik, Bergsteigen, Sport, Theater, Lesen.

Löffler Arnold
B: Drogist. G: Dietershausen, 13. Dez 1943. A: D–7800 Freiburg/Br, Gescheidstr 10. S: FachHS-Reife, DrogistenAk. K: 1968 Übernahme d elterlichen Drogerie, 1975 Eröffnung v Filialen, 1978 Eröffnung v Fotoabteilungen. M: SportVer FT, Freiburg, Yacht-Club, Gayenhofen (Bodensee). H: Segeln, Wintersport.

Löffler Martin Prof Dr
B: RA, MedienWiss. G: Stuttgart, 25. Jan 1905. V: Ursula, geb Schmidt. A: D–7000 Stuttgart 1, Königstr 1 A. S: Gymn, Univ Tübingen, München, Berlin, Genf. K: Seit 1933 als RA in Stuttgart, 1940–44 im Afrika-Corps, zuletzt als Panzeroffizier, ab 1944 Heeresrichter, nach d Krieg Weiterführung d Anwaltspraxis in Stuttgart, Mtgl d AufsR d Otto Ficker AG, d „Saarbrücker Zeitung, Verlag u Druckerei GmbH", d „Evang Gemeindepresse GmbH" Stuttgart, seit 1948 intensive Beschäftigung als Wiss u Praktiker m d Medienrecht, insbes Fragen d Presserechts, 1956 Gründung d „Studienkreis f Presserecht u Pressefreiheit", Vors d „Deutschen StudienGes f Publizistik", 1955 Autor eines grundlegenden Kommentars zum Presserecht, 1978 „Handbuch d Presserechts", mehr als 200 Zeitschriftenaufsätze uva. F: In versch Zeitungen. E: Titel Prof d Landes Baden-Württ. M: Liga f Völkerbund, Mtgl d Deutschen UNESCO-Kmsn, PrMtgl d Deutschen Ges f d Vereinten Nationen, Vorst d Intern Vereinigung zur Förderung d Welt-Univ, Mtgl im Exekutiv-Aussch d „Aieri" Paris, Vors d Schäbischen Ges, Stuttgart. H: Musik, Gesellschaftstanz, Schwimmen.

Lohkämper Josef
B: Foto-Drogist. G: Wulfen/Westfalen, 3. Sept 1930. V: Goldis, geb Schwarz. A: D–4190 Kleve-Materborn, Dorfstr 2. S: Leibniz-Gymn in Essen, Lehre bei Foto Stahl in Essen. K: FilialLtr bei Foto Stahl in Essen, Ausbildung bei Voigtländer in Braunschweig u Gevaert in Mortsel/Antwerpen, danach bei d Voigtländer-Gevaert Vertretung in Bogota/Kolumbien, FilialLtr in San Andres Kolumbien, Inhaber eines Fotogeschäftes in San Andres, ab 1966 in Kleve Inhaber v 2 Fotodrogerien.

Lonsdorfer Hans Ludwig
B: Komponist, Schriftsteller. G: 2. Apr 1921. V: Irma, geb Reinhold. A: D–4000 Düsseldorf, Witzelstr 32. Tel: 336150. S: Grundschule, Realschule, Lehre, Handelsgehilfenprüfung, Musikinstrument: Geige. K: Ab 1949 Komponist u Texter (leichte Muse), bis heute laufend neue Schlager, Texte u Musik, Film. F: Berichte u Fotos über Engagements u Auftritte bzw neue Werke in allen Zeitungen. D: Film: ua „Zwei in einem Anzug", nur Solos. E: Goldene Verdienstmedaille d BDK, „Goldener Dom" 1978, 1. Platz Hit-Parade WDR-Köln, „Ritter d Goldenen Herzens", „Großkreuz d Bauräte" ua. M: GEMA, Deutscher KomponistenVerb, BDK, KA-Aussch Düsseldorf, „Boss" d Ges Düsseldorfer „Spiesratze", SchützenVer ua. H: Reisen, Fotografieren, Autofahren, Kegeln.

Looser Marco
B: Fotograf. G: 27. Juni 1953. A: CH-8808 Pfäffikon SZ, Churer Str 50. S: 1960-69 Primar- u Sekundarschule, 1970-73 Berufslehre als Fotograf. K: 1973-74 Wiss Fotografie Augenklinik SG, 1974-75 Werbefotografie f Multivision, Ende 1975 eigener Fotoatelier in Pfäffikon SZ, 1976 Gründung d Creative-Teams, Zweitbetrieb f creative Arbeiten. F: Nikon-News, 1978, Photographic 1979, M-Ausstellung, 1975 Zürich, Ausstellung Nikon-Galerie, 1979 Zürich. H: Fotografie, Fischen, Musik.

Lorentzen Jens-Peter
B: Regisseur u Drehbuchautor. G: Celle, 8. Sept 1942. A: D-8011 Aschheim, Tulpenstr 9. S: Gymn, Ak-Stud. K: 1968 RegieAss, ab 1969 Regie. E: Clio Award 1971 u 1972, Diplome: Venedig 1972, Cannes 1973. M: Art Directors Club. H: Tennis, Lesen.

Lorenz Frieder Dr
B: GenIntendant. G: 13. Juli 1932. V: Gisela, geb Werbe. A: D-4401 Ostbevern-Brock, Altes Schulhaus. S: Hum Gymn, Abitur, Stud d TheaterWiss, Germanistik, Phil an d Univ Berlin München, Köln, Wien, 1961 Promotion an d Univ Wien, Thema d Dissertation: „Die antike Tragödie am Burgtheater". K: 1961 Dramaturgie-Ass an d Städt Bühnen Köln, 1962 Regie-Ass Mundus FilmGes Wien, 1962/63 Dramaturg, 1963-71 Chefdramaturg am Landestheater Darmstadt, 1971-73 Chefdramaturg, ab 1973 GenIntendant d Städt Bühnen Münster. E: 1978 Pamiatkowy-Medaille d Nationaltheater Warschau. M: DBV.

Lorenz Kurt
B: Kameramann. G: Graz, 7. März 1933. V: Rosemarie, geb Wehrle. A: D-8041 Großnöbach/München, Ahornweg 4. S: Abitur, MaschinenbauStud, Dolmetscherschule, Filmschule, KameraAss. K: Kameramann in Werbefilmproduktion, Kameramann beim Bayerischen Rundfunk-Fernsehen als fester Ang, dann seit 1965 freischaffende Tätigkeit. E: BFilmpreise u Filmprämien f div Film, zB „Fritz Kortner", „Ein Tag mit dem Wind" als bester ausländischer Film, Preis in Giffoni/Italien beim Intern Filmfestival 1978. H: Segeln.

Lorenz Walther
B: Fotograf. G: Mayen/Eifel, 12. Juni 1895. A: D-6688 Illingen I, Hauptstr 6. S: Gymn. K: Buch Autor Illingen I. H: Briefmarken.

Lorenzen Rudolf
B: Schriftsteller, Fernsehautor, Regisseur. G: Lübeck, 5. Feb 1922. V: Karin, geb Hanisch. A: D-1000 Berlin 30, Nürnberger Str 17. Tel: 030/246778. S: RealGymn, Schiffsmaklerlehre, Kunstschule, Werbefachschule. K: Schiffsmakler, Gebrauchsgrafiker, WerbeLtr, seit 1955 freiberuflicher Schriftsteller (Roman, Erzählung, Satire, Kabarett), seit 1963 auch Arbeit f Film u Fernsehen, Buchveröffentlichungen: Alles andere als ein Held, Die Beutelschneider, Film u Fernsehen: Die Inseln der Seligen, Buzkashi, Das ist doch unser gutes Recht, Mauerblume im Ballhaus Paradox, Unterwegs nach Kathmandu, Pacific, China heute, Das deutsche Familienalbum, Der Berliner Sportpalast, Schatzkammer der Kaiser, So leben wir alle Tage, Die Söhne von Han, Auf den Wegen nach Mekka, Die Pioniere von Tach'ing, Dynastie in Lack u Seide, Disney's kleine Welt, Goethes Weimar heute, Prozeß gegen Mephisto, Xin Jiang, Grüße aus Bad Walden. M: Verb Deutscher Schriftsteller in d IG Druck u Papier.

Lorenzer Gabriele
B: Fotografin. G: Leipzig, 23. Okt 1937. V: Alfred Lorenzer. A: D-6000 Frankfurt/Main, Kaiserstr 55. S: Mittlere Reife, Lette-Schule, Berlin, Abt Fotografie. K: Mitarbeit an einem Züricher Foto- u Grafik-Atelier, Studienaufenthalt in Paris, selbständig in Frankfurt seit 1964, längerer Aufenthalt in Finnisch-Lappland, Arbeiten f Werbeunternehmen u kommunale Einrichtungen. Buchveröffentlichungen bei Otto Maier Verlag, Ravensburg, „Drei Äpfel", „Eingepackt-ausgepackt", „Emma", „Das Efeuhaus", außerdem Design u Ausführung v Kinderspielen, bei Hanser Verlag, München „Dümpel". E: Für „Junior-Memory" 1971 die Auszeichnung „spiel-gut" v Arbeitsausschuß „Gutes Spielzeug". H: Kochen.

Lötsch Bruno Prof
B: Filmhersteller u Regisseur. G: Wildon/Stmk, 25. Feb 1902. V: Dr Gertrud, geb Hausjell. A: A-1040 Wien, Rainerg 31. Tel: 0222/651576. S: Matura, Spiel- u Dokumentarfilmpraxis. K: Seit 1928 freischaffend tätig, vorwiegend Dokumentarfilmarbeit. E: Mehrfach Kulturfilm-Staatspreis in Österreich, Intern Filmfestival-Preise, Goldenes Ehrenzeichen d Republik Österreich, Berufstitel Prof d Republik Österreich. M: Pr d „Urania" Österr Kulturfilmstelle. H: Film.

Löwenthal Gerhard
B: Korrespondent, Ltr d ZDF-Studios Brüssel. G: Berlin, 8. Dez 1922. A: c/o ZDF-TV, B–1040 Brüssel, Allemande 223, Rue de la Loi – bte5. S: Med-Stud an d Humboldt-Univ, dann an d Freien Univ Berlin. K: Seit 1945 journalistische Tätigkeit, zunächst als Reporter in d Aktuellen Abt d RIAS, Aufbau d HS-Funks, beteiligt an d Gründung d Freien Univ Berlin u d Verb Deutscher Studentenschaften, 1949 Begründer d „Funk-Univ" d RIAS, bis 1954 HauptAbtLtr Kulturelles Wort u stellv ProgrammDir d RIAS, 1954–57 beim SFB, danach freier Publizist, 1959 tätig beim Aufbau d Berlin-Büros v „Inter Nationes", ab 1959 Ltr d Abt „Wiss Information" im Intern Sekretariat d OECD in Paris, 1963–69 Korrespondent u Ltr d ZDF-Studios Brüssel, seit 1968 gleichzeitig m d Aufbau d ZDF Magazins betraut, seit 1969 Ltr u Moderator d ZDF Magazins. F: Zahlreiche Artikel in Zeitungen u Zeitschriften, „Wir werden durch Atome leben" ua. E: Europäischer Literaturpreis „Cortina Ulisse", 1969 als erster Journalist m d Silbernen Medaille d Europäischen Gemeinschaft f „hervorragende Verdienste um d europäische Information" ausgezeichnet, Konrad Adenauer-Preis f Publizistik, Goldene Kamera f „Hilferufe von drüben", BVerdienstkreuz.

Luden Walter
B: Bildberichter. G: Hamburg, 10. Apr 1914. V: Catharina, geb Bülow. A: D–2270 Wyk auf Föhr, Waldstr 11. S: Hindenburg-Oberrealschule, Obersekundareife. K: Kfm Lehre, Polizeidienst, Funkerei, Seefunk u Luftfunk 1. u 2. Klasse, Luftwaffendienst, nach d Krieg autodidaktische Ausbildung als Fotograf, selbständig als Bildberichter, auch f Industrie u Handel, Städte u Landschaftsbücher, speziell: Hafen u Schiffahrt, Museen. F: Div Zeitschriften, wie Foto Magazin u Kunstbücher bei Keyser, Stalling ua, Text u Foto über Fliesen (Kacheln). H: Segeln, Antiquitäten, Garten.

Ludwig Joachim
PS: Victor Saltman. B: Komponist, Konzertpianist, Dirigent. G: 20. Okt 1937. V: Kristin, geb Haver. A: D–8000 München 71, Heinrich Vogl-Str 9. S: Gymn, HS f Musik Dresden u Berlin, Mozarteum Salzburg, Conservatoir-Paris, Stipendium in New York. K: Sängerknabe d Inquillinerchores am Dom zu St Petri, erste Komposition mit 10 Jahren, Stud f Klavier, Komposition, Cello u Orgel, HSStud in Dresden u Berlin (G Puchelt, B Blacher), 1960 Solistenexamen, 1961 Stipendium u 1. Preis f Dirigieren am Mozarteum Salzburg (L v Matacic, H v Karajan), 1962 1. Preis d Französischen Regierung: Stipendium Marguerite Long, 1963 Stipendium New York, ausgedehnte Konzertreisen durch Europa, Asien, Japan u Amerika. F: Veröffentlichungen: 2 Klavierkonzerte (1964 u 1973), „Stenogramme" 1966 in Philadelphia, „Trous Prelude" f Klavier u Elektronik 1967 in London, Oper „Rashomon" 1972, „Statements" f Streicher u „Melismen" f 12 Violoncelli in München. D: Musik zu über 100 TV- u Kinofilmen, ua „Heinrich IV", „Warten auf Godeau", „Tatort-Krimis", „Lord Arthurs Verbrechen", „Das Duell", „Die Perlenkette", „Fettaugen" usw. E: 1. Preis d Französischen Regierung, Stipendium Marguerite Long, Rotary-Stipendium Mozarteum, Juilliard Stipendium New York. M: Deutscher KomponistenVerb, Bayerischer Tonkünstler Verb, Six Continental Club. H: Literatur, Philosophie, Reisen, Geschichte, Ski, Wassersport.

Ludwig Paul
B: StudioLtr. G: Korsenz, 16. Aug 1921. V: Hedwig, geb Baxpöhler. A: D–4400 Münster, Tannenhofallee 4a. S: Abitur, 4 Sem Univ-Stud d Theol, Latein, Französisch. K: 1948 Redaktionsvolontär b Westfälische Nachrichten, 1949–58 Redakteur d Westfälischen Nachrichten Münster, seit 1958 Ltr d WDR-Studios in Münster.

Lüscher Ingeborg
B: Malerin. G: Freiberg/DDR, 22. Juni 1936. A: CH–Tegna. S: Abitur, Schauspielschule m staatlichem Abschlußexamen. K: Schauspielerin ua Renaissance-Theater Berlin, dann ca 20 Hauptrollen in TV-Filmen, ab 1968 Malerin. F: „Der größte Vogel kann nicht fliegen" (Fotobuch m Texten), „Erlebtes u Erdäumeltes einander zugeordnet" (Fotos u eigene Texte) ua. E: Schweizerisches BStipendium. Onmansky-Preis. H: Alles was im Leben passiert.

Luternauer Hanspeter
B: Fotograf. G: Luzern, 31. Mai 1943. V: Hedy, geb Banz. A: CH–6010 Kriens, Birkenau, CH–6003 Luzern, Neustadtstr 24. S: Primarschule (7 Jahre), Oberschule (2 Jahre). K: 1 Jahr Volontär, 3 Jahre Lehre als Fotolaborant, 1 Jahr Ausbildung in Tonstudio, 4 Jahre Geschäftsführer in einem Fotogeschäft, 3 Jahre Verkäufer in Fotogeschäft, in dieser Zeit

Spezialisierung auf Flugaufnahmen, 1 Jahr Fotograf in Werbeatelier, dann eigene Firma mit Spezialisierung auf Fotomontagen, Fotorotationsbilder, Flug- u Fach-Aufnahmen, Großvergrößerungen u Fachvergrößerungen, Retouchen, Aufziehen auf alle Materialien F: Tagespresse, LNN Vaterland Touring, Tagblatt, Zürcherzeitung Willisauer-Bote, Aktuelles Bauen, Bauen und Wohnen, Mitarbeit bei versch Büchern, wie Altstadtbuch Luzern, Kloster Engelberg, Schüpfheimerbuch ua. M: Zentralschweizerischer PresseVer, Aero-Club Schweiz

Lutz Rolf
B: Modefotograf. G: Zürich, 2. Nov 1916. V: Madeleine, geb Veyze. A: CH–8002 Zürich, Lavater Str 53. S: Sekundarschule, Fotoklasse. K: Freischaffender Fotograf in USA (New York, Los Angeles), dann freiberuflich f d Firmen Ringier (Paris) u Rizzoli (Milano-Rom), seit 1953 eigenes Studio in Zürich. F: Robes et Manteaux, Robes Coutures, Elegance, Chapeaux, Exclusive ua. E: Silber Medaille Intern Modefotoausstellung, München, Gold Medaille Rizzoli, Milano. H: Orchideen-Zucht.

Lutz Wilhelm
PS: Lothar Lechner. B: Tonsetzer, Bearbeiter, Instrumentator. G: Augsburg, 9. Aug 1904. V: Therese, geb Blumrich. A: D–8939 Markt Wald, Hochstr 177. S: RealGymn, Abitur, Stud ua bei A Piechler, später Klavierlehrer am Städt Konservatorium f Musik Augsburg, und bei Jos Haas u Dr Knappe an d Staatl Ak f Tonkunst München, 1932 Staatsprüfung, 1 Jahr Weiterstudium als vierfacher Meisterschüler v Joseph Haas, Hans Pfitzner, Hausegger u Waltershausen. K: 1933–65 mehrmals als Kurkapellmeister, sowie als Gastdirigent am Rundfunk u an Theatern in Würzburg, Karlsbad ua, 8 Jahre Ltr d Philh Vereins Mainz, 1932/33 Solorepetitor u Orchester-Musiker unter Knappertsbusch an d Münchner Opernhäusern, 1933–35 Opern- u Operetten-Kpm an d Pfalzoper Kaiserslautern, 1935–41 an d Städt Bühnen Königsberg/Pr, 1941–62 Verlagslektor u mus Redakteur im Verlag B Schott's Söhne Mainz, 41 Bände m Volks-, Kinder-, Weihnachts- u Operettenliedern f Schott u d Hieber-Verlag München m einem Absatz v mehr als zwei Millionen Exemplaren, gegen 500 Orchester-Arrangements, Klavierauszüge v Opern, Oratorien u Messen. M: Deutscher Komponisten-Verb Berlin, GEMA. H: Volkslieder-Quellenforschung.

Lützkendorf Felix Dr
B: Schriftsteller. G: 2. Feb 1906. V: Karin, geb Klingenspor. A: D–8000 München 80, Höchlstr 3. S: Lehrerseminar Leipzig, Univ Leipzig u Wien. K: 1928–32 Ak Sportlehrer an d Univ Leipzig, Lehrer am Nikolai-Gymn Leipzig 1931–32, Feuilletonredakteur „Neue Leipziger Zeitung" 1932–34, „Berliner Nachtausgabe" 1934–36, Chefdramaturg an d Volksbühne Berlin 1936–41, Soldat 1941–45, seit 1945 freier Schriftsteller. F: In zahlreichen Zeitungen u Zeitschriften. D: Drehbuchautor v 32 Filmen: ua „Urlaub auf Ehrenwort", „Patrioten", „Verwehte Spuren", „Feuerwerk", „Capriccio", „Balparé", „Haus des Lebens", „Sauerbruch", „Die Barrings". E: Schillerpreis d Stadt Leipzig, Biennale Filmpreis 1937, Dram Preis d Kammerspiele München 1964. M: Verb Deutscher Schriftsteller, Société des Anteurs et Compositeurs, Paris.

Maass Jochen
B: Fernsehredakteur – Politik Ausland. G: 17. Apr 1927. A: D–5000 Köln 1, Classen Kappelmannstr 34. S: Abitur. K: 1. Kameramann Hessischer Rundfunk, 1. Regie-Kameramann u Reporter d WDR Köln. Fernsehfilm „Soweit d Füsse tragen", „Es ist soweit", „Am grünen Strand d Spree", Fernseh-Dokumentationen über Vietnam, Asien, Afrika, USA, Aufenthalt in USA im ARD-Büro Washington 1965–70, 1970–72 Redakteur Fernsehen Ausland – Köln, 1973–78 Redakteur Innenpolitik b WDR Magazin „Monitor", 1979 verantwortlicher Redakteur f d Sendereihe „Weltspiegel" u „Reporter" b WDR, festangestellt b WDR Köln, als 1. Redakteur u Reporter.

Maass Walter
B: Fotohändler. G: Woldegk i Mecklbg, 9. Juni 1895. V: Else, geb Fröhlcke. A: D–2400 Lübeck-Israelsdorf, Lindenhof/Waldstr 52, D–2400 Lübeck, Große Burgstr 53. S: Stadtschule Woldegk, Sprachen-Privatschule in Straßburg, Fotografische Lehranstalt Berlin, Color-Ausbildung bei Agfa, Schule f Foto u große Retouche, Berlin-Charlottenburg. K: 1920 Geschäftsgründung in Lübeck (vor d Bombentotalschaden) dann Filialbetrieb in Ostseebad Travemünde, Fotospezialgeschäft mit eigenem Schwarzweiß- u Colorlabor, Fotounterricht an d VHS in Lübeck. F: In d Fachzeitschrift „Der Photohändler" 1970. E:

Ehrennadel in Gold d Industrie- u HandelsKam Lübeck. M: Langjähriges Mtgl d Fotografischen Ges Lübeck, Vors d Lübecker FotoGem. H: Musik (Klavier, Geige, Mandoline, Harmonium, Orgel, Flöte, Piccoloflöte, Trommel, Signalhorn, Trompete, Waldhorn, Mundharmonika), Autofahren (seit 1920 unfallfrei).

Maasz Gerhard
B: Dirigent, Komponist. G: Hamburg, 9. Feb 1906. V: Beatrice, geb Ballmer. A: CH–6622 Ronco s Ascona, Capella Gruppaldo. S: Gelehrtenschule d Johanneum Hamburg, Konservatorium Leipzig. K: 1922–23 Unterhaltungsmusiker Kursaal Arosa, 1923–26 Schauspieler, Hauskomponist u Musikalischer Ltr Haass-Berkow-Spiele, 1926–27 Korrepetitor Stadttheater Osnabrück, 1928–29 Solorepetitor u KapellMstr Landestheater Braunschweig, 1929–36 KapellMstr Norag/Reichssender Hamburg, 1938–44 Chefdirigent Württembergisches Landesorchester, 1951–66 Programmreferent u KapellMstr NDR-Fernsehen. E: Brahms-Medaille d Freien Hansestadt Hamburg. M: EhrenMtgl d Johannes Brahms-Ges.

Mach Mario
B: Bildjournalist, Filmfotograf. G: 25. Dez 1923. A: D–1000 Berlin 42, Gontermannstr 53. S: Abitur, Volontariat bei Bildagentur „Berliner Bild Bericht". K: Mitarbeiter bei mehreren Zeitungen, seit 1953 freischaffender Fotograf f FilmGes, zB Paramount, Warner-Columbia, United Artists, Cinema International Corp, MGM, 20th Century Fox, W Disney usw. F: Div Filmzeitschriften. M: Deutscher Journalisten-Verb DJV. H: Segeln, Big Band Jazz,

Mächler Thomas A
B: Intendant, Ltr d Central Terra Group, Schweiz u Kanada (kfm u künstlerischer Bereich), erlernt: BankKfm. G: Basel, 22. Aug 1944. A: CH–4021 Basel, Postfach 193, CH–7451 Savognin, Haus Chesa Sunmatt, CH–4056 Basel, Mülhauser Str 152. S: Primarschule, Hum Gymn, kantonale Handelsschule Basel. K: Fotografische Erfolge seit 1961, seit 1963 Filmproduktionen, zumeist am Sektor Kulturfilm, seit 1975 vermehrt Beschäftigung mit gestalteter Landschaftsfotografie: Poster, Postkarten, öffentliche Vorträge über Länder als Diashows (abendfüllende Programme), vereinzelt Publikationen in renommierten Tageszeitungen, seit 1974 Künstlermanagement f d intern bekannten Kunstmaler August Hensch mit Verknüpfung d fotografischen Publikationen, Vernissagen bis 1977. F: Meist anonym oder mit Pseudonym über Bildagenturen (USA, Canada, Europa). M: Vorst CBFA u LDU, Ysiboy-Photopress. H: Tanzsport, Reisen (meist verbunden mit Foto u Film), Musik, gutes Essen.

Mader Friedrich
B: Fotograf. G: Karlsbad, 1. Sept 1925. V: Christa, geb Rascher. A: D–8500 Nürnberg, Dompfaffweg 2. S: Nicht abgeschlossene Wirtschaftsoberschule. F: Gelegentlich in Architekturzeitschriften. H: Den Armen helfen u meinen schadhaften Charakter ändern.

Mader Fritz Ferdinand
B: Landschafts- u Werbefotograf. G: Gröditz/Riesa, 24. Jan 1934. V: Sabine, geb Gülzow. A: D–2000 Hamburg-Barsbüttel, 2. Bergredder 17 B. S: Gymn, Handelsschule, Fotofachschule, weitere fotografische Ausbildung bei Hans Hartz, Hamburg (bekannter Landschafter). K: Seit 1956 einige Jahre m Hans Hartz d Europa gereist, dann selbständig, Aufbau eines ansehnlichen Archivs, weiterhin jährlich Reisen durch Europa, Auftragsarbeiten f Touristikunternehmen, Prospekte u allgemeine Werbung f Kurkliniken u Kurbetriebe. F: Kalender, Bücher, Zeitschriften uva. H: Musik, Tonbandaufnahmen, Malerei.

Mäder Wolfgang
B: Komponist, Musikproduzent. G: Berlin, 10. Jan 1924. V: Maria, geb Kopp. A: D–8400 Regensburg, Portnerg 6. S: Gymn, privates MusikStud, UnivStud an d Freien Univ Berlin. K: Komponist u Musikbearbeiter seit 1949, Musikproduzent seit 1965. M: GEMA, Berlin, Deutscher KomponistenVerb, Berlin, Vereinigung Deutscher Musikbearbeiter, Berlin, Verb Deutscher Musikschaffender, Aachen. H: Fotografie.

Mähler Gert HonEFIAP DGPh
B: Selbständiger Kfm. G: Bischofsheim/Rhön, 21. Aug 1918. A: D–8904 Friedberg, Jägerfeld-Str 21. S: Abitur, stud med (nicht abgeschlossen). K: 1957–71 Vors d Lichtbildfreunde Augsburg, 1962–67 Vors d VDAV Bez Schwaben, 1967–71 Vors d VDAV Landes-Verb Bayern, 1971–78 Pr d VDAV, seit 1972 Lehrbeauftragter f Medienarbeit im StaatsInst f d Ausbildung v Fachlehrern in Augsburg, Aussteller auf nationalen u intern Ausstellungen in allen 5 Erdteilen, insges 280 Bildhängungen

auf Ausstellungen, versch Auszeichnungen. F: Zahlreiche Veröffentlichungen in deutschen u englischen Fachzeitschriften, Fachreferate im In- u Ausland bei nationalen u intern Seminaren. E: Verdienst-Medaillen in Gold u Silber d LV Bayern, VDAV Ehrennadel in Gold, Ehrenring d VDAV, seit 1971 berufenes Mtgl d Deutschen Ges f Photographie (DGPh), Ehren-Vors d LV Bayern VDAV, 1962 AFIAP-Titel d FIAP, 1968 EFIAP u 1972 HonEFIAP-Titel d FIAP. H: Fotografie u Reisen.

Mahlke Ellen
B: Schauspiel-Pädagogin. G: Berlin. A: D-8035 Gauting, Hiltlstr 5. S: Lyzeum. K: Städt Oper Berlin (Ballett), Schauspiel-Anfängerin in Zwickau, über Stuttgart, Dortmund, Mannheim usw, Berlin, Fehling-Theater, anschließend Barlog, Funk, Cabaret, seit 1960 Schauspiel-Pädagogin in München. D: Von „jugendlicher Charakterkomikerin" bis tragikomische (nunmehr) Alte. H: Sylt, Bodensee, Musik.

Mahr Curt
B: Komponist. G: Schwarz/Thür, 23. Sept 1907, verstorben 30. Juli 1978. V: Hanna, geb Sachse. A: D-6272 Niedernhausen, Unterg 9. S: HS f Musik Leipzig. K: Erfolgreicher Akkordeon-Solist, Chorkompositionen, große Orchester-Arrangements, Akkordeon-Kompositionen. F: Wiesbadner Kurier, Tagblatt, Harmonika Revue ua. E: Volksmusikmedaille in Gold u Ehrennadel in Gold. M: Deutscher KomponistenVerb, HarmonikaVerb. H: Kochen, Märklin-Eisenbahn.

Mai Franz W Dr jur
B: Intendant d SR iR. G: Köln, 31. Dez 1911. V: Suzanne, geb Pascalin. A: D-6600 Saarbrücken 3, Kobenhüttenweg 62. S: Hum Gymn, Stud d RechtsWiss, Referendar- u Assessorexamen, Promotion zum Dr iur, NebenStud d Philosophie u Kunstgeschichte. K: 1945–50 Richter in Frankfurt/Main, 1950–52 persönlicher Referent d BKanzlers Konrad Adenauer, 1952–53 Ltr d Film, Funk u FernsehAbt d Presse- u Informationsamtes d BReg, 1953–58 Ltr d Zentral-Abt d gleichen Amtes 1958–77 Intendant d Saarländischen Rundfunks, jetzt iR, Pr d Deutsch-Franz Ges Saar, Vors d Europäischen Ak Otzenhausen, Berater d deutschen Intendanten in deutsch-franz Angelegenheiten F: Spiegel, gelegentlich in Tageszeitungen, sowie in Veröffentlichungen d Saarländischen Rundfunks. E: Großes BVerdienstkreuz, Offizier d franz Ehrenlegion, Kommandeur d Nationalen italienischen Verdienstordens, d Luxemburgischen Verdienstordens, d Homaduvordens d Schah v Iran, d Volksrepublik Benin, Träger d Saarländischen Verdienstordens, Kriegsauszeichnungen, zahlreiche Ehrenplaketten. M: Deutsch-franz Ges Suav (Pr), Vors d Vorst d Europäischen Ak Otzenhausen, Mtgl d Vorst d IRI, Pr d Förderkreises d Deutsch-Franz Staginires, Mtgl d Societe erropéenne de Cluture, d Associatien des amis de Robert Schumann, d Historischen Ver d Saarlandes, d Christl-Jüdischen ArbeitsGem, d Deutsch-Franz Arbeitskreises Benn, Rotary usw. H: Geschichte, Philosophie, Schriftstellerei, Rundfunkpolitik.

Maier Franz Xaver
B: Fotograf. G: Regen, 1. Dez 1938. V: Paula, geb Edinger. A: D-8370 Regen, Stadtpl 27, D-8370 Regen, Deggendorfer Str 18. S: Grundschule, Ausbildung als Fotograf, 1961 Gesellenprüfung, 1966 MstrPrüfung. K: Bis 1972 im elterlichen Betrieb (Fotofachgeschäft) als Fotolehrling, Fotogehilfe u mit Ablegung d MstrPrüfung als FotoMstr in ltd Stellung tätig, 1973 Übernahme d elterlichen Geschäftes, Fotofachhandel, modernes Fotostudio, Fotolabor f Color u Schwarz/Weiß, heute das größte Fotofachgeschäft im Bayerischen Wald, Mitarbeiter bei d Tageszeitung „Passauer Neue Presse" (Bild, Text), Fernsehen: Dias f d Sendung „Die Musik kommt" mit M Hellwig, Dias f d Sendung „Dalli-Dalli" u d „Große Preis, Colorbild-Veröffentlichung in folgenden Bildbänden: Naturwunder Bayern, Freizeitland Bayern, Bundesrepublik Deutschland, Wandern im Bayerland, Waldgebirge im bayerischen Osten, versch Heimatbücher. F: Stern, Quick, Neue Revue, Praline, Bildzeitung, Freizeit Revue, Für Sie, Hör Zu. M: HandwerksKam f Niederbayern, Passau, Industrie- u HandelsKam.

Maier Karl-Heinz
B: StudioLtr, Journalist. G: Kassel, 19. Okt 1923. V: Brigitte, geb Gora. A: D-1000 Berlin 19, Angerburger Allee 59. K: Redakteur, Korrespondent, StudioLtr E: 1968 BVerdienstkreuz am Bande. M: Vors d Berliner Pressekonferenz, seit 1974, SchatzMstr d Journalisten-Clubs, Berlin eV seit 1976.

Maier Rosa
B: Freie Unternehmerin. G: Feichten/Altötting, 4. Apr 1916. A: D-8221 Poschmühle 2, Hör-

polding. S: LehrerinnenbildungsAnst in Eichstätt/Inst d engl Fräulein. K: Erzieherin bei RA Dr West in New York 1938, dann bis 1940 bei Mr Mc Kee, Oberbürgermeister v New York, 1941 Verheiratung in Deutschland, 1951 Gründung eines stationären Filmtheaters, 1957 Erbauung d zweiten Filmtheaters, 1966 Eröffnung eines Kaufhauses, 1979 Umbau d gr Kinos in 3 Geschäfte u 2 Kinosäle. F: Traunsteiner- u Trostberger Tagblatt, Traunreuter Anzeiger. D: Hauptdarstellerin in Theaterstücken: „Buschliesel", „Almenrausch u Edelweiß", „Goldfriedel". E: Sängerabzeichen in Silber u Gold, div Auszeichnungen f 25jährige MtglSchaft v Ver u dgl, zweimalige Ehrung als Fahnenmutter b Fahnenweihen. M: FilmtheaterVerb, Sängerchor Traunreut, Feuerwehr, ArbeiterunterstützungsVer, GewerbeVerb, Arbeitsgemeinschaft d Betriebe, Ind- u HandelsKam. H: Musik, Singen, Politik, Reisen.

Malek Hans
B: Fotograf. G: Wien, 9. Okt 1911. A: A–2391 Kaltenleutgeben, Höheng 30. S: Grundschule, Fotografenlehre, gleichzeitig Fachschule an d Grafischen Lehr- u Versuchsanstalt, Wien, viele Lehrgänge u Kurse, Zeichnen u Malen an VHS in Wien. K: Sämtliche Fachprüfungen, 1936 MstrPrüfung, 1938 Geschäftsführer eines Fotogroßlabors (Herlango), 1940 Militärdienst bis Kriegsende (Offizier), 1945 Aufbau u Ltg eines Fotobetriebes bei amerikanischer Besatzungsmacht, 1948 Filmfotograf bei div Produktionen (zB Saschafilm, Internationalfilm, Donaufilm ua), seit 1949 selbständig, viele nationale u intern Ausstellungen. F: Die Galerie, The American Annuel of Photographie, Das schöne Lichtbild, Der Lichtbildner, Foto und Kinosport, Freie Mitarbeit in versch Tages u Wochenzeitschriften, Publikationen in vielen Organisations- u Betriebsausgaben, Kataloge u Prospekte. E: 1 Goldmedaille, 1 Silbermedaille, 3 Bronzmedaillen, viele Diplome u Anerkennungen. H: Malen.

Mannchen Karl-Heinz
B: HerstellungsLtr. G: 23. Nov 1923. V: Maria Theresia, geb Kardel. A: E–Madrid 2, Avda de América 6. S: Abitur, Filmtechniker-Ausbildung. K: 1948 beginnend als KameraAss, später Regie-Ass, ProduktionsLtr, HerstellungsLtr bei weit über 200 Spielfilmen, Fernsehserien uva. F: Mitarbeiter f MERIAN-Zeitschriften. H: Bibliophil spez Märchenbücher.

Martin Michael
B: Kameramann. G: Hamburg, 12. März 1946. A: D–2000 Hamburg-Uhlenhorst, Erlenkamp 22. S: Rudolf Steiner-Schule, Hamburg, Fotografische Ausbildung, Praktikum beim NDR-Fernsehen, Geyer-Werke, Studio Hamburg Ateliers. K: Ass bei vielen Filmproduktionen in d Freien Wirtschaft, seit 1970 Freelance Lighting Cameraman f Werbung, Industriefilm u TV-Show mit intern Kundenkreis, Gestaltung v Werbefilmen f TV u Kino, zB Coca Cola, Henkel, Esso, Volkswagen, Beiersdorf, Texaco, Colgate Palmolive, Agfa, Reemtsma, Philips. E: Art Directors Club Deutschland, Advertising Film Festival New York, TV Film Festival Montreux. H: Italienische Küche.

Maßmann Peter Prof
B: Generalintendant u Ltr d Opernklasse d MusikHS Rheinland, Aachen. G: 13. Feb 1916. V: Margrit, geb Jülich. A: D–5100 Aachen, Am Sonnenlehen 5. Tel: 0241/14473. S: Abitur, Staatl Schauspielschule Hamburg. K: Schauspieler in Rostock, Osnabrück, Oldenburg, Wuppertal, Gelsenkirchen, hier Übergang zur Regie u stellv Generalintendant, dann 1960–68 Intendant in Osnabrück, seit 1968 Generalintendant d Städt Bühnen Aachen. F: In zahlreichen Fachzeitschriften. D: Film: „Das Geld liegt auf d Straße", Theater: in allen Fächern d jugendlich romantischen Helden b Helden, zuletzt „Hauptmann v Köpenick". E: BVerdienstkreuz 1. Klasse. M: Geschäftsführer d Intendantengruppe im Deutschen BühnenVer, Mtgl d Verwaltungsrates im Deutschen BühnenVer, Mtgl d Normenausschusses im Deutschen BühnenVer, Mtgl d Rotary-Clubs. H: Schwimmen, Rosenzucht.

Mautner Erich Felix
B: Public Relations-Manager. G: Le Chambon sur Lignon, 3. Mai 1944. V: Ruth, geb Rupp. A: A–1123 Wien-Meidling, Theerg 5. S: Grundschule, Kfm Ausbildung, div Schulungen. K: ZeitungsKfm, freier Journalist, Herausgeber eines Kulturmagazines, Veranstalter eines intern Filmfestivals, Herausgeber einer Underground-Tageszeitung, Public Relations-Manager großer Show-Lokale, Public Relations-Büro in Wien, Geschäftsführer d „Austrian Filmmakers Organisation", Promotion-Manager u/oder Exklusiv-Manager vieler österreichischer Schallplatten-Künstler (vorwiegend Pop u Jazz), derzeit größtes österreichisches Promotion-Büro f Schallplatten, theoretische Arbeiten über Kunst u Politik, Ltr

v Arbeitskreisen u Seminaren, daneben versch künstlerische Arbeiten (Lyrik, Texte, Schauspiel usw), Schallplattenproduzent. M: Bund Sozialistischer Akademiker, Wien.

Mautner Paul
N: Leopold Hajicek Dipl-Kfm. B: Fernsehjournalist, Redakteur. G: Budweis, 17. Sept 1927. V: Susanne, geb Zohren. A: D–8069 Schweitenkirchen, Geisenhausen, Hochstr 23. S: RealGymn, Univ München. K: Journalist, ab 1962 als Dokumentarfilmemacher f d BR, SFB u WDR tätig, seit 1976 festangestellter Redakteur – Produzent b Bayerischen Rundfunk, über 80 lange Dokumentarfilme, zwei Spieldokumentarfilme. E: 6 Preise versch TV-Festivals f Dokumentarproduktionen. M: Bayerischer JournalistenVerb, Deutscher Journalisten-Verb.

Mayer Eugen Ing
PS: Eugenio. B: Ing. G: Jena/Thüringen. V: Maria. A: D–7100 Heilbronn, Hohenstaufenstr 35. S: Grundschule, Oberrealschule, Gymn Jena, Staatl IngSchule Esslingen, Staatstechnikum Karlsruhe. K: IngStud, Tätigkeit in d Freien Wirtschaft, Stadtverwaltung Heilbronn, Hochbauamt, Ltr d Abt Technische Gebäudeausrüstung, OAmtsR. F: Leica Fotografie, Olympiade d Farbfotografie, Das Portrait, Farbfotografie für jedermann, Umschauverlag. E: Preisträger d Intern Fotowettbewerbs 50 Jahre Leica. M: Ver Deutscher Ing VDI. H: Fotografie: Portrait, Menschen, Landschaft.

Mayer-Norten Hugo Dipl-Kfm
B: Agent f Fotografen, Illustratoren, Designer, Creative Consultant. G: München, 1. Nov 1938. V: Christiane, geb von Harling. A: D–8000 München 80, Kufsteiner Pl 5. S: Stud d Staatswirtschaft Univ München. E: The society of art center alumni 1977, Los Angeles: certificate of merit. H: Jazz, Pop, Fotografie.

Mayr Toni Sebastian
B: IndFotograf, Grafiker, AV- u IndFilmproduzent. G: Rosenheim/Obb, 14. Aug 1924. V: Hannelore, geb Fricke. A: D–8213 Umrathshausen Nr 6/1/2, Postfach. Tel: 08052/2510. S: Oberrealschule, Staatl LehrAnst f Lichtbildwesen, Meisterprüfung 1949. K: Seit 1949 selbständig, tätig als IndFotograf, hauptsächlich f Maschinenfabriken u Fahrzeug/Automobilhersteller, Zulieferlnd u sonstige IndWerke, Spezialisierung auf Audio-Vision u IndFilm, seit 1973 Produzent v kompletten Multivisionen m Schwerpunkt „Technik". F: Laufend Bildbeiträge in Fachzeitschriften, Architekturzeitschriften, aktuelle Bildbeiträge in Tageszeitungen. M: Gründer v zwei Film- u Fotoclubs, Doz d Münchner VHS, davor VHS Rosenheim, Europhot. H: Malen, Zeichnen.

Mayska Siegfried
B: Werbefotograf. G: Stralsund, 1. Okt 1946. A: D–4050 Mönchengladbach 1, Erzberger Str 12–14. S: Mittlere Reife, Reprotechnik, Drucktechnik, Scanner Operator, Werbung, Fotografie, Werbefotografie. K: Nach d Ausbildung als Fotograf in Druckereien u Scanner-Studios alle Abteilungen in praktischer Arbeit durchlaufen, danach Übernahme d Ltg d FotoAbt in einer Werbeagentur, nach 5jähriger Praxis seit 1969 selbständiger Werbefotograf m 2 Studios in Mönchengladbach u Rheydt, Aufnahmen in London, New York, Miami, Nassau, Santa Domingo uva. M: AWI. H: Trapp-Schießen, Jagd, Fahren schneller Autos, Reisen.

Mehwald Gertrude
B: Fotomeisterin. G: Linz, 25. Apr 1925. A: A–4400 Steyr, Stadtplatz 33. S: Grundschule, Lehrzeit, Gehilfenprüfung, Meisterprüfung, versch Kurse. K: 1939–42 Fotolehrling in Attersee, Gesellin in Bischofshofen, Salzburg, bei versch Firmen, Meisterprüfung in Salzburg, 1950 in Steyr selbständig gemacht, InnungsmeisterStellv, Lehrlingswart f OÖ, Vors d LAP u AusschMtgl Colour-Art Österreich. E: Silberne Ehrennadel f bes Verdienste in d Fotografie. M: Colour-Art Österreich. H: Filmen, Schifahren, Bergsteigen.

Meier Ernst
B: Chefredakteur, Herausgeber d Magazins PHOTOGRAPHIE. G: Winterthur, 24. Okt 1945. V: Doris, geb Grossenbacher. A: D–8461 Rudolfingen, Schloßstr 212b. S: Sekundarschule, KV, umfangreiche Kenntnisse auf d Gebieten d Fotografie, Gestaltung, Werbung u Druck autodidaktisch erworben. F: PHOTOGRAPHIE. H: Fotografie (Medium).

Meifort Holger
B: Wissenschaftsredakteur. G: Schleswig, 22. Dez 1941. A: c/o Westdeutscher Rundfunk-Fernsehen, D–5000 Köln. S: Abitur, NaturWiss Stud. K: Nach mehrjähriger freier Mitarbeit seit 1975 festangestellter Redakteur beim WDR.

Meinel Armin Albert Carl
B: Redakteur, Regisseur, Journalist, Fotoreporter, Kameramann. G: Berlin, 15. Feb 1941. V: Hanno, geb Otto. A: D–8000 München 60, Schubaurstr 3. S: Abitur, Stud, Deutsches Inst f Film u Fernsehen, Gasthörer Univ München (ZeitungsWiss), Praktikum: Arri, Bavaria, Riva, alle in München. K: Motorjournalist bei Motoraktuellt in Malmö/Schweden, Ressortchef Motorsport, freischaffend f d ZDF tätig, Pressechef bei United Artist Deutschland, Chefredakteur v TV Oman, Muscat Sultanate of Oman. F: Hör Zu, TV Hören u Sehen, Fernsehwoche, TV 14 Tage. E: Als Regisseur d Films „Step into the future" preisgekrönt bei d Mannheimer Filmfestspielen 1978. M: Deutsche Journalistenunion, RFFU. H: Tennis, Segeln.

Meissner Werner
B: Komponist, KapellMstr. G: Lyck/Ostpreußen, 16. Okt 1926. V: Lydia, geb Feil. A: D–7000 Stuttgart 1, Alte Weinsteige 37. S: Oberschule, MusikHS, Stud d Komposition, KapellMstr. K: Engagements bzw Gastspiele als KapellMstr u Komponist an versch deutschen Theatern, daneben freie Mitarbeit als Dirigent sowie als Komponist (ua f Hörspielmusik) an d deutschen Rundfunksendern, schrieb eine Reihe erfolgreicher Orchesterwerke, ua „Sinfonische Tarantella", f großes Orchester, „Elegie und Capriccio", f Streich orchester, „Blues sinfonique", „Ballade für Orchester", Stücke f 2 Klaviere, musikalische Bearbeitung d deutschen Fassung d Musicals „Irma la Douce", viele Schauspiel-Bühnenmusiken, neue Musik zu Shakespears „Ein Sommernachtstraum", Schauspiel-Musik zu d bekannten Bühnen-Märchen „Der Räuber Hotzenplotz". M: Deutscher KomponistenVerb RFFU, Wirtschaftsgilde eV.

Meli Walter SPhV
B: Fotograf. G: Glarus, 15. Nov 1947. V: Ruth, geb Hösli. A: CH–8608 Bubikon, Stationsstraße. S: Primarschule, kfm Ausbildung, VerkaufsLtr-Schule, Ausbildung z Fotograf. K: Einige Jahre kfm Tätigkeit in d Ind, später Umschulung z Fotograf, einige Zeit als Foto-Journalist u Industrie-Fotograf tätig, 1976 Eröffnung eines Fachgeschäftes f Foto u Film m Fotostudio f Porträts u Fachtechn Aufnahmen. F: Viele Veröffentlichungen in Regionalzeitungen, Zürcher Oberländer, Tösstaler, Zürichseezeitung, Linth usw, sowie versch Zeitschriften, ferner Veröffentlichungen in vielen Bergsteigerzeitschriften u Literatur, Bücherdokumentationen u Bergkalender. E: Einige Preise b Fotowettbewerben. M: Mtgl d Schweizerischen PhotographenVerb, Mtgl d Schweizer Alpenclub. H: Extrembergsteigen, Journalismus.

Mendl Peter Chris
B: Doz f bildnerisches Gestalten. G: München, 12. März 1937. A: D–8000 München 90, Untere Grasstr 6. S: 1964 Abschluß als Flugzeugbauing, 1970–71 Besuch d Ak. K: Nach Besuch d Ak BühnenbildAss an d Bayerischen Staatsoper, danach Innenarchitekt, zZ Lehrtätigkeit, viele Ausstellungen im In- u Ausland, „Das kontemplative Bild" (Acryl-Bilder), vor d Malerei Beschäftigung mit fotografischen Experimenten. E: Mehrere Preise in d Fotografie. M: BBK München. H: Gitarrespielen, Astronomie.

Mensak Alfred
B: Redakteur, AbtLtr beim Fernsehen. G: Niedersee/Ostpreußen, 18. Aug 1926. V: Sigrid, geb Schultz. A: D–2862 Worpswede, Wilhelm Scharrelmann-Weg 24a. S: Gymn, Abitur, SchauspielStud mit staatl Abschluß, Journalisten-Ausbildung bis zum Redakteur. K: Nach Abschluß d Schauspielausbildung als Schauspieler in Bremen 1948–51, dann Journalistenausbildung bei Zeitung in Bremen bis 1956, Auslandskorrespondent in USA 1957–60, ab 1964 beim Fernsehen, zunächst als Redakteur, ab 1970 RedaktionsLtr, ab 1974 AbtLtr III. Programm, Schulfernsehen bei Radio Bremen. D: Div Theaterrollen. E: 1976 Adolf-Grimme-Preis, Deutscher Fernsehpreis f Redaktion „III nach 9". M: RFFU. H: Skifahren, Tennis.

Mentel Werner
B: FotografenMstr. G: Kassel, 26. Juni 1929. V: Gisela, geb Fensterer. A: D–3500 Kassel, Nebelthaustr 12. S: Grundschule bis 1943, Fotografenlehre 3 Jahre, Prüfung 1946, FotografenMstrPrüfung 1954. K: 2 Jahre Lehre Gerhard Fieseler Werke Kassel (Flugzeuge), 1 Jahr Lehre bei Gust Stark, Immenhausen, dort auch 3 Jahre Gehilfe, 1 Jahr Gehilfe bei Elisabeth Klein, Kassel, 3 Jahre LabotLtr bei Heini Weber, Kassel, 20 Jahre Mstrfotograf, Industrie, Werbung, Architektur, ab 1974 FachbereichsLtr Video-Film-Foto. F: Div Veröffentlichungen. M: Kasseler SV 51 eV. H: Fußball, d Job.

Menz Dieter Assessor
B: Geschäftsführender Ges. G: Essen, 3. Jan 1935. V: Gudrun, geb Kleefisch. A: D–8000 München 2, Burgstr 7. S: Gymn, Abitur, Stud d RechtsWiss in Tübingen, Münster, 1961 1. Staatsexamen, 1964 2. Staatsexamen, dazwischen Ausbildung im elterlichen Filmtheaterbetrieb u als Banklehrling. K: 1964 Justitiar d Atlas Filmverleih GmbH Duisburg, 1965 zusätzlich Ltr d AuslandsAbt d Atlas Filmverleih GmbH, 1967 Mitinhaber u Geschäftsführer d Atlas Intern Film GmbH München, 1968 Alleininhaber u Geschäftsführer d Atlas Intern Film GmbH, sowie Atlas Film u TV Filmproduktion GmbH, sowie Mitinhaber d Filmtheaterbetriebe Menz + Jaeck, Essen. F: In div Fachzeitschriften, Filmecho uva. M: VorstMtgl d Exportunion d deutschen FilmInd, Mtgl d Verwaltungsrats d FilmförderungsAnst – Anst d öffentlichen Rechts, Berlin. H: Autofahren als Sport, Tennis, Skilaufen, Geschwindigkeit.

Merath Siegfried Dr
PS: Paul Korff, Peter Tannwald. B: Komponist. G: Gessertshausen, 7..I Okt 1928. A: D–8000 München 22, Steinsdorfstr 5. S: Seit d 6. Lebensjahr Klavierunterricht u Harmonielehre, als Komponist im wesentlichen Autodidakt, UnivStud 1949–54 (Geschichte, Literatur u MusikWiss, Jura), Dr phil 1954. K: Seit 1947 freiberuflicher Komponist u Arrangeur, ab 1967 zusätzlich auch Musikproduzent f Rundfunk, Schallplatte, Fernsehen u Film. E: 1. Preis beim „Deutschen Kompositionswettbewerb 1974 Baden-Baden", 1. Preis beim Kompositionswettbewerb „Neue Unterhaltungsmusik im Rundfunk" 1975 Köln. M: GEMA, Deutscher KomponistenVerb, Haus- u GrundbesitzerVer, München. H: Literatur, Antiquitäten, Reisen.

Metzig Alfons Ing
PS: Alfomet. B: UhrmacherMstr, Journalist, Autor. G: Friedeberg am Queis/Isergebirge, 21. Dez 1913. V: Inge. A: D–8440 Straubing 1, Theresienpl 5. S: Grundschule, Autodidakt, Fortbildungsschule, Höhere Technische Staatslehranstalt f Maschinenbauwesen in Görlitz, Optische u Feinmechanische Werke Hugo Meyer u Co, Foto, Kino, Reproduktion u Projektion. K: 1928–32 Uhrmacherlehre, 10 Jahre Uhrmachergehilfe, selbständig als Uhrmacher u Feinmechaniker, Monteur f BMW, Daimler Benz, Fa Wumag in Görlitz, Warschau u Athen sowie Genshagen, Seminare. F: Laberzeitung, Straubinger Tagblatt, dpa, Bildzeitung, Vorwärts, Blindenzeitschrift, Straubinger Bote, Uhrmacher-Zeitschrift, Kundenzeitschriften ua D: Hauptdarsteller in Schlageter Theater, Kurzfilme im Neutralfilm-Studio in Berlin. E: Leistungsurkunden, Ehrenurkunden, Anerkennungen ua. M: SPD, VdK-GründungsMtgl, seit 1947, Deutscher JournalistenVerb, Bayerischer JournalistenVerb, MieterschutzVer Straubing, TierschutzVer München eV u Straubing u Umgebung eV seit 1951, Deutsches Museum München, ADAC München, MSC Straubing. H: Fotografieren, Blumen, Briefmarken, Bierdeckel, meine Frau.

Metzner Arno
B: Komponist, Schriftsteller. G: Leipzig, 18. Apr 1905. V: Ilse, geb Buttler. A: D–1000 Berlin 14, Sächsische Str 75. S: RealGymn, Ak, Schüler v MD Arno Metzner, sen, Prof Hummel, GesangsStud bei Prof Otti Plauth, HS f Musik. K: Orgel- u Pianokonzerte, KapellMstr, E u U-Musik, Tourneen im In- u Ausland, Gastspiele in Amerika, Afrika,, Asien u Europa, Rundfunk u Fernsehen, Kompositionen f Kulturfilme u Unterhaltungsmusik, Feuilletonist, Kurzhörspiele u Reiseberichte in versch Sendern. M: Mtgl d Deutschen KomponistenVerb, GEMA.

Mex Hilmar
B: Filmemacher. G: 8. Juni 1942. V: Gaby, geb Go. A: D–2800 Bremen 1, Bismarckstr 93. Tel: 0421/72898. S: Deutsche Film- u FernsehAk, Berlin. K: Regisseur f Film u Fernsehen.

Meyer Erich B O
B: Selbständiger Kfm. G: Wehlau/Ostpreußen, 25. Feb 1918. V: Helga, geb Landwehr. A: D–2870 Delmenhorst, Bahnhofstr 9. S: OberrealGymn, Abitur, Stud an d Luftkriegsschule Dresden d ehem Deutschen Luftwaffe, Jagdfliegerschule Schleißheim. K: Fronteinsatz als Offizier u Flugzeugführer im Jagdgeschwader 51 (zusammen mit Werner Mölders), Kriegsgefangenschaft in Kanada, 1946 Rückkehr nach Deutschland, Studiengänge in Chemie u WirtschaftsWiss, Gründung einer eigenen Firma zum Vertrieb v Drogen, Chemikalien, Parfümerien, Kosmetika usw bis heute. F: Berliner Illustrierte, in Büchern „Mölders und seine Männer", „Werner Mölders, Flug zur Sonne", „The Reluctant Messerschmitt", Daily Express, 1978. D: „Einer kam durch", „Der Lügner und die Nonne", „Ehe-Karussel". E: Eisernes Kreuz II u I Kl, Deutsches Kreuz, Frontflugspange, Silberner Ehrenpokal d

Jagdflieger v Reichsmarschall. M: Gem d Jagdflieger eV. H: Fliegen, Fotografie, Klassische Musik.

Meyer Herbert E
B: Filmregisseur, Autor. G: Bern, 18. Juli 1911. A: CH–8032 Zürich, Forchstr 271. Tel: 01/535871. S: Gymn, Kunst- u LiteraturStud, Mitarbeiter d Schriftstellerin Tina Truog-Saluz, Lavin (Romane „Die v Turm", „Soglio"), Foto-Ausbildung, Schaufenster-Filme, Pathé-Schmalfilmverleih Bern. K: Freier Journalist u Filmzensor, Armee-Filmreporter, AufnahmeLtr, ProduktionsLtr, Cutter, Regisseur, Film-Offz d Schweizerischen Armee-Film-Dienstes, Spielfilme als Mitregisseur u RegieAss b Karl Anton, Zürich, Berlin, Paris, Richard Pottier, Paris u Julien Duvivier, Paris, zufolge d damaligen Verfügungen d „Syndicat du Film Francais" (1950) gegen Ausländer war es nicht möglich, im französischen Spielfilm Fuß zu fassen, hierauf freischaffender Regisseur u Autor v Filmen in allen Sparten in d Schweiz u d BRD (Spielfilme, Kurzfilme, Kunstfilme, Ind-Filme). F: Frankfurter Allgemeine Zeitung, Süddeutsche Zeitung uva. E: Silbermedaillen Venedig, Vorschlag über Prix Flaherty, Goldener Dante-Preis, 5x bes wertvoll, 2 Meisterdiplome Antwerpen, Preis d Stadt Zürich, 2 Filme an d Weltausstellung Montreal 67, 4 BFilmprämien, Goldener Leopold Rouen, Oscar-Vorschlag 65, Grand Prix Cannes, Goldmedal Atlanta, Mercurio d'oro Venedig, Golden Image Long Island, 4x „Merit" Edinburgh u Cork, uva. M: Mitbegründer u Mtgl d VSFG, Verb Schweizerischer Film-Gestalter. H: Reiten, Schwimmen, gute Filme, Musik.

Meyer-Franck Herbert
KN: M-Franck Herbert. B: Filmproduzent. G: Bismarckhütte, 1. Mai 1912. V: Gisela, geb Withake. A: D–4000 Düsseldorf 31, Am Fischerbreuel 2. S: Abitur in Düsseldorf, Stud d ZeitungsWiss u TheaterWiss. K: Inhaber d Franck-Filmproduktion in Düsseldorf, Teilhaber d Panavox Ges f audiovisuelle Information in Essen. E: Zahlreiche Auszeichnungen f Filme d Franck-Filmproduktion.

Meyer-Wolf Frido
B: Opern- u Konzertsänger, Regisseur, Directeur Artistque, Arrangeur G: Potsdam, 22. Apr 1934. A: D–1000 Berlin 51, Bieler Str 9, c/o Künstleragentur Anke Hehmann, D–2000 Hamburg 13, Badestr 37. Tel: 030/4959694 oder 040/452958. S: Gymn, Privat-Konservatorium, Städt Konservatorium Berlin, Prof Ross (Gesang), Hildegard Scharff Hamburg, Ausbildung als Sänger, Tänzer, Schauspieler, Dirigent. K: Zusammenarbeit mit Jean Cocteau bis 1963, Ausgestaltung Theater bei Monaco, Theatertätigkeit: Kammeroper Berlin, Stralsund, Städt Oper Berlin, Trier, Monte Carlo, Marseille, Nizza, Aix en Provence, Große Oper Paris, Große Oper Rom, Spoleto, Brüssel, Nancy, Lübeck, Kiel, Kassel, Hamburg, Braunschweig, Berlin, Directeur Artistique Theatre Jean Cocteau bei Monaco, Fernsehen Monte Carlo, ARD, WDR, ZDF, Rias Berlin, ORTF, Schallplatten: Lieder f Kinder u Balladen. F: Interviews Marseille, Spoleto, Nantes, Opernwelt, Lübeck, Berlin, Monte Carlo, Bildband Jean Cocteau gesehen v Richard de Grab. E: Medaille d Brüsseler Presse, 2x Preisträger beim Sängerwettbewerb Llangollen Nord Wales, seit 1962 Directeur Artistique Theatre Jean Cocteau (geistiger Erbe d Dichters u Weiterführung d Orphischen Idee).

Michalke Georg
B: Bildjournalist. G: Eberswalde, 4. März 1909. V: Antonietta, geb Alberti. A: I–00179 Roma, Circonvallazione Appia 101/A. S: Abitur, Univ-Stud (Philologie) in Berlin, Paris, Halle. K: LuftfahrtsMin Berlin 1934–40, Presseagentur Fransoceau Berlin 1940–41, Auslandskorrespondent f Berlin 1941–43, seit 1945 freiberuflich. F: In Zeitschriften u Zeitungen in aller Welt. D: Kleine Rollen in einigen Nachkriegsfilmen in Rom unter Rossellini u De Sica. E: 2x Premio Unitalia f beste Veröffentlichungen über ital Film.

Michel Max
B: Regisseur, Produktions- u HerstellungsLtr. G: München, 17. Feb 1910. V: Heidi, geb Rother. A: D–8000 München 21, Ludwig Richter-Str 18. S: Oberrealschule, FilmHS u Univ (Filmwirtschaft, TheaterWiss u Dramaturgie). K: KameraAss, AufnahmeLtr, Schnitt- u RegieAss, ChefschnittMstr – Buch u Dialogregie – Regisseur, Spiel-, Kultur-, Dokumentations-, Industrie- u Fernsehfilme, Produktions- u HerstellungsLtr, zZ Bavaria Atelier GmbH Kundenkontakter, seit 1929 in d Branche tätig. E: Versch Kriegsauszeichnungen. M: Deutscher AlpenVer, ADAC, Verkehrswacht, FKTG Fernseh- u Kinotechnische Ges eV. H: Bergsteigen, Skilaufen, Wassersport, Bücher, Musik, Tierfreund.

Mielenz Hans
PS: Peter Rambo. B: Komponist, KapellMstr, Arrangeur. G: Berlin, 16. Feb 1909. V: Luzia, geb Zothner. A: D–8213 Aschau/Chiemgau, Spielbergstr 5. S: 1927 Hum Abitur, Staatsexamen an d Ak f Kirchen- u Schulmusik 1932, Reifeprüfung d Kapellmeisterklasse an d HS f Musik, Berlin 1934. K: Freischaffender Komponist, Arrangeur, Musiker dazwischen Ltr einer Dirigentenklasse am Städt Konservatorium, Berlin, Dirigent an d Neuen Scala, Berlin, Ltr d Großen Tanzorchesters d Berliner Rundfunks, in Aschau Organist, KirchenchorLtr, Ltr d Chiemgauchores Prien u d Aschauer Blaskapelle. M: Deutscher KomponistenVerb, Vereinigung Deutscher Musikbearbeiter. H: Reisen gute Weine, vgl sprachwiss Studien.

Mittag Paul W
B: Werbefachmann. A: D–3257 Springe 1, Goebelbastei 35. S: Fachausbildung. M: BDW.

Mittag Rudolf
B: Musik-Redakteur, Süddeutscher Rundfunk – Studio Karlsruhe. G: Stuttgart, 1. März 1917. V: Editha, geb Habeck. A: D–7500 Karlsruhe 1, Karolingerstr 14. S: Gymn, Stud an d MusikHS Stuttgart u Berlin (Hauptfächer Klavier u Dirigieren) m Abschluß d Stud in Berlin im Hauptfach Dirigieren. K: Nach d Krieg zuerst Tonmeisterausbildung, dann Redakteur in d MusikAbt d NWDR Berlin, ab 1948 Musik-Redakteur beim Süddeutschen Rundfunk – Studio Karlsruhe, seit 1955 verantwortlicher Redakteur d Ettlinger u Bruchsaler Schloßkonzerte d Süddeutschen Rundfunks u ab 1958 verantwortlich f d Kammerkonzerte im Rahmen d Schwetzinger Festspiele, seit 1976 Mtgl d LandesAussch Baden-Württemberg v „Jugend musiziert" u 1978 Berufung in d Landesmusikrat Baden-Württemberg. F: Titelseite d Badischen Sängerzeitung. M: Mtgl d Landes-Aussch Baden-Württ v „Jugend musiziert", d Landesmusikrats Baden-Württ, d Heinrich Schütz-Ges Kassel.

Mitterreiter Klarissa
B: Fotografin. G: Tacherting, 30. Jan 1926. A: D–8221 Tacherting, Bahnhofstr 14. S: Grundschule, Ausbildung in München als Fotografin, Schauspielschule Martin Hellberg. K: Nach Lehrzeit u Schauspielschule als Schauspielerin auf Tournee, nach Währungsreform pleite, dann selbständig als Fotografin in Tacherting, 1977–79 UFO-Forscherin privat. H: Ufologin, Fotografie, Freizeitdichterin.

Mleinek Joachim
PS: Mischa. B: Freier Schriftsteller. G: Berlin, 18. Nov 1927. A: D–8000 München 40, Leopoldstr 52. S: Abitur. K: Journalist, Volontär, Feuilleton- u Bild-Redakteur, freier Autor, Rundfunk, Romane, Fernsehen, Film, Lied-Texter, Musical-Übersetzer. F: Alle Programm-Zeitschriften, Tageszeitungen uva. M: GEMA, VG-Wort, Karl May-Ges, Textdichter-Verb. H: Filmen, Sammeln, Mineralogie, Botanik.

Moertel Klaus
B: Fotografenmeister. G: Roth, 5. Nov 1950. A: D–8542 Roth, Hauptstr 11. S: Mittlere Reife, Fotografenlehre, autodidaktisches Stud. K: Selbständig seit 1970, erfolgreicher Porträtfotograf, Einladungen zu Ausstellungen, Auszeichnungen u Ehrungen bei Wettbewerben. F: Bravo, Fotopresse, „Wir heiraten", ua. E: Photokina 1976 u 1978, Kodak Kinderwettbewerb 1976, Kodak Hochzeitswettbewerb 1978, APP-Preis 1978 ua. M: Member of Color Art Photo, Arbeitskreis Porträtfotografie im CV, ABCV-Mtgl. H: Musik.

Moeschner Horst Günther
B: WerbeKfm, Konzertmanager, Künstlermanager. G: Breslau/Schl, 23. Juni 1935. V: Elisabeth, geb Wittmann. A: D–8000 München 45, Sudetendeutsche Str 20. Tel: 089/3114582 und 369523. S: Wirtschaftsaufbauschule, Werbefachschule, WerbeAk. K: Nach Schulabschluß mehrere Jahre in einer Werbeagentur, dann freischaffender Werbeberater f Markenartikelfirmen, Überwechsel in d Music- u Showbranche als TourneeLtr einer GastspielDion, Gründung einer eigenen GastspielDion u Musicproduktion, Übernahme d Managements v Jimmy Makulis u d Tanz- u Showbig-Band Jimmy Thanner, eigenes Schallplattenlabel im Vertrieb d Bellaphon, derzeit Management Jimmy Makulis u Edina Pop u stellv Geschäftsführer d Südostbayer Künstlergastspiele GmbH München. E: Diplom d Werbefachschule. M: Ver gegen d Mißbrauch v Tieren. H: Tiere, am liebsten Hunde (Pudel), Autofahren.

Mohapp Lydia
B: Bildhauerin, Filmschaffende. G: Prag/CSSR, 21. Mai 1931. A: A–1120 Wien, Karplusg 12, GB–Portsmouth, 36 Britannia Rd, Southsea/ Hants. S: Maturaschule, Sinologie, abgebrochen, Gobelinweberei, Bildhauerei u FilmAk. K: Nach d Ausbildung viele Auslands-

aufenthalte in Europa, 1956–57 in Indien u Pakistan, Vorderer Orient, 1958 Ost- u Südafrika, freischaffende Bildhauerin u Filmemacherin, Kulturredakteurin bei ORF einige Jahre, jetzt ORF-Mitarbeiterin als Gestalterin u Cutterin, Journalistin. F: Magnum, Public Ledger (Kanada), Informations Autrichenne. E: F einige Filme wie „Arrabal", „Herbert Böckl", u Kurz- u Kleinfilme. M: British Film Institute, Österr Filmmuseum, FOMAG, Intakt (KünstlerinnenVer).

Mohl Hans
PS: Peter Lenz. B: Fernsehjournalist. G: Kiel, 30. Nov 1928. V: Helga, geb Hoeffgen. A: D–6500 Mainz 31, Fontanestr 49. S: Schule in Hamburg, Stud in Tübingen. K: 1953–63 Südwestfunk, Rundfunk u Fernsehen, seit 1963 ZDF Ltr d Redaktion „Gesundheit u Natur", mehrere Buchveröffentlichungen ua: „Sieben Erfolgsprogramme für d Gesundheit", „Iß das Richtige". E: Japan-Preis, Goldene Kamera, Grimme-Preis, Ehrenzeichen d Deutschen Ärzteschaft u d Deutschen Zahnärzte, Film- u Fernseh-Preis d Hartmannbundes uva. M: Kollegium d Medizinjournalisten. H: Karikaturen, Tennis, Memoirenliteratur.

Mohr Fritz
PS: Glenn Starfield. B: Musiker, Komponist, Textdichter, Verleger, Arrangeur. G: Heidelberg, 27. Juni 1926. V: Anneliese, geb Windisch. A: D–6900 Heidelberg 1, Weing 24. S: Grundschule, MusikHS in Heidelberg, 6 Sem. K: Künstlernachweis über d staatl MusikHS Karlsruhe, Tätigkeit bei Funk u Fernsehen, Plattenaufnahmen. M: GEMA, Deutscher KomponistenVerb.

Mohrhof Siegfried
B: Fernsehjournalist, ARD-Koordinator Familienprogramm. G: Swinemünde, 24. Jan 1925. V: Edith, geb Nissen. A: D–5303 Bornheim-Walberberg, Rheindorfer Burgweg 24. S: Abitur, Stud d Päd. K: Schuldienst bis 1955, 1956–62 Institut f Film u Bild i Wiss u Unterricht, München, 1962–63 Staatl Landesbildstelle Schleswig-Holstein, seit 1963 Westdeutscher Rundfunk Köln, Ltr d Familienprogrammes. M: IIC – Intern Institute of Communications, London. H: Segeln, Musik.

Mold-Janczer Christa
B: Fotografenmeister. G: Wien, 26. Juli 1953. A: A–1020 Wien, Untere Augartenstr 5. S: Grundschule, Fachberufsschule f Fotografie, Lehrabschlußprüfung, Meisterprüfung. K: Sechs Jahre Praxis in allen Branchen d Fotografie, 1976 Eröffnung eines eigenen Aterliers in Wien, Spezialist f Porträtfotografie. F: Wiener Tageszeitungen, Österr Diplomatische Korrespondenz, Wiener Messen, Schallplattenhüllen, Buchumschläge, Prospekte ua. M: Landesinnung Wien d Fotografen, Filmclub Wien, Ver f Außenpolitik u intern Beziehungen, Rotes Kreuz, ÖSPC, uva. H: Fotografie, Literatur.

Moll Kurt
B: Opernsänger, Konzertsänger, Kammersänger. G: 11. Sept 1938. V: Ursula, geb Pade. A: D–2050 Hamburg 80, Billwerder Billdeich 500. S: Stud an d Staatl HS f Musik, Köln. K: Theater in Aachen, Mainz, Wuppertal, Hamburg, Staatsoper München, Staatsoper Wien, Berliner Staatsoper, Deutsche Oper Berlin, Bayreuther Festspiele, Salzburg, Metropolitan Opera New York, Paris, Scala Mailand. F: Div in Zeitschriften u Zeitungen. D: Versch Opern im Fernsehen u Film, zB „Die schweigsame Frau", „Pimpinone", „Wozzeck", „Die Zauberflöte" uva. E: 1974 Kammersänger. H: Lesen, Kochen.

Möller Karl
B: Fotograf. G: Blumenthal/Mark Brandenburg, 11. März 1914. V: Gerda, geb Fock. A: D–2055 Aumühle, Gärtnerstr 8. S: Mittlere Reife, Fach-Drogist, Fotolaborant, Prüfungen: Giftprüfung, Fotografenprüfung in Lübeck. K: Seit 1941 Fotograf in Aumühle, zuständig f Aufnahmen d Fürstenfamilie v Bismarck, seit 1978 bei d Kulturbehörde Hamburg im Heimatmuseum Bergedorf, Herstellung v Bildern u Reproduktionen f d Archiv Aumühle, Mitwirkung am Heimatbuch Aumühle im Sachsenwald, Reproduktionen f Großadmiral a D Dönitz, Reproduktionen v Ahnengemälden bis z 12. Jahrhundert f d Familien v Schmidtseck, v Wedel, Rohde uva. M: Photographen-Innung Lübeck. H: Heimatforschung, Gartenbau, Jagd.

Mondo Annoni
B: Fotograf SWB. G: Luzern, 14. Juni 1933. V: Dolores, geb Meyer. CH-6020 Emmenbrücke, Hillstr 3. K: Fotoreporter f in- u ausländische Zeitungen u Zeitschriften, zZ hauptsächlich Werbefotograf u Buchautor. F: Neue Zürcher Zeitung, Die Woche ua, Bücher: „Paris", „Chur", „Hans Erni", „Emil", „Luzerner Fasnacht", „ICT Luzern", „Die Aare" uva. E: F d Buch „Dampfschiff Ahoi" Auszeichnung d

Dept d Inneren (schönste Bücher d Jahres). M: Schweiz Wericbund.

Montléart Alexander de
B: Intendant. G: Berlin, 9. Okt 1937. A: c/o Stadttheater Lüneburg, D–2120 Lüneburg, An d Reeperbahnen 3. S: Stud d Betriebswirtschaft, Romanistik u TheaterWiss. K: Ass Piccolo teatro Mailand, Royal Shakespeare Company London, Dramaturg u SpielLtr Theater d Stadt Trier, Chefdramaturg u stellv Intendant Stadttheater Pforzheim, Regisseur u Dramaturg Staatstheater Wiesbaden, Chefdramaturg Nationaltheater Mannheim, Film- u Fernsehregisseur Peru, USA, Italien. F: Die Deutsche Bühne, Espejo (Caracas), Times New York, il Dramma, Milano. D: I giornata sarda. E: Förderungspreis d Stadt Venedig. M: Dramatiker Union, DBV, Rotary Club.

Morchel Eugen
B: FotoKfm. G: Essen, 4. Sept 1917. A: D–5000 Köln 50, Ringstr 7. S: Internatsschule, Lehre als Techn in Köln, Schule f Ärotopographie in Hildesheim. K: 1936–45 Soldat, Luftbildaufklärung, 1945–51 versch Berufe, hauptsächlich Fotograf, 1952–64 Pressefotograf, seit 1965 FotoKfm. F: In allen Kölner Tageszeitungen u örtlichen Zeitschriften ua. M: DRK, ADAC. H: Herstellung v Bildbänden v Fotos d Pressetätigkeit f Privatgebrauch, Sammlung alter Fotoapparate.

Moser Manfred
PS: Atlas. B: Gartenarchitekt, öffentl bestellter Sachverständiger. G Saarbrücken, 27. Apr 1930. V: Inge. A: D–6600 Saarbrücken, St Ingberter-Str 8. S: Gymn-Abschluß. K: Gärtner-Gehilfe, -Meister, Ing grad. F: Garten u Landschaft. D: Siersburg, Ein Tag im Grünen, Der Mann an d Theke. E: 4 x Erste, 3x Dritte Preise. M: Filmclub Kurbelkasten, ehemalige Geisenheimer, DGGL, ehemalige Veitshöchheimer, SchützenGes 08, Beirat f Sachverständige. H: Filmen super 8 u 16 mm, Fotografieren, Sport, Fliegen.

Mosler Werner
PS: Vernon Mosler. B: Künstler-Agent. G: Berlin, 23. Nov 1922. V: Annemarie, geb Gross. A: GB–Edgware MDDX, 17 Redhill Drive. S: Mittlere Reife, englisches Abitur. K: Ing, Schauspieler, KonzertDir (Concert Artists Promotion Co), Künstleragent (Anglo-German Artists), Lebensversicherungs-Agent. D: „Play Dirty", „Hoofers letzte Jagd", „Der Monddiamant". M: Life Assurance Association. H: Autofahren, Schwimmen.

Moszkowicz Imo
B: Regisseur. G: Ahlen/Westfalen, 27. Juli 1925. V: Renate, geb Dadieu. A: D–8012 Ottobrunn, Uhlandstr 40. S: Jüdische Volksschule, Ahlen, Schauspielschule d Städt Bühnen Düsseldorf. K: RegieAss v Gustaf Gründgens ua, Fritz Korther am Schillertheater Berlin. M: BVerb d Film- u Fernsehregisseure. H: Fotografieren.

Motz Detlev
PS: Demo. B: VerlagsKfm. G: Isny/Allgäu, 28. Aug 1946. V: Gabriele. A: D–7024 Filderstadt 1, Wiesenstr 114. S: Grundschule, Handelsschule, Berufsschule, Ausbildung als VerlagsKfm. F: Fotoblätter: Foto-Magazin, Filter, DM, Cine, Photo Color, Schmalfilm ua. E: Bildannahmen bei vielen nationalen u intern Ausstellungen, Urkunden d Fotowoche Herrsching in 2 aufeinanderfolgenden Jahren. M: Vorst Fotoclub Isny 75, VDAV, PSA, Pressereferent VDAV, Baden-Württemberg. H: Fotografieren, Filmen (Hauptmotiv: Akt u Mädchenfotografie).

Mücke Heinz Peter
B: FotografenMstr. G: Ohlau/Schlesien, 31. März 1944. V: Erika, geb Gierl. A: D–8080 Fürstenfeldbruck, Konrad Adenauer-Str 14. S: Grundschule, Fotografenlehre, Spezialschulungen: Methodik, Refa, Didaktik, Seminare in versch Bereichen. K: 1961 Gesellenprüfung im Fotografenhandwerk, 1971 MstrPrüfung, Fotofachlehrer f Fotografie in d Fotoschule d BW, stellv OMstr d Fotografen-Innung f München u Oberbayern, Vors d GesellenprüfungsAussch d Fotografen-Innung, ständiger Mitarbeiter d Lokalredaktion „Brucker Echo". E: HandwerksKam-Sieger d Fotografenhandwerks in Niederbayern. M: Fotografen-Innung München Oberbayern. H: Lesen, Reisen.

Muehlbauer Werner-P
B: Manager. G: München, 24. Juli 1942. A: D–8000 München 82, Postfach 820504. S: Grundschule, GroßhandelsKfmLehre, Abitur, Betriebswirt. K: Kfm, ProduktionsLtr, Betriebswirt, Manager. E: Betriebswirtschaftl Diplom. M: Interessengemeinschaft freischaffender Künstler. H: Musik v Klassik b Sound, Oper, Management v Künstlern, Theater, Film, Reisen, Autofahren.

Mueller-Stahl Hagen
B: Regisseur. G: Tilsit, 21. Sept 1926. V: Sieglinde, geb v d Goltz. A: D–1000 Berlin 33, Bonner Str 1. S: Humboldt-Univ Berlin, Abschlußexamen 1952 (Germanistik, Theater-Wiss). K: 1952–54 Dramaturg Theater am Schiffbauerdamm Berlin, 1954–61 Volksbühne Regisseur, bis 1970 Regisser d Schaubühne am Halleschen Ufer Berlin, Inszenierungen in München, Köln, Mannheim, Essen, Amsterdam, Wien, Basel, Wuppertal, Filme f ARD u ZDF, 1976–78 SchauspielDir d Staatstheaters Kassel, zahlreiche Theateraufsätze, Übersetzungen, gemeinsam m Heiner Müller: 10 Tage, die die Welt erschütterten, Regisseur in ungefähr 70 Theaterinszenierungen u Filmen.

Mühlberger Bernd
B: Unternehmensberater. G: Koblenz, 20. Feb 1941. V: Birgit, geb Balke. A: D–7517 Waldbronn 1, Schwarzwaldstr 23. S: Abitur, Banklehre, WirtschaftsIng grad. K: 2 Jahre Ass d GeschäftsLtg (Industrie), 3 Jahre Kontakter, Texter, Werbeberater in einer Werbeagentur, seit 1975 selbständiger Unternehmensberater (Verkaufstraining, Managementtraining, Trainerausbildung, Herstellung v AV-Medien). F: In div branchengebundenen Fachzeitungen. M: RegionalkreisVors f Baden-Württemberg, BDVT eV. H: Foto, Film, Video, Tennis, Windsurfing.

Mühlemann Hanspeter
B: Fotograf. G: Zürich, 2. Juli 1935. V: Petra, geb Mierzwa. A: CH–8124 Maur/Zürich, Studio Maur. S: Primar, Sekundar, Kunstgewerbeschule, langjähriger Unterricht u Schüler bei Walter Jonas, Ausbildung z Fotografen bei A Weider. K: Selbständig seit 1956. F: Vorwiegend Werbung, Time Life, Publicité, Photo – Graphic Anual. E: Div Auszeichnungen f Plakate, Rizali-Preise. M: SPhV, SWF. H: Reiten.

Mühler Peter
B: AusstattungsLtr u Bühnenbildner. G: Dresden, 17. Jan 1925. V: Herta, geb Umlauft. A: A–6020 Innsbruck, Innstr 23. S: RealGymn, Staatl KunstHS Dresden (Schüler v Prof A Mahnke). K: 4 Jahre als Anfänger am Stadttheater Braunau/Inn, seit 1949 erst als Bühnenbildner, später als AusstattungsLtr am Landestheater Innsbruck, 1949–60 ausserdem Bühnenbildner d Exl-Bühne, bis heute über 500 Ausstattungen (Bühne u oder Kostüm), meist in Innsbruck, Gastbühnenbilder in Wien, Berlin, Bozen, Osnabrück, TV RAI Bozen. F: Div Fotos in Theaterzeitschriften. M: Österr Theatertechn Ges.

Mühlich Werner
B: Fotografenmeister. G: Bretten, 23. Feb 1926. V: Liselotte, geb Winnai. A: D–7980 Ravensburg, Marienplatz 50. S: Grundschule, Berufsschule, Fotografenlehre, 1955 Meisterprüfung. K: 1940–43 Lehre, 1943–45 Wehrmacht, 1945–49 Gefangenschaft in Russland, 1961 selbständig in Wehr/Baden, 1971 Geschäftsübernahme Foto-Locher Ravensburg. F: Tageszeitungen: Badische Neueste Nachrichten, Südkurier, Badische Zeitung, Schwäbische Zeitung. M: Plusfoto, Fotografeninnung, Mittelstandsvereinigung, TSB Ravensburg. H: Tennis.

Müller Artur
PS: Arnolt Brecht. B: Schriftsteller, TV-Produzent f Dokumentarfilme, Drehbuch, Regie. G: München, 26. Okt 1909. V: Hertha Barbara, geb Platz. A: D–8031 Gröbenzell, Park-Str 18. Tel: 08142/9395. K: Buchhändler, Schriftsteller, Chefdramaturg DeschVerlag, Dramaturg Bayr Staatsschauspiel, Chefdramaturg f Hörspiel u Fernsehen am Hessischen Rundfunk Frankfurt, ständiger Mitarbeiter f historische Dokumentarfilme b Süddeutschen Rundfunk Stuttgart, Veröffentlichungen in Buchform: Drama, Roman, Biografie, Geschichte (deutsch, englisch), zahlreiche Filme historischen u kulturellen Charakters. E: Südwestdeutscher Literaturpreis f d beste Drama zum Jahrhundertgedenken 1848–1948, Adolf Grimme-Preis 1963. M: Mtgl d SchillerGes.

Müller Beni lic phil
B: Film- u Theaterregisseur. G: 25. Juli 1950. A: CH–8811 Hirzel, Postfach. Tel: 01/72995/7299496. S: Univ Zürich, Stud Philosophie, Volkskunde, Mathematik, Theaterschule Le Coq. K: 1975 Nordstr 14, 1978 Morgarten findet statt (mit Erich Langjahr), 1979 Montage v Triumph der Wölfe v Steffgruber, Bücher: 1977, Kniematurgie, 1979 Morgarten findet statt, als Herausgeber. E: 1979 Werkstipendium d Kanton Aargau. M: Verb Schweizer Filmgestalter.

Müller Erna
B: Kfm. A: c/o Fa Müller Fotospezialgeschäft, D–4300 Essen, Bahnhofstr 10.

Müller Heinz
B: Fotograf. G: Troisdorf, 4. Feb 1922. V: Walburga, geb Beusse. A: D–5210 Troisdorf 17, Müllekoven, Rheindorfer Str 18. S: Gymn, Abitur, kfm Lehre. K: Buchhalter, ltd Ang im Handel, 1940 erster Bildverkauf, 1955 Gründung eines Fotoclubs, eigenes Labor, zahlreiche Ausstellungserfolge, Organisation div Ausstellungen, Bildarchiv u Tonbildschauen f kommunale Zwecke. F: DN-Werkzeitschrift, AGFA-Fotoblätter, Hobby, Klick ua. M: AFIAP, EFAP, VDAV, div örtliche Ver. H: Fotografie, Musik.

Müller Hermann
B: Fotografenmeister. G: Brieg/Schlesien, 17. Mai 1944. V: Helga, geb Brandyk. A: D–2822 Schwanewede, Danziger Str 6. S: Grundschule, Berufsschule. K: Amateurfotograf m Auszeichnungen, Lehre als FotoKfm, Fotografenmeister. F: Div Veröffentlichungen in versch Zeitungen u Zeitschriften. E: Medaillen, Urkunden, Pokale. M: VDAV, Fotografenfreunde Vegesack u Umgebung. H: Autos, sportliches Schießen, Fotografieren.

Müller Karl-Ernst
B: Art-Dir, Fotodesigner. G: Bad Marienberg, 31. März 1950. VA: c/o MSM-FOTO-TEAM Scheyer u Müller OHG, Studios f Werbe-Mode-Industriefotografie u Design, D–5439 Bad Marienberg, Am Mühlrain 1. Tel: 02661/3919. S: Fachschule, Stud Agfa Gevaert Technikum, FernStud, Ausbildung Reprografie u Offsetdruck. K: Berufsausbildung, WerbeAss, Werbegrafiker u Fotodesigner, selbständig seit 1974. F: Dokumentation f Tageszeitung, Mode- u Werbeaufnahmen in Magazinen (Anzeigen usw). M: Deutscher MotoryachtVerb, Deutscher Alpenclub. H: Motorsegelfliegen, Motor-Yachting.

Müller Manfred Dr phil
B: Oberkirchenrat iR. G: Stuttgart, 9. Nov 1903. V: Elise, geb Binder. A: D-7000 Stuttgart, Zeppelinstr 95. S: RealGymn Stuttgart 1913–22, Stud Deutsch, Englisch, Geschichte in Tübingen, Berlin, Edinburgh bis 1928. K: 1. u 2. Dienstprüfung f d höhere Lehramt, 1935 aus d Schuldienst fristlos entlassen, Übernahme als Landesjugendpfarrer durch d württ evang Landeskirche, 1947 Oberkirchenrat, 1969 Pensionierung. F: Südfunk Stuttgart ua. E: Großes Verdienstkreuz d BRD. M: Vors d Rundfunkrates d SDR u stellv Vors d Beirates f d Deutsche Fernsehen, Vors versch größerer karitativen Einrichtungen. H: Die zahlreichen Mtglschaften.

Müller Rolf-Hans
B: Komponist. G: Dresden, 10. Apr 1928. V: Rita, geb Davar. A: D–7570 Baden-Baden, Obere Schußbach 12. S: Abitur, MusikHS, Konservatorium. K: Seit 1949 beim Südwestfunk Baden-Baden, 1958–79 Ltr d Südwestfunk-Tanzorchesters, ab 1980 Komponist, Arrangeur, Regisseur. F: Viele in Zeitungen u Zeitschriften. D: Komponist v Serien: „Der Forellenhof", „Salto Mortale", „Powenzbande", „Tatortfolgen" ua. M: Kegelclub. H: Elektr Basteln, Golf.

Müller Günther Rudolf
B: Schallplattenproduzent, Komponist, staatl anerkannter Privatmusiklehrer, Musikverleger. G: Dresden, 28. Aug 1933. V: Edith, geb Acheman. A: D–6380 Bad Homburg v d H 1, Frankfurter Landstr 7. S: Mittelschule, Oberschule, Privat-MusikStud in Dresden (Akkordeon, Klavier bei Kapellmstr u Akkordeonvirtuose Alfred Albruch, Theorie bei KamMusiker K G Keppler, Komposition bei KapellMstr Willy Kehrer), Stud an d Staatl Ak f Musik Dresden (KapellMstrKlasse, Hauptfach Komposition). K: Ltr d Musette – Gruppe u Instrumental-Gruppe b Landessender Dresden, auch Akkordeonsolist b Landessender Dresden, Sender Leipzig u Deutschlandsender Berlin, freier Mitarbeiter b Musikverlag Josef Preissler in München, 1954 Akkordeonlehrer-DiplPrüfung in München, staatl anerkannter Privatmusiklehrer, Akkordeonist, Elektronium-Solist im Orchester d Hauses Hohner, Tourneen d West- u Südeuropa sowie Australien, Neuseeland ua, Lektor d Musikverlages Edition Melodie in Zürich, Pianist, Akkordeonist, Organist bei versch Kapellen im In- u Ausland, 1965 aus gesundheitlichen Gründen Umschulung als Kfm durch d Handelsschule Heierse in Frankfurt/M, Gründung d Schallplattenfirma „arOnda", 1967 Gründung d Musikverlag Günther Müller, 1974 Gründung d Hohner-Musikstudio in Bad Homburg, Interpreten f „arOnda": Sonja Goldberg, Ladygirls, Günther Frank, Tatjana, Betty Dorsey, Die fröhlichen Franken, Norman Ascot, Margarita Cantero, Dzyan, Funky Familiy, Gabriel + Oliver, Siggi Gerhard Sextett, Die Globetrotter, Willi Griesinger-Sextett, Orchester Rolf Hans Müller, Marianne Probst, Kurt Rulf (Der singende Kellermeister), Toni y Los Santos, The Savages, Die 4 Karle aus Mainz, Gisela Walther, Wies-

badener Knabenchor, Bodo Wiese, Dieter Schnerring, Peter m d Adira Swingtett, Die Mainzer Hofsänger, Ingrid v Bergen, Trigal. M: Deutscher Komponisten-Verb, 2. Vors d Sekt Hessen/Rheinland-Pfalz u Saarland, Mtgl d SPD u d GEW. H: Fotografieren, Tiere (Besitzer eines 3jährigen Collie-Rüden namens COLLIA).

Müller Werner H
B: Bildjournalist (SJV). G: Stuttgart, 7. Sept 1924. V: Annelore, geb Pfundstein. A: D–7000 Stuttgart 1, Klippeneck-Str 20. Tel: 0711/483513. S: Oberrealschule, FachHS, grad Ing, Autodidakt in Fotografie. K: Berufsausübung als Ing, später selbständiger freier Bildjournalist m eigenem Bildarchiv u Bildvertrieb. F: Fotoveröffentlichungen in über 400 Zeitschriften u Tageszeitungen u Kalendern, zahlreiche Titelfotos in Zeitschriften, Buchtitel uva. E: Zahlreiche Auszeichnungen in Foto-Wettbewerben, zahlreiche erste, zweite u dritte Preise, Medaillen uva. M: Ges Deutscher Tierfotografen, JournalistenVerb. H: Fotografie.

Müller Wolfgang Georg
B: Fotograf, FotoKfm. G: Darmstadt, 7. Okt 1943. V: Herta, geb Kirmsse. : D–6100 Darmstadt, Wittmannstr 8. Tel:65659. S: Grundschule, 5 Jahre Gymn, 2 Jahre Handelsschule, 2 Jahre Lehre im elterlichen Fotogeschäft. K: 1966 Gründung d eigenen Fotohandlung, ab 1970 Ausbau d Portraitstudios, danach weiterer Ausbau d Aufnahmetätigkeit im In- u Ausland, Fotoreportagen, Industrie- u Werbeaufnahmen, Künstlerportraits, Tourneebegleitungen, Ausbau d Schwarz-Weißlabors, ab 1979 Colorlabor. F: In d Tagespresse, versch Illustrierten, Katalogen, Schallplattencovers usw. H: Reisen, gutes Essen, d Beruf.

Müller-Brunke Heinz
B: Kunst- u Pressefotograf. G: Berlin/Niederschönhausen, 10. Sept 1911. V: Ulrike, geb Häringer. A: D–8214 Bernau, Reitham 4. S: Grundschule, Handelsschule, Kunstschule Reimann, Berlin. K: Ausbildung als Verkäufer f Herrenartikel, selbständig als Schaufensterdekorateur, Amateurfotograf, nach d Krieg selbständiger Fotograf in Garmisch, später in Grassau, vor 3 Jahren nach Bernau (Oberbayern), Bildarchiv, Fotoatelier, Spezialist f Landschaftsfarbmotive, f Kalender, Bücher, Werbung, Glückwunschkarten usw, großes Farbdia u Schwarzweiß-Bildarchiv. F: Einige tausend Veröffentlichungen, darunter einige Bildbände. M: Bayerischer Journalisten-Verb, München, BerufsGen Druck u Papier, Wiesbaden. H: Die künstlerische Landschaftsfotografie.

Müller-Dudzik Liesel
B: Ltr d Buchhaltung. G: Berlin, 16. Mai 1937. V: Frerk Müller. A: D–1000 Berlin 30, Blumenthalstr 6. S: Abitur in Berlin, Stud d Betriebswirtschaftslehre FU Berlin. K: 1969–70 Forum-Theater Berlin, seit 1970 Schaubühne am Halleschen Ufer, 1973–75 gewählt ins Direktorium d Schaubühne.

Müller Dupage Rudolf
B: Foto-Designer, Designer grad. G: 28. Feb 1939. V: Colette Dupage. A: D–6452 Hainburg/Hainstadt, Kreis Offenbach, Eisenbahnstr 10. S: Lessing-Gymn, Frankfurt/Main, Schaufenstergestaltung, HS f Gestaltung, Offenbach/Main. K: 1965–67 AtelierLtr CBS Schallplatten, Frankfurt, seit 1968 selbständig, Tätigkeit f Lufthansa Cargo, Kettenwirk-Praxis Karl Mayer-Textilmaschinen, Deutsche Olivetti, Cassella-Riedel Pharma, Frankfurt, Commodore Büromaschinen, Neu Isenburg, Heraeus GmbH, Hanau. H: Reiten.

Müller-Gräffshagen Klaus
B: Ltd Redakteur (Fernsehen BR). G: Glatz, 5. Dez 1922. V: Waltraud, geb Kuczka. A: D–8000 München 60, Pflegerstr 3. S: RealGymn, Stud d Kunstgeschichte, Archäologie, Germanistik. K: Chefredakteur „Der Föhrmann" v 1948–54, Redakteur bei „Gong" v 1954–60, „Freies Fernsehen" 1960–61, seit 1961 Ltr d Redaktion „Kirche u Welt" beim Fernsehen d Bayerischen Rundfunks, zahlreiche Zeitschriftenveröffentlichungen, Buchpublikationen (12). F: Div Bildreportagen u Einzelveröffentlichungen in versch Zeitschriften. D: Regisseur u Autor v mehr als 30 größeren Fernsehfeatures. E: Lyrikerpreis d Schlesischen HS, 1944, Preis d Stadt u Provinz Viterbo, 1973. M: Ges Katholischer Publizisten, seit 1960 Gutachter d Filmbetreuungsstelle Wiesbaden.

Müller-Marc Raymund
PS: Pierre Lorand. B: Komponist, Textdichter. G: Johannesburg, Südafrika, 30. Nov 1910. V: Emmy, geb Bschaid. A: D–8013 Haar, Am See 8. S: RealGymn in Augsburg, Abitur, 2 Sem Tierärztliche HS, Privatunterricht am Städt Konservatorium in Augsburg (Klavier ua bei

Prof u Konzertpianist Hanns Wolf). K: Erschienene (verlegte u beim Rundfunk, Fernsehen sowie auf Schallplatten aufgenommene) Werke: Konzertmusik, Lieder f Sopran mit Koloratur, Chansons, Wiener Lieder, Seemannslieder, volkstümliche Lieder, Jodellieder, Stimmungslieder, Tanzmusik, Kinderlieder f d Kleinen, 2 nicht vollendete Operetten (infolge d Krieges), teils vernichtet.

Müller-Pohle Andreas
B: Freier Fotograf u Kritiker. G: Braunschweig, 19. Juli 1951. A: D–3400 Göttingen, Pütterweg 9. S: Stud d Wirtschafts- u Kommunikations-Wiss in Göttingen. K: Chefredakteur FOTOGRAFIE-Zeitschrift intern Fotokunst. F: Div Veröffentlichungen, ua in FOTOGRAFIE, Riesweiler, 1978.

Müller-Ruzika Karlheinz
B: RedaktionsLtr. G: Frankfurt/Main, 23. Jan 1921. A: D–6501 Jugenheim, Schulstr 28. S: Abitur, Stud d Volkswirtschaft u Kunstgeschichte in München u Frankfurt. K: Vereidigter Sachverständiger f Antikes Kunstgewerbe 1955, freier Redakteur, 1963 stellv Pressechef ZDF, 1967 RedaktionsLtr große Shows u öffentliche Veranstaltungen ZDF, zahlreiche Kurzgeschichten u Kurzkrimis, 3. Programm SWF. E: Croix D'Officier de l'Education Artistique. M: DJV.

Murawski Werner
B: Fernsehredakteur, RedaktionsLtr. G: Küstrin, 20. Okt 1927. V: Almuth, geb Ullerich. A: D–6500 Mainz-Lerchenberg, Van Gogh-Str 39. S: Externes Abitur, Stud d Germanistik u Theatergeschichte in Frankfurt, Schauspielerreifeprüfung d BühnenGen. K: Dramaturg, Schauspieler u RegieAss an versch Theatern, Fernsehspiel-RegieAss beim Hessischen Rundfunk 1956–58, Bildregie, Theaterregie, Fernsehspiel-Lektor, Fernseh-, Film- u Theaterkritiker, Lehrer f Rollen- u EnsembleStud an d Frankfurter Schauspielschule, seit 1962 Fernsehredakteur im ZDF, seit 1968 Ltr d Redaktion Politisch-Historisches Dokumentarspiel. E: Folgende (redaktionell verantwortete Dokumentarspiele) erhielten Auszeichnungen: Der Fall Harry Domela, 1965: DAG-Fernsehpreis in Silber, Ein Mann, der nichts gewinnt, 1967: Anerkennungspreis d 5. Intern Arbeiterfilmwoche in Montreal, Feldwebel Schmid, 1968: Ehrende Anerkennung d DAG-Fernsehpreises, Die Kuba-Krise 1962, 1969: DAG-Fernsehpreis in Silber, Der Hitler/Ludendorff-Prozeß, 1971: DAG-Fernsehpreis in Gold (als erste ZDF-Sendung), Gewissensentscheidung, 1972: DAG-Fernsehpreis in Silber, Der Fall Jägerstätter, 1971: als „Bestes Fernsehspiel d Jahres" bei d II. Intern Christl Fernsehmesse in Baden-Baden, Eigentlich hatte ich Angst, 1973: DAG-Fernsehpreis in Silber, Ein Junger Mann aus dem Innviertel, 1973: Fernsehpreis d österr Volksbildung, Der Tod des Camilo Torres oder Die Wirklichkeit hält viel aus, 1977: Ehrende Anerkennung d DAGFernsehpreises. M: SDP, RFFU im DGB. H: Theater, Film, Reisen, Autofahren, Schwimmen.

Müsse Hans
B: Lichtbildner. G: Iserlohn, 2. Juli 1904. V: Anneliese, geb Andreas. A: D–5860 Iserlohn, Wermingserstr 7. S: Realschule. K: 1920 Fotografenlehre, 1924 Volontär in Frankfurt/M, 1925 Gehilfe in Hamburg, seit 1926 im elterlichen Geschäft. F: In Tageszeitungen. M: HeimatVer u SchützenVer. H: Fotografieren, Wandern, Angeln.

Naber Hermann
B: Regisseur, Dramaturg. G: Ochtrup/Westf, 17. Juni 1933. V: Lore, geb Zimmer. A: D–7570 Baden-Baden, Bernhardstr 34. S: Abitur, Stud (Germanistik, Anglistik, Phil, Publizistik). K: Freier Schriftsteller u Journalist, 1962 Dramaturg Hörspiel HR, 1965 Ltr d HörspielAbt Südwestfunk Baden-Baden. M: Deutsche Ak d darstellenden Künste Frankfurt/M.

Nabjinsky Rudolf
B: Fotografenmeister. G: Ehingen, 1. Juni 1947. V: Helga, geb Frenzel. A: D–7930 Ehingen, Bahnhofstr 10. S: Mittlere Reife, Fotografenlehre, Meisterprüfung. K: 1971 Meisterprüfung u Übernahme d Fa Foto-Werner, Spezialisierung auf IndAufnahmen, Aufträge f ganz Europa v namhaften Firmen. F: In allen Fachzeitungen d Kranbedarfs u d Schiffahrt. M: Fotografen-Innung. H: Reisen, Segeln, Segelfliegen.

Nägele Franz
B: Stabsintendant aD, Berufsoffizier im Truppen-Sonderdienst. G: Arnegg/Ulm, 23. Feb 1899. A: D–7910 Neu-Ulm/Pfuhl, Drosselweg 11. S: Handelsschule, Höhere Verwaltungsschule, Ausbildung u Weiterbildung im

gehobenen Dienst f Verwaltung u Wirtschaft, Justizwesen: Amtsgericht, Landesgericht u Strafanstalt in Kassel, Stadtverwaltung in Frankfurt/Main, Württ InnenMin: Landratsämter Ehingen a/D u Ulm a/D, Reichswehr u Wehrmacht: Truppenverwaltungswesen im Frieden u f d Krieg. K: Kfm Ausbildung, kfm Ang bei d Norddeutschen Hagelversicherung, anschließend Militärzeit v 1917–29 mit Oberfeldwebelsrang, dann bei versch Zivilverwaltungen zur Aus- u Weiterbildung als Ang u RegSekr, 1937 Tätigkeit im Bereich d ReichsluftfahrtMin u in mannigfachen Standorten intensive Weiterbildung mit erfolgreichem Abschluß d Höheren Verwaltungsschule, Beförderung zum ZahlMstr, OberzahlMstr, StabszahlMstr u schließlich zum Stabsintendanten, dann als selbständige Führungskraft in mehreren Dienstorten u Stellungen in d Heimat u im Feld, bis 1946 in USA Kriegsgefangenschaft, seit 1950 Ltr d Wirtschaft u Verwaltung beim Staatl Rheumakrankenhaus „Katharinenstift" in Bad Wildbad, 1963 Pensionierung. F: Südwest-Presse Ulm (anläßlich d Goldenen Hochzeit). E: EK II d I. Weltkrieges, Ehrenkreuz f Frontkämpfer d I. Weltkrieges, Dienstauszeichnungen d Wehrmacht III. u IV. Klasse, Kriegsverdienstkreuz mit Schwertern II. Klasse, Verwundetenabzeichen in Schwarz v I. Weltkrieg. M: Verb Deutscher Soldaten, CSU. H: Heimatkunde im engeren u weiteren Rahmen, Gartenarbeit, Bewegung im Freien.

Nahler Lothar
B: Fotograf. G: Frankfurt, 11. Jan 1951. V: Felicitas, geb Dargel. A: D–6200 Wiesbaden, Drudenstr 4. S: Realschule. K: 1966–69 Lehre als Ind u Werbefotograf, danach freiberufliche Tätigkeit als Bildjournalist. F: Fotozeitschriften: Color, Camerart, Filter, Film u Foto, Foto Magazin, Photo Revue, Reflex, Petersen's Photographic Magazine (USA), Leica Fotografie, Photoblätter. H: Musik hören, Wandern, Unsinnige Sachen erfinden.

Narr Nancy
B: Fotomeisterin. G: Hamburg, 4. Juli 1928. A: D–2000 Hamburg 70, Walddörfer Str 81. S: Grundschule, Gymn (Unterbrechen kriegsbedingt), 1948–51 Lehre im Fotografen-Handwerk, 1956 MstrPrüfung v d HandwerksKam in Hamburg. K: Lehre im mütterlichen Betrieb, 1951 in Ostseebad Kellinghusen, 1952 in Westerland, Sylt, 1954–55 in Schweden bei Hoffotograf Sven Torin, in Alingsos, danach Rückkehr in d mütterliche Geschäft, MstrPrüfung, seither Tätigkeit in diesem Betrieb. M: HandwerksKam, HandelsKam, Fotografen-Innung, Hamburg. H: Reisen, Reiten, Segeln, Schwimmen, Wandern, Sammeln v Muscheln, Blumen, Mineralien usw, Aquarium, d Hündin Jill, Fotografieren usw.

Nawrath Benno
B: FotoKfm. G: Ratibor/Oberschlesien, 17. Jan 1916. V: Christa, geb Schmidt. A: D–4750 Unna Westfalen, Rosenweg 14. S: Grundschule, Drogistenlehre. K: 1936–40 selbständiger Drogist, nach d Krieg bis 1953 selbständiger Drogist, dann Übersiedlung nach Westdeutschland u Ang als Geschäftsführer bei Foto Steins in Dortmund, seit 1959 als FotoKfm selbständig in Unna Westfalen, 1968 Mitbegründer d Plusfoto GmbH u Co KG Frankfurt/Main. M: Mtgl d Verwaltungsrates u AufsichtsratVors d Plusfoto GmbH u Co KG Frankfurt/Main. H: Schmalfilmer.

Nehring Detlef
B: FotoKfm. G: 13. Mai 1939. V: Anneliese, geb Bloße. A: D–1000 Berlin 37, Scharfestr 3. S: Fotofachausbildung. K: Selbständiger Fotohändler seit 1968, Fotoeinzelhandel u Fotogroßhandel. M: Mtgl v 2 GeflügelzuchtsVer (als Züchter v Rassegeflügel).

Nelson Gerhard-Jörg
B: FotografenMstr, FotoKfm. G: Wien, 23. Sept 1938. V : Maria, geb Hartl. A: A–1080 Wien, Lederergasse 6. S: Grundschule, Fotografenlehre mit Abschluß, FotoKfmLehre mit Abschluß, ReiseKfmDipl, FotografenMstrPrüfung. K: Spezialist f Kinderfotos, Wiener Schulfotograf. F: Kinderbilder nach Unglücksfällen in Tageszeitungen (aus d Schulfoto-Archiv). M: Fotografen-Innung, Gem d Wohnungseigentümer, Funkclub Austria, Ö Wirtschaftsbund, Chor Jung Wien, Ö RechtsschutzVerb d Fotografen, Arbeitskreis Porträt, Gremium Fotohandel, Gremium Einzelhandel, Gremium Papiergroßhandel. H: CB-Funk, Münzen, Briefmarken.

Nemec Peter
B: Regisseur. G: Wien, 29. März 1945. V: Christina, geb May. A: D–6274 Bechtheim, Waldstraße. S: Reifeprüfung, Konservatorium f dramatische Kunst in Wien. K: 1967–70 Regisseur b ORF, seit 1970 Moderator, Filmautor u Regisseur d ZDF. H: Tennis, Ski.

Neubelt Gerd
B: Kameramann. G: Berlin, 25. Dez 1920. V:

Edith, geb Wolff. A: D–1000 Berlin 29, Titiseestr 29. S: Grundschule, Realschule. K: Ab 1948 freiberuflicher KameraAss, später Kameramann in d Bereichen: Spielfilm, Industriefilm, Fernsehspiel u Werbung, seit t 1972 FachDoz an d Staatl Fachschule f Optik u Fototechnik, Berlin. H: Der Beruf: d Ausbildung d Nachwuchses.

Neuenschwander Helene Prof
B: Prof f Gesang an d Staatl HS f Musik, Mannheim. G: Oberdiessbach, 9. Juli 1909. A: D–6800 Mannheim 1, Elisabethstr 5. S: Gymn, Konservatorium, Ecole normale-Seminar, Hauptfächer: Klavier, Komposition, Orgel, nach Abschlußexamen d Klavierklasse Univ Lausanne, GesangsStud bei Cavaliere Salvatore Salvati, Mailand, Univ Mailand, nach 4 Jahren Übersiedlung nach Amsterdam, Stud d Oratoriengesanges, dann Berlin (deutsches Lied), Paris (Melodie francaise u Pariser Schauspielschule), versch MstrKurse. K: Konzertreisen in d meisten europäischen Länder, Zusammenarbeit mit Dirigenten wie Ernest Ansermet, Edward Lindenberg, Charles Münch, Dr Hans Münch, André Cluytens usw, Solistin bei d Salzburger Festspielen, d Festspielen in Royaumont, Paris, d Basler Mozartwochen usw, Liederabende in Paris, Rom, London, Brüssel, Berlin, in d Niederlanden, d Schweiz, Spanien usw, Intern bekannte Begleiter: Prof Raucheisen, Gerard Moore, Prof Paumgartner, Rundfunkaufnahmen, Schallplatten. F: Mehrere in Zeitschriften u Zeitungen. E: Trägerin d Schweizerpreises u d 2. Intern Preises beim Musikwettbewerb in Genf, seit 1951 Mtgl d Französischen Ak d Künste, Paris, als Officier d'académie mit d Auszeichnung „Palmes académiques", EhrenMtgl d Festspielkomitees v Royaumont, Paris, Verleihung d Schillerplakette d Stadt Mannheim 1974. M: Mtgl v ca 20 Ver u Organisationen, 1950 Initiatorin u Ltr d I. Intern Musikwettbewerbes f Komponistinnen u d Musikfestwoche „Die Frau in d Musik" in Basel, 1951 Gründerin d Mua Helvetica, Basel (Austauschkonzerte f junge Künstler), 1956 Mtgl d Jury d Intern Musikwettbewerbes in Vercelli, anschließend mehrere Jahre Ltr d Salvati-Vokalquartetts, 1961 Initiatorin u MitLtr d III. Intern Musikwettbewerbes f Komponistinnen in Mannheim, seit einigen Jahren alljährlich Ltr d Thuner Ferienkurse f Sänger u Begleiter.

Neugebauer Rudi
B: 1. Vors d Film- u Fotogruppe Freiberg. G: 2. Sept 1913. A: D–7141 Freiberg a N, Goethestr 22. K: Film- u Fotoclub. F: In Zeitungen d Orts-, Kreis- u Fachpresse. D: Mehrere preisgekrönte Filme auf Landes- u BEbene. E: Urkunden u lobende Anerkennungen. M: LandesVerb d Filmamateure v Baden-Württ, BDF, UNICA. H: Foto u Film.

Neuhofer Max
B: Drogist. G: Ried/Innkreis, 8. Nov 1937. V: Ida, geb Feichtner. A: A–4910 Ried/Innkreis, Hoher Markt 1 A. S: Grundschule, 5 Klassen Gymn, kfm u Drogistenfachschule, viele Schulungen am Ernährungssektor (ua Reformhausfach Ak Bad Homburg). K: Seit 1959 selbständig (mit einer kleinen Drogerie), zZ 2 Drogerien u 1 Reformhaus, seit 7 Jahren Prüfer im Drogistengremium, seit 7 Jahren im Gremial-Aussch d Parfumeriewarenhandels. F: Im Sportteil d OÖ Nachrichten, OÖ Tagblatt, OÖ Kronenzeitung, Rieder Volkszeitung. M: OrganisationsLtr d Innviertler Fußballcups, seit 8 Jahren VorstMtgl d OÖ FußballVerb, seit 1 Jahr PräsidiumsMtgl d OÖ FußballVerb, seit 4 Jahren VorstMtgl d Reider Kaufmannschaft, seit 1 Jahr ObmStellv d KneippVer Ried/Innkreis. H: Fußball, Schwimmen, Organisieren.

Neumann Fedor
PS: Fred Marteny. B: BallettDir. G: Prag, 12. Sept 1931. A: A–1030 Wien, Rennweg 23/7. S: Staatskonservatorium Prag, weiteres Stud in Paris. K: Solotänzer in Wien, Strasbourg, Marseille, Ballettmeister in Koblenz, Graz, Klagenfurt, Marseille, Ballett Theatre Contemporaine France, Gast d Ballett van Vlaanderen, Television Malta, Ballett Roland Petit Marseille, Legat Dance Academie England, ständ Prof Gast Academia nacionale di Danza Roma, Tournee in USA, Kanada, Mexico, Gastchoreograph in Santiago de Chile, Gast-Doz versch Festivals Cannes, Luzern, Montpellier, Cagnes sur Mer, Spoletto, Gastchoreograph d Opera Monte Carlo, d Opernhauses Köln, Gastteacher Conservatoire de danse Nice. D: „Can-Can" Theater Musical, versch Filme in Wien als Solist. M: Legat Society England, Mark Cross-Crowbourrough. H: Musik, Sport, klassische Musik hören.

Neumann Götz
B: Chef-Kameramann. G: 30. Jan 1917. V: Hildegard, geb Rehwald. A: D–6200 Wiesbaden, Stanley-Str 24. Tel: 06121/73012. S: Abitur,

fotografische Ausbildung, filmtechn Ausbildung b d UFA. K: Nach d Krieg Kameramann bei Wochenschau u Dokumentarfilm, dann Spielfilm u Fernsehfilm, insges ca 200 Filme gedreht, ua „Thomas Müntzer", „Der Richter v Zalamea", „Das Lamm", „Dybuk", „Narrenspiegel", „Eine egoistische Liebe", „Der brave Soldat Schwejk", LH 615 – Operation München", „Das chinesische Wunder", „Tatort", Serien. E: 2 Staatspreise f Filmfotografie. H: Beruf, Reisen, sinf Orchestermusik, Lesen, Motorsport.

Neuper Helmut
B: Presse- u PR-Büro f Film, TV, Theater u Show. G: Salzburg, 8. Mai 1940. V: Gabriela, geb Fiala. A: A–5020 Salzburg, Kendlerstr 39. S: Gymn, Abitur, Schauspielschule Mozarteum. K: Schauspielschule, Regie-Ass unter H Matiasek, übergewechselt zum Journalismus, 9 Monate b d Wochenzeitung „Echo", seit 1963 selbständig als Bildjournalist in Salzburg, heute f ca 40 Tageszeitungen in Österreich, BRD u Schweiz, sowie f mehrere Illustrierte arbeitend, Filmpressebetreuungen, ständige Kolumne in d „Salzburger Nachrichten". F: Quick, Bunte Illustrierte, l'Express, Jours de France, Vogue uva. D: Kleinere Gastrollen in div Filmen u in d TV-Serie „Die rote Marianne v Tirol". H: Beruf.

Niebeling Hugo
B: Autor, Regisseur. G: Düsseldorf, 2. Feb 1931. V: Elisabeth, geb Kirberg. A: D–4010 Hilden, Druckerweg 10. Tel: 02103/8515. S: IndKfm, Schauspielausbildung, Düsseldorfer Schauspielhaus. K: Filme: „Stahl – Thema m Variationen", „Alvorada", „Petrol", „Mit Licht schreiben", „Allegro", Musikfilme: „Pastorale", „Eroica", „VII. Sinfonie" (alle m Karajan u d Berliner Philharmonikern), „Lustwandel in Hohenlohe" (3 Musikfilme m d Bläsern d Berliner Philharmoniker), 3 Weihnachtsfilme m d Bläsern d Berliner Philharmoniker, „Serenade – eine spätromantische Erinnerung" (Spiel-Musikfilm), Ballettfilme: „Giselle", „Percussion for six", „Eaters of darkness", 6 Filme m Balanchine u d New York City Ballett: „Pulcinella", „Violin Concerto", „Duo Concertant", „Tarantella", „La Valse", „Serenade". F: Neues Rheinland. E: 4 Deutsche Filmpreise (Filmband in Gold), Oscar-Nomination, 3x Grand Prix Intern Musik- u Tanzfilm Festival Besancon, insges 40 internat Festivalerfolge.

Nielsen-Stokkeby Bernd Dr
B: Fernsehjournalist, Übersetzer russischer Autoren. G: Tallin/Estland, 17. Sept 1920. V: Nonna, geb Katterfeld. A: D–6229 Schlangenbad, Erlenhag 3. S: Abitur, Stud d Staats- u WirtschaftsWiss in Wien u Hamburg, Promotion z Dr rer pol an d Univ Hamburg. K: 1957–60 Korrespondent d Deutschen Presse-Agentur in Moskau, 1961–62 Sonderkorrespondent d dpa f Ostpolitik, seit 1963 RedaktionsLtr, Kommentator u Moderator d ZDF, Kommentator d Zürcher „Weltwoche". M: Deutscher JournalistenVerb, Deutsche Ges f Osteuropakunde, Ges f Menschenrechte, Christliche Ostaktionen intern. H: Schach, Jagd auf Flugwild, alpines Skilaufen.

Niemczik Heinz
B: FilmproduktionsLtr. G: Bielitz, 14. Feb 1928. V: Marianne, geb Olfermann. A: D–6200 Wiesbaden, Thomaestr 13. Tel: 06121/521157. S: RealGymn, Univ Wien, Mainz, Stud d Chemie, Physik, Mathematik, Schauspielschule Genzmer in Wiesbaden, Konservatorium Wiesbaden, Regie u Dramaturgie. K: 1953–59 Mitwirkung bei ca 20 Spielfilmen als RegieAss, als AufnahmeLtr u ProduktionsLtr, seit 1959 ProduktionsLtr b Fernsehen, HR. H: Filmen, Sport, Musik.

Niewerth Manfred
B: Aussen-Requisiteur. G: Düsseldorf, 10. Juni 1937. V: Christel, geb Kreger. A: D–2100 Hamburg 90, Buchholzer Weg 23 E. S: Grundschule, Grafik (Werbung u Gebrauchsgrafik), Schaufenstergestalter, Kunstgewerbe, Modellbau. K: Volontär – Grafik, Schaufenstergestaltung, PR (Spielwaren), seit 1975 Film u Fernsehen. H: Modellbau, Zeichnen, Fotografieren.

Nissl Marianne
B: Fotografin. G: München, 20. Juni 1895. A: D–8000 München 90, Wohnstift, Entenbachstr 29. S: Grundschule, 1905–12 Höhere Mädchenschule v Heydenaber, 1914–18 Kriegshilfsdienst im Hauptsanitäts Depot München, 1918–20 Bayerische Staatslehranstalt f Fotografie in München. K: Selbständige Berufstätigkeit als Fotografin 1945–55, Beteiligung an fotografischen Ausstellungen in München, Leipzig, Dünkirchen, Amsterdam, Nürnberg, Köln, Berlin, Selb, Frankfurt, Dresden. E: 2. Preis im Wettbewerb d fotografischen Rundschau 1921, 2. Preis im Fotowettbewerb d 4. Deutschen Handwerksmesse

1952, Silberne Ehrennadel d CentralVerb d deutschen fotografischen Handwerks 1955. M: 25 Jahre Landbund f Vogelschutz, 20 Jahre Bayerisches Rotes Kreuz. H: Landschaftsfotografie

Nietsche Wolfgang
B: Werbe- u Modefotograf. A: D–6369 Niederdorfelden, Altkönigstr 3, Studio 66. K: 1973 Eröffnung eines Studios in Offenbach, 1976 Bau u Eröffnung eines Großraumstudios (500 qm) f Werbe-, Mode- u Möbelfotografie. F: Werbeanzeigen in West-Deutschen Magazinen, Herstellung v Katalogen.

Nitsche Wolfgang Rico
B: Modefotograf. G: 6. März 1943. A: D–6369 Niederdorfelden, Althärigstr 3 und D–7570 Baden-Baden 11. S: Mittlere Reife. K: Fotolaboranten- u Fotografen-Lehre, danach in mehreren bekannten Studios. F: In vielen versch Zeitschriften ua. H: Fotografie, Radsport, Skilauf, Tennis.

Noack Kurt
B: Regisseur u Autor. G: Berlin, 10. Juni 1936. A: D–1000 Berlin 15, Xantener Str 6. S: Abitur, Stud d Architektur, TU Berlin u d TheaterWiss u Publizistik FU Berlin. K: 1960 Gründung d politisch-literarischen Kabaretts „die bedienten", ab 1969 freischaffend tätig in Film- u Fernsehproduktionen als RegieAss, seit 5 Jahren als Regisseur u Autor. F: In allen Berliner Tageszeitungen, Frankfurter Rundschau, Frankfurter Allgemeine, Hör Zu. D: Dubronski, Lebecl, Kabarett „die bedienten". E: Prädikat wertvoll f eigene Kurzfilmproduktionen. M: RFFU, BVerb d Fernseh- u Filmregisseure in Deutschland eV. H: Schreiben, Filmemachen, Sport, Faulenzen.

Noelte Rudolf
B: Regisseur. G: Berlin, 20. März 1921. V: Cordula, geb Trantow. A: D–8131 Allmannshausen. S: Abitur, Univ. K: Regisseur seit 1947, Schauspiel-, Opern-, Film-, Fernseh- u Hörfunk-Inszenierungen. E: BVerdienstkreuz 1. Klasse. M: Dir d Abt darstellende Kunst in d Ak d Künste.

Norman Stanley Dir
B: Filmproduzent, Dir. G: Gevelsberg, 22. Dez 1921. A: ZA–Milnerton 7405, Cape Town, Südafrika, 4 Lupin Crescent. S: Gymn, FilmAk Berlin. K: FilmKfm, Filmproduzent, Schriftsteller u Dir, Pr d „Comet Intern Film Associates of Hollywood", California/USA, Produzent d Filme: „The Hot Country", „Dangerous Journey", „Land without Grace", „The Devil from Cape Town", „Nobody's Land", „Operation Yellow Viper", „The man who came to Kill", „El Cisco", „Taste to Kill", „The Spy pit", „Taste of Savage", „The Manipulator", „The Big Game", „In a colt's shadow" uva. E: The Golden Screen Award f 30-jährige Tätigkeit in d Film-Ind v d Film Society of New York 1973. M: Writters Guild of Amerika. H: Pferdesport, Fallschirmsegeln, Bücher, Tauchsport.

Nottebohm Rudolf
B: Autor. G: Düsseldorf, 25. Aug 1939. V: Herta, geb Bloch. A: D–8000 München 5, Am Glockenbach 5. S: Abitur, Lt d Reserve, Dipl-Vw, Absolvent d HS f Fernsehen u Film in München. K: Seit 1970 freiberuflicher Autor f d Deutsche Fernsehen (ARD u ZDF). M: VG Wort, SchriftstellerVerb. H: Bildhauerei, Tourensegeln.

Nowotny-Döring Barbara Alice
B: Ballettmeisterin. G: Arbon/Schweiz, 1. Aug 1942. V: Arch Dipl.Ing. Carl-Ludwig Nowotny. A: D–7000 Stuttgart 1, Azenbergstr 60. S: BallettAk Zürich unter Harijs Pluvis – englischer u russischer Stil, Frederic Stebler – französischer Stil, außerdem Unterricht bei Edith Frandsen u Antony Tudor. K: Erstes Engagement als Gastsolistin am Stadttheater St Gallen, zweites Engagement am Württ Staatstheater Stuttgart unter John Cranko, drittes Engagement am Opernhaus Zürich unter Nicolas Beriozoff. D: Ballette: „Jeu de cartes", „Schwanensee", „Opus I", „Giselle", „Lied v d Erde", „Romeo u Julia", „Feuervogel" uva, Gastspiele beim „Festival dei due Mondi" in Spoleto u in Wien (Württ Staatstheater Stuttgart), Solorollen in „Cinderella", „Schwanensee", „Undine", „Dornröschen", „Romeo u Julia", „Le sacre du printemps" uva. E: Dr Faustus-Medaille 1975. M: Geprüftes Mtgl d Royal Academy of Dancing, London, Mtgl d Verb d Ballettschulen in Deutschland eV Essen. H: Barockmusik, Antiquitäten, Segeln.

Nüssel Frank
B: Drehbuchautor u Dokumentarfilm-Regisseur. G: Berlin, 22. Mai 1938. V: Dr Heide, geb Müller-Pilgram. A: D–6232 Bad Soden-Neuenhain, Schwalbacherstr 13. Tel: 06196/21578. S: Abitur, HS-Studium Germanistik, TheaterWiss u Kunstgeschichte in Köln u Bern. K: Ass bei WDR/Köln, DIDO-Film Düsseldorf, selb-

ständig seit 1969, Dolmetscher/Übersetzer f Columbia-Warner Bros, 1. selbständiger Film 1966, als Dokumentarfilmer bereits 1967 Gruppensieg bei Festival in Bilbao, zahlreiche Industriefilm-Preise bis 1977, seit 1974–78 nahezu 100 „Autoreport-Filme" für Europa u Übersee, alle „wertvoll" u „besonders wertvoll", Gesamtsiege bei Weltfestival in Zagreb 1975 u 1977, 1978 1. Buch über „Das Auto: Fahrtechnik u Fahrverhalten", seit 1978–79 an Gilan-Univ/Iran m Gastdozentur u Filmregievertrag, seit 1979 frei tätig für ARD, ZDF u freie Filmproduktionen. F: Live-Reportagen über d Film-Unfallaufnahmen seit 1975 in allen führenden deutschen Funk- u TV-Zeitschriften. E: Deutsches Industrie-Film-Forum 1967/69/74 1975 (2x), über 50 Prädikate „wertvoll" u „besonders wertvoll", Goldene, Silberne u Bronzene Ampel Intern Verkehrsfilm-Festival Zagreb bis 1978, Christophorus-Preis f Autoren 1977/78. M: Verb d Motorjournalisten, Aktiver Lizenzfahrer über ONS, Österr AlpenVer, aktiv im Tischtennis/Verbandsliga, aktiv im SportschützenVer, Langlaufskilehrer, Mtgl im AvD. H: Hochalpinismus, Motorsport aktiv, Limmericks, Fossiliensammlung, Fotografieren.

Oberberg Igor
B: Film- u TV-Kameramann. G: Ekaterinburg, 20. Feb 1907. V: Natalie, geb Oberberg. A: D–1000 Berlin 33, Oberhaardter Weg 33. Tel: 030/8261247 und 8264955. S: Gymn, Foto-Schule. K: 1927–36 KameraAss b Ufa Berlin, 1936–39 2. Kameramann b Ufa, 1939–45 1. Kameramann b Ufa, über 70 Filme u TV-Filme ua: „Kongo-Express", „U-Boote westwärts", „Unter d Brücken", „In jenen Tagen", „Film ohne Titel", „Der Apfel ist ab", „Der Bagno-Sträfling", „Es kommt ein Tag", „Die sündige Grenze", „Das tanzende Herz", „Rittmeister Wronske", „Toxi", „Heimweh nach dir", „Die Stärkere", „Solange d Herz schlägt", „Der Rest ist Schweigen", „Die Feuerzangenbowle", „Die Zwillinge v Immenhof", Fernsehen: „Elektra", „Simone", „Slatin Pascha" uva. E: Filmfestival Locarno f „Film ohne Titel", 1947, 1960 Preis d Deutschen Filmkritik f d beste Fotografie „Der Rest ist Schweigen", 1972 Deutsches Filmband in Gold f langjähriges hervorragendes Wirken im deutschen Film. M: Lawn-Tennis-Turnier-Club „Rot-Weiss" Berlin. H: Tennis, Wasser-Ski.

Obermann Emil Dr phil
B: Chefredakteur Fernsehen d Süddeutschen Rundfunks. G: Stuttgat, 27. Dez 1921. V: Heidi, geb Rapp. A: D–7000 Stuttgart 61, Mirabellenstr 46, c/o SDR Fernsehen, D–7000 Stuttgart 1, Postfach 837. S: Gymn Ludwigsburg, TH Stuttgart, Univ Heidelberg, Dr phil in Sozial- u StaatsWiss (Nationalökonomie, Soziologie, Staats- u Völkerrecht, Mittlere u Neuere Geschichte), Diss: „Vom preußischen zum deutschen Militarismus". K: Zeitungsvolontariat bei „Deutsche Zeitung u Wirtschaftszeitung", 1951–52, seit 1952 Süddeutscher Rundfunk, 1952–54 Chefredaktion Hörfunk, 1954–64 Bonner Büro, seit 1964 Chefredakteur Fernsehen, Ltg „Report" Stuttgart 1964–66, Ltg u Moderation „Pro und Contra", ein Fernsehstreitgespräch seit 1968, bis Anfang 1979 live gesendete Diskussion. F: Buchveröffentlichungen: „Alter und Konstanz von Faktionen" – Veränderungen in deutschen Parlamentsfraktionen seit d Jahre 1920, „Soldaten, Bürger, Militaristen" – Militär und Demokratie in Deutschland, 1958, „Verteidigung der Freiheit", ein Handbuch f politische Bildung, 1965, „Gesellschaft und Verteidigung" – Idee – Weltstrategie – Bundeswehr, 1971. E: 1971 Goldene Kamera, 1971 Ernst-Schneider-Preis f Wirtschaftssendungen, 1977 Bambi in Gold.

Obrecht Hans
B: Eidg dipl Fotograf. G: Zürich, 7. Nov 1921. A: CH–8915 Hausen a/A, Bifangstr 11. S: Primar- u Sekundarschule, Kunstgewerbeschule d Stadt Zürich (4 Jahre), Vorlesungen d ETH (Photographisches Inst, Prof Rüst). K: 1941 eidg Fähigkeitszeugnis, Diplomprüfung d Kunstgewerbeschule, 1947 eidg Meisterprüfung, 1948 eigenes Fotoatelier in Zürich, 1959 Ltr d Foto- u Filmschule d Fotohandels. F : Camera (Luzern), U.S. Camera, Schweizer Photorundschau, Touring-Freizeit, versch Schweizer Tageszeitungen. H: Wandern, Reisen, Tennis.

Odelga Wolfgang
B: ProduktionsLtr. G: Judenburg, 24. Nov 1934. V: Dipl.Dolm Hilde. A: A–2344 Maria Enzersdorf, Wienerbruckstr 94. S: Abitur, FilmAbt d Ak f Musik u darstellende Kunst in Wien. K: ProduktionsLtr ua: „A walk with love an death", „A la guerre", „The great waltz", „Assignment Vienna", „Abenteuer d braven Soldaten Schwejk", „7 percent solution", „The 9th Configuration", Eigenproduktionen:

„Moos auf d Steinen", „Wölfin vom Teufelsmoor".

Oeder Karl Peter
PS: als Bildhauer: Peter Kroé. B: Werbefotograf. G: Lörrach, 31. Okt 1928. V: Margret, geb Pütz. A: D–8011 Heimstetten-München, Richard Strauss-Str 6. S: Meisterschule f Kunsthandwerk Berlin u Fotoschule Berlin. K: Stud Berlin, AtelierLtr in München, seit 1965 als Werbefotograf selbständig in München m eigenem Atelier, Auftragsarbeit im In- u Ausland. F: In vielen Zeitschriften, persönliche Biographie in Foto-Technik u Color-Foto, Präsentationen in „Deutsche Fotografen", Art Director's Handbuch. E: Div Fotopreise, Ausstellungen v Berufs- u freien Fotoarbeiten (Einzel- u Gemeinschafts-Ausstellungen). M: DGPh, ABCV, AWI, Europhot. H: Bildhauerei, m Einzelausstellungen in Brüssel, München u Ludwigshafen.

Oehlschläger Kurt W
B: Regisseur, Kameramann. G: 7. Juli 1940. A: D–8000 München 40, Griegstr 9, Tel: 089/355789, und D–8000 München 40, Adalbertstr 104, Tel: 089/371821. K: Fotograf, Kameramann (ausschl Fernsehspiele), RegieAss u Regie, seit 1974 freier Regisseur u Kameramann u Mitinhaber d Dialog Filmproduktion GmbH in München.

Ogan Willi
B: KapellMstr, Komponist, Textdichter. G: Beuthen, 7. Jan 1905. V: Maria, geb Rieger. A: D–8500 Nürnberg, Scharnhorststr 16. Tel: 0911/594636. S: Musikschule, MusikHS, Berlin-Charlottenburg, Stud Violine, Klarinette, Saxophon, Harmonielehre, Kompositionslehre. K: Rundfunk, Schallplatte, Cafehaus, in vielen prominenten Orchestern, Schnelldampfer Europa, Reisen nach Amerika u viele europäische Staaten. F: In d Tagespresse, in Rundfunk Zeitschriften, Hör Zu, Gong ua. M: GEMA. H: Fotografieren.

Olias Theodor Lothar
PS: Lotar Olias. B: Komponist. G: Königsberg, 23. Dez 1913. V: Reinhild, geb Liebe. A: CH–6612 Ascona. S: Klindworth-Scharwenka Konservatorium. K: 40 Musik-Filme, 7 Musicals inkl „Prairie Saloon", „Heimweh nach St Pauli", „Millionen f Fenny", „Die Frauen d Herrn S", ca 3000 Werke leichte Unterhaltungsmusik, incl Hits u Songs, 1953 in USA, Citation of Achievement f „You, you, you", Nr 1 in d amerikanischen Hit-Parade, Evergreens: „So ein Tag, so wunderschön wie heute", „Junge komm bald wieder", „Die Gitarre u d Meer", „Unter fremden Sternen", „Blue Mirage", „Tipsy Piano", „Tango in the rain", „Tango of the drums", „Lotar's Theme", „Kisses in the night", „Auch Matrosen haben eine Heimat", „Mr Moneymaker", „Du mußt alles vergessen", „Heut ist ein Feiertag", „Pst, pst, hinter Ihnen steht einer", „Die Welt ist doch für alle da", uva. E: 12 goldene Platten, versch Golden Lions, Radio Luxembourg uva, 1945–49 lit cabaret „die bonbonnière" Hamburg.

Olsen Ferry
N: Ralph Peters-Scholz. B: Regisseur. G: 2. Juni 1925. V: Karen Sophie, geb Ohlsen. A: D–8036 Herrsching, Panoramastr 23. S: Realschule, MusikHS, Mozarteum Salzburg. K: 1946–59 Opernsänger Staatsoper Berlin, dann Komische Oper Berlin (Felsenstein), Regisseur, Veröffentlichung v Bilder über 5, 10 und 15 Jahre Komische Oper Berlin. D: Von Komischer Oper bis Verdis „Falstaff". E: Silberner Wagen, Silberner Bildschirm, mehrere Auszeichnungen in d DDR. M: DAG, BFF. H: Musical-Regie.

Opp Georg
B: Fotograf. G: 19. Nov 1902. V: Gerda, geb Carle. A: D–7107 Bad Wimpfen a/N, Markrain 8, Postfach 130. Tel: 07063/463. K: Fotograf, Operateur, Röntgen. F: Heilbronnerstimme. E: Goldnadel Bonn u Goldnadel Stuttgart d BDKK. M: 1. Vorst d BDKK, Mtgl Odenwald Club. H: Musik.

Orling Hans G
PS: Wilm Peters. B: Textdichter, Musikproduzent. G: 22. Mai 1911. A: D–1000 Berlin 19, Stornstr 11. K: Über 500 im Druck erschienene Werke.

Orti Mario Dagli
B: Fotograf. G: 21. Nov. V: Anita. A: CH–4143 Dornach, Amtshausstr 25. S: Ausbildung als Fotograf. K: Nach d Ausbildung 3 Jahre Fachverkäufer, Portraitfotografie bei F Bollen, Kinderfotografie bei H Sonstrod, seit 1976 selbständiger Fotograf mit Fotogeschäft, tätig in Werbe-, Industrie- u Portraitfotografie. F: Corriere degli Italiani, Photographie CH, Tutti Fotografi, Mitwirkung im Buch: Kanton Solothurn, Fotografare. M: Gründer u Mtgl d Fotoclub „Focus 79" in Dornach. H: Fotogra-

fieren, Skifahren.

Ostermann Ursula Dr
B: Rundfunk-Journalistin. G: Berlin, 9. Feb 1925. A: D–5300 Bonn 1, Im Kirchenbenden 9 und c/o Deutsche Welle, D–5000 Köln 1, Postfach 100444. S: Abitur, Dipl-Betriebswirt, Dr rer pol. K: Langjährige Aufenthalte in England u USA, 1951–59 Journalistin bei TIME LIFE INTERNATIONAL, Bonn, seit 1963 Deutsche Welle Köln, zZ Ltr d Englischen Redaktion bei Transkription – Hörfunk. M: National Trust for Scotland, EifelVer Bonn, Intern Ver f Jugendhilfe. H: Wandern, neue Geschichte, Sprache.

Otta Pavel
PS: Mikulastik. B: Regisseur, Choreograf. G: Prag, 4. Juni 1942. A: D–6800 Mannheim, T 1, 10. S: Konservatorium Prag, Tanz, Musik. K: Solotänzer in Prag, Berlin, Graz, Bremen, Basel, Darmstadt, Choreograf in Bremen, Freiburg, Basel, Nürnberg, Frankfurt, Regie in Nürnberg, Frankfurt, Mannheim, Berlin, Freiburg. H: Musik, Fotografieren.

Otterbacher Kurt Dipl-Vw
B: TheaterLtr. G: Frankfurt/M, 13. Aug 1947. A: D–6000 Frankfurt, Brückenstr 57. S: Mittelschule, mittlere Reife, kfm Lehre, Programmierer-Ausbildung, HS-Reife Hessenkolleg, Stud d Vw. K: Lehrling, Programmierer, Stud, Asta-Mtgl, TheaterLtr Uni-Kino, Aufbau d Stadtteilkino Sachsenhausen Harmonie 1977. M: Diners-Club. H: Reisen, Theater, Film, Tauchen.

Otto Fritz Joachim
B: Pr u HauptGes d ASTRO-Ges Bielicke GmbH + Co KG. G: Dresden, 18. Nov 1916. V: Marga, geb Kohlschmidt. A: D–1000 Berlin 38, Isensteinweg 16c. Tel: 030/8027620. S: Abitur, Stud d Physik (kurz v Abschluß aus politischen Gründen abgebrochen), Ausbildung z Kameramann. K: KameraAss im Kulturfilmbereich, Kameramann in d Org Todt, Kameramann u 1. Kameramann d UFA Berlin bis Kriegsende, danach bis 1951 Geschäftsführer d ASTRO-Ges u ab 1951 HauptGes u Pr d Ges, ab 1955 zusätzlich Ges u kfm Ltr d Marland-Ges Berlin. M: 1950–65 Mtgl u 1. Vors d Berufsgruppe „Kamera“ in d Deutschen Film-Union Berlin, seit 1960 öffentl bestellter u vereidigter Sachverständiger d Industrie- u HandelsKam Berlin f d Fachgebiet Film u Foto: Kameras, Objektive, optische Spezialeinrichtungen. H: Hochsee-Segeln.

Overdick Antonius
B: BankKfm, Künstler-Management. G: Wuppertal, 3. März 1936. A: D–4230 Wesel-Obrighoven, Regnitstr 14, Postfach 131140. Tel: 0281/5725. S: Grundschule, Mittlere Reife. K: Banklehre f Kreditwesen bzw Auslandsanlagen 1950–54, danach BankKfm, ab 1957 Mitarbeit in einer Künstleragentur, 1968 Übernahme dieser Agentur. F: Bild, Hör Zu, Neue Revue, div Tageszeitungen. M: IVTCDV, Düsseldorf. H: Gartenarbeit.

Paasch Friedrich
B: Theater-Agent.G: Hamburg, 21. Dez 1911. V: Gladys geb Kruchta, KammSängerin. A: D–4000 Düsseldorf-Oberkassel, Drakestr 2. S: Oberrealschule, HS Berlin. K: Opernsänger u Regisseur an versch Opernhäusern, zuletzt OberspielLtr u Sänger bis 1943/44 in Stralsund, 1945 Gründung d Theateragentur Friedrich Paasch, zunächst bis 1957 in Hamburg, seit 1957 in Düsseldorf. M: Mtgl d Verb d deutschen Theater-Agenturen u dessen Sprecher.

Paikert Hans Dipl-Kfm
B: FilmKfm. G: Düsseldorf, 8. März 1933. V: Ingrid, geb Ringel. A: D–4000 Düsseldorf, Konkordiastr 13. Tel: 0211/394032. S: Abitur, betriebswirtschaftliches Stud an d Univ Köln, Abschluß: Dipl-Kfm. K: Inhaber d projektionstechn Fachfirma u d 16mm-Schmalfilmverleihs ING EWALD PAIKERT OHG (gegr 1948), Mitinhaber ist d Bruder Horst-Dieter Paikert. E: Richard Renner-Medaille f herausragende Verdienste um d deutsche Philatelie. M: Mtgl d Programmbeirates d BPostMin, langjähriges VorstMtgl d Bundes Deutscher Philatelisten eV, Mtgl d Stiftung z Förderung d Philatelie u Postgeschichte. H: Philatelie.

Palffy Josef
B: Fotograf. G: Szigetvár/Ungarn, 9. Feb 1936. V: Elisabeth. A: A–190 Wien, Sieveringer Str 110. S: Matura, 2 Jahre Chemie-Stud an d TH Wien, 1960 Meisterprüfung f Fotografen. K: 1957 nach Österreich geflüchtet, seit 1961 als selbständiger Fotograf tätig, seit 1964 als Theaterfotograf spezialisiert, eigenes Atelier, Hausfotograf im Wiener Volkstheater. F: „Die Bühne“ – Mitarbeiter, versch Wiener Tageszeitungen, Theater heute, versch Illustrierte wie Stern, Bunte uva. H: Tennis.

Palitsch Helmut
B: Regisseur. G: Wien, 2. Okt 1951. V: Iris, geb Kettner. A: CH-8041 Zürich, Leimbachstr 215. S: Gymn, Matura, 7 Sem Stud d TheaterWiss in Wien. K: 1972–74 Mtgl d Gruppe Torso in Wien, 1974–76 RegieAss am Württ Staatstheater, 1976–79 Regisseur in Stuttgart, Kassel, Freiburg, seit Aug 1979 Dir d Theaters am Neumarkt in Zürich. F: Etliche in Zeitschriften u Zeitungen. H: Tauchen, Essen.

Palitzsch Peter
B: Regisseur. G: Deutmannsdorf/Kr Liegnitz, 11. Sept 1918. V: Tanja, geb Oertzen. A: D-6000 Frankfurt/M, Untermainkai 31. S: Matura. K: Dramaturg u Regisseur d Berliner Ensembles, SchauspielDir u Regisseur d Württ Schauspiel Stuttgart, Mtgl d Direktoriums u Regisseur am Schauspiel Frankfurt/M, freier Regisseur f Theater u Fernsehen im In- u Ausland, Inszenierungen: „Der Held d westlichen Welt", „Furcht u Elend d Dritten Reiches", „Optimistische Tragödie", „Der aufhaltsame Aufstieg d Arturo Ui", „Frau Flinz", „Der Tag d großen Gelehrten Wu", „Die Gewehre d Frau Carrar", „Herr Puntila u sein Knecht Matti", „Mutter Courage u ihre Kinder", „Der Prozeß d Jean d'Arc zu Rouen", „Sand", „Faust I", „Der kaukasische Kreidekreis", „Der Fall Oppenheimer", „Die Ermittlung", „Die Heimkehr", „Hedda Gabler", „Überlebensgroß Herr Krott", „Jedem seine eigene Wildnis", „Der Kaufmann v Venedig", „Egmont", „Schweyk im 2ten Weltkrieg", „Juno u d Pfau", „Ruzante", „Woyzeck", „Macbeth", „Maria Stuart", „Mann ist Mann", „Die Dreigroschenoper", „Die Kindsmörderin", „The beggars opera", „Die Kunst, eine Widerbellerin zu zähmen", „Der gute Mensch v Sezuan", „Einsame Menschen", „Herbstliche Langeweile", „Das Leben Eduard II.", „Andorra", „Dantons Tod", „Purpurstaub", „Der Nachfolger", „Der schwarze Schwan", „Leben u leben lassen", „Die Nacht, in d d Chef geschlachtet wurde", „Marija", „Der Krieg d Rosen", „Der Dritte Richard", „Stirb u werde", „Dieb u König", „Der eingebildete Kranke", „Toller", „Diese Geschichte v Ihnen", „Glaube – Liebe – Hoffnung", „Warten auf Godot", „Höderlin", „Guerillas", „Lear", „Hamlet", „Drei Komödien d Bedrohung", „Barbaren", „Emilia Galotti", „Frühlings Erwachen", „Der Schatten eines Helden", „Zwielicht", „Goncourt", „Die Tage d Comune", „Viel Lärm um Nichts", „Der Hausmeister", „Die Möwe", „Zement" uva. F: Theater heute, Zeit, Tageszeitungen. M: SenatsMtg d Ak d darstellenden Künste, Mtgl d ITI.

Pampel Horst
PS: Blenden-Paule. B: Fotograf, Marquis de lumiere, Count of light. G: Gera/Reuss, 25. Feb 1920. V: Franziska, geb Henn. A: D-2000 Hamburg 50, Theodorstr 41c. S: Realschule, Fotolehre, Ak d Luftbildtechnik, Hildesheim.

Paris Ernst-Günter
B: Regisseur, Drehbuchautor. G: Braunschweig, 10. Sept 1914. A: D-8000 München 40, Riesenfeldstr 12. S: Nach Schulabschuß CutterAss, Cutter, DramaturgieStud, Drehbuchautor, RegieAss bei Kurt Gerron u Geza v Bolvary. K: Drehbuchautor u Regisseur bei Dux Film GmbH, Berlin, 1937 Mitbegründer u Mitinhaber d Korporation-Film, Berlin, 1945–52 freischaffend bei Produktionen im In- u Ausland, ua Alcina Films Sa, Paris, 1953–58 UFA Berlin, ProduktionsLtr u Regisseur, 1959–63 Roto Film GmbH Hamburg, Regisseur u Drehbuchautor, seit 1964 freischaffend, Regisseur u Drehbuch f Fernsehen. F: Div anläßlich v Filmbesprechungen u Kritiken. E: F Filme ua „Verliebt in Berlin" (Buch u Regie): Prädikat: Besonders wertvoll, BFilmpreis f „Nur ein Stück Papier" (ProduktionsLtg) 1954, Prädikat: wertvoll f „Ich bin Dein dunkler Bruder" ua. M: Magischer Zirkel v Deutschland. H: Zauberei.

Parwanow Georg
B: Manager. G: Sofia, 16. Nov 1933. A: D-8000 München 40, Tengstr 38. S: TheaterHS. K: Solotänzer an d Staatsoper Bulgarien, heute Manager u behördlich beauftragter Künstlervermittler bei intern Künstleragentur Reissl, München. M: Mtgl d Union Deutscher Künstleragenten. H: Skifahren.

Pasenau Ric
B: WerbeKfm. G: Ragnit/Ostpr, 20. Sept 1942. A: D-8000 München 90, Auerfeldstr 21. S: Realschule, Lehre als WerbeKfm. K: Dramaturg u Regisseur f Werbe- u Dokumentarfilme, Fernsehshows in USA, Modeschauengestalter u Modefilme, Organisator f intern Modeschauen in Los Angeles, Tokio, Honolulu, Hawaii, 4 Jahre Auslandsaufenthalt in London, PR-Kampagnen f viele große deutsche Ind-Unternehmen, Personality-Shows u Musik- u Musicalproduktionen in Planung. H: Reiten, Fotografieren.

Passmann Toni
B: Staatl beauftragte intern Künstleragentin. G: 4. Apr 1904. A: D–2800 Bremen, Wätjenstr 28. S: Höhere Mädchenschule, Höhere Handelsschule. K: 20 Jahre lang künstlerische Ltg d Astoria-Variete, Bremen, seit 1946 Künstler-Agentur. F: Mehrmals in Fach- u Tageszeitungen. M: UDKA (Union Deutscher Künstler Agenten). H: Reisen, Schwimmen, Lesen, Klassische Musik.

Pateisky Günter
B: Filmschaffender, Produzent. G: 27. Okt 1946. V: Sylvia, geb Falk. A: A–1020 Wien, Rembrandtstr 1. S: RealGymn, TH (nicht abgeschlossen), FilmHS. K: AufnahmeLtr f div Werbe- u Fernsehfilme, ab 1975 ProduktionsAss Wien Film, Universal Studios, Herzogfilm, Schönbrunnfilm, seit 1977 eigene Filmproduktion f medizinisch wiss Filme u Tonbildschauen, Pharmamedia, Filmproduktion f Werbe- u Dokumentarfilme, gp-production. M: Ver zur Förderung d FilmHS, FachVerb. H: Flugsport.

Paul Max W
B: Techn Kfm in Radio/TV/Foto/Kino/Optik, UnterhaltungsTechn. G: Zürich, 28. Feb 1927. V: Erika, geb Brandenberger. A: CH–8304 Wallisellen, Obere Kirchstr 17. S: Gewerbeschulen. K: 1946–49 Lehre als Radiotechniker, 1946–48 Reparaturtechniker in Telion AG Zürich, 1948–51 Werkstattchef einer Radioreparaturwerkstätte, 1951–62 Techn Ltr in Generalvertretung v Tonbandmaschinen, Photo- u Schmalfilmkameras, Zeitdehnerkameras, Tonfilmprojektoren ua, 1963 Gründung d Bellevue-Photo-Optik AG in Zürich, bekannt durch exclusive Neuheiten auf d Gebiet d Photo-Optik u UnterhaltungsTechn, Konstrukteur u Erfinder d ersten tonbandgesteuerten Tonbildschau (1955), Konstrukteur d ersten Tonbandmaschine m 3 Bandgeschwindigkeiten v 4,75–9,5–19 cm (1954). H: Sammlung v antiken Radios, Jazzplatten, Uhren, techn Kuriositäten.

Paulsen Friedrich
B: FotografenMstr. G: Norden, 19. Okt 1924. V: Magdalene, geb Gössling. A: D–2984 Hage, Hauptstr 48. Tel: 04931/7745. S: Grundschule, Realschule, Fotoschule Hamburg. K: Fotolehre, Kriegsteilnahme, Gefangenschaft, Gesellenjahre in einem Fotofachgeschäft mit Atelier u Handlung, MstrPrüfung in Hamburg, GesellprüfungsAussch, seit 1952 MstrPrüfungsAussch, im Vorst d Fotografen-Innung, Gründung einer eigenen Fotohandlung mit Fotostudio f Portrait- u Werbefotografie, Zusammenarbeit mit Druckereien (Diaherstellung f Hausprospekte usw), eigenes landschaftsbezogenes Bild (auch Dia)-Archiv, Ansichtskartenverlag. F: ADAC Motorwelt, DM, Do it yourself, Hamburger Abendblatt, Die Feuerwehr, Sparkassen Kurier, MuseumsVerb f Niedersachsen, Zeitschriften über Kunstausstellungen, Heimatbezogene Fotos in regionalen Publikationen, Werkschriften: „BP", Ramm KG, Doornkaat usw, Jubiläumsschriften, Fotos f Plakatankündigungen, Buchumschlaggestaltung, Buchillustrationen, Produktfotos in entsprechenden Fachzeitschriften. E: Kriegsauszeichnungen. M: WassersportVer, Fotografen-Innung, Holiday Fellowship England. H: Photographica sammeln, Gemälde.

Pavlik Ladislav
B: Regisseur. G : Louny/CSSR, 18. März 1927. V: Melanie, geb Vesely. A: D–8000 München 83, Ottweiler Str 6. S: IngHS in Prag, Externist Dramaturgie- Regiefakultät an d FAMU Prag (HS f Film u Fernsehen). K: Bis 1968 Regisseur u Ltr d Fernseh- u FilmAbt bei TEPS Prag (Presse u Werbeagentur), ab 1968 freier Regisseur u Mitinhaber d Filmproduktion IMPULS STUDIO MÜNCHEN, Autor u Regisseur zahlreicher Kurzfilme u Tonbilder f Unterricht u Ausbildung. D: Autor u Regisseur: „Es lag einer", „Concetta", „Camping Seelsorge" (ZDF), „Nutzloses Leben", „Dokumentarisch – Dokument", „Annonce", „Spende" ua. H: Skifahren, Musik, Theater.

Paxmann Peter
B: Grafiker, Fotograf. G: Burg b Magdeburg, 7. Sept 1919. A: D–4300 Essen 1, Grünhof 2. Tel: 0201/442305. S: Hum Gymn, Ausbildung als Grafiker an d Folkwangschule in Essen, als Fotograf Autodidakt. K: In zehnjähriger Ehe u Arbeitsgemeinschaft m d Bildhauerin u Grafikerin Ingrid Zellmann Ausübung freier Tätigkeit als Grafiker u Illustrator, ua zwei Kinderbilderbücher m James Krüss, in dieser Zeit erste fotografische Versuche u Kollagen, 1964 priv Ausbau eines techn-vielseitigen Fotostudios im Haus d Verlages W Girardet/Essen, Aufmerksamkeit in d Werbefotografie durch unkonventionelle Techniken, ab 1966 ununterbrochene Zusammenarbeit m d Fa Unterberg u ihren Tochterfirmen, Werbung f vielerei Markenartikel, neben d Werbefotografie, Galerie-

fotos, welche Themen aus ursprünglichen Lebensbereichen zeigen, die Teststreifen d Vergrößerungen werden d Bildern hinzugefügt, sie dokumentieren d Echtheit d persönlichen Abzugs u lenken zugleich d Aufmerksamkeit d Betrachters auf d Detail d Bildes. F: Neben d Werbefotografie gilt d Vorliebe d Darstellung d Menschen, Veröffentlichungen in „Bild d Zeit" ua, Poster, Kalender. E: Jahrespreis f beispielhafte Anzeigengestaltung, d Bayr Werbefach-Verb, 1975 in Bronze, 1976 in Silber. H: Neben d Fotografie Zuwendung zu additiver, abstrakter Gestaltung in Holz, Interesse f Gruppendynamik u Umweltschutz.

Paysan Klaus Frenk Walter
B: Fotograf, Schriftsteller, Bildredakteur, HerstellungsLtr. G: Stuttgart, 8. Jan 1930. V: Angelika, geb Roth. A: D–7000 Stuttgart 30, Bubenhaldenstr 90. S: Abitur, Stud d Chemie u NaturWiss TH/Univ Stuttgart. K: Stud mit Fotografieren verdient, frühzeitig Zusammenarbeit mit Kosmos ua naturwiss orientierten Verlagen, seit 1951 regelmäßig Bilder auf Photokina, mehrmals im Deutschen Lichtbild vertreten, mehr als 40 Reisen nach Afrika, Amerika u Südostasien, seit 1975 Bildredakteur einer Aquarienzeitschrift, großes Farbbildarchiv. F: Sporadisch Publikationen im Foto Prisma Photo Magazin, Leica Fotografie, Buch: „Naturfotografie für Jedermann", vor allem Zeitschriften naturwiss Inhalts, zahlreiche Bilder v Tieren, Pflanzen u Völkerkunde, mehr als 30 eigene Bücher im Handel (mit Übersetzungen), seit 1973 jährlich Gesamtgestaltung eines oder mehrerer Kalender. E: Wilhelm Bölsche Medaille in Silber 1967, Silberne Ehrennadel d CV Deutscher Fotografen, mehrere Preise in Fotowettbewerben. M: DGPh, BFF, CV Deutscher Fotografen, BVerb d Pressebild-Agenturen, Bilderdienste u Bildarchive, VG Bild, VG Wort, Ngiri Society in Banso/Kamerun, Rang: First Pickin of Fon Nso u Shey. H: Identisch mit Berufsarbeit, vor allem aber Aquaristik u Verhaltenskunde.

Peets Horst
B: Journalist u RedaktionsLtr „Das Aktuelle Sport-Studio" ZDF Wiesbaden. A: D–6200 Wiesbaden, Thorwaldsen-Anlage 64, c/o ZDF, D–6200 Wiesbaden, Unter den Eichen. S: RealGymn, Verlag DIE WELT u WELT AM SONNTAG, Hamburg (Gr Bleichen). K: Redakteur, Ressortchef Sport bei DIE WELT u WELT AM SONNTAG bis 1960 in Hamburg, ab 1960 bei „Der Spiegel", Hamburg, ab 1961 „Freies Fernsehen", FFM-Eschborn, 1962–64 HauptAbtLtr Sport beim ZDF Mainz, von 1963 bis 1978 ca 65 Fernseh-Dokumentationen als Autor, Regisseur u Produzent. E: Fernseh-Filmpreise in Italien u BRD. H: Reisen, Kochen, Filmen, Klassische Musik.

Pelke Klaus
B: Drogist. G: Berlin, 11. Mai 1936. V: Anita, geb Lüdtke. A: D–1000 Berlin 46, Mozartstr 12a. S: Realschule, Drogistenlehre, Management-Lehrgänge, Autodidakt. K: Mit 19 Jahren selbständig, Inhaber v Drogerien, Marketingbetreuung v Fachdrogerien, GmbH-Geschäftsführer. F: In allen Fachzeitschriften d Branche. M: Vorst d DrogistenVerb Berlin, Mtgl d IHK Vollversammlung.

Penk Wolfgang
B: Journalist, Ressortchef, stellv HauptAbtLtr Fernsehen-Unterhaltung. G: Berlin, 3. Apr 1938. V: Ursula, geb Hönisch. A: D–7570 Baden-Baden, Tiergartenweg 8. S: Abitur in Berlin, Stud an d HS f Musik u am Städt Konservatorium. K: AufnahmeLtr, ab 1960 ProduktionsLtr in d Filmindustrie, 1966–70 Redakteur f Unterhaltungssendungen beim ZDF, ab 1970 Ressortchef f Musik u Unterhaltung beim SWF/ARD. F: In div Fachzeitschriften, in Rundfunk- u Fernsehillustrierten. E: Träger d UNICEF-Medaille (neben Peter Ustinov, Sammy Davis u Danny Kaye). H: Musik, Sport.

Penz Johann
B: Fotomeister. G: Budapest, 30. Apr 1912. V: Leopoldine, geb Höfner. A: A–3100 St Pölten, Heßstr 2/I. S: 3 Lehrjahre als Maschinenschlosser, 2 Gehilfenjahre, 2 1/2 Jahre Lehrzeit als Fotograf, m Dispens Gesellenprüfung. K: 6 Jahre Wehrmachtszeit als Kriegsberichter u BildstellenLtr (Kiegsschule), Meisterprüfung m Dispens 1946, 1946–77 selbständig im eigenen Foto-Atelier f Ind- u Werbeaufnahmen sowie Porträts aller Art. F: Fortschritt u Leistung, Tageszeitungen u Zeitschriften, Fachzeitschriften ua. E: Silbernes Ehrenzeichen f Verdienste in d Fotografie v d BInnung f Österreich.

Perraudin René
B: Filmemacher. G: Paris, 8. Dez 1947. A: D–1000 Berlin 61, Hasenheide 19. Tel: 030/6928299. S: ArchitekturStud an d TU Stuttgart, FilmStud an d Deutschen Film- u FernsehAk Berlin. K: Während u nach d FilmStud zahlreiche Assistenzen bei Film- u Fern-

sehproduktionen, seit 1973 tätig als freier Kameramann, seit 1976 als Doz f Kameraführung u Projektbetreuung an d Deutschen Film- u FernsehAk Berlin, Regisseur u Produzent v Produktionen f Kino u Fernsehen, ua „Phantom", „Kopfjäger", „Die kleine Welt", „Rückwärts", Festivalbeteiligungen bei d Filmfestspielen in Duisburg 1976, Mannheim 1977, Edinburgh 1977, New York 1977, Berlin 1979, Krakau 1979 u Oberhausen 1979. E: Prädikate „Wertvoll" u „Besonders Wertvoll", Silberner Bär bei d intern Filmfestspielen in Berlin 1979 f „Phantom". M: BAF eV.

Perschke Jens H
B: VertriebsLtr. G: Leipzig, 16. Juni 1946. A: D–5014 Kerpen, Kampstr 22. S: Fachschule, Handelsschule. K: 1973–75 GebietsLtr SONY-Deutschland, 1975–77 Market Manager, seit 1977 VetriebsLtr. M: Marketing Club Köln – Bonn, Fernseh u Kinotechnische Ges. H: Electronik.

Pesch Hans-Hubert
B: FilmKfm. G: Oberhausen, 23. Dez 1919. A: D–4200 Oberhausen 1, Postfach 101266. S: Mittlere Reife, 4 Sem Grafik an d Folkwangschule Essen. K: 1938 Eintritt in d elterlichen Betrieb, 1946 selbst Theaterbesitzer, seit 1956 im Vorst d WirtschaftsVerb d Filmtheater Rheinland-Westfalen, seit 1958 Beauftragter f Öffentlichkeitsarbeit im HauptVerb Deutscher Filmtheater, Mtgl d VerwaltungsR d IVW. F: Herausgeber d VerbZeitschrift „WIR". E: Preis d Gilde Deutscher Filmkunsttheater. M: WirtschaftsVerb d Filmtheater Rheinland/Westfalen, IVW, HauptVerb Deutscher Filmtheater, Rot-Weis-Oberhausen. H: Kino u Sport (Fußball).

Peschel Tamara
B: Kostümbildnerin. G: 19. Jan 1932. A: D–8000 München 8, Beetzstr 3. S: Gymn, Modeschule, KunstAk, Schauspielausbildung nach System Stanislavskij, Ausdruckstanz, Ballett, UnivStud d TheaterWiss, Kunstgeschichte, Slavistik. K: Kostümentwurf an d Münchner Kammerspielen, kleine Schauspielrollen, Film, weitere Tätigkeiten als Kostümbildnerin u BühnenbildAss b Film u Fernsehen, zZ beim Bayerischen Rundfunk.

Pester Wilhelm
B: Drogist. G: Asch, 17. März 1914. V: Anna, geb Unglaub. A: D–8591 Waldershof, Markt 46. S: Bürgerschule in Asch, Gewerbeschule i Reichenberg. K: Lehre als Drogist im elterlichen Betrieb in Asch, Fortführung d Betriebes seit 1948 in Waldershof. M: DrogistenVerb. H: Der Beruf.

Peters G F
B: Kameramann, Filmtechniker, Film-Sachverständiger. G: Charlottenburg, 24. Jan 1909. V: Gerda, geb Wolfinger. A: D–2400 Lübeck, Moislinger Allee 195 A. S: Schiller-RealGymn. K: Lehre in Foto-Drogerie, Volontär in Film-Entwicklungs- u Kopier-Anstalt, Volontär als Vorführer im Film-Verleih, KameraAss, Kameraschwenker, Kameramann, Gründer u Herausgeber d Fachzeitschrift „Der Deutsche Kameramann". F: Versch Fachartikel. E: EhrenMtgl d Club Deutscher Kameraleute. M: Bund Deutscher Filmamateure. H: Sammlung historischer Foto- u Filmaufnahme-Geräte, Werkfotos u Fachbücher, Schauspieler Film u Theater.

Peters Hans-Walter
B: FilmKfm. G: Hamburg, 6. Mai 1928. A: D–4000 Düsseldorf, Feldstr 72. S: Abitur, Stud d FilmWiss u Publizistik, Volontär b Real-Film Hamburg, Wochenschau u in Kinos. K: Geschäftsführer im Capitol Oldenburg (4 Jahre), dann zur Rothschild-Gruppe, hier seit 25 Jahren tätig, Prok u Ltr d Filmtheaterbetriebe F Rothschild, Deutsche Commerciale Filmwerbung u Rothschildgrundstücksverwaltung, vereidigter Sachverständiger f d Filmtheatergewerbe u Film u Diapositivwerbung. H: Hochsee-Segeln, Modelleisenbahnen.

Peters-Steinwachs Rinhard
B: FilmKfm, Journalist. G: Büren, 28. Jan 1946. V: Barbara, geb Steinwachs. A: A–6020 Innsbruck, Rieangasse 5/III. Tel: 05238/2409. S: Hum Gymn, Abitur, Stud d Phil, Theol, Soziologie, Jus, FinanzWiss (-Stud irregulare). K: 1968 Chefredakteur d Kontestation, 1969–71 Generalsekretär d ÖH an d Univ Innsbruck, 1971–76 geschäftsführender Dir d SFR + Unifilm, seit 1971 geschäftsführender Ges d Unifilm, d Cinematograph, Redakteur u Mitarbeiter div Zeitungen. M: VorstVors d Otto Preminger-Inst, ZentralSekr d KiKo, BFachVerb d freiprogrammierenden Kinos u Abspielstellen, Vorst- u SekrMtgl d Österr-Sowjetischen Ges Tirol (Organisator d UdSSR-Filmfesttage in Tirol). H: Film u Zeitung.

Petersen Klaus Dr jur
B: Kfm. G: Berlin, 9. Aug 1932. V: Helga, geb

Schmidt. A: D–8000 München 40, Franz Josef-Str 43. S: Abitur 1951, JuraStud in München u Würzburg. K: Seit 1951 geschäftsführender Ges d Firma Obergassner Foto-Großhandlung, München, außerdem Gesellschafter d Firma Universal Color Labor, München. F: Die Fotowirtschaft, inpho. M: Lions Club, Export Club, Bayern. H: Golf, Tennis.

Peterssen Ernst
B: Journalist. G: Ihren/Niedersachsen, 24. Juli 1932. V: Brunhild, geb Krüger. A: D–5042 Erftstadt, Bussardweg 7. S: Stud d Rechts- u StaatsWiss. K: Pressereferent d Deutschen Studentenwerkes, Nachrichtenredakteur bei Radio Bremen, seit 1964 Redakteur bei d Deutschen Welle, Köln, seit 1977 Ltr d Abt Hörerpost.

Petzel Michael
B: Journalist. G: Göttingen, 13. Aug 1952. A: D–3400 Göttingen, Am Fuchsberg 21. S: Abitur, Stud in Heidelberg u Göttingen, Staatsexamen in Germanistik, Theol u Latein. K: Rundfunkkorrespondent, Feature-Autor, Dokumentarfilm-Produktion.

Péus Gunter
B: Journalist, StudioLtr d ZDF-Studio Hamburg. G: Hannover, 21. Mai 1931. V: Marion, geb Kropp. A: c/o ZDF-Studio Hamburg, D–2000 Hamburg 70, Tonndorfer Hauptstr 90. S: Oberrealschule, Gymn Alfeld/L, Techn HS Hannover, Univ Hamburg, Temple Univ Philadelphia/USA, Stud d Neueren Geschichte, Öffentliches Recht u Soziologie. K: 1950–52 Volontär u Redakteur Norddeutsche Zeitung Hannover, während d Studiums freier Mitarbeiter bei Presse u Rundfunk, 1957 1. Asta-Vors Univ Hamburg, Mtgl d Vorbereitungs-Ausschr Honnefer Modell, 1958 Overseas Commissioner VDS f USA, 1959–69 Afrikakorrespondent u StudioLtr ZDF Nairobi, 1978 StudioLtr ZDF-Hamburg (1068 Mtgl Transtel-Prüfungsausschuß), Autor folgender Fernsehfilme: Der 2. Weltkrieg im Fernen Osten (Fernsehreihe ARD), mehrere Dokumentarfilme aus d Reihen Menschen u Mächte u Demokratie auf afrikanisch, Einzelfilme: ua Karriere inbegriffen (Harvard Univ), Die eiserne Schlange, Killimandscharo-Story, Der heimliche Schrittmacher (Ford Foundation), Präsidentensafari (Portrait Nyerere), Ein afrikanischer Frieden (Biafra), Schwarze Guerilla, Gebt mir sechs Monate Zeit (Südafrika), Schwarz ist schön (Neue Kunst aus Afrika). F: Hör Zu, TV Hören und Sehen, Funk Uhr. E: 1968 Erster Fernsehpreis Asian Broadscasting Union New Delhi, 1970 Adolf-Grimme-Preis, 1968 EhrenMtgl d Deutsch-Jordanischen-Ges. M: Landespressekonferenz Hamburg. H: Sammeln zeitgenössischer afrikanischer Kunst u Glas.

Peyer Hans
B: Fotograf. G: Zürich, 14. Dez 1931. V: Nelly, geb Zollinger. A: CH–8049 Zürich, Limmattalstr 164. S: Primar- u Sekundarschule in Zürich, Lehre als Fotograf in Zürich. K: Einstieg in d Fotohandel in Zürich, 5 Jahre Verkäufer in Bern, Lehrer an d Kunstgewerbeschule Bern f Fotolaboranten, Übernahme eines Fotogeschäftes in Zürich, Prüfungsexperte f Fotolaboranten u Fotoverkäufer. M: Gründer d Einkaufsvereinigung Zürfoki, seit 10 Pr derselben, Mtgl d ZentralVorst d Schweizer FotohändlerVerb.

Peyk Tassilo
B: Lichtgestalter (Beleuchter). G: Hamburg, 9. Feb 1944. A: D–2155 Jork, Westerjork 83. S: Grundschule, Lehre als Elektriker. H: Fotografie.

Pfander Peter
B: Fotograf. G: 9. Juni 1942. A: D–2000 Hamburg 60, Gertigstr 4c. S: Gymn. K: Ass bei einigen Fotografen. F: Brigitte, Petra, Für Sie, Stern, Journal, Neue Mode, Nova, Mais, Claudia. M: BFF.

Pfarr Franz Doz
B: Fotograf, Kfm. G: Hanau/Main, 16. Feb 1920. V: Heide, geb Dienst. A: D–8520 Erlangen/Bayern, Gustav Specht-Str 11. S: Mittelschule, Kunstgewerbeschule, Ausbildung als Foto-Designer. K: Fliegeroffizier, Inhaber v 4 Fotofachgeschäften, Doz an d VHS Erlangen, Mitarbeiter im Pressewesen, Ltr eines Werbestudio in Erlangen. F: Frankfurter Nachrichten, Erlanger Tageblatt. E: Diploma di Benemerenza-Societa Dante Alighieri, Rom. M: CV Bayern, Wirtschaftsbeirat München, IKH u HK-Kammern Bayern/Schwaben, KunstVer Erlangen, Schachklub Erlangen, Ehrenritter in Nürnberg-Karnevalklub ua. H: Schachspiel.

Pfeil Dieter Ing
B: FotoIng, grad. G: Friedrichshafen, 4. Mai 1941. V: Margret, geb Geberl. A: D–5419 Dierndorf, Rotherhofstr 11, Postfach 12. Tel: 02689/7813. S: Oberrealschule m R, Fotogra-

fenlehre (in 2 Jahren m Auszeichnung), Stud in Köln (Foto-Ing grad), 1966 Meisterprüfung, 1977 Lizenz f Luftbildfotografie. K: 1958–60 Fotografenlehre, danach Stud Foto-Ing grad, 1963–66 U S Embassy Bonn Fotograf u Bildjournalist, 1966–71 selbständiger Fotografenmeister in Bad Godesberg, ab 1970 zusätzlich: AV-design, Multivision, ab 1973 Fotostudio in Dierndorf, ab 1977 zusätzlich: Lizenz f Luftbildaufnahmen. F: camera, Foto-Magazin, Spiegelreflex-Praxis, world-press-photo, Photo-Presse, american photogr society, Tageszeitungen, intern Ausstellungen. E: Mehrere erste Preise, Pokale uva. M: Club Daguerre, Schachclub Diedorf, LuftsportVer Neuwied. H: classic Jazz, camera-collector.

Pfleging Hans B
PS: Hans Bernhard. B: Fachjournalist f audiovisuelle Kommunikation DJV. G: Bad Honnef, 21. Sept 1927. A: D–8000 München 71, Franz Hals-Str 4. S: UnivStud TheaterWiss, Kunstgeschichte, Ethnologie, Schauspielausbildung (Regie), Werbeausbildung, Fachfotografische MstrLehre u Fachschule. K: Wort-Bild-Redakteur in d Schallplattenindustrie, WerbeLtr in Buchverlag u Kamerawerk, AV-Produzent, Öffentlichkeitsarbeit u journalistische Arbeit freischaffend ab 1970, Président de la Commission d'Information et de la Presse de la FIAP. F: Kolumne – AV: Wer macht was?, Trends u Tendenzen im AV-Markt, in Profi-FOTO. E: Berufenes Mtgl d DGPh, ESFIAP (Exellence pour Service rendu FIAP). M: Deutscher JournalistenVerb, EinzelMtgl Europhot, Diaporama Club DC, Club Daguerre CD. H: Kunst u Antiquitäten.

Pflüger Hans Georg
B: Komponist, Organist. G: Schwäbisch Gmünd, 26. Aug 1944. A: D–7120 Bietigheim, Uhlandstr 11. S: Abitur, Dipl – Komposition Stuttgart 1971, A-Prüfung in Regensburg 1972, Dipl – Orgel in Wien 1974, Stud d Komposition bei Henk Badings u Wolfgang Fortner, OrgelStud bei Karl Richter u Fernando Germani. K: Tätigkeit als Komponist u Organist, Schallplatten (eigene Werke u Orgelwerke v Bach u Händel), bei DA CAMERA, Werke sind veröffentlicht bei Breitkopf u Härtel, Hänssler- u Carus Verlag, Konzerttätigkeit, Rundfunkaufnahmen, 1975 Gründung d Cannstatter Kirchenmusiktage, 1977 Stipendiat d Deutschen Akademie, Rom – Villa Massimo. E: 1968 Dipl d XIX Concorso Internationale GB Viotti, 1969 V V Becker-Komponistenpreis, 1976 Preis d Deutschen Allgemeinen Sängerbundes. M: GEMA. H: Literatur, Bildende Kunst, Philosophie.

Philipp Heinz-Wolfgang
B: Autor, Regisseur f Bühne, Film, Funk u Fernsehen. G: Breslau, 29. Mai 1921. V: Renate, geb Karwath. A: D–8000 München 82, Friedenspromenade 15–23. S: Abitur, Stud d Elektrotechnik an d TH, Breslau, Stud d TheaterWiss, Univ Breslau. K: Bühnenschauspieler, Dramaturg, zuletzt OberspielLtr, Film u Fernsehen, über 1000 Auftragsfilme aller Art f Information, Instruktion, Dokumentation u Werbung als Autor u Regisseur, mehrere Sendereihen als Autor u Regisseur f Funk, seit 1964 Produzent mit eigener Firma: MÜNCHEN KONTAKT, Kreative Film- u Tonproduktion GmbH. E: Bronze-, Silber- u Gold-Löwe in Venedig u Cannes (Intern Werbefilmfestspiele), „Clio“ in USA ua. M: BierConvent Intern, Magischer Zirkel v Deutschland, Magischer Ring d Schweiz, Magischer Club Wien. H: Zauberei, Kabarett.

Pichler Max
B: Fotograf. G: Zürich, 27. Sept 1934. V: Elsbeth, geb Städeli. A: CH–8134 Adliswil, Tobelhof 21. S: Primarschule, Sekundarschule, 3 Jahre Lehre in Zürich, Abschlußprüfung als Fotograf u Fotolaborant. K: 4 Jahre Fotoreporter bei ATP Bilderdienst, seit 1957 selbständiger Werbefotograf m Atelier in Zürich, 1968 Weiterbildung im Agfa Technikum München. F: Unzählige Werbeaufnahmen, Silvia Buch Tafelfreuden I, II, III, Silvia Buch Desserts. H: Hochsee-Segeln, restaurieren v alten Autos u Motorräder.

Pickers Werner
B: Betriebswirt. G: Kleve, 7. März 1944. A: D–4190 Kleve 1, Postfach 1953. Tel: 02821/25310.

Pieroth Heinz
B: HauptAbt-Ltr Produktion ZDF, Regisseur. G: Klein-Steinheim/Kr Offenbach, 2. Juni 1925. A: c/o ZDF, D–6500 Mainz-Lerchenberg, Essenheimer Landstraße (Hochhaus). Tel: 06131/705300 und 705301. S: Hum Gymn, Abitur, Stud d HumanMed (ein Sem), dann Reichsarbeitsdienst in Iglau, ab 1943 Wehrdienst, dann bis 1945 Gefangenschaft, 1945–48 Fortsetzung d Stud d HumanMed an d Univ Marburg/Lahn. K: 1948–58 Landesfilmdienste in Hessen u Rheinland-Pfalz, Aufbau,

1953 Geschäftsführer d beiden Landesfilmdienste, 1958–60 Konferenz d Landesfilmdienste, Bonn/Bad Godesberg: BGeschäftsführer, 1960–61 „Freies Deutsches Fernsehen GmbH" Frankfurt/M: Ass d Geschäftsführers, 1962 DEMAG, Duisburg, Werbechef, 1963 ZDF, Studio Bonn: ProduktionsLtr u Regisseur (aller politischen Sendungen), 1968 HerstellungsLtr Mainz, 1973 Ltr d HauptAbt Produktion, Beauftragter d ZDF f d Gestaltung d Programm- u Gestaltungsrahmens f d Intern Funkausstellungen in Berlin 1971, 1973, 1975, davor auch f Stuttgart 1969 u Düsseldorf 1970, seit 1973 d Erscheinungsbild d ZDF (Design) m Prof O Aicher entwickelt, Vors d UnterKmsn „Produktion u Technik" ARD/ZDF f d Olympischen Sommerspiele 1980 in Moskau. F: Mitinitiator d „Ind-Filmtage" u d „Intern Agrarfilm-Wettbewerbs", „Der nichtgewerbliche Filmeinsatz in Deutschland", „Der deutsche Ind-Film" uva Beiträge in Fachzeitschriften. E: BVerdienstkreuz am Bande.

Pietrek Erich J A
B: FilmKfm. G: Neustadt/Oberschlesien, 2. Mai 1918. A: D–4000 Düsseldorf 1, Kloster Str 78. S: Filmseminar Berlin, Prüfung FilmKam Berlin, Prüfung HandelsKam Berlin. K: Ausbildung b Universal-Film Berlin, b Robafilm – Tobis-Roba Film Berlin, bei TERRA-Filmkunst Berlin, nach d Kriege Ufa-Film Klotho u Ufa Film Düsseldorf, Viktoria -Film München, Verleih Chef, Nordwest-Deutscher Unitas Film-Verleih GmbH Düsseldorf – geschäftsführender Ges. F: Film-Echo, Filmblätter ua. M: Mtgl d VDF Wiesbaden. H: Numismatik, Sammeln alter Perlen d Filmkunst.

Pirc Bogumil Ing
B: DiplMstrFotograf. G: Judenburg, 15. Apr 1917. V: Novosele, ge Zdenka. A: A–8055 Graz, Adlerg 55. S: Hum Gymn, Ak. K: Und Univ Stud, Fotograf, Konstrukteur, Kamera–360. F: In versch Zeitschriften im In- u Ausland. E: Von Süd-Aviacion, Paris, mehrere Diplome u Urkunden v Österreichischen Patentamt. M: SOS-Kinderdorf, Österr HandelsKam, GewerbeKam, Erste Allgemeine Versicherung Wien, ARBÖ. H: Bootsfahrt, Kajak.

Pistohl Günter Stadtkantor
B: Kantor u Organist iR, Musiklehrer am Gymn Albertinum. G: Schweidnitz/Schlesien, 26. März 1910. A: D–8630 Coburg, Steinweg 27. S: Oberrealschule, Abitur, 8 Sem Stud MusikWiss, Germanistik, Philosophie an d Univ Breslau, 1933 Staatl Organisten- u Chordirigentenexamen am Kirchenmusikalischen Institut d Univ Breslau. K: Hauptamtlicher Kantor an d Saganer Gnadenkirche (Schlesien) u an d Heiligkreuz-Kirche in Coburg, viele Chor- u Orgelkonzerte, ua Aufführung v Bachs „Matthäuspassion" u Händels „Messias" in Sagan, Rundfunkkonzerte, Kammermusikkonzerte. E: Medaille d Stadt Coburg. M: VorstMtgl d Ges d Musikfreunde, Coburg, Mtgl d Verb d Tonkünstler u Musiklehrer, Coburg, Mtgl d Konzertchores Coburg. H: Neue Sprachen: Französisch, Englisch, Italienisch.

Pistorius Siegfried M
PS: Bernd Bernder, Al van Doren. B: Journalist, Inhaber „publicity', Büro f Öffentlichkeitsarbeit. G: Magdeburg, 16. Jan 1925. A: D–2000 Hamburg 13, Hermann Behn Weg 7. S: Aitur, Univ-Stud, Germanistik, Kunstgeschichte, TheaterWiss, Rundfunkkunde. K: Rundfunksprecher, Buchverlag-Lektor, Buchautor, Chefredakteur, Chefreporter, Serienschreiber, Sonderkorrespondent, Filmtreatment-Autor, Reiseberichte ua Südamerika, Afrika, Vorderasien (Nepal, Thailand, Burma, Malaysia, Indien), China, größere Text- u Fotoberichte. M: BerufsVerb Hamburger Journalisten im DJV. H: Foto, Wasserski, Fallschirmsegeln.

Pintar Susi
B: Cutterin. G: Gloggnitz, 16. März 1943. V: Peter Pintar. A: A–1030 Wien, Kegelg 37–39/2. S: Grundschule, 3 Jahre KopierAnst. K: 5 Jahre Ass, später freie Cutterin. M: Freie Filmschnittmeister. H: Lesen.

Pitz Fritz ARPS DGPh
B: Lichtbildner, Maler. G: Bocholt, 19. März 1923. V: Anneliese, geb Vöing. A: D–4290 Bocholt, Europaplatz 5. Tel: 02871/12680. S: Schule f gestaltendes Handwerk Weimar, zuletzt als Meisterschüler, 3 Sem Kunst-Stud in Weimar, Fotografenlehre. K: 1948 1. Ausstellung in Weimar, 1955 Ausstellung in Kopenhagen, 1956 Belgien, 1957 Stuttgart, Barreiro, Lissabon, Amsterdam, weitere Ausstellungen in Roubaix, Frankreich, Genf, Hongkong, Chicago, Montevideo, Frankfurt, Karatchi, Lahore, Dacca, Argentinien, Brasilien, Singapur, Rio de Janeiro, Budapest, Barcelona, Paris, Versailles, Brüssel ua, seit 1976 Doz an d FachHS Dortmund, Fotodesign, nach Fotoausstellungen v Porträts u experimenteller Fotografie, auch Malereien. F: Fotoart

Hongkong, Focus, Niederland Arte Fotografica, IMAGEN y SONIDO, Spanien, Großbildtechnik München, Klick Belgien, Bücher: Autor im Band: Angewandte Fotografie Band II, Schule d Porträtfotografie. E: Goldene Joseph-Petzva-Medaille, Budapest, 1. Preis Amsterdam, Montevideo, Barcelona, Amsterdam, weitere Preise in Belgien, Frankreich ua, ausgezeichnet m d Titel ARPS d Royal-Photographic Society of Great Britain. M: Berufenes Mtgl v Club intern Fotografen, berufenes Mtgl v d Royal Photographic Society Great-Britain, berufenes ordentliches Mtgl d Deutschen Ges f Photographie.

Plattner Willi
B: BBBmtr. G: Floss bei Weiden. V: Hedwig, geb Gätzner. A: D–8701 Kirchheim bei Würzburg, Frühlingstr 12. S: Grundschule, Berufsschule. K: 15 Jahre FotogruppenLtr in Würzburg. F: Erdkreis, Bildermonatsschrift. E: Preise bei Fotoausstellungen, erfolgreiche Beteiligung bei Bundes- u intern Fotowettbewerben. M: BSW-Fotogruppe, Würzburg.

Pleimling Arno
B: Fotograf u FotoKfm. G: Trier, 19. Dez 1940. V: Monika, geb Kröning. A: D–5500 Trier, Porta Nigra-Platz 3. S: Staatl HS f Fotografie, Köln. K: ARD Westdeutscher Rundfunk Köln, ab 1966 selbständig, Geschäft m 2 Studios. M: CV, AWI. H: Fotografieren, Tennis, Golf.

Pleva Doris
B: Ballettmeisterin, Choreografin. G: Stuttgart, 30. Mai 1940. A: D–7000 Stuttgart, Alexanderstr 34. S: Fachschule f Bühnentanz, Württ Staatstheater Stuttgart, Staatl Ballettschule Opernhaus Berlin. K: Württ Staatstheater Stuttgart, Staatsoper Berlin, Solo-Tänzerin b Deutschen Fernsehen, seit ca 8 Jahren selbständig, mehrere Ballettschulen. F: In versch Rundfunkzeitschriften u Tageszeitungen. H: Literatur, Theater, Musik.

Plock Carl-Hans Dr Ing Prof
G: Gladbeck i W, 19. Jan 1906. V: Alice, geb Rabbe. A: D–2800 Bremen 1, Friedhofstr 37 A. S: Hum Gymn, Abitur, Techn HS München u Hannover – Dipl.Ing, Kaiser Wilhelm-Inst f Eisenforschung, Techn Univ Clausthal - Dr Ing. K: o Prof d Techn HS f Luftfahrt in Cordoba, Argentinien, ao Prof d Staatl Univ Cordoba, HauptAbtLtr u Prok d Ver Flugtechnischen Werke Bremen, Filmamateur seit 1922, 17 1/2 mm Ernemann-Film, 16 mm Filme, 9 1/2 mm Filme, N 8 u S 8-Filme. F: Veröffentlichungen in Filmamateurzeitschriften. M: Mtgl d Clubs Bremer Film-Amateure eV, 1. Vors seit 1972. H: Amateurfilm.

Plodek Rudolf
B: Drogist. G: Tetschen-Bodenbach/CSSR, 1. Juli 1928. V: Auguste, geb Wendelin. A: D–7927 Sontheim/Brenz, Beethovenstr 6, D–7927 Sontheim/Brenz, Brenzer Str 29. S: Mittlere Reife, Drogistenprüfung 1950, Ulm. K: 1956 mit bescheidenen Mitteln eine Existenz - FOTO-DROGERIE-PLODEK – gegründet, 1970 Eintragung in d Handelsregister, seit 1958 begeisteter Schmalfilmer, Weiterbildung, nebenbei Pressefotograf f Heidenheimer Zeitung (Unteres Brenztal), bedeutendste Tonfilme: Dr Schieffer, Studienreise USA 1971, Bahamas, 1975, 1100 Jahre, 1975, Andalusien, 1976, Paris, 1977, Segeltörn '78, 1978. F: Pressebilder in d Heidenheimer Zeitung, Unter Uns – Werkzeitung der Nattermann-Gruppe, Köln. E: 1962 Anerkennungspreis f fotografische Leistung (Werbefotografie). M: Verb Deutscher Drogisten, Köln, Förderung d Fotografie, Frankfurt. H: Filmen, Briefmarken, Segeln, Fliegen.

Pock Dieter
B: Produzent f Film u Fernsehen. G: Innsbruck, 29. Sept 1941. A: A–1140 Wien, Diesterwegg 13, A–1238 Wien, Lange G 134. S: Grundschule, HAk. K: 5 Jahre Ausbildung in Filmproduktion, dann selbständig. F: Versch in Zeitungen u Zeitschriften. E: Preise CREATIV-CLUB, Austria. H: Sport, Ski, Wassersport, Reiten, Segeln, Tennis.

Pohl Walter
B: Intendant. G: Hamborn, 29. Nov 1912. V: Ellen, geb Hille. A: D–8221 Teisendorf, Marktstr 8. S: Mozarteum Salzburg, Reinhardt-Seminar Wien. K: Opern- u Schauspielregisseur: Deutsches Theater Prag, Staatsoper München, Komische- u Städt Oper Berlin, Stadttheater Basel, Staatstheater Wiesbaden, Gastinszenierungen: Barcelona, Buenos Aires, Helsinki, Lissabon, London, Paris, Rom, Salzburg, Stockholm, Teheran, Venedig, USA, uva, Festspiele: Aix en Provence, Magio Musicale, Florenz, Maifestspiele Wiesbaden, Schwetzinger Festspiele, seit 1969 Intendant in Trier u d Gandersheimer Dom-Festspiele, Ur- u Erstaufführungen: Anouilh, Claudel, Cocteau, Hindemith, Fortner, Lorca, Krenek, Martinu, Milhaut, Strawinski.

Poldner Axel
B: Buchhändler, Literatur-Manager. G: Bernburg/Saale, 16. Aug 1936. V: Ursula, geb Döbrich. A: D–8000 München 21, Rauheckstr 11. Tel: 089/574824. S: Deutsche Buchhändlerschule, Buchhändler. K: Ltr d Großbuchhandlung im Grossohaus Salzmann, Braunschweig, VertriebsLtr im Ernst Klett Verlag, Stuttgart, VertriebsLtr d Droemerschen Verlagsanstalt Th Knaur Nachf, München, Geschäftführer d Kova-Fachbuchhandlung GmbH, München, Mtgl d VerlagsLtg d Unternehmesnsgruppe KVJ-Gersbach, München, ab 1970 Inhaber d Literatur-Agentur Axel Poldner in München. F: Eigene Beiträge in Fachzeitschriften u Tageszeitungen, Autor d Buches Mein Club TSV 1860 München, Herausgeber d Buches Der Unbekannte Brecht. E: Für d Tätigkeit als Manager f Drehbuchautoren u Schriftsteller. H: Fußball, Theater, Bücher.

Polensky Hedwig
B: Maskenbildnerin. G: Bad Ischl, 11. Sept 1930. A: D–8000 München 80, Josefburgstr 54a. S: Grundschule, 3 Jahre Berufsschule, Frieseurlehre 3 Jahre, Maskenbildnerlehre. K: Beginn Theater Salzburg u Festspiele Salzburg, Dürrer-Film, Antel-Film, dann München, freiberuflich tätig bei Bavaria, Divina, Roxi, Lisa, Parnass, Piranfilm, ZDF, Bayerischem Rundfunk, Seitz-Film, UFA Fernsehproduktionen, Wagner-Film uva. H: Musik, Kochen.

Pollak Herwig
B: Außenrequisiteur. G: Bad Aussee, 5. Jan 1925. A: D–8000 München 8O, Josefsburgstr 54 A. S: Grundschule, Abitur. K: Filmvorführer, Requisiteur, AufnahmeLtr, ProduktionsAss, über 100 Spielfilme, Fernsehen. H: Literatur, Musik.

Posegga Hans
B: Komponist. G: Berlin, 31. Jan 1917. V: Astrid, geb Petrascheck. A: D–8131 Berg 3, Dürrbergstr 16. Tel: 08151/51166. S: Mittlere Reife, Musiklehrerexamen, MusikStud in Dortmund, München, Hamburg u Paris, Lehrmeister ua f Klavier: Heinz Schürgeler in Köln, August Schmidt-Lindner in München. K: Pianist, Komponist, Dirigent, 10 Jahre Ltr einer Ausbildungsklasse f Klavier am Trapp'schen Konservatorium in München, als Konzertpianist Reisen im In- u Ausland, Tätigkeit beim Rundfunk, freischaffender Komponist f Film, Fernsehen, Rundfunk, Theater usw, viele Filmmusiken, Musical „Little Nemo“, Oratorium „Christ u Antichrist“, Kammermusik usw. F: In vielen Tageszeitungen, Zeitschriften u Illustrierten. D: Filmmusik zu „Schonzeit für Füchse“, „Es“, „Zeit der Schuldlosen“, „Galapagos“, „Der Seewolf“, „2 Jahre Ferien“, „Cagliostro“, „Lockruf des Goldes“, „Das verschollene Inkagold“ (ZDF), „Die Sendung mit der Maus“ (WDR), „Klavierkonzert“ (Bayerischer Rundfunk) usw. E: BFilmpreis f „Schonzeit für Füchse“, Filmband in Gold 1966, Orden „Recherche de la Qualité“ (St Fortunet) 1976. M: Deutscher KomponistenVerb, Mtgl d Intern Ak f Bildende u Schöne Künste Altenburg/Südtirol (Protektor u Doz). H: Gartenbau, Kochen, Musik.

Poss Oscar Dipl-Ing
B: Bildjournalist, Inhaber d Bilderdienstes p-b-p. G: Fürth, 11. Jan 1920. V: Gertrud, geb Bonfig. A: D–8221 Siegsdorf, Rabensteinstr 14. S: Abitur, Stud an d TH München, Examen Dipl-Ing Architekt. K: Während d Stud fotografieren v Architektur, Malerei Plastik, Volkskunst, alten Bauernhäusern usw, f in- u ausländische Univ u staatl Archive, dann Erweiterung d fotografischen Themenkreises u hauptberufliche Veröffentlichungen d Aufnahmen. F: In Zeitschriften u Büchern, auf d Gebieten Kunstgeschichte, Gesundheitswesen, Erziehung u Bildung, Familie, Unterhaltung usw. M: Mtgl d Deutschen Journalisten-Verb.

Pötters Walter
B: Conférencier. G: Leipzig, 4. Dez 1918. V: Erika, geb Kassner. A: D–8000 München 90, Hans Mielich-Str 3. K: Studium Opern- u Operetten-Buffo, Conférencier u Humorist, Dir einer GastspielDion. F: In div Zeitungen. F: Alle gängigen Opern u Operetten, Unterhaltungsabende u Modeschauen. M: Langjähriger Pr d Bez Obb in d Leichtathletik, Fußballschiedsrichter. H: Sport, Fotografieren.

Powell Jimmy
B: Filmregisseur u Fotograf. A: c/o Fargo Film Production GmbH, D–4000 Düsseldorf 1, Remscheiderstr 5.

Preißler Emil
B: Foto-Drogist. G: Obermaxdorf, 23. Aug 1929. V: Elisabeth, geb Fikus. A: D–764O Kehl am Rhein, Friedhofstr 137. S: Drogistenfachschule Reichenberg u Braunschweig. K: Mitarbeit an VHS, Ltr d ArbeitsGem f Fotografie, Durchführung v Fotokursen, Lichtbildvorträgen, Tonbildschauen, Diaporamen, seit

1959 selbständig, eigene Foto-Drogerie. F: Bildbeiträge f Tageszeitungen, Illustrierte, Bildbände in Niedersachsen, Baden-Württemberg, Schweiz. E: Silberner Mörser, Photokina-Ehrennadel. M: Verb Deutscher Drogisten, Diaporama-Club eV. H: Reisen, Tonbandtechnik.

Preminger Otto Ludwig Dr
B: Regisseur. G: Wien, 5. Dez 1906. S: Univ Wien. K: RegieAss, Regisseur einer Wanderbühne, TheaterDir, Schauspieler u Regisseur d Theater i d Josefstadt, Gastspiele in vielen europäischen Ländern, 1934 Emigration n USA, Theaterregisseur in New York, RegieAss, Regisseur, dann auch Produzent in Hollywood, 1956 Filmvertrag m d Columbia. D: „Die große Liebe", „Under your Spell", „The lost Nancy Steele", „Laura", „Skandal am Königshof", „Fallen Angel", „Forever Amber", „Lady Windermeres Fächer", „Die Jungfrau auf d Dach", „Fluß ohne Wiederkehr", „Carmen Jones", „Verdammt zum Schweigen", „The man with the golden arm", „Die heilige Johanna", „Bonjour Tristesse", „Stalag 17" uva. E: 1936 Ritterkreuz d österr Verdienstordens.

Priemel Erni
B: Film-Produzentin, SpielLtrin, Cutterin. G: Frankfurt/M, 29. Nov 1915. V: Dr Gero Priemel. A: D–6000 Frankfurt/M 70, Waidmannstr 27. Tel: 0611/636463. S: Abitur. K: Seit 1939 im Beruf, sehr viele Filme im Auftrag v Min, Ind-Weltfirmen, Fernseh-Sende-Anstalten, Verb, Stadtverwaltungen, KurDion, Landratsämtern, Verkehrsämtern.

Priemel Gero Dr
B: Film-Regisseur, Produzent. G: Frankfurt/M, 27. Okt 1913. V: Erni, geb Brunner. A: D–6000 Frankfurt/M 70, Waidmannstr 27. Tel: 0611/636463. S: Oberrealschule, Abitur, Univ Frankfurt, Wien, München, Promotion Dr phil in München. K: Autor u Regisseur in d UFA-KulturfilmAbt, Dramaturg in d Hauptfilmstelle d RLM, Autor u Regisseur bei GEA-Film, ROTO-Film, EUPHONO-Flm, BOEHNER-Film, Eigene Film-Produktion Erni u Dr Gero Priemel OHG seit 1949, ca 500 Kulturfilme, Ind-Filme, PRFilme, Lehr-Filme, Werbe-Filme, TV-Spots, Touristik-Filme, Features, Fernsehsendungen uva. E: Viele Filmfestival-Preise.

Pringsheim Horst
PS: Horst Reday. B: Opernregisseur u Doz an d Opernschule d Richard Strauss-Konservatoriums München. G: München, 16. Juli 1924. A: D–8000 München 40, Georgenstr 5. S: Stud bei Prof Rudolf Hartmann (Opernregie) u Prof Ludwig Sievert (Bühnenbild u Kostüm). K: Regisseur an d Städt Bühnen Nürnberg, OberspielLtr am Landestheater Detmold, Gastregisseur an d Bühnen in Dresden, Bremen, London, Oslo, Salzburg, Zürich ua, Doz am Intern Opernstudio Zürich u Statens Scenskola Göteborg.

Probst Siegfried
B: Pressefotograf. G: 7. Feb 1945. V: Gertrud, geb Breitfuss. A: D–5741 Neukirchen. S: Grundschule, Berufsschule Drogist, Fotograf. F: Foto im deutschsprachigen Raum, Holland.

Proske Karl Rüdiger Artur
B: Film- u Fernsehproduzent. G: Berlin, 26. Dez 1916. V: Lieselotte, geb Schmoller. A: D–2000 Hamburg 69, Rodenbekerstr 69. S: Abitur, Stud d Politischen Wiss, Wirtschafts-Wiss u Mathematik an d Univ Toronto u Saskatoon. K: 1947 Redakteur, 1948–51 BVors d „Bundes Europäischer Jugend", 1052 stellv AbtLtr „Politik", dann dazu AbtLtr „Feature" b NWDR, 1960 Ltr d HauptAbt „Zeitgeschehen" b NDR, seit 1963 freiberuflicher Film- u Fernsehproduzent, Veröffentlichungen: „Zum Mond u weiter", „Unsere Welt – gestern – heute – morgen", „Am Ende unserer Zukunft?" uva. E: Goldmedaille d Filmfestival d „Ersten Weltausstellung d Verkehrs", Auszeichnungen im Rahmen d Adolf Grimme-Preises, Adolf Grimme-Preis in Silber uva. H: Sammeln v Steinen u moderner Kunst, Reisen, Tennis, Schwimmen.

Pröttel Dieter Dr
B: Regisseur u Autor. G: Offenburg, 31. Okt 1933. V: Birte, geb Ruchholtz. A: D–8131 Berg 1, Wittelsbacher-Str 7. S: Hum Gymn, Abitur, Dipl-Vw d Univ Freiburg, Dr rer pol d Univ Basel. K: Während d Stud Mtgl d kabarettistischen Trios „Die drei Halodies", danach 10 Jahre Redakteur u Regisseur b SWF, 1970–76 Chefredakteur d Programmzeitschrift „Bild u Funk", seit 1976 freier Regisseur u Autor. F: Versch Zeitungen u Zeitschriften. M: FDP-Mtgl. H: Tennis, Schifahren, Familie, Fotografieren.

Pröttel Dieter Dr
B: Regisseur, Autor. G: Offenburg, 31. Okt 1933. V: Birte, geb Ruchholtz. A: D–8131 Berg/Starnberger See, Wittelsbacher Str 7. S:

Hum Gymn, Abitur, Stud d Vw in Freiburg/Br, Dipl-Vw, 1963 Promotion z Dr rer pol an d Univ Basel. K: 1955–62 Mtgl d Trios „Die drei Halodies", 1961–70 Regisseur beim SWF Baden-Baden, 1970–75 Chefredakteur „Bild u Funk" München, Geschäftsführer d ALPINA Schallplatten GmbH München, zZ freier Regisseur u Autor, Buch, Regie u Moderation f folgende Fernsehsendungen: „Laßt Blumen sprechen", „Eheinstitut Harmonie", „Prosit Neujahr", „Jolanthe läßt bitten", „Musik auf d Atlantik", „50 Jahre Klinklang u Co", „Europa macht Musik", „Rendezvous am Rhein" bzw „Europaparty" (15 Folgen), „Schaffe, Schaffe – Häusle baue", „Hofkonzert im Hinterhaus" (4 Folgen), „Hoppla", „Tausend rote Rosen blüh'n", „Wenn d weiße Flieder wieder blüht" (4 Folgen), „Reise in d Jahreszeiten", „Das Reisen ist d Müllers Lust", „Ein Mädchen u sechs Mann" (3 Folgen), „7, 8, 9 – Aus", „Talentschuppen" (12 Folgen), „Meersburg – Konstanz, eine musikalische Überfahrt", „Talentschuppen", „Bonsoir Catrin" (2 Folgen), „Geschwindigkeit ist keine Hexerei" (2 Folgen), „Schlagerfestspiele" (5 Folgen), „Des Bundesbürgers liebste Wellen", „Eröffnung Deutsche Funkausstellung", „Rudi Carrell-Show" (12 Folgen), „Die große Reise" (Quiz, 3 Folgen), „Noch unbekannt", „Baden-Badener Roulette" (3 Folgen), „Tommi u d Schnupfen", „XHOL Caravan", „Modestudio aktuell" (2 Folgen), „Die Glücksspirale", „Hätten Sie heut' Zeit für mich?", „Berlin grüßt Bern", „Großes Glück zu kleinen Preisen", „Spiel mit mir", „Hallo, Peter!", „Am laufenden Band", „Zwischenmahlzeit", „Gute Laune mit Musik", „Fragen Sie Frau Erika", „Auf Los geht's los", „Costa Cordalis Show", „Petula Clark-Show", „Von uns für Sie", „Wunderfull Gitte aus Kopenhagen", „Bummel durch Belgrad", „... Heil über Dir, Hammonia", „Von Kontinent zu Kontinent", „Das Südwestmagazin", „Talentschuppen", „Die alte Walze", „So funkt Berlin", „Ich armes welsches Teufli", „Besondere Kennzeichen: Sommersprossen (Rita Pavone)", „Tina u d Eifersucht" ua. F: In versch Tageszeitungen, Wochenblättern, Programmzeitschriften, Illustrierten uva.

Prüfer Michael
B: KonzertKfm. G: 22. Nov 1946. A: D–3000 Hannover 1, Kerstingstr 18. F: Hannoversche Allgemeine Zeitung, Neue Presse, Bild Zeitung. M: Verb d Deutschen Konzertdirektionen. H: Sport, Musik.

Prusik Peter
B: Autor, Regisseur, Kamermann. G: 7. Mai 1947. A: D–8043 Unterföhring, Fichtenstr 19. S: Gymn, Abitur. K: Filmtechnische Ausbildung – autodidaktisch – in d Positionen AufnahmeLtr, ProduktionsLtr, Tonmeister, KameraAss, Kameramann, danach ausschließlich Tätigkeit im künstlerischen Bereich als Autor, Regisseur u selbständiger Kameramann, seit 1976 eigene Filmproduktion f künstlerische u kommerzielle Filmproduktion u -bearbeitung, Autor v: Theaterstück „Wie's gefällt", Fernsehspiel: „Der Reaktionär", Autor u Regisseur mehrerer Hörspiele u mehrerer Dokumentarfilme f Fernsehen u Industrie, mehrere eigene Kurzfilm-Produktionen (Gesamtproduktion). H: Tennis, Reiten, Schach, die Arbeit.

Puhl Reginald
B: Filmregisseur, Geschäftsführer. G: Hamburg, 5. Juli 1931. A: c/o Puhl-Film u Television GmbH, D–2000 Hamburg 13, Mittelweg 22–24. S: Abitur. K: Produzent div Spielfilme.

Puluj Peter ao Prof
B: Filmschaffender, Produzent, Regisseur, Kameramann, Lehrbeauftragter. G: Prag, 17. Sept 1930. V: Julianna, geb Hollòs. A: A–4060 Leonding, Hainzenbachstr 98. S: Mittelschule. E: Teilnahme an vielen intern Kurzfilmfestivals in d ganzen Welt, Österr Staatspreis, Werkstudio d HS f künstlerische u industrielle Gestaltung in Linz, Verleihung d Titels „ao Prof". M: Verb d Kameraleute Österreichs.

Puschej Max
B: Kurzfilmhersteller, Lehrer, Ltr d Landesstelle f audiovisuelle Lehrmittel in Salzburg. G: 2. Juli 1912. V: Nadia, geb Rakowitsch. A: A–5322 Hof, Hinterschroffenau 53. Tel: 06221/263. S: Hauptschullehrer, fotografische u filmische Ausbildung als Autodidakt. F: Viele, hauptsächlich Landschafts- u Architekturfotografie. E: Preise bei intern Touristikfilm-Wettbewerben, Max Reinhardt-Medaille, Silbernes Verdienstkreuz d Landes Salzburg. M: Kam d gewerblichen Wirtschaft. H: Bergsteigen, Sport.

Puschendorf Ursula
B: Chefmaskenbildnerin beim NDR, Hamburg. G: Jena, 10. Mai 1925. V: Hans Puschendorf. A: D–2070 Ahrensburg-Holstein, Vosswinkel 3. Tel: 04102/54193. S: Friseurlehre, Volontariat am Theater (Maskenbildner). K: Friseur-Mstrin, Maskenbildnerin bei Theater, Film u

Fernsehen, Chefmaskenbildnerin beim NDR Fernsehen, Hamburg. F: Div Interviews mit Fotobeiträgen in Zeitschriften. E: Versch Diplome. H: Beruf, Lesen, Gartenarbeit, Wandern.

Putnaerglis Gunnar Ing
B: OberIng, ElektroIng m Spezialisierung in d HochfrequenzTechn. G: Riga/Lettland, 1. Juni 1924. A: D–2800 Bremen 44, Christernstr 40/42. S: Abitur, Ing (grad), versch Fortbildungsseminare im In- u Ausland. K: 1944–45 Techn Sonderaufgaben b d Deutschen Kriegsmarine (2. ADN), 1948–54 Ltr d Hörfunk-Meß-Techn b Radio Bremen, 1955–61 Ltr d Techn Ausrüstung, seit 1962 Ltr d FernsehTechn u Ernennung zum OberIng, Radio Bremen. E: Mehrere techn Erfindungen, einschließlich DBP. H: Musik, techn-wiss Analysen, Amateurfunker (DL9HR) u Sport.

Pütz Jean Ing
B: Wissenschaftsjournalist, Redakteur beim Fernsehen d ARD. G: Köln, 21. Sept 1936. A: D–5000 Köln 30, Eichendorffstr 47. S: IngStud an d Staatl IngSchule in Köln, Externistenabitur, Stud d Soziologie u Physik, Univ Köln, Examen. K: Lehre als Elektromechaniker in Luxemburg u Berufsfachschule, Ing grad, Dipl-Physiker, Erstes u Zweites Staatsexamen f Lehramt an höheren Schulen, 2 Jahre Referendarzeit, Studienassessor, Studienrat, Austritt aus d Staatsdienst u Beginn als Redakteur mbA beim ARD-WDR Fernsehen, Köln 1970, 1978 Berufung als Ltr d Redaktion Natur u Technik (1. Redakteur), ca 150 Sendungen zu techn-wiss u med Themen, 8 Bücher als Autor bzw Herausgeber (Sachbücher). F: Fachaufsätze in Fachzeitschriften, zB Polygraph, Elektronik usw. D: In d eigenen Sendung „Hobbyredaktion". E: Batelle Preis f WissJournalistik f d Sendung „Intelligenz in Miniatur" (Mikroprozessoren revolutionieren d Technik), 1977. M: Teli (Technisch-literarische Ges), RFFU. H: Motorfliegen, Sport, schöne Frauen, Diskutieren usw.

Quade Frank G
B: Bildjournalist, Star- u Prominentenfotograf. G: Berlin, 21. Mai 1929. A: D–1000 Berlin 15, Olivaer Pl 9, D–1000 Berlin 15, Kurfürstendamm 202, Postfach 429. S: Grundschule, Autodidakt. K: Hobbyfotograf, Pressefotos, zuerst f „Nachtdepesche", dann nach u nach f alle Berliner Zeitungen, westdeutsche Publikationen jeder Art, seit 11 Jahren Fotograf d „Stachelschweine" (Kabarett in Berlin), Ablichter d allgemeinen Prominenz v Schauspiel bis zur Politik, Portraitfotograf vieler Schauspieler, Reiseberichte in vielen Ländern (Color ua), PR-Berichte in Foto u Text, vor allem im Berliner Raum, Entdecker einiger bekannter weiblicher Stars (ua Ingrid Steeger, Sybil Danning, Rena Horten usw), bisher 2 Fotoausstellungen, Dekorationen in Fotos f Lokale, Rechtsanwaltbüros, Reisebüros usw, Fotos f Poster, Stars, Reiseveranstalter, Gesangsinterpreten ua, Standfotos f mehrere Filme u Fernsehproduktionen. D: 2 TV-Dokumentationen mit Ingrid Steeger, Kleindarstellerrollen ua in „Maria Magdalena". E: 2 Medaillen f „Gute Leistungen" in Israel. M: Mtgl im Berliner PresseVerb, Deutscher JournalistenVerb, Fußballclub „Hertha 03-Zehlendorf", Mtgl d „Stachelschweine". H: Fußball, Reisen, Sammeln v Gläsern u Streichhölzern.

Quallmann Bernd
B: Musik-Manager. G: Hannover, 7. Jan 1951. V: Cornelia, geb Möller. A: D–4020 Mettmann 1, Schwarzbachstr 99. S: Oberschule, Buchdrucker-Lehrabschluß, 6 Sem Stud d Wirtschafts- u Betriebstechnik m Schwerpunkt Drucktechn. K: 1977 Konzertbüro, Konzert-Management f Künstler wie Alex, Franz K, 1978 Betreuung v Amon Düül II, Satin Whale ua, Aufbau eines Musikverlages, einer KonzertDion u eines eigenen Schallplattenlabels. F: Artikel in allen deutschen Musik-Zeitschriften, in d Presse d benachbarten Auslandes, Billboard England. E: 1977 Platz 10 deutscher Manager im MUSIKER (Fach-Zeitschrift), 1978 Platz 6. M: GEMA. H: Reisen m Reisemobil, Musikhören.

Quandt Manfred
B: Regie-Kameramann, Filmproduzent, Industriefotograf. G: Hamburg, 16. Apr 1946. V: Gisela, geb Spilker. A: D–5000 Köln 1, Pantaleonswall 18. Tel: 0221/321821. S: Mittlere Reife, Volontär u Ass bei Film, TV u Industrie. K: 1965 als Freiberuflicher Beginn d Filmlaufbahn, 1971 als freier Kameramann f Film, TV u Industrie tätig, 1976 eigene Filmproduktion. F: Fotoveröffentlichungen in Katalogen f Werbung usw. D: Letzte Fernsehfilme: „Lernen von früh bis spät", „Erwachsenenbildung in der DDR", „PSI", „Wer ist eigentlich Alfred Fries", letzte Industriefilme: „Optik u Elek-

tronik", „Grenzflächenanalytik", „Schweißtechnik", „Metallurgie", „Folientechnik". H: Elektronik.

Quanz Willibald
PS: Marcel Gostino. B: Komponist. G: Frankfurt/Main, 19. Feb 1905. V: Anny, geb Brandtner. A: D–5060 Bergisch Gladbach 2, Max Bruch-Str 32. Tel: 36432. S: Grundschule, Klavierunterricht am Fulda-Konservatorium. K: 1918–28 Pianist in Tanzschulen, Kinos, 1928–36 Berufspianist, 1937–52 eine Gaststätte in Köln „Zum musikalischen Wirt", seit 1952 nur noch Komponist u Lektor eines Weltverlages, ca 400 Kompositionen, Standard Titel: Wir machen durch bis morgen früh, O wie bist du schön, Unter Palmen am Meer, Rot ist dein Mund, Finken Walzer, außerdem 2 Filme u Konzertmusik, geschrieben f Interpreten wie Willy Schneider, Roy Black, Chris Roberts, Willy Millowitsch, Wolfgang Sauer, Kenneth Spencer, Lale Andersen, Paul Kuhn, Heinz Schachtner, Bibi Jones, Medium Terzett, Hellberg Duo usw, f Orchester Schneebigl, Edelhagen, James Last, Vossen, Lehn, Hause, Berking usw. M: GEMA.

Quinque Gabriele
B: Werbefotografin. G: Bad Langensalza/Thüringen, 1. Juli 1949. A: D–6800 Mannheim, U 4, 21. S: Mittlere Reife, Fotografen-Lehre, Foto-Fachschule Hamburg. K: 2 Jahre Ass v Charles Wilp, Düsseldorf, seit 1976 selbständige Werbefotografin (Stillive u Food). F: Meine Familie u Ich, Stern, Fachzeitschriften d Schmuck-, Souvenir- u Eisenwaren-Branche. H: Fotografieren, Reisen.

Raab Fritz
B: Journalist u Schriftsteller. G: Siegen/Westfalen, 2. Apr 1925. A: D–2000 Hamburg 70, Helbingstr 32, Tel: 040/6934973 und CH–6611 Mergoscia, Casa Fávola, Tel: 093/671606. S: Abitur. K: 1948–49 Redakteur, ab 1950 freier Autor: Hörspiele, Fernsehspiele, Theaterstücke, Romane, gleichzeitig 1971–76 Ltr d Nachwuchsstudios d Norddeutschen Rundfunks. M: VS, RFFU ua. H: Segelfliegen.

Raab Hans
B: Lichtbildner (Fotograf). G: Gunzenhausen/Bayern, 20. Juli 1930. V: Gisela, geb Schwarz. A: D–8820 Gunzenhausen, Sinderlach 8. S: Grundschule, Ind-Kfm, Redakteur, fotografisch Autodidakt, TV-Kamerakorrespondent. K: Vom Ind-Kfm zum Redakteur, Bildjournalisten, TV-Kamerakorrespondent f Aktuelles, Lichtbildner – Schwerpunkt Landschaft. F: Landschaftsbildbände: „Altmühltal-Romantik", „Dinkelsbühl", „Fränkische Altmühl", Gong, Neue Revue uva. M: VerwertungsGes Bild/Kunst, München. H: Schwimmen, Skilaufen Basteln, Reisen.

Rabold Fred
B: OrchesterLtr, Komponist, Arrangeur. A: D–7517 Waldbronn/Busenbach, Hellenstr 42. Tel: 07243/61189.K: Truppenbetreuung an d französischen Atlantikküste, danach US-Offiziersclub Karlsruhe, dann im französischen Offiziersclub Baden-Baden, dann amerik Soldatensender AFN, öffentliche Veranstaltungen, 1950–54 in Frankreich engagiert als Bandleader u Solist, mit eigenen Bands schnell bekannt geworden ua durch Presseballe in Karlsruhe, den „Ball d Nationen" in d Stuttgarter Liederhalle, sowie d Festbanketts d „Bambi"-Verleihungen, seit 30 Jahren „Fred Rabold u sein Orchester", auch eigene Kompositionen ua: „Monday Meeting", „Sehnsucht nach Dir", „Manuela, Du bist wie ein Traum", „Nimm mich mit auf eine große Reise".

Radde Richard
B: Tontechniker. G: Berlin, 7. Aug 1926. V: Hildegard. A: A–1130 Wien, Veitingerg 129/7/6. Tel: 0222/8417882. S: Mittelschule, Graphische Lehr- u VersuchsAnst Wien, Volontär b Wien-Flm. K: Ab 1946 1. MikroAss Österr u Deutscher Filmproduktionen sowie Boomop aller in Österreich prod US-Spielfilmproduktionen, ab 1969 TonTechn u Akkustiktonmeister (TV, Theater) ORF. E: Sound of Music (Tonteam bekam OSCAR f besten Ton d Jahres).

Rakow Johanna
B: Stimmbildnerin. G: Kolberg/Pommern, 12. Jan 1903. A: D–1000 Berlin 33, Sodener Str 24. Tel: 030/8232602. S: Lyzeum mit Abschluß, Klavierunterricht (mit 8 Jahren), später Geigenunterricht u Musiktheorie, GesangsStud bei Prof Grenzebach, Kärman u Lohmann. K: Liederabende, Gesangsstudios, Schüler an vielen Bühnen, Gastverpflichtungen im In- u Ausland ua Bayreuth, Berlin, Paris, Wien, Genf, Barcelona, Rom usw. M:

VDMR. H: Bildende Künste, Malen.

Rambach Peter
B: Bergführer, Skilehrer. G: Triberg 14. Okt 1947. A: D–7811 St Peter, Postfach 25, Berghotel Kandel. S: Grundschule, Sportschule Grünwald. F: Badische Zeitung, Die Welt, Bergwelt, DAV Mitteilung. M: Ski-Zunft, Bergwacht, Naturfreunde, DAV. H: Bergsteigen, Skifahren, Fotografieren, Reisen.

Ramcke Peter
B: Kameramann. G: Hamburg, 15. März 1938. A: D–2000 Hamburg 65, Poppenbüttler Landstr 4. S: Abitur, Foto-Labor, Kopieranstalt, Volontär Boehner-Film-Hamburg, 1958–61 KameraAss, Boehner-Film-Hamburg, 1962 erste eigene Arbeiten als Kameramann, Boehner-Film-Hamburg. K: Seit 1966 Film in Wiss u Technik, Eberhard Stock KG, Hamburg-Bielefeld, ab 1967 in versch Firmen (Produktionen) als freier Kameramann tätig, VW-Werk-Wolfsburg, Boehner-Film-Hamburg, NDR-Fernsehen, Bertelsmann-Film-Fernsehproduktion-Berlin, Deutscher Kulturfilm-Hamburg, Film i Wiss u Technik-Bielefeld, FWT-Film-Werbung-Television-Hamburg, Hanseatic-Film-Hamburg, Brandes u Partner Film-Fernsehproduktion-Hamburg, Lintas-Hamburg, Objektiv-Film-Hamburg, Marken-Film-Hamburg, GP-Film-Hamburg-Halstenbek, ZDF-Fernsehen, Ifage-Film-Fernsehproduktion-Wiesbaden, EGP-Film-Frankfurt/M, Agir-Filmproduktion-Hannover-Hamburg, Pan-Film-Hamburg, Graf Hardenberg-Filmproduktion-Hamburg, DCF-Film-München, Zeit-Film-Hamburg, Gernhardt-Film-München, Aktuell-Film-Fernsehproduktion-Hamburg, TBS-Produktion-Krebs-Hamburg, Randolf Heller-Produktion-Hamburg, Hanseatic-Kontakt-Film-Hamburg, Cinecontact-Film-Berlin, Intercom KG-Tepe-Film-Hamburg, Projektteam für Optische Medien-Hamburg, Trickstudio-Ludwig-Hamburg, Deutsche Shell AG, Herbert Schipper-Produktion-Hamburg. F: Versch Werbeprospekte. E: Bronce Award, Intern Film- u TV-Festival of New York, 1966, f d Film: „Tie Tamping in Germany", VI Deutsches Industriefilm-Forum, München 1977, Bewertung: Gut f d Film: „Rund um die Uhr". M: BDK Bund Deutscher Kameramänner, CDK Club Deutscher Kameramänner. H: Musik, Tennis, Foto, Basteln.

Rappel Hermann
PS: Jo Parrel. B: Komponist, Verleger. G: Ingolstadt, 28. Aug 1917. V: Anni, geb Plank. A: D–8070 Ingolstadt-Gerolfing, Ricarda Huch-Str 8. S: Stud in Leipzig u Musikschule Mylau. K: 12 Jahre Rundfunkblasorchester H Blum, Nürnberg, seit 12 Jahren Verleger f Blasmusik, 5 Jahre Verbandsdirigent VolkmusikVerb. M: GEMA, Deutscher Volksmusikerbund. H: Schwimmen, Basteln.

Rasche Alfred
B: Maskenbildner. G: München, 9. Aug 1941. V: Ingeborg, geb Vestner. A: D–8121 Kampberg, Wickenweg 5. K: 9 Jahre Lehre, seit 1964 f intern Film- u Fernsehanstalten tätig. H: Reiten, Skifahren, Tennis.

Rassner Joachim
B: Fotograf. G: Mengsberg, 8. Mai 1941. V: Hanne, geb Hambach. A: D–6000 Frankfurt/Main 70, Textorstr 24. S: Abitur, Fotografenlehre, MstrSchule, Art School New York. K: Bordfotograf North German Lloyd, Ass bei Werbefotografen, Studiofotograf, selbständiger Werbefotograf. F: In allen einschlägigen Zeitschriften, Magazinen, Illustrierten, Photo Graphis, Art Director Annual. E: Versch Medaillen v Art Directors Club. H: Fliegen v Motorflugzeugen.

Rauch Friedrich
B: Bildjournalist, Vorst d VerwertungsGes Bild-Kunst, Geschäftsführendes Mtgl d Vorst d BVerb d Pressebild-Agenturen. G: München, 31. Dez 1928. V: Uta, geb Böck. A: D–8000 München 22, Stollbergstr 1. S: Abitur, Stud StaatsWiss. F: Laufend in Zeitungen u Zeitschriften. M: Deutscher JournalistenVerb, Deutsche Ges f Fotografie, VG Bild Kunst, BVerb d Pressebild-Agenturen, Deutsche Vereinigung f gewerblichen Rechtsschutz u Urheberrecht, ALAI.

Rautenfeld Klaus v
B: Chef-Kameramann f Film u Fernsehen. G: Birkenruh, 5. Apr 1909. V: Waltraut, geb Ohlsen. A: D–8184 Gmünd/Tegernsee, Parkstr 39a. Tel: 08022/7739. S: Abitur, 9 Sem Jura-Stud, Ausbildung als KameraAss b UFA u Tobis. K: 8 Jahre tätig bie Luis Trenker als Ass u zweiter Kameramann, als freier Chefkameramann mehr als 60 Spielfilme gedreht, viele Fernsehspiele, Shows u Dokumentationen, heute in d Werbung tätig. E: BFilmpreis, Preis d Deutschen Filmkritik (Goldene Muschel), Intern Werbefilm-Festival New York: Auszeichnung d Spots m 3 Goldmedaillen, 2

Silber- u einer Bronze-Medaille. H: Archäologie, Skilaufen, Segeln.

Rebmann Otto
B: Unternehmer. G: Kaisten, 4. Okt 1923. A: D–8049 Zürich, Kettberg 3. S: Grundschule, div kfm Weiterbildungskurse, MarketingLtr-Seminar an d HS St Gallen (Ref Prof Heinz Weinholt). K: 3 Jahre Fabriksarbeiter, 2 Jahre Bauarbeiter, 3 Jahre Vorarbeiter bei d SBB Zürich, 10 Jahre Zolldeklarant bei Danzas u Migros Zürich, seit 1955 Gründer u Inhaber d Firma fotohobby Zürich (60 Mitarbeiter), seit 1976 Inhaber d Firma GRANDAG AG, Windisch (22 Mitarbeiter), offizieller Vertretung v Alfa-Romeo Peugot, Mercedes, Jaguar. M: Schweizerischer Verb f Fotohandel u Gewerbe, Schweizerischer AutogewerbeVerb. H: Filmen, Fotografieren, Schwimmen, Skifahren.

Recht Horst
B: Industrie- u Werbefotograf. G: Würzburg, 21. Apr 1938. A: D–6350 Bad Nauheim, Hermann Ehler-Str 12. K: 1957 Lehre, 1960 Gesellenprüfung, 1960–61 bei Werbefotograf Erb, 1962–66 als Industriefotograf bei Messer-Griesheim, 1967–69 als Schiffsfotograf auf Weltfahrt, seit 1970 selbständig freiberuflich tätig, Mode, Kosmetik, Agenturen, Anzeigen, Prospekte u Kataloge wie Neckermann, Schwab. H: Reiten, Schach, Drachenfliegen, Ski, Reisen.

Reckstadt Bodo F H EFIAP/DGPh Ing
B: Ing. G: Hannover, 24. Aug 1924. V: Irmalrmgard, geb Hammer. A: D–4970 Bad Oeynhausen, Am Osterbach 14. S: Realschule, Ing-Stud. K: Seit frühester Jugend Beschäftigung mit d Medium „Fotografie", seit 1957 in Bad Oeyenhausen, 1962 Gründung d Camera-Club, organisatorischer Ausrichter mehrerer Fotoausstellungen im Staatsbad u d Stadtsparkasse, 1976 Mitwirkung an einem Bildband v Bad Oeyenhausen, Überblend-DIA-Vorträge, Kurse über Fotografie an d VHS Bad Oeyenhausen, Beteiligung an Ausstellungen in Remscheid, Stuttgart, Darmstadt, Hagen, Münster, Lüdenscheid, Minden, Dortmund, Bad Oeyenhausen, England, Dänemark, Frankreich, Italien, CSSR Polen, Japan, China, Amerika, Kanada. E: 1970 AFIAP, 1973 EFIAP, 1976 DGPh, mehrere Auszeichnungen auf nationalen u intern Fotosalons. M: Deutsche Ges f Photographie, Verb Deutscher Amateurfotografen Ver, Camera Club d VHS Bad Oeyenhausen. H: Fotografie.

Redenbacher Klaus
B: FotografenMstr. G: Nürnberg, 14. Apr 1935. V: Renate, geb Küster. A: D–8000 München 90, Martin Luther-Str 24. S: Gymn, Lehre bei Ludwig Harren in Nürnberg, Stud an d Staatslehranstalt f Fotografie in München, MstrPrüfung 1961. K: „Wanderjahre" in Werbeagenturen u Studios in Stuttgart, Hamburg, Augsburg, Paris, New York, San Francisco, Studienreise rund um d Welt, fachjournalistische Tätigkeit (nebenberuflich), Übernahme u Ltg d Fotostudios bei Foto-Ertl in Augsburg seit 1971. F: In allen nationalen u vielen intern Zeitschriften u Jahrbüchern. E: Pionier u Vater d modernen Farbportraits. H: Segeln, Skifahren.

Ree Jean van
B: Konzert- u Opernsänger. G: Kerkrade/Niederlande, 7. März 1943. A: D–5014 Kerpen/Köln, Bungalow „Il Trovatore" Schloßpark Türnich. S: Mittlere u höhere Schulen in d Niederlanden, Banklehre, Konservatorium u MusikHS im In- u Ausland. K: Seit 12 Jahren festes Mtgl an d Kölner Oper, Gastsänger an d Metropolitan Opera, New York, Grand Opera, Paris, an vielen großen Opernhäusern im In- u Ausland, Rundfunk- u Fernsehproduktionen im In- u Ausland, sowie Konzerte in d großen Konzerthäusern, Festspiele. F: In intern Zeitschriften, vor allem in Amerika, Deutschland, Belgien u in d Niederlanden. D: Über 40 Opernrollen, 50 Konzertwerke u hunderte v Liedern, Fernsehproduktionen: „Zaide und Schauspieldirektor", „Der Bettelstudent", Kantaten v Bach, sowie in Fernsehunterhaltungssendungen. E: Medaille Salzburger Festspiele, sowie Auszeichnungen versch Städte, Preis f Interpretation Moderner Musik in Holland. M: Gen Deutscher Bühnenangehöriger. H: Filmen.

Reicherts Bernhard Ing
B: Ing d Elektrotechnik. G: Berlin, 24. Juni 1933. V: Waltraud, geb Reichert. A: D–1000 Berlin 19, Angerburger Allee 59. S: Oberrealschule, mittlere Reife, 2 Jahre Praktikum bei d AEG, IngSchule mit Abschlußexamen, 7 Jahre Klavierunterricht u Orgelunterricht 2 Jahre Musiktheorie u Komposition. K: MeßIng, Musik- u MischtonMstr, Technischer Ltr, seit 1976 Geschäftsführer d Berliner Union-Film Studio KG, FachDoz an d Staatl Fachschule f Optik u Fototechnik Berlin, öffentlich bestellter

u vereidigter Sachverständiger f Tontechnik d IHK Berlin. M: FKTG-Mtgl, stellv Vorst d FörderVer d Staatl Fachschule. H: Klassische Musik, Bau ferngesteuerter Schiffs- u Flugmodelle, Emaillearbeiten, Reisen.

Reichle Thomas
B: Fotograf. G: Stuttgart, 25. Feb 1950. A: D–7000 Stuttgart 1, Lindenspürstr 36/1. S: Mittlere Reife, Lehre als Werbe- u Modefotograf, Stud d Werbung u Betriebswirtschaft. K: Werbefotograf in mehreren Stuttgarter Werbeagenturen, Herstellung v Tonbildschauen, Industrie- u Dokumentarfilmen, seit 1976 selbständiger Fotograf u Produzent, Schwerpunkte: Werbefotografie, Tonbildschauen, Multivisionsschauen, Film. F: Div Firmenzeitschriften zB Siemens, Fachzeitschriften zB Küche und Bad. M: Südwestdeutscher JournalistenVerb. H: Tiere, Musik.

Reimer Knut
B: FotografenMstr. G: Wegscheid, 7. Okt 1943. V: Vilma, geb Rathnam. A: A–8020 Graz, Annenstr 7. S: Grundschule, 3 Klassen Berufsschule, Spezialkurs in Portraitfotografie, Aktfotografie, Colortechnik. K: 1958 Beginn d Fotografenlehre, 1961 Gesellenprüfung, 1962–63 Bildberichterstatter im Min f Landesverteidigung, 1965 MstrPrüfung, 1963–74 Tätigkeit als Industrie-, Werbe- u Architektur fotograf, 1974 Übernahme v Foto Elvira, Arbeitsgebiete: Reportagen, Werbung, Architektur, Industrie, Porträt u dekorative Fotografie. F: Zahlreiche Publikationen in div Tageszeitungen, Fachzeitschriften usw in Deutschland u Österreich. E: 2 Zweite u 1 Dritter Preis bei Intern Sportfotoausstellung. M: Europhot, Fotografische Ges Wien, Photomuseum Ischl, Fotografen-Innung, RSV.

Reiner Gertraud
B: Grafikerin, Trickfilmproduzentin. G: München, 9. Mai 1930. V: Walter Reiner. A: D–8165 Fschbachau, Maierfeldstr 3–5. S: Grundschule, Mittlere Reife, 6 Sem Blocherer Kunstschule. K: Eigene Trickfilmproduktion, viele Zeichentrickfilme f Film u Frnsehen, zB „Ein Münchner im Himmel", viele Bücher f namhafte Verlage. E: Deutscher Kinderfilmpreis 1963 f „Der selbstsüchtige Riese" (v O Wilde), Deutscher Industriefilmpreis 1970 f „Gerechter Lohn", mehrere Kulturfilmpreise. H: Schwimmen, Skilaufen, Bergsteigen, Musik, Theater, Literatur.

Reiner Walter
B: Grafiker, Trickfilmproduzent. G: München, 20. Nov 1924. V: Gertraud, geb Zilker. A: D–8165 Fischbachau, Maierfeldstr 3–5. S: Grundschule, Vermessungstechnische Zeichnerlehre. K: Nach d Krieg selbständiger Grafiker, Versuche mit Trickfilmen, seit 1954 eigene Trickfilmproduktion, viele Zeichentrickfilme f Film u Fernsehen, zB „Ein Münchner im Himmel", viele Bücher f namhafte Verlage. E: Deutscher Kinderfilmpreis 1963 f „Der selbstsüchtige Riese" (v O Wilde), Deutscher Industriefilmpreis 1970 f „Gerechter Lohn", mehrere Kulturfilmpreise. H: Schwimmen, Skilaufen, Bergsteigen, Musik, Theater, Literatur.

Reinhardt Walter-Alfred
B: Fotografenmeister. G: Crimmitschau, 1O. März 1936. V: Eva, geb Munzel. A: D–2855 Beverstedt, Logestr 2 und D–2190 Cuxhaven, Alter Deichweg 20. S Grundschule, Lehre als FotoKfm m Abschluß, 2. Lehre als Fotograf, Abschluß m Meisterprüfung. K: Selbständig seit 1967.

Reis Robert
B: Fotodesigner. G: Hagenah/Stade, 29. Aug 1949. V: Gisela, geb Simon. A: D–2143 Oberochtenhausen 28. S: Höhere Handelsschule, kfm Ausbildung, autodidaktisches Stud d Fotografie (Famous Photographers Course), Volontär in einigen Studios. K: Werbefotografie, Serien über Menschen, einige Jahre Porträtfotografie, heute: Titelfotos v Prominenten, Modereports u Porträts v Kindern. F: Veröffentlichungen in vielen großen Zeitschriften in d BRD u d Schweiz. H: Fotografieren, Wandern, Schwimmen, schöne Frauen anschauen.

Reiser Clemens
B: Choreograf f Tanz u Show, creative Beratung, Schulung f Schauspieler, Fotomodelle, Mannequins, Dressmen. G: München, 22. Nov 1939. A: D–8000 München 40, Georgenstr 130. Tel: 089/180193. S: Hum Gymn, Stud d TheaterWiss, Psychologie. K: Ausbildung beendet m 26 Jahren, 5 Jahre Aufenthalt u Weiterbildung im Ausland, seit 10 Jahren selbständig. F: In versch Zeitungen u Zeitschriften. H: Tiere, Fliegen.

Reiss Helmut
B: Fotojournalist, Fotograf. G: 16. Aug 1943. A: D–2000 Hamburg 54, Julius Vosseler-Str 41. Tel: 040/565666. S: WirtschaftsGymn,

BankKfm, K: BankKfm, Fotojournalist, Fotograf HELMUT REISS Presse-Foto-Cartoon-Service. F: Veröffentlichung v Fotoreportagen, Bild u Text, Cartoons in deutschen u ausländischen Publikumszeitungen u Tageszeitungen. M: Deutscher JournalistenVerb.

Reiß Hans-Jürgen
B: AufnahmeLtr f Fernsehen. G: Berlin, 21. Feb 1950. A: D–1000 Berlin 19, Länderallee 26. Tel: 030/3046846. S: Realschule, Mittlere Reife. K: Lehre mit Abschluß als FotofachKfm, Praktikum beim NDR Fernsehen in Hamburg, Abschluß AufnahmeLtr, zwischendurch freiberuflich tätig beim Hessischen Rundfunk, ZDF Werbung, seit 3 Jahren fest angestellt beim SFB, Tätigkeit als AufnahmeLtr Fernsehen, Mitwirkung als AufnahmeLtr beim NDR: div Features, Tatort, Dem Täter auf der Spur, Sonderdezernat K1, Unterhaltungssendungen aller Art, beim SFB: überwiegend in d Unterhaltung tätig, ua „Patenkinder", „Die Sendung mit Paul", „Gefragte Gäste", „Der Stargast", „Stars im Studio" ua. H: Fotografieren, Kino, Theaterbesuche.

Reithmeier Franz
PS: Franta Rei. B: KapellMstr, Komponist, Texter. G: Starnberg/See, 9. März 1914. V: Regina, geb von der Brelie. A: D–8130 Starnberg/See, Münchner Str 19. Tel: 08151/13944. S: Grundschule, MusikStud 6 Jahre (Geige bei KonzertMstr Heinrich Gerstetter am Gärtnerplatztheater in München, Trompete bei Prof Rittner am Konservatorium München). K: Ab 1935 Militärmusiker (Trompeter u Geiger), ab 1946 Bigband-Leader, ab 1957 StadtkapellMstr. F: In d Tagespresse. E: Amt f Kirchenmusik im bischöflichen Ordinariat Augsburg: Urkunde u Medaille. M: Bayerischer Volksmusikbund, Musikkreis Starnberg, Kirchenchor ua. H: Malen, Fotografieren, Fischen, Bergwandern.

Reitz Dieter
B: Schausteller. G: Hamburg, 27. Apr 1936. V: Dietlinde, geb Cuers. A: D–2870 Delmenhorst, Syker Str 202. S: Grundschule. K: Arbeiter, Soldat, Schausteller. M: Verb Reservisten, Deutschland. H: Alles selbst reparieren, Briefmarken sammeln.

Remus Fritz Wilhelm Eduard
B: Kameramann, Journalist. G: Berlin, 3. Juni 1904, gest 30. Mai 1977. V: Manchen, Helga Frieda Inge. A: D–1000 Berlin 30, Landshuter Str 33a. Tel: 030/248077. S: Oberschule, Stud, Betriebslng. K: 1920–23 Volontär, 1923–24 Techniker, 1925–40 Ing bei versch Unternehmen, wegen Wirtschaftskrise vorübergehend KameraAss u freier Mitarbeiter bei d UFA, 1940–42 Marinelg d Res, 1947–58 Bildjournalist beim Tagesspiegel, 1958–74 freier Kameramann beim Sender Freies Berlin (SFB), Beteiligung an d Herstellung u Produktion v Filmen u Dokumentationen. F: Illustrierte Berliner Zeitschrift, Tagesspiegel, Berliner Morgenpost, Petrusblatt, 7 Uhr Blatt, Karikaturistenzeitschrift, Berliner Schnauze, Clubzeitschrift „Bugkorb". E: Preise bei Motorbootrennen u Segelwettbewerben, versch Kriegsauszeichnungen. M: Lübecker Motorboot Club, JournalistenVerb Berlin. H: Autofahren, Motorboote, Malen, Zeichnen, Basteln, Segelfliegen, Filmen, Fotografieren, Schreiben v Kurzgeschichten u Reportagen.

Renk Wolf-Bodo
PS: Mark G Java. B: Musikverleger, Komponist, MusikPäd. G: Leipzig, 23. Apr 1942. A: D–8000 München 2, Herzog Heinrich-Str 21. S: Nach Schulabschluß Musikverlagslehre, Stud am Konservatorium Frankfurt, Musiklehrerausbildung München. K: Selbständiger Musikverleger seit 1970, eigener Verlag: Musikverlag Renk „Varia-Edition" München. F: Das Musikinstrument, Instrumentenbau-Zeitung musik international, Harmonika-Revue, Musik-Commerz. E: Ehrennadel in Gold d Deutschen Harmonika-Verb eV f bes Verdienste um d Harmonikabewegung. M: Deutscher MusikverlegerVerb eV, Bonn, GEMA, München-Berlin, Deutscher HarmonikaVerb eV, Trossingen, Münchner VolksmusikVer, München. H: Musik, Filmen.

Renner Alois
B: Fotograf. G: Würgau/Bamberg, 17. Juni 1925. A: D–8600 Bamberg 1, Gereuthstr 18a, Postfach 2325. S: Grundschule, Berufsschule, techn Reichsschule. F: FT Bamberg, Der deutsche Fallschirmjäger, im Buch „Die grünen Teufel v Monte Casino". M: Polizei-SV. H: Schießsport (Pistole), Motorsport.

Repper Peter
B: Fotograf. G: Mährisch-Ostrau, 5. Dez 1940. V: Wera Irene Alexandra, geb Freiin v Stein. A: D–8920 Schongau, Christophstr 7. S: Abitur, Fotografenlehre. K: Inhaber eines Fotostudios u eines Fotospezialgeschäftes, Mtgl d Bluegrass-Gruppe TRAIN TOP MOUNTAIN RAM-

BLERS. E: Sieger beim Marlboro Country u Western Festival in Stuttgart, 7. Platz bei d Endausscheidung in Frankfurt.

Reto Reinhardt
B: Fotograf. G: Chur, 22. Okt 1951. A: CH–7000 Chur, Grabenstr 40. S: Primar-, Sekundar- u Mittelschule, Fotografenlehre. K: Werbung in Schaan, 2 Jahre Werbung in Singapore, 2 Jahre techn Knowhow in Venezuela, Südamerika. F: Nikon newa, twen, Colorfoto, Tagblatt, Fotografie, Die Alpen, Blick, Neue Revue, Paris match, Schweizer Illustrierte ua. E: 1974 v Agfa-Gevaert München, 1976 1. Preis im Wettbewerb d Kodak Lausanne. M: Fotag, MFC. H: Fliegen, Motorrad.

Reuss Bernd
B: Werbefachmann. G: Leipzig, 23. Feb 1942. V: Gisela, geb Hölfler. A: D–4040 Neuss 1, Matthiasstr 32. Tel: 02101/39395. S: Gymn, Werbefachschule, Dolmetscher. K: Texter, Creativ-Head, selbständig. H: Schiffe, Seefahrt, Natur, Skandinavien, Blechspielzeug.

Reutter Lutz-Eugen Dr
B: Redakteur mbA. G: Berlin, 19. Okt 1936. V: Ursula, geb Ihlhoff. A: D–2095 Marschacht, Rosenweg 17. S: 1957 Abitur am Johanneum, Lüneburg, 1957–59 Lehre als Groß- u AußenhandelsKfm in Hamburg, 1959–66 Stud d Geschichte, Germanistik, Pädagogik, Philosophie u Evang Theologie an d Univ Hamburg, 1967 Staatsexamen, 1968–69 Promotion philosophische Fakultät d Univ. K: 1967–69 Wiss Ass bei d „Forschungsstelle f d Geschichte d Nationalsozialismus in Hamburg", seit 1970 Referent f Öffentlichkeitsarbeit beim Norddeutschen Rundfunk in Hamburg. F: Buchveröffentlichungen: Die Hilfstätigkeit katholischer Organisationen u kirchlicher Stellen f die im nationalsoz Deutschland Verfolgten, Hamburg 1969/70, Katholische Kirche als Fluchthelfer im Dritten Reich (Recklinghausen/Hamburg 1971), Massenmedien. Eine Auswahlbibliographie unter besonderer Berücksichtigung von Funk u Fernsehen, Hamburg 1971. M: Ges f Christlich-Jüdische Zusammenarbeit, Freies Deutsches Hochstift Goethe-Museum, Heimat- u MuseumVer Winsen (Luhe) u Umgebung, DiözesangeschichtsVer d Bistums Berlin, Vereinigung zur Erhaltung v Wind- u Wassermühlen in Niedersachsen, Studienkreis Rundfunk u Geschichte, Ver Deutscher Archivare. H: Heimatgeschichte, Reiten, Malerei.

Richter Arno
B: Filmarchitekt (ArtDir), Kostümbildner. G: Berlin-Schöneberg, 15. Feb 1907. A: D–1000 Berlin 30, Ansbacher Str 68. S: RealGymn, Obersekundarschule, HS d Künste in Berlin, MstrKlasse Prof Emil Orlik, R Accademia di Belle Arti, Rom, Abschlußdiplom d Corso Superiore Di Pittura. K: Ass v Rochus Gliese f Bühnenbilder an d Staatstheatern Berlin, Filmbauten f folgende Filme: „Nächte am Bosporus", „Zwei in einem Auto", „Der Herr Finanzdirektor", „Friederike", „Der Rebell", Kostümbildner f folgende Filme: „Barcarole", „Mädchenjahre einer Königin", „Anatol", „Zu Neuen Ufern", „Patrioten", „Der Maulkorb", „Capriccio", „Der Spieler", „Das Unsterbliche Herz", „Robert Koch", „Auferstehung", Bühnenbilder f Fernsehfilme: „Mirandolina", „Dr Murkes gesammeltes Schweigen". M: Ver d Freunde u Förderer d Berlin-Museum, Landesgeschichtliche Vereinigung, Berlin, Ges f ein Jüdisches Museum, Berlin. H: Kulturgeschichte, Porträtmalen.

Ridder Anton de
B: Opernsänger. G: Amsterdam, 13. Feb 1929. V : Gudrun, geb Nierich. A: D–7501 Waldbronn. S: Ausbildung am Konservatorium in Amsterdam. K: 1925 Bühnendebüt am Landestheater Karlsruhe, seitdem Mtgl dieses Theaters, zu Beginn d Karriere Partien f Spieltenor, dann Entwicklung zum lyrischen Tenor, auch Rollen f jugendlichen Heldentenor, Gastspiele u Konzerte in d europäischen Musikzentren, Niederländische Oper in Amsterdam, Staatsoper München, Opernhäuser in Ostdeutschland, 1974 Festspiele in Bregenz. F: Unzählige in Zeitschriften u Zeitungen. D: Partien in „Carmen", „Doktor Faust", „Capriccio", „La Traviata", „Lucia di Lammermoor", viele Fernsehproduktionen, unzählbare Gastspiele an vielen großen Bühnen. E: Bayerischer Kammersänger, Baden-Württ, Kammersänger. H: Gartenarbeit, Tulpenzüchten.

Riebesehl Heinrich Doz
B: Fotograf, Doz. G: Lathen, 9. Jan 1938. V: Gisela, geb Remane. A: D–3000 Hannover 1, Am Kanonenwall 1. S: Folkwangschule, Univ Essen. K: Journalist, Doz f Fotografie an d FHS Hannover. F: Camera, Luzern, Photography Italiana, Mailand, Creative Camera, London, Modern Photography, New York, Magazin Kunst, Mainz, British Journal of Photography, London, Kunstforum International, Mainz, Novum, München, Fotografie, Prag. M:

Deutsche Ges f Photographie, DGPh, Ges Deutscher Lichtbildner, Bund Freischaffender Foto-Designer.

Riecke Hans-Jürgen
B: Fotograf. G: 7. Aug 1941. V: Karin, geb Kirsch. A: D–1000 Berlin 33 Dahlem, Königin Luise-Str 29 A. Tel: 030/8326761. S: Abitur 1960, LetteVer, Berlin Gesellenprüfung 1961, Volontär, Ass bei Pratelli, Mailand 1962–63. K: Seit 1965 selbständig in Berlin, 1973 Umzug in d Atelierneubau in d Königin Luise-Str, freie Arbeiten f bedeutende Berliner u westdeutsche Industriebetriebe u Verlage. F: Guner u Jahr, Schöner Wohnen, Olivetti-Reportage, Cornelsen Velhagen u Klasing: 3 Sachbücher, Fotoillustrationen, Westermann Verlag: Fotoillustrationen f Schulbücher u Sachbücher, Gesundheitslehren.

Riedler Rudolf Dr
B: Ltr d Schulfunks im Bayerischen Rundfunk. G: Kaufbeuren, 1. Aug 1927. A: D–8000 München, Klopstockstr 8. S: Abitur, Stud d Musik, Pädagogik, Psychologie, Publizistik u Literatur, Dr phil K: Journalist bei Tageszeitungen u Illustrierten, Auslandskorrespondent ua in Südamerika, Autor v Jugend-, Sach- u Fachbüchern, GastDoz an Univ ua Cairo Univ. F: In eigenen Büchern ua „Marokko – Städte u Menschen“. H: Literatur, Musik, Reisen.

Rieglel Elke Waltraud
B: Maskenbildnerin. G: Ybbsitz, 23. Feb 1940. A: D–8000 München 40, Dewetstr 14/II. S: Grundschule, 3 Jahre Berufsschule. K: 3 Jahre Friseur- u Perückenmacherlehre, 5 Jahre Praktikum u MstrPrüfung, 3 Diplome, dann Fa Intertel in München als Maskenbildnerin, dann Bavaria 7 Jahre als Maskenbildnerin, 2 Jahre Kammerspiele München, seitdem freiberuflich. F: Burda Verlag. M: Verb d Maskenbildner, Film Fernsehen u Theater. H: Schwimmen, Tanzen, Eiskunstlauf, Musik.

Riek Heinz
B: Redakteur. G: 25. Juni 1918. V: Ingeborg, geb Priebe. A: D–2000 Hamburg 67, Flethmannskamp 11. S: ReformrealGymn, Abitur, Praktikum im Rundfunk u Stud d ZeitungsWiss als Hauptfach (2 Sem). K: Sprecher v Kinderrollen in Hörfunksendungen Reporter, Chefreporter u AbtLtr, Ltr d NWDR-Fernsehens in Berlin, SendeLtr Fernsehen, ProgrammLtr u Prok Norddeutsches Werbefernsehen in Hamburg u Ltr d Nordschau d NDR-Fernsehens, stellv Chefredakteur NDR-Regionalprogramm. M: Landespressekonferenz Hamburg, JournalistenVerb Berlin, Kieler Presseclub, Doz an d Ak f Publizistik Hamburg. H: Alle mit d Beruf zusammenhängenden Gebiete.

Riel Hans-Peter
B: Fernsehredakteur. G: Wuppertal, 10. Apr 1943. A: D–4150 Krefeld 1, Gutenbergstr 39. S: Gymn, Stud d Elektrotechnik. K: Zeitungsvolontariat bei Velberter Zeitung, Redakteur bei d BILD-Zeitung Hamburg, Köln u Essen, Rundfunkredakteur beim WDR-Studio Essen, seit Aug 1966 Fernsehredakteur beim WDR Köln. M: Rhein-Westf JournalistenVerb.

Riethmüller Heinrich
B: Komponist, Musikbearbeiter, Instrumentalist, Dirigent, Dialogregisseur, Dialogbuchautor (Synchron). G: Berlin, 23. Dez 1921. A: D–1000 Berlin 42, Boelckestr 35. S: Abitur, akadem Kirchenmusiker. K: Organist u ChorLtr, Orgel- u Cembalo-Solist (Kammermusik), seit 1946 Rundfunk (Komponist v Hörspielen, Kabaretts u Gastdirigent), Komponist u musikalischer Ltr v vielen Filmmusiken (Spiel-, Kultur- u Werbefilme), Dialogschreiber u -regisseur v Spielfilm-Synchronisationen (ua Disney: Dschungelbuch, Pinocchio, Robin Hood, Bernard un Bianca), musikalischer Ltr v „Dalli-Dalli“. F: In fast allen Rundfunk- u Fernsehzeitschriften. M: VorstMtgl in d Vereinigung Deutscher Musikbearbeiter, 1. Vors d Sektion Berlin d Deutschen KomponistenVerb, Kurator d Versorgungsstiftung d deutschen Komponisten, Kurator d GEMA-Sozialklasse. H: Fußball, Tennis.

Rihsé Viktor
B: Freier Journalist (Wort u Bild), Filmemacher. G: 2. Jan 1920. V: Sonja, geb Menck. A: D–2160 Stade, Voßkuhl 11. Tel: 04141/83971. S: Abitur, Autodidakt (kriegsbedingt). K: Mitarbeit als freier Journalist u Filmemacher bei Illustrierten, Zeitschriften u Zeitungen, gefragt f Leitartikel u Reportagen, großes SW/Dia-Archiv ganz Europa aufgebaut, Produktion v Fernsehfilmen f Jugend, auch Werbefilme u Spots, Beginn 1949 m Journalismus, 1958 m Fernsehfilm-Produktion m eigenem Kamera-Park. F: In Foto-Fachzeitschriften, Illustrierten, Tageszeitungen, Büchern uva. E: Viele Preise bei Foto-Wettbewerben. M: DJV, Verb d Journalisten in Niedersachsen. H: Beruf, Reisen, Foto m Humor, Gag's, Wassersport, Faulsein.

Rinker Reiner
B: RedaktionsLtr. G: Bayreuth, 12. Dez 1934. V: Christa, geb Kellner. A: D–7400 Tübingen, Achalmstr 20, c/o Südwestfunk, D–7400 Tübingen, Postfach 2349. S : Abitur, Volontariat bei Tageszeitung. K: Mitarbeit bei Tageszeitung, Rundfunk, stellvertretender StudioLtr. M: Deutscher JournalistenVerb.

Rinser Stephan
B: Regisseur, Autor. G: Rostock, 10. Okt 1941. A: D–8000 München 40, Kunigundenstr 8. S: Abitur am Hum Gymn, TeilStud d TheaterWiss u Kunstgeschichte, lange Jahre Ass am Züricher Schauspielhaus, zB bei Kurt Hirschfeld, Walter Henn, auch Bühnenbild bei Teo Otto, Staatsoper München, Fernsehen ua Fritz Umgelter ua. K: 1970 1. eigene Regie beim Fernsehen, seither viele Serien u Fernsehspiele f ARD u ZDF, 1962–63 Schauspielhaus Zürich, Regie- u BühnenbildnerAss, 1963–64 Techn Ltr einer Tourneebühne, 1964–66 Regie- u BühnenbildnerAss an d Bayerischen Staatsoper München, Abendregisseur, 1966–69 RegieAss beim Fernsehen (BR, ZDF, HR, div Auftragsproduktionen), Arbeit ua mit Fritz Umgelter, Michael Kehlmann, 1970 erste Regiearbeit BR Fernsehspiel, 1970–71 „Das Patenkind" Fernsehserie ZDF/Eikon-Film, 1972 „Tribunal" 1982", 1973 „Alles Gute, Köhler", 1974–78 div Fernsehserien Bavaria Studio Hamburg, Tellux-Film ua, 1978 „Blauer Himmel, den ich nur ahne", Fernsehspiel ZDF/Artusfilm. F: In div Fernsehzeitschriften u Tageszeitungen, Zeutschel Biographien. D: „Zeit zum Aufstehen" ZDF. E: 1973 Adolf-Grimme-Preis f d Serie „Tribunal 1982". M: BFF/DAG, BVerb d Fernseh- u Filmregisseure in Deutschland eV, Brücke eV, Ver f Straffälligenhilfe eV. H: Segeln, Musikmachen, Gärtnern.

Rintelen Heinz-Kurt v
B: Fotograf u Kameramann, Werbefotograf. G: Wien, 19. Nov 1944. V: Sonja Regine, geb Kres. A: A–1020 Wien, Castellezg 13. S: Gymn, ArchitekturStud, Fotolehre b z Meisterprüfung. K: Fotolehre m Abschluß, Praxis bei div Fotografen im In- u Ausland, Meisterprüfung, 1970 eigenes Studio, daneben Mitarbeiter d ORF, div Ausstellungen. F: Der Fotograf, Künstlerhaus Krems, ZV+ZV, Österreichs Werbe Agenda, Art Directors Index to Photographie. E: 1965 Preis d Kammer d gew Wirtschaft, ebenso 1966, Sonderpreis d Kammer d gew Wirtschaft, Ehrenpreis d BMin f Unterricht, 1967 Preis d Kammer f Arb u Ang Wien, Ehrendiplom d EUROPHOTO 1977. M: Mtgl d Arbeitsgruppe IMW, d Photographischen Ges Wien, d Europhot.

Risch Harry
B: Komponist. G: Düren, 17. Dez 1907. V: Marga, geb Meyer. A: D–5060 Bergisch Gladbach 1, Ulmenallee 5. S: Gymn, Abitur, Stud an d HS f Musik in Köln, Fächer: Violine, Klavier, Dirigieren, Komposition, Univ Köln, Musik- u TheaterWiss. K: 1931 Geiger u KapellMstr beim Südfunk Stuttgart, 1936 Berlin, Arrangeur bei Rundfunk, Film u Schallplatte, 1945 Musikchef eines Tourneetheaters, seit 1949 freier Komponist u Arrangeur in Köln, Mitarbeiter beim Westdeutschen Rundfunk. E: Preisträger im Wettbewerb f neue Blasmusik d Bundeswehr u d Westdeutschen Rundfunks 1974. M: GEMA. H: Literatur, Reisen, Hunde.

Röber Karl Werner
B: Konzert-Pianist. G: Oberhausen, 8. Juni 1928. A: D–4330 Mülheim a d Ruhr, Graf Wyrich-Str 10. S: Gymn, Konservatorium Duisburg, Staatl HS f Musik in Köln (Meisterschüler v Prof Karl Hermann Pillney). K: Konzerte in Deutschland, England, Schottland, Irland, Norwegen, Schweden, Dänemark, Finnland, Frankreich, Luxemburg, Schweiz, Österreich, Italien u in Ost-Afrika, Rundfunkaufnahmen in versch Ländern, Fernsehaufnahmen in versch Ländern. M: Lions Club. H: Reisen, Gartenarbeit, Antiquitäten, Innenarchitektur, Kunstgeschichte.

Rodenstock Hardy Dipl-Ing
B: Musikmanager u -verleger. G: Marienwerder, 7. Dez 1945. A: D–5439 Bad Marienberg, Waldstr 4. S: Stud d Ing-Wiss. K: Als Dozent an FachHS tätig gewesen, seit 1973 selbständig im Musikgeschäft, Verfasser v mehreren Fachbüchern über Geodäsie u Straßenbau, Lehraufsätze in Fachzeitschriften, ua wurden, bzw werden noch gemanagt die Künstler Tina York, Marc Seaberg, Mary Roos, Jürgen Marcus, Martin Mann, Peter Kraus, Chris Montez ua. M: GründungsMtgl d Verb Deutscher Musikschaffender, Konzert- u GastspieldirektorenVerb. H: Malerei, Sammlung alter Weine.

Röder Werner
B: Geschäftsführer. G: 3. Sept 1935. A: D–4000 Düsseldorf 12, Lakronstr 59. S: Grundschule, Techniker-Schule. K: Nach

Schulbesuch Lehre, Techniker, Kameramann, Geschäftsführer. D: EDV-Lehrfilme. E: Vom Institut d Deutschen Wirtschaft. M: BDU, SPD. H: Motorradfahren.

Rodger Mike E
B: Journalist, Autor, Moderator. G: Wunsiedel/Bayern, 18. Sept 1949. A: D–2000 Hamburg 76, Gluck-Str 4 B. S: Gymn, Abitur, Stud d MusikWiss, Germanistik, Phil (Vorbereitung z Promotion). K: 1969/70 erste Rundfunksendungen, 1969–71 Zusammenarbeit m Alexis Korner, seit 1973 als Rundfunk-Moderator u Journalist in Hamburg, 1976 erstes Buch („Elvis Presley – eine Biographie"), 1978/79 TV-Dokumentation über Elvis Presley f ZDF Mainz. H: Musik, Lesen.

Rödig Otto
B: Musiker, Musiklehrer, MusikschulLtr. G: Seestadtl, 12. Mai 1920. V: Susanne, geb Müller. A: D–7440 Nürtingen, Im Malerwinkel 8. S: Abitur, Geige an d HS f Musik in Stuttgart, Musiklehrerexamen. K: Bedingt d Krieg u Kriegsgefangenschaft freier Mitarbeiter am SDR Stuttgart, Staatsopernorchester Stuttgart, Stuttgarter Philharmoniker, KamMusikabende. M: VDMK. H: Musik, Mineralogie, Geologie.

Rewer Jan
B: Fotograf, Journalist. G: Hamburg, 13. März 1943. A: D–6000 Frankfurt/Main, Untermainkai 30. S: Abitur, Staatl HS f Bildende Künste. K: Nach d Abitur als Tramp durch Europa u Orient, Stud, abgeschlossene Lehre im Grafischen Gewerbe in Hamburg, Wechsel nach Frankfurt, Tätigkeiten in versch Berufen d grafischen Gewerbes, seit 1968 selbständig als Fotograf (Archäologie, Tourismus, Presse u Werbung). F: Stern, Spiegel, scala international, Time, chic, Film und Frau, konkret, das da, Paris Match, Frankfurter Rundschau, FAZ. H: Japanische Holzschnitte.

Roggenbuck Arno
B: Produzent. G: Danzig, 15. Juni 1937. A: D–6000 Frankfurt/M, Sinnerweg 5. S: Oberschule UFA Berlin, Volontariat als Kameramann, Ass u Tontechniker beim NDR Abt Fernsehen, Televersal-Film Hamburg, Peter v Zahn-Produktion, Alsterfilm Hamburg. K: Fernsehspiele u -filme f d Norddeutsche Fernsehen, Industriefilme Menk Produktion Hamburg, Ewald-Film Düsseldorf, Dokumentarfilme Peter v Zahn-Produktion, Wolf Citron Hamburg, Ton- u Synchronstudio Alsterfilm Hamburg, TV-Abt Heumann Ogilvy + Mather Frankfurt, Foote Cone + Belding Frankfurt, TV-Produzent, seit 1974 Senior Executive Producer f TV, Radio u Cinema bei Benton + Bowles u Partner, Frankfurt. D: „Gelegenheitsarbeit einer Sklavin", mehrere Filme f d Hessische Fernsehen. H: Ostasiatische Kunst u Kampfsportarten, Anthropologie.

Roggendorf Franz
B: Bild-Journalist u Fotostudio. G: Gelsenkirchen, 15. Sept 1919. V: Annelie, geb Rüster. A: D–6200 Wiesbaden, Helmholtzstr 32. S: Gymn, Flugzeugführerschulen Prag u Kopenhagen, Fotoschule. K: Flugzeugführer, 1. JägerleitOffz, Fotograf, Bildjournalist, Hersteller d EHP, Bebilderung d Eröffnungsbandes d Deutschen PfandbriefAnst, Testaufnahmen d DM, Werbeaufnahmen f Fa Merck f Portugal, Enzyklopädie 2000, freie Fotoreiseberichte (Ausland) f Firmenzeitschriften EDK, Beiersdorf KG, freier Fotograf f d dpa. F: Mehrere Zeitschriften uva. E: Viele militärische Auszeichnungen, v Großkapitel CC – Chef de Chuchi. M: Kochklub CC, Reitklub RCD, Aeroclub, Bergwacht, DJU. H: Fliegen, Reiten, Bergsteigen, Kochen, Schiessen, Fechten.

Rohlinger Rudolf
B: AbtLtr d WDR. G: Lingen/Ems, 27. Feb 1926. A: D–5000 Köln, Hültzstr 25. S: Abitur, Stud d Soziologie u Anglistik in Münster, dann Univ Glasgow. K: Volontariat in Essen, dann politischer Redakteur, 1955 Chefreporter, später RedaktionsLtr, 1963 Chefreporter d WDR, 1972 Ltr d Redaktionsgruppe „TM – Tagesmagazin" d Dritten WDR-Programms, Ltr d Abt „Feature u Dokumentation". F: Hör Zu ua. D: „Blauer Bock". H: Kegeln, Fußball.

Rohlmann Rudi
B: Dipl-Handelslehrer. G: Rheine in Westfalen, 15. Mai 1928. V: Hildegard, geb Späth. A: D–6000 Frankfurt/Main, Bruno Stürmer-Str 21. S: Handelsschule, Ak d Arbeit in Frankfurt/Main, Zulassung zum HSStud ohne Reifezeugnis auf Grund d Externenprüfung, Stud d WirtschaftsWiss in Mainz u Frankfurt/Main, Dipl-Handelslehrer. K: Dreijährige Verwaltungslehre, kfm Ang, seit 1958 Abgeordneter d Hessischen Landtages, Parlamentarischer Geschäftsführer 1967–70, Vors d Hessischen VHSVerb seit 1968, Mtgl d Rundfunkrates d Hessischen Rundfunks seit 1969, Vors d Rundfunkrates seit 1970, Vors d Konferenz d

GremienVors d ARD. E: Verdienstkreuz 1. Klasse d Verdienstordens d BRD. M: Mtgl d SPD seit 1946. H: Gartenarbeit, Radfahren, Skatspielen.

Rohse Erich
B: Fotograf u Kfm. G: Bremen, 26. Sept 1910. V: Hanna, geb Klee. A: D–2832 Twistringen b Bremen, Lindenstr 2. S: Abitur, TH München, 6 Sem. K: Selbständig. M: BerufsKam.

Röhsler Peter
B: Kameramann, Fotograf. G: Wien, 1950. A: A–3713 Amelsdorf 4. S: HS f Musik u darstellende Kunst, Wien, Abt Film u Fernsehen. K: Kameramann f Spiel- u Dokumentarfilme, ProjektLtg v „Einführung einer Kinowochenschau in Kenya" 1976–78, einige Fotoreportagen.

Rolfs Rudolf
B: Schriftsteller, Ltr d satirischen Theaters DIE SCHMIERE. G: Stettin, 4. Aug 1920. A: D–6000 Frankfurt/Main, Im Karmeliterkloster, D–6074 Rödermark-Waldacker. K: 1946 Schauspieler, 1950 Gründung d satirischen Theaters DIE SCHMIERE in Frankfurt/Main, 41 Uraufführungen mit etwa 7000 Vorstellungen, Kolumnist div Zeitungen u Zeitschriften, etwa 30 Bücher veröffentlicht, ua „Die Hand des Josef König", „Wundervolle Scheiß-Liebe-Radikale Prosa", „Schlag nach bei Rolfs", „Inventur eines Hirns". D: In allen Aufführungen d Theaters DIE SCHMIERE seit 1950. M: Verb d Schriftsteller, Humanistische Union.

Römer Kurt KommR
B: Fotograf. G: Bad Ischl, 15. Okt 1921. V: Eva Maria, geb Baumheier. A: A–4020 Linz, Bethlehemstr 1b. S: Grundschule, Kunstgewerbeschule. K: Lehre, Gesellenzeit, MstrPrüfung, Übernahme d elterlichen Geschäftes (Porträtatelier), daneben Pressefotografie u 16mm-Filmproduktionen (Reisefilme, Fremdenverkehr, Industrie- u Werbefilme). F: In 20 Jahren mehr als 20 000 Veröffentlichungen in d OÖ Nachrichten, vorher Tagespost, Autor d Bildes „Der Tanz auf der Brücke". E: Titel KommR (Verleihung durch d BPr), Silberne u Goldene Ehrennadel d BInnung d Fotografen Ö f besondere Verdienste um d Berufsfotografen. M: BInnungsMstr d Fotografen Ö, LInnungsMstr d Fotografen OÖ, Pr d Ges „Freunde d Fotografie u ihrer Geschichte", Mtgl d Europhot, Begründer u EhrenVors d RSV (Rechtsschutz-Verb d Ö Fotografen), VizePr d Photographischen Ges, Wien. H: Reisen, Lesen, Musik.

Rönicke Irmgard
B: Kfm, Verlags-Inhaberin. G: Hamburg, 13. Juni 1924. A: D–2000 Hamburg 62, Käkenflur 24. S: Mittlere Reife. K: Erst kfm u technischer Beruf, dann als Freund d „Norddeutschen Zupforchesters" Aufbau d Verlages. M: GEMA.

Ropp Ingeborg Freifrau von der
B: Fotografin. G: Berlin, 27. Jan 1919. A: D–5000 Köln 50, Rodenkirchen. S: Lyzeum in Berlin, Reinhardwaldschule bei Kassel, Kölner Werkschulen (Kunstschule), Mode u Fotografie, FachHS Köln. K: Ausstellung an d Kölner Kunstwerkschulen, MstrPrüfung an d FachHS f Fotografie, dann selbständig als Werbefotografin, vor allem auf d Gebiet d Architektur, Schmuckaufnahmen uam, Zusammenarbeit mit d Sohn, vorwiegend Landschaftsfotografie u Gartengestaltung, viele Bundes-Gartenschauen mit großem Erfolg fotografiert. F: Time u Life, A u U Tokio, AA L'Architecture, Bauen und Wohnen, Tausend Jahre Baukunst, Großbild Technik, Merian, ungezählte Veröffentlichungen in Büchern u Zeitschriften. H: Innenarchitektur, Gartengestaltung.

Rosché Thomas Hans
PS: Graf Bibbes. B: Drogist, Turnier-Springreiter. G: Mannheim, 4. Aug 1950. V: Jutta, geb Friedrich. A: D–6840 Lampertheim, Falterweg 26. S: Internat, Drogistenlehre, 1 J Praktikantenzeit. K: Seit 1976 selbständiger Drogist m Fotogeschäft u Kosmetiksalon. F: Sportbilder in Südwest Aktuell. E: 1967 Sieger im Großen Springpreis d Stadt Mannheim. M: Verb d Drogisten Deutschlands. H: Foto, Film, Reiten, Turnierreiten.

Rose Hans Dipl-Vw Dr
B: AbtLtr. G: Berlin, 19. Dez 1936. A: D–5000 Köln 51, Bernhardstr 172. S: Abitur, Dipl-Vw, Promotion. K: UnivAss, DionAss, AbtLtr. H: Tennis, Segeln.

Rosemann Maria
B: Schriftstellerin, Liederdichterin. G: Gollin, 31. Mai 1908. A: D–1000 Berlin 41, Zimmermannstr 31. S: Privatunterricht nach Lyzeumlehrplan auf d väterlichem Gut, Schauspiel- u GesangsStud, bei Franz Porten (Regisseur u staatl konzess Filmlehrer). K: Einige Filmrollen, eine Zeitlang zuständig f Dichterlesungen, 1945–51 Programmgestalterin f Unterhaltungsmusik beim Berliner Rundfunk, danach freischaffende Autorin u Liederdich-

terin, Band- u Schallplattenaufnahmen d Lieder mit bekannten Interpreten, wie Kammersänger Hans Reinmar, Herbert Ernst Groh, Benno Kusche, Peter Schreier, Anton de Ridder ua, Hörfunksendungen, öffentliche Konzerte. F: Licht Bild Bühne, Illustrierte Tageszeitung d Films, 1930, Der Tanzschlüssel ua, 1930–31, Rundfunkprogramm-Zeitschriften, 1949–51. D: „Königin Luise" (mit Henny Porten), „Gigolo" (mit Igo Sym). M: Seit 1946 GEMA. H: Interesse an Wiss, Kunst u Natur.

Rosenberg Karl-Horst
B: Fotograf. G: Ludwigshafen/Rh, 2. März 1934. V: Loni Maria, geb Moldehnke. A: D–7850 Lörrach, Palmstr 28. S: Realschule, Mittl Reife, Berufsschule. K: Graveur, Fotograveur, Fotograf. F: Lokale Presse, Badische Zeitung ua. M: HandwerksKam Freiburg, Industrie- u HandelsKam Schopfheim/W, Bund d Steuerzahler, Karate-Klub Lörrach, Guggemusik Lörrach. H: Segelfliegen, Reiten, Wildwasser-Kajak, Tauchen, Skifahren, Karate, Altbauten restaurieren, Literatur.

Rosenstiel Friedrich
B: Werbefotograf. G: Berlin 31. Okt 1940. V: Renate, geb Pfuhl. A: D–5000 Köln 50, Hammerschmidtstr 51. S: OPZ Berlin, Fotolehre, Fotoschule Lette-Haus, Berlin. K: StudioLtr in Falun/Schweden, freier Mitarbeiter bzw StudioLtr in versch Werbestudios in Deutschland, seit 1975 eigenes Fotostudio in Köln. F: Div in Fachzeitungen, Kunstbücher, Plakate ua. E: Preise bei Fotowettbewerben. M: VG Bild-Kunst. H: Sport, Fotografieren.

Rößler Dieter OStR
B: Komponist, Lehrbeauftragter f Spiel u Medien, MusikPäd. G: Bamberg, 15. Aug 1935. V: Beate, geb Sturies. A: D–8031 Puchheim, Freilandstr 21. S: Abitur, Staatsexamen f Schulmusik. K: Produzent v Kurzfilmen („Der Statist", Prädikat wertvoll), Volksliedvertonungen f d Bayerischen Rundfunk, Lehrgänge, Kurse f Film, Spiel u Improvisation abgehalten, Aufführung eigener Performance-Stücke, ua „Luft vibrierend" in Lenbuchhaus München 1979, Abhaltung v Workshops „Musikalisch-szenische Übungen". F: Abdruck versch Spiel-Musikaktionen mit Kindern in d „Zeitschrift f Kunstpädagogik", „Musica", „Neue Musikzeitung" ua. D: Performance Feb 1979 als Turner (Gymnast). E: Prädikat f Kurzfilm. M: GEMA. H: Am Meer in d Sonne liegen.

Roth Karl-Heinz
B: Fotograf. G: Berlin-Spandau, 15. Mai 1923. V: Regula, geb Schipfer. A: D–2820 Bremen, Landw Christianstr 140. S: Handelsschule. K: Inhaber d Fotohandlung u Studio „Foto Roth" in Bremen. M: Fotografen-Innung Bremen. H: Musik, Foto.

Roth Lutz Dr
B: NaturWiss (Botanik). G: Karlsruhe, 1. Feb 1923. V: Dr Johanna, geb Ulmer. A: D–7500 Karlsruhe 21, Deorientstr 6. S: Hum Gymn, Drogistenlehre, Stud d Chemie, Zoologie u Botanik. K: Seit 1955 selbständig, Herausgeber folgender Bücher: „Giftliste" (Loseblattwerk), „Sicherheitsfibel Chemie", „Sicherheitsdaten – MAK-Werte", „Die Naturstoffliste". M: Mitgl d BGesundheitsamtes u v zahlreichen Ver u Verb. H: Zeichnen, Segeln.

Rothkegel Hubertine
B: Fototechnikerin, kfm Geschäftsführerin. G: Hamburg-Altona, 20. Juni 1923. V: Wolfgang. A: c/o CITY COLOR Hubertine Rothkegel GmbH, D–2000 Hamburg 11, Admiralitätstr 59/61. S: Obersekunda-Reife, Banklehre, Fotolaborantin, autodidactische Weiterbildung. K: 1952–60 selbst Repräsentanzen namhafter Fototechnik-Betriebe, 1960–67 selbst Werbeberaterin u Werbegestalterin, 1968–72 schwarz/weiß Fototechnik, seit 1972 Aufbau d Fa CITY COLOR als schwarz/weiß u Color-Fototechnik u Druckvorlagen-Hersteller. F: Viele Vier-Farben-Inserate, fast ausschließlich als „Foto-Composing", erster Markenartikel in führenden deutschen u ausländischen Zeitschriften, ständige Mitarbeit bei Verlag Gruner + Jahr, Heinrich Bauer Verlag, Axel Springer-Verlag AG, sowie bei größten Werbeagenturen. H: Fotografie u creative Fotografie, Konzeptionen u Katzen.

Röttig Hubert
B: FotografenMstr. G: 14. Dez 1926. A: D–6432 Heringen 1 – Kreis Hersfeld, Pfarrstr 4. Tel: 06624/257. S: Grundschule, mittlere Reife. K: Selbständiger Fotograf u Inhaber eines Fotostudios seit 1952, Reportagen f Zeitungen, Portraitfotograf. M: CentralVerb Deutsche Fotografen. H: Chorgesang im MGV Heringen, Tenor- u Sologesang, Filmen.

Rousso-Eckertz Franziska
B: Rezitatorin. G: Jerusalem/Israel, 9. Juli 1928. V: Haim Rousso. A: D–4000 Düsseldorf 31, Arnheimer Str 28. S: Abitur, 2 Sem Stud an

d Pädagogischen HS, kfm Lehre, 2 Jahre Unterricht in Vortragskunst. K: Vorlesungen in Jugendgruppe Böll u Raabe-Ges, in d „Brücke“, in versch VHS, zu Veranstaltungen: Dramen, Erzählungen, Gedichte. M: DFG – IDK. H: Schreiben, Wandern, Schwimmen, Reisen, klassische Musik.

Ruck Hermann Prof
B: Komponist. G: Sulzbach/Kocher, 9. Sept 1897. A: D–7000 Stuttgart 1, Im Himmelsberg 10. S: Lehrerseminar, I. u II. Dienstprüfung, HS f Musik in Stuttgart (1917–26), Abschluß in Komposition u Dirigieren, Fächer: Orgel, Klavier, Gesang, Theorie, Komposition, Dirigieren, Stud d Psychologie, Philosophie, Literatur. K: Volksschullehrer, Lehrer f Theorie u Klavier am Konservatorium in Stuttgart, Seminaroberschule f Musik an d Lehrerbildungsanstalten in Künzelsau, Heilbronn, Schwäbisch Gmünd, nach Auflösung d Seminare Musiklehrer an Gymn, zuletzt am Fanny-Leicht-Gymn f Mädchen in Stuttgart-Vaihingen, Ltr d Brucknerchores Stuttgart v 1953–72, langjähriger KreisObm f Kirchenchöre u Organisten, viele Konzerte Orgel, Begleiter-Klavier, Dirigent). F: Schwäbische Sängerzeitung, Lied und Chor, Stuttgarter Wochenblatt. E: BVerdienstkreuz am Band, Goldene Dirigentennadel d Deutschen Sängerbundes. M: Deutscher KomponistenVerb, GEMA, Freier Deutscher Autoren-Verb, Arbeitskreis f Deutsche Dichtung, Richard-Wagner-Verb, Intern Arbeitskreis f Musik, Deutsche Ges f Volkstanz, Philologen-Verb. H: Weitere Tätigkeit: Dichtung, Vorträge, Wiss Studien.

Rüdiger Wolf
PS: Joachim Gessner, Ignaz Brummer, Ludwig Fensch). B: Schriftsteller. G: Forst/Lausitz, 10. Aug 1913. V: Britta, geb Schneider. A: D–5060 Bergisch Gladbach 1, Henri Dunant-Str 12, D–2280 Westerland, Johann Müller-Str 25. S: Gymn, Stud d Tuchmacherei (Ing). K: Nach d Stud bis zum Kriegsausbruch Reisen, dann Soldat, nach d Krieg in Berlin, Schriftsteller (Romane, Kurzgeschichten), ab 1958 Fernsehautor, ab 1963 WDR-Reporter, Redakteur, zZ freier Mitarbeiter, Fachgebiet Wirtschafts-Filmberichte. M: RFFU im DGB. H: Schreiben.

Rudolph Ekkehart Dr phil
B: Rundfunkredakteur, Schriftsteller. G: Weferlingen, 15. Sept 1929. V: Annelie, geb Koall. A: D–7000 Stuttgart 70, Harmstr 2. S: Oberrealschule, Abitur 1948, Stud an d Univ Halle/Saale u Jena: Germanistik, Sprechkunde/Sprecherziehung, Pädagogik, Staatsexamen 1954, Promotion 1957. K: UnivAss 1955–58 in Jena, Redakteur am Süddeutschen Rundfunk Stuttgart seit 1959, Ltr d Redaktion Literatur u Kunst. F: Veröffentlichungen v Essays u erzählender Prosa im Funk, in Zeitschriften u Anthologien, Bücher: Protokoll zur Person, 1971, Frei reden und überzeugen, 1977, Aussage zur Person, 1977, Mein Herz ist eine gelbe Blume (Gespräch mit Christa Reinig), 1978. M: Verb Deutscher Schriftsteller.

Rudolph Norbert grad
B: Ing grad, Student d Betriebswirtschaft. G: Groß-Zimmern, 14. Juli 1945. V: Ingrid, geb Duwe. A: D–6112 Groß-Zimmern, Kettelerstr 4. S: Realschule, mittlere Reife, Lehre als Starkstromelektriker, Stud d Elektrotechnik, Abschluß als Ing grad, Tätigkeit als Ing, Aufbau eines eigenen Unternehmens u Beginn d Stud d Betriebswirtschaft an d Univ Frankfurt, Stud ist vor d Abschluß. M: Plusfoto (Ausschuß f Sortiment u Werbung, größter Zusammenschluß v Fotohändlern), Mtgl im Vorst d GewerbeVer. H: Angeln, Skilauf.

Ruehl Lothar Dr
B: Redakteur, PolitikWiss. G: Köln, 14. Jan 1927. V: Brigitte, geb Hoffler. A: B–1160 Brüssel, 4 avenue Isidore Gèrard. S: RealGymn, Oberschule, Univ-Stud in Bonn u Paris. K: Journalist in Bonn 1948–54, 1954–59 Korrespondent d „Spiegel“ in Paris, 1960–69 Korrespondent d „Welt“ in Paris, 1969–73 stellv Chefredakteur „Die Welt“ in Hamburg, seit 1973 Sonderkorrespondent d ZDF in Brüssel, seit 1979 auch StudioLtr d ZDF in Brüssel, Mitarbeiter d „Die Zeit“, Buchveröffentlichungen. E: Theodor Wolff-Preis f Journalismus d Freien Univ Berlin u d Theodor Wolff-Stiftung Berlin 1967, 1970/71, BVerdienstkreuz. M: Mtgl d Deutschen Ges f auswärtige Politik, Bonn, d intern Inst d seralogischen Studien, London. H: Ski, Tennis.

Rühmkorf Rudolf
B: FotoKfm. G: Wilhelmsburg, 16. Juli 1907. V: Hanna, geb Schneider. A: D–2105 Seevetal 5, Auf dem Natenberg 1. S: Realschule, Fotograf u Kfm in versch Häusern, zB Dr Max Wagner, Hamburg u Georg Hühns, Berlin. K: Seit 42 Jahren eigene Firma, früher Foto-Rühmkorf, später umbenannt in Rudolf Rühmkorf, Großkopieranstalt, Hauptaufgabe: Anfertigung v

Theater-Foto-Kulissen, sowie Backgrounds f d Fernsehen, Belieferung fast sämtlicher Theater im In- u Ausland. M: HandelsKam Lüneburg. H: Golfspielen.

Ruijgrok Margareta Maria Ing
B: Bühnenbildnerin. G: Rotterdam, Niederlande, 25. Okt 1939. A: D–5000 Köln 21, Markomannenstr 2. S: Mittlere Reife, Ak f bildende Künste in Rotterdam, FachHS f Architektur in Köln. K: Freiberufliche Tätigkeit hauptsächlich in Düsseldorf Komödie, Düsseldorfer Kammerspiele, Theater am Dom in Köln, bis 1964 in Holland, ua Rotterdams Toneet, Nationaal Ballet u freie Produktionen, gelegentlich Arbeit im Architekturbereich, freie Malerin mit Schwerpunkt auf Portrait u Akt, einige kleine Ausstellungen (Bilder) 1974 Teilnahme an d Ausstellung „Bühnenbildner stellen sich vor" in Darmstadt durch BühnenGen, Quadriennale Prag 1976 mit Bühnenskizze u Modellen, Dekorationen f „Kiss me Kate", „Gemischtes Doppel", „Schmetterlinge sind frei", „Glasmenagerie", „Jahrmarktsfest Plundersweilern", „Old Times", „Sonny Boys", „Fünf Frauen", „Himmel u Erde" ua. H: Reisen, aktiver Sport, Essen, Theater, Konzerte, Nähen.

Rülke Helmut Dipl-Pol
B: Abt-Ltr u Pressechef d Deutschlandfunk. G: Berlin, 28. Juni 1934. V: Angela, geb Lohe. A: D–5300 Bonn 1, Briandstr 112. S: Gymn, Abitur, Univ, ak Grad Dipl-Politologe. K: Tageszeitungsredakteur, Pressechef im BRatsMin Bonn, Pressechef d CSU im Deutschen BTag, persönlicher Referent d Intendanten d Deutschlandfunks u Pressechef d DLF, Abt-Ltr seit 1969. M: KV, CSU. H: Wandern, Gartenpflege.

Rupprecht Willy
PS: Precht Toni. B: Geschäftsinhaber, Verleger, Autor, Firmenberater, Musik- u Instrumentenkfm, Intern Sachverständiger. G: 29. Mai 1923. V: Elfriede, geb Roggendorf. A: D–8500 Nürnberg, Obere Baustr 39, D–8500 Nürnberg, Neumarkter Str 16. S: Berufsfachschule f Orgel- u Klavierbau, Schreiner, Klavier- u OrgelBaumstr Grafiker, Maler u Restaurateur, Funk-, Fernmelde- u Radartechnik, Elektronik, Akustik. K: Nach d Berufsausbildung u Berufsfachschule Ausbildung am Radar, Spezialist u Sachverständiger einer Flakdivision im Ruhrgebiet, nach Heimkehr aus d sibirischen Gefangenschaft Wiederaufbau d zerstörten Geschäftes (gegründet 1871), MstrPrüfung, FernAk f Grafik u Malerei, Mtgl u Lektor d Prüfungsausschüsse an 4 HKam, Sachverständiger, ab 1962 Vertrieb v Pianos aus d DDR im Einzelhandel, später aus Italien im Großhandel, danach Im- u Export, Intern Sachverständiger, Berater u Mitarbeiter f Firmen u Behörden, Verleger, Texter, Komponist, Plattenverleger, speziell Ostimporte, Reimporte, Zollmodalitäten usw. F: In Fachzeitschriften: Das Musikinstrument, Instrumentenbau und Phono, Intern Podium. E: Ehrenurkunde d Reichsberufswettkampfes 1938 u Bronzemedaille 1939, „GRAUE KARTE v Baldur v Schirach f Dienstverweigerung in d HJ ", Goldenes Ehrenzeichen d VdK, Ehrenurkunde d IHK, div behördliche Anerkennungsschreiben usw. M:IHK, GEMA, TierschutzVer, ADAC, VdK. H: Grafische u experimentelle Malerei, Philatelist, Numismatist ua.

Russ-Bovelino Wolfgang Dr
B: Komponist, Kapellmeister, Dr jur. G: 26. Sept 1905. V: Ingeborg, geb Platzer. A: A–1070 Wien, Kircheng 48. S: Gymn, Univ (1929 Dr jur), MusikHS Wien, Absolvent d KomponistenHS u d Kapellmeisterschule. K: Dirigent (Operette) u v selbstkomponierten Filmen: „Arlbergexpress", „Das 4. Gebot", „Du bist die Richtige", „Winterkühle Hochzeitsreise" uva, Theaterstücken: „Im 6. Stock", „Musik bei Nacht", „Verliebtes Abenteuer" ua, Chansons: Rundfunkaufführungen m Albin Skoda, Josef Meinrad, Hilde Krahl, Elfriede Ott, 1945–77 VzePr d österr Musikergewerkschaft u Vors d österr Kapellmeister, 1955–70 Ltr d Musikreferates im Wiener Magistrat. F: In Rundfunkzeitungen, Gewerkschaftszeitungen, AKM-Zeitung. E: Ehrenring d Musikergewerkschaft. M: AKM, Litera Mechana, Austro-Mechana, Gen dramatischer Schriftsteller u Komponisten (10 Jahre Pr). H: Karten- u Brettspiele.

Rüßmann Georg
B: Arrangeur, Komponist, Verleger, Dirigent, Produzent. G: Sterkrade-Oberhausen, 15. Nov 1919. V: Waltraud, geb Streich. A: D–5202 Hennef/Sieg 1, Drei Kaisereiche 19. S: Grundschule, Klavierunterricht, Akkordeon u Harmonielehre im SelbstStud. K: Ab 1945 mit eigenem Ensemble „Rüssmann-Rhythmiker" bei vielen Veranstaltungen gespielt, feste Verträge mit einer Musikshow, ab 1952 f Will Glahè als Notenschreiber u Arrangeur gearbeitet, 1963 erste Schallplattenaufnahmen mit d SIEGERLÄNDER MUSIKANTEN bei d Firma

EMI-Electrola, es folgten weitere Schallplattenaufnahmen f viele Ensembles u Künstler, Produzent u Komponist v Andrea u Günter u vielen Künstlern im rheinischen Karneval. E: 3. Preis im „SCHLAGERKONFETTI 1971“ ZDF Mainzer Ranzengarde, Interpretin: Lotti Krekel. M: Mtgl d GEMA seit 1949, Deutscher KomponistenVerb, Vereinigung Deutscher Musikbearbeiter.

Sackl-Kahr Robert J
B: Schriftsteller, Fotograf. G: Graz, 17. Aug 1960. A: A–8010 Graz, Kreuzg 50. S: Mittelschule. K: Intensive Beschäftigung m Fotografie seit 1974, erste Ausstellungen 1976, Beschäftigung m Lyrik seit 1975 (Fertigstellung v ca 280 Gedichten), Ausstellungen: 1974: Farbgestaltung einer 7 x 3,5 m-Wand, 1976: Ausstellungsbeteiligung: Ganggalerie d BORG-Graz, (Zeichnungen, Fotos), 1978: Ausstellungsbeteiligung im Künstlerhaus Graz, Ausstellung v 40 Landschaftsfotos, v 10 Farbportraits bei Peter Schaberl in Graz, Privatgalerie Kriso: Ausstellung v Kleinobjekten u einer Fotomontage, Multi-Media-Show m Peter Schaberl im Forum Stadtpark – Graz, 1979: Ausstellung v neuen Schwarz-Weiß-Fotos bei „robbl“ in Graz, Aktionen: 1978: Geräusche u Tonfolgen, Projektmusik – Intervall'ART m Peter Schaberl in Graz – Stadtpark, Kontakt, Boden – Körper, geplante Aktionen: Bau v weiteren Kleinobjekten, Herausgabe eines neuen Lyrik-Bandes, Umschreibung zwei älterer Romane: „Etagenservice“ u „Der Bürgersteigputzer oder das Konglomerat d Geistes“, 1979: Fotoreportage über Südfrankreich m Peter Schaberl, Reportagen: Fotoreportage f Neue Zeit u Jugendzeitschrift „Perplex“, Reportage über d Hamburger Hafen, Vertonung v eigenen Gedichten m Ira Mielck, Hamburg u Peter Schaberl, Graz, Teilnahme an einigen österr Fotowettbewerben, 1977: Bühnenprojektionen, Farbdiaserien, Schwarz-Weiß-Fotoserien f d Theaterstück „Das Floß d Medusa“ im Theater im Keller in Graz, 1978: Bühnenprojektionen, F-D-Serien, SW'F-Serien f d Rock-Musical „Zack-Zack“ im Kellertheater Graz. F: Neue Zeit, Tagespost, „zamul!“, Ausstellungskatalog d Künstlerhauses Graz, versch steirische Literaturzeitschriften. E: 2. Platz bei d intern Theatertagen in Radkersburg 1978. M: Bürgeraktion f Informationsfreiheit u Medienvielfalt, GründungsMtgl v „optic-art“, GründungsMtgl u Fotograf d Literaturzeitschrift „zamul!“. H: Malakozoologie, Meeresbiologie, Segelboote, Schiffe, Nauti, Sammeln v Mollusken, alten Kameras u Zubehör, Hamburg u Schleswig-Holstein.

Sadeler Elmar Dir Ing
B: Ing, Managing Dir. G: Pußburg, 20. Apr 1921. A: c/o Ampex Europa GmbH, D–6000 Frankfurt/Main, Walter Kolb-Str 9–11. S: Bundesrealschule, HS, Univ. K: MFG Manager, Sonograph eng MFG Toronto, Dir Ampex GmbH, Böblingen, Deutschland MGR Marketing, Ampex Europa-Afrika-Middle East, Dir Ampex Great Britain Ltd, England. H: Jagd, Fechten, Fischen, Reiten.

Sager Helen
B: Fotografin. G: Gränichen AG, 17. Okt 1939. A: CH–4056 Basel, Davidsrain 1. S: Primarschule, Bezirksschule, Lehre als Fotografin, Schule Luzern 1956–58, 1966–67 TeilStud an d Grafikfachklasse d Kunstgewerbeschule in Basel. K: Nach d Lehre Aufenthalt in Südfrankreich 1960–61 in Toronto (Modefoto-Television), 1964, 1966, 1967 Eidgen Stipendium f Angewandte Kunst, 1968 eigenes Atelier, div Ausstellungen, seit 1972 Lehrerin f Fotografie (nebenamtlich), seit 1977 Erweiterung d Fotografie mit Malerei kombiniert, erste Ausstellung dieser Foto-Bilder 1978. F: Camera Luzern, Fotorundschau Schweiz, Terre D'Image, Paris, div Schweizer Tageszeitungen, meistens im Zusammenhang mit Ausstellungen. M: SWB. H: Foto, Malen, Auseinandersetzung mit Menschen, gutes Essen usw.

Sahm Walter
B: Lichtbildner. G: Wien, 18. Aug 1919. V: Alice, geb Ehrentreich. A: D–8000 München 80, Pienzenauerstr 10. S: Abitur, Portraitfotografie erlernt bei Vater Anton Sahm. K: Übernahme d väterlichen Betriebes, Fortführung d Tradition – Arbeit m 18x24 cm Atelierkamera – Verwendung eines weichzeichnenden Spezialobjektives, Portraits ua v Louis Armstrong, Lili Palmer, Rudolf Fernau, Hans Habe, Herzog Albrecht v Bayern, Caroline Reiber, Cassius Clay, Luis Trenker, Hans Knappertsbusch, Shmuel Rodensky, Friedrich Karl Flick, Peter Kreuer, Anneliese Rothenberger uva, 1979 aus Anlaß d 60jährigen Bestehens d Ateliers Ausstellung im Fotomuseum d Münchener Stadtmuseums. F: Photo-Magazin, Color-Foto, Großbild-Technik, Madame, Lady-Interna-

tional, Fernsehsendung über d Atelier, die Kamera, die Arbeit. M: Deutsche Ges f Fotografie, Daguerre Club. H: Fotografieren, Reisen, schöne Frauen.

Salzbrunn Joachim Dr phil
B: Drehbuchautor, Regisseur. G: Löbenslust/Lauban, 21. Juni 1920. V: Ilse, geb Fries. A: D–8000 München 60, Leharstr 29. S: Abitur in Görlitz 1939, Stud d TheaterWiss, Germanistik, Kunstgeschichte u Geschichte an d Univ Breslau, Leipzig u Göttingen, Promotion in Göttingen 1955. K: 1947–49 Kabarettist „Der Widerspiegel", Schaubude München, Mausefalle Stuttgart, 1952–53 Göttinger Pantomimen-Ensemble, ab 1953 freier Regisseur, Schauspieler u Autor, ab 1971 auch Produzent v Dokumentar- u Industriefilmen. D: Regie bei d Erstaufführung v „Die Nachhilfestunde", „Ein Haus unter der Sonne", „Die große Protektion". H: Sammeln v Grafik.

Sander Curt
B: Fotograf. G: Essen, 3. Mai 1910. V: Elsbeth, geb Stiwi. A: D–4048 Grevenbroich 5, Zum Vogelsang 7. Tel: 02182/2236. S: Oberrealschule b Abitur, kfm Lehre bei Krupp in Essen, Stud German Commercial School in London-Ealing, ab 1968 Schüler d Famous Photographers School, Amsterdam bzw München, Seminarbesuche b d BFachschule f Fotografie in Hamburg, Gesellenprüfung 1972 vor d Innung Hamburg. K: Kfm Ang bei Krupp in Essen, Exportsachbearbeiter bei Krupp-Vertretung in Berlin, 6 Jahre Kriegsdienst, kfm Angestellter bei Buderus, Hannover, VerkaufsLtr bei d Buderus'schen Handelsgesellschaft u FilialLtr d Niederlassungen in Hannover u Düsseldorf, Berater d Verkaufsstelle Köln, seit 1972 selbständiger Fotograf m d Schwerpunkten: Porträt, Ind u Architektur. F: Bildveröffentlichungen in mehreren Werkszeitschriften, Prospekten uva. M: Mtgl d Vereinigung d Photographen im Großraum Düsseldorf, d Arbeitskreises Porträt-Fotografie (APP), langjähriger Ltr d Fotogruppe 67, Düsseldorf. H: Jagd, Sport.

Sander Dietrich
B: Fotograf. G: Westerstede, 2. Apr 1932. V: Margot, geb Hoffmann. A: D–2910 Westerstede, Peterstr 22. S: Oberschule in Westerstede, Lehrzeit als Fotograf in Wilhelmshaven. K: Beginn als Maschinenreiniger beim Norddeutschen Lloyd, Reisen nach Amerika u nach Ostasien, seit 1959 als selbständiger FotografenMstr in Westerstede. F: Regionale Presse, Nordwestzeitung, Landwirtschaftsblatt Weser Ems. M: SchützenVer, Freiwillige Feuerwehr, TurnVer, Unterwasserclub „Manta", NaturschutzGem Ammerland H: Schwimmen, Tauchen, Wandern.

Sandner Vinzenz
B: Kameramann u Filmproduzent. G: Prag, 18. Dez 1937. V: Monika, geb Kröbel. A: D–8031 Puchheim, Mitterlängstr 17. Tel: 089/804470. S: Grundschule, Abendschule, 4 Jahre Lehre als Feinmechaniker. K: 4 Jahre Praktikum als Ass in München u Prag (Filmstudio Bavaria-Film Geiselgasteig u Filmstudio in Prag Barrandov) bis zum Real u Trickkameramann, Fernsehfilme u utopische Filme gedreht, seit 1972 selbständig als Filmproduzent f TV-Spot, Kinofilme (Reklame) Lehrfilme u Industriefilm. F: Fachzeitschriften in d Schweiz u BRD. E: Goldener Löwe, FRP Grand Prix de la Publicite (Silber, Bronze), Award of New York. H: Schwimmen, Tennis, Surfen, Langlauf, Lesen.

Sandtner Hermine
PS: Sedivy Hermine. B: Cutterin, Lehrkraft. G: Wien, 4. Jan 1926. A: A–1190 Wien, Goltzg 10/9. S: Grundschulen. K: 1941–44 Lehrling d Wien-Film, 1944–46 Filmkopienfertigerin d Wien-Film, 1946–47 freischaffend als Cutter-Ass, ab 1947 freischaffend als Cutter bei ca 50 Spielfilmen unter Regisseuren wie Josef v Baky, v Borsody, Willy Forst, Rolf Hansen, Karl Hartl, G Ucicky, seit 1965 nebenbei als Lehrbeauftragte f Filmschnitt a d HS f Film u Fernsehen. E: 1944 Berufswettkampf m „Auszeichnung", 1946 Facharbeiterprüfung m „Auszeichnung". M: Gewerkschaft Kunst, Musik u freie Berufe, Verb Österr Filmschnittmeister.

Sanner Rolf
B: Fotograf, Grafiker. G: Stuttgart, 3. März 1939. V: Christiane, geb Sturm. A: D–7000 Stuttgart 80, Bogenstr 35, c/o Atelier, D–7000 Stuttgart 1, Liststr 28/I. S: Grundschule, Gymn, mittlere Reife, Ak d Bildenden Künste, Stuttgart, Klasse Prof Brudi, Fotografenausbildung bei Karro Schumacher, Werbefotograf, Stuttgart. K: Nach d Ausbildung freier Mitarbeiter bei versch Zeitschriften als Fotograf, Werkvertrag beim DM-Verlag, Waldemar Schweitzer als Layouter d Zeitschrift DM-Test, Gründung eines Ateliers f Werbefotografie u Grafik in Stuttgart, weiterhin freier Mitarbeiter bei versch Zeitschriften als Fotograf, Fotogra-

fische Bühnenausstattungen an d Württ Staatstheatern u am Opernhaus Stuttgart, Fachschulvorträge über Fotografie u Grafik-Design. F: DM-Test, Constanze, Brigitte, Für Sie, ich und meine Familie, Grün, Kosmos-Bild unserer Welt ua. H: Höhlenforschung, Höhlenfotografie.

Sartorius Rolff
B: GesangsPäd. G: Aachen, 27. Apr 1926. V: Barbara, geb Kaungiester. A: D–6200 Wiesbaden, Schöne Aussicht 45. S: Gymn, Abitur, MusikHS, Staatsexamen, Hauptfach Gesang. K: Opernsänger in Bremerhaven, Koblenz, Wuppertal, Konzert- u Oratoriensänger, seit 15 Jahren GesangsPäd. H: Literatur, Bildende Künste.

Sasanpour Hassan
B: Filmregisseur. G: Rasht/Iran, 27. März 1930. V: Marina, geb Burova. A: D–8043 Unterföhring/München, Fichtenstr 4. S: Abitur, Master of Arts in d UdSSR. K: Filmregisseur in d UdSSR, Türkei, Iran, BRD. F: In iranischen, sowjetischen u türkischen Zeitschriften.

Sass Heinz Günter Dir
B: ProduktionsDir. G: Berlin, 25. Juli 1925. V: Helga, geb John. A: D–2000 Hamburg 60, Leinpfad 71.

Sass Otto Baron v
PS: Matthias Walden. B: Journalist, Chefkommentator b Sender Freies Berlin. G: Dresden, 16. Mai 1927. V: Edelgard, geb v Müller. A: c/o SFB, D–1000 Berlin 19, Masurenallee 8–14. S: Gymn. K: 1946–50 Zeitungsredakteur in Dresden, 1050–56 Kommentator b RIAS Berlin, seitdem zunächst stellv Chefredakteur, jetzt Chefkommentator b SFB, Kolumnist b WELT u WELT am SONNTAG, Buchautor: Ost-Bild-West-Blind, Politik im Visier, Kassandrarufe. F: Fernseh-Sendungen ua „vor unserer eigenen Tür", Berichte aus Afrika, Asien, USA. E: Jacob Kaiser-Preis, BVerdienstkreuz, Heinrich Stahl-Preis, Konrad Adenauer-Preis, Goldene Kamera, Verdienstmedaille f Verdienste um d deutschen Osten u d Selbstbestimmungsrecht. H: Reiten.

Satzinger Josef
B: Gewandmeister, Kostümberater. G: Egglham, 21. Feb 1928. A: D–8000 München 90, Asamstr 17. S: Oberschule, OffzSchule, Fachschule. F: Neue Revue. D: „Geld-Geld-Geld", „Pfingstorgel", „Klaus Fuchs", „Götterdämmerung", Lehrfilme uva, als Kostümberater: „Steiner" I u II, „Die Konsequenz". H: Basteln, Experimentieren, Reisen, Sport, Lesen, Musik.

Sauer Michael
PS: Laredo Mike + Silvio Mihajlovic). B: Komponist, Musiklehrer. G: Neu Futog/Jugoslawien, 15. Dez 1933. A: D–8074 Gaimersheim, Kraiberg 42. S: Konservatorium. K: Mtgl d Orchesters d Hauses Hohner 1963 (Akkordeon), versch Blasmusikgruppen, Klarinette u Saxophon, bekannt v Schallplatte u Rundfunk „Die Retzbachtaler Musikanten", „Die Arber Buam", „Die Kraiberger Musikanten". F: Lustige Musikanten, Harmonika Revue, Donau Kurier. E: Dreimal Sieger in d volkstümlichen Hitparade d Hessischen Rundfunks m d Titel „Urlaub im Altmühltal" Komposition, Deutschlandfunk 1978/79 Platz 3 m „Des is a Grund zum Feiern" Komposition, Bayrischer Rundfunk Platz 2 m „Dreisessel Polka" Akkordeonspieler, „Auf Brautschau" aufgenommen m d Retzbachtaler Musikanten, „Skjern Polka" u Bayrischer Bierwalzer" Nr. 1. M: 1. Original Jugendorchester Gaimersheim, Gründer u Ltr d MännergesangsVer Gaimersheim, GEMA. H: Briefmarken, Bierdeckel, Biergläser.

Sawatzky Matthias Nikolaus
B: FotoKfm. G: Oberwischau/Rumänien, 1. Juni 1944. V: Gudrun, geb Zimmer. A: D–8391 Niederhart 1, Passau. S: Hum Gymn, Kfm Lehre im Im- u Export, Praxis im Import u Vertrieb in Hamburg, Duisburg, München u Wien. K: NiederlassungsLtr im Lebensmittelhandel in München u Wien, VerkaufsLtr bei Kranseder-Filmfabrikation in München u Mitterndorf, 1973 Gründung v BATAVIA Film + Foto – Service, seit 1978 geschäftsführender Ges d Fa EVB Handelshaus Bour KG in Stuttgart. H: Musik, Reiten.

Sayka Rupert
B: FilmKfm, FilmtheaterBes. G: Starnberg-Kempfenhausen, 2. Okt 1957. A: D–8352 Grafenau, Pandureng 10. S: Handelsschule, mittlere Reife. K: Aufgewachsen in d Kinobranche, 1978 Übernahme d elterlichen Filmtheaterbetriebe. F: Mehrmals in Lokalzeitung (als Vierjähriger). M: WirtschaftsVerb d Filmtheater eV. H: Fußball, Filmen, Reisen, Tanzen, Auto-Sport, Tennis, Musik.

Schaberl Peter
B: Schriftsteller. G: Graz, 24. Apr 1949. V:

Nikon Fe. A: A–8041 Graz, Kasernstr 92. S: Gymn, Reifeprüfung, ab 1979 Stud (Grafik u Fotografie) in Linz. K: 1974 Beginn mit Schreibtätigkeit (Satiren), Plakatentwürfe f d „Rote Kreuz", 1976 Aktzeichnen bei Prof Osterrider, SommerAk in Schladming, Gründung d Literaturzeitschrift „Zamul" (Chefredakteur), 1977 Flugblatt- u Plakatentwürfe f Theaterstücke im TIK, Entstehung erster literarischer Arbeiten, 1978 Vertonungen v Gedichten v Robert J Sackl-Kahr (zusammen mit Ira Mielck, Hamburg), Akt-Fotoserien, Plakat- u Flugblattentwürfe f Theaterstücke im TIK, Fotoserie über Nürnberg, Multimediashow mit Robert J Sackl-Kahr im Forum-Stadtpark Graz, Geräusch- u Tonfolgen, Projektmusik, Intervall-Art, Gründung d „optic – art", Kontakt Boden-Körper mit Robert J Sackl-Kahr, Beginn d Romane „Meine Begegnung mit Christine" u „Die Begegnung im Schulhof oder die Freiheit auf Halbem Weg", 1979 Reportagen f d Zeitschrift „Ferplex", SW-Fotoreportage f „Neue Zeit", SW-Fotoreportage über Neonazistische Gruppen in Graz, Fertigstellung d Novelle „Der Spaziergang", Ltg d Neigungsgruppe „Zeichnen u Malen" bei Rotkreuz-Tagung in Bad Ischl, Fotodokumentation über Stadtplanung in Graz, Illustrationen zu Gedichten v Robert J Sackl-Kahr, Ausstellungen: 1976 Grafiken, freie Entwürfe, Fotos, 1977 Ganggalerie d Borg Graz (Zeichnungen), 1978 Porträtfotos, Comics im Künstlerhaus Graz, Comics IHN-Lichtglanzprojektion private Galerie „Robbl", 1979 Fotos, Ausstellung d „Grazer Spiegels", Comics in Privatgalerie „Mielck", Hamburg. F: 1977, ZAMUL (Literaturzeitschrift), 1978, Südost-Tagespost, ZAMUL, Ausstellungskatalog u Plakate, Künstlerhaus Graz, 1979 „Neue Zeit". D: Film „Die Blindschleiche", Hauptdarsteller gemeinsam mit Gerald Suchar (Regie u teilweise Kamera), 1977. M: „Bürgeraktion f Informationsfreiheit u Medienvielfalt, Wien", GründungsMtgl u Chefredakteur v ZAMUL, GründungsMtgl v „optic – art".

Schacht Alfred K

B: Musikverleger. G: Hamburg, 23. Jan 1916. A: D–2000 Hamburg 76, Adolfstr 45. S: Abitur im Internat Löwenberg, Schlesien, Stud d RechtsWiss an d Univ Hamburg, London, Virginia (USA). K: Dir d Aberbach Musikverlage in Hamburg, seit 1962 selbständiger Musikverleger u Rechtsanwalt.

Schaefer Gert

B: Journalist. G: Kokand, 9. Aug 1920. V: Eva, geb Brumby. A: D–3000 Hannover 1, An der Bismarckschule 2. S: Schauspielschule d Deutschen Theaters, Berlin. K: Journalist am ZDF-Studio in Hannover, zuvor Schauspieler in Berlin, Göttingen, Zürich, Stuttgart, Hamburg. D: Film: „Wege im Zwielicht" (Helmut Käutner, 1947), Theater, engagiert bei Jürgen Fehling, Karl-Heinz Martin, Bert Brecht, Heinz Hilpert.

Schaefer Hans Joachim Dr phil

B: Chefdramaturg. G: Laasphe/Lahn, 9. Juli 1923. V: Barbara, geb Sievers. A: D–3500 Kassel-Kirchditmold, Am Hange 39. S: Grundschule, Gymn, Abitur 1942, Stud an d Univ Marburg, 1946–50, Dr phil (Germanistik MusikWiss, Anglistik). K: Seit 1948 Doz an VHS, Volksbildungswerken, Ak, seit 1950 Dramaturg am Staatstheater Kassel, seit 1959 Chefdramaturg am Staatstheater Kassel, seit 1969 Bewerter in d Filmbewertungsstelle Wiesbaden (FBW) im Haupt- u Bewertungsausschuß, vertretungsweise mit Vorsitz v Ausschußsitzungen beauftragt. E: EK II, Sturmabzeichen d Artillerie, Silberne Ehrennadel d GDBA, Stadtmedaille Kassel. M: Rotary Club Kassel (seit 1957), Goethe Ges Kassel (Vors seit 1961). H: Fotografie, Zeichnen, Wandern, Schallplatten.

Schäfer Gerd Ing

B: Kameramann, FotoMstr, Ing grad. G: Karlsruhe, 4. Mai 1929. V: Ursula, geb Weinbach. A: D–7570 Baden-Baden, Rebberg-Str 12. Tel: 07223/5572. S: Abitur, Fotolehre, FotoMstr, Stud an d FachHS f Fotografie, Ing grad, TV-Kameramann. K: Volontär, ab 1957 Kameramann beim ARD-SWF in Baden-Baden, Electronic-Kamera-Studio u Spielfilm, ab 1961 1. Kameramann, privater Fotograf, Spezialgebiet: Luftbild, Luftsportfotografie, Mitarbeit an Flugsportzeitschriften sowie Büchern u Kalendern über Luftsport, Chefkameramann zahlreicher Fernsehspiele u Fernsehfilme d Jahre 1960–70. M: Deutscher Aero-Club eV. H: Flugsport, insbesondere Segelfliegen, Wandern, Skifahren.

Schäfer Hans

PS: Jean Urbanski. B: Ballettmeister, Choreograph, Regisseur, Autor. G: Berlin, 22. Nov 1899. V: Käthe, geb Schenk. A: D–1000 Berlin 33, Steinrückweg 5. S: RealGymn, 4 Sem Stud d Phil, Ausbildung als Tänzer u Tanzlehrer. K:

Auftritte unter Künstlernamen „Jean u Jutta Urbanski" in Provinz-Theatern, 1929 Gründung d eigenen Balletts, Ballettmeister, meistens Regisseur, Ausbildner, Berlin, Admiralspalast, Lustspielhaus, Plaza, Naturtheater, Potsdam, Friedrichshagen, Theater Saarland, Mercedespalast, Theater d Westens, Titaniapalast, Fernsehen, Ak d Künste, Deutschlandhalle, Ernennung z Ltr u Prüfer d Nachwuchses. F: BZ, Morgenpost, Münchner Illustrierte, Wochenschau, Münchner Neueste Nachrichten. E: Ehrensold d Pr Scheel. M: DAG, Dramatiker-Union. H: Theater, Film, Fernsehen, Autor.

Schäfer Harald Dr
B: Regisseur. G: Schotten/Oberhessen, 15.Jan 1931. V: Christa, geb Laukhardt. A: D–6057 Dietzenbach-Steinberg, Gartenstr 18. S: 1951 Abitur am Augustiner-RealGymn in Friedberg, 1953 Schauspielreifeprüfung in Frankfurt, Stud u Promotion in d Fächern Europäische Ethnologie, Germanistik u MusikWiss in Frankfurt u Marburg/Lahn. K: 1952 RegieAss u Schauspieler an d Städt Bühnen Frankfurt, 1954 erste Theaterinszenierung am Stadttheater Baden-Baden („Pygmalion" v Shaw), seit 1956 Fernsehregisseur beim Hessischen Rundfunk, Frankfurt, Gastinszenierungen an versch anderen Sendern, Lehrauftrag in Europäischer Ethnologie an d Univ Marburg/Lahn.

Schaffer Heinrich
B: Fotografenmeister. G: Schwandorf, 23. Nov 1920. V: Marianne, geb Oberhauser. A: D–8460 Schwandorf, Wackersdorfer Str 1a. S: Gymn, Mittlere Reife. K: Selbständige Geschäftsführung. F: Der neue Tag, Mittelbayrische Zeitung, Bild, Stern, Oberpfälzer Heimatbücher, Bild-Kalender, Bunte Illustrierte. E: Preise u Anerkennungen, Ausstellungen. M: DKV. H: Wassersport.

Schalla Horst
B: Kameramann. G: Hannover, 4. Feb 1934. V: Ruthild, geb Jaki. A: D–7000 Stuttgart 1, Flekkenweinberg 55. S: Abitur in Hannover, Stud am Deutschen Institut f Film u Fernsehen in München. K: 1957 KameraAss beim SDR-Fernsehen Stuttgart, 1960 Kameramann, seit 1965 1. Kameramann festangestellt beim SDR, gelegentlich auch bei freien Filmproduktionen tätig. D: Mitwirkung als Kameramann, zB TV-Spiel ua „Dantons Tod", „Bel ami", „Bratkartoffeln inbegriffen", „Prozeß Liebknecht-Luxemburg", „Der Hauptmann von Köpenick", TV-Serien ua „Hei-Wi-Tip-Top", „Kleinstadtbahnhof", TV-Shows ua „Caterina Valente", „Peter Frankenfeld", „Marvelli Zauber-Show", Puppenfilme ua „Der starke Wanja", „Das kleine Gespenst", „Die kleine Hexe". M: RFFU (Gewerkschaft). H: Schwimmen, Kegeln, Kochen.

Schamschula Max KommR Dkfm Dr
B: ImportKfm. G: Wien, 18. Jan 1915. V: Anneliese, geb Lackner. A: A–4020 Linz, Römer Str 69a. S: HAk, Theresianische MilAk, HS f Welthandel, Wien. K: Bis 1945 Offizierslaufbahn (Hptm), dann HS f Welthandel, seit 1948 ImportKfm selbständig, Spezialgebiet: optische u feinmechanische Geräte, Vorst d Gremiums d Außenhandels v OÖ, Obm d Sektion Handel (zurückgelegt). E: Eisernes Kreuz, Verdienstkreuz, Silbernes Ehrenzeichen d Republik Österreich. M: Ver d WirtschaftsAk, Wirtschaftsbund, BKam d gewerblichen Wirtschaft.

Scharf Max KamMusiker
B: KamMusiker. G: Znin, 16. März 1918. V: Regina, geb Dahlmann. A: D–4000 Düsseldorf-Oberkassel, Heinsbergstr 13. S: Oberrealschulabschluß, Musikschule, HS f Musik in Berlin. K: 1947 Soloflötist Landestheater Potsdam, 1949 Solopiccoloflötist Staatskapelle Berlin, seit 1963 stellv Soloflötist b Orchester: Düsseldorfer Symphoniker. H: Ltg einer Musikschule Ratingen.

Scharff Peter
B: Bühnenbildner. G: 28. Juni 1924. V: Ingrid, geb Brautlecht. A: D–8000 München 81, Pienzenauer Str 41. S: Abitur, Landeskunstschule Hamburg. K: Theater, Filme, Fernsehen („Die Brücke", „08/15" ua) Arbeiten m Noelte, Wicky, Wild, Beauvais, L Cremer uva. F: In div Film- u Fernsehzeitschriften. E: Stipendium d Landeskunstschule Hamburg. H: Segeln.

Scharlau Winfried Dr D
B: Asien-Korrespondent d ARD. G: Duisburg, 12. Juni 1934. V: Christiane, geb Pickert. A: HK–Hongkong, 39 Conduit Road, Rocky Mountains, Flat 108. S: Abitur, Stud d Geschichte, Staatsrecht, Slawistik an d Univ Münster, Innsbruck, Oxford, 1960 Dr phil in Münster, D phil in Oxford. K: 1964–66 Redakteur b NDR-Fernsehen, Moderator, 1967/68 Korrespondent d ARD, Bericht f Hörfunkt u Fernsehen aus Vietnam, dann „Spiegel", 1969–73 Moderator d „Weltspiegel", seit 1973 Asienkorres-

pondert in Hongkong. H: Sammeln moderner Grafik, Reiten, Fußball.

Schättle Horst Dipl-Kfm
B: Journalist. G: Oberndorf/N, 9. Dez 1939. V: Siegrid, geb Hug. A: D–6200 Wiesbaden, Schöne Aussicht 52. S: Stud d Wirtschft u politische Wiss, Abschluß als Dipl-Kfm. K: 1968–71 Bonner Korrespondent d ZDF, 1971–77 RedaktionsLtr „Heute", Moderator u Kommentator, seit 1971 HauptredaktionsLtr Innenpolitik. F: In versch Zeitschriften. H: Schmalfilmen.

Scheel Ernst
B: Architektur-Fotograf. G: Hamburg, 8. Jan 1903. V: Martha, geb Wichmann. A: D–2000 Hamburg 54, Kieler Str 178. S: Realschule, Landeskunstschule (Gebrauchsgrafik). K: Als Fotograf Autodidakt, zunächst Fotoreporter bei mehreren Hamburger Zeitungen, hauptsächlich alte Städte u Schlösser, starkes Interesse f Architektur, v Prof Karl Schneider „entdeckt", ab 1924 selbständig als Architektur-Fotograf. F: In Tageszeitungen, Wochenzeitschriften, Architektur-Zeitschriften u -Büchern. M: Deutscher Werkbund. H: Kunstausstellungen, Literatur.

Scheider Klaus
B: FotoKfm. G: Berlin, 24. Nov 1940. A: D–1000 Berlin 33, Seebergsteig 6a. S: Mittlere Reife, KfmGehilfe. K: Ausbildung als FtoKfm, seit 5 Jahren selbständig, Besitzer v 2 Fotogeschäften (mit 2,8 Mio Umsatz im Jahr). M: Ver Berliner Kaufleute. H: Sport (Fußball, Rudern).

Scheinpflug Christian
PS: CINEVOX. B: Regisseur, Tonmeister VDT, Kameramann, Fotograf. G: Birkenstein, 18. Juni 1945. V: Sinikka, geb Lehtinen. A: D–2000 Hamburg 76, Iffland-Str 78. S: Abitur, Praktika NDR u Alster Studios, I d h e c Pris. K: Mitarbeit an über 300 Spiel-, Dokumentar-, Ind-Filmen u TV-Features, Eigenproduktion v hauptsächlich Ind-Filmen m Schwerpunkt Offshore-Techn seit 1976. F: Unzählige in Tageszeitungen, Zeitschriften u Fachzeitschriften (Baugewerbe). M: VDT.

Schell Helmut
B: Oberlehrer (SchulLtr), Komponist, Texter. G: Ulm, 30. Jan 1922. V: Anith, geb Beyrer. A: D–7900 Ulm 11, Eisenbahnstr 24. S: Abitur, Päd Institut, daneben MusikStud. K: Als Lehrer tätig seit 1948, SchulLtr seit 1968, Stud d Musiktheorie bei Prof Otto Urack, Operette: „Treffpunkt Barbara", hauptsächlich Chansons u Instrumentaltitel, Lieder f Jugendchor. F: In Tagespresse, zB Südwest Presse, Schwäbische Zeitung. E: 2. Preis bei Schlager-Wettbewerb, 1. Preis f Karnevalslied d Saison 1973/74. M: GEMA. H: Musik, Liedtexte, Psychologie.

Scherbaum Kurt R
B: Fotograf, FotoKfm, Management. G: Maria-Kulm/Egerland, 3. Aug 1929. V: Doris. A: D–8990 Lindau/Bodensee, Schmiedg 9. S: Grundschule, Oberrealschule, Kunstgewerbeschule Karlsbad, Bayerische Staatslehranstalt f Fotografie, München. K: 1950 Gründung v eigenem Fotogeschäft in Waldsassen, 1952 erstes Agfacolorstudio in d Nördlichen Oberpfalz, Foto-Grafik u Kino-Reklamen, ständiger Referent d VHS, 1956 Gründung d jetzigen Lindauer Fotofirma. F: Illustrationen v Büchern, Fotozeitschriften, Kunstführern, Künstlerportraits, Ansichtskarten u Theaterfotografie. E: Photokina-Preis durch BPr Theodor Heuss, 1954, Anerkennungsurkunde f bes Leistung, Industrie- u HandelsKam Lindau, 1975. M: Versch Chöre (bes Männerchöre), Narrenzunft Lindau, Bayerisches Rotes Kreuz, Deutscher AlpenVer ua. H: Fotografie, Chorgesang, alte Grafik.

Schettling Michael
B: Fotograf. G: Berlin, 16. März 1941. V: Truus, geb Akkermann. A: D–6000 Frankfurt/Main, Friedrichsstr 3. S: Schulreifeabschluß in Berlin, 2 Jahre Praktikum, 2 Jahre Fotoschule. K: Seit 23 Jahren selbständig, zuerst in Offenbach, danach Studio in Frankfurt/Main (Westend). F: Mehrere Veröffentlichungen im Jahrbuch d Werbung sowie Photographis. H: Segel, Electronik.

Scheyer Heinz
B: Art-Dir, Fotodesigner. G: Bad Marienberg, 30. Apr 1950. V: Inge, geb Willwacher. A: c/o MSM-FOTO-TEAM Scheyer u Müller OHG, Studios f Werbe-Mode-Industriefotografie u Design, D–5439 Bad Marienberg, Am Mühlrain 1. Tel: 02661/3919. S: Fachschule, Stud Agfa Gevaert Technikum, FernStud, Ausbildung Reprografie u Offsetdruck. K: Berufsausbildung, WerbeAss, Werbegrafiker u Fotodesigner, selbständig seit 1974. F: Dokumentation f Tageszeitung, Mode- u Werbeaufnahmen in Magazinen (Anzeigen usw). M: Deutscher MotoryachtVerb, Deutscher

Aeroclub. H: Motorsegelfliegen, Motor-Yachting.

Schick Erich
B: Foto-Designer. G: Marburg/Lahn, 30. Apr 1927. A: D–6301 Azzbach, Spennelberg 13. S Fotografenlehre BFachschule in Hamburg.

Schicke Werner
B: Selbständiger Fotograf, Kunstmaler, Grafiker. G: Breslau, 13. Juli 1922. V: Anneliese, geb Urban. A: D–7313 Reichenbach/Fils, Schondorfer Str 8/2. St: RealGymn, MusikStud in Breslau. K: 1939–41 MusikStud an d Schlesischen Landesmusikschule u Univ in Breslau, 1941 Einberufung z Wehrmacht, 1944 in Rußland schwer verwundet, durch diese Behinderung keine Fortsetzung d MusikStud möglich, daher F-Studium an d F-Ak Darmstadt, Graphik u Kunst, Beschickung v Ausstellungen m Gemälden, gleichzeitig Buchillustrationen u Gebrauchsgraphik b 1957, Autodidakt als Fotograf, ab 1957 selbständig, spez auf Porträt u Sachfotografie. F: Illustrationen v Jugendbüchern, historisch, figürlich, technisch u Landschaftsdarstellung. E: Verdienstkreuz am Bande d Verdienstordens d BRD, Großes Ehrenkreuz d B.D.K.K. in Silber, viele Kriegsauszeichnungen. M: Künstlergilde Esslingen, Fotografeninnung Stuttgart, Intern Sammler-Club, B.D.K.K. LandesVerb Baden-Württ, viele örtliche Ver. H: Numismatik.

Schienke Ernst Joachim
B: Zeichentrickfilm-Produzent. G: Berlin, 3. Juni 1912. V: Ingrid, geb Erdmann. A: D–1000 Berlin 38, An d Rehwiese 12. S: Abitur, HS f bildende Künste, praktische Ausbildung als Trickfilmzeichner im Atelier Waechter (Schüler v Fischerkösen). K: seit 1936 selbständig, Studio f Werbefilme (Zeichentrick), 1940 Panzerschütze, Fallschirmjäger, 1943–45 Abwehr, Sonderführer H, russische Gefangenschaft, 1946–47 filmtechn Berater d polnischen Militärmission, 1949 Ltr d Trickateliers d Mosaik-Film Berlin (Titelarbeiten f Synchronisation), 1954 selbständig, Werbefilme, 1956–69 sämtliche CDU-Wahlpropagandafilme (Zeichentrick), 1958 Ausschreibung d Werbefernsehens v SFB zur Schaffung einer Symbolfigur, Erster Preisträger unter 8 Berliner Künstlern, weit über 1000 Fersehspots m d Berliner „Tele-Bärchen“ geschaffen, seit 1958 wird „Tele-Bärchen“ täglich ausser an Feiertagen ausgestrahlt, ständig neue Spots, daneben Produktion v Werbefilmen. F: Constanze, BZ, Bild-Zeitung, Spandauer Volksblatt, Hör Zu u div Funk- u Fernsehprogrammzeitschriften, örtliche Annoncenblätter: Tele-Bärchen. D: Auftritt m Tele-Bärchen im „Blauen Bock“ v HR, Tele-Bärchen-Ausstellung im Informationspavillon d SFB, anschließend Ausstellung im SFB-Studio, im Europa Center Berlin. M: VerwertungsGes Bild-Kunst, München. H: Seit 1932 amerikanische Motorräder, amerikanische Autos.

Schikora-Benary Armin
B: Autor. G: Saarau, 17. Aug 1930. V: Margarethe, geb Reichinger. A: A–5081 Anif, Hellbrunn 290. S: Matura, Stud d Germanistik, Geschichte, Volontariat an Tageszeitung. K: 1953–61 Redakteur (Film) u RessortLtr (Kommunalpolitik) in „Nürnberger Nachrichten“, 1961–79 Redakteur im Fernsehen d Bayerischen Rundfunks, seit 1979 freier Autor. M: DJV, Food Editors Club, Lions Club Salzburg-Hellbrunn.

Schilbach Peter
B: Musikredakteur, Musiker. G: Greiz/Thüringen, 2. Mai 1938. V: Annelie, geb Bedall. A: D–2805 Stuhr 2, Widdastr 37. S: Hum Gymn, MusikStud mit Hauptfach Klavier, künstlerische Staatsprüfung. K: 1960–74 Lehrer einer Klavierklasse bei d Regensburger Domspatzen, 1971–73 Gründung u Ltg d „Regensburger Musikschule“, 1974–77 Ltg d Jugend- u Volksmusikschule d Konservatoriums Bremen, seit 1978 Programmgestalter u Musikredakteur bei Radio Bremen, seit 1960 Konzertreisen als Konzertpianist in d BRD ua Ländern Europas, Rundfunkproduktionen. E: Kulturförderpreis d Stadt Regensburg. M: Mtgl d Landesmusikrates Bremen, RFFU, SPD. H: Politik, Natur.

Schilling Bernd
B: Fotograf. G: 23. Juli 1940. A: A–1070 Wien, Neubaug 55. S: Realschule, Grafische Lehr- u Versuchsanstalt. K: Seit 1963 Mstr, 2 Jahre in Amerika bei Farbverlag tätig, dann eigenes Atelier (mit 3 Mitarbeitern). F: Autorevue. M: Europhot.

Schillinger Karl H
B: Fotografenmeister. G: München, 8. Juni 1941. V: Erika, geb Holusek. A: D–8000 München 5, Klenzestr 88. S: Grundschule, Lehre als Fotograf m Abschluß, Meisterprüfung. K: Erste Anfänge u Erfolge in d Luftbildfotografie, Spezialisierung in d UV- u Infrarotfotografie,

Luftbildinterpretationen m analogen u digitalen Verfahren in planungsrelevanten Bereichen u im Umweltschutz. F: In „Intern Phototechnik" ua. M: Mtgl im CentralVerb Deutscher Photographen. H: Familie.

Schimke Fritz
B: Pressefotograf. G: 22. März 1948. V: Roswitha, geb Fliedl. A: A–1190 Wien, Grinzinger Allee 42. S: Mittelschule. K: Agenturfotograf, Heereslichtbildstelle, dann selbständiger Fotograf. F: Life, Paris Match, Bunte Illustrierte, Bild am Sonntag, Camera Press, Kurier, Kronen-Zeitung. M: Syndikat d Pressefotografen. H: Frauen, schnelle Autos, Kinder, Fotografieren.

Schindler Gerhard Friedrich August
PS: Fritz Schindler. B: Fernsehproduzent, Moderator. G: Karlsruhe/Baden, 26. Juni 1924. A: D–7000 Stuttgart 50, Einstein-Str 23. Tel: 0711/533981. S: Oberrealschule, 8 Jahre Internat, Abitur. K: Nach Kriegsgefangenschaft als Marineoberfähnrich Volontär bei Zeitungen, Redakteur, seit 1965 b Südfunkfernsehen, Süddeutscher Rundfunk Stuttgart in versch Abteilungen, bekannt vor allem d Dokumentarsendungen, größter Erfolg die Sendereihe „Stars v Damals" (80 Porträts), auch selbst moderiert u gesprochen, daneben historische Dokumentarsendungen, aktuelle Berichterstattung uva. F: In versch Programmzeitschriften.

Schirk Heinz Dir
B: Dir (Regisseur) f Fernsehen, Theater, Film, Drehbuchautor. G: Danzig, 22. Dez 1931. V: Ilka-Maria, geb Przewisinski. A: D–6101 Bikkenbach a d Bergstraße, Im Hasengrund 36. S: Abitur in Hamburg, Univ in Berlin u München, Std d Phil, Kunstgeschichte, Psychologie, Schauspielunterricht in Berlin. K: Schauspieler u Regisseur an zahlreichen Bühnen, ua am Landestheater Darmstadt, Städt Bühnen Frankfurt/M, Staatstheater Stuttgart, Burgtheater Wien, Drehbücher u TV-Inszenierungen f ARD, ZDF u ORTF Paris, Inszenierungen a Theater: „Komödie d Irrungen", „Maß f Maß", „Wie es euch gefällt", „Eines langen Tages Reise durch d Nacht", „Die Zofen", „Helden", „Pygmalion", „Endspiel", „Die tätowierte Rose", „Napoleon in New Orleans", Endspurt", „La Cenerentola", „Heiraten ist immer ein Risiko", „Von Mäusen u Menschen", „Der Hund d Generals", „Alkestiade", „Stella", „Urlaust", „Kabale u Liebe", „Emilia Galotti", „Prinz v Homburg", „Der zerbrochene Kurg", „Tartuffe", „Ardele oder d Gänseblümchen", „Des Teufels General", „Die Kassette", „Der Teufelsschüler", „Die Physiker" uva, Inszenierungen b Fernsehen: „Der Käfig", „Die Geschichte v Vasco", „Heinrich VIII u seine Frauen", „Die Ballade v Cowboy", „O, süße Geborgenheit", „Kollege Bindelmann", „Zwischenspiel in Venedig", „Schlagzeilen über einen Mord", „Der Fall Dettlinger", „Krebsstation" (2 Teile), „Der Schlafwagenkontrolleur", „Die Eroberung", „Der Mann aus London", „Koralle Meier", „Der Boss", „Moosmacher macht Millionen", „Autos", „Geliebter Mörder", „Happy end", „Lokaltermin", „Scharfrichter Josef Lang", „Die Geschichte einer dicken Frau", „Der Mann von Zimmer 22", „Der Springteufel", „Die Rache", „Rheinpromenade", „Das Kind", „Der Helfer", „Ein Wagen voll Madonnen", „Der Anwalt", „Waffen f Amerika", „Theater im Hotel", „Die vollkommene Liebe", „Möwengeschrei", „Erben", „Manager d Terrors", „Links u rechts v Kudamm", „Der Heiligenschein", „Die Geburt eines Waisenkindes", „Die Australische Blindheit", „Zürcher Früchte", „Der Mix", „Le roi qui vient du sud" (3 Teile), „Die Sonnenschein GmbH" uva. E: 1. Preis d MARLER GRUPPE d Adolf Grimme-Preises 1970. M: BVerb d Fernseh- u Filmregisseure in Deutschland.

Schlapfer Hans
B: Dipl. Fotograf, Farbbildagentur. G: Luzern, 11. Sept 1922. V: Marlene, geb Lesener. A: CH–6002 Luzern, Abendweg 44. S: Grundschulen, Kunstgewerbeschule, Fotografenschule. K: Ind-Fotograf, Commercial Fotograf, Farb-Laborant, freiberuflicher Fotograf seit 1964. F: Tageszeitungen ua. E: State Professional Diploma f Photographers, Schweiz. M: SPhV.

Schlegelmilch Rainer W
B: Fotodesigner. G: Suhl, 9. Feb 1941. V: Heide, geb Jenichen. A: D–6000 Frankfurt/Main, Gustav Freytag-Str 34. S: RealGymn, Abitur, einige Sem Psychologie, Staatslehranstalt f Fotografie, München. K: 1 Jahr Fotograf bei BASF, Ludwigshafen, seit 1964 selbständig als Fotodesigner mit eigenem Atelier in Frankfurt/Main. F: Div in in- u ausländischen Publikationen. E: Div Auszeichnungen v ICTA, TDC New York, ADC New York, Kalenderschau, Art DC Los Angeles, Grafik-Design Deutschland ua. M: Guild of

Motoring Writers, England, IRPA, BFF. H: Segeln, Tennis, Skilaufen, Windsurfing, Skateboard.

Schleicher Wolfgang Dr
B: Rundfunkredakteur. G: Düren, 16. Nov 1927. V: Wiltrud, geb Guckuck. A: D–4000 Düsseldorf, Ikenstr 76. S: Hum Gymn, Stud d Evangelischen Theologie u Romanischen Philologie. K: Univ Bonn, Deutsche UNESCO-Kmsn, Deutscher Gewerkschaftsbund, Deutsche Welle (Abt, intern Verbindung – Öffentlichkeitsarbeit). M: Deutsche UNESCO-Kmsn.

Schleif Wolfgang
B: Filmregisseur. G: Leipzig, 14. Mai 1937. V: Jutta, geb Kornhuber. A: D–1000 Berlin 37, Edithstr 16. Tel: 030/8138073. S: Thomas-Schule, Univ Leipzig (Phil, Pädagogik, Psychologie, Staatsexamen f d Lehramt an Volksschulen 1934), Schnoor-Gizzette-Schule (Gymnastiklehrer- u Bühnentänzer-Examen 1934), Schauspielschule d Deutschen Theater Berlin. K: Seit 1935 Film: RegieAss, Schnittmeister, Drehbuchautor u Regisseur, Filme: „Grube Morgenrot", „Wenn's nur einer wäre!", „Blaue Schwerter", „Die Kunst d Pantomime", „Der Mantel", „Der Sonntagsmaler" (3x m Marcel Marceau), „Saure Wochen – Frohe Feste", „Die Störenfriede", „Ännchen v Tharau", „Heldentum nach Ladenschluß", „Die Mädels v Immenhof", „Meine Kinder u ich", „Ferien in Tirol", „Das Mädchen Marion", „Blaue Jungens", „Preis d Nationen", „Made in Germany", „Verpfuschte Hochzeitsnacht", „Ja, ja, der Chiantiwein", „Reise ins Glück", „Rommel ruft Kairo", „Freddy, d Gitarre u d Meer", „Der blaue Nachtfalter", „Unter fremden Sternen", „Melodie d Nacht", „Weit ist d Weg", „Ach, Egon!", „Blond muß man sein auf Capri", „Ehe-Institut Aurora", „Zwischen Shanghai u St Pauli", „Ferien wie noch nie", „Das Nest d gelben Viper", „Hurra, unsere Eltern sind nicht da", „Die Zwillinge v Immenhof", „Frühling auf Immenhof", Fernsehen: „Die Fahrt ins Blaue", „Das Blaue v Himmel", „Aktion Brieftaube", „Jean", „Landarzt Dr van Damme", „Der Fall Harry Domela", „Rosemarie", „Der Fall Reiber", „Vorsicht bei grauen Schläfen", „Forellenhof" (Serie), „Saison in Salzburg", „Slatin Pascha", „Bürgerkrieg in Rußland" (5 Teile), „Vera Sassulitsch", „Königin einer Nacht", „Tournee" (Serie), „Die Brücke v Remagen", „Sir Basil Zaharoff", „Die Perle", „Wie Rauch u Staub", „Mathilde Möhring", Serien: „Mordkommission", „Bitte nicht die Polizei", „Die Männer v Werk B", „Kommissariat 9" uva. H: Garten, Bücher, Wassersport.

Schleker Martin sen
B: Schriftsteller, TheaterLtr. G: Ehingen/Donau, 5. Jan 1908. V: Elisabeth, geb Traub. A: c/o Naturtheater d Stadt Hayingen, D–7427 Hayingen, Schwäbische Alb. S: Gymn. K: Ltr d Naturtheaters Hayingen, Autor ua v „Dem Himmel zua". D: „Der Vagabund", „Weiberlischt", „Orgelmacher", „Klausner v St Anna", „Am Brunnen vor dem Tore", „Amtmann v Blaubeuren", „Tochter d Zunftmeisters", „Gesprengte Fesseln", „Wenn alle Brünnlein fließen", „Hie gut Wirtemberg", „Onkel Florian", „Kellermeister v Sasbach", „Malefizschenk", „Schultheiß v Justingen" ua. E: BVerdienstkreuz, Ehrenbürger d Stadt Hayingen. M: Gründung d Naturtheaters Hayingen. H: Theatermachen.

Schloemp R Petrus
B: Kameramann (Dir of Photography), Freelancer. G: Wuslack/Ostpreußen, 25. Mai 1931. V: E Anna, geb Kaul. A: D–8000 München 40, Destduchesstr 35. S: Gymn, HS, Drama u Pantomimenausbildung, Techn Ass. K: Mitwirkung an folgenden Filmen: „Scarabea" (Sybenberg), „Engel v St Pauli" (J Roland), „Hauser's Memory" (B Segal), „The Dollar Sign" (R Brooks), „Assignment Vienna" (A Singer), „Who" (J Gold), „Depressionen" (Vesely), „Der kurze Brief zum langen Abschied" (Vesely). E: BFilmpreis (f Film AW). H: Architektur.

Schmah Werner
B: Gesangssolist, Komponist, Textdichter. G: 9. Feb 1926. V: Edith, geb Kallina. A: D–1000 Berlin 65, Bristolstr 27, D–8481 Erbendorf, Hopfau-Andrea 16a. Tel: 030/4556403 oder 09682/700. S: 1945–48 Gesangs- u Musik-Stud am Konservatorium. K: Seit 1947 freiberuflich als Gesangssolist (Bariton) an allen Deutschen Rundfunkanstalten (Rias Berlin, SFB, SWF, NDR, Hessen, Saarland, Süddeutscher Rundfunk, ARD-Fernsehen) tätig, seit 1968 Komponist u Textdichter (ca 40 Titel) produziert u aufgenommen, Schallplatte u Fernsehen. F: In versch Tageszeitungen. M: GEMA, GVL.

Schmeier Jörg
B: Verleger, Produzent, Studioinhaber, Manager. G: Berlin, 2. Dez 1935. A: D–1000

Berlin 45, Ostpreussendamm 137. : VerlagsKfm, Musiker, Komponist, Textdichter. E: Bester Produzent d Jahres, Holland, div Goldene Schallplatten aus vielen Ländern. M: GEMA. H: Segeln, Sport.

Schmid Max
B: Fotograf. G: 9. März 1909. V: Gertrud. A: D–9474 Oberräfis/Buchs, Plattengasse 48. S: Sekundarschule. K: Eigenes Fotogeschäft in Rheineck, Heerbrugg, 20 Jahre in Rheineck, 10 Jahre in Heerbrugg, Aufgabe d Geschäftes 1965. H: Aquarien, Züchter v Problemfischen.

Schmidt August
B: Rentner, Inhaber eines Bildarchivs. G: Frankfurt/Main, 22. Mai 1912. V: Marie Elisabeth, geb Mieger. A: D–6382 Friedrichsdorf 1, Alte Grenzstr 17, Postfach 1466. S: Grundschule, Ausbildung als Bäcker, ohne Lehrvertrag, 1958 erfolgreicher Abschluß eines Journalistik-Lehrganges. K: Nach d Schulentlassung Tätigkeit in versch Betrieben u Branchen, 1940–48 Soldat bzw Kriegsgefangener, dann Arbeit in einer Zwiebackfabrik, anschließend städt Ang, 1964–76 Tätigkeit in großem Industriebetrieb, seit 1977 Rentner, seit 1932 Hobbyfotograf, 1953 Beginn mit d Aufbau eines Bildarchivs, als allgem Illustrationsarchiv Belieferung versch Zeitschriften, Buch- u Kalenderverlage, sowie Werbeagenturen. E: Versch Erennadeln u Urkunden. M: Mtgl d Arbeitskreies Mittelständiger Bilderdienste, im Deutschen Bund f Vogelschutz, Förderndes Mtgl im Deutschen Roten Kreuz. H: Fotografieren, Filmen, Briefmarken, Vogelschutz, gelegentlich kurze Artikel f Zeitschriften, z Arbeit an einem größeren Roman.

Schmidt Carlo
B: FilmKfm. G: Torschau, 23. Juli 1918. V: Hella, geb Waller. A: D–4040 Neuss 1, Schwarzer Weg 11. S: HAk. K: Ab 1949 bei d Schorcht-FilmGesmbH, Düsseldorf als Vertreter, 1951–63 FilialLtr in West-Deutschland, seit 1963 selbständig, Filmverleih- u Vertrieb. F: In d Fachpresse. M: Mtgl d Verb d Filmverleiher eV, Deutschland.

Schmidt Dieter
B: FotografenMstr. G: Kaufbeuren, 10. März 1947. A: D–8950 Kaufbeuren, Pfarrg 2. Tel: 08341/5886. S: Grundschule, Gesellenbrief als Konditor, Wäscher u Plätter, Fotograf MstrPrüfung. K: Lehre in Augsburg, Gesellenzeit bei Teubner (Food-Fotos) in Füssen, StudioLtr in Schwetzingen, 2 Sem an d Bayerischen Staatslehranstalt f Fotografie in München, abschließende MstrPrüfung. F: Versch Ausstellungen ua Photokina 1978, Köln. E: Mehrere Diplome. M: CentralVerb Deutscher Fotografen, APP, Colour Art Photo, Europhot. H: Fotografie.

Schmidt Horst-Dieter
B: TV-Journalist. G: Mennighüffen, 7. Juni 1946. V: Gisela, geb Siller. A: D–5010 Bergheim/Erfurt, Falkenweg 3, D–5010 Bergheim/Erfurt, Fuchsienweg 7. S: Abitur, Stud d Germanistik, TheaterWiss. K: Redakteur bei versch Zeitungen, seit 1971 Redakteur u Reporter beim WDR, Abt Fernsehen – Sport, Schwerpunkt als Reporter: asiatische Kampfsportarten (Judo, Karate, Taekwon-Do, Aikido. . .), Badminton, Galoppsport. H: Musizieren, Theaterspielen.

Schmidt Josef Betriebswirt grad
B: Geschäftsführer d top-tour-berlin GmbH, Management f HANA HEGEROVA, Prag u LUTZ GÖRNER, Köln. G: Goldbach/Bayern, 3. Juni 1948. A: D–1000 Berlin 41, Steglitzer Damm 39. S: Gymn Achaffenburg, kfm Lehre. K: Geschäftsführer im Kabarett „Die Wühlmäuse Berlin“, 1970–73, Stud d Betriebswirtschaft in Berlin, 1973–75, Programmgestalter im QUARTIER LATIN BERLIN, 1976, Organisation vieler Tourneen f DIE STACHELSCHWEINE BERLIN, HANA HEGEROVA, Prag, CZESLAW NIEMEN, Warschau, LUTZ GÖRNER, Köln, Theaterproduktion DIE VERLORENE EHRE DER KATHARINA BLUM. H: Sammlung alter Bierkrüge u Erstauflagen deutschsprachiger Literatur.

Schmidt Ursula
B: Lichtbildnerin. G: Freiburg/Breisgau, 4. Nov 1951. A: D–7809 Denzlingen/Baden, Schwarzwaldstr 48. S: Grundschule, Realschule, Grafische Fachschule, Fotografenlehre, Gesellenprüfung, MstrPrüfung K: Werbefotografie f medizinisch-technische Industrieprodukte (Hellige/Litton Industries), wiss-technische Fotografie (EMI Freiburg), Geschäftsführung eines Portraitateliers, 1976 Gründung d eigenen Unternehmens, seither vorwiegend in Portrait-, Akt-, Landschaftsfotografie u Fotografik tätig, 2 eigene Bildbände in Vorbereitung. E: Versch Zertifikate u Anerkennungen Teilnahme an regionalen u ausländischen Wettbewerben (Hongkong, Taiwan). M: BerufsVerb d HWK Freiburg/Breisgau, Grün-

dungsMtgl im „spot“, InteressenGem f angewandte Fotografie u Fotografik (anerk v Verb d Deutschen Fotografischen Industrie). H: Motorrad-Veteranen.

Schmidt-Boelcke Werner
B: Dirigent, Komponist. G: Berlin, 28. Juli 1903. V: Claire, geb Sauerwald. A: D–8035 Auting 2 über München. S: 1913–21 Hum Leibniz-Gymn, Berlin, 1920–24 Absolvent d MstrKlassen d Stern'schen Konservatoriums in Berlin als Dirigent u Konzertpianist, Lehrer: Prof Alexander v Fielitz (Dirigieren), Prof Rudolf M Breithaupt (Klavier), Gustav Bumcke (Komposition). K: Erstes öffentliches Auftreten als Konzertpianist, 1923–36 Dirigent an d Mienhard-Bernauer Bühnen in Berlin, 1926–28 Dirigent am Phoebus-Palast in München, 1928–30 Chefdirigent aller Emelka-Theater, ab 1928 Konzerte im Berliner Sender, 1929 Gastspiel in New York, Studienreise in d USA, 1929-35 Dirigent u Komponist v 46 Tonfilmen in Berlin, München, Paris u Prag, 1934–44 Chefdirigent im Metropol-Theater, Theater im Admiralspalast Berlin u Zentral-Theater in Dresden, Gastspiele in Düsseldorf, Hamburg, Leipzig u München, daneben ständiger Gastdirigent bei d Berliner Sendern, ab 1935 Schallplatten-Aufnahmen bei Ultraphon, Lindström, Odeon, Deutsche Grammofon, Polydor, Telefunken, Elektrola, Ariola-Eurodisc, 1940 erste Operetten Livesendung im Fernsehen dirigiert (Hochzeitsnacht im Paradies), 1944 Dienstverpflichtung vom Reichsrundfunk Berlin bis Kriegsende, 1945–46 Director of light music bei „Radio Hamburg“ (Sender d engl Militärregierung), ab 1947 Dirigent bei „Radio München“ (Sender d amerikan Militärregierung), später Bayerischer Rundfunk, Chefdiririgent d Rundfunkorchesters, seit 1947 Theatergastspiele in München: Staatsoper im Cuvillies Theater, Staatstheater am Gärtnerplatz, Deutsch Deutsches Theater, außerdem in Bayreuth, Berlin, Düsseldorf, Frankfurt/Main, Hamburg, Hof, Koblenz, Schweinfurt, Wien, öffentliche Konzerte in Ansbach, Baden-Baden, Bad Kissingen, Bamberg, Braunschweig, Bremen, Berlin, Düsseldorf, Duisburg, Esen, Frankfurt/Main, Hamburg, Hannover, Heilbronn, Kaiserlautern, Kiel, Köln, Koblenz, Kronach, Lindau, Ludwigshafen, München, Münster, Nürnberg, Oldenburg, Schwabach, Schweinfurt, Siegen, Stuttgart, Ulm, Wiesbaden, Wolfsburg, ebenso im Ausland in Amsterdam, Basel, Brüssel, Göteborg, Helsinki, Hilversum, Kopenhagen, Linz, London, Maiand, Meran, Oslo, Paris, Wien, seit 1973 Stummfilm-Musiken f „Alraune“, „Variete“, „Sturm über Asien“, „Überflüssige Menschen“ beim ZDF. E: 1974 Verdienstkreuz am Bande d Verdienstordens d BRD.

Schmidt-Pauli Rolf von
B: Regisseur. G: Berlin, 29. Dez 1924. V: Franziska, geb Weilhammer. A: D–6000 Frankfurt/Main 70, Sachsenhäuser Landwehrweg 151. S: Abitur 1943, Rundfunkschule Hamburg 1945–47, Stud d TheaterWiss in München 1947–50. K: 1945–47 RegieAss u Lektor bei d Hamburger Kammerspielen, 1947–49 Dramaturg u Ass am Bayerischen Staatstheater München, 1949–56 RegieAss bei 30 Spielfilmen, 1956–60 Regisseur bei Insel-Film München, 1961–70 Ltr d FFF Abt Young u Rubican Frankfurt, seit 1970 Manager of Advertising Production Procter u Gambic Frankfurt/Main. F: Echo d Woche (München 1948), versch Theaterkritiken in Echo d Woche 1948–50. D: Als Regisseur, Theater: „Leuchtfeuer“, „Das Abgründige v Herrn Gerstenberg“, „Wildente“, „Die weiße Weste“, „Wir sind nochmal davongekommen“, „Antigone“, Film: „Du bist nicht allein“, „Dieser Mann gehört mir“, „Schuld ohne Sühne“, „Heidelberger Romanze“, „Kulissenzauber“, „Ave Maria“, „The man between“ ua.

Schmitt Uta
B: Filmgeschäftsführerin. G: Krefeld, 9. Nov 1940. V: Jörg Schmitt. A: D–8000 München 60, Wertheimer Str 7. S: Abitur, Examen Fremdsprachenkorrespondentin Englisch. K: 1962–63 Sekretärin (Werbung u Presse), ab 1963 in Filmbranche tätig, 3 Jahre Synchronstudio, danach bis 1974 fest als Filmgeschäftsführerin, dann als freie Geschäftsführerin, dazwischen 3 Fernsehserien als 1. AufnahmeLtg, eine davon in Südafrika, Englisch in Wort u Schrift, Französischkenntnisse vorhanden.

Schmitt Willi
PS: Will Smit. B: Schriftsteller. G: SLS-Roden, 21. Juli 1929. V: Sigrid, geb Richter. A: D–6630 Saarlouis-Steinrausch, Kurt Schumacher Allee 137. S: Grundschule, liter Lehrgang, Meisterprüfung, KfmPrüfung, viele sonstige Lehrgänge d Fortbildung um bes liter weiterzukommen. K: Erstveröffentlichungen 1953 u 1955, weitere ca 70 Short-Storys in vielen Zeitungen u Zeitschriften, Bücher: „Ereignisse d Lebens“ zur Hauptpostille v Kri-

tikern erkoren (zum Verfilmen geeignet), „Phrenesie", Psycho-Roman, ebenfalls f Film geeignet, in ca 5 Anthologien (Büchern) m Beiträgen vertreten, lange Zeit auch als sogenannter Ghost-writer tätig, Autodidakt in vielen Lerngebieten uva. F: Saarbrückner Zeitung, Olivia uva. E: Österreich-Steiermark-Buchpreis 1969 f d Kurz-Roman „Fauchende Lokomotiven um Andreè Jamet", einer dramatischen Kindergeschichte. M: IGDA, VS, VGW. H: Musik u Billard.

Schmitt-Walter Karl Prof
B: Kammersänger. A: D–8000 München 90, Kastenseestr 18/o. Tel: 089/ 6901017. S: Oberrealschule, Konservatorium Nürnberg. K: 1921 Städt Bühnen Nürnberg, 1924 Oberhausen, 1925 Saarbrücken, 1926–29 Dortmund, 1929–35 Wiesbaden, 1935–47 Deutsches Opernhaus Berlin, Staatsoper bis 1950, Staatsoper Wien, 1950–74 Staatsoper München, 1956–64 Bayreuther Festspiele, seit 1956 HS f Musik in München bis 1974. D: Repertoire d lyrischen u Kavalierbariton. E: Bayerischer Verdienstorden, Großes BVerdienstkreuz, Danebrog Orden Dänemark. M: Gen Deutscher Bühnenangehöriger. H: Schallplattensammlung.

Schmohl Traugott
B: Konzertsänger (Baß-Bariton), Gesangslehrer. G: Freudenstadt, 6. Jan 1934. V: Ingeborg, geb Reustlen. A: D–7400 Tübingen, Hermann Kurz-Str 41. S: Abitur, GesangsStud bei Prof H Achenbach in Tübingen, Gasthörer am MusikWiss Institut d Univ Tübingen, Opernschule an d Staatl MusikHS Stuttgart, Opernreifeprüfung. K: Dreijähriges Engagement an d Staatsoper Stuttgart, seit 1962 freier Konzertsänger u Gesangslehrer, Konzerte im In- u Ausland, ua in Köln, Bonn, Aachen, Krefeld, Wuppertal, Solingen, Kassel, Frankfurt, Würzburg, Mannheim, Karlsruhe, Freiburg, Stuttgart, Ulm, Augsburg, Straßburg, Paris, Reims, Orleans, Lyon, Clermont-F, Montpellier, Aix-en-Prov (Intern Musikfestival), Zürich, Basel, Bydgoszcz, Danzig, Rundfunk- u Schallplattenaufnahmen, mehrere Uraufführungen v Prof Dr K M Komma, seit 1970 Lehrauftrag f Gesang an d Päd HS in Reutlingen. H: Filmen, Lesen, Kochen, Reisen.

Schmorleiz Peter Anton
PS: Peter Anton. B: Conferencier. G: Kärlich, 23. Juni 1944. V: Irma, geb Klumb. A: D–5401 Kettig, Weißenthurmer Str 46. Tel: 02637/66414. S: Grundschule, Berufsschule, Sprachenschule. K: Büttenredner im Karneval, Ansager bei Festen u Feierlichkeiten, Übertragungen d Vorträge in Rundfunk u Fernsehen. F: Berichte in d versch Zeitschriften im deutschsprachigen Raum. H: Filmen, Fotografieren ua.

Schmotz Paul Wolfgang
PS: Paul Bryton. B: Komponist u Arrangeur. G: München, 7. Dez 1928. V: Erna, geb Greiter. A: D–8033 Krailling, Pentenriederstr 30. S: Höhere Schule, Kompositions-, Klavier- u KapellmeisterStud. K: Tätig als freischaffender Komponist u Arrangeur, Ltr d Chors d Polizei München. F: Münchner AZ, Zeitschrift „Chor d Plizei". M: GEMA, RFFU. H: Holzarbeiten.

Schnaubelt Fred
B: Komponist, Dirigent, Pianist. G: Fulnek/CSSR, 11. Nov 1910. V: Katharina, geb Bielefeld. A: D–4352 Herten, Mozartstr 6a. S: Deutsche Ak f Musik u darstellende Kunst in Prag bei Prof F F Finke (Komposition) Prof Georg Szell (Dirigieren). K: Dirigent an versch Theatern bis 1946, seit 1947 Doz an VHS u freischaffender Komponist an westdeutschen Rundfunkanstalten. F: Orchesterwerke d Sparte E u gehobene U-Musik, Chansons (Auftragsarbeiten d Rundfunks), nach Texten v Ringelnatz, Peter Hacks u James Krüss, Hörspielmusiken, Hauptwerke: „Beskidische Rhapsodie", „Klavierkonzert", „Concertino f Glasharfe". E: 1930 Teilnahme am Intern Komponistenwettbewerb in Wien, 2. Preis f ein Capriccio f Klavier (Vors d Jury: Alban Berg). M: GEMA, Verb Deutscher Komponisten. H: Fotografieren.

Schnee Joel
B: Choreograph, BallettDir. G: New Jersey/USA, 23. März 1935. A: D–3501 Niestetal, Fasanenweg 15, c/o Staatstheater, D–3500 Kassel. S: Tänzerische Ausbildung in Los Angeles, Bella Lewitsky, Carmelita Maracci, Graduate of Julliard School (Tanz) bei Anthony Tudor, Martha Hill, Martha Graham, Doris Humphrey, Louis Horst ua in New York. K: Als Lehrer: Koreografiska Institute Stockholm, Institut f Bühnentanz in Köln, Gert Reinholm u T Gsovsky's Schule Berlin, BallettAk Zürich, Juillard School u Union Theological New York, als Choregraph: versch Konzerte in New York in d frühen sechziger Jahren, Musical-Choreographien in Chicago (über 30 Musicals u Operetten), seit 1962 in

Europa, 1963–64 Lehrer u Ass an d Deutschen Oper Berlin, 1964–65 Lehrer u Ass bei Todd Bolender an d Städt Bühnen Köln, Opernproduktionen f d Den Norske Opera Oslo u d Bühnen d Stadt Köln, 1966–74 in Stockholm als freischaffender Choreograph, hauptsächlich f d Schwedische Fernsehen tätig, sowie f d wichtigsten Skandinavischen Theater u Opernhäuser (Königlich Schwedische Oper, Stora Teatern Göteborg, Stadttheater Malmö ua), 1973 ein neues Ballett f d Rotterdamer Tanzzentrum, 1974–76 BallettDir am Stadttheater St Gallen, 1976–78 BallettDir d Staatstheaters Kassel, während d letzten 4 Jahre in St Gallen u Kassel entstanden über 18 neue Ballette (einschließlich neuer Versionen v Firebird u El Amore Brujo).

Schneider Dominic
B: Fotograf. G: Basel, 25. Sept 1943. A: CH–8702 Zollikon-Zürich, Dammstr 27. S: Mittelschule, Kunstgewerbeschule, Fotografenlehre. K: Ab 1969 Fotograf b Gisler + Gisler, Zürich, ab 1971 Ltr d Fotostudios d Werbeagentur, ab 1978 eigenes Fotostudio. M: VorstMtgl d Schweizer Werbefotografen.

Schneider Erwin
B: Fotoreporter. G: Johannisdorf, 7. Aug 1938. A: CH–8884 Oberterzen, Chaelt am Bächli, Postfach 401. S: Grundschule, Fotograf- u Filmkopienfertiger-Ausbildung. K: Nach einer Fotografenausbildung folgte im Filmkopierwerk Epkens, Baden-Baden, u Köln Ausbildung als Filmkopienfertiger, dann einige Jahre als Filmkopierer bei Bavaria-Film in München-Geiselgasteig, dann bei Perutz-Film in München bei d Entwicklung d Farbfilms tätig gewesen, erste Schallplatten-Couvers u erste Reportagen m Rex Gildo u Conny Froboes f Star-Revue, viele Fotos zur Serie „Deutschland, Deine Sternchen", so Karin Baal, Vera Tschechowa ua, anschließend Aufbau einer eigenen Agentur (Schneider-Press), Belieferung v über 40 Zeitungen Zeitschriften in Deutschland, Österreich, Schweiz u Holland, seit einigen Jahren Reiseberichte zum Ressort Film, Fernsehen u Schlager, Expeditionen durch d Sahara, den Amazonas, Südafrika, Südamerika, 3 Wochen in Rotchina (beim Aufstand d „Viererbande"), seit einigen Jahren Anfertigung v Urlaubsreportagen v Künstlern ua Roberto Blanco in Granada/Karibik, in Kenia u auf Hawai, Karin Dor auf Teneriffa, Bruce Low in Kalifornien u Acapulco. F: Freizeit-Revue, Die Aktuelle, Die Glückspost, Neue Revue, Bild am Sonntag, Bunte Illustrierte, Quick, Gong, TV Hören u Sehen, Fernsehwoche, Das neue Blatt, Praline, Funkuhr, Frau mit Herz, 7 Tage, TZ, BZ, Münchner Merkur, Expreß, Bildzeitung, Kurier uva. M: Deutscher AlpenVer, CSU-Mtgl, Deutschchinesische FreundschaftsGes München eV, Bayerischer JournalistenVerb, VerwertungsGes Bild u Kunst, Intern American Friendship Club eV, Ges f christlich-jüdische Zusammenarbeit eV, Diners-Club, American Expreß Club, American Continental Club/Hollywood. H: Wandern, Münzen, Steine u Antiquitäten sammeln.

Schneider Herbert Philipp
B: Konzert-Agent. G: Frankfurt/M, 11. Aug 1941. V: Jeannette Mary, geb Willy. A: D–6082 Mörfelden-Walldorf, Oderstr 31. S: Abitur. K: Konzert-Tourneen mit: Maria Callas, Carlo Bergonzi, KamSänger Kurt Böhme, Franco Corelli, Tito Gobbi, George London, Anna Moffo, Leontyne Price, Hermann Prey, Gennaro De Sica, Octaviano Naghiu uva.

Schneider Karl-Hermann
B: FinanzBmtr, Schriftsteller. G: Kassel, 3. März 1948. V: Gisela, geb Weishaupt. A: D–3500 Kassel 1, Blücher Str 3. S: Grundschule, Abendschule. K: 3 Jahre Buchbinderlehre, Abendschule, FinanzBmtr, Mitarbeiter bei einigen großen deutschen Zeitungen u Zeitschriften. F: Buchveröffentlichungen: „Rätselspaß für kluge Köpfe", 1973, „Freud und Leid", Lyrik, 1974, „Rätselspaß für große Leute", 1975, „134 Gebete der Fürbitte", 1976, „Biblische Rätsel", 1978, Initiator d Anthologien „Querschnitt durch 5", 1976 u „Querschnitt – Prosa und Lyrik", 1978. M: Verb Deutscher Schriftsteller Hessen eV, InteressenGem deutschsprachiger Autoren, Gründer d „Kasseler Autorengruppe" u Mtgl, jetzt: Ver Kasseler Autoren. H: Sammeln v Münzen.

Schneider Sven-Sivert
B: Mitinhaber eines Fotofachlabors f Industrie u Werbung. G: Bielefeld, 9. Dez 1946. V: Roswitha, geb Munk. A: D–4811 Leopoldshöhe-Evenhausen, Windmühle, Evenhauser Str 1a. S: Mittlere Reife, Fotografenlehre. K: Fotografenlehre in Düsseldorf, Danny's Colour Labs, FotoAss bei Ulrich Colling Düsseldorf, Colour Processing Laboratries Düsseldorf, seit 1975 selbständig als Mitinhaber d BCS-Bild-Color-Service cernandes u Schneider OHG, Bielefeld, Fachlabor f Industrie u Werbung. H: Dia-

shows, Hundezucht (Collies).

Schneider Walther Prof
B: Dirigent, GesangsPäd. G: 10. Dez 1916. V: Liselore, geb Schiele. A: D–7500 Stuttgart, Oberwiesenstr 17. S: Oberrealschule, Stud an d Staatl HS f Musik, Stuttgart. K: Konzert- u Oratoriensänger, Dirigent namhafter Chöre u Orchester, Lehrer an d Staatl HS f Musik, Gesangsschule f Oper u Konzert. M: BChorMstr d Schwäbischen Sängerbundes, Mtgl im MusikAussch d Deutschen Sängerbundes. H: Tennis, Skat.

Schneider Wolf
B: Regisseur, Kameramann. G: Edenkoben, 23. Dez 1919. V: Jutta, geb Bewig. A: D–8336 Reisbach, Untergünzkofen 21. S: Gymn, HS f Gebrauchsgraphik, StaatslehrAnst f Lichtbildwesen. K: 1940–45 Kriegsberichter d Luftwaffe (Film), Kulturfilme, Dokumentarfilme, Spielfilme (Deutschland u USA), Werbefilme, Fersehfilme, bisher über 700 Filme. H: Malen, Schreinerei, Kunstgewerbe.

Schneider-Finger Ruth
B: Rezitatorin. G: Posen, 3. Juli 1904. A: D–3150 Peine, Hopfenstr 8. S: Lyzeum, Sprachen: Französisch, Englisch, Japanisch, Schauspiel-Sprechen. K: Schule, Sprachunterricht zur Laufbahn einer Auslandskorrespondentin, daneben Sprechunterricht bei L Kalkmann, Bremen, Staatsschauspieler H Rudolph, Hamburg, seit 1940 Vortragsabende, ernste Lyrik, Prosa. F: In versch Zeitungen u Zeitschriften. H: Phil, Kunstgeschichte, große Reisen

Schneiderhan Wolfgang Prof
B: Kammermusiker. G: Wien, 28. Mai. A: A–1190 Wien, Kaasgraben 98 A. S: Erster Geigenunterricht bei d Mutter, ab 1923 Unterricht bei Prof Ottokar Sevcik, später bei Prof Julius Winkler. K: Debut mit Orchester in Kopenhagen, erste Europareise, bis heute ständige Reisen durch Europa, gemeinsames Auftreten mit Martha Eggerth, Maria Jeritza, Jan Kiepura, Lotte Lehmann, Poldi Mildner, Jarmile Novotna, Paul Robeson, Fjodor Schaljapin, Irmgard Seefried, uva, 1933–37 1. KonzertMstr d Wiener Symphoniker, 1937–49 1. KonzertMstr d Wiener Philharmoniker, 1937–51 Quartett: Wolfgang Schneiderhan, Otto Strasser, Ernst Moravic, Richard Kratschak, 1938–56 Prof am Mozarteum während d Salzburger Festspiele, 1939–50 Prof an d StaatsAk in Wien, 1949–55 Trio: W Schneiderhan, Edwin Fischer, Enrico Mainardi, seit 1949 MstrKlasse am Konservatorium in Luzern, 1956 Gründung d Festival Strings Lucerne mit Rudolf Baumgartner, 1960 OberLtg d MstrKlassen am Konservatorium Luzern, 1965 1. Dirigiertätigkeit mit d Wiener u Berliner Philharmonikern, 1975 Ordinarius an d HS f Musik in Wien, seit 1949 in Luzern. E: 1927 Schubert-Medaille in Wien, 1938 Titel: Kammermusiker, 1940 EhrenMtgl d Robert-Schumann-Ges Zwickau, 1941 Erste Mozartmedaille, 1942 Nicolai-Medaille d Wiener Philharmoniker, 1950 Titel Prof, Ernennung durch d ö BPr, 1953 Zweite Mozartmedaille, 1960 Spanische Beethoven-Plakette, 1961 Großes Ehrenkreuz 1. Klasse f Kunst u Wiss in Wien, 1965 Großes Verdienstkreuz d Verdienstordens d BRD, 1952 Goldene Schallplatte d DGG, div Grand-Prix f Schallplatten. M: Mtgl d Kgl Musikalischen Ak Stockholm, EhrenMtgl d Ver d Beethoven-Hauses, Bonn.

Schnelting Karl B
B: HauptredaktionsLtr Kultur d ZDF. G: Emmerich, 20. Okt 1930. V: Margitte, geb Metzner. A: D–6200 Wiesbaden, Hegelstr 4b. S: Stud d Philosophie in Münster, Oxford, Paris, RechtsWiss in Bonn, Gr Juristische Staatsprüfung. K: 1964 persönlicher Referent d Intendanten d Saarländischen Rundfunks, 1965 Geschäftsführer Werbefunk Saar GmbH, ab 1966 Fernsehkoordinator, ab 1968 ProgrammDir Fernsehen, ab 1971 Koordinator d Fernseh-Familienprogrammes d ARD, seit 1976 HauptredaktionsLtr Kultur d ZDF.

Schobert Hans
PS: Bud Sherman. B: Komponist, Arrangeur, Verlagslektor, Musikproduzent. G: Ludwigshafen/Rhein, 15. Sept 1921. V: Pia, geb Hemmerich. S: Private Musikschule, MusikHS. K: Tätigkeit f Schallplatte, Rundfunk, Fernsehen u Bühne. F: In Rundfunk- u Fernsehzeitschriften, in d Tagespresse. M: Weinbruderschaft d Pfalz. H: Familie.

Schock Lothar Karl Joachim
B: Regisseur. G: Ostswine/Insel Wollin, 24. Juli 1927. V: Christa, geb Kleiner. A: D–7570 Baden-Baden, Uhlandstr 1. Tel: 07221/65692. S: Mittlere Reife, Schauspielausbildung. K: Kriegsdienst (Marine), dann Schauspieler, RegieAss, Inspizient am Stadttheater Bremerhaven u Städt Bühnen Wuppertal, seit 1957 Regisseur u künstlerischer Sprecher am SWF

Baden-Baden, Schauspieler, RegieAss Theater: „Wir sind noch einmal davongekommen“, „Warten auf Godot“, „Der Regenmacher“, „Was kam denn da ins Haus?“ uva. F: In div Tageszeitungen u Zeitschriften ua. D: Theater: „Der Fall Winslow“, „Unsere kleine Stadt“ uva, Fernsehen: „Die große Familie“ uva. E: Die gespaltene Zunge, Ernst Reuter-Preis.

Scholl-Latour Peter Roman Dr
B: Journalist. G: Bochum, 9. März 1924. A: F–Neuilly, 4 Bld Jean Mermoz. S: Gymn, Abitur, Stud in Mainz u Paris, 1950 Licence-ès-Lettres, 1951 Diplome des Sciences Politiques, 1954 Promotion z Dr ès Lettres. K: Volontariat, dann Redakteur b „Saarbrückner Zeitung“, ab 1950 Reisereporter f deutsche Zeitungen u Rundfunkstationen (Amerika, Kanada, Mexiko, Pakistan, Indien, Indochina, Vorderer Orient, Südost- u Ostasien), 1954–55 Sprecher d Regierung d Saarlandes unter MinPr Hoffmann im Amt f Europäische Angelegenheiten, 1956 aktiver Journalist (Nord- u Zentralafrika), 1956–57 Korrespondent in Nahost m Sitz in Beirut, dort Dipl f modernes Arabisch, 1960 ständiger Afrika-Korrespondent d ARD, 1963 Übernahme d Ltg d Frankreich-Studios d Deutschen Fernsehens in Paris, 1969 Dir d Ersten WDR-Fernsehprogramms, seit 1971 ZDF-Sonder-Korrespondent m Sitz in Paris, 1972 Reise nach China. E: Goldene Kamera, Aristide Briand-Medaille, Adolf Grimme-Preis ua. H: Wassersport, klassische Musik.

Schönemann Eberhard Wolfgang
B: FotografenMstr. G: 4. Okt 1920. V: Anneliese, geb Lösch. A: D–6800 Mannheim, Erlenstr 71. S: Grundschule, Lehre, Luftbildwesen, versch Lehrgänge. K: Seit 1938 im Beruf, seit 1943 selbständig. F: Versch in Zeitschriften u Zeitungen. E: Ehrennadel d deutschen HandwerksVer, Ehrennadel d CV Photografen-Handwerker. M: Fotografen-Innung. H: Etruskische Archäologie, versch Basteleien.

Schonger Ulrich
B: Filmproduzent, Inhaber d Fa Schongerfilm u Ammersee Film Atelier GmbH. G: Berlin, 16. Apr 1931. V: Eleonore, geb Wittmann. A: D–8084 Inning, Filmstr 2. S: Abitur, Stud Philosophie, TheaterWiss, Wirtschaft. K: Nach Beendigung d Stud Eintritt in d v Vater gegründete Firma als ProduktionsLtr, verantwortlicher HerstellungsLtr f ca 100 Filme u Bearbeitungen, seit 1978 Alleininhaber d Firmen Schongerfilm u Ammersee Film Atelier GmbH. E: Filmbänder in Gold u Silber, 1. Preis d Biennale in Venedig, fast sämtliche Prädikate d Deutschen Filmbewertungsstelle, Anerkennungen auf Filmfestspielen versch Länder, Großer Preis d Bergfestspiele in Trient, Löwe v San Marco ua. H: Sprachen, Sportschießen, Fischen, Briefmarken.

Schönland William
B: ProduktionsLtr (Film u Fernsehen). G: Berlin, 23. Dez 1915. V: Mathilde, geb van Weerden. A: NL–1078 ED Amsterdam, Churchill-laan 219, Tel: 020/719932, und D–4005 Meerbusch 2, Pestalozzistr 12, Postfach 244, Tel: 02159/3006. S: Ober-Realschule Berlin, TonAbt UFA-Babelsberg b Emigration Holland 1936, Anforderung d Ernst Lubitsch 1939 f Hollywood, durch Kriegsausbruch 1940 unmöglich geworden. K: 1932–36 UFA, dann in Holland bei Cinetone-Studios Amsterdam u L C Barnstein-Studios den Haag als AufnahmeLtr, zwischendurch Paris u London, ua erste MGM-Produktion (Student aus Oxford) in Europa, nach d Krieg, ab 1946 ProduktionsLtr (auch f UNESCO) in vielen Produktionen. F: In Tageszeitungen u Fachblättern. D: „Soviel Zeit f kurze Filme“, Dokumentarsendung d WDR. M: Mtgl div FachVerb, Organisationen u Automobilclubs. H: Briefmarken, Münzen, Modellbau, Skilaufen, Wassersport, Autofahren.

Schönrock Günter SozWirt
B: Journalist, zZ Redakteur m b A WDR Schulfernsehen Köln. G: Bremerhaven, 25. Sept 1928. V: Charlotte, geb Schneider. A: D–4000 Düsseldorf 12, Morperstr 66. S: Grundschule, Berufsschulen, Ausbildung z Maschinenbauer u Techn, Internatsschulen d DGB, Stud an Arbeiterbildenden Ak, SozialAk Dortmund, HS f Wirtschaft u Politik Hamburg. K: 1958–60 Ref f pol Jugendbildung b BArbeitskreis Arbeit u Leben-DGB/VHS, 1960–64 Ltr d BildungsAbt d DGB LandesBez NRW, 1965 MedienRef d ACON-Ges f Werbung u Kommunikation Köln, 1966–67 Redakteur d Friedrich Ebert-Stiftung in Ghana/Westafrika, (Errichtung d Ghanaischen Schulfernsehens), 1968 freier Fernsehjournalist f d WDR Köln, seit 1969 programmverantwortlicher Fachredakteur (Arbeits/Wirtschaftslehre) b WDR Köln. F: Seit 1961 sporadische Text- u Bildveröffentlichungen in bildungspolitischen u gewerkschaftspolitischen

Zeitschriften u Zeitungen, ständige Mitarbeit als Autor u Herausgeber im fachspezifischen Bereich d Arbeits-, Wirtschafts- u Gesellschaftslehre, Drehbuchautor v mehr als 320 Fernsehsendungen im Westdeutschen Fernsehen, III. Programm. E: Ernst Schneider Fernsehpreis d Ind- u HandelsKamm, Bronzener Preis im Intern Verbraucherfilm Wettbewerb Berlin, Silberner u Bronzener Preis im Intern Verbraucherfilm-Wettbewerb Berlin, Silberne Ähre im Intern Agrarfilm-Wettbewerb Berlin. M: SPD, RFFU, DJU. H: Malerei, klassische Musik, Wassersport, Hobbygärtner.

Schöttle Waleska
B: Filmregisseurin, Autorin, Kamerafrau, Tänzerin. G: Zeulenroda, 3. Feb 1945. A: D–1000 Berlin 19, Neidenburger Allee 28. S: Klassisches Ballett, Schauspiel, Pantomime, Jazz Dance, Deutsche Film- u FernsehAk Berlin. K: Buch u Regie: Kurzspielfilm „Dr Hoffmann", Spielfilm „Wer braucht wen?", Dokumentar-Spielfilm „Bei den Bären, da möchte ich gerne sein". M: RFFU.

Schrader Gisela-Ortrud
B: Übersetzerin, ehem Röntgenfachhandel u Fotozubehör. G: Dresden, 17. Juni 1923. A: D–4100 Duisburg 1 (Neudorf), Gneisenaustr 254. S: Gymn, Berlitz-Institut, Folkwangschule Essen, HS f Tanz, Konservatorium Duisburg, Hauptfach Klavier. K: Ua als ArbeitsgruppenLtr d UNICEF. M: Mercator-Ges Duisburg, DRK ua. H: Klavier, Zirkus, Theater, Konzert, alle schönen Künste, Literatur, Übersetzungen (franz)

Schrader Lotte Prof
B: Opernsängerin. G: Dresden, 26. Mai 1899. A: D–8580 Byreuth, Lützowstr 3. S: Höhere Mädchenschule in Dresden. K: 1923 von Fritz Busch an d Staatsoper in Dresden engagiert, Beginn mit Tamina bis 1926, anschließend Konzert- u Oratoriensängerin im In- u Ausland, 1932–36 Opernsängerin in Braunschweig, 1936–39 Gastspiele in Braunschweig u Umgebung, 1939–42 Volksoper Berlin, 1942–47 Gastspiele in Mailand, Rom, Barcelona, Athen, Brüssel, Hamburg, Frankfurt, Wien, München, 1947–51 Doz an d MusikHS Weimar, ProfTitel, 1951–55 MusikPäd in Berlin, anschließend New York bis 1965. F: Foto im Festspielführer 1924, Theater in bewegter Zeit, Braunschweig 1934–45. D: Pamina, Elvira, Gräfin Figaro, Tosca, Ariadne, Marschallin, Tiefland Martha, Brunhilde, Senta u versch moderne Opern. H: Reisen.

Schram Elfriede
B: Großhandels-Kfm. G: Wien, 28. Okt 1941. V: Ludwig Schram. A D–7000 Stuttgart 50, Nagoldstr 110, und A–1140 Wien, Jenullstr 18. S: Ausbildung Einzel- u Großhandel. K: Selbständig seit 1967 – Großhandel. M: SNZ Stuttgart eV, Verb R Geschäftsleute eV. H: Schwimmen, Kegeln, Tennis.

Schramm Axel
B: Filmkameramann. G: Berlin, 10. Jan 1942. V: Erika, geb Dufalr de Loubey. A: D–8000 München 19, Walhallastr 1. S: Grundschule, Realschule, Gymn. K: Augenoptiker (Staatl Sehprüfung), HS f Film u Fernsehen, Ass (Inselfilm), Bayerischer Rundfunk, Institut f Film u Bild als Kameramann. F: Versch in d Tagespresse. E: Preise „besonders wertvoll" f Kameraarbeit „Der Training Alleingang", versch Preise im Institut f Film u Bild f Kamerarbeit. H: Tennis, Ski.

Schreeb Hans Dieter
B: Autor. G: Wiesbaden, 23. Juli 1938. V: Christine, geb Heinen. A: D–6200 Wiesbaden, Gottfried Kinkel-Str 1. K: Zahlreiche sehr populäre Fernsehspiele u Fernsehserien, hauptsächlich f d Zweite Deutsche Fernsehen tätig. M: SPD.

Schrey Ehrenfried
B: Fotograf u Bildberichterstatter. G: Rheydt, 17. Mai 1922. V: Irmgard, geb Grafen. A: D–050 Mönchengladbach 2 (Rheydt), Hermann Löns-Str 22. S: Gymn, mittlere Reife, kfm Ausbildung, Korrespondent. K: 1950 zusätzliche Foto-Ausbildung, Wechsel in d Fotofach m starkem Engagement in d Journalistik. F: In vielen Tageszeitungen, Wochenblättern u Illustrierten, vor allem in Fachzeitungen d Tierwelt. H: Windhundrennen, Hundeausstellungen im In- u Ausland (in Deutschland als Windhund (Afghanen-)Züchter bekannt).

Schreyer Helmut
B: Freischaffender Fotograf. V: Ingrid, geb Löbl. A: D–8170 Bad Tölz-Ellbach, Birkenstr 12. S: Grundschule, nur teilweise fachbezogene Ausbildung. F: Seit 1950 ca 70 eigene Bildbände, Mitarbeit an vielen Bildbänden, Kalendern, Zeitschriften, Werbung usw. M: VG Bild-Kunst.

Schreyer-Löbl Ingrid
B: Freischaffende Fotografin. V: Helmut Schreyer. A: D–8170 Bad Tölz-Ellbach, Birkenstr 12. S: Grundschule, nur teilweise fachbezogene Ausbildung. F: Seit 1950 ca 70 eigene Bildbände, Mitarbeit an vielen Bildbänden, Kalendern, Zeitschriften, Werbung usw. M: VG Bild-Kunst.

Schröder Helmut
B: Bildberichter. G: 19. Okt 1919. V: Hanna, geb Grotheer. A: D–2820 Bremen 71, Rönnebecker Str 24. S: RealGymn, Offizier, Elektropraktikant, Schiffsführer, Filmvorführer, Journalist, Bildberichter. K: Freier Fotograf f Tageszeitungen, Illustrierte, Fachzeitschriften, Werft- u Zulieferbetriebe d Schiffahrt. F: Stern, Constanze, Yacht, Schiffahrtszeitschriften, 10 Jahre freier Mitarbeiter NVZ, WK, BN in Bremen, Spezialist f Seeaufnahmen. M: Weser Yacht Club, Ver Wassersport Vegesack, Vorst FachVerb Segeln Bremen, 1. Vors WassersportVer Juliusplate Berne. H: Segeln.

Schroeder Sebastian C
B: Regisseur. G: Berlin, 16. Aug 1939. V: Ursula, geb Klar. A: CH–8800 Thalwil, Alte Landstr 85. S: Dipl-Arch ETH, Autodidakt als Kameramann u Regisseur s 1970. K: Filme: „Unterschätzen Sie Amerika nicht". „Cinema", „Der Bucheggplatz", „Dandapani", „Südseereise", „Geschlossene Gesellschaft". E: Oberhausen 1972, „Cinema" Melbourne Festival 1973, „Südseereise" Prämie Edi. M: Verb schweiz Filmgestalter, seit 1978 Mtgl d Nemo Film AG Zürich.

Schroeter Bodo
B: Fernsehjournalist, Autor, Regisseur. G: Berlin, 14. Dez 1930. A: D–2801 Grasberg, Schmalenbecker Str 3 D, c/o Radio Bremen Fernsehen, D–2800 Bremen. Tel: 04208/530. S: 1949 Abitur, Stud d Ethnologie, Publizistik in Berlin (8 Sem). K: Film: 1954–61 ALTE MARS-Film, Berlin-Spandau, CCC-Film, Berlin-Spandau, MGM-SynchronisationsAbt Berlin-Tempelhof, Hörfunk: 1962 RegieAss bei RIAS Berlin, Fernsehen: ZDF, Landesstudio Hamburg 1963, seit 1965 freiberuflicher Fernsehjournalist, Autor u Regisseur, hauptsächlich tätig f Radio Bremen Fernsehen, Tätigkeitsschwerpunkt: Regional-Feature aller Sachbereiche, Kommunal-, Wirtschafts-, Kultur-, Verkehrspolitik, Bildung, Feuilletons, Unterhaltung in d Medien Film u Elektronik, gegenwärtig fast 400 Kurzfeatures mit d Anspruch, öffentliches Engagement zu wecken. E: Regional-Fernsehwettbewerb 1975. M: DJV (Bremer JV), Gewerkschaft RFFU.

Schubert Rolf
B: Konzertagent. G: Krefeld, 16. Apr 1953. V: Monika, geb Schmidt. A: D–5000 Köln 1, Bonner Str 4. S: Abitur, Jura-Stud an d Univ Köln. K: Seit 1974 eigene Konzertagentur, Tourneedurchführungen f amerikanische Jazz- u Bluesmusiker ua Bud Freeman, Wild Bill Davis, Little Brother Montgomery, Barney Kessel uva, seit 1978 Exklusivmanager f d Häns'che Weiss Quintett (Träger d deutschen Schallplattenpreises 1978), zahlreiche Konzertarrangements in Köln, ua m Chris Barber, Leonard Cohen u Georges Moustaki. M: German Blues Circle, Ges z Förderung d New Orleans Jazz. H: Musik, englische u amerikanische Literatur, Reisen.

Schuhmacher Hans-Joachim
PS: Hajo. B: Foto-Designer. V: Heidi, geb Determann. A: D–7340 Geislingen, Hohenstaufenstr 29. S: Gymn, Berufsschule. K: 3 Lehrjahre, 1 Jahr Fachschule, 1 Jahr Bayerische Staatslehranstalt f Photographie, seit 1968 selbständiger Foto-Designer. F: Anzeigen in allen größeren Zeitschriften, Fotos f TV-Spots, Ausstellungen. D: Fotomodell. E: Landessieger im Fotografen Handwerk, Urkunde PHOTO 67. M: Foto-Innung, Stuttgart, AWI Deutschland. H: Bobfahren, Leichtathletik, Schwimmen, Filmen.

Schuldt Jochen
B: Fotograf. G: 9. Aug 1949. V: Monika, geb Wostczik. A: D–8500 Nürnberg, Winklerstr 5. S: Staatl Lehranstalt f Fotografie in München, Meisterschule, Fotografische Lehre bei Eugen Christmeier in Nürnberg, Meisterprüfung Bayr StaatslehrAnst f Photographie. K: Ass u StudioLtr v „Das Atelier" Maul + Co, Nürnberg f Mode u Werbung, StudioLtr b Flash Studio Hamburg f Mode u Werbung, heute: Mitinhaber d FOTO PORTRAIT GALERIE, Nürnberg.

Schulte Bernd
B: FotografenMstr. G: Wipperfürth, 5. März 1942. V: Christa, geb Beckmann. A: D–5778 Meschede, Le Puy Str 9. S: Gymn. K: Fotografenlehre, Volontär in Freiburg, Aachen, Mainz, Wiesbaden, MstrPrüfung 1969, Hamburg. F: 1978 Bildband, Meschede Geschichte im Bild I, Meschede Geschichte im Bild II, Text u Bild.

M: ADAC, Ortsclub, 1. Vors. H: Motorsport, Musik, Fotografie.

Schulz Hanns
B: SportfunkLtr, Sprecher. G: Hamburg, 14. Mai 1917. A: D–2800 Bremen 44, Hemelinger Heerstr 66. S: Oberschule. K: Kfm Lehre, Sportlehrer, Rundfunk u Fernsehen. E: Goldene Ehrennadel d Deutschen Motorsport-Verb, Silberne Ehrennadel d Deutschen Leichtathletik-Verb, Bronze-Plakette d deutschen Turniersports.

Schulz Lothar
B: Fotojournalist, Architektur- u Werbefotograf. G: Schwenningen/ Neckar, 6. März 1945. A: D–2800 Bremen 1, Parkstr 27. Tel: 0421/344257. S: Abitur 1966, MstrPrüfung 1975. K: 1966–67 MedStud in Freiburg u Graz, 1967–69 Besuch d Fotofachschule d LetteVer in Berlin, 1969–72 Ausbilder u Ltr d FotoAbt d US Air Force in Berlin, 1972–73 Fotoredakteur bei einer Bielefelder Tageszeitung, seit 1974 selbständig freiberuflicher Fotojournalist. F: Spiegel, Die Zeit, Süddeutsche Zeitung, Stern, Merian, mehrere regionale u überregionale Tageszeitungen u Zeitschriften, intern Zeitschriften. E: Photokina 1969, Asahi Pentax World Photo Contest 1970, Photokina 1974. M: Deutsche Journalisten Union, VerwertungsGes Bild/Kunst. H: Kochen, Malen.

Schulz Rolf
B: Film- u Fernsehautor. G: Gera, Thüringen, 5. Nov 1921. A: D–1000 Berlin 19, Hölderlinstr 13, D–5000 Köln 41, Wilhelm Waldeyer-Str 12. S: Grundschule, Aufbauschule, Fachschule (f Grafik Druck u Werbung). K: Lehre als IndustrieKfm, Militärdienst, nach Kriegsgefangenschaft Gelegenheitsjobs als Vertreter, Tankwart, Hilfsarbeiter, dann Stud als Werbefachmann an d Berliner Werbefachschule, mehrere Positionen als WerbeLtr in Industrie u Verlagswesen, seit 1960 freier Schriftsteller.

Schulze Hugo-Otto
B: Schriftsteller, Regisseur, Autor, Produzent. G: Kalkberge/Mark, 14. Aug 1905. V: Hildegard, geb Nemitz. A: D–1000 Berlin 19, Reichsstr 99. Tel: 030/3042254. S: Banklehre, Ausbildung als Kameramann, Stud d Fotochemie, Optik, Fotografie. K: Zahlreiche Kultur- u Dokumentarfilme, ua: „Raum im kreisenden Licht", „Glas", „Der Dom zu Köln", „Der Altenburger Dom", „14 Heilige", Fernsehserien: „Bizarre Steine – bizarre Klänge", Dokumentarspielfilme f d gesundheitliche Aufklärung: „Gesund werden – Gesund bleiben", „Wege u Ziele", „Dein Herz – Dein Leben" uva, unter d PS Holger Zesch: Drehbuch über Alkoholgefahren „C2 H5 O H – Das Wesen einer Sache" u Autor d Sachbuches „Dramaturgologie d Massenmedien Film, Funk, Fernsehen" (1979/80). E: 1936 Olympia-Medaille f Bildgestaltung b d Olympiafilmen.

Schulze-Alex Manfred
B: Fotograf. G: Hamburg, 19. Aug 1950. V: Hannelore, geb Alex. A: D–2000 Hamburg 13, Jungfrauenthal 24. S: Realschule, Berufsschule, Meisterschule. K: 3 Jahre Lehre im Fotostudio Bartsch, 3 Jahre Gesellenzeit als Fotograf b d Hamburger Baubehörde u in versch Fotostudios, Meisterschule u Meisterprüfung, Gründung eines eigenen Studios. F: Div Hamburgbücher, eigener Jahreskalender m Luftaufnahmen, Hamburgführer uva. M: CentralVerb deutscher Fotografen.

Schumacher Bert
B: Foto-Designer, Industrie- u Werbefotografie. G: Hillegossen/ Bielefeld, 29. Mai 1917. A: D–6200 Wiesbaden, Hermgartenstr 2, D–6200 Wiesbaden, Uhlandstr 10. S: Fachschule f Fotografie, Luftbildfotografie u Vermessung, Technischer Ausbildungsabschluß Maschinenbau. K: Langjähriger Doz f Fotografie am amerikanischen Lehrinstitut. F: Werbeaufnahmen, Titelblätter in technischen Zeitungen. M: CentralVerb Deutscher Fotografen, Lions Intern. H: Reisen, Kulturhistorische Reisevorträge in Wort u Bild, Tonbildserien.

Schürch Heinz
B: Fotograf, Fotohändler. G: Hochdorf, 12. Okt 1924. V: Rosmarie, geb Gurtner. A: c/o Foto Schürch, CH–6280 Hochdorf, Bellevuestr 2a. S: Primar- u Sekundarschule, Gewerbeschule. K: 1942–45 Lehrling, bis 1970 Arbeiter, seit 1971 selbständig, als Arbeiter in versch Betrieben tätig (bei Franz Schneider, Luzern, Philip Gasser, Ebnat-Kappel). F: Im „Heimatleben" u in versch Wochenheften.

Schütz Karl
B: Fotograf, Grafiker. G: Zürich, 25. Feb 1926. A: c/o Atelier, CH–8006 Zürich, Turner Str 40, CH–8048 Zürich, Schächenstr 11. S: Kunstgewerbeschule u Ak. K: Malerlehre 4 Jahre, Kunstmaler u Grafiker, Fotografie als Autodidakt, ca 10 Jahre techn Ltr f Fotografie, seit 3 Jahren Lehrer an d Migros-Klubschule, seit

1962 selbständig, Atelier f Foto u Grafik, techn AusstellungsLtr, Juror in versch Wettbewerben u Ausstellungen, Fotoausstellung 1975 Migros-Klubschule. F: Neue Zürcher Zeitung, Der Naturfreund, Schweizer Jugend, Pferdezeitschrift, Buchanteil „Haflinger Pferde der Freude", Pferdelexikon, Hauszeitungen Weidmann u Co, Migros ua. E: Versch Medaillen u Preise, auch intern Auszeichnungen. H: Kunst, Reisen.

Schwandes Gerd Dr
PS: Gerd Gerhard. B: Zahnarzt, Komponist, Textdichter, Schriftsteller. G: Stettin, 26. Aug 1914. V: Marie-Luise, geb Ruthe. A: D–8184 Gmund/Tegernsee, Bernöckerweg 14. S: StadtGymn Stettin, Gymn mit Deutscher Oberschule Berlin-Zehlendorf, Abitur 1933, Latinum, Physikum Berlin 1935, Approbation u Promotion zum Dr med dent 1937 in Freiburg, privater Klavierunterricht in Stettin u am Konservatorium d Musik in Berlin. K: 1938–45 Soldat, Bühnenauftritte nach Kriegsende, Komponist div Tanz- u Unterhaltungsmusiken, Texter, Schriftsteller, 2 Kinderbücher, 1 Gedichtband, div Kurzgeschichten, seit 1947 selbständiger Zahnarzt in Berlin, München, Rottach-Egern. M: Ordentliches Mtgl d GEMA. H: Malen, Autos.

Schwarz Wolf Dr
B: RA, Film- u Fernsehproduzent. G: Hösel b Düsseldorf, 10. Juni 1917. V: Hildegard, geb Herding (Malerin). A: D–8000 München 80, Böhmerwaldplatz 4. S: Gymn, Abitur, Stud d Med, später RechtsWiss an d Univ Freiburg u München, Vorphysikum 1935 München, Referendarexamen 1942 München, Doktorexamen 1943 München, Assessorexamen 1948 München. K: Seit 1947 MitGes u seit 1950 Geschäftsführer d Neuen Deutschen FilmGes, bisher ca 100 Filme u abendfüllende Fernsehproduktionen, 1956–59 Mtgl d Vorst d Bavaria Filmkunst AG, seit 1948 RA in München, 1934 Arbeitsdienst, 1935–38 u 1939–45 Wehrdienst. E: BVerdienstkreuz 1. Klasse, Bayerischer Verdienstorden. M: Mtgl d BVerb d Deutschen Fernsehproduzenten. H: Moderne Kunst, Golf, Skifahren.

Schwarz Wolfgang
B: Agent. G: Wien, 8. Juli 1950. A: A–1190 Wien, Hackhoferg 9. S: Gymn, Abitur, MedStud abgebrochen, Schauspielschule in Wien. K: Während d Stud d Med Tätigkeit als Fotomodell ua, dann Schauspieler einiger Filme, m Carl Spiehs, Mitarbeiter d Agentur Killer in München, Eröffnung einer eigenen Agentur (Fotomodelle, Künstler, Sportler f Werbung), inzwischen größte Agentur in Österr „The Girls, The Boys", intern Mode-Agentur. F: In allen österr Tageszeitungen, div Illustrierte in Österreich u Deutschland. H: Sport, hauptsächlich Tennis, Skifahren, Wasserski, Reisen.

Schwarze Hanns Werner
B: Redakteur. G: Berlin, 8. Juni 1924. V: Wendela, geb Staebe. A: D–1000 Berlin 42, Oberlandstr 88–89. K: 1945 Reporter „Rhein-Neckar-Zeitung", 1946 Redakteur „Stuttgarter Nachrichten", 1948 Chef v Dienst Nachrichten Rias Berlin, 1953 Ltr d ZDF-Studio Berlin, Entwicklung d TV-Sendereihe „drüben" u „Kennzeichen D". F: Veröffentlichungen: 1970 „Die DDR ist keine Zone mehr", 1971 „DDR heute". E: BVerdienstkreuz 2. u 1. Klasse, Jakob-Kaiser-Preis, Gustav-Heinemann-Preis, Adolf-Grimme-Preis, Fernsehpreis d Deutschen Kritiker.

Schwarzenbach Lothar
B: FotografenMstr. G: Böhm Kamnitz, 9. März 1943. A: D–8670 Hof/S, Kreuzbergweg 4. S: Gymn, Lehre in Wien, Grafische Lehr- u Versuchsanstalt in Wien 2 Jahre, Kurse bei Agfa, Voigtländer, Leitz, Gevaert. K: 1969 MstrPrüfung im Fotografenhandwerk. H: Sport uam.

Schwarzer Achim
B: Fotograf f Luftaufnahmen. G: Grenztal/Kr Neisse, Schlesien, 10. Jan 1924. V: Gertrud, geb Hochheim. A: D–4050 Mönchengladbach, Hohenzollernstr 135. S: Gymn, Abitur. K: Seit 1957 Fotograf, vorher Hobby, Luftaufnahmen hauptsächlich im Rheinland, heute Bildarchiv m 100 000 Luftbildern, Negativgröße meistens 9 x 12 cm. F: Bildveröffentlichungen in Tageszeitungen, Illustrierten, Büchern über Geschichte, Bücher m Landesbeschreibungen, wiss Abhandlungen, fotografische Aufnahmen f Archäologie, Bilder f didaktische Zwecke an Schulen u Univ, Luftbildfilme f Lehrzwecke, Veröffentlichungen d Pressestellen wie BPresseamt, Pressestellen d Landesregierungen. H: Aktives Musizieren, alte Musik, Cembalo.

Schwarzkopf Dietrich Dir
B: ProgrammDir Deutsches Fernsehen (ARD). G: Stolp, 4. Apr 1927. V: Hildegard, geb Stallmach. A: D–8130 Starnberg, Hanfelder Str 35, c/o ProgrammDion Deutsches Fernsehen, D–8000 München 2, Arnulfstr 42. S: 1933–45

Schulbesuch in Potsdam, Babelsberg, Berlin-Wilmersdorf, Cottbus: Kriegsabitur, 1948–54 Stud d RechtsWiss an d Freien Univ Belrin, 1. Staatsexamen, 1950–54 Stud d Politischen Wiss u d ZeitungsWiss an d StaatsUniv Minnesota: MA. K: 1951–55 Redakteur beim Tagesspiegel, Berlin, 1955–62 Bonner Korrespondent d Tagesspiegel ua Zeitungen, Arbeit f Rundfunkanstalten (vor allem NDR u WDR), 1962–66 Ltr d Bonner Büros d Deutschlandfunks, 1966–74 FernsehprogrammDir d Norddeutschen Rundfunks, Hamburg, 1974–78 stellv Intendant d NDR, seit 1978 ProgrammDir Deutsches Fernsehen. M: JournalistenVerb, Berlin, Deutscher Presseclub, Bonn, Intern Presse Institut, Ges Kath Publizisten, Deutsche Ges f Auswärtige Politik.

Schweitzer Heinrich Ing
PS: Bob Chester. B: H F Ing, Musikproduzent, Texter, Komponist. G: Limburg/Lahn, 1. Nov 1917. V: Ursula, geb Braudorn. A: D–2875 Ganderkesee 3, Gartenstr 4. S: Abitur, Technische HS, Musiklehre. K: Ing bei Siemens, Telefunken, US Engineer Port Comand, Musikproduzent u Inhaber v 2 Musikverlagen, Inhaber d Jaguar Musikproduktion u d Cine Art International, Inhaber eines Tonstudios. F: FAB (Pop u Musik), Die Schallplatte 69, Music Expo 71, in div Tageszeitungen. M: GEMA, GVL, Federation Intern des Organisations de Festivals (Fidof), IFPI, BdPHW. H: Wandern, Filmen.

Schweizer Hans Dir
B: Dir d Südwestfunk-Landesstudios Rheinland-Pfalz. G: Bühl (Baden), 22. Feb 1926. A: D–6500 Mainz, Südring 98. S: Abitur, Stud. K: 1946–63 Rundfunk- u dpa-Korrespondent, ltd Redakteur an Tageszeitungen, Mitarbeiter bei Wochenzeitungen d In- u Auslandes, Buchautor, 1963–71 Wiss Dienst im Landtag v Baden-Württemberg, zuständig f publizistische Fragen, Mtgl d Rundfunk- u Verwaltungsrates d Süddeutschen Rundfunks in Stuttgart, seit 1972 Dir d SWF-Landesstudios Rheinland-Pfalz in Mainz. H: Literatur, Garten.

Schwenn Günther
N: Günther Franzke. B: Schriftsteller. G: Berlin, 18. März 1903. V: Erika, geb Glanzl. A: CH–1820 Montreux, Place du Marché 8. Tel: 021/612347. S: Hum Gymn, Stud d Literatur u Kunstgeschichte in Berlin, Freiburg, Schauspielunterricht. K: Ltr eines progressiven Cabarets, Dramaturg, 12 Jahre Haustextdichter d Metropoltheaters Berlin, Textdichter v mehr als 60 musikalischen Bühnenwerken (ua „Maske in Blau", „Hochzeitsnacht im Paradies", „Fanny Hill", „Moral", „Robinson soll nicht sterben", „Das Wirtshaus im Spessart"), mehr als 100 Filme (ua „Kora Terry", „Schlagerparade", „Stern v Rio", „Pünktchen und Anton", „Viktor und Viktoria"), mehr als 1000 Einzellieder, darunter viele Evergreens, wie „Die Juliska aus Budapest", „Marie-Luise", „Für eine Nacht voller Seligkeit", „Wenn die Sonne hinter den Dächern versinkt", „Egon", „Schnaps, das war sein letztes Wort" ua, Autor v Chanson-Büchern, wie „Gesänge gegen Bar" (mit Zeichnungen v George Grosz) u „Zwischen sämtlichen Musen" (mit Zeichnungen v Bele Bachem). F: In vielen großen Zeitungen, Fachzeitschriften u Illustrierten. D: Im Fernsehen 1979 ua Ehrengast in „Der große Preis" u in d Schwenn-Sendung „Träume kann man nicht verbieten". E: EhrenMtgl d Deutschen TextdichterVerb, Ehrenring d GEMA, Goldene Nadel d Dramatiker-Union. M: Stellv Vors d AusfichtsR d GEMA, BeiR d Dramatiker-Union, Berlin, VerwaltungsR d intern Autoren- u VerwertungsGes CISAC u BIEM, Paris, Mtgl d Richard-Strauss-Ges, Wien, d Freunde d Salzburger Festspiele, Membre d AMIS DE SEPTEMBRE-MUSICAL, Montreux uva. H: Biographien, häufiger Ortswechsel, harmonische Geselligkeit.

Scotoni A Eric Dr
B: Unternehmer, Inhaber d Ascot Kinobetriebe. G: 7. Aug 1916. V: Heidi, geb Boehme. A: CH–8057 Zürich, Ringstr 26. S: Gymn, Stella-Matutina in Feldkirch, eidg Maturität Zürich 1934, Univ Zürich, Louvain, Brüssel, Paris, Dr oec publ d Univ Zürich 1943. K: 1946 Dir d AG eng Scotoni-Gassmann, 1954 V R Präs, seit 1954 Kinobesitzer im Nebenberuf, 1968–75 GemeindeR d Stadt Zürich, 1974–78 KantonsR in Zürich, Gründer u Haupt-Aktionär d Ascot-Kinobetriebs AG, V R Pr. F: In vielen Tageszeitungen. E: Viele sportliche Erfolge in früheren Jahren (Concours f Renn-Reiter, erfolgreiche Teilnahme an Ski-HSMeisterschaften, Auto-Rallyes, Gold-Medaille am Europa-Rundflug Baden-Baden 1958). M: Im Vorst SLV, VizePr ZLV, im Vorst d Ges d Zürcher SchauspielhausGes, Mtgl vieler Ver u Organisationen. H: Wandern, Fliegen (Captain's Licence).

Sczygiol Peter Dr phil
B: Regisseur. G: Hausdorf/Glatz, 27. Apr 1927. V: Ingelore, geb Papke. A: D–8000 München 70, Jean Paul Richter Str 5. S: 1949–54 Stud an d Univ München, ZeitungsWiss, Psychologie, Geschichte, Volks- u Betriebswirtschaft, Promotion 1954 Dr phil, Dissertation: Das journalistische Element im Fernsehfunk. K: 1954–56 Redaktion ABENDZEITUNG München, 1956 PressestellenLtr bei Constantin-Film f d süddeutschen Raum, seit 1960 Produktion v TV-Reportagen u Dokumentarfilmen bei d Constantin-Film/Terra-Filmkunst, insgesamt 28 Dokumentarfilme, seit 1970 Ltg u verantwortlich f Video bei Constantin-Film u Holiday Television, 1977–78 Gesellschafter u Geschäftsführer d VPS Video Programm Service, 1979 freiberuflich als Regisseur f Video-Produktionen. E: 5 Kurzfilmpreise d HDF, ein 1. Preis als bester Dokumentarfilm bei d X. Intern Filmfestspielen Panama 1972. H: Sport (Bergsteigen, Skilaufen, Schwimmen), Fotografieren, Reisen.

Sedler Willy
B: Chefkameramann f Film u Fernsehen ARD, Hessischer Rundfunk. G: Frankfurt-Bergen, 23. Apr 1920. V: Ilse, geb Weber. A: D–6000 Frankfurt/Main, Kurhessenstr 70. S: Ausbildung zum Kameramann in Berlin, Hauptziel: Spielfilm, mußte jedoch durch d aktuellen Kriegsereignisse auf aktuelle Filmarbeit umgestellt werden, nebenbei Ausbildung in Fotografie u Filmdramaturgie. K: Seit 1942 Kriegsberichter an versch Fronten, 1945–46 Kriegsgefangenschaft in Stalingrad, seit 1947 Kameramann bei d Wochenschau Welt im Film, ab 1952 Amt f Öffentlichkeitsarbeit in d amerikanischen Botschaft, 1955 Eintritt in d Fernseharbeit beim Hessischen Rundfunk, Aufbau d Filmproduktion, seit 1957 Chefkameramann Film, seither unzählige Spielfilme (besonderes Interesse), viele Dokumentarsendungen, sehr viele Auslandsreisen, besonders nach Afrika u in d Orient, seit Beginn d Fernseharbeit Ltr d Produktionsgruppe Film. H: Malerei.

Seidel Norbert Dr
B: Ltr d HauptAbt Verwaltung. G: Breslau, 31. Juli 2939. V: Karin, geb Sekula. A: D–5064 Rösrath-Forsbach, Am Sommerberg 5. S: Abitur, 1. jur Staatsexamen 1964, 2. jur Staatsexamen 1968, Promotion. K: Volljurist in d Verwaltung d WDR, 1968–71, Referent d VerwaltungsDir, 1971–74, danach Ltr d HauptAbt Verwaltung d WDR u Vors d PlanungsAussch d WDR. M: Mtgl d INRAK. H: Tennis, Musik.

Seidl Wolf Dr phil
B: Ltr d Programmbereichs Kultur u NaturWiss im Fernsehen d Bayerischen Rundfunks. G: 25. Mai 1927. V: Marita, geb Beaucamp. A: D–8000 München 71, Karl Raupp-Str 8. S: Hum Gymn, Univ München u Zürich. K: Journalist, Kritiker, Verlagslektor, Schriftsteller, Redakteur, ProgrammbereichsLtr Kultur u NaturWiss im Fernsehen d Bayerischen Rundfunks. E: Offizierskreuz d kgl-griechischen Phönixordens. H: Reisen, Tennis, Segeln, Skilaufen, Literatur, Kunst, Theater.

Seifart Horst
B: Chefredakteur (regional), NDR Fernsehen, Journalist. G: Köln, 16. Feb 1922. A: D–2957 Reinbek, Auf dem großen Ruhm 8. S: 1940 Abitur, Pilot, nach d Krig Berufswechsel u Stud Publizistik, Sport, Germanistik in Hamburg, 1945–50. K: 1948–51 freier Mitarbeiter bei Hörfunk u Presse, 1951 Sportredakteur bei NDR Hamburg, 1957–66 AbtLtr Sport TV, 1966–75 HauptAbtLtr Sport Funk u Fernsehen, ab 1975 Chefredakteur Regionalprogramm, daneben ab 1962 im intern Programmbereich olympischer Spiele u Fußballweltmeisterschaften f Euro- u Intervision tätig, auch Chefregie München 1972, Argentinien 1976, Lehrbeauftragter f Soziologie u Sport Univ Hamburg. E: Goldene Kamera, 1972, f Satellitenübertragungen d Olympischen Spiele. M: Deutscher JournalistenVerb, Wiss BeiR d Deutschen Sportbundes, BeiR d RuderAk Retzeburg. H: Trainertätigkeit (Leichtathletik), Musik.

Seiffert Helmut
B: Gastronom, Opern- u Konzertsänger. G: 4. Juli 1924. V: Antonie, geb Krampe. A: D–4000 Düsseldorf, Jacobistr 6. S: Oberschule, Stud d Musik, Gesang, Dramaturgie, Fachseminare f Naturheilkunde, Weinbau u allgemeine Wirtschaftspraxis. K: Opern- u Konzertsänger, Komponist, Texter u Interpret d Unterhaltungsmusik, geschäftsführender Dir d Helmut Seiffert GmbH „Historische Gaststätten u Weinkellerei Malkasten" in Düsseldorf, Ltr d 1. Deutschen Stimmbildungs-Seminar-Schule eV. F: LP u Singles, Titelbild-Fotos, Autogrammkarten d Electrola, versch Zeitschriften u Tageszeitungen. D: Opern, Operetten, Musicals, Schauspiel, Funk u Fernsehen. E: Kriegsauszeichnungen. M: MtglSchaft in mehreren kulturellen Vereinigungen, Berufsorgani-

sationen, Heimat- u BrauchtumsVer. H: Reisen, Land u Leute fotografieren, Naturheilkunde, feucht-fröhliche Geselligkeit.

Sell Friedrich-Wilhelm Freiherr v
B: Intendant. G: Potsdam, 23. Jan 1926. A: c/o WDR, D–5000 Köln 1, Appellhofplatz 1, Postfach 101950. Tel: 0221/2201. S: Grundschule, hum Gymn, Abitur, Militärdienst, Kriegsgefangenschaft, Stud d RechtsWiss, Phil in Erlangen. K: Teilnahme am Aufbau d Freien Univ Berlin, Ass am Inst f Politische Wiss d FU Berlin, Vorbereitungsdienst als Referendar, 1955 als RA zugelassen an allen Berliner Gerichten, dann Justitiar d SFB, Mtgl d Juristischen Kmsn ARD/ZDF, erster Geschäftsführer d Berliner Werbefunk GmbH, anschließend deren Syndikus, ab 1960 Prok u Syndikus bei Treuhand-Verwaltung f d Deutsch-Niederländische Finanzabkommen GmbH TREDEFINA u Deutsche Kreditsicherungs KG Dr Alexander Kreuter (Bank) Düsseldorf, dann VerwaltungsDir u Justitiar d Deutschlandfunks Köln, Mtgl d Juristischen Kmsn ARD/ZDF, seit 1962 Mtgl d ARD/ZDF-Finanz-Kmsn, 1970–74 Ltr d Delegation d ARD in d Verhandlungen über einen „Einheitlichen Manteltarifvertrag" mit d Gewerkschaften RFFU, DAG, DJV, DOV, 1971–76 VerwaltungsDir d WDR Köln u Stellv d Intendanten, 1974–77 Vors d Verwaltungsrates d Gebühreneinzugszentrale v ARD u ZDF, seit 1976 Intendant d WDR Köln, seit 1975 Stellv AufsichtsratsVors d Bavaria Atelier GmbH München, seit 1976 AufsRMtgl d Westdeutschen Werbefernsehen GmbH Köln, Vors d gemeinsamen Olympia-Kmsn ARD/ZDF zur Vorbereitung d Berichterstattung v d Olympischen Spielen 1980 in Moskau. F: In Fachzeitschriften ua Zeitungen u Zeitschriften.

Sende Erich
PS: Fred Moran. B: Organist, Komponist, Arrangeur, Musikpädagoge. G: Kattowitz, 14. Apr 1917. V: Felicitas, geb Marbach. A: D–2000 Norderstedt, Ochsenzollerstr 93. Tel: 040/5234503. S: Mittelschule, Konservatorium Kattowitz (KurzStud), PrivatStud. K: TV- u Kulturfilmmusiken, Rundfunk, Schallplatte, U – T – Musik, Konzerte in Schweiz, Dänemark, Tschechoslowakei, Philharmonie Warschau/Polen, Luxemburg, Holland, BRD. F: Artist, TV Zeitung, Tastenwelt, Instrumentenbau-Zeitschrift. E: Kulturfilm „Schicksal in Gottes Hand". M: GEMA, KomponistenVerb, BearbeiterVerb, Musikergewerkschaft.

Seybusch Hans-Jürgen
B: Manager, Geschäftsführer. G: Hahnenklee-Bockswiese, 25. Sept 1942. V: Annemarie, geb Hartes. A: D–8000 München 60, Maintalstr 2. S: Grundschule, Handelsschule, DA-Ak, div Fachschulen. K: Abgeschlossene Lehre, zusätzliche Ausbildung zum techn Kfm, VerwaltungsKfm, DionAss d Werbeagentur Geutebrück GWA, EAAA, Presse- u WerbeLtr Topas-Film, Manager Grolier Inc, New York, Manager ILSC, London Manager ARCO-International, Vaduz, Prom-Musik GmbH, München, A u R Dir REX-Records, Geschäftsführer Intereuropa Produktion, Inhaber u Geschäftsführer d Hans-Jürgen Seybusch Ges f Werbung u Produktion mbH, München. F: Gong, Hör Zu, Bild, WAZ, Rheinische Post, NRZ, Bild am Sonntag, TZ München, Show, Musik-Informationen, Musikmarkt, Record World uva. E: Ehrenpreis MUSICA 75 f Regie, Repräsentant d BRD d FIDOF, Federation Internationale Des Organisations De Festivals. M: FIDOF, VorstMtgl, Presseclub d FIDOF, Amexco, SFCD eV.

Seyringer Ralph Peter
B: Fotograf. G: Wien, 25. Juli 1950. A: A–1100 Wien, Laaerbergstr 38/7/2/4, GB–I. Curtis Cloose, Bishops Caundle, Dorset. S: Grundschule, Mittelschule, Kunstschule. K: Mitarbeit in div Studios u Fachlabors, Fotos in Ausstellungen u Zeitschriften, Fotobuch über Griechenland, freier Mitarbeiter bei Alphapress, Agentur Herder, Imas. H: Fotografie, Musik, Tennis, Reiten, schöne Frauen.

Sidenstein Gerd
B: Filmproduzent, Regisseur, Autor. G: Hannover, 22. Juni 1932. V: Marianne, geb Henkel. A: D–6501 Gaubischofsheim, Unterhofstr 3. S: Abitur. K: Lehre als FotoKfm u Industriefotograf, 1964 Gründung d Fa „intervideo" AudiovisionsGes in Mainz. E: Div Medaillen u Urkunden v nationalen u intern Industriefilmfestspielen. M: Verb d Industriefilmproduzenten (VIP).

Siegfried Hugo
B: Fotograf f Mode, Werbung u Industrie. G: 10. März 1916. V: Georgette, geb Viquerat. A: CH–4052 Basel, Angensteiner Str 20. S: Primarschule Gymn, Handelsschule. K: 3 Jahre Lehre (Prüfung mit Auszeichnung), Basel, 1 Jahr Fotoschule Paris, 2 Jahre Studio Kandar Paris, seit 1942 eigenes Atelier in Basel. F: Inserate, Plakate, Prospekte, Kataloge, Pak-

kungen. E: Diplome, Eidgen Department d Inneren (beste Plakate) u Foto-Zeitschriften. M: Schweizer FotografenVerb, Tennis Club Old-Boys, Basler-Fasnachts-Ges, VerkehrsVer Basel. H: Innenarchitektur, Tennis.

Sieglitz Uwe
B: TextilKfm. G: 18. Dez 1951. V: Ilse, geb Fiegler. A: D–2050 Hamburg 80, Sachsentor 32. Tel: 040/7215323. S: Mittlere Reife, Lehre als Werbefachmann, 2 Jahre WerbeAk. K: 18 Monate bei d Bundeswehr (Unteroffizier), 3 Jahre in Spanien, selbständiger Discothekenbesitzer, 3 Jahre ProduktionsLtg u AufnahmeLtg bei Radio Hamburg, 3 Jahre Textilgroßhandel, Mode Centrum Hamburg (ital Ware). F: Bild Zeitung, Morgenpost, Bergedorfer Zeitung, Lübecker Nachrichten, Wonsener Anzeiger, Winsener Anzeiger, Hamburger Abendblatt. D: „I Tried to Live" (mit Lee von Cloof Kino), „Lokalseite unten links" (mit Inge Meysel), „Menschenfresser" (ZDF), „Lubicho" (NWF), „Straßenräuber" (ZDF), „Anneliese Rothenberger" (ZDF). H: Musik, Autorennen, eigenes Tonstudio.

Sielmann Heinz
B: Produzent, Autor, Kameramann. G: Rheydt, 2. Juni 1917. V: Inge, geb Witt. A: D–8000 München 60, Am Gänsebühel 13. S: Abitur, 9 Sem Biologie. K: Bereits am Gymn erster Film „Vögel über Haff u Wisen", nach d Krieg Mitarbeiter d Hamburger Inst f Film u Bild in Wiss u Unterricht, Kameramann u Regisseur v Dokumentarfilmen, ua: „Lied d Wildbahn", „Quick, das Eichhörnchen", „Konzert am Tümpel", „Zimmerleute d Waldes", Produzent d Dokumentarfilms „Herrscher d Urwalds", 1959 erster Fernsehfilm f NDR „Das Jahr d Störche", seit 1959 selbständiger Produzent v Tierfilmen f Fernsehen, Schule, Forschung u Kino, mehrere Filme auf d Galapagos-Inseln, seit 1963 Sendereihe „Expeditionen ins Tierreich", gleichzeitig Autor, Produzent u Kameramann, Bücher: „Das Jahr m d Spechten", „Vögel über Haff u Wiesen", „Herrscher d Urwaldes", „Mein Weg zu den Tieren", „Unter Drachen u Zaubervögeln", „Abenteuer im Tierreich", „Babys d Wildnis" ua. E: Mehrere BFilmpreise, Bambi, Cherry Kearton-Medaille d Royal Geographic Society London, David O Selznik-Preis, Goldener u Silberner Bär d Berliner Filmfestspiele ua. H: Der Beruf, Tennis.

Sienz Werner
B: FotoMstr. G: Kempten. A: D–8960 Kempten, Rathauspl 14. S: Mittlere Reife, Bayerische Staatslehranstalt f Fotografie, München. K: MstrPrüfung 1967 in München, Fotostudio u Labortätigkeit, seit 1970. F: Merian, Allgäuer Zeitungen, Bergbücher Allgäu. E: Preisträger in versch Fotoausstellungen u Wettbewerben. M: CentralVerb Deutscher Fotografen. H: Schilaufen, Segeln, Tennis, Drachenfliegen.

Sievers Ted
B: Regisseur. G: Berlin, 18. Feb 1926. A: D–5000 Köln 51, Rondorfer Str 5. S: Abitur, Stud d TheaterWiss. K: RegieAss bei Spielfilmen im In- u Ausland bei mehr als 30 Spielfilmen (in 10 Jahren), Regiearbeit beim Deutschen Fernsehen, Produktion u Regie bei vielen Industriefilmen. E: Mehrere intern Preise u Auszeichnungen. M: Verb Deutscher Filmproduzenten. H: Segeln, Motorsport.

Siewert Viktor
B: Fotograf. G: Gut Saluschje, Lettland, 10. Mai 1923. V: Margot, geb Nikola. A: c/o Atelier, D–8700 Würzburg, Sander Str 17/19, D–8701 Lindelbach, Unterer Geisselring 6. S: 6 Sem NaturWiss u Volkswirtschaft an d Univ Würzburg. K: Zunächst Fotografie als Hobby, dann Reisefotograf, dann Portrait-, Werbe- u Industriefotograf. F: Hauptsächlich in d Lokalpresse. H: Reisen, Skilaufen.

Simonis Elisabeth
B: Fotografin. G: Döhlen/Leipzig, 16. Dez 1905. A: D–6000 Frankfurt/Main, Wildenbruchstr 33. S: 6 Jahre Kunstschule bei Prof Baumeister, Prof Fischer, Dr Wichert, 3 Jahre Foto-Ausbildung bei Dr Paul Wolff. K: Selbständige Fotografin, gearbeitet f Leitz u Frank, Heidecke. F: Frankfurter Illustrierte, Foto Magazin, Berliner Illustrierte, Volkswagenwerk, Kosmos-Verlag, Ullstein-Verlag, Knaur-Lexikon, Bertelsmann usw. E: Pariser Ausstellung, 1. Preis f Fotomontagen. M: JournalistenVerb.

Simonis Heinz Georg KommR
B: Fotografenmeister. G: Berlin, 28. Mai 1912. A: A–1090 Wien, Währinger-Str 12. S: Realschule, Graphische Lehr- u VersuchsAnst Wien, Fotografenlehre, 1935 Meisterprüfung. K: Führend als Portrait-Fotograf über d Grenzen d Landes hinaus, seit 1938 selbständig, Portraits sämtlicher österr BPr, RegierungsMtgl, prominenter Künstler, Ärzte, Wiss, ua GenSekr Dr Waldheim. F: Ständige Veröffentlichungen in Tages- u Illustrierten Zeit-

schriften v Menschen aus Politik, Wirtschaft, Ind u Kunst. E: Silberne Ehrenzeichen f Verdienste um d Republik Österreich, Bronzene Medaille b d 3. Intern Ausstellung in Luzern, mehrere Silber- u Gold-Medaillen bei deutsch-österr Fotowettbewerben. M: Mtgl d Photographischen Ges in Wien, Landesinnung d Fotografen in Wien, Mtgl d EUROPHOT, ehemaliger VizePr dieser Organisation, ehemaliger Blnnungsmeister d Fotografen Österreichs. H: Musik.

Sindelar Hans O
B: Filmproduzent. G: Wien, 15. Jan 1921. A: A-1227 Wien Süssenbrunn, Larischg 2, c/o Filmstudio, A-1020 Wien, Praterstr 34. Tel: 0222/240243 oder 0222/2256545. S: Grundschule, Handelsschule, Konservatorium f Musik u darstellende Kunst. K: Militärmusiker, Zivilmusiker, Musikalischer Ltr eines Varietes, Fotohändler, Filmproduzent, Autor u Regisseur u Produzent v 112 Trickfilmen f d ORF. F: Neuer Kurier, Filmkreis bzw Film-Tonmagazin, Wunderwelt, Hör Zu. E: Goldmedaille v Unica (Weltmeister), 2 Silber- u 2 Bronzemedaillen (Österr Staatsmannschaft), mehrere Diplome. H: Musizieren, Gärtnerei.

Sinnhuber Dieter
B: Fernseh-Redakteur. G: Kirchheim unter Teck 16. Dez 1943. V: Hannelore, geb Wagner. A: D-8044 Unterschleißheim, Ganghoferstr 10. S: BRealGymn, Stud d Phil u Theol an d Phil-Theol HS Passau, Stud d Phil, Theol, ZeitungsWiss an d Univ München. K: 1967–68 Ferien-Volontariate u Volontariate während d Semester bei „Salzburger Nachrichten", „Passauer Neue Presse", „Münchener Kath Kirchenzeitung", 1969–73 pol Nachrichten-, dann Landespolitikredakteur „TZ München", 1973–78 freier Mitarbeiter d Bayerischen Rundfunk/Fernsehen – Politik, zwischenzeitlich Arbeit f Agenturen u Zeitungskorrespondent, jetzt Redaktion „Aktuelle Politik" BR Fernsehen. M: RFFU, Presseclub München. H: Segeln, Musik, Langlauf, Gutes Essen, Fotografieren.

Siol Wolfgang
B: Fotograf. G : Fredersdorf/Berlin, 21. Juli 1929. V: Doris, geb Weller. A: D-7910 Neu-Ulm, Heinkelstr 2. S: Abitur, Fotofachschule, MstrPrüfung, Foto-Designer BFF. K: 1956–64 WerkstattLtr u Lehrkraft f Fotografie an d HS f Gestaltung, Ulm, seit 1963 Tätigkeit als freier Foto-Designer. F: In Zeitschriften u Büchern im In- u Ausland.

Sippel Gisela
B: RegieAss. G: Bremen, 17. Juni 1938. A: D-8000 München 40, Ainmillerstr 1. S: Mittlere Reife, Handelsschule. K: 8 Jahre Tänzerin bei d Hiller Girls, 1 Jahr Ass bei Halanay, 6 Jahre Script-Girl, 9 Jahre freie RegieAss. H: Kochen, Skatspielen, Reisen, Antiquitätien sammeln.

Siwik Hans
B: Fotodesigner. G: Breslau, 26. Aug 1933. V: Ruth, geb Bestehorn. A: D-6370 Oberursel 4, Grenzstr 9. S: Autodidakt. K: Ausstellungen: Photokina 1972, Naykrug-Galleries New York, DGPH-Galerie Köln, ferner in Belgien, Schweiz u Österreich. F: Camera, USA, Color-Foto, Deutschland, Generative Fotografie, Prof Jäger u Prof Holzhäuser, Fotodesign u Fotokunst International, Dumont ua. E: Photokina-Obelisk 1972, versch Kalender auf d Stuttgarter Kalenderschau. M: BFF, berufenes Mtgl in d DGPH u GDL. H: Reiten.

Sloot Pieter van der
B: Choreograph, Regisseur. G: Amsterdam, 1. Mai 1926. A: D-4400 Münster, Katthagen 29. S: Abitur Montessori Lyceum, Amsterdam 1943, Ballettunterricht bei Olga Preobrajenska, Vera Volkova, Yvonne Georgi, Sonja Gaskell, Schauspielunterricht bei Prof Ludwig Berger, Klavierunterricht bei Prof Gerard Hengeveld. K: Erster Solotänzer Stadsschouwburg Amsterdam 1944, Solotänzer u Choreograph beim Ballett d Lage Landen, Niederlande, Nederlands Ballett, Regent Ballet Company, London, Oper Ballett Nizza, Frankreich, Staatsoper Sofia, Bulgarien, Künstlerischer Ltr Teatro Italiano del Balletto 1954–67, Gastchoreograph u Regisseur d Niederländischen, Italienischen, Schweizerischen u Jugoslawischen Fernsehen, Schauspieler u Tänzer in amerikanisch-italienischen Filmproduktionen, sowie in italienisch-spanischen Filmproduktionen, zZ Künstlerischer Ltr d Tanz-Theaters Münster u Gastchoreograph u Gastregisseur. F: Überall in Europa u USA. D: Filme: „Cantate con noi", „Legions of the Nile", „Ercole alla conquista di Atlantide", „Maciste contro il vampiro", „I sette gladiatori", „Le schiave di Cartagine" ua, Schauspiel: „Robinson soll nicht sterben", „Ein Sommernachtstraum", „Figaros Hochzeit", „Le mariage forcé", „Orpheus in der Unterwelt" ua, Hauptdarsteller in eigenen Fernsehwerken: „Requiem per un destino", „Racconto Siciliano",

„Garden Party", „Achilles", „La morte del". E: Goldmedaille d Stadt Lardarello, Medaille d Stadt Verona. H: Genealogie (Mitarbeiter versch genealogischer Werke).

Smola Emmerich
B: Dirigent. G: Bergreichenstein/Böhmen, 8. Juli 1922. V: Marga, geb Wiehn. A: D–6750 Kaiserslautern, Fliegerstr 40. K! Ltr d Rundfunkorchester im SWF. E: Peter Cornelius Plakette d Landes Rheinland-Pfalz, BVerdienstkreuz am Bande. M: Rotary Club. H: Orgelbau, Mittelalterliche Handschriften.

Sobeck Günter
B: FilmKfm. G: München, 5. Jan 1950. V: Gabriele, geb Mayer. A: D–8950 Kaufbeuren, Bärensee Str 43. S: Grundschule, Berufsschule f Fotografie, BW Luftbildfotograf. K: FilialLtr bei d Bayerischen Filmbearbeitung, Filmcutter u techn Abt bei Scotia Film Sam Waynberg, München, heute selbständig, Kino-Center Kaufbeuren. F: Allgäuer Zeitung. M: Verb d Filmtheater. H: Film.

Soblick Eberhard
B: Kapellmeister, Komponist. G: Kattowitz, 28. Sept 1917. V: Ingeburg, geb Korf. A: D–3446 Meinhard 3, Schloß Wolfsbrunnen. S: Stud in Kattowitz, KirchenmusikHS Regensburg, Konservatorium d Stadt Berlin. K: 1937–45 Volksoper u Reichssender Berlin, 1947–49 Operettenhaus Hamburg, 1949/50 eigenes Orchester gegründet: Deutsches Film-Orchester, Musikaufnahmen f über 4500 Filme, Fernsehen u Dokumentarfilme im In- u Ausland, Kompositionen f TV-Serien u Stücke. F: Hamburger Abendblatt u Film-Fachzeitschriften. M: GEMA. H: Blumen, Gartenbau.

Söhn Wolfgang Ing
B: FotoKfm. G: Düsseldorf, 11. Juli 1931. V: Ingrid, geb Gebhart. A: D–4000 Düsseldorf, Flinger Str 7. S: Mittlere Reife. K: Lehre, Volontärzeit, Stud. E: Silberne u Goldene Ehrennadel d Industrie- u HandelsKam, Düsseldorf. M: GründungsMtgl Plusfoto, AufsichtsRMtgl Plusfoto, RegionalLtr Plusfoto. H: Eishockey, Hunde.

Sommer Alexander
B: Fotograf d Residenz. G: Bielefeld, 24. Apr 1949. V: Angelika, geb Stock. A: D–4930 Detmold, Lemgoer Str 62. S: Mittlere Reife, Lehre, MstrPrüfung. K: 1965–68 Lehre im väterlichen Betrieb, Gesellenprüfung, MstrPrüfung an d Bundesfachschule in Hamburg 1973, seit 1975 selbständiger Fotograf. E: Kammersieger Gehilfenprüfung 1968 (Bezirk Detmold). M: APP, ADK. H: Fotografie (Landschaft, Technik), Eisenbahn (Modell u Original).

Sommer Willi
B: Musikpädagoge, Musiker, Komponist. G: Berlin, 27. Jan 1913. V: Charlotte, geb Katzschke. A: D–1000 Berlin 45, Achenseeweg 34. S: Grundschule, Handelsschule, musikalische Ausbildung in Violine bei Prof Willy Drews (Berlin), sowie in Zupfinstrumenten bei Prof Jorgo Chartofilax (Athen). K: 1949–57 Ltr d Volkskunst-Ensembles Chartofilax Berlin, ab 1950 Gründer u Ltr d Mandolinisten-Vereinigung Berlin, mit beiden Ensembles Rundfunk- u Fernsehaufnahmen bei fast allen deutschen u vielen europäischen Sendern. F: Berliner Presse, Kasseler Zeitungen, Wiener Zeitungen sowie in Fachzeitschriften, Tageszeitungen in Holland, Frankreich, Belgien, Dänemark, Österreich, Schweiz. E: Ehrenzeichen d Bundes Deutscher Zupfmusiker, Goldene Ehrennadel d Verb d Arbeiter-MusikVer Österreichs, Silberne Nadel d Deutschen MusikerVerb. M: Mtgl im Bund Deutscher Zupfmusiker, Deutscher MusikerVerb, Verb Deutscher Tonkünstler. H: Schmalfilmen.

Sommerfeld Willy
B: KapellMstr, Komponist. G: 11. Mai 1904. V: Doris, geb Franke. A: D–1000 Berlin 36, Landhausstr 36. S: Heidingsfeld-Konservatorium u Seminar, Danzig, Musiklehrer f Violine am Stern'schen Konservatorium, Berlin, KapellMstr, Komponist. K: 1924–26 Musikredakteur in Henry Littolfs Verlag, Braunschweig, 1926–28 KapellMstr UFA-Stummfilm, 1928–34 KapellMstr am Staatstheater Braunschweig, 1934–36 VIER NACHRICHTER, 1936–39 Hauskomponist u Dirigent am Schauspielhaus in Leipzig, Theater am Schiffbauerdamm Berlin, bis 1945 freischaffend als Komponist f Film, Theater, Schallplatte, Musikalischer OberLtr Hans-Otto Theater in Potsdam, seit 1970 Musikalischer OberLtr am Theater des Westens, Berlin. F: Berliner Illustrierte, Spiegel, zahlreiche Tageszeitungen. M: „Schlaraffia BEROLINA", Deutscher KomponistenVerb, GEMA.

Sommerhalder Hans
PS: Somys. B: Kfm, Fotograf. G: Zürich, 22. Okt 1932. V: Margrit, geb Läuchli. A: CH–8603

Schwerzenbach, Widumstr 8, Postfach. S: Primarschule, Oberschule, Gewerbeschule. K: Seit 1982 selbständig, Foto-Service u Vertrieb v Frisuren-Fotos. F: Swiss Hair. H: Surfen, Ski, Tauchen.

Sontag Helmut W
B: Fernsehjournalist, Chefredakteur. G: Bonn, 7. Nov 1929. V: Ingeborg, geb Hagen. A: c/o gtn-Studio am Corbusierhaus, D–1000 Berlin 19. Tel: 030/3045555. S: Beethoven-Gymn Bonn, Apostel-Gymn Köln, HS f politische Wiss München, Redaktionsvolontariat Kölnische Rundschau, Köln. K: Redakteur DIE NEUE ZEITUNG, München, Auslandkorrespondent f versch US-Fernsehstationen, Deutschlandkorrespondent in Berlin f ITN, London, Expedition mit Deutsche Osterinsel-Filmexpedition, Südamerika, Chefredakteur d German Television News, Berlin, Kabelfernseh-Versuche mit d Deutschen Kabelvision GmbH, Lehrbeauftragter f Kabelvision an d Freien Univ Berlin, ca 100–200 Fernseh- u Expeditionsfilme, Dokumentationen ua. F: In früheren Jahren ständig Fotoreportagen, seit 1952 ständig Film- u Fernsehreportagen in fast 50 versch Fernsehstationen in aller Welt. E: Versch Auszeichnungen. M: DJV, BDK. H: Segeln.

Sorn Manfred
B: Ingenieur. G: Heidelberg, 19. Dez 1936. V: Nortrud, geb Laih. A: D–7300 Esslingen, Betzgerstr 20. S: Abitur, Ing-Stud. K: Video-Meß-Ing, seit 1976 Ltr d AußenübertragungsTechn Fernsehen u Radio. M: Fernseh- u kinotechn Ges. H: Basteln, Briefmarken, Garten.

Spang Oskar
B: Pressefotograf. G: Czernovitz, 10. März 1921. A: A–6900 Bregenz, Weiherstr 3. S: Gymn. K: Beginn bei d „Deutschen Tagespost" in Czernowitz, dann „Bukarester Tageblatt", nach Kriegsende in Bregenz, Französischkenntnisse brachten Kontakt zur Besatzungsmacht, von d Franzosen wurden Fotoapparate, Filme u Zubehör, sowie Ausweise u Lizenzen zur Verfügung gestellt, Bekanntmachung d Fotojournalismus, Entdeckung d Skigebiets am Arlberg u d Skitalente, Reportagen ua über d Bregenzer Festspiele u d Lindauer Nobelpreisträgertagungen, Berichte über Berühmtheiten aus Politik, Wirtschaft, Film u Sport, Berichterstattung v Ungarnaufstand 1956, Fotos v Naturereignissen, Stimmungsbilder, Szenen aus d Alltag, Bildreminiszenzen. F: Ca 1000 auf d ganzen Welt. E: Goldene Nadel d Bregenzer Festspiele, Auszeichnung f 25jährige Fotografentätigkeit bei d Nobelpreisträgertagungen in Lindau ua. M: Vorarlberger Presseclub.

Speckmann Patrick
B: Krankenpfleger, Fotograf. G: 23. Mai 1955. A: D–1000 Berlin 12, Pestalozzistr 95. S: Mittlere Reife, div Fotokurse, Krankenpfleger. K: Seit 1975 intensive Beschäftigung mit d Fotografie, gleichzeitig d Mittlere Reife nachgeholt, danach einige Aufträge, 1976 Fotoreportage v Ceylon (ohne Auftrag) veröffentlicht, zZ Inhaber eines kleinen Studios u Schwarz-Weiß-Labors. F: Fotosafari Ceylon, Geschäftsbericht einer BankGes. H: Experimentalfotografie, Heimwerken.

Sperlich Heinz Joachim
PS: Heinz JOACHIM. B: Solotänzer, Ballettmeister. G: Breslau, 7. Jan 1941. V: Carola, geb Schauer. A: D–8720 Schweinfurt, Am breiten Weg 8. S: Grundschule, kfm Berufsschule, Ausbildung f Bühnentanz: Anita Bell-Schule Köln. K: Gruppentänzer an d Deutschen Oper am Rhein in Düsseldorf, Solotänzer: Theater d Stadt Bonn, Theater d Stadt Trier, Staatstheater Kassel, Hessisches Staatstheater Wiesbaden, zZ Ltr einer privaten Ballettschule. F: Chic. D: Ballett „Der Dreispitz", „Coppelia", „Dornröschen", „Play Bach", Le Poeme de L'Extase", „Pulcinella", „Geschöpfe d Prometheus", „Sinfonische Metamorphosen", „Scheherezade", „Giselle", „Haus d Schatten", „Ouverture Suite f Orchester in D-Dur Bach", „Danses Concertantes", „Die vier Jahreszeiten" „Don Quichotte" uva. M: GDBA Hamburg. H: Reisen, Oper, klassische Musik.

Spiegel Pierre-Claude
B: Kfm, Filmverleiher. G: Zürich, 27. Juli 1948. V: Yvonne, geb Neuhaus. A: CH–8053 Zürich, Buchholzstr 35. S: 9 Jahre Rud Steiner-Schule, Zürich, 3 Jahre Kfm Ver Zürich, Lehre in Sphinx-Film AG, Kfm Dipl-Abschluß. K: Seit 1974 Geschäftsführer d Spiegel-Film AG, Zürich. M: VorstMtgl d Schweizer FilmverleiherVerb, seit 1977. H: Schwimmen, Skifahren, Automobilsport, Lesen.

Sprenger Otto
B: Journalist. G: Hamburg, 4. März 1917. A: D–2000 Hamburg 61, Klotzenmoor 31. S: Abitur, 13 Sem Univ Hamburg, Phil Fak. K:

AbtLtr d ProduktionsDion d NDR/Fernsehen Hamburg. M: Vors d Gewerkschaft Kunst im DGB, Vors d RFFU in d Gewerkschaft Kunst d DGB, Vors d Europäischen Gewerkschafts-Aussch f Kunst u Unterhaltung im EGB.

Sprickmann-Kerkerinck Detlef
B: Journalist, Ltr d Hauptredaktion Gesellschaftspolitik d ZDF. G: Osnabrück, 25. Apr 1938. V: Dietlind, geb Lepke. A: D–6500 Mainz, Südring 111. S: Abitur, Stud d Publizistik, Neueren Geschichte, d Öffentlichen Rechts u d MusikWiss an d Univ Münster/Westf, d FU Berlin d Univ Hamburg (8 Sem). K: Freier Mitarbeiter v Tageszeitungen 1956–61: Osnabrücker Tageblatt, Freie Presse Bielefeld, Münstersche Zeitung, Wuppertaler General-Anzeiger, 1963–71 v Wochenzeitungen: Publik, Die Zeit, FS-Redakteur d NDR-Regionalprogramm in Hamburg u Hannover 1961–71, 1971/72 FS-Auslandskorrespondent f d ARD in London, 1972–77 stellvertr Ltr d HR Innenpolitik d ZDF, seit 1977 Ltr d Hauptredaktion Gesellschafts-Politik, spez Gebiete Demoskopie u Zeitgeschichte. M: DJV. H: Musik, Reisen.

Spürck Otto
B: Fotohändler. G: Köln, 13. Aug 1919. V: Anneliese, geb Hoppe. A: D–5000 Köln 60, Trakehnerstr 39. S: RealGymn, Lehre Fotolaborant. K: KameraAss 34 mm u 16 mm-Ind-Filme, Ind-Aufnahmen u Flugaufnahmen, Repro-Technik u Chemigrafie, Fotohandel, ab 1946 selbständiger Fotohändler. Nach Lehrabschluß in Handel u Ateliers tätig, dann Tätigkeit bei einem Zeitungsverlag, dann bei versch IndUnternehmen, zuletzt, vor Einberufung zur Wehrmacht, Ltr d Bildstelle eines Ind-Werkes, nach Rückkehr aus d Gefangenschaft 1946 d eigenen Betrieb gegründet. H: Reisen, Fotografieren, Filmen, früher aktiv Eishockey, heute Sport allgemein.

Staab Joachim G
B: Redakteur, Stellv RedaktionsLtr „Kinder u Jugend", HR Kultur, ZDF, Fachjournalist, Schriftsteller. G: 25. Nov 1930. V: Roswitha, geb Rund. A: D–6501 Stadecken-Elsheim 2, Auf der Schloßweide 29. Tel: 06130/1297 oder ZDF: 06136/702323/702302. S: Gymn, Praktikum, Fachstudien. K: Freier Schriftsteller, RegieAss, Zeitschriftenredakteur (verantwortlich), freier Autor f Funk u Fernsehen, freier Fernsehjournalist, Fernsehjournalist u Moderator f Wirtschaft, Ldw, Verkehr SWF, stofführender Redakteur mbA im ZDF (Serienprogramm), freier Fachjournalist „MFM", Film u Video, ua Redakteur f „Kinder u Jugend". F: Mehrere Dutzend Drehbücher f Spielserien u Dokumentationen, mehrere Dutzend selbst realisierte Filme, Fachbücher u andere Literatur in mehreren Sprachen, einige 100 Bildveröffentlichungen, regelmäßig Kolumnen u Informationsreihen. M: Deutscher JournalistenVerb. H: Fotografie.

Stadelmann Frank
B: TonIng, TonMstr. G: Dorste/Osterode, 5. Apr 1945. V: Ursula, geb Müller. A: D–2083 Halstenbek, Hagentwiete 2. S: RatsGymn Hannover, MusikHS, Praktikum bei Telefunken u Deutsche Grammophon GmbH, Ass im Studio Hamburg. K: Studio Hamburg, Atelierbetriebe Bendestorf, freiberufliche Tätigkeit beim ZDF, NDR ua, NDR Fernsehen. M: Verb Deutscher TonMstr VDT, VorstMtgl d RFFU im DGB, Verb NDR. H: Der Beruf, Steuer- u Wirtschaftsrecht, Fotografieren.

Stadler Otto
B: Fotograf. G: Linz/D, 20. Feb 1942. A: D–7850 Lörrach, Turmstr 27. S: KunstAk Basel, Fresken-Restaurator in Kirchen, Fotografenmeisterprüfung. K: Div Industriefilmproduktionen in Asien u Südamerika über d Porträtfotografie nun f namhafte Firmen Werbefotografie, Bildberichte über Formel I, weiterhin Werbung, Reiseberichte in Fotos über Afghanistan, Bolivien, Pakistan uva. H: Kurzfilmproduktionen, Reisefilme.

Stahl Jürgen
B: Fotorealist. G: Schlitz/Lauterbach, 21. Feb 1945. V: Angelika, geb Scholze. A: D–6000 Frankfurt/M 1, Feldbergstr 31. S: Realschule, Ausbildung im grafischen Gewerbe. K: Ausbildung in grafischer KunstAnst, Tätigkeit in versch namhaften Ateliers, nebenbei autodidaktische Ausbildung als Fotograf, ab 1976 selbständig als freier Künstler u Fotorealist, Auftraggeber sind intern Werbeagenturen sowie WerbeAbt bekannter Unternehmen, Aufgabenstellungen: Übersteigerte Ausführung fotorealer Illustrationen, ebenso d Erstellen hochwertiger Druckvorlagen durch subtile, manuelle Beeinflussung u Veränderung bestehender fotografischer Arbeiten. F: Veröffentlichungen in fast allen deutschen Illustrierten, Tageszeitungen u Fachzeitschriften.

Stahlberger Hans-Peter Dipl-Kfm
B: Prok Fa Werbung im Südwestfunk GmbH, AbtLtr Finanzen im Südwestfunk. G: Baden-Baden, 16. Sept 1942. V: Gisela, geb Brandt. A: D–7570 Baden-Baden, Kerner Str 2. S: Abitur, KfmGehilfenbrief, Stud Betriebswirtschaft, Dipl-Kfm Examen, Steuerbevollmächtigter OFD Freiburg. K: AbtLtr, Prok. M: BVerb d deutschen Betriebswirte. H: Segeln, Tennis, Malerei, Antiquitäten, Münzen.

Stange Rudolf
B: FotoKfm. G: Osnabrück, 3. Jan 1915. V: Helga, geb Schauer. A: D–4500 Osnabrück, Oestringer Weg 36. S: Abitur, TH Berlin, Stud Photogrammetrie, nach d Krieg Ausbildung zum FotoKfm in Osnabrück, Düsseldorf, Stuttgart. K: 1967 Gründung d PLUS-FOTO zusammen mit 4 Kaufleuten, Sitz in Frankfurt, seit 1970 Vors. E: Versch Kriegsauszeichnungen, Karnevalsorden. H: Literatur, Natur, Fotografieren.

Stapfer Willy
B: Fotograf. G: Zürich, 18. Aug 1934. V: Myrtha, geb Büchi. A: CH–8001 Zürich, Limmatquai 62. S: Primarschule, Sekundarschule, Handelsschule m Diplom-Abschluß. K: 1964 erste Kontakte m d Fotografie, Konzentration auf Thema „Mensch", eigenes Pass- u Portrait-Studio, Artisten-Aufnahmen sind neben d Portrait zum „2. Hobby" geworden. F: Viele Veröffentlichungen in Tageszeitungen u Illustrierten ua, auf Plakatwänden ua. E: Berechtigt zum Verwenden d Namens: Color Art Photo-Studio. M: VorstMtgl d intern Vereinigung d Color Art Photo Schweiz, VorstMtgl d SVPG Sekt Zürich. H: Motor- u Segelfliegen, Skifahren.

Stark Sepp
B: FilmKfm. A: D–6800 Mannheim 24, Neug 2. S: Mittelschule, Autodidaktes Stud im Filmwesen, Filmproduktionen. K: Brückenbau-Techn, LandmaschinenTechn, Wildtier- u Jagdkunde in Deutschland, Eigenproduktionen v Autorennfilmen, Filmarchiv z Kopienahme. F: Film- u Tonmagazin, Der Deutsche Jäger, Wild u Hund, Der Schmalfilm. E: Goldmedaillen bei Festivals in Paris u Berlin, Silbermedaillen b Festival in Budapest, Prädikate: Künstlerisch wertvoll. H: Wildtierfilme in Deutschland.

Starkmeth Nikolaus
B: KameraAss. G: Kaiserslautern, 19. Juni 1953. A: D–8000 München 30, Rotbuchen-Str 1. Tel: 089/6306219. S: Abitur, 3 Sem Germanistik u TheaterWiss in Köln, Volontariat im Kopierwerk Düsseldorf. K: ProduktionsAss bei d München-Film, seit 1979 freiberuflich als KameraAss im Film („Zwischengleis", „Die Blechtrommel"), selbständiger Fotograf. F: Bildband „Die Blechtrommel – als Film". H: Sport, Musik, Literatur.

Stasny Horst
B: Werbefotograf. G: Salzburg, 5. Okt 1941. V: Susanne, geb Pfaff. A: A–1180 Wien, Naaffg 15. S: Foto-Ausbildung m Meisterprüfungsabschluß, Matura. K: Nach Ausbildungsabschluß 1962 in versch europäischen Werbestudios Erfahrungssammlung, 1970 Ltg Europastudio Wien, seit 1971 selbständig m Firmensitz in Österreich u Deutschland (b 1977). F: Redaktionelle u werbliche Veröffentlichungen in österr, deutschen u italienischen Zeitschriften u Büchern, ua Leben u Wohnen. E: Div Preise u Anerkennung bei Ausstellungen u intern Wettbewerben (zB Intern Wettbewerb über Brillant- u Perlschmuck d Deutschen Edelsteinfreunde ua). M: BInnung d Fotografen Österreichs, Photographische Ges in Wien, Europhot. H: Musik, Astrologie, Tauchen.

Staude Eckhard Ing
B: FotoIng, Unternehmer. G: Grenzeck, 15. Juni 1938. V: Eva, geb Bartels. A: D–6366 Wölfersheim 4, Bundesstr 6. S: Handelsschule, Drogistenfachprüfung, Stud als FotoIng. K: Ca 9-jährige Berufszeit in d Mikrofilmbranche, seit 1971 selbständiger Unternehmer, Herstellung v Mikrofilm-Entwicklungsautomaten u Peripherie-Geräten m 2 Patentanmeldungen, Herstellung v Mikrofilm-Chemikalien. M: Vors u Gründer eines Tischtennis-Ver. H: Neukonstruktionen, Malen.

Stavenow Hans
B: Journalist. G: Berlin, 12. Feb 1923. V: Hildegard, geb Stahl. A: D–3005 Hemmingen 4, Nordstr 62. S: Oberschule mit Abitur, 4 Sem UnivStud (Philosophie) in Hamburg. K: 1945–49 Volontär, Redakteur bei German News Service, später DPD, in Hamburg u Berlin, 1949–53 Redakteur f Kommunal- u Innenpolitik bei „Die Neue Zeitung", Berlin, 1953–61 Redakteur f Zeitfunk bei Rias Berlin, ab 1954 Rias-Korrespondent in Bonn, 1961–63 Fernsehredakteur im Magazin „Panorama", NDR Hamburg, 1963–71 Ltr d NDR-Fernsehredaktion im Funkhaus Hannover, 1971–76 NDR-Fernsehkorrespondent

in Bonn, seit 1976 Ltr d Fernsehredaktion „Bürgerforum" d NDR, Sitz in Hannover. M: Mtgl d RFFU. H: Kochen.

Steffens Dirk
B: Komponist, Texter. G: Mölln/Lbg, 20. Mai 1950. A: D–2000 Norderstedt, Am Tagstedter Forst 26. Tel: 040/5226565. S: Konservatorium. M: GEMA, GVL.

Steigner Walter
B: Rundfunk-Intendant. G: Wilhelmshaven, 17. Dez 1912. V: Margit, geb Hasselberg. A: D–5000 Köln 51, Schönhauser Str 64–66. S: RealGymn, Abitur, 1. jur Staatsexamen. K: Nachrichtenredakteur b „Rheinischer Zeitung" Köln, HauptAbtLtr „Politik" NWDR Köln, StudioLtr Bonn b NWDR, Ltr d RundfunkAbt d UNESCO Paris, Ltr d Funkhauses Hannover um NDR, Intendant SFB, Intendant Deutsche Welle. E: Großes BVerdienstkreuz. M: Mtgl d VollzugsAussch d Deutschen UNESCO-Kmsn.

Stein Heinz Dr med
B: VerlagsKfm. G: Koblenz, 10. Dez 1915. V: Helke, geb Schöbel. A: D–8000 München 60, Marschner Str 87. S: 1936 Abitur, 1945 Staatsexamen Medizin, Promotion Dr med. K: 1950 Gründung d Musikverlages QUINT-Musik, 1954 Gründung d Verlage AMATI, STEIN-Musik, Kronen-Musik, 1960 Gründung d Produktionsfirma mit d Labels: STARLET, SUPERTONE, BELLA MUSICA, WELTMELODIE in eigenem Vertrieb. M: Mtgl d Deutschen MusikverlegerVerb. H: Segeln, Wassersport.

Steinborn Jakob
B: Fotografenmeister, Landesinnungsmeister d Fotografen. G: Bachem/Krs Ahrweiler, 18. Jan 1914. A: D–5483 Bad Neuenahr, Ahrweiler Kreuz-Str 89. S: Grundschule, IndKfm, Kfm-Gehilfenprüfung, Gehilfen- u Meisterprüfung im Fotografenhandwerk, Absolvent d priv Fotoschule Hoepffner, Meisterklasse d Fotoschule Hamburg, Schule f Kunst u Handwerk Saarbrücken, Leicaschule. K: 1931 Kfm-Gehilfenprüfung IHK Koblenz, 1951 Meisterprüfung im Fotografenhandwerk, 1953 Schule f Kunst u Handwerk Saarbrücken, 1952 Leica-Schule Wetzlar, 1952 Colorschule Gevaert Antwerpen, 1952–56 Fachlehrer f Fotografie d Berufsschule Koblenz, 1960–72 Obermeister, ab 1965 Landesinnungsmeister d Fotografen, Sachverständiger, Bildjournalist. F: Photo Presse, Großbild Technik, Tageszeitungen uva. E: 1951 Bronze Plakette d Foto Ausstellung Sao Paulo u Rio de Janeiro, 1976 BVerdienstkreuz am Bande, 1978 Luxemburg Ritterkreuz im Orden d Eichenkrone. M: Stellv Vors d FDP OG Bad Neuenahr, Fotografen-Innung Koblenz, CentralVerb Deutscher Fotografen München, EifelVer, Europ. Vereinigungen f Eifel u Ardennen (Kulturausschuß), Kur- u VerkehrsVer Bad Neuenahr. H: Wandern, Reisen, Politik (Kommunal).

Steinhauer Walter
B: Schriftsteller, spez Film-, Funk- u Fernsehpublizist. G: Wurzen i Sa, 24. Feb 1901. A: D–8000 München 60, Nimmerfallstr 17. Tel: 089/831397. S: Grundschule, Lehre im Buchhandel, 3jähriger Besuch d Buchhandels-LehrAnst Leipzig. K: Buchhändler-Jahre in Leipzig u Berlin, 1920 erste journalistische Arbeiten, 1921 zum freien Journalismus (spez Film) übergewechselt, Fach-, Tages- u Zeitschriftenpresse, 1924 Gründung v Kulturfilmgemeinden in Leipzig u Dresden, Beginn einer umfangreichen Vortragstätigkeit, Beginn d Arbeit am Mitteldeutschen Rundfunk – Sender Leipzig, bis zur Einberufung 1943 ständige Arbeit an diesem Sender, ua Filmreportagen, ca 100 Funk-Interviews bekannter Darsteller, Regisseure usw, 1928 beginnend Aufbau u Ltg d mitteldeutschen PresseAbt d Firmen Deutsches Lichtspiel-Syndikat, Syndikat-Film u Tobis-Filmkunst, 1931 m Studien zur Filmgeschichte begonnen u Aufbau eines eigenen filmhistorischen Archivs, enge Zusammenarbeit m d ersten bedeutenden Filmpionieren (Oskar Messter, Guido Seeber, Regisseure Rudolf Biebrach u Urban Gad ua), 1931 Beginn d Sammlung wertvoller Frühzeitfilme, 1943 größtes privates Filmarchiv Europas, 1942 Produktion aus diesem Archiv eines filmgeschichtlichen Querschnittfilms „Kientopp um 1900", 1935 zweiter abendfüllender Film „30 Jahre Filmhumor", mit beiden Filmen Jahre hindurch Vortragsreisen im In- u Ausland, 1943 Vernichtung d Archivs durch Bombenangriff, 1937–43 regelmäßige Vorlesungen u Übungen am Inst f ZeitungsWiss an d Univ Leipzig, Generalthemen: Film, Rundfunk, Fernsehen, nach Rückkehr aus Krieg u Gefangenschaft wieder Arbeit am Sender Leipzig: Unterhaltungssendungen u an 136 Sonn- u Feiertagen „Leipzigs buntes Filmmagazin" gestaltet, ständige Auseinandersetzungen m d sowjetischen ZensurOffz, 1949 Verhaftung u Verurteilung zu 25 Jahren Arbeitslager, 5 Jahre (bis 1954) KZ Bautzen, bei einer Teilamnestierung entlassen, 1954 Flucht in d

BRD, zunächst Tätigkeit als Verbindungsmann zwischen Film u Fernsehen, 1960 m Aufbau u Ltg d FilmAbt d Ges Freies Fernsehen betraut, ab 1962 Tätigkeit beim ZDF, zuletzt im Auslandsreferat, 1966 Pensionierung u Übersiedlung nach München, seither journalistische Tätigkeit f d Fachpresse sowie Vortragsabende, weiteres intensives Stud d Film-, Funk- u Fernseh-Geschichte. F: Ungezählte bebilderte Artikel in Fach- u Tagespresse, Illustrierten. M: RFFU. H: Historische StudArbeit (Film-, Funk- u Fernsehgeschichte).

Stenz Hans
B: KapellMstr. G: Siegburg, 6. Dez 1917. V: Luise, geb Brüll. A: D–5200 Siegburg, Wellenstr 1. Tel: 3225. S: Grundschule, Gymn. HS. K: Kirchenmusiker, Ltr d Rheinischen Bauernkapelle beim WDR Köln (gegründet vom Vater Stephan Stenz), Ltg dieser Blaskapelle über 25 Jahre beim WDR, d Aufnahmen sind meist selbst komponiert u arrangiert, bekannte Werke, ua „Die Quadrille aus der Eifel", Volkstänze aus Pommern. F: Hör Zu. H: Lesen, Schwimmen.

Stepan Franz
B: Fernsehredakteur, Autor, Regisseur. G: München, 7. Jan 1949. V: Marion, geb Zierl. A: D–8012 Ottobrunn/München, Joh Seb Bach-Str 45c. S: Abitur 1969 am Wittelsbacher Gymn in München, einige Sem Germanistik an d Univ München, Ausbildung zum Theater- u Fernseh-Regisseur. K: Freiberuflicher Autor v mehreren Theaterstücken, Bearbeitungen f Theater u Fernsehen, Theaterinszenierungen (Wahn oder der Teufel in Boston, Urfaust), Fernsehspielautor (ua Spuren einer Schuld), Autor u Regisseur v Film- u Fernsehdokumentationen, Verfasser v Presseartikeln, Co-Autor d Sachbuchs „Amnesty International Portrait einer Organisation", Oldenburg-Verlag 1976, seit 1976 Redakteur bei Tellux-Film GmbH in München, dort ua Dokumentationen u Kurzspielfilme. M: Bayerischer JournalistenVerb, 1. Vors d FC Joker München v 1974. H: Sport, Lesen, Sammeln v Nachschlagewerken, Reisen Film.

Sterk Peter
B: Kfm (Geschäftsführer d Eug Sterk Lichtspieltheater AG Baden). G: 24. Juni 1945. V: Hanne, geb Haus. A: D–5400 Baden, Widenweg 1. S: Gemeinde- u Bezirksschule, Mittelschulen (HandelsDipl in franz Sprache u HAk-Dipl). K: Vom Kfm bis zum Ltr einer Kinokette (6 Kinos) u Verwaltungsrat d Lichtspieltheater AG, VorstMtgl d Aargauer LichtspieltheaterVerb, Manager d Aargauer Kinowochen, VorstMtgl d Schweizer LichtspieltheaterVerb u P d technischen Kmsn d SLV, Diskussionsteilnehmer 1979 in d TV-Sendung: Schweizer Film zwischen Engagement u Kommerz. F: Titelblatt „Unter Uns" (Regionalzeitschrift) mit Bericht u Fotos, „film" (Zeitschrift f Filmfragen) sowie in div Tageszeitungen. D: Als Kind in 3 versch Kindertheaterstücken. M: FachVerb: SLV, ALV, Vereinigung Schweizerischer Filmkritiker (passiv), außerdem Zunft zur Sankt Cordula, Baden (Alt-ZunftMstr), Mtgl bei d „Confedération intern des Cinémas et d'Essai".

Stern Friedrich
B: Drogist, Foto, Film. G: Kirchbichl/Ö, 20. Sept 1936. V: Gisela, geb Starkl. A: A–9135 Eisenkappel, Hauptpl 4. S: Grundschule, Drogistenfachschule in Innsbruck, Pressefotografie. K: Lehrzeit 3 Jahre in Kirchberg/Tirol, Ang in Gmünd u Klagenfurt, seit 20 Jahren Unternehmer eigene Drogerie u Fotogeschäft. F: Fotos in div Lokalzeitungen u Heimatbüchern. D: TV-Kurzfilm „Olympische Spiele einmal anders". E: KATC-Club – Ehrenzeichen. M: KATC, Touristenklub, SchützenVer, Tennisklub, Fußballklub, Pressefotografie. H: Filmen, Fotografieren.

Stickelbrucks Lothar Elias
B: Chefkameramann. G: Misdrog, 4. Okt 1943. A: D–8000 München 40, Schleißheimstr 47. Tel: 089/196426. S: Grundschule, Realschule, Berufsfachschule. K: 1962–67 Bildlng bei d Riva-Film, Ltr d Studio I, Betreuung v 100 Fernsehfilmen, 1968 RegieAss bei Günter Glöwert, Lutz Bäscher, Wolfgang F Henschel, Kameraoperator bei Mirno Ondreschek, Autor u Realisator beim NDR III, Dokumentarregie, ab 1970 Spezialisierung auf selbständige Filmkamera „Horlis", 7 BFilmpreise, Kameramann v ca 30 Spielfilmen, „c'est la vie rrose", Filmband in Silber, 5 BFilmpreise, „Second Spring", ca 40 Fernsehfilme usw. F: Fotos u Berichte in Stern, Bunte Illustrierte, Neue Revue, Fachzeitungen usw. E: Silver Award 1975 f Regie u Kamera, New York Filmfestival f „Frauen Heute" (Dokumentation). H: Kochen, Laufen, in Kaffeehäusern sitzen, Reisen.

Stiel Ludwig
B: Komponist. G: Wien, 8. Juli 1901. V: Millyssa, geb Eckhardt. A: D–8021 Icking,

Angerl 15. S: Mittelschule, Ak f Musik u darstellende Kunst. K: 1928 1936 Mitarbeiter am Sender in Berlin, 1938 Komponist am Sender in Berlin, 1948 freischaffender Komponist. E: Österreichisches Ehrenkreuz f Kunst u Wiss.

Stier Karl-Heinz
B: Chef v Dienst, Fernsehen – Aktuelles. G: Offenbach, 12. März 1941. V: Barbara, geb Jaeger. A: D–6052 Mühlheim, Henri Dunant-Str 9. S: Stud d SozialWiss u Politik, Besuch d Deutschen Journalistenschule in München. K: 1969 freier Mitarbeiter im Fernsehen, 1972 Redakteur Aktuelles Fernsehen, 1975 Chef v Dienst Aktuelles Fernsehen. M: Mtgl d Landespressekonferenz Hessen.

Stierstorfer Heinz
PS: Can Candid. B: Komponist. G: München, 6. Juni 1938. S: Cynthia H Edosma. A: D–8000 München 40, Ungererstr 65. K: Musiksortimenter (erlernter Beruf), Stud d Kompositionslehre u Harmonielehre. M: GEMA. H: Musikrechte, Reisen.

Stöbener Richard
B: Lichtbildner, Referent, freier Fotograf. G: Erlenbach/Pfalz, 19. Feb 1931. V: Margot, geb van Velzen. A: D–6748 Bad Bergzabern, Neubergstr 5. S: Grundschule, Autodidakt. K: Vom Fotoamateur zum 2000. Multivisions-Lichtbildvorträger in Leicavision. F: Unzählige in Zeitschriften. E: Viele Auszeichnungen als Fotograf (staatl-künstlerische Anerkennung). M: Südpfälzische Kunstgilde eV, GründungsMtgl 1957. H: Musik, Bildende Kunst.

Stock Walter
B: Kapellmeister, Komponist, Arrangeur, Lektor. G: Osnabrück, 14. Nov 1919. A: D–2000 Hamburg 13, Brahmsallee 16. S: Abitur, 10 Sem HS-Stud (Musik u TheaterWiss). K: Operettenkapellmeister, dann freiberuflich als Komponist, Arrangeur f Verlage, Schallplatte, Film u Theater, hierbei musikalischer Ltr, fest als Lektor eines großen Musikverlages. F: Gelegentlich in d Fachpresse. M: Komponisten-Verb, Vereinigung Deutscher Musikbearbeiter. H: Freizeitgestaltung.

Stocke F Rainer
B: Foto-Designer. G: Frankenthal, 6. Juni 1951. V: Irene, geb Boyn. A: D–6710 Frankenthal, Postfach 274. S: Gymn, Kunstschule, KunstAk, Volontär. K: Seit 1970 als freischaffender Fotograf tätig, eigenes Studio f Foto-Design, bekannt als Modefotograf, aber auch als Bildjournalist in versch Sparten, Werbeaufnahmen, nach Ausstellungserfolgen im näheren u weiteren Regionalbereich Beteiligung an intern Ausstellungen, zB Nizza u Brüssel, Tätigkeit als Kameramann, Mitarbeit an Kurzfilmen, die bis ins Programm d Mannheimer Filmwochen vordrangen, Arbeitsschwerpunkte als Fotograf: Werbefotografie, Industrie, Landschaft, Stillife, Mode. F: In intern Zeitungen u Zeitschriften, zB „Le Photo“. M: Arbeitskreis Werbe-Mode-Industriefotografen.

Stoeckel Alfred Prof eh
B: Konzertsänger, GesangsPäd. G: Rothenbach, 6. Apr 1894. A: D–1000 Berlin 33, Auerbacher Str 7. S: Privat-Sonderschule Gottesberg/Breslau. K: MusikStud, Examen am Ak Institut f Kirchenmusik an d Univ Breslau, Staatl Gesangslehrerprüfung, Staatl Klavierlehrerprüfung Breslau, Künstlerische Reifeprüfung Berlin, Oratorien-, Lieder- u Rundfunk-Tenor in Deutschland u im Ausland. E: BVerdienstkreuz I. Klasse, Großes BVerdienstkreuz zum Verdienstorden d BRD, Prof eh. M: Gründer d Schlesischen TonkünstlerVerb, Gründer d Schlesischen Landesmusikschule in Breslau, im letzten Kriegsjahr OstHS f Musik. H: Ornithologie, auch in Vorträgen u Aufsätzen.

Stokar Gloria Liebetraud Beatrix Reinhild von
B: Kostümbildnerin. G: Köln, 24. Jan 1941. V: Volker Prechtel. A: D–8031 Gröbenzell, Rotwandstr 12. S: Mittlere Reife, Fachschule, MstrSchule f Mode, MstrPrüfung f Haute Couture, Ass im Bayerischen Staatsschauspiel u an d Ak, Gasthörerin in Wien u Zürich. K: Ass, dann selbständige Kostümbildnerin, Filme u Theater im In- u Ausland. M: Tennisclub in Gröbenzell. H: Reisen, Malen, Tennis, Kino, Garten, schön Wohnen, Ausstellungen, Katzen, Theater, Ehemann.

Stollhof Heinrich
B: Fotograf, Fotoreporter. G: Rockenhausen, 15. Apr 1935. V: Sumithra Mangalika, geb Peiris. A: D–Rockenhausen, Schulstr 6a. S: Grundschule, Famous Photographers School. K: Seit 1966 Fotoreporter u Pressefotograf. F: Pfälzische Volkszeitung, Die Rheinpfalz, Evang PresseVerb für Baden EV Pilger Speyer. M: FußballVer 1919 EV Rockenhausen. H: Tanzen, Schwimmen, Fußball.

Störmer Rudolf
B: Kfm. G: Leer, 9. Mai 1930. A: D–2951 Hesel, Rathausstr 16. S: Grundschule, Oberschule, Fachschule. E: Niedersächsisches Ehrenzeichen. M: Div Ver u BerufsVerb.

Straub Lothar
B: Opt Physik, Kfm. G: Tübingen, 20. Juli 1923. V: Celeste, geb Finsterwalder. A: D–7400 Tübingen, Gartenstr 41. S: Gymn, Univ, Autodidakt. H: Bildnerische u physikal Information.

Strauß-König Richard
B: Komponist, Lehrer. G: Dudenhofen, 26. Juli 1930. V: Kathrin, geb Wesel. A: D–6783 Dahn, Trifelsstr 15. S: ErziehungsWiss HS Landau/Pfalz, kirchenmusikalisches Inst Speyer am Rhein, Privatunterricht bei Prof Ludwig Doerr u Prof Dr Stephan Cosacchi. M: GEMA.

Strehmel Heinz
B: Schauspieler, Regisseur. G: Straßfurt, 7. Feb 1926. A: D–8734 Maßbach, Weichtunger Str 17, Postfach 51. Tel: 09735/487. S: Gymn, Abitur, HS f Theater. K: 1950–51 Annaberg-Buchholz, 1951–53 Frankfurt/Oder, versch kleine Theater, 1964–69 Theater d Stadt Bonn, versch kleine Theater, seit 1972 freischaffend. D: Ca 200 Theaterstücke ua „Der eingebildete Kranke", „Ich will Miussew sehen", „Pflichtmandat", ca 15 TV-Rollen, ca 3 Filmrollen, ca 30 Inszenierungen als Regisseur. H: Parapsychologie (Buch: Die Stimmen).

Stresemann Werner Olng
B: AbtLtr. G: München, 22. Nov 1918. V: Linde, geb Modersohn. A: D–1000 Berlin 20, Gatower Str 83c. S: Abitur, Herrmann-Lietz-Schule, Spiekeroog, Techn Univ Berlin. K: 1950 Eintritt beim NWDR, 1962 AbtLtr d Abt Hochfrequenztechnik beim Sender Freies Berlin, 1963–64 ProjektLtr in d Entwicklungshilfe im Sudan, Errichtung einer TV-Station. M: Mtgl d Fernseh- u Kinotechn Ges. H: Regattasegler.

Striegler Chris
B: Redakteur m bes Aufgaben (WDR/FS), Komponist. G: Bischofswerda, 21. Mai 1931. V: Hedi, geb Seubert. A: D–5060 Bergisch Gladbach 1, Försterweg 12. S: Abitur, Musik-Stud (Klavier, Kontrabaß, Kontrapunkt u Komposition) am Landeskonservatorium Erfurt u Staatl HS f Musik u Theater, Dresden. K: Pianist u Arrangeur im Orchester Heinz Kretzschmar, eigenes Tanz- u Unterhaltungsorchester, freie Tätigkeit als Komponist u Arrangeur, Musik-Produzent u Redakteur m bes Aufgaben am Hessischen Rundfunk-Fernsehen (1962–65) und am Westdeutschen Rundfunk (seit 1965) E: 1963 Bronzemedaille d Deutschen Schlagerfestspiele m „Ob in Bombay, ob in Rio". H: Segeln.

Strnad Peter
B: Bühnen- u Kostümbildner, Kartoonist, Fotograf, Grafiker. G: Opava/CSSR, 14. Mai 1954. A: D–5060 Bensberg/Refrath, Anemonenweg 20. S: Grundschule in d CSSR, 1969 Emigration in d BRD, 1969–72 Ausbildung als Dekorateur mit Abschluß, parallel dazu Fern-Stud an d Famous Artist School, 1972–75 Stud an d FachHS f Kunst u Design in Köln (Fachrichtung Bühnenbild u Kostüm bei Max Begnens). K: Während d Stud Praxis als BühnenbildAss am Schauspielhaus Bochum bei Daniel Spöry (Produktion Prof Unrat, Regie Peter Zadek), Mitarbeit bei Max Bignens an d Ausstattung zur Oper „Margarete" f d Grand Opera in Paris, Praxis in d Werkstätten d Bühnen d Stadt Köln, 1975–76 Tutor an d FHS Kunst u Design bei Max Bignens in Köln, 1976 persönlicher Ass bei Prof Adolf Zotzmann u Hannes Lins bei d Ruhrfestspielen Recklinghausen, 1976 Engagement an d Württ Landesbühne als Bühnenbildner, Bühnen- u Kostümbildner am Stadttheater Bielefeld, Gastbühnenbildner in Köln, Recklinghausen, Ingolstadt, München, Ausstellungen in Köln, Bayreuth, Prager Quadriennale 75, Prag, Esslingen, bisherige Bühnenbild- u Kostümausstattungen: „Die böse Mütze" (Gesamtausstattung), „Hitting Town" (Gesamtausstattung), „Trotz aller dem...", „ Frankenstein", „Die Verschwörung des Fiesco zu Genua", „Warten auf Godot", „Nora", „Ingeborg", „Fracasse", „Liebe für Liebe", „Der Kinder Segen", „Macbeth", „Kleiner Mann was nun", „Stille Nacht", „Das Nest", „Auf toten Gleisen", „Die Ehe des Herrn Mississippi", „Der tolle Tag", „Die Zofen", „Raub der Sabinerinnen", „Der Vater", „Maria Magdalena", „Der Drache", „Die Wohltäterin", „Der Mann von La Mancha", Cartoon-Bücher: „Ha, ha, ha", „Band des Lächelns", Studienaufenthalte in Paris, London, USA Wien, Türkei. F: Deutsche Bühne, div Tageszeitungen u Magazine. H: Tauchen, Kochen, Bücher sammeln, Reisen, Reiten.

Ströbinger Rudolf Dr
B: Journalist. V: Vera, geb Charvát. A: D–5000 Köln 40, Kamillenweg 6. S: Karls-Univ Prag. F: In versch Zeitschriften u Zeitungen in d BRD, d Benelux-Ländern, Österreich, Norwegen, Schweden, Schweiz. M: DJV, PEN-Club, Exilschriftsteller.

Ströhlein Manfred
B: Steuerberater, Rechtsbeistand. G: Kauerndorf (Landkreis Kulmbach/ Bayern), 6. Apr 1940. V: Hedwig, geb Amendt. A: D–8650 Kulmbach, Hans Dill-Str 1 u 3. S: Grundschule, 1951–57 Oberrealschule, mittlere Reife, 1957–60 kfm Ausbildung (LandhandelsKfm), 1970–71 Ausbildung zum Steuerberater u Rechtsbeistand. K: Als Amateurfotograf 1967 erst Ausstellungserfolge bei intern Amateursalons (zB in Südafrika u Portugal), seitdem eine Vielzahl v Auszeichnungen (Medaillen, Urkunden usw) bei intern Ausstellungen u Salons, insgesamt Ausstellungserfolge in über 25 Ländern aller Kontinente. F: Bildveröffentlichungen in Ausstellungskatalogen. E: Vierfacher „Star Exhibitor" d Photographic Society of America (PSA), AFIAP de la Fédération Internationale de l'Art Photographique (FIAP) mit Urkunde 1978. M: 1970–71 Fotogruppe an d VHS Kulmbach, seit 1971 Foto-Amateur-Club Mainleus eV im VDAV (LK Kulmbach), seit 1974 Fotogruppe d Touristen-Vereinigung „Die Naturfreunde" Thurnau (LK Kulmbach), seit 1976 Photographic Society of America, seit 1977 AGFO Burgkunstadt/Oberfranken. H: Fotografie, Sport (allgemein), Numismatik.

Stueber Carl
B: Opernübersetzer, Musikschriftsteller. G: Trier/Mosel, 18. Juni 1903. V: Trude, geb Mattern. A: D–8000 München 80, Lamontstr 30. S: Hum Gymn, Musik- u Regie-Ausbildung. K: RegieAss in Darmstadt (Hartung) 2 Jahre, ProgrammLtr Rundfunk Frankfurt/Main 9 Jahre, Intendant Reichssender Leipzig 12 Jahre, Opernübersetzungen ua Rossini (5 Opern ua „Türke in Italien"), Verdi („Othello" u „Stiffelio"), Purcell („Fairy Queen"), Weber („Oberon"), Martinu („Mirandolina"), Kan Ishii Eine japanische Oper. E: Kavalierkreuz d Krone v Italien, versch deutsche Kriegsauszeichnungen. M: GEMA.

Sündhofer Herbert Dipl-Ing
B: Pressefotograf (Spezialgebiet Sport). G: Wien, 28. Apr 1927. A: A–1200 Wien, Treustr 90–92. S: Matura, abgeschlossenes Stud an d HS f Bdk. K: Agenturfotograf, Zeitungsfotograf, seit 1961 selbständig. F: Div in in- u ausländischen Tages- u Wochenzeitungen sowie in Illustrierten, Werbefotos f Industrie, freier Mitarbeiter bei UPI. M: Syndikat d Pressefotografen u Bildjournalisten Österreichs. H: Aktiver Sport: Rad, Skilauf, Automobil, Schwimmen.

Sustrate Nils
B: Komponist. G: 1. Sept 1931. V: Heilwig, geb Bergmann. A: D–2000 Hamburg 72, Saseler Str 186, DK–9850 Hirtshals-Rajen, Klinken 11. S: Abitur, Stud Komposition u MusikPäd an d Hamburger HS f Musik (Staatsexamen). K: Kabarettensemble, Bühnenmusik, Komponist u Arrangeur f div Schallplattenproduktionen, heute: Kompositionen f div Fernseh- u Kinospielfilme, Doz f angewandte Musik an d HS f Musik in Hamburg. D: Kompositionen ua zu: „Smog" WRD-Fernsehen), „Die Konsequenz" (Kinofilm), div „Tatort-Folgen" (NDR-Fernsehserie). M : Deutscher KomponistenVerb.

Szasz Johann Doz
B: Drehbuchautor, Regisseur, Kameramann. A: D–8000 München 13, Ainmillerstr 6. Tel: 089/341813. S: Stud d Medizin u Psychologie.

Szenkar Claudio
B: Komponist, Musikproduzent. G: Rio de Janeiro, 1. Jan 1940. A: D–5024 Pulheim-Stommeln, Utrechter Str 2. S: Höhere Schule, Konservatorium. K: 1959 Jazz-Vibrafonist, Pianist, 1967 in Köln, Komponist, Arrangeur, Dirigent v Werbe-, Film- u Pop-Musik, 1973 eigener Musikverlag u Musikproduktion, 1978 eigenes Studio. E: Div Auszeichnungen bei Jazzfestivals als bester Pianist bzw Vibrafonist, Ehrenbürger v New Orleans. M: Deutscher KomponistenVerb, Vereinigung Deutscher Musikbearbeiter, Deutscher Musiker-Verb, GEMA. H: 3 Hunde, Motorradfahren, Sportschießen.

Szokoll Carl
B: Filmproducer. G: 15. Okt 1915. A: A–1140 Wien, Pachmanng 18. S: Abitur, Theresianische MilitärAk. K: ProduktionsLtr, Chef d deutschen ProduktionsAbt d Columbia-Film, selbständiger Producer u Produzent, Produktionschef d Neuen DELTA Film Wien, Coordinator deutsch-französisch-englischer Televisons-Serien u Mehrteiler, Ges d PAN-Film Wien. E: David Selznick Prize u Award f „Letzte

Brücke" u „Letzter Akt", Edinbourg Festival ua intern Preise, Goldenes Ehrenzeichen d Stadt Wien.

Taschner Herbert Georg
B: Cutter. G: München, 21. Juli 1926. V: Josefine, geb Barner. A: D–8130 Starnberg, Maximilianstr 6. K: Beleuchter, Volontär Kopierwerk Bavaria, KameraAss, 2. Kameramann, Schnitt- u RegieAss, Cutter. E: 1958–59 Dokumentation Regie u Schnitt Venedig, ca 120 Spielfilme geschnitten m einigen Auszeichnungen. H: Musik, Politik.

Tatarczyk Jürgen
B: Grafik-Designer, Fotograf. G: Obermehler/Thüringen, 25. Aug 1943. V: Petra, geb Dellermann. A: D–7831 Malterdingen, Bombacher Str 7. S: HS-Reife. K: Stud Grafik-Design, Fotograf. H: Segeln, Tennis, Karate.

Teichs Alf
B: Film- u Fernseh-Produzent, Schriftsteller. G: Dresden, 18. Dez 1904. V: Katharina Mayberg, geb Neb. A: D–2000 Hamburg 52, Elbchaussee 204/8. S: Gymn, Stud an d Univ Leipzig, Wien, Freiburg/Br. K: 1928–30 Chefdramaturg u Schauspieler am Weimarer Nationaltheater, 1931/32 Chefdramaturg d Kammerspiele München, Potsdam, 1934–36 Chefdramaturg Drei Masken-Verlag Berlin, 1935–39 Chefdramaturg b Terra-Film, 1940–46 Produktionschef d Terra-Film, 1948–51 Produzent d Comedia-Film, 1952–62 Produktionschef UF Verleih u Deutsche Film-Hansa. 1963–79 Fernsehproduzent b Deutsche Ech-Gemeinschaft, „Ursina-Film", „Albis Film", Veröffentlichungen: Novellen (ua „Der Heiligenmaler"), Übersetzungen französischer u englischer Theaterstücke, Buch: „Lebenserinnerungen" („Ein Leben im Film"), produzierte Filme: über 200 Spielfilme, über 30 Fernsehfilme, ua: Valentin-Filme, viele Rühmann-Filme – „Die Feuerzangenbowle" usw, Gründgens-Film, „Effie Briest", „Friedemann Bach", „Ein Glas Wasser", „Rembrandt", „Berliner Ballade", „Herrliche Zeiten", „Die Brücke", „Kleider machen Leute", „Romeo u Julia auf d Dorfe", „Große Freiheit" (m Hans Albers). E: 3x Preis d Biennale in Venedig, 2x Lubitsch-Preis, 2x Selznick-Preis. H: Antiquitäten, expressionistische Bücher.

Telg-Tebbe Barbara
B: Maskenbildnerin, Visagistin. G: Beverungen, 25. Sept 1945. A: D–1000 Berlin 39 (Wannsee), Kronprinzessinnenweg 16. S: HFBK, Volontärin an d Deutschen Oper in Berlin. K: Deutsche Oper Berlin, Croatian National Theatre, Zagreb, Nissei-Theater, Tokyo, div Fernsehfilme, Film- u Fotowerbung, TV-Shows, Spielfilme. M: Verb d Maskenbildner f Bühne u Film Deutschland. H: Segeln, Skifahren, Tauchen.

Teltz Frank
B: Kameramann. G: Berlin, 13. Jan 1945. A: D–4000 Düsseldorf 1, Oststr 89. S: Oberschule TZ, Berlin. E: Filmpreise.

Theis Harry
B: Komponist, Arrangeur. G: 17. Mai 1922. V: Regina, geb Weise. A: D–3502 Vellmar 1/Kassel, Südring 11. S: Konservatorium u zusätzlich Privatunterricht. K: Nach erfolgreich bestandenem Konservatorium-Abschluß als reisender Musiker in Unterhaltungs- u Tanzorchestern, nach Gastspiel bei d Deutschen Wehrmacht als Militärmusiker weitere Tätigkeit in amerikanischen Tanzorchestern (als Kriegsgefangener), danach Ltr einer eigenen Big-Band (16 Mann), eigene Kompositionen, heute nur noch gelegentlich OrchesterLtr bei Studioaufnahmen. F: Seit vielen Jahren in Tageszeitungen u d Fachschrift Artist u auf div Notenausgaben versch Musikverlage. E: Ehrenplakette eines Bundeskanzlers d BRD. M: Ordentliches Mtgl d GEMA. H: Briefmarken (BRD u Berlin) uam.

Theis Regina
B: Musikverlegerin. G: 16. Feb 1926. A: D–3502 Vellmar 1/Kassel, Südring 11. S: Mittelschule, Handelsschule, Praktikum im elterlichen Geschäft. K: Gründung d MUSIKVERLAG THEIS 1961, zZ ca 600 Verlagstitel, davon eine große Anzahl in d Funkprogrammen d in- u ausländischen Rundfunk- u Fernsehstationen, Übernahme d 2 Verlage BMV u VIVOTON Musikverlag, Schallplattenproduktionen unter d verlagseigenem Label HERKULES-RECORDS. M: Ord GEMA-Mtgl,DMV, IHK. H: Sport.

Theisen Werner H
B: Komponist, Arrangeur, Dirigent, Produzent, Musikverleger. G: Düsseldorf, 6. Feb 1941. V: Christl, geb Meininger. A: D–8000 München 70, Eicherstr 30a. S: MusikStud am Robert-

Schumann-Konservatorium in Düsseldorf, Leopold-Mozart-Konservatorium in Augsburg. K: 1955 erster Fernsehauftritt mit Peter Frankenfeld, NWDR, 1960 erster Auftritt als Operettendirigent, 1963 erste Komposition verlegt bei Josef-Preissler-Musikverlag, München, seit 1968 selbständiger Komponist, Arrangeur, Produzent f Rundfunk, Fernsehen u Schallplatte, gleichzeitig Gründung eines eigenen Musikverlages. F: Fallweise Artikel über Musik in Musikfachzeitschriften E: Ehrenurkunde d „Deutschen Akkordeon-Meisterschaft", 1965, Dirigentennadel in Silber 1971, Ehrennadel in Gold d Deutschen Harmonika-Verb, 1972. M: Deutscher KomponistenVerb, Deutscher MusikverlegerVerb. H: Musizieren, Fotografieren.

Thelen Peter
B: Journalist. G: Berlin, 23. Apr 1928. V: Rosemarie, geb Maag. A: D–6000 Frankfurt/Main, Hammarshjöldring 206. K: Ltr d Zeitfunks beim Hessischen Rundfunk in Frankfurt/Main.

Thews Günter Mag
B: Regisseur. G: 3. Mai 1945. A: D–2085 Quickborn-Heide, Bredenmoorweg 2. S: Mittlere Reife, kfm Lehre, Abitur (altsprachlich), Stud d TheaterWiss (Mag), Soziologie, Theologie. K: RegieAss (Spielfilmserien), Regisseur v Kulturfilmen, Theater (politisches Kabarett „Die 3 Tornados", Berlin). D: Kabarettist bei d politischen Kabarett „Die 3 Tornados, Berlin".

Thiel Claus
B: Fotograf. G: Winsen/Luhe, 22. Dez 1946. V: Rosel, geb Krakau. A: D–2090 Winsen/Luhe, Bahnhofstr 57. S: Mittelschule, Lehre, MstrPrüfung. K: Arbeit in div Studios in Werbung, Industrie, Portrait. E: Leistungsurkunde d CAP. M: Colour Art Photo. H: Elektronik, Musik, Schlafen.

Thiel Ingolf
B: Fotograf. G: Danzig, 20. Aug 1943. A: D–7000 Stuttgart 1, Römer Str 67 B. S: Mittlere Reife, Lehre als Schaufenstergestalter, Lehre als Fotograf mit Abschluß als Bundessieger. K: Nach d Lehre Ltg eines Großraumstudios, danach Ass bei versch Fotografen in Deutschland, seit 1976 selbständig, versch Ausstellungen in Galerien, speziell mit Fotomontagen. F: In div Zeitschriften in Europa. M: BFF, Verb Bildender Künstler.

Thiemt Hans Georg
B: Autor u Regisseur. G: Berlin, 14. Juni 1924. V: Barbara, geb Theisinger. A: D–6580 Idar-Oberstein-Weierbach, Weierbacher Str 12. S: Mittelschule. K: Regie-Ass, Regisseur, Autor. F: Viele Veröffentlichungen in Programm-Zeitschriften u Fachzeitungen. E: Grand Prix in Cannes. M: BVerb d Film- u Fernsehregisseure.

Thill Arthur
B: Fotograf. G: Luxembourg, 23. Feb 1950. A: D–8000 München 40, Hohenzollernstr 74. S: Fotoschule München ua. K: Fotografie f Illustrierte im In- u Ausland, Werbefotografie u Action. F: Stern, Bunte, Quick, Playboy, Lui, Bravo, Rocky, Photo, Photo Revue, Motorrad, Auto Motor Sport, Rallye Racing, Auto Zeitung, Sport Illustrierte, Ski Magazin, Ski, Paris Match, Ski + Ski, Motor Poster, Auto Hebdo, L'Automobile, Sport Moteur uva. E: Div 1. Preise bei Ausstellungen. M: AIPS, IRPA, ALJ, ALJS, FFSA, FIA. H: Action.

Thissen Bernd-Dieter
B: Kfm Ltr. G: 5. Aug 1946. A: D–8213 Aschau/Chiemgau, Höhenbergstr 54. S: Praktische Handwerks- u Kfm-Ausbildung, Fachschule. K: 4 Jahre Ass d GeschäftsLtg (Großunternehmen), zZ kfm Ltr eines Betriebes. F: Rheinische Post Düsseldorf, beruflich sowie sportlich, einige Länderkämpfe in d Leichtathletik. M: Golf Club Gut Kronberg eV Hcp 12. H: Golfen, Tennis, Skifahren.

Thoeren Konstantin
B: Film-HerstellungsLtr. G: Tegernsee, 5. Dez 1948. V: Carla, geb Baumgartner. A: D–8011 Baldham, Alte Poststr 12. S: Hum Gymn, schweiz Maturitätsprüfung, Stud d Med an d kantonalen Univ Zürich. K : AufnahmeLtr u ProduktionsAss 1970–73 Ltr d Abt Rechnungsstellung u Prüfung Doz Olympiade 72, 1974–75 ProduktionsLtr v „Herrgott d Pferde", „Botschaft d Götter" ua, ab 1976 HerstellungsLtr u ex Producer v „Horizons", „Caravans", „Götz v Berlichingen", „Overlords" uva. M: „Die Eichkater", CSU. H: Reiten, Segeln, Golf.

Thoma Egon
B: FotografenMstr. G: 16. Apr 1927. V: Irma, geb Grohs. A: D–6632 Saarwellingen, Bahnhofstr 10. S: Grundschule, Berufsschule. K: 1942 Beginn einer Lehre als Fotograf, 1944–45 Soldat, 1945–47 in französischer

Gefangenschaft, 1949 Prüfung als Fotograf, 5 Jahre Praxis-Kurse, 1957 MstrPrüfung, seit 1957 selbständig. E: Seit 1960 Gesellenprüfungs Vors, 1966 Silberne Ehrennadel d CentralVerb mit Urkunde. M: APP, Fotografen-Innung, Heimat- u VerkehrsVer, Beisitzer im Ausschuß f Lehrlingsstreitigkeiten. H: Kegeln, Fotografieren, Basteln.

Thomas Michael Wolf
B: Redakteur beim NDR. G: Wuppertal, 16. Apr 1945. A: D–2000 Hamburg 37, Hagenbeckstr 37. S: 1965 Abitur, anschließend Stud Geschichte, Soziologie, Politik. K: Seit 1967 freier Mitarbeiter d NDR-Hörfunks, seit 1971 festangestellter Redakteur d NDR-Hörfunks f d Bereich Medien. F: Mitarbeiter f ARD-Rundfunkanstalten, f Süddeutsche Zeitung, Frankfurter Rundschau, Vorwärts, epd Kirche und Rundfunk ua, Herausgeber d Heftes „NDR Zeitschrift MEDIEN, Berlin 1978, rororo aktuell „Die Verteidigung der Rundfunkfreiheit", Reinbek 79. M: RFFU, IG-Druck und Papier, AG d Filmjournalisten.

Thon Franz
B: Kapellmeister. G: 30. Juni 1910. V: Gisela, geb Blöcker. A: D–2000 Hamburg 52, Ohnsorg-Weg 25. S: Realschule, Stern'sches Konservatorium Berlin (Saxophon, Klarinette, Klavier), versch Bands. K: 1932 Ben Berlin-Orchester bis Paul Goodwin-Orchester, 1939 Goldene Sieben, Ufa-Orchester als Musiker, ab 1946 NWDR als Musiker im Tanzorchester Kurt Wege, ab 1948 Kapellmeister d Big Band d NWDR u später NDR, später auch Kapellmeister d Tanzorchesters ohne Namen d NDR. F: Div wie Hör Zu uva. H: Musik.

Thormann H U
B: Bühnenbildner, Architekt f Film u TV. G: Wendelstorf, 9. Mai 1924. V: Hanna-Marie, geb Cramer. A: D–2000 Hamburg 65, Wikkenweg 1. S: RealGymn, HS-Stud. K: 1947 erster Vertrag als Bühnenbildner in Berlin, dann freiberuflich tätig als Bühnen- u Kostümbildner überwiegend in West-Berlin, sowie in d BRD f Schauspiel, Komödie, Operette, Musical u Oper, Architekt f Filme u Fernsehen aller ARD-Anstalten u ZDF, ca 150 Bühnen- u 250 Film-, bzw TV-Ausstattungen, darunter: „Was ihr wollt", „Troilus u Cressida", „Helden", „Geburtstagsfeier", „Tom Sawyers Abenteuer", „Nathan d Weise", „Die Räuber", „Bernarda Albas Haus", „Romulus d Große", „Abstrakte Oper Nr 1", „Eine Nacht in Venedig", „Alltag m Musik", „Tatort", „Der Fall Bundhund", „Sorgen ohne Not", „Verlorenes Leben", „Geschichten um Musik", „Hoftheater", „Die schöne Marianne", „Ein Kapitel für sich" uva. M: Ernst Barlach-Ges.

Thoss Stefan
PS: Eugen Reimann. B: Komponist, Pianist, Organist, Arrangeur. G: Berlin, 31. Jan 1915. V: Margot, geb Friedlaender. A: D–1000 Berlin 33, Davoser Str 20, D–1000 Berlin 62, Innsbrucker Str 57. S: Grundschule, Mittelschule, HS f Musik Berlin (StudienratsVors) 8 Sem, Komposition u Klavier 1961–63 (früher Sternsches Konservatorium). K: Chorknabe im Deutschen Opernhaus Berlin Aufnahmen d Kompositionen am Berliner Rundfunk (Otto Dobrindt), vorheriges Auftrittsverbot d ReichsmusikKam bis Kriegsende, Freischaffender an Deutschen Rundfunkanstalten, Veranstaltungen in Radio Zürich u Radio Lugano sowie Titelproduktionen, Fernsehen: Die Umschau, Filmmusiken, Mars Film, Schaffung d „Europa Marsches" 1978 mit „Europa Hymne", SFB Produktion 1979. F: Hör Zu, Welt am Sonntag, BZ, Der Musikant, Wolfsburger Tageblatt. D: Kinderdarsteller UFA 1923. M: Deutscher KomponistenVerb, GEMA. H: Autos, Pilzsammler, Kreuzworträtsel, Schach, Dänische Doggen.

Thouet Peter M
B: Schriftsteller, Journalist. G: Aachen, 1. Apr 1933. A: D–1000 Berlin 19, Platanenallee 17. S: Gymn, Univ. K: Freier Mitarbeiter bei d Kölnischen Rundschau, dann NRZ u WDR, Übersiedlung nach Berlin 1963 als freier Schriftsteller u Regisseur, heute nur noch als Schreiber tätig, Hörspiele, Features, Fernsehspiele u Serien, Dokumentationen (Moskau: 5) zB erster Roman „Wie erziehe ich meinen Vater" nach gleichnamiger TV-Serie.

Thurow Matthias
B: Komponist. G: Tübingen, 25. Aug 1949. A: D–7300 Esslingen, Kimmichsweiler-Weg 48. S: Abitur, Stud. K: 1964 Gründung d ersten Musikgruppe, 1969 erste Langspielplatte, 1970 Beginn d Stud. 1973 Filmbeiträge zu Fernsehserien, 1974 vierteilige Fernsehserie ARD „Glotzmusik", zahlreiche Konzerte, Schallplatten, Filmmusiken, 1976 Afrikatournee, als Gastdozent tätig, 1977 Bühnenmusiken u Kompositionsaufträge, 1978 Lehrauftrag an d Pädagogischen HS Esslingen, 8 große Bühnenwerke ua: „Woyzek", „Der tolle

Tag", Arbeit an einem Musical, Hörspielmusiken, Schallplatten. F: In versch Zeitungen u Zeitschriften. M: GEMA, KomponistenVerb. H: Musik.

Tichy Wolfram
PS: Wolf Renz-Herzog. B: Komponist. G: Prag, 26. Dez 1924. A: D–8021 Taufkirchen 1, Kirschenstr 88. S: Hum Gymn, HS f Musik u darstellende Kunst, Prag. K: Schauspieler u Opernregisseur, Filmregisseur u Kameramann, Komponist u Privatmusiklehrer (Theorie), über 50 Filme, ebensoviele Filmmusiken, 1 Operette, Orchesterwerke, 2 Klavierkonzerte, Kammermusiken, bekannte Kompositionen d gehobenen U-Musik. E: Kulturpreis d Sudetendeutschen Landsmannschaft. M: VorstMtgl im InteressenVerb Deutscher Komponisten eV, Kommissarischer Ltr d Sektion Musik in d Künstlergilde Esslingen eV f d Freistaat Bayern.

Tiedemann Heinrich v
B: Journalist, Auslandskorrespondent. G: Bad Tölz, 9. Juli 1924. V: Maria-Josefa, geb Lopez. A: S–183 40 Täby, Byängsvägen 13. S: RitterAk Brandenburg, Goethe-Schule Berlin, Univ Hamburg. K: Stud d Literatur- u Theater-Wiss, freier Schriftsteller, Buchautor, Funkautor, Mitarbeiter b Fernsehen, dann ARD-Korrespondent f Westafrika, jetzt NDR-WDR-Korrespondent f Skandinavien. M: Deutscher JournalistenVerb. H: Musik, Tennis.

Tilgner Heinz
B: Filmverleiher. G: Cunnersdorf/Riesengebirge, 5. Aug 1915. V: Gerda, geb Hermann. A: D–5788 Winterberg/Hochsauerland, Am Postteich 22. S: 1925–34 Gymn Potsdam, 1934–38 Volontär in d Großindustrie. K: 1938–41 RegieAssAnw bei UFA Berlin (ua bei Prof Carl Froelich), 1941–45 Wehrdienst, 1945–47 in britischen Diensten, 1945–46 TheaterLtr in Viborg/Dänemark, seit 1949 Verleihtätigkeit in eigener Firma, Organisation, Public Relation usw. F: 1964–66 freiberuflicher Mitarbeiter f d Fachorgan FILM ECHO/ FILMWOCHE: Interview mit Michael Romm UDSSR, ferner Filmberichte über Israel, Iran, Finnland u Ägypten. M: 1949 Gründer d Filmclubs in Hagen/Westfalen. H: Briefmarken sammeln (Niederlande u ehem Kolonien).

Tillack Elfi
B: Cutterin u Regie-Ass. G: Berlin, 17. Juli 1935. A: D–1000 Berlin 41, Handjery Str 68 und MA–Rabatt-Résidence, 10 Rue Khuribga, Marokko. S: Abitur. K: Lehrzeit b AFIFA Kopieranstalt, Chef-Cutterin f Synchronisation b Metro-Goldwyn Mayer, dann freie Cutterin u Regie-Ass f Spielfilm u Fernseh-Produktionen, ua Chefcutterin bei Allianz-Film f Fernseh-Serien-Produktionen, zB „Ein Mann will nach oben". E: Für die Mitarbeit an einem Opel-PR-Film d Werbefilm-Preis (N Fa Cinecontact Berlin). H: Malen, Blumenzucht, Möbelbauen.

Timm Maria
B: BallettPäd. G: Hamburg, 14. Nov 1926. A: D–2000 Hamburg 50, Zöllnerstr 31. S: Oberschule f Mädchen in Hamburg, Lola Rosse Schule in Hamburg, Ak in Dresden, Paris u Berlin. K: 1948–60 Solotänzerin an d Staatsoper Hamburg, am Landestheater Hannover, am Nationaltheater Mannheim ua, danach tätig als BallettPäd in Mannheim u Aachen, dann eigene Ballettschule in Hamburg. F: Viele in Zeitschriften u Zeitungen. D: „Der wunderbare Mandarin", „Interplay", „Die Gaunerstreiche der Courasche", „Don Juan", „Die Jahreszeiten", „Zeitalter der Angst" ua. H: Lesen.

Toelle Tom
B: Regisseur. G: Berlin, 19. Mai 1931. A: c/o Agentur Baumbauer, D–8000 München 80, Keplerstr 2. S: Französisches Gymn Berlin, Abitur, Stud an d Freien Univ Berlin Geschichte u Phil. K: Viele Ass bei Theater, Film, Funk, bald erste eigene Theaterinszenierungen, Regie bei Hörspielen ua, eigene Fernsehspielinszenierungen nach eigenen Drehbüchern, dann viele Inszenierungen v Fernsehspielfilmen f alle deutschen Sendeanstalten, immer weiter auch Bühneninszenierungen, Regisseur v „Das Millionenspiel", „Der Reichstagsbrandprozess", „Eine ungeliebte Frau", „Grüß Gott, ich komm von drüben", „Die Kameliendame", ‚Wo geht's lang, Kutti", „Palace Hotel", „Die Kriegsbraut" uva. F: In allen Illustrierten u Programmzeitschriften. E: Prix Italia, Bambi, AZ-Rose d Jahres, 1. Preis Monte Carlo Festival, UNDA.

Tögel Henning Karl
B: Geschäftsführer u Eigner d Musik Service, Betriebswirt (BA). G: Stuttgart, 14. Dez 1954. A: D–7000 Stuttgart 1, Postfach 414. S: Grundschule, Gymn, Abitur, BetriebswirtschaftsStud an d StudienAk Stuttgart. K: 1975 erste Kontakte m d Rockgeschäft, Gruppenmanagement, 1976 Plattenproduktionen,

Fernsehauftritt, Rundfunkinterviews, 1977 Tourneen, Festivals (Rolling Stones im Nekkarstadion), Firmengründung, 1978 Fernsehauftritte, Plattenproduktionen, Rundfunkinterviews, Zeitungsserie, 1979 längerfristige attraktive Abschlüße, Rundfunkkonzerte. F: Stuttgarter Zeitung, Stuttgarter Nachrichten, versch Funk- u Fernsehzeitschriften, Esslinger, Fellbacher, Filder, Cannstatter, Heidenheimer Zeitungen, Westdeutsche Allgemeine, Rundschau, Pop, Music Magazin Fachblatt, Musiker, Musik Joker Studio, Veranstalter, Rock offers, Untertürkheimer, Oberfränkische, Neue Neusser, Böblinger, Sindelfinger Zeitung, Melody Maker, Rolling Stone, Modern Music Magazin, Südwestdeutsche Zeitung, Schwäbische Zeitung, Westdeutsche Allgemeine, Offenbacher Anzeiger uva. D: „Woyzeck“, „Minetti“, „Puppenspiel“, „Faust“, „Canterbury“. H: Filmen, Drehbücher u Lyrik, Arrangieren, Skilaufen ua.

Tordai Géza v
B: Regisseur, Schriftsteller. G: Budapest/Ungarn, 24. Okt 1925. V: Charlotte, geb Szabadi A: A–1100 Wien, Alaudag 19/141/22. Tel: 0222/6838314. S: HS f Theater u Filmkunst, HS-Diplom. K: Seit Jahren Beschäftigung als Kultur- u Werbefilm-Drehbuchautor u Regisseur. M: Mtgl d ÖGB. H: Kunstgeschichte, Archäologie.

Traeger Günther
B: Bühnenbildner. G: Ried/Innkreis, 15. Juni 1938. A: D–8000 München 5, Klenzestr 39. S: 1956 Abitur, 1971 Bühnenbildnerdiplom, HS f Musik u darstellende Kunst, Mozarteum Salzburg, Klasse f Bühnenbild bei Prof Gallee. K: AssTätigkeiten: Salzburger Festspiele, Bayerische Staatsoper, Prof Schneider-Siemssen, Städt Bühnen Augsburg, Bayerischer Rundfunk, ORF, k3-film produktions gmbH Stuttgart, eigene Arbeiten: Experimentierbühne d Bayerischen Staatsoper, Südostbayerisches Städtetheater, Südwestfunk Baden-Baden, Bayerischer Rundfunk. F: Zeitmagazin 1975. H: Der Beruf, Geschichte.

Trampe Gustav Adolf Dr
B: Chefreporter. G: Warendorf/Westf, 1. März 1932. A: D–5300 Bonn, Schneidemühler Str 14. S: Abitur, HS f Politik, Berlin, Stud d Geschichte, Politik, ZeitungsWiss an d Univ München, Promotion z Dr phil. K: Volontariat b „Münchner Merkur“, Redakteur d „Süddeutschen Zeitung“, 1963 ‚Hamburger Welt“, bis 1966 Bonner Korrespondent, ab 1966 freier Mitarbeiter f RundfunkAnst d ZDF, 1970 Redakteur d Bonner ZDF-Studios, seit 1971 ZDF-Chefreporter. H: Tennis.

Trede Gerhard Prof
B: Komponist. G: Hamburg, 17. Jan 1913. V: Elsa, geb Hüttepohl. A: D–2000 Hamburg 63, Alte Landstr 188. Tel: 040/5383948 u 5384771. S: Oberrealschule, MusikStud 10 Jahre. K: Komponist f Film u Fernsehen, über 1500 aufgenommene eigene Kompositionen, Kompositionen zu über 1000 Filmen. E: Prof seit 1974. M: GEMA, American Association of University Professors.

Treichel Oskar
B: Fotograf. G: Heide/Holstein, 16. Sept 1948. A: D–2000 Hamburg 76, Hofweg 7. S: Grundschule, Fotofachschule. K: Freier Bildjournalist, Fotodesigner, Studio in Hamburg u Ibiza. F: Stern, Zeit-Magazin, ER, Photo Revue. E: World-Press-Photo, Holland: Goldmedaille. H: Tauchen, Unterwasser-Fotografie.

Treiss Karlheinz
B: Journalist. G: Köln, 16. Dez 1919. A: D–5060 Bergisch Gladbach 3, Lilienweg 6. S: Hum Gymn, Abitur, Stud d Germanistik, Phil, Politik, Volontariat in Nachrichten-Agentur. K: Ltr v Außenbüros v überregionaler Zeitung u Nachrichten-Dienst, Geschäftsführer u Chefredakteur einer Nachrichten-Agentur, Ltr d Monitor-Dienstes d Deutschen Welle, Anst d öffentlichen Rechts. M: Deutsche Ges f Auswärtige Politik, Ges Katholischer Publizisten. H: Golf.

Trinkwald Horst
B: Radio- u Fernsehproduzent. G: Hamburg, 27. Nov 1928. A : D–2000 Hamburg 13, Nonnenstieg 26. S: Abitur, 1947–48 Volontariat Radio Hamburg (engl Dion), dann NWDR, NWRV, NDR. K: Programmproducer f Unterhaltung Fernsehen u Radio, Produzent d 1. TV-Nachwuchssendung „Toi-toi-toi“, Variete-Zirkus-Shows, seit 1961 Ltr d Besetzungsbüros Unterhaltung NDR Fernsehen u Radio. F: Hör Zu, Hamburger Abendblatt (Titelseite).

Troller Georg Stefan
B: Journalist. G: Wien, 10. Dez 1921. V: Kirsten, geb Lerche. A: F–75116 Paris, 4 Rue Goethe. S: Gymn Wien, B A v Univ of California (Anglistik), M A v Columbia Univ (TheaterWiss). K: 1951–62 Rundfunkreporter in

Paris f div deutsche Sender, 1962–71 ca 50 Fernsehsendungen „Pariser Journal" f WDR Fernsehen, Features über Wien 1900, Paris 1925, Jack London, Gaugin, Rimbaud ua, seit 1972 Sonderkorrespondent d ZDF in Paris, Reihe „Personenbeschreibung" ua. F: Fünf Bücher, zahlreiche Artikel in div Zeitschriften. E: Zwei Adolf-Grimme-Preise m Gold, Goldene Nymphe Monte Carlo, Berliner Kunstpreis, Sonderpreis Nordrhein-Westfalen, Erich Salomon-Preis, zwei Fernsehpreise d Österr Volksbildung f Dokumentarspiele „Der junge Hitler" u „Der junge Freud", ua. M: Deutsche Ges f Photographie. H: Fotografie, Grafik- u Büchersammlung.

Troller Georg Stefan
B: Korrespondent. G: Wien, 10. Dez 1921. A: F–75000 Paris, 90 Champs Elysées. S: Gymn, Stud an d Univ Kalifornien u an d Columbia Univ New York, Bachelor of Arts, Master of Arts, Ausbildung z Buchbinder, Stud d TheaterWiss in Paris. K: Rundfunkreporter f amerikanische u kanadische Anst (aus Paris), ab 1953 Rundfunk-Korrespondent f alle deutschen Sender, 1959–61 Pariser Korrespondent f d „Tagesschau" d ARD, 1962 Übernahme d „Pariser Journal", seit 1972 ZDF, Produzent v Dokumentarfilmen (Serie „Personenbeschreibung"), Veröffentlichungen: „Pariser Journal", „Pariser Gespräche", „Mein Paris", „Der Abenteurer" uva. E: Adolf Grimme-Preis in Gold u Silber (mehrmals), Goldene Kamera, Goldene Nymphe, Berliner Kulturpreis, Fernseh-Preis v Nordrhein-Westfalen. H: Sammeln moderner Kunst, Fotografieren, Schwimmen, Skilaufen, Wandern.

Trubel Gerhard
B: Kirchenmusiker, Komponist. G: Bochum, 21. Feb 1917. V: Martha, geb Maiwald. A: D–4600 Dortmund 1, Brünninghauser Str 24. S: Gymn, Städt Konservatorium Dortmund, Theologische Schule Montpellier. K: 1947–64 Doz an d Westfälischen Landeskirchenmusikschule Abt Dortmund (ChorLtg u Stimmbildung), Kantor an vier Kirchen, 1947 Gründung d Dortmunder Kantorei, Konzerte, Rundfunk u Schallplatten. F: Veröffentlichungen: Herausgeber alter Musik v Buxtehude, Calvisius, di Lasso, Praetorius, Schütz ua, Kompositionen: alle Vokalformen (Chorwerke, Motetten, Lieder, Solokantaten ua). M: GEMA. H: Fotografieren, Schmalfilm.

Trzesowski Lechoslaw
B: Filmkameramann, Fotograf. G: Lodz/Polen, 24. Aug 1943. V: Krystyna, geb Krzyszkowska. A: D–8000 München 90, Hohenschwangaustr 5, D–8041 Haimhausen/München, Prof Bock-Weg 2. S: Stud an d Staatl HS f Film, TV u Theater, Fakultät f Kameraleute in Lodz/Polen. K: 1969–71 Filmkameramann bei Fernsehstudio in Stettin/ Polen, 1971–72 Zusammenarbeit mit d Filmanstalt „Cinégram AG" Zürich, 1973–75 Filmkameramann beim Saarländischen Rundfunk, seit 1976 freischaffender Filmkameramann u Fotograf. F: Life, Time, Modern Photography (USA), Der Spiegel, Stern, Die Zeit. D: Kameramann bei d Spielfilmen „Der gute Tag", „Die Rente", „Der Ausflug", mehrere Dokumentarfilme. E: Auszeichnung f Kamerarbeit bei d Film „Die Rente", Auszeichnung d Polnischen Fernsehens f d Film „Rettungsdienst". H: Unterwasseraufnahmen, Tauchen, Segeln, Skifahren.

Tschautscher Norbert
B: Bereiter d Spanischen Reitschule. G: Seewalchen/OÖ, 23. März 1942. V: Waltraud, geb Wastl. A: A–1010 Wien, Hofburg. S: Grundschule, österr Bundesheer. K: Beginn d reiterlichen Laufbahn a d Spanischen Reitschule 1957, seit 1969 Bereiter. F: Reiterliche Fachzeitschriften. D: „Die Flucht d weißen Hengste", Mitwirkung in Fachfilmen. E: Silberne Medaille f Verdienste um d Republik Österreich, div ausländische Orden.

Tscherni Herbert
B: FotografenMstr. G: Wien, 20. Juni 1942. V: Prof Mag Anna, geb Katzer. A: A–2340 Mödling, Neusieldler Str 29, c/o Austrophot-Studio, A–1050 Wien, Bräuhausg 45. S : Stud Höhere Grafische Lehr- u Versuchsanstalt, Abt Fotografie u MstrPrüfung. K: Praxis in Industrie, Mode, Werbe, Portraitfotografie, Pressefotografie, TV-Kameramann in Europa u Australien, Studienreisen in alle Welt, 1969 Eröffnung eines Studios in Wien, Spezialisierung auf Exklusiv Portraits u auf Hintergrundprojektionstechnik, 1974 zusätzlich Werbe-Mode-Studio in Wien u Mödling. F: In sämtlichen Illustrierten u Tageszeitungen in Österreich u zum Teil im deutschsprachigen Ausland. E: Ehren-Degree Sydney, College of Fine Arts, NSW Australien. M: Innungsvertrauensmann f Teile v Wien, Prüfer d Fotografen-Innung, GründungsMtgl d RechtsschutzVerb d Fotografen, GründungsMtgl d Ges d Freunde d Fotografie u ihrer Geschichte, VerbMtgl d

Europhot. H: Jagd, Segeln, Zimmerpflanzen.

Tschira Ursula
B: Fotografen-Meisterin. G: Lörrach, 19. Dez 1926. A: D–7570 Baden-Baden, Hopfenstr 9. S: FachHS-Reife, 3jährige Fotografenlehre, Gesellenprüfung, Meisterprüfung 1959. K: Ausbildung u Arbeit im väterlichen Betrieb, Familienbetrieb seit 1868, seit 1972 selbständige Führung d Geschäftes, Schwerpunkt auf künstlerischen Porträts u Theateraufnahmen, 10 Jahre Beisitzer im Gesellenprüfungs-Aussch, seit 1972 Beisitzer d MeisterprüfungsAussch, VorstMtgl in d Fotografeninnung Karlsruhe. F: Veröffentlichungen in versch Theaterzeitschriften, regelmäßige Veröffentlichungen in d Tagespresse. E: Silberne Ehrennadel im Fotografenhandwerk. M: Mtgl d SIA, APP-Mtgl. H: Malen, Modellieren, Tiere.

Uckele Karl
B: Drogist aD. G: Langensteinbach/Baden, 3. Okt 1907. V: Maria, geb Hartschen. A: D–5090 Leverkusen, Moltkestr 9. Tel: 02172/44244. S: Mittlere Reife, Drogisten- u Handelsschule. K: Drogisten-Prüfung, Kino-Vorführerschein, 25 Jahre PrüfungsAussch d Ind HandelsKam, 4 Jahre Foto-Porst Nürnberg, 2 Jahre Foto-Jost Würzburg, 7 Jahre Foto-Kleinholz Köln, 25 Jahre selbständig in Leverkusen.

Ücker Bernhard
B: Redakteur u Schriftsteller. G: München, 29. Mai 1921. V: Irmelin, geb Hagspiel. A: c/o D–8000 München 2, Bayerischer Rundfunk. S: Hum Gymn, Stud d Germanistik an d Univ München. K: 1946 Reporter b Radio München, Parlamentsberichterstatter, seit 1953 landespolitischer Kommentator, seit 1970 AbtLtr im Bayerischen Rundfunk, Verfasser v bisher rund 1.000 Kommentaren u 7 Büchern vorwiegend polit-hist Inhaltes. E: Bayer Verdienstorden, Bayer Verfassungsmedaille, Bayer Poetentaler. H: Fotografie.

Uhland Waltraud
PS: Uhland-Clauss Traute. B: Fotografenmeisterin. G: Esslingen, 1. Jan 1926. A: D–7300 Esslingen, Hölderlinweg 27. S: Gymn, Fotografenlehre, Oberstufe d Bayerischen StaatslehrAnst f Lichtbildwesen. K: Nach MstrPrüfung Tätigkeit im elterlichen Betrieb, Schwerpunkt IndAufnahmen, seit 1959 selbständig, hauptsächlich f Verlage tätig, vorwiegend Architektur, Innenarchitektur u Kunst. E: Goldmedaille d Berufsfotografen, Photokina Köln, Photokina-Plakette, Goldmedaille d Berufsfotografen, Ausstellung Stuttgart, 1955. H: Reisen.

Uhlenhuth Gerold
B: Fotografenmeister. G: Coburg, 9. Okt 1927. V: Renate, geb Steiner. A: D–8630 Coburg/Bayern, Zinkenwehr 5. S: Abitur, Fotografenlehre u Meisterprüfung. K: Selbständig seit 1959. F: Readers Digest, Prost u Meiner, Deutsche Schützenzeitung, Coburger Tageblatt, Neue Presse Coburg. M: Fotografen-Innung Oberfranken, SchützenGes Coburg eV 1354. H: Fotografieren, Sportschießen.

Umstätter Werner A
B: Fotograf G: 21. Juni 1935. V: Edda, geb Spruth. A: D–1000 Berlin 33, Bernadottestr 84. S: Abitur, Stud Techn Univ Berlin, WirtschaftsIng, Fotografie. K: Nach Stud Ass bei Rico Puhlmann, selbständig seit 1965, Werbung, Mode, Industrie, Multivisionen f d Zeitschrift Brigitte. F: Brigitte, Lady, Bauerverlag, ua. E: Medaille Leicafotos aus aller Welt. M: Europhot, Deutsche Ges f Photographie, AWI, Club Daguerre, Club Leica Historica. H: Geschichte d Fotografie, umfangreiche Sammlung zur Fotografie.

Ungar Juan Dkfm
B: Prok d Fa FOTOTON GmbH. G: Santiago de Chile, 25. Dez 1946. A: A–1020 Wien, Afrikanerg 7. S: Diplomiert an d Univ de Chile, Fachltad Ciencias Economicas. K: 1970 Dipl, 1971–74 tätig in Wien bei Philips u Fa Koreska, seit 1974 bei FOTOTON GmbH, Prokura seit 1977. H: Literatur, Filatelist, Tennis.

Ungerland Helmut
B: Produktions- u HerstellungsLtr f Film u Fernsehen. G: Berlin, 2. Jan 1905. V: Rita U, geb Schümann. A: D–2000 Hamburg 20, Curschmannstr 18. S: RealGymn, Höhere technische Lehranstalt Berlin, K: 3 Jahre BetriebsIng, ab 1929 bei vielen Film-Firmen, seit 1962 Norddeutscher Rundfunk, zZ iR. H: Bilder malen.

Upnmoor Bernd
B: Filmproduzent. G: Hamburg, 15. März 1940. A: D–2000 Hamburg 4, Feldstraße Bunker C. S: Abitur, Physik-Dipl. K: Seit 1963 eigene

Kurzfilme (ca 20 Filme), TonIng f etwa 30 bis 40 Stunden Fernsehfilme, Kameramann f Rosa v Praunheim („Die Bettwurst", „Berliner Bettwurst", „Axel v Auersperg"), f Werner Nehes („Lagado", „Mirador", „Hurrycan"), f Hellmuth Costard („Der kleine Godard"), 1978/79 Doz f Ton an d Deutschen Film- u FernsehAk Berlin. E: Ca 10 Prädikate d FBW („wertvoll" u „besonders wertvoll"), ca 10 Festivalpreise oder „Anerkennungen" f Kurzfilme. M: MENSA, AMORC. H: Natur, Mystik, Physik, Film.

Urbancic Elisabeth
B: Bühnenbildnerin. G: Wien, 13. Aug 1930. A: D–8000 München 80, Friedrich Herschel-Str 19. S: Abitur, Ak d Bildenden Künste, Wien, Atelier Fernand Léger, Paris. K: Ass bei Kammerspiele München, freiberuflich tätig, Bühnenbildnerin am Staatsschaupspiel München, Tätigkeit an Theater, Oper, Film u Fernsehen in München, Berlin, Köln, Hamburg, Hannover, Wien, Salzburg, Zürich, Zusammenarbeit mit Regisseuren wie Piscator, Kortner, Noelte, Schen, Schenk (Theater, Oper), Kurt Hoffmann, Käutner, Ambesser (Film u Fernsehen) uva.

Urbansky Manfred
B: Selbst Kfm u Geschäftsführer u Ltr d RechtsAbt i BunderVerb. G: Lauenbrunn, 3. Dez 1927. V: Lonny, geb Pietsch. A: D–4800 Bielefeld 18, Agavenstr 12. S: Gymn. K: Segelflieger, Motorflieger, Drogist, Sozialrechtler, Fliegeroffizier, selbst Kfm, Filialunternehmer, Landes- u Kommunalpolitiker, Geschäftsführer u Ltr d RechtsAbt im BundesVerb. F: Tages-, Fach-, Sozialrechts- u politische Zeitschriften. E: Versch Verdienstauszeichnungen. M: In 5 gemeinnützigen u 4 Fachorganisationen, Diners-Club. H: Fliegen, Bauen, Sozialrecht.

Vacano Jost DPh
B: Dir of Photography (Spielfilme). G: Osnabrück, 15. März 1939. A: D–8000 München 83, Leoprechting Str 18. S: HS-Stud. K: Ca 70 Spielfilme u Fernsehfilme seit 1960. E: Deutscher Filmpreis in Gold (f 2 Spielfilme), Intern Fernsehpreis in Prag.

Valentin Erik
B: Komponist, Textdichter, Produzent. G: Hamburg, 11. Mai 1925. V: Margarete, geb Luz. A: D–7400 Tübingen, Gösstr 53. S: MusikStud. M: Ordentl Mtgl d GEMA, Deutscher TextdichterVerb, Verb Deutscher Tonkünstler u Musiklehrer.

Vanc Georg
B: Filmgestalter u Schriftsteller. G: Wien, 2. Feb 1927. V: Friederike, geb Stefan. A: A–1210 Wien, Berlag 1/IV/5. S: RealGymn, HS f Musik u darstellende Kunst Wien, Abt Film u Fernsehen. K: Freischaffend tätig. E: HS-Stud m Auszeichnung absolviert. H: Verfasser v Aphorismen, Veröffentlichung einer LP-Sprechplatte „Da Hungaleida", Lesen u Lesungen.

Vankann Hans-Herbert
B: Fotografenmeister. G: Kohlscheid, 20. Nov 1950. V: Angelika, geb Neuschäfer. A: D–5138 Heinsberg, Südstr 1. S: Grundschule, Fotografenlehre, Meisterschule. K: Ab 1972 selbständiger Fotografenmeister. M: GuV Heinsberg, HWK Aachen, Fotografen-Innung.

Varina Annelore
B: Konzertsängerin, Konzertpianistin, Komponistin. G: Schwerin/Warthe, 18. März. A: D–8031 Neu-Gliching/München, St Gilgener Str 8. Tel: 08105/9585. S: Oberschule, FachMusikStud. K: Als Konzertsängerin, Konzertpianistin, Komponistin freischaffend tätig, als Solistin eigene abendfüllende Konzerte, Aufführungen, Veranstaltungen, Funk usw, Barockmusik, Kunstlied, Konzert-Repertoire (Stimmumfang 3 Oktaven), Interpretin eigener Kompositionen als Konzertsängerin u Pianistin, Arrangements, Auftragskompositionen usw. F: Ungezählte zu d Konzert-, Veranstaltungs- u Kulturberichten. H: Musik, Natur, Blumen, Wassersport, Seefahrt.

Verse Adolf
B: Drogist. G: Lechenich, 21. Apr 1931. V: Marianne, geb Jüssen. A: D–5042 Erfstadt-Lechenich, Markt 8. S: Gymn. K: Drogistenlehre, 2 Fotoseminare, 2 Neuform-Seminare, 1951–53 Drogistengehilfe im väterlichen Betrieb, seit 1963 selbständiger Drogist. M: DLRG Erftstadt, VfB Erftstadt, Tambour-Corps Lechenich, Freiwillige Feuerwehr Lechenich, Gartenbau- u VerschönerungsVer Lechenich, BürgerGes Lechenich, Lechenicher Narrenzunft, Werbegemeinschaft Erftstadt. H: Schwimmen, Wandern, Gartengestaltung, Fotografieren, Fahrrad fahren.

Vinage Matthias W du
B: Fotograf (Standfotos f Film u Fernsehen). G: Bremen, 12. Juni 1918. V: Gabriele. A: D–2000 Hamburg 13, Abteistr 10. Tel: 040/450434. S: Abitur, Univ Hamburg. K: Letteschule Berlin, seit 25 Jahren Fotos f Presse, Theater, Film, Fernsehen. F: Stern, Hamburger Abendblatt, Spiegel, Quick. D: „Des Teufels General", „Ludwig II", „Der Hauptmann von Köpenick". E: World Press. M: Berufsvereinigung Hamburger Journalisten.

Voelker Wolfgang
B: Regisseur, Autor. G: Erfurt, 2. Apr 1951. A: D–8000 München 19, Blutenburgstr 22. S: Studienabschluß an d HS f Fernsehen u Film, München, Stud d Kunstgeschichte. K: Seit 1972 AufnahmeLtg, Ton- u KameraAss, RegieAss bei Spielfilm- u Fernsehproduktionen, seit 1975 freier Regisseur u Autor beim Bayerischen Rundfunk in München. E: 1973 Förderungspreis d Stadt Fürth/Bayern. M: Mtgl d VG Wort, GVL.

Vogel Fritz
B: Fotograf, Fotoeinzelhändler. G: Gumbinnen, 26. Juli 1918. V: Adelheid, geb Ditschun. A: D–5210 Troisdorf-Oberlar, Lindlaustr 4. S: Lehrerausbildung, 1951 Umschulung u selbständiger Einzelhändler. K: Bis 1950 Lehrer, dann Umschulung u fachliche Weiterbildung. E: Medaille f hervorragende Leistungen in d Fotografie (intern Fotowettbewerb), Prämien f veröffentlichte Fotos in Zeitschriften, sportliche Auszeichnungen: Goldenes Sportabzeichen mit d Zahl 10, StadtMstr d Stadt Troisdorf seit 1973, Marathonnadel in Gold, KreisCrossMstr , ErststactMtr über 11 000 m, Europa-Sportler (Teilnahme an Volkssportveranstaltungen in Deutschland, Holland, Belgien, Griechenland, Norwegen, England), seit 1972 Teilnahme an intern Volkslaufveranstaltungen. M: Bund d Vertriebenen, TUS-07 Oberlar.

Voglmayr Bruno
B: Fotograf. G: Attersee/OÖ, 28. Sept 1932. V: Hannelore, geb See. A: A–6800 Feldkirch, Illstr 17 c. S: Grundschule, Gesellenprüfung, Meisterprüfung. K: 3 Lehrjahre 1946–49 mit abschließender Gesellenprüfung, 9 Jahre bei Foto Hartl u Foto Schmidt in Lech am Arlberg, u Salzburg als Fotograf, 1956 Meisterprüfung in Salzburg, 4 Jahre in Attersee im elterlichen Betrieb tätig (selbständig), seit 1964 als Geschäftsführer bei Foto Rhomberg Feldkirch. F: In versch Tageszeitungen v Vorarlberg, „Feldkirch aktuell". E: 1. Preis bei Lehrlingswettbewerb in OÖ, 3mal 1. Preis bei Schaufensterwettbewerb-Fotohandel. M Schattenburgsänger – Feldkirch, Liedertafel, Schützengilde, Faschingsgilde (alle Feldkirch). H: Bauernmalerei.

Vohrer Alfred
B: Regisseur. G: Stuttgart, 29. Dez 1918. A: D–1000 Berlin 33, Koenigsallee 66. S: Realschule, Schauspielschule. K: Schauspieler, OberspielLtr b Radio Stuttgart, Inhaber d Ultra-Film München u Berlin, freischaffender Regisseur f Film u Fernsehen. F: In fast allen in- u ausländischen Zeitungen u Zeitschriften. M: BVerb d Film- u Fernsehregisseure, VerwertungsGes Wort.

Voigt Corneel Thomas
B: Werbefotograf. G: Essen, 14. Aug 1946. V: DiplSpl Gabriele, geb König. A: D–4300 Essen 14, Haus – Horst 5. S: Hum Gymn, Realschule, Mittlere Reife. K: Praktikum b Ind-Fotografen Mohn, Essen, Aufnahmeprüfung f Fotoschule LETTE – VEREIN Berlin, 4 Sem m bestem Abschluß, ab 1968 L P E – LEO BURNTTT Düsseldorf als Studiofotograf, Modereisen durch Nord- u Südafrika, Spanien, Portugal, ab 1970 bei Studiostillfotografen LUX in Düsseldorf, ab 1971 selbständig in Essen. E: Zahllose Wettbewerbe als Ind- u Werbefotograf mitgestaltet u (mit-)gewonnen. M: CV München. H: Filmen: Dokumentationen über Länder u Menschen.

Voigt Dietrich
B: Fotograf. G: Göttingen, 9. Feb 1951. A: D–2000 Hamburg 11, Pastorenstr 16a und D–2000 Hamburg 36, Hütten 85. S: Mittlere Reife, Gymn, Feinmechanik/Elektronik-Praktikum. K: Fotoschulen: Lazi Stuttgart, Hoepffner Hofheim/Ts, Schwoerer Hamburg, Lehrtätigkeit in Hamburg, Ass bei Lintas, ab 1973 selbständig (Stillife-Spezialist). F: Anzeigen in Publikums- u Fachzeitschriften, Prospekte, Folder, Cover, Plakate, Industrie-Werbung, Tonbildschauen. H: Jeepfahren, Reiten, klassische u moderne Musik, freie Gestaltung (Siebdruck u Grafik-Design).

Voigtländer Hermann
B: Außenrequisiteur. G: Wien, 17. Sept 1911. V: Amalia, geb Lochay. A: A–1100 Wien, Stockholmer Pl 1/4. Tel: 0222/682393. S: Grundschule, 3 Fachschulen. K: Außenrequisiteur. F: Foto-Wettbewerb d Gemeinde Wien.

D: „Der Schatz im Toplitzsee“, „Die Reise“ u div Statistenrollen. E: Auszeichnungen f d Befreiung Österreichs. M: Bund d Widerstandskämpfer Österreichs. H: Fotografieren, Schwimmen, Singen (Tenor).

Volk Friedhelm
B: Fotograf. G: Königsberg/Ostpreußen, 13. Sept 1942. A: D–7000 Stuttgart 1, Gähkopf 5. S: Gymn, Mittlere Reife. K: Fotografenlehre bei W E Lautenbacher, dann Ass bei Lautenbacher, mit 22 Jahren selbständig als Modefotograf 1965, ab 1966 Mitarbeiter, ab 1969 Umzug in 200qm Studio f Mode- u Werbefotografie. F: In versch Modezeitschriften u Fotozeitschriften. M: GründungsMtgl d BFF, Mtgl im Verb Bildender Künstler Baden-Württemberg.

Völker Harald
B: Autor u Regisseur. G: 23. März 1927. V: Julia Fjorsen, geb Mann (Schauspielerin). A: D–2000 Wedel/Holstein, Röntgenstr 3. Tel: 04103/4651. S: Internat Wickersdorf. K: 1948–50 RegieAss u Schauspieler: Landestheater Potsdam, Deutsches Theater Berlin, Renaissancetheater, 1950–52 Regisseur u Autor f Lehr- u Vorprogrammfilme, Defa, 1953–61 Regisseur u Autor f Dokumentarfilme, RegieAss f Spielfilme in versch deutschen, österreichischen u amerikanischen Filmproduktionen, Mitarbeiter v Rochus Gliese, Gerhard Klein, R A Stemmle, Walter Felsenstein, Hanns Eisler, Michael Powell, ab 1962 Autor u Regisseur bei Marken Film, Hamburg-Wedel, f Werbe-, PR- u Ind-Filme. E: Auszeichnungen f div Commercials auf intern Festivals.

Volkmann Karl-Heinz
PS: Lars Bergson. B: Komponist, Arrangeur. G: Hof, 27. Sept 1919. A: D–8670 Hof, Dr Enderstr 29/III. S: Oberrealschule, PrivatStud Musik. K: Welterfolg mit „Indian-River“, Fernseh- u Schallplattenerfolge: „Des is a Grund zum Feiern“, Sepp Viellechner „Auf der Winkelmoosalm“, Maria-Hellwig-LP „Fahrt ins Blaue“, weitere Produktionen in Deutschland, Österreich, Schweiz u Frankreich, Original-Wienerlieder mit d TONI ELSNER-Schrammeln auf LP u Musiccassette, Original-Böhmische Polkas mit AMBROS SEELOS, HORST MICHALKE u d ORIGINAL-Oberpfälzer-Musikanten Willi Dehmel. F: Frankenpost, Hof, Musikzeitschrift: Der Artist u Das intern Podium. E: Zweimaliger Empfang beim MinPr Alfons Goppel. M: GEMA, IDK.

Vollmann Peter H
B: FilmKfm. G: 17. Juni 1942. A: D–1000 Berlin 39, Schuchardtweg 9. S: Abitur, Groß- u AußenhandelsKfm, Abschluß 1964. K: Süßwaren Groß- u Einzelhandel 1968–76, seit 1973 Filmtheater, seit 1976 Filmimport u -verleih. E: Kinopreis d Stiftung Deutsche Kinemathek 1978. M: WirtschaftsVerb d Berliner Filmtheater, National Film Society, USA. H: Trivial-Literatur u Comics.

Vollmer Christoph
B: Musiker, Redakteur (Kammermusik am NDR). G: 2. Juli 1927. V: Anita, geb Ahrens. A: D–2000 Hamburg 54, Vogt Wells Kamp 24. S: Thomasschule Leipzig (Thomanerchor), Altes Gymn Bremen, Abitur 1946. K: HS f Musik in Freiburg/Breisgau, Stadttheater Luzern, Norddeutscher Rundfunk, Redakteur Kammermusik, Australian Broadcasting Commission. F: Pressestelle d NDR. H: Musik, Theater, Bildende Künste, Literatur, Sport.

Vorsche Karl Dr
B: Komponist, Textdichter. G: Kaufbeuren/Allgäu, 24. Okt 1929. V: Elisabeth, geb Laub. A: D–8958 Füssen/Allgäu, Lechhalde 8. Tel: 08362/7887. K: Funk- u Fernseherfolge, Sieger u 1. Plätze in volkstümlichen Hitparaden mit d Interpreten: Maria u Margot Hellwig, (Füssner Lied), Hansl Krönauer (Füssener Lied u Innsbruck-Lied), Keferloher Musikanten (Neuschwanstein-Marsch), Hans u Ellen Kollmannsberger (Schützenfest-Polka), Gramischer Zimmermänner (Wertachtaler-Marsch), Tanzorchester Hugo Strasser uva. F: Kur und Erholung Ostallgäu, Allgäuer Zeitung, Füssener Zeitung, Kaufbeurer Zeitung, FH München, Lustige Musikanten Köln. E: Ehrungen d Stadt Füssen u d Stadt Kaufbeuren. M: GEMA ua Ver. H: Musik, Gerätetauchen im Meer, Schwimmen, Tennis.

Voss Peter
B: ProduktionsLtr, Geschäftsführer d VOSS FILM GmbH KÖLN. G: Wien, 21. Okt 1943. V: Marlies, geb Kottmann. A: D–5000 Köln 41, Meister Johann-Str 70, Postfach 451266. S: NaturWiss Gymn. K: Drogist, AufnahmeLtr, ProduktionsLtr, Produzent. M: AV – Kommunikation d Wirtschaft eV, ProduzentenVerb Wiesbaden, WIR WirtschaftsVerb d CDU. H: Billard.

Vught Arno H v Dipl-Kfm
B: Musikverleger, Schallplattenproduzent. G:

Amsterdam, 23. Dez 1947. V: Traute, geb Witte. A: D–2000 Hamburg 62, Langenhorner Chaussee 196 und c/o MENTO MUSIC GROUP KG, D–2000 Hamburg 6, Schanzenstr 16–18. S: Gymn in Holland, Stud d Rechte in Holland Ausbildung als VerlagsKfm m Diplom, Volontär in England, Holland, Deutschland u Frankreich u Südamerika. K: 1967 radio-promotion Südamerika, 1968 Ass d GenDir d intern Abt b Sikorski in Hamburg, 2. GenDir in einer „rack-jobber-company" 1969 intern Manager b Decca Records in England, GenDir b Ed Altona in Amsterdam, seit 1970 GenDir d Mento Music Group KG in Hamburg, seit 1971 Dir d Mento Music/Valentine Music u 32 anderen Comp, Buchautor: „Das Internationale Copyright, Verlagswesen u Verleger". D: „Die Rakete" uva. E: Auszeichnungen als Dipl-VerlagsKfm, als GEMA-Mtgl, Mtgl d Verb Deutscher Musikverleger. M: GEMA, MusikverlegerVerb. H: Reiten, Segeln, Golf.

Wachtfeitl Harald

B: Radio- u TV-Techniker, Filmkritiker. G: Freyung v W, 6. Jan 1955. A : D–8393 Freyung v W, Heinz Math-Str 1. S: Mittlere Reife, Fachschule f TV-Technik u Filmvorführung. M: Film u Foto Freyung. H: Film u Foto.

Wackermann Dagmar

B: Chirologin. G: Bad Landeck, 20. Juli 1944. A: D–4000 Düsseldorf 11, Eupener Str 39. S: Mittlere Reife, Ausbildung als HotelKfm, autodidaktisches Stud d Chirologie, Praxiseröffnung v 6 Jahren in Düsseldorf. K: Seit Praxiseröffnung ständig anwachsender Klientenkreis, Stammkunden: Politiker, Künstler, Ind, Klientenkreis rekrutiert aus Kunden aus USA u ganz Europa. F: In mehreren deutschen Illustrierten u Tageszeitungen, ua Capital, Handelsblatt, Warum ?, Für Sie, Frau im Spiegel, Aktuelle Frau, Esotera, Bild-Zeitung, Express, Bücher: „Ideen realisieren", „Deutschland, deine Wahrsager", „Jenseits v Einstein". D: Dokumentarfilm f d Dritte Programm d WDR: „Außersinnliche Wahrnehmungen", Talkshow life im Dritten Programm d WDR: „Kölner Treff". E: Persönliche Dankschreiben ua v Frau Gabriele Henkel u a prominenten u nicht prominenten Persönlichkeiten. M: Mtgl d Parapsychologischen Ges. H: Parapsychologie u Psychologie, Esoterik.

Wagandt Ulrich

B: RedaktionsLtr ZDF. G: Berlin, 3. Feb 1921. V: Marlis, geb Seeliger. A: D–6204 Taunusstein 4 (Wehen), Seelbacher Weg 9. Tel: 06128/8313. S: Abitur, Stud. K: Selbständige Tätigkeit als FilmproduktionsLtr, Autor, dann Geschäftsführer Filmproduktion, Verleih AbtLtr Mc Cann Company (Werbeagentur), seit 1970 RedaktionsLtr Unterhaltung ZDF. H: Schreiben, Fotografieren, Garten.

Wagener Walter

B: Schausteller, Vergnügungsbetriebe. G: Bochum-Langendreer. V: Martha, geb Schmidt. A: D–7188 Fichtenau 3, Wildensteiner Str 83. Tel: 07962/585. S: Grundschule. K: Von Kindheit an im Schaustellerbetrieb tätig. F: Fernsehbericht d Markt Südw 3. M: LVerb Baden-Württemberg, Reise u Schausteller, 1. Vors d Schausteller Crailsheim.

Wagenhut Ewald

B: Kfm. G: Kiew, 25. Feb 1921. V: Marianne, geb Dahmes. A: D–5000 Köln 90, Magazinstr 3. S: Abitur, 4 Sem Technische HS. K: Student, Soldat, Gefangenschaft, selbständiger Kfm. E: Div Kriegsauszeichnungen. M: Tanzklub Porz, BürgerVer Wahnheide, EinzelhandelsVerb, DRK, Verkehrswacht. H: Tanzen, Musik, Malen, Garten.

Wagner Gertraud

B: Opernsängerin (jugendl dram Sopran). G: Nürnberg, 18. März 1949. A: D– schluß, 9 Jahre Tätigkeit in Büro, 3 Jahre Konservatorium Nürnberg, Lehrer Kammersänger Willi Dangraf-Faßbaender. K: Nach Berufsausbildung in d Verwaltung u Datenverarbeitung, daneben GesangsStud, 5 Jahre Bandsängerin, mit 22 Jahren 1. Engagement f 4 Jahre am Stadttheater Luzern, seit 1976 an d Staatsoper Hannover. F: In Tageszeitungen. D: „Meistersinger von Nürnberg", „Don Giovanni", „Der Freischütz", „Die Hochzeit des Figaro", „Walküre", „Götterdämmerung", „Die Zauberflöte", „Die Kluge", „Eugen Onegin" ua, „Der Zigeunerbaron", „Der Bettelstudent", „Wiener Blut", „Orpheus", „Kiss me Kate", „Der Vogelhändler", „Das Land des Lächelns", „Nocaccio", „Helden", „Gräfin Mariza". M: GDBA. H: Kochen, Lesen, Ruhe, Natur, Ballett, ein anständiger Mensch sein.

Wagner Hans

B: Freier Bildberichter u Fotografenmeister. G:

Berlin, 13. März 1909. V: Margarethe, geb Brüning. A: D–4973 Vlotho, Ernst Albrecht-Str 22. S: Mittlere Reife, Realschule. K: Kfm Lehre, ab 1937 Ltr d Bildarchivs d Leitzwerke u ab 1938 Ltr v Fachlehrgängen f Fotografen aus aller Welt in d Leicaschule, 1939 Wiederaufnahme d 2 1/4jährigen Anstellung, Erfolge in d Fremdenverkehrswerbung d Rheinlandes, Auftrag d Finnen zu Farbaufnahmen v ganzen Land, 1953–55 in Stockholm Lehrgänge f schwedische Fotografen, Berichter u Laboranten, Farbdia-Vorträge in Stockholm u Uppsala. F: 1937 drei Großbilder Weltausstellung Paris, versch Aufnahmen in d Jahrbüchern „Das Deutsche Lichtbild", Mitarbeit durch Fotos (ab 1938 auch farbig) an Hunderten v Büchern bis Japan u USA, Kalender, Zeitschriften, Grußkarten, für diese auch ab 1946 eigener Verlag, im Kriege Fachlehrer u stellv Fachführer Bild u Sonderberichter KW-Signal (PK). M: ADAC, Deutscher KanuVerb, AlpenVer, Jugendherbergswerk ua. H: Wandern, Faltboot, Ski, Garten u Kleintiere, Reiten.

Wagner Nick Dr
B: Fernsehregisseur, Produzent, Journalist. G: Mierdorf/Berlin, 1. Sept 1935. V: Elza, geb Carrozza. A: D–8000 München 40, Simmernstr 1. Tel: 089/3614050. S: Abitur, Stud d StaatsWiss, Promotion zum Dr phil an d Univ München, Fächer: PolitikWiss, Öffentliches Recht u Philosophie. K: Langjährige freiberufliche Betätigung als Fernseh-Journalist u Dokumentarfilm-Regisseur im In- u Ausland f fast alle Fernsehanstalten d BRD, Herstellung v Dokumentarfilmen f staatl u private Auftraggeber. F: Foto-Veröffentlichungen in allen Programm-Zeitschriften. H: Wassersport (Segeln, Tauchen), Reisen, Literatur.

Wagner Max
PS: Photo-Max. B: Fotograf. G: Davos, 9. März 1907. V: Victoria, geb de Barros. A: CH–St Moritz-Dorf. S: Primar-, Sekundarschule, alte u neue Sprachen, Polytechnic, London (1 Jahr). K: „Stativa" Davos, Lausanne, Genf, St Croix, Bern, Wengen. F: Im In- u Ausland. E: Silber Medaille f Landscape (Polytechnic, London). M: Schweizer Karten Verleger. H: Weltliteratur, auch englischer u französischer Kulturraum.

Waidelich Jürgen-Dieter Dr
B: GenIntendant. G: Berlin, 23. Mai 1931. V: Marianne, geb Gerstlauer. A: D–4300 Essen 16, Grüne Harfe 3. S: UnivStud Berlin u München. K: Dramaturg u Schauspieler am Württembergischen Staatstheater Stuttgart u Bremerhaven, GenIntendant in Bremerhaven u Essen, Publikationen: Vom Stuttgarter Hoftheater zum Württ Staatstheater (Diss Univ München 1957), 100 Jahre Stadttheater Bremerhaven (1967), 100 Jahre Oper am Stadttheater Bremerhaven (1972), Die Entwicklung des Württ Staatsorchesters von 1908–1965 (Festschrift Stuttgart 1965).

Walder Albert
B: Fotograf. G: Wetzikon, 30. Mai 1923. V: Luise, geb Kleeb. A: CH–8340 Hinwil/Zürich, Oberdorfstr 14. S: Primar- u Sekundarschule, 4 Jahre Lehre als Eletromechaniker, dann fotografische Ausbildung als Autodidakt. K: Versch Aushilfsstellen in Fotogeschäften u Industriebetrieb, seit 1948 selbständig als Industriefotograf mit Foto-Kinofachgeschäft u Fotostudio. F: Vereinzelte Beiträge in versch Zeitschriften, zeitweise Mitarbeit an Lokalblatt mit Bildreportagen. E: Div Auszeichnungen an Fotoausstellungen u Wettbewerben. M: SVPG Schweizer Verb f Fotohandel u Gewerbe. H: Berg- u Skitouren, Wandern, Schwimmen.

Waldmann Werner MA
B: Redakteur. G: Schwäbisch Gmünd, 11. Okt 1944. V: Rose, geb Moser. A: D–7000 Stuttgart 1, Zeller Str 72. S: Gymn, Stud d Deutschen u Englischen Philologie u Geschichte in Tübingen, München, Bangor. K: Mitarbeit beim Bayerischen Rundfunk, Fernsehdramaturgie 1972–74, Redakteur bei Reader's Digest seit 1974, Literatur- u Medienkritiken in versch Publikationsorganen, zahlreiche Fernseh- u Hörspiele. H: Fotografie, Reisen, Musik.

Walter Erich
B: Fotograf, Drogist. G: Wallern/Böhmerwald, 31. März 1936. V: Marianne, geb Dorschner. A: D–6234 Hattersheim 3, Kleine Feldstr 10. S: Realschule, mittlere Reife, Drogistenlehre (3 Jahre), 2 Sem DrogistenAk, Fotografen-Ausbildung in Kursen u Seminaren (Porträt- u Aktfotografie). K: 1957 FilialLtr d elterlichen Drogerie mit FotoAbt, 1965 Porträtstudio, SW-Labor, 1971 Umbau d Geschäftes mit Schwerpunkt Studio, 1975 Modernisierung d Studios Frontprojektion, seit 1976 laufend Ausstellungen. F: In d Tagespresse. M: Drogisten-Verb, Fotografen-Innung Wiesbaden, APP, CentralVerb Deutscher Fotografen. H: Musik (Geige, Gitarre, Posaune), Kunst (Malen, Zeichnen).

Walter Peter
B: Kfm, Inhaber d Fa KONZERTMANAGEMENT KIEL. G: Tilsit/Ostpreußen, 17. Juni 1940. V: Gerda, geb Resigkeit. A: D–2300 Kiel, Düppelstr 20. S: Mittlere Reife, HotelKfm. K: 1972 Beginn als Konzertagent, 1973 erste Tournee mit Dieter Hallervorden, in d folgenden Jahren nachstehende Künstler unter Vertrag: Mikis Theodorakis, Lionel Hampton, Marek u Vacek, Erika Pluhar, Ballet Classique de Paris, seit 1972 örtlicher Veranstalter mit Weltstars d Unterhaltungsbranche wie Rolling Stones, Ella Fitzgerald, Udo Jürgens ua. F: Versch in Zeitungen u Zeitschriften. M: Verb Deutscher KonzertDion. H: Tennis, Reisen.

Walter Wolfgang Dipl-Kfm
B: Verleger. G: Stuttgart, 31. Mai 1917. V: Irmgard, geb Gitzinger. A: D–8000 München 19, Renatastr 71. S: Ak, Betriebswirtschaft, Jura, Psychologie, musikalische Ausbildung. K: DirAss Versandhaus Süd-West GmbH Ulm, u Paul Spindler-Werke KG, Hilden, VerlagsLtr B Haugg KG, München (Zeitschriftenverlag), zugleich Geschäftsführer d Calig Verlag GmbH (audiovisuelle Medien u Schallplatten) u Albertus Magnus Verlag GmbH. M: VorstMtgl d AKP, d Konpreß Anzeigen eG, Recklinghausen, VorstVors d HeimVer München eV, Mtgl d HS-Kuratoriums d Univ München, Mtgl d AGP Köln, d Trägerkreises Arbeitsgemeinschaft f Führungskräfte in d Wirtschaft. H: Musik.

Walterskirchen Hubert Graf v
B: Filmproduzent, FachInsp d HV. G: Obritzberg/NÖ, 20. Apr 1933. V: Margarethe, geb Sailer. A: A–6500 Landeck/Tirol, Ulrichstr 40. Tel: 05442/3227. S: Grundschule, Berufsschulen, Fernschule f Fotografie, Intern School. K: Seit d 12. Lebensjahr fotografieren, seit 1961 filmisch tätig, seit 1972 Gewerbe als Filmproduzent, Produktionen: Kulturfilme, Werbefilme, Industriefilme, religiöse Filme, Fernseh-Sendungen im ZDF, ORF, RAI, SRG. F: Freier Mitarbeiter bei deutschen Bildagenturen u bei Ansichtskartenverlagen, Bildveröffentlichungen laufend in versch Zeitschriften zB Das Tier, Praline uva. E: Budapest Weltjagdausstellung Goldmedaille, versch Pokale f d Gestaltung v Tierfilmen u div Wandteller u Diplome. M: Mtgl d FachVerb d Audiovisions- u FilmInd Österr, Mtgl d Medienclubs Österr. H: Fotografie.

Walther Hans-Georg
B: Fotograf, Grafiker, Maler. G: Freital-Potschappel, 21. Jan 1916. V: Lieselotte, geb Koch. A: D–5768 Sundern, Antoniusweg 1a. S: Gymn, Staatl Ak f Kunstgewerbe in Dresden (jetzt HS f Werkkunst), Werkkunstschule Köln: Grafische Techniken, Buchschmuck, Fotografie. K: 1926 Begegnung mit Moholy Nagy (Bauhaus) erste Fotogramme, Fotomontagen, 1947 MstrPrüfung in Fotografie, Ausstellungen: Arnsberg, Neheim-Hüsten, Soest, Brilon, Meschede, Enkhausen, Sundern, Ahlen, Görlitz, Sauerland-Kalender – Herausgabe Sauerland-Galerie. F: In versch Sauerländer u Westfälischen Zeitschriften u Tageszeitungen. M: Sauerländer Heimatbund, Heimatbund Sundern. H: Reisen.

Walz Ruth
B: Fotografin. G: Bremen, 2. Jan 1941. A: D–1000 Berlin 19, Kaiserdamm 7. S: Abitur, Stud Psychologie, Philosophie, Ausbildung zur Fotografin. K: 4 Jahre Werbefotografie, Portrait u stills, seit 1976 Fotografin d Shaubühne am Halleschen Ufer Berlin, Doz d Univ in Oldenburg f Fotografie. F: In deutschen u intern Tageszeitungen, Theater Heute.

Waschau Bernd
B: AtelierLtr, Manager, Fotograf. G: 22. Nov 1926. V: Sieglinde, geb Schneider. A: D–8500 Nürnberg, Winklerstr 5. S: Abitur, KunstHS, FilmAk, Fotografische Lehre bei Franz Vältl, Schüler v Prof Hege, Rolf Liebeneiner, Veit Harlan. K: Bildberichterstatter, freier Mitarbeiter v Zeiss Ikon, Stuttgart, Mode- u Werbefotograf bei Fa Breuninger Stuttgart, AltelierLtr „Das Atelier" Maul + Co Nürnberg (18 Jahre), „Jens Witthaus Studios", Modestudio in Barcelona, Inhaber d Flash-Studios f Mode u Werbung Hamburg, heute Mitinhaber FOTO-PORTRAIT-GALERIE Nürnberg (einziges Studio Europas, d gemäldeartige Farbfotos auf original englischem Leinen als Personen-Portraits erstellt), Auslandstätigkeit: Mitarbeit u Studienzeit in d USA, Schweden, Schweiz, Italien, Frankreich u Spanien, Vorträge: im Auftrag d UNESCO an Univ über Werbefotografie in Prag, Warschau, Gottwaldov, Budapest, Sofia u Belgrad. M: Europhot Wien.

Wass Otmar
B: SendeLtr. G: Hermannstadt/Rumänien, 1. Feb 1918. V: Jutta, geb Stemmler. A: D–1000 Berlin 19, Reichsstr 8. S: Gymn, Stud d WirtschaftsWiss TH Berlin. K: 1941–45 Deutsche

Europasender Berlin (Ltr v Dienst u Programmorganisation), 1948–53 RIAS Berlin (Programmorganisation), 1953–54 NWDR Hamburg/Fernsehen (Aktueller Dienst), seit 1954 RIAS Berlin (SendeLtr). H: Billard, Amateurkoch.

Weber Axel
B: FotografenMstr. G: Säckingen/Rhein, 2. Okt 1943. V: Heide, geb Merz. A: D–6229 Walluf Rhg, c/o Studio Axel Weber, D–6200 Wiesbaden, Moritzstr 50. S: Gymn. K: Lehre, anschließend Bayerische Staatslehranstalt f Fotografie in München, 2 Jahre. F: Industriefotografie. M: CentralVerb Deutscher Fotografen, AWI. H: Fotografieren, Tennis.

Weber D
PS: Dee Wee. B: Office Manager. G: Gießen, 3. Mai 1947. A: D–6300 Lahn-Gießen 1, Herderweg 10. S: Grundschule. K: 8 Jahre Berufsmusiker. F: In versch Tageszeitungen. H: Autorennen, Eishockey, Soul-Musik, gute Clubs besuchen, Frauen.

Weber Franz
B: FotografenMstr. G: Hainspach, 6. Jan 1927. V: Hella, geb Neujahr. A: D–8480 Weiden, Frauenrichter Str 1. S: Grundschule, Bürgerschule. K: 1941–44 Lehrzeit, 1944–45 Soldat u Gefangenschaft, 1946–51 Geselle in Berlin, 1951–59 selbständig in d DDR (1951 MstrPrüfung), seit 1959 selbständig in Weiden. E: APP Urkunde Portrait 1978, 2 Bronze-Portraitrahmen Kodak Wettbewerb. H: Filmen.

Weber Fredy
B: Redaktor, Ltr d Programmstelle Radio u Fernsehen DRS St Gallen. G: St Gallen, 23. Dez 1925. A: CH–9000 St Gallen, Speicherstr 45. S: Höhere Handelsschule, Handels-Matura. K: Volontariat Radio Zürich, 7 Jahre bei Großbank in Genf, 10 Jahre Reporter u Sprecher bei Radio Bern, seit 1963 ProgrammLtr f d üstschweiz. M: Mtgl d Intern Ordens d Odd-Fellows (Alpstein-Loge St Gallen), Pr d Sekt Säntis d Aero-Clubs d Schweiz. H: Reisen, Fotografieren.

Weber Hans Jürgen
B: Journalist. G: Hannover, 13. Nov 1928. V: Ingeborg, geb Zimmer. A: D–8000 München 90, Rotbuchenstr 21. S: Abitur, K: Redakteur bei Tageszeitungen u Illustrierten, ab 1957 Filmkritiker u Fachkorrespondent in München, daneben Regisseur u Autor zahlreicher Dokumentar- u Fernseh-Filme (BR), seit 1975 Chefredakteur d Fachzeitschrift „Film + TV Kameramann", Herausgeber d „Fischer Film Almanach". M: VorstMtgl i d Arbeitsgemeinschaft d Filmjournalisten, München, d Münchner Filmgruppe DAS TEAM eV, u d Münchner Filmfest eV.

Weber Harry
B: Fotograf. G: Klosterneuburg/Wien, 13. Aug 1921. V: Marianne, geb Engel. A: A–1100 Wien, Laaerberg-Str 36/6. S: Gymn, Auswanderung n Palästina, 2 Jahre Kibbutz, 6 Jahre engl Militär. K: 1952–62 freier Mitarbeiter bei STERN Österr, seit 1962 Angestellter bei Verlag Gruner u Jahr. F: Allgemeine Reportagen u Reisereportagen in STERN Österr, gelegentlich auch in STERN Hamburg, jährliche Teilnahme bei Weltausstellung d Fotografie. H: Fotografie.

Weber Wolfram
B: Kinobesitzer. G: Nürnberg, 24. Sept 1947. A: D–8500 Nürnberg, Am Laufer Schlagturm 3. Tel: 0911/204724. S: Abitur, naturwiss Stud. K: Inhaber d Kino Meisengeige, Spielstelle d gesellschaftlich, politisch, künstlerisch u filmhistorisch relevanten Films eV, d Cinemobil, d Kino Casablanca, KINOMOBIL. F: Nürnberger Filmtips, mtl erscheinende Zeitung f vier Nürnberger Kinos. M: Arbeitsgemeinschaft Kino, Hamburg.

Wedekind Frank Guenther
B: Kameramann. G: Barbis/Harz, 15. Juli 1929. V: Marlis, geb Voigt. A: D–2807 Achim/Bremen, Leipziger Str Hassel 92. Tel: 04202/3282. S: Grundschule, 1940–43 Mittelschule in Bad Lauterberg, 1943–45 NPEA in Naumburg/Saale, 1945–48 Graf-Otto-Gymn in Northeim, Abitur. K: 1948–52 freiberufliche Tätigkeit, Filmaufbau in Göttingen, 1953–60 Film u Fernsehen in Kanada, CKCO-TV, Kitchener, Ontario, 1960 Radio Bremen, Fernsehen u freiberufliche Tätigkeit, Doz als Gast am Asian Institute for Broadcasting Development, Angkasapuri, Kuala Lumpur, Malaysia. M: „Eichkater", München. H: Fotografie, Fliegerei.

Wedewardt Heinz Prof Dipl-Foto-Grafiker
B: FachHSLehrer, Fotograf, AV-Produzent. G: Berlin, 16. Jan 1928. V: Annelore, geb Ehrlich. A: D–5064 Rösrath, Zum Sandfeld 17. Tel: 02205/4388. S: Stud an d HS f angewandte Kunst, Berlin, Grafik bei Prof Vogenauer,

Fotografie bei Prof Kesting, Abschlußdiplom 1953. K: Als Grafiker, Fotograf u Filmemacher in Verlag, Industriefirma u Werbeagentur beschäftigt, seit 1961 Doz an d Staatl Höheren Fachschule f Fotografie (1973 in d FachHS Köln integriert), freischaffende Tätigkeit im audio-visuellen Bereich, Autor folgender AV-Programme „Der Mensch und seine Umwelt", „Wie faß ich Dich – unendliche Natur" (Deutsche ForschungsGem), „Glass and Ceramics of Iran", „Prometheus" (Mitautor einer Multivision im Schauspiel). F: Amateur Photographer, Camera, Das Deutsche Lichtbild, Fachlehrbuch f Fotografie, Generative Fotografie, Le Photographe, MFM, New Photograms, Photo-Prisma, Photography, Photoblätter, Phototribune, Photography Year Book. E: Photokina-Obelisk. M: DGPH, BFF, Europhot. H: Bilder, Musik, Tiere.

Wegeleben Gottfried
PS: Jan Lester, Alexander Mida. B: Schriftsteller u Filmproduzent. G: Erfurt, 14. Jan 1928. A: D–8136 Percha/Starnberger See, Mühlweg 10. S: Abitur, JuraStud. K: Filmaufbau Göttingen, Bavaria Filmkunst, Produktions-Chef Schorchtfilmverleih, Filmproduzent, freier Schriftsteller (TV-Serien, Filme, Bühnenstücke). H: Segeln, Skilauf, Tennis, Golf.

Wegner Hildegard
B: FotografenMstr, Porträtfotografin. G: Winsen/Luhe, 15. Apr 1927. A: D–3000 Hannover 31, Fiedeler Str 7. S: Höhere Mädchenschule, Fotografenlehre. K: Ausgezeichnet mit d großem APP Preis auf Bundesebene 1978, Einzelausstellungen u Beteiligung an Gruppenausstellungen in Galerien u Museen im In- u Ausland, mehrere Bilder (ausgezeichnet) auf d Weltmesse d Fotografie, Arbeiten wurden wiederholt im Deutschen Fernsehen gezeigt, Übernahme d lichtbildnerischen Gestaltung f d KlosterKam Hannover: Gestaltung eines Kunstbandes „Calenberger Klöster", andere in Planung u in Arbeit, Kunstkalender 1978, Fotoarbeiten f d Bund bildender Künstler. F: Zahlreiche Veröffentlichungen in Zeitschriften u Zeitungen. E: Zahlreiche Auszeichnungen, großer APP Preis auf Bundesebene 1978 ua. M: Arbeitskreis Portrait Photographie im CentralVerb Deutscher Fotografen, Arbeitskreis Bild im CentralVerb Deutscher Fotografen, GEDOK, Verb d Gem d Künstlerinnen. H: Herstellung künstlerischer Charakterpuppen (schon häufig auf Messen, in Ausstellungen u im Fernsehen gezeigt).

Wehinger Erwin
B: FotografenMstr. G: Langenau, 5. Apr 1929. V: Sonja, geb Maier. A: c/o Foto-Wehinger, D–7888 Rheinfelden Baden. Tel: 07623/1903. S: Fotofachschule. K: Industrieaufnahmen, seit 1956 eigenes Fotofachgeschäft mit Portrait-Atelier. F: In versch Zeitschriften. H: Tieraufnahmen in Kenya, Formel I Aufnahmen.

Wehner Dieter
B: FotoKfm. G: Mainz, 28. Feb 1935. V: Christa, geb Rolinger. A: D–6800 Mannheim, Breite Str U 1/8. S: Grundschule, mittlere Reife. K: Drogist, FotoKfm, VerkaufsLtr f Foto Quelle France, Ass Verkauf Foto Firma PHORA, Mannheim. F: Nikon. D: „Heldentum nach Ladenschluß". M: LuftsportVer Worens, Fluglehrer Segelflug, Motorflug.

Weidenmann Alfred
B: Film- u Fernseh-Regisseur, Autor. G: Stuttgart, 10. Mai 1918. A: D–1000 Berlin 33, Dohnenstieg 11–13. S: Gymn, Abitur, Stud an d KunstHS. K: Nach 4 Sem Stud-Abbruch, Journalist f Illustrierte im Ausland, erstes Jugendbuch „Jakob" (v d TOBIS mit Klöpfer verfilmt), eigene Filme, zuerst „Junge Adler" m Willy Fritsch, Kriegsteilnehmer, russische Kriegsgefangenschaft, dann nach 45 Filmen wie „Canaris" 3 BFilmpreise, sieben Jugendbücher. D: Regie in Filmen: ua „Ich und Du", „Alibi", „Kitty und die große Welt", „Stern von Afrika", „Die Buddenbrooks", „Bumerang", „Julia du bist zauberhaft", „An Heiligen Wassern", „Die Festung", „Das große Liebesspiel", „Maigret und sein größter Fall", „Die Schlacht an der Neretva", „Das Freudenhaus", „Der Schimmelreiter", Bücher: Gepäckschein 666, Die glorreichen Sieben, Der gelbe Handschuh, Das Geheimnis der grünen Maske", Der blinde Passagier, Der Junge aus dem Meer, Die 50 vom Abendblatt, Fernsehen: alle Shows mit Lilli Palmer, „Martin-Held-special" „Der Alte", „Derrick", „Sonderdezernat K 1", „Der Sanfte Schrecken" ua. E: 3 BFilmpreise, Filmpreis in Cannes, Prix Femina (Italien). M: Bund der Regisseure. H: Malen, Tennis.

Weigel Hans-Elmar Dir
B: Dipl-MusikPäd, MusikschulLtr, Konzertpianist. G: Offenburg, 27. Sept 1925. V: Eleonore, geb Rütenacker. A: D–7600 Offenburg, Luisenstr. S: Abitur, MusikStud, Staatsexamen. K: Seit 1951 als KlavierPäd tätig, Konzertpianist u Konzertbegleiter, als Solist

bei namhaften Orchestern, Begleiter v bedeutenden Solisten.

Weigle Kurt
B: Fotograf. G: Ruppertshofen, 3.Apr 1925. V: Maria, geb Gscheidle. A: D–7162 Gschwend, Gmündner Str 5. S: Grundschule,Berufsfachschule. K: Gehilfenprüfung 1941, Meisterprüfung 1952, 5 Jahre Kameramann, dann selbständiger Portraitfotograf u Fotohändler, Hersteller v Kulturfilmen, ua d Kulturfilms „Holz, ein Werkstoff, gedreht in afrikanischen Ländern. F: In versch Fachzeitschriften, Tagespresse. E: Bei div Fotowettbewerben. M: Mtgl bei versch Fotogruppen u sämtlichen örtlichen Ver. H: Reisen, Fotografieren.

Weiland Mato
B: Ltd Redakteur, Journalist. G: Stanisic/Jugoslawien, 24. Okt 1927. V: Irene, geb Mayr. A: D–80O0 München 80, Ellingerweg 76. S: Grundschulen, Konservatorium. K: Reporter d Münchner Abendzeitung, Landtagsberichterstatter d Bayerischen Fernsehens, ltd Redakteur d Bayerischen Fernsehens. E: Preis d Bayerischen Landtages f Fernsehberichterstattung über d Parlament, Bayerische Verfassungsmedaille in Silber. M: Bayerischer JournalistenVerb. H: Tischtennis.

Weiler Klaus-Dieter
B: FilmKfm. G: 7. Feb 1931. V: Edith, geb Michels. A: D–5450 Neuwied 1, Dierdorfer Str 2. S: Ausbildung als BankKfm. K: Filmtheaterbetriebe METROPOL u SCHAUBURG-THEATER Neuwied, Besitzer eines großen Shetlandpony-Farbgestütes, seit 35 Jahren, eigene Zucht – in ganz Europa bekannt (ausgefallene Farben wie Tigerschecken u Palominos), mehrere Fernsehsendungen sowie Berichte in d Zeitschriften „Freizeit im Sattel Bonn", Pony-Post, Pony Journal u Rhein-Zeitung. D: Mehrere Fernsehsendungen. M: WirtschaftsVerb d Filmtheater Rheinland-Westfalen, PonyzuchtVerb Rheinland-Pfalz-Saar. H: Ponys züchten u Kutschfahren.

Weineck Hans Jürgen
B: Publizist. G: Köln, 8. Juli 1915. V: Elsbeth, geb Wedekind. A: D–6900 Heidelberg, Schönauer Str 60. S: Abitur, Stud an d Univ Heidelberg. K: Filme ua „Der Weg zum sozialen Rechtsstaat", „Geschichte der deutschen Arbeiterbewegung", Päd FILME MIT Beispielen aus England, Schweden, USA, Israel, Holland, Frankreich, Mitarbeit an „Unser Jahrhundert im Bild", Ausstellungen, „Der Protestantismus vor der sozialen Frage", Friedrich-Ebert-Ausstellung, zahlreiche dokumentarische Filme aus d Bereichen Erziehung, Wiss u Kunst.

Weiner-Dillmann Hans Prof
B: Komponist, Autor, Biograph. G: 28. Apr 1903. V: Hansi, geb Wolf. A: A–1120 Wien, Fockyg 23. Tel: 0222/8373693 oder 0222/8389084. S: Grundschule, Lehrerbildungsanstalt, MusikStud in Wien bei Operettenkomponist Charles Weinberger u MilitärkapellMstr k Wetaschek. K: Mit 18 Jahren jüngster Operettenkomponist mit d „Mädel vom Variete" (Metropoltheater), weiters orchestrale Unterhaltungsmusik, Chansons, Schlager Wienerlieder, viele davon wurden große Erfolge mit Interpreten wie Maria v Schmedes, Vico Torriani, Peter Aexander, Heinz Conrads usw, 100 Bühnenstücke, ca 400 Lieder u Tanzschlager, Zusammenarbeit mit Künstlern wie Paul Löwinger, Emil Petroff, Gretel Theimer, Karl Uj vary, Friederike Dorff, Robert Werner, Friedl Larsen ua. F: Funk u Film, Radio Wien, Bunte Illustrierte, Wochenschau, Hör Zu, u in unzähligen österreichischen u deutschen Tageszeitungen. E: Goldenes Ehrenzeichen d Stadt Wien, Goldenes Reichsbundzeichen, Goldene Ehrennadel v Bad Leonfelden uam. M: Langjähriges Mtgl d AKM, derzeit AufsichtsratsMtgl. H: Autofahren.

Weinschenk Harry E
B: Journalist. G: Bromberg/Polen, 12. März 1898. V: Helga, geb Cornils. A: D–2000 Hamburg 19, Fruchtallee 30 B. S: Oberrealschule, Abitur, Stud an d Univ Königsberg, Danzig, Frankfurt/Main, Philosophie, Literatur, MusikWiss. K: Redakteur: Danziger Zeitung, Danziger Allgemeine Zeitung, Frankfurter Nachrichten, Deutsche Allgemeine Zeitung Berlin, Berliner Nachtausgabe, Mitarbeiter an d Zeitschriften: Der Silberspiegel, Die Frau, künstlerischer Ltr d KonzertDion Maria Graf in Hamburg. F: Buchveröffentlichungen: Fünfbändige Künstler-Biographien, Novellen: Madeleine, Die Lehrerin, Die Nacht von Biarritz, Begegnung am Heiligabend, Fatum, Lyrik: Dur und moll. M: Berufsvereinigung d Journalisten, Verb d Deutschen KonzertDion.

Weisenfeld Ernst Wilhelm Dr
B: Korrespondent. G: Gevelsberg/Westf, 21. Aug 1913. V: Elena, geb Murschanu. A: F–9200 Sèvres, 2 Rue de Gustave Guillaumet.

S: Abitur, Stud d Geschichte, Soziologie, ZeitungsWiss, Promotion z Dr phil. K: Volontariat b versch Zeitungen, 1940–44 Korrespondent d Deutschen Nachrichtenbüros in Bukarest, Kriegsdienst, Gefangenschaft, 1948–51 Redakteur, dann Korrespondent f WAZ u NWDR in Paris, 1962–64 Chefkorrespondent d ARD-Fernsehens in Bonn, danach NDR/WDR-Hörfunk-Korrespondent in Paris, 1970 Chef d ARD-Fernseh-Studios. H: Wandern.

Weiss Hans-Dietrich
B: Schriftsteller. G: Zschopau/Sachsen, 24. März 1922. V: Waltraud, geb Völtz. A: D–8150 Holzkirchen, Wallgergstr 9. S: Abitur, UnivStud d Germanistik u Literaturgeschichte, HS f Musik. K: Kunstkritiker, Redakteur, Schriftsteller, Musiktexte f Schallplatten, Film u Fernsehen. M: Deutscher TextdichterVerb.

Weller Eberhard
B: Fotografenmeister. G: Schwäbisch Hall, 7. Juni 1927. V: Ursula, geb Wüst. A: D–7170 Schwäbisch Hall, Giselaweg 19. S: Gymn, Militärschule, Fliegertechn Vorschule Brandenburg/Havel. K: Nach Gefangenschaftsentlassung 1945 aus US Lager Heilbronn, Besuch d Höheren Graphischen Fachschule in Stuttgart u Lehre bei Fotografenmeister Schick in Ludwigsburg, Gesellenprüfung 1949, 1950–55 bei Foto Eichner in Schwäbisch Hall, 1955 Meisterprüfung, bis 1960 Meister bei Fa Eichner, 1961 Gründung eines eigenen Foto-Ateliers m angeschloßenem Einzelhandel, AusschMtgl d Innung Heilbronn, seit 1957 Prüfungsmeister bei Fotografenmeisterprüfungen in Heilbronn. F: In örtlichen Tageszeitungen, Das Beste, Deutsche Welle, Deutsches Waffen Journal, Stuttgarter Zeitung, Freilichtspiele in Deutschland, Der Adler, Deutscher Aero Kurier. E: Silberne Ehrennadel d Fotografenhandwerks d Landesinnung Baden-Württ, Stuttgart. M: Fotografen-Innung Heilbronn, Landes-InnungsVerb Stuttgart. H: Motorflug, Segelflug.

Wendlandt Kurt
B: Maler, Grafiker, Autor, Lichtgrafiker. V: Elfriede Maria, geb Steier. A: D–1000 Berlin 20, Wilzenweg 15. S: Abitur, HS f bildende Künste Berlin, praktische Farbenlehre b Hoelzel – Walter Kurau – Schüler Szym, Werkstudio Juro Kubicek, Stud d Fotografie als Autodidakt, Filmseminar bei E F Gürtler. K: Illustrator, „Fotomärchen" (ua „Fumo d Rauchgeist"), Lichtgrafik, Diaphane Reliefs, Leuchtbilder, zahlreiche Einzel- u Gruppenausstellungen ua in 5 Goethe-Instituten in Brasilien, Paris, Prag, Bologna, Berlin, Werke ua in Kestner-Museum, Landesgalerie, Kupferstichkabinett Berlin, Musee des Arts Decoratifs, Paris. F: Lichtgrafikveröffentlichungen in Zeitschriften, Büchern u Filmen, ua: Foto-Prisma, Profile, la nuova critica Europea, Berliner Künstler im Gespräch, zahlreiche Ausstellungskataloge, Kunstmappen, Auflagen f wiss BuchGes sowie „Begegnungen m einer Landschaft – Ischia", Farbfilme: „Das bildnerische Werk v Kurt Wendlandt", „Ruhe u Bewegung". E: „Schönste Kinderbücher" Beirut „Balanzone d'Oro" Bologna, „Medaglia Speciale per Opere Avanguardia" Ancona, „Die schönsten Bücher d Jahres" mehrfach f d Stiftung Buchkunst. H: Musik, Kulturanthropologie, Reisen.

Weninger Otto Manfred
B: Film- u Fernsehregisseur, Drehbuchautor. G: Wien, 28. Nov 1919. A: D–2000 Hamburg 65, Alsterblick 3. Tel: 040/6050573. S: Mittlere Reife, Offz-Schule, priv Studien d Film- u FernsehTechn, Programmgestaltung, Drehbuch. K: Produktion einschließlich Buch u Regie v über 500 Dokumentar-Spiel- u Fernsehfilmen, 1948–56 Filmproduzent u Mitinhaber d BURGFILM Michael Jary GmbH, 1957–61 freier Filmregisseur, 1962–66 Film- u Fernsehproduzent, Inhaber d WENINGER-FILM-PRODUKTION, 1967–74 ProjektLtr eines Fernsehausbildungsprojektes bei Ghana-Broadcasting-Corporation in Accra/Ghana, 1975–76 freier Mitarbeiter Fernsehen, seit 1977 ProjektLtr eines Fernsehausbildungsprojektes bei Radio Televisao Portuguesa in Lissabon/Portugal. F: Zahlreiche Veröffentlichungen in Fachzeitschriften. E: 7 besonders wertvoll – Prädikate, 1 BFilmpreisanerkennung, 3. Preis b Sportfilmfestival in Cortina d'Ampezzo, lobende Anerkennung b Unterwasser-Festival in Monaco/Cannes, lobende Anerkennung Biennale Venedig. M: RFU. H: Segeln, Tauchen, Tischtennis, Schach.

Wenzel-Jelinek Margret
N: Margret Dieberger. B: Fotografin. G: Bozen, 20. Okt 1932. A: A–1030 Wien, Göschlg 12. S: Mittelschule, 2 Sem KunstAk Zürich, Grafische Lehr- u VersuchsAnst Wien. K: Lokalreporterin, dann Fotografie bei Zeitungen in allen Sparten, Foto-Exlusivbeilagen, Mode, Politik, Eröffnung eines eigenen Betriebes f Mode, Werbung u Ind, nach 10 Jahren Ausübung d

praktischen Fotografie, Einstieg in d politische Werbung. F: Kurier, Express, Die Presse, Kronenzeitung, Stern, Revue, Quick, Film u Frau, insbes Veröffentlichungen v Modebeilagen, komplett fotografierte periodisch erscheinende Modezeitungen uva, Wahlkampfaufnahmen f Regional- u BWahlkämpfe, Aufnahmen f d Deutschen BTagswahlkampf. M: IMW, Mtgl d fotografischen Ges. H: Fotografieren, Kinder, Malerei, Musik, Lesen.

Werneke Michael
B: Fotografenmeister. G: Essen, 30. Juli 1950. V: Monika, geb Meyer. A: D–6200 Wiesbaden, Weberg 1. S: Ausbildung z Mode- u Werbefotografen (3 Jahre Lehre) b d Fa Fotoherr in Essen. K: 3 Jahre Tätigkeit als Modefotograf in Essen, danach 1 Jahr als StudioLtr in einem Coesfelder Großraumstudio, anschließend 1/2 Jahr Besuch d BFachschule f Fotografie in Hamburg m abschließender Meisterprüfung, ab 1975 selbständig in Wiesbaden. F: Color Foto. M: APP, AWI.

Werner Hans Jürgen
B: Filmproduzent u -verleiher. G: Berlin, 12. Apr 1950. A: D–2000 Hamburg 13, Rothenbaum-Chaussee 30 und D–100 Berlin 42, Tempelhofer Damm 86. S: Oberschule, Abitur, Stud d ZahnMed in Hannover 3 Sem, Stud d Betriebswirtschaftslehre ohne Abschluß. K: 1973 Mitinhaber d RE 7 Film OHG, ab 1976 Geschäftsführer d RE 7 Film GmbH, ab 1977 auch Geschäftsführer d Luxmeta Filmverleih GmbH. M: Deutsch-Finnische Ges, FDP. H: Schallplatten, Theater, Kino, Bücher.

Werner Regina Mag
B: Dramaturgin. G: Berlin, 10. Nov 1948. A: D–1000 Berlin 31, Koblenzer Str 11. S: Stud d Germanistik, TheaterWiss u Kunstgeschichte an d Freien Univ Berlin. K: Hospitanz beim Fernsehen, später RegieAss bei Fernsehen u Film, Theaterredaktion d Zeitschrift „Kulturanzeiger", Lektorin beim Sender Freies Berlin, Autorin. M: RFFU. H: Klassische Musik.

Werner Theo Maria
PS: Werner Hauff. B: Journalist, Dramaturg, Fim/TV-Producer, Regisseur. G: 15. Mai 1926. V: Sigrid, geb Wohlers. A: D–8OOO München 40, Giselherstr 16. S: Hum Gymn, 8 Sem Theater- u ZeitungsWiss, Germanistik an d Univ München. K: Bühnendramaturg, freiberuflicher Filmjournalist, Dramatur, Union Film-Verleih, Pressechef d Columbia-Film, Dramaturg d Bavaria-Filmkunst, erneut Pressechef b Columbia, Drehbuchautor, Filmproduktionsgeschäftsführer, Inhaber d Regina-Film (s 1969), Film/TV-Produktion, Spielfilmregie: „Der gestohlene Himmel", „Ich denk mich tritt ein Pferd", zahlreiche Synchrondialogbücher u Regieaufträge, Auftragsproduzent d ZDF. M: Bayr JournalistenVerb eV, Kiwanis-Club München, Narrhalla eV, Verb Deutscher Spielfilmproduzenten eV, BVerb Deutscher Fernsehproduzenten. H: Berufsbedingte Film- u Theaterbesuche.

Wesseloh Ralph
B: Gastronom.G: Buchholz, 2O. Okt 1941. V: Karin, geb Bürki. A: D–2110 Buchholz, Bremer-Str 5. S: Mittlere Reife, Handelsschule, HotelKfm. K: Lehre im Hotel Atlantic in Hamburg, Kellner, Oberkellner im Waldorf Astoria in New York, Hilton New York, Restaurant-Chef d Hotel St Gotthard, Zürich, Oberkellner im Hotel Atlantic, Hamburg, gastronomischer Geschäftsführer d Warenhauses Horten, Düsseldorf, ab 1978 Besitzer d Delhi-Centers (Kino, Schlemmerstübchen, Eiskonditorei). F: Hamburger Anzeigen u Nachrichten, Nordheider Wochenblatt, Buchholzer Stadtgespräch. H: Amerikanische Autos.

Westphal Thomas-Günther
B: Inspizient. G: Hamburg, 26. Jan 1955. V: Irmhild, geb Peschutter. A: D–2370 Rendsburg, Friedrich Voß-Pl 17. S: Grundschule, Pferdepflegerlehre. K: 1973–74 Bühnenarbeiter, 1974–75 Inspizient an d Landesbühne Rendsburg, bzw am Landestheater Schleswig-Holstein u Sinfonieorchester GmbH, 1977–79 Bühnentechniker u Requisiteur, ab 1979 Inspizient am Landestheater. H: Fotografie, Musik (Klassik, Jazz, Rock).

Weth Georg A
B: Show-Manager, TheaterLtr, Schriftsteller.G: Fürth i B, 24. Apr 1936. V: Ursula, geb Romes. A: D–7830 Emmendingen 14. S: Ku Kunstschule, Schauspielschule. K: 1959–62 Ltr d Salzburger Mysterienspiele, 1963 Gründer u Ltr d Kammerschauspiels St Blasien, 1966 Gründer u Ltr d Badischen Kammerschauspiele (Tourneetheater m jährlich 500 b 6OO Gastspielen im In- u Ausland), 1975 Begründung v Show-time International, deren Manager, schriftstellerische Arbeiten ua „Barbara liebt", 1. sexualpädag Jugendstück, Neubearbeitung v Goethes „Scherz, List u Rache", Fortsetzung u Buch „Gespräche". D: „Der

Flüchtling", „Nächtliches Gespräch mit einem verachteten Menschen", „Ingeborg", „Monpti" uva, über 50 Hörfunk- u Bühneninszenierungen. M: ASSITEJ Deutschland, Verb d Musikschaffenden Deutschlands. H: Malen.

Wettlaufer Georg
B: TheaterLtr. G: Niederkaufungen, 1. Sept 1943. V: Nora, geb Höfle. A: D–8000 München 19, Richildenstr 51. S: Grundschule, Kfm. K: EinzelhandelsKfm, TheaterLtrAss, TheaterLtr. H: Briefmarken sammeln.

Wetzstein Stefan
B: Fotograf. G: Pelmonostor/Ungarn, 20. Aug 1920. V: Hildegard, geb Gintersdorfer. A: A–4470 Enns, Scheuchenstuelg 2. S: HandelsAk. K: Lehrzeit bei Foto Szege, Osijek, Jugoslawien, Deutsche Wehrmacht 4 Jahre, Emigration, seither in Österreich, Staatsbürgerschaft seit 1952, Fotoatelier in Enns, Meisterprüfung als Fotograf, 25jährige Tätigkeit als Fotograf. E: Staatspreis f bes Leistungen auf d Gebiet d Fotografie v BMU 1956. H: Philatelie.

Wichmann Karl Horst Dir
B: KapellMstr, ChorDir, Komponist. G: Wien, 28. Sept 1931. V: Rose-Romana, geb Kogler. A: A–6020 Innsbruck, Wopfner Str 8. S: RealGymn, Matura in Klosterneuburg, Konservatorium d Stadt Wien (Klavier bei Prof Hertha Offner, Dirigentenklasse bei Walter Gmeindl Komposition privat bei Dr Friedrich Reidinger. K: TheaterkapellMstr in Graz, Klagenfurt, Rendsburg, Basel, Innsbruck, zwischendurch 4 Jahre „Wiener Eisrevue", Kompositionen: Kammermusik, Lieder, hauptsächlich Schauspielmusik, Filmmusik. E: 1971 2. Preis im CORK f d Film „Gemälde entstehen" (v H u V Seeböck), 1978 2. Preis in Nairobi f d Film „RT 25" (v H u V Seeböck). H: Filmen, Modelleisenbahn.

Wickert Ulrich
B: Journalist. G: Tokio, 2. Dez 1942. V: Sylvia, geb v Frankenberg u Ludwigsdorf. A: F–75007 Paris, 5 Rue de Luynes. S: Abitur, Staatsexamen in RechtsWiss 1968, 1963/64 Fulbright-Stipendium. K: Freier Hörfunkautor, Redakteur bei „Monitor", Auslandskorrespondent, 1977 USA, seit 1978 Frankreich, 1974 Lehrbeauftragter HFF München, 1976 Lehrbeauftragter FU-Berlin (Inst f Publizistik).

Widmann Uwe
B: Fotograf. G: Kosten, 16. Nov 1943. V: Ingeborg, geb Schaa. A: D–2000 Hamburg 76, Ackermannstr 28. S: Gymn, Lehre, Militär, AssZeit, Werbefachschule. K: Ass bei Wolfson (Mode) u bei Böhm (Kosmetik), Fotografenstelle bei d Freien u Hansestadt Hamburg, 1975 Gründung eines Fotostudios f Werbefotografie. F: Die Welt, Bild, Für Sie, Unser Kind, Pop, Popfoto, Meine Gesichte, Mein Erlebnis. H: Segeln, Schwimmen.

Wieczorek Joachim
B: Fotojournalist. G: Berlin, 2. Juli 1939. V: Grit, geb van Ackeren. A: D–1000 Berlin 19, Kaiserdamm 30. Tel: 030/3021741. S: Mittlere Reife, abgeschlossene Ausbildung als TextilKfm. K: Selbständige Arbeit als freier Fotojournalist seit 1959 f Tageszeitungen u Illustrierte, Autodidakt, seit 1969 Vertragsfotograf f Europas größte Fernsehillustrierte, Spezialgebiet: Farbreportage, intern Themen, Showbusiness, Politik u Reisereportage, Fotoarbeiten f Ausstellungen, Werbung u Buchillustrationen. F: In Illustrierten, Magazinen u Zeitschriften. M: DJV. H: Segelfliegen.

Wiedmann Ulrich
B: Regisseur, Filmemacher. G: Veckerhagen, 13. Mai 1915. V: Ursula, geb Woziwodzki. A: D–2000 Hamburg 65 Wullenbusch 2. Tel: 040/6050783. S: Gymn Hannover Münden, Eberswalde, Berlin, Volontärzeit UFA Berlin, Ausbildung in allen Filmtechnischen u Künstlerischen Bereichen. K: Cutter, Chefcutter UFA Berlin, Regisseur d Zeit im Bild-Produktion, seit 1951 Regisseur u Filmemacher v Kultur-, Industrie- u Werbefilmen, spezialisiert im Architektur- u Baubereich in bereits 15 jährigem Auftrag eines Großunternehmens. F: In div Film-, Fach- u Wirtschaftszeitschriften u Tageszeitungen. E: Intern Urkunden, Filmpreise, BFilmpreis. H: Experimental-Aktionsfilm, Malen, Keramik.

Wieland-Autenrieth Ingrid
B: Fotografin. G: Mannheim, 12. Jan 1926. V: Karl Wieland. A: D–7800 Freiburg, Kirchenhölzle 12. S: Abitur, Fotolehre an d Bayr StaatslehrAnst f Lichtbildwesen München, Meisterklasse. K: 1951 Meisterprüfung, bis 1961 Werbefotografie in Frankfurt/M, zahlreiche Reisen m Modellen, Beteiligung an Fotokina-Ausstellungen, Berufung in d GDL, zahlreiche Veröffentlichungen in Büchern u Fachzeitschriften, seit 1966 freischaffend in

Freiburg, Einzel- u Gruppenausstellungen, Arbeitsgebiete: Landschaft, Portrait, Architektur, Kunst, Reisereportagen, Ankäufe v Museen u priv Sammlern. E: Intern Rollai Wettbewerb 1955, 2. Preis. M: GDL, GEDOK. H: Sport, Reisen, Bildende Kunst.

Wiendl Klaus
B: Journalist d „Tagesschau" im ARD-Programm. G: München, 25. Nov 1942. V: Heidi, geb Stick. A: D–8000 München 60, Oneginstr 2. S: Oberschule, Ak. H: Musik (Trompete).

Wiene Fritz
B: Pelz-Kfm, Promoter - Sport + Schau. G: Wuppertal Elberfeld, 4. Sept 1916. V: Elisabeth, geb Vogler. A: D–2000 Hamburg 65, Bilenbarg 69. S: Grundschule. K: HandelsKfm. F: In allen Tageszeitungen, Fernsehen, Radio, Filmen, Hör Zu, in allen Fernsehzeitungen ua. M: Vors eines ReiterVer, Pr d Verb VDV. H: Pferde.

Wiener Hugo Prof
B: Bühnenautor, Schriftsteller, Komponist. G: 16. Feb 1904. V: Cissy, geb Kraner. A: A–1040 Wien, Kleinschmidg 1. S: Mittelschule, Musik- u Harmonielehre bei Prof Ernst Wasservogel. K: Korrepetitor, TheaterkapellMstr, Autor v Chansons, Operetten, Kabarettprogrammen, Filmen, Fernsehprogrammen (zZ „Spaß mit Musik", „Das verrückte Paar"), 10 Jahre Hausautor d Wiener „FEMINA" (1928–38), 16 Jahre Hausautor d Wiener „Simpl" (mit Karl Farkas), Filme mit Johanna v Koczian, Hans Moser, Paul Hörbiger, Boy Gobert ua, Autor v bisher 6 Satirebänden, Buchtitel: ua Doppelconference, Krokodile fliegen nicht, Ich erinnere mich nicht, Seid nett zu Vampiren, Die lieben Verwandten und andere Feinde, Verliebt Verlobt Geheiratet, Heiterkeit auf Lebenszeit, Filme: ua „Agatha, laß das Morden sein", „Ober zahlen!", „Der Kuk Feldmarschall", „Heiratskanditaten". F: In fast allen österreichischen u vielen bundesdeutschen Zeitschriften u Zeitungen. E: Goldenes Verdienstzeichen d Republik Österreich, Ehrenmedaille in Silber d Stadt Wien, Österreichisches Ehrenkreuz f Wiss u Kunst. M: AKM, Austro-Mechana (Gesellschafter), Literarische Mechana, Gen Österreichischer Dramatiker u Komponisten (VorstMtgl).

Wieser Arthur Erhart
B: Flugfotograf. G: Chur, 14.Nov 1946. V: Mariann, geb Manni. A: CH 7000-Chur, Untere Plessurstr 112. K: Lehre als Maschinenschloßer, dann Versuchs-Mech-Elektronik, Übernahme d Fotoateliers u Labor, Ltr v 2 Fotografen, Aufgabengebiet: Industriereportagen, reprotechnische Aufnahmen, ca 3 Jahre Ltr, dann ca 4 Jahre Comet-Photo Zürich, Aufgabengebiet: Presse, Industrie, Atelier, Reportagen, Flugaufnahmen, seit 3 Jahren selbständig in Chur, eigenes Atelier u SW-Labor, spezialisiert auf Industrie-, Architektur- u Flugaufnahmen, Hotelprospekte, Fremdenverkehrswerbung, Filmen (Ski-Film Splügen). F: Ringies Zeitungen, Zürcher Zeitung, Schweizer Familie, Aktuelles Bauen, Bündner Zeitung uva. H: Deltafliegen, Skifahren, Reisen, Fotografieren.

Wiessner Hans-Jürgen
B: Korrespondent. G: Berlin, 10. Dez 1922. A: X–2285 Bradering auf Sylt, „Haus Süderkliff". S: Abitur, einige Sem JuraStud. K: Volontariat bei versch Zeitungen, freier Mitarbeiter f RIAS Berlin, 1962 Berliner Korrespondent d ZDF, 1969–70 USA-Korrespondent, seit 1973 Vertreter d ZDF mit Sitz in Ost-Berlin. H: Segeln.

Wieter Georg Kammersänger
B: Opernsänger. G: Hannover, 10. März 1896. V: Annemarie, geb Kammerer. A: D–8000 München 40, Kaiserstr 10. S: Realschule in Hannover, Gesangs- u Bühnenausbildung als Spiel- u seriöser Baß bei F Notholt u Franz Xaver Battisti. K: Stadttheater Gotha, Darmstadt, 11 Jahre Nürnberg, 30 Jahre Bayerische Staatsoper München, Gastspiele in Budapest, Rom, Paris, Amsterdam, London, Film in Wien. F: In Tageszeitungen. D: Darsteller u Sänger fast aller Baßpartien aller Opern, Film „Fidelio". E: Bayerischer Verdienstorden. H: Tierliebe, Natur.

Wild Ernst
B: Kameramann u Bildregisseur. V: Ruth, geb Willig. A: D–8131 Berg 1, Perchaer Weg 14. E: Kamera-Filmpreis in Gold 1978 f Film „Rheingold".

Wild Franz Josef
B: Regisseur. G: Riedenburg, 4. Juni 1922. V: Dorothea, geb Siersetzki. A: D–8000 München 45, am Blütenring 54. S: Hum Gymn, Abitur, Schauspielschule (Otto Falckenbergschule) in München. K: 1945–50 RegieAss Kammerspiele München u Schauspieler, 1951–52 Dramaturg, RegieAss Kammerspiele München, seit 1953 Regisseur Bayerischer Rundfunk,

Fernsehen, ca 100 Inszenierungen, überwiegend Fernsehen, Bayerischer Rundfunk, aber auch Film u Theater. M: BVerb d Fernseh- u Filmregisseure in Deutschland eV. H: Klavierspielen.

Wildbolz Jost
B: Fotograf. G: Wien, 25. Aug 1937. A: CH–8032 Zürich, Forchstr 18 A. S: Matura, HS f angewandte Kunst, Wien, Studienreisen in Schweden, USA, England, Frankreich. K: Vorerst Grafiker, dann ArtDir d „Mobil Creative Unit" v J W Thompson Werbeagentur f ganz Europa, seit 1970 selbständiger Fotograf mit Studio in Zürich. F: Elle (Frankreich), Elle (Schweiz), Vougue, Photographie, Nikon News, Photo, Color Foto, Annabelle, Femina, Schweizer Illustrierte, Stern, Progresso Fotografie, Ital Vougue ua. E: Gold Medaille 1977 v ArtDir Club d Schweiz u Silbermedaille f Verdenste in Editorial Fotografie. H: Alte Autos restaurieren, Fotografieren.

Wilhelm Joachim
B: Journalist. G: Berlin, 26. Juli 1939. A: D–1000 Berlin 33, Saßnitzer Str 9, D–1000 Berlin 39, Am Kleinen Wannsee 23m. Tel: 030/8234875 oder 030/8052762. K: Edition Montana, München, Jowi-Pressedienst, Berlin, SFB, Berlin.

Wilhelm Kurt
B: Schriftsteller, Regisseur. G: München, 8. März 1923. V: Rita, geb Kocurek. A: D–8021 Strasslach, Frundsbergstr 31. S: Gymn, Reinhardt-Seminar, Wien, Regie u Darstellung. K: 1943 Schauspieler in Wien (Burgtheater, Theater in der Josefstadt), 1943–44 Dramaturg, RegieAss u Schauspieler in Stuttgart, nach 1945 Rundfunk München, zahlreiche Gastinszenierungen an Münchner u bayrischen Theatern, seit 1953 beim Fernsehen ARD, München, als AbtLtr f Unterhaltung u Fernsehspiele, über 100 TV-Inszenierungen (Opern, Operetten, Spiele, Unterhaltung), als Schriftsteller 1956 „Dickerchen" (Roman), 1964 „Fernsehen" (Sachbuch), 1975 „Brandner Kaspar" (Bühnenstück, erfolgreichste Inszenierung d Staatsschauspiels München, bis 1979 über 220 Aufführungen), 1978 „O Maria hilf" (Feuilletons). F: Zahlreiche im Spiegel, Gong, Hör Zu, Epoca usw. E: Deutscher Fernsehpreis, Goldener Bildschirm (3x), 11 Kritikerpreise. M: Pr d Münchener Turmschreiber.

Wilke Michael
B: Musikverleger, Musikproduzent. G: 15. Aug 1929. A: D–8000 München 40, Ungerer Str 43. Tel: 089/3615053. S: Mittlere Reife, abgebrochenes Stud am Konservatorium f Musik in Hamburg, nach 2 Jahren Klein Flottbek, Ausbildung als Musik-Sortimenter mit Abschluß (Gesellenprüfung) in Bonn, 1953. K: 1952 Gründung eines eigenen Musikverlages (Edition Pacific), 1974 Beginn eigener Musikproduktionen, 1977 Gründung d Schallplattenfirma MWM-RECORDS München. F: Zuletzt im Stern, 1979. M: Ordentliches Mtgl d GEMA. H: Cartoons, Keramik, französische Grafiken.

Williams Alice
B: TanzPäd f Ballett u modernen Tanz. G: Bremen, 21. Okt 1919. A: D–8000 München 21, Böcksteiner Str 11. S: Volks- u Mittelschulabschluß, ab d 9. Lebensjahr Ballettschule d Bremer Stadttheaters u privaten Ballettschulen, zB Fanny Bougou u Helene Weidlich, Bremen, Step-Tanz bei Jimmy Illeny (UFA Berlin), Ausdruckstanz bei Sophia Rall, Bad Reichenhall, SommerSem bei Harald Kreuzberg, Salzburg. K: Ab 1945 Solotänzerin „Literarisches Kabarett" unter d Ltg v Hans-Albert Schewe in Hamburg, Hoffmann-Andersen Shows in allen Großstädten Westdeutschlands, 1946–54 freie Solotänzerin im Landestheater Salzburg, 1949 Salzburger Festspiele: „Orpheus und Eurydike" (Choreographie v Bernhard Wosien) mit d Ensemble d Wiener Staatsopernballetts, dann Filmtätigkeit „Vagabunden" (mit Paula Wessely, Attilla Hörbiger ua), „Ein bezaubernder Schwindler" (mit Wolf Albach-Retty, Waltraud Haas ua), Österreichische FilmGes, Wien, ab 1949 eigenes Tanzstudio in Bad Reichenhall, Traunstein, Ruhpolding, Rosenheim, Freilassing, Laufen, erfolgreiche Märchen- u Tanzaufführungen im Oberbayerischen Raum, 1956 Übersiedlung nach München, Eröffnung d Münchner Ballett-Tanz-Gymnastik-Studio's. F: Revue, div Kritiken in Tageszeitungen. D: „Vagabunden", „Ein bezaubernder Schwindler". M: Rote Reiter, Traunstein (früher). H: Hunde u Katzen, Sport u Spiel, Garten- u Kellerfeste (mit vielen Gästen).

Willimann Rolf
B: Eidgen dipl Fotograf. G: Luzern, 12. Juni 1948. V: Carla, geb Rossel. A: CH–6070 Kriens, G Riedfeld 1, CH–6005 Luzern, Schloßweg 11. S: Primar- u Sekundarschule. K: 1966–69 Lehrzeit bei James Perret in

Luzern, Studienaufenthalt in England, 2 Jahre Werbeagentur Hans Looser Zürich, 1 Jahr SVZ, seit 1974 eigenes Fotostudio. F: Div Inserate, Plakate usw. E: Eidgen dipl Fotograf, Schweizerisches Kunststipendium f angewandte Kunst, 1973. H: Fotografie.

Willrodt Ingrid Barbara
B: Produktionsmanagerin, Cutterin. G: Berlin, 14. April 1942. A: D–1000 Berlin 62, Meraner Str 4a, D–2000 Hamburg 13, Mittelweg 10. S: Ausbildung als Fotografin. K: Fotografin bei Theater u Film, Cutterin bei Spiel-, Dokumentar- u Werbefilmen, selbständige Postproduktion beim Werbefilm, AgenturLtr d Cinepromotion Berlin, Werbefotos, Deutschland Fotos bei Weltausstellung Osama 1970, Landschaften usw in Deutschland-Büchern u Bildbänden. E: Mitarbeiterin an preisgekrönten Werbefilmen in Cannes, New York, Mitarbeiterpreis f d Deutschlandfilm f Osama 1970. H: Goldschmiedin.

Wilsmann Günter
B: Fotografenmeister. G: Schloß Neuhaus, 2. Aug 1948. V: Dagmar, geb Schönher. A: D–6200 Wiesbaden, Am Steinwald 8. S: Mittlere Reife, FachHS f Fotografie. K: 1963 Lehre, 1967–71 BW, 1971–74 Kameramann (IndFilm), 1975 eigene Presseagentur, 1975/76 selbständiges Studio in Wiesbaden, 1972 Meisterbrief in Hamburg. F: Stern, Hör Zu, Quick uva u in fast allen Tageszeitungen. H: Tennis, Schach.

Wimhoff Klaus
B: Werbe- u Modefotograf. G: Essen, 17. Aug 1948. A: c/o Studio 66, D–6369 Niederdorfelden, Altkönigstr 3. S: Gymn in Essen-Werden, Albert-Einstein-Schule, Werbe- u Modefotografenlehre mit Gesellenprüfungsabschluß bei Fa Fotoherr. K: 1966–69 Fotografenlehre, Fa Fotoherr, Essen, zeitweiliger Besuch d Folkwangschule in Essen-Werden, 1970–72 free lance photographer in Brian Brand Studios, Melbourne, Australien, 1972–73 Fotoreportagen in Australien, Kanada, Südafrika, Amerika, 1973 Eröffnung eines Werbefotografie-Studios in Offenbach (Studio 66), 1976 Neubau eines Großraum-Fotostudios f Werbe-Mode-u Möbelfotografie in Niederdorfelden. F: Werbeanzeigen in Australischen u Deutschen Magazinen. H: Landschaftsfotografie, Sammeln v Veteranen-Limousinen, Reisen.

Wimmer Hedwig
B: Fotografin, Buchautorin, Filmemacherin. A: D–7500 Karlsruhe, Sophienstr 57b. S: Abitur, HS f Büchereiwesen, Dipl Bibliothekarin, Besuch d Bayerischen Staatslehranstalt f Lichtbildwesen. K: Dipl Bibliothekarin, freischaffende Fotografin, Bücher in versch Sprachen, Ausstellungen (1 Einzelausstellung), neuerdings auch f Film u Fernsehen tätig (Buch, Regie, Kamera), insgesamt ca 20 Buchveröffentlichungen bei versch Verlagen. E: „Schönste Bücher des Jahres“, DDR. H: Sammeln v Naiver Kunst, Kammer- u Klaviermusik.

Wimpffen J Hermann v Dr
B: Fernsehredakteur. G: 13. Nov 1934. A: D–8000 München 45, Floriansmühl-Straße. S: Stud d Politischen Wiss, Geschichte, Völkerrecht. K: 1960/61 Mitarbeiter d Französischen Fernsehens (RTF), seit 1965 Bayerischer Rundfunk – Fernsehen.

Windprechtinger Erich
B: AufnahmeLtr. G: Wien, 11. Mai 1931. V: Astrid, geb Soltwedel. A: D–8045 Ismaning, Osterfeldstr 4. Tel: 089/968797. S: Grundschule, 1941–48 Oberschule (Gymn), 1948–52 HS f Musik Wien (Konservatorium), Ausbildung: Moderne Tanzform bei Rosalia Chladek, Klassisches Ballett bei Tamara Rauser. K: Nach abgeschlossener Ausbildung Engagements: Burgtheater Wien, Volksoper Wien, Salzburger Festspiele 1962–68, Antike Festspiele Syrakus 1952–54, Film- u Fernsehengagements 1962–69, seit 1969 tätig als AufnahmeLtr in d HauptAbt Produktion beim Zweiten Deutschen Fernsehen. M: Polizei SportVer München, SchützenAbt. H: Schießen (Pistole), Wandern, Skifahren, Schwimmen.

Windstoßer Ludwig
B: Fotodesigner. G: München, 19. Jan 1921. V: Ingrid, geb Lischke. A: D–7000 Stuttgart 1, Neue Weinsteige 80. S: Gelernter Mechaniker, Technischer Zeichner, Ausbildung als Fotograf (bei Adolf Lazi, Stuttgart). K: Lehre bei Adolf Lazi bis 1947, seit 1948 freischaffender Fotodesigner, Schwerpunkte: Industriefotografie, Fotobildbände (Auftraggeber v AEG bis Zeiss), Industrie-Monographien, zB „Merck“. F: Eigene Bildbände v Berlin, Stuttgart, Bruchsal, Neresheim, Land der Staufer, 1975: Baden Württemberg im Wandel der Geschichte. E: Medaillen, Photokina-Obelisk, M: BFF, DGPH, Europhot, GDL, Verb bildender Künstler. H:

Fotografieren, Wohnen, Reiten, Skifahren.

Winkelmann-Eberhard Rita
B: Fotograf. A: D–1000 Berlin 39, Lindenstr 33. S: Fotografenausbildung. K: Bildjournalist, Fotohandel, Spezial-Labor. H: Spezialitäten: Stereoskopie.

Winkler Horst
B: FotografenMstr. G: Bremen, 26. Juni 1940. V: Petsch. A: D–2800 Bremen, Buntentorsteinweg 54. S: Grundschule, Abendschule, Berufsschule, MstrSchule. F: In vielen Zeitschriften. E: Auszeichnung d Stadt Bremen bei d MstrPrüfung. M: Fotografen-Innung Bremen.

Winkler Marianne
B: Gehilfin f Steuer u Buchprüfung, Kauffrau, Fotoagentin. G: Berlin, 9. Okt 1938. A: D–1000 Berlin 33, Wiesbadener Str 17. K: Gehilfin f Steuer u Buchprüfung, Fotolabor, Fotoagentur. F: In allen Zeitungen u Zeitschriften in Deutschland u im europäischen Ausland.

Winkler Peter Paul
B: Staatl anerkannter MusikPäd. G: Obhausen bei Halle/Saale, 21. Sept 1912. V: Karolina, geb Weißel. A: D–8060 Dachau, Füssener Str 2. S: Realschule, Musikschule, Konservatorien in Leipzig u Berlin. K: Stellv StadtkapellMstr in Querfurt/Thüringen, MusikMstr in Salzburg, nach d Krieg KapellMstr im Deutschen Theater München, 1951 Knabenchor in Dachau, 1953 Knabenkapelle in Dachau bis 1975 (Pension). F: In allen deutschen Illustrierten im amerikanischen Musikmagazin, Lexikon d Blasmusikwesens, 1. u 2. Ausgabe, ADAC Zeitung, Europäisches Camping-Journal, Gong, Bild und Funk, TV Hören und Sehen Hör Zu, 7 Tage, Evening Sentinel, Deutsche Musikzeitung, Deutscher Musikrat. D: Film: „Play boy, play girl, play time", „Der Glockenkrieg", Fernsehfilm: „Auf Reise durch England", „Der Goldene Schuß", „Meine Melodie", „Zum blauen Bock", „Skat und Musik", „Europapokal", „Tanzturnier", „Tischtennis Weltmeisterschaft", „Abendschau", „Drehscheibe". E: Verdienstkreuz in Gold d intern Militärmusikorganisation, Goldenes Ehrenzeichen d Deutschen Sängerbundes, d Bayerischen Musikbundes, d Bayerischen Sängerbundes, Ehrenzeichen in Gold d Schwäbischen u Allgäuer Musikbundes, Ehrenbürgermedaille d Stadt Dachau, Ehrenzeichen d Landkreises Dachau. M: Mtgl d Deutschen Sängerbundes, EhrenchorMstr d Bayerischen Sängerbundes, d Liedertafel Dachau, „Cäcilia Voßwinkel", d Concordia Mülheim, Koblenz, Deutscher Komponisten-Verb, EhrenMtgl Concordia Bremen, Musikbund „Ober- u Niederbayern", Bayerischer Soldatenbund, Heimat- u TrachtenVer, „Ampertaler" Sektion „Oberland", GEMA. H: Kinder unterrichten, Bergwandern.

Wintergerst Oskar
B: Redakteur b ZDF. G: Karlsruhe/Baden, 9. Apr 1917. V: Friedel, geb Trapp. A: D–8000 München 40, Tengstr 34. S: RealGymn. K: KameraAss, Kameramann, WerbeLtr d Gloria-Film, RegieAss b Franz Antel, Robert Siodmak, Fredersdorf, Synchron-Regisseur, Regisseur, Bundesbahnfilme, Kulturfilme, Regisseur d Fernsehserie „Ein schöner Tag", Fernsehdokumentationen seit 1960, Redakteur beim ZDF seit 1970.

Wipf Jean-Marc
B: Fotograf, bildender Künstler, Geschäftsinhaber. G: Lausanne, 13. Juli 1943. A: CH–4004 Basel, Totentanz 17, Box 1. S: Gymn, Kunstgewerbeschule. K: Seit 1966 selbständig: Mode, Werbung, Architektur, Reportagen, Industrie, div Gemeinschaftsausstellungen in Basel, Zürich, Lausanne. F: Div Tageszeitungen: Basler Zeitung, Blick, Tagesanzeiger, Bild, AZ ua, Schweizer Illustrierte, Photo-Rundschau, div techn Magazine, Bild-Magazine. M: GSAMBA, FotografenVerb u PressefotografenVerb. H: Kunstsammlung.

Wirtgen Ruth
B: Journalistin. G: Oberhausen, 2. Nov 1925. A: D–4200 Oberhausen 1, Langemarckstr 10. Tel: 0208/22609 u 21258. S: Abitur, 4 Sem Psychologie, kriegsbedingt abgebrochen, Abendschule: Journalistik, Fotografie, Filmen usw. K: Geschäftsführerin im elterlichen Großhandel, seit 1950 Bild-Autorin, Reise-Journalistin, Auslands-Berichterstatterin f Ind-Artikel, Filmemacherin u Film-Dozentin. F: Industrie-Zeitungen, WAZ, NRZ, Ruhrwacht, Color-Film, Filter, Foto-contact, Schmalfilm uva. D: Film: „Eine v Vielen", „Ich". E: Intern: Amerika, England u Irland f Fotos „Photojournalism" (Honkong), Filmauszeichnungen: 18 nationale Filmauszeichnungen, intern: Gold-, Silber- u Bronzemedaillen, Österr, Japan, Polen u Deutschland, Intern Amateurfilmerin d Jahres 1978 f vier versch Filme m Gold-, Silber- u Bronzemedaillen, in Polen, Lahnstein u Berlin f d Filme: „Eine v Vielen", „Ich", „Allah", „Heute

– Morgen" u „Der Baum ist tot". M: UNICA, BDFA, Pr v Inter-Film u Oberhausener Film-Kreis. H: Jagd (Jägerin – Jagdprüfung), Reiten: Reichsfachschule f Reit- u Fahrunterricht Berlin, Reitlehrerprüfung.

Wirth Wolf
B: Kameramann. G: Nürnberg, 30. Juli 1928. V: Ruth, geb Schoene. A: D–8000 München 40, Birnauerstr 6. S: Abitur. K: KameraAss bis 1955, dann Kameramann, Filme: „Das Brot d frühen Jahre", „Katz u Maus", „Tonio Kröger", „Wälsungenblut", „Tätowierung", „Grieche sucht Griechin", „Potatoe Fritz" ua. E: Preis d deutschen Filmkritik 1959, BFilmpreis 1961 u 1963, Mentiontechnique Cannes 1956.

Wismath Richard
B: Elektrotechniker. G: Füssen, 17. März 1936. A: D–8958 Füssen, Klosterstr 6. S: Grundschule, Fachschule f Elektrotechnik. K: Foto-Studio f Werbefotografie. F: Zahlreiche Veröffentlichungen in Zeitschriften, Kalendern u Büchern, über 200 Tierberichte in Tageszeitungen u Zeitschriften wie Wild und Hund, Das Tier, Die Pirsch, Ornithologischer Anzeiger usw. E: Silbernes Dia d Süddeutschen Zeitung (7x), 4. Preis im BWettbewerb f Zeitungsleser (unter 43000 Einsendern). M: Ornithologische Ges in Bayern, NaturWiss Ver Schwaben-Augsburg, NaturWiss Arbeitskreis Kempten/Allgäu. H: Extreme Tierfotografie, Landschaftsfotografie.

Wisniewski Carola v
B: Besetzungschefin d Fernsehspiel im Sender Freies Berlin. G: Riga/Lettland, 9. Apr. A: D–1000 Berlin 31, Westfälische Str 36. S: Abitur. K: Theater in Lüneburg, bis 1963 Schauspielhaus Hamburg, Betriebsbüro Agentur Tschechowa, ab 1965 Sender Freies Berlin. M: BühnenGen, RFFU.

Witzel Liselotte
B: Fotografenmeisterin. G: Dortmund, 25. Okt 1905. V: Walter Witzel. A: D–4300 Essen-Stadtwald, Heidehang 33. S: Lyzeum, Kunstgewerbeschule, Fotografenlehre, Folkwangschule Essen, Schülerin v Prof Max Burchartz. K: Selbständige Fotografin am Museum Folkwang in Essen, Meisterprüfung 1936. F: Kunstkataloge u Zeitschriften. H: Gemälde u Plastiken.

Witzemann Wolfgang
B: Filmarchitekt, Bühnenbildner. G: Feldkirch/Vbg, 28. Juni 1924. A: A–1190 Wien, Cottageg 65/1, D–8000 München 21, Roßmannstr 8. Tel: 0222/3637152 oder 089/7001132. S: Gymn, Klasse f Bühnenbild in München bei Prof Pirchan, Ass bei Werner Schlichting u Georges Wakhevits. K: Techn Ltr f Vorarlberg 1945–48, Filmarchitekt: 1948 bis heute, Filme: Intern in Österreich u Deutschland, Jugoslawien, Bulgarien, Spanien u Frankreich, USA, Bühnenbildner an d Oper Graz, Münster, Linz, Salzburg, Wien, Tätigkeit beim Fernsehen: ADR, ZDF, BR, ORF, SRG, ORTF. H: Tennis, Ski.

Wöbbeking Horst
B: Fotograf. G: Bremen, 9. Nov 1938. V: Helga. A: D–2862 Worpswede, Lindenallee 25. S: Mittlere Reife, Ausbildung bei Hans Saebens. K: Seit 15 Jahren selbständig, Arbeitsgebiet: d Landschaft zu allen Jahreszeiten, Wirtschaftswerbung, Industrie. F: Brigitte, Für Sie, Fachzeitschriften, Bücher, Prospekte. E: Div Auszeichnungen. H: Beruf, Malen (eigene Galerie in Worpswede).

Wohlrabe Jürgen MdB
B: Kfm. G: Hanau am Main, 12. Aug 1936. A: c/o Jugendfilm-Verleih GmbH, D–1000 Berlin 31, Lietzenburger Str 44. S: Abitur, Stud d RechtsWiss an d Freien Univ Berlin. K: 1967–69 Mtgl d Abgeordnetenhauses v Berlin, seit 1969 Mtgl d Deutschen BTages, seit 1978 Geschäftsführer d Fa Jugendfilm-Verleih GmbH. F: Darstellung in d Reihe „Menschen unserer Zeit". E: BVerdienstkreuz 1. Klasse. H: Ornithologie.

Wolf Horst
B: Selbständiger Industrie- u Werbefotograf, Werbejournalist. G: Mainz, 20. Okt 1940. V: Myoung Soo Kim. A: D–6504 Oppenheim, Köbelstr 6. S: Mittlere Reife, Fachschule f Wirtschaft, ArbeitsDipl f Journalistik, Fotofachschule. K: 1962–65 praktische Arbeit in einem Studio f Werbefotografie, 1965–69 Studienreisen mit wenigen Unterbrechungen in 15 asiatische Staaten, ua 6 Monate in Indien u Nepal, viele Reportagen über diese Länder. F: Mitarbeiter d Weltmuseums f Druckkunst mit Veröffentlichungen in allen großen Tageszeitungen u Fachzeitschriften d Welt, Mitarbeit bei d Gestaltung vieler Bücher, Ausstellungen ua im Gutenberg Museum Mainz. M: LandesjagdVerb Rheinland-Pfalz. H: Jagd, Bibliophile, Antiquitäten.

Wolf Konrad
B: Komponist u Musikverleger. G: Berlin, 7. Dez 1935. V: Ingrid, geb Nuding. A: D–2000 Hamburg 65, Alte Dorfstr 22. S: Abitur, Konservatorium, MusikHS, Abschluß. K: Klavierunterricht, Band, Showorchester, Lehre im Musikverlag, HS-Stud, danach angefangen zu schreiben, sehr erfolgreich, auf Instrumental-Sounds spezialisiert, in jüngster Zeit auch Vokal-Aufnahmen, Produzent, Inhaber d Musikverlages „Discant", Musik – Edition, und d Konrad Wolf Musikproduktion, Verlag u Produktion. M: Deutscher KomponistenVerb, Vereinigung Deutscher Musik-Bearbeiter eV, Deutscher MusikverlegerVerb. H: Autos, Bergsteigen, Tanzen.

Wolf Peter
B: Produzent. G: 24. Jan 1911. V: Elly, geb Müller. A: D–4100 Duisburg, Heerstr 31. S: Konservatorium in Duisburg, Deutsche Meisterstätten Berlin (als Tänzer u Choreograph). K: Choreograph, Regisseur, Manager, Produzent, Inhaber d intern Konzert- u Gastspiel-Dion Peter Wolf u d Wolf-Produktion. M: Mtgl d intern DirektorenVerb Düsseldorf eV. H: Reisen, Sport, Bergwanderungen.

Wolfes Kurt
B: Regisseur. G: Essen, 17. Apr 1907. V: Irmgard, geb Stockfleht. A: D–2073 Luetjensee, Kuckucksberg 12. S: Abitur, Maler u Grafiker, München, MstrSchüler v Prof Hugo Troendle. K: 1930–36 Karikaturist vieler führender Blätter (Simplizissimus bis Sourir), Publikationsverbot 1936, seit 1937 Kulturfilme, Dokumentar- u Industriefilme, seit 1947 Inhaber d Kurzfilm-Produktionsfirma Panfilm-Kurt Wolfes, Hamburg. F: Mehrfach in „Die Welt", ua. E: Zahlreiche Goldmedaillen, 1. u 2. Filmpreise. M: Lionsclub Hamburg-Sachsenwald. H: Jagd.

Wolff Heinz Wolfgang
B: Intendant iR. G: Berlin, 17. Apr 1907. V: Mimi, geb Gyenes. A: D–5401 Emmelshausen, Henchenstr 6. S: Abitur, GesangsStud in Berlin. K: 1930–44 Charakterbariton an versch deutschen Bühnen, 1945 Intendant in Blauen Vogtland, 1949–53 Staatsintendant in Karlsruhe, 1955–75 Intendant in Koblenz, Opernregien, Gastspiele in Barcelona, Straßburg, Dijon, Turin, Catania. E: EhrenMtgl d Theater d Stadt Koblenz, BVerdienstkreuz I. Klasse, Otto Brahm Medaille ua. M: Deutscher BühnenVer. H: Lesen, Reisen, Wandern.

Wolff Jürgen
B: Opernsänger. G: Hamm/Westfalen, 29. Juli 1945. V: Sabine, geb Lange. A: D–7851 Inzlingen, In der Au 20. S: Grundschule, Realschule, Berufsausbildung als Vermessungstechniker, IngSchule, Musik-Stud an d HS Münster, Klavier, Gesang, Cello. K : 1. Engagement als Chorsänger am Basler Theater seit 1972, Kirchenkonzerte, Anstellung als nebenamtlicher Musiklehrer an einer Musikschule, seit Okt 1977 ChorLtr v 3 Laienchören. F: Badische Zeitung, Oberbadische Zeitung. D: Komparse im Mozart-Film v Klaus Kirchner, 1977. H: Musik allgem, Chöre, Foto.

Wolff v Nattermoeller Friedrich Georg
PS: Wolff Hans Jürgen. B: Filmregisseur, Drehbuchautor, Ltr d Produktionsstäbe beim ZDF Fernsehen. G: Dresden, 23. Juni 1921. V: Ingeborg, geb Bruhn. A: D–4000 Düsseldorf, Tiergartenstr 32. Tel: 0211/660763. S: Hum Gymn Berlin, Abitur. K: 1946 Presse- u Rundfunktätigkeit in Wiesbaden u Frankfurt, 1948 bei Curt Oertel Film-StudienGes in Wiesbaden, 1953–62 Regisseur u Drehbuchautor UFA Universum-Film AG, 1963 ProduktionsLtr u 1. Regisseur ZDF, 1966 Ltr d IFU Intern Film-Union, Remagen, 1969 ProduktionsLtr ZDF, Mainz, ab 1972 Ltr d Produktionsstäbe d ZDF, 37 Drehbücher, 43 Filme. E: BFilmpreis, Grand Prix Filmfestspiele Brüssel, Award Filmfestspiele Harrogate (England). H: Antiquitäten, Interior Design, Bücher, Fotografie, Weinkeller.

Wolfsbauer Franz
B: FotografenMstr. G: Salzburg, 23. Okt 1930. V: Erika, geb Tögel. A: D–5640 Badgastein, Bahnhofpl 352. S: Grundschule, 4 Jahre Oberschule in Kreuzberg, Fachschulen in München, Wien, Innsbruck. K: 1948 Fotografenlehrling, 1956 MstrPrüfung mit Auszeichnung, seit 1960 1. Vors d MstrPrüfung d HandelsKam Salzburg. F: In in- u ausländischen Zeitungen, seit ca 20 Jahren Kurbadeblatt in Badgastein. E: Bez OberschützenMstr v Badgastein u Pongau, Obm d Badgasteiner Jägerschaft, Silberne Verdienstauszeichnung d Salzburger LReg. M: 4 SchützenVer, EhrenMtgl HeeressportVer St Johann/Pongau. H: Jagd.

Wollenberg Ernst
PS: E A Schuster. B: Sektions-(Archiv)Dir, FilmKfm. G: Krempe/Holst, 23. Jan 1933. V: Jutta, geb Osterkamp. A: D–1000 Berlin 41, Bundesallee 81. S: Hum Gymn, College of Arts, Miami/USA. K: Ass bei National Bulk

Carreers, Baltimore/Md-USA, Ass bei George Baldwin Harbour House Th, Los Angeles, Calif/USA, verantwortlicher Dir „Air Port Tele" seit 1969, Autor bei GTN seit 1972, GTN-Archiv-Dir seit 1975, Ltr d Sachgebiets „Okkultismus, Mystik, UFO", daneben freier Autor. F: Zul in Berliner Morgenpost, uva. E: Publishers Award Miami 1979 f „Planet under observation". H: Malen, Kosmologie, Phil, Angeln.

Woller Rudolf Hermann
B: Chefredakteur bei ZDF. G: Singen, 19. Juni 1922. V: Ingeborg, geb Stahlschmidt. A: D–6500 Mainz, Große Langg 6. S: Reformpädagogium. K: Volontariat, Hilfsredakteur, Reisejournalist f mehrere süddeutsche Zeitungen, 1949 stellv RessortLtr bei „Rheinischer Merkur", 1950 parlamentarischer Korrespondent in Bonn, 1953–56 Chefredakteur d „Europäischen Zeitung", 1972 Ltr d Studios ZDF, Ltr u Moderator versch Sendungen, Produzent v Filmen über d Militärluftfahrt, seit 1971 Chefredakteur d ZDF. E: Verdienstorden d BRD 1. Klasse. M: CDU, Pr d Verb d Reservisten d Deutschen BWehr eV, „Grand Maitre" d Clubs kochender Männer „Marnite". H: Fliegen, Schifahren, Reiten, Schwimmen, Bergwandern.

Wolter Ernst
B: Fotohändler. G: Königswusterhausen/Teltow, 26. Dez 1907. V: Elly, geb Tamm. A: D–2000 Hamburg 20, Eppendorfer Weg 229. S: Hum Gymn, Abitur 1926, einige Sem Stud d Physik (abgebrochen aus finanziellen Gründen). K: Als Fotograf Autodidakt, 1931 selbständig, zunächst hauptsächlich mit Fotoarbeiten, daraus Entwicklung eines Fotospezialgeschäftes in Hamburg. H: Fotografieren, Lesen.

Wondra Johann Dr phil
B: GenSekr am Burgtheater Wien. G: Wien, 24. Apr 1935. V: Ursula, geb Tischhauser. A: A–1220 Wien, Rugierstr 12/13. S: SchottenrealGymn, Univ Wien, phil Fakultät, Doktorat. K: Nach Absolutorium d Univ Wien 1961 als RegieAss an d Wiener Burgtheater, 1971–74 Vertrauensmann d Ensembles in d Dion, seit 1974 GenSekr.

Wörsching Richard
B: FotografenMstr. G: Starnberg, 19. März 1932. V: Renate, geb Leifer. A: D–8135 Söking/Starnberg, Buchenweg 13. S: Gymn, Fotografenlehre, Ablegung d MstrPrüfung. K: Übernahme d elterlichen Fotofachgeschäftes in Starnberg 1966, Eröffnung eines 2. Fotofachgeschäftes in München 1977. F: Veröffentlichungen in Zeitschriften u in Fotoausstellungen je nach Aufforderung. M: Arbeitskreis Porträt-Fotografie im CentralVerb Deutscher Fotografen, BBE-Bayern Unternehmensberatung, LBE LandesVerb d Bayerischen Einzelhandels, stellv Beisitzer d MstrPrüfungsausschusses f d Fotografenhandwerk bei d HandwerksKam f Oberbayern. H: Skisport, Wasserskifahren, Motorbootfahren, Segeln.

Wortig Lu
B: Film-Journalistin. G: Berlin. A: D–1000 Berlin 90, Bodenschneidstr 11. Tel: 030/686234. S: Neun Schulen, Abgang Helene Lange-Schule Berlin. K: Presse-Foto-Archivarin, Auf- u Ausbau d Archive v Presse-Foto GmbH, New York-Times, Atlantic-Foto Berlin, seit 1916 eigenes Filmbild-Archiv (Film- u Filmstar-Fotos), Kultur-Redakteurin d Großdeutschen Rundfunks Berlin, Chefredakteurin d „Filmpost-Magazins" Frankfurt/M, Herausgeberin d „Feuilleton f Film, Theater, Funk, Literatur", seit 25 Jahren Presse-Chefin u Kontakterin d „LUX" – Filmstar-Werbung, Autorin div Filmromane (ua „Vergiß die Liebe nicht", „Der letzte Walzer", „Christina", „Männer im gefährlichen Alter"), Belieferung d Presse, Verlage m Film-Fotos aus eigenem Archiv f Artikel, Bücher, Kalender usw, Hauptbetätigung heute: „LUX"-Managerin. F: Zahllose Veröffentlichungen in versch Zeitungen u Zeitschriften. M: Journalisten-Verb, SOS-Kinderdorf, Paritätischer WohlfahrtsVerb, Deutsches Sozialwerk. H: Schreiben, Malerei, Ausbau d eigenen Archivs.

Wrage Werner Dr
PS: Mohammed Abdesslam. B: Geograph u Biologe, WissFotograf. G: Hamburg, 25. Okt 1905. V: Marianne, geb Fischer. A: D–2000 Hamburg 55, Mühlenberg 77. S: Abitur, Staatsexamen, Dr-Promotion. K: Fotostudienreisen durch Dänemark, Schweden, Norwegen, Finnland, England, Schottland, Holland, Belgien, Frankreich, Portugal, Spanien, Italien, Jugoslawien, Griechenland, bes intensive Stud im Verlauf vieler Jahre in Marokko, Algerien, Tunesien, Libyen u Ägypten, in Mali, Obervolta, Elfenbeinküste, Kamerun u Tschad, in Kenia, Uganda u Tansania, in Indonesien: Java, Sumatra, Borneo, Celebes (Sulawesi), Bali (mehrere längere Aufenthalte), Nordin-

dien, Kaschmir, Nepal, Südindien, Ceylon (mehrere längere Aufenthalte), Seychellen, Malediven, Fiji, Samoa, Tahiti, Bora-Bora, Moorea, Osterinseln, Galapagos, Ecuador, Mexico, Guatemala, die Weststaaten d USA, bes Arizona, Utah, Colorado, New Mexico u California, Island, Grönland, auf allen diesen Reisen Fotodokumentation v: Landschaft, Geologie, Botanik, Zoologie, Ethnographie u Archäologie, in d letzten Jahren liegt d Schwergewicht d Arbeit auf d Unterwasserfotografie d tropischen Korallenriffe, vor allem d Korallenformationen, d Kleinlebewelt u d Fische außerdem v allen Gebieten Luftaufnahmen. F: Merian, Zeitschrift f Erdkunde, Kosmos, Geo, Veröffentlichung v Farbbildbänden: „Frühlingsfahrt in d Sahara", „Fellachen u Pharaonen", „Die Straße d Kasbas", „Jenseits d Atlas", „Ostafrika (Vom Korallenriff zum Bergurwald)", als Band 6 soll erscheinen: „Ins Herz d Sahara", alle Bände m 48 Farbtafeln, dazu Textillustrationen. H: Unterwasserfotografie.

Wrisch Gerhard
PS: Franco Avera. B: Komponist, Musikbearbeiter, OrchesterLtr. G: Berlin, 23. Sept 1927. A: D–1000 Berlin 30, Freisinger Str 4. S: Kompositions-Stud am Städt Konvervatorium, Berlin. K: Tätig als Komponist, Bearbeiter, Gewinner versch Komponisten-Wettbewerbe, 3x Sieger mit d eigenem Blasorchester „Kraiberger Musikanten" in d „Volkstümlichen Hitparade" (HR). M: Deutscher Komponisten-Verb, GEMA, Vereinigung Deutscher Musikbearbeiter. H: Foto u Film, Reisen, d Beruf.

Wruck Horst
B: Operninspizient. G: Berlin, 24. Mai 1926. A: D–8000 München 80, Possartstr 5. S: Mittlere Reife, während d Schulzeit 7 Jahre Klavierunterricht, ab 1940 Ausbildung als Segelflieger (Luftfahrerschein Klasse I), Praktikum u Stud im Flugzeugzellenbau. K: Nebenberufliche Tätigkeit als Statist an d Staatsoper Berlin, Unterbrechung d Stud durch nach amerikanischer Gefangenschaft 1945 Beginn als Hilfsinspizient an d Staatsoper Berlin, nach 2 Jahren Vertrag als Inspizient bis 1961 (nach 1961 wurde d Vertrag nach d „Mauer" im gegenseitigen Einvernehmen gelöst), ab 1961 als Oberinspizient an d Staatsoper München, seit 1964 Chefinspizient. H: Musik, Reisen, Schwimmen, Bücher, Puzzle, Do it yourself.

Wucher Diethard Dir
B: Musikschullehrer. G: Falkensee, 20. Juni 1930. V: Heidi, geb Schröder. A: D–5300 Bonn 2, Bad Godesberg, Bernkasteler Str 42. S: Abitur, Päd HS Berlin, Lehrer insbesondere Fach Musik, Stud d Schulmusik Berlin, Doz Lehrerfortbildung, Kindergärtnerinnenfortbildung, Jugendarbeit, Musikschule in Berlin. K: Ltr d Musikschulen Bremerhaven, Bremen, dann Bonn (seit 1971), 1966 Geschäftsführender Vors, seit 1969 Vors d Verb Deutscher Musikschulen, 1973–78 Pr d Europ Musikschul-Union, jetzt PräsidiumsMtgl, seit 1968 stellv Vors d AGMM d Deutschen MusikR, seit 1972 Vors d Hauptausschusses „Jugend musiziert", Ltg v Chören, Orchestern, Rundfunk- u Fernsehaufnahmen, Modellversuche, Herausgabe v Büchern, Artikeln, Schallplatten. D: Musikalische Ltg d Kinderoper „Villa Birkengrün" bei Radio Bremen, Interviewpartner bei „Hier und Heute" (WDR), Titel: Thesen, Temperamente (ARD/Hessischer Rundfunk), „Aspekte" (ZDF) ua. M: Verb Deutscher Musikschulen, Deutscher Musikrat, Gewerkschaft Deutscher Musikerzieher u konzertierender Künstler im DGB, Intern Ges f Musikerziehung (ISME) ua. H: Musizieren, Segeln, Lesen.

Wulffen Kay-Dietrich
PS: Mac Larssen, Kay Winning. B: TV-Redakteur, Autor, Texter. G: Niederwiesa/Sa, 16. Mai 1922. V: Brigitte, geb Winning. A: D–5000 Köln 60, Rennbahnstr 153-155. S: Oberschule, Stud d Dramaturgie in Berlin, SchauspielStud, Ausbildung als Kameramann (Reportage). K: Kameramann versch Wochenschauen, Mitarbeiter div Film-Ges, Schauspieler, Regisseur, Dramaturg an div Stadttheatern, Mitinhaber u Acteur an einem literarischen Kabarett, freier Autor div Fernsehfeature u Unterhaltungssendungen, TV-Talk-Shows, Unterhaltungsmagazin „bitte umblättern" u Redakteur d allerersten Live-Sendung via Satelit v USA nach Deutschland (1970), Show an Bord v Bord d MS Bremen aus d Hafen New York. F: Div Veröffentlichungen in versch Zeitungen u Zeitschriften. D: „Die heilige Flamme", „Maria Stuart", „Das verschlossene Haus", „Wie führe ich eine Ehe", „Sommernachtstraum" uva. E: Div Auszeichnungen. H: Wandern, Tennis, Reisen, Schreiben.

Wülfing Walter Dr
B: RA u Notar. G: Hannover, 22. Juli 1901. V: Lies, geb Panzlau. A: D–3000 Hannover, Roe-

sebeckstr 11, Haus an d Ihme. S: RealGymn, Abitur, Rechts-Stud an d Univ Göttingen u Hamburg. K: 1928 Assessor-Examen b Kam-Gericht Berlin, seitdem RA u Notar in Hannover. F: Tageszeitungen, Sportzeitschriften, Fernsehzeitschriften, Illustrierte. E: Plakette f Verdienste um d Stadt Ratzeburg, Goldene Ehrenplakette d Deutschen Olympischen Ges, Plakette f Verdienste um d Stadt Hannover, Goldener Ehrenring d Stadt Mainz, Großes Verdienstkreuz d Verdienstordens d BRD, Großes Verdienstkreuz d Niedersächsischen Verdienstordens, Großes Verdienstkreuz m Stern d Verdienstordens d BRD, als erster Sportler d BRD diese höchste BAuszeichnung erhalten, Großes Verdienstkreuz m Stern u Schulterband d Verdienstordens d BRD, einziger Sportler in d BRD mit dieser Auszeichnung, Verleihung d „Olympic-Order" v Intern Olympischen Comitee bei d Olympischen Spielen in Montreal, einziger Träger dieser Auszeichnung in Deutschland. M: EhrenPr d Deutschen RuderVerb, EhrenMtgl d Nationalen Olympischen Komitee u d Deutschen Sportbundes, Mtgl u EhrenMtgl zahlreicher SportVer, auch in Amerika u Österreich, Vors 1962–76 nach d Gründung d Anst ZDF, Vors d Fernsehrates, 1968 Vors d Deutschen Paritätischen WohlfahrtsVerb Niedersachsen, GründungsMtgl u Vors d Wohnstifts Eilenriede u d Wohnstifts Hannover Kleefeld.

Würfl Ferdinand
B: Fotograf, Inhaber eines Fotogeschäftes. G: Neustadt a d Waldnaab, 13. März 1915. V: Anni, geb Ebenbeck. A: D–8482 Neustadt a d Waldnaab, Tirschenreuther Str 5. S: Hum Gymn, Kfm Berufsschule, Bayerische Verwaltungsschule, Dolmetscherschule (6 Monate), staatl anerk Fotoschule Martha Höpfner (Hofheim Ts). K: Banklehrling, Ltr einer Zweigstelle d Sparkasse, 1938 schwerer Dienstunfall, Dolmetscher bei amerikanischen Dienststellen, selbständiger Dolmetscher u Übersetzer (Englisch u Italienisch), Fotograf u Fotogeschäft, gegründet 1948 in Regenstauf bei Regensburg, seit 1961 im eigenem Haus in Neustadt/Waldnaab, Bildreporter bei Regionalzeitungen u dpa v 1948 bis heute. F: Ständiger Mitarbeiter als Bildjournalist bei Mittelbayerischer Zeitung in Regensburg, Der neue Tag, 848 Weiden bis heute, dpa Nürnberg, Bunte Illustrierte, Landkreisbücher, Panorama d Heimat, Landkreis Neustadt a d Waldnaab, versch Werbeschriften. E: Zeitungsartikel „Der neue Tag" Weiden anläßlich 60. Geburtstag, 1970. M: Bund Naturschutz f Bayern, Fotografen-Innung Oberpfalz in Regensburg, GewerbeVerb in Bayern, EinzelhandelsVerb, Bayerisches Rotes Kreuz, Freiwillige Feuerwehr, SchützenGes, Christlich Soziale Union, Oberpfälzer WaldVer, Bund d Steuerzahler, Bund d Schlesier. H: Fotografie, Fremdsprachen, Klassische Musik.

Wurzburger Luciano
PS: Luci Durian, Al Fano. B: Musikverleger. G: Neapel, 23. Jan 1940. A: D–7024 Filderstadt 1 (Bernhausen), Nord-Ost-Ring 11. Tel: 0711/702749. S: Konservatorium. K: Akkordeonist. F: Podium, Artist, Musica e Dischi, L'Unità, L'Eco Della Rabalta, Tribuna Artistica, Pentagramma, Fisarmonica, La Settimana usw. E: Versch Auszeichnungen. M: GEMA (als Verleger u Komponist).

Wuttig Heinz Oskar
B: Schriftsteller, Film- u Fernseh-Autor. G: Berlin, 19. Juli 1907. V: Marlise, geb Ludwig. A: D–1000 Berlin 31, Wilhelmsaue 10. Tel: 030/874266. S: RealGymn, Univ, Journalismus. K: 1930–33 Journalist, danach bis heute freier Schriftsteller, Autor zahlreicher Hörspiele, 1940–50 Wehrdienst, 5 Jahre sowjetische Kriegsgefangenschaft, seit 1950 wieder Rundfunktätigkeit u Drehbucharbeit f etwa 25 Spielfilme, seit 1960 fast ausschließlich Arbeit f d Deutsche Fernsehen, Autor vieler populärer Fernsehserien wie „Alle meine Tiere", „Forellenhof", „Salto Mortale", „MS-Franziska", „Drei Damen v Grill" uva. E: 1954 Hörspielpreis d Deutschen Kriegsblinden, 1978 Goldene Nadel d Dramatiker-Union, BVerdienstkreuz am Bande. M: VorstMtgl d Dramatiker-Union, Mtgl d Ak f darstellende Kunst, d Verb Deutscher Schriftsteller.

Wuttke Alexander A
B: Kfm. G: Ramsen, 12. Mai 1925. V: Gertrud, geb Correll. A: D–6719 Ramsen, Hauptstr 52. Tel: 06351/7313. S: Abitur, Fachschule. K: Selbständiger Kfm. F: In versch Tageszeitungen, heimatkundlichen Zeitschriften u Büchern. E: Blutspenderehrennadel in Gold mit Eichenkranz. M: Mtgl d KreisVorst d Deutschen Roten Kreuzes, Kreisbereitschaftsführer, Katastrophenschutzbeauftragter. H: Amateurfunk.

Wysocki Gerd von
PS: Harald Banter. B: Komponist, Dirigent. G:

Berlin, 16. März 1930. V: Ingeborg, geb Hölken. A: D–5000 Köln 91, Wieseeweg 10. S: Oberschule Berlin, MusikHS in Berlin u Köln, TonMstr-Ausbildung, Berliner Rundfunk, Schüler v B A Zimmermann u H W Henze. K: 1950 Programmgestalter beim NWDR Köln, 1952 Gründung d Media-Band als Vertragsorchester beim WDR, ca 1000 Kompositionen f Hörspiel, Fernsehen, Film, Rundfunk u Theater. AbtLtr Unterhaltende Musik u stellv HauptAbtLtr Musik beim WDR, 1977 Lehrauftrag an d Staatl HS f Musik in Köln über Unterhaltende Musik u Arrangement. F: In sämtlichen Fachzeitschriften u Tageszeitungen. D: „Tanzparty" (Fernsehsendereihe 1962–67), laufende Musik-Sendungen beim WDR. M: Mtgl d Aufsichtsrates d GEMA, Mtgl d Vorst d Deutschen KomponistenVerb. H: Musik, Natur, Schach, Reisen.

Wyss Kurt
B: Fotograf. G: Basel, 19. Dez 1936. V: Barbara, geb Suter. A: CH–4051 Basel, Nadelberg 23 A. S: Schulen in Basel, Fotografenlehre bei Benedikt Rast in Fribourg 1953–56, MstrPrüfung 1961. K: 1958–65 selbständiger Fotoreporter, 1966–75 Ressortchef d Bildredaktion d „National-Zeitung", Basel, seit 1976 wieder teilweise freischaffender Fotograf, Ausstellungen: 1969 „Biafra hat viele Gesichter", 1974 „Bal De L'Hourloupe", 1974 „Photographie in der Schweiz 1840 bis heute", 1979 „Kamerablicke auf Künstler". F: DU, Bild der Zeit, Prisma, hauptsächlich aber im Magazin d „Basler-Zeitung", Bücher: 1963 „Māss", 1968 „Ilike Picasso", 1970 „Mark Tobey", 1970 „500 Jahre Basler Mäss", 1977 „Friedrich Dürrenmatt", 1978 „Haltla, Basel und seine Autoren".

Wyss Wilhelm
B: Fotograf. G: 8. Juli 1916. V: Miep Wyss. A: CH–6004 Luzern, Eiseng 7. S: Primarschule, Bezirksschule, Gewerbeschule, Kunstgewerbeschule Basel, Schule f Optik u Photo in Berlin. K: Ang bei Jeck in Basel, Müller in Grenchen, Dubach in Thun, Berger in Luzern, seit 1947 selbständig. F: Intern Coiffeurfachzeitschriften, Kamera, div Zeitungen u Zeitschriften. M: Art Ver, Solothurner Ver, Wey-Zunft, Luzern (ZunftMstr 1975). H: Alle handwerklichen Arbeiten, 11.5 Motorboot gebaut.

Zagolla Horst
B: Kameramann. G: Oppeln, 29. März 1933. A: D–8000 München 81, Franz Wolter-Str 19. Tel: 089/952737. S: Grundschule, Ausbildung in Kameraführung u Lichtgestaltung f E- u Filmkamera in d RIVA-Studios München/Ufg. K: KameraAss, Kameraschwenker, Kameramann, KameraAss bei folgenden Starkameramännern: Joffre Undsworth London (Cabarett), Brian West London (Oliver), John Alcott Hollywood (Oscarpreisträger), Ernst Wild. H: Briefmarken sammeln, Skiboot fahren.

Zahn Peter von Dr phil
B: Autor, Fernsehproduzent, Regisseur. G: Chemnitz, 29. Jan 1913. V: Christabel, geb Ayscough. A: D–2000 Hamburg 60, Bellevue 38, c/o Windrose Film- u Fernsehproduktion GMBH, D–2000 Hamburg 13, Pöseldorfer Weg 20–22. Tel: 040/441376. S: Hum Gymn, Univ Jena, Wien, Freiburg. K: 1945 Ltr d Abt „Wort" beim NWDR, 1949 Ltr d Studio Düsseldorf NDWR, 1951 Ltr d Studio Washington, DC USA, NWDR/ARD, 1960 Geschäftsführer Windrose Film- u Fernsehproduktion GmbH. D: Autor u Kommentator in ca 500 Fernseh-Dokumentationen. E: Adolf-Grimme-Preis in Gold, Silber u Bronze, DAG Preis in Gold u Silber, Deutsche Industriefilmpreise. H: Tennis.

Zander Hans
B: Komponist. G: Danzig, 20. Feb 1905. V: Erna, geb Dunkel. A: D–5090 Leverkusen-Schlebusch, Saarbrückner Str 28. S: Riemann-Konservatorium in Danzig, Hermann Büchel in Berlin. K: Zunächst Orchestergeiger u Pianist, seit 1936 freischaffender Komponist. F: Der Artist, Die Blasmusik, Leverkusener Stadtanzeiger, Leverkusener Rundschau ua. M: Deutscher KomponistenVerb.

Zander Klaus-Dieter
B: Rundfunk-Redakteur. G: Zullichau/Brandenburg, 26. Apr 1938. V: Anneliese, geb Leupolz. A: D–5042 Erftstadt bei Köln, Große Juch 17. S: Stud d Politischen Wiss, Sprachen-Stud. K: Redakteur, Sudetendeutscher Rundfunk, selbständiger Redakteur b Bayrischen Rundfunk, Redakteur m bes Aufgaben b Deutsche Welle. M: Deutscher JournalistenVerb. H: Literatur (Shakespeare, Goethe, Karl May), Reisen (Griechenland-Liebhaber u -Kenner), Archäologie, Geschichte (Antike).

Zatka J Richard
B: Fotoreporter. G: Prag, 20. Feb 1936. A: D–6900 Heidelberg, Konstanzer Str 15. S:

Hum Gymn, Abitur, Militär Ak. K: Seit 12 Jahren im Bundesgebiet als freier Bildreporter tätig, vorher Tätigkeit im östlichen Ausland. F: In allen deutschen Frauenzeitschriften, sowie Bunte Illustrierte, Quick ua, hauptsächlich Film u Showgebiet. M: SchwimmVer Heidelberg, Boxclub Heidelberg.

Zbinden Charles
B: Filmproduzent. G: Luzern, 15. Apr 1910. V: Jeannette, geb Coudurier. A: CH–3122 Kehrsatz, Breitägertenstr 14, c/o Studio, CH–3008 Bern, Effinger Str 55. S: Sekundarschule, Ausbildung als Fotograf u Filmschaffender. K: Fotograf, Geschäftsführer Foto Kino aG Bern, Umschulung auf Film, 1. Film: Ritt mit Hans Schwarz durch Jugoslawien, 1940 große Kriegsreportage an d Fronten d Finnisch-Russischen Krieges, „Ein kleines Volk wehrt sich", gedreht in Coproduktion mit Eos Stauffer, seit 1944 selbständiger Filmproduzent, bis heute ca 100 Filme, Themenkreise: Sport, Touristik, Landwirtschaft, Industrie, Chirurgie, Ethnographie, Flugwesen (selbst über 30 Jahre Sportpilot). F: Einige Dutzend in Zeitschriften. E: 25 intern Auszeichnungen, darunter: 2 Gold- u 1 Silbermedaille, Goldener Löwe v Florenz, Silberpokal Stresa, Statuette Trento, Silberpokal Budapest, Broncekrug Cortina, Auszeichnung Intern Film-Festival in Teheran, Goldmedaille La Spezia, Schweizer Kulturfilmfond: 1x Besonders wertvoll, 3x Wertvoll. M: Schweizer FilmproduzentenVerb. H: Filmen, Tauchen, Fliegen, Schreiben, Schlafen.

Zeller Horst Siegfried
PS: Hoze. B: Kfm. G: Marbach a N, 6. Mai 1931. V: Renate, geb Balluff. A: D–7000 Stuttgart-Bad Cannstatt, Marktplatz 16. Tel: 0711-565904. S: Gymn. K: 1961 Gründung d Fa HOZE-Tauchtechnik, des 1. Spezial-Versandes in d BRD incl UW-Film u Foto-Abt, 1969 Gründung d Fa HOZE ID-TOURS, Spezial-Reisen f Taucher. F: Franckh-Verlag Stuttgart, Delphin Verlag, L'aventur Sous Marine Paris u in vielen Tageszeitungen. D: „Abenteuer am Roten Meer", Double in Filmen als Taucher, eigene TV-Sendungen über Tauchen. M: Gründer d Württ LandesVerb f Tauchsport 1968, seit 1969 Pr. H: Reisen, Tauchen, Filmen, Fotografieren.

Zerlacher Oskar
B: Journalist, Ltr d Südweststudio Ravensburg. G: Wolfsberg, 18. Juli 1941. V: Elfriede, geb Lampert. A: D–7980 Ravensburg, Gottlieb Daimlerstr 7. S: Reifeprüfung am StiftsGymn St Paul i Lavanttal, Stud d RechtsWiss u Publizistik an d Univ Wien. K: Freier Mitarbeiter bei Zeitungen in Österreich (Arbeiter Zeitung, Neue Kärntner Tageszeitung), Volontär u später Redakteur beim Österreichischen Rundfunk, seit 1970 Ltr d Südwestfunkstudio Ravensburg, fast ausschließliche Tätigkeit f d Fernsehen (regional u überregional), maßgebliche Beteiligung an d Schaffung euer Formen regionaler Unterhaltung u Satire. E: Anerkennungspreis beim Regionalfilmwettbewerb d ARD 1977. H: Musik (Violine), Wandern, Bergsteigen, Regattasegeln (Soling).

Zglinicki Friedrich v
B: Filmjournalist, Filmfachschriftsteller, Filmhistoriker. G: 14. Dez 1907. V: Hannelore, geb v Winterfeldt. A: D–1000 Berlin 12, Leibnitzstr 64. S: Abitur, Stud d ZeitungsWiss an d FachHS. K: Buchhandel, Verlags- u Redaktionswesen, Filmpressechef, freier Journalist u Schriftsteller, Mitarbeiter v Foto-, Film- u Theaterfachzeitschriften, Autor d filmgeschichtlichen Standardwerkes „Der Weg d Films – Die Kinematografie u ihre Vorläufer", Autor d Filmberufsführers. M: Journalisten-Verb Berlin.

Ziebell Alexander
B: Filmregisseur. G: Berlin, 9. Jan 1941. A: D–8000 München 40, Leopoldstr 52 A. S: Deutsche HS f Filmkunst, Potsdam/ Babelsberg, Fachrichtung Regie. K: Div Dokumentarfilme als Regisseur, Autor f TV, Kino-Spielfilm mit Susanne Uhlen, sechsteiliger Spielfilm f ZDF. F: Die Welt. E: Auszeichnungen in Madrid, Moskau, Leipzig, Brüssel u Paris. M: BerufsVerb d Deutschen Film- u Fernsehregisseure. H: Schwimmen, Waldlauf, Schlittschuhlaufen, Fliegen.

Ziegler Herbert
B: PolizeiBmtr. G: Schwalbach/Saar, 14. März 1926. V: Ilse, geb Kutscher. A: D–6632 Saarwellingen, Köller Str 20. S: Mittlere Reife, MusikStud in Kassel, Frankfurt, Saarbrücken. K: Tubist, Kontrabassist, Orchestermusiker, 20 Jahre freier Mitarbeiter beim Saarländischen Rundfunk, 1972 Ltr d Polizeiorchesters Rheinland-Pfalz, Komponist, Kammermusik, Sinfonien, Bläsermusik, U-Musik, musikalischer Ltr d Fernsehsendung „Mainz, wie es singt und lacht". F: In Verbindung mit Kritiken, Berichten usw. D: Im Zusammenhang mit

musikalischen Darbietungen, ua „Der Nebbich". M: GEMA, Intern Polizei Assoziation ua. H: Geschichte.

Zielke Willy Otto
PS: Viktor Valet. B: Filmregisseur, Filmgestaltung (Buch, Kamera, Regie, Schnitt), Schriftsteller. G: Lodz, 18. Sept 1902. V: Ilse, geb Will. A: D-3280 Bad Pyrmont, Wrede Str 1. S: Univ, Ak f Film u Foto, München, 36 Jahre Praxis. K: Filme, die mit Unterbrechungen gedreht wurden: „Anton-Nicklas", Porträt eines Münchner Schirmmachers, 1931, „Arbeitslos", Untertitel: „Das Schicksal von Millionen", 1932–33 München, „Das Stahltier" (La bete en acier), Spielfilm, intern Geschichten über die Erfindungen d Lokomotiven: Frankreich, England u Deutschland, Jubiläumsfilm zur Jahrhundertfeier d Deutschen Eisenbahnen in Nürnberg-Fürth, 1835–1935, verboten v d NSDAP (Dr Goebbels: Wegen Schädigung d Deutschen Ansehens), „Prolog" zu Olympia 1936, „Verlorene Freiheit", Tierschutzfilm, 1956, „Schöpfung", preisgekrönter ARAL-Film, 1957, „Ballade", 1958, „Porträt", 1960. F: Arts et Métiers Graphiques, Paris, Camera Work, New York, Das Deutsche Lichtbild, 1921–37 (Jahrbuch), zahlreiche Lichtbild-Zeitschriften v Verlag Wilhelm Knapp, zuletzt in Professional CAMERA, München. D Im eigenen Spielfilm „Geschichte der Fotografie und des Filme", im Fernsehen d Süddeutschen Rundfunks, München unter „Porträt Willy Zielke", im Spielfilm „La bete en acier", 1935 . E: Diplome u Filmpreise, auch intern Filmpreise, Goldpokal Mailand, Silberband Berlin Filmfestspiele, Titel: „Deutscher Pudowkin", 1935 (Filmstil), „Deutscher Meister" (Lichtbildnerei). M: Ges Deutscher Lichtbildner. H: Übersetzungen aus d Russischen, Malereien, Zeichnungen, Karikaturen, Schach, Sammeln v Schallplatten.

Ziller Robert
B: Kameramann, Filmemacher. G: Berlin, 24. Jan 1914. V: Renee, geb Nell. A: D–8000 München 40, Amalienstr 49, USA–The Country Place, Litchfield, Connecticut 06759. S: Mittlere Reife. K: Ass bei Eugen Shuftan, Combat Kameramann während d II Weltkrieges, British Royal Air Force, Dokumentarfilme in England, seit 1951 in USA, Dokumentarfilme, seit 1961 auch in Deutschland, Dokumentar-, Spiel- u Fernsehfilme, ua „The Year 1200", 1970, „A Prince in Crete", 1967, „Der Parasit", 1962, „Nachtberufe", 1961, „Music in Williamsburg", 1960, „Power Amoung Men", 1959, Regie, Produktion u Kamera. E: Golden Eagle Award, USA 1968. M: ACTT, England, IATSE Local 644, New York. H: Yoga

Zimmer Harro
B: Publizist u Redakteur bei Rias Berlin. G: 12. Feb 1935. V: Renate, geb Stein. A: D–1000 Berlin 49, Mellener Str 6c. S: 1962–66 Stud an d Techn Univ Berlin, 1964 NATO-Stipendiat Astronomie, Stipendiat d NASA an d Univ of Miami 1966. K: 1. Vors Wilhelm-Foerster-Sternwarte Berlin seit 1972, seit 1969 freier Autor Rias Berlin (Dokumentationen, Features, Berichterstattung), seit 1977 Ressortchef bei Rias Berlin, seit 1975 live im TV im ARD/ZDF-Magazin DIE UMSCHAU, Beratertätigkeit f d Deutschen Synchronfassungen v anglo-amerikanischen Science-Fiction- u Dokumentarfilmen. F: Div in Tages- u Fachpresse (speziell unter d Aspekt als Kolumnist f versch Zeitungen u Zeitschriften). E: Award of Smithsonian Institution 1975. M: RFFU, div Wiss Ges, VizePr d Lionsclub Berlin-Halensee. H: Probleme d Opernregie.

Zimmermann Karl Rudolf KommR
B: Fotografenmeister, FotoKfm. G: Wien, 6. Sept 1914. V: Friederike, geb Jandl. A: A–1130 Wien, Preindlg 29. S: Grundschule, berufliche Fortbildungsschule, Abendmittelschule, Fotografenlehre, Gesellenprüfung, Meisterprüfung im Fotografenhandwerk. K: Landesinnungsmeister Wien d Fotografen, AusschMtgl d Gremiums f d Handel m Foto, Kino u Optik, VorstMtgl d österr Fotohändler-Verb, ObmStellv d Klubs österr Fotohändler, Vors d MeisterprüfungsKmsn f d Fotografengewerbe in Wien, Vors d Lehrabschlußprüfungen f kfm Berufe bei d Kam d gewerblichen Wirtschaft in Wien, Mtgl d BlnnungsAussch d Fotografen. F: „Der Photograph", österr Monatsjournal f angewandte Photographie. E: Standeszeichen in Silber f mehr als 25jährige Ausübung d Meisterrechtes u anerkannte fotografische Leistungen, Ehrenzeichen in Silber u Gold f besondere Verdienste um d Berufsfotografie.

Zimmermann Wolfram
B: Opern- u Konzertsänger (Baßbariton). G: Stuttgart, 17. Apr 1926. V: Inna-Ingeborg, geb von Grinfeldt. A: D–8561 Leinburg/Kreis Nürnberger Land, Weißenbrunn 130. S: RealGymn, Staatl HS f Musik in Stuttgart, Gesangsunterricht bei Vater Richard Zimmermann, dramati-

schen Unterricht bei Frau Prof Anna Bahr-Mildenburg in Wien, weiteres GesangsStud bei Inna-Ingeborg Zimmermann. K: Erstengagement 1952 am Stadttheater Gießen/Lahn, 1953 Landestheater Darmstadt (v Gustav Rudolf Sellner), 1955 Opernhaus Graz mit Gastspielen an d Wiener Staatsoper, weitere Gastspiele an d Mailänder Scala 1957 unter Wilhelm Furtwängler, Opera Roma 1956 unter Moralt, Opernfestival Barcelona 1961. F: Die illustrierte Funkwelt, Fachzeitschrift f d deutschen Theater, Die Deutsches Bühnenjahrbuch, Almanach der Künstler, Oper u Operette: Buch v Rudolf List, The Opera Directory, Verlag Bote u Bock, Berlin u Wiesbaden, Copyright John Calder, Temporada de Opera con es Festival de Opera, Barcelona. D: „Die Hochzeit des Figaro", „Don Giovanni", „Die Zauberflöte", „Wozzeck", „Meistersinger von Nürnberg", „Parsifal", „Elektra", „Titus Feuerfuchs" (Titelrolle, Eurovisions-Fernsehübertragung), „Der Kapellmeister" (Titelrolle). E: Intern Bachpreis, Leipzig (wurde anläßlich d Ausbürgerung v Wolf Biermann aus d DDR u d Vorgänge um Prof Havemann aus Protest an d Bachausschuß d DDR zurückgegeben), Intern Diplom f Gesang, Genf 1949, Gesangspreis d deutschen Rundfunkanstalten, Frankfurt 1951. M: Ehrenritter d „Deutschherrn", Ritterbund zu Norimberga. H: Bergsteigen, Tennis.

Zint Günter Ullrich

B: Bildjournalist. G: Fulda, 27. Juni 1941. A: D–2000 Hamburg 6, Feldstr 44, D–2811 Warpe-Nordholz, Haus 15. Tel: 040/433373. S: 1952–59 Besuch d Freiherr v Stein Gymn, 1959–62 Volontär bei d Deutschen Presse-Agentur in Frankfurt/Main u München zur Ausbildung zum Bildjournalisten u Redakteur. K: 1962–64 Reporter bei d Verlag Martens u Co, Quick u Twen, 1964–68 freier Fotograf in Schweden u England, 1968 Rückkehr nach Deutschland u Niederlassung in Hamburg, seitdem eigene Pressefotoagentur, in d ersten 3 Jahren noch vertraglich an d SPIEGEL gebunden, dann unabhängig von Redaktionen u Verlagen, Hauptkunden: Stern, Konkret, Spiegel, Gewerkschaftszeitungen, versch Zeitungen in Holland u Schweden, Spezialgebiete d Archives sind folgende Themenbereiche: Sozialkritische Themen (Arbeitsloligkeit, Wohnen usw), Minderheitenprobleme (Ausländer, Politische Gruppen), Jugendthemen (Pop, Mode, Musik, Drogen, Alkohol usw), Subkultur u Alternativbewegung sowie ein umfangreiches Portraitarchiv bekannter u unbekannter Politiker, Künstler u Stars, Buchveröffentlichungen: Atomkraft, Mit Samthandschuh u Eisenfaust, The Beat Age, Der Aufmacher, Ausstellungen in Berlin, Hamburg, Stockholm. F: Laufend in Spiegel, Stern, Konkret ua. M: DJU (Deutsche Journalisten Union in d IG Druck), IHP Interessengemeinschaft Hamburger Pressefotografen. H: Oldtimer (Mercedes Cabrio 170 DaotP).

Zmoos Andreas

B: Buchhalter, Amateur-Fotograf, Lehrabschlußprüfung als kfm Ang u als Verkäufer. G: Brienz, 5. Juli 1946. V: Madeleine, geb Abplanalp. A: CH–3855 Brienz, Hauptstr, CH–3855 Brienz, Zwymatte. S: Primar- u Sekundarschule in Brienz, kfm Berufslehre bei d Eisen u Kohlen AG Interlaken, fotografische Ausbildung durch Fachliteratur Stud u Hobby-Kurse. K: Seit 15 Jahren als Buchhalter im Treuhandbüro Lüthi, Brienz, tätig, Mtgl d Fotoklubs Oberhasle, Dipl v 4. intern Fotosalon 1974 in Luanda/Angola, Mtgl d Vorst d VerkehrsVer Brienz u d FinanzKmsn Brienz, Pr d Kinobetriebs Kmsn d VerkehrsVer Brienz. F: Bildberichte in div Zeitungen. E: Dipl v 4. intern Fotosalon 1974 Luanda/Angola, Aussteller am intern Diasalon 1977 d BRIDGE SLIDE CLUB, Hong Kong, Teilnahme an versch lokalen Ausstellungen. M: Fotoklub Oberhasli, FinanzKmsn Brienz, Kino-BetriebsKmsn d VerkehrsVer Brienz (Pr), VerkehrsVer Brienz (Vorst). H: Wandern, Radfahren, Tennis, Weiterbildung.

Zoré Ingrid

B: Kostümbildnerin. G: 7. Mai 1936. A: D–1000 Berlin 41, Wulffstr 12. S: Abitur, 2 Jahre Schneiderlehre, Gesellenprüfung, 4 Jahre Stud Bühnenbild u Mode. K: 1960 Ass bei einem Film, dann selbständig als Kostümbildnerin f Film u Fernsehen. F: BZ Berlin (1970 Artikel: Zwirn, Charme u Tusche, 1978 Ingrid entwirft d Träume aus Samt u Seide f d Traumfabrik). M: Lebenshilfe, Mtgl d Elterninitiative f behinderte Kinder, Berlin-Steglitz. H: Fotografieren.

Zorn Hans

B: Fotografenmeister. G: Amberg, 29. Apr 1910. A: Friedl, geb Bauer. A: D–8450 Amberg, Max Regerstr 24. S: KunstHS Weimar bei Prof Walter Hege, 3 Jahre Lehrzeit Fotografie, Gesellenprüfung. K: Porträtausbildung b Schäfer in Frankfurt/M, Meisterprüfung in Regensburg, seit 1932 selbständig – Foto-

Kino-Ton-Studio – in Amberg, seit 1979 in Pension Regie u Kamera b 8 mm-Film „Mit Rommel in Afrika". F: Leica Kleinbildfotografie, MERIAN Stars u Stript USA, Bühnenbilder, Bildband, Fränkische Tageszeitung, 2 Bände „Fla nach vorn", Titelbild u Bildbericht v Afrikafeldzug, Rommelbuch u in Wüstenfüchse, Buch-Illustrationen uva. E: 1. Preis im Meisterwettkampf Bayern 1936, Plakette u Urkunde (Intern Photo u Kinoausstellung – Photokina Köln 1951 f Farbfotografien, Plakette b d Ausstellung im VDAV Bayern, Goldene Ehrennadel u Urkunde f Nordgaufilm (Dr Arnold). M: Photographische Ges Amberg (bis 1947), HandwerksKam Regensburg. H: Schallplattensammlung: Klassische Musik, Malerei (Prof Fuhr).

Zorn Rudolf
B: FotografenMstr. G: Diez, 10. Okt 1937. V: Barbara geb Hallinger. A: D–6252 Diez, Marktpl 5. S: Grundschule. K: Gesellenprüfung, MstrPrüfung, tätig Foto u Film seit 3 Jahren, Aufenthalt in Südafrika u Südamerika, zuvor selbständig 15 Jahre lang Fotofachgeschäft, Foto-Film-Handlung-Atelier. M: Bund Deutscher Filmamateure. H: Tonfilm 16 mm, Astronomie, Weltbummeln.

Zubler Leonard
B: Fotograf VSP/BR. G: Bern, 2. Sept 1938. A: CH–8134 Adliswil, Rütistr 6. S: Grundschule, 3 Jahre Fotografenlehre, Fotoklasse Gewerbeschule Bern. K: 2 Jahre Ltr d Fotoateliers d Firma Thierstein, Bern, 3 Jahre Reporter beim ATP-Bilderdienst, Zürich, seit 1963 freier Mitarbeiter bei versch Zeitungen u Zeitschriften, Theaterfotograf am Schauspielhaus in Zürich. F: In allen größeren Zeitungen u Zeitschriften in d Schweiz, in Tageszeitungen in d BRD, vereinzelt im übrigen Ausland. E: Eidgen Stipendium f angewandte Kunst. M: EhrenMtgl d KulturVer v Melambes, Kreta, Griechenland.

Zwicker Eberhard
B: Fotograf f Kunstgeschichte. G: Stuttgart, 24. Apr 1915. V: Katharina, geb Gareis. A: D–8700 Würzburg, Spiegelstr 10. S: Stud d Fotografie u Kunstgeschichte an d Ak f graphische Künste in Leipzig. K: Lehrbeauftragter f Farbfotografie an d Leipziger Ak. F: Museumsführer, Katalog „Glaspreis Coburg 1977". H: Malerei.

Zwicker Peter
B: Kameramann, Regisseur. G: Bad Nauheim, 26. Juli 1952. A: D–8000 München/Solln, Drygalski Allee 111. S: Realschule, AbendGymn, Volontariat bei versch Fernsehstationen. K: Nach d Ausbildung zum KameraAss u dreijähriger Tätigkeit Kameramann, Kameraführung in zahlreichen Produktionen in Industrie u Werbung u Dokumentationen sowie Musikfilmen, heute Inhaber einer eigenen Produktionsfirma. F: Kurzartikel in versch Tageszeitungen in Deutschland. D: Versch Beiträge in ARD u ZDF, „Schwabinger Spectacle", „Der weiße Tod", zahlreiche Werbe- u Informationsfilme. M: Mtgl d RFFU, Verb d freien Filmschaffenden, EhrenMtgl einiger regionaler Ver im süddeutschen Raum.

Zwietasch Wolfgang
B: Fotograf, Foto-Designer. G: Beutnitz/Mark, 28. Sept 1924. V: Elisabeth, geb Kragh. A: D–7141 Murr, Mühlweg 13. S: Oberschule, Offizier im II Weltkrieg, Journalistik. K: 1948–53 Journalist, 1953–55 Bildjournalist, ab 1955 freier Fotograf, Nachholung d Gehilfen- u MstrPrüfung, 1965 Eröffnung eines Großstudios, 1962–76 VorstMtgl d Fotografen-Innung, Stuttgart. F: Viele Fotos in Fachzeitschriften d Hotel- u Möbelbranche wie BM u md. E: Silberne Ehrennadel d Handwerks, 2 Goldmedaillen in Fotoausstellungen. H: Sammeln v Briefmarken.

B

BIOGRAPHIEN
SCHAUSPIELER

Biographien, die
nach Redaktionsschluß
eingetroffen sind, finden Sie
im Anhang.

Aacken Wilfried van
B: Schauspieler. A: c/o Agentur Rakosi, D–8000 München 90, Tegernseer Landstr 284. Tel: 089/6904092.

Abendroth Michaél
B: Schauspieler. A: c/o ZBF-General-Agentur Frankfurt, D–6000 Frankfurt/Main, Feuerbachstr 42–46. Tel: 0611/7111313.

Aberle Elke
B: Schauspielerin. A: D–8000 München 40, Ainmillerstr 44, c/o ZBF Agentur, D–8000 München, c/o Management Palz. Tel: 089/345965 oder 089/335081 oder 089/912019/10.

Aberle Erich
B: Schauspieler. A: A–2371 Hinterbrühl, Parkstr 24, c/o ZBF-General-Agentur Frankfurt, c/o Agentur Schmidt-Gentner. Tel: 00432236/6289 oder 0611/7111335 oder 0222/752271.

Abgottspon Franziskus
B: Schauspieler. A: CH–3930 Visp, Weingartenweg 5, c/o Agentur Lentz. Tel: 004128/463060 oder 089/474026.

Acker-Brückner Eleonore
B: Opern- u Konzertsängerin (Sopran). G: Gladenbach, 22. Feb 1919. A: D–6370 Oberursel, Neuhausstr 2. S: Lyzeum, Abitur, 8 Sem Stud am Robert Schumann-Konservatorium Düsseldorf, HS f Musik in Köln, Examen 1948. K: Engagement an d Städt Bühnen Düsseldorf, Chor m Solo, Braunschweig, Solingen, häufige Kirchen- u Kammerkonzerte in Düsseldorf, Solingen, Bielefeld, Marburg, Frankfurter Raum. F: Solinger Tageblatt, Marburger Presse, Düsseldorfer Nachrichten ua. D: „Freischütz", „Figaros Hochzeit", „Tannhäuser", „Troubadour". M: Deutscher BühnenVer Nordrhein-Westfalen. H: Klavier, Malen, Veröffentlichungen in Zeitungen u Fachzeitschriften (Geschichtliches).

Ackermann Elisabeth
B: Schauspielerin. A: D–2083 Halstenbek/Hamburg, Grüne Twiete 114a. Tel: 04101/42659.

Ackermann Heide
B: Schauspielerin. A: D–8000 München 70, Sylvensteinstr 5, c/o ZBF Agentur, D–8000 München. Tel: 089/772652 oder 089/335081.

Ackermann Kathrin
B: Schauspielerin. A: D–8000 München 81, Musenbergstr 12, c/o ZBF Agentur, D–8000 München. Tel: 089/955668 oder 089/335081.

Ackva Wolf
B: Schauspieler. A: D–8044 Unterschleißheim, Friedhofstr 6. Tel: 089/3106510.

Adae Joerg
B: Schauspieler. A: D–7000 Stuttgart 1, Bebelstr 87, c/o ZBF-Agenturen München u Hamburg u Frankfurt. Tel: 0711/651575 oder 089/335081 oder 040/66885400-1 oder 0611/7111313.

Adam Dietrich
B: Schauspieler. A: c/o ZBF-General-Agentur Frankfurt, D–6000 Frankfurt/Main, Feuerbachstr 42–46. Tel: 0611/7111335.

Adam Klaus
B: Schauspieler. A: c/o ZBF-General-Agentur Frankfurt, D–6000 Frankfurt/Main, Feuerbachstr 42–46. Tel: 0611/7111335.

Adam Marika
B: Schauspielerin. A: c/o Management Jovanovic, D-8000 München 80, Perfallstr 6. Tel: 089/475024/25.

Adametz Addi
B: Schauspielerin. A: D–8000 München 71, Appenzeller Str 115, c/o ZBF Agentur, D–8000 München. Tel: 089/753030 oder 089/335081.

Adami Charlott
B: Schauspielerin. A: D–1000 Berlin 31, Brandenburgische Str 7, c/o Agentur Bengen, D–1000 Berlin. Tel: 030/877406 oder 030/3911895.

Adeyefa Tockey
B: Schauspieler. A: D–2000 Hamburg 13, Brahmsallee 127. Tel: 040/451953.

Adolph Barbara
B: Schauspielerin. A: D–1000 Berlin 47, Neudecker Weg 108, c/o Agentur Bengen, D–1000 Berlin. Tel: 030/3911895.

Adrian Wolf
B: Schauspieler. A: D–1000 Berlin 31, Hubertusallee 13, c/o Agentur Bengen. Tel: 030/8924621 oder 030/3911895.

Affolter Therese
B: Schauspielerin. A: D–7000 Stuttgart, Hohenzollernstr 17, c/o ZBF Agentur, D–8000 München. Tel: 0711/609872 oder 089/335081.

Afric Simone
B: Sänger. G: Mozambique, 10. Okt 1939. A: D–1000 Berlin 30, Regensburger Str 2. K: Sänger, Musiker, Arrangeur. F: In allen Zeitungen d Welt. D: Div Filme. E: Div Goldene Schallplatten in vielen Ländern d Welt. M: GEMA. H: Autos, Fußball.

Ahlers Mia
B: Sängerin, Schauspielerin, Tänzerin. G: Hamburg, 12. Mai 1900. A: D–2000 Hamburg 60, Schmachthagerstr 38. S: Grundschule, Ballett- u GesangsStud. K: Bis 1917 als Tänzerin im Engagement, mit 18 Jahren am Wettsingen teilgenommen, ersten Preis bekommen u als Sängerin engagiert, Theater, Varietee u Cabarett in Deutschland u im Ausland, Plattenaufnahmen. F: In vielen Zeitungen im In- u Ausland. D: „Der Zarewitsch", „Im weißen Rössl" uva. M: BühnenGen, Kulturkammer, IAL, Künstlergilde . H: Malen, Singen.

Ahna Kerstin de
B: Schauspielerin. A: D–8000 München 81, Höslstr 17, c/o Agentur v Pilecki. Tel: 089/915653 oder 089/220263.

Ahner Helmut
B: Schauspieler. A: D–2000 Hamburg 13, Rothenbaumchaussee 142. Tel: 040/4103983.

Ahren Barbara-Magdalena
B: Schauspielerin. A: c/o A Schütz, CH–3012 Bern, Stadtbachstr 48. Tel: 004131/234647.

Ahrweiler Peter
B: Schauspieler. A: D–2000 Hamburg 36, Neuer Wall 54. Tel: 040/353561 u 342644.

Aicher Marius
B: Schauspieler. G: Trencin, 12. Mai 1944. A: D–8000 München 40, Rankestr 6. S: Gymn, Handelsschule, MusikStud am Trappschen Konservatorium in München, GesangsStud bei Frau Prof E Hallstein, Schauspielschule Schütz in München. F: Unzählige. D: Film: „Schweigen im Walde", „Der Jäger vom Fall", „Der amerikanische Soldat", „Retourn to Munich" ua, Fernsehen: „Der starke Stamm", „Die Hand im Mund", „Rio das Mortes", „Spiel im Morgengrauen", Theater: „Der jüngste Tag", „Der Dra-Dra", „Kennen Sie die Milchstraße?", „Romeo und Julia", „Urfaust", „Can-Can", „Die Heimkehr", „In 80 Tagen um die Welt", „Gerettet". E: Ehrenbürger von Trencin, Schauspielerpersönlichkeit 1974/75. H: Klavierspielen, Lesen, Musik, usw.

Albert Fred
B: Schauspieler. A: D–8000 München 22, Wurzer Str 11, c/o Agentur v Pilecki. Tel: 089/299710 oder 089/220263.

Albert Rueprecht
B: Schauspieler. A: A–1040 Wien, Belvederег 41. Tel: 0222/658189.

Alberti Lotte
B: Schauspielerin. A: D–1000 Berlin 19, Kaiserdamm 40, c/o Agentur Bengen, D–1000 Berlin, c/o ZBF-Agentur, D–1000 Berlin. Tel: 030/3022946 oder 030/3911895 oder 03O/8838031.

Alberty Anselm
N: Anselm Poensgen. B: Schauspieler. G: Berlin, 12. Mai 1905. V: Anna-Elisabeth, geb Domine. A: D–1000 Berlin 15, Meinekestr 5.

Tel: 030/ 8811760. K: Engagements in Kiel, Gera, Bremen, Königsberg, Stettin, Berlin, ua 15 Jahre Rundfunk, Freie Volksbühne usw. D: Charakterfach bis zum Mephisto. H: Modell-Eisenbahn, Weltliteratur.

Alberty Karl-Otto
B: Schauspieler. A: c/o Agentur Alexander, D–8000 München 80, Lamontstr 9. Tel: 089/471011.

Albrecht Gisela
B: Schauspielerin. A: D–1000 Berlin 41, Lepsiusstr 44, c/o Agentur Bengen, D–1000 Berlin. Tel: 030/7922244 oder 030/3911895.

Alexa Ursula
B: Schauspielerin. A: D–1000 Berlin 21, Stromstr 65, c/o Agentur Bengen, D–1000 Berlin. Tel: 030/3927649 oder 030/3911895.

Alexander Peter
N: Peter Alexander Neumeyer. B: Schauspieler, Sänger. G: Wien, 30. Juni 1926. V: Hilde, geb Haagen. A: CH–Morcote/Lugano-Arbostora, Casa la Sorgente. S: Abitur, Max Reinhardt-Seminar, Ak f Musik u darstellende Kunst Wien, 1948 Reifezeugnis als Schauspieler. K: Mit 5 Jahren bei d Wiener Sängerknaben, nach Notabitur Flakhelfer, Arbeitsdienst, Soldat, britische Gefangenschaft, 1946 Immatrikulation als Med-Stud, Schauspielstudent, Schauspieler am Burgtheater Wien, 1951 erste Schallplatte, 1952 Rätselonkel, Pianist, Sänger b ORF, 1. Film („Königin d Arena"), daneben Singles u Langspielplatten, 1969/71 Deutschlandtournee, ab 1969 Unterhaltungsserie „Peter Alexander serviert Spezialitäten" mit Gästen, ua: Erik Ode, Marika Rökk, Rudolf Schock, Anneliese Rothenberger, Freddy Quinn, Roy Black, Johannes Heesters, Caterina Valente, Ivan Rebroff, Karel Gott, Inge Meysel, Hans Joachim Kulenkampff, Peter Frankenfeld, Helmut Schön mit d Fußballmannschaft d 1. FC Bayern uva. F: Süddeutsche Zeitung, TV Hören u Sehen, Hör Zu, Gong, Berliner Morgenpost, Frankfurter Allgemeine, Abendzeitung uva. D: „Die süßesten Früchte", „Ein Mann muß nicht immer schön sein", „Liebe, Jazz u Übermut", „Charly's Tante", „Die Beine v Dolores", „Hilfe, meine Braut klaut", „Peter schießt d Vogel ab", „Ich zähle täglich meine Sorgen" uva. E: 1957 Bester Nachwuchsdarsteller, 1965 Bester deutschsprachiger Sänger, Goldener Löwe, Goldene Kamera, Silberner Bildschirm, Bambi, Goldenes Bambi. H: Klassische Musik, Sammeln v Uhren, Schwimmen, Angeln.

Alexander René
N: Adolf Peilecke. B: Conferencier, Entertainer. G: Hannover, 13. Juni 1904. A: D–3000 Hannover, Werderstr 3. S: OberrealGymn, Journalist. K: Volontär im Verlagswesen, Reiseberichte, 14 Jahre Tropen, nach d II Weltkrieg ReiseLtr f Busreisen, Conferencier f Modeschauen. F: Versch in Zeitungen u Zeitschriften. H: Musik, Reisen.

Alexander Rudolf
B: Schauspieler. G: 12. März 1937. A: D–8000 München 80, Steinhauserstr 37. S: Schauspielschule, Actors Studio Los Angeles. K: Mit 10 Jahren italienisch-französische Filme, mit 16 Jahren Theater in Italien u England, mit 20–30 Jahren Filme in Italien, Rom u Hollywood (Western), mit 30–40 Jahren Filme u TV in München, Florida, Paris, Hollywood. F: Fernseh-Zeitschriften, Film-Zeitschriften ua. D: „Rosemaries Tochter", „Cleopatra", „Lustige Weiber v Windsor", „Mozart", TV-Serie „Tatort" u „Kommissar". E: Rom-Preis f Kinderfilme 1947, Preis f d besten Nebenrollen 1965–66 Hollywood. M: Honorary Member of the Italian French Cultural Film Societies, Univ of Underwater Fotography. H: Höhlenforschungsfilme, Bergsteiger- u Ski-Filme, Unterwasser-Filme.

Alexis Brigitte
B: Schauspielerin. A: D–2000 Hamburg 60, Winterhuder Marktpl 2. Tel: 040/489398.

Alimonta Helmut
B: Schauspieler. A: D–8000 München 80, Oberföhringer Str 18, c/o ZBF-Agentur München. Tel: 089/985966 oder 089/335081.

Aller Klaus
B: Schauspieler. A: A–1020 Wien, Untere Augartenstr 19/1/2/3. Tel: 0222/3545202.

Allerson Alexander
B: Schauspieler. A: D–8000 München 40, Rümannstr 57/VIII, c/o Management Palz. Tel: 089/368656 oder 089/912019/10.

Alma Henny
B: Schauspielerin. A: c/o Management Margarete van Dam, NL–Amsterdam, Plantage Parklaan 12. Tel: 003120/246743.

Almassy Susanne
B: Schauspielerin. G: Wien, 15. Juni. V: Rolf Kutschera. A: A–1010 Wien, Neutorg 13. S: Matura, Ak f Musik u darstellende Kunst. K: Österr Länderbühne, Stadttheater Gera, dann Chemnitz, Hamburg, Wien, Berlin, Zürich, Stuttgart, Theater i d Josefstadt, Wiener Burgtheater, Tätigkeit beim Rundfunk. D: Film: „Der Engel m d Saitenspiel", „Der Herr Kanzleirat", „Die gestörte Hochzeitsnacht", „Zwei in einem Auto", „Briefträger Müller", „Pikanterie", „Stresemann", „Mein Vater, der Schauspieler", „Anastasia" uva.

Alphons Manuela
B: Schauspielerin. A: c/o ZBF-General-Agentur Frankfurt, D–6000 Frankfurt/Main, Feuerbachstr 42–46. Tel: 0611/7111335.

Alt Elke
B: Sängerin. G: Backnang, 24. Feb 1944. A: D–78 Freiburg, Ferdinand Weiss Str 63. S: Gymn, Mozarteum, Konservatorium Wien. K: Seit 1971 am Theater: Würzburg, Bern, Kassel, seit 1975 Städt Bühnen Freiburg. H: Tanz.

Alt Franz Dr
PS als Zauberer: Francesco Altini. B: Journalist, Moderator. G: Untergrombach, 17. Juli 1938. V: Brigitte. A: D–7570 Baden-Baden 21, Ludwig Uhland-Str 10. S: Abitur, Stud d Geschichte, pol Wiss, Volontariat b SWF-Hörfunk. K: Neben d Stud Gastspiele als Zauberer in 12 Ländern, Promotion über d Thema: Die erste Regierungsbildung Adenauers 1949, dann Reporter f „Report" Baden-Baden. 1972 Übernahme d Leitung dieser Sendung, 1973 Ltg d Redaktionsgemeinschaft „Report" v SWF u BR. F: Hör Zu uva. M: CDU, Magischer Zirkel Deutschland. H: Skifahren, Schwimmen, klassische Musik.

Alten Jürgen v
B: Regisseur, Schauspieler. G: Hannover, 12. Jan 1903. V: Hilde, geb Seipp. A: D–1000 Berlin 45, Hartmannstr 17. S: Stud in Heidelberg, Schauspielunterricht. K: Engagements in Gera, Leipzig, Berlin, Regisseur am Staatstheater Berlin, Dir d Komödienhaus Dresden, Schillertheater Berlin, Kammerspiele Hannover, Regisseur v 20 großen u 46 kurzen Spielfilmen, einer d ersten Fernsehregisseure, Theaterstück: „Die Veilchengasse", verfilmt als „Die rote Mühle".

Althaus Wilhelm Dr
B: Schauspieler. A: D–1000 Berlin 39, Nibelungenstr 21. Tel: 030/8038383.

Altrichter Dagmar
B: Schauspielerin. A: D–1000 Berlin 31, Rüdesheimer Pl 11, c/o Agentur Runde-Profé, D–1000 Berlin. Tel: 030/8213907 oder 030/3040661.

Altschul Susanne
B: Schauspielerin. A: c/o Management Makkeben, D–1000 Berlin 33, Douglasstr 2–4. Tel: 030/8263249.

Altweger Suzanne
B: Schauspielerin. A: c/o Agentur Schmidt-Gentner, A–1030 Wien, Lothringer Str 20. Tel: 0043233/752271.

Amann Dorit
B: Schauspielerin. A: D-8022 Grünwald, Dr Max-Str 73, c/o Agentur v Pilecki. Tel: 089/6492455 oder 089/220263.

Ambesser Axel von
B: Schauspieler. A: D–8000 München 40, Leopoldstr 17/V, c/o Management Jovanovic. Tel: 089/394972 oder 089/475024/25.

Ambesser Gwendolyn von
B: Schauspielerin. A: D–8000 München 40, Leopoldstr 17/V, D–2000 Hamburg 50, Gellertstr 39. Tel: 089/394972 oder 040/278538.

Ammann Gerhard
B: Schauspieler. A: D–8000 München 90, Tegernseer Landstr 110, c/o ZBF-Agentur München. Tel: 089/6913751 u 6924176 oder 089/335081.

Ammann Lukas
B: Schauspieler, Regisseur. G: Basel, 29. Sept 1912. V: Liselotte, geb Ebnet. A: D–8046 München-Garching, Münchnerstr 92. S: Hum Gymn, Max Reinhardt-Schule Berlin. K: Erstes Engagement in St Gallen, dann Schauspielhaus Zürich, Josefstadt Wien, Kleine Freiheit, Kleine Komödie München, Tourneen in Deutschland, Holland, USA, Schweiz. F: In Fernsehzeitschriften ua. D: Film: „Der Tod ritt Dienstags", „Nachts als d Teufel kam", „The Killer likes Candy", „Der Kongress amüsiert sich", Fernsehen: Serie „Graf Joster gibt sich d Ehre" ua. H: Grafik.

Ammelrooy Willeke van
B: Schauspielerin. A: c/o Management Margarete van Dam, NL–Amsterdam, Plantage Parklaan 12. Tel: 003120/246743 u 429454.

Amrein Monica
B: Schauspielerin. A: c/o Agentur v Pilecki, D–8000 München 22, Oettingenstr 46. Tel: 089/220263.

Ande Michael
B: Schauspieler. A: D–8165 Aurach Post Fischbachau, Alpenstr 18, c/o Agentur Alexander. Tel: 08028/506 u 089/345379 oder 089/471011.

Anders Helga
B: Schauspielerin. A: c/o Agentur Alexander, D–8000 München 80, Lamontstr 9. Tel: 089/471011.

Anders Sylvia
B: Schauspielerin. A: D–2000 Hamburg 76, Karlstr 34. Tel: 040/ 222040.

Andersen Elg
B: Schauspielerin. A: c/o Management Jovanovic, D–8000 München 80, Perfallstr 6. Tel: 089/475024/25.

André Siegfried
B: Schauspieler. A: D–8000 München 71, Berner Str 1. Tel: 089/751401.

Andersson Benny
KN: ABBA (m Agnetha u Björn Ulvaeus, Anna-Frid Fredriksson). B: Sänger. G: Stockholm/Schweden, 16. Dez 1946. A: c/o Abba-Clubzentrale Thomas Müller, D–8000 München 2, Thalkirchner Str 88. K: 1970 erste Auftritte als Quartett: „Björn Benny + Anna Frida". Änderung d Namens in „Abba", LPs: „Waterloo", „Abba", „Honey, Honey", „Mamma Mia", „The Best of Abba", „Arrival", „The very Best of Abba", „The Album", Singles: „Ring, Ring", „People need Love", „Waterloo", „Honey, Honey", „So long", „I do I do", „SOS", „Mamma Mia", „Fernando", „Dancing Queen", „Money, Money, Money", „Knowing me, knowing you", „Name of the Game", „Take a Chance on me", „Eagle" ua. F: In vielen in- u ausländischen Zeitungen u Zeitschriften. D: „ABBA 78". E: Grand Prix Eurovision in Brighton 1974.

Andree Andrea
B: Schauspielerin. A: c/o Agentur Rakosi, D–8000 München 90, Tegernseer Landstr 284. Tel: 089/6904092.

Andree Ingrid
B: Schauspielerin. A: D–2000 Hamburg 20, Heilwigstr 96, c/o Management Baumbauer. Tel: 040/489209 oder 089/478577.

Andres Eva
B: Schauspielerin. A: D–8000 München 80, Laplacestr 4, D–1000 Berlin 46, Corneliusstr 8c. Tel: 089/980788 oder 030/7712395.

Andress Herb
B: Schauspieler. A: I–Rom, Via Daniello Bartoli 24, c/o ZBF-Agentur München, c/o Agentur v Pilecki. Tel: 00396/583179 oder 089/335081 oder 089/220263.

Angerpointner Marietheres
B: Schauspielerin. G: 13. Mai 1924. A: D–4000 Düsseldorf 31, Kesselsberg Weg 3. S: Lyzeum, Schauspielschule, staatl Prüfung. K: Engagements in Gera, Bonn, Berlin, München, Gastspiele in Frankfurt, Köln, Berlin, Düsseldorf. F: Theater heute, Frankfurter Theatergeschichte, Münchner Theatergeschichte, Berliner Theatergeschichte. D: „Menschen in Gottes Hand", Darstellerin fast aller Shakespearefrauen, Anouillh Giraudoux-Boulevardstücke, „Staatsaffären", „Himmelbett", „Plaza-suite". H: Innenarchitektur, teils freiberuflich.

Anhang Barnabass
B: Schauspieler. A: D–8973 Bad Oberdorf, Luitpoldstr 15, c/o ZBF-Agenturen Frankfurt u München. Tel: 08324/2696 oder 0611/7111313 oder 089/335081.

Anheisser Wolfgang
B: Opern- u Konzertbariton. G: Köln, 1. Dez 1929, gest. 5. Jan 1974. A: D–5060 Bergisch-Gladbach, Katterbachstr 114. S: GesangsStud in Freiburg, Stud d MusikWiss, Anglistik, Germanistik an d Witwatersrand Univ in Johannesburg, Südafrika. K: Seit 1961 Engagements an d Opernhäusern von München, Köln, Ost-Berlin, Gelsenkirchen, Frankfurt, Hamburg ua, Festspiele: Münchner Opernfestspiele, Wiener Festwochen, Maggio Musicale Firenze, Szagione Sinfonica di Primavera Bologna, Prager Frühling, Flandern, South African Opera Festival, Intern Festival of Tokyo, Som-

merliche Musiktage Hitzacker, Musik u Theater in Herrenhausen, 1970 u 1973 Liederabende, Konzerte, Oratorien- u Operngastspiele in aller Welt, 1972 zum ersten Mal in Japan, Auftritte in deutschen u ausländischen Fernsehanstalten in Opern-, Oratorien-, Lied-, Operetten- u Musical-Sendungen, rund 30 Schallplatten. D: „Barbier von Sevilla", „Luna' „Posa", „Georges Germont", „Escamillo", „Wolfram", „Count Almaviva", „Guglielmo".

Anselm Karin
B: Schauspielerin. A: c/o Agentur de la Berg, D–8000 München. Tel: 08178/3681.

Ansorge Joachim
B: Schauspieler. A: D–1000 Berlin 33, Im Schwarzengrund 4, c/o Management Baumbauer. Tel: 030/8325183 oder 089/478577.

Antelmann Valerie
B: Schauspielerin. A: D–8000 München 22, Thierschpl 4, c/o ZBF-Agentur, D–8000 München. Tel: 089/335081.

Apitz Bernd
B: Sänger, Entertainer, Texter, Komponist. G: Dresden, 18. Sept 1946. A: D–3320 Salzgitter 51, Schmiedeweg 8. S: Mittlere Reife, IndKfm, Gesangs-Ausbildung. K: Erste Schallplatte 1966, mit 16 bei Beat Band (King Bees) Gesang u Gitarre, 20 Singles, 1 LP (Cassette), Gastspiele in Schweden, Italien, Schweiz, Österreich, USA. F: Viele Veröffentlichungen in versch Zeitungen u Zeitschriften. D: „ZDF-Hitparade", „Drehscheibe", „Aktuelle Schaubude", „Musik f junge Leute", „Skat u Musik" uva. E: Bonny v Fernsehtag als bester Nachwuchssänger. H: Musik, Schwimmen, Reiten.

Arends-Rudner Katrin
B: Schauspielerin. A: D–1000 Berlin 19, Wundtstr 11. Tel: 030/3211762.

Arendt Elke
B: Schauspielerin. A: D–8000 München 22, Pilotystr 2, c/o ZBF-Agentur München. Tel: 089/224950 oder 089/335081.

Arens Peter
B: Schauspieler, Regisseur. G: 18. Feb 1928. V: Margrit, geb Ensinger. A: CH–8712 Stäfa, Aberenstr 12. S: Gymn, Schauspielausbildung bei Prof Paul Kalbeck. K: 1947 erstes Engagement in Bern, 1950 zu Heinz Hilpert ans Deutsche Theater Göttingen, 1953 Schauspielhaus Hamburg, 1954 Kammerspiele München, dann abwechselnd versch Engagements am Schillertheater Berlin, Burgtheater Wien, Düsseldorfer Schauspielhaus uva, ab 1963 Schauspielhaus Zürich, dazwischen viele Film- u Fernsehaufgaben, Radio- u öffentliche Lesungen, versch Regieaufgaben. F: Viele in versch Zeitungen u Zeitschriften. H: Segeln, Langlauf, Pilze sammeln.

Arent Eddi
B: Schauspieler. A: D–8011 Vaterstetten, Beethovenstr 13. Tel: 08161/1302.

Arnau Gerd
B: Schauspieler. A: D–8000 München 90, Werinherstr 88. Tel: 089/684123.

Arndt Rolf
B: Schauspieler. A: D–8000 München 40, Adalbertstr 82, c/o Agentur Marga Wiedner. Tel: 089/373471 oder 089/3081822.

Arneri Neda
B: Schauspielerin. A: c/o Management Jovanovic, D–8000 München 80, Perfallstr 6. Tel: 089/475024.

Arnold Erich
B: Schauspieler. A: c/o Agentur Schmidt-Gentner, A–1030 Wien, Lothringer Str 20. Tel: 0222/752271.

Arnold Horst
B: Graphiker u Fernsehdarsteller. G: Dortmund, 12. Juni 1932. V: Luise, geb Dieckmann. A: D–5804 Herdecke, Gruenstr 7. S: Mittlere Reife, WerbeTechn, Graphiker. K: Freischaffender Graphiker u TV-Darsteller. F: Ruhr-Nachrichten, Le Soir etc. D: „Polizeifunk ruft", „Tatort", „Der Angestellte", Industriewerbefilme, „Der zerbrochene Krug", versch Operetten etc. H: Segeln (Hochsee), Fotographik, Angeln etc.

Arnswald Günter
B: Schauspieler, Sprecher, Rezitator. G: Berlin, 17. Feb 1915. V: Gisela, geb Seneberg. A: D–3200 Hildesheim, Hagentorwall 6. Tel: 05121/36451. S: Hum Gymn, TheaterAk Königsberg, Privatlehrer in Berlin. K: Seit 1932 an 15 deutschen Theatern ununterbrochen im Engagement, wesentliche Arbeitszeiten in d 50iger Jahren in Aachen, danach 12 Jahre bei Prof Hans Schalla am Schauspielhaus Bochum, ferner Linz/D, seit 1975 Stadttheater

Hildesheim. D: In div Filmen d Vorkriegszeit sowie in Fernsehspielen in d 60iger Jahren. E: Goldenes Ehrenzeichen d GDBA. M: Seit 1932 GDBA. H: Schriftstellerei, Lacksymbolistische Malerei, Literarische Tonband-Matineen.

Arps Wolfgang
B: Schauspieler. G: Hamburg, 23. Feb 1926. V: Jutta, geb Fix. A: D–4000 Düsseldorf 31, Roßpfad 11. S: Gymn, Schauspielschule d Staatl Schauspielhauses Hamburg, bei Helmuth Gmelin, „Theater im Zimmer" in Hamburg. K: Engagements: Junge Bühne Hamburg, Lüneburger Bühne, Theater im Zimmer, Deutsches Schauspielhaus in Hamburg, Württ Staatstheater Stuttgart, Renaissance Theater Berlin, Thalia-Theater Hamburg, Deutsche Oper am Rhein Düsseldorf, seit 1956 am Düsseldorfer Schauspielhaus. F: in allen Deutschen Tageszeitungen, Wochenzeitungen u Wochenblättern. D: „Prinz von Homburg", „Käthchen von Heilbronn", „Richard II", „Minna von Barnhelm", „Don Carlos", „Die Räuber" uva, in TV: „Medea", „Prinz von Homburg", „Hafenkrankenhaus", „Untergang der Titanic", „Vibia Perpetua", „Sacco und Vanzetti" uva. H: Bergsteigen, Schwimmen, Rezitation, Lesungen.

Arten Jur
N: Georg Strahler. B: Schauspieler. G: Warszawa/Polen, 28. Feb 1906. V: Christina, geb Jeserick. A: D–2000 Hamburg 76, Menckesallee 32. S: Abitur, Schauspielausbildung Verb d Schauspieler d polnischen Bühnen – Sektion Film, Warszawa. K: Hauptrollen in „Die Stimme des Herzens" u „Sonnabend – Sonntag" in Warszawa, seit 1929 in Berlin, Chargen-Darsteller in über 70 Spielfilmen d deutschen Produktionen in Berlin u im Ausland. F: Kinema Warszawa 1926, Kinema i Nowosci Filmowe, Warszawa 1926, Dziennik Berlinski, Berlin 1930, Kurijr filmowey, Warszawa 1930, Reichsfilmbaatt Berlin 1931, Film-Tribüne, Berlin 1931, Universal Filmlexikon, Berlin 1932, Kino Warszawa 1934, Kalendarz Filmowy, 1934 Warszawa, Kuryer Filmowy, 1936 Warszawa, Künstler Almanach, Berlin 1943 uva. D: „Die Stimme des Herzens", „Sonnabend – Sonntag", „August der Starke", „Es lebe die Liebe" ua. E: 1945–50 Repräsentant d polnischen staatl Films „Film-Polski" in Berlin. M: Verb polnischer Bühnenschauspieler, seit 1929 DACHO, Berlin, ReichsfilmKam, Berlin (zwangsläufig), Verb deutscher Filmschauspieler, Berlin. H: Drehbücher, Fremdsprachen, gute Musik.

Artenfels Rainer von
B: Schauspieler. A: A–1140 Wien, Toldtweg 33, c/o Agentur v Pilecki. Tel: 0222/948363 oder 089/220263.

Arthur Donald
B: Schauspieler. A: D–8000 München 90, Lindenstr 12. Tel: 089/ 643712 u 640896.

Artmann Inga
B: Schauspielerin. G: Graz, 15. Feb 1946. V: Hannibal Lietsch. A: D–1000 Berlin 31, Kurfürstendamm 143. S: Bundesstaatl Frauenoberschule, Ak f Musik u darstellende Kunst. K: Schauspielhaus Graz, Hansa Theater Berlin, Schaubühne am Halleschen Ufer, Berlin, Berliner Theater i Berlin, Landestheater Hannover, Schiller Theater Berlin, Forum Theater Berlin. F: Div in Berliner Tageszeitungen. D: „Berliner Antigone", „Stewardessen", „Alle Hunde lieben Theobald", „Magic Afternoon", „Der tolle Tag", „Die gelehrten Frauen", „Mädl aus d Vorstadt", „König Ubu", „Zur schönen Aussicht" ua. H: Reisen, Sprachen, Musik.

Asa Tamara
N: Ursula Grabbe. B: Solotänzerin (lateinamerikan), Universal-Artistin. G: Körbecke/Möhnesee, 25. Juni 1945. A: D–5000 Köln 80, Altstr 2. Tel: 0221/625844. S: Handelsschule, Fremdsprachenschule, Kosmetikschule, Fotomodellausbildung in Dortmund u Köln, Ballettschule in Hamburg. K: Opernhaus Köln, ZDF Mainz, Variete, Kabarett, Karneval-Ver Köln, ab Mai 1979 Inhaberin eines Variete in Köln-Mitte. F: Bunte, Burda-Moden, Praline, Kölner Stadtanzeiger, Kölner Express. D: „Narren nach Noten" (ZDF), „Haute-Nanni" (Niederlande), „Feuertanz" (Oper Köln). M: Intern Artisten Loge Hamburg. H: Reiten, Autosport, Wasserski, Tanzen, Malen.

Asam Werner
B: Schauspieler. A: D–8016 Feldkirchen, Ottostr 3, c/o ZBF-Agentur München, c/o Agentur Lentz. Tel: 089/9034213 oder 089/335081 oder 089/474026.

Asendorf Charlotte
B: Schauspielerin. A: D–6104 Jugenheim, Helene Christallerweg 9 II, c/o ZBF-Agentur München. Tel: 06257/5636 oder 089/335081.

Askin Leon
B: Schauspieler. A: c/o Agentur v Pilecki, D–8000 München 22, Oettingenstr 46. Tel: 089/220263.

Aslanhan Ibrahim
B: Schauspieler. A: c/o Agentur Rakosi, D–8000 München 90, Tegernseer Landstr 284. Tel: 089/6904092.

Asner Hans-Dieter
B: Schauspieler. A: D–8500 Nürnberg, Einsteinring 15/VI, c/o Agentur Marga Wiedner. Tel: 0911/638405 oder 089/3081822.

Assmann Annemarie
B: Schauspielerin. G: Lübeck, 11. Nov 1945. V: Klaus Assmann. A: D–2000 Hamburg 73, Spitzbergenweg 9. S: Mittlere Reife, Schauspielabschlußprüfung 1964 in Düsseldorf. K: 3 Spielzeiten am Stadttheater Bielefeld, 2 Spielzeiten am Stadttheater Hildesheim, seit 1969 freischaffend in Hamburg, Tätigkeit bei Theater, Funk, Fernsehen, Film, Synchron usw. D: Theater: „Sommernachtstraum", „Biberpelz", „Der Kaufmann von Venedig" ua, „Die Gattin", Spielfilm, „Halsbandaffäre", Fernsehfilm, „PS", „Um den Preis des Lebens", Serien, sowie div interessante Rollen. H: Musik, Wandern.

Assmann Barbara
B: Schauspielerin. A: D–8131 Pentenried, Forststr 8, c/o Agentur Marga Wiedner. Tel: 089/8502267 oder 089/3081822.

Assmann Dieter
B: Schauspieler. A: D–1000 Berlin 33, Furtwängler Str 12, c/o Agentur Marga Wiedner. Tel: 030/8256646 oder 089/3081822.

Atan Thomas
B: Schauspieler. A: D–8000 München 40, Barerstr 82, c/o Agentur Alexander. Tel: 089/286630 oder 089/471011.

Astor Eva
B: Schauspielerin. A: D–8000 München 90, Rabenkopfstr 39, c/o ZBF-Agentur München. Tel: 089/645455 oder 089/335081.

Astor Roland
B: Schauspieler. A: D–8000 München 90, Wirtstr 8, c/o ZBF-Agentur München. Tel: 089/699171 oder 089/335081.

Astori Cristina
N: Leininger Kerstin. B: Trapezkünstlerin. G: Tuttlingen, 10. Juli 1957. A: D–6087 Büttelborn 3, Bachgrund 1. S: Grundschule. K: Circus Togni, Hansa-Theater, Hamburg, Circus Willy Hagenbeck. H: Menschen, Schreiben, Circusse, Bücher über Artistik u Show.

Atzorn Robert
B: Schauspieler. A: c/o Agentur Lentz, D–8000 München 80, Holbeinstr 4. Tel: 089/474026.

Auer Elisabeth
B: Sängerin. G: Fürstenzell/Passau, 2. Mai 1957. A: D–6000 Frankfurt 90, Florastr 5. Tel: 0611/702788. S: Grundschule, Abendschule, Mittlere Reife, Bekleidungsfertigerin u Modezeichnerin, Musik- u Gesangsausbildung. K: Erste Schallplatte 1974, seither vier Schallplatten, eine Cassette, Teilnahme beim Musikfestival MUSICA in Freistadt/Österreich, Funksender Tourneen, Fernsehen, Show beim NDR, Schaubude, Umschau, Halbzeit, viele Liveveranstaltungen in Hallen, Discotheken, Festzelten ua. F: Nachtausgabe, Neue Illustrierte uva. (Zwilling: Rosemarie Auer – Mary + Ann). H: Wandern, Tiere, Handarbeiten, Altertümer besichtigen u sammeln.

Auer Erich
B: Schauspieler. G: Innsbruck, 14. Apr 1923. V: Martha, geb Wallner. A: A–1140 Wien, Ameisg 3. S: Lehrerseminar, Schauspielklasse am Konservatorium Wien. K: Stadttheater Linz, Volkstheater Wien, Mtgl d Wiener Burgtheaters, Salzburger Festspiele, Tätigkeit bei Rundfunk u Film. D: „Der Herrgottschnitzer v Ammergau", „Der Klosterjäger", „An jedem Finger zehn", „Der Ehestreik", „Die Försterbuben", „Beichtgeheimnis", „Der Pfarrer v St Michael".

Auer Hannelore
B: Schauspielerin. V: Heino Kramm. A: Bad Münsterfeld. K: Tätigkeit bei Film u Fernsehen. H: Modezeichnerin.

Auer Rosemarie
B: Sängerin. G: Fürstenzell/Passau, 2. Mai 1957. A: D–6000 Frankfurt 90, Florastr 5. Tel: 0611/702788. S: Grundschule, Abendschule, Mittlere Reife, kfm Ang u Kosmetikerin, Musik- u Gesangsausbildung. K: Erste Schallplatte 1974, seither vier Schallplatten, eine Cassette, Teilnahme beim Musikfestival MUSICA in Freistadt/Ö, Funksender Tourneen, Fern-

sehen, Show beim NDR, Schaubude, Umschau, Halbzeit, viele Liveveranstaltungen in Hallen, Discotheken, Festzelten ua. F: Nachtausgabe Frankfurt, Neue Illustrierte uva. (Zwilling: Auer Elisabeth – Mary + Ann). H: Wandern, Tiere, Handarbeiten, Altertümer besichtigen u sammeln.

Auerswald Willy
B: Schauspieler. A: D–8000 München 80, Rottalstr 6. Tel: 089/405324.

August Amadeus
B: Schauspieler. A: D–8000 München 40, Hess-Str 46, c/o Management Jovanovic. Tel: 089/528707 oder 089/475024/25.

Augustinski Peer
B: Schauspieler. G: Berlin, 25. Juni 1940. V: Gisela, geb Ferber. A: D–5063 Overath, Mittelbech 22. Tel: 02206-7397. S: Grundschule, Fachgrundschule f Musik, RealGymn, Max Reinhardtschule Berlin. K: 1964–66 Fränk Theater Schloß Massbach, 1966–68 Städtebundtheater Hof, 1968–70 Städt Bühnen Flensburg, 1970–72 Städt Bühnen Kiel, 1972–78 Bühnen d Stadt Köln. F: Sämtliche Fernsehzeitschriften. D: „Die Räuber", „Kiss me Kate", „Zwillinge aus Venedig" (Doppelrolle), „Moral", „Diener zweier Herren", „Der blaue Diamant", „Klimbim", „Himml Töchter", „Die Gimmicks", „Immergrün". E: Hersfeld-Preis. M: HSV Heiligenhaus, Tennisclub. H: Zeichnen, Malen, Reiten.

Aust Jan
B: Schauspieler. A: D–2000 Hamburg 55, Godeffroystr 20, c/o ZBF-Agentur Hamburg. Tel: 040/864740 oder 040/66885400.

Avenarius Ellen
B: Schauspielerin. A: c/o Agentur Rakosi, D–8000 München 90, Tegernseer Landstr 284. Tel: 089/6904092.

Avratova Vera
B: Solotänzerin, Ballettmeisterin, Choreografin. G: Prerau/Mähren, 4. Feb 1927. V: Prof Dr Johann Navratil. A: A–1190 Wien, Krottenbachstr 110/7. S: Mittelschule, Fachausbildung: TanzAk in Moskau u Palucca-Schule in Dresden. K: Primaballerina an d Staatsoper in Brünn/CSSR, als Gast in Paris, Moskau, Budapest, Leipzig, Warschau, Genf, Luxemburg, Triest, Genua u Frankfurt, Pädagogin f klassischen Tanz u Charaktertanz am staatl Konservatorium u an d Ak f Kunst in Brünn, in d letzten Jahren Solotänzerin u Ballettmeisterin am Raimund-Theater in Wien. F: Fotoveröffentlichungen in versch Fachzeitschriften u Tageszeitungen. D: Hauptrollen in d berühmten Balletten wie „Schwanensee", „Dornröschen", „Romeo u Julia", „Aschenbrödel", „Pagodenprinz", „Abraxas", „Rapsodie in blue", „Der wunderbare Mandarin", „Die Fontane v Bachtschisarai" ua. E: Staatspreis d CSSR 1954, Erteilung d Titels „Verdiente Künstlerin" 1963, Silbernes Verdienstzeichen d Republik Österreich 1976.

Avsenik Slavko
B: Musiker. G: Yu-Begunje, 26. Nov 1929. V: Brigitta. A: c/o Karl Lanzmaier, A–6401 Inzing. K: Erfinder des Oberkrainer Sounds, 25 Jahre auf Tournee, über 600 eigene Kompositionen. F: In fast allen Zeitschriften u Zeitungen. D: „Hohe Tannen", unzählige Fernsehshows. E: 25 Goldene Schallplatten, Deutscher Schallplattenpreis, unzählige Ehrungen. H: Pilze suchen.

Axt Maria
B: Schauspielerin. A: D–1000 Berlin 33, Am Hirschsprung 5. Tel: 030/8326178.

Baal Karin
B: Schauspielerin. A: c/o Agentur v Pilecki, D–8000 München 22 Oettingenstr 46. Tel: 089/220263.

Baas Balduin
B: Schauspieler u Schriftsteller. G: Danzig, 9. Juni 1922. A: D–2000 Hamburg 13, Brahmsallee 37. S: Grundschule. K: Landarbeiter, Laufbursche, Telegrammzusteller, techn Zeichner, Kriegsfreiwilliger, britische Gefangenschaft, Funk, Cabaret, Hörspiel, Film (33 Spielfilme als Darsteller), Fernsehen v Anfang an, ab 1945 Schriftsteller, Kabarett-Texte, Funk, Lieder, Musical, feature, gefährlicher, weil liebenswürdiger Interviewer. F: In vielen Zeitungen u Zeitschriften. D: „Die Orchesterprobe", „Ohrfeigen", „Hauptmann v Köpenick", „Grieche sucht Griechin", „Die Liebesquelle", „Bis zur bitteren Neige", „Ich suche einen Mann", „Lausbubengeschichten", „Der Mann, der nicht nein sagen konnte", „Betragen ungenügend", „Hauptsache Ferien", „DM-Killer", „Die Ente klingelt um 1/2

acht", „Des Teufels General", „Tierarzt Dr Vlimmen", „Gaunerserenade", „Herren", „Mörderspiel" uva. E: Silberne Kultur-Medaille, Honduras.

Bachelier Peter
B: Schauspieler. A: c/o Agentur v Pilecki, D–8000 München 22, Oettingenstr 46. Tel: 089/220263.

Bacia Elisabeth
B: Schauspielerin. A: D–1000 Berlin 31, Joachim Friedrich-Str 30, c/o Agentur Klimperkasten. Tel: 030/8869161 oder 030/7952381.

Badal Nicole
B: Schauspielerin. A: c/o Agentur Lentz, D–8000 München 80, Holbeinstr 4. Tel: 089/474026.

Baehr Gerd
B: Schauspieler. A: D–2000 Hamburg 20, Kottwitzstr 16. Tel: 040/494497.

Baer Harry
B: Schauspieler. A: D–8000 München 40, Winzer Str 22, c/o Agentur Alexander. Tel: 089/197246 oder 089/471011.

Baer Ronny
N: Werner Stiegel. B: Musiker, Sänger. G: Berlin, 19. Dez 1930. V: Ruth, geb Hirsch. A: D–1000 Berlin 45, Marienstr 22. S: Mittlere Reife. K: 27 Jahre „Trio Sorrento". D: Div Fernsehsendungen, „Blauer Bock", „Dalli-Dalli" usw.

Baerow Ingo
B: Schauspieler. A: D–8000 München 40, Hohenstaufenstr 8. Tel: 089/0331679.

Bagée Pierre
N: Dieter Bagge. B: Artist, Ventriloquist, Konditor. G: Hamburg, 30. Juni 1940. V: Hannelore, geb Kraft. A: D–8401 Obertraubling-Oberinkhofen, Eichenstr 13, c/o Showpromotion Hagemeier KG, D–4990 Lübbecke, Zur schönen Aussicht 5. S: Realschule. K: Seit 1961 als Conferencier, Magier, Folkloresänger (südamerikanisch) u Fakir nebenbei ab 1961 kontinuierlich als Bauchredner/Ventriloquist im intern Show-Bussiness tätig. F: In fast allen deutschsprachigen allgemeinen u fachlichen Zeitungen u Magazinen D: „Steckenpferde" (Frankenfeld), „Artisten-Cocktail", „Sheherezade" „1000 und Eine-Nacht", „Nicht nur zur Weihnachtszeit", „Neues Wissen", „Abendschau", „Mensch ärgere Dich nicht", Rundfunksendungen SFB u Rias Berlin. E: Ehrenbürger d Stadt El Paso, Texas. M: Intern Artisten Loge, Verb Deutscher Musikschaffender. H: Archäologie, Raumfahrt, Numismatik, Porzellan.

Bahnen Ulrich
B: Schauspieler. G/ 23. Apr 1955. A: D–2000 Hamburg 6, Schanzenstr 46. S: Grundschule. F: In Zeitungen in Amerika. D: „Britta", „Mittags auf d Roten Platz" ua. H: Tanzen, Singen, Wandern.

Bahr Dieter
B: Schauspieler. A: c/o ZBF-Agentur München, D–8000 München 40, Leopoldstr 19. Tel: 089/335081.

Bahr Rüdiger
B: Schauspieler. A: D–8000 München 40, Franz Joseph-Str 11, c/o ZBF-Agentur München. Tel: 089/341177 oder 089/335081.

Bajohr Lutz
B: Schauspieler. G: Magdeburg, 2. Sept 1936. V: Rosemarie, geb Schreiber. A: D–8000 München 60, Am Langwieder Bach 21a. S: Abitur, pharm-kfm Praktikum, nach Abschluß Kfm-Gehilfen-Brief, UnivStud (Pharmazie) 4 Sem, zweieinhalb Jahre Schauspielausbildung in München mit Abschlußprüfung vor d Paritätischen Prüfungs Kmsn. K: Theaterengagements in Ingolstadt, Göttingen, Hannover, München, anschließend freiberuflich tätig, Theatertourneen u Fernsehen. D: Theater: „Faust", „Die Räuber", „Die Lästigen", „Warten auf Godot", „Biedermann und die Brandstifter" ua, Fernsehen: „Die Armut der Lucie F", „Ehen vor Gericht", „Unser Problem" (Serie), „Soko". E: Erster Preis f d darstellerische Mitwirkung eines intern preisgekrönten Kurzfilms. M: BFF. H: Einrichtungsentwürfe u Gestaltung.

Baker Blanche
B: Schauspielerin. A: c/o Agentur Killer, D–8000 München 19, Fafnerstr 32. Tel: 089/173455.

Baker Cliff
B: Schauspieler. A: D–4000 Düsseldorf 1, Jahnstr 6, c/o Agentur Künstlerdienst. Tel: 0211/374602 oder 0211/4306289.

Baldin Aldo
B: Sänger (lyr Tenor). G: Urussanga/Brasilien, 1. Jan 1945. V: Irene, geb Flesch. A: D–6800 Mannheim 1, Hebelstr 9. Tel: 0621/102256. S: Ausbildung als Schulmusiker (m Klavier u Cello), GesangsStud in Porto Alegre u Rio de Janeiro, HS f Musik in Frankfurt/M, Privatunterricht bei versch intern prominenten Lehrkräften. K: 1975–77 lyrischer Tenor am Pfalztheater Kaiserslautern, seit 1977 am Nationaltheater Mannheim, Lehrauftrag f Gesang an d Staatl HS f Musik Heidelberg-Mannheim, vielseitige Konzerttätigkeit in Europa, in d USA, in Südamerika, zahlreiche Schallplatteneinspielungen bei intern Produktionsfirmen. D: Die wichtigsten einschlägigen Partien d Opernliteratur (bes Mozart, Rossini ua), umfassendes Repertoire an Tenorpartien in Oratorien, Kantaten usw, Bach, Haendel, Haydn, Beethoven, Verdi ua. E: Preisträger bei Gesangswettbewerben in Rio de Janeiro u Barcelona, Goldmedaille f d beste brasilianische Interpretation.

Baldor Ruth
B: Schauspielerin. A: D–1000 Berlin 33, Kreuznacher Str 52. Tel: 030/8216241.

Bálint András
B: Schauspieler. A: c/o Management Jovanovic, D–8000 München 80, Perfallstr 6. Tel: 089/475024/25.

Ball Hans-Otto
B: Schauspieler. A: D–6202 Wiesbaden-Biebrich, Am Schloßpark 59, c/o Agentur Marga Wiedner. Tel: 06121/65769 oder 089/3081822.

Ballmann Dieter
B: Schauspieler, TheaterLtr. G: Zella-Mehlis/Thüringen, 5. Juni 1939. V: Rita, geb Lais. A CH–4125 Riehen bei Basel, Schmiedg 52. S: Hotelfachschule in Oberhof/Thüringen bzw Suhl, Musikschule Suhl, TheaterHS Leipzig, Schauspielschule Genzmer, Wiesbaden, Musikkonservatorium Wiesbaden. K: Schauspieler in Marburg, Basel, Luzern, Karlsruhe, Bern usw, 1972 Gründung eines eigenen Tourneetheaters, seither Ltr u Schauspieler in zahlreichen Tournee-Produktionen, Ltr u Gründer d „Freilichtspiele im Wenkenhof" in Riehen/Basel, Ltr eines Kellertheaters in Lörrach in Deutschland u ab Herbst 1979 in Riehen. F: Hör Zu, TV Hören und Sehen, Brigitte uva. D: Filme: „Dichter am Brett'l", „Hotel Sacher", „Die Panne", Fernsehen: „Drei Männer im Schnee", „Der letzte Schrei", „Der Apollo von Bellac", „Die schöne Helena", „Happy End", „Das Fernsehgericht tagt". M: Mtgl d Schweizer Kleintheater-Vereinigung (KTV).

Ballmann Hans Jürgen
B: Schauspieler, Sänger, Kabarettist. G: 5. Juni 1939. V: Christel geb Weiß. A: D–6204 Taunusstein 5, Keplerstr 1a. S: Grundschule, Schauspielschule Herta Genzmer, Wiesbaden, u J Offenbach, GesangsStud bei Ellinor Junker-Giessen u Hubert Giessen. K: Theaterengagements in Marburg, Wiesbaden, Karlsruhe, Bern, Esslingen, Winterthur, Basel, München, ausgedehnte Gastspielreisen. F: Bildberichte in TV Hören und Sehen, Hör Zu, Brigitte. D: Film: „Drei Männer im Schnee", „Der letzte Schrei", Theater: „Es war die Lerche", „Wundersame Nacht und Striptease", „Im weißen Rößl", „Die schöne Helena", „Komödie der Irrungen", Fernsehen: „Die schöne Helena", „Happy-End", „Das Fernsehgericht tagt", „Hallo Hotel Sacher – Portier", „Der Apollo von Bellac". M: GDBAMtgl. H: Reiten, Gesang.

Bally Ilse
B: Schauspielerin. A: D–2000 Hamburg 76, Blumenau 3a, c/o ZBF-Agentur Hamburg. Tel: 040/259797 oder 66885400.

Balser Ewald
B: Schauspieler. G: 5. Okt 1898. A: A–1170 Wien, Promenadeg 24. S: Kunstgewerbeschule, Schauspielunterricht. K: Stadttheater Barmen-Elberfeld, Stadttheater Basel, Schauspielhaus Düsseldorf, Kammerspiele München, Gastspiele an d Volksbühne Berlin, Deutsches Theater Berlin, Salzburger Festspiele, Tätigkeit bei Funk u Fernsehen. D: „Frau am Scheideweg", „Befreite Hände", „Das Fräulein v Barnhelm", „Rembrandt", „Der dunkle Tag", „Das heilige Feuer", „Schule d Lebens", „Die Lüge", „Sensation in San Remo", „Mein Herz darfst Du nicht fragen", „Sauerbruch – Das war mein Leben", „Kinder, Mütter u ein General", „Vater, unser bestes Stück", „Die grünen Teufel v Monte Cassino", „Ohne Mutter geht es nicht", „Nachtschwester Ingeborg", „Petersburger Nächte". M: Mtgl d Wiener Burgtheaters.

Balthoff Alfred
B: Schauspieler. A: D–1000 Berlin 31, Ruhrstr 15. Tel: 030/874357.

Baltus Gerd
B: Schauspieler. A: c/o Agentur Köhler, D–8000 München 40, Rümannstr 51 Tel: 089/363970.

Bammert Helga
B: Schauspielerin. A: D–2000 Hamburg 67, Frankring 2a, c/o ZBF-Agentur Hamburg. Tel: O40/6036284 oder 040/66885400.

Bantzer Christoph
B: Schauspieler. A: c/o Agentur Alexander, D–8000 München 80, Lamontstr 9. Tel: 089/471011.

Bardischewski Marie
B: Schauspielerin. A: D–8000 München 90, Wirtstr 14, c/o Agentur Bloy. Tel: 089/6913092 oder 089/6411893.

Barian Hertha
B: Schauspielerin. A: D–8000 München 90, Hertlingstr 8. Tel: 089/645401.

Barkow Peter
B: Entertainer, Conferencier, Parodist am Flügel, Schauspieler, Texter u Komponist. G: Stuttgart, 27. Aug 1926. V: Doris, geb Bidermann. A: D–700O Stuttgart 30, Happoldstr 79. S: Handelsschule, Sprecherschule. K: Ab 1937 jugendlicher Sprecher beim Rundfunk in Stuttgart, ab 1943 Militärdienst, dann Soldatenbühne, Truppenbetreuung usw, ab 1945 in d ersten Varietes u Cabarets in Deutschland als Conferencier u Parodist am Flügel, später Varietes, Tourneen usw, heute nur noch Einzelgastspiele, sehr viele Sendungen in Rundfunk u Fernsehen, zwischendurch einige Filme, komponieren u texten v Schlagern sowie vielen volkstümlichen Titeln f div Interpreten. F: Hör Zu, Bunte Illustrierte, Bildzeitung, Organ u div andere Zeitschriften. D: Neben d Tätigkeit als Conferencier Filme u Fernsehspiele zB: „Im Krug zum grünen Kranze", „Die Chronik d Familie Nägele", „Glücksbaum", „Im Tal d Witwe Ann", „Mein Leben f Deutschsüddwest", Schillerfilm usw, sehr viele Werbefilme. M: GEMA, VerwertungsGes Wort, Gfl. H: Musik, Kochen, Reisen.

Barlen Ursula
B: Schauspielerin. A: D–000 München 40, Elisabethstr 12. Tel: 089/371492.

Barner Klaus
B: Schauspieler. A: D–7024 Filderstadt 1, Eisenbahn 20, c/o ZBF-Agentur München. Tel: 0711/702571 oder 089/335ß81.

Barner Nora
B: Schauspielerin. A: D–7024 Filderstadt 1, Eisenbahnstr 20, c/o ZBF-Agentur München. Tel: O711/702571 oder 089/335081.

Barnstedt Imke
B: Schauspielerin. A: D–1000 Berlin 31, Sächsische Str 65, c/o ZBF-Agentur Berlin. Tel: 030/873346 oder 030/8838031.

Barth Isolde
B: Schauspielerin. G: Maxdorf/Pfalz, 24. Aug 1948 A: D–8000 München 2, Barer Str 38, D–67O1 Maxdorf, Birkenstr 12. Tel: 089/2800718 oder O6237/3256. S: Gymn in Mannheim (UrsulinenGymn), Abitur 1967, Schauspielausbildung: 1 Sem Staatl HS f Musik u darstellende Kunst, Stuttgart, 4 Sem Folkwang-HS in Essen, Abschlußprüfung 1970. K: 1970–72 Engagement Wuppertaler Bühnen, 1972 Staatstheater Darmstadt, seit 1973 freiberufliche Schauspielerin (Privattheater München, Tourneen), ferner Film, Fernsehen, Funk, Synchron, 1978 Arbeit mit R W Fassbinder im Produktionsbereich beim Film „In einem Jahr mit 13 Monden". D: Theater: ua „Carol", „Komödie im Dunklen", „Die Kassette", „Der Menschenfeind", „Anarchie in Sillian", „Die bitteren Tränen der Petra von Kant", Fernsehen: ua „Im Windschatten", „Kudamm gegen Bretzenheim", „Mond, Mond, Mond", „Woher wir kommen", „Holocaust", „Unter Verschluß", Film: „Schattenreiter", „Das Reichendekolltée", „Flocous d'or", „Gruppenbild mit Dame", „Das Schlangenei", „Despair", „Das Einhorn", „Die Ehe der Maria Braun", „In einem Jahr mit 13 Monden". M: MBF in d DAG. H: Alles, was mit d Beruf zusammenhängt.

Barth Susanne
B: Schauspielerin. A: CH–4123 Allschwil/Basel, Kurzelängeweg 12, c/o Agentur Marga Wiedner. Tel: 004161/631526 oder 089/3081822.

Barthel Lotte
B: Schauspielerin. A: D–6000 Frankfurt/Main, Niedenau 52. Tel: 0611/721477.

Bartok Eva
B: Schauspielerin. A: c/o Management Jovauovic, D–8000 München 80, Perfallstr 6. Tel:

089/475024.

Bartsch Rudolf Jürgen
B: Schauspieler u Schriftsteller. G: 17. Okt 1921. V: Erika, geb Graucob. A: D–5000 Köln 50, Moritz v Schwind-Str 6. S: Abitur, Studium (Literatur-, Theater- u MusikWiss) an d Univ Mainz. K: Gründer u Ltr d Mainzer Zimmertheaters (1950–60), Regisseur u Texter im lit Kabarett ARCHE NOVA, 1960–66 Ltr d TheaterAbt in einem Kölner Verlag, seit 1966 freier Schauspieler u Schriftsteller, seit 1950 freier MitArb (Schauspieler, Regisseur, Autor) an 8 Sendern d ARD. D: Darsteller in TV-Spielen unter Hädrich, Schulze-Rohr, Zanussi ua. M: RFFU u VS i d IG Druck u Papier.

Basche Arnim Joachim
B: Journalist, Moderator. G: Dresden, 9. Sept 1934. V: Renate. A: D–5000 Köln 91, Siegburger Str 264. S: Abitur, Stud d Wirtschafts-Wiss (4 Sem). K: 1961 Sportreporter, 1963 Moderator d „Sportschau", Eurovisionssprecher, Produzent d Sendungen „Der Weg nach Innsbruck", „Der Weg nach Tokio", 1968–69 Pressereferent d Deutschen Reiterlichen Vereinigung, ab 1973 StudioLtr f Sport b ZDF Düsseldorf, 1971 freier Mitarbeiter b ZDF, 1972 Moderator d „Aktuellen Sportstudios". E: Anerkennungsurkunde v d Deutschen Reiterlichen Vereinigung f hervorragendes Wirken f Reiterei u Pferd. H: Klassische Musik, Skifahren, Laufen, Reiten, Golf, Sammeln v kaukasischen Teppichen, Antiquitäten.

Baschung Christina
B: Sängerin (Soubrette). G: Kriegstetten, Schweiz. A: CH–2800 Bremen, Roonstr 50. S: Intern Opernstudio Zürich ua. K: Engagements: Opernhaus Zürich, Theater d Freien Hansestadt Bremen, Städt Bühnen Flensburg u Osnabrück, Staatstheater Oldenburg, Opera Forum Enschede. D: „Cosi fan tutte", „Die Hochzeit des Figaro", „Maskenball", „Possignol", „Angelique" „Der Barbier v Sevilla", „Lustige Weiber", „Vier Grobiane", „Hoffmanns Erzählungen", „Der Freischütz", „Rising of the Moon" uva. H: Münzen, Bau-Möbel bzw Modestil.

Basecow Rainer
B: Schauspieler, Kabarettist. G: Mühlhausen, 20. Mai 1938. V: Mathilde, geb Schmid. A: D–8000 München 83, Gänselieselstr 59. S: Abitur, Lehrerstudium. K: Div Theater in München, Bern, Berlin, Düsseldorf, seit 1976 Münchner Lach- u Schießgesellschaft ua. F: Div Veröffentlichungen in versch Zeitungen u Zeitschriften. D: Ca 30 Filme, 50 Fernsehrollen, Theaterrollen, Filme: „Zur Sache Schätzchen", „Spur eines Mädchens", „Lina Braake", „Ansichten eines Clows", „Jerry Cotton" uva. M: Münchner Lach- u Schießgesellschaft.

Basic Relja
B: Schauspieler. A: c/o Management Jovanovic, D–8000 München 80, Perfallstr 6. Tel: 089/475024/25.

Bastian Stephan Johannes
B: Schauspieler. A: D–8000 München 80, Steinstr 42, c/o ZBF-Agentur München, c/o Agentur Schmidt-Genzner. Tel: 089/6905020 u 488110 oder 089/335081 oder 0222/752271.

Bauer Eva Maria
B: Schauspielerin. A: D–2000 Hamburg 60, Timmermannstr 11a, c/o ZBF-Agentur Hamburg. Tel: 040/5119338 oder 040/66885400.

Bauer Rena
B: Schauspielerin. A: A–1040 Wien, Lambrechtg 15, c/o ZBF-Agentur München. Tel: 0043222/5708002 oder 089/335081.

Bauer Robert
KN: TEENS (m Jörg Treptow, Uwe Schneider, Alexander Möbius, Michael Uhlig). B: Sänger. G: Berlin, 20. Dez 1954. A: c/o Wolfgang Scheer, D–1000 Berlin 15, Kurfürstendamm 209. K: Erste Erfahrungen in Berliner Kneipen, Auftritt in d TV-Sendung „Der große Preis", erste Schallplatte: „Gimme Gimme Gimme Your Love", erste LP „The Teens", Auftritte in mehreren großen Fernseh-Shows, Singles: „Gimme Gimme Gimme Your Love", „We'll have a Party Tonite 'Nite".

Bauer Peter H
B: Schauspieler. A: D–1000 Berlin 37, Rhumeweg 26. Tel: 030/840482.

Bauer Thomas
B: Schauspieler. G: München, 24. Okt 1949. A: D–8031 Wessling, Adelberg 8. S: Schauspielschule „Mozarteum", Salzburg. K: Landestheater Salzburg, Bochum, Studio Theater München, Tätigkeit in Film u Fernsehen. F: Bravo, Hör Zu, Münchner Merkur, Theater Heute, Bild. D: „Urfaust", „Auf hoher See",

„Milan", „Beatles Story", „Pink Panther strike again", „Wolfsblut", „Geheimtip für Tommy", „Leonce und Lena", „Woyzeck", „Danton", „Karl" ua. M: BühnenGen. H: Schreiben, Malen, Reiten.

Baumann Guido
B: Autor, Produzent, Moderator, Regisseur. G: Romanshorn/Thurgau, 15. Jan 1926. A: D–8036 Herrsching am Ammersee. S: Abitur, Stud d Anglistik, Germanistik, TheaterWiss an d Univ Zürich. K: Autor f Radio Zürich, Ass b französischen Staatsrundfunk ORTF in Paris u bei d britischen BBC London, dann UnterhaltungsAbt d WDR Köln, freier Autor zahlreicher Sendungen, ua: „Wissenschaftliches Magazin", Dokumentarfilme ua, seit 1973 Unterhaltungschef d deutschsprachigen Schweizer Rundfunks, Bücher: „In Kino veritas", „Thurhers Gästebuch", „Satiren – Fotobuch". D: „Was bin ich?", „Tritsch-Tratsch" uva. H: Der Beruf, Lesen.

Baumann Heinz
B: Schauspieler. A: c/o Agentur Lentz, D–8000 München 80, Holbeinstr 4. Tel: 089/474026.

Baumann Johanna
B: Schauspielerin. A: D–8000 München 5, Erhardtstr 15, c/o ZBF-Agentur München. Tel: 089/240945 oder 089/335081.

Baumert Joachim
B: Schauspieler. A: D–2000 Hamburg 13, Isestr 91. Tel: 040/ 487981.

Baur Hans
B: Schauspieler. A: D–8000 München 80, Bernauer Str 30, c/o Agentur Marga Wiedner. Tel: 089/408896 oder 089/3081822.

Baur Wolfgang Sebastian
B: Schauspieler. A: D–1000 Berlin 19, Mollwitzstr 3/III, c/o Management Jovanovic, c/o ZBF-Agentur München. Tel: 089/475024/25 oder 089/335081.

Bauschulte Friedrich W
B: Schauspieler. A: D–1000 Berlin 38, Terrassenstr 18–20. Tel: 030/8012418.

Bautzmann Helmuth
B: Schauspieler. A: D–1000 Berlin 62, Belziger Str 1. Tel: 030/7826468.

Baxevanos Chariklia
B: Schauspielerin. G: Zürich, 15. März 1936. A: A–1030 Wien, Hohlwegg 2. S: Max Reinhardt-Seminar. K: Staatstheater Wiesbaden, Theater i d Josefstadt, Schauspielhaus Zürich, Kammerspiele München, Tätigkeit bei Funk, Film u Fernsehen. D: „Musikparade", „Manöverball", „Von allen geliebt", „Ein Stück v Himmel", „Majestät auf Abwegen" uva.

Bayer Veronika
B: Schauspielerin. A: D–4005 Meerbusch, Johannes Kirschbaum-Str 2, c/o Management Baumbauer. Tel: 02105/71329 oder 089/478577.

Bayrhammer Gustl
N: Bayrhammer Gustav Adolf Rupprecht Maximilian. B: Schauspieler. G: München, 12. Feb 1922. V: Irmgard, geb Henning. A: D–8033 Krailling, Wolf Ferrari-Str 5. S: RealGymn m Mittlerer Reife, Handelsschule u Lehre (Abschluß) in München, Schauspielschule (Abschluß Reichstheaterkammer) Berlin. K: 1945–66 feste Engagements an d Theatern in Sigmaringen, Tübingen, Augsburg, Karlsruhe, Salzburg, 1967–71 Münchner Kammerspiele, seit 1972 Bayerisches Staatstheater, seit 1965 freier MitArb bei ARD u ZDF. D: TV-Serie „Kgl Bayer Amtsgericht", Tatort: „Endkampf", „Der Holledauer Schimmel", „Fettaugen", „Lokalbahn", „Der Wohltäter" (Titelrolle), „Der Wittiber" (Titelrolle), „Brandner Kaspar", „Sternsteinhof", „Rubens letzte Runde", „Der Müllner Peter v Sachrang", „Die Münze" uva. E: 1975 Kritikerpreis TV Berlin, 1976 Bayerischer Verdienstorden, 1977 Thoma-Medaille d Stadt München. M: Gen Deutscher Bühnenangehöriger, Schlaraffia.

Beck Heinz
B: Schauspieler u Schriftsteller. G: 4. Dez 1908. V: Ellinor, geb Miori. A: D–8000 München 90, Geiselgasteigstr 29, Tel: 089/646707, und CH–8001 Zürich, Kirchgasse 25. S: Gymn, PhilStud. K: TheaterLtr u Schauspieler in München, Frankfurt, Hamburg, Tourneeleitungen v Prominententourneen usw, Film, Fernsehen u Funk, sprachoratorische Inszenierungen: „Der Tod d Sokrates", nach d Dialogen d Platons, „Also sprach Zarathustra", schriftstellerische Arbeiten in geisteswissenschaftlicher Richtung, zuletzt erschienen: „Schöpferisches Leben", Engagements an d Münchner Kammerspielen, Reymond-Theater Frankfurt, Schauspieltruppe

Zürich, Kammerspiele Hamburg ua, Gastspiele an Bühnen u Fernsehen, Veröffentlichung phil Bücher. M: Berufsorganisationen. H: Weitere Studien in ReligionsPhil, Mythologie u verwandte Gebiete, die Wiedererstellung eines modernen, sprachoratorischen Theaters: „Das Wort u seine Bühne".

Beck Kurt
B: Schauspieler. A: c/o Agentur v Pilecki, D–8000 München 22, Oettingenstr 46. Tel: 089/220263.

Beck Pia
B: Pianistin. G: Den Haag, 18. Sept 1925. A: E–Torremolinos, Costa del Sol, Apartado 119. S: Klavier-Ausbildung. K: Gründung einer Hawaii-Band „The Samoa-Girls", mit diesen versch Tourneen, nach Kriegsende als Klavierspielerin u Sängerin zu Ab de Molenaar's Miller Sextett, Tourneen d Deutschland, Belgien, Schweden u Indochina, 1949 Gründung einer eigenen Band „The Flying Dutchman", Tourneen nach Belgien, Frankreich, Luxemburg, Spanien, Großbritannien, seit 1952 in Amerika, Gastspiele in Holland u Spanien, Tätigkeit bei Film, Funk u Fernsehen in Berlin, London, San Francisco, Copenhagen uva, Schallplatten: „Meet Pia Beck number one", „The Flying Dutchess at the Flying Dutchman", „Pia Whispers lovesongs", „Teach me tonight Cha Cha", „Begin the Beguine", „Pia's Coctail", „15 years Pia Beck". „In 8 tiny minutes 'round the world", „Crazy horse Crazy", „Tell me where con I go", „Perhaps" uva. F: In vielen versch in- u ausländischen Zeitungen u Zeitschriften. H: Golf, Tennis, Autos.

Beck Susanne
B: Schauspielerin. A: c/o Agentur de la Berg, D–8026 Irschenhausen, Haus am Weiher. Tel: 08178/3681.

Becker Alwy
B: Schauspielerin. A: D–8173 Bad Heilbrunn, Ledererhof, c/o Agentur v Pilecki. Tel: 08046/566 oder 089/220263.

Becker Andreas
B: Opernsänger. G: Berlin, 13. Mai 1940. V: Regina, geb Reil. A: D–4600 Dortmund-Höchsten, Am Hang 11. S: Gymn, Lehre als WerbeKfm, 6 Jahre MusikStud am Städt Konservatorium Berlin. K: 1966–70 Opernhaus Osnabrück, 1970–72 Opernhaus Bielefeld, ab 1972 Opernhaus Dortmund, jeweils als 1. Solist (Bassist), Gastspiel im In- u Ausland (Schweiz, Österreich, England). F: In Tageszeitungen. D: In ca 50 Opern ua: „Don Carlos", „Margarete", „Tannhäuser", „Fidelio" ua. E: Preisträger im Gesangswettbewerb in Berlin 1969. H: Sport, Krimis, Tiere, Rock'n Roll-Musik, Jazz.

Becker Günter
B: Schauspieler. A: D–8000 München 40, Hohenstaufenstr 8, c/o ZBF-Agentur München. Tel: 089/399751 oder 089/335081.

Becker Hartmut
B: Schauspieler. A: D–8000 München 90, Geiselgasteigstr 24, c/o Management Baumbauer. Tel 089/648348 oder 089/478577.

Becker Horst
B: Schauspieler. A: D–7141 Hochdorf über Ludwigsburg, Lerchenweg 19. Tel: 07146/7573.

Becker Jeanette
B: Schauspielerin, Sprecherin (Hörfunk). G: Frankfurt/M, 2. Nov 1946. A: D–6000 Frankfurt/M, Kalbacher Hauptstr 51. S: Abitur, Staatl HS f Musik, Abt Schauspiel, Lehrer: H G Laubenthal, J Wiedmann, H Richter, J Offenbach. K: 1970/71 Tübinger Zimmertheater, Gastspiele, 1971–73 Städt Bühnen Münster/Westf, 1973/74 Landestheater Neuss, 1974/75 als Gast, 1976 Städt Bühnen Frankfurt/M, sonst Funk u Fernsehen. D: „Heroin IV", „Vorsicht, frisch gewachst", „Wenn Christen glauben", „Die Leute v Domplatz". M: BühnenGen, RFFU. H: Lesen, Schwimmen, Wetten auf Pferderennen, Blumen pflücken, Schmetterlinge fangen.

Becker Maria
B: Schauspielerin. A: c/o Agentur Lentz, D–8000 München 80, Holbeinstr 4. Tel: 089/474026.

Becker Rolf
B: Schauspieler. A: D–2000 Hamburg 1, Koppel 14, c/o ZBF-General-Agentur Frankfurt. Tel: 0611/7111335.

Becker Ulf
B: Schauspieler. A: D–5000 Köln 1, Weyerstr 2. Tel: 0221/241451.

Beckers Frank
B: Schauspieler. G: 18. Apr 1939. A: D–5100 Aachen, Markt 36. S: Mittlere Reife, Fotograf. D: Filme: „Sie kennen ihn nicht mehr“, „Gesucht u gefunden“, „Rund um d Globus“. H: Eisenbahn-Spielen.

Beckhaus Friedrich Georg
B: Schauspieler. A: D–1000 Berlin 37, Am Hegewinkel 64, c/o ZBF-Agentur Hamburg, Frau Köck. Tel: 030/8131408 oder 040/666959.

Beek Tom van
B: Schauspieler. A: c/o Management Margarete van Dam, NL–Amsterdam, Plantage Parklaan 12. Tel: 003120/246743.

Beekes Erik
B: Schauspieler. A: c/o Management Margarete van Dam, NL–Amsterdam, Plantage Parklaan 12. Tel: 003120/246743.

Beekmann Tim
B: Schauspieler. A: c/o Management Margarete van Dam, NL–Amsterdam, Plantage Parklaan 12. Tel: 003120/246743.

Beer-Thoeren Erica
B: Schauspielerin. G: München, 19. Jan 1929. A: D–8011 Baldham/München, Poststr 12. S: St Anna Lyzeum München, Kindergärtnerinnenseminar, Schauspielunterricht bei Beate von Molo. K: Theater v 1947–60: Landestheater Darmstadt, Kammerspiele München, Kleine Komödie München, Theater am Central, Zürich, Staatstheater Stuttgart u div Gastspiele an versch Bühnen, Film ab 1950 bei versch Gesellschaften, ca 38 Filme, Fernsehen. D: „Faust“, „Was ihr wollt“, „Mutter Courage“, „Born Yesterday“, „Gesang im Feuerofen“, „Engel ohne Bedeutung“, „Comtessa Coralli“, „Schwarzwaldmelodie“, „Verbrechen nach Schulschluß“, „Mein Vater der Schauspieler“, „Der letzte Walzer“, „Waldwinter“, „99 Bräute“, „Verrat auf Befehl“, „Flucht in die Tropennacht“ uva. H: Malerei, Keramik, Inneneinrichtung.

Beerhenke Hans
B: Schauspieler. A: D–8000 München 80, Holzhofstr 6, c/o ZBF-Agentur München. Tel: 089/482122 oder 089/335081.

Beermann Michael
B: Schauspieler. A: D–1000 Berlin 15, Sächsische Str 6. Tel: 030/8834302.

Behrendt Klaus
B: Burgschauspieler. G: Königsberg, 7. Dez 1920. V: Anna, geb Weber. A: A 2352 Gumpoldskirchen, Wiener Str 116/47. S: Oberreal-Gymn, Schauspielunterricht. K: 1939 Abschluß u Engagement am Schauspielhaus Königsberg, 1940 Landestheater Allenstein, 1946 Schauspielbühne Hessisches Staatstheater, Ltr Karl-Heinz Stroux, 1950 Deutsches Theater in Göttingen, 1965 Burgtheater Wien. F: Unzählige i Zeitschriften u Zeitungen. D: ber 330 Rollen am Theater, Filme: Hauptrollen, ua „Heimliches Redezvous“, „Sie“, „Friedericke von Barring“, „Mamitschka“, „Hunde wollt ihr ewig leben?“, „El Hakim“. E: Bacchus-Preis 1979. M: Ehrenritter d Österr Weinbruderschaft. H: Fußball, Tennis, Holzbearbeitung (Tischlerarbeiten), Wein trinken.

Behrendt Wolfgang
B: Chefsprecher d ZDF. G: Königsberg, 18. Mai 1919. V: Elisabeth, geb Depenbrock. A: D–6200 Wiesbaden, Bornhofenweg 5. S: Gymn, Ausbildung z Kfm. K: 1946 Sprecher b Berliner Rundfunk, 1948 Sender RIAS, 1958 WDR Köln, 1963 ZDF – Chefsprecher d Nachrichtensendung „Heute“, seit 1973 Sprecher-Koordinator. H: Musik, Lesen.

Behrens Beatrice von
B: Schauspielerin. A: D–6900 Heidelberg, Ludolf Krehl-Str 43a, c/o Management Jovanovic. Tel: 06221/42546 oder 089/475025/25.

Behrens Stefan
B: Schauspieler. A: c/o Management Makkeben, D–1000 Berlin 33, Douglasstr 2. Tel: 030/8263249.

Beil Rudolf Fritz
B: Schauspieler, Sänger. G: Berlin-Neukölln, 22. Mai 1922. V: Erika, geb Machner. A: D–730O Esslingen/N, Beethovenstr 37. Tel: 0711/373349. S: Gymn, Mittlere Reife, Schauspielausbildung Asten-Studio Berlin, Gesangsausbildung bei Ilse Schmidt-Ellum Berlin. K: Schauspielprüfung in Hamburg 1947, dann Hamburg, Holstein – Schauspiel, Operette, Esslingen, Berlin, Wien, Heidelberg, zahlreiche Tourneen, Stuttgart „Komödie am Marquardt“ 1979, Charakterfach, Operettenkomiker, freischaffend. F: Der Spiegel, in d gesamten Regenbogenpresse. D: „Wer

dreimal lügt", „Rätselbox" (Fernsehen). H: Deutsche Dialekte, Parodien, Fremdsprachen, Reisen

Beinell Alf
B: Schauspieler. A: A–4020 Linz, Weigunystr 16/7. Tel: 00437222/368134.

Beiswanger Rudolf
B: Schauspieler. G: Altona, 22. Feb 1903. A: D–2000 Hamburg 50, Struenseestr. 25. Tel: 0411/383030. S: Grundschule, Schauspielunterricht bei Eugen Möbius. K: 1922 Schauspieler am Kurtheater Helgoland, 1923–33 Niederdeutsche Bühne Hamburg, 1933–35 St Pauli-Theater Hamburg, 1935–45 Niederdeutsche Bühne Hamburg. 1945 Gründer d Ohnsorg-Theaters u bis 1950 Intendant desselben, viel Regie u Sprechrollen im NDR Hamburg, 1967 Operettenhaus Hamburg, Theater an d Wien, Theater d W Berlin. F: Div Kritiken in Tageszeitungen ua. D: Opa in d Fernsehserie „Kapitän Harms", Moses in d Serie „Onkel Bräsig", Opa in d Serie „Kümo Henriette", Autor d Lustspieles „Du – !" u d niederdeutschen Hörspieles „Ickweet von nicks".

Bell Arno
NB: Entertainer, Schauspieler, Ventriloquist (einer der ersten vier in Europa). G: Nordenham, 14. Juli 1950. A: D–2000 Hamburg 60, Peter Marquard-Str 3. Tel: privat: 040/2790617, Geschäft: 0561/ 25423 u 23008 (Fieber Concerts). S: Internat, Schauspiel, Gesang u Musical in Hamburg, Tanz u Pantomime. K: Vom Groß- u AußenhandelsKfm zum Ventriloquisten, Aufbau einer einzigartigen u konkurrenzlosen Show bis heute, Entwicklung zum klassischen Entertainer durch versch Ausbildung bei bekannten Leuten d Showgeschäfts, 1. Discothekentournee in Deutschland 1973, großer Erfolg auf d Funkausstellung in Berlin 1973, intern Showprogramme, Radiosendungen u TV-Shows d In- u Auslandes (Gastspiele in England, Niederlande, Schweiz u DDR), Fernsehsendungen bei allen Sendeanstalten d ARD u ZDF. F: Fachzeitschriften d Showgeschäfts, Radio- u Fernsehzeitschriften, Jugendzeitschriften, Tanzzeitschriften. D: „Vermächtnis des Herrn Borries", „Lila Flamingo" usw, „Die Komiker", „Tod eines Handlungsreisenden", „Opera Aueros" usw. E: Franclubreward als beliebtester Künstler 1978, versch andere Auszeichnungen. M: IAL Verb Show – Unterhaltung, GCD – Deutschland. H: Messing sammeln, Kochen, d Beruf.

Belle Ekkehardt
B: Schauspieler. G: 18. Mai 1954. A: D–8000 München 71, Orygalskiallee 118/1125. S: Oberschule (12 Klassen). K: Beginn mit 12 Jahren als Kinderdarsteller in mehreren Werbe- u Fernsehfilmen, mit 16 Jahren erster intern Film (Universal Pictures), seitdem Mitwirkung in ca 45 Fernseh- u Kinofilmen, zwischendurch zwei Theatertourneen in Deutschland, Schweiz u Österreich. F: Hör Zu, plus alle deutschsprachigen Fernsehzeitungen (Interviews), TV-Times Daily Express, Sunday Times, Quick, Abendzeitung München, TZ München, Kurier Wien, Hong Kong Times. D: Theater: „Medea", „Die Fliegen", Fernsehen: „Nettelwick ante portas", „Die Halde", „Die Grashüpfer", „Lilli Palmer 1", „Lilli Palmer 2", „Mischa", „Heinrich Heine", „Sparring", „Die Abenteuer des David Balfour", „Block 7", „Die Protokolle des Herrn M", „Kommisar" ua. M: BFF (Schauspielergewerkschaft d DAG), Mtgl d Schauspielergewerkschaft in England u Italien, Mtgl d Terre des Hommes, CSU. H: Ski, Autos, Tauchen, Wasserski.

Benda Roswitha
B: Schauspielerin. A: D–2000 Hamburg 60, Andreasstr 18, c/o ZBF-Agentur Hamburg. Tel: 040/0278268 oder 040/66885400.

Bender Angelika
B: Schauspielerin. A: D–8000 München 2, Schönfeldstr 8, c/o ZBF-Agentur München. Tel: 089/236162 oder 089/335081.

Bender Wolfgang
PS: Teufel. B: Kfm, Sänger, Barchef. G: 9. Feb 1947. A: D–8102 Mittenwald, Dekan Karl-Pl 1. S: Handelsschule. K: GroßhandelsKfm, Hotelier, Barchef in Mittenwald Hotel Wetterstein in der Hölle, Lied: Ave Maria, Wolgalied. F: Münchner Merkur, Neue Revue, Bild am Sonntag. H: Schreiben an Buch: „Es ist alles menschlich".

Bendig Nora
B: Schauspielerin. A: D–6200 Wiesbaden, Karlstr 18, c/o ZBF-General-Agentur Frankfurt. Tel: 06121/300123 oder 0611/7111335.

Bennent Anne
B: Schauspielerin. A: c/o Management Jovanovic, D–8000 München 80, Perfallstr 6. Tel:

089/475024/25.

Bennent David
B: Schauspieler. A: c/o Management Jovanovic, D–8000 München 80, Perfallstr 6. Tel: O89/220263.

Bennent Heinz
B: Schauspieler. A: CH–1009 Pully, Avenue Guillemin 14, c/o Management Jovanovic. Tel: 989/475024/25.

Benning Achim KammSchauspieler Dir
B: Schauspieler, Regisseur, Dir. G: 20. Jan 1935. V: Osgith, geb Steiner. A: A–1030 Wien, Hintzerstr 4/10. S: Gymn, Univ (phil), Max Reinhardt-Seminar Wien. K: Derzeit Dir d Wiener Burgtheaters.

Benrath Martin
B: Schauspieler. A: D–8022 Grünwald, Am Fischerwinkel 21, c/o Agentur Alexander. Tel: 089/6412131 oder 089/471011.

Bense Tanya
N: Kraemer Karina. B: Schauspielerin. G: Leverkusen, 19. Mai 1948. A: D Köln 41, Maarweg 15. Tel: 492656. S: Volksschule, Mittlere Reife. K: 1965–71 Fotomodell. F: Goldenes Blatt, Quick. D: „Die reife Pflaume", „Trude Herr". H: Reiten, Schwimmen, Tennis.

Bentin Gerda
B: Schauspielerin. G: Hamburg, 4. Juli. A: D–8229 Ainring 1, Ludwig Thoma-Str 21. S: Höhere u Staatl Handelsschule, Schauspielausbildung, Chanson- u Tanzausbildung. K: Beginn d Bühnenlaufbahn 1948 in Hamburg am Kabarett, dann Musical „Käpt'n Bay-Bay", 1953–68 Engagements an versch norddeutschen Bühnen, dazwischen Tourneen durch Deutschland, 1967–68 Regie-Assistentin, 1978–79 Engagement in München, auch Engagements an Volks- u Kindertheatern. D: „Die Söhne d Herrn Gaspary", „Die Dritte von rechts", „Ein Sturm bricht los", „Verrat auf Befehl", „Die Bande d Schreckens", „Unter d Dächern v St Pauli", „Feodora" uva. H: Schwimmen, Skilanglauf, Wandern, Rad u Motorrad, Entwerfen v Kleidern u Kopfbedekkungen ua.

Benz Anneliese
B: Schauspielerin. A: D–7570 Baden-Baden, Jahnstr 2d. Tel: 07221/ 25406.

Berben Iris
B: Schauspielerin. A: c/o Agentur Alexander, D–8000 München 80, Lamontstr 9. Tel: 089/471011.

Berchtold Werner
B: Schauspieler. A: c/o Agentur Bengen, D–1000 Berlin 21, Paulstr 25. Tel: 030/3911895.

Berensdorf Marianne
B: Schauspielerin. G: Berlin, 6. Jan 1937. A: D–1000 Berlin 41, Leydenallee 96. S: Max Reinhardt-Schule, Berlin. K: Engagements in Krefeld, Gladbach (Städt Bühnen), Hannover, Basel, Berlin. F: HAZ, FAZ, NRZ, BZ, Bild. D: Theater: „Fräulein Julie", „Götz von Berlichingen", „Napoleon greift ein", „Liebestrank", „Prairie Saloon", „Nerz", Fernsehen: „Wundervogel", „Pension Schöller", „3 Damen v Grill" (Serie), „Cafe Wernicke" (Serie) uva. M: DAG/ BFF. H: Malerei, Musik.

Berg Almut
B: Schauspielerin. A: D–8000 München 90, Athener Str 42. Tel: 089/643232.

Berg Hans Walter Dr
B: Asien-Korrespondent. G: Varel, 20. Okt 1916. V: Charlotte, geb Freiin von dem Bussche-Hünnefeld. A: D–7772 Uhldingen-Mühlhofen 2, Waldweg 24. S: Abitur, Stud d Phil, Kunst- u Literaturgeschichte in München, d Geschichte, pol Wiss in Ann Arbor/USA. K: 1937–39 erste Weltreise, dann Kriegsdienst bei d Infanterie, nach d Krieg politischer Redakteur b Bremer „Weser-Kurier", 1952–70 Asien-Korrespondent f d NDR, ab 1970 Reisekorrespondent f Asien f ARD, 1958 Produzent d Sendereihe „Gesichert Asiens" u „Asiatische Miniaturen". F: Neue Zürcher Zeitung, Hör Zu, Stern uva. H: Der Beruf, Schwimmen, Golf, Sammeln v Ostasiatica u orientalischen Teppichen.

Berg Holger
B: Schauspieler. A: D–2000 Hamburg 52, Achtern Styg 15, c/o ZBF-Agentur Hamburg. Tel: 040/8315521 oder 040/66885400.

Berg Renate
B: Schauspielerin. A: A–1190 Wien, Cottageng 65. Tel: 0222/363245.

Berg Wolf-Dietrich
B: Schauspieler. A: D–2000 Hamburg-Nien-

dorf, Niendorfer Höhe 33, c/o ZBF-Agentur Hamburg. Tel: 040/5515361 oder 040/66385400.

Bergen Birgit
B: Schauspielerin. A: D–8000 München 90, Sabener Str 170, c/o Agentur Rakosi. Tel: 089/645445 oder 089/6904092.

Berger Gunter
B: Schauspieler. A: c/o Agentur de la Berg, D–8023 Irschenhausen, Haus am Weiher. Tel: 08178/3681.

Berger Helmut
B: Schauspieler. A: c/o Management Jovanovic, D–8000 München 80, Perfallstr 6. Tel: 089/475024/25.

Berger Hubert
B: Schauspieler. A: c/o Agentur Schmidt-Gentner, A–1030 Wien, Lothringer Str 20. Tel: 0222/752271.

Berger Senta
B: Schauspielerin. G: Wien, 13. Mai. V: Dr Michael Verhoeven. A: D–8022 Grünwald, Robert Koch-Str 10. S: Gymn, Ak f darstellende Kunst, Abt Max Reinhardt-Seminar, abgeschlossene klassische Ballettausbildung. K: Theater i d Josefstadt Wien, erste Filme in Österreich u Deutschland (Regisseure wie Käutner, Wicki, Ambesser, Liebeneiner, Forst, Steckel), dann erste amerikanische Filme m Richard Widmark, Anatol Litvak, Carl Foreman, später Übersiedlung nach Amerika, dort Arbeiten m Sam Peckinpah, Orson Welles, Julien Duvivier, Buzz Kulik ua, mit Partnern wie Charlton Heston, James Coburn, Alec Guiness, George Segal, Kirk Douglas, Yul Brynner ua, später Filme in Italien m Ugo Tognazzi, Vittorio Gassmann, Enrico Maria Salerno, Nino Manfredi, Guiliano Gemma ua, mit Regisseuren wie Lizzani, Comencini, Zampa, Risi, Salerno, Samperi ua, Arbeiten in Frankreich m Regisseuren wie Molinaro, Yves Boisset, mit Delon, Blier, Jourdan, Yanne ua, in Deutschland Filme mit Wenders, Schlöndorff, Verhoeven, Otto Schenk, Theater: Salzburger Festspiele, Wiener Theaterfestwochen, Tournee, Rezitationsabende in Deutschland u Österreich. D: „Jedermann", „Elga", „Hedda Gabler", ca 70 Filme. E: Zahlreiche Auszeichnungen u Popularitätspreise in Amerika, Italien, Deutschland. H: Der Beruf.

Berger Toni
B: Schauspieler. A: D–8000 München 19, Siegrunestr 3, c/o ZBF-Agentur München. Tel: 089/176246 oder 089/335081.

Berghoff Dagmar
B: Schauspielerin. A: D–2000 Hamburg 76, Hofweg 20. Tel: 040/2290396.

Bergmann Hans
B: Schauspieler. A: D–8000 München 40, Marschallstr 3, c/o ZBF-Agentur München. Tel: 089/391340 oder 089/335081.

Bergmann Horst
B: Schauspieler. A: D–3400 Göttingen, Ulrideshuser Str 3, c/o ZBF-Agentur Hamburg. Tel: 0551/21364 oder 040/66885400.

Bergsma Matha
B: Schauspielerin. A: c/o Management Margarete van Dam, NL–Amsterdam, Plantage Parklaan 12. Tel: 003120/246743.

Berkel Christian
B: Schauspieler. G: Berlin, 28. Okt 1957. A: D–1000 Berlin 28, Hainbuchenstr 26. S: Französisches Gymn in Berlin (Französ Abitur), Ausbildung bei Stefan Wigger, Jürgen von Alten, Margret Langen (Sprache) K: 1. Engagement: 2 Jahre Städt Bühnen Augsburg, 2. Engagement: 2 Jahre Düsseldorfer Schauspielhaus. F: In versch Illustrierten. D: Theater: „Romeo und Julia", „Sommernachtstraum", „Die Letzten" uva, Film: „Der Mädchenkrieg", „Das Schlangenei", Fernsehen: „Eine Jugendliebe", „Jenseits von Schweden". H: Literatur, Reiten, Waldspaziergänge.

Berkéwicz Ulla
B: Schauspielerin. A: D–2000 Hamburg 63, Wellingsbütteler Landstr 166, c/o Management Baumbauer. Tel: 040/599374 oder 089/478577.

Berlepsch James v
B: Schauspieler. A: D–3001 Engensen, Am Lehberg 196. Tel: 05139/3874.

Berlepsch Tilo von
B: Schauspieler. A: D–7570 Baden-Baden, Voglerg 10. Tel: 07221/7613.

Bernard Marie
B: Schauspielerin. A: D–8000 München 80, Max Zenger-Str 12. Tel: 089/475840.

Berndl Christa
B: Schauspielerin. A: D–2000 Hamburg 76, Eilenau 119, c/o ZBF-Agentur Hamburg. Tel: 040/207072 oder 040/66885400.

Berndt Heidi
B: Schauspielerin. A: D–2000 Hamburg 52, Hammerichstr 41, c/o Management Jovanovic. Tel: 040/8806268 oder 089/475024/25.

Berndt Hilde
B: Schauspielerin. A: D–8000 München 22, Wagmüllerstr 21, c/o Agentur Lentz. Tel: 089/293964 oder 089/474026.

Berndt Werner
B: Schauspieler. G: Dresden, 1. Feb 1931. V: Irmgard, geb Ksoll. A: D–5 Köln 51, Krohstr 2 W 404. S: Grundschule, Schauspielschule in Dresden. K: Engagements: Theater der Freundschaft, Ost-Berlin, Staatstheater Karlsruhe, Städtische Bühnen Frankfurt/Main, Schauspielhaus Bochum, Schiller- u Schloßparktheater Berlin, Bühnen der Stadt Köln. D: „Das kleine und das große Glück", „Hexen", „Carola Lamberti", „Der Fall Dr. Wagner", DEFA-Filme, Fernsehen BRD: „Nachtasyl", „Der versteinerte Wald", „Der Geizige", „Auf Befehl erschossen", „Sten Sievernich", „Tatort – Die Rechnung wird nachgereicht", „Das Team", „Notwehr", „Menschenfresser", „Schulbus 13", „Sonne, Wein und harte Nüsse", Andy Carson in der deutsch-französisch-rumänischen Co-Produktion „Lockruf des Goldes". H: Segelfliegen, Archäologie.

Berner Dieter
B: Regisseur, Schauspieler. G: Wien, 31. Aug 1944. A: A–3031 Rekawinkel, Forsthausstr 2e. Tel: O2773/6950. S: Matura, einige Sem TheaterWiss, Reinhardt-Seminar Wien u Berlin. K: 2 Jahre Schauspieler am Wiener Volkstheater, dann m Wolfgang Quetes u Werner Prinz Ltg d Theaterkollektivs „Courage", Hospitanz bei Peter Stein an d Schaubühne am Halleschen Ufer, erste kleinere Arbeiten f d ORF, gleichzeitig als freier Regisseur an versch Theatern in Deutschland und in d Schweiz, in letzter Zeit haupsächlich Spielfilme f d Fernsehen, Theaterregie ua bei „Wildwechsel", „Schlacht bei Lobositz", „Kesselflickers Hochzeit", „Im Dickicht d Städte", „Der Traum v Glück", Filmregie: ua bei „Wo sein Wäsche", „Alpensaga". E: Versch Förderungspreise u Volksbildungspreis in Österreich, mehrere intern Preise f einzelne Folgen d „Alpensaga" u „Wo sein Wäsche".

Bernhardt Marianne
B: Schauspielerin. A: D–2400 Lübeck, Plönniesstr 7. Tel: 0451/52289.

Bernow Bobby
B: Schauspieler. A: D–1000 Berlin 30, Winterfeldstr 83. Tel: 030/2111283.

Berrety Yoka
B: Schauspielerin. A: c/o Management Margarete van Dam, NL–Amsterdam, Plantage Parklaan 12. Tel: 003120/246743.

Bertelmann Fred
B: Schauspieler. A: D–8131 Berg/Starnberger See, Am Hohenberg 9, c/o Management Palz. Tel: 08151/5526 oder 089/912019/10.

Berthold Eva
B: Schauspielerin. A: D–8000 München 80, Pienzenauer Str 1a, c/o Agentur Marga Wiedner. Tel: 089/988369 u 988537 oder 089/3081822.

Bertram Barbara
B: Schauspielerin. A: D–4630 Bochum, Viktoriastr 49, c/o Agentur v Pilecki. Tel: 02321/66622 oder 089/220263.

Bertram Peter
B: Schauspieler. A: D–7000 Stuttgart, Im Schellenkönig 26, c/o ZBF-Agentur München. Tel: 089/335081.

Besinger Horst
B: Schauspieler. A: D–5060 Bergisch-Gladbach 1, Karl Philipp-Str 8. Tel: 02204/52451 (b Strambowski).

Bessel Ehmi
B: Schauspielerin. A: c/o Agentur Lentz, D–8000 München 80, Holbeinstr 4. Tel: 089/474026.

Bessen Edgar
B: Schauspieler. A: D–2072 Bargteheide, Eichenweg 26, c/o ZBF-Agentur Hamburg, c/o Agentur Runde-Profé. Tel: 04532/8558 oder 040/66885400 oder 030/3040661.

Bessler Christine
B: Schauspielerin. G: Berlin, 10. Nov 1951. V: Gisbert Pupp. A: D–1000 Berlin 19, Lyckallee 4. S: Abitur, Schauspielstudio Marliese Ludwig

u Herma Klement in Berlin. K: Deutsches Theater in Göttingen, Freie Volksbühne Berlin, Kindertheater, Fernsehen Berlin. F: Tagesspiegel Berlin, Die Zeit Hamburg. D: „Der Kaufmann von Venedig", „Nathan der Weise", „Mädchen in Uniform", „Die Koblanks". M: FB 1, Freie Univ Berlin. H: Maulwurfjagd, Gartenarbeit.

Besson René
B: Schauspieler. G: Basel, 13. Jan 1933. V: Elisabeth. A: CH–4051 Basel, Auberg 13. S: Realschule, kfm Lehre, Schauspielschule. K: Stadttheater Basel, Komödie Basel, seit 1961 freier Schauspieler. D: Über 100 Theaterstücke, 5 große Spielfilme, 15 Fernsehauftritte, 72 Hörspiele. H: Zwei Katzen, Film u Natascha.

Best Ulla
B: Schauspielerin. G: Goslar/Harz, 1. Aug. V: Hans Unsinn. A: D–8000 München 22, Herrnstr 30. S: Lyzeum. K: Ausbildung durch Julia Seda-Junkermann, Theater in Dresden, Berlin, Tourneen und dann ständig München. F: Illustrierte u Tageszeitungen. D: Viele mittlere u kleinere Rollen in Film u Fernsehen. M: GDBA. H: Häuser bauen u Orientteppiche sammeln.

Beßler Albert
B: Schauspieler. A: D–1000 Berlin 39, Straße zum Löwen 11b, c/o ZBF-Agentur Berlin. Tel: 030/8838031.

Betge Albrecht
B: Schauspieler. G: Berlin, 11. Aug 1893. V: Waltraut, geb Kaumanner. A: D–1000 Berlin 31, Rudolfstädterstr. 104. S: Abitur, Stud Med u Phil, dann Schauspielschule an d Reinhardt-Bühnen Berlin, Ballettschule. K: Reinhardt-Bühnen, Deutsches Theater, Kammerspiele, Stadttheater Bonn, Osnabrück, Bonn, Halle/Saale, Düsseldorfer Schauspielhaus, Hamburg Thalia-Theater, Staatstheater Berlin (Gründgens), Engagements an fast allen Berliner Bühnen, nach dem Krieg Hamburg, Theater am Turm ua, in Berlin Deutsches Theater Ost, Volksbühne ua. F: In versch Zeitungen u Zeitschriften. D: Hamlet, Egmont, Orest, Tellheim ua, versch Filme. E: Mehrere Kriegsorden, großes goldenes Ehrenzeichen d Bühner Gen. M: GDBA. H: Kunstsammler, bes Gemälde, Bronze, Edelstein uva.

Beth Gunther
B: Schauspieler. A: D–2000 Hamburg 62, Am Ochsenzoll 44, c/o Agentur de la Berg. Tel: 040/5278965 oder 08178/3681.

Bethge Claudia
B: Schauspielerin. A: D–8000 München 80, Buschingstr 18, c/o Agentur Bengen. Tel: 089/913730 oder 030/3911895.

Bethke Ingrid
B: Schauspielerin. A: D–1000 Berlin 20, Gotenweg 11, c/o Agentur Bengen. Tel: 030/3685245 oder 030/3911895.

Bethmann Marilene
B: Schauspielerin. A: D–8000 München 19, Böcklinstr 66. Tel: 089/155307.

Bethmann Sabine
B: Schauspielerin. A: c/o Management Makkeben, D–1000 Berlin 33, Douglasstr 2–4. Tel: 030/8263249.

Betke Lotte
B: Schauspielerin, Schriftstellerin. G: Hamburg, 5. Nov. V: Ulrich Ponnier. A: D–7000 Stuttgart 80, Unteraicherstr 48. S: Gymn, Schauspielschule. K: Theater in Bielefeld, Mannheim, Nürnberg, Staatstheater Berlin, Gastspiel am Staatstheater Stuttgart. F: In div Zeitungen u Zeitschriften in Berlin u Stuttgart. D: „Jungfern v Bischofsberg", „Egmont", „Faust", „Tell", „Heilige Johanna", „Richard III" uva. M: Amnesty Intern. H: Klavierspielen.

Beuckert Rolf
B: Schauspieler. G: Leipzig, 7. Feb 1934. V: Karin, geb Kupfer. A: D–6102 Pfungstadt, Bergstr 70. S: Abitur, TheaterHS in Leipzig 1952–55. K: Mecklenburger Staatstheater Schwerin, Landestheater Halle, Hessisches Staatstheater Darmstadt, Städt Bühnen Frankfurt. D: Theater: „Don Carlos", „Minna von Barnhelm", „Faust" ua, Film: „Philoktet", „Weinberg", „Anstalt", „Geschichte der Anna Wildermuth". E: Hersfeldpreise 1964 u 1977.

Beyers Leo
B: Schauspieler. A: c/o Management Margarete van Dam, NL–Amsterdam, Plantage Parklaan 12. Tel: 003120/246743.

Bialla Ralf
B: Sensationsdarsteller. G: Dresden, 19. Apr 1921. V: Inge, geb Kretschmer. A: D–Traun-

stein, Wiesenzeile 13. S: Mittlere Reife. K: MitArb im Betrieb d Vaters: Dresdener Berufswäschefabrik Oskar Bialla. Illusionist, Auftritte in New York, London, Paris, Brüssel, Athen, Istanbul, Kairo, Beirut, Bagdad, Rouen, Madrid, Teheran, Marrakesch, Rabat, Accra, Dakar, Benghasi, Jericho, Süd-Afrika. F: Dokumentar-Television etc. D: In mehreren Dokumentarfilmen u Shows. E: Weltmeister d Magier 1950, Träger d Ordens „Officier de l'Ordre du Merite", Gewinner d Oscars f d beste artistische Darbietung v RTI 1960, Träger einer ganzen Reihe v Auszeichnungen gekrönter Häupter. H: Filme, Foto, Sport, Bergsteigen.

Biberti Ilse
B: Schauspielerin. A: D–1000 Berlin 41, Stindestr 27, c/o ZBF-Agentur München. Tel: 030/07963741 oder 089/335085.

Biederstaedt Claus
B: Schauspieler, Regisseur. G: Stargard/Pommern, 28. Juni 1928. V: Dr Barbara, geb Lütjens. A: D–1000 Berlin 37, Bischweiler Str 13. S: Wilhelm-Gymn in Hamburg, Schauspielschule d Deutschen Schauspielhauses in Hamburg. K: Staatstheater Wiesbaden, Deutsche/London-Film (Jahresverträge), ARD u ZDF, Renaissance-Theater, Komödie, Theater am Kurfürstendamm in Berlin. F: Film Revue, Quick, Zeit, Welt, Fernsehzeitschriften. D: „Ein Sommernachtstraum" „Lear", „Die große Versuchung", „Feuerwerk", „Sauerbruch", „3 Männer im Schnee" usw, Fernsehen: „Ein Chirurg erinnert sich", „Derrick", „Kommisar" (4x) usw. E: BFilmpreis in Gold 1952. H: Musik, Literatur, Malerei.

Bieger Wolfgang
B: Schauspieler. A: D–6000 Frankfurt/Main 90, Am Hirtenacker, c/o ZBF-Gen-Agentur Frankfurt. Tel: 0611/766595 oder 0611/7111335.

Biener Dagmar
B: Schauspielerin. A: D–1000 Berlin 30, Motzstr 23, c/o Management Mackeben. Tel: 030/249993 oder 030/8263249.

Bienert Gerhard
B: Schauspieler. G: Berlin, 8. Jan 1898. V: Ingeborg, geb Herbrecht. A: D–1000 Berlin 37, Seehofstr 31. S: Oberrealschule, Abitur, Reinhardt-Schule d Deutschen Theaters, Berlin. K: Deutsches Theater Berlin, UFA Berlin, Tobi Berlin, Terra Berlin usw. F: In vielen Zeitschriften seit 1928. D: „Die Hose", „Der Snob", „Effie Briest", uva. E: EK II (erster Weltkrieg), Nationalpreis III u II Klasse DDR, Kunstpreis DDR usw. H: Gartenarbeit.

Biensing Peer
B: Schauspieler, SpielLtr. G: Düsseldorf, 12. Dez 1946. V: Gerti, geb Holzner. A: D–3054 Großhegesdorf 60. S: Höhere Schule, Folkwang-HS Essen, Strassbergschule. K: Westdeutsches Tournee-Theater, Städt Bühnen Wuppertal, Düsseldorfer Komödie, Düsseldorfer Kammerspiele, Theatre Casa Grande Rio, London, Landes-Theater Innsbruck, Zürcher Thalia-Theater, Kammerspiele München, Staatstheater Hannover. F: In Zeitungen u Zeitschriften in Deutschland, Finnland, Brasilien ua. D: TV-Serie: „Keine Zeit für Abenteuer", Fernseh-Filme: „Der Zufall", „Der Schrott", „Kressin", „Die Soldaten", „MS Franziska", „Das Puppenzeitalter" uva, etwa 50 TV-Filme, Kino-Filme intern. E: Shakespeare-Preis. M: CSU, Vors d Ju Puchheim. H: Reiten, Kochen.

Bigus Erwin
B: Schauspieler. A: D–2400 Lübeck, Mengstr 1, c/o ZBF-Agentur Hamburg. Tel: 0451/78145 u 71666 oder 040/66885400.

Birk Anny
B: Schauspielerin. G: Wien, 8. Dez 1921. V: Wolfgang Birk. A: A–1060 Wien, Laimgrubengasse 4/7 u A–4813 Altmünster/Traunsee,OÖ, Schubertstr 10. S: Schauspielschule. K: Theater in d Josefstadt Wien, Volkstheater Wien, Film, Fernsehen. F: In div Filmzeitungen ua. D: Filme: „Der Kardinal", „Lied aus Wien" uva österreichische u deutsche Filmproduktionen, Fernsehen: „Die Enthüllung", „1000 und 2 Nacht", „Baron Neuhaus", „Alpensaga" (Serie), Theater: „Kabale u Liebe", „Der Kreidekreis", „Der Widerspenstigen Zähmung", „Der Traum, ein Leben", „Wienerinnen", „Die Erbin", „Der zerbrochene Krug", „Der Verschwender", „Elisabeth v England" uva. H: Langlauf, Tennis, Schwimmen.

Birk Wolfgang
B: Schauspieler u FilmproduktionsLtr. G: Prag, 6. Feb 1917. V: Anny, geb Schönhuber. A: A–1060 Wien, Laimgrubeng 4/7, u A–4813 Altmünster/Traunsee, üÖ, Schubertstr 10. S: Gymn, Deutsche Ak f Musik u darstellende Kunst, Prag, SchauspielAbt. K: Ab 1935 Neues Deutsches Theater Prag, ab 1938

Theater d Gauhauptstadt Reichenberg, 1940–45 Kriegsdienst, Schauspieler an div Wiener Bühnen, ab 1950 in d Produktion beim Film tätig, Filme m Willi Forst, G W Pabst, Eduard v Borsody, Gustav Ucicky, Josef v Baky, Wolfgang Liebeneiner, Anatole Litvak, Christian Jaque u div Regisseure Deutschlands u Österreichs. F: In div Filmzeitschriften u Tageszeitungen zu d Produktionen. D: Theater: „Leon", „Weh dem der lügt", „Tranio", „Grumio", „Der Widerspenstigen Zähmung", „Faust" u.a. M: Vorst d Sekt Film im ÖGB. H: Garten, Tennis.

Birkesdorf Jack Göddertz von
B: Schauspieler. A: D–5000 Köln 1, Hohenzollernring 29, bei Heinen. Tel: 0221/248852.

Bischoff Sigrid
B: Schauspielerin. A: D–8000 München 40, Dreschstr 15, c/o Agentur Marga Wiedner. Tel: 089/3615084 oder 089/3081822.

Bissmeier Joachim
B: Schauspieler. A: c/o Management Palz, D–8000 München 81, Ortlindestr 6/VII. Tel: 089/912019/10.

Black Roy
B: Schauspieler, Sänger. A: c/o Agentur Killer, D–8000 München 19, Fafnerstr 32. Tel: 089/173455.

Blädel Georg
B: Volkssänger. G: München, 31. Jan 1906. V: Helene. A: D–8000 München 21, Flemischweg 28. Tel: 089/701865. S: Grundschule, Ak d Tonkunst in München. K: Seit 1922 Variete Collosseum in München, später eigene Volkssänger-Ensembles in München, dann Bayerischer Rundfunk, „Weißblaue Drehorgel", Solokomiker im Funk an allen Sendern vor d II Weltkrieg, 1938 Fernsehsender Paul Nipkow Berlin, jetzt freier Mitarbeiter beim Bayerischen Rundfunk bekannt als Karl Valentin Interpret, zuletzt im „Intimen Theater" in München, 1979 im „Platzl in München", Tourneen im ganzen Bundesgebiet. F: In allen Tageszeitungen in München u im Bundesgebiet. D: „Das Königlich Bayerische Amtsgericht", „Spanagl und Sohn", „Sachrang". E: Goldmedaille vom Bayerischen Rundfunk, d bayerischen Poetenthaler „Turmschreiber", Valentin Orden v Valentin Museum in München. H: Klassische Musik, Fotografieren, Filmen.

Blahovsky Gottfried
B: Schauspieler. A: c/o Agentur Schmidt-Gentner, A–1030 Wien, Lothringer Str 20. Tel: 0222/752271.

Blanc Anne-Marie
B: Schauspielerin. G: Vevey/Schweiz, 2. Sept 1919. V: Dr Heinrich Fueter. A: CH–8044 Zürich, Restelbergstr 107, CH–7500 St Moritz, Villa Berna. Tel: 0041 (0) 1267426 oder 0041 (0) 8233690. S: VolkHS in Vevey, Maturitätsprüfung an d Literar-Abt d Gymn Bern, Ausbildung u 1. Engagement am Züricher Schauspielhaus, Privatunterricht bei Ernst Ginsberg (keine Theaterschule). K: 1939–52 ständiges Mtgl d Zürcher Schauspielhauses, ab 1953 Gastverträge, Hauptrollen in 8 schweizerischen, 1 französischen, 1 englischen, 1 österreichischen u 7 deutschen Spielfilmen, Theatergastspiele an sämtlichen größeren Bühnen in d Schweiz, sowie in Wien, Stuttgart, Düsseldorf, Hamburg, München, Berlin, Mitwirkung an Festspielwochen in Zürich, Innsbruck, Schwetzingen, Recklinghausen u Berlin, Gastspieltourneen in d Schweiz, 1948 Holland-Tournee, 1959 Deutschland-Österreich-Tournee, 1972 Deutschland-Österreich-Schweiz-Tournee, 1976 Funk- u Fernsehtätigkeit in d Schweiz u an div Sendern in Deutschland. F: Laufend in versch Zeitschriften u i Tagespresse. D: „Nathan der Weise", „Emilia Galotti", „Kabale und Liebe", „Don Carlos", „Wilhelm Tell", „Die Räuber", „Götz von Berlichingen", „Torquato Tasso", „Prinz von Homburg", „Amphitryon", „Othello", „Die beiden Veronesen", „Ein Sommernachtstraum", „Was ihr wollt", „Der Kaufmann von Venedig", „Wie es euch gefällt", „Hamlet", „Richard III", „Diener zweier Herren", „Die schlaue Witwe", „Dame Kobold", „Das große Welttheater", „Die Schule der Frauen", „Tartuffe", „Die Gespenster", „Hedda Gabler", „Die Stützen der Gesellschaft", „Nora", „Das Konzert", „Der Verschwender", „Moral", „Die Hose", „Die Lästerschule", „Liebe für Liebe", „Mensch und Übermensch", „Candida", „Des Teufels General", „Das kalte Licht", „Der öffentliche Ankläger", „Hotel du Commerce", „Don Juan oder die Liebe zur Geometrie", „Romulus der Große", „Gigi", „Es kommt nicht zum Krieg", „Die Irre von Chaillot", „Amphitryon 38", „Die Schule der Väter", „Die Grotte", „Einladung ins Schloß", „Die Gerechten", „Monsieur Clérambard", „Zeit des Glücks", „Sylvia und das Gespenst", „Die Kammerjungfer", „Towarisch", „Monsieur

Lamberthier", „Viola", „Bezaubernde Julia", „Cocktail-Party", „Finden Sie, daß Constanze sich richtig verhält?", „Geisterkomödie", „Quadrille", „Amouren", „Der Prinz und die Tänzerin", „Das Lied von der Taube", „So war Mama", „Tea and sympathy", „Der verborgene Strom", „Spiel im Schloß", „Arm wie eine Kirchenmaus", „Der Seiltänzer", „Ninotschka", „Der Mustergatte", „Ich brauche Dich", „Sister George", „Halb auf dem Baum", „Das Lilakleid der Valentine", „Geliebter Lügner", „Vierzig Karat", „Handicap", „Herrschende Klasse", „Nackter Hamlet", „Dona Rosita bleibt ledig", „Alles vorbei", „Einer muß der Dumme sein", „Floh im Ohr", „Equus", „Spitzenhäubchen und Arsenik", „Alte Zeiten", „Ein Gespräch im Hause Stein", „Candide", „Glückliche Tage", „Wie immer am Donnerstag", Funk- u Fernsehen: „Der Gefangene der Botschaft", „Der Zinnkrug", „Die Holzschüssel", „Riedland", „Richard III", „Verhör", „Prozeß der Mary Duncan", „Mademoiselle Löwenzorn", „Die Auserwählten", „Graf Luckner", „Alte Liebe", „Ein Abend, eine Nacht, ein Morgen", „Der Scheingemahl", Filme: „Wachtmeister Studer", „Die mißbrauchten Liebesbriefe", „Gilberte de Courgenay", „Landammann Stauffacher", „Matura-Reise", „Marie-Louise", „SOS – Gletscherpilot", „Gefangene Seele", „Ich warte auf Dich", „Mit 17 Jahren beginnt das Leben", „Hoheit lassen bitten", „Frühlingslied", „Roman eines Frauenarztes", „Via Mala", „On ne meurt pas comme ca", „Das Kuckucksei", „White craddle Inn", „Blonde de Pekin".

Blanco Roberto
B: Schauspieler. A: c/o Agentur Alexander, D–8000 München 80, Lamontstr 9. Tel: 089/471011.

Blankenship Beverly
B: Schauspielerin. A: c/o Management Palz, D–8000 München 81, Ortlindestr 6 VII. Tel: 089/912019/10.

Blasberg Wilfried
B: Schauspieler. A: c/o Management Jovanovic, D–8000 München 80, Perfallstr 6. Tel: 089/475024/25.

Blaskovich Marielies
B: Schauspielerin. A: c/o Agentur Schmidt-Gentner, A–1030 Wien, Lothringer Str 20. Tel: 0222/752271.

Blau Gudula
B: Schauspielerin. A: D–8022 Grünwald, Am Koglerberg 7, c/o Agentur Rakosi. Tel: 089/6412556 oder 089/6904092.

Blauth-Jacob Ursula
B: Schauspielerin. A: D–8033 Krailling, Franzstr 6, c/o ZBF-Agentur München. Tel: 089/8597955 oder 089/335081.

Blech Hans Christian
B: Schauspieler. A: c/o Agentur Alexander, D–8000 München 80, Lamontstr 9. Tel: 089/471011.

Blechinger Julia
B: Schauspielerin. A: c/o ZBF-Agentur, D–8000 München 40, Leopoldstr 19. Tel: 089/335081.

Bleibtreu Monica
B: Schauspielerin. A: D–2000 Hamburg 76, Hofweg 49, c/o ZBF-Agentur Hamburg. Tel: 040/2296097 oder 040/66885400.

Bleidner Otto H
B: Schauspieler. A: D–6202 Wiesbaden-Biebrich, Drusustr 42a, c/o ZBF-Gen-Agentur Frankfurt, D–1000 Berlin 39, Schuchardtweg 18. Tel: 06121/86464 oder 0611/7111335 oder 030/8053190.

Bleyhoeffer Erika
B: Schauspielerin. A: c/o Agentur Bengen, D–1000 Berlin 21, Paulstr 25. Tel: 030/3911895.

Bliefert Ulrike
B: Schauspielerin. A: D–8000 München 2, Heimeraustr 34, c/o ZBF-General-Agentur Frankfurt. Tel: 089/5024442 oder 0611/7111335.

Bliese Joachim
B: Schauspieler. A: c/o Agentur de la Berg, D–8026 Irschenhausen, Post Ebenhausen, Haus am Weiher. Tel: 08178/3681.

Blisse Gerda
B: Schauspielerin. A: D–1000 Berlin 33, Aßmannshauser Str 25, c/o Agentur Bengen. Tel: 030/8210557 oder 030/3911895.

Block Eckhard
B: Schauspieler. A: D–2000 Hamburg 71, Werfelring 33, c/o ZBF-Agentur Hamburg, c/o Agentur Ruth Killer, c/o Agentur Anna Ottavi.

Tel: 040/6401501 oder 040/66885400 oder 089/173455 oder 00396/344554.

Blome Ulrike
B: Schauspielerin. G: Posen, 7. Mai 1944. A: D–1000 Berlin 33, Lassenstr 8. Tel: 8256668. S: Max Reinhardt Schule Berlin. K: Ab 1963 23 Theaterstückverträge u Tourneen, 76 TV-Sendungen, 1 Spielfilm, Geschäftsführerin d Intern Kunst Agentur, Berlin. F: Film ABC, Who is Who in Art 1975, Funk Uhr. D: Hauptdarstellerin in TV-Serien: „Von Liebe keine Rede", „Der Anwalt", „Die Melchiors". H: Kunst, Kultur, Kulturpolitik.

Bludau Jochen
B: Autor, Intendant, Schauspieler. G: Krefeld, 2. Juli 1941. V: Brigitte, geb Biermann. A: D–5940 Lennestadt 12, Vitusstr 9. S: Abitur, SozialAk, Pädagogische HS, Schauspielschule. K: Während d Stud 1963–66 Schauspielunterricht bei Karl Streck, Krefeld, seit 1968 Geschäftsführer u Intendant d Karl May-Festspiele Elspe, seit 1968 Old Shatterhand-Darsteller in d Karl May-Festspielen Elspe, seit 1976 Partner v Winnetou Pierre Brice. F: In allen deutschsprachigen Illustrierten u Zeitungen. D: Old-Shatterhand-Darsteller b d Karl May-Festspielen Elspe u Ratingen/Düsseldorf, Old Shatterhand in „Der Schatz im Silbersee" (Stadthalle Wien), Autor nahezu aller erfolgreichen Karl May-Dramatisierungen f Freilichtbühnen. H: Reisen (Globetrottern), Reiten, Autofahren.

Blum Gaby
B: Schauspielerin. A: D–2000 Hamburg 22, Roßberg 26. Tel: 040/2006203 oder Sekretariat: 040/582877.

Blume Jochen A
B: Schauspieler. A: D–8000 München 40, Germaniastr 33/II. Tel: 089/3665567.

Blumhagen Lothar
B: Schauspieler. G: Leipzig, 16. Juli 1927. V: Ingeborg, geb Loy. A: D–1000 Berlin 33, Seebergsteig 16. K: 1948 Literarisches Kabarett, seit 1956 Mtgl d Schiller- u Schloßpark-Theaters Berlin, zwischendurch an versch Schauspielbühnen, auch als Gast. D: Mitwirkung in versch Fernsehspielen u in Filmen. E: Staatsschauspieler.

Blumhoff Christian
B: Schauspielerin. A: D–8031 Puchheim, Kennedystr 14, c/o ZBF-Agentur München. Tel: 089/807403 oder 089/335081.

Bock Helmut
B: Schauspieler. A: A–4020 Linz/Bindermichl, Waldmüllergang 10b, Whg 35. Tel: 00437222/438863.

Bock Karl-Albert
B: Schauspieler. A: c/o ZBF-Gen-Agentur Frankfurt, D–6000 Frankfurt/Main, Feuerbachstr 42–46. Tel: 0611/7111335.

Bock Ulrich von
B: Schauspieler. A: D–2800 Bremen, Hudemühler Str 19, c/o ZBF-Gen-Agentur Frankfurt. Tel: 0421/451537 oder 0611/7111335.

Böckmann Gerd
B: Schauspieler. A: D–1000 Berlin 19, Glokkenturmstr 24, c/o ZBF-Agentur München. Tel: 030/3058600 oder 089/335081.

Bockx Karl
B: Schauspieler. A: D–8110 Kirchseeon, Am Dachsberg 1–3.

Bode Elert
B: Schauspieler, Regisseur, TheaterLtr. G: Breslau, 6. Apr 1934. V: Sabine, geb Hesse. A: D–7000 Stuttgart, Im Fuchsrain 44. S: Gymn, journalist Volontariat, private Schauspielausbildung. K: 1956–57 am Theater im kleinen Raum, Münster, 1957–70 Westfäl Kammerspiele, Paderborn, 1970–76 Württ Landesbühne, Esslingen, seit 1976 Komödie im Marquardt, Stuttgart. D: Etwa 130 Bühnenrollen, etwa 70 Fernseh- u Filmrollen, ua „Nachruf auf Egon Müller", „Madame Bovary", „Der Nachruf", „Kein Mann von gestern", „Teufelsbraut", „Liebling, ich bin da", „Strafsache gegen F", „Die Wunder der Erziehung". E: 1970 Kulturpreis d Stadt Paderborn. M: Deutscher BühnenVer.

Bode Ursula
B: Schauspielerin. A: D–8000 München 40, Unertlstr 34, ZBF-Agentur München. Tel: 089/3001577 oder 089/335081.

Bodinus Carsten
B: Schauspieler. A: D–2300 Kiel, Julienluster Weg 25. Tel: 0431/531392.

Bodnik Udo
B: Schauspieler. A D–4000 Düsseldorf

(Zooviertel), Harleßstr 18, c/o Agentur Hans Schmid. Tel: 0211/633359 oder 089/981464.

Boehm Manfred
B: Schauspieler. A: D–7500 Karlsruhe 1, Beiertheimer Allee 40, c/o ZBF-Gen-Agentur Frankfurt. Tel: 0721/33987 oder 0611/7111334.

Boele Hein
B: Schauspieler. A: c/o Management Margarete van Dam, NL–Amsterdam, Plantage Parklaan 12. Tel: 003120/246743.

Boersma Femke
B: Schauspielerin. A: c/o Management Margarete van Dam, NL–Amsterdam, Plantage Parklaan 12. Tel: 003120/246743 u 429454.

Boesch Christian
B: Opernsänger. G: 27. Juli 1941. V: Inge. A: A–1190 Wien, Leopold Steiner-G 23. S: Matura, HS f Musik u darstellende Kunst, Studien in Italien. K: Engagement in Bern, Luzern, Kiel, Saarbrücken, Wien, Salzburger Festspiele, Metropolitan New York. D: Mozart: Papageno, Figaro, Gugliermo, Leporello, Rossini, Lortzing, Wozzek uva. H: Kinder (4), Sport, Beruf.

Bogdan Volker
B: Freiberuflicher Schauspieler. G: Marienwerder/Westpr., 14. März 1939. V: Edith, geb Korth. A: D–2000 Hamburg 19, Alardusstr 10. Tel: 040/497028. S: Abitur, 3 Sem Theol u TheaterWiss, 3 Jahre Schauspielausbildung bei Fritz Wagner (Deutsches Schauspielhaus Hamburg). K: Zahlreiche Gastspiele, Tourneen, Film, TV-Spiele u TV-Serien, Synchronsprecher, Hörfunk. F: In versch Zeitschriften, Illustrierten u Tageszeitungen (zB: Hamburger Abendblatt). D: Zuletzt: Theater: „Die Hebamme", „Die Caine war ihr Schicksal", „Mausefalle", „Von Mäusen u Menschen", „Minna von Barnhelm", TV: „Geteilte Freude", „Onkel Bräsig", „IOB Pinkertons Erben", Film: „Tod oder Freiheit", „Schimmelreiter". M: BFF in d DAG. H: Klassische Musik, Klavierspielen, Dialekte (ostpr., berliner, sächsischer, bayerischer), Beruf.

Bögel Hans-Peter
B: Schauspieler. A: D–7000 Stuttgart 1, Herdweg 79, D–2000 Hamburg 71, Pezolddamm 99, c/o ZBF-Gen-Agentur Frankfurt. Tel: 0711/293934 oder 040/6435076 oder 0611/7111335.

Bogner Franz Josef
B: Freier Schauspieler, Autor, Regisseur. G: Limburg/Lahn, 19. Juni 1934. A: D–6250 Limburg, Wichernweg 40. K: Beamter „auf Lebenszeit" bis 1963, seitdem Pantomime, Schauspieler, Kabarettist, Mimeclown, Regisseur, Gastdozent in Europa, Amerika, Ostasien, Autor v Bühnen-Bild-Folgen, Hörspielen, TV-Spiel. D: Bogners Clown-Theater (Solo-Theater), „goethes V'st", „Das arabische System". E: Deutscher Kleinkunstpreis 1977. M: Intern Mimes and Pantomimists.

Bogojevic Alexandra
B: Schauspielerin. A: D–8000 München 40, Gohrenstr 2, c/o ZBF-Agentur München. Tel: 089/331693 oder 089/335081.

Bogus Rolf
B: Schauspieler. A: D–1000 Berlin 41, Albrechtstr 59, c/o ZBF-Agentur Berlin. Tel: 030/7952425 oder 030/8838031.

Bohair Daniela
B: Schauspielerin. A: D–1000 Berlin 33, Koenigsallee 81, c/o Agentur Bengen. Tel: 030/8263484 oder 030/3911895.

Böhlke Peter
B: Schauspieler. G: 3. Aug 1926. A: D–8000 München 40, Helmtrudenstr 7. S: Abitur, HS f Musik u Theater in Dresden. K: Engagements: Staatstheater Dresden, Nationaltheater Weimar, Städt Bühnen Magdeburg, Ulm, seit 1961 freiberuflich, Gastspiele an Theatern in München, Stuttgart, Frankfurt, Hamburg, Berlin, Zürich. F: Bild und Funk, Funk Uhr, Hör Zu, Frankfurter Rundschau. D: „Kaufmann von Venedig", „Ein idealer Gatte", „Finden Sie, daß Konstanze sich richtig verhält". Ca 150 Theaterrollen, 8 Spielfilme, ca 120 Fernsehrollen. H: Schwimmen, Wandern, klass Musik.

Böhm Alfred
B: Schauspieler. G: Wien, 23. März 1920. V: Edeltraud, geb Jerzö. A: A–3250 Wieselburg/Erlauf. K: Tätigkeit als Schauspieler bei Funk, Film u Fernsehen, Sänger v Wiener Liedern, Gast im Kabarett „Simpl" Wien, Synchron, F: In versch Zeitungen u Zeitschriften. D: „Familie Leitner" (Serie), „Es fing so harmlos an", „Wer d Heimat liebt", „Der Pfarrer v St Michael", „Mädchen f d Mambo-Bar", „Senioren-Club", „Trautes Heim" (Wer-

bung) uva. M: Österr Bühnengewerkschaft.

Böhm Carlo
B: Schauspieler. G: Wien, 18. Apr 1917. V: Maria, geb Stelzer. A: A–1130 Wien, Fasangarteng 109/Stg 3. Tel: 0222/8265565. S: Realschule, HandelsAk, Schauspielseminar. K: Theater, Kabarett, Film, Funk Fernsehen. F: Unzählige Veröffentlichungen in versch Zeitungen u Zeitschriften. D: Viele versch Rollen. M: Bühnengewerkschaft. H: Schwimmen, Lesen, Musik.

Böhm Christine
B: Schauspielerin. G: Wien, 13. Feb 1954. A: A 1030 Wien, Am Modenapark 14. S: Gymn, Max Reinhardt-Seminar. K Mtgl d Theaters in der Josefstadt, 6 Spielfilme, ca 14 Fernsehrollen. F: Div in Zeitschriften u Zeitungen. D: „Lady Oscar", „Faust" ua. E: Goldener Rathausmann 1974. M: EhrenMtgl d Loyalty Clubs. H: Lesen, Yoga, Wandern, Musik, Reiten.

Böhm Herta
B: Schauspielerin. G: Grünwald b Gablonz/Böhmen, 23. Okt 1913. A/ A–2500 Baden b Wien, Kaiser Franz Ring 21. S: Grundschulen, Konservatorium d Stadt Wien (Schauspiel), Sprach-Unterricht. K: Zimmertheater Düsseldorf, eigenes Theater (Kleines Theater Düsseldorf), Gastspiele, freie Mitarbeiterin b ORF. F: Hör Zu. D: „Frl Julia", „Mißverständnis", „Gaslicht", „Engel namens Schmitt", „Gefährliche Kurven", „Mutter Europa", „Hotel Sacher", „Peter Voss", „Am Wege", „Bücherdienst", „Der Meister", „Ich heirate Herrn Direktor", „Mimosen blühen auch", „Porträt Gütersloh", „Der Privatpolizist" uva. M: Bühnengewerkschaft. H: Theater spielen.

Böhm Karlheinz
B: Schauspieler. A: D–8011 Baldham, Hochwaldstr 24, c/o Management Palz. Tel: 08106/1582 oder 089/912019/10.

Böhm Maxi
B: Schauspieler. A: c/o „Der Würfel" Unterhaltungsbetriebs-GmbH, A–1180 Wien, Scheidlstr 38. Tel: 0222/475323 u 474134.

Böhme Anna Marie
B: Schauspielerin. A: D–1000 Berlin 33, Schleinitzstr 6a. Tel: 030/8851551 (030/8911551).

Böhmelt Viola
B: Schauspielerin. A: D-8000 München 90, Humboldtstr 30, c/o ZBF-Agentur München. Tel: 089/655047/478910 oder 089/335081.

Bohne Richard
B: Schauspieler. A: D–8173 Bad Heilbrunn/Obb. Malachias Geiger-Weg 13, c/o ZBF-Agentur München Tel: 08046/1418 oder 089/335081.

Bohnet Folker
B: Schauspieler. A: D–8000 München 71, Diefenbachstr 41, c/o Agentur de la Berg. Tel: 089/794242 oder 08178/3681.

Bohnet Monika
B: Schauspielerin. A: D–7000 Stuttgart 30, Heilbronner Str 305, c/o ZBF-Agentur München. Tel: 089/335085.

Bohraus Barbara
B: Schauspielerin. A: D–6200 Wiesbaden, Stanleystr 23. Tel: 06121/ 79333.

Boje Kornelia
B: Schauspielerin. A: D–8000 München 80, Cuvilliestr 7, c/o Agentur de la Berg. Tel: 089/983824 oder 08178/3681.

Boldt Joachim
B: Schauspieler. A: D–4400 Münster, Uppenkampstiege 16. Tel: 0251/28231.

Bolesch Otto
B: Schauspieler. A: D–8000 München 60, Julius Kreis-Str 45/B. Tel: 089/831154.

Bollag Peter
B: Schauspieler. A: c/o Agentur Marga Wiedner, D–8000 München 40, Destouchesstr 32/I. Tel: 089/3081822.

Bolling Jo
N: Bollig Josef. B: Schauspieler. G: Bonn, 19. Okt 1941. A: D–8000 München 2, Brunnstr 9. S: Grundschule, Maurer- u Polsterer-Lehren (abgebrochen). K: FabriksArb, BauArb, Maschinist, Dolmetscherschule, Bar-Mixer-Diplom, 3 Jahre Schauspielschule, Theater in Bad Godesberg, Oberhausen, Dortmund, Schwäbisch Hall, Schweizer Tourneetheater, Schauspieltruppe Zürich, Bonn-Center Theater (Regie), Theater d Freien Hansestadt Bremen. F: TV-Hören u Sehen, Hör Zu, Stern, Bild und Funk uva. D: Theater: „Die Geburts-

tagsfeier", „Troilus v Cressida", „Hölderlin", „Gerettet", „Glasmenagerie", „Was ist an Tolen so sexy", „Sommernachtstraum", „Der zerbrochene Krug", „Faust", „Romeo u Julia", „Weh dem, der lügt", „Wir sind noch einmal davongekommen", „Besuch d alten Dame", „Mutter Courage", „Diener zweier Herren", „Die Räuber", „Wann heirate ich meine Frau", „Leonce u Lena", „Blick zurück im Zorn", „Das große Welttheater", „Dreigroschenoper", Film u TV: „Lieber Erwin", „Gladiatoren", „Der Pott", „Frühbesprechung", „Fluchtgedanken", „Dem Täter auf d Spur", „Streetworker", „Motiv Liebe", „Gesucht wird ....", „Lokalseite unten links", „Ketten", „Himmel u Erde", „Karawane d Wörter", „Die Straße", „Auf Biegen oder Brechen", „Der Millionenbauer", versch FilmArb in d Schweiz u für d FilmHS in München. H: Malen, Reiten, Sport.

Bollmann Horst
B: Schauspieler. A: D–1000 Berlin 45, Boothstr 20. Tel: 030/7721095.

Bommer Josef
B: Schauspieler. G: 5. März 1911. A: D–8217 Staudach-Egerndach, Altes Trogerhaus. S: Ak d Staatstheaters Karlsruhe. K: Theatertätigkeit in Hannover Staatstheater, Staatstheater Braunschweig, Städt Bühnen Lübeck, Stadttheater Wuppertal, Stadttheater Nürnberg, Fritz-Rémond Theater Frankfurt, Kammerspiele Hamburg, Städt Bühnen Graz, Zürich, seit 20 Jahren freischaffend an fast allen deutschsprachigen Bühnen tätig. F: In fast allen deutschen Pressen. D: Theater: „Othello", „Peer Gynt", „Faust", „Der Widerspenstigen Zähmung", „Emilia Galotti", „Meteor", „Romulus der Große", „Puntila", „Soldaten" usw, Film: „Sensation in San Remo", „13 unter einem Hut", „Page des Königs" usw, Fernsehen: „Das lange Weihnachtsmahl", „Anna Winters", „Beaumarchais", „Der Klassewagen" usw. E: EK I u II, Kriegsverdienstkreuz 1. Klasse, Verwundetenabzeichen. H: Schnelle Wagen, Katzen, Sohn Percy (Kunstmaler).

Bonaséwicz Susanna
B: Schauspielerin. A: D–1000 Berlin 41, Presselstr 11a, c/o Agentur Bengen. Tel: 030/7966867 oder 030/3911885.

Boner Astrid
B: Schauspielerin. A: D–8000 München 2, Theresienstr 58/1, c/o ZBF-Agentur München. Tel: 089/287239 (284242) oder 089/335081.

Bongartz Peter
B: Schauspieler. A: c/o Agentur Köhler, D–8000 München 40, Rümannstr 51 Tel: 089/363970.

Bönner Gabriele
B: Schauspielerin. A: D–8000 München 2, Theresienstr 60. Tel: 089/2809160.

Boom Peter
B: Schauspieler. A: c/o Agentur Anna Ottavi, I–00136 Roma, Via Ugo de Carolis 101. Tel: 00396/344554.

Bopp Renate
B: Schauspielerin. A: D–3000 Hannover 1, Sallstr 26, c/o Agentur Runde-Profé. Tel: 0511/813310 oder 030/3040661.

Borek Vera
B: Schauspielerin. A: D–2000 Hamburg 61, Am Langdiek 9, c/o Agentur Lentz. Tel: 040/582877 oder 089/474026.

Borger Martin
B: Schauspieler. A: D–8000 München 81, Zoppoter Str 13. Tel: 089/936451 u 040/562205.

Borman Gerhard
N: Gerhard Borrmann. B: Schauspieler. G: 24. Mai 1940. A: D–8000 München 5, Corneliusstr 12. S: Abitur, Univ-Stud d Betriebswirtschaftslehre. K: Tournee m d Morgensternbühne nach Wien, Salzburg, Linz, München, Schauspieler in Köln u Hamburg, Arbeit f Film u Fernsehen. F: In versch Zeitungen u Zeitschriften. D: Fernsehen: „Das Fernsehgericht tagt", „Die Nummern in d Schule", „Hafenpolizei D", „Die Heilung d Blindgeborenen", „Furcht u Elend d 3. Reiches", „In einer fremden Stadt", „Das Findelkind", „Adieu Paris", „Das Geschenk d Weisen", „Hallo Nachbarn", „Traktat über d Liebe", „Orestie", „In aller Stille", „Die Kollektion", „Als d Freiheit v Himmel fiel", „Hauptstrasse Glück" (Serie), „Kapitän Harmsen" (Serie), „Der vierte Platz", „Der vierte Schlüssel", „Annemarie Lesser", „Kressin", „Kleinstadtbahnhof", „Derrick", „Sachrang", Film: „Brennt Paris?", „Ein dreckiger Job", „Der Taxifahrer v St Pauli", „Sonne, Sylt u kesse Krabben", „The Dollar-Company", „The driver's seat", „Au dela de la peur" uva. M: BFF, DAG. H: Reiten, Schwimmen, Münzsammlung.

Born Walter
B: Schauspieler. A: D–6000 Frankfurt/Main, Eschersh Landstr 134 c/o ZBF-Gen-Agentur Frankfurt. Tel: 0611/595683 oder 0611/7111335.

Bornemann Jutta
B: Schauspielerin, Autorin. G: Wien, 16. Okt. A: A–1070 Wien, Neustiftg 13. S: Gymn, Schauspielschule. K: Theater-, Kabarett- u Filmtätigkeit, auch als Autorin, Tätigkeit beim Rundfunk, Chanson- u Schlagertexte. D: „Rosen aus d Süden", „Dorf in d Wachau" uva.

Börner-Rädler Senta
B: Schauspielerin. A: D–5400 Koblenz-Niedernberg, An der Fausenburg 2. Tel: 0261/69769.

Borns Hannelore
B: Schauspielerin. A: D–6501 Nieder-Olm, Goldbergstr 52, c/o Agentur Runde-Profé. Tel: 06136/2002 oder 030/3040661.

Borris Gerhard
B: Schauspieler. A: D–8000 München 40, Herzogstr 97. Tel: 089/ 3009461.

Borsche Dieter
B: Schauspieler. A: D–8500 Nürnberg, Josef Simon-Str 62, c/o Agentur v Pilecki. Tel: 0911/804410 oder 089/220263.

Borsche Katja
B: Schauspielerin. G: Rochlitz, 9. Juni 1950. A: D–8000 München 82, Waldschulstr 80. S: Mittlere Reife, Steuergehilfenprüfung, Schauspielausbildung. K: 1 Jahr in Paris f Fernsehen u Film, TV-Werbespots, Zeitungswerbung Mode. F: Hör Zu, Brigitte, Madame, Annabelle, Stern, Elle, Petra ua. D: „Das Klein", „Annabella", „Jet-Generation", TV-Sendung Peter Kraus. H: Wasserski, Tennis, Windsurfen, Ski.

Borselly Jimmy
N: Werner Breselge. B: Show-Disc-Jockey, Moderator, Magier. G: 17. Juni 1939. A: D–4000 Düsseldorf 12, Postfach 120241. S: Hauptschule, OPZ. K: Circus Franz Althoff u Sarrasani, Groß-Discotheken in Deutschland. F: Tagespresse, Westfäl Anzeiger, Westdeutsche Zeitung, Express Düsseldorf, Rheinische Post, Musik-Joker. M: Deutsche Disc-Jockey-Organisation. H: Tiere.

Borsody Hans von
B: Schauspieler. G: Wien, 20. Sept 1929. A: D–8021 Deining, Birkenweg 1. Tel: 08170578. S: Realschulabitur, fotografische Ausbildung Wien, Schauspielausbildung am Max Reinhardt-Seminar Wien. K: Seit 1952 an Theatern in Klagenfurt, Frankfurt, Tübingen, Wien, Düsseldorf, Hamburg, Köln, München ua, seit 1954 über 40 Spielfilme, ca 30 TV-Rollen, ab Herbst 1979 in d Serie „Merlin" als Räuberhauptmann Ralf, Theatertourneen durch Deutschland, USA, Kanada, England, Irland, 1969 Freilichtspiele Andernach u Stockerau, 1974 u 1976 Regie in Bonn u Hamburg (Kleines Theater u Kleine Komödie), seit ca 10 Jahren sehr viel Boulevardtheater. F: „Kofferweise". D: Filme (Auszug): „Don Juan", „Zwei Herzen u ein Thron", „Der Major u d Stiere", „Der Meineidbauer", „Der Schandfleck", „K. u k. Feldmarschall", „Jägerblut", „Rivalen d Manege", „Die grünen Teufel v Monte Cassino", „Polikuschka", „Der Schäfer v Trutzberg", „Das Rätsel d grünen Spinne", „Unsere Heimat ist die ganze Welt", „Unter d Flagge d Freibeuter", „Barbara", „Candidate for murder", „Marschier oder krepier", „Hermann der Cherusker", „Die Nibelungen", „Formel 1", „Die Brücke v Arnheim", Theaterrollen (Auszug): „Iphigenie", „Jonny Belinda", Hauptrollen in: „Einmal im Jahr", „4 Fenster zum Garten", „Der Kontrakt", „Barfuß im Park", „Das ohnmächtige Pferd", „Ein Fremder klopft an", „Es war nicht die Fünfte, es war die Neunte", „Jean", „Cyrano d Bergerac", ab Mai 1979 in Stuttgart (Komödie i M) „Ferien f Jessica", Fernsehrollen (Auszug): „Robin Hood", „Cliff Dexter" (26teilige TV-Serie), „Der Vetter Basilio" (2teiliges TV-Spiel), Hauptrollen in: „Soldat", „Der Degen m den Genien", „Ein Walzertraum", „Eine Nacht in Venedig", „Glückliche Reise", „Theaterleben", „6 Zimmer Sonnenseite", „Dorothea Merz", ab Herbst 1979 Serie „Zauberer Merlin". H: Malen (eigene Ausstellungen), Fotografieren, Blumen, Basteln.

Borysenko Sascha
N: Georg Borysenko. B: Schauspieler, Regisseur f Actionen. G: Lehmwald bei Dresden, 27. Sept 1944. V: Irmgard, geb Bierbaumer. A: D–8070 Ingolstadt, Brucknerstr 24. Tel: 0841/85928. S: Mittelschule, Schauspielschule. K: Mr Germany, Profiringer, Stuntman, Schauspieler. F: Süddeutsche Zeitung, Playboy, Stern, Medizin heute, Sport-Revue, Münchner Merkur, TV Hören u Sehen, Hör Zu,

Münchner TZ, Fernsehwoche. D: „Der Präsident", „Die Räuber", „Mitt-Sommernachtstraum", „Besuch d alten Dame", „Tatort", „Derrick", „Der Alte" uva, Iran-Filmproduktionen, US-Filme. E: Versch Ehrungen u Pokale. M: Bund Deutscher Body-Builder, Catch-Verb, SchauspielVerb. H: Öl-Landschaftsbilder malen, Wandern, Singen.

Bösiger Paul
B: Schauspieler. A: D-8510 Fürth-Burgfarnbach, Hummelstr 49, c/o Agentur v Pilecki. Tel: 0911/751273 oder 089/220263.

Bothur Günter
B: Schauspieler. A: D-2400 Lübeck, Fünfhausen 5. Tel: 0451/77491.

Bötticher Herbert
B: Schauspieler. A: D-8000 München 81, Denningenstr 98/VI, c/o Agentur Köhler. Tel: 089/914542 oder 089/363970.

Bottlenberg Cornelia v d
B: Schauspielerin. A: D-1000 Berlin 12, Sybelstr 7, c/o Agentur Bengen. Tel: 030/3125929 oder 030/3911895.

Bottlenberg Frank von dem
B: Schauspieler. A: D-1000 Berlin 31, Trautenaustr 1, c/o Agentur Bengen. Tel: 030/2138752 oder O30/3911895.

Bouillon Jean Claude
B: Schauspieler. A: c/o Management Jovanovic, D-8000 München 80, Perfallstr 6. Tel: 089/475024/25.

Bour Uschi
B: Schauspielerin. A: D-1000 Berlin 12, Grolmanstr 47, c/o ZBF-Agentur Berlin. Tel: 030/8811815 oder 030/8838031.

Boxberger Herbert von
B: Schauspieler. A: D-1000 Berlin 12, Schlüter Str 35, c/o Agentur Bengen. Tel: 030/8815888 oder 030/3911895.

Boxhofer Christine
B: Schauspielerin. A: c/o „Der Würfel" Unterhaltungsbetriebsges mbH, A-1180 Wien, Scheidlstr 38. Tel: 0043222/475323 u 474134.

Boy Ute
B: Schauspielerin. A: c/o Agentur Bengen, D-1000 Berlin 21, Paulstr 25. Tel: 030/3911895.

Boysen Rolf
B: Schauspieler. A: c/o Management Palz, D-8O00 München 81, Ortlindestr 6/VII. Tel: 089/912019/10.

Brackebusch Lotte
B: Schauspielerin. A: D-2000 Hamburg 13, Johnsallee 20. Tel: 040/442450.

Braend Paula
B: Schauspielerin. A: D-8012 Ottobrunn, Haydnstr 1O, c/o Agentur Rakosi. Tel: 089/6011474 u 605590 oder 089/6904092.

Brahms Viktoria
B: Schauspielerin. A: D-8000 München 40, Josef Raps-Str 1, c/c Agentur Alexander. Tel: 089/325706 oder 089/471O11.

Branca Angela
B: Schlagersängerin. G: Völklingen, 7. Mai 1956. A: D-662 Völklingen, Ludweilerstraße. S: Grundschule, Sekretärin. K: TV Talentschuppen, versch Fernsehauftritte SR. F: TV Magazin, Hör Zu, Bravo, Schweiz TELE grosse Fernseh-Illustrierte, Freizeit-Magazin. D: in Planung. E: Versch Schlagerfestival gewonnen in Italien, DDR, BRD, Schweiz. H: Kochen, Tanzen (Ballett), Singen.

Brancia Armando
B: Schauspieler. A: c/o Agentur Anna Ottavi, I-00136 Roma, Via Ugo de Carolis 101. Tel: 00396/344554.

Brand Hilde
B: Schauspielerin. A: D-8000 München 60, Pembaurstr 6, c/o Künstlerdienst München. Tel: 089/884828 oder 089/778031.

Brand Peter
B: Schauspieler. A: D-8000 München 90, Wirtstr 6, c/o Agentur Rakosi. Tel: 089/697154 oder 089/6904092.

Brand Rudolf
B: Schauspieler. A: D-4150 Krefeld, Westparkstr 106, c/o ZBFAgentur Hamburg. Tel: 02151/751461 oder 040/66885400.

Brandauer Klaus Maria
B: Schauspieler. A: c/o Agentur v Pilecki, D-8000 München 22, Oettingenstr 46. Tel:

089/220263.

Brandenburg Inge
B: Schauspielerin. A: D–8000 München 23, Kraepelinstr 63. Tel: 089/3009730.

Branding Heinz Theo
B: Schauspieler. A: D–1000 Berlin 33, Niersteiner Str 4, c/o ZBF-Gen-Agentur Frankfurt. Tel: 030/8916585 oder 0611/7111335.

Brandt Marianne
B: Schauspielerin. A: D–8000 München 19, Döllinger Str 23a, c/o ZBF-Agentur. Tel: 089/177285 oder 089/335081.

Brandt Martin
B: Schauspieler. A: D–1000 Berlin 30, Nürnberger Str 38, c/o ZBF-Agentur Berlin. Tel: 030/02111633 oder 030/8838031.

Brandtner Ilse
B: Schauspielerin. A: A–1020 Wien, Obere Donaustr 3/8. Tel: 0222/ 337140.

Brasch Helmut
B: Schauspieler. A: D–8000 München 19, Jutastr 13, c/o Agentur Marga Wiedner. Tel: 089/192292 oder 089/3081822.

Brauel Balbina
B: Schauspielerin. A: D–6300 Lahn-Gießen 1, Steinstr 17 c/o Agentur Schmid, c/o ZBF-General-Agentur Frankfurt. Tel: 06141/337140 oder 089/981464 oder 0611/7111313.

Brauer Barbara
B: Schauspielerin. A: D–2000 Hamburg 13, Bundesstr 72. Tel: 040/4104743.

Brauer Charles
B: Schauspieler. A: c/o ZBF-Agentur Hamburg, D–2000 Hamburg 70, Tonndorfer Hauptstr 90. Tel: 040/66885400.

Braun Carin
B: Schauspielerin. A: D–8000 München 40, Ohmstr 8, c/o Agentur v Pilecki. Tel: 089/347158 oder 089/220263.

Braun Ingeborg
B: Schauspielerin. A D–1000 Berlin 41, Langensteiner Weg 7. Tel: 030/7532659.

Braun Käthe
N: Katharina Harnack-Braun. B: Schauspielerin, Autorin. G: Reitmehring b Wasserburg/Inn, 11. Nov 1918. V: Dr Falk Harnack. A: D–1000 Berlin 41, Haderslebener Str 26. S: Höhere Töchterschule Wasserburg, Schauspielausbildung bei Magda Lena, Kammerschauspielerin, München. K: Engagements am Bayer Staatsschauspiel München, Schauspielhaus Düsseldorf Burgtheater Wien, Schauspielhaus Hamburg, Deutsches Theater, Schiller- u Schloßpark-Theater Berlin. Buchveröffentlichungen. „Der Wohltäter", Fernsehfilm 1975 (Drehbuch), „Die Undankbare" Fernsehfilm 1979 (Drehbuch), „Die Wiederbegegnung" Roman 1978.. F: Zahlreiche Fotos in Zeitungen, Zeitschriften ua. D: Wesentliche Bühnenrollen: Käthchen, Gretchen, Elektra, Pippa, Heitang, Julia, Marie, Emilia Galotti, Nora, Lissy, Blanche, Filme: „Stunde d Entscheidung, „Semmelweis", „D Beil v Wandsbek", „Fuhrmann Henschel", „Lausbubengeschichten", zahlreiche Rollen im Fernsehen. E: Berliner Kunstpreis 1954.

Braun Pinkas
B: Schauspieler. A: CH–8261 Hemishofen/Schaffhausen, Unterdorf, c/o Agentur Alexander. Tel: 004154/85453 oder 089/471011.

Bräuniger Wanda
B: Schauspielerin. A: D–1000 Berlin 41, Hakkerstr 11, c/o ZBF-Agentur Berlin. Tel: 030/7912828 oder 030/8838031.

Brauren Katharina
B: Schauspielerin. A: D–2000 Hamburg 73, Schöneberger Str 70, c/o ZBF-Agentur Hamburg. Tel: 040/6724861 oder 040/66885400.

Brauss Arthur
B: Schauspieler. A: c/o Agentur Alexander, D–8000 München 80, Lamontstr 9. Tel: 089/471011.

Braut Ingrid
B: Schauspielerin. A: D–4000 Düsseldorf, Neusser Str 125. Tel: 0211/307171.

Braut Thomas
B: Schauspieler, Regisseur, Autor. G: Berlin, 22. Mai 1930. A: D–8025 München-Unterhaching, Kapellenstr 25. S: Hum Gymn, Schauspielschule Düsseldorf (Gründgens), 2 Jahre Gesangsausbildung, 10 Jahre Klavier. K:

Theaterengagements in Düsseldorf, Osnabrück, Köln, München, Frankfurt, Zürich, Hamburg, Berlin, Tourneen, Rollen Hörfunk, Synchron, ca 10 Spielfilme, ca 180 TV-Rollen, Regie: WDR-Fernsehen u div Theaterinszenierungen, Autor f TV-Spiel, Autor u Regisseur f Synchron, Ausbildner f d Pentagon in Washington 1955. F: In allen Zeitschriften. D: „Warum sind Sie gegen uns?", „Haie u kleine Fische", „Unser Walter", „Unser neues Haus", „Goya", „Riss im Eis", „Die ägyptische Katze", „Die Entscheidung", „Duell um Aimee", „Feuerwerk", „Katze auf d Blechdach" uva. H: Tauchen, Musik, Parapsychologie.

Breidenbach Tilli
B: Schauspielerin. A: D–8011 Vaterstetten, Lortzingstr 10, c/o Agentur v Pilecki. Tel: 08106/6413 oder 089/220263.

Breitag Ruth
B: Schauspielerin. A: D–5800 Hagen, Vogelsanger Str 55, c/o Agentur Bengen. Tel: 02332/60336 oder 030/3911895.

Breitenfeld Horst
B: Schauspieler. A: D–8500 Nürnberg, Wißmannstr 18. Tel: 0911/511586.

Breiter Jochen
B: Funk- u Fernsehsprecher, Dressman. G: Potsdam, 16. März 1936. V: Almut, geb Schmidt. A: D–5060 Bensberg, Frankenforst. S: Abitur, Stud d Med, Schauspielunterricht u Sprechunterricht. K: Sprecher f RundfunkAnst, seit 1963 f d ZDF tätig, politische Kommentare u Buchbesprechungen ua f d WDR Deutschlandfunk u Deutsche Welle, Mitwirkung in Krimis u Hörspielen, Sprecher d Sendung „Heute". H: Lesen, Motorsport, Kfz-Techn, Fotografie.

Breitschopf Trude
B: Schauspielerin. A: D–8000 München 60, Haidelweg 5a, c/o Agentur Marga Wiedner. Tel: 089/881996 oder 089/3081822.

Brem Beppo
B: Schauspieler. G: München, 11. März 1906. V: Marga, geb Wening. A: D–8021 Buchenhain/Isartal, Lindenstr 5 A. S: Grundschule, Lehre als Kunstschreiner, Schauspielunterricht. K: Seit 1926 Schauspieler, Bühnen- u Filmschauspieler, Funk u Fernsehen. F: Seit 50 Jahren in Zeitungen u Zeitschriften. D: Über 200 Filme „Wanninger" usw. E: „Bambi" 1970, Bayerischer Verdienstorden. H: Viel Lesen, Schreinern.

Brem Rudolf Waldemar
B: Schauspieler. A: D–8000 München 22, Maximilianstr 29, c/o ZBF-Agentur München. Tel: 089/297748 oder 089/335081.

Bremer-Wolff Charlotte
B: Schauspielerin. A: D–2000 Hamburg 13, Moorweidenstr 7, c/o ZBF-Agentur Hamburg. Tel: 040/447130 oder 040/66885400.

Brenncke Michael
B: Schauspieler. G: Steyr/Ö, 12. Sept 1943. A: D–1000 Berlin 44, Weserstr 212. S: Gymn, Abitur, Ballettausbildung. K: Nach d Ballettausbildung Schauspielschule in München, die ersten großen Rollen dann nach Berlin an d Oper als Pantomime u Theater d Westens, Operette u Musical, Fernsehen u TV-Werbung. F: Berliner Tageszeitung BZ. D: „Die ehrbare Dirne", „Bajazzo", „Gigi", „Ende d Regenbogens", „Schöner Gigolo", „Tatort", „Porfnotius", „Carmina Burana", „Der Mann v la Mancha" uva. H: Tennis, Reiten, Fechten, Schwimmen.

Brenner Hans
B: Schauspieler. A: c/o Agentur Lentz, D–8000 München 80, Holbeinstr 4. Tel: 089/474026.

Brensing Peter
B: Schauspieler. A: c/o Management Jovanovic, D–8000 München 80, Perfallstr 6. Tel: 089/475024/25.

Breuer Jaques
B: Schauspieler. A: c/o Agentur Lentz, D–8000 München 80, Holbeinstr 4. Tel: 089/474026.

Brice Pierre
N: Pierre de Bris. B: Sänger, Schauspieler. G: Brest/Frankreich, 6. Feb 1929. A: c/o Fanclub Uschi Behm, D–5000 Köln 60, Hartwichstr 47. S: Architektur-Stud (abgebrochen). K: 1944 Fallschirmjäger in Indochina, erste Kontakte m Fronttheater, Fotomodell, erster Film: „Harte Fäuste – heißes Blut", dann „Kosaken", Produktionen in Frankreich u Italien, 1962 Karl May-Filme in Deutschland, Auftritte auf Bühnen, in Filmen u im Fernsehen, Schallplatten: „Meine roten Brüder", „Lonely", „Ich steh' allein", „Faire l'amour", LP's: „Ich steh allein", „Hörerwünsche" ua. F: In vielen

versch in- u ausländischen Zeitungen, Zeitschriften u Illustrierten. D: „Harte Fäuste – heißes Blut", „Kosaken", „Der Schatz im Silbersee", „Winnetou", „Old Shatterhand", „Unter Geiern", „Der Ölprinz", „Winnetou u d Halbblut Apanatschi", „Old Shurehand", „Winnetour im Tal d Toten", Fernsehen: „Die Marquise v B", „Das Mädchen aus d Weltraum", „Mädchen in d Wolken" uva.

Brieger Nicolas
B: Schauspieler. A: c/o Agentur Lentz, D–8000 München 80, Holbeinstr 4. Tel: 089/474026.

Brockerhoff Maria
B: Schauspielerin. A: D–8000 München 81, Elektrastr 5, D–2000 Hamburg 54, Kieler Str 544. Tel: 089/911605, 040/5402864.

Brockmann Jochen
B: Schauspieler. A: A–1190 Wien, Krottenbachstr 64, A–3593 Neupölla/NÖ, „Raabsmühle", c/o ZBF-Agentur München. Tel: 0043222/ 355221 oder 00432988/205 oder 089/335081.

Brogle Peter
B: Schauspieler. A: CH–8008 Zürich, Hoeschg 89, c/o Agentur de la Berg. Tel: 00411/479539 oder 08178/3681.

Broich Herbert
B: Schauspieler. A: D–5000 Köln 1, Rheinaustr 1b, c/o ZBF-Gen-Agentur Frankfurt. Tel: 0221/213782 oder 0611/7111313.

Bronnen Franziska
B: Schauspielerin. A: D–8000 München 40, Giselastr 13, c/o Management Palz. Tel: 089/396753 oder 089/912019/10.

Bronner Lore
B: Schauspielerin. A: D–8000 München 40, Herzogstr 9, c/o Agentur Marga Wiedner. Tel: 089/398626 u 327284 oder 089/3081822.

Bronsema Kai
B: Schauspieler. A: D–2000 Hamburg 19, Sillemstr 104. Tel: 040/494941.

Brosch Yvonne
B: Schauspielerin. A: D–8011 Neukeferloh, Beethovenring 3. Tel: 089/4601845.

Bruck Aenne
B: Schauspielerin. A: D–8000 München 2, Erzgießereistr 7, A–1030 Wien, Landstraßer Hauptstr 45 II/4, c/o Agentur Elkins-Rosen. Tel: 089/196724 oder 0222/726540 oder 089/304517.

Brück Inge
B: Sängerin, Schauspielerin, Texterin, Komponistin. G: Mannheim, 12. Okt 1936. A: D–5227 Windeck-Irsen, Auf'm Heiligenhäuschen 14, Forsthaus. S: Musik- u Schauspielunterricht. K: Theater, Film, Funk, Fernsehen, Schallplatte. D: Titelrolle „Miss Molly Mill" (Serie), eigene Fernseh-Shows: „Im Rampenlicht", Musical: „Wie man was wird im Leben", „Annie get your gun" „Golden Girl", „Das Feuerwerk", „Irma la Douce", „Tut war ihr wollt" uva. E: Intern Festival in Rio de Janeiro 1966 „Goldener Hahn v Rio", Lied: „Frag d Wind".

Brückner Christian
B: Schauspieler. G: 17. Okt 1943. V: Waltraut, geb Kleine. A: D–1000 Berlin 38, Kirchblick 2. S: Abitur, Stud d Germanistik, Publizistik, Theater-Wiss. K: Theater in Berlin, Tourneen, TV-Rollen, Synchronisationen, Hörspiele, Literaturlesungen. H: Literatur, Jazz.

Brühl Heidi
B: Schauspielerin. A: c/o Agentur Alexander, D–8000 München 80, Lamontstr 9. Tel: 089/471011.

Bruhn Christiane
B: Schauspielerin. A: c/o ZBF-Agentur München, D–8000 München 40, Leopoldstr 19. Tel: 089/335081.

Bruhn Uwe Jens
B: Schauspieler. A: D–2000 Hamburg 50, Arnoldstr 47. Tel: 040/395796.

Bruhn-Siegeris Anita
B: Schauspielerin. A: D–1000 Berlin 19, Horstweg 9. Tel: 030/3073561.

Bruhns Wibke
B: Journalistin, Nachrichtensprecherin. G: Halberstadt/Harz, 8. Sept 1940. V: Werner Bruhns. A: D–2000 Hamburg 13, Oberstr 76. S: Abitur, Stud d Soziologie, Geschichte. K: Volontariat bei „Bild"-Zeitung Hamburg, freie Mitarbeiterin beim NDR Fernsehen, ab 1963 Redakteurin f d ZDF, vor allem „Drehscheibe", ab 1968 freiberufliche Tätigkeit für versch Fernseh- u RundfunkAnst, Zeitungen Zeit-

schriften, Fachrichtung: Politik, 1971–72 Nachrichtensprecherin, Mitarbeiterin d „Tagesmagazin" im Dritten Programm d WDR, bei „Panorama", Kolumnistin bei „Konkret" u „Vital", Bücher: „Ich bekomme ein Kind", „In aller Munde: Fremdwörter". F: Frau im Spiegel, Stern, Fernsehmagazin, Welt d Arbeit, Bayernkurier uva. H: Gartenarbeit.

Brumby Eva
B: Schauspielerin. A: D–2000 Hamburg 52, Elbchaussee 187, c/o Agentur de la Berg. Tel: 040/8801616 oder 08178/3681.

Brünell Erna
B: Schauspielerin, Kabarettistin, Autorin. G: Leipzig, 31. Jan. A: CH–8002 Zürich, Hügelstr 8: AG: Anita Rakosi D–8000 München 90, Tegernseer Landstr 284, u KonzertDion G Nitz, D–4600 Dortmund, Prinz Friedrich Karl Str 32, u Intern Künstleragentur Helga Adler, D–8000 München 40, Burgunderstr 13. Tel: 01/2022357 bzw 089/904092 bzw 0231/522429 bzw 089/3007081. S: Schauspielschule, Privatunterricht, Schlager- u Chansonsingen, Schauspielerin in Krefeld, Königsberg u Berlin. K: 1938–45 Schauspielerin in Zürich (Schauspielhaus, Bernhard-Theater), 1945–55 Tourneen, 1956–66 Mode-Theater, Musicals, Kabarett „Die Presse-Enten", seit 1967 Gastspiele Zürich (Schauspielhaus), Wien (Burgtheater), Tourneen, Arbeit f Fernsehen u Film. F: Div Artikel, Interviews u Kritiken in Tageszeitungen, Wochenblättern, Büchern, Programmen ua, Zeutzschel Biographien usw. D: Theater: Fach Charakterspielerin „Maß für Maß", „Ein Spiel von Tod und Liebe", „Die Heilige Johanna der Schlachthöfe", „Die leichten Herzens sind", „Bäcker, Bäckerin und Bäckerjunge", „Freiheit im Krähwinkel", „Der Selbstmörder", „Das Mißverhältnis", „Ein Duft von Blumen", „Lissistrati", „So eine Liebe", „Die Verfolgung und Ermordung Jean Paul Marats", „Marius", „Fröhliche Geister", „Der Trauschein", „Kasimir und Karoline", „Der gute Mensch von Sezuan", „Dr Knock oder Triumph der Medizin", Fernsehen: „Ein Spiel von Tod und Liebe", „Aktenzeichen XY – Ungelöst", „Ein Schweizer wie bestellt", „Ein Fall für Männdli" (Serie), div Titelrollen in Hörspielen 1938–45, Film: „Hinterhöfe der Liebe", „Die Neffen des Herrn General", „Das Schlangenei", Kabarett: „Die Presse-Enten (4 Personen-Programm), „Freche Wahrheiten" (Ein-Mann-Programm), Galas, Bunte Abende, Schallplatte „Freche Wahrheiten" (Schlagerparodien LP). E: Das Silberne Tonband d Stadt Zürich.

Brüning Brigitte
B: Schauspielerin. A: c/o Agentur Ahrens, D–5000 Köln 1, Christophstr 31. Tel: 0221/210848.

Brunken-Janotta Eleonore
B: Schauspielerin. A: D–2000 Hamburg 72, Busbrookhöhe 59, c/o ZBF-Agenturen Hamburg u München. Tel: 040/6440324 oder 040/66885400 oder 089/335081.

Brunner Lore
B: Schauspielerin. A: c/o ZBF-Agentur München, D–8000 München 40, Leopoldstr 19. Tel: 089/335081.

Brunner Sibylle
B: Schauspielerin. A: D–2300 Kiel 1, Julienluster Weg 25, c/o Agentur Marga Wiedner. Tel: 0431/521392 oder 089/3801822.

Brux Irma
B: Schauspielerin. A: D–1000 Berlin 21, Klopstockstr 2, c/o Agentur Bengen. Tel: 030/3913189 oder 030/3911805.

Bubat Eva
B: Schauspielerin. A: D–1000 Berlin 46, Nicolaistr 3. Tel: 030/7715468.

Buch Gabriele
B: Schauspielerin. A: A–1100 Wien, Inzersdorfer Str 111/8/2, c/o Agentur Rakosi. Tel: 0222/400503 oder 089/6904092.

Buchali Karin
B: Schauspielerin. A: D–4000 Düsseldorf 30, Frankenstr 10, c/o ZBF-General-Agentur Frankfurt. Tel: 0211/437730 oder 0611/7111334.

Buchegger Christine
B: Schauspielerin. A: D–8000 München 40, Ainmillerstr 26, c/o Management Jovanovic. Tel: 089/395119 oder 089/475024/25.

Büchel Karin
B: Schauspielerin. A: D–2000 Hamburg 50, Oeverseestr 16. Tel: 040/857788.

Bucher Anita
B: Schauspielerin. A: D–8000 München 80, Geibelstr 10, c/o ZBF-Agentur München. Tel:

089/477546 oder 089/335081.

Buchholz Claus-Friedrich
B: Schauspieler. A: D–2800 Bremen, Kohlmannstr 2. Tel: 0421/230194.

Buchholz Horst
B: Schauspieler. A: c/o Management Makkeben, D–1000 Berlin 33, Douglasstr 2. Tel: 030/8263249.

Buchholz Karin
B: Schauspielerin. A: D–1000 Berlin 31, Nassauische Str 54/55, c/o ZBF-General-Agentur Frankfurt. Tel: 030/8617592 oder 0611/7111335.

Buchholz Peter
B: Schauspieler. A: D–2000 Hamburg 60, Sierichstr 108a, c/o Management Palz. Tel: 040/465855 oder 089/912019/10.

Büchi Ella
B: Schauspielerin. A: c/o Agentur Lentz, D–8000 München 80, Holbeinstr 4. Tel: 089/474026.

Buchner Winfrid
B: Schauspieler. A: D–1000 Berlin 33, Fontanestr 9. Tel: 030/8257911.

Buchrieser Franz
B: Schauspieler. A: c/o Agentur Alexander, D–8000 München 80, Lamontstr 9. Tel: 089/471011.

Buchrucker Doris
B: Schauspielerin. A: D–3400 Göttingen, Schlözerweg 24, c/o ZFB-Agentur München. Tel: 0551/46501 oder 089/335081.

Buchsbaum Max
B: Schauspieler. A: D–1000 Berlin 30, Rosenheimer Str 17, c/o Agentur Runde-Profé. Tel: 030/242278 oder 030/3040661.

Buck O A
B: Schauspieler. A: D–1000 Berlin 15, Bundesallee 20, c/o ZBF-Agentur Berlin. Tel: 030/8831183 oder 030/8838031/54.

Buecheler Kurt Prof
B: Schauspieler. G: Frankfurt/Main, 7. Juli 1915. V: Anneliese, geb von Capelle. A: D–1000 Berlin 33, Lassenstr 31. S: Goethe-Gymn, Abitur, HS f Theater, Bühnenreifezeugnis. K: 1936–38 Schauspielhaus Remscheid, ab 1938 Arbeitsdienst, Militär, 1940–45 Thalia-Theater Hamburg, 1945–49 Städt Bühnen Frankfurt/Main, 1949–51 Hebbeltheater Berlin, 1951–68 Schiller- u Schloßparktheater Berlin, 1951–69 Lehrer an d Max Reinhardt-Schule in Berlin, seit 1967 Prof an d HS d Künste in Berlin. F: Theater Heute, Theater in Berlin, Schillertheater (Fotoband). D: Filme: „Der gläserne Turm", „Der Hauptmann und sein Held", „Hotel Adlon", „Der Mönch mit der Peitsche", „Die Ehe des Herrn Mississippi", „Oh Jonathan", „Jeder stirbt für sich allein", Theater: „Wie es euch gefällt", „Faust", „Don Carlos", „Elektra", „Rose Bernd", „Unter dem Milchwald", „Vor Sonnenuntergang", „Zoogeschichte", „Rameaus Neffe", Fernsehen: „Ein Duft von Blumen", „Die Geschwister", „Eine große Familie", „Tadellöser und Wolff", „Hotel zur Schönen Marianne", „Lessing", „Elise", über 100 Fernsehrollen. E: Goldene Ehrennadel d Volksbundes d Kriegsgräberfürsorge, Silberne Ehrennadel d Gen Deutscher Bühnenangehöriger. M: Notgemeinschaft d deutschen Kunst, Ges f christl-jüd Zusammenarbeit. H: Tanzen, Vortragsabende.

Buhl Siegfried
B: Schauspieler. G: Lübeck, 2. Mai 1945. A: D–2408 Timmendorfer Strand, Friedrich August-Str 5. D: TV: „Hafenkrankenhaus" (Serie), „Nationalkomitee", „Irischer Freiheitskampf", „Polizeifunk ruft" (Serie), „Wera Sassulitsch", „Nach Hause bestimmt", „Wunder v Lengede", „Gezeiten" „Feuer im Reichstag", „Wir 13 sind 17", „Kleinstadtbahnhof" (Serie), „Aktenzeichen XY", Referentenschulung, TV-Spots, Theatertätigkeit in Hamburg. M: Mtgl d BFachgruppe f Film- u Fernsehschaffende.

Buhlan Bully
N: Hans-Joachim Buhlan. B: Sänger, Komponist, Texter. G: Berlin, 3. März. A: D–1000 Berlin 37, Klopstockstr 10. S: Abitur, JuraStud. K: Sänger seit 1945. D: Etliche Filme u Fernsehsendungen. M: GEMA. H: Wassersport, Gartenarbeit.

Buhre Traugott
B: Schauspieler. A: D–7000 Stuttgart 1, Ehrenhalde 1, c/o Agentur Marga Wiedner. Tel: 0711/292608 oder 089/3081822.

Bülau Kurt
B: Schauspieler. A: D–8016 Feldkirchen/Mün-

chen, Fasanweg 5, c/o ZBF-Agentur München. Tel: 089/9032363 oder 089/335081.

Burckhardt Claudia
B: Schauspielerin. G: Basel, 13. Feb 1953. A: D–4630 Bochum, Königsallee 76, CH–4051 Basel, Steinengraben 36. S: Konservatorium f Musik, Abt Schauspiel in Bern. K: Nach d Schauspielschule nach Bochum an d Schauspielhaus (seit Anfang 1977), vor d Schauspielausbildung abgeschlossene Buchhändlerlehre in Basel. D: Div Rollen in Bochum, im Okt u Nov 1978 Spielfilm f ARD in Hamburg „Geteilte Freude" (Regie: Gabi Kubach). M: GDBA. H: Musik (Geige, Piccolo: Baseler Fasnacht), Kino.

Burg Emmy
B: Schauspielerin. A: D–1000 Berlin 33, Bonner Str 3. Tel: 030/8212626.

Burg Karin
B: Schauspielerin. A: D–8000 München 80, Stuntzstr 25, c/o ZBF-Agentur München. Tel: 089/914934 oder 089/335081.

Burger Götz
B: Schauspieler. A: D–8000 München 40, Schraudolphstr 12, D–5023 Weiden-Usdorf, Gertrudistr 41, c/o Management Jovanvic. Tel: 089/293661 oder 089/475024/25.

Burghardo Dondo
N: Anton Burghart. B: Zauberkünstler. G: Grönenbach/Allgäu, 11. Juni 1919. V: Uta, geb Hilbig. A: D–3500 Kassel-Nordshausen, Korbacher Str 170. Tel: 0561/401440. S: Grundschule, Hotelfach. K: 35 Jahre professioneller Magier. F: In d Fachliteratur f Zauberkunst. D: „Maß für Maß". E: Staatl anerkannter Künstler, Prädikat künstlerisch wertvoll, verliehen v Hessischen KulturMin, verliehen v Gutachterausschuß f d Bereich Bühne u Funk d Ob Finanzb. M: IPM, MRS, MZvD. H: Zaubern.

Burian Paul
B: Schauspieler. A: c/o Management Palz, D–8000 München 81, Ortlindestr 6/VII. Tel: 089/912019/10.

Burkard Gert
B: Schauspieler. A: D–8000 München 40, Karl Theodor-Str 54/III. Tel: 089/390965.

Bürki George
B: Schauspieler. A: D–7302 Ostfildern 1-Ruit, Ulmenweg 10, c/o ZBF-Agentur München, c/o Agentur v Pilecki. Tel: 089/335081 oder 089/220263.

Burmester Gustav
B: Schauspieler. A: D–2000 Hamburg 13, Hansastr 60, c/o ZBF-Agentur Hamburg. Tel: 040/456672 oder 040/66885400.

Burow Katja
N: Katharina Ursula Burow. B: Schauspielerin. G: Recklinghausen, 1. Mai 1948. A: D–5411 Urbar, Am Mühlenberg 23, D–8000 München 40, Marschallstr 8. Tel: 0261/63873 oder 089/396264. S: Mittlere Reife, Bürolehre im elterlichen Betrieb, Schauspielschule. K: Tätigkeit an versch Theatern in München, freischaffende Schauspielerin mit Theater- u Fernsehverpflichtungen. F: Versch im Zusammenhang mit Sendungen oder Theateraufführungen. D: Fernsehen: ua „Groschenspiel", „Zufall alles Zufall", „Kartographie", Theater: ua „Susanna, oh Susanna", „Leonce und Lena", „Wahn oder der Teufel v Barton", „Des Teufels General". H: Musik, Reisen, Sport (ua Reiten, Wandern, Tennis).

Busch Agnes
B: Schauspielerin. A: D–8000 München 60, Bodenstedtstr 25, c/o ZBF-Agentur München. Tel: 089/8119507 oder 089/335081.

Buschhoff Walter
B: Schauspieler. A: c/o Agentur Lentz, D–8000 München 80, Holbeinstr 4. Tel: 089/474026.

Buss Verena
B: Schauspielerin. A: CH–4104 Oberwil, Therwiler Str 43, c/o ZBF-Agentur Hamburg. Tel: 004161/302443 oder 040/66885400.

Busse Hildegard
B: Schauspielerin. A: c/o Peters, D–8000 München 2, Kreuzstr 4/III, c/o ZBF-Agentur München. Tel: 089/267267 oder 089/335081.

Bussinger Hans-Werner
B: Schauspieler. G: Frankfurt/M, 5. Apr 1941. V: Renate Margret, geb Paprotka. A: D- 1000 Berlin 38, Osthofener Weg 7. S: Mittlere Reife, 5 Sem Staatl HS f Musik Hamburg, Schauspielklasse Prof Eduard Marks, Lehrer: Herrmann Lenschau, Annemarie Marks-Rocke, Rolf Nagel. K: 1961/62 Thalia-Theater Ham-

burg, in dieser Zeit m d Regisseuren Willy Maertens, Werner Kraut gearbeitet, bei „Troilus u Cressida" 2. RegieAss bei Heinz Hilpert, 1962–65 Bühnen d Landeshauptstadt Kiel, seit 1965 in Berlin, Engagements: Vaganten-Bühne, Forum-Theater, Hansa-Theater, Renaissance-Theater, Freie Volksbühne, Hebbel-Theater, 1974 Theater am Dom Köln, 1975 Volkstheater Millowitsch, 1978 Komödie Frankfurt, 1970–72 Lehrer am Schiller College Berlin f Theater-Arts-Program, hier zwei Inszenierungen „Three Cuckolds", „The Imaginary Invalid", Wiedereröffnung d „Kleinen Schauspielhauses Grunewald", Arbeit m d Regisseuren Willy Maertens, Werner Kraut, Heinz Schirk, Heinz Hilpert, Moritz Milar, Günther Büch, Rainer Wolffhardt, Helmut Käutner, Wolfgang Staudte, Eberhard Itzenplitz, Karl Wesseler, Thomas Engel, Thomas Fantl, Alfons Höckmann, Claus Helmer, Jürgen Wölffer, Günter Gräwert, Jürgen Goslar, Paul Esser. D: Theater: „Die kahle Sängerin", „Giorgio" (3x), „Hanswurstiaden", „Die Publikumsbeschimpfung" (430 x), „Der Lampenschirm", „Die scharlachrote Familie", „Mitternachtsmarkt", „Der Raub d Sabinerinnen", „Ein Bett voller Gäste", „Loch im Kopp", „Früher oder Später", „Hurra, ein Junge", Fernsehen: „Hurra, ein Junge", „Anton, zieh die Bremse an", „Raub d Sabinerinnen", „Die Eroberung v Tahiti", „Auf Befehl erschossen", „Abenteuer im Iran" (Serie), „Heiter bis Wolkig" (Serie), „Die Leiden d jungen W", „Der Abschußtag", „Familie Bergmann" (Serie), „Silberstreifen am Horizont", „Die gütigen Augen d Herrn L" uva, Film: „Die Feuerzangenbowle", „Heimlichkeiten" ua. H: Reisen, Asien, lange Spaziergänge m d Boxern „Brutus" u „Pompejus".

Bußhoff Arnold

B: Opernsänger (Bariton). G: Rhede-Vardingholt, 24. Dez 1944. A: D–4292 Rhede b Bocholt und D–2390 Flensburg, Friedrichstr 21. S: Mittlere Reife, HS-Abschluß, MusikHS Hamburg. K: Opernengagements: Operettenhaus Hamburg, Landestheater Detmold, Stadttheater Pforzheim, Landestheater Schleswig Holstein, Konzerttätigkeit im In- u Ausland, Gastierungen am Gärtnerplatz München, Theater d Stadt Kiel, Stadttheater Würzburg ua, Rundfunk u Schallplattenaufnahmen. F: Bühnenjahrbücher, div Tageszeitungen, Schwäbische Nachrichten, Westfälische Nachrichten, Flensburger Tageblatt, Süddeutsche Allgemeine ua. D: „Rigoletto" (Titelpartie), „Cardillac" (Titelpartie), „Fidelio", „Tosca", „Cavalleria rusticana", „Traviata", „Bajazzo", „Perlenfischer", „Lucia di Lammermoor" uva. M: GDBA. H: Segeln, Sauna, Wandern.

Butenuth Claudia

B: Schauspielerin. A: c/o Agentur Alexander, D–8000 München 80, Lamontstr 9. Tel: 089/471011. B: Schauspieler. A: D–8011 Vaterstetten bei München, Ostring 37. Tel: 08106/1909.

Büttner Rudi

B: Schauspieler. A: D–8011 Vaterstetten bei München, Ostring 37. Tel: 08106/1909.

Büttner Wolfgang

B: Schauspieler. G: Rostock, 1. Juni 1912. V: Eleonore, geb Noelle. A: D–8031 Stockdorf, Schulerstr 4. S: Abitur, Stud d Germanistik, TheaterWiss, Romanistik, Anglistik, Schauspielschule d Deutschen Theaters Berlin, Max Reinhardt-Schule. K: Agnes Straub-Ensemble Berlin, Stadttheater Hamburg, Städt Bühnen Frankfurt/M, Wehrdienst, Kriegsgefangenschaft, Junges Theater München, Bayerisches Staatsschauspiel München, Gastvertrag an d Münchener Kammerspielen, seit 1960 freier Schauspieler, Arbeit f Film, Funk u Fernsehen, Schallplatte, Synchron. F: In versch Zeitungen u Zeitschriften. D: Theater: „Der Liebestrank", „Götz v Berlichingen", „Die Räuber", „Julius Cäsar", „Troilus u Cressida", „Der Richter v Zalamea" uva, Fernsehen: „Die Kluge", „Die Hochzeit d Figaro", „Soweit d Füße tragen", „Die Räuber", „Gericht über Las Casas", „Am grünen Strand d Spree", „Der Schlagbaum", „Das Bildnis d Dorian Gray", „Ruf zur Leidenschaft", „Egmont", „Das Leben d Galilei", „Nur eine Kraffe", „Dantons Tod", „Stalingrad", „Die Abrechnung", „Das Abschiedsgeschenk", „Der Prozess Carl v O", „Die erste Legion", „Paris muß brennen", „Judith", „Ein Volksfeind", „Nach Damaskus", „Musig", „Der letzte Traum", „Der Fall Jeanne d'arc", „Kaliber 9", „In Lemgo 89", „Der Fall Schurzheim", „Philadelphia, ich bin da!", „Flucht über d Ostsee", „Gottes zweite Garnitur", „Affaire Dreyfuss", „Der große Augenblick d kleinen Pubo", „Der Richter v Zalamea", „Risiko f Weihnachtsmänner", „Bericht einer Offensive", „Fragestunde", „Goya", „Der Kampf um d Reigen", „Das Rätsel v Piskov", „Ferdinand Graf v Zeppelin", uva, Film: „Kronjuwelen", „Das ewige Spiel", „Der große Zapfenstreich", „Der 20. Juli", „Der dunkle Stern", „Ich weiß, wofür ich lebe", „Ein Herz schlägt f Erika", „Teufel in Seide", „Alle Sünden dieser Erde", „Worüber man nicht spricht", „Die Wahrheit über Rosemarie", „Der Nebelmörder" uva.

Byrk Daysi
B: Schauspielerin. A: c/o Agentur Bengen, D–1000 Berlin 21, Paulstr 25. Tel: 030/3911895.

Cadalbert Georg
B: Schauspieler. A: c/o Agentur Lentz, D–8000 München 80, Holbeinstr 4. Tel: 089/474026.

Cadenbach Joachim
B: Autor, Journalist, Schauspieler, Regisseur, Moderator. G: Berlin, 11. März 1925. V: Christa, geb Schaller. A: D–1000 Berlin 33, Rheinbabenallee 48. S: RealGymn, Schauspielschule Bergmann, Berlin. K: 1942–45 Wehrmacht, Tournee, Schauspieler u Regisseur am Stadtheater Frankfurt/Oder, Rose-Theater, Lessing-Theater Berlin, 1945–49 Direktion d Berliner Theaters „Die Maske", 1950–55 Hebbel-Theater, Tribüne Berlin ua, Autor u Moderator bei SFB, Rias, HR, WDR ua. F: Laufend in Tageszeitungen, Filmblättern u div Fernseh-Zeitschriften. D: Fernsehen: „Möven über Sorrent", „Die versunkene Kiste", „Paradies v l'Evequie" uva, Film: „Der gute Ruf", „Titanic", „Madelaine" uva. M: RFFU, GDBA ua. H: Seefahrt.

Calix Ariane
B: Schauspielerin. G: Hochstadt/M, 3. Apr 1943. A: A–1190 Wien, Aslang 8. Tel: 0222/325317. S. Matura, Staatl HS f Musik u Schauspiel in Frankfurt/M. K: Engagements am Stadttheater in Bonn, München, Hannover, Mannheim, Frankfurt, Bregenzer Festspiele, Festspiele in Hellbrunn/Salzburg, Theater in d Josefstadt, Kleine Komödie Wien, Film- u Fernsehtätigkeit. F: Einige in versch Zeitungen u Zeitschriften. D: „Der Teufel u d liebe Gott", „Romeo u Jeanette", „Der gute Mensch v Sezuan", „Cäsar u Cleopatra". H: Musik, abenteuerliche Reisen, Zukunftsforschung.

Calmar Gerd
B: Schauspieler. A: D–8032 Gräfeling, A d Würmleiten 11, c/o ZBF-Agentur München. Tel: 089/8542656 oder089/335081.

Calvies Lore
B: Schauspielerin. A: D–1000 Berlin 30, Hohenstaufenstr 35. Tel: 030/244608.

Caninenberg Hans
B: Schauspieler. A: D–8032 Gräfelfing, Maria Eich-Str 43, c/o Management Baumbauer. Tel: 089/853217 oder 089/478577.

Capell Barbara
B: Schauspielerin. A: D–8000 München 40, Potsdamer Str 11b, c/o Agentur v Pilecki. Tel: 089/333909 oder 089/220263.

Capell Peter
B: Schauspieler. A: c/o Agentur Alexander, D–8000 München 80, Lamontstr 9. Tel: 089/471011.

Capelle Ingrid
B: Schauspielerin. G: 19. Nov. V: Hans Quest. A: D–8000 München 40, Hermann Vogel-Str 2. S: Kleines Abitur in Bremen, anschließend Schauspielausbildung (privat), gleichzeitig Elevenvertrag am Staatstheater Bremen. K: Erste Theaterjahre in d Provinz, Wilhelmhaven, Koblenz, Dortmund, Stückverträge in Stuttgart, Frankfurt, dann Volkstheater Wien, Tourneen, zuletzt Gastspiel in Hannover. F: Hör Zu, TV Hören und Sehen, Burda, Meine Familie und ich. D: Bühne: „Madmoiselle Moliere", „Don Gil von den grünen Hosen", „Dora", „Die Gerechten", „Rosalinde", „Wie es euch gefällt", „Maria Stuart" uva, Fernsehen: „Renate und Natzmer", „Kostenpflichtig zum Tode verurteilt", „Vera", „Zehn kleine Negerlein", „Mord im Pfarrhaus" uva. H: Gartenarbeit, Musik, Reisen, Schwimmen, Wandern, Lesen.

Capra Bernt
B: Schauspieler. A: c/o Agentur Schmidt-Gentner, A–1030 Wien, Lothringer Str 20. Tel: 0222/752271.

Car Michaela
N: Michaela-Marianne Nestler. B: Produktions-Sekr, Ass, Schauspielerin, TV-Managerin. G: Zürich, 22. Jan. A: D–8000 München 40, Blütenstr 13/II. S: Grundschule, Handelsschulen. K: Stenotypistin, Sekr u Sachbearbeiterin b BAVARIA, dann Produktions- bzw Chef-Sekr b SONORFILM, dann Produktions-Sekr u ProduktionsAss, dann Sachbearbei-

terin d Filmabteilung, Volontärin, Ass, Allein-Sekr, dann 1 1/2 Jahre am Piccolo-Theater b Giorgio Strehler, ab 1973 freischaffende ProduktionsAss. F: Abenzeitung, tz, Bunte Illustrierte, Bravo, Vital, Vogue, Neue Revue, Film-Echo, Filmwoche. D: „Irma la Douce". M: Div Organisationen d Fernsehens, Theater u Kino. H: Priv Autorennen bzw Bergrennen (2x Pokal f 1. Platz), Tennis, Reiten, Karate, Fotografieren, Kontakte „pflegen", Skilaufen.

Carl Rudolf
B: Schauspieler. G: Wien, A: A–1060 Wien, Köstlerg 8. K: Deutsches Theater in Brünn, Theater a d Wien, mehr als 180 Filmrollen. D: „Der junge Baron Neuhaus", „Frasquita", „Ein junger Herr aus Oxford", „Der Himmel auf Erden", „Es flüstert die Liebe", „Hannerl u ihre Liebhaber", „Manja Valewska", „Schatten d Vergangenheit", „Florentine", „Millionäre", „Wiener Fiakerlied", „Pat u Patachon im Paradies", „Kleines Bezirksgericht", „Frau im Strom", „Unsterblicher Walzer", „Die lustigen Vagabunden", „Rosen in Tirol", „Der weiße Traum", „Skandal in d Botschaft", „Junggesellenfalle", „Schützenliesel", „Lumpazivagabundus", „Försterliesel", „Der Wilderer v Silberwald", „Der Pfarrer v St Michael", „Dorf in d Wachau" uva.

Caroll Linda
B: Schauspielerin. A: D–8000 München 80, Möhlstr 9, c/o ZBF-Agentur München. Tel: 089/474458 oder 089/335081.

Carrell Rudi
N: Rudolf Wijbrand Kesselaar. B: Texter, Regisseur, Sänger, Schauspieler, Show-Man. G: Alkmaar/NL, 19.Dez 1934. V: Anke, geb Bobbert. A: D–2800 Bremen, Wulwusstr 7. S: Gymn. K: 1951 erstes öffentliches Auftreten, jahrelang Zauberkünstler, Bauchredner, Kasperltheaterschauspieler, Entertainer, Mode-Conferencier ua, 1959 erste eigene Unterhaltungs-Show im niederländischen Fernsehen, später Show-Master b Radio Bremen, Schauspieler, „Rudi Carrell-Show", Veröffentlichungen: „Die Welt ist eine Show". F: Hör Zu, TV Hören u Sehen, Gong, uva. D: „Tante Trude aus Buxtehude", „Wenn die tollen Tanten kommen", Rudi Carrell-Show, uva. E: Silberne Rose v Montreux, Preis d intern Fernsehkritik, Silberner Bambi. H: Fußball, Anhänger v Sechstagerennen.

Carrera Dorothea
B: Schauspielerin. A: D–2000 Hamburg 54, Lianenweg 17, c/o ZBF-Agentur Hamburg. Tel: 040/5601595 oder 040/66885400.

Carrière Mareike
B: Schauspielerin. A: c/o Agentur Alexander, D–8000 München 80, Lamontstr 9. Tel: 089/471011.

Carriere Matthieu
B: Schauspieler. A: c/o Agentur Alexander, D–8000 München 80, Lamontstr 9. Tel: 089/471011.

Carsten Peter
B: Schauspieler. A: YU–11030 Belgrad, Pozeska 24, Stan 17, c/o Management Baumbauer. Tel: 003811/555024 oder 089/478577.

Carstens Lina
B: Schauspielerin. A: c/o Agentur v Pilecki, D–8000 München 22, Oettingenstr 46. Tel: 089/220263.

Carstensen Margit
B: Schauspielerin. G: Kiel, 29. Feb 1940. V: Krishna Both. A: D–1000 Berlin 21, Claudiusstr 12. S: Schulabgang Unterprima, HS f Musik, Hamburg, Schauspielklasse bei Eduard Marks. K: Engagements in Bremen, Hamburg, Frankfurt, Berlin, seit 1969 Theater, Film- u Fernseharbeit mit R W Fassbinder. D: Theater: „Bremer Freiheit", „Maria Stuart", „Macbeth", „Hedda Gabler", „Fräulein Julie", „Frauen in New York", „Stella", „Lysistrate", Film: „Die bitteren Tränen der Petra von Kant", „Nora Helmer", „Martha", „Angst vor der Angst", „Satansbraten", „Chinesisches Roulett", „Die dritte Generation". E: Kritikerauszeichnung: Beste u interessanteste Schauspielerin 1972, BFilmpreis 1973, Filmband in Gold f „Die bitteren Tränen der Petra Kant". H: Literatur, Musik.

Cartano Werner
B: Schauspieler. G: Karlsruhe/Baden, 14. Juni 1929. V: Gerlinde, geb Franke. A: D–2000 Hamburg 63, Kerbelweg 21, ab Juli 1979: D–2000 Norderstedt, Müllerstr 47. S: Schule in Karlsruhe, 1944–46 Staatl TheaterAk Karlsruhe. K: Anfänger-Vertrag am Bad Staatstheater Karlsruhe, Engagements in Tübingen, Trier, Baden-Baden, Stendal, Bonn, Heidelberg, Kiel, Lübeck, Hamburg – Kammerspiele uva. F: ua Hör Zu, Gong, Funk Uhr, Fernseh-

Woche, Bild u Funk, TV Hören u Sehen. D: 11 Spielfilme, zuletzt „Hamburger Krankheit", TV-Filme ua einige „Tatorte", „Fernsehgericht", „Comenius", „Transit", „Rufzeichen", „Zwischen d Flügen", „Hoftheater" (Serie). H: Reiten.

Cartini Dieter
B: Schauspieler. A: D–4020 Mettman, Azaleenweg 40. Tel: 02104/54588.

Casagrande Vittorio
B: Sänger, Schauspieler. G: Vittorio Veneto, Italien, 8. Juli 1934. V: Marlene, geb Schellong. A: D–8000 München 19, Demollstr 3. S: Mittlere Reife, Schulbesuch in Italien, Deutschland, Schweiz. K: Mtgl d Kinderchores beim Bayerischen Rundfunk, nach Schulentlassung Ausbildung zum Dekorateur, nach Genf, Besuch d „Ecole des Musiques", Rückkehr nach Deutschland, Fremdsprachen-Korrespondent, nach einer Gesangsprobe im Bayerischen Rundfunk, Schallplattenverträge, 1. Schallplatte „Tintarella di Luna" 1960, 250.000 verkaufte Stück, bisher 30 Singles, 2 Langspielplatten, ca 100 TV-Auftritte in Deutschland, Schweiz, Österreich, USA. F: In fast allen namhaften deutschen Illustrierten, wie Bunte Illustrierte, Freizeit Revue, Stern usw. D: „Der Mann, der sich nicht traut" (Berlin, Theater am Kurfürstendamm), Fernsehfilme: „Salto mortale", „Zimmer 13", „Tausender Reportagen", „Eine Frau mit 40" ua. E: Mehrere Schlager Festival's, Athen 1979, Deutsches Schlager Festival, Baden-Baden, Goldener Löwe, DDR ua. M: „Narr Halia", München. H: Malen.

Casdorff Claus Hinrich
B: Redakteur, Moderator. G: Hamburg, 6. Aug 1925. V: Ursel, geb Zehnpfenning. A: D–5022 Junkersdorf, Donauweg 23. S: Abitur. K: Verhaftung (m 17 Jahren) durch d Gestapo, Arbeitsdienst, Soldat in Russland, sowjetische Kriegsgefangenschaft, 1947 politischer Redakteur b NWDR, 1956 Chef v Dienst d Hörfunk-NachrichtenAbt d WDR, 1961 erste „Hier u Heute"-Sendung, 1963 Redakteur d WDR-Magazins „Report", 1965 Ltg d Sendung „Monitor", seit 1973 Moderator d ARD-„Weltspiegel", Veröffentlichung: „Das Kreuzfeuer". F: Bild u Funk, Süddeutsche Zeitung uva. H: Tennis, Reiten, Boxen, Schwimmen, Fußball.

Caspar Claudia
N: Sigrid Schmerler. B: Schauspielerin. G: Ludwigshafen, 16. März 1942. V: Joachim Schmerler. A: D–2370 Rendsburg, Edvard Grieg-Str 5. S: Abitur, 9 Sem TheaterWiss, Germanistik, Kunstgeschichte, 2 Jahre Schauspielausbildung. K: Engagements in Paderborn, Saarbrücken, Bamberg, Ingolstadt, Wilhelmshaven, Rendsburg. D: „Bremer Freiheit", „Maria Magdalena", „Egmont", „Othello". E: Preis f Einzeldarstellung in „Bremer Freiheit" beim Hamburger Theatertreffen 1975.

Caspar Eric P
B: Schauspieler, Regisseur. G: Zürich, 14. Mai 1941. A: D–5000 Köln 21, Markomannenstr 2 u D–8000 München 2, Augustenstr 27. Tel: 0221/811942 und 089/5233880. S: Max Reinhardt-Seminar in Wien, Gesangs- u Tanzunterricht. K: Bühnenengagements in d Schweiz, in Ö u Deutschland, seit 1969 freiberuflich, verschiedenste TV-Verträge bei ARD, ZDF, österreichisches u schweizerisches Fernsehen, neben Inszenierungen auch viele Musicals, teilweise mit Choreografie, nebenbei: Malen (Ausstellungen in Köln u München), Fotografie, Schriftstellerei (Lesungen eigener Werke). F: Rheinland. D: Ua Tatort „Tote Taube auf d Beethovenstr", Aurelio + Co (schweiz TV), „Tante Jutta aus Kalkutta", „Das blaue Palais", „Die 4 Lumpenhändler" (ORF Jugendmusical m Choreografie), „Der blaue Bock", „Plattenküche" uva, Theater: „Die Räuber", „Der Sturm", „Trauer muß Elektra tragen", „Leonce u Lena", „Don Gil v d grünen Hosen", „Endspiel", „Spanische Fliege" uva, Musicals: ua „Irma la Douce", „Meine Nichte Susanne" uva sowie viele Jugendmusicals. H: Sammeln v Briefmarken u Ansichtskarten.

Cassal Christina
B: Schauspielerin, Sängerin. G: Berlin, 9. Apr 1949. A: D–1000 Berlin 31, Kurfürstendamm 154 B. Tel: 030/8917544. S: Handelsabitur, Schauspielausbildung Stadttheater Basel, Else Bongers, Berlin, Fächer: Gesang, Tanz, Schauspiel. K: Tourneetheater, Deutsches Theater, München, Theater an d Wien, zZ Show-Veranstaltungen, Tournee in Kalifornien, Florida, Columbien, Venezuela. F: Bild Berlin, BZ Berlin, Berliner Morgenpost, Brigitte, Sie u Er, Westfalen Post, Spandauer Volksblatt, Aachener Volksblatt, Offenbach Post, Frankfurter Neue Presse, Münchner Merkur, Basler Volksblatt, Badische Zeitung. D: „Das Land des Lächelns", „Schwarzwaldmädel", „Der Vogelhändler", „Rotkäppchen", „Ein

Sommernachtstraum" „Meine Schwester und ich", „Chinesische Mauer", Film: „Meine Sorgen möcht ich haben" (Regionalsendung d NDR). E: Schauspielstipendium, Gewinnerin als Nachwuchsmoderatorin ZDF. M: IDMA (Intern Dancing-Master Association). H: Step-Tanz, Turnier-Tanz, Reisen, Besichtigen v Galerien.

Cassel Jean-Pierre
B: Schauspieler. A: c/o Agentur Gisela Burghardt, D–4000 Düsseldorf 30, Duisburger Str 125. Tel: 0211/485912 u 489266.

Castell Rolf
B: Schauspieler. A: D–8000 München 80, Sternwartstr 13. Tel: 089/982094.

Cattani Rico
B: Schauspieler. A: c/o Agentur Anna Ottavi Cheli, I–00136 Roma, Via Ugo de Carolis 101. Tel: 00396/344554.

Cella Ettore
B: Regisseur, Schauspieler. G: 12. Sept 1913. A: CH–8311 Bruetten, Dorfstr 17. K: Marionettentheater Kunstgewerbeschule Zürich, Cabarett Resslirytti, Schauspielhaus Zürich, Gloria Film, Präsens Film, Auslandsgastspiele Baden-Baden, Amsterdam, Hamburg usw, ab 1953 schweizer Fernsehen (Gast am 1. u 2. Deutschen Fernsehen). F: Illustrazione Ticinese, Schweizer Illustrierte uva. D: Ca 15 Filme u sechzig Rollen, letzte Regien u Rollen: „Pirandello", „Silone", „Fayad" usw, Filme: „Une femme disparait", „Letzte Chance", „Die plötzliche Einsamkeit", „Der Chinese", Fernsehen: „Lehmes letscht". E: Premio Italia 1973 f Verbreitung romanischer Kultur, Premio Pirandello 1977 f Übersetzungen u Inszenierungen d Werke Pirandellos.

Cenéry Angela
B: Schauspielerin. A: D–8000 München 90, Kastanienstr 19. Tel: 089/6903823.

Cerny Alfred
B: Schauspieler. G: 2. Juni 1936. A: D–8000 München 2, Herzog Wilhelm-Str 25. S: Matura. K: Über Wien, Graz, Stuttgart nach München an d Bayerische Staatstheater. F: Div in versch Zeitungen u Zeitschriften.

Chaplin Geraldine
B: Schauspielerin. A: c/o Agentur v Pilecki, D–8000 München 22, Oettingenstr 46. Tel: 089/220263.

Chaplin Josephine
B: Schauspielerin. A: c/o Agentur v Pilecki, D–8000 München 22, Oettingenstr 46. Tel: 089/220263.

Charell Marlene
B: Schauspielerin. A: c/o Agentur Gisela Burghardt, D–4000 Düsseldorf 30, Duisburger Str 125. Tel: 0211/485912.

Chatel Peter
B: Schauspieler. A: c/o Agentur Alexander, D–8000 München 80, Lamontstr 9. Tel: 089/471011.

Cherif Bechir
PS: Bogolo. B: Schauspieler. G: Tunis, 7. Juli 1950. A: D–1000 Berlin 30, Augsburger Str 27. S: Mittlere Reife. F: Im deutschen Künstlertaschenbuch: ABC Film-Fernsehen, Titelbild d Taschenbuches „Der Pirat" (v H Robins). D: „Die goldene Kette" (ZDF), „Nathan der Weise" (SFB), „Gigolo" (Kinofilm), „Holocaust" (NBC), „Ein Mann für alle Fälle" (ZDF), „Hitchcock Krimi" (ZDF-Serie). M: Mtgl im FußballVer, A Oberliga Berlin. H: Fußball, Fotografieren, Musik, Tanzen, Lesen, Malerei.

Chi Greta
B: Schauspielerin. A: CH–6045 Meggen, Obermattstr 15. Tel: 004141/371501 u 00411/472364.

Christ Liesel
B: Schauspielerin. A: c/o ZBF-General-Agentur Frankfurt, D–6000 Frankfurt/Main, Feuerbachstr 42–46. Tel: 0611/7111335.

Christian Eva
B: Schauspielerin. A: c/o Agentur v Pilecki, D–8000 München 22 Oettingenstr 46. Tel: 089/220263.

Christian Hans
B: Opernsänger, Regisseur, TV-Präsentator. G: Wien, 4. Okt 1929. V: Dr Monika, geb Stöhr. A: A 1010 Wien, Spiegelg 19. Tel: 0222/529977. S: Hum Gymn, Stud d TheaterWiss, Reinhardtseminar Wien, Gesangsausbildung bei Paul Schöffler u Ludwig Weber. K: Beginn als Schauspieler, dann Auftritte in Operetten u Musicals, nach Operndebut in „Dantons Tod" 1963, von Herbert v Karajan an die Wiener Staatsoper engagiert. Daneben Regietätigkeit

u Gestaltung eigener Fernsehreihen im ORF. F: Opernwelt, Hör Zu, Bühnenjahrbuch ua. D: „Dantons Tod", „Barbier von Sevilla", „Die Kaiserin", „Arnold Schönberg".

Christiansen Ingeborg
B: Schauspielerin. A: D–3400 Göttingen, Theaterstr 2, E–Ibiza/Baleares, San Antonio, Apartado 265. Tel: 0551/59798.

Christin Monique
B: Schauspielerin. A: D–8000 München 21, Steinbeispl 6, c/o ZBF-Agentur München, c/o Agentur Alexander. Tel: 089/5703660 oder 089/335081 oder 089/471011.

Christinat Esther
B: Schauspielerin. A: c/o Management Jovanovic, D–8000 München 80, Perfallstr 6. Tel: 089/475024.

Chwoika Herbert
B: Schauspieler. A: D–1000 Berlin 37, Türksteinweg 12a. Tel: 030/8151954.

Claaszen Christian
B: Schauspieler. A: c/o Staatstheater Karlsruhe, c/o ZBF-Gen-Agentur Frankfurt. Tel: 0721/1521 oder 0611/7111334.

Claisse Georges
B: Schauspieler. A: c/o Agentur Lentz, D–8000 München 80, Holbeinstr 4. Tel: 089/474026.

Clarenbach Ilse
B: Schauspielerin. A: D–2000 Hamburg 19, Eimsbütteler Marktpl 12b. Tel: 040/08504639.

Clarin Hans Staatsschauspieler
B: Schauspieler. G: Wilhelmshaven, 14. Sept 1929. V: Margarethe, geb Freiin v Cramer-Klett. A: D–8213 Aschau/Chiemgau, Moserhof. S: Abitur, Schauspielschule. K: 1949–52 Kammerspiele München, 1952–66 Bayerisches Staatstheater, seitdem freischaffend, insgesamt 150 Theaterstücke, 100 Fernsehfilme, 40 Filme. F: In allen deutschsprachigen Illustrierten u Zeitungen.

Classen Hilde
B: Schauspielerin. A: D–8000 München 40, Karl Theodor-Str 106. Tel: 089/306470.

Classen-Dahlbender Gisela
B: Sängerin. G: Essen. A: D–5241 Nauroth/Westerw, Zur Jägerwiese 22. S: Lyzeum bis Unterprima, 2 Jahre Pensionat, Klavier- u Gesangausbildung. K: Von d 8. Lebensjahr an Klavierunterricht, danach Gesangsausbildung, Sängerin f Unterhaltungsmusik, Stimmlage: Kontra-Alt, ca 25 Aufnahmen beim WDR Köln, Auftritte bei Pressebällen, Bundeshaus in Bonn uva. F: Hör Zu u Tagespresse. H: Reiten, Lesen, Musik.

Claus Gardy
B: Schauspielerin. A: c/o Agentur Ahrens, D–5000 Köln 1, Christophstr 31. Tel: 0221/210848.

Cleef Lee van
B: Schauspieler. A: c/o Management Jovanovic, D–8000 München 80, Perfallstr 46. Tel: 089/475024/25.

Clemens Günter
B: Schauspieler. A: D–8000 München 2, Goethestr 66, c/o Agentur Lentz. Tel: 089/532177 oder 089/474026.

Clemens Otto
B: Schauspieler. A: A–1200 Wien, Klosterneuburger Str 72/11. Tel: 0222/3517774.

Cogho Alfred
B: Schauspieler. A: D–1000 Berlin 20, Bocksfeld Str 1 F, c/o Agentur Runde-Profé. Tel: 030/3682860 oder 030/3040661.

Cloos Lieselotte
B: Opern- u Konzertsängerin. G: Lübben/Lausitz, 23. Feb 1916. A: D–1000 Berlin 41, Ahornstr 30. S: Auguste-Viktoria-Oberlyzeum, Städt Lyzeum mit Frauenschule (mit Abschluß), Staatl HS f Musik, Berlin, Privatunterricht bei Frau Funk, Herrn Clemens Pabelik. K: Engagement f Oper u Operette in Frankfurt, bedingt durch d Krieg Tourneen in Nord-Jugoslawien u Nordost-Rußland, Rundfunkverpflichtung in Riga u Oslo, letztere bis zur militärischen Räumung, viele Konzerte, nach d Krieg als freischaffende Künstlerin an sämtlichen Rundfunkanstalten in Berlin u Deutschland, auch mit öffentlichen Konzerten an d Sendern, Berliner Festwochen, Bayreuther Festspiele. F: In allen deutschen Radiozeitschriften, Europäischer Phonclub, „4/4" (teilweise mit Interviews). D: Operettenhauptdarstellerin f Bühne u Rundfunk, Filmsynchronisationen: „Der Vetter aus Dingsda", „Die Schönen der Nacht", „Das Gewand", „Konsul Strotthoff", mehrere Kulturfilme. E: Tonbänder

archiviert (in holländischer Sprache) im Reichsmuseum f Volkskunde in Amsterdam (alte Volkslieder). M: ReichsmusikKam (war Pflicht) Verb d Film-, Funk- u Fernsehschaffenden eV ab 1953. H: Fotografieren, Bücher lesen, Musik.

Cohen Ernst
B: Schauspieler. A: A–1190 Wien, Kahlenberger Str 35a, c/o ZBF-Agentur München, c/o Agentur Schmidt-Gentner. Tel: 0222/3729612 oder 089/335081 oder 0222/752271.

Colbin Marie
B: Schauspielerin. A: c/o Agentur Alexander, D–8000 München 80, Lamontstr 9. Tel: 089/471011.

Collande Nora von
B: Schauspielerin. A: c/o ZBF-Agentur Berlin, D–1000 Berlin 15, Kurfürstendamm 206. Tel: 030/8838031/54.

Collande Volker von
N: Volker v Mitschke-Collande. B: Intendant. G: Dresden, 21. Nov 1913. V: Irene, geb Nathusius. A: D–3180 Wolfsburg 1, Postfach 262, Theater d Stadt Wolfsburg GmbH. S: RealGymn, Staatsexamen Architektur 1932, Maurerlehre, Schauspiel- u Gesangsausbildung. K: 1932–33 RegieAss u Sprecher b Radio Stuttgart, 1933-42 Schauspieler u Regisseur an Berliner Bühnen, 1942–45 Wehrdienst, 1947–49 OberspielLtr u Schauspieler am Stadttheater Saarbrücken, dann Hamburg – Film, Theater, Funk, Fernsehen, 1957–59 Leiter d Fernsehfilm-Abt d UFA Berlin, später Produktionschef d Riva München, seit 1965 Intendant d Stadtheaters Regensburg u d Städt Bühnen Freiburg (1969), seit 1975 Intendant d Theaters Wolfsburg. D: Viele Bühnen- u Filmrollen.

Collins Corny
B: Schauspielerin. G: 18. Dez 1933. A: D–1000 Berlin 31, Sächsische Str 63a. S: Mittlere Reife, Schauspielschule Marliese Ludwig 2 Jahre. K: Div Filme in d 50iger Jahren, später Wechsel ins Charakterfach bei Film- u Fernsehrollen. F: In div in- u ausländischen Zeitschriften. D: „Der Maulkorb", „Der schmutzige Engel", „Beschreibung einer Verfolgung" uva. M: Mtgl d BühnenGen. H: Reiten, Tennis, Schwimmen, Lesen.

Collins Ricky
N: Rüdiger Glaab. B: Interpret, Sänger, Produzent, Techniker. G: Dörnsteinbach, 5. Nov 1958. A: D–8752 Mömbris, Niedersteinbacher Str 7 u 18. S: Mittlere Reife, Berufsfachschule mit abgeschlossener Ausbildung. K: Technischer Ang, Solosänger, seit 1979 zusammen mit Tommy Marten im Duett, 3 Singles in deutscher Sprache, LP u TV in Vorbereitung. F: News, Echo der Frau, Bild Zeitung, sowie in ca 50 regionalen Tageszeitungen u div Clubzeitschriften. E: Div Siegertitel bei Sängerwettbewerben. M: GVL, Hamburg, MusikVer Dörnsteinbach, SportVer Dörnsteinbach, OFC, div Clubs. H: Fußball, Tanzen, Theater.

Collo Franz
N: Franz Kolacek. B: Musik-Showman, Verwandlungskünstler, Bandleader. G: Wien, 13. Feb 1914. V: Irene, geb Dau. A: D–2241 Hemmingstedt, Baakenweg 11. S: Reform-RealGymn, Matura, Univ Wien, MusikStud am Konservatorium Graz u Ak Wien. K: Tourneen als Bandleader m Tanzkapelle durch Europa, Nordafrika u Orient, 2 Jahre Kreuzfahrten auf großen Schiffen m Show-Orchester, Gründung d Artist-Show „4 Teddy's", dann Clown-Act „3 Coletti's" (Wintergarten Berlin 1940 Saxophon-Solist bei Radio Wien (Reichssender), Musik-Synchronisierungen bei Wienfilm, nach d Krieg Solist am österr Sender „Rot-Weiß-Rot", dann nur mehr Musik-Showman „Collo the man of a 100 faces". F: In vielen Tageszeitungen. E: Goldmedaille d Variete „Lorry", Copenhagen, Goldnadel in vielen Musichalls (Kaiserhof Köln, Moulin rouge Wien ua). M: Intern Artisten Loge. H: Musik, Filmen, Foto, Angeln.

Combrink Ivar
B: Schauspieler, Regisseur, Drehbuchautor. G: Anrath, 16. Jan 1943. A: D–8000 München 40, Georgenstr 22. S: Hum Abitur am Städt Arndt-Gymn in Krefeld, Schauspielschule Düsseldorf mit Staatl Abschlußprüfung, Musicalgesang. K: Engagiert an d Städt Bühnen Dortmund, Oberhausen, Koblenz, Komödie Frankfurt, Hansa-Theater Berlin, Kammerspiele München, Schauspielhaus Wuppertal, Tourneen usw, Fernsehtätigkeit. D: Fernsehen: „Des Teufels General", „Der Prozeß beginnt", „Lemmi und die Schmöker", „Talentschuppen", „Die Wirtin", „Tonbandseminar", „Na und", „Licht für Mahmut Bey", „Die Soldaten", „Tatort" (versch Folgen) uva, Theater: „Des Teufels General", „My Fair Lady", „Som-

mernachtstraum", „Die Heiratsvermittlerin", „Endspurt", „Zum goldenen Anker", „Die schöne Helena", „Der Prozeß beginnt", „Die Ratten", „Die Soldaten" uva. M: IDS. H: Reiten, Schwimmen, Gitarre spielen.

Como Ricy
N: Rieckmann Manfred. B: GastspielDir, Showproduzent, Unterhaltungskünstler. G: Altena/Westf, 31. Jan 1940. V: Inge, geb Winkelkötter. A: D–5990 Altena, Lennestr 20, Postfach 210. Tel: 02352/23035. S: Grundschule, Ausbildung als Automateneinrichter, Berufsschule, kfm Ausbildung, zwischenzeitl Selbstausbildung als Zauberkünstler. K: Mit 22 Jahren Regisseur u Mitwirkender eines Laienkabaretts, dann Amateurzauberkünstler, mit 25 Jahren erster TV-Auftritt als Zauberkünstler, mit 30 Jahren selbständig als Gastspielunternehmer, Berufszauberkünstler u Conférencier, Inhaber d GastspielDion STUDIO RICY COMO u d Zauberreisebühne Kinderland. F: In vielen Ausgaben deutscher u ausländischer Tagespresse. D: TV, weit über 1000 Gastspiele (Galas) in Theatern, Kursälen ua Veranstaltern als Produzent, Coproduzent v Varieteshows, Entertainer (Humorist, Conférencier u Zauberkünstler). E: Urkunde d Magischen Zirkels v Deutschland eV als Regisseur im Rahmen d Deutschen Meisterschaften d Zauberkunst. M: Intern Variete- u Cirkus-DirektorenVerb, Magischer Zirkel v Deutschland. H: Segeln, Zaubern f Kinder, Schiffsmodellbau.

Condrus Wolfgang
B: Schauspieler. G: Berlin, 11. Feb 1941. V: Karin, geb Bödler. A: D–1000 Berlin 38, Alemannenstr 19. S: Abitur. K: Festes Engagement am Schiller- u Schloßpark-Theater Berlin, danach freiberuflich tätig als Schauspieler am Theater, in Film u Fernsehen, auch als Funk- u Synchronsprecher. D: „Gruppenbild m Dame", „Selbstbedienung", „Fememord", „Herr d Schöpfung", „PS", „Union d festen Hand", „Jahrhundert d Kindes", Theater: „Oh Vater, armer Vater", „Ausreißer", „Komödie d Irrungen", „Die Nonnen", „Ruhe im Karton", „Die Gerechten" ua. H: Fotografie, Literatur.

Conradi Kurt
B: Schauspieler. G: Leipzig, 19. Juni 1924. V: Ursula, geb Richter. A: CH–8032 Zürich, Fröbelstr 27. S: HS f Musik. K: Engagements in Magdeburg, Dresden, Berlin, Düsseldorf. F: TV-Zeitschriften. D: zB: „Gentlemen bitten zur Kasse", „Kabale u Liebe" ua.

Conradi Us
B: Schauspielerin. A: D–1000 Berlin 33, Hagenstr 49, c/o Agentur Bengen. Tel: 8269159 oder 030/3911895.

Conrads Heinz Prof
B: Schauspieler, Moderator. G: 21. Dez 1913. A: A–1140 Wien, Zichyg 9. S: HandelsAk, Schauspielunterricht. K: Stadttheater, Bürgertheater, Theater i d Josefstadt Wien, Salzburger Festspiele, Tätigkeit bei Funk, Film u Fernsehen, Moderator versch Sendereihen (ua „Guten Abend am Samstag" ua). D: „Das Schloß in Tirol", „Egon d Frauenheld", „Lumpazivagabundus" uva. E: Goldenes Ehrenzeichen f Verdienste um d Republik Österreich. M: Mtgl d Wr Burgtheaters.

Conti Michael
B: Schauspieler. A: D–8000 München 80, Richard Strauß-Str 19, c/o ZBF-Agentur München, c/o Agentur v Pilecki. Tel: 089/4704282 oder 089/335081 oder 089/220263.

Cooler Frank
N: Karl-Heinz Stoffels. B: Schauspieler. G: Trier, 16. Apr 1944. V: Maria, geb Neumair. A: D–8000 München 40, Pfitznerstr 10. S: Mittlere Reife, Fachoberschule f Elektrotechnik, Schauspielschule u GesangsStud, Dressman-Ausbildung. F: Film ABC, Bühnen Jahrbuch. D: Fernsehen: „Vorsicht Falle", „Aktenzeichen XY", „Notarzt 7", „Silvestershow 76", EDV f Schulen „Die Buddenbrooks", „Ausgerissen, was nun?", Film: „Rollerball", „El Comanchero", Kulturfilme f d KultusMin Abt Schöne Kunst Teheran/Iran. H: Reiten, Tennis, Football, Schwimmen.

Cornelius-Scholz Ingeborg
B: Schauspielerin. G: Wien, 4. Jan 1929. V: Erich Scholz. A: D–8000 München 80, Gaisbergstr 7. S: Mittlere Reife, Reinhardt-Seminar, Wien. K: 1. Engagement am Linzer Landestheater, dann Schauspielhaus Zürich, viele Gastspiele in Hamburg, Stuttgart, München, Wien, Zürich, Tätigkeit beim Film. F: Zahllose in Zeitschriften u Zeitungen. D: 10 Filmhauptrollen, ua „Der Geigenmacher von Mittenwald", „Schöne Tölzerin", „Wo der Wildbach rauscht" ua, Theater: ua ‚Gretchen, Julia, Luise bis zu Anouilh, Gerandeaux, Lope de Vega, Zuckmayer, Sartre u viele moderne

Stücke. H: Lesen, Wandern, Reisen.

Corrigan Shirley
B: Schauspielerin. A: c/o Agentur Rakosi, D–8000 München 90, Tegernseer Landstr 284. Tel: 089/6904092.

Coss Wanda
N: Wanda Siebrecht. B: Sängerin. G: Helsinki/Finnland, 9. Feb 1949. A: D–8000 München 40, Schleißheimer Str 257. S: Mittlere Reife, Modistin, priv Gesangsunterricht bei Shirley Day. K: Start als Amateursängerin in versch deutschen Rock- u Show-Bands in Deutschland, Holland, Skandinavien u Schweiz, Jugoslawien, 1966 erster Sieger b Beat-Festival in Recklinghausen f Amateure, m d Band „The Rackers" als Leadsängerin f d Kurt Oster-Pokal, 1969 professionelle Sängerin in Show-Orchestern wie Eddy and Caravells, Pauls six and Chicks, Sunset u d Gruppe „Night Fever", mit dieser versch Tourneen m Christian Anders, John Kingkade u Plattenaufnahmen ua: „I believe", „Sierra Nevada here I come" 1979 Solo-Karriere, Plattenaufnahmen, Filmmelodie aus d Film „Brut d Bösen", Pläne: Aufbau einer eigenen intern Show. E: Silberner u Goldener Löwe f Nachwuchstalente. H: Der Beruf als Sängerin, Schwimmen, Astronomie.

Costa Martin
B: Schauspieler. G: Wien, 12. Okt 1895. A: A–1150 Wien, Alliog 8. S: Ak f Musik u darstellende Kunst Wien. K: Engagements an Theatern in Oldenburg, Breslau, Nürnberg, Dresden, Frankfurt/M, Prag, Wien, Autor v ua verfilmten Lustspielen u Volksstücken, ua: „Der Hofrat Geiger", „Die Fiakermilli", „Der alte Sünder", „Wiener Musik", „Der rosarote Fürst de Ligne" uva.

Cotton Joseph
B: Schauspieler. A: c/o Management Jovanovic, D–8000 München 80, Perfallstr 6. Tel: 089/475024/25.

Coupke Imogen-Maria
B: Schauspielerin. A: D–3000 Hannover, Schleiermacher Str 28. Tel: 0511/559457.

Craemer Ernst
B: Schauspieler. A: D–8000 München 90, Tegernseer Landstr 110, c/o ZBF-Agentur München. Tel: 089/6913119 oder 089/335081.

Cramer Karl-Josef
B: Schauspieler. A: c/o Agentur Marga Wiedner, D–8000 München 40, Destouchesstr 32/I. Tel: 089/3081822.

Cramm Berno von
B: Schauspieler. A: c/o Agentur Rakosi, D–8000 München 90, Tegernseer Landstr 284. Tel: 089/6904092.

Cremer Hannelore
B: Schauspielerin. A: D–8000 München 71, Appenzeller Str 129, c/o ZBF-Agentur München. Tel: 089/7556055 oder 089/335081.

Cremer Ute
B: Schauspielerin. A: D–4030 Ratingen, Düsseldorfer Str 141, c/o ZBF-General-Agentur Frankfurt. Tel: 02102/23592 oder 0611/7111334.

Cristensen Sven
B: Schauspieler. A: D–8000 München 2, Bergmannstr 26, c/o ZBF-Agentur München. Tel: 089/504163 oder 089/335081.

Cristofolini Claus
B: Schauspieler. A: c/o Agentur Bloy, D–8022 Grünwald, Gasteigweg 1. Tel: 089/6411893.

Croisset Hans
B: Schauspieler. A: c/o Management Margarete van Dam, NL–Amsterdam, Plantage Parklaan 12. Tel: 003120/246743.

Cronshagen Eberhard
B: Schauspieler. A: D–1000 Berlin 39, Kyllmannstr 15e. Tel: 030/8052349.

Curtis Eva
B: Schauspielerin. A: D–1000 Berlin 30, Lützowufer 27, c/o ZBF-Agentur Berlin. Tel: 030/2614345 oder 030/8838031.

Curtis Gail
B: Schauspielerin. A: c/o Agentur Schmidt-Gentner, A–1030 Wien, Lothringer Str 20. Tel: 0222/752271.

Czarski Otto
B: Schauspieler. A: D–1000 Berlin 31, Güntzelstr 49, c/o ZBF-Agentur Berlin. Tel: 030/879440 oder 030/8838031.

Czerwinski Peter
B: Schauspieler. A: c/o Agentur Bengen,

D–1000 Berlin 21, Paulstr 25. Tel: 030/3911895.

Dagover Lil
B: Schauspielerin. A: c/o Agentur de la Berg, D–8026 Irschenhausen, Haus am Weiher. Tel: 08178/3681.

Dahl Armin
B: Schauspieler. A: D–2000 Wedel/Holstr, Haubargtwiete. Tel: 04103/4949.

Dahlberg Monika
B: Schauspielerin. A: D–8184 Moosrain/Gmund, Schaflacher Str 12. Tel: 08021/978.

Dahlem Sven
B: Schauspieler. A: D–2140 Bremervörde, Neue Str 9, c/o ZBF-Agentur Hamburg. Tel: 04761/2581 oder 040/66885400.

Dahlen Armin
B: Schauspieler. A: D–8000 München 90, Candidstr 20, c/o Agentur Bloy. Tel: 089/652561 oder 089/6411893.

Dahlen Klaus
B: Schauspieler. A: D–1000 Berlin 30, Motzstr 23, D–7570 Baden-Baden, Balzenbergstr 14, c/o Agentur Alexander. Tel: 030/ 2113976 oder 07221/26823 oder 089/471011.

Dahlke Conrad
B: Schauspieler. A: D–3000 Hannover, Schleiermacherstr 28. Tel: 0511/559457.

Dahlke Paul
B: Schauspieler. G: Streitz/Pommern, 12. Apr 1904. V: Elfe, geb Gerhart. A: A–8993 Grundlsee, Elfenhaus. S: Gymn, ORealschule Dortmund, BergAk Clausthal, Univ Berlin, Max Reinhardt-Schauspielschule Berlin. K: Berlin: Saltenburg-Bühnen, Barnowsky-Bühnen, Rosetheater, Max Reinhardt-Bühnen, Volksbühne Hilpert, Deutsches Theater Hilpert, München: Kammerspiele, Staatstheater, Komödie, Gastspiele in allen Großstädten Deutschlands u Ö. F: In sämtlichen Illustrierten d deutschsprachigen Raumes, teilweise Ausland. D: Film: zB: „Kennwort Machin", „Romanze in Moll", „Der Posaunist", „Der Bagnosträfling", „Drei Männer im Schnee" etc, Theater: „Geschichten aus d Wiener Wald", „Der zerbrochene Krug", „Coriolan", „Pygmalion", „Des Teufels General", „Der Walzer der Toreros" etc. E: Staatsschauspieler, Pommerscher Kulturpreis, Goldenes Filmband.

Dahmen Andrea
B: Schauspielerin. A: D–2000 Hamburg 13, Rutschbahn 15, c/o ZBF-Agenturen Hamburg u Frankfurt. Tel: 040/4104902 oder 040/66885400 oder 0611/7111335.

Dahmen Josef
B: Schauspieler. A: D–2000 Hamburg 60, Scheffelstr 60, c/o Agentur Lentz. Tel: 040/2797382 oder 089/474026.

Dahms Werner
B: Schauspieler. A: A–5020 Salzburg, Peter Singer-G 10, c/o ZBF-Gen-Agentur Frankfurt. Tel: 0046222/440065 oder 0611/7111335.

Dalemani Claudio
N: Klaus Neumcke. B: Opernsänger. G: Weißenburg, 24. März 1931. A: D–1000 Berlin 31, Waghäuseler Str 9–10. S: Oberschule, Priv GesangsStud b Prof Claire Hess-Dzondi, Dresden. K: 1952 erstes Engagement bei Prof Walter Felsenstein, Berlin Komische Oper, anschließend versch Bühnen d DDR u BRD, ca 40 erste Fachpartien zuerst im Baritonfach, später als Tenor, zZ Engagement am TDW, Berlin. D: Fast alle gängigen Opern u Operetten, zahlreiche Konzerte. M: GDBA. H: Uhren.

Dallansky Bruno
B: Schauspieler. A: c/o Agentur Lentz, D–8000 München 80, Holbeinstr 4. Tel: 089/474026.

Dallmeier Uwe
B: Schauspieler. A: D–2285 Kampen/Sylt, Ströh-Wai, Haus Odin, c/o ZBF-Agentur Hamburg. Tel: 04651/41622 oder 040/66885400.

Danell Trixi
B: Schauspielerin. A: A–1030 Wien, Lagerg 6/6, c/o ZBF-Agentur München. Tel: 0222/7238853 oder 089/335081.

Daniel Hans
B: Schauspieler. G: Flensburg, 14. Dez 1922. V: Ursula, geb Rusché. A: D–2000 Hamburg 65, Immenhorstweg 32. S: Gymn, IndustrieKfm, SchauspielStud. K: Seit 1950 Schauspieler an div Theatern, in Hamburg: Kammerspiele, Das Junge Theater, Theater im Zimmer ua, Gastspiele, Tourneen, Arbeit f

Rundfunk, Film u Fernsehen, Sprecher in Tagesschau bei ARD (off) ua Sendungen, Hörfunk u Fernsehen – ca 25.000 Sendungen. F: In div Funk-, Film- u TV-Zeitschriften (Stern, Hör Zu ua). D: Film: „Des Teufels General", „Perrak", „Der verlogene Akt" ua, f Fernsehen: „Geheimagent George Balke", „Das Chamäleon", „Kim Philby", „Nennen Sie mich Alex", „Sacro Egoismo", „Novemberverbrecher" ua, Theater: div Rollen in Klassikern u Boulevardstücken. H: Sport.

Daniels Traute
B: Schauspielerin. A: D–1000 Berlin 46, Saarburger Str 1, c/o ZBF-Agentur München. Tel: 030/7741130 oder 089/335081.

Dannenbauer Frank
B: Schauspieler. A: D–1000 Berlin 31, Wittelsbacher Str 25, c/o ZBF-Agentur Berlin. Tel: 030/873409 oder 030/8838031/54.

Dannenhaus Waldemar
B: Schauspieler. A: D–7031 Aidlingen 2, Bergweg 21. Tel: 07056/1805.

Dannhoff Erika Prof
B: Schauspielerin, Dozentin. G: 2. Dez 1909. A: D–1000 Berlin 19, Wundtstr 38. S: Lyzeum, Schauspielschule Lucie Höflich, Ilka Grüning. K: Anfang bei Heinz Hilpert an d Volksbühne, dann Deutsches Theater, später Staatstheater München, Theater d Volkes Dresden, nach d Krieg Staatstheater Dresden, Gastspiele, Tourneen. F: Viele Fotoveröffentlichungen in mehreren Zeitschriften. D: Filme: ua „Viktoria", „Beil v Wandsbeck", „Liebesträume", Theater: Shakespeare, Goethe: „Stella", Schiller: „Kabale u Liebe", Shaw: „Heilige Johanna", Kleist: „Amphytrion", moderne Autoren, auch Boulevard. M: SOS Kinderdorf, UNIHELP, TierschutzVer. H: Schreiben, kleine Geschichten, Chansontexte, Gedichte, Handarbeiten.

Danning Sybil
B: Schauspielerin. A: c/o Management Jovanovic, D–8000 München 80, Perfallstr 6. Tel: 089/475024/25.

Danz Renate
B: Schauspielerin. A D–1000 Berlin 15, Olivaer Pl 4, c/o ZBF-Agentur Berlin. Tel: 030/8812332 oder 030/8838031.

Danz-Münsberg Ilona
B: Inhaberin einer Ballettschule f Klassik, Spitze, Jazz, Step, Yoga, früher Solotänzerin (Akrobatik, Step, Nationaltänze). G: Berlin, 20. Jan 1938. V: Artur Danz. A: D–3000 Hannover, Ihmepassage 10, D–3000 Hannover, Bahnhofstr 12. S: Oberschule (Prakt Zweig), Erstausbildung in Tanz u Akrobatik bei d Mutter, Ballettschulen: Tatjana Gsovsky (Deutsche Oper Berlin), Altmann-Vogt (Staatsoper Berlin), Unterricht bei Adriane Mirau in National, Step, Klassik Spitze usw, Abnahme-Prüfung durch d Intern Artisten Loge, Berlin. K: Wechsel zum Variete als akrobatische Solotänzerin (15jährige Bühnenerfahrung), Gastspiele im In- u Ausland, Besuch zahlreicher Ballettschulen, ua in Holland, Zürich, zusätzliche Ausbildung in Jazz u Yoga, außerdem als Mannequin, 1975 Eröffnung einer eigenen Ballettschule „Studio de Danse" mit Unterricht in Klassik, Spitze, Step, Jazz, National u Yoga, eigene Veranstaltungen, GesamtLtg u Choreographie. F: Viele in Zeitschriften u Zeitungen. H: Lesen, Psychologie, Schwimmen, Menschen, gutes Gespräch, schön Wohnen, gepflegtes u gutes Essen.

Danzeisen Peter
B: Schauspieler. A: D–6000 Frankfurt/Main 70, Schaumainkai 5, c/o ZBF-Gen-Agentur Frankfurt. Tel: 0611/611875 oder 0611/7111335.

Danzmayr Gerd J
B: Schauspieler. A: c/o Agentur Bengen, D–1000 Berlin 21 Paulstr 25. Tel: 030/3911895.

Dapra Günther
B: Schauspieler. A: c/o Agentur Schmidt-Gentner, A–1030 Wien, Lothringer Str 20. Tel: 0222/752271.

Daß Christiane
B: Schauspielerin. A: D–1000 Berlin 33, Wissmannstr 6, c/o Agentur Bengen. Tel: 030/8861414 oder 030/3911895.

Datz Gustl
B: Schauspieler. A: D–8000 München 90, Tegernseer Landstr 110, c/o ZBF-Agentur München. Tel: 089/6914605 u 6924380 oder 089/335081.

Dauter Erdmut
B: Schauspielerin. A: D–1000 Berlin 12,

Mommsenstr 70, c/o Agentur Bengen. Tel: 030/8812960 oder 030/3911895.

Dautzenberg Dirk
B: Schauspieler. A: c/o Agentur Marga Wiedner, D–8000 München 40, Destouchesstr 32/I. Tel: 089/3081822.

David Karin
B: Schauspielerin. A: D–5272 Wipperfürth, Michaelstr 17, D–8700 Würzburg, Dürerstr 5, c/o ZBF-General-Agentur Frankfurt. Tel: 02281/8538 oder 0931/58472 oder 0611/7111335.

Deblitz Erwin
B: Opernsänger. G: Tilsit/Ostpr, 9. Mai 1916. V: Grete, geb Schon. A: D–5100 Aachen, Boxgraben 45. S: Abitur, HS f Musik Berlin. K: Als Bass-Bariton Oratoriensänger, Kirchenmusik, Konzerte, Liederabende, Rundfunksendungen, seit 1946 Charakter- u Heldenbariton an versch Bühnen, auch Gastspiele, zZ Opernsänger u Schauspieler am Stadttheater Aachen. D: Heldenbariton in fast allen bekannten Werken d Opernliteratur ua R Wagner: Hans Sachs, Wotan, Amfortas.

Deckner Erna-Maria
B: Schauspielerin. A: D–6000 Frankfurt/ Main, Ziegelhüttenweg 39 V, c/o ZBF-General-Agentur Frankfurt. Tel: 0611/633954 oder 0611/7111334.

Deeg Will van
B: Opernsänger, Schauspieler. G: Celle, 18. Feb 1916. V: Margret, geb Warbeck. A: D–2000 Hamburg-Schenefeld, Kreuzweg 7 A. S: Deutsche HS Helsinki, MusikHS Berlin, 8 Sem bei Prof Weissenborn, Prof D Arnals, Prof Niedecken-Gebhardt. K: Engagements in Meiningen, Leipzig, Dresden, Berlin, Görlitz, Halberstadt. F: Bild-Zeitung, TV Hören u Sehen, in versch norwegischen u finnischen Zeitungen, Frauenzeitschriften, Tina, uva. D: Zahlreiche Hauptrollen in Oper u Operette u Schauspiel, Schauspieler in über 50 Filmen u Fernsehen im In- u Ausland. H: Malen, Skulptieren, Angeln.

Defrank Rolf
B: Schauspieler. A: D–6501 Klein-Winternheim, Am Weltersborn 11. Tel: 06136/5448.

Degen Dora
B: Schauspielerin. A: c/o Agentur Lentz, D–8000 München 80, Holbeinstr 4. Tel: 089/474026.

Degen Michael
B: Schauspieler. A: c/o Agentur Lentz, D–8000 München 80, Holbeinstr 4. Tel: 089/474026.

Degischer Vilma
B: Schauspielerin. G: Wien, 24. Nov. V: Hermann Thimig. A: A–1180 Wien, Gymnasiumstr 47. S: Reinhardt-Seminar. K: Engagements an d Reinhardt-Bühnen Berlin u Wien, Volkstheater, Theater i d Josefstadt Wien, Salzburger Festspiele ua.

Degner Hasso
B: Schauspieler. A: D–4044 Kaarst/Düsseldorf, Rosenheimer Weg 3, c/o Agentur Bengen. Tel: 02101/68693 oder 030/3911895.

Dehn Thomas
B: Schauspieler. A: c/o ZBF-Gen-Agentur Frankfurt, D–6000 Frankfurt/Main, Feuerbachstr 42–46. Tel! 0611/7111335.

Delmonte Liane
B: Schauspielerin. A: D–8500 Nürnberg, Am Stadtpark 105. Tel: 0911/357835.

Delnegro J N A
B: Schauspieler, FilmDir. G: New York, 4. Apr 1939. V: Angelika, geb Wagner. A: E–Manzana 52, Ses Argiles, Soller, Mallorca, D–8000 München 80, Hompeschstr 5. Tel: 639022 (Palma), 089/988093. S: Grundschule, Schauspielstudio Sanford Meisner. K: Berufsschauspieler u FilmDir. F: In Tageszeitungen (Filmkritiken). D: „Agvirre, Wrath of God", „Les Felins", „Sylvie" u 18 weitere Filme u Fernsehfilme. E: Für d ersten Kurzfilm „Bang" in San Francisco Film Festival 1968, Filmfestival Mannheim 1967. M: Screen Actor Guild, USA, AFTRA, USA. H: Aquarellmalen, Filmen.

Delow Karl-Heinz
B: Schauspieler. A: D–5021 Widdersdorf/Köln, Leonhardg 36. Tel: 0221/508416.

Deltgen René
B: Schauspieler. A: D–5000 Köln 1, Schartg 2. Tel: 0221/238760 u 0641/93356613.

Delventhal Rainer
B: Schauspieler. A: c/o ZBF-Agentur München, D–8000 München 40, Leopoldstr 19, c/o

Agentur v Pilecki. Tel: 089/335081 oder 089/220263.

Demarmels Claudia
B: Schauspielerin. A: c/o ZBF-General-Agentur Frankfurt, D–6000 Frankfurt/Main, Feuerbachstr 42–46. Tel: 0611/7111335.

Demitz Heinz-Jürgen
B: Opernsänger (Heldenbariton). G: Hannover, 14. Juli 1946. A: Bis 1. Juli 1979: D–3000 Hannover, Hinsberg Str 16, ab 1. Juli 1979: D–3000 Hannover, Scharnhorststr 18. S: Mittlere Reife, priv Gesangsunterricht bei Kurt Voges in Hannover, priv Klavierunterricht bei Crista Maria Hartmann in Hannover, 5 Jahre Stud b Prof Carl-Heinz Müller an d MusikHS Hannover, Abt Oper. K: 1975/76 Hamburgische Staatsoper, Eutiner Sommerspiele, Tournee d Schottland u London, 1976/77 Stadttheater Bremerhaven, Gastverträge m Hamburger Staatsoper, Nationaltheater Mannheim, Wuppertaler Bühnen, Oper in Frankfurt, 1977/78 Wuppertaler Bühnen, Opera Furum Enschede, Hamburger Staatsoper, außerdem Liederabende m Ulrich Weder am Klavier (Lieder v Schubert, Schumann u Strauß), Rundfunkaufnahmen beim Sender Freies Berlin u Hessischen Rundfunk, ab 1979 für drei Jahre an d Niedersächsischen Staatsoper Hannover, daneben Gastiertätigkeit im In- u Ausland. D: „Don Giovanni", „Fidelio", „Julius Cäsar", „Meistersinger", „Ariadne auf Naxos", „Frau ohne Schatten", „Tristan u Isolde", „Siegfried", „Elektra", „Freischütz", „Cavalleria Rusticana", „Die Kluge", „Figaros Hochzeit", „Zauberflöte". E: BWettbewerb Gesang 1976: 1. Preisträger, (Das große Lob) 77, Auszeichnung d Magazins Orpheus f d beste Nachwuchsleistung 1977. H: Klavier, Kochen, Wandern.

Dennert Gustaf
B: Schauspieler. A: D–8000 München 2, Theresienstr 25/2, c/o Agentur Jäger, D–8130 Starnberg am See, Postfach 1328, c/o Yvette Agentura Internationale, Rom, Via Veneto 169 int 8. Tel: 089/282868 oder 08151/8766 oder 00396/493453 u 493592.

Dermon Anne-Marie
B: Schauspielerin. A: CH–8123 Ebmatingen, Lohwisstr 23, c/o Schauspielhaus, CH–8032 Zürich, c/o Agentur Schmid. Tel: 00411/9800090 oder 0441/479610 oder 089/981464.

Desny Ivan
B: Schauspieler. A: CH–Ascona–Collina, Casa al Sole, c/o Management Jovanovic. Tel: 004193/352005 oder 089/475024/25.

Dethloff Bruno
B: Schauspieler. A: D–8000 München 40, Leopoldstr 77. Tel: 089/343288.

Detter Ingrid
B: Schauspielerin. A: D–8000 München 81, Meistersingerstr 114, c/o ZBF-Agentur München. Tel: 089/932893 oder089/335081.

Deutinger Erika
B: Schauspielerin. A: c/o Management Palz, D–8000 München 81, Ortlindestr 6/VII. Tel: 089/912019/10.

Deutsch Richard
B: Schauspieler. G: Gleiwitz, 2. Feb 1905. A: D–8000 München 45, Linkstr 53. S: Oberrealschule b Primareife, mehrere Sem Chemie an div Univ (teils in USA), zwei Sem Journalismus in USA, zwei Jahre Schauspielschule in Berlin. K: Engagements an Theatern in Greifswald, Neisse, Emden, Berlin, Putbus (Rügen), Heiligenstadt (Eichsfeld), gelegentliche Theater-Aufführungen in Berceiona, Paris, in USA gelegentliche Theateraufführungen in amerikanisch, 1965–70 Theater in Memmingen, Lüneburg, Esslingen, Bruchsal, Tourneen d Deutschland, Schweiz, Österreich, Film- u Fernsehrollen. D: Bis 1933 jugendlicher Liebhaber- u Charakterrollen, 1935–53 Charakterrollen versch Art auch in Englisch, 1965–70 Väter- u Charakterrollen, versch kleine Rollen in Funk, Film u Fernsehen. M: GDBA. H: Politik, Bridge-Spielen, Briefmarkensammeln, Privatstudien.

Dickow Hans-Helmut
B: Schauspieler. G: 14. Apr 1927. V: Dr med Constanze, geb Neumann. A: D–7000 Stuttgart 70, Abraham Wolf-Str 51 e. S: Konservatorium Dresden, Staatl HS f Musik u Theater Dresden. K: Staatstheater Dresden, Städt Bühnen Köln, Schauspielhaus Zürich, Staatstheater Stuttgart, viele Gastspiele. F: Viele Veröffentlichungen in versch Zeitungen u Zeitschriften. D: Über 200 Fernseh-Rollen an allen deutschsprachigen FernsehAnst. E: 1963 Staatsschauspieler. M: GDBA, BFF. H: Kochen, Gärtnerei u Pflanzen, Musik, sämtliche Werke v Arno Schmidt.

Diedrich Hans Jürgen
B: Schauspieler. A: D–8000 München 60, Betzenweg 8, c/o Agentur v Pilecki. Tel: 089/8111252 oder 089/220263.

Diedrich Heinrich
B: Schauspieler. A: D–7000 Stuttgart 75, Spaichinger Str 17. Tel: 0711/471177.

Diehl Heidelotte
B: Schauspielerin. A: D–1000 Berlin 49, Krusauer Str 74. Tel: 030/7427058.

Diekhoff Marlen
B: Schauspielerin. A: D–6000 Frankfurt/Main, Morgensternstr 26, c/o ZBF-General-Agentur Frankfurt. Tel: 0611/622130 oder 0611/7111335.

Diersberg Alexander
N: Freiherr von dem Bussche-Hühnefeld, Sweder. B: Schauspieler, Versicherungsberater. G: Berlin, 11. Okt 1921. A: D–6451 Mainhausen, Martinstr 28. Tel: 06182/24444. S: Abitur, WirtschaftsHS, Berlin, Reinhardt-Seminar, Wien. K: 1939–41 Berufssoldat, Theaterschauspieler in Wien, Hamburg, Bielefeld, Konstanz, Stuttgart, Marburg, Hannover, Frankfurt/Main, viele große klassische Rollen bis zum Boulevard-Theater, kleinere Fernsehrollen, Werbung, Filmrollen, Rundfunksprecher beim NDR, SDR, HR, Versicherungsberater bei einem großen deutschen Konzern. D: „Madame Sans Gene", „Immobilien", „Kartographie", „Die Unternehmungen des Herrn Hans", „Vorsicht – Falle", „Die Dritte von rechts" ua, Theater: „Das Glas Wasser", „Der Prinz von Homburg" uva. M: FML „Lessing", Frankfurt/Main. H: Portrait-Fotografie, Schriftstellerei (short stories).

Diersch Christine
B: Schauspielerin. G: 1. Jan. V: Paul von Gordon. A: D–1000 Berlin 15, Wielandstr 26. S: Theaterschule bei Prof Ludwig. K: Theater am Kurfürstendamm, Komödie, Renaissance-Theater, Hansa Theater, Forum, Freie Volksbühne, Deutsches Theater München, Festspiele Schwetzingen, Luisenburger Festspiele. F: In allen deutschen Magazinen u Fachzeitschriften. D: „Helden", „Liliom", „Unsere kleine Stadt", „Der zerbrochene Krug", „Was ihr wollt", „George Dandel" ua. M: Deutscher BühnenVer.

Diesing Heinz G
B: Schauspieler. A: D–1000 Berlin 10, Galvanistr 13, c/o Hartmann, CH–6951 Lugaggia/Ticino, c/o ZBF-Agentur Berlin. Tel: 030/3413597 oder 004191/913859 oder 030/8838031/54.

Diess Karl Walter
B: Schauspieler. A: c/o Agentur Köhler, D–8000 München 40, Rümannstr 51. Tel: 089/363970.

Diestel Ursula
B: Schauspielerin. A: D–1000 Berlin 41, Brentanostr 29, c/o Agentur Runde-Profé. Tel: 030/8210167 oder 030/3040661.

Dietl Harald
B: Schauspieler. A: D–6000 Frankfurt/Main 70, Lerchesbergring 12a, c/o ZBF-Agentur München. Tel: 0611/683103 oder 089/335081.

Dietl Robert
B: Schauspieler. A: D–1000 Berlin 30, Kurfürstenstr 82/11, c/o Agentur Schmidt-Gentner, c/o Management Mackeben. Tel: 030/2614422 oder 0222/752271 oder 030/8263249.

Dietrich Bruno
B: Schauspieler. A: c/o Agentur Alexander, D–8000 München 80, Lamontstr 9. Tel: 089/471011.

Dietrich Eve
B: Schauspielerin. A: D–1000 Berlin 37, Rappoltsweiler Str 15. Tel: 030/8114415.

Diettrich Lothar
B: Schauspieler. A: D–4000 Düsseldorf, Golzheimer Pl 9. Tel: 0211/436744.

Dietz Brigitte
B: Schauspielerin. G: Köln, 30. Sept 1939. V: Dipl.Arch. Felix Schwarz. A: D–4630 Bochum, Königsallee 155/II. S: Abitur, 2 Sem MedStudium, Schauspielschule Köln u Essen. K: Stadtheater Marburg, Coburg, Städt Bühnen Gelsenkirchen, Staatsschauspiel Darmstadt, Hebbeltheater Berlin, Schauspielhaus Zürich, zZ Schauspielhaus Bochum. F: Viele Veröffentlichungen in versch Zeitungen u Zeitschriften. D: ua Fanny, Goldene Anka, Regie „Gigi", Julia in „Romeo u Julia", „Mutter Courage", TV: „Narrenspiegel" u Krimi. H: Katzen.

Dietz Ernst
B: Schauspieler. A: D–2800 Bremen 1, Schwachhauser Heerstr 363a. Tel: 0421/232204.

Dietz Marianne
B: Schauspielerin. A: D–4133 Neukirchen-Flöhn, Kreuzstr 1, D–2000 Hamburg 19, Hohe Weide 13. Tel: 40/4910737.

Dietz Ursula
B: Schauspielerin. A: D–2000 Hamburg 54, Dallbregen 62, c/o Agentur Runde-Profé. Tel: 040/577880 oder 030/3040661.

Diffring Anton
B: Schauspieler. A: c/o Agentur Alexander, D–8000 München 80, Lamontstr 9. Tel: 089/471011.

Dilg Hans
B: Schauspieler. G: Saarbrücken, 25. Mai 1922. V: Martha, geb Ferber. A: D–6600 Saarbrücken 1, Mathildenstr 12. Tel: 0681/57379. S: Hauptschule, Kfm Fachschule, Schauspielschule mit Abschluß, Bühnenreifeprüfung. K: 1947–53 Stadttheater Worms, 1953–54 Pfalztheater Kaiserslautern, Landestheater Regensburg, 1954–55 Städt Bühnen Flensburg, 1955–56 Landestheater Castrop-Rauxel, seit 1956 Saarländ Staatstheater Saarbrücken, dort seit 1965 Mtgl d Personalrates, seit 1961 ObmStellvertreter, seit 1968 LokalVerbObm d Gen Deutscher Bühnenangehöriger. D: Darsteller in (bis heute) 374 Rollen. E: Silbernes Ehrenzeichen d Gen Deutscher Bühnenangehöriger. M: GDBA. H: Wandern, Pilze suchen.

Dingwort-Nusseck Julia Dr
B: Chefredakteurin. G: Altona, 6. Okt 1921. V: Carl Wolfgang Dingwort. A: D–2000 Hamburg 52, Leipoldstieg 7. S: Abitur, Stud d Vw, Promotion zum Dr rer pol. K: 1946 Beginn beim NDR, Arbeit f d Hörfunk, 1969 Ltg d Wirtschaftsredaktion d NDR-Fernsehen, 1973 ARD-Kommentatorin in Sendungen über Wirtschaftsprobleme, daneben Ltg u Moderation d Magazin „Ultimo" im Dritten Programm d NDR. E: 1973 Karl Bräuer-Preis d Bundes d Steuerzahler.

Dirichs Ursula
B: Schauspielerin. A: D–6000 Frankfurt/Main, Baumweg 3, c/o Agentur Köhler. Tel: 0611/437362 u 437880 oder 089/363970.

Dirschhauer Peter
B: Schauspieler. A: c/o ZBF-Agentur München, D–8000 München 40, Leopoldstr 19. Tel: 089/335081.

Ditfurth Hoimar v Dr Prof
B: Fernsehjournalist, Buchautor, Chefredakteur. G: Berlin, 15. Okt 1921. V: Heilwig, geb v Raven. A: D–2070 Ahrensburg, Kaiser Wilhelm-Allee 33. S: Gymn, Abitur, Stud d Med, Psychologie, Phil, 1946 Promotion zum Dr med. K: 1946–60 an versch Kliniken tätig, dann einige Jahre in d Ind, 1967 ao Prof f Psychiatrie u Neurologie an d Univ Würzburg, ab 1968 Univ Heidelberg, seit 1964 wiss Sendungen, ua: „Experimente mit d Leben", „Wir und d Kosmos", daneben Chefredakteur v „Naturwissenschaft u Medizin", seit 1971 eigene Fernsehreihe: „Querschnitt" b ZDF, Bücher: „Kinder d Weltalls", „Im Anfang war d Wasserstoff". E: Goldene Kamera, Adolf Grimme-Preis, Sonderpreis d StifterVerb f d Deutsche Wiss, Wilhelm Bölsche-Medaille in Gold. H: Klassische Musik, Tischtennis, Lesen, Gartenarbeit.

Dittberner Hans-Jürgen
B: Schauspieler. G: Berlin, 1945. A: D–1000 Berlin 10, Loschmidtstr 12. Tel: 030/3423747. S: Max-Reinhardt-Schule. K: Bisherige Bühnenengagements: 1971–72 Theater f j Zuschauer 1972 Hansa-Theater, 1973–74 Kabarett „Die Wühlmäuse", 1974–78 Hansa-Theater, Mitwirkung bei Film u Fernsehen, ADR, ZDF, D: „Der Regenmacher", „Der Trauschein", „Wie würden Sie entscheiden?", „Hier kein Ausgang", „Die Koblanks", „Räuber Hotzenplotz", „Stephan Orbok", „Charlys Tante", „Übrigens, Herr Nachbar", „Unruhige Zeiten", „Ein toller Einfall", „Abel mit der Mundharmonika", „Telefonseelsorge", „Colomba", „Going", „Gastarbeiter", „Nonstop Nonsens", „Zwischen Kietz u Kudamm", „Architekt d Sonnenstadt", Synchron „Superman".

Dittmann Klaus
B: Schauspieler. A: D–2000 Hamburg 61, Am Langdiek 9. Tel: 040/452656, über Sekretariat 040/582877.

Djamal Gitty
B: Schauspielerin. A: CH–6922 Morcote (Tessin), al Bel Dosso, c/o Management Jovanovic. Tel: 004191/691435 oder 089/475024/25.

Dobbelmann Diana
B: Schauspielerin. A: c/o Management Margarete van Dam, NL–Amsterdam, Plantage Parklaan 12. Tel: 003120/246743.

Dobschütz Ulrich v
B: Schauspieler, Regisseur. G: Oberschreiberhau/Riesengeb, 20. Sept 1940. V: Barbara, geb Gerschlauer. A: D–6840 Lampertheim-Neuschloß, Kiefernweg 5. S: Abitur, Stud d Germanistik, Romanistik, TheaterWiss, Schauspielschule. K: Staatstheater Kassel: RegieAss u Schauspieler, Nationaltheater Mannheim: Schauspieler (Fachvertrag), ca 80 Film- u Fernsehrollen, erstes eigenes Spielfilmprojekt „Kinderjahre" (Buch u Regie). D: Film: „Bratkartoffeln inbegriffen", „Der Stechlin", „Aus dem Leben eines armen Christen", „Winterspelt", „Das Klavier", „Ms Franziska" uva, Theater: „Die Räuber", „Amphitryon", „Hamlet" uva. M: SPD, Rotaryclub. H: Guitarrenspiel u Sammeln alter europäischer Volkslieder.

Dockerill Günther
B: Schauspieler. A: D–2300 Kiel, Kappelner Str 12. Tel: 0431/331691.

Doeberl Gerlinde
B: Schauspielerin. G: Linz, 1. Okt 1951. V: Dr Thorgerd Pressinger. A: A–5081 Anif/Salzburg, D–8000 München 40, Leopoldstr 109. K: Seit 12 Jahren freischaffende Schauspielerin, Theater in der Josefstadt Wien, Komödie München u Frankfurt, Renaissance-Theater Berlin, zahlreiche Filme u Fernsehstücke unter Regisseuren wie Käutner, Liebeneiner, Ambesser ua.

Doer Gloria
B: Schauspielerin. G: Berlin-Spandau, 19. Dez 1938. A: D–8000 München 45, Sudetendeutsche Str 28. Tel: 089/317845. S: 1958 Abitur Berlin, Freie Univ Berlin 1958–64, Stud d Theatergeschichte, Germanistik, Schauspielschule Else Bongers 1960–62. K: 1961–64 Berliner Schauspielbühne, 1964–66 Komödie in Basel, 1966–69 Berlin: Tribüne, Schaubühne, Theater am Kurfürstendamm, 1970–75 Kammerspiele München, seit 1970 Fernsehen, Film, freischaffend tätig, 1970 Freilichtspiele Schwäbisch Hall, 1074–75 Schloßspiele Hohenlimburg. F: Illustrierte Berliner Zeitschrift (Titelbild) usw. D: „Männerquartett", „Kalte Heimat", „Der zerbrochene Krug", „Besessen", „Galilei", „Kaspar Hauser", „Virginia", „Ehen vor Gericht", „Gott und Menschlichkeit". M: BFF/DAG, IDS. H: Alte Bücher über europäische Kulturgeschichte.

Doermer Christian
B: Schauspieler. A: D–8000 München 40, Türkenstr 80. Tel: 089/282217.

Dohm Gaby
B: Schauspielerin. A: D–8000 München 80, Trogerstr 17, c/o ZBF-Agentur München. Tel: 089/479533 oder 089/335081.

Dohmes Heinz
B: Schauspieler. A: c/o Agentur v Pilecki, D–8000 München 22, Oettingenstr 46. Tel: 089/220263.

Dohnke Toska
B: Schauspielerin. A: D–1000 Berlin 33, Bonner Str 3, c/o ZBF-Agentur Berlin. Tel: 030/8218685 oder 030/8838031.

Dölker Hildegard
B: Schauspielerin. A: D–1000 Berlin 13, Heilmannring 48. Tel: 030/3820699.

Dombrowski Lothar
B: Sprecher, Reporter, Moderator. G: Bromberg/Westpr, 22. Dez 1930. V: Anne-Marie, geb Wokittot. A: D–2000 Hamburg 54, Emil Andresen-Str 37. S: Abitur, einige Sem Med, Gesangsausbildung m Abschlußexamen an d HS f Musik, Berlin. K: 1959 erstes Engagement als 1. lyrischer Bariton am Pfalztheater Kaiserslautern, Aufnahmen als Liedersänger b RIAS Berlin, Sender Freies Berlin, u Südwestfunk, seit 1965 Sprecher b SWF Baden-Baden, 1966 Tourneen durch Italien, Schottland, England, Irland m d Solistenensemble d SWF, 1967 Sprecher d „Tagesschau" b NDR, daneben Moderation v Unterhaltungssendungen, zB: „Talentschuppen", „Mittagsmagazin", versch Reportagen. F: Funk-Uhr, Gong, uva. D: „Zwischenmahlzeit". E: 1971 v Verb d Gehörgeschädigten Deutschlands z Fernsehsprecher, der am besten zu verstehen ist, gewählt. H: Opern- u Konzert-Besuche, Lesen, Kochen.

Domez Heinz
B: Schauspieler. A: c/o Agentur v Pilecki, D–8000 München 22, Oettingenstr 46. Tel: 089/220263.

Dominik Sebastian
B: Schauspieler. A: D–4300 Essen, Franziskaner Str 8a, c/o ZBF-Gen-Agentur Frankfurt. Tel: 02141/276000 oder 0611/7111335.

Dommisch Kurt
B: Schauspieler. A: D–6000 Frankfurt/Main 1, Heinestr 8, c/o ZBF-Gen-Agentur Frankfurt. Tel: 0611/552294 oder 0611/7111334.

Domnick Olliver
B: Schauspieler. A: D–8012 Ottobrunn, Waldparkstr 71, c/o ZBF-Agentur München, c/o Agentur Rakosi. Tel: 089/6011995 oder 089/335081 oder 089/6904092.

Donald Arthur
B: Schauspieler, Drehbuchautor, Synchronregisseur, Dialogregisseur. G: Dover, New Jersey/USA, 29. Apr 1937. A: D–8000 München 90, Lindenstr 12. S: Columbia Univ New York, Hunter College New York, Mannes College of Music New York, American Academy of Dramatic Arts New York. K: Beginn in USA im Opernchor, dann Verpflichtungen b amerikanischen Fernsehen, Provinztheater, Aspen-Music Festival (Colorado) uva, 1960 Übersiedlung nach Europa, Auftritte in ca 75 europäischen Städten als Opernbassist, dann Arbeit als Synchronsprecher, Schauspieler, Synchrontexter, Regisseur, Dialogregisseur, Kommentator, Drehbuchautor, Textdichter, Übersetzer uva. F: Opera News New York, Intern Herald Tribune, Paris. D: „21 Hours in Munich", „Man lernt nie aus", „Son of Hitler", „Stunde Null". M: American Guild of Musical Artists, American Federation of Television u Radio Artists, BFF/DAG München, GEMA Berlin. H: Kochen, Handarbeit, Sprachen, Reisen, Rezeptsammeln, Sammlungen.

Dor Karin
B: Schauspielerin. A: c/o Agentur Killer, D–8000 München 19, Fafner Str 32. Tel: 089/173455.

Dördelmann Ursula
B: Schauspielerin. A: D–4000 Düsseldorf 12, Hasselbeckstr 38, c/o ZBF-General-Agentur Frankfurt. Tel: 0211/284360 oder 0611/7111313.

Dorfer Gerhard
B: Schauspieler. A: CH–8606 Greifensee/ZH, Am Pfisterhölzli 28, c/o ZBF-Gen-Agentur Frankfurt. Tel: 00411/870946 oder 0611/7111334.

Dorff Friederike
B: Schauspielerin. A: c/o Agentur Schmidt-Gentner, A–1030 Wien, Lothringer Str 20. Tel: 0222/752271.

Dörich Wolfgang
B: Regisseur, Schauspieler. G: Wien, 2. Mai 1918. A: D–8000 München 71, Appenzellerstr 125. S: Kant-Oberrealschule, Reinhardt-Seminar in Wien, Höhere Handelsschule in Karlsruhe, Abitur. K: Engagements in Troppau, Innsbruck, Teplitz-Schönau, Mährisch-Ostrau, Graz, Klagenfurt (OberspielLtr), St Gallen (OberspielLtr), Wien, Theater in der Josefsstadt, Kammerspiele, Bürgertheater, Stadttheater, Raimund-Theater, Volkstheater, Renaissance Theater ua. München: Kammerspiele, Residenztheater, Kleine Komödie, Kleine Freiheit, Volkstheater, Kammeroper, Tribüne ua. Tourneen durch Schweiz, Österreich, USA, Kanada, Schottland, England, Luxenburg, Liechtenstein, Deutschland usw. Gastspiele in Düsseldorf, Ingolstadt, Festspiele in Salzburg, Schwetzingen, Passau, Bad Gandersheim, Wunsiedel, Wilhelmshaven, Basel, Zürich usw. Tätigkeit bei Film, Fernsehen u Funk in Österreich, Schweiz, Deutschland. F: In sämtlich Fachzeitschriften u Tagespresse im In- u Ausland: Kritiken, Besetzungen, Berichterstattungen. D: Theater: „Kabale und Liebe", „Spiel im Schloß", „Talisman", „Lumpazivagabundus", „Götz von Berlichingen", „Vater einer Tochter", „Lustige Weiber" ua. Film: „Elf Jahre und ein Tag", „Der keusche Adam", 20 Fernsehspiele, „Die Hebamme", „König Lear" ua. M: DAG, BFF. H: Schach, Skat, Lesen, Sportsendungen, Schwimmen.

Döring Evelyn
B: Schauspielerin. A: c/o WDR Köln, D–5000 Köln 1, Schaafenstr 12. IV. Tel: Studio Schweden 0221/312961.

Dorn Christian
B: Schauspieler, Regisseur. G: Salzburg, 1. Dez 1928. A: D–8000 München 2, Landwehrstr 15.

Dornauer Ludwig
B: Schauspieler. A: c/o ZBF-Agentur München, D–8000 München 40, Leopoldstr 19. Tel: 089/335081.

Dornbierer Otto
B: Schauspieler. A: c/o Agentur v Pilecki, D–8000 München 22, Oettingenstr 46. Tel: 089/220263.

Dörner Bettina
B: Schauspielerin. A: D–2000 Hamburg 60, Barmbeker Str 129, c/o Agentur de la Berg. Tel: 040/276505 oder 08178/3681.

Dorner Erik
B: Schauspieler. A: D–8022 Grünwald bei München, Wilhelm Keim-Str 17. Tel: 089/6412426.

Dornets Doris
B: Schauspielerin. A: c/o Agentur Schmidt-Gentner, A–1030 Wien, Lothringer Str 20. Tel: 0222/752271.

Dorr Sabi
B: Schauspieler. A: c/o Agentur Lentz, D–8000 München 80, Holbeinstr 4. Tel: 089/474026.

Dorsey Betty
B: Gesangs-Interpretin. G: Baltimore/USA. V: Jürgen Möbius. A: c/o R D Clevère group, Box 2145, D–6078 Neu-Isenburg. Tel: 06102/52696. S: Stud d Geschichte. K: Mit 4 Jahren im Methodisten-Kinder-Chor, Solo-Partien mit 12 Jahren, dann Kontakte m Lionel Hampton, Sammy Davis jr, Aretha Franklin, Mahalia Jackson u Ella Fitzgerald, Übersiedlung nach Deutschland, 1975 erste eigene TV-Show, Engagements in Spanien, Norwegen, Polen, Italien, Frankreich, Schweiz, Bulgarien, Skandinavien, Holland u CSSR, Repertoire: Klassik, Evergreens, Jazz, Gospel u Spirituals. F: In versch in- u ausländischen Zeitungen u Zeitschriften. D: „Messiah", „Sister Angelika", „Porgy and Bess", „The Originals", „The Ira Aldridge Players", „Butler Parker", „The Tower", „The Rope was too short", „M S Franziska", „Rudi Carell-Show", „3 x 9" uva. E: „Best Entertainer of the year", „Daughters of the american Revolution award for citizenship" USA, „Intern Radio and Televison Prize" (Bulgarien).

Dossi Gabriela
B: Schauspielerin. A: c/o Management Palz, D–8000 München 81, Ortlindestr 6/VII. Tel: 089/912019/10.

Dost Roswitha
B: Schauspielerin. A: D–8000 München 40, Gartenstr 3, CH–8603 Schwerzenbach, In der Halden 18/1. Tel: 089/306606 oder 00411/8252104.

Dotto Armando
B: Schauspieler. A: CH–4143 Dornach, Hohle Gasse 5. Tel: 004161/ 723043.

Drabek Kurt
B: Komponist, Bandleader. G: Berlin, 25. März 1912. V: Gerda, geb Czasch. A: D–1000 Berlin 15, Konstanzer Str 64. S: Abitur. K: Nach d Abitur 1931 als Musiker (Violine, Saxophon, Akkordeon) tätig, bis 1939 Kapelle Adalbert Lutter, nach d Krieg ab 1945 mit eigenem Ensemble an allen Sendern u freiberuflich hauptsächlich in Berlin tätig, daneben Komponist vieler Auftragskompositionen f Dokumentar- u Wirtschaftsfilme, f das Werbefernsehen, Jugendprogramme ARD u ZDF. M: GEMA, Deutscher KomponistenVerb, VorstMtgl d Vereinigung Deutscher Musik-Bearbeiter seit 1953.

Drache Heinz
B: Schauspieler, Regisseur. G: Essen, 9. Feb 1927. V: Rosemarie, geb Nordmann. A: D–1000 Berlin 33, Selchowstr 11. S: Abitur. K: Schauspielhaus Nürnberg, Deutsches Theater Berlin, Düsseldorfer Schauspielhaus unter Gustaf Gründgens, Schillertheater Berlin, seit 1956 freischaffend. D: „Das Halstuch" (Fernsehen), viele Edgar Wallace Filme, Theater: „Ornifle", „Hokuspokus", „Ein idealer Gatte", „Ländliche Werbung", „Minna Magdalena". E: Goldener Bildschirm.

Draeger Jürgen
B: Schauspieler, Maler. G: Berlin, 2. Aug 1940. A: D–1000 Berlin 31, Uhlandstr 113. S: Mittelschule, kfm Lehre, Schauspielschule. K: WarenhausAng, Maschinist, Schauspieler, Maler, Bühnen- u Kostümbildner, Ausstellung d Werke ua in Köln, Hamburg, München, Mannheim, Berlin, Moskau, Bilder befinden sich in Sammlungen in Paris, Los Angeles, Tokio. F: In fast allen Tageszeitungen u Zeitschriften Deutschlands. D: Filme: „Polizeirevier Davidswache", „4 Schlüssel", „Wenn es Nacht wird auf der Reeperbahn", „Jet Generation", „Hannibal Brooks", „Spielst Du mit schrägen Vögeln", „L'Astragal", „Die dritte Generation" uva. E: BFilmpreis, Kunstpreis d Stadt Berlin, 1. Preis Plakat „Tag des Kindes", Ehrung d Stadt Mannheim, 1. Preis „Ein Berliner sieht Berlin", Kunstpreis d Berliner Fest-

wochen 1975. M: DAG, BBK.

Draeger Wolfgang
B: Schauspieler. A: D–1000 Berlin 31, Prinzregentenstr 83, c/o ZBF-Agentur Berlin. Tel: 030/08543235 oder 030/8838031/54.

Drahn Hans
B: Schauspieler. A: D–8000 München 40, Römer Str 26. Tel: 089/342533 u 6915213.

Drechsler Petra
B: Schauspielerin. A: D–8000 München 50, Kaiserhölzlstr 62, c/o ZBF-Agentur München. Tel: 089/150448 u 140237 oder 089/335081.

Drechsler Trautl
B: Schauspielerin. A: D–8000 München 90, Konradinstr. Tel: 089/653522.

Dreeler John van
B: Schauspieler. A: c/o Agentur Killer, D–8000 München 19, Fafnerstr 32. Tel: 089/173455.

Dreher Jenny
B: Schauspielerin. A: D–8000 München 40, Nordendstr 54. Tel: 089/377916.

Dreifuss Miriam
B: Schauspielerin. A: c/o Management Palz, D–8000 München 81, Ortlindestr 6/VII. Tel: 089/912019/10.

Drescher Peter
B: Schauspieler. A: D–1000 Berlin 21, Emdener Str 1, c/o Agentur Marga Wiedner. Tel: 030/3963492 oder 089/3081822.

Dresse Gerhard
B: Schauspieler. A: D–1000 Berlin 42, Konradinstr 29, c/o ZBF-Gen-Agentur Frankfurt. Tel: 030/7523822 oder 0611/7111335.

Dreßler Ingrid
B: Schauspielerin. A: D–2000 Hamburg 61, Hubertusweg 11. Tel: 040/583325.

Drews Bertha
B: Schauspielerin. A: D–1000 Berlin 37, Kleiststr 5, c/o Management Mackeben. Tel: 030/8263249.

Drexel Ruth
B: Schauspielerin. A: c/o Agentur Alexander, D–8000 München 80, Lamontstr 9. Tel: 089/471011.

Dreyer Falko
B: Bühnentänzer, Ltr einer Ballettschule. G: Nidda, 21. Apr 1947. V: Rosita, geb Schmidt. A: D–6100 Darmstadt, Grundstr 19 oder Fasaneriezentrum Neu-Kranichstein. S: Stud an d MusikHS Frankfurt/M, Fachbereich Ballett u unter Peter Appel Köln. K: Vier Jahre Engagement an d Kölner Oper, drei Jahre Theater Bremen, 1974 Gründung einer Ballettschule in Darmstadt, 1978 Gründung eigener Ballettcompagnie, dem „Studio-Ballett-Darmstadt". D: Fast alle Ballettklassiker u viele Werke zeitgenössischer Choreographen. M: 1. Vors im „Ballett-Club", Mtgl im Verb d Ballettschulen in Deutschland eV.

Dreyer Gisela
B: Schauspielerin. A: c/o Agentur v Pilecki, D–8000 München 22, Oettingenstr 46. Tel: 089/220263.

Driest Burkhardt
B: Schauspieler. A: c/o Agentur Alexander, D–8000 München 80, Lamontstr 9. Tel: 089/335081.

Droog Bernhard
B: Schauspieler. A: c/o Management Margarete van Dam, NL–Amsterdam, Plantage Parklaan 12. Tel: 003120/246743.

Drude Lothar
B: Schauspieler u Schriftsteller. G: Zierenberg, 4. Juli 1946. V: Gudrun, geb Wiegand. A: D–3100 Celle, Zöllnerstr 30. S: Studium: Staatliche HS f Musik u darstellende Kunst in Frankfurt/M. K: Schauspieler: Engagements: Theater am Turm, Frankfurt, Städtische Bühnen Frankfurt, Stadttheater Gießen, freiberufliche Tätigkeit an mehreren Theatern bei Rundfunk u Fernsehen, Dokumentarfilm-Sprecher, Rezitator (eigene Tourneen) – demnächst: Schloßtheater Celle, Schriftsteller: Kindertheaterstücke, Lyrik, Roman, Kinderbuch, Kinderlieder. F: In div Theaterzeitschriften u einem Fotoband über Kindertheater. D: In vielen Stücken d Klassik u d Moderne. M: Gen Deutscher Bühnen-Angehöriger, Demokratischer Kulturbund d BRD. H: Foto, Film, Musik.

Dübe Bernhard
B: Schauspieler. A: D–3200 Hildesheim, Orleansstr 63, c/o ZBF-Gen-Agentur Frankfurt. Tel: 05121/53550 oder 0611/7111335.

Dubois Lona
B: Schauspielerin. A: c/o Agentur Schmidt-Gentner, A–1030 Wien, Lothringer Str 20. Tel: 0222/752271.

Dubrow Herbert
B: Schauspieler. A: D–1000 Berlin 37, Seehofstr 46, c/o Agentur Bengen. Tel: 030/8113843 oder 030/3911895.

Dubrowska Lana
B: Sängerin. G: 11. März 1948. A: c/o Edition Royal – Hans Lang, D–8000 München 40, Ohmstr 9/0. Tel: 089/396874. S: Lyzeum. K: Rundfunk, Fernsehen, Schallplatten, Konzerte in Zürich, Lugano, ORF Wien (TV), Dornbirn, Innsbruck, München, Baden-Baden, Linz (ORF) usw. F: In vielen Zeitungen. M: GEMA. H: Ski, Schwimmen.

Duda Gernot
B: Schauspieler, Autor. G: Rutenau/Oberschlesien, 13. Mai 1928. V: Ingrid, geb Wiersch. A: D–8000 München 50, Karl Gayer-Str 31. AG: AGZ Presseagentur D–7500 Karlsruhe 1, Hirschstr 83. Tel: 089/ 8121530 bzw 0721/813479. S: Abitur, Stud d TheaterWiss u Germanistik, Schauspielausbildung, Gesangsausbildung. K: Schauspieler in Berlin (Freie Volksbühne, Piscator, Stoltzenberg, Komödie – Meyen), in München (Komödie – Spier) ua, Freilichtspiele Schwäbisch Hall, 1970/71/72/73 Ruhrfestspiele Recklinghausen, Kleines Theater im Zoo in Frankfurt/Main, Schauspieler f Fernsehen, Hörfunk u Film. F: Div Kritiken in Tageszeitungen, Glenzdorfs Intern Filmlexikon, Das Fernsehspiel-Archiv, ua. D: Theater: „Minna von Barnhelm", „Fuhrmann Henschel", „Rose Bernd", „Der Hausmeister", „Die Katze auf dem heißen Blechdach", „Die zwölf Geschworenen", „Aufstand der Offiziere", „Der Hund des Generals", „Warten bis es dunkel wird", „Die Kaktusblüte", „Caligula", „Eröffnung des Indischen Zeitalters", „Koralle Meier", „Der Parasit", „Ein Sommernachtstraum", „Der Volksfeind", „Kätchen von Heilbronn", „Die Wiedertäufer", „Von Mäusen und Menschen", „Coriola", Fernsehen: „Die Kurve", „Den Tod in der Hand", „Detective Story", „Die Gerechten", „Akte Dr W", „Nemo taucht auf", „Antigone", „Das Apostelspiel", „Die Launen des Herrn Lasukow", „Old Shaky", „Ein Mädchenleben für Wind", „Die Mühle von Sanssouci", „Knüpfe das Netz nach dem Fisch", „Carl Schurz", „Bericht einer Offensive", „Fememord", „Rotmord", „Transplantation", „Das Chamäleon", „Wer ist der Nächste?", „Die gefälschte Göttin", „Land", „Die Meuterei auf der Bounty", Film: „Der 20. Juli", „Das Schwarze Schaf", „Onkel Max der Taschendieb", „Der kühne Schwimmer", „The river changes", „Straße der Verheissung", „Menschen im Netz", „Stadt ohne Mitleid", „Der Schleier fiel", „Eins, Zwei, Drei" ua, Hörspielrollen f BR, SR, WDR, SWF, ORF, SFB, weitere Fernsehrollen „Mulligans Rückkehr", „Die Kurpfuscherin", „Die Stühle des Herrn Sziml", „Les Levandes et le Rheseda". H: Malen, Segeln.

Dudek Sylvia
B: Schauspielerin. A: D–2000 Hamburg 70, Lomer Str 2, c/o ZBF-Agentur Hamburg. Tel: 040/6956125 oder 040/66885400.

Dudzik Peter M
B: RedaktionsLtr. V: Beatrix, geb van Straelen. A: D–8300 Landshut, Kampenwandweg 13. S: Oberrealschule, Abitur, Deutsche Journalistenschule in München. K: Redakteur bei „Report München", Sonderkorrespondent im Studio Tel Aviv, 1973–77, Moderator bei Tagesthemen (Frühmoderation), Moderator im Bayerischen Fernsehen f d Sendereihe „BR-Aktuell", Moderator in Sondersendungen. M: RFFU, CSU. H: Segeln, Tennis.

Dugal Elfie
B: Schauspielerin. A: D–7758 Meersburg, Bodensee, Daisendorfer Str 9. Tel: 07532/9336.

Duinhoven Ton van
B: Schauspieler. A: c/o Management Margarete van Dam, NL–Amsterdam, Plantage Parklaan 12. Tel: 003120/246743.

Dulizkaya Lya
B: Schauspielerin. G: Wien, 17. Jan 1923. A: IL–Tel Aviv, Schlomzion 9, und c/o Harel Management, A–1030 Wien, Postfach 145. S: Gymn, Abitur, Schauspielschule Tel Aviv. K: Satirische Kleinkunstbühnen, Chansonabende, Städt Theater in Israel, private Produktionen, Musical-Theater, Film, Funk, Fernsehen, Theater a d Wien, Hannover Landesbühne, Tourneetheater. F: In allen Wiener Zeitschriften ua. D: Israelische Filme, israelische Theaterstücke oder ins hebräische übersetzte Stücke d Weltliteratur, in Deutschland: „Mutter Courage", „Die Heiratsvermittlerin",

„Play Strindberg", „Stützen d Gesellschaft", „Der Tag an dem d Papst gekidnappt wurde", „Die Kassette", „Romeo u Julia", „Dreigroschenoper", Musicals: „Anatevka" in 4 Sprachen, „Cabaret", „No, no, Nanette", „Billy", „Chicago" uva. M: ITI. H: Pop- u Jazzmusik, Filme.

Duma Alexander
B: Schauspieler. A: c/o Agentur Bengen, D–1000 Berlin 21, Paulstr 25. Tel: 030/39 1895.

Dumont Sky
B: Schauspieler. A: D–8000 München 81, Ostpreußenstr 73, c/o Management Jovanovic. Tel: 089/932454 oder 089/475024/25.

Dünneisen Agnes
B: Schauspielerin. A: D–4000 Düsseldorf 1, Luisenstr 67, c/o Agentur Marga Wiedner. Tel: 0211/376379 oder 089/3081822.

Dunst Bruno
B: Schauspieler, Regisseur, Autor, Film-Kino-Techniker. G: Berlin, 29. Juli 1919. V: Irmgard, geb Wittig. A: D–1000 Berlin 12, Pestalozzistr 9/III. Tel: 030/3138580. S: Oberrealschule, Mittlere Reife, Max Reinhardt-Seminar im Deutschen Theater, Metropol Theater. K: Filmkomparse als Junge (ua in „Emil und die Detektive"), 1934–38 Film-Kino-Mechaniker-Lehre, danach ASKANIA-WERKE-FILMKAMERA-BAU am Metropol Theater von 1941–43, dann Wanderbühne u Lichtspiele (eigene ab 21. Mai 1945), DUTON-KINO-MECHANIK (eigener Betrieb), Filmkunst-Studio im Schlüter (eigenes Studio ab 1. Juli 1962), DUTON-SCHMALTONFILM, Filmschauspieler ab 1972. F: Stern, Hör Zu, Neue Illustrierte, Zitty uva. D: „Hochzeitsnacht im Paradies", „Tod oder lebendig", „Florence oder das Ende einer Liebe", „Ein Hochzeitstag", „Flossie, eine Venus von 15", „Harun al Raschid". M: Verb Berliner Lichtspiel-Theater, Berliner Handwerks-Kammer, Berliner Industrie- u Handelskammer. H: Sammeln von Archiven f Film-, Theater u Kriminalistik, Sitten- u Trivialliteratur (Schmöker).

Durand Angèle
B: Schauspielerin. A: D–2000 Hamburg 1, An der Alster 12, c/o Agentur Nordprogramme Oldenburg. Tel: 040/2803810 oder 0441/31018.

Durek Hubertus
B: Intendant, Schauspieler. G: Posen, 21. Jan 1917. V: Gudrun, geb Schmidt. A: D–5000 Köln 1, Lintg 28, und D–1000 Berlin 31, Kronprinzendamm 18. S: Gymn, MedStud, priv Schauspielunterricht. K: Eleve am Schillertheater Berlin, Tätigkeit an versch Schauspielbühnen u Film, 1949 Gründung, Dion u Inhaber d „Westdeutschen Zimmertheaters", 1952 Umwandlung in „Theater am Dom", Köln, seit 1949 auch Cabaret, Fernsehen, Hörfunk u Gastschauspieler an zahlreichen anderen Bühnen, seit 1973 Umwandlung d Privattheaters in gemeinnützige GmbH m Boulevardtheater, Tribüne (lit Theater, Jugend- u Kindertheater). F: Funkzeitschriften, Illustrierte ua: Neue Illustrierte, Theaterzeitschriften ua Theater heute uva, zahlreiche Tageszeitungen im In- u Ausland. D: „Haben Sie Mitleid meine Damen", „Versuchs doch mal mit kleinen Mädchen", „Vierzig Karat", „Haus in Montevideo", „Durst", „Pygmalion", „Faust" uva. M: BühnenVer, KunstVer, intern Ver u Ges, Schnauferl-Club uva. H: Fotografieren, Autosport, Reisen.

Düringer Annemarie
B: Schauspielerin. A: A–1180 Wien, Hawelg 17, c/o Mangagement Jovanovic. Tel: 0222/474423 oder 089/475024/25.

Dürnbacher Rudolf
PS: Kostas. B: Opernsänger. G: Wien, 23. Sept 1950. A: A–1160 Wien, Kirchstetterng 53/9. S: Hum Gymn, Matura 1969, Stud an d HS f Musik, Konservatorium d Stadt Wien, Klasse Prof Schilly, als Gast d Opernschule bei Kammersänger Kmentt. K: 1975 Wiener Kammeroper, 1976 Studio d Wiener Staatsoper, seit 1978 Mtgl d Wiener Staatsoper, Mitwirkungen im ORF, Fernsehen, bei Konzerten im MusikVer u im Konzerthaus. H: Sport (Tennis, Squash, Fußball, Tischtennis), Briefmarken.

Duschek Anton
B: Schauspieler. A: A–1100 Wien, Feuchterslebeng 67/2/11, c/o Agentur Schmidt-Gentner. Tel: 0222/6479515 oder 0222/752271.

Duval Maria
B: Sängerin. G: Berlin, 2. Feb. A: D–8000 München 60, Alte Allee 78a. Tel: 089/880045. S: GesangsStud in Berlin u London, Schauspiel u Tanz. K: Ab d 14. Lebensjahr m Bruder Frank

Duval im Duett, ständiger Gast im Rundfunk u Fernsehen ua in Chicago, New York, Los Angeles, Las Vegas, San Francisco, d Vereinigten Staaten, d Schweiz, Österreich, Norwegen, Niederlande, Belgien, England, Frankreich, mehrsprachiges Repertoire v Schlager über Musical bis zum anspruchsvollen Chanson, LP „Art-Songs – Kunstlieder im modernen Stil", 25 Singles. F: In in- u ausländischen Zeitungen u Zeitschriften. D: „Ein Platz an d Sonne", „Blauer Bock", „Drehscheibe", „Alle machen Musik", „Mädchen in Uniform", „Natürlich die Autofahrer" ua. H: Malen, Reiten.

Düvelsdorf Helmut
B: Schauspieler. A: D–6072 Dreieichenhain, Philipp Holtmann-Str 34a. Tel: 06103/82152.

Duwner Gerd
B: Schauspieler. G: Berlin, 15. Nov 1925. V: Ursula, geb Krug. A: D–1000 Berlin 62, Freiherr v Stein-Str 3a. Tel: 030/ 7811266. S: Gymn, Schauspielausbildung in Berlin. K: Viele Berliner Theater, zuletzt im Hebbel-Theater Berlin, einige Spielfilme, Hörfunk bei allen deutschen Rundfunkanstalten, ungezählte Fernsehrollen, 30 Jahre ungezählte Synchronisationen. F: Seit ca 12 Jahren viele in allen Berliner Zeitungen, in anderen deutschen Zeitungen u vielen Fernsehzeitschriften, zB Hör Zu, TV Hören und Sehen, Funk Uhr usw. D: „Tingel-Tangel", „Direktion City" (Polizeiserie beim SFB). H: Bauernhaus in Norddeutschland, Hund, Familie.

Dux Eckart
B: Schauspieler, Regisseur. G: Berlin, 19. Dez 1926. V: Marlies, geb Eretgé. A: D–3171 Dannen Büttel. S: Heinrich von Kleist-Gymn in Berlin, Abitur. K: Schaupielschule d Hebbeltheaters, Berlin u bei Else Bongers, Theater in Berlin, Hamburg, München, Wien, Film u Fernsehen. D: „Dachlawine", „Seltsames Paar", „Geliebte Hexe", „Bunbury", „Helden", „Parkstraße 13", „Toller Tag", „Mary-Mary – Ein Zimmer für Zwei", „Prairie-Saloon", „Hedda Gabler", „Hallo Dolly", „Haus in Montevideo", „Vater einer Tochter" ua. M: DAG/BFF. H: Garten, Landwirtschaft, Musik.

Dux Ferdinand
B: Schauspieler. A: D–2850 Bremerhaven, An der Allee 6, c/o ZBF-Agentur Hamburg. Tel: 0471/44849 oder 040/66885400.

Dvorak Felix
B: Autor, Schauspieler. G: Wien, 4. Nov 1936. V: Elisabeth Anna geb Haindl. A: A 2294 Marchegg, Markthof 36. Tel: 02285/615511. S: SchauspielAk. K: Theater am Kärntnertor, Wien, Kleine Komödie, Kabarett Rendezvous, Hamburg, dann mit eigenem Tourneetheater „Austria Kabarett" 3 Jahre in Europa unterwegs, dann Kabarett „Der Würfel", Wien (als Schauspieler, Autor u Dir), Gründer u Dir d „Kleinen Komödie im Savoy" in Wien, an versch deutschsprach Theatern, ua Theater an der Wien, Volkstheater Wien, seit 1973 Mtgl des Theaters in der Josefstadt, Autor f d Wr Stadthalle, Wiener Volksoper, Entertainer in intern Varietes (Grazy Horse in Paris) und TV-Shows, Autor u Hauptdarsteller vieler TV-Shows (ORF, ARD, ZDF, SRG ua). Schallplatten f CBS, Columbia, Philips ua. Buchveröffentlichung: Felix Dvorak über Dicke". E: Goldene Rose von Montreux, Bronze Rose von Montreux, Charlie Chaplin Preis (2x), Preis der Presse (Montreux Festival), Hollywood-Prize.

Dyck Ingeborg van
B: Schauspielerin. A: D–6500 Mainz, Heinrich Heine-Str 9, D–8000 München 80, Possartstr 35. Tel: 06131/676666 oder 089/986777.

Ebel Goran
B: Schauspieler. A: c/o ZBF-Agentur München, D–8000 München 40, Leopoldstr 19. Tel: 089/335081.

Ebeling Elisabeth
B: Schauspielerin. A: D–4630 Bochum, Waldring 28, c/o ZBF-Agentur München. Tel: 0234/300540 oder 089/335081.

Ebenau Katrin
B: Schauspielerin. A: A–1070 Wien, Westbahnstr 5, c/o Agentur Austroconcert. Tel: 0222/9330645 oder 0222/661266 u 634112.

Ebersberg Horst
B: Schauspieler. A: c/o Agentur Killer, D–8000 München 19, Fafnerstr 32. Tel: 089/173455.

Ebert Erich
B: Schauspieler. A: D–8000 München 83, Agrippastr 14. Tel: 089/602401.

Ebert Johanna
B: Schauspielerin. A: D–1000 Berlin 30, Kur-

fürstenstr 80, c/o ZBF-Agentur Berlin. Tel: 030/2624031 u 2613197 oder 030/8838031.

Eberth Claus
B: Schauspieler. A: c/o Agentur Lentz, D–8000 München 80, Holbeinstr 4. Tel: 089/474026.

Ebinger Blandine
B: Schauspielerin, Chansonsängerin. G: Berlin, 4. Nov. V: Dr Helwig Hassenpflug. A: D–1000 Berlin 33, Am Hirschsprung 59c. S: Schauspielausbildung bei d Mutter. K: Beginn als Kinderdarstellerin (Hannele, Wildente usw), Berlin, Schauspielhaus, Staatstheater, dann eigene Abende mit Chansons (geschrieben v Friedrich Hollaender), Theater, Film, nach d Krieg Theater in Berlin, München, Zürich ua, Film, Rundfunk, Fernsehen, Film auch in d USA, weiterhin eigene Abende mit d Chansons d zwanziger Jahre u eigene Chansons (auch in Frankreich). F: Zahlreiche in Zeitungen u Zeitschriften. E: Filmband in Gold (BFilmpreis) 1961. H: Dichtung, Malerei d 17. Jahrhunderts, Musik.

Eckardt Christian
B: Sänger, Texter, Komponist, Mathematiker. G: Herne, 24. Sept 1951. A: D–8000 München 71, Forstenrieder Allee 83. Tel: 089/756359 u 182159. S: Gymn, Stud an d TU, Staatsexamen in Mathematik u Physik, 3 Jahre Instrumentalunterricht in München, zZ Promotion an d TU. K: 1970 erste Auftritte, 1974 LP „Der Käfig", ab 1971 Mitwirkung u ständiges EnsembleMtgl d Kleinkunstbühne KEKK in München. F: In allen Fernseh-Zeitschriften. D: An d Kleinkunstbühne KEKK. E: 1972 erster Preis d Bayerischen Rundfunks (Chanson Wettbewerb), 1977 Schwabinger Kunstpreis. M: GUL, GEMA, DAV. H: Das Leben wirklich zu leben.

Eckert Vera
B: Schauspielerin. G: Berlin. A: D–2000 Hamburg 13, Schlankreye 51. S: Lyzeum, Schauspielschule Berlin. K: Theater in Berlin, Hamburg, Zürich, Fernsehen u Film. F: Film-ABC. D: Moderne Konversations-Stücke u literarisches Cabaret (120 Rollen).

Eckhardt Fritz Prof
B: Schauspieler, Schriftsteller. G: Linz/D OÖ, 30. Nov 1907. V: Hilde, geb Eder. A: A–1020 Wien, Böcklinstr 34/53 u A–3400 Klosterneuburg, Peter Roseggerg 30. S: Gymn, Ak f darstellende Kunst Wien. K: Schauspieler in Wien u an versch sudetendeutschen Theatern, später Berlin u wieder Wien, Schriftsteller seit 1924. F: In nahezu allen Zeitungen u Zeitschriften d deutschen Sprachraumes. D: Ca 80 Spielfilme, Serien u Fernsehstücke seit 1956 u in eigenen u anderen Theaterstücken an versch Bühnen in Wien, Berlin, München u Stuttgart, sowie Den Haag u Amsterdam. E: Prof-Titel, Goldenes Ehrenzeichen d Landes Wien, Goldene Kamera d "Hör Zu", TZ-Rose. M: AKM, ÖGB (Sekt Bühne).

Eckhold Karin
B: Sängerin u Schauspielerin. G: Hamburg, 28. Jan 1943. A: D–2000 Hamburg 74, Ernst Scherling-Weg 18. S: Mittlere Reife in d wiss Oberschule, Ausbildung als Opernsängerin. K: Start als Opern- u Operettensoubrette in Luzern, Gastspiele an vielen großen deutschen Bühnen, zuletzt 1 1/2 Jahre Thalia Theater Hamburg, anschließend Kammerspiele Hamburg, nunmehr als Schauspielerin (auch Kleine Komödie Hamburg). F: In versch Zeitungen u Zeitschriften. D: Viele Musiksendungen in Funk u Fernsehen, durchgehend in 26 Folgen einer Krimiserie, die im Herbst 1979 anläuft, Theater: Mozartsoubretten, Operettensoubretten fast aller gängigen Operetten, Singspiele wie „Bezauberndes Fräulein", „Meine Schwester u ich" usw, Musicals: „Kiss me Kate", „Annie get your gun", „My Fair Lady" uva. H: Trabrennen, Spazierengehen mit d Hund (Rauhaardackel).

Eckner Heinz
B: Schauspieler. A: D–2800 Bremen, Linienstr 29. Tel: 0421/78923.

Eckstein Detlev
B: Schauspieler. A: A–1010 Wien, Börseg 6/17, c/o Agentur de la Berg. Tel: 0222/6340014 oder 08178/3681.

Eckstein Volker
B: Schauspieler. A: c/o Agentur v Pilecki, D–8000 München 22, Oettingenstr 46, c/o Agentur Marga Wiedner. Tel: 089/220263 oder 089/3081822.

Edelmann Bertram
B: Schauspieler. G: Hof/Saale, 6. Okt 1941. A: D–8000 München 80, Halserspitzstr 2. S: Mittlere Reife. K: Seemann, Fremdenlegionär in Algerien, Faulenzer, Schauspieler. F: Boulevardpresse. D: „Alle Menschen werden Brüder", „Masse – Mensch", „Der Witwentrö-

ster", „St Pauli in St Peter" usw. H: Boxen, Schießen, Judo, Autosport, Wasserski.

Eden Ralf-Michael
B: Schauspieler. A: D–1000 Berlin 47, Martin Wagner-Ring 7 B, c/o Agentur Runde-Profé. Tel: 030/6017427 oder 030/3040661.

Eden Rolf
B: Schauspieler. A: D–1000 Berlin 31, Kurfürstendamm 71. Tel: 030/8856849.

Eder Gustav
B: Berufsboxer. G: Bielefeld, 25. Dez 1907. V: Eva Maria, geb Graetz. A: D–1000 Berlin 37, Hilssteig 4. S: Grundschule. K: 20 Jahre Deutscher Meister, 9-maliger Europameister, beide Titel ungeschlagen abgegeben, geboxt 1925–49.

Egei Sandor
KN: „Egeis". B: Dipl-Sportlehrer, Artist. V: Margit, geb Skardelli. A: D–605 Offenbach, Langener Str 128. S: Lehrerausbildung, Budapest, Ausbildung zum Dipl-Sportlehrer, Weiterbildung in Deutschland. K: Ungar HSMeister im Kunstturnen, seit 1956 in Deutschland, Gastspiele in 35 Ländern, zZ Sportlehrer, daneben Auftritte bei Gala-Veranstaltungen. F: In vielen ausländ Zeitschriften. H: Konstruieren techn Geräte, (Sportapparate).

Eggers Harald
B: Schauspieler. A: D–2000 Hamburg 60, Gropiusring 29, c/o ZBF-Agentur Hamburg. Tel: 040/6315842 oder 040/66885400.

Eggert-Spier Almut
B: Schauspielerin. G: Rostock, 7. Juni 1937. A: D–1000 Berlin 19, Eichkampstr 10. S: Mittlere Reife, Dipl-Kosmetikerin, Schauspielschule bei Olly Rummel-Pickschneider, Berlin. K: Theater in Berlin, Frankfurt, Baden-Baden, Hamburg, Stuttgart, zuletzt 1978/79 „Drei Schlafzimmer". F: Programmzeitschriften, Tageszeitungen, Film-ABC. D: Film: ua „Question 7", 42 TV-Spiele, „Zeichen eines Jahres" u „Zeitgeister", Sendung im 3. Programm d SFB Berlin, 38 Folgen, Synchron, Funk. M: Vors d BFF Berlin, BerufsVerb in d DAG. H: Segeln, Tennis, Wasserski, Musik, Gartenarbeit.

Eginhart Martina
B: Schauspielerin. G: München, 1910. V: Ado Riegler. A: D–8031 Gröbenzell, Pfarrer Thauerstr 5. S: Lyzeum, Falckenbergschule München. K: Schauspielerin an vielen namhaften deutschen u Münchner Bühnen.

Ehlert Bert
B: Schauspieler. A: D–1000 Berlin 12, Stuttgarter Pl 3, c/o ZBF-Agentur Berlin, c/o Agentur Bengen. Tel: 030/8838031/54 oder 030/3911895.

Ehre Ida
B: Schauspielerin. A: c/o Agentur de la Berg, D–8026 Irschenhausen, Haus am Weiher, c/o Hamburger Kammerspiele. Tel: 08178/3681 oder 040/445620 u 342644.

Ehrenfreund Heinz
B: Schauspieler. A: c/o Agentur Lentz, D–8000 München 80, Holbeinstr 4. Tel: 089/474026.

Ehret Peter
B: Schauspieler. A: D–8000 München 60, Pirolstr 31, c/o ZBF-Agentur München. Tel: 089/8141265 oder 089/335081.

Ehrhardt Heinz
B: Schauspieler. A: c/o Nordsüd-Theater, Horst Klemmer u Hans H Müller, D–2900 Oldenburg, Hellmskamp 11b, Postfach 589. Tel: 0441/39242.

Ehrich Peter
B: Schauspieler, Regisseur. G: 25. März 1933. V: Elisabeth, geb Pelischek-Roon. A: CH–8126 Zumikon, Farlifangstr 45. S: Abitur, Stud d TheaterWiss, Germanistik, Publizistik an der Freien Univ Berlin. K: Engagements an div Theatern in Deutschland, ua auch in Berlin u Hamburg, u in der Schweiz, Tätigkeit bei Film u Fernsehen in Deutschland, zZ Mtgl d Schauspielhauses Zürich. F: In div Zeitschriften u Zeitungen. D: Theater: „Jedermann", „Petruchio", „Macbeth", „Woyzeck", „Gessler", „Herakles", „Turandot" (v Brecht), „Andorra", „Physiker", „Stadthauptmann", „Der Tag an dem der Papst gekidnappt wurde", „Emilia Galotti", „Timon v Athen", „Mädl aus der Vorstadt", „Götz von Berlichingen", „Wallenstein", „Lulu", „Audienz", „Schmutzige Hände"ua. Film u Fernsehen: „Wer einmal aus dem Blechnapf frißt", „Teufelsspur", „Emil and the detectives", „Die Räuber", „Regenmacher", „Flucht ohne Ausweg", „Harry Brent", „Der Sog", „Die Moral der Ruth Halbfass", „Vidocq", „Fiesko", „Eintausend Milliarden", „Berlinger", „Volksfeind", „Apollo von Bellac",

„Die wilde Flamme".

Eibenschütz Lia
B: Schauspielerin. A: D–1000 Berlin 12, Schillerstr 104a, c/o Agentur Bengen. Tel: 030/316262 oder 030/3911895.

Eichbaum Alfred
PS: Puttjanno. B: Musikalartist. G: Stolberg/Harz, 5. Aug 1898. A: D–1000 Berlin 44, Schillerpromenade 25. S: Grundschule. K: Musik-Malerei, Filmfoto. F: Fachzeitungen, Artist-Zeitschriften u Kritiken. M: IAL, Theaterkammer. H: D Beruf, Jagd, Angeln, Musik.

Eichen Gerd
B: Schauspieler. A: D–8000 München 2, Theresienstr 124, c/o ZBF-Agentur München. Tel: 089/525441 oder 089/335081.

Eichhorn Christoph
B: Schauspieler. A: c/o Agentur Marga Wiedner, D–8000 München 40, Destouchesstr 32/I. Tel: 089/3081822.

Eichhorn Werner
B: Schauspieler. A: D–4630 Bochum, Saladin Schmitt-Str 58, c/o Agentur Marga Wiedner. Tel: 0234/312510 oder 089/3081822.

Eichner Eva
B: Schauspielerin. A: D–8000 München 50, Siegmund Schacky-Str 6. Tel: 089/147371.

Eickelbaum Karin
B: Schauspielerin. A: c/o Agentur Lentz, D–8000 München 80, Holbeinstr 4. Tel: 089/474026.

Eilers Jürgen
B: Schauspieler. A: D–7000 Stuttgart 50, Wilhelmstr 22. Tel: 0711/240185 u 568636.

Eilert Georg
B: Schauspieler. A: D–2000 Hamburg 13, Hochallee 19. Tel: 040/451285.

Einert Gerhard
B: Schauspieler, Diseur, Conferencier. G: Dresden, 26. Juni 1923. A: D–8000 München 22, Widenmayerstr 50. S: Grundschule, Konservatorium. K: Theaterengagements ab 1950 in Dresden, Weimar, Meissen, Rostock, Potsdam, Film u Fernsehen in Ost-Berlin, ab 1961 in d BRD, Theater- u Filmtätigkeit in Hamburg, München, Frankfurt u München. F: In Rundfunk- u TV-Zeitschriften bei Sendeterminen. D: „Protokoll eines Verdachts" (TV-Spiel, 1978), „Kalle Blomquist" (Kindertheater München). M: BühnenGen. H: Malen, Kunsthandwerker.

Einert Mathias
B: Film- u Fernsehdarsteller, Synchron- u Funksprecher, Student. G: Hannover, 1954. A: D–1000 Berlin 19, Ebereschenallee 58a. Tel: 030/3056358. S: Gymn, Abitur, UnivStud d Meteorologie. K: Seit d 10. Lebensjahr in Funk u Fernsehen tätig, etwa 40 Film- u Fernsehrollen, 60 Synchron- u Funkrollen. F: In fast allen Funkzeitungen. D: „Rosi", „Partnersuche", „Unter Denkmalschutz „Jauche und Levkojen" ua. E: Als Leistungssportler mehrere Auszeichnungen. M: SCC-Sportclub Charlottenburg. H: Musik.

Eisenmann Vilma
B: Schauspielerin. A: D–1000 Berlin 33, Ludwig Barnay-Pl 9. Tel: 030/8214907.

Eisler Christiane
B: Schauspielerin. G: 16. Juni 1927. V: B A Mertz. A: D–6000 Frankfurt 60, Inheidenerstr 71. Tel: 0611/464656. S: Abitur, 3 Sem Germanistik, Schauspielschule Kirchhoff. K: 2 Jahre Provinz, 5 Jahre Schiller- u Schloßparktheater, Berlin, 3 Jahre Kabarett im gesamten deutschen Sprachraum seit 1964 in Frankfurt, laufend Gastverträge am Fritz Remond Theater, am Frankfurter Zoo u d Komödie. D: In vielen Fernsehspielen, viele Film- u Theaterrollen. H: Lesen, Reisen, Zeichnen.

El Naib Regina
B: Schauspielerin. A: D–8000 München 40, Zieblandstr 29.

Elbauer Johanna
B: Schauspielerin. A: D–1000 Berlin 62, Wartburgstr 15, c/o Management Mackeben. Tel: 030/7816411 oder 030/8263249.

Elias Buddy
B: Schauspieler. A: D–1000 Berlin 12, Giesebrechtstr 12, c/o ZBF-Agentur Berlin. Tel: 030/8821238 oder 030/8838031/54.

Elischka Hagnot
B: Schauspieler. A: c/o Agentur Schmidt-Gentner, A–1030 Wien Lothringer Str 20. Tel: 0222/752271.

Eller Erika
B: Schauspielerin. G: Dessau, 5. Juni 1945. A: D–7800 Freiburg, Zähringer Str 304. S: Abitur, Stud d Germanistik, Romanistik, Schauspielausbildung an d Staatl HS f Musik u darstellende Kunst in Berlin (Max Reinhardt-Schule). K: Theaterengagements: Schaubühne am Halleschen Ufer, Berlin, Staatstheater Wiesbaden, Wuppertaler Bühnen, Nationaltheater in Mannheim, Staatstheater Karlsruhe, versch Rollen im Fernsehen. D: TV: „Die Weber", „Buddenbrooks", Theater: ua „Kabale und Liebe", „Maria Magdalena", „Was ihr wollt", „Nora", „Victor oder Die Kinder an der Macht", „Ein Kinderspiel", „Bernarda Albas Haus", „Preparadise Sorry Now", „Im Dickicht der Städte". M: GDBA. H: Handarbeiten, Lesen, Kochen f Freunde.

Ellert Gundi
B: Schauspielerin. A: c/o Management Jovanovic, D–8000 München 80, Perfallstr 6. Tel: 089/475024/25.

Elsendoorn Arnica
N: Leonora Arnica Elsendorn. B: Schauspielerin, Balletttänzerin, Sängerin. G: Amsterdam. A: NL, Amsterdam, Potgieterstraat 53/II, c/o Margarete van Dam, NL, Amsterdam, Plantage Parklaan 12. Tel 020/165970. S: Scapino-TanzAk, klassisch, modern, Jazz, Topdance, Spanish, private Schauspiel- u Gesangsausbildung. K: Solotänzerin beim „Scapino Ballet", Nationaal Ballet, Amsterdam, Schauspielerin im Freien Sektor , Musical, Film, Fernsehen. F: In Holland u Deutschland, Privé – Weekend, Fernsehprogrammheften. D: Fernsehfilme: „Ich mache uns ein Lied", „MS Franziska", Film: „Rudi von Danzig – a choregrapher and his work", „Dr Vlimmen", „Don't move baby" ua, Theater: „Cyrano von Bergerac", Musical: „Der Engel von Amsterdam", „Salad Days", „Gypsy". M: Künstler Organisation NVV. H: Boehmflöte (Querflöte), Discotanz, Schwimmen.

Elsholtz Edith
B: Schauspielerin. A: D–1000 Berlin 30, Kurfürstenstr 56, c/o ZBF-Agentur Berlin. Tel: 030/2612062 oder 030/8838031.

Elsner Edeltraut
B: Schauspielerin. A: D–1000 Berlin 27, An der Wildbahn 106, c/o ZBF-Agentur Berlin. Tel: 030/4314742 oder 030/8838031.

Elsner Hannelore
B: Schauspielerin. A: c/o Agentur de la Berg, D–8026 Irschenhausen, Haus am Weiher. Tel: 08178/3681.

Elwenspoek Hans
B: Schauspieler. A: D–8192 Gartenberg/Obb, Buchberg 14. Tel: 08171/18333.

Elzemann Gabriele
B: Schauspielerin. A: D–4041 Neukirchen b Neuß, Auf dem Küpper 18, c/o ZBF-General-Agentur Frankfurt. Tel: 02182/7592 oder 0611/7111313.

Emo Maria
B: Schauspielerin. G: Berlin, 8. Juni 1936. A: A–1160 Wien, Weinheimerstr 9. 5: Reinhardt-Seminar. K: Engagements am Theater i d Josefstadt, Volkstheater, Wien, Tourneen d Nord- u Südamerika. D: „Herr Puntila u sein Knecht Matti", „Das Mädchen v Moorhof" uva.

Endemann Gernot
B: Schauspieler. A: D–2000 Hamburg 61, Holunderweg 5, c/o Management Jovanovic. Tel: 040/588760 oder 089/475024.

Enders Sabine C
B: Schauspielerin. A: D–6050 Offenbach, Tulpenhofstr 40, D–7000 Stuttgart 50, Daimler Str 29, c/o ZBF-General-Agentur Frankfurt. Tel: 0611/82447 oder 0711/569467 oder 0611/7111335.

Endler Helga
B: Schauspielerin. A: D–8011 Zorneding, Grünlandstr 14, c/o ZBF-Agentur München. Tel: 08106/2470 oder 089/335081.

Endriss Elisabeth
B: Schauspielerin. A: D–8000 München 60, Pagodenburgstr 2, c/o ZBF-General-Agentur Frankfurt. Tel: 089/8115267 oder 0611/7111334.

Engel Harry
B: Schauspieler. A: D–8162 Neuhaus/Schliersee, Krettenburgstr 5. Tel: 08026/7507.

Engel Helga
B: Schauspielerin. A: D–6000 Frankfurt/Main, Güntherburgallee 46. Tel: 0611/446856.

Engel Marlies
B: Schauspielerin. A: D-2000 Hamburg 20, Eppendorfer Landstr 30, c/o ZBF-Agentur Hamburg. Tel: 040/66385400.

Engelbrecht Erika
B: Redakteurin, Autorin. G: Berlin, 22. Dez 1909. A: D-6200 Wiesbaden, Parkstr 12. K: ProduktionsAss, RegieAss, Cutterin, Filmautorin, nach d Krieg Redakteurin u Autorin b amerikanischen Sender RIAS, Betreuung d Sendung „Die bunte Palette – Alltag heiter betrachtet", 1952 freie Fernseh-Mitarbeiterin versch RundfunkAnst, 1962–69 ZDF-AbtLtrin f Kultur u Ges, stellv HauptAbtLtrin Kultur, seit 1969 Leiterin d Sendung „Mosaik – Das Magazin für d ältere Generation". E: Wilhelm Lübke-Preis d Kuratoriums „Altershilfe".

Engelhardt Gisela
B: Schauspielerin. A: D-2000 Hamburg 52, Strehlowweg 40. Tel: 040/8803898.

Engelke Sofie
B: Schauspielerin. A: D-6240 Königstein 3, Am Kirchberg 11, c/o ZBF-General-Agentur Frankfurt. Tel: 06173/2402 (1467) oder 0611/7111334.

Engelmann Edgar
B: Schauspieler. A: c/o Agentur Bengen, D-1000 Berlin 21, Paulstr 25. Tel: 030/3911895.

Engelmann Heinz
B: Darsteller, Sprecher, Autor, Regisseur. G: Berlin, 14. Jan 1911. V: Tilla, geb Badendieck. A: D-8132 Tutzing/Starnberger See, Unteranger 11. S: RealGymn, Abitur, Lehrzeugnis Autobranche, 1 Jahr Wehrdienst, Schauspielschule. K: 1. Rolle „Karl III und Anna v Österreich" (Tournee), erste Hauptrollen im Film, Krieg, als Hauptmann d Luftwaffe in Gefangenschaft, ca 30 Filme, Synchronsprecher (Gary Cooper, John Wayne, William Holden uva), deutsche Bearbeitung ausländischer Filme, 3 Jahre Theater Hildesheim, später Berlin. F: In allen einschlägigen Fachillustrierten u Zeitschriften, zB Hör Zu, Neue Post ua. D: Spielfilme: „Ännchen von Tharau", „U-Boote westwärts", „Das große Spiel", „Haie und kleine Fische", „Drei vom Variete", „Puntila und sein Knecht", Theater: „Keine Leiche ohne Lilly" (170x), 30 Hauptrollen in Hildesheim. E: Div Kriegsauszeichnungen. M: Mitbegründer d BFF im DAG. H: Bauern- u Lüftlmalerei, Tischlern, Briefmarken, alle Sportarten.

Engelmann Rita
B: Schauspielerin. A: D-1000 Berlin 37, Ludwigsfelder Str 11. Tel: 030/08013594.

Engels Wolfgang
B: Schauspieler. A: D-3002 Wedemark 2, Natelsheideweg 25, c/o Agentur de la Berg. Tel: 05130/8797 oder 08178/3681.

Engl Sissy
B: Schauspielerin. A: D-8000 München 83, Waldperlacher Str 59, c/o ZBF-Agentur München. Tel: 089/6011482 oder 089/335081.

Enke Werner
B: Schauspieler. A: c/o Agentur de la Berg, D-8026 Irschenhausen, Haus am Weiher. Tel: 08178/3681.

Ensinger Margrit
B: Schauspielerin. G: Haltingen/Baden, 12. Nov 1926. V: Peter Arens. A: CH-8712 Stäfa, Aberenstr 12. S: Schule Schloß Salem. K: Engagements am Deutschen Theater Göttingen (Heinz Hilpert), Kammerspiele München, Schauspielhaus Zürich, div Film- u Fernsehaufnahmen.

Enskat Claus
B: Schauspieler. A: D-4010 Hilden, Feldstr 1. Tel: 02103/53456.

Eppler Dieter
B: Schauspieler. A: D-7000 Stuttgart 70, Franziskaweg 17, c/o Management Palz. Tel: 0711/453994 oder 089/912019/10.

Erb Ursula
B: Schauspielerin. G: Augsburg, 25. Dez 1941. A: D-8300 Landshut, Dammkarweg 10. Tel: 087/63209. S: Mittlere Reife, Schauspielausbildung bei C Wagner Augsburg, Tanz bei W Klaß, Sprechtechnik bei Prof Langen in München. K: Engagements an d Städtischen Bühnen Augsburg, am Südostbayerischen Städtetheater Landshut. F: Zeitmagazin. D: TV-Filme: „Himmel Landshut, tausend Landshut", „Die Ermordung d Herrn Arden", „Die Konsequenz" ua, Theaterstücke: „George Dandin", „Kleinbürger", „Gaslicht", „Glaube, Liebe, Hoffnung", „Die Geisel", „Don Carlos", „Tartuffe", „Die Stühle", „Die Mohrin", „Hamlet", „Bezahlt wird nicht", „Der jüngste Tag", „Becket oder Die Ehre Gottes",

„Nachtasyl“, „Moral“, „Cenodoxus“, „Tango“, „Der gute Mensch v Sezuan“, „Don Juan“, Charley‘s Tante“, „Antigone“, „Dantons Tod“, „Einer muß der Dumme sein“, „Mutter Courage“, „Der Verschwender“, „Viel Lärm um Nichts“, „Vierzig Karat“, „Puntila“, „Urfaust“, „Turandot“, „Dreigroschenoper“ uva. H: Musik, Reisen, Bücher, Malerei, Fotografie.

Erber Christl
B: Schauspielerin. G: Wien, 6. Apr 1944. V: Arch Dipl-Ing Raimund Beil. A: D–8000 München 19, Gernerstr 7. S: Max Reinhardt-Seminar, HS f Musik u darstellende Kunst in Wien. K: Theater in der Josefstadt u Burgtheater in Wien, Residenztheater u Kleine Komödie in München, Funk, Film u Fernsehen. F: Laufend in Zeitungen u Zeitschriften. D: „Apostelspiel“, „Sappho“, „Ein Sommernachtstraum“, „Penthe Silea“, „Bunbury“, viele Rollen in Nestroy u Raimundaufführungen. H: Reisen, Bücher, Musik.

Erber Ursula
B: Schauspielerin. A: D–8031 Stockdorf, Tellhöhe 4, c/o ZBF-Agentur München. Tel: 089/8572545 oder 089/335081.

Erdmann Manfred
B: Schauspieler. A: D–8032 Lochham, Asampl 2, c/o ZBF-Agentur München. Tel: 089/872656 oder 089/335081.

Èrède Juliane
N: Juliane Stüfen. B: Schauspielerin, Autorin, Regisseurin. G: Berlin, 1944. A: D–6000 Frankfurt 1, Sternstr 19. S: Studium in d BRD zum Rhetorik-Lehrer. K: DDR-Schauspielerin, BRD-Schauspielerin, BRD – Leitung d „Medialen Theater“ in Frankfurt, Gedichtlesungen u Vorträge in Frankfurt, Gründerin d „Studio Mitte“, kulturelle Veranstaltungen. F: In d BRD im Zusammenhang mit „Experimentellem Theater“ u konfessionellen Bühnen, Presse in Berlin, München, Frankfurt. D: Brecht, Schiller, Shakespeare, Lope de Vega, dramatisches Fach an d Stadttheatern d BRD, Autorin eigener Theaterstücke f d „Mediale Theater“. M: Mtgl d „Studio Mitte eV“, Schülerin d Gurus Maharadj ji. H: Meditation.

Erfurth Gudrun
B: Schauspielerin. A: D–7500 Karlsruhe, Kaiserallee 15, c/o Agentur Lentz. Tel: 0721/27731 oder 089/474026.

Erhardt Heinz
B: Schauspieler. A: D–2000 Hamburg 64, Fasanenhain 9, c/o KonzertDion Nordprogramme Klemmer/Müller. Tel: 040/6402373 oder 0441/31018.

Ermen Hans-Wilhelm
B: Schauspieler. A: D–5000 Köln 30, Piusstr 80. Tel: 0221/513961.

Ernst Irene Marianne
B: Sängerin, Schauspielerin. G: Bruchsal, 8. Sept 1949. A: D–8000 München 2, Amalienstr 28. S: Gesangsausbildung MusikHS München, Schauspielausbildung Opern-Studio München, teilweise Falckenberg-Schule. K: Gastspiele, Film u Fernsehen, Tourneen. F: Film ABC. D: „Frühstück m Julia“, „Dreimädelhaus“, „Peterchens Mondfahrt“, Fernsehen: „Vorsicht Falle“, „Opera Curioso“, Disco-Serie m Sagermann, eigene Dokumentation ua. M: IDS. H: Tanzen, Musik, Theater, Skifahren, Antiquitäten-Sammlungen.

Erny Béla
N: Béla Ernyey. B: Schauspieler, Sänger. G: Budapest/Ungarn, 10. Juni 1942. A: A–1040 Wien, Blechturmg 26/7. S: Dipl d HS f Film- u Theaterkunst Budapest als Schauspieler. K: 1965 Diplom, bis 1973 Mtgl d Vigtheater Budapest, 1973–76 Theater an d Wien, seit 1976 Gast in München, Theater am Gärtnerplatz, Platten: 1 LP – über 300.000 verkaufte Exemplare, 2 Goldene LP‘s, 12 Singles, seit 1976 Garantievertrag bei „Phonogram“ (Philips) 1 LP, 4 Singles. F: Unzählige Veröffentlichungen. D: 53 Theaterrollen, 60 TV-Spiele u Filme, Shows, Serien, 24 Filmrollen (letzte m Marlene Dietrich, David Bowie, Kim Novak, Sydne Rome, Maria Schell usw „Gigolo“). E: „Stern d Jahres“ d AZ München 1977 f d beste schauspielerische Leistung im Jahr 1976 im deutschsprachigem Gebiet: Titelrolle „Billy“ im Theater an d Wien. H: Sorgenloses Leben u Lieben.

Erwig Til
B: Schauspieler. A: D–8000 München 40, Georgenstr 10, c/o ZBF-Agentur Hamburg. Tel: 089/394985 oder 040/66885400.

Eschberg Peter
B: Schauspieler. A: c/o Agentur Bloy, D–8022 Grünwald, Gasteigweg 1. Tel: 089/6411893.

Eschenbach Eva
N: Eva Eschenbach-Dreyer. B: Schauspielerin. G: Köln-Mühlheim, 20. Juni 1908. A: D–5300 Bonn-Ippendorf, Gudenauer Weg 40. S: Abitur, Ak f Kirchen- u Schulmusik, Berlin, Opernschule, Berlin. K: 1935–54 Opernsängerin in Ratibor, Berlin, Oldenburg, Kattowitz, Halle, Bonn, Gastspiele in ganz Deutschland, 1955–70 GesangsPäd, seit 1970 Schauspielerin, Theater Central Bonn, Theater der Jugend Bonn, Städt Bühnen Bonn. F: Rundfunkalmanach 1934, Bühnenjahrbuch 1978 u in Tageszeitungen anläßlich v Aufführungen. D: Theater: „Glasmenagerie", „Das Mißverständnis", „Urfaust", „Die Zofen", „Die Gerechten", „Glückliche Tage", „Stille Nacht", „Langusten" uva, Filme: „Ansichten eines Clowns", „Die Anstalt". M: Deutsche BühnenGen, Verb deutscher Musikerzieher u konzertierender Künstler. H: Geographie, Marionettentheater.

Espinoza Polo
B: Schauspieler. A: D–1000 Berlin 13, Jungfernheideweg 39, c/o ZBF-Agentur Berlin. Tel: 030/3817109 oder 030/8838031.

Esser Ellen
B: Schauspielerin. G: Berlin, 1942. A: D–1000 Berlin 41, Wilhelmshöher Str 20. S: Max Reinhardt-Seminar, Berlin. K: Theater Bremen.

Esser Paul
B: TheaterDir, Regisseur, Schauspieler. G: Kapellen, 24. Apr 1913. V: Irmgard, geb Hinz. A: D–1000 Berlin 37, Türksteinweg 10. S: Gymn, 4 Sem Kunstgeschichte, Schauspielausbildung in Düsseldorf. K: Westfälisches Landestheater, Weimar, Schneidemühl, Deutsches Theater Berlin, Posen, Witten, Städt Bühnen Düsseldorf, Schillertheater Berlin, dann Städt Bühnen Frankfurt, Freie Volksbühne Berlin, Kammerspiele München als freier Schauspieler, ab 1963 Ltr d Hansa Theaters Berlin. F: In vielen Illustrierten u Tageszeitungen. D: Theater: „Wilhelm Tell", „Der Besuch der alten Dame". Film: „Rotation", „Untertan", „Lustige Weiber von Windsor", Tatortkommisar von Berlin bis 1976, ca 100 Filme u Fernsehspiele. M: Deutscher BühnenVer. H: Moderne Malerei.

Ettehad Raki
B: Schauspielerin. A: CH–8121 Benglen (ZH), Bodenacher Str 63, c/o Agentur v Pilecki. Tel: 00411/8252628 oder 089/220263.

Ettekoven Simone
B: Schauspielerin. A: c/o Management Margarete van Dam, NL–Amsterdam, Plantage Parklaan 12. Tel: 003120/246743.

Etzel Marie-Luise
B: Schauspielerin. A: D–7505 Ettlingen, Theodor Heuss-Str 8, c/o Agentur v Pilecki. Tel: 07243/13842 oder 089/220263.

Eubell Karlheinz
B: Schauspieler. G: Frankfurt/Main, 11. Feb 1928. A: D–8940 Memmingen, Untere Bachg 6. Tel: 08331/80639. S: Realschule m Abschluß, Schauspielausbildung in Frankfurt/M. K: 1954–56 Frankfurter Mundartbühne, 1956–58 Städtische Bühnen Frankfurt/M, 1958/59 Theater am Niederrhein, Kleve, 1959/60 Kleines Theater Ülzen, 1960–65 Städtische Bühnen Frankfurt/M, Theater am Turm Frankfurt, Ruhrfestspiele Recklinghausen, Schwetzinger Festspiele, Lorelei-Festspiele, seit 1965 Landestheater Schwaben, Memminger. D: „Familie Hesselbach", „Kleine Stadt – Ganz groß", „Das Räderwerk", „Die Ladenstraße", „Datterich", „Um Haus und Hof" im TV, Hauptrollen in folgenden Theaterstücken: „Mit besten Empfehlungen", „Volpone", „Das große ABC", „Flitterwochen" „Korczak und die Kinder", „Streng geheim", „Die Stühle", „Die Polizei", „Stephanus soll ich rechtfertigen", „Thomas Morus", „Ritter, Tod u Teufel", „Arsen u Spitzenhäubchen", „Biedermann u d Brandstifter", „Revanche", „Die Dreigroschenoper", „Der Floh im Ohr", „Die gelehrten Frauen", „Die spanische Fliege", „My Fair Lady". E: 25jähriges Bühnenjubiläum – 1979. M: Kassier d GDBA. H: Zaubern, Filmen, Rätsel entwerfen.

Eue-Verdin Felix
B: Schauspieler. A: D–8000 München 81, Arabellastr 5/838, c/o ZBF-Agentur München. Tel: 089/92322248 oder 089/335081.

Evdokimova Eva
B: Ballettänzerin. G: Genf, 1. Dez 1948. A: D–1000 Berlin 31, Nestorstr 54. S: Kinderballett d Bayerischen Staatsoper, München, 6 Jahre „Royal Ballet School", London, Privatlehrerin Maria Fay, 3 Jahre bei Vera Volkova, Kopenhagen, kurze Zeit bei Madame Natalya Dudinskaya im Dirov Ballett, Leningrad. K: Erstes Engagement 1966 als Gruppentänzerin d Königlichen Dänischen Balletts, dann Solodebut in einem Stück v Frank Schaufuss (mit

Peter Martins), 1969 als Solistin an d Deutsche Oper Berlin, 1970 1. Gastspielreisen nach Göteborg, Schweden (mit „Napoli"), Galavorstellung in London u Europatournee mit Nurejev, 1972 Zürcher Opernhaus, gastiert in Kopenhagen, London, Helsinki, Budapest, Oslo, München, Düsseldorf usw, 1976 Sologastspielreise in Rußland, Tokyo, Südafrika u 2x Australien, London Festival Ballet, Palais des Sports in Paris, 1977 zum erstenmal in USA, Metropolitan Opera, New York mit d „American Ballet Theatre", anschließend mehrmals eingeladen mit d ABT zu tanzen, 1978 Gastspiele in New York, Lincoln Centre, mit d Deutschen Oper, dann mit d London Festival Ballet mit Nurejev. D: Fast alle Klassiker, „Schwanensee", „Dornröschen", „Giselle", „Raymonda", „Coppelia", „Fille mal Gardee" usw, „La Sylphide", „Napoli", „Romeo and Juliet", „Feuervogel" (v Cranco), mehrere Balanchine Ballette, „Tristan u Isolde" usw. E: 1968 Statistenpreis v Dänischen Königlichen Theater, 1968 in JuniorAbt v Verna Intern Ballettwettbewerb 2. Preis (Schauspiel, Oper, Ballett), Goldmedaille, 1973 Titel: Primaballerina d Deutschen Oper Berlin, Berliner Kritikerpreis. M: Mtgl d Londoner Festival Ballettes. H: Fotografieren, Lesen.

Evers Michael
B: Schauspieler. A: D–5000 Köln 1, Bolzeng 2, c/o ZBF-Gen-Agentur Frankfurt. Tel: 0221/241865 oder 0611/7111335.

Ewert Christa
B: Schauspielerin. A: D–1000 Berlin 15, Sächsische Str 8. Tel: 030/8831481.

Eyck Kristina Von
B: Schauspielerin. A: c/o Management Jovanovic, D–8000 München 80, Perfallstr 6. Tel: 089/475024/25.

Eysen Mathias
B: Schauspieler. A: D–8000 München 2, Burgstr 8, c/o Agentur Marga Wiedner. Tel: 089/298077 oder 089/3081822.

Faber Hans
B: Schauspieler. A: D–5300 Bonn, Pariser Str 5, c/o ZBF-Gen-Agentur Frankfurt. Tel: 02221/671340 oder 0611/7111335.

Faber Veronika
B: Schauspielerin. G: München, 18. Nov 1948. A: D–8000 München 40, Beltweg 10. S: Mittlere Reife, Schauspielschule, Ausbildung in Tanz, Ballett, Jazz, Stepptanz, Chanson-Singen. K: Feste Engagements: Staatstheater Wiesbaden, Münster, Osnabrück, Würzburg, Gastverträge: TAT Frankfurt, Mannheim, Volkstheater München, Residenztheater München, Kleine Komödie München, Kleine Komödie Hamburg, Max Emanuel-Brauerei München, Theater 44 München, National-Theater München, seit 1976 Münchner Lach- u Schiess-Gesellschaft. F: Div Kritiken u Interviews in Tageszeitungen u sämtlichen Fernsehzeitschriften, in Illustrierten (Stern, Spiegel, Bunte uva). D: Tatort „Zürcher Früchte", „Notizen aus d Provinz", Serie „Der Millionenbauer", Kabarett-Premiere d Münchner Lach- u Schiess-Gesellschaft „Deutsch f Anfänger". E: 2x TZ-Rose f kabarettistische Leistung, AZ-Sterne d Woche, Goldener Steuerknüppel d österr Fiskus.

Fabian Heinz
B: Schauspieler. G: Berlin, 2. Juli 1925. V: Barbara, geb Unruh. A: D–2071 Siek/Ahrensburg, Hauptstr 12. S: Staatl HS f Musik, Stuttgart. D: „FAZZ und Zwo", „Scherenschnitt", „Die Fledermaus", „Schwarzer Jahrmarkt", „Die neuen Leiden des jungen W", „Das Jahrmarktsfest zu Plundersweilern", „Scapins Schelmenstreiche", „Audienz", „Moral" uva, Mitwirkung in zahllosen Funk- u Fernsehproduktionen.

Fackeldey Gisela
B: Schauspielerin. A: D–1000 Berlin 37, Sven Hedin-Str 20, c/o ZBF-Agentur Berlin. Tel: 030/8028830 oder 030/8838031/54.

Fackler Robert
B: Schauspieler. A: D–7500 Karlsruhe, Südendstr 40, c/o ZBF-Agentur München. Tel: 0721/812945 oder 089/335081.

Fahrenkrog Herta
B: Schauspielerin. A: D–2000 Hamburg 60, Sierichstr 173. Tel: 040/464106.

Falckenbach Uwe
B: Schauspieler. A: c/o Agentur Schmidt-Gentner, A–1030 Wien, Lothringer Str 20. Tel: 0222/752271.

Fänder Bernd
B: Sänger. G: Hersfeld, 23. Juli 1944. V: Anat, geb Isman. A: D–2000 Hamburg 60, Heilholtkamp 21. S: Gymn, Richard Strauss-Konservatorium München, Staatl HS f Musik u darstellende Kunst in Hamburg, Diplomprüfung f Oper 1972, f Sologesang 1974. K: 1971 Intern Jugendfestspieltreffen in Bayreuth, 1975 Chor d Bayreuther Festspiele, seit 1972 (außer 1978) Hamburgische Staatsoper, Gast seit 1973, Rundfunkaufnahme mit Deutschlandfunk Köln, NDR, Hamburg.

Fangareggi Ugo
B: Schauspieler. A: c/o Agentur Anna Ottavi, I–00136 Roma, Via Ugo de Carolis 101. Tel: 00396/344554.

Farell Claude
B: Schauspielerin. A: c/o Management Jovanovic, D–8000 München 80, Perfallstr 6. Tel: 089/475024/25.

Faria Derval de
B: Schauspieler. A: c/o ZBF-Agentur Hamburg, D–2000 Hamburg 70, Tonndorfer Hauptstr 90. Tel: 040/66885400.

Fassbinder Gisela
B: Schauspielerin. V: Prof Dr Hermann Schroeter. A: D–5000 Köln 50, Grüngürtelstr 12. S: Abitur, Schauspielschule, Stud d TheaterWiss. K: Engagements in Trier, Bremen, Frankfurt, Köln. H: Raumgestaltung, Entwerfen v Schmuck, Mode.

Faulhaber Ulrich
B: Schauspieler. G: Berlin, 3. Mai 1941. A: D–7570 Baden-Baden, Wannackerweg 5. S: Steinerschule Hamburg. K: Engagements ua: Deutsches Schauspielhaus Hamburg, Thalia-Theater Hamburg, Volksbühne Berlin, Kammerspiele München, Städt Bühnen Frankfurt/M, seit 1958 Fernseh- u Filmarbeiten, sowie Hörspiel. F: Kritiken in Tages- u Wochenzeitungen, sowie Interviews in Rundfunkzeitungen, Reportagen. D: „Sommernachtstraum", „Faust", Stücke v Gorki, Saunders, Kopit, Orton, O'Neil, Ionesco, Brecht uva, Fernsehen: „Der Graue", „Die Reise", „Mein lieber Mann" (Serie), „Kommissar", „Tatort" uva. H: Segeln, Reiten, Wandern.

Fechner Eberhard
B: Autor, Regisseur, Schauspieler. G: Liegnitz/Schleseien, 21. Okt 1926. V: Jannet, geb Gefken. A: D–2000 Hamburg 13, Innocentiastr 7. Tel: 040/459796. S: Grundschule, Schauspielschule d Deutschen Theaters, Berlin. K: 1947–60 als Schauspieler an versch deutschen Theatern, 1960–61 Regisseur am Schloßtheater Celle, 1961–63 Ass von Giorgio Strehler, Piccolo Teatro Milano, 1963–65 Regisseur an versch deutschen Theatern, seit 1966 freier Autor, Fernseh-, Film- u Theaterregisseur u Schauspieler, 14 Drehbücher, zum Teil mehrteilig, 17 Filminszenierungen u über 250 gespielte Rollen. F: In zahlreichen Zeitschriften u Zeitungen. D: Regisseur u Autor: „Selbstbedienung", „Vier Stunden von ELBE I", „Damenquartett", „Nachrede auf Klara Heydebreck", „Der Versager", „Gezeiten", „Frankfurter Gold", „Klassenphoto", „Geheimagenten", „Unter Denkmalschutz", „Tadellöser u Wolff", „Aus nichtigem Anlaß", „Lebensdaten", „Die Comedian Harmonists", „Winterspelt", „Ein Kapitel für sich", „Der Prozeß". E: 1970 Adolf Grimme Preis in Silber, 1971 Kritiker-Preis (Sparte Film), Goldene Kamera, Adolf Grimme Preis in Silber, 1975 Premio della RAI-Prix Italia, 1976 Grimme Preis in Gold, Preis d KultusMin v NRW, 1977 Stern der Woche, TZ-Rose, AZ-Stern d Jahres, New York: Retrospektive Goethe-House u Museum of Modern Art. M: Mtgl d P E N.

Feddersen Karin
B: Schauspielerin. A: D–8000 München 40, Beichstr 2, c/o Management Jovanovic. Tel: 089/395957 oder 089/475024/25.

Feder Ingo
B: Schauspieler. A: D–7500 Karlsruhe, Kriegstr 47, c/o Agentur Marga Wiedner. Tel: 0721/22595 oder 089/3081822.

Fehlhaber Katrin
B: Schauspielerin. A: D–2139 Fintel, Haxloh 27. Tel: 042653/260.

Fehling Gaby
B: Schauspielerin. A: D–8000 München 40, Schellingstr 83 V. Tel: 089/286262.

Fehrs Marco
B: Schauspieler. A: D–2000 Hamburg 65, Bantschowstr 28a. Tel 040/5361087.

Fein Walter
B: Schauspieler. A: D–7570 Baden-Baden, Gunzenbachstr 38. Tel: 07221/25601.

Feist Emil F
B: Schauspieler, Clown. G: Groß-Peterwitz, Oberschlesien, 7. Jan 1924. A: D–8000 München 21, Rapotostr 2/V. S: Grundschule. K: Kfm Ang, Zwergclown (130 cm groß), Manegenaugust, 1952–69 bei Schweizer Nationalcircus Knie, seit Dez 1969 Schauspieler. F: Sehr viele in Zeitungen u Zeitschriften. D: „Mein Name ist Nobody" (als Zwerg auf 5m hohen Stelzen), „Der Held" (Fernsehfilm), „Blechtrommel" (als Zirkusartist), „Woyzeck" (Doktor), „Leonce und Lena" (als König Peter), viele Narrenrollen im Theater. E: Medaillen v Circus Knie. M: SPD (seit Okt 1976), Mtgl in „Lebenshilfe" (seit 1974). H: Lesen, Politik, Spaziergänge in einsamer Natur.

Feist-Steinberg Christoph H
B: Sänger, Schauspieler. G: Bremen, 19. Okt 1908. A: D–8000 München 2, Westendstr 148/III. S: MusikHS (Gesang u Darstellung) in Wien. K: Sänger u Schauspieler am Raimund-Theater in Wien, seit d II Weltkrieg kriegsbeschädigt. F: Eltern, Bild, Quick. D: „Freiburger Passions-Spiel" (Deutschland-Tournee), kleine Rollen in Fernsehsendungen. H: Reisen, Kochen, Schnitzen, Musik.

Felden Regine
B: Schauspielerin. A: c/o Agentur Schmidt-Gentner, A–1030 Wien, Lothringer Str 20. Tel: 0222/752271.

Feldmann Angelika
B: Schauspielerin. A: D–2000 Hamburg 60, Barmbeker Str 129. Tel: 040/276505.

Felgen Camillo
N: Jean Nicolas Camille. B: Lehrer, Moderator, Sänger, Schauspieler, Sprecher. G: Tetange/Luxemburg, 17. Nov 1920. V: Anna-Maria Breuer. A: L–Septfontaines, Villa Paradiso. S: LehrerbildungsAnst, Gesangs- u Schauspielunterricht. K: Beginn bei Radio Luxemburg als Chorsänger u Solist, dann Theater d Großherzugtumes, 1946 Nachrichtensprecher f d französische Programm v Radio Luxemburg, 1949 erste Schallplattenaufnahme in Paris, über 100 Schallplatten folgten, mehrere 100 Schlagertexte gereimt, ua „Sag warum", „Ich hab' Ehrfurcht vor schneeweißen Haaren" uva, 1954–56 Tourneen d Europa, 1956–58 ProduktionsLtr b Werbefunk Saar, 1958–68 Chefsprecher u AbtLtr d deutschen Programms bei Radio Luxemburg, seit 1965 Moderator d Sendung „Spiel ohne Grenzen". F: Gong, Hör Zu uva. E: 1962 Bronze-Medaille b Grand Prix Eurovision de la Chanson. H: Klassische Musik, Krimis, Skat, Schwimmen, Tennis, Gartenarbeit, Erfinden v Spielen.

Felix Gregor
B: Gastronom. G: Berlin, 25. Okt 1934. V: Edda. A: D–2057 Reinbek, Stormarnstr 29. S: Grundschule, kfm Lehre. K: Catcher, Stuntman, Stuntman Dir. F: BZ, Bild, Der Abend, Frankfurter Nachtausgabe, Berliner u Hamburger Morgenpost, Tagesspiegel, Hör Zu, Neue Revue, Stern. D: „Dead Run", „Hölle von Macao", „Spion der in die Hölle ging", „Arzt von St Pauli", „Pfarrer von St Pauli", „Auf der Reeperbahn nachts um halb eins", „Schwere Nylon, heiße Nächte", „Der Bucklige von Soho", „Tod im roten Jaguar", Theater: „Liebeskonzyl", „Harald and Maud", „Wie es euch gefällt". H: Autorennen, Sport, Motorrad.

Felmy Hansjörg
B: Schauspieler. A: D–5071 Unterbösch, Post Biesfeld. Tel: 02207/1316.

Felsenstein Christoph
B: Schauspieler. A: D–1000 Berlin 30, Kurfürstenstr 82, c/o Agentur Bloy. Tel: 030/2616306 oder 089/6411893.

Fendel Rosemarie
B: Schauspielerin. A: D–8023 Pullach, Pater Rupert Mayer-Str 40, c/o ZBF-Agentur München. Tel: 089/7931549 oder 089/335081.

Fenz Silvia
B: Schauspielerin. A: D–2000 Hamburg 76, Hangenau 3. Tel: 040/259250 u Sekretariat 040/582877.

Ferber Felicitas
B: Schauspielerin. A: D–8025 Unterhaching, Johann Strauß-Str 10/II. Tel: 089/6114601 u 645510.

Ferber Gisela
B: Schauspielerin. A: D–5063 Overath, Mittelbech 22, c/o ZBF-General-Agentur Frankfurt. Tel: 02206/7397 oder 0611/7111335.

Fernau Rudolf
N: Andreas Neuberger. B: Schauspieler. G: 7. Jan 1898. V: Oljuschka, geb Edle v Mrazek. A: D–8000 München 80, Metzstr 42/3. Tel:

089/4486666. S: Ausbildung bei Albert Steinrück u Matthieu Lützenkirchen. K: Kammerspiele Hamburg (Erich Ziegel), Preussisches Staatstheater Berlin (Leopold Jessner), Deutsches Theater Berlin (Max Reinhardt), Schauspielhaus Düsseldorf (Luise Dumont), Württembergisches Staatstheater Stuttgart, Bayerisches Staatstheater München, Berliner Schillertheater. F: Zahlreiche Veröffentlichungen u Interviews. D: „Hamlet", „Richard 2.", „Tasso", „Clavigo", „Die Räuber", „Fedja lebender Leichnam", Gastspiel d Schillertheaters in New York Lincoln center m „Don Carlos", Filme: „Dr Crippen an Bord", „Im Namen d Volkes", „Königliche Hoheit", Fernsehen: „Meuterei auf d Caine", „Das Leben d Schauspielers Rudolf Fernau". E: Württembergischer Staatsschauspieler u Berliner Staatsschauspieler, BVerdienstkreuz 1. Klasse.

Fernhout Ad
B: Schauspieler. A: c/o Management Margarete van Dam, NL–Amsterdam, Plantage Parklaan 12. Tel: 003120/246743.

Fernström Kersti
B: Schauspielerin. G: Fagersta/Schweden, 14. Mai 1954. A: D–8000 München 80, Hompeschstr 6, und D–1000 Berlin 19, Bredtschneider-Str 11 A. S: KunstGymn Göteborg, Schauspielschule Zerboni München, Bühnenreifeprüfung f Schauspiel, Musical, Gärtnerplatztheater München, 1974. S: Mit 14 Jahren regelmäßige Bühnenauftritte in Schweden mit eigener Mädchenkapelle, sehr erfolgreich als „Rag Dolls", später „MaRoKeMa's", Schallplatten: „Jesus Christ Superstar", Titelmusik zum Film „Ohne Himmel" u zum Film „Freizeitheim", Schallpatte „He" (Family Child), „Deep Blue Feeling" (Duo Frensh Love), Sprecherin b Deutschlandfunk Köln f Unterhaltung, Kultur u Nachrichten, Synchron. F: Versch Presseveröffentlichungen in ganz Deutschland (Bonn, Hannover, Frankfurt, Stuttgart, München). D: „Die Frau v Meer", „Erst kein Groschen, nun ein Taler", „Hypochonder", „Die wundersame Schustersfrau", „Maria Stuart", „Dantons Tod", „Richard III", „Die Fliegen", „Faust", „Kesselflickers Hochzeit", „Jesus Christ Superstar", „Hair", „Das tapfere Schneiderlein", „Boeing, Boeing Jumbo Jet", „No Sex please, we are British", „Sonny Boys", „Der Mann, der sich nicht traut", „Finden Sie, daß Constanze sich richtig verhält?", „Heiraten ist immer ein Risiko", „Und das am Hochzeitsmorgen", „August, August, August", „Liebling, ich bin da", „Eine Rose zum Frühstück", „Gaslicht", „Die Probe oder Die bestraften Diebe", Fernsehen: „Das fehlende Trum", Fernseh-Shows in Wien als Mtgl d Gruppe „Family Child", in Amsterdam als Mtgl d Gruppe „Family Child", Fernseh-Show Amsterdam Duo „Frensh Love", Aufzeichnung aus d Stuttgarter Komödie im Marquardt: „Liebling ich bin da", „Sie sind Augenzeuge", „Inge", „Heirate nur keine Wienerin". H: Gitarre spielen.

Ferrari Violetta
B: Schauspielerin. A: D–8000 München 19, Nymphenburger Str 95. Tel: 089/188140.

Ferrer Mel
B: Schauspieler. A: c/o Management Jovanovic, D–8000 München 80, Perfallstr 46. Tel: 089/475024/25.

Fersch Gunther
PS in USA: „Gunny". B: Entertainer, Schauspieler. G: Würzburg, 29. Apr 1932. V: Annelie, geb Gruen. A: D–8000 München 60, Anton Meindlstr 4a. S: Oberschule, Sportlehrer, private Schauspielschule Nestor Lampert, Staatsschauspieler. K: Entdeckt v Peter Frankenfeld f d Deutsche Fernsehen 1956, f USA Ed Sullivan 1957, viele Filme, Shows, Fernsehen, Bühne, Schauspieler, Kabarettist, Komiker u Sänger, Stuntman, ca 100 Rundfunksendungen, ca 50 Fernsehsendungen, ca 30 Filme, ca 2500 Stunden synchron. F: In fast allen Zeitschriften ua Life. D: Fernsehen: „Duell nach Noten", „Ein Abend auf d Bremen", „Das Leben ist die größte Schau", „Cinderella Rockefeller", „Vergißmeinnicht" 2x, „Zehn Jahre Eurovision" Deutscher Beitrag, 3x „Zwischenmahlzeit", „Stelldichein zum Stelldichein", 5x „Drehscheibe", 3x „Sport – Spiel – Spannung", „Grünes Licht f helle Köpfe", „Stelldichein beim Wein", 2x „Blauer Bock", „Andy Williams Show" (USA), „Gunny's Gun ABC" (USA), 3x „Servus Günther", 3x „Günther's Karussell", „Narren nach Noten", Gast beim Dänischen Fernsehen uva. E: „The golden Corn" bester ausländischer Entertainer in einer US-Serie v NBC Nebraska, priv Lebensrettungsmedaille. M: IAL, Union of Art/USA, mehrere Sport- u gemeinnützige Ver, wie „Hunger d Welt", FC Bayern uva. H: Sport, Reisen, Landwirtschaft, Mathematik, Umweltschutz.

Fetscher Siegfried
B: Schauspieler. A: D–8134 Maising, Mühlleitenweg 3, c/o ZBF-Agentur München. Tel: 08151/13873 u 089/225544 oder 089/335081.

Feuchtenberg Walter
B: Schauspieler. G: Nürnberg, 7. Feb 1923. V: Roswitha, geb Schupmehl. A: D–8000 München 81, Klingsorstr 10. S: Neues Gymn Nürnberg, Deutsche Schauspielschule Hellberg, München. K: 1949 Absolvierung d Schauspielschule in München, 1950–57 am Stadttheater Saarbrücken, 1957 bei CCC-Film Artur Brauner, Berlin, 1960 freischaffender Schauspieler nach München, Tätigkeit an Bühne, Film u Fernsehen, Tourneen und Gastspiele. F: Hör Zu, Funk Uhr, Gong, Süddeutsche Zeitung, Münchener Merkur, Abendzeitung, Tageszeitungen. D: „Dame Kobold", „Die Heirat", „Romulus der Große", „Deutschlands wilder Westen" (Fernsehspiel), „Dorothea Merz", „Rentnerkommune" ua. E: EhrenMtgl d Verb d Hörfunk- u Fernsehteilnehmer d Saarlandes. M: Bühne-Film-Fernsehen im DAG, InteressenVerb deutscher Schauspieler. H: Reiten, Basteln, Wandern.

Fieber Günter P
B: Schauspieler. A: D–8069 Fernhag, Albrechtstr 1. Tel: 08441/5991.

Fiebig Eva
B: Schauspielerin, Regie-Ltr d Fiebig-Schauspielseminars Hamburg. G: Berlin, 21. Mai 1903. A: D–2000 Hamburg 76, Bürgerstr 14/II. Tel: 2986441. S: Gymn Berlin, 3 Jahre Schauspielausbildung bei Frau Prof Helene Thimig, Reinhardt-Seminar, Berlin. K: Seit 1920 München: Kammerspiele, Staatstheater München, Berlin: Reinhardt-Bühnen, Mannheim, Staatstheater Karlsruhe, Staatstheater Bremen, Schauspielhaus Breslau, ab 1940–50 Deutsches Schauspielhaus Hamburg, seitdem Kammerspiele Hamburg u Gastspiele als Schauspielerin u Regisseur im Jungen Theater Hamburg, Theater im Zimmer, Recklinghausen, Staatstheater Bremen (Mausefalle), Bern usw. F: Hör Zu, Das Schönste, Brigitte, in vielen Programmen, Bühnenjahrbuch, Fotoalmanach, Film ABC, Zeitungen. D: „Drei ehrenwerte Herren", „Till Eulenspiegel", „Egmont", „Biberpelz", „Die Kassette", „My Fair Lady", „Olympia", „Die Besessenen", „Radetzki Marsch", „In freier Landschaft", „Abschied vom Abschied", „Ende der Durchsage", „Nerze", „Verrat auf Befehl", „Illusion der Möglichkeit", „Moritz lieber Moritz", „Spätsommertage", „Tatort", „Hänsel und Gretel", „Schneewittchen", „Percy Stuart", „Polizeifunk ruft" uva.

Fiedler Erich
B: Schauspieler. G: Berlin, 15. März 1901. A: D–100 Berlin 33, Herthastr 20. S: Abitur, 7 Sem Univ Berlin, Ausbildung an d Max Reinhardt-Schauspielschule d Deutschen Theaters Berlin. K: 3 Jahre Deutsches Theater, Kammerspiele, Großes Schauspielhaus Eisenach, Dresden, Berlin, Film, Fernsehen, Rundfunk. F: In versch Zeitungen u Zeitschriften. M: GDBA. H: Film, Fernsehen.

Fiedler Walter
B: Volksschauspieler. A: D–8000 München 70, Oberländer Str 33. S: Stud, Schauspielschule. K: Engagements: „Münchner Platzl", Apollo Theater, Volkstheater, Staatstheater, sämtl Bauerntheater in Bayern, Tätigkeit am Bayr Rundfunk, Rias Berlin, Tourneen im In- u Ausland, Tätigkeit bei Funk, Fernsehen, Film, Werbung. F: Boulevardpresse, Tageszeitungen, Illustrierte, Film- u Fernsehzeitschriften ua. D: Münchner Geschichten", „Die Junggesellenfalle", „Das weiße Rößl", „Erbschaft mit Hindernissen „Tatort", „Wilde Tiere – Wilde Spiele" ua. E: Volksschauspieler. H: Reisen, Wandern.

Fienemann Veritas
B: Tanzsoubrette u Schauspielerin. G: Bierstadt b Worms, 5. Mai 1911. A: D-6000 Frankfurt/M 90, Alexander-Str 98. S: Grundschule, Ballettschule u Gesangsausbildung. K: Theater, Film, Fernsehen. F: Versch Zeitungen u Tagesblätter, ua Darmstädter Tageblatt. D: „Im Weißen Rössl", „Zigeunerbaron", „Paganini", „Saison in Salzburg", „Maske in Blau", „Land d Lächelns", „Schinderhannes", „Damenquartett", „Kaleidos-Kop", „Weg vom Fenster", „Der Manager", „Unser Dorf", „XY ungelöst", „Detektiv Krohs", „Penny Au Pair", „Tatort", „Krank durch Alkohol", „Sportbund". E: Viele Widmungen. M: GDBA Hamburg. H: Sport, Gymnastik, Schwimmen, Ping-Pong.

Fink Agnes
B: Schauspielerin. A: c/o Agentur Alexander, D–8000 München 80, Lamontstr 9. Tel: 089/471011.

Finkenzeller Heli
B: Schauspielerin. A: D–8000 München 90, Harthauser Str 27b. Tel: 089/0646229.

Firchow Reinhardt
B: Schauspieler. A: D–4044 Kaarst, Heide 1, c/o ZBF-Agentur Hamburg. Tel: 02101/66171 oder 040/66885400.

Fischer Britta
B: Schauspielerin. A: D–8000 München 40, Clemensstr 101, c/o ZBF-Agentur München. Tel: 089/3005426 oder 089/335081.

Fischer Gabriele
B: Schauspielerin. A: c/o ZBF-General-Agentur Frankfurt, D–6000 Frankfurt/Main, Feuerbachstr 42–46. Tel: 0611/7111335.

Fischer Gisela
B: Schauspielerin. G: Berlin, 21. Apr 1929. A: CH–8044 Zürich, Zürichbergstr 36. S: Lawrence College, Bronsville, New York (BA), Theatre workshop Uta Hagen, New York City, Institut f angewandte Psychologie in Zürich, Diplom. K: 1955–56 Atelier-Theater in Bern, 1956–62 Städt Bühnen Frankfurt/Main, seit 1962 freiberufliche Schauspielerin. D: „Dreigroschenoper" (1959 erste Fernseh-Lifesendung, Hessischer Rundfunk), „Bluthochzeit", „Tewje und seine Töchter", „Der Winter der ein Sommer war", Filme: ua „Tom Curdain", „Mrs Cheney's Ende". H: Musik.

Fischer Kai
B: Schauspielerin. A: c/o ZBF-Agentur München, D–8000 München 40, Leopoldstr 19. Tel: 089/335081.

Fischer Lorli
B: Schauspielerin. A: c/o Agentur v Pilecki, D–8000 München 22, Oettingenstr 46. Tel: 089/220263.

Fischer Thomas
B: Schauspieler. A: D–8000 München 40, Kaiserstr 25, c/o ZBF-Agentur München, c/o Agentur Rakosi. Tel: 089/331744 oder 089/335081 oder 089/6904092.

Fischer Wiltrud
B: Schauspielerin, Kabarettistin. G: Helpsen/Sch.-Lippe, 31. Aug 1938. V: Heinz Herrtrampf. A: D–5000 Köln 1, Jülicher Str 19. Tel: 246732/242101. S: Schauspielschule Köln. K: Stadttheater Aachen, Kammerspiele Hamburg, seit 1966 Ltg u Mitwirkung am Kabarett DIE MACHTWÄCHTER Köln. F: Frankfurter Rundschau, Brigitte, Petra, Hör Zu, Kölner Stadt-Anzeiger, Kölnische Rundschau, Express, Prisma, div Tageszeitungen in d BRD. D: Viele Rollen im Theater, TV: 3x Bob Roojens-Show, „Plattenküche", „Medien-Klinik", div Rollen, viele Hörspiele. E: Deutscher Kleinkunstpreis 1975 (Sparte Kabarett). H: Lesen, Reisen, Filmen.

Fischer-Fels Siegfried
B: Opernsänger, Baß. G: Weißenfels/Saale, 13. Juli 1932. V: Helga, geb Rehwald. A: D–1000 Berlin-Grunewald, Wangenheimstr 12. S: Grundschule, Abitur, Stud d Innenarchitektur, GesangsStud an d HS f Musik in Berlin. K: 1957–59 Anfänger Staatsoper Unter d Linden, 1959–61 Landestheater Halle (Händel-Festspiele), 1961–62 Volksoper u Kammeroper Wien, 1962–64 Opernhaus Köln, 1964–66 Staatstheater Braunschweig, 1966–68 Staatstheater Oldenburg, 1968–69 Opernhaus Dortmund, 1969 schwerer Autounfall, Ende d Bühnenkarriere. F: In allen Wiener Zeitungen, Tagespresse, Opernwelt u a Fachzeitungen. D: Alle Fachpartien d Baß-Faches ua Figaro, Osmin, Sarastro, König Phillip, Simone Boccanegra, Ramphis, Hunding, Daland, Rocco, Ollendorf, Bastolo, van Bett uva. H: Antiquitäten, Schwimmen, Garten.

Fischer-Knuth Lorli
B: Schauspielerin. A: c/o Agentur v Pilecki, D–8000 München 22, Oettingenstr 46. Tel: 089/220263.

Fitz Lisa
B: Schauspielerin. A: c/o Profi Musik- u Unterhaltungsproduktion, D–8033 Krailling, Eichenstr 17. Tel: 089/8571454.

Fitz Veronika
B: Schauspielerin. A: c/o Agentur Lentz, D–8000 München 80, Holbeinstr 4. Tel: 089/474026.

Fitz Walter
B: Komponist, Produzent, Veranstalter, Schauspieler. G: Kaiserslautern, 31. Okt 1921. V: Molly, geb Raffay. A: D–8033 Krailling/München, Eichenstr 17. S Oberrealschule, Abitur, Seeoffiziersausbildung, Marineschule Mürwik, MusikStud in Gefangenschaft in Kanada 1944–47. K: Oblt zur See bis 1945, dann Ltr eines Tanz- u Unterhaltungsorchesters bei

Special Service, AFN u deutschen Etablissements, 1950–70 Ltr d Gesangstrios „DAS FITZETT" (Film, Funk u Fernsehen), seit 1970 Inhaber d PROFI Musik- u Unterhaltungsproduktion (Schallplattenproduktion, Veranstaltungen) u freier Schauspieler. F: Meine Familie und Ich, TV-Zeitschriften über FS-Spiel „Das Stiftungsfest", TV Hören und Sehen. D: Fernsehen: „Die Fahnenweihe", „Die Wohltäter", „Das Stiftungsfest", „Salvator-Festspiel" ua. Theater: „Die Pfingstorgel", „Brandner Kaspar", „1. Klasse" ua. E: Faschingsorden. M: Ordentl GEMA-Mtlg, Deutscher KomponistenVerb, VG Wort ua. H: Kochen, Bergwandern, Schwammerlsuchen, Gartenarbeit, Kartenspielen.

Fitzek Siegurd
B: Schauspieler. A: D–8000 München 71, Weltistr 15, c/o ZBF-Agentur München. Tel: 089/798562 oder 089/335081.

Fjorsen Julia
B: Schauspielerin. A: D–2000 Wedel/Holstein, Röntgenstr 3. Tel: 04103/4651.

Flamme Walter
B: Schauspieler. A: D–6000 Frankfurt/Main, Mittelweg 25, c/o ZBF-Gen-Agentur Frankfurt. Tel: 0611/599649 oder 0611/7111335.

Fleischer Karl
B: Schauspieler. A: D–2000 Hamburg 13, Hallerstr 1 D. Tel: 040/448809.

Fleischmann Herbert
B: Schauspieler. A: c/o Agentur de la Berg, D–8026 Irschenhausen, Haus am Weiher. Tel: 08178/3681.

Flesch Günter
B: Schauspieler. A: D–2057 Reinbek, Schaumannskamp 206. Tel: 040/7221933, über Sekretariat 040/582877.

Fleury Lo de
B: Schauspielerin, Cabarettistin, Tänzerin. G: Zürich, 4. Nov 1917. A: CH–8302 Kloten, Werftstr 33. S: Primar- u Sekundarschule, Bühnen- u Tanzunterricht d private Lehrer. K: Eigene Tanzschule, eigenes Cabaretprogramm, Master of ceremony in St Moritz, Vulpera, Wengen, Engelberg ua, Tourneen durch Europa in Varietes u für GI's, später Theaterrollen an div Bühnen d Schweiz, Film- u TV u Funk. F: In Ringier-Zeitschriften, Magazinen u div Tageszeitungen im In- u Ausland. D: „Der keusche Lebemann", „Die Schwindelfiliale", „Tschau-tschau", „Der Junggeselle", „Schützenkönig", „anno dazumal". E: Goldene Nadel v Blatzheim, Anerkennungsschreiben v d Schweizer TV. H: Stücke schreiben, Liedermacherin, Fotografieren, Schwimmen.

Flimm Jürgen
B: Schauspieler. A: D–2000 Hamburg 20, Abendrotweg 36, c/o Management Baumbauer. Tel: 040/481784 oder 089/478577.

Flöricke Hilde
B: Schauspielerin. A: D–6000 Frankfurt/Main, Hedderichsrr 2. Tel: 0611/618853.

Focke-Karius Barbara
B: Schauspielerin. A: D–2000 Hamburg 13, Fontenay-Allee 9, D–2900 Oldenburg, Bismarckstr 22, c/o ZBF-Agentur Hamburg. Tel: 040/4101374 oder 0441/13248 oder 040/66885400.

Foernbacher Helmut
B: Schauspieler, Regisseur. G: Basel, 26. Jan 1936. V: Kristina, geb Nel. A: CH–4132 Muttenz/Basel, Rieserstr 23. S: RealGymn, Handelsschule in Basel, SchauspielStud in Wien. K: Als Schauspieler Hauptrollen in ca 100 Spiel- u Fernsehfilmen, als Schauspieler u Regisseur an Bühnen in Basel, Zürich, Bern, München, Köln, Düsseldorf, Hamburg, Mainz, Berlin, Dir d „Theater Vis-A-Vis" in Basel 1974–75, seit 1975 Ltr d INTERMEDIAEREN STUDIOS DER MUSIK-AKADEMIE BASEL. D: „Schonzeit für Füchse", „Forellenhof", „Steppenwolf", „The Lost Ones", „Schüsse aus dem Geigenkasten", „PSY", „Frei nach Mark Twain", „Cubakrise", „Des Ende vom Lied", „Sechs Personen suchen einen Autor", „Der Wald", „Prager Legende", „Asmode", „Drei Schlafzimmer", „Barfuß im Park" uva, als Regisseur: „Sommersprossen", „Köpfchen in das Wasser", „Beiß mich Liebling", „Fiestas", „Suchen Sie Dr Suk", „Zwischen den Flügen". E: Preis d Deutschen Film-Theater f „Fiestas", Silberner Bär, Berlin.

Fögen Milia
B: Schauspielerin. A: D–8136 Percha, Seestr 3, c/o Agentur Elborg. Tel: 08151/12246 oder 089/374055.

Follina Giulia
B: Schauspielerin. A: D–2000 Hamburg 60,

Maria Louisen-Stieg 2a, c/o ZBF-Agentur München. Tel: 040/479384 oder 089/335081.

Forester Wolfgang
B: Schauspieler. A: D–4040 Neuss, Bockholtstr 3. Tel: 02101/544465.

Först Irmgard
B: Schauspielerin. A: c/o Agentur Lentz, D–8000 München 80, Holbeinstr 4. Tel: 089/474026.

Forst Willi
B: Schauspieler, Regisseur, Autor, Produzent. G: Wien, 7. Apr 1903. A: A–1000 Wien. S: Realschule. K: Engagements in Teschen, an deutschsprachigen Bühnen d damaligen Tschechoslowakei, ua in Mährisch-Zwittau, Schönberg, Znaim, Gablonz, Brünn, Marienbad, Metropol-Theater Berlin, Carltheater Wien, Theater d Westens Berlin, Apollo-Theater Wien Lessing-Theater Berlin, Renaissance-Theater Berlin, Deutsches Theater Berlin, Kammerspiele d Deutschen Theaters Berlin, Schauspieler f d Stummfilm u Tonfilm, Filmregie, eigene Filmproduktion, Regisseur folgender Filme: „Leise flehen meine Lieder", „Maskerade", „Unfinished Symphony", „Mazurka", „Allotria", „Burgtheater", „Serenade", „Frauen sind keine Engel", „Die Sünderin", „Im weißen Rößl", „Kabarett", „Kaiserjäger", „Die unentschuldigte Stunde", „Wien, du Stadt meiner Träume", Produzent v „Burgtheater", „Capriolen", „Serenade", „Bel Ami", „Ich bin Sebastian Ott", „Operette", „Wiener Blut", „Fauen sind keine Engel", „Hundstage", „Der Hofrat Geiger", „Die Frau am Weg", „Das Kukkucksei", „Die Stimme Österreichs", „Wiener Mädeln", Drehbuchautor v „Leise flehen meine Lieder", „Maskerade", „Unfinished Symphony", „Allotria", „Capriolen", „Serenade", „Bel Ami", „Operette", „Wiener Blut", „Wiener Mädeln", „Die Sünderin", „Es geschehen noch Wunder", „Im weißen Rößl", „Die unentschuldigte Stunde", „Wien, du Stadt meiner Träume". F: In intern Tageszeitungen, Zeitschriften, Illustrierten uva. D: Stummfilm: „Der Wegweiser", „Oh, du lieber Augustin", „Sodom u Gomorrha", „Strandgut", „Die drei Niemandskinder", „Die elf Teufel", „Cafe Elektric", „Amor auf Ski", „Ein besserer Herr", „Die blaue Maus", „Der Sträfling f Stambul", „Frühlingsluft", „Die Frau, die jeder liebt, bist Du", „Katharina Knie", Tonfilm: „Atlantik", „Zwei Herzen im 3/4-Takt", „Ein Tango f Dich", „Ein Burschenlied aus Heidelberg", „Das Lied ist aus", „Der Herr auf Bestellung", „Die lustigen Weiber v Wien", „Der Raub d Mona Lisa", „Peter Voss, d Millionendieb", „Der Prinz v Arkadien", „Ein blonder Traum", „So ein Mädel vergisst man nicht", „Brennendes Geheimnis", „Ihre Durchlaucht, die Verkäuferin", „Ich kenn' Dich nicht u liebe Dich", „So endete eine Liebe", „Königswalzer", „Es leuchten d Sterne", „Bei Dir war es immer so schön", „Der Weg in d Vergangenheit", „Ein Mann vergisst d Liebe", „Bel Ami", „Ich bin Sebastian Ott", „Operette", „Wiener Blut", „Wiener Mädeln", „Es geschehen noch Wunder" uva. E: Graf Sascha Kolowrat-Wanderpokal.

Forster Heidy
B: Schauspielerin. A: D–8000 München 40, Rümannstr 57/05, c/o ZBF-Agentur München. Tel: 089/368600 oder 089/335081.

Förster Lore
B: Schauspielerin. A: D–2000 Hamburg 52, Kaulbachstr 33. Tel: 040/898964.

Fortell Bert
B: Schauspieler. A: A–1190 Wien, Obkircher G 37, c/o Agentur Silman. Tel: 0222/322254 oder 089/695919/10.

Fournell Astrid
B: Schauspielerin. A: D–8000 München 40, Krumbacher Str 13, c/o Agentur Schmidt-Gentner, c/o ZBF-Agentur München. Tel: 089/378564 oder 0222/752271 oder 089/335081.

Fox Harry
B: Showmaster, Programmgestalter. G: München, 7. Mai 1941. V: Rita, geb Karl. A: D–8000 München 80, Steinstr 53. S: Grundschule. K: Erlernter Beruf: Werkzeugmacher, dann Werkzeugschleifer, Volontär bei einer Tageszeitung, Gastwirt, Verleger, Produzent, Veranstalter, Angestellter einer großen Agentur, selbständiger Künstler u Kfm. F: Versch Veröffentlichungen in div Zeitungen u Zeitschriften. M: IFO. H: Musik, Shows, Schallplatten.

Fox-Dueering Carl
B: Schauspieler. A: c/o Agentur Lentz, D–8000 München 80, Holbeinstr 4. Tel: 089/474026.

Franschy Felix
B: Schauspieler. A: A–1090 Wien, Porzellang 4, c/o Agentur Schmidt-Gentner, c/o ZBF-Agenturen München u Berlin, c/o Agentur Rakosi. Tel: 0222/3469792 u 634459 oder 0222/752271 oder 089/335081 oder 030/8838031/54 oder 089/6904092.

Franckh Pierre
B: Schauspieler. A: D–8081 Moorenweis, Fürstenfeldbrucker Str 24, c/o ZBF-Agentur München. Tel: 08146/223 oder 089/335081.

Frank Astrid
B: Schauspielerin. A: c/o Agentur de la Berg, D–8026 Irschenhausen, Haus am Weiher. Tel: 08178/3681.

Frank Edgar
B: Schauspieler. A: D–2000 Hamburg 6, Karolinenstr 32. Tel: 040/4396744.

Frank Ellen
B: Schauspielerin. A: D–8000 München 40, Eisenacher Str 2b, c/o Agentur Marga Wiedner. Tel: 089/362794 oder 089/3081822.

Frank Günther
B: Schauspieler. A: A–2103 Langenzersdorf, Alleestr 84–86, A–1080 Wien, Buchfeldg 19. Tel: 00432244/2127 oder 0222/423366.

Frank Horst
B: Schauspieler. A: c/o Agentur Lentz, D–8000 München 80, Holbeinstr 4. Tel: 089/474026.

Frank Peter
B: Schauspieler. A: D–2077 Trittau, Bahnhofstr 14, c/o ZBF-Agentur Hamburg. Tel: 04154/2193 oder 040/66885400.

Frank Silvia
B: Schauspielerin. A: D–8000 München 2, Augustenstr 77. Tel: 089/528585 oder 0711/265915.

Frank-Hoheisel Friedel
B: Schauspielerin. A: D–8000 München 40, Burgunder Str 13, c/o ZBF-Agentur München. Tel: 089/304555 oder 089/335081.

Franke Dieter
B: Schauspieler. A: D–1000 Berlin 42, Germaniastr 27, c/o ZBF-Gen-Agentur Frankfurt, c/o Agentur Schmid. Tel: 030/7511325 oder 0611/7111334 oder 089/981464.

Franken Margot
B: Schauspielerin. A: D–8000 München 81, Kurzmannweg 8, c/o ZBF-Agentur Hamburg. Tel: 089/982775 oder 040/66885400.

Franken Renate
B: Schauspielerin. A: c/o Agentur Bengen, D–1000 Berlin 21, Paulstr 25. Tel: 030/3911895.

Frankh Pierre
B: Schauspieler. A: D–8081 Moorenweis, Fürstenfeldbrucker Str 24, c/o ZBF-Agentur München. Tel: 08146/223 oder 089/335081.

Frantova Jitka
B: Schauspielerin. A: c/o Schönhuber, D–8000 München, Knöbelstr 28, I–00186 Roma, Via della Rotonda 36, c/o Agentur Schmidt-Gentner. Tel: 089/297718 oder 00396/657406 oder 0222/752271.

Frauboes Wolf-Dietrich Hans
B: Schauspieler. G: Leipzig, 23. Dez 1918. A: D–1000 Berlin 41, Kı lchstr 7. S: Reichsgewerbeschule, priv Schauspielunterricht. K: Soldat b Kriegsende, Schauspieler am Stuttgarter Volkstheater, Kammerspielstudio d St V, Stuttgarter Kleines Theater, Radio Stuttgart, Städtebund-Theater Schwäbisch-Gmünd, Hebbel-Theater Berlin, RIAS Berlin, Haus d Kultur d Sowjetunion, Berliner Bühne d Jugend, Rheingau-Theater Berlin, Renaissance-Theater Berlin, Tribüne Berlin, Freie Volksbühne Berlin, Vaganten, Sender Freies Berlin, Kabarett, Film, Komödie am Kurfürstendamm, Neue Berliner Bühne, Titania-Palast, Fernsehen, eigene Veranstaltungen, Dokumentationen, Lesungen, Lichtbilder-Vorträge. F: Fernsehzeitschriften, Tageszeitungen, Illustrierte. D: „Don Carlos“, „Galgenstrick“, „Candida“, „Land d Lächelns“, Fernsehen: „Mit dem Adler fing es an“, „Hermann u Dorothea“, „Reichstagsbrand-Prozess“, Intern Film: „The Battle of Britain“, Fernsehen: „Bischof Ketteler“, „Kommissariat 9“, „Tamara-Bau“, „Equus“, „Betrifft Fernsehen“ (Serie), „Kommissar“ uva, Film: „Lieb Vaterland magst ruhig sein“ uva. M: Anthroposophische Ges in Deutschland, Journalistenclub Berlin, Ver f erweitertes Heilwesen, Demeter Verbraucher Assoziation, ADAC, RFFU, BFF/DAG. H: Malen, Plastizieren.

Fredriksson Anna-Frid
KN: ABBA (m Agnetha Ulvaeus, Björn Ulvaeus,

Benny Andersson). B: Sängerin. G: Narvik/Norwegen, 15. Nov 1945. A: c/o Abba-Clubzentrale Thomas Müller, D–8000 München 2, Thalkirchner Str 88. K: 1970 erste Auftritte als Quartett „Björn Benny + Anna Frida" Änderung d Namens in „Abba", LPs: „Waterloo", „Abba", „Honey, Honey", „Mamma Mia", „The Best of Abba", „Arrival", „The very Best of Abba", „The Album", Singles: „Honey, Honey", „So long", „I do, I do", „SOS", „Mamma Mia", „Fernando", „Dancing Queen", „Money, Money, Money", „Knowing me, knowing you", „Name of the Game", „Take a Chance on me", „Eagle" ua. F: In versch in- u ausländischen Zeitungen u Zeitschriften. D: „ABBA 78". E: Grand Prix Eurovision in Brighton 1974.

Frees Wolfgang
B: Schauspieler. A: GB–London NW 87 LR, 40 Ormonde Terrace. Tel: 00441/7220035.

Freiberg-Helfrich Mona
B: Schauspielerin. G: Planegg, 30. Okt 1950. V: Bernd Helfrich. A: D–8201 Wurmsdorf, Dorfstr 6. K: Schauspielausbildung, Kleine Komödie München, Residenztheater München, ZDF, ARD. F: TZ, TV Hören und Sehen, Bild u Funk, Gong, AZ. D: „Graf Schorschi", „Die Widerspenstigen", „Achtung Kunstdiebe", „Soko", „Polizeiinspektion", „Wanninger", „Krach im Hinterhaus", „Die Witwen". H: Skilaufen, Motorradfahren, Segeln.

Freitag Robert
B: Schauspieler. A: c/o Agentur Lentz, D–8000 München 80, Holbeinstr 4. Tel: 089/474026.

Freitag Wilfried
B: Schauspieler. A: D–1000 Berlin 30, Traunsteiner Str 7, c/o ZBF-Agentur Berlin. Tel: 030/246566 oder 030/8838031/54.

Frey Erik
B: Schauspieler. A: A–1080 Wien, Wickenburger Str 13, c/o Management Baumbauer. Tel: 0222/434476 oder 089/478577.

Frey Karin
B: Schauspielerin. A: D–8000 München 81, Vollmannstr 49, c/o ZBF-Agentur München. Tel: 089/915791 u 936997 oder 089/335081.

Frey Thomas
B: Schauspieler. A: D–1000 Berlin 31, Helmstedter Str 10, D–2000 Hamburg 60, Andreasstr 11, c/o Agentur Mackeben. Tel: 030/8531988 oder 040/272284 oder 030/8263249.

Freyberger Manfred
B: Schauspieler. A: c/o Agentur Anna Ottavi Cheli, I–00136 Roma, Via Ugo de Carolis 101. Tel: 00296/344554.

Freyer-Olschanowsky Biggi
B: Schauspielerin. A: c/o Management Jovanovic, D–8000 München 80, Perfallstr 6. Tel: 089/475024/25.

Fricke Peter
B: Schauspieler. G: Berlin 1938. A: D–8000 München 90, Harthauserstr 83. K: Städt Bühnen Frankfurt, Bayerisches Staatsschauspiel, Münchner Residenztheater, dann Film u Fernsehen. F: In versch Zeitungen u Zeitschriften. D: „Die Wildente", „Das Verhör d Ernst Niekisch", „Heilige Johanna", „Nathan d Weise", „Kommissar", „Derrick" uva. E: Staatsschauspieler. H: Fechten, Laufen.

Fricke Willem
B: Schauspieler. A: D–2000 Hamburg 20, Schottmüller Str 36. Tel: 040/4808344.

Frickhöfler Gerhard
B: Schauspieler. A: D–1000 Berlin 19, Preußenallee 30, D–7570 Baden-Baden, Beuttenmüllerstr 28a, c/o Agentur Runde-Profé. Tel: 030/3043525 oder 07121/7930 oder 030/3040661.

Fricsay Andreas
B: Schauspieler. A: c/o Agentur Lentz, D–8000 München 80, Holbeinstr 4. Tel: 089/474026.

Friebel Otto
B: Schauspieler. G: Dresden, 12. Dez 1920. A: D–8000 München 83, Gerhard Hauptmann-Ring 25. S: Abitur. K: Bis 1943 Soldat, 2 Sem TH Dresden, 1946–48 Schauspielschule. F: Film-ABC. D: Bisher über 200 Film- u Fernsehrollen, Theater-Engagements in München, Wilhelmshaven, Ingolstadt, Hamburg, Theater-Tourneen. H: Motorrad- u Autofahren, Segeln, Tischtennis, Bergwandern, Hatha-Yoga.

Friedl Fritz von
B: Schauspieler. A: c/o Agentur v Pilecki, D–8000 München 22, Oettingenstr 46. Tel: 089/220263.

Friedl Loni von
B: Schauspielerin. A: c/o Agentur Bloy, D–8022 Grünwald, Gasteigweg 1. Tel: 089/6411893.

Friedmann Ruth
B: Schauspielerin, geprüfte Sprecherzieherin. G: Mannheim, 20. Nov 1924. A: D–4150 Krefeld, Lutherpl 10, D–6830 Schwetzingen, Kurpfalzring 70. Tel: 06202/4522 oder 02151/398280. S: HS f Musik u Theater, Mannheim, abgeschlossene Ausbildung als Schauspielerin, Univ Münster, Lektorat f Sprecherziehung u Vortragskunst, Prüfung f Sprecherzieher. K: Engagements: Bayerische Landesbühne München, Kammerspiele München, Stadttheater Koblenz, Stadttheater Krefeld, Landestheater Detmold, Landestheater Saarbrücken usw, Tourneebühne: „Bühne 64, Zürich“. F: Bildarchiv im Deutschen Bühnenjahrbuch 1979. D: Klassiker sowie Boulevardstücke als Charakterdarstellerin u Salondame, Rollen mit komischem u kabarettistischem Einschlag. M: Gen Deutscher Bühnenangehöriger, Ges f Sprechkunde u SprechWiss. H: Theater, Musik, Literatur, Reisen.

Friedrich Daniel
B: Schauspieler. A: c/o Management Jovanovic, D–8000 München 80, Perfallstr 6. Tel: 089/475024/25.

Friedrich Heinz Kammersänger
B: Opernsänger. G: Berlin, 26. Dez 1921. V: Ruth-Maria, geb Kurz. A: D–8183 Rottach-Egern, Kisslinger Str 22. S: Abitur in Berlin, InstrumentalStud (Cello, Klavier, Orgel). K: Während d Ausbildung als Sprecher am Berliner Rundfunk, Filmvertrag bei Tobis konnte wegen d Einberufung nicht wahrgenommen werden, 1946 aus d Gefangenschaft entlassen, GesangsStud bei Prof Götte, 1948 erstes Engagement an d Staatsoper Berlin, gleichzeitig Weiterbildung im Studio bei Frau Prof Frida Leider, 1949 erfolgreiches Einspringen als Papageno, daraufhin Vertrag f 1. Fach, Übersiedlung nach Westdeutschland, 1953–54 in Kaiserslautern, 1954–56 Städt Bühnen Augsburg, 1956–61 Staatstheater Wiesbaden, 1957 Vertrag mit d Staatstheater am Gärtnerplatz in München, 1963 Bayrischer Kammersänger, Gastspiele in Wien, Berlin, Frankfurt, Stuttgart, Oslo, Reykjawiek, Kairo, Buenos Aires. F: Bunte Illustrierte. D: Über 80 Opernpartien, TV-Produktionen: „Tobias Wunderlich“, „Schneider Wibbel“, „Die Kluge“, „Das Mädchen aus dem goldenen Westen“, „Evangelimann“, „Zigeunerliebe“, „Fra Diavolo“. E: 1963 Bayrischer Kammersänger. M: GDBA. H: Radfahren, Schwimmen, Cello- u Orgelspielen.

Friedrich Karl
B: Schauspieler u SpielLtr. G: Graz, 7. Mai 1929. V: Helga, geb Engel. A: D–6000 Frankfurt/M 1, Günthersburgallee 46. S: RealGymn, Schauspielschule in Graz, seit 1947 am Theater. K: Theaterengagements: 1950–57 Vereinigte Bühnen Graz, 1957–59 Bühnen d Stadt Köln, 1959–62 Nationaltheater Mannheim, 1962–66 Staatstheater Darmstadt, 1966–72 Städt Bühnen Frankfurt/M, 1972–73 Schauspielhaus Bochum, vor u nach 1973 Verträge m d Theater d Stadt Bonn, Staatstheater Wiesbaden, Staatstheater Stuttgart, Stadttheater Ingolstadt, Städtebundtheater Solothurn-Biel, Fritz Remond-Theater im Zoo Frankfurt/M, Theater d Freien Hansestadt Bremen, Deutsches Schauspielhaus Hamburg, 1964 u 1978 Ruhrfestspiele Recklinghausen, 1962/63/64/66/72/79 Luisenburgfestspiele Wunsiedel. F: Hör Zu, versch Tageszeitungen „Frankfurter Allgemeine“, „Frankfurter Rundschau“, Bonner Generalanzeiger uva. D: Mitwirkung in über 40 Fernsehproduktionen, ua: „Audienz“, „Das Geld liegt auf d Bank“, „Dr Muffels Telebrause“. H: Briefmarken.

Friedrich Matthias
B: Schauspieler. A c/o Agentur Marga Wiedner, D–8000 München 40, Destouchesstr 32/I. Tel: 089/3081822.

Friedrichs Carla-Christine
B: Schauspielerin. A: D–8000 München 80, Mauerkircher Str 10, c/o ZBF-Agentur München. Tel: 089/989074 oder 089/335081.

Friedrichs Hanns Joachim
B: Moderator, HauptAbtLtr Sport d ZDF. G: Hamm/Westf, 15. März 1927. A: D–6229 Georgenborn, Alte Schloßremise. S: Abitur, Stud d Anglistik u Phil, Volontariat b „Berliner Telegraf“. K: 1943–45 Gefreiter im 2. Weltkrieg, britische Gefangenschaft, 1950–55 BBC London, dann NWDR, später WDR Köln, 1964 Wechsel z ZDF, Korrespondent in Amerika, 1969 Moderator d ZDF-Nachrichtensendung „Heute“, seit 1973 HauptAbtLtr Sport d ZDF, zwischendurch Reisen nach Vietnam ua, gelegentlich Moderator „Aktuelles Sport-Studio“. F: Bild, Süddeutsche Zeitung uva. H: Schlafen,

Fotografie, Jazz, Lesen, Golf, Tennis, Fußball, Leichtathletik.

Friedrichs Paul
B: Schauspieler. A: D–8032 Lochham, Leharstr 30, c/o ZBF-Agentur München. Tel: 089/884633 oder 089/335081.

Friedrichs-Wethmar Joana
B: Schauspielerin. A: D–8021 Neuried/München, Am Jägerstern 21, c/o ZBF-Agentur München. Tel: 089/754126 oder 089/335081.

Friedrichsen Rainer
B: Schauspieler. A: D–8900 Augsburg, Rauwolfstr 5, c/o ZBF-Gen-Agentur Frankfurt. Tel: 0821/513487 oder 0611/7111335.

Friedrichsen Uwe
B: Schauspieler. A: D–2090 Drage, Stover Elbdeich 2, c/o ZBF-Agentur Hamburg. Tel: 04176/423 oder 040/66885400.

Frisch-Gerlach Theo Prof
B: Schauspieler. A: D–8031 Puchheim, Adenauerstr 32, c/o ZBF-Agentur München. Tel: 089/801194 oder 089/335081.

Fritsch Ekkehard
B: Schauspieler. A: D–1000 Berlin 38, Quantzstr 18a. Tel: 030/8031839.

Fritsch Kurt Otto
B: Schauspieler. A: D–1000 Berlin 62, Wartburgstr 19. Tel: 030/ 7848064/65.

Fritsch Thomas
B: Schauspieler. A: c/o Management Palz, D–8000 München 81, Ortlindestr 6/VII. Tel: 089/912019/10.

Fritsch Gisela
N: Gisela Pukaß. B: Schauspielerin u Synchronsprecherin. G: Berlin, 24. Nov 1946. V: Joachim Pukaß. A: D–1000 Berlin 38, Katteweg 11. S: Fritz Kirchhoff-Schauspielschule Berlin. K: Schiller-Theater, Berlin, Renaissancetheater Berlin, Tribüne Berlin, Theater am Kurfürstendamm Berlin, Staatstheater Kassel, Ruhrfestspiele Recklinghausen, zZ freischaffende Schauspielerin u Sprecherin f alle deutschen Rundfunk- u Fernsehanstalten. F: In div Zeitungen u Zeitschriften. D: Theater: „Ein Eremit wird entdeckt", „Das Haus in Montevideo" „Lampenschirm", „Maria Magdalena" uva, Film: „Heute kündigt mir mein Mann" uva, TV: „Urlaub zur Beerdigung", „Eine zerstörte Illusion", „Ein typischer Fall", „Die Kommode" uva. M: GDBA. H: Reisen, Gartenarbeit.

Fritz Bruno
B: Schauspieler. A: D–1000 Berlin 33, Herthastr 4. Tel: 030/8857504.

Fritz Roger
B: Schauspieler. A: c/o Agentur Alexander, D–8000 München 80, Lamontstr 9. Tel: 089/471011.

Fritze Erich
B: Schauspieler. A: D–8000 München 71, Engadiner Str 4, c/o ZBF-Agentur München. Tel: 089/752183 oder 089/335081.

Fröbe Gert
B: Schauspieler. A: c/o Management Jovanvic, D–8000 München 80, Perfallstr 46. Tel: 089/475024/25.

Froboess Cornelia
B: Schauspielerin. A: D–8021 Kleinholzhausen, Rinklhof, c/o Management Baumbauer. Tel: 08O34/2080 oder 089/478577.

Fröhlich Gustav Friedrich
B: Schauspieler, Regisseur, Schriftsteller. G: Hannover, 21. März 1902. V: Maria Muzi, geb Hayek. A: CH–6614 Brissago, Casa al muro. S: RealGymn. K: Ein Jahr „Eleve" an Provinzzeitung, 1919 Schmierentheater in Süddeutschland, 1920 Vorstadttheater Berlin, 1921 Große Volksbühne Berlin, 1923 1. Film, 1924 Großfilm, bis 1954 ca 120 Filme, danach Gastspiele an vielen Theatern, meist Boulevardbühnen, seit 1977. F: Unzählige. D: Großfilm „Metropolis" u ca 120 Filme, Regie: „Der Bagnosträfling", „Die Lüge", „Wege im Zwielicht", „Toreani". E: Filmband in Gold 1973, Medaille d Stadt Salzburg 1972. H: Maurerarbeiten, techn Bastelei, schnelle Autos.

Fröhlich Hellmut Roland
B: Schauspieler. A: D–8000 München 80, Schleibinger Str 8, c/o ZBF-Agenturen Frankfurt u München. Tel: 089/484171 oder 0611/7111313 oder 089/335081.

Fröhlich Ingrid
B: Schauspielerin. A: c/o Management Palz, D–8000 München 81, Ortlindestr 6/VII. Tel: 089/912019/10.

Fröhlich Josef
B: Schauspieler. G: Mistelbach/NÖ, 10. Mai 1933. V: Karin, geb Krejci. A: D–8000 München 71, Appenzeller Str 107. S: RealGymn, Wirtschaftsschule, Max Reinhardt-Seminar Wien. K: Theater: Bregenz, Chur, München: Neues Theater, Volkstheater, Kammerspiele, Göttingen: Deutsches Theater (bei Hilpert), Hamburg: Deutsches Schauspielhaus, Thaliatheater, Kammerspiele, Berlin: Freie Volksbühne, Renaissance-Theater (bei Noelte), TV. F: Theater heute, Programmzeitschriften, Tageszeitungen. D: TV, Hauptrollen in: „Thomas More", „Ein Tag", „Mord auf Befehl", „Frank V.", „Das Bild", „Gnade f Timothy Evans", „Kleinbürgerhochzeit", „Transplantation", „Millionenspiel", „Christbaumbrettl", „Ein Schweizer wie bestellt", „Trotzky in Coyoacan", „Kommissar", „Derrick", Titelrolle in Fernsehserie „Merlin" uva. M: BF, DühnenGen. H: Lesen, klassische Musik, Reisen.

Fröhlich Peter
B: Schauspieler. A: c/o Agentur v Pilecki, D–8000 München 22, Oettingenstr 46. Tel: 089/220263.

Frölich Heinz
B: Schauspieler. A: D–8000 München 2, Erzgießereistr 7. Tel: 089/196724.

Frosch Gerd Roman
B: Schauspieler. A: D–8000 München 19, Birkerstr 6, c/o ZBF-Agentur München. Tel: 089/185858 oder 089/335081.

Frost Karin
B: Schauspielerin. A: D–8600 Bamberg, Obere Königstr 7, c/o ZBF-Agentur München, c/o Agentur Jovanovic. Tel: 0951/28807 oder 089/335081 oder 089/475024/25.

Früh Giovanni
B: Schauspieler. A: D–2000 Hamburg 76, Eilenau 31. Tel: 040/2505046.

Frydtberg Wera
B: Schauspielerin. A: D–8000 München 60, Rubensstr 6, c/o Management Jovanovic. Tel: 089/836374 oder 089/475024/25.

Fuchs Claus
B: Schauspieler. A: D–8000 München 81, Denninger Str 98, c/o ZBF-Gen-Agentur Frankfurt. Tel: 089/912995 oder 0611/7111335.

Fuchs Enzi
B: Schauspielerin. A: D–8000 München 40, Destouchesstr 32, c/o Agentur Marga Wiedner. Tel: 089/302414 oder 089/3081822.

Fuchs Gaby
B: Schauspielerin. A: c/o Management Jovanovic, D–8000 München 80, Perfallstr 6. Tel: 089/475024/25.

Fuchs Matthias
B: Schauspieler. A: c/o Agentur v Pilecki, D–8000 München 22, Oettingenstr 46. Tel: 089/220263.

Fuchs Oswald
B: Schauspieler. A: A–1170 Wien, Franz Glaser-G 30, c/o ZBF-Gen-Agentur Frankfurt. Tel: 0222/4628604 oder 0611/7111335.

Fuchs Tonio
B: Schauspieler. A: c/o Agentur Schmidt-Gentner, A–1030 Wien, Lothringer Str 20. Tel: 0222/752271.

Fuchs Ute
B: Schauspielerin. A: D–7750 Konstanz, Wollmatinger Str 77. Tel: 07531/55595.

Fuglsang Käte
B: Schauspielerin, Charakterdarstellerin. G: Berlin, 24. Apr 1903. A: D–1000 Berlin 12, Kantstr 152. S: Lyzeum, Ballettschule, Schauspielschule. K: Tätigkeit bei Film, Rundfunk, Fernsehen u Bühne. F: Funkzeitschriften, Deutsches Bühnenjahrbuch. D: „Mann mit den grauen Schläfen", „Füchse im Hühnerstall", „Maria", viele Hörspiele, Rezitationen, 21 Fernsehspiele „Kennen Sie Georg Lincke" ua. E: 40jähriges Mtgl d BühnenGen. M: Film- u Fernsehclub, Deutsche BühnenGen, Gemeinschaft d früheren RundfunkAng, Kulturbund, ReichskulturKam, RundfunkKam. H: Auto, Tennis, Segeln.

Fuhrmann E O
B: Schauspieler. A: D–2000 Hamburg 1, Lindenstr 17, c/o Agentur Marga Wiedner. Tel: 040/240103 oder 089/3081822.

Fuhrmann Erika
B: Schauspielerin. A: D–1000 Berlin 31, Lützenstr 7, c/o ZBF-Agentur Berlin. Tel: 030/8912553 oder 030/8838031.

Fulda Linde
B: Schauspielerin. G: Lüdinghausen, 8. Apr 1948. V: Volker Brandt. A: D–2000 Hamburg 60, Flemingstr 13. S: Gymn, 1 Jahr Bühnentanzausbildung, 3 Jahre Schauspielschule. K: Kammerspiele Hamburg, Thalia-Theater Hamburg, Ernst Deutsch-Theater, Tribüne Berlin, Theater am Turm Frankfurt, Komödie im Marquart Stuttgart, Theater am Dom Köln, Die Komödie Frankfurt, Badisches Staatstheater Karlsruhe, Stückverträge, ca 20 Fernsehspiele, 2 Spielfilme. F: Hör Zu, TV Hören u Sehen. D: Theater: „Zwielicht", „Der Nerz", „Geldschrankballade", „Ehe in Paris", „Monsieur Chasse", „Früher oder später", „Messingköpfe", „Das Kaffeehaus", „Liebe im September", „Scherz beiseite", „Jedem das Seine" uva, TV-Spiele: „Ansagerin gesucht", „Geronimo u d Räuber", „Der Mieter", „Scaldino", „Ein Haus voll Musik", „Polizeirevier Davidswache", „Hallo Mr Moss", „Das Fernsehgericht tagt", „Onkel Phil's Nachlaß" uva.

Fürbringer Ernst Fritz
B: Schauspieler. G: Braunschweig, 27. Juli 1900. V: Lizzie, geb Rademacher. A: D–8000 München 40, Kunigundenstr 6. Tel: 089/390888. S: RealGymn bis Primareife. K: Fähnrich z S, Sekretär in d Waffenstillstands Kmsn, landwirtschaftlicher Insp, Kfm, zuletzt bei Siemens-Schuckert, seit 1925 Schauspieler, bis 1935 an d Hamburger Kammerspielen, 1935–42 Bayerisches Staatsschauspiel, von 1942–45 Hausvertrag bei d Bavaria-Filmkunst, viel Synchronisation, 3 bzw 5 Jahresverträge mit Staatsschauspiel u Kammerspiele München, ab 1960 freie Tätigkeit bei fast allen Fernseh-Sendern, Theatertourneen. F: Gong, Hören u Sehen, Bild u Funk, Frau im Spiegel usw. D: Filme: „Truxa", „Fasching", „Titanic", „Es leuchten die Sterne", „Feuerteufel" uva, Fernsehen: „Wallenstein", „Don Carlos", „Othello", „Zaubereien", „Ein schöner Abend", „Sperrmüll", „Privatsekretär" uva, Theater: „Nathan d Weise", „Der Kreis", „Wallenstein", „Anne Frank" uva. M: Tierschutz, Krebshilfe, SOS-Kinderdorf, Blindenhilfe, Verkehrswacht uva. H: Kammermusik, Tennis, Schwimmen, Wandern.

Furch Janne
B: Schauspielerin. A: c/o Agentur Rakosi, D–8000 München 90, Tegernseer Landstr 284. Tel: 089/6904092.

Furler Adolf Dante
B: Sportreporter, Moderator. G: Berlin, 21. März 1923. V: Hildegard. A: D–5159 Brüggen an d Erft, Heerstr 23. K: Volontariat b „Fußballwoche", 1953 freier Mitarbeiter b RIAS Berlin, Programmsprecher, 1959 freier Mitarbeiter b WDR Köln, seit 1961 Moderator d ARD-Sportschau, Sprecher v Hörspielen u Sportreportagen b WDR, 1966 Gründung d „Intern Traberagentur A D Furler", Auktionen, Wirtschafts- u Rennsport-Werbung. E: Viele Siege als Amateur-Trabrennfahrer. H: Hippologische Bibliothek.

Fürst Heinrich
B: Schauspieler, Regisseur. G: Ludwigshafen, 9. Dez 1906. V: Helene, geb Weiser. A: D–4000 Düsseldorf, Varnhagen-Str 38. S: Abitur, jur Referendar. K: Städt Bühnen Würzburg, Kammerspiele München, Schillertheater Berlin, Staatl Schauspielhaus Hamburg, Schauspielhaus Düsseldorf, Schauspielhaus Bochum. F: In allen einschlägigen Zeitschriften. D: Mephisto, Wallenstein, Philipp, Gessler, Burleigh, Herodes, Aegist ua, Fernsehen: zuletzt „Rentnerkommune". H: Filmen, Fotografieren.

Fuss Harry
B: Schauspieler. G: 1. Aug 1913. A: A–1170 Wien, Hormayrg 3. S: Schauspielschule Prof Rudolf Beer. K: Engagements an d Scala Wien, Brünn, Zürich, Aussig,Karlsruhe, versch Wiener Theater, Volkstheater Wien. D: „Meine Tante – Deine Tante", „Eine Reise ins Glück" uva.

Fux Herbert
B: Schauspieler. G: Hallein/Salzburg, 25. März 1927. A: A 5020 Salzburg, Traunstr 30. S: Matura, HS f Musik u darstellende Kunst, Mozarteum Salzburg. K: 12 Jahre Theater in Wien, München, Salzburg, dann ab 1965 hauptsächlich Film u Fernsehen, über 100 Filme u einige Dutzend Fernsehspiele. F: Viele in Zeitschriften u Zeitungen. D: „Wilder Reiter", „Lord Kaputt", „Engel von St Pauli", „Operatione San Pietro", „Jack the Ripper". E: BFilmpreis (Musik), Wilder-Reiter-Film. M: Bürgerliste-Gemeinderat Salzburg, aus Bürgerinitiativen gegründet (keine polit Partei). H: Politik.

Gabor Barbara
B: Schauspielerin. A: c/o Agentur Ahrens,

D–5000 Köln 1, Christophstr 31. Tel: 0221/210848.

Gadow Mogens von
B: Schauspieler. A: D–8000 München 90, Lorenzonistr 47. Tel: 089/646373.

Gaffron Burkhard
B: Schauspieler. A: D–8000 München 40, Occamstr 3, c/o BF-Agentur München. Tel: 089/348797 oder 089/335081.

Gahr Michael
B: Schauspieler. A: D–8000 München 40, Germaniastr 33/III, c/o Agentur v Pilecki. Tel: 089/366183 oder 089/220263.

Gallart Doris
B: Schauspielerin, Sängerin. G: Marienburg, 28. Okt 1936. A: D–1000 Berlin 62, Freiherr v Stein-Str 6. S: Folkwangschule Essen, Staatl HS f Musik Hamburg (Schauspiel, Gesang, Klavier). K: Junges Theater Hamburg, Stadttheater Hildesheim, Bühnen d Landeshauptstadt Kiel, Badisches Staatstheater Karlsruhe, Hessisches Staatstheater Wiesbaden, Wuppertaler Bühnen, Opernhaus Köln, Gastspiele in Düsseldorf, Wien, Berlin, Hamburg, Wiesbaden, Stuttgart, Basel, Zürich ua, Arbeit f Fernsehen u Rundfunk, zZ freie Schauspielerin u Sängerin. F: In versch Zeitungen u Zeitschriften d In- u Auslandes. D: „Der Widerspenstigen Zähmung", „Viel Lärm um Nichts", „Der Kaufmann v Venedig", „Der eingebildete Kranke", „Der gute Mensch v Sezuan", „Der kaukasische Kreidekreis", „Herodes u Marianne", „Katze auf d heißen Blechdach", „Requiem f eine Nonne", „Dame Kobold", „Donna Diana", „Das Himmelbett", „Marat", „Leben u leben lassen", „Der schöne Gleichgültige", „Mutter Courage", „Dreigroschenoper", Musicals: „My fair Lady", „Irma la Douce", „Guys and Dolls", „Can-Can", „Kiss me Kate", „Feuerwerk", „Seidenstrümpfe", „Man of la Mancha", Fernsehen: „Nur einer wird leben", „Ferienschiff" (Serie), „Tingel-Tangel", „Draußen vor d Tür", „Frau Fabricius" (Serie), „5 Tage hat die Woche", „Amouren", „Verrat ist kein Gesellschaftsspiel", „Polizeistation" (Serie), „Smog", „Der Zweck heiligt d Mittel", „Nicht einmal das halbe Leben", „Die Unzufriedene", „Es muß nicht immer Kaviar sein" (Serie), „Schwindlig vor Geld u Liebe", „Wir haben alle unsere Macken", „Der Mann der sich nicht traut", „Eine phantastische Nacht" uva.

Gallo Inigo
B: Schauspieler. A: CH–8008 Zürich, Delphinstr 14, CH–8165 Oberweningen-Zürich, Grundstr 185. Tel: 00411/347214 oder 00411/8560000.

Galuba Dirk
B: Schauspieler. G: Schneidemühl/Pommern, 28. Aug 1940. V: Waltraud, geb Hellmann. A: D–8000 München 60, Dr Böttcher-Str 38. S: Gymn, Abitur, 4 Sem Univ (Germanistik, TheaterWiss, Französisch). K: Schauspielschule Bochum, erstes Engagement in Bochum, dann Heidelberg, Lübeck, Berlin, Düsseldorf, München. F: In fast allen Fernseh-Zeitschriften, Interviews in „Die Welt", „Bild u Funk", „7 Tage". D: Filme: „Anita Drögemöller", „Und der Regen verwischt jede Spur", „Der Schimmelreiter", Fernsehen: versch Hauptrollen in: „Tatort", „Derrick", „Der Alte" u div Fernsehspielen. H: Reiten, Tennis, Bergwandern.

Gantner Vera
B: Schauspielerin. A: D–4040 Neuss, Bockholtstr 3, c/o ZBF-General-Agentur Frankfurt. Tel: 02101/544465 oder 0611/7111334.

Ganz Axel
B: Schauspieler. A: D–7602 Oberkirch, Gaisbach 7, c/o ZBF-Agentur München. Tel: 07802/4519 oder 089/335081.

Ganz Bruno
B: Schauspieler. A: D–1000 Berlin 31, Trautenaustr 10, c/o Management Erna Baumbauer. Tel: 030/875686 oder 089/478577.

Garbers Gerhard
B: Schauspieler. G: Hamburg, 24. Aug 1942. V: Brigitte, geb Monshausen. A: D–2000 Hamburg 20, Ependorfer Landstr 19. S: Gymn, Schauspielschule, HS f Musik Hamburg. K: 1964–70 Schauspielhaus Bochum, 1970–71 Stadttheater Bonn, 1972–74 Staatstheater Darmstadt, 1974 Kammerspiele München, 1975–77 Residenz-Theater München, 1978 Düsseldorfer Schauspielhaus, seit 1978 freier Schauspieler. D: In etwa 100 Rollen d modernen u klassischen Repertoires am Theater, Fernsehen: „Derrick", „Der Turm", „Nirgendwo ist Poenichen" uva. H: Jogging.

Garden Eva
B: Schauspielerin. A: D–8000 München 60, Klarweinstr 18, c/o Management Jovanovic. Tel: 089/8115180 oder 089/ 475024/25.

Garden Kitty
B: Tänzerin. G: Karlsruhe, 2. Juli 1949. A: D–7500 Karlsruhe 21, Bachstr 69. S: Volksschule. H: Blumen.

Garden Peter
B: Schauspieler. A: D–8000 München 71, Sintzenichstr 12. Tel: 089/797171.

Garell Peter
B: Schauspieler. A: A–1150 Wien, Felberstr 122/13, c/o Agentur Rakosi, c/o Agentur Schmidt-Gentner. Tel: 089/6904092 oder 0222/752271.

Garko Gianni
B: Schauspieler. A: c/o Management Jovanovic, D–8000 München 80, Perfallstr 6. Tel: 089/475024/25.

Gärtner Claus Theo
B: Schauspieler. A: c/o Agentur Alexander, D–8000 München 80, Lamontstr 9. Tel: 089/471011.

Gärtner Fritzludwig
B: Schauspieler. A: D–7063 Rienharz, Post Welzheim, c/o ZBF-Gen-Agentur Frankfurt. Tel: 07182/7122 oder 0611/7111313.

Gary Franz
B: Schauspieler. G: 17. Aug 1932. V: Edith, geb Friedl. A: D–8000 München 81, Wilhelm Diessweg 13/54. S: Mittelschule, Reinhardt-Seminar Wien m Abschluß. K: Nach einigen Lehrjahren an österr Landesbühnen feste Engagements in Köln (Prof Schuh), Frankfurt/M (Int Buckwitz), Wien, Theater i d Josefstadt, Freie Volksbühne Berlin, Gastspiele in Bochum, Bremen, Helsinki, Ruhrfestspiele, seit drei Jahren freiberuflich tätig bei Film u Fernsehen. F: Theater heute, Bühne, Gong, Hör Zu, in fast allen Funkzeitschriften u größeren Tageszeitungen d BRD u Österr. D: Theater: ua „Heinrich VII", „Thomas Morus", „Was Ihr wollt", „Minna v Barnhelm", „Schweigen", „Endstation Sehnsucht", Fernsehen u Film: ua „Die Barrikade", „Schwejk", „Derrick", „Der Mann im Schilf", „Kommissariat 9", „Ein Riß im Eis", „Die Hebamme", „Merlin", „Alpensaga". M: Mtgl d Deutschen BühnenGen. H: Fischen, Radfahren, Schwimmen, Pilze suchen.

Gassen Joseline
B: Schauspielerin. A D–1000 Berlin 33, Taunusstr 5 c/o ZBF-Agentur Berlin. Tel: 030/8262783 oder 030/8838031.

Gasser Gaby
B: Schauspielerin. A: c/o Agentur Lentz, D–8000 München 80, Holbeinstr 4. Tel: 089/474026.

Gasser Wolfgang
B: Schauspieler. A: c/o Agentur Alexander, D–8000 München 80, Lamontstr 9. Tel: 089/471011.

Gassner Elisabeth
B: Schauspielerin. A: A–1090 Wien, Frankg 4/14a. Tel: 0222/4278914.

Gatzke Wilma
B: Schauspielerin. A: D–2000 Hamburg 76, Averhoffstr 10. Tel: 040/2296730.

Gauditz Uwe
B: Schauspieler. A: D–1000 Berlin 41, Liebenowzeile 11, c/o Agentur Bengen. Tel: 030/7694145 oder 030/3911895.

Gautschy Melitta
B: Schauspielerin. A: c/o Agentur v Pilecki, D–8000 München 22, Oettingenstr 46. Tel: 089/220263.

Gebel Eva-Maria
B: Schauspielerin. G: Berlin, 10. Feb 1940. A: D–1000 Berlin 15, Pariser-Str 17. S: Oberschule, Schauspielunterricht b Hilde Körber. F: BZ, Cine Monde, Morgenpost ua. D: „Mädchen in Uniform", „Das Mädchen Rosemarie", „Schwarze Nylons, heiße Nächte", „Wunderland bei Nacht", „Der Fall Kranz", „Die Bräute meiner Söhne", „Blue Triste", „Das Blaue v Himmel", „Grünes Licht f helle Köpfe", „Hallo Nachbarn" uva. H: Reiten, Schwimmen, Tennis.

Gebelein Katren
B: Schauspielerin. A: D–8000 München 90, Tegernseer Landstr 109, c/o Agentur Bengen. Tel: 089/696260 oder 030/3911895.

Gebhart Peter
B: Schauspieler. A: D–8000 München 40, Griegstr 9b, c/o ZBF-Agentur München. Tel: 089/3592802 oder 089/335081.

Geerk Antje
B: Schauspielerin. A: D–8000 München 40,

Conollystr 14, c/o ZBF-Agentur München. Tel: 089/3512459 oder 089/335081.

Gehring Viktor
B: Schauspieler. A: D–8000 München 40, Neureuther Str 29.

Geiermann Günter
B: Schauspieler, Regisseur. G: Trier, 1. Apr 1938. A: D–8000 München 40, Straßbergerstr 9. Tel: 089/3518664. S: Gymn, MusikHS Saarbrücken, SchauspielAk. K: Landesschauspiel Memmingen, Stadttheater Saarbrücken, an versch Münchener Bühnen, Gastspiele in Bern, Ingolstadt, Dortmund uva. F: In versch Zeitungen, Magazinen, Illustrierten ua. D: „Die Räuber", „Die ehrbare Dirne", „Der Widerspenstigen Zähmung" uva, versch Rollen in Filmen u Fernsehproduktionen. M: IDS. H: Tennis, Fußball, Joga ua.

Geigel Eva
B: Schauspielerin. A: c/o Agentur Marga Wiedner, D–8000 München 40, Destouchesstr 32/I. Tel: 089/3081822.

Geiger Siglinde
B: Schauspielerin. A: D–5000 Köln, Neusser Wall 27, c/o Agentur Marga Wiedner. Tel: 0221/724585 oder 089/3081822.

Geiler Voli
B: Schauspielerin. A: c/o Agentur Schmidt-Gentner, A–1030 Wien, Lothringer Str 20. Tel: 0222/752271.

Geisler Gerhard
B: Schauspieler. A: c/o Agentur Köhler, D–8000 München 40, Rümannstr 51. Tel: 089/363970.

Gelb Eva
B: Schauspielerin. A: c/o ZBF-Agentur Berlin, D–1000 Berlin 15, Kurfürstendamm 206. Tel: 030/8838031/54.

Geldermann Arnold
B: Schauspieler. A: c/o Management Margarete van Dam, NL–Amsterdam, Plantage Parklaan 12. Tel: 003120/246743.

Gelers Cecilie
B: Schauspielerin. A: D–8022 Grünwald, Perlacher Str 6a. Tel: 089/6411627.

Gellenbeck Benno
B: Schauspieler. A: D–2000 Norderstedt 3, Rugenbarg 7. Tel: 040/5235398.

Gempart Michael
B: Schauspieler. A: D–8000 München 22, Liebigstr 41, c/o Agentur v Pilecki. Tel: 089/295895 oder 089/220263.

Genesis Rene
B: Schauspieler. A: D–2000 Hamburg 60, Hudtwalckertwiete 8. Tel: 040/487098.

Genest Gudrun
B: Schauspielerin. A: D–1000 Berlin 33, Charlottenbrunner Str 4. Tel: 030/8233129.

Genschow Fritz
B: Regisseur, Schauspieler, Autor, Produzent, TheaterLtr. G: Berlin, 15. Mai 1905. V: Rita, geb Nowottnick. A: D–1000 Berlin 39, Kyllmannstr 14. Tel: 03ß/8051053. S: Reichersche HS Berlin. K: Erste Theater-Engagements in Meiningen, Halle, Berlin (Piscator, Staatstheater), Schauspieler vieler UFA-Filmproduktionen, Produzent vieler Filme u TV-Filme u Regisseur, Begründer d Deutschen Kinder-Theaters, Intendant d Freilichtbühne Berlin uva Bühnen, 1948–68 „Theater d Schulen", 24 Jahre „Onkel Tobias" v Rias, Märchen- u Filmproduzent f Kinder, Verleiher, Bücher: „Fritz u Franz als Wochenschaureporter" uva Kinderbücher sowie Drehbücher. E: Diverse Filmpreise in Deutschland u im Ausland (USA, Spanien etc).

Genschow Marina
B: Schauspielerin, Tänzerin. G: Berlin. A: D–1000 Berlin 39, Kyllmannstr 14. Tel: 030/8051053. S: Abitur, Stud d Germanistik u TheaterWiss, Berlin, Schauspiel- u Ballettausbildung (F Genschow, M Stein, Tsovsky usw). K: Kinderrollen, seit 1973 Theaterengagements in Berlin, Fernsehen, Film, Synchron, Funk usw Theaater: Freie Volksbühne, Berlin, Renaissance-Theater, Hansa-Theater, Theater d Westens.

Genske Willi
B: Schauspieler. A: D–4000 Düsseldorf, Grunerstr 35. Tel: 0211/622228.

Gentner Miriam
B: Schauspielerin. A: c/o Management Palz, D–8000 München 81, Oettingenstr 6/VII. Tel: 089/912019/10.

Gentzen Horst
B: Schauspieler. A: D–1000 Berlin 31, Wexstr 31. Tel 030/8535931.

Georg Konrad
B: Schauspieler. A: c/o Agentur Köhler, D–8000 München 40, Rümannstr 51. Tel: 089/363970.

George Götz
B: Schauspieler. A: D–1000 Berlin 38, Terrassenstr 32, c/o Management Mackeben. Tel: 030/8263249.

Georgy Henry
N: Helmut Großhaus. B: Schauspieler, Sänger (Musical, Operette), Regisseur. G: Stolp/Pommern, 6. Sept 1920. A: D–1000 Berlin 33, Laubenheimer Str 3. S: RealGymn, Schauspielschule Berlin, Fach: Charakterdarsteller, GesangsStud bei Barbara Kemp-Schillin K: 1940 Landesbühne Hannover, 1942 Stadttheater Karlsbad, 1943 Thalia Theater Hamburg, 1944 Lessingtheater Berlin, 1946 Komödie am Kurfürstendamm Berlin (unter Aviel), 1947 Ulenspiegel Berlin (Dir Pasche), 1948–51 Theater in der Kastanienallee Berlin (Dir R Platte), 1956 gastierend bei Funk u Film, 1957 Volkstheater Rostock, 1963 Theater am Kreuzberg Berlin, 1968 Theater des Westens Berlin (Dir Karl-Heinz Stracke), 1970 Schwäbisches Landesschauspiel Memmingen, 1972–77 Theater d Westens Berlin, 1970 Gastspiel am Stadttheater Lüneburg (als Napoleon III), seit 1945 in ca 450 Hörspielen d Sender Berliner Rundfunk, NWDR, SFB, Rias Berlin als Sprecher, Schauspieler, Dramaturg u Regisseur tätig. F: In Berliner Zeitungen, weiters in Zeitschriften u Zeitungen in Lüneburg, Memmingen, Hannover. D: Filme u Fernsehspiele: 1974 „Der lange Jammer", „Land des Lächelns", „Der Glutmensch", „Eine unmögliche Familie", „Weiß ist die Farbe der Verlierer" 1975, „Vera Romeike ist nicht tragbar" 1976, „Üb' immer Treu und Redlichkeit" 1977, „Ein Mann will nach oben" usw. M: Mtgl d BühnenGen. H: Schwimmen, Boxen.

Gera Enrica
B: Schauspielerin. A: D–8000 München 2, Lindwurmstr 14. Tel: 089/536556.

Gerdesmann Karlheinz
B: Schauspieler. A: D–2000 Hamburg 60, Sierichstr 20. Tel: 040/2700333.

Gerhard Ute
B: Schauspielerin. A: D–1000 Berlin 21, Claudiusstr 1, c/o ZBF-Agentur Berlin. Tel: 030/3911728 oder 030/8838031.

Gerhart Elfe
B: Schauspielerin, Bildhauerin u Keramikerin. G: Wien, 10. Juli 1919. V: Paul Dahlke. A: A–8993 Grundlsee, Elfenhaus. S: Rea Gymn, Max Reinhardt-Seminar Wien, Bildhauer- u Keramikseminar Prof Kurt Ohnsorg Wien. K: Theater in d Josefstadt, Scala Wien, Renaissancetheater, Deutsches Volkstheater Wien, Staatstheater München, Kammerspiele u Komödie München, Ausstellungen: Paris, München, Braunau, Linz, Graz, – Salzburger Festspiele, Gastspiele in Stuttgart, Frankfurt, Hamburg, Berlin, Wien uva. F: In sämtlichen Illustrierten d deutschsprachigen Raumes, teilweise auch im Ausland. D: Hauptdarstellerin: Film: „Finale", „Konzert in Tirol", „Liebe nach Noten", „Vagabunden d Liebe", „Arlbergexpress", „Das verlorene Rennen", „Bezaubernder Schwindler", „Todesarena", „Geheimnisvolle Tiefe" uva, Theater: „Belagerungszustand", „Hinter geschlossenen Türen", „Die Ehe d Herrn Mississippi", „Das kleine Hofkonzert", „Nicht zuhören, meine Damen", „Menschen im Hotel", „Die leichten Herzens sind", „Der Patriot", „Halbe Wahrheiten" uva. M: Club d Begegnung Linz.

Geri Iska
B: Schauspielerin. A: D–8021 Sauerlach/Obb, Otterloher Str 1. Tel: 08104/222.

Gerlach Christine
B: Schauspielerin. A: D–1000 Berlin 38, Pfeddersheimer Weg 1. Tel: 030/8034646.

Gerlach Dieter B
B: Schauspieler. A: D–1000 Berlin 19, Angerburger Allee 49, c/o Management Jovanovic. Tel: 030/3056939 oder 089/475024/25.

Gerlach Heinz
B: Schauspieler. A: c/o Agentur Rakosi, D–8000 München 90, Tegernseer Landstr 284. Tel: 089/6904092.

Gerling Manfred
B: Schauspieler. A: D–4930 Detmold, Bielefelder Str 6, c/o ZBF-Gen-Agentur Frankfurt. Tel: 05231/20709 oder 0611/7111334.

Gerstäcker Claudia
B: Schauspielerin. A: A–6020 Innsbruck, Gutenbergstr 8, c/o Agentur Marga Wiedner. Tel: 00435222/286427 oder 089/3081822.

Gerstel Ursula
B: Schauspielerin. A: D–1000 Berlin 21, Thomasiusstr 19, D–2252 St Peter Ording 3, Böhler Landstr 183, c/o ZBF-Agentur Berlin. Tel: 030/3915268 u 3946261 oder 04863/1372 oder 030/8838031/54.

Gersten Jutta
N: Jutta Brettmann. B: Vortragskünstlerin u Kabarettistin. G: Hamm/Westf, 24. Aug 1931. A: D–6370 Oberursel 4, Bergweg 44. Tel: 06172/33330. S: Oberschule, Konservatorium u Privatunterricht. K: 1949 Beginn d Bühnenlaufbahn in Wuppertal, viele Rundfunksendungen bei fast allen Sendern u Galas. H: Theater, Musik, elfjährige Tochter.

Gerster Karl-Friedrich
B: Schauspieler. A: D–2000 Hamburg 67, Huusbarg 41, D–2070 Ahrensburg, Forsthof Hagen 8, c/o ZBF-Agentur Hamburg. Tel: 040/6035548 oder 04102/55359 oder 040/66885400.

Gerstl Annelinde
B: Schauspielerin. A: c/o Management Jovanovic, D–8000 München 80, Perfallstr 6. Tel: 089/475024/25.

Gersum Wolf
B: Schauspieler. A: D–2000 Hamburg 26, Hammer Landstr 30c. Tel: 040/252766.

Gerth Hansjürgen
B: Schauspieler. A: D–7000 Stuttgart-W, Am Kräherwald 205/1, c/o ZBF-Gen-Agentur Frankfurt. Tel: 0711/630245 oder 0611/7111334.

Gertzen Hubertus
B: Schauspieler. A: D–7090 Ellwangen/Jagst, Am Rosengarten 39, c/o ZBF-Agentur München. Tel: 07961/3866 oder 089/335081.

Gescher Norbert
B: Schauspieler. A: D–1000 Berlin 21, Klopstockstr 27, c/o Agentur Bengen, c/o ZBF-Agentur Berlin. Tel: 030/03014472 oder 030/3911895 oder 030/8838031.

Geske Rudolf
B: Schauspieler. A: D–1000 Berlin 41, Zimmermannstr 19, c/o Agentur Runde-Profé. Tel: 030/7921173 oder 030/3040661.

Gessner Adrienne
B: Schauspielerin. G: Maria Schutz/Österreich, 23. Juli 1896. A: Ak f Musik u darstellende Kunst Wien. K: Engagements: Kammerspiele München, Stuttgart, Raimundtheater Wien, Volkstheater, Theater i d Josefstadt Wien, Booth Theatre ua Brodway-Bühnen New York, Burgtheater Wien, Salzburger Festspiele, Ruhrfestspiele Recklinghausen, Tätigkeit bei Funk, Film u Fernsehen. D: „Die große Liebe", „Katherina d Letzte", „Die Hexe", „Ich denke oft an Piroska", „Die goldene Brücke", „Salzburger Geschichten" uva. M: Mtgl d Wiener Burgtheaters.

Gevers Mart
B: Schauspielerin. A: c/o Management Margarete van Dam, NL–Amsterdam, Plantage Parklaan 12. Tel: 003120/246743.

Geyer Susanne
B: Schauspielerin. A: c/o ZBF-General-Agentur Frankfurt, D–6000 Frankfurt/Main, Feuerbachstr 42–46. Tel: 0611/7111313.

Ghera Christian
B: Schauspieler. A: c/o Agentur W Jäger, D–8130 Starnberg/See, Postfach 1328. Tel: 08151/8766.

Giani Alois-Maria
B: Schauspieler. A: D–8000 München 81, Englschalkinger Str 239, c/o Agentur v Pilecki. Tel: 089/932424 oder 089/220263.

Gies Max
B: Schauspieler u Sänger. G: Köthen, 7. Sept 1923. A: D–1000 Berlin 33, Südwestkorso 43 A. S: Mittelschule, Schauspielschule (Gesang, Tanz (klassisch u modern), Sprecher). K: Engagements am Theater in Köthen, Gelsenkirchen, Göttingen, Berlin ua, ab 1950 Film, 1962 TV u Film u Theater sowie Hörfunk, Synchron. F: Hör Zu, Funk-Uhr. D: Darsteller in 30 Spielfilmen u TV ua: „Der Mann mit meinem Namen", „Percy Stuart", „Kinderklinik", „Das Jahrhundert d Chirurgen", „Nacht über Gotenhaven" ua. M: Gen Deutscher Bühnen-Angehöriger. H: Malen, Modellieren, Wandern, Schwimmen, Autofahren u Leichtathletik, Blumen, Sport, Philosophieren.

Giese Heinz
B: Schauspieler. A: D–1000 Berlin 39, Tristanstr 17c. Tel: 030/8036368.

Giese Wolfgang
B: Schauspieler. A: c/o Agentur v Pilecki, D–8000 München 22 Oettingenstr 46. Tel: 089/220263.

Giesecke Gerhard
B: Schauspieler. G: Berlin, 9. Nov 1949. A: D–1000 Berlin 62, Martin Luther-Str. 90. S: Mittlere Reife, Gymn. Bühnenreife an Max Reinhardt-Schule Berlin. K: Max Reinhardt-Schule Berlin, Abschluß 1970, 2 Jahre Wuppertal, 4 Jahre Mannheim, dann Volksbühne Berlin, Hansa-Theater, dann Berufsmusiker, dann freier Schauspieler in Köln, Basel ua. F: Hör Zu, TV Hören u Sehen, Stern, Quick, Neue Post uva. D: Jimmy – Bleib doch zum Frühstück, Scherz, Satire u tiefere Bedeutung – Rattengift, Marquis v Keith – Kasimir, Ratten-Bruno uva, TV: Nachtstudio ZDF, Pulvermänner (Serie), freier MitArb beim Sender Freies Berlin. M: Mtgl d GDBA. H: Musik: Gitarre, Schlagzeug, Nonsens-Verse.

Gildo Rex
B: Schauspieler. A: c/o Agentur Killer, D–8000 München 19, Fafnerstr 32. Tel: 089/173455.

Giller Walter
B: Schauspieler. A: CH–6976 Castagnola, Via Tamporiva 26, c/o Management Jovanovic. Tel: 089/475024/25.

Gilles Sibylla
B: Staatsschauspielerin. G: Köln, 8. Feb 1930. A: D–1000 Berlin 33, Ludwig Barnaypl 5.

Gillmann Wolfgang
B: Wahrsager, Kartomant. G: Mamming/Ndb, 1. Jan 1949. V: Marianne Paulette, geb Inhestern. A: D–4300 Essen 12, Gladbecker Str 304. S: Grundschule, Ausbildung zum Betriebsschlosser. K: Seit 1947 als Wahrsager tätig, ab 1975 hauptberuflich, Beratungen per Telefon oder persönlich, benötigt keinen persönlichen Kontakt, keine Daten, Kundschaft kommt aus DDR, England, USA, Niederlande, Frankreich, Polen, Italien, Luxenburg, Schweiz, Österreich, Lichtenstein usw, sowie aus d gesamten BRD, bekannt geworden durch genaue weltpolitische Prognosen u durch Katastrophen-Vorhersagen (Radio Luxenburg). F: Frau im Spiegel, Das Neue Zeitalter, Neue Ruhr Zeitung, Westdeutsche Allgemeine Zeitung, Nord-Anzeiger, Stadt-Anzeiger (Radio). H: Erforschung d Parapsychologie, Literatur, Reisen.

Giordano Maria Angela
B: Schauspielerin. A: c/o Agentur Anna Ottavi, I–00136 Roma, Via Ugode Carolisiol. Tel: 00396/344554.

Giorgi Claudio
B: Schauspieler. A: c/o Agentur Anna Ottavi Cheli, I–00136 Roma, Via Ugo de Carolis 101. Tel: 00396:344554.

Gissel Henning
B: Schauspieler. G: Berlin, 23. Juli 1942. V: Fritzi, geb Schönherr. A: D–1000 Berlin 12, Schlüterstr 52. Tel: 030/8812765. S: Abitur, 6 Monate ‚école de mime‘, Pantomime bei M Decroux, Paris, Schauspielunterricht bei E Bongers, Berlin, Gesangsunterricht bei E Dobler, Berlin. K: Bis 1967 versch Theaterengagements (ua in Ingolstadt, Kassel), seitdem Schauspieler in über 110 Fernsehproduktionen, Hauptrolle u Mitarbeit in 6 ausgezeichneten Kino-Kurzfilmen, gelegentlich Mitautor bei O-Ton-(Hörfunk)-Features. D: Titel-Hauptrollen im TV: „G Langhammer u d Freiheit", „Paul Esbeck", „Wer einmal in die Mühle kommt", „6 Millionen: Die Armut d Jutta B", größere Rollen in: „... auch schon im alten Rom", „Wehrstrafgesetz", „Opfer", „Das Wunder", „Die rote Kapelle", Serie „Fußballtrainer Wullf", „Nullpunkt, „Benjowsky", „Blaues Palais - medium", „Unser Werk", „Zerfall einer Großfamilie", Serie „Freiwillige Feuerwehr", „Biberpelz", „Anna u Edith", „Seniorenschweiz", „Die neuen Leiden d jungen W." „Der Fall Jacob", „Prozeß Medusa", , Cecile", „Der unanständige Profit", „Dämonen" (2) „Brennen soll ich ...", Inge Meisel 76: „Mitgift", „Die Firma", „Buddenbrooks" uva. E: Ernst Schneider Preis 77 für Hörfunk-Feature „Nach getaner Arbeit ein schlechtes Gewissen", HDF-Kurzfilmpreis 76 f „Ein Haus?". M: BFF.

Glas Uschi
B: Schauspielerin. A: c/o Agentur Alexander, D–8000 München 80, Lamontstr 9. Tel: 089/471011.

Glaser Christine
B: Schauspielerin. A: A–6020 Innsbruck, Phil Welser-Str 37. Tel: 0043 5222/418275.

Glaser Günter
B: Schauspieler. G: Neuwied, 27. Apr 1924. V: Karla, geb Jahnel. A: D–1000 Berlin 31, Nassauische Str 19. S: Oberschule, staatl Schauspielschule. K: Bühnenbildner, Schauspieler, OberspielLtr, Fernseh-Tätigkeit. D: „Krebstation", „Leben d Galilei", „Fall Jakubowsky", „Der Urlaub", „Die schwarze Hand", „Novemberverbrecher", versch Serien u Fernsehspiele.

Glawion Paul
B: Schauspieler. A: D–8011 Baldham, Alte Poststr 19, c/o ZBF-Agentur München, USA–4122 Allott Ave, Sherman Oaks, Hollywood, Ca 91403. Tel: 08106/5868 oder 089/335081 oder 7899585.

Gleim Fritz L
B: Schauspieler. A: D–8973 Bad Oberdorf, Luitpoldstr 15, c/o ZBF-Agenturen Frankfurt u München. Tel: 08324/2696 oder 0611/7111334 oder 089/335081.

Glemnitz Reinhard
B: Schauspieler. G: Breslau, 27. Nov 1930. V: Lydia, geb Blum. A: D–8151 Oberwarngau, Taubenbergstr 6a. S: Mittlere Reife, Otto Falckenberg-Schauspielschule München. K: Schausspielschule d Kammerspiele München, Wuppertaler Bühnen, Bayerisches Staatstheater München, Kleine Komödie München, div literarische Cabarets, Filme, Fernsehen, Rundfunk, Synchronisation. F: Bild u Funk, Hör Zu, Bunte Illustrierte, Kurier, Freizeit Revue, Abendzeitung, tz, Fernsehwoche, TV Hören u Sehen, Schalt ein, Bild, Echo d Frau, Frau u Freizeit, Neue Welt, Heim u Welt. D: Film: „08/15 – 1. Teil", „Rosenmontag", „Der Schulfreund", „Verdammt zur Sünde", Fernsehen: „Alle Macht d Erde", „An einem Tag wie jeder andere", „Traumulus", „Hund d Generals", „Joel Brand", „Die Schlüssel", „An d schönen blauen Donau", „Raumpatrouille", „Floh im Ohr", „Der Nachtkurier", „Lautlose Jagd", „Verräter", „Vater u Sohn", „Graf Yoster", „Der Tod läuft hinterher", „Stewardessen", „Haus Lunjowo", „Geheimnis d Center Court", „Toni u Veronika", „Kriminalmuseum" (Serie), „5. Kolonne" (Serie), „Der Kommissar" (Serie), „Lokalseite unten links", „Wallenstein", „Pension Schicksal", „Wanninger", „Sonne, Wein u harte Nüsse", „Der Millionenbauer", „Achtung Kunstdiebe", „Ein Bett voller Gäste", „Die Weber" ua, Theater: „Musik bei Nacht", „König Hirsch", „Heilige Johanna", „Hamlet", „Xenodoxus", „Leben Eduard II", „Portugalesische Schlacht", „Wundertätiger Magier", „George Dandin", „Viel Lärm um Nichts", „Fiesco", „Man kann nie wissen", „Oh Wildnis", „Das Geld liegt auf d Bank", „Der ideale Gatte" ua. E: 4 goldene Bambis, 1 silberner Bambi. H: Reiten, Motorradfahren.

Glier-Schöneis Karin
B: Schauspielerin. A: D–8012 Ottobrunn, Zaunkönigstr 22. Tel: 089/608182.

Glogner Silvia
B: Schauspielerin. A: D–2000 Hamburg 76, Uhlenhorster Weg 9, c/o Agentur Runde-Profé. Tel: 040/2295938 oder 030/3040661.

Glombik Peter Mag
B: Schauspieler. G: Czerwionka/Polen, 24. Aug 1924. V: Gräfin Anna, geb Korczak-Komorowska. A: D–7300 Esslingen, Küferstr 5. S: TheaterWiss u Schauspielschule Krakau/Polen. K: Seit 1973 in Esslingen. F: Spiegel, Der Spielplan. D: In vielen versch Rollen. H: Beruf.

Glowna Vadim
B: Schauspieler. A: D–8000 München 60, Freseniusstr 40, c/o Management Baumbauer. Tel: 089/8114646 oder 089/478577.

Glückstein Stefan
B: Schauspieler, Schriftsteller, Musiker, Heilpraktiker. G: München, 9. Dez 1949. A: D–8000 München 70, Pullacher-Pl 8. S: Abitur, Stud d Germanistik ohne Abschluß, Schauspielschule. K: Theater, Film, Fernsehen, Lyrikveröffentlichungen. F: Brigitte, Freundin, Eva, Stern, Playboy, Sounds uva. D: „P trägt Lackschuhe", „Mammut", „Grattleroper", „Egmating", „Hochstandsjosef", „Dorfvenus", „Stadt ohne Sherrif", „Die Protokolle d Herrn M", „Ludwig II", „Tatort", „Kommissar", „New York Town", „Ein unheimlich starker Abgang", „Baby love", „Junge, Junge" uva. M: Theaterkollektiv „Bühnenkoller". H: Windsurfen, Fotografieren.

Gmelin Dorothea
N: Dorothea Tügel-Gmelin. B: Schauspielerin, Ltr d Schauspielstudios Gmelin. G: München, 18. Mai 1920. A: D–8000 München 22, Widenmayerstr 25. S: Gymn München, Schauspielschule Magda Lena, München. K: 15 Jahre feste Engagements, ua in Oldenburg, Kiel,

Linz, Lille (Frankreich), Bremen, Kammerspiele München, seit 1964 Unterricht, seit 1967 Staatl gen Schauspielschule, unzählige Rollen gespielt, Hauptberuf seit 1967: d Schule. M: GDBA. H: d Beruf.

Gmelin Gerda
B: Schauspielerin. A: D–2000 Hamburg 13, Mittelweg 31, c/o Agentur Runde-Profé, c/o ZBF-Agentur Hamburg. Tel: 040/4105282 oder 030/3040661 oder 040/66885400.

Gnekow Horst Dr
B: Schauspieler. A: D–4400 Münster/Westfalen, Klosterstr 30b. Tel: 0251/46354 u 74404.

Gnilka Walter
B: Schauspieler. A: c/o Agentur Marga Wiedner, D–8000 München 40, Destouchesstr 32/I. Tel: 089/3081822.

Go Gaby
B: Schauspielerin. A: D–1000 Berlin 12, Niebuhrstr 63. Tel: 030/3123463.

Göbel Heini
B: Schauspieler. G: Frankfurt/M, 15. Mai 1910. V: Erna, geb Weise. A: D–8000 München 71, Stöhrg 7. Tel: 796032. S: HS f Theater u Musik Frankfurt/M. K: Engagements : Deutsches Schauspielhaus Hamburg, Thalia-Theater Hamburg, Kammerspiele München, Residenz-Theater München ua, Gastspiele in fast allen Städten Deutschlands, Österreichs, Schweiz, Hollands, d USA, Canadas u sämtlicher Staaten Süd-Amerikas. F: Fach- bzw Theater-Zeitschriften, TV- u Tageszeitungen. D: In über hundert Filmen u TV-Spielen, zB: „Zwei in einem Anzug", „Der Engel m d Flammenschwert", „Meines Vaters Pferde" ua. M: Deutscher AlpenVer, Zoologische Staatssammlung, TierschutzVer, Ver gegen Mißbrauch d Tiere, ADAC. H: Reisen, Bergsteigen, Schmalfilmen u Fotografieren.

Gobert Boy
N: Boy Christian Klée Gobert. B: Intendant, Schauspieler, Regisseur. G: Hamburg, 5. Juni 1925. A: D–2000 Hamburg, Raboisen 67, c/o Thalia-Theater. S: Abitur, Schauspielschule Hamburg. K: Theater im Zimmer Hamburg, Deutsches Schauspielhaus Hamburg, Badisches Staatstheater Karlsruhe, Fritz émond-Bühnen, Städt Bühnen Frankfurt/M, Gastspiele in Stuttgart, Berlin, München, Deutsches Schauspielhaus Hamburg, Gastspiele als Schauspieler u Regisseur d Salzburger Festspiele, Bühnen d Stadt Köln, Schauspielhaus Zürich, Thalia-Theater Hamburg, Schauspieler u Regisseur am Burgtheater Wien, Film- u Fernsehtätigkeit, Hörfunk, Synchron, seit 1970 Intendant d Thalia-Theaters Hamburg, Schauspieler u Regisseur. F: In versch Zeitungen u Zeitschriften d In- u Auslandes. D: Theater: „König Heinrich IV", „König Heinrich V", „Was ihr wollt", „Die Räuber", „Kabale u Liebe", „Der Parasit", „Clavigo", „Tartuffe", „Heinrich IV", „Die Besessenen", „König Kurzrock", „Ein idealer Gatte", „Die Ratten", „Amphitryon", „Der Snob", „Viel Lärm um Nichts", „Das Glas Wasser", „Der Liebhaber" ua, Fernsehen: „Mein Sohn, d Herr Minister", „Zeit d Kirschen", „So war Herr Brummel", „Abgründe", „Der Tod d Handlungsreisenden", „Der Kaufmann v Venedig", „Lisa Bassenges Mörder" uva, Film: „Die Toteninsel", „Der Mustergatte", „Viktor u Viktoria", „Ein Stück v Himmel", „Monpti", „Die Frau im besten Mannesalter", „Der Rest ist Schweigen", „Qui êtes-vous, Monsieur Sorge?" uva. E: Preis d Verb d Deutschen Filmkritik f „Qui êtes-vous, Monsieur Sorge?", Verleihung d Titels KamSchauspieler d d österr BPr.

Goblirsch Fritz
B: Schauspieler. A: A–1090 Wien, Gussenbauerg 7/2/25, c/o Agentur Schmidt-Gentner. Tel: 0222/3122003 oder 0222/752271.

Goebel Elisabeth
B: Schauspielerin. A: D–2000 Hamburg 55, Gossler Str 3, c/o ZBF-Agentur Hamburg. Tel: 040/861097 oder 040/66885400.

Goebel Hermann
B: ProduktionsLtr f Film u Fernsehen, Schauspieler, Regisseur. G: München, 20. Feb 1914. V: Gertrud, geb Hutsteiner. A: D–8000 München 40, Ainmillerstr 33. S: Obersekundareife, Tanz, Gesang, Schauspiel, Film- u Fernsehen von der „Pike auf", Synchronfirma u Regie. K: Stadttheater Hof an d Saale, Berlin – Volksbühne unter Klöpfer, Theater an d Saarlandstraße, versch Bühnen u Boulevardtheater, München – Kleine Komödie u versch Bühnen, Filme in Berlin vor u nach d Krieg, in München Geiselgasteig, Rundfunk in Berlin u München, Synchronisation in Berlin u München, eigene Synchronfirma u Buch u Regie, absolute Hauptrolle im letzten Film d UFA „Feind bleibt

Feind". F: Zahlreiches Material, Foto, Kritiken, Besprechungen, laufend in Tageszeitungen, Zeitschriften, Rundfunk- u Fernsehmagazinen, teilweise noch vorhanden. D: Gesamtes gängiges Theaterrepertoire, Held u Liebhaber, Hauptrolle in „Feind bleibt Feind", unzählige mittlere u kleinere Rollen in Hörspielen, Filmen u Fernsehaufzeichnungen. H: Familie.

Goguel Hans
B: Schauspieler, Regisseur. G: Strassburg, 7. Juli 1904. A: D–7500 Karlsruhe, Hirschstr 47. Tel: 26790. S: Abitur, Schauspielschule. K: Engagements in Bunzlau, Neuss, Frankfurt, Breslau, Karlsruhe, Baden-Baden, Heidelberg, Hamburg, Zürich, Berlin. Tätigkeit im Rundfunk SWF. D: „Julius Caesar", „Zeit der Schuldlosen" uam. M: Funkunion, Gen deutscher Bühnenangehöriger. H: Schallplatten.

Golay Edith
B: Schauspielerin. A: CH–8200 Schaffhausen, Vorderg 79, c/o ZBF-General-Agentur Frankfurt, c/o Agentur v Pilecki. Tel: 004153/55007 oder 0611/7111335 oder 089/220263.

Gold Käthe KamSchauspielerin
B: KamSchauspielerin. G: Wien, 11. Feb. A: A–1190 Wien, Sieveringerstr 79. S : Ak f Musik u darstellende Kunst. K: Engagements in Bern, München, Breslau, Kammerspiele München, Theater i d Josefstadt Wien, Staatstheater Berlin, Gastspiele am Burgtheater, Schauspielhaus Zürich, Salzburger Festspiele, Tätigkeit bei Film u Funk. D: „Amphitryon", „Der Ammenkönig", „Andere Welt", „Die unheimlichen Wünsche", „Das Fräulein v Barnhelm", „Zwischen Nacht u Morgen", „Das Jahr d Herrn", „Palast-Hotel", „Rose Bernd" uva. M: Mtgl d Wiener Burgtheaters.

Goll Monika
B: Schauspielerin. A: D–8000 München 40, Amalienstr 71, c/o ZBF-Agentur München. Tel: 089/288805 oder 089/335081.

Golling Alexander
B: Schauspieler. A: D–8183 Rottach-Egern, Ludwig Thoma-Str 10, c/o Management Baumbauer. Tel: 08022/5075 oder 089/478577.

Golling Claudia
B: Schauspielerin. G: München, 17. Feb. A: D–8000 München 19, Andréestr 9, D–8183 Rottach-Egern, Ludwig Thoma-Str. S: Mittlere Reife, Gymn Tegernsee, daneben berufliche Tätigkeit, Ausbildung in Schauspiel, Gesang u Tanz. K: Debut als „Beatrice" in Schillers „Braut von Messina", Freilichtbühne Schwäbisch-Hall, Anfängerjahre in Landshut u Düsseldorf, Fernsehserie in Frankreich, Gastspiele in Ingolstadt, Heidelberg, Bochum, München: ua Deutsches Theater, Kleine Komödie, Tourneen, ca 20 Fernsehspiele. D: „The Odessa file", „Kommissar", „Derrick", „Holledaner Schimmel", „Kuli Special", „Der Winter der ein Sommer war", „Schönheitsgalerie", „Zeit zum Aufstehen", „L'elaignement", „Les Brigades des tigres". H: Jazz-Tanz, Interviews schreiben.

Gomery Jenta
B: Schauspielerin. A: D–1000 Berlin 38, Quantzstr 18a. Tel: 030/8031839.

Gomez José
B: Schauspieler. A: c/o ZBF-Gen-Agentur Frankfurt, D–6000 Frankfurt/ Main, Feuerbachstr 42–46. Tel: 0611/7111335.

Gompf Ursula
B: Schauspielerin. A: D–2000 Hamburg 50, Eggersallee 21, c/o ZBF-Agentur Hamburg. Tel: 040/3909708 u 7218559 oder 040/66885400.

Gönczöl Janos
B: Schauspieler. A: c/o Management Loewenthal, D–8000 München 80, Holbeinstr 16. Tel: 089/472619.

Gondi Ellinor
B: Dir, Tänzerin, Choreographin. G: Hamburg, 27. Juli 1930. V: Jerzy Slepowronski. A: CH–1024 Ecublens VD, Chemin des Vignes 20, D–2000 Hamburg 60, Willistr 22. S: 1936–47 Ballettschule d Hamburger Staatsoper. K: Tänzerin am Floratheater, Operettenhaus Hamburg, Galas in vielen europäischen Ländern mit Künstlern v intern Rang, 1952 Gründung d Kinder- u Jugendtheaters Hamburg (mit Harry Gondi), 1954 eigene Ballettschule (Klassik), 1968 eigenes Gastspiel Management, Tätigkeit im Show-Business. F: In vielen europäischen Zeitschriften. D: „Czardasfürstin", „Sensation in San Remo", „Dritte von rechts", „Gräfin Mariza", „Die Dubarry". M: Intern Variete, Theater u Circus Direktoren-Verb.

Gonnermann Henriette
B: Schauspielerin. A: D–1000 Berlin 33, Steinrückweg 3, c/o ZBF-Agentur Berlin. Tel: 030/8212990 oder 030/8838031.

Gonska Mascha
B: Schauspielerin. A: c/o Management Jovanovic, D–8000 München 80, Perfallstr 6. Tel: 089/475024/25.

Gooyer Rijk de
B: Schauspieler. A: c/o Management Margarete van Dam, NL–Amsterdam, Plantage Parklaan 12. Tel: 003120/246743.

Gordon Gerti
B: Schauspielerin. A: A–1170 Wien, Anderg 14, c/o Management Baumbauer. Tel: 0222/463422 oder 089/478577.

Gorges Ingolf
B: Schauspieler. A: D–1000 Berlin 38, Libellenstr 17, c/o ZBF-Agentur Berlin. Tel: 030/8037587 oder 030/8838031/54.

Gorina Hanna
B: Schauspielerin. A: D–8051 Neufahrn, Christl Cranz-Str 6. Tel: 08165/5115.

Görner Lutz
B: Schauspieler, Rezitator, Sänger. G: Köln, 1. Jan 1945. V: Rieke. A: c/o top-tour-berlin, D–1000 Berlin 41, Steglitzer Damm 39. S: Stud d TheaterWiss u Germanistik, Schauspielschule. K: Engagements an d Städt Bühnen Köln, Thalia-Theater Hamburg (RegieAss v Boy Gobert) u Münchner Kammerspiele, seit Feb 1977 freischaffend. D: Mehrere Film- u Fernsehrollen, Rezitationsabende: „Lutz Görner spricht HEINRICH HEINE", 'Deutschland – Ein Wintermärchen' „Lutz Görner singt u spricht TUCHOLSKY", „Lutz Görner bringt BERT BRECHT, Texte u Lieder zur Lage d Nation".

Goslar Jürgen
B: Schauspieler. A: c/o Lord Film GmbH, D–8022 Grünwald, Südl Münchner Str 50a, c/o Management Palz. Tel: 089/6493381 oder 089/912019/10.

Gosslar Hanns
B: Schauspieler. A: D–2000 Hamburg 74, Horner Landstr 53, c/o ZBF-Agentur Hamburg. Tel: 040/6514594 oder 040/66885400.

Goth Norbert
B: Schauspieler. A: D–3141 Reppenstedt/Lüneburg, Hasenwinklerweg 12. Tel: 04131/61822.

Gött Christiane
B: Schauspielerin. A: c/o Agentur Killer, D–8000 München 19, Fafnerstr 32. Tel: 089/173455.

Gott Karel
B: Sänger. G: Pilsen, 14. Juli 1939. A: c/o Deutsche Grammophon GmbH Polydor P + R, D–2000 Hamburg 13, Rothenbaumchaussee 5. Tel: 040/28941. S: Abitur, GesangsStud am Konservatorium Prag. K: Musizieren in Tanzcafés auch während d Stud, 1959 Nachwuchswettbewerb, Kontakte zu Funk u Fernsehen, 1963 Engagement am Semafor-Theater Prag, erste Schallplatten, 1965 Wechsel zum neueröffneten Apollo-Theater Prag, erste eigene Komposition, 1967 Teilnahme b MIDEM Cann, m d Apollo-Theater in Montreal, erste Schallplatte in Deutschland, Vorstellung b Popmarkt in Cannes, 1968 Engagement im „New Frontier", Las Vegas, für Österreich b Grand Prix Eurovision, Tourneen d d BRD, Konzerte in Polen, DDR ua, Japantournee, Europatournee, Personality-Show, div Auftritte im Fernsehen, div Sendungen im Hörfunk, Schallplatten: „Die goldene Stimme aus Prag", „In mir klingt ein Lied", „Weihnachten in d goldenen Stadt", „Star meines Lebens", „Einmal um d ganze Welt", „Von Böhmen in d Welt", „Von Romeo an Julia", „Hol' die Welt in dein Haus", „Schätze d Vergangenheit", „Zwischen Moldau, Don u Donau", „Die großen Erfolge", „Dieses Land ist mein Land", „La Canzone", „Karel Gott live", „Weißt du wohin" uva. E: Goldene Nachtigall, Goldene Lyra, Supraphon-Preis, mehrere goldene Schallplatten.

Götte Klaus
B: Schauspieler. A: D–6751 Rodenbach bei Kaiserslautern, Lerchenstr 8 c/o ZBF-Gen-Agentur Frankfurt. Tel: 06374/1541 oder 0611/7111335.

Gottschlich Hugo
B: Schauspieler. G: Wien, 30. Okt 1905. A: A–1020 Wien, Praterstr 8. S: Konservatorium Wien, Schauspielunterricht. K: Theaterengagements in Zürich, Innsbruck, Kabarett „Literatur am Naschmarkt" Wien, Wiener Werkel, Kammerspiele Wien, Metz, Kabarett „Der liebe

Augustin“ Wien, „Die Insel“, Theater i d Josefstadt, Volkstheater Wien ua, Tätigkeit bei Funk u Film. D: „Der Postmeister“, „Donauschiffer“, „Ein Leben lang“, „Weiße Schatten“, „Es geschehen noch Wunder“, „Lumpazivagabundus“, „Dort in d Wachau“, „. . . . und führe uns nicht in Versuchung“ uva. M: Mtgl d Wiener Burgtheaters.

Goudsmit Lex
B: Schauspieler. A: c/o Management Margarete van Dam, NL–Amsterdam, Plantage Parklaan 12. Tel: 003120/246743.

Graaf Melanie de
B: Schauspielerin. A: c/o ZBF-Agentur München, D–8000 München 40, Leopoldstr 19. Tel: 089/335081.

Grabner Ruth
B: Schauspielerin. A: D–2000 Hamburg 76, Finkenau 18a, c/o ZBF-Agentur Hamburg. Tel: 040/223764 u 457148 oder 040/66885400.

Graef Maria
B: Schauspielerin. G: St Ingbert, 3. Juli. V: Dittmar Graef. A: D–5000 Köln 1, Ewaldistr 5, D–6670 St Ingbert, Neuhircherweg 71. Tel: 0221/730380 oder 06894/35230.

Graeff Ursula
B: Schauspielerin. A: D–2000 Hamburg 13, Feldbrunnenstr 40, c/o Agentur Runde-Profé. Tel: 040/458904 oder 030/ 3040661.

Gräf Margarete
B: Schauspielerin. A: D–8047 Karlsfeld, Wehrstaudenstr 28, c/o ZBF-Agentur München. Tel: 08131/8501 oder 089/335081.

Grahn Ingeborg
B: Schauspielerin. G: 12. Okt 1916. A: D–1000 Berlin 15, Bayerische Str 3. Tel: 8816726. S: Lyzeum, 10 Sem Stud an d Ak f Musik u darstellende Kunst, Wien mit Abschluß-Diplom f imatrigulierte Fächer Schauspiel, Gesang, Musik u Theorie, Tanz. K: Viele Engagements, seit 3 Jahren auch als Souffleuse (3 Sprachen) mit Abendregie im Berliner Theater, Hebbel-Theater, Recklinghausen, Freie Volksbühne usw. D: „Bezauberndes Fräulein“ ua. E: Goldene Ehrenurkunde d Bühnenorganisation Berlin. M: Mtgl d Bühnenorganisation Berlin. H: Tanz, Musical, Groteske, Komik.

Grailich Werner
B: Schauspieler. A: D–7408 Kusterdingen, Zeppelinstr 15, c/o Agentur Marga Wiedner. Tel: 07071/35197 oder 089/3081822.

Grammerstorf Christa
B: Schauspielerin. A: D–2000 Hamburg 72, Bramfelder Weg 47a, c/o ZBF-Agentur Hamburg. Tel: 040/6437690 oder 040/66885400.

Granass Gardy
B: Schauspielerin. A: D–1000 Berlin 15, Fasanenstr 67, D–8022 Grünwald, In der Knakkenau 9, c/o ZBF-Agentur München, c/o Agentur v Pilecki. Tel: 030/8814590 oder 089/6412919 oder 089/335081 oder 089/220263.

Grand Gundy
B: Schauspielerin. G: 17. Aug 1952. A: D–8000 München 81, Meistersingerstr 100. S: Abitur, Schauspielausbildung m Bühnenreife, Jazzballett u Gesang. K: Theater in Baden-Baden, Bonn, Wuppertal, München, Düsseldorf, Berlin, Fersehen bei allen ARD-Anst u ZDF. F: Hör Zu, Bild u Funk, Fernsehwoche, Stern uva. D: „Sie liebten sich einen Sommer“, „Geliebtes Scheusal“, „Tatort“, „Lieber reich, aber glücklich“, „Die Straße“, „Galileo Galilei“, „Lulu“, „40 Karat“, „Leonce u Lena“, „Sommernachtstraum“ ua. H: Skifahren, Wasserski, Schwimmen, Tennis, Ballett.

Granzer Susanne
B: Schauspielerin. A: c/o Agentur Schmidt-Gentner, A–1030 Wien, Lothringer Str 20. Tel: 0222/752271.

Granzow Klaus
B: Schriftsteller, Schauspieler. G: Mützenow/Kreis Stolp, 10. Sept 1927. A: D–2000 Hamburg 50, Hohenzollernring 65. S: Hum Gymn. K: Marinehelfer in Swinemünde, Reichsarbeitsdienst u Wehrmacht, russische Gefangenschaft, Arbeit auf sowjetischer Kolchose, 1947 Vertreibung, 1948 in Hamburg, Arbeit bei d englischen Besatzungsmacht, 1951 Abschlußprüfung als Schauspieler u Engagements an versch Bühnen Norddeutschlands, seit 1956 Arbeiten f d Rundfunk, inzwischen über 100 Sendungen f alle deutschen Sender, Veröffentlichungen mehrer Werke (Erzählungen, Schauspiele ua), in d letzen Jahren 5 Hörspiele, zZ Engagement am OhnsorgTheater. F: Zeitschrift Pommern, Kiel,

Schloß-Rantzaubau, Film-Fernseh-ABC. D: „Jauche u Levkojen", „Onkel Bräsig", „Hafenpolizei", „Lengede", „Uns geht's ja noch gold", „Der Augenblick d Friedens" uva, Theater: „Jedermann" in 125 Aufführungen, zZ „Luv u Lee die Liebe". E: 5 Kulturpreise, ua Pommerscher Kulturpreis u 3 Preise d Landes Nordrhein-Westfalen u d Ostdeutschen Kulturrates. M: Künstlergilde Esslingen. H: Arbeiter, Reisen.

Gratz-Schwägerl Edith
B: Schauspielerin. A: D–8000 München 70, Oberländer Str 33, c/o ZBF-Agentur München, c/o Agentur Rakosi. Tel: 089/778327 oder 089/335081 oder 089/6411067.

Graun Rita
B: Schauspielerin. A: D–7910 Neu-Ulm, Augsburger Str 60/II, c/o ZBF-General-Agentur Frankfurt. Tel: 0731/75800 oder 0611/7111313.

Gräwert Günter
B: Schauspieler. A: c/o Agentur Lentz, D–8000 München 80, Holbeinstr 4. Tel: 089/474026.

Gray Hannelore
B: Schauspielerin. A: D–8000 München 40, Finauer Str 5a. Tel: 089/ 328685.

Greer Gordon
B: Opern- u Konzertsänger. G: Moline/Illinois/USA, 27. Aug 1945. V: Jean, geb Reese. A: D–4000 Düsseldorf 11, Joachimstr 61. S: Univ of Alaska, Indiana Univ. K: Mtgl d Deutschen Oper am Rhein s 1975, Engagements an d Hamburger Staatsoper, National Orchester Spanien, Radio France, New Philharmonic Orchester of London, San Sebastian Festival, Opera Forum Holland, versch amerikanische u deutsche Opernhäuser u Orchester. E: 2. Preis d ARD-Musikwettbewerbes München 1974, 1973 – 3. Preis d Intern Madame Butterfly Competition Japan. H: Golf, Racquetball, Christian Fellowship.

Gregan Ralf
B: Schauspieler. A: D–1000 Berlin 37, Am Lappjagen 1. Tel: 030/8131282.

Gregor Hans-Georg
B: Schauspieler. A: D–4000 Düsseldorf, Gustaf Gründgens-Pl 1, c/o ZBF-Gen-Agentur Frankfurt. Tel: 0211/363011 oder 0611/7111313.

Gregor Henry
B: Schauspieler. A: c/o Agentur Rakosi, D–8000 München 90, Tegernseer Landstr 284. Tel: 089/6904092.

Greifeneder Egbert
B: Schauspieler. A: D–8047 Karlsfeld, Moosweg 2, c/o ZBF-Agentur München. Tel: 089/33508¹.

Grelik Hansgünter
PS: Hagrell. B: Entertainer, Schauspieler. G: Breslau, 6. März 1921. A: D–2000 Hamburg 26, Sievekingsallee 30. Tel: 040/2508693. S: Waldorfschule, Gymn, Schauspielschule (Reimann Schule Berlin), als Werkstudent Ausbildung als Kameramann bei Bahr-Werbefilm Breslau. K: Nach Abgang v d Schauspielschule als Operetten-Buffo bei d Städt Bühnen Breslau tätig, viele Rundfunksendungen, danach Kriegsberichterstatter (Kameramann), nach d Krieg Conferencier, Parodist u Illusionist an allen führenden Varietes, dazwischen viele Verpflichtungen als Schauspieler beim Film u TV, dann Entertainer in eigenen u großen Werbeshows bekannter Markenfirmen zB d Bädergroßveranstaltung „Werbefernsehen Quiz nah gesehen" u Fotoreporter d Show-Business, eigene Werbefirma f d Show-Business. F: In vielen deutschsprachigen Illustrierten u Fachorganen zB „Das Organ". D: Alle Bufforollen in Operetten ua Frosch in d „Fledermaus" ua, Rundfunksendungen „Der blaue Montag", TV: „Mord im Hahnenklee", „Zwischenmalzeit", „Stahlnetz" (Serie) uva. M: Deutsche Union d Filmschaffenden, IAL, Magischer Zirkel, Foto-Presse-Agentur „FPA". H: Karikaturenzeichnen, Filmen, Fotografieren, Filmvertonen.

Gressieker Ulrich
B: Schauspieler. A: D–1000 Berlin 15, Brandenburgische Str 32, c/o ZBF-Gen-Agentur Frankfurt. Tel: 030/8811600 oder 0611/7111335.

Gressmann Evelyn
B: Schauspielerin. A: D–1000 Berlin 33, Ahrweiler Str 4, c/o Agentur Bengen. Tel: 030/8211484 oder 030/3911895.

Gressmann Gisela
B: Schauspielerin. A: D–2000 Hamburg 50, Palmaille 5/I. Tel: 040/ 386885.

Greuel Willkit
B: Schauspieler. A: c/o Saarländisches Staatstheater, D-6600 Saarbrücken, Schillerstr 1. Tel: 0681/55968 u 39696.

Greve Manfred Dir
B: Dir, Schauspieler. G: Hamburg, 23. Nov 1941. A: D-1000 Berlin 33, Podbielskiallee 44. S: Stipendent d Hansestadt Hamburg, Dozent – Staatsschauspieler Fritz Wagner, Deutsches Schauspielhaus Hamburg. K: Städtische Bühnen Flensburg 1961–64, 1964–65 Städtische Bühnen Osnabrück, Domfestspiele Bad Gandersheim, 1965–67 Vereinigte Städtische Bühnen Krefeld/Mönchengladbach, 1967–69 Theater am Turm, Frankfurt, 1969 Düsseldorfer Kammerspiele, 1969–73 Schiller-Theater Berlin, seit 1973 künstlerischer Dir v Theater auf Tournee, Berlin. D: Filme: „Das Gasthaus an d Themse", „Mit siebzehn weint man nicht", „Der Hauptmann v Köpenick", „In der Nacht zum Dienstag" (Stahlnetz-Sendereihe), „E-605" (Sendereihe), „Fernsehgericht", „Mädchen in d großen Stadt" (Sendereihe). M: DirektorenVerb, Interessengemeinschaft d deutschsprachigen Tourneetheater im intern DirektorenVerb, Düsseldorf. H: Mehrere Sportarten.

Grewolls Hans
B: Schauspieler. A: D-8211 Hirschau/Post Grabenstätt Nr 1, c/o Agentur de la Berg. Tel: 08661/518 oder 08178/3681.

Griem Helmut
B: Schauspieler. A: c/o Agentur Lentz, D-8000 München 80, Holbeinstr 4. Tel: 089/474026.

Griem Maria
B: Schauspielerin. A: D-1000 Berlin 33, Ruhlaer Str 10. Tel: 030/ 8261594.

Griesser Max
B: Schauspieler. A: D-8000 München 40, Hiltensperger Str 43. Tel: 089/3781767.

Grill Alexander
B: Schauspieler. A: c/o Agentur Killer, D-8000 München 19, Fafnerstr 32. Tel: 089/173455.

Grimm Matthias
B: Schauspieler. A: D-1000 Berlin 31, Enlerallee 36, D-2000 Hamburg 73, Schöneberger Str 68 H, c/o ZBF-Agentur München. Tel: 030/8232003 oder 040/6720111 oder 089/335081.

Grimm Michael
B: Schauspieler. A: D-8000 München 70, Sylvensteinstr 5, c/o ZBF-Agentur München. Tel: 089/2652 oder 089/335081.

Grimm Oliver
B: Schauspieler. A: c/o management Jovanovic, D-8000 München 80, Perfallstr 6. Tel: 089/475024/25.

Grimme Helga
B: Schauspielerin. A: D-6800 Mannheim, R 7, 35, c/o ZBF-General-Agentur Frankfurt, Feuerbachstr 42–46. Tel: 0621/12419 oder 0611/ 7111335.

Gröbe Brigitte
B: Schauspielerin. A: D-2000 Hamburg 26, Ohlendorffstr 24. Tel 040/2502209.

Groenier Pieter
B: Schauspieler. A: c/o Management Margarete van Dam, NL-Amsterdam, Plantage Parklaan 12. Tel: 003120/246743.

Groest Dieter
B: Schauspieler. G: Rathenow, 19. Feb 1932. A: D- D-8000 München 21, Fürstenriederstr 141. S: Abitur, ChemieStud, Stud d TheaterWiss, Schauspielschule. K: Theater-Engagements u Gastspiele in Ingolstadt, Kassel, Düsseldorf, Stuttgart, Köln, München. D: Ca 70 Fernsehspiele, ua „Flug in Gefahr", „Nun singen sie wieder", „Tatort", „Derrick", „Merlin" uva. H: Reisen.

Groh Vicky
B: Schauspielerin. A: D-8000 München 70, Alfred Schmidt-Str 1. Tel: 089/7235423 u 398458.

Gromball Hannes
B: Schauspieler. A: D-8012 Ottobrunn, Hubertusstr 23, c/o ZBF-Agentur München. Tel: 089/6015191 oder 089/335081.

Grön Barbara
B: Schauspielerin. G: Hamburg, 19. Feb 1955. A: D-8000 München 2, Augustenstr 8. S: Gymn, Schauspiel- u Musical-Ausbildung. K: Theater, Film, Fernsehen. D: „Der Schulfreund", „Der fidele Bauer", „Cosa Nostra", „Opera Curiosa", Fernsehen: „Die Missvergnügten", „Ruby Martinson", „Träume", „Wie erziehe ich meinen Vater".

Grönebaum Wolfgang
B: Schauspieler. A: D-5222 Morsbach/Sieg, Katzenbach 43, c/o ZBF-Agentur München. Tel: 02294/8867 oder 089/335081.

Grönig Siegfried
B: Schauspieler. A: D-1000 Berlin 31, Wegener Str 19, c/o ZBF-Agentur Berlin. Tel: 030/8611843 oder 030/8838031/54.

Groot Frederik de
B: Schauspieler. G: Bilthoven, 23. Mai 1946. V: Bartlett. A: NL-Amsterdam, Da Costakade 124, Woonboot. S: Oberrealschule, TheaterAk Amsterdam. K: Schauspieler (auch Avantgarde), Film u hauptsächlich holländisches Drama f Fernsehen, heute: eigene Bearbeitung v „Hamlet", 80 Minuten Solo-Theater, genannt „Hamlet alleen". D: „Who is afraid of Virginia Woolf", „Der Snob", „Huis Clos", „Witkacy", „De Nacht van de Rattenkoning", Film: kleine Rolle in „A Bridge too far", Hauptrolle in „Pastorale 1943". Fernsehen: „Zoon van het oude Volk", „Tanchelijn", „Pleisterkade", „Met vakantie". M: BühnenVer.

Gross Peter
B: Schauspieler. A: D-3400 Göttingen, Am kalten Born 35. Tel: 0551/761648.

Gross Walter
B: Schauspieler. G: Eberswalde, 5. Feb 1904. V: Ingeborg. A: D-1000 Berlin 33, Bittestr 22. S: Oberrealschule, Schauspielschule d Deutschen Theaters. K: Abschlußprüfung d Reinhardt-Schule, Theatertätigkeit, Funk, Film, Fernsehen, Theatertourneen durch Deutschland. F: In Tageszeitungen u Illustrierten. D: In unzähligen Theaterstücken u ca 180 Filmen. E: 1935 ein halbes Jahr im KZ Esterwegen! H: Lesen, Spazierengehen, Radfahren.

Grosser Renate
B: Schauspielerin. A: D-8000 München 81, Erkerweg 9, c/o Agentur v Pilecki. Tel: 089/935605 oder 089/220263.

Grossi Ruth
B: Schauspielerin. A: D-8000 München 21, Aindorfer Str 80, c/o ZBF-Agentur München. Tel089/561588 oder 089/335081.

Grosske Andrea
B: Schauspielerin. A: D-2000 Hamburg 76, Hartwicusstr 10b. Tel: 040/221664.

Grosskurth Kurt
B: Schauspieler. G: Langenselbold, 11. Mai 1909. V: Martel, geb Zorn. A: D-8000 München 83, Ramoltstr 64. Tel: 089/404773. S: Hum Gymn, Hotelfachschule, Höhere Hotelfachschule, Staatl Ak d Tonkunst München, Gesangsunterricht bei KamSänger Heinrich Knote, Abschluß als Opernsänger, Schauspiel u Tanzausbildung. K: Bayerische Landesbühne München, Stadttheater Pforzheim, Grenzlandtheater Tilsit, Stadttheater Nordhausen, Städt Bühnen Freiburg/Br, Deutsches Theater in d Niederlanden Den Haag u Amsterdam, Theater am Nollendorfplatz Berlin, Operettenbuffo, OperettenspielLtr u Charakterkomiker an d Städt Bühnen Düsseldorf, Charakterspieler u Charakterkomiker am Bayr Staatstheater am Gärtnerplatz München, Burgenländische Festspiele, Tätigkeit für Film, Funk, Fernsehen, Synchron, Schallplatte (ua „3 Chinesen m d Kontrabaß"). F: In versch Zeitungen u Zeitschriften, „München v A bis Z", „Ihre Hoheit Lieschen Müller" ua. D: Theater: „Die sieben Worte d Erlösers", „Die Zauberflöte", „La Boheme", „Ein Maskenball", „Cosi fan tutte", „Die lustigen Weiber v Windsor", „Zar u Zimmermann", „Fidelio", „Kirschen f Rom", „Eine Nacht in Venedig", „Der Prozeß", „Madame Aurélie", „Feuerwerk", „Opernball", „Fledermaus", „Die Landstreicher", „Die schöne Helena", „Scheidung auf Kölsch" uva, Fernsehen: „Der Raub d Sabinerinnen", „Der Vogelhändler", „Der fröhliche Weinberg", „Ein Florentinerhut", „Zigeunerliebe" ua, Film: „Hochzeit m Erika", „Das Bankett d Schmuggler", „Arlette erobert Paris", „Die geschiedene Frau", „Die Nacht ohne Moral", „Hoheit lassen bitten", „Morgengrauen", „Sonne über d Adria", „Die spanische Fliege", „Frauen um Richard Wagner", „Rosenmontag", „Weil du arm bist, mußt du früher sterben", „Hurra – die Firma hat ein Kind", „Das alte Försterhaus", „Manoverball", „Hollyday am Wörthersee", „Der Jäger v Fall", „Die verpfuschte Hochzeitsnacht", „Zwei Bayern im Harem", „Mit Rosen fängt d Liebe an", „Der müde Theodor", „Gruß u Kuß v Tegernsee", „Mikosch, d Stolz d Kompanie", Bühne frei f Marika" „Der Sündenbock v Spatzenhausen", „Gräfin Mariza", „Mikosch im Geheimdienst", „Kleine Leute mal ganz groß", „La Paloma", „Der lustige Krieg d Hauptmann Pedro", „Kein Mann z Heiraten", „Hubertusjagd", „Der letzte Mohikaner" uva. E: Ehrensenator, EhrenMtgl versch Ver. M: BFF/DAG.

Grossmann Stefanie
B: Schauspielerin. A: D–8900 Augsburg, Baumgartnerstr 27, c/o Agentur Marga Wiedner. Tel: 0821/556370 oder 089/3081822.

Groß Marianne
B: Schauspielerin. A: D–8000 München 2, Theresienstr 31, c/o ZBF-Agentur München. Tel: 089/284993 oder 089/335081.

Großer Bernd-Holdin
B: Schauspieler. G: Rendsburg, 5. Apr 1948. V: Christel, geb Klempin. A: D–2370 Rendsburg, Sophienstr 17. S: Abitur, Schauspielausbildung b Hanny Herter, Berlin, Tanzausbildung b Ruth Strakosch Berlin. K: Freie Tätigkeit in Berlin bei Theater, Film, Fernsehen, Funk u Ak d Künste, Engagements in Berlin, Rendsburg, Köln, Dinslaken, Kleve, Festspiele Birten-Xanten, Ratingen, Schloßhof Schleswig, Düsseldorf, Flensburg, Schleswig, Bremen. F: Hamburger Abendblatt, Die Bühne, Kieler Nachrichten, Zeitschrift d Bühnen, Berliner Morgenpost, Theaterblätter, regionale Blätter. D: Film: „Buddenbrooks", „St Pauli Landungsbrücken", „Kennzeichen D", „Der Postmann", Theater: „Equus", „Egmont", „Othello", „Mutter Courage", „Der Geizige", „Romeo u Julia", „Bürger als Edelmann", „Dreigroschenoper", „Maria Stuart", „Der Talisman", „Schule m Clowns", „Der Zauberer v Oos" uva. M: GDBA. H: Tennis, Fotografie, Skilauf, Segeln, Spaziergänge m d Dalmatiner.

Großmann Johannes
B: Schauspieler. A: D–4000 Düsseldorf 11, Wildenbruchstr 56, c/o Agentur v Pilecki. Tel: 0211/579372 oder 089/220263.

Grote Manfred
B: Schauspieler. A: D–1000 Berlin 45, Unter d Eichen 84 F. Tel: 030/8113229.

Groth Jan
B: Schauspieler. A: D–8022 Grünwald, Am Düllanger 2, c/o ZBF-Agentur Hamburg. Tel: 089/6413010 oder 040/66885400.

Grothe Isabella
B: Schauspielerin. A: D–2000 Hamburg 20, Abendrothsweg 25, c/o ZBF-Agentur Hamburg. Tel: 040/418887 oder 040/66885400.

Grothum Brigitte
B: Schauspielerin. A: D–1000 Berlin 38, Wasgenstr 18, c/o Management Mackeben. Tel: 030/8034755 oder 030/8263240.

Grothusen Andreas
B: Schauspieler. A: D–1000 Berlin-Grunewald, Trabener Str 47, c/o ZBF-Agentur Berlin. Tel: 030/8865330 oder 030/8838031/54.

Grothusen Max
B: Schauspieler. A: D–1000 Berlin 41, Schmidt Ott-Str 6. Tel: 030/7915543.

Grubel Hans-Joachim
B: Schauspieler. A: D–1000 Berlin 33, Südwestkorso 40, c/o ZBF-Agentur Berlin. Tel: 030/8217140 oder 030/8838031.

Grübel Ilona
B: Schauspielerin. A: c/o Agentur v Pilecki, D–8000 München 22, Oettingenstr 46. Tel: 089/220263.

Grübl Heide
B: Schauspielerin. A: D–2000 Hamburg 76, Bartholomäusstr 92, c/o ZBF-Agentur Hamburg. Tel: 040/223447 oder 040/66885400.

Gruel Hela
B: Schauspielerin. G: Bremen, 4. Aug 1902. A: D–2000 Wedel/ Holstein, Schulsteig 2. Tel: 04103/3705. S: 10 Jahre Lyzeum, 1 Jahr wiss Lehranstalt, Fachschule f Latein. K: 59-jähr Tätigkeit bei Theater, Film, Rundfunk u Fernsehen, Theaterengagements in Düsseldorf, Lübeck, Frankfurt/Main, 32 Jahre in Berlin, unterbrochen von langer Gestapo-Haft. F: Unzählige Veröffentlichungen in Zeitungen u Zeitschriften (auch als Intendantin, Dramaturgin, Regisseurin u Redakteurin tätig). D: alle wesentlichen Fachrollen in d Klassikern, bis jetzt ca 60 Filme, ca 130 Fernsehfilme in Deutschland, meistens Hauptrollen. M: DAS, BFF. H: Arbeit im Beruf, Reisen – bes Schiffsreisen (3x USA, 5x Island, 1x Grönland).

Grühn Petra Maria
B: Schauspielerin. A: D–8000 München 40, Gernotstr 4, c/o Agentur Jovanovic, c/o Agentur Jäger, c/o ZBF-Agentur München. Tel: 089/304526 oder 089/475024/25 oder 08151/8766 oder 089/335081.

Grün Otto Dr
B: Schauspieler. A: D–8043 Unterföhring, Ahornstr 38/VIII, c/o Agentur Trend-Studio Lindemann. Tel: 089/9503166 oder

089/527947.

Grünbaum Herbert
B: Schauspieler. A: D–1000 Berlin 31, Kreuznacher Str 62, c/o Agentur Runde-Profé. Tel: 030/8217401 oder 030/3040661.

Grünberg Klaus
B: Schauspieler. A: c/o Agentur Lentz, D–8000 München 80, Holbeinstr 4. Tel: 089/474026.

Grüneke Nico
B: Schauspieler. A: D–8000 München 90, Eduard Schmidt-Str 15/IV, c/o ZBF-Agentur München. Tel: 089/658179 oder 089/335081.

Grunewald Ingeborg
B: Regisseurin, Autorin, Schauspielerin. G: Dresden, 16. Okt. A: D–8021 Strasslach, Schützenweg 2. S: Hum Gymn, Abitur, Univ München u Heidelberg (Germanistik, Dolmetscherexamen, TheaterWiss), Schauspielabschlußprüfung. K: Staatstheater München, Dresden usw, als Schauspielerin, Autorin (hauptsächlich Drehbücher, Gedichte, Kurzgeschichten), Regisseurin vieler ausländischer Filme u Coproduktionen, Synchronisationen, Film u Fernsehen. F: Viele in Zeitschriften u Zeitungen. D: „Kabale und Liebe", „Aimée", „Ich brauche Dich", „Ingeborg", „Don Carlos", Synchronisationsstimme f viele ausländische Darstellerinnen, wie Greta Garbo, Marlene Dietrich, Bette Davis, Joan Crawford, Juliette Greco usw. M: Diners Club, American Express, Pan Am, Clipper Club. H: Malen, Reisen, Schießen, Fotografieren.

Grützner Lothar
B: Schauspieler. G: Dresden, 20. Nov 1926. V: Petra, geb Viek. A: D–2000 Hamburg 1, Mohlenhofstr 7. S: Konservatorium Dresden. K: Engagements ua an folgenden Bühnen: Magdeburg, Kiel, Lübeck, Hamburg (Schauspielhaus, Thalia-Theater, Kammerspiele), Fernsehen, Rundfunk seit über 25 Jahren, Spielfilme in Italien u Spanien. D: Filme: „Il bello, il brutto, il cretino" (Italien), „Touch me not" (Spanien), Fernsehen: „Die Gentlemen bitten zur Kasse", „Das kleine Hofkonzert" ua. M: DAG.

Grzimek Bernhard Dr Dr hc Prof Dir
B: ZooDir, Autor, Moderator. G: Neisse/Schlesien, 24. Apr 1909. V: Hildegard. A: D–6000 Frankfurt 1, Zoologischer Garten. S: RealGymn, Stud d Veterinär-Med, Zoologie an d Univ Berlin, Promotion z Dr med vet. K: Ltr einer Geflügelfarm u eines ldw Betriebes, während d Studienzeit erste Reisen n Nordamerika u versch europäischen Ländern, Praktikum als Tierarzt in Berlin, dann Sachbearbeiter im ReichsernährungsMin, Verhaltensforschung, Veterinär-Offz im 2. Weltkrieg, 1945 Übernahme d Ltg d Frankfurter Zoologischen Gartens, Aufbau d Zoos, Zuchterfolge, Forschungsreisen in alle Kontinente, Filme „Kein Platz f wilde Tiere" u „Serengeti darf nicht sterben", 1960 Prof d Univ Gießen, EhrenDr d Berliner Univ, seit 1950 Chefredakteur d Monatszeitschrift „Das Tier", Bücher: „Grzimeks Tierleben", „Kein Platz f wilde Tiere", „Serengeti darf nicht sterben", „Unter Afrikas Tieren", „Wildes Tier, Weißer Mann" uva. E: BFilmpreise, amerikanischer „Oscar" f „Serengeti darf nicht sterben", Großes BVerdienstkreuz, Goldener Bildschirm ua.

Gspandl Michael
PS: „Burger". B: Schauspieler. G: Hainburg/D, 27. Juli 1955. A: D–1000 Berlin 19, Rönnestr 4. Tel: 030/3234647. S: Gymn, HTL, Max Reinhardt-Seminar Wien, Lee Strasberg Theater Institute N.Y.C. K: Mit 14 u 16 Jahren durchgebrannt nach Athen, Istanbul, Damaskus u Beirut, dann Schauspielschule in Wien, 2 mal „overland" nach Indien (Kashmir u Ceylon) getrampt, Theater, TV-Filme, Engagements am Theater a d Wien, Theater am Kärntnertor, Theater in d Josefstadt, Kammerspiele München, Festspiele Hellbrunn/Salzburg, Schaubühne am Halleschen Ufer. D: „Spartakus", „Blut u Rosen", „Der Schwan", „Frühlingserwachen", „Die Probe", „Groß u Klein", Fernsehen: „Perahim", „Der Abiturientag", „Zwischenzeit", „Kim + Co", „Heiße Ware", „Drei Wege zum See", „Der junge Freud", „Der Anwalt", „Magic Afternoon", Film: „The Ringer".

Gstettenbaur Gustl
B: Filmschauspieler. G: Straubing/Donau, 1. März 1914. V: Gracie, geb Schenk. A: D–8973 Hindelang/Allgäu, Sebastian Kneippstr 8. S: Privatschule in Berlin. K: Als 10jähriger hervorragender Geräteturner, einige Kabarettengagements, Lessing-Theater Berlin: Falstaffs Page in „Heinrich IV", Deutsches Künstlertheater: „Kakadu", ab 1930 „Piccolo" in der Operette „Im weißen Rössl", mehrere Stumm- u Tonfilme, einige Fernsehsendungen, 1955 Eröffnung v Cafe u Weinstube „bei Gustl" mit Fremdenheim. F: Fast in allen deutschen Zeit-

schriften u Illustrierten. D: Darsteller in „Spione", 18 Stummfilme, ua „Der Piccolo vom goldenen Löwen" (Titelrolle), „Wolga–Wolga", „Kampf der Tertia", „Räuberbande", „Frau im Mond", mehrere Tonfilme ua „Delikatessen", „Wien, du Stadt der Lieder", „Mädchen zum Heiraten", „Soldaten – Kameraden", „Standschütze Bruggler", „Jäger vom Fall", „Schweigen im Walde", „Der Edelweißkönig", „Geigenmacher von Mittenwald", „Grenzstation 58", „In Hamburg sind die Nächte lang", „Das Lied von Kaprun", „Jägerblut" uva, einige Fernsehsendungen ua „Das Königl Bayerische Amtsgericht", „Mein Bruder, Herr Dr Berger". M: Reitclub, Tennisclub, EissportVer. H: Ölmalerei.

Guenther Wolfram
B: Schauspieler. A: D–8000 München 40, Hohenstaufenstr 8, c/o ZBF-Agentur München. Tel: 089/0390500 oder 089/335081.

Gühne Erich
B: Schauspieler. A: D–6380 Bad Homburg vor der Höhe, Promenade 18. Tel: 06172/22430.

Günther Hermann
B: Schauspieler. A: D–8000 München 81, Denninger Str 98, c/o ZBF-Agentur München. Tel: 089/912995 oder 089/335081.

Günther Manfred
B: Schauspieler. A: D–2800 Bremen 1, Feldstr 52–54, D–1000 Berlin 30, Maienstr 4, c/o ZBF-Agentur Hamburg. Tel: 0421/75700 oder 030/2132220 oder 040/66885400.

Guth Klaus
B: Schauspieler. A: D–8000 München 40, Kunigundenstr 38, c/o ZBF-Agentur München. Tel: 089/3615535 oder 089/335081.

Gutkind-Bienert Evelyne
B: Schauspielerin, Sensationsdarstellerin. A: D–1000 Berlin 37, Lindenthaler Allee 30. Tel: 030/8015041.

Gutmann Claus Dieter
PS: Gutelli. B: Kinderzauberkünstler. G: Seligenstadt/Hessen, 31. Dez 1941. V: Marianne, geb Meßmer (Nanny). A: D–6452 Hainburg, Friedensstr 33. Tel: 06182/6248. S: Grundschule, staatl ZeichenAk Hanau. K: Beruf: Werbemaler u Dekorateur, umgeschult als Techn Zeichner im Hessischen Straßenbauamt, seit 1947 neben d Vater als kleiner Ass in seiner Zauberschau mitgewirkt, 1953, nach d Tode d Vaters, 11 Jahre alt, in kleineren Veranstaltungen (Vereinsfeste ua) eigene Darbietungen, seit 1958 nebenberuflich Zauberkünstler in Abendgalas, seit 1976 Hauptberuf Kinderzauberkünstler. D: „Kinderfest im Park", „Ach du dickes Ei" uva. E: 1. Preis in Kinderzauberei d MZvD in Hamburg (Magiculum 77) in Heilbronn u in Düsseldorf (1. Preis u Deutscher Meister). M: Mtgl d IAL, d Magischen Zirkels v Deutschland eV, d Interessengemeinschaft professioneller Magier. H: Malen, Basteln, Requisiten selbst herstellen.

Gutruf Heide
B: Schauspielerin. A: c/o Agentur Schmidt-Gentner, A–1030 Wien, Lothringer Str 20. Tel: 0222/752271.

Gutenbrunner Maria
B: Schauspielerin. A: c/o Agentur Schmidt-Gentner, A–1030 Wien, Lothringer Str 20. Tel: 0222/752271.

Gutzeit Renate
B: Schauspielerin. A: D–8000 München-Großhadern, Sauerbruchstr 8. Tel: 089/707310.

Gyl Cara
B: Schauspielerin. A: D–1000 Berlin 31, Nestorstr 58/59/V. Tel: 030/3231105.

Gysling Karl
B: Ex wool-merchant. G: Zürich, 11. Dez 1925. A: CH–8032 Zürich, Freie Str 221. S: Primar, Sekundar-, Mittelschule, Technical College today, Univ Bradford, England. F: Div in Zeitungen u Zeitschriften. D: Mitwirkung in ca 30 Filmen, Fernsehsendungen, auch life im TV, Tätigkeit im Management.

Haack Käte
B: Schauspielerin. A: c/o Agentur Lentz, D–8000 München 80, Holbeinstr 4. Tel: 089/474026.

Haarländer Hans Walter Dr
B: Dipl-Meteorologe. G: Rheinböllerhütte, 19. Apr 1918. V: Charlotte, geb Heise. A: D–6051 Dietzenbach, Danziger Str 34. S: Stud d Mathematik, Physik, Geophysik, Meteorologie. K: 1942–44 Referendar, dann Hauptobservatorium Potsdam, Meteorologisches Inst d Freien

Univ Berlin, Forschungsdienst d Deutschen Wetterdienstes, dann Meteorologe d Flugwetterwarte am Flughafen Rhein/Main u Wirtschaftswetterdienst b Wetteramt Frankfurt, Referent im Zentralamt d Deutschen Wetterdienstes, Dezernenten b Wetteramt Frankfurt, freier Mitarbeiter b ZDF, Veröffentlichungen: „Eine kinematische Methode zur Vorhersage wahrer Luftbahnen m Beispielen" ua. F: In versch Zeitungen. H: Familien- u Stammesforschung, Gartengestaltung, Wandern, Tennis, Schwimmen.

Haas Christa
B: Sängerin. G: Hamburg, 9. Apr. A: D–2000 Hamburg 73, Am Knill 21a. S: Musik-Stud, Hauptfach Gesang bei Ina Graffius. K: Mit „Hamburger Folklore" die ganze Welt bereist, Auftritte in Rundfunk- u Fernsehanstalten, viele Konzertreisen nach Mittel- u Südamerika, Nah- u Fern-Ost, Norwegen, ständiger Gast bei d Hafenkonzerten d NDR u Radio Bremen, Platten: Single „Alles Geld auf dieser Welt", Serien „Heimat, schöne Heimat", „Ostfriesland – Nordfriesland", „Cuxhaven – Helgoland", „Kieler Woche", Seemannslieder auf div Hafenplatten, eine LP im Auftrage d Landesregierung Schleswig-Holstein m „Liedern aus Schleswig-Holstein". D: „Cliff Dexter", „Hamburg-Transit", „Das Gelbe Haus am Pinnasberg", eigene Fernsehsendung „Haifischbar", „Hafenorgel", „Ein Hoch d Liebe", „Hamburg-Melodie", Fernsehkrimis u Unterhaltungssendungen. H: Segeln, Skifahren, Garten, Kunstgewerbe, Malen, Zeichnen, Entwerfen v Bühnenkleidern.

Haas Ludwig
B: Schauspieler. A: D–8190 Wolfratshausen, Margaretenstr 50, c/o Agentur Lentz. Tel: 08171/10085 oder 089/474026.

Haas Sandra
B: Sängerin, Komponistin. A: D–5024 Pulheim/Stommeln, Utrechter Str 2. S: Gesangsausbildung. K: Erste Schallplatte m 17 Jahren, danach 7 Singles u 2 LPs veröffentlicht, zahlreiche Funk- u Fernsehauftritte. F: Zahlreiche Fotoveröffentlichungen in deutschen u intern Zeitschriften. E: 1972 unter 40 Nationen offizieller Representant Deutschlands als Komponistin u Sängerin b Agostin-Lara-Festival in Mexiko, 1973 Deutschlands Representant b Intern Song-Festival in Athen als Autorin u Sängerin. M: GEMA. H: Motorrad-Fan, Horrorfilme, Sportschießen, Langschlafen.

Haas Waltraut
B: Schauspielerin. G: Wien, 9. Juni. V: Erwin Strahl. A: A–1130 Wien, Küniglberggasse 45. S: Konservatorium Wien, Privatunterricht bei Burgschauspielerin Julia Janssen (Gesang u Tanz). K: 1. Film „Der Hofrat Geiger" (1947) dem ca 70 weitere folgten ua „Bettelstudent", „Weisses Rössl", „Saison in Salzburg", „Hochzeitsnacht im Paradies", „Lumpazivagabundus", „Mariandl" uva. F: In versch Zeitschriften. D: in ca 70 Filmen, Theater: „Helden", „Das Konzert", „Feuerwerk", „Meine Schwester u ich", „IDO – IDO" (Musical), „Weisses Rössl", „Hofloge", „Frühere Verhältnisse", „Es war die Lerche". E: Filmfestspiele in Mar del Plata: 1 Ring „Die Perle des Atlantiks" (Sympathiepreis), Orden „Pro Arte Populi" für besondere Verdienste um d Wienerlied u d Volkskunst. H: Kochen.

Haase Klaus-Peter
B: Schauspieler. A: D–2000 Hamburg 60, Wiesendamm 158, c/o Agentur Runde-Profé. Tel: 040/2793323 oder 030/3040661.

Habbema Cox
B: Schauspielerin. A: c/o Management Margarete van Dam, NL–Amsterdam, Plantage Parklaan 12. Tel: 003120/246743.

Habeck Michael
B: Schauspieler. A: D–8013 Haar bei München, Gronsdorfer Str 8, c/o ZBF-Agentur München. Tel: (Borell) 089/469283 oder 089/335081.

Haber Heinz Dr Prof
B: Astro-Physiker, TV-Autor. G: Mannheim, 15. Mai 1913. V: Irmgard, geb Koch. A: A–6100 Seefeld/Tirol. S: Hum Gymn, Abitur, Stud d Physik u Astronomie an d Univ Leipzig, Heidelberg, Berlin, 1939 Promotion z Dr rer nat. K: ForschungsAss am Kaiser Wilhelm-Inst Berlin, 1939–42 FliegerOffz, 1942 AbtLtr f Spektroskopie am Kaiser Wilhelm-Inst, habil 1944, 1946–52 Luftwaffenschule f LuftfahrtMed am Luftwaffenstützpunkt Randolph Field/Texas, Mitbegründer u Sekr d amerikanischen Ges f WeltraumMed, 1952–56 Doz f Verkehrs- u Transport-Ing-Wesen an d Univ of California, seit 1958 selbständiger Fernsehproduzent f deutsche, amerikanische Anst, Gründer, Herausgeber u Chefredakteur d Zeitung „Bild d Wissenschaft", 1971–73 Reiseführer in Asien, Afrika u d Südsee, Moderator versch Fernsehsendungen, Veröffentlichungen: „Man in

space", „Our friend, the Atom", „Stars, Men and Atom", „Lebendiges Weltall", „Unser blauer Planet", „Der offene Himmel", „Unser Mond" uva. F: In versch Fachzeitschriften u Tageszeitungen uva. E: EK I, Preis f d beste wiss Jugendbuch, Adolf Grimme-Preis (mehrmals), Goldene Kamera ua. H: Die Arbeit, Familie, Schach.

Habich Matthias
B: Schauspieler. A: c/o Agentur Alexander, D–8000 München 80, Lamontstr 9. Tel: 089/471011.

Habicht Waltraut
B: Schauspielerin. A: D–1000 Berlin 30, Barbarossastr 32a, c/o ZBF-Agentur Berlin. Tel: 030/2116413 oder 030/8838031/54.

Hacht Richard von
B: Schauspieler. A: D–2000 Hamburg 52, Hölderlinstr 22c, c/o ZBF-Agentur Hamburg. Tel: 040/827139 oder 040/66885400.

Hack Hansjörg
B: Schauspieler. A: D–8000 München 2, Landwehrstr 4/VI. Tel: 089/598272.

Hackenberg Siegrid
B: Schauspielerin. A: D–2000 Hamburg 52, Rosenhagenstr 10, c/o ZBF-Agentur Hamburg. Tel: 040/893296 oder 040/66885400.

Hacker Uwe
B: Schauspieler. G: Hamburg, 1. März 1941. A: D–2000 Hamburg 6, Glashüttenstr 1. S: Mittlere Reife, Ausbildung z SpeditionsKfm, Schauspielschule Hildburg Frese, Hamburg. K: Deutsches Schauspielhaus Hamburg, Ernst Deutsch-Theater Hamburg, Ohnsorg-Theater Hamburg, Thalia-Theater Hamburg, Karl May-Spiele Bad Segeberg, Ruhrfestspiele Recklinghausen, Landestheater Schleswig, RegieAss am Ernst Deutsch-Theater. F: Deutsches Bühnenjahrbuch d GDBA, Film- u Fernseh-ABC. D: „Kasimir u Karoline", „Besuch d alten Dame", „Hölderlin", „Der kleine Muck", „Klotz am Bein", „Tragödie d Rächer", „Wie es euch gefällt", „Dreigroschenoper", „Italienische Nacht", „Eiszeit", „Der Mustergatte", „Das tapfere Schneiderlein", „Gilles", „König Drosselbart", „Peripherie", „Drillinge v Venedig", „Die neuen Leiden d jungen W", „Schneeweisschen u Rosenrot", „Bremer Stadtmusikanten", „Dreyfus", „Darf ich mitspielen?", „Dornröschen", „Einer flog über d Kuckucksnest", „Pott will heiraten", „Der gefesselte Prometheus", „Der schwarze Mustang", „Durchs wilde Kurdistan", „Kasimir u Karoline", „Home", Fernsehen: „Haifischbar", „Dem Täter auf d Spur", „Zwei gegen alle", „Die Melchiors", „Die Kriminalpolizei rät", „Sonderdezernat K I", „Dreigroschenoper", „Abramakabra", „Musik aus Studio B", „Wanzen im Hotel", „Wurm im Bau", „Im Auftrag v Madame", „Zwischenmahlzeit", „Große Bank auf kleiner Insel", „Schöne Marianne" (Serie), „Sesamstrasse", „EMM wie Meikel", „Auf laufenden Band", „Pott will heiraten", „Kleiner Mann im Ohr", „Der Fall Bundhund", „Erwachsenenspiele", „Gesucht wird ...", „Sore II", „Spaß beiseite", „F Schachmann wird verwaltet", „Pinkertons Erben", „Der Geist d Mirabelle", „Timm Thaler", „Ein seltsames Paar", „Die Nacht, in d d Chef geschlachtet wurde", Film: „Aber, aber Jonny", „Hamburger Krankheit" ua. M: GDBA, BFF/DAG. H: Klassische Musik, moderne Literatur.

Hackethal Joachim
B: Schauspieler. A: D–8000 München 80, Johannispl 10, c/o Agentur v Pilecki. Tel: 089/4484324 oder O89/220263.

Hackethal Regine
B: Schauspielerin. A: D–8000 München 80, Johannispl 10. Tel: 089/ 4484324.

Hackl Karlheinz
B: Schauspieler. A: c/o Agentur Killer, D–8000 München 19, Fafnerstr 32. Tel: 089/173455.

Hadek Reinhard
B: Schauspieler, Med Orth Fußpfleger. G: Pinkafeld/Bgl. A: D–8000 München 22, Adelgundenstr 5. S: Abitur, Schauspielschule in Wien, med orth Fußpflege an d Kneippschule in Bad Wörrishofen. K: Nach d Ausbildung Wiener Komödie, dann Theater d Jugend, dann Theater im Zentrum u Theater in der Josefstadt, 1965 Fernsehtätigkeit in Paris, dann nach Zürich, seit 1967 in München, Synchronarbeiten, Märchenschallplatten, Theater u Fernsehsendungen, Anfang 1977 Erlernung d Berufs d med orth Fußpflegers, Abschluß mit „Sehr Gut", seit 1. Mai 1978 eigene Praxis in München, zu d Patienten zählen Schauspieler, Regisseure, Schriftsteller, Sänger u auch Nichtprominenz. H: Musik, Reiten, Wasserski, Tennis.

Haener Peter
B: Schauspieler. A: CH–8003 Zürich, Erlachstr 26, c/o Agentur Killer. Tel: 00411/357073 oder Berlin 030/8814374 oder 089/173455.

Haensch Hermann
B: Schauspieler, Spielleiter, Theaterbesitzer. A: D–2000 Hamburg 74, Sievekingsallee 165a. S: Real Gymn, Stud d Kunst- u Theatergeschichte, Schauspielschule, Leibniz-Ak. K: Landestheater Detmold, Landesbühne Hannover, Stadttheater Stettin, Deutsches Theater i d Niederlanden, Kammerspiele Hannover (Besitzer), Staatstheater Hannover, Hamburg (versch Theater, Film, Fernsehen, Synchronisationen). D: Hauptrollen in „Max Piccolomini", „Charleys Tante", „Etappenhase", „Biberpelz", „Dreigroschenoper". Versch Filme. H: Futurologie.

Haeusserman Michael
B: Schauspieler. A: A–1010 Wien, Goetheg 1. Tel: 0222/525256.

Haffner Erna
B: Schauspielerin. A: D–1000 Berlin 31, Zähringer Str 6a. Tel: 030/8813434.

Hafner Helga
B: Schauspielerin. A: D–6200 Wiesbaden, Arndtstr 8, c/o ZBF-General-Agentur Frankfurt. Tel: 06121/376434 oder 0611/7111313.

Hagel Hanni
B: Schauspielerin. A: D–2000 Hamburg 20, Gustav Leo-Str 9, c/o ZBF-Agentur Hamburg. Tel: 040/486433 oder 040/66885400.

Hagemeister Alexis von
B: Schauspieler. A: D–8000 München 21, Perhamer Str 10, c/o ZBF-Agentur München. Tel: 089/560998 oder 089/335081.

Hagemeister Wolfgang
B: Schauspieler. A: c/o Agentur v Pilecki, D–8000 München 22. Oettingenstr 46. Tel: 089/220263.

Hagen Antje
B: Schauspielerin. A: c/o ZBF-Agentur München, D–8000 München 40, Leopoldstr 19. Tel: 089/335081.

Hagen Holger
B: Schauspieler, Regisseur. G: Halle/Saale, 27. Aug 1915. V: Bruni, geb Löbel. A: D–8023 Pullach/Isartal, Heilmannstr 7. S: Univ Wisconsin, USA, Stud d Geschichte, Theaterschule Columbia Univ New York, Stud d Musik, Theaterausbildung u privates MusikStud (Kapellmeister) New York City. K: Stud bis 1940, 1942–46 US Army (1. Lt), 1946–48 Theater, Musik Offizier d US Militärregierung in Deutschland, 1949–51 Musikkritiker „Neue Zeitung", seit 1951 Schauspieler u Regisseur in Frankfurt, Hamburg, Düsseldorf, München, sowie an allen deutschen Rundfunk- u Fernsehanstalten, vorwiegend in d Synchronisation tätig (Burton, M Mastroianni, W Holden uva). D: Theater: „Lied der Taube", „Der Verführer", „Zimmerschlacht", „Wer hat Angst vor Virginia Woolf", „Die Physiker", „Der zerbrochene Krug" uva, Film: „Counterfeit Traiter", „Man on a String", „Toller Hecht" uva, Fernsehen: „Bailey's Bird" (Serie), „Die Einladung", „Gesellschaftsspiel" „Fräulein an der Kasse" uva. E: Bronze Star (US Army), BVerdienstkreuz in Deutschland. M: BFF/DAG (GenSekr), 2. Vors d Paul Klinger Stiftung, Vors d FIA EG-Ausschuß. H: Skilaufen, Schmalfilm.

Hagena Dorothea
B: Schauspielerin. A: c/o Nydegger, D–6000 Frankfurt/Main, Eppsteiner Str 22. Tel: 0611/722033.

Hagenlocher Marlies
B: Schauspielerin. A: D–7024 Filderstadt-Harthausen, Im Feuerhaupt 20, c/o ZBF-Agentur München. Tel: 07158/5959 oder 089/335081.

Hahn Claire
B: Schauspielerin, Regisseurin, Dramaturgin, Lehrkraft. G: 28. Mai 1922. A: D–2000 Hamburg 70, Bärenallee 13. Tel: 040/683733. S: Abitur, Ausbildung bei Hanne Mertens in Hamburg. K: Beginn am Thalia-Theater in Hamburg, Gastspiele an d Hamburger Kammerspielen, eigenes Theater „Wanderbühne" (zusammen mit 3 Kollegen) in Heidelberg, dann Bremerhaven, Bremen, Hannover, Nationaltheater Weimar, Ulm, Frankfurt, Kassel, Mannheim, München. F: In allen einschlägigen Zeitungen, auch eigene Artikel über d Theater als solches. D: „Die Physiker", „Elektra", „Meteor", „Schmutzige Hände", ua. H: Theater, Lesen, Sport.

Hahn Dietrich
B: Schauspieler u Publizist. G: Frankfurt/M, 14. Apr 1946. A: D–8012 Ottobrunn b Mün-

chen, Ostpreußenstr 2. Tel: 089/6091832. S: Hum Gymn (Deutsche Schule Rom, Schule Birklehof, Schloß Stein an d Traun), Staatliche HS f Musik u darstellende Kunst Berlin, Prof Marlise Ludwig, Berlin. K: Freiberuflicher Schauspieler an deutschsprachigen Bühnen, Herausgeber wissenschaftshistorischer Monographien, Veröffentlichungen in Buchform: „Otto Hahn – Erlebnisse u Erkenntnisse", „Otto Hahn – Begründer d Atomzeitalters", eine Biographie in Bildern u Dokumenten (700 Abbildungen). D: „A Violation Study" (Deutsche Erstaufführung, Tübingen u Berlin 1973), „Counterfire" (Uraufführung, Ulm, Stuttgart, Schwäbisch Hall 1974), „Kleinbürger" (Deutsche Erstaufführung Esslingen 1977) ua Kindertheater. M: Max Planck-Ges z Förderung d Wiss eV, München, Deutsches Museum München, Ges d Freunde u Förderer d Deutschen Röntgen-Museums eV. Remscheid-Lennep, Deutsch-Finnische Ges eV. München. H: Reisen (vornehmlich Finnland u Italien), Katzen.

Hahn Gisela
B: Schauspielerin. A: c/o Agentur v Pilecki, D–8000 München 22, Oettingenstr 46. Tel: 089/220263.

Haibel Willy
B: Schauspieler. A: D–8000 München 40, Nordendstr 54. Tel: 089/ 377916.

Haider Alfons
B: Schauspieler. A: c/o „Der Würfel" Unterhaltungsbetriebs-GmbH, A–1180 Wien, Scheidlstr 38, c/o Agentur Killer. Tel: 0222/474134 u 475323 oder 089/173455.

Hainisch Leopold
B: Schauspieler. G: Wien, 2. Nov 1891. A: A–1190 Wien, Eichendorffg 4. S: Ak f Musik u darstellende Kunst Wien, Privatunterricht Schauspiel, Gesang u Musik. K: Engagements am Theater i d Josefstadt Wien, Hoftheater Meiningen, Neue Wiener Bühne, Carltheather Wien, Gastspiele an versch Berliner Theatern, ständiger Mitarbeiter b Berliner Rundfunk als Autor, Regisseur u Darsteller, ab 1936 auch b Fernsehen, Tobis-Film, Wien-Film, Begründer u Dir d Tirol-Film, d Ambassador-Film Wien, d Televisionsfilm-ProduktionsGes, Regisseur bei ca 60 Fernseh-Kulturfilmen f USA, Fernsehfilm „Mozart, Geschichte eines Lebens", f d österr Fernsehen u viele ausländische Fernsehstationen, Bühnenregisseur, Tätigkeit bei Funk u Fernsehen u Film. D: „Eine kleine Nachtmusik", „Falstaff in Wien", „Der Meineidbauer", „Romantische Brautfahrt", „Dieses Lied bleibt bei Dir", „Das Schloß in Tirol" uva.

Halden Walter
B: Schauspieler. A: D–2000 Hamburg 60, Ohlsdorfer Str 63 part. Tel: 040/514514 (Langenbek).

Halenke Gustl
B: Schauspielerin. A: D–1000 Berlin 37, Sven Hedin-Str 18, D–8000 München 81, Steubstr 6. Tel: 030/8016733 oder 089/981888.

Hall Bernd
B: Schauspieler. A: c/o Agentur Schmidt-Gentner, A–1030 Wien, Lothringer Str 20. Tel: 0222/752271.

Hallant Uta
B: Schauspielerin. A: D–1000 Berlin 39, Waltharistr 4b, c/o Agentur Bloy. Tel: 030/8032072 oder 089/6411893.

Hallberg Stefan
B: Komponist, Texter, Sänger. G: Bremen, 26. Nov 1948. A: c/o Artist Service – Eike R Heitkamp, D–2000 Hamburg 20, Eppendorfer Baum 13. S: Kfm Ausbildung, später Umschulung zum Innenarchitekten. K: Erste Gruppe „The Crying Boys", Auftritte als Amateure in Bremen u Umgebung, nach personellen Veränderungen Gründung einer Profiband „Tomorrow Too" mit Repertoire von „Born Under A Bad Sign" bis „Vanilla Fudge", Wahl durch Radio Bremen auf Platz drei eines bundesweiten Nachwuchswettbewerbes, Einladung durch „Talentschuppen" zu Fernsehauftritt, Aufnahme d ersten Demo-Bänder, Auftritt in d ZDF-„Disco", es folgten Fernsehauftritte, Galas, Autogrammstunden, 2 weitere Singles „Mandy" u „Irgendwann war es Liebe", weiters „Hotel California", „Das kann nur mir passieren" (gemeinsam mit d Originalinterpreten „Liverpool-Express" in London aufgenommen), 1978 bisher letzte Platte „Hey, Hey, du da", u Eigenkomposition „Tanz dir den Stau aus der Seele". F: In div Zeitungen u Zeitschriften.

Haller Barbara
B: Schauspielerin. A: D–4300 Essen 1, Steeler Str 95, c/o ZBF-General-Agentur Frankfurt. Tel: 0201/275531 oder 0611/7111334.

Halley Ina
B: Schauspielerin. A: D–1000 Berlin 39, Am Sandwerder 20, c/o ZBF-General-Agentur Frankfurt. Tel: 030/8035555 oder 0611/7111335.

Hallhuber Erich
B: Schauspieler. G: München, 14. Juli 1951. A: D–8000 München 80, Franziskaner Str 7. S: Gymn, Falckenberg-Schule. K: Engagement an d Städt Bühnen Köln, seit 1979 Bayer Staatsschauspiel. F: Hör Zu, Funk Uhr, Gong, Abendzeitung, Express, Kölner Rundschau, SZ, Zeit uva. D: Fernsehen: „Münchnerinnen", Theater: Titus Feuerfuchs, Caesar, Bill Cracker, Orest ua. E: Förderpreis Nordrhein-Westfalen. M: GDBA. H: Musik.

Hallstein Ingeborg
B: Kammersängerin. G: München, 23. Mai 1939. V: Dr Erast Polanski. A: D–8000 München. S: Abitur, Gesangsunterricht bei Elisabeth Hallstein, Schauspielschule, Ballettunterricht, Klavierunterricht. K: Theatertätigkeit, Fernsehen, Film, Hörfunk, Schallplatte, Gastspiele, Festspiele, ständiges Mtgl d Bayerischen Staatsoper u ständiges Mtgl mehrerer Festspiele im In- u Ausland. F: In Zeitungen u Zeitschriften in Deutschland, Österreich, Schweiz, England, Italien usw. D: „Die Zauberflöte", „Die Hochzeit des Figaro", „Cosi fan tutte", „Die Entführung aus dem Serail", „Ariadne auf Naxos", „Der Rosenkavalier", „Die schweigsame Frau", „La Traviata", „Der Barbier von Sevilla", „Lucia di Lammermoor", „La Boheme", „Hoffmanns Erzählungen", „Die Fledermaus", „Die Dubarry", „Die Lustige Witwe", „Der Rappelkopf", „I Commedianti", „Die Bassariden", „La Finta Semplice", „Idomeneo", „Orpheus und Eurydike", „Die Liebe zu den drei Orangen", „Die Zirkusprinzessin", „Robert u Elisabeth", „Die schöne Helena", „Paris und Helena" uva. E: Div Preise bei in- u ausländischen Gesangswettbewerben, Titel: Kammersängerin.

Hallwachs Hans-Peter
B: Schauspieler. A: c/o Management Jovanovic, D–8000 München 80, Perfallstr 6. Tel: 089/475024/25.

Halmer Günther M
B: Schauspieler. A: D–8000 München 19, Böcklingstr 21, c/o Management Baumbauer. Tel: 089/1575116 oder 089/478577.

Halver Konrad
B: Schauspieler. A: D–2000 Hamburg 13, Grindelhof 89, Haus 7. Tel: 040/418375.

Hamacher Hans W
B: Schauspieler. A: c/o Agentur Runde-Profé, D–1000 Berlin 19, Preußenallee 26. Tel: 030/3040661.

Hamann Charlotte
B: Schauspielerin. A: D–1000 Berlin 31, Sächsische Str 20, c/o Agentur Bengen. Tel: 030/8815107 oder 030/3911895.

Hamann Ursula
B: Schauspielerin. A: c/o Agentur Bengen, D–1000 Berlin 21, Paulstr 25. Tel: 030/3911895.

Hambach Liesel
B: Schauspielerin. A: D–5000 Köln 50, Blasiusstr 18, c/o ZBF-General-Agentur Frankfurt. Tel: 02232/43187 oder 0611/7111313.

Hamel Jules
B: Schauspieler. A: c/o Management Margarete van Dam, NL–Amsterdam, Plantage Parklaan 12. Tel: 003120/246743.

Hamel Lambert
B: Schauspieler. A: c/o Agentur Lentz, D–8000 München 80, Holbeinstr 4. Tel: 089/474026.

Hamel Maxim
B: Schauspieler. A: c/o Management Margarete van Dam, NL–Amsterdam, Plantage Parklaan 12. Tel: 003120/246743.

Hamm Peter
B: Schauspieler. A: D–8261 Wald/Alz, Schloßbergstr 13. Tel: 08634/7676.

Hammacher Christiane
B: Schauspielerin. A: D–8000 München 2, St Pauls-Pl 9. Tel: 089/536631.

Hammer Achim
B: Schauspieler. A: D–8000 München 19, Klugstr 30. Tel: 089/155159.

Hammer Frankie
N: Norbert Frank Kahl. B: Musikproduzent, Komponist u Texter, Country Sänger. G: Meyenburg/Berlin, 6. März 1941. V: Monika. A: D–2000 Hamburg 55, Blankeneser Hauptstr 91. S: Mittlere Reife, Ingenieurschule Kiel

(Elektro-Maschinenbau), Flugsicherungsausbildung. K: Bandleader, Sänger, Komponist, Musikproduzent, Heilpraktiker, LP „Ring of Fire“ 1973, Erfolg in Schweden, Holland, Südafrika u Deutschland, LP „Memory of Tennessee“ 1978 in Deutschland, Holland, Schweden, 1978 eigene Schallplattenfirma, Erfinder d Aktien-Schallplatte, zZ erfolgreiche Gruppe „Cowpoke“, 1979 erste eigene Video-Produktion „Frankie Hammer u Cowpoke“. M: GEMA, BVerb Deutscher Heilpraktiker eV. H: Fußball, Tischtennis, Heilpraktiker.

Hammer Fritz
B: Schauspieler. A: D–1000 Berlin 47, Bukkower Damm 93, CH–8048 Zürich, Badener Str 793, c/o Agentur Bengen, c/o ZBF-Agentur Berlin Tel: 030/6047913 oder 00411/622217 oder 030/3911895 oder 030/8838031.

Hamrick Melzie Louise
B: Sängerin, Schauspielerin. G: Brooklyn, New York. A: D–1000 Berlin 15, Ludwigkirchstr 8. S: Brooklyn College, New York, Stud d deutschen Sprache am Goethe Institut in München, Schauspielausbildung Mobile Theater, New York, GesangsStud in New York u in Deutschland (bei Frau Dr Wachter, Frau Hecht, Herrn Hermann Hoppe). K: Tobago Benevolent Association, Brick College, Protestant Council of Music, Veteran Hospitals, Homes for the Aged, Institute for the Blind, National Jewish Welfare Board, Recital aboard M S Batory, Voice of Kenya, Kenya Music Society, Alliance High School, Nairobi, Deutsches Theater München, dann Niederlande, Italien, Luxemburg, Schweiz, 1970–72, Drei Bären Club Berlin, Ethnic Expo American Military, Berlin, Christmas Concert for American Air Force, Berlin, Ökumenischer Gottesdienst Epiphanien-Kirche, Berlin, Memorial Service for Dr Martin Luther King, USAF Chapel, Berlin, Tournee für Senate, Berlin, Concert of Spirituals and Gospels Kaiser Wilhelm Gedächtniskirche, Berlin, Evang Kirchengemeinde, Gastspiel mit „Hallelujah Children“, Berlin, Konzertabend in Großröhrsdorf, Kulturpalast Dresden, Norwegian America Line, M S Vistafjord, Norwegen, Stadthalle Cottbus. D: „Onkel Toms Hütte“, „Der Weite Weg“, „Porgy und Bess“ ua. E: Hospital Music Service of the Protestant Council of New York, Manhattan division, USA. H: Reisen, Lesen, Radfahren.

Hanack Sigrid
B: Schauspielerin. A: D–1000 Berlin 65, Steeger Str 11, c/o ZBF-Agentur Berlin. Tel: 030/4935170 oder 030/8838031/54.

Hancke Edith
B: Schauspielerin. A: D–1000 Berlin 38, Breisgauer Str 15a, c/o Agentur Killer. Tel: 030/8011779 oder 089/173455.

Handwerk Richard
B: Schauspieler. A: D–1000 Berlin 15, Düsseldorfer Str 33/II. Tel: 030/8815897.

Haneke Fritz
B: Schauspieler. A: D–6500 Mainz, Hindenburgpl 2, c/o ZBF-Gen-Agentur Frankfurt. Tel: 06131/674606 oder 0611/7111334.

Hanemann Michael
B: Schauspieler. A: c/o ZBF-Agenturen Hamburg u Frankfurt. Tel: 040/66885400 oder 0611/7111335.

Hanfstingl
B: Schauspieler. A: D–8000 München 40, Dreschstr 12, c/o ZBF-Agentur München. Tel: 089/369908 oder 089/335081.

Hanft Karl
B: Schauspieler. A: D–8000 München 40, Schwindstr 13. Tel: 089/525319.

Hanke Guenter
B: Schauspieler. A: D–1000 Berlin 19, Lindenallee 24. Tel: 030/3022420.

Hanschke Annemarie
B: Schauspielerin. A: D–1000 Berlin 37, Scharfestr 8–10, D–8000 München 80, Geibelstr 10. Tel: 030/8134167 oder 089/474576.

Hansen Hans
B: Schauspieler, Sänger, Tänzer (als Operettendarsteller, Revue), Parodist. G: Prag, 10. Dez 1912. V: Marta, geb Strick. A: D–8000 München 71, Heilmannstr 23. S: Realschule. K: Beginn in Prag, dann Preßburg, Olmütz, Prossnitz, Marienbad, dann Berlin, Dresden, Leipzig, Köln, Wien, Zürich, Frankfurt, München, uva, Verträge m versch FernsehAnst, Conferencier, Parodist versch prominenter Künstler, Auftritte in Kabaretts uva. F: In zahlreichen Zeitungen u Zeitschriften uva. D: „Czardasfürstin“, „Clavigo“, „Chanel Nr 5“,

„Maske in Blau“, „Hochzeitsnacht im Paradies“, „Der heimliche Casanova“, „Meine Schwester u ich“, „Der Vetter aus Dingsda“, „Auf d grünen Wiese“, „Himmelblaue Träume“, „Hallo, das ist die Liebe“, „Girl Cracy“, „Zwischenmahlzeit“, Kabarett Simpl: „Aber d Novak läßt mich nicht verkommen“, „Paganini“, „Pension Schöller“, „Die nächste Party kommt bestimmt“ uva. H: Fußball, Tennis, Tischtennis, Golf, Lesen v Biographien, Zeit-Welt-Geschichte.

Hansen Joachim
B: Schauspieler. A: D–8011 Neukeferloh/München, Harthausener Str 10, c/o Agentur Alexander. Tel: 089/468121 oder 089/471011.

Hansing Norbert
B: Schauspieler. G: Wilhelmhaven, 10. Aug 1935. V: Erika, geb Beckmann. A: D–5300 Bonn 1, Karthäuserstr 36. S: Stud d Theater-Wiss in München, SchauspielStud bei Prof Marks in Hamburg. K: Als Charakterschauspieler Engagements in Linz, Saarbrücken, Bochum, Bonn. Gastspiele, Festspiele, Tourneen. D: 15 Fernsehspiele, „Rote Kapelle“, „Puntila“, „Transplantation“, „Attentat auf einen Mächtigen“, „Tatort“ ua. H: Politik, Musik.

Hardt Hans
B: Schauspieler. A: c/o Agentur Bengen, D–1000 Berlin 21, Paulstr 25. Tel: 030/3911895.

Hardt Harry
N: Hermann Klimbacher Edler von Rechtswahr. B: Schauspieler. G: Pola, 4. Aug 1899. V: Elfriede, geb Schneider. A: A 1040 Wien, Prinz Eugenstr 38. S: Gymn, MilAk, 4 Sem Medizin, Schauspielschule. K: 1. Engagement in Olmütz, Meiningen, Berlin, München, Wien. F: Versch Film- u Theaterzeitschriften. D: Über 150 Filme, TV, Bühnen: Berlin, Hamburg, München, Stuttgart, Frankfurt, Wien Josefstadt. E: Karl Truenkreuz. H: Reiten.

Hardt Karin
B: Schauspielerin. A: D–1000 Berlin 33, Hohenzollerndamm 94, c/o Agentur Runde-Profé. Tel: 030/8262179 oder 030/3040661. Agntur Runde-Profé. Tel: 030/8262179 oder 030/3040661.

Harell Marte
B: Schauspielerin. A: A–1010 Wien, Herreng 6, c/o Management Jovanovic. Tel: 0222/632510 oder 089/475024/25.

Harlander Willy
B: Schauspieler. A: c/o Management Palz, D–8000 München 81, Ortlindestr 6/VII. Tel: 089/912019/10.

Harnisch Wolf
B: Schauspieler. A: D–8033 Planegg, Josef Danzer-Str 4, c/o ZBF-Agentur München, c/o Agentur v Pilecki. Tel: 089/8598228 oder 089/335081 oder 089/220263.

Harrer-Gold Brigitte
B: Schauspielerin. A: D–8000 München 90, Rißbachstr 4/I, c/o ZBF-Agentur München. Tel: 089/6916473 oder 089/335081.

Harter Helen
N: Helen Becker. B: Sängerin. G: Mannheim, 6. Sept 1938. A: D–6831 Oberhausen-Rheinhausen, Eichendorffweg 9. S: Mittlere Reife d Höheren Handelsschule, Abschluß als kfm Ang, gelernte Schallplattenverkäuferin. K: Musikstudium Gesang u Klavier an d MusikHS Mannheim u Heidelberg (Klassik), nach Ausbildung Jazz gesungen, erste Aufnahmen bei SWF Baden-Baden, daran anschließend 3 Jahre feste Sängerin bei Hazy Osterwald, 6 Jahre Intercontinental-Kette (Night-Club-Show) auf der ganzen Welt, daneben Schallplatte, Fernsehen u Rundfunk in Deutschland, Schweiz u Österreich F: Titelbilder bei Funk Uhr u TV u Blatt f alle (Schweiz), in allen Rundfunkzeitungen, Bildzeitung, Für Sie uva. D: Als Sängerin gearbeitet in fast 30 Fernsehsendungen in Deutschland, Schweiz u Österreich. H: Skat, Fallschirmspringen.

Hartig Gerd
B: Schauspieler. A: D–2000 Hamburg 55, Steers Treppe 71, c/o ZBF-Agentur Hamburg. Tel: 040/66885400.

Harkopp Helmut
B: Schauspieler, Aritst (Boxer u alle Sportarten). A: D–1000 Berlin 37, Stackenburger Str 1. Tel: 8133616. S: Grundschule, Boxer. K: Boxer – Filmdarsteller. D: „Peter Voss der Millionendieb“, „Das einfache Mädchen“, „Das unheimliche Erbe“, „Hochzeitsnacht im Paradies“ uva. E: Medaillen, Pokale, Urkunden usw. M: Verb d Filmschaffenden. H: Tanzen, Schwimmen, Training, Boxen, Sparringspartner.

Hartmann Erhard
B: Schauspieler. A: D–8000 München 40, Erich Kästner-Str 14, c/o ZBF-Gen-Agentur Frankfurt. Tel: 089/3003313 oder 0611/7111313.

Hartmann Georg
B: Schauspieler. A: D–8000 München 90, Theodolindenstr 22, c/o Management Palz. Tel: 089/647241 oder 089/912019/10.

Hartmann Lilo
N: Charlotte Künzel. B: Schauspielerin, Sängerin (Chansons). G: Neuendorf, 30. Mai 1910. V: Erich Künzel. A: D–1000 Berlin 31, Nestorstr 46. S: Reinhardt-Schule, 6 Jahre Gesang-Stud. K: Admiralspalast, Theater an d Weielandammerbrücke, Komödie Krefeld, Theater am Kurfürstendamm, Berliner Theater, Hebbel-Theater, Schloßpark-Theater uva. F: In Zigarettenbildchen d versch Marken, Illustrierte, Titelblatt. D: „Familie Bergmann" (Serie), „Vater einer Tochter", „Der Ausreißer", „Der Graf v Luxemburg" uva. M: Deutsche Krebshilfe, BFF/DAG. H: Auto, Reiten, Schwimmen.

Hartmann Paul
B: Schauspieler. A: D–8000 München 90, Isenschmidtstr 2, c/o Management Jovanovic. Tel: 089/645756 oder 089/475024.

Hartnack Annelise
B: Schauspielerin. A: D–1000 Berlin 33, Kreuznacher Str 50. Tel: 030/8212403.

Härtner Thomas
B: Schauspieler. A: CH–4125 Riehen/Basel, Unterm Schellenberg 132, c/o ZBF-Gen-Agentur Frankfurt. Tel: 004161/495349 oder 0611/7111313.

Hartung Erwin
B: Schauspieler. A: D–4000 Düsseldorf, Kühlwetter Str 3. Tel: 0211/620561.

Hartwig Knut
B: Schauspieler. A: D–1000 Berlin 31, Nedlitzer Str 2. Tel: 030/8853594.

Harwicz Angelika
B: Schauspielerin. A: c/o ZBF-General-Agentur Frankfurt, D–6000 Frankfurt/Main, Feuerbachstr 42–46. Tel: 0611/7111335.

Haselbach Gerhard
B: Schauspieler. A: D–1000 Berlin 33, Kreuznacher Str 46. Tel: 030/8218801.

Hasenau Beate
B: Schauspielerin. A: D–1000 Berlin 15, Olivaer Pl 9, c/o ZBF-Agentur Berlin. Tel: 030/8815421 oder 030/8838031.

Hasenbein-Stroth Karl
B: Schauspieler. A: D–2056 Glinde, Kupfermühlenweg 8.

Hass Hans
B: Schauspieler. A: D–8000 München 40, Ungerer Str 68a, c/o ZBF-Agentur München. Tel: 089/3613652 oder 089/335081.

Hassel Karl-Heinz von
B: Schauspieler. A: D–2000 Hamburg 50, Gr Brunnenstr 7, c/o ZBF-Agentur München. Tel: 040/384921 oder 089/335081.

Hassoldt Frits
B: Schauspieler. A: c/o Management Margarete Dam, NL–Amsterdam, Plantage Parklaan 12. Tel: 003120/246743.

Haß Ulrich
B: Schauspieler. A: D–6000 Frankfurt/Main, Wielandstr 7, c/o ZBF-Agentur München. Tel: 0611/594851 oder 089/335081.

Hatzelmann Eva
B: Schauspielerin. A: D–8000 München 83, Aufleger Str 42. Tel: 089/407744.

Haucke Gert
B: Schauspieler, Regisseur. G: 13. März 1929. V: Ute, geb Blaich. A: D–2091 Garstedt, Eichenweg 5. S: Gymn. K: Schiller- u Schloßpark-Theater Berlin, Renaissance-Theater Berlin, Hebbel-Theater Berlin, Komödie Berlin, Kurfürstendamm-Theater Berlin, Schauspielhaus Hamburg, Kammerspiele Hamburg. F: Zahlreiche Veröffentlichungen in versch Zeitungen u Zeitschriften. D: In ca 150 Fernsehfilmen, 10 Spielfilme. H: Kynologie.

Hauer Rainer
B: Schauspieler. A: D–4630 Bochum, Zeppelinstr 5, c/o ZBF-Gen-Agentur Frankfurt. Tel: 0234/67377 oder 0611/7111334.

Hauer-Riedl Robert
B: Schauspieler. A: c/o Agentur Schmidt-

entner, A–1030 Wien, Lothringer Str 20. Tel: 0222/752271.

Hauff Angelika
B: Schauspielerin. G: Wien, 15. Dez 1923. A: A–1030 Wien Jauresg 11. S: Ballettschule, Schauspielunterricht. K: Mit 15 Jahren im Corps du Ballett d Wiener Staatsoper, dann Schauspielerin am Salzburger Landestheater, Bühnengastspiele in Berlin, München, Zürich, Burgtheater Wien, Filmtätigkeit im In- u Ausland (Brasilien, Italien). D: „Zirkus Renz", „Freitag d 13.", „Göttin v Rio Beni", „Göttin v Amazonas", „Geheimnis d roten Katze", „Tromba", „Figaros Hochzeit", „Stunde d Entscheidung", „Das Mädchen aus d Südsee", „Lockende Gefahr", „Schwarze Augen", „Der letzte Schuß", „Straße zur Heimat", „Die leibhaftige Unschuld", „Die Försterchristel", „Martin Toreofano", „Cafezal", „Fotolidade", „Phantom d großen Zeltes", „Die Stadt ist voller Geheimnisse", „Das Schweigen im Walde", „Das Fräulein v Scuderi" uva.

Haug Dietlind
B: Schauspielerin. A: c/o Management Makkeben, D–1000 Berlin 33, Douglasstr 2–4. Tel: 030/8263249.

Haug Jürgen
B: Schauspieler. A: D–2400 Lübeck, Fischergrube 86, c/o ZBF-Agentur Hamburg. Tel: 0451/76236 oder 040/66885400.

Haupt Hellmuth
B: Schauspieler. A: D–8000 München 80, Pienzenauer Str 58. Tel: 089/951786 u 984647.

Haupt Ullrich Staatsschauspieler
B: Schauspieler, Regisseur. G: Chicago/USA, 30. Okt 1918. V: Beatrice, geb Norchen. A: D–8000 München, Eichleite 41. S: High School, Schauspielschule Berlin. K: Staatstheater Berlin, Staatstheater München, Schauspielhaus Düsseldorf, Schauspielhaus Hamburg, Schiller Schloßpark Theater Berlin, Komödie Berlin, Volksbühne Berlin, Thalia-Theater Hamburg, Burgtheater Wien, Zürcher Schauspielhaus, Staatsoper Hamburg, Festspiele Recklinghausen, Bochumer Schauspielhaus, Salzburger Festspiele, Gastspiele in USA, Tournee durch Deutschland, Schweiz, Holland, Österreich, Fernsehfilme bei allen deutschen Sendern. F: In allen deutschen Zeitungen. D: „Faust", „Macbeth", „Marquis v Keith", „Othello", „Dreigroschenoper", „Mirandolina", „Die Brandstifter", „Wallenstein", „Richter in eigener Sache", „Die Räuber", „Schinderhannes", „Kommissar", „Derrick" uva. H: Sport, Fechten, Reiten, Boxen, Autorennen.

Hausch Arno E
B: Schauspieler. A: D–8000 München 81, Fritz Meyer-Weg 55, c/o ZBF-Agentur München. Tel: 089/951786 oder 089/335081.

Hausmann Sigrid
B: Schauspielerin. A: D–8000 München 90, Bodenschneidtstr 5. Tel: 089/685862.

Hausmeister Ruth
B: Schauspielerin. A: D–1000 Berlin 38, von-Luck-Str 56, c/o ZBF-Agentur München. Tel: 030/8035730 oder 089/335081.

Häußler Gerhart
PS: Jerry Larguito Romanini, Eddy Viktor, Chesumian Iszikoff. B: Musiker, Musiklehrer. G: Hong Kong, 10. Juni 1932. A: D–8011 Vaterstetten, Waldstr 15. S: Luitpoldoberrealschule, Abitur 1950, Münchner Orchestervorschule, Staatl HS f Musik in München, Schulmusiker, Conservatorio Nal de Colmbia, Kammermusiker. K: 1953–56 Prof de la Orquesta Sinf de Colombia, 1959 Lehrer an d Staatl Geigenbaufachschule Mittenwald, 1962 Solobratscher d fränkischen Landesorchesters 1964 Solobratscher d Philharmonie Orchesters Bad Wiessee, 1965–66 Bratscher d Rhein Philharmonie Koblenz, 1971–72 stellvertretender Solobratscher d Hofer Symphoniker. F: Artikel über P Hindemiths Besuch in Bogota mit eigenen Foto in d Tageszeitung Expectator. D: „Apostelspiel". E: Silberplaketten 1955/56 Radio-Television Nal de Colombia u Club de Ritmo Voz de Bogota. M: Seit 1963 Mtgl d GEMA als Komponist, Münchner Tonkünstler 1959–65, Ak GesangsVer d GEMA als Textdichter, seit 1977 Schachclub SC 31 (Jugendlehrer). H: Tischtennis, Domino.

Havenstein Klaus
B: Schauspieler. A: D–8000 München 60, Erdmannsdorfer Str 12a. Tel: 089/8113030.

Heck Dieter Thomas
N: Carl-Dieter Heckscher. B: Moderator. G: Flensburg, 29. Dez 1937. V: Edda. A: D–6601 Riegelsberg, Hahnenstr 42. S: Mittlere Reife, Ausbildung z Kfm, Gesangsunterricht. K: Auto-

verkäufer, VerlagsAss, 1963 Beginn bei Radio Luxemburg als Sprecher, 1966 Europawelle Saar, 1958 erster Fernsehauftritt, 1969 Moderator d ZDF-Hitparade. F: Die Zeit, Hör Zu, Stern, TV Hören u Sehen, Quick, Neue Revue ua. D: „Toi, toi, toi" ua. E: Goldene Kamera, Prix Italia f „Millionenspiel", Goldener Pfeil, mehrere Male Nr 1 d Fachzeitschrift „Schallplatte" ua. H: Klassische Musik, Schwimmen, Fußball.

Hecker Ben
B: Schauspieler. A: D–7800 Freiburg, Wiesenweg 2, c/o ZBF-Agentur Hamburg. Tel: 0761/290214 oder 040/66885400.

Hecker Christiane
B: Schauspielerin. A: D–5000 Köln 51, Brohler Str 2, c/o ZBF-General-Agentur Frankfurt. Tel: 0221/372301 oder 0611/7111334.

Hedergott Illa
B: Schauspielerin. A: HL–Travemünde, Strandweg 3c. Tel: 0402/5253.

Hedy Helen
B: Schauspielerin. A: c/o Management Margarete van Dam, NL–Amsterdam, Plantage Parklaan 12. Tel: 003120/246743.

Heess Trude
B: Schauspielerin. G: Stuttgart, 4. März 1910. A: D–8000 München 40, Hohenstaufenstr 8/II. Tel: 089/341969. S: Reimann-Schule Berlin, Staatstheater Berlin. K: 1937–38 Berliner Landesbühne, Tournee, 1938–39 Deutsches Theater Reval/Tallin, 1939–40 wegen Ausbruchs d II Weltkrieges Evakuierung mit d Ensemble nach Lodz-Litzmannstadt, 1940 Renaissance-Theater Berlin, 1940–42 gleichzeitig UFA Berlin, 1942–44 Theater Teplitz-Schönau (Schließung d Theaters), 1945–49 Neues Theater Stuttgart, Gastspiele mit Curt Goetz u Käthe Dorsch, Paul Dahlke u Elfe Gerhart, 1950–70 ständige freie Schauspielerin Süddeutscher Rundfunk Stuttgart, seit 1970 Schauspielerin in München (Kammerspieler, Junges Theater), sowie Hörfunk u Fernsehen, zZ freie Schauspielerin. F: Estnische Zeitung vor 1939, Stuttgarter Nachrichten. D: „Minna von Barnhelm", „Don Carlos", „Was ihr wollt", „Tartuffe", „Ur-Götz", „Der Traum ein Leben", „Götz von Berlichingen", „Torquato Tasso", „Ein Sommernachtstraum" „Der Lebende Leichnam", „Ein idealer Gatte" uva, Gastspiele: „Das Haus in Montevideo", „Cheri", „Die Neuberin", „König Heinrich IV", Rollen in Fernsehspielen u Hörspielen, Film: „Weiße Sklaven", „Münchhausen", „Soldat Weiler wird bekehrt", „Hanussen", „Schwarzwaldmädel", „Dubarry", Synchron. M: Deutsch-Franz-Ges München. H: Schreiben, Fotografieren, Schwimmen, früher Reiten u Tennis.

Heesters Johannes
B: Schauspieler. G: Amersdorf/Holland, 5. Dez 1902. A: A–1190 Wien, Cottageg 72. S: Schauspielunterricht, Gesangsstudium. K: Engagements am Theater Amsterdam, Den Haag, Rotterdam, versch Bühnen in Wien, Berlin, München, Hamburg uva. D: „Die Leuchter d Kaisers", „Die Fledermaus" uva.

Heesters Nicole
B: Schauspielerin. G: Potsdam, 14. Feb 1937. A: A–1190 Wien, Cottageg 72. S: Gymn, Reinhardt-Seminar. K: Engagements: Wiener Volkstheater, Theater i d Josefstadt, versch Bühnen in Deutschland uva. D: „Gigi", „Dieses Lied bleibt bei Dir", „Der Glockengießer v Tirol" uva.

Hegarth Alexander
B: Schauspieler, Regisseur. G: Dresden, 26. Juli 1923. V: Gudrun, geb Velisek. A: D–8000 München 81, Stolzingstr 21. S: Abitur, Staatl Gymn, Dresden, Schüler v Rudolf Vogel. K: 1947 Beginn in Konstanz, dann Baden-Baden, Lübeck, Volksbühne Ost-Berlin, Kammerspiele München. Ab 1966 freischaffend. Tätigkeit bei Theater, Film, Fernsehen, Rundfunk. F: In Fernsehzeitschriften, Tageszeitungen, Stern. D: Ca 100 Fernsehspiele, viele Theaterrollen. H: Aquarellmalen, Kochen.

Heger Grete
B: Schauspielerin. G: Wien, 8. Juni. A: CH–8008 Zürich, Mühlebachstr 33. S: Grundschule, 3 Jahre Konservatorium Wien, Privatunterricht ab 9. Lebensjahr in Sprechen u Singen. K: Kinderdarstellerin in Wien, ab viertem Lebensjahr, dann Kabarett „Literatur am Naschmarkt" Wien, 11 Jahre (im Krieg) Schauspielhaus Zürich, nach dem Krieg Kammerspiele Wien u Volkstheater, seit 1968 wieder am Schauspielhaus Zürich. F: Femina ua. D: „Hanneles Himmelfahrt", „Arthur Aronymus", „Undine", „Cäsar u Cleopatra", Nestroy u Offenbach-Einakter, „Die Fee", „Der Tag an dem der Papst gekidnappt wurde", TV: „Die Galgentoni" etc. H: Lesen, Schwimmen, Wandern.

Hehn Albert
B: Schauspieler. A: D–2000 Hamburg 13, An der Verbindungsbahn 5, bei Kleidt. Tel: 040/456628.

Hehn Sascha
B: Schauspieler. A: D–8022 Grünwald, Eichleitenstr 1, c/o ZBF-Agentur München, c/o Management Palz. Tel: 089/6412323 oder 089/335081 oder 089/912019/10.

Heidberg Ruth
B: Schauspielerin. G: Quedlinburg am Harz, 13. Nov 1922. A: D–8000 München 90, Hochkalterstr 10. Tel: 089/6921181. S: Mittelschule, Mittlere Reife, Privatunterricht: Ballett, Gesang, Schauspiel, Rezitation, Sprechtechnik. K: Anfängerin in Quedlinburg u Thale/Harz Theater, ab 1948 Köln u Nürnberg, wieder Köln, dort auch Film u Funk, dann München u versch Bühnen, Tourneen, dann Stadttheater Köln, Kammerspiele München, Residenztheater München, Kleine Komödie München, zZ freischaffend als Schauspielerin f Fernsehen, Synchronsprecherin. D: „Hanneles Himmelfahrt", „Biberpelz", „Launen d Verliebten", „Der zerbrochene Krug", „Heimat", „Jugend", „Der Tor u d Tod", „Emil u d Detektive", „Kreidekreis", „Aschenputtel", „Über allem Zauber Liebe", „Der Teufel ist unter uns", „Begnadete Angst", „Extemporale", „Cocktail Party", „Wallenstein", „Glückliche Reise", „Manina", „Maske in Blau", „Carmen", „Fidelio", „Madame Butterfly", „La Boheme", „Mary Poppins", „My fair Lady", „Gigi" uva. H: Schwimmen, Wandern, Radfahren, Schreiben, Dichten, Lesen uva.

Heider Franz Günther
B: Schauspieler. A: D–8043 Unterföhring, Münchner Str 83. Tel: 089/9504129.

Heidmann Manfred
B: Schauspieler. A: D–4300 Essen 11, Borbecker Str 237, c/o Agentur Marga Wiedner. Tel: 0201/686475 oder 089/3081822.

Heiland Doris
B: Schauspielerin. A: D–1000 Berlin 36, Ratiborstr 16, c/o ZBF-Agentur Berlin. Tel: 030/6183716 oder 030/8838031/54.

Heiler Oscar
B: Schauspieler. G: Stuttgart, 23. Nov 1906. V: Lydia, geb Jahn. A: D–7000 Stuttgart 1, Bergstr 86. S: KarlsGymn Stuttgart, Abitur. K: Vollendung einer Buchhandelslehre, dann Schauspieler, Kurz-Unterricht bei Willy Reichert, seit 1941 vorwiegend als Humorist u Conferencier tätig, Gastspiele am Württ Staatsschauspiel Stuttgart. F: Unzählige Veröffentlichungen nach 50 Jahren Bühnentätigkeit. D: 40 Jahre Partner v Willy Reichert als Häberle in „Häberle u Pfleiderer", Hauptrollen in Fernsehserien: „Schwäbische Geschichten", „Chronik der Familie Nägele", „Meine Mieter sind die besten", „Pension Schicksal". E: BVerdienstkreuz am Bande, Verdienstmedaille d Landes Baden-Württemberg, Willy Reichert-Plakette. M: 1959–77 Erster Vors d BffL Stuttgart eV, seit 1977 EhrenVors. H: Philosophie, Theologie.

Heilmeyer Renate
B: Schauspielerin. A: D–2000 Hamburg 54, Steenwisch 76/I, c/o ZBF-Agentur Hamburg. Tel: 040/4919432 oder 040/66885400.

Heim Carlamaria
B: Schauspielerin. A: D–8000 München 80, Johannispl 10. Tel: 089/ 4484324.

Heine Hans
B: Schauspieler. A: CH–3075 Rüfenacht/Bern, Scheyenholzstr 27a, c/o ZBF-Gen-Agentur Frankfurt. Tel: 004131/834532 oder 0611/7111335.

Heinlein Günter
B: Stuntman. G: Sarajewo, 2. Mai 1949. A: D–8411 Teuplitz, Brandloherstr 25. S: Mittlere Schulbildung, 1. staatl Fachprüfung a d Geb d Sozialversicherung, 4 Sem Schauspielstudium. K: Mitwirkung in 153 Filmen als Stuntman u Action-Schauspieler. F: TV Sehen u Hören, Bild u Funk, Neue Revue, Sport-Revue, Abendzeitung, Bild, tz, Wochenend uva. D: Zuletzt in d Derrick-Folge „Besuch aus New York". H: Tennis, Kunstgemälde, Schreiben v redaktionellen Beiträgen f Sportzeitschriften.

Heintel Kurt
B: Schauspieler. A: c/o Management Palz, D–8000 München 81, Ortlindestr 6/VII. Tel: 089/912019/10.

Heinz Jutta
B: Schauspielerin. A: c/o Agentur Schmidt-Gentner, A–1030 Wien, Lothringer Str 20. Tel: 0222/752271.

Heinz Marga
N: Marga Clausen. B: Schauspielerin. G: Chicago, 3. Jan. A: D–3280 Bad Pyrmont, Marienstr 4. S: Dorotheen Lyzeum, Berlin. K: 2 Jahre Ausbildung, Schauspielschule d Deutschen Theaters, Berlin, an fast allen Bühnen Berlins tätig. F: In versch Zeitschriften. D: „Die Flamme", „Der Eingebildete Kranke", „Was ihr wollt", in einigen Operetten. M: Deutsche BühnenGen (gewesenes Mtgl). H: Lesen, Rätsel raten.

Heist Hans-Joachim
B: Schauspieler, Kabarettist. G: Jugenheim, 11. Jan 1949. A: D–6104 Seeheim-Jugenheim, Postfach 1. S: Mittlere Reife, Schauspielstudium m Abschluß. K: Beginn 1971 m Zwillingsbruder Karl-Heinz, gemeinsame Tourneen im In- u Ausland ua Israel, eine Schallplatte „Die Heist-Zwillinge life", ca 25 Rollen am Boulevard Theater u Volkstheater Frankfurt. M: Gen Deutscher Bühnen-Angehöriger. H: Tennis u Beruf.

Heite Imo
B: Schauspieler. A: D–8000 München 40, Agnesstr 4. Tel: 089/373315.

Heitmann Carlheinz
B: Schauspieler. A: D–8023 Pullach, Schillerstr 3, c/o ZBF-Agentur München. Tel: 089/7933730 oder 089/335081.

Heitzmann Günther
B: Schauspieler. G: Rendsburg, 24. Jan 1944. A: D–2370 Rendsburg, Adolf Steckel-Str 11. S: Abitur, Schauspielschule bei Dorothea Wieck Berlin. K: Engagements an folgenden Theatern: Forum-Theater Berlin, Stadttheater Lüneburg, Landestheater Schleswig Holstein, Landestheater Neuss, Stadtheater Baden-Baden, Euro-Studio, Bühne 64 Zürich, Festspiele in Bad Hersfeld, Kammerspiele Hamburg, Ernst Deutsch-Theater Hamburg. D: Fernsehen: „Tatort", „Sie wohnen ohne Sonne", „Karschunke u Sohn" uva, Theater: „Kaspar", „Nathan d Weise", „Othello", „Das Glas Wasser", „Amphitryon", „Des Teufels General", „Blick v d Brücke", „Viel Lärm um Nichts", „Romeo u Julia", „Aufstieg u Fall d Stadt Mahagonny", „Schelmenstreiche d Scapin", „Komödie d Irrungen" uva. H: Literatur, Musik, Gitarre spielen.

Helberg Hans
B: Schauspieler. G: Hamburg, 14. Mai 1915. A: D–2000 Hamburg 70, Kreuzburgerstr 18/VI. Tel: 040/6532497. S: Grundschule, Schauspiel-Stud: Autodidakt. K: Bühne, Film, Fernsehen, Fotomodell, Theater, Schauspielhaus Hamburg, Staatsoper Hamburg als Pantomime, Ernst Deutsch-Theater, Thalia-Theater Hamburg, zZ Theater f Kinder. F: Hamburger Morgenpost, Bild-Zeitung, Hamburger Abendblatt. D: „Ein Trick zuviel", „Der rote Hahn", „2 Mann an einem Herd", „Pantomime aus einem Totenhaus", „Ein Fest f Borris", „Marrath". E: 5 Sterne d Bildzeitung f gute Leistung als Hauptdarsteller im Theater f Kinder. M: DAG Hamburg. H: Filmen m d Super 8 Kamera.

Helbig Ingrid
B: Schauspielerin. A: CH–8121 Benglen, Bodenacher Str 99. Tel: 00411/8250724.

Held Friedemann
B: Schauspieler. A: A–5083 Gartenau bei Salzburg, St Leonhard-Str 8. Tel: 00436246/462998.

Held Martin
B: Schauspieler. A: c/o Management Makkeben, D–1000 Berlin 33, Douglasstr 2. Tel: 030/9263249.

Held-Magney Ferdinand
N: Ferdinand Heufelder. B: Intendant aD, Schauspieler, Regisseur, Vortragsmeister, Literarischer Entertainer. G: Berlin, 13. Dez 1905. V: Renate, geb Trompke. A: D–1000 Berlin 36, Lübbener Str 4, D–5860 Iserlohn, Gartenstr 45. S: Primareife, HS-Stud Max Reinhardt-Schule. K: Seit 1924 Bühnentätigkeit, Stadttheater Landsberg/Warthe, Stadttheater Elbing Chemnitz Königsberg, Pr Reichssenders, Schauspielhaus, Intendant d Schauspielstudios (Landesbühne NRW) in Iserlohn von 1949–70, Gastspiele Kammerspiele (Künstlerhaus) Hannover, Theater am Kurfürstendamm, Berlin Tournee mit d Badischen Kammerschauspiel in Westdeutschland, Schwarzwald, Köln, Düsseldorf, Israel, Kreuzgang-Spiele Feuchtwangen, Lippisches Landestheater Detmold, Vortragsabende auf Mallorca, Haifa, Tel-Aviv, Kreuzfahrten mit Baltie Shipping Comp Leningrad, Köln, Düsseldorf, Hannover, Stuttgart, Dortmund. F: Bunte Illustrierte, Wochenend, Wegweiser. D: „Raub der Sabinerinnen", „Prinz von Homburg", „Scherz List und Rache", „Romeo in der Kleinstadt", „K 9", „Lustige Kleinigkeiten – Heitere Lebensweisheiten". E:

Silbernes Ehrenzeichen d GDBA. M: DBV-Intendanten-Gruppe, GründungsMtgl u langjähriger Vors „Arbeitskreis Kirche u Theater", DAG/BFF Berlin. H: Reiselust bis an die „Grenzen des Unfassbaren".

Helfrich Bernd
B: Schauspieler. G: München, 30. Aug 1945. V: Mona, geb Freiberg. A: D–8201 Wurmsdorf, Dorfstr 6. K: Schauspielausbildung, Residenztheater München, Kleine Komödie München, ZDF, ARD. F: TZ, AZ, Gong, TV Hören und Sehen, Bild u Funk. D: „Feichtenreuth", „Müllner Peter v Sachrang", „Bollwieser", „Das Fenster zum Flur", „Brandner Kasper". H: Skilaufen, Fußball, Schäferhundsport, Motorradfahren.

Helfrich Elfi
B: Schauspielerin. G: Wiesbaden, 14. Okt 1921. A: D–8000 München 40, Karl Theodor-Str 97. S: Mittelschule, Reinhardt-Seminar Wien (Abschluß: Schauspielerin Note: „Mit Auszeichnung"). K: Schauspielerin am Stadttheater Mährisch-Ostrau, Stadttheater Kiel, Gastspiele, Tourneen, Schauspielerin am „neuen theater" Frankenthal (eigenes Theater), Gastspiele, ab 1957 freiberuflich für Film u Fernsehen. F: Abendzeitung München, Bild, tz, Hör Zu, versch Fernseh-Zeitschriften, Münchener Wochenblätter uva. D: Viele Theaterrollen, Kino-Filme: „Gold Pest", „Die Krakulas", „Was Männer nicht für möglich halten", „Schulmädchen-Report", versch Dokumentarfilme, Fernsehen: „Einsam in einer Mansarde", „Wem waschen wir d Füße", „Spiegelgeschichten", „Eingeschlossen", „Vater mein Vater". H: Elektronik, Fotografieren, Filmen, Malen.

Helfrich Uwe
B: Schauspieler. A: D–1000 Berlin 12, Leibnizstr 29, c/o Agentur Runde-Profé. Tel: 030/3134454 oder 030/3040661.

Helgar Eric
B: Schauspieler. A: D–8000 München 50, Dülfer Str 97. Tel: 089/3133607.

Hell Mathias
B: Schauspieler. G: Marschendorf/CSSR, 19. Jan 1927. A: D–8000 München 90, Birkenleiten 11. S: Grundschule, Konservatorium, Abt Schauspiel. K: Theater in Zittau/Sa, Leipzig, Saarbrücken, Hannover, Celle, Oldenburg, München, freischaffend in München, Lienz. D: „Mensch Meier", „Unter d Treppe", „Die Weber", „Heimat", Film: „March or die", „Schluchtenflitzer" ua. F: Funk u Tageszeitungen. H: Bücher, Musik, Reisen.

Hellberg Ruth
B: Schauspielerin. A: D–8000 München 22, Falckenbergstr 11, ZBF-Agentur München. Tel: 089/297858 oder 089/335081.

Hellborn Clarissa von
B: Schauspielerin. A: D–6900 Heidelberg, Keplerstr 52. Tel: 06221/45886.

Heller Dagmar
B: Schauspielerin. A: c/o Agentur v Pilecki, D–8000 München 22, Oettingenstr 46. Tel: 089/220263.

Hellmann Fritz
B: Schauspieler. A: D–2061 Itzstedt, Amselweg 18, c/o ZBF-Agentur Hamburg. Tel: 04535/8769 oder 040/66885400.

Hellmann Waltraud
B: Schauspielerin. A: c/o Management Loewenthal, D–8000 München 80, Holbeinstr 16. Tel: 089/472619.

Helmensdorfer Erich
B: Moderator. G: Nürnberg, 28. Mai 1920. V: Charlotte, geb Sauer. A: D–8000 München, Oberanger 6. S: Abitur, Stud an d Univ Erlangen. K: Journalist b Agentur DENA, 1949–56 dpa, Berichte aus Nürnberg, Bonn, Berlin, München, dann Auslandskorrespondent in Kairo, anschließend in Wien als Chef v Dienst bei „Die Presse", in München RedaktionsLtr d Abendzeitung, 1963–68 freiberuflich f ZDF u ARD tätig, Moderation d „Heute"-Sendung f d ZDF u Münchner Abendschau f BR, 1968 Chefredakteur v tz, dann NDR, Moderator v „Ente gut – alles gut", Veröffentlichungen: Biografie: „Heißes Herz, kühler Kopf", „Hartöstlich v Suez" ua. F: In versch Zeitungen u Zeitschriften. E: Theodor Wolff-Preis, Dr Joseph E Drexel-Preis, Goldene Kamera, Ehrennadel d Bayerischen JournalistenVerb. H: Bergwandern, Tennis, Golf, Skilaufen.

Helmer Claus Dir
B: TheaterDir, Schauspieler u Regisseur. G: Brünn, 23. Feb 1944. A: D–6000 Frankfurt/M, Windmühlstr 5. S: Gymn, Staatl Schauspielschule Reinhardt-Seminar Wien. K: Schau-

spieler u Regisseur in Wien, Düsseldorf, Frankfurt, Stuttgart uva, seit 1972 TheaterDir, Schauspieler u Regisseur in d Komödie Frankfurt/M. D: „Candida“, „Irma la douce“, „Ein seltsames Paar“ uva. M: Mtgl d Ver d Freunde d Reinhardt-Seminars. H: Theater, Tennis, Lesen.

Helmke Gefion
B: Schauspielerin. A: D–8000 München 60, Pagodenburgstr 4, c/o Agentur Alexander. Tel: 089/8115016 oder 089/471011.

Heltau Michael
B: Schauspieler. A: A–1190 Wien, Sulzweg 11, c/o Agentur Bloy. Tel: 0222/442101 oder 089/6411893.

Helwig Lisa
B: Schauspielerin. G: Hamburg, 9. Mai 1898. V: Walter Mueller. A: D–8000 München 40, Simmernstr 4/I. AG: Margit de la Berg, D–8026 Irschenhausen, Haus am Weiher. S: Seminarschule Hamburg, Autodidakt, Sprachunterricht bei Nelly Hoenigwald u Hermann Vlach (Schauspielhaus Hamburg). K: 1919–21 Schauspielhaus Hamburg, 1922 Aussig, 1923 Prag, 1924–26 Neues Theater u Staatstheater Dresden, eineinhalb Jahre in Breslau unter Barnay, 1926–37 Leipzig Altes Theater unter Dr Kronacher u Detlev Sierk, 1937–45 Kammerspiele München unter Falckenberg, seit 1945 freiberuflich mit langen Verträgen beim Staatstheater München u Bavaria Film, seit 1952 Fernseh-Arbeit unter P Beauvais, Döpke, M Braun, K P Witt, R Erler, Cremer, Flaat u Hess. F: Fotoveröffentlichungen in Fernseh-Filmzeischriften (Gong, Hör Zu) u in versch Illustrierten. D: „La Habanera“, „Der Endlose Weg‘, „Interlude“, „There is a Time to Love and a Time to Die“, „Heidi“, „Spätsommertage“, „Tatort“, „Kommisar“, „Der Alte“, „Derrick“ ua. M: Film- u Fernsehunion. H: Schwimmen, Gymnastik.

Hempel Jane
B: Schauspielerin. A: c/o Stadttheater Aachen, D–5100 Aachen, Theaterpl. Tel: 0241/22001.

Hendriks Jan
B: Schauspieler. A: D–1000 Berlin 31, Joachim Friedrich-Str 15, c/o Management Jovanovic. Tel: 030/8929503 oder 089/475024/25.

Henkel Anna
B: Schauspielerin. A: c/o Agentur Alexander, D–8000 München 80, Lamontstr 9. Tel: 089/471011.

Henkel Dieter
B: Schauspieler. A: D–8000 München 40, Nietzschestr 30, c/o Agentur Bloy. Tel: 089/3593216 oder 089/6411893.

Henkowa Nadia
B: Schauspielerin. A: D–8000 München 40, Biedersteiner Str 3–5, c/o ZBF-Agentur München. Tel: 089/394568 oder 089/335081.

Henniger Rolf
B: Schauspieler. A: c/o Management Palz, D–8000 München 81, Ortlindstr 6/VII. Tel: 089/912019/10.

Henning Ilse
B: Schauspielerin. A: A–1020 Wien, Jungstr 15/3/2/9, c/o ZBF-Agentur München. Tel: 0222/2439882 oder 089/335081.

Henning Irmgard
B: Schauspielerin. A: D–8033 Krailling, Wolf Ferrari-Str 5, c/o ZBF-Agentur München. Tel: 089/8572984 oder 089/335081.

Henning Peter
B: Schauspieler. A: c/o Agentur Bengen, D–1000 Berlin 21, Paulstr 25. Tel: 030/3911895.

Henning Thomas
B: Schauspieler. A: c/o Agentur Bengen, D–1000 Berlin 21, Paulstr 25. Tel: 030/3911895.

Hensbergen Lo van
B: Schauspieler. A: c/o Management Margarete van Dam, NL–Amsterdam, Plantage Parklaan 12. Tel: 003120/246743.

Hensch Peter
B: Schauspieler. A: D–8000 München 80, Cuvilliéstr 8. Tel: 089/983824.

Hepp Corona Dr
B: Moderatorin. G: Leipzig, 21. Juli 1932. V: Dr. Fred Hepp. A: D–8000 München 71, Walliser Str 30. S: Abitur, Stud d Germanistik, Anglistik, Phil, Promotion z Dr phil. K: Volontariat b d Süddeutschen Zeitung, Reporterin u Redakteurin, dann journalistische Heimarbeit,

Buch- u Filmkritiken f Funk u Zeitungen, seit 1970 Moderatorin d ZDF-Auslandsmagazins „Ostzeit", Kinderbuch „Die Drei aus d Hochhaus". H: Tennis, Skibob, Sport.

Hepp Renée
B: Schauspielerin. A: D–3001 Holtensen am Deister, Linderter Str 27. Tel: 05109/63215.

Hepperlin Kurt
B: Schauspieler. A: c/o Agentur Rakosi, D–8000 München 90, Tegernseer Landstr 284. Tel: 089/6904092.

Herberg Katharina
B: Schauspielerin. A: D–8000 München 22, Maximiliastr 29, c/o ZBF-Agentur München. Tel: 089/297748 oder 089/335081.

Herberger Bernd Nikolaus
B: Schauspieler. A: c/o Agentur Lentz, D–8000 München 80, Holbeinstr 4. Tel: 089/474026.

Herbert Toni
B: Schauspieler. A: D–1000 Berlin 19, Ebereschenallee 58a, c/o ZBF-Agentur Berlin. Tel: 030/3045459 oder 030/8838031.

Herbrecht Inge
B: Schauspielerin. A: D–1000 Berlin 37, Seehofstr 31, c/o c/o ZBF-Agentur Berlin, c/o Agentur Bengen. Tel: 030/8115355 oder 030/8833031 oder 030/3911895.

Herbst Gaby
B: Schauspielerin. A: D–8000 München 19, Rupprechtstr 10, c/o ZBF-Agentur München. Tel: 089/335081.

Herbst Jo
B: Schauspieler. A: D–1000 Berlin 19, Kastanienallee 21, c/o ZBF-Agentur Berlin. Tel: 030/3021122 oder 030/8838031.

Herbst Wilfried
B: Schauspieler. A: D–1000 Berlin 12, Mommsenstr 7. Tel: 030/ 8832639.

Herget Rudolf H
B: Schauspieler. A: D–2000 Hamburg 76, Uhlenhorster Weg 9. Tel: 040/2299999 oder 0661/75941.

Herlitz Ulrich
B: Schauspieler. A: c/o Agentur Bengen, D–1000 Berlin 21, Paulstr 25. Tel: 030/3911895.

Herm Klaus
B: Schauspieler. A: D–1000 Berlin 19, Heilsberger Dreieck 840, c/o Management Makkeben. Tel: 030/3043433 oder 030/8263249.

Hermann Irm
B: Schauspielerin. A: c/o Agentur Alexander, D–8000 München 80, Lamontstr 9. Tel: 089/471011.

Hermansen Hans Peder
B: Schauspieler. A: D–8000 München 5, Westermühlstr 13 A. Tel: 089/266323 u 04101/42932.

Herrmann Herbert
B: Schauspieler. A: c/o Agentur v Pilecki, D–8000 München 22, Oettingenstr 46. Tel: 089/220263.

Herrmann Manfred-Georg
B: Schauspieler. A: -6906 Leimen-Gauangelloch, Feilg 1. Tel: 06226/3479.

Herrmann-Schaufuss Hans
B: Schauspieler. A: D–8000 München 90, Wirtstr 6/5, D–6964 Rosenburg/Baden, Im Tal. Tel: 089/699920 oder 06295/326.

Herrtrampf Heinz
B: Schauspieler, Kabarettist. G: Lauban, 10. Feb 1935. V: Wiltrud, geb Fischer. A: D–5000 Köln 1, Jülicher Str 19. Tel: 246732/242101. S: Staatl Schauspielschule, Ostberlin, Schauspielschule Köln. K: 1966 Gründung, Leitung u Mitwirkung am Kabarett „Die Machtwächter Köln". F: Frankfurter Rundschau, Brigitte, Petra, Hör Zu, Kölner Stadt-Anzeiger, Kölnische Rundschau, Express, Prisma ua Tageszeitungen. D: Versch Rollen im TV. E: 1975 Deutscher Kleinkunstpreis. H: Lesen, Reisen, Filmen.

Herschmann Margit
B: Schauspielerin. A: D–8000 München 22, Knöbelstr 10, c/o ZBF-Agentur München. Tel: 089/295729, 089/335081 oder Sekretariat 040/582877.

Hertz Ute
B: Schauspielerin. A: D–8000 München 5, Ickstattstr 22, c/o Agentur Marga Wiedner. Tel: 089/2603044 (2012975) oder 089/3081822.

Herz-Kestranek Michael
B: Schauspieler. A: A–1050 Wien, Schönbrunner Str 143/33, c/o Management Jovanovic. Tel: 0222/5659823 oder 089/475024/25.

Herzog Magda
B: Schauspielerin. A: D–2000 Hamburg 72, Weißenhof 9c, c/o ZBF-Agentur Hamburg. Tel: 040/6431417 oder 040/66885400.

Herzsprung Bernd
B: Schauspieler. A: D–8023 München-Pullach, Richard Wagner-Str 32, c/o Agentur Alexander. Tel: 089/7933638 oder 089/471011.

Heske Karin
B: Schauspielerin. A: D–8000 München 83, Ottobrunner Str 97, c/o ZBF-Agentur München. Tel: 089/406130 oder 089/335081.

Hess Wolfgang
B: Schauspieler. A: D–8011 München-Vaterstetten, Amselweg 7a, c/o Management Jovanovic. Tel: 08106/7073 oder 089/475024.

Hesse Gerhard
B: Schauspieler. A: D–1000 Berlin 33, Taunusstr 5, c/o ZBF-Agentur Berlin. Tel: 030/8262783 oder 030/8838031.

Hessenberg-Weniger Monika
B: Schauspielerin. A: D–6000 Frankfurt/Main, Kettenhofweg 77, c/o ZBF-General-Agentur Frankfurt. Tel: 0611/727483 oder 0611/7111335.

Hessenbruch Friedhelm Doz
B: Sänger (Baß) u Doz. G: Köln, 15. Feb 1926. V: Ursula, geb Kaulfush. A: D–7263 Bad Liebenzell, Sommerhalde 4. S: Abitur, Staatsexamen MusikHS Stuttgart. K: Opernsänger ua in Stuttgart, Flensburg, Zürich, Konzertsänger in West- u Ostdeutschland, Schweiz, Österreich, Italien, Frankreich, Luxemburg, Belgien, Holland, Dänemark zu Konzerten, Rundfunk- u Fernsehaufnahmen, Doz (beamtet) f Gesang an d Staatl MusikHS Stuttgart seit 1966. D: TV: Kantate 106, Zauberflöte, Johannespassion. E: 1958 als einziger Sänger in die Stipendienstiftung „Junge konzertierende Künstler". H: Zeitgeschichte.

Hessenland Werner
B: Schauspieler. G: Höchst/a M, 14. März. V: Hilde, geb Menzel. A: D–5216 Mondorf/Bonn, Rosenthalstr 45 u D–5210 Troisdorf-Eschmar, Im Probstgarten 5. S: Abitur, Stud in München bei Prof Arthur Kutscher, Schauspielunterricht bei Hans Schlenck. K: 1930–33 Kammerspiele München, 1933–34 Schauspielhaus Königsberg, 1934–35 Staatstheater Karlsruhe, 1935–37 Staatstheater Danzig, 1937–45 Staatstheater Dresden, 1946–56 Städt Bühnen Köln, 1956–66 Kammerspiele München, seitdem freischaffend. F: In vielen Zeitungen u Zeitschriften. D: Als: Mephisto, Franz Moor, Dr med Prätorius, Gessler, Riccaut usw, Film: „Strafbataillon 999", „Meines Vaters Pferde", „Der Engel mit d Flammenschwert", „Ciske, ein Kind braucht Liebe" uva, Vorlesungen. H: Zaubern.

Hesslein Horst
B: Schauspieler. G: Hamburg, 31. März 1925. V: Inge, geb Garzmann. A: D–2083 Halstenbek, Dockenhudener Chaussee 195. S: Hotelfachschule. Schauspielschule. K: Seemann, Boxer, Taxifahrer, Tellerwäscher, Kellner, Hotelier, Schauspieler. F: Interviews u Fotoreportagen in Stern, Quick, Hör Zu, Hören und Sehen, Funk Uhr, Bravo, in vielen deutschen Tageszeitungen. D: Film: „Polizeirevier Davidswache", „4 Schlüssel", „Die Engel von St Pauli", „Fluchtweg St Pauli", „Dollars", „Der Chef", „Das Messer im Rücken", „Moritz lieber Moritz", „Über den Dächern von St Pauli", „Zinksärge für die Goldjungen", „Das gelbe Haus am Pinnasberg", „Gesetz des Clan", Mitwirkung in ca 20 weiteren Filmen, Fernsehen: „Die Katze im Sack", „Einer fehlt beim Kurkonzert", „Golden Boy", „Nerze Nachts am Straßenrand", „Ein Kapitel für sich", „Gefangen in Frankreich", „Die Geburt eines Waisenkindes", „Daemonen", „Mittags auf dem roten Platz", „ „Die Uhr stand auf Mord", „Lehmanns Erzählungen", „Stress", „Die Kugel war Zeuge", „Gabriel", „Im Fahrwasser", „Einmal im Leben", „Der Illegale", „Chapman", „Der Prozeß Jerome Lindon", „Flucht", „Annemarie Lesser", „Feuer im Reichstag", „Nationalkomitee freies Deutschland", „Julius Leber", „Bürgerkrieg in Rußland", „Neu Bösekendorf", „Das Wunder von Lengede", „Hauptstraße Glück", „Der spanische Bürgerkrieg", Serien: „Stahlnetz" (5x), „Dem Täter auf der Spur" (6x), „Das Fernsehgericht" (2x), „Perey Stuart", „John Kling", „Cliff Dexter", „Hafenpolizei", „Hafenkrankenhaus", „St Pauli Landungsbrücken", „Tatort", „Das Ferienschiff", „Sesamstraße", „Schöne Marianne", „Gesucht wird", „Motiv Liebe",

„Konny und seine Freunde", „Im Auftrag von Madame", „Die Melchiors", „Polizeistation", „Zwischen den Flügen", „Familie Kaiser", „Hamburg Transit", „Journalistin", „Ein neuer Start", „Ida Rogalski", „Zirkus meines Lebens" uva. H: Nautische Antiquitäten, Malen, Boxen.

Hessling Hans
B: Schauspieler. G: Hamburg, 22. März 1903. V: Gerca, geb Tschechne. A: D–2000 Hamburg 55, Ferdinands Höh 1. S: Oberrealschule in Hamburg (v 1909), dann kfm Lehrzeit, daneben Schauspielunterricht bei Carl Wagner (Sozietär d Schauspielhauses in Hamburg). K: Nach erfolglosem Bemühen um ein Theaterengagement zur Seefahrt, ab 1923 als Schiffsjunge auf d Vollschiff „Oldenburg" v Hamburg um Cap Horn nach Taltal, Chile u Hamburg, dann weitere 4 Jahre als Leichtmatrose, Matrose u ZahlMstrAss auf versch Dampfern nach Afrika u Mittelamerika unterwegs, 1928 Beginn am Schauspielhaus Hamburg, dann 2 Jahre Zürich u 3 Jahre Leipzig, ab 1934 in Berlin, Theater d Volkes (Großes Schauspielhaus), 1937–38 Volksbühne Berlin, 1938–45 Schillertheater (unter Intendant Heinrich George), 1944–45 Soldat u Kriegsgefangenschaft, nach d Krieg 1946 Ballhaus-Theater in Hannover, 1946–47 Bremer Künstlerthetater, 1947–51 Hebbel-Theater Berlin, 1951–57 Schillertheater Berlin, ab 1957 freischaffender Schauspieler an versch Theatern Berlins, dann Hamburg Thalia-Theater, Schauspielhaus Zürich (1960), Festspiele Recklinghausen, München, Wiener Burgtheater, Theatertourneen, Salzburger Festspiele (1965–67), Fernsehen: ab 1957 an allen Sendern West-Berlins u d BRD. F: In allen Tageszeitungen u Fernsehzeitungen bei Neueinstudierungen am jeweiligen Theater oder bei Sendungen in d Programmankündigungen. D: „Ein Sommernachtstraum", „Troilus u Cressida", „Parasit", „Warten auf Godot", „Der Widerspenstigen Zähmung", „Maß für Maß", „Die Bürger v Calais", „Wie es Euch gefällt", „Der Kaiser v Amerika", „Affaire Dreyfuss", „Furcht u Elend d III. Reiches", „Der Revisor", „Die Erben des totalen Bomberg", „Kleinstadt-Bahnhof", „Dr Doolittle und seine Tiere", „Hoftheater", „Urlaub zur Beerdigung", „Der Heiligenschein", „Onkel Bräsig", „Timm Thaler", „Hatschi", „Stahlnetzfolgen" uva. M: Außerordentliches Mtgl d ASSOCIATION AMICALE INTERN CAPITAINES AU DES LONG COURS CAP-HORNIERS, Saint Malo, ADAC, Deutscher HochseesportVerb „Hansa" eV, Hamburg, BFF, DAG. H: Segeln.

Heß Karl-Heinz
B: Schauspieler. A: D–2090 Winsen-Pattensen, Hirtenbrink 53, c/o ZBF-Gen-Agentur Frankfurt. Tel: 04173/7111 oder 0611/7111313.

Heuer Karl
B: Schauspieler. A: D–1000 Berlin 15, Emser Str 39c, c/o Agentur Bengen. Tel: 030/8819802 oder 030/3911895.

Heusch Peter
B: Schauspieler. A: c/o Agentur de la Berg, D–8026 Irschenhausen, Haus am Weiher. Tel: 08178/3681.

Heuvel Andre van den
B: Schauspieler. A: c/o Management Margarete van Dam, NL–Amsterdam Plantage Parklaan 12. Tel: 003120/246743.

Heydorn-Hellmann Elfriede
B: Schauspielerin. A: D–2061 Itzstedt, Amselweg 18, c/o ZBF-Agentur Hamburg. Tel: 04535/8769 oder 040/66885400.

Heyer Ursula
B: Schauspielerin. A: D–1000 Berlin 39, Petzower Str 9, c/o Management Mackeben. Tel: 030/8051458 oder 030/8263249.

Heyn Margitta
B: Schauspielerin. A: D–2000 Hamburg 1, Steindamm 17, c/o ZBF-Agentur Hamburg. Tel: 040/247261 oder 040/66885400/01.

Heyn Wilfried Jan
B: Schauspieler, Regisseur. G: Erfurt, 1. März 1928. A: D–1000 Berlin 33, Hagenstr 42. S: Abitur, priv Unterricht am Staatstheater Kassel. K: Feste Engagements in Münster, Braunschweig, Essen, Stuttgart, nunmehr freiberuflich tätig in Berlin, Köln, Düsseldorf, Freiburg, Nürnberg. F: Hör Zu. D: „Herrscher ohne Krone", „Familientag", „Korczak u d Kinder". H: Fotografie, Malerei, Reisen.

Heyne Helmut
B: Schauspieler. A: D–1000 Berlin 41, Dalandweg 27, D–2000 Hamburg 73, Mehlandsredder 56. Tel: 030/7717171 oder 040/6775598.

Hielscher Liane
B: Schauspielerin. A: D–8024 Ödenpullachh 9, c/o Agentur de l a Berg. Tel: 089/6132581 oder 08178/3681.

Hilbich Ernst H
B: Schauspieler. A: D–4000 Düsseldorf, Worringer Str 87, c/o Agentur Killer. Tel: 0211/358789 oder 089/173455.

Hilbig Manfred
B: Schauspieler. A: D–4300 Essen 1, Graf Bernadotte-Str 64, c/o ZBF-Gen-Agentur Frankfurt. Tel: 0201/411316 oder 0611/7111334.

Hildebrand Edith
B: Schauspielerin. A: D–1000 Berlin 47, Malchiner Str 119 A, c/o Agentur Runde-Profé. Tel: 03O/6017580 oder 030/3040661.

Hildebrand Helmut
B: Schauspieler. G: 20. Juni 1926. A: D–1000 Berlin 31, Paulsbornerstr 88 a. S: Mittlere Reife. K: Schauspieler an folgenden Berliner Bühnen: Tribüne, Hebbel-Theater, Freie Volksbühne, Theater am Kurfürstendamm, Schaubühne am Halleschen Ufer. F: Hör Zu. D: „Lokaltermin", „Verkündet u beschlossen", Theater: „Die Zähmung d Widerspenstigen", „Macbeth", „Wintermärchen", „Was ihr wollt", „Das Diplom", „Das Vergnügen anständig zu sein", „So ist es wie es Ihnen scheint", „Colombe", „Wölfe u Schafe", „Die Geburtstagsfeier", „Mandragola", „Mirandolina", „Ninotschka" ua.

Hildebrandt Dieter
B: Schauspieler. A: D–8000 München-Waldperlach, Rollenhagenstr 3a. Tel: 089/604726.

Hildmann Hanslutz
B: Schauspieler, Regisseur. G: Breslau, 18. Feb 1936. V: Martha Irmina, geb Arnold. A: D–8311 Adlkofen, Eichenstr 7. S: Gymn, Handelsschule, kfm Ausbildung, Diplom nach 3 Jahren Stud an d Musik HS, Saarbrücken, als Schauspieler 1959. K: Staatstheater Saarbrücken, Frank Schwäbisches Städtetheater, Theater am Niederrhein, Südostbayerisches Städtetheater, Landshut, Stadttheater Ingolstadt, versch Fernseh- u Filmrollen in kleinerem Umfang. D: „Faust", „Georg Danton", „Kreon", „Tartuffe' „Philipp II", „Georg Dandin", Inszenierungen: „Hall", „Ende von Lied", „Kurve", „Tankred", „Das Mißverständnis" als Darsteller, weiters „Blick zurück im Zorn", „Der Florentinerhut", „Turandot", „Warte bis es dunkel wird" ua. H: Trompete, Malen (Öl), Fotografie.

Hillebrecht Angela
B: D–8434 Pollanten, Kirchbergstr 23, c/o ZBF-Agentur München. Tel: 08462/565 oder 089/335081.

Hillebrecht Dietlinde
B: Schauspielerin. A: D–5600 Wuppertal 2, Ferndinand Thun-Str 16. Tel: 0202/554660.

Hilten Hubert
B: Schauspieler. A: D–8000 München 19, Neustätter Str 2. Tel: 089/194601.

Hiltl Carl
B: Schauspieler. A: D–8000 München 4, Giselastr 11/I, c/o Agentur Rakosi. Tel: 089/391145 oder 089/6904092.

Hinrichs Hartmut
B: Schauspieler. A: D–8000 München 81, Klingsorstr 3, c/o Management Jovanovic. Tl: 089/912396 oder 089/475024/25.

Hinz Dinah
B: Schauspielerin. A: CH–8125 Zollikerberg/ZH, Rietholzstr 60. Tel: 004151/637309.

Hinz Knut
B: Schauspieler. A: D–2000 Hamburg 76, Hofweg 21, c/o ZBF-Agentur Hamburg. Tel: 040/2207267 oder 040/66885400.

Hinz Michael
B: Schauspieler. A: c/o Agentur Alexander, D–8000 München 80, Lamontstr 9. Tel: 089/471011.

Hinz Werner
B: Schauspieler. A: c/o Agentur Lentz, D–8000 München 80, Holbeinstr 4. Tel: 089/474026.

Hinzelmann Reha
B: Schauspielerin. A: D–1000 Berlin 33, Laubenheimer Str 15, c/o Agentur Bengen. Tel: 030/8216158 oder 030/3911895.

Hippler Peter
N: Hippler Ernst Aloysius. B: Physiotherapeut u Schauspieler. G: Berlin, 19. Apr 1902. A: D–1000 Berlin 12, Bleibtreustr 17. Tel: 8812414. S: Abitur. K: Hohe Schule, Abschlußprüfung, kfm. Lehrzeit, 15 Jahre Kla-

vierunterricht, Konservatorium, Schauspielunterricht, 10 Jahre Krankenhaus, Massage, Bestrahlungen, Elektro-Therapie, 1945–53 Gesangsunterricht bei Kaplik, Corell, Kammersänger, Davidson Giordoni. F: Der Telegraph, Bildzeitung, Nachtdepesche. D: „Teufelskreis", „Zar u Zimmermann", „Lächeln d Ewigkeit", „Aufruhr im Schlaraffenland", „Stern v Afrika", „Das einfache Mädchen", „Drei Mann auf einem Pferd", „Tiger v Eschnapur", „Das indische Grabmahl", Drehbuch zu „Landarzt Dr van Damme", Dokumentarspiel. H: Tennis, Fußball, Reisen (Spanien, Marokko, Afrika, Japan, China etc).

Hirschmüller Hans
B: Schauspieler. A: D–6102 Pfungstadt, Postfach 1144, D–4630 Bochum 1, Kortumstr 40, c/o ZBF-Agenturen München u Hamburg u Berlin. Tel: 06157/4460 oder 0234/66354 u 65451 oder 089/335081 oder 040/66885400 oder 030/8838031.

Hirthe Martin
B: Schauspieler. A: c/o Agentur Bloy, D–8022 Grünwald, Gasteigweg 1. Tel: 089/6411893.

Hitzenberger Elisabeth
B: Schauspielerin. A: D–1000 Berlin 21, Thomasiusstr 11. Tel: 030/3934112.

Hochstraate Lutz
B: Schauspieler. A: A–5202 Neumarkt am Wallersee, Sommerholz 30, c/o ZBF-Gen-Agentur Frankfurt. Tel: 06216/544 oder 0611/7111335.

Hochwarter Corinne
B: Schauspielerin. A: A–1010 Wien, Weihburgg 16. Tel: 0222/523111.

Höckmann Alfons
B: Schauspieler. A: D–4000 Düsseldorf, Neusser Str 125, c/o Agentur Köhler. Tel: 0211/307171 oder 089/363970.

Hodina Thomas
B: Schauspieler. A: D–1000 Berlin, Köpenicker Str 9a. Tel: 030/6187723.

Hoegel Gudo
B: Schauspieler. A: D–8000 München 40, Nietzschestr 23, c/o Agentur Killer. Tel: 089/3592306 oder 089/173455.

Hoek Hans van den
B: Schauspieler. A: c/o Management Margarete van Dam, NL–Amsterdam, Plantage Parklaan 12. Tel: 003120/246743.

Hoeter Gisela
B: Schauspielerin. A: D–8000 München 90, Wirtstr 2, c/o ZBF-Agentur München. Tel: 089/698373 oder 089/335081.

Höfels Klara
B: Schauspielerin. A: D–2300 Kiel, Preusser Str 12, c/o Agentur Runde-Profé. Tel: 0431/57740 oder 030/474026.

Höfer Anita
B: Schauspielerin. A: D–8032 Lochham/München, Aubinger Str 16, c/o Agentur Killer. Tel: 089/877048 oder 089/173455.

Hofer Claus
B: Schauspieler. A: D–1000 Berlin 20, Waräger Weg 14. Tel: 030/3613932.

Hofer Hilla
B: Schauspielerin. A: D–1000 Berlin 46, Dillgesstr 43, c/o Agentur Bengen. Tel: 030/738282 oder 030/3911895.

Hofer Johanna
B: Schauspielerin. A: c/o Agentur Marga Wiedner, D–8000 München 40, Destouchesstr 32/I. Tel: 089/3081822.

Höfer Peter
B: Schauspieler. A: D–8032 Lochham/München, Aubinger Str 16, c/o ZBF-Agentur München. Tel: 089/877048 oder 089/335081.

Höfer Werner Dir
B: Moderator, Dir. G: Kaisersesch, 21. März 1913. V: Elisabeth, geb Scheurer. A: D–5038 Köln-Rodenkirchen. S: Abitur, Stud d Theater- u ZeitungsWiss an d Univ Köln. K: Volontariat bei d Kölnischen Volkszeitung, Redakteur b „Der neue Tag", Köln, dann f „BZ", „Koralle" u „Signal", Kriegsberichterstatter, amerikanische Kriegsgefangenschaft, ab 1946 Theaterkritiker b „Rheinischen Merkur", dann NWDR Köln, 1961 Ltr d Aktuellen Abt, dann Chefredakteur d „Neuen Illustrierten", 1964 Dir d Dritten WDR-Fernseh-Programms, seit 1972 zusätzlich Dir d Ersten WDR-Programms, Interviwer f „Die Zeit", Moderator d „Intern Frühschoppen", Veröffentlichungen: „Welt im Doppelspiegel", „Was ich noch sagen wollte",

„Fernsehen im Glashaus" uva. F: Hör Zu, Stern uva. E: Ehrennadel v Schalke 04, Adolf Grimme-Preis, Goldene Kamera, Goldener Bildschirm. H: Die Arbeit, Fußball.

Höffer Donata
B: Schauspielerin. A: D–2000 Hamburg 20, Lehmweg 31, c/o ZBF-Agentur Hamburg. Tel: 040/4603216 oder 040/66885400.

Höfferer Sissy
B: Schauspielerin. A: D–8000 München, Reger Str 5, c/o Management Baumbauer. Tel: 089/4486670 oder 089/478577.

HoffmannBenno
B: Schauspieler. G: Süderbrarup. A: Anna, geb Smolik. A: D–8000 München 81, Wilhelm Diess-Weg 3. S: Mittlere Reife, Ind-Fachschule, Folkwangschulen Essen (Theater). K: Städt Bühnen Wuppertal, Heidelberg, Göttingen, Karlsruhe, Berlin, Hamburg, München, seit 1953 freischaffend, Gastspiele. F: In Fachzeitschriften, Illustrierten, Tageszeitungen. D: Theater: „Meuterei auf d Caine", „Juno u d Pfau", „My fair Lady", „Dreigroschenoper", „Beute" ua, Film: „Kirmes", „Labyrinth", „Ich u d Kuh", „Jenseits d Rheins", „Der Transport", „Wehe, wenn Schwarzenbeck kommt" uva. E: „Drei Sterne" d Abendzeitung München, „Die tz-Rose" d tz-München. M: DAG/BFF.

Hoffmann Frank
B: Schauspieler. A: c/o Management Palz, D–8000 München 81, Ortlindestr 6/VII. Tel: 089/912019/10.

Hoffmann Gert Günther
B: Schauspieler. A: D–8024 Ödenpullach 9, c/o Agentur de la Berg. Tel: 089/6132581 oder 08178/3681.

Hoffmann Josta
B: Schauspielerin. A: D–1000 Berlin 21, Emdener Str 1, c/o ZBF-Agentur Berlin. Tel: 030/3963492 oder 030/8838031/54.

Hoffmann Katinka
B: Schauspielerin. A: D–5300 Bonn-Bad Godesberg, Sonnenscheinstr 17. Tel: 02221/372726.

Hoffmann Klaus-Dieter
B: Schauspieler. A: D–1000 Berlin 10, Gierkezeile 26, c/o Management Mackeben. Tel: 030/8263249.

Hoffmann Marianne
B: Schauspielerin. A: D–8000 München 40, Tengstr 88, c/o Agentur de la Berg. Tel: 089/309528 oder 08178/3681.

Hoffmann Michael Zeljko
B: Schauspieler, Regisseur. G: München, 25. Feb 1943. A: D–8000 München 40, Ainmillerstr 13. S: Gymn Bad Reichenhall, Otto Falckenberg München. K: Engagements: Kammerspiele Düsseldorf, Stadttheater Heidelberg, Kammerspiele München, Modernes Theater München. D: „Lartes", „Hamlet", „Kurt Oberösterreich", „Orest", „Die Fliegen", „Cavanosa", „Nacht der Puppen", „Heinz", „Das Nest", „Stefan", „Bekannte Gesichter", „Gemischte Gefühle". H: Reiten, Schifahren, Briefmarken, Tennis.

Hoffmann Paul
B: Schauspieler. A: c/o Management Palz, D–8000 München 81, Ortlindestr 6/VII. Tel: 089/912019/10.

Hoffmann Robert
N: Robert Scheich. B: Schauspieler. G: Salzburg, 30. Aug 1939. A: A 5020 Salzburg, Rehrlpl 7. S: RealGymn, HAk. K: 1960–63 Schauspielschule, 1963 Robinson Crusoe (13 Teile im Fernsehen), danach 30 Filme. D: „Robinson Crusoe", „Kampf um Rom", „24 Stunden aus dem Leben einer Frau", „Luciano Lutring", „Top Job", „Departement K", „Schloß Hubertus", „Edelweißkönig", „Die Standarte" ua. E: 1968 Bronzener Otto-Sieger, 1969 Silberner Otto-Sieger, einige italienische Auszeichnungen. H: Ski, Tennis, Windsurfen, Tauchen.

Hoffmann Werner
B: Schauspieler. A: D–2100 Hamburg 90, Eissendorfer Pferdeweg 47. Tel: 040/774646 u 778880.

Hoffmeister Reinhart
B: Moderator, Redakteur. G: Magdeburg, 19. Juli 1923. A: D–6200 Wiesbaden, Bachmayerstr 2a. S: Gymn, Abitur, Stud d Germanistik, TheaterWiss, Publizistik. K: Journalist, Setzer, Reporter, Redakteur, ab 1947 Ltr d Berliner „Spiegel"-Büros, Stud, Chefreporter b Spiegel, dann d „Echo d Woche", danach freier Journalist, Chefredakteur v „Das Schönste", Chefredakteur „Revue", 1959–63

stellv Chefredakteur d „Stern“, seit 1963 Fernsehfilme, seit 1969 Moderator u Redakteur v „Aspekte“. F: In versch Zeitungen. E: Goldener Bambi, Goldene Stadtplakette v Volkach ua. H: Sport.

Hofmann Lotte
B: Schauspielerin. A: D–6500 Mainz, Quintinstr 12, c/o ZBF-General-Agentur Frankfurt. Tel: 06131/22266 oder 0611/7111335.

Hofrichter Christoph
B: Schauspieler. A: D–1000 Berlin 15, Pariser Str 61, c/o ZBF-Agentur Berlin, D–7300 Esslingen, Hohenkreuzweg 8. Tel: 030/8822690 oder 030/8838031/54 oder 0711/372204.

Hoger Hannelore
B: Schauspielerin. A: D–4630 Bochum, Farnstr 41, c/o ZBF-General-Agentur Frankfurt. Tel: 0234/300295 oder 0611/7111335.

Hohberger Peter
B: Schauspieler. A: D–5600 Wuppertal 1, Moospfad 10, c/o Agentur Marga Wiedner. Tel: 0202/721244 oder 089/3081822.

Hohenfels Tilla
N: Hohenfels-Weis. B: Schauspielerin. G: Wien, 6. Jan 1936. A: A–1040 Wien, Florag 6/11. S: HAk, Schauspielschule. K: Kabarett „Wiener Werkel“ seit 1955, Tätigkeit in Österreich, Deutschland, Schweiz, seit 1970 in Wien (Theater an der Wien, Kleine Komödie ua), Hörfunk, Fernsehen, ORF, ZDF. F: Div in Zeitschriften u Zeitungen. D: „Würstelwally“ (letzte Rolle im Theater an d Wien), Fernsehen: „Seniorenclub“, „Hotel Sacher“, „Tatort“, „Löwinger Bühne“ ua. H: Kochen, Lesen.

Hohlt Ricci
B: Schauspielerin. A: D–8171 Obergries, Isarstr 21, c/o ZBF-General-Agentur Frankfurt. Tel: 08042/8790 oder 0611/7111334.

Höhn Carola
B: Schauspielerin. A: D–8022 Grünwald, Am Fischerwinkel 19, c/o Management Jovanovic. Tel: 089/6412665 oder 089/475024/25.

Höhne Klaus
B: Schauspieler. A: D–8151 Großhartpenning, An der Kiesgrube 3, c/o Agentur de la Berg. Tel: 08024/7655 oder 08178/3681.

Höhne-Thorn Manuel
B: Schauspieler. A: D–1000 Berlin 48, Föttinger Zeile 43, Postfach 480263, c/o ZBF-Agentur Berlin. Tel: 030/07422878 oder 030/8838031/54.

Holbe Rainer
B: Show-Master. G: Komotau/Böhmen, 10. Feb 1940. V: Rose-Marie. A: D–6236 Eschborn/Taunus. K: Volontariat b „Frankfurter Rundschau“, Lokalreporter, 1966–70 Korrespondent f „Bild u Funk“, seither Show-Moderator b Fernsehen, Berichte f Tageszeitungen v Auslandsreisen. Veröffentlichungen: Jugendbücher: „Jo rettet eine Fernseh-Show“, „Das verflixte Jahr“ ua. F: HörZu ua. H: Schmaltonfilm, Schwimmen.

Höling Ann
B: Schauspielerin. A: CH–4103 Bottmingen, Therwiler Str 37, c/o Agentur Schmidt-Gentner, c/o ZBF-General-Agentur Frankfurt. Tel: 004161/472436 oder 0222/752271 oder 0611/71113113

Höll Claudia
B: Schauspielerin. A: D–8000 München 21, Perhamer Str 68, c/o ZBF-Agentur München. Tel: 089/583261 oder 089/335081.

Hollenbeck Fritz
B: Schauspieler. G: Lübz/Meckl, 23. Okt 1929. V: Rotraud, geb Conrad. A: D–2000 Hamburg 60, Gryphiusstr 9. S: Bei Lucie Höflich am Meckl/Staatstheater Schwerin. K: Meckl Staatstheater Schwerin, Städt Bühnen Erfurt, Berliner Ensemble, Ohnsorg Theater.

Holler Marla
B: Schauspielerin. A: c/o Management Jovanovic, D–8000 München 80, Perfallstr 6. Tel: 089/475024/25.

Hollers Will
B: Schauspieler. G: Lauterbach/Kr Rottweil, 20. Sept 1926. V: Gisela, geb Dewitz. A: D–1000 Berlin 33, Bonner Str 5. Tel: 030/8213384. S: Mittlere Reife, UFA/Terra-Filmstudio Berlin-Babelsberg, Schauspielschule Berlin u Stuttgart. K: Nach Provinz-Theatern in Potsdam, Bamberg, Saarbrücken, nach Berlin: British Centre, Vaganten Bühne, Berliner-Theater, Schiller-Theater, Forum-Theater, Theater des Westens u Freie Volksbühne Berlin, sowie Schaubühne am Halleschen Ufer, Tätigkeiten im Synchron, Fern-

sehen u Funk, Synchronisation in ca 2000 Filmen u Fernsehserien, Mitwirkung in ca 40 Spielfilmen u ca 30 Fernsehspielen, seit 1948 beim Rias Berlin u Sender Freies Berlin als freier Mitarbeiter f Hörspielproduktionen usw tätig. D: „Die Geisel" (Freie Volksbühne Berlin 1975–76), „Platonow" (Freie Volksbühne Berlin 1978–79). E: 1973 Silbernes Ehrenzeichen d Gen Deutscher Bühnenangehöriger. M: Gen Deutscher Bühnenangehöriger im DGB, Kreisdelegierter in d SPD. H: Filmen u Fotografieren, Reisen mit d Auto.

Hollmann Carlheinz
B: Schauspieler. A: D-3145 Luhmühlen, Waldring 20. Tel: 04172/7200.

Holló Miklós
B: Sänger. G: Baja/Ungarn, 20. Aug 1940. A: A–1160 Wien, Habicherg 5/19. S: Matura, Konservatorium/Opernsänger. K: Beginn als Inspizient d Budapester Staatsoper, dann RegieAss, im Raimund-Theater in Wien, als Sänger, hauptsächlich im Chor. H: Musik, Reisen.

Hollweg Leander
B: Schauspieler. A: D–1000 Berlin 19, Friedbergstr 17, c/o Agentur Runde-Profé. Tel: 030/3239850 oder 030/3040661.

Holm Claus
B: Schauspieler. A: D–1000 Berlin 19, Bayernallee 15, c/o Agentur Runde-Profé. Tel: 030/3044835 oder 030/3040661.

Holm Renate
B: Schauspielerin. A: A–1190 Wien, Cottageg 82. Tel: 0222/361630.

Holt Hans
B: Schauspieler. A: A–1030 Wien, Weyrg 5, c/o Management Baumbauer. Tel: 0222/732460 oder 089/478577.

Holten Maria von
B: Schauspielerin. A: D–1000 Berlin 15, Uhlandstr 160. Tel: 030/8834756.

Holtenau Gerd
B: Schauspieler. A: D–1000 Berlin 19, K6nigin Elisabeth-Str 2, c/o ZBF-Agentur Berlin. Tel: 030/3023138 oder 030/8838031.

Holtkamp Elisabeth
B: Schauspielerin. A: D–2900 Oldenburg, Gotenstr 19. Tel: 0441/ 64728.

Holtmann Ilse
B: Schauspielerin. G: Berlin, 24. Sept 1914. A: D–1000 Berlin 15, Olivaer Platz 4. Tel: 030/8813964. S: Oberschule, Mittlere Reife, Schauspielschule d Deutschen Theaters Berlin . K: Feste Engagements: Greifswald, Potsdam, Berlin West (Komödie, Hansa-Theater), Lübeck, Hamburg, ua, ausserdem Bäder- u andere Tourneen u Gastspielreisen, Rundfunk: Rias u SFB Berlin, zZ Unterricht in Sprechtechnik u Stimmbildung u Funk: Hörspiele u illustr Sendungen. F: Constanze, BZ Berlin, Telegraf Berlin, Freundin u in Tageszeitungen anläßlich v Premieren. D: TV-Filme: „Turandot", „Wandlung d Ferd Hahn", über 100 Rollen am Theater ua: „Kabale u Liebe", „Don Carlos", „Faust", „Egmont", „Der zerbrochene Krug", „Nibelungen", „Vor Sonnenuntergang", „Biberpelz", „Ein Glas Wasser", „Michael Kramer", „Haben", „Maria Stuart", „Der Widerspenstigen Zähmung", „Was ihr wollt", „Des Meeres u d Liebe Wellen", viele Komödien u Lustspiele ua: „Die 4 Gesellen", „Lauter Lügen", „Anständige Menschen", „Finden Sie, daß Konstanze sich richtig verhält?", „Die Fee", „Mit meinen Augen", „Alaska", „Das Konzert", „Flitterwochen", „Parkstraße 13" uva. E: Silberne Ehrennadel d GDBA. M: GDBA, ADAC, Deutsche Krebshilfe. H: Autofahren, Reisen, Tonbandexperimente.

Holtzmann Thomas
B: Schauspieler. A: D–1000 Berlin 37, Sven Hedin-Str 18, D–8000 München 81, Steubstr 6, c/o Agentur Alexander. Tel: 030/8016733 oder 089/981889 oder 089/471011.

Holz Rudolf
B: Solotänzer, Choreograph, Schauspieler. G: Berlin, 17. März 1938. A: D–1000 Berlin 45, Grabenstr 38. S: Gymn, Tanzausbildung bei Gustav Blank, Tatjana Gsavkly, Sabine Ress. K: Ab 1950 Mtgl d Ballettensembles d Städt Oper Berlin, seit 1967 1. Solotänzer d Deutschen Oper Berlin, erfolgreiche Gastspiele m d Deutschen Oper in New York, Paris, Rom, Mailand, Wien, Portugal, Tokio, Luxemburg, Argentinien, Asien, Zusammenarbeit mit intern Choreographen, wie Antony Tudor, Kemmeth Mac Millan, Tatjana Gsovsky, Maurice Bejart. F: In d europäischen u intern Presse. D: Hauptrollen in allen großen Balletten, wie „Dornröschen", „Schwanensee", „Hamlet", „Giselle", „Coppelia", „Kameliendame",

„Phedre“, „Galaperformance“, „Suite en blanc“, „The Invitation“, „Las Hermanas“, „L'esbe armonico“, „Orpheus“, „Tristan und Isolde“, „Symphonie in C“, „Symphonie Classique“, „Episodes“, „Agon“, „Juan von Zarissa“, „Labyrinth der Wahrheit“, „Paean“, als Schauspieler in „Lulu“ ua.

Holzamer Karl Johannes Dr Prof
B: Intendant d ZDF. G: Frankfurt/M, 13. Okt 1906. V: Helen, geb Uehlein. A: D–6500 Mainz, Friedrich Schneider-Str 32. S: Abitur, Stud d Phil, Romanistik, Germanistik, Pädagogik u Psychologie in München, Paris, Frankfurt, 1929 Promotion, 1931 erste Lehramtsprüfung. K: Schulamtsbewerber an Volksschulen in Bonn u Köln, Ass d Pädagogischen Abt d WDR Köln, Sachbearbeiter b Reichssender Köln, Kriegsberichterstatter d Luftwaffe, französische Gefangenschaft, 1946 ao Prof f Phil, Psychologie u Pädagogik an d Univ Mainz, 1948/49 Lehrstuhl f scholastische Phil u Pädagogik, dann Ltr d ak Inst f Propädeutik, 1957 Erster Dir d Studienbüros f Jugendfragen eV in Bonn, 1949–60 Vors d Rundfunkrates d SWF Baden-Baden, seit 1962 Intendant d ZDF, Bücher: „Grundfragen d neuzeitlichen Humanismus“, „Einführung in die Philosophie“, „Kind u Radio“ uva. E: Komtur d Gregorius-Ordens m Stern, Ehrenring d Stadt Mainz, Ordre de Merite, Bayerischer Verdienstorden, Gutenberg-Plakette d Gutenberg-Ges, Großes BVerdienstkreuz. H: Schwimmen, Laufen, klassische Musik, Skat.

Holzmeister Judith
B: Schauspielerin. G: Innsbruck, 14. Feb. S: RealGymn, Max Reinhardt-Seminar. K: Engagements am Stadttheater Linz, Volkstheater Wien, Burgtheater Wien, Salzburger Festspiele uva. D: Film: „Der Feuerteufel“, „Haus d Lebens“, „Musik bei Nacht“ uva. M: Mtgl d Wiener Burgtheaters.

Holzschuh Lizzi
B: Schauspielerin. G: Wien, 3. Jan 1908. A: A–1010 Wien, Stubenring 16. S: Ak u Privatunterricht f Gesang. K: Tätigkeit bei Bühne, Funk u Film. D: „In d Theateragentur“, „Wiener Lumpenkavaliere“, „Liebe bei Hof“, „Da stimmt was nicht“, „Der Herr ohne Wohnung“, „Der Vetter aus Dingsda“, „Die Töchter Ihrer Exzellenz“, „Der Himmel auf Erden“, „Ein Teufelskerl“, „Unsterbliche Melodien“, „Bezauberndes Fräulein“, „Junger Herr aus Oxford“, „Die Puppenfee“, „Rendezvous in Wien“, „Liebe im 3/4-Takt“, „Der Wildfang“, „Zauber d Bohéme“, „Falstaff in Wien“, „Das Ferienkind“, „Reisebekanntschaft“, „in flagranti“, „Wiener Mädeln“, „Der Weg in d Vergangenheit“, „Heiratskandidaten“ uva.

Homeyer Margret
B: Schauspielerin. A: CH–4123 Basel-Allschwil, Langmattweg 13, c/o ZBF-Agentur Hamburg. Tel: 004161/397408 oder 040/66885400.

Honeck Gertie
B: Schauspielerin. A: D–1000 Berlin 31, Helmstedter Str 10. Tel: 030/8541908.

Hönig Heinz
B: Schauspieler. A: c/o ZBF-Gen-Agentur Frankfurt, D–6000 Frankfurt/Main, Feuerbachstr 42–46. Tel: 0611/7111335.

Honig Lebrecht
B: Schauspieler. A: D–8501 Schwarzenbruck, Brixener Str 8, c/o Agentur Schmid. Tel: 09128/5500 oder 089/981464.

Hoor Walter
B: Schauspieler. A: D–4000 Düsseldorf, Limburgstr 2, c/o Agentur Marga Wiedner. Tel: 0211/673594 oder 089/3081822.

Höper Wolfgang
B: Schauspieler. A: D–7000 Stuttgart 61, Asangstr 108, c/o Agentur Marga Wiedner. Tel: 0711/322628 oder 089/3081822.

Höpfner Hedi
B: Schauspielerin. A: D–2000 Hamburg 13, Hansastr 35. Tel: 040/ 457797.

Höpfner-Westphal Margot
B: Schauspielerin. A: D–2000 Hamburg 13, Werderstr 47. Tel: 040/ 451327.

Hoppe Edgar
B: Schauspieler. A: D–2000 Hamburg 73, Alter Zollweg 173, c/o ZBF-Agentur Hamburg. Tel: 040/6472588 oder 040/66885400.

Hoppe Marianne
B: Schauspielerin. A: c/o ZBF-Agentur München, D–8000 München 40, Leopoldstr 19. Tel: 089/335081.

Hörbiger Attila KamSchauspieler
B: KamSchauspieler. G: Budapest, 21. Apr

1896. V: Paula Wessely. S: HS f Bodenkultur Wien, Theaterschule d Deutschen Theaters Berlin. K: Engagements an Theatern in Stuttgart, Bozen, Raimundtheater Wien, Reichenberg, Lustspieltheater Wien, Brünn, Prag, Theater i d Josefstadt Wien, Deutsches Theater Berlin, Burgtheater Wien uva, Tätigkeit bei Funk, Film u Fernsehen. D: „Die große Tat d Andreas Harmer", „Das Mädchenschiff", „Nachtlokal", „Das Wolgamädchen", „Das Flötenkonzert v Sanssouci", „Ihre Hoheit befiehlt", „Kaiserliebchen", „Die große Liebe", „Wiener Lumpenkavaliere", „Sehnsucht 202", „Der Tunnel", „Zwischen Himmel u Erde", „Blutsbrüder", „Maria Baschkritzeff", „Varieté", „Punks kommt aus Amerika", „Ernte", „Mädchenpensionat", „Die Liebe d Maharadscha", „Premiere", „Manege", „Spiegel d Lebens", „Zwischen Strom u Steppe", „Das Mädchen mit d guten Ruf", „Fracht v Baltimore", „Frau im Strom", „Grenzfeuer", „Menschen v Varieté", „Renate im Quartett", „Die letzte Runde", „Donauschiffer", „Heimkehr", „Im Schatten d Berges", „Späte Liebe", „Die kluge Marianne", „Am Ende d Welt", „Freunde", „Gefangene Seele", „Die Hexe", „Der Major u d Stiere", „Der Meineidbauer", „Der Edelweißkönig" uva. E: Verdienstorden d BRD. M: Mtgl d Wiener Burgtheaters.

Hörbiger Christiane
B: Schauspielerin. G: Wien, 13. Okt 1938. V: Dr Rolf R Bigler. A: CH–8001 Zürich, Frankengasse 28. S: RealGymn, Handelsschule, Max Reinhardt-Seminar Wien, Tanz- u Gesangsausbildung. K: Schauspielerin an d Städt Bühnen Heidelberg, Burgtheater Wien, Gastspiele an d Münchner Kammerspielen, Salzburger Festspiele, Volksoper Wien, Mtgl d Schauspielhauses Zürich u d Theaters i d Josefstadt Wien, Tätigkeit f Hörfunk u Schallplatte. F: In versch in- u ausländischen Zeitungen u Zeitschriften. D: „Kabale u Liebe", „Der Bauer als Millionär", „Der Schwierige", „Jedermann", „Die Fee", „Kiss me Kate", „Der Talisman", „Candide", Fernsehen: „Der Zerrissene", „Schwejk im II. Weltkrieg", „Der Jüngste Tag", „Anatol", „Der Unschuldige", „Leutnant Gustl", „Der Bauer als Millionär", „Nathan d Weise", „Katharina Knie", „Ollapotrida", „Brooklyn Ballade", „Ein Phönix zuviel", „Tee u etwas Sympathie", „Eine egoistische Liebe", „Was Ihr wollt", „Die Welt d Robert Stolz", „Die Kinder", „Das brennende Geheimnis", Film: „Der Major u d Stiere", „Die Wirtin zur Goldenen Krone", „Der Meineidbauer", „Kronprinz Rudolf letzte Liebe", „Edelweißkönig", „Immer die Radfahrer", „Sommerwind" ua.

Hörbiger Maresa
B: Schauspielerin. A: A–1180 Wien, Pötzleinsdorfer Str 43, c/o Management Baumbauer. Tel: 0222/472333 oder 089/478577.

Hörbiger Paul
B: Schauspieler. G: Budapest, 29. Apr 1894. A: A–3250 Wieselburg, Mühling 77. S: Techn HS, Theaterschule. K: Engagements in Reichenberg, Deutsches Theater Prag, Wien, Berlin, Düsseldorf, Tätigkeit bei Funk, Film, Fernsehen, Werbung. D: „Spione", „Schmutziges Geld", „Oberleutnant Franzl", „Die große Abenteuerin", „Die Dame m d Maske", „Die tolle Komteß", „Der Sträfling aus Stambul", „Wer wird denn weinen, wenn man auseinandergeht", „Der Herr auf Bestellung", „Der unsterbliche Lump", „Drei Tage Mittelarrest", „Arm wie eine Kirchenmaus", „Der Kongreß tanzt", „Der Zinker", „Grock", „Lügen auf Rügen", „Drei b d Kavallerie", „Kaiserwalzer", „Audienz in Ischl", „Scampolo, ein Kind d Straße", „So ein Mädel vergißt man nicht", „Trenck", „Des jungen Dessauers große Liebe", „Gruß u Kuß Veronika", „Walzerkrieg", „Fräulein Frau", „Petersburger Nächte", „Endstation", „Frischer Wind aus Kanada", „Frühjahrsparade", „Die Puppenfee", „Fiakerlied", „Kinderarzt Dr Engel", „Seine Tochter ist d Peter", „Die Landstreicher", „Florentine", „Lumpazivagabundus", „Peter im Schnee", „Der Blaufuchs", „Heimat", „Maria Ilona", „Unsterblicher Walzer", „Der liebe Augustin", „Operette", „Wiener G'schichten", „Falstaff in Wien", „Wir bitten zum Tanz", „Brüderlein fein", „So ein Früchtchen", „Die große Liebe", „Wen d Götter lieben", „Lache Bajazzo", „Schrammeln", „Die Zaubergeige", „Der Bagnosträfling", „Die seltsame Geschichte d Brandner Kaspar", „Epilog", „Donaug'schichten" uva. M: Mtgl d Wiener Burgtheaters.

Horeschovsky Melanie
B: Schauspielerin. A: A–1010 Wien, Herreng 6–8, c/o ZBF-Agentur Hamburg. Tel: 0222/6380834 oder 040/66885400.

Horn Camilla
B: Film- u Bühnenschauspielerin. A: D–8031 Herrsching a Ammersee, Steindlg 2. S: Grundschule, Kunstgewerbeschule, Tanzschule,

Schneiderlehre, Gesangausbildung. K: Tänzerin am Nelsontheater Berlin, Filme bei UFA Berlin, 2 Jahre Hollywood b United Artists, dann Filme in Europa u Theater. D: „Faust", „König d Bernina", „Tempest", „Gigi", „Arsen u Spitzenhäubchen" uva. H: Gymnastik, Schwimmen, Gärtnern.

Horn Editha
B: Schauspielerin. A: D–1000 Berlin 46, Kaiser Wilhelm-Str 69, c/o ZBF-Agentur Berlin. Tel: 030/7744145 oder 030/8838031.

Horney Brigitte
B: Schauspielerin. A: c/o Management Jovanovic, D–8000 München 80, Perfallstr 6. Tel: 089/475024/25.

Hornig Michael
B: Schauspieler. G: Eisleben, 17. Feb 1946. A: D–2000 Hamburg 20, Eppendorfer Weg 264. Tel: 040/4602964. S: TheaterHS Leipzig, Nationaltheater Weimar. K: Engagements am Nationaltheater Weimar, Deutsches Theater Göttingen, Stadttheater Basel, Thalia-Theater Hamburg. F: In div Zeitungen u Zeitschriften. H: Fechten, Reisen, Lesen.

Hornisch Harry
B: Schauspieler. A: c/o Agentur Schmidt-Gentner, A–1030 Wien, Lothringer Str 20. Tel: 0222/752271.

Horowitz Margherita
B: Schauspielerin. A: c/o Agentur Anna Ottavi, I–00136 Roma, Via Ugo de Carolis 101. Tel: 00396/344554.

Hörschläger Anton
B: Schauspieler. A: D–8000 München 40, Clemensstr 22. Tel: 089/334279.

Horton Peter
B: Komponist, Autor, Sänger, Konzertgitarrist. G: Feldsberg, 19. Sept 1941. A: D–7300 Esslingen-Wilflingshausen, Wilfflingshauser-Str 129. S Klavier- u Klarinettestudium in Wien, GesangsStud in Wien u Stuttgart, Konzertgitarre in Stuttgart u Rio de Janeiro. K: Zahlreiche Veröffentlichungen im In- u Ausland als Chansonnier sowie als Instrumentalsolist, One-man-Entertainment u TV-Arbeit in Deutschland sowie europäisches u überseeisches Ausland, Buchveröffentlichung: „Die andere Saite" (phil heitere Texte, Aphorismen, Gedichte). E: Versch intern Auszeichnungen wie zB d Award for outstanding Composition u Award for outstanding Performance anläßlich World popular Songfest val Tokyo 1973.

Hoven Adrian
B: Schauspieler. A: D–8000 München 22, Kaulbachstr 35, c/o Management Jovanovic. Tel: 089/284738 oder 089/475024/25.

Howland Chris
B: Moderator, Sänger, Schauspieler, Disc-Jockey. G: London, 30. Juli 1928. V: Monica, geb Küpper. A: c/o Jerry Toger, D–8000 München 19, Leonrod Str 42. S: Abitur, Englisches Staatsexamen als Imker. K: 1948 Chefsprecher bei BFN Hamburg, 1952 erstes Schallplattenprogramm beim NWDR, 1954 erster Film in Deutschland (insges 25), 1959 zwei Jahre England TV, 400 Talk Shows, 1961 „Musik aus Studio B" u „Vorsicht Kamera", 1972–75 Spanien. F: Hunderte. D: „Der Major u d Stiere", „Verlobung am Wolfgangsee", „Tausend Sterne leuchten", „Das Schloß d Schreckens", „Winnetou", „Schatz d Azteken" uva. M: GEMA. H: Computer-Technik.

Hube Jörg
B: Schauspieler. A: D–8000 München 80, Bazeillestr 9, c/o ZBF-Agentur Hamburg. Tel: 089/481665 oder 040/66885400.

Huber Dagmar
B: Opernsängerin. G: Bergen auf Ruegen, 31. Mai 1929. A: D–8000 München 90, Tegernseer Landstr 297. S: Ak f Musik u darstellende Kunst (Mozarteum) Salzburg, Opernschule bei Fritz Tutenberg, Liedstudium bei Dr Reichert, Intern SommerAk Mozarteum in Salzburg, Reifeprüfung Kunstgattung Oper u Operette 1955. K: Debuet in St Gallen u Baden b Zürich, dann Regensburg, Aachen, Gastspiele in Holland (Amsterdam), Bonn, Ingolstadt, Konzerte in Reichenhall, Baden-Baden, Berchtesgaden. D: „Zauberflöte", „Freischütz", „Schwarzwaldmädel", „Fledermaus", „Czardasfürstin" uva, Liederabende Mozart, Schubert, Brahms uva. H: Eigener Rosengarten, Hunde – Cherie (Yorkshireterrier) u Mädi (Toy-Pudel).

Huber Grischa
B: Schauspielerin. A: D–1000 Berlin 12, Mommsenstr 11, c/o ZBF-Agentur Berlin. Tel: 030/3936183 u 3237183 oder 030/8838031/54.

Huber Hesso
B: Schauspieler. A: D–8500 Nürnberg, Nuschelbergweg 1a. Tel: 0911/523697.

Huber Verena
B: Schauspielerin. A: CH–6000 Luzern, Am Rain 9, c/o ZBF-General-Agentur Frankfurt. Tel: 004141/442604 oder 0611/7111334.

Huberty Ernst
B: Sportreporter. G: Trier, 22. Jan 1927. V: Inge, geb Huberty. A: D–5000 Köln 41, Breibergstr 8. S: Abitur, Stud d Phil, Germanistik, TheaterWiss in Mainz. K: Reporter f Koblenzer Zeitungen, 1950–57 Sportreporter b SWF Baden-Baden, 1956 „Sport am Montag", ab 1957 freier Mitarbeiter d WDR, dann Reporter u Redakteur, seit 1970 Chef d Abt Sport im WDR, Veröffentlichungen: „Die Olympischen Spiele München – Augsburg – Kiel – Sapporo". F: HörZu, Stern uva. E: Silberner Fernseh-Bambi, Goldene Kamera, Löwe v Radio Luxemburg ua. H: Schwimmen, Fußball, Skat, Tanzen, Lesen, Sport.

Hübner Bruno
B: Schauspieler. A: D–8034 Germering, Wallbergstr 5, c/o Management Baumbauer. Tel: 089/842523 oder 089/478577.

Hübner Kurt
B: Schauspieler. A: c/o Freie Volksbühne, D–1000 Berlin 15, Schaperstr 24, c/o ZBF-Gen-Agentur Frankfurt. Tel: 030/8814071 oder 0611/7111335.

Hubrich Marion Cordula
B: Schauspielerin. G: Steinhöring, 3. Juni 1940. A: D–1000 Berlin 33, Südwestkorso 45. S: Gymn. K: Schiller-Theater Berlin, Fernsehen. F: Berliner Presse, div Fernsehzeitschriften. D: Theater: „Möwe", „Danton", „Faust II", „Floh im Ohr", „Macbeth" uva, Operette, Fernsehen: „Algebra um Acht", „Kreuzberg", „Ein Mann will nach oben" uva. M: BFF. H: Reisen, Tennis, Sprachen.

Hübsch Wolfgang
B: Schauspieler. A: c/o Agentur Schmidt-Gentner, A–1030 Wien, Lothringer Str 20. Tel: 0222/752271.

Hubschmid Paul
B: Schauspieler. A: c/o Agentur Alexander, D–8000 München 80, Lamontstr 9. Tel: 089/471011.

Hückl-Schläger Annelies
B: Sängerin. G: Innsbruck, 16. Sept 1938. V: Dr Ing Helmut Schläger. A: A–6020 Innsbruck, Kranewitterstr 124. S: RealGymn, Ak f Musik u darstellende Kunst Wien. K: Opern-, Operetten- u Konzertsängerin, Fach Sopran, Repertoire: Deutsche Oper, Italienische Oper, Operetten, Oratorien, Messen, Lieder.

Huebner Karin
B: Schauspielerin. A: c/o Agentur Alexander, D–8000 München 80, Lamontstr 9. Tel: 089/471011.

Hufnagel Wilhelm
B: Schauspieler. A: c/o Agentur Schmidt-Gentner, A–1030 Wien, Lothringer Str 20. Tel: 0222/752271.

Hufschmidt Dieter
B: Schauspieler. A: D–3008 Garbsen, Königsberger Str 3, c/o ZBF-Agentur Hamburg. Tel: 05131/2500 oder 040/66885400.

Huhne Wolfgang
B: Schauspieler. A: D–8000 München 2, Linprunstr 36/1. Tel: 089/196741.

Huigen Martin
B: Delphinen- u Seelöwentrainer u Vorführer. G: Apeldoorn/NL, 5. Okt 1946. V: Martina, geb Cordy. A: D–4401 Altenberg, Grüner Weg 13 A. S: Mittlere Reife. K: Vorstellungen bei versch Delphinarien, Harderwijk, Rotterdam, Brugge, Münster. F: In versch Tageszeitungen u Illustrierten. D: Film: „Who is training who?" u mehrere Dokumentarberichte. M: European Association for Aquatic Mammals. H: Fotografieren, Filmen.

Hummel Asgard
B: Schauspielerin. A: D–8000 München 2, Barerstr 38. Tel: 089/ 282451.

Hummel Georg Martin
B: Schauspieler. A: D–8000 München 40, Rheinstr 1. Tel: 089/3401400.

Hummel Hermann
B: Schauspieler. G: München, 29. Juli 1938. A: D–8000 München 90, Friedrich Ebert-Str 1. Tel: 089/6905780. S: Berufsschule, Handelsschule, Schauspielschule. K: Nach einer bürgerlichen Berufsausbildung Besuch d Schauspielschule in München u einer Fachschule f Bewegungserziehung, Engagements an d

Theatern in Landshut, Landesbühne Rheinland-Pfalz in Neuwied/Rhein, Theater am Niederrhein in Kleve, München, Stadttheater Klagenfurt, Heilbronner Theater, zZ Landesbühne Hannover, mehrere Tourneen in Deutschland, auch Rollen im Fernsehen. D: Theater: „Der zerbrochene Krug", „Die Wirtin", „Die Herberge", „August, August, August", „Regenmacher", „Mord im Pfarrhaus", „Schweyk im zweiten Weltkrieg", „Gaslicht", „Armer Mörder" „Clavigo", „Der Floh im Ohr", Fernsehen: „Die Revolte", „Alarm Teppich" (Aktenzeichen XY), „Halbzeit".

Hummel Werner
B: Schauspieler G: Offenbach/Main, 4. Mai 1934. V Edeltraud, geb Bail. A: D–6057 Dietzenbach, Limburger Str 32, Postfach 1131, Tel: 06074/3724, D–6050 Offenbach/M, Bernardstr 5, Tel: 0611/819341. AG: Zentrale Bühnen-Fernsehen-Film-Vermittlung, D–6000 Frankfurt/M, Feuerbachstr 42, Tel: 0611/71111, u Richard Flohberg, 420 South Beverly Drive, Beverly Hills, Calif. 90212, Tel: 213/552/3113. S: Mittlere Reife, Höhere Handelsschule, kfm Ausbildung, 3 Jahre Schauspielausbildung in d Schauspielschule Frankfurt. K: Seit 1967 Theater, Film, Werbung, Ausland: USA, Hollywood, Spanien, Italien, Holland, ARD u ZDF. F: TV Hören u Sehen, Hör Zu, Bravo, Hollywood Reporter, Daily Nation (Ost Africa), Bild Zeitung, Abendpost, Nachtausgabe u alle Tageszeitungen. D: „Aktenzeichen XY", „Vorsicht Falle", „Tatort – Die Rechnung wird nachgereicht", „Tatort – Zwei Flugkarten nach Rio", „Tatort – Flieder für Jaczek", „Preußische Heirat", „Aufstieg u Fall d Stadt Mahagonny", „Ach du dickes Ei", „Der Führerschein", „Dein gutes Recht", „Notarztwagen 7", „Ausgerissen – was nun?", „Das Fernsehgericht tagt (Fahrerflucht)", „PS – Der Auffahrunfall", „Vorsicht frisch gewachst", „Der falsche Fuffziger", „The Tourist", „Dornröschen", „La Calle de la Soledad", „Summerwind", „Knastbrüder", „Plötzlich im letzten Sommer", „Die weiße Rose", „Stein vom Herz", Werbung „Taschenschirme Knirps" u „Neuform Reformhaus" u „AMC". M: Mtgl d GDBA, v versch SportVer u Hilfsorganisationen. H: Fußball, Sporttauchen, Reisen.

Hummer Benno
B: Schauspieler. A: D–2000 Hamburg 4, Talstr 59, c/o Agentur Anna Ottavi. Tel: 040/310574 oder 00396/344554.

Hunold Rainer
B: Schauspieler. A: D–1000 Berlin 31, Konstanzer Str 11, c/o Agentur Alexander. Tel: 030/8837190 oder 089/471011.

Hunter Katharine
B: Schauspielerin. A: c/o Agentur Alexander, D–8000 München 80 Lamontstr 9. Tel: 089/471011.

Hurwicz Angelika
B: Schauspielerin. A: NL–Bergen aan Zee (Nordholland), van de Wyckplein 17 B, A–1010 Wien, Fischerstiege 9/V/21, c/o ZBF-General-Agentur Frankfurt. Tel: 00312208/5925 oder 0222/6310624 oder 0611/7111335.

Husen Dan van
B: Schauspieler. G: 30. Apr 1945. A: D–8000 München 40, Schleißheimer Str 168, c/o ZBF-Agentur München. Tel: 089/3003363 oder 089/335031. K: Theatertätigkeit Schauspielhaus Bochum, Lee Strasberg Seminar am Schauspielhaus Bochum, Fernsehen, Film. D: Theater: „Courage", Fernsehen: „Der Vergessene", „Der Alte", „Aufforderung zum Tanz", „Die Ängste des Dr Schenk", „Paul komm zurück", „Der Schüchterne, der Feuer fing", „Tatort – Der gelbe Unterrock", „Derrick – Tandem", Deutsche Filme: „Verflucht, dies Amerika", „Anita Drögemöller", „John Glückstadt", „Berlinger", „Potatoe Fritz", „Der starke Ferdinand", „Nosferatu", „Wehe, wenn Schwarzenbeck kommt", „Der Sturz", ausländische Filme: „Die Rumstraße", „Rache unter roter Sonne", „Zwei wilde Companeros", „El Condor", „Catlow", „Captain Apache", „Stetson", „A man called Onion", „Salon Kitty", „Casanova", „21 hours at Munich", „The Rip Off", „Avalanche Express", „The Lady vanishes", „Bloodline".

Huth Leo Sylvester
B: Schauspieler. A: D–2800 Bremen 41, Gustav Radbruch-Str 27. Tel: 0421/460069.

Hüttemeister Peter
B: Schauspieler, Pyrotechniker. G: Elspe, 12. Apr 1943. V: Hedel, geb Vogel. A: D–5940 Lennestadt 12 - Elspe, Bielefelderstr 71. S: Gelernter Elektromeister, Schauspielunterricht bei Karl-Heinz Plankemann, Hagen, Pyrotechn Ausbildung K: Seit 1966 Hauptrollen im Ensemble d Karl May-Festspiele Elspe, seit 1966 abwechselnd in Komiker- u Bösewichterrollen bei d Karl May-Festspielen in Elspe,

versch Fernsehrollen, Gastspiele in Düsseldorf u Wien, heute gleichzeitig techn Dir d Karl May-Festspiele Elspe. F: In allen deutschsprachigen Zeitschriften u Zeitungen. D: „Der Schatz im Silbersee“, „Winnetou 1“, „Schluchten d Balkan“, Hauptrollen in allen Karl May-Inszenierungen d Karl May-Spiele Elspe u Ratingen/Düsseldorf. E: Verdienstmedaille d Karl May-Verlages Bamberg. H: Lesen, sein Haus.

Igenuma Olu
B: Schauspieler. A: D–2000 Hamburg 60, Sierichstr 14, c/o ZBF-Agentur Hamburg. Tel: 040/2791036 oder 040/66885400.

Iglódi István
B: Schauspieler. A: c/o Management Jovanovic, D–8000 München 80, Perfallstr 6. Tel: 089/475024.

Illavsky C Ladislav
B: Opernsänger, Konzertsänger, Solist am Landestheater Linz. G: Bratislava (Slowakei), 14. März 1940. A: A–4020 Linz, Siemensstr 24/1/4, A–2380 Perchtoldsdorf, Saliterg 26/10/3. S: Matura in Bratislava 1957, MusikHS Bratislava, HS f Musik u darstellende Kunst in Wien, Diplom im Fach „Operndarstellung“, 967, Klasse A Kolo, Diplom mit Auszeichnung im Fach „Lied u Oratorium“, 1969, Klasse R Schollum. K: Nach Absolutorium d Wiener MusikHS neben Bühnentätigkeit in allen Medienbereichen gesungen, 5 Schallplatten, 6 Fernsehsendungen, 1 Film, 9 Liederabende, über 200 Opernvorstellungen u mehr als 80 Rundfunksendungen, zahlreiche Operngastspiele u Konzerte in Spanien, Italien, Belgien, Holland, Dänemark, CSSR, Jugoslawien, Deutschland u Österreich, seit 1976 am Landestheater Linz (als Baßbariton), bisher 11 Rollen. F: Opernwelt, Hör Zu, Folkeblad, Peiner Allgemeine Zeitung, Aarhuus Stiftstidende, Linzer Theater-Zeitung, Was ist los in Linz u OÖ, Wiener Zeitung, Kurier usw. D: „Don Giovanni“, „Die Hochzeit des Figaro“, „Cosi fan tutte“, „Der Freischütz“, „Das Nachtlager in Granada“, „La Bohème“, „Der Barbier von Sevilla“, „Rusalka“, „Tiefland“, „Die verkaufte Braut“, „Ariadne auf Naxos“ uva. E: 1. Preis im Gesangswettbewerb d Jugend (STM) 1962 in Bratislava. H: Schwimmen, Komponieren v Unterhaltungsmusik, Malerei, Fotografie.

Iller Bob
B: Schauspieler, Regisseur, Autor, Texter, Moderator. G: Fulda, 9. Apr 1922. A: D–2000 Hamburg 60, Andreasstr 23. Tel: 040/273494. S: Oberrealschule, Bühnenschule, Konservatorium. K: „Kabarett der Komiker“ Berlin, div Bühnen u Fernsehsender im In- u Ausland, Tourneen, 60 Filme (16 USA, 6 Frankreich). F: In Magazinen u Zeitschriften im In- u Ausland. H: Fliegen, Tauchen, Fischen, Malen, Antiquitäten.

Im Luitgard
B: Schauspielerin. A: c/o Management Palz, D–8000 München 81, Ortlindestr 6/VII. Tel: 089/912019/10.

Inger Manfred
B: Schauspieler. G: Wien, 1. Jan 1907. A: A–1100 Wien, Eisenstadt-Pl 6/8/12. S: Mittelschule, graphische Lehr- u VersuchsAnst Wien, Ak f angewandte Kunst Wien. K: Schauspieler am Vereinigten Theater Breslau, Raimund-Theater Wien, Volkstheater, Kammerspiele Wien, Theater u Film in USA, Schauspieler im Theater i d Josefstadt, Volkstheater, Theater am Kurfürstendamm, Renaissance-Theater Berlin, Schauspielhaus Düsseldorf, Burgtheater Wien, Tätigkeit f Kabarett u Funk. F: In versch Zeitungen u Zeitschriften. D: „Komödie d Irrungen“, „Donna Diana“, „Der brave Soldat Schwejk“, „Die heilige Johanna“, „Die gefesselte Phantasie“, Fernsehen: „Das Abgründige in Herrn Gerstenberg“, „Peripherie“, „Philomena Marturano“, „Der Tod d Handlungsreisenden“, „Der Talisman“, „Radetzkymarsch“, „Der Tag d Zornes“, „Fink u Fliederbusch“, Film: „Caugth“, „The Magic Face“, „No time for flowers“, „Cordula“, „Dämonische Liebe“, „Gefährliches Abenteuer“, „Das Haus an d Küste“, „Du bist d Richtige“, „Das Bad auf d Tenne“, „Mein Vater, d Schauspieler“, „Helden“ ua. M: Österr Bühnengewerkschaft.

Ingle William
B: Opernsänger, lyrischer b Zwischenfach Tenor. G: Sherman Country/Texas/USA, 17. Dez 1934. V: Sylvia, geb O Keene. A: A–3354 Wolfsbach, Meilersdorf 32. S: Dana College, Omaha Univ, Westminster Choir-College, Degree „Bachelor of Music“, Gesangsausbildung: Academy of Vocal Arts, Philadelphia/USA, Dietch New York, Teatro Dell'Opera

in Rom bei Prof Luigi Ricci, Sprachausbildung: Univ Italiana, Perugia, Karl Franzens-Univ Graz. K: Welt-Tournee, Konzerte in Rom, Zürich, Neapel, Wien, New York, Opern gesungen in Theatern in Bremerhaven, Bremen, Kassel, Hannover, Frankfurt, Düsseldorf u in Österreich, Salzburg Theater u Festspielhaus, Innsbruck, Klagenfurt, Linz, Graz, Volksoper Wien, Theater a d Wien, Wien als Operettentenor, Schallplatte u Konzerte im Großen Musikvereinssaal Wien, Oratorium u Opern b „Carintischer Sommer" Ossiach, Opern in Dänemark gesungen, Konzerte in Japan, Hongkong, Singapur, Manila u Athen, ganze Oper „Aufstand" im TV. F: Hör Zu, Opernwelt, Opera News, Panarama. D: Oper „Aufstand", „Jahrmarkt", Teilnahme an vielen Kultursendungen d ORF, Opernszenen im TV in USA: „Rigoletto", „Boheme", „Der Barbier v Sevilla" ua. E: Bachelor of Music, Academy of Vocal Arts Award, Fulbright Grant f Opera, WRCV-NBC-TV Opera Auditions winner, Parachutist Badge, William Whelen Award, Who's Who in Opera 1976. M: AlpinVer. H: Bergsteiger, Tennis, Gartenarbeit, Basteln, Lesen, Skilanglauf.

Iplicjian Anaid
B: Schauspielerin. A: c/o Agentur Runde-Profé, D–1000 Berlin 19, Preußenallee 26. Tel: 030/030/3040661.

Ireland John
B: Schauspieler. A: c/o Management Jovanovic, D–8000 München 80, Perfallstr 6. Tel: 089/475024/25.

Irle Hans
B: Schauspieler. A: D–2000 Hamburg 13, Haller Str 18. Tel: 040/447306.

Irrall Elfriede
B: Schauspielerin. A: c/o Agentur Lentz, D–8000 München 80, Holbeinstr 4. Tel: 089/474026.

Irwahn Justus
B: Schauspieler. A: D–6380 Bad Homburg v d H, Ferdinandpl 10. Tel: 06172/21591.

Itter Käthe
B: Schauspielerin. G: Berlin, 2. Juni 1907. A: D–8022 Grünwald b München, Dahlienstr 1. S: Lyzeum, Konservatorium Frankfurt/M, Opern- u Schauspielschule. K: Engagement als Operetten-Subrette in Frankfurter Operetten-Theatern, dann Thalia-Theater Hamburg, Städt Bühnen Nürnberg, Münchner Volkstheater, Staatstheater Stuttgart, Schiller-Theater, Kleine Komödie u viele Gastspiele. F: Münchner Abendzeitung, Stuttgarter Zeitung uva. D: Film: „Bekenntnisse eines möblierten Herrn", „Dr med Hiob Prätorius", Theater „Romeo u Julia", „Ein Glas Wasser", ca 30 Filme, Fernsehen. H: Schwimmen, Autofahren, m Pudel laufen.

Iwanow Tatjana
B: Schauspielerin. G: Berlin, 14. Mai. V : Walter Koppel. A: D–2000 Hamburg 76, Schöne Aussicht 12 A. S: Abitur, Schauspielschule Deutsches Theater Berlin. K: Spitzendarstellerin bedeutender Sprechbühnen u Musiktheater ua: Berlin, Düsseldorf, Frankfurt, Gelsenkirchen, Göttingen, Hamburg, München, Münster, Nürnberg. D: Neben anderen 5 Uraufführungen v Carl Zuckmayr unter d Regie v Heinz Hilpert, deutsche Erstaufführungen (Hauptrolle) in d Musicals „Hello Dolly", „I do, I do", „Ilja Darling", „Mame", „Gipsy". E: Roswitharing für d „Dulcinea" in „The man of la manca".

Jäckel Carmen
B: Schauspielerin. A: D–8000 München 90, Pfälzer Waldstr 25. Tel 089/682222.

Jacob Astrid
B: Schauspielerin. A: D–8000 München 19, Jutastr 13, c/o Agentur Marga Wiedner. Tel: 089/188669 oder 089/3081822.

Jacob Evelin
B: Schauspielerin. A: D–2000 Hamburg 67, Weiße Rose 8, c/o ZBF-Agentur Hamburg. Tel: 040/6037486 oder 040/66885400.

Jacob Katerina
B: Schauspielerin. A: c/o Management Palz, D–8000 München 81, Ortlindestr 6/VII. Tel: 089/912019/10.

Jacob Katharina
B: Schauspielerin. A: D–8131 Leoni, Kreuzweg 85. Tel: 08151/5652.

Jacobi Ernst
B: Schauspieler. A: c/o ZBF-Agentur Hamburg. Tel: über 040/666959 oder 040/66885400.

Jacobs Margaret
B: Schauspielerin. A: c/o Agentur de la Berg, D–8026 Irschenhausen, Haus am Weiher. Tel: 08178/3681.

Jacobson Detlef
B: Schauspieler. A: D–4320 Hattingen/Ruhr, Pilgerweg 6, c/o ZBF-Agentur München. Tel: 02324/23613 oder 089/335081.

Jacobsson Ulla
B: Schauspielerin. G: Goeteborg, 23. Mai 1929. V: Prof Hans Winfried Rohsmann. A: A 1010 Wien, Stephanspl 6/23. Tel: 0222/529421. S: Gymn, Theaterschule in Goeteborg. K: 1948–52 Goeteborger Stadttheater, ab 1952 intern Filmkarriere in Schweden, Deutschland, Frankreich, Italien, England, Amerika. zwischendurch Theaterrollen in Schweden, Deutschland, Österreich u Schweiz. F: In allen intern Zeitschriften, Zeitungen u Lexika. D: Theater: „Pippi Langstrumpf", „Jedermann", „Lysistrata", „Sommernachtstraum", Glasmenagerie", „Gigi", „Einladung ins Schloß", „Fäulein Julie", „Was Ihr Wollt" uva. Filme: „Sie tanzte nur einen Sommer", „Aller Freuden der Erde", „Herrn Arnes Schatz", „Ewig bleibt die Liebe", „Die heilige Lüge", „Pfarrer von Kirchfeld", „The grand Duke and Mr Pimm", „The heroes of Telemark", „Schuld und Sühne", „La Servantes", „Es kamen zwei Männer", „Ein Sommertag" uva. Zahlreiche Auftritte in TV. E: 1955 „Das Goldene Bambi", BFilmpreis in Gold 1967, „Blue Ribbon Award Price" ua. H: Wandern, Schwimmen, Musik, Literatur.

Jacoby Gabriele
B: Schauspielerin. A: A–1130 Wien, Fasanengarteng 107, c/o Agentur Alexander, c/o ZBF-Agentur München. Tel: 089/471011 oder 089/335081.

Jacot Michel
B: Schauspieler. G: Berlin, 7. Sept 1940. A: D–8000 München, Viktor Scheffel-Str 5. S: Mittlere Reife, Junghauer, Schauspiel, Ballett u Gesang. K: Vom Bergmann zur Schauspielschule, Ballett u GesangsStud in München, Studiengeld verdient als Kellner, Discjokey, Geschirrspüler, Beleuchter ua, dann Theater in München, dann Film u Fernsehen, Werbung, Modeschauen. F: Illustrierte, Quick, Neue Revue, Grünes Blatt, Stern uva. D: „Alle Menschen werden Brüder", „Akte Odessa", „Disco-Fever", „Der Alte", „Kommissar", „Derrick" uva, ca 30 Filme. H: Musik, Tanzen, Wassersport, Tennis, Reiten.

Jaenicke Käte
B: Schauspielerin. A: D–8000 München 40, Tengstr 41, c/o ZBF-Agentur München. Tel: 089/335081.

Jaenke-Mamero Aranka
B: Schauspielerin. G: Berlin, 26. Apr. V: Rolf Mamero. A: D–2000 Hamburg 76, Blumenau 79. S: RealGymn f sprachl Form in Hamburg, Schauspielunterricht bei Helmuth Gmelin, Hamburg. K: Bühne, Film, Funk, TV, Synchronisation, Schallplatten, Moderatorin seit vielen Jahren in vielen Städten. F: Im Zusammenhang mit Theaterkritiken u Filmbesprechungen. D: „Nasser Asphalt", „Nacht fiel über Gotenhafen" uva, neu: „St Pauli Landungsbrücke", TV, unge zählte Theaterrollen wie in: „Pygmalion", „Ein Phönix zuviel", „Katharina Luise", „Kaufmann v Venedig", „Sommernachtstraum", „Zwölftausend", „Minna v Barnhelm" uva. H: Sprachen (Englisch, Französisch), Schwimmen, Lesen, Schach, Reisen, Skat.

Jaggberg Kurt Dr
B: Schauspieler. A: D–8031 Puchheim bei München, Frühlingstr 5, c/o ZBF-Agentur München. Tel: 089/801801 oder 089/335081.

Jahncke Claus
B: Student, Realschullehrer Deutsch u Politik. G: Stuttgart, 7. Mai 1957. A: D–2000 Hamburg 60, Gryphiusstr 9. S: Gymn, Abitur. K: Erste Fernsehrollen 1965, Theaterrolle am Schauspielhaus Hamburg, 1968–71 Rundfunk (Schul- u Kinderfunk), danach nur noch Fernsehen, ca 30 Rollen, manchmal Theater, einige Platten (Hörspiele). D: Ca 30 Fernsehrollen, ua: „Onkel Bräsig", „Die Tür ins Unbekannte". H: Musik, Schach.

Jahncke Heiner
B: Schauspieler. A: D–2000 Hamburg 60, Gryphiusstr 9, c/o ZBF-Agentur Hamburg. Tel: 040/472134 oder 040/66885400.

Jahncke Rolf
B: Schauspieler, Regisseur, Texter, Entertainer. G: Hamburg, 22. Jan 1923. V: Ursula, geb Meyer. A: D–2000 Hamburg 60, Gryphiusstr 9. Tel: 040/462231. S: Abitur, Schau-

spielausbildung, Gesangsausbildung. K: Wichtigste Theater: Staatstheater Stuttgart, Deutsches Schauspielhaus Hamburg, Ernst Deutsch-Theater u Kammerspiele Hamburg, u Inszenierungen an vielen Theatern, Festspiele Bad Hersfeld, Jagsthausen ua, Fernsehen seit Beginn über 100 Rollen, ca 80 Liedertexte u einige Melodien, literarische Lesungen, Funk/Synchron. F: Kritiken in Tageszeitungen u Zeitschriften, Berichte in Kultursendungen bei Rundfunk u Fernsehen, Film-ABC, Deutsches Bühnenjahrbuch uva. D: Filme: „Der Veter aus Dingsda", „DM-Killer", „Schüsse aus d Geigenkasten", „Mörderclub v Brooklyn", „Die Brücke v Remagen", „Liebling, sei nicht albern", „Der Pfarrer v St Pauli", „Heisse Spur St Pauli", Theater: „Die zwölf Geschworenen", „Die Dreigroschenoper", „Der Biberpelz", „Die Hebamme", „Wer hat Angst v Virginia Woolf", „Was d Butler sah", „Zum Frühstück zwei Männer", „Ein Joghurt für zwei", „Kiss me Kate", „Die Brücke v Estaban", „Tango", „Die Hose", „Tabula rasa", „Polizeirevier 21", „Die Plebejer proben d Aufstand", „Gaslicht", „Der Prinz v Homburg", „Tag f Tag", „Viel Lärm um Nichts", „Moral", „Blick v d Brücke", „Dantons Tod", „Hexenjagd", Maria Magdalena", „Der Kreidekreis", „Die Mauer", „Ein Mann m Herz", „Der Besuch d alten Dame", „Der Tag, an dem d Papst gekidnappt wurde", Inszenierungen: „Die Mauer", „Der Strom", „Die glücklichen Tage", „Gaslicht", „Der Mustergatte", „Ein Mann m Herz", „Der Liebestrank", „Der Biberpelz", Fernsehen, über 90 Fernsehspiele, wichtigste Rollen: „Becket oder Die Ehre Gottes", „Menschen helfen Menschen", „Das Fernsehgericht tagt" (Serie), „Gestatten, mein Name ist Cox" (Serie), „Der Goldfisch", „Der Fall Michael Raiber", „Feuerzeichen", „Stahlnetz" (Serie), „Hafenpolizei" (Serie), „SOS-Morro Castle", „Cliff Dexter" (Serie), „Insulin", „Zirkus meines Lebens", „Eine Gefangene bei Stalin u Hitler", „Bürgerkrieg in Russland", „Der spanische Bürgerkrieg", „Ferienschiff" (Serie), „Novemberverbrecher", „Wunder v Lengede", „Polizeifunk ruft" (Serie), „Percy Stuart" (Serie), „Aus d Alltag in d DDR – 2", „Polizeirevier 21", „Hamburg Transit" (Serie), „Der Fall v Nebenan" (Serie), „Kleinstadt-Bahnhof" (Serie), „Zwischen d Flügen" (Serie), „Gift" – Tatort, „Im Auftrag v Madame" (Serie), „Tadellöser u Wolff", „Lehmanns Erzählungen", „Fairy" uva. M: Ehrenamtlich: 2. Vors d Fachgruppe Bühne-Film-Fernsehen in d DAG/Nord. H: Malen, Filmen, Komponieren.

Jahnke Wega
B: Schauspielerin. A: D–8131 Berg 3/Maxhöhe, Im Buchet 12, c/o ZBF-Agentur München. Tel: 08151/51151 oder 089/335081.

Jahrsen Gitta
B: Schauspielerin. A: D–4000 Düsseldorf-Oberkassel, Steffenstr 24, c/o Agentur Schmid. Tel: 0211/576689 oder 089/981464.

Jaitner Marianne
B: Schauspielerin. A: D–8000 München 19, Hartliebstr 1, c/o Agentur Schmid. Tel: 089/159785 oder 089/981464.

Janisch Michael
B: Schauspieler. A: c/o Agentur Schmidt-Gentner, A–1030 Wien, Lothringer Str 20. Tel: 0222/752271.

Janisch Peter Dr
B: TheaterDir, Regisseur, Schauspieler, Arzt. G: Wien, 20. Dez 1924. V: Mila, geb Bergel. A: A–1190 Wien, Eroicag 7/V/2. S: Gymn, Matura, MedStud, Promotion, TheaterWissStud am Max Reinhardt-Seminar f Schauspiel u Regie. K: Schauspieler am Burgtheater, Theater i d Josefstadt, Volkstheater, Intendant d Melker Festspiele s 1963, seit 1967 auch Dir d Ateliertheaters am Naschmarkt in Wien. F: Zahlreiche in versch Zeitungen u Zeitschriften. D: „Hotel Sacher", „Wenn d Vater m d Sohne", „Minna v Barnhelm" uva. E: Österr Ehrenkreuz f Wiss u Kunst. M: VorstMtgl d RaimundGes, VorstMtgl d Österr Direktoren-Verb. H: Schwimmen, Skifahren.

Janisch Silvia
B: Schauspielerin. A: c/o Agentur Alexander, D–8000 München 80, Lamontstr 9. Tel: 089/471011.

Janowski Marita
B: Schauspielerin. A: D–2000 Hamburg 50, Lobuschstr 10, c/o ZBF-Agentur Hamburg. Tel: 040/392522 oder 040/66885400.

Jansen Wolfgang
B: Schauspieler. A: D–8000 München 19, Olgastr 14/5, c/o Agentur Marga Wiedner, c/o ZBF-Agentur München. Tel: 089/184997 oder 089/3081822 oder 089/335081.

Janson Horst
B: Schauspieler. A: c/o Agentur Alexander, D–8000 München 80, Lamontstr 9. Tel:

089/471011.

Janssen Kitty
B: Schauspielerin. A: c/o Management Margarete van Dam, NL–Amsterdam, Plantage Parklaan 12. Tel: 003120/246743.

Jaray Hans Prof
B: Schauspieler, Schriftsteller. G: Wien, 24. Juni. A: A–1030 Wien, Reisnerstr 21. S: Theresianum, Ak f Musik u darstellende Kunst Wien. K: Neue Wiener Bühne, Theater i d Josefstadt, Volkstheater Wien, New York, Prof am Wiener Reinhardt-Seminar, Roman: „Es fehlt eine Seite". D: „Die Liebe d Jeanne Ney", „Pat u Patachon als Schwiegersöhne", „Der Bettelstudent", „Kaiserliebchen", „Leise flehen meine Lieder", „Peter", „Ball im Savoy", „Hoheit tanzt Walzer", „Maria Baschkirtzeff", „Letzte Liebe", „Fräulein Lilli", „Der Pfarrer v Kirchfeld" „Lydia", „Frühlingsstimmen" uva.

Jarcyk Wolfgang
B: Schauspieler. A: c/o Agentur Alexander, D–8000 München 80, Lamontstr 9. Tel: 089/471011.

Jarosch Irene
B: Schauspielerin. A: D–1000 Berlin 33, Kreuznacher Str 48, c/o Agentur Bengen. Tel: 030/8212442 oder 030/3911895.

Jastrow Hans E
B: Schauspieler. A: D–3000 Hannover-Südstadt, Stolzestr 59.

Jedamzik Irmgard
B: Schauspielerin. A: D–2000 Hamburg 54, Emil Adresen-Str 105, c/o ZBF-Agentur Hamburg. Tel: 040/0565370 oder 040/66885400.

Jeitner Dorit
B: Schauspielerin, Tänzerin, Sängerin. G: Shanghai/China, 30. Nov 1950. V: Dr Klaus-Dieter Jeitner. A: D–1000 Berlin 41, Stindestr 33. S: Abitur in Jerusalem, Ak Rubin f Tanz u Musik, Theaterschule D Levin, Jerusalem u Hebräische Univ: Kunst u Sprachen. K: Levin-Theater in Jerusalem, Hebbel-Theater Berlin, Fernsehen: SFB, Chamier Film, Ullstein Film, CCC Berlin, Nigeria Film München, Leguan Film. F: Israelische Zeitungen, Deutsche Zeitschriften wie Hör Zu, DFZ, Berliner Zeitungen wie Berliner Morgenpost, BZ, Der Abend, Bild-Zeitung ua. D: „Tingel-Tangel", „Tatort", „Direktion City", „Café Wernicke", „Schöner Gigolo, armer Gigolo", „Der Zauberer" uva. M: Maccabi Sport Ver. H: Schwimmen, Dauerlauf, Kochen, Backen, Tanzen.

Jelde Erik
B: Schauspieler. A: D–8036 Herrsching, Rauscher Fußweg 10, c/o Agentur Bloy. Tel: 08152/6058 oder 089/6411893.

Jelden Georg Prof
B: Konzertsänger. G: Erlangen, 28. Nov 1928. V: Elisabeth, geb Höhne. A: D–7000 Stuttgart 80, Dachswaldweg 176 E. S: Thomanerchor – Thomasschule Leipzig, Abitur, MusikHS Karlsruhe Prof Hans Emge. K: Konzertsänger (Oratorium u Lied) Deutschland, Europa, Amerika, bei fast allen großen intern Musikfestspielen, Schallplatten, TV, Rundfunk, seit 1964 Prof f Gesang an d MusikHS Stuttgart. D: Fernsehen in Deutschland, Österreich, Italien, Schweiz u Frankreich. E: Kulturpreis d Stadt Karlsruhe 1953.

Jendreyko H-Dieter
B: Schauspieler, Regisseur. G: Berlin, 2. Jan 1937. V: Gertrud, geb Himmeskamp. A: CH–4052 Basel, Birsstr 82. S: 4 Sem Univ, Otto-Falckenberg-Schule München. K: Versch Theater ua Bremen, Zürich, Basel, Düsseldorf, seit 1977 auch erfolgreicher Regisseur. F: In Fachzeitschriften f Film, Fernsehen u Theater. D: In vier Filmen, viele Fernseh- u Theater-Rollen. H: Ski, raus aus d Stadt.

Jensen Hans-Juergen
B: Schauspieler, Sprecher, Regisseur, Ingenieur. G: Langen, 3. Dez 1949. V: Erika, geb Mögel. A: D–6100 Drmstadt, Clemensstr 12. S: Grundschule, Gymn, Stud d Elektrotechnik, private Schauspielausbildung, Sprecherschulung. K: 1969 Neuaufbau d Studententheaters an d TechnHS Darmstadt, Konzeption u Lehraufträge zu einem Kurs f „Darstellendes Spiel", 1972–75 EnsembleMtgl d „Theaters am Platanenhain", 1974–76 Gastengagements an d Staatstheater, Darmstadt, 1975 große Erfolge mit selbstinzenierten Solostücken, 1976 klassische Lyrikinterpretationen ua mit Verpflichtungen nach Schloß Elmau u Salzburg, freier Sprecher beim SWF Mainz, Mitarbeiter bei einer überregionalen Tageszeitung im Bereich Kultur u Wiss, 1977–78 experimentale Lyrikinterpretationen mit d Gitarristen Joachim Schäfer, 1978 aufsehenerregender Regieerfolg mit einer Laien-

aufführung von schwarzem Humor (Harmonie in Schwarz), Einladung zu d Grazer Jugendfestspielen 1979, Lehraufträge f „Darstellendes Spiel u Information", Fertigstellung zweier unveröffentlichter Theaterstücke (voraussichtliche Aufführung 1979/80). D: „Bleib doch zum Frühstück", „Geliebte Hexe", „Zum Teufel mit dem Sex", „Dreigroschenoper", „Faust", „Strick mit einem Ende", „Arien", „Tagebuch" (Filmrolle), div Hörspiele. M: Mtgl in d GDBA. H: Kybernetik.

Jente Martin
B: Schauspieler, Rundfunksprecher, Reporter, Fernsehproduzent. G: Görlitz/Schlesien, 6. Jan 1909. V: Sybille, geb Hassler. A: D–6200 Wiesbaden, Nerotal 11. S: Hum Gymn, Abitur, kfm Lehre, Staatl Schauspielschule (Jessnerschule) Berlin, Privatschüler von Intendant Ernst Legal, Dr Philipp Manning u Elsa Wagner. K: Eleve am Deutschen Theater Berlin, schauspielerische Tätigkeit am Schloßparktheater u Schiller-Theater in Berlin, seit 1931 am Rundfunk (Funkstunde Berlin, Reichssender Berlin), 6 Jahre Marinesoldat, nach d Krieg 1945 Mitbegründer d Kabaretts „Die Hinterbliebenen" (erstes Kabarett nach d Krieg), seit 1949 in Frankfurt am Hessischen Rundfunk, zuerst als Sprecher u Reporter, dann ab 1953 am Fernsehen als Produzent v Unterhaltungssendungen, sämtliche Kulenkampff-Quizsendungen, „Blauer Bock", Grzimeks „Platz für Tiere", „Große Tänzer", „Faschings-Karussell" ua, daneben immer schauspielerische Arbeit am Remond-Theater u an d Städt Bühnen Frankfurt, in d letzten Jahren viele Theatertourneen, sowie Gastspiele am Theater in d Briennerstraße München, Kleine Komödie Hamburg, Operettenhaus Hamburg u Die Komödie in Frankfurt. D: Theater: „Haus in Montevideo", „Hokuspokus", „Nicht zuhören, meine Damen", „Lügner und Nonne", „Die 12 Geschworenen", „Andersonville-Prozeß", „Kaukasischer Kreidekreis", „Heute spielt Moliere", „Bobosse", „Die Hebamme", „Warum lügst Du, Cherie", „Man ist nur zweimal jung", „Die tolle Rosita" ua, Filme: „Der schweigende Engel", „Glückliche Reise", „Rosen-Resli", „Der dunkle Stern", „Tochter von Glücksburg", „Dr med Fabian", „Einmal wird die Sonne wieder scheinen", „Hurra! bei uns geht's rund", „Unser Willi ist der Beste" ua. E: Ehrenbrief u Goldene Ehrennadel d Verb d Deutschen Sportpresse, hohe Kriegsauszeichnungen. M: Ver f Deutsche Sportpresse im Verb Deutscher Sportpresse, Verb ehem Marine-Offiziere, Deutscher Sportclub, jetzt Olympischer Sportclub in Berlin, Kinderhilfswerk in Hamburg. H: Hochseesegeln, Fußball (geprüfter Schiedsrichter), Leichtathletik, Hunde.

Jentsch Gerhard
B: Schauspieler. G: Breslau/Schlesien, 15. Sept 1924. V: Gunda-Maria, geb Weber. A: D–8900 Augsburg, Donauwörther Str 1. Tel: 0821/415388. S: Mittlere Reife, Schauspiel-Stud an d Staatl Schauspielschule d Städt Bühnen Breslau unter Generalintendant Hans Schlenk. K: Theatertätigkeit am Theater Münster, Nationaltheater Mannheim, Saarländisches Staatstheater Saarbrücken, Städt Bühnen Frankfurt/Main, Städt Bühnen Augsburg, seit 1978 Lehrauftrag f Sprecherziehung am LEOPOLD-MOZART-KONSERVATORIUM d Stadt Augsburg. F: Hör Zu, Funk Uhr, Gong, Stern. D: Theater: Higgins, Obolski, Petrucchio, Mack e Messer, Egmont, Marquis de Posa, uva, Fernsehen: „Orion", „Walküre", „Tod im Studio", „Das Ding", „Die Geschichte von Joel Brand" (in Vorabendserien). M: Obm d Schauspiels d Gen Deutscher Bühnenangehöriger d Städt Bühnen Augsburg. H: Pfeifenrauchen, Illustrierte durchblättern (von hinten nach vorn), Schreibgeräte neuester Art.

Jepsen Klaus
B: Schauspieler. A: D–1000 Berlin 33, Wetzlarer Str 3, c/o Agentur Runde-Profé. Tel: 030/8218415 oder 030/3040661.

Jerschke Günther
B: Schauspieler. A: c/o Agentur de la Berg, D–8026 Irschenhausen, Post Ebenhausen, Haus am Weiher. Tel: 08178/3681.

Jeske Helga
B: Schauspielerin. A: D–5657 Haan 2, Voisheider Weg 4. Tel: 02104/ 60621.

Jess Thomas KamSänger
B: Opernsänger. G: 4. Aug 1927. V: Violeta Maria de los Angelos Andino Figueroa Rios. A: USA-94920 California, Tiburon, Pobox 662. S: High-School – USA, Univ of Nebraska, Stanford Univ, priv Gesangs-Stud b Otto Schulmann, San Francisco. K: Debut 1951 San Francisco Opera, Debut Europa 1958 Karlsruhe, dann National Theater München, Zürich, Frankfurt, Bayreuth, Deutsche Oper Berlin, Stuttgart, Wiesbaden, Metropolitan New York,

Royal Opera London, Grand Opera Paris, Bolschoi Opera Moskau, Wiener Staatsoper, Lissabon, Barcelona, Teatro Colon Buenos Aires uva. F: Time, Newsweer, Opera News, Vogue, Harpers, Holyday, Esquire, Bühne, Opernwelt uva. D: Opern: Jugendlicher- u Heldentenor, 80 Opern: Verdi, Puccini, Wagner, ua „Faust", „Carmen", „Fidelio", „Salome", „Ariadne", „Frau ohne Schatten", „Rosenkavalier" uva. E: Kammersänger – München, Kammersänger – Österreich, San Francisco Opera-Medaille, Richard Wagner-Medaille, Bayreuth. M: Univ: Beta Theta Pi, Phi Delta Kappa. H: Reiten, Malen, Kochen.

Jesserer-Vogel Gertraud
B: Schauspielerin. A: A–1090 Wien, Wasag 11. K : Engagement an versch in- u ausländischen Bühnen.

Jobst Monica
B: Schauspielerin. A: D–8000 München 90, Wirtstr 4. Tel: 089/693404.

Jobst Sigfrid
B: Schauspieler. A: D–8000 München 90, Wirtstr 2, c/o Agentur Marga Wiedner. Tel: 089/699158 oder 089/3081822.

Jochmann Gretel
B: Schauspielerin. A: D–1000 Berlin 15, Sächsische Str 68/I. c/o Agentur Bengen. Tel: 030/8818122 oder 030/3911895.

Jochmann Hans-Horst
B: Schauspieler. A: D–1000 Berlin 15, Sächsische Str 68. Tel: 030/8818122.

Johannson Gisela
B: Schauspielerin. A: D–2800 Bremen, Hagenauer Str 2, c/o ZBF-Agentur Hamburg. Tel: 0421/346857 oder 040/66885400.

John Gottfried
B: Schauspieler. A: c/o Agentur Alexander, D–8000 München 80, Lamontstr 9. Tel: 089/471011.

John Jana
B: Schauspielerin. A: c/o Agentur Killer, D–8000 München 19, Fafnerstr 32. Tel: 089/173455.

John Monika
B: Schauspielerin. A: D–8000 München 22, Maximilianstr 56, c/o Management Baumbauer. Tel: 089/299038 oder 089/478577.

Johne Erika
B: Konzert- u Oratoriensängerin (Altistin), Gesangspädagogin. G: Dresden, 14. Mai 1928. A: D–8400 Regensburg, Dollingerstr 11. S: Grundschule, Mittelschule, Mittlere Reife, Ak f Musik u Theater Dresden, Julius Stern-Inst Berlin (West), HS f Musik Leipzig m Staatsexamen als Konzert- u Oratoriensängerin u Gesangspädagogin. K: Als Konzertsängerin eigene Liederabende m Liedern u Arien sämtlicher Stilepochen u Volksliederabende (europ Volkslied, größtenteils in Originalsprache vorgetragen), als Oratoriensängerin sämtliche große Bachwerke, Bachkantaten u Werke anderer Komponisten, ua Schütz, Haendel, Haydn, Mozart, Beethoven, Rossini, Bruckner, Strawinsky usw, insges ca 1000 Konzerte, als Gast bei Konzerten d Thomanerchores Leipzig, ua Messe-Sonderkonzerte u Motetten, Wartburg-Festkonzerte, Festkonzert z 450jährigem Reformations-Jubiläum in Wittenberg, Kammerkonzerte d Verb Deutscher Komponisten, „musica-antiqua-Reihe" d Konzert- u GastspielDion Leipzig, ferner in Regensburg, Nürnberg, Erlangen, Ansbach, Frankfurt/M, Gießen, Konstanz, Gastspiele in Zürich, Brixen, Tours (Kathedrale), Berlin (West), Rundfunkanstalten: Deutschlandsender, Bayern II, Mitwirkung bei Schallplatteneinspielungen. F: Rundfunkzeitung d DDR, in Tageszeitungen d BRD. E: Gute Kritiken. M: Neue BachGes. H: Fotografieren, Handarbeiten, Singen.

Jokisch Walter
B: Schauspieler. A: D–2800 Bremen 1, Koenenkampstr 8, c/o Management Palz. Tel: 0421/211623 oder 089/912019/10.

Joloff Friedrich
B: Schauspieler. A: c/o Agentur Köhler, D–8000 München 40, Rümannstr 51. Tel: 089/363970.

Jonasson Andrea
B: Schauspielerin. A: c/o Agentur v Pilecki, D–8000 München 22, Oettingenstr 46. Tel: 089/220263.

Joob Raymond
B: Schauspieler. A: D–2000 Hamburg 60, Barmbeker Str 175. Tel: 040/487243.

Jool Fritz
PS: als Komponist: Peter Hirschberg. N: Fritz Johl. B: Komponist, Pianist, Kabarettist, Gastspiel-Produzent (Inhaber v JOOL's COMPANY-GastspielDion). G Hirschberg/Riesengebirge, 3. Sept 1921. V: Edeltraud, geb Schultz. A: D–8000 München 40, Hiltenspergerstr 43. S: Oberrealschule, Abitur, privates Musikstudium: Kompositionslehre/Pianist. K: In amerikanischer Kriegsgefangenschaft auf Tournee geschickt, danach Mtg d Gesangsensembles „7 Carmenas", anschließend Gründung d „3 JOOLS", 20 Jahre Bandleader unterschiedlicher Besetzungen, über 50 Schallplatten, 7 Spielfilme, Fernsehserien u Gastspiele an allen deutschen u vielen ausländischen Sendern, Hang zur Schriftstellerei („Zaungast d Gesellschaft" uam), gelegentliche Seitensprünge in d Journalismus, bes stolz auf die Freundschaft m Oscar Peterson, Gene Kelly u d Zusammenarbeit m Ella Fitzgerald u Louis Armstrong, der anerkennend sein Autogramm ins Klavier geritzt hat, heute vorwiegend m d GastspielDion beschäftigt, außerdem auch noch als „Leibpianist" v Fred Bertelmann, gelegentliche Abstecher als Kabarettist am Flügel mit eigener Ein-Mann-Show. F: Viele Veröffentlichungen in Zeitungen u Zeitschriften. D: Ua in „Tanz in d Sonne" (m Cecile Aubry) u „The devil makes tree" (M Gene Kelly). M: GEMA (als Komponist u Textdichter) H: Privates Schallplatten/Tonband-Archiv vom Barock bis zum Pop.

Jordan Biggi
B: Schauspielerin. A: D–8000 München 81, Waffenschmiedstr 69, c/o ZBF-Agentur München. Tel: 089/938645 oder 089/335081.

Jordan Egon
B: Schauspieler. G: Dux/Böhmen, 19. März 1902. A: A–1030 Wien, Modenapark 5. S: Theresianum Wien, 4 Sem Jus-Stud, privater Schauspielunterricht. K: Engagements am Volkstheater Wien, München, Berlin, Theater a d Wien. Filmtätigkeit im In- u Ausland (Hollywood). D: „Das Gespenst auf Mortons Schloß", „Der junge Medardus", „Wien-Berlin", „Der Eid d Fürsten Ullrich", „Man spielt nicht mit d Liebe", „Wenn Menschen reif zur Liebe werden", „Königin Louise", „Menschen hinter Gittern", „Mordprozeß Mary Dugan", „Wir schalten um auf Hollywood", „Casanova wider Willen", „Liebe bei Hof", „Ein Stern fällt vom Himmel", „Die ganz großen Torheiten", „Ein Leben lang", „Herz ohne Heimat", „Meine Tochter lebt in Wien", „Wiener G'schichten", „Brüderlein fein", „Wiener Blut", „Gabriele Dambrone", „Musik in Salzburg", „Dalmatinische Hochzeit" uva.

Joschko Heidi
B: Schauspielerin. A: D–1000 Belrin 31, Kreuznacher Str 68, c/o Agentur Bengen. Tel: 030/8211580 oder 030/3911895.

Jost P P
B: Schauspieler. A: c/o Agentur Schmidt-Gentner, A–1030 Wien, Lothringer Str 20. Tel: 0222/752271.

Jost Silvia
B: Schauspielerin. A: c/o Agentur v Pilecki, D–8000 München 22, Oettingenstr 46. Tel: 089/220263.

Jovine Fabrizio
B: Schauspieler. A: c/o Agentur Anna Ottavi Cheli, I–00136 Roma, Via Ugo de Carolis 101. Tel: 00396/344554.

Joy Linda
B: Schauspielerin. A: D–6301 Großenlinden, Schillerstr 18, c/o ZBF-Agentur München. Tel: 089/335081.

Juhnke Harald
B: Schauspieler. A: c/o Management Palz, D–8000 München 81, Ortlindestr 6/VII. Tel: 089/912019/10.

Junck Dieter
B: Schauspieler. A: D–6100 Darmstadt, Geißeng 15, c/o ZBF-Gen-Agentur Frankfurt. Tel: 06151/31631 oder 0611/7111335.

Jung Josef
B: Schauspieler. A: D–2000 Hamburg 73, Rahlstedter Str 68a. Tel: 040/6721604.

Jung Kurt A
B: Schauspieler. A: D–2000 Hamburg 4, Reeperbahn 157, c/o Agentur Runde-Profé. Tel: 040/314702 oder 030/3040661.

Jungmaier Christian K Dr
B: Intendant, Regisseur, Schauspieler. G: Wien, 15. Feb 1945. V: Klaudia, geb Petersch. A: D–5450 Neuwied 13, Kurt Schumacher-Str 33. S: Stud d TheaterWiss, externer Schauspieler am Wiener Burg-Theater. K: Dramaturg, Schauspieler u Regisseur am Marburger

Schauspiel u Landesbühne Rheinland-Pfalz, Intendant d Landesbühne Rheinland-Pfalz. D: „Der öffentliche Ankläger" ua. M: Deutscher BühnenVer. H: Reiten.

Jürgen Wolfgang
N: Wolfgang Kiefer. B: Schauspieler. G: Aachen, 14. Juli 1949. V: Monika, geb Koss. A: D–2000 Hamburg 54, Heidacker 61f. S: Gymn, theolog Seminar, Ausbildung an d Hamburger Schauspielschule, Stipendiat d Hamburgischen Senats. K: Theater in Konstanz, Kassel, Festspiele in Feuchtwangen u Jagsthausen, Thalia-Theater u Hamburger Kammerspiele, Fernsehen bei NDR, HR, ZDF, RB ua. F: Hamburger Abendblatt, Die Welt, Südkurier ua. D: Fernsehen: „Peenemünde", „Mikro durch Drei", „Jean Jaures", „Mörderglück", „9. Klasse", „Spaß beiseite", „Tatort – Das stille Geschäft", „Tatort – Trimmel", „St Pauli Landungsbrücken", „IOB-Spezialauftrag", „Buddenbrooks" ua. H: Reiten, moderne Lyrik, Liedermacher.

Jürgens Arno
B: Schauspieler. A: D–1000 Berlin 19, Frankenallee 12, c/o Agentur Bengen. Tel: 030/3027016 oder 030/3911895.

Jürgens Curd
B: Schauspieler. A: c/o Management Jovanovic, D–8000 München 80, Perfallstr 6. Tel: 089/475024/25.

Jürgens Gerda Maria
B: Schauspielerin. A: D–2000 Hamburg 60, Hudtwalckertwiete 1, c/o ZBF-Agentur Hamburg. Tel: 040/476463 oder 040/66885400.

Jürgens Udo
B: Komponist, Texter, Sänger. G: Klagenfurt, 30. Sept 1934. V: Panja. A: c/o Edition Montana, D–8000 München 40, Königinstr 121. S: Bis 1951 neben Schulausbildung MusikStud am Konservatorium Klagenfurt (Klavier, Harmonie, Kompostion, Gesang). K: 1951 Gründung d Udo-Bolan-Band, 1954 Einladung v Werner Müller, erste Rundfunkaufnahmen in Berlin, 1. Schallplattenvertrag mit Heliodor/Polydor, Rußland-Tournee mit Max Greger, 1957 USA-Reise (über 4 Monate), 1960 Teilnehmer d deutschen Equipe beim Festival in Knokke/Belgien, 1962 erste Auslandserfolge als Komponist, 1963 Schallplattenvertrag mit Montana, 1964 „Grand Prix Eurovision de la Chanson" in Kopenhagen (f Österreich 5. Platz mit WARUM NUR, WARUM), 1. Auftritt im „Olympia" Paris, 1965 „Grand Prix Eurovision de la Chanson" in Neapel (f Österreich 4. Platz mit SAG IHR, ICH LASS SIE GRÜSSEN), 1966 „Grand Prix Eurovision de la Chanson" Luxemburg (1. Platz mit MERCI CHERIE), Hit-Paraden in Deutschland, Benelux, Skandinavien, CSSR, England, Frankreich, Italien, Spanien, Portugal, Jugoslawien, Südamerika, Japan, 2. Auftritt im „Olympia" Paris, Tournee CSSR, Festival in Rio, 1967 1. Tournee durch d BRD, Konzerte u Fernsehen in allen europäischen Ländern, seit 1968 Tourneen durch alle Länder Europas, Galas in allen Teilen d Welt, Fernsehen, Hörfunk, Film, Schallplatte, Kompositionen aller eigenen Lieder, Schallplatten: Es waren weiße Chrysanthemen, Tausend Träume, Warum nur, warum, Merci Chérie, Porträt in Musik (LP), Was ich Dir sagen will (LP), Udo Jürgens - Mein Lied für Dich (LP), Udo Jürgens – Porträt International, Udo Jürgens – Das Goldene Udo Jürgens-Album, Udo 70, Wünsche zur Weihnachtszeit, Udo 71, Zeig mir den Platz an der Sonne, Johnny und Jenny, Alle Kinder dieser Welt, Merci Cherie - Ich bin wieder da Stars in Gold (Doppel-Album), Udo International. E: 1950 1. Preis beim Kompositionswettbewerb d OR, 1960 Presse-Preis als bester Einzelsänger d Festivals in Knokke, 1965 1. Goldene Schallplatte WALK AWAY, 1966 Goldener Löwe Radio Luxemburg, 2. Goldene Schallplatte, 3. Goldene Schallplatte u zwei weitere Goldene Schallplatten. F: Div Artikel, Kritiken u Interviews in Tageszeitungen, Zeitschriften. D: Film: „Du mein Schatz bleibst hier", „Unsere tollen Tanten", „Unsere tollen Nichten", „Unsere tollen Tanten in der Südsee", „Drei Liebesbriefe aus Tirol".

Juri Rajka
B: Schauspielerin. A: c/o Management Ana Ottavi, I–00136 Roma, Via Ugo de Carolis 101. Tel: 00396/344554.

Jurichs Claus
B: Schauspieler. G: Berlin, 28. März 1935. A: D–1000 Berlin 33, Ludwig Barnaypl 5. S: Oberrealschule, 6Sem Stud, Dentistenpraktikum, 2 Jahre Max Reinhardt-Seminar, unter Lucie Höflich, Marliese Ludwig, Hilde Körber, Günter Hess. K: Theater: Bremen, Leipzig, Meiningen, Berliner Theater, versch Fernsehfilme, Fernsehspiele, Defa-Spielfilme in d DDR, sowie Spielfilme, Fernsehfilme u Serien in West-Berlin u in d BRD. F: In Ost- u West-

Fernseh- u Funkzeitschriften u in Filmzeitschriften, sowie in d entsprechenden Tageszeitungen. D: „Ihre große Prüfung", "Rote Kapelle", „Unternehmer", „Ermittlung gegen Unbekannt", „Verdunkelung", „Tatort" u viele Serienrollen zur bekannten Stimme im Synchron. E: Berliner Schülerfußballmeister 1949, West-Berlin Auswahlmannschaft Radsport (Jugend) 1952, Berliner Wagenmeister 1966 (Motorsport), Intern Lizenz seit 1964, Rettungsschwimmer seit 1977, Instruktor bei Fahrlehrgängen seit 1975. M: ADAC, VCB. H: Malerei, Musik, Antiquitäten, Sport, Motorsport.

Jüssen Horst
B: Schauspieler. A: c/o Agentur Alexander, D–8000 Mnchen 80, Lamontstr 9. Tel: 089/471011.

Kabel Heidi
B: Schauspielerin. A: c/o Management Palz, D–8000 München 81, Ortlindestr 6/VII. Tel: 089/912019/10.

Kade Gisela
B: Schauspielerin. A: D–8031 Gröbenzell, Hans Sachs-Str 14. Tel: 08142/51666.

Käding Erich
B: Schauspieler, Sänger. G: Hamburg, 23. Okt 1912. V: Sigrun, geb Habel. A: D–2053 Schretstaken, Post Schwarzenbek, Brunnenstr 12. S: Oberprima-Reife, Stipendiat (Fach Violine) am Deutschen Konservatorium Hamburg, 1964 Stipendium an d HS f Theater u Musik in Hamburg (Fach Gesang). K: 1931 wegen d schlechten Weltwirtschaftslage in d Reichswehr, Flugzeugführer u Fallschirmjäger, 1945 als Hauptmann d Luftwaffen entlassen, 1949 erste Titelrolle im ersten Nachkriegs-Musical in Deutschland. F: 1956 Neue Revue (Die große Chance), 1976 Der Spiegel (Titelseite, Krise in d Lebensmitte), Werbefotos in vielen bekannten Zeitschriften. D: „Käptn Bay Bay", „Miss Molly Mill", „Der Fall von nebenan", „XY...ungelöst", „Emm wie Meikel", „Pinkertons Erben", „Der alte Fritz und seine Richter", Mitwirkung in ca 50 weiteren Filmen.

Kadius Peter
B: Schauspieler. A: D–7800 Freiburg/Br, Klein-Grün 13, c/o Management Jovanovic, c/o ZBF-Agentur München. Tel: 0761/62777 oder 089/475024/25 oder 089/335081.

Kaehler Ingrid
B: Schauspielerin. A: D–1000 Berlin 31, Nassauische Str 65 A, c/o Agentur Runde-Profé. Tel: 030/876538 oder 030/3040661.

Kaetner Hannes
B: Schauspieler. A: D–8000 München 81, Denniger Str 202. Tel: 089/934684.

Kähler Lita
B: Schauspielerin. A: D–2000 Hamburg 1, Altstädter Str 11/1, CH–8008 Zürich, Kreuzstr 15, c/o ZBF-Agentur München. Tel: 040/335011 u 325913 oder 00411/474216 oder 089/335081.

Kahler Ruth
B: Schauspielerin. A: D–6200 Wiesbaden, Sonnenberger Str 41. Tel: 06121/563224.

Kahlert Hans
B: Schauspieler. A: D–2000 Hamburg 11, Rödingsmarkt 25, c/o ZBF-Agentur Hamburg. Tel: 040/336503 oder 040/66885400.

Kain Jim
B: Schauspieler. A: D–1000 Berlin 15, Pariser Str 15, CH–8185 Winke Winkel-Zürich, c/o ZBF-Gen-Agentur Frankfurt. Tel: 030/8837155 oder 00411/961972 oder 0611/7111334.

Kaiser Dorothea
B: Schauspielerin. A: D–2000 Hamburg 20, Erikastr 141, c/o ZBF-Agentur Hamburg. Tel: 040/484835 oder 040/66885400.

Kaiser Kathina
B: Schauspielerin. G: Kennelbach/Bregenz, 17. Apr 1945. V: Dr Jörg A Eggers. A: A–1200 Wien, Jägerstr 93/17/16. S: Realschule, Ak f angewandte Kunst, Schauspielausbildung. K: Theater „Der Feuervogel", Wien, Burgtheater Wien, Schauspielhaus Graz, Tätigkeit bei Film u Fernsehen. D: „Perahim", „Tod eines Mannequins", „Verurteilt 1910", „Der Schwierige", „Ich will leben", „Holocaust". H: Literatur.

Kaiser Katina
B: Schauspielerin. A: A–1200 Wien, Jägerstr 93/17/16, c/o Agentur Schmidt-Gentner. Tel: 0222/331343 oder 0222/752271.

Kalenberg Harry
B: Schauspieler, Regisseur. G: Köln, 3. März 1921. V: Anne Marie, geb Therstappen. A: D–8031 Stockdorf, Alpenstr 2. S: Abitur, HS f Musik u Darstellende Kunst, Max Reinhardt-Seminar, Wien. K: Engagements: Burgtheater u Theater i d Josefstadt, Wien, Landestheater Linz, Landestheater Salzburg, Städt Bühnen Graz, Städt Bühnen Bielefeld, Theater d Stadt Baden-Baden, Deutsches Theater Göttingen, seit 1965 freischaffend, Bühnengastspiele an versch deutschen Theatern, Film, Fernsehen, Funk usw. Luisenburg Festspiele Wunsiedel. F: in versch TV Journalen, Illustrierten. D: Theater: „Fuhrmann Henschel", „Heinrich IV.", „Lumpazivagabundus" uam. TV: „Biedermann und die Brandstifter", „Wallenstein", „Gedenktag", „Tatort" uam. E: Verdienstkreuz m Schwertern. M: BFF. H: Reisen, Malen, Lesen.

Kallentin Karl-Theo
PS: Kallo. B: Komponist, Texter, Bandleader. G: Düren-Birkesdorf, 2. Feb 1933. V: Renate, geb Ecke. A: D–5140 Erkelenz 1, Neußer-Str 51a, Postfach 1126. Tel: 02431/4237. D: Grundschule, Ausbildung b Privat-Dozenten in Kompositions- u Harmonielehre, zahlreiche Kurse für spez Musikthemen. K: 25 Jahre eigene Gala-Band, Begleit-Combo bekannter Künstler, zahlreiche Schallplattenveröffentlichungen in Europa u Übersee, Spezial-Kompositionen für viele Rundfunkorchester, Fernsehmusiken, Text- u Musikaufträge f spez Interpreten. M: Mtgl d GEMA. H: Schwimmen, Wandern, Münzsammlung.

Kalning Kora
B: Schauspielerin. A: c/o Pilhofer, D–1000 Berlin 31, Westfälische Str 61. Tel: 030/8914301.

Kaluscha Klaus
B: Schauspieler. A: D–6200 Wiesbaden, Presberger Str 4, c/o Agentur Marga Wiedner. Tel: 06121/420264 oder 089/3081822.

Kammann Jutta
B: Schauspielerin. A: D–8011 Zorneding, Herzogpl 17, c/o ZBF-Agentur München. Tel: 08106/22535 oder 089/335081.

Kammer Heinz
B: Schauspieler. A: D–1000 Berlin 19, Reichsstr 96, c/o Agentur Bengen. Tel: 030/3042103 oder 030/3911895.

Kamolz Pablo
B: Schauspieler. A: D–1000 Berlin 30, Regensburger Str 33. Tel: 030/2137774.

Kanstein Ingeburg
B: Schauspielerin. A: D–2000 Hamburg 13, Schlüter Str 81, c/o ZBF-Agentur Hamburg. Tel: 040/4103394 oder 040/66885400.

Kant Eva
B: Schauspielerin. A: c/o Management Margarete van Dam, NL–Amsterdam, Plantage Parklaan 12. Tel: 003120/246743.

Kappelsberger Ruth
B: Schauspielerin. A: D–8131 Berg, Am Hohen Berg 9. Tel: 08151/ 5526.

Kappen Norbert
B: Schauspieler. A: A–1090 Wien, Koling 17/3/10, c/o Management Baumbauer. Tel: 0222/3447314 oder 089/478577.

Karah-Khavak
PS: Leonida + Berberidas Löwen u Karah-Khavak Krokodile. N: Ludwig Kocka. B: Artist. G: Mährisch-Ostrau, 8. Nov 1903. V: Irena, Maria, geb Dausch. A: D–3101 Südwinsen/Al, Oheweg 30. S: Ausbildung durch Privatlehrer. K: Ausbildung als Jockey-Reiter, Löwenlehrer, auch Löwenkampf durchgeführt, Auftritte in den größten Häusern Deutschlands u im Ausland (Berlin Scala, Blackpool-Tower usw), Ausbildung als Pferdelehrer, nach Ausscheiden d Mutter, Beginn mit Krokodilen, erstes Engagement 1941 beim Circus Sarrasani in Dresden, dann 4 Jahre bei Jakob Busch, Fernost-Tournee, 3 mal Japan, letztes Engagement 1977–78 Deutschlandhalle Berlin, dann Übergabe d Nummer an die Söhne. F: Versch Zeitschriften in vielen Ländern (Europa u Asien). D: „Consare di Babylone" m Ricardo Montalbano uva. E: Auszeichnungen v Gebrüder Amar, Circus Jacob Busch, Berlin Scala. M: Artistenloge, auch im Ausland. H: Tiere, Reisen.

Karg Elisabeth
B: Schauspielerin. A: D–8000 München 80, Braystr 16. Tel: 089/4702997.

Kari Karina
B: Solotänzerin. G: Wien. A: D–6106 Erzhausen über Ffm, Elbestr 73, Künstlerhaus. S: Ausbildung am Wiener Staatsopern-Ballett, moderner Showtanz u Jazz in New York, Rai-

mundtheater Wien. K: Seit 1967 Solotänzerin u Partnerin d Magiers Marvelli im Theatre of Magic Arts, mit Marvelli Gastspiele in 44 Ländern auf d Bühne u in 18 Ländern im TV. F: In der ganzen Welt. D: Solotänzerin m Kari Karina-Ballett in „Die Marvelli-Show", eine TV-Produktion d SDR. H: Tanzen.

Karkutsch Eckhard Jochen
B: Schauspieler. G: Danzig/Langfuhr, 14. Sept 1940. A: D–6900 Heidelberg 1, Plöck 75/77. Tel: 06221/29378. S: Abitur, HS f Musik u Theater Heidelberg/Mannheim. K: Tätigkeit bei Theater, Film, Funk u Fernsehen. F: In Tageszeitungen, Fernsehheften, Theaterjournalen. M: Deutsche BühnenGen. H: Reiten, Fotografieren, Schreiben.

Karlowa Elma
B: Schauspielerin. A: D–8000 München 2, Paul Heyse-Str 19, c/o ZBF-Agentur München. Tel: 089/536205 oder 089/335081.

Karman Werner
N: Kratschmer Werner. B: Opernsänger (Bass) u Schauspieler. G: Salzburg, 19. Mai 1930. V: Susanne, geb Sachse (Sängerin). A: D–8630 Coburg, Pilgramsroth 120. S: Grundschule, Berufsschule (Drogist), Chemie – Fachlehrgänge u Buchhaltung, Gesangsunterricht u Opernklasse m abgeschloßener Prüfung am Konservatorium Wien. K: 1938 Mozartsängerknaben Wien, ab 1948 16 Jahre im Kirchenchor St Leopold u St Josef in Wien, seit 1947 Mtgl d Ö SängerB (GesangVer d Tischler Wiens), v 1954–61 Konservatorium d Stadt Wien (1960 Opernprüfung), 1964 erste Amerikatournee m „Wiener Blut", anschließend Theater an d Wien, Raimundtheater, Theater d Westens Berlin, Deutsches Theater München, Operettenhaus Hamburg, Schweizer Theatergastspiele Basel, 1967 zweite Amerikatournee m „Land d Lächelns" (bei beiden Tourneen fast die gleichen Städte: New York, Chicago, Washington, Philadelphia, Detroit, Indianapolis, St Louis, Kansas City, San Diego, Los Angeles (Hollywood), San Francisco, Seattle, Boston, Kanada: Vancouver, Toronto, Ottawa, Montreal, anschließend Deutschlandtournee, Luxemburg u Schweiz, 1969 Stadttheater Baden b Wien bis 1973, dazwischen 1 Jahr Stadttheater St Pölten, ab 1973 Landestheater Coburg (Chor), kleine Solorollen in Operette u Schauspiel. D: Filme: „Der Kongress", „Frau Wirtin hat ..", diverse Kleinrollen in ca 8 weiteren Filmen, TV: „Wiener Blut", „Omar Pascha" (6teilig), Bühne: Operette: „Die Fledermaus", „Gräfin Maritza", „Wiener Blut", „Weißes Rössel", „Land d Lächelns", „Polenblut" „Maske in Blau", „Graf v Luxemburg", „Die Dubarry", ‚Czardasfürstin", „Die Zirkusprinzessin", „Die Landstreicher", „Vetter aus Dingsda", „Saison in Salzburg", „Der Bettelstudent", „Der liebe Augustin", Oper: „Zauberflöte", „Entführung", „Don Chiovanni", Musical: „Kiss me Kate", Schauspiel: „Dreigroschenoper", „Andorra", „Weh dem der lügt", „Jedermann", „Lampenschirm", „Armer Mörder", „Der Geizige", „Zwei Herren aus Verona", Converence v Bällen u Modeschauen. E: Urkunde d Stadt Wien f kulturelle Leistungen, Silberne Nadel d Ö SängerB, Medaille d Greek-Theatre Los Angeles (Hollywood). M: AKM. H: Kochen u Angeln.

Karzau Sonja
B: Schauspielerin. A: D–4005 Meerbusch 1, Johannes Kirschbaum-Str 5, c/o ZBF-General-Agentur Frankfurt. Tel: 02105/ 70950 oder 0611/7111335.

Kasche Renate
B: Schauspielerin. A: c/o Agentur Rakosi, D–8000 München 90, Tegernseer Landstr 284. Tel: 089/6904092.

Kaspar Bernard
B: Schauspieler. A: D–1000 Berlin 33, Kreuznacher Str 32. Tel: 030/8214270.

Kastelik Renate
B: Schauspielerin. A: c/o Agentur Rakosi, D–8000 München 90, Tegernseer Landstr 284. Tel: 089/6904092.

Kastner Gabriele
B: Schauspielerin. A: D–7900 Ulm, Hirschstr 15, c/o ZBF-Agentur München. Tel: 0731/63623 oder 089/335081.

Kasztura Daniel
B: Schauspieler. A: c/o Management Jovanovic, D–8000 München 80, Perfallstr 6. Tel: 089/475024.

Katz Lorley
B: Schauspielerin. G: Chemnitz, 27. Aug 1930. A: D–8000 München 70, Christrosenweg 5. Tel: 089/7149187. S: Abitur, Schauspielschule, Univ, Stud d Soziologie, VWL, Polit Wiss. K: Stadttheater Pforzheim, Karlsruhe, Rheydt, Essen, Nürnberg, seit 1959 freischaf-

fend in München, Gastspiele in d Schweiz. D: „Die ist nicht von gestern“ (Billy), „Der Bürgermeister“ (Frau Moll), „Die ehrbare Dirne“ ua. M: FFP (Förderkreis zum Aufbau d Feministischen Partei).

Kaufmann Christine
B: Schauspielerin, Designer. G: Lengdorf/Österreich, 11. Jan 1945. A: D–8000 München 22, Liebigstr 39. K: Mit sieben Jahren erster Film, Tätigkeit bei Film u Fernsehen, Entwerfen v Möbeln ua. F: In versch Zeitungen u Zeitschriften. D: In ca 50 Filmen, ca 25 Fernsehspielen, Theater: „Emilia Galotti“, „Salome“, „Die Jüdin v Toledo“, „Lulu“ ua. E: Golden Globe in Hollywood.

Kaufmann Gerhard
B: Schauspieler u Unternehmer. G: Trier, 10. Mai 1941. V: Hannelore, geb Draheim. A: D–2054 Geesthacht b Hamburg, Westerheese 72. S: Realschule, Schauspielschule. F: Stern, Quick, Für Sie ua. D: „Der Stoff aus dem d Träume sind“, „Die Halsbandaffäre“, „Die Meistersinger“, „Der Fall Münzenberg“. M: Ambassodor College. H: Waffen, Schwimmen.

Kaufmann Günther
B: Schauspieler. A: c/o Agentur v Pilecki, D–8000 München 22, Oettingenstr 46. Tel: 089/220263.

Kaufmann Monica
B: Schauspielerin. A: D–7000 Stuttgart, Dillmannstr 23, c/o Agentur Killer. Tel: 0711/621552 oder 089/173455.

Kaufmann Peter
B: Schauspieler. A: c/o Agentur v Pilecki, D–8000 München 22, Oettingenstr 46. Tel: 089/220263.

Kaus Gracia-Maria
B: Schauspielerin. A: D–8000 München 90, Bruggsperger Str 15. Tel: 089/648580.

Kausch Michael
B: Schauspieler. A: c/o ZBF-Gen-Agentur Frankfurt, D–6000 Frankfurt/Main, Feuerbachstr 42–46. Tel: 0611/7111335.

Kautek Rudolf
B: Schauspieler. A: c/o Agentur Schmidt-Gentner, A–1030 Wien, Lothringer Str 20. Tel: 0222/752271.

Kaven Wolfgang
B: Schauspieler. A: D–2000 Hamburg 13, Abteistr 10. Tel: 040/417471, über Sekretariat 040/582877.

Kayser Stephan
B: Schauspieler. A: D–8031 Eichenau bei München, Allinger Str 1. Tel: 08141/70324.

Kazian Sammy
B: Schauspieler. A: D–8000 München, Safferlingstr 5, c/o ZBF-Agentur München. Tel: 089/161947 oder 089/335081.

Kehlau Marianne
B: Schauspielerin. A: D–2000 Hamburg 67, Auf den Wöörden 19, c/o ZBF-Agentur Hamburg. Tel: 040/6034752 oder 040/66885400.

Keil Günther
B: Schauspieler. A: D–1000 Berlin 37, Störstr 13. Tel: 030/8173038.

Keiner Gisela
B: Schauspielerin. G: Krefeld, 29. Juni 1941. V: Wolfgang Mödder. A: D–5000 Köln 1, Im Sionstal 8. S: Abitur (franz Examen), Schauspiel-, Tanz- u Gesang-Ausbildung. K: Festengagiertes Ensemble-Mtgl, zuletzt Städt Bühnen Köln, seit 1974 freiberufliche Schauspielerin f Theater, Fernsehen, Funk u Film. D: „Schloß Gripsholm“, „Marquis v Keith“, „Sein Leben“, „Die tollen 20iger“, „Freiheiten in d Langeweile“, „Strick um d Hals“, „Gabi wartet“, „Fabian“ uva. H: Sport, Musik, Gartenarbeit.

Keip Liselotte
B: Schauspielerin. A: D–7570 Baden-Baden, Seelachstr 16c. Tel: 07221/71276.

Keitel Horst
B: Schauspieler. A: D–1000 Berlin 15, Meinekestr 11, D–2000 Hamburg 52, Trenknerweg 50. Tel: 030/8817670 oder 040/8800509.

Kelch Franz Prof
B: Konzertsänger, Lieder- u Oratoriensänger, Gesangspädagoge. G: Bayreuth, 1. Nov 1915. V: Elisabeth, geb Hasselwander. A: D–8000 München 60, Feichthofstr 59. S: Abitur, Gesangsausbildung bei Prof Henriette Klink, Nürnberg, u a d HS f Musik München. K: Baß-Bariton, bekannter Oratoriensänger im europäischen Raum, Repertoire v Monteverdi b zur Moderne, bes Wertschätzung als Interpret d

Christus-Worte i d Bach'schen Passionen, zahlreiche Schallplattenaufnahmen (Monteverdi: L'incoronazione di Poppea, Marienvesper Bach: Matthäus- u Johannes-Passion, Hohe Messe, Kantaten), bedeutender Liedgestalter, seit 1953 Ltr d Gesangsklasse am Leopold Mozart-Konservatorium (FachAk f Musik) Augsburg, erfolgreicher Pädagoge, dessen Schüler zahlreiche Preise bei intern Wettbewerben erhielten u v denen viele an großen Bühnen tätig sind.

Keller Greta
B: Schauspielerin. A: A–1010 Wien, Singer Str 12. Tel: 0222/529268.

Keller Heide
B: Schauspielerin. A: D–8021 Deining, Birkenweg 1, c/o BF-Agentur München, c/o Agentur Killer. Tel: 08170/578 oder 089/335081 oder 089/173455,

Keller Krista
B: Schauspielerin. A: c/o Agentur de la Berg, D–8026 Irschenhausen, Haus am Weiher. Tel: 08178/3681.

Keller Lorose
N: Lore Rose Keller. B: Schauspielerin, Malerin, Schriftstellerin. G: Iserlohn/Westfalen, 28. Juli 1932. A: D–5000 Köln 1, Hansaring 88. Tel: 121997. S: Schauspiel- u Gesangsausbildung an Staatl HS f Musik, Hamburg, autodidaktisches Stud d Malerei. K: Abitur in Bayreuth, Studienaufenthalte in London u Italien, 10 Jahre Charakterschauspielerin an versch Provinzbühnen, seit 1969 Wahlkölnerin, freiberuflich tätig innerhalb d Medienmischung v Sprache, Musik u Malerei, Gastengagements als Schauspielerin, ua am Kölner Kellertheater, Ausstellungen, Lesungen eigener Lyrik, erste Buchveröffentlichung. F: In „Frauen und Literatur" erstmalig zur diesjährigen Buchmesse. D: „Maria Stuart", „Hamlet", „Trojanischer Krieg", „Happy End', „Carrar", „Geschlossene Gesellschaft", „Medea", Salondamen, Chargen, Chansonetter, vorwiegend Charakterheldin. M: Bund bildender Künstler, Leibnitz Ak. H: Leben u Gestalten.

Keller Marthe
B: Schauspielerin. A: c/o Management Jovanovic, D–8000 München 80, Perfallstr 46. Tel: 089/475024/25.

Kemner Hans
B: Schauspieler. A: D–2800 Bremen 1, Feldstr 52–54, c/o ZBF-Agentur Hamburg. Tel: 0421/71700 oder 040/66885400.

Kemper Manes
B: Schauspieler. A: D–4180 Goch, Voss-Str 5. Tel: 02823/2319.

Kenklies Ulf
B: Konzertsänger u Tenor. G: Northeim, 5. Mai 1941. V: Cornelia, geb Prause. A: D–2162 Grünendeich, Elbdeich 63. S: Stud an d Staatl HS f Musik u Theater in Hannover bei Otto Köhler. K: Hervorgegangen aus d „Knabenchor Hannover", dort mehrere Jahre Stimmbildner, 1969 staatl Musiklehrer-Prüfung f Gesang, ständig wachsende u umfangreiche solistische Tätigkeit im In- u Ausland, bes als Evangelist in d Bach-Literatur, Sendungen bei fast allen deutschen Rundfunkanstalten, Fernseh-Mitschnitte aus Oper u Avantgarde.

Kent Steven
B: Schauspieler. A: D–1000 Berlin 61, Brachvogelstr 8, c/o Agentur Bengen, D–6000 Frankfurt/Main, Friedberger Landstr 39. Tel: 030/6934696 oder 030/3911895 oder 0611/435074.

Kenter Bettina
B: Schauspielerin. A: D–8000 München 5, Klenzestr 45, c/o ZBF-General-Agentur Frankfurt. Tel: 089/2607343 oder 0611/7111335.

Kerky Dietrich
B: Schauspieler, Drehbuchautor. G: Stargard/Pommern, 26. Nov 1930. A: D–8000 München 40, Ainmillerstr 10. S: Abitur, Med-Stud. K: 1955–58 bei Gustaf Gründgens in Düsseldorf, 1958–67 Berliner Theater, 1968–72 Bayrisches Staatsschauspiel, seit 1972 freischaffend. F: in versch Zeitschriften. D: Hauptrollen in etwa 20 Spielfilmen, zuletzt 1979 Westpoint m Rock Hudson. H: Trödeln, alte Uhren reparieren.

Kern Anderl
B: Schauspieler. A: D–8000 München 90, Berg Isel 19. Tel: 089/643623.

Kern Peter
B: Schauspieler. A: c/o Agentur Bloy, D–8022 Grünwald, Gasteigweg 1. Tel: 089/6411893.

Kern Renate
N: Renate Kern-Hildebrandt. B: Sängerin. G: 23. Jan 1945. V: Klaus-D Hildebrandt. A: D–2875 Ganderkesee I/Hoyerswege, Auf dem Berge. S: Abitur, Gesangs- u Schauspielunterricht. K: Während d Schulzeit (Austauschjahr Amerika, Michigan) in einer Band gesungen u Gitarre gespielt, v Werner Last (Kai Warner) im „Tanzladen" entdeckt, 1965 erste Schallplattenaufnahme, seitdem im Show-Geschäft, seit 1979 eigene Produktions-Firma „Hoysweg GmbH Musik-Unterhaltung-Mode" m eigenem professionellen Tonstudio. F: In fast allen Illustrierten u Fachblättern. D: „Tut was Ihr wollt". E: 2. Platz b Schlagerwettbewerb 1970 mit „Alle Blumen brauchen Sonne". M: GEMA, Deutscher Schäferhund-Ver (da Lieblingstier: Schäferhund „Willi"). H: Mode (eigenes Modeatelier), Lesen (Psychologie), kreative Arbeit im künstlerischen Bereich.

Kernen Siegfried
B: Schauspieler. A: c/o ZBF-Agentur Hamburg, D–2000 Hamburg 70, Tonndorfer Heuptstr 90. Tel: 040/66885400.

Kernke Karin
B: Schauspielerin. A: D–8000 München 60, Durasweg 4, c/o ZBF-Agentur München. Tel: 089/8112307 oder 089/335081.

Kerr Charlotte
B: Schauspielerin. A: c/o Agentur Lentz, D–8000 München 8O, Holbeinstr 4. Tel: 089/474026.

Kerr Josefine
N: Josefine Hetzenecker. B: Solotänzerin, Schauspielerin, Choreographin. G: München, 28. Juli 1938. A: D–8000 München 70, Eichenstr 32. Tel: 089/7001273. S: Seit 1947 Elevin d Bayerischen Staatsoper, Fachschule f Schauspieler, Tänzer u Musiker in München. K: Mit 15 Jahren Abschlußprüfung zum Bühnenberuf in München, mit 16 Jahren Solotänzerin an d Staatsoper München, Jahresverträge an d Theatern in Heidelberg, München, Gelsenkirchen, Hagen/Westfalen, Hannover, Gastverträge als 1. Solotänzerin, Schauspielerin u Tanzsoubrette in Mannheim, Schwetzingen (Festspiele), am Deutschen Theater München, Deutschlandhalle Berlin, Münchner Opernbühne, Tourneen, seit 1969 freischaffend in München tätig, freie Mitarbeiterin bei ZDF, ARD, WDR, NDR, SFB, HR, BR u anderen Fernsehanstalten, Partnerin d Schauspielers u Tänzers Jürgen Feindt, Tourneen durch Amerika „Jürgen Feindt-Show" Chicago, Gala-Abende, wie „Nacht der Stars", „Sportpressefest", „MTS", ZDF-„World Cup", „Bädertourneen", Choreographin f „Vico Torriani-Show", Karl May Festspiele Bad Segeberg. F: In allen deutschen Tageszeitungen u TV-Zeitschriften: Burda, Hör Zu, Frau im Spiegel, Gong ua, Ballettbuch (Enkelmann). D: Hauptrollen in über 100 Balletten, ua „Amerikaner in Paris", „Coppelia", „Pulcinella", „Sieben Todsünden", „Romeo und Julia", „Schwanensee", „Nußknacker", Operetten u Musicals, Darstellerin in Karl May-Filmen: „Der schwarze Mustang", „Durchs wilde Kurdistan", „Winnetou", „Old Firehand", in vielen TV-Shows, ua in „Erkennen Sie die Melodie", „Der goldene Schuß", „Hit Journal", „Wie schön ist doch Musik", „Münchner Bilderbogen", „Am laufenden Band", „Menschen Tiere Sensationen", „World Cup-Parodie", „Old Timer". M: Mtgl d DIP-N-DIVER Square Dance American-Club. H: Reiten, Square Dance, Schwimmen, Tennis, d Beruf.

Kerst Alexander
B: Schauspieler. A: D–8000 München 80, Lucile Grahn-Str 44, c/o Management Baumbauer. Tel: 089/4704411 oder 089/478577.

Kersten Klaus-Martin
B: Schauspieler. A: D–1000 Berin 30, Pallasstr 2. Tel: 030/2166138.

Kertelge Lis
B: Schauspielerin. A: D–8000 München 80, Scheiner Str 12b. Tel: 089/988287.

Kerzel Joachim
B: Schauspieler. A: D–1000 Berlin 37, Am Hegewinkel 88, c/o ZBF-Agentur Berlin, c/o Agentur v Pilecki. Tel: 030/8134066 oder 030/8838031 oder 089/220263.

Kessler Beatrice
B: Schauspielerin. A: c/o Management Jovanovic, D–8000 München 80, Perfallstr 46. Tel: 089/475024/25.

Kessler Klaus
B: Schauspieler. A: D–7300 Esslingen, Auchtweg 18, c/o ZBF-Agentur München. Tel: 0711/387987 oder 089/335081.

Kessler Ursula
B: Schauspielerin. A: D–1000 Berlin 41, Breite Str 11, c/o Agentur Bengen. Tel: 030/7913414 oder 030/3911895.

Kesteren John v
B: Opernsänger, Konzertsänger. G: Den Haag/NL, 4. Mai 1921. V: Louise, geb Rouner. A: D–8000 München 50, Menzingerstr 92. S: Royal Conservatory the Haque-Holland, Nadia Boulanger, Paris, Vera Schwarz, Wien, New York. K: Weltweite Auftritte in Oper, Konzert, Fernsehen, Radio. F: Veröffentlichungen in Zeitschriften u Tageszeitungen, Auto-Biografie: „Notizen eines Kammersängers". D: „Don Pasquale", „Figaro", „Carmina Burana", „Zauberflöte", „Postillon v Longjumeau", „Entführung", „Ariadne", „Der Mond", „Die Kluge", UNICEF- u 22 Personality-Shows. E: Knight of the Royal Hous of Orange Nassau, Pressepreise in Holland, Deutschland, Canada, Prix d'Italia, Bayerischer Kammersänger. H: Reisen.

Khan Reza
B: Schauspieler. A: c/o Agentur Schmidt-Gentner, A–1030 Wien, Lothringer Str 20. Tel: 0222/752271.

Kieling Wolfgang
B: Schauspieler. A: c/o Management Palz, D–8000 München 81, Ortlindestr 6/VII. Tel: 089/912019/10.

Kielmann Henry
B: Schauspieler. A: D–2000 Hamburg 13, Böhmersweg 5, c/o ZBF-Agentur Hamburg. Tel: 040/454697 oder 040/66885400.

Kieslich Günter
B: Schauspieler. A: D–1000 Berlin 33, Steinrückweg 3, c/o ZBF-Agentur Berlin. Tel: 030/8212990 oder 030/8838031.

Kiessner Hermann
B: Schauspieler. A: D–7103 Schwaigern, Paul Gerhardt-Str 7, c/o ZBF-Gen-Agentur Frankfurt. Tel: 07138/7523 oder 0611/7111335.

Kießbauer Hannelore
B: Schauspielerin. A: c/o Agentur Runde-Profé, D–1000 Berlin 19, Preußenallee 26. Tel: 030/3040661.

Kiewiet Ilse
B: Schauspielerin. A: D–1000 Berlin 31, Wittelsbacher Str 36. Tel: 030/8616074.

Kilian Astrid
B: Schauspielerin. A: D–8000 München 80, Triester Str 30, c/o ZBF-Agentur München. Tel: 089/492471 oder 089/335081.

Kilian Ute
B: Schauspielerin. A: D–8000 München 90, Seybothstr 23a, c/o ZBF-Agentur München. Tel: 089/640571 oder 089/335081.

Killert Johannes
B: Schauspieler, Regisseur, Intendant aD. G: Custanai, 25. Apr 1914. V: Helga, geb Schomber. A: D–6315 Mücke 2, Am Windhainer See. S: Abitur in Danzig, Stud an d KunstAk Danzig (ZeitungsWiss, Dramaturgie), Schauspielausbildung. K: Staatstheater Danzig, Bremen, Konstanz, Heidelberg, Essen, Basel, künstlerischer Ltr u Intendant in Essen, Heidelberg, Gießen, Basel, Gastspiele. F: Stern, Quick, Funk Uhr. D: Film u Fernsehen: „Die Schatten werden länger", „Zum grünen Kakadu", „Kleider machen Leute", „Eine Frau ohne Bedeutung", „Nicht zuhören meine Damen", „Zwischen den Flügen", „Mikowa" u regionales Fernsehen in Frankfurt, Saarbrücken, Schweiz. H: Reiten, Tennis.

Kinalzik Ulli
B: Schauspieler. A: D–1000 Berlin 37, Ludwigsfelder Str 11. Tel: 030/8013594.

Kindler Klaus
B: Schauspieler. A: D–8131 Assenhausen/Starnberg, Assenhauser Str 16, c/o ZBF-Agentur München. Tel: 08151/51414 oder 089/335081.

King Gaby
B: Schauspielerin. A: D–8070 Ingolstadt, Hölderlinstr 33.

Kinski Klaus
B: Schauspieler. A: c/o Management Jovanovic, D–8000 München 80, Perfallstr 6. Tel: 089/475024.

Kinski Nastassja
B: Schauspielerin. A: c/o Management Jovanovic, D–8000 München 80, Perfallstr 6. Tel: 089/475024/25.

Kinski Pola
B: Schauspielerin. A: c/o Management Jova-

novic, D–8000 München 80, Perfallstr 6. Tel: 089/475024/25.

Kinsky Eva
B: Schauspielerin. A: D–8000 München 81, Englschalkinger Str 203, c/o Agentur Marga Wiedner. Tel: 089/931344 u 931702 oder 089/3081822.

Kipfer Heinz
B: Schauspieler. A: c/o Agentur Marga Wiedner, D–8000 München 40, Detouchesstr 32/I. Tel: 089/3081822.

Kirch Karl-Heinz
PS: Kalle. B: Moderator, Kabarettist, Schauspieler. G: Berlin, 2. Aug 1929. A: D–1000 Berlin 44, Delbrückstr 30. S: Volksschule, 2 Jahre Schauspielschule, 1 Jahr SozPäd mittlere Reife. K: Mit 18 Jahren zum 1. Mal Theater in Berlin, dann Theatertournee, langsamer Übergang zum Kabarett, Spezialgebiet: Conference. Dann Tätigkeit beim Film, in den 60ziger Jahren in Berlin Sprecher in allen großen Beatveranstaltungen, Weiterentwicklung zur Moderation, heute überwiegend tätig als Moderator. F: Bildzeitung Berlin, BZ Berlin, Tageszeitung in Hamm, Westfalen u Wolfsburg, Reeperbahn Sex Illustrierte, 20 Report ua. D: „Endstation Liebe", „Anastasia", „Straßenbekanntschaften in St Pauli", „Ob im Dirndl oder Lederhose". Theater: „Charleys Tante", „Der Sprung in die Ehe" ua. E: Anerkennungsmedaille der Kurhessenhalle, Kassel. M: Intern Artisten Loge. H: Malen, ferngesteuerte Modelle, klass Musik, Lesen.

Kirchberger Peter Eugen
B: Schauspieler, Synchronregisseur. G: Eutin, 7. Mai 1943. A: D–2000 Hamburg 19, Bismarck-Str 40. S: Mittlere Reife, Hedi Höpfner-Schauspiel-Schule m Abschluß vor d Paritätischen PrüfungsKmsn. K: Ernst Deutsch-Theater, nach 3 Jahren Festengagement frei am gleichen Theater, am Theater im Zimmer Hamburg, Kammerspiele Hamburg, Städtische Bühnen Lübeck, dann Synchrontätigkeit, Übernahme versch Rollen, deutsche Stimme v James Darren, Richard Roundtree, Ricky Lenz uva, sämtliche 9 Stimmen d Serie „Barbapapa" gesprochen, danach Synchronbuchautor u Synchronregisseur, mehrere Bücher f „Colombo" u „Mannix", Synchronregisseur bei vielen Fernsehfilmen u -serien, zB „Gangsterfilm", „Geschichten hinter d Geschichte" uva, dzt Regisseur d Erfolgsserie „Rockford", in Arbeit im Auftrage d ZDF „Harold Lloyd" (27 Filme). F: In sämtlichen Hamburger Tageszeitungen, Hör Zu, Jahrbuch, Hamburger Abendblatt uva. D: „Leiden d neuen W", „Dracula", „Keine Angst vor Thomas B", „Percy Stuart" ua. M: BFF/DAG. H: Schach, Judo, Reisen.

Kircher Helmut
B: Schauspieler. G: 14. Okt 1939. V: Anna-Maria, geb Bach. A: D–8870 Günzburg, Äußere Brunneng 2. S: Otto Falkenberg-Schauspielschule München. K: Ausbildung 1960–62, Theater-Engagements in Coburg, Gießen, Münster, Düsseldorf, Film-Engagements in Moskau, London, Hamburg, Berlin, München. F: In div Journalen u TV-Zeitschriften. D: Film: „Jerry Cotton", „Battle of Britain", „Katz u Maus", TV: „Reisedienst Schwalbe", „Prozeß Liebknecht Luxemburg", „Johannes durch d Wald", Theater: „Iphigenie auf Tauris", „Glasmenagerie", „Amphitryon", „Der Lügner u d Nonne". M: BFF. H: Sport, Musik, Literatur.

Kirchlechner Dieter
B: Schauspieler. A: c/o Agentur Lentz, D–8000 München 80, Holbeinstr 4. Tel: 089/474026.

Kirchner Doris
B: Schauspielerin. G: Graz, 4. Mai 1932. A: A–1120 Wien, Ehrenfelsg 14. S: Reinhardt-Seminar. K: Engagements an versch in u ausländischen Bühnen, ua Grazer Schauspielhaus, seit 1950 Tätigkeit bei Film u Funk. D: „Fanfaren d Ehe", „Muß man sich gleich scheiden lassen?", „Ich u Du", „Der treue Husar", „Die 7 Kleider d Katrin", „Zwischenlandung in Paris", „Der falsche Adam", „Ein Herz bleibt allein", „Schwedenmädel", „Meine Kinder u ich", „Ja, ja, die Liebe in Tirol", „Der Jäger v Roteck", „Die verpfuschte Hochzeitsnacht", „Vater, unser bestes Stück", „Das Glück liegt auf d Straße", „Junger Mann, der alles kann" uva.

Kirchner Ignaz
B: Schauspieler. A: c/o ZBF-Gen-Agentur Frankfurt, D–6000 Frankfurt/Main, Feuerbachstr 42–46. Tel: 0611/7111335.

Kirnbauer Susanne
B: 1. Solotänzerin d Wiener Staatsoper. G: 27. Juli 1942. V: Hans Bundy. A: A–1010 Wien, Opernring 11. S: RealGymn. K: 1951 Eintritt in d Ballettschule d Wiener Staatsoper, 1956 Engagement als Corpstänzerin, 1961 Ernennung zur Koryphae, 1967 zur Solistin, 1972

Ernennung zur 1. Solotänzerin. D: Ballett: „Sleeping Beauty" (Dornröschen), „Sacre du Printemps", „Schwanensee", „Giselle", „Pillar of Fire", „Der wunderbare Mandarin", „Petruschka", „Prometheus", „Der Dreispitz", „Cinderella", „Bolero", „Romeo u Julia", „Ulysses", TV-Ballett „Copelia", „Die Puppenfee", „Fledermaus" ua. E: Auszeichnungen b Ballett-Festival Paris Solistenpreis d französischen Ballettkritiker- u Schriftsteller-Verb (1968). H: Jugendstil-Dinge sammeln.

Kirner Michael
N: Rudolf Andreas Michael Kirner. B: Schauspieler u Dir. G: Wilhelmshaven, 2. Apr 1944. A: ZA–Milnerton 7405, 4 Lupin Crescent, Kapstadt-Südafrika. S: Gymn, Schauspielschule in München u Rom, Schauspieldiplom. K: Theater, Film u Fernsehen, VizePr d „Comet Intern Film Associates". F: In aller Welt u allen Sprachen. D: „Dangerous Journey", „The Hot Country", „Der Teufel v Kapstadt", „Operation Yellow Viper", „African Story", „The Manipulator", „Sfida nella citta del'Oro", „The Big Game", „Snow from Hell", „The Deadly Wind", Theater: „Wintermärchen", „Tagebuch d Anne Frank", „Ich denke oft an Piroschka", „Faust", „Jugend", „Der Strom", Fernsehen in Rom u USA. E: 1974 The Golden Key Award of Hollywood. M: AA – Automobile Association, LIONS Flight for Life. H: Pferde, Fallschirmsegeln, Briefmarken, Münzen, Filmclubs, Tennis, Musik aller Arten, Wandern.

Kirschstein Rüdiger
B: Schauspieler. G: Breslau, 11. Jan 1941. V: Rita, geb Leska. A: D–1000 Berlin 61, Wartenburgstr 17. S: Schauspielausbildung Folkwang-HS, Essen. K: In festen Theaterengagements: Städt Bühnen Dortmund, Württ Staatstheater Stuttgart, Schauspielhaus Zürich, Schaubühne Berlin, als Gast am Schauspielhaus Bochum, Festspiele Recklinghausen. D: „Fangschuß", „Scheingold", „Tagebuch des Verführers", TV-Filme: „Die sich Christen nennen", „Die Aula" „Reifezeugnis", „Zwei Tore hat der Hof", „Auf Achse".

Kirst Lothar
B: Solotänzer. G: 7. März 1929. V: Ilse, geb Ebert. A: D–3501 Fuldatal 1, Steigerweg 19. S: Mittlere Reife, tänzerische Ausbildung am Stadttheater Flensburg, in Paris bei A Volinin, Madame Nora, Madame Eduadova. K: Gärtnerplatztheater München, Solotänzer u stellv BallettMstr, TrainingsLtr an folgenden Bühnen: Stadttheater Bielefeld, Staatstheater Karlsruhe, Staatstheater Wiesbaden, Staatstheater Kassel, Mocador Theater Paris. F: In vielen regionalen u überregionalen Zeitungen. D: „Dornröschen", „Nußknacker",„Der wunderbare Mandarin", „Pulcinella", „Der Mohr von Venedig", „Coppelia", „Kain und Abel", „Der Dreispitz", „Haus der Schatten", „Nocturno Montmarte", „Der Feuervogel", „Zauberladen", „Hamlet", „Romeo und Julia", „Bolero", „Don Juan", „Kirmes von Delft", „Cinderella", „Weiberstreik von Athen", „Les petit Riens", „Polowetzer Tänze", „Prinzessin Turandot", „Puppenfee", „Scenes de Ballet", „Der verlorene Sohn", „Petruschka", Filme: „Bon jour Katrin", „Mädchen mit schwachem Gedächtnis", versch Fernsehfilme, sowie Choreographie in Fernsehstücken. E: Ehrenurkunde d Hessischen KultusMin. M: Gen Deutscher Bühnenangehöriger. H: Basteln.

Kiss Béla
PS: „Mr Kiss". B: Artist. G: Budapest, 15. März 1945. A: D–6374 Steinbach/Taunus, Niederhöchstädter Str 12. Tel: 06171/ 74250. S: Grundschule, HS d Postverkehrswesens, Ak d Artistik in Budapest. K: Als Sportler: Landesmeister in Mannschaftskämpfen 1965 (akrobatisches Turnen), als Künstler: Ltr u Mtgl in d Künstlergruppe „Trio Laky" 1967–75, Ltr u Mtgl d Künstlergruppe „The Bonny Brothers" u gleichzeitig Darsteller von „Mr Kiss Acrobatic Show". F: Vecerni Praha (1968), Abendpost Frankfurt (1970), Nürnberger Nachrichten (1972), Cuxhavener Zeitung u Cuxhavener Presse (1972–76). D: „Die Jungs vom Platz" (Ungarischer Spielfilm), „Silvester 1967" (Ungarisches Fernsehen), „Polavision Clown", „Der Bibmann" (Michelin Symbolfigur). H: Sprachen lernen, Sportwagen fahren.

Kittelberger Eva
B: Schülerin, Schauspielerin. G: Ludwigshafen/Rhein, 18. Feb 1961. A: D–6700 Ludwigshafen, Lausitzer Str 2. S: Gymn. K: 1975 Schönste Blondine Deutschlands (Sister Golden Hair), Fernsehfilme. F: Münchner Abendzeitung, Freizeitmagazin, Bravo, Rheinpfalz, Lu, türkische Zeitung. D: „Eine ganz gewöhnliche Geschichte", „Der Verdacht", „Der Familienrat". E: Sister Golden Hair. H: Schwimmen, Surfen, Segeln, Skifahren.

Kittelberger Ute
B: Dipl-Kosmetikerin. G: 7. Okt 1958. A: D–6803 Edingen, Im Hundertmorgen. S: Mitt-

lere Reife, Kosmetik-Schule in Heidelberg. K: Mädchen d Jahres (München, Bravo), World-Teen-Princess 1975, Schauspielerin. F: Quick, Neue Illustrierte, Bravo, Bild, Nachtausgabe, Freizeit Magazin, Frau im Spiegel. D: „Wenn jeder Tag ein Sonntag wär", „Schloß Hubertus", „Edelweißkönig", „Zwei im siebten Himmel". E: „Goldener Otto", 2x, „Silberner Otto", 1x. H: Reiten, Wasserski.

Kittler Gerhard
B: Schauspieler. A: D–6000 Frankfurt/Main, Kettenhofweg 72, c/o ZBF-Gen-Agentur Frankfurt. Tel: 0611/7111334.

Kittner Dietrich
B: Kabarettist, Schauspieler, Schriftsteller, Theaterleiter. G: Oels/Schl, 30. Mai 1935. V: Christel, geb Strohmeyer. A: D–3000 Hannover, Bischofsholer Damm 88, Theater an d Bult. S: Abitur, Jura- u Geschichtsstudium an d Univ Göttingen. K: Straßenbahnschaffner, 1960 Gründung d politerarischen Kabaretts „Die Leid-Artikler", 1960–62 Lehrjahre im Kabarett, 1960–66 Ltr, Texter, Regisseur u Darsteller bei „Leid-Artiklern", ab 1966 Solokabarett („Kittners kritisches Kabarett"), über 5000 Vorstellungen in d BRD u im europäischen Ausland, 13 eigene Schallplatten (LP's), 4 Bücher, Mitarbeit an zahlreichen Anthologien u Sammel-LP's, Zeitschriften, 1o68/69 Ltr d „club voltaire" u d „kabarett im club voltaire" in Hannover, seit 1975 Ltg d „tab-Theater an d Bult" in Hannover, daneben weiter ausgedehnter Tourneebetrieb. F: konkret, Spiegel, Stern, Unsere Zeit, Deutsche Volkszeitung, Die Tat, elan, Kultur u Gesellschaft, SK – Sozialistische Korrespondenz, Kulturmagazin. D: Die Kittner-Revuen: „Bornierte Gesellschaft", „Konzentrierte Reaktion", „Dein Staat – Das bekannte Unwesen", „Schöne Wirtschaft", „Kittners progressive Nostalgie", „Dem Volk aufs Maul", „Konpromis(s)ere", „Cavallerie tristicana", „Status, quo vadis", „Der Freiheit eine Kasse", „Im Westen nichts Treues", „Goldene Pleiten", „Arm aber kleinlich", Die Weinert-Revue: „Der rote Feuerwehrmann", Tucholsky/Brecht-Revue „Wollt Ihr den totalen Mief?" ua, Filme: „Missions-Abend für Bürger", „Dein Staat – das bekannte Unwesen", „Goldener Sonntag", „Karriere", „Alltag im westen", „Hunde wollt Ihr ewig leben" uva. E: Theaterpreis d Hannoverschen Presse, je einmal einen, zwei u drei Sterne d Münchner Abendzeitung, Auszeichnungen f hervorragende Leistung Berliner Festtage. M: SchriftstellerVerb, IG Druck u Papier, Rundfunk-, Fernseh-, Filmunion, VVN – Bund d Antifaschisten, Demokratischer Kulturbund. H: Jazz, politisches Lied.

Kiwe Til
B: Schauspieler. A: D–8000 München 83, Melanchthonstr 15, c/o Management Palz. Tel: 089/604659 oder 089/912019/10.

Klarwein Michaela
B: Schauspielerin. A: D–4000 Düsseldorf, Leopoldstr 20, c/o Agentur Marga Wiedner. Tel: 0211/363496 oder 089/3081822.

Klaus Valentin
B: Schauspieler. A: D–1000 Berlin 33, Ludwig Barnay-Pl 11, c/o ZBF-Gen-Agentur Frankfurt. Tel: 030/8211568 oder 0611/7111334.

Klaus Wilfried
B: Schauspieler. A: D–8031 Stockdorf, Heimstr 12, c/o Agentur Marga Wiedner. Tel: 089/8572918 u 467900 oder 089/3081822.

Klaus Wolfgang
B: Schauspieler. A: D–6000 Frankfurt/M, Melemstr 24, c/o ZBF-Gen-Agentur Frankfurt. Tel: 0611/591509 oder 0611/7111335.

Kleiber Erich
B: Schauspieler, Regisseur. G: Troppau, 12. Nov 1929. V: Monica, geb Hackhofer. A: D–8000 München 60, Emmeringer Str 9. S: Mittelschule, nach d Krieg SchauspielStud in Wien. K: Kinderdarsteller am Stadttheater in Troppau, nach d Krieg 1. Theaterengagement in Wien, später in München, zahlreiche Gastspiele ua in Stuttgart, Zürich, Hamburg, Berlin, 1962–70 ständiges Mtgl d Kabaretts „Die Zwiebel" in München, versch Fernsehrollen beim ARD u ZDF, Gastspiel-Tournee mit d Georg Kreisler Musical, seit 1971 freiberuflicher Schauspieler u Regisseur. D: „Komm am Freitag", „Computer-Show", „Freiwillige Feuerwehr", „Quartett d Komiker", „Zündschnüre", „Stunde Null", „Das Haus mit d Nr 30" (Serie) uam, Theater: „Lumpazivagabundus", „Napoleon in New Orleans", „Moral", Filmproduktionen: „Polterabend", „Raub der Sabinerinnen", „Das Fenster zum Flur", „Witwen", „Drei Mann auf einem Pferd" uva. H: Schreinern, Eishockey, Tischtennis, Fußball, Innenarchitektur.

Klein Erna
B: Schauspielerin. A: D–2000 Hamburg 13, Brahmsallee 19. Tel: 040/456144.

Klein Gerhard
B: Schauspieler, Kinobesitzer. G: DerkBerlin, 10. Jan 1920. V: Jenny, geb Kahane. A: D–1000 Berlin 33, Takustr 47. S: Gymn. K: 1929–33 bekannter Kinderdarsteller in Berlin, 1930 Theater am Schifferbauerdamm, 1931 Volksbühne Berlin, 1930–33 Mtgl einer Kindergruppe f Hörspiele am Berliner Rundfunk, 1933 Auftrittsverbot, 1933–35 Schauspieler am Jüdischen Kulturbund Berlin, dann Idw Ausbildung in Vorbereitungslager zur Auswanderung nach Palästina, 1938 Ausweisung aus Deutschland u Zwangstransport nach Polen, 1939 illegal nach Palästina eingewandert, 2 Jahre Arbeit im Kibbuz, 1941–42 Mitbegründer, später DirMtgl u Schauspieler d Kammer-Theater Tel Aviv, 1952 Rückkehr nach Deutschland, 1956 Übernahme d Capitol Lichtspiele u Umgestaltung zu Filmkunsttheater, 1963 Gründung d „literarischen podiums". D: „Emil und die Detektive", „Sechs Personen suchen einen Autor", „Born Yesterday", „Jakobowsky und der Oberst" „Dreyfuss" uva. E: Auszeichnung f hervorragendes Jahresfilmprogramm v BMin d BRD f 1969, 1974, 1975, 1976,1977. M: Mtgl d FilmtheaterVerb Berlin, seit 1977 VorstMtgl dieses Verb.

Klein Hans-Joachim
B: Schauspieler. A: D–2000 Hamburg 76, Hofweg 49, c/o ZBF-Agentur Hamburg. Tel: 040/2203514 oder 040/66885400.

Klein Linda
B: Schauspielerin. A: c/o Agentur Bengen, D–1000 Berlin 21, Paulstr 25. Tel: 030/3911895.

Klein Wolfgang
B: Schauspieler. G: Göppingen, 21. März 1952. A: D–7320 Göppingen, Paul-Köpff-Weg 26. S: Staatl HS f Musik u darstellende Kunst. K: 1974–76 Württ Landesbühne, Esslingen, 1976–78 E. T. A.-Hoffmann-Theater, Bamberg, ab 1978 Freischaffender Schauspieler, ua am Fritz Rèmond Theater i Zoo, Frankfurt u am Theater d Altstadt, Stuttgart. D: „Hotel zur schönen Marianne – Ein neues Leben" (Studio Hamburg), „Der Alte – Der Spieler" (Neue Münchner Fernsehproduktion), „The Ringer" (Geria III – Bavaria-Atelier), „Das Abgründige in Herrn Gerstenberg" v. Axel v. Ambesser (Theater). M: IDS, ADAC, YMCA. H: Sammeln v Waffen u Münzen, Kochen, Fotografieren, Filmen.

Kleiner Gabriele
B: Schauspielerin. A: c/o Berliner Kammerspiele, D–1000 Berlin 21, Alt Moabit 99. Tel: 030/3917531.

Kleiner Towje W
B: Schauspieler. A: D–8000 München 70, Implerstr 48a, c/o ZBF-Agentur München. Tel: 089/766027 oder 089/335081.

Kleiner Wolfgang T
B: Schauspieler. A: c/o Management Palz, D–8000 München 81, Ortlindestr 6/VII. Tel: 089/912019/10.

Kleinschmidt Hellmuth
B: Schauspieler. A: D–2000 Hamburg 72, Rönkkoppel 19 B. Tel: 040/431938 u 404475.

Kleiweg Adrienne
B: Schauspielerin. A: c/o Management Margarete van Dam, NL–Amsterdam, Plantage Parklaan 12. Tel: 003120/246743.

Kley Richard
B: Schauspieler. A: D–8000 München 22, Steinsdorfstr 22, c/o ZBF-Agentur München, c/o Agentur Rakosi. Tel: 089/294439 oder 089/335081 oder 089/6904092.

Klier Gaby
B: Schauspielerin. A: D–8000 München 40, Blütenstr 19, c/o ZBF-Agenru ZBF-Agentur München. Tel: 089/286159 oder 089/335081.

Kligge Anneliese
B: Schauspielerin. A: D–8000 München 40, Osterwaldstr 57. Tel: 089/3615737.

Klinger Eugen
B: Schauspieler, SenAng in Berlin. G: Moskau, 16. Dez 1913. V: Margot, geb Wendt. A: D–1000 Berlin 41, Berlinickestr 15. Tel: 030/7922758. S: Abitur am Staatl Luisen-Gymn in Berlin, Volontär im Sche Scherls Reisebüro-Verlag Scherl in Berlin, Stud an d Deutschen Schauspielschule d Deutschen Theaters in Berlin 1. Theaterengagement an d Schlesischen Landesbühne Bunzlau-Glogau-Brieg. K: Volontär, Schauspieler, Soldat d Luftwaffe, Schauspieler, Handelsvertreter, Arbeiter, Ver-

käufer, SenAng. D: „Biberpelz", „Alles um die Katz", „Der Richter von Zalamea", „Wilhelm Tell", „Hamlet", „Schneider Wibbel", „Gneisenau-Famili Benthin", „Corinna Schmidt", „Razzia", „Chemie und Liebe", „Die Revolution hat ihre Kinder entlassen", „Nicht nur zur Weihnachtszeit", „Puppenspieler und Manager", „Der fahrende Schüler im Paradies", „Der tote Mann", „Der Kranke", „Die Jungfrau von Orleans", „Die kleine Sünderin", „Peer Gynt", „Wintermärchen", „Rumpelstilzchen", „Das Fenster zum Flur".

Klinger Walter
B: Schauspieler. A: c/o Agentur Schmidt-Gentner, A–1030 Wien, Lothringer Str 20, c/o Agentur Rakosi. Tel: 0222/752271 oder 089/6904092.

Klipstein Ernst von
B: Schauspieler. A: D–2000 Hamburg 67, Auf den Wöörden 19, c/o ZBF-Agentur Hamburg. Tel: 040/6034753 oder 040/66885400.

Kloiber Ingeborg
B: Schauspielerin. A: D–3000 Hannover-Stöcken, Hänselriede 11. Tel: 0511/754934.

Kloiber Irmgard
B: Schauspielerin. A: A–7083 Purbach, Kircheng 19, c/o Agentur „Major Management", A–1030 Wien, Lothringer Str (Konzerthaus). Tel: 00432683/6190 oder 0222/732312.

Klopsch Kurt
B: Schauspieler. A: D–2000 Hamburg 76, Hagenau 84. Tel: 040/25O2426.

Kloss Franz
B: Schauspieler. A: D–1000 Berlin 19, Westendallee 69, c/o Agentur Bengen. Tel: 030/3044995 oder 030/3911895.

Klossek Michael
B: Schauspieler. A: c/o Agentur Bengen, D–1000 Berlin 21, Paulstr 25. Tel: 030/3911895.

Kluge Annette
B: Schauspielerin. A: D–1000 Berlin 41, Schloßstr 18, c/o ZBF-General-Agentur Frankfurt. Tel: 030/7919398 oder 0611/7111335.

Kluth Vera
B: Schauspielerin. A: D–1000 Berlin 19, Reußallee 9, c/o Agentur Bengen. Tel: 030/3043608 oder 030/3911895.

Klutmann Dorit
B: Schauspielerin. A: D–1000 Berlin 15, Lietzenburger Str 83, c/o Agentur Runde-Profé. Tel: 030/8838157 oder 030/3040661.

Knabl Rudi
B: Zithervirtuose, Komponist. G: München, 22. Sept 1912. V: Rosa, geb Fahrnberger. A: D–8035 Gauting, Hiltlstr 25. S: Realschule, Musikunterricht. K: Seit 1931 ständiger Gast beim Bayerischen Rundfunk u sämtlichen anderen Deutschen Sendern, Schallplatten, Konzerte, Gastspiele im In- u Ausland, ein Großteil d gespielten Stücke sind eigene Kompositionen. E: Verdienstkreuz am Bande d Verdienstordens d BRD, Silberne Zither Association Francaise de la Musique Recreative.

Knef Hildegard
B: Schauspielerin. A: c/o Management Jovanovic, D–8000 München 80, Perfallstr 46. Tel: 089/475024/25.

Kneip Oswald
B: Schauspieler, ProduktionsLtr. G: Wien, 7. Dez 1946. A: D–8000 München 40, Riesenfeldstr 10/3. S: Mittlere Reife, 3 Jahre Schauspielschule. K: RegieAss, Schauspieler, ProduktionsLtr im Theater Briennerstraße München. D: Theater: „Heimweh nach St Pauli", „Josef Filser", „Wie man Karriere macht", „Die Kassette", „Rauhnacht", „Eule und Kätzchen", „Der Revisor", „Onkel Wanja" ua, Fernsehen: „Josef Filser", „Hallo, wer dort?", „Vabanque". M: IDS – Interessengemeinschaft Deutscher Schauspieler. H: Fotografieren und Filmen.

Knemöller Felix
B: Schauspieler. A: D–1000 Berlin 37, Busseallee 37, D–8651 Eben, Post Danndorf über Kulmbach, c/o Agentur Runde-Profé. Tel: 030/8017543 oder 09229/452 oder 030/3040661.

Kner Peter
B: Schauspieler. A: CH–8037 Zürich, Habsburgstr 33. Tel: 00411/449451.

Knoche Eva-Susanne
B: Schauspielerin. A: A–1030 Wien, Lagerg 2, c/o ZBF-Agentur München. Tel: 0222/734687 oder 089/335081.

Knodt Erich
B: Opernsänger. G: Ochtendung/Koblenz, 13. Dez 1945. V: Antonia, geb Metschkarowa. A: D–6700 Ludwigshafen 15, Treidlerg 16. S: Grundschule, Hotelfachschule. K: 1. Engagement am Stadttheater in Koblenz, dann 4 Jahre Wuppertaler Bühnen, zZ erster seriöser Baß am Nationaltheater in Mannheim. D: „Don Carlos", „Simone Boccanegra", „Lohengrin", „Götterdämmerung", „Parsifal", „Die Zauberflöte", „Tristan und Isolde", „Fidelio" uva. E: 1. u 2. Preise bei intern Gesangswettbewerben in Sofia, Berlin, Rio de Janeiro. H: Blumen, Sport.

Knor Rudolf
B: Schauspieler. A: D–4000 Düsseldorf 1, Leopoldstr 20, c/o Agentur Marga Wiedner. Tel: 0211/363496 oder 089/3081822.

Knott Daniela
B: Schauspielerin. A: c/o Management Jovanovic, D–8000 München 80, Perfallstr 46. Tel: 089/475024/25.

Knuth Bodo
B: Schauspieler. A: D–7000 Stuttgart 50, Freiligrathstr 25. Tel: 0711/560929.

Knuth Gustav
B: Schauspieler. G: Braunschweig, 7. Juli 1901. V: Elisabeth, geb Lennartz. A: CH–8700 Küsnacht, Zumikerstr 24. S: Grundschule, Schlosserlehre, Schauspielausbildung in Braunschweig d C Paris. K: Schauspieler am Stadttheater Hildesheim, Stadttheater Harburg, Stadttheater Basel, Stadttheater Altona, Deutsches Schauspielhaus Hamburg, Gastspiele, Preussisches Staatstheater Berlin, Schauspielhaus Zürich, Arbeit f Film, Hörfunk, Schallplatte, Synchron, Kabarett ua. F: In versch intern Zeitungen u Zeitschriften. D: Theater: „Don Carlos", „Minna v Barnhelm", „Viel Lärm um Nichts", „Die Räuber", „Dantons Tod", „Kirschen f Rom", „Julius Cäsar", „Othello", „Candida", „Der Widerspenstigen Zähmung", „Feuerwerk", „Der fröhliche Weinberg", „Ein Sommernachtstraum", „Der Preispokal", „Wallensteins Tod", „Pygmalion", „Die Ratten", „Das Kätchen v Heilbronn", „Ein Engel kommt nach Babylon", „Neues aus d sechsten Etage", „Donadieu", „Der Liebestrank", „Mein Freund Harvey", „Kranichtanz", „Der Meteor" uva, Fernsehen: „Die Physiker", „Kabale u Liebe", „Alle meine Tiere" (Serie), „Der Meteor", „Kranichtanz", „Die Reise nach Tilsit", „Salto mortale" (Serie), „Großer Ring m Außenschleife", „Die Herberge" uva. Film: „Der Ammenkönig", „Heimweh", „Schatten über St Pauli", „Das Lied d Wüste", „Mann f Mann", „Der Vorhang fällt", „Zwischen Hamburg u Haiti", „Das Mädchen v Fanö", „Friedemann Bach", „Petro soll hängen", „Das große Spiel", „Schule d Lebens", „Gefährten meines Sommers", „Ein glücklicher Mensch", „Große Freiheit Nr 7", „Fahrt ins Glück", „Tierarzt Dr Vlimmen", „Das Leben geht weiter", „Unter d Brücken", „Der blaue Strohhut", „1 x 1 d Ehe", „Tromba", „Geliebter Lügner", „Eine Frau m Herz", „Es kommt ein Tag", „Das seltsame Leben d Herrn Bruggs", „Palast-Hotel", „Der fröhliche Weinberg", „Keine Angst vor großen Tieren", „Der Raub d Sabinerinnen", „Die Mücke", „Die Ratten", „Himmel ohne Sterne", „Ich denke oft an Piroschka", „Heute heiratet mein Mann", „Wenn wir alle Engel wären", „Hengst Maestoso Austria", „Spion f Deutschland", „Robinson soll nicht sterben", „Ein Stück v Himmel", „Ihr 106. Geburtstag", „Geliebte Bestie", „Buddenbrooks", „Lampenfieber", „Eine Frau fürs ganze Leben", „An heiligen Wassern", „Auf Engel schießt man nicht" uva. E: Ernst Lubitsch-Preis, Bambi (mehrmals).

Knuth Horst
B: Schauspieler. A: c/o Agentur Bengen, D–1000 Berlin 21, Paulstr 25. Tel: 030/3911895.

Knuth Klaus
B: Schauspieler. A: c/o Agentur v Pilecki, D–8000 München 22, Oettingenstr 46. Tel: 089/220263.

Koch Knut
B: Schauspieler. A: c/o ZBF-Gen-Agentur Frankfurt, D–6000 Frankfurt/Main, Feuerbachstr 42–46. Tel: 0611/7111335.

Koch Linda
B: Schauspielerin. A: A–1200 Wien, Dresdner Str 112/5/12. Tel: 0222/3533814.

Koch Lotte
B: Schauspielerin. A: D–5000 Köln 51, Widdiger Str 22a, c/o ZBF-Agenturen Frankfurt u Hamburg. Tel: 0221/374859 oder 0611/7111313 oder 040/66885400.

Koch Marianne
B: Schauspielerin. G: München, 19. Aug 1931.

A: D–8130 Starnberg, Max Emanuel-Str 7. S: Abitur, Med-Stud an d Univ München. K: Nach mehrjährigem Med-Stud Filmschauspielerin, ca 70 Filme, viele Fernsehspiele, Gastgeberin in „Meine Melodie", Moderatorin d Show-Sendung „Steht's in d Sternen?", Gast-Fragerin bei „Was bin ich?", Werbung, Abschluß d Med-Stud, Veröffentlichung: „Das Vergnügen zu verreisen". F: Gong, Hör Zu uva. D: Film: „Des Teufels General", „Der Fuchs v Paris", „Die Landärztin", „Frontschwester Karin", „Frau im besten Mannesalter", „Für eine Handvoll Dollar" ua, Fernsehen: „Meine Melodie", „Steht's in d Sternen?", „Was bin ich?", „Die Journalistin" uva. E: Bambi, BFilm-Preis, Komödienpreis v Bordighera, Silberner Otto, Goldener Bildschirm ua. H: Reisen, Musik, Fotografieren, Wasserski.

Koch Thilo
B: Rundfunkjournalist. G: Canena b Halle/Saale. V: Susanne, geb Gaertner. A: D–7201 Hausen od Verena/Württ. S: Abitur, Stud d Geschichte, Phil, Germanistik. K: Buch- u Theaterkritiker, 1946 zum NWDR, 1954 Ltr d Berliner Studios d NDR Hamburg u d WDR Köln, 1960 ARD-Korrespondent in Washington, ua Berichte f Wochenzeitschriften, nach d Rückkehr in d BRD weiter tätig f ARD, Produzent v „Südamerika heute" ua, seit 1964 Kolumnen in versch Tageszeitungen, Veröffentlichungen: „Deutschland nach d Kriege", „Die goldenen zwanziger Jahre", „Die fünfziger Jahre in Deutschland", „Gastarbeiter in Deutschland" uva, 17 Bücher, ua: „Tagebuch aus Washington", „Berlin – teils, teils" uva. E: Jakob Kaiser-Preis. M: GenSekr d PEN-Zentrums d BRD. H: Schwimmen, Fußball, Volleyball.

Koch Walter
B: Schauspieler. A: D–8000 München 40, Adelheidstr 8. Tel: 089/38062219.

Koch Wolfgang
B: Schauspieler. A: D–1000 Berlin 15, Ludwig Kirch-Pl 7, c/o Agentur Bengen. Tel: 030/8811277 oder 030/3911895.

Koczian Johanna von
B: Schauspielerin. A: c/o Management Jovanovic, D–8000 München 80, Perfallstr 46. Tel: 089/475024/25.

Köhler Renate
B: Schauspielerin. G: München, 21. Juni 1945. A: D–8000 München 19, Wendl Dietrich-Str 22. S: Abitur, Schauspielausbildung bei Ado Riegler, München, u H D Jürgensen, Berlin, Tanz bei E Tiebel, München, u K Jordan, Berlin. K: Deutsches Theater u Modernes Theater in München, Torturmtheater in Sommerhausen, Schillertheater, Schaubühne am Halleschen Ufer, Schauspielhaus Hansa u kleinere Bühnen in Berlin, Neues Theater in Hannover, Städt Bühnen in Köln (1979). D: Theater: „Ein Eremit wird entdeckt", „Eule und Kätzchen", „Fräulein Julie", „Der blaue Strohhut", „Normans Eroberungen", „Tränende Herzen", Film bzw Fernsehen: „Jahrhundert der Chirurgen", „Zwei Tage fürs Leben", „V Romeyke ist nicht tragbar", „Ein kurzer Traum", „Sesamstraße" ua. M: BFF. H: Querflötespielen, Tanz.

Koehn Herma
B: Schauspielerin. A: D–2000 Hamburg 63, Kohlgarten 3. Tel: 040/597993.

Koennecke Roswitha
B: Schauspielerin, Dialektvortragskünstlerin. G: 9. Aug 1917. V: Herbert Pankoke. A: D–1000 Berlin 42, M v Richthofenstr 190. S: Einjähriger privater Schauspielunterricht bei Konstantin Delcroix in München, Abschlußprüfung 1936. K: Kleine Bühnen- u Filmrollen in München, dann nach Berlin, 1940–44 Tourneen mit eigenem Dialektprogramm, ab 1963 wieder mit eigenem Programm mit nur einem Musikbegleiter (in allen Mundarten), vorwiegend in Berlin tätig. F: Einige in Zeitschriften u Zeitungen. D: „Die Gespenster" (Regine), einige Filme: „I A in Oberbayern", „Ich klage an", „Rembrandt" (kleine Rollen), ZDF: „Sprungbrett", „Hei-Wie-Tip-Top", „Kind im Kofferraum", „Frau Sommer" usw. M: Schwarz-Weiß-Tanzclub. H: Modellieren, Porträts, vorwiegend Tiere u Kinder.

Koguchi Leila
B: Schauspielerin. A: c/o Management Margarete van Dam, NL–Amsterdam, Plantage Parklaan 12. Tel: 003120/246743.

Köhler Brigitta
B: Schauspielerin. A: A–1010 Wien, Weihburgg 20, c/o ZBF-Agentur München. Tel: 0222/5208812 oder 089/335081.

Köhler Hans-Joachim
B: Werbeberater, Leiter d Konzert- u Gastspieldion „Der Radios". G: Flensburg, 9. Nov

1931. V: Roswitha, geb Hagemann. A: D–5203 Neunkirchen 1, Oberwennerscheid. Tel: 02247/1571. S: Gymn, WerbefachAk. K: WerbeAss in Bielefeld, Fachberater beim „Hamburger Abendblatt", bei d „Deutschen Grammophon Ges", Inhaber eines Fachgeschäftes f Schallplatten, Rundfunk, Elektro usw. Musiker, Sänger u Leiter einer Tanzkapelle, Programmgestalter u Organisationsleiter beim „Studio S", Tourneeleiter bei versch Gastspieldirektionen d BRD. Manager v Gesangskünstlern. M: IVTCDV. H: Musik, Reisen, Motor- u Segelbootfahren.

Köhler Helga
B: Schauspielerin. A: c/o Agentur Lentz, D–8000 München 80, Holbeinstr 4. Tel: 089/474026.

Kohlund Christian
B: Schauspieler. A: D–8000 München 40, Ainmillerstr 26, c/o Management Jovanvic. Tel: 089/395119 oder 089/475024/25.

Kohlund Erwin
B: Schauspieler. A: CH–8712 Stäfa bei Zürich, Dachslerenstr, c/o Management Jovanovic. Tel: 00411/748877 oder 089/475024/25.

Kohlund Franziska
B: Schauspielerin. A: CH–8712 Stäfa b Zürich, Dachslerenstr, c/o Management Jovanovic. Tel: 00411/748877 oder 089/475024/25.

Kohn Ernst
B: Schauspieler. A: D–3400 Göttingen, Hanssenstr 7, c/o ZBF-Gen-Agentur Frankfurt. Tel: 0551/57467 oder 0611/7111335.

Kohut Walter
B: Schauspieler. A: c/o Agentur Bloy, D–8022 Grünwald, Gasteigweg 1. Tel: 089/6411893.

Kolar Helmuth
B: Schauspieler. A: D–2940 Wilhelmshaven, Kurze Str 24, c/o ZBF-Agentur Hamburg. Tel: 04421/42471 oder 040/66885400.

Kolbe Ingrid
B: Schauspielerin. A: D–8000 München 71, Appenzeller Str 127, c/o ZBF-Agentur München. Tel: 089/7552772 oder 089/335081.

Kollakowsky Hartmut
B: Schauspieler. A: D–2300 Kiel, Harmsstr 64, c/o ZBF-Agentur Hamburg. Tel: 0431/63486 oder 040/66885400.

Kollakowsky Norbert
B: Schauspieler. A: D–2900 Oldenburg, Gotenstr 19, c/o ZBF-Gen-Agentur Frankfurt. Tel: 0441/64728 oder 0611/7111335.

Kollasch Franz
B: Schauspieler. A: D–8000 München 22, Knöbelstr 12 A, c/o Agentur Marga Wiedner. Tel: 089/295310 oder 089/3081822.

Kollat Gert
B: Schauspieler. A: D–1000 Berlin 33, Vogelsang 3, c/o ZBF-Agentur Berlin. Tel: 030/8326424 oder 030/8838031.

Kolldehoff Reinhard
B: Schauspieler. G: Berlin, 29. Apr 1914. V: Helma, geb Braun. A: D–1000 Berlin 31, Rudolfstädter-Str 123. S Abitur. K: Theaterengagements als Jugendlicher Held u Liebhaber ua in Altenburg, Danzig, Hamburg, Lübeck, nach 1945 an versch Theatern in Berlin, Frankfurt, Schauspielhaus Hamburg, über 100 deutsche Filme, seit 1952 intern Filme in 27 versch Ländern (Frankreich, England, Italien, Spanien, Vietnam, Columbien, Mexico, Brasilien uva). F: In in- u ausländischen Zeitschriften. D: Filme: ua „Unternehmen Edelweiss", „Hanussen", „Urlaub auf Ehrenwort", „Die 1000 Augen d Dr Mabuse" uva, nach 1945 144 Filme gedreht, 107 f d deutsche Fernsehen, 562 Filme synchronisiert, 884 Rundfunksendungen, 25 französische Spielfilme, 12 f französisches TV, 6 italienische Spielfilme, 3 englische, 3 amerikanische Spielfilme usw, Regisseure: „The damned" – Visconti, „Le chant du monde" – Marcel Camus, „Playtime" – Jacques Tati, „La ligne de demarcation" – Claude Chabrol, „Le franciscain de bourges" – Claude Autant-Lara, „Le mur de l'atlantique" – Camus, „Un uomo da rispettare" – Michele Lupo, „Una ragione per vivere – una ragione per morire" – Tonio Valerii, „Borsalino + Co" – Jacques Deray, „Seven men at daybreak" – Lewis Gilbert, „Shout at the devil" – Peter Hunt, Partner: ua Bourvil, Alain Delon, Jean Gabin, William Holden, Ernest Borgnine, James Coburn, Michael Caine, Lee Marvin, Roger Moore, Bud Spencer, Jane Birkin, Ingrid Thulin, Dirk Bogarde, Daniel Gelin uva. H: Reisen, spez Afrika.

Kollecker Brigitte
B: Schauspielerin. A: D–2000 Hamburg 13, Magdalenenstr 43. Tel: 040/442815.

Kollek Peter
B: Schauspieler. A: D–6000 Frankfurt/Main-Seckbach, Am Kappelgarten 28, c/o ZBF-Gen-Agentur Frankfurt. Tel: 0611/474220 oder 0611/7111335.

Koller Dagmar
B: Schauspielerin, Sängerin, Tänzerin. G: Klagenfurt, 26. Aug 1944. V: Dr Helmut Zilk. A: A–1190 Wien, Daringerg 18a. S: Ak f Musik u darstellende Kunst Wien, Abschlußprüfung Tanz, Gesang, Schauspiel. K: Theater a d Wien, Staatstheater Wiesbaden, Bregenzer Festspiele, Tourneen USA, Nizza, Cannes, Monte Carlo, Biarritz, Vichy ua, Tätigkeit f Fernsehen u Schallplatte, freie Schauspielerin u Sängerin. F: In versch Zeitungen u Zeitschriften d In- u Auslandes. D: „Der Mann v la Mancha", „Spiel im Schloß", „Das Dreimäderlhaus", „Im weißen Rößl", „Land d Lächelns", „Sweet Charity", „Eine Nacht in Venedig", „Hochzeit am Bodensee", „Von vier bis sechs", „Königin einer Nacht", „EWG – Einer wird gewinnen", „Starparade", „Das Sonntagskonzert" uva. E: Staatspreis d Ak f Musik Wien.

Koller Erich L
B: Schauspieler, Regisseur, Autor, TheaterDir. G: Wien, 27. Okt 1939. A: A–1020 Wien, Obere Donaustr 3. V: Ilse, geb Brandtner. S: RealGymn m Matura, JuraStud, Reifeprüfung f Schauspiel u Regie m Auszeichnung, Konservatorium f Musik u dram Kunst Wien. K: 1966 Beginn als Schauspieler, Regisseur u Dramaturg im Stadttheater Baden/Wien, 1971 Gründung d „NÖ Kammerschauspiels", Revitalisierung d Kurtheaters Reichenau, daneben Gastspiele, Schauspiel u Operninszenierungen ab 1973, Berufung als Prof f Schauspiel u Regie ans Konservatorium f Musik u dram Kunst Wien, Gründer d „Dramatischen Werkstatt NÖ", Seminar f junge Autoren, Essays über d moderne Theater, Bearbeitung v zahlreichen Opernlibretti u Neufassung d Benatzky-Operette „Der König m d Regenschirm". D: Über 80 Rollen u 50 Regien. E: Förderungspreis d Nationalbank. M: VPr d Ö DirektorenVerb, Kreis d Autoren Wr Neustadt, KoStv d Rhaetia Wien. H: Filmen, Hundedressur.

Kolmann Ossy
B: Schauspieler. A: c/o „Der Würfel" Unterhaltungsbetriebs-GmbH, A–1180 Wien, Scheidlstr 38. Tel: 0222/475323 u 474134.

Komoll Klaus
B: Schauspieler, Regisseur. G: 17. Mai 1928. V: Heide, geb Sander. A: D–1000 Berlin 22, Gößweinsteiner Gang 20. S: Abitur, Stud an d Univ Berlin u Hamburg, Phil, Publizistik, RechtsWiss. K: Darsteller u Regie bei Fernsehen u Film. D: „Leonce u Lena", „Mann ist Mann", „Sommernachtstraum", „Der Barbier v Sevilla" uva. E: Plymouth Award. H: Hochseesegeln.

Konarek Ernst
B: Schauspieler. A: D–4630 Bochum, Königsallee 76, c/o ZBF-Gen-Agentur Frankfurt. Tel: 0234/65802 oder 0611/7111335.

Konczak Klaus
B: Schauspieler. A: D–8000 München 90, Wirtstr 12. Tel: 089/6916672 u 6924278.

Kondakow-Wollrath Igor
B: Komponist, Arrangeur, Pianist, Alleinunterhalter. G: Leningrad/UdSSR, 12. Aug 1941. V: Milly. A: D–8000 München 80, Bülowstr 19. S: Abitur, Moskauer Musikschule, Moskauer Konservatorium, zweijähriger Variete-Kursus in Moskau. K: Bandleader u Solist v bedeutenden Jazzgruppen d UdSSR, Komponist u Arrangeur v mehreren sowjetischen Schlagern (über 1 Million Schallplatten in d UdSS) Komponist v mehreren sowjetischen Filmen, seit 1973 in d BRD als Aussiedler u Arbeit als Alleinunterhalter in versch Lokalen u Piano-Bars, Gastspiele in fast allen Ländern d Welt, Komposition zum Film „Die Liebe", eine Schallplatte in Vorbereitung. F: Abendzeitung, Tageszeitung, Süddeutsche Zeitung, Jazz-Zeitung (München). E: Laureat v mehreren Jazz-Festivals in d UdSSR u in Ostblockländern. M: GEMA. H: Lesen, Meditation, Tiere, Sauna, Biergarten, Südländische Meeresstrände.

Köndgen Cornelia
B: Schauspielerin. A: D–8000 München 22, Herrnstr 11, c/o ZBF-Agentur München. Tel: 089/297017 oder 089/335081.

König Brigitte
B: Schauspielerin. G: Berlin, 11. Okt 1915. A: D–4150 Krefeld, Brahms Str 91. S: Oberse-

kundareife, Frauenschule, MusikHS (Violine, Klavier, 2 Sem), Schauspielschule d Deutschen Theaters Berlin. K: Engagements in Leipzig Schauspielhaus 1935–38, 1938–42 Städt Bühnen Breslau, 1942–44 Deutsches Theater Prag, 1945–46 gemeinsam m Fritz Rémond „Thespiskarren" in Bad Tölz u Tourneen, 1946–50 m Fritz Rémond Eröffnung u Weiterführung d Kleinen Theaters im Zoo Frankfurt, 1950–56 Staatstheater Darmstadt, 1956–57 Städt Bühnen Köln, 1957 Eröffnung eines Campingplatzes in Italien Terracina, ab 1960 freiberuflich mit Sitz in Krefeld, 1966 fest in Krefeld abgeschlossen, seither in Krefeld. D: Über „Minna v Barnhelm" u „Wie es Euch gefällt" zu Charakterrollen wie Blanche in „Endstation Sehnsucht" u Kameliendame in Williams' „Camino Real", zuletzt „Troerinnen", „Biberpelz", „Harold and Maude", „Besuch d alten Dame", „Gin-Rommé", „Gespenster". H: Reisen, Handarbeiten.

König Günter
B: Schauspieler. A: D–2000 Hamburg 13, Werderstr 69, c/o ZBF-Agentur Hamburg. Tel: 040/450687 oder 040/66885400.

König Hans
N: König Johannes. B: Sänger, Musiker. G: Wien, 13. Juli 1946. A: A–1150 Wien, Sturzg 37/1. S: Grundschule, Konservatorium Wien (Prof Bartouschek, Prof Trapal) Klarinette. K: Mit 15 Jahren erster Auftritt in Innsbruck, Gastspiele als Sänger u Musiker in Frankfurt, Regensburg, Berlin, Schweiz, Gründung einer eigenen Gruppe „The Allrounds", mit 17 Jahren Autor u Komponist mehrerer Lieder, ua „Glaube mir", „Du hast es selbst gesagt", „Shake Widi-Bam-Bam", „Contessa", Mtgl d „Bambis", Gastspiele im In- u Ausland, nach Auflösung d „Bambis" noch weitere 6 Jahre Auftritte m Garry Holzer, zZ Auftritte bei Sonderveranstaltungen u auf Schiffen uä, Erfolge m d „Russischen Abendglocken", „Wandering Star", autodidakt m Tenorsaxophon, Hammondorgel, Gitarre, Schlagzeug. F: In vielen in- u ausländischen Zeitungen u Zeitschriften. D: „00Sex am Wörthersee" uva. M: AKM, Austro Mechana. H: Musik, Fußball (Sohn d „Wunderteam"-Spielers Karl Zischek), Autos, Tauchen, Fliegen (Kunstfliegen).

König Helga
B: Schauspielerin. A: c/o Agentur Rakosi, D–8000 München 90, Tegernseer Landstr 284. Tel: 089/6904092.

König Henry
B: Schauspieler. A: D–2000 Hamburg 55, Wittland 20 A, c/o ZBF-Agentur Hamburg. Tel: 040/877584 oder 040/66885400.

König Johanna
B: Schauspielerin. G: Dresden, 27. März 1921. V: Felix Hock. A: D–1000 Berlin 22, Kurpromenade 68 und D–3590 Bad Wildungen, Dr Born-Str 11. S: Kinderballett d Staatsoper Dresden, Schauspielschule Borchardt Berlin. K: Solotänzerin, Parodistin, Kabarettistin, Schauspielerin, Filmschauspielerin, „Klementine". F: In sämtlichen deutschen, sowie vielen ausländischen Illustrierten. D: 21 Spielfilme (darunter 8 Hauptrollen), 11 Fernsehfilme (darunter 3 Hauptrollen), 13 Fernsehsendungen (Kabarett), 6 Musicals (darunter 2 Hauptrollen). E: Titelrolle „Jane bleibt Jane", Spielfilm, ausgezeichnet m d Kritikerpreis b Film-Festival Locarno 1977 u b London-Film-Festival als herausragendster Film d Jahres 1977.

König Karl-Heinz
B: Schauspieler. A: D–2057 Reinbek, Schmedesberg 19.

König-Kaufmann Gunda
B: Schauspielerin. G: Langenlois/NÖ. V: Dieter Kaufmann. A: A–1010 Wien, Tuchlauben 18. S: Matura, Pädagogische Ak, Lehrer, 3 Jahre SchauspielStud. K: 1969–71 erstes Engagement Klagenfurt, 6 Sommer „Komödienspiele Porcia", freie Berufsausübung am Cafe-Theater, Volkstheater, Komödianten, Theater a d Wien, Gründung d „K u K Experimental-Studios", Interpretation u Kreation zeitgen Musiktheaters, exper Hörspiel, Tourneen d Deutschland, Finnland, Schweden, Frankreich, Italien, USA, Kanada. F: Kurier, Die Frau, Die Brücke uva in- u ausländische Zeitungen. D: TV: „Mundl", „Magazyniker", „Seltsam erfundene Gestalten", „Duell im Dunkel", Theater: „Schule d Frauen", „Damenschneider", „6 Personen suchen einen Autor", „Victor oder d Kinder d Nacht", „Prozeß" uva, Eigenproduktionen u One-women-Shows. H: Musiktheater, Ausdrucksformen, Sprachen, Kinder.

Konrad Herta
B: Schauspielerin. G: Wien, 6. Jan 1933. V: Hand Liebrecht. A: CH–6612 Ascona, Via Monescia 8. S: HAk, Reinhardt-Seminar Wien. K: Wiener Volkstheater, Wiener Kammerspiele, Münchner Staatstheater, Komödie

Stuttgart, Komödie Düsseldorf, Komödie München, zahlreiche Filme in d 50er u 60er Jahren, Fernsehen, Hauptrolle im 11fach preisgekrönten „Orden für die Wunderkinder" bei d Bavaria Film. F: Zahlreiche Fotoveröffentlichungen in Tageszeitungen u Film- u TV-Heften. D: Theater: „Minna von Barnhelm", „Biberpelz", „Mann mit dem Zylinder", „Caroline", „Der Geizige", „Das Konzert", „Finden Sie, daß Constanze sich richtig verhält?", Film: ua „Ober zahlen", „Heiratskanditaten", „Schön ist die Liebe am Königssee", „Nick Knatterton", „Pulverschnee", „Übersee", „Hohe Tannen". H: Schreiben, Schwimmen, Lesen.

Konradi Inge
B: Schauspielerin. G: Wien, 24. Juli 1925. A: A–1030 Wien, Invalidenstr 13. S: Opernballett, Reinhardt-Seminar. K: Engagements am Volkstheater Wien, Burgtheater Wien, Salzburger Festspiele uva, Tätigkeit bei Funk u Film. D: „Die Venus v Tivoli", „Muss man sich gleich scheiden lassen?" uva.

Konzack-Konzer Gerhard
B: Schauspieler. G: Berlin, 30. Okt 1908. V: Ingrid, geb Dobrinski. A: D–1000 Berlin, Ludwigkirchstr 6. S: Leibniz-Gymn, Schauspielausbildung. K: Rotter-Bühnen, Saltenburg Bühnen, Volksbühne Berlin, Wuppertal, Hannover, Mainz, Freiburg, Theater am Nollendorfplatz Berlin. F: Bühne, Berliner Morgenpost. D: „Veilchen blühen im September", „Sophie und Opa", „Die große Atter", „Lieb Vaterland magst ruhig sein", „Hurra, ein Junge", „Die Lokomotive", „Sylvia und der Durchschnittsmensch" uva. H: Pferde, Hunde.

Kooten Johanneke van
B: Schauspielerin. A: c/o Management Margarete van Dam, NL–Amsterdam, Plantage Parklaan 12. Tel: 003120/246743.

Kootes Irmgard
B: Schauspielerin. A: D–2110 Buchholz i d N, Uhlengrund 26, c/o ZBF-Agentur Hamburg. Tel: 04181/8181 oder 040/66885400.

Köpcke Karl-Heinz
B: Chefsprecher. G: Hamburg, 29. Sept 1922. V: Gerti. A: D–2000 Hamburg 13, Parkallee 11. K: Arbeitsdienst, Luftwaffe, Ausbildung zum Funker, Funktruppführer in einem Spezialkorps, nach Entlassung Sprecher b Schulfunk d Bremer Rundfunks, dann Nachrichtenredaktion, 1949 Wechsel zum Hörfunk d NWDR, 1959 zur „Tagesschau", seit 1964 Chefsprecher, Veröff: Kurzgeschichtenbuch: „Guten Abend, meine Damen u Herren". F: Hör Zu uva. H: Reisen, Fotografieren, Autofahren.

Köper Carmen
B: Schauspielerin. A: c/o Agentur Bloy, D–8022 Grünwald, Gasteigweg 1. Tel: 089/6411893.

Kopietz Gaby
B: Schauspielerin. A: c/o Agentur Rakosi, D–8000 München 90, Tegernseer Landste 284. Tel: 089/6904092.

Köpke Wolfgang
B: Stuntman, Schauspieler. G: Nienburg/Weser, 26. Aug 1946. A: D–2000 Hamburg 50 Große Bergstr 193. S: Grundschule, Fachschulreife, Universal Studios Hollywood Stuntschool. K: Nach Beendigung d Lehre 4 Jahre Soldat b d BMarine als Kampfschwimmer u SportOffz, dann Serie „Percy Stuart" als Darsteller u Stuntman, nach Schauspielschule Darsteller. F: Stern, Hör Zu, TV Hören u Sehen, Funk Uhr, Fernsehwoche, Auto-Zeitung, BZ Berlin, Bild Zeitung, Bild am Sonntag, Hamburger Abendblatt, Hamburger Morgenpost, Dressman u Fotomodell ua. D: „Einer von uns Beiden", „Die Brüder", „Tatort", „Dem Täter auf d Spur", „Sonderdezernat K 1", „Eurogang", „Freiwillige Feuerwehr", „Pinkertons Erben", „Percy Stuart", „Derrick", Reklame f „Timex" mit Namensnennung, in Fernsehen, Funk u Film. E: Nach d Premiere d Filmes „Die Brüder" in München v Kritikern als bester Stuntman u die Nr 1 in Deutschland bezeichnet, Aufnahme in d Stunts Unlimited in LA durch Hal Needham. M: Gründer d „Stunts Unlimited of Germany". H: Fallschirmspringen, Tauchen, Wasserski, Karate, Windsurfen, Drachenfliegen, Motorradfahren, Autorennen.

Köppel Jochen
B: Schauspieler. A: D–2057 Reinbek bei Hamburg, Lindenallee 15b, c/o ZBF-Agentur Hamburg. Tel: 040/7102131 oder 040/66885400.

Koppenhöfer Christiane
B: Schauspielerin. A: D–7500 Karlsruhe 41, Im Eisenhafengrund 1. Tel: 0721/41517.

Körber Maria
N: Maria Kerzel-Körber. B: Schauspielerin. G:

Berlin, 23. Juni 1930. V: Joachim Kerzel. A: D–1000 Berlin 37, Am Hegewinkel 88. Tel: 030/0134066. S: Schauspielschule. K: Schauspielerin am Staatstheater Oldenburg, Gastspiele in Lüneburg, Theater im Zimmer Hamburg, Stadttheater Bielefeld, Tribüne Berlin, Theater am Kurfürstendamm Berlin, Nationaltheater Mannheim, Hessisches Staatstheater Wiesbaden, Schauspielerin am Theater am Goetheplatz Bremen, Gastspiele am Renaissance-Theater Berlin, Thalia-Theater Hamburg, Köln, seit 1960 freie Schauspielerin am Theater in d Leopoldstraße München, Landesbühne Hannover, Berliner Theater, Kleines Theater im Zoo, Frankfurt/M, Städt Bühnen Wuppertal, Tribüne Berlin, Gastspiele Festspiele Bad Gandersheim, Andernach, Feuchtwangen, Schwäbisch Hall, Herrenhausen, Bayreuth, Hebbel-Theater, Volksbühne, Theater am Kurfürstendamm Berlin, Arbeit f Fersehen, Hörfunk, Film, Synchron, seit 1974 Mtgl d Staatl Schauspielbühnen Berlin. F: In versch Zeitungen u Zeitschriften. D: Theater: „Der zerbrochene Krug", versch Operetten, „Arm wie eine Kirchenmaus", „Helden", „Die Glasmenagerie", „Peer Gynt", „Wolken sind überall", „Die begnadete Angst", „Donna Diana", „Wie führe ich eine Ehe", „Gigi", „Colombe", „Blick zurück im Zorn", „Nebeneinander", „Ehekarussell", „Man weiß nicht wie", „Mirandolina", „Viel Lärm um Nichts", „Ein Sommernachtstraum", „Der Widerspenstigen Zähmung", „Mon Faust", „Tapetenwechsel", „Frau im Morgenrock", „Faust", „Die Jungfrau v Orleans", „Der Richter v Zalamea", „Cher Antoine ...", Fernsehen: „Die schmutzigen Hände", „Der Richter u sein Henker", „Antigone", „Ein idealer Gatte", „Ich rufe Dresden", „Jonny Belinda", „Stine", „Der Biberpelz", „Überstunden", „Der Sog", „Wie eine Träne im Ozean", „Sessel zwischen Stühlen", „Die Sprachlosen", „Auf den Spuren d Anarchisten", „Das Klavier", „Wenn alle andern fehlen", „Alle reden von Liebe" uva.

Korda Nino
N: Nino Nannizzi. B: Schauspieler. G: Worblingen, 2. Okt 1927. V: Karin, geb Schwertner. A: D–8034 Germering b München, Isoldenstr 6. S: Abitur, Fachschulen, Schauspielschule. K: Theater in Stuttgart, Hamburg, Wien, Köln, Zürich, Basel, München. F: In allen großen Illustrierten u Tageszeitungen d BRD, d Schweiz u Österreich. D: „Tatort", „Derrick", „Der Alte", Durbridge-Krimi, „Jahre danach", „Das Geheimnis d alten Mamsell", „Der Gerechte", „Teresa", „Auf d Spuren d Seefahrer", „Graf Luckner" uva. E: Viele Bühnenauszeichnungen. M: BühnenGen. H: Reiten, Fechten, Tennis.

Korda Susanne
B: Schauspielerin. A: c/o Management Palz, D–8000 München 81, Ortlindestr 6/VII. Tel: 089/912019/10.

Korff Hans P
B: Schauspieler. A: D–2000 Hamburg 76, Hofweg 49, c/o ZBF-Agentur Hamburg. Tel: 040/2296097 oder 040/66885400.

Korn Fritz
B: Schauspieler. A: D–8000 München 22, Bürkleinstr 20, c/o ZBF-Agentur München. Tel: 089/0296140 oder 089/335081.

Körner Diana
B: Schauspielerin. A: c/o Management Palz, D–8000 München 81, Ortlindestr 6/VII. Tel: 089/912019/10.

Körner Sabine
B: Schauspielerin. A: D–1000 Berlin 31, Nassauische Str 25, c/o Agentur Bengen. Tel: 030/3911895.

Kornetzky Wolfgang
B: Opernsänger (Bassist). G: Jordansmühl/Oberschlesien, 27. Mai 1935. V: OStR Christa, geb Lindenburger. A: D–7530 Pforzheim, Murgstr 17. S: Abitur an d Wirtschaftsoberschule Flensburg 1954, 6 Sem Stud Volks- u Betriebswirtschaft an d Univ Erlangen u Freie Univ Berlin, MusikHS Berlin, privater Gesangsunterricht u Darstellung bis 1965. K: Während d MusikStud Engagement an d Kleinen Oper Berlin, Stadttheater Pforzheim seit 1966 u Schillertheater, seit 1977 auch WerbeLtr d Theaters, Gastengagement in Mannheim, Regensburg, Wien, Augsburg, Hildesheim, daneben Tätigkeit als Oratoriensänger in geistlichen Konzerten in Pforzheim, Berlin, Nürnberg, Stuttgart. F: Szenenfotos bei Berichterstattung in Opernwelt u Tageszeitungen. D: In Opern, Operetten u Musicals: „Die Entführung aus dem Serail", „Fidelio", „Die Hochzeit des Figaro", „Lustige Weiber v Windsor", „Der Fliegende Holländer", „Der Waffenschmied", „Rusalka", „Don Pasquale", „My Fair Lady", „Man of La Mancha", „Martha", „Don Giovanni", „Rigoletto", „Don

Carlos" uva, auch eine Reihe v modernen Opern. M: Gewerkschaft d Bühnenangehörigen. H: Filmen, Reisen (Camping), Basteln (mit d Söhnen), Skilanglauf, Reiten, Schwimmen.

Kornmüller Jörg
B: Schauspieler. A: D–8000 München 90, Tegernseer Landstr 108, c/o ZBF-Agentur München. Tel: 089/6916100 oder 089/335081.

Korrontay Michael
B: Schauspieler. A: D–2300 Kiel 1, Feldstr 130, c/o Agentur Runde-Profé. Tel: 0431/83434 oder 030/3040661.

Korte Hans
B: Schauspieler. A: c/o Agentur Köhler, D–8000 München 40, Rümannstr 51. Tel: 089/363970.

Kosmala Margot
B: Schauspielerin. A: c/o Agentur Bengen, D–1000 Berlin 21, Paulstr 25. Tel: 030/3911895.

Koss Irene
B: Schauspielerin. A: D–8000 München 45, Am Blütenring 72. Tel: 089/325258.

Kossert Eva-Maria
N: Eva-Maria Brunsch. B: Artistin, Akrobatin. G: Berlin, 3. Dez 1936. V: Ryszard Brunsch. A: D–1000 Berlin 47, Goldhähnchenweg 31. S: Grundschule, Artistenschule Dalready. K: Als Kinderstar beim Berliner Schillertheater, Kinder- u Werbefilme bei d Berliner Ufa-FilmGes, 1951–54 bei d „3 MERKELS" intern bekannte Kantschukdarbietung, seit 1955 mit akrobatischer Solodarbietung Reisen d Europa, Asien, Afrika u Amerika. F: Fotoveröffentlichungen u Kritiken in fast allen bereisten Ländern. D: Div Märchen- u Werbefilme. E: 1966 in Kambotscha v Prinz Sihanouk ausgezeichnet. M: IAL. H: Fotografieren, lesen, fremde Länder.

Kosta Sonja
B: Schauspielerin. A: D–8000 München 80, Maria Theresia-Str 1a. Tel: 089/472431.

Köster Lieselotte
B: Schauspielerin. A: D–6200 Wiesbaden, Am Schloßpark 59, c/o ZBF-General-Agentur Frankfurt. Tel: 06121/65769 oder 0611/7111335.

Köster Lothar
B: Schauspieler. A: D–1000 Berlin 33, Laubenheimer Str 3, c/o ZBF-Agentur Berlin. Tel: 030/8214427 oder 030/8838031.

Köstlinger Josef
B: Opernsänger. G: Braunau, 24. Okt 1946. V: Kerstin, geb Lostin. A: A–5020 Salzburg, Wilhelm Erben-Str 7. S: Matura, Opernschule Stockholm. K: Oper Stockholm, seit 4 Jahren Salzburger Landestheater. F: In versch Bühnenzeitschriften. D: Film: „Zauberflöte", Rollen in „Salome", „Entführung aus d Serail", „Cosi fan tutte", „Xerxes", „Wildschütz", „Rita", „Figaro", „Graf v Luxemburg", „Der Mann v la Mancha", „Nacht in Venedig", „Frühjahrsparade". E: 3x Christina Nilsson Stipendium, 2. Preis d Opernklasse d Salzburger SommerAk. H: Fußball, Tennis, Skifahren, mit Menschen diskutieren.

Kotthaus Eva
B: Schauspielerin. G: Düsseldorf, 19. Mai 1932. V: Rudolf Krieg. A: D–6500 Mainz, Südring 162. S: Gymn Düsseldorf, Otto Falckenberg Schule München. K: Seit 1954 Gastspiele u mehrjährige Verträge an fast allen deutschsprachigen Bühnen, Film, Fernsehspiele, Serien, Tourneen, Festspiele. F : In fast allen deutschen Zeitschriften. D: „Maria Stuart", „Mutter Courage", „Biberpelz" „Ratten" uva, Film: „Himmel ohne Sterne", „Glücksritter", „Jahrgang 21" uva. E: BFilmpreis 1956, Großer Hersfeldpreis 1973, Großer Hersfeldpreis 1977. H: 2 Kinder.

Kotzerke Werner
B: Schauspieler. A: D–8000 München 60, Schirmerweg 2. Tel: 089/884761.

Kotzurek Gerd Teddy
B: Schauspieler. A: D–8044 Lohhof, Margaretenanger 3a. Tel: 089/1302734.

Kovacs Mijou
B: Schauspielerin. A: A–1190 Wien, Sieveringer Str 92, c/o ZBF-Agentur München. Tel: 0222/3228595 oder 089/335081.

Kövary Georg Prof
B: Schriftsteller, Übersetzer, Regisseur, Schauspieler. G: Budapest, 21. Feb 1922. V: Eva, geb Adam. A: A–1040 Wien, Rubensgasse 11. S: RealGymn, Matura. K: In Ungarn

Journalist, Schriftsteller, Humorist-Kabarettist, Filmdramaturg, Synchron- u Liedtexter, kleine Filmrollen, 1956 übersiedelt nach Wien, Bühnen-, Filmdrehbuch-, Funk- u Fernseh-Autor, Übersetzungen ins Deutsche (ua Déry, Szakonyi, Operettenbearbeitungen, zB Kálmán), bzw ins Ungarische (ua Csokor, Horváth, Georg Kreisler), einige Werke: „Das Schülerstreichquintett", „Autofahrer unterwegs", „St Peters Regenschirm", „Das Luftschloß d Herrn Wuschelkopf", Mitarbeit an d Drehbüchern „Der Jugendrichter", „Das schwarze Schaf", „Die Schatten werden länger". D: „Die Reise", „Geheime Wege", „Die Halbzarte", „Radetzky-Marsch", „Schwejk", „Zerschossene Träume". E: Theodor Körner-Preis, Berufstitel Prof. M: PEN Club, Dramatiker Union, Österr Schriftsteller-Verb, VorstMtgl d Gen dramatischer Schriftsteller u Komponisten. H: Autogrammsammlung.

Kowalj Willi
B: Schauspieler. A: CH–8032 Zürich, Freie Str 84, c/o Management Jovanovic. Tel: 00411/340979 oder 089/475024/25.

Kraeft Volkert
B: Schauspieler. A: c/o Management Palz, D–8000 München 81, Ortlindestr 6/VII. Tel: 089/912019/10.

Kraehkamp Heinz Werner
B: Schauspieler. A: D–5067 Kürten/Bechen-Viersbach, Haus „Krähe", c/o ZBF-Frankfurt/M, Friedrich Arndt, c/o Frankfurt/M, TAT-Theater am Turm, Oederweg 1. Tel: 02283/6463 oder 0611/7111335 oder 0611/1521219.

Kraemer Helmut
B: Schauspieler. A: D–7000 Stuttgart 1, Albert Schäffle-Str 122. Tel: 0711/463232.

Kraft Evelyne
B: Schauspielerin. A: c/o Management Jovanovic, D–8000 München 80, Perfallstr 46. Tel: 089/475024/25.

Krahl Hilde
B: Schauspielerin. G: Brod a d Save, 10. Jan 1917. A: A–1170 Wien, Artariastr 10. S: Gymn, musikalische u schauspielerische Ausbildung in Wien. K: Elevin d Wiener Raimundtheaters, Wiener Kabarett „Literatur am Naschmarkt", Scala, Theater i d Josefstadt Wien, dann Berlin, Hamburg, Tätigkeit bei Funk, Film u Fernsehen. D: „Die Puppenfee", „Mädchenpensionat", „Lumpazivagabundus", „Serenade", „Der Hampelmann", „Gastspiel im Paradies", „Die barmherzige Lüge", „Der Weg zu Isabell", „Donauschiffer", „Der Postmeister", „Herz modern möbliert", „Das andere Ich", „Komödianten", „Anuschka", „Meine Freundin Josefine", „Großstadtmelodie", „Träumerei", „Liebe 47" „Schatten d Nacht", „Meine Nichte Susanne", „Wenn eine Frau liebt", „Weiße Schatten", „Herz d Welt", „Die Venus v Tivoli", „Die Mücke", „Ewiger Walzer", „Kinder, Mütter u ein General", „Eine Frau genügt nicht", „Nacht d Entscheidung", „Mein Vater, der Schauspieler" uva.

Kramar Hubert
B: Schauspieler. A: c/o Management Jovanovic, D–8000 München 80, Perfallstr 6. Tel: 089/475024/25.

Kramer Gottfried
B: Schauspieler. A: D–2000 Hamburg 13, Oderfelder Str 4, c/o ZBF-Agentur Hamburg. Tel: 040/476140 oder 040/66885400.

Kraml Angelika
B: Schauspielerin. A: D–8000 München 83, Annette Kolb-Anger 15, c/o ZBF-Agentur München. Tel: 089/676817 oder 089/335081.

Kramreither Tony
B: Schauspieler. A: c/o Agentur Lentz, D–8000 München 80, Holbeinstr 4. Tel: 089/474026.

Kraner Cissy
N: Cissy Gisela Maria Kraner-Wiener. B: Schauspielerin, Kabarettistin. G: Wien, 13. Jan 1923. V: Prof Hugo Wiener. A: A–1040 Wien, Kleinschmidg 1/9. S: RealGymn, Konservatorium, Tanz- u Gesangausbildung. K: 20 Jahre ständig „Simpl" bis 1973, Gastspiele in d Schweiz, Deutschland, Israel, Holland, Fernsehen, Film, Theater. F: Hör Zu, Bunte, Tageszeitungen uva. D: „K + K Feldmarschall", „Unter 18", „Heiratskandidaten", „Czardasfürstin", „Pension Schöller" uva. E: Ehrenkreuz f Wiss u Kunst. M: Bühnengewerkschaft. H: Wandern u Kneippen.

Kranz Mario
N: Kranz Maximilian. B: Schauspieler. G: Lemberg, 29. Dez 1907. V: Lotte, geb David. A: A 1190 Wien, Döblinger Hauptstr 87/II/1/6. S: Realschule. K: Schauspielschüler v Josef

Danegger, Theater i d Josefstadt, Pilsen, Landshut, Innsbruck, Deutsches Volkstheater in Wien, 1934 emigriert nach Palästina, dort Schauspieler an versch Iwrith-Bühnen. Rundfunksprecher im Antifa-Sender „Hier spricht der Österr Soldatenonkel" im Britischen Dienst. Leiter eines deutschsprach Kammertheaters in Jerusalem bis 1947, ab 1947 Wien Scala, später Volkstheater. F: Österr Zeitung, Volksstimme, Stimme der Frau, Kurier, Kronenzeitung, Die Bühne ua. D: Filme: „Schicksal am Lenkrad", „Gasparone", „Ein Alibi zerbricht", „Geliebte Bestie" usw. Fernsehen: „Der Lift", „Dem Himmel näher", „Der kleine Lord', „Omer Pascha", „Die Angst des Tormanns" usw. H: Musik, Zeichnen, Bildhauern.

Kranz Peter
B: Schauspieler. A: D–8000 München 2, Westendstr 113. Tel: 089/508911.

Krasa-Amodé Ingeburg
B: Schauspielerin. A: D–6000 Frankfurt/Main, Am Dornbusch 10. Tel: 0611/5602112.

Krasna Maria
B: Schauspielerin. A: D–5600 Wuppertal 1, Herzogstr 44, c/o ZBF-General-Agentur Frankfurt. Tel: 02121/447525 oder 0611/7111335.

Krauel Martina
B: Schauspielerin. A: D–6000 Frankfurt/Main, Stegstr 37. Tel: 0611/618790.

Kraus Fred Prof
B: Sänger, Schauspieler, Regisseur, TV-Produzent. G: Salzburg, 2. Nov 1917. A: D–8000 München 40, Kaiserplatz 7. S: Mittlere Reife, Schauspielschule, Gesangsausbildung, Bavaria-Filmschule. K: Beginn als Sänger u Schauspieler, Schallplattenaufnahmen, eigenes Theater-Kabarett in Salzburg 1945 „Bei Fred Kraus", danach Engagement in Wien als Schauspieler u Tenor am „Bürgertheater" u Revuebühne „Casanova", viele Rundfunksendungen, anschließend Gastspiele m eigenem Kabarett-Ensemble „Die kleinen Vier", dann Gastspiele in Hauptrollen an fast allen Theatern Münchens, ab 1954 Fernsehen m eigenen Sendungen wie „Fred Kraus-Brettl", „Schlagerbummel m Fred Kraus" usw, bei gleichzeitiger Regie, später hauptsächlich als TV-Regisseur bei ARD, ZDF, SRG u Tele Monte Carlo, bis 1975 bereits 250 TV-Inszenierungen: Shows, Operette, Musical, Schwänke u Starporträts, seit 15 Jahren eigene Fernsehproduktions-Firma „Telecine" zusammen m Sohn Peter Kraus. D: „Der alte Herr Kanzleirat", „Soweit geht die Liebe nicht", „Melodie u Rhythmus", „Kein Engel ist so rein", „Wildwest in Oberbayern" uva. E: 1978 v Österr BPr als Botschafter österr Kultur im Deutschen Fernsehen m d Prof-Titel ausgezeichnet. M: BVerb Deutscher Fernsehproduzenten eV, BVerb d Fernseh- u Filmregisseure in Deutschland eV. H: Schwimmen, Wandern, Basteln im Haus.

Kraus Hans
B: Schauspieler. A: c/o Agentur Alexander, D–8000 München 80, Lamontstr 9. Tel: 089/471011.

Kraus Peter
B: Schauspieler. A: D–8000 München 40, Kaiserpl 7. Tel: 089/395926.

Kraus Walter
B: Schauspieler. A: D–8000 München 40, Vnzerer Str 176, c/o ZBF-Agentur München. Tel: 089/3008550 oder 089/335081.

Krause Klaus
B: Schauspieler. A: D–8000 München 19, Hildebrandstr 9. Tel: 089/154249.

Krause Werner
B: Schauspieler. A: D–1000 Berlin 33, Ludwig Barnay-Pl 10. Tel: 030/8218301.

Krause Willy
B: Schauspieler. A: D–7570 Baden-Baden, Dornmattstr 55. Tel: 07221/71491.

Krauss Gisela
B: Schauspielerin. A: D–8000 München 40, Giselastr 20, c/o ZBF-Agentur München. Tel: 089/341117 oder 089/335081.

Krauss Helga
B: Schauspielerin. A: D–1000 Berlin 19, Neue Kantstr 21. Tel: 030/3062376.

Krauss Helmar
B: Schauspieler. A: D–4330 Mühlheim 1, Eppinghofer Str 1. Tel: 02133/0472508.

Kravina Herta
B: Schauspielerin. A: D–1000 Berlin 15, Meinekestr 11, D–2000 Hamburg 52, Tren-

knerweg 50. Tel: 030/8817670 oder 040/8800509.

Krebs Diether
B: Schauspieler, Autor, Produzent. G: Essen, 11. Aug 1947. A: D–4300 Essen 1, Manteuffelstr 21. S: Folkwang HS Essen-Werden. K: Stadttheater Oberhausen, Schauspielhaus Bochum, danach freie Tätigkeit als Schauspieler am Theater u Fernsehen, seit 1978 eigene Produktionsfirma. D: Hauptrollen in versch Serien u TV-Spielen im deutschen Fernsehen. H: Fliegen, Tauchen, Wasserski.

Kreienbaum Karl-Heinz
B: Schauspieler. A: D–2000 Hamburg 70, Am Jenfelder Bach 47, c/o ZBF-Agentur Hamburg. Tel: 040/6535443 oder 040/66885400.

Kreindl Werner
B: Schauspieler. A: D–8000 München 80, Prinzregentenstr 95. Tel: 089/475817.

Kreissl Gusti
B: Schauspielerin. A: D–8000 München 60, Lortzingstr 10, c/o ZBF-Agentur München. Tel: 089/880670 oder 089/335081.

Krekel Hildegard
B: Schauspielerin. A: D–1000 Berlin 15, Uhlandstr 53, c/o Agentur de la Berg. Tel: 030/8813782 oder 030/3911895.

Krekel Lotti
B: Schauspielerin. G: Rötgen/Aachen, 23. Aug. A: D–5000 Köln 1, Am Malzbüchel 4. S: Ballett- u Schauspielunterricht. K: Beginn mit d Millowitzsch-Bühne, Engagements f Film u Fernsehen, immer wieder Bühnentätigkeit, dann Showgeschäft u Schallplatten, Tätigkeit in Deutschland u im deutschsprachigen Ausland. D: „Der Privatdetektiv", „Der dritte Handschuh", „Ein klarer Fall", „Robert und Bertram", „Die Hofloge", „Tim Frazer", „Stelldichein beim Wein", „Bubusch". F: Hör Zu, Gong, Bild am Sonntag.

Kremer Hans
B: Schauspieler. A: c/o ZBF-Gen-Agentur Frankfurt, D–6000 Frankfurt/Main, Feuerbachstr 42–46. Tel: 0611/7111335.

Kretschmer Grete
N: Grete Herrmann. B: Schauspielerin. G: Wien. V: Johannes Herrmann. A: D–8011 Vaterstetten/München, Taubenstr 5. S: Mittlere Reife, Ausbildung als Shauspielerin bei Prof Seydelmann, Dir d Wr SchauspielAk, bei Susi v d Osten, Wr Burgtheater. K: Schauspielhaus Zürich, Lobe- u Thalia-Theater, Neues Wiener Schauspielhaus, Stadttheater Stettin, Gastspiele in Leipzig „Altes Theater" u in Dresden, „Komödie", Schauspielhaus Breslau, Schauspielhaus Lübeck, Gast bei d Eröffnung d Neuen Theaters in St Gallen. F: Berliner Illustrierte, Wiener Illustrierten. D: „Dona Rosita bleibt ledig", „Marquis von Keith", „Sünden der Jugend", „Sachertorte", „Rose Bernd", „Don Carlos", „Kabale und Liebe", „Die Jungfrau von Orleans", „Maß für Maß", „Biberpelz" uva. Fernsehen: „Häuschen im Grünen", „Die Halde", „Notizen aus der Provinz", „Das rote Spielmobil" ua. H: Lesen, Tennis, Schwimmen, Reisen.

Kretzschmar Sabine
B: Schauspielerin. A: D–8000 München 22, Lerchenfeldstr 16a, c/o Agentur Schmid, c/o ZBF-General-Agentur Frankfurt. Tel: 089/229517 oder 089/981464 oder 0611/7111313.

Kreutz Angelika
B: Schauspielerin. A: c/o Management Jovanovic, D–8000 München 80, Perfallstr 6. Tel: 089/475024–25.

Kreutzenbeck Olaf
B: Schauspieler. A: D–2000 Hamburg 1, Danziger Str 22. Tel: 040/246019, über Sekretariat 040/582877.

Kreuzer Lisa
B: Schauspielerin. A: D–8000 München 90, Willroider Str 12, c/o Management Baumbauer. Tel: 089/647309 oder 089/478577.

Krieg Rudolf
B: Schauspieler, Regisseur. G: Neustadt, 2. Feb 1927. V: Eva, geb Kotthaus. A: D–6500 Mainz, Südring 162. Tel: 06131/33489. S: ReformrealGymn, Staatl HS f Musik u darstellende Kunst, Erfurt. K: 1944 Eignungsprüfung vor d Staatl Kmsn in d MusikHS Dresden, mit Auszeichnung bestanden, vorgeschlagen f d „ReichsfilmHS Babelsberg", Einberufung zum Militär u zum „Reichsarbeitsdienst", bis 1945 Soldat, Flucht aus d Gefangenschaft, Wiederholung d Abitur in Chemnitz (da es f ungültig erklärt wurde), Mitarbeiter d „Stadtfunk Chemnitz", Kontakt zu deutschen u sowjetischen

kulturpolitischen Stellen u mit deren Unterstützung Gründung d ersten Schauspielschule in d SBZ, OrganisationsLtr u Student, 1946 Engagement an d Städt Bühnen Erfurt, Fortsetzung d Stud (Darstellung u Regie), Ass bei OberspielLtr f Oper u Schauspiel Dr Herbert Henze, 1949 Abschlußprüfung als Schauspieler u Nachwuchsregisseur, dann Landestheater Gotha, 1950 Ltg d Landestheaters Gotha (in Dreierteam), 1951 Städt Bühnen Magdeburg, 1952 Ernennung zum 1. SpielLtr d Schauspiels, Forschungsauftrag an d Goethe-Schiller-Archiv Weimar, 1953 Filmarbeit bei DEFA-Babelsberg, 1953 Tätigkeit bei Film, Fernsehen, Funk, Gründung eines Matinee-Ensembles „Die Interpreten" u Ltg dieses Ensembes, Gastspiele an Freilichtbühnen in Deutschland, Gastspiele bei d Ruhrfestspielen Recklinghausen, 1957 Engagement am Schauspielhaus Düsseldorf, Gastvertrag mit d Städt Bühnen Frankfurt/Main, 1962 Lehrbeauftragter an d Staatl HS f Musik u darstellende Kunst in Frankfurt/Main, Wiederaufnahme d unterbrochenen Regietätigkeit mit Regiegastspielen, Theatergastspiele als Schauspieler in Düsseldorf, Hannover, Hamburg, Köln, Tätigkeit bei Film, Funk, Fernsehen, Platte, 1966 Berufung als Erster SpielLtr an d Vereinigten Städt Bühnen Krefeld-Mönchengladbach, Aufbau eines neuen Ensembles, intensive Gastregietätigkeit ua Pfalztheater Kaiserslautern, 1970 Wahl zum Oberspiel Ltr d Schaupiels an d Städt Bühnen Augsburg, 1974 Städt Bühnen Mainz. F: In Theater- u Filmzeitschriften in d DDR u BRD. „Michael Kohlhaas", „Hamlet", „Richard III", „Was ihr wollt", „Macbeth", „Egmont", „Faust", „Mutter Courage", „Tartuffe", „Selbstmörder", „Biberpelz", „Die Ratten", „August August August", „Maria Stuart", „Kabale und Liebe", „Das Himmelbett", „Des Teufels General", „Hexenjagd", „Moral", „Wer hat Angst vor Virginia Woolf", „Die Hose", Inszenierungen: „Maria Stuart", „Kabale und Liebe", „Die Räuber", „Don Juan", „Die natürliche Tochter", „Iphigenie", „Wie es Euch gefällt", „Zwei Herren aus Verona", „Die Ratten", „Galilei", „Mutter Courage", „Wer hat Angst vor Virginia Woolf", „Der Mantel", „August August August", „Die Gruschel von Mayntz" „Der Preis", „Hexenjagd", „Der Hauptmann von Köpenick", „Der zerbrochene Krug", „Amphitryon", „Glasmenagerie", „Draußen vor der Tür", „Die Aufgeregten von Goethe", „Landshuter Erzählungen", „Tabula rasa", „Moral". H: Paläontologie, Geschichte.

Krieg Ursula
B: Schauspielerin. A: D–1000 Berlin 30, Viktoria Luise-Pl 7. Tel: 030/241555.

Kriegel Edmund
B: Schauspieler, Regisseur. G: Berlin, 26. Feb 1922. A: D–1000 Berlin 12, Sybel-Str 19. S: Hum Gymn, Abitur, Schauspielunterricht m Abschluß, Banklehre bis BankKfm. K: Bühnenschauspieler u Bühnenregisseur, Volksbühne am Luxemburgplatz, Berlin 1954–61, Wachtangow-Theater Moskau, Film u Fernsehen, 1946/47 SendeLtr u Sprecher d Lagersenders im PW Reception and Discharge Center APO-Dachau. F: Div Szenenfotos in Fernsehzeitschriften ua Hör Zu, Fernsehwoche, Funkuhr, div Kritiken in Tageszeitungen, Glenzdorfs Intern Filmlexikon, Zeutschel Biographien. D: Theater: „Tanker Nebraska", „Anna Karenina", „Ein fremdes Kind", „Moral", „Wilhelm Tell", „Fiesco v Genua", „Turandot", „Teufelskreis", „Heilige Johanna", „Diener zweier Herren", „Sommernachtstraum" uva, Fernsehen: „90 Minuten nach Mitternacht", „Lieschen Müller", „Tingel-Tangel", „Berlin-Melodie", „Carl v O", „Kaspar Hauser", „Fall Rohrbach", „Jeder stirbt für sich allein" uva. H: Dichten.

Krimmel Anneliese
B: Schauspielerin. A: D–2000 Hamburg 76, Eilenau 109, c/o Agentur Elkins-Rosen. Tel: 040/2007088 oder 089/304517.

Krishan Mircea
B: Schauspieler, Autor. G: 9. Aug 1924. V: Ruth, geb Goldstein. A: D Offenbach/M, Marktpl 8. S: SchauspielHS. K: 1943–67 Schauspieler u Kabarettist in Rumänien, ab 1953 Engagements in allen Ostblockländern, 1967–69 Paris, Rom, London, Madrid, Berlin, 1968–69 Kabarettist u Showman, Schauspieler u Autor. Seit 1969 Redakteur bei d Deutschen Welle. F: in allen Zeitungen u Zeitschriften d BRD. D: Filme: „Jlia macht Sport", „Seele sectorchef", „Faust 65", „Der Schwarze Graf", „Ein Bett voller Gäste" uva. Ca 50 Fernsehshows in Deutschland, Österreich u Frankreich. „Anatevka", „Schweijk", „Doolittle", „Azdak" uva. E: In Soz Ländern: Volkskünstler, Arbeitsorden, Staatspreis. M: Intern Artisten Loge, Verb Rundfunk Jounalisten. H: Sex.

Kristen Siegfried
B: Schauspieler. G: Glatz/Schlesien, 26. Okt

1928. V: Erna, geb Kolbe. A: D–2300 Kiel, Projensdorfer Str 69. Tel: 0431/335344. S: Gymn, Abitur, Dolmetscherexamen f Englisch, Übersetzerexamen Spanisch, 2 Jahre Schauspielschule Studio Haller, Heidelberg. K: Zimmertheater Heidelberg, Gastspiele in Süddeutschland, Schauspieler an d Bühnen d Landeshauptstadt Kiel seit 1962, seit 1958 Tätigkeit bei Funk u Fernsehen. F: Hör Zu. D: Rund 150 große u kleine Rollen in Theaterstücken, zuletzt „Hoffmanns Geschenke", „Isabella, 3 Kasavellen und ein Scharlatan", viele kleine Fernsehrollen. H: Fotografieren, Lesen.

Krödel Knut
B: Schauspieler. A: D–3000 Hannover 1, Podbielskistr 88, c/o ZBF-Agentur Hamburg. Tel: 0511/663103 oder 040/66885400.

Kröger Marco
B: Schauspieler. A: c/o Agentur Bengen, D–1000 Berlin 21, Paulstr 25. Tel: 030/3911895.

Kroll Werner
B: Schauspieler, Parodist. G: Berlin, 15. Jan 1914. V: Mimi, geb Achmüller. A: D–7000 Stuttgart 1, Hohenstaufenstr 15. Tel: 0711/602539. K: Lehrling in einem Kolonialwarengeschäft, erstes Engagement am Cottbusser-Tor-Theater in Berlin, Imitierung v Richard Tauber u Zarah Leander, Refrainsänger d Kapellen Juan Llossas u Bernhard Etté, 1938 Kabarett „Wilhelmshallen" am Berliner Zoo, Parodien v über 30 Prominenten in Stimme u Mimik. F: In vielen Zeitungen u Zeitschriften ua: Wiesbadener Stadtnachrichten, Rhein-Neckar-Zeitung. D: Film: „An jedem Finger zehn", „Ja, ja, die Liebe in Tirol" (m Hans Moser u Gunther Philipp) ua. E: Mehrere versch Auszeichnungen. M: Bühnenclub Berlin. H: Briefmarken.

Krolzyk Karl-Heinz
B: Schauspieler. A: D–8000 München 90, Tegernseer Landstr 110, c/o ZBF-Agentur München. Tel: 089/6923963 oder 089/335081.

Kronberg Randolf
B: Schauspieler. A: D–1000 Berlin 31, Hildegardstr 16, c/o ZBF-Gen-Agentur Frankfurt. Tel: 030/8534464 oder 0611/7111335.

Krost Hildegard
B: Schauspielerin. A: D–8000 München 81, Denninger Str 96/III, c/o ZBF-Agenturen Frankfurt u München. Tel: 089/911780 oder 0611/7111313 oder 089/335081.

Kruck Helga
N: Elsbeth Otto. B: Schauspielerin, Reporterin. G: Dahlhausen, 25. März 1923. V: Karl-Heinz Otto. A: D–4052 Korschenbroich 1, Meutersweg. S: Abitur, Westfälische Schauspielschule Bochum. K: 1939–41 Prof Dr Saladin Schmitt Bühnen Deutschland, Schweiz, Österreich, Kabarett „Werner Finck", „Ko(m)mödchen", „Kleine Freiheit" München. F: In allen Zeitungen, die Kritiken über gespielte Rollen veröffentlichten. D: Filme: „Der bayerische Picasso", „Der Wendepunkt" (die letzten 2 Jahre), Theater: „Indiscret", „Der Wendepunkt", WDR Köln als Abendredakteurin, Fernsehen. M: Bayerische Versicherungskammer Abt Bühne, DAG, TierschutzVer. H: Reiten, Golf.

Krug Eberhard
B: Schauspieler. A: D–1000 Berlin 31, Sigmaringer Str 24. Tel: 030/8611414.

Krüger Christiane
B: Schauspielerin. A: c/o Agentur Lentz, D–8000 München 80, Holbeinstr 4. Tel: 089/474026.

Krüger Detlef
B: Schauspieler. A: D–7500 Karlsruhe 41, Käthe Kollwitz-Str 18, c/o Agentur de la Berg. Tel: 0721/44153 oder 08178/3681.

Krüger Franz-Otto
B: Schauspieler. A: D–1000 Berlin 38, Pfeddersheimer Weg 19, c/o Agentur Alexander. Tel: 030/8033090 oder 089/471011.

Krüger Hardy
B: Schauspieler. A: c/o Agentur Jäger, D–8130 Starnberg am See, Postfach 1328. Tel: 08151/8766.

Krüger Katharina
B: Schauspielerin. A: D–4300 Essen, Engelbertstr 5. Tel: 0201/230657.

Krüger Klaus
B: Schauspieler. A: D–8043 Unterföhring, Am Poschinger Weiher 7, c/o ZBF-Agentur München. Tel: 089/9503800 oder 089/335081.

Krüger Mike
N: Michael Krüger. B: Liedermacher. G: Ulm, 14. Dez 1951. V: Birgit, geb Löper. A: D–2085 Quickborn, Friedlandstr 27. S: Realschule, Betonbauer, ArchitekturStud. K: 5 Langspielplatten: „Mein Gott Walther", „Also denn", „Auf der Autobahn nachts um halb eins", „Stau mal wieder", „Motzbeutel 79". E: 2 Goldene Schallplatten f über 500 000 verkaufte LP's von „Mein Gott Walther". H: Tennis.

Krüger Pit
B: Schauspieler. A: D–6000 Frankfurt/Main 70, Geleitsstr 10, c/o Agentur Marga Wiedner. Tel: 0611/0617843 oder 089/3081822.

Krull Hans
B: Schauspieler. G: Berlin, 8. März 1926. V: Charlotte, geb Biewald. A: D–1000 Berlin 15, Fasanenstr 58. S: Stud an d Schauspielschule d Deutschen Theaters Berlin. K: Hauptrollen in unzähligen klassischen u modernen Theaterstücken an Westdeutschen u Berliner Bühnen, Mitwirkung in zahlreichen Fernsehproduktionen.

Krumniklová
B: Schauspielerin. A: c/o Agentur de la Berg, D–8026 Irschenhausen, Haus am Weiher. Tel: 08178/3681.

Krutina Eva
B: Schauspielerin. A: D–1000 Berlin 19, Lindenallee 27, c/o ZBF-Agentur Berlin. Tel: 030/3025672 oder 030/8838031/54.

Kube Ursula
B: Schauspielerin. A: D–8000 München 40, Kunigundenstr 6 A. Tel: 089/395747.

Kübel Hans Gerd
B: Schauspieler, Regisseur. G: Frankfurt/Main, 28. Okt 1934. A: CH–9122 Ebersol/SG, Landwirtschaftlicher Betrieb „Im Moos". Tel: 071 (St Gallen) 551754. S: Abitur, 8 Sem Stud d Medizin, Ausbildung: Bewegung u Tanz bei Michael Piel, Rollenstudium bei Klaus Schlette, Rollenstudium u Technik bei Hertha Genzmer, Technik u Gesang bei Charlotte Grantz-Soeder, Gesang bei Hedda Ditmar. K: 1962 Münchner Kammerspiele, 1963–64 Düsseldorfer Kom(m)ödchen, 1965–68 OberspielLtr u stellv Intendant Deutsche Kammerspiele Schauspielhaus Buenos Aires, 1966/67/68/70/71/72 Festspiele Bad Hersfeld, 1967–68 Städt Bühnen Münster/Westfalen, 1969 Hessisches Staatstheater Wiesbaden, 1969–71 Ulmer Theater, 1970–72 Theater d freien Hansestadt Bremen, 1974–75 Freilichtspiele Schwäbisch Hall, 1972–79 Schauspielhaus Zürich, 1978–79 Freie Volksbühne Berlin, Inszenierungen: „Alt Heidelberg", „Der Meteor", „König Johann", „Der kleine Muck ", „Der zerbrochene Krug", „Die letzte Adresse", Lehrtätigkeit: Doz f Rollenstudium, Dramatischen Song u Chanson an d Folkwang HS Essen 1967–68, Wochenendseminare über Dramatischen Song, Musical u Chanson an d Schauspielschule Hertha Genzmer in Wiesbaden 1968–69, Seminare über Management u Menschenführung nach Dale Carnegie 1969–72, Lehrauftrag f Rollenstudium, Dramatischen Song u Chanson an d SchauspielAk Zürich 1972–78, Vortrag „Kommunikation u Motivation, entscheidende Voraussetzungen f d sinnvolle Zusammenarbeit aller Beteiligten an Unternehmen in einer freiheitlichen Gesellschaftsordnung". Tätigkeit bei Radio Basel, Südwestfunk, Hessischer Rundfunk, Radio Zürich, Radio Bern, weiter ADR, ZDF, Schweizer Fernsehen, Synchron bei Beta-Film, Bavaria-Film, Taunus-Film, Film-Union. D: „Faust II", „Der Widerspenstigen Zähmung", „Kiss me Kate", „Dantons Tod", „Lumpazivagabundus", „Die Plebejer proben den Aufstand", „Was Ihr wollt", „Mutter Courage", „Belagerungszustand", „Die Wiedertäufer", „Maria Stuart", „Im Weißen Rößl", „. . . Jean Paul Marat . . .", „Das Große Welttheater", „Peer Gynt", „Das Finanzgenie", „Faust I", „Die Hebamme", „Dreigroschenoper", „Die Trauung", „Einer muß der Dumme sein", „Hamlet", „Der Rattenfänger", „Leben des Galilei", „Der zerbrochene Krug", „Nathan der Weise". E: Kritikerpreis f Schauspieler 1967 u 1971. H: Sport: Fliegen (Privatpilotenschein f Motorflugzeuge, Kunstflug Motorflugzeuge, Schleppberechtigung f Segelflugzeuge, AZF, Motorseglerschein, Segelflug), Reiten, Segeln, Skilaufen, Motorrad (alle Klassen).

Kubitschek Ruth-Maria
B: Schauspielerin. A: c/o Agentur Alexander, D–8000 München 80, Lamontstr 9. Tel: 089/471011.

Kucich Rüdiger
B: Schauspieler. G: Freiberg, 13. Feb 1951. V: Iris, geb Hofer. A: D–7500 Karlsruhe 1, Hohenzollerstr 43. S: Hauptschule, Kfz Lehre, Schauspielschule. D: „Scherenschnitt",

„Unsere Kleine Stadt", „Mausefalle", „Biedermann und die Brandstifter", Die Stimme hinter dem Vorhang", „Die versunkene Stadt", „Draußen vor der Tür", „Diplomaten Gespräch" ua. H: Malerei, Liedermachen, Gitarre.

Kückelmann Gertrud
B: Schauspielerin. A: c/o Agentur Bloy, D–8022 Grünwald, Gasteigweg 1. Tel: 089/6411893.

Kuen Paul KammSänger
B: Kammersänger. G: Neuburg a K, 8. Apr 1910. V: Friederike, geb Gschwender. A: D–8961 Sulzberg, Villa Kuen. S: Grundschule, Berufsschule f Klavierbauer, Klavierbauer, Stud Gesang b Konzertsänger A Ebner u H Knote. K: Engagements in Konstanz, Bamberg, St Gallen, Königsberg, Nürnberg, Staatsoper München, Staatsoper Dresden, Bayreuth, Covent Garden Opera London, Grand Opera Paris, Opera Brüssel, Lyon, Marseille, Monte Carlo Nice, Toulouse, Bordeaux, Helsinki, Stockholm, Metropolitan Opera New York, Wien usw, Buch: „Allgäuer Lausbub erobert d Bühnen d Welt"; Broschüre: „Vom Unteren Wirt zum Grünen Hügel". D: „Gärtnerin aus Liebe", „Die Kluge", „Die Vier Grobiane", „Wozzeck" ua. E: Ehrenbürger d Marktgemeinde Sulzberg, BVerdienstkreuz 1. Klasse. H: Joga.

Kuhlbrodt Rüdiger
B: Schauspieler. A: D–4630 Bochum, Gabelsberger Str 4. Tel: 0234/301983.

Kuhlmann Elisabeth
B: Schauspielerin. G: Bremen, 14. Juni 1907. A: D–2100 Hamburg 90, Haithabuweg 1a. S: Privater Schauspielunterricht bei Nelly Hönigswald, 2 Jahre Elevin am Deutschen Schauspielhaus Hamburg. K: Engagements in Hamburg, Kiel, Bremen, Frankfurt. F: in Zeitschriften u Zeitungen f Funk u Fernsehen. D: Theater: „Begnadete Angst", „Die Viadukte", „Der letzte Raum", „Die Cocktail Party", „Die Mondvögel", „Der Tod des Handlungsreisenden", „Dona Rosiza", „Bernarda Albas Haus", „Biberpelz", „Eurydike", „Fremde Stadt", „Feuerwerk", „Frau deiner Jugend", „Gespenster Sonate", „Geliebte Hexe", „Hamlet", „Im sechsten Stock", „Lady Windermeeres Fächer", „Onkel Harry", „Ratten", „Die Stühle", „Trilogie der schönen Ferienzeit", „Walzer der Toreros", „Geisterkomödie". Fernsehen: „Die Einladung", „Das Traumhaus", „Betrug der Zeiten", „Die Letzten", „Hallo Nachbarn", „Ein Narr", „Einladung auf's Schloß", „Nerzveilchen", „Es bleibt dabei". M: Mtgl d Deutschen BühnenGen, Mtgl d Bayr VersicherungsKam. H: Schwimmen, Tennis, Autofahren.

Kuhlmann Harald
B: Schauspieler. A: D–2341 Mohrkirch/Land Angeln, Flarupstr, c/o ZBF-Agentur Hamburg. Tel: 04646/664 oder 040/66885400.

Kuhlmann Ulrich
B: Schauspieler. A: CH–8123 Ebmatingen, Lohwisstr 23, c/o Agentur Schmid. Tel: 00411/9800090 oder 089/981464.

Kuhlmann Ulrich-Christoph
B: Schauspieler. G : Friedland/Mecklenburg, 6. Apr 1940. A: D–8123 Ebmatingen, und D–2000 Hamburg 70, An d Marienanlage 11. S: Stud b Prof v Klöden, Staatl HS f Musik u Theater, Hannover. K: Wuppertaler Bühnen, Nationaltheater Mannheim, Bühne Heidelberg, Staatsschauspiel Stuttgart, Schauspielhaus Zürich, Thalia-Theater Hamburg. F: In Fachzeitungen wie Theater heute, Bühne Wien, Plays and Players, London. D: „Stumme Zeugen", „Die Soldaten", „Eduard IV", „Hamlet", „Gespenster", „Trauung", „Der Irre", „Beckett" uva. M: Motor Yacht Verb Hamburg. H: Malerei, Musik, Sport, Arbeiten.

Kühn Carlheinz
B: Schauspieler. G: Schonau, 8. Jan 1951. A: D–8920 Schongau, Lechvorstadt 5. S: Mittlere Reife, Schauspielschule. K: Fernsehen, Film. F: Quick, Bunte, Neue Revue. D: „Hinterhofgeschichten", „Es muß nicht immer Kaviar sein" uva. M: Segelclub, Automobilclub, Boxclub, Skiclub ua. H: Segeln, Reiten, Fechten, Tennis, Ski.

Kühn Heinz Walter
B: Schauspieler, Regisseur, Unternehmer. G: Berlin, 20. Juli 1927. A: D–8000 München 50, Gustav Schiefer Str 48. S: Abitur, Schauspielausbildung, Seminar f Dramaturgie, Ausbildung in Rhetorik. K: Regisseur, Synchron- u Rundfunksprecher, MitArb an versch Volksbildungsverb, Gründer d Literarischen Ensembles „Podium", eigenes Studio f Rhetorik, freier MitArb d Bayr Rundfunks München, Bühnenlehrer beim Deutschen BühnenVer. F: Hör Zu, Gong, Münchner Merkur, Spiegel,

Nürnberger Nachrichten. D: „Gesprengte Ketten", „Kasimir und Karoline", „Schaukelstuhl", „Weit ist der Weg" uva. E: „Persönlichkeit d Jahres". M: Rotary-Club. H: Malen, allgem Sportarten.

Kuhn Paul
B: Sänger, Komponist, Jazz-Pianist, Tanzorchesterchef. G: Wiesbaden, 12. März 1928. A: D–5060 Bensberg, Eichenhainalllee 30. Tel: 02204/3550. S: Klavierunterricht, Musisches Gymn in Frankfurt/Main, MusikStud in Frankfurt u Wiesbaden. K: Als Akkordeonspieler im Hörfunk, Fernsehauftritte, Tourneen, Entertainer in einem US-Club, Gründung einer eigenen Combo, dann im Star-Quintett bei Freddie Brocksieber, Pianist, Arrangeur, Schlagersänger, Jazz-Pianist, Komponist, Tätigkeit f Fernsehen, Hörfunk, Film u Schallplatte, Einzelauftritte, Mitwirkung bei Shows als Pianist u Schlagersänger, „Ein Buffo erzählt", „Olivia", „Peter u Alex-Show", „Pauls Party", „Stars im großen Sendesaal", Schallplatte „Geb'n Sie dem Mann am Klavier ...". F: In Tageszeitungen u Zeitschriften. E: Goldene Kamera d Programmzeitschrift Hör Zu, Berlin.

Kühne Bruno
B: Schauspieler. A: D–1000 Berlin 20, Gruberzeile 3, c/o Agentur Bengen. Tel: 030/3616888 oder 030/3911895.

Kuhr Ernst
B: Schauspieler. A: D–8000 München 40, Habsburger Str 3. Tel: 089/397163.

Kuhsiek Rolf
B: Schauspieler. A: D–8000 München 80, Leuchtenbergring 5. Tel: 089/475969.

Kuiper Peter
B: Schauspieler. A: D–4000 Düsseldorf, Fürstenwall 142, c/o Management Jovanovic. Tel: 0211/370906 u 379237 oder 089/475024/25.

Kujawa Natascha
N: Erika Kujawa, geb Klimesch. B: Tänzerin. G: Powayen, 22. Apr 1943. A: D–2800 Bremen 1, Thadinghauserstr 62. S: Mittelschule, Hochreith-Locherin. K: Artistin. F: Organ. H: Tanzen, Kochen, Camping, Fußball, Boxen, Blumen, Tiere, Musik.

Kukowka Hildegard
B: Schauspielerin. A: D–1000 Berlin 21, Calvinstr 15, c/o Agentur Bengen. Tel: 030/3916481 oder 030/3911895.

Kulenkampff Hans-Joachim
B: Schauspieler, Show- u Quizmaster. G: Bremen, 27. Apr 1921. V: Gertraut, geb Schwarz. A: A–5164 Seeham b Salzburg. S: RealGymn, Schauspielschule d Deutschen Theaters Berlin. K: 1941–45 Wehrmacht, 1945–46 britische Gefangenschaft, dann Schauspieler in Bremen u Frankfurt, Gastspielreisen als Schauspieler, Conférencier b Rundfunk, Quizmaster d Hessischen Rundfunks, Tätigkeit bei Film u Fernsehen u Bühne, Gastspielreisen, Werbung. F: Hör Zu, Frau im Spiegel, Spiegel, Funk-Uhr, Gong, Die Welt, Stern, Deutsche Zeitung uva. D: „Die glückliche 4", „Sieben auf einen Streich", „Tele-Toto", „Kleine Stadt – ganz groß", EWG-Quiz „Einer wird gewinnen", „Acht nach acht", Filme, ua: „Dr med Fabian – Lachen ist die beste Medizin", Fernsehen: „Das Geheimnis d Mary Celeste" ua, Theater: „Des Teufels General", „Pygmalion" uva. E: Goldener Bildschirm (3x), Goldene Kamera uva. H: Segeln, Schwimmen, Tennis.

Küllenberg Ruth
B: Schauspielerin. A: D–8000 München 81, Denninger Str 100, c/o ZBF-Agentur München. Tel: 089/915461 oder 089/335081.

Kümmel Jürgen Dieter
B: Schauspieler, Regisseur. G: Bei Heidenheim, 20. Okt 1943. A: D–78 Freiburg, Nägeleseestr 21. S: Gymn, Schauspielschule. K: 4 Jahre als Kabarettist in d „Schmiere", Frankfurt, dann als Schauspieler in Köln, Frankfurt, Stuttgart, Freiburg, Aufbau einer freien Kinder- u Jugendtheatergruppe in Freiburg. Daneben mehrere Inszenierungen am Theater.

Kummer Bernd
B: Schauspieler. A: D–1000 Berlin 31, Nassauische Str 16, c/o Agentur Bengen. Tel: 030/8617835 oder 030/3911895.

Kunath Gerd
B: Schauspieler. A: D–4000 Düsseldorf, Uerdinger Str 118, c/o ZBF-Agentur München. Tel: 0211/434191 oder 089/335081.

Künkele Ilse
B: Schauspielerin. A: D–8000 München 81, Gumbinnenstr 5. Tel: 089/933520.

Künneke Evelyn
B: Sängerin, Schauspielerin. G: 15. Dez 1921. A: D–1000 Berlin 12, Giesebrechtstr 5. Tel: 030/8835210. S: Schauspielunterricht bei Lucie Hölflich, Berlin u Leslie Howard in London, Gesangstudium bei Maria Ivogün, Ballettunterricht bei Victor Gsovsky, Berlin, Steptanz u Akrobatik. K: Mit 14 1/2 Jahren Solotänzerin a d Staatsoper Berlin, mit 16 Steptänzerin in Berlin, London, Stockholm, Wien, Budapest ua, 1940 v Peter Igelhoff f d Schallplatte entdeckt, 1941 schrieb Michael Jary zB „Sing, Nachtigall, sing", Liebling d Landser, Fronttourneen, Truppenbetreuung, im Krieg erste Filme, nach d Krieg in unzähligen Musikfilmen, auch Hauptrollen, Schlagertourneen, 1973 erste Versuche „One Women-Show", 1974 Mitwirkung in 8 Filmen, 1976 umjubeltes Schallplatten-Comeback, Filme, Fernsehen, Shows. E: Viele Titelbilder u Veröffentlichungen in versch Zeitungen u Zeitschriften. D: Filme: „Schöner Gigolo", „Karneval d Liebe", „Die Dritte v rechts", „Verlorene Melodie", „Tanzende Sterne", „Große Starparade", „Ich war ein häßliches Mädchen", „Meine Frau macht Musik" uva, Theater: „Der Reigen", „Herz am Spieß", „Menschen im Hotel" uva. Film 1977: „Ich bin ein Antistar". E: Rettungsschwimmer-Abzeichen, „Goldener Pinsel" f Malerei, „Europa-Preis" 1975 f One-Women-Show. H: Kochen, Malen, Reiten.

Kunstmann Doris
B: Schauspielerin. A: c/o Agentur Alexander, D–8000 München 80, Lamontstr 9. Tel: 089/471011.

Kunz Erich KamSänger
B: Kammersänger. G: Wien, 20. Mai 1909. A: A–1190 Wien, Grinzinger-Str 35. S: HS f Welthandel, Ak f Musik Wien. K: Theater in Troppau, Plauen, Breslau, Staatsoper Wien, Salzburger Festspiele, Gastspiele in europäischen u amerikanischen Opernhäusern.

Kunze Edith
B: Schauspielerin. A: D–8043 Unterföhring, Am Poschinger Weiher 7, c/o ZBF-Agentur München. Tel: 089/9503800 oder 089/335081.

Kuon Christina
B: Hellseherin. G: Herbertingen, 26. Feb 1942. A: D–2000 Hamburg 65, Berner Weg 101. S: Schauspiel- u Gesangsschule, Stud d Psychologie. K: Schauspielerin m Gesang, Psychologin, Hellseherin. F: Bild, Morgenpost, Hamburger Abendblatt, in zahlreichen Illustrierten u Zeitungen. D: „Fernsehgericht tagt", „Cliff Dexter", „Tatort", „Der Kommisar", „Land des Lächelns", „Baby Hamilton" uam. E: 1. Preis im Schlagerfestival. H: Reiten, Schifahren, Motorbootjacht.

Küpper Hanns
B: Schauspieler, Parodist. G: 6. Nov 1912. A: D–4040 Neuß/Rhein, Marienstr 16. Tel: 02101/59226. S: Grundschule, Schauspielausbildung (Gesang). K: 1932 an einem Operetten-Theater in Aachen, viele Chargenrollen, heute freischaffend tätig bei Theater u Fernsehen, Rundfunk, mehrmals KG Hitparade beim WDR. F: Film u Fernseh ABC. D: „Der Revisor", „Schneider Wibbel", „Der Zigeunerbaron" uva. E: Goldenes Ehrenzeichen d BühnenGen. M: GDBA, Mtgl d Bundesfachgruppe Bühne-Film-Fernsehen. H: Tierfreund, Reisen.

Kupper Yvonne
B: Schauspielerin. A: CH–002 Zürich, Gerechtigkeitsg 31. Tel: 00411/363728, über FFB-Sekretariat 089/873140.

Küppers Topsy
B: Sängerin, Tänzerin, Schauspielerin. G: Aachen, 17. Aug. A: A–1040 Wien, Wohllebeng 18. S: Aachener Kinderballett, Ballett-Unterricht, Schauspiel- u Tanzprüfung in Köln u Düsseldorf. K: Operettensängerin an d Städt Bühnen Gelsenkirchen, Staatsoperette München, Gastspiele, freie Schauspielerin, eigenes Theater „Freie Bühne Wieden", Arbeit f Fernsehen, Funk, Film, Schallplatte, Kabarett. F: In versch Tageszeitungen ua. D: Theater: „Die Blume v Hawaii", „Eine Nacht in Venedig", „Pariser Leben", Film: „Gitarren d Liebe", „Drei Mädels v Rhein", „Die wilde Auguste", „Küß mich noch einmal", „Hotel Allotria", „Uns gefällt die Welt" uva, Fernsehen: „Vanillikipferln" ua. E: Chanson-Ring.

Kupsch Anita
B: Schauspielerin. A: D–1000 Berlin 33, Bonner Str 6, c/o Management Mackeben, c/o ZBF-Agentur Berlin. Tel: 030/8215100 oder 030/8263249 oder 030/8838031.

Kurmin Dagmar von
B: Schauspielerin. A: D–2105 Seevetal 2, Höpenstr 72/I, c/o ZBF-Agentur München. Tel: 040/7683040 oder 089/335081.

Kurr Hans-Peter
B: Schauspieler. A: D–2000 Hamburg 56, Nagelshof 14, c/o Agentur de la Berg, D–2941 Langeoog, Westerboer Hauptstr 24. Tel: 040/818918 oder 08178/3681 oder 04972/580.

Kursawe Dieter
B: Schauspieler. A: D–1000 Berlin 31, Poschinger Str 18, c/o ZBF-Agentur Berlin. Tel: 030/7962205 oder 030/8838031/54.

Kursawe Kurt
B: Schauspieler. A: D–1000 Berlin 65, Heinikkendorfer Str 100/I. Tel: 030/4659712.

Kürten Dieter
B: Sportreporter. G: Duisburg, 23. Apr 1935. V: Nicole. A: D–6501 Essenheim b Mainz. S: Mittlere Reife. K: Volontariat b Düsseldorfer „Mittag", dort Redakteur, dann Chef v Dienst, anschließend Pressestelle d Mannesmann-Konzerns, ZDF-Redaktion „Sportinformation" u „Sportreporter am Sonntag", dann Moderator d „Aktuellen Sportstudios" u Reporter f d „Sportreportage" u d „Sportinformation". F: Hör Zu, Gong, Stern uva. H: Der Beruf, Fußball, Wasserball, Tischtennis.

Kurth Otto
B: Schauspieler. A: D–8000 München 81, Kurzmannweg 8, c/o ZBF-Agentur Hamburg. Tel: 089/982775 oder 040/66885400.

Kurze Dieter
PS: Waldemar. B: Rundfunk- u Fernsehsprecher, Schauspieler. G: Offenbach/Main, 28. Jan 1937. A: D–6050 Offenbach/Main, Frankfurter Str 93. S: Grundschule, Höhere Handelsschule, Kfm Lehre, Schauspielschule. K: Nach Schauspielschule 7 Jahre Theaterengagements in Detmold, Frankfurt, Köln u Bonn, seit 1968 freischaffend als Sprecher, zunächst beim Hessischen Rundfunk, ab 1969 beim Südwestfunk Baden-Baden, Sprecher f Nachrichten, klassische Musik, Unterhaltung, seit 9 Jahren Moderator eines Wunschkonzertes, außerdem Synchronsprecher beim Fernsehen u Fernsehansager. D: „Emilia Galotti", „Draußen vor der Tür", „Ehrbare Dirne", „Blick zurück im Zorn", „Süßer Vogel Jugend", „Die Heilige Johanna", „Tor und Tod", „Diener zweier Herren", „Jedermann" ua. M: RFFU. H: Lesen, Reisen, Schwimmen.

Kuschnitzky Liselotte
B: Schauspielerin. A: D–8000 München 81, Denninger Str 100. Tel: 089/914920.

Kuska Horst
B: Schauspieler. A: D–2000 Hamburg 70, Alter Teichweg 207, c/o Agentur v Pilecki. Tel: 040/6931500 oder 089/220263.

Kussin Heidrun
B: Schauspielerin. A: D–1000 Berlin 15, Kurfürstendamm 177, c/o Management Jovanovic. Tel: 030/8837958 oder 089/475024/25.

Kuster Anne Marie
B: Schauspielerin. A: c/o Agentur Alexander, D–8000 München 80, Lamontstr 9. Tel: 089/471011.

Küster Renate
B: Schauspielerin. A: D–1000 Berlin 41, Begasstr 6, c/o ZBF-General-Agentur Frankfurt. Tel: 030/8557393 oder 0611/7111335.

Kütemeyer Günter
B: Schauspieler. A: D–3000 Hannover, Innstr 4, c/o ZBF-Agentur Hamburg. Tel: 0511/839814 oder 040/66885400.

Kutschera Katharina
B: Schauspielerin. A: A–1050 Wien, Leopold Rister-G 5/103, c/o Agentur Schmidt-Gentner. Tel: 0222/571491 oder 0222/752271.

Kutschera Maria
B: Schauspielerin. A: D–8000 München 40, Franz Joseph-Str 43/II/12, c/o ZBF-Agentur München. Tel: 089/335353 oder 089/335081.

Kutschera Rolf
B: Schauspieler, Dir. G: Wien, 6. Jan 1916. V: Susanne Almassy. S: Schauspiel-Seminar Prof Beer Wien. K: Engagements in Heidelberg, Linz, Volkstheater Wien, dann Militärdienst, dann Engagements an versch Wiener u Berliner Bühnen, dann Zürich, Hamburg uva, dzt Dir d Theater a d Wien. D: „1-2-3 Aus", „Pension Schöller", „Briefträger Müller", „Ludwig II", „08/15 – zweiter Teil", „Rosenmontag", „Hengst Maestoso Austria" uva.

Kuzmany Elfriede
B: Schauspielerin. A: D–8000 München 40, Ainmillerstr 31, c/o Agentur Alexander. Tel: 089/331511 oder 089/471011.

Kybart Peter
B: Schauspieler. A: D–1000 Berlin 12, Schlüterstr 12, c/o ZBF-Agentur Berlin. Tel: 030/3137313 oder 030/8838031/54.

Kylau Thomas
B: Schauspieler. A: D–2800 Bremen 33, Ehmckstr 54, c/o ZBF-Agentur Hamburg. Tel: 0421/253457 oder 040/66885400.

La Fari Gabi
B: Schauspielerin. A: c/o ZBF-Agentur München, D–8000 München 40, Leopoldstr 19. Tel: 089/335081.

Laak Gaby van
B: Schauspielerin. A: c/o ZBF-Agentur München, D–8000 München 40, Leopoldstr 19. Tel: 089/335081.

Laakmann Willem
N: Wilhelm Laakmann. B: Opernsänger (Charakterbariton). G: Aachen. V: Marie-Louise Cecile, geb van de Wiel. A: D–4150 Krefeld, Kölner Str 712. S: MusikHS in Maastricht u Köln, Prüfung mit summa cum laude bestanden. K: Fest engagiert am Theater in Krefeld u Mönchengladbach, als Gast in Kiel, Essen, Wien, Barcelona u Amsterdam. F: GDBA Bühnenjahrbuch. D: „Tiefland", „Fidelio", „Wozzeck", „Carmen", „Les pecheurs de perles", „Arlecchino", „Der Zigeunerbaron", „Die Fledermaus", „Der Vogelhändler", „Il Campanello", „L'elisire d'Amore", „Lucia di Lammermoor", „Martha", „Orphée et Eurydice", „Margarethe", „Der junge Lord", „Hänsel und Gretel", „Katja Kabanová", „Aus einem Totenhaus", „I Pagliacci", „Edipo Re", „Le nozze de Figaro", „Cosi fan tutte", „Les Contes d'Hoffmann", „Carmina Burana", „Die Kluge", „La serva padrona", „Il Barbiere di Siviglia", „Tosca", „La Bohème", „Il Tabarro", „Gianni Schicchi", „La Cambiale di matrimonio", „La Cenerentola", „Die verkaufte Braut", „Salomé", „Ariadne auf Naxos", „Der Rosenkavalier", „The Rake's Progress", „Cavalleria Rusticana", „Mignon", „Eugen Onegin", „Yolanthe", „Rigoletto", „Ernani", „Macbeth", „Un ballo in maschera", „La Traviata", „Othello", „Tristan und Isolde", „Das Rheingold", „Lohengrin", „Der Freischütz", „Aufstieg und Fall der Stadt Mahagonny", „Der Jasager", „I quattro rustegh". E: Eintragung in d Buch „Unvergessliche Stimmen", Schallplatte mit Ausschnitten aus „Die Zauberflöte", „Carmen" u „Ernani". M: VIP, Intereco, Diners Club. H: Lesen, Kochen, Tennis, Billard, Schach.

Lachmann Klaus
B: Interpret u Liedermacher. G: Bitterfeld/DDR, 22. Jan 1948. V: Maria, geb Gehrich. A: D–6550 Bad Kreuznach, Käthe Kollwitz-Str 35. S: Grundschule, Ausbildung z Maler u Anstreicher. K: 1966–69 durch Europa u Asien getrampt, erlernen d Gitarrenspiels (insbes Flamenco), seit 1969 Interpret (als Autodidakt) v Klassikern d politischen Liedes wie Brecht u Tucholsky ua, Tourneen durch BRD, Schweiz, Österreich, Luxemburg, Niederlande. F: Münchner Merkur, Südkurier, FR, Unsere Zeit – Zeitung d DKP, Deutsche Volkszeitung, Konkret, Spiegel uva. M: Gewerkschaft Kunst, DKP, Foto-Club Bad Kreuznach, Demokratischer Kulturbund d BRD. H: Fotografie, Fotolabortechnik.

Lademann Barbara
B: Schauspielerin. A: c/o Agentur Schmidt-Gentner, A–1030 Wien, Lothringer Str 20. Tel: 0222/752271.

Ladengast Walter
B: Schauspieler. G: Wien, 4. Juli 1899. V: Elsa, geb Staesz. A: D–8000 München 80, Stuntzstr 47. Tel: 089/914219. S: Abitur. K: Im Apr 1934 v Erich Waschneck zum Film geholt, vorher als Maler tätig gewesen, während d Nationalsozialismus Mitarbeit an mehreren Filmen, eine Zeitlang Mtlg d Staatstheaters in Berlin unter G Gründgens (1936–37), nach d II Weltkrieg am Wiener Volkstheater, 1950 Übersiedlung nach München, seither Mitwirkung an vielen Filmen, einige Theatergastspiele, 1965 Münchner Kammerspiele, 1969 Stadttheater Ulm, 1976 Städt Bühnen Freiburg im Breisgau, 1977 Ruhrfestspiele Recklinghausen. F: Theater Heute ua. D: „Die letzten Tage der Menschheit", „Woyzeck", „Ich glaube", „Der Nachfolger", „Tango", „Sitzung", Filme: „Triumph der Liebe" (Lysistrata), „Wie ich ein Neger wurde" (1965), „Langeweile" (1963, Fernsehfilm SFB), „Zwei Briefe an Pospischil" (1971), „Land" (1972), „Tribunal" (1972), „Jeder für sich und Gott gegen alle" (1974), „Berlinger" (1975), „Fehlschuß" (1976), „Die Anstalt" (1977), „Nosferatu" ua.

Lagemann Sigrid
B: Schauspielerin. A: D–1000 Berlin 19, Witzlebenstr 23a, c/o Agentur Runde-Profé. Tel: 030/3066668 oder 030/3040661.

Lakis Ted
B: Schauspieler. A: c/o Star-Promotions-Büro, D–8000 München 1, Postfach 633. Tel: 089/294292.

Lampe Ingo
B: Schauspieler. A: D–1000 Berlin 31, Seesener Str 53, c/o ZBF-Agentur Berlin. Tel: 030/8855977 oder 030/8838031.

Lamprecht Günter
B: Schauspieler. A: D–5000 Köln 30, Görlinger Zentrum 3, c/o ZBF-Agentur München. Tel: 0221/504153 oder 089/335081.

Lamster Regine
B: Schauspielerin. A: D–4630 Bochum, Königsallee 76, c/o ZBF-General-Agentur Frankfurt. Tel: 0234/34260 oder 0611/7111335.

Land Thomas
B: Schauspieler. A: D–3000 Hannover 71, Gropiusstr 16. Tel: 0511/512278.

Landgut Inge
B: Schauspielerin. G: Berlin, 23. Nov 1922. V: Werner Oehlschlaeger. A: D–1000 Berlin 31, Halensee-Str 4. S: Lyzeum, Schauspielschule d Deutschen Theaters. D: Seit d 3. Lebensjahr bei Film u Bühne, 30 Stummfilme. D: „M", „Emil u d Detektive", „Hanneles Himmelfahrt", „Frauen sind doch bessere Diplomaten", „Die Söhne d Herrn Gaspary", „13 unter einem Hut", „Der Fall Rabanser", „Unser täglich Brot", „Prolog D'AS", „Diese Nacht vergess' ich nie", „Meine Schwester u ich", „Der kleine Napoleon", „Bei Kerzenlicht", „Hallo Nachbar" uva. H: Malen, Ralley, Blumen.

Lane Gissy
B: Schauspielerin. A: c/o Agentur Ahrens, D–5000 Köln 1, Christophstr 31. Tel: 0221/210848.

Lane Ina
B: Schauspielerin. A: D–8000 München 81, Arabellahaus, App 438. Tel: 089/92321/92322438.

Lang Elke
B: Schauspielerin. A: D–2000 Hamburg 20, Eppendorfer Weg 264, c/o ZBF-Agentur Hamburg. Tel: 040/4602964 oder 040/66885400.

Lang Lotte
B: Schauspielerin. G: Wien, 11. Jan 1900. A: A–1030 Wien, Am Modenapark 5. S: Handelsschule, LehrerinnenbildungsAnst, Bühnenausbildung b Rainer Simons. K: Engagements in Linz, Hamburg, Brünn, Münchener Kammerspiele, Volkstheater, Raimundtheater, Volksoper, Bürgertheater, Kammerspiele, Theater i d Josefstadt Wien. D: „Die Zwei v Südexpreß", „Muß man sich gleich scheiden lassen", „G'schichten aus d Wienerwald", „Die Pompadur", „Unter heißem Himmel", „Liebling d Matrosen", „Der Hampelmann", „Ein Mädchen geht an Land", „Fasching", „Anuschka", „Einmal der liebe Hergott sein", „Sommerliebe", „Der weiße Traum", „Reisebekanntschaft", „Das Herz muß schweigen", „Glück bei Frauen", „Orientexpreß", „Geld ins Haus", „Wie ein Dieb in d Nacht", „Der Theodor im Fußballtor", „Die Mitternachtsvenus", „Die gestohlene Hose", „Karussel d Liebe", Schwarzbrot u Kipferl" uva.

Langanke Werner
B: Schauspieler. A: D–7500 Karlsruhe, Yorckstr 58, c/o ZBF-Gen-Agentur Frankfurt. Tel: 0721/591757 oder 0611/7111334.

Lange Alexandra
B: Schauspielerin. A: D–1000 Berlin 31, Landhausstr 9, c/o ZBF-Agentur Berlin. Tel: 030/876459 oder 030/8838031.

Lange Hellmut
B: Schauspieler, Moderator. G: Berlin, 19. Jan 1923. V: Ingrid. A: D–8000 München 60, Pläntschweg 85. S: Schauspielschule Hannover. K: Kinderrollen b Berliner Rundfunk, 1952–60 Sprecher u Regisseur b Radio Bremen, dann freischaffender Schauspieler u Synchronsprecher, seit 1970 Moderator d Quiz „Kennen Sie Kino?". F: In versch Zeitungen u Zeitschriften. D: „Waldhausstraße 20", „Jonny Belinda", „Das Halstuch", „Lederstrumpf", „Salto mortale", „Pueblo Affäre", „John Kling", „Stahlnetz" ua. M: DAG. H: Reiten, Segeln.

Lange Karl
B: Schauspieler. A: D–7302 Ostfildern-Ruit, Max von Eyth-Str 19, c/o ZBF-Agentur München. Tel: 0711/415490 oder 089/335081.

Lange Klaus
B: Schauspieler. G: Bonn, 21. Aug 1944. A: D–4800 Bielefeld, Schürkamp 4. Tel: 0521/873699. S: Abitur 1964, Stud d Mathematik u Volkswirtschaft in Bonn u Köln, Dipl rer pol 1970, parallel dazu Schauspielschule mit staatl Abschlußprüfung. K: 1970–71 u 1971–72 Junges Theater Göttingen, 1972–74 Stadttheater Pforzheim, 1974–75 Städt Bühnen Krefeld, seit 1975 am Stadttheater Bielefeld. D: „Woyzeck", „Marat", „Victor oder Die Kinder an der Macht", „Menschenfreund", „Diener zweier Herren", „Glasmenagerie", „Der tollste Tag", „Tagebuch eines Wahnsinnigen", „Kleiner Mann, was nun?" uva.

Lange Kurt
B: Geschäftsführer. G: 18. Sept 1910. V: Elfriede, geb Gebauer. A: D–3500 Kassel, Am Auekamp 9. S: Realschule, 1 Studienjahr Direktoren-Ausbildung d Commerzbank in Berlin. K: Geschäftsführertätigkeit in einer Bekleidungsgroßhandlung, Zulassung als Steuerbevollmächtigter seit 1946, seit 45 Jahren GründungsMtg d Kasseler Film-Amateur-Clubs, seit 34 Jahren 1. Vors. F: Zahlreiche Veröffentlichungen im „KODAK-MAGAZIN" Berlin, Schmalfilm u in d regionalen Presse, zahlreiche Bildbeiträge bei Herausgabe v Büchern, vorwiegend im Kupfertiefdruckverfahren. D: In zahlreichen Spielfilmen, Partner d OBgm Dr Branner im 3. Fernsehen bei einer Diskussion mit eigenem Film, lange Jahre Mtgl d Wehlheider Hoftheaters, 2 Schallplatten in Kasselaner Mundart. E: Zahllose 1. Preise bei Foto- u Filmwettbewerben, höchste Auszeichnungen d BDFA u DAV, Stadtmedaille d Stadt Kassel f bes Verdienste um d Stadt Kassel. M: Seit über 45 Jahren Mtgl d BDFA u d VDAV. H: Foto, Film, Musik.

Langen Inge
B: Schauspielerin. A: c/o Agentur de la Berg, D–8023 Irschenhausen, Haus am Weiher. Tel: 08178/3681.

Langer Günter
B: Schauspieler. A: D–8600 Bamberg, Abtsberg 11, c/o Bühnenverm Hans Schmid. Tel: 089/981464.

Langer Norbert
B: Schauspieler. A: D–1000 Berlin 15, Uhlandstr 52, c/o ZBF-Agentur Berlin, c/o Agentur Bengen. Tel: 030/8818268 oder 030/8838031/54 oder 030/3911895.

Langer Walter
B: Schauspieler. A: c/o Agentur Schmidt-Gentner, A–1030 Wien, Lothringer Str 20. Tel: 0222/752271.

Langhanke Teelke
B: Schauspielerin. A: D–1000 Berlin 37, Seehofstr 24. Tel: 030/8111385.

Langhanke J-F
B: Schauspieler. A: D–1000 Berlin 37, Seehofstr 24. Tel: 030/8111385.

Langheim Götz
B: Schauspieler. A: c/o Agentur Schmidt-Gentner, A–1030 Wien, Lothringer Str 20. Tel: 0222/752271.

Langrock Ursula
B: Schauspielerin, künstlerische Sprecherin. G: Leipzig. V: Rolf Busch. A: D–7570 Baden-Baden, Balger Hauptstr 120. S: Mittlere Reife, Höhere Handelsschule, Schauspielausbildung bei Ellen Daub u Max Noack in Frankfurt/Main. K: Radio Frankfurt, versch Gastspiele an kleineren Bühnen in Frankfurt/Main, sowie Theater d Stadt Baden-Baden, Mtgl d künstlerischen Ensembles d Südwestfunks Baden-Baden f Literatur, Hörspiel, Fernsehen als Schauspielerin u künstlerische Sprecherin, Tätigkeit an versch anderen Sendern d BRD wie NDR, WDR, SDR, SR, BR, HR, seit 1975 Hörspielregie, Autorin literarischer Hörfunksendungen. F: In div Rundfunk- u Fernsehzeitschriften, wie Hör Zu, Gong, Bild u Funk usw. D: Fernsehspiele: ua „Der goldene Kranz", „Jim und Jill", „Die Reise des Simon Feber", „Wildnis", „Der kleine Napoleon", „Forellenhof", „Die Ungeduldigen", „Die Ermittlung", „Standgericht", „Anna Böckler", „Lisa", „Freizeitheim", „Streß", „Inspektion Lauenstadt", „Radieschen". M: RFFU, SOS-Kinderdorf.

Langwiesner Erich Josef
B: Schauspieler. A: c/o Agentur Rakosi, D–8000 München 90, Tegernseer Landstr 284. Tel: 089/6904092.

Lankau Barbara
B: Schauspielerin. A: D–3000 Hannover 1, Tiedgestr 5 A, c/o Agentur Runde-Profé. Tel: 0511/818625 oder 030/3040661.

Lansdorf Karola
PS: Nadine. B: Tänzerin, Artistin, Schauspielerin. G: Essen, 13. Juli 1948. A: D–4330 Mül-

heim, Merkurweg 22. S: Mittlere Reife, Ballettunterricht, Schauspielunterricht. K: Beginn 1970 in Zürich, Akrobatik mit Partner (Goldbronce-Act), Theaterspiel in Freiburg, Badisches Kammerschauspiel, Deutschland-Tournee, Transvestitenshow, Schultheater, Fotomodell, jetzt Engagement als Tänzerin. F: Berichte in Tageszeitungen. D: „Jasager und Neinsager", „Deutsche Kleinstädte", Märchen. E: Stipendium nach Berlin zum Treffen d Künstler u Bühnenangehörigen. M: Artisten Loge. H: Malen, Tanzen, Lesen, Essen, Unterhalten.

Lansemann Lutz
B: Schauspieler. A: D–2000 Hamburg 76, Hofweg 85. Tel: 040/2208347.

Lansky Nikolas
B: Schauspieler. A: D–8000 München 21, Fürstenrieder Str 128, c/o Agentur Marga Wiedner. Tel: 089/561580 oder 089/3081822.

Lantieri Franco
B: Schauspieler. A: c/o Management Anna Ottavi, I–00136 Roma, Via Ugo de Carolis 101. Tel: 00396/344554.

Lapsien Ingeborg
B: Schauspielerin. G: Königsberg, 16. Okt 1928. A: D–8026 Irschenhausen, Neufahrnerweg 3. Tel: 08178/4798. S: Mittlere Reife. K: Münchner Kammerspiele, Baden-Baden, Deutsches Theater Göttingen (Heinz Hilpert), Gastspiele in Frankfurt, Hamburg, Münchner Kammerspiele, Residenz-Theater, Darmstadt, Düsseldorf, Bochum, div Fernsehspiele, Funk, Synchronarbeit, Welt- u Europa-Tournee m „Die Brücke", wichtige Regisseure: B Brecht, H Hilpert, H Schweikart, Michael Gruner, Valentin Jeker, G Menzel, Peter Beauvous, F P Wirth, Fritz Umgelter uva. F: Theater heute, Hör Zu, viele TV-Zeitungen, Tageszeitungen ua. D: „Amor", „Gott schützt d Liebenden", „Oh Jonathan, oh Jonathan", „Hamlet", „Maria Stuart", „Das weite Land" uva. H: Golf.

Larisch Helge Thomas
B: Schauspieler. A: c/o Agentur Rakosi, D–8022 Grünwald, Josef Sammer-Str 23. Tel: 089/6411067.

L'Arronge Andrea
N: Andrea v Schmoller. B: Schauspielerin. G: 7. Apr 1957. A: D–8000 München 80, Redwitzstr 6. S: Gymn. K: Schauspielerin seit d 8. Lebensjahr (seit 1965). F: Versch in Zeitungen u Zeitschriften. D: „Salto Mortale", „Derrick", „Tatort", „Kommissar" (2x), „Wohltäter", „Powenzbande", „Meine Mieter sind die Besten", „Die Kur", „Wann heiraten Sie meine Frau", „Merlin" uva (insges 30 Fernseh-Filme u 7 Serien, sowie 2 Theaterstücke). H: Skifahren, Tennis, Jazzballett.

L'Arronge Eva
B: Schauspielerin. A: D–1000 Berlin 33, Gelfertstr 47, c/o ZBF-Agentur Berlin. Tel: 030/8311230 oder 030/8838031.

L'Arronge Lia
B: Schauspielerin. A: D–8000 München 80, Buschingstr 41/XI. Tel: 089/912139.

Larsen Renate
B: Schauspielerin. G: Lübeck, 5. Jan 1947. V: Uwe-Jens Lahrsen. A: D–8130 Starnberg, Niederpöcking 1. S: Abitur, Staatl Schauspiel- u MusikHS Hamburg (Prof Marx). K: Thalia-Theater Hamburg unter Boy Gobert, Freie Volksbühne Berlin, Spielfilme u div Fernsehrollen. F: In d gesamten deutschen Presse. H: Segeln, Reiten, Ski, Schwimmen, moderne Literatur.

Lasch Ute
B: Schauspielerin. A: c/o Agentur Schmidt-Gentner, A–1030 Wien, Lothringer Str 20. Tel: 0222/752271.

Laser Dieter
B: Schauspieler. G: Kiel, 17. Feb 1942. V: Inge, geb Tobolka. A: D–1000 Berlin 30, Motzstr 5. S: Mittlere Reife, 1 Jahr Schauspielunterricht. K: 1961 Deutsches Schauspielhaus Hamburg (Gustaf Gründgens), Deutsche Kammerspiele Santiago (Tournee d Lateinamerika), Münchner Kammerspiele (erste Arbeiten m Peter Stein), mit Stein ans Schauspielhaus Zürich u an d Schaubühne Berlin, seit 1973 freiberuflich u erste Filmarbeiten. D: „John Glückstadt", „Die verlorene Ehre d Katharina Blum", „Die Elixiere d Teufels", „Deutschland im Herbst", „Die gläserne Zelle", „Nachtwachen", „Desaster", „Ermittlungen gegen Unbekannt", „Der Verräter (Das Blaue Palais)", „Revolte 1848", „Die letzten Ferien", „Kurzschluß" (Tatort), „Turandot", „Der Gigant" (Das Blaue Palais), „Operation Ganymed", „Väter u Söhne", „Die Geburtstagsfeier", „Union d festen Hand", „Die Rückkehr" ua. E: BFilmpreis 1975 f „John Glück-

stadt". H: Der Beruf.

Lasner Paul
B: Schauspieler. A: D–8000 München 82, Wasserburger Landstr 17a. Tel: 089/0424672.

Lasner-Hardegg Marie-Luise
B: Schauspielerin. A: D–8000 München 82, Wasserburger Landstr 17a. Tel: 089/0424672.

Lassander Dagmar
B: Schauspielerin. A: c/o Management Jovanovic, D–8000 München 80, Perfallstr 6. Tel: 089/475024/25.

Last James
B: Komponist, Arrangeur, Orchesterchef. G: Bremen, 17. Apr 1929. V: Waltraud. A: c/o Deutsche Grammophon GmbH, D–2000 Hamburg 13, Rothenbaumchaussee 5. Tel: 040/28941. S: Klavierunterricht, Heeresmusikschule Bückeburg. K: Mtgl d Tanz- u Unterhaltungsorchesters v Radio Bremen, Gründung d Last/Becker-Ensembles, Mtgl d NWDR-Tanzorchesters, 1956 erste Bearbeitungen f d Funk, Arrangeur f Freddy, Caterina Valente, Helmut Zacharias, Lolita, Alfred Hause, 1964 Schallplattenvertrag m Polydor, 1969 Tournee d Kanada, 1970 Tournee BRD u Dänemark, 1971 Tournee Großbritannien u Niederlande u Belgien, 1972 Tourneen d BRD, UdSSR, Südafrikanische Republik, Australien u Neuseeland, Hongkong, 1973 Tourneen d Großbritannien, BRD, Kanada, Chef eines eigenen Tanzorchesters, div Auftritte bei versch FernsehAnst u bei allen Hörfunksendern, Schallplatten: Singles: Amboß-Polka/Petersburger Schlittenfahrt, La Bostella/The „Last" Bostella, Morgens um sieben ist die Welt noch in Ordnung/Choral, Lara's Theme/Eine ganze Nacht, Wenn süß d Mondlicht . . . /House Pentecost, Happy Brasilia/El Condor Pasa, Jerusalem/Greenleeves, Love Story/The Party is over, Käpt'n Ebbs/Der Kapitän, The Battle of Bilbao/Hora Staccato, Theme From „The Godfather"/Face in a crowd, Liebe, Glück u Sonnenschein/Lieben kann man einmal nur, Last Tango in Paris/Lay Lady Lay, Langspielplatten: „Instrumentals Forever", „Classics Up To Date", „That's Life", „Games That Lovers Play", „Non Stop Dancing", „Hammond à gogo", „Non Stop Dancing 66", „Beat in Sweet", „Ännchen v Tharau bittet zum Tanz", „Trumpet à gogo", „Hammond à gogo", „Non Stop Dancing '66/2", „Christmas Dancing", „Sax à gogo", „Non Stop Dancing '67", „Non Stop Dancing 67/2", „Op Klompen", Piano à gogo", „Humba, Humba à gogo", „Non Stop Dancing '68", „Non Stop Dancing 7", „Rock Around With Me", „Käpt'n James bittet zum Tanz", „Non Stop Dancing 8", „Ännchen v Tharau bittet zum Tanz, Folge 2", „Hair", „Non Stop Dancing 9", „Happy Lehár", „Non Stop Evergreens", „Classic Up To Date", „Love This Is My Song", „Golden Non Stop Dancing 10", „Beachparty", „The Very Best Of James Last", „With Compliments", „Käpt'n James bittet zum Tanz, Folge 2", „Non Stop Dancing 11", „In Scandinavia", „Happyning", „Non Stop Dancing 12", „Last Of Old England", „Beachparty 2", „Non Stop Dancing 1972", „Polka-Party", „In Concert", „Happy Christmas From James Last", „Voodoo-Party", „Wenn die Elisabeth. . .", „Non Stop Dancing 72/2", „Love Must Be The Reason", „Beachparty 3", „Rußland – Zwischen Tag u Nacht", „Polka-Party II", „Non Stop Dancing 1973", „Classics", „Sing mit James Last", „Happy Hammond", „Non Stop Dancing 73/2", Kassetten: „Around The World", „Best Of Non Stop Dancing", „Starportrait James Last", „The Music Of James Last", eigene Kompositionen: „Blue Polka", „But I Can Sleep In A Park", „Blame It On Me", „Endless Journey", „Face In A Crowd", „Fool", „For Somebody", „Games That Lovers Play", „Happy Brasilia", „Happy Heart", „Happy Lusemburg", „Happy Music", „Irgendwo in fremden Straßen", „Jägerlatein", „Käpt'n Ebbs" (Filmmusik), Lady Sue", „Liebe, Glück u Sonnenschein" (Erkennungsmelodie d Glückspirale '73), „Lieben kann man einmal nur", „Lingering On", „Love Must Be The Reason", „Make This Night Last Forever", „Mexico City", „Morgens um sieben ist die Welt noch in Ordnung" (Filmmusik), „Mr Giant Man", „Music From Across The Way", „No Sun Today", „Now I Know", „Rainy, Rainy", „Santanando", „Soul March", „Strolling Through Gateshead", „Sunshine", „Tango Regina", „The Day That We Said Goodbye", „The Last Guest Is Gone", „The Party Is Over", „Wenn süß das Mondlicht auf d Hügeln schläft" (Filmmusik), „When The Snow Is On The Roses", „Who Are We", „Voodoo Lady Love", „Zwischen Tag u Nacht" ua. F: In unzähligen Zeitungen u Zeitschriften d intern Presse, Autobiographie: „James Last Story". E: Viele Goldene Schallplatten, „Goldenes Grammophon", „Europa", „Silbermöwe", versch Schallplatten-Preise, mehrere erste Plätze in Hitpa-

raden, ua.

Lateika Horst
B: Schauspieler. A: D–4200 Oberhausen, Helmholtzstr 11. Tel: 02132/27950.

Latwesen Klaus-Hagen
B: Schauspieler, Regisseur. G: 26. Juni 1940. V: Erika, geb Pfannschmidt. A: D–2000 Hamburg 13, Schlüterstr 80a, und D–8000 München 60, Radolfzeller Str 9. S: Realschule, HS f Musik u Theater Hannover. K: Theaterengagements am Städtebundtheater Hof, Stadttheater Bamberg, Stadttheater Hildesheim, Landestheater u Neues Theater Hannover, Ernst Deutsch-Theater, Theater im Zimmer u Hamburger Kammerspiele, Hamburg, ab 1968 Arbeit f Fernsehen u Film, ab 1977 Produzent einer eigenen Theatertournee, Spielfilm-Synchron, Rundfunk-Hörspiel, Sprecher. F: Hör Zu, Hamburger Abendblatt, Bild, Bravo, Die Welt, Funk Uhr, TV Hören u Sehen uva. D: „Andorra", „Tod d Handlungsreisenden", „Hamlet", „Der Widerspenstigen Zähmung", „Prinz v Homburg", „Unsere kleine Stadt", „Blick zurück im Zorn", Film: „Auf d Reeperbahn nachts um halb eins", „Das Stundenhotel v St Pauli", „Der Pfarrer v St Pauli", „Das kann doch unsern Willi nicht erschüttern", „Sonne, Sylt u kesse Krabben", „Jerry Cotton", Fernsehen: „Schinderhannes", „Kurz vor d Sprung", „Eine Clique", „Unter Ausschluß d Öffentlichkeit", „Gringo aus Blumenau", „Wettersturz am Teufelshorn", „Die Melchiors", „Fernsehgericht – Fahrerflucht", „MS Franziska", „Zum kleinen Fisch" ua. H: Innenarchitektur, zZ Alfa Romeo Montreal, Sohn Mischa.

Latzko Herlinde
B: Schauspielerin. A: c/o Agentur Bloy, D–8022 Grünwald, Gasteigweg 1. Tel: 089/6411893.

Lauenstein Tilly
B: Schauspielerin. A: D–1000 Berlin 33, Schellendorfstr 13, D–8000 München 90, Bergstr 15, c/o Management Palz. Tel: 030/8246161 oder 089/695913 oder 089/912019/10.

Lauermann Curt
B: Schauspieler. A: D–1000 Berlin 33, Ludwig Barnay-Pl 10. Tel: 030/222555.

Lauffen Richard
B: Schauspieler. G: Mönchen-Gladbach, 2. Juni 1907. V: Elisabeth, geb Wiedemann. A: D–8215 Marquartstein – Larisa. S: Schule Waldhausen, Schauspielausbildung bei Therese Giehse. K: Kammerspiele München, Nationaltheater Mannheim, Ballhof Hannover, Schauspielhaus Hamburg, Volksbühne Berlin, Theater am Halleschen Ufer, Hauptrollen bei Eliot, Strindberg, Frisch, Dürrenmatt, Goethe, Schiller, Lessing, Film. F: Zahlreiche Veröffentlichungen, in Büchern: „Schrift u Maske", „Schauspieler der Gegenwart", „Deutsche Literatur in Bildern". D: „Menschen in Gottes Hand", „Der rote Kreis", „Schimmelreiter", „Das große Rennen", „Damals in Paris", Theater: „Richard II", „Hamlet", „Macbeth", „Saladin", „Josef K", „Der seidene Schuh", „Orphée", „Raskolnikow" (Eröffnung d ersten Zimmertheaters nach d Krieg), „Eingeschlossene von Altona", „Gaslicht", „Der Revisor". M: BFF, Paul KlingerVer, BühnenGen (Mitbegründer u Neugründung nach d Krieg). H: Sprachen, Gartenarbeit.

Laurens Dagmar
B: Schauspielerin. A: D–2400 Lübeck, Hollunderweg 4c, c/o ZBF-AAentur Hamburg. Tel: 0451/35687 oder 040/66885400.

Laurenze Ulrike
B: Schauspielerin. A: D–6000 Frankfurt/Main, Oederweg 68, c/o ZBF-General-Agentur Frankfurt. Tel: 0611/551206 oder 0611/7111335.

Lausch Heinz
B: Schauspieler. A: D–1000 Berlin 42, Britzer Str 86 B. Tel: 030/7034495.

Lause Hermann
B: Schauspieler. A: D–2000 Hamburg 13, Bundesstr 86, c/o ZBF-Gen-Agentur Frankfurt. Tel: 0611/7111313.

Laux Ilse
B: Schauspielerin. A: D–2000 Hamburg 62, Moorreye 34. Tel: 040/ 590956.

Laxdal Halldorsson Jon
B: Schauspieler, Autor, Regisseur. G: Gsafjord, 7. Juni 1933. A: CH–8434 Kaiserstuhl, Aargau – „Im Tirol" 85–86. S: Schauspielschule, Max Reinhardt Seminar, Ak f Musik u Darstellende Kunst, Wien. K: Theater in Island, Österreich, Deutschland, DDR, Schweiz,

Theater- u Fernseharbeit in diesen Ländern, zuletzt 10 Jahre am Schauspielhaus Zürich. F: Der Spiegel, Theater Heute, Die Woche, Hör Zu, TELE, Schweizerische Theaterzeitschrift ua. D: Der Sänger Gardar Holm u Erzähler in Fischkonzert, TV-Film, Peter u Registrator in Biografie v Max Frisch u Rolf Hädrich, Philoktet im gleichnamigen Theaterstück v Heiner Müller. E: 1959 BPreis d Ö KultusMin f Staatsprüfung an d Ak f Musik u darstellende Kunst. M: Deutsche BühnenGen, VDOP, Bund freier Schweizer Arbeiter, Deutscher SchriftstellerVer. H: Berufe.

Lear Amanda
B: Sängerin, Schauspielerin. G: Hongkong, 18. Nov 1946. A: c/o Ariola, D–8000 München 80, Postfach 800149. S: Kunst- u Phil-Stud in Paris. K: Während d Stud Fotomodell, Lieblingsmodell d spanischen Malers Salvador Dali, Rolle in Western-Film „Hannie Caulder", einige Theater-Rollen in London, Gast-Star einer TV-Show in Amerika, 1976 erste Platte „La Bagarre", dann Single „Blood and Honey", LP's: „I am a Photograph", „Sweet Revenge", Singles: „La Bagarre", „Blood and Honey", „Queen of Chinatown", „Follow me", „Alphabeth" uva. F: In versch in- u ausländischen Zeitungen u Zeitschriften. D: „Hannie Caulder", „Follow me". H: Malen.

Lechtenbrink Volker
B: Schauspieler. A: c/o ZBF-Gen-Agentur Frankfurt, D–6000 Frankfurt, Feuerbachstr 42–46. Tel: 0611/7111313.

Ledebur Friedrich von
B: Schauspieler. A: c/o Agentur Alexander, D–8000 München 80, Lamontstr 9. Tel: 089/471011.

Leder Wolfgang
B: Schauspieler. A: D–1000 Berlin 33, Am Hirschsprung 61. Tel: 030/8312400.

Lederer Mike Dir
N: Michael Walther. B: Schauspieler u Manager, Dir d Fa MWM. G: 21. Mai 1947. V: Marianne, geb Binder. A: D–8580 Bayreuth, Werner Siemens-Str 14, CH–Bäretswil/ZH. S: Berufsschule, Kunstgewerbeschule, Schauspielschule, Sprachen: Englisch, Holländisch, Spanisch, Niederrheinländisch. K: 3 Jahre Berufsschule als Maler, 3 Jahre Kunstgewerbeschule u 3 Jahre Schauspielschule, Managerschulung, bis zum VerkaufsDir d Fa MWM Werbung Bayreuth, nach d Schauspielschule in Zürich zum Theater u zum Film, von Zürich aus Mitwirkung an versch Filmen in Deutschland u im Ausland, dann nach Bayreuth, Theater-Intendant im Tourneetheater Blackout in Zürich (nicht mehr existent). F: Züricher Tagesanzeiger, Winterthurer Landbote, in versch Schweizer Zeitschriften. D: Filme: „Stahlnetz", „Sex-Connection", „Liebe a d Lederhose", „Schulmädchen-Report", „Der Mädchenhändler-Gangster", „Jack the Ripper", „Der Konzessionär", „Hausfrauen-Report", u viele kleinere Rollen, Theater: „Das Krokodil", „Die Rundreise", „Nachtasyl", „Warten auf Godot", Karl Valentin Stücke, versch Stücke im Cabaret Mattscheibe. H: Schwimmen, Lesen, Musik, Langlauf-Ski.

Ledl Lotte
B: Schauspielerin. G: Wien, 16. März 1930. A: A–2380 Perchtoldsdorf, Breitenecker Str 19. S: Matura, Reinhardt-Seminar. K: Festspiele Strobl, Theater am Parkring, Kleines Theater im Konzerthaus, Volkstheater Wien, Tätigkeit bei Funk, Film u Fernsehen. D: „Husarenmanöver", „Dort oben, wo die Alpen glühn", „Dort in d Wachau" uva.

Ledwoch Bert
B: Schauspieler. A: D–7209 Aldingen 2, Albstr 16, c/o ZBF-Gen-Agentur Frankfurt. Tel: 07424/4262 oder 0611/71111.

Lehmann Charlotte Prof
B: Lehrer f Gesang an d Staatl HS f Musik u Theater Hannover, Konzertsängerin. G: Zweibrücken, 16. Jan 1938. V: Dr Ernst Huber-Contwig. A: D–3005 Hemmingen 4, Lindenweg 30. S: Abitur, Stud d Schulmusik an d Univ Saarbrücken, Konzertreifeprüfung an d MusikHS d Saarlandes. K: 1966 u 1967 Preisträgerin Intern Gesangswettbewerbe in Paris, Konzertreisen in Westeuropa, Südamerika, Nordamerika, Vorderer Orient, Aufnahmen an allen deutschen Rundfunkanstalten, Fernsehaufnahmen in d ARD u ZDF, zahlreiche Schallplatten, umfangreiches Repertoire in Oratorium u Lied (Sopran), Uraufführungen ua v Wolfgang Fortner u Harald Heilmann. F: Rundfunkzeitschriften. D: Fernsehaufnahmen bei ARD u ZDF.

Lehmann Fritz
B: Schauspieler. A: c/o Agentur Schmidt-Gentner, A–1030 Wien, Lothringer Str 20. Tel: 0222/752271.

Lehmann Manfred
B: Schauspieler. A: D–1000 Berlin 12, Leibnizstr 74, c/o Management Palz. Tel: 030/3136793 oder 089/912019/10.

Lehmbrock Peter
B: Schauspieler. G: Düsseldorf, 28. Nov 1919. A: D–2000 Hamburg 60, Alsterdorfer Str 94. S: Gymn Düsseldorf, Schauspielschule Bochum. K: Schauspielhaus Bochum, Deutsches Theater Berlin, Brecht-Ensemble, Piscator-Volksbühne, Schauspielhaus Hamburg, Residenz-Theater, Berlin, München, Schauspielhaus Hamburg (Nagel), demnächst Schauspielhaus Köln (ab Sommer 1979). F: Hör Zu, Theater Heute, Stern ua. D: „Der Teufel spielte Balalaika“, „Woyzeck“, „Ein Tag“, „Durchbruch Lok 234“, „Stahlnetz“, „Zuchthaus“, „Der Fall Petkoff“, „Tatort“, „Bauern, Bonzen u Bomben“, „Schlachtvieh“, „Sonderdezernat“, „Tadellöser u Wolff“, „Kapitel für sich“, „Herbert Engelmann“, „Franz Moor“, „Ratten“, „Tod eines Handlungsreisenden“, „Die Gespenster“, „Blick zurück im Zorn“, „Weh dem, der lügt“, „Puntilla“, „Die Benachrichtigung“, „Christie in Love“, „Homburg“, „Dario Fo“, „Spanische Revolution“, „Einsame Menschen“, „Das große Spiel“, „Labiche“, „St Pauli Report“, „Damenquartett“, „SOS Moro Castle“, „Die Katze auf dem heißen Blechdach“, „Family“, „Wupper“, „Der Biberpelz“, „Valentin-Abend“, „Sturm“, „Schlacht“, „Büchner-Abend“, „Der Menschenfeind“, „Was ihr wollt“, „Wildente“, „Feinde“, „Glaube-Liebe-Hoffnung“, „Wie es Euch gefällt“, „Pygmalion“, „Lied der Taube“, „Satyr aus der Vorstadt“ ua. M: DAG. H: Krimis, Schach, Bücher, Fußball.

Lehn Georg
B: Schauspieler. G: Darmstadt, 7. Feb 1915. A: D–8000 München 40, Türkenstr 74, c/o Agentur Elli Silman, D–8000 München 50, Templestr 21. Tel: 089/283498 oder 089/410041/42. S: Hum Gymn in Darmstadt, 1934–35 Schauspielschule Ak f Tonkunst in Darmstadt, 1936 Abschlußprüfung ReichstheaterKam Berlin. K: 1937 Reichsarbeitsdienst, 1938 1. Volontärjahr in Darmstadt, 1939 1. Engagement an d Niedersächsischen Landesbühne Hannover, 1940–42 Schneidemühl, 1942–45 Städt Bühnen Bromberg, 1945–47 Kammerspiele Heidelberg, 1947–48 Junges Theater München, 1950 Theater d Stadt Baden-Baden (Hannes Tannert), 1951–53 Städt Bühnen Essen, 1953–56 Bayerisches Staatsschauspiel München, Arbeit f Film u Fernsehen, Theatertourneen, Hörfunktätigkeit: Schulfunk, Kinderfunk f BR, HR ua, seit 1956 freier Schauspieler. F: Div Artikel, Kritiken in Tageszeitungen u Wochenblättern ua. D: Theater: Fach jugendlicher Komiker „Diener zweier Herren“, „Der zerbrochene Krug“, „Die versunkene Glocke“, ab 1945 jugendlicher Charakter u Charakterspieler „Kabale und Liebe“, „Apostelspiel“, „Der Kaukasische Kreidekreis“, „Drei Männer im Schnee“, „Der Kirschgarten“, „Minna von Barnhelm“, „Katharina Knie“, „Der Misanthrop“, Fernsehen: ua „Ein Volksfeind“, „Juno und der Pfau“, „Johanna aus Lothringen“, „Nachtasyl“, „Der Mann, der Donnerstag war“, „Der fröhliche Weinberg“, „Die Journalistin“, „Die Fremde aus Paris“, „Das unbrauchbare an Anna Winters“, „Reporter“, „Das kleine Hofkonzert“, „Kleider machen Leute“, „Belagerungszustand“, „Freundschaftsspiel“, „Der grüne Kakadu“, „Der Sündenbock“, „Der Kandidat“, „Die Glocken von London“, „Damen und Husaren“, „Die Geschäfte des Herrn Mercadet“, „Don Juan oder Die Liebe zur Geometrie“, „Judith“, „Der Hund“, „Der fünfte Mann“, „Der Glückstopf“, „Die spanische Fliege“, „Der Alte“, „Pauken und Trompeten“, „Flachsmann als Erzieher“, „Einer fehlt beim Kurkonzert“, „Liebe gegen Paragraphen“, „Der Nagel“, „Der plötzliche Reichtum der armen Leute von Kombach“, „Komplikationen“, „Fall nicht in den Schwanensee“, Film: „Der Ruf“, „Vom Teufel gejagt“, „Der fallende Stern“, „Der doppelte Ehemann“, „Rübezahl, der Herr der Berge“, „Nachts wenn der Teufel kam“, „Madeleine und der Legionär“, „Alle Sünden dieser Erde“, „. . .und nichts als die Wahrheit“, „Taiga“, „Auferstehung“, „Die Brücke“, „Die Wahrheit über Rosemarie“, „Ein Mann geht durch die Wand“, „Nacht fiel über Gotenhafen“, „Strafbataillon 999“, „Durchbruch Lok 234“, „Das Feuerschiff“, „Division Brandenburg“, „Die junge Sünderin“, „Der grüne Regenbogen“, „Das Schloß“.

Lehner Barbara
B: Schauspielerin. A: c/o Agentur Schmidt-Gentner, A–1030 Wien, Lothringer Str 20. Tel: 0222/752271.

Lehner Helga
B: Schauspielerin. A: D–8000 München 81, Ostpreußenstr 73, c/o ZBF-Agentur München. Tel: 089/932454 oder 089/335081.

Lehner-Madincea Helga
B: Schauspielerin. A: D–1000 Berlin 33, Steinrückweg 1. Tel: 030/8222831.

Lehwald Peter
B: Schauspieler. G: Berlin, 26. Aug 1936. A: D–1000 Berlin 19, Spandauer Damm 153 A. Tel: 030/3047945. S: Max Reinhardt-Schule Berlin. K: Theater, Film, Fernsehen, Synchonisation, Funk, Schallplatte. F: In div Zeitschriften. D: In ca 50 Theaterstücken, Klassiker, Komödien u moderne Theaterstücke, Mitwirkung in über 70 Filmen u Fernsehstücken, Serien. M: Deutsche BühnenGen. H: Sport, Tennis, Reiten, Segelsport, Stud d Phil.

Leimgruber Peter
B: Schauspieler. G: Luzern, 21. Sept 1947. A: D–6600 Saarbrücken, Blücherstr 1, ab Juli 1979: CH–6002 Luzern, Hotel Schiller. S: Primar- u Sekundarschule Luzern, Ecole Superieur de Commerce Neuchatel, Schauspielschule Essen. K: 3 Jahre Stadttheater Trier, 1 Jahr freiarbeitender Schauspieler in Aachen Trier u Saarbrücken, seit 1976 am Landestheater Saarbrücken. D: „Urfaust", „Tango", „Seid nett zu Mr Sloane", „Hofmeister", „Aussagen ..." „Lulu", „Balhon" uva. H: Musik.

Leinweber Susanne
B: Mimin, Pantomimin, Clown. G: Zürich, 29. Juni 1945. A: D–1000 Berlin 12, Pestalozzistr 5. S: Sekundarschule, Schauspielschule, Mimenschule Ecole Jacques Lecoq, Paris, 6 Jahre Ballettschule, Pantomimenkurse bei mehreren Pantomimen in Paris, Zürich, Rom, Jazz Tanz Kurse, Akrobatik-Kurse, Karate, Guitarre. K: Aufbea einer Mimengruppe (Vargteatern) in Schweden, mit einer Kollegin Unterricht (Mime) an d Univ in Uppsala, Engagement beim Théatre Création in Lausanne, seit 1976 eigene One-Woman-Shows, selbstgeschrieben, inszeniert. F: Filmjahrbuch, Theater-Jahrbuch. M: KTV, „Berliner Brettl". H: Guitarre, Schwimmen, Alternative Med.

Leipnitz Harald
B: Schauspieler u Regisseur. G: 22. Apr 1926. V: Walburga, geb Dohle. A: D–8000 München 80, Poschingerstr 12 u D–5600 Wuppertal 1, Kronprinzenallee 166. S: Abitur, Schauspielstudio d Wuppertaler Bühnen, Privatunterricht bei Hans Caninenberg. K: Von 1948–60 Mtgl d Wuppertaler Bühnen, 1960–63 Jahresverträge m Bavaria Fernsehen, danach selbständig. F: In fast allen Zeitungen u Zeitschriften. D: „Ölprinz", „Die endlose Nacht", „Der unheimliche Mönch", „Und der Amazonas schweigt", „Die Schlinge" uva, Theater: „Don Carlos", „Regenmacher", „Sommernachtstraum" uva. E: BFilmpreis in Gold 1963, Goldene Kassette „Blick in die Welt" 1968. M: Mtgl d FilmKmsn d CDU/CSU München.

Leitis Gregory von
B: Schauspieler. A: D–8000 München 40, Viktor Scheffel-Str 11, c/o ZBF-Agentur München. Tel: 089/397999 oder 089/335081.

Lehmbeck-Dupont Karin
B: Schauspielerin. A: D–8000 München 2, Theresienstr 45, c/o ZBF-Agentur München. Tel: 089/521196 oder 089/335081.

Lembke Robert Ernst
B: Moderator. G: München, 17. Sept 1913. V: Heidi, geb Berthold. A: D–8000 München 9, Aretinstr 14. S: Abitur, 1 1/2 Sem Jus-Stud. K: Journalist f „Simplizissimus" u für Berliner Tageblatt, Anzeigenvertreter, dann Fachbearbeiter bei IG Farben, nach Kriegsende Redakteur bei d Pressestelle d amerikanischen Militärregierung, dann verantwortlicher Redakteur f Innenpolitik u Sport bei d „Neuen Zeitung", nebenbei bei Radio München, dann stellv Chefredakteur d BR, später Chefredakteur, gleichzeitig stellv Fernseh-Dir, seit 1961 Programm-Koordinator d Deutschen Fernsehens, eigene Sendung: „Was bin ich?", Bücher: „Das muß mir passieren", „Das große Handbuch d Olympischen Spiele", „Olympisches Sprachwörterbuch", „Das große Haus- u Familienbuch d Spiele" „Aus dem Papierkorb d Weltpresse", „Quiz leicht gemacht", „Zynisches Wörterbuch", „Bissiges ABC", „Interviews mit Tieren", „Was bin ich – was kann ich werden?", „Schach – das königliche Spiel", „Denken – Raten – Testen", „Von Athen nach Mexiko" ua.

Lemken Karlheinz
B: Schauspieler. A: D–2000 Hamburg 13, Rutschbahn 15, c/o ZBF-Agentur Hamburg. Tel: 040/4104980 oder 040/66885400.

Lemm Christiane
B: Schauspielerin. A: c/o ZBF-General-Agentur Frankfurt, D–6000 Frankfurt/Main, Feuerbachstr 42–46. Tel: 0611/7111335.

Lemnitz Regina
B: Schauspielerin. A: c/o Agentur Bloy, D–8022 Grünwald, Gasteigweg 1. Tel: 089/6411893.

Lenkey Robert
B: Schauspieler. A: D–2000 Hamburg 20, Erikastr 145. Tel: 040/481680.

Lennartz Elisabeth
B: Schauspielerin. A: c/o Agentur v Pilecki, D–8000 München 22, Oettingenstr 46. Tel: 089/220263.

Lentz Reinhard
B: Schauspieler. A: D–8172 Lenggries, Hochalmstr 11. Tel: 08042/8213.

Lenz Lilo
N: Charlotte Fielitz. B: Sängerin. G: Königsberg, 2. Apr 1920. A: D–5130 Geilenkirchen, Danziger Str 7. Tel: 8615. S: Mittelschule. K: 1934 Ergänzungsballett, Opernhaus Königsberg, 1935 1 Jahr Stipendium am Konservatorium Königsberg, 1936 K d F Ostpreußen-Tournee bis 1939. F: Neues Blatt, in Tageszeitungen in Ostpreußen. M: Seit 1977 VorstMtgl im 1. Geilenkirchner Cross-Club eV im NAVC, seit 1974 im GSF Düsseldorf, seit 1979 im Vorst dieses Verb. H: Musik, große Autorennen, elegante Kleidung.

Lenz Michael
B: Schauspieler. A: c/o Agentur Alexander, D–8000 München 80, Lamontstr 9. Tel: 089/471011.

Lenz Monika
B: Sängerin. G: Graz. A: A–1140 Wien, Töpfelg 16–18/I/4. S: Lehrerbildungsanstalt, HS f Musik in Salzburg, GesangsStud bei Frau Forer in Salzburg u in München. K: Zunächst ViolinStud am Mozarteum, Salzburg, Lied- u Oratoriendiplom an d MusikHS München, danach bei Frau Forer, langjähriges Mitwirken bei d Bayreuther Festspielen, Gastverpflichtung in Lissabon, vielfältige Rundfunk- u Konzerttätigkeit, seit 1978 am Raimundtheater u ab 1980 an d Volksoper in Wien engagiert. D: „Der Bettelstudent", „Eine Nacht in Venedig", „Teufelsreiter", „Wiener Blut", „Apoll und Hyazint", „Heimliche Ehe", „Die Kluge". H: Sport, Werken.

Lenz Rudolf
B: Schauspieler, Heilpraktiker. G: Graz, 26. Mai. V: Margit, geb Herschmann. A: D–8000 München 22, Knöbelstr 10. S: Abitur, MaschinenbauStud, SchiffsIng, SchauspielStud, 1977–79 Heilpraktiker-Schule in Bochum. K: Engagements in Graz, Klagenfurt, Wien (Theater in der Josefstadt), 35 Hauptrollen in Spielfilmen, Gastspiele in Berlin, München, Thalia-Theater Hamburg, Düsseldorfer Schauspielhaus, 1979 Wuppertaler-Bühnen. F: Reportagen in allen einschlägigen Illustrierten u Tageszeitungen in Deutschland, Österreich u in der Schweiz. D: „Wallenstein", „Förster vom Silberwald", „Der Jäger vom Fall", „Edelweißkönig", „Schweigen im Walde", „Der Priester und das Mädchen", „Liebe, Schnee und Sonnenschein" uva. E: „Geschäftsbambi" f „Förster vom Silberwald" als erfolgreichster Film seit 1945. H: Reiten, Fechten, Orgel, Klavier, geisteswiss Studien.

Leonard Margot
B: Schauspielerin. A: c/o Martini, D–8000 München 90, Grünwalder Str 14, D–1000 Berlin 31, Hohenzollerndamm 35a, c/o Agentur Bloy. Tel: 089/654730 oder 089/6411893.

Leopoldi Ronald
B: Schauspieler. A: c/o Agentur Rakosi, D–8000 München 90, Tegernseer Landstr 284. Tel: 089/6904092.

Lerm Klaus
B: Schauspieler. A: D–7300 Esslingen, Pliensaustr 40. Tel: 0711/359791.

Lermann Hilde
N: Hildegard Klante. B: Schauspielerin. G: Starnberg, 8. Juli 1946. V: Diethard Klante. A: D–8134 Pöcking, Ascheringer Weg 6. S: Abitur, HS f Musik, Schauspielausbildung. K: Bühnenengagements in Kassel, Ulm, Stuttgart, Fernsehrollen, Kurzfilmproduktionen. F: In Programmzeitschriften. D: „Münchnerinnen", „Helga N", „Von Türken und Menschen", „Kameraden" ua. H: Musik, Katzen.

Leska Rita
N: Rita Kirschstein. B: Schauspielerin. G: Bottrop, 31. Aug 1947. A: D–1000 Berlin 61, Wartenburgstr 17. S: Schauspielausbildung Folkwang-HS, Essen. K: In festen Theaterengagements: Württ Staatstheater, Stuttgart, Schauspielhaus Zürich, Schaubühne Berlin, als Gastspielerin am Schauspielhaus Hamburg, Staatstheater Stuttgart, Festspiele Reckling-

hausen D: „Jean d'Arc", Aufwind", „Gesundheit".

Lesowsky Wolfgang
B: Schauspieler. A: A–1010 Wien, Weihburgg 16, c/o Agentur Schmidt-Gentner. Tel: 0222/523111 oder 0222/752271.

Lethi Wolfhard
B: Schauspieler. A: D–1000 Berlin 62, Innsbrucker Str 19, D–3380 Gosslar/Harz, Breslauer Str 32. Tel: 030/8544643.

Leur Sylvia de
B: Schauspielerin. A: c/o Management Margarete van Dam, NL–Amsterdam, Plantage Parklaan 12. Tel: 003120/246743.

Leuthen Hans-Jürgen
B: Schauspieler. A: D–8000 München 90, Mondstr 1, c/o ZBF-Agentur München. Tel: 089/657375 oder 089/335081.

Leuwerik Ruth
B: Schauspielerin. A: c/o Agentur Lentz, D–8000 München 80, Holbeinstr 4. Tel: 089/474026.

Lewicki Petra-Christiane
B: Schauspielerin. A: D–1000 Berlin 41, Stindestr 16. Tel: 030/7965461.

Lex Randy
N: Hans Mühlbauer. B: Artist. G: Regensburg, 13. Okt 1952. A: D–8400 Regensburg, Sachsenstr 2. S: Ausbildung in Handwerksberuf. K: 1967–70 Discjockey, Conférencier, Aufbau d Wild-West-Show, 1970–72 Auftritte in Discotheken, Privatveranstaltungen, 1972–78 Bundeswehr, Auftritte im Varieté, Zirkus, Fred Rai-Show, 1978–79 Galas, Fred Rai-Show. H: Antike Waffen, Schießen, Geschichte Amerikas.

Ley Fritz
B: Schauspieler. A: D–8000 München 40, Viktoria 17, c/o Agentur Schmid. Tel: 089/3009939 oder 089/981464.

Leyrer Edith
B: Schauspielerin. A: A–1070 Wien, Neubaug 17–19/2, c/o Management Jovanovic. Tel: 0222/939324 oder 089/475024/25.

Lhotsky Georg
B: Schauspieler. A: A–1070 Wien, Neubaug 3/20. Tel: 0222/937484.

Li Tana
B: Schauspielerin. A: I–Rom, Via Daniello Bartoli 24, c/o ZBF-Agentur München. Tel: 00396/588179 oder 089/335081.

Lichtenberg Julius
B: Opernsänger. G: Itzehoe, 18. Dez 1903. A: D–2211 Drage/Hohenaspe. S: Oratorien-, Konzert- u Opernschule Prof Albert Fischer, Berlin. K: Engagement: Stadttheater Halle, Flensburg, Koblenz, Dortmund, Wuppertal f Oper u Operette, Rundfunk: Sender Leipzig, Oper u Operette Konzerte: Berliner SingAk. D: Jugendlicher Heldentenor, lyrischer Tenor in allen Mozart-, Verdi-, Puccini-, Lortzing- u Weber-Opern. E: EhrenMtgl in Konzertchören u GesangsVer Berlin, Halle, Itzehoe, Verdienstplakette d Stadt Itzehoe f künstlerisches Wirken. M: Großloge d Deutschen Odd Fellow, Niederdeutsche Bühne Itzehoe. H: Pflege d niederdeutschen Sprache.

Lichtenecker Ernst Friedrich
B: Schauspieler. G: Gotha, 8. Juli 1925. A: D–2800 Bremen 41, Kiesselbachstr 26. S: Gymn, Schauspielschule. K: 1. Engagement an d Städt Bühnen Erfurt, seit 1951 in Bremen, freier Mitarbeiter bei Rundfunkanstalten in Deutschland D: In ungezählten Theaterstücken u Hörspielen. M: Mtgl d Goethe-Ges in Weimar. H: Sammeln alter Gläser.

Lichtenfeld Albert
B: Schauspieler. A: D–2000 Hamburg 50, Waterloostr 12, c/o ZBF-Agentur Hamburg. Tel: 040/437572 oder 040/66885400.

Lichtenfeld Manfred
B: Schauspieler. A: D–8060 Dachau/Obb, Würmstr 1, c/o Agentur de la Berg. Tel: 08131/12469 oder 08178/3681.

Lichtenhahn Fritz
B: Schauspieler. A: D–1000 Berlin 38, Matterhornstr 62, c/o ZBF-Agentur München. Tel: 030/8033131 oder 089/335081.

Lichtenstein Angela
B: Schauspielerin. A: c/o Agentur Rakosi, D–8000 München 90, Tegernseer Landstr 284. Tel: 089/6904092.

Lichter Marika
B: Sängerin. G: Wien, 24. Okt 1949. A:

A–1010 Wien, Postg 1–3. S: Gymn, Matura, Konservatorium d Stadt Wien, Klavier u Gesang. K: Schlagerkarriere in Österreich, Deutschland, Schweiz u Südamerika, Raimund-Theater Wien, Operette, Theater d Westens Berlin, seit 1974 bei Gerhard Bronners „Fledermaus" Wien, Theater a d Wien seit 1977, 1979 Salzburger Festspiele. F: In sämtlichen Zeitungen in Österreich, Deutschland, Schweiz, Brasilien, Mexico, Kuba, Venezuela, Griechenland, Italien, Spanien, Portugal, Israel, Rumänien, Bulgarien, Ungarn usw. D: „Victoria u ihr Husar", „Die Geisha", „Wiener Blut", „Fledermaus", „Czardasfürstin", „Johann Strauß", „Die Landstreicher", „Graf v Luxemburg", „Mayflower", „Gräfin v Naschmarkt", „Jedermann", „Annie get your gun", „My fair Lady". E: 3. Platz d Show-Chance 1968 d ORF, SRG, ZDF, Festival Rio 1970 Publikumspreis, 1971 Jury-Preis, Auszeichnungen bei Festivals in Caracas, Cuba, Mexico, Spanien, Griechenland uva. M: AKN als Autorin u Komponistin, LSG. H: Kochen, Reisen, Backgammon.

Lichti Rüdiger
B: Schauspieler. A: D–1000 Berlin 20, Kemmannweg 23a, D–6000 Frankfurt/Main, Amöniburger Str 30, c/o ZBF-Agentur München. Tel: 030/3333649 oder 0611/528137 oder 089/335081.

Liebeneiner Johanna
B: Schauspielerin. A: c/o Management Palz, D–8000 München 81, Ortlindestr 6/VII. Tel: 089/912019/10.

Liebing Franziska
B: Schauspielerin. A: D–8000 München 21, Hauzenberger Str 20, App 130g, c/o ZBF-Agentur München. Tel: 089/5702827 oder 089/335081.

Lieck Peter
B: Schauspieler. A: c/o Agentur Lentz, D–8000 München 80, Holbeinstr 4. Tel: 089/474026.

Lieffen Karl
N: Karl Lifka. B: Schauspieler, Autor. G: Ossek/CSSR, 17. Mai 1926. A: D–8000 München 90, Wirtstr 8. K: Münchner Kammerspiele, Städt Bühnen Frankfurt/Main, Bayr Staatstheater München, seit 1958 ca 135 Film- u Fernsehrollen, wichtigste Regisseure: Brecht, Kortner, Schweikart-Fechner, Buch: „Was fällt Ihnen ein, Lieffen?" (Autobiographie). M: Mtgl d Bayerischen Staatsschauspiels München.

Lier Jürgen
B: Schauspieler. A: D–2000 Hamburg 13, Haller Str 25, c/o Agentur Runde-Profé. Tel: 040/450409 oder 030/3040661.

Lier Wolfrid
B: Schauspieler. A: D–8000 München 40, Winzerer Str 142a, c/o Agentur Marga Wiedner. Tel: 089/304030 oder 089/3081822.

Lieven Heinz
B: Schauspieler. G: Hamburg, 18. Apr 1928. V: Hertha Elisabeth, geb Gobrecht. A: D–2820 Bremen-Lesum, Hockenstr 16. S: RealGymn, Schauspielunterricht b Helmut Gmelin, Bernhard Minetti. K: An div Landesbühnen, Stadttheatern, Freie Volksbühne Berlin, Schiller-Theater Berlin ua. D: Fernsehen: „Herr Puntila u sein Knecht Matti", „Graf Oederland", „Ein Kapitel für sich" ua. M: GDBA. H: Familie, Segeln, Reisen.

Liewehr Florian
B: Schauspieler. A: c/o Agentur Lentz, D–8000 München 80, Holbeinstr 4. Tel: 089/474026.

Lillig Ursula
B: Schauspielerin. A: D–6000 Frankfurt/Main, Wolfsgangstr 76. Tel: 0611/592697.

Limburg Thomas
B: Schauspieler. A: D–5000 Köln 1, Im Weichserhof 5. Tel: 0221/316325.

Lind Annemarie
B: Schauspielerin. A: A–1170 Wien, Leopold Ernst-G 15/9, c/o Agentur Schmidt-Gentner. Tel: 0222/4290674 oder 0222/752271.

Lindberg Willy
B: Schauspieler. A: D–8000 München 40, Viktoria 17, c/o Agentur Schmid. Tel: 089/33009939 oder 089/981464.

Linde-Eberle Petra von der
B: Schauspielerin. G: Berlin. V: Werner Eberle. A: D–7530 Pforzheim, Carl Schorz-Str 65. S: Mittlere Reife, Handelsschule, Schauspielschule. K: 1964–67 Frankfurt Städt Bühnen, 1967–78 Theater in Berlin, München, Düsseldorf, Bad Godesberg, Frankfurt, außerdem Film u Fernsehen u Funk. F: Hör Zu, Praline, Funk Uhr. H: Antiquitäten, Tennis, Ski.

Linden Hildegard
B: Schauspielerin. A: D–8000 München 19, Demollstr 7. Tel: 089/0155541.

Lindenberg Käthe
B: Schauspielerin. A: D–7000 Stuttgart 75, Spaichinger Str 17. Tel: 0711/471177.

Lindert Christoph
B: Schauspieler. A: D–8000 München 71, Appenzeller Str 95, c/o ZBF-Agentur München. Tel: 089/756997 oder 089/335081.

Lindhorst Wolfram
B: Schauspieler. A: D–1000 Berlin 19, Reichsstr 2. Tel: 030/3018813.

Lindinger Hugo
B: Schauspieler. A: D–8000 München 40, Giselastr 55/1, c/o Agentur de la Berg. Tel: 089/391949 oder 08178/3681.

Lindner Liselotte
B: Schauspielerin. A: c/o ZBF-Agentur München, D–8000 München 40, Leopoldstr 19, c/o Agentur Rakosi. Tel: 089/335081 oder 089/6904092.

Lindner Marianne
B: Schauspielerin. G: Bad Blankenburg/Thüringen, 11. Dez 1922. A: D–8184 Dürnbach/Post Gmund am Tegernsee, Moosweg 15. S: Mittlere Reife (Pädagogium Schwarzatal), Privatunterricht bei Fritz Haneke. K: Theatertätigkeit, „Kleine Komödie" Max II. Denkmal München, Bauerntheater, Komödienstadel (ca 20 Fernseh-Komödienstücke), Fernsehspiele. F: In Fernsehprogrammzeitschriften, Interviews in TZ, Gong. D: „Das sündige Dorf", „Der alte Feinschmecker", „Graf Schorschi", „Fettaugen", „Die drei Dorfheiligen", „Kapitän Harmsen" (Serie) ua. M: Gewerkschaft. H: Stricken.

Lindner Peter
B: Sänger u Schauspieler. G: Kitzbühel/Tirol, 11. Juli 1940. A: A–1070 Wien, Westbahnstr 27–29/I/61. S: Matura, Stud f Hauptfach Gesang an d HS f Musik u darstellende Kunst in Wien. K: 1969–70 Raimundtheater, 1970–72 Engagement im Luzerner Stadttheater als Operettenbuffo u Schauspieler, 1972–78 Engagement im Linzer Landestheater f alle Sparten (Oper, Operette, Schauspiel u Musical), ab 1978 freischaffend, Sommer-Gastspiele in Baden/Wien, Festspiele Luzern, Klagenfurt, Bregenzer Festspiele, Stadthalle Wien, Bregenzer Festspiele. D: Operetten: „Czardasfürstin", „Weißes Rößl", „Bettelstudent", „Wiener Blut", „Die schöne Galathee", „Land d Lächelns", „Gräfin Mariza", „Nacht in Venedig", „Zirkusprinzessin", Schauspiel: „Lumpazivagabundus", „Talisman", „Höllenangst", Musicals: „West side story", „My fair Lady", „Anatevka", „Mein Freund Bunbury", „Candide". H: Schallplatten (Opern, Operetten, Musicals, Lateinamerikanische Musik).

Lindner Wolf
B: Schauspieler. A: D–4300 Essen-Süd, Am krausen Bäumchen 1. Tel: 0201/282835.

Lindner-Ludewig Anna Maria
B: Schauspielerin. G: Berlin, 19. Juni 1948. V: Rainer Ludewig. A: D–1000 Berlin 38, Eiderstedter Weg 4. S: Falckenberg-Schauspielschule, Schauspielunterricht bei Annemarie Hanschke. K: Durch Mutter Lu Säuberlich zum Theater gekommen, wiederholt am Renaissance-Theater Berlin gespielt. D: „Wie es euch gefällt" (Tournee). M: Klub f ungarische Hirtenhunde. H: Handarbeiten, Schneiderei, kreatives Leben, Hirtenhunde, Reiten, Kinder, Psychologie, Astrologie.

Lindtberg Bettina
B: Schauspielerin. A: c/o ZBF-General-Agentur Frankfurt, D–6000 Frankfurt/Main, Feuerbachstr 42–46. Tel: 0611/7111335.

Lingemann Angelika
B: Künstlerin. G: 1944. A: c/o PR Länge, W 65, D–7000 Stuttgart 72, Wollgrasweg 27. S: Abitur, Bühnenreife, HS f Musik u darstellende Kunst Berlin, Abschluß an d Pädagogischen HS Esslingen. K: 2 Jahre Stadttheater Konstanz, Gastspiele in Heilbronn, Esslingen, Nürnberg, zZ als Kunst- u Deutschlehrerin tätig, Ausstellung v Objekten in Maschen bei Hamburg. D: TV: „Preis d Freiheit", „Unter Kuratel", Arztserie. M: Freie Akademie.

Lingen Ursula
B: Schauspielerin. A: c/o Management Baumbauer, D–8000 München 80, Keplerstr 2. Tel: 089/478577.

Linke Fritz KamSänger
B: Kammersänger. G: Claussnitz/Kr Rochlitz-Sachsen, 15. Mai 1923. V: Lena, geb Nitzsche. A: D–7140 Ludwigsburg, Nettelbeckstr 24. S: Staatl HS f Musik Leipzig. K: Bis 1950 selb-

ständig als Bäckermeister, dann 1950 Städt Bühnen Chemnitz, 1951–54 Landestheater Eisenach, 1953–56 Staatsoper Dresden, seit 1956 Staatstheater u Staatsoper Stuttgart. F: Seit 1950 öfter in versch Zeitungen u Zeitschriften. D: In vielen Filmen u Fernsehproduktionen. E: Richard Wagner-Medaille d Stadt Bayreuth 1963, 1973 Matthias Claudius-Medaille d Großlogen v Deutschland in Silber. M: Freimaurer-Loge „Joh z wiedererbauten Tempel" Ludwigsburg, Deutsches Rotes Kreuz, GDBA. H: Angeln, Radfahren, Basteln, Lesen, moderne Opern singen.

Linkers Eduard
B: Schauspieler. G: Czernowitz, 11. Okt 1912. V: Beate Barbara, geb Jezek. A: D–8000 München 80, Buschingstr 41. S: Gymn, Elevenschule am Deutschen Volkstheater Wien bei Dr Rudolf Beer u Rolf Jahn. K: 1933–38 an fast allen Wiener Bühnen, in d Filmen: „Katharina d Letzte" u „Peter im Schnee", 1938–45 Englisch-Lehrer in Prag, 1946–50 12 Haupt- u Titelrollen in tschechischen Filmen, ab 1951 in ca 160 Filmen u Fernsehspielen in d BRD u fast allen namhaften Bühnen. F: TV-Hören u Sehen. D: „Colas Breugnon", „Die Gräfin vom Naschmarkt", „Millionen-Melodie" (ORF Wien), „Drei sind einer zuviel" (ZDF Mainz). M: BFF München. H: Fotografieren, Sammeln v Mozart-Werken auf Kassetten, Schwimmen.

Linnemann Rolf
B: Schriftsteller, Schauspieler, Kabarettist. G: Niedernwöhren/Schaumburg-Lippe, 19. Aug 1939. A: D–7400 Tübingen, Doblerstr 27. S: Abitur (2. Bildungsweg), Stud d Sozialpädagogik, privater Schauspielunterricht. K: Schlosser, Ass an d Bildungsstätte d Berliner DGB-Jugend, Ltr d Jugendzentrums d Berliner DGB-Jugend, Ltr d Jugendzentrums d Stadt Göttingen, Doz an d Fachschule f Sozialpädagogik in Göttingen, 1970 Gründung d Kneipen-Theaters „Nörgelbuff" in Göttingen, seitdem Kabarett-Programme als Profi (12), bisher 3 LP's, 1 Tucholsky-Ausstellung, TV- u Funk-Auftritte. D: TV-Serie „Goldener Sonntag", „Ein Tag mit dem Star meiner Träume", TV-Film über Kurt Tucholsky. M: Sozialdemokratische Partei (seit 1958), Gewerkschaft, FörderVer „Deutsches Kabarett-Archiv".

Linz Siegfried
PS: CHERINI. B: Magier. G: Fürth/Bayern, 22. Juni 1927. V: Irea, geb Kurnovskà. A: D–8500 Nürnberg, Markgrafenstr 32. S: Grundschule, 1 Jahr Zauberkunst-Stud bei Conrad Horster, Berlin. K: Ab 1945 Spezial-Service f amerikanische Besatzungstruppen in Deutschland, weiters Circus – Olympia, Cabaretts, Variete's (auch Deutschland), DDR Filmbühenschau, eigene Zauber-Abende, lange Jahre in d Schweiz, Tournee in Schweiz m Zaubertheater Bossi, außerdem in vielen Ländern, ua in d CSSR. F: Die Weltwoche, Nürnberger Nachrichten, Abendzeitung. E: Ehren-Urkunde d „Aktion Lebenshilfe" Nürnberg. M: „Sicher wie Jola" Zürich, IPM. H: Blumen.

Lioni Elsa
B: Schauspielerin. A: c/o Management Margarete van Dam, NL–Amsterdam, Plantage Parklaan 12. Tel: 003120/246743.

Lippert Gerhart
B: Schauspieler. A: A–6370 Kitzbühel, Unterbrunnweg 41, c/o Agentur Killer. Tel: 00435356/5672 oder 089/173455.

Lippisch Vera
B: Schauspielerin. A: c/o Agentur Marga Wiedner, D–8000 München 40, Destouchesstr 32/I. Tel: 089/3081822.

Lissa Eva
B: Schauspielerin. A: D–1000 Berlin 33, Steinrückweg 5, c/o ZBF-Agentur Berlin. Tel: 030/8217607 oder 030/8838031.

Litty Gabrielle
B: Schauspielerin. A: c/o Agentur Bengen, D–1000 Berlin 21, Paulstr 25. Tel: 030/3911895.

Livesi Rita
B: Schauspielerin. A: c/o Agentur Anna Ottavi, I–00136 Rom, Via Ugo de Carolis 101. Tel: 00396/344554.

Löbel Bruni
N: Brunhilde Hagen. B: Schauspielerin. G: 20. Dez 1920. V: Holger Hagen. A: D–8023 Pullach/Isartal, Heilmannstr 7. S: Mittlere Reife, priv Schauspielunterricht bei Sonja Karzan u Lucie Höflich 1938–41, dazwischen Schauspielschule Lyda Salmonowa-Wegener. K: Bühne, Film, Fernsehen. F: Bildarchiv d Österr National-Bibliothek Wien. E: Blue Ribbon Box Office Award f d Walt Disney-Film „Born to sing". M: DAG/BFF. H: Modellieren, Malen, Schreiben.

Lobo Lida
B: Schauspielerin. A: c/o Management Margarete van Dam, NL–Amsterdam, Plantage Parklaan 12. Tel: 003120/246743.

Lochner Anita
B: Schauspielerin. A: c/o Agentur Köhler, D–8000 München 40, Rümannstr 51. Tel: 089/363970.

Löck Carsta
B: Schauspielerin. A: D–1000 Berlin 33, Südwestkorso 48. Tel: 030/8212704.

Locker Gerlinde
B: Schauspielerin. A: D–8000 München 71, Karl Marr-Str 4, c/o Agentur Alexander. Tel: 089/792600 oder 089/471011.

Loew Paola
B: Schauspielerin. A: c/o Agentur v Pilecki, D–8000 München 22, Oettingenstr 46. Tel: 089/220263.

Loewe Lothar
B: Korrespondent. G: Berlin, 9. Jan 1929. V: Hannelore, geb Krüger. A: D–2000 Hamburg 13, Abteistr 2. S: Abitur, Stud d Politischen Wiss an d Univ of Oregon. K: Lokalreporter, dann politscher Redakteur, 1958 politischer Redakteur d Bild-Zeitung, 1961 Rundfunk- u Fernseh-Korrespondent in Washington, 1967–70 Berichte f d Deutsche Fernsehen aus Moskau, danach Sendereinsätze f d ARD. H: Tennis, Schwimmen, Skilauf.

Loewis Erik von
N: Loewis of Menar Erik v. B: Schauspieler. G: Dorpat/Estland, 22. Feb 1904. V: Marie-Luise, geb von Carnap-Quernheimb. A: D–1000 Berlin 33, Ruhlaerstr 13. S: Abitur, Jura-Stud, Assessorprüfung 1931, Ausbildung als Schauspieler, K: Seit 1938 im Engagement, seit 1945 als freischaffender Schauspieler, zZ in Freie Bühne Berlin in „Wildente". F: Laufend Veröffentlichungen in versch Zeitungen u Zeitschriften. D: Unter ca 70 Filmen: „Meines Vaters Pferde", „Hotel Adlon", „Die Barrings", „Der Greifer", „Das Mädchen Rosemarie", „Die schöne Lügnerin", „Bezaubernde Arabella", „Frühstück im Doppelbett", „Die DM-Killer" „Die fromme Helene". M: Corps Holsatia, Kiel. H: Kochen, Reisen, Buchrezensionen, Bücher, Katzen.

Lohdde-Loder Sigurd
B: Schauspieler. A: D–1000 Berlin 33, Dunkelbergsteig 1a. Tel: 030/8261969.

Lohner Helmuth
B: Schauspieler. A: CH–4000 Basel, Florastr 11, c/o Management Jovanovic. Tel: 004161/329466 oder 089/475024/25.

Lohr Vera
B: Schauspielerin. A: D–5000 Köln 60, Drosselweg 17. Tel: 0221/746141.

Lom Herbert
B: Schauspieler. A: c/o Management Jovanovic, D–8000 München 80, Perfallstr 6. Tel: 089/475024/25.

Lomme Chris
B: Schauspielerin. A: c/o Management Margarete van Dam, NL–Amsterdam, Plantage Parklaan 12. Tel: 003120/246743.

Lommel Ruth
B: Schauspielerin. A: D–4050 Mönchengladbach 2, Rehfeld 6, E–Torra des Mar, Malaga, Christobal-Colon. Tel: 02166/2911 oder 003452/540194.

Loos Horst Werner
B: Schauspieler, Regisseur. G: Weimar, 4. Feb 1915. V: Helga, geb Marold. A: D–7570 Baden-Baden, Hafnerweg 4. Tel: 07221/61528. S: Gymn, dann in Bochum bei Dr Saladin Schmidt studiert. K: Theater: Aachen, Weimar, Bochum, Heidelberg, Warschau, Essen, München, Osnabrück, Baden-Baden, Darstellungen vom jugendlichen Liebhaber bis zum Hauptmann von Köpenick, Inszenierungen von Opern, Operetten, Freilichtbühnen, viele Sendungen in München, Hannover, Hamburg, Südwestfunk, Tätigkeit bei Fernsehen u Film, Synchronisationen. E: Königlich-Japanischer Sonnenorden, 2 Silbermasken als bester Darsteller in Baden-Baden. H: Malerei, Angeln, früher Fußball.

Lopinski Katharina
B: Schauspielerin. G: Hildesheim, 17. Feb 1945. V: Thomas Fant. A: D–8000 München 60, Widweg 7. S: Otto Falckenberg-Schule München. K: Nach Abschluß d Schausspielschule Engagements in Frankfurt/M, dann 2 Jahre Staatstheater Stuttgart bei Peter Palitzsch, danach freischaffend f Film u Fernsehen, Gastspiele an Städt Bühnen Köln u

Theater am Dom. D: „Italienische Nacht", „Helden", „Spiel m d Feuer", „Hello Dolly", „Schwarze Komödie", „Dreigroschenoper", „Varna", „Die Auserwählten", „Messe d erfüllten Wünsche", „1000 Milliarden", „Der Haupttreffer", „Am Morgen meines Todes", „Ohne Nachsicht", „Die Magermilchbande" uva. H: Ski, Tanzen, Reisen, moderne Literatur, Musik, Kochen u Essen.

Lorenz Christa
B: Schauspielerin. A: D–1000 Berlin 21, Claudiusstr 12, c/o ZBF-Agenr ZBF-Agentur Berlin. Tel: 030/3915799 oder 030/8838031/54.

Loriot
N: Vicco v Bülow (Bernhard, Victor, Christoph, Karl). B: Karikaturist, Schauspieler. G: Brandenburg, 12. Nov 1923. V: Rose-Marie, geb Schlumbohm. A: D–8193 Ammerland/Starnberger See. S: Abitur, 6 Sem Stud d Malerei u Graphik an d KunstAk in Hamburg. K: Seit 1950 Zeichnungen f „Stern" (Reinhold, das Nashorn), seit 1955 die Erlebnisse d Knollennasenmännchens in „Quick", Zeichentrickfilme f Werbung, Autor v satirischer Prosa, Entwürfe v Brettspielen, Puzzles, Posters, Spielkarten, plastischen Figuren, 1971 Erfinder d Fernseh-Hundes „Wum", 1967–72 Ltr, Autor u Hauptdarsteller d ARD-Sendung „Cartoon", 14 Bücher, ua: „Loriots großer Ratgeber", „Loriots heile Welt", Schallplatten: „Wums", „Ich wünsch mir 'ne kleine Miezekatze". E: Adolf Grimme-Preis, Goldene Kamera, Rose d'or del Montreux, Adolf Grimme-Preis in Silber, Goldene Europa (Europawelle Saar), Goldene Schallplatte. H: Klassische Musik, Segeln, Tischtennis, Skifahren.

Lorisch Siegfried
B: Schauspieler. A: D–2300 Kiel, Sylter Bogen 66, c/o Agentur Runde-Profé. Tel: 0431/311419 oder 030/3040661.

Los Maria
B: Schauspielerin. A: c/o Agentur Anna Ottavi, I–00136 Rom, Via Ugo de Carolis 101. Tel: 003196/344554.

Losch Roswitha
B: Schauspielerin. A: D–2000 Hamburg 60, Gropiusring 29, c/o ZBF-Agentur Hamburg. Tel: 040/6315842 oder 040/66885400.

Loskarn Franz
B: Schauspieler. A: D–8000 München 22, St Anna-Str 25. Tel: 089/220993.

Lothar Ernst
B: Schauspieler. A: c/o Agentur de la Berg, D–8026 Irschenhausen, Haus am Weiher. Tel: 08178/3681.

Lothar Ralph
B: Schauspieler. A: D–1000 Berlin 33, Ehrenbergstr 7 B, c/o ZBF-Agentur Berlin. Tel: 030/8324649 oder 030/8838031/54.

Lou Ah-Yue
B: Schauspieler. A: D–2000 Hamburg 55, Hasenhöhe 22, c/o Agentur Runde-Profé. Tel: u 867204 oder 030/3040661.

Louca Beppo
B: Schauspieler. A: D–8000 München 80, Steinseestr 32, c/o ZBF-Agentur München. Tel: 089/404634 oder 089/335081.

Low Bruce
B: Sänger, Schauspieler, Texter. G: Südamerika, 26. März 1913. A: D–8021 Strasslach-Hailafing, Buchenstr 6. S: Erster Unterricht bei d Mutter, 1932 Abitur in Zeist, Holland, HS f Leibesübungen Berlin, Ausbildung zum Sportlehrer, ein Unfall 1934 beendete diese Laufbahn. K: Beginn d Karriere nach Vorsingen an einem Operettentheater (Admiralspalast in Berlin) Engagement als Chorsänger, daneben Stud d Gesangs, Seminar bei Prof Siegfried Borris, 1938 Privatmusiklehrerprüfung f Gesang u Klavier, nach d Krieg beim niederländischen Radio (Cowboy- u Negerlieder), dann folgte ein Vertrag f eine Negerschau im Wiener Renaissance-Theater maskenmäßige Anpassung, wurde daher lange Zeit als Neger gehalten), 1949 erste Schallplatte in Wien „Die Geisterreiter", 1 Jahr später im Revue-Film „Die dritte von rechts" (Rolle d Negers Joe), Hits: Leise rauscht der Missouri, Tabak u Rum, Das alte Haus von Rocky-Docky, Es hängt ein Pferdehalfter an der Wand, 12 Uhr mittags, Soviel Wind und keine Segel, Ein Mensch wie Du und ich, 4 Jahre Tätigkeit als Rechercheur bei d Münchner Redaktion d Zeitschrift „Jasmin", 1971 mit „Arche Noah" in Saarbrücken, Stuttgart u Berlin in d Spitzen d Hitparaden, innerhalb v 4 Monaten eine halbe Million Schallplatten verkauft, daraufhin d Journalistenjob aufgegeben, seither nur noch als Sänger, Schauspieler u Texter tätig,

neuerdings Moderation d Sendung „Zirkus-Zirkus", Text u Interpretation d „Rätselliedes" f Wim Thoelkes „Großer Preis" (beide Sendungen f d ZDF).

Löwenthal Gerhard
B: Journalist, Moderator. G: Berlin, 8. Dez 1922. V: Dr Ingeborg, geb Lemmer. A: D–6200 Wiesbaden, Sonnenbergerstr 58. S: Abitur, Stud an d Humboldt-Univ in Berlin, 7 Sem Med. K: Mitbegründer d Freien Univ Berlin, Mitarbeiter d amerikanischen Berlinsenders RIAS, später auch Reporter u Redakteur, Initiator d RIAS-Funk-Univ, Ltr d HS-Funk u wiss Senderreihen, dann HauptAbtLtr „Kulturelles Wort", 1951 stellv ProgrammDir d RIAS, 1954 beim SFB, 1959 Ltr d Abt f wiss Information b d OECD, anschließend ZDF-Ltr d Benelux-Redaktion in Brüssel, seit 1969 Moderator d „ZDF-Magazins". F: Rheinischer Merkur, Deutsches Allgemeines Sonntagsblatt, Süddeutsche Zeitung, Die Zeit ua. E: Silberne Medaille d Europäischen Gemeinschaften. H: Musik.

Löwinger Guggi
B: Schauspielerin. A: c/o Agentur Killer, D–8000 München 19, Fafnerstr 32. Tel: 089/173455.

Löwinger Paul
B: Schauspieler Regisseur. G: Tulln/NÖ, 10. Nov 1904. A: A–1070 Wien, Mariahilferstr 103. K: Kinderrollen im Ensemble d Löwinger-Bühne, d ältesten Bauernbühne Österr, Dir d Löwinger-Bühne, Lustspielautor, Regisseur, Schauspieler. D: „Die beiden Stoffl", „Die schöne Meisterin", „Schön ist d Welt" uva.

Löwinger Sepp
B: Schauspieler. A: A–1070 Kaiserstr 30. K: Auftritte m d Ensemble d Löwinger-Bühne.

Löwitsch Klaus
B: Schauspieler. A: D–8000 München 80, Sternwartstr 12, c/o Agentur Lentz. Tel: 089/986148 oder 089/474026.

Lucca Maria
B: Schauspielerin. A: D–8000 München 71, Forst Kasten-Allee 123, c/o ZBF-Agentur München. Tel: 089/7552564 oder 089/335081.

Lucht Manfred
B: Schauspieler. A: D–2380 Schleswig, Wiking-Eck 5, Wikeng-Turm 20/5, c/o Agentur Runde-Profé. Tel: 04621/35230 oder 030/3040661.

Luderer Ulrike
B: Schauspielerin. A: c/o ZBF-Agentur München, D–8000 München 40, Leopoldstr 19. Tel: 089/335081.

Lüders Ursula
B: Sängerin. G: Berlin, 11. Jan 1924. A: D–1000 Berlin 37, Eiderstaedter Weg 24a. S: Mittlere Reife, Gesangsausbildung, Stud bei Prof Frederic Husler, Berlin, dann MusikAk Detmold. K: Konzerte in d Lübecker Marienkirche unter Prof Walter Kraft u unter d späteren Thomaskantor Prof Kurt Thomas, Engagements bei d „Deutschen Operngastspielen", Theater am Schiffbauerdamm, Mollendorf Theater, Solo an d Deutschen Oper Berlin, zahlreiche Solosendungen im Rias Berlin, seit 1958 Mtgl d Rias Kammerchores. M: Hilfe f d bedrohte Tierwelt, Rotes Kreuz. H: Antiquitäten sammeln Hundesport, Lesen, Reisen.

Lüdke Günter
B: Schauspieler. A: D–2000 Hamburg 53, Goosacker 29, c/o Agentur Runde-Profé. Tel: 040/804223 oder 030/3040661.

Ludwig Erich
B: Schauspieler. A: D–8044 Lohhof, Lohwalder Str 14, c/o Agentur Marga Wiedner. Tel: 089/3105231 oder 089/3081822.

Ludwig Gloria
B: Schauspielerin. A: D–1000 Berlin 21, Alt Moabit 106, c/o Agentur Bengen. Tel: 030/3922911 oder 030/3911895.

Ludwig Ursula
B: Schauspielerin. A: D–8044 Unterschleißheim, Margaretenanger 3b, c/o ZBF-Agentur München. Tel: 089/3102823 oder 089/335081.

Lueg Ernst Dieter
B: Redakteur. G: Essen, 9. Jan 1930. V: Wiltraut. A: D–5300 Bonn-Bad Godesberg, Nesselburg 33. S: Abitur, Volontariat bei einer Tageszeitung, Stud d Geschichte, Politischen Wiss in Bonn, Frankfurt Köln. K: Nachrichtenredakteur, politischer Redakteur, Redakteur im Bonner ARD-Studio. H: Sport, Schwimmen, Fußball.

Lühr Peter
B: Schauspieler. A: c/o Agentur de la Berg, D–8026 Irschenhausen, Haus am Weiher. Tel: 08178/3681.

Lukan Adolf
B: Schauspieler. G: Graz, 5. März 1935. V: Monika, geb Ondruj. A: A 1090 Wien, Nußdorfer Str 35. S: Abitur, Lehrerausbildung, Schauspielausbildung in Wien. K: Eleve am Burgtheater Wien, div Gastspiele, Tourneen in Deutschland u Österreich, seit 1968 am Volkstheater in Wien. F: In sämtlichen Tageszeitungen u in vielen Zeitschriften. D: „Was ihr wollt", „Florentinerhut", „Der Verschwender' „Das Große ABC", „Tag mit Edward", „Literatur". H: Lesen, Tennis, Foto, Reisen.

Lukan Sylvia
B: Schauspielerin. A: c/o Agentur Schmidt-Gentner, A–1030 Wien, Lothringer Str 20. Tel: 0222/752271.

Lukschy Wolfgang
B: Schauspieler. A: D–1000 Berlin 33, Caspar Theyß-Str 9, c/o Worell, D–8000 München 22, Wurzer Str 18. Tel: 030/8918547 oder 089/292488.

Lumsden Lance
B: Schauspieler. A: A–1150 Wien, Kohlenhofg 4/8. Tel: 0222/8526475.

Lundbeck Barbara
B: Schauspielerin. A: D–2000 Hamburg 11, Rödingsmarkt 1, D–2000 Hamburg 19, Sillemstr 53. Tel: 040/365866 oder 040/4914332.

Lundi Monika
B: Grafikerin, Schauspielerin. G: Berlin, 6. Jan 1942. A: D–8000 München 40, Viktoriastr 24. S: Mittlere Reife, 2 Sem HS f Bildende Kunst, Berlin, 3 Jahre Meisterschule f Grafic u Examen K: Grafikerin in Bielefeld u München, durch Schrift u Grafic in Treuheim vom ZDF durch Zufall 1. Fernsehspiel „Mord in Frankfurt" (v Rolf Hädrich), dann folgten weitere Fernsehspiele, Hauptrollen in etwa 40 Fernsehspielen. F: Seit 1970 laufend in Zeitungen u Zeitschriften. D: Fernsehspiele: „Mord in Frankfurt' „Sternschnuppe", „Früher oder später", „Der Traum der Monika 2", „Adoptionen", „Weder Tag noch Stunde", Film: „Bengelchen", „Spaghetti im November", „Der Kapitän", „Aber Jonny", „Toter Taucher", mehrere Theaterrollen. E: Grünne-Preis f „Mord in Frankfurt", „Bronzener Otto", Bravo 1973. H: Kissen, Gardinen u Fumel färben, Kräutergarten u Garten, Schlittschuhlaufen, Reisen u Leute beobachten, Kochen, Malen, Gitarre spielen.

Lünemann Winfried
B: Schauspieler. G: Dortmund, 21. Mai 1929. V: Christa, geb Müller. A: D–4044 Kaarst/Düsseldorf 1, Tulpenweg 30. S: Schauspielausbildung bei Inge Conradi, Konstanz u Hanns Bogenhardt, Dortmund. K: Beginn am Theater in Konstanz unter Heinz Hilpert, f d Film entdeckt v d französischen Regisseur Edmont T Greville, 5 Spielfilme u ca 50 Fernsehfilme, letzte Theaterengagements Komödie Düsseldorf, Frankfurt, Kammerspiele Hamburg. F: Film u Frau, Filmmagazin, Der neue Film, Gong, Rundfunkzeitschriften, Tageszeitungen. D: „Bildschnitzer vom Walsertal", „Im Bann der Madonna", „Des Teufels General", „Der Stellvertreter", „Katharina Knie", „Tod des Handlungsreisenden".

Lüönd Daniel
B: Schauspieler. A: c/o Agentur Marga Wiedner, D–8000 München 40, Destouchesstr 32/I. Tel: 089/3081822.

Lüpertz Susanne
B: Schauspielerin. A: D–1000 Berlin 33, Geisenheimer Str 2, c/o ZBF-Agentur Berlin. Tel: 030/8218892 oder 030/8838031.

Lupprian Judith
B: Schauspielerin. A: D–1000 Berlin 41, Beymestr 19 B, c/o Agentur Runde-Profé. Tel: 030/7918136 oder 030/3040661.

Lüscher Ingeborg
B: Schauspielerin. A: CH–6652 Tegna-Ti. Tel: 004193/65717.

Lustig Werner
B: Schauspieler. A: c/o Agentur Bengen, D–1000 Berlin 21, Paulstr 25. Tel: 030/3911895.

Lutter Heinz
B: Schauspieler, Regisseur, Sänger (Chansons, Operette). G: 1. Nov 1924. A: D–1000 Berlin 41, Kottersteig 4. S: Abitur, Schauspielausbildung in Berliner Theaterschule, Ltg Helmut Bergmann, Staatstheater Berlin. K: Engagements am Hebbel-Theater, Thalia-

Theater Hannover, Kabarett „Die Bedienten", Sonntagstheater f Senioren (eigenes Unternehmen), Funk, Synchron. F: Berliner Morgenpost, BZ, Bild-Zeitung, Berliner Seniorenpost, Artist, Hör Zu, Hannoversche Presse, Nindener Tageblatt, Westfälische Zeitung, Hannoversche Allgemeine, Der Nordberliner uva. D: Werbespots, Fernsehen: „Peter Schlemihls wundersame Geschichte", „Der Cheftresor", „Aktenzeichen XY", Theater: „Die Fledermaus", „Der Bettelstudent", „Blume v Hawaii", „Im weißen Rößl" uva, Kabarett, Revuen. H: Malen, Sammeln alter Plattten u Chansons.

Lüttge Martin
B: Schauspieler. A: D–8263 Burghausen, Priessental, c/o ZBF-Agentur München. Tel: 089/335085.

Lutz Harald
B: Schauspieler. A: D–1000 Berlin 41, Fronhofer Str 5. Tel: 030/3139585 u 3244900.

Lutz Regine
B: Schauspielerin. A: D–3500 Kassel, Terrasse 17, c/o ZBF-Agentur München. Tel: 0561/16176 oder 089/335081.

Lux Egon
B: Schauspieler. G: Oberhausen-Sterkrade, 2. Aug 1942. A: D–4630 Bochum 1, Grunewaldstr 4. S: Grundschule, Fachoberschule als Fliesenfacharbeiter, TH Essen, 6 Sem Schauspielschule in München. K: Mit 28 Jahren Besuch d Schauspielschule in München, während d Schauspielausbildung Engagement bei Aug Everding an d Münchner Kammerspielen, danach versch Engagements an kleineren Theatern in d BRD, zZ EnsembleMtgl an d Wuppertaler Bühnen. F: BWZ, Hör Zu, WAZ, versch Tageszeitungen. D: „Elsa Brandström", „Bauern, Bonzen, Bomben", „Wie behandle ich meinen Chef?", „Ein Haus für alle", „Macbeth", „Berufsunfälle", „Bottroper Szene", „Piralla m d Wellblechhose", „Warten auf Godot", „Bürger Schippe", „Der Lügner", „Die Perser", „Der Widerspenstigen Zähmung", „Die Beute", „Blick zurück im Zorn", „Der Hausmeister", „Ein Eremit wird entdeckt", „Leben Eduard d Zweiten v England", „Le Tartuffe", „Der Kaufmann v Venedig", „Kleine Morde", „Ein Volksfeind", „Die Folter", „Landshuter Erzählungen", „Der Alchimist", „Die verlorene Ehre d Katharina Blum", „Keine Angst vor Kolibris", „Himmel u Erde". M: DAG – Abt f Schauspieler u Regisseure Hamburg, Deutsche BühnenGen Hamburg. H: Basteln m Keramik u Baustoffen.

Luxem Brigitte Anna Elisabeth
B: Sängerin. G: Köln, 25. Jan 1948. A: D–6750 Kaiserslautern, Von Braunstr 6. Tel: 0631/64343. S: Frauenfachschule, Gesangs-Stud, Düsseldorf, Berlin-Ost, Köln. K: Engagement in Kaiserslautern, Pfalztheater: Chor mit Solo Verpflichtung. D: „Anatevka", „Boccaccio". M: SOS Kinderdorf, Hermann Gmeiner Fond. H: Lesen, Handarbeiten, Reisen, Kunst.

Luxem Rainer
B: Schauspieler. A: D–2400 Lübeck, Ziegelstr 26, c/o ZBF-Gen-Agentur Frankfurt. Tel: 0451/46133 oder 0611/7111313.

Luxemberger Marc
B: Schauspieler. A: D–3000 Hannover, Schläger Str 42–44, c/o Agentur Runde-Profé. Tel: 030/3040661.

Luyken Anette
B: Schauspielerin. G: Duisburg, 18. Feb 1941. A: D–2000 Hamburg 60, Preystr 14. S: Oberrealschule, Schauspielausbildung. K: Engagements in Bonn, Frankfurt, Hamburg. F: Gong. D: „Iphigenie auf Tauris", „Maria Stuart", „Hedda Gabler", „Gesucht wird ...", „Verena Köppen" (Titelrolle). H: Reisen, Lesen.

Lybel Jai
B: Schauspielerin. A: c/o ZBF-Agentur München, D–8000 München 40, Leopoldstr 19. Tel: 089/335081.

Lydi Sylvia
B: Schauspielerin. A: c/o Agentur Schmidt-Gentener, A–1030 Wien, Lothringer Str 20. Tel: 0222/752271.

Lys Paul
B: Schauspieler. A: c/o Agentur Rakosi, D–8000 München 90, Tegernseer Landstr 284. Tel: 089/6904092.

Maalek Theo
B: Schauspieler. A: c/o Agentur v Pilecki, D–8000 München 22, Oettingenstr 46. Tel: 089/220263.

Maas Marika
B: Schauspielerin. A: c/o Management Margarete van Dam, NL–Amsterdam, Plantage Parklaan 12. Tel: 003120/246743.

Maasberg Maria
B: Schauspielerin. G: Hamburg, 21. Mai 1903. A: D–2000 Hamburg 63, Birkenredder 101. S: 3 Jahre privater Unterricht bei Prof Carl Wagner, EhrenMtgl d Deutschen Schauspielhauses Hamburg. K: Film-, Theater- u Rundfunktätigkeit. D: „Der Wald" (Theater), Film: „Arche Noah", „Die letzte Nacht", „Bloekierke Signale", „4 Stunden von Elbe I", „Gäste im Haus", „Jauche und Levkojen", „Glücksritter", „Romeo und Julia in Berlin", „Kapitel für sich", „Dubrow-Krise", „Wovon die Menschen leben", „Die Feinde", „Kressin stoppt den Nord-Express", „Seenot Kreuzer", „Illusionen der Möglichkeiten", „Abiturienten", „Uns geht's noch Gold".

Machac Peter
B: Schauspieler. A: D–8000 München 40, Elisabethstr 15, c/o Agentur Ruth Killerl Tel: 089/2713567 oder 089/173455.

Machalissa Birgit
B: Schauspielerin. A: c/o „Der Würfel" Unterhaltungsbetriebs-GmbH, A–1180 Wien, Scheidlstr 38. Tel: 0222/474134 u 475323.

Machaty Helga
B: Schauspielerin. A: D–8022 Grünwald, Oberhachinger Str 44. Tel: 089/6412001.

Mächtlinger Otto
B: Schauspieler. A: D–1000 Berlin 15, Meineckestr 4, c/o Agentur v Pilecki. Tel: 030/8834853 oder 089/220263.

Mack Günter
B: Schaupieler, Regisseur. G: Augsburg, 12. Dez 1930. V: Wiltrud, geb Regner. A: D–8031 Gröbenzell, Brombeerweg 1. S: Gymn, Schauspielschule. K: Engagements an div Bühnen, ua Staatstheater Wiesbaden, Schauspielhaus Bochum, Freie Volksbühne Berlin, Theater am Kurfürstendamm, Festspiele, Tourneen, seit 1969 freischaffend. F: Hör Zu, TV Hören und Sehen, Stern uva. D: Fernsehfilme: „Kaddisch nach einem Lebenden", „Wie eine Träne im Ozean", „Das Klavier", „Nobile", „Der ewige Gatte", „27. April 77", „Im Nest", „Tatort", „Derrick", „Hiob", „Nero" uva (etwa 70 weitere Titel), Film: „Abschied von gestern", „Der Stoff, aus dem die Träume sind", „Die Antwort kennt nur der Wind" uva, Theater: „Marat", „Teufel und der liebe Gott", „Cyrano de Bergerac", „Beckett oder die Ehre Gottes", „Armer Mörder", „Abaelard und Heloise", „Im Räderwerk" uva. E: BFilmpreis in Gold.

Mack Rumana Manuela
B: Artist. G: Berlin, 7. Aug 1960. A: D–4900 Herford, Groebenstr 76. S: Artistenausbildung. K: Schausteller, Artist. F: In versch Zeitungen. H: Schwimmen, Singen, Tanzen, Parties, Kino, Fernsehen, Billard.

Mackensy Lutz
B: Schauspieler. A: D–2000 Hamburg 20, Eppendorfer Landstr 156 c/o ZBF-Agentur Hamburg. Tel: 040/66885400.

Made Sacco van der
B: Schauspieler. A: c/o Management Margarete van Dam, NL–Amsterdam, Plantage Parklaan 12. Tel: 003120/246743.

Madin Hans
B: Schauspieler. A: c/o Agentur Rakosi, D–8000 München 90, Tegernseer Landstr 284. Tel: 089/6904092.

Madras Monika
B: Schauspielerin. A: D–8000 München 71, Whistlerweg 26, c/o ZBF-Agentur München, c/o Agentur v Pilecki. Tel: 089/798072 oder 089/335081 oder 089/220263.

Maertens Peter
B: Schauspieler. A: D–2000 Hamburg 55, Düpenautal 6 F. Tel: 040/868060 oder über Sekretariat 040/582877.

Mag Toni
B: Schauspieler. A: D–6500 Mainz 1, Albert Schweitzer-Str 6, c/o ZBF-Gen-Agentur Frankfurt. Tel: 06131/34188 oder 0611/7111334.

Mahlau Angelica
B: Schauspielerin. G: Bevensen, 16. Apr 1943. V: Rüdiger Mahlau. A: D–2000 Hamburg 60, Elbterrasse 1. S: Collegeabschluß im Antioch College, Ohio. K: College Theater Gruppe „Otrabanda Company", HS f Musik u darstellende Kunst in Hamburg, Theater in Hamburg u TV. F: Stern. D: Kinderrollen, junge Frauen in vielen TV-Rollen. M: Golfclub, BFF. H: Sport, Sprachen, Reisen, Bücher.

Mahlau Hans
B: Schauspieler. A: D–1000 Berlin 33, Südwestkorso 48, c/o ZBF-Agentur Berlin. Tel: 030/8217169 oder 030/8838031.

Mahler Heinz Rudolf
PS: Bola. B: Artist, Entertainer. G: Dortmund, 16. Dez 1916. V: Ida, geb Schneider. A: D–4600 Dortmund 1, Kuhlmannstr 5. S: Mathematisch-Naturwiss RealGymn (m Internat), Ausbildung durch namhafte Künstler, Schauspieler u Doz in Berlin als Allround-Artist (Sparten: Ansage, Tanz, Gesang, Clownerie, Quizmaster, Kabarettist, f Varietee, Bühne, Circus usw). K: 1942–43 ständiger MitArb d Wehrmachtkleinkunstbühne in Dresden, nach dem Krieg Mtgl exklusiv in d Kameradschaft d deutschen Künstler u damaligen M.Z. Berlin, Engagements in 7 europäischen Ländern bis heute, Mitbegründer d Dortmunder Künstlerbörse. F: Programme, Plakate uva. M: Mtgl d IAL Fachschaft Artistik. H: Erfinden u bauen v Tricks u Effekten, uneigennützige Förderung v Nachwuchsartisten.

Mahler Margot
B: Schauspielerin, Chansonette (eigene Texte). G: Straubing, 24. Sept A: D–8000 München 40, Georgenstr 105. Tel: 089/374704. S: Mittelschule, abeschlossene Banklehre, Schauspielausbildung mit BühnenGen-Prüfung. K: BankKfm, seit 1969 als Schauapielerin bei Fernsehen, Film, Theater, Funk, Synchron, erste bahnbrechende Rolle anfangs 1969 „Ein langes Wochenende" (ZDF-Theateraufzeichnung). F: Hör Zu, Bild und Funk, Echo der Frau, BZ Berlin, AZ München, S München, Quick, Neue Revue, Bild am Sonntag, Bild, TZ, Gong, TV Hören und Sehen, Bravo uva. D: Fernsehen: „Mordkommission" (13 Folgen ZDF), „Königlich bayrisches Amtsgericht" (4 Folgen), „Ein langes Wochenende", „Der Ehestreik", „Lach mit Karl Valentin", „Kirsch und Kern", „Der Spitzbubenhof", „Fußballtrainer Wulff", „Schönheitsgalerie", „Mond, Mond, Mond", „Mirijam und der Lord vom Rummelplatz", „Der Alte", „Derrick", „Tatort", „Das Fenster zum Flur", Shows: „Dalli-Dalli", „Rudi-Carell-Show", „Peter Kraus Show", „Michael Schanze Show", Film: „Die Engel von St Pauli", „Wenn die tollen Tanten kommen", „Die tollen Tanten schlagen zu", „Wenn Du bei mir bist", „Ich denk mich tritt ein Pferd", „Das chinesische Wunder". M: DAG/BFF, IDS. H: Chansons texten u interpretieren u produzieren, Radeln, Spazierengehen, Bootfahren, Video-Filmerin.

Mahler Miriam
B: Schauspielerin. A: D–8000 München 2, Lindwurmstr 36, c/o Agentur Lentz. Tel: 089/775427 oder 089/474026.

Mahler Regine
B: Schauspielerin. A: D–1000 Berlin 19, Neue Kant-Str 7, c/o Agentur Bengen. Tel: 030/3060610 oder 030/3911895.

Mahler-Brönner
B: Schauspielerin. A: c/o Agentur Lentz, D–8000 München 80, Holbeinstr 4. Tel: 089/474026.

Mahlke Ellen
B: Schauspielerin. A: D–8000 München 80, Cuvilliéstr 8 Tel: 089/984619.

Maier Kaja
B: Schauspielerin. A: D–1000 Berlin 31, Hildegardstr 16a, c/o ZBF-Agentur Berlin. Tel: 030/8531104 oder 030/8838031.

Maier Reinhard
B: Schauspieler. A: D–7000 Stuttgart 50, Am Römerkastell 7, c/o ZBF-Agentur München. Tel: 0711/544342 oder 089/335081.

Mainka Dieter
B: Schauspieler. A: c/o ZBF-Gen-Agentur Frankfurt D–6000 Frankfurt/Main, Feuerbachstr 42–46. Tel: 0611/7111313.

Maire Fred
B: Schauspieler. A: D–8000 München 22, Maximilianstr 29, c/o ZBF-Agentur München. Tel: 089/224962 oder 089/335081.

Mairhofer Thekla
B: Schauspielerin. A: D–8165 Fischbachau, Leitzachtalstr 68, c/o ZBF-Agentur München. Tel: 08028/742 oder 089/335081.

Mairich Max
B: Schauspieler. A: D–8132 Tutzing, Waldstr 2, c/o Agentur Marga Wiedner. Tel: 08158/1851 oder 089/3081822.

Major Witold
B: Ballettänzer, Choreograf. G: Polen, 10. Feb 1941. A: A–1040 Wien, Kühnplatz 2/12. S:

Matura, Musikschule, Ballettunterricht Opernhaus Krakau. K: Tänzer in Oper u Operettenhaus Krakau, Solo-Tänzer in Wien, Raimundtheater, versch Nachtclubs in Wien, Polen, Finnland, Italien, Choreografie f Tänzerinnen (Nachtclub „Moulin Rouge"), Choreografie f Film. F: Praline u versch Wiener Zeitungen. D: Als Tänzer u Choreograf im Film „Operation Hydra". M: Theatergewerkschaft in Wien. H: Bühnenbild, Kostüme, Disco-Musik.

Maldek Karl
B: Schauspieler. A: D–8035 Gauting, Obere Zugspitzstr 2, c/o Agentur ZBF. Tel: 089/8505303.

Mally Anita
B: Schriftstellerin u Schauspielerin. G: Bad Steben, 10. Dez 1948. A: D–8000 München 80, Montgelasstr 33. S: Realschule, Lehre z HotelKfm, EnglischStud (Proficiency of Cambridge), Schauspielschule in München (Oskar v Schab). K: Theater, Fernsehen, Film, Drehbuch: „ Die Barrings", Fortsetzungsroman in TV Hören u Sehen: Wettlauf m d Liebe", Kurzgeschichten in versch Illustrierten, Roman: „Die Tournee". D: „Das Geld liegt auf d Bank", „Ehen vor Gericht", „Hotel Sacher", „Kommissar", „Derrick", „Der Alte", „Giftaffaire", „Rubens letzte Runde", „Das fliegende Klassenzimmer", „Il Reporter", „Schwarzwaldfahrt", „Abelard". H: Nähen, Kino, Reisen, Filmen.

Malsbender Herbert
B: Schauspieler. A: D–3257 Springe, Langestr 16. Tel: 0504/2695 u 05044/8148.

Malzacher Gunther
B: Schauspieler, Autor. G: Berlin, 5. März 1929. V: Helga, geb Bach. A: D–8974 Oberstaufen/Allgäu, Alte Sennerei. S: Oberrealschule in Potsdam, SchauspielAk in Stuttgart. K: Engagements in Memmingen, Heidelberg, Detmold, Krefeld, Dortmund, Bochum, Düsseldorf, München. D: TV: Rollen d Jack Mortimer, Daniel Ellsberg, Film: „Wälsungenblut", „Der 1. Kreis der Hölle", „Rheingold", „Das Schlangenei" usw. E: Hersfeldpreis.

Mamero Rolf
B: Schauspieler. G: 27. Sept 1914. V: Aranka, geb Jaenke. A: D-2000 Hamburg 76, Blumenau 79. S: Gymn (Reife), private Schauspielausbildung. H: Astronomie, schriftstellerische Tätigkeit.

Manescul Ursula von
B: Schauspielerin. G: Lemberg, 14. Mai 1931. A: D–7570 Baden-Baden 23, Rebg 7. S: Oberschule, Schauspielschule, Tanzunterricht in Berlin. K: Theater in Berlin, Baden-Baden, Tourneen, Fernsehen in Baden-Baden, seit 1954 Hörfunk, Film u Synchron. F: Unzählige in Zeitschriften u Zeitungen. D: „Salto Mortale". E: EhrenMtgl beim Verb d Hörfunk- u Fernsehteilnehmer d Saarlandes. H: Reisen, Schwimmen, Lesen.

Manger Jürgen v
B: Alleinunterhalter. G: Koblenz, 6. März 1923. V: Ruth, geb Stanszus. A: D–4690 Herne, Hökeskampring 184. S: Abitur, Schauspiel- u Gesangsausbildung, Stud d Rechts- u Staats-Wiss an d Univ Köln u Münster. K: Theaterengagements in Hagen, Bochum, Gelsenkirchen, 1961 Erfindung d Rhein-Ruhr-Menschen „Adolf Tegtmeier", seit 1967 Tourneen durch BRD u Schweiz, seit 1970 Produktion v 60-Minuten-Shows „Tegtmeiers Reisen" f d ZDF. F: In versch Zeitschriften u Zeitungen, ua Hör Zu, Spiegel ua. H: Antiquitäten.

Mangold Erni
B: Schauspielerin. G: Groß Weikersdorf/NÖ, 26. Jan 1926. V: Heinz Reincke. S: Schauspielschule Helmuth Krauß. K: Engagements am Theater i d Josefstadt Wien, Schauspielhaus Hamburg, viele in- u ausländische Bühnen. D: „Der letzte Walzer", „Arlette erobert Paris", „Der Vogelhändler", „Ingrid – die Geschichte eines Fotomodells", „Ein Haus voll Liebe", „Der falsche Adam", „Hanussen", „Die Ehe d Dr med Danwitz", „Tierarzt Dr Vlimmen", „Ein Herz kehrt heim", „Uns gefällt d Welt", „Tolle Nacht" uva.

Mangold Lisi
B: Schauspielerin. A: D–8000 München 2, Theresienhöhe 10, c/o ZBF-Agentur München. Tek: 089/504113 oder 089/335081.

Manhardt Eva
B: Schauspielerin. A: D–1000 Berlin 33, Königsallee 56, c/o ZBF-Agentur Berlin, c/o Agentur Runde-Profé. Tel: 030/8264556 oder 030/8838031 oder 030/3040661.

Mannkopff Andreas
B: Schauspieler. A: D–1000 Berlin 15, Uhlandstr 43/44. Tel: 030/8832348.

Manteuffel Felix von
B: Schauspieler. A: D–8000 München 80, Schellstr 1, c/o ZBF-Agentur München. Tel: 089/4801519 oder 089/335081.

Mantscheff Heta
B: Schauspielerin. A: D–5038 Rodenkirchen/Köln, Hermann Löns-Str 5, c/o ZBF-Agentur Hamburg. Tel: 0221/392823 oder 040/66885400.

Marbo Martha
B: Schauspielerin. A: D–6000 Frankfurt/Main, Wiesenau 9, c/o ZBF-General-Agentur Frankfurt. Tel: 0611/725698 oder 0611/ 7111335.

Marc Monica
B: Schauspielerin. A: D–8012 München-Ottobrunn, Geranienstr 42a, c/o ZBF-Agentur München. Tel: 089/6011982 oder 089/335081.

Marek Hedi
B: Schauspielerin. A: A–3400 Klosterneuburg, Ubald Kostersitz-G 28, c/o Management Baumbauer. Tel: 089/478577.

Marggraf Ilse
B: Schauspielerin. A: D–1000 Berlin 12, Schlüterstr 33. Tel: 030/3123874.

Margulìés Christian
B: Schauspieler. A: D–8000 München 81, Kattowitzer Str 72. Tel: 089/936510.

Margulìés Thomas
B: Schauspieler. A: D–8000 München 81, Regina Ullmann-Str 9. Tel: 089/958990.

Marhold Irene
B: Schauspielerin. A: D–7000 Stuttgart 1, Gerokstaffel 1, c/o ZBF-General-Agentur Frankfurt. Tel: 0711/233205 oder 0611/7111335.

Marholm Alf
B: Schauspieler. A: D–4330 Mülheim-Speldorf, Ahornstr 10, c/o Agentur Marga Wiedner. Tel: 0208/50141 oder 089/3081822.

Marin Ute
B: Schauspielerin. A: D–1000 Berlin 31, Joachim Siegesmund-Str 12, c/o Agentur Bengen. Tel: 030/8868792 oder 030/3911895.

Marinell Werner Prof Mag
PS: BLONDL. B: Sänger, Komponist, Texter, MittelschulProf. G: Klagenfurt, 3. Juni 1942. V: Hedy, geb Aichinger. A: c/o R D Clevère group, D–6078 Neu Isenburg 2, Postfach 2145. Tel: 06102/52696. S: Matura, Univ Wien, Mag d Phil, staatl geprüfter Skilehrer, MittelschulProf Geschichte u Leibesübungen. K: Bandleader d Rock-Gruppe „The Beatniks" 1963–68, 10 Singles (Natascha, Tag u Nacht, My Aeroplane ua), seit 1968 Solist als „Minnesänger BLONDL", DER Interpret f d erotische Minnelied, Chanson u frivole Volkslied, 10 LP's, 20 Singles, größte Erfolge: „Amanda", „Die alten Rittersleut", „Adele", „Schneeweißer Busen", „Zipfl" uva. F: In allen österreichischen Tageszeitungen, Bravo, Musikmarkt, Illustrierten ua. D: „Stoßtrupp Venus", Panorama, Club 2 uva. E: Preise bei Skirennen, Mtgl d österr Nationalmannschaft in Wasserski, seit 1974 einer d ersten Drachenflieger in Europa. M: AKM, Austro Mechana, Litera Mechana, Berufskilehrer-Verb Österreichs, Wasserski-Verb. H: Wasserski, Ski, Drachenfliegen, Segeln, Musik in jeder Form.

Marjan Marie-Luise
B: Schauspielerin. G: Essen, 9. Aug 1940. A: D–4630 Bochum, Königsallee 76, D–2000 Hamburg, Adolfstr 35. Tel: 0234/312194. S: Grundschule, Gymn, Staatl MusikHS Hamburg, Schauspielklasse Prof Eduard Marks. K: Theaterengagements in Basel, Zürich, Staatstheater Karlsruhe, Theater d Stadt Bonn, Schauspielhaus Bochum (11 Jahre), Tournee, Film, Fernsehrollen, Hörspiele. F: In versch Tageszeitungen, WAZ, Abendblatt Hamburg, Lübecker Nachrichten, BZ Berlin, in Fernsehzeitschriften, Illustrierten. D: „Dreigroschenoper", „Bezahlt wird nicht", „Einzelzimmer", „Smog", ca 76 Theaterrollen, ca 25 Fernsehrollen. E: Teilnahme am Lee Strasberg-Seminar in Hollywood, Lee Strasberg Theatre Institut 1978. H: Wandern, Schwimmen, Kochen.

Markus Alexander
B: Schauspieler. A: c/o Management Jovanovic, D–8000 München 80, Perfallstr 6. Tel: 089/475024/25.

Markus Barbara
B: Schauspielerin. A: c/o Agentur Marga Wiedner, D–8000 München 40, Destouchesstr 32/I. Tel: 089/3081822.

Markus Hans
N: Hans Konrad Markus. B: Opern- u Operettensänger, Schauspieler, Pere noble. G: Schäßburg/Siebenbürgen/Rumänien, 11. März 1907. V: Ella, geb Nikolaus. A: D–4000 Düsseldorf 30, Vincke-Str 35/I. Tel: 0211/629841. S: Hum Gymn, BHAk in Graz, Abitur, privates GesangsStud. K: 1933–38 Deutsches Landestheater in Rumänien, 1938–39 Stadttheater Regensburg, 1939–45 Bayerische Staatsoper München, 1945–47 Operetten-Cocktail-Tournee, 1947–51 Bühnen d Stadt Köln, 1951–56 Städt Bühnen Düsseldorf, 1956–62 Vereinigte Städt Bühnen Krefeld-Mönchengladbach, seit 1962 nur Gastspielverträge: Münster, Bonn, Heidelberg, Mainz, Bielefeld, Frankfurt, Bremen, Braunschweig, Hamburg, Brüssel, 7 Operetten-Uraufführungen, Lyrischer Tenor 1. Fach Klassische u moderne Operette, Spieloper, Übergang ins Pere-noble-Fach, während d Krieges Angebote v Käutner f 2 Filme (abgelehnt wegen UK-Stellung), ebenso Wien-Film Angebot 1938 (abgelehnt wegen begonnener Bühnenkarriere), 1942 großes Operetten-Konzert in Wien, Ltg Franz Lehar mit d Wiener Philharmonikern, Life-Funksendungen in München, Frankfurt, Köln, Koblenz, Wien usw. D: Das ganze Repertoire d klassische u modernen Operette, Lyrischer Operntenor: Don Ottavio, Lyonel, Harlekin, Chateauneuf, Turandot, Walther v d Vogelweide, Sprechrolle (Forscher) in „Lisa, benimm Dich", Rudenz in „Wilhelm Tell", Pere noble: Ferri bacsi in „Die Csardasfürstin" (ungar Dialekt), Basil in „Der Graf v Luxemburg" (slawisch). E: Schillerplakette d Nationaltheaters Mannheim, 1939. M: Gen Deutscher Bühnenangehöriger. H: Tennis, Schachspiel, Gesellschaftstanz.

Markus Winnie
B: Schauspielerin. A: c/o Management Jovanovic, D–8000 München 80, Perfallstr 6. Tel: 089/475024/25.

Marlen Trude
B: Schauspielerin. G: Graz, 9. Nov 1912. V: Wolf Albach Retty. A: A–1190 Wien, Reithleg 9. S: Schauspielunterricht in Graz, bei Lori Weiser. K: Engagements am Stadttheater Graz, Brünn, Theater d Westens Berlin, Burgtheater Wien, Gastspiele an versch in- u ausländischen Bühnen, Tätigkeit bei Funk, Film u Fernsehen. D: „Des jungen Dessauers große Liebe", „Die Liebe siegt", „Spiel mit d Feuer", „Die klugen Frauen", „Ehestreik", „Der Favorit d Kaiserin", „Der verkannte Lebemann", „Ein kleiner goldener Ring", „Schabernack", „Die verschwundene Frau", „Meine Frau, die Perle", „Sherlock Holmes", „Ich bin Sebastian Ott", „Paradies d Junggesellen", „Operette", „Die beiden Schwestern", „Fahrt ins Abenteuer" uva.

Marlon Marion
B: Schauspielerin. A: c/o Management Jovanovic, D–8000 München 80, Perfallstr 6. Tel: 089/475024/25.

Marnitz Rolf W
B: Schauspieler. A: D–1000 Berlin 41, Taunusstr 23, c/o Agentur Bengen. Tel: 030/8215247 oder 030/3911895.

Marold-Loos Helga
B: Schauspielerin. G: Lüderitzbuch/Sw-Afrika, 6. Feb 1916. V: Horst Werner Loos. A: D–7570 Baden-Baden, Hafnerweg 4. Tel: 07221/61528. S: Lyzeum, Staatl Schauspielschule Berlin. K: Kleine Rollen am Staatstheater, Komische Oper Berlin, Centraltheater Dresden, Rosenheim, Stadttheater, am Fernsehsender Berlin ab 1934 Versuchssendungen als Schauspielerin u Ansagerin, viele Rundfunksendungen in Berlin, Synchron-Filme, Gast in Celle, Schloßtheater, Sendungen u Fernsehen SWF Baden-Baden. F: Unzählige Veröffentlichungen in versch Zeitungen u Zeitschriften, Korrespondentin v 3 Osnabrücker Zeitungen, Welt am Sonnabend, Badische, Tagblatt. D: Theater: Julia, Lilofee, Kleine Muck, Schneeweißchen uva, Film: Ufa: „Dreiklang" , „Altes Herz geht auf d Reise", „Leuchtende Schatten", „Wilderer im Revier", „Zwischen Himmel u Erde", mehrere Käutnerfilme, viele kleine Fernsehrollen am SWF Baden-Baden. H: Astrologie, Theosophie, Schriftstellerei, Poesie.

Maron Evelyn
B: Schauspielerin. A: c/o Agentur Bengen, D–1000 Berlin 21, Paulstr 25. Tel: 030/3911895.

Marquardt Sigrid
B: Schauspielerin. G: Breslau, 10. Nov 1926. V: Prof Franz Reichert. A: A–1223 Wien, Am Kaisermühlendamm 5/71. S: Abitur. K: Seit 1950 Schauspielerin, Städt Bühnen Frankfurt/M, Deutsches Theater Göttingen, Schauspielhaus Bochum, Wuppertaler Bühnen, Schauspielhaus Zürich, Tournee d Südame-

rika u New York, Theater i d Josefstadt Wien, Freie Volksbühne Berlin, Hamburg Thalia-Theater, Deutsches Schauspielhaus, Staatstheater Hannover, Burgtheater Wien. F: Div Artikel, Interwieves u Kritiken in Tageszeitungen, Wochenblättern u Büchern. D: „Lysistrata", „Maria Stuart", „Kabale u Liebe", „Fuhrmann Henschel", „Don Carlos", „Kaukausischer Kreidekreis", „Der gute Mensch v Sezuan" uva. E: Österreichisches Ehrenkreuz f Wiss u Kunst. H: Malen.

Marquis Arnold
B: Schauspieler. A: D–1000 Berlin 39, Braschzeile 13, c/o Management Mackeben. Tel: 030/8052275 oder 030/8263249.

Marr Sigrid
B: Schauspielerin. A: D–8000 München 40, Türkenstr 29, c/o ZBF-Agentur München. Tel: 089/282561 oder 089/335081.

Marschall Christian
B: Schauspieler. A: D–8000 München 40, Rümannstr 61. Tel: 089/368796.

Marschall Inge
B: Schauspielerin. A: c/o Agentur Killer, D–8000 München 19, Fafnerstr 32. Tel: 089/173455.

Marteau Claus
N: Wernert Claus Karl Johannes. B: TheaterLtr, Regisseur, Schauspieler, Drehbuchautor. G: Osterode/Harz, 8. Okt 1927. A: D–5300 Bonn 1, Mozartstr 50. S: Hum Gymn, Theaterschule d Staatstheaters Hannover unter Gustav Rudolf Sellner. K: Schauspieler u RegieAss am Theater d Stadt Göttingen, Niedersächsische Kammerspiele, Städtebundtheater Westfalen, Schauspieler am Theater d Stadt Göttingen, Jugendtheater Göttingen, TheaterLtr „Die Hausbühne", TheaterLtr „Die Tangente Göttingen", „Theater im Kleinen Raum" Münster/Westf, Dramaturg d CCC-Film Berlin, Chefdramaturg d ARCA Berlin, Gastregisseur am „Berliner Theater", freier Drehbuchautor, Werbebetreuung u Pressereferent d Hersfelder Festspiele, OrganisationsLtg d „Junge Deutsche Ballett-Companie", Mitbegründer u Ass d Arbeitsgemeinschaft Kinder- u Jugendfilm (CERES-Film, Willy Wohlrabe), TheaterLtr u Regisseur am „Theater Central" Bonn, Gründer d EURO-THEATER Arbeitsgemeinschaft europäischer unabhängiger Theater. D: „Maria Stuart", „Die Gerechten", „Don Carlos", „Ehrbare Dirne", „Dame Kobold" uva. M: Verb Deutscher Bühnenschriftsteller u Drehbuchautoren. H: Musik u Malerei.

Martell Karl-Heinz
B: Schauspieler. A: c/o Management Jovanovic, D–8000 München 80, Perfallstr 6. Tel: 089/4750247/25.

Martell Peter
N: Rolf Motzek. B: Komponist, Sänger, Musiker, Produzent. G: Gelsenkirchen-Erle, 25. Dez 1943. V: Annegret, geb Schmieding. A: D–4270 Dorsten 11, Barkenberger Allee 156 und D–4352 Herten, Postfach 1542. S: Mittlere Reife. K: Musiker- u Sänger-Ausbildung, entdeckt als Sänger f Platte u Fernsehen, Weiterbildung als Plattenproduzent f eigene u fremde Werke (Musik u Text). F: Hör Zu u a Fernseh- u Funkzeitschriften sowie div Tageszeitungen. D: TV-Sendungen: „Drehscheibe", „Wir im Scheinwerfer", „Skat u Musik". M: GEMA. H: Tennis.

Marten Tommy
N: Gries Heinz. B: Interpret, Sänger, Produzent, Entertainer, Showman (mod Sound), IndKfm. G: Dörnsteinbach/Ufr, 3. Dez 1950. A: D–8752 Mömbris/Ufr, Niedersteinbacher Str 7. S: Grundschule, Mittlere Reife, Berufsfachschule z IndKfm, abgeschl Ausbildung m Dipl. K: IndKfm, Geschäftsführer, Solosänger, seit 1978 im Duo m Ricky Collins, drei erschienene Singles in deutscher Sprache, LP ü TV in Vorbereitung. F: NEWS, Echo d Frau, BILD-Zeitung, sowie in ca 50 Tageszeitungen regional, div Clubzeitschriften. E: Div Siegertitel bei Gesangswettstreiten ua. M: GVL Hamburg, MusikVer Dörnsteinbach, SportVer, Offenbacher Kickers, div Clubs. H: Schwimmen, Reiten, Tanzen.

Martens Gunda
B: Schauspielerin. A: D–2000 Hamburg 13, Alte Rabenstr 8, c/o Agentur Runde-Profé. Tel: 030/3040661.

Martens Hans-Albert
B: Schauspieler. A: D–1000 Berlin, Laubenheimer Str 15, c/o Agentur Bengen. Tel: 030/8216158 oder 030/3911895.

Martens Ralf
B: Schauspieler. G: 13. Apr 1942. A: A–5020 Salzburg, O v Lilienthalstr 83 u CH–8030

Zürich, Wattstr 24. S: Grundschule, Ak Mozarteum Salzburg. K: Mozarteum, Landestheater Innsbruck, Film, bisher ca 45 Filme. F: In versch deutschen, italienischen, österreichischen u amerikanischen Zeitschriften. D: „Tatort", „Kommissar", „The Salzburg Connection", „Der Privatpolizist", versch deutsche Produktionen, Salzburger Festspiele usw. H: Electronic, Funktechnik, Hunde.

Martens Volkert
B: Schauspieler. A: c/o Agentur Bloy, D–8022 Grünwald, Gasteigweg 1. Tel: 089/6411893.

Martienzen Gerd
B: Schauspieler. A: c/o ZBF-Agentur Hamburg, D–2000 Hamburg 70, Tonndorfer Hauptstr 90. Tel: 040/66885400.

Martin Heidi
PS: La Puppa. B: Artistin. G: Weingarten/Pfalz, 20. Sept 1946. A: D–2000 Hamburg 50, Bei der Schilleroper 5–7. S: Grundschule, BüroKfm. F: In versch Zeitschriften. D: Amerikanischer Werbespot. H: Schwimmen, Segeln.

Martin Michael
B: Schauspieler. A: D–8000 München 19, Menzinger Str 21, c/o Agentur de la Berg. Tel: 089/177766 oder 08178/3681.

Martin Renate
B: Schauspielerin. A: c/o Agentur Alexander, D–8000 München 80, Lamontstr 9. Tel: 089/471011.

Martin Sylvia
B: Schauspielerin. A: D–1000 Berlin 33, Ludwig Barnay-Pl 1, D–2280 D–2280 Tinnum/Sylt, Ingewai 7b. Tel: 030/8217770 oder 04651/31607.

Martin Walter
B: Schauspieler. A: c/o Agentur Rakosi, D–8000 München 90, Tegernseer Landstr 284. Tel: 089/6904092.

Martin Eddy
N: Heiderhoff Edmund. B: Conferencier, Showmaster, Discjockey. G: Abtshagen, 18. Juli 1945. V: Licete, geb Martinus. A: D–4000 Düsseldorf 1, Grupellostr 11. S: Gymn, Fachschule/Zahntechniker. K: 1971 in einem Varietè entdeckt, Arb m intern Artisten, langfristige Verträge in Discotheken, Varietès, Inhaber eines Nightclubs in Köln, Herstellung v Tonbändern m Showansage f Artisten u Tänzerinnen. F: Organ, Quick, versch lokale Artikel. H: Auslandsreisen, Musik, Fotografieren, Malen.

Martina Maria
B: Schauspielerin. A: c/o Agentur Schmidt-Gentner, A–1030 Wien, Lothringer Str 20. Tel: 0222/752271.

Martinek Krystian
B: Schauspieler. A: D–2000 Hamburg 13, Werder Str 58. Tel: 040/449517.

Martinez Blacky
N: Armando Lindinger. B: Schlagersänger. G: Hamburg, 3. Dez 1943. V: Niggemann. A: D–3388 Bad Harzburg 3, Harzstr 8. S: Mittlere Reife, techn. Kfm. K: Fünf Schallplatten (Singles) besungen, TV-Auftritte. F: Ca zwei Dutzend Lokalveröffentlichungen. D: TV-Auftritte in d Heino Gaze-Show, „Drehscheibe", ca 3000 öffentliche Auftritte als Sänger. M: EhrenMtgl d Inter-Racing-Team Lethmathe/Sauerland. H: Singen, Gitarrespielen, Schach, Schwimmen, schnelle Autos.

Martini Louise
B: Schauspielerin. G: Wien, 10. Nov. A: D–5000 Köln 41, Stadtwaldgürtel 20–22. Tel: 0221/443903. S: RealGymn, Abitur, Max Reinhardt-Seminar Wien. K: Volkstheater Wien, Theater i d Josefstadt, Volksoper Wien, Kabarett in Wien (mit Qualtinger u Bronner) Festspiele in Salzburg u Bregenz, dann in München, Hamburg u Frankfurt/Main, tätig f Fernsehen, Film u Hörfunk, Schallplattenaufnahmen. F: In Tageszeitungen u Zeitschriften. D: Theater: „Krankheit d Jugend", „Dorf ohne Männer", „Feuerwasser", „Lysistrata", „Irma la Douce", „Spiel im Schloß", „Die Rassel", „Dantons Tod", „Sommer am Neusiedlersee", „Spiel um Job", „Figaro läßt sich scheiden", Fernsehen: „Spiel im Morgengrauen", „Die Frau des Bäckers", „Traumulus", „Die Gardine", „Das Konversationslexikon", „Keine Angst vor der Hölle", „Kaspar Varros Recht", „Freiheit im Dezember", „Der Fall Mata Hari", „Berta Garlan", „Wechselkurs der Liebe", „Die Telefonnummer", „Die Stimme im Glas", „Madame Sans Gene", „Der Snob", „Spion unter der Haube", „Mister Barnett", „Sag's dem Weihnachtsmann", „Erschwerte Möglichkeit der Konzentration", „Der Fall Regine Krause", „Am Ziel aller Träume", „Männer aus

zweiter Hand" ua.

Martini Renzo
B: Schauspieler. A: c/o Agentur Anna Ottavi, I-00136 Roma, Via Ugo de Carolis 101. Tel: 00396/344554.

Martz Dierk
B: Schauspieler. A: c/o Agentur Bengen, D-1000 Berlin 21, Paulstr 25. Tel: 030/3911895.

Marvelli F
B: Magier u Illusionist. G: Rendsburg, 7. Juni 1932. A: D-6106 Erzhausen über Ffm, Elbestr 73, Künstlerhaus. K: Goldschmied, JuwelenKfm, Magier u Illusionist, Gastspiele in Äthiopien, Belgien, Brasilien, BRD, Burundi, CSSR, Dänemark, DDR, Frankreich, Gabun, Ghana, Großbritannien, Guinea, Italien, Kanada, Kenia, Liberia, Libyen, Luxemburg, Madagaskar, Marokko, Mauretanien, Niederlande, Nigeria, Norwegen, Österreich, Portugal, Ruanda, Sambia, Schweiz, Schweden, Senegal ua. F: In der ganzen Welt. D: Inhaber d „Theatres of magic arts" seit 1956, Gastspiele in 44 Ländern auf d Bühne u in 18 Ländern im TV, ua „Die Marvelli-Show" d SDR. M: Sprecher d IPM, Schlaraffia. H: Sammeln v alter Zauberliteratur u -Dokumenten.

Mascher Wolfgang
B: Schauspieler. A: c/o Agentur Lentz, D-8000 München 80, Holbeinstr 4. Tel: 089/474026.

Maschmann Edgar
B: Schauspieler. A: D-2000 Hamburg 61, Langenhorst 7, c/o ZBF-Agentur Hamburg. Tel: 040/584792 oder 040/66885400.

Masé Marino
B: Schauspieler. A: c/o Agentur Anna Ottavi Cheli, I-00136 Roma, Via Ugo de Carolis 101. Tel: 00396/344554.

Masjos Doris
B: Schauspielerin. A: D-2000 Hamburg 54, Grandweg 22. Tel: 040/ 5601544.

Massag Reinhold
B: Schauspieler. A: D-8952 Marktoberdorf, Alemannenstr 7, c/o ZBF-Agentur München. Tel: 08342/5261 oder 089/335081.

Matić Peter
B: Schauspieler. A: c/o Agentur Lentz, D-8000 München 80, Holbeinstr 4. Tel: 089/474026.

Matschoss Ulrich
B: Schauspieler. A: D-2000 Hamburg 52, Otto Ernst-Str 35, c/o Agentur Alexander. Tel: 040/828677 oder 089/471011.

Mattausch Dietrich
B: Schauspieler. A: D-2000 Hamburg 76, Hofweg 49, c/o ZBF-Agenturen Frankfurt u Hamburg. Tel: 040/2203105 oder 0611/7111313 oder 040/66885400.

Mattèrn Boris
B: Schauspieler. A: c/o Agentur Lentz, D-8000 München 80, Holbeinstr 4. Tel: 089/474026.

Mattern Kitty
B: Schauspielerin. A: c/o Agentur v Pilecki, D-8000 München 22, Oettingenstr 46. Tel: 089/220263.

Matthes Heiner
N: Karl Heinz Matthes. B: Universal-Show-Artist, Film-Double. G: Darmstadt, 25. Aug 1923. V: Else, geb Kleer. A: D-6100 Darmstadt, Karlstr 67. S: Mittlere Reife, Werbefachmann, Fallschirmlehrer, Sportlehrer. K: Deutscher Jugendmeister im Kunstradfahren, Profi-Radartist. F: Laufend im Spiegel d Tagespresse. D: Double in „Tod auf den Schienen", „Die Katze", „Klettermaxe", „Non Stop Nonsens", Darsteller in vielen Fernseh-Shows. M: Velo-Club Darmstadt, Rotes Kreuz. H: Radfahren, Tierhaltung

Matthey Jörg
B: Schauspieler u Sänger. G: Berlin, 14. Okt 1943. A: D-2800 Bremen 21, Buxtehuderstr 4. Tel: 0421/611832. S: Oberschule, Abitur, abgeschlossenes Stud an d HS f Musik u Theater in Ost-Berlin/DDR. K: Theaterengagements an versch Bühnen d DDR wie Rudolstadt, Halberstadt, Eisleben, Deutsches National Theater Weimar, Verpflichtungen als Popsänger bei VEB Deutsche Schallplatten, AMIGA/DDR, darüber hinaus erfolgten mehrfach Engagements f Filmproduktionen d DEFA u d DDR-Fernsehen, 1972 Flucht aus d DDR, 1972–73 Vertrag als Interpret bei d REX-RECORDS, 1974–76 USA-Aufenthalt, Verpflichtungen als Popsänger in deutschen Clubs, 1976–77 Vertragsinterpret bei d NEW BLOOD Schallplatten GmbH unter d PS „Steve Cannings", Tourneen, Gastspiele, seit 1977 freiberuflicher Sänger u Schauspieler. F:

Div Veröffentlichungen in d Fachpresse, Film-, Fernsehen, Musikbereich. D: Theater: „Hamlet", „Die Matrosen v Cattaro", „Charly's Tante", „My fair Lady", „Verlieb dich nicht in eine Heilige", Film: „Laßt sie leben", „Der Weg zurück", „Der gewöhnliche Sozialismus", „Ein Kapitel für sich". E: 1969 Urkunde f beste künstlerische Leistung v KulturMin d DDR. M: Motorradsportclub. H: Schwimmen, aktiver Motorradfahrer, Hunde.

Matthias-Hunzike Peter
B: Schauspieler. G: Luzern, 11. Sept 1946. A: CH–6000 Luzern, Mühlemattstr 28. S: Lehrerpatent (Seminar Luzern), Schauspieldiplom (SchauspielAk Zürich). K: 3 Jahre Hannover, 2 Jahre Osnabrück. F: Hannoversche Allgemeine Zeitung, Osnabrücker Zeitung, Ringiers Unterhaltungsblätter. D: „Prinz v Homburg", „Happy End", „Helden", „Minna v Barnhelm", „Sonnyboys", „Drei Musketiere". H: Theater u Film.

Matthiessen Artus-Maria
B: Schauspieler. G: Calw/Schwarzwald, 11. Mai 1950. V: Charlotte, geb Belmisch. A: D–7514 Eggenstein-Leoooldshafen, Kirchenstr 69. S: Waldorfschule, FachHS-Reife, 3 Jahre Buch- u Kunsthändlerausbildung in d Galerie Valentien, Stuttgart, Schauspielschule Mozarteum, Salzburg, dann Staatl HS f Musik u darstellende Kunst, Stuttgart, Abschluß 1978, seit 1978 fest engagiert in Karlsruhe am Badischen Staatstheater. D: In 2 Fernsehproduktionen, Theater: „Fegefeuer in Ingolstadt" ua. H: Fotografieren, Filmen, Klavierspielen.

Matz Johanna
B: Schauspielerin. G: Wien, 5. Okt 1932. V: Karl Hackenberg. A: A–1010 Wien, Opernring 4. S: Wiener Ak (Tanzausbildung), Schauspielausbildung b Helene Thimig, Reinhardt-Seminar. K: Engagements am Wiener Burgtheater, Tourneen d Deutschland u Holland, Tätigkeit an versch in- u ausländischen Theatern, intern Filmtätigkeit. D: „Die Försterchristel", „Der große Zapfenstreich", „Im Weißen Rößl", „Arlette erobert Paris", „Alles für Papa", „The Moon is Blue", „Mannequin für Rio", „Ingrid – die Geschichte eines Fotomodells", „Regine", „.... und führe uns nicht in Versuchung", „Es wird alles wieder gut" uva. M: Mtgl d Wiener Burgtheaters.

Matz Katharina
B: Schauspielerin. A: D–2000 Hamburg 13, Hochallee 76, c/o Agentur v Pilecki. Tel: 040/0444936 oder 089/220263.

Matzick Eduard
B: Schauspieler. A: D–1000 Berlin 33, Bonner Str 9. Tel: 030/8210140 u ab 19 Uhr 8213526.

Mauro Chico del
N: Reinhardt Seils. B: Fakir u Feuerschlucker, Koch, HotelKfm. G: Rosenheim, 9. Juli 1949. A: D–8210 Prien, Riesengebirg-Str 1. S: Berufsschule, Lehre als Koch, Besuch d Hotelfachschule, Prüfung z HotelKfm. K: Von Großvater Samuel del Mauro die Kunst als Fakir u Feuerschlucker gelernt, erste Auftritte vor Soldaten d israelischen Armee, 1971 nach Europa gekommen u Auftritte in Cabaretts u Varietee, seit 1979 im Circus Althoff Williams. F: Bildzeitung Frankfurt, Saarbrückener Zeitung, Siegener Morgenppost, Berliner Zeitung, BZ. D: „Chamsin" mit u v Maria Schell u Veit Relin, „Schlaf gut, Wachtmeister" v Kishon. H: Schwimmen, Tauchen, Reiten, Kochen, Wandern, Diskutieren.

May Alexander
B: Schauspieler. A: D–3000 Hannover 1, Grünewaldstr 29, c/o Agentur v Pilecki. Tel: 0511/6966993 oder 089/220263.

May Michaela
B: Schauspielerin. A: c/o Agentur Alexander, D–8000 München 80, Lamontstr 9. Tel: 089/471011.

Maybach Christiane
B: Schauspielerin. A: D–1000 Berlin 33, Pücklerstr 18, c/o Agentur v Pilecki. Tel: 030/8326052 oder 089/220263.

Mayberg Katharina
N: Katharina Teichs-Mayberg. B: Schauspielerin, 2ilm- u Fernsehproduzentin. G: 31. März 1929. V: Alf Teichs. A: D–2000 Hamburg 52, Elbchaussee 204/8. Tel: 040/8803535. S: Lyzeum, Schauspielschule d Städt Bühnen, Schauspielhaus Hamburg, Lehrer: Lotte Brakkebusch, Waldemar Staegemann. F: Hunderte v Bildern u Interviews in deutschen, italienischen u spanischen Zeitschriften u Zeitungen. D: Spielfilme: „Figaros Hochzeit", „Hinter Klostermauern", „Der Theodor im Fußballtor", „Ehe für eine Nacht", „Die Todesarena", „Der Schimmelreiter", „Die Nibelungen", „Klisura", Theater: „Das Haus in Montevideo", „Oh Wildnis", „Die Lokomotive", „Endspurt",

„Nachtasyl", „Der arme Bitos", Fernsehen: „Schluck und Jau", „Vera Brühne", „Spiel mit dem Tode", „Die Vitrine", „Das Seepferdchen", „Iwanow", „Jan Himp und die kleine Brise" uva. E: Jugoslawischer Staatspreis f „Klisura". M: BühnenGen. H: Segeln, Reiten, Skifahren, Sammeln v Antiquitäten.

Maydell Sabine v
B: Schauspielerin. G: Baden-Baden, 9. Okt 1955. A: D–8000 München 40, Destouchesstr 9. S: Gymn, Mittlere Reife, Sprechunterricht. K: Zahlreiche Fernsehrollen. F: Playboy, Stern, Bunte, gesamte „yellow-press" uva. D: „Die heilige Johanna", „Leonce u Lena", „Unordnung u frühes Leid", „Wehe wenn Schwarzenbeck kommt", „Das Netz", ca 30 Fernsehrollen ua in „Derrick", „Kommissar", „Tatort", „Weder Tag noch Stunde", „Ich gehe nach München", „Neugierig wie ein Kind", „Winterreise" uva. E: 1975 „Bambi" f Film „Neugierig wie ein Kind". H: Lesen, Stricken, Schreiben, „Joggen", Faulenzen.

Mayen Herta
N: Herta Hausner. B: Sängerin. G: Wien, 19. Juni 1922. A: A–1020 Wien, Praterstr 21. S: Tanzschule, Gesangsunterricht. K: Stadttheater, Ronacher, Femina Wien, Theater d Komiker Berlin, Metropoltheater, Admiralspalast Berlin, Bürgertheater Wien, Gastspiel Löwinger-Bühne Wien, Auswanderung n Südamerika, Tätigkeit bei Funk, Film. D: „Das Jüngste Gericht", „Hotel Sacher", „Tanz mit d Kaiser", ‚Hab' mich lieb", „Liebeskomödie", „Liebesgeschichten", „Glück bei Frauen", „Spiel" uva.

Mayerhofer Elfie
B: Sängerin, Schauspielerin. G: Marburg, 15. März 1923. A: A–1190 Wien, Grinzingerstr 4a. S: Mittelschule, HS f Musik Berlin, Gesang-Stud Stern'sches Konservatorium Berlin, Abt Schauspiel u Musik. K: Filmarbeit, Engagements an d Staatsoper Wien, Volksoper Wien, Deutsche Oper am Rhein, Opernhaus Köln, Staatsoper Hamburg, Städt Bühnen Dortmund, Theater am Gärtnerplatz München, Theater Bremen, Opernhaus Frankfurt/M, Opera Nice, Salzburger Festspiele, Bregenzer Festspiele, Wiener Festwochen, Operettenfestwochen Bad Ischl, Festival Ostende, Weltmusikfestwochen Kerkrade, Konzerttourneen d Frankreich, Österreich Schweiz, England, Skandinavien, Italien, Ungarn, Deutschland, Belgien, Luxemburg, Holland, Jugoslawien, Nordafrika, USA, Liederabende, Tätigkeit f Fernsehen, Hörfunk, Schallplatte. D: „Die Hochzeit d Figaro", „Die Zauberflöte", „La Boheme", „Rigoletto", „La Traviata", „Don Pasquale", „Die schalkhafte Witwe", „Der Wildschütz", „Zar u Zimmermann", „Arabella", „Die Fledermaus", „Eine Nacht in Venedig", „Wiener Blut", „Gasparone", „Der Bettelstudent", „Opernball", „Die lustige Witwe", „Land d Lächelns", „Giuditta", „Die Czardasfürstin", „Die Pariserin", „Paganini" uva, Fernsehen: „Das kleine Hofkonzert", „Abschiedsvorstellung", „Madame Pompadur", „Wie du mich wünschst", „Operettenreise", „Von uns für Sie ', „Die Landstreicher", „Seniorenclub", „Blick zurück im Film" uva, Film: „Frauen f Golden Hill", „Der Vorhang fällt", „Hotel Sacher", „Wir bitten zum Tanz", „Das himmelblaue Abendkleid", „Meine Frau Theresa", „Das Lied d Nachtigall", „Ein Mann m Grundsätzen", „Der Puppenspieler", „Wiener Melodien", „Anni", „Der himmlische Walzer", „Geliebter Lügner", „Höllische Liebe", „Küssen ist keine Sünd", „Verlorene Melodie" uva. E: Johann Strauss-Statuette d Stadt Wien, Johann Strauss-Ring, Berlin.

Mayhoff Thekla
B: Schauspielerin. G: Fischbachau, 9. Juli 1957. A: D–8165 Fischbachau, Leitzachtalstr 68. S: Mittlere Reife, Neue Münchner Schauspielschule, 1977 Bühnenreifeprüfung v d parität PrüfungsKmsn. K: Festes Engagement am Stadttheater Ingolstadt 1977/78, ab 1978 freischaffend, ua: Kindertheater in München, versch Fernsehfilme, Hörspiel, Werbung, Synchron. D: „Sachrang" I, II, III, „Die Überführung", „Das Double", „Brudermord", „Rick u Ritschi", „Die Fahnenweihe", „Salon Pitzelberger". H: Skifahren, Reiten.

Mayne Belinda
B: Schauspielerin. A: c/o Agentur Alexander, D–8000 München 80, Lamontstr 9. Tel: 089/471011.

Mayne Ferdy
B: Schauspieler. A: c/o Agentur Alexander, D–8000 München 80, Lamontstr 9. Tel: 089/471011.

Mayr Rosl
B: Schauspielerin. A: D–8000 München 80, Kufsteiner Pl 1, c/o ZBF-Agentur München. Tel: 089/985213 oder 089/335081.

McCartney Paul
N: James Paul MacCartney. B: Sänger, Schauspieler. G: Liverpool, 18. Juni 1942. V: Linda, geb Eastman. A: c/o Electrola, D–5000 Köln 41, v Hünefelstr 2. K: 1956 Mtgl d „Quarrymen", 1959 Gründung d „Silver Beatles", 1960 Auftritte im „Indra"-Club, „Kaiserkeller", „Top-Ten"-Club in Hamburg, 1961 „Cavern-Club" in Liverpool, erste Plattenaufnahmen in Hamburg, 1963 TV-Show, 1966 Deutschland-Tournee, 1970 löst sich die Gruppe „Beatles" auf, 1971 Gründung d „Wings", Platten: „The Beatles 1962–66", „The Beatles 1967–70", Wings-LPs: „Paul McCartney", „Ram", „Wild Life", „Red Rose Speedway", „Band on the Run", „Venus and Mars", „Wings at the Speed of Sound", „Wings over Amerika", „London Town", Filmmusik zu „The Family Way", „Leben u sterben lassen", TV-Musical „Gotta Sing, Gotta Dance". D: „Yeah, Yeah, Yeah", „A Hard Day's Night", „Help!", „Magical Mystery Tour", „Yellow Submarine", „Let it be", „James Paul MacCartney – Begegnung mit einem Beatle". E: Orden d Britischen Empire M B E.

McLean Penny
B: Schauspielerin. A: c/o Agentur Killer, D–8000 München 19, Fafnerstr 32. Tel: 089/173455.

McNeely Beverly
B: Schauspielerin. A: c/o Agentur Rakosi, D–8000 München 90, Tegernseer Landstr 284. Tel: 089/6904092.

Mecklenburg Margit
B: Schauspielerin. A: D–8000 München 71, Kemptener Str 58, c/o ZBF-Agentur München. Tel: 089/0757826 oder 089/335081.

Meden Andreas v d
B: Schauspieler. A: D–2000 Hamburg 13, Alsterkamp 43, c/o Agentur Runde-Profé. Tel: 040/444276 oder 030/3040661.

Meden Tonio von der
B: Schauspieler. G: Hamburg, 26. Nov 1936. V: Ingrid, geb Polzin. A: D–8011 Poing/München, Wallbergstr 3. S: A Marks-Rocke, Offenbach. K: Thalia-Theater u Kammerspiele Hamburg, 10 Jahre Provinz in Bremerhaven, Göttingen u Hannover, seit 10 Jahren freiberuflich in Hamburg, München, Berlin. F: Bild u Funk ua. D: „Es braust ein Ruf wie Donnerhall", „Der Alte", „Passion flower hotel", „Eines langen Tages", „Reise in die Nacht". E: 1958 u 1959 bester deutscher Amateur-Jazz-Trompeter (deutsches Festival in Düsseldorf). H: Musik, Klassik u Jazz.

Medium-Terzett Lothar Nitschke
B: Schauspieler. A: D–4523 Buer, Birkenhof. Tel: 05427/1444.

Meeks Edward
B: Schauspieler. A: c/o Management Jovanovic, D–8000 München 80, Perfallstr 6. Tel: 089/475024/25.

Mehrholz Günter
B: Schauspieler. A: D–1000 Berlin 37, Argentinische Allee 18. Tel: 030/8132407.

Meienburg Karl-Heinz
B: Schauspieler. G: Lübeck, 28. Nov 1914. V: Ilse, geb Eck. A: D–1000 Berlin 41. Buggestr 10a. S: Gymn, mittlere Reife, Staatl Schauspielschule Berlin, Ltg G Gründgens, Lehrer: L Höflich, L Müthel. K: Berliner Staatstheater, ab 1937 freiberuflich, bis Kriegsausbruch auf engl Theater spezialisiert, Soldat in Russland, seither auch auf russisch-sprachlichem Gebiet in Literatur u Theater tätig, nach d Kriege Gastspiele an Theatern in Berlin, DDR, BRD u Schweiz, Rezitationen in englisch, französisch, russisch u deutsch (Barlach), seit 1946 ständige freiberufliche Mitarbeit im Rias Berlin. D: „Zeit zu leben, Zeit zu sterben", „Die echten Sedemunds", „Preußenkorso", „Der eiserne Gustav", „Geliebter Lügner", „Oppenheimer", „Der Vater", „Michael Kramer", „Der Hausmeister", „Nachtasyl", „Empfindliches Gleichgewicht", „Die Physiker" uva. H: Fremdsprachen: Englisch, Französisch, Spanisch, Russisch, Plattdeutsch.

Meienburg Viktoria
B: Schauspielerin. A: D–1000 Berlin 30, Mollendorfstr 24, c/o ZBF-Agentur Berlin, c/o ZBF-Agentur Hamburg. Tel: 030/2164691 oder 030/8838031/54 oder 040/66885400.

Meier Eva
B: Schauspielerin, Sängerin. G: 6. März 1945. V: Frank Burbach. A: D–8000 München 21, Radstädter Str 26. S: Abitur, Otto Falckenbergschule München, 9 Sem Jura (Stud unterbrochen). K: Engagements: Stadttheater Trier, Landesbühne Iserlohn, Schauspielhaus Düsseldorf, Staatstheater Stuttgart, seit 1972

Spezialisierung auf d literarische Chanson, Debüt am Piccolo-Theater di Milano, Tourneen m Brecht, Tucholsky u Wedekind in Italien, Frankreich, England, Belgien, Griechenland, Türkei, Nordafrika, Haupttätigkeit im Ausland in England: Jenny in d Dreigroschenoper, m d Oxford Playhouse Company, Vorbereitung u Mitwirkung in d Show „Hoppla, wir leben" im Roundhouse in London, Hauptrolle in d Brecht/Weill-Show „Song of Mandalay" bei BBC-TV, Brecht-Abend bei d Berliner Festspielen 1977, Brecht b d Ruhrfestspielen (Junges Forum) 1970, Aufzeichnung d Wedekindprogrammes v WDR 1978, Aufzeichnung d Brecht-Programms v Radio Bremen 1979, Produktion v 3 Schallplatten im Selbstverlag: Eva Meier singt Brecht, Lieder u Balladen v Frank Wedekind, Brecht: Gegen Verführung.

Meincke Günter
B: Schauspieler. A: D–6500 Mainz 31, Hindemithstr 39, c/o ZBF-Agentur München. Tel: 06131/7465 oder 089/335081.

Meineke Eva-Maria
B: Schauspielerin. A: c/o Agentur Alexander, D–8000 München 80, Lamontstr 9. Tel: 089/471011.

Meinel Edith
B: Schauspielerin. A: c/o Agentur Schmidt-Gentner, A–1030 Wien, Lothringer Str 20. Tel: 0222/752271.

Meinhardt Cornelia
B: Schauspielerin. A: D–1000 Berlin 33, Rudolf Mosse-Str 3, c/o ZBF-Agentur München. Tel: 030/8234154 oder 089/335081.

Meinrad Josef
B: Schauspieler. G: Wien, 21. Apr 1913. A: A–1010 Wien, Salztorg 6. S: Priesterseminar Wiener Neustadt, Ak f Musik u darstellende Kunst, Wien. K: Engagements an d Kabaretts „ABC", „Wiener Werkel", dann Kammerspieltheater „Komödie", Stadttheater Metz, dann „Insel in d Komödie", Burgtheater Wien, Lustspiel- u Charakterdarsteller in Film u Fernsehen. D: „Nichts als Zufälle", „Der Theodor im Fußballtor", „Schatten über Neapel", „Der bunte Traum", „Geld aus d Luft", „Die Trapp-Familie", „Auf Wiedersehen Franziska", „Die Trapp-Familie in Amerika", Musical „Der Mann v La Mancha" uva. M: Mtgl d Wiener Burgtheaters.

Meisel Kurt
B: Schauspieler. A: Management Baumbauer, D–8000 München 80, Keplerstr 2. Tel: 089/478577.

Meisner Federic
B: Schauspieler. A: D–8000 München 40, Knorrstr 52, c/o ZBF-Agentur München. Tel: 089/356222 oder 089/335081.

Meisner Günter
B: Schauspieler. A: D–1000 Berlin 41, Schildhornstr 74, c/o Management Jovanovic, c/o Agentur Bengen. Tel: 030/7922244 u 7926044 oder 089/475024/25 oder 030/3911895.

Meissner Gerda
B: Schauspielerin. A: D–1000 Berlin 33, Südwestkorso 48, c/o ZBF-Agentur Berlin. Tel: 030/8217169 oder 030/3838031.

Meister Ernst
B: Schauspieler. A: c/o Agentur Schmidt-Gentner, A–1030 Wien, Lothringer Str 20. Tel: 0222/752271.

Meister Harald
B: Schauspieler. A: D–5010 Bergheim/Erft, Wohnpark Ahe, Haus 27. Tel: 02271/092788.

Meister Lisette
B: Schauspielerin. A: D–2000 Hamburg 53, Achtern Styg 15. Tel: 040/8315521.

Melander
B: Opernsängerin. G: Dubuque, Iowa/USA. V: Franklin Fanning. A: A–1040 Wien, Prinz Eugen-Str 36/4/1. S: B M, Indiana Univ/Bloomington, Indiana, Studio d Deutschen Oper Berlin. K: 1971–73 Anfänger-Vertrag Dortmund, 1973–77 1. lyrischer Koloratursopran in Osnabrück, Konzerte in Dortmund, Düsseldorf, Berlin, Wien, Art present: Solist am Theater an d Wien. F: Die Bühne, Opern Welt, Seventeen Magazine. D: Rosina, Norina, Adele, Margarete, Nanetta, Blonde, Cherubino, Oympia, Carolina, Chlorinda, Gretel, Despina, Musetta, Cagliari, Annina, Beatrice, Marguerite, Musical „Chicago". E: Bank of America Fine Arts Award Winner. H: Schwimmen, Fahrradfahren, Lesen (Geschichte, Kunst).

Melichar Rudolf
B: Schauspieler. A: c/o Agentur Schmidt-Gentner, A–1030 Wien, Lothringer Str 20. Tel:

0222/752271.

Melikyan Krikor
N: Melikyan Krikor, Arakel, Manuel. B: Schauspieler, Regisseur. G: Köln, 5. Okt 1928. A: D–1000 Berlin 21, und D–4800 Bielefeld 1, Gabelsbergerstr 9. S: Staatl Aufbauschule Bardel, Pädagogische HS Lüneburg, Städt Schauspiel-Schule Düsseldorf, während d Krieges: Marinekriegsschule f OffzAnwärter Mürwick). K: Schauspieler u Ass an d Bühnen d Stadt Bochum, Schauspielhaus Düsseldorf, Staatstheater Wiesbaden, Stadttheater Gießen, Stadttheater Bern, Konstanz, Solothurn, Regisseur in Hannover, Kassel, Gießen, Düsseldorf, Berlin, Mtgl d Staatl Schauspielbühnen Berlins, Autor v Jugendhörspielen am Radio Studio Zürich, Basel, Bern, Autor v Kultursendungen d WDR u NDR. F: Hör Zu, Funk Uhr, Radio u Fernsehen. D: „Meuterei auf d Bounty", „Ein Toter zuviel", „Lenz", „Alma mater". E: Erzählerpreis d Zeitschrift „Das Ziel", Förderungspreis d BFilmAnst Koblenz/Bonn f d Drehbuch „Alkestiade 1972". M: Im Vorst d Armenischen Kolonie zu Berlin eV v 1923, Mtgl d FDP. H: Reiten, Fechten.

Mell Marisa
B: Schauspielerin. A: c/o Management Jovanovic, D–8000 München 80, Perfallstr 6. Tel: 089/475024/25.

Mellin Ursula
B: Schauspielerin. A: D–8000 München 90, Grünwalder Str 145a, c/o ZBF-Agentur München. Tel: 089/640155 oder 089/335081.

Mello Luk van
B: Schauspieler. A: c/o Management Margarete van Dam, NL–Amsterdam, Plantage Parklaan 12. Tel: 003120/246743.

Melnitzki Detlev
B: Schauspieler. A: D–8000 München 71, Solothurner Str 64, c/o ZBF-Agentur München. Tel: 089/7553616 oder 089/335081.

Menczer Ernest C
B: Schauspieler. A: c/o Agentur Rakosi, D–8000 München 90, Tegernseer Landstr 284. Tel: 089/6904092.

Mende Eberhard Robert
B: Schauspieler. A: D–8000 München 70, Berlepschstr 4/IV. Tel: 089/770915.

Mendt Marianne
B: Schauspielerin. A: c/o Agentur Killer, D–8000 München 19, Fafnerstr 32. Tel: 089/173455.

Menner Beate
B: Schauspielerin. A: c/o Agentur Bengen, D–1000 Berlin 21, Paulstr 25. Tel: 030/3911895.

Mensching Herbert
B: Schauspieler. A: c/o Agentur Alexander, D–8000 München 80, Lamontstr 9. Tel: 089/471011.

Mergler Betty
B: Schauspielerin. A: D–2000 Hamburg 13, Hallerstr 1b. Tel: 040/456689.

Merian Christel
B: Schauspielerin. A: D–1000 Berlin 31, Prinzregentenstr 8. Tel: 030/2113171.

Merkatz Karl
B: Schauspieler. A: D–8000 München 5, Müllerstr 33. Tel: 089/2607528, über Sekretariat 040/582877.

Merseburger Peter
B: Moderator, Fernseh-Chefredakteur d NDR. G: Zeitz, 9. Mai 1928. V: Colette, geb Giligny. A: D–2000 Hamburg 66, Korteblöck 48. S: Abitur, Stud d Kunsthistorik in Halle, d Geschichte, Germanistik, Soziologie u Politischen Wiss in Marburg. K: Volontariat bei d Hannoverschen Presse, anschließend Feuilletonredakteur, dann HauptAbt „Aktuelles Wort" d NDR-Hörfunk, dann Innenpolitiker d NRZ Essen, 1959 Verantwortlicher f Kultur u Landespolitik d Hannoverschen Presse, 1960 politischer Redakteur d „Spiegel" Hamburg, dann Korrespondent in Berlin u Brüssel, seit 1965 NDR, seit 1969 Chefredakteur d NDR-Fernsehens. F: Hör Zu, Stern u versch Zeitungen u Zeitschriften. H: Schwimmen, Schach.

Merthan Christel
B: Schauspielerin. A: D–1000 Berlin 33, Amselstr 11, c/o ZBF-General-Agentur Frankfurt, c/o Agentur v Pilecki. Tel: 030/8313583 oder 0611/7111335 oder 089/220263.

Mertinez Johanna
B: Schauspielerin. A: D–8000 München 40, Blütenstr 4, c/o ZBF-Agentur München, c/o

Agentur Lentz. Tel: 089/285142 oder 089/335981 oder 089/474026.

Messemer Hannes
B: Schauspieler. A: c/o Managment Palz, D–8000 München 81, Ortlindestr 6/VII. Tel: 089/912019/10.

Mester Höhnen Annegret
B: Schauspielerin, Übersetzerin. G: Enger, Kreis Herford. A: D–6200 Wiesbaden, Kaiser Friedrich-Ring 8. S: Handelsschule, General Certificate of Education d Univ Oxford, Schauspielschule Genzmer, Wiesbaden, General Certificate of Education d Univ London. K: Unterhaus Mainz, Intimes Theater Bad Homburg, Komödie Kassel Kammerspiele Frankfurt/Main, Fiilm u Fernsehen. F: Wiesbadner Kurier, Frankfurter Allgemeine, Nachtausgabe, Frankfurter Rundschau, La Región. D: „Die Glasmenagerie", „Nachspiel", „Erinnerung an Gogo", Kulturfilme. H: Sprachen, Reisen.

Mettler Dagmar
N: Dagmar Kehlmann. B: Schauspielerin. G: Briedel/Mosel, 6. Sept 1944. V: Michael Kehlmann. A: D–8000 München 82, Kranichweg 9. S: Gymn, mittlere Reife, FolkwangHS f Musik, Theater, Tanz. K: Kammerspiele Düsseldorf, Landestheater Tübingen, Hildesheim, Darmstadt, ab 1972 freiberuflich tätig ua bei Ruhrfestspielen, am Schauspielhaus Zürich u in Fernsehspielen. F: In versch Tageszeitungen u Fernseh-Illustrierten, Brigitte, Freizeit-Magazin uva. D: „Romeo u Julia", „Kabale u Liebe", „Was ihr wollt", „Die drei Schwestern", mehrere Hauptrollen in Fernsehspielen. H: Malen.

Metz-Roedl Christin
PS als Malerin: Christin Roedl, als Schriftstellerin: Christin v Lusi oder Tina Kirschbaum. N: Christin Gräfin v Lusi. B: Schauspielerin, Malerin, Schriftstellerin, Geschäftsfrau. G: Saßnitz auf d Insel Rügen, 19. Apr 1945. V: Graf v Lusi, Mädchenname von Metz, adoptierte Roedl. A: A–482O Bad Ischl, Lindaustr 9. S: Grundschule, Matura, Modeschule Wien, Schauspielunterricht bei Lutz Altschul in Zürich u Elisabeth Flickenschildt. K: Ab 1967 als Malerin (nicht ak) Ausstellungen in ganz Europa, ab 1970 erste Filmarbeit in Hamburg u Spanien, ab 1976 als Schriftstellerin tätig, ab 1979 zusätzlich als Geschäftsfrau selbständig (Mode-Boutique) in Österreich u Deutschland. F: In Tageszeitungen in Deutschland, Schweiz u Österreich, Radio u Fernsehen usw. D: Hauptrolle in „Catamaran" (deutscher Spielfilm). E: 1977 auf d Buchmesse Frankfurt ausgezeichnet als erste deutsche Autorin mit d ungarischen Literaturpreis – „Gedichtband – – Von Gestern u Morgen". M: Verb Deutscher Schriftsteller, Bayern IG Druck u Papier, Verb d Schriftsteller München „Litera", KammerMtgl v Österreich. H: Reiten, Landwirtschaft, Parapsychologie, Antiquitäten.

Metzner Hildegard
B: Schauspielerin. A: D–6750 Kaiserslautern, Kantstr 64/XIV, c/o ZBF-General-Agentur Frankfurt. Tel: 06131/66633 oder 0611/7111313.

Meuldijk Belinda
B: Schauspielerin. A: c/o Management Margarete van Dam, NL–Amsterdam, Plantage Parklaan 12. Tel: 003120/246743.

Meurer Manfred
B: Schauspieler. A: D–1000 Berlin 33, Ludwig Barnay-Pl 5, c/o Agentur Bengen. Tel: 030/8223624 oder 030/3911895.

Meuser Karl Hans
B: Schauspieler. A: D–6000 Frankfurt/Main 70, Geleitstr 10, Appt 1511, c/o ZBF-Gen-Agentur Frankfurt. Tel 0611/625666 oder 0611/7111334.

Meves Karl-Ulrich
B: Schauspieler. A: D–2000 Hamburg 72, Busbrookhöhe 75. Tel: 040/6449911.

Mewes Anni
B: Schauspielerin. A: D–7840 Mühlheim/Bad, Friedhofstr 2/II, c/o ZBF-Agentur Hamburg. Tel: 07631/5428 oder 040/66885400.

Mexico Willy
B: Illusionist. G: Berlin. 18. Mai 1940. A: D–7410 Reutlingen 3. Tel: 07121/55400. S: Höhere Handelsschule, Lehre zum Groß- u Außenhandelskfm. K: Journalist, bis 1977 eigener Anzeigenblatt-Verlag, Herausgabe v Broschüren „Zivilcourage, ein Fremdwort in Deutschland" u „Die Kirche, eine überflüssige Institution?", schriftstellerische Tätigkeit, Buch „Z B Reutlingen" mit Vorwort v Draginja Dorpat u Holzschnitten v HAP Grieshaber versehen, seit 1978 als Artist tätig m d einzigen Papageien-Illusions-Show d Welt. F: Fotos u Besprechungen d Nummer in vielen in- u ausländischen Zeitungen, Veröffentlichungen in

artistischen Fachzeitschriften, in Fachzeitschriften d Ornithologie, im Buch „Der Graupapagei" v Wolfgang de Grahl. D: In „Der große Preis", „Zirkus-Zirkus", Teilnahme an einem Fernseh-Film in d CSSR, Star-Attraktion d Sendung „Tele-Varieté" mit Rita Pavone. M: Magischer Zirkel v Deutschland, IPM.

Mey Christian
B: Schauspieler. A: D–2000 Hamburg 60, Andreasstr 18, c/o Agentur v Pilecki. Tel: 040/0278268 oder 089/220263.

Meyen Harry
B: Schauspieler. A: c/o Management Toni Mackeben, D–1000 Berlin 33, Douglasstr 2–4. Tel: 030/8263249.

Meyer Robert
B: Schauspieler. A: A–1130 Wien, Himmelbaurg 2, c/o Agentur Schmidt-Gentner, c/o Agentur Lentz. Tel: 0222/8277972 oder 0222/752271 oder 089/474026.

Meyer Wilhelm
B: Schauspieler. A: D–8000 München 60, Bodenseestr 15, c/o ZBF-Agentur München. Tel: 089/882474 oder 089/335081.

Meyer-Fürst Gustl
B: Schauspieler. A: D–8000 München 60, Heinrich Schütz-Weg 7. Tel: 089/832802.

Meyer-Fürst Willy Dr
B: Intendant aD, OberspielLtr, Schauspieler. G: München, 14. Feb 1902. A: D–8000 München 60, Heinrich Schütz-Weg 7. S: RealGymn, Abitur, Univ München, Schauspielunterricht bei Matthieu Lützenkirchen. K: 1925–41 Bayerisches Staatsschauspiel, 1937–38 Intendant in Ingolstadt, 1941–45 Intendant in Klagenfurt, 1946 Schauspieler in Hannover, 1947 SpielLtr d Deutschen Schauspielhauses Hamburg, 1948–56 OberspielLtr in Flensburg, Trier, Bremerhaven, Wuppertal, 1957–60 Schauspieler am Schauspielhaus Düsseldorf, 1960–67 Intendant d südostbayerischen Städtetheaters, Rentner u freischaffend bei Film u Theater v Fall zu Fall. H: Kochen.

Meyer-Goll George
B: Schauspieler. A: c/o Staatstheater, D–7000 Stuttgart, Oberer Schloßgarten 6, c/o ZBF-Agentur München. Tel: 0711/21951 oder 089/335081.

Meyer-Gossler Astrid
B: Schauspielerin. A: c/o Agentur de la Berg, D–8026 Irschenhausen, Haus am Weiher. Tel: 08178/3681.

Meyka Evelyn
B: Schauspielerin. A: D–1000 Berlin 19, Reichsstr 84, c/o ZBF-Agentur Berlin. Tel: 030/3053648 oder 030/8838031.

Meysel Inge
B: Schauspielerin. A: D–2101 Bullenhausen, Südstrand 13, c/o Agentur Silman. Tel: 089/695919/10.

Michalski Anina
B: Schauspielerin. A: c/o ZBF-General-Agentur Frankfurt, D–6000 Frankfurt/Main, Feuerbachstr 42–46. Tel: 0611/7111335.

Miedel Klaus
B: Schauspieler. G: Berlin, 4. Juli 1915. V: Hannelore, geb Koblentz. A: D–1000 Berlin 19, Angerburger Allee 49 - 19. Etg. Tel: 3057706. S: Abitur, Schauspielschule, Köln/Rhein. K: Stadtheater Trier, Krefeld, Städtische Bühnen Frankfurt/Main, Schiffbauerdammtheater Berlin, seit 1951 Scherfsparktheater u Schillertheater Berlin. D: „Semmelweis", „Blaue Schwester", „Hokuspokus", viele TV-Auftritte.

Migeaud Karin
B: Schauspielerin. A: D–8000 München 90, Griechenstr 13, c/o ZBF-Agentur München. Tel: 089/643923 oder 089/335081.

Migenes Julia
B: Schauspielerin. A: c/o Agentur Lentz, D–8000 München 80, Holbeinstr 4. Tel: 089/474026.

Migliozzi Marco
B: Schauspielec. A: c/o Management Anna Ottavi Cheli, I–00136 Roma, Via Ugo de Carolis 101. Tel: 00396/344554.

Mikoleit Klaus
B: Schauspieler. A: D–2000 Hamburg 20, Wrangelstr 77, c/o ZBF-Agentur Hamburg. Tel: 040/476606 oder 040/66885400.

Mikulicz Hilde
B: Schauspielerin. A: c/o Düsseldorfer Schauspielhaus, D–4000 Düsseldorf, Bleichstr 1. Tel: 0211/363011.

Milchert Petra Verena
B: Schauspielerin. A: D–8000 München 40, Schleißheimer Str 189, ZBF-Agentur München. Tel: 089/307297 oder 089/335081.

Milde Maria
N: Winkens-Milde Maria. B: Schauspielerin u Autorin. G: Leipzig, 3. März 1921. A: D–1000 Berlin 33, Hohenzollerndamm 87a. S: Grundschule, Hauswirtschaftl Vollschule, Opernballettschule d Städt Bühnen Leipzig, UFA-FilmAk. K: Div Bühnen- u Filmengagements als Tänzerin, div Bühnen-, Film- u Fernsehengagements als Schauspielerin, Ufa- u Berlinfilm-Nachwuchsdarstellerin, freie Drehbuchautorin, Buchautorin „Universitas" – Verlag München. F: Gong, Bunte Illustrierte, Hör Zu. D: Fernsehfilme: „Jim u Jill", „Die Nacht in Zaandam" ua. M: BFF, SchriftstellerVerb, Zollernkreis.

Miler Isolde
B: Schauspielerin. A: D–8021 Icking/Isartal, Irschenhauser Str 25, c/o Agentur de la Berg. Tel: 08178/5316 oder 08178/3681.

Miles Lina
B: Schauspielerin. A: c/o Agentur Ahrens, D–5000 Köln 1, Christophstr 31. Tel: 0221/210848.

Miljakovic Olivera
B: Opernsängerin. G: Belgrad, 26. Apr 1939. A: A–1030 Wien, Neulingg 37. S: Matura, Kunstgeschichte (Univ Belgrad), GesangsStud (Ak Belgrad). K: 1961–63 Schauspielerin in Belgrad, seit 1963 Mtgl d Wiener Staatsoper, Gastspiele in ganz Europa, USA, Südamerika, Japan, Festspiele in Bayreuth, Salzburg, Dubrovnik ua, Schallplatten bei DECA, EMI, Eterna, Concerthall. F: Die Bühne, Theaterkurier, Die Szene, Svet, Start, Illustrovana Politica, Pro Musica, Arena. D: „Carmen", „Fidelio", „Cosi fan tutte", „Gräfin Mariza", „Serva Padrona", „Dafne", „Pimpinone", Show. M: Wiener Staatsoper. H: Kunstgeschichte, Sport.

Mill Edith
B: Schauspielerin. A: c/o Agentur Marga Wiedner, D–8000 München 40, Destouchesstr 32/II. Tel: 089/3081822.

Miller Ray
N: Rainer Müller. B: Sänger u Entertainer, Journalist, Musikverleger, Fotograf, Texter. G: Berlin, 10. Feb 1941. V: Hilde-Heloisa. A: D–5000 Köln 1, Marlistein 3–7. S: Abitur, Journalisten-Fachschule. K: Chefredakteur v Jugend- u Rätselzeitschriften, Fotograf, Discjockey, Sänger einiger Hits (Nr 1 in d ZDF-Hitparade mit „Caroline"), Musikverleger, 35 Single-Schallplatten, 7 Langspielplatten u Cassetten ua: „When I lost my Baby I almost lost my mind", „Dico-World", „Disco-Heaven". F: In allen Zeitschriften, Fotos auf Titelseiten unter dem PS „Ladyland" auf Musikcassetten, Plattenhüllen, Roman-Taschenbüchern usw. D: In Brasilien im TV, Werbespot f Zigaretten. E: „Goldenes Mikrofon" f d Schlagertitel „Caroline". M: GEMA Berlin, Komponisten-Verb Berlin, VIP d Deutschen Discjockey Organisation (DDO). H: Reisen, Segeln, Schifahren, Fotografieren.

Miller Stefan
B: Schauspieler. G: München, 29. Aug 1948. V: Anita, geb Gillert. A: D–8000 München 40, Wormser Str 1. S: Abitur, Falckenbergschule. D: „Ehen vor Gericht", „Derrick", „Geschwister Scholl", „Carmina Burana", „Die Berufe des Herrn K", „Die kleinen Verwandten", „La Traviata" usw. M: Gründer d InteressenVerb Deutscher Schauspieler (IDS), stellv Vors d IDS. H: Segeln, Reiten, Tennis, Tauchen, Ski usw.

Millowitsch Peter
B: Schauspieler. A: c/o Management Palz, D–8000 München 81, Ortlindestr 6/VII. Tel: 089/912019/10.

Millowitsch Willy
B: Schauspieler. A: c/o Management Palz, D–8000 München 81, Ortlindestr 6/VII. Tel: 089/912019/10.

Minarek Marion
B: Schauspielerin. A: D–1000 Berlin 33, Königin Luise-Str 76, c/o ZBF-Agentur Berlin. Tel: 030/8312130 oder 030/8869455.

Miner Evamaria
B: Schauspielerin. A: D–1000 Berlin 45, Ostpreußendamm 128 F, c/o Agentur Runde-Profé. Tel: 030/7731145 oder 030/3040661.

Minor Nora
B: Schauspielerin. A: D–8000 München 40, Habsburgerstr 3. Tel: 089/399240.

Minor-Lallinger Nora
B: Schauspielerin. G: Wien, 7. Dez 1910. A:

D–8000 München 40, Habsburger Str 3. S: RealGymn, Matura in Wien, Reinhardt-Seminar in Wien. K: Städt Bühnen Graz, 2 Jahre Deutsches Theater Brünn, versch Theater in Wien: Deutsches Volkstheater, Raimund-Theater, Kammerspiele, dann Bayerisches Staatstheater München, Film u Fernsehen. D: Jugendliche Liebhaberin, Salondame, Charakterrollen von Klärchen in „Egmont" bis „Einladung ins Schloß", letzte Fernsehrolle „Das unheimliche Haus" in d Reihe Derrick. H: Malen, speziell Bauernmöbel, Handarbeiten.

Minzenty Marika
B: Schauspielerin. G: Budapest, 29. Jan 1949. A: A–1130 Wien, Alban Berg-Weg 2/25. S: Matura in Budapest, privater Schauspielunterricht. F: In sämtlichen europäischen Tageszeitungen u Illustrierten von Stern bis Playboy. D: „Lady Hamilton", „Ellenbogenspiele", „Die Mädchen d Madame", „Frau Wirtins tolle Töchterlein", „Wenn Mädchen zum Manöver blasen", „Tomorrow will be rich and honest", „Duell zu dritt", „Casanova u Co", Fernsehen: „Tatort", „Trenk d Pandur", „Rien ne va plus, Maria", Burgtheater: „Das weite Land".

Mira Brigitte
B: Schauspielerin. A: D–1000 Berlin 33, Königsallee 83, c/o Agentur Bengen. Tel: 030/8255688 oder 030/3911895.

Misske Ralph-Jürgen
B: Schauspieler. A: c/o ZBF-Gen-Agentur Frankfurt, D–6000 Frankfurt/Main, Feuerbachstr 42–46. Tel: 0611/7111335.

Mittendorf Hubert
B: Schauspieler. A: D–2351 Klein-Kummerfeld, Am Bahnhof 28, c/o Agentur Jäger. Tel: 04393/1090 oder 08151/8766.

Mitterhauser Meyer Karin
B: Schauspielerin. G: Steyr/OÖ, 29. Mai 1939. V: Dkfm Herbert John Meyer. A: D–4600 Dortmund 50, Alte Teichstr 37 und A–1180 Wien, Pötzleinsdorfer Str 67/7. S: UnterrealGymn, kfm Lehre, Reinhardt-Seminar, Schauspielunterricht b Dorothea Neff in Wien. K: Engagements in Ulm, Bremen, Wuppertal, Dortmund. F: Lokalzeitungen. D: „Kasimir u Karoline", „Maria Stuart", „Mirandolina". M: Deutsche BühnenGen.

Mittner Karl
B: Schauspieler. A: c/o Agentur Schmidt-Gentner, A–1030 Wien, Lothringer Str 20. Tel: 0222/752271.

Mladeck Kyra
B: Schauspielerin. A: D–8000 München 2, St Pauls-Pl 9, c/o ZBF-Agentur München. Tel: 089/533542 oder 089/335081.

Möbius Alexander
KN: TEENS (m Robert Bauer, Jörg Treptow, Uwe Schneider, Michael Uhlig). B: Musiker. G: Berlin, 28. Feb 1964. A: c/o Wolfgang Scheer, D–1000 Berlin 15, Kurfürstendamm 209. K: Erste Erfahrungen in Berliner Kneipen, Auftritt in TV-Sendung „Der große Preis", erste Schallplatte: „Gimme Gimme Gimme Your Love", erste LP „The Teens", Auftritte in mehreren großen Fernseh-Shows, Singles: „Gimme Gimme Gimme Your Love", „We'll have a Party Tonite 'Nite".

Möbius Dieter
B: Schauspieler. A: D–8000 München 40, Helmtrudenstr 7, c/o Agentur Marga Wiedner. Tel: 089/3613546 oder 089/3081822.

Möbius Oskar
B: Schauspieler. A: D–6600 Saarbrücken 1, Eisenbahnstr 15. Tel: 0681/585279.

Mock Joachim
B: Regisseur, Schauspieler. G: Magdeburg, 28. Nov 1936. A: D–1000 Berlin 41, Schmargendorfer Str 17. S: RealGymn, Schauspielschule. K: RegieAss, Theater-Engagements in Augsburg, Kassel, Zürich, Frankfurt, Stuttgart, Berliner Theater: Hebbel-Theater, Tribüne, Hansa, Komödie, Regisseur b Fernsehen ua: „Wer 3x lügt, „. . . und wir singen in d Wind", „Bitte umblättern", „Beat-Club", „Spielzeit", „Maske", Regie v Fernsehspielserien: „Wenn d Liebe hinfällt", div Show-Sendungen, Produktion u Regie abendfüllender Spielfilme: „Geliebte Genossin", „Rockys Messer", Auslandsinszenierungen, Mitautor d Hörfunk-Serie „Papa, Charlie hat gesagt . . .". M: Verb d Fernseh- u Filmregisseure, BFachgruppe Bühne, Film, Fernsehen in d DAG.

Moebius Rolf
B: Schauspieler. A: D–1000 Berlin 15, Emser Str 39b, c/o ZBF-Agentur Berlin, c/o Agentur Bengen. Tel: 030/8835330 oder 030/8838O31 oder 030/3911895.

Moeller Malwine
B: Schauspielerin. G: Darmstadt, 8. Apr 1924. A: D–4000 Düsseldorf 12, Rathelbeckstr 350. S: Lyzeum, Mittlere Reife. K: Operettensoubrette Wuppertal, Krefeld, Opernsoubrette Komische Oper Berlin bei Prof Walter Felsenstein, Schauspielerin Komödie Düsseldorf, Komödie Frankfurt, Theater am Dom Köln, Kammerspiele Düsseldorf. F: Hör Zu. D: Von d Adele in d „Fledermaus" über d Sophie in „Rosenkavalier" bis zu vielen Charakterrollen im komischen Fach d Schauspiels zB Amtsgerichtsrätin in „So eine Liebe" von Horvath, Tante Ottilie in „Ingeborg" v Curt Götz.

Mohler Irene
B: Schauspielerin. A: D–6000 Frankfurt/Main, Lerchesbergring 126, c/o Agentur de la Berg. Tel: 0611/688758 oder 08178/3681.

Möhner Carl
B: Filmschauspieler. G: Wien, 11. Aug 1921. V: Wilma, geb Langhammer. A: D–8000 München 2, Kaiser Ludwig-Pl 6. D: „Rififi" uva.

Möhner Gernot
B: Schauspieler, Kameramann. G: Gmunden, 2. Juni 1945. A: D–8000 München 2, Kaiser Ludwig-Pl 6. D: Fernsehen: „Heirat auf Befehl" uva, ca 30 Filme ua Viscontis „Ludwig". H: Tennis, Surfing, Wasserski.

Mohr Egon
B: Schauspieler. A: D–2100 Hamburg 90, Meyerstr 5, c/o Agentur Runde-Profé. Tel: 040/778207 oder 030/3040661.

Moik Lutz
B: Schauspieler. A: CH–3004 Bern, Spinnereiweg 4, c/o ZBF-Gen-Agentur Frankfurt. Tel: 004131/231828 oder 0611/7111313.

Moissi Silvia
B: Schauspielerin. G: 25. Juli 1943. A: A–1120 Wien, Münchenstr 15/5, Tel: 0222/8539532, und D–8900 Augsburg, Schwibbogeng 23. S: Büroschule, Konservatorium Wien, 1964 Abschlußprüfung v d paritätischen BühnenKmsn Wien. K: Wien – div Theater, Tourneetheater Basel, Sommerarena Carnuntum, Luisenburgfestspiele Wunsiedel, Freilichtspiele Schwäbisch Hall, Freilichtspiele Rotes Tor Augsburg, Theater am Kornmarkt, Bregenz, Städtebundtheater Solothurn, Landestheater Salzburg, Staatstheater Kassel, Städt Bühnen Augsburg, Sommerspiele Basel, Stadttheater Bern, zuletzt Augsburg. F: In sämtlichen Wiener Tageszeitungen, Basler Volksblatt, Solothurner Nachrichten, Berner Tagblatt, Berner Nachrichten, Berner Bund, Augsburger Allgemeine, Süddeutsche Zeitung, Hessische Zeitungen, Die Bühne, Heidelberger, Heilbronner u Schwäbisch-Hall-Nachrichten uva. D: „Eulenspiegelballade", „Was ihr wollt", „Der Lügner", „Mandragola", „August, August, August", „Donna Diana", „Mädel aus d Vorstadt", „Die bessere Hälfte", „Die verzauberten Brüder", „Der Talisman", „Katze im Sack", „Die lustigen Weiber v Windsor", „Diener zweier Herren" uva, Fernsehfilme, „Ein Monat auf d Lande", „1002. Nacht" uva. E: Preis f Nachwuchs, Sascha-Film Wien. H: Kontakte m vereinsamten Menschen, Kunsthandwerk.

Mol Kika
B: Schauspielerin. A: c/o Management Margarete van Dam, NL–Amsterdam, Plantage Parklaan 12. Tel: 003120/246743.

Moland Peter
B: Schauspieler. A: c/o Agentur Alexander, D–8000 München 80, Lamontstr 9. Tel: 089/471011.

Molders Rolf
B: Schauspieler. A: D–4000 Düsseldorf 30, Stockkampstr 16, c/o ZBF-Gen-Agentur Frankfurt. Tel: 0211/485731 oder 0611/7111334.

Molina Olivia
B: Schauspielerin. A: D–2000 Hamburg 13, Jungfrauenthal 6. Tel: 040/478022.

Molitor Marianne
B: Schauspielerin. A: c/o Agentur Bengen, D–1000 Berlin 21, Paulstr 25. Tel: 030/3911895.

Moll Giorgia
B: Schauspielerin. A: c/o Agentur Anna Ottavi, I–00136 Rom, Via Ugo de Carolis 101. Tel: 00396/344554.

Möller Gunnar
B: Schauspieler. A: GB–London NW 3, 3 Holly Hill, c/o Management Baumbauer. Tel: 00441/7948664 oder 089/478577.

Möller Rudolf
B: Schauspieler. A: D–2000 Hamburg 54,

Baumacker 16. Tel: 040/575344.

Möltner Carl
B: Schauspieler. A: D–8000 München 2, Kaiser Ludwig-Pl 6.

Molzen Gerty
B: Opern- u Konzertsängerin, Kabarettistin. G: Flensburg, 30. Jan 1906. A: D–2000 Hamburg 76, Petkumstr 10 u D–2392 Glücksburg, Fördestr 17/Haus: lat mi tofreden. S: Lyzeum, Odenwaldschule, Gesangs-, Schauspiel- u KlavierStud. K: Oper Koblenz, Saarbrücken, Operngastspiele in Duisburg, Münster, Königsberg (freiberuflich) uva, Konzerte: Orchester: Koblenz, Zürich, Wien, Berlin, Stuttgart, Hamburg, Kopenhagen, Liederabende im In- u Ausland, Filmsynchron. F: Hör Zu, Funk Uhr, 7 Tage uva Zeitungen u Zeitschriften in Deutschland, Schweiz, Österreich u Dänemark. D: „Heimweh nach St Pauli", „Davidswache", „Der amerikanische Freund", „Hals- u Beinbruch", „Der junge Graf Kessler", „Geschichten aus d Zukunft", „Ein Leben f Stille", „Tingel-Tangel", „Tatort". E: Ehrenteller d Stadt Glücksburg. M: CDU. H: Tennis, Schwimmen, Laufen, Briefmarken, Notgeld, Münzen.

Mondon Heide
B: Solotänzerin, Choreographin. A: D–2000 Hamburg 76, Uhlenhorster Weg 9. Tel: 040/2299999.

Mondry Eberhard
B: Schauspieler, Regisseur, Autor. G: Thum, 15. Sept 1929. A: D–8000 München 40, Daimlerstr 5. S: Internat, Max Reinhardt-Seminar, Theaterschule Berlin. K: Theaterengagements in Berlin, Ulm, Wiesbaden, München, Stuttgart, Hamburg, Darsteller in zahlreichen Filmen u Fernsehspielen, Filmregie, Synchronsprecher zahlreicher Hauptrollen in- u ausländischer Produktionen, Hauptrollen in Hörspielen sowie Kommentare beim NDR, BR, WDR. F: Süddeutsche Zeitung u in vielen großen Tageszeitungen ua. D: Letzte Filmrolle in „La course a l' échalotte" (Frankreich) m Pierre Richard u Jane Birkin, letzte Theatertitelrollen (Hamburg): „Marquis von Arcis", „Der Regenmacher", „Der verbindliche Liebhaber". E: Auf d Filmforen 1971 u 1973 in Bonn die Filme: „Tex-Appeal" u „Bilanz einer Kur" (Buch u Regie). M: Bund d Film- u Fernsehschaffenden. H: Klassische Musik, Sammeln guter Bücher, Ski- u Segelsport.

Monjé Annelise
B: Schauspielerin. A: D–1000 Berlin 31, Seesener Str 52. Tel: 030/8912306.

Monn Ursula
B: Schauspielerin. G: Berlin, 2. Dez 1950. A: D–2000 Hamburg 1, Lohmühlenstr 1. S: Max Reinhardt-Seminar, Wien. K: Thalia-Theater u Deutsches Schauspielhaus Hamburg. D: Theater: „Viel Lärm um Nichts", „Der zerbrochene Krug", „Adam und Eva", „Der Wald", Fernsehen: „Hoftheater" (Serie), „So 'ne und so 'ne", „Ein Mann will nach oben", „Im Schillingshof", „Der Abgeordnete von Bombignac", „Die Faust in der Tasche" (Kinofilm), Serie f d französische Fernsehen „Pour tout l'or du Transvaal. E: „Bambi", Goldene Kamera, Kunstpreis Berlin. H: Lesen, Musik, Malerei, Reiten.

Moog Heinz
B: Schauspieler f Bühne, Film, TV, Rundfunk u Rezitation. G: Frankfurt/Main, 28. Juni 1908. V: Annette, geb Geisen. A: A–1010 Wien, Herrengasse 6–8. Tel: 0222/639452. S: Helmholtz-Oberrealschule b Abitur, während d letzten 3 Jahre bereits dramatischer Unterricht bei Alfred Auerbach. K: Theater: Frankfurter Wanderbühne, Kleines Theater Kassel, Plauen, Weimar, Bochum (Saladin Schmitt), Berlin Volksbühne, seit 1943 Wien Burgtheater, zahlreiche Gastspiele: Theater in d Josefstadt, Graz, Bregenz, Paris, Venedig, Brüssel, Meran, Berlin, auf Tourneen in Europa, Amerika, Japan. F: In zahlreichen Büchern, Zeitschriften, Magazinen u Zeitungen über persönliche u Ensemble-Leistungen, zumeist d Burgtheater betreffend. D: Über 50 deutsche u intern Filmproduktionen, darunter 2 Viscontifilme, das gesamte klassische u moderne Charakterfach d Bühnenliteratur, über 50 deutsche TV-Spiele, laufende Rundfunktätigkeit, Vortragsabende. E: Kammerschauspieler, Ehrenkreuz 1. Klasse f Wiss u Kunst, EhrenMtgl d Burgtheaters, Kainz-Medaille, Goethe-Medaille, Ehrenplakette d ORF. H: Modelleisenbahn, Kochen, Lesen.

Moon Verena
B: Schauspielerin. A: c/o Bendtsen Film Enterprises, D–6000 Frankfurt/Main, Niddastr 41. Tel: 0611/252830.

Mooney Stella
N: Angelika Schell. B: Schauspielerin, Sängerin. G: Ingolstadt, 17. Okt 1947. V: Carl

Schell. A: CH–6614 Brissago/Tessin, Casa Esperanza. S: Tanzunterricht bei Margit Oswald, Akkordeonunterricht bei Prof Hergett, Klavierunterricht b Prof Hergett, Gesangsunterricht, MusikStud am Konservatorium München, Schauspielunterricht bei Annemarie Hanschke. K: Schauspielerin u Sängerin f Theater, Fernsehen, Hörfunk, Film u Schallplatte, zZ freie Schauspielerin u Sängerin. F: In versch Zeitungen u Zeitschriften. D: Theater: „Nussknacker-Suite“, Musical „Hair“, Fernsehen: „Silvester-Show 1968“, „Gestern gelesen“, „Kommissar“ (Serie), „Schwabing so, so oder so“, „Blume v Hawaii“, „Colonel Starbottle f d Klägerin“, „Dem Täter auf d Spur“, „Butler Parker“ (Serie), „Graf Luckner“ (Serie), „Mein Freund Bunbury“, Quiz: „Eheratespiel“, „Verkehrsquiz“, Film: „Grüziwohl Frau Stirnimaa“, „Was ist bloß mit Willi los?“ uva.

Moore Robby
N: G H G Beer. B: Stimmenimitator, Moderator, Schauspieler. G: Schwedengrund, 23. Sept 1944. A: D–3300 Braunschweig, Leonhardstr 31 A. S: Mittlere Reife, WerbeKfm, Werbeökonom, Schauspielschule in d Schweiz. K: Von kleinen Bühnen bis zu großen Häusern, Auftritte im ZDF, ARD, ORF, Rundfunk, Diskotheken, als Stimmenimitator in über 500 Diskotheken in Europa. F: Bild, Morgenpost, BZ Berlin, Zeitschrift Express uva. D: Vom Kleindarsteller bis zu Hauptrollen an vielen Theatern in Deutschland. H: Schriftstellerei, Gesang, Musikproduktionen, Stimmenimitationen wie: Willi Brandt, J v Manger, Rudi Carell uva.

Moorefield Olive
B: Schauspielerin. A: A–1040 Wien, Bruckner Str 4. Tel: 0222/657455.

Moos Margot
B: Schauspielerin. A: D–1000 Berlin 30, Bamberger Str 34. Tel: 030/244840.

Mora Ute
B: Schauspielerin. A: D–8000 München 71, Appenzeller Str 95, c/o ZBF-Agentur München. Tel: 089/756997 oder 089/335081.

Morak Franz
B: Schauspieler. A: c/o Agentur Schmidt-Gentner A–1030 Wien, Lothringer Str 20. Tel: 0222/752271.

Morales Linda
B: Komponistin, Sängerin. G: Cordoba/Argentinien. A: c/o Artist Service-Eike R Heitkamp, D–2000 Hamburg 13, Eppendorfer Baum 13. K: Kindheit in Argentinien, dort auch Fundament d künstlerischen Laufbahn, Schauspiel u Musical waren d wichtigsten Stationen, dann Besuch in Europa, als Sängerin in Spanien, d Repertoire beinhaltet intern Hits u Evergreens, zZ in Deutschland. F: Div in Zeitschriften u Zeitungen.

Morawiecz Barbara
B: Schauspielerin. A: D–1000 Berlin 33, Heiligendammer Str 10. Tel: 030/8245580.

Morbitzer Walter
B: Schauspieler. A: D–6000 Frankfurt/Main, Im Burgfeld 126. Tel: 0611/574734.

Morell Hanne-Lore
N: Hanne-Lore Haase. B: Schauspielerin, Mode-Ansagerin, Drehbuch-Autorin Spiel- u Fernsehfilm. G: Hamburg, 29. Jan 1930. V: Günter Haase. A: D–2000 Hamburg 60, Agnesstr 62. Tel: 040/489888. S: RealGymn, Lola Rogge Schule Hamburg, Prüfung als Lehrerin f tänzerische Gymnastik, Schauspielausbildung b Miriam Ziegel-Horwitz u Joseph Offenbach in Hamburg. K: Seit 1950 in Spielfilmen in mittleren Rollen, Theater: Kleine Komödie Hamburg, 1958 Ansagerin b WDR Fernsehen Köln, seither Deutschlands meistbeschäftigte u bekannte Mode-Show-Sprecherin, Drehbuchautorin f d Spielfilm „Ibiza, d Tod kommt nur bei blauem Himmel“, oftmals Synchron-Sprecherin, schreiben v Film- u Fernsehfilm-Drehbüchern u Serien, ua: „Älterer Herr sucht Begleitung“, „Stau“, „El Boligrapho“, „Karo Dame liebt Herz König“, „Spurlos verschwunden“, „Formel WN“, auch Ind- u Werbefilme, Idee, Management, Ansage u Choreographie f Pelzmode auf d Eis bei „Holiday on Ice“ uva. F: In Tageszeitungen u Illustrierten in Deutschland, Schweiz, Österreich. D: Film: „Export in Blond“, „Der Mann, der sich selber sucht“, „Zarewitsch“, „Des Lebens Überfluß“, „Banditen d Autobahn“, „Der Cornett“, „Mädchen m Beziehungen“ uva. M: Tennisclub „Klipper“ Hamburg (1948 Deutsche Jugendmeisterin Tennis im Einzel u Doppel, heute noch aktive Seniorin, Spitzenspielerin Hamburg), Hamburger Bridge-Club. H: Tennis, Bridge, Lesen, Reisen, Kartenlegen.

Morell Renate
B: Schauspielerin. A: c/o Agentur Rakosi, D–8000 München 90, Tegernseer Landstr 284. Tel: 089/6904092.

Morell Rolf
B: Schauspieler. A: D–8000 München 40, Mannheimer Str 2, c/o ZBF-Agentur München. Tel: 089/349125 oder 089/335081.

Morgenstern Charlotte
B: Schauspielerin. G: Wien, 5. Apr 1952. A: A–1100 Wien, Gußriegelstr 55/6/7, und D–7800 Freiburg/Br, Blumenstr 12. S: HandelsAk, Schauspielschule. K: Theater d Courage, Wien, Fernsehen ORF, Tourneen, Stadttheater Regensburg, Bühnen d Landeshauptstadt Kiel, Fernsehen ZDF, Städt Bühne Freiburg/Br. F: Kritiken in div Tageszeitungen, Die Bühne, Theater heute. D: Fernsehen: „amo amas amat", Theater: „Frühere Verhältnisse", „Blick v d Brücke", „Der Talisman", „Die Glasmenagerie", „Adam u Eva", „Der Pflug u d Sterne", „Frühlings-Erwachen", „Ein Sommernachtstraum", „Bezahlt wird nicht", „Der zerbrochene Krug" ua. H: Literatur, Musik, Karate, Wandern.

Morgenstern Peter
B: Schauspieler. A: D–2000 Hamburg 76, Winterhuder Weg 6, c/o ZBF-Agenturen München u Hamburg. Tel: 040/2208323 oder 089/335081 oder 040/66885400.

Moritz Dorothea
B: Schauspielerin. A: D–1000 Berlin 21, Helgoländer Ufer 6. Tel: 030/3916167.

Morowski Reinhard
B: Schauspieler. c/o Agentur Bengen, D–1000 Berlin 21, Paulstr 25. Tel: 030/3911895.

Morris Mike
B: Schauspieler. A: c/o Agentur Anna Ottavi Cheli, I–00136 Roma, Via Ugo de Carolis 101. Tel: 00396/344554.

Moser Werner
B: Schauspieler. A: c/o ZBF-Agentur München, D–8000 München 40, Leopoldstr 19. Tel: 089/335081.

Mosheim Grete
B: Schauspielerin. A: c/o Management Makkeben, D–1000 Berlin 33, Douglasstr 2. Tel: 030/8263249.

Mosthav Franz
B: Schauspieler, Intendant aD. G: Oedheim, 13. Juni 1916. A: D–8000 München 2, Luisenstr 25. Tel: 089/592554. S: Schauspielschule Elisabeth Huch, München, Staatliche Schauspielschule München, 4 Sem Gasthörer d Univ München. K: 1939–43 Schauspieler am Staatstheater München, Fach: Jugendlicher Charakterspieler, Regie-Assistenz, 1943–44 Stadttheater Klagenfurt, 1945–46 künstl Ltr d Steyrischen Kulturwerkes Graz, 1946–49 Nationaltheater Mannheim, Fach: I. Charakterspieler, 1949 Gründung d Unterländer Volksbühne, später Badische LBühne Bruchsal, bis 1954 als Privattheater geführt, danach Intendant, Gastspiele: Bad Hersfelder Festspiele, Schloß-Theater Celle, Münchner Kammerspiele ua, Arbeit f TV u Film. F: Div Artikel u Kritiken in Tageszeitungen ua. D: Theater (Rollenrepertoire): „Nathan d Weise", „Hamlet", „Jedermann", „Macbeth", „Der Sturm", „Michael Kramer", „Der Kaufmann von Venedig", „Antigone", „Maria Magdalena", „Agnes Bernauer", „Faust", „Egmont", „König Lear", „Die Nibelungen", „Wallenstein", „Der eingebildete Kranke", „Othello", „Tartuffe", „Was ihr wollt", „Pension Schöller", „Die chinesische Mauer", Theater (Inszenierungen): „Wallenstein", „Don Carlos", „Maria Stuart", „Kabale u Liebe", „Die Räuber", „Die Braut v Messina", „Wilhelm Tell", „Faust I", „Götz v Berlichingen", „Iphigenie", „Egmont", „Othello", „Der Widerspenstigen Zähmung", „Was ihr wollt", „Wie es euch gefällt", „König Lear", „Der Sturm", „Richard II.", „Hamlet", „Minna v Barnhelm", „Nathan d Weise", „Peer Gynt", „Dantons Tod", „Des Meeres u d Liebe Wellen", „Maria Magdalena", „Agnes Bernauer", „Nibelungen", „Tartuffe", „Der eingebildete Kranke", „Donna Diana", „Der Lügner", „Der Ritter vom Mirakel", „Der Diener zweier Herren", „Dame Kobold", „Der Richter v Zalamea", „Jedermann", „Die Heilige Johanna", „Pygmalion", „Der trojanische Krieg findet nicht statt", „Antigone", „Alte Liebe rostet nicht", „Meuterei auf d Caine", „Geschlossene Gesellschaft", „Trauer muß Elektra tragen", „Des Teufels General", „Der Hauptmann v Köpenick", „Katharina Knie", „Der fröhliche Weinberg", „Die Weber", „Die Ratten", „Rose Bernd", „Schluck und Jau", TV: „Die Gentlemen bitten zur Kasse", „Haus aus lauter Liebe", „Anna Böckler", „Nachrichten aus d Provinz", „Der Schuß", „Das Haus bei den Blutbrücken", „Der Dieb", „Alex-

ander Zwo", „Die Powenzbande", Serien: „Fußballtrainer Wulff" „Unser Dorf", „Lautlose Jugend", „Hafenpolizei", „Kottnick + Erben", „Der Überläufer", Film: „The Hidingplace", „Haie an Bord", „Mensch hau drauf". M: Deutscher BühnenVer.

Mottl Erika
B: Schauspielerin. A: c/o Agentur Schmidt-Gentner, A–1030 Wien, Lothringer Str 20. Tel: 0222/752271.

Muchka Slavek
B: Schauspieler. A: D–4000 Düsseldorf, Stresemannstr 28. Tel: 0211/359118.

Mückshoff Gisela
B: Schauspielerin. A: D–5000 Köln, Hansaring 76. Tel: 0221/121482.

Mues Joachim Dietmar
B: Schauspieler. A: D–2000 Hamburg 1, Lange Reihe 33, c/o ZBF-Agentur Hamburg. Tel: 040/246513 oder 040/66885400.

Müggenburg Günter
B: Korrespondent. G: Essen, 3. März 1926. V: Erika, geb Gassmüller. A: USA–Washington DC NW 3132 M-Street. S: Abitur, einige Sem Geschichte u Politische Wiss. K: Volontariat in Dortmund, dann Redakteur in Dortmund, Bochum, Essen, ab 1955 Zeitungskorrespondent in Bonn, 1962–70 Chefkorrespondent d ARD, anschließend Asienkorrespondent in Hongkong, seit 1973 Korrespondent in Washington. E: Verwundeten-Abzeichen, BVerdienstkreuz. H: Schwimmen, Segeln.

Mühlen Peter
B: Schauspieler. A: D–8000 München 40, Konstanzer Str 38, c/o ZBF-Agentur München. Tel: 089/3517700 oder 089/335081.

Mühlhardt Kurt
B: Schauspieler. A: D–1000 Berlin 28, Am Rosenanger 70, c/o Agentur Bengen, c/o Agentur Runde-Profé. Tel: 030/4013838 oder 030/8838031 oder 030/3040661.

Muhri Renate
B: Schauspielerin. G: Graz, 24. Juli 1951. A: A–8010 Graz, Einspinnerg 1, D–8000 München, Theklastr 1/I. S: Mittelschule, HAk, Schauspielschule, Ballettschule. K: Als Schauspielerin tätig in Deutschland u Österreich. F: In österr Zeitungen, Spiegel, Film Echo, in deutschen Zeitungen. D: „Adolf u Marlene", „Bollwieser", „Kickbach", „Grand Prix", „Dr Stur u Mimosen", „Der Durchdreher", „Tatort", „Der Millionenbauer", „Puppenzeitalter", „Leidenschaftliche Blanche", „This woman is surprised", „Die bittere Trauer der Petra v Kant", „Rose Bernd", „Cabaret" usw. E: Goldene Palme f „Adolf und Marlene". H: Schwimmen, Klassische Musik.

Mulder Babette
B: Schauspielerin. A: c/o Management Margarete van Dam, NL–Amsterdam, Plantage Parklaan 12. Tel: 003120/246743.

Muliar Fritz Prof
B: Burgschauspieler. G: Wien, 12. Dez 1919. V: Franziska, geb Kalmar. A: A–2301 Groß Enzersdorf, Roseggerstr 16. S: Mittelschule, Konservatorium d Stadt Wien, Darstellende Kunst. K: Wiener Kleinkunst-Bühnen, Landestheater Tirol in Innsbruck, Graz „Der Igel" u Landestheater, Raimundtheater Wien, Volkstheater Wien, Theater i d Josefstadt, Burgtheater, 40 Filme, Fernsehen, Schallplatten, 4 Bücher ua. F: In versch Zeitungen u Zeitschriften. D: In 40 Filmen, etwa 150 Theaterrollen. E: Österr Ehrenkreuz f Wiss u Kunst, 1974 Prof, Kainz-Medaille, Goldenes Ehrenzeichen d Landes Wien, Österr Befreiungs-Medaille, BVerdienstkreuz I. Klasse d BRD. M: VizePr Aktive Österreicher, Pr d Raimundtheater-Ges, Mtgl d ÖGB, d Liga f Menschenrechte.

Müller Britta
B: Schauspielerin. A: c/o Management Jovanovic, D–8000 München 80, Perfallstr 6. Tel: 089/475024/25.

Müller Christiane
B: Schauspielerin. A: D–5000 Köln 1, Ubierring 24, c/o Kiepenheuer Vlg, Frau Dr Sommer, D–1000 Berlin 33, Schweinfurter Str 60, c/o ZBF-General-Agentur Frankfurt. Tel: 0221/313981 oder 030/8231066 oder 0611/7111313.

Müller Elisabeth
B: Schauspielerin. A: c/o Agentur Lentz, D–8000 München 80, Holbeinstr 4. Tel: 474026.

Müller Gery
B: Schauspielerin. A: D–8000 München 90, Schweigerstr 8, c/o ZBF-Agentur München.

Tel: 089/659582 oder 089/335081.

Müller Hans-Helmut
B: Schauspieler. A: D–1000 Berlin 19, Preußenallee 28, c/o Agentur Bengen. Tel: 030/3054899 oder 030/3911895.

Müller Hans-Joachim
B: Schauspieler. A: c/o Agentur Rakosi, D–8000 München 90, Tegernseer Landstr 284. Tel: 089/6904092.

Müller Hans-Reinhard
B: Intendant, Regisseur, Schauspieler. G: Nürnberg, 15. Jan 1922. V: Irene, geb Hotop. A: D–8000 München 40, Kunigundenstr 58. S: Hum Gymn, Univ München, Schauspielunterricht. K: 1951 erstes Engagement als Schauspieler in Klagenfurt, 1941–45 Kriegsdienst, 1945/46 Schauspieler am Theater d Jugend in München, 1945–48 Studium an d Univ München (Phil, neuere deutsche Literaturgeschichte, mittelalt Geschichte), 1946–48 Schauspieler an d Münchner Kammerspielen, 1947–60 Mtgl d Bayer Staatsschauspiels München (bis 1954 als Schauspieler u Regisseur, ab 1954 auch als stellv Staatsintendant u Ltr d Verwaltung, ab 1957 auch als Koordinator d drei Bayer Staatstheater, seit 1959 Bayer Staatsschauspieler), 1960–69 Intendant d Städt Bühnen Freiburg (bis 1963 auch OberspielLtr d Schauspiels), 1969–73 Dir d Otto Falckenberg-Schule (Schauspielschule d Stadt München), seit 1973 Intendant d Münchner Kammerspiele (Schauspielhaus, Werkraumtheater, Theater d Jugend) u OberLtr d Otto Falckenberg-Schule. F: Viele Veröffentlichungen. D: Mitwirkung in ca 300 Theater-, Film- u Fernsehstücken. E: Bundesverdienstkreuz 1. Klasse, Ludwig Thoma-Medaille. M: Rotary-Club, Deutscher BühnenVer, Gen deutscher Bühnenangehöriger, Kath Ak in Bayern. H: Musik u Bücher.

Muller Lester C
KN: Lex Roper (als Cowboy Lasso-Künstler), KO-KO (als Clown). B: Cowboy Lasso-Künstler, Clown, Schauspieler, Scriptwriter. G: Jersey City/New Jersey/USA, 13. März 1933. V: Karin Erika, geb Teetz. A: D–8000 München 50, Lauthstr 32. S: College. K: 1941–52 versch Rodeos u Circuses in USA, 1953–64 versch Eisrevues in USA u Europa (Lasso Nummer, als Komiker u Akrobatik-Adagio auf Schlittschuhen), seit 1974 versch Kino- u Fernsehfilme, Kinder-Shows m Lasso u Peitsche als „Lex Roper" u/oder KO-KO d Clown. D: „Berlinger" (als Stuntman), „Operation Ganymed", „Plutonium", „Das blaue Palais", „Magere Zeiten", „Kli-Kla-Klawitta" (als Stuntman), „Fruit of the Loom" TV-Werbung, YPS" Werbung, „Derrick" (Serie). H: Schlittschuhlaufen, Sport-Tauchen, Reiten, Tanzen.

Müller-Westerhagen Marius
B: Schauspieler. A: c/o ZBF-Agentur München, D–8000 München 40, Leopoldstr 19. Tel: 089/335081.

Müller Monika
B: Schauspielerin. A: D–7570 Baden-Baden, Balzenbergstr 28, c/o ZBF-General-Agentur Frankfurt. Tel: 07221/28629 oder 0611/7111335.

Müller Oscar
B: Schauspieler. A: D–7000 Stuttgart 1, Umgelterweg 2. Tel: 0711/692590.

Muller Paul
B: Schauspieler. G: Neuchatel/Schweiz, 11. März 1923. A: I–0197 Rom, Via le Bruno Buozzi 107. S: Bacca laureat. K: Theater: „Jean le Stropiat", „Feu du Ciel", „Griselidis", „La femme du Boulanger", „Chaud et froid", „L'Arlesienne", „Huon de Bordeaux", „Les maries de la Tour Eiffel", „Ballade d toten Soldaten", Filme: „Fabiola", „Ultimi giorni di Pompei", „Guglielmo Tell", „La sepolta viva", „Il vespro Siciliano", „Il bacio di una morta", „Il falco rosso", „Toto cerca miglie", „La Bisarca", „Strano appuntamento", „Romanticismo", „Il capitano nero", „Stassera sciopero", „La citta si difende – 1 premio a Venezia", „La vendetta del corsaro", „Abracadabra", „Il tenente Giorgio", „I 7 dell'Orsa Maggiore", „Pentimento", „Fratelli d'Italia", „Il peccato di Anna", „Viva il cinema", „La voce del sangue", „La cieca di Sorrento", „Viaggio in Italia", „Opinione publica", „I misteri della giungla nera", „La vendetta dei Thugs", „La prigioniera di Amalfi", „Due notte con Cleopatra", „Schiava del peccato", „I cavallieri della Regina", „Der Fall Dr Sorge", „Tam tam a Mayumbe", „Sogno d'amore", „Lacrime di sposa", „Giudicatemi", Glauco e Scilla", „Check point", „Arsene Lupin", „I vampiri", „Il corsaro di mezza luna", „Il conte di Matera", „Il romanzo di un giovane povero", „Quando gli angeli piangono", „Afrodite dea del amore", „La Maja Desnuda", „Due selvaggi a corte", „Capitan Fuoco", „Avventura in citta", „Nel

segno di Roma", „Un canto nel deserto", „Il conquistatore d'Oriente", „Arsene Lupin Nr 2", „In pieno sole", „The ennemy General", „La strada dei giganti", „Il corsaro della Tortue", „La grande vallata", „La venere dei pirati", „Teseo contro il Minotauro", „Il relitto", „It happened in Athen", „Francis of Assisi", „Legge di guerra", „Capitani di ventura", „Lascia passare per il morto", „Ponzio Pilato", „Barabbas", „Il prigionieri del Isola del Diavolo", „Gli giustizieri dei mari", „I Normanni" „Un errore giudiziario", „Strasse d Verheissung", „Beta Som", „L'avvocato", „Jack l'infallibile", „Delitto e castigo", „Fiamme sul India", „Maciste il giustiziere invincibile" „Un omicidio imperfetto", „Legittima difesa", „La citta accusa", „Cover girl", „Serviz o speciale „Gli Apostolo", „Il dominatore del deserto", „I grandi Camaleonti", „Van Ryan express", „L'ultimo dei Mohicani", „Il trapezio incandescente", „Io uccido, tu uccidi", „Amanti d'oltretomba", „Io, io, io, e gli altri", „Il compagno Don Camillo", „Lavendetta di Lady Morgan", „Mordnacht in Manhatten – Jerry Cotton 2", „Une fille de la ville", „Reger la Honte", „Ho trovato Martin Borman", „Thompson 1880", „I due volti della verita – Laura Storm", „Ballata da un miliardo", „Non faccio la guerra, faccio l'amore", „Um das Leben meines Freundes – Jerry Cotton 5", „Silenz o si uccide", „I Spy – You can't shoot an honest man", „L'indomptable Angelique", „Le mie prigione", „Stuntman", „Uno di piu all'inferno", „The Monte Carlo Rally", „Gli atti degli apostoli", „America anni venti – 5 figli di cane", „Sapere – Volta e Galvani", „Black Angel – Paroxismus", „De Sade 70", „Eintagsfliege – Bankrott für Habermann", „Pussycat, pussycat, I love you", „Il monaco di Monza", „La nuit a des yeux", „Ma che cosa fa una ragazza carina come te in un affare come questo?", „Il processo – Dracula", „Journalistin – Sterben auf Italienisch" „Eugenie", „Giovane Italia, giovane Europa – Maeternick", „Sex Charade", „I Conquistadores – Montezuma", ,Sotto il segno del vampiro", „Dottor Jeckil e Miss Hyde", „Juliette", „Padre Brown – Il re dei ladri", „Angeli senza paradiso", „The devils of Caninde", „L'inferno dell'Amazonia", „L'Albatros", „Lady Fankenstein", „Robinson 71", „Die Nacht d sterbenden Sterne", „Un uomo da rispettare", „Studio legale per una rapina", „Camorra", „La vita a volte è dura, vero Providenza", L'isola del tesoro", „Gli ultimi dieci giorni di Hitler", „Estratto dagli archivi di polizia di una capitale europea", „La storia di Juliane Koepcke", „I racconti di Maria-Rosa cameriera curiosa", „Colinot trousse chemise", „La caduta dei gladiatori", „Mose il legislatore", „Voyage à St Tropez", „Sexy Blues", „Mais qui donc a violé Linda", „Diagnosi", „Kidnap", „Les malfaiteurs", „Les brigades du Tigre: „La couronne du Tsar", „Un linceul n'a pas de poches", „Convoi de femmes", „La straordinaria avventura di Ricky e Lassy", „Alle origini della mafia – 3. episodio", „La Malizia de Venere", „Mujeres enjaulados", „Down Town", „Der Kommissar – Tod im Transit", „Una donna a la sua finestra", „Il segno sotto la pelle", „Il spezialista", „Maigret –Lognon et les gangsters", „Delitto Perfetto", „Mogliamante", „Il Prefetto di ferro", „Racconti di fantascienza – „Ultimi riti", „Bedelia", „Kommissariat 9 – Der Preisbrecher", „L'Affaire Suisse", „Il Testimone", „Der Galgensteiger", „La Storia di Eva", „E' tutto suo padre", „Achtung Kunstdiebe", „Rainer – Cosmos Cross", „Zoorastia", „Il Signor Rossini", „Derrick – Folge Lena".

Müller Paul
B: Schauspieler. A: c/o Management Jovanovic, D–8000 München 80, Perfallstr 6. Tel: 089/475024/25.

Müller Uwe
B: Schauspieler. A: D–1000 Berlin 61, Arndtstr 42, c/o ZBF-Agentur Berlin. Tel: 030/6926380 oder 030/8838031.

Müller Wolfgang
B: Schauspieler. A: c/o Management Palz, D–8000 München 81, Ortlindestr 6/VII. Tel: 089/912019/10.

Müller Wolfgang W
B: Schauspieler. A: D–1000 Berlin 42, Neue Str 2, c/o Agentur Bengen. Tel: 030/7523184 oder 030/3911895.

Müller-Reitzner Kurt
B: Schauspieler, SpielLtr. G: Wien, 23. Apr 1922. V: Ursula, geb Wild. A: D–2854 Loxstedt-Larhausen, Hauptstr 43. S: Allgemeinbildende Grundschule, Mittelschule, Ak f Musik u darstellende Kunst (Max Reinhardt-Seminar) K: Theater f Vorarlberg, Ltr d Theaters in d Kolingasse Wien, Altenburg, Leipzig, Putbin, Stralsund, Berlin Fernsehfunk u DEFA, Stadttheater Bielefeld, Stadttheater Bremerhaven. F: In Fachzeitschriften, Bühne. D:

„Ratten", „Der Prinz von Homburg", „Othello", „Schild und Schwert", „Nina", „Richard II u III", „Hamlet", „Claudius", „Maria Stuart", „Sonnenuntergang", ca 50 Fernsehspiele. M: Gen Deutscher Bühnenangehöriger, Schlaraffia.

Mumm Karin
B: Schauspielerin. A: D–1000 Berlin 12, Bleibtreustr 4, c/o ZBF-Agentur Berlin. Tel: 030/3124162 oder 030/8838031/54.

Münch Richard
B: Schauspieler. A: c/o Agentur v Pilecki, D–8000 München 22, Oettingenstr 46. Tel: 089/220263.

Mund Wilhelm Michael
B: Schauspieler. A: D–5630 Remscheid, Bismarckstr 138.

Münster Helga
B: Schauspielerin. A: D–2000 Hamburg 13, St Benedict-Str 30. Tel: 040/447801.

Münster Klaus
B: Schauspieler. A: D–8000 München 40, Schleißheimer Str 183 A. Tel: 089/3003572.

Munster Margret van
B: Schauspielerin. G: Köln, 3. Nov 1920. A: D–5000 Köln 50, Auenweg 18–20. Tel: 391679. S: Hum Gymn, Abitur, 2 Jahre Schauspielschule bei Gustaf Gründgens am Staatstheater Berlin. K: Engagements in Prag, Reichenberg, Nürnberg, Osnabrück, Celle, Bamberg, Bayreuth, Wuppertal, Düsseldorf, Köln, München. F: In zahlreichen Zeitschriften. D: Theater: „Ratten", „Fuhrmann Henschel", „Braut von Messina", „Bernarda Albas Haus", „Geburtstagsfeier", „Ein Inspektor kommt", „Sommernachtstraum", „Leuchtfeuer", „Hamlet", „Faust I u II", „Trauer muß Elektra tragen", „Maria Stuart", „Wir sind noch einmal davongekommen", „Pygmalion", „Ophelia", „Medea", „Die fremde Stadt", „Die Stühle", „Rheinpromenade", „Bluthochzeit", „Lied der Taube", „Kesselflickers Hochzeit", „Die Illegalen", „Antigone", „La colombe", „Doppeladler", „Heilige Johanna", „Gregor und Heinrich", „Prinz von Homburg", „Amphitryon", „Katharina Knie", „Konzert", „Nachtasyl", „Ehrbare Dirne", „Glasmenagerie", „Reisender ohne Gepäck", „Sturm im Wasserglas", „Woyzeck", „Aufruhr im Damenstift", „Im 6. Stock", „Heimlichkeiten", „Flitterwochen", „Der erste Frühlingstag", „Nathan der Weise", „Dreigroschenoper", „Teufels General", „Der Lügner", „Kirschgarten, „Die schmutzigen Hände", „Liebesbriefe", „Das schwedische Zündholz", „Die deutschen Kleinstädter", „Die Spieldose", „Jonny Belinda", „Kleines Teehaus", „Elisabeth von England", „Hiob Prätorius", „Eifersucht auf sich selbst", „Die Mitschuldigen", „Die Weber", „Die Heiratsvermittlerin", „Geisterkomödie", „Plötzlich letzten Sommer", „Wallenstein", „Portrait einer Madonna" ua. Fernsehen: „Der Strick um den Hals", „Lady Audleys Geheimnis", „Smok", „Verhör am Nachmittag", „Eine ganz alltägliche Geschichte", „Reisegesellschaft", „Der Turm". H: Erstellung von Horoskopen, Schallplattensammlung, Sammeln v Elefanten, Lesen, Reisen, Katzen.

Münzer Holger
B: Darsteller, Sänger, Musiker. G: Meßkirch/Baden, 14. Feb 1939 (mütterlicherseits Nachkomme v Martin Luther). A: D–1000 Berlin 12, Niebuhrstr 77. Tel: 030/8817628. S: Abitur, Schauspielschule München, MusikHS Freiburg (Klavier: Picht-Axenfeldt, Violine: Wilhelm Nauber) u München (Dirigieren: Rebner, Komposition: P J Korn), Gesangsausbildung: Prof G Wilhelms Berlin. K: Theater München: Theater in d Briennerstraße, Volkstheater, Kabarett: Das Fünfte Rad, Kleine Freiheit, Residenztheater, musikalische Ltg (u Einstudierung) d drei deutschsprachigen „HAIR"-Ensembles, Premieren in München, Berlin, Hamburg, Böblingen, Köln, Zürich, Wien usw, Film, Funk, Fernsehen, Schallplatten, Lehrauftrag an d MusikHS Berlin 1972, seit 1972 im Engagement bei Theater „tribüne" Berlin. D: „Der Unbesonnene", „Die drei Schwestern", „Hair", „Glasbrenner-Revue", „Walter Mahrings Lumpenbrevier", „Die verbrannten Dichter". E: Deutscher Kritikerpreis 1979 als Mtgl im „Rainer-Behrend-Ensemble" für die Inszenierung „Die verbrannten Dichter". M: Mtgl im Landesvorstand d Berliner Jungsozialisten in d SPD Berlin 1974–76, Vors d „Berliner Musiker-Initiative 1974–76, Mtgl d SPD, d Gew Kunst im DGB, d GEMA, d Deutschen KomponistenVerb, d SPIDEM. H: Malen, Schreiben, Lesen, Reiten, Reisen.

Musäus Peter
B: Schauspieler. A: D–8011 Kirchheim, Münchener Str 59, c/o ZBF-Agentur München. Tel: 089/9033013 oder 089/335081.

Müthel-Caninenberg Lola
B: Schauspielerin. G: Darmstadt, 9. März 1919. V: Hans Caninenberg. A: D–8032 Gräfeling, Maria Eich-Str 43. S: Lyzeum. K: Staatstheater Berlin, Städt Bühnen Frankfurt/Main, Residenz-Theater München, Gastspiele in Wien u Düsseldorf, Fernsehspiele, Funk, Tourneen. F: Div Interviews in Zeitungen u Zeitschriften. D: „Maria Stuart", „Klytämnestra", „Medea", in Stücken v O'Neill, Dürrenmatt, Strindberg, Musical: „Hello Dolly", „Kiss me Kate", Fernsehspiele: „Vom Teufel geholt", „Platonow", „Die Möwe" usw. E: Kammerschauspielerin in Frankfurt/Main. H: Musik, Literatur, Malerei, Tennis, Tanz.

Mützel Manfred
B: Intendant, Regisseur, Schauspieler. G: Darmstadt, 20. Mai 1943. A: D–5500 Trier-Mariahof, Trebetastr 13. S: Gymn, HS u Univ f Musik, Kunstgeschichte u Phil. K: Staatstheater Darmstadt: RegieAss u Ltr d Künstl Betriebsbüros, Staatsoper Hannover: Chefdramaturg, Pressereferent u Ltr d KBB, Städt Bühnen Frankfurt, Städt Bühnen Münster: Opernregisseur, Theater d Stadt Trier: Intendant, Gastregisseur im In- u Ausland. M: Mtgl d Deutschen BühnenVer, VorstMtgl d LVerb Mitte.

Muxeneder Franz
B: Schauspieler. G: Salzburg, 19. Okt 1920. V: Ernie. A: D–8000 München 40, Georgen-Str 140. S: Grundschule, Automechanikerausbildung, Schauspielausbildung, alles m Prüfung. K: Automechaniker, Schauspieler bei Theater, Film u Fernsehen. F: In versch Zeitungen u Zeitschriften. D: In ca 250 Filmen u ca 120 Fernsehspielen, sowie seit 35 Jahren Theater. H: Tennis, Skifahren.

Mylius Christine
B: Schauspielerin. A: D–2000 Hamburg 60, Brabandstr 79, c/o ZBF-Agentur Hamburg. Tel: 040/513150 oder 040/66885400.

Naegele Robert
B: Schauspieler, Autor. G: Nattenhausen/Schwaben, 23. Juni 1925. A: D–8000 München 90, Falkenstr 38a. S: Kfm Ausbildung, Schauspielschule. K: Beginn in d Provinz, über viele mittlere Bühnen bis zum Bayerischen Staatstheater, als Autor 3 Hörspiele f d Bayerischen Rundfunk: „Schwäbische Lausbuben", „Altes Handwerk im schwäbischen Dorf". F: In allen Rundfunk- u Fernsehzeitschriften. D: In ca 200 Fernsehspielen. E: 1. Preis als bester Hauptdarsteller in Horst Bieneks Spielfilm „Die Zelle", Festival d Autoren, St Remo. H: Kochen, Reisen.

Naelin Viktoria
B: Schauspielerin. A: D–8000 München 70, Alfred Schmidt-Str 26, c/o Agentur Killer. Tel: 089/7231804 oder 089/173455.

Nagel Jörg
B: Schauspieler. A: D–8000 München 80, Wörthstr 22, c/o ZBF-Agentur München. Tel: 089/457881 oder 089/335081.

Nagel Margot
B: Schauspielerin. A: D–3500 Kassel, Jordanstr 7, c/o ZBF-General-Agentur Frankfurt. Tel: 0561/72236 oder 0611/7111334.

Nalder Reggie
B: Schauspieler. A: c/o Agentur Rakosi, D–8000 München 90, Tegernseer Landstr 284. Tel: 089/6904092.

Nalezinski Christiane
B: Schauspielerin. A: c/o Agentur v Pilecki, D–8000 München 22, Oettingenstr 46. Tel: 089/220263.

Nassauer Peter
B: Schauspieler. G: Heidelberg, 1. Feb 1951. A: D–6905 Schriesheim, Theodor Körner-Str 1. S: Mittlere Reife, Kfm Lehre (IndustrieKfm), Schauspielausbildung bis zur Bühnenreife. K: 1972–75 Engagement in Krefeld, 1975–77 in Nürnberg, 1977–79 in Aachen, 1979–81 in Bonn. F: Hör Zu, Bild und Funk, TV Hören und Sehen. D: Filme: „Der Radweltmeister", „Sag mir wenn ich sterben muß", „Nebel über dem Watt", „Tatort: Der Mann auf dem Hochsitz". ua.

Nauen Erika
B: Schauspielerin. A: D–8000 München 40, Hohenstaufenstr 8, c/o ZBF-Agentur München. Tel: 089/0331486 oder 089/335081.

Naumann Dieter
B: Schauspieler. A: D–3500 Kassel-Wilhelmshöhe, Rheinweg 8–10. Tel: 0561/38375.

Naumann Holde
B: Schauspielerin. A: c/o Agentur Schmidt-Gentner, A–1030 Wien, Lothringer Str 20. Tel: 0222/752271.

Naumann Horst
B: Schauspieler. A: c/o Agentur v Pilecki, D–8000 München 22, Oettingenstr 46. Tel: 089/220263.

Naumann Thomas
B: Schauspieler. A: D–5600 Wuppertal 1, Clodwigstr 1a, c/o ZBF-Gen-Agentur Frankfurt. Tel: 0202/426387 oder 0611/7111313.

Neale Lucy
B: Sängerin, Textdichterin, Komponistin. G: Cleveland/Ohio, 24. Jan 1948. A: D–8000 München 40, Akademiestr 13. S: Bachelor of Arts Diploma in English Literature, Connecticut College, New London, Connecticut Environmental and Electronic Music, American Indian Folk Music, Wesleyan Univ, Psychology of Religion, Harvard Univ, Cambridge. K: Hauptrolle im Musical „Hair", Schweizer Tournee-Theater 1972–73, als Sängerin in folgenden Gruppen mitgewirkt: Family Tree, Ruby and the Mudflaps, Red Point Orchestra, Love Generation, Lieder geschrieben f Cherubim, Rosanne Cash, Patrick Gammon, Harry Thumann uva, Plattenaufnahmen als Chorsängerin, ua bei Silver Convention, Donna Summer, Giogio Moroder, Munich Sound, Claudia Barry uva. F: Amberger Volkblatt, Münchner Merkur, Neue Presse, Offenburger Zeitung, Bravo, Die Frau, Melanie, Freizeit Magazin, Cuxhavener Presse, Bild Zeitung, Tageszeitungen usw. D: „Hair". M: GEMA. H: Antiquitäten, Segeln, Schlangen.

Nebel Marianne
B: Schauspielerin. A: CH–8700 Küsnacht (ZH), Seestr 233. Tel: 00411/9108384.

Negro Del
B: Schauspieler. A: c/o Management Jovanovic, D–8000 München 80, Perfallstr 6. Tel: 089/475024.

Nehlsen Hermann
B: Schauspieler. A: D–8000 München 40, Parzivalstr 27a. Tel: 089/366175.

Neitzel Edith
B: Schauspielerin. A: D–1000 Berlin 10, Eosander Str 15, c/o ZBF-Agentur Berlin. Tel: 030/3418725 oder 030/8838031/54.

Nel Kristina
B: Schauspielerin. A: CH–4132 Muttenz b Basel, Rieser Str 23, c/o ZBF-Agentur Berlin. Tel: 004161/232691 u 612212 oder 030/8838031.

Nentwich Marianne
B: Schauspielerin. A: c/o Management Palz, D–8000 München 81, Ortlindestr 6/VII. Tel: 089/912019/10.

Nes Kora de
B: Schauspielerin. A: c/o Management Margarete van Dam, NL–Amsterdam, Plantage Parklaan 12. Tel: 003120/246743.

Netsch Christa Maria
B: Schauspielerin. A: D–6053 Obertshausen, Geleitstr 3, c/o ZBF-General-Agentur Frankfurt. Tel: 06104/41282 oder 0611/7111335.

Neubauer Ilse
B: Schauspielerin. A: D–8000 München 40, Kaiserstr 44, c/o ZBF-Agentur München. Tel: 089/331868 oder 089/335081.

Neuhaus Paul
B: Schauspieler. A: D–8000 München 90, Wettersteinpl 2, c/o ZBF-Agentur München. Tel: 089/6516601 oder 089/335081.

Neukirchen Dorothea
B: Schauspielerin. A: D–5000 Köln 41, Sülzgürtel 69. Tel: 0221/ 432088.

Neumann Achim
B: Schauspieler. A: D–8000 München 2, Lindwurmstr 82, c/o Agentur Rakosi. Tel: 089/775544 oder 089/6904092.

Neumann Christina
B: Schauspielerin. A: D–1000 Berlin 31, Kurfürstendamm 126, c/o Agentur Bengen. Tel: 030/8924733 oder 030/3911895.

Neumann-Goldhammer Ursula
B: Schauspielerin. A: D–4401 Laer/Kreis Steinfurt, Aabauerschaft 16b, c/o ZBF-General-Agentur Frankfurt. Tel: 02554/8287 oder 0611/7111334.

Neumann Wolfgang
B: Opernsänger. G: Weiern/Ktn, 20. Juni 1945. A: D–8900 Augsburg, Rauwolffstr 5. S:

Konservatorium d Stadt Duisburg. K: Städt Bühnen Bielefeld, Augsburg, Frankfurt, Bayer Staatsoper München, Metropolitan Opera New York, De Nederlands Opera Stichfing Amsterdam, Staatstheater Oldenburg, Badisches Staatstheater Karlsruhe, Theater d Stadt Bonn, Deutsche Oper am Rhein in Düsseldorf, Staatsoper Hannover, Theatre Royal de la Monnaie, Brüssel. F: Westfälische Allgemeine, Westdeutsche Allgemeine, Augsburger Allgemeine, Süddeutsche Zeitung, Westfälisches Tageblatt, Neue Westfälische Zeitung, Frankfurter Allgemeine, La Libre Belgique Bruxelles, Gazet van Antwerpen, Augsburger Neue Presse. D: „Freischütz", „Fidelio", „Tiefland", „Zauberflöte", „Simon Boccanegra", „Katja Kabanova", „Boris", „Cavalleria rusticana", „Turandot", „Othello", „Lohengrin", „Walküre", „Tannhäuser", „Rheingold" ua. M: Richard Wagner-Verb Bielefeld.

Neumann-Viertel Elisabeth
B: Schauspielerin. A: D–8000 München 80, Virchowstr 20, c/o Agentur Lentz. Tel: 089/362728 oder 089/474026.

Neumeister Brigitte
B: Schauspielerin. G: Wien, 12. Jan 1947. V: Felix Rotholz. A: A–1140 Wien, Wasserweg 15/42. S: Schauspielschule (Christl Mardayn), Gesangsausbildung bei Esther Rethy, Ballettschule. K: Staatstheater Saarbrücken, Theater in der Josefstadt seit 1967, Tätigkeit bei Funk u Fernsehen. F: Div in Zeitschriften u Zeitungen. D: „Minna von Barnhelm", „Wie es Euch gefällt", „Tango" „Möwe", „Der Schwierige" ua, div Operetten, Musicals, eigene Fernsehshow. M: Mtgl d Vereinigung bildender Künstler Österreichs. H: Malerei.

Neusser Peter
B: Schauspieler. A: c/o Agentur Killer, D–8000 München 19, Fafnerstr 32. Tel: 089/173455.

Neustädtl Elvira
B: Schauspielerin. A: c/o Agentur Schmidt-Gentner, A–1030 Wien, Lothringer Str 20. Tel: 0222/752271.

Neutze Günther
B: Schauspieler. A: D–3000 Hannover, Saarstr 9, c/o Agentur de la Berg. Tel: 0511/884555 oder 08178/3681.

Neutze Horst Michael
B: Schauspieler. A: D–2000 Hamburg 13, Innocentiastr 26, c/o Management Baumbauer. Tel: 040/417906 oder 089/478577.

Neve Rotraut de
B: Schauspielerin. A: D–5060 Bensberg, Graf Adolf-Str 21, c/o ZBF-General-Agentur Frankfurt. Tel: 02204/51276 oder 0611/7111335.

Nick Heinz
B: Schauspieler. A: A–1110 Wien, Kaiser Ebersdorfer-Str 150. Tel: 0222/763338 u 346278.

Nicol Nera
B: Schauspielerin. A: A–1080 Wien, Josefstädter Str 21. Tel: 0222/ 431308 u 554277.

Nicolai Sibylle
N: Sibylle Bauer. B: Schauspielerin. G: Frankfurt/M, 12. Sept 1950. A: D–6457 Maintal 1, Oderstr 12. S: Abitur, Stud an d Staatl HS f Musik u darstellende Kunst in Frankfurt/M, Gesang, Tanz u Schauspiel. K: Seit 1970 Engagements in Hagen, Bremen, Berlin, München, Bonn, Nürnberg, am Schauspielhaus Bochum, d Komödie im Marquardt, Stuttgart u bei d Bühne 64 in Zürich, daneben mehrere Schallplatten als Schlager- u Musicalsängerin u zahlreiche Fernsehauftritte, Mitwirkung bei Rundfunk-Unterhaltungssendungen u Hörspielen, seit 1979 Fernsehansagerin beim ZDF. F: Hör Zu, Bild u Funk, Gong ua Fernsehzeitschriften. D: „Sibylle u Hans-Jörg" (Serie), „Musik ist Trumpf", „Die Jubilarin", „Geldsorgen", „Annie get your gun", „Jesus Christ Superstar", „Kiss me Kate", „No, no, Nanette", „Dreigroschenoper", „Frau Warrens Gewerbe", „Helden", „Zwei Herren aus Verona", „Die neuen Leiden d jungen W" uva. H: Reiten, Skilaufen, Schreiben (Kurzgeschichten), Malen.

Nicolescu Gabriela
B: Solotänzerin. G: Bukarest/Rumänien, 24. Sept 1943. V: Dipl-Ing Vladimir Penescu. A: D–8000 München 5, Klenzestr 10 oder D–8000 München 5, Staatstheater am Gärtnerplatz. S: Choreographisches Lyzeum in Bukarest, Lehrer: E Demian, G Matei, A Romanovski, Vervollkommnung d Technik am Leningrader „Kirow-Theater", Lehrer: N Dudinskaia, N Kurgapkina. K: Tanzbeginn mit 8 Jahren an d Privatballettschule, dann Choreographisches Lyzeum, Abschlußprüfung 1962, klassischer Stil, Halbcharakterrollen, erstes Auftreten 1963 an d Staatsoper Bukarest als

Colombina in „Der eherne Reiter", dann zahlreiche Ballette d klassischen Repertoires (Schwanensee, Giselle, Coppelia ua), Engagement an d Staatsoper Bukarest bis 1974, seit 1974 in d BRD, Mtgl d Staatstheaters am Gärtnerplatz in München, Auslandstournee nach Italien, Griechenland, Spanien, Portugal, Frankreich, Kuba, Jugoslawien, UdSSR, Bulgarien, Tschechoslowakei, Algerien, Tunesien, Iran, Libanon, Indien, Ägypten, Ungarn, Österreich. F: Rumänische Zeitschriften, Corriere dela Serra (Italien), Le Courrier, Chalon sur Saone (Frankreich), Patriot, The Times of India (Indien), Dance and Dancers (England), Süddeutsche Zeitung, Abendzeitung, Theater-Kurier ua, das Buch: „Ballett-Faszination" v Max Niehaus. D: Hauptrollen: „Der Nußknacker", „Don Quichotte", „Walzer-Strauß", „Dornröschen", „Les Sylphides", (Walzer u Pas de deux), „Cinderella", „Undine", „Wunsche-Skriabin, „Salade" ua, TV: in Rumänien, Tunesien u BRD. M: Mtgl d Staatstheaters am Gärtnerplatz.

Nicoletti Susi
B: Schauspielerin. A: A–1010 Wien, Goetheg 1, c/o Management Jovanovic. Tel: 0222/525256 oder 089/475024/25.

Nidetzky Friedrich Prof
B: Opernsänger, Prof f Sologesang am Bruckner Konservatorium, Linz. G: Wien, 25. Mai 1920. V: Margarethe, geb Gilhofer. A: A–1190 Wien, An der langen Lüssen 1/2, A–4020 Linz, Wildbergstr 18. S: Grundschule, Sängerknabe St Gabriel, Ak f Musik u darstellende Kunst, Gesangsausbildung bei Frau Prof Maria u Elisabeth Rado, Wien. K: Bühnentätigkeit 1950–55 an allen Schweizer Bühnen, ständiges Engagement Biel-Solothurn, Auslandsgastspiele (Elsaß Lothringen, Belgien), 1956 Landestheater Linz, seit 1957 an d Volksoper Wien, Konzerttätigkeit im Inland, Konzerttourneen nach Mailand, Neapel, Venedig, Paris. F: In allen einschlägigen Programm-Zeitschriften. D: 1958 Fernsehoper: „Die Paßkontrolle" (P Angerer), „Spiel oder Ernst" (Krenek), 1960 „Der Prozeß" (G v Einem), 1961 „Aus einem Totenhaus" (Janaczek), 1962 „Der Konsul" (Menotti), viele Fernsehübertragungen, div Unterhaltungssendungen. E: Österreichisches Ehrenkreuz f Wiss u Kunst, Prof-Titel. M: Bühnengewerkschaft, Schlaraffia. H: Wandern, Schwimmen, Kochen.

Niehaus-Lissner Ruth
B: Schauspielerin. G: Krefeld. A: D–2000 Hamburg 13, Oberstr 18c, CH–6914 Carona. S: Abitur, Schauspielschule. K: Krefeld, Schauspielhaus Hamburg, Burgtheater Wien, Berlin, Düsseldorf, München usw. F: Unzählige in Zeitschriften u Zeitungen. D: Theater: „Gretchen", „Käthchen", „Heilige Johanna", „Undine", „Elektrá, „Cressida" ua, Fernsehen: „Adrienne Mesuvat", „Theresa" ua, Film: „Weg ohne Umkehr", „Rosenmontag", „Studentin Helene Willfuer", „Haus in Montevideo", „Am Anfang war es Sünde" ua. H: Reiten, Schwimmen, Schreiben, Pilze sammeln.

Niehus Rolf
B: Schauspieler. G: Lübeck, 8. Okt 1924. A: D–2000 Hamburg 54, Behrkampsweg 35. Tel: 040/5601059. S: Mittlere Reife, Schauspielunterricht bei Hermine Körner u Franz Weber in Berlin. K: Theater in Lübeck, Essen, Frankfurt, Köln, Recklinghausen (Ruhrfestspiele), Hamburg, Berlin. F: Nach Premieren, nach Amerikareise u bei eigenen Berichten. D: „Insel ohne Moral", „Hughie", „Der Vater", „Tea and Sympathy", „The birdmen of Beckstadt" (in Hollywood), „Der Heiratsmarkt", „gesucht wird ...", „Die Geburt eines Waisenkindes", „Die australische Blindheit", „Pinkertons Erben" ua. H: Sprachen, Reisen, Schwimmen.

Nielsen Barbara
B: Schauspielerin. G: Warschau, 21. Sept 1951. A: D–8000 München 50, Abbachstr 26. S: Schauspielschule in Warschau. K: 1972 Exclusiv-Vertrag mit „Constantin-Film", mehrere Hauptrollen in deutschen u ausländischen Spielfilmen. F: Stern, Bunte Illustrierte, Lui, in Tageszeitungen. D: „Derrick", „Alle Jahre wieder", „Tully", „Kameliendame". H: Reiten, Tennis.

Nielsen Christiane
B: Schauspielerin. A: D–6000 Frankfurt/Main, Parkstr 18/IV, c/o Management Jovanovic. Tel: 0611/592214 oder 089/475024/25.

Niendorf Horst
B: Schauspieler. A: D–1000 Berlin 19, Kranzallee 49, c/o ZBF-Agentur Berlin. Tel: 030/3054834 u 3234119 oder 08170/7831 oder 030/8838031/54.

Niessner Helmut
B: Conferencier. A: D–1000 Berlin 30, Bamberger Str 22, c/o Kabarett-Agentur Klimperkasten. Tel: 030/8542800 oder 030/7952381.

Niewitecki Rolf-Bogus von
B: Schauspieler. A: D–1000 Berlin 41, Albrechtstr 59, c/o ZBF-Agentur Berlin. Tel: 030/7952425 oder 030/8838031.

Nikelsky Harald Georg
B: Regisseur, Schauspieler. G: Danzig, 8. Dez 1939. A: D–3201 Hachenstedt, Breslauer Str 3. S: Einschulung in Marne (Schleswig-Holstein), Internat in Baden-Baden, Schauspielausbildung in Konstanz (Abschluß 1960 in Stuttgart), Gesangausbildung in Kreuzlingen/Schweiz. K: Engagements in Konstanz, Luzern, Celle, Bremen, Osnabrück, Wilhelmshaven, Hildesheim, Gastverträge in Baden-Baden, Braunschweig Staatstheater, Kammerspiele Hamburg. D: Ca 30 Rollen in versch Stücken, ca 25 Inszenierungen an versch Bühnen. E: Lehrbeauftragter an d HS Hildesheim, Fach: „Szenisches Darstellen".

Niklas Jan
B: Schauspieler. A: D–8000 München 81, Königsberger Str 20, c/o Management Erna Baumbauer. Tel: 089/937284 oder 089/478577.

Nippen Werner
B: Schauspieler. A: D–2300 Kiel, Gurlittpl 8. Tel: 0431/35668.

Nitsche Helga
B: Schauspielerin. G: Ulm, 4. Jan 1943. A: D–8000 München 40, Wilhelmstr 21. Tel: 089/342490. S: Mittlere Reife, Schauspielschule, Abitur, Univ (Jura, Kunstgeschichte). K: Torturmtheater Sommerhausen, TAT Frankfurt, Loreley Festspiele, Das Schauspiel Cuxhaven, Stadttheater Trier, Westdeutsche Kammerspiele, Frankfurt, Theater im Zoo, Frankfurt. F: Hör Zu, Weltbild, Tageszeitungen. D: „Heiratsvermittlerin", „Charleys neue Tante", „Das weiße Rößl", „Boing-Boing", „Minna von Barnhelm", „Don Gil v d Hosen", „Die Bluthochzeit" usw, kleinere Aufgaben im Fernsehen. H: Reisen, Lesen, Schreiben, Sprachen, Goldschmieden, Handarbeiten.

Nitsche Stefan Ark
B: RegieAss, Schauspieler. G: Salzburg, 26. März 1955. V: Cornelia, geb Primer. A: A–1060 Wien, Stumperg 57/10 und D–8000 München 90, Brecherspitzstr 6 B. S: Matura, 6 Sem Mozarteum Salzburg, Schauspiel u Regieklasse. K: Während d Stud Praktika bei ZDF, Münchner Kammerspielen, ORF Salzburg, am Burgtheater, anschließend Inszenierung einer Eigenbearbeitung v Hildesheimer „Das Opfer Helena", danach 1977 Engagement am Burgtheater u Arbeit bei d Bregenzer Festspielen. F: Salzburger Nachrichten, Südostbayrische Rundschau, Reichenhaller Tagblatt, Freilassinger Anzeiger, Salzburger Tagblatt. D: „Trommeln in d Nacht", „10 Minuten b Buffalo", „Der Kandidat" ua. E: Diplom d Klasse f Regie u Schauspiel am Mozarteum Salzburg. H: Lesen, Schreiben, Segeln, Radfahren.

Nitschke Hans
B: Schauspieler. G: Guben, 30. März 1930. V: Liane, geb Balek. A: D–1000 Berlin 33, Wangenheimer Str 14. S: Realschule, Schauspielschule Schatte, Guben. K: Berlin: Renaissance-Theater, Hansa-Theater, Kurfürstendamm-Theater, Komödie am Kurfürstendamm, Tribüne, Hebbel-Theater, Stadttheater Guben. D: „Doppelgänger", „Der Fall Gakubowski", „Die Chefin", „Der Hit", „Ein Mann will nach oben". M: BFF, DAG. H: Alle Sportarten.

Nitschke Lothar
B: Sänger. G: Breslau, 26. Mai 1932. V: Karin, geb Gruner. A: D–4520 Melle 5 – Buer, Birkenhof. S: Oberschule, Konservatorium. K: GesangsStud, Mtgl d solistischen Gruppe Medium-Terzett, 20 Langspielplatten, 65 Singles, über 200 Fernsehsendungen, Tourneen in d ganzen Welt. F: In allen deutschen Zeitschriften. E: Löwe v Radio Luxemburg. M: Intern Artisten-Loge. H: Tennis.

Nitschke Ronald G
B: Schauspieler. A: D–1000 Berlin 33, Koenigsallee 81, c/o ZBF-Gen-Agentur Frankfurt, c/o Agentur Palz. Tel: 030/8263484 oder 0611/7111335 oder 089/912019/10.

Noack Ursula
B: Schauspielerin. A: D–8011 Neukeferloh, Finkenstr 13, c/o Agentur Alexander. Tel: 089/465958 oder 089/471011.

Noack Wolfgang
B: Schauspieler. A: D–2000 Hamburg 13, Hansastr 4. Tel: 040/450042.

Noel Edwin
B: Schauspieler. A: c/o ZBF-Agentur München, D–8000 München 40, Leopoldstr 19. Tel: 089/335081.

Noelle Jobst
B: Schauspieler. A: D–1000 Berlin 20, Bocksfeldstr 1 F, c/o ZBF-Agentur Berlin. Tel: 030/3612860 oder 030/8838031.

Nolte Hartmut
B: Schauspieler. A: D–2000 Hamburg 13, Hansastr 37, c/o ZBF-Agentur München. Tel: 040/458995 oder 089/335081.

Nora Nina
B: Schauspielerin. A: D–1000 Berlin 41, Altmarktstr 2b. Tel: 030/7962929.

Norden Beatrice
B: Schauspielerin. G: Köln, 11. März 1938. V: Ullrich Haupt. A: D–8022 München-Grünwald, Eichleite 41. S: Abitur, Schauspielschule München. K: Schauspielhaus Hamburg, Schauspielhaus Zürich, Residenz-Theater München, Staatstheater Kassel, Renaissance-Theater Berlin, Thalia-Theater Hamburg, Tournee, Fernsehen bei allen deutschen Sendern. F: In fast allen deutschen Zeitungen u Illustrierten. D: „Maß für Maß", „Kabale u Liebe", „Hedda Gabler", „Sommernachtstraum", „Glocken v London" uva, Fernsehen: „Kommissar", „Derrick", „Der Anwalt", „Raub d Sabinerinnen" uva. H: Sport, Schwimmen, Ski, Wasserski, Rennboote fahren, Auto, Segeln.

Nordhausen Engelbert von
B: Schauspieler. A: D–1000 Berlin 19, Wundtstr 9a, c/o ZBF-Agentur Berlin. Tel: 030/3226654 oder 030/8838031.

Nordmann Neidhardt
B: Schauspieler. A: D–3004 Isernhagen 2, Am Alten Reithofe 7, c/o Agentur de la Berg. Tel: 0511/731961 oder 08178/3681.

Normann Peter
N: Horst Ossmann. B: Universalartist. G: Trier, 28. Apr 1942. V: Marlene, geb Adams. A: D–6639 Rehlingen/Saar, Beckinger Str 19. S: Staatl MusikHS, Saarbrücken. K: Musiker in d Gruppe „Royal Sharpmen", Schallplatten mit Sharpmen, 8 Singles, 3 Langspielplatten, unter „Peter Normann" 2 Singles. F: Deutsches Bühnenjahrbuch 1977 u 1978, Artist Fachzeitschrift f Musiker. D: „Plädoyer für eine Stadt", Fernsehfilm. M: GEMA als Komponist u Texter, Intern Artisten Loge, Hamburg. H: Angeln, Ski, Tennis.

Norvak Sybill
B: Schauspielerin. A: D–3141 Reppenstedt/Lüneburg, Hasenwinklerg 12. Tel: 04131/61822.

Nothorn Gertrud
B: Schauspielerin. A: D–2000 Hamburg 70, Wandsbeker Königstr 11, c/o ZBF-Agentur Hamburg. Tel: 040/6527627 oder 040/66885400.

Notthoff Günter
B: Schauspieler. G: Gladbeck, 27. Feb 1936. V: Kriemhild, geb Lutkus. A: D–1000 Berlin 20, Heerstr 389. S: Handelsschule, Schauspielschule. K: Mit 10 Jahren Amateurringer (WestfalenMstr, Deutscher Mstr in Ringen u Gewichtheben), ab 1954 Berufsringer (catchen), Deutscher Mstr u Europa Mstr, Schauspieler ab 1958, Bühne, Film u Fernsehen. F: BZ Berlin, Bild Berlin, Neue Revue, Stern, Quick, Westdeutsche Tageszeitungen, Hör Zu, Österreichische Tageszeitungen, Züricher Tageszeitungen, sowie in Italien u England. D: Film: „Die Nibelungen", „Ganoven Ehre, „Unter Geiern", „Der Mönch mit der Peitsche", „Ein Spion der durch die Hölle ging", „Lieb Vaterland magst ruhig sein", kleinere Rollen im Fernsehen: „Non Stop Nonsens", „Oh Happy Day" ua, Bühne: „Lulu", „Wie es euch gefällt" ua. E: Silberlorbeer v Theodor Heuss f Verdienste als Sportler. H: Malen, Basteln mit Kupfer, Sport, Show.

Nottke Joachim
B: Schauspieler. A: D–1000 Berlin 33, Am Hirschsprung 5. Tel: 030/8326178.

Novotny Rita
N: Rita Genschow, geb Nowottnick. B: Schauspielerin. G: Berlin, 1. Juni 1925. V: Fritz Genschow. D: D–1000 Berlin 39, Kyllmannstr 14. Tel: 030/8051053. S: Gymn, Schauspielschule (Lydia Sierck). K: Theater: Freilichtbühne Rehberge, Titania-Palast Berlin uva, Fernsehen, Funk, Synchron, Mitarbeiterin d Fritz Genschow-Film u d Brüder Grimm-Theaters u Mitbegründerin. F: In div Film-, Fernseh- u Tageszeitungen, sowie Illustrierten. D: „Sommernachtstraum", „Wintermärchen", „Peer Gynt" uva, div Märchenfilme, ua: „Aschenputtel", „Die Gänsemagd", „Frau

Holle" uva.

Nowack Horst
B: Kabarettist, Regisseur. G: Berlin, 2. Juli 1931. A: D–1000 Berlin 15, Fasanenstr 38. S: SchauspielAk in Berlin. K: Kabarett „Stachelschweine", Hebbel-Theater, Theater am Schiffbauerdamm, künstlerischer Ltr d Sportpalast in Berlin, Regisseur Deutschlandhalle. D: „Paul Lincke", „Die Frau gegenüber", „Willi Busch Report" (Filme). E: Ehrenritter im Orden „Cordon bleu". M: BFF (Vorstand). H: Ikonen, Asienreisen.

Nowack Michael
B: Schauspieler. A: D–3200 Hildesheim, Gartenstr 33, c/o Agentur v Rothberg, c/o Monkowski, D–8570 Pegnitz, Roseng 33. Tel: 05121/14593 oder 07221/63365 oder 09241/2410.

Nowatzki Gudrun
B: Schauspielerin. A: D–8000 München 71, Festingstr 15. Tel: 089/796648.

Nowka Michael
B: Schauspieler, Synchronsprecher, Autor. G: Berlin, 10. März 1952. A: D–1000 Berlin 31, Johann Georg-Sr 17. S: Abitur, HS-Studium (Abschluß als Dipl-Kfm). K: Anfang d 60er Jahre über Theaterengagements in Berlin zu Rollen in Film u TV, Rundfunk u deutschen Synchronisationen, über „Kinder- u Jugendstar" zum Schauspieler u Autor bzw Co-Autor. D: Ca 40 Rollen in TV-Spielen u TV-Serien, Filme: „Silent Night, Holy Night", „Steiner - Das Eiserne Kreuz", Theatertourneen. H: Englischer Sportwagen, Sport.

Nowottny Friedrich
B: StudioLtr, Chefkorrespondent d ARD. G: Hindenburg/Oberschl, 16. Mai 1929. V: Gisela, geb Glück. A: D–5357 Swisttal-Buschhoven, Karl Kaufmann-Weg 54. S: Mittelschule. K: Dolmetscher f amerikanische u britische Besatzungstruppen u d Deutschen Reichspost, Schlagzeuger in einer Drei-Mann-Kapelle, 1950–53 Arbeit in einem VorstSekr, Ltr einer Werkszeitschrift in d Versicherungswirtschaft, seit 1948 freier Journalist u Lokalreporter f Tageszeitungen, 1953–55 Volontariat bei einer Tageszeitung, danach 3 Jahre Lokalredakteur, 1958 Übernahme d Wirtschaftsredaktion d Freien Presse Bielefeld, 1962 HauptAbtLtr f Wirtschafts- u Sozialpolitik f Hörfunk u Fernsehen beim Saarländischen Rundfunk, Sprecher v ARD-Kommentaren, 1965 stellv Chefredakteur (Hörfunk) d Saarländischen Rundfunks, 1967 Stellv d StudioLtrs in Bonn, 1973 Studiochef, nebenbei Kolumner f „Capital". F: Stern ua. H: Gartenarbeit.

Nünke Margit
B: Schauspielerin. A: D–8000 München 71, Sintzenichstr 12. Tel: 089/797171.

Nürnberger Andrea
B: Schauspielerin. A: A–1030 Wien, Metternichg 2, A–1030 Wien, Am Modenapark, c/o ZBF-Agentur München, c/o Agentur Alexander. Tel: 0222/7348075 oder 0222/7535484 oder 089/335081 oder 089/471011.

Nüsse Barbara
B: Schauspielerin. A: c/o Agentur v Pilecki, D–8000 München 22, Oettingenstr 46. Tel: 089/220263.

Nußbaum Herbert
B: Schauspieler. A: D–8080 Emmering, Falckenbergstr 4. Tel: 08141/91739.

Nydegger Fritz
B: Schauspieler. A: D–3400 Göttingen, Ritterplan 4a, c/o ZBF-Agentur München. Tel: 0551/42971 oder 089/335081.

Obalski Claus
B: Schauspieler. A: D–8000 München 90, c/o ZBF-Agentur München. Tel: 089/699171 oder 089/335081.

Oberdorfer Bert
B: Schauspieler. A: D–7000 Stuttgart, Dillmannstr 23. Tel: 0711/621552.

Obermann Emil Dr
B: Kommentator, Moderator. G: Stuttgart, 27. Dez 1921. V: Heidi, geb Rapp. A: D–7016 Gerlingen, Nanetteweg 6. S: Abitur, Stud d Wirtschafts- u SozialWiss an d TH Stuttgart, Nationalökonomie, Soziologie, Staats- u Völkerrecht, Geschichte an d Univ Heidelberg, magna cum laude z Dr phil promoviert. K: Volontariat bei Zeitung u Hörfunk, danach Deutsche Zeitung u Wirtschaftszeitung, ab 1953 in d Redatkion d Süddeutschen Rund-

funk f Sozialpolitik zuständig, 1954–62 Korrespondent u Kommentator d SR Bonn, 1962–64 Ltr d Studio Bonn d SR, seit 1964 Chefredakteur u HauptAbtLtr Information d Süddeutschen Rundfunk, Veröffentlichungen: „Alter u Konstanz v Fraktionen", „Soldaten, Bürger, Militaristen", „Verteidigung d Freiheit", „Gesellschaft u Verteidigung" ua. E: Goldene Kamera, Ernst Schneider Preis.

Obermayr Karl
B: Schauspieler. A: D–8000 München 60, Radolfzeller Str 9, c/o ZBF-Agentur München. Tel: 089/870565 oder 089/335081.

Ochsenknecht Uwe
B: Schauspieler. A: D–4630 Bochum, Wittener Str 136, c/o Agentur Alexander, c/o ZBF-Agentur München. Tel: 0234/555920 oder 089/471011 oder 089/335081.

Ode Erik
N: Erik Odemar. B: Schauspieler u Regisseur. G: 6. Okt 1910. V: Hilde, geb Volk (Ester). A: D–8185 Kreuth-Weissach, Inselweg 3. S: Oberrealschule, Ausbildung als Kameramann. K: Seit 1928 als Schauspieler an fast allen Bühnen Berlins u Staatstheater München, Staatstheater Hamburg uva. F: In fast sämtlichen Zeitschriften Europas. D: Über 80 Spielfilme als Darsteller, 25 Spielfilme als Regisseur, div Fernsehspiele als Regisseur, Darsteller ua in 97 Folgen v „Der Kommissar". E: Goldene Kamera, Goldener Bildschirm, 4 goldene Bambis. M: Bund d Fernseh- u Filmregisseure eV. H: Fotografie u Tennis.

Oehme Franziska
B: Schauspielerin. A: c/o Agentur v Pilecki, D–8000 München 22, Oettingenstr 46. Tel: 089/220263.

Oehme Peter
B: Schauspieler. A: CH–8800 Thalwil-ZH, Seestr 83, c/o Agentur v Pilecki. Tel: 00411/7200429 oder 089/220263.

Ochme-Foerster Elsa
B: Opern- u Konzertsängerin aD. G: New York, 23. Sept 1899. A: D–5000 Köln 60, Boltensternstr 16, Haus D 3. Tel: 765472. S: Public School, Julie Richmond High School, Stipendium v Graf v Bernsdorff (Deutscher Botschafter USA 1916), Stud bei Dr Frank u Deane Dossert (Gesang), Granberry Musikschule (Klavier u Harmonie) beides in Carnegie Hall Studios. K: Erstes Engagement am Opernhaus in Düsseldorf (unter Willy Becker) u in Köln (unter Fritz Remond), schon als Neunjährige an d Metropolitan Opera gesungen (Besenbinde-kind), Reisen in d USA mit Fleck Opera Co, Tournee in d USA mit d Operette „Lady Billy", Engagements in Düsseldorf, Köln, Stuttgart, Dortmund, Wien, Dresden, München usw. F: Musical Courier, Musical Observer, Hör Zu, Kölner Stadtanzeiger, in vielen Zeitungen in d USA. D: „Königskinder" (v E Humperdinck, d Rolle d Besenbinderkindes), „L'Amore de Tre Re", „Die drei Orangen" (Prokofieff), alle Wagner-Opern (außer Tristan u Isolde), Opern v Verdi, Puccini, Pfitzner, Wetzler, Eck usw. E: Große Goldene Eichenlaub-Nadel. M: Deutsche BühnenGen, Siegfried Wagner Ver. H: Turnen, Kegeln, Mini-Golf, Sticken usw.

Oenicke Christa-Ruth
B: Schauspielerin. G: Königsberg, 2. Dez 1934. V: Klaus Jeschke. A: D–1000 Berlin 33, Habelschwerdter Allee 14. S: Mittlere Reife, Max Reinhardt-Schule, 6 Sem Päd HS Berlin. K: Feste Engagements in Schleswig, Celle, Hannover, Frankfurt/Main, Berlin u Südamerika, Tätigkeit bei Film, Funk u Fernsehen. F: Hör Zu, sowie sämtliche Fernsehzeitschriften, Tagesspiegel Berlin, Tageszeitungen in Berlin, Hannover, Celle, Köln, Frankfurt/Main, Hamburg u in allen Ländern Südamerikas. D: „Kidnap", „Jenny Treibel", „Anne Frank", „Cäsar u Cleopatra", „Der Biberpelz" (Hauptrolle), „Hallo Liebling ich bin da" (Tournee) ua. M: DAG. H: Sohn, Katzen, Fische u Schildkröten, Reisen, Lesen.

Oenicke Michael
B: Schauspieler. G: Königsberg, 9. Okt 1942. A: D–4300 Essen 1, Hilgenbornstr 2. K: Landesbühne Hannover, Komödie im Marquardt Stuttgart, Burgfestspiele Jagsthausen, Freilichtspiele Schwäbisch-Hall, Luisenburgfestspiele Wunsiedel, Theater an d Stadt Essen. F: Film- u Fernseh-ABC. D: „Götz v Berlichingen", „Annie get your gun", „Die Räuber", „Macbeth", TV: „Die Lehrlinge", „Ausgerissen, was nun?", Titelrolle in „Der Mann m d zwei Gesichtern", Hauptrolle in „Der Verdacht". H: Reisen.

Oertzen Jaspar von
B: Schauspieler. A: D–8000 München 22, Widenmayerstr 35, c/o Agentur Rakosi. Tel: 089/221679 oder 08023/738 oder

089/6904092.

Oeser Helmut
B: Schauspieler. A: D–8012 Ottobrunn, Prinz Otto-Str 11, c/o Agentur Bloy. Tel: 089/605411 oder 089/6411893.

Oesterlein Christine
B: Schauspielerin. A: c/o Agentur Schmidt-Gentner, A–1030 Wien, Lothringer Str 20. Tel: 0222/752271.

Oestmann Erika
B: Schauspielerin. A: D–2000 Hamburg 55, Heidrehmen 5, c/o ZBF-Agentur Hamburg. Tel: 040/872355 oder 040/66885400.

Offenbach Joseph
N: Joseph Ziegler. B: Schauspieler. G: Offenbach/Main, 28. Dez 1904, gestorben 15. Okt 1971. V: Maria, geb Eckerlein. A: D–6100 Darmstadt, Alfred Messel-Weg 36. K: Schauspieler am Stadttheater Zwickau, Stadttheater Heidelberg, Nationaltheater Mannheim, Bayerisches Staatsschauspiel München, Deutsches Schauspielhaus Hamburg, Kammerspiele München, Burgtheater Wien, Städt Bühnen Frankfurt/M. F: In Tageszeitungen, Zeitschriften, Illustrierten uva. D: Theater: „Der Kaufmann v Venedig", „Minna v Barnhelm", „Was Ihr wollt", „Man kann nie wissen", „Macht d Finsternis", „Affaire Dreyfuss", „Dantons Tod", „Robert u Bertram" „Vor Sonnenuntergang", „Egmont", „Strassenmusik", „Der Raub d Sabinerinnen", „Faust", „Die Fledermaus", „Der zerbrochene Krug", „Schluck u Jau", „Moral", „Der Sturm", „Tobias u Sarah", „Die Sündflut", „Der Heiratsantrag", „Der Kirschgarten", „Des Teufels General", „Anna Christie", „Kabale u Liebe", „Der Wald", „König Lear", „Schneider Wibbel", „Das kleine Teehaus", „Rose Bernd", „Das kalte Licht", „Die heilige Johanna d Schlachthöfe", „Der Geizige", „Heinrich IV", „Wozzeck", „Nach Damaskus", „Der Hauptmann v Köpenick", Fernsehen: „Der kleine Napoleon", „Minna v Barnhelm", „Der zerbrochene Krug", „Der Geizige", „Instinkt ist alles", „Datterich", „Die Unverbesserlichen", „Der Raub d Sabinerinnen", „Ankunft bei Nacht", „Der Barockengel", „Der Revisor", „Ein Duft v Blumen", „Tag f Tag", „Salto mortale", „Bleibe Lasse", „Christoph Kolumbus", „Flugstunde", Film: „Ich brauche Dich", „Dreimal Komödie", „Orientexpress", „Der blaue Strohhut", „Die letzte Nacht", „Hafenmelodie", „Der Mann, d zweimal leben wollte", „Des Lebens Überfluß", „Keine Angst vor großen Tieren", „Des Teufels General", „Die Toteninsel", „Der Hauptmann v Köpenick", „Der Meineidbauer", „Robinson soll nicht sterben", „Monpti", „Immer wenn d Tag beginnt", „Der Schinderhannes", „Unruhige Nacht", „Mädchen v Moorhof", „Verbrechen nach Schulschluß", „Buddenbrooks", „Via Mala", „Zwei unter Millionen", „Durchbruch Lok 234", „Der Lügner", „Freddy u d Millionär", „Die Festung", „Die vier Schlüssel", „Unter d Dächern v St Pauli", „Der Kapitän" uva, Hörspielrollen. E: Preis d Deutschen Filmkritik f „Schinderhannes", Bürgermedaille in Silber d Stadt Offenbach, Verdienstmedaille d Stadt Darmstadt.

Ogorek Monika
B: Schauspielerin. A: D–1000 Berlin 33, Steinrückweg 1, c/o ZBF-Agentur Berlin. Tel: 030/8221604 oder 030/8838031.

Ohlendiek Dieter
B: Schauspieler. A: D–2800 Bremen, Alter Postweg 189, c/o ZBF-Agentur Hamburg. Tel: 0421/454840 oder 040/66885400.

Ohlenschläger Ingrid
B: Schauspielerin. A: /o ZBF-Agentur München, D–8000 München 40, Leopoldstr 19. Tel: 089/335081.

Olarova Renata
B: Schauspielerin. A: c/o Agentur Schmidt-Gentner, A–1030 Wien, Lothringer Str 20. Tel: 0222/752271.

Olden Hans
B: Schauspieler. G: 30. Juni 1892. A: A–1010 Wien, Herreng 8. S: TGM, Schauspielschule Otto, Wien. K: Engagements am Deutschen Theater Hermannstadt, Karlsbad, Teplitz-Schönau, Graz, Theater i d Josefstadt Wien, Volkstheater Wien, Renaissancetheater Wien. D: „Die große Liebe", „Leise flehen meine Lieder", „Csardas", „Katharina d Letzte", „Singende Jugend", „Brillanten", „Prater", „Die ganz großen Torheiten", „Die unruhigen Mädchen", „Scheidungsreise", „Prinzessin Sissy", „Das Glück wohnt nebenan", „Der singende Tor", „Leinen aus Irland", „Männer müssen so sein", „Meine Tochter lebt in Wien", „Wiener G'schichten", „Die Kellnerin Anna", „Liebe ist zollfrei", „Sommerliebe", „Der weiße Traum", „Zwei glückliche Men-

schen", „Glück bei Frauen", „Musik in Salzburg", „Liebe nach Noten", „Wie ein Dieb in d Nacht", „Das doppelte Lottchen", „Pikanterie", „Das seltsame Leben d Herrn Bruggs", „Der bunte Traum", „Der unsterbliche Lump", „Geld in d Luft", „Große Star-Parade", „Tanz in d Sonne", „Zwei Herzen u ein Thron", „Ja, ja, die Liebe in Tirol", „Charley's Tante", „Das einfache Mädchen", „Liebe, Jazz u Übermut", „Das haut hin", „Der Graf v Luxemburg" uva.

Oldenburg Peter
B: Sänger. G: Hamburg, 16. Mai 1937. A: D–2000 Hamburg 4, Furchenacker 24. S: Realschule, Mittlere Reife, kfm Lehre in Zeitungsverlag, 5 Jahre Gesangsausbildung bei Astrid Bräunlich, Opern-Solisten-Abschlußprüfung. K: 1960 1. Sendungen beim NDR („Hafenkonzert"). Ab 1962 in allen deutschen Rundfunksendern, Tourneen ins Ausland f d Goethe-Institut, 2 große Tourneen m d „Hamburger Hafenkonzert", ca 25 Fernsehsendungen, Engagements auf Luxus-Kreuzfahrtschiffen, über 230 Schallplattenaufnahmen. F: Hör Zu, TV Hören und Sehen. D: TV: „Haifischbar", „Die Musik kommt", „Hafenmelodie", „Sonntagskonzert", „Drehscheibe" ua. E: Eintragung ins Goldene Buch d Stadt Toronto, Ernennung zum Lizenz-Ostfriesen in Weener, EhrenMtgl d Bayerischen Fussballclubs Milwaukee. M: Reorganisator d Ver „29. Februar", Vors d InteressensGem GEEE. H: Bass-Serpent-Spiel, Stricken, Ornithologie.

Olofson Ingrid
B: Schauspielerin. A: c/o Agentur Schmidt-Gentner, A–1030 Wien, Lothringer Str 20. Tel: 0222/752271.

Olschewski Gerhard
B: Schauspieler. A: D–2400 Lübeck, Am Brink 13, c/o ZBF-Agentur Hamburg. Tel: 0451/595913 oder 040/66885400.

Olsen Rolf
B: Schauspieler, Drehbuchautor. G: 26. Dez 1919. V: Ilse, geb Peternell. A: A–1040 Wien, Schleifmühlg 12. D: „Im Banne d Madonna", „Ein Mädchen aus Paris", „Gestatten – mein Name ist Cox", „Die Drei von d Tankstelle", „Bonjour Kathrin", „Meine Tante – Deine Tante", „In München steht ein Hofbräuhaus", „Laß mich nie mehr allein" uva.

Olszewski Reinhold K
B: Schauspieler. D–8000 München 40, Schleißheimer Str 274, c/o Agentur Marga Wiedner. Tel: 089/3008558 oder 089/3081822.

Ooms Johan
B: Schauspieler. A: c/o Managment Margarete van Dam, NL–Amsterdam, Plantage Parklaan 12. Tel: 003120/246743.

Opela Evelyn
B: Schauspielerin. A: D–8000 München 81, Grüntal 21, c/o Agentur Bloy. Tel: 089/983031 oder 089/6411893.

Ören Arras
B: Schauspieler. A: c/o Agentur Bengen, D–1000 Berlin 21, Paulstr 25. Tel: 030/3911895.

Orlac Stefan
B: Schauspieler. A: D–8000 München 22, Pilotystr 2, c/o ZBF-Agentur München. Tel: 089/224950 oder 089/335081.

Orth Elisabeth
B: Schauspielerin. A: A–1130 Wien, Hansi Niese-Weg 25, c/o Agentur Bloy. Tel: 0222/824269 oder 089/6411893.

Oss Edith
B: Schauspielerin. A: D–8000 München 40, Leopoldstr 52, c/o ZBF-Agentur München. Tel: 089/396088 oder 089/335081.

Osterloh Ingo
B: Schauspieler. A: D–1000 Berlin 22, Fählmannweg 33–35. Tel: 030/3535186 u 3535930.

Ostermayer Christine
B: Schauspielerin. A: D–8000 München 40, Viktoriastr 11. Tel: 089/343555.

Osterwald Hazy KapellMstr
N: Rolf E Osterwalder. B: Kapellmeister. G: Bern, 18. Feb 1922. A: CH–8704 Herrliberg, Im Grüt 421. S: Klavierunterricht, Konservatorium Bern (Harmonie- u Kompositionslehre), Abitur. K: Schülerorchester „Black Clan" Bern, 2. Trompeter im Orchester Fred Böhler, militärische Ausbildung, Verpflichtungen in d Orchestern Joe Grandjean u Fred Böhler, 1. Trompeter bei d „Teddies", erster Auftritt mit eigenem Orchester in Bern, Auftritte mit neuer 12-Mann-Formation in Zürich u Bern, 1949 Gründung d Hazy-Osterwald-Sextetts, Intern

Jazz-Festival Paris, Tourneen durch Europa, seit 1954 Filmarbeit, Auftritte u eigene Sendungen im Fernsehen u Hörfunk, Tourneen, zZ Kapellmeister, Hazy-Osterwald-Sextett/Jetset, Schallplatten: 35 LP's, über 125 Singles, ua: „Kriminaltango", „Die Hazy Osterwald-Story", „Hazys Nightclub", „Latin Trumpet", „Hazy Osterwald goes Brodway", „Eurovision m Hazy Osterwald", „Die Hazy Osterwald-Show" uva. F: In div Zeitungen u Zeitschriften im In- u Ausland. D: „1. Fernseh-Show d ARD", „Schnee u Musik", „Wenn sechse eine Reise tun", „Lieben Sie Show?", „Die kleinste Show d Welt", „Der Weg nach Hully Gully", „Zurück aus Hully Gully", „Winterwunderland", „Das Hazy Osterwald Sextett", „Nightclub", „3 x Hazy", „Klimbim", „Drehscheibe", „Musik ist Trumpf", „Hazy Osterwald-Show", „Europäischer Cocktail", „Happy Birthday Hazy" ua.

Ostholt Karyn
B: Schauspielerin. A: D–4033 Hösel, Württembergstr 11. Tel: 02102/68863 u 0201/771437.

Ostkamp-Blumer Hildegard
B: Opern- u Konzertsängerin, Schauspielerin. G: Duisburg, 25. Juli 1909. A: D–1000 Berlin 19, Kastanienallee 17c. S: Mädchenschule, Kunstgewerbeschule Dortmund, GesangsStud bei Kammersängerin Hedwig Francillo-Kaufmann in Berlin u bei Kammersängerin Margarete Siems in Dresden. K: 1. Dramatische Sopranistin in Chemnitz, Danzig, Posen, Wiesbaden, Leipzig, Dresden usw, Liederabende im Gewandhaus Leipzig, Philharmonie Berlin, Dresden, Prag, Köln usw, Studio f Gesang in Berlin, Doz an d Volksmusikschule Schöneberg. D: Partien in Wagners „Elsa", „Elisabeth", „Senta", „Sieglinde" ua, „Turandot", „Das Mädchen aus dem Goldenen Westen", „Aida", „Desdemona", „Die Zauberflöte" u moderne Opern, „XY", „Mord und Totschlag", „Dr Dibelius", Werbefilme ua. M: Deutscher Lyzeum-Club, Berlin, KomponistenVerb, Berlin. H: Schreiben: Gedichte, kleine Erzählungen, dazu Filmen.

Oswald Gertrud
B: Schauspielerin. A: c/o Agentur Bengen, D–1000 Berlin 21, Paulstr 25. Tel: 030/3911895.

Ott Elfriede
B: Schauspielerin. A: A–2344 Maria Enzersdorf. K: Mtgl d Theaters i d Josefstadt Wien. E: Josef Kainz-Medaille, Ehrenkreuz f Kunst u Wiss I. Klasse, Goldene Kamera.

Ott Hans-Jürgen
B: Schauspieler. A: D–2800 Bremen, Kulenkampffallee 174. Tel: 0421/214411.

Ott Isabella
B: Schauspielerin. A: A–1060 Wien, Wallg 26/14, c/o ZBF-General-Agentur Frankfurt. Tel: 0222/5720702 oder 0611/7111356.

Otto Karel
B: Schauspieler. A: D–4052 Korschenbroich 1, Meutersweg 4. Tel: 02161/19363.

Owens Robert
B: Schauspieler. A: D–8000 München 40, Schleißheimer Str 187a, c/o Agentur de la Berg. Tel: 089/304312 oder 08178/3681.

Paasch Susanne
B: Schauspielerin. A: D–1000 Berlin 31, Kurfürstendamm 130, c/o ZBF-Agentur Berlin. Tel: 030/8917066 oder 030/8838031/54.

Padalewsky Erich von
B: Schauspieler. A: c/o Agentur Schmidt-Gentner, A–1030 Wien, Lothringer Str 20. Tel: 0222/752271.

Padleschat Herbert
B: Schauspieler. A: D–7110 Öhringen-Michelbach, Dorfstr 83, c/o ZBF-Gen-Agentur Frankfurt. Tel: 07941/7547 oder 0611/7111313.

Pagé Ilse
B: Schauspielerin. A: D–8046 München-Garching, Schleißheimer Str 15, c/o Agentur Silman. Tel: 089/3202965 oder 089/695919/10.

Page Tobias
B: Schauspieler u Rundfunksprecher. G: München, 3. Jan 1915. V: Waltraud, geb Pagel. A: D–Berlin 31, Pommerschestr 6. S: KunstAk Dresden, Theaterklasse, Eleve am Staatl Schauspielhaus. K: Schauspieler in Provinz, Landestheater Altenburg. 13 Jahre Unterbrechung d Wehr- u Kriegsdienst. Nach 1949 Berlin, Beginn als Schauspieler u Sprecher in Hörfunk u Fernsehen. F: in Radiozeitungen. D: Haupttätigkeit als Presseschausprecher i d „Umschau". Im Hörfunk Literatur, Feature, Hörspiele usw. M: Mtgl d RFFU. M: Münzen u Bilder.

Pagers Carsta
B: Schauspielerin. A: D–1000 Berlin 41, Lepsiusstr 20. Tel: 030/7913814.

Pages Harald
B: Schauspieler. A: D–2000 Hamburg 71, Insterburger Str 14a. Tel: 040/6400353 u 681403.

Pahl Lia
B: Schauspielerin. A: D–2000 Hamburg 63, Lentersweg 4. Tel: 040/ 5382209 u 4398696.

Pajanou Despina
B: Schauspielerin. A: c/o Management Palz, D–8000 München 81, Ortlindestr 6/VII. Tel: 089/912019/10.

Palek Evelyn
B: Schauspielerin. A: c/o Agentur v Pilecki, D–8000 München 22, Oettingenstr 46. Tel: 089/220263.

Paller Ingrid
B: Opernsängerin, Gesangspädagogin. G: Bruck/Mur, 24. Dez 1928. A: D–8000 München 71, Kemptener Str 58. Tel: 089/757845. S: Realschule, Abitur, Konservatorium Graz, Mozarteum Salzburg, Ak f Musik Wien. K: 1. lyrischer Sopran m Koloratur am Stadttheater Klagenfurt, Stadttheater Basel, Heidelberg, Deutsche Oper a Rhein, Düsseldorf, Gastspiele u Konzerte in München, Stuttgart, Hamburg, Berlin, Wien, Rom, Dublin, Paris, Zürich, Rio de Janeiro uva. D: Fernsehen: „Rigoletto", „Entführung aus d Serail", Operettenausschnitte, Schallplatte: „Rigoletto", „Don Giovanni", Zerlina, Pamina, Konstanze, Michaela, Liu, Musette, Mimi, Gilda, Traviata, Sophie, Lisa, Rosalinde, Saffi uva. H: Natur, Kultur, Reisen, Sport.

Palm Chris
B: Schauspielerin. A: D–1000 Berlin 33, Landecker Str 4, c/o Agentur Bengen. Tel: 030/8236474 oder 030/3911895.

Palme Conny
B: Schauspieler. A: D–6257 Hünfelden, Auf der Hohl 7, c/o ZBF-Gen-Agentur Frankfurt. Tel: 06438/06545 oder 0611/7111335.

Palmer Lilli
B: Schauspielerin. A: c/o Management Jovanovic, D–8000 München 80, Perfallstr 6. Tel: 089/475024/25.

Panak Günther
B: Schauspieler. G: Safen/Stmk, 17. Juli 1942. V: Krista, geb Schweiggl. A: A–1070 Wien, Neubaug 12–14. S: Ausbildung z Schauspieler. K: Theater Rendsburd, Detmold, Neuss, Düsseldorf, Linz, Wien, freier Mitarbeiter b ORF u ZDF. H: Reiten, Eislaufen.

Panczak Hans-Georg
B: Schauspieler. A: D–1000 Berlin 10, Krumme Str 5, c/o ZBF-Agentur Berlin. Tel: 030/3423790 oder 030/8838031.

Panczak Hugo
B: Schauspieler. A: D–1000 Berlin 31, Rudolstädter Str 10, c/o Agentur Killer. Tel: 030/8232710 oder 089/173455.

Panke Helma
B: Opern- u Konzertsängerin. G: Schweinfurt, 16. Okt 1901. A: D–8000 München 80, Rosenheimer Str 214. Tel: 089/402294. S: Oberschule, Lehrerinnenseminar, Lehrerin am Lyzeum, Praxis an d Taubstummenanstalt Würzburg, 4 Jahre Staatskonservatorium, Hauptfach: Gesang mit Abschlußprüfung in Würzburg. K: Gastspiele: Oper, klassische Operette, Oratorien, vielsprachige Liederabende, Solistin in Symphonie-Konzerten am Rundfunk, Kammermusik, Tätigkeit im In- u Ausland wie München, Stuttgart, Baden-Baden, Hamburg, Bremen, Barcelona, Madrid, Dublin, Paris, Bukarest, Innsbruck, Lappland, 1943 Liederabende (Wehrmachtsbetreuung in Lappland u Rumänien). F: In Radiozeitungen wie Gong, Hör Zu ua. D: „Die Zauberflöte", „Der Troubadour", „Der Postillon von Lonjumeau", „Die Fledermaus", „Paganini" ua. E: Durchwegs sehr gute Presse, Empfehlungen v KapellMstrn, GeneralmusikDir, Intendanten. M: Münchner TonkünstlerVerb, DÖ AlpenVer. H: Alpine Hochtouren (Sommer u Winter), Schwimmen, Schachspiel, SprachenStud (Französisch).

Pantel Bruno
B: Schauspieler. A: D–8000 München 71, Graubündener Str 107, c/o ZBF-Agentur München. Tel: 089/750507 oder 089/335081.

Panyotides Marie-Helene
B: Schauspielerin. A: c/o Agentur Anna Ottavi, I–00136 Rom, Via Ugo de Carolis 101. Tel: 00396/344554.

Pap Andy
B: Schauspieler. A: c/o Management Jovanovic, D–8000 München 80, Perfallstr 6. Tel: 089/475024/25.

Pape Meinolf
B: Stuntman, Schauspieler. G: Elspe, 12. März 1948. V: Gitta, geb Menne. A: D–5940 Lennestadt 12-Elspe, Bielefelderstr 7. S: Grundschule, Schauspielausbildung bei Karl-Heinz Plankermann, Hagen, Stuntman-Ausbildung in Paris, Hamburg, München, Los Angeles. K: Seit 1963 als Stuntman bei d Karl May-Festspielen in Elspe, dort Schauspielausbildung, anschließend Stuntman-Ausbildung, seit 1966 in Hauptrollen m Stunt-Charakter, Gastspiele in Düsseldorf u Wien, viele Auftritte in versch europäischen TV-Shows u Filmen, vorwiegend als Cascadeur (spez Schlägereien u Pferdestunts). F: In allen deutschsprachigen Zeitschriften u Zeitungen. D: „Der Schatz im Silbersee" (Stadthalle Wien), Hauptrollen in allen Karl May-Inszenierungen d Naturbühne Elspe seit 1966, Hauptrollen b d Karl May-Spielen Ratingen/Düsseldorf. H: Reiten, Reisen.

Pape Uwe-Jens
B: Schauspieler. A: D–1000 Berlin 44, Fontanestr 26, c/o ZBF-Gen-Agentur Frankfurt, c/o Agentur Bengen. Tel: 030/6236221 oder 0611/7111335 oder 030/3911895.

Papouschek Helga
B: Schauspielerin. A: A–1010 Wien, Weihburgg 14. Tel: 0222/527213.

Parisek Robert-Dusan
B: Theaterregisseur, Schauspieler, Pantomime, Ltr d Pantomimenschule im Schloß Hohenellwangen u Doz an d Staatl HS f Musik u darstellende Kunst in Stuttgart u Mannheim/Heidelberg. V: Dipl.Ing. Dobra, geb Tusova. A: D–7090 Ellwangen, Schloß Hohenellwangen. S: Grundschule, Gymn, HS d musischen Künste. K: 1962–65 Schauspieler u Choreograph am Marionettentheater in Brünn, 1965–67 Schauspieler am Theater Komödie in Prag, 1967–71 Schauspieler, Regisseur u Ltr d Pantomimenensemles am Staatstheater in Brünn, ab 1971 Gastspielreisen als Mime (mit Soloprogramm) durch Europa, Unterricht in Fächern „Vorbereitender Schauspielunterricht", Körpersprache, Bühnenbewegung, Pantomime an: Staatl HS f Musik u darstellende Kunst in Stuttgart, Mannheim/Heidelberg und an AIMS (American Inst of Musical Studies Dallas u Graz), ab 1977 Eröffnung d ersten Pantomimenschule Deutschlands u d deutschsprachigen Raums Europas m Pantomimentheater im Schloß Hohenellwangen, ab 1978 Ltg Intern Sommerseminare m Spektakulum, Schirmherrschaft u Unterstützung v Ministerium f Wiss u Kunst d L Baden-Württemberg u d Stadt Ellwangen, v 1961–79 Autor folgender Theaterstücke u TV-Filme: „Die Raben" (Gruppenpantomime), „Geschichte nur für alle", „Labyrinth", „Balladen u Märchen für große Menschen", „Duell", „Etuden" (Fernsehfilm), „Die vergnügliche Sprache d Schweigens", „Hallo Clown". F: In fast allen Zeitschriften Europas. D: 36 Filme u TV-Filme in d CSSR, Polen, Jugoslawien, Schweiz, England, BRD u Ö, ua: „Die kleine Show", „SPOTS" Weihnachtssonderprogramm 26 Beiträge, „Die Schau des Tages", „Der Bundestag". E: Einer d drei besten Beiträge zur UNO-Weltausstellung HABITAT 76, für „Ist Ungleichheit Schicksal", Ö Filmbeitrag zur UNO-Konferenz HABITAT 76 in Vancouver/Canada. H: Pantomime, Bewegungstheater.

Parker Henry
N: Dir Gerhard Kollat. B: Direktor, Regisseur, Schriftsteller, Schauspieler. G: Lissa i P, 9. Juni 1916. V: Irma, geb Herfurth. A: D–1000 Berlin 33, Vogelsang 3. Tel: 030/8326424. S: Gymn, Schauspielschule Hähnke Berlin u Prof Dr P de Neve, Berlin. K: Schauspieler, Regisseur an div Bühnen, ua Staatstheater Berlin, Kammerspiele, Rose Theater, Dir d Neuen Theaters Hamburg, GastspielDion Kollat, Lido W B T Theater u Bernhard Theater Zürich, Drehbuchautor f Fernsehen, Darsteller in Hamburg, Berlin, Baden-Baden ua, Autor v „Karussell d Liebe", „Arbeitsgericht", „Reizende Leute", „Münchhausen v heute" uva. F: Süddeutsche Zeitung, Zürcher Zeitung, Hamburger Zeitungen uva. D: „Schicksal aus 2. Hand", „Schatten d Herrn Monitor", „Faust", „Schule d Frauen", „Hochzeitsnacht im Paradies", „Der Bettelstudent", „Ehe in Dosen", „Pygmalion", „Vor Sonnenuntergang", „Der zerbrochene Krug", „Wiener Blut", „Der Raub d Sabinerinnen" uva. M: Autoren-Verb, Deutsch-Polnische Ges. H: Briefmarken.

Parnass Kim
B: Schauspieler. A: D–2800 Bremen, Am Dobben 134. Tel: 0421/326036 u 040/247415.

Parnass Peggy
B: TV-Schauspielerin, Kolumnistin, Autorin. G: Schweden, 11. Okt. A: D–2000 Hamburg 1, Lange Reihe 84, Haus 5. Tel: 040/247415. F: Überall in Zeitungen u Zeitschriften. M: VOS, OYN. H: Tanzen, Zuhören, alle Sinne einsetzen, Theater, Menschen, Musik, Film, TV, Skat, Essen, FKK.

Parsé Rick
B: Schauspieler. A: A–1080 Wien, Pfeilg 9–11/65, c/o Management Jovanovic. Tel: 0222/439393 oder 089/475024/25.

Parton Dorothea
B: Schauspielerin. A: A–1050 Wien, Schönbrunner Str 143/33, c/o Management Jovanovic, c/o Agentur Schmidt-Gentner. Tel: 0222/5659823 oder 089/475024 oder 0222/752271.

Paryla Stefan
B: Schauspieler. A: c/o Agentur Lentz, D–8000 München 80, Holbeinstr 4, c/o Agentur Schmidt-Gentner. Tel: 089/474026 oder 0222/752271.

Pasetti Peter
B: Schauspieler. A: D–8000 München 40, Feilitzschstr 34, c/o Agentur Alexander. Tel: 089/346281 oder 089/471011.

Pastor Edda
B: Schauspielerin. A: D–5020 Buschbell/Köln, Hubert Thelen-Str 46, c/o ZBF-Agentur Hamburg. Tel: 0223/52189 oder 040/66885400.

Paudler Maria
B: Schauspielerin. A: D–8000 München 80, Stuckstr 6, c/o Management Jovanovic. Tel: 089/478548 oder 089/475024/25.

Paul Peter
B: Schauspieler. A: D–8025 Unterhaching, Albert Schweitzer-Str 44. Tel: 089/616159.

Paul Rita
B: Schauspielerin. A: D–1000 Berlin 45, Dürerstr 47. Tel: 030/8343369.

Pauli Fritz
B: Schauspieler. A: D–8000 München 90, Hochstr 35, c/o ZBF-Agentur München. Tel: 089/483574 oder 089/335081.

Paulis Irmgard
B: Schauspielerin. A: D–1000 Berlin 15, Uhlandstr 145. Tel: 030/ 8833883.

Pauls-Harding John
B: Regisseur, Autor, Schauspieler. G: Berlin, 19. Okt 1922. A: D–8000 München 80, Buschingstr. 45. S: HohenzollernGymn Berlin, Schauspiel- u RegieStud Berlin. K: Kabarett der Komiker, Berlin, „Bonbonniere" München, Staatstheater u Kammerspiele München, „Kleine Freiheit" München, 25 Spielfilme, 10 TV-Spiele, 5 TV-Regien. F: In vielen Film- u TV-Zeitschriften. D: „Romeo u Julia auf dem Dorfe", „Das Mädchen u d Vagabund", „Treibgut" uva. H: Arbeiten, geniessen, leben u lieben.

Paulschmidt Paul
B: Schauspieler. A: D–1000 Berlin 46, Saarburger Str 1. Tel: 030/7741130.

Paulsen Uwe
B: Schauspieler. A: D–1000 Berlin 41, Bundesallee 115, c/o Agentur Bengen. Tel: 030/8514610 oder 030/3911895.

Pawelsz Jürgen von
B: Schauspieler. A: c/o Agentur Rakosi, D–8000 München 90, Tegernseer Landstr 284. Tel: 089/6904092.

Peau Richard
B: Schauspieler. G: Neuwied, 15. Mai 1936. V: Christa, geb Zerna. A: D–5000 Köln 1, Volksgartenstr 54 A. Tel: 321332. S: Grundschule, Berufsschule, Lehre im Hotel- u GaststättenGew, 4 Sem Schauspielschule in Köln, 1962 Abschlußprüfung in Düsseldorf. K: Seit 1962 Gastspiele an ca 30 Theatern, Tourneen in Deutschland, Schweiz, Österreich, Holland, Belgien. Ca 80 Theaterrollen u ca 180 Fernsehrollen. F: In allen führenden Zeitschriften u Tageszeitungen. D: „Tag der offenen Tür", „Dick van Deuvel", „Lebenslänglich", „Der entfesselte Wotan", „Clavigo", „Der Nebbich" uam. M: Loge Freimut u Wahrheit zu Cöln. H: Autographensammler auf d Gebiet Staat u Politik.

Peets Remus R
B: Schauspieler. A: c/o Agentur Bengen, D–1000 Berlin 21, Paulstr 25. Tel: 030/3911894.

Peiker Eberhard
B: Schauspieler. A: D–8000 München 80, Steinhauser Str 35/II, c/o ZBF-Agentur München. Tel: 089/472805 oder 089/335081.

Pein Sigrid
B: Schauspielerin. A: D–1000 Berlin 30, Martin Luther-Str 49. Tel: 030/241336.

Peitsch Monika
B: Schauspielerin. A: c/o Agentur Bloy, D–8022 Grünwald, Gasteigweg 1. Tel: 089/6411893.

Pekny Romuald
B: Burgschauspieler. G: Wien, 1. Juli 1920. V: Evi, geb Petrus. A: D–8000 München 80, Neufahrner Str 24. S: Pflichtschulen, Ak f Musik u darstellende Kunst in Wien. K: Versch Theater in Österreich, Schweiz, in Deutschland, oftmals Mtgl d Salzburger Festspiele, derzeit ständiges Mtgl d Münchner Kammerspiels u d Wiener Burgtheaters, Gast am Theater in der Josefstadt in Wien u bei d Festspielen in Bregenz. F: In Tages- u Fachzeitungen, in Fernseh- u Theaterzeitschriften, in versch Büchern. D: Klassische u moderne Rollen in Theater, Film u Fernsehen.

Pelka Helga
B: Schauspielerin. A: D–2105 Seevetal 2, Zum gr Ahrer 18a. Tel: 040/7643942.

Pelser Karl-Heinz
B: Schauspieler. A: D–8000 München 21, Narzissen 9. Tel: 089/7002407.

Pelster Renate
B: Schauspielerin. A: D–1000 Berlin 21, Ufnaustr 17, c/o ZBF-Agentur Berlin. Tel: 030/3936976 oder 030/8838031/54.

Pelz Alexander
B: Schauspieler. A: c/o Agentur v Pilecki, D–8000 München 22, Oettingenstr 46. Tel: 089/220263.

Penkert Rainer
B: Schauspieler. A: D–8000 München 2, Fürstenstr 22, c/o Management Jovanovic. Tel: 089/281271 oder 089/475024/25.

Peper Adelheid
B: Sängerin. A: D–6100 Darmstadt, Am Weidenborn 6. S: Germanistik- u Musik-Stud. K: Konzerte u Funkaufnahmen seit 1970, Theaterengagements am Staatstheater Darmstadt u OG Biel.

Pera Ruth
B: Schauspielerin. A: D–4000 Düsseldorf, Glockenstr 9, c/o Agentur de la Berg. Tel: 0211/443767 oder 08178/3681.

Perschy Maria
B: Schauspielerin. A: c/o Agentur Alexander, D–8000 München 80 Lamontstr 9. Tel: 089/471011.

Peter Ulrich
B: Schauspieler. A: CH–9000 St Gallen, Tambourenstr 32. Tel: 004171/270322.

Peter Verena
B: Schauspielerin. A: c/o Agentur Lentz, D–8000 München 80, Holbeinstr 4. Tel: 089/474026.

Peternell Ilse
B: Schauspielerin. G: Götzis/Vorarlberg, 2. Dez 1928. A: A–1040 Wien, Schleifmühlg 12. S: Ak f Musik u darstellende Kunst, Wien, Tanzausbildung. K: Seit 1947 Filmschauspielerin. D: „Heute Nacht passiert's", „Rosen aus d Süden", „Versuchung", „Pulverschnee nach Übersee" uva.

Peters Barbara
B: Schauspielerin. A: D–1000 Berlin 19, Kastanienallee 34, c/o Agentur Bengen. Tel: 030/3022180 oder 030/3911895.

Peters Hilde
B: Schauspielerin. A: D–6079 Buchschlag, Zaunweg 2, c/o ZBF-General-Agentur Frankfurt. Tel: 06103/67863 oder 0611/7111335.

Peters Petra
B: Schauspielerin. A: c/o Management Jovanovic, D–8000 München 80, Perfallstr 6. Tel: 089/475024/25.

Petersen Manfred
B: Schauspieler, Synchronsprecher. G: Berlin, 9. Juli 1933. V: Elaine, geb Quint. A: D–1000 Berlin 33, Kreuznacher Str 36a. S: Abitur, KunstHS, SchauspielAk. K: Ausbildung in Berlin, dann an versch deutschen Bühnen das klassische u moderne Repertoire gespielt, mit

d Wiener Burgtheater-Ensemble auf Deutschlandtournee, etliche Werbespots, zur Wiedereröffnung d Schloßhofspiele Heidelberg. F: Hör Zu, Theater Heute, Funk Uhr, Kronen Zeitung. D: „Minna von Barnhelm", „Don Carlos", „Faust", „Student Prince" „Des Teufels General", „Jeder stirbt für sich allein", „Steiner das Eiserne Kreuz II", Karl May Festspiele. E: Karl May Medaille (vom Karl May Verlag). H: Reiten, Tennis, Reisen.

Petersen Marlis
B: Schauspielerin. A: D–1000 Berlin 20, Földerichstr 14, c/o ZBF-Agentur Berlin. Tel: 030/616226 oder 030/8838031/54.

Petersen Wolf
B: Schauspieler. A: D–8000 München 50, Franz Fackler-Str 53, c/o ZBF-Agentur München. Tel: 089/1503051 oder 089/335081.

Petri Ilse
B: Schauspielerin. A: D–8000 München 80, Mauerkircher Str 34. Tel: 089/0980282.

Petrus Eva
B: Schauspielerin. A: c/o Agentur Schmidt-Gentner, A–1030 Wien, Lothringer Str 20. Tel: 0222/752271.

Pettengill Margaret
B: Sängerin. G: Akron/Ohio, 6. Jan 1948. A: D–4800 Bielefeld 17, Tersteegenstr 10. S: Cleveland Music School Settlement Cleve, Ohio. College of Wooster, Wooster Ohio, HS f Musik u darstellende Kunst, Wien. K: Staatsoper Wien, Musiktheater im Revier Gelsenkirchen, Stadttheater Bielefeld, Gastspiele in Kaiserslautern, Münster, Düsseldorf, Bremen.

Petters Heinz
B: Schauspieler. A: c/o Agentur Schmidt-Gentner, A–1030 Wien, Lothringer Str 20. Tel: 0222/752271.

Petzold Holger
B: Schauspieler. G: Owschlag, 11. Nov 1944. A: D–8000 München 40, Neureuther Str 24. S: Mittlere Reife, 1 Jahr Hamburger Fotoschule, eineinhalb Jahre Praktikum zum KameraAss bei d Nachwuchsförderung f Film u Fernsehen in Hamburg, zweieinhalb Jahre Studio f Schauspiel u Musical. K: Theaterengagements: Theater im Zimmer Hamburg, Ernst-Deutsch Theater Hamburg, Staatsoper Hamburg, Altonaer Theater Hamburg, Ruhrfestspiele Recklinghausen, Studio M Duisburg, WLT Castrop-Rauxol, Contra-Kreis-Theater Bonn, Theater am Dom Köln, Nord-Süd-Theater Oldenburg, TheatergastspielDion Kempf München. F: Stern, Neue Revue, Funk Uhr, Gong, TV Hören und Sehen, Fernsehwoche u in vielen Tageszeitungen, wie Hamburger Abendblatt, Die Welt, Welt am Sonntag, Hamburger Morgenpost, Bonner Rundschau, Bonner General Anzeiger, NRZ, WAZ, Rhein Post uva. D: Spielfilme: „Layout", „Das Gesetz des Clans", Fernsehen: „Affaire Winston", „Der Opportunist", „Tatort", „Derrick", „Erziehung durch Dienstmädchen", „Die schöne Marianne", „Polizeifunk ruft", „Das Fernsehgericht tagt", „Die Barrikade", „Unter Ausschluß der Öffentlichkeit", „Journalistin", „Yachthafen", „Der Anwalt", „Melitta Stauffenberg", „Der Tote vom Sarntal", „Eine ganz gewöhnliche Geschichte", „Dokumente deutschen Daseins", ‚Der Fänger" uva. H: Fechten, Tennis, Fotografieren, Trabrennen.

Pfeiffer Herbert-Heinz
B: Schauspieler. A: D–1000 Berlin 33, Südwestkorso 20. Tel: 030/8211648.

Pfeiffer Micaela
B: Schauspielerin. A: D–1000 Berlin 12, Krummestr 70, c/o ZBF-Agentur Berlin. Tel: 030/3135235 oder 030/8838031.

Pfeil Walter
B: Schauspieler. A: D–1000 Berlin 15, Fasanenstr 43. Tel: 030/8819798.

Pfenninger Heinz
B: Schauspieler. A: CH–8215 Hallau/Schaffhausen, Hinter-Wies. Tel: 004153/63269.

Pfitzmann Günter
B: Schauspieler, Regisseur. G: 8. Apr 1924. V: Lilo, geb Giebken. A: D–1000 Berlin 38, Reifträgerweg 30. S: Abitur. K: Theater in Potsdam, Berlin, München, Hamburg, Köln, Frankfurt, Stuttgart uva, Kabarett „Die Stachelschweine", Fernsehen seit Anfang. F: In allen Zeitungen u Zeitschriften. D: „Die Brücke", „Hunde wollt ihr ewig leben?", „Das Wunder d Malachias", „Gestatten, mein Name ist Cox" uva. M: BFF/DAG. H: Sport, Musik.

Pflug Eva
B: Schauspielerin. A: c/o Die Komödie, D–6000 Frankfurt/Main, Neue Mainzer Str 18,

c/o Agentur v Pilecki. Tel: 0611/284330 oder 089/220263.

Philipp Georg
B: Schauspieler. G: Berlin, 21. Juni 1915. A: DK-2820 Gentofte, Jägersborgvej 128. S: Gammel Hellerup Gymn. K: 1938–40 Schauspielschule, Königliches Theater, Kopenhagen, bis 1952 an d Bühnen in Kopenhagen, Odense, Aalborg, Aarhus, ab 1952 Gastspiele an zahlreichen deutschen Bühnen, sowie Oslo, Stockholm, Malmö, Göteborg, Fernsehen in Kopenhagen, Hamburg, Berlin, Filme in Dänemark, Deutschland, Amerika, Funk in Dänemark, Deutschland, Schweden, Norwegen. F: Unzählige in Dänemark, Deutschland, Schweden, Norwegen. D: „Anastasia", „Der 20. Juli", „Barbara", „Underground", viele dänische Filme, ca 50 Hauptrollen an dänischen u deutschen Bühnen. E: Georg Brandes Medaille. M: „Dansk Skuespillerforbund", „Skuespillerforeningen". H: Skilaufen, Schwimmen.

Philipp Gunther
B: Schauspieler. A: c/o Agentur Killer, D–8000 München 19, Fafnerstr 32. Tel: 089/173455.

Philipp Margot
B: Schauspielerin. A: c/o Agentur Köhler, D–8000 München 40, Rümannstr 51. Tel: 089/363970.

Philipp Ulli
B: Schauspielerin. A: D–8000 München 81, Erkweg 9, c/o Management Baumbauer. Tel: 089/935646 oder 089/478577.

Philipps Marel
B: Schauspielerin. A: D–2107 Rosengarten über Hamburg 90, Stieglitzweg 16. Tel: 04105/7110.

Picha Heidi
B: Schauspielerin. A: c/o Agentur Rakosi, D–8000 München 90, Tegernseer Landstr 284. Tel: 089/6904092.

Pichler Renate
B: Schauspielerin. A: D–2000 Hamburg 60, Eppendorfer Stieg 3. Tel: 040/462147.

Pick Helmut
B: Schauspieler. A: c/o ZBF-Agentur München, D–8000 München 40, Leopoldstr 19. Tel: 089/335081.

Piel Jochen
B: Schauspieler. G: Düsseldorf, 19. Apr 1939. A: D–4000 Düsseldorf, Bergerstr 9. Tel: 0211/326206. S: 1959 Abitur, 1962 Abschlußprüfung f Schauspiel in Düsseldorf. K: Theater an der Berliner Allee (1 Jahr), Stadttheater Osnabrück (3 Jahre), Kabarett „Die Zwiebel" München (1 Jahr), Kabarett „Kom(m)ödchen" (4 Jahre), Gastspiele: Komödie Frankfurt, Komödie Düsseldorf, Schauspielhaus Düsseldorf, freier Mitarbeiter der Zeitung „Epress" (Theaterkritiken u Gesellschaftskolumne), Synchronbuchautor u Regisseur, Synchronsprecher. H: Sport, Musik.

Piela Charlotte
B: Schauspielerin. A: D–1000 Berlin 31, Koblenzer Str 19, c/o Agentur Bengen. Tel: 030/8536167 oder 030/3911895.

Pieritz Kurd Rudolf
B: Schauspieler. G: Greifswald, 26. Juni 1918. A: c/o Agentur de la Berg, D–8026 Irschenhausen, Haus am Weiher. S: Oberrealschule, Abitur 1937, 1949, nach 12 Jahren Militärdienst u russischer Gefangenschaft, Stipendium an d Städt Schauspielschule Düsseldorf unter Gustaf Gründgens, nach nur 2 Monaten dort Abschlußprüfung u Abschlußzeugnis. K: 1936 auf Betreiben d Vaters, Eignunsprüfung bei Theodor Loos in Berlin, nach Rückkehr aus Krieg u Gefangenschaft u bestandener Schauspiel-Abschlußprüfung: Engagements in Würzburg, Staatstheater Braunschweig, Staatstheater Wiesbaden, Staatstheater Darmstadt, ab 1957 div Spielfilme (auch in englischer Sprache), ua Hauptrolle im letzten Film v Erich Engel, weitere Hauptrollen unter Regisseuren wie Frank Wisbar, Paul Verhoeven, ab 1960 freischaffend, viele Fernsehrollen, viele Literatur-Lesungen im Hörfunk. F: Revue, Film- u Fernsehillustrierte, in vielen Tageszeitungen u Illustrierten. D: „Strafbataillon 999", „Geschwader Fledermaus", „Die unsichtbaren Krallen d Dr Mabuse", „Friedrich Ebert" (Titelrolle), „Flucht über die Ostsee", „Paris muss brennen" uva, etwa 100 Theaterrollen, ua: „Hamlet", „Faust", „Iphigenie", „Minna v Barnhelm", „Was ihr wollt", „Tod im Apfelbaum", „Fiesco", „Bluthochzeit", „Ratten" uva. M: BFF. H: Malen.

Piesk Christoph
B: Schauspieler. A: c/o Management Jovanovic, D–8000 München 80, Perfallstr 6. Tel: 089/475024/25.

Pigulla Rainer
B: Schauspieler. A: D–1000 Berlin 41, Körner Str 2, c/o ZBF-Agentur Berlin. Tel: 030/7913294 oder 030/8838031/54.

Pikl Peter
B: Schauspieler. A: A–5203 Schleedorf-Köstendorf, Engerreich 14, c/o ZBF-Agentur München. Tel: 00436222/770044 oder 089/335081.

Piltz Ingrid
B: Schauspielerin. A: D–1000 Berlin 41, Südwestkorso 23. Tel: 030/8218523.

Pingel Angelika
B: Schauspielerin. A: D–4401 Senden, Bredenbeck 15. Tel: 02597/ 8043.

Pinheiro Julio M
B: Schauspieler. A: c/o Agentur v Pilecki, D–8000 München 22, Oettingenstr 46. Tel: 089/220263.

Pinnow Horst
B: Schauspieler. A: D–1000 Berlin 33, Ludwig Barnay-Pl 2, c/o Agentur Bengen. Tel: 030/8222437 oder 030/3911895.

Piontek Ingeborg
B: Schauspielerin. A: c/o Management Palz, D–8000 München 81, Ortlindestr 6/VII. Tel: 089/912019/10.

Pirczalik Hans
PS: Pauly. B: Artist. G: Berlin, 25. Feb 1915. V: Martha, geb Bahn. A: D–1000 Berlin 42, Friedrich Wilhelm-Str 84. Tel: 030/7522646. S: Volksschule. K: Picollo, Page, Kellner, Briefträger, Paketzusteller, Telegrammbote, Fahrstuhlführer, Statist, Artist, Leierkastenmann, Puppenspieler, Akrobat, nach Schulende Lehre-Exelsior, dort Jongleur kennengelernt, während d Krieges Truppenbetreuung, nach Kriegsende geheiratet, in Circussen u Varietes aufgetreten, Filme, Flucht aus Ostberlin, Lager, jetzt Drehorgelspieler. F: Stern, BZ, Morgenpost, Telegraph, Pohlezettel, Wochenendzeitungen, Quick, Bunte Illustrierte. D: „Unser tägliches Brot", „Am laufenden Band", „Ein Mann will nach oben", „Vergiß-Mein-Nicht", „Denkste", „Hallo Freunde". E: Ehrennadel von Artisten IAL Hamburg. M: Intern Artisten Loge, Circus Freunde. H: Leierkasten, Bauen, Jonglieren, Pfeifen, Fernsehen, Reisen, Rätseln.

Pistor Ruth
B: Schauspielerin. G: 25. März 1935. A: D–8000 München 80, Schildensteinstr 5. S: Höhere Mädchenschule Berlin, Abitur, Schauspielschule, Ausbildung als Chanson-Sängerin. K: Tätig an Theatern in Berlin, Kassel, Darmstadt, Köln, Münster, Luzern, Düsseldorf, Hamburg, Karlsruhe uva. F: Deutsche Bühne, Genossenschaft, Theater heute, Spielplan, Theaterwelt. D: „Troilus u Cressida", „Macbeth", „Hofmeister", „40 Karat", „Frühlingserwachen", „Marat/Sade", „Feuerwerk", „Wer hat Angst vor Virginia Woolf?" uva. H: Reiten, Autofahren, Lesen, Schwimmen, Tanzen.

Placha Carlos
B: Schauspieler. G: Prag, 30. Juli 1945. A: D–8000 München 70, Marbachstr 20. S: Abitur, Max Reinhardt-Schule Berlin. K: Renaissance-Theater Berlin, Theater am Kurfürstendamm Berlin, Kleine Komödie Berlin, Theater kleine Freiheit München, Kleine Komödie im Bayrischen Hof uva. F: Bild-Zeitung, BZ Berlin, AZ, tz, Stern, Hör Zu uva. D: Versch Theaterstücke u Filme u Fernsehen. H: Reiten, Schwimmen, Kochen.

Plate Heinz
B: Schauspieler. G: Dresden, 28. Mai 1914. A: D–8100 Garmisch-Partenkirchen, Alpspitzstr 27. S: Mittlere Reife, Handelsschule, Ausbildung z Schauspieler am Staatstheater Dresden (bei Dir Georg Krisau). K: Schauspieler in Ulm, Meiningen, Hagen/Westf, Gera, Dresden, Graz, Deutsche Kammerspiele Santiago de Chile, Kammerspiele Hamburg, Komödie im Marquardt Stuttgart, Kleines Theater im Zoo Frankfurt/M, Münchner Kammerspiele, Kammerspiele Düsseldorf, Theater am Gärtnerplatz München, Theater i d Berliner Allee Düsseldorf, Linzer Landestheater, Kurfürstendammtheater Berlin, viele Tourneen ua. F: In Tageszeitungen, Filmzeitschriften, Film-ABC uva. D: „Faust", „Egmont", „Minna v Barnhelm", „Nathan d Weise", „Maria Stuart", „Feuerwerk", „Fledermaus", „Olivia", „Der Preis", „Mary, Mary", „Der König u ich", „Ciao", „Lied d Taube", „Jungfrau auf d Dach", „40 Karat", „Das gelbe Paket", „Anklage gegen Unbekannt", „Teufel im Fleisch" ua. M: GDBA. H: Sport, Fremdsprachen (Englisch, Italienisch, Französisch, Spanisch), Reisen, Bücher.

Plato Achim
B: Schauspieler. A: D–7170 Schwäbisch-Hall,

Gelbinger G 18, c/o ZBF-Agentur München. Tel: 0791/6920 oder 089/335081.

Platte Rudolf
B: Schauspieler. A: c/o Agentur Alexander, D–8000 München 80, Lamontstr 9. Tel: 089/471011.

Platzek Werner
B: Schauspieler. A: D–4630 Bochum, Glücksburger Str 6m. Tel: 02321/76464.

Platzer Ingold
B: Schauspielerin. A: A–1070 Wien, Kircheng 48a. Tel: 0222/936167.

Pleitgen Ulrich
B: Schauspieler. A: D–7000 Stuttgart, Heilbronner Str 305, c/o ZBF-Agentur München. Tel: 0711/812265 oder 089/335081.

Pleva Jörg
B: Schauspieler. A: D–2000 Hamburg 76, Günterstr 10, c/o Agentur de la Berg. Tel: 040/2203191 oder 08178/3681.

Pleyer Barbara
B: Schauspielerin. A: D–8000 München 40, Isabellastr 13. Tel: 089/371564.

Ploder Eva
B: Schauspielerin. A: c/o ZBF-Agentur München, D–8000 München 40, Leopoldstr 19. Tel: 089/335081.

Ploetz Olaf
B: Schauspieler. A: D–5000 Köln 30, Sömmeringstr 63. Tel: 0221/520736.

Ploner Werner
B: Schauspieler. A: c/o „Der Würfel" Unterhaltungsbetriebs-GmbH, A–1180 Wien, Scheidlstr 38. Tel: 0222/475323 u 474134.

Pluhar Erika
B: Schauspielerin. G: Wien, 28. Feb 1939. V: Andre Heller. A: A–1190 Wien, Huschkag 5, c/o Management Erna Baumbauer, D–8000 München 27, Keplerstr 2. Tel: 0222/321184 oder 089/448577. S: 1957 Abitur in Wien, 1957–59 Ak f Musik u darstellende Kunst in Wien. K: Tätigkeit bei Theater, Film, Fernsehen, Hörfunk, Schallplatte, seit 1959 am Wiener Burgtheater. F: In Tageszeitungen u Zeitschriften. D: Theater: „Das Phantom", „König Heinrich IV", „Die Besessenen", „Der Kirschgarten", „Mein Freund Harvey", „Antigone", „Die Reise", „Die Uhr schlägt eins", „Der Richter v Zalamea", „Franciskus", „Schnee", „Das gerettete Venedig", „Der König stirbt", „Dame Kobold", „Ein Bruderzwist in Habsburg", „Die Räuber", „Haus Herzenstod", „Richter in eigener Sache", „König Ottokars Glück u Ende", „Der Traum ein Leben", „Die Brüder Karamasow", „Othello", „Fastnachtsende", „Die Jüdin v Toledo", „Der Barometermacher auf d Zauberinsel", „Marija", „Clavigo", „Donna Diana", „Fräulein Else", „Jedermann", „Gallileo Gallilei", „Götz v Berlichingen", „Lumpazivagabundus", „Don Gil v d grünen Hosen", „Ödipus auf Kolonos", „Die Troerinnen", „Was ihr wollt", „Faust", Fernsehen: „Die Türen knallen", „Parlez-vous Francais?", „Die Möwe", „Das vierte Gebot", „Der Tag des Zorns", „Bel Ami", „Ein Bürger v Calais", „Diese Frau zum Beispiel", „Der Zuschlag", „Endspurt", „Keiner hörte den Schuß", „Mit sich allein", „Hier bin ich, mein Vater", „Traumnovelle", „Die Nacht v Lissabon", „Ollapotrida", „Der Kurier der Kaiserin", „Zwischenspiel oder Die neue Ehe", „Der Richter in Weiß", „Die Kunst zu Träumen", „Die Angst des Tormanns beim Elfmeter", „Verbannte", „Der Tod des Ministers".

Plumhoff Wolfgang
B: Schauspieler. A: D–1000 Berlin 31, Bundesallee 28, c/o ZBF-Agentur Berlin, c/o Agentur Bengen. Tel: 030/872235 oder 030/8838031 oder 030/3911895.

Plüskow Lilo von
B: Schauspielerin. A: D–7063 Rienharz, Post Welzheim, c/o ZBF-Agenturen Frankfurt u München. Tel: 07182/7122 oder 0611/7111313 oder 089/335081.

Pochath Werner
B: Schauspieler. A: c/o Agentur Bloy, D–8022 Grünwald, Gasteigweg 1. Tel: 089/6411893.

Poelzig Ruth
B: Schauspielerin. A: c/o Agentur de la Berg, D–8026 Irschenhausen, Haus am Weiher. Tel: 08178/3681.

Pohl Witta
B: Schauspielerin. A: D–2000 Hamburg 20, Brabandstr 63 A, c/o ZBF-Agentur Hamburg. Tel: 040/5110154 oder 040/66885400.

Pohlenz Marianne
B: Schauspielerin. A: D–1000 Berlin 31, Hohenzollerndamm 182, c/o ZBF-Agentur München. Tel: 030/875539 oder 089/335081.

Pohlmann Eric
B: Schauspieler. A: GB–London W14, 54 North End House, Fitzjames Avenue, c/o Agentur Bloy. Tel: 00441/6021182 oder 089/6411893.

Pokorny Rainer
B: Schauspieler, SpielLtr. G: Wien, 28. März 1941. V: Regina, geb Rohrbeck. A: D–8104 Grainau, Eibseestr 24. Tel: 08821/81173. S: Abitur, MusikAk in Wien (Violine, Operngesang), Schauspielschule Prof Krauss in Wien. K: Vor 1966 tätig als Buchillustrator, Karikaturist, Chansonsänger u -komponist, zwischendurch Anstellung beim Telegraphenamt in Wien, ua als Telefonsprecher, ab 1966 als Schauspieler in Baden/Wien, Wien, Bern, ab 1968 Engagement am Kleinen Kurtheater Garmisch-Partenkirchen, 1970 Verehelichung m R Rohrbeck, seither tätig auch als SpielLtr u Ltr d künstler Betriebsbüros. F: in Zeitschriften u Zeitungen in Wien, Baden, Bern, Garmisch-Partenkirchen, Hohenlimburg, Esslingen ua. D: „3. November 1918“, „Helden“, „Agamemnons Tod“, „Elektra“, „Elga“, „Piroschka“, „Gigi“, „Die Auferstehung des Lazarus“, „Die Frösche“, „Lysistrate“, „Im weißen Rößl“, „Das große Welttheater“ uva. H: Landschafts- u Portraitmalerei, klass Gitarre.

Ponnier Mathias
B: Schauspieler. A: c/o Management Palz, D–8000 München 81, Ortlindestr 6/VII. Tel: 089/912019/10.

Pope Ina
B: Schauspielerin. G: 4. Dez 1946. A: A–1090 Wien, Lustkandlg 28. S: Mittelschule, Matura, Schauspielprüfung. K: Kellertheater in Wien, Fernsehsprecherin 2 Jahre, derzeit Volkstheater Wien. H: Schreiben, Veröffentlichungen: „Im Zug“ (Gedichtband), „Der stumme Schrei“ (Roman), Romanübersetzungen, Theaterstück-Übersetzungen.

Popesco Valerio
B: Schauspieler. A: c/o Management Jovanovic, D–8000 München 80, Perfallstr 6. Tel: 089/475024/25.

Porembsky Alexa von
B: Schauspielerin. A: D–1000 Berlin, Ludwig Barnay-Pl 1, c/o Agentur Bengen. Tel: 030/8211906 oder 030/3911895.

Pörtner Xenia
B: Schauspielerin. A: c/o Agentur de la Berg, D–8026 Irschenhausen, Post Ebenhausen, Haus am Weiher. Tel: 08178/3681.

Pössenbacher Hans
B: Schauspieler. A: D–8000 München 40, Jakob Klar-Str 5/VI, c/o Agentur de la Berg. Tel: 089/372456 oder 08178/3681.

Postel Addy
B: Schauspielerin. A: D–2000 Hamburg 71, Marienwerder 29c. Tel: 040/6400600.

Postel Sabine
B: Schauspielerin. A: D–4300 Essen-Stoppenberg, Grabenstr 117. Tel: 0221/404638.

Potyka Gerd
B: Schauspieler. A: D–8000 München 40, Bismarckstr 12, c/o Agentur Bengen. Tel: 089/345507 oder 030/3911895.

Prack Rudolf
B: Schauspieler. G: Wien, 2. Aug 1902. A: A–1130 Wien, Stösselg 15. S: Max Reinhardt-Seminar. K: Engagements an d Theater i d Josefstadt Wien uva in- u ausländische Bühnen, seit 1937 Filmschauspieler. D: „Florentine“, „Prinzessin Sissy“, „Krambambuli“, „Der liebe Augustin“, „Die große Nummer“, „Reise in d Vergangenheit“, „Der ewige Klang“, „Die unheimliche Wandlung d Alex Roscher“, „Orient-Expreß“, „Aufruhr d Herzen“, „Liebe nach Noten“, „Ein Herz schlägt f Dich“, „Morgen ist alles besser“, „Heimliches Rendezvous“, „Um eine Nasenlänge“, „Maharadscha wider Willen“, „Schwarzwaldmädel“, „Eine Frau mit Herz“, „Engel im Abendkleid“, „Johannes u d 13 Schönheitsköniginnen“, „Die Dame in Schwarz“, „Grün ist d Heide“, „Die Diebin v Bagdad“, „Tausend rote Rosen blüh'n“, „Lokkende Sterne“, „Ferien v Ich“, „Wenn abends d Heide träumt“, „Wenn am Sonnabend die Dorfmusik spielt“, „Komm zurück“, „Die Privatsekretärin“, „Roman eines Frauenarztes“, „Ball im Savoy“, „Dany, bitte schreiben Sie“, „Das einfache Mädchen“ uva. E: Bambi.

Prager Inge
B: Schauspielerin. A: c/o Agentur Bengen, D–1000 Berlin 21, Paulstr 25. Tel:

030/3911895.

Prandhoff Agi
B: Schauspielerin. A: D–1000 Berlin 33, Höhmannstr 8, c/o ZBF-Agentur Berlin. Tel: 030/8264440 oder 030/8838031.

Pratsch-Kaufmann Kurt
B: Schauspieler. A: D–1000 Berlin 31, Hohenzollerndamm 182, D–8000 München 81, Englschalkinger Str 230, c/o ZBF-Agentur München. Tel: 030/875539 oder 089/933305 oder 089/335081.

Prechtl Martin
N: Hocheder Martin. B: Volksschauspieler, Musikalartist (König d Kuhglocken). G: München, 27. Aug 1932. V: Helga, geb Wolfshöfer. A: D–8018 Grafing b München, Birkenholz 14. S: ORealschule. K: 1948 Anfänger an einer Münchner Kleinkunstbühne als Volksschauspieler u Schuhplattler, anschließend mehrere Engagements an versch Münchner Volkskunst-Bühnen, 1954/55 erstes Amerika-Gastspiel in Florida, anschließend Musiker in Garmisch (Gitarre, Baß, Akkordeon, Trompete), 1956/57 zwischendurch 2. Amerika-Gastspiel, 1958–66 SpielLtr einer Münchner Bauernbühne, Beginn d Kuhglockenspiels, seit 1966 Solist m Kuhglocken u Nr 1 auf diesem Gebiet, Reportoire: Operetten- u Musical-Melodien, Schlager, Klassisch u Intern Folklore, 1966/67 3. Amerika-Gastspiel, seitdem viele Gala's u Tourneen durch Deutschland, Österreich, Frankreich u Schweiz. F: Gong, Neues Blatt, Münchner Merkur, Süddeutsche Zeitung. D: Fernsehsendungen: „Die Musik kommt", „Fahrt ins Blaue", „Drehscheibe", „Sonntagskonzert", „Im Krug zum grünen Kranz", „Wenn einer eine Reise tut" ua. H: Münzensammeln, Alt-Münchner Postkarten, Antiquitäten, Filmen, Ölmalerei.

Preck Bodo
B: Schauspieler. G: St Goar, 14. Feb 1950. V: Barbara, geb Schreiber. A: D–5630 Remscheid 1, Waldstr 41, Tel: 02191/26467, und D–5609 Hückeswagen, Scheideweg 161, Tel: 02192/7523. S: Grundschule, Fachschule, priv Ausbildung. K: Westdeutsches Tournee-Theater Remscheid, Kammerspiele Wuppertal, Theater d Stadt Bonn, ab 1976 freiberuflich, Gast-Engagements, Tourneen, Film u Fernsehen, 1978/79 Stadttheater Aachen, danach wieder freiberuflich. F: In Tages- u Wochenzeitschriften. D: „Besuch d alten Dame", „Der Mann d sich nicht traut", „Meuterei auf d Caine", „Frau ohne Bedeutung", „Woyzeck", „Cyrano de Bergerac", „Der Biberpelz", „Der Trauschein", „Die weisse Rose", „Die Geburtstasfeier", „Medea", „Geschlossene Gesellschaft", „Durchs wilde Kurdistan", „Die Räuber". H: Reiten, Schwimmen, Judo, Karate, Autofahren.

Preis Hasso
B: Schauspieler. A: D–8000 München 2, Max Joseph-Str 6, c/o Management Jovanovic, c/o Agentur Rakosi. Tel: 089/294759 oder 089/475024/25 oder 089/6904092.

Preiss Wolfgang
B: Schauspieler. G: Nürnberg, 27 Feb 1910. V: Ruth, geb Schulmeister. A: D-1000 Berlin 33, Wernerstr 55–7. S: Abitur Hum Gymn Nürnberg, Stud (4 Semester) Germanistik, Theaterwissenschaften, 2 Jahre Schauspielunterricht, Prüfung Staatstheater München. K: Engagements Stadttheater Heidelberg, Schauspielhaus Königsberg (4 Jahre), Bonn, Bremer Schauspielhaus (1938–41), Volksbühne Berlin (1941–Ende), 1946–49 Junges Theater Stuttgart, Synchronsprecher, 1951–53 SWF, seitdem freischaffend, 80 Filme, davon 26 fremdsprachige Produktionen, ca 50 Fernsehspiele, 5 Theatertourneen. F: Die üblichen homestories d Regenbogenpresse. D: „Canaris", „20. Juli", „Haie u kleine Fische", „Stalingrad", „1000 Augen d Dr Mabuse", „Mädchen u d Staatsanwalt", „Lafajette", „longest day", „the train", „van Ryans Express, „raid on Rommel", „bloodline", „Die Anstalt". E: Bundesfilmpreis 1956. H: Steinesammeln, Klavierspielen, Tauchen u Lesen.

Prenzel Marianne
B: Schauspielerin. G: Lanbielau/Schlesien, 31. Jan 1926. A: D–1000 Berlin 33, Ludwig Barnay-Pl 9. S: Luisen-Lyzeum Berlin, Mittlere Reife, Schauspielausbildung an d Schauspielschule d Deutschen Theaters in Berlin/West. K: Nach ersten Engagements am Hebbeltheater u Theater am Schiffbauerdamm in Berlin, 5 Jahre festes EnsembleMtgl am Schillertheater u Schloßparktheater in Berlin unter d Intendanz v Boleslav Barlog, anschliessend v 1956–62 Deutsches Theater in Göttingen unter d Dion v Heinz Hilpert, danach wieder Engagements an d versch Berliner Bühnen, ausserdem Tourneen, Fernsehspiele, Spielfilme. F: In Tageszeitungen, Filmprogrammen, Fachzeitschriften, Theaterprogrammen. D:

Theater: „Romeo u Julia", „Troilus u Cressida", „Claviogo" (unter d Regie v Heinz Hilpert), „Sommernachtstraum" (Regie B Barlog), „Der Schatten" (Regie G Gründgens), grössere Rollen-Arbeiten unter Prof Leopold Lindtberg, „Elektra", „Minna v Barnhelm", „Faust II", 25jährige Bregenzer Festspiele, mehrere Stücke in Berliner Boulevard-Theatern als Partnerin v Grethe Weiser, TV-Aufzeichnungen v „Lokomotive", „Keine Leiche ohne Lilli", „Die Chefin" u div andere Fernsehspiele zB: „Mrs Cheney's Ende" (Regie Erik Ode). M: Mtgl d Gen Deutscher Bühnen-Angehöriger. H: Lesen, Innenarchitektur, Musik, Wandern, Liebe zur Natur.

Preuss Hilla
B: Schauspielerin, Schauspielpädagogin. G: Berlin, 3. Jan 1914. A: D–1000 Berlin 41, Hauptstr 82. S: Mittlere Reife, Schauspielschule Deutsches Theater. K: Seit 1932 Theaterrollen in Deutschland, bis 1945 Wehrmachtstourneen im In- u Ausland, nach 1945 Theaterrollen i d BRD. Div Filme u Fernsehspiele, freie Mitarbeiterin im Rias Berlin, seit 1964 eigene Schauspielschule, 1976 Engagement am Renaissance-Theater. F: Nachtdepesche, Telegraph, BZ. D: Filme: „Jede Nacht in einem anderen Bett", „Weil du arm bist mußt du früher sterben" uva. M: Gen Deutscher Bühnenangehöriger. H: Malen, Handarbeiten, Schwimmen.

Prey Hermann KamSänger
B: Sänger, Moderator. G: Berlin, 11. Juli 1929. V: Barbara, geb Pniok. A: D–8000 München-Krailling, Fichtenstr 14. S: Gymn, priv Gesangsunterricht, HS f Musik Berlin. K: Als Kind im Mozart-Chor, mit 16 Jahren Ltr einer Schulband, Konzerte als Klavier- u Akkordeonspieler, 1952 Debut a d Oper Wiesbaden, dann Staatsoper Hamburg, Wiener Staatsoper, Salzburger Festspiele, Metropolitan Opera New York, Tokio, Mailand, Montreal, Moskau, Rom, Paris, London, Bayreuth, Tourneen, Schallplatten, eigene FS-Serie: „Musik ist meine Welt". F: Hör Zu, Stern uva. D: „Tiefland", „Fidelio", „Schaut her, ich bin's", „Hermann Prey singt", „Peter Alexander-Show". E: Bayerischer KamSänger, Goldener Bildschirm ua. H: Reiten, Schwimmen, Radfahren, Fotografieren.

Price Dick
B: Schauspieler. A: c/o Agentur Killer, D–8000 München 19, Fafnerstr 32, c/o ZBF-Agentur München. Tel: 089/173455 oder 089/335081 oder privat 00436224/27144 u 030/8814374.

Priegel Naemi
B: Schauspielerin, Sängerin. G: Breslau, 10. Juli 1941. V: Günther Ottofeld. A: D–4400 Münster, Haus Angelmodde 63. S: RealGymn, Mittlere Reife, Schauspielausbildung bei Else Bongers in Berlin, Gesangsausbildung bei E Rethy, Scheirer, Pabelick in Wien u Berlin. K: Polit lit Kabarett (Leid-Artikler), Schauspiel u Musical in Münster u Wiesbaden, später Gastspiele in Wien, Berlin, Köln, Zürich, Basel, Gelsenkirchen, Braunschweig, Klagenfurt usw. F: Spielplan, Theater Heute, Praxismagazin, Bühne u Parkett, Kronen-Zeitung uva. D: „Hofkonzert", „My Fair Lady", „Perichole" „Kiss me Kate", „Dreigroschenoper", „Seidenstrümpfe", „Regenbogen", „Feuerwerk", „Hello Dolly" usw. H: Theater.

Pries Ronald
B: Schauspieler. A: D–2000 Hamburg 2O, Tarpenbeckstr 100. Tel: 040/4807513, über Sekretariat 040/582877.

Prikopa Herbert
B: Opernsänger, Dirigent, Schauspieler, Komponist. G: Wien, 30. Nov 1935. V: Felicitas, geb Benitz. A: A–3021 Pressbaum, Conte Cortistr 1. S: Matura, einige Sem Univ, priv Ausbildung zum Pianisten, Dirigenten u Sänger. K: Beginn 1954/55 als Korrepetitor an d Staatsoper (Ballett) u Volksoper, nebenbei als Sänger u Kabarettist aufgetreten, dann als Schauspieler im Theater i d Josefstadt in Wien, seit 1957 Solist an d Volksoper, seit 1977 ebenfalls Vertrag als Dirigent an d Volksoper, Mitbegründer d Konzertreihe „Für Kinder u Kenner" im Konzerthaus Wien. F: In div Illustrierten u Fachzeitschriften sowie in Tageszeitungen. D: Achtzig Fachpartien in Oper u Operette (Tenorbuffo u Charaktertenor), ca 190–200 Fernsehsendungen u Filme, mehrmaliges Gastspiel am Theater i d Josefstadt, Gastspiele in ganz Österreich, als Frosch, als Ollendorf, Doolittle uva.

Prober Christine
N: Christine Tabor-Prober. B: Schauspielerin. G: Wien, 12. Apr 1941. V: Günther Tabor. A: D–1000 Berlin 62, Berchtesgadener Str 14. Tel: 030/7814590. K: Theater in der Josefstadt Wien, dann Basel, Nürnberg, Hannover, Berlin, Staatl Schauspielbühnen Berlin. F: Zahlreiche in Zeitungen u Zeitschriften. D:

Film: „Die Verwundbaren", etliche Fernsehspiele, zahlreiche Theaterstücke seit 1963 von Shakespeare über Schnitzler u Horvath bis Mauer, Miller, Beckett, Ionesco, Arrabal, Genet usw.

Prochnow Dieter
B: Schauspieler. A: D–2000 Hamburg 1, Koppel 48, c/o Management Jovanvic. Tel: 040/245786 oder 089/475024/25.

Prochnow Jürgen
B: Schauspieler. A: c/o Agentur Köhler, D–8000 München 40 Rümannstr 51. Tel: 089/363970.

Prohazkova Zdenka
B: Schauspielerin. A: c/o Agentur Schmidt-Gentner A–1030 Wien Lothringer Str 20. Tel: 0222/752271.

Proietti Monica
B: Schauspielerin. A: c/o Agentur Anna Ottavi, I–00136 Rom, Via Ugo de Carolis 101. Tel: 00396/344554.

Prollius Erla
B: Schauspielerin, Regisseurin. G: Bayreuth, 1939. A: D–2000 Hamburg 1, Steindamm 14. S: Abitur, 3 Sem KunstAk, Musical-Dance in München, Ruth v Zerboni Schule. K: Engagements in Münster, München, Zürich, Hamburg, Baunschweig, Mannheim, Heidelberg, Wuppertal, Tournee durch ganz Deutschland, Festspiele Luzern, Festspiele Bad Hersfeld. F: Stern, Spiegel, Tageszeitungen, TV-Zeitungen uva. D: Viele Rollen im Fernsehen uva, „Onkel Wanja", „Dreigroschenoper", „Dickicht d Städte" „Bitterer Honig", „Lady Milford", „Peer Gynt", „Leonce u Lena" uva. M: BFF/DAG. H: Reisen, Lesen, Kochen uva.

Prothmann Ingrid
B: Schauspielerin. A: D–6242 Kronberg/Taunus, Hainstr 23c, c/o Agentur Runde-Profé. Tel: 06173/1768 oder 030/3040661.

Protschka Josef
B: Opern- u Konzertsänger (lyrischer Tenor). G: Prag/CSSR, 5. Feb 1946. V: Christa, geb Brunner. A: D–6604 Fechingen, D–5300 Bonn, Spreestr 25. Tel: 06893/2234 oder 02221/282151. S: Abitur, Staatsexamen in Germanistik u Philosophie, privater Gesangsunterricht bei Ebba Münzing, Erika Köth, 4 Sem MusikHS in Köln, Gesangsunterricht bei Prof Peter Witsch. K: 1973–77 Wiss Referent u Geschäftsführer d Cusanuswerks, seit 1973 Liederabende, Engagements als Konzertsolist, insbesondere Evangelienpartien u geistliche Musik, Konzerte im In- u Ausland, 1977–78 1. Bühnenengagement am Stadttheater Lahn-Gießen, 1978–80 2. Bühnenengagement am Staatstheater Saarbrücken, ab Aug 1980 dreijähriger Fachvertrag mit d Oper d Stadt Köln, daneben weiter Konzerttätigkeit u Fernsehproduktionen. F: 1979 „Belmonte" bei d Ludwigsburger Schloßfestspielen. D: „Theo Lingen dirigiert" (ARD-WDF), „Erika Köth-Str 94" (ARD-SWF), „Julias Opernführer" (ARD-WDF), „Anneliese Rothenberger stellt vor" (ZDF 1979), „Sonntagskonzert" (ZDF). M: Beirat d Cusanuswerks. H: Tennis, Schwimmen, Reisen, Lesen.

Prückner Tilo
B: Schauspieler. A: c/o Agentur Alexander, D–8000 München 80 Lamontstr 9. Tel: 089/471011.

Prüfer Marion G
B: Schauspielerin. A: D–1000 Berlin 45, Holbeinstr 33. Tel: 030/ 8242418.

Prümm Sandra
B: Schauspielerin. A: D–1000 Berlin 37, Katharinenstr 6. Tel: 030/8111385.

Pruschansky Jürgen
B: Schauspieler. G: Baden-Baden, 29. Juni 1953. A: D–7530 Pforzheim, Kaiser Wilhelm-Str 23. S: NaturWiss Gymn, SchauspielAk Zürich (nicht abgeschlossen). K: Stückverträge am Schauspielhaus Zürich u am Theater am Neumarkt Zürich, dann fest an d Kammerspielen in München u dann am Stadttheater Pforzheim, für 1979/80 in Wilhelmshaven. F: In div Tageszeitungen in d Theaterrubrik u in div Fernsehzeitschriften. D: Theater: „Andorra", „Tischlein deck dich", „Der Hirt m d Karren", „Die Gerechten", „Der Brand v Uster", „Timon v Athen", „Frühlingserwachen", „Sonntagskinder", „Der Balkon", „Nachtasyl", „König Lear", „Die Schöne u d Biest", „Der Hofmeister", „Der Putenhirt", „Cyrano v Bergerac", „Richards Korkbein", „Der Kaiser u d Nachtigall", Filme u Fernsehen: „Freizeitheim", „Block 7", „Vier gegen die Bank", „Der Fänger", „Planübung", „Notizen aus d Provinz", „Kennen Sie die Lindemanns?", „Heinrich Heine", „Adoption", „Oh, dieser Papa", „Woher wir kommen", „Auf Achse", „Eisen-

wichser". M: GDBA. H: Kochen, Reisen.

Pschigode Angela
B: Schauspielerin. A: D–3300 Braunschweig, Kasernenstr 9, c/o ZBF-General-Agentur Frankfurt. Tel: 0531/332728 oder 0611/7111335.

Ptock Friedhelm
B: Schauspieler. A: D–1000 Berlin 38, Alemannenstr 19, c/o ZBF-Agentur München. Tel: 030/8034929 oder 089/335081.

Pukaß Joachim
B: Schauspieler, Regisseur, Synchron-, Rundfunk- u Fernsehsprecher. G: Berlin, 23. Jan 1946. V: Gisela, geb Fritsch. A: D–1000 Berlin 37, Katteweg 11. S: Goethe-Gymn, Berlin, Abitur, Schauspielschule Gertrud Schneider-Winecke. K: Bühnen d Stadt Nordhausen, Stadttheater Rendsburg, Kleines Theater Bad Godesberg, Neues Theater Hannover, Intimes Theater Hamburg, Ruhrfestspiele Recklinghausen, Schillertheater Berlin, Renaissance-Theater, Komödie, Vaganten Berlin. F: Div in Zeitschriften u Zeitungen. D: Theater: „Kabale und Liebe", „Nathan der Weise", „Iphigenie auf Tauris", „Liebe", „Charley's Tante", „Haus in Montevideo", „Der Unschuldige", „Wie wärs mit Liebe" uva, Fernsehen: „Direktion City", „2000 Jahre Kindheit". M: GDBA, RFFU. H: Beruf, Reisen.

Pulch Rolf
B: Schauspieler. A: D–2000 Hamburg 20, Martinstr 24, c/o ZBF-Agentur Hamburg. Tel: 040/473967 oder 040/66885400.

Puls-Ungerer Ruth
B: Schauspielerin. A: D–2800 Bremen 1, Lüder v Bentheim-Str 51. Tel: 0421/341178.

Pulver Liselotte
B: Schauspielerin. A: c/o Agentur Alexander, D–8000 München 80, Lamontstr 9. Tel: 089/471011.

PUNX
N: Hanemann. B: Täuschungskünstler u Psycho-Entertainer, Schriftsteller. G: Hartlebury/Ombersly/England, 27. Okt 1907. V: Dagmar, geb Ernst. A: D–2800 Bremen, Beethovenstr 40. S: Oberrealschule, 2 Jahre Segelschiff, kfm Lehre, Werbefachschule Berlin, daneben intensive Schulung als Täuschungskünstler durch weltbekannte Fachkräfte. K: Seit 1932 Werbeberater, ab 1935 WerbeLtr bei MERZ Frankfurt, daneben Fachbeirat im Magischen Zirkel (als Amateur), Soldat, 1939 bis Kriegsende im Sanitätsdienst, zwei Jahre englische Kriegsgefangenschaft, nach Heimkehr 1947 nur noch als Alleinunterhalter tätig, 1949 Verleihung d „Dr Hofzinser-Ringes" (Gegenstück zum Ifflandring), darauf erste große Gastspiele im Mozarteum Salzburg, weiter nur Theater u Konzertsäle. F: Bisher 5 Fachbücher, werden jetzt ins amerikanische übersetzt, ein Tierbuch „Gefiederte Persönlichkeiten", Artikel in Fachzeitschriften. D: 36 Fernseh-Sendungen m Alleinprogramm in Hamburg, Frankfurt, Stuttgart, Baden-Baden, Saarbrücken, Zürich, Köln, Holland, Bremen. E: Dr Hofzinser-Ring, d f künstlerische Gestaltung verliehen wird u vom Träger weitergegeben wird (wie d Ifflandring), „Life-Membership" Psychic Entertainer Association, als Anerkennung f Fachliteratur. M: Interessengemeinschaft professioneller Magier (IPM), Psychic Entertainer Association, USA – EhrenMtgl als einziger Europäer, Ancient Astronaut Society USA (Chicago u Feldbrunnen Schweiz). H: Parapsychologie, Hypnose, Fotografieren, Phil.

Pürkhauer Richard
B: Schauspieler. A: D–5205 St Augustin, Erfurtstr 24, c/o ZBF-Agentur München. Tel: 02241/332663 oder 089/335081.

Putz Hans
B: Schauspieler. A: c/o ZBF-Agentur Hamburg, D–2000 Hamburg 70, Tonndorfer Hauptstr 90. Tel: 040/66885400.

Quäckber Hans-Michael
B: Schauspieler. A: D–1000 Berlin 61, Arndtstr 24, c/o ZBF-Agentur Berlin. Tel: 03O/6932450 oder 030/8838031.

Quadflieg Christian
B: Schauspieler. A: D–8031 Wörthsee, c/o ZBF-Agentur München. Tel: 08143/1202 oder 089/335081.

Quadflieg Will
B: Schauspieler. A: c/o Agentur de la Berg, D–8026 Irschenhausen, Haus am Weiher. Tel: 08178/3681.

Qualtinger Helmut
B: Schauspieler. G: Wien, 8. Okt 1928. A: A–1190 Wien, Daringerg 12a. K: Schauspieler an Wiener Kellerbühnen, Theater in d Josefstadt Wien, Wiener Kabaretts, Autor f Kabarett u v Fernsehserien, Tätigkeit f Funk, Film, Fernsehen. D: „Hanussen", „Herr Karl", „Die Alpensaga" uva.

Quecke Else
B: Schauspielerin. G: Duisburg, 5. Sept 1907. A: D–8000 München 40, Tengstr 45. Tel: 089/373686. S: Gymn, Dumont-Schauspielschule Düsseldorf. K: Theater in Münster, Augsburg, Hamburg, München. F: In Fernseh- u Filmzeitschriften. D: Viele Theater-, Film- u Fernsehrollen.

Querbach Alfred
B: Schauspieler. G: Eschweiler bei Aachen, 31. Dez 1920. A: D–7500 Karlsruhe 1, Bertha v Suttner-Str 7a. Tel: 0721/687416. S: Gymn, Mittlere Reife, Bankausbildung, Schauspielschule. K: Schauspieler in Neuß, Linz, Contrakreis Bonn, Kammerspiele Düsseldorf, Stadttheater Konstanz, Staatstheater Karlsruhe seit 1962, Sommerspiele Ratingen, Jagsthausen, Loreley, freier Mitarbeiter beim WDR, SDR, SWF, HF, Rundfunk u Fernsehen, ORF, Lesungen u Rezitationen in vielen deutschen u österr Städten. F: In d Werbung. D: In vielen Fernsehspielen u hunderten Theaterstücken. E: Silberne Ehrennadel d BühnenGen. M: BühnenGen. H: Reisen, Filmen, Fotografieren, Lesen.

Quest Christoph
B: Schauspieler. A: D–2177 Wingst/Dobrock, Hasenbeckallee 12, c/o ZBF-Agentur Hamburg, c/o Agentur Alexander. Tel: 04778/241 oder 040/66885400 oder 089/471011.

Quest Hans
B: Regisseur u Schauspieler. G: Herford/Westfalen, 20. Aug 1915. V: Ingrid, geb Capelle. A: D–8000 München 40, Hermann Vogel-Str 2. S: Hum Gymn, Schauspielausbildung am Staatstheater Berlin unter Gustaf Gründgens. K: Staatstheater Berlin, Volksbühne Berlin, Schauspielhaus Hamburg, Kammerspiele Hamburg, Ruhrfestspiele Recklinghausen, Festspiele Hersfeld, Kammerspiele München, Staatschauspiel München, Schauspielhaus Zürich, seit Jahren Staatsschauspiel München, da auch Regisseur. F: TV Hören u Sehen, Meine Familie u ich. D: „Blaue Schwerter", Schiller-Film, „Gnadenbrot", viele Haupt- u Nebenrollen, Theater: „Don Carlos", „Kabale u Liebe", „Caligula", „Schmutzige Hände", „Mortimer", „Draussen vor der Tür" (Das Stück v Borchert H Quest gewidmet, Uraufführung gespielt 1947 in Hamburg, später inszeniert), Regisseur v 18 Spielfilmen, darunter „Wenn d Vater mit dem Sohne", „Charley's Tante", TV-Regie in über 60 Fernsehspielen, darunter „Halstuch", „Tim Frazer", „Es ist soweit", „Revolte im Erziehungshaus", „Der Überläufer". E: Schauspielerpreis v Hersfeld 1966 f d Rolle d Chefs in „Die Plebejer versuchen d Aufstand". M: Mtgl d Verb d deutschen Fernseh- u Filmregisseure. H: Dirigieren klassischer Musik.

Quest Henner
B: Schauspieler. G: Annaberg, 11. Dez 1944. A: D–8000 München 40, Degenfeldstr 14. S: Abitur, 10 Sem TheaterWiss. K: Während d Stud RegieAss u an Münchner Kellertheatern gespielt, dann hauptberuflich Schauspieler seit 1971, in d letzten 4 Jahren: Residenztheater, zZ Kleine Komödie München. D: Filme: „Goldfüchse", „Der Brandner Kaspar", „Der verkaufte Großvater", „zwischen Stuttgart und München", „Komödienstadl", viele Theaterrollen. M: Sch araffia, Monachia. H: Ski, Tennis, Trompete.

Quilling Lieselotte
N: Lieselotte Meyer. B: Schauspielerin. G: Frankfurt/M, 24. Nov 1921. A: D–8000 München 60, Feichthofstr 88. S: Abitur, HS f Theater, Frankfurt/M. K: Engagements in Frankfurt, Darmstadt, Essen, Wiesbaden, Fernsehen: ZDF, ARD F: Hör Zu ua Zeitschriften, Buch: „Frankfurter Schauspiel". D: „Fastnachtsbeichte", „Fröhlicher Weinberg", „Bis der Winter kam" uva. H: Sprachen.

Raab Kurt
B: Schauspieler. A: c/o ZBF-Agentur München, D–8000 München 40, Leopoldstr 19, c/o Agentur Alexander. Tel: 089/335081 oder 089/471011.

Rabe Heinz
B: Schauspieler. A: D–1000 Berlin 33, Südwestkorso 48. Tel: 030/8225435.

Raddatz Carl Staatsschauspieler
B: Schauspieler. G: Mannheim, 13. März 1912. A: D–1000 Berlin 19, Stallupöner Allee 54. S: Abitur, Schüler v Wily Birgel, Schauspielunter-

richt. K: Nationales Theater, Mannheim, Hessisches Landestheater, Darmstadt, UFA-Film, Berlin, Schillertheater Berlin. D: Filme: „Befreite Hände", „Immensee", „Opfergang", „Unter den Brücken", Bühne: „Onkel Wanja", „Der Hauptmann v Köpenick", „Des Teufels General", „Der Hausmeister". E: BVerdienstkreuz I. Klasse. M: Deutsch-Thailändische Ges. H: Ostasiatische Kunst.

Radeke Uta
B: Schauspielerin. A: c/o Agentur Bengen, D–1000 Berlin 21, Paulstr 25. Tel: 030/3911895.

Radke Ulrich
B: Schauspieler. A: D–8000 München 40, Krumbacher Str 13, c/o Doris Thalmann, CH–4900 Langenthal, Thunstettenstr 40, c/o ZBF-Agentur München. Tel: 089/378283 (2718283) oder 004163/220773 oder 089/335081.

Radler Axel
B: Schauspieler. A: c/o Agentur Alexander, D–8000 München 80, Lamontstr 9. Tel: 089/471011.

Rädler Senta
B: Schauspielerin. A: D–5400 Koblenz-Niederberg, An der Fausenburg 2. Tel: 0261/69769.

Radszun Alexander
B: Schauspieler. A: D–1000 Berlin 19, Wundtstr 9a, c/o ZBF-Agentur Berlin, Frau Probst. Tel: 030/3224462 oder 030/8838054.

Raetz Heinz
B: Schauspieler, Film-AufnahmeLtr. G: Wien, 5. Juni 1925. V: Prof Dipl-Dolm Dr Martha, geb Bach. A: A–1100 Wien, Laaerbergstr 34/I/9. S: HandelsAk, Schauspielausbildung m Abschlußprüfung, Praxisjahre als Film-AufnahmeLtr. K: Ab 1953 div Wiener Bühnen, Tourneen d Österreich u Schweiz, AufnahmeLtr bei Film u Fernsehen, mehrere Rollen in Film- u TV-Produktionen, seit mehreren Jahren unter Vertrag am Burgtheater Wien, mit Gastspielen in BRD, UdSSR, Rumänien, Italien u etlichen TV-Übertragungen aus dieser Bühne, div Lehrfilm-Produktionen f d Österreichische Bundesheer, Industriefilme, Werbefilme. F: In div österreichischen Fachzeitschriften wie „Szene", Bühnenjahrbuch ua. D: „Der Diamant d Geisterkönigs", Lou van Burg-Show „Jede Sekunde 1 Schilling", „Hauptmann v Köpenick", „Besuch d alten Dame", „Prinz v Homburg", „König Lear", „Faust", „Cyrano v Bergerac", „Trilogie d Sommerfrische" uva. E: Silbernes Ehrenzeichen d ÖGB, Sekt Kunst u freie Berufe. M: ÖGB, Sekt Bühne, Liga gegen Tierquälerei, ÖAMTC. H: Basteln u Gartenarbeit.

Rafalsky Erdmann
B: Schauspieler. A: D–1000 Berlin 42, Richnowstr 1. Tel: 030/7513954.

Ragheb Osman
B: Regisseur, Schauspieler. G: Nablus/Palästina, 11. Mai 1926. V: Marie-Paule, geb Mercier. A: D–8000 München 90, Willroider Str 8 A. S: Dipl-Chemiker (B Sc) London, Dipl-Schauspieler, (R A D A) London. K: Regisseur u Schauspieler in London, Salzburg, München, Tätigkeit bei Theater u Fernsehen, Spezialist f Dialog-Regie bei intern Filmen wie „Cabaret" u „Holocaust", Synchron-Dialogregisseur zB „Liebe zu Lydia" (Serie). D: „Cabaret", „21 Hours in Munich", „Odessa File", „Brass Target". E: Preis f Kurzfilm „Der Schuhputzer und d Lotterielos" beim Edinburgh Festival 1965. H: Fotografieren.

Rahl Mady
B: Schauspielerin. A: D–8000 München 80, Steinhauser Str 14, c/o Management Jovanovic, c/o Agentur Runde-Profé. Tel: 089/476512 oder 089/475024/25 oder 030/3040661.

Rahls Korinna
B: Schauspielerin. A: D–7500 Karlsruhe, Eisenloher Str 41. Tel: 07121/813303.

Rahn Marlene
B: Schauspielerin. G: Elmshorn/Hamburg, 17. Jan 1943. A: D–2200 Elmshorn/Hamburg, Besenbeker Str 64. S: Abitur, Ausbildung als Akkordeonspielerin, Sängerin u Tänzerin, zweieinhalbjährige Ausbildung am Seminar d Hamburger Kammerspiele, Abschlußprüfung bei d Gen Deutscher Bühnenangehöriger, Hamburg, mit „Sehr Gut" bestanden. K: Hörspiele f d NDR, ua neben Heinz Hilpert u Siegfried Lowitz mit großem Erfolg d Hauptrolle in „Die Spieldose", durch Will Quadflieg u J Offenbach zum Theater, große Bühnenerfolge in Neumünster, Baden-Baden, Wuppertal, München, Hamburg, dann Deutsches Tournee-Theater in Deutschland, Österreich, Frankreich u in d Schweiz, vom Wiener Regisseur

Edwin Zbonek in München f d Film entdeckt, 31 intern Filme, 35 Fernsehrollen, eigene Fernsehshow in Argentinien. F: In div Zeitschriften, Zeitungen u Fachzeitschriften. D: Theater: „Urfaust", „Ehekarussell", „Ehe in Paris", „Ingeborg", „Irma la Douce", „Monpti", „Eins, zwei, drei", „Der Plüschhund und die Baumwollkatze" uam, Film: „Aletta, la intratable", „Deutschland deine Sternchen", „Blutunterschied", „Der scharfe Heinrich", „The young Gangster", „Die ihre Haut zu Markte tragen", „Charley's neue Tante", „Shutgan", „Die weiße Sklavin", „Guapperia", „Novelle galzotte d'Amore", „Tiempo die Charlston" ua. E: 1970 „Perle d Atlantiks" (Filmfestival in Argentinien), ein Preis f d sympathischste Teilnehmerin d Festivals, 1. Preis im Trabrennen. H: Malen surrealistisch (bekannt geworden sind d Bilder, in denen rätselhafte Katzenköpfe auf d Schultern bizarrer Mädchenleiber sitzen), Kochen intern, Astrologie, Trabrennen, Schreiben v Abenteuergeschichten, Reisen in fremde Länder.

Rahtjen Wolf
B: Schauspieler. A: D–2860 Osterholz-Scharmbeck, Bördestr 18, D–2000 Hamburg 63, Alsterkrugchaussee 592, c/o ZBF-Agenturen Hamburg u München. Tel: 04791/4561 oder 040/595574 oder 040/66885400 oder 089/335081.

Rainer Leon
B: Schauspieler. A: D–8000 München 81, Denninger Str 96, c/o ZBF-Agentur München. Tel: 089/911677 oder 089/335081.

Rainer Margit
B: Schauspielerin. A: CH–8008 Zürich, Delphinstr 14 CH–8165 Oberweningen-Zürich, Grundstr 185. Tel: 00411/347214 oder 00411/8560000.

Rake Joachim
B: Schauspieler. A: D–2106 Bendestorf, Kirchstr 460, c/o ZBF-Agentur Hamburg. Tel: 04183/2626 oder 040/66885400.

Raky Hortense
B: Schauspielerin. A: c/o Agentur Schmidt-Gentner, A–1030 Wien, Lothringer Str 20. Tel: 0222/752271.

Ramm G Gerry
B: Schauspieler. A: c/o ZBF-Agentur München, D–8000 München 40, Leopoldstr 19. Tel: 089/335081.

Ramm-Assern Herbert v
B: Schauspieler, Journalist u Showmaster, TheaterDir aD. G: Wittenburg, 20. Juni 1919. V: Heike-Birgit, geb Mortschky. A: D–8000 München 50, Riesstr 84. S: Grundschule, Gymn, HS f Theater u Musik (Reinhardt-Seminar) Wien, Westfälische Schauspielschule Bochum,1942 Prüfung Reichstheaterkammer Berlin. K: 1940–45 Kriegsberichter, 1941 Sendeleiter, 1943 Theateroffizier Baltikum, 1944–45 Betreuungsoffizier d 6. Armee in Ungarn, 1945–46 v d US-Army in Oberösterreich, Salzburg u Linz m d Regulierung d oberösterreichischen Theaters beauftragt, Ltr d Landestheaters Salzburg, in Zusammenarbeit m d Komiker Wolfgang Müller das erste literarische Theater gegründet u in Gnigl bei Salzburg als Privattheater unterhalten, 1947 als ehem deutscher Offizier aus Österreich ausgewiesen, danach Engagement als Schauspieler m SpielLtr-Verpflichtung in Tübingen, Sigmaringen u Reutlingen, seit 1950 Dir einer GastspielDion, gleichzeitig als „Show- u Talkmaster" sowie als freier Journalist f d deutschsprachigen Sender tätig, 1969–71 Pächter d größten Discothek Europas – Zentrum 2000 – in Berlin, 1971–72 Showmaster u künstl Ltr d „Blow Up" in München, 1975 Chefredakteur eines Informationsorgans. D: „Kabale u Liebe", „Die Räuber", „Emilia Galotti", „Jungfrau v Orleans", „Der zerbrochene Krug", „Faust", „Der Widerspenstigen Zähmung", „Gräfin Mariza" uva. E: Finnisches Freiheitskreuz I. Klasse, EK I. u II. Klasse, Goldene Verwundetenabzeichen, Baltisches Kreuz, Silberne Nahkampfspange, Viteze in Ungarn, Narren Europas (Silber u Gold), Gr Ritterkreuz d Ritterzunft m Schulterband. M: 1. Pr d Bayer Ritterzunft, Ehrenritter, Mtg d Präsidiums d FEN, Hobbyfunkerclub München u Augsburg, Intern TheaterdirektorenVerb, Deutsche Journalistenunion, Intern Federation of Journalists H: Filmen, Basteln, Malen, Funken, Fotografieren.

Ramon Alexander
B: Schauspieler. A: D–6380 Bad Homburg, Tannenwald Allee 68. Tel: 06172/39380.

Ramsey Bill
B: Sänger Komponist, Textdichter, Schauspieler. G: Cincinnati, Ohio, USA, 17. Apr 1931. V: Erika Nef R, geb Möckli. A: CH–8706

Meilen, Seestr 630. Tel: 00411/019232330. S: 1949 College Board Examinations (europ Abitur) Adirondack-Florida School, 1949–51 Stud an d Yale Univ New Haven, USA (Sociology). K: 1951–55 US-Air Force (Production Chief AFN Frankfurt/Main), 1955 Stud Goethe-Univ Frankfurt/Main (Soziologie), 1956–57 Stud Univ of Cicinnati (Sociology, Economics), 1957–59 Stud Goethe-Univ Frankfurt/Main (Volkswirtschaft), 1968–72 ProgrammDir d Televico AG seit 1958 freier Sänger, Komponist, Textdichter u Schauspieler, seit 1955 div Einsätze bis zu Porträtsendungen in d BRD, Österreich, Schweiz, Frankreich, Benelux, Skandinavien, Polen, CSSR (mit Wiederholungen versch Sendungen in d ganzen Welt), Schallplatten: 47 Singles, 16 eigene LPs u Mitarbeit an 12 weiteren, zB Sing ein Lied mit Onkel Bill, Bill Ramsey singt Lieder seiner Heimat, Bill Ramsey's Schlagerparty, Sei mein Freund, selbständig als Komponist u Textdichter (zusammen mit Dieter Reith), 1965 Synchron f Nat King Cole in Cat Ballou, einige Jahre regelmäßig Disc-Jockey-Sendungen f Radio Luxembourg u Europawelle Saar sowie div Tourneen u Einzelauftritte in ganz Europa, Nordamerika u Nordafrika. F: Div Artikel in europ Tageszeitungen u Wochenblättern. D: Theater: „Kiss me Kate", Fernsehen: „Potpourri der guten Laune", „Wenn sechse eine Reise tun", „In 80 Takten um die Welt", „Die alte Welle", „Großstadtmelodie", „Lieben Sie Show?", „Musik aus Studio B", „Musik auf dem Atlantik", „Sing ein Lied mit Onkel Bill", „Wenn der weiße Flieder wieder blüht", „Pauls Party", „Zum Tango gehören zwei", „Hofkonzert im Hinterhaus", „Wünsch Dir was", „Die andere Seite des Sommers", „Sonntag um 11", „Die goldigen Fünfziger", „Blauer Bock", „Musik ist Trumpf", „Gute Laune mit Musik", „Seniorenclub", „Montagsmaler, „Sendung mit der Maus", „Show ohne Schuh", „Talentschuppen", „Geheimtip", Hörfunk: „Deutsches Jazz Festival", „NDR Schlager-Parade", „Deutsche Schlager-Festspiele v Radio Luxemburg", „Gutgelaunt ins Wochenende", „Bill Ramsey Story", „Allein gegen alle", „Mit Musik geht alles besser", „Opas Schlager-Festival", „Kennen Sie den?", Film: ca 30 Filme, ua „Liebe, Tanz u 1000 Schlager", „Musik im Blut", „Kein Mann zum Heiraten", „La Paloma", „Geh'n Sie nicht allein nach Haus", „Mit Himbeergeist geht alles besser", „Das Rätsel der grünen Spinne", „Schlagerparade I u II", „Heute gehn wir bummeln", „Café Oriental", „Die Abenteuer des Grafen Bobby", „Junge Leute brauchen Liebe", „Adieu, Leb wohl, Goodbye", „Am Sonntag will mein Süßer mit mir segeln gehn", „Unsere tollen Tanten", „Musik ist Trumpf", „Zwischen Shanghai u St Pauli", „Ohne Krimi geht die Mimi nie ins Bett", „Sing, aber spiel nicht mit mir", „Das süße Leben des Grafen Bobby", „Maskenball bei Scotland Yard", „Heimweh nach St Pauli", „Old Shatterhand", „Hully Gully in Tirol", „Hurra, bei uns geht's rund". E: Placierung in div europäischen Jazzpolls in d Kategorie „Beste Sänger".

Randell Ron
B: Schauspieler. A: c/o Management Jovanovic, D–8000 München 80, Perfallstr 6. Tel: 089/475024.

Ranft Ilse
B: Schauspielerin. A: D–1000 Berlin 33, Schlangenbader Str 43. Tel: 030/8245493.

Rapp Peter
B: Schauspieler. A: c/o „Der Würfel" Unterhaltungsbetriebs-GmbH, A–1180 Wien, Scheidlstr 38. Tel: 0222/475323 u 474134.

Raschke Hilde
B: Schauspielerin. A: D–1000 Berlin 19, Oldenburgallee 48 B. Tel: 030/3044840.

Rasenack Karin
B: Schauspielerin. A: D–5600 Wuppertal 1, von der Tann-Str 19, c/o ZBF-Agentur Hamburg. Tel: 0202/313680 oder 040/66885400.

Rasky Monika
B: Schauspielerin. A: D–8000 München 70, Aberlestr 15/II, c/o ZBF-Agentur München. Tel: 089/761751 oder 089/335081.

Raspe Horst
B: Schauspieler. A: D–8000 München 40, Hohenstaufenstr 8. Tel: 089/0331486 u 08036/7722.

Raspe Renate
B: Schauspielerin. A: D–1000 Berlin 33, Dünkelbergsteig 1, c/o ZBF-Agentur Berlin. Tel: 030/8256465 oder 030/8838031/54.

Rath Barbara
B: Schauspielerin. A: D–8000 München 81, Graf Lendorff-Str 55, c/o ZBF-Agentur München. Tel: 089/907888 oder 089/335081.

Rathjen Wolf
B: Schauspieler. A: c/o ZBF-Gen-Agentur Frankfurt, D–6000 Frankfurt/Main, Feuerbachstr 42–46. Tel: 0611/7111313.

Rathner Gertie
B: Schauspielerin. A: c/o Agentur Schmidt-Gentner, A–1030 Wien, Lothringer Str 20. Tel: 0222/752271.

Ratthey Barbara
B: Schauspielerin. A: c/o Agentur Bengen, D–1000 Berlin 21, Paulstr 25. Tel: 030/3911895.

Rattinger Anton
B: Schauspieler. A: D–1000 Berlin 12, Niebuhrstr 1, c/o ZBF-Agentur Berlin, c/o Management Mackeben. Tel: 030/08831666 oder 030/8838031/54 oder 030/8263249.

Ratz Brigitte
B: Schauspielerin. A: c/o Agentur Schmidt-Gentner, A–1030 Wien, Lothringer Str 20. Tel: 0222/752271.

Rau Andrea
B: Schauspielerin. A: c/o Agentur v Pilecki, D–8000 München 22, Oettingenstr 46. Tel: 089/220263.

Rau Brigitte
B: Schauspielerin. A: GB–London NW 3, 3 Holly H ll. Tel: 00441/ 7943664.

Rau Dorothea
B: Schauspielerin. A: c/o Agentur Rakosi, D–8022 Grünwald, Josef Sammer-Str 23. Tel: 089/6411067.

Rau Thomas
B: Schauspieler. A: D–1000 Berlin 31, Joachim Friedrich-Str 51, c/o ZBF-Agenturen Frankfurt u Berlin, c/o Agentur Bengen. Tel: 030/8911107 oder 07611/7111313 oder 030/8838031 oder 030/3911895.

Rau Wolfgang
B: Schauspieler. A: D–2000 Hamburg 20, Eppendorfer Weg 270a, c/o Agentur Runde-Profé. Tel: 040/4604621 oder 030/3040661.

Rauch Siegfried
B: Schauspieler. A: c/o Agentur Alexander, D–8000 München 80, Lamontstr 9. Tel: 089/471011.

Rausch Götz-Olaf
B: Schauspieler. A: D–8175 Reichersbeuern, Enzianweg 1, c/o ZBF-Agentur München. Tel: 08041/6886 oder 089/335081.

Rausch Lotte
B: Schauspielerin. A: D–6078 Neu Isenburg 2, Drosselstr 7. Tel: 06102/52025.

Ravel Lisa
B: Schauspielerin. A: D–8000 München 40, Adalbertstr 94, c/o ZBF-Agentur München. Tel: 089/371316 oder 089/335081.

Ray William
B: Opernsänger, Fernseh-Schauspieler. G: Lexington, Kentucky/USA, 10. Apr 1935. V: Kellog Carrie. A: D–7250 Leonberg, Iltisweg 5. S: Gesang-Ausbildung, Stud u Graduierung am Oberlin College in Oberlin, Ohio. K: Tournee durch d Vereinigten Staaten, Engagement an d „Karamu"-Theater Cleveland, Auftritte in Wien, Wiener Volksoper, Münchner Cuvilliéstheater, Frankfurter Oper, weitere Engagements in Westdeutschland, Österreich, Italien, Frankreich, Portugal, Niederlande, Rundfunkaufnahmen, Film- u Fernsehaufnahmen. F: Opern Welt, Deutscher Bücherbund, Bild u Funk, TV Hören u Sehen, Die Bühne, Hör Zu uva. D: „Amahl u d nächtlichen Besucher", „Rigoletto", „Mohrenwäsche", „Die ehrbare Dirne", „Die achte Runde", „Ein Leben lang", „Willkommen in Altamont", „In Frankfurt sind d Nächte heiß", Filme: „Der Tote Taube in d Beethoven Strasse", „Der Minister u d Ente", „Der Zeuge", „Der Tod d Schneevögel", „Theater Garderobe" (Serie), „Der Eismann kommt", „Die achte Runde", „Mohrenwäsche", „Die ehrbare Dirne", „Die schwebende Jungfrau", „In Frankfurt sind d Nächte heiß" uva. M: Intern Lions Club, Ges Leonberg Engelberg e V, Karnevalsclub Stuttgarter Rössle, Leinfelden GFBK Die Filderer, Black Theater Produktion eV. H: Lesen, Bildhauerkunst (Skulptur), Spazierengehen.

Reber Roland
B: Schauspieler, Regisseur. G: Ludwigshafen/Rhein, 11. Aug 1954. V: Jutta, geb Seemann. A: D–4630 Bochum, Pieperstr 15. S: Handelsschule, AbendGymn bis zur 11. Klasse, Schauspielschule Bochum. K: 1972–74 freie Theatergruppe in Mannheim (vornehmlich soz Theater ua f Strafgefangene), 1974–76 Westfälische Schauspielschule Bochum, 1978 Inszenierung v „Mistero

Buffo" v Dario Fo, 4 Gastspiele am Theater am Neumarkt, seit Anfang 1978 am Schauspielhaus Bochum als Schauspieler, zZ eigenen Spielfilm mit vielen bekannten Fernsehschauspielern, zu diesem Film auch Drehbuch geschrieben u Regie. F: Div Theaterkritiken. D: „AH Q", „Otto von der Flühe", „Käthchen von Heilbronn", „Dreigroschenoper", „Kein schöner Land ...".

Rebroff Ivan
N: Hans Rippert. B: Sänger. G: Berlin, 31. Juli 1931. A: D–6078 Neu-Isenburg 2, Schönhornring 7. S: Abitur, Schauspielunterricht, Musik-Stud am Konservatorium. K: Chor d Schwarzmeerkosaken, Solist am Opernhaus Gelsenkirchen, Städt Bühnen Frankfurt, Schallplattenaufnahmen, Film- u Fernsehaufnahmen, Tourneen. F: Rheinische Post, Die Zeit, Hör Zu, Quick, Neue Revue uva. D: „Anatevka", „Peter Alexander serviert Spezialitäten" uva. E: 1. Preis b intern Musikwettbewerb München, Goldene Schallplatten, Bester Schauspieler in Frankreich. H: Kochen.

Reck Hartmut
B: Schauspieler. A: D–8000 München 60, Durasweg 1. Tel: 089/8112655.

Reckers Horst
B: Schauspieler. A: D–2000 Hamburg 76, Petkumstr 13, c/o ZBF-Agentur Hamburg. Tel: 040/223868 oder 040/66885400.

Reddemann Manfred
B: Schauspieler. G: Coesfeld, 9. Nov 1939. V: Nadine, geb Brünig. A: D–2000 Hamburg 54, Oddernskamp 1. S: Primareife, Schauspielausbildung bei Maria Feininger, Abschlußprüfung in Stuttgart. K: Theaterengagements in Freiburg, Kleve, Bremen, Beunos Aires, Santiago de Chile, Hamburg. F: In sämtlichen Zeitschriften Deutschlands, in d meisten Film- u Programmzeitschriften Englands, USA u Skandinavien. D: „Hagband u Sigue", „Battle of Britain", Hounsens Memory", „Arzt v St Pauli", „Nachts auf d Reeperbahn", „Time get into trouble", „Heinrich der Gute König", „Überlebenstraining". H: Reiten, andere Sportarten, Literatur, Theater.

Redecker Bernd
B: Schauspieler. A: c/o Agentur de la Berg, D–8026 Irschenhausen, Haus am Weiher. Tel: 08178/3681.

Redetzky Renate
B: Schauspielerin. A: D–7570 Baden-Baden, Balger Hauptstr 19. Tel: 07121/63523.

Redinger Petra
B: Schauspielerin. A: c/o ZBF-General-Agentur Frankfurt, D–6000 Frankfurt/Main, Feuerbachstr 42–46. Tel: 0611/7111335.

Redl Christian
B: Schauspieler. A: c/o ZBF-Gen-Agentur Frankfurt, D–6000 Frankfurt/Main, Feuerbachstr 42–46. Tel: 0611/7111335.

Redmann Heinz
B: Schauspieler. A: D–8000 München 40, Silcher Str 23. Tel: 089/353976.

Reed Gene
B: Schauspieler. A: D–8000 München 90, Raintaler Str 16 A, c/o ZBF-Agentur München. Tel: 089/6913218 oder 089/335081.

Reents Claus-Dieter
B: Schauspieler. A: D–8000 München 40, Clemensstr 12, c/o ZBF-Agentur München. Tel: 089/340566 oder 089/335081.

Regelien Joachim
B: Schauspieler. A: D–8000 München 60, Pembaurstr 6, c/o Agentur Alexander. Tel: 089/884828 oder 089/471011.

Reger Renate
B: Schauspielerin. A: D–8031 Wörthsee, Neusiedlungsstr 5, c/o ZBF-Agentur München. Tel: 08143/1202 oder 089/335081.

Regnier Carola
B: Schauspielerin. A: c/o ZBF-General-Agentur Frankfurt, D–6000 Frankfurt/Main, Feuerbachstr 42–46. Tel: 0611/7111335.

Regnier Charles
B: Schauspieler. A: c/o Agentur Jäger, D–8130 Starnberg, Postfach 1328. Tel: 08151/8766.

Rehfeld Frank
B: Schauspieler. G: 4. Sept 1914. V: Ursula, geb Buch. A: D–6000 Frankfurt/Main 90, Werrastr 13. S: Abitur, 1934–36 Folkwang Schauspielschule d Stadt Essen. K: 1936–41 Bochum (Saladin Schmitt), 1941–45 Straßburg, 1945–47 Göttingen, 1947–51 Kiel (G R Sellner), 1951–53 Wuppertal, München, Ham-

burg, seit 1964 Frankfurt/Main, Fernsehspiele, Synchronisationen, seit 1934 Schauspieler an Theatern. H: Malen.

Rehhahn Erika
B: Schauspielerin. A: D–1000 Berlin 33, Marienbader Str 5. Tel: 030/8261908.

Rehm Wolfgang
B: Sprecher, Sprecherzieher, Schauspieler. G: Leubnitz/Kr Zwickau. V: Karin Ingrid, geb Gruber. A: D–7150 Backnang, Krankenhausweg 8, ab Sept 1979: Kiefernweg 11. S: Schauspielausbildung, Sprecherzieherausbildung. K: Tätig als Schauspieler (Ltr. eines Amateurtheaters), als Funksprecher, als geprüfter Sprecherzieher an d PH u Univ Karlsruhe. F: Deutsches Bühnen-Jahrbuch. M: Deutsche Ges f SprechWiss u Sprecherziehung, Deutsche Ges f angewandte Linguistik (GAL). H: Klassische Musik, Lyrik, Theater, KommunikationsWiss.

Rehmann Jürgen
B: Schauspieler. A: D–8000 München 21, Friedenheimer Str 46, c/o ZBF-Agentur München. Tel: 089/5801929 oder 089/335081.

Reiber Carolin Maria
B: Ansagerin, Moderatorin, Mannequin. G: München, 2. Nov 1940. V: Dr Luitpold Maier. A: D–8022 Geiselgasteig, Ludwig Thoma-Str 10. S: Internate in England u Spanien, Handelsschule. K: Seit 1959 Ansagerin u Moderatorin b Bayerischen Rundfunk, gelegentlich Synchron-Sprecherin u Mannequin. E: Ehrenbürgerin v Texas. H: Theater, Konzert, Radfahren, Skifahren, Schwimmen, Fußball.

Reich Curt
B: Schauspieler, Kunsthändler, Verleger. G: Brünn, 16. Dez 1943. A: GB–St Peter Port, Guerney, Kings-Road, Springfield Lodge, E–Gran Canaria, Patalavaca, Agna Marina 606 B. S: 1957–60 Höhere Handelsschule, 1958–60 KunstAk u Schauspielschule, Heidelberg. K: Mit 17 Staatsexamen, mit 18 erste Fernsehfilme u erstes Engagement in Heidelberg u Kaiserslautern, danach Verpflichtungen in Baden-Baden, Berlin, Aachen, Bonn, Köln, Bern, Zürich, insgesamt 14 Fernsehfilme im In- u Ausland (Kanada, WDR, SWF, SF ua), Rundfunksprecher beim Süd-West-Funk Baden-Baden u Deutschland-Funk-Köln, seit 1976 Verleger u Kunsthändler f moderne englische Grafik, GenVertretung v CHRISTIE'S C A in London. F: Theater Zeitung, Theater Heute, Die Welt, versch lokale Zeitungen. E: 1. Preis d Clubs v Baden-Baden (RennVer). M: Kölner RennVer. H: Reiten, Filmen, Tennis, Tauchen, Mädchen.

Reich Günter KammSänger
B: Opern- u Konzertsänger (Bariton). G: Liegnitz, 22. Nov 1927. V: Judith, geb Hirschfeld. A: D–7000 Stuttgart 70, Hainbuchenweg 41/1. S: Staatl HS f Musik, Berlin. K: 1959 Beginn in Gelsenkirchen, seit 1969 in Stuttgart, auch Berlin, Hamburg, München, Wien, Mailand, London, Brüssel, Amsterdam, Zürich, Düsseldorf, Frankfurt ua, in Kürze auch an d Met, New York u Chicago, Schallplatten bei CBS u Phillips, Funkaufnahmen in ganz Europa. F: Opernwelt, Opera, Oper u Konzert, Orpheus, Hör Zu, Gong, Tele Schweiz, Opera Intern uva. D: „Moses u Aron", „Les Aventures du Roi Pausole", „200.000 Taler", „Überlebender aus Warschau", „Silberfee", „Querschnitt", ca 80 Opernrollen (zuletzt Wagner Heldenbariton). E: Großer Kulturpreis d Stadt Berlin, Staatl Württ Kammersänger. M: Lions-Club. H: Antike Uhren, Malerei, Dichtung, Vögel.

Reiche Renate
B: Schauspielerin. A: D–1000 Berlin 33, Koenigsallee 34. Tel: 030/8258666.

Reichel Horst A
B: Schauspieler. A: D–8000 München 45, Gondershauser Str 21, c/o ZBF-Agentur München. Tel: 089/328748 oder 089/335081.

Reichelt Walter
B: Schauspieler. A: c/o Agentur v Pilecki, D–8000 München 22, Oettingenstr 46. Tel: 089/220263.

Reichert Franz Prof hc
B: Regisseur u Schauspieler. G: Wien, 3. Okt 1908. V: Sigrid, geb Hawemann. A: A–3543 Krumau/Kamp, „Igelhof". S: Gymn, Abitur, Ak f Musik u darstellende Kunst Wien. K: Seit 1927 Schauspieler, seit 1930 Regisseur, Städtische Bühnen Essen, Prag, Schauspielhaus Zürich, Schauspielhaus Bremen, Nürnberg, 1944–54 Berlin Hebbeltheater, Deutsches Theater, Schillertheater uva, Gastregisseur in Hamburg, Frankfurt, Darmstadt, Stuttgart, 1963–65 RegieVorst am Burgtheater Wien, 1965–73 Intendant d Staatsschauspiels Hannover, versch Bühnendarbietungen. E: 1965 Titel Prof. M: Rotary-Club Wien Nordost.

H: Reisen, Fotografieren.

Reichert Lutz
B: Schauspieler. A: D–4630 Bochum 1, Steubenstr 10, c/o ZBF-Agentur Berlin. Tel: 0234/554464 oder 030/8838031.

Reichlin Fee von
B: Schauspielerin. A: D–8000 München 40, Leopoldstr 42. Tel: 089/347532.

Reichlin Jörg
B: Schauspieler. A: c/o Managment Jovanovic, D–8000 München 80, Perfallstr 6. Tel: 089/475024/25.

Reichmann Wolfgang
B: Schauspieler. A: c/o Agentur Bloy, D–8022 Grünwald, Gasteigweg 1. Tel: 089/6411893.

Reiff Christiane
B: Schauspielerin. A: D–1000 Berlin 21, Alt Moabit 55a, c/o Agentur Runde-Profé, c/o ZBF-General-Agentur Frankfurt. Tel: 030/39335030 oder 030/3040661 oder 0611/7111335.

Reimann Lieselotte
B: Schauspielerin. A: D–1000 Berlin 20, Bocksfeldstr 1f. Tel: 030/3612860.

Reimers Brigitte
B: Schauspielerin. A: D–1000 Berlin 21, Melanchthonstr 28, c/o ZBF-Agentur Berlin. Tel: 030/3936936 oder 030/8838031/54.

Reinbacher Wolfgang
B: Schauspieler. A: D–4000 Düsseldorf 11, Rheinallee 104, c/o ZBF-Agentur München, Fr Goldschmidt. Tel: 0211/573706 oder 089/335081.

Reincke Heinz
B: Schauspieler. G: Kiel, 28. Mai 1925. V: Erni Mangold. A: A–5310 Mondsee, Hof 38. K: VerwaltungsAng, Komparse, Schauspieler in Landsberg/Warthe, Kurtheater Zoppot, Sommerbühne Minsk, Arbeitsdienst, Wehrdienst, Kriegsgefangenschaft, Renaissance-Theater Schleswig, Entertainer an eigener Bühne, Stadttheater Bonn, Württ Staatstheater Stuttgart, Deutsches Schauspielhaus Hamburg, Gastspiele in Düsseldorf, Wien, Hamburg, Salzburger Festspiele, freier Schauspieler, Burgschauspieler, Arbeit f Hörfunk, Fernsehen, Film, Schallplatte. F: In versch Zeitungen u Zeitschriften d In- u Auslandes. D: Theater: „Die Fledermaus", „Der Strom", „Don Carlos", „Das Land d Lächelns", „Der Waffenschmied", „Ein Sommernachtstraum", „Im weißen Rößl", „Wallenstein", „Troilus u Cressida", „Feuerwerk", „Die Räuber", „Colombe", „Michael Kramer", „Amphitryon", „Rosmersholm", „Pariser Leben", „Der Sturm", „Ein Bruderzwist in Habsburg", „Das Schloß", „Bei Anruf – Mord", „Meuterei auf d Caine", „Das kalte Licht", „Thomas Chatterton", „Draußen vor d Tür", „Rose Bernd", „Helden", „Die Möwe", „Traumspiel", „Othello", „Macbeth", „Dantons Tod", „Polizeirevier 21", „Faust I", „Urfaust", „Ein toller Tag", „Liebe f Liebe", „Der Selbstmörder", „Der arme Fritz", „Herr Puntila u sein Knecht Matti", „Jedermann", uva, Fernsehen: „Die Lorbeermaske", „Das Rennen", „Die Caine war ihr Schicksal", „Die Friedhöfe", „Ein Mond f d Beladenen", „Der rote Hahn", „Unterm Birnbaum", „Herrn Walsers Raben", „Die echten Sedemunds", „Apfelsinen", „Polizeirevier 21", „Passion eines Politikers", „Jedermann", „Der Feldherrnhügel", uva, Film: „Ein Herz kehrt heim", „Bekenntnisse d Hochstaplers Felix Krull", „Tolle Nacht", „Der 10. Mai", „Nasser Asphalt", „Kanonenserenade", „Faust", „Wenn es Nacht wird auf d Reeperbahn", „Die Brücke v Remagen", „Der längste Tag", „Der Pfarrer v St Pauli", „Heintje – mein bester Freund", „Mein Vater, der Affe u ich", „Morgen fällt d Schule aus", „Käpt'n Rauhbein aus St Pauli", uva. E: Träger d Josef Kainz Medaille d Stadt Wien.

Reineke Hans-Joachim
B: Schauspieler. A: D–6000 Frankfurt/Main, Dehnharststr 25. Tel: 0611/529819.

Reiner Heinz Christian
B: Schauspieler. A: c/o Agentur Lentz, D–8000 München 80, Holbeinstr 4. Tel: 089/474026.

Reiner Reinhard
B: Schauspieler. A: A–1230 Wien, Wohnpark Alt-Erlaa, Stiege A 3/24/243, c/o Agentur Austroconcert. Tel: 0222/5768925 oder 0222/634112 u 661266.

Reiner Thomas
B: Schauspieler. A: D–8131 Berg 4, Zirbenweg 11, c/o ZBF-Agentur München. Tel: 08171/18750 oder 089/335081.

Reinhard Daniel
B: Schauspieler. A: D–3300 Braunschweig,

Maschstr 22, c/o ZBF-Agentur Hamburg. Tel: 0531/506519 oder 040/66885400.

Reinhardt Wolfgang
B: Tänzer, Schauspieler. G: Tarnowitz/Oberschlesien, 5. Sept 1943. A: D–8000 München 40, Görresstr 12. S: Niedersächsische HS f Musik u Theater, Hannover, Ballettschule B Bartholin, Kopenhagen. K: Pantomimentheater Kopenhagen (Tänzer), Folke Teatret, Kopenhagen (Tänzer, Gesang), 1963 Gaubiers Revy Tournee Schweden mit Zara Leander u Siw Malmquist, Theatre Municipal Mulhouse (Tänzer), 1964 Landestheater Hannover, Deutsche Oper Berlin, ab 1967 freiberuflich als Tänzer, Fotomodell u Dressman, 1968 Fernsehen, Reise nach Noten, 1971 Operettenhaus Hamburg u Theater des Westens, Berlin, 1972 ZDF München „Erkennen Sie die Melodie", Deutsches Tournee-Theater „Schwarzwaldmädel", versch Filme, Österreich Tournee mit „Bezauberndes Fräulein", ZDF Starparade, 1975 umgeschult als Physiotherapeut. F: Hamburger Morgenpost, Bildzeitung Hamburg, Berliner Morgenpost, Berliner Leben, Quick, Bildzeitung u BZ. D: „Das Mädchen von Elisando", „Cadilac", „Mamselle Nitouche", „Mädchen, die nach München kommen", „Diamant", „Reise nach Noten", „Oh! Calcutta". H: Malen in Öl, Schwimmen, Wandern, Squash.

Reininghaus Antonia
B: Schauspielerin. A: c/o Agentur Alexander, D–8000 München 80, Lamontstr 9. Tel: 089/471011.

Reinke Antje
B: Schauspielerin. A: D–2000 Hamburg 55, Wittland 20 A, c/o ZBF-Agentur Hamburg. Tel: 040/877584 oder 040/66885400.

Reins Reent
B: Schauspieler. A: D–2000 Hamburg 13, Hochallee 21, c/o Agentur Lentz. Tel: 040/445624 oder 089/474026.

Reisch Ottokar
B: Schauspieler. A: D–2000 Hamburg 1, Spaldingstr 43. Tel: 040/247137.

Reiser Hans
B: Schauspieler. A: D–8000 München, Kapellengartenstr 10, c/o Management Baumbauer. Tel: 089/885221 oder 089/335081.

Reiss Anne-Mary
B: Schauspielerin. A: D–2000 Hamburg 61, Graf Anton-Weg 55v. Tel: 040/5514677.

Reit Ursula
B: Schauspielerin. A: D–8135 Söcking b Starnberg, Maisinger Weg 26, c/o ZBF-Agentur München. Tel: 08151/7329 oder 089/335081.

Reiter Ebba
B: Schauspielerin. A: c/o Agentur Bengen, D–1000 Berlin 21, Paulstr 25. Tel: 030/3911895.

Reize Dorothée
B: Schauspielerin. A: c/o Agentur Marga Wiedner, D–8000 München 40, Destouchesstr 32/I. Tel: 089/2081822.

Reize Silvia
B: Schauspielerin. G: Bern, 1. Okt 1951. A: CH–4055 Basel, Sierenzerstr 21. S: Matura, Schauspieldiplom, Dolmetscherdiplom. K: Theater am Neumarkt, Theater Baden-Baden, Theater d Stadt Bonn, Basler Theater, dann viele Fernseh- u Filmrollen. F: Hör Zu, Frau im Spiegel, Bild, Bild u Funk, Die Zeit, Die Welt uva. D: „Das zweite Erwachen d Krista Klages", „Bäckers Brot", „Kabale u Liebe", „Drei Schwestern", „Kasimir u Karoline", „Die Wildente". E: Dr Oprecht-Preis, 2 x in Zürich. H: Tennis, Ski, Wasserski, Psychologie, Sprachen, Jazz.

Relin Veit
B: Schauspieler. A: D–8094 Heberthal bei Wasserburg/Inn, c/o Agentur Bloy. Tel: 08071/2564 oder 089/6411893.

Remberg Erika
B: Schauspielerin. A: D–8000 München 22, Thierschpl 4, c/o Management Jovanovic. Tel: 089/299565 oder 089/475024/25.

Remond Fritz
B: Schauspieler. A: c/o Kleines Theater im Zoo, D–6000 Frankfurt/Main, Alfred Brehm-Pl 19. Tel: 0611/444004.

Renar Karl
B: Schauspieler. A: c/o Agentur Lentz, D–8000 München 80, Holbeinstr 4. Tel: 089/474026.

Renard Manuela
B: Schauspielerin. A: D–8000 München 40,

Leopoldstr 52, c/o ZBF-Agentur München, c/o Management Palz. Tel: 089/396088 oder 089/335081 oder 089/912019/10.

Renz Karl Günther
B: Moderator. G: Chemnitz, 24. Okt 1927. V: Pauline, geb Button. A: D–6200 Wiesbaden, Unter den Eichen. S: Hum Gymn, Abitur. K: Volontariat bei Nachrichtenagentur in München, bis 1949 Nachrichtenredakteur b „Tagblatt", 1950 „Münchner Merkur", dann f „Rhein-Echo", bzw NRZ, Reisen nach Nordafrika, Arabien, Pakistan, Iran, Türkei, Griechenland, Jugoslawien, 1952–54 außenpolitischer Redakteur d NRZ, dann Reise-Reporter in Nord- u Westafrika, 1958–61 Chefreporter d Bildzeitung u v „Bild am Sonntag" 1962 Reporter b „Windrose", 1963 US-Korrespondent in Washington f ZDF, seit 1969 Moderator d Nachrichtensendung „Heute". H: Schwimmen, Wasserski, Laufen, Skifahren, klassische Musik.

Renzi Eva
B: Schauspielerin. A: c/o Agentur Alexander, D–8000 München 80, Lamontstr 9. Tel: 089/471011.

Resch Ingrid
B: Schauspielerin. A: c/o Agentur Köhler, D–8000 München 40, Rümannstr 51. Tel: 089/363970.

Reschke Ethel
B: Schauspielerin. A: D–1000 Berlin 38, von Luck-Str 52, c/o Agentur Bengen. Tel: 030/8035277 oder 030/3911895.

Rethel Simone
B: Schauspielerin. A: D–8000 München 40, Nicolaistr 4, c/o Agentur Alexander. Tel: 089/348622 oder 089/471011.

Reuer Emely
B: Schauspielerin. A: D–8000 München 22, Prinzregentenstr 11 A, c/o Management Jovanvovic. Tel: 089/225891 oder 089/475024:25.

Reusing Manfred Doz
B: Visualitätsagent, Artist, Akteur, PrivDoz Makrokosmie. G: 3. Jan 1933. A: D-6200 Wiesbaden, Rheingoldstr 13. S: Ak, Fachschulen, Fotograf. K: Erster ernannter Akteur auf d Gebiet d Vermittlung innerer Eindrücke unter Verwendung einer neu entwickelten Technik. F: Frankfurter Rundschau, Mainzer Allgemeine, Wiesbadener Kurier, Mannheimer Morgen, Bochumer AZ, Marburger AZ, Hellweger Anzeiger, Westfälischer Anzeiger, Offenbach Post, Fuldaer Zeitung, BJZ, Wormser Zeitung Rheinpfalz, Wiesbadener Tagblatt, Speyerer Tagespost, Rhein Neckar Zeitung, Kulturpolitik, Dudenhofener Amtsblatt uva. D: Hauptdarsteller in „Die Vernissage", „Mein Tusculum", „Maresinien, seht ihr es", „Der Phönix lebt". E: Tusculumpreis, Rubensmedaille, Gabrielstipendium. M: Berufsverband Bildender Künstler (Pr), Künstlergilde St Lukas Antwerpen, Bild-Kunst. H: Kunstfliegen, Polo, Golf, Ballonfahrten.

Reuss-Bessler Else
B: Schauspielerin. G: Danzig, 20. Apr 1920. A: D–1000 Berlin 39, Str zum Löwen 11b. S: Oberprimareife, Schauspielschule Danzig, Staatl Schauspielprüfung Königsberg. K: Engagements in Danzig, Königsberg, Dortmund, Bremen, ab 1947 Deutsches Theater Berlin, ab 1952–76 Schillertheater Berlin, dann freischaffend. F: In fast allen Berliner Zeitungen vor oder nach Premieren u bei Festveranstaltungen. D: In ca 150 Theaterstücken, „Stella" uva. E: Medaille d'honeur Paris, Ehrennadel d Wachtangoff Theaters Moskau. H: Politik, Sachbücher, Gartenarbeit.

Reuter Alexander
B: Schauspieler. A: D–2000 Hamburg 60, Steilshooper Str 21. Tel: 040/2993752.

Reutermann Wolf-Rüdiger
B: Schauspieler. A: D–1000 Berlin 21, Alt-Moabit 93. Tel: 030/3933632.

Rex Rut
N: Rut Rex-Viehöver. B: Schauspielerin, Sängerin. G: Saarbrücken, 15. Juli 1937. A: D–6200 Wiesbaden, Danneckerstr 1. S: Abitur, Staatl Schauspielprüfung in Frankfurt. K: Staatstheater Saarbrücken, Theater a d Wien, Schillertheater Berlin, eigene Fernsehshows, erfolgreiche Kästner-, Tucholsky-, Brecht-Chanson-Abende im In- u Ausland, zZ Arbeit am ersten großen psychologischen Frauenroman. F: Viele in versch Zeitungen u Zeitschriften. D: Theater: „Nach d Sündenfall" uva, Fernseh-Shows: „Entrée für eine Chansonette", „Belle Epoque" uva, Filme: „Das weiße Rößl", „Das Beichtgeheimnis", Musicals: „Kiss me Kate", „Irma la Douce", „Madame Scandaleuse", „Heimweh nach St

Pauli" M: Deutsche BühnenGen. H: Reiten, Skilaufen, Tennis, Segeln.

Reyer Walter
B: Schauspieler. A: A–1030 Wien, Reisnerg 61, c/o Management Jovanovic. Tel: 0222/731108 oder 089/475024/25.

Rheingold Vera
B: Schauspielerin. A: D–8044 Unterschleißheim, Buchenstr 34. Tel: 089/3104604.

Richert Joachim
B: Schauspieler. A: D–2000 Hamburg 19, Osterstr 80, c/o ZBF-Agentur Hamburg. Tel: 040/498532 oder 040/66885400.

Richt Claus
B: Schauspieler. A: D–8000 München 80, Ismaninger Str 128. Tel: 089/988247/985868.

Richter Beatrice
B: Schauspielerin. A: c/o Agentur de la Berg, D–8026 Irschenhausen, Haus am Weiher. Tel: 08178/3681.

Richter Hans
B: Schauspieler. A: D–6148 Heppenheim 3, Wasserschöpp, c/o Theater an der Bergstraße, Dion Hans Richter, Heppenheim, c/o Management Jovanovic. Tel: 06252/4949 oder 089/475024/25

Richter Horst
B: Schauspieler. G: Chemnitz, 23. Okt 1925. V: Sigrid. A: D–8000 München 90, Bodenschneidstr 5. Tel: 089/685862. S: RealGymn, Schauspielschule. K: 1945 1. Engagement Freiberg/Sachsen, weitere Engagements in Görlitz, Chemnitz, ab 1955 Schauspielhaus Leipzig, ab 1962 Baden-Baden, Lübeck, Basel, ab 1968 Schauspielhaus Frankfurt/Main, ab 1972 Schauspielhaus Nürnberg, ab 1975 freischaffender Schauspieler. D: Theater: „Sonny-Boys", „Warten auf Godot", „Monsieur Chasse", „Der Hofmeister", „Die Möwe", „Adam und Eva", „Kollektion", „Othello", „Heilige Johanna" u weitere 200 Rollen, Fernsehen „Alle meine Tiere", „Forellenhof", „Die Gentlemen bitten zur Kasse", „Der Tiefschlag", „Der Mann aus Starnberg", „PS Geschichten ums Auto", „Rick und Ritschi", „Nirgendwo ist Pönichen", „Der Sternsteinhof" u 40 weitere Produktionen. E: Schauspielerpreis Baden-Baden 1963, Ehrenurkunde d Stadt Frankfurt/Main. H: Jagd.

Richter Ilja
B: Schauspieler, Moderator. G: Berlin, 24. Nov 1952. A: D–1000 Berlin 15, Bleibtreustr 32. S: Mittlere Reife. K: Bühnenauftritte, Hörspiele, mit 16 Jahren erste eigene Fernseh-Show, seit 1970 Moderator d „Disco"-Sendung, Schallplatten. F: Gong, Frau im Spiegel, tz, Bild u Funk, Hör Zu uva. D: Mehrere Spielfilme, Theater: ua „Freunde u Feinde".

Richter Peter Paul
B: Schauspieler. A: D–1000 Berlin 62, Innsbrucker Str 38. Tel: 030/7822370.

Richter Utz
B: Schauspieler. A: D–2000 Hamburg 60, Maria Luisen-Str 92, c/o ZBF-Agentur Hamburg. Tel: 040/2700340 oder 040/66885400.

Richter Walter
B: Schauspieler. A: CH–8954 Gerloldswil/ZH, Im Chratz 4, c/o Agentur v Pilecki. Tel: 00411/7481038 oder 089/220263.

Rickelt Martin Caspar Johannes
B: Schauspieler. G: Berlin, 2. Sept 1915. V: Tamara, geb Renko (Sängerin). A: D–7500 Karlsruhe 1, Nördliche Hildapromenade 18. S: Berthold Otto Schule Berlin, Karl Marx Schule Berlin. K: Schauspieler seit 1933, Theater u Film in Berlin an fast allen damaligen Bühnen tätig, Film bei Ufa, Bavaria, Tobis usw, Soldat, Kriegsdienst, russische Gefangenschaft im Ural, Schiller-Theater Berlin, Geschäftsführer im Veranstaltungsring West-Berlin, Film, Fernsehen, Funk, Synchron, am Staatstheater Karlsruhe bei Paul Rose, H G Rudolph, Günter Könemann, Fernsehen u bei vielen Filmen. D: „Hauptmann v Köpenick" (Titelrolle), „Biberpelz", „Eisenwichser", unzählige Rollen in 45 Theaterjahren, Film u Fernsehen. E: Große goldene Ehrennadel d GDBA f bes Verdienste, BVerdienstkreuz am Band 1975. M: Landes-Vors d GDBA Baden Württemberg, Rundfunkrat im SDR. H: Theater.

Riebauer Harry
B: Schauspieler. A: D–1000 Berlin 30, Landshuter Str 18, c/o Agentur Runde-Profé. Tel: 030/2111538 oder 030/3040661.

Riebold Hans Günther
B: Schauspieler. A: D–2150 Buxtehude, Stader Str 35, c/o ZBF-Agentur Hamburg. Tel: 04161/85152 oder 040/66885400.

Rieckmann Heidrun
B: Schauspielerin. A: D–2000 Hamburg 20, Lenhartzstr 24, c/o ZBF-Agenturen Hamburg u Frankfurt. Tel: 040/472774 oder 040/ 66885400 oder 0611/7111335.

Ried Elisabeth
B: Schauspielerin. A: D–1000 Berlin 33, Kreuznacher Str 48, c/o Agentur Bengen. Tel: 030/8212478 oder 030/3911895.

Ried Marina
B: Schauspielerin. A: D–2112 Usteburg, Itzenbüttler Str 65, c/o Agentur Runde-Profé. Tel: 04183/3792 oder 030/3040661.

Riedel Lutz-B
B: Schauspieler. A: D–1000 Berlin 62, Freiherr vom Stein-Str 6a, c/o ZBF-Agentur Berlin. Tel: 030/8542685 oder 030/8838031/54.

Riedle Skay
N: Brigitte Skaigawronek. B: Schauspielerin u Collagistin. G: Mannheim, 18. Juli 1944. A: I–00100 Rom, Via Passo del Furlo 61, und c/o Moras, D–8000 München, Germaniastr 3. S: Höhere Handelsschule, Schauspielstudio Haller in Heidelberg, Theaterreifeprüfung im Staatstheater Stuttgart, Privatschülerin v Erwin Piscator. K: Zimmertheater Heidelberg, Stadttheater Heidelberg, Kleine Freiheit München, Ruhrfestspiele Recklinghausen, Freie Volksbühne Berlin, Theater am Kurfürstendamm, sämtliche deutsche Fernsehsender, BBC London, Österr Fernsehen, Filme in London, Rom, Spanien, Fotomodell-Verträge mit d Neuen Revue. F: Stern, Spiegel, Quick, Neue Revue, Freundin, Bunte, Frau im Spiegel, Petra, Madame, Filmecho, Hör Zu, TV Hören u Sehen, Gong, Wochenend, Funk Uhr, Bild u Funk, Münchner Monat, Schweizer Illustrierte, Sie u Er, Blick, Reformzeitschriften, Bild am Sonntag u alle deutschen Tageszeitungen. D: Film: „Unruhige Töchter", „Isabella, die Herzogin d Teufel", „St Pauli Nachrichten", „Beiß mich, Liebling", „Die Tote aus d Themse", „Mein Mann, der Goldesel", Fernsehen: „Evarella 78", „Der ewige Gatte", „Ach, so eine nette Person", „Bei Schlagzeile Mord", „Dem Täter auf d Spur", „Wenn die Musik nicht wär", „Mit 2 Füßen im Grab" uva. H: Collagen aus Stoffresten, Ausstellungen in München, Mannheim u Berlin, schreiben v Kindermärchen, Dachgarten, nette Menschen u Tiere, Interesse f Psychologie u NaturMed.

Riedmann Gerhard
B: Schauspieler. A: A–6112 Wattens/Tirol, Swarovskistr 32, c/o ZBF-Agentur München. Tel: 00435224/2411 oder 089/335081.

Rieger Rotraut
B: Schauspielerin. A: D–4000 Düsseldorf 11, Wildenbruchstr 56, c/o Agentur v Pilecki. Tel: 0211/579372 oder 089/220263.

Riegler Ado
B: Schauspieler u Regisseur. G: Wiesbaden, 1906. V: Martina Eginhart, geb Rampfl. A: D–8031 Gröbenzell, Pfarrer Thaurerstr 5. S: Oberrealschule, Schauspiel- u Gesangsausbildung. K: OberspielLtr u Schauspieler an zahlreichen Theatern in Deutschland u insbes in München. M: BühnenGen.

Riegler Martina
B: Schauspielerin. A: D–8031 Gröbenzell, Pfarrer Thaurer-Str 5. Tel: 08142/9416.

Riehl August
B: Schauspieler. A: D–8000 München 19, Löfftzstr 4. Tel: 089/153664.

Riehl Mady
N: Helga Weinert. B: Ansagerin. G: Berlin, 30. Sept 1940. A: D–6500 Mainz, An d Karlschanze 16. S: Kfm Lehre, Sprech- u Gesangsunterricht. K: Schallplattenaufnahmen, Film, seit 1963 Ansagerin b ZDF, Mtgl im Punkterichtergremium v „Dalli – Dalli". H: Sammeln v Antiquitäten, Teppichen u alten Stichen, Meißner Porzellan.

Riek Eva
B: Schauspielerin. A: c/o Agentur Schmidt-Gentner, A–1030 Wien, Lothringer Str 20. Tel: 0222/752271.

Riepel Werner
B: Schauspieler. A: D–2000 Hamburg 53, Zaunweg 31. Tel: 040/835690.

Ries Mascha
N: Hanna-Maria Grobe. B: Schauspielerin, Sängerin (Chansons, Kabarett, intern Folklore). G: Lauenburg/Elbe, 11. Mai 1948. V: Wolfgang Grobe. A: D–2300 Kiel, Eichhofstr 1. S: Staatl HS f Musik u Schauspiel in Hamburg, Ltg Eduard Marks, Schauspielstudio Hamburg, Ltg Hildburg Freese. K: Nach d Schulausbildung 3 Jahre Schauspielausbildung, 1968 „Pippi Langstrumpf" (Eröffnungsstück d

„Theater für Kinder" in Hamburg, Prinzipal: Uwe Deeken), 1968–69 Stadttheater Heilbronn, div Tourneebühnen, 1970–71 „Klecks"-Theater in Hamburg, daneben zahlreiche Kleinkunstkabaretts in Hamburg, Hannover, München, Berlin, seit 1972 „Theater für Kinder", „Klecks"-Theater, „Theater Kiel", daneben div Kabaretts u Musiklokale in Hamburg, Kiel, Bremen. F: Stern, Petra, Hör Zu, Die Welt, Hamburger Abendblatt, Morgenpost, Kieler Nachrichten, Bild, Welt am Sonntag, Bild am Sonntag ua. D: „Pippi Langstrumpf", „Till Eulenspiegel", „Um die Ecke liegt Sizilien", „Kater, Clowns und Philippine", „Die Theater-Spielmaschine", „Alice im Wunderland", „Kuddelmuddelplatz", „Bravo Girl", „Die Mugnog-Kinder", „Rasmus und der Landstreicher", „Der Zauberschlüssel", „Pepsie", „Warte, bis es dunkel wird", „Halb auf dem Baum", „Der Revisor", „Hello Dolly", „Die Kassette", „Polly oder die Bataille am Bluewater Valley", „Die drei Musketiere", „Danton", „Monsieur Chasse oder wie man Hasen jagt" ua. H: Antiquitäten, Restaurieren (Möbel, Puppen).

Rieschel Claudia
B: Schauspielerin. G: Hamburg, 30. Nov 1950. A: D–8000 München 50, Pfarrer Grimmstr 18a. S: Abitur, Max Reinhardt-Seminar Wien. K: 3-Jahres-Engagement am Theater i d Josefstadt Wien, seit 1974 freiberuflich tätig, Gastspiele am Deutschen Theater in München, Hamburger Kammerspiele, Ernst Deutsch-Theater Hamburg, Theater am Dom, Köln, Düsseldorfer Komödie, 3 Tourneen, Sommerfestspiele Jagsthausen. D: Theater: „Die Häuser d Herrn Sartorius", „Bunbury", „Blick zurück im Zorn", „Romeo u Jeanette", „Minna v Barnhelm", „Götz v Berlichingen", „Raub d Sabinerinnen", „Die Cocktailparty", „Spiele", „Ingeborg", „Nächstes Jahr – gleiche Zeit", „Toller Tag", „Strategen d Liebe", Fernsehen: „Amouren", „Der Katzensteg", „Anpassung an eine zerstörte Illusion", „Rollentausch", „Karino, die Geschichte eines Pferdes" (Serie, Hauptrolle). H: Reiten.

Rießen Irmgard
B: Schauspielerin. A: D–2077 Trittau bei Hamburg, Bahnhofstr 14, c/o ZBF-Agentur Hamburg. Tel: 04154/2193 oder 040/66885400.

Rilla Walter
B: Schauspieler. A: c/o Agentur Alexander, D–8000 München 80, Lamontstr 9. Tel: 089/471011.

Ringer Claus
B: Schauspieler. A: D–8000 München 81, Freischützstr 110, c/o ZBF-Agentur München, c/o Agentur Jäger. Tel: 089/952510 oder 089/335081 oder 08151/8766.

Riphahn Marlene
B: Schauspielerin. A: D–5060 Bensberg, Am Hackberg 12, c/o Agentur Schmidt-Gentner. Tel: 02204/81137 oder 0222/752271.

Rippert Heinz
B: Schauspieler. A: D–8591 Alexanderbad, Kleinwendern 5, c/o Agentur Runde-Profé. Tel: 09232/3931 oder 030/3040661.

Rischert Lilian
PS: Tai-Tai. B: Tänzerin. G: Mannheim, 10. Juni 1943. A: D–7570 Baden-Baden, Marktplatz 15. S: Grundschule, Ballettschule (Internat) in Baden-Baden b Irma Fink. K: Theaterkinderballett in Baden-Baden 1950–58, 1958–60 Tageseinsätze mit Freiburger Theaterintendanten, Bunte Abende, Solo-Ballett-Auftritt mit d Tanzschule Irma Fink im Kurhaus Baden-Baden, 1959 zum Theaterballett München, Tornee durch alle Hauptstädte Deutschlands, Variete, Cabaret, 1961 Sololaufbahn mit Nationaltänzen in Genf, Locarno, Basel, Neucatel, Amsterdam, Rotterdam, Den Haag, Belgien, Brüssel, Luxemburg, Österreich (Wien – Maxim-Variete). F: Im Organ d Varietewelt u in d Werbung. D: In Märchen mit Ballettschule. M: IAL. H: Malen, Zeichnen, Reiten, Lesen, Musik, Autofahren, Musikaufnahmen zum Tanz, selbst schneiden, Reisen, Fotografieren, Filmen.

Riss Walter
B: Schauspieler. A: D–1000 Berlin 45, Kadettenweg 11, c/o ZBF-Agentur München. Tel: 030/8836074 oder 089/335081.

Rist Sepp
B: Schauspieler. A: D–8973 Hindelang/Allgäu, Badstr 11. Tel: 08324/2245.

Ritter Ilse
B: Schauspielerin. A: D–1000 Berlin 38, Bergengruenstr 9, c/o Management Baumbauer. Tel: 030/8016829 oder 089/478577.

Rober Robert
B: Schauspieler. A: D–1000 Berlin 30, Ein-

emstr 8, c/o ZBF-Agentur Berlin. Tel: 030/ 2622153 oder 030/8838031/54.

Roberts Chris
B: Schauspieler. A: c/o Agentur Killer, D–8000 München 19, Fafnerstr 32 Tel: 089/173455.

Roberts Cora
B: Schauspielerin. A: D–8021 Strasslach, Frundsbergstr 56d, c/o ZBF-Agentur München. Tl: 08170/7555 oder 089/335081.

Röbl Irene
B: Erlernter Beruf: Landwirtin, ausgeübter Beruf: Jodlerin. G: Markt Berolzheim, 21. Juni 1947. A: D–8831 Markt Berolzheim, Flederwischg 1. S: Grundschule, ldw Berufsschule, ldw Fachschule, Hauswirtschaftsschule. K: Zwei Jahre Gesangsunterricht, seit 1968 Jodlerin u Kuhglockenspielerin, Auftritte in d BRD, Holland, Paris, Nizza, seit zwei Jahren bei Kreuzfahrten auf italienischen Schiffen. H: Mannequin auf Modeschautourneen.

Röcker Joachim
B: Schauspieler. A: D–1000 Berlin 33, Trabener Str 34. Tel: 030/ 8868766.

Rode Anneliese
B: Schauspielerin. A: D–8000 München 71, Noestr 24. Tel: 089/0797759.

Rode Christian
B: Schauspieler. G: Hamburg, 20. Juli 1936. A: D–1000 Berlin 36, Waltraudstr 36. S: Oberrealschule, Deutsches Schauspielhaus Hamburg. K: 1956–58 Deutsches Schauspielhaus Hamburg, 1959–60 Landestheater Darmstadt, 1962–64 Württ Staatstheater Stuttgart, 1964–73 Schillertheater Berlin. D: „Angelique", „Brennt Paris?", „Nibelungen", „Lord von Barmbeck". H: Reiten, Wasserski, Fotografieren.

Roderer Walter
B: Schauspieler. A: CH–8308 Illnau, Steinacker Str 34.

Rodensky Shmuel
B: Schauspieler. A: c/o Agentur v Pilecki, D–8000 München 22, Oettingenstr 46. Tel: 089/220263.

Roeder Günter
B: Schauspieler. A: D–7550 Rastatt, Richard Wagner-Ring 61. Tel: 07222/22784.

Roell Wichart von
B: Schauspieler. A: c/o Agentur Killer, D–8000 München 19, Fafnerstr 32. Tel: 089/173455.

Roggisch Peter
B: Schauspieler. A: c/o Agentur Marga Wiedner, D–8000 München 40, Destouchesstr 32/I. Tel: 089/3081822.

Röglin Roger
B: Schauspieler. A: c/o Agentur Rakosi, D–8000 München 90, Tegernseer Landstr 284. Tel: 089/6904092.

Röglin Werner
B: Schauspieler, Chansonier. G: 23. Apr 1938. A: D–8000 München 1, Postfach 123, D–8000 München 5, Klensestr 17. S: Gneisenau-Gymn, Berlin, Max Reinhardt-Seminar, Berlin. K: Theater Tribüne München, Filme (insgesamt 15 Filme). F: tz München, Merkur München, AZ München. D: „Geh' zieh dein Dirndl aus", „Drei Bayern in München", „Der Schüchterne, der Feuer fing" ua.

Rohbeck Brigitte
B: Schauspielerin. G: Wuppertal, 9. Nov 1946. V: Refik Kajteranovic. A: D–3000 Hannover 1, Sallstr 48. Tel: 0511/880722. S: Mittlere Reife, 3 Jahre Badische Schauspielschule (Wedekind). K: 1972–74 Anfängerjahre in Karlsruhe, dann Lübeck, Hamburg, Hannover, zuletzt Tournee mit Gerd Vespermann u Gaby Jacoby, Fernsehen als Kriminalkommissarin. F: Bildzeitung, in vielen Tageszeitungen. D: „Ein Sommernachtstraum", „Bürger als Edelmann", „Schwester George muß sterben", „Alice McNaught", „Juno und der Pfau", „Michael Kramer", „Mutter Courage", „Sesamstraße" (Fernsehen) usw. H: Singen, Tanzen, Lesen, Tennis, Tiere betreuen, Reisen.

Rohe Jürgen
B: Schauspieler. A: c/o Agentur Marga Wiedner, D–8000 München 40, Destouchesstr 32/I. Tel: 089/3081822.

Röhlke Klaus-Dieter
B: Schauspieler. A: D–2800 Bremen, Buddestr 16/18, c/o Agentur Bengen. Tel: 0421/356176 oder 030/3911895.

Rohrer Hanna
B: Schauspielerin. A: c/o Agentur Schmidt-Gentner, A–1030 Wien, Lothringer Str 20. Tel: 0222/752271.

Rökk Marika
B: Tänzerin, Schauspielerin, Sängerin. G: Kairo, 3. Nov 1913. V: Fred Raul. A: A–2500 Baden b Wien, Mozartstr 15. Tel: 02252/41170. S: Tanzausbildung Klass Tanz, Step, Akrobatik. K: Gastspielreisen d Europa u USA, Tourneen, Tätigkeit f Film, Funk, Fernsehen, Schallplatte. F: In versch Zeitungen u Zeitschriften d In- u Auslandes. D: „Maske in Blau", „Ball im Savoy", „Die Blume v Hawaii", „Das Ministerium ist beleidigt", „Träume v Glück", „Hello Dolly", „Die Katze im Sack", „Stern d Manege", „Gräfin Mariza", „Czardasfürstin", „Die Gräfin v Naschmarkt" uva, Film: „Leichte Kavallerie", „Heißes Blut", „Und Du, mein Schatz, fährst mit", „Der Bettelstudent", „Gasparone", „Karussell", „Eine Nacht im Mai", „Hallo, Janine", „Es war eine rauschende Ballnacht", „Kora Terry", „Wunschkonzert", „Tanz m d Kaiser", „Frauen sind doch bessere Diplomaten", „Hab mich lieb", „Die Frau meiner Träume", „Fregola", „Das Kind d Donau", „Die Czardasfürstin", „Sensation in San Remo", „Maske in Blau", „Die geschiedene Frau", „Nachts im grünen Kakadu", „Bühne frei f Marika", „Die Nacht vor d Premiere", „Mein Mann, das Wirtschaftswunder", „Hochzeitsnacht im Paradies" uva. E: Versch Bambi-Preise, Österr Ehrenkreuz f Wiss u Kunst I. Klasse, Goldenes Ehrenzeichen f Verdienste um d Land Wien.

Roland Annette
N: Hanna Fitz, geb Stier. B: Schauspielerin. G: Erfurt, 14. Juni 1904. A: D–7570 Baden-Baden, Lilienmattstr 6. S: Ausbildung u Staatsexamen als Kindergärtnerin, Schauspielausbildung b Prof Winds in Leipzig. K: Schauspielerin in Köln, Frankfurt/M, Heidelberg, Karlsruhe, Essen, Basel, Hamburg, Schauspielerin f Fernsehen u Hörfunk ua, seit 1946 Schauspielerin am Theater d Stadt Baden-Baden, Mitarbeiterin d SWF, Schauspiellehrerin, Lesungen, Rezitationen in Baden-Baden, Karlsruhe, Heidelberg, Offenburg, Zürich, Kinderdorf Sulzburg, Schallplatten. F: BühnenGen, Theater heute, in div Tageszeitungen. D: „Leocadia", „Frau Warrens Gewerbe", „Gespenster", „Der zerbrochene Krug", „Zwei ahnungslose Engel", „Spitzenhäubchen u Arsenik", „Tango", „Ganze Tage in d Bäumen", „Scheibenschießen", „Gigi", „Medea" ua, Fernsehen: „Alle meine Tiere" (Serie), „Forellenhof" (Serie), „Na und?", „Vom Hackepeter u d kalten Mamsell", mehrfach in „Aktenzeichen XY – ungelöst", „Familienschlaf" uva. E: Schauspielerpreis d PatronatsGes f d Theater d Stadt Baden-Baden (3mal). M: Soroptimist Club intern. H: Yoga.

Roland Jürgen
N: Jürgen Roland-Schellack. B: Regisseur, Autor. G: Hamburg, 25. Dez 1925. V: Eva, geb Weidner. A: D–2000 Hamburg 69, Rögengrund 28. Tel: 040/6019688. S: Abitur. K: Rundfunk-Reporter, Film-Regie-Ass, Fernsehschule BBC London, Reporter-Redakteur b NWDR Hamburg, StudReise durch d USA, Regisseur, Redakteur b NDR, Filmregie, Theater-Inszenierungen: „Die Mausefalle", „Zeugin d Anklage", „Dies Bildnis ist zum Morden schön", „Scherz beiseite", „Die selige Edwina Black", Fernseh-Regie u Redaktion: „Der Hauptfilm hat noch nicht begonnen", „Künstlerportrait", „Städtebild", „Der Polizeibericht meldet", „Stahlnetz", „Die Katze im Sack", „Dem Täter auf d Spur", „Am Rande d Manege", „Das Fenster zum Garten", „Familienärger", „Frau gesucht", „Puppen reden nicht", „Froschmänner", „Schlagzeile Mord", „Tod am Steuer", „Kein Hafen f Nicolo", „Blinder Hass", „Einer fehlt beim Kurkonzert", „Tatort", Filmregie: „Zwischen Ebbe u Flut", „Unser Wunderland bei Nacht", „Der rote Kreis", „Der grüne Bogenschütze", „Der Transport", „Heisser Hafen Hongkong", „Der schwarze Panther v Ratana", „Die Flußpiraten v Mississippi", „Polizeirevier Davidswache", „Vier Schlüssel", „Lotosblüten f Miss Quon", „Die Engel v St Pauli", „St Pauli-Report", „Das Mädchen v Hongkong", „Zinksärge f d Goldjungen" ua. E: EhrenDipl Intern Kongreß, Goldmedaille d Gewerkschaft d Polizei, Goldener Bildschirm, Drehbuchprämie d BReg, Goldene Leinwand, Kritiker-Preis uva.

Rolant Albert
N: Hans-Albert Rose. B: Schauspieler. G: Freiburg/Br, 28. Juli 1933. V: Elisabeth, geb Thurner. A: 1050 Wien, Arbeiterg 38/11. S: Gymn, Max Reinhardt-Seminar Wien. K: Engagements in Innsbruck, Basel, Santiago de Chile, Tournee durch ganz Südamerika, dann Wien Theater in d Josefstadt, seit 1963 Volkstheater. F: Kurier, Funkuhr. D: „Tatort" (Wiener Beitrag), zahllose Rollen im Laufe d Engagements am Volkstheater.

Rolfs Joachim
B: Schauspieler. A: D–2000 Hamburg 20, Kegelhofstr 49. Tel: 040/4603642.

Roloff Elmar
B: Schauspieler. A: c/o Agentur v Pilecki, D–8000 München 22, Oettingenstr 46. Tel: 089/220263.

Roloff Helga
B: Schauspielerin. A: D–8000 München 40, Bismarckstr 11. Tel: 089/395253 u 3613894.

Romanoff Katia
B: Schauspielerin. A: c/o ZBF-Agentur München, D–8000 München 40, Leopoldstr 19. Tel: 089/335081.

Romanowski Christian
B: Schauspieler. A: c/o ZBF-Agentur München, D–8000 München 40, Leopoldstr 19. Tel: 089/335081.

Romatowski Jürgen von
B: Schauspieler. A: D–2400 Lübeck 1, Goerdeler Str 34. Tel: 0451/77447.

Römer Anneliese
B: Schauspielerin. A: D–7014 Kornwestheim, Theodor Heuss-Str 32, c/o ZBF-Agentur München. Tel: 07154/22981 oder 089/335081.

Römer Narzissa
B: Schauspielerin. A: c/o Agentur Bengen, D–1000 Berlin 21, Paulstr 25. Tel: 030/3911895.

Romero Cesare
B: Schauspieler. A: c/o Management Jovanovic, D–8000 München 80, Perfallstr 6. Tel: 089/475024/25.

Ronau Steffi
B: Schauspielerin. A: D–1000 Berlin, Laubenheimer Str 15, c/o Agentur Bengen. Tel: 030/8216158 oder 030/3911895.

Rooney Tim
N: Herbert Reiner. B: Popsänger. G: Augsburg, 13. Feb 1949. A: D–8900 Augsburg, Paracelsusstr 6. S: GesangsStud, Stud f Gitarre. K: Sieger zahlreicher Talentshows, BSieger d ARD-Talentschuppens 1973, Tourneen durch d Sowjetunion, Schiffs-Engagements um d ganze Welt, zahlreiche Galas im In- u Ausland (ua m Josephine Baker). F: In div deutschen Zeitungen, Zeitschriften u Illustrierten. D: In Musiksendungen: „Die Montagsmaler", „Schaubude", „Musikreport", Auftritte im russ Fernsehen. E: Sieger versch Talentshows, BSieger d ARD-Talentschuppens. H: Fotografieren.

Roquette Suzanne
B: Schauspielerin. A: D–8100 Garmisch-Partenkirchen, Thomas Knorr-Str 14a. Tel: 08821/55408.

Rosenberg Andrea
B: Schauspielerin. A: D–8000 München 40, Schleißheimer Str 118, c/o ZBF-Agentur München. Tel: 089/853111 oder 089/335081.

Rosenquist Monica
B: Schauspielerin. G: Hamburg. V: Nils Rosenquist. A: D–2000 Hamburg 76, Hofweg 59. S: Gymn, Mittlere Reife, Staatl HS f Musik u darstellende Kunst. K: Freischaffende Schauspielerin an versch Bühnen, freien Gruppen, Fernsehen, Auftritte als Chansonsängerin mit eigenen Texten. F: Div Veröffentlichungen in versch Zeitungen u Zeitschriften. D: „Dracula", „Dem Täter auf d Spur", „Onkel Bräsig", „Jenseits v Schweden" uva. H: Menschen, Tiere, Archäologie, Reisen, Literatur, Bildende Kunst.

Rosenquist Olaf
B: Schauspieler. A: D–1000 Berlin 31, Nassauische Str 16, c/o Agentur Bengen. Tel: 030/8617835 oder 030/3911895.

Rosenthal Daphne
B: Schauspielerin. A: D–1000 Berlin 33, Charlottenbrunner Str 45a, c/o ZBF-Agentur Berlin. Tel: 030/8233949 oder 030/8838031.

Rosenthal Hans
B: Moderator, Quiz-Master. G: Berlin, 2. Apr 1925. V: Gertrud, geb Schallon. A: D–1000 Berlin, Augustapl 4 b. K: Volontariat b Berliner Rundfunk, RegieAss, AufnahmeLtr, 1948 AufnahmeLtr, später Regisseur b RIAS Berlin, seit 1950 Produzent f Quiz-Sendungen f Radio, 1960/61 Unterhaltungs-Chef d Bavaria München, seit 1962 Chef d UnterhaltungsAbt b RIAS, seit 1971 Quiz „Eins plus Eins gegen Zwei", dann „Dalli – Dalli". F: TV Hören u Sehen, Kronenzeitung, Hör Zu, Funk Uhr uva. E: BVerdienstkreuz, Goldener Bildschirm, Bambi ua. H: Schach, Skat, Tischtennis, Fußball.

Rospatt Michael von
B: Schauspieler. A: D–2000 Hamburg 55,

Blankeneser Hauptstr 91, c/o Management Palz. Tel: 040/860301 oder 089/912019/10.

Rossaro Angelika
B: Schauspielerin. A: D–8000 München 40, Konradstr 2, c/o ZBF-Agentur München. Tel: 089/349047 oder 089/335081.

Rossenbach Christa
B: Schauspielerin. A: D–1000 Berlin 19, Glokkenturmstr 24, c/o ZBF-Agentur Berlin. Tel: 030/3058600 oder 030/8838031.

Roth Paul Edwin
B: Schauspieler. G: Hamburg, 22. Okt 1918. V: Brigitte, geb Korsch. A: D–2000 Wedel/Holstein, Helgolandstr 1 B. S: Johanneum Hamburg, Schauspielschule des Schauspielhauses Hamburg. K: Theater, Film, Fernsehen, Rundfunk, Synchronisation, Kommentare, Moderation. F: In vielen Zeitschriften u Zeitungen. D: Von „Draußen vor der Tür" bis „Baumeister Solneß" u „Todestanz". H: Radfahren, Schwimmen, Sauna.

Roth Rose Renée
B: Schauspielerin. A: c/o Agentur Marga Wiedner, D–8000 München 40, Destouchesstr 32/I. Tel: 089/3081822.

Roth Wolf
B: Schauspieler. A: D–8000 München 70, Kornweger Str 56, c/o ZBF-Agentur München. Tel: 089/7148023 oder 089/335081.

Rotha Wanda
B: Schauspielerin. A: GB–London NW 8 7LR, 40 Ormonde Terrace. Tel: 00441/7220035 oder München 089/167489.

Rothardt Fritz
B: Schauspieler. A: D–8000 München 2, Residenzstr 21, c/o ZBF-Agentur München. Tel: 089/221616 oder 089/335081.

Rothe Ewald
B: Schauspieler. A: c/o Agentur Schmidt-Gentner, A–1030 Wien, Lothringer Str 20. Tel: 0222/752271.

Rothenberger Anneliese, KamSängerin
B: Sängerin. G: Mannheim, 19. Juni 1926. V: Gerd Wendelin Dieberitz. A: CH–8268 Salenstein, Quellenhof. S: Realschule, MusikHS. K: Eleven-Engagement Koblenz, Staatsoper Hamburg, Deutsche Oper a Rhein, Staatsoper Wien, Scala Milano, Teatero Colon, Metropolitan Oper New York. Festspiele: Salzburg, Edinburg, Glindebourne, Aix en Provence, Film, Fernsehen (eigene Shows seit 1969) usw. F: Diverse in vielen Zeitungen u Zeitschriften. E: Kammersängerin v Österreich, Bayern, Bundesverdienstkreuz 1. Klasse, Großes Bundesverdienstkreuz BRD, zahlreiche Ehrenmitgliedschaften im In- u Ausland. H: Malen

Rothweiler Margot
B: Schauspielerin. A: D–1000 Berlin 42, Kaiserin Augusta-Str 10, c/o ZBF-General-Agentur Frankfurt. Tel: 030/7523300 oder 0611/7111335.

Rott Klaus
B: Schauspieler. A: c/o Agentur Schmidt-Gentner, A–1030 Wien, Lothringer Str 20. Tel: 0222/752271.

Rott-Rott Hans
B: Artist, Künstler. G: Landsberg, 8. Apr 1902. V: Anni, geb Schneider. A: D–8912 Käufering bei Landsberg am Texet. S: RealGymn. K: Über 55 Jahre tätig im Rahmen volkstümlicher Unterhaltung in Universal Format, Hauptdarbietung Musicalclown, Beiprogramm Zauberkunst, Arbeitsfeld In- u Ausland, Mitwirkung beim Circus Fernsehfilm „bitte zuhören". F: Landsberger u Schongauer Zeitung, Augsburger Allgemeine, Süddeutsche Zeitung, Münchner Merkur, Organ der Varietè Welt, Salzburger Volksblatt u viele Presseberichte in europäischen Zeitungen. D: „Manege", „Wasser für Canitoga", „Fahrendes Volk", „Minna v Barnhelm", „Ein Walzertraum" uva. E: Kunstschein vom Varietè Direktor Spannagl Cabarett Wien – München, Bundesverdienstkreuz (1978) u versch andere Auszeichnungen u Anerkennungen. M: AltMtgl d Intern Artistenloge Weltorganisation, v Sicher wie Gold, Deutsche Union d Filmschaffenden. H: Mtgl d TierschutzVer u Historiker.

Rottmann Renate
B: Schauspielerin. A: c/o Agentur v Pilecki, D–8000 München 22, Oettingenstr 46. Tel: 089/220263.

Rowenius Jannah
B: Schauspielerin. A: D–2000 Hamburg 13, Rentzelstr 52, c/o Agentur V Goetz. Tel: 040/4104762 oder 040/394403.

Ruch Walter
B: OberspielLtr, Regisseur u Schauspieler. G: Niederbipp/BE, 15. Sept 1931. V: Ingrid, geb Mirbach. A: D–7570 Baden-Baden, Lichtenthaler-Str 33. S: Grundschulen, kfm Ausbildung, Schauspielschule Bühnenstudio Bern. K: Stadttheater St Gallen, Zürich, Deutsches Schauspielhaus Hamburg, Ltr d Zimmertheaters in Tübingen, OberspielLtr in Flensburg, Baden-Baden, seit 1977 freischaffender Regisseur u Schauspieler in d BRD u Schweiz. D: Beim NDR, WDR, Schweizer Fernsehen (zuletzt „Der Chinese"), Rollen an versch Theatern in d BRD u Schweiz. M: GDBA. H: Schwimmen, Lesen, Musik.

Rücker Christiane
B: Schauspielerin. G: Schertendorf, 12. Juni 1944. A: D–8000 München 13, Hiltensperger Str 47. Tel: 089/372792. S: Schauspielschule bei Prof Lilly Ackermann, Gesangsausbildung in München. K: Tätigkeit bei Theater, Film u Fernsehen, Komödie Berlin, Theater am Dom in Köln, Berliner Tourneetheater, Theater i d Josefstadt, freischaffende Schauspielerin. F: In Tageszeitungen u Zeitschriften. D: Theater: „Du weißt doch, ich versteh kein Wort, wenn das Badewasser läuft", „Versuchs einmal mit kleinen Mädchen", „Liebe für Liebe", „Stille Wasser...", „Die drei Zwillinge", Fernsehen: „Kommisar Tegtmeier", „Unsere große Schwester", „Weekend im Paradies", „Party Tips", „Lauf doch nicht splitternackt herum", „Überlegungen eines Mörders", „Michael Schanze-Show", „Drei Väter der Romy Schröder", Film: „Barras Heute", „Ich kauf mir lieber einen Tirolerhut", „Die Liebesquelle", „In Frankfurt sind die Nächte heiß", „Bel Ami 2000", „Die Schlangengrube und das Pendel", „Heubodengeflüster", „Bonditis", „Paradies d flotten Sünder", „Engel der Sünde", „Zieh dich aus, Puppe", „Der Arzt v St Pauli", „Otto ist auf Frauen scharf", „Komm nur, mein liebstes Vögelchen", „Ein dreifach Hoch dem Sanitätsgefreiten Neumann", „Unser Pauker geht in die Luft".

Rüdiger Herbert
B: Schauspieler. G: Berlin, 12. Okt 1920. V: Annerose, geb Jäneke. A: D–3331 Räbke/Helmstedt, Am Heergarten 160, c/o ZBF-Agentur Berlin. Tel: 05355/586 oder 030/8838031/54. S: Grundschule, Handwerkslehre, Schauspielschule, Eignungs- u Abschlußprüfung (Reifeprüfung) 1943, RegieAss. K: Engagements als Schauspieler bei Theater, Film, Funk, Fernsehen, Tourneen, Tätigkeit am Deutschen Theater, Theater am Schiffbauerdamm, Schloßparktheater, Freie Volksbühne, Hansa-Theater, Berliner Kammerspiele (alle Berlin), Theaterengagements in Göttingen, Pforzheim, Braunschweig (Staatstheater). F: Rollen-Fotos in Presse-Diensten, ua Defa-Presse, Bildschirm (Nordwest-Zeitung), Braunschweiger-Zeitung, Hör Zu. D: Mitwirkung in ca 30 Spielfilmen, ua „Semmelweiß", „Schatten über den Inseln", „Spielbank-Affäre", „Ich schwöre u gelobe", „Heiße Liebe", „Kein Hüsung" uva (alle ca 25 Fernsehspiele, div Hörspiele, TV-Spiele: „Fernsehgericht Nr 24 – Betriebsunfall", „Tatort – Rattennest", „Jakobowski", „Der Fall Meinberg", „Das Haus voll Gäste", „Das Millionending", „Der Fall Derz', „Der Pechpilz", „Ein Mann der nichts gewinnt", „Die Schöngrubers", „Das feuerrote Spielmobil", „Ein Mann kam im August", „Denkste: Oma", „Der rostrote Ritter", „Kommissariat 9. Folge", „Der eiserne Gustav". H: Vielseitige Interessen.

Rüdiger Michael O
B: Schauspieler. G: Berlin, 17. Juni 1950. A: D–1000 Berlin 10, Haubachstr 10. Tel: 030/3417464. S: Abitur, Stud d TheaterWiss, Schauspielausbildung bei Prof Marlise Ludwig in Berlin. D: „Die Häuser d Herrn Sartorius", „Das Leben d Galileo Galilei", „Iphigenie auf Tauris" uva. H: Kochen.

Rüdiger Reinhold
B: Schauspieler, Regisseur, Intendant. G: Hannover, 3. Jan 1926. V: Silvana, geb Sansoni. A: D–3000 Hannover 1, Jägerstr 15. S: Hum Gymn, Humboldtschule Hannover. K: 1946–47 Schauspielschule der Kammerspiele Hannover, 1947–49 Dramaturg, SpielLtr u Schauspieler, Kammerspiele Hannover, 1949–50 eigenes Kabarett „Satansbrüder", u Volkstheater, 1950–51 Operninszenierung d Uraufführung „Virgilius – Der Magier von Rom", 1951–52 Staatstheater Braunschweig als Dramaturg u Schauspieler, ab 1952 Gründung d Landesbühne Hannover, Dramaturg, SpielLtr u Schauspieler, ab 1954 OberspielLtr, SpielLtr bei d Festwochen Herrenhausen (Oper u Schauspiel), 1959 Stipendium d ITI, ab 1964 Intendant der Landesbühne Hannover, Gastinszenierungen in Frankfurt/Main, Genf, Regensburg ua, Übersetzungen u Bearbeitungen von Stücken v Shakespeare, Molière, Goldoni u Nestroy. F: In Tageszeitungen, Theater Heute, Monatszeitungen,

Buch „Festliches Herrenhausen". D: In vielen Theaterstücken. E: Niedersächs Verdienstorden 1. Klasse, 1977. M: ITI, Rotarier. H: Moderne u Naive Malerei.

Rüdiger Richard
B: Schauspieler. A: D–8000 München 71, Karl Marr-Str 4, c/o Management Baumbauer. Tel: 089/792600 oder 089/478577.

Rudnick Franz
B: Schauspieler. A: D–8000 München 81, Höslstr 28, c/o Management Baumbauer. Tel: 089/916291 oder 089/478577.

Rudolf Hans Christian
B: Schauspieler. A: c/o Agentur Köhler, D–8000 München 40, Rümannstr 51. Tel: 089/363970.

Rudolf Leopold
B: Schauspieler. G: 3. Mai 1911. A: A–1190 Wien, Daringerg 12. S: Schauspielseminar. K: Engagements in Salzburg, Fürth, Münster, Nürnberg, Theater i d Josefstadt Wien, Gastspiel am Kurfürstendamm-Theater, Berlin, Engagements an versch in- u ausländischen Bühnen, Tätigkeit bei Film, Funk, Fernsehen. D: „Die Hexe" uva. E: 1955 Kritiker-Preis.

Rudolph Karlheinz
B: Moderator, ZDF-HauptredaktionsLtr. G: Neustadt, 6. Sept 1923. V: Edith. A: D–6500 Mainz-Gonsenheim, Kehlweg 36. S: Abitur, Dolmetscherschule, Journalistenschule. K: Volontariat b Südwestfunk, bis 1962 Reporter u Redakteur f Hörfunk u Fernsehen, ZDF, zuerst Redakteur b „Heute", dann HauptAbt „Kultur", später Ltr d „Drehscheibe", 1966 Ltr d innenpolitischen Redaktion, dann Chefreporter, 1971 Chef d Hauptredaktion „Aktuelles". H: Rosenzucht, Tischtennis, Schwimmen.

Rudolph Liane
B: Schauspielerin. G: Bad Reichenhall, 26. Mai 1952. A: D–1000 Berlin 12, Dahlmannstr 7.

Rudolph Rainer
B: Schauspieler. A: c/o Management Palz, D–8000 München 81, Ortlindestr 6/VI l. Tel: 089/912019/10.

Rudolph Verenice
B: Schauspielerin. A: D–1000 Berlin 37, Lindenthaler Allee 17. Tel: 030/8018385.

Rueffer Alwin Michael
B: Schauspieler. A: c/o Agentur v Pilecki, D–8000 München 22, Oettingenstr 46. Tel: 089/220263.

Rueprecht Albert
B: Schauspieler, Regisseur. G: Wien, 24. Juli 1929. A: A–1040 Wien, Belvederegasse 41. S: Max Reinhardt-Seminar Wien. K: Theater a d Josefstadt, Burgtheater Wien, 25 deutsche u intern Filme zahlreiche TV-Auftritte.

Ruess Hanne
B: Schauspielerin. A: c/o ZBF-General-Agentur Frankfurt, D–6000 Frankfurt/Main, Feuerbachstr 42–46. Tel: 0611/7111335.

Ruethlein Maximilian
B: Schauspieler. A: D–1000 Berlin 61, Tempelhofer Ufer 10, c/o Agentur Bengen. Tel: 030/2513864 oder 030/3911895.

Ruffin Kurt von
B: Schauspieler. A: D–1000 Berlin 19, Rüsternallee 13, c/o Agentur Bengen. Tel: 030/3025666 oder 030/3911895.

Rühaak Siemen
B: Schauspieler. A: D–2800 Bremen, Gertrudenstr 4, c/o ZBF-Agentur Hamburg. Tel: 0421/75883 oder 040/66885400.

Rühl Eckard
B: Schauspieler. A: D–6370 Oberursel, Im Rosengärtchen 31, c/o ZBF-Gen-Agentur Frankfurt. Tel: 06171/22554 oder 0611/71111.

Ruhm Felicitas
B: Schauspielerin. G: Wien, 1. Mai 1936. V: Walter Richter. A: CH–8954 Geroldswil/ZH, Im Chratz 4. S: Matura, Schauspielunterricht. K: Engagements in Graz, Nürnberg, Salzburg, Braunschweig, Schauspielhaus Zürich, Gastspiele am Hebbeltheater Berlin, Josefstadt Wien, literarische Abende zusammen m Walter Richter, Tourneen. D: „Anne Frank", Ophelia, Julia, „Kabale u Liebe", „Käthchen v Heilbronn", „Cleopatra", „Heilige Johanna", „Undine", „Einen Jux will er sich machen", später Rollen v Raimund, Schnitzler, Brecht, Miller, Goldoni, Büchner, Zuckmayer, Ibsen, Fernsehrollen b ORF, NDR, Bayerischen Rundfunk, viele Hörspiele. M: Mtgl d Schweizer BühnenGen. H: Fotografieren, Reiten.

Ruhnke Gerhard
B: Schauspieler. A: D–8000 München 40, Plinganser Str 62, c/o Agentur Schmid. Tel: 089/761662 oder 089/981464.

Ruiter Josée
B: Schauspielerin. A: c/o Management Margarete van Dam, NL–Amsterdam, Plantage Parklaan 12. Tel: 003120/246743.

Rummel Dieter
B: Schauspieler. A: D–6101 Bickenbach a d B, Im Hasengrund 23. Tel: 06257/2384.

Rumpf Bernd
B: Schauspieler. A: CH–8603 Schwerzenbach, In den Halden 18/I, c/o ZBF-Agentur München. Tel: 00411/8252104 oder 089/335081.

Rupè Katja
B: Schauspielerin. A: c/o Agentur v Pilecki, D–8000 München 22, Oettingenstr 46. Tel: 089/220263.

Rupp Sieghardt
B: Schauspieler. A: A–1180 Wien, Khevenhüller Str 17, c/o Management Jovanovic. Tel: 0222/441183 oder 089/475024/25.

Rupprecht Alfred
B: Schauspieler. A: A–1080 Wien, Lange G 41/5, c/o ZBF-Gen-Agentur Frankfurt. Tel: 0222/4270955 oder 0611/7111334.

Rust Carla
B: Schauspielerin. A: D–8973 Hindelang/Allgäu, Badstr 11. Tel: 08324/2245.

Rüther Horst
PS: Pit vom Deich. B: Opernsänger (Tenor), Charakterfach. G: Neumünster/Holst, 30. Dez 1922. V: Margot, geb Darmstadt. A: D–7500 Karlsruhe 1, Kolbergerstr 11. Tel: 0721/683278. S: Realschule, Schauspiel- u Gesangsausbildung in Wien, Berlin, Hamburg (Franz Völkerschüler), Schauspiel-Examen in Posen, Wally Baumann Schauspielschule 1943/44. K: Opernbuffo, Operetten-Tenor: Operettenhaus Hamburg, Landesbühne Rendsburg, Städt Bühnen Flensburg, Operettenhaus Braunschweig, Städt Bühnen Erfurt, Städt Bühnen Mainz, Tourneen durch BRD, Schweiz, Gastspiele an fast allen deutschen Bühnen, 1957–61 Gastspiele in Portugal, Italien, Brasilien, Frankreich, Spanien, Schweiz, seit 1961 Badisches Staatstheater Karlsruhe. F: Welt, Frankfurter Allgemeine, Bild, Italienische, Portugiesische, Französische, Schweizer u intern Presse, Condor (Brasilien, Chile). D: „Ring d Nibelungen", „Wozzeck", „Meistersinger", „Rosenkavalier" uva, alle Mozart-Charakter-Tenöre. E: Goldene Sportnadel, portugiesische Verdienstmedaille f Kultur I. Klasse 1968. M: Schlaraffia-HerrenGes eV, GDBA (Opern-Obm), Ehren-Senator versch Karneval-Ver in Karlsruhe. H: Schriftstellerei, Feuilleton, Schwimmen, Dichtung, Literatur.

Rutishauser Ester
B: Schauspielerin. A: D–8069 Fernhag, Albrechtstr 1. Tel: 08441/5991.

Rütting Barbara
B: Schauspielerin. A: A–5202 Neumarkt am Wallersee, Sommerholz 30, c/o Management Jovanovic, (f Fernsehen: c/o ZBF-General-Agentur Frankfurt). Tel: 00436216/544 oder 089/475024/25 (0611/ 7111335).

Rysanek Lotte KamSängerin
N: Lotte Dörler. B: Opernsängerin. G: Wien, 18. März 1929. V: Dkfm Herbert Dörler. A: A–1130 Wien, Küniglbergg 2. S: Mittelschule, Konservatorium d Stadt Wien. K: Erstes Engagement in Freiburg/Br, seit 1955 Mtgl d Staatsoper Wien, Gastspiele in München, Hamburg, Berlin, Düsseldorf, Stuttgart, Mailand, Neapel, Montreal, Japan. D: Staatsoper Wien: Butterfly, Liu, Mimi, Musette, Leone in „Troubadour", Leonore in „Macht d Schicksals", Elvira, Nedda, Agathe, Antonia, „Verkaufte Braut" uva. E: Österr Kammersängerin 1968, Österreichisches Ehrenkreuz f Wiss u Kunst I. Klasse 1977. M: SolistenVerb d Staatsoper Wien. H: Garten, Schwimmen, Skilaufen.

Saad Margit
B: Schauspielerin. A: D–8023 Pullach i Isartal, Beethovenstr 12, c/o Management Jovanovic. Tel: 089/7932233 oder 089/475024/25.

Sabo Oscar
B: Schauspieler. A: D–1000 Berlin 20, Weißenburger Str 52, c/o ZBF-Agentur Berlin, c/o Agentur Bengen. Tel: 030/3316776 oder 030/8838031 oder 030/3911895.

Sachse-Steuernagel Erwin
B: Intendant, OberspielLtr, Komponist, Schriftsteller. G: Frankfurt/Main, 1. Aug 1915. V: Ruth, geb Reszeleit. A: D–6000 Frankfurt/Main, Jaspertstr 46. S: Gymn, MusikStud, ua bei Dr Gerold, Prof Ivan Knorr, Prof v Baussnern, Prof Engesser, GesangsStud (Lyrischer Tenor) bei Prof Silvio Rigutini, Kammersängerin Henny Bendfeld, Kammersänger Cornelis Bronsgeest, Bruno Seidler-Winkler, SchauspielStud (Liebhaber u jugendlicher Held), MusikHS in Frankfurt/Main. K: Mit 7 Jahren erstes öffentliches Konzert, Engagements an vielen Bühnen, ua in Guben, Cottbus, Norddeutsche Landesbühne, in Berlin: Theater d Jugend, Rose-Theater, Admiralspalast, Theater d Volkes, Volksoper Dresden, Westdeutsche Kammerspiele, Frankfurt/Main, Tourneen, Mtgl d „Meister Sextetts", ehem „Comedian Harmonists", Gastspiele im In- u Ausland, Verfasser v Operetten, Märchen-Singspielen, Schauspielen u Lustspielen, Liedkomponist, eigene Kompositionen. D: „Rigoletto", „Martha", „La Traviata", „Der Wildschütz", „Der Waffenschmied", „Zar und Zimmermann", „La Bohéme", „Tosca", „Madame Butterfly", „Die Zauberflöte", „Don Juan", „Der Freischütz", „Don Pasquale", „Manon", „Wallenstein", „Kabale und Liebe", „Don Carlos", „Maria Stuart", „Der Prinz von Homburg", „Iphigenie", „Die Gespenster", „Hamlet", „Egmont", „Und Pippa tanzt", „König Richard II", „Die Verschwörung des Fiesco zu Genua" u viele moderne Stücke. H: Reiten, Antiquitäten.

Saebisch Karl-Georg
B: Schauspieler. A: D–5600 Wuppertal-Elberfeld, Grifflenberg 67, c/o Agentur Marga Wiedner. Tel: 0202/422299 oder 089/3031822.

Sailer Toni
B: Skilehrer, Restaurantbesitzer. G: Kitzbühel/Tirol, 17. Nov 1935. A: A–6370 Kitzbühel, Franz Reisch-Straße. S: Grundschule, Berufsschule. K: Spenglerlehre, Skiläufer, siebenfacher Weltmeister u dreifacher Olympiasieger im alpinen Skilauf, mehrere Filme, Sportchef d alpinen Mannschaft Österr. F: In vielen Zeitungen u Zeitschriften d In- u Auslandes. D: „Ein Stück v Himmel", „Der schwarze Blitz", „12 Mädels u ein Mann", „Kauf Dir einen bunten Luftballon" uva. E: 4 Olymp Goldmedaillen uva. M: Pr d Kitzbühler SkiVerb uva.

Salloker Angela
B: Schauspielerin. A: D–8000 München 90, Candidstr 20, A–8042 Graz, St Peter, Pachernweg 25, c/o Agentur Bloy. Tel: 089/652561 oder 0043316/417392 oder 089/6411893.

Samariter Gerd D
B: Schauspieler. A: D–2000 Hamburg 80, Reinbeker Weg 32. Tel: 040/7248763.

Samarowski Branko
B: Schauspieler. A: D–7000 Stuttgart 1, Olgastr 121, c/o ZBF-Agentur München. Tel: 089/335081.

Samel Udo
B: Schauspieler. A: c/o ZBF-Gen-Agentur Frankfurt, D–6000 Frankfurt/Main, Feuerbachstr 42–46. Tel: 0611/7111335.

Sand Nina
B: Schauspielerin. A: c/o Agentur Rakosi, D–8000 München 90, Tegernseer Landstr 284. Tel: 089/6904092.

Sander Otto
B: Schauspieler. G: Hannover, 30 Juni 1941. A: D–1000 Berlin 31, Jenaer Str 6. S: Abitur, Stud: Kunstgeschichte, Germanistik, TheaterWiss, Otto Falckenberg Schule München. K: Theater in Düsseldorf, Heidelberg, Berlin. D: „Marquise von O", „Sommergäste", „Einer von uns beiden", „Trilogie des Wiedersehens", „Ludwig" uam. M: Ak d darstellenden Künste. H: Filmen, Schreiben.

Sandmann Ingeborg
B: Schauspielerin. A D–1000 Berlin 31, Nikolsburger Str 11. Tel: 030/8837723.

Sandstede Almut
N: Almut Schröder-Sandstede. B: Schauspielerin. G: 10. Okt 1924. A: D–2000 Hamburg 20, Lenhartzstr 7. S: Mittlere Reife. K: Engagements: Deutsches Theater Lille (Frankreich), Osnabrück, Oldenburg, Heidelberg, Kiel, Bremen, Hamburg, seit 1974 Lehrer am Hamburgischen Schauspielstudio. F: Kritiken, in Fachzeitschriften bei bes Aufführungen. D: „Krach im Hinterhaus", „Biberpelz", „Jugend", „Das Konzert", „Scampolo", „Liebesfahrt der Scholren", „Kaffeehaus", „Taube in der Hand – Hund im Hirn", „Minna von Barnhelm", „Sommernachtstraum", „Was ihr wollt" „Wie es euch gefällt", „Der eingebildete Kranke",

„Ein Inspektor kommt", „Ingeborg", „Dr med Hiob Prätorius", „Des Teufels General", „Zum goldenen Anker", „Antigone", „Die Lerche", „Schule der Witwen", „Ballade vom Eulenspielel", „Michael Kramer", „Morgen kommt ein neuer Tag", „Salz im Tee", „Schmutzige Hände", „Fanal", „Ein Phönix zuviel", „Pygmalion", „Bei verschlossenen Türen", „Faust", „Tartuffe", „Der zerbrochene Krug", „Der schöne Gleichgültige", „Geliebte Stimme", „Die schattenlose Straße", „Siel", „Glückliche Tage" ua. M: Künstlerclub „Die Insel", TierschutzVer, Natur- u Umweltschutz, Bürgerinitiativen.

Sandt Nina
B: Schauspielerin. A: A–1190 Wien, Bauernfeldg 6, c/o Management Jovanovic. Tel: 0222/361389 oder 089/475024/25.

Sansoni Silvana
B: Schauspielerin. A: D–3000 Hannover, Jägerstr 15, c/o Management Mackeben. Tel: 0511/710074 oder 030/8263249.

Sanssen Nicola
B: Schauspielerin. G: Darmstadt, 18. Dez 1955. A: D–4000 Düsseldorf, Rochusstr 60. S: Mittlere Reife, Otto Falckenberg-Schule, 7 Jahre Ballett an d Bayerischen Staatsoper, 2 Jahre Operngesang privat. K: 2 Jahre Augsburg Stadttheater, als Gast in Bonn. F: Theater heute. D: „Faust", „Die Letzten", „Biberpelz", „Romeo u Julia", „Die Wildente" ua. H: Reiten, Bergsteigen, Lesen, Musik, Reisen.

Sartori Christiane
B: Schauspielerin. A: c/o Agentur Lentz, D–8000 München 80, Holbeinstr 4. Tel: 089/474026.

Sasse Heribert
B: Schauspieler. A: c/o ZBF-Agentur München, D–8000 München 40, Leopoldstr 19. Tel: 089/335081.

Sasse Johann
PS: Rita u Jonny André. B: Artist. G: Bremerhaven, 21. Jan 1943. V: Angela, geb Wandschneider. A: D–7120 Bietigheim, Friedrich Ebert-Str 43. S: Grundschule, Ballettschule d Stadttheaters Bremerhaven. K: Beginn in Cabarets als Rita + Jonny André. F: BZ, Baseler Stab u Doppelstab, Quick, Neue Revue uva. H: Reiten, Segeln, Bowling, Tanzen, Wasserski.

Sattmann Peter
B: Schauspieler. A: c/o Agentur Bloy, D–8026 Grünwald, Gasteigweg 1. Tel: 089/6411893.

Sauer Andrea
PS: Silke. B: Fotomodell, Schauspielerin, Sängerin. G: 29. Okt 1963. A: D–2820 Bremen, Aumunder Heide 20. Tel: 0421/667797. S: Gymn, zZ 9. Klasse, Tanzunterricht, Gesangsunterricht, Gitarre. K: Sang zum 1. mal mit 9 Jahren „My boy Lollipop", später bei Nachwuchswettbewerben, mit 13 Jahren Entdekkung v einer großen deutschen Kosmetikfirma als „Mädchen mit der schönsten Haut", Angebote von Film u Fernsehen folgten, zZ Konzentration auf Fotomodell u Schauspiel. F: Für Sie, Petra, Freundin, Brigitte, Morgenpost, Echo der Frau ua. D: „Todesengel", „St Pauli Landungsbrücken", Kleindarsteller bei Carell „Am laufenden Band" usw. H: Singen, Kosmetik, Gitarre, Katzen.

Sauer Günther
B: Schauspieler. A: D–8000 München 60, Menter Str 70. Tel: 089/882704.

Sauer Heinrich
B: Schauspieler. A: c/o ZBF-Agentur München, D–8000 München 40, Leopoldstr 19. Tel: 089/335081.

Sauer Viola
B: Schauspielerin. A: c/o Agentur de la Berg, D–8026 Irschenhausen, Haus am Weiher. Tel: 08178/3681.

Saussen Edmund
B: Schauspieler. A: D–8000 München 70, Zenner Str 32. Tel: 089/7231350.

Saussen Nicola
B: Schauspielerin. A: D–8900 Augsburg, Werderstr 4. Tel: 0821/574478.

Sauter Achim
B: Schauspieler. A: D–2000 Hamburg 60, Eppendorfer Stieg 5, c/o Agentur Marga Wiedner. Tel: 040/4808161 oder 089/3081822.

Sauvant Sabine
N: Claudia Sabine Sauvant. B: Sängerin. G: Dortmund, 23. Aug 1955. A: D–8033 Krailling, Krälerstr 2a, c/o Showpromotion Hagemeier

KG, D–4990 Lübbecke 1, Zur schönen Aussicht 5. S: Gymn. K: Seit 1974 als Sängerin, Schallplatten: 5 Singles, 1 Langspielplatte. F: In fast allen deutschsprachigen allgemeinen u fachlichen Zeitungen u Magazinen. M: Verb Deutscher Musikschaffender, Aachen. H: Musik, Tanzen, Reisen.

Sax Uta
B: Schauspielerin. G: 11. Aug 1937. V: Jürgen Thormann. A: D–1000 Berlin 38, Spanische Allee 75. S: MusikStud an d MusikHS Stuttgart: Geige, Gesang, Sprecherziehung. K: Durch Zufall eine Rolle an d Komödie im Marquardt, danach sofort 1. Engagement, Stadttheater Oberhausen, dazu schon Funk u erste Fernsehrollen beim WDR, 1 Jahr Nationaltheater in Mannheim, dann Schillertheater Berlin, D: „Der blaue Strohhut", „Cleopatra", „Marquise von Arcis", „Richard II", „Wir machen Musik", „Wie es Euch gefällt", „Die Häuser d Herrn Sartorius", „My Fair Lady", „Kiss me Kate", „Die 7 Todsünden", eigener Chansonabend: Von Wedekind bis Brecht. M: BDGB. H: Reisen nach Spitzbergen, Nordkap, Nord- u Südamerika, Indien, Kaschmir, Nepal, Mexico, Ägypten, Hongkong, Philippinen, Bali, Bangkok.

Saxinger Joseph
B: Schauspieler. A: D–4000 Düsseldorf, Poststr 9, c/o Agentur Marga Wiedner. Tel: 0211/321723 oder 089/3081822.

Schaake Katrin
B: Schauspielerin. A: c/o ZBF-Agentur München, D–8000 München 40, Leopoldstr 19. Tel: 089/335081.

Schaank Teddy
B: Schauspielerin. A: c/o Management Margarete van Dam, NL–Amsterdam, Plantage Parklaan 12. Tel: 003120/246743.

Schach Rosemarie v
PS: Tina Caspari, Claudia Jonas. N: Rosemarie Eitzert, geb Schach v Wittenau. B: Schauspielerin u Schriftstellerin. G: Berlin, 25. Jan 1939. V: Peter Eitzert. A: D–8031 Steinebach-Wörthsee, Am Steinberg 63. S: Mittlere Reife, Handelsschule, Dolmetscher, Ballettschule, Schauspielschule Hamburg. K: Feste Bühnenengagements in Hamburg, Regensburg, Heidelberg, als Gast in Ingolstadt, Bremen, München, Berlin, Fernsehen, Film, Funk u Synchron, Moderation, Kurzgeschichten, ab bisher zwölf eigene Titel (jedes Jahr vier bis fünf weitere), Bearbeitungen, Übersetzungen. F: Einige in versch Zeitungen u Zeitschriften. D: In ca vier Dutzend. M: Kinderschutzbund, Kindernothilfe. H: Kunst, Musik, Literatur, Schwimmen, Langlauf.

Schacht Brigitte
B: Schauspielerin. A: D–2000 Hamburg 71, Bramfelder Chaussee 338a, c/o ZBF-Agentur Hamburg. Tel: 040/6428543 oder 040/66885400.

Schacko Maria
B: Sängerin (Oper u Konzert). G: 18. März 1905. A: D–6000 Frankfurt/M, Klettenburgstr 11. K: Landestheater Altenburg, Paris, Canaris, New York City, Concerte in USA, Boston Opera Comp, Fernsehen in New York, Radio in New York, Liederabende in Deutschland. F: Musical Courier, New York Times, Harold Tribune uva. E: New York Merchant Marine during war.

Schaefer Gert
B: Schauspieler. A: D–2000 Hamburg 52, Elbchaussee 187, c/o Agentur de la Berg. Tel: 040/8801616 oder 08178/3681.

Schaefer Wolfgang
B: Schauspieler. A: c/o Agentur Bengen, D–1000 Berlin 21, Paulstr 25. Tel: 030/3911895.

Schaeffer Emmerich
B: Schauspieler. A: c/o Agentur v Pilecki, D–8000 München 22, Oettingenstr 46. Tel: 089/220263.

Schaerf Wolfram
B: Schauspieler. A: D–2000 Hamburg 67, Wulfsdorfer Weg 81, c/o ZBF-Agentur Hamburg. Tel: 040/6039889 oder 040/66885400.

Schäfer Bernd
B: Schauspieler. A: c/o Agentur Bloy, D–8022 Grünwald, Gasteigweg 1. Tel: 089/6411893.

Schäfer Egon
B: Schauspieler. A: D–2400 Lübeck, Ziegelstr 110 A, c/o Agentur Runde-Profé. Tel: 0451/46459 oder 030/3040661.

Schäfer Hannes
B: Schauspieler. A: c/o ZBF-Gen-Agentur

Frankfurt, D–6000 Frankfurt/Main, Feuerbachstr 42–46. Tel: 0611/7111335.

Schäfer Willy
B: Schauspieler. A: D–8000 München 40, Tengstr 40, c/o ZBF-Agentur München. Tel: 089/378888 oder 089/335081.

Schaffrath Heidi
B: Schauspielerin. A: D–2084 Rellingen/HH, Habichtstr 4, c/o ZBF-Agentur Hamburg. Tel: 04101/31758 oder über Sekretariat 040/582877 oder 040/66885400.

Schafheitlin Franz
B: Schauspieler. A: D–8023 Pullach im Isartal, Richard Wagner-Str 50. Tel: 089/7931870.

Schalcher Elvira
B: Schauspielerin. A: CH–8040 Zürich, Eugen Huber-Str 115, c/o Agentur v Pilecki. Tel: 00411/621681 oder 089/220263.

Schaller-Schau Ingeborg
B: Sängerin (Koloratursopran), MusikPäd. G: Suhl/DDR, 6. Dez 1938. V: Milorad Schaller. A: D–6056 Heusenstamm/Hessen, Im Buchwald 105. S: Schauspielunterricht, Ballettunterricht in Meiningen, anschließend Gymn bis zur Oberprima mit MusikHS in Weimar, Fächer: Gesang bei Prof Lohmann, Klavier bei Prof Misgaiski, Violine bei Doz Boller. K: Flucht nach Frankfurt/Main, zahnärztliche Ass (Dr Glaser gleichzeitig Ltr d TheaterVer Philharmonie), daneben musikalische Weiterbildung, siebeneinhalb Jahre bei Frau Kammersängerin Nelly Merz-Gehrke, Mitwirkung bei Konzerten d Philharmonie, Kontakt mit d Hessischen Rundfunk, Mitwirkung bei kleineren Veranstaltungen, seit 1962 bei Konzerten Arien v Mozart, Bach, Beethoven, ab 1968 Lehrerin f Klavier, Violine, Gesang, Orgel, Gitarre u Akkordeon, 1976 Gründung eines Kinderchores (Show-Chor). F: Fechenheimer Tagesblatt, Dietzenbacher Heimatblatt, Hersfelder Tagesblatt, Westfälische Rundschau, Frankfurter Neue Presse, Rundschau, Offenbach-Post, Deutsches Bühnenjahrbuch. D: „Ball der Nationen", „4 Frauen um Richard Wagner", „Traumrevue", Märchenfilm. E: Als freundlichste Ass v d Industrie- u HandelsKam. M: TheaterVer Philharmonie 1958–62 Kirchenchor Dietzenbach-Steinberg 1964–69. H: Kinder, Tiere, Filmsammlungen aus alten Filmen.

Schanda Axel
B: Schauspieler. A: c/o Agentur Schmidt-Gentner, A–1030 Wien, Lothringer Str 20. Tel: 0222/752271.

Schanzara Tana
B: Schauspielerin. A: D–4690 Herne, Holper Heide, Hamsterweg 116, c/o Agentur de la Berg. Tel: 02323/21083 oder 08178/3681.

Schanze Michael
B: Sänger, Moderator. G: München, 15. Jan 1947. A: D–8045 Ismaning b München, Bethmannstr 4. S: Abitur, HS f Fernsehen u Film (Regiefach), München. K: Als Schüler Pianist u Schlagzeuger in Bands, 1968 erste Schallplatte „Ich bin kein Lord", nach Abschluß d Stud weitere Schallplatten: „Ich hab Dich lieb", „Ich suche ein Mädchen", Show-Serie b Fernsehen: „Hätten Sie heut' Zeit für mich?", „1, 2, 3" – Kinder-Quiz, ua. F: Quick, Hör Zu, TV Hören u Sehen, Gong ua. D: „Sie nannten ihn Krambambuli", „Außer Rand u Band am Wolfgangsee" uva. H: Musik, Sport, Segeln.

Schanze Udo
B: Schauspieler. A: D–1000 Berlin 45, Augustastr 21e. Tel: 030/8331176.

Schastok Erwin
B: Schauspieler. A: D–1000 Berlin 20, Brunsbütteler Damm 341, c/o ZBF-Agentur Berlin. Tel: 030/3668747 oder 030/8838031/54.

Schättle Horst
B: Moderator. G: Oberndorf/Neckar, 9. Dez 1939. V: Siegrid, geb Hug. A: D–6200 Wiesbaden, Rosselstr 7. S: Abitur, Stud d WirtschaftsWiss, Politische Wiss, Dipl rer pol. : Ass am Inst f Politische Wiss an d Univ Mannheim, dann freier Mitarbeiter b ZDF, 1968–71 Bonner Korrespondent, seit 1971 RedaktionsLtr d Sendung „Themen d Tages", stellv HauptredaktionsLtr „Aktuelles". H: Reiten, Schwimmen, Tennis, Fußball.

Schauer Johannes
B: Schauspieler. A: A–1040 Wien, Schlüsselg 3/3. Tel: 0222/653481.

Schaufuss Peter-Timm
B: Schauspieler. A: D–8000 München 90, Landfriedstr 1. Tel: 089/6914175.

Schautzer Max
B: Schauspieler. A: D–5000 Köln 50, Beethovenstr 6. Tel: 0221/ 354267 u 416240.

Scheerbarth Margitta
B: Schauspielerin. A: D–1000 Berlin 30, Wichmannstr 8, c/o ZBF-Agentur Berlin. Tel: 030/2618575 oder 030/8838031.

Scheerbarth Ruth
B: Schauspielerin. A: D–1000 Berlin 33, Hundekehlestr 8, c/o ZBF-Agentur Berlin. Tel: 030/8257177 oder 030/8838031.

Scheibler Manfred
B: Schauspieler. A: D–5070 Bergisch-Gladbach 2, Scheidtbachstr 12, D–5569 Katzwinkel über Daun, Am Gäsbach 7. Tel: 02202/31946.

Scheiblich Jens
B: Schauspieler. A: D–2000 Hamburg 67, Weiße Rose 8, c/o ZBF-Agentur Hamburg. Tel: 040/6037486 oder 040/66885400.

Scheid Erika vom
B: Schauspielerin. A: D–3100 Celle, Bauernkamp 15. Tel: 05141/34398.

Schell Carl
B: Schauspieler, Regisseur, Schriftsteller. G: Wolfsberg/Ktn, 14. Nov 1927. V: Angelika Schell (KN: Stella Mooney). A: CH–6641 Brissago/Tessin, Casa Esperanza. Tel: 0041/93/651353. S: Gymn, Atheneum Zürich, TH, Schauspielschule. K: 1946 Ltr d Jugendbühne Bern, dann Engagements u Gastspiele in Bern, Chur, Zürich, Paris, Sao Paulo, München, Köln, Basel, Frankfurt/M, Berlin, 1951 Prof an d Academia de Arte Sao Paulo/Brasilien, 1952–54 Gründer u Ltr d Club Intern de Arte Dramatica Sao Paulo, künstl Ltr d Pan American Film Ltd Sao Paulo, 1958–59 Intendant d Kammerschpiele in d Kongreßhalle Berlin, Gastspiele in Hamburg, München, Düsseldorf, England, 1964–66 künstl Ltr u Mitproduzent d „Kay Lewis Enterprises" in d Samuel Goldwyn Studios Hollywood, 1965–68 Gründer u Pr d Dana Point Intern Theatre u d Schell-Academy of the performing arts in Dana Point/California, 1968 Tournee d Deutschland, Österreich, Schweiz, 1972–76 Gründer u Ltr d „Tessiner Komödie" m Gastspielen in München, Hamburg, Düsseldorf, Zürich, Basel, Mallorca ua, sowie Tourneen durch Deutschland u d Schweiz, div Hörspielrollen u Regie in USA, Lateinamerika u Europa, journalistische Tätigkeit: Hörspiel- u Filmmanuskripte („Land d Glückseligkeit", „Tagebuch d Grauens"), Drehbücher („The Human Trap", „Once befor I die" ua), Übersetzungen v Bühnenstücken („The Servant", „Boy meets girl"), v Romanen („Der Zobelmantel") u Adaptionen u Essays. F: In versch Zeitungen, Zeitschriften u Illustrierten im In- u Ausland. D: Theater: „Aschenbrödel", „Des Teufels General", „Das Haus in Montevideo", „Antigone", „Die Braut v Trotzko", „Escutem uma Coisa", „Romeo and Juliet", „Blick v d Brücke", „Sobald fünf Jahre vergehen", „Der leere Stuhl", „An einem Tag wie jeder andere", „Raskolnikov", „Duell d Liebe", „Fünfzehn Schnüre Geld", „Ingeborg", „Fuhrmann Henschel", „Es bleibt in d Familie", „Schluß m d Blondinen", „Winter in Ischia", „Draußen vor d Tür", „Die Millionärin", „Die Heimkehr", „Fuchsjagd", „Revanche", „Ehe zu dritt", „Handicap", „Die 8 Millionäre", Fernsehen „The light of a friendly star", „The rack", „Decoy", „Tennisschläger u Kanonen", „Garrisons Gurillas", „Death valley days", „Sebastian et la Mary Morgan" (Serie), „Frau gesucht", „Butler Parker" (Serie), „To die in Paris", „Tele-Boy", „Dalli-Dalli", „Es bleibt in d Familie", „Les grandes Detectives", „Geheime Bundeswehr", „Blauer Bock", Gast in „Sie u er im Kreuzverhör", „Eins plus eins gegen zwei" ua, Film: „L'eterna Canzone", „Kein Engel ist so rein", „Drei Mädel v Rhein", „Between to be and not to be", „Sigmund Freud", „Les Naufrageuers", „Licantropus", „Bande de Laches", „Tunnel 28", „Confession", „The blue Max", „The professional touch", „Tödliche Freizeit" uva. E: Bande de Laches, Ehrengast d Filmfestivals Moskau 1965, Europapreis – Rom „Leander D'Opinione". M: GDBA, British Actors Equity, Screen Actors Guild, Hollywood.

Schell Catherine von
B: Schauspielerin. A: c/o Management Jovanovic, D–8000 München 80, Perfallstr 6. Tel: 089/475024/25.

Schell Immy
B: Schauspielerin. A: D–8000 München 83, Asenweg 7, c/o Management Baumbauer. Tel: 089/608860 oder 089/478577.

Schell Maria
B: Schauspielerin. A: c/o Management Jovanovic, D–8000 München 80, Perfallstr 6. Tel: 089/475024/25.

Schell Maximilian
B: Schauspieler. A: c/o Management Baumbauer, D–8000 München 80, Keplerstr 2. Tel: 089/478577.

Schellbach-Scheliga Hans
B: Schauspieler. G: Karf, 28. Juni 1925. V: Renate, geb Werker. A: D–2411 Sandesneben, Am Bullenhorst. S: Grundschule, Schauspielschule Breslau 1941–43. K: 25 Jahre Theater-, Film- u Fernsehtätigkeit. F: In allen Programmzeitschriften u in div Zeitungen. D: Film: zB „Perrak" (mit Horst Tappert, Erika Pluhar), Fernsehen: „Salto mortale" (Serie), „Herr Soldan hat keine Vergangenheit!", „Der Mann der den Eiffelturm verkaufte", insgesamt 150 Produktionen. H: Fremdsprachen.

Schellenberg Charlotte
B: Schauspielerin. A: D–2000 Hamburg 60, Andreasstr 27. Tel: 040/272735 oder über Sekretariat 040/582877.

Scheller Jürgen
B: Schauspieler. A: c/o Management Palz, D–8000 München 81, Ortlindestr 6/VII. Tel: 089/912019/10.

Schellow Erich
B: Schauspieler. A: D–1000 Berlin 19, Derburgstr 28/5, c/o Management Baumbauer. Tel: 030/3228561 oder 089/478577.

Schenk Fritz
B: Moderator. G: Helbra, 10. März 1930. V: Rosemarie, geb Müller. A: D–6000 Frankfurt-Hausen, Am Niddatal 4. S: Oberschule, Schriftsetzer- u Buchdrucker-Lehre, Stud an einer Ing-Schule: Polygraphie, Politische Ökonomie. K: 1951 Disponent, Druckerei-Ltr, persönlicher Referent d stellv DDR-MinPr Leuschner, Flucht in d BRD, 1958–68 freier Publizist f ARD u ZDF, 1968–71 AbtLtr im Gesamtdeutschen Inst in Bonn, seit 1971 Moderator d ZDF-Magazins, Veröffentlichungen: „Magie d Planwirtschaft", „Das rote Wirtschaftswunder" ua. E: Jakob Kaiser-Preis. H: Kegeln, Schwimmen, Schach, Skat.

Schenk Heinz
B: Conférencier, Autor. G: Mainz, 11. Dez 1924. V: Gerti. A: D–6201 Naurod. S: Kfm Lehre, Schauspielunterricht am Konservatorium Wiesbaden. K: 1942 erste Show als Alleinunterhalter, Auftritte in d Provinz, entdeckt d Hans-Joachim Kulenkampff f d Rundfunk, seit 1966 „Blauer Bock" beim HR, nebenberuflich Autor v Büchern u Schlagertexten f Heino, Veröffentlichungen: „Heinzelmännchens Lachparade", „Daran haben Oma u Opa nicht gedacht" uva. E: Bambi. H: Tontaubenschießen, Skat, Schwimmen, Gartenarbeit, Filmen, Basteln.

Schenk Traudl
B: Schauspielerin. A: D–8000 München 19, Rotkreuzpl 2a/VI, c/o ZBF-Agentur München. Tel: 089/165279 oder 089/335081.

Schenker Rolf E
B: Schauspieler. A: D–2000 Hamburg 50, Grabbestr 6. Tel: 040/0384197.

Schepmann Ernst August
B: Schauspieler. A: D–3000 Hannover, Alleestr 6, c/o Agentur Marga Wiedner. Tel: 0511/710816 oder 089/3081822.

Scherbening Hans-Joachim
B: Schauspieler, Rundfunk- u Fernsehsprecher. G: Berlin, 5. Mai 1934. A: D–6082 Mörfelden-Walldorf, Hundertmorgenring 47. S: Oberschule, Abitur, Schauspielschule. K: 1955–61 div Theaterengagements, seit 1961 freiberuflich als Sprecher (Hörfunk, Fernsehen, Film usw). F: Hör Zu ua. H: Reisen.

Scherer Christine
B: Schauspielerin. A: c/o Agentur v Pilecki, D–8000 München 22, Oettingenstr 46. Tel: 089/220263.

Schermuly Ralf
B: Schauspieler. A: D–2000 Hamburg 63, Kleekamp 15, c/o Agentur Bloy. Tel: 040/597428 oder 089/6411893.

Schermutzki Anne
B: Schauspielerin. A: D–2104 Hamburg 92, Thiemannhof 17, c/o ZBF-Agentur Hamburg. Tel: 040/7965110 oder 040/66885400.

Schermutzki Manfred
B: Schauspieler. A: D–2104 Hamburg 92, Thiemannshof 17, c/o ZZBF-Agentur Hamburg. Tel: 040/7965110 oder 040/66885400.

Scherschel Erwin
B: Schauspieler. A: D–6000 Frankfurt/Main, Blanchardstr 20, c/o ZBF-Gen-Agentur Frankfurt. Tel: 0611/774284 oder 0611/7111335.

Scheuer Walter
B: Schauspieler. A: c/o Agentur Schmidt-Gentner, A–1030 Wien, Lothringer Str 20. Tel: 0222/752271.

Scheydt Karl E
B: Schauspieler. A: D–8000 München 2, Blumenstr 38. Tel: 089/263528 u 284948/88.

Schichan Klaus
B: Schauspieler. A: D–2000 Hamburg 60, Alsterdorfer Str 260 B. Tel: 040/517856.

Schick Horst
B: Schauspieler. A: D–2000 Hamburg 13, Hochallee 25, c/o ZBF-Agentur Hamburg. Tel: 040/454235 oder 040/66885400.

Schidor Dieter Dr
B: Schauspieler, RA, Filmproduzent. G: Braunschweig, 6. März 1948. A: D–8000 München 40, Nietzschestr 30. S: Abitur, Jura-Stud an d Univ Kiel, München, Nizza, 1. u 2. Staatsexamen in München, Promotion z Dr iur 1977. F: Veröffentlichungen in d meisten deutschsprachigen Zeitschriften. D: „Steiner I", „Steiner II", „Clair de Femme", „Black a White in Color", „Der Schneider v Ulm", Filme m Faßbinder, Lilienthal, Zadek, George Moorse, Jues Doillon, Edouard Molinaro, Theater m Werner Schroeter, zahlreiche Fernsehspiele. H: Reiten, Skifahren.

Schiel Hannes
B: Schauspieler. G: 31. Mai 1914. V: Dr Irmgard, geb Walter. A: A–1060 Wien, Loquaiplatz 12. Tel: 0222/5758785. S: Abitur, Ausbildung als Schauspieler bei Prof Scharwenka, Graz. K: Engagements in Mährisch-Ostrau, Innsbruck, Kriegsdienst, Arbeit an allen Wiener Sprechbühnen, Filme in Wien u München, Fernsehen, Funk, Synchronisationen, ab 1959 Mtgl d Wiener Burgtheaters, Mitarbeit an literarischen Arbeiten. E: Goldenes Verdienstzeichen d Republik Österreich. H: Foto, Schmalfilm, Malen, Gartenarbeit.

Schiemann Heinrich
B: Reporter, Moderator. G: Berlin, 1. Sept 1916. V: Ruth, geb Junginger. A: D–6204 Taunusstein-Bleidenstadt, Stephanstr 42. S: Oberrealschule, HTL, Ing-Schule Hamburg, Reifezeugnis, Stud d Luft- u Kraftfahrzeugbau. K: Maschinenbau-Praktikant auf Werften u Schiffen, Schiffs-Ing-Ass auf Seeschleppern u -schiffen, 1938–45 Versicherungs-Ing bei d Deutschen VersuchsAnst f Luftfahrt, 1945–46 Dolmetscher auf Fischerei-Schutzboot, nach d Krieg b NWDR Jugendfunk, später wiss Sendungen, 1951–53 als beratender Ing in Pakistan, 1954–62 Ltr d ReportageAbt d NDR-Hörfunk, daneben RedaktionsLtr v „Wiss u Technik", 1962 ZDF-Ltg d Redaktion „Natur-Wiss u Technik", Moderator d Sendereihe „Aus Forschung u Technik" ua, Veröffentlichungen: „So funktioniert d Weltraumfahrt", „1x Orbit u zurück – Raumfahrt Zweite Generation" ua. F: Hör Zu ua. E: Siegfried Hartmann-Medaille in Silber ua. H: Wandern, Schreiben, Spazierengehen.

Schieske Geriet
B: Schauspieler. A: D–4300 Essen, Engelbertstr 5. Tel: 0201/230657.

Schiestl Thomas
B: Schauspieler. A: D–2862 Worpswede, Waakhausen 24, c/o ZBF-Agentur Hamburg. Tel: 04792/7785 oder 040/66885400.

Schiff Peter
B: Schauspieler. G: 27. Juni 1923. V: Gisela, geb Dietrich. A: D–1000 Berlin 37, Niklanstr 19b. S: Gymn. K: Seit 1950 freischaffender Schauspieler an allen privaten Theatern in Berlin u an d deutschen Fernsehanstalten. F: In allen Berliner Tageszeitungen u in Fernsehprogrammzeitschriften. M: Deutsche BühnenGen. H: Kupferstichsammlung.

Schiffner Ernst G
B: Schauspieler. A: D–2100 Hamburg 90, Wilhelmstr 4 pt. Tel: 040/774402.

Schiller Brigitte
B: Schauspielerin. A: D–1000 Berlin 33, Am Hirschsprung 61. Tel: 030/8312400.

Schiller Georg Simon
B: Schauspieler. A: D–8012 Ottobrunn, Spitzwegstr 52c, c/o Agentur Rakosi. Tel: 089/606750 oder 089/6904092.

Schilling Jürgen
B: Schauspieler. A: c/o Agentur Rakosi, D–8000 München 90, Tegernseer Landstr 284. Tel: 089/6904092.

Schilling Nikolaus
B: Schauspieler, Regisseur. G: Detmold, 31. Aug 1923. A: D–6072 Dreieich-Sprendlingen, Freiherr v Stein-Str 17a. Tel: 06103/61366. S:

Hum Gymn, Schauspielschule Hannover. K: Engagements als Charakterspieler u Komiker in Göttingen,Wiesbaden, Ingoldstadt, Münster, Frankfurt, seit 1964 freiberuflich tätig: Kabarett „Die Maininger", Theatergastspiele in Stuttgart, Düsseldorf, Frankfurt, Köln, Theatertourneen, Charakter- u Chargenrollen in ca 40 Fernsehproduktionen, Hörfunk. F: In versch Fernseh-Programm-Zeitungen wie Hör Zu, Gong ua, Film-Fernseh-ABC. D: „Was ihr wollt", „Emilia Galotti", „Minna v Barnhelm", „Der Mustergatte", „Der zerbrochene Krug", „Der Widerspenstigen Zähmung" ua, Fernsehen: „Das Fernsehgericht tagt", „Tatort", „Der Idiot", „Puntila", „Rückfahrt", „Teufelsschüler", „Unfall", „Eine große Familie", „Medienklinik", Serien: „Unternehmungen d Herrn Hans", „Magere Zeiten", „5 Tage hat d Woche", „Rechtsfälle in Alt-Berlin", „gesucht wird", „Hamburg Transit", Rezitations-Abende m heiteren Versen v Eugen Roth. M: TennisVer Buchschlag. H: Langstreckenlauf, Fossilien, Barock-Musik.

Schimansky Doris
B: Schauspielerin. A: D–4618 Kamen, Am Bollwerk 35, c/o Management Palz. Tel: 089/912019/10.

Schimmelpfennig Heinz
B: Schauspieler. A: D–7560 Gaggenau-Selbach, Auf der Höhe 1, c/o ZBF-Agentur Frankfurt. Tel: 07225/5747 oder 0611/7111335.

Schimpf Rolf
B: Schauspieler. A: D–8000 München 90, Hochkalter Str 6, c/o Management Palz. Tel: 089/06915234 oder 089/912019/10.

Schinschke Gerhard
B: Schauspieler. A: D–1000 Berlin 21, Thomasiusstr 19, D–2252 St Peter-Ording 3, Landstr 183, c/o ZBF-Agentur Berlin. Tel: 030/3915268 u 3946261 oder 04863/1372 oder 030/8838031.

Schippel Rudi
B: Schauspieler. G: Berlin, 12. Nov 1922. V: Hedda, geb Palten. A: A–1020 Wien, Vorgartenstr 164/11/6/17. Tel: 0222/2457854. S: RealGymn, Matura, Schauspielschüler bei Dr Adolfi, Graz, privat. K: 1941 erste Rolle „Das tapfere Schneiderlein", Schauspielhaus Graz, 1945–53 nach Heimkehr als Fluglehrer im Krieg, Schauspielhaus Graz, dann bis 1959 Staatstheater Kassel, seit 1959 Schauspieler in Wien an fast allen Theatern d Stadt, viele Fernseh- u Filmrollen. F: Viele Rollen- u Privatfotos in div Fernseh-Spalten d Presse u in Fachzeitschriften. D: „Feuerzangenbowle", „Der Fehlschuß", „Notausgang", „Die blinde Eule", „Das kalte Herz", „Der Golliwog", „Die Schneekönigin", „Mit Leib u Seele", Serie: „Ein echter Wiener geht nicht unter". H: Fliegen, Physik, Technik, Chemie, Basteln, ohne Programm Reisen.

Schirra Chantal
B: Schauspielerin. A: c/o Agentur Rakosi, D–8000 München 90, Tegernseer Landstr 284. Tel: 089/6904092.

Schlack Helga
B: Schauspielerin. A: D–1000 Berlin 37, Am Wieselbau 26, c/o ZBF-Agentur München. Tel: 030/8131000 oder 089/335081.

Schlapp Peter
B: Schauspieler. A: D–3550 Marburg, Radestr 9, c/o ZBF-Gen-Agentur Frankfurt, c/o Agentur Schmid. Tel: 06421/22772 oder 0611/7111313 oder 089/981464.

Schlärf Angelika
KN: Brit Gorwin. B: Schauspielerin. A: c/o Agentur Rakosi, D–8000 München 90, Tegernseer Landstr 284. Tel: 089/6904092.

Schleicher Jörg
B: Schauspieler. A: D–8000 München 81, Denninger Str 100, c/o ZBF-Agentur München. Tel: 089/915586 oder 089/335081.

Schleicher Peter
B: Pop-Künstler, Keyboard-Spieler. G: Wien, 11. Mai 1945. V: Christine. A: c/o Erich Felix Mautner, P.R., A–1123 Wien, Theergasse 5. Tel: 0222/830554. K: Schüler in Wien, Existenzialist in Paris, Schauspieler in Salzburg u Wien, Hausbursch in Tirol, Matura-Externist, dann wieder Wien, erste Band „The Clan" dann „Plastic Drug I", dann VW-Mechaniker, Siebdrucker, Hausbauer, aber immer wieder Musiker, Begleiter v Wolfgang Ambros durch ganz Europa u auf Langspielplatten, zZ Werbetexter u Künstler. F: Pop-Magazine u Tageszeitungen. D: Personality-Show, „Ohne Maulkorb" ua.

Schlemmer Karin
B: Schauspielerin. A: D–7000 Stuttgart 1, Stit-

zenbergstr 1/13, c/o ZBF-Agentur München. Tel: 0711/241886 oder 089/335081.

Schlesinger Peter
B: Schauspieler. A: D–1000 Berlin 31, Lützenstr 7, c/o ZBF-Agentur Berlin. Tel: 030/8912553 oder 030/8838031.

Schley Karl-Maria
B: Schauspieler. A: c/o Agentur W Jäger, D–8130 Starnberg, Postfach 1328. Tel: 08151/8766.

Schleyer Erich
B: Schauspieler. A: D–2000 Hamburg 76, Grillparzer Str 7, c/o Agentur Alexander, c/o ZBF-Agentur München. Tel: 040/2298516 oder 089/471011 oder 089/335081.

Schlichter Werner
B: Schauspieler. A: D–8000 München 71, Springer Str 15, c/o ZBF-Agentur München. Tel: 089/798463 oder 089/335081.

Schlichting Claire
B: Schauspielerin. A: c/o Agentur Rakosi, D–8000 München 90, Tegernseer Landstr 284. Tel: 089/6904092.

Schlösser Michael
B: Schauspieler. A: D–1000 Berlin 42, Alarichstr 21, c/o Agentur Bengen. Tel: 030/7518350 oder 030/3911895.

Schlott Ernst
B: Schauspieler. A: D–8800 Ansbach, Nelkenstr 12a. Tel: 0981/62241.

Schlüter Gisela
B: Schauspielerin. G: Berlin, 6. Juni. A: D–5000 Köln, Viktoriastr 6. S: Mittlere Reife, Schauspielunterricht, Tanz- u Gesangsausbildung. K: Theater am Kurfürstendamm, Komödie, Kabarett d Komiker, Scala, dann Rundfunk, Moderatorin v Quizsendungen, Filme, eigene Sendung b ARD „Zwischenmahlzeit", Bücher: „Bitte aussprechen lassen", „Schnattern gehört zum Handwerk". F: Hör Zu, TV Hören u Sehen, tz, Funk Uhr uva. D: „Hallo Paulchen", „Hotel Victoria", „Glücksspirale" ua. H: Astrologie, Schwimmen.

Schlüter Henning
B: Schauspieler. A: c/o Agentur Lentz, D–8000 München 80, Holbeinstr 4. Tel: 089/474026.

Schmahl Hildegard
B: Schauspielerin. A: D–1000 Berlin 33, Hohenzollerndamm 81, c/o ZBF-Agentur Hamburg. Tel: 030/8258793 oder 040/66885400.

Schmid Aglaja
B: Schauspielerin. G: Scheibbs/NÖ, 9. Aug 1926. V: Rudolf Steinböck. A: A–1180 Wien, Dr Heinrich Maier-Str 38. S: Reinhardt-Seminar. K: Theater i d Josefstadt, Theatergastspiele in Berlin, Burgtheater Wien uva, Tätigkeit bei Funk u Film. D: „Verträumte Tage", „Lächeln im Sturm", „Ich heiße Niki" uva. E: Kunstpreis d Stadt Berlin f darstellende Kunst.

Schmid Annemarie
B: Schauspielerin. A: CH–4000 Basel, Lange Gass 26, c/o Agentur Lentz. Tel: 004161/398431 oder 089/474026.

Schmid Helmuut
B: Schauspieler. A: c/o Management Palz, D–8000 München 81, Ortlindestr 6/VII. Tel: 089/912919/10.

Schmidinger Walter
B: Schauspieler. A: D–8000 München 2, Küchelbäcker Str 3, c/o Management Erna Baumbauer. Tel: 089/225896 oder 089/478577.

Schmidt Barbara
B: Schauspielerin. A: D–6507 Ingelheim/Rh, Gotenstr 7, c/o ZBF-Agentur München. Tel: 06132/2415 oder 089/335081.

Schmidt Gerhard
B: Opern- u Konzertsänger (lyrischer Bariton). G: Wuppertal-Elberfeld, 22. Apr 1936. V: Doris, geb Bentrup. A: D–6050 Offenbach/Main, Fritz Remy-Str 7. S: 8 Jahre Gesangsausbildung am Bergischen Landeskonservatorium Wuppertal-Elberfeld. K: 1964–67 Sänger b d Städt Bühnen Lübeck, 1967–69 Sänger am Staatstheater Wiesbaden, seit 1969 b d Städt Bühnen Frankfurt/M, 1969, 1971, 1977 Mitwirkung bei d Bayreuther Festspielen, seit ca 5 Jahren bekannt als Oratorien-Sänger. H: Tonband u Video-Aufzeichnungen.

Schmidt Gudrun
B: Schauspielerin. G: Dresden, 29. März 1939. V: Hubertus Durek. A: D–1000 Berlin 31, Kronprinzendamm 18, und D–5000 Köln 1, Lintg 28.

S: Mittlere Reife, Ak d Künste Dresden, Abschluß in d Max Reinhardt-Schule Berlin. K: Staatstheater Karlsruhe, Theater im Marquardt Stuttgart, Theater am Dom Köln. F: Film Kurier, Illustrierte, Tageszeitungen. D: „Der Richter v Zalamea", „Conny u Peter machen Musik", „Division Brandenburg", „Der Bauer v Brucknerhof", „Nur d Wind", „Unter Ausschluß d Öffentlichkeit", „Der Henker v London", „Die unvollkommene Ehe", „Der Weiberheld", „Der Fahrplan", „Das Tagebuch d Anne Frank", „Miss Sara Sampson", „Was ihr wollt", „Diener zweier Herrn" uva. H: Reisen.

Schmidt Hannes
B: Schauspieler. A: D–8000 München 90, Waginger Str 8a. Tel: 089/6906378.

Schmidt Heiner
B: Schauspieler. A: D–7821 Saiger Höhe 2. Tel: 07653/444.

Schmidt Jochen
B: Schauspieler. A: D–2000 Hamburg 13, Rutschbahn 36, c/o ZBF-Agentur Hamburg. Tel: 040/4103744 oder 040/66885400.

Schmidt Jürgen
B: Schauspieler. A: D–2000 Hamburg 76, Winterhuder Weg 6, c/o Agentur Marga Wiedner. Tel: 040/2205008 oder 089/3081822.

Schmidt Peer
B: Schauspieler. A: D–1000 Berlin 37, Am Wieselbau 26, c/o Management Jovanovic, c/o ZBF-Agentur München. Tel: 030/8131000 oder 089/475024/25 oder 089/335081.

Schmidt Renate
B: Schauspielerin. G: Gelsenkirchen, 17. Jan 1942. A: D–8000 München 22, Thierschstr 51/II und I–00193 Rom, Piazza del Catalone 1/III. S: Privatunterricht Schauspielschule Bochum, 1959 Abschlußexamen in Düsseldorf, GesangStud. K: 10 Jahre Theaterlaufbahn in Deutschland (klassisches u modernes Repertoire), Fernsehen, Funk, Synchron, seit 1971 Film in Italien. F: In versch nationalen u intern Zeitungen u Zeitschriften. D: „Amok", „Siamo tutti in liberta provvisoria", „I telefoni bianchi", „Attenti al buffone!", „Casanova". E: 1964 Nachwuchspreis d Stadt Gelsenkirchen.

Schmidt Sylvester
B: Schauspieler. A: D–4630 Bochum, Oskar Hoffmann-Str 98, c/o ZBF-Gen-Agentur Frankfurt. Tel: 0234/301690 oder 0611/7111335.

Schmidt Werner
B: Nachrichtensprecher. G: Lintorf/Düsseldorf, 24. Sept 1945. V: Hildegard, geb Busch. A: D–6204 Taunusstein 4, Am Heiligenhaus 26. S: Unterprima, Gesangs-Stud am Konservatorium Düsseldorf, Sprechunterricht. K: Sprecher b WDR-Fernsehen, dann auch Nachrichtensprecher f Süddeutscher Rundfunk Stuttgart, ab 1970 Sprecher d „Heute"-Sendung d ZDF, Ausbildung z Journalisten. F: Funk Uhr ua. E: Ehrenzeichen d Johanniter Unfall-Hilfe. H: Gesang, Filmen, Fotografieren.

Schmidt-Decker Petra
B: Autorin, Produzentin, Schauspielerin. G: Berlin, 22. Apr 1943. A: D–2000 Hamburg 76, Papenlucker Str 42. S: Abitur. K: Schauspielunterricht bei Joseph Offenbach, gespielt in Hamburg am Ernst-Deutsch-Theater, Ruhrfestspiele, Festspiele Schwäbisch Hall, Lieder geschrieben f Michael Heltau, Daliah Lavi, Freddy, Silvia Krethammar usw, Produktionen: Disneylandserie d Metronome, Zusammenstellung Biene Maja, Kimba der weiße Löwe usw. D: „Nero" (TV), „Sklavin Priscilla", „Gefangen bei Hitler und Stalin", „Russische Revoution" ua, div Kinderplatten. H: Schreiben, Lesen, Fliegen, Zeichnen, Träumen.

Schmidtchen Kurt
B: Schauspieler. A: D–8000 München 90, Saleggstr 13, D–1000 Berlin 31, Cicerostr 49a. Tel: 089/6515232 oder 030/8917782.

Schmiedeberg Helmut
B: Puppenspieler u Zauberkünstler. A: D–7030 Böblingen 4, Kantstr 4. S: Mittlere Reife, Schauspiel- u GesangsStud. K: Sieben Jahre Opernbuffo (Tenor) an kleinen u mittleren Bühnen, danach Kindertheater (Puppenspiel u Zauberei), sowie ein abendfüllendes Zauberprogramm, zahlreiche Opernproduktionen, mehrere Fernsehauftritte als Zauberer, Puppenfilme f d SDR. F: In zahlreichen Tageszeitungen, Puppenspiel-Information. D: „Der Realchenerzähler" uva. M: Verb Deutscher Puppentheater eV, Magischer Zirkel v D, Intern Brotherhood of Magicians (USA). H: Klassische Musik, Querflöte.

Schmiedel Hans-Joachim
B: Schauspieler. A: c/o Agentur Schmidt-

Gentner, A–1030 Wien, Lothringer Str 20. Tel: 0222/752271.

Schmielau Johanna
B: Schauspielerin. A: D–2000 Hamburg 6, Moorkamp 19, c/o ZBF-Agentur Hamburg. Tel: 040/0499726 oder 040/66885400.

Schmitt Rudi
B: Schauspieler. A: D–1000 Berlin 45, Devrientweg 1. Tel: 030/7711756.

Schmitt-Walter Elisabeth
B: Schauspielerin. A: D–1000 Berlin 19, Kastanienallee 9b. Tel: 030/3047349.

Schmitz Peter
B: Schauspieler. G: Linz/Rhein, 28. Nov 1923. V: Ilse, geb Fink. A: D–6200 Wiesbaden. S: Mittelschule, Schauspielschule. K: 1948 Fritz Remond-Theater, Staatstheater Wiesbaden, Hessischer Rundfunk, freier Mitarbeiter d ARD u ZDF, seit 1965 freischaffend als Schauspieler u Sprecher, Synchron. F: In allen Rundfunkzeitschriften Fotos v Fernsehspielen. D: „Der Fall Mosbacher", „Probezeit", „Medienklinik", „Burgen in Flammen" uva. H: Angeln, Segeln, Blumen.

Schmitz Siegfried
B: Schauspieler. G: Essen. 26. Feb 1934. A: D–4300 Essen 1, Drumannstr 10. S: Mittlere Reife, Feinmechaniker, Werkzeugmacher, Schauspieler. K: Vom Feinmechaniker über Schauspielschüler u Kanalarbeiter zum Schauspieler, dann Seemann, Werkzeugmacher u wieder Schauspieler, Engagements : Bühne f Freiheit Düsseldorf, Zimmertheater Hamm, Komödie Herne, Kammerspiele Wuppertal, Theater a d Berliner Allee Düsseldorf, Schauspielhaus Düsseldorf, Tournee-Theater Düsseldorf, Burghof-Bühne Dinslaken. F: Stern, Fernseh-Woche uva. D: „Ten second to hell", „Das Wirtshaus im Spessart", „Robinson lernt tanzen", „Wanderlust", „Hedda Gabler", „Elisabeth eins", „Der Lügner u d Nonne", „Sechse kommen durch d ganze Welt", „Die Bremer Stadtmusikanten", „Agnes Bernauer", „Iphigenie", „Ingeborg", „Der Lampenschirm", „Die Hose", „Der Bär", „Jedermann", „Der Tor u d Tod", „Die Nacht d Mörder", „Strafsache Heiliger Georg", „Auf u davon", „Amerikanischer Traum", „Scherz, Satire, Ironie u tiefere Bedeutung", „Der Kinder Segen", „Der Fischbecker Wandteppich", „Romeo u Jeanette", „Heiraten ist immer ein Risiko", „2x2 Sex", Fernsehen: „Don Gasparo ist mein Zeuge", „Ich spucke gegen d Wind" uva. H: Schwimmen, Ski, Judo, Karate, Elektronik.

Schmuck Lilli
B: Schauspielerin. A: A–1190 Wien, Iglaseeg 9/10, c/o Management Baumbauer. Tel: 0222/323983 oder 089/478577.

Schneider Edith
B: Schauspielerin. A: D–8000 München 60, Reichenaustr 29/9, c/o Management Baumbauer. Tel 089/8714747 oder 089/478577.

Schneider Gaby
N: Engelmann Gabriele. B: Alleinunterhalterin. G: Erzingen, 5. Feb 1924. A: D–5628 Heiligenhaus, Hessenbleekstr 6. S: Volksschule, Privatunterricht, kfm Ausbildung, MusikStud. K: Bankvolontärin, Akkordeonsolistin, Musikerin in Konzert- u Schauorchester, Alleinunterhalterin m Akkordeon, Klavier, Gesang, Akkordeonvirtuosin u Sängerin, Alleinunterhalterin m WERSI – Orgel – Helios. F: Essener Revue, Bunte Illustrierte, Podium, Artist, viele Tageszeitungen im In- u Ausland. E: 2. Preis bei Komponistenwettbewerb. M: Deutsche Angestellten Gewerkschaft. H: Komponieren, Grenzwissenschaften

Schneider Heinz-Werner
B: Schauspieler. A: D–1000 Berlin 33, Friedrichshallerstr 17. Tel: 030/8918364 u 8234858.

Schneider Ina
B: Schauspielerin. A: D–8000 München 81, Denninger Str 108, c/o ZBF-Agentur München. Tel 089/914177 oder 089/335081.

Schneider Peter
B: Volksschauspieler. G: Appenthal/Pfalz, 15. Sept 1946. V: Edeltraud, geb Mlyneck. A: D–3360 Osterode 1, Sporthallenstr 27. S: Grundschule. K: Abgeschlossene Lehre als Elektroinstallateur, ab 1969 Volksschauspieler beim Original Bergland Theater. F: in fast allen Tageszeitungen d BRD. D: „Die drei Eisbären", „Buschliesel", „Alles in Ordnung", „S' narrische Alter", „Vinzenz in Nöten", „Wann die Liab net wär", „Gangsterjagd am Moserhof", „Eheferien", „Rumpelstilzchen", „Der Zauberlehrling", „Hänsel u Gretel", „Das tapfere Schneiderlein" uva. H: Reiten, Tennis, Fotografieren.

Schneider Reinhilt
B: Schauspielerin. A: D–2000 Hamburg 61, Holunderweg 5, c/o Management Jovanovic. Tel: 040/588760 oder 089/475024/25.

Schneider Siegmar Staatsschauspieler
B: Schauspieler u SpielLtr. G: Berlin, 10. Dez 1916. V: Gertrud, geb Wienecke. A: D–7000 Stuttgart, Oelschlägerstr 57 u A–4724 Neukirchen a/Walde, Mäusburg-Hof. S: Abitur, Ausbildungsanstalt f Bühnennachwuchs Berlin. K: Über die Theater in Bremen, Augsburg, Stuttgart an d Wiener Burgtheater u Salzburger Festspiele, nach 1945 in Göttingen SchauspielDir, ab 1947 Deutsches Theater Berlin, Freie Volksbühne, Renaissancetheater, Schiller- u Schloßparktheater Berlin, Thalia-Theater Hamburg, Regie: Fernsehen „Der Scheiterhaufen", „Der Oberkellner" ua, Mitwirkung in vielen Fernsehspielen, jetzt freischaffend. F: In d versch Zeitschriften. D: „Straßenbekanntschaft", „Unser täglich Brot", „Martina", „Käthchen v Heilbronn", „Heinrich IV", „Die Ehe d Herrn Mississippi", „Wenn d junge Wein blüht" uva. E: Ernennung zum „Berliner Staatsschauspieler". H: Malerei.

Schneider Uwe
KN: TEENS (m Robert Bauer, Jörg Treptow, Alexander Möbius, Michael Uhlig). B: Musiker. G: Berlin, 2. Mai 1964. A: c/o Wolfgang Scheer, D–1000 Berlin 15, Kurfürstendamm 209. K: Erste Erfahrungen in Berliner Kneipen, Auftritt in d TV-Sendung „Der große Preis", erste Schallplatte: „Gimme Gimme Gimme Your Love", erste LP „The Teens", Auftritte in mehreren Fernseh-Shows, Singles: „Gimme Gimme Gimme Your Love", „We'll have a Party Nonite 'Nite".

Schnell Christine
B: Schauspielerin. A: D–1000 Berlin 46, Mudrastr 33, c/o ZBF-Agentur Berlin. Tel: 030/7753540 oder 030/8838031.

Schnering Beauvais Ilsemarie
B: Schauspielerin u Sängerin. G: Genthin, 28. Apr 1909. A: D–7562 Gernsbach 3, Rosenstr 12. S: Lyzeum, Frauenschule, Seminar, Staatsexamen Erzieherin, Musikstudium (Halle) Gesang, dramatischer Unterricht, Musikgeschichte (Dr Koch). K: 1932 Opernsoubrette Gotha, 1934 Oldenburg, 1935 Lübeck, 1937 Staatsoper Karlsruhe, 1938 Magdeburg, 1939 Königsberg, 1943 Breslau, 1944–57 Staatsoper Stuttgart, 1955 erstes Fernsehspiel Baden-Baden, ab 1957 Schauspielerin, viele TV-Spiele (162). F: In versch Zeitungen u Zeitschriften. D: „Der Fall Winslow", „Gerettet" ua. E: Auszeichnungen f d Film „Reden u reden lassen" u „Tadellöser u Wolf". H: Schilaufen, Schwimmen, Gärtnern, Skat.

Schnippering J Dieter
B: Schauspieler. A: D–1000 Berlin 30, Geisbergstr 29. Tel: 030/ 2117171.

Schnoor Andreas
B: Schauspieler. A: D–2000 Hamburg 19, Eppendorfer Weg 121, D–8000 München 19, Klarastr 6, c/o ZBF-Agentur München. Tel: 040/498605 oder 089/183724 oder 089/335081.

Schober Isolde
B: Schauspielerin. G: Stuttgart, 30. Mai 1915. A: D–7000 Stuttgart 1, Leiblweg 14. S: Hum Gymn Stuttgart, Schauspielschule Ilka Grüning, Berlin, Stimmbildung bei Kammersänger Dr med Jean Nadolowitsch, Berlin. K: Engagements ua: Kurfürstendamm-Theater Berlin, Preussisches Staatstheater Kassel, Reichsfestspiele Heidelberg, Schiller-Theater Berlin, zZ d Generalintendanz Heinrich George, Ltrin d Schule f Sprecherziehung, Vortrag u Schauspiel in Stuttgart, Gründung u Direktion d „Stuttgarter Jugendtheaters Isolde Schober" im Württ Staatstheater Stuttgart. F: Während d Zeit als Ltrin d Stuttgarter Jugendtheaters in Zeitungen, Zeitschriften u im Funk – Reportagen, Vorbesprechungen u Kritiken m Fotos. D: Viele Theaterstücke u folgende Filme: „Condottieri" (Luis Trenker), „Plädoyer" (Heinrich George, Rudolf Fernau). M: Seit 25 Jahren „Intern Federation of Business and Professional Women". H: Dichten, szenische Gestaltungen.

Schober Sissy
B: Schauspielerin. A: c/o „Der Würfel" Unterhaltungs-GmbH, A–1180 Wien, Scheidlstr 38. Tel: 0222/475323 u 474134.

Schocke Eva
B: Schauspielerin. A: D–4630 Bochum, Oskar Hoffmann-Str 38, c/o ZBF-General-Agentur Frankfurt. Tel: 0234/301690 oder 0611/7111334.

Schoenau Marlis
B: Schauspielerin. A: D–8000 München 71,

Plattlinger Str 57, c/o Agentur de la Berg. Tel: 089/797779 oder 08178/3681.

Schoenfelder Friedrich
B: Schauspieler. A: D–1000 Berlin 45, Stubenrauchstr 6/7, c/o Management Mackeben. Tel: 030/8332785 oder 030/8263249.

Schoenfelder Joey
B: Schauspieler. A: D–8021 Icking bei München, Am Anger 16, c/o ZBF-Agentur München. Tel: 08178/5504 oder 089/335081.

Schoenhals Albrecht
B: Schauspieler. G: Mannheim, 7. März 1888, gestorben in Baden-Baden, 5. Dez 1978. A: D–7570 Baden-Baden. S: Abitur, Stud d Med an d Univ Berlin, Promotion zum Dr med. K: Unterarzt an d Berliner Charité, Kriegsdienst, Arzt-Ass, Oberarzt, Stabsarzt b Polizeigruppe Süd, dann Schauspielunterricht, anschließend Schauspieler am Stadttheater Halberstadt, Stadttheater Freiburg/Br, Neues Theater Frankfurt/M, Stadttheater Dortmund, Hamburger Kammerspiele, Thalia-Theater, Gastspiele in Berlin, Hamburg, Frankfurt/M, München, Stuttgart, Karlsruhe, Heidelberg, Düsseldorf, Bad Godesberg, Basel, Zürich, Wien, Athen, Stockholm, Baden-Baden, Oslo, Marburg ua, ab 1934 Filmarbeit f UFA, Tobis, Rom, 1944–46 chir Ass in Baden-Baden, dann Arbeit f Funk u Fernsehen. F: In versch Tageszeitungen ua. D: „Torquato Tasso", „Emilia Galotti", „Turandot", „Die Kassette", „Iphigenie", „Faust", „Käthchen v Heilbronn", „Maria Stuart", „Von Morgens bis Mitternacht", „Die Braut v Messina", „Der ideale Gatte", „Hanneles Himmelfahrt", „Über d Kraft", „Der Marquis v Keith", „Piccolomini", „Die Räuber", „Julius Cäsar", „Minna v Barnhelm", „Der Kammersänger", „Die heilige Johanna", „Die Perser", „Pygmalion", „Warten auf Godot", „Towarisch", „Bezaubernde Julia", „Undine". Fernsehen: „Affäre Dreyfus", „Das Genie u d Göttin", „Vergessene Gesichter", „Bezaubernde Julia", „Der Teufel ist los", „Der kleine Lord", „Der trojanische Krieg findet nicht statt", „Onkel Wanja", „Alle machen Musik" (Serie), Film: „Fürst Woronzeff", „Mazurka", „Stradivari", „Warum lügt Fräulein Käthe?", „Stützen d Gesellschaft", „Boccaccio", „Hannerl u ihre Liebhaber", „Intermezzo", „Das große Abenteuer", „Man spricht über Jacqueline", „Die Kreuzersonate", „Tango Notturno", „Die gläserne Kugel", „Rote Orchideen", „Rätsel um Beate", „Maja zwischen zwei Ehen", „Der Spieler", „Nanette", „Ich verweigere d Aussage", „Die Frau ohne Vergangenheit", „Roman eines Arztes", „Einer zuviel an Bord", „Ihr größter Erfolg", „Angelika", „Herz ohne Heimat", „Traummusik", „Kopf hoch, Johannes", „Vom Schicksal verweht", „Man spielt nicht mit d Liebe", „Verführte Hände", „Export in Blond", „Drei Mädchen spinnen", „Eva u d Frauenarzt", „Die Schuld d Dr Homma", „Illusion in Moll", „Bei Dir war es immer so schön", „Bildnis einer Unbekannten", „Das Forsthaus in Tirol", „Das Leben geht weiter", „Die Verdammten" uva. E: Rettungsmedaille am Bande, EK 1. Klasse Bad Zähringerlöwe II. Klasse m Schwertern, Filmband in Gold, Großes BVerdienstkreuz.

Scholkmann Jens
B: Schauspieler, Regisseur. G: Berlin, 10. Feb 1939. V: Brigitte, geb Nippe. A: D–2915 Saterland-Strücklingen, Möhlenkampsweg. S: Max Reinhardt-Schule Berlin. K: Schauspielhaus Bochum, Landestheater Schleswig, Stadttheater Luzern, Theater d Freien Hansestadt Bremen, Stadttheater Münster, seit 1973 freischaffend f Theater, Fernsehen u Rundfunk. F: Film- u Fernseh-ABC. D: In unzähligen Theaterstücken, Werbesendungen, TV-Filme, TV-Moderator im ZDF, Schulfernsehserien ua. H: Forellenfischen, Landwirtschaft.

Schollwer Edith
B: Schauspielerin. A: D–1000 Berlin 33, Hagenstr 49, c/o Agentur Runde-Profé. Tel: 030/892122 oder 030/3040661.

Scholtz Axel
B: Schauspieler. A: D–8000 München 19, Fasaneriestr 17, c/o ZBF-Agentur München. Tel: 089/186625 oder 089/335081.

Scholz Eva-Ingeborg
B: Schauspielerin. A: D–8032 Gräfelfing, Lochhamer Str 65, c/o ZBF-General-Agentur Frankfurt. Tel: 089/851195 oder 0611/7111313.

Scholz Fred
B: Schauspieler. A: D–8000 München 21, Schedelstr 8/o. Tel: 089/575734.

Scholz Heinz Peter
B: Schauspieler. A: D–8000 München 71, Allgäuer Str 102. Tel: 089/07554952.

Scholz Maja
B: Schauspielerin. A: D–7570 Baden-Baden, Kapuzinerstr 3a. Tel: 07121/24970.

Schön Bettina
B: Schauspielerin. A: D–1000 Berlin 33, Rüdesheimer Pl 1. Tel: 030/8218677.

Schön Horst
B: Schauspieler. A: D–1000 Berlin 42, Götzstr 5, c/o ZBF-Agentur Berlin. Tel: 030/7512473 oder 030/8838031/54.

Schönauer Marianne
B: Schauspielerin. A: c/o Agentur Schmidt-Gentner, A–1030 Wien, Lothringer Str 20. Tel: 0222/752271.

Schönberg René
B: Schauspieler. A: c/o Management Jovanovic, D–8000 München 80, Perfallstr 6. Tel: 089/475024/25.

Schönböck Karl
B: Schauspieler. A: D–8000 München 40, Isabellastr 22, c/o Management Jovanovic. Tel: 089/370812 oder 089/475024/25.

Schöne Barbara
B: Schauspielerin. G: 19. Mai 1947. A: D–1000 Berlin 39, Conradstr 1 B. S: HS f Musik u darstellende Kunst in Berlin bei Boris Burcher u Hilde Körber. K: Tätikgkeit bei Theater, Film u Fernsehen, Kurfürstendamm-Theater u Kleine Komödie in Berlin u München, über 250 Fernsehrollen, freischaffend. F: Laufend in allen deutschsprachigen Zeitschriften, zuletzt in Frau im Spiegel. D: „Musik ist Trumpf" usw. H: Malen.

Schöne Reiner
B: Schauspieler. A: c/o Agentur Alexander, D–8000 München 80, Lamontstr 9. Tel: 089/471011.

Schöneich Gerda
B: Schauspielerin. A: D–2000 Hamburg 54, Ansgarweg 1 E. Tel: 040/5601270.

Schöner Ingeborg
B: Schauspielerin. G: Wiesbaden, 2. Juli 1935. V: Georg Marischka. A: D–8000 München 60 Mark Twain-Str. 5. Tel: 832999. S: Abitur, 10 Semester Germanistik. K: Film, Fernsehen, Theater. F: In vielen Zeitschriften. D: Ca. 30 Spielfilme, etliche Fernsehspiele, letzte wichtige Theaterrolle: Maria Stuart.

Schönermark Katrin
B: Schauspielerin. A: D–8000 München 40, Wilhelmstr 41, c/o ZBF-Agentur München. Tel: 089/395295 oder 089/335081.

Schöning Andrea
B: Schauspielerin. A: c/o ZBF-General-Agentur Frankfurt, D–6000 Frankfurt/Main, Feuerbachstr 42–46. Tel: 0611/7111335.

Schons Hans
B: Schauspieler. A: D–1000 Berlin 33, Rüdesheimer Pl 11, c/o Agentur Runde-Profé. Tel: 030/8213907 oder 030/3040661.

Schönwiese Susanne
B: Schauspielerin. A: D–8042 Oberschleißheim/München, Am Stutenanger 11c, c/o ZBF-Agentur München. Tel: 089/3151264 oder 089/335081.

Schörg Gretl
B: Solotänzerin. A: A–1050 Wien, Leopold Rister-G 5. K: Preisträgerin einer Schönheitskonkurrenz, Fotomodell, Mtgl d Guynes-Revue, Solotänzerin, Theaterengagement in Mährisch-Ostrau, Operettenerfolge im Metropol-Theater Berlin, Volksoper Wien, versch in- u ausländische Operettenbühnen, Tätigkeit bei Funk, Film u Fernsehen. D: „Kollege kommt gleich", „Herr Sanders lebt gefährlich", „Eine Nacht im Separée", „Dieser Mann gehört mir", „Schwarzwaldmädel", „Hochzeitsnacht im Paradies", „Weh dem, der liebt", „Heimlich, still u leise ....", „Die spanische Fliege", „Auf Wiedersehen am Bodensee" uva.

Schorn Christine
B: Schauspielerin. A: c/o Agentur Bloy, D–8022 Grünwald, Gasteigweg 1. Tel: 089/6411893.

Schorn Grete
B: Schauspielerin. G: München, 28. Nov. A: D–8132 Tutzing, Sonnenleite 6. S: Gymn, Univ München (TheaterWiss, Literatur, Kunstgeschichte), Schauspielunterricht, ua bei Therese Giehse. K: Engagement ua an folgenden Theatern: Pfalztheater, Münchner Kammerspiele, Hannover, Deutsches Theater Prag, seit Bestehen d Rundfunks dort tätig (Mün-

chen u Hannover), nach Kriegsende ausschließlich am Bayerischen Rundfunk tätig, Hörspiel, Kinderfunk, Familienfunk, jahrelang ständige Sendung, Zeitfunk, Reportagen, Volksmusik, eigene Sendung. F: In sämtlichen Bayerischen Funkzeitungen, Gong usw. M: BühnenGen (früher), Rundfunkunion (später). H: Musizieren, Lesen, Schwimmen.

Schössler Heinz
B: Funk- u TV-Sprecher, Entertainer, Autor, Texter. G: 31. Juli 1923. V: Inge, geb Lier. A: D–4650 Gelsenkirchen, Ückendorfer Str 197. S: Grundschule, 2 Jahre Berg-Vorschule, mit 17 Jahren freiwillig zur Marine. K: Einer Wehrbetreuungsgruppe (Fronttheater) zugeteilt, nach d Krieg mit 22 Jahren Lizenzinhaber Nr 150 d 30 Information-Control-Unit, Films u Public Entertainments, Control Commission for Germany British Army of the Rhine, es folgten Gastspiele im Raum Hannover, Braunschweig, Oldenburg, Tourneen in eigener Regie, seit 1954 auch im Komikerduett mit Helmut Ziggert als Partner, Titel: Die Ruhrparodisten. F: Funk- u TV- Zeitschriften Hör Zu, TV Hören und Sehen, Fachzeitschrift d Deutschen Sparkassen u GiroVerb, Fachzeitschrift d intern Show-Business „Das Organ", in ungezählten Zeitungen u Wochenblättern. D: „Kumpel, Kohle und Maloche", „Kunterbunte Lachparade", „Närrische Pompadur", „Endstation Sebaldsbrück", „Zwischen Dünen und Meer", „Treffpunkt Walzenstraße", Hafenkonzerte bei Radio Bremen u WDR Köln, Schallplatten u Verfasser vieler bekannter Vorträge mit Urheberrecht. E: EhrenSen d KG Alt-Köln 1958, Urkunden, Ehrennadeln, Ehrenpreise u Gaben, über 250 Karnevalsorden u Auszeichnungen bes Art (zT einmalige Ausgaben, wie aus indischer Erde). M: FußballVer „Arminia" Gelsenkirchen Ückendorf (passiv), EhrenMtgl d MGV „Harmonie" Gelsenkirchen-Rotthausen, GroßvaterVer „Unter-Uns" Gelsenkirchen-Rotthausen. H: Angeln, ausgedehnte Spaziergänge m meiner Frau.

Schottenberg Michael A
B: Schauspieler. A: A–1120 Wien, Schönbrunner Allee 64a, c/o Agentur Schmidt-Gentner. Tel: 0222/835114 oder 0222/752271.

Schrader Dorothy
B: Opernsängerin (dramatischer Mezzo-Sopran). G: Pennsylvania/USA, 22. Juli. A: D–6000 Frankfurt/M, Sandplackenstr 1d, und USA: 3073 South Woodrow Street, Arlington, Virginia 22206. S: A B Univ of Southern California, Los Angeles, George Washington Univ, private Stimmenausbildung b Karin Branzell, Metropolitan u Berliner Oper, Alice Gerstl Duschak, Peabody Conservatory of Music. K: Dramatischer Mezzo-Sopran in Oper, bes Verdi u Wagner, Repertoire: Amneris, Eboli, Azucena, Ulrica (Verdi), Erda, Fricka, Waltraute, Ortrud, Brangäne, Erste u Zweite Norn, Flosshilde, Wellgunde, Schwertleite (Wagner), Herodias u Klytämnestra (R Strauss), Dalila (Saint-Saens), Konzertsängerin, Oratorium Altsolistin, Bach Magnificat u Matthäus-Passion, Mendelssohn Elija, Händels Messias, Vivaldi Gloria. D: Oper: „Hänsel u Gretel", „Rape of Lucretia", „Die Zauberflöte", „Maskenball". E: A B summa cum laude. H: Tennis, Lesen.

Schrader Hugo
B: Schauspieler. A: D–1000 Berlin 41, Buggestr 5. Tel: 030/8214731.

Schradiek Annemarie
B: Schauspielerin. G: Hamburg, 23. Okt 1907. V: Julius Hatry. A: D–6800 Mannheim, Meerwiesenstr 53. S: Mittlere Reife, Theaterausbildung, Privatunterricht. K: Engagements in Bremen, Mannheim, Hamburg, Schauspielhaus, Hamburger Kammerspiele, dann freischaffend. Theatergastspiele, Köln, Hamburg, Bremen, Kassel, Ulm, Mannheim, auch Synchronisation. D: Fernsehen: „Seraphin", „Haben", „Besuch d alten Dame", „Millionenspiel" uva. M: Gen. H: Reisen.

Schrafl Theresia Maria
B: Schauspielerin. A: D–8000 München 40, Winzerer Str 102/III, c/o ZBF-Agentur München. Tel: 089/335081.

Schramm Erica
B: Schauspielerin. A: c/o Agentur de la Berg, D–8026 Irschenhausen, Haus am Weiher. Tel: 08178/3681.

Schramm Gabriele
B: Schauspielerin. A: D–1000 Berlin 33, Südwestkorso 40, c/o ZBF-Agentur Berlin. Tel: 030/8217140 oder 030/8838031.

Schramm Günther
B: Schauspieler. G: Potsdam, 18. Feb. V: Gudrun, geb Thielemann. A: D–8021 Walchstadt, Marienhof. S: Gymn, Staatl HS f Musik u

Theater in Hamburg. K: 1954–57 Thalia-Theater in Hamburg, danach freiberuflich: Thalia-Theater, Kammerspiele Hamburg, Hebbel-Theater Berlin, Kleine Komödie München, Komödie im Marquardt in Stuttgart, an allen deutschen Sendern u Fernsehanstalten maßgeblich beschäftigt. F: Unzählige in Zeitschriften u Zeitungen. D: Über 100 Theaterrollen vom Klassiker bis zum Musical, über 250 Fernsehrollen, darunter 97 Folgen „Der Kommisar", über 50 mal Moderator in „Alles oder Nichts", 10 Filme. E: „Bambi" in Gold (3x), in Silber (2x), in Bronze (1x). H: Segeln, Schreinerei.

Schreiber Harald
B: Schauspieler, Regisseur, Dramaturg. G: Berlin, 17. Sept 1935. V: Rita, geb Dangelmaier. A: D–8000 München 40, Silcherstr 23/0. S: Hum Gymn m Abitur, Stud d Theater Wiss in München, Schauspielschule Zerboni. K: Atelier-Theater Bern, Theater im Zimmer Hamburg, Volkstheater München, seit 1974 freischaffend, Dramaturg d Strassegg-Bühnenverlages, Schauspiellehrer, journalistische Veröffentlichungen, Tätigkeit als Schauspieler bei Film, Funk, Fernsehen, Synchron, Münchner Bühnen. D: „Die Gelehrten Frauen", „Verlorene Liebesmüh", „Der Maulkorb", „Der Biberpelz", Filme: „Silversterparty", „Rosemaries Tochter", „Das Nebelloch" uva. M: GDBA, BFF i DAG. H: Klassische Musik.

Schreiner-Purrucker Liselotte KamSchauspielerin
B: Schauspielerin. G: Prag, 19. Juni 1904. A: A–1010 Wien, Opernring 4. S: Schulen in Mannheim u Weimar. K: Bühnen Hamburger Schauspielhaus, Volksbühne Berlin, Burgtheater Wien. D: „Goldene Stadt" uva. E: Staatspreise.

Schrenk Emmerich
B: Schauspieler. G: Wien, 2. Nov 1915. A: A–1060 Wien, Hugo Wolf-G 1. S: Reinhardt-Seminar. K: Engagements an versch Wiener Bühnen, Tätigkeit bei Funk u Film. D: „08/15", „08/15 in d Heimat", „Der Jäger v Roteck", „Wo d Wildbach rauscht", „Der Wilderer v Silberwald", „Der Pfarrer v St Michael", „Gefährdete Mädchen" uva.

Schröder Ingrid
B: Schauspielerin. A: D–1000 Berlin 37, Machnower Str 70, c/o Agentur Bengen. Tel: 030/8015269 oder 030/3911895.

Schroeder Jochen
B: Schauspieler. G: Bochum, 8. Feb 1954. A: D–4630 Bochum, Steubenstr 6. Tel: 0234/555789. S: Westf Schauspielschule Bochum. K: Schauspielhaus Bochum, Freie Volksbühne Berlin, Schillertheater Berlin, Theater im Packhaus Bremen. D: „Schöne Bescherung", „Darüber spricht man nicht", „Gerettet", „Zündschnüre", „Ein neuer Start", „Geschichten durch Geschichte", „Wege ins Leben", „Entscheidungen", „Block 7", „Die Woche hat nur einen Sonntag", „MS Franziska" (Serie), „Lokalseite unten links", „Die Straße" (Serie), „PS" (Serie), „Achtung Kunstdiebe", „Fixer" uva. H: Motorräder.

Schröder Jutta
B: Schauspielerin. A: c/o ZBF-General-Agentur Frankfurt, D–6000 Frankfurt/Main, Feuerbachstr 42–46. Tel: 0611/7111335.

Schröder Wolfgang
B: Moderator. G: Münster/Westf, 20. Juni 1922. V: Gerda. A: D–6243 Falkenstein/Taunus, Am Dingesberg 11. S: Abitur, Lehre als GroßhandelsKfm, Stud d WirtschaftsWiss. K: Redaktions-Volontariat, Wirtschaftsredakteur, Chefredakteur d „Jungen Wirtschaft", seit Beginn Mitarbeiter b NDR-Magazin „Panorama", Mitbegründer d ARD-Magazins „Der Markt", dann ZDF, 1966 Ltr u Moderator v „Bilanz". E: Adolf Grimme-Preis, Goldene Kamera. M: CDU.

Schröder-Lohse Christiane
B: Schauspielerin. A: D–2000 Hamburg-Schenefeld, Mittelstr 58. Tel: 040/8300766.

Schroeder Karin
B: Schauspielerin. A: D–6940 Weinheim, Karlsruher Str 27, c/o ZBF-Agentur München. Tel: 06201/68127 oder 089/335081.

Schroeter Renate
B: Schauspielerin. A: c/o ZBF-Agentur München, D–8000 München 40, Leopoldstr 19. Tel: 089/335081.

Schroth Carl-Heinz
B: Schauspieler. G: Innsbruck, 29. Juni 1902. V: Alberta, geb Hutterer. A: I–28010 Ameno, Casa Mütze. S: RealGymn, Abitur. H: Malen.

Schubart Marianne
B: Schauspielerin. G: Celle, 24. Juni 1921. V:

Karl Vibach. A: D–1000 Berlin 12, Bismarckstr 88. S: Lichtwerchschule Hamburg, Höhere Schulen in Spanien, Frankreich, England, Schauspielschule Bergmann Berlin. K: Engagements in Leipzig, Wiesbaden, Staatstheater Bonn, Krefeld, Göttingen (Städt Bühnen), Landestheater Schleswig, Städt Bühnen Lübeck. D: „Das Groschenspiel", „Die schöne Marianne". M: Ltr d Kinderschauspielschule, Lübeck, Mtgl d Ges zur Beförderung Gemeinnütziger Tätigkeit, Lübeck. H: Übersetzen u Bearbeiten v Theaterstücken.

Schubert Heinz
B: Schauspieler, Regisseur, Fotograf. G: 12. Nov 1925. A: D–2000 Hamburg 52, Parkstr 40. K: 1950–61 Berliner Ensemble, 1962–68 Münchner Kammerspiele, seit 1968 Schauspielhaus u Thalia-Theater Hamburg.

Schubert Herbert
B: Schauspieler. A: D–2000 Hamburg 13, Hochallee 37. Tel: 040/453161.

Schubert Renate
B: Schauspielerin. A: D–2000 Hamburg 13, Hochallee 37, c/o ZBF-Agentur München. Tel: 040/418101 oder 089/335081.

Schuberth Christine
B: Schauspielerin. G: Wien, 11. Feb 1944. A: A–1130 Wien, Dommayerg 10. S: Mittlere Reife, Modeschule Hetzendorf. K: 15 Filme, Durchbruch mit „Josefine Mutzenbacher" I u II, Fernsehen u Theater. F: Quick, Stern, Neue Revue, Spiegel, Hör Zu, Brigitte, Tageszeitungen in Österreich, Schweiz u Deutschland. D: „Derrick", „Kommissar", „Michael Schanze-Show", „Rudi Carell-Show", „Musik ist Trumpf", „Cabarett Talk täglich", „Fritz Muliar – Beiß die Zähne zusammen", „Barfuß im Park", „Bitter Lemon", „Helden", „Von Mäusen u Menschen", „Der Florentinerhut". H: Die Arbeit.

Schubina Ilona
PS: Tamara. N: Ilona Marina von Haldenwang. B: Sängerin, Komponistin, Texterin. G: Riga/UDSSR, 4. Jan 1947. A: D–6000 Frankfurt/Main, Gärtnerweg 46. Autogrammadresse: Tamara, c/o H Sjauken, D–6078 Neu Isenburg, Am Forsthaus Gravinbruch 53. S: Musikschule in Riga, Ballettschule in Riga, Dr Hoch's Konservatorium in Frankfurt (Klavier, Gesang, Balalaika). K: Tschaika Ensemble-Mtgl (Russ Folklore), CBS-LP's, ua mit Iwan Rebroff, Texte u Kompositionen f I Rebroff, Solo Karriere mit russ Folklore als Tamara, LP u mehrere Singles. F: In einigen franz Zeitschriften u Zeitungen, in einigen deutschen Fachzeitschriften u bekannten Zeitungen. D: in TV-Sendungen, Sonntags Konzert. E: Silberne Lyra in Frankreich. M: Ordentl Mtgl d GEMA. H: Schach, Segeln, T-Tennis.

Schulenberg Werner
B: Schauspieler. A: D–8000 München 40, Herzogstr 112, c/o ZBF-Agentur München, c/o Agentur v Pilecki. Tel: 089/307298 oder 089/335081 oder 089/220263.

Schulenburg Heddo
B: Schauspieler. G: Berlin, 5. Feb 1938. A: D–1000 Berlin 31, Joachim Friedrich-Str 18. S: RealGymn, Architektur-Stud in Graz, Schauspielunterricht priv bei Eva Fiebig u Paul Friedrichs in München. K: Mit ca 17 Jahren erste Engagements an Kleine Komödie München, dann Filme m Kurt Meisel, Dr Harald Braun, Synchronarbeit, weitere Positionen in München: Kleines Theater am Siegestor, Tribüne, Intimes Theater, Kammerspiele, 1960 zu Utzerath an Freie Volksbühne Berlin, in Berlin Fernsehen u Funk SFB bei Rolf v Goth, Tourneen m Waltraud Haas u Erwin Strahl u Joachim Kulenkampff, Gastspiele Badisches Kammerschauspiel, Fränkisches Theater, zZ Städtische Bühnen Münster. F: Süddeutsche Zeitung, Münchner Merkur, Westfälische Nachrichten, Münstersche Zeitung, Die Deutsche Bühne, Frankfurter Allgemeine, Kieler Nachrichten, Schweinfurter Tagblatt uva. D: Theater: „Cocktail Party", „Nora", „Italienische Nacht", „Aimmee", „Nachtasyl", „Weiße Weste", „Was ihr wollt", „Amerikanischer Traum", „Furcht u Elend d Dritten Reiches", „Bürger Schippel", „Im englischen Stil", „Ein besserer Herr", „Die Mutter", „Der eingebildete Kranke", „Frau Warrens Gewerbe", „Draußen vor d Tür", „Kennen Sie die Milchstraße?", „Celestine", „Des Teufels General", „Komödie im Dunkeln", „Sonntagskinder", „Tango", „Dreigroschenoper", „Cabaret", „Mutter Courage", „Der öffentliche Ankläger", „König Hohn", „Der magere Preis", Film u Fernsehen: „Ulyssa", „Alarm an Kessel Drei", „Lenz", „Eintagsfliegen", „Herrscher ohne Krone", „Die kranke Miss Mabel", „Jahrhundert d Chirurgen", „Peter ist d Boss", „Anatomie eines Mordes", „Ball im Savoy", „Der Peyer", „XY ungelöst", „Denkste", „Block 7" uva. H: Kochen, Autos, Briefmarken.

Schüler Gunther
B: Schauspieler. G: Altona/Elbe, 11. Feb 1912. A: D–2000 Hamburg 13, Schlankreye 29. Tel: 453645. S: RealGymn, Schauspielausbildung durch Privatlehrer u Besuch d staatl Schauspielschule d Hamburger Schauspielhauses. K: Altonaer Stadttheater, Landesbühne Lüneburg, Pommersche Landesbühne, Stettin, nach 1945: Junge Bühne Hamburg, Westfälisches Landestheater, städtische Bühnen Essen, Neues Altonaer Theater, Landesbühne Rendsburg, Lüneburg, Das Schauspiel Cuxhaven, Bamberg uva Bühnen, in letzter Zeit: Bremer Zimmertheater, Altonaer Theater in Hamburg, Hamburger Kammerspiele, Operettenhaus Hamburg, Eurostudio Landgraf, Berliner Tournee (Tournee-Theater), seit 15 Jahren im Ensemble d Bad Segeberger Karl May-Spiele, 1958 u 1963 Mtgl d Deutschen Kammerspiele, damit intern Tournee durch 15 Länder Lateinamerikas u San Franzisko/USA, vielseitige koordinierte Tätigkeit als Schriftsteller/Komponist/Pianist/Kabarettist/ Rezitator/Doz v Farbdia-Vorträgen, Tourneen u Vortragsreisen mit eigenen Programmen durch Österreich, Schweiz, Frankreich, Belgien, Italien, Spanien, Portugal, Holland, Finnland, Norwegen, 1977/78: Gastspielreise m drei versch Programmen ua Rezitationen sowie eigene Chansons u Evergreens am Flügel nach Montevideo, Uruguay u nach Chile, Initiator u Übergeber einer auf Leder gemalten spanischen Grußbotschaft d deutschen Indianerstadt Bad Segeberg an die araucanischen Indios in Temuco/Südchile, Durchquerung v Feuerland u d Wüste Atacama, Schreiben v Musik u Libretto v drei Musicals, Uraufführung v „Millionen f Riotumba" in Hamburg, Bühnenmusiken, Shanties im Hamburger Hafenkonzert (NDR), viele Lieder u Chansons entstanden, Veröffentlichung v 2 Unterhaltungsromanen, Gedichte- u Artikelserie: „Impressionen aus Chile" im Hamburger Abenblatt, freier Mitarbeiter d deutschen Zeitung „Condor" in Santiago de Chile, Publikationen in d Fachzeitschrift „Die BühnenGen", Gestaltung v Programmheftartikeln d Karl May-Spiele uva. F: Fotomodell-Einsatz f Brigitte, Die Welt, Neue Revue. D: TV: ua in „Familie Schölermann", „Hallo Nachbarn", „Novemberverbrecher", „Der Fall von nebenan", „Sonderdezernat K 1", „Gestatten mein Name ist Cox", „Percy Stuart" u in d TV-Aufzeichnungen d Bad Segeberger Karl May-Spiele, Filmrollen: „Verrat auf Befehl", „Akte Odessa". E: Ehrennadel d BühnenGen zum 25- u 40jährigem Berufsjubiläum. M: CordillerenVer, Schwaben-Intern. H: Herstellung d Schmalfilmes „Ambiente chilena" m Synchronisation, Reiten in Segeberg, Radfahren, Schwimmen.

Schüler Hannelore
B: Schauspielerin. A: D–1000 Berlin 19, Kuno Fischer-Str 14. Tel: 030/3066183.

Schulte-Tigges Margit
B: Schauspielerin. A: D–3500 Kassel, Langenbeckstr 57, c/o ZBF-General-Agentur Frankfurt. Tel: 0561/281862 oder 0611/7111313.

Schultes Willy
B: Schauspieler. A: D–8000 München 70, Vinger Str 5, c/o Agentur Marga Wiedner. Tel: 089/7148202 oder 089/3081822.

Schultheis Barbara
B: Schauspielerin. A: D–1000 Berlin 30, Makkensenstr 19–21. Tel: 030/2617384.

Schultheis Carlo
B: Schauspieler. A: D–2086 Ellerau, Königsberger Str 6. Tel: 04106/71466.

Schultheis Horst
B: Schauspieler. A: D–1000 Berlin 30, Traunsteiner Str 2. Tel: 030/2117889.

Schultheiß Walter
B: Schauspieler, Kabarettist, Maler. G: Tübingen, 25. Mai 1924. V: Trudel, geb Wulle. A: D–7277 Wildberg/Schwarzwald, Wächtersbergweg 65. S: Stud bei Staatsschauspieler Kurt Junker, Frau Mönch Lietz, Ölschläger u Reinhardt. K: Schauspielbühne Brennecke, Städtetheater Reutlingen-Tübingen, Württ Landesbühnen, Stuttgarter Volkstheater, Theater in der Mausefalle, Komödie im Marquardt, in Werner Finks Kabarett „Mausefalle", Kabarett der Komiker, Berlin, Hofgartenspiele Annast, München, Variete G O P in Hannover, Zürich, Basel, ab 1946 Südfunk, ab 1950 Südwestfunk, ab 1956 Fernsehen, als Autor viele Hörspiele, zB „Der Schaukelstuhl", „Zimmer mit Vollpension", „Die Neunmalgescheiten", „Sonderposten" usw, viele Sketches u Gedichte, Sprecher in vielen Sendungen an allen Sendern, unzählige Sketches u Soli f Funk, Fernsehen u Schallplatte, Schallplattenaufnahmen, zum Teil mit eigenen Texten: „Die sieben Schwaben", „Lachendes Schwabenland", „Die Straßenkehrer", „Unser

Schwabenland", „Tübinger Gogenwitze 1, 2 u 3", als Maler Ausstellungen (Stilleben, Landschaften Ölbilder u Aquarelle). F: Stuttgarter Leben, in Rundfunkzeitungen u div Tageszeitungen. D: Theater: „Tor und Tod", „Die kluge Närrin", „Perlenkomödie", „Apostelspiel", „Sommernachtstraum", „Macbeth", „Was ihr wollt", „Wie es euch gefällt", „Weh dem, der lügt", „Der Engel mit dem Saitenspiel", „Der fröhliche Weinberg", „Die Büchse der Pandora", „Die Liebe der vier Obersten", „Der Maulkorb", „Zwischen Stuttgart und München", „Der blaue Heinrich", „Wallenstein" uva, Operettenrollen „Im weißen Rößl", „Maske in Blau", „Nächte in Shanghai", „Hochzeitsnacht im Paradies", „Gasparone", „Der Vetter aus Dingsda", „Dreimäderlhaus" uva, Fernsehspiele: „Schinderhannes", „Undine", „Moral", „Der Teufel und der liebe Gott", „Im Auftrag der schwarzen Front" „Block 15", „Dr Awala", „Ein Chirurg erinnert sich", „Adolf Bullinger", „Simplicius Simplicissimus", „Bärenfang in Hinterwang", „Es muß nicht immer Kaviar sein", „Tatort", „Pannenhilfe", Serien: „Schwäbische Geschichten", „Chronik der Familie Nägele", „Stelldichein beim Wein", „Drehscheibenwitze" ua, TV-Unterhaltung: „April, April", „Konfettischlager", „Witzig, witzig", „Die Musik kommt", „Auf de schwäbsche Eisebahne", „Im Krug zum grünen Kranze". M: Fernseh- u Filmunion, Verb bildender Künstler. H: Fotografieren.

Schultz Eva Katharina
B: Schauspielerin. A: c/o Management Palz, D–8000 München 81, Ortlindestr 6/VII. Tel: 089/912019/10.

Schultze-Westrum Edith
B: Schauspielerin. A: D–8023 Pullach, Gartenstr 24, c/o Management Baumbauer. Tel: 089/7930208 oder 089/478577.

Schulz Celso
B: Schauspieler. A: c/o Agentur Bengen, D–1000 Berlin 21, Paulstr 25. Tel: 030/3911895.

Schulz Heinz-Georg-Gustav
B: Schauspieler. A: D–1000 Berlin 46, Alt-Lankwitz 19c. Tel: 030/7744558.

Schulz I
B: Schauspielerin. A: D–8000 München 80, Possartstr 5, c/o ZBF-Agentur München. Tel: 089/4702936 oder 089/335081.

Schulz Karl
B: Schauspieler. A: D–1000 Berlin 38, Reifträger Weg 2, c/o Agentur Bengen. Tel: 030/8033729 oder 030/3911895.

Schulz Leni
B: Schauspielerin. A: D–1000 Berlin 33, Salzbrunner Str 46/2, c/o Klimperkasten (J Roschak), c/o Agentur Bengen. Tel: 030/8233370 oder 030/7856477 oder 030/3911895.

Schulz Michael Peter
B: Schüler (Sänger, Schauspieler, Darsteller u Statist i Theater). G: Lübeck, 27. Mai 1964. A: D–2400 Lübeck, Lockwischer Weg 4. S: Gymn, Ausbildung in Violine u Gesang. K: 1973 erstes Engagement in d Jugendoper „Peter III." als Titelheld, seitdem Fernsehauftritte u Theateraufführungen m berühmten Künstlern: Freddy Quinn, Jean van Ree, Erik Ode, Peter Dirschauer, Ion Piso ua, Ausbildung im Violinspiel u hiermit auch öffentliche Auftritte, Ausbildung im Fach Gesang bei Frau Joneck v d MusikHS Lübeck, singt i d Lübecker Knabenkantorei an St Marien, m dieser auch Fernsehauftritte, Filmaufzeichnungen u Schallplatten. F: Lübecker Nachrichten, Theaterspiegel Lübeck, Opernwelt. D: Theater: „Peter III", „Tod in Venedig", „The King and I", „Turandot", „König Johann", „Tosca", „Zigeunerbaron", „Tod d Handlungsreisenden", „Peter Grimes", „Die verkaufte Braut", „Lohengrin", Fernsehen: „Am laufenden Band", „Treffpunkte", „Spaß mit Musik". E: Goldene Nadel LKK (Auszeichnung f 75 Konzerte m d Lübecker Knabenkantorei). M: Lübecker Knabenkantorei, Ferienkurse f Musik in St Peter-Ording v Landesschulamt Schleswig-Holstein. H: Theater- u Konzertbesuche, Kompositionen u eigene Kompositionen.

Schulze Hans
B: Schauspieler. A: D–5000 Köln 41, Hermeskeiler Str 3, c/o Agentur Marga Wiedner. Tel: 0221/4302408 oder 089/3081822.

Schulze-Erdel Werner
B: Schauspieler. A: D–4400 Münster, Grüner Grund 2, D–8000 München 40, Agnesstr 45, c/o ZBF-Agentur München. Tel: 0251/72568 oder 089/187213 oder 089/335081.

Schulzke Kurt
B: Komponist, Sänger, Pianist. G: Stadtoldendorf, 15. Jan 1950. V: Christiane, geb Gloger. A: D–2000 Hamburg 76, Ifflandstr 62a. S: Mittlere Reife, Schaufenstergestalter, Grafiker, Karikaturist u Comic-Zeichner. K: Seit 1968 Hobby-Musiker in Clubs u Kneipen (Onkel Pö, River-Casematten, Cotton Club ua), 1972 1. Künstler, der in der „Hamburger FABRIK" auftrat, 1974 Gründung d Gruppe „Schulzke's Skandal Trupp", seitdem 2 Langspielplatten u 4 Singles, über 30 TV-Auftritte, zahlreiche Rundfunksendungen. F: Hör Zu, Musik Joker, Bravo, Bild, Morgenpost, Hamburger Abendblatt, Stern, Welt ua. E: Selbsternannter Ehrenbürger d „Schulzkes Skandal Staates". M: GEMA, GVL, VDM. H: Musik, Zeichnen, Segeln.

Schulzki Rüdiger
B: Schauspieler. A: D–2000 Hamburg 76, Uhlandstr 51, c/o ZBF-Agentur Hamburg, c/o Agentur v Pilecki. Tel: 040/2296786 oder 040/66885400 oder 089/220263.

Schumacher Werner
B: Schauspieler. A: D–2000 Norderstedt, Am Schulwald 28 A, c/o Management Jovanovic. Tel: 040/5222200 oder 089/475024/25.

Schumann Coco
B: Komponist, Musiker. G: Berlin, 14. Mai 1924. V: Gertraud, geb Goldschmidt. A: D–1000 Berlin 37, Treibjagdweg 3. S: Konservatorium Hamburg. K: Gitarrist seit 1943, Rundfunk, Schallplatten, bis 1950 mit Helmut Zacharias, 1950–54 Australien, dort Rundfunk, Schallplatten, ab 1954 eigenes Orchester, Komponist, Tourneen, Gastspiele ua in Amerika. H: Filmen.

Schumann Erik
B: Schauspieler. G: Grechwitz, 15. Feb 1925. V: Gabi, geb Tiemann. A: D–8021 Straßlach, Frundsbergstr 33. S: Gymn, Konservatorium Dresden. K: Staatstheater Dresden, Schloßparktheater Berlin, Staatstheater München, Staatstheater Stuttgart, Schauspielhaus Frankfurt/Main, Gastspiele, Tourneen, viele Fernsehrollen. F: In Fachzeitschriften, Illustrierten, in vielen Funk- u Fernsehillustrierten. D: „Himmel ohne Sterne", „Frage 7", „Griff nach den Sternen" uva. H: Wasserski, Tennis, Malen, Schreiben, Reisen.

Schündler Rudolf
B: Schauspieler. A: D–8000 München 80, Prinzregentenstr 81/III, c/o Agentur v Pilecki. Tel: 089/473637 oder 089/220263.

Schünemann Günter Werner
B: Schauspieler, TV-Darsteller, Synchronsprecher. G: Bocket/Hainsberg bei Aachen, 11. Juli 1927. V: Marg, geb Weigl. A: D–8031 Pchheim/München, Schopflachstr 4. c/o ZBF Agentur München, Leopoldstr 19. Tel: 089/804889 oder 089/335081. S: Grundschule, Handelsschule mit Abschluß, Mittlere Reife, Schauspielschule von 1946–49 bei Intendant Otto Kustermann, München. K: Von 1949–52 kleine Rollen in Filmen, wie „Tromba", „Legion der Verdammten", „Ulyssa", danach Tätigkeit als Angestellter im Antiquitätenhandel, später selbständig in dieser Branche, seit d 70ziger Jahren wieder als Darsteller f Film u Fernsehen tätig. F: Hör Zu, TZ Fernsehmagazin, Münchner Merkur, Tageszeitungen. D: „Lobster", „Berlinger", „Despair", „Der Alte" , 4 Folgen mit den Untertiteln „Ein Koffer", „Bumerang", „Blütenträume", „Konkurs", viele Folgen aus „Notizen aus der Provinz", viele Folgen aus „XY", „Der Anwalt", „Halbe/halbe", „Bibi Bitter", „Tatort" usw. H: Antiquitäten, Reisen, Englisch.

Schürenberg Siegfried
B: Schauspieler. A: D–1000 Berlin 28, Oppenheimer Weg 26. Tel: 030/4012542.

Schürmann Petra
B: Autorin, Fernsehmoderatorin, Schauspielerin. G: Mönchen-Gladbach. V: Dr Hans-Gerhard Freund. A: D–8130 Starnberg, Max Emanuel-Str 7. S: Abitur, Stud d Philosophie. K: Miß Welt, Fernsehansagerin, Schauspielerin, Autorin: „Das Abenteuer, erwachsen zu werden". F: Kolumne Münchner Merkur. D: „Mit Himbeergeist geht alles besser", „Die kleinen Sünden", „Julia und Romeo". E: Miß Welt. M: Bayerischer JournalistenVerb. H: Malen.

Schuster Manfred
B: Schauspieler. A: D–1000 Berlin 21, Hanseatenweg 6, c/o Agentur Runde-Profé. Tel: 030/03917435 oder 030/3040661.

Schütter Friedrich Dir
B: TheaterDir, Schauspieler, Regisseur. G: Düsseldorf, 4. Jan 1921. A: A–2050 Hamburg 80, Am Heesen 46 A. S: Oberrealschule,

Schauspielschule. K: SchauspielStud, Engagements ua an d Niedersachsenbühne, am Theater im Zimmer Hamburg, Deutsches Schauspielhaus Hamburg, Ernst Deutsch-Theater Hamburg uva, 1951 Gründer u seitdem künstl Ltr d Ernst Deutsch-Theaters Hamburg. F: In fast allen deutschen u ausländischen Zeitungen u Zeitschriften. D: „Sein Schutzengel", „Blechschaden", „Gabriel", „Adam u Eva 2000", „Claude Debussy", „Hier kocht d Chef", „Die Mißvergnügten", „Das kleine Hofkonzert", „Der Weg führt nach Mexico", „Hamlet", „Genosse Veygond", „Götz v Berlichingen", „Sir Jon Falstaff u Goldjunge Heinz", „Nathan d Weise", „Der zerbrochene Krug", „Der Nachfolger", „Prinz v Homburg", „Dreigroschenoper", „Wallenstein", „Wir sind noch einmal davongekommen" uva. E: Silberne Maske d Hamburger Volksbühne, Silberne Möve d Hamburger Abenblattes, Verdienstkreuz I. Klasse d Verdienstordens d BRD. M: Rotary-Club Hamburg Steintor, Ak d darstellenden Künste. H: Tauchen.

Schütz Angelica
B: Schauspielerin. G: Wien, 4. Apr 1947. A: A–1060 Wien, Linke Wienzeile 16. S: RealGymn, Matura, Schauspiellehrer: Kammerschauspieler Erich Auer, Prof Zdenko Kestranek. K: Burgtheater Wien, Volkstheater Wien, Stadttheater Klagenfurt. F: Wiener Kurier, Kronenzeitung, Hör Zu uva. D: Film: „Die blinde Eule", Fernsehen: „Die weisse Stadt", „Schwejk", „Das Spiel kann beginnen", Theater: „Der Diamant d Geisterkönigs", „Francois, der Henker wartet", „Die Zimmerwirtin", „Jagdszenen aus Niederbayern" uva. M: Österr-israelische Ges. H: Lesen, Wandern, Reiten, Wasserski.

Schütze Ilona
B: Schauspielerin, Studienrätin an Volks- u Realschulen. G: Breslau, 16. Dez 1943. V: Dr Dietrich Lange. A: D–2000 Hamburg, Eichenstr 24. S: Abitur, SchauspielStud in Berlin, Stud d Päd, Psychologie, Anglistik. K: Stadttheater Luzern, Theater an der Wien, Kleine Komödie Berlin, Kleine Komödie Hamburg, Thalia-Theater Hamburg. F: Hör Zu, Bild am Sonntag, Funk Uhr, Frau im Spiegel, Gong, Revue ua. D: „Auf und davon", „Mord an Bord", „Halb auf dem Baum", „Irma la douce", „Cardy Web", „Barfuß im Park", „Wie es euch gefällt", „Zau Hing" ua. H: Windsurfing, Reisen, Musik, Kochen, Skilaufen.

Schütze Ludwig
B: Schauspieler. A: D–8000 München 40, Emanuelstr 16, c/o ZBF-Agentur München. Tel: 089/303411 u 004131/342352 oder 089/335081.

Schütze Uta-Maria
B: Schauspielerin. A: D–8000 München 70, Sylvensteinstr 5, c/o ZBF-Agentur München. Tel: 089/763622 oder 089/335081.

Schützler Hannelore
B: Schauspielerin. A: D–8035 Gauting, Tulpenstr 12, c/o ZBF-Agentur München. Tel: 089/8502721 oder 089/335081.

Schwannecke Inge
B: Schauspielerin. A: D–8000 München 81, Freischützstr 17, c/o ZBF-Agentur München. Tel: 089/931852 oder 089/335081.

Schwartz Stephan
B: Schauspieler. A: D–2000 Hamburg 60, Sierichstr 108, c/o ZBF-Agentur Hamburg. Tel: 040/489035 oder 040/66885400.

Schwarz Erich
B: Schauspieler. A: D–1000 Berlin 31, Jenaer Str 6, c/o ZBF-Agentur Berlin. Tel: 030/8541739 oder 030/8838031/54.

Schwarz Hans
B: Schauspieler. A: D–1000 Berlin 33, Steinrückweg 5. Tel: 030/8212628.

Schwarz Sonja
B: Schauspielerin. A: D–2000 Hamburg 61, Niendorfer Höhe 33, c/o ZBF-Agentur Hamburg. Tel: 040/515361 oder 040/66885400.

Schwarz Wolfgang
B: Schauspieler. A: CH–8706 Meilen, Ländischstr 76, c/o Management Palz. Tel: 00411/9231620 oder 089/912019/10.

Schwarze Christine
B: Schauspielerin. A: D–1000 Berlin 12, Carmenstr 19, c/o Agentur Bengen. Tel: 030/3124579 oder 030/3911895.

Schwarze Hanns Werner
B: Moderator. G: Berlin, 8. Juni 1924. V: Wendela. A: D–1000 Berlin-Zehlendorf, Am Vierling 23. S: Oberschule, Ausbildung als VerlagsKfm. K: Volontariat u Arbeit b NRZ, dann Redakteur b „Stuttgarter Nachrichten", Nach-

richtenredakteur b RIAS Berlin, später Ltr d NachrichtenAbt, politischer Kommentator, Feature-Autor, seit 1963 Ltr d ZDF-Studios Berlin, seit 1966 Ltr u Moderator d Sendereihe „drüben", seit 1971 d Magazins „Kennzeichen D". E: Jakob Kaiser-Preis, Adolf Grimme-Preis, BVerdienstkreuz. H: Tennis, Skilaufen.

Schwarze Hans Dieter
B: Poet, Regisseur, Schauspieler. G: 30. Aug 1926. V: Karin, geb von Wangenheim. A: D–8386 Reisbach-Vils, Anterskofen 3. Tel: 08731/8482 od 3779. S: Gymn, Schauspielunterricht. D: Darsteller in einigen Filmen u Theaterstücken. E: Mehrere Auszeichnungen für Lyrik, Filmrolle, Theater- u Fernsehregie, für Spiele und Unterhaltungssendung. M: PEN. H: Pilze.

Schwarzkopf Klaus
B: Schauspieler. A: c/o Agentur Köhler, D–8000 München 40, Rümannstr 51. Tel: 089/363970.

Schwarzmaier Michael
B: Schauspieler. A: D–8000 München 81, Spretistr 33, c/o Agentur Bloy. Tel: 089/936997 oder 089/6411893.

Schweiger Heinrich
B: Schauspieler. A: c/o Management Palz, D–8000 München 81, Ortlindestr 6/VII. Tel: 089/912019/10.

Schwertkolt Günther
B: Schauspieler. A: D–1000 Berlin 19, Reichssportfeldstr 16. Tel: 030/3055520.

Schwetter Karl
B: Schauspieler. A: A–1170 Wien, Dornbacher Str 84. Tel: 0222/464145.

Schwiers Ellen
B: Schauspielerin. A: D–8131 Berg 2, Kreuzweg 85, c/o Management Palz. Tel: 089/912019/10.

Schwiers Holger
B: Schauspieler. A: D–8131 Berg 2, Kreuzweg 85, c/o ZBF-Agentur München. Tel: 98151/5622 oder 089/335081.

Schwombeck Marion
B: Schauspielerin. A: D–8000 München 80, Pienzenauer Str 1 A. Tel: 089/985019.

Schwuchow Werner
B: Schauspieler. A: c/o ZBF-Agentur München, D–8000 München 40, Leopoldstr 19. Tel: 089/335081.

Schygulla Hanna
B: Schauspielerin. A: D–8000 München 2, Nymphenburger Str 67, c/o ZBF-Agentur München. Tel: 089/185050 oder 089/335081.

Sdoukos Espminondas
B: Schauspieler. A: D–8000 München 2, Theresienstr 58/I, c/o ZBF-Agentur München. Tel: 089/287239 (284242) oder 089/335081.

Sebaldt Maria
B: Schauspielerin. A: D–8022 Grünwald, Geranienstr 3, c/o Agentur Lentz. Tel: 089/6413731 oder 089/474026.

Sedlmayr Betty
B: Schauspielerin. A: c/o Agentur Bengen, D–1000 Berlin 21, Paulstr 25. Tel: 030/3911895.

Sedlmayr Walter
B: Schauspieler. A: D–8000 München 50, Josef Frankl-Str 8, c/o Agentur Lentz. Tel: 089/3132634 oder 089/474026.

Seebacher Bernd
B: Schauspieler. A: D–1000 Berlin 33, Kreuznacher Str 40. Tel: 030/8228511.

Seeböck Herwig
B: Schauspieler. A: c/o Agentur Schmidt-Gentner, A–1030 Wien, Lothringer Str 20. Tel: 0222/752271.

Seefeld Kai-Siegfried
B: Schauspieler. A: CH–9500 Wil/St Gallen, G Renner-Str 66, c/o ZBF-Agentur München. Tel: 004173/225989 u 226909 oder 089/335081.

Seefried Mona
N: Monika Maria Schneiderhan. B: Schauspielerin. G: Wien, 30. März 1957. A: A–1190 Wien, Kaasgraben 98A. S: Gymn, Schauspielschule am Max Reinhardt-Seminar Wien. K: Salzburger Festspiele, Engagements am Stadttheater Basel unter Hollmann, am Thalia-Theater Hamburg unter Boy Gobert. F: In allen deutschen, schweizer u österreichischen Zeitungen u Zeitschriften. D: „Lumpazivagabundus", „Wiener Blut", „Perichole", „Stern

auf d Stirn", „Pioniere in Ingolstadt", „Hoffmanns Erzählungen", „Geisterstunde", „Weites Land", „Schauspieler singen", „Mit dem Feuer spielen", „Stop the World", „Einen Jux will er sich machen", „Alice im Wunderland", „Kabale u Liebe", „Gimme Shelter", „Schmutzige Hände", „Ist das nicht mein Leben?", „Spiel d Mächtigen", „Gedenksteine", „Liliom", Krimi, „Lady Windermers Fächer", Eugen Roth-Gedichte. H: Kochen, Jazztanz, Singen, Klavierspielen, Lesen.

Seehofer Rosemarie
B: Schauspielerin. G: Lauf/Nürnberg, 29. Juni 1934. V: Dr Dietrich Weber. A: D–8000 München 40, Keferstr 4, Tel: 089/349159, und D–8184 Grund/Tegernsee, Bernöckersiedlung 3a. S: Gymn, Otto Falckenberg-Schule. K: Städt Bühnen Münster/Westf, Städt Bühnen Essen, Landestheater Hannover, Residenztheater München, Thalia-Theater Hamburg, Renaissance-Theater Berlin. F: Theater heute uva. D: „Ostern", „Romeo u Julia", „Frühlings Erwachen", „Rundköpfe, Spitzköpfe", „Heiraten", „Kiss me Kate", „Hello Dolly" ua. M: BFF. H: Französische Küche.

Seelhart Gertrud
B: Schauspielerin. G: 12. Okt 1895. A: D–3000 Hannover, Wedekindpl 8. S: Lyzeum, Hannover. K: Stud München bei Frau Reupke, Engagements in Ulm, Staatstheater Hannover, Schwerin, Hannover. D: „Lauffeuer", „Herzen im Sturm". H: Musik, Klavier.

Seemann Ilse
B: Schauspielerin, Sprecherin, Moderatorin. G: Beeskow, 16. Mai 1934. V: Günter Haese. A: D–2100 Hamburg 90, Wilseder Ring 100. S: Abitur, Rungeschule Oranienburg, 1952–53 Rundfunkschule Berlin, 1954–55 Schauspielschule Hamburg, Prüfung 1955 bestanden. K: 2 Jahre festes Engagement am Ohnsorgtheater, später Gastspiele am Ohnsorgtheater, 2 Stückverträge am Thalia-Theater Hamburg, Ansage u Hörspiel, sowie Moderationen im NDR, Synchronrollen, Sprecherin in d Werbung, viele Chargen in TV-Spielen, zZ fest engagiert als Sprecherin beim NDR. D: „Der zerbrochene Krug", „Der Snob", „Meister Anecker", „Twee Kisten Rum", „Der möblierte Herr", „Viola", „Een Schaap", „Robert u Elisabeth", „Industrielandschaft mit Einzelhandel", „Wilhelmsburger Freitag", „Tatort", „Sore", „Hafenpolizei", „Betriebsfest" usw. H: Deutsche Dialekte.

Seibel Claus
B: Redakteur, Sprecher. G: Gießen, 16. Sept 1936. V: Gisela. A: D–6000 Frankfurt, Jakob Heller-Str 3. S: Abitur, Stud d Germanistik, Publizistik, Stimm-Schulung. K: Zeitungs-Volontariat, Nachrichtenredakteur b Hörfunk d HR, Chef v Dienst, SenceLtr, seit 1971 Redakteur m bes Aufgaben u Sprecher d „Heute"-Sendung d ZDF. F: Funk Uhr, Bild, Hör Zu ua. H: Reisen, Wandern, Skifahren, Schwimmen, Tnnis.

Seibt Ernst-Günter
B: Schauspieler. A: D–2000 Hamburg 20, Geffckenstr 11, c/o ZBF-Agentur Hamburg. Tel: 040/461402 oder 040/66885400.

Seid Gerd
B: Schausieler. A: D–1000 Berlin 31, Brandenburgische Str 35. Tel: 030/8911531.

Seidel Elke
B: Schauspielerin. A: D–8000 München, Steinhauser Str 35/II, c/o ZBF-Agentur München. Tel: 089/472805 oder 089/335081.

Seidenschwan Franz
B: Schauspieler. G: München, 27. Juni 1954. A: D–8031 Gröbenzell, Alpenstr 44. S: Hauptschulabschluß, Sprachenschule. K: Mit 13 Jahren als Kinderdarsteller, dann Karosseriebaulehre, Bundeswehr, ab Mitte 1975 hauptberuflich Schauspieler. F: In allen Film- u Fernsehillustrierten. D: „Der Seewolf", „Zwei Jahre Ferien", „Der Kommissar", „Tod oder Freiheit", „Sachrang", „Späte Liebe" ua. H: Motorradfahren, Fischen, Ski, Taek-Won-Do.

Seider August Friedrich KamSänger
B: Opernsänger, sächsischer u bayrischer Kammersänger. G: Köln, 11. Feb 1901. V: Dagmar, geb Schuh. A: D–8032 Gräfelfing, Freihamerstr 40. Tel: 855739. S: HS f Musik in Köln, Gesangspädagoge: Prof Eladio Chav. K: Köln, Leipzig, Berlin, Dresden, Hamburg, Stuttgart, Düsseldorf, Wien, Salzburg, Zoppot, Riga, London, Edinburg, Paris, Barcelona, Lissabon, Rom, Mailand, Florenz, Turin, Palermo, Buenos Aires, Rio de Janeiro, Johannesburg, Prätoria. F: Elegante Welt, Orpheus, viele Musikmagazine. D: Sämtliche Wagnerpartien u italienische schwere Helden zB Othello, Fidelio. E: Bayerischer Verdienstorden, Großes goldenes Ehrenzeichen d GDBA. M: GDBA. H: Musik, Literatur.

Seids Nate
B: Schauspielerin. A: c/o Agentur v Pilecki, D–8000 München 22, Oettingenstr 46. Tel: 089/220263.

Seiffert Hanna
B: Schauspielerin. A: D–2000 Hamburg 1, Koppel 48, c/o Agentur Marga Wiedner. Tel: 040/245786 oder 089/3081822.

Seiler Paul
B: Schauspieler. A: c/o Agentur Bengen, D–1000 Berlin 21, Paulstr 25. Tel: 030/3911895.

Seiler Steffi
B: Schauspielerin. A: D–8000 München 60, Julius Kreis-Str 45b, CH–8122 Pfaffhausen ZH, Grossplatzstr 9, c/o ZBF-Agentur Hamburg. Tel: 089/831154 oder 00411/8255366 oder 040/66885400.

Seipold Manfred
B: Schauspieler. A: D–8000 München 81, Cosimastr 4, c/o Agentur de la Berg. Tel: 089/914439 oder 08178/3681.

Seippel Edda
B: Schauspielerin. A: D–7155 Oppenweiler, Fachklinik Wilhelmsheim, c/o Agentur Köhler. Tel: 07193/6511 oder 089/363970.

Seitz Helma
B: Schauspielerin. A: D–8000 München 90, Kurzstr 15/IV, c/o ZBF-Agentur München. Tel: 089/6516509 oder 089/335081.

Seitz Lou
B: Schauspielerin. G: Mannheim, 23. Juli 1905. A: D–1000 Berlin 33, Ruhlaerstr 11. Tel: 8261176. S: Höhere Mädchenschule, Schauspielschule. K: Stadttheater Essen, Stuttgart, Wiesbaden, Dresden, Berlin. Engagements am Schillertheater, a d Volksbühne, am Renaissance-Theater usw. F: Frankfurter Zeitung, Hör Zu, Münchner Abendblatt. D: „Urfaust", „Marthe Schwerdlein", „Richter von Zalamea", „Marketenderin", viele Charakterrollen, zuletzt Komödie u Theater am Kurfürstendamm. M: Gen Deutscher Bühnenangehöriger. H: Lesen, Tanzen, Wandern.

Seitz-Petersen Maria
B: Schauspielerin. A: D–2070 Ahrensburg, Stormarnstr 63, D–1000 Berlin 33, Kreuznacher Str 34, c/o ZBF-Agentur Berlin. Tel: 04102/58645 oder 030/8215581 oder 030/8838031.

Sellmer Erna
B: Schauspielerin. A: c/o Agentur Bloy, D–8022 Grünwald, Gasteigweg 1. Tel: 089/6411893.

Sembdner Wolfgang
B: Schauspieler. A: c/o Agentur Marga Wiedner, D–8000 München 40, Destouchesstr 32/I. Tel: 089/3081822.

Semmelrogge Martin
B: Schauspieler. A: D–8000 München 90, Terhallestr 11, c/o Agentur de la Berg. Tel: 089/644744 oder 08178/3681.

Semmelrogge Willy
B: Schauspieler. A: D–8000 München 90, Terhallestr 11, c/o Agentur de la Berg. Tel: 089/644744 oder 08178/3681.

Semona Nina
B: Schauspielerin. A: D–7560 Gaggenau-Selbach, Auf der Höhe 1. Tel: 07225/73147.

Sender Charlotte
B: Schauspielerin. A: CH–4059 Basel, Grundeldingerrain 49, c/o Agentur Marga Wiedner. Tel: 004161/340995 oder 089/3081822.

Senff Barbara
B: Schauspielerin. A: D–4000 Düsseldorf 11, Lueg-Pl 2, c/o Agentur Marga Wiedner. Tel: 0211/52999 oder 089/3081822.

Serafin Harald
B: Schauspieler. A: A–1180 Wien, Teschnerg. Tel: 0222/4257815.

Seranǵe Frangoiso
N: Friedrich Steinhauer. B: Schauspieler. G: Neuried, 6. Juni 1950. A: D–8000 München 83, Heinrich Wieland-Str 21. S: Grundschule, Schauspielausbildung. K: Versch Filme (Nebenrollen), Kinderdarsteller beim Film. D: „Hochzeitsnacht im Paradies", „Wehe dem, der liebt", „Im Falle meines Todes", „Die Frauen des Herrn Sokrates", „Seitensprung im Schnee", „Bierkampf", „Der trojanische Krieg findet nicht statt", „Sie sind noch einmal davon gekommen", „Maß für Maß", „Scherz, Satire, Ironie und tiefere Bedeutung", „Die Schöpfung der Welt", „Der Besuch der alten

Dame", „Der Bettler im großen Welttheater". H: Singen, Tanzen, Steppen.

Servi Helly
B: Schauspielerin. G: Wien, 29. Sept. A: A–1190 Wien, Traklg 4. S: Max Reinhardt-Seminar. K: Deutsches Theater Berlin, Theater i d Josefstadt Wien, Tätigkeit bei Funk („Die Radiofamilie"), Film u Fernsehen. D: „So gefällst Du mir", „Eva im Frack", „Maske in Blau" uva.

Sessak Hilde
B: Schauspielerin. A: c/o Agentur Bengen, D–1000 Berlin 21, Paulstr 25. Tel: 030/3911895.

Seum Peter
B: Schauspieler. A: D–1000 Berlin 30, Hohenstaufenstr 23, c/o ZBF-Agentur Berlin. Tel: 030/246685 oder 030/8833031/54.

Seyferth Andreas
B: Schauspieler. A: D–2000 Hamburg 20, Klosterallee 78, c/o Management Jovanovic. Tel: 040/449662 oder 089/475024/25.

Seyferth Katharina
B: Schauspielerin. A: D–8032 Gräfeling, Lochhamer Str 65, c/o ZBF-Agentur München. Tel: 089/851195 oder 089/335081.

Sharon Gabriele
B: Schauspielerin. A: D–2000 Hamburg 13, Kielortallee 2, c/o Agentur Runde-Profé. Tel: 040/4104960 oder 030/3040661.

Sibelo Ricardo
B: Schauspieler. A: c/o Management Margarete van Dam, NL–Amsterdam, Plantage Parklaan 12. Tel: 003120/246743.

Sibold Karl
B: Schauspieler. A: D–8130 Starnberg, Jahnstr 37. Tel: 08151/3776.

Siedhoff Joost
B: Schauspieler. A: D–2000 Hamburg 54, Behrkampsweg 36, c/o ZBF-Gen-Agentur Frankfurt. Tel: 040/567771 oder 0611/7111313.

Siedler Georg-Wilhelm
B: Schauspieler, AntiquitätenKfm. G: 3. Juni 1943. A: A 1090 Wien, Widerhoferg 7/7, A 1010 Wien, Kohlmarkt 3. S: RealGymn, Ak f Musik u darstellende Kunst, Wien. K: Schauspiel Max Reinhardt-Seminar in Wien, Engagements an d großen Musical- u Operettenhäusern im deutschsprachigen Raum, Film, Fernsehen, Inhaber eines Antiquitätengeschäftes. F: In Tageszeitungen im deutschsprachigen Raum u Israel. D: „Billy", „Gigi", „Maske in Blau", „Irma la douce", „Zirkusprinzessin", „Golden Girl" „Lustige Witwe", „Die Blume von Hawai". H: Ski, Eislaufen, Wasserski, Tennis, Reiten, Studien d Mitmenschen, Reisen an d Meer, Gartenarbeit.

Siefart Karin
B: Schauspielerin. A: c/o Agentur Bengen, D–1000 Berlin 21, Paulstr 25. Tel: 030/3911895.

Siefarth Günter Dr
B: Moderator, Wissenschafts-Journalist. G: Düsseldorf, 2. Juni 1929. V: Rosemarie, geb Clouth. A: D–5060 Bensberg-Refrath, Kopernikusstr 8. S: Abitur, Stud d Geschichte, 1954 Dr phil. K: Volontariat b Zeitfunk d SWF Baden-Baden, dann Reporter u Redakteur d SWF-Landesstudios Mainz, 1956 Redakteur b WDR, 1961–66 Moderator d Sportschau, 1962 HauptAbt Zeitgeschehen, seit 1972 Ltr d Redaktionsgruppe „Wiss Magazine u Sonderprogramme", Moderator d Sendung „Wissenschaft heute", jahrelange Reisen, eigene Dokumentationsfilme, ua: „Santorin – Bericht über eine versunkene Insel", „Kilauea – Der Vulkan auf Hawaii", „Zurück zur Erde – Eine Bilanz d Weltraumfahrt", uva. H: Skilauf, Schwimmen, Fotografieren.

Sieg Uschi
B: Schauspielerin. A: D–2000 Hamburg 76, Hofweg 6, c/o ZBF-Agentur Hamburg. Tel: 040/2202104 oder 040/66885400.

Siegeris-Bruhn Anita
B: Schauspielerin. A: D–1000 Berlin 19, Horstweg 9. Tel: 030/3073561.

Siegle Claudia
B: Schauspielerin. A: D–2071 Hamfelde/Stormarn, Landhaus Krohnshorst, c/o ZBF-Agentur Hamburg. Tel: 04154/4320 oder 040/66885400.

Sielaff Harald
B: Schauspieler. A: D–1000 Berlin 45, Knesebeckstr 8, c/o Agentur Bengen. Tel: 030/8324141 oder 030/3911895.

Siems Christa
B: Schauspielerin. A: D–2000 Hamburg 13, Haller Str 5a, c/o ZBF-Agentur Hamburg. Tel: 040/454339 oder 040/66885400.

Sievers Inge
B: Schauspielerin. A: D–1000 Berlin 21, Dreysestr 4, c/o Agentur Bengen, c/o ZBF-Agentur Berlin. Tel: 030/3942150 oder 030/3911895 oder 030/8838031.

Sigee Rodney
B: Schauspieler. A: D–5040 Brühl-Vochem. Tel: O2232/26649.

Sigel Dany
B: Schauspielerin. A: c/o Agentur Schmidt-Gentner, A–1030 Wien, Lothringer Str 20. Tel: 0222/752271.

Sikor Kai
B: Schauspieler. A: D–8000 München 40, Ainmiller Str 5/VII/11, c/o Agentur Schmid. Tel: 089/331189 oder 089/981464.

Sillaber Maximilian-Marc
B: Schauspieler. A: D–8000 München 19, Richildenstr 3a, c/o ZBF-Agentur München. Tel: 089/170057 u 345141 oder 089/335081.

Siller Ursula
B: Schauspielerin. A: CH–8053 Zürich, Schulerweg 1, A–1060 Wien, Linke Wienzeile 10/18, c/o ZBF-General-Agentur Frankfurt. Tel: 00411/538775 oder 0222/5708743 oder 0611/7111334.

Silva Henry
B: Schauspieler. A: c/o Management Jovanovic, D–8000 München 80, Perfallstr 6. Tel: 089/475024/25.

Simann Werner O W
B: Schauspieler. A: D–6000 Frankfurt/Main 1, Rückertstr 53–57. Tel: 0611/440282 u 682642.

Simioni Luciano
B: Schauspieler. G: Zürich, 31. Juli 1948. A: CH–8044 Zürich, Hochstr 28. Tel: 01/471088. S: Mittelschule, SchauspielAk Zürich. K: Seit 1972 als Schauspieler an versch Theatern tätig. D: „Violanta", „Usula", „Landvogt v Greifensee", „Der erste Schnee" (Premiere: Filmfestival Cannes 1979).

Simmen Rolf
B: Schauspieler. A: D–8000 München 2, Kreuzstr 4/III, CH–5107 Schinznach-Dorf, Zwendlen 353. Tel: 089/267267 oder 004156/431818.

Simmon Henry E
B: Schauspieler. A: D–2000 Hamburg 26, Dalenstieg. Tel: 040/218634.

Simon Elisabeth
B: Schauspielerin. A: c/o ZBF-General-Agentur Frankfurt, D–6000 Frankfurt/Main, Feuerbachstr 42–46. Tel: 0611/7111335.

Simon Heide
B: Schauspielerin. A: c/o Agentur v Pilecki, D–8000 München 22, Oettingenstr 46. Tel: 089/220263.

Simon Jutta
B: Schauspielerin. A: c/o Management Jovanovic, D–8000 München 80, Perfallstr 6. Tel: 089/475024/25.

Simon Silva
B: B: Schauspielerin. G: Hamburg, 2. Aug 1942. A: D–8000 München 40, Amalienstr 87. S: Mittlere Reife, Schauspielschule München 1960–63. K: Beginn 1963–66 Residenztheater München, Engagement 1967 Deutsches Theater, später freischaffend. F: Bühnenjahrbuch, Film ABC, Abendzeitung, Bild Zeitung, Hör Zu, viele Illustrierte u sämtliche Tageszeitungen in ganz Deutschland. D: „Helden", „Vor Sonnenuntergang", „Die Häuser des Herrn Sartorius", „Teufelsschüler", „Eine Fantastische Nacht". H: Kochen, Skifahren.

Sindelar-Brecht Sid
B: Schauspieler. A: D–8000 München 80, Stuntzstr 21. Tel: 089/917602.

Singh Werner
B: Schauspieler. A: D–8000 München 70, Wurmtalstr 23. Tel: 089/7140543 u 575191.

Sinjen Frauke
B: Schauspielerin. G: 21. März 1940. V: Arch Dipl-Ing Gerd Wiegand. A: D–8000 München 40, Straßburger Str 20. S: Oberschule Hamburg, 3 Jahre Fachschule f Fotografie München. K: 3 Jahre Schauspielschule Annemarie Hanschke München, 2 Jahre Gesangsstudio Else Domberger München, seit 1963 ausgebildete Schauspielerin. F: Weltbild, Madame,

Film-Revue, Neue Illustrierte, Funk Uhr, Hör Zu, Quick, Neue Post, 7 Tage, Echo der Frau, Gong. D: „Kriminaltango", „Unter dem Lampenschirm", „Herz ist Trumpf", „Unser Pauker", „Pater Brown", „Ein Sommer mit Nicole", „Depressionen", „Zeit der Empfindsamkeit", „Ehen vor Gericht", „Derrick", „Notsignale", „Protokolle des Herrn M", „SOKO", „Unsere Teenager". M: BFF. H: Fotografieren, Segeln, Skifahren.

Sinjen Sabine
B: Schauspielerin. A: c/o Agentur Alexander, D–8000 München 80, Lamontstr 9. Tel: 089/471011.

Sitar Sonja
B: Schauspielerin. G: Graz, 26. Mai 1952. A: D–8000 München 40, Belgradstr 5a. S: Grundschule, 3 Jahre Handelsschule, 2 Sem HS f Musik u darstellende Kunst in Graz, 4 Sem Max Reinhardt-Seminar in Wien. K: Darstellerin in versch österreichischen u deutschen Produktionen. F: Münchner Bild, Berliner Morgenpost, Hamburger Bild-Zeitschrift, in versch österreichischen Tageszeitungen, Film-Echo. D: „Die Brücke von Jubanja" (Hauptrolle Maria), „Die bitteren Tränen der Petra von Kant", „Lobster" ua. H: Tanzen, Kochen v griechischen Gerichten.

Sitzmann Gerhard
B: Schauspieler. A: c/o Agentur Bengen, D–1000 Berlin 21, Paulstr 25. Tel: 030/3911895.

Skala Klaramarie
B: Schauspielerin. A: D–1000 Berlin 19, Riehlstr 12, c/o ZBF-Agentur Berlin, c/o Agentur Rakosi. Tel: 030/3068276 oder 030/8838031/54 oder 089/6904092.

Skalden Norbert
B: Schauspieler. A: c/o Agentur Lentz, D–8000 München 80, Holbeinstr 4. Tel: 089/474026.

Skay Brigitte
B: Schauspielerin. A: c/o Maras, D–8000 München 40, Germaniastr 3, I–00141 Roma, Via Passo del Furlo 61, c/o Agentur de la Berg. Tel: 089/341949 oder 00396/896295 oder 08178/3681.

Sklenka Johann
B: Schauspieler. A: c/o „Der Würfel" Unterhaltungsbetriebs-GembH, A–1180 Wien, Scheidlstr 38. Tel: 0222/475323 u 474134.

Skrobek Roman
B: Schauspieler. A: c/o Agentur Rakosi, D–8000 München 90, Tegernseer Landstr 284. Tel: 089/6904092.

Skrotzki Erika
B: Schauspielerin. A: D–1000 Berlin 30, Winterfeldstr 90. Tel: 030/2131480.

Slepowronski Jerzy
PS: Jurelli. B: Zauberkünstler. G: Czestochowa/Polen, 16. Juni 1923. V: Ellinor, geb Weber. A: CH–1024 Ecublens VD, Chemin des Vignes 20. S: Stud d Elektrotechnik. K: Seit 1966 intern bekannter Zauberkünstler, Aufführungen in weltberühmten Shows in Las Vegas, Hollywood, New York, New Orleans, Tokio, Osaka, Paris, Deutschland, Schweiz usw, einzigartiger Illusionist, Galas, Unterhaltungsshows, zahlreiche Auftritte im Fernsehen in vielen Ländern. F: In vielen intern Journalen. E: 1. Prix pour Invention, 1. Prix pour Perfection 1. Preis intern Congress Reims, Frankreich 1977. M: Intern Brotherhood of Magicians, Ohio.

Slezak Walter
B: Schauspieler. A: CH–6932 Breganzona, Casa Kaasi, Via Medi 35, c/o Management Jovanovic. Tel: 004191/38057 oder 089/475024/25.

Sloop Helga
B: Schauspielerin. A: D–1000 Berlin 33, Laubenheimer Str 5, c/o ZBF-Agentur Berlin, c/o Agentur Bengen. Tel: 030/8212975 oder 030/8838031/54 oder 030/3911895.

Smeets Betsy
B: Schauspielerin. A: c/o Management Margarete van Dam, NL–Amsterdam, Plantage Parklaan 12. Tel: 003120/246743.

Smolik Anna
B: Schauspielerin. A: D–8000 München 81, Wilhelm Diess-Weg 3, c/o ZBF-General-Agentur Frankfurt. Tel: 089/931688 oder 0611/7111335.

Söder Klaus-Dieter
B: Schauspieler. A: D–6800 Mannheim 31, Hanauer Str 51, c/o ZBF-Gen-Agentur Frankfurt. Tel: 0621/743932 oder 0611/7111334.

Söderbaum Kristina
B: Schauspielerin. A: D–8033 Krailling/München, Talanger Str 12, c/o Agentur Lentz. Tel: 089/8573955 oder 089/474026.

Soetbeer Christine
B: Schauspielerin. A: D–2000 Hamburg 20, Geffckenstr 11, c/o ZBF-Agentur Hamburg. Tel: 040/461402 oder 040/66885400.

Söhnker Hans
B: Schauspieler. G: Kiel, 11. Okt 1903. V: Inge, geb Knoche. A: D–1000 Berlin 33, Im Dol 69 I. S: Mittlere Reife, Höhere Handelsschule. K: Möbellehrling, Theaterunterricht. F: In allen Zeitschriften u Zeitungen. D: Über 150 Filme, Theater, Fernsehen, Serien, Fernsehspiele, Dramen. E: Staatsschauspieler, „Bambi", Reutermedaille. H: Angeln.

Sokatscheff Narziss
B: Schauspieler. G: Varna/Bulgarien, 12. Mai 1927. A: D–1000 Berlin 30, Barbarossastr 44a, und D–2000 Hamburg 13, Rothenbaumchaussee 11. S: Abitur, Univ-Stud d Germanistik u TheaterWiss, Schule d Deutschen Theaters, Privat-Schüler v Hermine Körner. K: Engagements an d Städt Bühnen Krefeld, Neuß, Düsseldorf (unter Gustaf Gründgens), später an versch Bühnen in Hamburg u Berlin. F: In zahlreichen Zeitschriften u Tageszeitungen (Stern, Quick, Bunte, Hör Zu, Funk-Uhr, Bild uva). D: Film: „Flucht nach Berlin", „Die endlose Nacht", „Der Mann mit d Glasauge" uva, Theater: „Faust", „Iphigenie auf Tauris", „Don Carlos", „Helden", „Come back little Sheba", „Die Maske in Blau" uva, Fernsehserien u Produktionen. H: Inneneinrichtungen, Antiquitäten, Musik.

Solbach Sigmar
B: Schauspieler. A: D–5300 Bonn-Oberkassel, Büchelstr 7, c/o ZBF-Agentur München. Tel: 02221/443239 oder 089/335081.

Solbrig Inge
B: Schauspielerin. G: Kassel, 20. Apr 1943. A: D–8000 München 40, Georgenstr 22. S: Schauspielunterricht mit Staatl Abschlußprüfung. K: Landestheater Darmstadt, Komödie Basel, Zimmertheater Heidelberg, Komödie Frankfurt/Main, div Tourneen, Komödie am Marquardt, Stuttgart, Theater am Dom, Köln, Teatro di camera, Buenos Aires, Stadttheater Heidelberg, Städt Bühnen Wuppertal. D: „Des Teufels General", „Palme", „Arsen und Spitzenhäubchen", „Reichsgründer", „Kaktusblüte", „Floh im Ohr", „Ein Tag in Paris", „Bel Ami", „Ferdinand Fuchs", „Ein Toter stoppt den 8 Uhr 10", „Was wäre wenn...", „Lokalseite unten links", „Die Unternehmungen des Herrn Hans", „Beau Brummel", „Die Träne im Ozean", „Schwarze Front", „Rebellion der Verlorenen", „Wie würden Sie entscheiden", „Tatort", „Die Chronik der Familie Nägele", „Timm Thaler", „Die Sonne über dem Meer" uva. M: IDS, LVGVUG eV. H: Reiten, Schwimmen.

Solf Reinhild
B: Schauspielerin. A: c/o Agentur Lentz, D–8000 München 80, Holbeinstr 4. Tel: 089/474026.

Solinger Hartmut
B: Schauspieler. A: c/o Agentur v Pilecki, D–8000 München 22, Oettingenstr 46. Tel: 089/220263.

Sommer Eva
B: Schauspielerin. A: D–2000 Hamburg 60, Zesenstr 13. Tel: 040/272676.

Sommer Inken
B: Schauspielerin. G: Berlin, 18. Mai 1937. A: D–1000 Berlin 37, Waltraudstr 36. S: Sophie-Scholl-Schule, Berlin, Max Reinhardt-Schule, Berlin. K: Theaterengagements in Basel, München, Hamburg, Berlin, Fernsehfilme, Spielfilme, Schallplatten, Synchronisation, Radio, Mitarbeiterin am Drehbuch „Lord von Barmbeck". F: Laufend zu Sendungen, Premieren usw. D: „Scheidung auf Englisch", „Ich log die Wahrheit", „Die Villa der Madame Vidac", „Phantasten", „Der Lord von Barmbeck", „Dreigroschenoper", „Kiss me Kate" uva. H: Klavier.

Sommerauer Adolf
B: Pfarrer. G: München, 6. Dez 1909. V: Gertrud, geb Weber. A: D–8000 München 83, Isegrimstr 25. S: Abitur, Stud d Theol, Phil. K: 1933 Vikar, dann Pfarrer in Regensburg, 1939–44 Kriegsdienst, nach d Krieg wieder Pfarrer in Regensburg, 1950–57 stellv Ltr d Evangelischen Ak in Tutzing, Fernseh-Pfarrer, Veröffentlichungen: „Das Bekenntnis", „Experimente m Gott", „Das liebe Ehetheater", „Liebe f junge Leute", „Liebelei u Liebe", „Adam findet sich rätselhaft" uva. E: Bayerischer Verdienstorden, EK II, Silbernes Verwundetenabzeichen.

Sommerfeld Senta
B: Schauspielerin. A: D–2000 Hamburg 61, Langenhorst 7, c/o ZBF-Agentur Hamburg. Tel: 040/584792 oder 040/66885400.

Sonné Avram
B: Schauspieler. A: D–8000 München 2, Lederer Str 2. Tel: 089/292563.

Sonnenschein Klaus
B: Schauspieler. A: D–1000 Berlin 38, Breisgauer Str 15a. Tel: 030/8011779.

Soor Gerhard
B: Schauspieler. G: Berlin, 22. Sept 1913. V: Gerda, geb Wendt. A: D–1000 Berlin 33. Rauenthaler Str 13. S: Gymn, Schauspielstudio Werner Kepich Berlin, Theaterwiss Studien in Berlin u Heidelberg. K: Schauspieler, RegieAss, SpielLtr an versch Berliner Bühnen, Bern, München, Frankfurt/M, Buenos Aires, Düsseldorf, Theatertourneen im In- u Ausland: USA, Kanada, Island, Schottland, England, Holland, Schweiz, Österreich, Luxemburg, Italien, langjähriges Mtgl d Festspiele Bad Hersfeld, Film u Fernsehfunk. F: In Tageszeitungen u Programmzeitschriften. H: Geographie, Geschichte, Gartenbau.

Sorbas Elga
B: Schauspielerin, Schriftstellerin. G: Windecken, 8. Jan 1945. V: Diether Brandt. A: D–8202 Westerham. S: Abitur. K: Reinhardt-Seminar, Theatertournee mit Maria Schell, Filme mit Fassbinder, 29 Filme im Deutschen Fernsehen, Co-Produktionen mit Frankreich u USA. F: In Fernsehzeitschriften usw. D: „Little Mother", „Der amerikanische Soldat", „Katzelmacher" ua. E: Deutscher BFilmpreis f Rosi in „Katzelmacher". H: Arbeit ist Hobby u umgekehrt.

Sorell Christiane KamSängerin
B: Opern- u Konzertsängerin. G: Wien, 13. Jan 1937. V: Franz Ramharter. A: A–1140 Wien, Hüttelbergstr 23. S: RealGymn, HS f Musik in Wien, Dipl-Prüfungen in d Fächern Geige, Gesang, Opernschule. K: Ständiges Engagement an d Volksoper Wien seit 1955, intern Karriere in Oper u Konzert in Europa u Übersee. F: Als Geigerin u Sängerin in div Zeitungen u Zeitschriften. D: Opern: „Schwester Angelica", „Gianni Schicchi", „Halka", „Das Werbekleid" ua. E: Österr Kammersängerin seit 1966, Goldenes Verdienstzeichen d Stadt Wien 1975.

Sostmann Jochen
B: Schauspieler. A: D–8183 Rottach-Egern, Rueweg 3, c/o ZBF-Gen-Agentur Frankfurt. Tel: 08022/5482 oder 0611/7111335.

Speidel Jutta
B: Schauspielerin. G: München, 26. März 1954. A: D–8035 Gauting, Waldpromenade 26. S: Gymn, Schauspielschule: Ursula Kube-Neureuther, Atemtherapie: Ida Hengst. F: Brigitte, TV Hören u Sehen, Bild u Funk, Hör Zu, Gong, Bravo, div Tageszeitungen. D: Theater: „Tränen im Aquarium", „Kabale u Liebe", „Elektra", „3 Schlafzimmer" uva, Film: „Die letzten Ferien", „3 sind einer zuviel", „Dr Katzenbergers Badereise", „Kommissar", „Silvia ich liebe dich", „Derrick", „Die Quelle", „Fragen Sie Frau Erika Fleisch", „David Balfour" uva. E: 1978 „Bambi", „Goldener Otto", 1979 „Silberner Otto". M: Ver zur Förderung d Feriendorfes Trasimeno f behinderte Kinder u Jugendliche, SOS-Kinderdorf. H: Sport, Wandern, Töpfern.

Speiser Kitty
B: Schauspielerin. A: c/o Agentur Schmidt-Gentner, A–1030 Wien, Lothringer Str 20. Tel: 0222/752271.

Speth Maja
B: Schauspielerin. A: c/o Agentur Alexander, D–8000 München 80, Lamontstr 9. Tel: 089/471011.

Spier Wolfgang
B: Regisseur u Schauspieler. G: Frankfurt/M., 27. Sept 1920. A: D–1000 Berlin 19, Hessenallee 13. S: Abitur. K: 1940–45 BankAng, 1945 Schauspielausbildung bei Frau Holl-Bierkowski, 1946–50 Schauspieler u Regisseur am Staatstheater Wiesbaden, 2 Jahre RegieAss bei Karl-Heinz Stroux, 1950–55 künstl Ltr d Theaters im British-Center Berlin u Tribüne u Komödie Berlin, 1953–55 Regisseur am RIAS Berlin, 1955-57 Schauspieler u Regisseur am Düsseldorfer Schauspielhaus, 1957–70 freier Regisseuer u Schauspieler in Berlin (Schiller-Theater, Schloßpark-Theater, Hebbel-Theater, Berliner Theater, Tribüne, Komödie, Theater d Westens, Theater am Kurfürstendamm), München (Kleine Komödie, Deutsches Theater, Theater am Elisabethplatz), Thalia Theater Hamburg, Stuttgart (Württemb Staatstheater, Komödie im Marquardt), Kleines Theater im Zoo Frankfurt/M, Theater am Dom Köln, Städtische Bühnen

Wuppertal, Städtische Bühnen Essen, Landestheater Hannover, Tournee-Theater: Berliner Tournee, Landgraf, Kempff, Medicus, Carter, Duna, 1970–72 künstl Ltr d Kleinen Komödie München sowie d Komödie u Theater am Kurfürstendamm Berlin, seit 1953 Regisseur u Schauspieler f Hörfunk u Fernsehen, Film u Schallplatte, Synchron, zZ freier Regisseur u Schauspieler. F: Div Artikel u Interviews, Kritiken in Tageszeitungen, Wochen- u Programmzeitschriften ua. D: Ca 100 Theater-Rollen, Fach: Charakter u Komiker, ca 150 Inszenierungen (Shakespeare-Komödien, Anouilh, Ionesco, Pinter, sämtl Boulevard-Autoren, Musicals), TV: Regiebeispiele: „Mr Pim möchte nicht stören", „Vater einer Tochter", „Kaviar und Linsen", „Der Heiratsschwindler heiratet", „Komm, flüstere in mein gutes Ohr", „Zwei ahnungslose Engel", „Auf und davon", „Kudammgeschichten", „Gastspiele", „Alle reden von Liebe", „Jetzt nicht, Liebling", „Bleib wie Du bist", „Früher oder später", TV Rollenbeispiele: „Die chinesische Mauer", „Der Fall Kaspar Hauser", „Old Shaky", „Dieser Mann u Deutschland", „Der Eismann kommt", „Prozess Mariotti", „Jetzt nicht, Liebling", „Du stirbst nicht allein", Film: „Das Wunder d Malachias", „Die endlose Nacht", Kabarett (Regie): 2 Programme d „Stachelschweine", 3 Programme d „Wühlmäuse". E: Regiepreis d Stadt Berlin. M: BFF in d DAG.

Spies Manfred
B: Schauspieler. A: c/o Management Jovanovic, D–8000 München 80, Perfallstr 6. Tel: 089/475024/25.

Spiske Walter
B: Schauspieler. A: D–4006 Erkrath 2, Eichenstr 12, c/o ZBF-Agentur München. Tel: 02104/41818 oder 089/335081.

Spitzner Heinz
B: Schauspieler. A: D–1000 Berlin 33, Furtwängler Str 11, c/o ZBF-Agentur Berlin, c/o Agentur Runde-Profé. Tel: 030/8258797 oder 030/8838031/54 oder 030/3040661.

Spoerri Miriam
B: Schauspielerin. A: c/o Agentur v Pilecki, D–8000 München 22, Oettingenstr 46. Tel: 089/220263.

Spörrle Günter
B: Schauspieler. G: Gut Birkowitz/Oppeln. V: Marithe, geb Ludwig. A: D–8264 Waldkraiburg, Franz Liszt-Str 15. S: Grundschule, Handelsschule, Berufsfachschule, priv Schauspielschule. K: Stadttheater Koblenz, Städt Bühnen Flensburg, Entdeckung d Fritz Umgelter f d Fernsehen, seit 1971 freiberuflich tätig f Theater, Film u Fernsehen, Theatergastspiele in Hamburg, Frankfurt, Darmstadt, Tournee, Synchron. F: In sämtlichen Fernsehzeitschriften, Tageszeitungen. D: „Besuch d alten Dame", „Die Macht d Finsternis", „Nur ein toter Kollege ist ein guter Kollege", „Ende d Vorstellung 24 Uhr", Fernsehen: „Friedrich Freiherr v d Trenck", „Arsene Lupin", „Tatort", „Ritter ohne Furcht u Tadel", „Deutschland wilder Westen", Film: „Grandison", „Alcaptar", „Verrohung d Franz Blum". M: GDBA/BFF. H: Wandern, Musik, Lesen, Kino, Filmen, Reiten.

Sprenger Wolf-Dietrich
B: Schauspieler. A: D–2000 Hamburg 13, Mittelweg 22c, c/o ZBF-Agentur Hamburg. Tel: 040/4101526 oder 040/66885400.

Springmann Anne
B: Schauspielerin. A: D–8000 München 19, Frundsbergstr 17, c/o ZBF-Agentur München, c/o Agentur Schmid. Tel: 089/167304 oder 089/335081 oder 089/981464.

Staal Herta
B: Schauspielerin. G: Wien, 29. März 1930. A: D–8000 München 40, Rümannstr 59. S: Mittlere Reife, StaatsAk Wien. K: 1943–49 Tanzausbildung b Dia Lucca Wien u Hedy Pfundmayr Staatsoper Wien, 1947–49 Studium an d Ak f Musik u darstellende Kunst Wien u Konservatorium d Stadt Wien (Schauspiel, Gesang, Klavier), 1949–50 Schauspielerin u Sängerin am Bürgertheater u am Stadttheater Wien, 1950–51 Schauspielerin u Sängerin an d LBühne Graz, seit 1952 Gastspiele in München (Kleine Komödie, Kleine Freiheit), Berlin (Komödie, Renaissance-Theater, Tribüne, Berliner Theater), Hamburg (Kammerspiele, Theater im Zimmer), Köln (Theater am Dom), Zürich, Wien (Theater in d Josefstadt, Theater an d Wien), Frankfurt (Die Komödie) uva, 1971 Rheinisches LTheater Neuss, 1972 Kleine Komödie u Deutsches Theater München, 1973 Kleine Freiheit München, 1975 Rheinisches LTheater Neuss u Kleines Theater Bad Godesberg, 1976 Deutsches Theater München, 1977 Gastspiel in Wien, 1978 Luisenburg Festspiele, 1979 Kreuzgang-Festspiele

Feuchtwangen, LBühne Hannover, Kleine Freiheit München, zZ freie Schauspielerin. F: Div Artikel, Interviews u Kritiken in Tageszeitungen u Wochenblättern ua Hör Zu, Film ABC, Foto-Almanach, Intern Filmlexikon, Biographisches Theaterhandbuch, Das Fernsehspiel-Archiv ua. D: Theater: „Frühling im Prater", „Feuerwerk", „Die tätowierte Rose", „Kiss me Kate", „Bus Stop", „Colombe", „Die Wilde", „Monpti", „Die Iden d März", „Pygmalion", „Cyprienne", „Gigi", „Die Fee", „Der Mustergatte", „Irma la douce", „I do I do (das musikalische Himmelbett)", „Die Kaktusblüte", „Risiko ohne Netz", „Der schöne Lügner", „Quadrille", „Die lustigen Weiber v Windsor", „Was Ihr wollt", „Es war nicht die Lerche", TV: „Schöne Lügnerin", „Das Lächeln d Gioconda", „Perichole", „Die Ratten", „Napolitana", „Verschenkte Jahre", „Italienische Nacht", „Umsonst", „Ein Walzertraum", „No No, Nanette", „Wie würden Sie entscheiden" (Serie), „Depressionen", „Karl d Gerechte" (Serie), div Unterhaltungssendungen u Shows, Hörfunk: Hörspielrollen zB: „Die Ratten", „Die Nacht vor Weihnachten", div Musikaufnahmen, Film: ca 20 Filmrollen ua: „Abenteuer im Schloß", „Bezauberndes Fräulein", „Die tolle Lola", „Meine Schwester u ich", „Clivia", „Zwei Herzen u ein Thron", „Bad auf d Tenne" „Rosel v Schwarzwald", „Schöne Meisterin", „Jede Nacht in einem anderen Bett", „Schön ist die Welt", Schallplatte: Operetten-Aufnahmen, Chansons, „May fair Lady", mehrere Synchronisationen. H: Klassische Platten, Malen, Schwimmen, Langlauf, Miniaturen sammeln, Wandern, Lesen.

Staal Viktor
B: Schauspieler. A: c/o Agentur Lentz, D–8000 München 80, Holbeinstr 4. Tel: 089/474026.

Stadler Hannelore
B: Schauspielerin. A: D–8000 München 40, Franz Josef-Str 41, c/o ZBF-Agentur München. Tel: 089/344412 oder 089/335081.

Stadler Krista
B: Schauspielerin. A: A–1080 Wien, Lercheng 6/6, c/o ZBF-Agentur München. Tel: 0222/426667 oder 089/335081.

Stadler Maria
B: Schauspielerin. A: D–8000 München 71, Engadiner Str 28/III, c/o ZBF-Agentur München. Tel: 089/7551186 oder 089/335081.

Stadtmüller Hans
B: Schauspieler. G: München 23. Jan 1905. V: Barbara, geb Morgenländer. A: D–8000 München 83, Staudinger Str 50. K: Tätigkeit ua in Berlin, Theater am Schiffbauerdamm, Schaubühne, seit 1969 in München, Kammerspiele u Schauspielhaus. D: Letzte Fernsehspiele: „Heirat auf Befehl", „Das Nebelloch", „Und über mir der Himmel" (Thoma-Dokumentation), Theater: „Krach im Hinterhaus", „Kehraus".

Stähnisch-Schüler Anja
B: Schauspielerin. A: D–2000 Hamburg 13, Schlankreye 29. Tel: 040/453645.

Stamm Harald
B: Opern- u Konzertsänger. G: Frankfurt/M, 29. April 1938. V: Ute, geb Krähmer. A: D–2000 Hamburg 65, Seebargwinkel 18. Tel: 040/6080219. S: Abitur, Stud d NaturWiss u Sport, Staatsexamen, 5 Jahre Lehrtätigkeit am Gymn, priv Gesangsausbildung bei Franz Fehringer. K: Bühnenstationen: Musiktheater Gelsenkirchen, Staatstheater Kassel, Opernhaus Köln, Staatsoper Hamburg, Deutsche Oper Berlin, Gastspiele an vielen europäischen Opernhäusern u Metropolitan Opera New York. D: Seriöser Baß in mehr als 40 ersten Opernpartien, zB in „Zauberflöte", „Don Carlos", „Lohengrin" ua. E: Preisträger b VDMK-Wettbewerb Berlin 1968, u b Schubert-Wettbewerb Wien 1967. M: DBG. H: Sport.

Stanek Barbara
B: Schauspielerin. A: c/o Agentur v Pilecki, D–8000 München 22, Oettingenstr 46. Tel: 089/220263.

Stange Helmut
B: Schauspieler. A: D–8000 München 60, Falkweg 4b, c/o ZBF-Agentur München. Tel: 089/88680 oder 089/335081.

Stange Otto
B: Schauspieler, Vortragskünstler. G: Sonau. A: D–2000 Hamburg 76, Ritterstr 42. Tel: 040/2004438. S: OSchule. K: Tanzhumorist, Artist, Mitgl bekannter Herrengesellschaften, Conferencier. F: In Organ, Hamburger Abendblatt, Berliner Zeitungen. D: Theater, ab 1923 Variete, Kabarett. E: „Mein Leben". M: IAL.

Staniewski Horst
B: Schauspieler. A: D–4000 Düsseldorf, Deger Str 49. Tel: 0211/674942 u 354929.

Stankowski Ernst
B: Schauspieler, Kabarettist. G: Wien, 16. Juni 1928. V: Anna Luise, geb Schubert. A: c/o Theater a d Wien, A–1060 Wien, Leharg 5. S: Abitur, Friseur-Lehre, Reinhardt-Seminar, Akrobatik-, Tanz- u Gesangsunterricht. K: Theater i d Josefstadt Wien, 1951 erste eigene Lieder bei Gerhard Bronner gesungen, am Klavier, Engagements in München, Düsseldorf, Berlin, 1958 erste Fernsehrolle, 1961 erste eigene TV-Show „Spaß mit Ernst", dann Theater in München, Frankfurt, Berlin u Wien, Film u Fernsehen, Schallplatte, Moderator v „Erkennen Sie die Melodie", zZ Theater a d Wien, Musical „Billy Flynn". D: „Meines Vaters Pferde", „Die erste Polka", „Der Schuft, der den Münchhausen schrieb", „Aktion Abendsonne" uva. H: Gymnastik.

Stark Eugen
B: Schauspieler. A: c/o Agentur Schmidt-Gentner, A–1030 Wien, Lothringer Str 20. Tel: 0222/752271.

Stark Horst
B: Schauspieler. G: Hamburg, 20. Juli 1934. V: Marion, geb Hintzmann. A: D–2000 Hamburg 65, Korte Blöck 10. Tel: 6051793. S: Gymn, Schauspielschule d Hamburger Kammerspiele. F: Hör Zu, Hamburger Abendblatt, Bild, Münchner Abendzeitung, Bravo etc. D: „Tatort", „Polizeirevier 21", „Ich liebe Dich", „Die Räuber" etc. M: BFF. H: Presslufttauchen, Fußball, Tischtennis, Lesen, Familie.

Starke Alexander
B: Schauspieler, Vortragskünstler. G: Dresden, 12. Mai 1891. V: Camila, geb Hoffmann. A: D–8500 Nürnberg, Armin Knab-Str 12. S: Oberrealschule in Dresden, Bühnenausbildung bei Herrn Rudolf Opel, Hofschauspieler. K: 1909–13 an Theatern in d Provinz, dann Stadttheater in Meißen, Saarbrücken u Kattowitz (als jugendlicher Komiker), 1913–14 am Alberttheater in Dresden, 1914–16 in München an d Kammerspielen, von 1916 bis Kriegsschluß Soldat, 1918–19 Kammerspiele Hamburg, 1919–20 Kammerspiele München, 1920–25 als Charakterkomiker am Stadttheater in Nürnberg, 1925–26 am Schauspielhaus in Zürich (Pfauentheater), nach d II Weltkrieg u nach Rückkehr aus amerikan Gefangenschaft folgten 3 Bühnenjahre als Charakterkomiker am Markgrafentheater in Erlangen, 1925–64 (alle 3 Jahre) künstlerischer Ltr d „Wallenstein-Festspiele" in Altdorf bei Nürnberg, Tätigkeit als Vortragskünstler mit u ohne Laute von 1923–26 nebenberuflich, von 1926–71 hauptberuflich, als „literarischer Alleinunterhalter" 16 versch „Alexander-Starke-Abende", der erfolgreichste Vortrag war d „Wilhelm Busch-Abend" (insgesamt 1540x), weiters „Lachendes Volk" (1304x), „Deutsches Lachen von Hans Sachs bis Ringelnatz" (308x), „La Rido de l'Mondo" (über 60x in 10 europäischen Ländern). F: Wilhelm-Busch-Jahrbuch 1972 ua. D: „Was ihr wollt", „Malvolio", „Ein Sommernachtstraum", „Der Eingebildete Kranke", „Amphitryon", „Merkur", „Sosias", „Schluck und Jau", „Der Verschwender", „Raub der Sabinerinnen", „Im Weißen Rößl" uam. E: 1960 Großes Goldenes Ehrenzeichen d Deutschen BühnenGen, 1960 „Pro la Merito", Goldenes Ehrenzeichen d „Germana-Esperanto-Asocio", 1966 Ehren-Mtgl d „Wallenstein FestspielVerb" f bes Verdienste um d Festspiel. M: Gen Deutscher Bühnenangehöriger, Wilhelm BuschGes, Universale Esperanto-Asocio, Rotterdam. H: Familiengeschichte, Philatelie.

Stass Herbert
B: Schauspieler. A: D–1000 Berlin 33, Ludwig Barnay-Pl 1, D–2280 Tinnum/Sylt, Ingewai 7b, c/o ZBF-Agentur München. Tel: 030/8217770 oder 04651/31607 oder 089/335081.

Staub Peter w
B: Schauspieler. A: CH–9302 Kronbühl St G, Bruggwiesen 3, c/o Management Jovanovic. Tel: 004171/259444 oder 089/475024/25.

Staudenmayer Karl-Heinz
B: Schauspieler. A: D–6000 Frankfurt/Main, Wolfgangstr 92, c/o Burhorn, D–8000 München, Sonnenlängstr 8, c/o ZBF-Gen-Agentur Frankfurt. Tel: 0611/555888 oder 089/781973 oder 0611/7111334.

Stauss Helmut
B: Schauspieler. A: c/o Management Makkeben, D–1000 Berlin 33, Douglasstr 2–4. Tel: 030/8263249.

Stavenhagen Fritz
B: Schauspieler. A: c/o Agentur Bengen, D–1000 Berlin 21, Paulstr 25. Tel: 030/3911895.

Stavjanik Edd
B: Schauspieler. A: c/o Agentur Lentz, D–8000 München 80, Holbeinstr 4. Tel: 089/474026.

Stech Fred
B: Ansager, Humorist, Zauberkünstler. G: Karlsruhe, 1. März 1921. V: Leni, geb Klebsattel. A: D–7500 Karlsruhe 41, Horfstr 46. Tel: 0721/450774. S: Höhere Handelsschule. K: Seit d 12. Lebensjahr Amateur-Zauberkünstler, ab 1946 Berufszauberkünstler f Bühnen-Magie u Illusionen, Kurhaus Baden-Baden, Kurhaus Bad Homburg, Kurhaus Bad Cannstatt, Stadthalle Karlsruhe, Heidelberg, Lörrach, Rosengarten Mannheim, Kassel, Saarbrücken, Mainz, Bremerhaven, Stuttgart, Ludwigshafen, Wiesbaden, Kiel usw, Gastspiele in der Schweiz u in Frankreich, Bundesgartenschau, ab 1955 auch Ansager u Humorist. F: In der ganzen BRD, in d Schweiz u in Frankreich. M: Ehem Mtgl d Intern Artisten Loge, Magischer Zirkel v Deutschland. H: Wandern, in Wäldern u im Hochgebirge.

Steck Dietz Werner
B: Schauspieler. A: D–7000 Stuttgart 70, Im Asemwald 6/14, c/o ZBF-Gen-Agentur Frankfurt. Tel: 0711/725422 oder 0611/7111338.

Steeger Ingrid
N: Ingrid Anita Stengert. B: Schauspielerin. G: Berlin, 1. Apr 1948. A: c/o Agentur Lentz, D–8000 München 80, Holbeinstr 4. S: Grundschule, Handelsschule. K: Sekretärin in einem Architekturbüro, nebenberuflich Fotomodell, dann hauptberuflich Modell, Rollen in Sex-Filmen, dann „Klimbim"-Sendung, Schallplatten: „Franz-Josef, nimm d Finger weg", „Der muß Rhein", „Fly me" (Theatermusik zu „Zwei himmlische Töchter"), LP: „Ingrid Steeger singt Klimbim". F: In versch Zeitungen u Zeitschriften d In- u Auslandes. D: „Audiovision", „Ein Haus voll Zeit", „Auf Befehl erschossen", „Klimbim"-Serie, „Manchmal Märchen", „Zwei himmlische Töchter", (Serie), „Ich – Ein Groupie", „Mädchen, die nach München kommen", „Liebe in Schwabing", „Sonne, Sylt u kesse Krabben", „Schulmädchenreport", „Hausfrauen-Report", Theater: „Die Eule u d Kätzchen" uva.

Steffen Manfred
B: Schauspieler. G: Hamburg, 28. Juni 1916. V: Sigrid, geb Peters. A: D–2000 Hamburg 55, Süllbergterrasse 65. S: RealGymn, Abitur, SchauspielStud bei Willy Maertens am Thalia-Theater Hamburg. K: Engagements: 1939–41 Stadttheater Oberhausen, 1941–43 Stadttheater Aachen, 1943–45 Staatstheater Dresden, 1946–47 Junge Bühne Hamburg, seit 1947 Mtgl d Thalia-Theater in Hamburg. F: Bilder, Biographisches u dgl laufend in Hör Zu, TV Hören und Sehen, Funk Uhr usw, in Tageszeitungen, Theater Heute, ua Theaterliteratur. D: „Hochstaplerin der Liebe", „Heiligabend eines Kellners", „Der Hauptmann von Köpenick", „Der Hausmeister", „Ein Eremit wird entdeckt". E: Bozenhard-Ring d Thalia-Theaters, Silberne Nadel d GDB. M: GDB, Kuratorium d Neuen Literarischen Ges Hamburg, Motoryacht-Club von Deutschland Hamburg. H: Bootsport.

Steffens Franz Josef
B: Schauspieler. A: D–2000 Hamburg 52, Bellmannstr 16, c/o ZBF-Agentur Hamburg. Tel: 040/8992714 oder 040/66885400.

Steger-Rechl Ingrid KamSängerin
B: Opernsängerin. G: Roding, 27. Feb 1931. V: Walter Rechl. S: Lyzeum, HS f Musik München, Schülerin v Prof Hans Hotter, Max Lorenz, Gladys Kuchta. K: Engagements: Anfängerin Staatsoper München, dann Augsburg, Kassel, Karlsruhe, Lübeck, Staatsoper Stuttgart, Staatsoper Berlin, Gastspiele in Frankfurt, Wien, Graz, San Francisco, Lissabon, Paris, Venedig, Triest, Parma, Antwerpen, Glasgow uva. E: Mehrere Auszeichnungen. H: Innenarchitektur, Archäologie.

Stegers Franz-Georg
B: Schauspieler. A: D–1000 Berlin 15, Pariser Str 6, c/o ZBF-Agentur Berlin. Tel: 030/8831360 oder 030/8838031/54.

Stegmann Anne
B: Schauspielerin. A: D–8214 Bernau, Prof Maier-Weg 18, c/o Agentur Schmidt-Gentner, c/o ZBF-General-Agentur Frankfurt. Tel: 08051/7415 oder 0222/752271 oder 0611/7111335.

Steib Eberhard
B: Schauspieler. A: D–4630 Bochum, Am Dieckmannshof 11, c/o ZBF-Gen-Agentur Frankfurt. Tel: 0234/432303 oder 0611/7111335.

Steig Friedrich
B: OberspielLtr, Schauspieler. G: Berlin, 17. Juni 1908. V: Ilse, geb Elingshausen. A: D–4800 Bielefeld 18, Linnenstr 30. S: Realschule, Reichersche HS f dramatische Kunst in Berlin. K: Engagements in Breslau, Bonn, Magdeburg, Berlin (Tribüne), Bielefeld, 10

Jahre Rias Berlin, Sendung: „Pinsel und Schnorchel". D: „Der Geizige", „Der Eingebildete Kranke", „Hauptmann von Köpenick", „Romulus der Große", „Mein Freund Harvey" ua. E: EhrenMtgl d Städt Bühnen Bielefeld. H: Journalistische Betätigung, Gedichte, Rezitationen, Malen, Wandern, Pilze sammeln.

Steigberg Uli
B: Schauspieler. A: c/o Agentur Rakosi, D–8000 München 90, Tegernseer Landstr 284. Tel: 089/6904092.

Stein Armin
B: Schauspieler. A: D–6228 Eltville, Burgstr 7, D–6200 Wiesbaden, Eintrachtstr 16. Tel: 06123/5944 oder 06121/523837.

Stein Brigitte
B: Schauspielerin. A: c/o Agentur v Pilecki, D–8000 München 22, Oettingenstr 46. Tel: 089/220263.

Stein Hans-Rudolf
B: Schauspieler. A: D–8000 München 40, Ainmiller Str 5, App 814, c/o ZBF-Agentur München. Tel: 089/398845 oder 089/335081.

Stein Manfred
B: Schauspieler. A: c/o ZBF-Agentur Berlin, D–1000 Berlin 15, Kurfürstendamm 206. Tel: 030/8838031/54.

Steinach Edith
B: Schauspielerin. A: D–8000 München 2, Nußbaumstr 14/VI. Tel: 089/530506/07.

Steinbach Celia
B: Schauspielerin. A: D–2000 Hamburg 63, Schluchtweg 6, c/o ZBF-Agentur Hamburg. Tel: 040/5007176 oder 040/66885400.

Steinbach Ingeborg
B: Schauspielerin. A: D–8000 München 70, Bad Gasteiner Str 7, c/o Agentur Alexander. Tel: 089/7604765 oder 089/471011.

Steinberger Peter
B: Schauspieler. A: D–6000 Frankfurt/Main, Bornheimer Landstr 51, D–8000 München, Cuvilierstr 20. Tel: 0611/441122 oder 089/984255.

Steinbrink Dieter
B: Schauspieler. A: D–1000 Berlin 36, Ratiborstr 16, c/o ZBF-Agentur Berlin. Tel: 030/6183716 oder 030/8838031.

Steinegger Birgit Karin
B: Schauspielerin. A: CH–3006 Bern, Alleeweg 3. Tel: 004131/440645 u 004137/712942.

Steiner Christina
B: Schauspielerin. A: CH–8008 Zürich, Höschg 38. Tel: 00411/694454.

Steiner Peter
B: Schauspieler. A: D–8022 Grünwald, Südl Münchner Str 39. Tel: 089/5492454.

Steiner Sigfrit
B: Schauspieler. A: c/o Agentur Alexander, D–8000 München 80, Lamontstr 9. Tel: 089/471011.

Steingass Toni
B: Komponist, Texter, Musikverleger, Vortragskünstler, Arrangeur ua. G: Köln/Rh, 13. Apr 1921. V: Anni, geb Caasmann. A: D–5000 Köln 60, Gustav Nachtigal-Str 26. S: RealGymn. K: Arbeitsdienst, Flaksoldat, hier Ltg einer Musikkapelle „Die melodischen Flakser", musikalische Ausbildung durch Frau Inez Margotta Mischiels (Klavier u Harmonielehre), nach dem Krieg Alleinunterhalter in Köln, Klavier u Akkordeon, Gründung d Steingass Terzett, seit sechs Jahren Auftritte mit Sohn Helmut u als Solist, seit 10 Jahren Moderator d Rundfunksendung „So klingt's bei uns im Rheinland" uva Rundfunksendungen, Mitwirkender in vielen TV-Sendungen, viele Schallplatten, Text u Musik zu: „Der schänste Platz ist immer an der Theke", „Hurra-Hurra, der liebe Jung ist wieder da", „Leckerchen-Zückerchen du du du" (Walzerlied), „De Haupsaach es et Hätz es good", „Ich hab den Vater Rhein in seinem Bett geseh'n" (Walzerlied). F: Fotoveröffentlichungen zu allen Gastspielen uva. D: „Das Sonntagskind", „Laßt Blumen sprechen" uva. E: Träger d goldenen Ostermann-Medaille, Sieger im Ostermann Wettbewerb d Stadt Köln, Erster Preis m goldenem Orden u mit Ludwig Sebus zusammen d silbernen Preis, Träger d goldenen Herz d Rheinlandes, Zweiter Träger d goldenen Spinnrades d Stadt Mönchengladbach, Träger d Kallendresserordens/Köln, Ehrenhauptmann d Roten Funken v Köln uva. H: Verfassen lustiger Texte u Gedichte, gut essen u trinken, mit dem Hund „Hobbie" (Cokerspaniel) im Wald spazieren gehen, für alte Menschen gastieren, Fremden-

führer in d Stadt Köln in Kölscher Sprache, Ltr d Programme d Stadt Köln „Für unsere älteren Bürger".

Steinhauer Erwin
B: Schauspieler. A: c/o Agentur Schmidt-Gentner, A–1030 Wien, Lothringer Str 20. Tel: 0222/752271.

Steinhauer Friedrich
B: Schauspieler. A: D–8000 München 80, Heinrich Wieland-Str 21, c/o ZBF-Agentur München. Tel: 089/404226 oder 089/335081.

Steinhauer Fritz
B: Schauspieler. A: D–8000 München 5, Müllerstr 11, c/o ZBF-Agentur München. Tel: 089/335081.

Steinhaus Barbie
B: Schauspielerin. A: c/o Agentur Killer, D–8000 München 19, Fafnerstr 32. Tel: 089/173455.

Steinhoff Winfried
B: Schauspieler. A: D–2000 Hamburg 60, Possmoorweg 42 A. Tel: 040/2793152.

Steinkrauss Carmen
B: Schauspielerin. A: D–8000 München 80, Kufsteiner Str 1, c/o ZBF-Agentur München. Tel: 089/984704 oder 089/335081.

Steinmetz Herbert
B: Schauspieler. A: D–2800 Bremen, Bismarckstr 108, c/o ZBF-Agentur Hamburg. Tel: 0421/72147 oder 040/66885400.

Stemberger Elisabeth
B: Schauspielerin. G: Wien, 14. Apr. A: A–1010 Wien, Köllnerhofg 6. S: Schauspielunterricht. K: Engagements in Wiener Kellerbühnen u Theater in d Josefstadt Wien uva.

Stengel Dieter
B: Schauspieler. A: D–8000 München 81, Bonsels-Str 8, c/o Agentur Marga Wiedner. Tel: 089/982101 oder 089/3081822.

Stepanek Elisabeth
B: Schauspielerin. A: c/o Agentur v Pilecki, D–8000 München 22, Oettingenstr 46. Tel: 089/220263.

Stephan Alexander
B: Schauspieler. A: D–8000 München 40, Adelheidstr 25 C, c/o Agentur Marga Wiedner. Tel: 089/377292 oder 089/3081822.

Stephan Bernd
N: Bernd Stephan Schulze. B: Schauspieler. G: Marburg/Lahn, 23. Okt 1943. V: Rosemarie, geb Hirt. A: D–8000 München 70, Engelhardstr 12. S: Abitur 1963 in Stuttgart, 4 Sem Jura in Tübingen, u Marburg, Schauspielschule in Hannover, 6 Sem, Staatl HS. K: Stückverträge in Hannover, Hildesheim, 1968–72 Engagement in Kaiserslautern, 1972–74 Landestheater Salzburg, 1974–76 Würzburg, 1973/74/75 Salzburger Festspiele, ab Okt 1976 Münchner Lach u Schieß – Gesellschaft. D: „Publikumsbeschimpfung", „Faust", „Graf Stauffenberg", „Helden", „Der gute Mensch von Sezuan", „Wolfsblut", „Im Vorhof zur Wahrheit", „Woher wir kommen", Live-Sendungen mit d Münchner Lach u Schieß Gesellschaft. E: Goldener Steuerknüppel d österr Finanzbehörden, 2x Rose (TZ München), 2x Stern (AZ München). M: Mtgl FC Schmiere (Prominenten-Fußball-Club) H: Musik (Klassik, Jazz), Geige, Klavier, Gitarre.

Stephan Klaus
B: Moderator. G: Treptow/Rega, 27. Okt 1927. V: Nina, geb Fischer. A: D–8000 München 23, Mandlstr 7. S: Abitur, Stud d TheaterWiss u Anglistik in München. K: Ab 1950 ständiger Autor f d Bayerischen Rundfunk, 1955 Redakteur im Hörbild/Ausland, ab 1957 selbständiger Redakteur zur bes Verfügung d ProgrammDir, 1960 f Hörfunk d Bayerischen Rundfunks Sonder-Korrespondent in Afrika, seit 1962 auch f Fernsehen, seit 1970 Moderator v „Report", seit 1971 RedaktionsLtr, seit 1972 Ltr d Redaktionsgemeinschaft Report Bayerischer Rundfunk/Südwestfunk, Roman: „So wahr mir Gott helfe", Drama: „Tendako". H: Segeln, Reisen, Theater.

Sterman Otto
B: Schauspieler. A: c/o Management Margarete van Dam, NL–Amsterdam, Plantage Parklaan 12. Tel: 003120/246743.

Stern Horst
B: Journalist, Autor. G: Stettin, 24. Okt 1922. V: Anneliese. A: D–8993 Nonnenheim am Bodensee. S: Ausbildung z BankKfm. K: Nach Kriegsdienst u Gefangenschaft Gerichtsreporter, SelbstStud d Tierverhaltensforschung, Kindersendungen b Süddeutschen Rundfunk, seit 1970 „Sterns Stunde", Herausgeber d

Segler-Zeitschrift „Die Yacht", Naturschutzbeauftragter d bayerischen Landkreises Linda/Bodensee, Veröffentlichungen: „So verdient man sich d Sporen – Reitlehre f Kenner", „Lauter Viechereien", „Hunde", „Das Pferd", „Bienen" uva. F: Hör Zu, Spiegel, Die Zeit uva. E: Goldene Kamera, Goldener Bildschirm ua. H: Segeln, Reiten.

Stern Otto
B: Schauspieler, Regisseur. G: Basel, 14. Dez 1924. V: Gabriele, geb Gerneth. A: D–8000 München 50, Kleselstr 11. S: Schauspielschule George. K: Beginn am Fritz Remond-Theater, ca 12 Jahre Engagement, FS im Hessischen Rundfunk, etwa 50 Fernsehspiele in versch Fernsehanstalten, eigene Radiosendungen, ca 20 Spielfilme, ständig Synchronisationen. F: In den einschlägigen TV-Zeitschriften. D: „Die Familie Hesselbach" (Fernsehreihe), „Kommisar Braun", „Die Jubilarin", „Edgar Wallace" (ca 6 Filme) ua. M: SportVer „Eintracht Frankfurt". H: Segeln.

Sterneck Kurt
B: Schauspieler. A: c/o Agentur Schmidt-Gentner, A–1030 Wien, Lothringer Str 20. Tel: 0222/752271.

Sterr Gerhard Dipl-Ing
B: Bandleader (seit 1978), Dipl-Ing. G: München, 19. Juli 1933. A: D–8000 München 50, Reigensbachstr 12. S: Hum Gymn, Abitur, Techn HS, Hauptdiplom 1957, Promotion 1963, Maschinenbau als Musiker Autodidakt. K: Nach d Hauptdiplom bis 1979 vereidigter Sachverständiger beim Tüv-Bayern, daneben immer Musiker (Piano), Bandleader d Hot Dogs. Seit Apr 1979 nur noch Bandleader der Hot Dogs, Komponist, Textdichter u Arrangeur. F: Als Ing zahlreiche Veröffentlichungen auf d Gebiet d Festigkeitsberechnung. D: Schallplatten viele Fernsehauftritte. M: GEMA, Deutscher KomponistenVerb. H: Surrealistische MaleriMalerei.

Sterzenbach Benno
B: Schauspieler. A: D–8133 Feldafing, Edelweißstr 24, c/o ZBF-Agentur Hamburg. Tel: 08157/8401 oder 040/66885400.

Sterzenbach Till
B: Schauspieler. A: D–5300 Bnn, Kaiserstr 24, c/o Management Jovanovic. Tel: 02221/651044 oder 089/475024/25.

Stetter Hans
B: Schauspieler. G: 16. Aug 1927. A: D–8000 München 81, Engelschalkinger Str 203. S: HS f dramatische Kunst, Leipzig. K: Deutsches Theater Berlin, Städt Bühnen Frankfurt, Residenztheater München.

Stettner Herbert
B: Schauspieler. A: D–8000 München 5, Jahnstr 30. Tel: 089/263317.

Stevens Bert
B: Schauspieler. A: D–4050 Mönchengladbach, Merreter 17. Tel: 02161/81671.

Stewart Penelope
B: Opernsängerin, Konzertsängerin (Mezzo-Sopran). G: Connecticut, USA, 1942. V: Denis Werb. A: D–8230 Bad Reichenhall, Mozartstr 1. S: New England Conservatory of Music, Boston, Bachelor of Music u Master of Music Degrees, Ecole Normale de Musique, Paris, Licence de Chant (Fulbright Stipendiat), Ak Mozarteum, Salzburg. K: 1966–67 Santa Fé Opera, New Mexico, USA, 1972–75 Theater d Stadt Trier, 1975 Gran Teatro del Liceo, Barcelona, seit 1976 am Landestheater Salzburg, Konzerte in USA, UDSSR, Spanien, Luxemburg, Frankreich, Österreich, Deutschland. F: Hartford Times, Trierische Landeszeitung, Trierischer Volksfreund, Salzburger Nachrichten, Salzburger Volksblatt, Fort Myers News-Press, El Noticiero Universal, The Boston Globe. D: Über 40 Opernpartien, darunter: „Die Hochzeit des Figaro", „Hänsel und Gretel", „Lackmenza di Tito", „Rigoletto", „Der Troubadour", „Wozzeck", „Der Engel von Prag" (Welturaufführung 1978 Kleines Festspielhaus Salzburg). E: 1968–69 Fulbright Stipendium nach Paris. M: Deutsche BühnenGen seit 1972, Österreichischer Gewerkschaftsbund, Sektion Bühnenangehörige ab 1979. H: Pflanzen, Nähen, Kochen, Münzen u Briefmarken sammeln, Lesen, Sport.

Stey Rudolf
PS: The Eagles. B: Seiltänzer, Schausteller. G: Schopfheim, 1. Juli 1931. V: Lore, geb Braun. A: D–7918 Illertissen, Meisenweg 6. S: Grundschule. K: Die Familie geht zurück bis 1473 als Seilkünstler, früher als Geschwister Stey u Adlertruppe bekannt, Tourneen durch mehrere Erdteile u Kontinente, England, Afrika, Südamerika, Frankreich, Skandinavien, in d 20iger Jahren auch Rußland, Ende 1968, da kein Nachwuchs mehr. F: Bis 1951 in

Deutschland, dann auch im Ausland. E: 1954 u 1963 in England eine Silber- u eine Goldmedaille. H: Tanzen, Reisen.

Stickel E W
B: Schauspieler. G: Berlin, 25. Apr 1915. A: D–7300 Esslingen-Zell, Wilhelmstr 96/C 19. Tel: 0711/368164. S: Humbold Gymn, Berlin, Schauspielschule Berlin. K: Kfm Ausbildung, Werbung, Schauspielprüfung RTK-Berlin, Engagements in Berlin, Lübeck, Esslingen, Stuttgart, Tourneen, Festspiele. F: In versch deutschen Tageszeitungen. D: „Zwei kluge Männer u eine Frau“, „Jaques, der Lebenskünstler“, „Kabale und Liebe“, „Der Lügner“, „Mandragola“, „Feuerwerk“, „Tumult im Narrenhaus“, „Galilei“, „Der tolle Tag“, Lustspiele uam. M: ADAC-Bühnenclub. H: Reisen, Wandern.

Stiebner Tamara
B: Schauspielerin. A: D–1000 Berlin 15, Uhlandstr 159. Tel: 030/8812514.

Stiepl Elisabeth
B: Schauspielerin. A: A–1170 Wien, Dornbacher Str 84. Tel: 0222/464145.

Stieringer Klaus
B: Schauspieler. A: D–3000 Hannover, Lothringer Str 27, c/o Agentur de la Berg. Tel: 0511/524427 oder 08178/3681.

Stilhoff Anke
B: Schauspielerin. A: D–8000 München 2, Karlstr 32, c/o ZBF-Agentur München. Tel: 089/594340 oder 089/335081.

Stobbe Jaap
B: Schauspieler. A: c/o Management Margarete van Dam, NL–Amsterdam, Plantage Parklaan 12. Tel: 003120/246743.

Stöck Wilhelm
B: Sprecher. G: Koblenz, 21. Feb 1922. V: Marie. A: D–2000 Hamburg 61, Bekstück 8. S: Abitur, Handelsschule, Navigationsschule (A 5-Patent als Steuermann). K: Ausbildung auf d Schulschiff „Deutschland“ im Atlantik, Kriegsdienst, nach d Krieg bis 1947 Journalist, Autor (PS: Will Köst) u Sprecher b Radio Koblenz, dann SWF Baden-Baden, bis 1962 Reporter, Hörspielautor u Nachrichtensprecher, 1962–64 Deutschlandfunk, seit 1964 Nachrichtensprecher d „Tagesschau“ d ARD. H: Kochen, Malen, Segeln.

Stoffels Karl-Heinnz
B: Schauspieler. A: D–6200 Wiesbaden, Oranienstr 60, c/o ZBF-Gen-Agentur Frankfurt. Tel: 06121/370157 oder 0611/7111335.

Stöhr Emil
B: Schauspieler. A: D–8000 München 60, Bodenstedtstr 25, c/o ZBF-Agentur München. Tel: 089/8119507 oder 089/335081.

Stolberg Marcus Graf
B: Schauspieler. G: Innsbruck, 19. Mai 1953. A: A–6424 Silz/Tirol. S: Mozarteum Salzburg, Max Reinhardt-Seminar Wien, Ruth v Zerboni-Schule München, London Academy of Music and Dramatic Art. K: Stückverträge Stadttheater Regensburg, Theater d Jugend München, Residenztheater München, Anfängerzeit 2 1/2 Jahre Stadttheater Bern. D: „Jugendgericht“, „Else Quecke“, „Tommis Heimkehr“ uva.

Stoldt Marianne
N: Marianne Kirchhoff. B: Schauspielerin, Bühnenlehrerin, Ltr d Fritz-Kirchhoff-Schauspielschule. G: Stettin, 24. Jan 1901. A: D–1000 Berlin 33, Gelfertstr 33. Tel: 8312198. S: Töchterschule Berlin, Ausbildung bei Ilka Grüning. K: Debüt 1918–20 Stadttheater Plauen/Vogtland, 1920–22 Volksbühne Königsberg, 1922–23 Schillertheater Berlin, 1923–24 Staatl Schillertheater Berlin, 1924–36 Staatl Bühnen Hannover. D: In folgenden Rollen: Klärchen, Eleonore d'Este, Maria Stuart, Eboli, Hero, Porzia, Rosalinde, Judith, Rhodope, Andromache, Ophelia, Desdemona, Gretchen, Julia, Luise, Rose Bernd, Hilde Wangel, Elga, Katharina, Lucile, Beatrix, Recha, Sitlah, Amalia, Lady Milford, Iphigenie, Jungfrau von Orleans, Gräfin Terzky, Cleopatra, Marianne, Krimhild, Klara, Anna, Minna von Barnhelm, Elisabeth von England, u moderne Rollen.

Stolten Inge
B: Schauspielerin. A: D–2000 Hamburg 60, Maria Louisen-Stieg 15. Tel: 040/473743.

Stömmer Franziska
B: Schauspielerin. A: D–8000 München 80, Kopernikusstr 5, c/o ZBF-Agentur München. Tel: 089/474126 oder 089/335081.

Storck Helga
B: Schauspielerin. G: 26. Dez 1943. V: Dietrich Lohmann. A: D–8000 München 40,

Hohenzollernstr 49. S: Abitur, Schauspielschule Berlin bei Marlise Ludwig. K: Engagements an Theatern in Köln, Hannover, Nürnberg, Bern, Wuppertal, div Filme, Fernsehspiele u Hörspiele. F: Theater heute, Stern, Hör Zu, Süddeutsche Zeitung uva. D: „Allseitig reduzierte Persönlichkeit", „Als 1 und 1 noch 3 war", „Uhrmacher Wandel", „Ehe vor Gericht", „Freundinnen", „Ermittlung gegen Unbekannt", „Forellenhof" uva. M: BFF, InteressenVerb Deutscher Schauspieler. H: Musik, Sport, Gartenarbeit.

Stoß Franz Prof
B: Schauspieler. A: c/o Theater in d Josefstadt, A–1080 Wien, Josefstädter Str 26, c/o Management Jovanovic. Tel: 0222/427631 oder 089/475024/25.

Stöwer Heinz
B: Schauspieler. A: D–6000 Frankfurt/Main 18, Finkenhofstr 6, c/o ZBF-Gen-Agentur Frankfurt. Tel: 0611/551268 oder 0611/7111334.

Straass Frank
N: Hans H Baumann. B: Schauspieler, Regisseur, Autor. G: Emmendingen/Baden, 16. Dez 1924. V: Elfriede, geb Hartmann. A: D-2000 Hamburg 74, Sandkamp 21 a. S: Handelsschule, Ausbildung z AußenhandelsKfm, Schauspielausbildung bei Gittermann, Villingen u Nay, Mannheim 1948. K: Ausbildung zum AußenhandelsKfm, Kriegsmarine/Funker, Minenräumdienst, 1948: Theater d Jugend, Südwest, Badische Volksbühne Mannheim, 1954: Hamburg – Theater 53, Altonaer Theater, Künstlertheater, Theater im Zimmer, Junges Theater, 1963 u 1971 Deutsches Schauspielhaus, 1972/73 Hamburger Staatsoper, Gastspiele: Neues Theater d Jugend Mannheim, Stadttheater Lüneburg, Landesbühne Schleswig-Holstein, Das Schauspiel Cuxhaven, Nordmark-Landestheater Schleswig, Theater am Niederrhein Cleve, Berufsbetätigung als Schauspieler, Regisseur u Dramatiker. F: Fotoromane, Funk u Familie. D: Mitwirkung in ca 200 Fernsehfilmen ua in 6 Stahlnetz-Folgen, „Das Fernsehgericht tagt", „Ein Tag", „Der Fall Behrens", „Die letzte Reise d Kapt Scott", „Augenblick d Friedens", Serie: „Zirkus meines Lebens", Serie: „Melchior", „Nationalkomitee", „Russische Revolution", „Der Spanische Bürgerkrieg", „Das Wunder v Lengede", Mitwirkung in 13 Spielfilmen ua in drei Edgar Wallace-Filmen, „Wartezimmer zum Jenseits", „Davidswache", in d norwegischen Film „Faneflukt", unzählige Theaterrollen von „Endstation Sehnsucht" bis „Der Geizige", „Der Lügner" uva, Tätigkeit als Autor: Veröffentlichungen v Hörspielen (NDR), Theaterstücken, 18 Romanen, 8 Hörspielen f Schallplattenproduktionen, div Feature f NDR, Tätigl eit als Journalist bei versch Tageszeitungen, Roman ua „Im Lande d lebenden Toten". E: Öffentl Anerkennung d RegierungsPr Freiburg/Br anläßlich eines Wettbewerbs, 2 prämierte Theaterstücke. M: „lit" Literaturzentrum Hamburg eV. H: Kriminalistik.

Strack Günter
B: Schauspieler. A: D–8531 Münchsteinach, Neustädter Str 25. Tel: 09166/261.

Straeter Will
B: Schauspieler. A: D–7400 Tübingen, Burgsteige 8. Tel: 07071/24321.

Strahl Erwin
B: Schauspieler, Regisseur. G: Wien, 12. Feb 1929. V: Waltraud, geb Haas. A: A–1130 Wien, Küniglbergg 45. Tel: 0222/823412. S: Max-Reinhardt-Seminar in Wien. K: 1948 1. Engagement in Klagenfurt, 1950 Schauspieler in Wien (Komödie, Die Insel, Stadttheater, Renaissance-Theater), 1950–51 Gastspiele in Luzern, Zürich, St Gallen sowie Festspiele in Augst bei Basel, 1952 Deutsches Volkstheater Wien, seit 1952 nur noch Stückverträge als Schauspieler u Regisseur, Wien (Theater in der Josefstadt, Volkstheater), Stuttgart (Komödie im Marquardt), München (Kammerspiele, Kleine Komödie, Tribüne), Berlin (Berliner Theater, Theater am Kurfürstendamm), Bad Hersfelder Festspiele, Bonn (Contrakreis-Theater), Salzburg (Landestheater), Tourneen, Dichterlesungen, laufend Synchrontätigkeit, Showtournee mit Texten v Peter Wehle zu Hits u Evergreens (über 100 Vorstellungen), zZ freier Schauspieler u Regisseur. F: Div Artikel, Interviews u Kritiken in Tageszeitungen, Wochenblättern in Österreich, Deutschland, Italien u Frankreich usw. D: Theater: „Don Carlos", „Kabale u Liebe", „Romeo u Julia", „Hamlet", „Die Räuber", „Die Braut v Messina", „Der Verschwender", „Romeo u Jeanette", „Wer hat Angst vor Virginia Woolf?", „Doppeladler", „Die Falle", „Der Hexer", „Dreigroschenoper", Mucicals: „Die Hofloge", „I Do I Do", „Das Musikalische Himmelbett", weiters „Aimée", „Die Zuckerbäckerin", „Jetzt nicht Liebling", „Wecken Sie

Madame nicht auf", „Drei Frauen", „Mrs Markham", „Was ihr wollt", „Es war die Lerche", wichtige Theaterinszenierungen: „Heiraten ist immer ein Risiko", „Die Falle", „Der Hexer", „Aimée", „Der tote Playboy", „Der Hofrat Geiger", „Oh diese Männer", „Es war die Lerche", Fernsehen: „Die Entführung aus dem Serail", „Der verlorene Brief", „Der Radetzkymarsch", „Spaghetti", „Die Geschichte d 1 002. Nacht", „Einfacher Doppelmord", „Blaue Blüten", „Duell zu Dritt", „Die Abenteuer des braven Soldaten Schwejk", „Hallo Hotel Sacher – Portier", „Pfeffermaus und seine Freunde", „Zweimal Götz", „Großes Glück zu kleinen Preisen", „Der Blaue Bock", „Dalli-Dalli", „Senioren-Club", „Welt des Buches", Hörspiele: zB Titelrolle u Regie in „Faust", Film: über 40 Filme in Österreich, Deutschland, Italien, Frankreich, ua „Vom Mädchen zur Frau", „Der Verschwender", „Südliche Nächte", „Dein Herz ist meine Heimat", „Hochzeitsglocken", „Auf der Reeperbahn nachts um halb eins", „Begegnung Rom", „Die Heilige Lüge", „Drei Tage Mittelarrest", „Auf Wiedersehen am Bodensee", „Der Jäger vom Fall", „Für zwei Groschen Zärtlichkeit", „Wien, du Stadt meiner Träume", „Mikosch, der Stolz der Kompanie", „Der Frosch mit der Maske", „Flitterwochen in der Hölle", „Franz Schubert", „Abenteuer im Schloß", „Schwarzer Nerz auf zarter Haut", „Keine Angst Liebling", „Les Honneur de la Cuerre", „Giovanca e gli altri", „Una Parigina a Roma", „Three blue Panthers".

Straka Alice Maria
B: Schauspielerin u Filmproduzentin. G: Wien, 7. Dez 1945. V: Ing Herbert Straka. A: A–1160 Wien, Hofferplatz 3/III/3. S: Handelsschule, Konservatorium Prayner (Ablegung d Reifeprüfung in d Kunstgattung Schauspiel), Ausbildung in allen Sparten d Filmproduktion, Produktions- u Aufnahmeleiterin, Film- Ein- u Verkauf. K: Fernsehsprecherin, Filmschauspielerin, Produktionsleiterin d Tridente-Filmproduktion in Rom, seit 1976 Gewerbeberechtigung f d Filmproduktion in Österreich, Geschäftspartnerin d Mitproduzenten d Filme „Bermuda-Dreieck", „Cyclone", „Panic-Makers". F: Kronenzeitung, Kurier, Hör Zu, versch Wochenzeitungen u Illustrierte in Österreich u Italien. D: „Satyricon", „Roma", „Amacord", „Casanova" unter d Regie v Frederico Fellini, „La battaglia di Inghilterra", „Catch 22", Fellinis „note-book". E: 1966 zur beliebtesten Fernsehsprecherin in Österreich gewählt, realisierte Filme als Produktionsleiterin in Italien: „No, I caso è felicemente risolte", „Bello, come un Angelo", „... e vai con il liscio". M: BSA. H: Ein weiblicher Manager zu sein, Film, Fernsehen, Theater.

Strambowski Ilse
B: Schauspielerin. A: c/o Agentur Marga Wiedner, D–8000 München 40, Destouchesstr 32/I. Tel: 089/3081822.

Strassner Fritz
B: Schauspieler. A: c/o Management Palz, D–8000 München 81, Ortlindestr 6/VII. Tel: 089/912019/10.

Strätz Ursula
B: Schauspielerin. A c/o Agentur Lentz, D–8000 München 80, Holbeinstr 4. Tel: 089/474026.

Strauch Monika
B: Schauspielerin. A: D–8000 München 40, Elisabethstr 15, c/o ZBF-Agentur München. Tel: 089/2713567 oder 089/335081.

Straus Gerhard
B: Schauspieler, Musiker, Artist (Universal-Artist). G: Berlin, 18. Sept 1916. A: D–1000 Berlin, Niebuhrstr 39d. Tel: 030/3292130. S: Mittlere Reife (Abitur nicht mehr abgeschlossen durch Nazizeit), 3 Jahre Max Reinhardt-Schule, einige Jahre Konservatorium u Ballettschule, Akrobatenschule in Berlin. K: Freier Mitarbeiter d SFB (Rundfunk u Fernsehen, Mtgl d ABC Film Hamburg, u Deutsche Filmunion, Engagement am Schloßpark-Theater u Freie Volksbühne, Schiller-Theater ua, zZ Schaubühne Berlin, Ltg v Werbesendungen, Südamerikatournee, spielt u improvisiert auf Orgel, Akkordeon u Klavier. F: BZ, Bravo, Bunte Illustrierte, Bildzeitung, Lebensmittelzeitung ua. D: „Dreigroschenoper, „Serenade einer großen Liebe" uva Filme. E: Auszeichnung d Metro-Goldwyn-Meyer in Hollywood. M: Deutsche Filmunion, ABC-Film.

Strauss Anne-Dore
B: Schauspielerin. A: D–3400 Göttingen, Ritterplan 4a, c/o ZBF-General-Agentur Frankfurt. Tel: 0551/42971 oder 0611/7111313.

Strauß Peter
B: Schauspieler. A: D–1000 Berlin 41,

Hauptstr 73, c/o ZBF-Agentur Berlin. Tel: 030/8521034 oder 030/8838031/54.

Strauß-Joachimsthal Gerhard
B: Schauspieler. A: D–1000 Berlin 12, Niebuhrstr 39a.

Strecker Frank
B: Schauspieler. A: D–8000 München 40, Klopstockstr 6/VIII, c/o Management Palz. Tel: 089/367819 oder 089/912019/10.

Striebeck Jochen
B: Schauspieler. G: Schneidemühl, 7. Mai 1942. V: Charlotte, geb Völker. A: c/o Agentur ZBF, D–8000 München, Leopoldstr 19. S: Waldorfschule, Staatl HS f Musik. K: 1961–63 Heidelberger Stadttheater, 1963–66 Staatstheater Wiesbaden, 1966–73 Residenztheater München, seit 1973 Kammerspiele München, Gastspiele in Basel, Bonn u allen Staatl Bühnen München, seit 1961 in ca 40 Fernsehproduktionen, seit 1970 Doz an d Otto Falckenberg Schule. F: In allen Tageszeitungen u Fernsehillustrierten. D: „1000 Milliarden", „Honnef", „Ein freier Tag", „Notwehr", „Adoptionen" uva. Theater: „Andorra", „Wie es Euch gefällt", „Die Räuber", „Clavigo", „Der nackte König" uva. E: „AZ Stern", „TZ Rose". H: Filmen, Antiquitäten, Musik, Angeln.

Strecker Max
B: Schauspieler. A: D–8013 Haar bei München, Salmdorfer Str 12. Tel: 089/4602727.

Striebeck Karl
B: Schauspieler. A: c/o Thalia-Theater Hamburg, D–2000 Hamburg 13, Brahmsallee 8, I, c/o Agentur v Pilecki. Tel: 089/220263.

Striebeck Peter
B: Schauspieler. A: c/o Thalia-Theater, D–2000 Hamburg 1, Raboisen, c/o Agentur v Pilecki. Tel: 040/321936 oder 089/220263.

Strietzel Achim
B: Schauspieler. A: D–8000 München 83, Im Gefilde 41. Tel: 089/6015858.

Strnad Anton
B: Schauspieler, Regisseur, Journalist. G: Pilsen, 27. Apr 1923. V: Irene, geb Schuster. A: D–506 Bergisch Gladbach 3, Anemonenweg 20. Tel: 02204/61512. S: Abitur, Prager MusikHS, 3 Jahre journalist HS ohne Abschluß. K: 1945–62 Regisseur u Schauspieler an Theatern in CSSR, seit 1962 Regisseur f Hörspiele u Redakteur f Politik u Soziologie beim Tschechoslowakischen Rundfunk, seit 1969 – nach Flucht aus d CSSR – bei d Deutschen Welle Köln. F: Tschech Theaterzeitschrift „Divadlo", Rheinischer Merkur, Kölnische Rundschau. D: „Der Widerspenstigen Zähmung", „Othello", „Hamlet", „Medea", „Richard III" ua. Fernsehfilm: „Jagdstaffel Fledermaus". M: Verb d tschechoslowak Theater- u Film-Künstler, Rheinwestfäl JournalistenVerb, Tschech JournalistenVerb. H: Musik, Malen, Fotografie, Literatur.

Strobel Peter
B: Schauspieler. A: c/o Agentur Ahrens, D–5000 Köln 1, Christophstr 31. Tel: 0221/210848.

Stroh Heidi
B: Schauspielerin. A: c/o Management Jovanovic, D–8000 München 80, Perfallstr 6. Tel: 089/475024/25.

Strohbauer Brigitte
B: Schauspielerin. A: c/o Agentur Alexander, D–8000 München 80, Lamontstr 9. Tel: 089/471011.

Strohbusch Willi
B: Schauspieler. A: D–1000 Berlin 52, Kienhortstr 9, c/o Künstlerdienst Berlin. Tel: 030/4963409 oder 030/8303290.

Strömberg Ewa
B: Schauspielerin. A: D–1000 Berlin 33, Friedrichsruher Str 33 B. Tel: 030/8246521.

Stromberger Robert
B: Schriftsteller, Regisseur, Schauspieler. G: Darmstadt, 13. Sept 1930. V: Irmgard, geb Stapp. A: D–6100 Darmstadt, Schumannstr 24. S: RealGymn, Ausbildung zum Schauspieler. K: Schriftstellerische Arbeiten: „Die Unverbesserlichen" Komödie 1956, Darmstadt, Hörspielserie „Bei uns daheim", TV-Serie „Die Unverbesserlichen" v 1964–71 NDR, „Biedermänner", Komödie 1973, TV-Serie „PS" NDR 1973–78. D: „Datterich" (Titelrolle), „Glasschrank", „Der fröhliche Weinberg" (gleichzeitig Regisseur für diese Stücke, die aus d Staatstheater Darmstadt v ZDF oder HR gesendet wurden). E: Bronzene Verdienstplakette d Stadt Darmstadt 1975, Goldener Bildschirm 1975, Lothar Danner-Medaille 1975. M: Hessische Spielgemein-

schaft Darmstadt 1925 eV. H: Musik, Schach.

Stroth Christina
B: Schauspielerin. A: D–2056 Glinde/Hamburg, Kupfermühlweg 8. Tel: 040/7365248 u 7364323.

Stroth Karl
B: Schauspieler. A: D–2056 Glinde/HH, Kupfermühlenweg 8, c/o Agentur Christina Stroth. Tel: 040/7105248 u 7104323 oder 040/7365248.

Stroux Stephan
B: Schauspieler. A: D–2000 Hamburg 19, Eichenstr 66, c/o Management Baumbauer. Tel: 040/406587 oder 089/478577.

Stroux Thomas
B: Schauspieler. A: A–1190 Wien, Sieveringer Str 175/5, c/o Management Baumbauer. Tel: 0222/4419134 oder 089/478577.

Stübing Solvi
B: Schauspielerin. A: I–00194 Roma, Via della Farnesina 323, c/o Management Jovanovic. Tel: 089/475024/25.

Stuckenschmidt Thomas
B: Schauspieler. A: c/o Agentur Marga Wiedner, D–8000 München 40, Destouchesstr 32. Tel: 089/3081822.

Studnitz Andreas von
B: Schauspieler. A: c/o Agentur Alexander, D–8000 München 80, Lamontstr 9. Tel: 089/471011.

Stueber Volker
B: Schauspieler. A: D–2000 Hamburg 20, Eppendorfer Landstr 95/III, c/o ZBF-Agentur Hamburg. Tel: 040/476416 oder 040/66885400.

Stumpf Isabel
B: Schauspielerin. A: D–2000 Hamburg 60, Brabandstr 79, c/o ZBF-Agentur Hamburg, c/o Agentur v Pilecki. Tel: 040/513150 oder 040/66885400 oder 089/220263.

Stumpf Wolfgang
B: Schauspieler. A: D–2000 Hamburg 60, Brabandstr 79, D–8000 München 40, Osterwaldstr 53, c/o Agentur Runde-Profé. Tel: 040/513150 oder 089/3613127 oder 030/3040661.

Stütz Gudrun
B: Schauspielerin. A: D–2000 Hamburg 20, Kellinghusenstr 14. Tel: 040/486482.

Subklew Brita
B: Schauspielerin. A: D–2000 Hamburg 60, Groothoffg 8, c/o ZBF-Agentur Hamburg. Tel: 040/2700586 oder 040/66885400.

Suchy Werner
B: Puppenspieler. G: Arenstein/Heiligenbeil, 1. Mai 1910. V: Elisabeth, geb Schulz. A: D–7527 Kraichtal 7, Augartenstr 5. S: Gymn ohne Abschluß, Seminare u SelbstStud. K: 50 Jahre selbständiger Puppenspieler. F: Die Hausfrau, Bildberichte in vielen Tageszeitungen. D: Darsteller aller Rollen über Jahrzehnte als Alleinspieler u ca 15 Jahre Spielltr einer Verkehrspuppenspielbühne, Reiseunternehmen. E: Kunstschein 1930, Jugendpflegeschein, Truppenbetreuung Ehrenurkunde u Verdienstmedaille d Verdienstordens d BRD, Goldene Ehrennadel d Deutschen Verkehrswacht, 3. Preis Europäischer Wettbewerb, Salzburg. M: Verb Deutscher Puppentheater eV. H: Wie bleibe ich gesund, Zukunftsforschung, Ursachenforschung.

Suelflow Fred
B: Schauspieler. A: D–2000 Hamburg 71, Buschrosenweg 24, c/o ZBF-Agentur Hamburg, c/o KD-Modellvermittlung Hamburg, c/o KD-Modellvermittlung Düsseldorf. Tel: 040/610402 oder 613776 oder 040/66885400 u 446821 oder 040/24844265 oder 0211/4306287.

Sünwoldt Sabine
B: Schauspielerin. A: D–8031 Puchheim, Adenauerstr 32/VIII, c/o ZBF-Agentur München. Tel: 089/805226 oder 089/335081.

Suplie Karin
B: Schauspielerin. A: D–1000 Berlin 33, Markobrunner Str 3, c/o Kabarett-Agentur Klimperkasten. Tel: 030/8214996 oder 030/7952381.

Suschka Hubert
B: Schauspieler. A: D–2091 Garstedt, Bahnhofstr 13, c/o ZBF-Agentur Hamburg. Tel: 04173/7661 oder 040/66885400.

Süssenguth Richard
B: Schauspieler. A: D–1000 Berlin 41, Albestr 21, c/o ZBF-Agenturen Frankfurt u Berlin. Tel:

030/8527841 oder 0611/7111335 oder 030/8838031/54.

Sutter Sonja
B: Schauspielerin. A: c/o Agentur Lentz, D–8000 München 80, Holbeinstr 4. Tel: 089/474026.

Symo Margit
B: Schauspielerin. G: 13. Sept 1913. A: D–8000 München 80, Wagenbauerstr 4. S: Grundschule, Ausbildung – Tanz, Geige, Gesang, Sprechtechnik. K: Film u Bühne in Budapest, Wien, Prag, München, Berlin, Bühne in Berlin Metropol-Theater, Admirals-Palast, Theater am Schiffbauerdamm, Theater i d Herdenbergstrasse, Scala, Wintergarten Berlin, Wien Raimund-Theater uva. F: In versch Zeitungen u Zeitschriften d In- u Auslandes. D: „Das Ungarmädel", „Eine Nacht an d Donau", „Es geht um mein Leben", „Die gelbe Flagge", „Zur roten Laterne", „Zwischen Strom u Steppe", „Der Postmeister", „Die Sache m Styx", „Altes Herz wird wieder jung", „Der Verteidiger hat das Wort", „Dreimal Komödie", „Die kleine Stadt will schlafen gehen", „Ich denke oft an Piroschka", „Der tolle Bomberg", „August essen Seele auf", „Noch 1o Minuten z Leben", „Die Vermählung" uva. H: Klassische Musik, Autofahren, Exotische Reisen (Asien), Sauna, Schwimmen, Laufen (Berge), Handarbeit, Tanzen ua.

Syring Anke
B: Schauspielerin. G: München, 26. Nov 1944. A: D–8069 Lampertshausen, Nr 15. S: Mittlere Reife (Gymn), abgeschlossene Schauspielausbildung mit Prüfung, 2jährige Ausbildung Tiefdruckretusche u Grafik, Ballett-Steptanz u Gesang. K: Bühnentätigkeit: Landesbühne Hannover, Staatstheater Oldenburg, Komödie Basel, Hebbeltheater Berlin, Theater in der Josefstadt, Theater an der Wien, Theater am Kärtnertor Wien, Theater in d Briennerstraße, Volkstheater München, Theater im Künstlerhaus München, mit 15 Jahren Prinzipalin eines eigenen Schul-Theaters, mit 21 Jahren 1. Hauptrolle am Theater, mit 31 Jahren eigener Reitstall. F: Unzählige in Zeitschriften u Zeitungen. D: Theater: „Minna Barnhelm" über Musicalrollen bis Brecht, Fernsehen: „Drei Tage Südtirol m Luis Trenker", „Bitte umblättern", „Notizen aus der Provinz", „Halbzeiten", „Fahnenweihe", „Roulette", Spielfilme: „Zieh dich aus Puppe", „Pudelnackt in Oberbayern", „Frau Wirtin hat auch einen Grafen", „Schulmädchenreport", „Ehepaar sucht gleichgesinntes", „Die schwarzen Schwestern", „Marquis de Sade", „Bibi" ua. E: „Traumfrau" d Münchner AZ, Miss Cinema Germania, Reitabzeichen Kl III, Oberilmtaler Reiter eV. H: Malen, Schreiben, Reiten.

Tabor Günther
B: Schauspieler, Regisseur. G: 30. Aug 1925. V: Christine, geb Prober. A: D–1000 Berlin 62, Berchtesgadener Str 14. S: Abitur, Konservatorium d Stadt Wien. K: Engagements in Wien (Theater in der Josefstast, Volkstheater), Frankfurt, Essen, Zürich, Berlin. F: In zahlreichen Zeitschriften u Zeitungen. D: Film- u Fernsehrollen, ua „Der entscheidende Augenblick", „Die Gentlemen bitten zur Kasse", „Bluthochzeit" uva. „Stellvertreter", „Columbus", uva, Inszenierungen in Nürnberg, Heidelberg, Hannover, Graz, Amsterdam, München, Bearbeitungen v Macbeth, Lumpazivagabundus, Dostojevksis „Idiot", „Schuld und Sühne" ua. H: Briefmarken, Tauchen.

Tag Charlotte
B: Schauspielerin. A: D–1000 Berlin 12, Bleibtreustr 20. Tel: 030/8815964.

Tagore Harry
B: Schauspieler. A: D–4048 Grevenbroich 5, Münchrather Str 12, c/o ZBF-Agenturen Berlin u Frankfurt. Tel: 02182/9984 oder 030/8838031/54 oder 0611/7111334.

Talamonti Rinaldo
B: Schauspieler. A: D–8000 München 45, Wallner Str 22, c/o ZBF-Agentur München. Tel: 089/325620 oder 089/335081.

Tanaka Toyo
B: Schauspieler. A: D–2000 Hamburg 50, Breite Str 159/8, c/o ZBF-Gen-Agentur Frankfurt. Tel: 040/384310 u Sekr 41182104 oder 0611/7111335.

Tannenberg Michael
B: Schauspieler. A: c/o Agentur Bengen, D–1000 Berlin 21, Paulstr 25. Tel: 030/3911895.

Tantau Gisela
B: Schauspielerin. A: c/o Management Loewenthal, D–8000 München 80, Holbeinstr 16. Tel: 089/472619.

Tappe Walter Dr
B: SpielLtr u Schauspieler. G: Hannover, 26. Jan 1902. V: Agnes, geb Herms. A: D–1000 Berlin 33, Balbronnerstr 19. Tel: 030/8328375. S: Gymn, Schauspielschule d Leibnitz-Ak Hannover, Univ München u Heidelberg, Theaterseminar Artur Kutscher München. K: Schauspiel-Eleve an d Schaubühne München (Dir Eugen Felber), Schauspieler u RegieAss an d Städtischen Bühnen Hannover, SpielLtr am Deutschen Theater Hannover, Remscheid, Ulm, Frankfurt/O, Hamburg, Berlin (Wallnertheater, Rosetheater, Theater i d Behrenstr, Jürgen Fehling-Theater, Tribüne, Ltr d Freilichtbühne Rehberge), Funkregisseur u Sprecher (SFB u Rias), Rezitator moderner Lyrik u Prosa (Gottfried Benn-Sprecher). F: Die BühnenGen, Bühnenalmanach 1968 u 1973. D: „Stresemann-Film", „Gruppenbild mit Dame" uva, Bühne: „Gespenster", „Revisor", „Hokuspokus", „Tasso", „Spiel im Schloß", „Wie es euch gefällt", „Komödie d Irrungen", „Diener zweier Herren" uva. E: Goldenes Ehrenzeichen d BühnenGen, Ehrenplakette d „Berliner Salons f Kunst u Wiss". M: Gen deutscher Bühnenangehöriger, Rundfunk- u Fernseh-Union. H: Klavierspiel, Sammeln moderner Bilder u Plastiken, Radfahren.

Tappert Horst
B: Schauspieler u Regisseur. G: Elberfeld, 26. Mai 1923. V: Ursula, geb Pistor. A: D–8000 München-Graefelfing Geigerstr 21. S: Grundschule, Handelsschule, Export-Import-Kfm. K: 1945–57 Theaterlaufbahn Tübingen, Göttingen, Kassel, Bonn, Wuppertal, München, ab 1956 TV. F: In fast allen Zeitschriften. D: In unzähligen Theaterstücken, ca 25 Spielfilme, ca 180 TV-Spiele, seit 1974 Krimi wie: „Derrick" (Titelrolle). E: Goldener Bambi 1979 als bester Fernseh-Kommissar. H: Reiten, Fischen.

Tass Dagmar
B: Schauspielerin. A: D–2400 Lübeck, Weberkoppel 35, c/o ZBF-General-Agentur Frankfurt. Tel: 0451/593386 oder 0611/7111335.

Taub Valter
B: Schauspieler. A: c/o Agentur Bloy, D–8022 Grünwald, Gasteigweg 1. Tel: 089/6411893.

Tauber Wolfgang
B: Schauspieler. A: D–6500 Mainz, Schillerstr 40. Tel: 06131/132401.

Tausig Otto
B: Schauspieler, Regisseur. G: Wien, 13. Feb 1922. V: Lilly, geb Schmuck. A: A 1190 Wien, Iglaseeg 9. S: Mittelschule, Max Reinhardt-Seminar, Wien. K: 1948–56 Schauspieler, Chefdramaturg u Regisseur am Neuen Theater in d Scala Wien, 1957–60 Volksbühne Berlin Ost, Deutsches Theater, DEFA, 1960–61 Städt Bühnen Münster, 1961–63 Schauspielhaus Zürich, ab 1963 freischaffender Regisseur u Schauspieler an Theatern in Wiesbaden, Frankfurt, Köln, Hamburg, Berlin West, München, Wien. TV-Inzenierungen Bavaria, WDR, ZDF, SWF ORF ua, seit 1971 Schauspieler u Regisseur am Burgtheater, Wien, Lehrer am Max Reinhardt-Seminar, Wien.

Teichmann Edith
B: Schauspielerin. A: D–1000 Berlin 62, Crellestr 3–4, D–8000 München 90, Eschenstr 49. Tel: 030/07822747 oder 089/06901119.

Telp Anne
B: Schauspielerin. A: D–3450 Holzminden, Stadtblick 7. Tel: 05531/6631.

Teluren Anna
B: Schauspielerin. A: D–6000 Frankfurt/Main, Fontanestr 70, c/o Management Baumbauer. Tel: 0611/512613 oder 089/478577.

Tennigkeit Herbert
B: Schauspieler. A: D–2000 Hamburg 13, Badestr 5, c/o ZBF-Agentur Hamburg. Tel: 040/417135 oder 040/66885400.

Tennstedt Joachim
B: Schauspieler. A: D–1000 Berlin 31, Markgraf Albrecht-Str 14, c/o ZBF-Gen-Agentur Frankfurt. Tel: 030/8858854 oder 0611/7111335.

Terplan Marianne
B: Schauspielerin. A: D–8000 München 40, Silcher Str 23. Tel: 089/353976.

Teschke Max
B: Schauspieler. A: D–3201 Hasede, Lendertberg 9. Tel: 05121/770703.

Teuber Monica
B: Schauspielerin. A: D–8000 München 40, Georgenstr 124, c/o Agentur v Pilecki. Tel:

089/371487 oder 089/220263.

Theelen Léonie
B: Schauspielerin. A: D–8000 München 81, Wilhelm Dieß-Weg 9, c/o Agentur Alexander. Tel: 089/931347 oder 089/471011.

Theimer Uwe
B: Kapellmeister, Musiker. G: 9. Juli 1944. V: Christina, geb Heerdegen. A: A–1190 Wien, Pyrkerg 7/4. S: RealGymn, Lehrerbildungs-Anst, Matura, Ak f Musik in Wien, Komposition (Prof Uhl) u Kapellmeister (Prof Swarowsky). K: Kapellmeister bei d Wiener Sängerknaben, Gastspiele in allen Ländern Europas, in Nord- u Südamerika, Naher u Ferner Osten, Australien u Neuseeland, seit 1975 Kapellmeister u StudienLtr an d Wiener Volksoper, Ltr d Chores Viennensis in Wien. F: Im Rahmen v Kritiken während d Konzerttätigkeit 1965–75. D: „Der schönste Tag meines Lebens", „Preussisches Märchen", „Der Fremdenführer". M: Ver d Wiener Sängerknaben, Schlaraffia Vindobona. H: Tischlern, Garten.

Thelen Jenny
B: Schauspielerin. A: D–8000 München 81, Wilhelm Dieß-Weg 9, c/o ZBF-General-Agentur Frankfurt. Tel: 089/931347 oder 0611/7111335.

Thellmann Erika von
B: Schauspielerin. A: c/o Agentur Alexander, D–8000 München 80, Lamontstr 9. Tel: 089/471011.

Thiel Adalbert (Waldemar, Wilfried)
B: Schauspieler. A: D–2000 Hamburg 54, Beim Opferstein 25 III links.

Thiele Gery
B: Schauspieler. A: D–8131 Frohnloh Kreis Starnberg, c/o Agentur Rakosi, c/o ZBF-Agentur München. Tel: 089/8503493 oder 089/6904092 oder 089/335081.

Thiele Michael
B: Schauspieler. G: Berlin, 26. März 1949. A: D–1000 Berlin 62, Apostel Paulus-Str 3, u (ständig erreichbar) D–4000 Düsseldorf 11, Eupener Str 39. S: Realschule, Mittlere Reife, Schauspielausbildung auf d Max Reinhardt-Schule Berlin unter d Ltg v Frau Prof Hilde Körber, Bühnenreifezeugnis 1969. K: Während d Studiums in Berlin bereits kleinere Rllen unter d Regie v G Büch in „Kaspar" am Forum-Theater u unter d Regie v H Utzerath in „Italienische Nacht" an d Freien Volksbühne Berlin, damit Gastspiel bei d Ruhrfestspielen Recklinghausen 1969, Gastvertrag an d Städtischen Bühnen Oberhausen, dann f d Spielzeit 1969/70 festes Engagement am Hessischen Staatstheater Wiesbaden, seitdem Arbeit als freier Schauspieler bei Bühne, Film, Fernsehen u Funk, Engagements an d Städt Bühnen Nürnberg, Theater im Bonn-Center, Kammerspiele Düsseldorf, Schloßhofspiele Moers, Kleines Theater im Park, Bad Godesberg. F: Der Spiegel, Revue, ständige Veröffentlichungen in mehreren deutschen Tageszeitungen. D: „Italienische Nacht, „Kaspar", „Gerettet", „Dreigroschenoper", „Hamlet", „Durch die Wolken", „Magic afternoon", „Zicke-Zacke", „Unter Aufsicht", „Eisenwichser", „Glasmenagerie", „Die Stühle", „Tut was ihr wollt" (Musical), „Warten auf Godot", Heine-Revue „Denk ich an Deutschland", „Die deutschen Kleinstädter", „CHE", „Die Mitschuldigen", „Der Tausch", „Figaros Hochzeit", „Der Architekt u d Kaiser v Assyrien", „Plötzlich letzten Sommer", „Happy End" (Musical), „Glaube Liebe Hoffnung", „Adam u Eva", „Michael Kohlhaas", „Blick zurück im Zorn", „Ein Bericht für eine Akademie", „Zoogeschichte", „Die Falle", „Ratcliff rechnet ab" „Die Räuber", „Die Jungfrau von Orleans", „Unter Aufsicht", „Schule m Clowns", „Das brennende Dorf", „Ein schwarzer Jahrmarkt" (Revue), „Schnick-schnack u Wauwiwau", „Antigone", „Moerser Ballade" (Revue), „Der Büchsenöffner", „Himmel u Erde", Film- u TV-Rollen: „Odysses auf Ogygia", „Durch die Wolken", „Lemmi u d Schmöker" Folge 13, „Frühe Erfahrungen" 6 Folgen, „Psychologie contra Erfahrungen", „Telekolleg 1 Deutsch", „Zwischen Mauern". H: Klassische Musik hören, Reisen.

Thiele Thea
B: Schauspielerin. A: D–1000 Berlin 31, Joachim Friedrich-Str 33, c/o Agentur Runde-Profé. Tel: 030/8927662 oder 030/3040661.

Thielemann Gudrun
B: Schauspielerin. A: D–8021 Walchstadt/Post Icking, Marienhof, c/o Agentur Bloy. Tel: 08178/5311 oder 089/6411893.

Thielen Hans-Peter
B: Schauspieler. A: D–5040 Brühl, Librarer Str 28, c/o Agentur Marga Wiedner. Tel: 02232/44911 oder 089/3081822.

Thiem Robert
B: Schauspieler. A: D–2000 Hamburg 52, Kaulbachstr 33, c/o ZBF-Agentur Hamburg, c/o Agentur Bengen. Tel: 040/898964 oder 040/66885400 oder 030/3911895.

Thiesen Ludwig
B: Schauspieler. A: D–7570 Baden-Baden, Jahnstr 2d, c/o ZBF-Agentur München. Tel: 07221/25406 oder 089/335081.

Thimig Heidi
B: Schauspielerin. A: c/o Agentur Schmidt-Gentner, A–1030 Wien, Lothringer Str 20. Tel: 0222/752271.

Thimig Helene KamSchauspielerin
B: Schauspielerin. G: Wien, 5. Juni 1889. A: A–1090 Wien, Frankhplatz 2. S: Schauspielunterricht. K: Engagements in Baden/Wien, Meiningen, Reinhardt-Bühnen Berlin, Theater i d Josefstadt Wien, Filmtätigkeit u Ltg einer dramatischen Schule in Hollywood, Burgtheater Wien, Salzburger Festspiele, künstlerische Ltg d Reinhardt-Seminars, Prof an d Ak f Musik u darstellende Kunst, Wien, Tätigkeit bei Funk, Film u Fernsehen. D: „Menschen ohne Namen", „The Gay Sisters", „The moon is down", „Edge of darkness", „Cloak and Dagger", „Cry Wolf", „High Conquest", „Escape me never", „Decision before Dawn", „Waldwinter" uva. E: Ritter d Ordens f Kunst u Wiss, Ehrenring d Vereinten Nationen, KamSchauspielerin. M: Mtgl d Wiener Burgtheaters.

Thimig Hermann KamSchauspieler
B: Schauspieler. G: Wien, 3. Okt 1890. V: Vilma Degischer. A: A–1180 Wien, Gymnasiumstr 47. K: Engagements an d Reinhardt-Bühnen Berlin u Wien, Burgtheater Wien, Gastspiele in Europa u USA, Tätigkeit bei Funk, Film u Fernsehen. D: „Der Herr Bürovorsteher", „Der kleine Seitensprung", „Die Privatsekretärin", „Mein Leopold", „Zwei himmelblaue Augen", „Mein Freund d Millionär", „Das Blaue v Himmel", „Zwei glückliche Herzen", „Die Nacht im Paradies", „Eine Stadt steht Kopf", „Mädchen zum Heiraten", „Die Fahrt ins Grüne", „Kleiner Mann, was nun?", „Viktor u Viktoria", „Der Herr ohne Wohnung", „Csibi der Fratz", „Karneval u Liebe", „Peter, Paul u Nanette", „Der Himmel auf Erden", „Im weißen Rößl", „Der geheimnisvolle Mister X", „Die Austernlili", „Die kluge Marianne", „Liebesbriefe", „Die goldene Fessel", „Ein Blick zurück", „Ewiger Walzer", „Eine Reise ins Glück" uva. E: KamSänger, Goldenes Ehrenzeichen f Verdienste um d Republik Österreich.

Thimig Johanna
B: Schauspielerin. A: c/o Agentur Lentz, D–8000 München 80, Holbeinstr 4. Tel: 089/474026.

Thoelke Wim
N: Wilhelm Thoelke. B: Quiz-Master. G: Mühlheim/Ruhr, 9. Mai 1927. V: Ulla, geb Oertel. A: D–6204 Wehen über Wiesbaden. S: Abitur, einige Sem Jura. K: Geschäftsführer b Deutschen Handballbund, Angestellter einer FlugGes, Sportreporter f RundfunkAnst, dann ZDF Nachrichtensprecher f „Heute", dann „Aktuelles Sportstudio", daneben Moderator eines Reise-Quiz „Rate mit – reise mit", seit 1970 Quiz-Master v „3 x 9". F: Stern, TV Hören u Sehen, Hör Zu ua. H: Segel- u Sportpilot, Tennis, Malen.

Thoenies Hans
B: c/o Landestheater Schwaben, D–8940 Memmingen, Theaterpl 2. Tel: 08331/19394.

Thom Eva
B: Schauspielerin. A: D–1000 Berlin 33, Bonner Str 1 A, c/o Agentur Bengen. Tel: 030/8224947 oder 030/3911895.

Thom Peter
B: Schauspieler. A: D–1000 Berlin 33, Bonner Str 1a, D–8000 München 71, Appenzeller Str 125. Tel: 030/8224947 oder 089/7554105.

Thomas Carmen
B: Moderatorin, Redakteurin, Reporterin. G: Düsseldorf, 7. Mai 1946. A: D–5000 Köln 1, Gereonswall 68. S: Abitur, Stud d Germanistik, Anglistik, Staatsprüfung f d Lehrfächer Deutsch u Englisch. K: Moderatorin b WDR, Volontariat b Hörfunk u Fernsehen, 1969 Reporterin d WDR Sendung „Hier u Heute", 1971 Moderatorin u Redakteurin d „Tagesmagazin", seit 1973 Moderatorin d „Aktuellen Sportstudios". F: Hör Zu, Neue Revue uva. H: Skilaufen, Reiten, Lesen.

Thomas Dagmar von Staatsschauspielerin
B: Schauspielerin. G: Graz. A: D–1000 Berlin 15, Uhlandstr 151. Tel: 030/8817354. S: Abitur, Reinhardtseminar Wien, Konservatorium f Musik. K: Engagements in Baden-

Baden, Kassel, Kiel, Schillertheater, Staatl Bühnen, Freilichtspiele Schwäbisch Hall. D: Rollen in Stücken v Somerset Maugham, Sternheim, Aristophanes, Horvath, Hölderlin ua. E: Titel: Staatsschauspielerin. H: Tennis, Gitarre, Numismatik.

Thomas Frank
B: Schauspieler. A: D–2000 Hamburg 73, Beidenfletweg 24. Tel: 040/6723600, über Sekr 040/5828040/582877.

Thomas Georg
B: Schauspieler. A: c/o ZBF-Agentur München, D–8000 München 40, Leopoldstr 19. Tel: 089/335081.

Thomas Horst
B: Schauspieler. A: D–1000 Berlin 20, Bocksfeldstr 2 F, c/o ZBF-Agentur Berlin. Tel: 030/3611163 oder 030/8838031.

Thomas Karl-Heinz
B: Schauspieler. A: c/o Agentur Marga Wiedner, D–8000 München 40, Destouchesstr 32/I. Tel: 089/3081822.

Thomas Michael
B: Schauspieler. A: c/o Agentur Lentz, D–8000 München 80, Holbeinstr 4. Tel: 089/474026.

Thomas Peter
N: Edmund Friedrich Kreuzner. B: Journalist, Schauspieler, Conférencier. G: Nordhorn, 22. Apr 1949. V: Irene, geb Hausener. A: D–5000 Köln 91, Bendorfer Weg 16. S: Grundschule, BüroKfm, FachHS, Journalist. K: Freier Journalist, Bereiche Film, Fernsehen, Show, Redakteur b „Bergheimer Wochenende", durch d Gesangsduo „Andrea + Günter" u d Conférencier, Imitator, Parodist u Schauspieler „Oliver Hoff" erste Bühnenversuche m gutem Erfolg, größter Erfolg d Peter Thomas-Show m versch Künstlern wie Mircea Krishan, Sorina Dan, Gloria Schwarz, Oliver Hoff, Andrea + Günter ua, zum Fernsehen d Regisseur Hanjo Düring. D: Bühnenshow: Peter Thomas-Show, Kinder-Dalli-Dalli, Fernsehen: „Gewusst wie" – Alkoholismus, u Ledernacken, an d Braunbrennfront, „Dein Freund(chen) vom Amt" – Wie man hineinruft, u Der Ton macht d Musik, „Lästerlexikon", Film: „Lebensqualität" (Arbeitstitel, Doppelrolle). M: RFFU, IAL. H: Angeln, Musik – Klassik u Schlager – ua.

Thomé Jean
B: Arrangeur, Komponist, Schauspieler, Sänger, Bandleader. G: Düsseldorf, 18. Jan 1933. A: D–8034 Germering, Kreuzlinger Str 52a. Tel: 089/847810. S: Hohenzollern-Gymn, Robert-Schumann-Konservatorium, Klavier u Kontrabaß. K: Musiker u Showman in div bekannten Orchestern ua Max Greger, seit 1959 freischaffender Künstler, ab 1963 als Musikal Ltr u Tonregisseur f d ZDF („Goldener Schuß", Drei mal neun", „Der große Preis" ua.), seit 1978 m eigenem Gala-Orchester auf Tournee. F: In vielen Zeitschriften. D: „O sole mio", „Rhythmus und Melodie", „Du bist wunderbar", „Der Unsichtbare", „Cafe Oriental" uva. E: Goldene Schallplatte f 1 Million verkaufter Singles „Ich wünsch' mir 'ne kleine Mietzekatze". M: ARV.

Thomer Udo
B: Schauspieler. G: Regensburg, 3. Okt 1945. A: D–8000 München 90, Wirthstr 14. S: Abitur, Otto Falckenberg Schule in München. K: Staatstheater Oldenburg, Städt Bühnen Krefeld u Dortmund, Staatstheater Hannover, Staatstheater München, dann freiberuflich u als Gast am Staatstheater München, 1978/79 Thalia-Theater Hamburg. F: In versch Zeitschriften. D: „Agnes Bernauer", „Die Insel", „Romeo u Julia", „Die Räuber", „Faust I", „Lumpazivagabundus", „Die 3 Musketiere", „Dantons Tod", „Richards Korkbein", „Macbeth", „Was Ihr wollt", „König Ubu", „Leonce u Lena", „Der zerbrochene Krug", „Der Revisor", „Der Sturm", „Mann ist Mann", „Minna v Barnhelm", „Zur schönen Aussicht", Fernsehen: „Die Teufelsbraut", „Nebelloch", „Feichtenreut", „Polizeiinspektion 1", „Derrick", „Anton Sittinger", „Geheimtip f Tommy", „Budenbrooks", „Die Guten", „Andreas Vöst", „Tatort" uva. E: 1975 f „Wojzeck", beste darstellerische Leistung beim Norddeutschen Theatertreffen. H: Fußball, Tennis.

Thompson Linda G
N: Linda Uebelherr. B: Sängerin. G: Gersthofen, 21. Sept 1948. A: D–8031 Wörthsee, Seestr 16. S: Mittlere Reife, Gesangsausbildung. K: Seit d 16. Lebensjahr im Show-Geschäft, Bühnentätigkeit erstmals als Mtgl d jetzigen Love Generation, später zu d Les Humphries Singers, große Erfolge mit diesem Ensemble, nach eineinhalb Jahren Sängerin in Münchner Studios, dort v Michael Kunze u Sylvester Levay entdeckt u f d Gruppe Silver Convention engagiert, gleichzeitig auch Soli-

stin, Platte „Oh What A Night", weitere Singles folgten „Come Softly", Neuaufnahme d Standards „Put A Little Love In Your Heart", viele Galas u Disco-Auftritte, zusammen mit Jerry Fix „Du bist schuld, daß uns're Kinder so aussehn wie du", im TV in einer Folge „Der Superschuß", neue Single „Mockin' Bird Hill". F: In fast allen europäischen u überseeischen Zeitschriftnen u Zeitungen in Verbindung mit Silver Convention. D: 1 Kinofilm mit d Les Humphries Singers. E: 15 Goldene Schallplatten, Grammy in Amerika, Musik Poll M: Verb Deutscher Musikschaffender. H: Handarbeit, Gartenarbeit, Tennis, Segeln.

Thompson Marshall
B: Schauspieler. A: c/o Management Jovanovic, D–8000 München 80, Perfallstr 6. Tel: 089/475024.

Thoms Dietrich
B: Schauspieler. G: Berlin, 8. März 1917. V: Tiddi, geb Mössel. A: D–8000 München 40, Leopoldstr 129. K: Staatsschauspieler.

Thoms Konrad
B: Vortragskünstler, Schauspieler. G: Oesede/Krs Osnabrück, 28. Feb 1899. A: D–1000 Berlin 41, Menzelstr 24. Tel: 8553670. S: Abitur, Musikstudium (Klavier), Staatl Schauspielschule Berlin (L. Jessner). K: Ab 1923 Cabarets Berlin u im Reich (mundartl komische Szenen), später eigene Busch- u Mundartenabende, ab 1934 Film, TV, Funk, Hörspiele (alle Sender). F: Hörfunk ZDF, Hobbyanregungen, Hör Zu, Hören und Sehen ua. D: „Biberpelz", „Heiratsvermittlerin", „Kater Lampe", „Wildschütz", „Wenn der Hahn kräht", Film u TV: „Willy u die Detektive", „Unschuld vom Lande", „Verspätung in Marienborn", „Illusion d Möglichkeit", „Der Anfang einer Woche", „Unendlich tief unten", „Die Faust in der Tasche", „Heinrich", „Schaukelstuhl", „Daniel", „Gefährliche Streiche", „Zu einem Mord gehören zwei", „Eine Rechnung, die nicht aufgeht", „John Klings Abenteuer", „Amerika", „Beat auf dem Leierkasten", „Dobrowski", „The Quillers memorandum". M: Verb d konzertierenden Künstler Deutschlands, Deutscher Vortrags-Verb Leipzig. H: Klassische Musik, Volksliedvariationen.

Thoms-Evelt Hansi
B: Schauspielerin. A: D–8000 München 22, Widenmayer Str 31/2, bei Wery, c/o Agentur Rakosi. Tel: 089/224489 oder 089/6904092.

Thormann Erich
B: Intendant iR, Schauspieler, SpielLtr. G: 1. Feb 1899. V: Liselotte, geb Keip. A: D–7570 Baden-Baden, Seelachstr 16 C. S: Realschule, Lehrerseminar, Schauspielschule d Deutschen Theaters i Berlin. K: 1932–45 Schauspieler u Spielleiter: Düsseldorfer Schauspielhaus, Volksbühne Berlin, Deutsches Theater Berlin, Intendant: Rhein Landestheater, Städt Bühnen i Bonn, Stadttheater Bremerhaven, nach 1968 freischaffend i Berlin, Stuttgart, Hamburg. F: Zeitungen i Bonn, Düsseldorf, Berlin, Stuttgart, Hamburg. D: I allen Klassikern u i Moderne. M: Deutscher BühnenVer, Gen Deutscher Bühnenangehöriger. H: Schwimmen, Auto, Laufen.

Thorman Jürgen
B: Schauspieler. G: Rostock, 12. Feb 1928. V: Uta, geb Sax. A: D–1000 Berlin 38, Spanische Allee 75. S: RealGymn. E: Berliner Staatsschauspieler 1970.

Thoss Arny
N: Margot Reimann-Friedlaender. B: Sängerin u Schauspielerin, Textdichterin. G: Berlin, 12. März 1917. V: Eugen Reimann. A: D–1000 Berlin 62, Innsbrucker-Str 57. S: Grundschule, Luisenoberlyzeum Berlin, Gesangsunterricht bei Prof Oreste Maccagno in Berlin, ab 1933 schwere Behinderung in Ausbildung u Studium, nur gelegentliche Arbeitserlaubnis. K: Schwarzmaierscher Kinderchor Berlin, 1946 RBT Orchester Berliner Rundfunk, NWDR Berlin u Hamburg, AFN Stuttgart, BFN Hamburg, Special Service Berlin u Stuttgart, Rias Berlin, Deutsche Sender: Köln, Baden-Baden, München, Radio Bremen, Hessischer Rundfunk, Schallplatten bei: Odeon, Telefunken, Electrola, Amiga, Regina, Ariola, TV: Die Umschau - A.v. Bentheim, Filmsynchonisationen: Real Film Hamburg, CCC Berlin, Texte div Lieder u Schlager, neuestes Werk: „Europa Hymne". F: Hör Zu, Melodie 4/4, Morgenpost, Nachtdepesche, Telegraf, Der Musikant, Funkillustrierte Stuttgart (Titelbild) Hören u Sehen, Der Rundfunk, Gute Fahrt VW Ztg Magazin, Almanach, Constance, Bild Berlin uva. D: Kinderdarstellerin in Hänsel u Gretel (Oper), Juxbaron Berlin – Friedrich Wilhelmstädt Theater uva. M: GEMA Berlin. H: Lesen guter Bücher, schöne Musik, große Hunde (Doggen), Kochen, Pflanzen u Blumen.

Thost Bruno
B: Schauspieler, seit 1970 Burgschauspieler. G: Erfurt/Thüringen, 23. April 1936. V: Maren, geb Cornehls. A: A–1190 Wien, Saarpl 18/2/9. S: Hum Gymn m Abitur, 6 Sem Masch-Flugzeugbau, 1 Jahr MusikHS Stuttgart, Abt darstellende Kunst, dann Privatschauspielunterricht bei Staatsschauspieler Ludwig Anschütz in Stuttgart, 1963 Abschlußprüfung als Schauspieler bei d Gen Deutscher Bühnenangehöriger. K: Volontiert als Statist, Inspizient, RegieAss, Pförtner, Sonderchorsänger u Schauspieler bis 1964 bei d Württ Staatstheatern Stuttgart, Gastverträge: Komödie Marquardt u Theater d Altstadt Stuttgart, Schauspiel Cuxhaven, Kl Theater Bad Godesberg, Theater a d Berliner Allee Düsseldorf, Theater i Zimmer Mannheim, Kl Komödie Hamburg, Ernst Deutsch-Theater Hamburg, Theater d Courage Wien, Theater d Jugend u Theater i d Josefstadt u Raimundtheater Wien, seit 1970 Burgtheater Wien. F: Bühnenjahrbuch, Film-ABC, div Tageszeitungen u Illustrierte. D: Theater (wichtige Rollen), Fach: Charakter: „Wie es euch gefällt", „Irma la douce", „Nekrassow", „Prairie-Saloon", „Ballade v E", „Biedermann u d Brandstifter", „Jedermann", „Hamlet", „Die Kaktusblüte", „Der Ölprinz", „Der kaukasische Kreidekreis", „Komödie d Irrungen", „Edward II", „Götz v Berlichingen", „Die drei Musketiere", „Der Schwierige", „Die Jagdgesellschaft", „Viel Lärm um nichts", „Der zerbrochene Krug", „Weh dem, der lügt", „Winnetou", „Volpone", „Der Hauptmann v Köpenick", „Michael Kohlhaas", „Ruf d Lebens", „Im weißen Rößl", „Kasperl in d Türkei", „Die lustige Witwe", „Der Bettelstudent", „Wie es euch gefällt", „Der Revisor" Regie: „Weh dem, der lügt", Fernsehen (wichtige Rollen): „Zirkus Dahl", „Lieben Sie Kishon?", „Katze im Sack", „Wenn die Musik nicht wär", „Trommel u Rose", „Juno u d Pfau", „Omer Pascha" (Serie), „Der Kurier d Kaiserin" (Serie), „Aus d Alltag d DDR", „Percy Stuart" (Serie), „Der Fall Jägerstätter", „Hallo Nachbarn" (Kulenkampff-Quiz), „Hallo – Hotel Sacher – Portier" (Serie), „Das Spukschloß v Baskermore", „Des Kaisers neue Kleider", „Der Fall Hofrichter", „Hanna u Valentino", „Schwejk", „Am Wege", „Karl d Gerechte" (Serie), „Aktenzeichen XY – ungelöst", „Tatort (Annoncenmord)", „Kapitän Peoplefox", „Die Spieluhr", „Mirjam u d Lord v Rummelplatz" (Serie), „Licht d Gerechten", „Dalli – Dalli", „Draußen in d Stadt", Film: „Einer spinnt immer", „Das Auge d Spinne", „Situation", „Karl-May-Film", „Der Fangschuß", „Die Wildente", „Bomber u Paganini", „Tod im November", „Das zweite Erwachen", „Holocaust", „Die Blechtrommel". E: Silberne Karl-May-Medaille d KM-Verlages Bamberg f Mitwirkung bei d Segeberger Karl May-Festspielen 1969–72. M: Bühnengewerkschaft, EhrenMtgl d Edelweißklub Wien. H: Malen, Musik, Reiten, Schwimmen, Lesen.

Thouret Ingo
B: Schauspieler. A: D–8000 München 90, Asamstr 18, c/o ZBF-Agentur München. Tel: 089/650474 oder 089/335081.

Thümmler Isolde
B: Schauspielerin, Sprecherin. G: Dresden, 16. Okt 1932. A: D–8000 München 81, Ortlindestr 6. S: Oberschule, Staatl Ak f Musik u Theater. K: Filmrollen bei d DEFA, Sprecherin b Deutschlandsender, DDR bis 1965, 1965–66 Ansagerin im III. Fernsehprogramm d WDR, 1966–72 Moderatorin d „Magazin d Woche" d HR, freie Mitarbeit b BB, Synchron, XY, Werbung, Tonbildschauen uva, ab 1967 ständig in München. M: RFFU. H: Malen, Lesen, Tennis.

Thun Friedrich von
B: Schauspieler. A: c/o Agentur Alexander, D–8000 München 80, Lamontstr 9. Tel: 089/471011.

Thurau Hanno
B: Schauspieler. A: D–2000 Hamburg 50, Alte Königstr 18. Tel: 040/3800377.

Tiede Herbert
B: Schauspieler. A: D–8032 Gräfelfing/München, Planegger Str 33, D–8214 Bernau (Chiemsee), Geigelsteinstr 18. Tel: 089/852758 oder 08051/7238.

Tiegelkamp Adalbert
B: Schauspieler. A: D–2000 Hamburg 76, Zimmerstr 3, c/o ZBF-Agentur Hamburg. Tel: 040/2299828 oder 040/66885400.

Tietz Michael
B: Schauspieler. A: c/o Agentur Alexander, D–8000 München 80, Lamontstr 9. Tel: 089/471011.

Tietze-Ludwig Karin
B: Fernsehansagerin. G: Siegen/Westf, 31. Mai 1941. V: Hans Jürgen Tietze. A: D–6367 Karben 1, Am Wiesenrain 2. S: Gymn, Mittlere

Reife, Höhere Handelsschule. K: Sekr, PR-Ass, Fernsehansagerin. F: In allen deutschen Zeitungen u Zeitschriften. H: Lesen, Tennis.

Tilden Jane
B: Schauspielerin. G: Aussig, 16. Nov 1910. A: A–1130 Wien, Kopfg 12. S: Reinhardt-Seminar, Schauspielschule. K: Engagements an versch Bühnen im In- u Ausland, Tätigkeit bei Funk, Film u Fernsehen. D: „Confetti", „Spiegel d Lebens", „Der Blaufuchs", „Ein Leben lang", „Hauptsache glücklich", „Oh, diese Männer", „So gefällst Du mir", „Brüderlein fein", „Die kluge Marianne", „Glück bei Frauen", „In flagranti", „Oberwachtmeister Borck", „Ich laß mich nicht verführen", „Viele kamen vorbei", „Hilfe – sie liebt mich", „Lumpazivagabundus" uva.

Tiller Nadja
B: Schauspielerin. A: CH–6976 Castagnola/Ti, Via Temporiva 26, c/o Management Jovanvic. Tel: 004191/516265 oder 089/475024/25.

Tillmann Fritz
B: Schauspieler. A: D–8000 München 81, Pienzenauer Str 127, c/o Agentur Alexander. Tel: 089/988885 oder 089/470111.

Tilman Kiwe
B: Schauspieler, Regisseur, Drehbuchautor. G: Aachen, 7. Juni 1915. V: Isabel, geb Strauss. A: D–8000 München 83, Melanchthonstr 15. S: Abitur, EthnologieStud, Unterbrechung durch Krieg, danach Konservatorium, Schauspielausbildung. K: Seit 1946 Schauspieler u Regisseur in München (Experimentiertheater, Kammerspiele, Staatstheater), Deutsche Kammerspiele, Santiago de Chile, ca 50 Spielfilme. F: In Tageszeitungen, Der Neue Film, Bunte Illustrierte ua. D: Theater: „Urfaust", „Der zerbrochene Krug", „Clavigo", „Mutter Courage", „Richard II" uam. Film: „Arzt v Stalingrad", „The Great Escape", „Schinderhannes", „Auferstehung", „20. Juli" uva. H: Ethnolog Studienreisen, Expeditionen u Filmdokumentationen.

Timerding Hans
B: Schauspieler. A: D–7140 Ludwigsburg, Kantstr 17. Tel: 07141/51192.

Timmermann Hans
B: Schauspieler. A: D–2000 Hamburg 63, Kleekamp 4. Tel: 040/503485.

Timpe Friedrich-Wilhelm
B: Schauspieler. A: D–2000 Wedel/Holst, Gerhart Hauptmann-Str 40. Tel: 04103/86162.

Titze Sabine
B: Schauspielerin. A: D–1000 Berlin 12, Bleibtreustr 40, c/o ZBF-Agentur Berlin. Tel: 030/8831544 oder 030/8838031/54.

Tobias Oliver
B: Schauspieler. A: c/o Agentur Lentz, D–8000 München 80, Holbeinstr 4. Tel: 089/474026.

Tock Juanita
B: Schauspielerin. A: D–2400 Lübeck, Mühlenbrücke 5, c/o ZBF-Agentur München. Tel: 0451/76137 oder 089/335081.

Todd Jo Ella
B: Sängerin (Oper, Operette, Musical). G: Bedford, Indiana/USA, 21. Jan 1952. A: A–5020 Salzburg, Schwarzstr 22, Landestheater. S: Arkansas State Univ, M B E, New England Conservatory of Music, M M, Harvard Univ, Cambridge, Mass, Schauspielausbildung b Stella Adler, Studio New York, Warren Robertson's Actor's Workshop, New York. K: Landestheater Salzburg, Städt Bühnen Mainz, Miami Intern Opera, Metropolitan Opera Studio, Boston Opera Company. F: Schauplatz. E: Intern Gesang-Wettbewerb, Antwerpen, Erster Preis 1978. M: American Guild of Musical Artists. H: Wasserskilaufen, Lesen, Wandern.

Tögel Hans-Jürgen
B: Schauspieler. A: D–8000 München 40, Agnesstr 56, c/o Agentur de la Berg. Tel: 089/192170 oder 08178/3681.

Togni Olga von
B: Schauspielerin. A: D–8000 München 40, Franz Josef-Str 29, c/o ZBF-Agentur München. Tel: 089/0333315 oder 089/335081.

Torday Terry
B: Schauspielerin. A: c/o Management Jovanovic, D–8000 München 80, Perfallstr 6. Tel: 089/475024/25.

Törzs Dénes
B: Schauspieler. A: D–2000 Hamburg 70, Tycho Brahe-Weg 41, c/o ZBF-Agentur Hamburg. Tel: 040/6536826 oder 040/66885400.

Towska Lilly
B: Schauspielerin. A: D–5000 Köln 41, Nonnwerthstr 71. Tel: 0221/463329.

Trantow Cordula
N: Kordula Noelte, geb Trantow. B: Schauspielerin. G: Berlin, 29. Dez 1942. V: Rudolf Noelte. A: D–8131 Allmannshausen. S: Abitur, Schauspielschule, Ballettausbildung bis zur Meisterklasse b Tatjana Gsovsky Berlin, Klavierunterricht. K: Schauspielerin am Residenz-Theater München, Staatstheater Stuttgart, Ruhrfestspiele Recklinghausen, Münchner Kammerspiele, Residenztheater München, freie Schauspielerin, Arbeit f Film, Funk, Fernsehen, Synchron. F: In versch Zeitungen u Zeitschriften. D: Theater: „Der Biberpelz", „König Lear", „Schluck u Jau", „Das Konzert", „Der Revisor", „Die drei Schwestern", „Der zerbrochene Krug", „Der Marquis v Keith", „Der Kirschgarten" uva, Fernsehen: „Die begnadete Angst", „Die Zeit u d Conways", „Der Kreidekreis", „Die Dame ist nicht fürs Feuer", „Unsere kleine Stadt", „Port Royal", „Maria Magdalena", „Talente u Verehrer", „Die Fliegen", „Nun singen sie wieder", „Die Trennung", „Irrungen – Wirrungen", „Drei Rosen aus Papier", „Rumpelstilz", „Vor Sonnenuntergang", „Das Herz aller Dinge" uva, Film: „Die Brücke", „Le Passage du Rhin", „Das Schloß" uva. E: BFilmpreis, Bambi.

Traun Ursula
B: Schauspielerin. A: D–8000 München 40, Giselastr 28, c/o ZBF-Agentur München. Tel: 089/331631 oder 089/335081.

Trausnig Helga
B: Opernsängerin. G: Hamburg, 28. Nov 1942. A: D–4800 Bielefeld, Meller-Str 65. S: Oberschule, Ausbildung zur Pianistin ohne Abschluß, dann zur Sängerin m Diplom f Solo an d Staatsoper Hamburg. K: Engagements in Hildesheim, Staatstheater Oldenburg, Stadttheater Berlin, Hamburg, Städt Bühnen Bielefeld. D: „Tiefland", „Freischütz", „Rigoletto", „Macht d Schicksals", „Figaro", „Nacht in Venedig", „Martha", „Zigeunerbaron", „Gräfin Mariza" uva Operetten, Opern u Musicals. M: BühnenGen, VDO. H: Münzensammeln.

Traut Gisela
B: Schauspielerin. A: D–8000 München 40, Germaniastr 33/III, c/o Agentur Bloy. Tel: 089/366183 oder 089/6411893.

Trautschold Ilse
B: Schauspielerin. A: D–1000 Berlin 33, Kreuznacher Str 32, c/o ZBF-Agentur Berlin. Tel: 030/8217890 oder 030/8838031/54.

Travolta John
B: Schauspieler. G: Englewood/New Jersey, 12. Feb 1954. A: c/o Travolta-Sekretariat, D–8000 München 1, Postfach 133. S: High School. F: In vielen versch in- u ausländischen Zeitungen, Zeitschriften u Illustrierten. D: „Saturday Night Fever", „Grease", „Moment by moment", „Kotter" uva. H: Fliegen, Motorradfahren.

Tréfás István
B: Opernsänger. G: 2. Dez 1929. V: Eva, geb Füzy. A: D–3300 Braunschweig-Schapen, Bruchbergweg 7. S: Abitur, Oberhandelsschule, MusikStud Béla Bartók Musikkonservatorium, Budapest, privates GesangsStud. K: Erstes Engagement in Pécs (Fünfkirchen), Südungarn, als seriöser Baß 1959, ab 1967 erster seriöser u schwerer Spielbaß in Regensburg, 1969–71 in Hagen/Westfalen, seit 1973 in Bremen, seit 1977 in Braunschweig (im selben Fach), versch In- u Auslandgastspiele. F: In vielen Tageszeitungen u Fachzeitschriften im In- u Ausland. D: Ca 100 Opernpartien bzw Inszenierungen im Fachbereich seriöser Baß u Spielbaß, Operpartien: ua Philipp II, Fiesco, Guardian, Gurnemanz, Hagen, König Marke, Landgraf Hermann, Daland, Ochs, Mephisto, Don Basilio, Lunardo, Falstaff, Osmin, Sarastro, Leporello, Komtur, Pimen, Kezal. M: GDBA. H: Theater, Psychologie.

Treff Alice
B: Schauspielerin. A: D–1000 Berlin 33, Bonner Str 1, c/o Agentur v Pilecki. Tel: 030/8215883 oder 089/220263.

Treller Katharina
B: Schauspielerin. A: D–2000 Hamburg 20, Abendrothsweg 15. Tel: 040/487505.

Tremper Susanne
B: Schauspielerin. A: c/o ZBF-General-Agentur Frankfurt, D–6000 Frankfurt/Main, Feuerbachstr 42–46. Tel: 0611/7111335.

Trenker Luis
B: Autor, Regisseur, Schauspieler. G: St Ulrich/Gröden, 4. Okt 1892. V: Hilda, geb von Bleichert. A: D–8000 München 2, Ottostr 9,

I–39100 Bozen, Fagenstr 16. Tel: 089/554826 oder 0039471/30754. S: 1903–05 Bau- u Kunsthandwerkerschule in Bozen, 1905–12 KuK Realschule in Innsbruck, Abitur, Bergführerprüfung, 1912–14 Stud an d TH in Wien (Architektur), 1914–18 Kriegsdienst als Off, 1920–22 Stud an d HS Graz, Architektur-Dipl. K: 1922–24 Architekturbüro in Bozen (mit Prof Clemens Holzmeister), 1925 erste Filmarbeit mit Dr Arnold Fanck, 1927–41 fester Wohnsitz in Berlin, Arbeit f Filme u als Autor, wegen Differenzen in d Südtirolfrage mit Goebbels Arbeitsverbot, Wohnsitz nach Rom verlegt, Aufenthaltsverbot in Südtirol, seit 1945 in Bozen u München, freischaffender Künstler f Film u Fernsehen, Schallplatten: Meine Berge - Meine Lieder, Luis Trenker u Volksmusik aus den Bergen, Veröffentlichungen: Bildbände: Berge und Heimat, Berge im Schnee, Meine Berge, Bergferien im Sommer, Bergferien im Winter, Erzählungen: Kameraden der Berge, Helden der Berge, Luis Trenker erzählt, Romane: Berge in Flammen, Der Rebell, Der verlorene Sohn, Der Feuerteufel, Heimat aus Gotteshand, Duell in den Bergen, Glocken über den Bergen, Sonne über Sorasass, Schicksal am Matterhorn, Sohn ohne Heimat, Das Wunder von Oberammergau, Der Kaiser von Kalifornien, Biographie: Alles gut gegangen, ferner Mit Luis Trenker in die Berge, Das Große Luis-Trenker-Buch, Mein Südtirol, Gröden, das Herzstück der Dolomiten, Vom Glück eines langen Lebens, Sperrfort Bozen. F: In Tageszeitungen, Wochenblättern, Ruhr-Nachrichten uva. D: Film: „Der Berg des Schicksals", „Der Heilige Berg", „Der Kampf ums Matterhorn", „Die Heiligen Drei Brunnen", „Der Ruf des Nordens", (Stummfilme), „Der Sohn der weißen Berge", „Berge in Flammen", „Der Rebell", „Der verlorene Sohn", „Der Kaiser von Kalifornien", „Der Berg ruft", „Liebesbriefe aus dem Engadin", „Der Feuerteufel", „Pastor Angelicus", „Im Banne des Monte Miracolo", „Duell in den Bergen", „Gold aus Gletschern", „Flucht in die Dolomiten", „Schicksal am Matterhorn", „Wetterleuchten um Maria", „Sein bester Freund", Kulturfilme: ua „Der König der Berge", „Skiurlaub in den Dolomiten", „Bildschnitzer im Grödnertal", „Frühling in Südtirol", „Pulverschnee und Seilbahn", „Wochenend in den Bergen", „Kavaliere im Eis", „Strom für Europa" „Aus Königs Laurins Rosengarten", „Unser Maibaum", „Grüß Gott, Herr Pfarrer", „Zwei Wege – Ein Gipfel", „Liebeserklärung an Südtirol", „Paradies, Tirol Meran", Fernsehen: seit 1959 laufend „Luis Trenker erzählt" (Familienprogramm ARD, 40-Minuten Sendungen), „Alles gut gegangen" (19 Folgen), „Erzählungen" (33 Sendungen f Jugend- u Familienprogramm), „Luftsprünge" usw. E: Preis d Stadt Wien f d „beste Buch d Jahres" (Der verlorene Sohn), Preis d KultusMin f d ethisch schönsten Film d Jahres, 1936 Pokal f d besten Film d Jahres, Goldenes Ehrenzeichen d Deutschen Ski-Verb, Pokal d GenDion f d Filmwesen f d beste Darstellung v Schönheit u Kunst, OffKreuz d Ordens d ital Krone, Preis f d besten Sportfilm, Große Goldmedaille Bergfilmfestival, EhrenMtgl d BergführerVer Zermatt, Ehrenbürger d Heimatgemeinde St Ulrich/Gröden, Komturkreuz f Verdienste um d ital Republik, div österr Auszeichnungen, Tapferkeitsmedaillen, EhrenMtgl d Europäischen BildungsGem Stuttgart. Ehrenbürger d Gem Sexten/Südtirol.

Treptow Jörg

KN: TEENS (m Robert Bauer, Uwe Schneider, Alexander Möbius, Michael Uhlig). B: Musiker. G: Berlin, 23. Feb 1963. A: c/o Wolfgang Scheer, D–1000 Berlin 15, Kurfürstendamm 209. K: Erste Erfahrungen in Berliner Kneipen, Auftritt in d TV-Sendung „Der große Preis", erste Schallplatte: „Gimme Gimme Gimme Your Love", erste LP „The Teens", Auftritte in mehreren großen Fernseh-Shows, Singles: „Gimme Gimme Gimme Your Love", „We'll have a Party Tonite 'Nite".

Treuberg Gottfried

B: Schauspieler, Dir v „Treubergs Gratisbühne", Wien. G: Wien, 18. Jan 1921. V: Editha, geb Kapraleck. A: A–1210 Wien, Prager Str 31/15/40. S: Realschule, Konservatorium. K: Schauspieler in Deutschland, Schweiz, CSSR, Österreich, dann deutsche Wehrmacht, anschließend Dir d Stadttheaters in Steyr, dann Wieland Theater in Wien, 1950 Gründung des EINZIGEN Gratistheaters Europas, seither Dir dieses Theaters. F: In fast allen Zeitungen in Deutschland, Österreich u in d Schweiz. D: In Werken v Schiller u anderen Klassikern, in unzähligen, zumeist selbst geschriebenen Stücken, wie „Dunant", „Der Semmeringstürmer", „Der Raxkönig", „Die Raxhexe", „Madersperger, der heilige Rebell" uva. E: Silbernes Verdienstzeichen d Landes Wien, Silbernes Verdienstzeichen d Republik Österreich, Goldene Medaille f Verdienste um d Land NÖ, Ehrenzeichen f künstlerische Leistungen im Rahmen d evang Kirche. H: Lesen, Theaterspielen.

Treuke Heinz
B: Schauspieler. G: Danzig, 11. Okt 1926. V: Elfi, geb Grosser. A: D–3000 Hannover, Holteistr 1. Tel: 852289. S: Abitur, Schauspielausbildung, Reichersche Schauspielschule, Schauspielschule d Deutschen Theaters in Berlin. K: Deutsches Theater Berlin, Staatstheater in Wiesbaden, Nationaltheater in Mannheim, Staatstheater Hannover. F: Hör Zu, TV Sehen u Hören, Gong uva. D: „Hauptmann v Köpenick", „Wie verbringe ich meinen Sonntag", „Australische Blindheit", „Gesucht wird . . ..", „Tatort", „Züricher Früchte" uva. H: Klassische Musik, viel Lesen.

Treusch Hermann
B: Schauspieler. A: c/o Agentur v Pilecki, D–8000 München 22, Oettingenstr 46. Tel: 089/220263.

Treutler Heidi
B: Schauspielerin. A: c/o Agentur Köhler, D–8000 München 40, Rümannstr 51. Tel: 089/363970.

Treutler Toni
B: Schauspielerin. A: c/o Agentur Köhler, D–8000 München 40, Rümannstr 51. Tel: 089/363970.

Triska Jan
B: Schauspieler. A: c/o Agentur Alexander, D–8000 München 80, Lamontstr 9. Tel: 089/471011.

Trissenaar Elisabeth
B: Schauspielerin. A: D–6000 Frankfurt/Main, Steinlestr 23, c/o Management Palz. Tel: 0611/625578 oder 089/912019/10.

Trixner Heinz
B: Schauspieler. A: D–2000 Hamburg 61, Am Langdiek 9. Tel: 040/582877.

Trojan Alexander
B: Schauspieler. G: Wien, 30. März 1916. A: A–1010 Wien, Schreyvogelg 4. S: Schauspielunterricht. K: Engagements am Wiener Burgtheater, Salzburger Festspiele uva, Tätigkeit bei Film u Funk. D: „Frau im Strom", „Gabriele Dambrone", „Am Ende d Welt", „Das seltsame Leben d Herrn Bruggs" uva. M: Mtgl d Wiener Burgtheaters.

Trooger Margot
B: Schauspielerin. A: D–8261 Mauerberg/Obb, Mauerberger Str 46, c/o Agentur Alexander. Tel: 08634/557 oder 089/471011.

Trooger-Zimmermann Sabina
B: Schauspielerin. G: München, 10. Apr 1955. A: D–8000 München 40, Schellingstr 83. S: Gymn, SchauspielStud bei Prof Langen, Gewerbeschule, GrafikStud Rabenbauerschule. K: 1. Bühnenrolle als Anne Frank in Hamburg, Tourneen, Fernsehen, Burgfestspiele Jagsthausen, ab August 1979 Engagement am Staatstheater Hannover. F: Div Heimreportagen, Interviews usw. D: „Anne Frank", „Rebecca", „Der zerbrochene Krug", „Götz von Berlichingen", „Baumeister Solness", „Väter und Söhne", „Mathilde Möhring", „Du entkommst uns nicht", „Pariser Geschichten", div TV-Serien. M: GDBA, BFF/DAG, ADAC. H: Lesen, Musik, Tanzen.

Trotta Margarethe von
B: Schauspielerin. A: D–8000 München 22, Obermaier Str 1, c/o Agentur Alexander. Tel: 089/295360 oder 089/471011.

Trowe Gisela
B: Schauspielerin. A: D–2000 Hamburg 54, Grandweg 107, c/o ZBF-Agentur Hamburg. Tel: 040/5602194 oder 040/66885400.

Trumer Joe
B: Schauspieler. A: c/o Agentur Schmidt-Gentner, A–1030 Wien, Lothringer Str 20. Tel: 0222/752271.

Trümper Helga
B: Schauspielerin. A: D–8131 Berg, Starnberger See 3, Dürrbergstr 16, c/o ZBF-Agentur München. Tel: 08151/51414 oder 089/335081.

Tryphon Georg
B: Schauspieler. A: D–1000 Berlin 19, Angerburger Allee 47, c/o ZBF-Agentur Berlin. Tel: 030/3046010 oder 030/8838031.

Tschechowa Vera
B: Schauspielerin. A: D–8000 München 60, Freseniusstr 40, c/o Management Baumbauer, c/o Agentur Alexander. Tel: 089/8114646 oder 089/478577 oder 089/471011.

Tschernich Walter
B: Schauspieler. A: D–1000 Berlin 20, Zwei-

brücker Str 14 B, c/o ZBF-Gen-Agentur Frankfurt. Tel: 030/3724234 oder 0611/7111335.

Tschopp Nikolaus
B: Schauspieler. A: c/o Agentur Marga Wiedner, D–8000 München 40, Destouchesstr 32/I. Tel: 089/3081822.

Tu Francisca
B: Schauspielerin. A: D–2000 Norderstedt 3, Berliner Allee 38, c/o Management Jovanovic. Tel: 040/5235251 oder 089/475024/25.

Turban Dietlinde
B: Schauspielerin. A: c/o Agentur Lentz, D–8000 München 80, Holbeinstr 4. Tel: 089/474026.

Türk Peter Dir
B: Dir, Optikermeister, Sänger. G: Wien, 2. Okt 1937. A: A–1220 Wien, Düsseldorfstr 15/1/22. S: Grundschulen, Berufs- u Meisterschule, MusikAk Wien. K: 7 Jahre Optikerhandwerk, 3 Jahre Augenoptiker (daneben Militärzeit u MusikAk), 4 Jahre Optikgroßhandel, 14 Jahre selbständiger Optiker (mit 8 Einzelgeschäften). F: Freizeitmagazin, Kurier, Kronenzeitung, div Lokalzeitungen. D: Film „Wild Land" im Waterloo + Robinson, Rundfunksendungen, Tourneen bzw Schallplattenaufnahmen, 2 TV-Auftritte. E: Freundlichster Geschäftsmann 1973, NR 1 in Wien in unserer Branche 1974, 1. Preis v Riccione 1958 (Gesang). M: WVA, Ritter d Templerordens, eigener Ski-Club – SC Türk-Optik, Österreichischer DirektorenVerb. H: Gesang, Sport, Bodybuilding, Laufen, Schifahren.

Tüschen Katharina Elfriede
B: Schauspielerin. G: Köln, 20. Sept 1927. A: D–1000 Berlin 12, Niebuhrstr 76. S: Grundschule, Kinderpflegeschule, Schauspielschule, Übersetzerexamen in Englisch. K: Millowitsch-Theater, Deutsches Theater DDR, Staatstheater Dresden, Berlin, Ensemble Schiffhauer Ulm, Staatstheater Stuttgart, Theater am Goetheplatz in Bremen, Theater in Basel, Schaubühne Berlin, Thalia-Theater 1979, Volksbühne Berlin 1980. F: Theater Heute, in etlichen Fernsehzeitschriften.

Udvardy Alex
PS: Sandor. B: Schauspieler, Artist. G: 26. März 1938. V: Gabriella, geb Gulacsy. A: D–6000 Frankfurt/M, Jahnstr 56. S: SchauspielHS Budapest. K: In Ungarn Fernsehen, Theater, ab 1974 (Flüchtling) in d BRD Artist m d Frau, Auftritte auf d ganzen Welt. F: Organ. M: IAL. H: Reisen, Auto.

Uebelmesser Herbert
B: Schauspieler. A: c/o Agentur Bengen, D–1000 Berlin 21, Paulstr 25. Tel: 030/3911895.

Uellner Ute
B: Schauspielerin. A: c/o ZBF-General-Agentur Frankfurt, D–6000 Frankfurt/Main, Feuerbachstr 42–46. Tel: 0611/7111335.

Uhde Christine
B: Schauspielerin. A: D–5300 Bonn-Bad Godesberg, Kurfürstenstr 66, c/o Agentur Killer. Tel: 02221/362870 oder 089/173455.

Uhde Horst
B: Schauspieler. A: D–2000 Hamburg 50, Philosophenweg 3. Tel: 040/8804348.

Uher Bruno
B: Theaterkapellmeister. G: Wien, 12. Apr 1912. A: A–1070 Wien, Schottenfeldg 22. S: Wiener MusikAk. K: Theaterkapellmeister, Komponist v Wienerliedern u Schlagern, Instrumentator, Operettenbearbeitungen, musikalische Bearbeitung v Filmen ua: „Im weißen Rößl", „Feuerwerk", „Walzertraum", „Hannerl u ihr Liebhaber", „Wiener G'schichten", „Die Försterchristl", „Der letzte Walzer" uva.

Uhlen Gisela
B: Schauspielerin, Autorin. G: Leipzig, 16. Mai 1919. A: CH–8032 Zürich, Kapfsteig 71. S: Mädchenlyzeum, Schauspielschule, Ausbildung klassisches Ballett u moderner Ausdruckstanz bei Mary Wigmann u Victor Gsovsky. K: Seit 1936 ca 45 Filme, 50 Fernsehspiele u 80 Bühnenrollen an allen Theatern Deutschlands, Zürich, Wiener Burgtheater, Schauspielhaus, Tourneen, klassische Rollen u Boulevard. F: Eigenes Buch: „Mein Glashaus" (Hestia-Verlag) 1978. D: Filme: „Rembrandt", „Schicksal", „Tanz auf dem Vulkan", „Zwischen Himmel und Erde", „Der stumme Gast", „Eine große Liebe", „Der schweigende Mund", „Symphonie eines Lebens", „Die Zaubergeige", „Der fallende Stern", „Die zwei Schwestern", „Türme des Schweigens",

„Annemarie", „Das Traumschiff" uva, Fernsehen: „Die Zimmerschlacht" „Geschlossene Gesellschaft", „Der schöne Gleichgültige", „Cher Antoine" uva, Bühnenrollen: Luise, Käthchen v Heilbronn, Julia, Nora, Lysistrata, Antigone, Eurydice, Colombe, Lulu, Maria Magdalena, Heilige Johanna, Fräulein Julie, Minna v Barnhelm, Alkmene, Mirandolina, Jenny, Lady Milford, Raissa im Wald, Marie Tudor, Virginia Woolf uva, Boulevard: Kaktusblüte, Olivia, Kinder Eduards, Arc de Triomphe, 40 Karat ua. H: Malen.

Uhlen Susanne
B: Schauspielerin. G: Potsdam, 17. Jan 1955. V: Charly Steinberger. A: D–8191 Oberherrnhausen 3a. S: Gymn, Tanzausbildung (klassisch) bei Tatjana Gsovsky. K: Begonnen 1964 mit Werbung, anschließend ständige Film- u Fernsehangebote, mit 14 Jahren die „Julia" im Hamburger Ernst Deutsch-Theater, 1978 „Tartuffe" unter Bergman's Regie in München. F: In allen großen u kleinen Tageszeitungen u Illustrierten. D: Film: „Wenn süß das Mondlicht auf d Hügeln schläft", „Ein Mädchen aus zweiter Hand", „Das Netz", „Bis zur bitteren Neige", uva, Fernsehen: div „Kommissar", „Der Alte", „Derrick", „Ingeborg" uva, Theater: „Don Juan", „Romeo u Julia", „Tartuffe", „Armer Mörder" uva. E: „Bambi" f beste Nachwuchsschauspielerin 1975. H: Sport, Sohn Florian, die Arbeit.

Uhlig Anneliese
B: Schauspielerin. A: c/o Agentur Lentz, D–8000 München 80, Holbeinstr 4. Tel: 089/474026.

Uhlig Gerold
B: Schauspieler. A: c/o Agentur Alexander, D–8000 München 80, Lamontstr 9. Tel: 089/471011.

Uhlig Michael
KN: TEENS (m Robert Bauer, Jörg Treptow, Uwe Schneider, Alexander Möbius). B: Musiker. G: Brisbane/Australien, 26. Sept 1963. A: c/o Wolfgang Scheer, D–1000 Berlin 15, Kurfürstendamm 209. K: Erste Erfahrungen in Berliner Kneipen, Auftritt in d TV-Sendung „Der große Preis", erste Schallplatte: „Gimme Gimme Gimme Your Love", erste LP „The Teens", Auftritte in mehreren großen Fernseh-Shows, Singles: „Gimme Gimme Gimme Your Love", „We'll have a Party Tonite 'Nite".

Uhse Horst
B: Schauspieler. A: D–7570 Baden-Baden, Fremersbergstr 67c. Tel: 07221/23690.

Ulich Petra
B: Schauspielerin. A: D–8000 München 40, Emanuelstr 13, D–2000 Hamburg 63, Struckholt 13, c/o ZBF-Agentur München. Tel: 089/335081 oder 040/599172.

Ullmann Karl Heinz
B: Schauspieler. A: D–5202 Hennef-Greuelsiefen, Bachstr 7a, c/o ZBF-Gen-Agentur Frankfurt. Tel: 02242/4206 oder 0611/7111334.

Ullmann Volker
B: Schauspieler u Bühnenfechtmeister. G: Breslau, 2. Jan 1945. A: D–2000 Hamburg 13, Rutschbahn 36. S: Gymn, Schauspielschule, Britsh Academy of Fencing. K: Engagements in Bochum, Koblenz, Münster, Hamburg Thalia-Theater. D: „Gespenster", „Hamlet", „West Side Story", Einstudierung d Gefechte in „Drei Musketiere". M: Society of British Fight Directors.

Ullrich Ulrike
B: Schauspielerin. A: D–7500 Karlsruhe, Adlerstr 42, c/o ZBF-General-Agentur Frankfurt. Tel: 0721/696399 oder 0611/7111334.

Ullrich Walter
B: Schauspieler, SpielLtr, TheaterLtr. G: Mönchengladbach, 29. Jan 1931. V: Christine, geb Uhde. A: D–53 Bonn 2, Koblenzer Str 78. K: Dir d Kleinen Theaters Bad Godesberg, Intendant d Landesbühne Rheinland-Pfalz. D: „Elixiere des Teufels", „Steiner 2. Teil", „Ein Mann will nach oben", „Schulbus 13", „Winterreise", „Rosemarie's Tochter" uva.

Ulrich Hans
B: Schauspieler. A: D–2000 Hamburg 76, Lübecker Str 143/IV. Tel: 040/2501887.

Ulrich Patricia
B: Schauspielerin. A: D–8000 München 71, Herterichstr 134, c/o ZBF-Agentur München. Tel: 089/796233 oder 089/335081.

Ulvaeus Agnetha
KN: ABBA (m Björn Ulvaeus, Benny Andersson, Anna-Frid Fredriksson). B: Sängerin. G: Jonköping/Schweden, 5. Apr 1950. V: Björn Ulvaeus. A: c/o Abba-Clubzentrale

Thomas Müller, D–8000 München 2, Thalkirchner Str 88. K: 1970 erste Auftritte als Quartett „Björn Benny + Anna Frida", Änderung d Namens in „Abba", LPs: „Waterloo", „Abba", „Honey, Honey", „Mamma Mia", „The Best of Abba", „Arrival", „The very Best of Abba", „The Album", Singles: „Ring, Ring", „People need Love", „Waterloo", „Honey, Honey", „So long", „I do I do", „SOS", „Mamma Mia", „Fernando", „Dancing Queen", „Money, Money, Money", „Knowing me, knowing you", „Name of the Game", „Take a Chance on me", „Eagle" ua. F: In versch in- u ausländischen Zeitungen u Zeitschriften. D: „ABBA 78". E: Grand Prix Eurovision in Brighton 1974.

Ulvaeus Björn
KN: ABBA (m Agnetha Ulvaeus, Benny Andersson, Anna-Frid Fredriksson). B: Sänger. G: Göteborg/Schweden, 25. Apr 1945. V: Agnetha, geb Föltskog. A: c/o Abba-Clubzentrale Thomas Müller, D–8000 München 2, Thalkirchner Str 88. K: 1970 erste Auftritte als Quartett „Björn Benny + Anna Frida", Änderung d Namens in „Abba", LPs: „Waterloo", „Abba", „Honey, Honey", „Mamma Mia", „The Best of Abba", „Arrival", „The very Best of Abba", „The Album", Singles: „Ring, Ring", „People need Love", „Waterloo", „Honey, Honey", „So long", „I do I do", „SOS", „Mamma Mia", „Fernando", „Dancing Queen", „Money, Money, Money", „Knowing me, knowing you", „Name of the Game", „Take a Chance on me", „Eagle" ua. F: In vielen versch in- u ausländischen Zeitungen u Zeitschriften. D: „ABBA 78". E: Grand Prix Eurovision in Brighthon 1974.

Umberg Werner
B: Schauspieler. A: c/o Management Jovanovic, D–8000 München 80, Perfallstr 6. Tel: 089/475024/25.

Underwood Mike
B: Schauspieler. A: c/o Agentur Anna Ottavi Cheli, I–00136 Roma, Via Ugo de Carolis 101. Tel: 00396/344554.

Ungeheuer Günther
B: Schauspieler. G: 15. Dez 1925. V: Roswitha, geb Kraemer. A: D–8000 München 40, Destouches-Str 57. S: Schauspielschule Köln. K: 1. Engagement in Köln, Bonn, Münster, Oberhausen, 21 Jahre Theaterengagements, später Hamburg, Berlin, München, 8 Jahre bei Heinz Hilpert am Deutschen Theater in Göttingen, seit 1966 freier Mitarbeiter f Theater, Film, Fernsehen u Rundfunk (moderne u klassische Literatur). F: Unzählige in versch Zeitungen u Zeitschriften. D: Über 80 Fernsehspiele, Serien u Filme, über 200 Bühnenrollen ua „Hamlet", „Prinz v Homburg", Orest, Fiesco, Jago, „Der Teufelsschüler", „Der Regenmacher", „Mackie Messer", „Woyzeck", Eulenspiegel uva, „Davidswache", „4 Schlüssel" uva. H: Schieß- u Wassersport.

Unoerer Holger
B: Schauspieler. A: D–8386 Failnbach Nr 811/2, Post Raisbach/Vils, c/o Agentur de la Berg. Tel: 08734/313 oder 08178/3681.

Ungerer Lilith
B: Schauspielerin. A: c/o Management Palz, D–8000 München 81, Ortlindestr 6/VII. Tel: 089/912019/10.

Unruh Siegfried
B: Schauspieler. G: Chemnitz, 17. Nov 1940. A: D–1000 Berlin 30, Münchener Str 11. S: Oberschule, Drogistenfachschule, Schauspielschule. K: Hebbeltheater Berlin, Schaubühne am Halleschen Ufer Berlin, Gastspiele in Bonn, Düsseldorf usw, Fernsehen, Spielfilme. F: Im Zusammenhang m Theater u Filmpremieren u Kritiken. D: Spielfilme: „Liebe das Leben", „Aufwind", TV-Filme: „Die natürlichste Sache d Welt", „Bares Geld", „Blaulicht" uva Nebenrollen, Theater: viele Rollen in Boulevardstücken.

Unterzaucher Wolfgang
B: Schauspieler. A: D–1000 Berlin 19, Marienburger Allee 14, c/o ZBF-Gen-Agentur Frankfurt. Tel: 030/3025800 oder 0611/7111335.

Urankar Alfred
B: Schauspieler. A: D–8000 München-Solln, Groß-Hesseloher Str 14, c/o ZBF-Agentur München. Tel: 089/7915025 oder 089/335081.

Urtel Peter Martin
B: Schauspieler. A: D–8000 München 40, Habsburger Str 3, c/o Management Jovanovic. Tel: 089/397163 oder 089/475024/25.

Vadura Hilde
B: Schauspielerin. A: D–8000 München 22,

Reitmorstr 26, c/o Agentur Hübner. Tel: 089/293047 oder 089/2800233.

Vaessen Eric
B: Schauspieler, Regisseur. G: Aachen, 4. Okt 1922. V: Margot, geb Kosmalla. A: D–1000 Berlin 37, Kaunstr 7. S: Gymn. K: Nach Provinz – Engagement Gastspiele bei allen Berliner Bühnen, Funkhäusern u Fernseh- u Synchronproduktionen.

Vaessen Manuel
B: Schauspieler. A: c/o Agentur Bengen, D–1000 Berlin 21, Paulstr 25. Tel: 030/3911895.

Valagas Sybille
B: Schauspielerin. A: c/o M Furrer, CH–8055 Zürich, Birmensdorfer Str 477. Tel: 00411/359943.

Valcke Serge-Henri
B: Schauspieler. A: c/o Management Margarete van Dam, NL–Amsterdam, Plantage Parklaan 12. Tel: 003120/246743.

Valente Caterina
B: Sängerin, Schauspielerin. G: Paris, 14. Jan 1931. A: CH–6900 Lugano, Via Antonio Riva 5. Tel: 091/29039. K: Beginn an d „Scala" Berlin u „Friedrichsbau" Stuttgart, dann Nightclub Paris, Probebühnen, Tournee in Belgien, als Sängerin im Zirkus Grock, erste Rundfunkaufnahmen f Radio Schweiz, Tätigkeit bei Film, Fernsehen, eigene Show, Tourneen in Deutschland, Europa u in d ganzen Welt (Südafrika, Südamerika, Japan, Israel usw), Schallplattenaufnahmen. F: In Zeitungen u Zeitschriften. D: Film: „Mannequins f Rio", „Große Starparade", „Ball im Savoy", „Liebe, Tanz u 1000 Schlager", „Bonjour Kathrin", „Du bist Musik", „Casino de Paris", „Das einfache Mädchen", „... und abends in die Scala", „Hier bin ich, hier bleib' ich", „Du bist wunderbar", „Schneewittchen und die sieben Gaukler" ua.

Valentin Barbara
B: Schauspielerin. A: c/o Management Palz, D–8000 München 81, Ortlindestr 6/VII. Tel: 089/912019/10 oder privat 089/223477.

Vallensperg-Sostaric Erik
B: Schauspieler, Regisseur, Drehbuchautor, Bergschriftsteller. G: Bratislava, 25. Apr 1903. V: Carola, geb Farbak. A: A–1060 Wien, Mariahilfer Str 117/29. Tel: 0222/5779813. S: Realschulen, Theaterschule in Wien. K: Schauspieler in Prag u Österreich, Regisseur u Darsteller in Kroatien, FilmaufnahmeLtr in Österreich, ProduktionsLtr, Drehbuchautor, Regisseur (Bergfilme, Fenstergucker) beim österr Fernsehen, ab 1969 Bergschriftsteller f versch Fachzeitungen, 1980 erstes Bergbuch, vorläufiger Titel: „Erlebte Julische Alpen", Verlag A Stocker, Graz, Vorbereitung v einigen Bergbüchern. F: Linzer Zeitungen, Kurier, Fernsehzeitungen, Interviews, regelmäßig Veröffentlichung v Szenenfotos mit Text in versch Zeitungen in Österreich u Deutschland. D: Theater: ua König Philipp, Mephisto, Rollen in Lustspielen usw, Film: TV-Episoden. M: ORF. H: Alpinistik, Skifahren, Foto, Tonbandsammler, Oper, klassische Musik.

Valli Carlo
B: Schauspieler. A: c/o Agentur Anna Ottavi Cheli, I–00136 Roma, Via Ugo de Carolis 101. Tel: 00396/344554.

Vanhaiden Hanni
B: Schauspielerin. A: c/o Agentur v Pilecki, D–8000 München 22, Oettingenstr 46. Tel: 089/220263.

Vankova Anna
B: Schauspielerin. A: c/o Neubauer, D–8000 München 80, Wehrlestr 4. Tel: 089/983456.

Vaupel Gudrun
B: Schauspielerin. A: D–8000 München 40, Jacob Klar-Str 14. Tel: 089/374800.

Veen Ine
B: Schauspielerin. A: c/o Management Margarete van Dam, NL–Amsterdam, Plantage Parklaan 12. Tel: 003120/246743.

Veigel Werner
B: Sprecher, Moderator. G: Den Haag, 9. Nov 1931. A: D–2081 Egenbüttel über Pinneberg. S: Abitur, Ausbildung z Kfm. K: Sprecher b Radio Hilversum, 1954 NDR, seit 1961 Ansager d ARD-„Tagesschau" u „Wochenspiegel", Moderator eines Hörfunk-Unterhaltungs-Magazins. F: Funk Uhr, Hör Zu ua. H: Briefmarken, Schwimmen, Reisen, Gartenarbeit.

Veit Christian
B: Schauspieler. A: D–1000 Berlin 12, Dahlmannstr 7, c/o Agentur Bengen. Tel:

030/3078781 oder 030/3911895.

Veither Irmgard
B: Schauspielerin. A: D–3000 Hannover 72, Am Mühlenberge 5a, D–6000 Frankfurt/Main, Lange Str 22a, c/o ZBF-General-Agentur Frankfurt. Tel: 0511/523215 oder 0611/292913 oder 0611/7111334.

Vellbinger Dolly
B: Schauspielerin. A: D–6506 Nackenheim/Rh, Prof Pier-Str 11, c/o ZBF-Agentur München. Tel: 06135/2679 oder 089/335081.

Venohr Albert
B: Schauspieler. A: D–1000 Berlin 33, Ruhlaer Str 10. Tel: 030/ 8261494.

Venske Henning
B: Moderator. G: Stettin, 3. Apr 1939. A: D–2000 Hamburg 39, Sierichstr 70. S: Abitur, Stud d Germanistik, TheaterWiss, Schauspielschule. K: RegieAss am Schiller-Theater Berlin, Schauspieler am Thalia-Theater Hamburg, 1966–69 Ansager b NDR-Fernsehen, seit 1968 Rundfunksprecher u -moderator, seit 1971 Moderator v „Musik aus Studio B". F: Hör Zu, tz uva. H: Der Beruf, Sport.

Vergeen Regine
B: Schauspielerin. A: D–8263 Burghausen, Priessental, c/o ZBF-Agentur München. Tel: 089/335081.

Verheyden Verena
B: Schauspielerin. A: c/o Agentur Rakosi, D–8000 München 90, Tegernseer Landstr 284. Tel: 089/6904092.

Verhoeven Lis
B: Schauspielerin. A: D–8022 Grünwald, Josef Wirth-Str 3, c/o Management Palz. Tel: 089/6411120 oder 089/912019/10.

Verhoeven Michael Dr
B: Regisseur, Autor, Schauspieler, Produzent. G: Berlin, 13. Juli 1938. V: Senta, geb Berger. A: D–8022 Grunewald, Robert Koch-Str 10. S: Abitur, LudwigGymn, München 1957, Med-Stud, Staatsexamen München 1966. K: Neben d Stud Tätigkeit als Schauspieler u RegieAss, 1. Film-Regie 1967: „Paarungen" (nach Strindbergs „Totentanz"), seitdem ca 40 Inszenierungen (Theater, Film, Fernsehen). Regie: Theater: „Die Gewehre der Frau Carras", „Glaube, Liebe, Hoffnung" ua. Film: „O K", „Ein unheimlich starker Abgang", „Gefundenes Fressen" ua. E: BFilmpreis (Deutschland), Goldähre (Velladolid, Spanien), Filmpreise in Tampere (Finnland), Rio de Janeiro, Panama, Fernsehpreis Goldene Kamera ua.

Versini Marie
B: Schauspielerin. A: c/o Management Palz, D–8000 München 90, Ortlindestr 6/VII. Tel: 089/912019/10.

Versten Peter
B: Schauspieler. A: D–2000 Hamburg 60, Opitzstr 36, c/o ZBF-Agentur Hamburg. Tel: 040/2797619 oder 040/66885400.

Vesco Giselle
B: Schauspielerin. A: D–6000 Frankfurt/Main, Marbachweg 222, c/o ZBF-General-Agentur Frankfurt. Tel: 0611/541384 oder 0611/7111334.

Verspermann Gerd
B: Schauspieler. A: D–8000 München 90, Gufidauner Str 10, c/o Agentur Alexander. Tel: 089/693123 oder 089/471011.

Vidlak Leopold
PS: Monty. B: Dresseur f Raubtiere. G: Wien, 22. Okt 1944. V: Ursel, geb Wasser. A: D–2940 Wilhelmshaven, Rheinstr 111. S: Grundschule, Berufsschule als Bäcker. K: Tierpfleger, Vorführer, Dressur-Dompteur. F: In ca 50 Zeitungen. D: TV-Stars d Manege. M: Tiersch TierschutzVer. H: Tiere.

Viering Stefan
B: Schauspieler. A: D–6000 Frankfurt/Main, Fichardstr 62, c/o ZBF-Gen-Agentur Frankfurt. Tel: 0611/5971121 oder 0611/7111335.

Vierock Frithjof
B: Schauspieler. A: c/o Managment Palz, D–8000 München 81, Ortlindestr 6/VII. Tel: 089/912019/10.

Villinger Jutta
B: Schauspielerin. A: D–7000 Stuttgart 80, Rübezahlweg 62. Tel: 0711/711612.

Vioff Udo
B: Schauspieler. A: D–8000 München 81, Englschalkinger Str 203/204, c/o Agentur Freund, c/o ZBF-Agentur München. Tel: 089/222488 oder 089/335081.

Vischer Jonas
B: Schauspieler. A: D–8000 München 60, Haidelweg 22b, c/o ZBF-Agentur München. Tel: 089/835530 oder 089/335081.

Visser Lucie
B: Schauspielerin. A: c/o Management Margarete van Dam, NL–Amsterdam, Plantage Parklaan 12. Tel: 003120/246743.

Vita Helen
B: Schauspielerin. A: D–1000 Berlin 31, Halberstädter Str 4–5, c/o Management Baumbauer. Tel: 030/8911402 oder 089/478577.

Viterbo Roman
B: Schauspieler. A: D–1000 Berlin 31, Konstanzer Str 55, c/o Agentur Bengen. Tel: 030/8831595 oder 030/3911895.

Vogdt-Glowania Hardy
B: Schauspieler. A: D–2000 Hamburg 76, Karlstr 28.

Vogel Egon
B: Schauspieler. A: D–1000 Berlin 41, Fregestr 11. Tel: 030/8515865.

Vogler Karl Michael
B: Schauspieler. G: Remscheid, 28. Aug 1928. V: Maria, geb Türler. A: D–8110 Seehausen/Staffelsee, Auweg 8, Seehof. S: Oberrealschule, Gymn, Stud d Germanistik, Psychologie, Kunstgeschichte an d Univ Innsbruck. K: Schauspielunterricht bei Otto Burger, Theaterengagements in Innsbruck, Osnabrück, Freiburg/Brg, Heidelberg, Krefeld, Kammerspiele München (unter Schweikart), gastweise Thalia-Theater Hamburg (unter Gobert), Salzburger Festspiele. D: Filme: „Die Bekenntnisse eines möblierten Herrn", „Paarungen", „Die tollkühnen Männer in ihren fliegenden Kisten", „Der blaue Max", „Wie ich den Krieg gewann", „Deep End" usw, etwa 120 Fernsehfilme. E: Preis d Filmkritik 1962/63. H: Reiten, Kajak.

Vogler Peter
B: Bergführer. A: D–8961 Durach, Heggener Str 15. K: Mitwirkung in mehreren Fernsehfilmen, ua „Der „Der Schatten des Kansch", „Aipuituk, das Land das niemals schmilzt".

Vogler Roy
B: Schauspieler. A: D–2000 Hamburg 20, Curschmannstr 18. Tel: 040/0481348.

Vogler Rüdiger
B: Schauspieler. A: c/o Agentur Alexander, D–8000 München 80, Lamontstr 9. Tel: 089/471011.

Vogt Günther
B: Schauspieler. A: CH–8102 Oberengstringen/Zürich, Züricher Str 144. Tel: 00411/793103.

Vogt Jasper
B: Schauspieler, Komponist. G: Bevensen, 10. Mai 1945. V: Edna, geb Gloede. A: D–2000 Hamburg 60, Sierichstr 102. S: Schauspielstudium, Musikstudium, nicht abgeschlossenes Jurastudium. K: Tätigkeit als freier Schauspieler, Mitwirkung in Spielfilmen, TV-Filmen, Hörspielen, Mtgl d Kölner Ensembles f neues Musiktheater (Ltg Mauricio Kagel), Tourneen durch Europa, Asien, Nord- u Südamerika, Tätigkeit als freier Komponist, Urheber mehrerer Musicals, die in Deutschland u teilweise auch im Ausland gespielt u im TV aufgezeichnet wurden, zZ musikalischer Ltr u Schauspieler d Ohnsorg-Theaters Hamburg.

Völger Werner
B: Schauspieler. A: D–1000 Berlin 37, Im Schönower Park 5. Tel: 030/8158081.

Volk Hilde
B: Schauspielerin. A: D–8183 Rottach-Egern, Inselweg 3, D–1000 Berlin 33, Wetzlaer Str 10, c/o Agentur v Pilecki. Tel: 08022/26676 oder 089/220263.

Volkmann Edith
B: Schauspielerin. A: D–8000 München 45, Schleißheimer Str 503, c/o ZBF-General-Agentur Frankfurt. Tel: 089/3131311 oder 0611/7111335.

Volkmann Elisabeth
B: Schauspielerin. A: D–8000 München 2, Sonnenstr 20/VII, c/o Agentur Killer. Tel: 089/557627 oder 089/173455.

Völz Benjamin
B: Schauspieler. A: D–1000 Berlin 31, Konstanzer Str 8. Tel: 030/8819848.

Völz Rebecca
B: Schauspielerin. A: D–8000 München 19, Donnersberger Str 9, D–1000 Berlin 31, Kon-

stanzer Str 8. Tel: 089/161638 oder 030/8813326.

Völz Wolfgang
B: Schauspieler. A: D–1000 Berlin 31, Konstanzer Str 8, c/o ZBF-Agentur Berlin. Tel: 030/8819848 oder 030/8838031.

Voncampe Victoria
B: Ansagerin. G: Hamburg, 11. Nov 1941. V: Dirk Detering. A: D–6200 Wiesbaden, Bahnholzstr 17. S: Mittlere Reife, Schauspielschule Hamburg. K: Seit 1963 als freie Mitarbeiterin Ansagerin d ZDF, gelegentlich Theaterauftritte u Werbung. E: Mehrmals „beliebteste Ansagerin". H: Kochen, Spazierengehen, Blumen, Reisen.

Vondrak Elisabeth
B: Schauspielerin. A: A–1150 Wien, Oeverseestr 13–19/7/20, c/o ZBF-General-Agentur Frankfurt. Tel: 0222/9239263 oder 0611/7111313.

Vosgerau Karl-Heinz
B: Schauspieler. G: Kiel, 16. Aug 1929. V: Ruth, geb Kessler. A: D–5600 Wuppertal 11, Gräfrathstr 11. Tel: 0202/730383. S: Oberschule, Schauspielschule. K: Theaterengagements in Kiel, Lüneburg, Lübeck, Braunschweig, Düsseldorf, Wuppertal, Hamburg, Berlin, Bochum, 2 Theatertourneen. F: Hör Zu, Gong, TV-Zeitschriften, Stern, Tina ua. D: „Die verlorene Ehre der Katharina Blum", „Durbridge", „Der Alte", „Tatort" uva. H: Reiten, Haus in Schweden.

Voss Rudolf
B: Schauspieler. A: D–5620 Velbert 1, Zur Grafenburg 17, c/o ZBF-Agentur Hamburg. Tel: 02124/81623 oder 040/66885400.

Voß Peter
B: Schauspieler. A: c/o ZBF-Gen-Agentur Frankfurt, D–6000 Frankfurt/Main, Feuerbachstr 42–46. Tel: 0611/7111334.

Voß Reinhold
B: Schauspieler. A: D–2000 Hamburg 65, Rederkoppel 5, c/o Agentur Runde-Profé. Tel: 040/6021524 oder 030/3040661.

Vrzal Ivo
B: Schauspieler. A: D–8000 München 40, Habsburger Str 5, c/o ZBF-Agentur München. Tel: 089/346212 oder 089/335081.

Wachsmuth Günther H
B: Schauspieler. G: Hamburg, 3. Aug 1927. V: Lydia, geb Nachtigall. A: D–2000 Oststeinbek, Hansetor 3f. Tel: 040/7125516. S: Oberschule, Abitur, Schauspielseminar d Hamburger Kammerspiele, Schauspielstudio Rostock. K: Theater-Engagements in Stralsund, Schwerin (DDR), Regensburg, Lüneburg, Hannover, Hamburg. F: Stern, Spiegel. D: „Als Martin 14 war", „Großer Mann, was nun?", „Die Stillen im Lande", „Hamburg Transit" ua. H: Sport, Technik, Schriftstellerei.

Wächter Yumata
B: Schauspielerin. A: c/o Agentur Rakosi, D–8000 München 90, Tegernseer Landstr 284. Tel: 089/6904092.

Wackernagel Erika
B: Schauspielerin. A: c/o Agentur Alexander, D–8000 München 80, Lamontstr 9. Tel: 089/471011.

Wadell John
B: Schauspieler. A: c/o Agentur Lentz, D–8000 München 80, Holbeinstr 4. Tel: 089/474026.

Waechter Alexander
B: Schauspieler. A: c/o Agentur Schmidt-Gentner, A–1030 Wien, Lothringer Str 20. Tel: 0222/752271.

Wagner-Grandmontagne Christiane
B: Schauspielerin. A: D–6072 Dreieichenhain, Heckenweg 30, c/o ZBF-General-Agentur Frankfurt. Tel: 06103/85828 oder 0611/7111334.

Wagner Daphne
B: Schauspielerin. A: D–8000 München 80, Troger Str 50, c/o ZBF-Agentur München. Tel: 089/477859 oder 089/335081.

Wagner Dieter
B: Schauspieler. A: D–2101 Klecken, Hittfelder Str 12, c/o Management Jovanovic. Tel: 04105/7362 oder 089/475024.

Wagner Franz-Johannes
PS: Ludificus. B: Sozialarbeiter, Kabarettist u Zauberkünstler, RegieAss. G: Tischnowitz/Krs Brünn/CSSR, 6. Juli 1934. V: Ilse, geb Kreisel. A: D–6800 Mannheim 31, Wernigeroder Weg 42. S: Gymn, Stud d SozialArb u Sozialpädagogik, Schauspielausbildung. K: 20jährige Tätigkeit in d SozialArb u Sozialpädagogik,

parallel dazu Theater u Kabarett (zB 10 Jahre Ltr d bekannten Mannheimer Kabarett „Die Wühlmäuse"), zZ Solo-Kabarettist u Zauberkünstler, RegieAss im größten privaten Fernsehstudio Europas: FS-Studio d Stiftung Rehabilitation Heidelberg. F: Vielfach in d Tagespresse. D: In zahlreichen Kurzfilmen d o g FS-Studios, in Theaterstücken vor allem d Rolle d „Harlekinos" in Goldonis „Diener zweier Herren". M: Magischer Zirkel v Deutschland. H: Tauben u Kaninchen züchten, Reiten, Tanzen.

Wagner Hermann
B: Schauspieler. A: D–1000 Berlin 42, Imbrosweg 62a. Tel: 030/ 07033282.

Wagner Hildegard
B: Opernsängerin. G: Nürnberg, 7. Okt 1952. A: D–8630 Coburg, Ketschendorferstr 72. S: Mittlere Reife, Stud am Konservatorium Nürnberg bei KammSänger Willy Domgraf-Faßbaender, PrivatStud bei Prof Henriette Klink, Ausbildung als RöntgenAss m Prüfung an d Univ Erlangen. K: Gastvertrag an d Städt Bühnen Nürnberg, 1973/74 Mtgl d Hauptchores d Bayreuther Festspiele, seit 1974 Soloengagement am Landestheater Coburg, sowie Gastspiele in Saarbrücken, Hof u Trier u Rundfunkaufnahmen. F: Opernwelt. D: „Medea", „Jenufa", „Cavalleria rusticana", „Iphigenie in Aulis", „Hoffmanns Erzählungen", „Cosi fan tutte", „Zauberflöte", „Don Giovanni", „Margarethe", „Chenier", „Troubadour", „Ernani", „Othello", „Zigeunerbaron", „Bettelstudent", „Boccaccio", „Feuerwerk", „Der fliegende Holländer" uva. H: Handarbeiten, Zeichnen, Geschichte.

Wagner Irmhild
B: Schauspielerin. A: D–8000 München 45, Gondershauser Str 21, c/o ZBF-Agentur München. Tel: 089/328748 oder 089/335081.

Wagner Jochen
B: Schauspieler. A: c/o Stadttheater Aachen, D–5100 Aachen, Theaterstr. Tel: 0241/21351.

Wagner Katrin
B: Schauspielerin. A: D–2000 Hamburg 13, Kippingstr 2. Tel: 040/ 4105541.

Wagner Konrad
B: Schauspieler, Regisseur, Schriftsteller. G: Köln, 21. Okt 1902, gestorben 7. Sept 1974 in Berlin. V: Charlotte, geb Kiszling. A: D-1000 Berlin 39, Schinhardtweg 18. S: Hum Gymn, Abitur, Schauspielschule Bochum. K: Engagements in Bochum, Feiburg i B, Hamburg, Berlin (viele Bühnen), Synchron-Regisseur, Dialogbücher v Charlotte Wagner. D: Div Filme, TV-Spiele u Theaterstücke. E: Hör Zu-Preis f beste Fernsehinszenierung, Preis b TV-Wettbewerb Monte Carlo f NDR Hamburg, Drehbuchprämie 1973 d BMin.

Wagner Rudolf-Günter
B: Regisseur, Schauspieler, Moderator, Schriftsteller. G: Purulia/Indien, 13. Aug 1912. V: Charlotte, geb Hertzer. A: D–1000 Berlin 33, Ludwig Barnay Pl 1. S: Oberrealschule Stralsund, Schauspielschule d „Deutschen Theaters" Berlin (Reinhardtschule). K: Engagements in d Provinz, seit 1937 ständig in Berlin bis zur Pensionierung, ab 1977 als Gastregisseur u Schauspieler am „Fränkischen Theater", Schloß Maßbach, 1940–45 Chefsprecher Europasender, 1946–52 Chefsprecher „Rias"-Berlin, 1954–61 Chefsprecher u Regisseur „SFB", Ltr d Nachwuchsstudio SFB. F: ARGON-Verlag Berlin, Volker Großgörschen-Verlag. D: „Blick zurück im Film" (13 Folgen im ZDF), „Der Fall Nebe", „Stechlin", „Ein Mann will nach oben", „Biberpelz" (Regie), „Das gute, alte Dampfradio" (Manuskript u Sprecher). E: EK II, Verwundetenabzeichen, BVerdienstkreuz am Bande, Robert Stolz-Medaillen Bronze u Silber, Ehrenurkunde als Richter bei Prozessen Film u Theater. M: Rundfunk- u Fernsehunion, Gen Deutscher Bühnenangehöriger. H: Religionsphilosophie.

Wagner Ulf-Jürgen
B: Schauspieler. A: D–8000 München 19, Hanfstaenglstr 21, c/o ZBF-Agentur München. Tel: 089/172494 oder 089/335081.

Wahl Wolfgang
B: Schauspieler. A: D–8130 Starnberg, Waldschmidstr 14. Tel: 08151/8406 u 8278.

Walbröhl Clara
B: Schauspielerin. A: D–6800 Mannheim, Adolf Damaschke-Ring 8. Tel: 0621/791424.

Wald Siegfried
B: Schauspieler. A: D–2000 Hamburg 20, Curschmannstr 37, c/o Agentur Schmid. Tel: 040/464647 oder 089/981464.

Waldeck Gunther von
PS in Travestie-Shows: Yvonne Charrière. N: Olaf Sinner-Schmedemann. B: Tänzer, Entertainer, Schriftsteller. G: Steinhöring, 9. Jan 1942. A: D–7260 Calw-Ernstmühl, Pfortzheimer Str 9. Tel: 07051/12952. S: Gymn, Ballettschule, Choreographie (Serge Lifar, Paris), Stud d Kunst- u Literaturgeschichte, Buchhandelspraktikum. K: Gasttänzer an versch deutschen Bühnen, Solotänzer u Choreograph d Ballet Dorsey (Paris), große Europatournee m Ballet Dorsey, Aufgabe d Berufs aus gesundheitlichen Gründen, seit 1966 Entertainer, Sänger u Conferencier in d BRD, teilweise auch Travestie-Shows, langjährige schriftstellerische Arbeit (Zeitungen, Zeitschriften, Symposien etc), Rezitationsabende m Balladen u Droste-Hülshoff-Gedichten. D: „Der Dreispitz", ‚Apollon Musagète", „Abraxas", „Giselle", „Coppelia", „Schwanensee", „La Cage" uva, Musical: „Oklahoma", „Annie get your gun", „The boys in the band". M: Member of Choreograoher Association, Mtgl d Eichendorff-Ges, Gründer d Junges Kulturforum Calw. H: Fotografieren, Malen, Kochen, Gärtnern, Wandern, Barockkirchen, Tiere.

Walden Matthias
N: Otto Eugen Wilhelm Baron v Sass. B: Kommentator. G: Dresden, 16. Mai 1927. V: Edelgard, geb v Müller. A: D–1000 Berlin 19, Masurenallee 8–14. S: Gymn. K: Bis 1950 Redakteur in Dresden, nach Flucht aus d DDR bis 1956 Redakteur u Kommentator b RIAS West-Berlin, 1956 stellv Chefredakteur bei SFB, dann Chef-Kommentator, nebenbei Kolumnist versch Zeitungen, Autor v Dokumentationssendungen im FS, Bücher: „Ost-Blind – West-Blind", „Politik im Visier" ua. E: BVerdienstkreuz, Jakob Kaiser-Preis, Heinrich Stahl-Preis, Konrad Adenauer-Preis ua. H: Reiten.

Waldenburg Werner
B: Schauspieler. A: D–6000 Frankfurt/Main, Koselstr 26, c/o ZBF-Gen-Agentur Frankfurt. Tel: 0611/553270 oder 0611/7111334.

Walitzkus Ernst
B: Schauspieler. G: Berlin, 17. Juli 1932. A: D–1000 Berlin 38, Cimbernstr 1a. S: Fritz Kirchhoff-Schule Berlin. K: Meklb Staatstheater Schwerin, Deutsches Theater Berlin, Schaubühne a Halleschen Ufer Berlin, versch Gastspiele. F: Fernsehstar, Telestar. D: US-Film: Schüsse am Brodway, Fernsehreihe: Ein neuer Star, Carlos in „Don Carlos", Leander in „Des Meeres u d Liebe Wellen", Zuhälter Jackie in „Strassenkehrer August" u in Film, Funk u Fernsehen. H: Schwimmen, Kochen, Bücher, Musik.

Walker Britton S
B: Schauspieler. A: c/o Agentur Rakosi, D–8000 München 90, Tegernseer Landstr 284. Tel: 089/6904092.

Walliser-Sigrist Anneliese
B: Schauspielerin. A: CH–4127 Birsfelden bei Basel, Pratteler Str 19. Tel: 004161/521643.

Walter Dagobert
B: Schauspieler. A: D–8000 München 60, Georg Hann-Str 18. Tel 089/8113358.

Walter Herwig
B: Schauspieler. A: D–8541 Abenberg, Rapostr 1. Tel: 09178/845.

Walter Karl-Heinz
B: Schauspieler. A: D–5100 Aachen, Melatener Str 153, c/o ZBF-Agentur München. Tel: 0241/39085 u 83185 oder 089/335081.

Walter Kristina
B: Schauspielerin. G: Wien, 18. Apr 1939. A: D–4000 Düsseldorf 11, Drahestr 9. S: Gymn, Stud d Philosophie, Max Reinhardt-Seminar. K: Theater: Düsseldorfer Schauspielhaus, Bühnen Wuppertal, Köln, Münster, Tourneen, Beginn mit Rollen f Fernsehen, Partnerin v H C Blech, W Richter, Fritz Muliar, P Kern ua. F: Hör Zu, Gong, Rheinische Post, Düsseldorfer Nachrichten, Kölner Stadtanzeiger, Komet, Literaturmagazin. D: „Kennedys Kinder", „Mr Alluriand", „Der Alte aus der Tomatengasse", „Wenn die Liebe hinfällt", „Rentnerkommune", „Medienklinik" usw. M: Evangelische AkGes. H: Stricken, Träumen, mein 15 Jahre jüngerer Mann.

Walther Hertha von
B: Schauspielerin. A: D–8000 München 40, Jakob Klar-Str 6, c/o Management Jovanovic. Tel: 089/37700 oder 089/475024/25.

Walther Karl-Heinz
B: Intendant, Schauspieler, Regisseur. G: Darmstadt, 22. Jan 1929. V: Sabine, geb Hillmann. A: D–5100 Aachen, Melatenerstr 153. Tel: 0241/83185. S: Gymn. K: Ausbildung als Schauspieler in Heidelberg an d Staatl HS f

Musik u Theater, 1950 Zimmertheater Heidelberg gegründet, dort 10 Jahre, dann Städt Bühnen Wuppertal, Kammerspiele Düsseldorf, Thalia Theater Hamburg, seit 1965 Intendant d Grenzlandtheaters Aachen. D: Versch Filme, seit 1966 im Fernsehen tätig, versch Hauptrollen in Fernsehfilmen, Fernsehspielen u Serien.

Wandel Rüdiger
B: Schauspieler. A: c/o ZBF-Gen-Agentur Frankfurt, D–6000 Frankfurt/Main, Feuerbachstr 42–46. Tel: 0611/7111335.

Wander Fabian E
B: Schauspieler, Regisseur, TV-Sprecher. G: Berlin, 13, Jan 1927. V: Manon, geb Damann. A: D–2000 Hamburg 20, Isekai 20. S: König-Georg-Gymn, Dresden, HS f Musik u Theater, Dresden. K: Komödienhaus, Volksbühne u Saatstheater Dresden, Neue Bühne Berlin, Renaissance-Theater Berlin, Landesbühne Hannover, Kammerspiele Hamburg, Ernst-Deutsch-Theater Hamburg, Landessender Dresden, Berliner Rundfunk, Deutscher Fernsehfunk Berlin, Norddeutscher Rundfunk Hamburg. F: In fast allen deutschsprachigen Zeitschriften. D: „Marquis von Keith", „Der Geizige", „Maß für Maß", „Draußen vor der Tür", „Die Perser", „Troerinnen", „Biberpelz", „Wallenstein" uva, über 50 Film- u Fernsehrollen. M: Schutzstation Wattenmeer – Nordfriesland, Freunde Australiens – Neuseelands eV.

Wangenheim Karin von
N: Karin Schwarze. B: Zeichnerin, Schauspielerin. G: Berlin, 29. Okt 1937. V: Schwarze Hans Dieter. A: D–8386 Reisbach-Vils, Anterskofen 3. Tel: 08731/8472 od 3779. S: Gymn, Schauspielunterricht. D: Darstellerin in mehreren Filmen u Theaterstücken.

Wanka Rolf Dr
B: Schauspieler. G: Wien, 14. Feb 1901. V: Brigitta, geb Dahlem. A: D–8000 München 80, Einsteinstr 104, E–Mallorca, Souerresidenz in S'Arraco-Can Tomas. S: Realschule, Gymn, Matura, Stud d StaatsWiss, Promotion zum Dr rer pol 1928, privates SchauspielStud u SprachStud: Englisch, Französisch, Tschechisch, Spanisch, Italienisch. K: Gewinner eines intern Schauspielwettbewerbes 1934, anschließend Karriere als Filmschauspieler in vielen Hauptrollen im deutschen, tschechischen, französischen, spanischen, englischen u italienischen Filmen, 1939–44 Ltr d Wiener Stadttheaters. F: Zahllose Titelbilder u Publikationen in Deutschland, England, Italien, Spanien, CSSR, Frankreich. D: Filme: „Alerte En Mediterranee", „Anuschka", „Todos somos necessarios" uva, Bühne: „Nathan der Weise", „Halb auf dem Baum", „Endspurt", „Romulus der Große", „Der Besuch der alten Dame", „Tod eines Handlungsreisenden", (in den Hauptrollen), viele wichtige Nebenrollen vor allem in Nestroy-Stücken. E: Ehrenpreis d Stadt Wien u Goldmedaille (1. Preis) 1934, Coucha als beliebtester ausländischer Darsteller im spanischen Film „San Sebastian" 1956. H: Musik, Literatur, Sprachen.

Wardakowski Kurt
B: Schauspieler. A: D–1000 Berlin 41, Hauptstr 82, c/o ZBF-Agentur Berlin. Tel: 030/8526894 oder 030/8838031/54.

Warnecke Helga
B: Schauspielerin. A: D–1000 Berlin 33, Franzensbader Str 22/23, c/o Agentur Bengen. Tel: 030/8264382 oder 030/3911895.

Warneke Marianne
B: Schauspielerin. A: D–2000 Hamburg 60, Hudtwalckertwiete 8, c/o ZBF-Agentur Hamburg. Tel: 040/487098 oder 040/66885400.

Warning Horst
B: Schauspieler. A: D–8000 München 60, Julius Kreis-Str 45b, CH–8122 Pfaffhausen ZH, Grossplatzstr 9, c/o ZBF-Gen-Agentur Frankfurt. Tel: 089/831154 oder 00411/8255366 oder 0611/7111356.

Warsitz Viktor Dr
B: Schauspieler. A: D–7750 Konstanz, St Stephanspl 12. Tel: 07531/27648.

Wäsche Sepp
B: Schauspieler. A: D–8900 Augsburg, Jakober Str 72, c/o Agentur Marga Wiedner. Tel: 0821/518287 oder 089/3081822.

Wasem Lothar
B: Schauspieler. A: D–5000 Köln 51, Tacitusstr 1b. Tel: 0221/386318.

Wassler Traute
B: Schauspielerin. G: Meran/Italien, 27. Nov 1924. A: A–1060 Wien, Linke Wienzeile 6/15. S: HandelsAk Wien m Matura, Reinhardt-Seminar Wien. K: Seit 1951 Volkstheater

Wien, Gastspiele in Essen, Wuppertal u Luisenburgfestspiele in Wunsiedel, 1955-58 Filme. D: „Maria Stuart", Lady Milfort, Desdemona, „Helden", Miss Sarah Samson uva, Filme: „Der Jäger v Fall", „Der Wilderer v Silberwald", Husarenmanöver" uva.

Weber Alois
B: Schauspieler. A: D–1000 Berlin 33, Trabener Str 41. Tel: 030/8913543.

Weber Gerhild
B: Schauspielerin. A: D–2190 Cuxhaven, Kirchenpauer Str 24, c/o ZBF-Agentur Hamburg. Tel: 04721/35520 oder 040/66885400.

Weber Günter
B: Schauspieler. A: D–8000 München, Theodor Dombert-Str 2. Tel: 089/366279.

Weber Guido
B: Schauspieler. A: D–1000 Berlin 19, Skirenweg 7, c/o Agentur Bengen. Tel: 030/3028431 oder 030/3911895.

Weber Reimund
B: Schauspieler, TheaterLtr. G: München, 2. Apr 1943. A: D–8031 Neu-Gilching, Melchior Fanger-Str 43. S: Wirtschaftsaufbauschule, München, Schauspielschule, Zinner-Studio, München. K: Seit 1967 Schauspieler, Mitwirkung in Fernsehproduktionen, Theatertätigkeit am Städtebundtheater, Landshut, Kammerspiele München, Münchner Volkstheater ua. D: „Der zerbrochene Krug", „Aus heiterem Himmel", „Marille Kosemund", Ludwig Thoma-Darsteller ua, ca 20 Fernsehspiele „Tatort", „Komödienstadel" ua. H: Schwimmen, Tanzen, Natur, Auto, Antiquitäten.

Weber Wolfgang
B: Schauspieler. A: D–8031 Neu-Gilching, Melchior Fanger-Str 43 Tel: 08105/9866.

Weck Peter
B: Schauspieler. A: CH–8702 Zollikon, Dufourstr 13, c/o Management Baumbauer. Tel: 00411/654585 oder 089/478577.

Weckler Michael
B: Schauspieler. A: D–2000 Hamburg 20, Wrangelstr 17. Tel: 040/4603827.

Weckler Veronika
B: Schauspielerin. A: D–2000 Hamburg 6, Moorkamp 17, c/o ZBF-Agentur Hamburg. Tel: 040/499962 oder 040/66885400.

Weddy-Carlsen Charlotte
B: Schauspielerin. A: c/o Agentur Bengen, D–1000 Berlin 21, Paulstr 25. Tel: 030/3911895.

Wedekind Claudia
B: Schauspielerin. A: D–8210 Prin am Chiemsee, Am Herrnberg 22. Tel: 08051/1529 u 809/911642.

Wedekind Eric
B: Schauspieler. A: c/o Agentur Jäger, D–8130 Starnberg, Postfach 1328. Tel: 08151/8766.

Wegener Werner
B: Opernsänger. G: Westhofen, 26. Apr 1923. V: Elisabeth, geb Ganjon. A: D–6750 Kaiserslautern, Malzstr 9. S: Realschule, MusikHS. K: 1. Engagement ab 1956 am Pfalztheater in Kaiserslautern, heute noch dort tätig, Gastspiele in Ulm, Trier, Saarbrücken, Mainz, Gelsenkirchen, Hof, Osnabrück, außerdem Funk- u Fernsehaufnahmen beim SWF u ARD (3. Programm). D: Solist in ca 170 Opern, Operetten, Musicals, Schauspielen u Balletten: zB „Der Wildschütz", „Zar und Zimmermann", „Don Giovanni", „Gianni Schicchi", „Don Pasquale", „Zaubergeige", „Revisor", „La Cenerentola", „Cosi fan tutte", „Der Liebestrank", „Heimliche Ehe", „Xerxes", „Die verkaufte Braut", „Der Bettelstudent", „Gasparone", „Opernball", „Boccaccio", „Wiener Blut", „Orpheus in der Unterwelt", „Schwarzwaldmädel", „Der Vogelhändler", „Schöne Galathee", „Ungarische Hochzeit", „Pariser Leben", „My Fair Lady", „Show Boat", „Anatevka", „Annie get your Gun", „Mein Freund Bunbury", „Die Geschichte des Soldaten", „Götz v Berlichingen", „Pfälzers Höllen- und Himmelfahrt", „Der eingebildete Kranke", „Hochzeit von Galanta", „Bilder einer Ausstellung", „Turandot". H: Gartengestaltung.

Wegner Jürgen
B: Schauspieler. A: D–1000 Berlin 62, Sterzinger Str 2, c/o Agentur Runde-Profé. Tel: 030/8542511 oder 030/3040661.

Wegrostek Oskar
B: Schauspieler. G: Wien, 6. Okt 1907. V: Erna, geb Schickel. A: A–1010 Wien, Domg 6.

S: Schauspielunterricht. K: Engagements am Volkstheater Wien, Kleinkunstbühnen, „Literatur am Naschmarkt", „Wiener Werkel", Gastspiele an versch Bühnen, Rundfunktätigkeit, Synchronisierungen, Filmschauspieler. D: „Frau im Strom", „Leinen aus Irland", „Unsterblicher Walzer", „Der liebe Augustin", „Der Postmeister", „Donauschiffer", „Krambambuli", „Sieben Jahre Pech", „Reisebekanntschaft", „Späte Liebe", „Am Ende d Welt", „Die goldene Fessel", „Ein Blick zurück", „Schrammeln", „Dort in d Wachau" uva.

Wehnert Hans-Jürgen
B: Schauspieler. A: D–2000 Hamburg 65, Horstweg 18. Tel: 040/6018849.

Weicker Herbert
B: Schauspieler. A: D–8000 München 82, Waldtruderinger Str 28. Tel: 089/466574.

Weidenbrück Rolf
B: Schauspieler, Regisseur. G: Berlin, 14. März 1907. V: Agnes, geb Pehnack. A: D–5205 St Augustin 1, Eibenweg 1. S: Hum Gymn, Lehre als BankKfm, privater Schauspielunterricht. K: Bis 1968 feste Engagements a d Städt Bühnen in Münster, Bremen, Basel, Bonn. Nach 1968 nur Fernsehspiele. F: In allen Funkzeitungen. D: „Die Untaten der Lida Mikowa", „Der Seitensprung des Genossen Barkassow", „Der Macher oder Warten auf Godeau", „Stammgäste", „Späte Liebe" ua. Auftritte in WDR, ZDF, Television Zürich. H: Immobilien-Häuser, Grundstücke.

Weidner Kurt
B: Schauspieler. A: D–1000 Berlin 65, Lüderitzstr 55, c/o ZBF-Agentur Berlin, c/o Agentur Bengen. Tel: 030/4527753 oder 030/8838031 oder 030/3911895.

Weigang Rüdiger
B: Schauspieler. A: D–7500 Karlsruhe, Brauer Str 61. Tel: 0721/33987.

Weigmann Katja
B: Schauspielerin. A: c/o Agentur Lentz, D–8000 München 80, Holbeinstr 4. Tel: 089/474026.

Weihs Peter
B: Schauspieler. A: c/o Agentur Schmidt-Gentner, A–1030 Wien, Lothringer Str 20. Tel: 0222/752271.

Weilandt Heinz-G
PS: Die Dominos. B: Sänger u Humorist. G: Berlin, 20. Juli 1929. A: D–1000 Berlin 12, Goethestr 58. S: Abitur, HS, Gesang, Klavier, Cello. K: Berliner Mozart-Chor, Solo-Quartett d Berliner Motetten-Chors, Sing-Ak, Philharmonischer Chor, Tourneen, Gastspiele f Oper u Operette, „Die Dominos" , Gesangsgruppe seit 1960, Eddi Kausch-Ensemble. F: Tages- u Fernsehzeitschriften in Berlin u im BGebiet. D: „Vergißmeinnicht", „Wenn die Musik kommt", „Blauer Bock", „Rudi Carrell-Show", in vielen anderen Unterhaltungssendungen, Schallplatten. E: Botschafter Berlins. M: IAL. H: Musik, Theater, Literatur, Reisen, Sportfischer.

Weiler Margrit
B: Schauspielerin. A: c/o Agentur Rakosi, D–8000 München 90, Tegernseer Landstr 284. Tel: 089/6904092.

Weinberger Udo
B: Schauspieler. A: D–5300 Bonn, Augustusring 28. Tel: 02221/635552.

Weiner Sissi
B: Schauspielerin. A: c/o Agentur Rakosi, D–8000 München 90, Tegernseer Landstr 284. Tel: 089/6904092.

Weinert Margit
B: Schauspielerin. G: 11. Juli 1926. V: Dr Werner Frost. A: D–8000 München 71, Allgäuerstr 101. Tel: 089/756517. S: Päd Inst Dresden, Staatl Höhere MädchenbildungsAnst Dresden, Abitur, Staatsexamen, staatl geprüfte Gymnastiklehrerin Dresden, Staatl Ak f Musik u Theater Dresden, Abnahme u Lehrer: Erich Ponto, Finohr, Hinzelmann, Hilde Jacob, G Sauer. K: Staatstheater Dresden, als Elevin, dann Komödie Dresden, Stadttheater Meißen, Staatsoperette Dresden, Stadttheater Konstanz, Gastspiele in St Gallen, Basel, Winterthur, Baden b Zürich, dann Kammerspiele München a G u f 4 Stücke Theater d Jugend München, zZ Synchron. F: Viele Bilder in DDR-Zeitschriften, einige Bilder in Programmzeitschriften zum jeweiligen Fernsehen. D: „Dame Kobold", „Fiesco", „Minna v Barnhelm", „Don Carlos", „Frau Biedermann", viele Märchen uva (immer Hauptrollen), „Bastienne" (gesungen), Malwine, Margarite, 3 Colombinchen, Valencienne, „Paganini", Ninon, „Galilei" uva, ca 50 Fernsehstücke (mittlere u kleine Rollen), ua „Karriere", „Lina Braake", „Kommissar", „Der Alte", „Derrick",

„Bastian", „Tatort" uva. H: Sport in vielen Formen, klassische Musik (Klavier).

Weinhart Max
B: Schauspieler. G: Illertissen, 14. Juli 1950. A: D–8000 München 2, Augustenstr 8. S: Fachabitur, Facharbeiter f Starkstromelektrizität, Schauspielschule. K: Eineinhalb Jahre Fränkisches Theater, Schloß Maßbach als Schauspieler u RegieAss, anschließend versch Gastspielverträge, Mitwirkung bei Film, Funk u Fernsehen. D: Theater: „Die Lokomotive", „Laßt uns Lügen erzählen", „3 Mann auf einem Pferd", „Angelika", „Pygmalion", „Der Parasit", „Spiel im Schloß", „Das Haus in Montevideo", „Can-Can", „Lady und Schneider" u versch Märchen, Film: „Back to Munich", „Das Atomdorf", „Das Spiel". H: Schifahren, Langlauf, Bergwandern, Tanzen.

Weinzierl Kurt
B: Schauspieler. G: Innsbruck, 15. Apr 1931. V: Susanne. A: D–8000 München 2, Theresienstr 19. Tel: 89/283756. S: Grundschule, kfm Lehre, Statist, Schauspielschule am Mozarteum Salzburg. K: Stadttheater St Pölten, Stadttheater Klagenfurt, Landestheater Salzburg, Städt Bühnen Nürnberg, Staatstheater Braunschweig, Wuppertaler Bühnen, Gast Münchner Kammerspiele, freier Schauspieler, Arbeit f Fernsehen, Mtgl d Münchner „Lach u Schießgesellschaft". F: In div Tageszeitungen im In- u Ausland, Programmpresse ua. D: Theater: „Wie es Euch gefällt", „Ein Sommernachtstraum", „Der Talisman", „Der Verschwender", „Woyzeck", „Der Unbestechliche", „Schwejk im II. Weltkrieg", „Einen Jux will er sich machen", „Der Firmling", „Yvonne, Prinzessin v Burgund", „Der Pott", „Anatol", „Boeing – Boeing", „Onkel Wanja", „Was Ihr wollt", „Olympia", „Manege", „Amphitryon", „Schule d Frauen", „Rowdy auf d Treppe", „Vor d Nacht" ua, Fernsehen: „Das Nachfolge-Christi-Spiel", „Ist er gut? Ist er böse?", „Der Fall Jägerstätter", „Eigentlich hatte ich Angst", „Münchnerinnen", „Ach Himmel, es ist verspielt", „Wohnheim Westendstrasse", „Eine seltsame Bescherung", „Drei Mann auf einem Pferd", „Besondere Merkmale" uva.

Weis Heidelinde
B: Schauspielerin. A: c/o Agentur Alexander, D–8000 München 80, Lamontstr 9. Tel: 089/471011.

Weis Peter
B: Schauspieler. A: D–2000 Hamburg 19, Methfesselstr 25, c/o Dr Weis, D–4500 Osnabrück, Iburger Str 78, c/o Agentur Schmid. Tel: 040/499067 oder 0541/51777 oder 089/931464.

Weis Thea
B: Schauspielerin. G: Wien, 17. Okt. A: A–1030 Wien, Beatrixg 26. S: Ballettausbildung, Reinhardt-Seminar. K: Theater in Metz, Theater i d Josefstadt Wien, Tätigkeit bei Funk u Film. D: „Wir bitten zum Tanz", „Brüderlein fein", „Wen die Götter lieben", „Musik in Salzburg", „Ein Blick zurück", „Die goldene Fessel", „Das war mein Leben", „Ohne Lügen" uva.

Weiser Lore
B: Schauspielerin. A: D–1000 Berlin 12, Mommsenstr 55, c/o Agentur Bengen. Tel: 030/3125654 oder 030/3911895.

Weiser Wolfgang
B: Schauspieler. A: D–8000 München 83, Hamannstr 1, c/o Agentur Bloy. Tel: 089/602847 oder 089/6411893.

Weisgerber Antje
B: Schauspielerin. G: Königsberg, 17. Mai 1922. A: D–8183 Rottach-Egern, Rosenstr 6. S: Lyzeum, Primareife, Staatl Schauspielschule Berlin, Gustaf Gründgens. K: Hauptrollen an d meisten großen Bühnen Deutschlands, meist unter Gustaf Gründgens, Theater-Gastspiele in New York, Edinburgher Festspiele, Salzburger Festspiele, Welttournee durch Amerika, Australien, Filme, Fernsehen. F: In vielen in- u ausländischen Illustrierten. D: „Faust I", „Faust II", „Iphigenie auf Tauris", „Romeo u Julia", „Minna v Barnhelm", „Jungfrau v Orleans", „Maria Stuart", „Alkmene", „Gyges u sein Ring", „Herodes u Marianne", viele klassische u moderne Rollen, Filme: „Das doppelte Lottchen", „Die Stärkere", „Rittmeister Wronski", „Vor Gott u d Menschen", „Du bist d Richtige", „Oberarzt Dr Solm", „San Salvatore", Fernsehen: „Nibelungen", „Lukretia", viele klassische u moderne Rollen. E: Großer Hersfeldpreis. H: Musik, Malerei, Literatur.

Weisgerber Elenore
B: Schauspielerin. A: c/o Agentur Alexander, D–8000 München 80, Lamontstr 9. Tel: 089/471011.

Weishappel Gustl
B: Schauspieler. A: D–8032 Gräfelfing, Finkenstr 9. Tel: 089/852452.

Weiss Heinz
B: Schauspieler. G: Stuttgart, 12. Juni 1921. V: Elfriede, geb Willer. A: D–8022 Grünwald, Roßkopfstr 10. Tel: 089/6412616. S: Wirtschaftsabitur, Schauspielunterricht am Staatstheater Stuttgart. K: Wehrdienst, Beginn am Neuen Theater in Stuttgart, dann Städt Bühnen Osnabrück, Junges Theater Stuttgart, Städt Bühnen Augsburg, Städt Bühnen Essen, Gastspiele in Frankfurt/Main, Städt Bühnen Nürnberg, freischaffender Schauspieler Tätigkeit bei Theater, Film u Fernsehen. F: In Zeitungen u Zeitschriften. D: Theater: „Nathan der Weise", „Colombe", „Minna von Barnhelm", „Innozenz u Franziskus", „Die Räuber", „Die Chinesische Mauer", „Undine", „Der gute Mensch von Sezuan", „Medea", „Viel Lärm um nichts", Fernsehen: ua „Soweit die Füße tragen", „Der Mann, der Donnerstag war", „Die Journalistin", „Sonderurlaub", „Freundschaftsspiel", „Dumala", „Bewährungshelfer Berger", „Die Truhe", „Flug in Gefahr", „Das Abschiedsgeschenk", „Fall erledigt", „Begründung eines Urteils", „In Sachen Erzberger gegen Jelfreich", „Sir Roger Casement", „Der verratene Widerstand", „Nennen Sie mich Alex", „Zaharoff", „Wie eine Träne im Ozean", „Der Tod des Kaisers", Film: „Strafbataillon 999", „Division Brandenburg", „Der grüne Bogenschütze" usw.

Weiss-Thiele Günther
B: Schauspieler. A: D–8230 Bad Reichenhall, Postfach 341. Tel: 08651/3533.

Weissenberger Rosemarie
B: Schauspielerin. A: c/o Agentur Schmidt-Gentner, A–1030 Wien, Lothringer Str 20. Tel: 0222/752271.

Weisser Jens
B: Schauspieler. A: c/o ZBF-Agentur München, D–8000 München 40, Leopoldstr 19. Tel: 089/335081.

Weissner Hilde
B: Schauspielerin. A: A–5222 Auerbach, Unterkling 1, c/o Agentur Runde-Profé. Tel: 030/3040661.

Weissner Viola
B: Schauspielerin. A: D–2850 Bremerhaven, Kurze Str 13, c/o ZBF-Agentur Hamburg. Tel: 0471/45574 oder 040/66885400.

Weisteiner Chaim
N: Willi Weist-Bosch. B: Schauspieler, Kabarettist, Kunstagent. G: Datteln/Westfalen, 10. Sept 1931. V: Rosemarie, geb Schulz. A: D–5000 Köln 80, Lassallestr 40. S: Schauspielunterricht, PrivatStud bei Frau Christa Stahr (MusikHS Hannover). K: Gelegenheitsarbeiten, anschließend literarisches Kabarett, Dokumentarfilme, Bühnen Assistenz, dazwischen Konzert- u TheaterDion (ua Hallenveranstaltungen). F: Bundesweit in Tageszeitungen, sowie im Ausland im Rahmen feuilletonistischer Berichte. D: „Cäsar", „Mutter Courage", „Der Barbar", „Nach Damaskus" ua. M: Gen Deutscher Bühnenangehöriger. H: Der Nebenberuf: Tonmeister.

Weisz Lorenz
B: Schauspieler. A: D–8900 Augsburg, Stadtberger Str 98, c/o ZBF-Agentur München. Tel: 0821/541120 oder 089/335081.

Weiß Carl
B: Korrespondent. G: Zuckmantel, 28. Sept 1925. V: Ruth, geb Vultejus. A: GB–London W 1, 50 Charles Street. S: Abitur, einige Sem Germanistik u Geschichte. K: Volontariat bei versch Zeitungen, Ltr d Nachrichtenredaktion d „Süddeutschen Zeitung", Ressortchef b „Kölner Stadtanzeiger", Presse-Attaché an d Deutschen Botschaft in Djakarta, Kommentator f d Bayerischen u Westdeutschen Rundfunk, 1964–69 Ltr d ZDF-Studios Hongkong, seit 1970 Korrespondent in London. H: Skilauf, Wasserski, Segeln.

Weißbach Herbert
B: Schauspieler. A: D–1000 Berlin 31, Joh Georg-Str 2, D–2000 Hamburg 76, Richterstr 14, c/o Agentur v Pilecki. Tel: 030/8919003 oder 040/221009 oder 089/220263.

Weitershausen Gila von
B: Schauspielerin. A: c/o Agentur Alexander, D–8000 München 80, Lamontstr 9. Tel: 089/471011.

Welitsch Ljuba
B: Opernsängerin, Schauspielerin. G: Borissowo/Bulgarien, 10. Juli 1913. A: A–1030 Wien, Ditscheinerg 3/9. S: Grundschule,

Wiener StaatsAk - MusikHS. K: Opernsängerin in Graz, Hamburg, Dresden, München, 35 Jahre Mtgl d Wiener Staatsper, Covent-Garden, London, Metropolitan, New York u Auftritte an allen großen Opernhäusern d Welt. F: In einer Vielzahl in- u ausländischer Zeitungen u Zeitschriften. D: Als „Tosca", „Salome", „Donna Anna", „Aida", Film: „Man and Arms" u in vielen Filmen u TV-Spielen. E: Verdienstorden d Republik Österreich, Goldene Medaille d Stadt Wien, Kammersängerin d Wiener Staatsoper, EhrenMtgl d Staatsoper Wien. H: Schreiben, Gartenarbeit (Rosen).

Welland Andreas
B: Schauspieler. A: c/o ZBF-Gen-Agentur Frankfurt, D–6000 Frankfurt/Main, Feuerbachstr 42–46. Tel: 0611/7111335.

Wellmann Ingeborg
B: Schauspielerin. A: D–1000 Berlin 39, Tristanstr 17c. Tel: 030/8036368.

Welte Karsten
B: Regisseur, Schauspieler. G: Geislingen, 28. Juli 1944. A: D–8000 München 40, Elisabethstr 34/IV. Tel: 089/370508. S: Ausbildung zum Grafiker, Tänzer, Schauspieler. K: 1968–69 Bayerisches Staatsschauspiel München, 1970–71 Städtetheater Dinkelsbühl, 1971–72 Zimmertheater Tübingen, 1972–74 Burgtheater Wien, 1975 Theater f Vorarlberg Bregenz, Regiearbeiten beim Fernsehen: „Simeliberg", „Avanti!Avanti!" (Sprachkurs), „Die fabelhafte Familie Ko in der Zauberkiste" (Folge 3 u 4), alle Bayerischer Rundfunk. F: Theater Heute. D: Theater: „Edward II", „Der Hauptmann von Köpenick", „Die Bakchen", Fernsehen: „Hauptbahnhof München" (Serie), „Am Wege", „Kurze 1000 Jahre", „Das blaue Licht", „Der Unruhestand" uva. H: Gartenarbeit.

Welter Angelika
B: Schauspielerin, Organisatorin. G: Saarbrücken, 27. Jan 1947. A: F–54290 Bayon, 17. Grande rue, Haussonville Cidex 706. S: Bühnenstudio Zürich. K: Engagements als Schauspielerin seit 1963 ua im Deutschen Schauspielhaus Hamburg, Schauspielhaus Bochum, 1968 Gründung einer Agentur f freie Theatergruppen aus d ganzen Welt, 1979 Aufnahme d Agentur beim „Festival mondial du Theatre Nancy", Zentralstelle f Coordination versch Festivals. D: „Equus", „Krankheit d Jugend".

Welz Elisabeth
B: Schauspielerin. A: D–8011 Baldham/München, Spitzingstr 2, c/o ZBF-Agentur München. Tel: 08106/1414 oder 089/335081.

Welz Norman Andreas
B: Schauspieler. G: Hamburg, 13. Apr 1960. A: D–2000 Hamburg 19, Sandweg 25. S: Abschluß d Fachschulreife. K: Häufig Modell f Werbefilme u Werbefotos, Statist u Nebenrollen in versch Filmen. F: Bild Hamburg, Morgenpost, Hamburger Abendblatt. D: Film: „Geteilte Freude". E: Auszeichnung f hevorragende Leistung eines Talentwettbewerbes im Deutschen Schauspielhaus Hamburg. M: Mtgl d Vereinigung d Volksspielbühnen d Hansestadt Hamburg eV. H: Gitarre spielen, Sport, Foto, Gitarre m Gesang.

Welzel Heinz
B: Schauspieler. A: D–1000 Berlin 19, Neue Kantstr 7a. Tel: 030/3062825.

Wemper Alrun
B: Schauspielerin. A: D–2055 Aumühle, Lindenstr 3, c/o ZBF-Agentur Hamburg. Tel: 04104/3450 oder 040/66885400.

Wemper Heinz
B: Schauspieler, Regisseur. G: Hattingen/Ruhr, 8. Juni 1903. V: Gerda, geb Doerk. A: D–2055 Aumühle/Hamburg, Lindenstr 3. S: Gymn, Ausbildung in Phonetik (auch Bühneneinheitssprache nach Siebs), Darstellung, Bühnen- u Filmregie, Hörspielregie. K: Dir d Sachsenwaldtheaters in Hamburg-Reinbeck 1953–64, Mtgl d Städt Bühnen Bochum u Duisburg, Essener Städt Bühnen, Wander-Theater d Volksbühne, Deutsches Schauspeiel Riga, Staatstheater Darmstadt (genannt „Hessisches Landestheater), Deutsches Theater Berlin, Schiller-Theater Berlin, dann Gastspiele an allen Berliner Bühnen. F: Viele in Zeitungen u Zeitschriften (nicht feststellbar). D: 1929–50 24 Filme (laut Deutscher Spielfilm Almanach), Fernsehfilme: „Malskat", „Wir machen Musik", „Lautlose Jagd", „Verrat von Ottawa" ua. Theaterstück im Künstlertheater, Hamburg: „Um jeden Preis". E: Ehrenteller d Stadt Reinbeck.

Wendel Cara
B: Schauspielerin. A: c/o Agentur Anna Ottavi, I–00136 Roma, Via Ugo de Carolis 101. Tel: 00396/344554.

Wendl Annemarie
B: Schauspielerin. A: D–8000 München 71, Großhessenloher Str 3a, c/o ZBF-Agentur München. Tel: 089/7915985 oder 089/335081.

Wendt Irmgard
B: Schauspielerin. A: D–2000 Hamburg 13, Brahmsallee 19. Tel: 040/456144.

Wendt Luscha
B: Schauspielerin. A: D–3011 Garbsen, Plutohof 25. Tel: 05137/72867.

Wengefeld Hans
B: Schauspieler. A: D–8035 Gauting-München, Untertaxetweg 41, c/o ZBF-Agentur München. Tel: 089/8504956 oder 089/335081.

Wenger Judith
B: Schauspielerin. A: D–1000 Berlin 42, Hoeppnerstr 77, c/o Agentur Bengen. Tel: 030/7865507 oder 030/3911895.

Wengraf Senta
B: Schauspielerin. G: Wien, 10. Mai 1929. V: Graf Christoph v Herberstein. A: A–1090 Wien, Koling 19. S: Seminar. K: Theater, Film, Fernsehen, ständiges Mtgl d Theaters i d Josefstadt.

Weniger Wolfram
B: Schauspieler. A: c/o Agentur Köhler, D–8000 München 40, Rümannstr 51. Tel: 089/363970.

Wenkhaus Georg-Richard
B: Schauspieler. A: D–1000 Berlin 31, Landhausstr 37, c/o Agentur Bengen. Tel: 030/8612254 oder 030/3911895.

Wenninger Monika
B: Solotänzerin. G: Regensburg, 3. Mai 1949. A: D–8900 Augsburg, Paracelsusstr 14. S: Mittlere Reife, HS f Musik, Abt Ballett. K: Engagements in München, Wuppertal, Hagen, Augsburg, ab 1979 Staatstheater Braunschweig. D: Ballette: „Cinderella", „Coppelia", „Don Juan", „Zauberladen", „Steinerne Blumen", „Carmina Burana", „Peter und der Wolf", Schauspielrollen: „Dreigroschenoper", „Schöne Helena", „Weiber Volksversammlung", „Faust". M: GDBA. H: Reiten, Tennis, Hunde.

Wensch Hildegard
B: Schauspielerin. A: D–1000 Berlin 12, Sybelstr 35, c/o ZBF-Agentur Berlin. Tel: 030/3231714 oder 030/8838031.

Wenzel Edgar
B: Schauspieler. A: c/o Agentur Marga Wiedner, D–8000 München 40, Destouchesstr 32/I. Tel: 089/3081822.

Wepper Elmar
B: Schauspieler. G: Augsburg, 16. Apr 1944. A: D–8000 München 21, Perhamer Str 14. S: Abitur, 10 Sem Stud d TheaterWiss, Schauspielunterricht. K: Funk, Synchron, Film, Fernsehen, Theater. D: Fernsehfilme u -serien: „Ein unheimlich starker Abgang", „Die Leute von Feichtenreut", „Der Kommisar", „Polizeiinspektion 1", „Der Millionenbauer". E: „Bambi" in Gold f „Der Kommisar". M: FC Bayern, Münchener Golfclub, Hardy Flyfishing Club. H: Skifahren, Fischen, Squash, Radfahren, Golf.

Wepper Erich
B: Schauspieler. A: c/o Agentur Alexander, D–8000 München 80, Lamontstr 9. Tel: 089/471011.

Wepper Fritz
B: Schauspieler. A: c/o Agentur Alexander, D–8000 München 80, Lamontstr 9. Tel: 089/471011.

Werdenigg Ingar
B: Schauspielerin. G: Hamburg, 5. Sept 1957. A: D–2000 Hamburg 13, Hartungstr 1. Tel: 040/456637. S: WirtschaftsGymn, Schauspielschule. K: Sommerfestspiele Wunsiedel, div Theater in Hamburg, Tournee m Ernst Deutsch-Theater. F: Playboy, Bild Zeitung, Hör Zu, Neue Revue ua. D: „Der kleine Prinz", „Götz v Berlichingen", „Cyrano de Begerac", „Pippi Langstrumpf", „Die Dame v Maxim", „Tatort", „Das Fernsehgericht tagt" uva. M: BFF. H: Reiten, Klavier, Ski.

Werfel Pia
B: Schauspielerin. A: D–2000 Hamburg 13, Alsterchaussee 8, c/o ZBF-Agentur Hamburg. Tel: 040/4102483 oder 040/66885400.

Wernecke Dieter
B: Schauspieler. A: c/o ZBF-Agentur München, D–8000 München 40, Leopoldstr 19. Tel: 089/335081.

Werner Carlos
B: Schauspieler. A: c/o Management Palz, D–8000 München 81, Ortlindestr 6/VII. Tel: 089/912019/10.

Werner Günther
B: Schauspieler. A: D–1000 Berlin 31, Kurfürstendamm 155 B, c/o Agentur Klimperkasten. Tel: 030/7952381.

Werner Ilse
B: Schauspielerin, Moderatorin, Sängerin u Pfeiferin. G: Batavia (Indonesien), 11. Juli 1921. A: D–5000 Köln 41, Meister Johann-Str 4. S: Grundschule, Deutsche Oberschule, Schauspielschule Max Reinhardt in Wien. K: Entdeckt 1937 f d Theater in der Josefstadt in Wien, danach UFA Filmvertrag in Berlin, 35 Filme mit Hauptrollen, Deutsches Theater Berlin, Komödie Berlin, Thalia-Theater in Hamburg ua. F: Seit 1938 laufend in Zeitschriften u Zeitungen. D: „Wir machen Musik", „Münchhausen", „Große Freiheit Nr 7", „Die Schwedische Nachtigall", „Der Vogelhändler" uva. E: Goldenes Mikrofon 1978 f 40 Berufsjahre. H: Musik, Lesen.

Werner Marcel
B: Schauspieler. A: c/o ZBF-Agentur Hamburg, D–2000 Hamburg 70, Tonndorfer Hauptstr 90. Tel: 040/66885400.

Werner Ralf
B: Geschäftsführer, Kirchenmusiker, Dressman. G: Villingen, 6. Juni 1949. A: D–4937 Lage-Hörste, Am Sternberg 2 und D–1000 Berlin 45, Gardeschützenweg 123. S: Abitur, G-Examen (ev Kirchenmusik), Fachausbildung Dressman u Fotomodell. K: Versch Tätigkeiten im Verwaltungs- u künstlerischem Sektor, seit 1977 Geschäftsführer d K W Gemeinnützigen Seniorenheim - GmbH Lage-Hörste. D: „Tatort", „Alte Filme", „Der Magier". H: Musik (Klavier, Orgel, Gesang), Fotografieren, Filmen, Literatur, Reisen.

Werner Robert
B: Schauspieler. A: c/o Agentur Schmidt-Gentner, A–1030 Wien, Lothringer Str 20. Tel: 0222/752271.

Werner Udo
B: Schauspieler. A: c/o Agentur Köhler, D–5000 Köln 1, Christophstr 31. Tel: 0221/210848.

Werner-Rizzolli Lili
B: Schauspielerin. A: D–6000 Frankfurt/Main, Koselstr 26/II, c/o ZBF-General-Agentur Frankfurt. Tel: 0611/553270 oder 0611/7111334.

Wertsch Anneliese
B: Schauspielerin. A: D–8175 Reichersbeuern, Enzianweg 1, c/o ZBF-Agentur München. Tel: 08041/6886 oder 089/335081.

Wesp Peter
B: Schauspieler. A: D–1000 Berlin 39, Lohengrinstr 11, c/o Agentur Bengen. Tel: 030/8033473 oder 030/3911895.

Wesselmann Berth
B: Schauspieler. A: A–9020 Klagenfurt, Stadttheater, c/o Agentur Schmid. Tel: 00434222/85645 oder 089/981464.

Wessels Rolf B
B: Schauspieler. A: D–2800 Bremen, Bispinger Str 10, c/o Agentur Hans Schmid. Tel: 0421/462997 oder 089/981464.

Wessely Paula
B: Schauspielerin. G: 20. Jan 1908. V: Attila Hörbiger. A: A–1190 Wien, Himmelstr 24. S: Max Reinhardt-Seminar. K: Volkstheater Wien, Deutsches Theater Prag, Theater i d Josefstadt Wien, Deutsches Theater Berlin, Wiener Burgtheater, Gründung einer eigenen Produktionsfirma, Tätigkeit bei Film, Funk u Fernsehen. F: In versch in- u ausländischen Zeitschriften. D: „Maskerade", „So endete eine Liebe", „Episode", „Ernte", „Die ganz großen Torheiten", „Spiegel d Lebens", „Maria Ilona", „Ein Leben lang", „Heimkehr", „Späte Liebe", „Die kluge Marianne", „Das Herz muß schweigen", „Das dritte Geschlecht" uva. M: Mtgl d Wiener Burgtheaters.

Wessely Rudolf
B: Schauspieler. A: c/o Agentur Marga Wiedner, D–8000 München 40, Destouchesstr 32/I. Tel: 089/3081822.

Westen Nina
B: Schauspielerin. A: D–2000 Hamburg 13, Hochallee 25. Tel: 040/450226.

Westerduin Bep
B: Schauspielerin. A: c/o Management Margarete van Dam, NL–Amsterdam, Plantage Park-

laan 12. Tel: 003120/246743.

Westhausser Helmuth Doz
B: Schauspieler, Regisseur, Doz. : Wien, 16. Jan 1940. V: Inge, geb Steininger. A: D–4800 Bielefeld 1, Kleine Howe 30 d, Tel: 0521/28941, u A–1090 Wien, Serviteng 8/17, Tel: 0222/347582. S: Grundschule, Schauspielausbildung 3 Jahre, 1 Jahr Gesangausbildung. K: Bühnen d Stadt Bielefeld, Freilichtbühne Porta, Theater d Courage Wien, Theater a d Wien, Theater i d Josefstadt, Landesbühne Schleswig Holstein. F: Wiener Kurier, Neue Westfälische, Westfalenblatt. D: „Nekrassow", „Was ihr wollt", „Frühere Verhältnisse", „Vorigen Sommer in Culinsk", „Trilogie d Wiedersehens". M: GDBA. H: Sport, Fotografie, Literatur.

Westphal Gert
B: Schauspieler. A: c/o Agentur v Pilecki, D–8000 München 22, Oettingenstr 46. Tel: 089/220263.

Wichmann Joachim
B: Schauspieler. A: D–8034 Neugermering-München, Maximilianstr 9. Tel: 089/8413735.

Wicki Bernhard
B: Schauspieler. A: c/o Agentur Aelxander, D–8000 München 80, Lamontstr 9. Tel: 089/471011.

Wiebking Uwe Michael
B: Schauspieler. A: D–2000 Hamburg-Schenefeld, Eichenweg 8, c/o ZBF-Agentur Hamburg. Tel: 040/08305288 oder 040/66885400.

Wied Thekla Carola
B: Schauspielerin. G: Breslau, 5. Feb. A: D–8214 Bernau/Chiemsee, J Decker-Str 12, Tel: 08051/7527 und D–8000 München 40, Helene Meier-Ring 14, Tel: 089/3515663. AG: Agentur Alexander, D–8000 München 80 Lamontstr 9, Tel: 089/471011. S: Hum Gymn, Abitur Graues Kloster Berlin, Folkwang-HS Essen. K: Städt Bühnen Essen, Schauspielhaus Bochum, Ernst Deutsch-Theater Hamburg, Staatstheater Braunschweig, Saarbrücken, Wiesbaden, freie Mitarbeiterin am Saarländischen Rundfunk (auch als Sprecherin), seit 1975 freischaffend. D: Film: „Spur eines Mädchens", Fernsehen: „Der Anwalt" (Serie), „Der Alte", Hauptrolle in d Fernseh-Spielen „Wer sah ihn sterben?", „Taxi M 4211" uva. E: Bundesfilmpreis in Gold f d beste darstellerische Leistung einer Schauspielerin. H: Reiten, insbes Dressur, Schwimmen.

Wiedemann-Lauffen Elisabeth
B: Schauspielerin. G: Bassum, 8. Apr 1926. V: Richard Lauffen. A: D–8215 Marquartstein, Kleine Oetz 2. Tel: 08641/8124. S: Abitur, Ballettschulen Berlin: Gsovsky u Euarowa. K: Tänzerin an d Berliner Staatsoper, Schauspielerin am Düsseldorfer Schauspielhaus, Frankfurt/M Städtische Bühnen, Gast in Wien an d Josefstadt, Hamburg am Thalia-Theater, Berlin am Schillertheater uva. F: Viele Interviews. D: TV-Serie: „Ein Herz u eine Seele", „Kommissar", „Derrick" ua, Theater: klassische u moderne Literatur. E: Goldene Kamera 1966. M: BFF (DAG). H: Meissner Porzellan, Expressionistische Malerei.

Wiedenhofen Gert
B: Schauspieler. G: Düsseldorf, 16. Dez 1927. A: D–8000 München 2, Pettenkoferstr 48. Tel: 089/537435. S: Schulen in Hamburg u Wien. K: Theater in Baden-Baden, Wien, Frankfurt, Berlin, München. F: Stern, Spiegel, Hör Zu, div Illustrierte, Tageszeitungen, Fernseh-Zeitungen uva. D: In ca 400 Film- u Fernseh-Rollen, ca 35 Theaterrollen. H: Mathematischer Zukunftsdiagnostiker.

Wiedenhuber Hertha Dr phil
B: Geschäftsinhaberin, Sängerin. G: Graz, 6. Juni 1932. A: A–1010 Wien, Stubenbastei 1. S: Matura, UnivStud, Promotion zum Dr phil in Heidelberg. K: Gesungen in St Pölten, Heidelberg, Graz, Karlsruhe, zur Zeit am Raimund-Theater Wien. M: Gewerkschaft Bühne. H: Schwimmen, Schifahren, Tennis, Yoga.

Wieder Hanne
B: Schauspielerin. A: D–8014 Neubiberg, Schulzstr 3d, c/o Agentur Jäger. Tel: 089/602384 oder 08151/8766.

Wieland Dieter
B: Schauspieler. A: c/o Agentur de la Berg, D–8026 Irschenhausen, Haus am Weiher. Tel: 08178/3681.

Wielandt Ruth
B: Schauspielerin. A: D–2000 Hamburg 26, Beim Gesundbrunnen 15, c/o ZBF-Agentur Hamburg. Tel: 040/2506268 oder 040/66885400.

Wienand Sabine
B: Schauspielerin. G: Groß-Gerau/Hessen, 6. Nov 1953. A: D–2000 Hamburg 52, Mindermanng 32. S: Gymn (ohne Abschluß), Mozarteum Salzburg (ohne Abschluß). K: Mit 15 Jahren Mtgl einer Laientheatergruppe, 1. Preis als beste Darstellerin, Hauptrolle im TV-Fernsehspiel „Frühlingsfluten", danach Teilnahme an mehreren kleinen Filmen u TV- Auftritte, Karriere als Fotomodell. F: Brigitte, Für Sie, Schöner Wohnen, Hör Zu, TV Hören und Sehen, Stern, div Tageszeitungen. D: „Frühlingsfluten". H: Reiten, Malerei, Schriftstellerei.

Wiesemann Edgar
B: Schauspieler. G: Remscheid, 8. Dez 1927. V: Ursula, geb Middelkamp. A: D–7809 Denzlingen, Berliner Str 74. Tel: 07666/ 5046. S: Grundschule, Gymn, HS f Bühnenkunst, Ausbildung zum Karatetrainer f Schauspieler (Träger d 2. Dan-Grades). K: Schauspieler in Münster, Oldenburg, Lübeck, Düsseldorf, Basel, Hannover, Köln, Hamburg, Berlin, Bern, Zürich, Nürnberg, Freiburg, Fernsehfilme, Sprecher an zahlreichen Rundfunkanstalten, Dramaturgie- u Direktionsmitarbeiter. F: Hör Zu, Funk Uhr. D: Theater: „Urfaust", „Caligula", „Tartuffe", „Antigone", „Kleinbürger", „Amphitryon", „König Hirsch", „Was ihr wollt", „Dreigroschenoper", „Hebamme", „Ehe des Herrn Mississippi", „Bericht an eine Akademie", „Scherz Satire Ironie", „Sommernachtstraum", „Ein Volksfeind" ua, Fernsehen: „Florentinerhut", „Taubenaffäre", „Komödie der Irrungen", „Bürger Schippel", „Tatort", „Die Leute aus dem Schrank", „Der Tag an dem der Papst gekidnappt wurde". M: SKO Schweizerische Karateorganisation Genf. H: Psychologie, Psychoanalyse, klinische Psychiatrie.

Wieser Paul
B: Schauspieler. A: c/o Agentur Anna Ottavi Cheli, I–00136 Roma, Via Ugo de Carolis 101. Tel: 00396/344554.

Wiet Verena
B: Schauspielerin. A: D–2000 Hamburg 13, Brahmsallee 31, c/o Agentur Runde-Profé. Tel: 040/452234 oder 030/3040661.

Wigger Stefan
B: Schauspieler. A: D–1000 Berlin 39, Waltharistr 4b, c/o Agentur Bloy. Tel: 030/8032072 oder 089/6411893.

Wijnants Olaf
B: Schauspieler. A: c/o Management Margarete van Dam, NL–Amsterdam, Plantage Parklaan 12. Tel: 003120/246743.

Wiksten Bengt
PS: Bengt Wisten. B: Opernsänger. G: Göteborg/Schweden, 7. geb 1930. V: Elisabeth, geb Boström. A: D–4410 Warendorf 3, Velsener Str 3. S: Abitur, MusikAk Wien. K: Salzburger Festspiele, Staatsoper Wien, Koblenz, Bonn, Gelsenkirchen, Münster, Freiburg. D: „Die Kluge", „Besuch d alten Dame", „Lucia di Lammermoor", „Macht d Schicksals", „Barbier v Sevilla", „Figaros Hochzeit", „Bajazzo", „Cavalleria rusticana", „Hoffmanns Erzählungen", „Don Carlos", „Wozzeck", „Don Giovanni", „La Favorita", „Boheme", „Cosi fan tutte", „Die lustigen Weiber v Windsor", „Rosenkavalier", „Ariadne auf Naxos", „Troubadur", „Maskenball", „Rigoletto", „Othello", „Salome", „Elektra". E: OpernDiplom d MusikAk Wien. H: Jazz, Kochen.

Wilcke Claus
B: Schauspieler. A: D–2072 Jerbek bei Hamburg, Allee 31a, c/o Management Jovanovic. Tel: 04532/3440 oder 089/475024/25.

Wilczek Raphael
B: Schauspieler. A: c/o Management Palz, D–8000 München 81, Ortlindestr 6/VII. Tel: 089/912919/10.

Wildbolz Klaus
B: Schauspieler. G: Wien, 25. Aug 1937. V: Gisela. A: A–1130 Wien, Glorietteg 12, und CH–3646 Einigen, Tellergut. S: HandelsDipl, Ak f darstellende Kunst, Max Reinhardt-Seminar Wien. K: Anfänge in Luzern, Theater, 6 Jahre Theater i d Josefstadt Wien (Mtgl), Theater: Kammerspiele München, Theater a d Wien, Düsseldorfer Schauspielhaus, Renaissance-Theater Berlin, versch Filme, div Fernsehspiele. D: Quiz-Sendung „Schnickschnack". Fernsehen: „Kann ich noch ein bisschen bleiben?", „Der Abgeordnete v Bourbignac", „Heisse Ware", „Ein Job wie jeder andere", Theater: Petrucchio, Fiesco, Jedermann ua, Film: „Permission to kill" (USA). E: Fortschrittspreis d Max Reinhardt-Seminar Wien 1959. H: Beruf, Skilaufen.

Wildgruber Ulrich
B: Schauspieler. G: Bielefeld, 18. Nov 1937. V: Vera, geb Hühnermann. A: D–2000 Hamburg

70, Rauchstr 68. S: Gymn, Max Reinhardt-Seminar Wien. K: Engagements an d Komödie Basel, Städt Bühnen Heidelberg, Staatstheater Stuttgart, Schaubühne am Halleschen Ufer, Schauspielhaus Bochum, Deutsches Schauspielhaus Hamburg, Freie Volksbühne Berlin. F: Theater heute, Stern, Die Zeit, Spiegel ua. D: Lear, Othello, Caliban, Hamlet, Leontes, Danton, Trigorin (Möwe), Hjalmar Ekdal (Wildente), Lövborg (Hedda Gabler). M: Deutsche Ak d Darstellenden Künste Frankfurt.

Wilhelm Christine
B: Schauspielerin. A: D–8044 Lohnhof, Margaretenanger 36, c/o ZBF-Agentur München. Tel: 089/3104293 oder 089/335081.

Wilhelm Inge
B: Schauspielerin. A: D–8032 Lochham, Asampl 2, c/o ZBF-Agentur München. Tel: 089/872656 oder 089/335081.

Wilke Jürgen
B: Schauspieler. A: A–1050 Wien, Leopold Rister-G 5, c/o Agentur Schmidt-Gentner. Tel: 0222/551331 oder 0222/752271.

Will Erich
B: Schauspieler. A: D–8000 München 2, Arnulfstr 22/V, c/o ZBF-Agentur München, c/o Management Palz. Tel: 089/596796 oder 089/335081 oder 089/912019/10.

Willer Gundolf
B: Schauspieler. G: Berlin, 31. März 1939. A: D–1000 Berlin 47, Britzer Damm 153. S: Reifeprüfung, Schauspielausbildung bei Else Bongers im UFA-Nachwuchsstudio Berlin, Gesangsausbildung bei Carla Farma, Musical-Tanzausbildung bei Yan Borall. K: Schauspielhaus Bochum, Schauspielhaus Zürich, Theater in d Josefstadt Wien, Niedersächsisches Staatstheater Hannover, Thalia-Theater Hamburg, Gastspiele an vielen Berliner, Hamburger u Münchner Bühnen, div Festspiele u Tourneen, Hauptrollen in ca 35 TV- u Spielfilmen, Inszenierung v Opern u mehreren Boulevardkomödien als Regisseur. F: In Boulevard-, Tageszeitungen u Illustrierten. D: „Klimbim“, „PS“ (Serie), „Spiel mit d Tode“, „Palme im Rosengarten“, „Der Auswanderer“, „Querkopf“, „Towarisch“, „Jan Himp u d kleine Brise“, „Robert u Elisabeth“, „Schelme im Paradies“, „Keine Angst vor Kolibris“, „Liliomfi“, „Sein letzter Drink“, „Les Aventures de Comt Nantel“, „Ein Tag in Paris“, „Ein Tag im April“ uva, Theaterstücke: „Don Carlos“, „Andorra“, „Frühlingserwachen“, „Der Kaufmann v Venedig“, „Wie es euch gefällt“, „Biedermann u d Brandstifter“, „Adam u Eva“, „Frau Warrens Gewerbe“, „Hello Dolly“, „My Fair Lady“, „Geschichte v Soldaten“ uva. H: Schriftstellerei, Musik, Sport.

Willfried Waldemar
N: Adalbert Thiel. B: Schauspieler, Dramaturg, Regisseur. G: Berlin, 15. Juni 1905. A: D–2000 Hamburg 54, Beim Opferstein 25/III links. S: 1915–24 Gymn Berlin (Zum grauen Kloster) bis zum Abitur, Stud d Germanistik, Geschichte u Philosophie in Wien, Königsberg, 1934–36 SchauspielStud in Wien, Studio Schwarz, 1937 Schauspielprüfung in Berlin. K: 1940–41 Stadttheater Bad Teplitz-Schönau, 1941–42 Stadttheater Nordhausen, 1942 Badische Bühne Karlsruhe, 1942–43 Stadttheater Colmar, Sommer 1943 Thüringische Gaubühne Weimar, 1943–44 Stadttheater Marburg, Einzelengagements in Wien, 1967–76 mehrfach Nordhessische Landesbühne Bad Hersfeld, fallweise tätig f d Fernsehen NDR. D: „Kabale und Liebe“, „Don Carlos“, „Faust“, „Wildente“, „Scherz, Satire, Ironie u tiefere Bedeutung“, „König Ottokars Glück und Ende“, „Ludwig“, „Moral“, „Lottchens Geburtstag“, „Flachs u Ann“, „Der Kaufmann v Venedig“ uam. M: Mtgl d ReichstheaterKam 1940–44, Österr Bühnengewerkschaft 1945–52, ab 1952 Deutsche BühnenGen. H: Schach, Skat.

Williams Charles
B: Schauspieler. A: c/o Agentur Lentz, D–8000 München 80, Holbeinstr 4. Tel: 089/474026.

Williams Fred
B: Schauspieler. A: D–8124 Seeshaupt, Seepromenade 7, c/o Management Jovanovic. Tel: 08801/716 oder 089/475024/25.

Williams Owen
B: Sänger, Schauspieler. G: 23. März 1934. V: Lilian. A: D–2000 Hamburg 55, Rissener Landstr 54. S: Bachelor of Art, Dipl-Kfm. K: Fernsehen in USA, Deutschland, Niederlande, Schweiz, Skandinavien, England, Österreich, Film, Musical. F: Bild, Hamburger Abendblatt, Oberbergischer Anzeiger. D: Musical: „Show-Boat“, „New Moon“, „Annie get your gun“, Film: „Borgy and Bess“, „Cabin in the Skie“, „Die Beine v Dolores“, „Lost in the Stars“,

„Batar“ ua. E: Goldene Ehrenzeichen d Intern SOS Kinderdorfwerks, drei goldene Schallplatten. M: HFC Flieger Club Hamburg. H: Fliegen, Schach.

Willick Ulla
B: Schauspielerin. A: D–8500 Nürnberg, Wettersteiner Str 53. Tel: 0911/81680.

Willing Ute
B: Schauspielerin. A: D–8000 München 40, Hohenzollernstr 142, c/o Management Jovanovic. Tel: 089/3007907 oder 089/475024/25.

Willy Jeannette
B: Opernsängerin. G: St Louis/USA, 14. Okt 1932. V: Herbert Philipp Schneider. A: D–6082 Mörfelden-Walldorf, Oderstr 31. S: Abitur, Stud an d MusikHS. K: Metropolitan Opera New York, Gastspiele in Deutschland: Hamburg, Berlin, Stuttgart, München, Nürnberg, Österreich, Schweiz, Frankreich, Moskau, Italien, Tourneen m Saint Louis Symphonie Orchester u Illinois Symphonie Orchester. F: Jeweils nach d Veranstaltungen. E: Erster Preis d Metropolitan Opera New York, Erster Preis Opera Wettbewerb WGN-Radio Chicago, Artist Presentation Award, Fulbright- u Martha Baird Fund-of-Music Rockefeller Stipendium.

Wilsing Jörn W
B: Opernsänger. G: Hamm/Westf, 25. Okt 1940. A: D–7000 Stuttgart 30, Artusweg 17. S: Mittlere Reife, 4 Sem Staatl HS f Musik, Köln, 4 Sem Richard Strauß-Konservatorium München. K: Erstes Engagement 1965/66 Landestheater Coburg, über Gießen nach Karlsruhe an d Staatstheater am Gärtnerplatz, vier Jahre fest engagiert, seit 1973 als Gast, 1973 nach Dortmund, 1975 2 Jahre Karlsruhe, seit 1977 an d Württ Staatsoper Stuttgart. F: Opernwelt, Oper u Konzert, Orpheus ua. D: Etwa 70 Fachpartien, ua „Figaros Hochzeit“, „Zauberflöte“, „Don Giovanni“, „Cosi fan tutte“, „Traviata“, „Boheme“, „Carmen“, „Butterfly“, „Lohengrin“, „Tannhäuser“, „Meistersinger“ uva. M: GDBA. H: Tiere, Filmen, Gartenarbeiten.

Wimberger Peter
B: Staatsopernsänger. G: Wien, 14. Mai 1940. V: Graziella, geb Carniel. A: A–1090 Wien, Frankg 1. S: Mittelschule, Ak f Musik u darstellende Kunst Wien. K: Anfang in Dortmund, dann Mainz, Freiburg, Düsseldorf, seit 1972 Staatsoper Wien, Gastspiele an fast allen bedeutenden Bühnen. F: In div Opernzeitschriften, Tageszeitungen. D: In vielen Opern ua: Wotan, Jochanaan, Escamillo, Pizarro, König Heinrich. M: SolistenVerb d Staatsoper. H: Die Familie.

Wimmer Maria
B: Schauspielerin. A: c/o Management Erna Baumbauer, D–8000 München 80, Keplerstr 2. Tel: 089/478577.

Windhorst Karl-Heinz
B: Schauspieler. A: D–8000 München 81, Denninger Str 100, c/o ZBF-Agentur München. Tel: 089/911929 oder 089/335081.

Wingler Hanno
B: Schauspieler. A: D–2000 Hamburg 65, Classenstieg 5, c/o ZBF-Agentur Hamburg. Tel: 040/5363576 oder 040/24844547.

Winkel Gisela
B: Schauspielerin. A: D–8000 München 40, Hohenzollernstr 34. Tel: 089/333630.

Winkler Angela
B: Schauspielerin. A: D–1000 Berlin 19, Leonhardstr 10, c/o Management Baumbauer. Tel: 030/3238538 oder 089/478577.

Winter Franz
B: Schauspieler. A: c/o Agentur Schmidt-Gentner, A–1030 Wien, Lothringer Str 20. Tel: 0222/752271.

Winter Gerhard
B: Schauspieler. A: D–5000 Köln 1, Breite Str 122, c/o Agentur Marga Wiedner. Tel: 0221/247304 oder 089/3081822.

Winter Heinz
B: Schauspieler (Burgschauspieler). G: Klosterneuburg, 28. Mai 1925. V: Ruth. A: A–1220 Wien, Rittersporng 42. S: Reinhardt-Seminar Wien, StaatsAk f Musik Wien, Univ Wien. K: Salzburger Festspiele, Festspiele Bad Hersfeld, Hamburger Kammerspiele, Schauspielhaus Zürich, Deutsche Kammerspiele Buenos Aires, Deutsches Theater Santiago de Chile, Düsseldorfer Schauspielhaus, Burgtheater Wien. F: In versch Zeitungen u Zeitschriften. D: In unzähligen Bühnenrollen, viele in- u ausländische Filme. M: Humanitas Wien u Buenos Aires. H: Pianist.

Winter Judy
N: Beate Marie Kühn. B: Schauspielerin. G: Friedland o/S, 1944. V: Rolf Kühn. A: D–2110 Buchholz 2, Am Heidberg 7. S: Klassische Tanzausbildung, Schauspielabschluß, Staatl HS Stuttgart. K: Erstes Theaterengagement in Ulm/Donau, dann 7 Jahre Bremen, danach freischaffend. F: TV Hören u Sehen uva. D: „Und Jimmy ging zum Regenbogen", „Liebe ist nur ein Wort", „Perrak", etliche „Tatort", „Kommissar", „Derrick", „Frau v Bebenburg", „Scheck heiligt d Mittel", „Angst", „Glücksucher" ua. E: Goldene Kamera. H: Hund Maggie.

Winter Margrit
B: Schauspielerin. A: c/o Kohlund, CH–8712 Stäfa bei Zürich, Dachslerenstr, c/o Management Jovanovic. Tel: 00411/748877 oder 089/475024/25.

Winter Ruth
B: Schauspielerin. A: D–8000 München 2, Kobellstr 8, c/o ZBF-Agentur München. Tel: 089/537969 oder 089/335081.

Wirschaz Jutta
B: Schauspielerin. A: D–2861 Frankenburg, c/o ZBF-Agentur Hamburg. Tel: 0421/294336 oder 040/66885400.

Wischmann Marianne
B: Schauspielerin. A: D–8130 Starnberg, Almeidaweg 13, c/o ZBF-Agentur München. Tel: 08151/7442 oder 089/335081.

Wischnewski Siegfried
B: Schauspieler. A: D–5330 Königswinter 21, Berghausen, Goldbergweg 59, D–6100 Darmstadt, Soder Str 16a, c/o Agentur Marga Wiedner. Tel: 02244/3877 oder 06151/21933 oder 089/3081822.

Wischniak Eleonora
B: Schauspielerin. A: D–1000 Berlin 44, Schöneweider Str 6, c/o Demos-Film, D–1000 Berlin 28, Herrnholzweg 5–7, c/o Togi Management. Tel: 030/6849383 oder 030/4029902/03 oder 030/6185931.

Wisten Susanne
B: Schauspielerin. G: Stuttgart, 22. Sept. V: Roman Weyl. A: D–1000 Berlin 38, Waldsängerpfad 3. S: Abitur, Schauspielschule d Deutschen Theaters Berlin. K: Theater am Schiffbauerdamm, Volksbühne, Freie Volksbühne, Berlin.

Witow Barbara
B: Schauspielerin. A: D–8000 München 40, Rheinstr 9, c/o ZBF-Agentur München. Tel: 089/391540 oder 089/335081.

Witt Lothar
KN: The new Wittis. B: Artist, Akrobat. G: Plön/Holstein, 16. Aug 1940. A: D–6085 Nauheim, Heinrich Heine-Str 10, Postfach 1307. S: Grundschule, Berufsschule. K: Nach der Lehre als Molkereilehrling in die Lehre als Artist u Akrobat, Mitglied d Artistengruppe „Die Lipsis", 19 Jahre in Europa, seit Juni mit eigener Darbietung selbständig. F: Organ u div Tageszeitungen. D: Fernsehsendungen in Belgien, Frankreich, Niederlande u d Schweiz, sowie in Kindersendungen in Deutschland. M: IAL.

Witt Peter-Uwe
B: Schauspieler u SpielLtr. G: Wernigerode/Harz, 6. Juni 1942. V: Reinhild, geb Friedlein. A: D–1000 Berlin 31, Halenseestr 4. S: Mittlere Reife, Staatl Abschluß-Examen d Max Reinhardt-Schule Berlin. K: Bereits als Kind Theater gespielt u in mehreren Filmen, dann Schauspielausbildung an d Max Reinhardt-Schule in Berlin, Lehrauftrag an d Nordwestdeutschen MusikAk Detmold, Beschäftigung bei Film u Fernsehen, seit 1954 regelmäßige Tätigkeit im Hörfunk d RIAS, d SFB u im SWF, ebenso bei allen Berliner Synchronisationsfirmen, eigene Inszenierungen: Stadttheater Lüneburg: „Das Feuerwerk", „Der Floh im Ohr", „Der Zigeunerbaron", „Ein seltsames Paar", „Der Zarewitsch", „Tischlein, deck Dich", Landestheater Detmold: „Fazz u Zwoo", „Die Schneekönigin", „Das Mißverständnis", „Das Glas Wasser". F: In allen deutschen Zeitungen u Zeitschriften. D: „Schwarzwaldmädel", „Prairie Saloon", „Der gute Mensch v Sezuan", „Scherenschnitte", „Heiraten ist immer ein Risiko", „Schmährede an d Stadtmauer", „Der Ritter vom Mirakel", „Die Physiker", „Show-Boat", „Minna v Barnhelm", „Ein seltsames Paar", „Tartuffe", „Das Leben d Galilei", „Der Graf v Luxemburg", „Das kleine Hofkonzert", „Gräfin Mariza", „Tumult im Narrenhaus", „Der Vetter aus Dingsda", „Was ihr wollt", „Eine Nacht in Venedig", „Der Mann, der sich nicht traut", „Zirkusprinzessin", „Der eingebildete Kranke", „Fuhrmann Henschel", „Dantons

Tod", ‚Peterchens Mondfahrt", „Der Selbstmörder", „Mann ist Mann", „Yvonne, Prinzessin v Burgund", „Don Carlos", „Romulus d Große", „Der zerbrochene Krug", „Hauptmann v Köpenick", „Mutter Courage", „Hamlet", „Wie einst im Mai", „Wilhelm Tell", „Gefährliche Reise", „Im Weißen Rößl", „Name unbekannt", „Halluzinationen", „Die Mondvögel", „Faust I", „Schönes Weekend, Mr Bennet", „Die Räuber v Kardemomme", „Die Unberatenen", „Um 8 Uhr a d Achterbahn", „Freunde u Feinde", „Der Frieden", Kabarett „Die Wühlmäuse", Filme: „Waldwinter", „Wie ein Sturmwind", „Liebe, Jazz u Übermut", „Endstation Liebe" „Kapitänleutnant Prien", „13 alte Esel", „Bumerang", „Genosse Münchhausen", „Muß i denn ...", Fernsehen: „Abfahrt 14.25 Uhr", ‚Der Mann von draußen", „Familie Lindinger" (Serie), „Alle meine Tiere" (Serie), „Die Mondvögel", „Liebeshändel in Ghioggia", „Das Kaffeehaus", „Die Unberatenen", „Die Übungspatrone", „Der Fall Kaspar Hauser". M: Schlaraffia „Fryburgia Brysgaviae".

Witte Barbara
B: Schauspielerin. G: Wielkie Hajduki, 19. Jan 1925. A: D–1000 Berlin 10, Richard Wagner-Str 35. S: Abitur, Schauspielschule Marie Borchard, Abschluß 1952. K: Theater, Rundfunk, Fernsehen, Schallplatte.

Witte Elisabeth
B: Schauspielerin. G: Horrem/Köln, 26. Apr 1917. V: Wolf Drevermann. A: D–6000 Frankfurt 70, Kennedy Allee 44. S: Abitur, Schauspielschule Hamburg. K: Thalia-Theater Hamburg als Anfängerin, Landesbühne Dresden, Komödie Dresden, Komödie Hannover, Nationaltheater Weimar, wegen 2 schweren Krankheiten nur Rundfunktätigkeit in Frankfurt, Zimmertheater Heidelberg, Münster, Städt Bühnen Frankfurt, Bonn Contra-Kreis-Theater. F: Theater Heute. D: „What?" (Polanski), „Empfindliches Gleichgewicht", „Happy End", „Abgrund", „Geliebte Hexe", unzählige Theaterrollen vom Gretchen bis zur Hexe. M: GDBA, Freies Deutsches Hochstift, FFM Goethe-Museum. H: Literatur, Bergsteigen, nicht Kochen, nicht Fernsehen.

Witte Wilfried
PS: Medium Terzett. B: Sänger. G: Voxtrup/Osnabrück, 1. März 1935. A: D–4500 Osnabrück, Eckelskamp 1. S: Grundschule, Handwerkslehre, Konservatorium Osnabrück. K: 1954 als Amateur (Welfen-Trio), 1958 Star als Medium-Terzett. F: In allen Zeitungen u Zeitschriften Deutschlands. D: In div Musikfilmen, allen großen Unterhaltungssendungen d Fernsehens ARD u ZDF u versch Revuen. E: Bronzener Löwe v RTL, Silberne Nadel v IAL. M: IAL Hamburg. H: Filmen, Fotografieren, Wandern.

Witte Willy
B: Schauspieler. A: D–2000 Hamburg 20, Robert Koch-Stieg 4. Tel: 040/474243.

Witthauer Charlotte
B: Schauspielerin. A: D–8000 München 19, Romanstr 81, c/o ZBF-Agentur München. Tel: 089/1781626 oder 089/335081.

Wittich-Schütt Cornelia
PS: Ti Corn. B: Komponistin, Texterin, Sängerin, HotelKfm. G: Heiligenberg/Bodensee, 11. Aug 1953. A: c/o Artist Service – Eike R Heitkamp, D–2000 Hamburg 20, Eppendorfer Baum 13. S: Odenwaldschule, Abitur, 2-jährige Ausbildung zum HotelKfm. K: Im zweiten Lebensmonat zum ersten Mal nach Haiti, der Heimat d deutschstämmigen Familie, d einheimische Kindermädchen kreierte aus „Petit Cornelia" d kreolischen Namen Ti-Corn u wurde somit zur Entdeckerin d Künstlernamens, frühe Übung im Tanzen u Gitarrespielen, großes Interesse f einheimische Folklore, als 14-jährige Schulausbildung in Deutschland, danach wieder nach Haiti, die folgende Zeit ausschließlich d Musik, insbes d haitianischen Volksmusik gewidmet, komponieren u texten eigener Lieder, gefragter Gast bei vielen Veranstaltungen auch über die Landesgrenzen hinaus, 1977 Abschluß eines Künstlervertrages in Hamburg, Tournee mit haitianischer Folklore, 1977 Film, erste Langspielplatte „Haiti". D: „Caribia" m Rossano Brazzi. H: Leibgericht „Tasso" (scharf gebratenes Ziegenfleisch) u „Corosol"-Eis (hergestellt aus einer Baumfrucht, die nur auf Haiti wächst).

Wittig Inga
B: Schauspielerin. A c/o Agentur Bengen, D–1000 Berlin 21, Paulstr 25. Tel: 030/3911895.

Wittke Benjamin
B: Schauspieler. A: c/o Agentur Bengen, D–1000 Berlin 21, Paulstr 25. Tel: 030/3911895.

Wittmack Hannelore
B: Schauspielerin. A: D–1000 Berlin 65, Soldiner Str 3, c/o Agentur Bengen. Tel: 030/4933038 oder 030/3911895.

Wittwer Stephan
B: Schauspieler. A: c/o Agentur Bengen, D–1000 Berlin 21, Paulstr 25. Tel: 030/3911895.

Wodetzky Christine
B: Schauspielerin. A: D–8000 München 90, St Magnus-Str 32, c/o Agentur Lentz. Tel: 089/648287 oder 089/474026.

Wodowoz Manja
B: Schauspielerin. A: D–1000 Berlin 33, Spechtstr 18. Tel: 030/8314552.

Wodrich Meta
B: Schauspielerin. A: c/o Agentur Bengen, D–1000 Berlin 21, Paulstr 25. Tel: 030/3911895.

Wöhning Ernestine Ina
B: Schauspielerin. G: München, 14. Juli 1921. A: D–8000 München 2, Westenriederstr 8. Tel: 089/294644. S: Schauspielstudio Charlotte Fröhlich, Intendant Otto Kustermann, Prof A Kutscher. K: Aufgaben im Theater, Fernsehen Film, Funk. F: In Tageszeitungen. D: „Rheinpromenade", „Der Unordentliche", „Einen Fehler macht auch d Geschickteste", „Lumpazivagabundus", „Moral". H: Pferdenärrin, Reisen, Weiterbildung.

Wolf Gusti KamSchauspielerin
B: Schauspielerin. G: Wien, 11. Apr. A: A–1010 Wien, Salztorg 6/4/27. S: Grundschule. K: Feste Engagements: 1936 Wiener Kammerspiele, 1937 Kammerspiele München, 1939–44 Volksbühne Berlin, seit 1946 Wien Burgtheater (Gastspiele), Berliner Festwochen, Bregenzer u Salzburger Festspiele, 1968 Welttournee m d Burgtheater. F: Seit 1936 in Tageszeitungen, Theater- u Kunstzeitschriften u in Büchern. D: In 45 Filmen u ca 50 Fernsehspielen. E: 1966 Kammerschauspielerin, 1972 Österreichisches Ehrenkreuz f Wiss u Kunst I. Klasse. H: Sammeln schöner Dinge.

Wolff Christian
B: Schauspieler. G: Berlin, 11. März 1938. V: Marina, geb Handloser. A: D–8025 Unterhaching, Parkstr 2. S: Max Reinhardt Schule Berlin. K: Seit 1957 ca 25 Filme, über 60 Fernsehspiele, Theater in Berlin, Hamburg, München, Düsseldorf u div Tourneen in Deutschland, Schweiz u Österreich, div Hörspiele, Filmkommentare, Synchronisation.

Wolff Harald
B: Schauspieler. A: D–8000 München 2, Zenettistr 23. Tel: 089/ 773529.

Wolff Harry
B: Schauspieler. A: D–8023 Pullach, Schillerstr 2, c/o Agentur Ottavi, c/o Agentur v Pilecki. Tel: 089/7933730 oder 00396/344554 oder 089/220263.

Wolff Joachim
B: Schauspieler. A: D–2000 Hamburg 50, Hohenzollernring 70, D–2059 Güster/Lbg, Seestr 115, c/o ZBF-Agentur Hamburg. Tel: 040/385918 oder 04158/470 oder 040/66885400.

Wolff Margit
B: Schauspielerin. A: D–6382 Friedrichsdorf, Hermann Löns-Weg 15, c/o ZBF-General-Agentur Frankfurt. Tel: 06175/7100 oder 0611/7111335.

Wolff Michael
B: Schauspieler. A: D–8000 München 40, Moltkestr 11/I, c/o ZBF-Agentur München. Tel: 089/399680 oder 089/335081.

Wolff Uschi
B: Schauspielerin. A: D–8000 München 80, Montgelasstr 35, c/o ZBF-Agentur München. Tel: 089/988288 oder 089/335081.

Wolffberg Inge
B: Schauspielerin. A: D–1000 Berlin 33, Wernerstr 5, c/o ZBF-Agentru ZBF-Agentur Berlin. Tel: 030/8263315 oder 030/8838031/54.

Wölffer Christian
B: Schauspieler. A: D–1000 Berlin 33, Im Dol 25d.

Wolfsberger Peter
B: Schauspieler. A: A–1130 Wien, St Veit-G 40, c/o Agentur Schmidt-Gentner. Tel: 0222/823404 oder 0222/752271.

Wolsdorf Peter
B: Schauspieler. A: c/o Agentur Schmidt-Gentner, A–1030 Wien, Lothringer Str 20. Tel:

0222/752271.

Wollner Gerhard
B: Schauspieler. G: Berlin, 28. Juli 1917. V: Ilse, geb Hinze. A: D–1000 Berlin 19, Riehlstr 6 A. Tel: 030/3214708. S: Real-Gymn. K: 1946 Kabarett „Frischer Wind", Berlin, 1952 Deutscher Fernsehfunk Berlin, 1955–61 Friedrichstadt Palast Berlin, ab 1961 freischaffend. D: In Fernsehserien. H: Segeln, Reisen.

Wollscheidt Rudolf
B: Schauspieler. A: D–2000 Hamburg 54, Hinschstr 22, c/o ZBF-Agentur Hamburg. Tel: 040/5707972 oder 040/66885400.

Wollschon Gerd
B: Satiriker. G: Zobten, 11. Feb 1944. V: Saskia E, geb Buechler. A: D–5000 Köln 60, Auerstr 1. S: Abitur, Stud d TheaterWiss, Psychologie. K: 1966 Gründer d Kabaretts „Floh de Cologne", fünf Jahre Mitspieler u zehn Jahre Haupttexter u Regisseur, in dieser Zeit Entwicklung d deutschen Polit-Rocks, dann Buchautor u Fernsehautor (ARD-Serie „Goldener Sonntag"), Tucholsky-Interpret, Off-Sprecher, Mitherausgeber d Satire-Jahrbuches, ab 1979 auch als Solo-Kabarettist unterwegs, Autor u Mitwirkender zahlreicher satirischer Sendungen. M: Verb Deutscher Schriftsteller, ordentliches Mtgl d GEMA (Schlagerdichter), VG Wort, GVL. H: Getränke.

Wolter Ralf
B: Schauspieler, Autor, Komponist. G: Berlin, 28. Nov 1926. V: Edith, geb Ackermann. S: SchauspielAk „Der Kreis" Berlin. K: Landestheater Potsdam, 5 Jahre in versch Kabaretts, darunter „Mausefalle" mit Werner Finck, Freischaffender an Berliner, Münchner, Hamburger Theatern, Film u Fernsehen. F: Zahllose in Zeitungen u Zeitschriften. D: Ca 110 Filme, darunter 11 Karl May-Filme, jährlich 3 bis 5 Fernsehsendungen als Schauspieler, Sänger u Moderator. H: Segeln, Musik in jeder aktiven u passiven Form, Tennis.

Wondrak-Hübner Ursula
B: Schauspielerin. A: D–8000 München 40, Römer Str 16, c/o ZBF-Agentur München. Tel: 089/396770 oder 089/335081.

Wördy Hanna
B: Shauspielerin. A: D–8000 München 80, Preysingpl 2/III, c/o ZBF-Agentur München. Tel: 089/481537 oder 089/335081.

Worell Herta
B: Schauspielerin. A D–8000 München 2, Wurzer Str 18, c/o Agentur Bloy. Tel: 089/292488 oder 089/6411893.

Worthmann Werner
B: Solotänzer, Ballettlehrer. G: Bremen, 29. März 1941. A: D–2800 Bremen, Eislebener Str 37. S: HS, BallettAk. K: Eleve, Tänzer, Solotänzer, Ballettlehrer. D: in Operetten, Opern, Musical, Ballettabende. M: Mtgl im Verb d Ballettschulen eV in Deutschland. H: Tiere, Reisen, Theater.

Woska Elisabeth
B: Schauspielerin. A: D–8000 München 22, Isartorpl 2, c/o ZBF-Agentur München. Tel: 089/292378 oder 089/335081.

Woziwoda Leszek Mag
B: Sänger (Tenor). G: Krakau/Polen, 3. Aug 1949. A c/o Raimundtheater, A–1060 Wien, Wallg 18–20. Tel: 0222/576626. S: Matura, HS f Musik in Krakau, Sologesang b Prof Zofia Stachurska. K: 1978 Debüt in Krakauer Oper, erstes Engagement am Wiener Raimundtheater als Solosänger. F: Panorama. D: „Freischütz", „Don Giovanni", „Der Bettelstudent", „Eine Nacht in Venedig", Krönungsmesse, Requiem v W A Mozart, IX. Symphonie v Beethoven, Der Messias v Haendel. E: 2. Preis im Wettbewerb „Jan Kiepura" in Krynica 1973. M: Stowarzyszenie Polskich Artystow Muzykow, Polska Agencia Artystyczna „Pagart", Warschau. H: Reisen, Bücher.

Wredenhagen Olivia
B: Schauspielerin. A: D–8000 München 40, Nordendstr 44. Tel: 089/377170.

Wrobel Heinz
B: Sprecher. G: Berlin, 2. Dez 1929. A: D–6200 Wiesbaden, Dieselstr 11. K: Nachrichtensprecher b SWF, seit 1963 beim ZDF. F: Funk Uhr ua. H: Kochen, Schwimmen, Jazz.

Wühr Ludwig
B: Schauspieler. A: D–8000 München 90, Schönstr 51, c/o ZBF-Agentur München, c/o Agentur Rakosi. Tel: 089/661405 oder 089/335081 oder 089/6904092.

Wührer Jolanthe
B: Schauspielerin. A c/o Agentur Schmidt-Gentner, A–1030 Wien, Lothringer Str 20. Tel: 0222/752271.

Wulf Jürgen
B: Schauspieler. A: D–2000 Hamburg 73, Abrahamstr 12. Tel: 040/6784234.

Wulff Udo
B: Schauspieler. A: D–2000 Hamburg 26, Horner Weg 42d. Tel: 040/217470.

Wunderlich Klaus
B: Musiker. G: Chemnitz, 18. Juni 1931. A: D–7517 Waldbronn 1, Albstr 1. S: Grundschule, Musikunterricht 3 1/2 Jahre. K: Korrepetitor, Pianist, ab 1955 Organist (Elektronische Orgel), seit 1972 eigenes Tonstudio, Plattenproduzent u Arrangeur. F: Viele in versch Zeitungen u Zeitschriften. E: 12 goldene Langspielplatten u 1 goldene Musikkassette. M: GEMA.

Wünsch Anna
B: Schauspielerin. A: c/o Agentur Bengen, D–1000 Berlin 21, Paulstr 25. Tel: 030/3911895.

Wurm Bernd
B: Schauspieler. A: D–2300 Kiel 16, Möhlweg 28, c/o ZBF-Agentur München, c/o Agentur Runde-Profé. Tel: 0431/36770 oder 089/335081 oder 030/3040661.

Wurm Grete
B: Schauspielerin. A: c/o ZBF-Agentur München, D–8000 München 40, Leopoldstr 19. Tel:089/335081.

Würte Annaliese
B: Schauspielerin. A: D–1000 Berlin 33, Steinrückweg 5, c/o Agentur Runde-Profé. Tel: 030/8212343 oder 030/3040661.

Wussow Klausjürgen
B: Schauspieler. A: c/o Agentur Alexander, D–8000 München 80, Lamontstr 9. Tel: 089/471011.

Wüstenhagen Harry
B: Schauspieler. A: D–1000 Berlin 22, Selbitzer Str 107. Tel: 030/3533220.

Wüstenhöfer Arno
B: Schauspieler. A: D–5600 Wuppertal 2, Haarhausen 8. Tel: 0202/522637.

Wyprächtiger Hans
B: Schauspieler. A: D–8221 Seeon, Kloster, c/o ZBF-Agentur München. Tel: 08624/2592 oder 089/335081.

Yaron Nurith
B: Schauspielerin. A: D–4000 Düsseldorf-Derendorf, Mauerstr 13. Tel: 0211/464747.

Yorgk Fred
B: Schauspieler. A: D–8000 München 40, Frauenstädtstr 12. Tel: 089/03591337.

Zacher Rolf
B: Schauspieler. A: D–8000 München 40, Birnauer Str 13. Tel: 089/306659.

Zahn Bernd
B: Schauspieler. A: D–1000 Berlin 45, Oberhofer Weg 66, c/o Agentur Bengen, c/o Agentur Runde-Profé. Tel: 030/7115737 oder 030/3911895 oder 030/3040661.

Zamulo Birgit
B: Schauspielerin. A: D–8000 München 60, Pirolstr 31, c/o ZBF-Agentur München. Tel: 089/8141265 oder 089/335081.

Zander Hans
B: Schauspieler. A: D–5090 Leverkusen-Schlebusch, Saarbrücker Str 28, c/o Agentur Marga Wiedner. Tel: 02172/57050 oder 089/3081822.

Zapatka Mnfred
B: Schauspieler. A: c/o ZBF-Agentur München, D–8000 München 40, Leopoldstr 19. Tel: 089/335081.

Zech Rosel
B: Schauspielerin. A: c/o ZBF-General-Agentur Frankfurt, D–6000 Frankfurt/Main, Feuerbachstr 42–46. Tel: 0611/7111335.

Zehetmayr Karin
B: Schauspielerin. A: c/o Agentur Schmidt-Gentner, A–1030 Wien, Lothringer Str 20. Tel: 0222/752271.

Zeiger Hans Wolfgang
B: Schauspieler. A: c/o Weber, D–2000 Hamburg 76, Bartholomäusstr 76/I, c/o ZBF-Agenturen München, Hamburg u Frankfurt. Tel: 040/2202438 oder 089/335081 oder 040/66885400 oder 0611/7111335.

Zeller Bibiane
B: Schauspielerin. A: c/o Agentur Schmidt-Gentner, A–1030 Wien, Lothringer Str 20. Tel: 0222/752271.

Zellermayer Alexander
B: Schauspieler. A: c/o Management Jovanovic, D–8000 München 80, Perfallstr 6. Tel: 089/475024/25.

Zenke Hans Joachim
B: Dramaturg, Regisseur, Schauspieler, Schriftsteller. V: Iris, geb Fink. A: D–5000 Köln 60, Xantenerstr 88. Tel: 0221/763154. S: Stud d Philosophie (Ontologie), Psychologie, Germanistik u Kunstgeschichte, Schauspielausbildung in Berlin. K: Nach d Stud Schauspielanfänger in Berlin u Bad Wilsnack, 1940–45 Soldat (Wehrmacht), ab 1945 TheaterLtr, Dramaturg, Schauspieler, OberspielLtr u SpielLtr (Bühne, Film u Fernsehen), ab 1943 Schriftsteller, Veröffentlichungen: „Die Entstehung der Kathedrale", „Vom Sinn und Wesen des Theaters", Die Säule als tragendes Prinzip", Märchen, Legenden, Aphorismen. Veröffentlichungen ua im Jahrbuch QUATUOR CORONATI 1978. F: Süddeutsche Zeitung, Der Abend, Frankfurter Allgemeine Zeitung, Freie Presse, Kölner Rundschau, Bonner Generalanzeiger, Münster'sche Zeitung, in ausländ Presse: Paris, Dublin, London, Bern u Salzburg. D: Bühne: „Ein Inspektor kommt", „Ein Mond für d Beladenen", „Rheinpromenade', „Kabale und Liebe", „Über die Schädlichkeit des Tabaks", „Ein freudiges Ereignis", „Dr Doolittle" uva. Film u Fernsehen: 50 Filme, ua „Feierabend", „Heim und Herd", „Der doppelte Moritz". M: „Freimaurer", „Brüder-Grimm-Ges", „Quatuor Coronati", Rotes Kreuz, DAV. H: Alpinist, Motorradsport, Tanzen.

Zenke Michaela
B: Schauspielerin. A: c/o Agentur Schmidt-Gentner, A–1030 Wien, Lothringer Str 20. Tel: 0222/752271.

Zentzytzki Liselotte
B: Schauspielerin. G: Leipzig, 21. Dez. V: Werner Zentzytzki. A: D–8031 Puchheim, Haydnweg 15. S: Wirtschaftsoberschule, KfmGehilfin, Schülerin v Dr Armas Sten Fühler, 1944 Examen in Dresden als Schauspielerin u Sprecherin. K: Bis 1951 als Schauspielerin tätig, seit 1968 Synchronsprecherin, Sprecherin d Bayerischen Blindenhörbücherei. M: TierschutzVer, Bund gegen Mißbrauch d Tiere eV. H: Schwimmen, Lesen, Basteln.

Zeplichal Vitus
B: Schauspieler. A: c/o Agentur Alexander, D–8000 München 80, Lamontstr 9. Tel: 089/471011.

Zeppenfeld Hannelore
B: Schauspielerin. A: D–6204 Taunusstein-Seitzenhahn, Walluferstr 12, c/o ZBF-Agentur München. Tel: 06124/2570 oder 089/335081.

Zerboni Ruth v
B: Schauspielerin u Schauspielschulleiterin. G: Rittergut Konarzewo/Posen, 9. Apr 1908. A: D–8035 Gauting, Waldpromenade 21. S: Abitur, 2 2/1 Jahre Schauspielschule. K: Sentimentale u jugendliche Heldin, Engagements v 1929–47: Kammerspiele München, Schauspielhaus u Thalia-Theater Hamburg, Staatstheater Berlin, Schauspielhaus Leipzig, Städt Bühnen Frankfurt/M, 1947 Gründung d Staatl Schauspielschule Ruth v Zerboni. D: Im ganzen ernsten Repertoire d genannten Bühnen. E: Älteste Schule unter gleicher Leitung in Europa. M: BühnenGen, Ver zur Förderung u Ausbildung d künstlerischen Nachwuchses eV. H: Garten u Musik.

Zerboni Ulrike von
B: Schauspielerin. A: D–8130 Starnberg, Lenbachstr 14, c/o ZBF-Agentur München, c/o Agentur Rakosi. Tel: 08151/6994 oder 089/335081 oder 089/6904092.

Zerlett Wolfgang
B: Schauspieler. A: D–1000 Berlin 33, Ahrweiler Str 9, c/o Agentur Marga Wiedner. Tel: 030/8211509 oder 089/3081822.

Zeussel Werner
B: Schauspieler. A: D–8000 München 83, Aufleger Str 42. Tel: 089/407744.

Ziebell Lothar
B: Schauspieler. A: D–2000 Hamburg 54, Henning Wulf-Weg 12, c/o ZBF-Agentur Hamburg. Tel: 040/562577 oder 040/66885400.

Ziegler Adolf
B: Schauspieler. A : c/o Agentur Marga Wiedner, D–8000 München 40, Destouchesstr 32/I. Tel: 089/3081822.

Ziegler Günther
B: Schauspieler. A: c/o Agentur Alexander, D–8000 München 80, Lamontstr 9. Tel: 089/471011. Lamontstr 9. Tel: 089/471011.

Ziegler Hilde
B: Schauspielerin. A: CH–4000 Basel, St Alban-Vorstadt 104, c/o ZBF-Agentur München. Tel: 004161/239360 oder 089/335081.

Zielstorff Ilse
B: Schauspielerin. A: D–8000 München 90, Hochkalter Str 6/III, c/o Management Palz. Tel: 089/06915234 oder 089/912919/10.

Ziemann Sonja
B: Schauspielerin. A: c/o Agentur Jäger, D–8130 Starnberg/See, Postfach 1328. Tel: 08151/8766.

Zierl Helmut
B: Schauspieler. A: D–3000 Hannover 1, Simrockstr 7, c/o ZBF-Agentur Hamburg. Tel: 0511/8091300 oder 040/66885400.

Zierold Jan
B: Shauspieler. A: c/o Agentur Marga Wiedner, D–8000 München 40, Destouchesstr 32/I. Tel: 089/3081822.

Ziesmer Santiago
B: Schauspieler. A: D–1000 Berlin 41, Ceciliengärten 26. Tel: 030/8516503.

Ziessler Günther
B: Schauspieler. A: CH–8006 Zürich, Weinbergstr 82, c/o Agentur Marga Wiedner. Tel: 00411/284019 oder 089/3081822.

Ziffer Wolfgang
B: Schauspieler. A: D–1000 Berlin 27, An der Wildbahn 106, c/o ZBF-Agentur Berlin. Tel: 030/4314742 oder 030/8838031/54.

Zimmermann Claudius
B: Schauspieler. A: c/o Agentur v Pilecki, D–8000 München 22, Oettingenstr 46. Tel: 089/220263.

Zimmermann Eduard
B: Journalist, Moderator. G: München, 4. Feb 1929. V: Rosmarie. A: D–6500 Mainz-Finthen, Postfach 210109. S: Grundschule. K: Nach d Krieg versch Gelegenheitsarbeiten, Ausreise nach Schweden, 1949 f schwedische Zeitung Reportage in damaliger Sowjetzone, Verhaftung u Verurteilung d Sowjets wegen Spionage zu 25 Jahren Arbeitslager, fünf Jahre in Bautzen u Brandenburg, 1954 amnestiert, danach Journalist in Hamburg, 1961 eigene Sendung b NDR „Thema d Woche", 1962 festangestellter Redakteur b ZDF, eigene Sendungen: „Vorsicht Falle" u „Aktenzeichen XY – ungelöst", Bücher: „Der Ganoven Wunderland", „Das unsichtbare Netz". F: Funk Uhr, Hör Zu, Kronenzeitung, Welt am Sonntag, Stern uva. E: Goldplakette d Gewerkschaft d Polizei, Goldene Kamera, Adolf Grimme-Preis, EhrenMtgl d Bundes Deutscher Kriminalbeamter. H: Die Arbeit, Tennis.

Zimmermann Franz
B: Schauspieler. A: D–4000 Düsseldorf 11, Cherusker Str 109. Tel: 0211/579233.

Zimmermann Gerd
B: Schauspieler. A: D–2400 Lübeck 1, An der Obertrave 17, c/o ZBF-Agentur Hamburg. Tel: 0451/70293 oder 040/66885400.

Zimmermann Petra
KN: Constanza. B: Schauspielerin. G: Chemnitz, 19. Dez 1954. A: D–6600 Saarbrücken, Sachsenweg 2. S: Realschulabschluß, Staatl HS f Musik u darstellende Kunst Frankfurt/Main, 6 Sem Schauspiel m Dipl-Abschluß, abgeschlossene Ballettausbildung, 6 Jahre Klavierunterricht, 3 Jahre Gesangsstudium. K: Gastspiele : Städtische Bühnen Frankfurt, Staatstheater Hannover, Städtische Bühnen Bielefeld, Bonn, Bad Godesberg, Städtische Bühnen Osnabrück, Staatstheater Saarbrücken. F: Fotomodell ehemals bei Quelle u Neckermann. D: Hörspiel- u TV-Produktionen d Hessischen Rundfunks, Rollen: ua in „Sommernachtstraum", „Woyzeck", „Puntila u sein Knecht Matti", „Jessica", „Die schmutzigen Hände", „Marat", „Kennedy's Kinder", „My Fair Lady", „Frau Warrens Gewerbe", „Kleinbürgerhochzeit", Revue: „Der schwarze Jahrmarkt". E: 1. Preis beim BWettbewerb Gesang (Chanson/Musical) Berlin 1978. H: Schwimmen, Reisen, Schreiben (Gedichte, Prosa), Beruf.

Zingelmann Ute Gudrun Marlene
B: Ansagerin. G: Rostock, 7. Sept 1942. V:

Hans Viehweg. A: D-6208 Bad Schwalbach, Am Grohberg 8. S: Abitur, Stud d Betriebswirtschaftslehre. K: Seit 1965 Ansagerin b ZDF. F: Quick ua. E: Nadelprinzeß 1972. H: Ralleys, Fallschirmspringen, Tennis, Reiten, Schwimmen, Reisen, Sport.

Zinn Kurt
B: Schauspieler. A: D-1000 Berlin 41, Schloßstr 33b. Tel: 030/7917767.

Zinner Ellen
B: Schauspielerin. A: D-8000 München 40, Mittermayrstr 4, c/o ZBF-Agentur München. Tel: 089/301918 oder 089/335081.

Zinty Sascha
B: Schauspieler. A: c/o Margot Felsch, D-6000 Frankfurt/Main 1, Fahrg 26. Tel: 0611/284659.

Zips Kurt
B: Schauspieler. G: Wien, 3. Aug 1922. A: D-8000 München 80, Grillparzerstr 42. S: Abitur 1942, Reinhardt-Seminar in Wien mit Abschluß 1942–44. K: 1945 Vorarlberger Landesbühne (GründungsMtgl), 1947–50 Landestheater Tübingen, 1950–55 Deutsches Theater in Göttingen (Heinz Hilpert), 1955–59 Staatstheater Kassel, seit 1959 als freier Schauspieler in München, ua Gastspiele am Residenztheater München, Schauspielhaus Hamburg (1973 u 1975, Regie: L Lindtberg, R Noelte), Fernsehen, Spielfilm, Synchron, Funk, 1973 Salzburger Festspiele. F: Seit 1960 in versch Fernsehzeitschriften. D: „Viel Lärm um nichts", „Der Zerissene", Fernsehen: „Der Tod des Engelbert Dollfuß", „Ferdy und Ferdinand" über 100 andere Rollen in Film u Fernsehen „Misanthrope" bei d Salzburger Festspielen. H: Literatur, Psychologie.

Zirner August
B: Schauspieler. A: c/o Agentur Schmidt-Gentner, A-1030 Wien, Lothringer Str 20, c/o Agentur v Pilecki. Tel: 0222/752271 oder 089/220263.

Zlonitzky Eva
B: Schauspielerin. G: 13. Mai 1935. V: C P Witt. A: D-2000 Hamburg 73, Hüllenkamp 142. S: Abitur, Schauspielschule Genzmer, Wiesbaden K: Staatstheater Wiesbaden, Staatstheater Braunschweig, uva Engagements an Theater u Fernsehen. D: „Oblomows Liebe", „Die Dämonen", „PS", „Preußenkorso", „Des Obersten Lady" uva.

Zoch Gisela
B: Schauspielerin. A: CH-8800 Thalwil/Zürich, Seestr 83. Tel: 00411/7200398.

Zola Jean-Pierre
B: Schauspieler. A: c/o Agentur v Pilecki, D-8000 München 22, Oettingenstr 46. Tel: 089/220263.

Zoller Erwin Rolf
B: Regisseur u Schauspieler. G: Witkowitz, 14. Dez 1914. V: Dr Irene, geb Holik. A: D-7000 Stuttgart 50, Thorner Str 21. S: Realschule. K: Reinhardtseminar, Engagements im In- u Ausland, Theater- u Filmrollen in Deutsch, Tschechisch, Russisch. F: In Mähr Ostrau, Breslau, DDR Rudolstadt, Putbus auf Rügen, CSSR, Prag, Kladno, Benneschau. D: „Wurm", „Kabale und Liebe", „Schluck, Schluck u Jau", „Wuttig, Scherenschnitt", ca 50 tschech u russ Filme. E: CSSR Staatspreis f Film u Theater, Preise f Inszenierungen. M: Württembergischer AnglerVer. H: Schmalfilme m Inhalt, Langlauf, Angeln.

Zuber Heinz
B: Schauspieler. A: A-1070 Wien, Hermanng 7/16, c/o Management Jovanovic. Tel: 0222/9367885 oder 089/475024.

Zuiderwind Jonny
N: Theodorus von d Kerkhof. B: Sänger. G: Helmond, NL, 25. Dez 1934. A: D-5650 Solingen 1, Obenpilghausen 110. S: Grundschule, Mittelstufe, Privatschule, Gesang, Konservatorium. K: Als Sänger, Gitarrist u Bassist in Tanz- u Show-Bands, Sänger f Schallplatte, Rundfunk, Fernsehen, Galas. F: Bildzeitung, Neue Revue, Story, in Tageszeitungen. D: „Im weißen Rößl". H: Gesang, Gitarre.

Zülch Gisela
B: Schauspielerin. A: D-5000 Köln 30, Görlinger Zentrum 3, c/o ZBF-General-Agentur Frankfurt. Tel: 0221/504153 oder 0611/7111335.

Zumelli Bruno
B: Schauspieler. A: c/o Agentur Bengen, D-1000 Berlin 21, Paulstr 25. Tel: 030/3911895.

C

URAUFGEFÜHRTE SPIELFILME 1978

FILMAUSZEICHNUNGEN 1978

PRÄDIKATFILME 1978

URAUFGEFÜHRTE DEUTSCHE SPIELFILME 1978 (DEUTSCHLAND)

"Die allseitig reduzierte Persönlichkeit-Redupers". Prod: Basis-Film-Verleih, Berlin/ZDF, Mainz. Verl: Basis.

"Die Anstalt". Prod: Common, Berlin. Verl: Basis.

"Aus der Ferne sehe ich dieses Land". Prod: Basis-Film-Verleih, Berlin/WDR, Köln. Verl: Basis.

"Die Bruchpiloten vom Königssee". Prod: Herzog-Filmverleih, München. Verl: Herzog-Filmverl.

"Caribia". Prod: Azor, München/Interart, München. Verl: Interart.

"Deutschland im Herbst". Prod: Project, München/Hallelujah, München/Kairos, München. Verl: Filmverlag.

"Das Einhorn". Prod: Artus, München/SWF, Baden-Baden. Verl: Warner-Columbia.

"Fedora". Prod: Geria II, München, i. Zusammenarb. m. Bavaria Atelier, München. Verl: CS.

"Feuer um Mitternacht". Prod: Ehmck, Gräfelfing/NDR, Hamburg/HR, Frankfurt am Main. Verl: Neue Constantin.

"Flammende Herzen". Prod: Enten, Köln/ ZDF, Mainz. Verl: Filmverlag.

"Die Frau gegenüber". Prod: DNS, München/BR, München. Verl: Filmwelt.

"Das fünfte Gebot". Prod: Oase, Essen. Verl: Neue Constantin.

"Geheime Lüste blutjunger Mädchen". Prod: Sandrasynchron, Stuttgart. Verl: Apollo/Splendid.

"Die gläserne Zelle". Prod: Roxy, München/Solaris, München/BR, München. Verl: Filmverlag.

"In einem Jahr mit 13 Monden". Prod: Tango, München/Pro-Ject, München/WDR, Köln. Verl: Filmverlag.

"Kreutzer". Prod: Sunny Point, Berlin/Multimedia, Hamburg/BR, München. Verl: Arge Kino.

"Lady Dracula". Prod: IfV, Köln. Verl: Kora/Nobis Düsseldorf.

"Leidenschaftliche Blümchen". Prod: CCC Filmkunst, Berlin. Verl: Neue Constantin.

"Liebesgrüße aus der Lederhose 4. Teil (Laß knakken, Willy oder Die versaute Hochzeitsnacht)". Prod: Herzog-Filmverleih, München. Verl: Herzog-Filmverleih.

"Die linkshändige Frau". Prod: Road Movies, Berlin/W. Wenders, München/WDR, Köln. Verl: Filmverlag.

"Das Lustschloß im Spessart". Prod: EFC, München. Verl: Kora.

"Der Mann im Schilf". Prod: Roxy, München/BR, München. Verl: Neue Constantin.

"Melody in Love". Prod: Juno, Berlin. Verl: Transatlantik.

"Messer im Kopf". Prod: Bioskop, München/Hallelujah, München/WDR, Köln. Verl: Filmverl.

"Moritz, lieber Moritz". Prod: Hamburger Kino Komp., München/ZDF, Mainz. Verl: Filmverl.

"Die munteren Sexspiele unserer Nachbarn". Prod: Anima, München. Verl: Avis Düsseldorf.

"Neue Abenteuer des Sanitätsgefreiten Neumann". Prod: Sandrasynchron, Stuttgart. Verl: Alfia.

"Der Pfingstausflug". Prod: O. Runze, Berlin/ZDF/Mainz. Verl: Jugend.

"Popcorn und Himbeereis". Prod: Lisa, München/Barthonia, München. Verl: Residenz.

"Eine Reise ins Licht - Despair". Prod: Geria II, München/WDR, Köln, i. Zusammenarb. m SFP, Paris. Verl: Filmverl.

"Rheingold". Prod: Visual, München. Verl: Prokino.

"Der Schimmelreiter". Prod: "Schimmelreiter"-Albis, Hamburg/Studio-Film, Bendestorf/ZDF, Mainz. Verl: Intercine.

"Der Schneider von Ulm". Prod: Genee & von Fürstenberg, München/ZDF, Mainz. Verl: Filmverlag.

"Schöner Gigolo - armer Gigolo". Prod: Leguan, Berlin. Verl: Warner-Columbia.

"Hurra, die Schwedinnen sind da". Prod: Lisa, München/Rex, München/T.I.T., München. Verl: Residenz.

"Die Insel der tausen Freuden". Prod: Lisa, München. Verl: Residenz.

"Schulmädchen-Report 12. Teil - Wenn das die Mammi wüßte / Junge Mädchen brauchen Liebe". Prod: Cine Pool, München. Verl: Neue Constantin.

"Servus Bayern". Prod: H. Achternbusch, Buchendorf. Verl: Filmverlag.

"Das Sex-Abitur - Heiße Liebe in Blue Jeans". Prod: Sandrasynchron, Stuttgart. Verl: Apollo/Avis Düsseldorf.

"Slavers - Die Sklavenjäger". Prod: Lord, Grünwald. Verl: Alemannia.

"Strauberg ist da". Prod: Galle, München/SWF, Baden-Baden. Verl: CS.

"Summer Night Fever". Prod: Lisa, München/Rex, München. Verl: Residenz.

"Taugenichts". Prod: ABS, München/Solaris, München/WDR, Köln. Verl: Filmverlag.

"Der Tiefstapler". Prod: RKB, Frankfurt am Main/Anila, Königstein (Taunus). Verl: Intercine.

"Der Tod des Fischers Marc Leblanc". Prod: Ch. Rischert, München. Verl: Filmverlag.

"Was heißt'n hier Liebe?". Prod: Pro-ject, München. Verl: Filmverlag.

"Winterspelt 1944". Prod: Ullstein, Berlin/Multimedia, Hamburg/SFB, Berlin/HR, Frankfurt/Main. Verl: CS.

"Das Wirtshaus der sündigen Töchter". Prod: CTV 72, München. Verl: Alemannia.

"Das zweite Erwachen der Christa Klages". Prod: Bioskop, München/WDR, Köln. Verl: Filmverlag.

"Zwischengleis". Prod: Artus, München/Br, München. Verl: Warner-Columbia.

Deutsch/ausländische Co-Produktionen

"Das Love-Hotel in Tirol". Prod: Lisa, München/neue Delta, Wien. Verl: Residenz.

"Oh lala - Die kleinen Blonden sind da". Prod:TV 13, München/Terra-Filmkunst, Berlin/Promocinema,Boulogne/Multimedia,Paris. Verl:Residenz.

"Plattfuß in Afrika". Prod: Rialto, Berlin/Laser, Rom.Verl: Tobis.

"Der Richter und sein Henker". Prod: MFG, München/T.R.A.C., Rom. Verl: Neue Constantin.

"Robinson und seine wilden Sklavinnen". Prod: Telecine, Berlin/C.F.F.P., Paris. Verl: Pilot.

"Sie nannten ihn Mücke". Prod: Rialto, Berlin/Leone, Rom. Verl: Tobis.

"Das Teufelskamp der verlorenen Frauen". Prod: CCI, München/Tecisa, Madrid. Verl: A.B.

URAUFGEFÜHRTE SPIELFILME 1978 (ÖSTERREICH)

"Es brennt an allen Ecken" (USA). Verl: Centfox.

"Stuntmen" (USA). Verl: Gloria.

"Die wilden Mahlzeiten" (F/I). Verl: Czerny.

"Des Teufels Advokat" (BRD). Verl: Gloria.

"Tintorera - Meeresungeheuer greifen an" (USA). Verl: Gloria.

"Die geile Pariserin" (F). Verl: Commerz.

"Violette und Francois" (F). Verl: Gloria.

"Der Mann aus Virginia" (I/E). Verl: Jupiter.

"Frauen hinter Zuchthausmauern" (E). Verl: Jupiter.

"Jabberwocky" (GB). Verl: Const.

"Jenseits von Gut und Böse" (BRD/I/F). Verl: Tiger.

"Deep Throat in Tokio" (J). Verl: Gloria.

"Das Schiff der verlorenen Frauen" (F). Verl: NFC.

"Julia" (USA). Verl: Centfox.

"Orca - der Killerwal" (USA). Verl: Öfram.

"Der Mann, der die Frauen liebte" (F). Verl:- Öfram.

"So oder so ist das Leben" (BRD). Verl: Alpha.

"Der große Krieg der Planeten" (J). Verl: Roxy.

"Höllenfahrt ins Ungewisse" (J). Verl: Czerny.

"Grand Prix im Bett" (F). Verl: Engel.

"Rendezvous mit dem Tod" (USA). Verl: Tiger.

"Komm wir machen Liebe". Verl: Gloria.

"Zwei Suptertypen räumen auf" (I/BRD). Verl: Gloria.

"Ich fühle dich..." (F). Verl: Alpha.

"C.A.S.H. - Die unaufhaltsame Karriere des Gefreiten Arsch" (USA). Verl: Const.

"Zandys Braut" (USA). Verl: War/Col.

"A bigger splash" (GB). Verl: Top.

"Cinderallas silberner Schuh" (GB). Verl: Czerny.

"Lauf um dein Leben, Charlie Brown!" (USA). Verl: CIC.

"Der Hauptdarsteller" (BRD). Verl: Const.

"Was geschah wirklich mit Miss Jonas" (CH). Verl: Roxy.

"Ich will, ich will...vielleicht?" (USA). Verl: Roxy.

"Die Chorknaben" (USA). Verl: Öfram.

"Der Koloss von Konga" (HK). Verl: Const.

"Pinnocchio" (I/F/BRD). Verl: Tiger.

"Krieg der Sterne" (USA). Verl: Centfox.

"Elvis on Tour" (USA). Verl: CIC.

"Schulmädchenreport - 12. Teil" (BRD). Verl: Const.

"Die den Tod nicht fürchten" (GB). Verl: Jupiter.

"Jesus von Nazareth" (USA/IL). Verl: Tiger.

"Vera Romeyke ist nicht tragbar" (BRD). Verl: Filmladen.

"Dieses Land ist mein Land" (USA). Verl: United A.

"Lektion d'amour - oder die Tugend der Väter" (F). Verl: Tiger.

"Das Rolls Royce Baby" (CH). Verl: Gloria.

"Die Pfeile des Robin Hood" (SU). Verl: Universal.

"Abba 78" (S). Verl: Öfram.

"Caprona - 2.Teil" (GB). Verl: Const.

"Der Mann, der niemals aufgibt" (USA). Verl: War/Col.

"Ein verrücktes Freudenhaus" (GB). Verl: Tiger.

"Stroszek" (BRD). Verl: Jupiter.

"Heisse Fingerspiele" (USA). Verl: Jupiter.

"Ein ausgekochtes Schlitzohr" (USA). Verl: CIC.

"Im Reich der Sinne" (J/F). Verl: Const.

"Mohammed - der Gesandte Gottes" (GB/Libyen). Verl: Jupiter.

"Ich will leben" (A). Verl: Filmzentrum.

"Die unglaublichen Abenteuer eines Taxifahrers" (GB). Verl: Const.

"Iphigenie" (GR). Verl: Tiger.

"Mädchen, die sich selbst bedienen" (CH). Verl: Gloria.

"Rückkehr" (A). Verl: Cineart.

"Outlaws-Blues" (USA). Verl: War/Col.

"Der Gute und die Bösen" (F). Verl: CIC.

"Feuchte Katzen" (F). Verl: Commerz.

”Lohn der Giganten” (F/CDN). Verl: Czerny.

”Il Corpo- Black Erotik” (I). Verl: Gloria.

”Frau und Geliebte” (I). Verl: War/Col.

”Gierige Finger” (GR). Verl: Alpha.

”Flotte Teens und heiße Jeans” (I). Verl: NFC.

”Zotti, das Urviech” (USA). Verl: CIC.

”Telefon” (USA). Verl: CIC.

”Das total verrückte Irrenhaus” (GB). Verl: Const.

”Lucky - Luke - sein größter Trick” (F). Verl: Öfram.

”Pariser Muscheln” (F). Verl: Commerz.

”Ilsa, Haremswächterin des Scheichs” (CDN). Verl: Gloria.

”Unheimliche Begegnung der dritten Art” (USA). Verl: War/Col.

”Der Querkopf” (F). Verl: Örfam.

”Auf der Suche nach Mr. Goodbar” (USA). Verl: CIC.

”A Star is born” (USA). Verl: CIC.

”Triebe und Gelüste” (BRD). Verl: Alpha.

”Der Clan” (USA). Verl: Tiger.

”Frauen im Bordell” (USA). Verl: Roxy.

”Yeti, der Schneemensch” (I). Verl: Gloria.

”Roboter der Sterne” (HK). Verl: Alpha.

”Liebesgrüße aus der Lederhose - 4. Teil (Die versaute Hochzeitsnacht)” (BRD). Verl: Gloria.

”Der Fall Serrano” (F). Verl: Tiger.

”Die denkwürdige Wallfahrt des Kaisers Kanga Mussa von Mali nach Mekka” (A). Verl: Aktion ”Der gute Film” und Schlöglhofer.

”Die amourösen Abenteuer des Mr. O” (USA). Verl: NFC.

”Brüste der Versuchung” (GR). Verl: Czerny.

”Atemlos vor Angst” (USA). Verl: CIC.

”Die große Offensive” (I). Verl: Const.

”Taugenichts” (BRD). Verl: Const.

”Nene, die Frühreife” (I). Verl: War/Col.

”Don's Party” (AUS). Verl: Const.

”Insel der 1000 Freuden” (BRD). Verl: Const.

”Iwan der Schreckliche” (SU). Verl: Top.

”The Children of Theatre-Street” (USA). Verl: Top.

”Die lüsternen Fränzösinnen” (F). Verl: Engel.

”Lustschloß im Spessart” (BRD). Verl: Gloria.

”Tod der Freiheit” (BRD). Verl: CIC.

”Falsche Scham” (F). Verl: Alpha.

”Unmoralische Novizinnen” (I). Verl: Goria.

”Nur Samstag Nacht” (USA). Verl: CIC.

”In einer Regennacht” (USA/I). Verl: War/Col.

”Deutschland im Herbst” (BRD). Verl: Const.

”Hausfreuen-Report - 6. Teil” (BRD). Verl: Gloria.

”Die Boys von Kompanie C” (USA). Verl: Gloria.

”U-Boot in Not” (USA). Verl: CIC.

”Eis am Stil” (IL). Verl: Gloria.

”Das Wunder von Fatima - Gnade und Friede von Gott” (E/CH). Verl: Jupiter.

“Die Frauen des Shogun” (J). Verl: Gloria.

”Uzala, der Kirigise” (SU/J). Verl: Gloria.

”Leidenschaftliche Blümchen” (BRD). Verl: Const.

”Love in Action” (USA). Verl: Jupiter.

”Bruce Lee: Die große Kampfmaschine” (HK). Verl: Tiger.

"Ting Lu - der grausame Tiger" (HK). Verl: NFC.

"Solaris" (SU). Verl: Universal.

"Am Wendepunkt" (USA). Verl: Centfox.

"Slavers - die Sklavenjäger" (BRD). Verl: Jupiter.

"Der größte Liebhaber die Welt" (USA). Ver: Centfox.

"Moritz, lieber Moritz" (BRD). Verl: Const.

"Die teuflischen Schwestern" (CH). Verl: Gloria.

"Zähme mich - liebe mich" (F). Verl: Tiger.

"Dolan es - Melodie des Todes" (I/E). Verl: NFC.

"Das kleine Pesttheater" (CH). Verl: Schlöglhofer.

"Abenteuer in Atlantis" (USA). Verl: War/Col.

"Ein verrücktes Huhn" (F). Verl: Const.

"Bei Oscar ist 'ne Schraube locker" (F). Verl: Jupiter.

"Hilfe, man vernascht mich/Geile Böcke" (F). Verl: Alpha.

"Madame O und ihre heißen Mädchen" (DK). Verl: Jupiter.

"Anschi und Michael" - 16 mm (BRD). Verl: Top.

"Die Spitzenklöpplerin" (CH/F/BRD). Verl: Const.

"Emanuela - alle Lüste dieser Welt" (I). Verl: Tiger.

"Bruce Lee - Mein letzter Kampf" (HK). Verl: Gloria.

"Quietsch, Quietsch, wer bohrt denn da nach Öl" (F). Verl: Öfram.

"Der Untermieter" (USA). Verl: War/Col.

"Die linkshändige Frau" (BRD). Verl: Const.

"Der letzte Haufen der 7. Division" (USA/YU). Verl: Czerny.

"Die frechen Wanzen" (F). Verl: Jupiter.

"Entfesselte Begierde" (F). Verl: NFC.

"Pension zur freien Liebe" (F). Verl: Jupiter.

"Willkommen im Knast" (I). Verl: Roxy.

"Bruce Lee - Unbesiegt bis in den Tod" (HK). Verl: Jupiter.

"Eine Reise ans Licht" (BRD/USA). Verl: Const.

"Flammende Herzen" (BRD). Verl: Const.

"Die Meute" (USA). Verl: War/Col.

"Abelard - Die Entmannung" (BRD). Verl: Jupiter.

"Juck mich unten" (F). Verl: Alpha.

"Geile Nichten" (A). Verl: Commerz.

"Zwei Teufelskerle auf dem Weg nach Istanbul" (I). Verl: Jupiter.

"Junge Liebe" (USA). Verl: CIC.

"Gib Gas und laßt euch nicht erwischen" (USA). Verl: Öfram.

"Wien-Film 1896-1976" - 16 mm (A). Verl: Aktion "Der gute Film".

"Unternehmen Feuerstoß" (CDN). Verl: Gloria.

"Paris intim" (F). Verl: Engel.

"Wie gehts aufwärts?" (USA). Verl: CIC.

"Die Duellisten" (GB). Verl: CIC.

"Spider-Man - Der Spinnenmensch" (USA). Verl: War/Col.

"Bruce Lee: Die Pranke des Leoparden" (HK). Verl: NFC.

"Panik in der Sierra Nova" (USA). Verl: War/Col.

"Zwei ausgepuffte Profis" (USA). Verl: Tiger.

"Sex wie Eis und Feuer" (DK). Verl: Jupiter.

"Die letze Schlacht" (USA). Verl: Tiger.

"Equus" (USA). Verl: Tiger.

"Die weiße Göttin der Kannibalen" (I). Verl: Gloria.

"Oh la la, die kleinen Blonden sind da" (BRD/F). Verl: Gloria.

"Zwei linke Brüder auf dem Weg zur Hölle" (I). Verl: NFC.

"Tauchfahrt des Schreckens" (GB). Verl: Const.

"Ein irres Klassentreffen" (I). Verl: Gloria.

"Halbe - halbe" (BRD). Verl: Const.

"Die kleinen englischen Girls" (F). Verl: Const.

"Französische Lust" (F). Verl: Commerz.

"Mörderspinnen" (USA). Verl: Tiger.

"Der Hund von Baskerville" (GB/F). Verl: Const.

"Der Kater läßt das Mausen nicht" (I). Verl: Tiger.

"Servus Bayern" (BRD). Verl: Const.

"Nordsee ist Mordsee" (BRD). Verl: Const.

"Mickys größte Schau 78" (USA). Verl: CIC.

"Ran an die hübsche Paukerin" (I). Verl: Czerny.

"Die Stute" (GB). Verl: Gloria.

"Herzflimmern in St. Tropez" (F). Verl: Const.

"Callgirl Marie-Madeleine" (F). Verl: Alpha.

"Ein Supertyp haut auf die Pauke" (USA). Verl: Centfox.

"Hurra - die Schwedinnen sind da" (BRD). Verl: Const.

"Das charmante Großmaul" (USA). Verl: CIC.

"Rache für Bruce Lee" (HK). Verl: Jupiter.

"Eine entheiratete Frau" (USA). Verl: Centfox.

"Convoy" (GB). Verl: Const.

"Der Richter und sein Henker" (BRD/I). Verl: Const.

"SOS Bermudadreieck" (I). Verl: Jupiter.

"Angela" (CDN). Verl: War/Col.

"Straße der Verdammnis" (USA). Verl: Centfox.

"Wir kommen alle in den Himmel" (F). Verl: Öfram.

"Küsse der Wollust" (F). Verl: Jupiter.

"Hausbesuche" (USA). Verl: CIC.

"Frauen ohne Unschuld" (CH). Verl: Roxy.

"FM - Die Superwelle" (USA). Verl: CIC.

"Coming Home" (USA). Verl: Tiger.

"Summer Night Fever" (BRD). Verl: Gloria.

"Der große Grieche" (USA). Verl: CIC.

"Pretty Baby" (USA). Verl: CIC.

"F.I.S.T. - Ein Mann geht seinen Weg" (USA). Verl: Tiger.

"Bruce Lee - Gigant des Kung-Fu" (HK). Verl: Const.

"Das Sex-Abitur" (USA). Verl: Alpha.

"Follow me" (I). Verl: Jupiter.

"Höhenkoller" (USA). Verl: Centfox.

"Dufte Typen in Jeans" (USA). Verl: Tiger.

"Plattfuß in Afrika" (I/BRD). Verl: Öfram.

"The Band" (USA). Verl: Tiger.

"Fieber unter nackter Haut" (F). Verl: Engel.

"Unternehmen Capricorn" (GB). Verl: Const.

"Dieses obskure Objekt der Begierde" (F). Verl: Öfram.

"Die Schmalspurschnüffler" (USA). Verl: War/Col.

"Opening night" (USA). Verl: Jupiter.

"Tornado und Haie - Menschen fressen Menschen" (I). Verl: Jupiter.

"Die Wildgänse kommen" (GB). Verl: Gloria.

"Das Strandhotel" (F). Verl: Öfram.

"Ausgeflippt" (CDN). Verl: Const.

"Das zweite Erwachen der Christa Klages" (BRD). Verl: Const.

"Im Camp der gelben Tigerinnen" (HK). Verl: Alpha.

"Der tödliche Schwarm" (USA). Verl: War/Col.

"Coma" (USA). Verl: CIC.

"Gott sei Dank, es ist Freitag" (USA). Verl: War/Col.

"Das Einhorn" (BRD). Verl: War/Col.

"Hitler, ein Film aus Deutschalnd" (BRD). Verl: Top.

"Sexspiele blutjunger Mädchen" (BRD). Verl: Jupiter.

"Stunde der Bewährung" (USA). Verl: War/Col.

"Grease - Schmiere" (USA). Verl: CIC.

"12 Uhr nachts" (USA). Verl: War/Col.

"Fata Morgana" (BRD). Verl: Signal.

"Weiße Haut und schwarze Schenkel" (CH). Verl: Roxy.

"Die Katze aus dem Weltraum, oder eine Begegnung der besonderen Art" (USA). Verl: CIC.

"Zur Liebe geboren" (DK). Verl: NFC.

"Die Liebesengel" (I). Verl: Engel.

"Heinrich" (BRD). Verl: Top.

"Der Schimmelreiter" (BRD). Verl: Öfram.

"Damien - Omen II" (USA). Verl: Centfox.

"Um Kopf und Kragen" (USA). Verl: War/Col.

"Tod auf dem Nil" (GB). Verl: Constantin.

"Der Himmel soll warten" (USA). Verl: CIC.

"Girl-Friends" (USA). Verl: War/Col.

"Dreckige Hunde" (USA). Verl: Tiger.

"Monique - Mein heißer Schoß" (A/F). Verl: Commerz.

"Die kleinen Pariserinnen" (F). Verl: Constantin.

"Tag der Entscheidung" (USA). Verl: War/Col.

"Der unheimliche Fremde" (F). Verl: Tiger.

"Dominique - Heißer Zwitter aus Paris" (USA). Verl: Alpha.

"Saboteur" (USA). Verl: CIC.

"Inferno 2000" (I/GB). Verl: War/Col.

"Der Tiger von Taipeh" (HK). Verl: Gloria.

"Love Hotel in Tirol" (A/BRD). Verl: Gloria.

"Zwei Haudegen kommen selten allein" (USA). Verl: Tiger.

"Alles Glück dieser Erde" (GB). Verl: CIC.

"Sie nannten ihn Mücke" (I/BRD). Verl: Öfram.

"Das fünfte Gebot" (BRD). Verl: Constantin.

"Die Wiege des Satans" (USA). Verl: War/Col.

"Helden von Heute" (USA). Verl: CIC.

"Mädchen nach Mitternacht" (CH). Verl: Gloria.

"Schöner Gigolo - armer Gigolo" (BRD). Verl: War/Col.

"Aller Anfang macht Spaß" (F). Verl: Constantin.

"Padre Padrone - Mein Vater, mein Herr" (I). Verl: Top.

"Wilde Mädchen - heiße Spiele" (F). Verl: Alpha.

"Die Bulldozer von Hongkong" (J). Verl: Jupiter.

"Die Augen der Laura Mars" (USA). Verl: War/Col.

"Heiße Berührungen" (S). Verl: Jupiter.

"Ich habe Dir nie einen Rosengarten versprochen" (USA). Verl: Gloria.

"Mahler" (GB). Verl: Top.

"Kampfstern Galactica" (USA). Verl: CIC.

"18 Kämpfer aus Bronze" (HK). Verl: Constantin.

"Elliott, das Schmunzelmonster" (USA). Verl: CIC.

"Zwei sind nicht zu bremsen" (I). Verl: War/Col.

"Ruf der blonden Göttin" (CH). Verl: Gloria.

"Die neuen Abenteuer des Santiätsgefreiten Neumann" (BRD). Verl: Jupiter.

"Der unbesiegbare Mönch" (HK). Verl: Jupiter.

"Star Crash - Sterne im Duell" (USA). Verl: War/Col.

"Moliere" (F/I). Verl: Tiger.

"Die nackte Bourgeoisie" (I). Verl: CIC.

"California Split" (USA). Verl: War/Col.

"Sergeant Pepper's Lonely Hearts Club Band" (USA). Verl: CIC.

"Popcorn & Himbeereis" (BRD). Verl: Constantin.

"Und jetzt das Ganze noch mal von vorn" (F). Verl: Öfram.

"Die Bruchpiloten vom Königssee" (BRD). Verl: Gloria.

"Innenleben" (USA). Verl: Tiger.

"Der irre Flic mit heißem Blick" (USA). Verl: Tiger.

"Machen wir's im Auto" (USA). Verl: Jupiter.

"Stöhnen der Wollust" (BRD). Verl: Commerz.

"Blutgericht in Texas" (USA). Verl: Öfram.

"Das ist Amerika" (USA). Verl: Jupiter.

"Junge Lady Chatterly" (GB). Verl: Gloria.

KINOFILME IN FERNSEHEN 1978 (ÖSTERREICH)

"Die Fledermaus" (1.1.). Reg: Geza von Cziffra.

"My fair Lady" (1.1.). Reg: George Cukor.

"Mary of Scotland" (OF, 1.1.). Reg: John Ford.

"Die Fledermaus" (2.1.). Reg: Geza von Cziffra.

"The persecutuon and assissination of Jean-Paul Marat as performed by the inmates of the asylum of Charenton under the direction of the Marquis de Sade" (OF, 2.1.). Reg: Peter Brook.

"My fair Lady" (3.1.). Reg: George Cukor.

"Rampenlicht (Limelight)" (3.1). Reg: Charles Chaplin.

"El Greco" (4.1). Reg: Luciano Salce.

"Sergeant Madigan - The Manhattan best" (5.1.). Reg: Alex March.

"Aus Liebe sterben" (5.1.). Reg: Andre Cayatte.

"Onkel Filser - Allernaueste Lausbubengeschichten" (6.1.). Reg: Werner Jacobs.

"Jeremy" (6.1.). Reg: Arthur Barron.

"Immer mehr, immer fröhlich" (6.1.). Reg: George Stevens.

"Begrabt die Wölfe in der Schlucht" (7.1.). Reg: Ted Kotcheff.

"Yellow Submarine" (8.1.). Reg: George Dunning.

"Bankett für Achilles" (9.1.). Reg: Roland Gräf.

"Die Jungfrau auf dem Dach" (10.1). Reg: Otto Preminger.

"Liebesträume - 1. Teil" (11.1). Reg: Marton Keleti.

"Liebesträume - 2. Teil" (12.1.). Reg: Marton Keleti.

"Balduin, das Nachtgespenst" (13.1.). Reg: Denis de la Patelliere.

"Queimada" (13.1.). Reg: Gillo Pontecorvo.

"Eva erbt das Paradies" (14.1.). Reg: Franz Antel.

"Kaltblütig" (14.1.). Reg: Richard Brooks.

"Fünf Pennis" (15.1.). Reg: Melville Shavelson.

"Endstation Sehnsucht" (16.1.). Reg: Elia Kazan.

"Sacco und Vanzetti" (16.1.). Reg: Giuliano Montaldo.

"Eva erbt das Paradies" (17.1.). Reg: Franz Antel.

"Fünf Pennies" (18.1.). Reg: Nelville Shavelson.

"Der Cowboy" (20.1.). Reg: Cliff Robertson.

"Der Babysitter" (20.1.). Reg: Frank Tashlin.

"Zwei dreckige Halunken" (21.1.). Reg: Joseph L. Mankiewicz.

"Nicht so schnell, mein Junge" (22.1.). Reg: Charles Walters.

"Der Babysitter" (23.1.). Reg: Frank Tashlin.

"Im Scheinwerferlicht" (23.1.). Reg: Jeanne Moreau.

"Von Angesicht zu Angesicht - 1. Teil" (24.1.). Reg: Ingmar Bergman.

"Nicht so schnell, mein Junge" (25.1.). Reg: Charles Walters.

"Thomas Crown ist nicht zu fassen" (26.1.). Reg: Norman Jewison.

"Rhythmus im Blut" (26.1.). Reg: Walter Lang.

"Hatari" (27.1.). Reg: Howard Hawks.

"Umzingelt" (27.1.). Reg: Gerald Mayer.

"Die Schatten werden länger" (28.1.). Reg: Ladislao Vajda.

"Sergeant Madigan - Gefahr in der Park Avenue" (28.1.). Reg: Alex March.

"Von Angesicht zu Angesicht - 2. Teil" (28.1.). Reg: Ingmar Bergman.

"Fantomas" (29.1.). Reg: Andre Hunebelle.

"Tanz der Vampire" (29.1.). Reg: Roman Polanski.

"Die Schatten werden länger" (30.1.). Reg: Ladislao Vajda.

"Alexander Newski" (30.1). Reg: Sergej Eisenstein.

"Es herrscht Ruhe im Land" (31.1.). Reg:

Peter Lilienthal.

"Fahrstuhl zum Schafott" (31.1.). Reg: Louis Malle.

"Die Feuerzangenbowle" (1.2.). Reg: Helmut Weiss.

"Der weiße Sohn der Sioux" (1.2.). Reg: George Marshall.

"Harley Davidson 344" (2.2.). Reg: James Guerico.

"Ladies, Ladies" (3.2.). Reg: Luigi Zampa.

"Treffpunkt Central Park" (4.2.). Reg: Aram Avakian.

"Auf und davon" (4.2.). Reg: Milos Forman.

"41 Grad Liebe" (5.2.). Reg: Gerald Thomas.

"Avanti, Avanti" (5.2.). Reg: Billy Wilder.

"If I had a million" (OF, 5.2.). Reg: Ernst Lubitsch.

"41 Grad Liebe" (6.2.). Reg: Gerald Thomas.

"Minnie and Moskowitz" (OF, 6.2.). Reg: John Cassavates.

"Napoleon ist an allem schuld" (7.2.). Reg: Curt Goetz.

"Klauen wir gleich die ganze Bank" (7.2.). Reg: Gower Champion.

"Der Glöckner von Notre Dame" (10.2.). Reg: Jean Delannoy.

"Die schmutzigen Helden von Yucca" (10.2.). Reg: Jean Negulesco.

"Abenteuer in Engadin" (11.2.). Reg: Max Obal.

"Mord" (11.2.). Reg: Alfred Hitchcock.

"Michelangelo - Inferno und Ekstase" (12.2.). Reg: Carol Reed.

"Abenteuer in Engadin" (13.2.). Reg: Max Obal.

"Das Geheimnis der falschen Braut" (13.2.). Reg: Fransois Truffaut.

"David Copperfield" (14.2.). Reg: George Cukor.

"Phaedra" (14.2.). Reg: Jules Dassin.

"Donauschiffer" (15.2.). Reg: Robert A. Stemmle.

"Geld oder Leben" (16.2.). Reg: Jean Pierre Mocky.

"Geld oder Leben" (16.2.). Reg: Jean Pierre Mocky.

"Zwei durch drei geht nicht" (16.2.). Reg: Peter Hall.

"Heideschulmeister Uwe Harsten" (17.2.). Reg: Hans Deppe.

"Frankenstein schuf ein Weib" (17.2.). Reg: Terence Fisher.

"Das Gold von Sam Cooper" (18.2.). Reg: George Hollway.

"Das Tal der tanzenden Witwen" (18.2.). Reg: Volker Vogeler.

"Fantomas gegen Interpol" (19.2.). Reg: Andre Hunebelle.

"Zwischenbilanz" (19.2.). Reg: Krysztof Zanussi.

"The Jackpot" (OF, 19.2.). Reg: Walter Lang.

"Abschied von Petersburg" (20.2.). Reg: Jan Frid.

"Tagebuch eines Ehebruchs" (20.2.). Reg: Frank Perry.

"Die Glasmenagerie" (21.2.). Reg: Irving Rapper.

"Nur eine Frau an Bord" (21.2.). Reg: Tony Richardson.

"Cervantes - Der Abenteurer des Königs" (22.2.). Reg: Vincent Sherman.

"Halleluja, I'm a tramp" (OF, 23.2.). Reg: Lewis Milestone.

"So lange ein Herz schlägt" (23.2.). Reg: Michael Curtiz.

"So lange ein Herz schlägt" (24.2.). Reg: Michael Curtiz.

"Angelique - 1. Teil" (24.2.). Reg: Bernard Borderie.

"Der Gauner und der liebe Gott" (25.2.). Reg: Axel von Ambesser.

"Sergeant Dadigan - Einsatz in London" (25.2.). Reg: Jack Smight.

"Gullivers Reisen" (26.2.). Reg: Dave Fleischer.

"La belle Equipe" (OF, 26.2.). Reg: Julien Duvivier.

"Boeing - Boeing" (26.2.). Reg: John Rich.

"Gullivers Reisen" (27.2.). Reg: Dave Fleischer.

"Das letzte Kommando" (27.2.). Reg: Hal Ashby.

"Das Gastmahl der Rose" (28.2.). Reg: Georgi Daneli.

"Serafino, der Schürzenjäger" (28.2.). Reg: Pietro Germi.

"Du bist Musik" (1.3.). Reg: Paul Martin.

"Das Glück in seinen Armen" (1.3.). Reg: Daniel Petrie.

"Das Glück in seinen Armen" (2.3.). Reg: Daniel Petrie.

"Hawaii" (2.3.). Reg: George Roy Hill.

"Alexander der Große" (3.3.). Reg: Robert Rossen.

"Barcarole" (4.3.). Reg: Gerhard Lamprecht.

"Im Schatten des Galgens" (4.3.). Reg: Nicholas Ray.

"Fantomas bedroht die Welt" (5.3.). Reg: Andre Hunnebelle.

"The Ghost and Mrs. Muir" (OF, 5.3.). Reg: Joseph L. Mankiewicz.

"Barcarole" (6.3.). Reg: Gerhard Lamprecht.

"On a clear day you can see forever" (OF, 6.3.). Reg: Vincente Minelli.

"Im Schatten des Galgens" (7.3.). Reg: Nicholas Ray.

"Mörder GmbH" (7.3.). Reg: Basil Dearden.

"Mörder GmbH" (8.3.). Reg: Basil Dearden.

"Lotte in Weimar" (8.3.). Reg: Egon Günther.

"Lotte in Weimar" (9.3.). Reg: Egon Günther.

"Die Zauberflöte" (OF, 9.3.). Reg: Ingmar Bergman.

"Acht gehen türmen" (9.3.). Reg: George Marshall.

"Acht gehen türmen" (10.3.). Reg: George Marshall.

"Casanova 70" (10.3.). Reg: Mario Monicelli.

"Geliebter Lügner" (11.3.); Reg: Hans Schweikart.

"Die Organisation" (11.3.). Reg: Don Medford.

"Remember last night?" (12.3.). Reg: James Whale.

"Black Moon" (13.3.). Reg: Louis Malle.

"Die ersten langen Hosen" (14.3.). Reg: Frank Capra.

"Der Dieb von Paris" (14.3.). Reg: Louis Malle.

"Der Engel mit der Trompete" (15.3.). Reg: Raoul Walsh.

"Kampf der Welten" (16.3.). Reg: Byron Haskin.

"Totem" (17.3.). Reg: Jerry Thorpe.

"Das Herz muß schweigen" (18.3.). Reg: Gustav Ucicky.

"Nur noch 72 Stunden" (18.3.). Reg: Don Siegel.

"Die tollkühnen Männer in ihren fliegenden Kisten" (19.3.). Reg: Ken Annakin.

"Lumiere d'ete" (OF, 19.3.). Reg: Jean Gremillon.

"Drei Mann in einem Boot" (20.3.). Reg: Helmut Weiss.

"The 81st blow" (OF, 20.3.). Reg: David Bergman.

"Donner, Blitz und Sonnenschein" (21.3.). Reg: Erich Engel.

"Lassies größtes Abenteuer" (22.3.). Reg: William Beaudine.

"Europa 51" (22.3.). Reg: Roberto Rossellini.

"Johanna von Orleans" (23.3.). Reg: Victor Fleming.

"Zum Beispiel Balthasar" (24.3.). Reg: Robert Bresson.

"Lupazivagabundus" (25.3.). Reg: Franz Antel.

"Tierfänger" (25.3.). Reg: Gleb Nifontow.

"Ein Mann wird gejagt" (25.3.). Reg: Arthur Penn.

"Hold back the dawn" (OF. 25.3.). Reg: Mitchell Leisen.

"Die Wildente" (25.3.). Reg: Hans W. Geissendörfer.

"Das Haus in Montevideo" (26.3.). Reg: Helmut Käutner.

"Zwei tolle Kerle in Texas" (26.3.). Reg: Michael Gordon.

"Aladins Abenteuer" (27.3.). Reg: Henry Levin u. Mario Bava.

"Das rote Zelt" (27.3.). Reg: Michail Kalatosow.

"Versuch's doch mal mit meiner Frau" (27.3.). Reg: Clive Donner.

"Lumpazivagabundus" (28.3.). Reg: Franz Antel.

"Karl May - 1. Teil" (28.3.). Reg: Hans-Jürgen Syberberg.

"Das Haus in Montevideo" (29. 3.). Reg: Helmut Käutner.

"Die Platin-Bande" (29.3.). Reg: Ken Annakin.

"Das rote Zelt" (30. 3.). Reg: Michail Kalatosow.

"Karl May - 2. Teil" (30.3.). Reg: Hans-Jürgen Syberberg.

"Die Platin-Bande" (31.3.). Reg: Ken Annakin.

"Angelique - 2. Teil" (31.3.). Reg: Bernard Borderie.

"Charley's Tante" (1.4.). Reg: Hans Quest.

"Der Sheriff" (1.4.). Reg: John Frankenheimer.

"Unter Piratenflagge" (2.4.). Reg: Michael Curtiz.

"Unter Piratenflagge" (3.4.). Reg: Michael Curtiz.

"Beruf: Reporter" (3.4.). Reg: Michelangelo Antonioni.

"Der verrückte Professor" 94.4.). Reg: Jerry Lewis.

"Der verrückte Professor" 95.4.). Reg: Jerry Lewis.

"Die Geierwally" 95.4.). Reg: Hans Steinhoff.

"Eine zuviel im Bett" (6.4.). Reg: Michael Gordon.

"Barbarella" (6.4.). Reg: Roger Vadim.

"Dracula" (7.4.). Reg: Terence Fisher.

"Ungebändigt" 97.4.). Reg: Henry Hathaway.

"Wiener Mädeln" (8.4.). Reg: Willi Forst.

"Der doppelte Mann" 98.4.). Reg: Franklin J. Schaffner.

"Ich heirate meine Frau" 99.4.). Reg: Norman Panama u. Melvin Frank.

"Jezebel" (OF, 9.4.). Reg: William Wyler.

"Wiener Mädeln" (10.4.). Reg: Willi Forst.

"Sao Bernardo" (OF, 10.4.). Reg: Leon Hirszman.

"Jezebel" (OF, 11.4.). Reg: William Wyler.

"Ermittlungen gegen einen über jeden Verdacht erhabenen Bürger" (11.4.). Reg: Elio Petri.

"Hoch klingt der Radetzkymarsch" (12.4.). Reg: Geza von Bolvary.

"Die Herrin von Thornhill" (12.4.). Reg: John Schlesinger.

"Die Herrin von Thornhill" (13.4.). Reg: John Schlesinger.

"Ich suche einen Mann" (13.4.). Reg: Alfred Weidenmann.

"Julius Cäsar" (14.4.). Reg: Joseph L. Mankiewicz.

"Der Schnüffler" (14.4.). Reg: Gordon Douglas.

"Königliche Hoheit" (15.4.). Reg: Harald Brown.

"Missouri" (15.4.). Reg: Blake Edwards.

"Liebe macht lustig - Liebe tut weh" (15.4.). Reg: Jean-Daniel Pollet.

"Tommy macht das Rennen" (16.4.). Reg: William Dieterle.

"Flying down to Rio" (OF, 16.4.). Reg: Thornton Freeland.

"Tommy macht das Rennen" (17.4.). Reg: William Dieterle.

"Blutige Hochzeit" (17.4.). Reg: Claude Chabrol.

"Flying down to Rio" (OF, 18.4.) Reg: Thornton Freeland.

"Die Ohrfeige"(18.4.). Reg: Claude Pinoteau.

"Die Ohrfeige" (19.4.). Reg: Claude Pinoteau.

"Der Mann, von dem man spricht" (20.4.). Reg: E. W. Emo.

"Der Scheidungsgrund" (21.4.). Reg: Karl Lamac

"Der rosarote Panther" (21.4.). Reg: Blake Edwards.

"Wilhelm Tell" (22.4.). Reg: Alfred Stöger u. Josef Gielen.

"Der Boss" (22.4.). Reg: Roger Rigaut.

"Wehe, wenn sie losgelassen" (23.4.). Reg: Geza von Cziffra.

"Le grand Jeu" (OF, 23.4.). Reg: Jacques Feyder.

"Wilhelm Tell" (24.4.). Reg: Alfred Stöger u. Josef Gielen.

"Hexenkessel" (24.4.). Reg: Martin Scorsese.

"Wehe, wenn sie losgelassen" (25.4.). Reg: Geza von Cziffra.

"Der Engel, der ein Teufel war" (25.4.). Reg: Julien Duvivier.

"Le grand Jeu" (OF, 26.4.). Jacques Feyder.

"Der Weg nach Westen" (26.4.). Reg: Andrew V. McLaglen.

"Der Engel, der Ein Teufel war" (27.4.). Reg: Julien Duvivier.

"Alexies Sorbas" 927.4.). Reg: Michael Cacoyannis.

"Alexis Sorbas" (28.4.). Reg: Michael Cacoyannis.

"Scharfe Kurven für Madame"(28.4.). Reg: Jacques Besnard.

"Regine" (29.4.). Reg: Erich Waschnek.

"Sierra Charriba" (29.4.). Reg: Sam Peckinpah.

"Angelique und der König" (30.4.). Reg: Bernard Borderie.

"Room for one more (Vater werden ist nicht schwer)" (OF, 30.4.). Reg: Norman Taurog.

"Geisha Boy" (1.5.). Reg: Frank Tashlin.

"Gefährliche Stille" (1.5.). Reg: John Korty.

"Stanley and Livingstone" (OF, 1.5.). Reg: Henry King.

"Das gelobte Land" (1.5.). Reg: Andrzey Wajda.

"Liebe ohne Hoffnung" (2.5.). Reg: Daryl Duke.

"Geisha Boy" (3.5.). Reg: Frank Tashlin.

"Amigos" (3.5.). Reg: Giulio Petroni.

"Sommmerliebelei" (3.5.). Reg: Jean-Claude Brialy.

"Mein Schwert für den König" (4.5.). Reg: Andre Hunebelle.

"Schok und Scher" (4.5.). Reg: Kanymbek Kassymbekow.

"Amigos" (5.5). Reg: Giulio Petroni.

"Taras Bulba" (5.5.). Reg: J. Lee Thompson.

"Freddy, die Gitarre und das Meer" (6.5.). Reg: Wolfgang Schleif.

"Chikago" (6.5.). Reg: Michael Curtiz.

"Fric-Frac" (OF, 8.5.). Reg: Maurice Lehmann.

"Chikago" (8.5.). Reg: Michael Curtiz.

"Spiegelbilder" (8.5.). Reg: Robert Altmann.

"Freddy, die Gitarre und das Meer" (9.3.). Reg: Wolfgang Schleif.

"Die weiße Hölle vom Piz Palü" (10.5.). Reg: Dr. Arnold Fanck u. G. W. Pabst.

"Ein Herz und eine Krone" (10.5.). Reg: William Wyler.

"Karussell" (11.5.). Reg: Henry King.

"Ein Riss in der Welt" (11.5.). Reg: Andrew Marton.

"Ein Riss in der Welt" (12.5.). Reg: Andrew Marton.

"Unbezähmbare Angelique" (12.5.). Reg: Bernard Borderie.

"Briefträger Müller" (13.5.). Reg: John Reinhardt.

Rocco, der Mann mit den zwei Gesichtern" (13.5.). Reg: Franco Giraldi.

"Ein Herz aus Gold" (14.5.). Reg: Robert Wise.

"Drei Bruchpiloten in Paris" (14.5.). Reg: Gerard Oury.

"Die Zwillinge vom Immenhof" (15.5.). Reg: Wolfgang Schleif.

"Ein Sommernachtstraum" (15.5.). Reg: Max Reinhardt und William Dieterle.

"Ein Herz aus Gold" (16.5.). Reg: Robert Wise.

"Die Falschspielerin" (16.5.). Reg: Preston Sturges.

"Die Zwillinge vom Immenhof" (17.5.). Reg: Wolfgang Schleif.

"In Liebe eine 1" (17.5.). Reg: Henry Koster.

"Ein Sommernachtstraum" (18.5.). Reg: Max Reinhardt und William Dieterle.

"In Liebe eine 1" (19.5.). Reg: Henry Koster.

"El Dorado" (19.5.). Reg: Howard Hawks.

"Uli der Knecht" (20.5). Reg: Franz Schnyder.

"Schatten der Angst" (20.5.0. Reg: Richard C. Sarafian.

"Old Shatterhand" (21.5.). Reg: Hugo Fregonese.

"Uli der Knecht" (22.5.). Reg: Franz Schnyder.

"Loving" (22.5.). Reg: Irvin Kershner.

"Swing time" (OF, 23.5.). Reg: George Stevens.

"Im Schlafwagen" (23.5.). Reg: Dragoslav Illic.

"Menschen vom Variete" (24.5.). Reg: Josef von Baky.

"Die Glut der Gewalt" (24.5.). Reg: William Wyler.

"Die Reise im Ballon" (25.5.). Reg: Albert Lamorisse.

"L'etrange Monsier Victor" (OF, 25.5.). Reg: Jean Gremillon.

"Die Reise im Ballon" (26.5.). Reg: Albert Lamorisse.

"Alfie, der Verführer" (26.5.). Reg: Lewis Gilbert.

"Der Vogelhändler" (27.5.). Reg: Arthur Maria Rabenalt.

"Vom Teufel geritten" (27.5.). Reg: Robert Parrish.

"Große Kaliber" (28.5.). Reg: Montague Banks.

"Casanova Brown" (OF, 28.5.). Reg: Sam Wood.

"Der Vogelhändler" (29.5.). Reg: Arthur Maria Rabenalt.

"Züchte Raben" (29.5). Reg: Carlos Saura.

"Große Kaliber" (30.5.). Reg: Montague Banks.

"Klute" (30.5.). Reg: Alan J. Pakula.

"Casanova Brown" (OF, 31.5.). Reg: Sam Wood.

"Ein Hauch von Liebe" (1.6.). Reg: Waris Hussein.

"Geschichte einer Nonne" (1.6.). Reg: Fred Zinnemann.

"Was der Himmel erlaubt" (2.6.). Reg: Douglas Sirk.

"Mariandl" (3.6.). Reg: Werner Jacobs.

"Salomon und die Königin von Saba" (3.6.). Reg: King Vidor.

"Wenn sie nur kochen könnte" (4.6.). Reg: William A. Seiter.

"It's a great feeling" (OG, 4.6.). Reg: David Butler.

"Wenn sie nur kochen könnte" (5.6'). Reg: William A. Seiter.

"Badlands" (OF, 5.6.). Reg: Terrence Malick.

"It's a great feeling" (6.6.). Reg: David Butler.

"Ich hab' zwei Väter und zwei Mütter" (6.6.). Reg: Kreso Golik.

"Ich hab' zwei Väter und zwei Mütter" (7.6.). Reg: Kreso Golik.

"Johann" (7.6.). Reg: Robert A. Stemmle.

"Johann" (8.6.). Reg: Robert A. Stemmle.

"Anna Karenina" (9.6.). Reg: Alexander Sarchi.

"Heißes Gold aus Calador" (9.6.). Reg: Andrew V. McLaglen.

"Hilfe ich bin Minster (Ich heiße Benjamin)" (10.6.). Reg: Georg Zoch.

"Die Verführerin" (10.6.). Reg: Edouard Molinaro.

"Mein Freund Harvey" (11.6.). Reg: Henry Koster.

"Shall we dance" (OF, 11.6.). Reg: Mark Sandrich.

"Der Schwan" (11.6.). Reg: Charles Vidor.

"Hilfe ich bin Minister" (12.6.). Reg: Georg Zoch.

"Zum Essen braucht man ein Besteck" (12.6.). Reg: Masud A. Rajai.

"Der Schwan" (13.6.). Reg: Charles Vidor.

"Zwei Welten im Hotel Pazifik" (13.6.). Reg: Janusz Majewski.

"Shall we dance" (14.6.). Reg: Mark Sandrich.

"Chefinspektor Gideon" (15.6.). Reg: John Ford.

"Roxy Hart" (16.6.). Reg: William A. Wellmann.

"Der Kurier des Zaren" (16.6.). Reg: Eriprando Visconti.

"Mariandls Heimkehr" (17.6.). Reg: Werner Jacobs.

"Der Clan, der seine Feinde lebendig einmauert" (17.6.). Reg: Damiano Damiani.

"Seegeschichten" (18.6.). Reg: Klaus Gendries.

"Seegeschichten" (19.6.). Reg: Klaus Gendries.

"Das Versteckspiel" (19.6.). Reg: Leopoldo Torre Nilsson.

"Tropische Abenteuer" (21.6.). Reg: Lewis R. Foster.

"Duffy der Fuchs von Tanger" (22.6.). Reg: Robert Parrish.

"Die Braut kam per Nachnahme" (22.6.). Reg: William Keighley.

"Die Braut kam per Nachnahme" (23.6.). Reg: William Keighley.

"Kaiserliche Venus" (23.6.). Reg: Jean Delannoy.

"Uli der Pächter" (24.6.). Reg: Franz Schnyder.

"Der FBI-Agent" (24.6.). Reg: William Keighley.

"Intermezzo" (24.6.). Reg: Gregory Ratoff.

"Frühling auf Immenhof" (25.6.). Reg: Wolfgang Schleif.

"Ziegfeld Girl - Mädchen im Rampenlicht" (25.6.). Reg: Robert Z. Leonard.

"Uli der Pächter" (26.6.). Reg: Franz Schnyder.

"A foreign affair" (OF, 26.6). Reg: Billy Wilder.

"Frühling auf Immenhof" (27.6.). Reg: Wolfgang Schleif.

"Columbo: Mord nach Rezept" (27.6.). Reg: Richard Irving.

"Ziegfeld Girl - Mädchen im Rampenlicht" (28.6.). Reg: Robert Z. Leonard.

"Ein Wochenende mit Papa" (29.6.). Reg: Douglas Sirk.

"Penelope" (30.6.). Reg: Arthur Hiller.

"Angelique und der Sultan" (30.6.). Reg: Bernard Borderie.

"Der Tiger hetzt die Meute" (1.7.). Reg: Joseph Sargent.

"Road to Zanzibar" (OF, 2.7.). Reg: Victor Schertzinger.

"Angelique und der Sultan" (3.7.). Reg: Bernard Borderie.

"Wir werden nicht zusammen alt" (3.7.). Reg: Maurice Pialat.

"Road to Zanzibar" (OF, 4.7.). Reg: Victor Schertzinger.

"Hospital" (4.7.). Reg: Arthur Hiller.

"Altes Herz wird wieder jung" (5.7.). Reg: Erich Engel.

"Liebe ist nur ein Wort" (5.7.). Reg: Alfred Vohrer.

"Der Mann von la Mancha" (6.7.). Reg: Arthur Hiller.

"Finsterer Stern" (6.7.). Reg: John Carpenter.

"Finsterer Stern" (7.7.). Reg: John Carpenter.

"Keine Angst vor scharfen Sachen" (7.7.). Reg: Leo McCarey.

"Der Mann mit den goldenen Colts (Warlock)" (8.7.). Reg: Edward Dmytryk.

"Doctor Doolittle" (9.7.). Reg: Richard Fleischer.

"Saratoga" (OF, 9.7.). Reg: John Conway.

"Keine Angst vor scharfen Sachen" (10.7.). Reg: Leo McCarey.

"Die langen Ferien von 36" (10.7.). Reg: Jaime Camino.

"Saratoga" (OF, 11.7.). Reg: John Conway.

"Sklavin des Herzens" (12.7.). Reg: Alfred Hitchcock.

"Sturm über Jamaika" (13.7.). Reg: Alexander Mackendrick.

"Wilde Erdbeeren" (13.7.). Reg: Ingmar Bergman.

"Schöne Frauen, harte Dollars" (14.7.). Reg: Melville Shavelson.

"Ich erschoß Jesse James" (14.7.). Reg: Samuel Fuller.

"Nigger Charley" (15.7.). Reg: Martin Goldman.

"König der Freibeuter" (16.7.). Reg: Anthony Quinn.

"Wien-Film 1896 - 1976 (1. Teil)" (16.7.). Reg: Ernst Schmidt jr.

"Sergeant York" (OF, 16.7.). Reg: Howard Hawks.

"Sergeant York" (OF, 17.7.). Reg: Howard Hawks.

"Die Stunde des Wolfs" (17.7.). Reg: Ingmar Bergman.

"Lange Beine - lange Finger" (18.7.). Reg: Alfred Vohrer.

"Columbo: Lösegeld für einen Toten" (18.7.). Reg: Richard Irving.

"Die Damen vom Bois de Boulogne" (19.7.). Reg: Robert Bresson.

"Ein Mann geht durch die Wand" (19.7.). Reg: Ladislao Vajda.

"Ein Mann geht durch die Wand" (20.7.). Reg: Ladislao Vajda.

"Krakatoa - Das größte Abenteuer des Jahrhunderts" (20.7.). Reg: Bernard Kowalski.

"Der Stumme" (20.7.). Reg: Gaudenz Meili.

"Geliebte Brigitte" (21.7.). Reg: Henry Koster.

"In den Wind geschrieben" (21.7.). Reg: Douglas Sirk.

"Hondo (Hondo und die Apachen)" (22.7.). Reg: Lee Katzin.

"Wenn es September wird" (23.7.). Reg: Edmond Kessajan.

"Wien-Film 1896 -1976 (2. Teil)" (23.7.). Reg: Ernst Schmidt jr.

"Carefree"(OF, 23.7.). Reg: Mark Sandrich.

"In den Wind geschrieben" (24.7.). Reg: Douglas Sirk.

"Der Dialog" (24.7.). Reg: Francis Ford Coppola.

"Wenn es September wird" (25.7.). Reg: Edmond Keossajan.

"Woody - Der Unglücksrabe" (25.7.). Reg: Woody Allen.

"Carefree" (OF, 26.7.). Reg: Mark Sandrich.

"Woody - Der Unglücksrabe" (27.7.). Reg: Woody Allen.

"Goldtransport durch Arizona" (28.7.). Reg: William Witney.

"Die Panzerknackerbande" (28.7.). Reg: Erik Balling.

"Das Strafgesetzbuch" (29.7.). Reg: Howard Hawks.

"Song of Songs" (OF, 30.7.). Reg: Rouben Mamoulian.

"Die Panzerkanckerbande" (31.7.). Reg: Erik Balling.

"Eine Wolke zwischen den Zähnen" (31.7.). Reg: Marco Pico.

"Song of Songs" (OF, 1.8.). Reg: Rouben Mamoulian.

"Ich komme vom Ende der Welt" (2.8.). Reg: Terence Young.

"Jeden Mittwoch" (2.8.). Reg: Roberts Ellis Miller.

"Jeden Mittwoch" (3.8.). Reg: Roberts Ellis Miller.

"Meuterei auf der Bounty" (4.8.). Reg: Frank Lloyd.

"Gestern, Heute, Morgen" (4.8.). Reg: Vittorio de Sica.

"Shadok" (5.8.). Reg: Michael Moore.

"Der tollkühne Jockey" (6.8.). Reg: George Marshall.

"Pride and Prejudice"(OF, 6.8.). Reg: Robert Z. Leonard.

"Quo Vadi" (7.8.). Reg: Mervyn Le Roy.

"Schande" (7.8.). Reg: Ingmar Bergman.

"Damals" (8.8.). Reg: Rolf Hansen.

"Unter Geiern" (8.8.). Reg: Alfred Vohrer.

"Ein erfolgreicher Blindgänger" (8.8.). Reg: Alfred Finney.

"Bis daß das Geld euch scheidet" (9.8.). Reg: Alfred Vohrer.

"Cheyenne" (10.8.). Reg: John Ford.

"Old Surehand - 1. Teil" (10.8.). Reg: Alfred Vohrer.

"Die Sanfte" (11.8.). Reg: Robert Bresson.

"Des Teufels Pilot" (11.8.). Reg: Stuart Heisler.

"Der Don ist tot" (12.8.). Reg: Richard Fleischer.

"She done him wrong" (OF, 13.8.). Reg: Lowell Sherman.

"She done him wrong" (OF, 14.8.). Reg: Lowell Shermann.

"Meine kleinen Geliebten" (14.8.). Reg: Jean Eustache.

"König der heißen Rhytmen" (15.8.). Reg: John Rich.

"Rat mal, wer zum Essen kommt" (15.8.). Reg: Stanley Kramer.

"Als die Mandelbäume blühten" (15.8.). Reg: Lane Gogobardidse.

"Als die Mandelbäume blühten" (16.8.). Reg: Lane Gogobardidse.

"Der Schut" (16.8.). Reg: Robert Siodmak.

"Königin Luise" (16.8.). Reg: Wolfgang Liebeneiner.

"Rat mal, wer zum Essen kommt" (17.8.). Reg: Stanley Kramer.

"Königin Luise" (18.8.). Reg: Wolfgang Liebeneiner.

"Der Stoff, aus dem die Träume sind" (18.8.). Reg: Alfred Vohrer.

"Texas Colt" (19.8.). Reg: Alex March.

"Die Gefräßigen" (19.8.). Reg: Sergio Gobbi.

"Verschollen in Japan" (20.8.). Reg: Arthur Lubin.

"The Story of Vernon and Irene Castle" (OF, 20.8.). Reg: H. C. Potter.

"Texas Colt" (21.8.). Reg: Alex March.

"Der Mittler" (21.8.). Reg: Joseph Losey.

"Verschollen in Japan" (22.8.). Reg: Arthur Lubin.

"Vier Tage in der Hölle" (22.8.). Reg: Etienne Perier.

"The Story of Vernon and Irene Castle" (23.8.). Reg: H. C. Potter.

"Ein Brief an drei Frauen" (24.8.). Reg: Joseph L. Mankiewicz.

"Leih mir deinen Mann" (24.8.). Reg: David Swift.

"Irrtum im Jenseits" (25.8.). Reg: Michael Powell.

"Happy end für eine Ehe" (25.8.). Reg: Richard Brooks.

"Der Unverdächtige" (26.8.). Reg: Michael Curtiz.

"The Kid from Spain" (OF, 27.8.). Reg: Leo McCarey.

"Feuerdrache" (28.8.). Reg: Leslie Martinson.

"Passion" (28.8.). Reg: Ingmar Bergman.

"Zwei glückliche Menschen" (29.8.). Reg: E. W. Emo.

"Ganz so schlimm ist er auch nicht" (29.8.). Reg: Claude Goretta.

"Pal Joey" (30.8.). Reg George Sidney.

"Die Reise" (30.8.). Reg: Anatole Litvak.

"Die Reise" (31.8.). Reg: Anatole Litvak.

"Ente auf Orange" (31.8.). Reg: Luciano Salce.

"Der Killer von Alabama" (1.9.). Reg: Buster Keaton.

"Der Ölprinz" (1.9.). Reg: Harald Phillip.

"25.000 Dollar für einen Mann" (1.9.). Reg: Ron Winston.

"Das kann jedem passieren" (2.9.). Reg: Paul Verhoeven.

"Sheriff Johnny Reno" (2.9.). Reg: R. G. Springsteen.

"Ein Bräutigam für Anna" (2.9.). Reg: Pantelis Voulgaris.

"Liebesrausch auf Capri" (3.9.). Reg: William Dieterle.

"Die Herrin von Thornhill" (3.9.). Reg: John Schlesinger.

"Liebesrausch auf Capri" (4.9.). Reg: William Dieterle.

"Mister Universum" (4.9.). Reg: Bob Rafelson.

"Tu das nicht, Angelika" (5.9.). Reg: Don Weis.

"Aufstand der Ärzte" (5.9.). Reg: Robert Collins.

"Kapitän Nemo" (6.9.). Reg: James Hill.

"Grenzen der Liebe" (7.9.). Reg: Janos Szücz.

"Der Bauer auf dem Fahrrad" (7.9.). Reg: Ludmil Kirkov.

"Vater, Mutter und neun Kinder" (8.9.). Reg: Erich Engel.

"Der gelbe Rolls Royce" (8.9.). Reg: Anthony Asquith.

"Gigi" (11.9.). Reg: Vincente Minelli.

"Rasthaus des Teufels" (9.9.). Reg: Julien Duvivier.

"Gigi" (9.9.). Reg: Vincente Minelli.

"The sleeping Tiger" (OF, 11.9.). Reg: Joseph Losey.

"Der Musterschüler" (12.9.). Reg: James W. Horne.

"Der Mittelpunkt der Welt" (12.9.). Reg: Alain Tanner.

"Es geschah in diesem Sommer" (13.9.). Reg: Lewis Gilbert.

"Happy-End im September" (13.9.). Reg: Robert Mulligan.

"Happy-End im September" (14.9.). Reg: Robert Mulligan.

"Andromeda, tödlicher Staub aus dem All" (14.9.). Reg: Robert Wise.

"Andromeda, tödlicher Staub aus dem All" (15.9.). Reg: Robert Wise.

"Jedes Kartenhaus zerbricht" (15.9.). Reg: John Guillermin.

"Bademeister im Damenbad" (16.9.). Reg: Alfred Lehner.

"Schatten über Elveron" (16.9.). Reg: James Goldstone.

"Bademeister im Damenbad" (18.9.). Reg: Alfred Lehner.

"Der Meister und Margarita" (18.9.). Reg: Aleksander Petrovic.

"Mio" (19.9.). Reg: Susumu Hani.

"Die romantische Engländerin" (19.9.). Reg: Joseph Losey.

"Wenn der Vater mit dem Sohne" (20.9.). Reg: Hans Quest.

"Die merkwürdige Zähmung der Gangsterbraut Sugarpuss" (21.9.). Reg: Howard Hawks.

"Ein charmanter Hochstapler" (21.9.). Reg: Robert Mulligan.

"Ein charmanter Hochstapler" (22.9.). Reg: Robert Mulligan.

"Die Caine war ihr Schicksal" (22.9.). Reg: Edward Dmytryk.

"Der Sündenbock von Spatzenhausen" (23.9.). Reg: Herbert B. Fredersdorf.

"Happy-End im September" (14.9.). Reg: Robert Mulligan.

"Andromeda, tödlicher Staub aus dem All" (14.9.). Reg: Robert Wise.

"Andromeda, tödlicher Staub aus dem All" (15.9.). Reg: Robert Wise.

"Jedes Kartenhaus zerbricht" (15.9.). Reg: John Guillermin.

"Bademeister im Damenbad" (Bademeister Spargel), (16.9.). Reg: Alfred Lehner.

"Schatten über Elveron" (16.9.). Reg: James Goldstone.

"Bademeister im Damenbad" (18.9.). Reg: Alfred Lehner.

"Der Meister und Margarita" (18.9.). Reg: Aleksander Petrovic.

"Mio" (19.9.). Reg: Susumu Hani.

"Die romantische Engländerin" (19.9.). Reg: Joseph Losey.

"Wenn der Vater mit dem Sohne" (20.9.). Reg: Hans Quest.

"Die merkwürdige Zähmung der Gangsterbraut Sugarpuss" (21.9.). Reg: Howard Hawks.

"Ein charmanter Hochstapler" (21.9.). Reg: Robert Mulligan.

"Ein charmanter Hochstapler" (22.9.). Reg: Robert Mulligan.

"Die Caine war ihr Schicksal" (22.9.). Reg: Edward Dmytryk.

"Der Sündenbock von Spatzenhausen" (23.9.). Reg: Herbert B Fredersdorf.

"Columbo: Wein ist dicker als Blut" (23.9.). Reg: Leo Penn.

"Aschenblödel" (24.9.). Reg: Frank Tashlin.

"Der Sündenbock von Spatzenhausen" (25.9.). Reg: Herbert B Fredersdorf.

"Das Mädchen und der Mörder – Die Ermordung Trotzkis" (25.9.). Reg: Joseph Losey.

"Aschenblödel" (26.9.). Reg: Frank Tashlin.

"Eine total total verrückte Welt – 1. Teil" (26.9.). Reg: Stanley Kramer.

"Eine total total verrückte Welt – 1. Teil" (27.9.). Reg: Stanley Kramer.

"Der wilde Baron" (Der blaue Max), (27.9.). Reg: John Guillermin.

"Der wilde Baron" (28.9.). Reg: John Guillermin.

"Eine total total verrückte Welt – 2. Teil" (28.9.). Reg: Stanley Kramer.

"In den Schuhen des Fischers" (29.9.). Reg: Michael Anderson.

"Eine total total verrückte Welt – 2. Teil" (30.9.). Reg: Stanley Kramer.

"Freddy unter fremden Sternen" (30.9.). Reg: Wolfgang Schleif.

"Die Letzten vom Red River" (30.9.). Reg: Burt Kennedy.

"Das zauberhafte Land" (Der Hexer von Oz), (1.10.). Reg: Victor Fleming.

"Freddy unter fremden Sternen" (2.10.). Reg: Wolfgang Schleif.

"Ehefrauen" (OF), (2.10.). Reg: Anja Breien.

"Der Held der Prärie" (3.10.). Reg: Cecil B de Mille.

"Trautes Heim" (4.10.). Reg: Benoit Lamy.

"Die gute Erde" (4.10.). Reg: Sidney Franklin.

"Die gute Erde" (5.10.). Reg: Sidney Franklin.

"Trafic" (5.10.). Reg: Jacques Tati.

"Trafic" (6.10.). Reg: Jacques Tati.

"Die Gräfin v Hongkong" (6.10.). Reg: Charles Chaplin.

"Geliebter Rebell" (7.10.). Reg: Henry C Potter.

"Der Tiger liebt nur frisches Fleisch" (7.10.). Reg: Claude Chabrol.

"Sauerbruch – Das war mein Leben" (8.10.). Reg: Rolf Hansen.

"Desire" (Sehnsucht), (8.10.). Reg: Frank Borzage.

"Sauerbruch – Das war mein Leben" (9.10.). Reg: Rolf Hansen.

"Wilderer" (9.10.). Reg: Jose Luis Borau.

"Geliebter Rebell" (10.10.). Reg: Henry C Potter.

"Die Einladung" (10.10.). Reg: Claude Goretta.

"Virginia auf Männerfang" (11.10.). Reg: John G Blystone.

"Kindheit, Berufung und erste Erlebnisse des Venezianers Giacomo Casanova" (11.10.). Reg: Luigi Comencini.

"Kindheit, Berufung und erste Erlebnisse des Venezianers Giacomo Casanova" (12.10.). Reg: Luigi Comencini.

"Girls" (12.10.). Reg: George Cukor.

"Hier war ich glücklich" (13.10.). Reg: Desmond Davis.

"Der furchtlose Rebell" (13.10.). Reg: Roberto Rossellini.

"Meine Frau Teresa" (14.10.). Reg: Arthur Rabenalt.

"Der Schnorchel" (Das Geheimnis des Monsieur Duval), (14.10.). Reg: Guy Green.

"Goldfieber in Alaska" (15.10.). Reg: William A Wellman.

"Cover Girl" (OF), (Das Fräulein auf dem Titelblatt), (15.10.). Reg: Charles Vidor.

"Meine Frau Teresa" (16.10.). Reg: Arthur Rabenalt.

"Was kommt danach . . . ?" (16.10.). Reg: Michael Winner.

"Cover Girl" (OF), (17.10.). Reg: Charles Vidor.

"Der schwarze Fluß" (17.10.). Reg: Krishna Sha.

"Rebellion" (18.10.). Reg: Lewis Gilbert.

"Paradies der Junggesellen" (19.10.). Reg: Kurt Hoffmann.

"Georgy Girl" (20.10.). Reg: Silvio Narizzano.

"Die fünf Vogelfreien" (20.10.). Reg: Vincent McEveety.

"Die Frauen des Herrn S." (21.10.). Reg: Paul Martin.

"Mein Name ist Julia Ross" (21.10.). Reg: Joseph H Lewis.

"Bombenkerle" (Schrecken aller Spione), (22.10.). Reg: Edward Sedgwick.

"Nora" (22.10.). Reg: Joseph Losey.

"Bombenkerle" (23.10.). Reg: Edward Sedgwick.

"Erinnerungen aus Frankreich" (23.10.). Reg: Andre Techine.

"Nora" (24.10.). Reg: Joseph Losey.

"Big John macht Dampf" (25.10.). Reg: Don Taylor.

"Alle Menschen werden Brüder" (25.10.). Reg: Alfred Vohrer.

"The World moves on" (OF), (26.10.). Reg: John Ford.

"The World moves on" (OF), (27.10.). Reg: John Ford.

"Schönen Muttertag – dein George" (27.10.). Reg: Darren McGavin.

"Der gläserne Pantoffel" (28.10.). Reg: Charles Walters.

"Mann im Sattel" (28.10.). Reg: Andrew De Toth.

"Andrej Rubljow" (28.10.). Reg: Andrej Tarkowski.

"Blaues Hawaii" (29.10.). Reg: Norman Taurog.

"Der gläserne Pantoffel" (30.10.). Reg: Charles Walters.

"Gewalt und Leidenschaft" (30.10.). Reg: Luchino Visconti.

"Blaues Hawaii" (31.10.). Reg: Norman Taurog.

"David und Bathseba" (31.10.). Reg: Henry King.

"Schönste der Stadt" (31.10.). Reg: Raoul Walsh.

"Zwei Freunde fürs Leben" (1.11.). Reg: Richard G Saraf an.

"In der Stadt S" (1.11.). Reg: Jossif Cheifiz.

"Machs gut, Nicolas" (1.11.). Reg: Yves Robert.

"Zwei Freunde fürs Leben" (2.11.). Reg: Richard G Sarafian.

"Rückkehr – Mein seliger Onkel" (2.11.). Reg: Vojtech Jasny.

"In der Stadt S" (3.11.). Reg: Jossif Cheifiz.

"All die netten Fremden" (3.11.). Reg: Burt Kennedy.

"Schatten der Vergangenheit" (4.11.). Reg: Werner Hochbaum.

"Straße zum Jenseits" (4.11.). Reg: Barry Shear.

"Ein Stern im Westen" (5.11.). Reg: Vincent Sherman.

"Le dernier Milliardaire" (OF), (5.11.). Reg: Rene Clair.

"Schatten der Vergangenheit" (6.11.). Reg: Werner Hochbaum.

"Die Landvermesser" (6.11.). Reg: Michael Soutter.

"Le derniere Milliardaire" (OF), (7.11.). Reg: Rene Clair.

"Pickpocket" (7.11.). Reg: Robert Bresson.

"Ihr erster Mann" (Waterloo Bridge), (8.11.). Reg: Mervyn LeRoy.

"Ihr erster Mann" (9.11.). Reg: Mervyn LeRoy.

"Mr Klein" (9.11.). Reg: Joseph Losey.

"Auch die Kleinen wollen nach oben" (10.11.). Reg: Richard Lester.

"Bonnie und Clyde" (10.11.). Reg: Arthur Penn.

"Fast ein Held" (11.11.). Reg: Rainer Erler.

"Zwölf Uhr Mittags" (11.11.). Reg: Fred Zinnemann.

"Johann" (12.11.). Reg: R A Stemmle.

"The Country Girl" (OF), (12.11.). Reg: George Seaton.

"Fast ein Held" (13.11.). Reg: Rainer Erler.

"Spiegelbild im goldenen Auge" (13.11.). Reg: John Huston.

"Zwölf Uhr Mittags" (14.11.). Reg: Fred Zinnemann.

"Der Mann, der alle Banken sprengte" (Der Gentleman-Zinker), (14.11.). Reg: Jack Smight.

"The Country Girl" (OF), (15.11.). Reg: George Seaton.

"Königin der Berge" (15.11.). Reg: Allan Dwan.

"Der Mann, der alle Banken sprengte" (16.11.). Reg: Jack Smight.

"Heut' gehn wir bummeln" (16.11.). Reg: Gene Kelly und Stanley Donen.

"Das Haus in Montevideo" (17.11.). Reg: Curt Götz.

"Dümmer als die Polizei erlaubt" (Der Held von Brooklyn), (17.11.). Reg: Don McGuire.

"Der Tod kennt keine Wiederkehr" (18.11.). Reg: Robert Altman.

"The awful Thruth" (OF), (19.11.). Reg: Leo McCarey.

"Lebe das Leben" (19.11.). Reg: Claude Lelouch.

"Dümmer als die Polizei erlaubt" (20.11.). Reg: Don McGuire.

"Lily, hab mich lieb" (20.11.). Reg: Maurice Dugowson.

"Den seinen gibt's der Herr . . . " (21.11.). Reg: Jean-Pierre Mocky.

"Die oberen Zehntausen" (21.11.). Reg: Charles Walters.

"El Hakim" (22.11.). Reg: Rolf Thiele.

". . . jagt Dr Sheefer" (23.11.). Reg: Theodore J Flicker.

"Buster Keaton – Der Kameramann" (24.11.). Reg: Buster Keaton.

"Hausfreunde sind auch Menschen" (24.11.). Reg: Joseph MacGrath.

"Die Fischerin vom Bodensee" (25.11.). Reg: Harald Reinl.

"Borsalino" (25.11.). Reg: Jaques Deray.

"G I Blues" (Cafe Europe), (26.11.). Reg: Norman Taurog.

"The bitter Tea of General Yen" (OF), (26.11.). Reg: Frank Capra.

"Die Fischerin vom Bodensee" (27.11.). Reg: Harald Reinl.

"Verrückte Mama" (27.11.). Reg: Jonathan Demme.

"G I Blues" (28.11.). Reg: Norman Taurog.

"The bitter Tea of General Yen" (OF), (29.11.). Reg: Frank Capra.

"Der gewisse Kniff" (30.11.). Reg: Richard Lester.

"Scalawag" (1.12.). Reg: Kirk Douglas.

"Opfer einer großen Liebe" (1.12.). Reg: Edmund Golding.

"Man müßte Klavierspielen können" (Immer nur Du), (2.12.). Reg: Karl Anton.

"Taggart" (2.12.). Reg: R G Springsteen.

"Der alte Kahn" (3.12.). Reg: Alexander Mackendrick.

"Six of a Kind" (OF), (3.12.). Reg: Leo McCarey.

"Opfer einer großen Liebe" (4.12.). Reg: Edmund Golding.

"Aloise" (OF), (4.12.). Reg: Liliane de Kermadec.

"Man müßte Klavierspielen können" (5.12.). Reg: Karl Anton.

"Lina Braake" (5.12.). Reg: Bernhard Sinkel.

"Six of a Kind" (OF), (6.12.). Reg: Leo McCarey.

"Lina Braake" (7.12.). Reg: Bernhard Sinkel.

"Der Mann aus Laramie" (7.12.). Reg: Anthony Mann.

"Lili" (8.12.). Reg: Charles Walters.

"Die Steppenreiter" (8.12.). Reg: John Frankenheimer.

"The last angry Man" (OF), (Der Zorn des Gerechten), (8.12.). Reg: Jenold Freedman.

"Die heimliche Gräfin" (9.12.). Reg: Geza von Bolvary.

"Der Tiger parfümiert sich mit Dynamit" (9.12.). Reg: Claude Chabrol.

"Fliegende Teufelsbrüder" (Dick und Doof in der Fremdenlegion), (10.12.). Reg: Edward Sutherland.

"Die Geschichte der Jane Pittman" (10.12.). Reg: John Korty.

"Only Angels have Wings" (OF), (10.12.). Reg: Howard Hawks.

"Lili" (11.12.). Reg: Charles Walters.

"Unter Wölfen" (11.12.). Reg: Tolomusch Okejew.

"Fliegende Teufelsbrüder" (12.12.). Reg: Edward Sutherland.

"Rumpo Kid bittet zum Duell" (13.12.). Reg: Gerald Thomas.

"Die Herren mit der weißen Weste" (14.12.). Reg: Wolfgang Staudte

"Fremde, wenn wir uns begegnen" (15.12.). Reg: Richard Quine.

"Die eiserne Maske" (15.12.). Reg: Henri Decoin.

"Funkelnde Sterne" (16.12.). Reg: William A Seiter.

"Die Gnadenlosen" (16.12.). Reg: Andrew V McLaglen.

"Freitag und Robinson" (16.12.). Reg: Jack Gold.

"Die größte Schau der Welt" (17.12.). Reg: Cecil B DeMille.

"Susan Lenox, her Fall and Rise" (OF), (17.12.). Reg: Robert Z Leonhard.

"Die eiserne Maske" (18.12.). Reg: Henri Decoin.

"Willkommen in Los Angeles" (18.12.). Reg: Alan Rudolph.

"Funkelnde Sterne" (19.12.). Reg: William A Seiter.

"Die plötzliche Einsamkeit des Konrad Steiner" (19.12.). Reg: Kurt Gloor.

"Susan Lenox, her Fall and Rise" (OF), (20.12.). Reg: Robert Z Leonhard.

"24 Stunden aus dem Leben einer Frau" (20.12.). Reg: Dominique Delouche.

"Die plötzliche Einsamkeit des Konrad Steiner" (21.12.). Reg: Kurt Gloor.

"Rückkehr – Die Rückkehr des alten Herrn" (22.12.). Reg: Vojtech Jasny.

"Der große Regen" (22.12.). Reg: Jean Negulesco.

"Die Leiche ist im falschen Koffer" (22.12.). Reg: Mario Camerini.

"Der Mann, der zum Essen kam" (23.12.). Reg: William Keighley.

"Hochhaus in Flammen" (23.12.). Reg: Jerry Jameson.

"Robin Hood – König der Vagabunden" (23.12.). Reg: Michael Curtiz.

"Die wunderbaren Abenteuer des Hans Christian Andersen" (24.12.). Reg: Marcel Valmy und Kimio Yabuki.

"Der goldene Regenbogen" (24.12.). Reg: Francis Ford Coppola.

"Drei Männer im Schnee" (24.12.). Reg: Kurt Hoffmann.

"Die Försterchristel" (25.12.). Reg: Arthur Maria Rabenalt.

"Die glorreichen Sieben" (25.12.). Reg: John Sturges.

"Wolfsblut" (25.12.). Reg: Lucio Fulci.

"Brother Sun, Sister Moon" (OF), (25.12.). Reg: Franco Zeffirelli.

"Liebe in der Dämmerung" (25.12.). Reg: George Cukor.

"Besuch bei einem Häuptlingssohn" (26.12.). Reg: Lamont Johnson.

"Lichter der Großstadt" (26.12.). Reg: Charlie Chaplin.

"Caprice" (26.12.). Reg: Frank Tashlin.

"Der goldene Regenbogen" (27.12.). Reg: Francis Ford Coppola.

"Heimweh" (27.12.). Reg: Fred M Wilcox.

"Die Försterchristel" (28.12.). Reg: Arthur Maria Rabenalt.

"Der Kapitän" (28.12.). Reg: Kurt Hoffmann.

"Besuch bei einem Häuptlingssohn" (29.12.). Reg: Lamont Johnson.

"Sieben allein" (29.12.). Reg: Earl Bellamy.

"Ein Toter spielt Klavier" (29.12.). Reg: Seth Holt.

"Der kleine Grenzverkehr" (30.12.). Reg: Hans Deppe.

"Leise flüstern die Pistolen" (30.12.). Reg: Phil Karlson.

"Wolfsblut greift ein" (30.12.). Reg: Tonino Ricci.

"Winternachtstraum" (31.12.). Reg: Geza von Bolvary.

"Der Raub der Sabinerinnen" (31.12.). Reg: Kurt Hoffmann.

"Auch Engel essen Bohnen" (31.12.). Reg: Enzo B Clucher.

"Raffles" (OF), (31.12.). Reg: Sam Wood.

PRÄDIKATISIERTE FILME 1978

"Aller Anfang macht Spaß" (F). Verl: Constantin.

"Alles Glück dieser Erde" (USA). Verl: CIC.

"Am Wendepunkt" (USA). Verl: Centfox.

"Anschi und Michael" (BRD). Verl: Top-Film.

"Atemlos vor Angst" (USA). Verl: CIC.

"Auf der Suche nach Mr. Goodbar" (USA). Verl: CIC.

"Ausgeflippt" (CDN). Verl: Constantin.

"The Band - the last Waltz" (USA). Verl: Tiger-Film.

"Barry Lyndon" (GB). Verl: Warner-Columbia.

"Car Wash" (USA). Verl: CIC.

"Das charmante Großmaul" (USA). Verl: CIC.

"Die Chorknaben" (USA). Verl: Oefram.

"Cinderella's silberner Schuh" (GB). Verl: Czerny.

"Der Clan" (USA). Verl: Tiger-Film.

"Coming home - sie kehren heim" (USA). Verl: Tiger-Film.

"Convoy" (GB). Verl: Constantin.

"Die denkwürdige Wallfahrt des Kaisers Kanga Mussa von Mali nach Mekka" (A). Verl: Schlöglhofer.

"Deutschland im Herbst" (BRD). Verl: Constantin.

"Dieses obskure Objekt der Begierde" (F). Verl: Oefram.

"Don's Party" (AUS). Verl: Constantin.

"Dreckige Hunde" (USA). Verl: Tiger-Film.

"Die Duellisten" (GB/USA). Verl: CIC.

"Das Einhorn" (BRD). Verl: Warner-Columiba.

"Elliot, das Schmunzelmonster" (USA). Verl: CIC.

"Eine entheratete Frau" (USA). Verl: Centfox.

"Equus" (CDN). Verl: Tiger Film.

"Fantasia" (USA). Verl: CIC.

"Fata Morgana" (BRD). Verl: Signal-Film.

"F.I.S.T.-ein Mann geht seinen Weg" (USA). Verl: Tiger-Film.

"Flammende Herzen" (BRD). Verl: Constantin.

"Das fünfte Gebot" (BRD). Verl: Constantin.

"Girl Friends"(USA). Verl: Warner-Columbia.

"Grease - Schmiere" (USA). Verl: CIC.

"Der große Grieche" (USA). Verl: CIC.

"Die große Offensive" (I). Verl: Constantin.

"Der Gute und die Bösen" (F). Verl: CIC.

"Halbe - Halbe" (BRD). Verl: Constantin.

"Der Hauptdarsteller" (BRD). Verl: Constantin.

"Hausbesuche" (USA). Verl: CIC.

"Heinrich" (BRD). Verl: Top-Film.

"Herbstsonate" (BRD). Verl: Oefram.

"Der Himmel soll warten" (USA). Verl: CIC.

"Der Hund von Baskerville" (GB). Verl: Constantin.

"In einem Jahr mit 13 Monden" (BRD). Verl: Constantin.

"In einer Regennacht" (USA/I). Verl: Warner-Columbia.

"Innenleben" (USA). Verl: Tiger-Film.

"Iphigenie" (GR). Verl: Tiger-Film.

"Iwan Grosny" (SU). Verl: Top-Film.

"Julia" (USA). Verl: Centfox.

"Kampfstern Galactica" (USA). Verl: CIC.

"Die Katze aus dem Weltraum" (USA). Verl: CIC.

"Die kleinen Pariserinnen" (F). Verl: Constantin.

"Krieg der Sterne" (USA). Verl: Centfox.

"Eine Leiche zum Dessert" (USA). Verl: Warner-Columbia.

"Die letzte Flut" (AUS). Verl: Constantin.

"Die linkshändige Frau" (BRD). Verl: Constantin.

"Lucky Luke - Sein größter Trick" (F). Verl: Oefram.

"Der Mann im Schilf" (BRD). Verl: Constantin.

"Die Marx-Brothers auf See" (USA). Ver: CIC.

"Die Marx-Brothers im Krieg" (USA). Verl: CIC.

"Höhenkoller" (USA). Verl: Centfox.

"Messer im Kopf" (BRD). Verl: Constantin.

"Micky's größte Schau '78" (USA). Verl: CIC.

"Mohammed – der Gesandte Gottes" (Lyb). Verl: Jupiter.

"Moliere" (F/I). Verl: Tiger-Film.

"Moritz, lieber Moritz" (BRD). Verl: Constantin.

"Die nackte Bourgeoisie" (I). Verl: CIC.

"Nordsee ist Mordsee" (BRD). Verl: Constantin.

"Nur Samstag Nacht" (USA). Verl: CIC.

"Oktober" (SU). Verl: Top-Film.

"Opening Night" (USA). Verl: Jupiter.

"Padre Padrone" (I). Verl: Top-Film.

"Pretty Baby" (USA). Verl: CIC.

"Der Querkopf" (F). Verl: Oefram.

"Eine Reise ins Licht" (BRD). Verl: Constantin.

"Der Richter und sein Henker" (BRD/I). Verl: Constantin.

"Sauerbruch – Das war mein Leben" (BRD). Verl: Constantin.

"Der Schimmelreiter" (BRD). Verl: Oefram.

"Der Schmalspurschnüffler" (USA). Verl: Warner-Columbia.

"Der Schneider von Ulm" (BRD). Verl: Constantin.

"Schöner Gigolo – armer Gigolo" (BRD). Verl: Warner-Columbia.

"Solaris" (SU). Verl: Universal.

"Die Spitzenklöpplerin" (CH/F/BRD). Verl: Constantin.

"A Star is Born" (USA). Verl: Warner-Columbia.

"Das Strandhotel" (F). Verl: Oefram.

"Stunde d Bewährung" (USA). Verl: Warner-Columbia.

"Taugenichts" BRD). Verl: Constantin.

"Tod auf dem Nil" (GB). Verl: Constantin.

"Tod oder Freiheit" (BRD). Verl: CIC.

"Und jetzt das Ganze noch mal von vorn" (F). Verl: Oefram.

"Unheimliche Begegnung der dritten Art" (USA). Verl: Warner-Columbia.

"Der Untermieter" (USA). Verl: Warner-Columbia.

"Unternehmen Capricorn" (USA). Verl: Constantin.

"Uzala, der Kirgise" (SU/J). Verl: Gloria.

"Ein verrücktes Huhn" (F). Verl: Constantin.

"Was heißt'n hier Liebe?" (BRD). Verl: Constantin.

"Wie geht's aufwärts?" (USA). Verl: CIC.

"Die Wildgänse kommen" (GB). Verl: Gloria.

"Wie kommen alle in den Himmel" (F). Verl: Oefram.

"Das Wunder von Fatima – Gnade und Friede von Gott" (P/CH). Verl: Jupiter.

"Zandy's Braut" (USA). Verl: Warner-Columbia.

"Das zweite Erwachen der Christa Klages" (BRD). Verl: Constantin.

"Zwischen den Zeilen" (USA). Verl: Constantin.

"Zwischengleis" (BRD). Verl: Warner-Columbia.

"Zwölf Uhr nachts" (USA). Verl: Warner-Columbia.

INTERNATIONALE FILMAUSZEICHNUNGEN

21. Internationale Filmfestspiele KARLOVY VARY, 29. Juni bis 12. Juli 1978.

PREISE:

Großer Preis: ex aequo:
"Der Schatten eines heissen Sommers" (CSSR),
"Weisser Bim mit dem schwarzen Ohr" (UdSSR).

Sonderpreis der Jury:
"Eine Dorfgeschichte" (IND), " Autopsie eines Komplotts" (ALGERIEN).

weitere Hauptpreise:
"Der Ire" (AUS), "Die Flucht" (DDR), "Des Seemanns Rückkehr" (GB), "Wir" (N), "Regen und Sonne zugleich" (H), "Julia" (USA).

Preise "Rose von Lidice":
"Aktion Stadion" (YU).

Preis für beste Darsteller:
Mari Sol, Marie-Jose Nat, Giuliano Gemma, Peter Faber.

27. Internationale Filmwoche MANNHEIM 9. bis 14. Oktober 1978.

PREISE:

Großer Preis der Stadt Mannheim:
"Alyam Alyam" (Die Tage) von Ahmed el Maanouni (Marokko).
Sonderpreis des Oberbürgermeisters der Stadt Mannheim:
"Theatre Girls" (GB) von Kim Longinotto und Claire Pollak.

Josef von Sternberg-Preis:
"De platte jungle" (Der flache Dschungel), (NL), von Johann van der Keuken.

Goldene Filmdukaten:
"Ghatashraddha" (Ein Ritual) (IND), von Girish Kasaravalli.
"Six Days in Soweto" (Sechs Tage in Soweto), (GB), von Antony Thomas.
"La Tortue sur le dos" (Wie eine Schildkröte auf dem Rücken), (F), von Luc Beraud.
"With Babies and Banners" (USA), von Lorraine Gray.
"Zdec na etom Pereksrestke" (Hier auf dieser Strassenkreuzung), (SU), von Karen Gevorkian.

Sonderpreis der Jury:
"Maternale" (I), von Giovanna Gagliardo.

Preis d FIPRESCI:
zu gleichen Teilen an:
"Six Days in Soweto" (GB), " O Tragicos Trnatos Tu Papu" (Der tragische Tod des Großvaters), (GR), von Vasilik Iliopulu.

Auszeichnung der Katholischen Filmarbeit:
"Ghatashraddha" (IND).

Lobende Erwähnung:
"Die Macht der Männer ist die Geduld der Frauen" (BRD), von Cristina Perincioli,
"Aist" (Der Storch), von Valerii Jeregi.

Internationaler Evangelischer Filmpreis 1978:
"Alambrista" (USA), von Robert Young,
"Where Have All The Maoists Gone" (CDN), von Michael Rubbo,
"Renaldo and Clara" (USA), von Bob Dylan,
"Stilleben" (CH), von Elisabeth Gujer.

28. Internationale Filmfestspiele BERLIN 22. Feber bis 5. März 1978.

PREISE:

Spielfilme:
Goldene Bären:
Der spanische Gesamtbeitrag: "Die Worte von Max", Reg: Emilio Martinez Lazaro,
"Die Forellen", Reg: Jose Luis Garcia San-

chez.
Silberne Bären:
"Der Vorteil" (BG), Reg: Georgi Djulgerov, "Der Sturz" (Der Fall), (BR), Reg: Roy Guerra und Nelson Xavier.

Beste Schauspielerin:
Gena Rowlands in "Opening Night" (Premiere), (USA).

Bester Schauspieler:
Craig Russel in "Outrageous" (Ausgeflippt), (CDN).

Spezialpreis der Jury:
"Der Fall" (BR).

Erstlingswerk:
Octavio Cortazar für "Der Lehrer" (C).

Film:
"Der Tod des Präsidenten" (PL), Reg: Jerzy Kawalerowicsz, sowie für dessen Gesamtwerk.

Kurzfilme:
Goldener Bär:
"Was haben wir den Hennen getan" (CS).

Silberne Bären:
"Das Dingsbums" (GB), "Am Bindfaden" (F).

Sonderpreise:

OCIC–Preis:
(Internationales Katholisches Filmbüro) "Worte von Max" (E),
Internationales Forum des jungen Films:
Preis DM 1.ooo,-- ..Der Kreis" (IRAN),
Internationale Evangelische Filmjury:
je DM 5.000,-- (Otto Dibelius-Filmpreis) "Das zweite Erwachen" (BRD), "Premiere" (USA),
FIPRESCI (Internationaler Verband der Filmpresse):
Aus dem Wettbewerb: "Die glücklichen Jahre meines Vaters" (H), aus dem Forum-Programm: "Der Kreis" (IRAN).

31. Internationales Filmfestival CANNES 1978
17. bis 29. Mai

Goldene Palme:
"L'Albero degli Zoccoli" (Der Baum der Holzschuhe oder Der Holzschuhbaum), Ermanno Olmi (I).
Preis der Jury:
"L'Albero degli Zoccoli" (I), Ermanno Olmi.
Preis für die beste weibliche Darstellerin:
Isabelle Huppert für "Die Spitzenklöpplerin", (F), ex aequo: Jill Clayburgh für "Eine entheiratete Frau" (USA).
Preis für den besten männlichen Darsteller:
Jon Voight "Coming home" (Sie kehren heim), (USA).
Sonderpreis:
"The Shout" (Der Schrei), Jerzy Skolimowsky (USA).
Regiepreis:
Nagisa Oshima für "Das Reich der Leidenschaft" (J).
Lobende Empfehlung der ökumenischen Jury:
"Spirale" (PL), Krzysztof Zanussi.
Preis der FIPRESCI:
"Der Mann aus Marmor" (PL), Andrzej Wajda.

Kurzfilme:
Goldene Palme:
"La Traversee De L'Atlantique A La Rame" (F), Jean-Francois Laguionie.
Jurypreis:
"Of my Darling" (NL), Borge Ring,
"The Doonesbury Special" (USA), John und Faith Hubely und Gary Trudeau.

50. OSCAR 1978

Film: "Der Stadtneurotiker"
Regie: Woody Allen für "Der Stadtneurotiker"
Darstellerin: Diane Keaton für "Der Stadtneurotiker"
Darsteller: Richard Dreyfuss für "Der Untermieter"
Supporting Darstellerin: Vanessa Redgrave für "Julia"
Supporting Darsteller: Jason Robards für "Julia"
Nicht englischsprachiger Film: "La vie devant soi" (F)
Bauten: John Barry, Norman Reynolds und Leslie Dilley für "Krieg der Sterne"
Kamera: Vilmos Zsigmond für "Unheimliche Begegnung der dritten Art"
Kostüme: John Mollo für "Krieg der Sterne"
Schnitt: Paul Hirsch, Marcia Lucas und Richard Chew für "Krieg der Sterne"
Filmmusik: John Williams für "Krieg der Sterne"
Original-Song: Joseph Brooks für "You light up my life"
Musikalische Bearbeitung: Jonathan Tunick für "Eine kleine Nachtmusik"
Langer Dokumentarfilm: "Who are the DeBolts? And where did they get nineteen kids?"
Kurzer Dokumentarfilm: "Gravity is my ene-

my"
Kurzer Zeichentrickfilm: "Sand Castle"
Kurzer Realfilm: "I'll find a way"
Original-Drehbuch: Woody Allan und Marshall Brickman für "Der Stadtneurotiker"
Adaptiertes Drehbuch: Alvin Sargent für "Julia"
Ton: Don MacDougall, Ray West, Bob Minkler und Derek Ball für "Krieg der Sterne"
Visual Effects: John Stears, John Dykstra, Richard Edlund, Grant McCune und Robert Blalack für "Krieg der Sterne"
Die Academy vergab den Thalberg-Award an den Produzenten Walter Mirish, einen Ehren-Award an die Cutterin Margie Boots, einen Jean Hershold-Award an Charlton Heston.

[illegible]

D

FILMGESELLSCHAFTEN

FILM
BUNDESREPUBLIK DEUTSCHLAND

FILMPRODUZENTEN UND FILMVERLEIH (VERTRIEB)–ANSTALTEN

AAD Film, Aktuelles - Arbeitswelt - Dokumentation K u J Hackethal
D 8000 München 80, Johannispl 10

Accord Film GmbH
D 8022 Geiselgasteig, Bavaria-Film-Pl 7

Ackeren Robert van
D 1000 Berlin 31, Kurfürstendamm 132 a

AGF Atelier für Grafik + Film
D 1000 Berlin 30, Kurfürstenstr 84

AGO FILM JENS LANGNESE
D 2105 Seevetal 12, Mittelweg 4

AHRENS FILM Hans Ahrens, Film + Fernsehproduktion GmbH
D 3014 Laatzen 1, Auf der Lieth 17

A I D Filmproduktion
D 7000 Stuttgart 30, Stuttgarter Str 53

Akzent-Film H Dieter Schiller
D 1000 Berlin 33, Garystr 92

Aladin-Film Dr Hans S Lampe
D 8000 München 40, Trautenwolfstr 6

Albatros Produktion
D 8000 München 40, Tengstr 33

Albis Film u Fernsehproduktion GmbH
D 2000 Hamburg 52, Elbchaussee 204/Hs 8

Alexandrow & Glauert, Film & AV Produktions-GmbH
D 1000 Berlin 30, Kurfürstenstr 84

Allcom (Communication, AV, Didaktik, Information)
D 2000 Hamburg 70, Tonndorfer Hauptstr 90

ALLFILM–TV–COMPANY
D 2360 Bad Segeberg, Parkstr 27

Allianz Film-Produktion GmbH
D 1000 Berlin 12, Leibnizstr 60

Allmedia Fernseh-Allianz Produktions-GmbH & Co KG
D 2000 Hamburg 70, Tonndorfer Hauptstr 90

Anila Film GmbH
D 6240 Königstein/Taunus, Kirchstr 9

Anthea Filmges mbH
D 8000 München 22, Widenmayerstr 4/V

Apfeld Produktion, Jan
D 1000 Berlin 31, Kurfürstendamm 126

Aquarius Film GmbH & Co KG
D 8000 München 40, Bonner Str 2

Aradt-Film Rumpold KG
D 8000 München 40, Ohmstr 8

Archimedes Industriefilmproduktion Dipl-Ing Reiner Conrad
D 8000 München 5, Erhardtstr 15

Aria-Film Produktion
D 8000 München 21, Viebigpl 7

ARCHITEKTURFILM Meyer-Miethke
D 7000 Stuttgart 70, Ahornstr 53

Arnold & Richter Cine Technik GmbH & Co, Betriebs KG
D 8000 München 40, Türkenstr 89

ARTE TV, Roland Arndt
D 2000 Hamburg 74, Merkatorweg 43

artfilm Pitt Koch
D 8000 München 40, Georgenstr 22

ARTUS-Filmproduktionsges mbH Dr Harald Müller
D 8000 München 2, Sophienstr 2

Aspekt Telefilm-Produktion GmbH
D 2000 Hamburg 70, Tonndorfer Hauptstr 90

Assmann Frank H, Film- u Fernsehproduktion
D 6200 Wiesbaden-Nordenstadt, Pommernstr 73

Atelier f Film u Graphik Schulenburg-Falk
D 6200 Wiesbaden, Schützenstr 4

Atelier H Koch KG Fernsehproduktionen
D 2800 Bremen, Richard Wagner-Str 9

ATF TELEVISION FILM, Hansjörg Amon
D 1000 Berlin 20, Charlottenburger Chaussee 51-55

Atlanta Filmgesellschaft mbH & Co Prod KG
D 8000 München 90, Oertlinweg 12

Atlas Film & TV Produktion GmbH
D 8000 München 2, Burgstr 7

ATLAS SCHMALFILM GmbH & Co
D 4100 Duisburg, Düsseldorfer Str 5-7

ATV Audio + Tele-Vision Filmproduktion GmbH
D 8000 München 71, Buchhierlstr 27

Au Werner (Foto- u Filmproduktion)
D 4902 Bad Salzuflen, Elkenbreder Weg 48

Aurora Television, Produktions GmbH
D 2000 Hamburg 70, Tonndorfer Hauptstr 90

auvicom, Agentur für audiovisuelle Kommunikation D Püschel
D 1000 Berlin 15, Postfach 666, Produktion
D 1000 Berlin 19, Havelchaussee 59-61

AVAGRAR Audiovision Agrarwirtschaft GmbH
D 8000 München 40, Lothstr 29

AVCO KG Contal Filmproduktionsges mbH & Co
D 1000 Berlin 41, Stierstr 2

AV–INFORMATIK, Ges f Ton u Bildgestaltung mbH
D 1000 Berlin 12, Mommsenstr 71

AV-Pool Verlags GmbH
D 1000 Berlin 19, Studio am Corbusierhaus

AVP-System-Service, Ges f audiovisuelle Programme mbH
D 4000 Düsseldorf, Düsseldorfer Str 24

AV-Union, Ring freier Mitarbeiter für Film + Foto
D 6500 Mainz 1, Südring 95

A W Film Herbert Lander
D 1000 Berlin 31, Prinzregentenstr 85

Baltes Adalbert, Industrie- u Kulturfilm
D 2000 Hamburg 13, St Benediktstr 37

Bamberger Herbert J, H J B Productions (Films, TV, AV, Recording)
D 8000 München 40, Siegfriedstr 20

Barbara Film Prod GmbH
D 8032 Gräfelfing, Seeholzenstr 7

Barmbek-Films Imc
D 2000 Hamburg-Barmbek, Bachstr 70/Pat

Baumgärtner KG, Hajo
D 5000 Köln 80, Bergisch Gladbacher-Str 557-559

Bavaria Atelier Ges mbH
D 8022 Geiselgasteig, Bavaria Film-Pl 7

Bavaria Musik Studios, K S Global Cine u Televisions GmbH & Co KG
D 8000 München 80, Schornstr 13

Bayerl & Partner Film
D 8043 Unterföhring, Münchner Str 95

Benjamin-Film
D 1000 Berlin 33, Saßnitzer Str 2

BERGHOFF-Film
D 5023 Weiden, Potsdamer Str 6

Bergmann-Film, Volker Bergmann
D 2000 Hamburg 70, Tonndorfer Hauptstr 98

Berlin-Film GmbH
D 1000 Berlin 12, Kurfürstendamm 171

Berliner Filmladen, C Krüger-P Wehage OHG
D 1000 Berlin 41, Feuerbachstr 13

bero-Film Produktion, H W Busse
D 8000 München 60, Steffanistr 5

Berolina Film Fernseh Funk Produktion OHG
D 1000 Berlin 44, Harzer Str 39-46

Bertelsmann Fernseh-Produktion
D 1000 Berlin 42, Viktoriastr 13/18

Berthold Kurt, Berthold Film- u Fernsehproduktion
D 8000 München 90, Klausener Pl 18

Bibo Film KG, Film- u Fernsehproduktion
D 6220 Rüdesheim, Geisenheimer Str 23

Birkholz Christian
D 1000 Berlin 28, Heidestr 22

Blank-Filmstudio
D 4030 Ratingen b Düsseldorf, Schützenstr 94

BLICK in die WELT, Film- u Dokumentations-GmbH
D 6200 Wiesbaden-Erbenheim, Egerstr 2

Blue Box Film-, Fernseh- u Fotoproduktion Salk & Korte
D 4630 Bochum 1, Körnerstr 4

Blue Movie Filmproduktion
D 2390 Flensburg, Gutenbergstr 12

Bock-Film, Ulrich
D 2800 Bremen, Richard Strauß-Pl 6

Bohemia Film u Fernsehen Prod
D 8000 München 71-Solln, Geigenberger Str 47-51

Bollmann Adolf/Koeppe Sigrun, Filmproduktion
D 2082 Tornesch, Wilhelmstr 40

BoLo-Film und Ton
D 8000 München 50, Postfach 500 149

Boyadjieff Jordan Jv
D 2000 Hamburg 20, Heilwigstr 100

Brandes & Partner, Film- u Fernsehproduktion KG
D 2000 Hamburg 55, Baurs Weg 5

Brandner Uwe, Filmproduktion
D 8000 München 80, Friedrich Herschel-Str 17

Brandt Rainer, Filmproductions GmbH
D 1000 Berlin 20, Verl Daumstr 16

Brevis-Film GmbH
D 5000 Köln, Schilderg 39

Brieger-Film, Dr, Inh Hildemargret Brieger
D 1000 Berlin 20, Zur Haveldüne 2

Bückner & Heller - Filmproduktion
D 8000 München 19, Jutastr 15

Bühne u Film GmbH
D 6200 Wiesbaden, Unter den Eichen, Postfach 5660

Burda-Scope
D 8000 München 19, Arnulfstr 197

Burk-Film KG, Filmproduktion
D 6350 Bad Nauheim, Parkstr 50

Cämmerer Film- u Fernsehproduktion, Dr
D 8000 München 40, Leopoldstr 18

Camera-Filmproduktion GmbH, Paul Bielicki
D 6503 Mainz-Kastel, Jakob Schick-Str 17

CAM—FILM Produktion GmbH
D 1000 Berlin 45, Jungfernstieg 20

CBM Ges f Teleprodukt on u Televertrieb mbH & Co KG
D 8000 München 90, Reinekestr 2

CCC Filmkunst GmbH & Co KG
D 1000 Berlin 20, Verl Daumstr 16

CCC Television GmbH
D 1000 Berlin 20, Verl Daumstr 16

CCI Cosmos Cinema Ges f intern Film- u Fernsehprod mbH
D 8042 Oberschleißheim, Hofkurat Diehl-Str 2

Central-Cinema-Comp Film GmbH (CCC-Film)
D 1000 Berlin 20, Verl Daumstr 16

Chamier-Film KG
D 1000 Berlin 12, Leibnizstr 60

Charon-Film
D 1000 Berlin 19, Heerstr 23-25

Chronos-Film GmbH
D 1000 Berlin 46, Mühlenstr 46-54

Cikon Filmproduktion GmbH
D 1000 Berlin 10, Röntgenstr 4

Cinecentrum - Deutsche Ges f Film- u Fernsehproduktion mbH
D 2000 Hamburg 73, Sieker Landstr 39a

Cinecontact Film GmbH
D 1000 Berlin 15, Kurfürstendamm 11

Cine Dokument Film Christian Doermer
D 8000 München 40, Isabellastr 28

Cine Kreis Film- u Fernsehproduktions-GmbH
D 1000 Berlin 12, Niebuhrstr 69

Cinesonor Film-GmbH, Fach-Produktion f Synchronisationen u dramaturgische Neubearbeitungen
D 8000 München 90, Geiselgasteigstr 134

Cinetrick, Fernseh-Film-Produktion, Herbert K Schulz
D 1000 Berlin 37, Seehofstr 98

Cinevision, Film- u Fernsehproduktion GmbH
D 5000 Köln 51, Eugen Langen-Str 26

CIRATEL GmbH, Film-Funk-Fernsehen
D 8000 München 82, In d Heuluß 28

City-Film GmbH
D 1000 Berlin 20, Charlottenburger Chaussee 51-55

CO-Film Fera & Schalk
D 2107 Rosengarten 5-Ehestorf, Auf den Schwarzen Bergen 26

CLOSE UP FILM, Paul Ellmerer
D 5000 Köln 91, Johannes Trojan-Str 20

COLORAMA-Film Klaus Werner u Uschi Madeisky
D 6000 Frankfurt/M 1, Wolfgangstr 94

Commercial Creators Hamburg
D 2000 Hamburg 70, Tonndorfer Hauptstr 90

Commercial-Film GmbH & Co KG
D 6380 Bad Homburg v d H, Tannenwaldallee 25

Commerz-Film Produktionsges mbH
D 2000 Hamburg 20, Heilwigstr 116

Common Film Produktion GmbH
D 1000 Berlin 30, Rosenheimer Str 40

Compass GmbH
D 6712 Bobenheim-Roxheim 2, Sandweg 12

Concept Film GmbH & Co Film & Fernseh KG
D 8000 München 40, Bauerstr 15

Contifilm GmbH & Co KG, Filmproduktion
D 8000 München 19, Winthirstr 21

Continental Film u Disco GmbH & Co
D 1000 Berlin 31, Joachim Friedrich-Str 3

Corona-Filmproduktion GmbH
D 8000 München 40, Freystr 4

CR-Cine Relation Alfred Noell KG, TV- u Filmproduktion
D 5000 Köln 41, Herderstr 66-68

Crew/Film GmbH
D 4000 Düsseldorf, Deger Str 49

CTV 72 Film- u Fernsehproduktion GmbH, Horst Hächler
D 8000 München 13, Elisabethstr 29

Cürlis Peter, Filmproduktion
D 1000 Berlin 33, Ehrenbergstr 3

Curtis Eva
D 1000 Berlin 30, Lützowufer 27

DCF Deutsche Commerciale Fernsehwerbung GmbH + Co KG
D 8000 München 90, Harthauser Str 70

Dedo Weigert Film GmbH
D 8000 München 2, Rottmannstr 5

DEDOG Deutsche Dokumentarfilm Ges Heinrich Klemme & Co
D 2000 Hamburg 36, Postfach 106

Deffu-Film, Deutsches Film- u Fernsehprogramm-Herstellungs-Unternehmen A Louis Zgoll-Wallburg
D 6000 Frankfurt/M, Schützenstr 2

Deutsche Buch-Gemeinschaft, Fernseh-Produktion
D 1000 Berlin 15, Kurfürstendamm 226

Deutsche Cinerama GmbH
D 8000 München 23, Leopoldstr 59

Deutsche Condor Film GmbH
D 8000 München 40, Freystr 4

Deutsche Spielfilm GmbH
D 2000 Hamburg 36, Postfach 106

Deutsche Wochenschau GmbH, Hersteller d Wochenschau „Ufa dabei"
D 2000 Hamburg 73, Sieker Landstr 39a

Deutscher Kulturfilm Koerber KG
D 2000 Hamburg 66, Sthamerstr 60

Dhunjiboy, Roshon Dhunjiboy, Filmproduction
D 5000 Köln 30, Ehrenfeldgürtel 171

Dia-Film, Deutsche Industrie- u Auftragsfilm GmbH
D 8000 München 2, Schmidstr 2

DIALOG Filmproduktion GmbH
D 8000 München 40, Adalbertstr 104

DIDO Deutsche Industrie- u Dokumentarfilm GmbH
D 4000 Düsseldorf 1, Kreuzstr 25

Digo-Film Dieter Gossow
D 4501 Hagen a T W b Osnabrück, Sperberstr 11

D & M Dörsch Film GmbH
D 8000 München 90, Karneidpl 18-18a

dinexfilm, Studio f Film, Bild & Ton
D 7505 Ettlingen 7, Industriegebiet

3 F Produktion, Ges f Film, Funk u Fernsehen
D 7000 Stuttgart, Goethestr 7

dri-filmproduktion Otto Driehorst
D 4000 Düsseldorf 34, Sengelsweg 21

duckpool production Jobst Runte, Film- u Fernsehproduktion
D 6551 Entenpfuhl, Alte Oberförsterei

Durniok Manfred, Film- u Fernsehproduktion
D 1000 Berlin 51, Hausotterstr 36

Egger Wilhelm F
D 1000 Berlin 46, Charlottenstr 12b

EGP-Film Erni u Dr Gero Priemel
D 6000 Frankfurt 70, Waidmannstr 27

Ehmck Film GmbH Gustav Ehmck
D 8032 München-Gräfelfing, Maria Eich-Str 71

Ehrenkäufer Heinz, Kulturfilmproduktion
D 8500 Nürnberg, Leharstr 4c

EIKON Gemeinnützige Ges f Fernsehen u Film mbH
D 8000 München 19, Lachnerstr 20

Eisholz-Filmproduktion, Lutz
D 1000 Berlin 12, Wilmersdorfer Str 96

Eith u Partner, Ule, Film- u Fernsehproduktion
D 2000 Hamburg 52, Elbchaussee 441

Elan-Film Gierke & Co
D 8000 München 21, Rüdesheimer Str 11

Eldorado-Film GmbH
D 1000 Berlin 12, Mommsenstr 11

EMI Electrola, TV Programm GmbH
D 5000 Köln 41, Maarweg 149

Eos-Film GmbH + Co KG
D 6200 Wiesbaden, Sonnenberger Str 52

Equator Film GmbH
D 8000 München 90, Sommerstr 17-21

E-TE-S European-Television-Service
D 6200 Wiesbaden, Unter den Eichen, Postfach 3129

Ettengruber Peter
D 8000 München 81, Cosimastr 232

Europa Film + Werbung GmbH
D 7000 Stuttgart, Goethestr 7

Ewald-Film GmbH
D 4000 Düsseldorf, Elberfelder Str 4

EXPO-Film GmbH, Film- u Fernsehproduktion
D 8000 München 80, Berlingerweg 24

Fackelmann Michael, Fackelmann-Filmproduktion
D 8000 München 80, Friedrich Herschel-Str 3

Falk-Filmproduktion
D 6200 Wiesbaden, Odenwaldblick 28

Fargo Film Produktion GmbH
D 4000 Düsseldorf 1, Remscheider Str 5

Fellmann-Film
D 5063 Overath-Untereschbach b Köln, Kleinhurden 55

Fernseh-Allianz GmbH
D 2000 Hamburg 70, Tonndorfer Hauptstr 90

Fernseh-Film-Dienst Dr Kandorfer GmbH Köln
D 5000 Köln 71, Steinrutschweg 19

Fernsehfilm-Produktion Frankfurt GmbH
D 6000 Frankfurt/M, Gartenstr 54

Fernsehfilm- u Filmproduktion Werner Völger
D 1000 Berlin 37 (Zehlendorf), Im Schönower Park 5

Fernsehgesellschaft Berliner Tageszeitungen mbH
D 1000 Berlin 42, Ullsteinstr 158

FF-Company, Film- u Fernsehproduktion GmbH
D 8000 München 22, Steinsdorfstr 13

FFF Grupe Film, Funk, Fernsehen, Produktion
D 8022 Grünwald/München, Reitzensteinstr 6

FFG Film- u Fernseh-GmbH
D 1000 Berlin 31, Seesener Str 28

ffm-Filmproduktion Frieder Mayrhofer + Partner
D 8000 München 40, Nikolaistr 4

FFS Film- u Fernseh-Synchron GmbH
D 8000 München 2, Poccistr 3

Fiedler Heinz
D 1000 Berlin 37, Zinsweiler Weg 26

Filmaufbau GmbH Göttingen
D 8000 München 40, Friedrichstr 17

Filmcrew GmbH, Film- u Fernsehproduktion
D 2000 Hamburg 50, Kirchentwiete 37-39

Film + Fernsehproduktion Bachnick, Werbung, Vertrieb, Agentur
D 1000 Berlin 61, Hasenheide 61

Film- u Fernseh-Produktions-GmbH
D 1000 Berlin 46, Mühlenstr 46-54

Film- u Fernsehproduktion Graf v Bethusy-Huc & Co
D 3000 Hannover, Bertramstr 6

Film f Information u Bildung Dr Werner Lütje
D 8000 München 90, Harthauser Str 3

Film in Wissenschaft u Technik, Eberhard Stock
D 4800 Bielefeld 1, Goldbach 7

Filmpool Film- u Fernsehproduktion GmbH & Co KG
D 5000 Köln 1, Brabanter Str 37-39

filmproduktion JANUS gmbh
D 6000 Frankfurt/M 70, Paul Ehrlich-Str 24

Filmproduktion u Lehrfilm-Inst, Richard Scheinpflug
D 2000 Hamburg 62, Ahlfeld 61

Film 16 Helmut Rings Filmproduktion, Spezial-Studio f neue Produktionstechnik
D 8025 Unterhaching/München, Pittingerstr 23

Filmstudio Kurt Pit Müller
D 5060 Bensberg-Frankenforst, Froschpfad 7-9

Filmstudio Nymphenburg GmbH Leckebusch & Co KG
D 8000 München 19, Tizianstr 16

Filmstudio Starck
D 6800 Mannheim 24, Neugasse 2

Film + Technik AV-Produktion Dipl-Ing Klaus Karch
D 6000 Frankfurt/M 71, Schwarzwaldstr 144

Film- u Ton-Studio Dortmund GmbH
D 4600 Dortmund, Luisenstr 10

Fingado Film
D 6800 Mannheim C 8, 12-13, Postfach 768

Fischer Film- u Fernsehproduktion, Dr Hans Conrad Fischer
D 8241 Marktschellenberg, Elektrizitätswerk

Fischer Rudolf, Darmstädter Puppenspielfilm
D 6100 Darmstadt, Heinrichstr 181

Flash-Filmproduktion Armin Maiwald
D 5000 Köln 1, Am Duffesbach 41

Flott Werner, Film- u Fernsehproduktion
D 8871 Günzburg-Wasserburg, Am Rain 43

Franck-film-Produktion, Herbert Meyer-Franck
D 4000 Düsseldorf 34, Am Fischerbreuel 2

Frentz Walter, Filmgestaltung
D 7770 Überlingen, Säntis-Str 86

Fröhling + Partner, Filmproduktion
D 4000 Düsseldorf, Herzogstr 46

FSB Film Service Berlin
D 1000 Berlin 19, Westendallee 68

FS Frohlich, Sautter Productions GmbH, Film, Funk, Fernsehen, AV, Musik
D 8000 München 82, In der Heuluss 28

FTS-Film- u Ton-Studio
D 2150 Buxtehude, Böschenweg 20

Funk-Film Heinz Funk
D 2000 Hamburg 13, Klosterallee 76

FWF Film Fritz Wagner
D 1000 Berlin 31, Kurfürstendamm 126

Gabrea, R J + Leister, Erika-Gamma-Film GmbH
D 6900 Heidelberg-Schlierback, Am Gutleuthofhang 12

Galaxy Film Production GmbH & Co KG
D 8022 Geiselgasteig, Gartenweg 6a

Gamma-Film GmbH
D 8000 München 90, Schweigerstr 2

Gareis Film, Wilhelm
D 5770 Arnsberg, Ehmsenstr 70

Garrett Film GmbH
D 2000 Hamburg 13, Mittelweg 31

Gebrüder Schmidt - Filmproduktion
D 1000 Berlin 15, Kurfürstendamm 157

Gefo-Film-Kassel, Filmproduktion Gerhard R Foltin
D 3500 Kassel, Frankfurter Str 157

Gemini-Film G C Krausser & Co KG
D 1000 Berlin 12, Wilmersdorfer Str 79

Genschow-Film, Fritz
D 1000 Berlin 39, Kyllmannstr 14

Geofilm GmbH
D 8000 München 60, Wertheimer Str 76

German Television News GmbH
D 1000 Berlin 19, GTN-Studio am Corbusierhaus

Gernhardt-Film Wilhelm Gernhardt
D 8022 Grünwald-Geiselgasteig, Bavaria Film-Platz 7

GIDA Ges f Information u Darstellung, Hermann Blome KG
D 5480 Remagen-Oberwinter, Auf d Helte 3

GLOBUS-Film GmbH
D 1000 Berlin 38, Reifträgerweg 2

Göttinger Filmproduktion Hans-Heinrich Kahl
D 3400 Göttingen, Sandersbeek 21

Gong-Film Bodo Menck
D 2000 Hamburg 76, Hofweg 53, Postfach 3028

Grahlmann Film-Produktion
D 4630 Bochum-Wattenscheid, Burgstr 66

Groteskfilm Peter Laregh
D 8134 Pöcking/Obb, Hindenburgstr 10

Grünwald-Film
D 6200 Wiesbaden, Kapellenstr 41b

Grupe Trick + Film Studio
D 8000 München 82, Wasserburger Landstr 18

Gülo-Film GmbH
D 5000 Köln 1, Wormser Str 25-27

Gumprecht Hans-Peter
D 2801 Öyten b Bremen, Augsburger Str 23

Haase Egon, Filmproduktion
D 8000 München 50, Schlehbuschstr 21

Haer Produktion
D 2000 Hamburg 71, Ebsenkamp 8

Hagemann Jürgen F, Film + TV-Produktionen
D 5140 Erkelenz-Holzweiler, Koffererstr 5

Hahn-Film, Filmproduktion + Ton-Studio Otto Hahn
D 7085 Bopfingen, Alte Neresheimer Str 51

Halas & Batchelor Animation Ltd - German Office - Ch Birkholz
D 1000 Berlin 27, Moorweg 95

HALLE—FILM Wolfgang Klubach
D 6000 Frankfurt/M, Kronberger St 6

Hallelujah-Film GmbH
D 8000 München 22, Christophstr 10

Hamburger TV- u Filmproduktion GmbH
D 2000 Hamburg 20, Heilwigstr 116

Hamburgische Film- u Fernsehproduktion GmbH
D 2000 Hamburg 70, Tonndorfer Hauptstr 90

Hammer-Film Produktion Celle-München
D 3100 Celle, Speicherstr 25

Hamrun Film, Karl Hamrun
D 2000 Hamburg 54, Berchtungweg 5

Hanseatic-Kontakt-Film
D 2000 Hamburg 60, Agnesstr 44

Hardenberg & Co, Jost Graf v
D 2000 Hamburg 76, Adolfstr 53

Hart-Film
D 2000 Hamburg 52, Baron Voght-Str 96

HEAR Production
D 2000 Hamburg 71, Erbsenkamp 8

Heinefilm KG
D 5300 Bonn, Zitelmannstr 5-7

Heller-Film, Cinex-Produktion
D 8000 München 40, Herzogstr 6

Herona-Film
D 7251 Warmbronn, Amselweg 8

Heydebreck Günther, Zeichen- u Sachtrick
D 2057 Reinbek, Bez Hamburg, Schaumanns Kamp 202

Hommel Heinz-W, Tonbildschau- u Trickfilmproduktion
D 4900 Herford, Vlothoer Str 58

Hossfeld Dr H J, Filmproduktion
D 5038 Hahnwald/Köln, Bonner Str 65

Hübenthal-Filmproduktion, Herbert Hübenthal
D 5050 Porz-Westhoven, Gartenstr 68

Hüls Film
D 4000 Düsseldorf 11, Alt Heerdt 22

Huschert Realfilm GmbH
D 4000 Düsseldorf-Benrath, Weststr 36

Iduna-Film GmbH ProduktionsGes & Co
D 8000 München 2, Kardinal Faulhaber-Str 15

IFAGE-Filmproduktion GmbH
D 6200 Wiesbaden, Unter den Eichen

IFS - Bernd Scherer, Industriefilm, Fernsehproduktion, Synchronisation GmbH
D 8000 München 90, Heigelstr 6

IFU, Internationale Filmunion GmbH
D 5480 Remagen-Calmuth, Postfach 150

Igel-Filmproduktion Vinzens Nolle
D 3500 Kassel, Pestalozzistr 18

Ikaros-Film Wolfgang Kiefenheuer
D 1000 Berlin 38, Krottnaurerstr 73

ILFO Tonstudio u Filmproduktions GmbH
D 8919 Utting/Ammersee, Ludwigstr 21

Imbild
D 8000 München 44, Dietlindenstr 18

Impuls studio Filmproduktion u Medienforschungs-GmbH
D 8000 München 83, Postfach 1709, Ottweiler Str 3

Independent Film Heinz Angermeyer GmbH
D 8000 München 40, Friedrichstr 17

Industrie-Filmothek 71 AV
D 3100 Celle, Speicherstr 25, Postfach 66

Insel-Film ProduktionsGes Norbert Handwerk + Partner
D 8013 Haar bei München, Kirchenplatz 1

Interart Werner Rieb KG Film- u Fernsehproduktion
D 8000 München 40, Barer Str 60

INTERDOC Filmproduktion GmbH Bonn
D 5300 Bonn 2 (Bad Godesberg), Postfach 20 03 23

INTEROPA Film GmbH
D 1000 Berlin 44, Harzer Str 39-46

interpret, Ges f intern Film- u TV-Production mbH
D 8000 München 81, Mauerkircherstr 102

Interteam Filmproduktion GmbH
D 6078 Neu-Isenburg, Offenbacher Str 98

Intertel Television GmbH
D 1000 Berlin 42, Oberlandstr 26-35

INTERVIDEO G Sidenstein
D 6500 Mainz 42, Robert Koch-Str 11

Inter West Film GmbH
D 1000 Berlin 46, Mühlenstr 52

Intra Film GmbH
D 2000 Hamburg 76, Neubertstr 50

IRIS-Film GmbH, vorm Filmproduktion R Stölting
D 8000 München 19, Böcklinstr 12

itv - Internationale Televisions-Ges A Fischer
D 6000 Frankfurt/M 70, Gartenstr 54

ITW-Film Hans-Georg Weigel
D 4010 Hilden, Färberweg 6, Postfach 927

Jacobi Peter, Film & Graphic Design
D 7000 Stuttgart 1, Danneckerstr 23

Jaeger-Filmproduktion, Studio 22
D 5000 Köln 41, Krementzstr 22

Jahreszeiten-Verlag GmbH
D 2000 Hamburg 13, Harvestehuder Weg 40

Jamm, Filmproduktion Leo Jamm + Partner
D 7000 Stuttgart 1, Reinsburgstr 101

jojo Filmproduktion, Thomas Hartwig
D 1000 Berlin 20, Alt Pichelsdorf 17

Joseph Karl, Dokumentar- u Fernsehfilm
D 3000 Hannover 1, An d Tiefenriede 33

junge film-aktion Bonn, Gemeinn Ges z Förderung jg Theater- u Filmschaffende eV
D 5300 Bonn 1, Mozartstr 50

Jungraichmayr-Film
D 6000 Frankfurt, Freiherr v Stein Str 9

Känguru-Film GmbH
D 1000 Berlin 33, Bingerstr 26a

Kalden Freimut, Jura-Filmproduktion
D 8192 Geretsried 2, Beethovenweg 50

Kama-Print, Filmproduktion- u VerlagsGmbH
D 3100 Celle, Bahnhofstr 24

Kaskeline Film
D 1000 Berlin 15, Sächsische Str 7

KG Monitor, Film & Fernsehproduktion
D 2000 Hamburg 13, Frauenthal 10

K H W-Filmproduktion
D 2410 Mölln/Lauenburg, Königsberger Str 1

Kipp Rudolf W, Filmproduktion RKF
D 2000 Hamburg 65, An d Drosselbek 2

Kliem Peter F (BDG)
D 1000 Berlin 38, Matterhornstr 88

Knoop-Filmproduktion
D 2000 Hamburg 36, Alsterufer 18

Koch KG
D 2800 Bremen, Richard Wagner-Str 9

Kochner Wilfried
D 4000 Essen, Alfredstr 331

Köper + Schmidt, books and films
D 5000 Köln 41, Virchowstr 22

Koeppe Sigrun, Filmproduktion
D 2082 Tornesch, Wilhelmstr 40

Körösi Herbert, Filmproduktion
D 2000 Hamburg 60, Mexikoring 17

KOSMOPOL Film Wolfgang Claus
D 3500 Kassel-Wilh, Blütenweg 4

Kramer-Film-Produktion
D 4358 Haltern/Westf, Breitenweg 98

Krause Werner
D 2000 Hamburg 61, Garstedter Weg 230

Kreidel Wulf, K-Filmproduktion
D 8000 München 40, Haimhauser Str 14

Krien Film Werner Krier KG
D 1000 Berlin 12, Niebuhrstr 69

Kruse-Film
D 8000 München 80, Possartstr 21

K S Global Line u Televisions GmbH & Co KG
D 8919 Uting, Ludwigstr 21

KS—TV Waldemar Kuri Fred Simson GmbH
D 8000 München 40, Ohmstr 16

KTV-Film, Krippendorff-Television-Film
D 5300 Bonn, Kaiserstr 17

Kultur- u Lehrfilm-Inst Klemens Lindenau
D 2800 Bremen 1, Lothringer Str 31

Kultur- u Wirtschaftsfilm GmbH
D 4000 Düsseldorf 1, Herzogstr 46

Küp Peter Dr, Fernseh- u Filmproduktion GmbH
D 8000 München 40, Leopoldstr 44

Helmut Laage Dokumentarfilme
D 2000 Hamburg 60, Elligersweg 26

Lander Herbert Dipl-Kfm, A W-Filmproduktion
D 1000 Berlin 31, Prinzregentenstr 85

Landes-Film Rolf Raffe
D 8000 München 40, Türkenstr 89

Lang Armin, Filmproduktion
D 7000 Stuttgart 1, Thomastr 43

Langhanke-Film
D 1000 Berlin 37, Seehofstr 24

Lazi Franz, Lazi Film
D 7000 Stuttgart 1, Charlottenstr 29

Leckebusch Walter, Film-Studio
D 8000 München 19, Tizianstr 16

LehrfilmInst Richard Scheinpflug
D 2000 Hamburg 62, Ahlfeld 61

Lehrsysteme im MedienVerb GmbH
D 8000 München 81, Pienzenauerstr 89

Lemke Eckhard, Trickfilm-Atelier
D 2000 Hamburg 65, Saselbekstr 22

Lenz KG Theater-Film- u Fernsehproduktion Berlin
D 1000 Berlin 37, Rappoltsweilerstr 15

Leonaris-Film Dr Munck GmbH & Co
D 7030 Böblingen-Tannenberg, Meisenweg 2

Lexikon Film & Television, Inh Eberhard Hauff
D 8000 München 40, Ohmstr 16

Libik Andre, Filmproduktion
D 8000 München 70, Emil Geis-Str 42

Limes-Film Stenzel & Stenzel
D 6384 Schmitten 3, Feldbergstr 96

Linda-Film, Curt Linda
D 8000 München 40, Ainmilllerstr 22

Lingen-Production, Fred A, for EURO–TV Association
D 8000 München 2, Oskar v Miller-Ring 29-31

Lirek Film u Ton GmbH & Co
D 8000 München 2, Sonnenstr 3

Lisa Film GmbH
D 8000 München 22, Widenmayerstr 48

littera film u buch, walter böckmann
D 4800 Bielefeld 11, Ilmenauweg 15

Lord Film GmbH
D 8022 Grünwald, Südl Münchner Str 50a

Ludewig Trickstudio
D 2000 Hamburg 4, Feldstr, Hochhaus 1

Luther-Film GmbH
D 7000 Stuttgart 1, Gänsheidestr 67

Lux-Film, Boris-Borresholm
D 8000 München 80, Mauerkircher Str 18

Maclean & Co
D 1000 Berlin 31, Landhausstr 31

Magnet Filmproduktion GmbH & Co KG
D 1000 Berlin 12, Leibnizstr 60

Magnet-Film Smith OHG
D 8000 München 81, Ortnitstr 9

Malory Produktion GmbH
D 8000 München 81, Arabellastr 30/XIII

Mangos Clemens CAM ProduktionsGes v Lehrmedien f d betriebliche Fortbildung mbH
D 8000 München 2, Kaiser Ludwig-Platz 6

Marken Film GmbH u Co
D 2000 Hamburg-Wedel, Schulauer Moorweg 25

Martin-Film
D 8000 München 45, Mitteisstr 9

Maxim-Film GmbH
D 1000 Berlin 38, Breisgauer Str 27

MCA Television GmbH
D 8000 München 80, Ismaninger Str 98

Media-Film
D 8000 München 40, Bauerstr 15

Mediaton-Film GmbH
D 3550 Marburg/L, Schuhmarkt 4

Medienzentrum e V, Weiße Rose
D 1000 Berlin 62, Apostel Paulus-Str 10

Meier Hans-Peter, Filmproduktion
D 8000 München 19, Alfonsstr 1/II

Melophon-Film GmbH
D 8000 München 40, Karl-Theodor-Str 70

Metacon Film Fernsehen Produktions-GesmbH
D 8000 München 90, Grünwalder Str 254

Metavision GmbH Harloff & Weber, Film- u Fernsehproduktion
D 2070 Ahrensburg, Pionierweg 8a

M-Filmproduktion f Ind u Werbung GmbH
D 7750 Konstanz, Eichhornstr 23

MFG Film GmbH
D 8000 München 90, Ulmenstr 22

Milestone TV
D 5000 Köln 41, Arnulfstr 8

MIT-Modern Instruktions Technik Eyl KG, Video-Filmproduktionen - Video-Technik
D 6393 Wehrheim - Obernhain, Im Erlenbruch 2

Mixed-Media Studio, Audio-Vision KG
D 1000 Berlin 30, Tauentzienstr 18a

Mock-Produktion
D 1000 Berlin 41, Schmargendorfer Str 17

Modern Art Film GmbH
D 1000 Berlin 31, Kurfürstendamm 130

Monaco Film GmbH
D 8000 München 22, Odeonsplatz 12

Mondo Film Produktions- u Vertriebs GmbH
D 8000 München 81, Arabellastr 30/XIII

MONITOR – Film- u Fernsehproduktion
D 2000 Hamburg 13, Frauenthal 10

Monopol-Film-GesmbH, Video & TV Production
D 8000 München 19, Winthirstr 21

Moneta Film GmbH
D 1000 Berlin 19, Havelchaussee 59-61

Monta-Film GmbH
D 8000 München 80, Richard Strauß-Str 93

MPF Modern Pep Films
D 8000 München 90, Klausener Platz 18

MS-Film Dr Ute Koll/Dr Michael Schoemann
D 6200 Wiesbaden, Kapellenstr 61

MTV-Produktion Manfred J Simon GmbH
D 6503 Mainz-Kastel, Postfach 124

Müller Kurt Pit, Filmstudio
D 5060 Bensberg-Frankenforst, Froschpfad 7-9

München-Film
D 8000 München 40, Bauerstr 15

München-Kontakt-Film
D 8000 München 82, Friedenspromenade 17-23

München-London Film GmbH & Co
D 8051 Kranzberg, Asterstr 2

Münz-Film Frankfurt
D 6000 Frankfurt 70, Gartenstr 88

Neue Emelka, Neue Münchner Lichtspielkunst GmbH
D 8000 München 80, Pienzenauer Str 17

Neue Deutsche Film-GesmbH
D 8000 München 2, Wittelsbacher Platz 1

Neue Filmproduktion GmbH & Co KG
D 6000 Frankfurt/M, Neue Mainzer Str 26

Neue Münchner Fernsehproduktion GmbH
D 8022 Geiselgasteig, Bavaria Film-Platz 7

Neue Münchner Lichtspielkunst GmbH (Neue Emelka)
D 8032 München-Gräfelfing, Steinkirchner Str 8

Neue Prometheus Film, Hielscher, Vosz, Weber
D 8000 München 22, Thierschstr 29

New International Cinema GmbH + Co KG Produktion + Verleih
D 8000 München 2, Augsburger Str 4

news & documentary film production Marten Taege/Sven Severin
D 6200 Wiesbaden, Bingertstr 48

NFP Norddeutsche Filmproduktion GmbH
D 2000 Hamburg 70, Tonndorfer Hauptstr 90

Niebeling Hugo
D 4010 Hilden, Druckerweg 10

Nordmark-Film, E u G Garms
D 2300 Kiel 1, Jägersberg 5

Norica Film-Studio f Film-Produktion Günther Hermanns
D 8500 Nürnberg, Kressenstr 35

Nova-Film-Fernsehproduktion Otto Meissner
D 1000 Berlin 12, Wilmersdorfer Str 94

Oase-Film Michael Lentz
D 4300 Essen, Graf Bernadotte-Str 27

Objektiv-Film Gerhard Wiese
D 2000 Hamburg 70, Ahrensberger Str 40

Oertel Film-Studien-GmbH
D 6200 Wiesbaden, Schloß Biebrich

Oeser, Frank Oeser Produktion, Musik-Film-Werbung
D 1000 Berlin 45, Ringstr 19b

OPTAGON Prod-Ges f audiovisuelle Kommunikation mbH
D 2000 Hamburg 70, Tonndorfer Hauptstr 90

OPTAMEDIA-Spots, Alfred W Jung
D 2000 Hamburg 70, Tonndorfer Hauptstr 90

Optima Film GmbH
D 1000 Berlin 31, Prinzregentenstraße

Orbit Film- u Fernsehproduktion GmbH
D 8023 Pullach, Jaiserstr 29a

ORBIT—PRODUKTION Filmproduktions- u Vertriebs-GmbH
D 2000 Hamburg 13, Schlüterstr 6

Ostei-Filmproduktion Otto Stein
D 3000 Hannover, Steintorstraße

Pahl-Film-Produktion, Wolfgang Pahl
D 2016 Bendesdorf, Waldweg

PAN—FILM GmbH
D 8000 München 40, Emanuelstr 17

panfilm — Kurt Wolfes
D 2000 Hamburg 73, Ellerneck 129

Paramount Film Production (Deutschland) GmbH
D 8000 München 2, Herzogspitalstr 13

Patalong Film GmbH
D 8000 München 60, Härtingerstr 20

Pentagramma Filmproduktion GmbH + Co, Rainer Erler
D 8157 Bairawies, Auf d Tränke

PEROGA-Film
D 3400 Göttingen, Über d Höfen 8

Perspective Film GmbH, Heinz Sasse
D 8000 München 81

Pharao-Film G Herz KG
D 4040 Neuß, Daimlerstr 199

Phil-Film, Film & TV-Productions
D 2107 Rosengarten 7 ü HH 90, Stieglitzweg 16

Phoenix Film Production GmbH, Wolf Vollmar
D 8000 München 90, Achleitnerstr 6

Piccolo-Film, Herstellungs- u Vertriebs-GmbH
D 8042 Oberschleißheim, Am Michaelianger 1a

PIFDA I Produktion 1 im Filmverlag d Autoren GmbH
D 8000 München 40, Tengstr 37

Pik 7 Film, Produktions- u Vertriebs-GmbH
D 1000 Berlin 42, Germaniastr 143

Planet-Film GmbH
D 1000 Berlin 33, Pücklerstr 18

plus-produktion OHG Peter Metzner
D 1000 Berlin 37, Sophie Charlotte-Str 42a

Poetter Erich (E P Produktion)
D 6750 Kaiserslautern, Kaisermühlerstr 81

POHLAND Christa, Stardust-Filmproduktion
D 8000 München 40, Eisenacher Str 18

Polyphon Film- u Fernseh-GmbH
D 2000 Hamburg 70, Tonndorfer Hauptstr 90

Polytel Intern Film- u Fernseh GmbH
D 2000 Hamburg 70, Tonndorfer Hauptstr 90

Porta-Film GmbH & Co
D 2000 Hamburg 20, Arnold Heise-Str 22

pr-design — animation art edition
D 1000 Berlin 41, Wulffstr 7

Priebe-Film-Produktion, Hans-Jürgen Priebe
D 6000 Frankfurt/M 90, Oberhoechstäder Weg 25

Prisma-Film, Presse- u Dokumentarfilm-GmbH
D 7000 Stuttgart 40, Neuensteiner Str 17

Profe Georg A, Film u Foto-Produktion
D 1000 Berlin 19, Preußenallee 26

profi-FILM-Team, Gerhard Donner KG
D 8000 München 40, Hohenzollernplatz 1

Profil-Film Franz Tietz
D 5000 Köln 41, Meister Johann-Str 7

Profilm GmbH & Co, Synchronisationen, Import, Export
D 8000 München 40, Friedrich-Str 32

Provobis Ges f Film u Fernsehen mbH
D 2000 Hamburg 70, Tonndorfer Hauptstr 90

PT-Film GmbH
D 8000 München 45, Ingolstädter Str 111a

Puhl-Film u Television GmbH
D 2000 Hamburt 70, Tonndorfer Hauptstr 90

Rancka-Film
D 2000 Hamburg 54, Lokstedter Steindamm 39

Rapid-Film GmbH
D 8000 München 40, Türkenstr 95

Raspotnik Hans, FFF Idee
D 1000 Berlin 33, Delbrückstr 11

Rath Franz + Salzbrunn Dr Jochen, Filmmacher
D 8000 München 60, Leharstr 31

RCF—FILM GmbH
D 1000 Berlin 15, Kurfürstendamm 12

RCK-Filmproductions GmbH, Gf Rainer C Klose
D 8000 München 70, Habacher Str 11

Rebecca Filmproduktion GmbH, Michael Bittins u Wolfgang Petersen
D 8000 München 90, Reinekestr 12

Redaktionsgemeinschaft Übersee GmbH
D 6000 Frankfurt/M, Siesmayerstr 58

Regina-Film, Theo Maria Werner
D 8000 München 81, Wilhelm Diess-Weg 2

Reginald Puhl-Filmproduktion
D 2000 Hamburg 70, Tonndorfer Hauptstr 90

REPA-Filmproduktion GmbH
D 6090 Rüsselsheim, Friedensplatz 4-6

RGF Rolf Gondo Film
D 5000 Köln 51, Bernhardstr 145

Rhein-Ruhr-Film
D 4630 Bochum, Königsallee 124

Rhewes Filmproduktion GmbH & Co KG
D 4040 Neuss, Gladbacher Str 471

Rialto Film Preben Philipsen GmbH & Co KG
D 1000 Berlin 12, Bismarckstr 108

Richter Fred Filmproduktion GmbH
D 4000 Düsseldorf 1, Fleher Str 209a

Rieb Produktion, Werner
D 8000 München 40, Barer Str 60

Riedel Horst
D 3111 Wriedel 1, Lüneburger Str 2

RINA-Filmproduktion GmbH & Co KG
D 8000 München 40, Kaulbachstr 89

Rinco-Film GmbH
D 8000 München 90, Reinerstr 24

Rischert Christian, Filmproduktion
D 8000 München 23, Giselastr 13

ROB-Film
D 7000 Stuttgart 1, Hohenstaufenstr 17b

Rob Houwer Film GmbH & Co KG, Produktionsges f Film u Fernsehen
D 8000 München 40, Viktoriastr 34

Roger Productions, Mike
D 2000 Hamburg 50, Holländische Reihe 7

Rondo-Film Werner Peters
D 1000 Berlin 20, Charlottenburger Chaussee 51

Rotas Film + FS-Produktion Hubert Kruchen
D 4000 Düsseldorf 11, Steffenstr 39

ROXY-Film GmbH & Co KG
D 8000 München 2, Schützenstr 1

Ruegenberg-Filmproduktion, Klaus
D 2000 Hamburg 76, Mühlendamm 76

Runze Ottokar
D 1000 Berlin 12, Hardenbergstr 10

Ruppel Karl-Ludwig, Film- u Fernsehproduktion
D 8000 München 71, Bertelestr 41

Saar-Film-Produktion v Tyszka
D 6600 Saarbrücken 1, Keplerstr 2 A

Sachs Filmproduktion Hans Sachs
D 8011 Neukeferloh-München, Johann Hackl-Ring 1

Sandner Vinzenz, Werbefilmproduktion
D 8031 Puchheim, Mitterlängstr 17

Sator Film Hans Günther Imlau
D 2000 Hamburg 1, Adenauerallee 10

SBYS Filmproduktion Dieter Sander
D 5000 Köln 41, Siebengebirgsallee 33

Schamoni Peter, Filmproduktion
D 8000 München 81, Mauerkircherstr 184

Scheinpflug Richard, Lehrfilm-Inst u Filmproduktion
D 2000 Hamburg 62, Ahlfeld 61

Scherer Alexander
D 4000 Düsseldorf, Hermannstr 32

Schimanski Georg (Dokumentarfilme)
D 8171 Bichl, Bachstr 43a

Schlüter-Film
D 1000 Berlin 19, Tannenbergallee 3

Schmelzer & Stapenhorst GmbH & Co Film KG
D 8022 Grünwald, Ludwig Thoma-Str 11a

Schmist Gebr, Filmproduktion
D 1000 Berlin 15, Kurfürstendamm 187

Schmidt Gerhard, scipts and films
D 5000 Köln 30, Hänschensweg 23

Schmidt Manfred, Produktion GmbH
D 8194 Ambach am Starnberger See

Schmidt Peter, Filmproduktion u Verlag
D 2000 Hamburg 19, Osterstr 80

Schnurre-Filmproduktion, Rainer
D 1000 Berlin 41, Wielandstr 17

Schongerfilm Hubert Schonger
D 8084 Inning am Ammersee, Herrschinger Str 13

Schrader Klaus u Oberle Paul, Filmproduktion
D 1000 Berlin 12, Pestalozzistr 60

Schroeter Bodo
D 2134 Reeßum Kr Rothenburg/Wümme, Haus 107, Postfach 52

Schubert Joachim, TV + Film Design
D 1000 Berlin 42, Oberlandstr 88/89

Schwan Wolf
D 8919 Greifenberg, Kreitstr 9

Schwarz Filmproduktion M M
D 1000 Berlin 31, Hohenzollerndamm 200

Schwarz-Weiss-Filmproduktion
D 8013 München-Haar, Brandstr 4

Science Service Berlin Dokumentarfilm Produktion
D 1000 Berlin 21, Thomasiusstr 11

Senft Filmproduktion, Haro
D 8000 München 40, Herzogstr 66

Senftleben Günter, Filmproduktion
D 8011 Vaterstetten, Waldstr 15a

Sentana Filmproduktion GmbH
D 8022 Geiselgasteig, Robert Koch-Str 10

Sievers, Ted-Sievers-Produktion
D 5000 Köln 51, Rondorfer Str 5

SIF Stuttgarter Industrie-Film GmbH
D 7000 Stuttgart-N, Königstr 68-70

Simon Manfred J, Film- u Fernsehproduktion
D 6503 Mainz-Kastel, Postfach 124

Siro Musik GmbH, Siegfried Rothemund
D 1000 Berlin 30, Rankestr 9

SFF-Stuttgarter Film- u Fernsehproduktion GmbH
D 7000 Stuttgart 1, Reinsburgstr 101

sfm-film K Gottfried Schreiber, Film-Fernseh-AV-Produktion
D 8011 Vaterstetten, Bahnhofstr 46

Solar-Film GmbH, Film- u Fernsehproduktion
D 8031 Eichenau, Roggensteiner Allee 32b

solaris – Film u Fernsehproduktion, Bernd Eichinger
D 8000 München 40, Kurfürstenplatz 4

Sound Film GmbH
D 8000 München 90, Willroiderstr 8a

Standard Film Productions GmbH
D 8000 München 40, Leopoldstr 206, Suite 6308

Steffens & Vogelsang KG Filmproduktion
D 5600 Wuppertal 1, Kipdorf 9

Stegerer Fernsehteam
D 8400 Regensburg 2, Graf Spee-Str 11

Steiner-Film
D 8000 München 5, Wittelsbacher Str 14

Steiner-TV-Film, Rudolf
D 1000 Berlin 10, Iburger Ufer 6

Stella Film GmbH
D 8000 München 81, Mauerkircher Str 184

Stenzel-Film GmbH
D 6200 Wiesbaden, Emser Str 1

Sterley Produktions KG
D 2000 Hamburg 20, Lehmweg 45

Stern & Stern, Filmproduktion
D 6200 Wiesbaden, Gustav Freytag-Str 6

Stern TV
D 2000 Hamburg 70, Tonndorfer Hauptstr 90

Stöcker Udo, Fernsehproduktion
D 2000 Hamburg 13, Alsterchaussee 26

Streich-Perkins + Partner, Werbefilm GmbH, Filmproduktion
D 6000 Frankfurt, Eysseneckstr 25

Strubel Sepp, Filmproduktion
D 7582 Bühlertal, Hauptstr 80

Studios Berlin, H J Heidenreich KG, Film- u Tonproduktionen
D 1000 Berlin 20, Verl Daumstr 16

Studio 1 Filmproduktion Werner Grassmann KG
D 2000 Hamburg 13, Heinrich Barth-Str 4

Studio 57, Ton-Bild-Werbung GmbH
D 4000 Düsseldorf, Grunerstr 119

Studio Film GmbH
D 2106 Bendestorf Kr Harburg

Studiofilm 38 GmbH, Produktion f audiovisuelle Medien
D 8000 München 22, Von d Tann-Str 5

Studio f Foto u Film S Bier
D 2848 Vechta, Malvenstr 9

Studio Roderjahn
D 2000 Hamburg 60, Jarrestr 80

Studio TV-Film-GmbH
D 6900 Heidelberg, Kirschgartenstr 27

Studio Wollek
D 1000 Berlin 33, Douglasstr 9

Submarine Film GmbH & Co Produktions KG
D 1000 Berlin 30, Europa Center 15

S & T Filmproduktion u Management GmbH
D 1000 Berlin 19, Havelchaussee 59-61

Sunny Point Filmproduktion GmbH
D 1000 Berlin 15, Uhlandstr 175

Sunpark Film GmbH
D 1000 Berlin 31, Hohenzollerndamm 200

System-Film P M Bonitz
D 8000 München 90, Widdersteinstr 2

T A C Team f audiovisuelle Communication GmbH
D 7261 Gechingen-Bergwald, Wacholderweg 3

TARGET-Film GmbH
D 8000 München 40, Kunigundenstr 8

Tatania Film GmbH & Co Audio KG
D 8000 München 40, Bechsteinstr 4

Taunus Film GmbH
D 6200 Wiesbaden, Unter den Eichen, Postfach 56 60

TEAM 72 Wilm Brucker & Michael Lau GbR
D 8000 München 19, Volkartstr 35

Teka-Film Theo Kubiak, Film- u Fernsehproduktion
D 2800 Bremen, Uhlandstr 38

Telco Film- u Fernsehproduktion
D 8000 München 90, Klausener Platz 18

TELDEC Telefunken-Decca Schallplatten GmbH
D 2000 Hamburg 19, Heußweg 25

Tele Berlin Synchron
D 8000 München 90, Klausener Platz 18

Telecine-Filmproduktions GmbH
D 8000 München 40, Kaiserplatz 7

Telecom GmbH
D 8000 München 2, Sendlinger Tor-Platz

Tele-Commerz KG, Televersal Film- u Fernsehproduktion GmbH & Co
D 2000 Hamburg 70, Tonndorfer Hauptstr 90

Tele-Film GmbH
D 5300 Bonn 1, Fritz Schäffer-Str 11

Tele-Kapff
D 8000 München 40, Winzererstr 47d

Tele-München Fernseh GmbH + Co
D 8000 München 2, Kaufinger Str 25

Tele Norm Film GmbH – TNF
D 8043 Unterföhring, ZDF-Str 1, Postfach 1204

Telenova Film- u Fernsehproduktions-GmbH
D 8022 Geiselgasteig, Bavaria Film-Platz 7

Tele-Report-Film Horst G Fleck
D 2000 Hamburg 20, Curschmannstr 6

Tele Sound Film GmbH & Co, Produktions KG
D 8011 Neukeferloh b München, Luisenweg 27

Telesynchron Charles Münzel
D 1000 Berlin 20, Charlottenburger Chaussee 51/55

teleteam Oskar Kienzle + Partner Filmproduktion GmbH
D 6200 Wiesbaden, Theodorenstr 6-8

Tele-Technik KG, Televersal Film- u Fernsehproduktion GmbH & Co
D 2000 Hamburg 70, Tonndorfer Hauptstr 90

TELE–TERRA GmbH & Co KG
D 2000 Hamburg 70, Tonndorfer Hauptstr 90

Televersal GmbH & Co KG
D 2000 Hamburg 70, Tonndorfer Hauptstr 90

Tele Video Produktions-GmbH & Co KG
D 8000 München 19, Postfach 43

Tele 2000, Christian H Wirz, Fernseh- u Filmproduktion GmbH
D 8000 München 80, Prinzregentenstr 85

Telex Intern News aus Deutschland
D 5000 Köln 80, Berg.-Gladbacher-Str 1027

Tellux-Film GmbH Fernsehproduktion
D 8000 München 40, Giselastr 3a

Tepefilm
D 2000 Hamburg 70, Wandsbeker König-Str 66

Terra Filmkunst GmbH
D 1000 Berlin 30, Lietzenburger-Str 51

Theater-, Film- u Fernsehproduktion Berlin Lenz KG
D 1000 Berlin 37, Rappoltsweiler Str 15

The onk film company
D 8000 München 40, Türkenstr 50

Thoma G A, TV + Film Gruppe
D 2000 Hamburg 20, Mansteinstr 12

Thurnau-Film Produktion-Synchronisation GmbH
D 1000 Berlin 15, Brandenburgische Str 38

Tietge-Film, Jürgen Tietge Filmproduktion
D 2000 Hamburg 65, Nabweg 12

TIT-Filmproduktion GmbH
D 8000 München 40, Haimhauserstr 4

TNF–TELENORM FILM GmbH
D 8043 Unterföhring, ZDF-Str 1

Tonband u Fernsehen Ges f intern Programm-austausch mbH
D 5300 Bonn 1, Am Propsthof 15

Tonica Film GmbH
D 2000 Hamburg 70, Holstenhofweg 12

Tonbild-Filmproduktion
D 8021 Buchenhain, Lindenstr 16

Transatlantic Filmproduktion GmbH & Co KG
D 8000 München 40, Leopoldstr 18

TREND-Film GmbH
D 2000 Hamburg 76, Adolfstr 76

Trebitsch Produktion KG, Gyula
D 2000 Hamburg 70, Tonndorfer Hauptstr 90

Trick- u Realfilmproduktion G E Bayerl & Lajos Remenyik
D 8000 München 80, Zamdorfer Str 80

Tschepe Meike
D 7140 Ludwigsburg, Marstall L 7

Tura-Film- u Fernsehproduktion GmbH
D 8000 München 80, Kellerstr 37

TV 13 Beteiligungs-GmbH
D 8000 München 22, Karolinenstr 4

TV 13 Fernseh- u Film-GmbH
D 8000 München 22, Karolinenstr 4

TV-Film Nord, Klaus Bahr
D 2391 Habernis

TV-Produktion Leo Schneiderhahl KG
D 8501 Rückersdorf/Nürnberg 2, Bergstr 45

TV Ring, Programm-Aufzeichnungs GmbH & Co Produktions- u Vertriebs KG
D 1000 Berlin 12, Studio am Corbusierhaus

TV 60 Claus Hardt
D 8022 Geiselgasteig, Bavaria Film-Platz 7

TV Trick, Jürgen Mettmann
D 6200 Wiesbaden, Aarstr 87

TV-Union Fernsehproduktion u Studio GmbH
D 1000 Berlin 12, Hardenbergstr 10

TV 2000 Film + Fernsehproduktions-GmbH & Co KG
D 6200 Wiesbaden, Theodorenstr 6-8

UBF — Uwe Beetz-Film + Fernsehproduktion
D 5350 Euskirchen-Kirchheim, Windenweg 11

UFA—ATB Ton + Bild KG
D 4000 Düsseldorf, Berliner Allee 59

UFA-Fernsehproduktion GmbH
D 1000 Berlin 43, Viktoriastr 13/18

UFA-Werbefilm GmbH
D 1000 Berlin 42, Viktoriastr 13/18

Unda-Film Dr Walter Koch
D 8000 München 2, Gaiglstr 25

UPWIND FILM GmbH
D 1000 Berlin 31, Hohenzollerndamm 2

Ursina Film u Fernsehproduktion GmbH
D 2000 Hamburg 52, Elbchaussee 204, Haus 8

UTV—FILM
D 3000 Hannover 1, Tiedgestr - Leisewitzstraße

Vanmat Intern Film Television Production
D 8000 München 19, Tizianstr 112

VDS-Film Vereinigte Dokumentar- u Spielfilm-produktion Jochen Severin - Gerd v Bonin
D 1000 Berlin 31, Bundesallee 185

VICTORIA-Film GmbH
D 8000 München 81, Wilhelm Diess-Weg 2

Video-Film Wolfgang Weber
D 2000 Hamburg 50, Lippmannstr 22

Visual Filmproduktion Elke Haltaufderheide
D 8000 München 22, Widenmayerstr 1

VOSS FILM GmbH
D 5000 Köln 41, Meister Johann-Str 7

VTTV-Video-Team-TV Produktions-GmbH
D 2000 Hamburg 70, Tonndorfer Hauptstr 90

WAGI-Filmstudio R Wanderscheck u J Gitt
D 1000 Berlin 46, Mühlenstr 46-54

Wagner-Hallig Film GmbH
D 6232 Bad Soden/Taurus, Parkstr 46a

Wagner Nick Dr, Nick Wagner Film
D 8000 München 40, Simmernstr 1

W B Film Werner Blankenburg
D 1000 Berlin 39, Alsenstr 21

WBAV Wilm-Brucker-AV-Produktion
D 8000 München 19, Volkartstr 35

Weigert Film GmbH, Dedo
D 8000 München 2, Rottmannstr 5

Weihmayr-Filmproduktion
D 8000 München 50, Menzinger Str 121

Weineck Hans-Jürgen, Weineck-Film Heidelberg
D 6904 Heidelberg-Ziegelhausen, Schönauerstr 60

WEMÜ-Produktion, Werner P Mühlbauer
D 7000 Stuttgart 80, Postfach 80 08 49

Wensch Filmproduktion Joachim G
D 1000 Berlin 12, Sybelstr 35

Werkfilm Heidelberg, Andreas Schultze-Kraft
D 6900 Heidelberg, Panorama-Str 26

Westermann Verlag
D 3300 Braunschweig, Georg Westermann-Allee 66

Wick Armin Filmproduktion
D 2000 Hamburg 13, Schlüterstr 22

WILKÜR Ton- u Film-Team, c/o Cornelius Baumbach
D 6900 Heidelberg 1, Oberbadgasse 10

Windrose Film- u Fernsehproduktion GmbH
D 2000 Hamburg 70, Alter Teichweg 61

Witzel, Ernst Witzel Filmproduktion
D 8000 München 5, Westermühlstr 16

WK-Productions Waldemar Kuri
D 8000 München 40, Ohmstr 16

Wolf + Partner Film GmbH
D 2000 Hamburg 13, Kleiner Kielort 4

W T Filmproduktion, Wirtschafts- u Televisionsfilm, Inh Ingeborg Tichy-Thiede
D 8021 Taufkirchen, Kirschenstr 88

Wupper-Filmproduktion GmbH
D 5600 Wuppertal 22, Kurze Str 6

Zechfilm-Studio f 8-mm-Filmgestaltung
D 4040 Neuß am Rhein, Nordkanal-Allee 20

Zeit-Film Erhard H Albrecht & Co
D 2000 Hamburg 20, Heilwigstr 97

Zenit-Film Ingeborg Martay
D 1000 Berlin 37, Roonstr 2

Ziegler Regina Filmproduktion
D 1000 Berlin 38 Matterhorn-Str 36

Zoom Film, Filmproduktions GmbH
D 1000 Berlin 30, Kurfürstenstr 114

Zweite Globe Film GmbH
D 1000 Berlin 19, Havelchaussee 59/61

FILMVERLEIH– U VERTRIEBS-FIRMEN

Export-Union d deutschen Filmindustrie eV
D 8000 München 40, Tengstr 33

Verband d Filmverleiher e V
Hauptgeschäftsstelle: D 6200 Wiesbaden, Langenbeckstr 9
Geschäftsstelle Hamburg: D 2000 Hamburg 60 Sierichstr 70
Geschäftsstelle Frankfurt: D 6000 Frankfurt/M Taunusstr 52/60
Geschäftsstelle Düsseldorf: 4000 Düsseldorf, Herzogstr 18
Geschäftsstelle München: D 8000 München 2 Herzogspitalstr 13

AB-Filmverleih GmbH & Co KG
Zentrale: D 8000 München 12, Fachnerstr 30
Zweigstellen:
D 1000 Berlin 30, Lietzenburger Str 51
D 4000 Düsseldorf, Graf Adolf-Str 23
D 6092 Kelsterbach b F, Rudolf Breitscheid-Str 21
D 2000 Hamburg 60, Sierichstr 138

Accord-Film-Verleih GmbH
D 4000 Düsseldorf, Weselerstr 65

Action 1 GmbH + Co KG, Gustav Ehmck
D 8032 München-Gräfelfing, Maria Eich-Str 71

Adria-Film-Verleih GmbH & Co KG
Zentrale: D 8000 München 2, Bayerstr 37

Zweigstellen:
Avis-Film Heinz Schwab, D 1000 Berlin 30, Fürthstr 5
D 4000 Düsseldorf, Charlottenstr 1
D 6000 Frankfurt, Taunusstr 52
D 2000 Hamburg 36, Große Bleichen 32

Agulnik Walter, Filmvertrieb
D 6000 Frankfurt, Eschenbachstr 37

Aktuell-Film
D 4000 Düsseldorf, Charlottenstr 1

Alemannia-Filmverleih GmbH
D 2000 Hamburg 36, Dammtor-Str 12

Alfia – Allgemeine Filmauswertung, Geiger + Co GmbH
D 6233 Kelkheim, Frankfurter Str 43

Anka-Film GmbH
D 4044 Kaarst, Girmes Kreuz 76

Anker-Film GmbH
D 8000 München 40, Elisabethstr 14

A-P-Film, Allgemeiner Produktionsverleih GmbH
D 2101 Bendestorf, Ateliergelände

Apollo-Film Hans Madsack
D 6000 Frankfurt, Taunusstr 52/60

Apollo-Filmverleih GmbH
D 6700 Ludwigshafen/Rhein, Raschigstr 100

Arbeitsgemeinschaft Kino e V
D 2000 Hamburg 13, Von Melle-Park 17

Arco-Film Georg Bartscht
D 8000 München 80, Kreillerstr 22

Ascot Film GmbH
D 4000 Düsseldorf, Charlottenstr 1

Atlantis-Film GmbH
D 8000 München 40, Römerstr 14

Atlas Filmverleih GmbH
D 4100 Duisburg, Düsseldorfer Str 5-7

Atlas Intern Film GmbH & Co Vertriebs KG
D 8000 München 2, Burgstr 7

Audiovision 2002 Vetriebs-GmbH
D 6090 Rüsselsheim, Waldstr 22

Avis-Film GmbH
D 1000 Berlin 30, Fürther Str 5

Avis-Film GmbH
D 4000 Düsseldorf 4, Alexanderstr 20

Avis-Film Alfred Codona
D 6000 Frankfurt, Taunusstr 52/60

Avis-Film
D 2000 Hamburg 67, Lottbeker Feld 3

Avis-Film GmbH
D 8000 München 23, Leopoldstr 62

Barberina-Film Waltraut Rohlfs
D 2000 Hamburg 20, Eppendorfer Landstr 9

Basis-Film Verleih GmbH
D 1000 Berlin 45, Finckensteinallee 32

Benra Karlheinz, Spanischer Filmverleih/Cinema Italiano
D 6700 Ludwigshafen/Rhein, Raschigstr 100

Brückner Jürgen A, Filmverleih u Vertrieb
D 8360 Coburg 1, Obere Klinge 14

Cämmerer Filmvertrieb, Dr
D 8000 München 40, Leopoldstr 18

Ceres-Film-Verleih GmbH
D 8000 München 2, Sendlinger Tor-Platz 10

CFC – Contact-Film Cleff KG
D 4000 Düsseldorf 1, Hüttenstr 40

C H-Filmverleih
D 6100 Darmstadt, Hoffmannstr 1

Chronos-Film
D 1000 Berlin 41, Wulffstr 7

Cineart GmbH
D 1000 Berlin 33, Cunostr 65

Cine-International Filmvertrieb GmbH & Co KG
D 8000 München 40, Leopoldstr 18

Cinema Intern Corporation GmbH
Zentrale: D 6000 Frankfurt, Kaiserstr 66
Zweigstellen:
D 1000 Berlin 30, Lietzenburger Str 51/VI
D 4000 Düsseldorf, Graf Adolf-Str 18
D 2000 Hamburg 1, Glockengießerwall 1
D 8000 München 15, Sonnenstr 2

Neue Constantin-Film GmbH
Zentrale: D 8000 München 70, Adalbert Roßhaupter-Str 73
Zweigstellen:
D 1000 Berlin 30, Lietzenburger Str 51
D 4000 Düsseldorf, Graf Adolf-Str 12
D 6000 Frankfurt, Taunusstr 52/60
D 2000 Hamburg 36, Dammtor-Str 12

Continental Film GmbH
D 8012 Ottobrunn, Schwalbenstr 13

CS-Filmverleih, Cinema Service Intern GmbH
D 8000 München 40, Gernotstr 11
Filialen:
D 4000 Düsseldorf, Bahnstr 52
D 6000 Frankfurt, Taunusstr 52/60
D 2000 Hamburg 36, Poststr 31

Deutsche Film- u Fernsehakademie
D 1000 Berlin 19, Pommernallee 1

Die Lupe GmbH
D 3400 Göttingen, Groner Landstr 3

Driehorst O, dri-film-produktion
D 4034 Angermund-Düsseldorf, Sengelsweg 21

Elsner Herta, Filmvertretungen
D 1000 Berlin 30, Lietzenburger Str 51

Equator-Filmverleih
D 3000 Hannover, Goethestr 14

Exquisit-Film Josef Heiny
D 2000 Hamburg 1, Glockengießerwall 10

Favorit-Film GmbH
D 4000 Düsseldorf, Mintropstr 25

Filmagentur Gleim, Inh Renate Holubetz
D 6000 Frankfurt, Taunusstr 52/60

Filmagentur Süd
D 8919 Greifenberg, Windacher Str 1

Filmagentur West
D 4000 Düsseldorf, Jahnstr 37

Film-Allinaz GmbH, Clemens Buse
D 4000 Düsseldorf, Alexanderstr 30

Film-Allianz München GmbH
D 8000 München, Neuhauser Str 14

Filmhansa GmbH
D 8000 München 2, Poccistr 3

filmproduktion JANUS GmbH
D 6000 Frankfurt/M 70, Paul Ehrlich-Str 24

Filmverlag d Autoren
D 8000 München 40, Tengstr 37

Filmverleih Tilgner
D 4300 Essen, Pettenkofenstr 41

Freunde d Deutschen Kinemathek eV
D 1000 Berlin 30, Welserstr 25

Gamma-Film GmbH
D 8000 München 90, Schweigerstr 2

Gehlen Paul, Iltis-Film
D 8035 Gauting, Fliederstr 6a

Genschow-Film, Fritz
D 1000 Berlin 39, Kyllmannstr 14

Germania-Filmverleih G Lehmann
D 1000 Berlin 31, Blissestr 38-40

Goldeck Film-Verleih, Gerhard Goldammer
D 6000 Frankfurt, Hans Thoma-Str 13-15

Hahne-Filmvertrieb, Kurt
D 2000 Hamburg 13, Alte Rabenstr 30

Herzog-Filmverleih GmbH
D 8000 München 90, Meichelbeckstr 6

Hillenbrand Eginhart
D 8000 München 2, Brienner Str 11

I K A - Agentur für intern Kunst - GmbH Berlin
D 1000 Berlin 15, Lietzenburger Str 91, Postfach 15 01 50

Imbild - Ges f audiovisuelle Kommunikation mbH
D 8000 München 40, Dietlindenstr 18

Impuls-Film, H J Flebbe & Co
D 3014 Laatzen 3, Stettiner Str 27

Informationsfilm-Verleih GmbH
D 2800 Bremen, Uhlandstr 38

Interart Filmverleih
D 8000 München 40, Barer Str 60

Intercine Filmverleih
D 8000 München 40, Barer Str 60

Interfilm Alexander S Scotti
D 6200 Wiesbaden, Wingertstr 2

intermedia filmvertrieb Menck & Co
D 2000 Hamburg 19, Bellealliancestr 54

ITV-Intern Televisions-Ges A Fischer
D 6000 Frankfurt, Gartenstr 54

Janus Film + Fernsehen, Vertriebs-Ges
D 6000 Frankfurt/M 70, Paul Ehrlich-Str 24

Jugendfilm-Verleih GmbH
Zentrale: D 1000 Berlin 30, Lietzenburger Str 44
Zweigstellen:
D 4000 Düsseldorf, Grupellostr 29
D 6000 Frankfurt, Taunusstr 52/60
D 2000 Hamburg, Ernst Merck-Str 14
D 8000 München 2, Sendlinger Tor-Platz 10/IV

Jugoslavija Film Kontaktstelle
D 8000 München 2, Neuhauser Str 3/A III

Jupiter Film GmbH
D 8000 München 40, Haimhauserstr 4

Kerscher-Import, Abt Filmverleih
D 8490 Cham, Postfach 55

Klann-Film GmbH & Co, Filmvertriebs KG
D 1000 Berlin 46, Mühlenstr 52

Klinger-Film, Verleih
D 8000 München 8, Wörthstr 10/r

Knipp-Film, Paul-Heinz
D 8031 Hechendorf b M, Wörthseestr 51

Königsdörfer Hans-Joachim, Filmvertretungen
D 1000 Berlin 30, Lietzenburger Str 51

Kora-Filmverleih
Zentrale: D 8000 München 40, Adelheidstr 7
Zweigstellen:
D 1000 Berlin 30, Lietzenburger Str 51
D 5039 Rondorf, Stolpweg 4
D 6000 Frankfurt, Taunusstr 52/60
D 2000 Hamburg 1, Adenauerallee 1

Kristall-Film, Verleih u Vertrieb
Zentrale: D 4000 Düsseldorf, Bahnstr 66
Zweigstelle: D 1000 Berlin 30, Lietzenburger Str 51
Kontaktbüro: Exquisit-Film Josef Heiny, D 2000 Hamburg 1, Glockengießerwall 10

KS-TV Waldemar Kuri Fred Simson GmbH
D 8000 München 40, Ohmstr 16

Lenhart Hans, Filmverleih u Vertrieb
D 8000 München-Pasing, Gustav Meyrink-Str 4

Luna-Filmverleih GmbH
D 8000 München 2, Pacellistr 7

Lux Filmverleih
D 4000 Düsseldorf 1, Mintropstr 25

Luxmeta Filmverleih GmbH
D 1000 Berlin 42, Germaniastr 143 und
D 2000 Hamburg 13, Rothenbaumchaussee 30

M A F Filmproduktion, Verleih (Melody & Art Films)
D 7400 Tübingen, Postfach 21 63

Malzahn-Film
Zentrale: D 4000 Düsseldorf, Hüttenstr 6
Zweigstelle: D 1000 Berlin 30, Lietzenburger Str 51

Matthes Joachim
D 2359 Post Nützen, Weißer Hirsch

Matthias Film, Gemeinnützige GmbH
D 7000 Stuttgart 1, Gänsheidestr 67

Mercator Filmverleih GmbH
D 4800 Bielefeld, Postfach 58 08, Wertherstr 73

Miekus Filmverleih
D 4050 Mönchengladbach 1, Adlerstr 46

MIT-Moderne Instruktions-Technik Eyl KG, Video-Filmproduktionen-Video-Technik
D 6393 Wehrheim-Obernhain, Im Erlenbruch 2

Moorse Barbara, Workshop
D 8000 München 40, Römerstr 14

M-T-V-Programmvertrieb u Verleih
D 6503 Mainz-Kastel, Postfach 124

Naturfilm, Produktion u Verleih, Irma Kubiak
D 2141 Heinschenwalde

NEF Diffusion
D 8000 München 21, Agricolaplatz 16

Neue Filmkunst Walter Kirchner
D 3400 Göttingen, Groner Landstr 3

Neue Welt, W Bergmann Film, Bild u Ton GmbH
D 5000 Köln 1, Hansaring 80

Nobis-Film
D 1000 Berlin 30, Lietzenburger Str 51
Zweigstellen:
D 4000 Düsseldorf, Charlottenstr 1
D 6000 Frankfurt, Taunusstr 52/60
D 2000 Hamburg 1, Glockengießerwall 6/I
D 8000 München 2, Schubertstr 8

NWDF-Unitas Filmverleih GmbH
Zentrale: D 4000 Düsseldorf, Klosterstr 78

Obelisk-Filmverleih GmbH
D 8000 München 2, Amiraplatz I/IV

Onyx-Film u Versand GmbH & Co, Materna Film GmbH
D 7910 Neu-Ulm, Arnulfstr 5-7

Pegasus-Film, Inh Sergio Gambaroff
D 1000 Berlin 15, Kurfürstendamm 229

Peiper-Filmverleih
D 4000 Düsseldorf, Bahnstr 52

Pilot-Filmverleih
D 2000 Hamburg 1, Adenauerallee 1

Pilot-Filmverleih
Zentrale: D 2000 Hamburg 76, Uhlandstr 16
Zweigstellen:
D 6000 Frankfurt, Taunusstr 52/60
D 1000 Berlin 30, Lietzenburger Str 51
D 4000 Düsseldorf, Adersstr 73
D 8200 Rosenheim-Heiligblut, Kampenwandstr 5

Polytel Intern Film- u Fernseh GmbH
D 2000 Hamburg 70, Tonndorfer Hauptstr 90

progress-dritte welt-filmverleih u Dritte Welt Medienberatung
D 5300 Bonn 1, Buschstr 20

PROKINO-Vertriebs- u Produktions-GmbH
D 8000 München 40, Nikolaiplatz 6/I

Rex-Film-Handels-GmbH
D 6090 Rüsselsheim, Friedensplatz 4-6

Ring-Film-Verleih Peter Koch
Zentrale: D 9012 Ottobrunn b M, Schwalbenstr 13
Zweigstelle Frankfurt: D 6240 Königstein, Schneidhainer Str 30

Roland-Film Clemens Buse GmbH
D 4000 Düsseldorf, Alexanderstr 30

RS-Film Verleih u Vertrieb
D 1000 Berlin 33, Ludwig Barnay-Platz 1

Saar-Film-Union-Verleih GmbH
D 6600 Saarbrücken 5, Serriger Str 19

Sanver Film, Türkischer Filmverleih
D 8000 München 2, Schwanenthaler Str 70

Schlickies Harald, Agentur, Verleih u Vertrieb
D 2000 Hamburg 13, Rutschbahn 39

Schmidt C, Filmverleih
D 4040 Neuß/Rhein, Schwarzer Weg 11

Schneider Filmvertrieb GmbH, Wilhelm
D 4000 Düsseldorf 12, Manthenstr 10

Schorcht-Intern, Filmproduktion u Filmvertrieb GmbH
D 8000 München 82, Vogesenstr 43

Schuntermann Produktion, Karin, u Filmaufnahmeapparaturen-Verleih
D 7051 Hohenacker/Stuttgart, Th Heuß-Str 3

Scotia Intern (Film Sales), Filmverleih GmbH Deutschland
Zentrale: D 8000 München 80, Possartstr 14
Zweigstellen:
D 1000 Berlin 33, Pücklerstr 18
D 4000 Düsseldorf, Graf Adolf-Str 43
D 6000 Frankfurt, Taunusstr 52/60
D 2000 Hamburg 1, Glockengießerwall 2-4

SPEKTRUM FILM GmbH
D 2000 Hamburg 60, Blumenstr 42

Stein Films
D 8000 München 2, Theresienstr 130

Studio Hamburg Atelierbetriebs-GmbH (Auslandsvertriebs-Abt)
D 2000 Hamburg 70, Tonndorfer Hauptstr 90

Titanic-Film, Gerd F Reetz
D 8046 Garching, Schleißheimer Str 13

Titanus-Film
D 8000 München 2, Dachauer Str 48

Tobis Filmkunst GmbH & Co Verleih KG
Zentrale: D 1000 Berlin 12, Bismarckstr 8
Zweigstelle Düsseldorf: D 5300 Bonn, Ritterhausstr 32
Zweigstelle: D 6000 Frankfurt, Damaschkeanger 155

Toro-Film
D 7050 Waiblingen b Stuttgart, Eichenweg 4

Transatlantic-Film GmbH
D 2000 Hamburg 36, Poststr 31

Transit Film-GmbH
D 8000 München 2, Dachauer Str 35

Trust-Film Intercontinental
D 6000 Frankfurt, Arndtstr 19

Twentieth Century-Fox of Germany
D 6000 Frankfurt/M 70, Hainerweg 37-53
Filialen:
D 1000 Berlin 15, Kurfürstendamm 52
D 4000 Düsseldorf 1, Graf Adolf-Str 83-87
D 6000 Frankfurt/M, Taunusstr 40-42
D 2000 Hamburg 1, Klosterwall 4
D 8000 München 2, Lenbachplatz 3

UFA-International GmbH
D 8000 München 2, Sonnenstr 19

Uhse Beate, Filmverleih
D 8000 München 2, Landwehrstr 37
D 2390 Flensburg, Gutenbergstr 12

Unidoc-Film GmbH
D 8000 München 19, Dantestr 29

United Artists Corporation GmbH
Zentrale: D 6000 Frankfurt, Stresemannallee 13
Zweigstellen:
D 1000 Berlin 30, Lietzenburger Str 51
D 4000 Düsseldorf, Graf Adolf-Str 108
D 2000 Hamburg, Spitaler Str 11
D 8000 München, Bayerstr 13

Vollmann Peter H, Filmimport u -verleih
D 1000 Berlin 45, Unter d Eichen 63

Wagner-Hallig Film GmbH
D 6232 Bad Soden/Taunus, Parkstr 46a

Warner-Columbia Filmverleih GmbH
Zentrale: D 8000 München 5, Ickstattstr 1
Zweigstellen:
D 1000 Berlin 15, Schaperstr 29
D 4000 Düsseldorf 1, Scheurenstr 1/1
D 6000 Frankfurt, Kaiserstr 66
D 2000 Hamburg 1, Steindamm 32

Wessel Gunther
D 2000 Hamburg 70, Tonndorfer Hauptstr 90

YPSILON, Filmverleih d Filmemacher, Goetz Vincentz
D 2000 Hamburg 50, Lornsenplatz 2

Zündt, Hayo v, Film - Fernsehen
D 8000 München 19, Volkartstr 2

SCHMALFILM—VERLEIH U VERTRIEBSFIRMEN

Atlas Schmalfilm GmbH & Co
D 4100 Duisburg, Düsseldorfer Str 5-7

Cinema International Corporation GmbH
D 6000 Frankfurt, Kaiserstr 66

Deutsche Film- u Fernsehakademie
D 1000 Berlin 19, Pommernallee 1

Die Lupe GmbH
D 3400 Göttingen, Groner Landstr 3

Filmkundliches Archiv
D 5000 Köln 41, Berrenrather Str 423

Filmstudio Stark
D 6800 Mannheim-Neckarau, Neugasse 2

Filmverlag d Autoren
D 8000 München 40, Tengstr 37

Freunde d Deutschen Kinemathek eV
D 1000 Berlin 30, Welser Str 25

Goldeck-Filmverleih
D 6000 Frankfurt, Hans Thoma-Str 13-15

intermedia filmvertrieb Menck & Co
D 2000 Hamburg 19, Bellealliancestr 54

K-Film
D 8042 Schleißheim, Postfach 44

Krauskopf Schmalfilm
D 8000 München 70, Ostmarkstr 14

Materna Filmverleih GmbH
D 6000 Frankfurt, Mainzer Landstr 127 a

Matthias-Film, Gemeinnützige GmbH
D 7000 Stuttgart 1, Gänseheidestr 67

Meteor Schmalfilm GmbH
D 6000 Frankfurt, Mainzer Landstr 127 a

Miekus Filmverleih
D 4050 Mönchengladbach 1, Adlerstr 46

Neue Filmkunst Walter Kirchner
D 3400 Göttingen, Groner Landstr 3

Neue Welt, W Bergmann Film, Bild u Ton GmbH
D 5000 Köln 1, Hansaring 80

Oberon Film
D 6800 Mannheim, Hebelstr 15

Paikert OHG Ing Ewald
D 4000 Düsseldorf, Konkordiastr 13

Schmalfilmvertrieb Bruno Schmidt
D 1000 Berlin 15, Kurfürstendamm 187

SIRIUS Filmverleih u Vertrieb GmbH
D 1000 Berlin 42, Tempelhofer Damm 12/18

Twentieth Century-Fox of Germany
D 6000 Frankfurt/M, Taunusstr 40-42

Unidoc-Film GmbH
D 8000 München 19, Dantestr 29

Warner Columbia Filmverleih GmbH
D 8000 München 5, Ickstattstr 1

Zentral-Film-Verleih Jens Meyer
D 2000 Hamburg 36, Karl Muck-Platz 9

FILM-ÖSTERREICH

Fachverband der Audiovisions- und Filmindustrie:
A 1010 Wien, Strobelg 2, (0222) 521802
Obm: Helmut Pfandler
Stellv: Leopold Blechinger Dir, Robert Siepen
Geschäftsführer: Winfried Brauneis Dr iur

FILMPRODUZENTEN UND FILMVERLEIH (VERTRIEB)-ANSTALTEN

Acca Filmproduktion GmbH
A 1050 Wien, Hamburgerstr 10

Accord-Film GmbH
A 1070 Wien, Neubaug 25

Agfa Gevaert GmbH
A 1160 Wien, Lerchenfelder Gürtel 9-11

Alpina Werbeunternehmen GmbH
A 1010 Wien, Himmelpfortg 20/7

Alpina Film GmbH
A 6410 Telfs, Mosern 3

Atlantic Filmverleih GmbH
A 1070 Wien, Neubaug 25

Auenheimer Leopold
A 1130 Wien, Ebner-Rofenstein-G 2-14

Austria Wochenschau GmbH
A 1070 Wien, Siebensterng 19

Austria Rex, Television Film GmbH
A 1070 Wien, Neubaug 1

Bauer Fritz
A 1180 Wien, Edmund Weiß-G 5

Baumgartner Willibald
A 9812 Pusarnitz

Baureport Film und Druck GmbH
A 110 Wien, Krauseg 21

Bayer Friedrich Dipl-Ing
A 1020 Wien, Vorgartenstr 160

Benesch Alfons
A 6020 Innsbruck, Burggraben 31

Benesch Film GmbH
A 6020 Innsbruck, Fuschrain 29

Berger Christian
A 6060 Ampaß, Dorfweg 13

Bild und Ton Dokumentation GmbH
A 1010 Wien, Opernringhof R 713

Binder Reinmar Dr
A 9020 Klagenfurt, Gabelsbergerstr 24

Birke Ernst
A 1070 Wien, Neubaug 1

Brandau und Berndt GmbH
A 1150 Wien, Vogelweidpl 4/5

Bresnikar Franz
A 1060 Wien, Mollardg 34 - 43 03 73

Burger Gerhard
A 9020 Klagenfurt, Bahnstr 175

Centfox-Film GmbH
A 1070 Wien, Neubaug 25

Cine-coop Filmproduktion
A 1060 Wien, Mariahilfer Str 1 b

Cinema Internat Corporation GmbH
A 1070 Wien, Neubaug 1

Clausen Dieter Heinrich
A 8043 Graz, Unterer Plattenweg 55

Comet Film
Harald Weichselberger
A 1080 Wien, Skodag 15

Commerz-Filmverleih Herbert Heidmann
A 1070 Wien, Neubaug 25

Constantin Filmverleih-Vertriebs- und ProduktionsGes
A 1070 Wien, Siebensterng 37 - 44 86 05

Continental-FilmproduktionsGmbH
A 1070 Wien, Halbg 25

Cosmopol Film
Ludwig Polsterer Dr
A 1070 Wien, Lindeng 52

Cosmopol Film Verleih und Vertrieb
A 1070 Wien, Lindeng 52

Curcic Radmico
A 1120 Wien, Lichtensterng 9/6

Czerny Film
A 1070 Wien, Neubaug 1/5 - 43 16 49

Josip Ratomir Cubelic Dr
A 5010 Salzburg, Dreifaltigkeitsg 3

Degu Günter
A 6850 Dornbirn, Geissacherg 16 d

Dirnberger Otfried
A 5010 Salzburg, Handelskai 38

dismedia Medienproduktion GmbH
A 1010 Wien, Krugerstr 17

Donau Filmproduktions- und VertriebsGmbH
A 1070 Wien, Siebensterng 17

Dürer Filmproduktion GmbH
A 1070 Wien, Windmühlg 14

Dynamic-Film GmbH
A 1170 Wien, Geblerg 39

Eberl Walter
A 1100 Wien, Rotenhofg 80/6

Eggers Arunulf Dr
A 1200 Wien, Jägerstr 93/17/16

Erato Film
Heinrich Bauer
A 1130 Wien, Glorietteg 21

Eumig Elektrizitäts- und Metallwarenindustrie OHG
A 2351 Wr Neudorf, Eumigstr 2 - 8

Europafilm- und WerbeGmbH
A 1030 Wien, Landstraßer Hauptstr 33

Anton Etz, Film Verleih und Vertrieb
A 1130 Wien, Spohrg 49 - 36 43 21

Facultas Buch- und Zeitschriftenverlag
A 1090 Wien, Bergg 6

Feigl Peter
A 1070 Wien, Neubaug 1

Feist Victoria
A 1070 Wien, Lindeng 43

FFP Film- und Fernsehproduktion GmbH
A 1180 Wien, Sternwartestr 65

Filmstudio und ProduktionsGmbH
A 1070 Wien, Halbg 25

Fischer Hans Conrad Dr
A 5010 Salzburg, Anif 304

Freunde d Abt Film und Fernsehen an d Hochschule f Musik und darstellende Kunst
A 1030 Wien, Metternichg 12

Frey Wolfgang
A 1030 Wien, Erdberger Str 126/1/16

Fuchs Johann
A 1050 Wien, Schönbrunner Str 147

Fuchsbauer Hans GmbH
A 1170 Wien, Lascyg 2 - 8

Gamma Film GmbH
A 1230 Wien, Lerchthalerg 49/Haus 34

GFG Gaisser Film Filmproduktion GmbH
A 8010 Graz, Goethestr 32

Germania Film Verleih GmbH
A 1070 Wien, Neubaug 4

Goess Franz GmbH
A 1030 Wien, Am Modenapark 10

Gruber Adolf
A 4020 Linz, Weinheberstr 7

Grünwald Rainer
A 1050 Wien, Einsiedlerg 44/3/31

Günther Antonia
A 1070 Wien, Kandlg 24/5

Gyürky GmbH
A 1170 Wien, Weidmanng 16/2

Hauke Horst
A 1090 Wien, Wasserburgg 2

Hellebrand Ernst
A 1100 Wien, Feuchterslebeng 67

Hennicke Adalbert
A 1070 Wien, Neubaug 40 a - (0 222) 44 91 47

Heller Gerhard
A 1130 Wien, Lainzer Str 66 a und 1080 Wien, Albertg 43

Heyne Gisela
A 1230 Wien, Mauer, Linke Wasserzeile 1

Herold Raimund Film
A 1020 Wien, Praterstr 43 - (0 222) 53 42 59

Herold Zeichenfilm GmbH
A 1010 Wien, Wollzeile 17

Hohenwarlner Klaus
A 5010 Salzburg, Salzachgäßchen 6

Hörmann Theodor
A 6020 Innsbruck, Innrain 18 ; (0 52 22) 73 2 47

Hösch Herta
A 1070 Wien, Neubaug 38

Hufnagel Ingeborg
A 1190 Wien, Greinerg 47

Hugelmann Wolf Dieter
A 1200 Wien, Spielmanng 7/11/6/19

Infratal FilmprodktionsGmbH
A 1080 Wien, Alserstr. 55

Institut f. Ton und Bild Filmproduktion GmbH
A 1030 Wien, Baumannstr 8

Intercontinentale GmbH
A 1060 Wien, Stiftg 21/14

Intermedia AV-Pool GmbH
A 1130 Wien, Küniglbergg 3

Internationaler Informations- und Pressedienst GmbH
A 1190 Wien, Hannpl 3/1

Interspot Film GmbH
A 1130 Wien, Lainzer Str 121

Intertel Television GmbH
A 1010 Wien, Wipplingerstr 23/24

Jahn Josef
A 1010 Wien, Stammg 12

Janrek Hermann
A 9020 Klagenfurt, Sponheimerstr 8

Joachim Peter
A 1130 Wien, Erzbischofg 3a/1/3

Jonas Peter
A 1060 Wien, Gumpendorfer Str 94

Jupiter Film GmbH
A 1070 Wien, Neubaug 25

Jutertel TelevisonsGmbH
A 1010 Wien, Wipplingerstr 23

Kabarett ,,Der bunte Wagen im Simpl"
A 1010 Wien, Wollzeile 36

Kappeller Walter
A 6900 Bregenz, Rheinstr 71/II

Kessler Jodok
A 6991 Riezlern, Kleines Walsertal

Kessler Jodok und Hubert
A 4020 Linz, Unionstr 100

Kindler Walter
A 1130 Wien, Kuppelwieserg 53

Kirchengast Elfriede
A 1070 Wien, Neubaug 4

Klein Monika
A 1180 Wien, Sternwartestr 65

Klein Peter
A 1190 Wien, Koschatg 108

Klein und Hufnagl GmbH
A 1190 Wien, Greinerg 47

Klein und Fammer FilmproduktionsGmbH & Co KG
A 1070 Wien, Neubaug 1

Kleindl Gerhard Signal Film GmbH
A 1070 Wien, Neustiftg 24

Klepp Günther
A 1060 Wien, Gumpendorfer Str 137/28

Klingohr Rudolf
A 1020 Wien, Schüttelstr 5

Köberl Fritz
A 1150 Wien, Dadlerg 20-22

Köpf G und M GmbH
A 3100 St Pölten, Hofstatt

Kolm Walter, Alleininhaber d Wiener Kunstfilm
A 1010 Wien, Habsburgerg 1

Kollmann Herbert
A 1010 Wien, Auhofstr 134

Kodak GmbH
A 1140 Wien, Albert Schweitzer-G 4

Kolars Friedrich
A 1190 Wien, Pyrkerg 7

Kontakt Film
A 1130 Wien, Lainzer Str 71

Kucerer Manfred
A 1230 Wien, Breitenfurter Str 491/9

Lang Film
A 1040 Wien, Ritterg 6

Lang Ludwig
A 4020 Linz, Scharitzerstr 12

Lanske Hermann Dr
A 1130 Wien, Seifertstr 2 a - (0 222) 36 18 49

Lanz Heinrich
A 6850 Dornbirn, Weberg 2

Leber Titus
A 1010 Wien, Wallnerstr 4

Leemer Rudolf
A 5020 Salzburg, Paracelsusstr 16

Leo Film
A 1230 Wien, Siebenbürgenstr 4

Liedl Erich Dr, Prof
A 1130 Wien, Hörndlwaldg 6

Linshahn Rudolf
A 1050 Wien, Obere Amtshausg 39/17

Listo Film, Mathilde Ruhm
A 1060 Wien, Gumpendorfer Str 132 - (0 222) 43 95 65, 34 13 98

Löwe Charlotte Cecile
A 6900 Bregenz, Heldendankstr 10

Lorbeck Edmund
A 1020 Wien, Jungstr 7/12/III

Maier Walter
A 1020 Wien, Stuwerstr 36

Adi Mayer's Filmbüro
A 1070 Wien, Lindeng 65

Mayer Peter Dkfm
A 1060 Wien, Lindeng 65

Mercur Film GmbH
A 1060 Wien, Mariahilfer Str 63

Mina-Filmprodktion GmbH
A 1180 Wien, Gentzg 122

Minke-Film GmbH
A 1070 Wien, Kaiserstr 12

Minnesota 3 M
A 2380 Perchtoldsdorf, Brunnerfeldstr 63

Mirage FilmproduktionsGmbH
A 1140 Wien, Hadikg 68

Monopol Film GmbH
A 1030 Wien, Göllnerg 8

Morawetz Rüdiger
A 1040 Wien, Mayerhofg 2 a

Mörth Albert Gerhard
A 1130 Wien, Am Rosenberg 1

Movic Group Filmproduktion GmbH
A 1130 Wien, Wambacherg 14

Mrkwicka Kurt
A 1030 Wien, Paracelsusg 9/8

Müller Maria
A 1070 Wien, Neubaug 1

Neubrand Karl Heinz
A 1010 Wien, Himmelpfortg 20

Neue Delta Filmproduktion GmbH
A 1070 Wien, Neubaug 36

Neue Thalia Film GmbH
A 1130 Wien, Wambacherg 10

Neumann Margarethe
A 1130 Wien, Auhofstr 84/1/2/4

Novak Walter Ing
A 1130 Wien, Steinhardtg 3

Novitel-Film GmbH
A 9010 Klagenfurt, Neptunweg 1

Nord-Süd- Filmverleih- und VertriebsGmbH
A 1070 Wien, Mariahilfer Str 1 b - (0 222) 44 25 16, 44 26 21

Oberhauser Franz
A 6867 Schwarzenberg, Brittenberg 204

Odelga Wolfgang
A 2344 Maria Enzersdorf, Wienerbruckstr 94

Oefream Film GmbH
A 1070 Wien, Neubaug 36 - (0 222) 44 26 59, 44 26 82, 44 26 84

Österreichische Filme Service KG Kammel & Co
A 1040 Wien, Schaumburgerg 18

Österreichische Filmverleih- u VerwertungsGmbH
A 1070 Wien, Neubaug 1 - (0 222) 44 76 91, 44 76 92

Österreichische Gamma Film GmbH
A 1070 Wienm Neubaug 38 - (0 222) 44 86 34

Österreichische Telefilm Fernsehfilm Produktions GmbH
A 1070 Wien, Apollog 30

Ohandjanian Artem
A 1220 Wien, Bernoullistr 4/26/19

Olesko Friedrich
A 1180 Wien, Währinger Gürtel 135/11

Orwo Handels GmbH
A 1120 Wien, Meidlinger Hauptstr 47

Osterberger Edgar
A 1190 Wien, Himmelstr 56

Pan-Film
A 1070 Wien, Neubaug 36

Pateisky Günther
A 1180 Wien, Währinger Str 116

Pavlousek Elinor
A 1090 Wien, Nußg 4

WDS-Pfandler Helmut
A 1030 Wien, Göllnerg 8

Philipp & Co Filmverleih OHG
A 1070 Wien, Neubaug 1

Pilz Michael
A 1070 Wien, Halbg 7

Plankensteiner Eduard
A 6010 Innsbruck, Rieseng 5

Plesner Filmproduktion
A 6330 Kufstein, Meraner Str 15 - (0 53 72) 409

Ploner Werner
A 1180 Wien, Scheidlstr 38

Pochlatko Dieter
A 8010 Graz, Ziernfeldg 9

Pochlatko Peter
A 8010 Graz, Ziernfeldg 9

Pock Klaus Dieter
A 1238 Wien, Maurer Langeg 134

Pohorely Leopold Leo-Film
A 1122 Wien, Siebenbürgenstr 4

Pollak Friederike
A 1070 Wien, Neubaug 38

Pompe Julius KG
A 2700 Wiener Neustadt, Wiener Str 56

Posch Alexander
A 8010 Graz, Graz-Maria Trost, Föllingerstr 45

PPR-Film Produktion und Public Relations GmbH
A 1070 Wien, Richterg 4

Preinfalk Gottfried
A 1120 Wien, Abermanng 6

Puschej Max
A 5322 Hof, Hinterschroffenau 53

Puluj Hans Ing
A 4020 Linz, Kudlichstr 21

Puluj Peter
A 4060 Leonding, Hainzenbachstr 98

Puschnig Erhard GmbH
A 1130 Wien, Melchartg 6

Quendler Albert Dr
A 1010 Wien, Ebendorferstr 8 - (0 222) 45 59 19

Quodibet Produktion GmbH
Kärntner Ring 14/9

Rabeder Ferdinand
A 4020 Linz, Rainerstr 18

Raimund Film
A 1190 Wien, Cottageg 72

Real-Film WerbefilmproduktionsGmbH
A 1230 Wien, Breitenfurter Str 491/9

Rechberg Adolf
A 1190 Wien, Krottenbachstr 110

Regatschnig Georg Ing
A 9161 Maria Rain, Nadram 6

Regler Film GmbH
A 1060 Wien, Köstlerg 1

Reim Fritz
A 8020 Graz, Seebacherg 12

Renner Margarete
A 1060 Wien, Mariahilfer Str 1 b

Roxy Film GmbH
A 1070 Wien, Neubaug 25

Sascha Filmproduktions GmbH
A 1230 Wien, Engelshofeng 2 - (0 222) 88 25 41

Satel-Fernseh- und Filmproduktion GmbH
A 1070 Wien, Mondschwing 3

Schauer Peter
A 1060 Wien, Mariahilfer Str 61

Schedl Gerhard
A 1140 Wien, Penzinger Str 37/6

Scheiderbauer Heinz Dr
A 1170 Wien, Dornbacher Str 88

Schöfer Robert
A 1030 Wien, Barichg 33/14

Schönbrunn Film, Ernst Müller
A 1070 Wien, Neubaug 1 - (0 222) 44 25 65

Scholz Claus Ing
A 1030 Wien, Sechskrügelg 2

Schwetter Karl
A 1170 Wien, Dornbacher Str 84

Sienvert Kurt
A 1090 Wien, Nußdorfer Str 26 - 28

Sindelar Joh Oswald
A 1020 Wien, Praterstr 34

Sohm Wilhelm
A 1140 Wien, Linzer Str 444

Stanzl Karl Dr
A 1030 Wien. Löweng 47

Star Film GmbH
A 1040 Wien, Schaumburgerg 10

Strakl Alice Maria
A 1160 Wien, Hasnerstr 27

Stranger Herbert
A 5020 Salzburg, Reisdenzpl 4

Strempfl Erwin
A 9020 Klagenfurt, Friedrich Melbitsen-Weg 1

Stoitzner Walter K
A 1070 Wien, Burgg 28

Studio Film GmbH
A 1130 Wien, Hietzinger Hauptstr 9

Stummer Alfons
A 1020 Wien, Komödieng 3

Szöts Stefan
A 1010 Wien, Marc Aurel-Str 2/V/23

Team-Film ProduktionsGmbH
A 1040 Wien, Waagg 5/8

Tirol Film GmbH
A 6020 Innsbruck, Wilhelm Greil-Str 21/III

Trickfilmstudio Traum und Maier
A 1030 Wien, Daponteg 12

Trubacek Albert
A 1120 Wien, Ulmenhof, Stiege 23/2

TTV-Fernsehfilm GmbH
A 6060 Solbad Hall, Tirol, Ampass

UFA-Werbefilm GmbH
A 1140 Wien, Linzer Str 47 a/1/29

Unger Ferdinand
A 1100 Wien, Bernhardstalg 37

Unit Pictures Film GmbH
A 1130 Wien, Lainzer Str 71

Universal Filmverleih GmbH
A 1070 Wien, Neubaug 38 - (0 222) 65 72 40, 65 72 52

Urhan Hubertus
A 1130 Wien, Lainzer Str 121

Varga Leopold
A 1040 Wien, Mayerhofg 11

Veit Dieter Werner
A 8010 Graz, Schillerstr 28

Verein „Institut f Ton und Bild" Palais Harach
A 1010 Wien, Freyung 3

Vicu Kinoeinrichtungs- und Filmverleih GmbH
A 1010 Wien, Wallnerstr 8

„VTV" Vario Television Filmproduktion GmbH
A 1050 Wien, Zentag 39/1

Wallpach Heinrich Dkfm
A 1030 Wien, Uchariusg 5

Warner-Columbia Filmverleih GmbH
A 1070 Wien, Mondscheing 18

Weiss Friedrich
A 1190 Wien, Pyrkerg 21/1

Weninger Heinz
A 1100 Wien, Heugrabenstr 72

Westfilm Produktion Dkfm Rudolf Kammel
A 1040 Wien, Große Neug 8 - (0 222) 65 34 84, 65 34 85, 65 30 795

Wiener City Film Produktion Kubesch Ali
A 1120 Wien, Rosenhügelstr 12

Wien-Film GmbH
A 1238 Wien, Engelshofeng 2 - 88 25 41, Atelier: 1190 Sieveringer Str 135 - 137 - 32 21 53, Kop und Syn: 1190 Cobenzlg 32 - 32 11 54

Wiener Stadthalle - Kiba Betriebs- und Veranstaltungs GmbH
A 1070 Wien, Neubaug 35

Wifa-Film Immerl-Wilhelm
A 4020 Linz, Walterstr 20

Wiesler Helmut Dr
A 1130 Wien, Küniglberg 3

Zupan Walter
A 1238 MAuer, Endresstr 127

Zwererz GmbH
A 1030 Wien, Landstraßer Hauptstr 29

FACHVERBAND D LICHTSPIELTHEATER IN D BUNDESKAMMER D GEWERBLICHEN WIRTSCHAFT

A 1070 Wien, Siebensterng 42 - 44 - (0 222) 93 74 81

Fachgruppen

Burgenland:
Fachgruppen d Burgenländischen Lichtspieltheater. A 7000 Eisenstadt, Osterwiese 5 - (0 26 82) 25 86 bis 25 89
Kärnten:
Fachgruppe d Kärntner Lichtspieltheater. A 9020 Klagenfurt, Bahnhofstr 40 - (0 42 22) 80 4 11 Serie
Niederösterreich:
Fachgruppe d Lichtspieltheater Niederösterreichs. A 1014 Wien, Herreng 10 - (0 222) 63 66 91
Oberösterreich:
Fachgruppe d Lichtspieltheater. A 4020 Linz, Hessenpl, Handelskammer - (0 72 22) 78 4 44
Salzburg:
Fachgruppe d Salzburger Lichtspieltheater. A 5020 Salzburg, Julius Raabpl 1 - (0 62 22) 78 5 30
Steiermark:
Fachgruppe d Lichtspieltheater. A 8020 Graz, Körblerg 111 - 113 - (0 31 22) 601 - 0
Tirol:
Fachgruppe d Lichtspieltheater. A 6020 Innsbruck, Meinhardstr 12 - (0 52 22) 35 6 51
Vorarlberg:
Fachvertretung d Lichtspieltheater. A 6800 Feldkirch, Wichnerg 9 - (055 22) 25 11
Wien:
Fachgruppe d Lichtspieltheater. A 1070 Wien, Siebensterng 42 - 44 - (0 222) 93 65 05, 93 65 06

SONSTIGE VERBÄNDE UND VEREINE

Aktion „der gute Film"
A 1070 Wien, Neubaug 25 - (0 222) 93 24 37

Länderorganisationen

Burgenland:
A 7000 Eisenstadt, Bankg 15 - (0 26 82) 26 44
Kärnten:
A 9020 Klagenfurt, Gabelsbergerstr 32 - (0 42 22) 36 81/407
Niederösterreich:
A 1010 Wien, Herreng 23 - (0 222) 63 66 61/85
Oberösterreich:
A 4020 Linz, Untere Donaulände 6 - (0 72 22) 26 8 21
Salzburg:
A 5020 Salzburg, General Keyes-Str 3 (0 62 22) 32 2 23
Steiermark
A 8020 Graz, Burg - (0 31 22) 94, 111/647
Tirol:
A 6020 Innsbruck, Hofburg - (0 52 22) 63 11

Wien:
A 1070 Wien, Neubaug 28 - (0 222) 93 24 37

Gesellschaft d Filmfreunde Ö
A 1010 Wien, Raubensteing 5 - (0 222) 52 58 75

Filmstelle d Evangelischen Oberkirchenrates
A 1010 Wien, Schellingg 12 - (0 222) 52 23 11

Katholische Filmkommission f Ö
A 1010 Wien, Wollzeile 7 - (0 222) 52 78 62

Klub d Kinoamateure Ö
A 1070 Wien, Neubaug 36

Bund Ö Filmamateure
A 4020 Linz, Kudichstr 21 - (0 72 22) 22 0 34

Ö Gesellschaft f Filmwissenschaft und Filmwirtschaft
A 1010 Wien, Rauhensteing 5 - (0 222) 52 99 36

Ö Jugendfilmfonds
A 1070 Wien, Neubaug 28 - (0 222) 93 24 37

Ö Filmarchiv
A 1010 Wien, Rauhensteing 5 - (0 222) 52 81 72

Ö Jugenfilmzentrum
A 1070 Wien, Neubaug 28 - (0 222) 93 24 37

Verband d Ö Filmjournalisten in d Fipresci
A 1080 Wien, Lange G 52/II/1/18 - (0 222) 43 67 10

Verband Ö Filmamateure (VÖFA)
A 1103 Wien, Postfach 61

Verband Ö Filmproduzenten
A 1010 Wien, Neutorg 12 - (0 222) 63 43 30

Verband Ö Kultur- und Kurzfilmhersteller
A 1070 Wien, Siebensterng 42-44 - (0 222) 44 76 02

Wirtschaftsgenossenschaft Ö Kinounternehmer reg GmbH
Filmhaus A 1070 Wien, Siebensterng 19 - (0 222) 93 56 36

BIOGRAPHIEN
(Anhang)

Dieser Teil enthält
Biographien,
die nach Redaktionsschluß
eingetroffen sind.

Behn-Grund Friedel
B: Chefkameramann. G: Bad Polzin/Pommern, 26. Aug 1906. V: Hedy, geb Meyer-Seebohm. A: D–1000 Berlin 31, Cicero Str 61. S: Gymn, Sprachen: Französisch, Englisch, Italienisch, Spanisch. K: Fotografische Lehre, Kameramann, Chefkameramann, 220 Spielfilme, 10 Jahre Ufa, 12 Jahre Tobis, TV Filme, freie Engagements. F: In versch Zeitungen u Zeitschriften. E: 2 Nationalpreise 1945–48 DEFA 1. Deutscher Film nach d Krieg „Die Mörder sind unter uns", Silbernes Band 1956 „Mädchen in Flandern", Goldenes Filmband 1974.

Braun Pinkas
B: Schauspieler, Regisseur. G: Zürich, 7. Jan 1923. A: CH–8261 Hemishofen/Ktn Schaffhausen. S: Mittelschule, Schauspielschule Zürich m Abschluß. K: Erstes Engagement 1945 am Schauspielhaus Zürich, 1950 eigene Truppe, danach freischaffend: Inszenierungen in Israel, Deutschland, Österreich, Theatertourneen als Schauspieler, viele Film- u Fernsehrollen, seit 1959 Exklusivübersetzer sämtlicher Stücke v Edward Albee. F: Unzählige Veröffentlichungen in versch Zeitungen u Zeitschriften. D: „Wir Wunderkinder", „Das Wunder d Malachias", „The man outside", „The last escape", „Das Feuerschiff", „La maison sur la colline", „Dog eat dog", „Bloodline", „Feinde", „Theodor Herzl", „Der Feind", „Der Verräter", „Nachtasyl", „Die Gerechten", „So ist es, ist es so?", „Madame de ...", „Jörg Preda berichtet" (Serie), uva, Inszenierungen: ua: „Alles vorbei", „Seeskapade", „Fast ein Poet", Fernsehinszenierung: „Die Eingeschlossenen".

Broich Herbert
B: Schauspieler. G: Köln, 24. Okt 1949. A: D–5000 Köln 1, Rheinaustr 1b. Tel: 0221/213782. S: Gymn, Mittlere Reife, Drogistenlehre, Stud als InnenArch, Gesangs- u Sprachunterricht bei Richard Danz, Köln, Ballett (Klassisch, Jazz, Folklore u Showtanz) bei Adrienne Szendrö in Köln, Training bei Marlis Grünberg in Bonn. K: Mit 10 Jahren Kinder-Prinz im Kölner Karneval, bis zum 13. Lebensjahr: Kinderbühne, Kinderfunk, Fernsehen, Ballett, dann laufend Engagement f Operette u Musical (hauptsächlich b Budapester Operettentheater) sowie Funk u Fernsehen (Intermezzo – Jugendclub), anschließend Kinder- u Jugendtheater (viele Märchen u Kinder-Musicals, ua „Oliver Twist", „Die merkwürdigen Abenteuer d Herrn Pimpipan"), von 20–24 Jahren mehr Aufgaben als Sänger (auch f Schallplatte), mit 24 Jahren ein Jahr eigenes Kinder- u Jugendtheater (Tournee), dann Filmrollen im Ausland (Griechenland – Regisseur Xenophon Spantiolakis, Frankreich, Holland), dann Theater in Deutschland: Düsseldorf, Bonn, Köln, seit einem Jahr sehr viele kleine Rollen im In- u Ausland f Film, Funk u Fernsehen, darunter einige im Kölschem Dialekt, dazu viel Werbung (Fotos, Spots, Schauen) u Organisationen f Modeschauen, Ansage u Choreografie, Skatches u Schauen f Großveranstaltungen (m anderen Schauspielern, Sängern u intern Show-Stars, zuletzt: Marlene Charell). D: Letzte Fernseh-Rolle: „Cyprienne", letzte Filmrolle: „Pastorale 43", letzter Hörfunk: „Einbein", letztes Theaterstück: „Endstation Sehnsucht", „Cyprienne". H: Berufe, Schwimmen, Laufen, Musik, Tanzen.

Brüchert Viktor
B: Fotograf. G: Vilshofen/Donau, 22. Juli 1946. A: D–6500 Mainz 1, Dagobertstr 20 B. S: Realschule, FotoKfm, BFachschule f Fotografie, Meisterprüfung als Fotograf in Frankfurt, Lehrauftrag an d Univ Mainz s 1979. K: 1965 Abschluß als FotoKfm, 1966–68 BWehr, danach tätig als FotoKfm u Foto-Techn, Ausbildung z Fotograf, 1971 Gesellenprüfung, seit 1972 selbständiger Werbe- u Ind-Fotograf, Reprofotograf, 1979 Lehrauftrag an d Univ Mainz (Kunsterziehung). F: In div Rundfunkzeitungen wie TV, Hör Zu, Gong ua. M: 1. Vors d Ver „Kulturzentrum Mainz eV". H: Sammeln v Volksmusik-Instrumenten, Reisen, Musik, Kino.

Buczolich Rudolf
B: Schauspieler. G: Pama/Bgld, 15. Mai 1934. A: CH–8127 Zürich, Forch im Brünneli 17, und A–1150 Wien, Illekg 10/8. S: Gymn, LehrerbildungsAnst, Matura, Reinhardt-Seminar Wien. K: Erstes Engagement am Stadttheater Basel, dann Graz, Hannover, Zürich, Festspiele in Salzburg, Bregenz, Wunsiedl, Herrenhausen. D: Nazi in Nestroy's „Eulenspiegel", Mephisto, „Der Zerrissene", „Nora", „Einen Jux will er sich machen", „Amphitryon", „Umsonst", „Play Strindberg", „Höllenangst", „Die schöne Helena", „Im Weißen Rößl" uva. E: Preis d UnterrichtsMin f beste Leistung d Jahres, Abschlußprüfung Reinhardt-Seminar. H: Bau am alten, erstandenen Bauernhaus im Burgenland.

Calder Clement
B: Übersetzer, Komponist. G: Philadelphia/USA, 29. Sept 1936. A: D–1000 Berlin 21, Lewetzowstr 16. S: Bachelor of Music, Michigan State Univ (USA), Master of Music. K: Musik f zwei Fernsehfilme komponiert, zahlreiche Filme, Fernsehserien übersetzt (Englisch-Deutsch). M: GEMA.

Castell Rolf
B: Schauspieler, Regisseur. G: München, 28. Mai 1921. V: Ingeborg, geb Schreiber. A: D–8000 München 80, Sternwartstr 13. S: Gymn, Univ, Schauspielschule. K: Seit 1947 Schauspieler, Münchener Kammerspiele, Bayerisches Staatstheater, über 30 Filme, etwa 80 Fernsehfilme, ständiger Moderator b BR, Quizmaster, Hörspiele, Unterhaltungssendungen. F: In versch Zeitungen u Zeitschriften. E: Hohe Kriegsauszeichnungen. H: Tennis, Segeln, Reiten, Skilaufen.

Chi Greta
B: Schauspielerin. G: Chungking/China, 1949. V: Cameron Maywell-Lewis. A: CH–6045 Meggen, Obermattstr 15. S: Primarschule, Handels-Diplom, Schauspielschule: Sommertheater in La Jolla, Californien/USA. K: Als Kind Ballett-Tanz in New York, später in d Schweiz, Rollen im Theaterstücken, Opern, Operetten, Ballett-Abenden, „Marius", „Margarete" ua, später Theater in Amerika als Schauspielerin, Regie, Kostüm u Bühnenbild gelernt, erfolgreiche Laufbahn als Fotomodell in d Schweiz, Frankreich, Deutschland, Österreich, Amerika, Italien ua, Film u Fernsehen. F: Harper's Bazaar, L'Elegance, Vogue, Annabelle, Hollywood Reporter, Esquire, Elle (Frankreich u Schweiz), Blick, spanische Zeitungen uva. D: „Five Gates To Hell", „Fall Girl", „Die Königin", „A Coffin From Hongkong", „Karate", „Appointment", „Gauner gegen Gauner", „Verhext", „Our Men of Marawat", „Götter auf Reisen", „Derrick", „Teleboy", „Police Story", „Get Christie Love", „Farewell To Manzanar", Stimmen f „Bloodline" uva. M: Screen Actor's Guild, AFTRA, EQUITY. H: Schneeskifahren, Schwimmen, ua.

Conrads Dieter H E
B: Fotograf. G: Hüfingen, 20. Apr 1944. V: Emely, geb Ebner. A: D–7890 Waldshut-Tiengen I, Eschbacher Str 48. S: Fachschulen in Singen, Hamburg, München, Zürich. K: Fotografiert f de Sede, Stollgiroflex, Sannetta Kindermoden u d Entwicklungsministerium Bonn, Lehre b Vater, anschließend versch Aufenthalte in bekannten Studios. F: Stern, Fachkontakt, lokale Zeitungen. E: Preis b ABCV Wettbewerb „das Fenster". M: Mtgl im Arbeitskreis APP u ABCV. H: Lesen, am liebsten Brecht u Böll.

Crepaz Alfred Prof StR
B: Ak Bildhauer. G: Linz/OÖ, 1. Dez 1904. V: Gertrude, geb Laad. A: A–1190 Wien, Hartäkkerstr 73/8. S: Grundschule, Absolvent d HTL Innsbruck, Abt Kunstgewerbe, Ak d bildenden Künste Wien, Mstr-Prüfung f Keramik. K: Freischaffende Tätigkeit, zahlreiche großformatige Aufträge f d In- u Ausland, ab 1952 Lehramt, kunsterzieherische Fächer an d HTL Wien, Dir d Keramikschule Stoob/Bgld, nach Ruhestand freischaffende künstlerische Tätigkeit im eigenen Atelier. F: In vielen Kunstzeitschriften u Tageszeitungen im In- u Ausland, Teilnahme an vielen Ausstellungen. E: Ehrenzeichen d Landes Burgenland, Goldener Lorbeer d Gemeinschaft bildender Künstler Österr, Prof hc verliehen durch d Österr BPr. M: Pr d Österr Ges f christl Kunst, VorstMtgl d Ges bildender Künstler Österr, Künstlerhaus, VorstMtgl d österr BildhauerVerb. H: Bergsteigen, Zeichnen, Malen.

Deike Horst
B: Verleger u Journalist. G: Magdeburg, 16. Apr 1899. V: Ilse, geb Näumann. A: D–7750 Konstanz, Mainaustr 14. K: Seniorchef d Verlages Horst Deike, Konstanz u Kreuzlingen (Schweiz), Gründer (1926) u Herausgeber d Dienstes „Deike-Gedenktage", der Zeitschrift „Deike-Vorschau" u d Bilderdienstes „Deike Press Intern".

Diehl Heidelotte
B: Schauspielerin. G: Berlin, 30. Apr 1939. V: Rolf Sander. A: D–1000 Berlin 49, Krusauer Str 74–76. S: Max Reinhardt Schule Berlin. K: Engagements ua in Bremen, Hamburg, Hannover, Staatl Bühnen Berlin, div Rollen bei Film u Fernsehen. F: In d deutschen Presse. D: „Celestina", „Das Lied d Taube", „Faust", „Ostern", „Barfuß im Park", „Kabale u Liebe", „Ein gewisser Kniff", „Frühlingserwachen", „Dreigroschenoper", „Das Himmelbett", „Genusien", „Sonny-Boy" uva. M: GDBA. H: Reisen, Musik, Malen.

Dieman Kurt Prof
B: Autor, Film- u Fernsehregisseur. G: Wien, 9.

Juli 1923. V: Ruth, geb v Mayenburg. A: A–1238 Wien, Kaserng 20. S: Konservatorium d Stadt Wien, MusikAk Wien u Salzburg (Mozarteum). K: Zunächst Opern- u Konzertsänger dann Gestalter eigener Sendungen, Autor u Regisseur v Musik- u Kulturfilmen, Fernsehopern u Oratorien, Lehrbeauftragter f audiovisuelle Medien an versch Inst, Medienberater u Medienpublizist, GenKons f elektronische Medien d VerlagsAnst STYRIA Wien/Graz/Köln. E: Berufstitel Prof. M: Obm d „Bürgeraktion f Informationsfreiheit u Medienvielfalt", VorstMtgl d Kiwanis-Clubs Wien, Schönbrunn.

Ebel Goran
N: Hans-Jörg Goran Ebel. B: Schauspieler, Journalist, Deutschlehrer. G: Köslin/Pommern, 20. Apr 1941. A: CH–6976 Castagnola/Ti, Fulmignano 4. S: Maturität, UnivStud, Schauspielunterricht, Ausbildung z Journalisten. D: „30 Silberlinge", „Nachbarn", „Abschied v Olga", „Trauer muß Elektra tragen", „Das Schneemädchen", „Deutschstunde", „Kaspar", „Operette", „Andorra" „Demonstration", „Der aufhaltsame Aufstieg d Arturo Ui". F: In div TV- u anderen Zeitschriften. H: Reisen, Schreiben.

Fackelmann Michael
B: Filmemacher (Drehbuch, Regie, Produktion). G: Berlin, 10. Feb 1941. A: D–8000 München 80, Friedrich Herschel-Str 3. S: Abitur, Fotoschule (Bayerische StaatslehrAnst f Photographie in München). K: Fotoveröffentlichungen in Zeitungen, Standfotos bei Spielfilmen, in eigener Produktion Kurzspielfilme f Kino u Auftragsarbeiten f Fernsehen, insgesamt ca 100 Kurzspielfilme (Buch, Regie, Produktion). zZ auch Autor v Theaterstücken. F: Süddeutsche Zeitung, Die Welt, Die Zeit, Camera, Faz. E: Kurzfilme m Prädikat „besonders wertvoll" u Förderungsprämien d Filmförderungs Anst Berlin. H: Das Erreichen v transzendentalen Zuständen.

Feisst Werner
B: HauptAbtLtr d Ausbildungs- u Familienprogramms b SWF. G: Freiburg/Br, 8. Juli 1929. V: Hildegard, geb Jung. A: D–7560 Gaggenau-Selbach, An d Badäckern 14. S: Abitur, Pädagogische Ak, Univ. K: Lehrer, Redakteur, AbteilungsLtr-Stellv, HauptAbtLtr. D: „Tatort".

Feldmann Angelika
B: Schauspielerin, TV-Journalistin. G: Hamburg, 3. Aug 1920. V: Akos v Kovasznay. A: D–2000 Hamburg 60, Barmbeker Str 129. S: Höhere Töchterschule Hamburg, Schauspiel-Unterricht bei Max Feldmann. K: Thalia-Theater Hamburg, Schauspielhaus Bremen, Renaissance-Theater Berlin, seit 1952 Fernsehansagerin b NDR Hamburg, seit 1963 Journalistin. F: In vielen versch Zeitungen u Zeitschriften. D: „Stechlin", „Motiv Liebe", „Geschichten aus d Zukunft", „Das letzte Testament", „Ehe zu Dritt", „Das träumende Mädchen" ua. H: Katzen, Liebe.

Fischer Georg
B: Bildjournalist, Fotodesigner. G: Bonn, 22. Jan 1947. A: D–2000 Hamburg 13, Johnsallee 60. S: Stud u Abschluß an d Folkwangschule Essen bei Prof Dr Otto Steiner. K: Free lance, seit 1976 bei Visum Agentur Hamburg. F: Geo, Stern, Zeit-Magazin, Brigitte, Spiegel, Bunte Illustrierte uva.

Frank Ellen
B: Schauspielerin. G: 9. März 1904. A: D–8000 München 40, Eisenacher Str 2b. S: Lyzeum, Wigman-Schule (Tanz), Erwin Piscator-Schauspielschule Berlin. K: Gespielt bei Piscator, dann Würzburg, Dresden, Frankfurt, Berlin, Tribüne, Theater am Zoo, Kabarett „Tingel-Tangel", Kabarett d Komiker, Katakombe, Fernsehen. F: Filmwoche, Filmwelt, BZ am Mittag, Abendzeitung, Süddeutsche uva. D: „Die Räuber", „Rasputin", „Die Tanne", „Peer Gynt", „Mädchen v Moorhof", „So ein Flegel" uva. E: Schönheitskönigin in Dresden 1930. H: Wandern, Schwimmen.

Freisewinkel Ernst-Ludwig
B: Journalist. G: Bielefeld, 20. März 1930. V: Ruth, geb Engels. A: D–5060 Bergisch Gladbach 2, Irlenfelder Weg 42. S: Phil-Stud in Münster u Köln. E: Ernst Schneider-Preis 1975, Deutscher Ind-Film-Preis 1976 (1. Preis), Deutscher Ind-Film-Preis 1977 (2. Preis), Journalisten-Preis Entwicklungspolitik 1977 (3. Preis), jeweils Mitpreisträger, Goldener Gong d Zeitschrift Gong. M: Prominenten-Fußballmannschaft d WDR.

Fried Johannes
B: ProduktionsLtr b ORF. G: Wien, 11. Mai 1933. V: Edeltraud, geb Zödl. A: A–1190 Wien, Iglaseeg 4. S: Mittelschule. K: Seit 1956 ORF. M: SchützenVer. H: Sportschießen.

Friedrichsen Uwe
B: Schauspieler, Texter, Sänger. G: Hamburg, 27. Mai 1934. A: D–2090 Drage, Stover Elbdeich 2. S: Reifeprüfung, schauspielerisch zunächst Autodidakt, dann Schüler v Gustaf Gründgens, daneben Ausbildung in Chanson, Musical-Dance, Fechten ua. K: Seit 1953 Rollen in Klassikern, Komödien, Musicals, Operetten u Boulevardstücken ua am Theater 53 Hamburg, Hamburger Kammerspiele, Deutsches Schauspielhaus Hamburg, Thalia Theater Hamburg, Freie Volksbühne Berlin, Renaissance-Theater Berlin, Komödie im Marquard Stuttgart, Tourneen d Deutschland, Österreich, Schweiz, Gastspiele in New York, Moskau, Leningrad, Helsinki, Venedig, Antwerpen, entdeckt v Herbert v Karajan f konzertante Rezitationen m Gastspielen an d Scala Mailand, d Royal Albert Hall London, Music Centre Hollywood, RAI Rom, Kgl Philharmonie Stockholm, Congress-Centrum Paris, MusikGes Basel, sowie in Wien, mehr als 100 Spiel- bzw TV-Filme im In- u Ausland, darunter „Faust" (m Gründgens) u 5 TV-Serien (ua „Elephanten-Boy"), ferner Schallplatten m eigenen Liedern. F: In fast allen deutschen u zahlreichen ausländischen Magazinen u Zeitungen. D: „Faust", „Schönes Wochenende", „Zug d Zeit", „Geibelstraße 27", „Ich fahre Patschold", „Die Eingeschlossenen" uva. E: 1960 Insel-Preis, 1974 Kleiner Hersfeld-Preis, 1975 Großer Hersfeld-Preis, 1978 Silberne Maske. H: Antiquitäten, Bücher, Garten, Gemälde u Grafik.

Fritz Willy
B: Kameramann, Journalist, Maschinenbauer. G: Klagenfurt, 14. Sept 1924. A: A–9020 Klagenfurt, Dr Richard Canaval-Gasse 7. S: Langemarck-Stud, Examen in Staatsrechnungs-Wiss. K: Kärntner Nachrichten, Carinthia-Film, Wulfenia-Film, Wien-Film, Dino di Laurentiis-Film, Rom, als Spielfilm-Kameramann, Autodidakt, seit 30 Jahren Vortragender an d VHS Klagenfurt (Ltr d Filmklasse), Kulturfilm-, dann Spielfilmkameramann nach einiger AssZeit, Redakteur d „Kärntner Naturschutzblätter" u „Kärntner Naturschutzhandbuch", freier Mitarbeiter b ORF, bei Tageszeitungen, Mtgl d Filmjurys, GesamtLtr u Hersteller d Kulturfilmreihe „Künstler in Kärnten". F: Zahlreiche Veröffentlichungen in Tageszeitungen u Kulturzeitschriften. E: Pro merito in Gold f einen Gendarmeriesport-Film, Medaille in Bronze u Gold v Filmfestival in Velden a W (intern), Diplom f vieljährige Tätigkeit in d Erwachsenenbildung. M: Filmclub Klagenfurt-Wörthersee, Ltr d Filmkreises d VHS Klagenfurt (Meisterklasse). H: Schreiben, Diskussion, Modellbauer, Reisefilm, Ind-Film.

Ghera Christian
B: Schauspieler. G: Mitterdorf i M, 2. Okt 1938. A: A–8662 Mitterdorf i M 8. S: Mittlere Reife. K: Eleve am Burgtheater Wien, TV u Theater in Deutschland u Schweiz, dzt Kleine Komödie Wien, Mtgl d Truppe v Maria Becker. F: Hör Zu, Gong, Bunte. D: Titelrolle im TV-Film „Slatin Pascha", Theater: „Undine", „Andorra", „Die Mausefalle", „Schmetterlinge sind frei", „Lumpazivagabundus", „Eiszeit", „Das weite Land" uva. H: Schwimmen, Reiten, Lesen, Musik.

Glinski Weddigen Margot v
B: Werbefotografin. G: Klingenberg/Ostpr, 23. Mai 1917. A: D–2000 Hamburg 65, Herrenhausallee 9. S: Abitur, StaatslehrAnst f Lichtbildwesen München. K: Als Rennreiterin zweimalige Inhaberin d deutschen Championats u einmalige Inhaberin d ungarischen Championats, Titel- u Werbefotografin. F: Titelfotos: Stern, Quick, Für Sie, Brigitte, Hör Zu, Spiegel, TV Hören u Sehen, Kristall uva, Werbekampagnen f: Dunlop, Shell, Philips, Glücksklee, Atrix, Underberg, Schwarzkopf, Reemtsma, Jacobs, alle Henkelprodukte, alle Beyersdorf-Produkte, Brinkmann, Edeka ua. M: EhrenMtgl im deutschen AmateurrennreiterVerb, Mtgl d Hamburger SchleppjagdVer. H: Parforcejagdreiten hinter d Meute.

Göbel Johannes
PS: Jo Göbel. B: Produktionsleiter. G: Wuppertal, 17. Juli 1953. A: D–5600 Wuppertal 2, Brahmsstr 2. Tel: 0202/623186. S: Gymn. K: Fotodesigner bei VOK DAMS, AufnahmeLtr WDR Fernsehen, ProduktionsLtr filmpool, verantwortlich tätig bei d Produktionen KLIMBMM (Pfleghar), GIMMICKS (Pfleghar), Peter Beauvais, Wolfgang Petersen, Peter Brinkmann, Tom Toelle uva.

Gottlieb Günter
PS: GÜGO. B: Verleger u Designer. G: Hanau, 16. Okt 1951. A: D–6450 Hanau, Thomas Münzer-Str 2. S: Abitur, Stud d Kunst u Graphic Design an d Gh Kassel. K: Seit 1975 selbständiger Verleger u Graphic Designer, Herausgabe d „Kasseler Kursblattes", 1977 Gestaltung d Feierlichkeiten zum 200j Bestehen d KunstAk Kassel, 1978 Start d Bibliothek Foto, Film, Fernsehen, 1979 Aus-

stellung Galerie am Heumarkt. F: Kursblatt, Prisma, Vorwärts, Konkret, Flugzeitung ua. D: „Die Gitarre u d Meer", „Die freie Presse", „Bis hierher und nicht weiter". M: Hanauer Filmfreunde, Frankfurter KunstVer. H: Fußball.

Grimm Otmar
B: Fotograf. G: Wuppertal, 14. Sept 1950. A: D–5600 Wuppertal 1, Katernberger Schulweg 114. S: Mittlere Reife, Gymn, Drogistenlehre, Drogistenfachschule, Fotografenlehre bei Vük Dams Studio f audiovisuelle Kommunikation, Gesellenprüfung im Fotografenhandwerk. K: Seit 1973 freiberuflich tätig. F: Stern, Quick, Neue Revue, leben u erziehen, mein eigenheim, versch Bildbände. E: Photokina-Preis, World Press Photo. M: DJV. H: Reisen in außereuropäische Länder.

Grothum Brigitte
B: Schauspielerin. G: Dessau, 26. Feb 1935. V: Prof Dr Manfred Weigert. A: D–1000 Berlin 38, Wasgenstr 18. S: Abitur, Schauspielschule. K: Berlin Theater 1954 Debut: Tribüne, Renaissance-Theater, Komödie, Ku-Damm-Theater, Hebbel-Theater, Schloßpark-Theater, Berliner Theater, Hamburger Schauspielhaus, Thalia-Theater, Ernst Deutsch-Theater, Züricher Schauspielhaus, Salzburger Festspiele, Film, Fernsehen, Hörspiel, Synchronisation. F: In allen Fernseh-, Film-, Rundfunk-, Theater- u Tageszeitungen. D: „Romeo u Julia", „Sommerfrische", „Sommernachtstraum", „Des Meeres u d Liebe Wellen", „Der Strohhalm", „Der eingebildete Kranke", „Hexenjagd", „Das Wunder d Malachias" ua. H: Tennis.

Günther Michael
B: Regisseur. G: Berlin, 16. Juli 1935. V: Ilse, geb Kiewiet. A: D–1000 Berlin 31, Wittelsbacher-Str 36. S: Abitur. K: Schauspieler seit 1956, 1958–61 Regie-Ass, seit 1961 freiberuflich tätiger Regisseur an deutschen Theatern u im Fernsehen, bzw Spielfilm. F: In div Zeitungen u Zeitschriften. D: Theaterinszenierungen ua: „Ganz unter uns", Regisseur zahlreicher Fernsehspiele, ua: „Urlaub zur Beerdigung", „Sorgen ohne Noth", „Direktion City", „Ein Tisch zu viert", „Heroin 4", Autor u Regisseur d Kinofilms „Der Pfingstausflug". M: BFF.

Gutruf Heidi Mag
B: Sängerin. G: Berlin, 1. Jul 1948. V: Gerhard Gutruf, Ak Maler. A: A–1050 Wien, Hamburger Str 11/26. S: Matura, Stud an d Ak d bildenden Künste Wien, parallel Ausbildung an d Schauspielschule Krauss, Wien bei Prof Polly Kogler, GesangStud bei Prof Esther Rethy, Operettenklasse d Ak f Musik u d K Wien u bei Prof Ruthilde Bösch Wien. K: Kabarett „Der bunte Wagen", 2 Fernsehshows, „Simpl", 5 Fernsehshows, Schallplatte, Filme, Operette am Raimundtheater Wien, Stadttheater Baden bei Wien, Landestheater Innsbruck, Stadttheater Klagenfurt. F: In div italienischen u österreichischen Zeitungen u Zeitschriften. D: „Gräfin Mariza", „Lustige Witwe", „Madame Pompadour", „Csardasfürstin", „Glückliche Reise", „Dreimäderlhaus", „Weißes Rößl", „Anatevka", „Paganini", „Zirkusprinzessin", „Fledermaus", „Vogelhändler", „Victoria u ihr Husar" ua, Filme: „Assassino, speranza delle donne", „Der Privatpolizist", „Missile X". H: Malen, Zeichnen, Tanzen, Reisen.

Hanemann Michael
B: Schauspieler. G: Überlingen, 8. Apr 1945. A: D–7800 Freiburg/Br, Schwarzwaldstr 154, Tel: 0761/73984, und D–2900 Oldenburg, Kleiststr 8, Tel: 0441/505261. S: Abitur, Stud d KunstWiss, TheaterWiss, Westf Schauspielschule Bochum 1966–69. K: Landesbühne Wilhelmshaven, Städt Bühnen Dortmund, Theater Oberhausen, Theater am Turm Frankfurt/M, Schaubühne Berlin, Theater Bremen, Schauspielhaus Bochum. D: „Zur guten Nacht", „Gelegenheitsarbeit einer Sklavin", „Dämonen" ua.

Hansen Joachim
B: Schauspieler. G: Frankfurt/Oder, 28. Juni 1930. A: D–8011 Neukeferloh/München, Harthausener Str 10. S: Abitur, Dolmetscher-Schule englisch u französisch, Max Reinhardt-Theaterschule Berlin. K: Theater seit 1953, 42 Spielfilme u 28 Fernsehfilme, auch in englischer u französischer Sprache. D: „Der Stern v Afrika", „Und ewig singen die Wälder", „Das Erbe v Björndal", „Hunde wollt Ihr ewig leben?", „Via Mala", „Le Vieux Fusil", „Victoria Regina", „Jedermann", „Ein idealer Gatte", „Des Teufels General" ua.

Harstick Günter
B: Fotograf u Fachjournalist. G: 12. Mai 1923. V: Edith, geb Janotta. A: D–3000 Hannover 1, Vogtländer Hof 7. K: Bis 1951 in kfm Berufen, daneben Fotografie als Hobby, 1951–64 Fotohändler u Fotograf, anschließend bis 1978 Fachberater f Berufsfotografie bei Spitzenfirmen d FotoInd, seit 1978 freischaffend tätig, Tätigkeitsfelder: Porträt, Landschaften,

Theater, Konzert, Städte-Bilder, Illustration. F: Bild- u Text-Veröffentlichungen in: Photo-Presse, MFM, Allgemeine Photographische Zeitung (Österr), Autor d „Handbuch d Großbild-Kamera", Auftragsarbeiten f Ind u bes Porträts. M: Europhot.

Haupt Hellmuth
B: Autor, Regisseur, Schauspieler. G: Bochum, 12. Apr 1934. A: D–8000 München 81, Pienzenauerstr 58. S: RealGymn. K: Theaterstationen: Landshut, Ingolstadt, Neuwied, Kleve, Heilbronn, München, Wien, Gastspiele in versch NBühnen d BRD, Hörspiele, Synchron, Fernsehen. F: In versch Tageszeitungen u Illustrierten. D: „Schwejk im II. Weltkrieg", „Clavigo", „Mutter Courage", „Pflichtmandat", „Arsen u Spitzenhäubchen" ua. E: „Seeadler" Jugendsportabzeichen, Rettungsmedaille. H: Segeln, Reiten, Golf.

Holba Herbert
B: Schriftsteller, Regisseur, Filmhistoriker. G: Wien, 7. Mai 1932. A: A–1040 Wien, Schönburgstr 7/5. S: Grundschule, filmhistorische Studien in Frankreich, DDR, BRD, England, CSSR. K: Seit 1958 Journalist, 1962 Filmhistoriker, 1963 Drehbuchautor u Filmregisseur, 1976 ProgrammDir d „ACTION-Kinos", 1978 Redakteur d Filmzeitschrift „F". M: Begründer d „ACTION"-Filmclubs.

Hollos Nadja
B: Fotografin. G: Bad Vöslau/NÖ, 24. Aug 1924. A: A–1010 Wien, Rotenturmstr 17. S: RealGymn, Berufsausbildung, Graphische Lehr- u VersuchsAnst. K: Eintritt in d Geschäft d Vaters, nach dessen Tod Übernahme d Betriebes u Fortführung eines Porträtateliers. F: Viele Porträts in div Zeitschriften. M: Kam d gewerblichen Wirtschaft. H: Reisen.

Hollreiser Heinrich
B: Dirigent (Oper u Konzert). G: München, 24. Juni 1913. V: Marianne, geb Grote. A: D–8000 München 60, Rohdestr 3. S: Hum Gymn, Ak d Tonkunst München. K: Dirigent in Wiesbaden, Darmstadt, Mannheim, Duisburg, 1943 Berufung d Clemens Krauss an d Münchener Staatsoper, 1945–52 GeneralmusikDir u Stellv d Intendanten in Düsseldorf, 1952–61 1. KapellMstr Staatsoper Wien, 1961–64 Chefdirigent u musikalischer OberLtr Deutsche Oper Berlin, ab 1965 ständige Gastverträge in Berlin, Wien Staatsoper, München Staatsoper, zahlreiche Auslandsgastspiele in Konzert u Oper, ua Metropolitan Opera San Francisco, Konzerte m Berliner Philharmonikern, Wiener Sinfonikern, Cleveland Orchestra USA, Bamberger Sinfonikern, Suisse Romande Genf, Radiosinfoniker Berlin ua. E: Bayerischer Verdienstorden, Österr Orden f Kunst u Wiss I. Klasse, Ehrenmedaille in Gold d Stadt Wien f außerordentliche künstlerische Leistungen in Österreich.

Horstmann Lutz H
B: TV-Realisator, Bildregisseur. G: Bassum/Hoya, 1. Feb 1945. A: D–2800 Bremen 1, Buntentorsteinweg 187. S: Reifezeugnis, Stud an d IDHEC in Paris (Inst des hautes étúdes cinématographique). K: Bei Radio Bremen Fernsehen u Hörfunk: Volontär, RegieAss, RedaktionsAss, FS-Realisator u Bildregisseur, Produzent u Regie eigener PR- u Werbefilme m Spielfilmcharakter, Realisationen f RB u NDR, Tagesschau, B v T, ARD-Ratgeber-Technik, div Musik- u Auslandsbeiträge f d Nordschau-Magazin, Bildregie (Studioregie) für div Sendungen im I. u III. Programm (Live sowie MAZ-Produktion), im Bereich d fernsehjournalistischen Berichterstattung in folgenden Ländern tätig: Frankreich, Holland, Finnland, England, Schottland, Italien, Oman, in d Vereinigten arabischen Emiraten, Beirut (Libanon), Bericht f d Kanadische Fernsehen aus Deutschland, Realisator u Sprecher f d französische Fernsehen, im Rahmen musikalischer bzw unterhaltender Filmbeiträge Arbeit als Regisseur m Künstlern wie Charles Aznavour, Jose Feliciano, Miguel Rios uva deutschen u intern Stars.

Huber Eckhardt Dipl-Ing
B: Fernsehredakteur. G: München, 12. Juli 1944. A: D–8000 München 45, Rothpletzstr 21. S: Gymn, Abitur, Techn Univ München, Dipl-Hauptprüfung. K: EntwicklungsIng b FTZ d Deutschen BPost, freier MitArb d Bayerischen Rundfunks, dann selbständiger Redakteur m b A b BR, nebenberuflich Lehrer b TELEKOLLEG II (Physik) u Autor. F: Div Pressefotos in Gong u Bild u Funk. H: Foto, Schmalfilm, Elektronik, Reisen, Kunstgeschichte.

Jansen Yves
B: Schauspieler, Regisseur, früher Pädagoge. G: Aarburg/Schweiz, 4. Juli 1952. A: c/o Schillertheater, D–1000 Berlin 12, Bismarkstraße. S: Pädagogik-Stud, HS f darstellende Kunst Frankfurt. K: Engagements als

RegieAss, Regisseur oder Schauspieler in Frankfurt, Bochum, Tübingen, Karlsruhe, Zürich, zZ Berlin. F: Theater heute, div Presse. D: „Dantons Tod", „Die Gewehre d Frau Carrar", „Argentinische Nacht", „Der zerbrochene Krug", „Iphigenie", „Jagdszenen in Niederbayern", „1913" ua.

Jasmer Sigrid
B: Kauffrau (Foto-Archiv u Ansichtskartenverlag). G: 14. Mai 1930. A: D–2800 Bremen 1, Rutenstr 7. Tel: 0421/325845. S: Mittlere Reife, Verlagswesen. K: Seit 1976 Herstellung v Ansichtskarten v Künstler-Porträts ua, Anfertigung v Stand- bzw Szenenfotos v Film- u Fernsehproduktionen, das Archiv umfaßt schwarz-weiß u Color-Fotoaufnahmen v deutschen Darstellern bzw Szenen aus Film- u Fernsehproduktionen sowie versch Reportagen aus d In- u Ausland. H: Sport, Lesen.

Kehlar Marianne
B: Schauspielerin. G: Hamburg, 31. Jan 1925. V: Ernst v Klipstein. A: D–2000 Hamburg 67, Aif d Wöörden 19. S: Gymn, Schauspielschule. K: Als Bühnenschauspielerin in Hamburg, Schauspielhaus, Kammerspiele München, Bonn, Kassel, 15 Fernsehspiele, mehrere Tourneegastspiele. F: In vielen Fachzeitschriften.

Kirchner Hans-Wilhelm
B: Redakteur (Chef v Dienst). G: Würzburg, 10. Apr 1927. V: Susanne, geb Enders. A: D–8700 Würzburg, Anne Frank-Str 21a, und D–6000 Frankfurt/M, Schönbornstr 47. S: RealGymn, Univ. K: Freier Journalist (Mitarbeit bei Zeitungen u Zeitschriften), Redakteur im „Fränkischen Volksblatt" Würzburg, Redakteur im Hessischen Rundfunk – Fernsehen, Abt Aktuelles.

Klipstein Ernst v
B: Schauspieler. G: Posen, 3. Feb 1908. V: Marianne, geb Käselar (KN: Kehlar). A: D–2000 Hamburg 67, Auf d Wöörden 19. S: Abitur, 6 Sem Jura u TheaterWiss. K: als Bühnenschauspieler an allen großen Theatern Deutschlands, 45 Spielfilme (Hauptrollen), 25 Fernsehspiele, mehrere Tournee-Gastspiele. F: In vielen versch Zeitschriften u Fachbüchern. H: Reiten, Ski, Leichtathletik.

Koester Jan
B: Schauspieler. G: 29. Dez 1953. A: D–8000 München 40, Agnesstr 43. S: Abitur. K: Tribüne München. D: „Spielplatz", „Morgen, ein Fenster zur Straße", „Heidi" (Geißenpeter), „Engel, die ihre Flügel verbrennen" ua. H: Reiten.

Kralj Matthias
B: Bühnenbildner, Kostümbildner. G: Laibach/Jugoslawien, 23. Aug 1933. V: Evelyn, geb Frank. A: A–1170 Wien, Promenadeg 57/D1/6. S: Hum Gymn, Matura, Bühnenbild-Stud bei Prof Pirchan, Wien, Ak d bildenden Künste, Stud d TheaterWiss an d Univ Wien bei Prof Kindermann. K: 1958–63 an d Bühnen d Hauptstadt Lübeck, 1963–64 am Nationaltheater Mannheim, 1964–68 Ausstattungschef am Staats-Theater Braunschweig, 1968–76 Ausstattungschef am Stadttheater Klagenfurt, seit 1976 am Burgtheater Wien, Gastspiele: Berlin, München, Wien (Burgtheater, Staatsoper, Volksoper, Theater i d Josefstadt, Volkstheater), Hamburg, Athen, Saloniki, Laibach, Lissabon, Barcelona. F: Die Brücke. E: 1952 Goldene Fügermedaille d Ak d bildenden Künste Wien, 1972 Bühnenbild d Jahres, Wien, 1977 Kainz-Medaille d Stadt Wien. H: Fotografieren.

Krempin Peter
B: Fotograf, Grafiker. G: Kassel, 10. Mai 1947. A: D–5060 Bergisch Gladbach 2, Schlodderdicher Weg 97. K: Grafiker, Fotograf, Journalist, Tätigkeit in Werbestudios, Tageszeitungen u Theater. F: In allen großen deutschen Tageszeitungen, Stern, Westermanns Monatshefte, Bild d Zeit ua. M: DJV.

Kroehn-St Marie Lothar Antoine
B: Fotograf (Werbung). G: Hellersen, 22. Juni 1948. A: D–2000 Hamburg 1, Böckmannstr 5. S: Abitur, Journalismus. K: Als Autodidakt 1974 in d professionelle Fotografie. F: Div Covers, Anzeigen, TV-Spots, ua: Bacard, DB, Phillips, Dunhill, Reemstma, Radley Fashion uva. H: Fliegen, Wasserski, Segeln.

Kukowka Hildegard
B: Schauspielerin. G: Bobrek O/S, 9. Sept 1919. A: D–1000 Berlin 21, Calvinstr 15. S: Mittelschule, Schauspielschule. K: Landesbühne Danzi, Stadttheater Chemnitz, Plauen, Greiz, Gotha, Tourneen, Synchron, Film u Fernsehen. D: „Sommermelodie", „Liebe will gelernt sein", „Das Frauenhaus", „2 x 2", „Arbeitsgericht", „Kaiser, König, Edelmann", „Minna v Barnhelm", „Sommernachtstraum", „Scampolo", „Ein Mann mit grauen Schläfen" ua.

Kundt Wolfgang
B: Foto-Kfm. G: Berlin, 19. Jan 1942. A: D–1000 Berlin 33, Warmbrunner Str 46/48. S: Gymn, Lehrzeit, Fachschule. K: Einstieg u Übernahme d seit 1926 bestehenden Geschäftes d Vaters. M: 1. Vors im Verb Berliner Foto-Kaufleute eV, Mtgl im Ver Berliner Kaufleute u Ind eV, VorstMtgl im Ver zur Förderung d Fachschule f Optik u FotoTechn, Mtgl d PrüfungsKmsn f Auszubildende, Sachv f Foto-Film- u FotolaborTechn im Amateurbereich.

Langhammer Anton Dir
B: Geschäftsführender FilmKfm. G: Wien, 13. Juli 1928. V: Ingeborg, geb Schlöglmann. A: A–1160 Wien, Funkengerng 5/11. S: RealGymn, Abitur, 4 Sem Rechts- u Staats-Wiss an d Univ Wien. K: 1948 Eintritt in d Filmverleih-Fa Czerny-Film Wien, ab 1950 deren Generalbevollmächtigter, auch f Auslandsgeschäfte u Auftragsproduktion, 1951 Wechsel zur neu gegründeten Constantin-Film Wien als Ltr d Verkaufs u Stellv d Geschäftsführers, maßgeblich am Aufstieg dieser Fa zum österr Großverleih beteiligt, ab Mitte d Sechzigerjahre ltd Dir d Unternehmens u Geschäftsführer d Constantin Cinema Group Austria, parallel dazu auch Ausbau v Kino-Familienbetrieben. E: Film-Echo Wiesbaden, Blickpunkt Mönchengladbach, Kino-Information Wien. E: Silberne Medaille d Kam d gew Wirtschaft. M: Obm d Verb d Filmverleih- u VertriebsGes u FachVerb-Vorst-Stellv d Fach-Verb d Audiovisions- u FilmInd Österr im Rahmen d BKam d gew Wirtschaft, AusschMtgl d Fachgruppe Wien d Lichtspieltheater, KuratoriumsMtgl d Ges bildender Künstler Wiens im Künstlerhaus. H: Alles, was mit Film zusammenhängt.

Leber Titus Dr
B: Filmregisseur, Filmproduzent. G: Zell am See/Sbg, 2. März 1951. A: A–1010 Wien, Wallnerstr 4, und A–1010 Wien, Rathausplatz 3. S: Lycée francais in Wien, Bacalaureat, Matura, Univ Wien, Stud d TheaterWiss, Phil, Kunstgeschichte, MedienWiss, Linguistik. K: Schon während d Schul- u Studienzeit intensive Arbeit auf d Gebiet d Films u d Fotografie, Dissertation über d selbstentwickelte Dramaturgie d Schichtungsmethode, Verwendung im eigenen Film „Kindertotenlieder", 1976 Dr phil, 1978 „Fremd bin ich eingezogen" (Schubert Gedenkfilm), 1978–79 in Los Angeles am American Film Inst, zahlreiche Kurzfilme, auch medizinische, Regie, Drehbuch, Schnitt, zT auch Kamera. F: Semperit-Kalender, Kunstkalender, Austria Today. E: Für „Kindertotenlieder" Österr Prädikat „wertvoll", Prix du Public in Besancon, Festival Intern du Film de Musique ez de Danse 1976, Grand Prix Musique et Image, Festival Intern du Film d'Art Paris 1977, Prix Special court et Moyen Metrage Paris, Festival du Jeune Cinema Intern, „La Colombe d'Or" 1978. M: Kam d gewerblichen Wirtschaft Wien. H: Zeichnen.

Leyrer Edith
B: Schauspielerin. G: 25. Okt 1946. A: A–1070 Wien, Neubaug 17/II/7. S: Gymn, Ak f Musik u darstellende Kunst. K: Staatstheater Saarbrücken, Theater am Kärntnertor, Gerhard Bronner, Volksoper Wien, Theater i d Josefstadt Wien, 1970–74 Zürich, dann Volkstheater Wien, 5 Filme, seit 1978 Simpl Wien. F: Zahlreiche Interviews, Kritiken, Titelblätter in allen großen Tages- u Fernsehzeitungen. D: „Zeitventil", „Gestrichte Spuren", „Wenn die kleinen Veilchen" ua, „So eine Liebe", „Die Fee", „Die schöne Lügnerin", „Westside Story", „Das kleine Cafe", „Das große ABC", „Tageszeiten d Liebe", „Liebelei", „Bei Kerzenlicht", „Unsere kleine Stadt", „Der lebende Leichnam", „Späte Liebe", „1913", „Ehe oder Liebe", „Kabale u Liebe" uva. H: Reiten, Golf.

Lou Ah-Yue
B: Schauspieler, Regie-Ass, Lehrer f Steptanz. G: Hamburg, 7. Okt 1923. V: Gisela, geb Biehler. A: D–2000 Hamburg – Blankenese, Hasenhöhe 22. S: Grundschule, Schauspielschule Hamburg, Steptanz-Schule London/ F Astair, Artistenschule Hay Jung Wien, Sensationsdarsteller, Stuntman. K: 194O Intern Variete Europa, erster Film: „Große Freiheit", viele Revue-Filme, Abenteuer- u Kriminal-Filme, Fernsehen, Theater: Schauspielhaus, Kammerspiele, Operettenhaus, Hamburger Landesbühnen, Schleswig, Wilhelmshaven, Kiel, usw. F: Hör Zu, Tageszeitungen: Abendblatt, Morgenpost, Echo, Welt, Hannover Presse, Frankfurter Presse, Bild, Film u Welt, uva. D: „Das Ende v Lied", „Madame Butterfly", „Heiratsvermittlerin", „Es muß nicht immer Kaviar sein", „Land d Lächelns", „Die lustige Witwe", „Weißes Rößl", „Heimweh nach St Pauli", „Rollerball", „Die Hölle v Macao", „Ohrfeigen", „Heil über d Harmonia", Jerry Cotton-Filme, „Doppelagent Georg Blak", „Fall Sorge", Chinesischer Koch singt „La Paloma" uva, Partner v: Albers, Florath,

Birgel, Liven, Stak, Holden, Knuth, Rühmann, Graf, Adorf, H Weissner, Krahl, Körber, Pulver, Knef, Schell, Susy Wong, E Sommer, H Schroth, Ekberg, Eggert, A Hauf, E Müller uva. H: Reiten, Fliegen (Segelflug), Schwimmen, Tanzen, Laufen, mit netten Leuten zusammen sein.

Ludwig Gerd
B: Fotodesigner, Bildjournalist. G: Alsfeld/Hessen, 17. März 1947. A: c/o Visum-Agentur, D–2000 Hamburg 13, Isestr 23. S: Abitur, Stud d Germanistik, Sport, Politische Wiss, Stud d Fotografie an d Folkwangschule Essen bei Prof Dr Otto Steinert. K: Tellerwäscher, Gärtner, Seemann in Skandinavien u d USA, Foto-Praktikum in einem Porträt-Atelier, seit 1975 Visum-Agentur, Teilnahme an Ausstellungen: Museum Folkwang Essen, Buch 2000 Alsfeld, Photokina Köln, Habitat Vancouver, Galerie im Riek, World Press Amsterdam, Museum Folkwang, Galerie Lichtblick Dortmund. F: Geo, Zeit-Magazin, Stern, Spiegel, Bunte, Zeit, Deutsche Zeitung, Wirtschaftswoche, Capital, US Camera Annual, Popular Photography Italiana, Photo, Zoom, Photography Year Book, Das Deutsche Lichtbild ua. M: DGPh.

Marion Rolf
N: Manfred Dulau. B: Komponist, Arrangeur. G: Hamburg, 12. März 1928. V: Karin, geb Bartkowski. A: D–2000 Barsbüttel, Zum Tunnel 20. S: Stud an d MusikHS Hamburg, KapellMstr-Laufbahn am Vogtschen Konservatorium. K: Freier Arrangeur beim NWDR, Ass bei Michael Jary, danach freier Komponist u Arrangeur.

Mayer Harald
B: Fotografenmeister (HCM-Fotostudio). G: Simmern. V: Cornelia, geb Strohé. A: D–6540 Simmern, Gerhard Hauptmann-Str 36. S: Gymn. K: Fotolehre, Meisterprüfung. F: Stern, Spiegel, Hör Zu. M: AWI, Europhot. H: Die Familie.

Meinel Edith
B: Ak Malerin, Schauspielerin. G: Berlin 1921. A: D–8000 München 40, Tengstr 20. S: Lyzeum, Ausbildung als Schauspielerin bei Elisabeth Körner-Hofmann, Stud d Malerei an d Ak d bildenden Künste München u bei Prof Souverbie Section d'Or Paris u Ak d bildenden Künste Wien, Prof Hausner. K: Als Schauspielerin am Thalia-Theater Hamburg, Rose Theater Berlin, Gärtnerplatz-Theater München, Renaissance Theater Wien, Kammerspiele Wien ua, seit 1970 tritt die Malerei in d Vordergrund u wird zu einer echten Karriere. F: The connoiseur, Arts Review, Arts Gallery, IKJ, Art 76 Basel, Zeit Magazin, Kunst Magazin, Mosaik, Madame, Mein Film, Film u Funk, Kurier uva, mehrere TV-Interviews. D: „Geheimnisvolle Tage", „Die Neuberin", „Das chinesische Wunder", „Schwejk II", „Glück hat Flügel", „Himmlischer Walzer", „Die vollkommene Ehe", „Der Prozeß" uva. E: 1977 Schwabinger Kunstpreis d Stadt München f Malerei u Grafik. M: BerufsVerb d bildenden Künste Wien, KunstVer München, BühnenGen, Mgl d Liga f Menschenrechte. H: Fotografie, Reisen.

Meisel Rudi
B: Fotodesigner, Bildjournalist. G: Wilhelmshaven, 9. Apr 1949. A: c/o Visum-Agentur, D–2000 Hamburg 13, Isestr 23. S: Abitur, Stud d Fotografie, Examen an d Folkwangschule Essen. K: Drucker, Grafiker, Werbefotograf in Osnabrück, Zeitungsfotograf im Ruhrgebiet, seit 1975 Visum-Agentur, Teilnahme an Ausstellungen: Folkwangmuseum Essen, Photokina Köln, Habitat Vancouver, World Press Photo Amsterdam, Galerie im Riek Essen, Galerie Lichtblick Dortmund. F: Spiegel, Stern, Geo, Brigitte, Zeit-Magazin, Die Zeit, Deutsche Zeitung, Wirtschaftswoche, Capital, Bild d Wissenschaft, Bunte, Time, Popular Photography, USA, Zoom, Photo, Deutsches Lichtbild, Photography Year Book London ua. M: GDL.

Meth Hans Dieter
PS: J Lipschitz. B: Journalist. G: Minden/W, 10. März 1937. V: Lucia, geb Bach. A: D–6601 Saarbrücken-Scheidt, In der Brunnenwies 34. S: Abitur, Stud d Germanistik, Romanistik, Soziologie an d Univ Saarbrücken, Poitiers u Nancy. K: Seit 1964 Funkjournalist, 1967/68 Ltr eines Rundfunkprojektes in Conakry (Guinea), 1968 SR, 1969–76 Programmberater u Ltr v Rundfunkprojekten in Ober-Volta u Dahomey/Bénin, seit 1976 Ltr d Abt „Wiss, Aktuelle Kultur, Frau, Familie u Ges" (Hörfunk) d Saarländischen Rundfunks. F: Laufend Moderation v Magazinsendungen, Feature-Autor (Schwerpunkte: Frankreich, Europäische Einigungspolitik, Entwicklungspolitik, Europäische Kulturpolitik), Artikel in versch Zeitungen u Zeitschriften, Korr Luxemburger Wort. E: Chevalier de l'Ordre National du Bénin, Chevalier de l'Ordre du Mérite du

Dahomey. M: Landespressekonferenz d Saarlandes, VorstMtgl d Europäischen Ak Otzenhausen, PEN-Club, Europa-Union Deutschland, Deutscher u Europäischer Journalisten-Verb

Meyer Wilhelm
B: Schauspieler, Regisseur, Autor. G: Ulm, 11. Apr 1930. V: Johanna, geb Liebhart. A: D–8000 München 60, Bodensee-Str 15. S: Abitur, 5 Sem TheaterWiss u Germanistik in München, Schauspielausbildung, Max Reinhardt-Seminar Wien, Gesangsausbildung. K: Bayerisches Staatsschauspiel München, Renaissance-Theater Berlin, Kleine Komödie München uva. F: In versch Zeitungen u Zeitschriften. D: „Ein Puppenheim", „Physiker", „Ein Inspektor kommt", ca 60 Spiel- u Fernsehfilme. M: Dramatiker Union. H: Sprachen, Reisen, Wandern, Malen.

Millowitsch Willy
B: Schauspieler, TheaterLtr. G: Köln, 8. Jan 1909. V: Gerda, geb Feldhoff. A: D–5000 Köln 40, Vinzenzallee 11. Seit 1923 im Familientheater (Tradition seit 1796), Fernsehen seit 1954, zahlreiche Filme, Schallplatten. E: BVerdienstkreuz. H: Schmalfilm, Fotografieren.

Mock Walter
B: AmtsDir. G: Wien, 1. Okt 1927. V: Herta, geb Baumgartner. A: A–2320 Schwechat, Gladbeckstr 3/I/1/8. S: Matura. K: Finanzreferent d Österr BForste, AmtsDir. F: Theater Rundschau, Programmheft d Nestroy-Spiele „Freizeit", Niederösterr Nachrichten Wochenzeitung, uva. D: „Jedermann", „Um Mitternacht", „So war Mama", „Alle meine Söhne", „Lumpazivagabundus", „Häuptling Abendwind" uva. E: Silbernes Verdienstzeichen f Verdienste um d Republik Österreich, Silbernes Verdienstzeichen f Verdienste um d Land Niederösterreich, Max Mell-Medaille in Gold, Große Erinnerungsmedaille f deutsche Amateurtheater, Päpstliche Auszeichnung. M: Österr BVerb f Amateurtheater, Österr Theatergemeinde, Kulturwerk Schwechat. H: Theater.

Mohr Egon G
B: Schauspieler. G: Kiel, 30. Dez 1924. A: D–2100 Hamburg 90, Meyerstr 5, und D–2300 Kiel, Bremerstr 2. S: Oberrealschule, HandelslehrAnst m Abschluß, Schauspielunterricht m Abschluß. K: Seit 1946 im Theaterengagement, zunächst Provinzbühnen, seit 1952 Hamburg an versch Bühnen gastweise, als Stammhaus d Altonaer Theater, daneben Gastspiele in d BRD u in Österreich, in Österreich ebenfalls Funktätigkeit, zZ aus gesundheitlichen Gründen Regie. F: Fotoveröffentlichungen in allen gängigen Film- u Fernsehzeitschriften. D: Insgesamt 24 Spielfilme im In- u Ausland, Regisseure: Vittorio de Sica, Yves Allegret, Georges Seaton, Frank Wisbar, Wolfgang Staudte ua, über 150 Fernsehproduktionen, uva. M: Mtgl d GDBA (Ehrennadel). H: Segeln.

Molnar Evamaria KamSängerin
B: Opernsängerin. G: Hejocsaba/Ungarn, 10. Okt 1929. V: Walfried Wassmann. A: D–6834 Ketsch, Breslauer Str 21. S: Abitur, 14 Sem MusikStud, Staatsdiplom f Konzertgesang u Gesangspädagogik an d Liszt-Ak Budapest. K: Debut an d Budapester Staatsoper, Engagements in Nürnberg, Nationaltheater Mannheim, Gastspiele in d bedeutendsten Opernhäusern Europas u USA. F: Opernwelt, Theater heute, ua. D: „Aida", „Carmen", „Fledermaus", „Der Fliegende Holländer", „La Traviata", „Macht d Schicksals", „Madame Butterfly", „Meistersinger", „Nabucco", „Othello", „Die Räuber", „Salome", „Troubadour", „Turandot" ua. E: Kammersängerin. M: Golfclub Mannheim-Viernheim. H: Golf, Teppichknüpfen, Tierzucht.

Morgenstern Peter
B: Schauspieler. G: Chemnitz, 23. Juli 1935. A: D–2000 Hamburg 76, Winterhuder Weg 6. Tel: 040/2208323. S: Gymn, Max Reinhardt-Schule Berlin, UFA-Nachwuchs-Studio Berlin, Schüler v Dr Oskar Wälterlin, Zürich. K: Intern Bühnen: Schauspielhaus Zürich, Salzburger Festspiele, Westberliner Bühnen, Goethe-Haus, New York, ca 40 Film- u Fernsehrollen im In- u Ausland (zumeist in d USA, 6 Jahre in Hollywood). D: Letzte Rolle in d TV-Serie „Nirgendwo ist Poenichen". M: Member of „Screen Actors Guild" Hollywood- H: Griechische Musik.

Pantel Bruno Walter
B: Schauspieler. G: Berlin, 17. März 1921. V: Brigitte - Isolde, geb Marx. A: D–8922 Peiting-Birkland/Obb, „Zauberhütte", und D–8000 München 71, Graubündener Str 107. S: Gymn. K: Fahrlehrer, med Laboranten-Prüfung, Theater in d Provinz, dann Theater, Film, Funk, Fernsehen u Synchron, ua: Butler Mr French in „Lieber Onkel Bill", Oliver Hardy in „Dick und Doof", Premierminister in „Die letzte

Insel", Stimme d Fozzie-Bär in d „Muppet-Show" uva. F: In allen Illustrierten (bes nach Bühnenunfall am 13. Apr 1973 u Amputation d rechten Beines). D: Filme: „Liebe, Tanz u tausend Schlager", „Studentin Helene Wilfür", „Das Bad auf d Tenne", „Die Christel von d Post", „Schön ist d Welt", „Freddy, die Gitarre u d Meer", „Ein Mädchen mit 16", „Peter Voß, der Held d Tages", „Der Vogelhändler", „Der Henker v London", „Kein Engel ist so rein", „Liebling d Götter", „Wir Kellerkinder", „Es muß nicht immer Kaviar sein", „Die 1000 Augen d Dr Mabuse", „Das Halsband d Todes", „Zimmer 13", „Freddy u d Lied d Prärie", „Der Mönch m d Peitsche", „Die Lümmel v d ersten Bank", „Hauptsache Ferien", „3 Männer im Schnee", „Gefundenes Fressen", „Die Elexiere d Teufels" ua, Fernsehproduktionen: „Chansons", „Jeder stirbt für sich allein", „Ehe in Dosen", „Frauen sind keine Engel", „Schlagerkarussell", „Safeknackersuite", „Das Blaue vom Himmel", „Johann Strauß lädt ein", „Die Brücke v Remagen", „Orgel u Rakete", „Auch schon im alten Rom", „Scheidung auf musikalisch", „Vico auf dem Rhein", „Don Quichotte", „Salto Mortale", „Mordkommission", „Eine ganz gewöhnliche Geschichte", „Der schwarze Doktor", „Inspektion Lauenstadt", „Erkennen Sie die Melodie", „Bier und Spiele", „Derrick – Offene Rechnung", „Magere Zeiten", „Die verlorenen Sekunden", „Der Fotograf", „Besuch aus New York", „Vorsicht frisch gewachst", „Jauche u Levkijeb", „Ruby Martinson", „Ein Kapitel für sich" uva. H: Schwimmen, Schach, Magie.

Pierwoß Klaus Dr
B: Intendant. G: Berge/Kr Bersenbrück, 29. Aug 1942. A: D–7413 Gomaringen, Silcherstr 3. S: Stud d TheaterWiss u Germanistik in Köln, Berlin, Wien, Promotion z Dr phil 1970 in Wien. K: 1971–75 Dramaturg am Landestheater Tübingen, 1975–78 Dramaturg am Nationaltheater Mannheim, seit 1978 Intendant d Landestheaters Tübingen.

Ratz Brigitte
B: Schauspielerin. G: Wien, 19. Juli 1937. A: A–1190 Wien, Rückaufg 15. S: Matura, Reinhardt-Seminar Wien. K: Theater i d Scala, Theater i d Josefstadt, Burgtheater Wien, Volksbühne Berlin, Hebbeltheater, Münchener Kammerspiele, Residenz-Theater Berlin, Landestheater Hannover, Vereinigte Bühnen Graz, Synchronisationen, Filme, Fernsehen Rundfunk. F: In div Zeitungen u Zeitschriften. D: „Wunder unserer Tage", „Das 4. Gebot", „Toselliserenade", „Liebesromanze", „Schäm Dich Brigitte", „Überfahrt", „Das verrückte Auto", „Off u d Mond", „Tod d Ministers", „Stellenangebote weiblich", „Einen Mann f Mama", „Karl d Gerechte" uva. E: 1960 Preis d Wiener Kunstfonds f darstellende Kunst. M: ÖGB (Vors d FrauenAbt d Gewerkschaft Kunst, Medien u freie Berufe), Ver f Meinungsfreiheit in Kunst u Publizistik. H: Schwimmen, Tanzen, Radfahren.

Reiche Hans-Joachim
B: Journalist. G: 9. Juli 1921. V: Else, geb Beyer. A: D–5300 Bonn-Bad Godesberg, Kronprinzenstr 22. K: 1946–58 NWDR bzw NDR, dann Quick, 1960–70 Tagesschau d Deutschen Fernsehen (Chefredakteur), 1970–72 Korrespondent d SFB, SWF u Radio Bremen in London, seit 1972 StudioLtr ZDF Bonn.

Reinartz Dirk
B: Bildjournalist, Fotodesigner. G: Aachen, 15. Sept 1947. A: D–2000 Hamburg 20, Goebenstr 9. S: Realschule, Mittlere Reife, 3 Jahre Fotografenlehre, Gesellenprüfung, 6 Sem Stud d Fotografie b Prof Dr Otto Steinert, Folkwangschule Essen. K: Fotoreporter b „Stern", ab 1976 Mtgl b Visum-Agentur Hamburg. F: Stern, Geo, Zeit-Magazin, Spiegel, Brigitte ua. M: Gemeinschaft Deutscher Lichtbildner, DGPh.

Reinhardt-Kiss Ursula
B: Opernsängerin. G: Lethmathe. V: Rudolf Sauser. A: CH–8006 Zürich, Haldenbachstr 33. S: Schulbildung in Köln, GesangsStud in Berlin bei Prof I Beilke. K: Staatstheater Saarbrücken, Aachen, Lübeck, Scala di Milano, Staatsoper Berlin, Komische Oper Berlin, Staatsoper Dresden, Deutsche Oper am Rhein Düsseldorf, Opernhaus Zürich. D: „Figaros Hochzeit", „Roi Pausole", „Ein Engel kommt nach Babylon" ua. H: Kochen, Wandern (m Hund).

Reiser Hans
B: Schauspieler, Regisseur. G: München, 3. Juni 1919. V: Irmgard, geb Weidinger. A: D–8000 München 60, Obermenzing. S: Grundschule, Schauspielschule. K: Kammerspiele München, bei Falckenberg, Erich Engel, Schweikhart, Everding, Josefstadt Wien, Schauspielhaus Zürich, 35 Filme u TV, Regie: „Die Zeit u d Gonways", „Die Falle", „Sister

Georg darf nicht sterben", „Play Strindberg". D: „Des Teufels General", „Pr Mamlock", „Starker Stamm", „Feuerwerk", „Irre v Chailot", „Besuch d alten Dame", „Schloß in Schweden" uva. H: Ski, Tennis, Spielen überhaupt.

Rentmeister Josef Dir
B: Dir d Jugendmusik- u Jugendkunstschule Bielefeld. G: Düsseldorf, 16. Okt 1914. V: Josie, geb Brandt. A: D–4800 Bielefeld 11, Wintersheide 11. S: Gymn, ViolinStud bei Prof Kunkel u Prof Zitzmann, Musiklehrerseminar. K: 1948–54 Organist u ChorLtr in Köln, 1954–59 Musikerzieher b Musikschulwerk Köln, 1953–63 Musikerzieher an d Musikschule Leverkusen, 1953–63 Doz an d VHS in Leverkusen u Solingen, 1963–74 Dir d Jugendmusikschule Bielefeld, 1971–74 Ltr (nebenamtlich) d Jugendkunstschule Sennestadt, ab 1974 Dir d Jugendmusik- u Jugendkunstschule Bielefeld, Veröffentlichungen: Erfindung d Notenspiegels (Patent), Gerät zur bildlichen Darstellung v Tonleitern u Akkorden, div Editionen (Spielhefte) bei Musikverlagen. H: Filmen, Schwimmen.

Rotter Fritz
B: Schriftsteller, Komponist. G: 3. März 1900. A: CH–Ascona, Casa Alfredo. S: Ak Gymn, Wien. K: 1.200 Songs, Filme u Theaterstücke. F: In vielen Zeitungen. E: Deutscher BFilm-Preis, amerik Auszeichnung f d besten Hit d Jahres, sowie am Brodway f d beste Theaterstück d 10 besten Plays.

Rübartsch Carl-Otto
B: Foto-Designer. G: Bad Reinerz, 29. Apr 1925. V: Annelie, geb Weigelt. A: D–6900 Heidelberg, Turnerstr 127. S: Gymn, Fachdrogist. K: Hobby Fotografie, FotoKfm, Weiterbildung durch Kurse, ab 1951 selbständig, Spezialisierung auf Architektur- u Ind-Fotografie, langjährige Tätigkeit für Prof Neufert, seit 25 Jahren f ETERNIT, Berlin, Portland Zementwerke HD, Odernwald Werke, Schiedel GmbH München uva. F: Der Portländer, Deutsche Bauzeitschrift, Zentralblatt f IndBau, Architektur + Wohnwelt, Sportstättenbau + Bäderanlagen, Hotel Mosaik, ac-revue, ac facade, ac domus, Intern Photo Technik uva. E: 2. Preis Wettbewerb „Architektur z Photographie" Zürich, Silbermedaille „Photo 59" Architektur, CentralVerb Deutscher Photographen, Goldmedaille „Photo 67", 1. Preis Technorame-Aufnahmen, Intern Photo-Technik 1978, uva. M: BFF, AWI. H: Fotografie.

Sander Gunther
B: Fotograf. G: Linz/D, 7. Nov 1907. A: D–8183 Rottach-Egern, Fürstenstr 36. Tel: 08022/26612. S: RealGymn. K: Fotogr Lehre bei August Sander, dann Ass bei August Sander, Mithilfe beim Aufbau dessen Werkes: „Menschen d 20. Jahrhunderts", zwischendurch 6 Jahre Musikunterricht (Cello) bei Prof Willy Lamping, 4 Sem Werkschule in Köln, 1932 selbständig, vorwiegend als Ind- u Arch-Fotograf, erste Kontakte m d Werbefotografie, Veröffentlichung vieler Reportagen über Land u Leute in d Kölner Zeitung in Zusammenarbeit m Dr Hans Schmitt-Rost (Journalist), Kriegsteilnehmer 1939–45, Ende 1945 Wiederaufbau d total zerstörten Betriebes, ab 1967 in Rottach-Egern um d Werk August Sanders zu vollenden, 1971 Herausgabe d Buches „Menschen ohne Maske", 1974 Herausgabe d Buches „Rheinlandschaften", zwischenzeitlich Zusammenstellung v großen Ausstellungen im In- u Ausland „Menschen d 20. Jahrhunderts". E: Das Buch „Menschen ohne Maske" wurde v schweizer InnenMin unter die 20 besten Bücher d Jahres ausgezeichnet. H: Moderne Malerei, klassische Musik.

Schaerf Wolfram
B: Schauspieler, Regisseur. G: 29. Juni 1922. V: Renate, geb Bellin. A: D–2000 Hamburg 67, Wulfsdorfer Weg 81. K: 1953–61 Schauspieler Deutsches Theater u Kammerspiele, Staatstheater Berlin (Ost), seit 1961 div Tourneen u Gastspiele ua in West-Berlin, Frankfurt, Hamburg (Deutsches Schauspielhaus, Hamburger Kammerspiele), Regisseur v Boulevard-Stücken (ua Hamburger Kammerspiele). F: Hör Zu ua. D: Div Fernseh-Rollen, ua: „Die Gentlemen bitten zur Kasse", Film: „Ludwig II", Theater: „Meteor", „Vierzig Karat", „Plötzlich u unerwartet", „Viola", „Sein bester Freund", „In Sachen Robert Oppenheimer", „Der Preis" uva. M: BFF/DAG.

Schautzer Max
B: Fernseh- u Hörfunkmoderator. G: Klagenfurt, 14. Aug 1940. V: Gundel, geb Lauffer. A: D–5000 Köln 50, Beethovenstr 6. S: Abitur, Schauspielschule (Konservatorium Wien). K: Devisendisponent in einer Wiener Großbank, als Betriebsorganisator in einer StabsAbt d größten Krankenversicherung Europas, seit 1966 Moderator, Autor u Sprecher in Hörfunk

u Fernsehen (ARD, ZDF, ORF), Gastmoderator „Musik aus Studio B“, Moderator d „Vorentscheidung z Grand Prix Eurovision 1976“, Moderator d Gershwin-Abends aus d Westfalenhalle in Dortmund, Moderator v „Jazz live v d Berliner Jazztagen 1976“, Gastauftritte in d TV-Sendungen „Wie hätten Sie's denn gern?“, „Am laufenden Band“, „Die Montagsmaler“, SpielLtr d Sendung „Allein gegen Alle“, Moderator d „Party in d Oper“, SpielLtr d Sendung „Glücksreiter“, Moderator d Sendung „Bigband-Battle“, Kommentator d Rosenmontagzuges in Köln 1979, Kommentator d Eurovisionsgala 25 Jahre Eurovision in Montreux, 1979. F: In fast allen Zeitungen u Zeitschriften sowie Presseagenturen. M: Kapitän d WDR-Prominentenmannschaft, die bereits viereinhalb Millionen Mark f wohltätige Zwecke erspielt hat.

Scherzer Brigitte
B: Fotografenmeister. G: Klagenfurt, 11. Okt 1951. A: A–9020 Klagenfurt, Villacherstr 149. S: Matura, Meisterprüfung f Fotografie. K: Meisterklasse in Wien an d Graphischen Lehr- u VersuchsAnst m abschließender Meisterprüfung (1972), Auszeichnungs-Diplom, Weiterführung d mütterlichen Betriebes Foto Tollinger, Porträtatelier in Klagenfurt seit 1928. E: Matura m Auszeichnung, Diplom f sehr guten Erfolg an d Graphischen Lehr- u Versuchs-Anst. H: Klassische Musik, Reiten, Tiere (Schäferhundezucht u Ausbildung).

Schons Hans E
B: Schauspieler. G: Malmedy, 5. Sept 1919. V: Dagmar, geb Altrichter. A: D–1000 Berlin 33, Rüdesheimer-Pl 11. S: Abitur. K: Theater, Fernsehen, Film, Hörspiele. F: Hör Zu u versch Tageszeitungen. D: 70 Fernsehspiele, 9 Spielfilme ua. H: Reisen, Fechten, ua.

Schubert Hans
B: Schriftsteller. G: Wien, 17. Feb 1905. V: Herta, geb Wolff. A: A–1100 Wien, Ernst Ludwig-G 15. S: Mittelschule, Matura. K: Zunächst kfm Beruf (Büro), Schriftsteller als Nebenberuf, später freier Schriftsteller. M: Gen dramatischer Schriftsteller.

Schubert Joachim
B: Film- u Fernsehgestalter. G: Berlin, 25. März 1937. V: Waltraut, geb Kretschmer. A: D–1000 Berlin 37, Berlepschstr 1. S: HS f bildende Künste Malerei u Kunstgeschichte. K: 1964 Festanstellung b ZDF Mainz, 1965–69 Lehrauftrag am Lette-Ver Berlin (Aktzeichnen, Anatomie), freier Maler, ab 1970 freier Mitarbeiter b ZDF u ARD, ab 1972 m d Atelier: TV + FILM DESIGN Gestalter v synthetischen Filmen f deutsche FernsehAnst (pol u kult Aktualität) E: Mit d Kennzeichen D-Team, Gustav Heinemann-Preis 1978. M: DJV. H: Sammeln v moderner Grafik u profanen Gläsern d 17.–19. Jh.

Schubert Renate
B: Schauspielerin, Chansonsängerin, Regisseurin, Übersetzerin. G: Glatz/Schlesien, 11. Apr. A: D–2000 Hamburg 13, Mittelweg 83. Tel: 040/418101. S: Abitur, Univ Münster, Univ Hamburg: Stud d Phil: Theatergeschichte, Filmgeschichte, Pressegeschichte (Publizistik), Anglistik, Amerikanismus, Romanistik, Schauspiel-Stud in Hamburg, Schauspielseminar d Hamburger Kammerspiele, Ida Ehre, Eva Fiebig u Joseph Offenbach. K: Theater: Vier Jahre Deutsches Schauspielhaus Hamburg unter Gustaf Gründgens, zwei Jahre Deutsches Schauspielhaus Hamburg unter Prof O F Schuh, Bonn, Bruchsal, Karlsruhe, Köln, Hamburg (Hamburgische Staatsoper unter Rolf Liebermann), Bremen, Hamburg, Charleston USA, Hamburg, daneben Fernsehen, etwa 160 Fernsehrollen, 10 Spielfilme. F: Stern, Hör Zu, Funk Uhr, Hamburger Abendblatt, Hamburger Morgenpost, Bild, Express, Charleston Gazette uva. D: „Die geliebte Stimme“ (in deutscher u englischer Sprache), „Was Ihr wollt“, „Tartuffe“, „Medea“, „Der Biberpelz“, „Die Weber“, „Der Lauf d Bösen“, „Die heilige Flamme“, „Viola u Sebastian“, „Der Lord v Barmbek“, „John Glückstadt“ uva. M: BFF. H: Übersetzen (beruflich u privat), Gedichte, Chansons schreiben u komponieren, Bergsteigen, Zeichnen, Malen, Parapsychologie, Schwimmen, Steine u Pflanzen.

Schündler Rudolf
B: Regisseur, Schauspieler, ehemaliger TheaterDir. G: Leipzig, 17. Apr 1906. A: D–8000 München 80, Prinzregentenstr 81. S: Div Internate, 1 Jahr Schauspielschule Leipzig. K: 1. Theater Beuthen OS, Schauspielhaus Zürich, Neues Theater Frankfurt/M, Stadttheater Nürnberg, Stadttheater Dortmund, fast alle Berliner Bühnen, private u Reinhardt u Sessner, 2. Regie: Kabarett d Komiker Berlin, die erste Inszenierung v Göbbels verboten, Komödie Berlin, Theater am Kurfürstendamm Berlin, Admiralspalast, große Varieté-Shows

im Deutschen Museum, sämtliche Inszenierungen d eigenen Kabaretts „Die Schaubude", 23 Musical-Filme ua „Gräfin Mariza", „Viktoria u ihr Husar", 3. Cabaret: 4 Inszenierungen d „Stachelschweine" Berlin, Dir u künstlerischer Ltr d seinerzeit über Deutschland hinaus berühmten „Schaubude", Nürnberger Trichter, 4. Schauspieler. F: In vielen versch in- u ausländischen Zeitungen u Zeitschriften. D: „Das Testament d Dr Mabuse", „Gruppenbild m Dame" uva. H: Der 12-jährige Sohn Oliver.

Schweizer Gerd
B: Fotografenmeister. G: Bretten, 1. Dez 1947. V: Marianne, geb Kreuz. A: D–7134 Knittlingen, Stuttgarter Straße. S: Fotografenlehre m Meisterprüfungsabschluß. F: Gold + Silber, Japanische Frisurenzeitschrift. H: Fotografie.

Sievers Inge
B: Schauspielerin. G: Hamburg. A: D–2000 Hamburg, Westendallee 79/1/19. S: Staatl Prüfung, Schauspiel. K: Berlin: Halle Ufer, Hebbel-Theater, Renaissance-Theater, Schiller-Theater, Hamburg, Bremen, Recklinghausen, Berlin, Theater, Fernsehen, Film. F: Hör Zu, Funk Uhr, uva. D: „Urfaust", „Mariannes Hochzeit", mehr als 50 große Rollen. H: Radfahren, Schwimmen, Lesen, ua.

Skrein Raoul Christian
B: Produzent. G: 20. Apr 1945. V: Marianne, geb Baronesse v Jacobs. A: A–1130 Wien, Lainzer Str 71. Tel: 0222/824555. S: Theresianum m Matura. K: Filmstandfotograf, Fotoreporter, Werbefotograf, Filmregisseur, Filmproduzent. F: In versch Zeitungen u Zeitschriften. E: Mehrere Filmpreise d In- u Auslandes. M: CCA Austria (Vorst), Kam d gew Wirtschaft. H: Fischen, Ski, Tennis.

Sommerhäuser Wilhelm OIng
B: Ing. G: Köln, 29. Sept 1933. V: Ellen, geb Hauck. A: D–1000 Berlin 42, Alboinpl 1. S: Gymn, Praktikum (Apparatebau, Meßgerätefertigung, Galvanik, FernmeldeTechn), Ing-Stud. K: 1958–62 MeßIng beim Sender Freies Berlin, 1962–69 RessortLtr VideomeßTechn, 1970 Ltr d Planung, seit 1971 Ltr d HauptAbt ZentralTechn (MeßTechn, Hochfrequenz-Techn, Planung, Bauplanung, Versorgungs-Techn). M: RFFU. H: Tanzsport.

Stegers Franz Georg M
B: Schauspieler, Sänger. G: Hagen/Westf, 5. Mai 1950. A: D–1000 Berlin 15, Pariser Str 6. S: Div Univ in Deutschland u Belgien, Med-Stud, anschließend Stud d Musikgeschichte, Kunst, Phil, Max Reinhardt-Schule Berlin. K: Abschluß Reinhard-Schule, Engagements Freie Volksbühne Berlin, Bochum, Theater am Dom Köln, Hansa-Theater Berlin. F: Kölner Stadtanzeiger, Express, Theater heute, Die Welt, Die Zeit, Berliner Tagesspiegel, Spandauer Volksblatt, BZ Berlin, viele Tageszeitungen ua. D: „Mandragola", „Kasimir u Karoline", „Ein toller Einfall", „Jedem das Seine" ua. E: Hörspiel d Monats. H: Reiten, Schwimmen.

Stein Wolff-Ekkehardt
B: Komponist, Textdichter, Produzent. G: Potsdam, 25. Nov 1943. A: D–3400 Göttingen, Hölleweg 3. S: Hum Gymn, KunstAk. K: Bandleader („Blue-Moons", „Love and Tears"), Schallplatten: 10 Singles, 1 LP, Tourneen durch Europa, seit 1974/75 ausschließlich als Komponist tätig, Titel v Hitsingles: „Santo Domingo" Deutschland u Spanien), „Gimme dat Danana" (England), Singles für Rex Gildo, Karel Gott, Michael Holm, Jürgen Drews, José Velez, Toni Holiday, Bata Illic, Patty Pravo, Roberta Kelly, Mary Roos ua, Filmmusik f deutschen Spielfilm 1970, Beitrag am Grand Prix de la Chanson 1979 (Endausscheidung in Deutschland). M: GEMA. H: Musik, Fotografie, Katzen, Schmetterlinge.

Steinfeld Karl-Heinz Dir
B: Kapellmeister, Komponist, MusikDir. G: 17. Juli 1934. V: Margarete, geb Frick. A: D–7290 Freudenstadt, Landhausstr 78. S: Abitur, MusikHS. K: 10 Jahre eigenes Orchester, Tourneen in Deutschland, Schweiz, Skandinavien, ChorLtr in Frankreich, Schweiz, Italien, Ltr d städt Musikschule Freudenstadt, „Steinfeld-Chor" 20 TV-Produktionen, 6 LP's, 3 Singles, zahlreiche Aufführungen v Kompositionen in Konzerten, Funk u TV, konzertante- u Unterhaltungsmusik, 2 Musicals, volkstümliche Musik. F: Unzählige Veröffentlichungen im In- u Ausland. E: Diplom Bergamo. M: GEMA, Deutscher TonkünstlerVerb, BearbeiterVerb. H: Literatur, Malerei.

Stitzinger Volkmar
B: stellv Geschäftsführer. G: 15. Dez 1930. V: Kathrin, geb Miller. A: D–8959 Berghof, Haus Soldanella. S: Hum Gymn, Abitur, exam Dipl-Ing, pat Berg- u Skiführer. F: DAV-Mitteilungen. H: Bergsteigen, Skifahren, Expeditionswesen, Fotografieren.

Stummer Alfons Prof
B: Filmregisseur, HSProf. G: Wien, 6. Jan 1924. V: Gerda, geb Bauer. A: A–1020 Wien, Komöcieng 3/24. S: Matura, 6 Sem Med, 2 Sem Psychologie, 2 Sem TheaterWiss. K: 1947/48 Journalist, 1948–51 RegieAss, 1951–68 Filmproduzent u Regisseur, ab 1968 HSProf f Regie in Wien. E: BRD 1956: „Bambi" („Förster v Silberwald"), Österr 1968: Kulturfilmpreis d UnterrichtsMin („Leuchtfeuer Europa").

Tag Charlotte
B: Sängerin, Schauspielerin. G: Mannheim, 18. Dez 1909. A: D–1000 Berlin 12, Bleibtreustr 20. S: Oberlyceum, Konservatorium Köln, Prof Stückgold Berlin, versch Privatlehrer. K: Konzertsängerin, 1933 Bühnenprüfung Berlin, Theater, Film, Rundfunk, Fernsehen. D: Operetten, Revuen ua, Filme: „Wenn wir alle Engel wären", „Der Klapperstorchverband", „Kornblumenblau", „Verlegenheitskind", „Fledermaus", „Ehe im Schatten", „Urlaub auf Ehrenwort", „Mädchen in Uniform", „Ich schwöre u gelobe", „Die Fastnachtsbeichte", „Flucht nach Berlin", „Die endlose Nacht", „Ich fand Julia Harrington" ua. M: Reichs-Theaterkammer, Reichs-Filmkammer. H: Reisen, Wandern, Lesen.

Teuber Monica
B: Schauspielerin, Produzent, Regisseur. G: Breslau, 12. Juli 1945. A: D–8000 München 40, Georgenstr 124. S: Abitur, 3 Sem Psychologie, 2 1/2 Jahre Schauspielstudio, Prüfung. K: 3 Jahre durch d Provinz getingelt, 10 Jahre Rom, 3 Jahre Deutschland, Fernsehserien gespielt, Bücher geschrieben, Regie bei Kinderfilm: „Primel – Kleines Mädchen zu verleihen". F: Funk Uhr, Neue Revue, TV Hören u Sehen, Bild Zeitung uva. D: „Die Möwe", „Das Märchen", „Plötzlich letzten Sommer", „Die Ente klingelt um 1/2 8", „Rocco, der Einzelgänger", „Gib mir Liebe", „Bete Nebraska" uva. H: Musik, Reisen, Reiten.

Thomas Karlheinz
B: Schauspieler, Opernsänger. G: Hannover, 15. Feb 1937. A: D–8000 München 22, Tattenbachstr 6. S: HS f Musik u Theater in Hannover u München. K: 3 Jahre Sänger an d Bühnen Hannover, Münster, Wiesbaden, seit 15 Jahren freischaffend als Schauspieler tätig. D: Letzte Theaterstücke: „Happy End", „Abendstunde im Spätherbst", „Knock oder d Triumph d Medizin", „Mrs Cheynys Ende", Fernsehen, Filme: „Derrick", „Der Alte", „Brot d Bäckers", „Mondgesicht", „Wanninger" uva. H: Reiten, Antiquitäten, Musik, Natur.

Timerding Hans
B: Schauspieler. G: Paris, 22. Feb 1912. V: Gerti, geb Socha. A: D–7140 Ludwigsburg, Kantstr 17. S: Reimann-Schule Berlin, Lehrer Alfred Abel, Fritz Wenchausen, Dietrich Kenter ua. K: Theaterengagements ab 1936: Eisenach, Zwickau, Rose-Theater Berlin, Mausefalle Stuttgart, Dresden Komödie, Posen Reichsgautheater, Bremer Schauspielhaus, Olmütz, nach d Krieg Gastspiele in Koburg, Ludwigsburg, Engagement in Baden-Baden, ab 1950 SWF, SDR, SR, HR, NDR, WDR, Beginn d Fernsehens: ca 100–150 kleinere u größere Fernsehrollen an allen Sendern, Gastspiele in d Stuttgarter „Komödie" u ständige Hörfunktätigkeit an allen deutschen Sendern, Rollenfach: früher jugendlicher Komiker, später ebenfalls Komiker, Charakter-Komiker, komische Chargen u tragikomische Rollen, viele andere Rollen in allen Sparten. M: Verb d Hörfunk- u Fernsehteilnehmer d Saarlandes – EhrenMtgl.

Timm Curt
B: Intendant. G: Hamburg, 29. Jan 1926. V: Marga. A: D–2390 Flensburg, Matthias Claudius-Str 16. S: Mittlere Reife, HS f Musik u Theater. K: Regisseur, OberspielLtr, Chefdramaturg, Hörspiel-Regisseur. F: In div Funk- u Fernseh-Zeitschriften. M: Rotary-Club.

Trofimowa Natascha
B: Primaballerina, jetzt Malerin. G: Derlin, 23. Ar 1923. A: D–8000 München 40, Hiltensperger Str 8. SS: Lyzeum, Stud an d russischen Ballettschule v Eugenie Eduardowa. K: 1946 Debut an d Berliner Staatsoper, 1951–71 Primaballerina an d Bayerischen Staatsoper München, 1971 Abtreten v d Bühne, seither Malerin („Gestalten aus d inneren Welt", Zeichnungen, Aquarelle, Ölbilder). D: „Petruschka", Julia, Ophelia, Potiphars Weib uva Rollen. H: Sport, Musik.

Trzeciok Christian
B: ProduktionsLtr. G: Berlin, 30. Mai 1943. V: Gudrun, geb Stein. A: D–6050 Offenbach/M, Anton Bruckner Str 8. S: Mittlere Reife, Höhere Handelsschule, kfm Lehre. K: AufnahmeLtr, dann ProduktionsLtr. H: Wasserski, Reiten.

Tschernich Walter
B: Schauspieler. G: Podmokry/CSSSR, 17. März 1930. V: Brigitte, geb Persian. A: D–1000 Berlin 20, Zweibrücker Str 14 B, und D–2000 Hamburg 76, Winterhuder Weg 6. S: Ak f Musik u Theater Dresden, HS f Kunst Berlin. K: Theater, Film, Fernsehen.

Usunov Dimiter
B: Opernsänger, Opernregisseur. G: St Zagora/Bulgarien, 10. Dez 1922. V: Christine, geb Baumgartner. A: A–107O Wien, Lindeng 44 A/5. S: Gymn, Priesterseminar, Theol Fak, Konservatorium Sofia – Gesang. K: Metropolitan New York, Chikago, Boston, Scala Milano, Salzburger Festspiele, Staatsoper Wien, Neapel, Palermo, Venedig, Bolschoi Theater, Grand Opera Paris, Covent Garden. F: Kurier, Corriere Della Sera, New York Times, Combat Paris uva. D: „Othello“, „Aida“, „Turandot“, „Carmen“, „Bajazzo“, „Pique Dame“, „Tannhäuser“, „Tosca“, „Andrea Chenier“, „Boris Godunow“ ua. E: Volkskünstler d Republik Bulgarien, Preisträger I. Klasse Paris 1955. H: Malen.

Verfürth Bernd
B: Opernsänger. G: 27. Mai 1947. A: D–3200 Hildesheim, Orleansstr 22. S: Gymn, Gesang- u MusikStud an d MusikHS Detmold. K: Seit 1973 Engagement am Stadttheater Hildesheim, 1973–75 im Chor, seit 1975 Solist. F: In Tageszeitungen in Hildesheim, Bad Segeberg, Wolfsburg, Hannover, Leverkusen, Hameln, Gütersloh uva. D: „Zauberflöte“, „Wildschütz“, „Hochzeit d Figaro“, 1975/76 Mitwirkung b d „Karl May-Festspielen Bad Segeberg“. H: Hobby-Filmer, Skifahren, Tischtennis, fast jede Art v Wassersport, vornehmlich Tauchen, Kajakfahren, begeisterter Hobby-Guitarrist (zahlreiche Konzerte als Alleinunterhalter, Spiritual-Folklore-Sänger), Kunstlied- u Klavier-Guitarre, Kompositionen.

Viertl Helga-Maria
B: Opernsängerin. G: Neunburg/Wald, 27. März 1942. A: D–8462 Neunburg/Wald, Wiflingstr 9. S: Abitur, Päd HS Regensburg, 1. u 2. Staatsexamen f Lehrerin, Staatl HS f Musik in München m künstlerischem Staatsexamen, Meisterdiplom f Gesang. K: 6 1/2 Jahre Volksschullehrerin, 1. Engagement als Solistin (Soubrette) am Stadttheater Augsburg, Detmold, Trier (lyr Sopran), 1. Operettendiva, Gastvertrag bei d Gandersheimer Domfestspielen. F: In d jeweiligen Theaterzeitungen u Theaterheften. D: „Lustige Witwe“, „Land d Lächelns“, „Fledermaus“, „Maske in Blau“, „Show-Boat“, „Hello Dolly“, „Rosenkavalier“, „Don Giovanni“, „Vogelhändler“ uva. E: Meisterklassen-Diplom f Gesang. H: Turniertanzen im Standard- u lateinamerikanischen Programm.

Vietze Heinz-Johann
B: Kameramann, ProduktionsLtr u Synchronsprecher. G: Cunnersdorf b Kamenz i Sa, 24. Mai 1928. V: Renate, geb Reimer. A: D–5000 Köln 40, Zaunstr 26. S: Grundschule, Fachschule, Lehrgänge u Seminare f Foto u Film, f Fremdsprachen u Rhetorik, seit frühester Jugend f Kinematographie sehr interessiert. K: 1957 intensiv begonnen m Foto- u FilmTechn, 1965 Aufstieg zum Ltr d Filmclubs d Fordwerke AG in Köln, weiterhin eigene Filmproduktion in Kulturfilm u Ind, 1975 Gründung einer eigenen Film- u Tonproduktion „REVI-Filmton“. D: Sprecher zu Tonbildschauen f d Ford-Bildungs-Center in Köln. E: Referenzen, Dankschreiben u Sachpreise m Urkunden d Managements d Ford-Werke-AG und d ESSO-Chemie GmbH in Köln, d AvD u d Zentra-Uhren-Vertrieb. M: BDF.

Vogel Egon
B: Schauspieler, Sänger. G: Berlin, 23. Juli 1908. V: Irmgard, geb Schultze. A: D–1000 Berlin 41, Fregestr 11. S: Gymn, Obersekundareife, Gesangsausbildung, Bühnenprüfung 1934 als Operetten-Tenor. K: Rose-Theater, Schiller-Theater, Hebbel-Theater, Schloßpark-Theater, Schaubühne am Halleschen Ufer uva, Schallplatten bei Odeon, Electrota- ua, Ufa, Tobis, Terra, Defa, Berliner Sender, Deutschlandsender, Deutscher Kurzwellensender u Sender Prag, ZDF, SFB, SWF, WDR, NDR, HR. D: „Paracelsus“, „Die Feuerzangenbowle“, „Heinrich“, „Taiga“, „Happy-End“, „Karl d Gerechte“, „Direktion City“, „Klimperkutte“

Wessely Rudolf
B: Schauspieler, Regisseur. G: Wien, 19. Jan 1925. V: Marguerite, geb Wood. A: A–1010 Wien, Schellingg 3. M: Mtgl d Wiener Burgtheaters u d Münchner Kammerspiele.

Wiedemeyer Wolfgang
B: Journalist, Ltr d Bonner Studios d SWF. G: Berlin, 18. Aug 1930. V: Gisela, geb Karrasch. A: D–5300 Bonn 1, Sträßchensweg 28. S: Hum Gymn, Volontär Tageszeitung. K: 1950–52 Ausbildung zum Redakteur, 1952–53

Redakteur kommunalpol Pressedienst, 1953–63 Hrsg Bonner Pressedienst „WB", 1963–66 Bonner Korrespondent v 5 Tageszeitungen, 1966–76 Südwestfunk, stellv StudioLtr, 1976–77 Sprecher d CDU (v SWF beurlaubt), 1977 Ltr d Bonner Studios d SWF. F: Div Buchveröffentlichungen. H: Tischlern, Tennis.

Wilke Jürgen
B: Burgschauspieler, Intendant. G: Berlin, 21. Nov 1938. A: A–1050 Wien, Leopold Rister-G 5. S: Abitur. K: Schauspieler, Regisseur, Intendant (Gründgens-Ensemble, seit 1957 am Burgtheater), Film- u Fernsehtätigkeit, Theater in Hamburg, Düsseldorf, München, Wien, viele Tourneen. E: Goldenes Ehrenzeichen f Verdienste um d Republik Österreich. M: Lions Club Wien – Europa. H: Reisen, Sport.

Winter Hildegard
B: Fotografenmeisterin. G: Berlin, 26. Dez 1915. A: D–1000 Berlin 12, Giesebrechtstr 17. S: Lyzeum, HS f Kirchen- u Schulmusik, nach d Krieg Lehrzeit f Fotografie, Meisterbrief HandwerksKam Weimar. K: 25 Jahre Flughafenfotografin, Berlin Tempelhof, zusätzlich zu diesem Arbeitsgebiet Reisen als freie Bildjournalistin, erarbeiten v Fotoreportagen auf sozial-politischer Ebene, Buchveröffentlichung m d Schriftsteller Herbert Plate „Ist Gott Brasilianer?" ua. F: Tagesspiegel, BZ, IBZ, ZDF, Die Welt, Praline, Brockhaus, Hör Zu, Ullstein uva. M: FDP, Ver Alleinstehender Mütter u Väter m Kindern, Deutsch-Amerikanischer Frauenclub. H: Modellieren, Bridge, Musik.

Wollscheidt Rudolf
B: Schauspieler u Sänger. G: Altenkessel/Saar, 30. Apr 1925. V: Gabriele, geb Mettenleiter. A: D–2000 Hamburg 54, Hinschstr 22. Tel: 040/5707972. S: 12 Sem Staatl MusikHS Saarbrücken, PrivatStud: Kammersänger Baden, Saarbrücken, Frau Zaschka, Freiburg. K: Landestheater Innsbruck, Stadttheater St Pölten, Deutsches Theater München, Operettenhaus Hamburg, Theater d Westens Berlin, Theatertourneen: Deutschland, Schweiz, Holland, Dänemark, Frankreich, Schweden, Österreich, Konzertreisen nach Amerika u Rußland, Liedersendungen: Radio Saarbrücken u Südwestfunk. D: „Rosemarie", „Erziehen ist nicht kinderleicht", „Zweimal Götz", „Geschichten aus d Zukunft", „St Pauli Landungsbrücken". H: Malen, Schwimmen, Fechten.

Wurzer Ernst
B: FilmArch, Bühnenbildner. G: Ried/Innkreis, 11. Dez 1943. V: Hanny Wörgötter. A: A–1140 Wien, Linzer Str 84. S: Mittelschule, Ak f angewandte Kunst. K: Ausstattung div Filme, zB: „Siegmund Freud", „Geschichten aus dem Wienerwald", „Arabella", Deutsche Oper Berlin „Das preussische Märchen". H: Schifahren, Autos.

INHALTSVERZEICHNIS

NAMENSREGISTER

*) Siehe Foto im Fototeil (Teil E).

Die nach Redaktionsschluß eingelangten Biographien finden Sie im Anhang.

A

B

C

G

H

I

J

K

L

M

N

O

P

QU

R

S

T

U

V

W

ANHANG

E

FOTOTEIL

Alexander Rene

Apitz Bernd

Arora Elke

Arten Jur

Avsenik Slavko

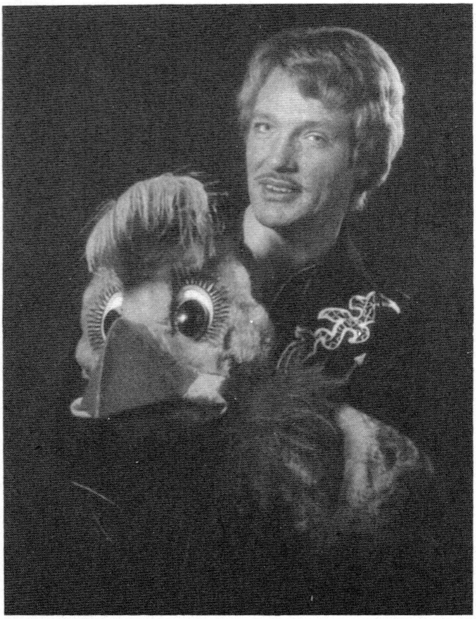

Bagee Pierre

Baldin Aldo

Beck Heinz

Beckers Frank

Begsteiger-Traun Heinz

Bell Arno

Bender Wolfgang

Bentin Gerda

Blädel Georg

Bönig Constantin

Boon Jan

Borysenko Sascha

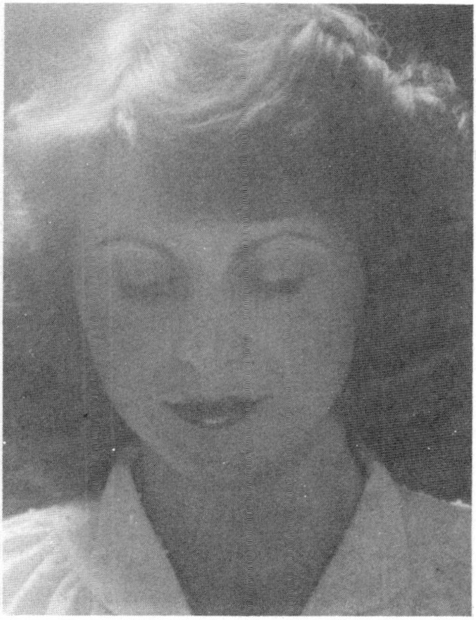

Branca Angela

Brettinger-Albrecht Charlotte

Cherini

Como Ricy

Danz-Münzberg Ilona

Diersberg Alexander

Dönitz Waltraud

Dörich Wolfgang

Dunst Bruno

Egeis Sandor

Eubell Karlheinz

Feist-Steinberg Christoph H

Fernström Kersti

Fiebig Eva

Frankenhauser Wolfgang

Friese Erwin

Gallob Bernd

Genz Wilhelm

Georgy Henry

Gissel Henning

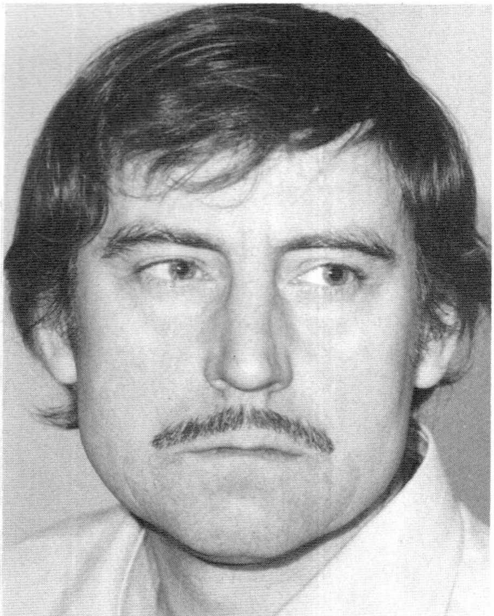

Schmitz Siegfried

Gondi Ellinor

Grube Max-Ludwig

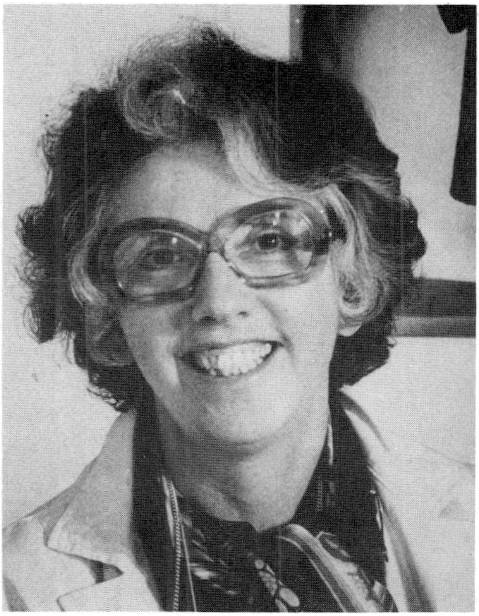

Gwosdz Lilo

Haack Friedel an

Hahn Otto

Hardt Harry

Harter Helen

Hartkopp Helmut

Heesters Johannes

Heiermann Joachim

Heimbucher Oswald

Helberg Hans

Heltau Michael

Hessling Hans

Hesslein Horst

Hofmacher Diether

Hollers Will

Huber Dagmar

Hummel Werner

Hummel Hermann

Jacobsson Ulla

Jacot Michael

Janko Sylvia

Jaskon Günter

Joachim Heinz

John Fritz

Johne Erika

Jool Fritz

Jurelli

Kandorfer Pierre

Kerr Josefine

Knef Hildegard

Koch Otto

Koehler Renate

Kohl Gerd

Köhler J O

Kollschen Bernhard

König Lothar

Kozlik Alfons

Küenzi Christian

Kuon Christina

Lansdorf Karola

Lindner Peter

Linke Fritz

Mahler Bola Heinz R

Mahler Bola Heinz R

Mahler Bola Heinz R

Mahler Margot

Maier Rosa

Marjan Marie-Luise

Matthes Heiner

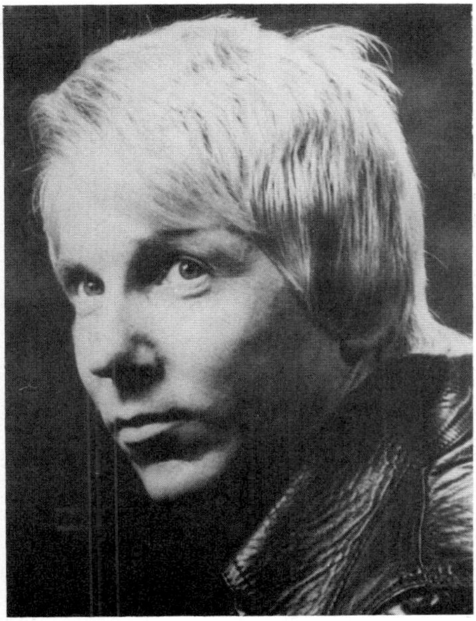

Matthey Jörg

Miljakovic Olivera

Müller Rudolf G

Müller Werner H

Nicolescu Gabriela

Nowak Horst

Pieritz Kurd

Pistohl Günter

Plate Heinz

Pohl Walter

Prechtl Martin

Punx-Hanemann Ludwig

Rakow Johanna

Rehm Wolfgang

Reinhardt Wolfgang

Rohbeck Brigitte

Rühmann Heinz

Rühmkopf Rudolf

Sauvant Sabine

Schaller-Schau Inge

Scherbaum Kurt R

Schienke Ernst Joachim

Schneider Gaby

Schössler Heinz

Schüler Günther

Schulze Hugo-Otto

Seidenschwan Franz

Seybusch Hans-Jürgen

Staal Herta

Stange Otto

Starke Alexander

Steingass Toni

Straka Alice Maria

Straus Gerhard

Syring Anke

Thiele Michael

Thompson Linda G·

Thoms Konrad

Wagner Franz-J

Walter Kristina

Walterskirchen Hubert Graf v

Wemper Heinz

Wiene Fritz

Wirtgen Ruth

Zimmermann Wolfram

Zielke Willy Otto

„A Star Is Born", Barbra Streisand, Paul Mazursky (Foto: CIC)

„Barry Lyndon" (Foto: Warner Columbia)

„Car Wash", Jack Kehoe, Garrett Morris (Foto: CIC)

„Car Wash", Richard Pryor, Clarence Muse, Franklyn Ajaye, Leon Pinkey, Henry Kingi, Pointer Sisters (Foto: CIC)

„Der Gute und die Bösen", Jacques Dutronc (Foto: CIC)

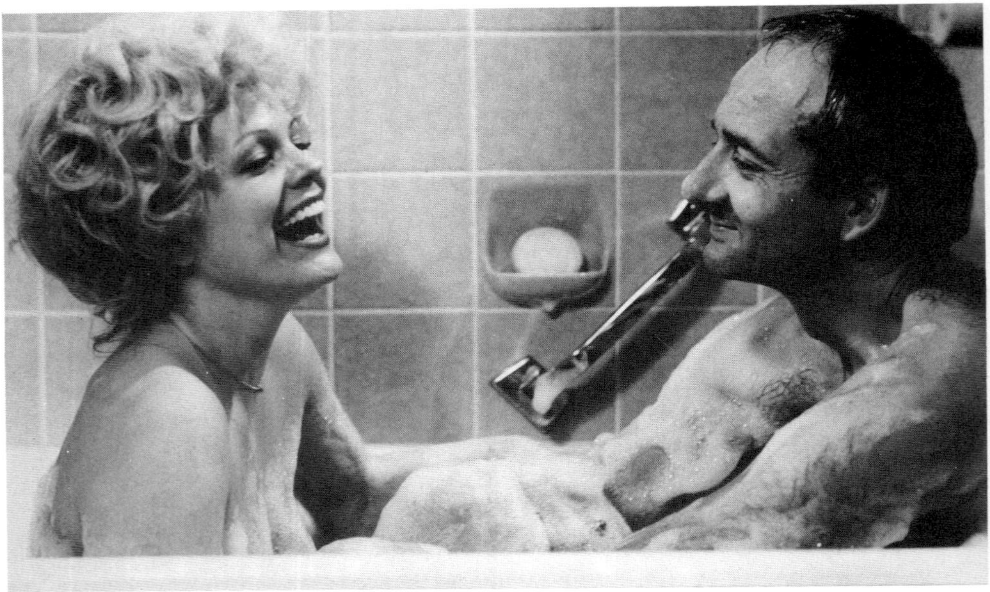

„Das Einhorn", Christiane Rücker, Peter Vogel (Foto: Warner Columbia)

„Der Schmalspur-Schnüffler", Peter Falk (Foto: Warner Columbia)

„Der Weiße Hai", Robert Shaw, Roy Scheider (Foto: CIC)

„Die Brüder", Christian Bzik, Erika Pluhar, Klaus Löwitsch (Foto: CIC)

„Die Brüder", Peter Sattmann, Doris Kunstmann (Foto: CIC)

„Eine Leiche zum Dessert", Elsa Lanchester, Estelle Winwood, Peter Falk, David Niven, Truman Capote (Foto: Warner Columbia)

„Girl-Friends", Melanie Mayron, Anita Skinner (Foto: Warner Columbia)

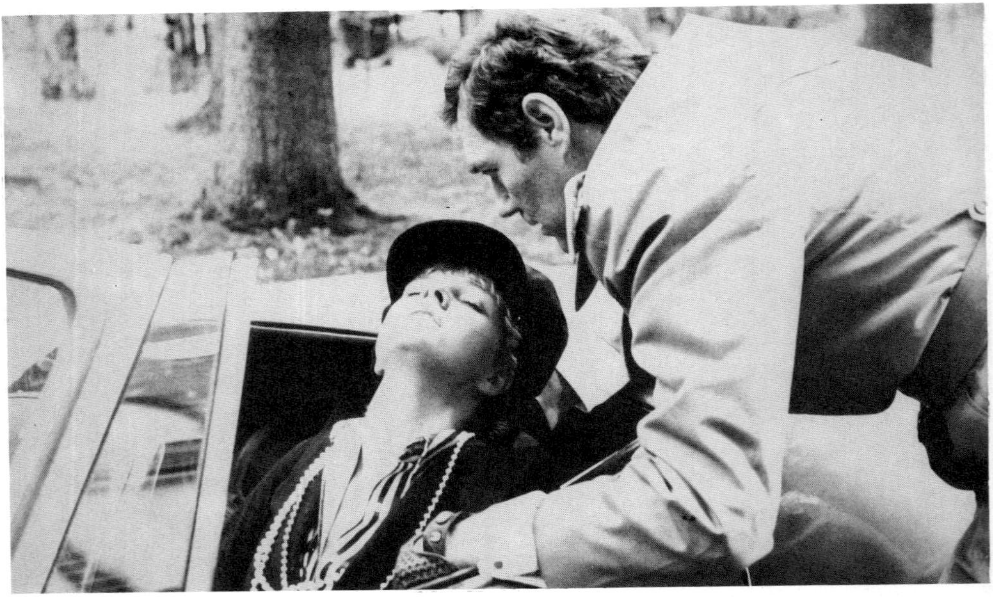

„Gott schützt die Liebenden", Gila v Weitershausen, Harald Leipnitz (Foto: CIC)

„In einer Regennacht", Giancarlo Giannini, Candice Bergen (Foto: Warner Columbia)

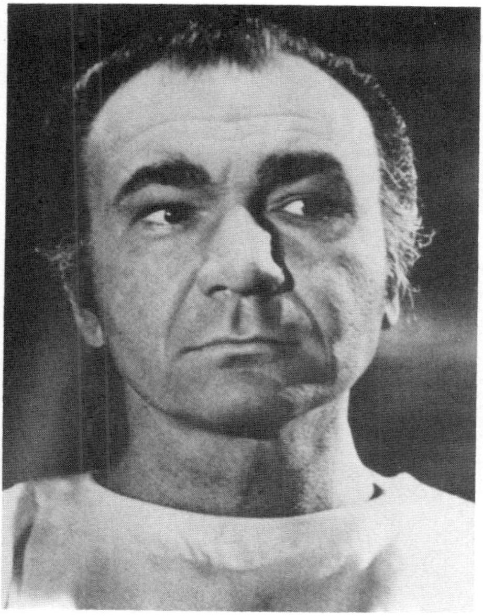

„Kampfstern Galactica", John Colicos
(Foto: CIC)

„Kampfstern Galactica", Ray Milland
(Foto: CIC)

„Kampfstern Galactica", Wilfrid Hyde-White
(Foto: CIC)

„Kampfstern Galactica", Lew Ayres
(Foto: CIC)

„Moliere", Philippe Caubere (Foto: Tiger Film)

„Schöner Gigolo - Armer Gigolo", David Bowie, Maria Schell (Foto: Warner Columbia)

„Stunde der Bewährung", Theresa Russel, Dustin Hoffman (Foto: Warner Columbia)

„Unheimliche Begegnung der Dritten Art", Melinda Dillon (Foto Warner Columbia)

„Wie gehts aufwärts" (Foto: CIC)

„Wie gehts aufwärts" (Foto: CIC)

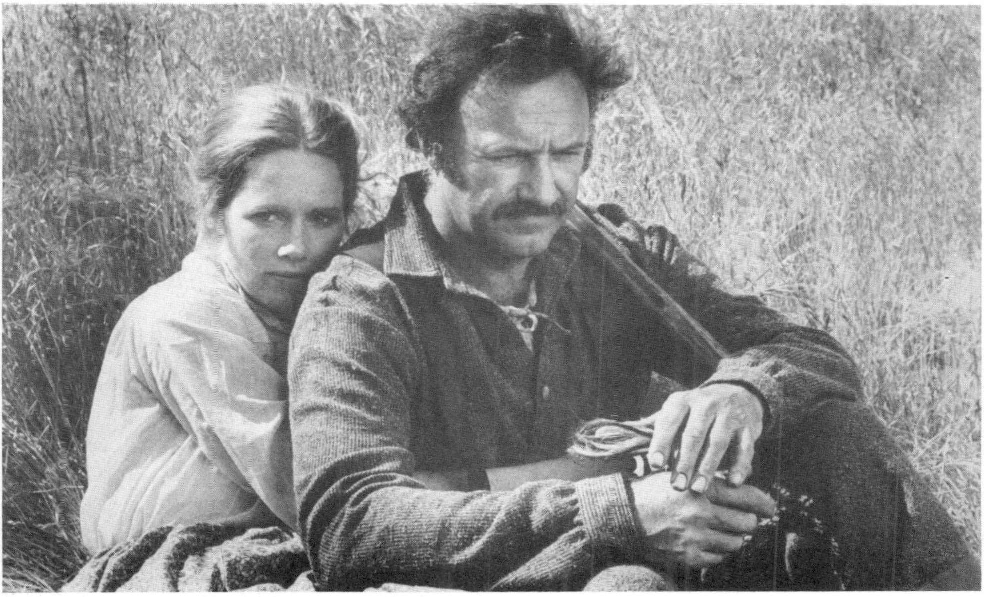

„Zancy's Braut", Liv Ullmann, Gene Hackman (Foto: Warner Columbia)

„Zwischengleis", Mel Ferrer, Wolfgang Staudte, Hannelore Schroth (Foto: Warner Columbia)

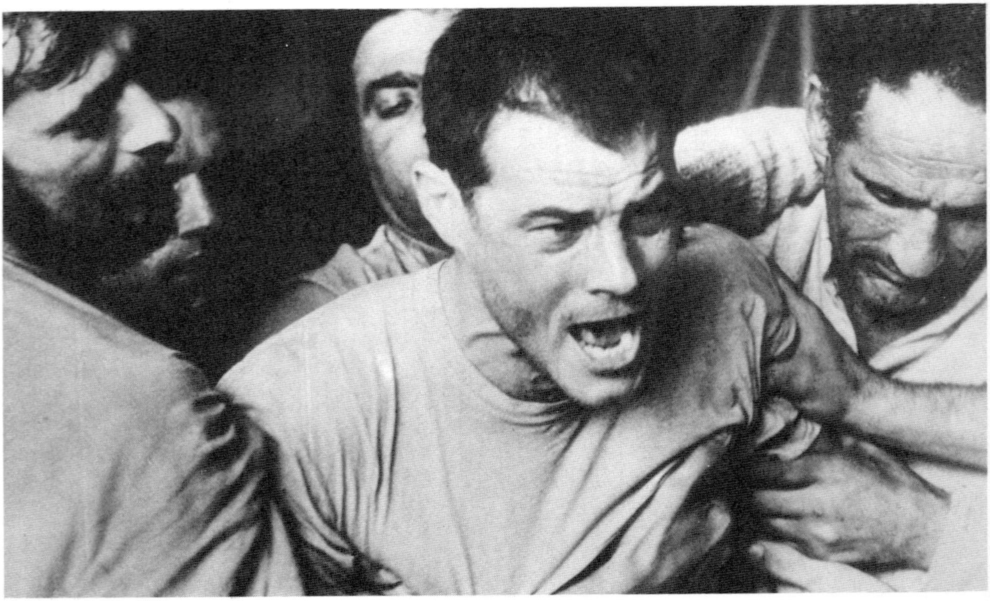

„12 Uhr nachts" (Foto: Warner Columbia)